Das neue große Wörterbuch Englisch

Das neue
große Wörterbuch
Englisch

Das neue große Wörterbuch Englisch

Inhaltsverzeichnis

Vorwort

Wörterbücher gibt es ja bekanntlich viele – große und kleine, dicke und dünne, teure und billige. Steht man vor dem Regal, mit der festen Absicht, nun ein derartiges Werk zu erstehen, kann man durchaus ins Grübeln geraten. Denn wie so oft gibt es nicht einfach »das« richtige Wörterbuch, sondern verschiedene Variationen für unterschiedliche Anforderungen.

Und während der eine Leser hauptberuflich Linguistik betreibt und daher vollständige sprachwissenschaftliche Zusatzangaben erwartet, möchte ein anderer übersichtlich und schnell, ohne Ballast, im Urlaub das Wort »Mietwagen« nachschlagen können.

Dieses Wörterbuch wendet sich vornehmlich an den letztgenannten Leser. Wie allerdings schon aus dem Umfang ersichtlich ist, bedeutet dies nicht, lediglich den Grundwortschatz abzudecken, weil der Urlauber den Rest ohnehin nicht braucht. Dieser Grundwortschatz ist zwar enthalten (er umfasst etwa 6000 Wörter, womit ungefähr 85% aller deutschen Texte abgedeckt werden können), wurde aber um ein Vielfaches erweitert.

Die Auswahl ist hierbei immer ein Spagat zwischen einem erweiterten Hauptwortschatz, Fremdwörtern und Neuwörtern; er ist zwangsläufig subjektiv und bildet auch den wohl größten Unterschied zwischen den einzelnen Wörterbüchern. Die maßgeblichen Kriterien bei dieser Auswahl hier aufzulisten würde zu weit führen, nur so viel: Die Redakteure haben es sich nicht leicht gemacht.

Statt überblicksartiger Grammatikaufrisse haben wir uns im Rahmen des oben genannten Konzepts zu einer Zweiteilung des redaktionellen Teils entschlossen: etwa 600 Sätze und Wendungen für Urlaub und Reise, sortiert nach Sprechsituationen, einerseits und rund 2500 deutsche Redensarten, in vollständigen Sätzen, andererseits, selbstverständlich jeweils mit Übersetzung.

Wir glauben, dass durch Studium dieser großen Menge an Beispielsätzen für denjenigen, der die Fremdsprache in Grundzügen bereits beherrscht, einige Aha-Erlebnisse in Bezug auf Grammatik und Satzbau möglich sind, mehr vielleicht als durch eine trockene Auflistung theoretischer Syntax- und Beugungsmuster.

Daneben enthält dieses Wörterbuch natürlich all jene kleinen Sonderteile, die man gewohnt ist: Abkürzungen, Eigennamen, Zahlen sowie Maße und Gewichte.

Dem Fall, das eine oder andere Wort einmal nicht zu finden, kann man leider nur durch den käuflichen Erwerb von etwa einem halben Zentner Buch wirksam vorbeugen. Wir hoffen aber, dass Ihnen das bei der im vorliegenden Wörterbuch getroffenen Auswahl auch nur selten passiert und wünschen Ihnen viel Spaß und Erfolg im täglichen Umgang mit diesem Buch und der Fremdsprache Ihrer Wahl.

Die Redaktion

9

Hinweise zur Benutzung

1. Allgemein ist die Reihenfolge der Stichwörter streng alphabetisch. Sie wurde aber bei der Gruppierung von Wörtern gleicher Herkunft aufgebrochen, so dass diese gemeinsam in einem Absatz stehen.Beispiel:»Affekt« steht alphabetisch zwischen »Affe« und »affengleich«. »affengleich« wurde mit »Affe« zusammen gruppiert und die strenge alphabetische Reihenfolge damit gelöst.Durch dieses Aufheben der Alphabetisierung wird die Zusammengehörigkeit von Wortgruppen hervorgehoben und die Zerrissenheit, die durch strenge Alphabetisierung entsteht, entschärft.

2. Die Rechtschreibung entspricht in beiden Teilen den jeweils gültigen offiziellen Regeln, im Deutschen dem neuen amtlichen Regelwerk.

3. Die Tilde als Wiederholungszeichen in Absätzen wird nur bei den fett gedruckten, untergruppierten Stichwörtern verwendet (also nicht in den kursiv gedruckten Redewendungen und Anwendungsbeispielen), und dort auch nur, wenn der durch die Tilde ersetzte Wortteil völlig mit dem Stichwort identisch ist, das den Kopf des Absatzes bildet. Bei einer Änderung von Groß- in Kleinschreibung bzw. umgekehrt wird das Stichwort ausgeschrieben wiederholt.

4. Kommt ein Wort in mehreren Wortarten vor, so sind diese durch arabische Ziffern in runden Klammern voneinander getrennt.

5. Alternativübersetzungen mit Bedeutungsunterschied sind durch genauere Angaben von Sprachebene und Kontext in Kursivschrift und runden Klammern vor der jeweiligen Übersetzung gekennzeichnet.

6. Reflexive Verben sind durch den Eintrag »vr« gekennzeichnet, es wurde darauf verzichtet, weitere Wortbestandteile in das Stichwort mit aufzunehmen.

7. Bei deutschen Substantiven folgen Informationen zu Geschlecht, Genitiv- und Pluralform, im fremdsprachlichen Teil gibt es keine Genitivangabe (weil es keine dezidierte Genitivform gibt).

8. Alternative Schreibweisen werden durch Einzelbuchstaben in runden Klammern dargestellt; die Bedeutung ist in diesen Fällen identisch.

9. Es wurde zum größten Teil darauf verzichtet, Abkürzungen, Eigennamen und Zahlen in das eigentliche Wortverzeichnis aufzunehmen. Sie finden diese Stichwörter in den entsprechenden Sonderteilen.

10. Die Reihenfolge der Sätze im Sonderteil zu Redewendungen und Redensarten entspricht alphabetisch dem zu Grunde liegenden Ausdruck.

Allgemeines Abkürzungsverzeichnis

Folgende Liste enthält alle systematisch in diesem Wörterbuch auftretenden Abkürzungen. Aus Platzgründen treten im Wörterverzeichnis vereinzelt zusätzliche Kurzschreibformen auf (z. B. »Gleichgültigk.« für »Gleichgültigkeit«). Es wurde darauf verzichtet, derartige Vorkommen in das Verzeichnis mit aufzunehmen, da sie einerseits meist nur einmal vorkommen und andererseits im Kontext ohnehin selbst erklärend sind.

a. auch
Abk. Abkürzung
abw. abwertend
adj Adjektiv
adv Adverb
amtl. amtlich
anat. Anatomie
arch. Architektur
archäol. archäologisch
astrol. Astrologie
astron. Astronomie
Bergb. Bergbau
bibl. biblisch
biol. Biologie
bot. Botanik
Brit. Britisch
Buchdr. Buchdruck
chem. Chemie
comp. Computer
d. der, die, das
Einz. Einzahl
etc. et cetera
evang. evangelisch
f feminin
Fahrz. Fahrzeug
gastr. gastronomisch
geh. gehoben
geogr. Geografie
geol. Geologie
Ggs. Gegensatz
grammat. grammatikalisch
hist. Historie
Hochschulw. Hochschulwesen
i. S. v. im Sinne von
i. ü. S. übertragen, bildlich
interj. Interjektion
jmd jemand
jur. Jura

kath. katholisch
kaufm. kaufmännisch
kirchl. kirchlich
konj Konjunktion, Bindewort
kun. Kunst
Literaturw. Literaturwissenschaft
Luftf. Luftfahrt
m maskulin
männl. männlich
mat. Mathematik
med. Medizin
Mehrz. Mehrzahl
mil. Militärisch
mot. Motorsport
mus. Musik
myth. Mythologie
n neutrum
naut. nautisch
o. oder
öffentl. öffentlich
orn. ornithologisch
örtl. örtlich
os oneself
pej. pejorativ
phil. Philosophie
phy. Physik
polit. Politik
pp Partizip Perfekt
präp Präposition
pron Pronomen, Fürwort
psych. Psychologie
räuml. räumlich
relig. religiös
sb somebody
scherzh. scherzhaft
Schifff. Schifffahrt
schriftl. schriftlich
seem. seemännisch

11

soziol. soziologisch
spo. Sport
Sprachw. Sprachwissenschaft
sth something
sub Substantiv, Hauptwort
tech. Technik
Theat. Theater
theol. Theologie
tt fachsprachlich
ugs. umgangssprachlich
univ. universitär

veralt. veraltet
vi intransitives Verb
vr reflexives Verb
vt transitives Verb
vti transitives/intransitives Verb
vulg. vulgär
weibl. weiblich
wirt. Wirtschaft
Wissensch. Wissenschaft
zeitl. zeitlich
zool. Zoologie

Eigennamen Deutsch/Englisch

A

Aachen Aachen
Aargau Aargau
Abessinien Abyssinia
Adam Adam
Adolf Adolph
Adria Adriatic Sea
Afghanistan Afghanistan
Afrika Africa
Ägäis Aegean Sea
Ägypten Egypt
Akropolis Acropolis
Albanien Albania
Albrecht Albert
Aleuten Aleutian Islands
Alexandria Alexandria
Alfons Alphonso
Algerien Algeria
Algier Algiers
Alpen Alps
Amazonas Amazon
Amerika America
Anatolien Anatolia
Andalusien Andalusia
Anden Andes
Andorra Andorra
Angola Angola
Ankara Ankara
Antarktis Antarctica
Antillen Antilles
Anton Anthony
Antwerpen Antwerp
Apulien Apulia
Arabien Arabia
Aragonien Aragon
Aralsee Lake Aral
Ardennen Ardennes
Argentinien Argentina
Arktis Arctic
Arktischer Ozean Arctic Ocean
Ärmelkanal Channel
Armenien Armenia
Asien Asia
Assyrien Assyria
Athen Athens
Äthiopien Ethiopia
Atlantik Atlanic
Atlasgebirge Atlas Mountains
Ätna Etna
Attika Attica
Äußere Hebriden Outer Hebrides
Australien Australia
Axel Alexander
Azoren Azores

B

Babylonien Babylonia
Bahamas Bahamas
Bahrain Bahrain
Balearen Balearic Islands
Balkanhalbinsel Balkan Peninsula
Balkanstaaten Balkan States
Balticum Baltic Provinces
Bangladesch Bangladesh
Barbados Barbados
Barcelona Barcelona
Barentssee Barents Sea
Basel Basel
Baskenland Basque Provinces
Bayerischer Wald Bavarian Forest
Bayern Bavaria
Belgien Belgium
Belgrad Belgrade
Belize Belize
Benares Banaras
Benedikt Benedict
Bengalen Bengal
Benin Benin
Beringstraße Bering Strait
Berlin Berlin
Bermudas Bermudas
Bern Bern
Berner Oberland Bernese Oberland
Bernhard Bernard
Bhutan Bhutan
Bikiniatoll Bikini
Birma Burma (nowadays Myanmar)
Biskaya Bay of Biscay
Bodensee Lake of Constance
Böhmen Bohemia
Böhmerwald Bohemian Forest
Bolivien Bolivia
Bonifatius Boniface
Bonn Bonn
Bosnien Bosnia
Bosporus Bosporus
Botswana Botswana
Bozen Bolzano
Brasilien Brazil
Braunschweig Brunswick
Bremen Bremen
Brennerpass Brenner Pass
Bretagne Brittany
Britannien Britain
Britisch-Kolumbien British Columbia
Brügge Brugge
Brüssel Brussels
Budapest Budapest
Buenos Aires Buenos Aires

13

Bukarest Bucharest
Bulgarien Bulgaria
Bundesrepublik Deutschland Federal
Republic of Germany
Burgund Burgundy
Burma Burma
Burundi Burundi
Byzanz Byzantinum

C

Cäcilie Cecilia
Capri Capri
Cäsar Caesar
Ceylon Ceylon
Charlotte Charlotte
Chile Chile
China China
Chinesisches Meer China Sea
Christian Christian
Christoph Christopher
Christus Christ
Chur Chur

D

Dalmatien Dalmatia
Damaskus Damascus
Dänemark Denmark
Daniel Daniel
Dardanellen Dardanelles
David David
Den Haag The Hague
Deutsche Demokratische Republik
German Democratic Republic
Deutschland Germany
Dolomiten Dolomites
Dominikanische Republik Dominican
Republic
Donau Danube
Dorothea Dorothy
Dresden Dresden
Dünkirchen Dunkirk
Düsseldorf Dusseldorf

E

Ecuador Ecuador
Eduard Edward
Elba Elba
Elbe Elbe
Elfenbeinküste Ivory Coast
El Salvador El Salvador
Elsass Alsace
Elsass-Lothringen Alsace-Lorraine
Engadin Engadine
Erich Eric

Eriesee Lake Erie
Erika Erica
Ernst Ernest
Erwin Erwin
Erzgebirge Erz Gebirge, Ore Mountains
Essen Essen
Estland Estonia
Etrurien Etruria
Etsch Adige
Etzel Attila
Eugen Eugene
Euphrat Euphrates
Eurasien Eurasia
Europa Europe
Everest Mount Everest

F

Falklandinseln Falkland Islands
Färöer Faeroe
Felix Felix
Felsengebirge Rocky Mountains
Ferner Osten Far East
Feuerland Tierra del Fuego
Fichtelgebirge Fichtel Gebirge
Fidschiinseln Fiji Islands
Finnland Finland
Florenz Florence
Formosa Formosa
Franken Frank
Frankfurt am Main Frankfort on the
Main
Frankfurt an der Oder Frankfort on
the Oder
Fränkischer Jura Franconian Jura
Fränkische Schweiz Franconian
Switzerland
Frankreich France
Franz Francis
Franziska Frances
Französische Schweiz French
Switzerland
Freiburg Fribourg
Freundschaftsinseln Tonga Islands
Friaul Friuli
Friedrich Frederic
Friesische Inseln Frisian Islands
Fudschijama Fujiyama

G

Gabriel Gabriel
Gabriele Gabriella
Gabun Gabon
Galapagosinseln Galapagos Islands
Galiläa Galilee
Galizien Galicia

Gallien Gallia
Gambia Gambia
Gardasee Lake Garda
Gasastreifen Gaza Strip
Gascogne Gascony
Gelbes Meer Yellow Sea
Genf Geneva
Genfer See Lake Geneva, Lake Leman
Genua Genoa
Georg George
Gerhard Gerard
Germanien Germania
Gesellschaftsinseln Society Islands
Ghana Ghana
Gibraltar Gibraltar
Gobi Gobi
Golanhöhen Golan Heights
Goldküste Gold Coast
Golf von Biskaya Bay of Biscay
Golf von Venedig Gulf of Venice
Gomorrha Gomorrah
Göteborg Gothenburg
Graubünden Grisons
Gregor Gregory
Grenada Grenada
Griechenland Greece
Grönland Greenland
Große Antillen Greater Antilles
Großer Belt Great Belt
Großer Salzsee Great Salt Lake
Großer Sankt Bernhard Great Saint Bernard
Große Seen Greta Lakes
Große Sundainseln Great Sunda Islands
Guatemala Guatemala
Guinea Guinea
Gustav Gustavus
Guyana Guyana

H

Haiti Haiti
Hamburg Hamburg
Hameln Hameln
Hannover Hanover
Hanoi Hanoi
Hans Jack
Harald Harold
Harz Harz Mountains
Havanna Havana
Hawaii Hawaii
Hebriden Hebrides
Heidelberg Heidelberg
Heinrich Henry
Heinz Henry
Helgoland Heligoland

Hellespont Hellespontus
Helsinki Helsinki
Herbert Herbert
Hermann Herman
Herzegowina Herzegovina
Hessen Hesse
Himalaja Himalaya
Hindukusch Hindu Kush
Hindustan Hindustan
Hinterindien Indochina
Hiroschima Hiroshima
Holland Holland
Holstein Holstein
Holsteinische Schweiz Holstein Switzerland
Honduras Honduras
Hongkong Hong Kong
Hudsonbay Hudson Bay
Hudsonstraße Hudson Strait
Hugo Hugh
Huronsee Lake Huron

I

Iberische Halbinsel Iberian Peninsula
Iberoamerika Latin America
Ignaz Ignatius
Ijsselmeer Lake Ijssel
Indien India
Indochina Indochina
Indonesien Indonesia
Innerasien Central Asia
Innere Hebriden Inner Hebrides
Innere Mongolei Inner Mongolia
Insel Man Isle of Man
Inseln unter dem Wind Windward Islands
Ionische Inseln Ionian Islands
Ionisches Meer Ionian Sea
Irak Iraq
Iran Iran
Irische Republik Republic of Ireland
Irische See Irish Sea
Irland Ireland
Isabella Isabel
Island Iceland
Israel Israel
Istanbul Istanbul
Istrien Istria
Italien Italia
Italienische Riviera Italian Riviera
Ithaka Ithaka

J

Jakob Jacob, James
Jalta Yalta

Jamaika Jamaika
Japan Japan
Japanisches Meer Sea of Japan
Java Java
Jemen Yemen
Jenissei Yenisei
Jeremias Jeremiah
Jerusalem Jerusalem
Jesus Jesus
Joachim Joachim
Johanna Joan(na)
Johannes John
Jonas Jonah
Jordan Jordan
Jordanien Jordania
Josef Josef
Judäa Judaea
Jugoslawien Yugoslavia
Jungferninseln Virgin Islands
Jura Jura (Mountains)
Jürgen George

K

Kairo Cairo
Kalabrien Calabria
Kalahari Kalahari
Kaledonien Caledonia
Kalifornien California
Kambodscha Kambodia
Kamerun Cameroon
Kamtschatka Kamchatka
Kanaan Canaan
Kanada Canada
Kanalinseln Channel Islands
Kanarische Inseln Canary Islands
Kanton Canton
Kap Canaveral Cape Canaveral
Kap der guten Hoffnung Cape of
Good Hope
Kap Hoorn Cape Horn
Kapprovinz Cape Province
Kapstadt Cape Town
Kap Verde Cape Verde
Kapverdische Inseln Cape Verde
Islands
Karibische Inseln Caribbees
Karin Karen
Karl Charles
Kärnten Carinthia
Karolinen Caroline Islands
Karpaten Carpathian Mountains
Karthago Carthage
Kaschmir Kashmir
Kaspar Caspar
Kaspisches Meer Caspian Sea
Kastilien Castile

Katalonien Catalonia
Katharina Catherine
Kaukasus Caucasus Mountains
Kenia Kenya
Kiel Kiel
Kilimandscharo Mount Kilimanjaro
Klara Clare
Klaus Nicholas
Kleinasien Asia Minor
Kleine Antillen Lesser Antilles
Kleiner Sankt Bernhard Little Saint
Bernard
Kleine Sundainseln Lesser Sunda
Islands
Koblenz Coblenz
Köln Cologne
Kolumbien Colombia
Kolumbus Columbus
Komoren Comoro Islands
Kongo Congo
Konrad Conrad
Konstanz Constance
Kopenhagen Copenhagen
Kordilleren Cordilleras
Korea Korea
Korfu Corfu
Korsika Corsica
Kreml Cremlin
Kreta Crete
Krim Crimea
Kroatien Croatia
Kuba Cuba
Kurt Curt(is)
Kuwait Kuwait
Kykladen Cyclades

L

Lago Maggiore Lake Maggiore
Laos Laos
Lappland Lapland
Lateinamerika Latin America
Lausitz Lusatia
Leipzig Leipsic
Lesotho Lesotho
Lettland Latvia
Libanon Lebanon
Liberia Liberia
Libyen Libya
Liechtenstein Liechtenstein
Ligurien Liguria
Ligurisches Meer Ligurian Sea
Lissabon Lisbon
Litauen Lithuania
London London
Lothringen Lorraine
Lübeck Lübeck

Ludwig Louis
Lüneburger Heide Lüneburg Heath
Luxemburg Luxemb(o)urg
Luzern Lucerne

M

Madagaskar Madagascar
Madeira Madeira
Madrid Madrid
Magellanstraße Strait of Magellan
Mähren Moravia
Mailand Milan
Main Main
Mainz Mayence
Malaiischer Archipel Malay Archipelago
Malakkastraße Strait of Malecca
Malaya Malay Peninsula
Malaysia Malaysia
Malediven Maldives
Mali Mali
Mallorca Majorca
Malta Malta
Mandschurei Manchuria
Maria Mary
Marianne Marian
Markus Marcus
Marokko Morocco
Marshallinseln Marshall Islands
Matterhorn Matterhorn
Matthäus Matthew
Mauretanien Mauritania
Mauritius Mauritius
Mazedonien Macedonia
Meißen Meissen
Mekka Mecca
Melanesien Melanesia
Memel Niemen
Menorca Minorca
Meran Merano
Mesopotamien Mesopotamia
Mexiko Mexico
Michigansee Lake Michigan
Midwayinseln Midway Islands
Mikronesien Micronesia
Mittelamerika Middle America
Mitteleuropa Central Europe
Mittelmeer Mediterranean (Sea)
Mittlerer Osten Middle East
Mohavewüste Mojave Desert
Molukken Moluccas
Monaco Monaco
Mongolei Mongolia
Mongolische Volksrepublik Mongolian People's Republic
Montblanc Mont Blanc

Montenegro Montenegro
Moritz Maurice
Mosambik Mozambique
Mosel Moselle
Moskau Moscow
München Munich

N

Nadelkap Cape Agulhas
Naher Osten Near East
Namibia Namibia
Nauru Nauru
Neapel Naples
Neiße Neisse
Nepal Nepal
Neu-Delhi New Delhi
Neuengland New England
Neufundland Newfoundland
Neuguinea New Guinea
Neukaledonien New Caledonia
Neuseeland New Zealand
Niagarafälle Niagara Falls
Niederbayern Lower Bavaria
Niederlande Netherlands
Niederösterreich Lower Austria
Niedersachsen Lower Saxony
Niger Niger
Nigeria Nigeria
Nikolaus Nicholas
Nil Nile
Nizza Nice
Nordamerika North America
Nordirland Northern Ireland
Nordkap North Cape
Nordkorea North Korea
Nördliches Eismeer Arctic Ocean
Nord-Ostsee-Kanal Kiel Canal
Nordrhein-Westfalen North Rhine-Westphalia
Nordsee North Sea
Nordseekanal North Sea Canal
Normandie Normandy
Normannische Inseln Channel Islands
Norwegen Norway
Nubien Nubia
Nürnberg Nuremberg

O

Oberbayern Upper Bavaria
Oberösterreich Upper Austria
Oberrheinische Tiefebene Upper Rhine Plain
Obervolta Upper Volta
Odenwald Odenwald
Oder-Neiße-Linie Oder-Neisse Line

17

Olymp Mount Olympus
Oman Oman
Ontariosee Lake Ontario
Oranien Orange
Orinoko Orinoco
Orkneyinseln Orkney Islands
Oslo Oslo
Ostasien Eastern Asia
Ostende Ostend
Osterinsel Easter Island, Rapa Nui
Österreich Austria
Österreich-Ungarn Austria-Hungary
Ostpreußen East Prussia
Ostsee Baltic Sea
Ottawa Ottawa
Ozeanien Oceania

P

Pakistan Pakistan
Palästina Palestine
Pamir Pamir
Panama Panama
Panamakanal Panama Canal
Paraguay Paraguay
Paris Paris
Patagonien Patagonia
Pazifik Pacific
Pazifikküste Pacific Coast
Peking Peking
Peloponnes Peloponnesus
Persien Persia
Persischer Golf Persian Gulf
Peru Peru
Pfalz Palatinate
Pfälzer Wald Palatinate Forest
Philippinen Phillippines
Picardie Picardy
Piemont Piedmont
Piräus Piraeus
Plattensee Balaton
Po Po
Polen Poland
Polynesien Polynesia
Pommern Pomerania
Pompeji Pompeii
Portugal Portugal
Prag Prague
Preußen Prussia
Puerto Rico Puerto Rico
Pyrenäen Pyrenees
Pyrenäenhalbinsel Iberian Peninsula

Q

Quebec Quebec
Quatar Qatar

R

Regensburg Regensburg
Republik Südafrika Republic of South Africa
Reykjavik Reykjavik
Rhein Rhine
Rheinfall Rhine Falls
Rheinisches Schiefergebirge Rhenish Slate Mountains
Rheinland Rhineland
Rheinland-Pfalz Rhineland-Palatinate
Rhodesien Rhodesia
Rhodes Rhodes
Rhone Rhone
Riesengebirge Giant Mountains
Riga Riga
Rio de Janeiro Rio de Janeiro
Riviera Riviera
Rom Rome
Rotes Meer Red Sea
Ruarda Rwanda
Rubikon Rubicon
Rüdiger Roger
Ruhrgebiet Ruhr District
Russland Russia

S

Saarland Saar(land)
Sachsen Saxony
Sächsische Schweiz Saxon Switzerland
Sahara Sahara
Salomoninseln Salomon Islands
Salzburg Salzburg
Sambia Zambia
Samoa Samoa
Sankt Gallen Saint Gall(en)
Sankt Gotthard Saint Gotthard
Sankt-Lorenz-Strom Saint Lawrence
Sankt Moritz Saint-Moritz
Sankt Petersburg Saint Petersburg
San Marino San Marino
Santiago de Chile Santiago de Chile
Sardinien Sardinia
Saudi-Arabien Saudi Arabia
Schanghai Shanghai
Schlesien Silesia
Schleswig-Holstein Schleswig-Holstein
Schottland Scotland
Schwaben Swabia
Schwäbische Alb Swabian Jura
Schwarzes Meer Black Sea
Schweden Sweden
Schweiz Switzerland
See Genezareth Sea of Galilee, Lake of Genesaret

Seine Seine
Senegal Senegal
Serbien Serbia
Serengeti-Nationalpark Serengeti National Park
Sevilla Seville
Sewastopol Sevastopol
Seychellen Seychelles
Shetland-Inseln Shetland Islands
Sibirien Siberia
Siebenbürgen Transylvania
Sierra Leone Sierra Leone
Sinai Sinai
Singapur Singapore
Sizilien Sicily
Skagerrak Skager(r)ak
Skandinavien Scandinavia
Slowenien Slovenia
Somalia Somalia
Sowjetunion Soviet Union
Spanien Spain
Spessart Spess(h)art
Spitzbergen Spitsbergen
Sri Lanka Sri Lanka
Stefan Stephen
Steiermark Styria
Stiller Ozean Pacific
Stockholm Stockholm
Strassburg Strassbourg
Straße von Calais Straits of Dover
Straße von Gibraltar Strait of Gibraltar
Stuttgart Stuttgart
Südafrika South Africa
Südamerika South America
Sudan Sudan
Sudetenland Sudetenland
Südeuropa Southern Europe
Südkorea South Korea
Südliches Eismeer Antarctic Ocean
Südpolarmeer Antarctic Ocean
Südsee South Sea
Südtirol South Tyrol
Sueskanal Suez Canal
Sumatra Sumatra
Sund Sound
Sundainseln Sunda Islands
Surinam Surinam
Swasiland Swaziland
Syrien Syria

T

Tahiti Tahiti
Taiwan Taiwan
Tanganjika Tanganyika
Tanger Tangier
Tansania Tanzania

Tasmanien Tasmania
Taunus Taunus
Teheran Teh(e)ran
Tel Aviv Tel Aviv
Teneriffa Tenerif(f)e
Tessin Ticino
Thailand Thailand
Themse Thamse
Thule Thule
Thüringen Thuringia
Tiber Tiber
Tibet Tibet
Tigris Tigris
Tirana Tirana
Tirol Tyrol
Titikakasee Lkae Titicaca
Todestal Death Valley
Tokio Tokyo
Tonga Tonga
Toskana Tuscany
Totes Meer Dead Sea
Trient Trent
Trier Trier
Triest Trieste
Trinidad und Tobago Trinidad and Tobago
Troja Troy
Tschad Chad
Tschechoslowakei Czechoslovakia
Tunesien Tunis(ia)
Türkei Turkey

U

Uganda Uganda
Ukraine Ukraine
Ungarn Hungary
Ural Ural
Uruguay Uruguay

V

Vaduz Vaduz
Vatikanstadt Vatican City
Venedig Venice
Venezuela Venezuela
Vereinigte Arabische Emirate United Arab Emirates
Vereinigte Staaten von Amerika United States of America
Vesuv Vesuvius
Via Appia Appian Way
Vierwaldstädter See Lake of Lucerne
Vogesen Vosges Mountains
Volksrepublik China People's Republic of China
Vorderasien Anterior Asia

Vorderindien peninsular India

W

Wallis Valais
Warschau Warsaw
Weichsel Vistula
Weihnachtsinsel Christmas Island
Weißes Meer White Sea
Weißrussland Belorussia
Weser Weser
Westfalen Westphalia
Westfälische Pforte Westphalian Gate
Westindien West Indies
West-Samoa Western Samoa
Wien Vienna

Wilhelm William
Windhuk Windhoek
Wolga Volga

Y

Yukatan Yucatan

Z

Zaire Zaire
Zentralafrika Central Africa
Zentralasien Central Asia
Zugspitze Zugspitze
Zürich Zurich
Zypern Cyprus

Deutsche Zahlwörter

Grundzahlen

eins *one*
zwei *two*
drei *three*
vier *four*
fünf *five*
sechs *six*
sieben *seven*
acht *eight*
neun *nine*
zehn *ten*
elf *eleven*
zwölf *twelve*
dreizehn *thirteen*
vierzehn *fourteen*
fünfzehn *fifteen*
sechzehn *sixteen*
siebzehn *seventeen*
achtzehn *eighteen*
neunzehn *nineteen*
zwanzig *twenty*
einundzwanzig *twenty-one*
zweiundzwanzig *twenty-two*

dreiundzwanzig *twenty-three*
dreißig *thirty*
vierzig *fourty*
fünfzig *fifty*
siebzig *seventy*
achtzig *eighty*
neunzig *ninety*
einhundert *one hundred*
zweihundert *two hundred*
fünfhundert *five hundred*
eintausend *one thousand*
zweitausend *two thousand*
zehntausend *ten thousand*
zwanzigtausend *twenty thousand*
einhunderttausend *one hundred thousand*
fünfhunderttausend *five hundred thousand*
eine Million *one million*
zwei Millionen *two million*
eine Milliarde *one billion*
eine Billion *one trillion*

Ordnungszahlen

der erste *the first*
der zweite *the second*
der dritte *the third*
der vierte *the fourth*
der fünfte *the fifth*
der sechste *the sixth*
der siebte *the seventh*
der achte *the eighth*
der neunte *the ninth*
der elfte *the eleventh*
der zwölfte *the twelfth*

der dreizehnte *the thirteenth*
der vierzehnte *the fourteenth*
der fünfzehnte *the fifteenth*
der zwanzigste *the twentieth*
der dreißigste *the thirtieth*
der vierzigste *the fortieth*
der fünfzigste *the fiftieth*
der hundertste *the hundredth*
der zweihundertste *the two hundredth*
der fünfhundertste *the five hundredth*
der tausendste *the thousandth*

Zahladverbien

erstens *firstly*
zweitens *secondly*
drittens *thirdly*
viertens *fourthly*
fünftens *fifthly*
sechstens *sixthly*
siebtens *seventhly*
achtens *eigthly*
neuntens *ninthly*
zehntens *tenthly*

elftens *eleventhly*
zwölftens *twelfthly*
dreizehntens *thirteenthly*
vierzehntens *fourteenthly*
fünfzehntens *fifteenthly*
zwanzigstens *twentiethly*
dreißigstens *thirtiethly*
vierzigstens *fortiethly*
fünfzigstens *fiftiethly*
hundertstens *hundredthly*

Bruchzahlen

ein Halb *one half*	ein Siebtel *one seventh*
ein Drittel *one third*	ein Achtel *one eighth*
ein Viertel *one quarter, one fourth*	ein Neuntel *one ninth*
ein Fünftel *one fifth*	ein Zehntel *one tenth*
ein Sechstel *one sixth*	ein Elftel *one eleventh*

Vervielfältigungszahlen

einmal *once*	zweifach *double*
zweimal *twice*	dreifach *threefold*
dreimal *three times*	vierfach *fourfold*
viermal *four times*	fünffach *fivefold*
fünfmal *five times*	sechsfach *sixfold*
sechsmal *six times*	siebenfach *sevenfold*
siebenmal *seven times*	achtfach *eightfold*
achtmal *eight times*	neunfach *ninefold*
neunmal *nine times*	zehnfach *tenfold*
einfach *single*	

Deutsche Abkürzungen

A

A *Ampere* ampere
AA *Auswärtiges Amt* foreign ministry
a.a.O. *am angegebenen Ort* in the place cited
Abb. *Abbildung* figure
Abk. *Abkürzung* abbreviation
ABS *Antiblockiersystem* anti-lock braking system
Abt. *Abteilung* department
a. Chr. *vor Christus* before Christ
a.D. *außer Dienst* retired
A.D. *im Jahre des Herrn* in the year of our Lord
ADAC *Allgemeiner Deutscher Automobilclub* General German Automobile Association
Add. *Ergänzung* additions
Adr. *Adresse* address
AE *Arbeitseinheit* unit of work
AEG *Allgemeine Elektrizitäts-Gesellschaft* General Electricity Company
afr. *afrikanisch* African
ahd. *althochdeutsch* Old High German
AIDS *erworbenes Immunschwäche-syndrom* Acquired Immune Defficiency Syndrome
akad. *akademisch* academic
Akad. *Akademie* academy
Akk. *Akkusativ* accusative
Akku *Akkumulator* accumulator
Akt.-Nr. *Aktennummer* file number
al. *auch genannt* alias
Alk. *Alkohol* alcohol
allg. *allgemein* general(ly)
alph. *alphabetisch* alphabetical
Alu *Aluminium* aluminium
a. M. *am Main* on the Main
amerik. *amerikanisch* American
amtl. *amtlich* official(ly)
Änd. *Änderung* change
Anh. *Anhang* appendix
Ank. *Ankunft* arrival
Anm. *Anmerkung* comment
anschl. *anschließend* following
a.o. *außerordentlich* senior ...
AOK *Allgemeine Ortskrankenkasse* General Regional Health Insurance
Apart. *Apartment* apartment
App. *Apparat* extension
arab. *arabisch* Arabian, Arabic (language)
Arb. *Arbeit* work

Arbg. *Arbeitgeber* employer
Arbn. *Arbeitnehmer* employee
ARD *Arbeitsgemeinschaft der öffentlich-rechtlichen Rundfunkanstalten der Bundesrepublik Deutschland* work group of the broadcasting corporations under public law of the Federal Republic of Germany
a. Rh. *am Rhein* on the Rhine
Art. *Artikel* article (ling.); item (wirt.)
ASEAN *Vereinigung südostasiatischer Staaten zur Förderung von Frieden und Wohlstand* Association of Southeast Asian Nations
A.T. *Altes Testament* Old Testament
atü *Atmosphärenüberdruck* atmospheric excess pressure
Aufl. *Auflage* edition
Ausg. *Ausgabe* issue
ausgen. *ausgenommen* except
ausl. *ausländisch* foreign
Ausn. *Ausnahme* exception
ausschl. *ausschließlich* exclusive(ly)
austr. *australisch* Australian
ausw. *auswärtig* foreign
auth. *authentisch* authentic(ally)
Az. *Aktenzeichen* reference (in Briefen); file number (jur.)

B

B *Bundesstraße* major road
BA *Bundesanstalt* Federal Office
b. a. W. *bis auf Widerruf* until further notice
Bd. *Band* volume
bds. *beiderseits* on both sides
bef. *befugt* authorized
Beg. *Beginn* start
begl. *beglichen* paid
begl. *beglaubigt* certified
beil. *beiliegend* enclosed
Beisp. *Beispiel* example
bek. *bekannt* known
belg. *belgisch* Belgian
Benelux *Belgien, Niederlande, Luxemburg* the Benelux countries
Ber. *Bericht* report
bes. *besonders* especially
Besch. *Bescheinigung* certificate
Best.-Nr. *Bestellnummer* order number
betr. *betrifft* with reference to
Bev. *Bevölkerung* population
bez. *bezahlt* paid
bez. *bezeichnet* named

bfr *belgischer Franc* Belgian franc
BGB *Bürgerliches Gesetzbuch* German Civil Code
BGH *Bundesgerichtshof* Federal High Court
Bhf. *Bahnhof* station
Bib. *Bibel* Bible
bildl. *bildlich* pictorial (Darstellung); figurative (Ausdruck)
biogr. *biografisch* biographical(ly)
biol. *biologisch* biological(ly)
Bj. *Baujahr* construction year
BMW *Bayerische Motorenwerke* Bavarian Engine Works
BND *Bundesnachrichtendienst* Federal Intelligence Service
bot. *botanisch* botanic(al)
BR *Bayerischer Rundfunk* Bavarian Broadcasting Corporation
bras. *brasilianisch* Brazilian
brit. *britisch* British
BRK *Bayerisches Rotes Kreuz* Bavarian Red Cross
BRT *Bruttoregistertonne* gross register ton
bsd. *besonders* especially
BSE *bovine spongiforme Enzephalopathie (Rinderwahnsinn)* Bovine Spongioform Encephalopathy
bürg. *bürgerlich* civil
Bw. *Bundeswehr* the German armed forces
b. w, *bitte wenden* please turn over
bzgl. *bezüglich* regarding
bzw. *beziehungsweise* respectively

C

C *Celsius* Celsius
ca. *circa* circa
cbm *Kubikmeter* cubic metre
CDU *Christlich-Demokratische Union* Christian Democratic Union
cf. *vergleiche* compare
christl. *christlich* Christian
chron. *chronologisch* chronological
CIA *US-amerikanischer Geheimdienst* secret service of the USA (Cenral Intelligence Agency)
cm *Zentimeter* centimetre
Co. *Kompagnon* company
CSU *Christlich-Soziale Union* Christian Social Union
c. t. *mit akademischem Viertel* a quarter past the hour
CVJM *Christlicher Verein Junger Männer* Young Men's Christian Association

D

D *Durchgangszug* express train
d. Ä. *der Ältere* the Elder
DAG *Deutsche Angestellten-Gewerkschaft* German Employees' Trade Union
dän. *dänisch* Danish
dass. *dasselbe* the same
Dat. *Dativ* dative
DAT *digitales Audioband* Digital Audiotape
DBP *Deutsches Bundespatent* German Federal Patent
Dem. *Demokratie* democracy
demn. *demnach* thus
ders. *derselbe* the same
desgl. *desgleichen* likewise
dez. *dezimal* decimal
DGB *Deutscher Gewerkschaftsbund* German Trade Union Federation
dgl. *dergleichen* such
d. Gr. *der Große* the Great
d. h. *das heißt* that is
d. i. *das ist* that is
dial. *dialektisch* dialectical
DIN *Deutsches Institut für Normung* German Institute for Standardization
Dipl *Diplom* diploma
Dipl-Ing. *Diplomingenieur* qualified engineer
Dipl-Kfm. *Diplomkaufmann* business graduate
Dir. *Direktor* director
d. J. *der Jüngere* the Younger
DKP *Deutsche Kommunistische Partei* German Communist Party
dkr *dänische Krone* Danish crown
DM *Deutsche Mark* German mark
DNA *Deutscher Normenausschuss* German Committee of Standards
d. O. *der/die/das Obige* the above-mentioned
Doppelz. *Doppelzimmer* double room
Doz. *Dozent* lecturer
dpa *Deutsche Presseagentur* German Press Agency
Dr. *Doktor* doctor
d. Red. *die Redaktion* the editor(s)
Dr. jur. *Doktor der Rechtswissenschaft* Doctor of Laws
DRK *Deutsches Rotes Kreuz* German Red Cross
Dr. med. *Doktor der Medizin* Doctor of Medicine
Dr. phil. *Doktor der Philosophie* Doctor of Philosophy

Dr. theol. *Doktor der Theologie* Doctor
of Theology
dt. *deutsch* German
DTHW *Deutsches Tierhilfswerk*
German Animal Welfare Organization
d. U. *der Unterzeichnete* the
undersigned
Dupl. *Duplikat* duplicate
d. v. J. *des vorigen Jahres* of the
previous year
dz *Doppelzentner* 100 kilogram(me)s
Dz. *Dutzend* a dozen

E

E *Eilzug* fast train
ebd. *ebenda* ibidem
ec *Euroscheck* Euro Cheque
Ed. *Edition* edition
EDV *Elektronische Datenverarbeitung*
electronic data processing
EFTA *Europäische*
Freihandelsassoziation European Free
Trade Association
e. G. *eingetragene Gesellschaft*
registered company
ehel. *ehelich* marital
ehem. *ehemalig* former
Einbd. *Einband* cover
einf. *einfach* simple
eingetr. *eingetragen* registered
Einh. *Einheit* unit
einschl. *einschließlich* including
einz. *einzeln* single
EKG *Elektrokardiogramm*
electrocardiogram
elektr. *elektrisch* electric(al); electrically
empf. *empfohlen* recommended
Empf. *Empfänger* recipient
engl. *englisch* English
Entf. *Entfernung* distance
entspr. *entsprechend* analogous;
appropriate; corresponding; equivalent;
respective;
erb. *erbaut* built
Erdg. *Erdgeschoss* ground floor
erh. *erhalten* received
Ers. *Ersatz* substitute
Erw. *Erwachsene* adult
Erz. *Erzeugnis* product
Et. *Etage* floor
et al. *und andere* and others
etwa. *etwaig* eventual
EU *Europäische Union* European Union
europ. *europäisch* European
ev. *evangelisch* Protestant
e.V. *eingetragener Verein* registered

association
evtl. *eventuell* possible, possibly
exkl. *exklusiv* exclusive(ly)
Expl. *Exemplar* specimen
Exz. *Exzellenz* Excellency

F

F *Fahrenheit* Fahrenheit
Fa. *Firma* firm
Fam. *Familie* family; Mr & Mrs X (in
Adressen)
fb. *farbig* coloured
FBI *US-amerikanische*
Bundeskriminalpolizei criminal
investigation department of the USA
(Federal Bureau of Investigation)
FC *Fußballclub* football club
FDP *Freie Demokratische Partei* Liberal
Democratic Party
ff *folgende Seiten* following pages
FF *französischer Franc* French franc
FH *Fachhochschule* advanced technical
college
FIFA *Internationaler Fußballverband*
Federation of the International Football
Associations
fin. *finanziell* financial(ly)
finn. *finnisch* Finnish
FKK *Freikörperkultur* nudism
Fl *Fläche* area
fm *Festmeter* cubic metre
Fmt *Format* format
Föd. *Föderation* federation
Forts. *Fortsetzung* continuation
fotogr. *fotografisch* photografic(ally)
Fr. *Frau* mistress
frdl. *freundlich* friendly
Frh. *Freiherr* baron
Frl. *Fräulein* miss
frz. *französisch* French
FU *Freie Universität* Free University
Fut. *Futur* future
Fz. *Fahrzeug* vehicle

G

g *Gramm* gram(me)
Gar. *Garantie* guarantee
gar. *garantiert* guaranteed
gastr. *gastronomisch* gastronomic(al)
Gde. *Gemeinde* municipality
Geb. *Gebiet* district
Geb. *Gebühr* rate
gebr. *gebräuchlich* common
Gebr. *Gebrüder* brothers
gegr. *gegründet* established

geh. *geheim* secret
gek. *gekürzt* abridged
gem. *gemäß* according to
gem. *gemischt* mixed
gen. *genehmigt* approved
gen. *genannt* called; above-mentioned (erwähnt)
geogr. *geografisch* geographica(al)
geol. *geologisch* geologic(al)
geom. *geometrisch* geometric(al)
gepr. *geprüft* tested (Gerät); certified (Dokument)
ger. *gerichtlich* judicial(ly)
Ges. *Gesellschaft* association (Vereinigung); company (Unternehmen)
Geschw. *Geschwindigkeit* speed
ges. gesch. *gesetzlich geschützt* patented
GEW *Gas, Elektrizität, Wasser* gas, electricity, water
Gew. *Gewicht* weight
gew. *gewerblich* commercial(ly)
gez. *gezeichnet* signed
GG *Grundgesetz* German constitution
ggf. *gegebenenfalls* if applicable
Ggs. *Gegensatz* contrast
ggs. *gegensätzlich* oppsite
GmbH *Gesellschaft mit beschränkter Haftung* private limited company
Gr. *Grad* degree
griech. *griechisch* Greek
gr.-orth. *griechisch-orthodox* Greek Orthodox
Gült. *Gültigkeit* validity
GUS *Gemeinschaft unabhängiger Staaten* Community of Independent States

H

H *Haltestelle* stop
h *Stunde* hour
ha *Hektar* hectare
habil. *habilitiert* habilitated
Haftpfl. *Haftpflicht* liability; third party ...(Versicherung)
Halbj. *Halbjahr* half-year
haupts. *hauptsächlich* main(ly)
Hbf. *Hauptbahnhof* central station
h.c. *ehrenhalber* honorary
hdschr. *handschriftlich* handwritten
hdt. *hundert* hundred
herg. *hergestellt* made
Herst. *Hersteller* manufacturer
hfl *holländischer Gulden* Dutch guilder
Hfn *Hafen* harbour
HG *Handelsgenossenschaft* trade

cooperative
Hi *höchste Klangtreue* high fidelity
hist. *historisch* historical(ly)
HJ *Hitlerjugend* Nazi youth organization
Hj. *Halbjahr* half-year
HK *Handelskammer* Chamber of Commerce
hl. *heilig* holy
hl *Hektoliter* hectolitre
Hochw. *Hochwürden* Reverend
höfl. *höflichst* kindly
holl. *holländisch* Dutch
HP *Halbpension* half-board
Hp. *Haupt-* main
hpts. *hauptsächlich* main(ly)
Hr. *Herr* mister
HR *Hessischer Rundfunk* Hessian Broadcasting Corporation
Hrsg. *Herausgeber* publisher
hum. *humoristisch* humorous
hydr. *hydraulisch* hydraulic(ally)
Hyp *Hypothek* mortgage
Hz *Hertz* hertz
Hzg. *Heizung* heating (system)

I

i. A. *Im Auftrag* by proxy
i. a. *W.* *in anderen Worten* in other words
i. B. *Im Besonderen* in particular
ibd. *ebenda* in the same place
IC *Intercityzug* Inter-City (train)
ICE *Intercityexpresszug* Inter-City Express (train)
i. D. *Im Dienst* on duty
i. E. *im Einzelnen* in particular
i. e. *das heißt* that is
i. e. S. *im engeren Sinne* in the narrower sense
IFO *Institut für Wirtschaftsforschung* Institute for Economic Research
i. J. *im Jahre* in (the year)
i. K. *in Kürze* soon
ill. *illustriert* illustrated
i. M. *im Monat* in (the month of)
Imm. *Immobilien* real estate
Imp *Imperativ* imperative
Impf. *Imperfekt* imperfect
inbegr. *inbegriffen* included
Ind. *Industrie* industry
Ind. *Index* index
indir. *indirekt* indirect(ly)
indiv. *individuell* individual(ly)
Ing. *Ingenieur* engineer
Inh. *Inhaber* owner
Inh. *Inhalt* contents

inkl. *inklusive* including
insges. *insgesamt* altogether
intern. *international* international
Interpol *Internationale Kriminalpolizei-Kommission* International Criminal Police Commission
IOC *Internationales Olympisches Komitee* International Olympic Committee
i. R. *im Ruhestand* retired
IRA *Irisch-Republikanische Armee* Irish Republican Army
IRK *Internationales Rotes Kreuz* International Red Cross
ital. *italienisch* Italian
i. Tr. *in der Trockenmasse* in dry matter
i. ü. *im übrigen* incidentally; besides (am Rande)
i. V. *in Vertretung* on behalf of
IV *Industrieverband* federation of industries

J

jap. *japanisch* Japanese
Jgd. *Jugend* youth
jhrl. *jährlich* annual(ly)
jr. *junior* junior

K

Kan. *Kanada* Canada
Kan. *Kanal* canal
Kap. *Kapitel* chapter
Kapt. *Kapitän* captain
Kat. *Kategorie* categorie
kath. *katholisch* Catholic
Kennz. *Kennzeichen* registration number
kfm. *kaufmännisch* commercial
Kfm. *Kaufmann* businessman
Kfz *Kraftfahrzeug* motor vehicle
KG *Kommanditgesellschaft* limited partnership
kg *Kilogramm* kilogramme
KGB *Komitee für Staatssicherheit (Geheimdienst der ehemaligen Sowjetunion)* secret service of the former Soviet Union
kgl. *königlich* royal
kHz *Kilohertz* kilohertz
k. k. *kaiserlich-königlich* imperial and royal
Kl. *Klasse* class
klass. *klassisch* classical
km *Kilometer* kilometre

k. o. *knock-out* knock-out
komm. *kommunistisch* communist
Komp. *Kompanie* company
Konf. *Konfession* religious denomination
Konf. *Konföderation* confederation
Konj. *Konjunktiv* subjunctive
Konz. *Konzern* group
KP *Kommunistische Partei* Communist Party
kpl. *komplett* complete(ly)
Krh. *Krankenhaus* hospital
krit. *kritisch* critical
Krs. *Kreis* district
Kto. *Konto* (bank) account
Kto.-Nr. *Kontonummer* account number
künstl. *künstlich* artificial(ly)
KW *Kurzwelle* short wave
kW *Kilowatt* kilowatt
KZ *Konzentrationslager* concentration camp

L

l. *links* (to the) left
l *Liter* litre
Lab. *Laboratorium* lab(oratory)
lat. *lateinisch* Latin
lbd. *lebend* living
Ldg. *Ladung* freight
led. *ledig* single
leg. *legal* legal(ly)
Lekt. *Lektion* chapter
lfd. *laufend* current, continuously
LG *Landgericht* district court
lit. *literarisch* literary
Lit. *italienische Lire* lira
Lit. *Literatur* literature
liz. *lizenziert* licensed
Lkr. *Landkreis* district
LKW *Lastkraftwagen* lorry
log. *logisch* logical(ly)
log *Logarithmus* logarithm
lok. *lokal* local
Lsg. *Lösung* solution
lt. *laut* as per
ltd. *leitend* managerial
Ltg. *Leitung* management
LW *Langwelle* long wave

M

m. *männlich* male
M. *Magister* Master
m *Meter* metre
MA. *Mittelalter* Middle Ages

MAD *Militärischer Abschirmdienst* military counter-intelligence service
magn. *magnetisch* magnetic
männl. *männlich* male
Mar. *Marine* Navy
math. *mathematisch* mathematical(ly)
m. a. W. *mit anderen Worten* in other words
max. *maximal* maximum, maximally
mbl. *möbliert* furnished
MC *Musikkkassette* Music Cassette
MdB *Mitglied des Bundestages* Member of the Bundestag
mdl. *mündlich* oral
MdL *Mitglied des Landtages* Member of the Landtag
m. E. *meines Erachtens* in my opinion
meteor. *meteorologisch* meteorological
mex. *mexikanisch* Mexican
MEZ *Mitteleuropäische Zeit* Central Euopean Time
MG *Maschinengewehr* machine gun
mg *Milligramm* milligramme
mhd. *mittelhochdeutsch* Middle High German
MHz *Megahertz* megahertz
mil. *militärisch* military
Mill. *Million* million
min. *minimal* minimal
Min. *Minute* minute
minderj. *minderjährig* underage
Mitgl. *Mitglied* member
mm *Millimeter* millimetre
mod. *modern* modern
moh. *mohammedanisch* Muslim
Mot. *Motor* engine
MP *Maschinenpistole* submachine gun
Mrd. *Milliarde* billion
MS *Manuskript* manuscript
mst. *meistens* usually
Mt. *Mount* Mount
mtl. *monatlich* monthly
m. ü. M. *Meter über Meeresspiegel* metres above sea level
Mus. *Museum* museum
mus. *musikalisch* musical
MwSt. *Mehrwertsteuer* value-added tax

N

N *Norden* north
Nachm. *Nachmittag* afternoon
NAFTA *Freihandelsabkommen zwischen den USA, Kanada und Mexiko* North American Free Trade Association
näml. *nämlich* namely
Nbk. *Nebenkosten* extra expenses

Nchf. *Nachfolger* successor
n. Chr. *nach Christus* anno Domini
NDR *Norddeutscher Rundfunk* Northern German Broadcasting Corporation
neb *neben* beside; in addition (außer)
neg *negativ* negative(ly)
neutr. *neutral* neutral
n. f. *nur für* only for
nhd. *neuhochdeutsch* New High German
n. J. *nächsten Jahres* next year's
nkr *norwegische Krone* Norwegian crown
n. M. *nächsten Monats* next month's
nmtl. *namentlich* by name; especially (insbesondere)
norm. *normal* normal
norw. *norwegisch* Norwegian
notw. *notwendig* necessary
Nr. *Nummer* number
NS *Nachschrift* postscript
NSDAP *Nationalsozialistische deutsche Arbeiterpartei* National Socialist German Labour Party
N.T. *Neues Testament* New Testament
nto *netto* net
nuk. *nuklear* nuclear

O

O *Osten* east
o. a. *oben angeführt* above-mentioned
o. Ä. *oder Ähnliches* or the like
o. B. *ohne Befund* negative
OB *Oberbürgermeister* mayor
Obb. *Oberbayern* Upper Bavaria
obh. *oberhalb* above
oblig. *obligatorisch* compulsory
OCR *optische Zeichenerkennung* optical character recognition
OEZ *Osteuropäische Zeit* Eastern European Time
öfftl. *öffentlich* public(ly)
Offz. *Offizier* officer
OHG *Offene Handelsgesellschaft* general partnership
ökon. *ökonomisch* economic (wirt.); economical(ly) (sparsam)
OLG *Oberlandesgericht* Higher Regional Court
Op. *Opus* opus
OPEC *Organisation der Erdöl exportierenden Länder* Organization of Petroleum Exporting Countries
ORB *Ostdeutscher Rundfunk* Eastern German Broadcasting Corporation

ord. *ordentlich* regular
orient. *orientalisch* oriental
orig. *original* original (ursprünglich));
genuine (wirklich)
Orig. *Original* original
orth. *orthodox* Orthodox
örtl. *örtlich* local(ly)
OSZE *Organisation für Sicherheit und Zusammenarbeit in Europa*
Organisation for Security and Cooperation in Europe
Oz. *Ozean* ocean
o. Zw. *ohne Zweifel* undoubtedly

P

p *Peso* peso
PA *Postamt* post office
päd. *pädagogisch* pedagogical
Parl. *Parlament* parliament
Part. *Partei* party
Pat. *Patent* patent
perf. *perfekt* perfect(ly)
pers. *persönlich* personal(ly)
Pf *Pfennig* pfennig
Pfd. *Pfund* German pound
pharm. *pharmazeutisch* pharmaceutical(ly)
phil. *philologisch* philological(ly)
phil. *philosophisch* philosophical(ly)
phys. *physisch* physical(ly)
Pkt. *Punkt* point
Pkt. *Paket* parcel
PKW *Personenkraftwagen* (motor) car
Pl. *Platz* seat (Sitz); square (öffentlicher)
pol. *polizeilich* police, by the police
pol. *politisch* political
port. *portugiesisch* Portuguese
pos. *positiv* positive
Präs. *Präsidium* headquarters (Dienststelle); executive committee (Vorstand)
Prfg. *Prüfung* exam
priv. *privat* private(ly)
Prof. *Professor* professor
prot. *protestantisch* Protestant
prov. *provisorisch* provisional
PS *Pferdestärke* horsepower
P.S. *Postscriptum* postscript
Pseud. *Pseudonym* pseudonym
psych. *psychologisch* psychological(ly)

Q

q.e.d. *was zu beweisen war* which was to be proven

qm *Quadratmeter* square metre
Qual. *Qualität* quality
Quant. *Quantität* quantity

R

r. *rechts* (to the) right
RA *Rechtsanwalt* lawyer
RAF *Rote Armeefraktion* Red Army Faction
RAM *Informationsspeicher mit freiem Datenzugriff* Random Access Memory
RB *Radio Bremen* Radio Bremen
Rbl *Rubel* rouble
rd. *rund* around
Rdf. *Rundfunk* broadcasting corporation
Ref. *Referat* department
Reg. *Regierung* government
rel. *relativ* relative(ly)
rel. *religiös* religious
Rel. *Religion* religion
Rep. *Republik* republic
resp. *respektive* respectively
rh *Rhesusfaktor* rhesus factor
RIAS *Radio im amerikanischen Sektor* Radio in the American Sector
R.I.P. *er/sie ruhe in Frieden* may he/she rest in peace
rk *römisch-katholisch* Roman Catholic
ROM *Nur-Lese-Speicher* Read-only Memory
röm. *römisch* Roman
rückw. *rückwirkend* retroactive
russ. *russisch* Russian

S

s. *siehe* see
S *Süden* south
S. *Seite* page
Sa. *Summe* sum
SA *Sturmabteilung (im Nationalsozialismus)* Nazi stormtroops
s.a. *siehe auch* see also
Samml. *Sammlung* collection
Sanat. *Sanatorium* sanatorium
SB *Selbstbedienung* self-service
S-Bahn *Stadtbahn* suburban railway (Netz); suburban train (Triebzug)
schott. *schottisch* Scottish
schriftl. *schriftlich* written
Schw. *Schwester* sister
schwed. *schwedisch* Swedish
schweiz. *schweizerisch* Swiss
scil. *nämlich* namely
SD *Sicherheitsdienst* security service

29

SDR *Süddeutscher Rundfunk* Southern German Broadcasting Corporation
SED *Sozialistische Einheitspartei Deutschlands* Socialist Unity Party of Germany
sek. *Sekunde* second
selbst. *selbstständig* independent (unabhängig); self-employed (beruflich)
Sem. *Semester* semester
sen. *der Ältere* senior
sex. *sexuell* sexual(ly)
SFB *Sender Freies Berlin* Broadcasting Corporation of free Berlin
sfr *Schweizer Franken* Swiss franc
sign. *signiert* signed
skand. *skandinavisch* Scandinavian
S. Kgl. H. *Seine Königliche Hoheit* His Royal Majesty
skr *schwedische Krone* Swedish crown
sm *Seemeile* nautical mile
SM *Sado-Maso* sado-maso
s.o. *siehe oben* see above
sog. *sogenannt* so-called
SOS *internationales Notsignal* save our souls
sowj. *sowjetisch* soviet
soz. *sozial* social(ly)
span. *spanisch* Spanish
SPD *Sozialdemokratische Partei Deutschlands* Social Democratic Party of Germany
spez. *speziell* special(ly)
Spvgg. *Spielvereinigung* sports association
Sr. *Senior* senior
SR *Saarländischer Rundfunk* Broadcasting Corporation of the Saarland
SS *Schutzstaffel (im Nationalsozialismus)* Nazi elite squadron
St. *Heilige/-r* saint
s.t. *ohne akademisches Viertel* sharp
staatl. *staatlich* state ..., officially
stat. *statistisch* statistical
Std. *Stunde* hour
Stell. *Stellung* position
stellv. *stellvertretend* vice-...
StGB *Strafgesetzbuch* Penal Code
St.Kl. *Steuerklasse* tax bracket
StPO *Strafprozessordnung* Code of Criminal Procedure
Str. *Straße* road; street
stud. *Student* student
StVO *Straßenverkehrsordnung* road traffic regulations
SU *Sowjetunion* Soviet Union

s.u. *siehe unten* see below
Subj. *Subjekt* subject
SWF *Südwestfunk* Southwestern German Broadcasting Corporation
synth. *synthetisch* synthetic(ally)
syst. *systematisch* sytematic(ally)

T

t *Tonne* ton
Tabl. *Tablette* tablet
techn. *technisch* technical(ly); technological(ly)
Tel. *Telefon* (tele)phone
telef. *telefonisch* (by) (tele)phone
telegr. *telegrafisch* telegraphic(ally)
Telegr. *Telegramm* telegram
Tel.-Nr. *Telefonnummer* (tele)phone number
tgl. *täglich* daily
TH *Technische Hochschule* institute of technology
theor. *theoretisch* theoretical(ly)
tödl. *tödlich* fatal (Unfall); lethal (Dosis)
TSV *Turn- und Sportverein* Gymnastics and Sports Association (in Germany)
TU *Technische Universität* technical university
türk. *türkisch* Turkish
TÜV *Technischer Überwachungsverein* technical control board
TV *Fernsehen* television
typ. *typisch* typical(ly)

U

U/min *Umdrehungen pro Minute* revolutions per minute
u. Ä. *und Ähnliches* and the like
u.a. *und andere* and others
u.a. *unter anderem* among other things
U.A.w.g. *Um Antwort wird gebeten* R.S.V.P.
übl. *üblich* customary
u. dgl. *und dergleichen* and the like
u. d. M. *unter dem Meeresspiegel* below sea level
ü. d. M. *über dem Meeresspiegel* above sea level
UdSSR *Union der sozialistischen Sowjetrepubliken* Union of Soviet Socialist Republics
u. E. *unseres Erachtens* in our opinion
u.f. *und folgende* and following
UFO *unbekanntes Flugobjekt* unidentified flying object
U-Haft *Untersuchungshaft* custody

UKW *Ultrakurzwelle* ultrashort wave
unbek. *unbekannt* unknown (nicht
bekannt); unfamiliar (nichtvertraut)
unehel. *unehelich* illegitimate
unerw. *unerwünscht* undesirable
unfrw. *unfreiwillig* involuntary
ung. *ungarisch* Hungarian
ungebr. *ungebräuchlich* unusual
ungek. *ungekündigt* regularly
employed
Univ. *Universität* university
UNO *Organisation der Vereinten
Nationen* United Nations Organization
unt. *unterhalb* below
unverb. *unverbindlich* not binding
unvollst. *unvollständig* incomplete(ly)
Url. *Urlaub* holiday
urspr. *ursprünglich* original(ly)
USA *Vereinigte Staaten von Amerika*
United States of America
usf. *und so fort* and so forth
usw. *und so weiter* and so on
UV *Ultraviolett* ultraviolet
u.v.a. *und viele andere* and many more

V

v. *von* by; from; of
V *Volt* volt
v. *gegen* versus
V *Volumen* volume
VB *Verhandlungsbasis* or nearest offer
vbdl. *verbindlich* binding
v. Chr. *vor Christus* before Christ
v. D. *vom Dienst* on duty
ver. *vereinigt* united
verantw. *verantwortlich* responsible
verb. *verbessert* improved
Verbdg. *Verbindung* connection
verh. *verheiratet* married
Verk. *Verkauf* sale
veröff. *veröffentlicht* published
verpfl. *verpflichtet* obliged
vertr. *vertraulich* confidental(ly)
vertr. *vertraglich* contractual(ly)
Verw. *Verwaltung* administration
Vet. *Veteran* veteran
Vf. *Verfasser* author
Vfg. *Verfassung* constitution
vgl. *vergleiche* confer
v. g. u. *vorgelesen, genehmigt,
unterschrieben* read, approved, signed
v. H. *vom Hundert* percent
v. J. *vorigen Jahres* last year's
v. l. n. r. *von links nach rechts* from
left to right
v. M. *vorigen Monats* last month's

v. o. *von oben* from above
Volksw. *Volkswirtschaft* national
economy
Vorbeh. *Vorbehalt* reservation
Vorbest. *Vorbestellung* advance
booking
vorl. *vorläufig* temporary, -rily
vorm. *vormals* former
Vorm. *Vormittag* morning
Vors. *Vorsitzender* chairman/-woman;
leader (pol.); president (wirt.)
vorw. *vorwiegend* mainly
VP *Vollpension* full board
VR *Volksrepublik* peoples' republic
v. T. *vom Tausend* per thousand
v. u. *von unten* from below
VW *Volkswagen* Volkswagen

W

W *Westen* west
W *Watt* watt
wahrsch. *wahrscheinlich* probable,
probably
wbl. *weiblich* female
Wdh. *Wiederholung* repetition; repeat
(TV); replay (spo.)
WDR *Westdeutscher Rundfunk* Western
German Broadcasting Corporation
werkt. *werktags* weekdays
WEZ *Westeuropäische Zeit* Greenwich
Mean Time
WGB *Weltgewerkschaftsbund* World
Federation of Trade Unions
Whg. *Wohnung* apartment
wirtsch. *wirtschaftlich* economic;
economical(ly) (sparsam)
wiss. *wissenschaftlich* academic(ally);
scientific(ally) (naturwissenschaftlich)
wö. *wöchentlich* weekly
Wwe. *Witwe* widow
Wz. *Warenzeichen* trademark

Z

Z. *Zahl* number
Z. *Zeile* line
z. b. V. *zur besonderen Verwendung* for
special duty
ZDF *Zweites Deutsches Fernsehen*
Second Channel of German Television
zeitgen. *zeitgenössisch* contemporary
zeitw. *zeitweilig* temporary;
occasionally
zentr. *zentral* central(ly)
Zentr. *Zentrale* control room; head
office

31

zgl. *zugleich* at the same time
z. Hd. *zu Händen* attention
Zi. *Zimmer* room
ziv. *zivil* civil(ian)
Zkft. *Zukunft* future
Zlg. *Zahlung* payment
zool. *zoologisch* zoological
ZPO *Zivilprozessordnung* Code of Civil Procedure
Zstzg. *Zusammensetzung* composition
z. T. *zum Teil* partly
Ztg. *Zeitung* newspaper
Ztr. *Zentner* hundredweight
Zts. *Zeitschrift* magazine
zuf. *zufolge* according to (gemäß); as a result of (deswegen)

zuf. *zufällig* accidental(ly)
zugel. *zugelassen* licensed (Produkt etc.); registered (Kfz.)
zul. *zulässig* permissible (beördlich); sa· (techn.)
zur. *zurück* back
zus. *zusammen* together
zust. *zuständig* appropriate (Amt); competent (authorisiert); responsible (verantwortlich)
zw. *zwischen* between
zw. *zwecks* for the purpose of
Zw St. *Zweigstelle* branch office
zzg. *zuzüglich* plus
z. Zt. *zur Zeit* at the moment

Deutsche Maße und Gewichte

Längenmaße

mm *Millimeter* millimetre
cm *Zentimeter* centimetre
dm *Dezimeter* decimetre

m *Meter* metre
km *Kilometer* kilometre
sm *Seemeile* nautical mile

Flächenmaße

qmm *Quadratmillimeter* square millimetre
qcm *Quadratzentimeter* square centimetre
qm *Quadratmeter* square metre

a *Ar* are
ha *Hektar* hectare
qkm *Quadratkilometer* square kilometre
Morgen *Morgen* ca. 2/3 acre

Raummaße

ccm *Kubikzentimeter* cubic centimetre
cdm *Kubikdezimeter* cubic decimetre
cbm *Kubikmeter* cubic metre

fm *Festmeter* cubic metre
RT *Registertonne* register ton

Hohlmaße

l *Liter* litre

hl *Hektoliter* hectolitre

Gewichte

mg *Milligramm* milligram(me)
g *Gramm* gram(me)
Pfd *Pfund* (German) pound

kg *Kilogramm* kilogram(me)
Ztr. *Zentner* centner
t *Tonne* ton

Englische Maße und Gewichte

Längenmaße

in. *inch* Zoll
= 2,54 cm

yd. *yard* Yard
= 91,44 cm

ft. *foot* Fuß
= 30,48 cm

mi. *mile* Meile
= 1609,34 m

Flächenmaße

sq. ft. *square foot* Quadratfuß
= 929,03 qcm

ro. *rood* Viertelacre
= 10,12 a

sq. yd. *square yard* Quadratyard
= 0,836 qm

a. *acre* Acre
= 40,47 a

sq. rd. *square rod* Quadratrod
= 25,29 qm

sq. mi. *square mile* Quadratmeile
= 2,59 qkm

Raummaße

cu. in. *cubic inch* Kubikzoll
= 16,387 ccm

cu. yd. *cubic yard* Kubikyard
= 0,765 cbm

cu. ft. *cubic foot* Kubikfuß
= 0,028 cbm

reg. tn. *register ton* Registertonne
= 2,832 cbm

Hohlmaße

gi., gl. *British gill* Britische Viertelpinte
= 0,142 l

qr. *British quarter* Britisches Quarter
= 290,94 l

pt. *British pint* Britische Pinte
= 0,568 l

bbl., bl. *British barrel* Britisches Barrel
= 1,636 hl

qt. *British quart* Britische Viertelgallone
= 1,136 l

pt. *U.S. dry pint* US-Pinte
= 0,55 l

Imp. gal. *British gallon* Brit. Gallone
= 4,546 l

qt. *U.S. dry quart* US-Quart
= 1,1 l

pk. *British peck* Brit. Viertelscheffel
= 9,092 l

pk. *U.S. peck* US-Viertelscheffel
= 8,81 l

bu., bsh. *British bushel* Britisches
Scheffel
= 36,36 l

bbl. bl. *U.S. barrel petroleum*
US-Petroleumbarrel
= 158,97 l

pt. *U.S. liquid pint* US-Pinte
= 0,473 l

qt. *U.S. liquid quart* US-Viertelgallone
= 0,946 l

gal. *U.S. gallon* US-Gallone
= 3,785 l

bbl., bl. *U.S. barrel* US-Barrel
= 119 l

gi., gl. *U.S. liquid gill* US-Viertel-
pinte
= 0,118 l

Gewichte

gr. *grain* Gran
= 0,0648 g

dr. av. *dram* Drame
= 1,77 g

oz. av. *ounce* Unze
= 28,35 g

lb. av. *pound* Britisches Pfund
= 0,453 kg

st. *stone* Stein
= 6,35 kg

qr. *quarter (GB)* GB-Quarter
= 12,7 kg

cwt. *hundredweight (GB)* GB-Zentner
= 50,8 kg

cwt. *hundredweight (US)* US-Zentner
= 45,36 kg

tn., t. *ton (GB)* GB-Tonne
= 1016 kg

tn., t. *ton (US)* US-Tonne
= 907,18 kg

A

Aal, *sub, m, -s, -e (zool.)* eel; **aalen** *vr,* laze around; *sich in der Sonne aalen* bask in the sun; **aalglatt** *adj, (i. ü. S.)* slippery; *(ugs.)* **aalglatter** *Typ* smoothie
Aas, *sub, n, -es, -* carrion; *(ugs.) es war kein Aas zu sehen* not a bloody soul was to be seen; **aasen** *vi, (ugs.)* squander; **~geier** *sub, m, -s, - (zool.)* vulture; **aasig** *adj, (ugs.)* ugly
ab, (1) *adv, (zeitlich)* from (2) *präp, (räumlich)* from; *(zeitlich)* from; *ab 18 Jahren* no admittance to persons under 18 years; *ab und zu* from time to time, *ab morgen* from tomorrow on
Abakus, *sub, m, -, - (tt; arch.)* abacus
abänderlich, *adj,* changeable; **abändern** *vt,* alter, modify; **Abänderung** *sub, f, -, -en* alteration; **Abänderungsvorschlag** *sub, m, -s, -schläge* proposal for alteration
abarbeiten, (1) *vr,* slave (2) *vt,* work off; *sich die Finger abarbeiten* work one´s fingers to the bone; **Abarbeitung** *sub, f, -, -en* exhaustion
Abart, *sub, f, -, -en* variety; **abartig** *adj,* abnormal; **~igkeit** *sub, f, -, -en* abnormality; **~ung** *sub, f, -, -en* variation
Abbau, *sub, m, -(e)s, -* dismantling; *(Bergbau)* mining; *(tt; biol.)* decomposition; **~feld** *sub, n, -es, -er* mining site; **~prozess** *sub, m, -es, -e (tt; biol.)* biochemical pathway; **~recht** *sub, n, -(e)s, -e* mining rights; **abbauwürdig** *adj,* workable
abbeißen, *vt,* bite off
abbeizen, *vt,* strip; **Abbeizmittel** *sub, n, -s, -* paint remover
abbekommen, *vt,* get off; *die Hauptlast abbekommen* bear the brunt; *einen Teil abbekommen* get one´s share
abberufen, *vt,* recall; **Abberufung** *sub, f, -, -en* recall
abbestellen, *vt,* cancel; **Abbestellung** *sub, f, -, -en* cancellation
abbezahlen, *vt,* pay off; **Abbezahlung** *sub, f, -, -en* payoff
abbiegen, *vt,* bend, turn; **Abbiegespur** *sub, f, -, -en* filter lane; **Abbiegung** *sub, f, -, -en* bend
Abbild, *sub, n, -es, -er* image
abbinden, (1) *vi, (von Zement)* set (2) *vt,* untie; **Abbindung** *sub, f, -, -en (von Zement)* setting
Abbitte, *sub, f, -, -n* apology; *Abbitte tun* apologize; **abbitten** *vt,* ask so´s pardon
abblasen, (1) *vt, (ugs.)* call off (2) *vti,* blow off
abblassen, *vi,* fade
abblättern, *vi,* come off
abblenden, (1) *vi,* dip; *(tt; foto.)* stop down (2) *vt,* dim; **Abblendlicht** *sub, n, -es, -er* anti-dazzle light; **Abblendung** *sub, f, -, nur Einz.* dimming
abblitzen, *vi, (ugs.)* be told where to go; *(ugs.) bei jemandem abblitzen* be given the brush-off; *(ugs.) jemanden abblitzen lassen* tell so where to go
abblocken, *vt,* block
abbrausen, (1) *vr,* have a shower (2) *vt,* shower down
abbrechen, *vi,* break off
abbremsen, *vti,* slow down; **Abbremsung** *sub, f, -, -en* braking
abbrennen, (1) *vi,* burn down (2) *vt. (Feuerwerk)* let off
abbringen, *vt,* get off; *(i. ü. S.) jemanden vom Thema abbringen* get so off the subject; *(i. ü. S.) jemanden vom Weg abbringen* lead so astray; *(i. ü. S.) jemanden von etwas abbringen* talk so out of doing sth
abbröckeln, *vi,* crumble away; *(i. ü. S.; wirt.)* drop off; **Abbröckelung** *sub, f, -, -en* crumbling away
Abbé, *sub, m, -s, -s (tt; theol.)* Abbé
Abbruch, *sub, m, -[e]s, -brüche (ugs.; Beziehung)* breaking off;

(Gebäude) demolition; *mit Abbruch einer Beziehung drohen* threaten to abandon a relationship; **~arbeiten** *sub, f, -, nur Mehrz.* demolition work; **~firma** *sub, f, -, -firmen* demolition firm; **~genehmigung** *sub, f, -, -en* permission for demolition; **~haus** *sub, n, -es, -häuser* condemned building; **abbruchreif** *adj,* derelict **abbuchen,** *vt, (wirt.)* debit; *(wirt.) einen Betrag von einem Konto abbuchen* debit a sum to an account; **Abbuchung** *sub, f, -, -en* debit **abbummeln,** *vt, (ugs.)* use up one´s overtime **abbürsten,** *vt,* brush **abchecken,** *vt,* check **Abc-Schütze,** *sub, m, -n, -n* school beginner **ABC-Waffen,** *sub, f, -, nur Mehrz.* NBC weapons **abdachen,** *vt,* roof; **Abdachung** *sub, f, -, -en* roof **Abdampf,** *sub, m, -es, -dämpfe* exhaust steam; **abdampfen (1)** *vi, (ugs.)* clear off; *(tt; phy.)* evaporate **(2)** *vt,* vaporize; **~wärme** *sub, f, -, nur Einz.* waste heat **abdämpfen,** *vt, (Farbe, Licht, Stimmung)* subdue; *(Kleidung, Speisen)* steam; *(mus.)* muffle **abdanken,** *vi,* resign; **Abdankung** *sub, f, -, -en* resignation **abdecken,** *vt, (bedecken)* cover; *(Gegenstand)* uncover; *(Tisch)* clear, uncover; **Abdeckplatte** *sub, f, -, -n* cover board; **Abdeckung** *sub, f, -, -en* cover **Abdecker,** *sub, m, -s, -* knacker; **~ei** *sub, f, -, -en* knacker´s yard **abdichten,** *vt,* seal; *gegen Luft abdichten* make airtight; *gegen Wasser abdichten* make waterproof; **Abdichtung** *sub, f, -, -en* sealing **abdingbar,** *adj,* modifiable **Abdomen,** *sub, n, -s, -mina (tt; anat.)* abdomen; **abdominal** *adj,* abdominal **abdorren,** *vi,* dry up **abdrehen, (1)** *vi, (Luftfahrt,*

Schifffahrt) change course **(2)** *vt, (Wasser, etc.)* turn off **Abdrift,** *sub, f, -, -en* drift **abdriften,** *vi,* drift **abdrosseln,** *vt,* throttle; **Abdrosselung** *sub, f, -, -en* throttle down **Abdruck,** *sub, m, -[e]s, -drücke* imprint; *(Buchdruck)* copy; **abdrucken** *vt,* print **abdrücken, (1)** *vi,* pull the trigger **(2)** *vr,* leave an impression **(3)** *vt,* squeeze off **abducken,** *vi,* duck **abebben,** *vi,* ebb away **abeisen,** *vt,* clear of ice **Abend,** *sub, m, -s, -e* evening; *am Abend* in the evening; *guten Abend* good evening; *heute Abend* tonight; *Man soll den Tag nicht vor dem Abend loben* Don´t count your chickens before they´re hatched; *morgen Abend* tomorrow night; *zu Abend essen* have dinner; **~-Make-up** *sub, n, -s, -s* night make-up; **~dämmerung** *sub, f, -, nur Einz.* dusk; **abendelang** *adv,* for evenings on end; **~essen** *sub, n, -s, -* dinner; **abendfüllend** *adj,* full-length; **~gymnasium** *sub, n, -s, -sien* night highschool; **~kasse** *sub, f, -, -n* box office; **~kleid** *sub, n, -es, -er* evening dress; **~kurs** *sub, m, -es, -e* evening classes; **~land** *sub, n, -es, nur Einz.* Occident; **abendländisch** *adj,* western; **abendlich (1)** *adj,* evening **(2)** *adv,* in the evening(s); **~mahl** *sub, n, -s, -e* Communion; **~mahlskelch** *sub, m, -es, -e* Communion chalice; **~rot** *sub, n, -s, nur Einz.* sunset; **abends** *adv,* in the evening(s); **~schule** *sub, f, -, -en* evening classes; **~stern** *sub, m, -s, nur Einz.* evening star; **~zeitung** *sub, f, -, -en* evening paper **Abenteuer,** *sub, n, -s, -* adventure; *ein Abenteuer erleben* have an adventure; **~film** *sub, m, -s, -e* adventure film; **abenteuerlich** *adj,* adventurous; *eine abenteuerliches Vorhaben* a fantastic plan; ~**lust** *sub,f, -, nur Einz.* love of adventure; **abenteuerlustig** *adj,* thirsty for adventure; ~**spielplatz** *sub, m, -es, -plätze* adventure playground; ~**urlaub** *sub, m, -es, -e* adventure holiday; **Abenteurer** *sub, m, -s, -* adventurer; **Abenteurerin** *sub, f, -, -nen* adventurer

aber, (1) *konj,* but **(2) Aber** *sub, n, -s, -* but; *aber dennoch* but still; *aber sicher* but of course; *tausende und abertausende* thousands upon thousands, *ohne Wenn und Aber* no ifs, no buts

Aberglaube, *sub, m, -ns, -n* superstition; **abergläubisch** *adj,* superstitious

aberhundert, *adv,* hundreds and hundreds

aberkennen, *vt,* deny so s.th; **Aberkennung** *sub, f, -, -en* denial

abermalig, *adj,* further

abernten, *vt,* harvest

abertausend, *adv,* thousands and thousands

Aberwitz, *sub, m, -es, nur Einz.* lunacy

aberwitzig, *adj,* insane

Abessinien, *sub, n, -s, nur Einz.* Abyssinia; **Abessinier** *sub, m, -s, -* Abyssinian; **abessinisch** *adj,* Abyssinian

abfackeln, *vt,* burn off

abfahren, (1) *vi,* leave **(2)** *vt,* carr off; *(Reifen)* wear down

Abfahrt, *sub, f, -, -en* departure *(Hang)* slope; *(spo.)* downhill run ~**slauf** *sub, m, -es, -läufe* downhill race; ~**srennen** *sub, n, -s, -* downhill race; ~**sstrecke** *sub, f, -, -n* downhill way

Abfall, *sub, m, -s, -fälle (geol.)* drop; *(Hausmüll)* rubbish; *(Müll)* waste; ~**aufbereitung** *sub, f, -, -en* waste treatment; ~**eimer** *sub, m, -s, -* rubbish bin; ~**produkt** *sub, n, -es, -e* waste product; ~**quote** *sub, f, -, -n* defection rate; ~**wirtschaft** *sub, f, -, -en* waste management

abfallen, *vi, (herunterfallen)* fall off; *(Person, etc.)* fall behind

abfällig, (1) *adj,* disparaging; *(Kritik)* adverse **(2)** *adv,* disparagingly; *über jemanden abfällig sprechen* run so down

abfälschen, *vt,* deflect

abfangen, *vt, (Ball, Brief, etc.)* intercept; *(Person)* waylay; **Abfangjäger** *sub, m, -s, - (mil.)* interceptor; **Abfangsatellit** *sub, m, -en, -en* hunter-killer satellite

abfassen, *vt,* write (up); **Abfassung** *sub, f, -, -en (Ergebnis)* report; *(Vorgang)* writing

abfaulen, *vi,* rot off

abfedern, (1) *vi, (tt; tech.)* absorb the shock **(2)** *vt, (geh.; Auto)* suspend; **Abfederung** *sub, f, -, nur Einz.* suspension

abfertigen, *vt, (Passagiere)* check in; *(Sendung)* get ready; *(Zoll)* clear; *am Grenzübergang schnell abgefertigt werden* get through customs quickly; *jemanden kurz abfertigen* give so short shrift; **Abfertigung** *sub, f, -, nur Einz. (Ags.)* rebuff; *(Sendung)* dispatch; *(Zoll)* clearance; **Abfertigungsdienst** *sub, m, -es, -e* dispatch service; **Abfertigungsschalter** *sub, m, -s, -* dispatch counter; *(Luftfahrt)* check-in desk

abfeuern, (1) *vi,* fire **(2)** *vt, (Schuss)* fire

abfinden, *vt,* pay off; **Abfindung** *sub, f, -, -en* settlement; *(Entschädigung)* compensation; *(von Mitarbeitern)* severance pay; **Abfindungserklärung** *sub, f, -, -en* severance declaration; **Abfindungssumme** *sub, f, -, -n* compensation; *(bei Kündigung)* severance pay

abfischen, *vt,* empty by fishing

abflachen, (1) *vi, (Wachstumsrate)* level off **(2)** *vr, (Gelände)* flatten out **(3)** *vt, (Gegenstand)* flatten out; **Abflachung** *sub, f, -, -en (Gelände)* flattening out;

abflauen   38

(Wachstumsrate) levelling off
abflauen, *vi, (Geschäft)* die down;
(Interesse) flag; *(Sturm)* die down
abfliegen, (1) *vi, (Flugzeug)* take-off
(2) *vt, (Strecke)* patrol; **Abflug** *sub,
m, -s, -flüge* take-off; *(Flugplan)* departure; **Abfluggeschwindigkeit**
sub, f, -, -en take-off speed; **Abflugtag** *sub, m, -es, -e* departure day;
Abflugzeit *sub, f, -, -en* departure
time
abfließen, *vi, (Flüssigkeit)* run off;
(i. ü. S.; Geldmittel) flow off; **Abfluss** *sub, m, -es, nur Einz.* (Geldmittel) outflow; *(Wasser)* flowing
off; **Abflusshahn** *sub, m, -es, -häh-
ne* drain cock; **Abflusskanal** *sub,
m, -s, -kanäle* drain channel; **abflusslos** *adj,* without drainage; **Abflussöffnung** *sub, f, -, -en* outlet;
Abflussrohr *sub, n, -s, -e* drain pipe
Abfolge, *sub, f, -, -n* succession
abfordern, *vt,* demand; *jemandem
etwas abfordern* demand sth from
so; *sich alles abfordern* push os to
one´s limit
abfotografieren, *vt,* take a photo of
abfragen, *vt, (comp.)* query
abfressen, *vt,* graze
abfrieren, *vi,* be frostbitten; *(ugs.)
sich einen abfrieren* freeze to death
abfrottieren, *vt,* rub down
abfühlen, *vt,* feel
abführen, (1) *vi, (med.)* have a pur-
gative effect (2) *vt,* lead off; *(Täter)*
take into custody; *(Wärme)* carry
off; **Abführmittel** *sub, n, -s, -
(med.)* laxative
Abführung, *sub, f, -, -en (Täter)* taking into custody; *f, -, nur Einz.
(Wärme)* carrying off
abfüllen, *vt, (allgemein)* fill; *(in Flaschen)* bottle; *(in Tüten)* bag; **Abfüllung** *sub, f, -, -en (allgemein)*
filling; *(in Flaschen)* bottling; *(in
Tüten)* bagging
abfüttern, *vt, (Mantel)* line; *(Tiere)*
feed; **Abfütterung** *vt, (Mantel)* lining; *(Tiere)* feeding
Abgabe, *sub, f, -, -n (tt; chem.)* emission; *f, -, nur Einz.* (Einreichung)

handing in; *f, -, -n (wirt.)* tax;
abgabenfrei *adj,* tax-exempt;
(Zoll) duty-free; **abgaben-
pflichttig** *adj, (wirt.)* taxable;
(Zoll) dutiable; **~preis** *sub, m,
-es, -e* sales price; **~soll** *sub, m,
-s, -sölle* sales quota; **~termin**
sub, m, -s, -e deadline
Abgang, *sub, m, -s, -gänge (tt;
med.)* discharge; *(a. i. ü. S; Person)* departure; *(Tod)* decease;
Abgänger *sub, m, -s, -* school leaver; **abgängig** *adj,* missing; **Abgängigkeitsanzeige** *sub, f, -, -n*
missing   person´s   report;
~zeugnis *sub, n, -ses, -se*
school-leaving certificate
Abgas, *sub, n, -es, -e* exhaust gas;
abgasarm *adj,* low-emission;
~entgiftung *sub, f, -, -en* exhaust
gas cleaning; **abgasfrei** *adj,* emis-
sion-free; **~katalysator** *sub, m,
-s, -en* catalyst; **~reiniger** *sub, m,
-s, -* exhaust gas cleaner; **~son-
deruntersuchung** *sub, f, -, -en*
exhaust emission test
abgearbeitet, *adj,* exhausted
abgeben, (1) *vi,* share things;
(Ball) pass (2) *vt, (Gegenstand)*
hand in; *(Vorsitz)* hand over;
(Wärme) emit
abgeblasst, *adj,* faded
abgebrannt, *adj,* burnt down
abgebrüht, *adj,* hard-boiled; *(i. ü.
S.; unempfindlich)* hardened;
Abgebrühtheit *sub, f, -, nur Einz.*
hardness
abgedroschen, *adj,* hackneyed;
Abgedroschenheit *sub, f, -, -en*
hackneyedness
abgefeimt, *adj,* crafty; **Abgefeimtheit** *sub, f, -, -en* craftyness
abgegriffen, *adj,* well-worn; *(i. ü.
S.)* hackneyed
abgehackt, *adj,* choppy
abgehärmt, *adj, (geh.)* care-worn
abgehärtet, *adj,*   *(physisch)*
tough; *(psychisch)* hardened
abgehen, (1) *vi,* *(abzweigen)*
branch off; *(verlaufen)* go; *(Zug)*
leave (2) *vt, (kontrollieren)* pa-

trol
abgehetzt, *adj,* exhausted
abgekämpft, *adj,* worn-out
abgekartet, *adj,* prearranged
abgeklärt, *adj,* serene
Abgeklärtheit, *sub, f, -, -en* serenity
abgelagert, *adj, (Holz)* seasoned; *(Wein)* matured
abgelebt, *adj,* deceased
abgeledert, *adj,* polished
abgelegen, *adj,* remote
abgeleiert, *adj,* reeled off
abgelten, *vt, (Schuld)* pay off; **Abgeltung** *sub, f, -, -en* payment
abgemacht, *adj,* done
abgemagert, *adj,* emaciated
abgemessen, *adj,* exact; *(Redewese)* formal
abgeneigt, *adj,* reluctant; *abgeneigt sein, etwas zu tun* be reluctant to do sth; *einer Sache/jemandem abgeneigt sein* dislike sth/so; **Abgeneigtheit** *sub, f, -, nur Einz.* reluctance
abgenutzt, *adj,* worn
abgeordnet, *adj,* delegated; **Abgeordnete** *sub, f, m, -n, -n (Delegierter)* delegate; **Abgeordnetenhaus** *sub, n, -es, -häuser* parliament; *(in den USA)* House of Representatives, *(in Großbrit.)* House of Commons. **Abgeordneter** *sub, f, m, -n, -n (Parlamentsabgeordneter)* member of parliament
abgeplattet, *adj,* flattened
abgerissen, *adj, (auseinandergerissen)* broken; *(Bauwerk)* pulled down
abgerundet, *adj,* finished
abgesagt, *adj, (Termin)* cancelled
Abgesandte, *sub, f, m, -n, -n* envoy
Abgesang, *sub, m, -es, -sänge* swansong
abgeschabt, *adj,* scraped off
abgeschieden, *adj,* secluded; **Abgeschiedenheit** *sub, f, -, nur Einz.* seclusion
abgeschlafft, *adj,* shattered
abgeschlagen, *adj,* far behind; **Abgeschlagenheit** *sub, f, -, nur Einz.* exhaustion

abgeschlossen, *adj, (vollständig)* completed; *(Wohnung)* self-contained
abgeschmackt, *adj, (geschmacklos)* tasteless; *(taktlos)* tactless; **Abgeschmacktheit** *sub, f, -, -en (schlechter Geschmack)* bad taste; *(Taktlosigkeit)* tactlessness
abgespannt, *adj,* tired out
abgespielt, *adj, (Schallplatte)* scratchy; *(Spielkarten)* used
abgestanden, *adj, (Bier)* flat; *(Luft)* stale
abgestorben, *adj,* dead
abgestoßen, *adj,* rejected
abgestuft, *adj, (Gelände)* terraced; *(Ränge)* graded
abgestumpft, *adj,* blunted; **Abgestumpftheit** *sub, f, -, -en* insensitivity
abgetakelt, *adj,* down-at-heel
abgetan, *adj,* finished
abgetragen, *adj,* worn
abgewetzt, *adj,* ground
abgewogen, *adj,* balanced; **Abgewogenheit** *sub, f, -, -en* balance
abgewöhnen, *vt,* give up; *jemandem etwas abgewöhnen* break so of sth; *sich etwas abgewöhnen* give sth up; **Abgewöhnung** *sub, f, -, nur Einz.* giving up
abgezehrt, *adj,* emaciated
abgezogen, *adj,* deducted
abgießen, *vt, (Flüssigkeit)* pour off; *(Gemüse)* drain
abgleichen, *vt,* equalize
abgleiten, *vi,* slip (off)
Abgott, *sub, m, -es, -götter* idol; **Abgötterei** *sub, f, -, -en* idolatry; **Abgöttin** *sub, f, -, -nen* idol; **abgöttisch** *adj,* idolatrous; **~schlange** *sub, f, -, -n (zool.)* anaconda
abgraben, *vt,* dig away; *(Wasserlauf)* drain off; *jemandem das Wasser abgraben* pull the rug from under so´s feet
abgrasen, *vt,* graze
abgraten, *vt,* trim
abgrätschen, *vt,* do the splits
abgreifen, *vt,* feel

abgrenzen, *vt, (differenzieren)* differentiate; *(Grundstück)* mark off; *(Staatsgebiet)* demarcate; *etwas voneinander abgrenzen* draw a dividing line between; *sich von jemandem abgrenzen* distance os from so; **Abgrenzung** *sub, f, -, -en (begriffliche)* definition; *(Staatsgebiet)* demarcation

Abgrund, *sub, m, -es, -gründe (Felswand)* abyss; *(Kluft)* gulf; *am Rande des Abgrunds stehen* be on the brink of ruin; **abgründig** *adj,* mysterious; **abgrundtief** *adj,* unfathomable

abgucken, *vt,* learn sth by watching

Abguss, *sub, m, -es, -güsse* cast; *(Prozess)* casting

abhaben, *vt, (ugs.)* have s. th. off

abhacken, *vt,* chop off

abhaken, *vt, (entfernen)* unhook; *(Liste)* tick off

abhalftern, *vt,* unharness; **Abhalfterung** *sub, f, -, -en* unharnessing

abhandeln, *vt,* deal with; *jemandem etwas abhandeln* get so to sell one sth; *vom Preis etwas abhandeln* beat down the price; **Abhandlung** *sub, f, -, -en* treatise; *eine Abhandlung über* a treatise on

abhanden, *adv,* nur als Anwendung; *abhanden kommen* get lost; *sein Geldbeutel ist abhanden gekommen* he has lost his purse; **Abhandenkommen** *sub, n, -s,* nur *Einz.* getting lost

Abhang, *sub, m, -s, -hänge* slope

abhängen, (1) *vi,* nur als Anwendung **(2)** *vt, (Gegenstand)* take down; *(ugs.; Verfolger)* shake off; *abhängen von* depend on

abhängig, *adj,* dependent; *voneinander abhängig sein* be interdependent

Abhängigkeit, *sub, f, -, -en* dependence; *gegenseitige Abhängigkeit* interdependence; *seine Abhängigkeit von Drogen* his addiction to drugs; **~sverhältnis** *sub, n, -ses, -se* dependent relationship

abhärmen, *vr,* languish

abhärten, (1) *vr,* become hardened **(2)** *vt,* harden; **Abhärtung** *sub, f, -, -en* hardening

abhauen, (1) *vi, (ugs.; flüchten)* do a bunk; *(ugs.; weggehen)* clear off **(2)** *vt, (abschlagen)* chop off

abheben, (1) *vi, (Flugzeug)* takeoff; *(Hörer)* answer the phone **(2)** *vr,* nur als Anwendung; *(Geld)* draw **(3)** *vt, (Gegenstand)* lift off; *sich abheben von* stand out from; *sich gegen etwas abheben* stand out against sth

abheften, *vt,* file

abheilen, *vi,* heal; **Abheilung** *sub, f, -,* nur *Einz.* healing

abhelfen, *vi,* remedy; *dem ist leicht abzuhelfen* that´s not a problem

abhetzen, (1) *vr,* wear out **(2)** *vt,* tire out

Abhilfe, *sub, f, -, -n* remedy

abhold, *adj,* averse

abholzen, *vt, (Bäume)* cut down; *(Waldgebiet)* clear; **Abholzung** *sub, f, -, -en* deforestation; *Abholzung eines Waldes* clearing of the forest

abhorchen, *vt, (med.)* sound; *(tech.)* ausculate

abhören, *vt, (Funkmeldung)* intercept; *(med.)* sound; **Abhörgerät** *sub, n, -es, -e* bugging device; **Abhörwanze** *sub, f, -, -n* bugging device

abhungern, (1) *vr,* starve **(2)** *vt,* nur als Anwendung; *sich etwas abhungern* save and scrimp to afford sth; *sich zwei Kilo abhungern* starve off two kilos

abhusten, (1) *vi,* clear one´s lungs **(2)** *vt,* cough up

abirren, *vi,* stray; *vom Thema abirren* go off the subject

Abitur, *sub, n, -s, -e* school-leaving exam; **~ient** *sub, m, -en, -en* candidate for the school-leaving exam; **~ientin** *sub, f, -, -nen* candidate for the school-leaving exam

abjagen, *vt,* nur als Anwendung;

jemandem etwas abjagen get sth off so; *jemandem seine Kunden abjagen* steal so´s customers
abkämmen, *vt*, comb
abkanzeln, *vt*, nur als Anwendung; *jemanden abkanzeln* give so a dressing-down; **Abkanzelung** *sub, f, -, -en* dressing-down
abkapiteln, *vt*, arrange in chapters
abkapseln, *vr*, cut o.s. off; **Abkapselung** *sub, f, -, -en* cutting-off
abkassieren, *vt*, nur als Anwendung; *bei jemandem abkassieren* be paid by so
abkaufen, *vt*, buy sth from so, nur als Anwendung; *das kaufe ich dir nicht ab* tell me another; *jemandem etwas abkaufen* buy sth from so
Abkehr, *sub, f, -, nur Einz.* renunciation; **abkehren** (1) *vr*, turn away from (2) *vt*, sweep off
abkippen, *vi*, pitch
abklären, *vt*, clarify; **Abklärung** *sub, f, -, -en* clarification
Abklatsch, *sub, m, -es, -e (i. ü. S.)* poor imitation
abklemmen, *vt*, clamp
abklingen, *vi, (Schmerz)* ease; *(Wirkung)* wear off
abklopfen, *vt, (i. ü. S.; Argumente)* sound out; *(med.)* tap
abknabbern, *vt*, nibble off
abknallen, *vt*, shoot down
abknicken, *vti*, snap off
abknöpfen, *vt*, unbutton; *jemandem etwas abknöpfen* wangle sth out of so
abkochen, (1) *vi*, cook outside (2) *vt*, boil
abkommandieren, *vt, (mil.)* detail
Abkomme, *sub, m, -ns, -n* descendant
Abkommen, (1) *sub, n, -s, -* agreement (2) **abkommen** *vi*, get off; *ein Abkommen schließen* conclude an agreement, *vom Weg abkommen* lose one´s way; *von der Straße abkommen* get off the road; *(i. ü. S.) von seiner Ansicht abkommen* change one´s view; ~**schaft** *sub, f,*

-, -en descendants
abkömmlich, *adj*, dispensable; **Abkömmling** *sub, m, -s, -e* descendant; *(chem.)* derivative
abkönnen, *vt*, be able to take
abkonterfeien, *vt*, portray
abkratzen, (1) *vi, (vulg.; sterben)* kick the bucket (2) *vt, (abschaben)* scrape off
abkriegen, *vt, (ugs.)* get off; *sein Teil abkriegen* get one´s share
abkühlen, (1) *vr*, cool off (2) *vti*, cool down; **Abkühlung** *sub, f, -, -en* cooling
Abkunft, *sub, f, -, -ünfte* descent
abkupfern, *vt, (ugs.)* copy
abkürzen, *vt, (Vortrag)* curtail; *(Weg)* take a short cut; *(Wort)* abbreviate; **Abkürzung** *sub, f, -, -en (eines Wegs)* short cut; *(eines Wortes)* abbreviation; **Abkürzungssprache** *sub, f, -, -n* shorthand language; **Abkürzungsverzeichnis** *sub, n, -ses, -se* abbreviation list; **Abkürzungszeichen** *sub, n, -s, -* grammalogue
ablachen, *vi*, lough off
abladen, *vt*, unload; *Müll abladen* verboten no tipping; *seine Sorgen bei jemandem abladen* cry on so´s shoulder; **Abladeplatz** *sub, m, -es, -plätze* unloading point
Ablage, *sub, f, -, -n (Stelle)* depository; *(Vorgang)* filing
ablagern, (1) *vi, (Wein)* mature, store (2) *vr, (geol., med.)* settle (3) *vt, (geol., med., Müll)* deposit. **Ablagerung** *sub, f, -, -en (geol., med.)* deposition; *(Wein)* maturing
Ablass, *sub, m, -es, -lässe* drain; **ablassen** (1) *vi*, nur als Anwendung (2) *vt, (Dampf)* let off; *(Wasser)* drain off; *von etwas ablassen* stop doing sth; *von jemandem ablassen* leave so alone, *die Luft aus den Reifen ablassen* let the tyres down
Ablauf, *sub, m, -s, -läufe (einer Flüssigkeit)* outflow; *(einer Frist)*

ablaugen   42

expiry; **ablaufen (1)** *vi, (Flüssig-keit)* run off; *(verlaufen)* go; *(Zeit)* run out **(2)** *vt, (Schube)* wear out; **~rinne** *sub, f, -, -n* drain channel **ablaugen,** *vt,* macerate **abläuten,** *vt,* signal the departure **ableben, (1)** *sub,* death **(2)** *vi,* pass away **ablecken, (1)** *vr,* wash **(2)** *vt,* lick; *den Teller ablecken* lick the plate clean; *jemandem das Gesicht ablecken* lick so´s face **Ableger,** *sub, m, -s, - (bot.)* shoot; *(wirt.)* subsidiary **ablehnen,** *vt, (Bewerbung)* turn down; *(Vorschlag)* reject; **Ablehnung** *sub, f, -, -en* refusal **ableisten,** *vt,* serve; *den Militärdienst ableisten* do one´s military service; **Ableistung** *sub, f, -, -en* serving **ableiten, (1)** *vr,* derive; *(schließen aus)* deduce **(2)** *vt, (Blitz)* deflect; *(Wasser)* drain off; **Ableitung** *sub, f, -, -en (Flüssigkeit)* drainage; *(Folgerung)* deduction **ablenken,** *vt, (Ball, phy.)* deflect; *(Verdacht)* avert; *(von der Arbeit)* distract; **Ablenkung** *sub, f, -, -en (Ball, Strahlen)* deflection; *(von der Arbeit)* distraction; **Ablenkungsmanöver** *sub, n, -s, -* diversion **ablesen,** *vt, (Notizen, etc.)* nur als Anwendung, read; *den Stromverbrauch ablesen* read the electricity meter; *jemandem alles vom Gesicht ablesen* read so like a book; *jemandem einen Wunsch von den Augen ablesen* anticipate so´s wish **ableugnen,** *vt,* deny **ablichten,** *vt,* photocopy; **Ablichtung** *sub, f, -, -en* photocopy **abliefern,** *vt,* deliver; **Ablieferung** *sub, f, -, -en* delivery **ablisten,** *vt,* nur als Anwendung; *jemandem etwas ablisten* trick so out of sth **ablocken,** *vt,* nur als Anwendung; *jemandem ein Lächeln ablocken* draw a smile from so; *jemandem*

etwas ablocken wheedle sth out of so **ablöschen,** *vt, (Feuer)* extinguish; *(Tafel)* clean **Ablöse,** *sub, f, -, -n (spo.)* transfer fee; *(Wohnung)* key money; **ablösen (1)** *vr, (Lack)* come off **(2)** *vt, (entfernen)* remove; *(Person)* replace; *sich beim Arbeiten ablösen* take turns at working; *sich mit jemandem ablösen* take it in turns with so; **~summe** *sub, (spo.)* transfer fee **Ablösung,** *sub, f, -, -en (Entfernung)* removal; *(Person)* replacement; **~ssumme** *sub, f, -, -n* withdrawal sum **abluchsen,** *vt, (ugs.)* nur als Anwendung; *jemandem etwas abluchsen* wangle sth out of so **Abluft,** *sub, f, -, -lüfte* exhaust air **abmagern,** *vi,* go thin; **Abmagerung** *sub, f, -, -en* emaciation; **Abmagerungskur** *sub, f, -, -en* diet **abmahnen,** *vt,* warn (against); **Abmahnung** *sub, f, -, -en* warning **abmalen,** *vt,* copy **Abmarsch,** *sub, m, -es, -märsche* marching off; **abmarschieren** *vi,* march off **abmelden, (1)** *vr, (Institution)* sign out **(2)** *vt,* cancel; *sich polizeilich abmelden* give notification that one is moving, *ein Fahrzeug abmelden* take a vehicle off the road; **Abmeldung** *sub, f, -, -en* cancellation **abmessen,** *vt,* measure; **Abmessung** *sub, f, -, -en (i. S. v. messen)* measurement; *(Maß)* dimension **abmontieren,** *vt,* dismantle **abmühen,** *vr,* take pains to do **abmurksen,** *vt, (ugs.)* do so in **abmustern, (1)** *vi,* sign off **(2)** *vt,* pay off; **Abmusterung** *sub, f, -, -en* paying off **abnabeln, (1)** *vr,* cut the cord **(2)** *vt,* nur als Anwendung; *ein Baby abnabeln* cut the umbilical cord **abnagen,** *vt,* gnaw off **abnähen,** *vt,* take in; **Abnäher**

sub, *m*, *-s*, - dart
Abnahme, *sub*, *f*, *-*, *-n (Anzahl)* decline; *(einer Prüfung)* inspection; *(med.)* amputation, taking down; *(Mond)* waning; **abnehmen (1)** *vi*, *(Gewicht)* lose weight; *(Mond)* wane; *(sich verringern)* decline (2) *vr*, *(geh.; med.)* amputate (3) *vi*, *(herunternehmen)* take down; *(prüfen)* inspect; *den Hörer abnehmen* pick up the receiver; *jemandem Blut abnehmen* take a blood sample from so; **Abnehmer** *sub*, *m* *-s*, - customer
Abneigung, *sub*, *f*, *-*, *-en* dislike
abnibbeln, *vt*, nibble off
abnötigen, *vt*, nur als Anwendung *jemandem Respekt abnötigen* command so´s respect; *jmd etwas abnötigen* wring sth from so
abnutzen, (1) *vr*, wear out (2) *vt*, wear out; **Abnutzung** *sub*, *f*, *-*, *-en* wear and tear; **Abnutzungsgebühr** *sub*, *f*, *-*, *-en* rate of depreceation
A-Bombe, *sub*, *f*, *-*, *-n* A bomb
Abonnement, *sub*, *n*, *-s*, *-s* subscription; **Abonnent** *sub*, *m*, *-en*, *-en* subscriber; **abonnieren** *vt*, subscribe
abordnen, *vt*, delegate; **Abordnung** *sub*, *f*, *-*, *-en* delegation
Abort, *sub*, *m*, *-s*, *-e* toilet; *(tt; med.)* miscarriage
Abortion, *sub*, *f*, *-*, *-en* abortion
abpacken, *vt*, pack
abpassen, *vt*, wait for; *einen günstigen Zeitpunkt abpassen* wait for the right moment; *etwas gut abpassen* time sth well
abpausen, *vt*, trace
abperlen, *vi*, trickle down
abpfeifen, *vi*, stop the game; **Abpfiff** *sub*, *m*, *-s*, *-e* final whistle
abpflücken, *vt*, pick
abplagen, *vr*, struggle (with)
abplatten, *vt*, flatten out
Abprall, *sub*, *m*, *-s*, *-e* rebound; **abprallen** *vi*, rebound; *an jemandem abprallen* make no impression on so
abputzen, *vt*, cleanse

abquälen, (1) *vr*, sweat away (2) *vt*, nur als Anwendung; *sich eine Ausrede abquälen* force os to an excuse; *sich mit etwas abquälen* have a hard time with sth
abqualifizieren, *vt*, write off
abrackern, *vr*, sweat away
abrasieren, *vt*, shave off; *(ugs.)* *sich seine Finger abrasieren* shave one´s fingers; *sich seinen Bart abrasieren* shave off one´s beard
abraten, *vt*, nur als Anwendung; *jemandem von etwas abraten* advise so against sth
abräumen, (1) *vi*, clear the table; *(Wettkampf)* sweep the board (2) *vt*, clear up
abreagieren, (1) *vr*, get rid of one´s aggressions (2) *vt*, work off
abrechnen, (1) *vi*, *(Kosten)* do the accounts (2) *vt*, *(abziehen)* subtract; *(ugs.)* *mit jemandem abrechnen* get even with so; **Abrechnung** *sub*, *f*, *-*, *-en (Abzug)* deduction; *(Endrechnung)* settlement of accounts
Abrede, *sub*, *f*, *-*, *-n* agreement, nur als Anwendung; *etwas in Abrede stellen* deny sth
abregen, *vr*, *(ugs.)* relax; *(ugs.)* *reg dich ab* take it easy
abreiben, (1) *vr*, *(Material)* wear down (2) *vt*, *(Gegenstand)* rub off; *(Person, etc.)* rub down; **Abreibung** *sub*, *f*, *-*, *-en (Abtrocknung)* rubbing-down; *(ugs.; Schläge)* thrashing
Abreise, *sub*, *f*, *-*, *-n* departure; **abreisen** *vi*, depart
abreißen, (1) *vi*, come off; *(Bauwerk)* pull down (2) *vt*, *(Gegenstand)* tear off; **Abreißkalender** *sub*, *m*, *-s*, - sheet calendar
abrichten, *vr*, train; **Abrichtung** *sub*, *f*, *-*, *-en* training
Abrieb, *sub*, *m*, *-s*, *nur Einz. (tech.)* abrasion
abringen, *vt*, nur als Anwendung; *jmd etwas abringen* wring sth from so; *sich ein Lächeln abrin-*

gen force a smile
Abriss, *sub, m, -es, -e (Bauwerk)* demolition; *(knappe Darstellung)* sketch
abrollen, (1) *vi,* roll off **(2)** *vt, (Film)* unroll; *(Kabel)* pay out
abrücken, (1) *vi, (a. mil.)* march off **(2)** *vt,* move away
Abruf, *sub, m, -es, -e* call; *auf Abruf* on call; *auf Abruf bereitstehen* subject to recall; **abrufbereit** *adj,* on call; **abrufen** *vt,* call away; *(comp.)* recall
abrunden, *vt,* round off; *eine Zahl abrunden* round a number down; **Abrundung** *sub, f, -, -en* rounding-off
abrupfen, *vt,* pluck (off)
abrupt, *adj,* abrupt
abrüsten, *vti,* disarm; **Abrüstung** *sub, f, -, -en* disarmament; **Abrüstungskonferenz** *sub, f, -, -en* disarmament conference
abrutschen, *vi,* slip (off); *leistungsmäßig abrutschen* slip in one´s performance; *seitlich abrutschen* sideslip
absacken, *vi, (i. ü. S.; leistungsmäßig)* slip; *(Schiff)* sink
Absage, *sub, f, -, -n* cancellation
absagen, (1) *vi,* cancel an appointment **(2)** *vt,* cancel
absägen, *vt,* saw off
absahnen, (1) *vi, (ugs.)* cream off the profits **(2)** *vt,* skim
Absatz, *sub, m, -es, -sätze (Textabschnitt)* paragraph; *(wirt.)* sales; *(wirt.) reissenden Absatz finden* sell like hot cakes; **~gebiet** *sub, n, -es, -e* sales area; **~markt** *sub, m, -(e)s, -märkte* market; **absatzweise** *adv,* in paragraphs
absaugen, *vt,* suck off; *(Polster, etc.)* vacuum
abschaffen, *vt,* abolish; *(Gesetz)* repeal; **Abschaffung** *sub, f, -, -en* abolition; *(eines Gesetzes)* repeal
abschalten, (1) *vi, (i. ü. S.)* switch off **(2)** *vt, (Gerät)* turn off; **Abschaltung** *sub, f, -, -en* turning off
abschätzen, *vt,* estimate; *(Konse-*

quenzen) anticipate; **abschätzig** *adj,* disparaging
Abschaum, *sub, m, -s, nur Einz.* scum; *der Abschaum der Menschheit* the scum of the world
abscheiden, *vt, (biol., Feststoff)* deposit; *(biol., Flüssigkeit)* secret
Abscheu, *sub, m, -s, -* horror; *Abscheu vor* horror of; *vor etwas Abscheu haben* loathe sth; **abscheulich** *adj,* horrible; *(Verbrechen)* heinous; **~lichkeit** *sub, f, -, -en* horrible, repulsiveness
Abschiebehaft, *sub, f, -, -en* deportation custody; **abschieben (1)** *vi,* push away; *(ugs.; sich entfernen)* push off **(2)** *vt, (ausweisen)* deport
Abschied, *sub, m, -s, -e* farewell; *Abschied nehmen (von)* say goodbye (to); *es war ein schwerer Abschied* it was hard to say goodbye; *seinen Abschied nehmen* hand in one´s resignation; **~sbrief** *sub, m, -es, -e* farewell letter; **~sfeier** *sub, f, -, -n* farewell party; **~sschmerz** *sub, m, -es, -en* wrench; **~sszene** *sub, f, -, -n* farewell scene
abschießen, *vt, (Gewehr, etc.)* fire; *(herunterschießen, töten)* shoot down; *(Rakete)* launch; *(i. ü. S.) den Vogel abschießen* take the cake
Abschirmdienst, *sub, m, -es, -e* Military Intelligence Service; **abschirmen** *vt,* shield; **Abschirmung** *sub, f, -, -en* shielding
abschlachten, *vr,* slaughter; **Abschlachtung** *sub, f, -, -en* slaughter
abschlaffen, (1) *vi, (ugs.; beim Arbeiten)* flake out **(2)** *vt, (Material)* wear out
abschlagen, (1) *vi, (Preis)* come down **(2)** *vt, (Fußball)* kick out; *(Gliedmaße)* chop off
abschlägig, *adj,* negative
Abschlagszahlung, *sub, f, -, -en* payment on account
Abschleppdienst, *sub, m, -es, -e*

breakdown service; **abschleppen** (1) *vr*, nur als Anwendung (2) *vt*, *(Auto)* tow off; *sich abschleppen mit* struggle with; **Abschleppseil** *sub, n, -s, -e* towrope **abschließen**, (1) *vi, (fertig werden)* come to an end (2) *vt, (beenden)* finish; *(Tür, Schmuck, etc.)* lock up; *mit dem Leben abschließen* prepare to die; *mit etwas abschließen* settle a matter once and for all; *mit jemandem abschließen* come to terms with so, *eine Wette abschließen* make a bet; **Abschluss** *sub, m, -es, -schlüsse (Beendigung)* conclusion; *(tech.)* seal; *zum Abschluss in* conclusion; **Abschlussdiplom** *sub, n, -s, -e* diploma; **Abschlussexamen** *sub, n, -s, -mina* final examination; **Abschlussfeier** *sub, f, -, -n* end-of-course party; **Abschlussprüfung** *sub, f, -, -en* final examination; **Abschlusszeugnis** *sub, n, -ses, -se* school-leaving certificate **abschmecken**, *vt, (probieren)* taste; *(würzen)* season **abschmettern**, *vt,* *(Argument)* shoot down; *(Ball)* reject out of hand **abschmieren**, (1) *vi, (Flugzeug)* nose-dive (2) *vt, (fetten)* lubricate **abschminken**, (1) *vr*, take off one's make-up (2) *vt*, take off so's makeup; *(i. ü. S.) das kann er sich abschminken* he can forget about that **abschmirgeln**, *vt*, sandpaper **abschnallen**, (1) *vi*, nur als Anwendung (2) *vr*, take off one's seatbelt; *(Gegenstand)* unbuckle; *(ugs.) da schnallst du ab* it's just incredible, *die Ski abschnallen* take off the skis **abschneiden**, (1) *vi*, nur als Anwendung (2) *vt, (Papier, Haare, etc.)* cut (off); *(Weg)* take a short cut; *den Weg abschneiden* take a short cut, *jemandem das Wort abschneiden* cut so short; *jemandem den Weg abschneiden* block so's path; **Abschnitt** *sub, m, -s, -e (Straße)* section; *(Text)* paragraph **abschnüren**, *vt, (Ader, etc.)* cut off;

(Arm, etc.) apply a tourniquet; **Abschnürung** *sub, f, -, -en (med.)* ligation **abschöpfen**, *vt*, skim off; **Abschöpfung** *sub, f, -, -en* skimming off **abschotten**, (1) *vr, (zurückziehen)* cut o.s. off (2) *vt, (vor Wasser, etc.)* dam; **Abschottung** *sub, f, -, -en* cutting off (of o.s.); *(gegen Wasser)* damming **abschrauben**, *vt*, unscrew **abschrecken**, *vt,* *(tech.)* chill; *(verängstigen)* scare off; *sich von etwas abschrecken lassen* let sth put os off; ~*d adj*, off-putting; *ein abschreckendes Beispiel* a warning example; *eine abschreckende Bestrafung* an exemplary punishment; **Abschreckung** *sub, f, -, -en* deterrence **abschreiben**, *vti*, copy; *(ugs.)* jemanden abschreiben können* forget about so; **Abschreibung** *sub, f, -, -en (wirt.)* writing off; **abschreibungsfähig** *adj*, able to write off **Abschrift**, *sub, f, -, -en* copy **abschuften**, *vr*, slave away **abschuppen**, (1) *vr*, peel (off) (2) *vt* scale; **Abschuppung** *sub, f, -, -en* scaling **abschürfen**, *vt*, graze o.s.; **Abschürfung** *sub, f, -, -en* graze **Abschuss**, *sub, m, -es, -schüsse (Rakete)* launching; *(Tier)* shooting; *(Waffe)* firing; ~**rampe** *sub, f, - -n* launching pad **abschüssig**, *adj*, sloping **abschütteln**, *vt, (a.i. ü. S.)* shake off **abschwächen**, (1) *vr*, weaken (2) *vt*, reduce; **Abschwächung** *sub, f, -, -en* weakening **abschweifen**, *vt*, digress; *mit den Blicken abschweifen* keep one's eyes wandering; *nicht vom Thema abschweifen* keep to the point; **Abschweifung** *sub, f, -, -en* digression **abschwellen**, *vi, (med.)* go down

abschwirren, *vi, (ugs.)* buzz off
abschwören, *vi, (Religion)* renounce; *(Zigaretten)* forswear
absegnen, *vt*, give one´s blessing
absehbar, *adj*, foreseeable; *das ist nicht absehbar* it´s unforeseeable; *in absehbarer Zeit* in the foreseeable future
absehen, (1) *vi*, nur als Anwendung **(2)** *vt, (ablesen)* see; *(vorhersehen)* foresee; *von etwas absehen* refrain from (doing) sth, *jemandem etwas absehen* learn sth by watching so; *die Konsequenzen sind nicht abzusehen* there is no telling how things will turn out; *ein Ende ist nicht abzusehen* there is no end in sight
abseilen, (1) *vr, (Klettern)* abseil **(2)** *vt, (Gegenstand)* lower; *(ugs.) sich (von einem Treffen) abseilen* make a getaway
abseitig, *adj*, solitary; **Abseitigkeit** *sub, f, -, -en* solitude
absenden, *vt*, send off; **Absender** *sub, m, -s, -* sender; **Absendung** *sub, f, -, -en* forwarding
absent, *adj*, absent; **Absenz** *sub, f, -, -en* absence
abservieren, (1) *vi*, clear the table **(2)** *vt, (ugs.)* give so the push
absetzbar, *adj, (wirt.)* marketable; *leicht absetzbar* easy to sell; *steuerlich absetzbar* tax-deductible; **absetzen (1)** *vi, (unterbrechen)* break off **(2)** *vr, (ugs.; Flucht)* leave; *(kontrastieren)* contrast; *(phy.)* settle **(3)** *vt, (Abschnitt)* set; *(Hut)* take off; *(Medizin)* stop taking; *(Mitfahrer)* drop off; *(steuerlich)* write off; *(vom Amt)* dismiss; **Absetzung** *sub, f, -, -en* dismissal
absichern, (1) *vr, (Versicherung)* cover o.s. **(2)** *vt, (Ladung)* secure
Absicht, *sub, f, -, -en* intention; **absichtlich (1)** *adj*, intentional **(2)** *adv*, deliberately; **absichtslos** *adj*, unintentional; **absichtsvoll (1)** *adj*, intentional **(2)** *adv*, deliberately
absinken, *vi, (Pegel)* drop; *(Puls)* go down; *(Schiff)* sink; *in den Leistungen absinken* do not as well as one used to do

Absinth, *sub, m, -(e)s, -e* absinth
absitzen, (1) *vi, (vom Rad, Pferd)* get off **(2)** *vt, (Zeit)* sit out; *absitzen wegen* do time for; *eine Strafe absitzen* serve a sentence
absolut, (1) *adj*, absolute **(2)** *adv*, absolutely; *absolut nicht* not at all; *ich kann absolut keinen Sinn erkennen* I just don´t see the point of it; **Absolutheit** *sub, f, -, nur Einz.* absoluteness
Absolution, *sub, f, -, -en* absolution
Absolutismus, *sub, m, -, nur Einz.* absolutism
Absolvent, *sub, m, -en, -en* schoolleaver; **absolvieren** *vt, (Prüfung)* pass; *(Studium)* finish
absonderlich, *adj*, strange; **Absonderlichkeit** *sub, f, -, -en* strangeness; **absondern (1)** *vr, (i. ü. S.)* isolate o.s. **(2)** *vt, (biol.)* secrete; *(Person, etc.)* separate; **Absonderung** *sub, f, -, -en (biol.)* secretion; *(Person, etc.)* separation
absorbieren, *vt*, absorb
abspalten, (1) *vr, (polit.)* splinter off **(2)** *vt*, split off; **Abspaltung** *sub, f, -, -en* splitting off; *(polit.)* splintering
abspecken, *vi*, slim
abspeichern, *vt, (comp.)* file
abspeisen, *vt*, feed; *jemanden abspeisen mit* fob so off with
abspenstig, *adj*, nur als Anwendung; *jemandem seinen Freund abspenstig machen* take so´s boyfriend away
absperren, *vt, (Straße)* block; *(Tür)* lock; **Absperrung** *sub, f, -, -en* roadblock
absplittern, (1) *vi*, chip off **(2)** *vr, (polit.)* splinter off **(3)** *vt*, splinter; **Absplitterung** *sub*, splintering
Absprache, *sub, f, -, -n* arrangement; **absprachegemäß** *adv*, according to the arrangement;

absprechen (1) *vr*, arrange with so **(2)** *vt*, arrange, deny
abspringen, *vi*, jump off; *(Lack)* come off; *vom Flugzeug abspringen* jump off the plane; *(ugs.) was springt für mich ab?* what´s in it for me?; **Absprung** *sub, m, -s, -sprünge* jump
abspulen, *vt*, unwind
abspülen, (1) *vi*, *(Geschirr)* do the washing up **(2)** *vt*, rinse
abstammen, *vi*, nur als Anwendung; *abstammen von* be descended from; **Abstammung** *sub, f, -, -er* origin
Abstand, *sub, m, -es, -stände* distance; *(bei Zeilen)* spacing; *Abstand halten* keep one´s distance
abstatten, *vt*, nur als Anwendung: *jmd einen Besuch abstatten* pay sc a visit
abstauben, *vi*, dust; *(ugs.; klauen)* swipe
abstechen, (1) *vi*, stand out (against) **(2)** *vt, (Torf)* cut
Abstecher, *sub, m, -s, -* detour; *einen Abstecher machen nach* take in (a city etc) along the way
abstehen, *vi, (Bier)* go flat; *(herausstehen)* stick out
Absteige, *sub, f, -, -n (ugs.)* dosshouse
absteigen, *vi, (im Gebirge)* descend; *(spo.)* go down; *(vom Rad, etc.)* get off
abstellen, *vt*, *(Gegenstand)* put down; *(Gerät)* switch off; **Abstellgleis** *sub, n, -es, -e* siding; **Abstellkammer** *sub, f, -, -n* boxroom
abstempeln, *vt, (Brief)* stamp; *(i. ü. S.; Ruf erhalten)* label; **Abstempelung** *sub, f, -, -en* stamping
absterben, *vi*, die off; *(med.)* necrotize
Abstich, *sub, m, -s, -e (tech.)* tapping
Abstieg, *sub, m, -s, -e (i. ü. S.)* decline; *(Bergsteigen)* descent
abstimmen, (1) *vr*, come to an arrangement **(2)** *vt, (mus.)* tune; **Abstimmung** *sub, f, -, -en* tuning; *(polit.)* vote; *geheime Abstimmung*

voting by ballot; *offene Abstimmung* vote by open ballot; *zur Abstimmung kommen* be put to the vote; **Abstimmungsergebnis** *sub, n, -ses, -se* results of the vote
abstinent, *adj*, abstinent; **Abstinenz** *sub, f, -, nur Einz.* abstinence; **Abstinenzler** *sub, m, -s, -* teetotaler
Abstoß, *sub, m, -es, -stöße (spo.)* goal kick
abstoßen, (1) *vi*, take a goal kick **(2)** *vr*, push o.s. off **(3)** *vt, (Boot)* push off; *(Kante)* knock off; *(med.)* reject
abstoßend, *adj*, disgusting
Abstoßung, *sub, f, -, -en (med.)* rejection
abstottern, *vt, (ugs.)* pay for by instalments
abstrahieren, (1) *vi*, consider sth abstractly **(2)** *vt, (die Essenz)* abstract; *(kun.) abstrahieren* be abstract; *abstrahieren von* abstain from
abstrakt, (1) *adj*, abstract **(2)** *adv*, in the abstract; **Abstraktheit** *sub, f, -, -en* abstractness
abstrampeln, *vr, (ugs.)* slog away
abstreifen, *vi*, slip off, stray
Abstreifer, *sub, m, -s, -* doormat
abstreiten, *vt*, deny
Abstrich, *sub, m, -s, -e (Kürzung)* cut; *(med.)* smear; *Abstriche machen* lower one´s sights; *(med.) einen Abstrich machen* take a smear
abstrus, *adj*, abstruse
abstufen, *vt*, terrace; *(i. ü. S.)* grade; **Abstufung** *sub, f, -, -en* gradation
abstumpfen, (1) *vi, (Messer, etc.)* become blunt; *(Person)* become insensible **(2)** *vt, (Messer, etc.)* blunt; **Abstumpfung** *sub, f, -, -en* dullness
Absturz, *sub, m, -es, -stürze* fall; *(comp.)* system crash; **abstürzen** *vi*, fall; *(comp.)* crash; **abstützen** *vt*, support
Absud, *sub, m, -es, -e* extract

absurd, *adj*, absurd; **Absurdität** *sub*, *f*, -, *-en* absurdity
Abszess, *sub*, *m*, *-es*, *-e (med.)* abscess
Abt, *sub*, *m*, *-es*, *Äbte* abbot
abtakeln, *vt*, unrig; **Abtakelung** *sub*, *f*, -, *-en* unrigging
abtasten, *vt*, feel; *(tech.)* scan; **Abtastung** *sub*, *f*, -, *-en* feeling; *(tech.)* scanning
Abtei, *sub*, *f*, -, *-en* abbey
Abteil, *sub*, *n*, *-s*, *-e* compartment
abteilen, *vt*, divide; **Abteilung** *sub*, *f*, -, *-en (eines Instituts)* department; *(Einteilung)* division; *(mil.)* unit; **Abteilungsleiter** *sub*, *m*, *-s*, - head of the department
abtippen, *vt*, *(ugs.)* type
abtönen, *vt*, tone down
abtöten, *vt*, kill; **Abtötung** *sub*, *f*, -, *-en* killing
abtragen, *vt*, *(Kleidung)* wear out; *(Schulden)* pay off; **Abtragung** *sub*, *f*, -, *-en (von Boden)* clearing away; *(von Schulden)* paying off
abträglich, *adj*, detrimental
abtrainieren, *vt*, work off
Abtransport, *sub*, *m*, *-s*, *-e* removal; **abtransportieren** *vt*, cart away
abtreiben, **(1)** *vi*, *(Boot)* have an abortion **(2)** *vt*, carry away; **Abtreibung** *sub*, *f*, -, *-en (med.)* abortion
abtrennbar, *adj*, detachable; **abtrennen** *vt*, *(etwas)* separate; *(Glied)* sever; **Abtrennung** *sub*, *f*, -, *-en* separation; *(Glied)* severing
abtreten, *vi*, withdraw; *(Schuhe)* tread off; *jemandem etwas abtreten* hand sth over to so; *sich die Schuhe abtreten* wipe one´s feet; **Abtreter** *sub*, *m*, *-s*, - doormat; **Abtretung** *sub*, *f*, -, *-en* cession
Abtrift, *sub*, pasturage right
Abtritt, *sub*, *m*, *-s*, *-e (Abtretung)* cession; *(Rücktritt)* withdrawal
abtrocknen, *vti*, dry (up); *das Geschirr abtrocknen* dry the dishes; *sich sein Gesicht abtrocknen* dry one´s face
abtrotzen, *vt*, nur als Anwendung; *jemandem etwas abtrotzen* bully

sth out of so
abtrünnig, *adj*, unfaithful; *(Truppe)* breakway; **Abtrünnigkeit** *sub*, *f*, -, *-en* defection
abtun, *vt*, *(Angewohnheit)* takeoff; *(Argumente)* brush aside
abtupfen, *vt*, *(beseitigen)* dab; *(Wunde)* swab
aburteilen, *vt*, pass judgement on; **Aburteilung** *sub*, *f*, -, *-en* trial
abverlangen, *vt*, nur als Anwendung; *jemandem etwas abverlangen* demand sth from/of so
abwägen, *vt*, weigh out; **Abwägung** *sub*, *f*, -, *-en* weighing
Abwahl, *sub*, *f*, -, *-en* voting out of office; **abwählen** *vt*, vote so out of office
abwälzen, *vt*, shift; *die Verantwortung auf jemanden abwälzen* pass the buck to so
abwandeln, *vt*, modify; **Abwandlung** *sub*, *f*, -, *-en* modification
abwandern, *vi*, *(Kapital)* flow out; *(Menschen)* migrate; **Abwanderung** *sub*, *f*, -, nur Einz. *(von Kapital)* outflow; *f*, -, *-en (von Menschen)* migration
Abwärme, *sub*, *f*, -, nur Einz. waste heat
abwarten, *vt*, wait for
abwärts, *adj*, downhill; *es geht mit ihm/ihr abwärts* he/she is going downhill; *stromabwärts* downstream
Abwasch, *sub*, *m*, *-es*, nur Einz. dishes; **abwaschbar** *adj*, washable; **abwaschen (1)** *vi*, do the washing-up **(2)** *vt*, wash off
Abwasser, *sub*, *n*, *-s*, *-wässer* sewage
abwegig, *adj*, bizarre
Abwehr, *sub*, *f*, -, nur Einz. *(eines Angriffs)* repulse; *(spo.)* defence; *(von Krankheiten)* warding off; **abwehren** *vt*, *(abweisen)* reject; *(Gegner)* beat back; *(Krankheit)* ward off; ~**reaktion** *sub*, *f*, -, *-en* defensive reaction
abweichen, **(1)** *vi*, deviate **(2)** *vt*, *(Briefmarke)* soak off; *vom The-*

ma abweichen get off the subject; *von einer Regel abweichen* break a rule; *voneinander abweichen* differ; **Abweichung** *sub, f, -, -en* deviation; *(thematisch)* digression
abweiden, *vt*, graze
abweisen, *vt*, *(ablehnen)* reject; *(wegschicken)* turn away; **Abweisung** *sub, f, -, -en (Ablehnung)* rejection; *(Person)* rebuff
abwendbar, *adj*, avoidable; **abwenden** (1) *vr*, turn away (2) *vt*, *(Situation)* prevent
abwerben, *vt*, *(Kunden)* poach; *(Wähler)* woo away; **Abwerbung** *sub, f, -, -en* poaching
abwerfen, *vt*, *(Blätter)* shed; *(Bomben)* drop; *(Gewinn)* yield; *(Kleider)* throw off; *(Last)* shake off
abwerten, *vt*, *(wirt.)* devalue; **Abwertung** *sub, f, -, -en* devaluation
abwesend, *adj*, absent; *(geistig)* absent-minded; **Abwesenheit** *sub, f, -, -en* absence; *durch Abwesenheit glänzen* be conspicuous by one´s absence; *durch Abwesenheit von* in absence of
abwetzen, *vt*, wear off
abwickeln, *vt*, *(Geschäft)* handle; *(Spule)* unwind; **Abwicklung** *sub, f, -, -en (Ablauf)* handling; *(Geschäft)* settlement
abwiegeln, *vt*, *(beruhigen)* appease; *(wegschicken)* turn away; **Abwiegelung** *sub, f, -, -en* appeasement
abwiegen, *vt*, weigh out
abwimmeln, *vt*, shake off
abwinken, (1) *vi*, decline with a nod (2) *vt*, *(spo.)* stop
abwischen, *vt*, wipe off
Abwurf, *sub, m, -s, -würfe* dropping
abwürgen, *vt*, strangle; *(Motor)* stall
abzahlen, *vt*, pay off; **Abzahlung** *sub, f, -, -en* payment
abzählen, *vt*, count (out); *das kann man sich an den Fingern abzählen* It´s as clear as daylight; **Abzählreim** *sub, m, -s, -e* counting-out rhyme
abzapfen, *vt*, *(Bier, etc.)* tap; *(Blut)* draw

Abzehrung, *sub, f, -, -en* emaciation
Abzeichen, *sub, n, -s, -* badge; *(Auszeichnung)* decoration; **abzeichnen** (1) *vr*, *(Kontrast)* stand out; *(Problem, etc.)* be emerging; *(unterschreiben)* mark off (2) *vt*, *(abmalen)* copy
Abziehbild, *sub, n, -s, -er* transfer; **abziehen** (1) *vi*, *(Dampf)* escape, subtract, withdraw; *(ugs.; Party)* have a party; *(ugs.; sich entfernen)* push off (2) *vt*, *(kopieren)* make a copy
abzielen, *vi*, aim at
abzischen, *vi*, *(ugs.)* zoom off
abzocken, *vi*, cream off
Abzug, *sub, m, -s, -züge (für Gase)* outlet; *(mil.)* withdrawal; *(Pistole, etc.)* trigger; *(Steuer)* deduction; **abzüglich** *adv*, less
abzweigen, (1) *vi*, branch off (2) *vt (Geld)* transfer; **Abzweigung** *sub, f, -, -en* turn-off
Accessoire, *sub, n, -s, -s* accessories
Ach, *sub, n, -, -s* nur als Anwendung; *mit Ach und Krach* by the skin of one´s teeth
Achsbruch, *sub, m, -s, -brüche* breakage of the axle; **Achsdruck** *sub, m, -s, -drücke* axle load; **Achse** *sub, f, -, -n (arch., mat.)* axis; *(Auto)* axle; **Achsenbruch** *sub, m, -s, -brüche* breakage of the axle
Achsel, *sub, f, -, -n* shoulder; *mit den Achseln zucken* shrug one´s shoulder; **~höhle** *sub, f, -, -n* armpit; **~zucken** *sub, n, -s, nur Einz.* shrug off the shoulders
acht (1) *adj*, eight (2) *adv*, eight (3) **Acht** *sub, f, -, nur Einz. (Bann)* outlawry; *(die Zahl)* eight; *alle acht Tage* once a week; *in acht Tagen* in a week´s time, *zu acht* eight of them/us; **~bar** *adj*, respectable; **Achtbarkeit** *sub f, -, -en* respectability; **~en** (1) *vi*, *(achten auf)* mind; *(auf etw. aufpassen)* watch (2) *vt*, respect

Achteck, *sub,* *n,* *-s,* *-e* octagon; **achteckig** *adj,* octagonal **achteinhalb,** *adj,* eight and a half; **Achtel** *sub,* *n,* *-s,* *-* eighth **ächten,** *vt,* *(Person)* outlaw; *(Produkt, etc.)* ban **achtens,** *adv,* eightly **Achter,** *sub,* *m,* *-s,* *- (Fahrrad)* buckled tyre; *(spo.)* figure eight; **~bahn** *sub,* *f,* *-,* *-en* roller coaster; **~deck** *sub,* *n,* *-s,* *-s* quarterdeck; **achtfach** *adj,* eightfold; **Achtfache** *sub,* *n,* *-n,* *-n* eightfold; **achthundert** *adj,* eight hundred; **achtjährig** *adj,* *(Alter)* eight-year-old; *(Dauer)* eightyear; **Achtjährige** *sub,* *f,* *m,* *-n,* *-* eight-year-old; **achtmal** *adj,* eight times; **achtseitig** *adj,* eight-sided; **achtstöckig** *adj,* eight-storey; **Achtstundentag** *sub,* *m,* *-s,* *-e* eight-hour day; **achttausend** *adj,* eight thousand; **achtzehn** *adj,* eighteen; **achtzig** *adj,* eighty; *die achtziger Jahre* the eighties; *in den achtzigern sein* be in one´s eighties; **Achtziger** *sub,* *f,* *-,* *nur Mehrz.* octogenerian; **Achtzigerjahre** *sub,* *f,* *-,* *nur Mehrz.* eighties; **achtzigfach** *adj,* eightyfold; **achtzigjährig** *adj,* *(Alter)* eighty-year-old; *(Zeitspanne)* eighty-year-long; **achtzigmal** *adv,* eighty times; **Achtzigstel** *sub,* *n,* *-s,* *-* eightieth part **achterlei,** *adj,* of eight sorts **achtern,** *adv,* aft **Acht geben,** *vi,* be careful **achtlos,** *adj,* careless; **Achtlosigkeit** *sub,* *f,* *-,* *-en* carelessness **achtsam,** *vi,* careful; **Achtsamkeit** *sub,* *f,* *-,* *-en* carefulness **Achtung,** *sub,* *f,* *-,* *nur Einz.* *(auf einem Schild)* Watch out!; *(Aufforderung)* respect, Watch out!; *Achtung genießen* be highly respected; *alle Achtung* hats off; *jemandem Achtung erweisen* pay respect to so; **~sbezeigung** *sub,* *f,* *-,* *-en* token of respect; **~serfolg** *sub,* *m,* *-s,* *-e* respectable success; **achtungsvoll** *adj,* respectful **Ächtung,** *sub,* *f,* *-,* *-en* bansihment

Achtzylinder, *sub,* *m,* *-s,* *- (Auto)* eight-cylinder (car); *(Motor)* eight-cylinder engine; **achtzylindrig** *adj,* eight-cylinder **Acker,** *sub,* *m,* *-s,* *Äcker* field; **~bau** *sub,* *m,* *-s,* *nur Einz.* agriculture; **~bauer** *sub,* *m,* *-n,* *-n* farmer; **~fläche** *sub,* *f,* *-,* *-n* arable land; **ackern** *vti,* plough; *(ugs.; schuften)* labour **Acryl,** *sub,* *n,* *-s,* *-e* acryl **Adamsapfel,** *sub,* *m,* *-s,* *-äpfel* Adam´s apple **Adaptation,** *sub,* *f,* *-,* *-en* adaptation; **adaptieren** (1) *vr,* adjust o.s. (2) *vt,* adapt; **Adaptierung** *sub,* *f,* *-,* *-en* adaptation **Adapter,** *sub,* *m,* *-s,* *-* adapter **adäquat,** *adj,* adequate; **Adäquatheit** *sub,* *f,* *-,* *-en* adequacy **addieren,** *vt,* add (up); **Addition** *sub,* *f,* *-,* *-en* addition **Ade,** *sub,* farewell **Adel,** *sub,* *m,* *-s,* *nur Einz.* aristocracy; **adelig** *adj,* noble; **adeln** *vt,* raise to the nobility **Adept,** *sub,* *m,* *-en,* *-en* disciple **Ader,** *sub,* *f,* *-,* *-n (anat.)* vein; *(Charakter)* streak; *(Holz)* grain; *eine künstlerische Ader haben* have an artistic vein; *jemanden zur Ader lassen* bleed so; **äderig** *adj,* veined **Aderlass,** *sub,* *m,* *-es,* *-lässe* bloodletting **adhärent,** *adj,* adherent **adhäsiv,** *adj,* adhesive **Adjektiv,** *sub,* *n,* *-s,* *-e* adjective **Adjustierung,** *sub,* *f,* *-,* *-en* adjustment **Adler,** *sub,* *m,* *-s,* *-* eagle; *Adleraugen haben* have eyes like a hawk; *mit Adleraugen* eagle-eyed **adlig,** *adj,* noble; **Adlige** *sub,* *f,* *m,* *-n,* *-n* aristocrat **Administration,** *sub,* *f,* *-,* *-en* administration **Admiral,** *sub,* *m,* *-s,* *-e oder -räle* admiral **Adoleszenz,** *sub,* *f,* *-,* *nur Einz.* adolescence

adoptieren, *vt,* adopt; **Adoption** *sub, f, -, -en* adoption; **Adoptiveltern** *sub, f, -, nur Mehrz.* adoptive parents; **Adoptivkind** *sub, n, -es, -er* adoptive child

Adrenalin, *sub, n, -s, nur Einz.* adrenalin

Adressant, *sub, m, -en, -en* sender; **Adressat** *sub, m, -en, -en* addressee; **Adressbuch** *sub, n, -es, -bücher* directory; **Adresse** *sub, f, -, -n* address; *an die falsche Adresse geraten* come to the wrong place; *an jemands Adresse gerichtet sein* meant for so; **adressieren** *vt,* address

adrett, *adj,* neat

A-Dur, *sub, n, -, nur Einz.* A major

Advent, *sub, m, -s, -e* Advent

Adverb, *sub, n, -s, -ien* adverb

Aerodynamik, *sub, f, -, nur Einz.* aerodynamics; **aerodynamisch** *adj,* aerodynamic

Affäre, *sub, f, -, -n* affair; *sich aus der Affäre ziehen* get out of it nicely

Affe, *sub, m, -n, -n* monkey; *(ugs.) eine Affen an jemandem gefressen haben* be crazy about so; *(ugs.) ich glaub, mich laust der Affe* I´m seeing things; *(ugs.) seinem Affen Zucker geben* indulge one´s vice

Affekt, *sub, m, -es, -e* emotion; *im Affekt* in the heat of the moment; **affektiert** *adj,* affected; **affektiv** *adj,* affective

affirmativ, *adj,* affirmative

äffisch, *adj,* ape-like

Affront, *sub, m, -s, -s (geh.)* affront

After, *sub, m, -s, - (tt; anat.)* anus

Agenda, *sub, f, -, -den* memorandum

Agent, *sub, m, -en, -en* agent; ~**ur** *sub, f, -, -en* agency

Agglomeration, *sub, f, -, -en* agglomeration

Aggregat, *sub, n, -es, -e (tt; tech.)* unit

Aggression, *sub, f, -, -en* aggression; **aggressiv** *adj, (Substanz)* abrasive; *(Verhalten)* aggressive; **Aggressivität** *sub, f, -, -en* aggressiveness; **Aggressor** *sub, m, -s, -en* aggressor

agieren, *vi,* act

agil, *adj,* agile; *geistig agil sein* be mentally alert; **Agilität** *sub, f, -, nur Einz.* agility

Agitation, *sub, f, -, nur Einz.* political agitation; **agitieren** *vi,* campaign; *agitieren gegen* campaign against

Agonie, *sub, f, -, -n* throes

agrarisch, *adj,* agrarian; **Agrarland** *sub, n, -es, -* farmland; **Agrarprodukt** *sub, n, -es, -e* agricultural product; **Agrarstaat** *sub, n, -es, -en* agrarian country

Ahn, *sub, m, -en, -en* ancestor

ahnden, *vt,* punish; **Ahndung** *sub, f, -, -en* punishment

ahnen, *vt,* nur als Anwendung; *(Böses)* have a presentiment of; *(vermuten)* suspect; *mir ahnt Schlimmes* I fear the worst

Ahnengalerie, *sub, f, -, -n* ancestral halls; **Ahnenkult** *sub, m, -s, -e* ancestral worship

ähnlich, *adj,* similar; *das sieht dir ähnlich* that´s you all over; *so etwas ähnliches wie* something like; *und ähnliches* and the like; **Ähnlichkeit** *sub, f, -, -en* similarity

Ahnung, *sub, f, -, -en (Vermutung)* suspicion; *(Vorgefühl)* presentiment; *Hast du eine Ahnung* that´s what you think; *keine Ahnung haben* don´t know beans about; *von Tuten und Blasen keine Ahnung haben* not to know the first thing about it; *nicht die leiseste Ahnung haben* have not the faintest idea; **ahnungslos** *adj,* unsuspecting; ~**slosigkeit** *sub, f, -, nur Einz.* unsuspiciousness; **ahnungsvoll** *adj,* apprehensive

Ahorn, *sub, m, -s, -e (bot.)* maple tree

Ähre, *sub, f, -, -n* ear

Akademie, *sub, f, -, -* university graduate; *f, -, -n (Gelehrtengesellschaft)* academy; *(Hochschule)* college; **akademisch** *adj,* academic

Akazie, *sub*, *f*, -, *-n (bot.)* acacia
Akklamation, *sub*, *f*, -, *-en* acclamation
Akklimatisation, *sub*, *f*, -, *-en* acclimation
Akkord, *sub*, *m*, *-es*, *-e (mus.)* chord; *(wirt.)* piecework; *im Akkord arbeiten* do piecework; *~arbeit sub*, *f*, -, *-en* piecework
Akkordeon, *sub*, *n*, *-s*, *-s* accordion
Akkumulation, *sub*, *f*, -, *-en* accumulation; **Akkumulator** *sub*, *m*, -, *-en (tech.)* accumulator; **akkumulieren (1)** *vr*, accumulate **(2)** *vt*, accumulate
akkurat, *adj*, precise
Akne, *sub*, *f*, -, *nur Einz. (tt; med.)* acne
Akquisition, *sub*, *f*, -, *-en (tt; wirt.)* acquisition
Akrobat, *sub*, *m*, *-en*, *-en* acrobat; *~ik sub*, *f*, -, *nur Einz.* acrobatics; **akrobatisch** *adj*, acrobatic
Akt, *sub*, *m*, *-s*, *-e* act; *Geschlechtsakt* sexual act
Akte, *sub*, *f*, -, *-n* file; *eine Akte anlegen über* open a file on; *zu den Akten legen* file away; **aktenkundig** *adj*, on file; *~nschrank sub*, *m*, *-s*, *-schränke* filing cabinet; *~ntasche sub*, *f*, -, *-n* briefcase; *~nzeichen sub*, *n*, *-s*, - file number; *~ur sub*, *m*, *-s*, *-e (Handelnder)* protagonist; *(im Film)* actor
Aktie, *sub*, *f*, -, *-n* stock; *jemands Aktien steigen* things are looking up for so; *(ugs.) wie stehen die Aktien?* how are things?; *~ngesellschaft sub*, *f*, -, *-en* joint-stock company
Aktion, *sub*, *f*, -, *-en (Handlung)* action; *in Aktion sein* be in action; *in Aktion treten* take action; *~sradius sub*, *m*, -, *-radien* radius of action; *~stag sub*, *m*, *-es*, *-e* day of action
Aktionär, *sub*, *m*, *-s*, *-e* stockholder; *~sversammlung sub*, *f*, -, *-en* stockholders' meeting
aktiv, *adj*, active; *aktives Wahlrecht* the right to vote
Aktiva, *sub*, *f*, -, *nur Mehrz. (tt; wirt.)* assets; *Aktiva und Passiva* assets and liabilities
aktivieren, *vt*, activate
Aktivität, *sub*, *f*, -, *-en* activity; *schöpferische Aktivität entfalten* become very creative
aktualisieren, *vt*, update; **Aktualisierung** *sub*, *f*, -, *-en* updating; **Aktualität** *sub*, *f*, -, *-en* topicality; **aktuell** *adj*, topical; *erneut aktuell werden* come back into fashion; *nicht mehr aktuell sein* be out of fashion
akupunktieren, *vt*, give acupuncture treatment; **Akupunktur** *sub*, *f*, -, *-en* acupuncture
Akustik, *sub*, *f*, -, *nur Einz.* acoustics; **akustisch** *adj*, acoustic; *jemanden akustisch nicht verstehen* not quite catch what so is saying
akut, *adj*, *(med.)* acute; *(Problem)* pressing
Akzent, *sub*, *m*, *-es*, *-e (Aussprache)* accent; *(Betonung)* stress; *andere Akzente setzen* lay the emphasis on sth else; **akzentfrei** *adj*, *adv*, without an accent; **akzentuieren** *vt*, accentuate
akzeptabel, *adj*, acceptable; **Akzeptabilität** *sub*, *f*, -, *nur Einz.* acceptability; **Akzeptanz** *sub*, *f*, -, *nur Einz.* acceptance; **akzeptieren** *vt*, accept
Alarm, *sub*, *m*, *-es*, *-e* alarm; *Alarm geben* sound the alarm; *blinder Alarm* false alarm; *Fliegeralarm* air-raid warning; *~anlage sub*, *f*, -, *-n* alarm system; **alarmbereit** *adj*, on alert; *~gerät sub*, *n*, *-es*, *-e* alarm device; **alarmieren** *vt*, alarm; *~signal sub*, *n*, *-s*, *-e* alarm signal; *~stufe sub*, *f*, -, *-n* alert phase; *~zustand sub*, *m*, *-es*, *-stände* state of alert
Alb, *sub*, *f*, -, *-en* upland
Albatros, *sub*, *m*, -, *-se* albatross
Alberei, *sub*, *f*, -, *-en* silliness; **albern (1)** *adj*, silly **(2)** *vi*, *(ugs.)* fool around; *albernes Zeug* nonsense; *Das ist doch albernes Ge-*

schwätz That´s nonsense; **Albernheit** *sub, f, -, nur Einz.* sillyness
Albino, *sub, m, -s, -s* albino
Alptraum, *sub, m, -s, -träume* nightmare
Album, *sub, n, -s, Alben* album
Alchemie, *sub, f, -, nur Einz.* alchemy
Alge, *sub, f, -, -n (biol.)* alga
Algebra, *sub, f, -, nur Einz.* algebra; **algebraisch** *adj,* algebraic
Algorithmus, *sub, m, -, -rithmen* algorithm
alias, *adv,* alias
Alibi, *sub, n, -s, -s (jur.)* alibi
Alimente, *sub, f, -, nur Mehrz. (für Frau)* alimony; *(für Kind)* child support
alkalisch, *adj, (tt; chem.)* alkaline
Alkohol, *sub, m, -s, -e* alcohol; *er hat keinen Tropfen Alkohol getrunken* he hasn´t had a single drop; *seine Sorgen im Alkohol ertränken* drown one´s sorrows in alcohol; **alkoholabhängig** *adj,* addicted to alcohol; *alkoholabhängig sein* be an alcoholic; **alkoholarm** *adj,* low in alcohol; **alkoholfrei** *adj,* nonalcoholic; **~genuss** *sub, m, -es, -genüsse* alcohol consumption; **~ika** *sub, f, -, nur Mehrz.* alcoholic drinks; **~iker** *sub, m, -s, -* alcoholic; **alkoholisch** *adj,* alcoholic; **alkoholisieren** *vt,* get so drunk; **alkoholisiert** *adj,* drunken; **~ismus** *sub, m, -, nur Einz.* alcoholism; **alkoholkrank** *adj,* sick by alcohol; **~missbrauch** *sub, m, -s, nur Einz.* alcohol abuse; **~vergiftung** *sub, f, -, -en* alcohol poisoning
all, *(1) adj,* every *(2) pron,* all *(3)* **All** *sub, n, -s, nur Einz.* universe; *alle Leute* everybody; *alle Tage* every day, *all die anderen* all the others; *alle von ihnen* all of them, *ins All schicken* send into space; **~abendlich** *(1) adj,* regular evening ... *(2) adv,* every evening; **~bekannt** *adj, (im neg. Sinn)* notorious; *(im pos. Sinn)* well-known; **~dieweil** *konj,* forasmuch as

alle, *(1) adj,* finished *(2) adv,* nur als Anwendung; *etwas alle machen* finish sth; *etwas ist alle* have run out of sth, *(ugs.) alle sein* whacked
Allee, *sub, f, -, -n* avenue
Allegorie, *sub, f, -, -n* allegory; **allegorisch** *adj,* allegorical
allein, *(1) adj, adv,* alone, on one´s own *(2) konj,* however; *allein schon der Gedanke* the mere thought; *etwas alleine machen* do sth on one´s own; *mit jmd alleine sprechen* have a word with so in private; *von allein* by itself; **~ erziehend** *adj,* single parent; **~ stehen** *vi,* be single; **~ stehend** *adj,* single; *allein stehend sein* live alone; **Alleinerbe** *sub, m, -en, -n* sole heir; **Alleinflug** *sub, m, -s, -flüge* solo flight; **Alleingang** *sub, m, -s, -gänge* single-handed effort; **Alleinherrschaft** *sub, f, -, -en* autocracy; **Alleininhaber** *sub, m, -s, -* sole owner; **Alleinunterhalter** *sub, m, -s, -* solo entertainer; **Alleinverdiener** *sub, m, -s, -* sole earner
allemal, *adv,* always; *ein für allemal* once and for all; *wir schaffen das allemal* we´ll manage it no problem
allenfalls, *adv,* at most
allerdings, *adv, (einschränkend)* however; *(gewiss)* certainly; *allerdings meinte er* however, he said
allerfrühestens, *adv,* at the very earliest
Allergie, *sub, f, -, -n* allergy; *eine Allergie haben gegen etwas* be allergic to sth; **Allergiker** *sub, m, -s, -* allergy sufferer; **allergisch** *(1) adj,* allergic *(2) adv,* nur als Anwendung; *allergisch sein gegen* be allergic to, *auf etwas allergisch reagieren* have an allergic reaction to
allerhand, *adj,* a lot; *(ugs.) das ist ja allerhand* that´s too much
Allerheiligste, *sub, m, n, -en, -en*

holy of holies
allerlei, (1) *adj,* all sorts of **(2) Allerlei** *sub, n, -s, nur Einz. (Essen)* hotchpotch; *(mus.)* potpourri; *Leipziger Allerlei* mixed vegetables **allerseits,** *adv,* on all sides; *guten Morgen allerseits* good morning everybody **allerspätestens,** *adv,* at the very least **Allerweltskerl,** *sub, m, -s, -e* jack of all trades **allgegenwärtig,** *adj,* omnipresent **allgemein, (1)** *adj,* general **(2)** *adv,* generally; *allgemein bekannt sein* be a well-known fact; *allgemein gesagt* generally speaking; *allgemein verbreitet* widespread; ~ **gültig** *adj,* universally valid; ~ **verständlich** *adv,* comprehensible; **Allgemeinarzt** *sub, m, -es, -ärzte* general practitioner; **Allgemeinbefinden** *sub, n, -s, nur Einz.* general state of health; **Allgemeinbildung** *sub, f, -, nur Einz.* general education; **Allgemeingültigkeit** *sub, f, -, nur Einz.* universal validity; **Allgemeingut** *sub, n, -s, -güter (Besitz)* common property; *n, -s, nur Einz. (i. ü. S.; Wissen)* common knowledge; **Allgemeinheit** *sub, f, -, nur Einz.* general public; **Allgemeinmedizin** *sub, f, -, nur Einz.* general medicine; **Allgemeinplatz** *sub, m, -es, -plätze* commonplace; **Allgemeinwissen** *sub, n, -s, nur Einz.* general knowledge; **Allgemeinwohl** *sub, n, -s, nur Einz.* public welfare; **Allgemeinzustand** *sub, m, -es, -stände* general condition **Allgewalt,** *sub, f, -, -en* omnipotence; **allgewaltig** *adj,* omnipotent **Allheilmittel,** *sub, n, -s, -* panacea **Allianz,** *sub, f, -, -en* alliance **Alligator,** *sub, m, -s, -en (zool.)* alligator **alliieren,** *vi,* form an alliance; **alliiert** *adj,* allied; **Alliierte** *sub, m, -n, -n* ally **alljährlich, (1)** *adj,* annual **(2)** *adv,*

annually
Allmacht, *sub, f, -, nur Einz.* omnipotence
allmächtig, *adj,* omnipotent; **Allmächtige** *sub, m, -n, nur Einz.* God Almighty
allmählich, (1) *adj,* gradual **(2)** *adv,* gradually; *allmählich habe ich genug davon* I´m starting to get fed up with it
allmonatlich, (1) *adj,* monthly **(2)** *adv,* every month
allmorgendlich, (1) *adj,* morning **(2)** *adv,* every morning
allnächtlich, (1) *adj,* night **(2)** *adv,* every night
Allradantrieb, *sub, m, -s, -e* all-wheel drive
allseitig, (1) *adj,* all-round **(2)** *adv,* from every angle
allumfassend, *adj,* all-embracing
Allüre, *sub, f, -, -n* mannerism
Allwetterkleidung, *sub, f, -, nur Mehrz.* all-weather gear
allwissend, *adj,* omniscient; **Allwissenheit** *sub, f, -, nur Einz.* omniscience
allwöchentlich, (1) *adj,* weekly **(2)** *adv,* every week
allzeit, *adj,* all the time
allzu *adv,* far too; *nicht allzu* not too
Alm, *sub, f, -, -en* alpine pasture
Almanach, *sub, m, -s, -e* almanac
Almosen, *sub, n, -s, nur Mehrz.* alms
Alphabet, *sub, n, -s, -e* alphabet; **alphabetisch (1)** *adj,* alphabetical **(2)** *adv,* alphabetically
alpin, *adj,* alpine
als, *konj, (als dass)* as if; *(so wie)* as; *(Vergleich)* than; *(wie)* as; *(zeitlich)* while; *als ob sie blind wäre* as if she were blind; *als Geschenk* as a present; *er ist größer als sie* he is taller than her; *während du schliefst* while you were sleeping
alsbald, *adv,* immediately
also, (1) *adv,* thus **(2)** *konj,* so; *also gut,* all right then,; *also los*

let´s get going then; *er tat es als*ɔ *doch* he did it after all; *na also* what did I say?

alt, *adj, (Alter)* old; *(hist.)* ancient; *(im Ggs. zu neu)* used; *alles blieɔ beim alten* nothing has changed; *alt werden* grow old; *die alten Rö-mer* the ancient Romans; *(ugs.) e*ʳ *ist ein alter Betrüger* he´s a confirmed cheat; *er ist noch immer de*ʳ *Alte* he hasn´t changed; **Altbau** *sub, m, -s, -ten* old building; **Altbauwohnung** *sub, f, -, -en* old flat; **~bekannt** *adj,* well-known; **~bewährt** *adj,* well-tried; **Alteisen** *sub n, -s, nur Einz.* scrap iron; **Altenheim** *sub, n, -s, -e* old people´s home; **Altenhilfe** *sub, f, -, nur Einz.* geriatric care; **Altenpfleger** *sub, m, -s, -* geriatric nurse; **Alter** *sub, n, -s, -* age; *Alter schützt vor Torheit nicht* there´s no fool like an old fool; *im Alter von 18 Jahren* at the age of 18; *im besten Alter* in the prime of life; *im hohen Alter* at a ripe old age; *mittleren Alters* middle-aged; **~ern** **(1)** *vi, (Person)* age **(2)** *vt, (tech.)* age

altbacken, *adj,* stale

alternativ, (1) *adj,* alternative **(2)** *adv,* alternatively; *alternativ leben* have an alternative lifestyle; **Alternative** *sub, f, -, -n* alternative; **Alternativenergie** *sub, f, -, -n* alternative energy; **Alternativprogramm** *sub, n, -s, -e* alternative programme

altersbedingt, *adj,* senile; **Altersbeschwerden** *sub, f, -, nur Mehrz.* aches and pains of old age; **Altersgrenze** *sub, f, -, -n* age limit; **Altersgruppe** *sub, f, -, -n* age-group; **Altersheim** *sub, n, -s, -e* old people´s home; **Altersrente** *sub, f, -, -n* old-age pension; **altersschwach** *adj, (Bauwerk)* dilapidated; *(Mensch)* infirm; **Altersschwäche** *sub, f, -, -n* infirmity of age; **Altersversorgung** *sub, f, -, -en* old-age pension

Altertum, *sub, n, -s, -tümer* antiquity; **altertümlich** *adj,* ancient; **Al-**

tertümlichkeit *sub, f, -, nur Einz.* antiquatedness; **~sforschung** *sub, f, -, nur Einz.* archaeology; **~skunde** *sub, f, -, nur Einz.* archaeology

Alterung, *sub, f, -, nur Einz.* ageing; **~sprozess** *sub, m, -es, -e* ageing process

Ältestenrat, *sub, m, -s, -räte* council of elders

altgedient, *adj,* veteran; **Altglas** *sub, n, -es, nur Einz.* waste glass; **Altglasbehälter** *sub, m, -s, -* bottle bank; **althergebracht** *adj,* traditional; **altklug** *adj,* precocious; **Altlast** *sub, f, -, -en* residual pollution; **ältlich** *adj,* oldish; **Altmetall** *sub, n, -s, -e* scrap metal; **altmodisch** *adj,* old-fashioned; **Altöl** *sub, n, -s, -e* used oil

Altpapier, *sub, n, -s, nur Einz.* waste paper; **~behälter** *sub, m, -s, -* paper bank; **~sammlung** *sub, f, -, -en* paper collection

Altphilologie, *sub, f, -, nur Einz.* classics

Altsteinzeit, *sub, f, -, nur Einz.* Palaeolithic Age

Altstoffsammlung, *sub, f, -, -en* waste material collection

alttestamentarisch, *adj,* Old Testament ...

Altwarenhändler, *sub, m, -s, -* junk dealer

Altweibersommer, *sub, m, -s, -* Indian summer

Aluminium, *sub, n, -s, nur Einz.* aluminium; **~folie** *sub, f, -, -n* aluminium wrap

Alzheimerkrankheit, *sub, f, -, nur Einz.* Alzheimer´s disease

Amalgam, *sub, n, -s, -e (tt; chem.)* amalgam

Amateur, *sub, m, -s, -e* amateur

Amazone, *sub, f, -, -n* amazon

Ambiente, *sub, n, -s, nur Einz.* ambience

Ambiguität, *sub, f, -, -en (geh.)* ambiguity

Ambition, *sub, f, -, -en* ambition; *Ambitionen haben etwas zu tun*

have set one´s sights on doing sth;
ambitioniert *adj*, ambitious
ambivalent, *adj*, ambivalent; **Ambivalenz** *sub*, *f*, -, *-en* ambivalence
Amboss, *sub*, *m*, *-es*, *-e (anat.)* incus; *(tech.)* anvil
ambulant, (1) *adj*, outpatient (2) *adv*, outpatient; *ambulant behandelter Patient* outpatient; *ambulante Behandlung* outpatient treatment; **Ambulanz** *sub*, *f*, -, *-en (Krankenhaus)* outpatients´ department
Ameise, *sub*, *f*, -, *-n* ant; ~**nbär** *sub*, *m*, *-s*, *-en* anteater; ~**nhaufen** *sub*, *m*, *-s*, - anthill; ~**nsäure** *sub*, *f*, -, *nur Einz.* formic acid
Amen, *sub*, *n*, *-s*, *nur Einz.* amen
Amerikaner, *sub*, *m*, *-s*, - American; ~**in** *sub*, *f*, -, *-nen* American; **amerikanisch** *adj*, American
Amethyst, *sub*, *m*, *-s*, *-e (geol.)* amethyst
Aminosäure, *sub*, *f*, -, *-n (tt; chem.)* amino acid
Amme, *sub*, *f*, -, *-n* nurse; ~**nmärchen** *sub*, *n*, *-s*, - fairytale
Ammer, *sub*, *f*, -, *-n (zool.)* bunting
Amnesie, *sub*, *f*, -, *-n (tt; med.)* amnesia
Amnestie, *sub*, *f*, -, *-n* amnesty; **amnestieren** *vt*, grant an amnesty to
Amöbe, *sub*, *f*, -, *-n (tt; zool.)* amoeba
Amok, *sub*, *m*, *-s*, *nur Einz.* nur als Anwendung; *Amok laufen* run amok; ~**läufer** *sub*, *m*, *-s*, - runner amok; ~**schütze** *sub*, *m*, *-n*, *-n* mad gunman
a-Moll, *sub*, *n*, -, *nur Einz. (tt; mus.)* A minor
amoralisch, *adj*, amoral
Amortisation, *sub*, *f*, -, *-en* amortization; **amortisieren** (1) *vr*, amortize (2) *vt*, amortize
amourös, *adj*, amorous; *amouröses Abenteuer* little affair
Ampel, *sub*, *f*, -, *-n* traffic lights
Ampfer, *sub*, *m*, *-s*, - *(bot.)* sorrel
Amphibie, *sub*, *f*, -, *-n (tt; zool.)* amphibian; ~**nfahrzeug** *sub*, *n*, *-s*, *-e*

(tech.) amphibian vehicle; **amphibisch** *adj*, *(zool.)* amphibious; **Amphore** *sub*, *f*, -, *-n* amphora
Ampulle, *sub*, *f*, -, *-n* ampulla
Amputation, *sub*, *f*, -, *-en (med.)* amputation; **amputieren** *vt*, amputate
Amsel, *sub*, *f*, -, *-n* blackbird
Amt, *sub*, *n*, *-s*, *Ämter* post; *(Aufgabe)* duty; *(Dienststelle)* office; *kraft seines Amtes* by virtue of his office; *seines Amtes walten* carry out one´s duties; *walte deines Amtes* do your duty; **amtieren** *vi*, hold office; **amtlich** *adj*, official; ~**sgeheimnis** *sub*, *n*, *-ses*, *-se* official secret; ~**shandlung** *sub*, *f*, -, *-en* official act; ~**sweg** *sub*, *m*, *-es*, *-e* official channels; *den Amtsweg beschreiten* go through the official channels
Amulett, *sub*, *n*, *-s*, *-e* amulet
amusisch, *adj*, nur als Anwendung; *amusisch sein* have no appreciation for the arts
an, (1) *adv*, nur als Anwendung (2) *präp*, *(nahe bei)* by; *(räumlich)* at, on; *(zeitich)* on; *an die zehn Kinder* around ten children; *das Licht ist an* the light is on; *von jetzt an* from now on, *an der Tür* at the door; *an der Wand* on the wall; *an jenem Morgen* that morning
Anabolikum, *sub*, *n*, *-s*, *-lika* anabolic steroids
Anachronismus, *sub*, *m*, -, *-men* anachronism; **anachronistisch** *adj*, anachronistic
Anagramm, *sub*, *n*, *-s*, *-e* anagram
Anakonda, *sub*, *f*, -, *-s* anaconda
anal, *adj*, *(anat.)* anal
analog, (1) *adj*, analogous (2) *adv*, by analogy; **Analogie** *sub*, *f*, -, *-n* analogy
Analphabet, *sub*, *m*, *-en*, *-en* illiterate; ~**entum** *sub*, *n*, *-s*, *nur Einz.* illiteracy
Analverkehr, *sub*, *m*, *-s*, *nur Einz.* anal intercourse

Analyse, *sub, f, -, -n* analysis; **analysieren** *vt,* analyze; **analytisch** (1) *adj,* analytical (2) *adv,* analytically
Anämie, *sub, f, -, -n (med.)* anemia; **anämisch** *adj,* anemic
Ananas, *sub, f, -, - oder -se* pineapple
Anarchie, *sub, f, -, -n* anarchy; **anarchisch** *adj,* anarchic
Anästhesie, *sub, f, -, -n (med.)* anesthesia; **anästhesieren** *vt,* anesthetize; **Anästhesist** *sub, m, -en, -en* anaesthetist
Anatomie, *sub, f, -, -n* anatomy; **anatomisch** *adj,* anatomical
Anbau, *sub, m, -s, nur Einz. (Anpflanzung)* cultivation; *m, -s, -bauten (Gebäude)* extension; **anbauen** (1) *vi, (Haus, etc.)* build an extension (2) *vt, (Getreide, etc.)* cultivate; **~fläche** *sub, f, -, -n* acreage
Anbeginn, *sub, m, -es, nur Einz.* very beginning
anbehalten, *vt,* keep on
anbei, *adv,* enclosed
anbeißen, (1) *vi,* bite (2) *vt,* bite into
anbellen, *vt,* bark at
anberaumen, *vt,* fix
anbeten, *vt,* worship; *(i. ü. S.)* adore; **Anbetung** *sub, f, -, nur Einz.* worship
Anbetracht, *sub, f, -, nur Einz.* nur als Anwendung; *in Anbetracht* considering
anbetreffen, *vt,* nur als Anwendung; *was mich anbetrifft* as far as I am concerned
anbiedern, *vr,* make o.s. at home; *sich bei jemandem anbiedern* get on good terms with so; **Anbiederung** *sub, f, -, nur Einz.* tactless familiarity
anbieten, (1) *vr, (Dienste)* offer one´s services; *(Gelegenheit)* present itself (2) *vt, (zum Verkauf, etc.)* offer; *die Sache bietet sich an für* it lends itself to; *es bietet sich an () zu* the obvious thing would be to, *angeboten werden* be on offer; *jemandem etwas anbieten* offer so sth; *seinen Rücktritt anbieten* offer

to resign; **Anbieter** *sub, m, -s, - (Auktion)* bidder
anbinden, *vt, (Schnur, etc.)* tie up; *(Tier)* put on a leash
Anblick, *sub, m, -s, -e* sight; *beim ersten Anblick* at first sight; *ein jämmerlicher Anblick* a sorry sight; **anblicken** (1) *vr,* look at each other (2) *vt,* look at
anblinken, *vt,* flash one´s light at
anbohren, *vt,* bore; *jemanden anbohren* sound so out
anbräunen, *vt,* brown
anbrechen, (1) *vi, (Nacht)* fall; *(Tag)* dawn (2) *vt, (Flasche, etc.)* open; *(Vorrat)* break into
anbrennen, (1) *vi, (Essen)* burn; *(Papier, etc.)* catch fire (2) *vt, (anzünden)* ignite
anbringen, *vt, (befestigen)* fix; *(herbeischaffen)* bring
Anbruch, *sub, m, -s, -brüche* nur als Anwendung; *bei Anbruch der Dunkelheit* at nightfall; *bei Tagesanbruch* at daybreak; *der Anbruch eines neuen Zeitalters* the dawning of a new age
anbrüllen, *vt,* yell at
Andacht, *sub, f, -, -en* devotion; **andächtig** *adj,* devout
andauern, *vi,* continue; *der Schneefall wird andauern* it will continue to snow; **~d** *adj,* continuous
Andenken, *sub, n, -s, - (Angedenken)* memory; *(Gegenstand)* keepsake; *ein Andenken kaufen* buy a souvenir; *zum Andenken an* in memory of
andere, (1) *adj,* other; *(folgend)* next; *(verschieden)* different (2) *pron,* nur als Anwendung; *andere Dinge* other things; *am anderen Tag* the next day; *es ist eine andere Farbe* it´s a different colour; *~nfalls* *adv,* otherwise; *~r pron,* nur als Anwendung; *der eine oder andere* someone or other; *die anderen* the others; *die eine oder andere (Sache)* one or the other; *ein(e) andere(r) so-*

meone else; *einer nach dem anderen* one after the other; *er und kein anderer* no one else but him; ~*rseits adv*, on the other hand; ~*s pron*, nur als Anwendung; *das ist etwas ganz anderes* that´s a completely different thing; *andermal adv*, nur als Anwendung; *ein andermal* some other time; **andernfalls** *adv*, otherwise

ändern, (1) *vr*, change (2) *vt*, alter; *das lässt sich nicht ändern* that can´t be helped; *ich kann es auch nicht ändern* I can´t help it either

anders, *adj*, nur als Anwendung; *irgendwo anders* somewhere else; *jemand/niemand anders* somebody/nobody else; *nirgendwo anders als hier* nowhere else but here; *wer anders?* who else?; *wo anders als hier?* where else but here?; ~ **denkend** *adj*, (*polit.*) dissenting; ~**artig** *adj*, different; **Andersartigkeit** *sub, f, -, nur Einz.* differences

Änderung, *sub, f, -, -en* change; *Änderungen vorbehalten* subject to change; *eine Änderungen erfahren* undergo change

andeuten, (1) *vr*, (*Änderung*) be in the air (2) *vt*, hint at; **Andeutung** *sub, f, -, -en* hint; (*Hinweis*) indication; *eine Andeutung machen* drop a hint; **andeutungsweise** *adv*, allusively

andichten, *vt*, nur als Anwendung; *jemandem etwas andichten* impute sth to so

Andienung, *sub, f, -, -en (wirt.)* offer

Andrang, *sub, m, -s, nur Einz.* crush

andrehen, *vt*, turn on; *jemandem etwas andrehen* palm sth off on so

androgyn, *adj*, androgynous

androhen, *vt*, nur als Anwendung; *jmd etwas androhen* threaten so with sth; **Androhung** *sub, f, -, -en* threat; *unter Androhung von* under penalty of

Androide, *sub, m, -n, -n* android

aneignen, *vr*, (*auch Wissen*) acquire; (*Fertigkeit*) learn; (*unrechtmäßig*) appropriate

aneinander, *adv*, each other; *aneinander hängen* be very attached to each other; *aneinander vorbeireden* talk at cross-purposes

Anekdote, *sub, f, -, -n* anecdote

anekeln, *vt*, (*Geschmack, etc.*) make so feel sick; (*Person*) make so sick

Anemone, *sub, f, -, -n (bot.)* anemone

Anerbieten, (1) *sub, n, -s, nur Einz.* offer (2) **anerbieten** *vt*, offer

anerkanntermaßen, *adv*, by common consent; **anerkennen** *vt*, acknowledge; (*billigen*) approve; (*polit.*) recognize; (*Schuld*) admit; *etwas nicht anerkennen* refuse to recognize sth; **anerkennenswert** *adj*, commendable; **Anerkennung** *sub, f, -, nur Einz.* acknowledgement; (*polit.*) recognition; *Anerkennung erlangen* win recognition; *Anerkennung verdienen* deserve credit; *in Anerkennung* in recognition of

anfachen, *vt*, (*Diskussion*) stoke up; (*Feuer*) fan

anfahren, (1) *vi*, (*losfahren*) start (2) *vt*, (*Hafen*) call at; (*rammen*) run into; **Anfahrt** *sub, f, -, -en* (*Einfahrt*) approach; (*Fahrt*) ride; **Anfahrtsweg** *sub, m, -es, -e* distance

Anfall, *sub, m, -s, -fälle (i. ü. S.)* fit; (*med.*) attack; *einen Anfall bekommen* have a fit; *einen Anfall von Tobsucht bekommen* have a tantrum; **anfallen** (1) *vi*, (*Kosten*) arise (2) *vt*, (*angreifen*) attack

anfällig, *adj*, (*Gerät, etc.*) susceptible; (*gesundheitlich*) delicate; **Anfälligkeit** *sub, f, -, nur Einz.* susceptibility

anfassen, (1) *vi*, (*mithelfen*) give so a hand (2) *vr*, (*sich anfühlen*) feel (3) *vt*, (*berühren*) touch

anfauchen, *vt*, spit at

anfaulen, *vi,* start to decay
anfechtbar, *adj,* contestable; **anfechten** *vt, (bestreiten)* contest; *(jur.)* appeal against
anfeinden, *vt,* be hostile to; *angefeindet werden* become unpopular; **Anfeindung** *sub, f, -, -en* hostility
anfertigen, *vt,* produce; *(machen)* make; **Anfertigung** *sub, f, -, nur Einz.* making; *(tech.)* production
anfeuchten, *vt,* moisten
anfeuern, *vt,* fire; *(i. ü. S.)* cheer on so; *Anfeuerungsteam* cheer-leader; **Anfeuerung** *sub, f, -, nur Einz.* firing
anflehen, *vt,* beseech
Anflug, *sub, m, -s, -flüge* approach; *beim Anflug auf* while approaching
anfordern, *vt,* request; **Anforderung** *sub, f, -, -en (Bestellung)* demand; *(Niveau)* standard
Anfrage, *sub, f, -, -n* enquiry; **anfragen** *vi,* inquire; *bei jemandem nach etwas anfragen* ask so about sth
anfreunden, *vr,* become friends; *sich mit einem Gedanken anfreunden* get used to an idea
anfügen, *vt,* add; *(tech.)* attach
Anfuhr, *sub, f, -, -en* delivery
anführen, *vt, (erwähnen)* mention; *(Organisation)* lead; *(Zeugen)* produce; **Anführer** *sub, m, -s, -* leader; **Anführungsstrich** *sub, m, -s, -e* quotation mark; **Anführungszeichen** *sub, n, -s, -* quotation mark
Angabe, *sub, f, -, -en (Information)* information; *(spo.)* service; *Angaben zur Person* personal data; *falsche Angaben machen* give a misrepresentation; *genaue Angaben machen* give details; **angeben** (1) *vi, (prahlen)* show off; *(spo.)* serve (2) *vt, (behaupten)* claim; *(erklären)* declare; *(Personalien)* give; *angeben* talk big; **Angeber** *sub, m, -s, -* braggart; **angeberisch** *adj,* bragging
Angebetete, *sub, m,f, -n, -n* beloved
angeblich, (1) *adj,* alleged (2) *adv,* supposed; *angeblich sein* suppo-

sed to be
angeboren, *adj,* inborn; *(biol.)* hereditary
Angebot, *sub, n, -s, -e* offer; *(Preisangebot)* quotation; *(Warenangebot)* supply
angebracht, *adj,* appropriate; *etwas für angebracht halten* think that sth is appropriate; *nicht angebracht sein* be inappropriate
angeführt, *adj, (Organisation, etc.)* lead
angegeben, *adj, (Informationen, etc.)* given; *(zu Verzollendes)* declared
angegossen, *adj,* nur als Anwendung; *wie angegossen passen* fit like a glove
angegriffen, *adj, (Gesundheit)* bad; *(Oberfläche, etc.)* worn-out
angeheiratet, *adj,* by marriage; *angeheiratete Verwandte* in-laws
angeheitert, *adj, (ugs.)* merry
angehen, (1) *vi, (beginnen)* start; *(Gerät)* go on (2) *vt, (betreffen)* concern; *(Problem)* tackle; *angehen gegen* fight against; *es kann nicht angehen, dass* it can´t be true that, *das geht niemanden etwas an* that´s my business; *was sie angeht* as far as she is concerned; *~d adj, (Beruf)* beginning; *(Musiker, etc.)* budding
angehören, *vi,* belong to; **angehörig** *adj,* belonging (to); **Angehörige** *sub, m,f, -en, -n (einer Organisation)* member; **Angehörige(r)** *sub, f,m, -en, -n (Verwandter)* relative; *die nächsten Angehörigen* those next of kin; *meine Angehörigen* my family
Angeklagte, *sub, m,f, -n, -n* defendant
angeknackst, *adj, (Gegenstand)* slightly damaged; *(i. ü. S.; Gesundheit)* shaky; *(i. ü. S.; Selbstbewußtsein)* dented
Angelegenheit, *sub, f, -, -en* matter; *das ist seine Angelegenheit* that´s his problem; *kümmere dich um deine Angelegenheiten*

mind your own business
Angelsachse, -sächsin, *sub, m, f, -n,
-, -n, -nen* Anglo-Saxon
angemessen, *adj, (Größe einer
Hose, etc.)* appropriate; *(Preis)*
reasonable; **Angemessenheit** *sub,
f, -, nur Einz.* adequacy
angenähert, (1) *adj,* nur als Anwendung (2) *adv,* nur als Anwendung;
es hat sich angenähert it has approached
angenehm, (1) *adj,* pleasant (2)
adv, pleasantly; *Angenehmes mit
Nützlichem verbinden* combine
business with pleasure, *angenehm
überrascht sein* be pleasantly surprised
angenommen, *adj,* supposed
angepasst, *adj, (biol.)* well-adap-
ted; *(polit.)* conformist; **Angepasstheit** *sub, f, -, nur Einz.*
conformity
angeraut, *adj,* roughened
angeregt, (1) *adj,* lively (2) *adv,* lively; *sich angeregt unterhalten*
have a lively conversation
angeschlagen, *adj, (Gegenstand)*
chipped; *(Gesundheit)* shaky
angesehen, *adj,* respected
Angesicht, *sub, n, -s, -e oder -er* face;
im Angesicht des in the face of; *von
Angesicht zu Angesicht* face to face;
angesichts *präp,* in the face of
angespannt, *adj,* intensely, tense;
angespannt zuhören listen intently
angestammt, *adj,* hereditary
Angestellte, *sub, m,f, -n, -n* employee
angestrengt, (1) *adj,* concentrated
(2) *adv,* nur als Anwendung; *angestrengt denken* think hard; *angestrengt zuhören* listen intently
angetrunken, *adj,* slightly drunken
angewandt, *adj,* applied
angewiesen, *adj,* nur als Anwendung; *angewiesen sein auf* be dependent on; *auf sich selbst
angewiesen sein* have to look after
os
angewöhnen, *vt,* nur als Anwendung; *jemandem etwas angewöh-*

nen get so used to sth; *sich etwas
angewöhnen* get into the habit of;
Angewohnheit *sub, f, -, -en* habit
angewurzelt, *adj,* rooted; *wie angewurzelt dastehen* stand rooted
to the spot
Angina, *sub, f, -, -nen (med.)* tonsillitis
angleichen, (1) *vr,* adapt (2) *vt,*
assimilate; **Angleichung** *sub, f, -,
-en* adaption
Angler, *sub, m, -s, -* angler
angliedern, *vt, (sich angliedern)*
join; *(Territorium)* annex; **Angliederung** *sub, f, -, -en (an Partei, etc.)* affiliation; *(Territorium)*
annexation
Angorawolle, *sub, f, -, nur Einz.*
angora wool
angreifen, *vt, (Gesundheit)* affect;
(jur.) assault; *(mil.)* attack; **Angreifer** *sub, m, -s, -* attacker; *(polit.)* aggressors
angrenzen, *vi,* border on
Angriff, *sub, m, -s, -e* attack; *(mil.)*
offensive; *etwas in Angriff neh-
men* set one´s hand to sth; *zum
Angriff übergehen* take the offensive; **~skrieg** *sub, m, -s, -e* offensive warfare; **~slust** *sub, f, -, nur
Einz.* aggressiveness; **angriffslustig** *adj,* aggressive; **~swaffe**
sub, f, -, -n offensive weapon
Angst, *sub, f, -, Ängste* fear; *Angst
haben* be afraid; *aus Angst* for
fear; *(ugs.) es mit der Angst zu
tun bekommen* get the wind up;
angsterfüllt *adj,* anxious; **angstfrei** *adj,* free from fear; **~hase**
sub, m, -n, -n (ugs.) funk; **ängstigen** (1) *vr,* be afraid (2) *vt,* frighten; **Ängstigung** *sub, f, -, -en*
frightening; **ängstlich** *adj, (besorgt)* anxious; *(schüchtern)* timid; **Ängstlichkeit** *sub, f, -, nur
Einz.* timidness
angurten, (1) *vr,* fasten one´s seatbelt (2) *vt,* fasten
anhaben, *vt, (Kleidung)* wear; *jemandem etwas anhaben* get at so
anhaltend, *adj,* continuous; *an-*

haltende Bemühungen prolonged efforts; *anhaltende Nachfrage* persistent demand; *anhaltender Schneefall* continuous snowfall **Anhalter,** *sub, m, -s,* - hitchhiker **Anhaltspunkt,** *sub, m, -s, -e* clue **an Hand,** *adv,* by **Anhang,** *sub, m, -s, Anhänge (Angehörige)* dependents; *(Buch)* appendix **anhängen,** (1) *vi, (aufhängen)* hang up; *(Partei)* follow (2) *vr, (einer Person)* attach o.s. (3) *vt, (zufügen)* add; *(zusammenfügen)* connect; **Anhänger** *sub, m, -s,* - *(einer Bewegung)* follower; *(eines Fahrzeugs)* trailer; *(Schmuck)* pendant; *(spo.)* fan; **Anhängerschaft** *sub, f, -, -en* supporters **anhänglich,** *adj,* affectionate; **Anhänglichkeit** *sub, f, -, nur Einz.* affection; **Anhängsel** *sub, n, -s,* - appendage **anhauchen,** *vt,* breath on; *das Fenster anhauchen* blow on the window **anhäufen,** (1) *vr,* pile up (2) *vt, (Erde, etc.)* pile up; *(Reichtümer)* amass; **Anhäufung** *sub, f, -, -en* accumulation **anheben,** (1) *vi,* begin (2) *vt, (Preis)* raise; *(Schrank, etc.)* lift; **Anhebung** *sub, f, -, -en* increase **anheften,** *vt,* fasten **anheizen,** *vt, (i. ü. S.; Diskussion)* fuel; *(Feuer)* fire **anherrschen,** *vt,* bark at **anhimmeln,** *vt,* idolize **Anhöhe,** *sub, f, -, -n* height **anhören,** (1) *vr,* nur als Anwendung (2) *vt,* listen to; *das hört sich gut an* that sounds good; *das hört sich schlecht an* that sounds bad, *etwas mit anhören* listen in on sth; *nun hör dir das an* just listen to this; **Anhörung** *sub, f, -, -en (jur., pol.)* hearing **Animateur,** *sub, m, -s, -e* entertainer; **Animation** *sub, f, -, -en (Filmprodukt)* cartoons; *(Herstellungsprozess)* animation;

animieren *vt,* encourage; **Animiermädchen** *sub, n, -s,* - hostess **Animosität,** *sub, f, -, -en* animosity **Anis,** *sub, m, -es, -e (bot.)* anise **Ankauf,** *sub, m, -s, -käufe* purchase; **ankaufen** *vt,* purchase **Anker,** *sub, m, -s,* - anchor; *den Anker lichten* weigh anchor; *vor Anker gehen* drop anchor; *~kette sub, f, -, -n* anchor-cable; **ankern** *vi,* anchor; *~platz sub, m, -s, -plätze* anchoring ground; *~tau sub, n, -s, -e* anchor-cable; *~winde sub, f, -, -n* windlass **anketten,** *vt,* chain **ankläffen,** *vt,* bark at **Anklage,** *sub, f, -, -n* charge; *(jur.)* plaintiff; *gegen jemanden Anklage erheben* bring a charge against so; *unter Anklage stehen* be on trial; *~bank sub, f, -, -bänke* dock; **anklagen** *vt,* charge (with); **Ankläger** *sub, m, -s,* - accuser; *(jur.)* prosecuter; *~schrift sub, f, -, -en* indictment **anklammern,** *vr,* cling, fasten **Anklang,** *sub, m, -s, -klänge (Ähnlichkeit)* reminiscence; *m, -s, nur Einz. (Zustimmung)* approval; *bei jemandem Anklang finden* strike a chord with so **ankleben,** (1) *vi,* cling (2) *vt,* stick on **Ankleidekabine,** *sub, f, -, -n (Geschäft)* fitting-room; *(Sporthalle, etc.)* cubicle; **ankleiden** *vr, vt,* dress; **Ankleideraum** *sub, m, -s, -räume* changing-room **anklicken,** *vt, (comp.)* click **anklingen,** *vi,* remind slightly **anklopfen,** *vi,* knock **anknabbern,** *vt,* nibble at **ankommen,** *vi, (gut akzeptiert werden)* go down well; *(Ziel erreichen)* arrive; *(ugs.) bei jemandem mit etwas nicht ankommen* cut no ice with so; *groß ankommen* go down with a bomb; *gegen jemanden ankommen* be able to cope with so; *sicher ankommen*

62

arrive savely; **Ankömmling** *sub, m, -s, -e* newcomer
ankoppeln, (1) *vi, (Anhänger)* hitch up; *(Raumschiff)* connect, dock **(2)** *vt,* dock
ankotzen, *vt, (ugs.)* make so sick
ankratzen, *vt,* scratch
ankreiden, *vt,* nur als Anwendung; *es wurde ihm angekreidet* it counted against him; *jemandem etwas ankreiden* fault so with sth
ankreuzen, *vt,* tick
ankündigen, (1) *vr,* announce that one is coming **(2)** *vt,* announce; *bei mir kündigt sich eine Erkältung an* I´m due in for a cold; **Ankündigung** *sub, f, -, -en* announcement
Ankunft, *sub, f, -, -künfte* arrival; *~szeit sub, f, -, -en* time of arrival
ankurbeln, *vt, (Auto)* crank up; *(i. ü. S.; wirt.)* boost
anlächeln, *vt,* smile at
anlachen, *vt,* laugh at; *(ugs.) sich jemanden anlachen* pick so up
Anlage, *sub, f, -, -n (Art und Vorgang)* arrangement; *(med.)* disposition; *(Veranlagung)* tendency; *öffentliche Anlagen* public gardens; *~berater sub, m, -s, -* investment consultant; *~vermögen sub, n, -s, -* fixed assets
anlagern, *vrt,* accumulate; **Anlagerung** *sub, f, -, -en* accumulation
anlangen, *vi, (ankommen)* reach; *(berühren)* touch; *(betreffen)* concern; *was die Schule anlangt* as far as school is concerned
Anlass, *sub, m, -es, -lässe (Grund)* occasion; *(Ursache)* reason; *aus Anlass des* on the occasion of; *der Anlass für etwas* the reason for sth; *jemandem zu etwas Anlass geben* give so cause for; *ohne jeglichen Anlass* for no reason at all
anlassen, (1) *vr,* nur als Anwendung **(2)** *vt, (anbehalten)* keep on; *(Auto)* start (up); *der Tag lässt sich gut an* it´s good start to the day; *sich gut anlassen* have a good start; **Anlasser** *sub, m, -s, -* starter; **anlässlich** *präp,* on the occasion of

Anlauf, *sub, m, -s, -läufe (i. ü. S.)* attempt; *(Skisprung)* approach; *einen neuen Anlauf nehmen* have an other try; *im ersten Anlauf* on the first go; *Anlauf nehmen* take a run; **anlaufen (1)** *vi, (Maschine)* start (up); *(Scheibe)* steam up; *(spo.)* run up **(2)** *vt, (Hafen)* call at; *~stelle sub, f, -, -n* place to go
anläuten, (1) *vi,* ring the bell **(2)** *vt, (spo.)* ring in
anlegen, (1) *vi, (Schifffahrt)* land; *(Verband)* apply **(2)** *vr,* start fighting with so **(3)** *vt,* nur als Anwendung; *(Garten)* lay out; *(Geld)* invest; *(Gewehr)* aim (at); *(Schmuck)* put on; *(Vorrat)* get in; *sich mit jemandem anlegen* start a fight with so; **Anlegeplatz** *sub, m, -es, -plätze* moorings; **Anlegestelle** *sub, f, -, -n* moorings
Anleger, *sub, m, -s, - (wirt.)* investor
anlehnen, *vr, (abstützen)* lean on; *(i. ü. S.; an Meinung)* follow; **Anlehnung** *sub, f, -, -en (polit.)* dependence; *in Anlehnung an* following; *in Anlehnung an den Expressionismus* in the style of expressionism; **anlehnungsbedürftig** *adj,* lacking self-assurance
anleiern, *vt, (ugs.)* get sth going
Anleihe, *sub, f, -, -n* loan
anleiten, *vt,* guide; *jemanden bei der Arbeit anleiten* show so how to do the job; **Anleitung** *sub, f, -, -en (Betriebs)* instruction; *(Einweisung)* guidance
anlernen, *vt,* train
anlesen, *vt, (Buch)* dip into; *sich etwas anlesen* read up on sth
anliefern, *vt,* deliver; **Anlieferung** *sub, f, -, -en* delivery
Anliegen, *sub, n, -s, -* concern; *ein Anliegen an jemanden haben* ask so a favour; *ein internationales Anliegen* a matter of international concern
Anlieger, *sub, m, -s, -* resident;

~verkehr *sub, m, -s, nur Einz.* residential traffic
anlocken, *vt, (Person)* attract; *(Tier)* lure
anlöten, *vt,* solder on
anlügen, *vt,* lie to so´s face
anmahnen, *vt,* nur als Anwendung; *eine ausstehende Zahlung bei jemandem anmahnen* ask so for payment of sth
anmalen, (1) *vr, (ugs.; sich schminken)* put one´s face on **(2)** *vt,* paint
Anmarsch, *sub, m, -s, -märsche* approach
anmaßen, *vr, (Rechte)* claim; *sich anmaßen etwas zu tun* take it upon os to do sth; **~d** *adj,* arrogant; **Anmaßung** *sub, f, -, -en* arrogance
anmelden, (1) *vr, (Beim Arzt)* make an appointment; *(polizeilich)* register; *(zu einem Kurs)* enrol **(2)** *vt, (Bedenken)* raise; *(Besucher)* announce; *(Radio, etc.)* get a license; **Anmeldepflicht** *sub, f, -, -en* compulsory registration; **Anmeldung** *sub, f, -, -en (für einen Kurs)* enrolment; *(polizeilich)* registration
anmerken, *vt, (erwähnen)* nur als Anwendung, remark; *lass dir nichts anmerken* don´t let on; *sich etwas anmerken lassen* show one´s feelings; **Anmerkung** *sub, f, -, -en (Äußerung)* remark; *(kritische)* comment
anmieten, *vt,* rent; *(Gerät, etc.)* hire
anmontieren, *vt,* attach
anmustern, *vt,* sign on
Anmut, *sub, f, -, nur Einz.* grace; **anmutig** *adj,* graceful
annageln, *vt,* nail on
annähen, *vt,* sew on
annähern, (1) *vr,* approach **(2)** *vt,* approximate; **~d (1)** *adj,* approximate **(2)** *adv,* roughly; *annähernd richtig* roughly all right; *nicht annähernd* not nearly; **Annäherung** *sub, f, -, -en* approach; **Annäherungsversuch** *sub, m, -s, -e (polit.)* attempted rapprochement; *(zw. Personen)* advances; **annäherungsweise** *adv,* approximately

Annahme, *sub, f, -, -n (Akzeptierung)* acceptance; *(Vermutung)* assumption; *die Annahme verweigern* refuse to accept sth; *etwas in der Annahme tun, dass* do sth assuming that; *Grund zur Annahme haben, dass* have reason to assume that; **annehmbar** *adj,* acceptable; **annehmen (1)** *vr,* nur als Anwendung; *(Rat)* take so´s advice **(2)** *vt, (Angewohnheit)* take up; *(Ball)* take; *(Bedingung, etc.)* accept; *(Form, etc.)* take on; *sich einer Sache annehmen* take care of sth; *sich jemands annehmen* take care of so, *nehmen wir einmal an, dass* let´s suppose (that); *Vernunft annehmen* come to one´s senses
Annalen, *sub, f, -, nur Mehrz.* annals
annehmlich, *adj,* acceptable; **Annehmlichkeit** *sub, f, -, -en* amenities
Annonce, *sub, f, -, -n* advertisement; **annoncieren (1)** *vi,* put an advertisement in a newspaper **(2)** *vt,* advertise
annullieren, *vt, (Flug)* cancel; *(Vertrag)* annul; **Annullierung** *sub, f, -, -en (geb.; eines Flugs)* annulment; *(geb.; eines Vertrags)* cancellation
anöden, *vt, (ugs.)* bore
anomal, *adj,* abnormal; **Anomalie** *sub, f, -, -n* anomaly
anonym, *adj,* anonymous; **Anonymität** *sub, f, -, nur Einz.* anonymity
Anorak, *sub, m, -s, -s* anorak
anordnen, *vt, (befehlen)* order; *(Dinge)* arrange; **Anordnung** *sub, f, -, -en (Befehl)* order; *(von Dingen)* arrangement
anorganisch, *adj, (tt; chem.)* inorganic
anormal, *adj,* abnormal
anpacken, *vt, (Gegenstand)* grab; *(Problem)* tackle
anpassen, (1) *vr,* adjust o.s. **(2)** *vt, (Kleidung)* fit; *(qualitativ)*

match; *sich anpassen an* align os to; **Anpassung** *sub, f, -, -en (Person)* adjustment; *(von Kleidung)* fitting; **anpassungsfähig** *adj,* adaptable
anpeilen, *vt, (ansteuern)* head for; *(Objekt)* take a bearing on
anpfeifen, *vi, (spo.)* start the game; **Anpfiff** *sub, m, -s, -e* nur als Anwendung; *(ugs.) Anpfiff bekommen* be hauled over the coals; *der Anpfiff ist in fünf Minuten* the match will start in five minutes
anpflanzen, *vt,* plant; **Anpflanzung** *sub, f, -, -en* plantation
anpirschen, *vr,* stalk
anpöbeln, *vt,* shout abuse at
anpreisen, *vt,* praise; *(empfehlen)* commend; **Anpreisung** *sub, f, -, -en (Empfehlung)* commendation; *(Lobung)* praising
Anprobe, *sub, f, -, -n* fitting; **anprobieren** *vt,* try on
anpumpen, *vt, (ugs.)* touch; *jemanden um Geld anpumpen* touch so for some money
anquatschen, *vt,* accost
Anraten, *sub, n, -s, -* advice; *auf Anraten meines Anwalts* on my lawyer´s advice
anrauen, *vt,* roughen
anrechnen, *vt, (gutschreiben)* credit; *jemandem etwasa anrechnen* charge sth to so´s account; *jemanden etwas als Verdienst anrechnen* give so credit for sth; *jemanden seine Hilfsbereitschaft hoch anrechnen* highly appreciate so´s help
Anrecht, *sub, n, -s, -e* right; *ein Anrecht haben auf* have a right to
Anrede, *sub, f, -, -n (des Publikums)* address; *(im Brief)* opening; **anreden** *vt, (ansprechen)* address; *(Gespräch beginnen)* approach; *jemanden mit du/sie anreden* use the polite form of address with so; *gegen den Lärm anreden* compete against the noise; *jemanden auf etwas hin anreden* approach so on sth
anregen, *vt, (geistig, usw.)* stimula-

te; *(vorschlagen)* suggest; ~**d (1)** *adj,* stimulating **(2)** *adv,* stimulating; *eine anregende Wirkung haben* have a stimulating effect; **Anregung** *sub, f, -, -en (med.)* stimulus; *(Vorschlag)* stimulation; **Anregungsmittel** *sub, n, -s, - (med.)* stimulant
anreichern, (1) *vr,* accumulate **(2)** *vt,* enrich; **Anreicherung** *sub, f, -, -en (Ansammlung)* accumulation; *(Konzentrierung)* enrichment
Anreise, *sub, f, -, -n* journey; **anreisen** *vi,* travel; ~**tag** *sub, m, -s, -e* travelling day
Anreiz, *sub, m, -es, -e* incentive
anrempeln, *vt,* jostle (against)
Anrichte, *sub, f, -, -n* sideboard; **anrichten** *vt, (Essen)* prepare; *(Schaden)* cause; *(ugs.) da hat sie ja was angerichtet* now she´s done it; *ein Blutbad anrichten* cause a bloodbath
anrüchig, *adj,* disreputable; **Anrüchigkeit** *sub, f, -, -en* disrepute
Anruf, *sub, m, -s, -e (eines Gericht)* appeal; ~**beantworter** *sub, m, -s, -e* answering machine; **anrufen (1)** *vt, (Gericht)* appeal **(2)** *vti, (telefonieren)* call; *Ich muss sie mal eben anrufen* I´ve just got to ring her up; ~**er** *sub, m, -s, -* caller
anrühren, *vt, (Gegenstand, Thema)* touch; *(Teig, etc.)* mix
ans, *präp, (räumlich)* to
Ansage, *sub, f, -, -n* announcement; **ansagen** *vt,* announce; ~**r** *sub, m, -s, -* announcer
ansägen, *vt,* saw
ansammeln, (1) *vr,* accumulate **(2)** *vt,* collect; **Ansammlung** *sub, f, -, -en (Sammlung)* collection; *(von Staub, etc.)* accumulation
ansässig, *adj,* resident; *ansässig sein* have settled in; *ansässig werden* settle in; *nicht ansässig* nonresident
Ansatz, *sub, m, -es, -sätze (eines Glieds)* base; *(i. ü. S.; erste Anzei-*

chen) beginning; *(i. ü. S.; Versuch)* attempt; **~punkt** *sub, m, -s, -e (einer Entwicklung, etc.)* starting point; *(tech.)* attachment point
ansaugen, *vt,* suck in
anschaffen, *vt, (befehlen)* procure; *(kaufen)* buy; *jemandem etwas anschaffen* push so into doing sth; *sich etwas anschaffen* get os sth; **Anschaffung** *sub, f, -, -en (Erwerb)* acquisition; *(Kauf)* purchase; **Anschaffungskosten** *sub, f, -, nur Mehrz.* cost
anschalten, *vt,* switch on
anschauen, *vt, (betrachten)* look at; *(Film)* watch; *einen Film anschauen* watch a movie; *Schau mal einer an* Well, what do you know; *sich etwas genau anschauen* have a close look at; **anschaulich** (1) *adj,* graphic (2) *adv,* graphically; *etwas anschaulicher machen* illustrate sth; **Anschaulichkeit** *sub, f, -, nur Einz.* clarity; **Anschauung** *sub, f, -, -en (Ansicht)* view; *(Nachdenken)* contemplation; **Anschauungsmaterial** *sub, n, -s, -ien* illustrative material; **Anschauungsunterricht** *sub, m, -s, -e* visual instruction
Anschein, *sub, m, -s, nur Einz.* appearance; *dem Anschein nach* to all appearances; *den Anschein erwekken* give the impression of; *es hat den Anschein, als wenn* it looks as if; *sich den Anschein geben zu* pretend to; **anscheinend** (1) *adj,* apparent (2) *adv,* apparently
anschicken, *vr,* get ready; *sich anschicken zu* get ready to; *sich zu etwas anschicken* get ready for
anschieben, *vt,* push
anschirren, *vt,* harness
anschleichen, *vr, vti,* creep up on
anschleifen, *vt, (ugs.; Person)* drag along; *(tech.)* smooth
anschleppen, *vt, (Auto)* tow a car; *(ugs.; Person)* drag along
anschließen, (1) *vr, (angrenzen)* border, join; *(folgen)* follow (2) *vt, (Fahrrad, etc.)* chain; *(Stecker reinstecken)* plug in; *(tech.)* con-

nect; **~d** (1) *adj,* subsequent (2) *adv,* subsequently
Anschluss, *sub, m, -es, -schlüsse (eines Staates)* union; *(Telefon, Zug)* connection; *(Zug) Anschluss finden* make friends; *(Zug) Anschluss haben* have a connection; *Anschluss suchen* look for company; *im Anschluss an* after; **~kabel** *sub, n, -s, -* connecting lead; **~rohr** *sub, n, -s, -e* connecting tube; **~zug** *sub, m, -s, -züge* connecting train
anschmiegen, *vr, (Hose, etc.)* fit snuggly; *(Kind)* snuggle up
anschmiegsam, *adj,* affectionate; **Anschmiegsamkeit** *sub, f, -, nur Einz.* fit
anschmieren, (1) *vr,* dirty o.s. (2) *vt, (ugs.)* take so for a ride; *(beschmieren)* smear
anschnallen, (1) *vr, (im Auto, Flugzeug)* fasten one´s seatbelt (2) *vt, (Gegenstand)* strap on; **Anschnallpflicht** *sub, f, -, nur Einz.* compulsory wearing of seatbelts
anschnauzen, *vt,* snarl at
anschneiden, *vt, (Brot)* cut; *(Thema)* touch on
Anschovis, *sub, f, -, nur Mehrz.* anchovy
anschrauben, *vt,* screw on
Anschreiben, (1) *sub, n, -s, -* letter (2) anschreiben *vt,* write; *etwas an die Tafel anschreiben* write sth up on the board; *etwas anschreiben lassen* take sth on credit; *jemandem etwas anschreiben* charge sth to so´s account
anschreien, *vt,* shout at
Anschrift, *sub, f, -, -en* address
anschwärzen, *vt,* blacken; *jemanden anschwärzen* run so down
anschwellen, *vi, (Fluß, Gewebe)* swell; *(i. ü. S.; Lautstärke)* grow louder
Anschwellung, *sub, f, -, -en* swelling
anschwemmen, *vt,* wash ashore

anschwindeln, *vt,* lie to so
Ansehen, (1) *sub, n, -s, -* respect **(2)**
ansehen *vt,* look at; *dem Ansehen
nach* to all appearances; *großes Ansehen genießen* be held in great
esteem; *ohne Ansehen der Person*
without respect of persons, *einen
Film ansehen* watch a movie; *etwas
ansehen für* regard sth as; *jemanden schief ansehen* look askance at
so; *sich etwas genau ansehen* have
a close look at; **ansehenswert** *adj,*
worth seeing; **ansehnlich** *adj, (beträchtlich)* considerable; *(gutaussehend)* handsome
anseilen, (1) *vr,* rope up **(2)** *vt,* rope
up
an sein, *vi,* be switched on
ansetzen, (1) *vi, (beginnen)* start;
(Gewicht) put on weight **(2)** *vr,
(Schmutz)* accumulate **(3)** *vt,* nur
als Anwendung; *(Teig)* make; *(Termin)* fix; *die Tomaten haben gut
angesetzt* the tomatos are coming
up nicely; *zum Sprung ansetzen* get
ready to jump; *(Flugzeug) zur Landung ansetzen* come in to land, *einen Spion auf jemanden ansetzen*
put a spy onto so
an sich, *präp,* basically
Ansicht, *sub, f, -, -en (Anblick)* view;
(Meinung) opinion; *anderer Ansicht sein* see things in a different
way; *nach meiner Ansicht* in my
opinion; *zu einer anderen Ansicht
gelangen* come to a different conclusion; **~skarte** *sub, f, -, -n* picture
postcard; **~ssache** *sub, f, -,* nur
Einz. matter of opinion; **~ssendung** *sub, f, -, -en* sample on approval
ansiedeln, *vr, vt,* settle; **Ansiedelung** *sub, f, -, -en* settlement
Ansinnen, *sub, n, -s, -* request
ansonsten, *adv,* otherwise
anspannen, (1) *vr,* tense up **(2)** *vt,
(Muskel)* flex; *(Schnur)* tighten;
(Zugtier) harness; **Anspannung**
sub, f, -, -en tension
ansparen, *vt,* save
anspitzen, *vt,* sharpen

Ansporn, *sub, m, -s, nur Einz.* incentive; **anspornen** *vt,* spur
Ansprache, *sub, f, -, -n* speech;
eine Ansprache halten make a
speech; *keine Ansprache haben*
have no one to talk to; **ansprechbar** *adj,* responsive; *(wegen einer
Erkrankung) er/sie ist nicht ansprechbar* he/she is unable to
communicate, *(wegen schlechter
Laune)* he/she isn´t talking to
anyone; **ansprechen (1)** *vi,
(med.)* respond **(2)** *vt, (anreden)*
speak; *(Zielgruppe)* appeal to; *jemanden einfach ansprechen* just
start talking to so; *sich nicht angesprochen fühlen* not wanting
anything to do with it; **ansprechend** *adj,* pleasing; **Ansprechpartner** *sub, m, -s, -* contact
anspringen, (1) *vi, (Auto)* start
(2) *vt,* jump at
anspritzen, *vt,* spray
Anspruch, *sub, m, -s, -sprüche
(jur.)* claim; *Ansprüche stellen* be
very demanding; *auf etwas Anspruch erheben* lay claim to; *auf
etwas Anspruch haben* be entitled to; *ein Angebot/viel
Raum/Zeit in Anspruch nehmen*
take up an offer/lot of space/time;
anspruchslos *adj, (bescheiden)*
modest; *(einfach)* simple; **~slosigkeit** *sub, f, - - (Bescheidenheit)* modesty; *(Einfachheit)*
simplicity; **anspruchsvoll** *adj,
(fordernd)* demanding; *(heikel)*
particular
anspucken, *vt,* spit at
anstacheln, *vt,* spur on
Anstalt, *sub, f, -, -en* nur als Anwendung; *(Lehranstalt)* institute; *(öffentliche)* institution;
*(ugs.) Anstalten machen etwas
zu tun* get ready to do sth; *(ugs.)
keine Anstalten machen zu* make
no move to; *(ugs.) öffentliche Anstalt* public institution; **~sleiter**
sub, m, -s, - director
Anstand, *sub, m, -s, nur Einz.*
manners; *mit Anstand verlieren*

können be a good loser; *seinen Anstand wahren* preserve a sense of decency; **anständig (1)** *adj*, decent **(2)** *adv*, decently; *jemanden anständig behandeln* treat so like a human being; *sich anständig zu benehmen wissen* know how to behave; **Anständigkeit** *sub, f, -, nur Einz.* decency; **anstandshalber** *adv*, for decency´s sake; **anstandslos** *adv*, without further ado; **~sregel** *sub, f, -, -n* rule of etiquette; **~swauwau** *sub, m, -s, -s* chaperon **anstarren**, *vt*, stare at **anstatt**, *konj, präp*, instead of; *anstatt zur Schule zu gehen* instead of going to school **anstauen, (1)** *vr*, build up **(2)** *vt*, dam up **anstaunen**, *vt*, stare at in amazement **anstechen**, *vt*, *(Bierfass)* tap; *(Reifen, etc.)* pierce **anstecken, (1)** *vi, (med.)* be infectious; *(sich infizieren)* nur als Anwendung **(2)** *vt, (anzünden)* set fire to; *(infizieren)* infect; *(Nadel)* pin on; **~d** *adj*, infectious; **Anstecknadel** *sub, f, -, -n (Abzeichen)* badge; *(Nadel)* pin; **Ansteckung** *sub, f, -, -en* infection; **Ansteckungsgefahr** *sub, f, -, -en* danger of infection **ansteigen**, *vi, (i. ü. S.; Preis)* increase; *(Weg)* rise **an Stelle**, *präp*, instead of **anstellen, (1)** *vr´*, nur als Anwendung; *(anschalten)* turn on; *(In einer Schlange)* queue up **(2)** *vt*, put; *(beruflich)* employ; *(ugs.; unternehmen)* do; *(ugs.) sich anstellen als wenn* act as if; *(ugs.) sich dumm anstellen* make a bad job of sth; *(ugs.) sich vor einem Laden anstellen* queue up in front of a shop, *Vergleiche anstellen* draw comparisons; **Anstellung** *sub, f, -, -en* employment; **Anstellungsvertrag** *sub, m, -s, -verträge* employment contract **ansteuern**, *vt*, head for

Anstich, *sub, m, -s, -e* tap **Anstieg**, *sub, m, -s, -e (Aufstieg)* ascent; *(i. ü. S.; Preis)* increase **anstiften**, *vt*, instigate; *jemanden zu etwas anstiften* put so up to do sth; *zu einer Verschwörung anstiften* hatch a plot; **Anstifter** *sub, m, -s, -* instigator; **Anstiftung** *sub, f, -, -en* instigations **anstimmen**, *vt, (Instrument)* start playing; *(Lied)* start singing **Anstoß**, *sub, m, -es, -stöße (Anlass)* offence; *(Antrieb)* impulse; *(spo.)* kick-off; *(Zusammenstoß)* collision; *an etwas Anstoss nehmen* take offence at; *Anstoss erregen* cause offence; *den Anstoss zu etwas geben* start sth off; **anstoßen (1)** *vi, (beim Trinken)* clink glasses; *(spo.)* kick off; *(zusammenstoßen)* bump against **(2)** *vt*, *(dagegenschlagen)* strike; *auf etwas anstoßen* drink to sth **anstößig**, *adj*, offensive; **Anstößigkeit** *sub, f, -, -en* offensiveness **anstreben**, *vt*, strive for; **~swert** *adj*, be worth striving for **anstreichen**, *vt*, paint; *(Wörter)* mark; **Anstreicher** *sub, m, -s, -* painter **anstrengen, (1)** *vi*, nur als Anwendung **(2)** *vr*, exert o.s. **(3)** *vt*, strain; *diese Arbeit strengt an* that´s hard work, *sich stärker anstrengen* try a little harder; **~d** *adj*, hard; **Anstrengung** *sub, f, -, -en* strain **Anstrich**, *sub, m, -s, -e (Anstreichen)* painting; *(Überzug)* coating **Ansturm**, *sub, m, -s, -stürme* assault; *dem Ansturm nicht gewachsen sein* be unable to stand the rush; *der Ansturm auf die Stadt* the assault on the city; **anstürmen** *vi*, charge **Ansuchen**, *sub, n, -s, -* request **antarktisch**, *adj*, antarctic **antauen**, *vi*, start to thaw **antäuschen**, *vt, (spo.)* fake a shot **Anteil**, *sub, m, -s, -e (Interesse)* in-

terest; *(Teil, Beteiligung wirt.)* share; *an etwas Anteil haben* have a part in sth; *an etwas Anteil nehmen* take an interest in; **anteilig (1)** *adj*, proportionate **(2)** *adv*, proportionately; **~nahme** *sub, f, -, -n (Interesse)* interest; *(Mitgefühl)* sympathy; **anteilsmäßig (1)** *adj*, proportionate **(2)** *adv*, proportionately
Antenne, *sub, f, -, -n (tech., zool.)* antenna; **~nmast** *sub, m, -s, -en* radio mast
Anthologie, *sub, f, -, -n* anthology
Anthrazit, *sub, m, -s, -e* anthracite
Anthropologe, *sub, m, -n, -n* anthropologist; **Anthropologie** *sub, f, -, nur Einz.* anthropology; **anthropologisch** *adj*, anthropological
Antialkoholiker, *sub, m, -s, -* teetotaller
antiautoritär, *adj*, anti-authoritarian
Antibabypille, *sub, f, -, -n (ugs.)* pill
antibakteriell, *adj*, bactericidal
Antibiotikum, *sub, n, -s, -tika (tt; med.)* antibiotic; **antibiotisch** *adj*, antibiotic
Antichrist, *sub, m, -en, -en* antichristian
Antigen, *sub, n, -s, -e (tt; biol.)* antigene
Antiheld, *sub, m, -en, -en* antihero
Antikörper, *sub, m, -s, - (tt; biol.)* antibody
Antilope, *sub, f, -, -n (zool.)* antelope
Antimaterie, *sub, f, -, nur Einz. (tt; phy.)* antimatter
Antipathie, *sub, f, -, -n* antipathy
Antipode, *sub, m, -n, -n (geh.)* antipode
antippen, *vt*, touch lightly
Antiquar, *sub, m, -s, -e* secondhand bookseller
Antiraucherkampagne, *sub, f, -, -n* non-smoking campaign
Antisemit, *sub, m, -en, -en* anti-Semite; **antisemitisch** *adj*, anti-Semitic; **~ismus** *sub, m, -, nur Einz.* anti-Semitism

Antiseptik, *sub, f, -, nur Einz. (tt; med.)* antisepsis; **~um** *sub, n, -s, -ka* antiseptic drug; **antiseptisch (1)** *adj*, antiseptic **(2)** *adv*, antiseptically
Antiserum, *sub, n, -s, -ren oder -ra (tt; med.)* anti-serum
antistatisch, (1) *adj*, antistatic **(2)** *adv*, antistatically
Antiteilchen, *sub, n, -s, - (tt; phy.)* antiparticle
Antiterroreinheit, *sub, f, -, -en* anti-terrorist squad
Antithese, *sub, f, -, -n* antithesis
Antizipation, *sub, f, -, -en* anticipation; **antizipieren** *vt*, anticipate
Antrag, *sub, m, -s, -träge* application; *(jur.)* petition; *einen Antrag auf etwas stellen* logde an application for; *jemandem einen Heiratsantrag machen* propose to so; **antragen** *vt*, nur als Anwendung; *jemandem etwas antragen* offer so sth; **~sformular** *sub, n, -s, -e* application form; **antragsgemäß** *adj, adv*, according to the application; **~steller** *sub, m, -s, -* applicant; *(jur.)* petitioner
antreffen, *vt*, meet
antreiben, (1) *vt, (Tiere, Maschine)* drive **(2)** *vti, (ans Ufer)* be washed ashore; **Antreiber** *sub, m, -s, -* slave driver
antreten, (1) *vi, (sich aufstellen)* step up; *(spo.)* participate (in) **(2)** *vt*, nur als Anwendung; *gegen jemanden (zum Kampf) antreten* challenge so, *ein Amt antreten* take up office; *eine Reise antreten* set out on a journey; *eine Strafe antreten* begin serving a sentence
Antrieb, *sub, m, -s, -e (Motivation)* impulse; *(tech.)* drive; *aus eigenem Antrieb* of one´s own accord; *jemandem neuen Antrieb geben* give so the motivation he/she needs; **~skraft** *sub, f, -, -kräfte* driving force; **~swelle** *sub, f, -, -n* drive shaft
Antrittsbesuch, *sub, m, -s, -e* first visit; **Antrittsrede** *sub, f, -, -n* in-

augural address
antrocknen, *vi,* begin to dry
antun, *vt,* nur als Anwendung; *er
würde keiner Fliege etwas antun*
he wouldn´t hurt a fly; *jemandem
etwas antun* do sth to so; *jemandem Gewalt antun* do violence to
so; *sich etwas antun* lay hands
upon os
Antwort, *sub, f, -, -en* answer; *(i. ü.
S.)* response; *auf alles eine Antwort
wissen* have an answer for everything; *in Antwort auf* in answer to;
keine Antwort ist auch eine Antwort enough said; **antworten** *vti,*
answer; *(reagieren)* respond; *auf
etwas antworten* answer sth; *wie
hat er geantwortet?* what did he
say?
an und für sich, *präp,*   properly
speaking
Anus, *sub, m, -, Ani (tt; anat.)* anus
anvertrauen, *vt,* nur als Anwendung; *jemandem ein Geheimnis
anvertrauen* confide a secret to so;
jemandem etwas anvertrauen entrust so with sth
Anverwandte, *sub, f, m, -en, -n* relative
anvisieren, *vt,* take aim at
anwachsen, *vi, (Wurzeln schlagen)*
take root; *(zunehmen)* increase
anwählen, *vt,* dial
Anwandlung, *sub, f, -, -en* fit; *aus
einer Anwandlung heraus* on a
sudden impulse; *eine Anwandlung
von Großzügigkeit* a fit of generosity
anwärmen, *vt,* warm up
Anwärter, *sub, m, -s, -* candidate;
Anwartschaft *sub, f, -, -en (jur.)*
right to benefits
anweisen, *vt,* nur als Anwendung;
(zuweisen) assign; *jemanden anweisen etwas zu tun* give so instructions to; *jemanden bei der Arbeit
anweisen* give so directions; *jemanden einen Platz anweisen*
show so to his/her place; **Anweisung** *sub, f, -, -en (Anleitung)* instruction;   *(Zuweisung)*

assignment; *auf Anweisung von*
on the instructions of; *die Anweisung haben zu* have instructions
to
anwendbar, *adj,* applicable; **Anwendbarkeit** *sub, f, -, nur Einz.*
applicability; **anwenden** *vt,*
apply; *etwas anwenden auf*
apply sth to; *Gewalt anwenden*
use force; **Anwender** *sub, m, -s, -*
user; **Anwendung** *sub, f, -, -en*
application
anwerben, *vt,* recruit; **Anwerbung** *sub, f, -, -en* recruitment
Anwesen, *sub, n, -s, -* estate
anwesend, *adj,* present; *bei einer
Sitzung anwesend sein* attend a
meeting; **Anwesende** *sub, f, m,
-r, -n* spectator; **Anwesenheit**
sub, f, -, -en presence; *(bei Kursen)* attendance
anwidern, *vt,* make so sick
anwinkeln, *vt,* bend
Anwohner, *sub, m, -, -* resident
Anzahl, *sub, f, -, nur Einz.* number
anzahlen, *vt,* pay a deposit; **Anzahlung** *sub, f, -, -en* deposit
anzapfen, *vt,* tap; *(ugs.) jemanden um Geld anzapfen* tap so for
money
Anzeichen, *sub, n, -s, - (Hinweis)*
sign; *(med.)* symptom
anzeichnen, *vt,* mark
anzetteln, *vt,* instigate; *eine Verschwörung gegen jemanden anzetteln*   plot   against   so;
Anzettelung *sub, f, -, -en* instigation
anziehen, (1) *vi, (am Seil)* pull
(2) *vr,* get dressed **(3)** *vt, (i. ü. S.)*
attract; *(Arm)* draw up; *(Hose,
etc.)* put on; *(Schraube)* tighten;
*sich von jemandem angezogen
fühlen* feel attracted to so; ~**d**
adj, charming; **Anziehung** *sub, f,
-, -en* attraction; **Anziehungskraft** *sub, f, -, -kräfte (i. ü. S.)*
attraction; *(phy.)* force of attraction
Anzug, *sub, m, -s, -züge (Anrücken)* approach; *(Bekleidung)* suit

anzüglich, *adj,* suggestive; *anzüglich werden* get personal; **Anzüglichkeit** *sub, f, -, -en* suggestiveness
anzünden, *vt, (Gebäude)* set fire to; *(Kerze, Zigarette)* light; **Anzünder** *sub, m, -s, -* lighter
anzweifeln, *vt,* doubt; **Anzweifelung** *sub, f, -, -en* doubting
Äon, *sub, m, -s, -en* eon
äonenlang, *adj,* lasting for eons
Aorta, *sub, f, -, Aorten (tt; anat.)* aorta
apart, *adj,* uncommon
Apartment, *sub, n, -s, -s* one-room apartment; ~**haus** *sub, n, -es, -häuser* block of flats
Apathie, *sub, f, -, -n* apathy; **apathisch (1)** *adj,* apathetic **(2)** *adv,* apathetically
Aperitif, *sub, m, -s, -s und -e* aperitif
Apfel, *sub, m, -s, Äpfel* apple; *der Apfel fällt nicht weit vom Stamm* like father like son; *ein Apfel fällt nicht weit vom Stamm* he is a chip of the old block; *für einen Apfel und ein Ei* for a song; *in den sauren Apfel beißen* grasp the nettle; ~**baum** *sub, m, -s, -bäume* apple tree; **Äpfelchen** *sub, n, -s, -* a little apple; ~**most** *sub, m, -s, -e* apple juice; ~**mus** *sub, n, -es, nur Einz.* apple purée; ~**saft** *sub, m, -s, -säfte* apple juice; ~**sine** *sub, f, -, -n* orange; ~**sinenschale** *sub, f, -, -n* orange peel; ~**strudel** *sub, m, -s, -* apple strudel; ~**wein** *sub, m, -s, -e* cider
Apfelschimmel, *sub, m, -s, -* dapple grey
Aphorismus, *sub, m, -, -ismen* aphorism; **aphoristisch (1)** *adj,* aphoristic **(2)** *adv,* aphoristically
apodiktisch, (1) *adj,* apodictic **(2)** *adv,* apodictically
Apokalypse, *sub, f, -, -n* apocalypse; **apokalyptisch** *adj,* apocalyptic
apolitisch, *adj,* apolitical
Apologetik, *sub, f, -, - (Disziplin)* apologetics; *(Verteidigung)* apology; **apologetisch (1)** *adj,* apologetic **(2)** *adv,* apologetically
Apostel, *sub, m, -s, -* apostle; ~**brief** *sub, m, -s, -e* epistle; ~**geschichte** *sub,* Acts of the Apostles
Apostroph, *sub, m, -s, -e* apostrophe
Apotheke, *sub, f, -, -n* chemist´s; **apothekenpflichtig** *adj,* obtainable at a chemist´s only; ~**r** *sub, m, -s, -* chemist; ~**rwaage** *sub, f, -, -n* chemist´s scale
Apotheose, *sub, f, -, -n* apotheosis
Apparat, *sub, m, -s, -e (biol., tech.)* apparatus; *(i. ü. S.; polit.)* organisation; *(Telefon)* phone; *Bitte bleiben sie am Apparat* Please hold the line; *niemand geht an den Apparat* no one is answering; ~**emedizin** *sub, f, -, nur Einz.* high-tech medicine; ~**ur** *sub, f, -, -en* equipment
Appartement, *sub, n, -s, -s* one-room apartment
Appell, *sub, m, -s, -e (i. ü. S.)* appeal; *(mil.)* roll call
Appellation, *sub, f, -, -en (jur.)* appeal; ~**sgericht** *sub, n, -s, -e* court of appeal; **appellieren** *vi,* appeal; *an jemanden appellieren* call on so
Appendix, *sub, m, -, -e oder -dizes (anat.)* appendix
Appetenzverhalten, *sub, n, -s, - (tt; biol.)* learned behaviour
Appetit, *sub, m, -s, nur Einz.* appetite; *Appetit haben auf etwas* feel like sth; *den Appetit verlieren* lose one´s appetite; *guten Appetit* enjoy your meal; *jemanden Appetit machen* give so an appetite; *jemanden den Appetit verderben* spoil so´s appetite; ~**anregend** *adj,* appetizing; ~**happen** *sub, m, -s, -* canapé; **appetitlich** *adj,* appetizing; **appetitlos** *adj,* having no appetite; ~**losigkeit** *sub, f, -, nur Einz.* lack of appetite; ~**zügler** *sub, m, -s, -* appetite suppressant
applaudieren, *vi,* applaud; **Applaus** *sub, m, -es, nur Einz.* applause
apport!, *vi,* fetch!

71

apportieren, *vt,* retrieve
Appretur, *sub, f, -, -en* finish
Approbation, *sub, f, -, -en (tt; med.)* medical licence; **approbieren** *vi,* qualify for practising medicine
approximativ, *adj,* approximate
Aprikose, *sub, f, -, -n* apricot; **~nkonfitüre** *sub, f, -, -en* apricot jam; **~nmarmelade** *sub, f, -, -en* apricot jam
April, *sub, m, -s, -e* April; **~scherz** *sub, m, -es, -e* April-fool joke; *das ist doch wohl ein Aprilscherz* is this some kind of practical joke?; **~wetter** *sub, n, -s, -* April showers
Aquädukt, *sub, m, n, -s, -e* aqueduct
Aquamarin, *sub, m, -s, -e* aquamarine
Aquanaut, *sub, m, -en, -en* aquanaut
Aquaplaning, *sub, n, -s, -s (tt; tech.)* aquaplaning
Aquarell, *sub, n, -s, -e* water-colour
~farbe *sub, f, -, -n* water-colour
aquarellieren, *vi,* paint in watercolours
Aquarienglas, *sub, n, -es, -gläser* aquarium; **Aquarium** *sub, n, -s, Aquarien* aquarium
aquatisch, *adj,* aquatic
Äquator, *sub, m, -s, -en* equator; **äquatorial** *adj,* equatorial; **~taufe** *sub, f, -, -n* crossing-the-line ceremony
Ara, *sub, m, -s, -s (zool.)* parrot
Ära, *sub, f, -, Ären* era
arabisch, *adj, (Speisen)* Arabian; *(Staaten)* Arab; *(Zahlen, etc.)* Arabic
Arbeit, *sub, f, -, -en (Beruf)* job; *(körperliche, phys.)* work; *(Mühe)* trouble; *(Produkt der Arbeit)* work; *Arbeit haben* have a job; *eine Arbeit suchen* look for a job; *in die Arbeit gehen* go to work; *ohne Arbeit sein* be unemployed; *bei der Arbeit sein* be at work; *sich an die Arbeit machen* set to work; *Zuerst die Arbeit, dann das Vergnügen* Business before pleasure; *das macht eine Menge Arbeit* this causes a lot of trouble; **arbeiten (1)** *vi, (beruflich, etc.)*

work; *(Organ)* function; *(tech.)* operate **(2)** *vt, (herstellen)* make; *an etwas arbeiten* work on sth; *bei einer Firma arbeiten* work for a company; *sich zu Tode arbeiten* work os to death; **~er** *sub, m, -s, -* worker; **~erklasse** *sub, f, -, -n* working class; **~erpartei** *sub, f, -, -en* labour party; **~erschaft** *sub, f, -, -en* labour force; **~geber** *sub, m, -s, -* employer; **~nehmer** *sub, m, -s, -* employee; **arbeitsam** *adj,* industrious; **~samt** *sub, n, -s, -ämter* employment office; **~sessen** *sub, n, -s, -* working lunch/dinner; **arbeitsfähig** *adj,* fit for work; **~sfähigkeit** *sub, f, -, -en* fitness for work; **~sfeld** *sub, n, -es, -er* field of activity; **~sgang** *sub, m, -es, -gänge* process; **~sgemeinschaft** *sub, f, -, -en* work(ing) team; **~sgericht** *sub, n, -s, -e* industrial court; **arbeitsintensiv** *sub,* labour intensive; **~skamerad** *sub, m, -en, -en (ugs.)* workmate; **~skampf** *sub, m, -es, -kämpfe* labour dispute; **~sklima** *sub, n, -s, nur Einz.* working atmosphere
Arbeitskraft, *sub, f, -, -kräfte* capacity for work; *(Angestellter, Arbeiter)* employee; **Arbeitslager** *sub, n, -s, -* labour camp; **Arbeitslohn** *sub, m, -es, -löhne* wage; **arbeitslos** *adj,* unemployed; **Arbeitslose** *sub, f, m, -n, -n* unemployed person; **Arbeitslosengeld** *sub, n, -es, -er* unemployment benefit; **Arbeitslosenquote** *sub, f, -, -n* unemployment rate; **Arbeitslosenunterstützung** *sub, f, -, -en* unemployment benefit; **Arbeitslosigkeit** *sub, f, -, nur Einz.* unemployment; **Arbeitsmarkt** *sub, m, -es, -märkte* labour market; **Arbeitsmoral** *sub, f, -, nur Einz.* working morale; **Arbeitsplatz** *sub, m, -es, -plätze (Arbeitsstelle)* job; *(konkret)* workplace; *Arbeitsplätze sichern* safeguard employment; *freie Arbeitsplätze* job

vacancies; *Sicherheit von Arbeitsplätzen* job security; *Diskriminierung am Arbeitsplatz* discrimination at work; *Sicherheit am Arbeitsplatz* workplace safety; **Arbeitsrecht** *sub, n, -es, -e* industrial law; **Arbeitsstätte** *sub, f, -n, -n* workplace; **arbeitssuchend** *adj,* job-hunting **Arbeitstag,** *sub, m, -es, -e* working day; **Arbeitsteilung** *sub, f, -, -en* division of labour; **Arbeitsverhältnis** *sub, n, -es, -se* employer-employee relationship; **Arbeitsvermittlung** *sub, f, -, -en* employment agency; **arbeitswillig** *adj,* willing to work; **Arbeitswillige** *sub, f, m, -n, -n* people willing to work; **Arbeitszeit** *sub, f, -, -en* working hours; *(Herstellungsszeit)* production time; **Arbeitszeitverkürzung** *sub, f, -, -en* reduction in working hours; **Arbeitszimmer** *sub, n, -s, -* study room
arbiträr, *adj,* arbitrary
archaisch, *adj,* archaic; **Archaismus** *sub, m, -, -men* archaism
Archäologe, *sub, m, -n, -n* archaeologist; **Archäologie** *sub, f, -, nur Einz.* archaeology; **archäologisch** *adj,* archaeological
Arche, *sub, f, -, -n* ark; *die Arche Noah* Noah´s ark
Archetyp, *sub, m, -s, -en* archetype; **archetypisch** *adj,* archetypal
Archipel, *sub, m, -s, -e (tt)* archipelago
Architekt, *sub, m, -en, -en* architect; **architektonisch** *adj,* architectural; **~ur** *sub, f, -, nur Einz.* architecture
Archiv, *sub, n, -s, -e* archives; **~ar** *sub, m, -s, -e* archivist; **~bild** *sub, n, -(e)s, -er* library photo; **archivieren** *vi,* put into the archives; **~ierung** *sub, f, -, -en* putting into the archives
Areal, *sub, n, -s, -e* area
Arena, *sub, f, -, Arenen* arena
Ärger, *sub, m, -s, nur Einz.* trouble; *Ärger verursachen* cause trouble; *das wird Ärger geben* there will be trouble; **ärgerlich** *adj, (Angelegenheit)* annoying; *(Person)* annoyed; **ärgern** (1) *vi,* get annoyed (2) *vt, (Person)* annoy; *ärgere dich nicht* don´t get annoyed; *sich schwarz ärgern* get really mad; **~nis** *sub, n, -ses, -se* nuisance; *Ärgernis erregen* cause offence; *ein öffentliches Ärgernis* a public nuisance
Arglist, *sub, f, -, nur Einz.* deceitfulness; **arglistig** *adj,* deceitful; **arglos** *adj, (harmlos)* guileless; *(nichtsahnend)* unsuspecting; **Arglosigkeit** *sub, f, -, nur Einz. (Harmlosigkeit)* guilelessness; *(Nichtahnung)* unawareness
Argument, *sub, n, -es, -e* argument; *das ist ein Argument für* that´s a case for; *ein Argument dafür/dagegen* an argument in favour/against; **~ation** *sub, f, -, -en* argumentation; **argumentativ** *adj,* argumentative; **argumentieren** *vi,* argue
Argusaugen, *sub, f, -* eagle-eyes; *etwas mit Argusaugen verfolgen* watch sth like a hawk; **argusäugig** *adj,* eagle-eyed
Argwohn, *sub, m, -s, nur Einz.* suspicion; *Argwohn erregen* arouse suspicion; *Argwohn hegen* be suspicious; **argwöhnen** *vt,* suspect; **argwöhnisch** *adj,* suspicious
Arie, *sub, f, -, -n (mus.)* aria
Arier, *sub, m, -s, -* Arian; **arisch** *adj,* arian
Aristokrat, *sub, m, -en, -en* aristocrat; **~ie** *sub, f, -, -n* aristocracy; **aristokratisch** *adj,* aristocratic
Arithmetik, *sub, f, -, nur Einz.* arithmetic; **arithmetisch** *adj,* arithmetical
Arkade, *sub, f, -, -n* arcade
Arktis, *sub, f, -, nur Einz.* Arctic; **arktisch** *adj,* arctic
arm, (1) *adj,* poor (2) **Arm** *sub, m, -s, -e (anat.)* arm; *(eines Flusses)*

tributary; *der Arm des Gesetzes the* arm of law; *einen längeren Arm haben* have more pull; *jemandem in den Arm fallen* hold so back; *jemandem in die Arme laufen* bump into so; *(i. ü. S.) jemanden auf den Arm nehmen* pull so´s leg; *jemanden in die Arme nehmen* embrace so; **Armband** *sub, n, -s, -bänder* bracelet; **Armbanduhr** wristwatch; **Armbanduhr** *sub, f, -, -en* wristwatch; **Armbeuge** *sub, f, -, -n (Armkehle)* crook of an arm; *(spo.)* arm bend; **Armbinde** *sub, f, -, -n* armband; **Armbrust** *sub, f, -, -brüste, auch - e* crossbow; ~**dick** *adj,* thick as an arm

Armatur, *sub, f, -, -en (im Auto, etc.)* instruments; *(in Küche, Bad)* fitting; ~**enbrett** *sub, n, -s, -er* dashboard

Armee, *sub, f, -, -n* army; ~**einheit** *sub, f, -, -en* army unit

Ärmel, *sub, m, -s, -* sleeve; *etwas aus dem Ärmel schütteln* pull sth out of a hat; **ärmelig** *adj,* sleeved; ~**länge** *sub, f, -, -n* sleeve length; **ärmellos** *adj,* sleeveless

Armenhaus, *sub, n, -es, -häuser* alms-house; **Armenviertel** *sub, n, -s, -* slum

ärmlich, *adj, (arm)* poor; *(einfach)* meagre; **Ärmlichkeit** *sub, f, -, nur Einz.* poorness

Armmuskel, *sub, m, -s, -n* arm muscle

Armreif, *sub, m, -s, -en* bangle

armselig, *adj, (arm)* poor; *(einfach)* meagre; **Armseligkeit** *sub, f, -, -en* poorness

Armut, *sub, f, -, nur Einz.* poverty; *geistige Armut* intellectual poverty; *jemanden in die Armut treiben* drive so into poverty; ~**szeugnis** *sub, n, -ses, nur Einz. (i. ü. S.)* sad reflection

Arnika, *sub, f, -s, - (bot.)* arnica

Aroma, *sub, n, -s, -s oder Aromen (Geruch)* fragrance; *(Geschmack)* flavour; **aromatisch** *adj,* aromatic; **aromatisieren** *vt,* flavour

Arrangement, *sub, n, -s, -s (mus.)* arrangement; *(Vereinbarung)* agreement; **Arrangeur** *sub, m, -s, -e* arranger; **arrangieren (1)** *vr,* come to an agreement **(2)** *vt,* arrange

Arrest, *sub, m, -s, -e (jur.)* confinement; ~**zelle** *sub, f, -, -n* confinement cell

arretieren, *vt, (tech.)* arrest; **Arretierung** *sub, f, -, -en* arrest

arrivieren, *vi, (geh.)* succeed; **arriviert** *adj,* successful

arrogant, *adj,* arrogant; **Arroganz** *sub, f, -, nur Einz.* arrogance

Arsch, *sub, m, -es, Ärsche (vulg.)* arse; *am Arsch der Welt* out in the sticks; *jemandem einen Arschtritt verpassen* give so a kick in the arse; *(vulg.) jemandem in den Arsch kriechen* suck up to so; ~**backe** *sub, f, -, -n* buttock; ~**geige** *sub, f, -, -n* bastard; ~**kriecher** *sub, m, -s, -* arse-likker; ~**loch** *sub, n, -s, -löcher (vulg.)* arsehole

Arsen, *sub, n, -s, nur Einz.* arsenic; **arsenig** *adj,* arsenic; ~**vergiftung** *sub, f, -, -en* arsenic poisoning

Arsenal, *sub, n, -s, -e (Lager)* arsenal; *(Waffenlager)* weaponry

Art, *sub, f, -, -en (Art und Weise)* manner; *(biol.)* species; *(Sorte)* kind; *auf die eine oder andere Art* somehow or other; *auf diese Art* this way; *eine angenehme Art haben* have a nice way; *das ist eine Art von* that´s a kind of; *Sachen jeder Art* things of all kinds; **arteigen** *adj,* characteristic; ~**enreichtum** *sub, m, -s, nur Einz. (biol.)* biodiversity; ~**enschutz** *sub, m, -es, nur Einz.* species conservation; **arterhaltend** *adj* species preserving

Arterie, *sub, f, -, -n (anat.)* artery; **arteriell** *adj,* arterial; ~**nverkalkung** *sub, f, -, -en (med.)* hardening of the arteries; **Arteriosklerose** *sub, f, -, -n (tt;*

med.) arteriosclerosis
artfremd, *adj,* alien; **Artgenosse** *sub, m, -n, -n* member of the same species; **artgerecht** *adj,* nur als Anwendung; *artgerechte Tierhaltung* keeping animals in an appropriate environment
Arthritis, *sub, f, -, nur Einz. (tt; med.)* arthritis; **arthritisch** *adj,* arthritic; **Arthrose** *sub, f, -e, -n* arthrosis
artifiziell, *adj,* artificial
artig, *adj,* good; **Artigkeit** *sub, f, -, -en* good behaviour
Artikel, *sub, m, -s, - (Linguistik, jur.)* article; *(Ware)* item
Artikulation, *sub, f, -, nur Einz.* articulation; **artikulieren (1)** *vr,* express o.s. **(2)** *vt,* articulate
Artillerie, *sub, f, -, -n* artillery; ~**geschoss** *sub, n, -es, -e* artillery shell; **Artillerist** *sub, m, -en, -en* artilleryman
Artischocke, *sub, f, -, -n* artichoke
Artist, *sub, m, -en, -en* artist; ~**ik** *sub, f, -, nur Einz.* acrobatics; **artistisch (1)** *adj,* acrobatic **(2)** *adv,* acrobatically
artverwandt, *adj,* related
Arznei, *sub, f, -, -en* medicine; ~**kunde** *sub, f, -, nur Einz.* pharmaceutics; **arzneilich** *adj,* medical; ~**mittel** *sub, n, -s, -* medicine
Arzt, *sub, m, -es, Ärzte* doctor; **Ärztekammer** *sub, f, -, -n* medical association; **Ärzteschaft** *sub, f, -, nur Einz.* medical profession; ~**helferin** *sub, f, -, -nen* doctor´s assistant; **Ärztin** *sub, f, -, -en* lady doctor; **ärztlich** *adj,* medical; *ärztliche Hilfe* medical aid; *ärztliches Attest* medical certificate; *in ärztlicher Behandlung sein* be under medical care; ~**rechnung** *sub, f, -, -en* doctor´s bill; ~**roman** *sub, m, -s, -e* hospital romance
Asbest, *sub, m, -s, -e* asbestos
Asche, *sub, f, -, nur Einz.* ash; *glimmende Asche* embers; *in Schutt und Asche legen* reduce to ashes; **aschbleich** *adj,* ash pale; **aschblond**

adj, ash blond; ~**nbahn** *sub, f, -, -en* cinder-track; ~**nbecher** *sub, m, -s, -* ashtray; **aschenhaltig** *adj,* containing ash; ~**nputtel** *sub, n, -s, -* Cinderella; *ein Aschenputteldasein führen* lead a Cinderella-like existence; **aschfahl** *adj,* ashen; **aschgrau** *adj,* ash gray
Ascorbinsäure, *sub, f, -, nur Einz. (tt; chem.)* ascorbic acid
äsen, *vi,* graze
asexual, *adj, (tt; biol.)* asexual
asexuell, *adj,* asexual
asiatisch, *adj,* Asian
Askese, *sub, f, -, nur Einz.* asceticism; **Asket** *sub, m, -en, -en* ascetic; **asketisch (1)** *adj,* ascetic **(2)** *adv,* ascetically
asozial, *adj,* antisocial; **Asoziale** *sub, f, m, -n, -n* antisocial
Aspekt, *sub, m, -s, -e* aspect; *etwas unter einem bestimmten Aspekt betrachten* look at sth from a specific point of view
Asphalt, *sub, m, -es, -e* asphalt; **asphaltieren** *vt,* asphalt; ~**straße** *sub, f, -, -n* bitumen road
Aspik, *sub, m, n, -s, -e* aspic
Aspirant, *sub, m, -en, -en* candidate
Aspirin, *sub, n, -s, nur Einz. (tt; med.)* aspirin
Assekuranz, *sub, f, -, -en* insurance
Assel, *sub, f, -, -n* wood-louse
Assessor, *sub, m, -s, -en (jur.)* assistant judge
Assimilation, *sub, f, -, -en* assimilation; **assimilieren** *vt,* assimilate; **Assimilierung** *sub, f, -, -en* assimilation
Assistent, *sub, m, -en, -en* assistant; **Assistenz** *sub, f, -, -en* assistance; **assistieren** *vi,* assist
Ast, *sub, m, -s, Äste* branch; *den Ast absägen, auf dem man sitzt* saw off one´s own branch; *(ugs.) sich einen Ast lachen* kill os laughing; **Ästchen** *sub, n, -s, -* twig; **astfrei** *adj,* free from knots; ~**gabel** *sub, f, -, -n* fork

Aster, *sub*, *f*, -, *-n* (*bot.*) aster
Asteroid, *sub*, *m*, *-en*, *-en* (*tt; phy.*) asteroid
Ästhet, *sub*, *m*, *-en*, *-en* aesthete; **~ik** *sub*, *f*, -, *nur Einz.* (*Lehre*) aesthetics; (*Schönheit*) beauty; **ästhetisch** (1) *adj*, aesthetic (2) *adv*, aesthetically; **ästhetisieren** *vi*, discuss aesthetics
Asthma, *sub*, *n*, *-s*, *nur Einz.* (*med.*) asthma; **~anfall** *sub*, *m*, *-s*, *-fälle* asthma attack; **~tiker** *sub*, *m*, *-s*, - asthmatic; **asthmatisch** *adj*, asthmatic
astigmatisch, *adj*, astigmatic; **Astigmatismus** *sub*, *m*, -, *nur Einz.* astigmatism
Astloch, *sub*, *n*, *-s*, *-löcher* knothole
astral, *adj*, astral; **Astralleib** *sub*, *m*, *-s*, *-er* astral body
astrein, *adj*, (*i. ü. S.*) fantastic; *das ist nicht ganz astrein* there is something fishy about the business
Astrologe, *sub*, *m*, *-n*, *-n* astrologer; **Astrologie** *sub*, *f*, -, *nur Einz.* astrology; **astrologisch** *adj*, astrological
Astronaut, *sub*, *m*, *-en*, *-en* astronaut; **~ik** *sub*, *f*, -, *nur Einz.* astronautics; **astronautisch** *adj*, astronautical
Astronom, *sub*, *m*, *-en*, *-en* astronomer; **~ie** *sub*, *f*, -, *nur Einz.* astronomy; **astronomisch** *adj*, astronomical
Astrophysik, *sub*, *f*, -, *nur Einz.* astrophysics; **astrophysikalisch** *adj*, astrophysical
Astwerk, *sub*, *n*, *-s*, *-e* branches
Äsung, *sub*, *f*, -, *-en* grazing
Asyl, *sub*, *n*, *-s*, *-e* refuge; (*polit.*) asylum; **~ant** *sub*, *m*, *-en*, *-en* asylum-seeker; **~antrag** *sub*, *m*, *-s*, *-anträge* asylum application; **~bewerber** *sub*, *m*, *-s*, - asylum-seeker; **~recht** *sub*, *n*, *-s*, *-e* (*Bewerbungsrecht*) right of asylum; (*Gesetze*) asylum laws
asynchron, *adj*, asynchronous
Aszendent, *sub*, *m*, *-en*, *-en* ascendant
Atelier, *sub*, *n*, *-s*, *-s* studio; **~auf-**

~rahme *sub*, *f*, -, *-en* studio shot; **~fenster** *sub*, *n*, *-s*, - studio window; **~wohnung** *sub*, *f*, -, *-en* studio flat
Atem, *sub*, *m*, *-s*, *nur Einz.* breath; *Atem holen* take a breath; *außer Atem sein* be out of breath; *den Atem anhalten* hold one´s breath; *einen langen Atem haben* have plenty of wind; *ihr verschlug es den Atem* her jaw just dropped; *jemanden in Atem halten* hold so breathless; **atemberaubend** *adj*, breathtaking; **~beschwerden** *sub*, *f*, -, *nur Mehrz.* difficulty in breathing; **~holen** *sub*, *n*, *-s*, *nur Einz.* breathing; **atemlos** *adj*, breathless; **~not** *sub*, *f*, -, *nur Einz.* shortness of breath; **~pause** *sub*, *f*, -, *-n* (*ugs.*) breather; **~übung** *sub*, *f*, -, *-en* breathing exercise; **~wege** *sub*, *f*, -, *nur Mehrz.* respiratory tract; **~zug** *sub*, *m*, *-s*, *-züge* breath; *bis zum letzten Atemzug* to the last gasp; *im nächsten Atemzug* the next moment; *in einem Atemzug* in one breath
Atheismus, *sub*, *m*, -, *nur Einz.* atheism; **Atheist** *sub*, *m*, *-en*, *-en* atheist; **atheistisch** *adj*, atheistic
Äther, *sub*, *m*, *-s*, *nur Einz.* (*tt; chem.*, *phys.*) ether; **ätherisch** *adj*, etheral; *ätherische Öle* essertial oils
Athlet, *sub*, *m*, *-en*, *-en* athlete; **~ik** *sub*, *f*, -, *nur Einz.* athletics; **athletisch** *adj*, athletic
Atlantik, *sub*, *m*, -, *nur Einz.* Atlantic
Atlas, *sub*, *m*, - *oder -lasses*, *-lanten oder -lasse* atlas
atmen, *vti*, breath
Atmosphäre, *sub*, *f*, -, *-n* atmosphere; **atmosphärisch** *adj*, atmospheric
Atmung, *sub*, *f*, -, *nur Einz.* breathing; **atmungsaktiv** *adj*, breathing; **~sorgan** *sub*, *n*, *-s*, *-e* respiratory organ
Atoll *sub*, *n*, *-s*, *-e* atoll

Atom, *sub, n, -s, -e* atom; **~-U-Boot** *sub, n, -es, -e* nuclear submarine; **~angriff** *sub, m, -s, -e* nuclear attack; **atomar** *adj,* nuclear; **atombetrieben** *adj,* nuclear-powered; **~bombe** *sub, f, -, -n* nuclear bomb; **~bombenversuch** *sub, m, -s, -e* nuclear test; **~energie** *sub, f, -, nur Einz.* nuclear energy; **~gegner** *sub, m, -s, -* anti-nuclear protester; **~gewicht** *sub, n, -s, -e* atomic weight; **~kern** *sub, m, -s, -e* atomic nucleus; **~kraft** *sub, f, -, nur Einz.* nuclear power; **~kraftwerk** *sub, n, -s, -e* nuclear power station; **~krieg** *sub, m, -s, -e* nuclear war; **~macht** *sub, f, -, -mächte* nuclear power; **~meiler** *sub, m, -s, -* nuclear reactor; **~müll** *sub, m, -s, nur Einz.* nuclear waste; **~physik** *sub, f, -, nur Einz.* nuclear physics; **~rakete** *sub, f, -, -n* nuclear missile; **~reaktor** *sub, m, -s, -en* nuclear reactor; **~sprengkopf** *sub, m, -es, -köpfe* nuclear warhead; **~strom** *sub, m, -s, nur Einz.* nuclear currency; **~test** *sub, m, -s, -s* nuclear test; **~waffe** *sub, f, -, -n* nuclear weapon; **atomwaffenfrei** *adj,* nuclear-free; **~waffensperrvertrag** *sub, m, -s, -verträge* nuclear weapons restriction treaty; **~zeitalter** *sub, n, -s, nur Einz.* nuclear age; **~zertrümmerung** *sub, f, -, -en* nuclear splitting
atonal, *adj, (mus.)* atonal; **Atonalität** *sub, f, -, nur Einz.* atonality
Attrappe, *sub, f, -, -n (Puppe)* dummy; *(tech.)* mock-up; *alles ist nur Attrappe* it´s all show
Attaché, *sub, m, -s, -s* attaché
Attacke, *sub, f, -e, -n* attack
Attentat, *sub, n, -s, -e* assassination; *auf jemanden ein Attentat verüben* make an attempt on so´s life; *auf jemanden erfolgreich ein Attentat verüben* assassinate so; **Attentäter** *sub, m, -s, -* assassin
Attest, *sub, n, -s, -e* medical certificate; **attestieren** *vt,* certify
Attraktion, *sub, f, -, -en* attraction; **attraktiv** *adj,* attractive; **Attraktivi-**

tät *sub, f, -, nur Einz.* attractivity
Attribut, *sub, n, -es, -e* attribute; **attributiv** *adj,* attributive
atypisch, *adj,* atypical
ätzen, *vt, (med.)* cauterize; *(tech.)* corrode; **~d** *adj, (i. ü. S.)* crabby; *(med.)* caustic; *(tech.)* corrosive; **Ätzflüssigkeit** *sub, f, -, -en* corrosive; **Ätzung** *sub, f, -, -en (med.)* cauterization; *(tech.)* corrosion
Au, *sub, f, -, -en* water-meadow
Aubergine, *sub, f, -, -n* aubergine
auch, *adv, konj, (genauso)* also, as well, too; *(selbst)* even; *das kommt auch noch* this is still to come; *ich auch* me too; *ich kann das auch nicht* I can´t do it either; *sowohl als auch* as well as; *wenn auch* even if
Audienz, *sub, f, -, -en* audience
audiovisuell, *adj,* audio-visual
Auditorium, *sub, n, -s, -torien (Hörsaal)* auditorium; *(Zuhörer)* audience
Auerhahn, *sub, m, -s, -hähne* capercaillie; **Auerochse** *sub, m, -n, -n* aurochs
auf, *(1) adv, (herauf)* up; *(offen)* open *(2) konj,* nur als Anwendung *(3) präp,* at, in, on, to; *auf und ab gehen* walk up and down; *sich auf und davon machen* clear off; *das Fenster ist auf* the window is open, *auf dass* in order that, *auf dem Stuhl* on the chair; *auf Deutsch* in German; *auf ewig* for ever and ever; *auf Mittag zu gehen* it´s getting on for noon; *überall auf der Welt* everywhere in the world
aufatmen, *vi,* breath a sigh of relief
aufbahren, *vt,* lay out; **Aufbahrung** *sub, f, -, -en* laying out
Aufbau, *sub, m, -s, -ten (eines Bauwerks)* erection; *(Struktur)* structure; *(Zusammenbau)* assembly; **~arbeit** *sub, f, -, -en (gesellschaftlich)* social improvement; *(tech.)* construction work; **aufbauen** *(1) vr,* build up *(2) vt,*

(Bauwerk) build; *(Text)* structure; *(Zelt)* put up; *(zusammenbauen)* assemble; *jemanden wieder aufbauen* build so up again; *sich eine Existenz aufbauen* set os up in life; *~training sub, n, -s, nur Einz* stamina training
aufbäumen, *vr, (i. ü. S.; Mensch)* rebel; *das Pferd bäumt sich auf* the horse is rearing up; *sich vor Schmerzen aufbäumen* writhe in pain
aufbauschen, *vt,* exaggerate
aufbegehren, *vi,* rebel
aufbehalten, *vt,* keep on; *seinen Hut aufbehalten* keep one´s hat on
aufbereiten, *vt, (tech.)* process; **Aufbereitung** *sub, f, -, -en* processing
aufbessern, *vt,* improve; *(Verdienst)* increase; **Aufbesserung** *sub, f, -, -en* improvement; *(des Lohnes)* increase
aufbewahren, *vt,* store; **Aufbewahrung** *sub, f, -, -en* storage; *jemandem etwas zur Aufbewahrung überlassen* leave sth with so for safekeeping; **Aufbewahrungsort** *sub, m, -es, -e* depository
aufbieten, *vt, (Kräfte, etc.)* summon up; *(mil.)* mobilize; *all seine Kräfte aufbieten* muster up all one´s strength; *alle Truppen aufbieten* mobilize all troops; **Aufbietung** *sub, f, -, -en* mobilization
aufbinden, *vt,* nur als Anwendung; *(öffnen)* untie; *jemandem einen Bären aufbinden* take so for a ride
aufblähen, (1) *vr,* balloon (2) *vt,* blow out; **Aufblähung** *sub, f, -, -en* ballooning
aufblasen, (1) *vr,* puff o.s. up (2) *vt,* inflate; **aufblasbar** *adj,* inflatable
aufblättern, *vt,* open
aufbleiben, *vi, (Fenster, etc.)* stay open; *(Person)* stay up
aufblicken, *vi,* look up
aufblinken, *vi,* flash
aufblitzen, *vi,* flash
aufblühen, *vi, (Blüte)* blossom; *(wirt.)* flourish

aufbocken, *vt,* jack up
aufbohren, *vt,* bore
aufbrauchen, *vt,* use up
aufbrausen, *vi, (i. ü. S.; Person)* fly into a rage; *(See)* surge; *~d adj,* quick-tempered
aufbrechen, (1) *vi, (Eisfläche)* crack; *(gehen)* leave (2) *vt, (Tür, etc.)* break open
aufbringen, *vt, (Geld)* raise; *(Mut)* summon up; *(öffnen)* get open; *(Person verärgern)* enrage so; **Aufbringung** *sub, f, -, nur Einz. (Geld)* raising
Aufbruch, *sub, m, -es, -brüche* departure; *im Aufbruch begriffen sein* be getting ready to go; *zum Aufbruch drängen* be keen to get going; *~sstimmung sub, f, -, -en* nur als Anwendung; *es herrscht Aufbruchsstimmung* everyone is getting ready to go
aufbrühen, *vt,* brew
aufbrüllen, *vi,* cry out
aufbügeln, *vt,* iron
aufbürden, *vt,* nur als Anwendung; *jemandem eine Last aufbürden* place a burden on so´s shoulder; *jemandem etwas aufbürden* saddle so with sth
aufdecken, (1) *vi, (Tisch)* lay the table (2) *vt, (Bett)* uncover; *(i. ü. S.; Verbrechen)* reveal; **Aufdeckung** *sub, f, -, -en (eines Verbrechens)* revelation
aufdrängen, (1) *vr,* nur als Anwendung (2) *vt,* nur als Anwendung; *dieser Gedanke drängt sich auf* it suggests itself; *sich jemandem aufdrängen* force os on so, *jemandem etwas aufdrängen* force sth on so; **aufdringlich** *adj, (Farben)* flashy; *(Person, etc.)* obtrusive; **Aufdringlichkeit** *sub, f, -, -en (von Farben)* flashiness; *(vor Personen)* obtrusiveness
aufdrehen, (1) *vi, (ugs.)* step on the gas (2) *vt, (Wasser, etc.)* turn on
aufdröseln, *vt, (Naht, Gewebe)* undo; *(Schnur)* unravel

Aufdruck, *sub*, *m*, *-s*, *-e* imprint; **aufdrucken** *vt*, print **aufdrücken**, *vt*, *(aufstoßen)* press open; *(Stempel)* imprint **aufeinander**, *adv*, on top of each other; *(nacheinander)* one after the other; *aufeinander losgehen* go for each other; *gut aufeinander abgestimmt* well-coordinated; **Aufeinanderfolge** *sub*, *f*, *-*, *-n* succession **Aufenthalt**, *sub*, *m*, *-es*, *-e (Fahrtunterbrechung)* stop; *(Verweilen)* stay; *der Zug fährt ohne Aufenthalt* it´s a nonstop train; *zehn Minuten Aufenthalt haben* have a ten-minute wait; **~sdauer** *sub*, *f*, *-*, *-n* stay; **~sgenehmigung** *sub*, *f*, *-*, *-en* residence permit; **~sort** *sub*, *m*, *-es*, *-e* place of residence; **~sraum** *sub*, *m*, *-es*, *-räume* lounge **auferlegen**, *vt*, impose; *jemandem die Verantwortung auferlegen* place the responsibility on so´s shoulder; *sich eine Beschränkung auferlegen* exercise self-constraint **auferstehen**, *vi*, rise from the dead; **Auferstehung** *sub*, *f*, *-*, *-en* resurrection **auferwecken**, *vt*, *(i. ü. S.)* bring to life; **Auferweckung** *sub*, *f*, *-*, *-en* resurgence **aufessen**, *vt*, eat up **auffahren**, (1) *vi*, nur als Anwendung; *(Person)* jump up; *(zusammenstoßen)* crash into (2) *vt*, *(mil.)* deploy; *auf ein Auto dicht auffahren* tailgate a car; *auffahren auf* crash into; *er fuhr zornig auf* he flared up; **Auffahrt** *sub*, *f*, *-*, *-en (Autobahn)* slip road; *(Grundstück)* driveway; **Auffahrtsstraße** *sub*, *f*, *-*, *-n* slip road; **Auffahrunfall** *sub*, *m*, *-s*, *-fälle* rear-end collision **auffallen**, *vi*, be conspicuous, nur als Anwendung; *das fällt nicht auf* nobody will notice; *unangenehm auffallen* make a bad impression; *auf etwas auffallen* hit sth; **~d** (1) *adj*, remarkable (2) *adv*, nur als Anwendung; *von auffallender*

Schönheit of striking beauty, *sich auffallend gleichen* have a striking resemblance **auffällig**, *adj*, conspicuous; **Auffälligkeit** *sub*, *f*, *-*, *-en* conspicuousness **auffangen**, *vt*, *(i. ü. S.; Auswirkungen)* cushion; *(Ball, etc.)* catch; *(Funkspruch)* pick up; *(Stoß, etc.)* cushion; **Auffanglager** *sub*, *m*, *-s*, *-* transit camp **auffassen**, (1) *vi*, understand (2) *vt*, interpret; *leicht auffassen können* be quick on the uptake, *etwas falsch auffassen* misinterpret sth; **Auffassung** *sub*, *f*, *-*, *-en (Deutung)* interpretation; *(Meinung)* opinion; **Auffassungsgabe** *sub*, *f*, *-*, *-n* perceptive faculty; **Auffassungssache** *sub*, *f*, *-*, *-n* nur als Anwendung; *das ist Auffassungssache* that´s a matter of opinion **aufflackern**, *vi*, flicker **aufflammen**, *vi*, *(a. i .ü.S.)* flare up **auffliegen**, *vi*, *(i. ü. S.; Plan, etc.)* blow up; *(Vögel, etc.)* fly up **auffordern**, *vt*, call on so, request; *(befehlen)* order; *(ermutigend)* encourage; *jemanden eindringlich zu etwas auffordern* urge so to do sth; *jemanden zum Kampf auffordern* challenge so to a fight; *jemanden zum Tanzen auffordern* ask so for a dance; **Aufforderung** *sub*, *f*, *-*, *-en* call, request; *(Befehl)* order **aufforsten**, *vt*, reafforest; **Aufforstung** *sub*, *f*, *-*, *-en* reafforestation **auffressen**, *vt*, devour; *(ugs.) mein Vater wird mich auffressen* my father will kill me; *(i. ü. S.) von der Arbeit aufgefressen werden* drown in work **auffrischen**, (1) *vi*, *(Wind)* freshen up (2) *vt*, *(Freundschaft)* revive; *(Wissen)* brush up; *sein Englisch auffrischen* brush up one´s English; **Auffrischung** *sub*, *f*, *-*, nur Einz. *(von Freund-*

schaften) revival; (von Wissen) brushing up
aufführen, (1) vr, behave badly **(2)** vt, (auflisten) list; (Theaterstück) perform; **aufführbar** adj, stageable; **Aufführung** sub, f, -, -en performance; **Aufführungsrecht** sub, n, -s, -e performing rights
auffüllen, vt, fill up; (nachfüllen) top up; **Auffüllung** sub, f, -, -en (eines Lagers) restocking; (von Vorräten) replenishment
Aufgabe, sub, f, -, -n (Arbeitsauftrag) job; (eines Geschäfts) giving up; (schriftliche Aufgabe) assignment; (von Gepäck) checking in; (von Post) posting; ~nbereich sub, n, -es, -e responsibility; ~nstellung sub, f, -, -en task
aufgabeln, vt, pick up
Aufgang, sub, m, -s, -gänge (der Sonne, etc.) rising; (Treppe) staircase
aufgeben, (1) vi, give up **(2)** vt, (aufhören) give up; (Gepäck) check in; (Hoffnung) abandon; (Post) post
aufgebläht, adj, (med.) distended; (Verwaltung) inflated
aufgeblasen, adj, (Ballon) inflated; (Person) self-important; **Aufgeblasenheit** sub, f, -, nur Einz. self-importance
Aufgebot, sub, n, -s, -e (Eheaufgebot) banns; (Menge) array; (mil.) contingent
aufgedonnert, adj, (ugs.) dolled up
aufgedreht, adj, in high spirits
aufgedunsen, adj, bloated
aufgehen, vi, nur als Anwendung; (Augen, Knospen, etc.) open; (mat.) divide exactly into; (Sonne, etc.) rise; (Vorhang) go up; es geht ihm auf it becomes clear to him; in seiner Arbeit aufgehen be wrapped up in one´s work
aufgeklärt, adj, well-informed; **Aufgeklärtheit** sub, f, -, nur Einz. enlightenment
aufgeknöpft, adj, (ugs.) chatty
aufgekratzt, adj, chirpy
aufgelegt, adj, nur als Anwendung;

gut aufgelegt sein be in a good mood; zu etwas aufgelegt sein feel like doing sth
Aufgepasst!, vi, Attention!
aufgeräumt, adj, cheerful
aufgeraut, adj, roughened
aufgeregt, adj, excited; (nervös) nervous; **Aufgeregtheit** sub, f, -, nur Einz. excitement; (Nervosität) nervousness
aufgeschlossen, adj, (i. ü. S.) open-minded; **Aufgeschlossenheit** sub, f, -, nur Einz. open-mindedness
aufgeschmissen, adj, be stuck
aufgeschossen, adj, lanky
aufgeschwemmt, adj, swollen
aufgewärmt, adj, warmed up
aufgeweckt, adj, bright; **Aufgewecktheit** sub, f, -, nur Einz. brightness
aufgießen, vt, (draufgießen) pour; (Tee, etc.) brew
aufgliedern, vt, (klassifizieren) classify; (teilen) split up; **Aufgliederung** sub, f, -, nur Einz. (Klassifizierung) classification
aufglühen, vi, start to glow
aufgraben, vt, dig up
aufgreifen, vt, (Person) pick up; (Thema) take up
auf Grund, präp, due to
Aufguss, sub, m, -es, -güsse infusion; ~beutel sub, m, -s, - teabag
aufhaken, vt, undo
aufhalsen, vt, nur als Anwendung; jemandem etwas aufhalsen saddled so with sth
aufhalten, (1) vr, stay **(2)** vt, nur als Anwendung; (anhalten) stop; (hinauszögern) delay; (Tür) hold open; sich mit etwas aufhalten spend one´s time on, jemandem die Tür aufhalten hold the door open for so
aufhängen, (1) vi, (Telefonhörer) hang up **(2)** vr, hang o.s. **(3)** vt, (auch Telefonhörer) hang up; (Person) hang; **Aufhänger** sub, m, -s, - (einer Geschichte) peg; (eines Mantels, etc.) tab; **Aufhän-**

gevorrichtung *sub, f, -, -en* mount; **Aufhängung** *sub, f, -, -en* suspension

aufhäufen, *vr, vt,* pile up
aufheben, *vt, (aufbewahren)* keep; *(aufklauben)* pick up; *(Gesetz)* repeal; *(hochheben)* lift; *(Verbot)* abolish; *(Wirkung ausgleichen)* neutralize
aufheitern, (1) *vi, (Gesicht)* brighten; *(Himmel)* clear (2) *vt,* cheer so up; **Aufheiterung** *sub, f, -, nur Einz.* *(des Himmels)* clearing up; *(einer Person)* cheering up; **Aufheiterungen** *sub, f, -, nur Mehrz.* *(Meteorologie)* sunny spells
aufhelfen, *vt,* nur als Anwendung; *jemandem aufhelfen* help so up
aufhellen, (1) *vi, (Fotografie)* ligthen up (2) *vr, (Himmel)* brighten up (3) *vt, (i. ü. S.; einen Vorgang)* shed light on; *(Farbton)* make lighter; **Aufhellung** *sub, f, -, -en* clearing
aufhetzen, *vt,* stir up; **Aufhetzung** *sub, f, -, -en* agitation
aufheulen, *vi, (Hund)* howl; *(Motor)* roar
aufholen, (1) *vi, (Rückstand)* catch up (2) *vt,* catch up with; *(Zeit)* make up; **Aufholjagd** *sub, f, -, -en* chase
aufhorchen, *vi,* prick up one´s ears
aufhören, *vi,* stop; *aufhören etwas zu tun* stop doing sth; *etwas ohne aufzuhören tun* do sth continuously; *höre endlich damit auf* stop it!
aufjauchzen, *vi,* shout for joy
aufjaulen, *vi,* howl
aufkaufen, *vt,* buy up; **Aufkauf** *sub, m, -es, -käufe* buy-up
aufkehren, *vt,* sweep up
aufkeimen, *vi, (Hoffnung)* begin to blossom; *(Samen)* germinate
aufklappen, *vt, (Buch, etc.)* open; *(Sitz, etc.)* pull down; **aufklappbar** *adj,* folding
aufklaren, *vi,* brighten up; **Aufklärer** *sub, m, -s, -* air scout; **aufklärerisch** *adv,* enlightening; *aufklärerisch tätig sein* enlighten

other people; **Aufklärung** *sub, f, -, nur Einz.* *(Belehrung)* enlightenment; *(des Himmels, Wetters, eines Verbrechens)* clearing up, enlightenment; **Aufklärungsflugzeug** *sub, n, -es, -e* air scout; **Aufklärungskampagne** *sub, f, -, -n* education campaign
aufklären, (1) *vr, (Himmel, Wetter)* clear up; *(Verbrechen)* be solved (2) *vt, (Person)* inform; *(sexuell)* explain the facts of life; *(Verbrechen)* clear up
aufkleben, *vt,* stick on; **Aufkleber** *sub, m, -s, - (geh.)* adhesive label; *(ugs.)* sticker
aufknoten, *vt,* untie
aufknüpfen, *vt, (öffnen)* untie; *(ugs.; Person)* hang
aufkochen, (1) *vi,* come to the boil (2) *vt,* bring to the boil
Aufkommen, (1) *sub, n, -s, nur Einz. (von Bewuchs)* emergence; *(wirt.)* revenue (2) **aufkommen** *vi, (Betrug)* leak out; *(für Kosten)* pay for; *(landen)* land; *(Verdacht)* arise; *gegen jemanden aufkommen* assert os against so; *keine Zweifel aufkommen lassen* give no rise to doubt
aufkrempeln, *vt,* roll up
aufkreuzen, *vi, (ugs.)* turn up
aufkündigen, (1) *vi, (dem Arbeitgeber)* hand in one´s notice; *(einem Mieter, Arbeiter)* give so notice (2) *vt, (Vertrag)* cancel; *die Zusammenarbeit mit jemandem aufkündigen* cancel the cooperation with so; *eine Freundschaft aufkündigen* break up with so; **Aufkündigung** *sub, f, -, -en* cancellation
auflachen, *vi,* laugh out loudly
aufladen, (1) *vr, (elektrisch)* be charged (2) *vt, (Akku)* charge; *(Gepäck)* load; *jemandem etwas aufladen* load so with sth; *sich etwas aufladen* get os loaded with sth
Auflage, *sub, f, -, -n (Bedingung)* condition; *(einer Zeitschrift)* cir-

culation; *(eines Buches)* edition; *jemandem etwas zur Auflage machen* make sth a condition for so; **~nhöhe** *sub, f, -, -n* print run; **auflagenstark** *adj,* high-circulation
auflassen, *vt, (Tür)* leave open
auflauern, *vt,* nur als Anwendung; *jmd auflauern* lie in wait for so
Auflauf, *sub, m, -s, -läufe (Ansammlung)* crowd; *(Gericht)* bake **~form** *sub, f, -, -en* oven dish
auflaufen, (1) *vi, (Gelder)* accumulate; *(Schiff)* run aground **(2)** *vt,* nur als Anwendung; *jemanden auflaufen lassen* obstruct so; *sich seine Füße auflaufen* walk one´s feet sore
aufleben, *vi, (Diskussion, Person, Pflanzen)* come to live; *(Hass)* be stirred up
auflecken, *vt,* lick up
auflehnen, (1) *vr,* nur als Anwendung **(2)** *vt,* lean against/on; *sich gegen etwas/jemanden auflehnen* oppose so/sth; **Auflehnung** *sub, f, -, -en* resistance
auflesen, *vt,* pick up
aufleuchten, *vi, (Blitz)* flash; *(Lampe, Augen)* light up
aufliegen, *vi, (CD)* be on the turntable; *(Gegenstand)* rest on; *(Zeitschriften, etc.)* be available
auflisten, *vt,* list; **Auflistung** *sub, f, -, -en (das Auflisten)* listing; *(Liste)* list
auflockern, (1) *vr, (spo.)* loosen up; *(Wolkendecke)* break up **(2)** *vt, (Stimmung)* liven up, loosen; **Auflockerung** *sub, f, -, nur Einz. (der Stimmung)* livening up; *f, -, -en (des Bodens)* loosening; *(Wolkendecke)* breaking up
auflodern, *vi, (a. i.ü.S.)* flare up
auflösen, (1) *vr,* nur als Anwendung; *(chem.)* dissolve; *(Menschenmenge)* break up; *(Wolken)* disappear **(2)** *vt, (Konto)* close; *(Menschenmenge)* break up; *(Rätsel)* slove; *(Substanz, Parlament)* dissolve; *(Vertrag)* cancel; *sich auflösen in* turn into; *sich in nichts*

auflösen disappear into thin air; **Auflösung** *sub, f, -, -en (chem.)* dissolving; *(einer Gleichung, eines Rätsels)* solution; *(einer Versammlung)* breaking up; *(eines Bildschirm)* resolution; *(eines Kontos)* closing; *(Zerfall)* fragmentation; *in einem Zustand völliger Auflösung* completely beside os; **Auflösungsprozess** *sub, m, -es, -e* process of disintegration
aufmachen, (1) *vi, (Tür)* open **(2)** *vr, (losgehen)* set out **(3)** *vt, (Geschäft eröffnen)* open up; *(gestalten)* design; *(Schleife)* undo; *(Tür, Konto)* open; **Aufmacher** *s. b, m, -s, - (ugs.)* front-page story; **Aufmachung** *sub, f, -, -en* presentation; *(ugs.; einer Person)* outfit
aufmalen, *vt,* draw
aufmarschieren, *vi,* march up; *(mil.)* mass; **Aufmarsch** *sub, m, -es, -märsche (Demonstration)* rally; *(festlicher Umzug)* parade; *(mil.)* buildup; *(von Menschen)* marching up
aufmerken, *vi,* listen attentively; **aufmerksam (1)** *adj, (konzentriert; höflich)* attentive **(2)** *adv,* attentively; *aufmerksam sein* pay attention; *aufmerksam werden auf* notice sth; *das ist sehr aufmerksam von Ihnen* that´s very thoughtful of you; *jemanden auf etwas aufmerksam machen* draw so´s attention to sth, *aufmerksam lauschen* listen attentively; *etwas aufmerksam verfolgen* follow sth closely; **Aufmerksamkeit** *sub, f, -, nur Einz. (Höflichkeit)* attentiveness; *(Konzentration)* attention; *Aufmerksamkeit erregen* attract attention; *etwas seine Aufmerksamkeit schenken* pay attention to sth; *seine Aufmerksamkeit auf etwas richten* focus one´s attention on sth
aufmöbeln, *vt, (ugs.; Fahrzeug,*

etc.) do up; *(ugs.; sein Ansehen)* polish up
aufmotzen, (1) *vi, (ugs.; herrichten)* do up; *(rebellieren)* kick against **(2)** *vr, (ugs.; sich aufdonnern)* get dolled up
aufmucken, *vi,* kick against
aufmuntern, *vt, (ermutigen)* encourage; *(jemanden aufheitern)* cheer up; **Aufmunterung** *sub, f, -, -en (Erheiterung)* cheering up; *(Ermutigung)* encouragement
aufnähen, *vt,* sew on; **Aufnäher** *sub, m, -s, -* tuck
Aufnahme, *sub, f, -, -n* photograph, reception; *(Arbeit)* taking up; *(eines Tonbandes)* recording; *(Eingliederung)* incorporation; *(ins Krankenhaus, in einen Kurs)* admission; *(Nahrung)* intake; *bei etwas Aufnahme finden* be admitted to; *eine kühle Aufnahme finden* meet with a cool reception; **~bedingung** *sub, f, -, -en* terms of admission; **aufnahmefähig** *adj,* receptive; **~fähigkeit** *sub, f, -, -en* receptivity; **~gebühr** *sub, f, -, -en* admission fee; **~leiter** *sub, m, -s, - (Film)* production manager; *(Musik, etc.)* recording manager; **~prüfung** *sub, f, -, -en* entrance examination
aufnehmen, *vt,* receive; *(Arbeit)* take up; *(eingliedern)* incorporate; *(Foto)* photograph; *(Gäste)* accommodate; *(Musik)* tape; *(Spur)* pick up; *(Schreckensmeldung) gut aufnehmen* take it well; *etwas begeistert aufnehmen* welcome sth with open arms; *jemanden freundlich aufnehmen* give so a warm welcome
aufnötigen, *vt,* nur als Anwendung; *jemanden etwas aufnötigen* force sth on so
aufopfern, (1) *vr,* sacrifice o.s. **(2)** *vt,* sacrifice; **Aufopferung** *sub, f, -, -en* self-sacrifice; **aufopferungsvoll** *adj,* self-sacrificing
aufpäppeln, *vt,* feed up
aufpassen, *vi, (Obacht geben)* take care; *(zuhören)* pay attention; *pass auf* watch out; *pass auf* listen; **Aufpasser** *sub, m, -s, -* lookout
aufpeppen, *vt, (ugs.)* pep up
aufpflanzen, (1) *vr,* nur als Anwendung **(2)** *vt, (Gewehr)* fix; *sich aufpflanzen* plant os
aufplatzen, *vi, (Flasche, etc.)* burst; *(Wunde)* open
aufplustern, *vr, (ugs.; sich aufspielen)* give o.s. airs; *(Vogel)* ruffle the feathers
aufpolieren, *vt, (a. i.ü.S.; Holz, etc.)* polish up; *(i. ü. S.; Wissen)* brush up
aufprallen, *vi,* hit; **Aufprall** *sub, m, -s, -e* impact
Aufpreis, *sub, m, -es, -e* extra charge
aufpumpen, *vt,* inflate
aufputschen, (1) *vr, (i. ü. S.)* buck o.s. up **(2)** *vt, (Menschenmenge)* stir up; **Aufputschmittel** *sub, n, -s, -* stimulant
aufraffen, *vr,* struggle to one´s feet; *sich zu etwas aufraffen* bring os to do sth
aufrappeln, *vr, (nach Erkrankung)* pick up o.s.; *(sich hochziehen)* struggle to one´s feet; *sich nach einer Erkrankung aufrappeln* get back on one´s feet again
aufrauen, *vt,* roughen
aufräumen, (1) *vi,* tidy up **(2)** *vt, (beseitigen)* put away; *(Boden, etc.)* tidy up; *aufräumen unter* wreak havoc among; *mit etwas aufräumen* put an end to; *mit seiner Vergangenheit aufräumen* make a break with one´s past; **Aufräumung** *sub, f, -, -en* tidying up; **Aufräumungsarbeiten** *sub, f, -, nur Mehrz.* clearance work
aufrechnen, *vt,* add up; *etwas gegen etwas aufrechnen* set sth off against sth; *jemandem etwas aufrechnen* charge so for sth; **Aufrechnung** *sub, f, -, -en (wirt.)* settling of accounts
aufrecht, *adj, adv, (a. i.ü.S.)*

upright; *aufrecht sitzen* sit up; *aufrecht stehen* stand upright
aufregen, (1) *vr*, get upset (about) (2) *vt, (ärgern)* annoy so; *(erregen)* excite; ~**d** *adj, (beunruhigend)* upsetting; *(erregend)* exciting; **Aufregung** *sub, f, -, nur Einz (Beunruhigung)* upset; *(Erregung)* excitement
aufreiben, *vt, (Gegner)* destroy *(Haut)* abrade; *(Stoff)* wear down ~**d** *adj*, exhausting
aufreihen, *vt, (Bücher etc.)* put in a row; *Perlen aufreihen* thread pearls; *sich aufreihen* line up
aufreißen, (1) *vi, (Tüte)* burst (2) *vt, (Fenster etc.)* fling open; *(ugs.; Frau)* pick up; *(Teerdecke)* tear up; *(Verpackung)* tear open
aufreizend, *adj*, provocative
aufrichten, (1) *vr, (i. ü. S.)* pick o.s. up; *(aufstehen)* get up (2) *vt, (errichten)* erect; *(Person)* help so up
aufrichtig, *adj*, sincere; *(ehrlich)* honest; **Aufrichtigkeit** *sub, f, -, nur Einz.* sincerity; *(Ehrlichkeit)* honesty
Aufriss, *sub, m, -es, -e (arch.)* elevation
aufrücken, *vi, (in der Stellung)* be promoted; *(nachrücken)* move up
aufrufen, (1) *vi*, nur als Anwendung (2) *vt*, call up; *(im Unterricht)* call on; *aufrufen zu* appeal for; *zum Streik aufrufen* call a strike, *jemanden zu etwas aufrufen* call upon so to; **Aufruf** *sub, m, -s, -e* summons; *(Flugzeug)* call
aufrunden, *vt*, round up; *eine Zahl aufrunden* round a number up; **Aufrundung** *sub, f, -, -en* rounding up
aufrüsten, *vti*, arm; **Aufrüstung** *sub, f, -, nur Einz.* armament
aufrütteln, *vt, (a. i.ü.S.)* shake so up; ~**d** *adj*, encouraging; **Aufrüttelung** *sub, f, -, nur Einz.* encouragement
aufsagen, *vt*, recite
aufsammeln, *vt*, pick up; *(ugs.; Person mitnehmen)* pick up

aufsässig, *adj*, rebellious; **Aufsässigkeit** *sub, f, -, nur Einz.* rebelliousness
Aufsatz, *sub, m, -es, -sätze (Oberteil)* top part; *(Text)* essay; ~**thema** *sub, n, -s, -themen* essay topic
aufsaugen, *vt*, absorb
aufschauen, *vi*, look up
aufschaukeln, (1) *vr, (i. ü. S.; Auswirkungen etc.)* build up (2) *vt, (phy.)* amplify
aufschäumen, *vi*, froth up
aufscheuchen, *vt*, startle
aufschichten, *vt, (Bretter etc.)* stack; *(geol.)* stratify; **Aufschichtung** *sub, f, -, -en* stratification; *(von Brettern etc.)* stacking
aufschieben, *vt, (i. ü. S.; Arbeit)* postpone; *(i. ü. S.; Tür)* push open; **Aufschiebung** *sub, f, -, -en* delay
aufschlagen, (1) *vi, (auf den Boden)* hit; *(aufbrechen)* break open; *(Tennis)* serve (2) *vt, (Ei)* crack; *(Zeitung etc.)* open; *(Zelte)* set up; **Aufschlagfehler** *sub, m, -s, -* service fault; **Aufschlagverlust** *sub, m, -s, -e* markup loss; **Aufschlagzünder** *sub, m, -s, - (tech.)* impact detonator
aufschließen, (1) *vi, (tt; chem.)* break up; *(Schloss)* unlock; *(Tür)* open up (2) *vr*, nur als Anwendung; *sich jemandem aufschließen* open one´s heart to so
aufschluchzen, *vi*, sob loudly
Aufschluss, *sub, m, -es, -schlüsse (tt; chem.)* decomposition; *(Einsicht)* information; **aufschlussreich** *adj*, informative
aufschlüsseln, *vt*, break down; **Aufschlüsselung** *sub, f, -, -en* breakdown
aufschnappen, (1) *vi*, snap open (2) *vt*, catch
aufschneiden, (1) *vi*, show off (2) *vt, (med.)* open; *(Verpackung etc.)* cut open; **Aufschneider** *sub, m, -s, -* show-off; **Aufschnitt** *sub, m, -s, -e* cold cuts
aufschrauben, *vt,   (öffnen)*

unscrew; *(schließen)* screw on
aufschrecken, (1) *vi*, give a start **(2)**
vt, startle
aufschreiben, *vt*, write down; *jemanden aufschreiben* take down
so´s particulars; *jemandens Kennzeichen aufschreiben* take down
so´s car number
aufschreien, *vi*, scream; *vor
Schmerz aufschreien* cry out with
pain; **Aufschrei** *sub, m, -s, -e (i. ü.
S.; des Protests)* outcry; *(vor
Schmerz etc.)* scream
Aufschrift, *sub, f, -, -en (Beschriftung)* lettering; *(Etikett)* label
Aufschub, *sub, m, -s, -schübe* postponement
aufschürfen, *vt*, graze o.s., graze
one´s skin
aufschütteln, *vt*, shake up
aufschütten, *vt, (Haufen)* pile up;
(Wall) throw up; **Aufschüttung**
sub, f, -, -en earth bank
aufschwatzen, *vt*, nur als Anwendung; *jemandem etwas aufschwatzen* talk so into buying sth
aufschwemmen, *vi, (Gesicht etc.)*
bloat; *(Sediment)* deposit; **Aufschwemmung** *sub, f, -, -en (chem.)*
suspension; *(med.)* swelling
Aufsehen, (1) *sub, n, -s, -* stir **(2)**
aufsehen *vi*, look up; *Aufsehen erregen* cause a stir; *ohne großes Aufsehen* discreetly; *um Aufsehen zu
vermeiden* to avoid attracting attention; *~ erregend adj, (Neuigkeit)*
sensational; *(These)* controversial;
Aufseher *sub, m, -s, - (allgemein)*
attendant; *(Gefängnis)* guard
aufsetzen, (1) *vi, (Flugzeug)* touch
down **(2)** *vr, (sich aufrichten)* sit
up **(3)** *vt, (Mütze etc.)* put on;
(Schriftstück) draft
Aufsicht, *sub, f, -, -en (Aufseher)* supervisor; *(Überwachung)* supervision; *die Aufsicht über etwas haben*
be in charge of sth; *unter polizeilicher Aufsicht stehen* be under surveillance; *~sbeamte sub, m, -n, -n
(Ausstellung etc.)* supervisor; *(im
Gefängnis)* guard; *~sbehörde sub,*

f, -, -n control board; *~spflicht
sub, f, -, -en* responsibility; *~srat
sub, m, -s, -räte (Gremium)* supervisory board; *(Ratsmitglied)*
member of the supervisory
board; *~sratssitzung sub, f, -,
-en* meeting of the supervisory
board; *~sratsvorsitzende sub, f,
m, -n, -n* chairman of the supervisory board
aufsitzen, *vi, (auf ein Reittier)*
mount; *(sich aufrichten)* sit up;
(tech.) rest on
aufspalten, (1) *vr, (chem.)* be broken down **(2)** *vr, vt*, split; **Aufspaltung** *sub, f, -, -en* splitting
aufsparen, *vt*, save (up); **Aufsparung** *sub, f, -, -en* saving
aufsperren, *vti*, unlock
aufspielen, (1) *vr, (ugs.)* give o.s.
airs **(2)** *vt, (mus.)* strike up
aufspießen, *vt, (Essen)* spike;
(mit Hörnern) gore; *(mit Speer)*
spear
aufsplittern, *vti*, splinter; **Aufsplitterung** *sub, f, -, -en* splintering
aufsprayen, *vt*, spray on
aufsprengen, *vt, (mit Dynamit)*
blast open; *(mit Kraft)* force
open
aufspringen, *vi, (aufkommen)*
land; *(hochspringen)* jump up;
(Lippen) crack; *(Tür)* fly open
aufspritzen, (1) *vi, (hochspritzen)* splash up **(2)** *vt, (Farbe aufsprühen)* spray on
aufsprühen, *vt*, spray on
Aufsprung, *sub, m, -s, -sprünge
(eines Balls)* bounce; *(spo.)* landing
aufspüren, *vt, (Geheimnis)* unearth; *(Person, Tier)* track down
aufstacheln, *vt*, stir up; *jemanden
zu etwas aufstacheln* goad so
into sth; **Aufstachelung** *sub, f, -,
-en* goading
aufstampfen, *vi*, stamp one´s foot
Aufstand, *sub, m, -s, -stände* revolt; **aufständisch** *adj*, rebellious; **Aufständische** *sub, f/m, -n,*

-n rebel
aufstapeln, *vt*, stack up
aufstauen, (1) *vr*, collect (2) *vt*, dam up
aufstecken, *vt*, put on; *(Haare)* put up; *(mit einer Nadel)* pin
aufstehen, *vi*, *(Fenster)* stand open; *(sich erheben)* stand up; *(vom Bett)* get up; *vom Boden aufstehen* stand up; *vom Tisch aufstehen* get up from the table
aufsteigen, *vi*, *(auf ein Fahrrad)* mount; *(bergsteigen)* climb; *(i. ü. S.; beruflich)* be promoted; *(Flugzeug)* take off; *(Rauch)* rise; *(Vögel)* soar; **Aufsteiger** *sub*, *m*, -s, - social climber
aufstellen, (1) *vr*, take up one´s position (2) *vt*, *(auch Rekord)* set up *(Denkmal)* erect; *(Falle)* set; *(Kandidaten)* put forward; *(Wache)* post; *eine Behauptung aufstellen* make an assertion; *eine Hypothese aufstellen* propose a hypothesis; **Aufstellung** *sub*, *f*, -, -en *(Anordnung)* arrangement; *(mil.)* formation; *(polit.)* nomiation; *(tech.)* installation; *(von Gegenständen)* setting-up
Aufstieg, *sub*, *m*, -s, -e *(Aufsteigen)* climb; *(Flugzeug)* take-off; *(i. ü. S.; spo.)* promotion; *(a. i.ü.S.; Weg, auch sozial)* ascent; **~smöglichkeit** *sub*, *f*, -, -en promotion prospects
aufstöbern, *vt*, *(Geheimnis)* unearth; *(Wild)* rouse
aufstocken, *vt*, *(arch.)* raise; *(wirt.)* increase; **Aufstockung** *sub*, *f*, -, -en *(arch.)* raise; *(wirt.)* increase
aufstöhnen, *vi*, groan loudly
aufstoßen, (1) *vi*, *(aufschlagen)* hit; *(rülpsen)* burp (2) *vt*, *(Tür)* push open; *einen Gegenstand auf etwas aufstoßen* bang a thing onto sth; *sich seinen Ellbogen aufstoßen* cut one´s elbow
aufstreben, *vi*, aspire; **~d** *adj*, *(Bauwerk)* soaring; *(Person)* aspiring
aufstützen, (1) *vr*, prop o.s. up (2)

vt, prop up
aufsuchen, *vt*, *(einen Arzt)* see; *(Ort)* visit
aufsummieren, *vt*, sum up
auftakeln, (1) *vr*, *(ugs.)* get tarted up (2) *vt*, *(Schiff)* rig up
Auftakt, *sub*, *m*, -s, -e *(Beginn)* start; *(mus.)* upbeat
auftanken, *vti*, fill up
auftauchen, *vi*, *(aus dem Wasser)* come up; *(ugs.; erscheinen)* turn up
auftauen, (1) *vi*, *(i. ü. S.; Person)* thaw (2) *vti*, *(Eis)* thaw; *(Speisen)* defrost
aufteilen, *vt*, *(teilen)* divide (up); *(verteilen)* distribute; **Aufteilung** *sub*, *f*, -, -en *(Teilung)* division; *(Verteilung)* distribution
auftischen, *vt*, serve
auftragen, (1) *vi*, *(Stoff)* be bulky (2) *vt*, nur als Anwendung; *(Lack)* apply; *jemandem etwas auftragen* assign so with sth; **Auftraggeber** *sub*, *m*, -s, - employer; **Auftragnehmer** *sub*, *m*, -s, - contractor; **Auftragsarbeit** *sub*, *f*, -, -en commissioned work; **Auftragsbestand** *sub*, *m*, -s, -bestände backlog of orders; **Auftragsbestätigung** *sub*, *f*, -, -en confirmation; **auftragsgemäß** *adv*, as per order; **Auftragslage** *sub*, *f*, -, -n orders situation
auftreffen, *vi*, hit
auftreiben, (1) *vi*, *(Teig)* swell (2) *vt*, *(ugs.; Geld, Person)* get hold of; *(Person aufjagen)* force so up
auftrennen, *vt*, undo
Auftreten, (1) *sub*, *n*, -s, nur Einz. *(eines Schauspielers)* performance; *(Verhalten)* manner; *(Vorkommen)* occurrence (2) **auftreten** *vi*, *(aufstoßen)* kick open; *(erscheinen)* appear; *(mit den Füßen)* tread; *(vorkommen)* occur; *als Zeuge auftreten* appear as a witness; *gegen etwas/jemanden auftreten* oppose sth/so; *in der Öffentlichkeit auftreten* appear in public; *leise auftreten*

tread softly
Auftrieb, *sub, m, -s, -e (i. ü. S.; Antrieb)* impetus; *(phy., im Wasser)* buoyancy; *(phy., in der Luft)* lift; **~skraft** *sub, f, -, -kräfte (tt; phy., im Wasser)* buoyant force; *(tt; phy., in der Luft)* lifting force
auftrumpfen, *vi,* play one´s trumps
auftun, (1) *vr, (a. i.ü.S.)* open up (2) *vt, (entdecken)* find; *(Mund)* open
auftürmen, (1) *vr,* pile up (2) *vt,* pile up
auf und ab, *adv,* up and down; *auf und ab gehen* walk up and down; **auf und davon** *adv,* up and away; *sich auf und davon machen* clear off
aufwachen, *vi, (a. i.ü.S.)* wake up
aufwallen, *vi, (i. ü. S.; Gefühle)* surge up; *(Wasser)* bubble up; **Aufwallung** *sub, f, -, -en* surge
Aufwand, *sub, m, -s, nur Einz. (Anstrengung)* effort; *(finanziell)* cost; *dieser Aufwand lohnt nicht* it´s not worth the effort; *einen unnötigen Aufwand betreiben* waste time and energy; *mit einem Aufwand von* at a cost of
aufwärmen, (1) *vr,* warm up (2) *vt,* warm up; **Aufwärmung** *sub, f, -, -en* warming up
aufwarten, *vi,* nur als Anwendung; *mit einem Vorschlag aufwarten* come up with an idea; *mit Essen aufwarten* serve; **Aufwartefrau** *sub, f, -, -en* cleaning lady
aufwärts, *adv,* upwards; *es geht wieder aufwärts* things are looking up again; *flussaufwärts* upstream; **Aufwärtsentwicklung** *sub, f, -, -en* upward trend; **Aufwärtshaken** *sub, m, -s, - (spo.)* uppercut; **Aufwärtstrend** *sub, m, -s, -s* upward trend
Aufwartung, *sub, f, -, -en* attendance; *jemandem seine Aufwartung machen* pay one´s respects to so
aufwecken, *vt,* wake up
aufweichen, (1) *vi,* soften (2) *vt,* soak; **Aufweichung** *sub, f, -, -en* soaking

Aufwendung, *sub, f, -, -en* expenditure
aufwerfen, (1) *vr,* set o.s. up (2) *vt, (i. ü. S.; Frage)* raise; *(Wall)* throw up; *sich zu etwas aufwerfen* set os up as sth; *sich zum Richter aufwerfen* appoint os as a judge
aufwerten, *vt,* revalue; **Aufwertung** *sub, f, -, -en* revaluation
aufwiegeln, *vt,* stir up; **Aufwiegelei** *sub, f, -, -en* instigation; **Aufwiegler** *sub, m, -s, -* instigator; **aufwieglerisch** *adj,* seditious
aufwiegen, *vt,* compensate for; *es ist nicht mit Gold aufzuwiegen* it´s worth it´s weight in gold
aufwirbeln, *vti,* whirl up; *(i. ü. S.) eine Menge Staub aufwirbeln* kick up a lot of dust
aufwischen, *vt,* wipe (up); **Aufwischlappen** *sub, m, -s, -* floorcloth
aufwühlen, *vt, (Erde)* turn over; *(Meer)* churn up
Aufzahlung, *sub, f, -, -en* extra payment
Aufzählung, *sub, f, -, -en (Aufzählen)* enumeration; *(Liste)* list
aufzäumen, *vt,* bridle
aufzehren, *vt, (Nahrung)* eat up; *(Vorrat, Geld etc.)* consume
aufzeichnen, *vt, (auf Band aufnehmen)* record; *(zeichnen)* draw; **Aufzeichnung** *sub, f, -, -en* recording; *(Schriftstücke)* notes
aufzeigen, *vt,* show; *einen Fehler aufzeigen* point out a mistake
aufziehen, (1) *vi, (Unwetter)* come up (2) *vt,* draw up; *(Gardinen, Schublade)* open; *(Kind)* bring up; *(Reifen)* put on; *(Uhrwerk)* wind up; *(i. ü. S.; Veranstaltung)* organize
aufzüchten, *vt,* breed; **Aufzucht** *sub, f, -, -en* breeding
Aufzug, *sub, m, -s, -züge (Fahrstuhl)* lift; *(Festzug)* parade; *(im Drama)* act; **~führer** *sub, m, -s, -* parade leader; **~sschacht** *sub, m, -s, -schächte* lift shaft

aufzwingen, (1) *vr,* nur als Anwendung (2) *vt,* nur als Anwendung; *jemandem etwas aufzwingen* force sth on so; *sich jemandem aufzwingen* impinge on so

Auge, *sub, n, -s, -n* eye; *Auge um Auge, Zahn für Zahn* an eye for an eye, a tooth for a tooth; *aus den Augen, aus dem Sinn* out of sight, out of mind; *etwas aus den Augen verlieren* loose sight of; *etwas/jemanden im Auge behalten* keep an eye on sth/so; *große Augen machen* be in for a surprise; *gute Augen haben* have good eyesight; *jemandem die Augen öffnen* enlighten so; *sich etwas vor Augen halten* keep sth in mind; **Augapfel** *sub, m, -s, -äpfel* eyeball; *etwas wie seinen Augapfel behüten* guard sth with one´s life; **äugeln** *vi,* eye; **äugen** *vi,* look; **~n-Make-up** *sub, n, -s, -s* eye makeup; **~narzt** *sub, m, -es, -ärzte* eye specialist; **~naufschlag** *sub, m, -s, -schläge* blink; **~nblick** *sub, m, -s, -e* moment; *alle Augenblicke* constantly; *einen Augenblick bitte* one moment, please; *im Augenblick* at the moment; *im ersten Augenblick* for a moment; *im letzten Augenblick* at the last minute; **augenblicklich** (1) *adj,* present (2) *adv, (momentan)* at the moment; *(sofort)* immediately; **~nbraue** *sub, f, -, -n* eyebrow; **~nbrauenstift** *sub, m, -s, -e* eyebrow pencil; **~ndeckel** *sub, m, -s, -* eyelid; **augenfällig** *adj,* obvious; **~nfarbe** *sub, f, -, -n* colour of the eyes; **~nglas** *sub, n, -es, -gläser* eyeglass; **~nheilkunde** *sub, m, -, nur Einz.* ophthalmology; **~nklinik** *sub, f, -, -en* eye clinic; **~nkrankheit** *sub, f, -, -en* eye disease; **~nlicht** *sub, n, -s, nur Einz.* eyesight; **~nlid** *sub, n, -s, -er* eyelid; **~nmaß** *sub, n, -es, nur Einz.* sense of distance; *ein gutes Augenmaß haben* have a good eye for distances, *(i. ü. S.)* be good at sizing things up; **~nmerk** *sub, m, -s, nur Einz.* attention; *sein Au-*

genmerk auf etwas richten turn one´s attention to sth; **~noptiker** *sub, m, -s, -* optician; **~nringe** *sub, m, -s, nur Mehrz.* rings under one´s eyes; **~nschein** *sub, m, -s, nur Einz. (Anschein)* appearance; *(Besichtigung)* inspection; *dem Augenschein nach* to all appearances; *der Augenschein trügt* appearances are deceptive; *etwas in Augenschein nehmen* inspect sth; **augenscheinlich** (1) *adj,* apparent (2) *adv,* apparently; **~nweide** *sub, f, -, -n* feast for the eyes; **~nwinkel** *sub, m, -s, -n* corner of the eye; *jemanden aus dem Augenwinkel beobachten* watch so out of the corner of one´s eye; **~nwischerei** *sub, f, -, -en* eyewash; **~nzeuge** *sub, m, -r, -n* eyewitness; **~nzeugenbericht** *sub, m, -s, -e* eyewitness account; **~nzwinkern** *sub, n, -s, nur Einz.* wink(ing); **augenzwinkernd** *adv,* with a wink

Auktion, *sub, f, -, -en* auction; *in die Auktion geben* put up for auction; *zur Auktion kommen* be auctioned; **~ator** *sub, m, -s, -en* auctioneer

Aula, *sub, f, -, Aulen* assembly hall

Aupairmädchen, *sub, n, -s, -* au pair girl

Aura, *sub, f, -, Auren* aura

aus. (1) *adv,* nur als Anwendung (2) *präp, (beiseite, weg)* out of; *(bestehen aus)* of; *(räumlich)* from/(out) of; *(Ursprung)* from/(out) of; *(wegen)* for; *(spo.) aus* out; *Licht aus* Lights out; *von mir aus* I don´t mind, *aus dem Gedächtnis verlieren* slip one´s memory; *jemandem aus dem Weg gehen* keep out of so´s way; *der Behälter ist aus Glas* the container is made of glass; *aus Amerika kommen* come from America; *etwas aus dem Schrank nehmen* take sth out of the cupboard; *aus England kommen* be from England; *aus diesem Grun-*

de for that reason; *aus Furcht vor* for fear of; *aus Liebe* for love
ausarbeiten, (1) *vr*, work out **(2)** *vt*, *(Plan)* draw up; **Ausarbeitung** *sub*, *f, -, nur Einz.* drawing up
ausarten, *vi*, go too far; *ausarten in* turn into; **Ausartung** *sub, f, -, -en* degeneration
ausatmen, *vti*, breathe out; **Ausatmung** *sub, f, -, nur Einz.* exhalation
ausbaden, *vt*, suffer for
ausbalancieren, *vt, (a. i.ü.S.)* balance out
ausbaldowern, *vt, (ugs.)* nose out
ausbauen, *vt,* *(arch.)* extend; *(Dachboden)* convert; *(tech.)* remove; **Ausbau** *sub, m, -s, -ten (arch.)* extension; *(tech.)* removal; **ausbaufähig** *adj*, nur als Anwendung; *das Gelände ist noch ausbaufähig* the site is suitable for development
ausbedingen, *vt*, nur als Anwendung; *sich ausbedingen, dass* stipulate that; *sich etwas ausbedingen* insist on sth
ausbeißen, *vt*, nur als Anwendung; *sich an etwas die Zähne ausbeißen* find sth a tough nut to crack; *sich einen Zahn ausbeißen* break a tooth
ausbessern, *vt,* *(Fehler)* correct; *(Schadstelle)* mend; **Ausbesserung** *sub, f, -, -en* repair; *(von Fehlern)* correction; **ausbesserungsbedürftig** *adj*, needing repair
ausbeulen, (1) *vr, (Hemd etc.)* go baggy **(2)** *vt, (Blech)* beat out
ausbezahlen, *vt*, pay out
ausbilden, (1) *vr*, study **(2)** *vt, (bilden)* educate; *(schulen)* train; **Ausbilder** *sub, m, -s, -* instructor; **Ausbildung** *sub, f, -, -en (an Schulen)* education; *(theoretisch und praktisch)* training
ausbitten, *vt*, request; *(einladen)* ask so out; *sich etwas von jemandem ausbitten* request to let one have sth
ausblasen, *vt*, blow out

ausbleiben, *vi, (Ereignis)* not occur; *(Regen)* not come; *(wegbleiben)* stay away
ausbleichen, *vti*, bleach
ausblenden, *vr*, leave the broadcast
Ausblick, *sub, m, -s, -e (Aussicht)* view; *(Zukunftsaussichten)* prospects
ausbluten, *vi,* *(getötetes Tier)* bleed; *eine Wunde ausbluten lassen* allow a wound to bleed
ausbooten, *vt*, take ashore; *(i. ü. S.; Konkurrenten)* oust
ausborgen, *vt*, nur als Anwendung; *jemandem etwas ausborgen* lend sth to so; *sich etwas von jemandem ausborgen* borrow sth from so
ausbrechen, (1) *vi, (Auto)* swerve; *(Krieg, Feuer, Häftling etc.)* break out; *(Vulkan)* erupt **(2)** *vt, (wegbrechen)* break off; *in Beifall ausbrechen* break into applause; *in lautes Gelächter ausbrechen* burst out laughing; **Ausbrecher** *sub, m, -s, -* escapee
ausbreiten, (1) *vr*, spread **(2)** *vt*, spread (out); **Ausbreitung** *sub, f, -, -en* spread
ausbrennen, *vti*, burn out
ausbringen, *vt,* *(Boot)* lower; *(Düngemittel)* spread; *(Saatgut)* sow
Ausbruch, *sub, m, -s, -brüche (eines Feuers)* outbreak; *(eines Häftlings)* escape; *(eines Vulkans)* eruption; **~sversuch** *sub, m, -s, -e* attempted escape
ausbuchen, *vt*, book out
ausbuchten, *vt*, scallop; **Ausbuchtung** *sub, f, -, -en* indentation
ausbuddeln, *vt*, dig up
ausbügeln, *vt*, iron out
ausbuhen, *vt*, boo
Ausbund, *sub, m, -s, -e* embodiment; *ein Ausbund an Bosheit sein* be a regular demon; *ein Ausbund an Frechheit sein* be impudence personified

ausbürgern, *vt*, denaturalize; **Aus-bürgerung** *sub, f, -, -en* expatriation
ausbürsten, *vt*, brush (down)
Ausdauer, *sub, f, -, nur Einz. (Beharrlichkeit)* perseverance; *(Geduld)* patience; *(spo.)* stamina; ausdauernd *adj, (beharrlich)* persevering; *(geduldig)* enduring; *(spo.)* tireless
ausdehnen, (1) *vr, (sich erstrecken)* extend; *(Siedlung)* expand (2) *vt, (Kleidung)* stretch; *(tech.)* expand; *(Zeitraum)* extend; **Ausdehnung** *sub, f, -, -en (Umfang)* extent; *(Vorgang)* extension
ausdenken, *vr, (Plan)* think out; *es ist nicht auszudenken* it´s too dreadful to think about
ausdiskutieren, *vt, (ugs.)* thrash out
ausdörren, *vti*, dry up
Ausdruck, *sub, m, -s, -drücke (auch Redewendung)* expression; *(comp.)* printout; *(Wort)* term; *etwas Ausdruck verleihen* express sth; *etwas zum Ausdruck bringen* express sth; *ohne jeglichen Ausdruck* in a deadpan tone; *ist gar kein Audruck* is not the word; ausdrucken *vti*, print (out); ausdrücken *vt, (formulieren)* express; *(Gefühle)* show; *(Lappen etc.)* squeeze; *sich vorsichtig ausgedrücken* mince one´s words; ausdrücklich (1) *adj*, explicit (2) *adv*, explicitly; ausdruckslos *adj*, expressionless; ~slosigkeit *sub, f, -, nur Einz.* lack of expression; ~smittel *sub, n, -s, -* medium of expression; ausdrucksstark *adj*, very expressive; ausdrucksvoll *adj*, expressive; ~sweise *sub, f, -, -n* style
ausdünnen, *vt*, thin out; **Ausdünnung** *sub, f, -, -en* thinning out
ausdünsten, (1) *vi, (Flüssigkeit)* evaporate; *(Haut)* perspire (2) *vt*, exhale; **Ausdünstung** *sub, f, -, -en (von Flüssigkeiten)* evaporation; *(von Schweiß)* perspiration

auserkoren, *vi*, chosen
auserlesen, (1) *adj*, choice (2) *vt*, choose
ausersehen, *vt*, choose
auserwählt, *adj*, chosen; **Auserwählte** *sub, f, m, -n, -n* chosen few
ausfahren, (1) *vi, (eine Kurve)* round; *(wegfahren)* go for a drive; *(Zug)* pull out (2) *vt, (Fahrwerk)* lower; *(Post)* deliver; ausfahrbar *adj*, extendible; **Ausfahrt** *sub, f, -, -en (Ausflug)* drive; *(eines Anwesens, einer Autobahn)* exit; **Ausfahrtsschild** *sub, n, -s, -er* exit sign
ausfallen, *vi*, nur als Anwendung; *(absagen)* be cancelled; *(Haare)* fall out; *(tech.)* fail; *das Hemd fällt zu kurz aus* the shirt is too short; *gut ausfallen* turn out well; *morgen fällt der Unterricht aus* there is no school tomorrow; **Ausfall** *sub, m, -s, -fälle (einer Vorlesung)* cancellation; *(tech.)* failure; *(Verlust)* loss; *(Wegbleiben)* dropping out; ~d *adj*, offensive; **Ausfallserscheinung** *sub, f, -, -en* deficiency symptom; **Ausfallstraße** *sub, f, -, -n* exit road; **Ausfallzeit** *sub, f, -, -en* down time
ausfegen, *vt*, sweep out
ausfertigen, *vt*, issue; **Ausfertigung** *sub, f, -, -en* issuing
ausfiltern, *vt*, filter out
ausfindig, *adv*, nur als Anwendung; *jemanden ausfindig machen* find so
ausflippen, *vi*, freak out
Ausflucht, *sub, f, -, -flüchte* excuse; *Ausflüchte machen* make excuses; *keine Ausflüchte bitte* I con´t want any excuses
Ausflug, *sub, m, -s, -flüge* excursion; *einen Ausflug machen* go on an excursion; ~sort *sub, m, -s, -e* outing destination; ~sschiff *sub, r, -s, -e* pleasure steamer; ~sverkehr *sub, m, -s, nur Einz.* weekend traffic; ~sziel *sub, n, -s, -e*

outing destination
Ausfluss, *sub, m, -es, -flüsse (Abflie-ßen)* outflow; *(Öffnung)* outlet
ausformulieren, *vt,* formulate
ausfragen, *vt,* question; *(verhören)* interrogate
ausfressen, *vt, (etwas anstellen)* be up to sth; *(Futternapf)* eat clean; *was hat sie denn ausgefressen?* what has she been up to?
ausführen, *vt, (durchführen)* carry out; *(erklären)* explain; *(Tat begehen)* commit; *(wirt.)* export; *(zusammen ausgehen)* take so out; *den Hund ausführen* take the dog for a walk; **Ausfuhr** *sub, f, -, -en* export; **ausführbar** *adj, (durchführbar)* feasible; *(wirt.)* exportable; **Ausführbarkeit** *sub, f, -, nur Einz.* feasibility; **Ausfuhrland** *sub, n, -s, -länder* exporting country
ausführlich, **(1)** *adj, (detailliert)* detailed; *(umfangreich)* comprehensive **(2)** *adv,* in detail; *eine ausführliche Berichterstattung* an in-depth coverage, *etwas ausführlich schildern* describe sth in detail; **Ausführlichkeit** *sub, f, -, nur Einz.* detail; *in aller Ausführlichkeit* to the last detail
Ausführung, *sub, f, -, -en (Durchführung)* carrying out; *(einer Tat)* perpetration; *(eines Produkts)* design; *(Erklärung)* exposition; *(Warentyp)* version; **Ausfuhrverbot** *sub, n, -s, -e* ban on exports; **Ausfuhrware** *sub, f, -, -n* exports
ausfüllen, *vt, (Formular)* fill in; *(Hohlraum)* fill (in); *(Raum, Zeit)* take up; *das Einkaufen füllte den halben Tag aus* shopping took up half the day; *seine Freizeit mit Sport ausfüllen* spend one´s spare-time with doing sports
Ausgabe, *sub, f, -, -n (Abgabe)* handing out; *(Ausgabestelle)* counter; *(comp.)* output; *(einer Zeitschrift)* issue; *(eines Buchs)* edition; *(von Geld)* spending
Ausgang, *sub, m, -s, -gänge* nur als Anwendung; *(Anfang)* beginning; *(eines Filmes)* ending; *(Resultat)* outcome; *(Tür)* exit; *der Warenausgang* the outgoing stocks; *seinen Ausgang nehmen von* start with; *einen glücklichen Ausgang haben* have a happy ending; *einen guten Ausgang nehmen* turn out well in the end; *einen tragischen Ausgang haben* have a tragic outcome; **~sbasis** *sub, f, -, -basen* starting point; **~slage** *sub, f, -, -n* initial situation; **~spunkt** *sub, m, -es, -e* starting point; **~ssperre** *sub, f, -, -n* curfew; *eine Ausgangssperre verhängen* impose a curfew; **~sstellung** *sub, f, -, -en* starting position
ausgeben, **(1)** *vr, (sich ausgeben für)* pretend to be **(2)** *vt, (comp.)* display; *(etwas ausgeben als)* declare (to be); *(Geld)* spend; *(Spielkarten)* deal; *(verteilen)* hand out; *sich vollständig ausgeben* drive os to the limit
Ausgebeutete, *sub, f,m, -n, -n* exploited person
ausgebildet, *adj, (praktisch)* trained; *(schulisch)* qualified
ausgebleicht, *adj,* bleached
ausgebucht, *adj,* booked out
ausgebufft, *adj, (ugs.)* fly
Ausgeburt, *sub, f, -, -en* monstrous creature; *eine Ausgeburt der Hölle* a spawn of hell
ausgedehnt, *adj,* extensive
ausgedient, *adj,* retired
ausgefallen, *adj,* unusual
ausgefeilt, *adj, (i. ü. S.)* polished
ausgeflippt, *adj, (ugs.)* freaky
ausgefranst, *adj,* frayed
ausgefuchst, *adj,* sly
ausgeglichen, *adj, (Klima)* equable; *(Person)* well-balanced; *(wirt.)* balanced; **Ausgeglichenheit** *sub, f, -, nur Einz. (des Klimas)* equability; *(einer Person)* balance
ausgehen, *vi, (ausfallen)* fall out; *(von etwas/einem Ort ausgehen)* start from; *(weggehen; erlöschen)* go out; *(zur Neige gehen)* run out;

bei einer Planung von etwas ausgehen base a plan on sth; *die Entscheidung ging von ihm aus* it was his decision; *mir geht das Geld aus* I´m running out of money; *mir geht die Luft aus* I´m running out of breath; *vielen Männern gehen die Haare aus* many men lose their hair; **Ausgehanzug** *sub, m, -s, -züge* best suit; **Ausgehuniform** *sub, f, -, -en* dress uniform; **Ausgehverbot** *sub, n, -s, -e* curfew

ausgehungert, *adj,* half-starved
ausgeklügelt, *adj,* sophisticated
ausgekocht, *adj, (ugs.)* sly
ausgelassen, *adj, (Person)* lively; *(Stimmung)* exuberant; **Ausgelassenheit** *sub, f, -, nur Einz.* exuberance
ausgelastet, *adj,* running to capacity
ausgelatscht, *adj, (ugs.)* well-worn
ausgelaugt, *adj, (Boden)* exhausted; *(i. ü. S.; Person)* drained
ausgeleiert, *adj,* worn-out
ausgelernt, *adj,* finished with one´s training
ausgemergelt, *adj,* emaciated
ausgenommen, (1) *konj,* unless (2) *präp,* except (for)
ausgeprägt, *adj,* *(Gesichtszüge)* prominent; *(Merkmal)* distinct; *ausgeprägte Neigungen für etwas haben* have strong tendencies towards sth; *einen ausgeprägten Charakter haben* have a distinct character; **Ausgeprägtheit** *sub, f, -, nur Einz. (von Gesichtszügen)* prominence; *(von Merkmalen)* distinctness
ausgepumpt, *adj, (ugs.)* done
ausgerechnet, *adv,* just/of all; *ausgerechnet heute* today of all days; *ausgerechnet ich* me of all people; *ausgerechnet wenn sie weg sind* just when they are gone
ausgeschlafen, *adj,* well-rested
ausgeschlossen, *adj,* impossible; *es ist nicht ganz ausgeschlossen* it is just possible
ausgeschnitten, *adj, (T-Shirt etc.)* low-cut

ausgesorgt, *adj,* nur als Anwendung; *er hat ausgesorgt* he is sitting pretty
ausgesprochen, (1) *adj,* marked (2) *adv,* really; *~ermaßen adv,* really
ausgestalten, *vt,* develop; **Ausgestaltung** *sub, f, -, -en* development
ausgestellt, *adj,* on display
ausgestorben, *adj, (biol.)* extinct; *(Stadt)* deserted; *die Stadt wirkt wie ausgestorben* the city is like a ghost-town
ausgesucht, *adj,* choice
ausgewachsen, *adj,* fully grown
ausgewogen, *adj,* balanced; **Ausgewogenheit** *sub, f, -, nur Einz.* balance
ausgezeichnet, (1) *adj,* excellent (2) *adv,* very well
ausgiebig, (1) *adj,* extensive (2) *adv,* nur als Anwendung; *ausgiebig frühstücken* have a big breakfast; *ausgiebig spazieren gehen* go for a long walk; **Ausgiebigkeit** *sub, f, -, nur Einz.* thoroughness
ausgießen, *vt,* *(ausschütten)* pour out; *(tech.)* fill
ausgleichen, *vt, (Schaden)* compensate (for); *(Unterschiede)* balance; **Ausgleich** *sub, m, -s, -e* *(Entschädigung)* compensation; *(Gleichgewicht)* balance; *(spo.)* equalizer
ausgliedern, *vt,* sift out; **Ausgliederung** *sub, f, -, -en* sifting out
ausglühen, *vt, (tech.)* temper
ausgraben, (1) *vi,* dig (2) *vt, (Knochen* etc.) excavate; *(Strauch etc.)* dig up; **Ausgrabung** *sub, f, -, -en* excavation; **Ausgrabungsstätte** *sub, f, -, -en* excavation site
ausgrenzen, *vt,* exclude; **Ausgrenzung** *sub, f, -, -en* exclusion
Ausguck, *sub, m, -es, -e* lookout; *~posten sub, m, -s, -* lookout guard
Ausguss, *sub, m, -es, -güsse (Aus-*

gießen) outpouring; *(Becken)* sink
aushaken, (1) *vi,* nur als Anwendung **(2)** *vt,* unhook; *(ugs.) da hakt es bei ihm aus* he just doesn´t get it; *sich aushaken* come unhooked
aushalten, (1) *vi, (in einem Beruf)* hold out **(2)** *vt, (ertragen)* put up with; *(Person)* keep; *(tech.)* tolerate; *(Unangenehmes)* stand up to; *es in einem Job lange aushalten* hold out for a long time in a job, *Es ist nicht zum aushalten* It´s unbearable; *ich kann es nicht länger aushalten* I can´t put up with it any longer
aushandeln, *vt,* negotiate
aushändigen, *vt,* hand out/over; **Aushändigung** *sub, f, -, nur Einz.* handing out/over
aushängen, (1) *vi,* be announced **(2)** *vt, (Plakat etc.)* put up; *(Tür)* take off its hinges; **Aushang** *sub, m, -s, -hänge* notice; **Aushängeschild** *sub, n, -s, -er* sign
ausharren, *vi,* hold out
aushecken, *vt, (ugs.)* cook up; *Übles aushecken* brew mischief
ausheilen, *vi,* be completely cured; **Ausheilung** *sub, f, -, nur Einz.* curing
aushelfen, *vi,* help out
Aushilfe, *sub, f, -, -n* temporary help; **Aushilfsarbeit** *sub, f, -, -en* temporary work; **Aushilfskellner** *sub, m, -s, -* temporary waiter; **Aushilfskoch** *sub, m, -es, -köche* temporary cook; **Aushilfskraft** *sub, f, -, -kräfte* temporary assistant; **Aushilfsstellung** *sub, f, -, -en* temporary position; **aushilfsweise** *adj,* temporarily
aushöhlen, *vt,* hollow out; *(geol.)* erode; *(i. ü. S.; untergraben)* undermine; **Aushöhlung** *sub, f, -, -en (geol.)* erosion; *(Höhle)* cavity
ausholen, *vi, (zum Schlagen)* lift the hand; *(zum Werfen)* swing the arm
aushorchen, *vt,* sound so out
aushungern, *vt,* starve (out)
auskehren, *vti,* sweep out
auskeimen, *vi,* germinate; **Auskeimung** *sub, f, -, nur Einz.* germination

auskennen, *vr, (räumlich)* know one´s way about; *(Wissen)* understand everything; *er kennt sich in der Stadt gut aus* he knows his way about in the city; *sie kennt sich gut aus* she knows what is what
auskippen, *vt, (ausgießen)* pour out; *(entleeren)* empty
ausklammern, *vt, (i. ü. S.)* leave away; *(mat.)* factor out; **Ausklammerung** *sub, f, -, -en (i. ü. S.)* leaving away; *(mat.)* factoring out
ausklamüsern, *vt, (ugs.)* figure out
Ausklang, *sub, m, -s, -klänge (mus.)* end; *zum Ausklang des Tages* to end off the day
ausklappen, *vt,* fold out; **ausklappbar** *adj,* folding
ausklingen, *vi, (i. ü. S.)* end; *(mus.)* die away
ausklopfen, *vt, (Eimer etc.)* knock out; *(Teppich)* beat
ausklügeln, *vt,* work out; **Ausklügelung** *sub, f, -, nur Einz.* working out
ausknipsen, *vt, (ugs.)* switch off
ausknobeln, *vt,* settle by dicing
auskochen, *vt, (abkochen)* sterilize; *(Speise)* boil
Auskommen, (1) *sub, n, -s, nur Einz. (Existenz)* livelihood; *(Koexistenz)* peaceful intercourse **(2) auskommen** *vi, (entkommen)* escape **(3)** *vt, (mit einer Person)* get on with; *(mit Vorrat etc.)* make do with; *ein Auskommen haben* make a decent living; *mit ihr ist kein Auskommen* she is impossible to get along with, *mit jemandem gut auskommen* get on well with so; *ohne etwas auskommen* make do without
auskoppeln, *vt, (Lied)* take from an album
auskosten, *vt,* enjoy to the full
auskratzen, *vt, (Behälter)* scrape out
auskugeln, *vt,* dislocate

auskühlen, *vi,* cool down
auskundschaften, *vt,* *(eine Gegend)* explore; *(Informationen)*
spy out
Auskunft, *sub, f, -, -künfte* information; *Auskunft einholen* get information; *nähere Auskunft bei
further details at;* ~**sbüro** *sub, n, -s,
-s* information office; ~**sstelle** *sub,
f, -, -n* information office
auskuppeln, (1) *vi,* *(Motor)*
declutch **(2)** *vt, (Anhänger)* uncouple
auskurieren, *vt,* cure completely
ausladen, (1) *vi, (arch.)* jut out **(2)**
vt, (entladen) unload; *(Person
nicht einladen)* disinvite; ~**d** *adj,
(Bauwerk)* projecting; *(i. ü. S.; Geste)* sweeping
Auslage, *sub, f, -, -n* window display
auslagern, *vt, (in Notfällen, zur Rettung)* evacuate; *(zur Lagerung)*
outhouse; **Auslagerung** *sub, f, -,
-en* evacuation
Ausland, *sub, n, -, nur Einz.* foreign
country; *aus dem Ausland kom-
men* come from a foreign country;
Handel mit dem Ausland foreign
trade; *im Ausland studieren* study
abroad; **Ausländer** *sub, m, -s, -* foreigner; **ausländerfeindlich** *adj,*
xenophobic; **Ausländerfeindlichkeit** *sub, f, -, nur Einz.* xenophobia;
ausländisch *adj,* foreign; ~**sau-
fenthalt** *sub, m, -s, -e* stay abroad;
~**sbeziehungen** *sub, f, -, nur
Mehrz.* foreign relations; ~**sge-
schäft** *sub, n, -es, -e* export-import
business; ~**sgespräch** *sub, n, -s, -e*
international call; ~**skorrespon-
dent** *sub, m, -en, -en* foreign correspondent; ~**sreise** *sub, f, -, -n* trip
abroad; ~**stournee** *sub, f, -, -n*
foreign tour; ~**svertretung** *sub, f,
-, -en (polit.)* diplomatic mission;
(wirt.) agency abroad
auslassen, (1) *vr,* talk **(2)** *vt, (Chance)* miss (out); *(Fett)* melt; *(Flüssigkeit)* let out; *(Wort etc. weglassen)*
omit; *sich nicht näher auslassen*
not say any more about sth; *sich*

über etwas auslassen talk about
sth; **Auslassung** *sub, f, -, -en*
omission; **Auslassungszeichen**
sub, n, -s, - apostrophe
auslasten, *vt, (Maschine)* use to
capacity; *(Person)* employ so fully; *sie ist mit ihrer Arbeit völlig
ausgelastet* she is completely occupied by her job; **Auslastung**
sub, f, -, nur Einz. load
auslaufen, *vi,* taper; *(enden)* end;
(Flüssigkeit) run out; *(Schiff)* depart; *(Vertrag)* expire; *in eine
Spitze auslaufen* taper to a point;
Auslauf *sub, m, -s, -läufe (Abfluss)* outlet; *(Freiraum)* space to
move about; **Ausläufer** *sub, m, -s,
- (bot.)* runner; *(eines Sturmes
etc.)* fringe; *(von Bergen)* foothills; **Auslaufmodell** *sub, n, -es,
-e* discontinued model
ausleben, (1) *vr,* enjoy life **(2)** *vt,
(Phantasie)* live out
auslecken, *vt,* lick out
ausleeren, *vt,* empty; *(med.)*
evacuate; **Ausleerung** *sub, f, -,
-en* evacuation
auslegen, *vt, (Boden)* cover; *(entwerfen)* design; *(Falle)* put out;
(interpretieren) interpret; *(verlegen)* lay; *(zum Ansehen)* display;
*das Auto ist für 150 km/h ausge-
legt* the car is designed to do 150
km/h; *das Restaurant ist für 40
Personen ausgelegt* the restaurant is designed to seat 40
people; **Ausleger** *sub, m, -s, -
(arch.)* cantilever; *(eines Bootes)*
outrigger; **Auslegerboot** *sub, n,
-es, -e* outrigger; **Auslegeware**
sub, f, -, -n floor coverings; **Auslegung** *sub, f, -, -en* interpretation
ausleiern, *vti,* wear out
ausleihen, *vt,* lend (out); *jemandem etwas ausleihen* lend sth out
to so; *sich etwas von jemandem
ausleihen* borrow sth from so;
Ausleihe *sub, f, -, -n* issuing counter; **Ausleihung** *sub, f, -, -en* lending (out)

auslesen, *vt*, *(auswählen)* choose; *(Buch)* finish; **Auslese** *sub*, *f*, *-*, *-n* *(Auswahl)* selection; *(Elite)* elite; *(Wein)* choisest wine; **Ausleseprozess** *sub*, *m*, *-es*, *-e* selection process

ausleuchten, *vt*, illuminate; **Ausleuchtung** *sub*, *f*, *-*, *nur Einz.* illumination

ausliefern, *vt*, *(liefern)* deliver; *(übergeben auch Gefangene)* hand over; **Auslieferung** *sub*, *f*, *-*, *-en* *(Lieferung)* delivery; *(von Gefangenen)* handing over

auslöschen, *vt*, *(an die Tafel Geschriebenes)* rub out; *(Feuer)* extinguish; *(a. i.ü.S.; Spuren)* wipe out

auslosen, *vt*, draw lots for; **Auslosung** *sub*, *f*, *-*, *-en* draw

auslösen, *vt*, *(chemische Reaktion)* set off; *(Kamera)* release; *(Krieg, Schuss)* trigger off; *(Vorfall etc.)* cause; **Auslöser** *sub*, *m*, *-s*, *-* *(einer Kamera)* release; *(einer Waffe)* trigger; *(Ursache)* cause

ausloten, *vt*, *(arch.)* plumb; *(i. ü. S.; Problem)* nur als Anwendung; *ein Problem ausloten* explore the ins and outs of a problem

ausmachen, *vt*, *(ausschalten)* turn off; *(Feuer)* put out; *(sichten)* make out; *(vereinbaren)* arrange; *einen Termin ausmachen* arrange a time; *einen Treffpunkt ausmachen* arrange a venue

ausmalen, *vt*, *(Zeichnung)* colour; *sich etwas ausmalen können* be able to imagine sth

ausmanövrieren, *vt*, outmanoeuvre

Ausmaß, *sub*, *n*, *-es*, *-e* *(i. ü. S.)* extent; *(Größe)* size; *von verheerendem Ausmaß* of a devastating extent; *(i. ü. S.)* in *großem Ausmaß* to a great extent; *mit den Ausmaßen eines/r* the size of a

ausmergeln, *vt*, *(Boden)* exhaust; **Ausmergelung** *sub*, *f*, *-*, *nur Einz.* exhaustion

ausmerzen, *vt*, *(ausrotten)* eliminate; *(Fehler)* weed out; **Ausmerzung** *sub*, *f*, *-*, *-s* elimination

ausmessen, *vt*, measure (out); **Aus-**

messung *sub*, *f*, *-*, *-en* measurement

ausmisten, *vi*, *(i. ü. S.)* do a clearing-out; *(Stall)* clean out

ausmustern, *vt*, *(ausrangieren)* sort out; *(mil.)* exempt; **Ausmusterung** *sub*, *f*, *-*, *-en* *(Aussonderung)* sorting out; *(mil.)* exemption

Ausnahme, *sub*, *f*, *-*, *-n* exception; *die Ausnahme bestätigt die Regel* the exception proves the rule; *keine Ausnahmen machen* make no exceptions; *mit Ausnahme von* with the exception of; *~athlet* *sub*, *m*, *-en*, *-en* exceptional athlete; *~bestimmung* *sub*, *f*, *-*, *-en* exception clause; *~erscheinung* *sub*, *f*, *-*, *-en* exception; *~fall* *sub*, *m*, *-es*, *-fälle* special case; *~genehmigung* *sub*, *f*, *-*, *-en* exemption; *~zustand* *sub*, *m*, *-es*, *-stände* state of emergency; *das ist ein Ausnahmezustand* that´s unusual; *einen Ausnahmezustand verhängen* declare a state of emergency; **ausnahmslos** (1) *adj*, unanimous (2) *adv*, without exception; **ausnahmsweise** *adv*, exceptionally; *(nur dieses Mal)* for once in a while

ausnehmen, (1) *vr*, look (2) *vt*, *(ugs.; ausrauben)* fleece; *(Fische)* draw; *sich schön ausnehmen* look good; *~d* (1) *adj*, exceptional (2) *adv*, exceptionally; *von ausnehmender Schönheit sein* be exceptionally beautiful

ausnüchtern, *vti*, sober up; **Ausnüchterung** *sub*, *f*, *-*, *-en* drying-out; **Ausnüchterungszelle** *sub*, *f*, *-*, *-n* drying-out cell

auspacken, (1) *vi*, *(ugs.; Geheimnis preisgeben)* talk (2) *vt*, *(Koffer etc.)* unpack

ausparken, *vi*, get out of a parking space

auspeitschen, *vt*, whip; **Auspeitschung** *sub*, *f*, *-*, *-en* whipping

ausplaudern, (1) *vr*, have a chat (2) *vt*, *(ugs.)* let out

ausplündern, vt, (Geschäft, Haus) loot; (ugs.; Kasse) clean out; **Ausplünderung** sub, f, -, -en looting

auspolstern, vt, pad (out); **Auspolsterung** sub, f, -, -en padding-out

ausposaunen, vt, (ugs.) broadcast

ausprägen, (1) vr, develop (2) vt, coin; **Ausprägung** sub, f, -, -en design

auspressen, vt, (Saft) press out; (Tube) squeeze

ausprobieren, vt, try (out)

Auspuff, sub, m, -es, -e exhaust; ~**anlage** sub, f, -, -n exhaust system; ~**topf** sub, m, -es, -töpfe silencer

auspumpen, vt, pump out

auspusten, vt, blow out

ausquartieren, vt, move so out; **Ausquartierung** sub, f, -, -en removal

ausquatschen, (1) vr, (ugs.) have a natter (2) vt, blab out

ausquetschen, vt, (Tube etc.) squeeze out

ausrangieren, vt, throw out; (Eisenbahnfahrzeuge) shunt out

ausrasten, vi, (ugs.) flip; (ausruhen) rest; (tech.) disengage

ausrauben, vt, rob

ausräuchern, vt, (Dachstuhl) fumigate; (Gegner) smoke out

ausraufen, vt, tear up; sich die Haare ausraufen tear one´s hair

ausräumen, vt, (i. ü. S.; Bedenken) clear up; (Haus etc.) clear out

ausrechnen, vt, work out; das kannst du dir ausrechnen you can guess; sich gute Chancen ausrechnen reckon that one has good chances

ausreden, (1) vi, finish speaking (2) vr, excuse o.s. (3) vt, talk so out of sth; jemanden ausreden lassen let so finish speaking; jemanden nicht ausreden lassen cut so short; lass mich ausreden let me finish

ausreichen, vi, be enough; das reicht aus that will do it; sein Wissen reicht nicht aus he doesn´t know enough; ~**d** adj, enough

ausreifen, vi, (Früchte) ripen; (Käse, Wein) mature; **Ausreifung** sub, f, -, nur Einz. (von Früchten) ripening; (von Käse, Wein) maturing

Ausreise, sub, f, -, -n departure; ~**genehmigung** sub, f, -, -en exit permit; **ausreisen** vi, leave; **ausreisewillig** adj, willing to leave

ausreißen, (1) vi, (Stoff) split; (ugs.; weglaufen) run away (2) vt, (herausreißen) tear out (3) **Ausreißer** sub, m, -s, - runaway; du wirst dir schon kein Bein aureißen it´s not going to kill you; sich fühlen als könnte man Bäume aureißen feel up to anything; Unkraut ausreißen pull up weeds

ausreiten, (1) vi, ride out (2) vt, take (a horse) out

ausreizen, vt, (ein Thema) thrash out

ausrenken, vt, dislocate; sich den Hals nach etwas ausrenken crane one´s neck to see sth; sich seinen Arm ausrenken dislocate one´s arm; **Ausrenkung** sub, f, -, -en dislocation

ausrichten, (1) vr, (mil.) fall in (2) vt, (einstellen) adjust; (erreichen) achieve; (mitteilen) pass on; damit werde ich gar nichts ausrichten that won´t get me anywhere; nichts ausrichten können get nowhere; jemandem etwas ausrichten pass sth on to so; kann ich etwas ausrichten? can I take a message?; Sie wird es ihm ausrichten She will pass it on; **Ausrichtung** sub, f, -, -en adjustment

Ausritt, sub, m, -es, -e ride

ausrotten, vt, (Pflanzen-/Tierart) wipe out; (ugs.; Unkraut) pull up; **Ausrottung** sub, f, -, -en extermination

ausrücken, (1) vi, (Polizei etc.) move out (2) vt, (tech.) disengage

ausrufen, (1) vi, exclaim (2) vt, (Namen) call out; (Republik)

proclaim; *(rufen)* cry; **Ausrufesatz**
sub, m, -es, sätze interjection; **Ausrufezeichen** *sub, n, -s,* - exclamation mark
ausruhen, (1) *vi, vr,* rest **(2)** *vt,* rest;
seine auf seinen Lorbeeren ausruhen rest one´s laurels; *seine
Füße ausruhen* rest one´s feet
ausrüsten, *vt,* equip; **Ausrüstung**
sub, f, -, -en (mil., tech.) equipment;
(spo.) gear; **Ausrüstungsgegenstand** *sub, m, -es, stände* article of
equipment; **Ausrüstungsstück**
sub, n, -es, -e article of equipment
ausrutschen, *vi,* slip; **Ausrutscher**
sub, m, -s, - faux pas
aussäen, *vt,* sow; **Aussaat** *sub, f, -,
-en (Aussäen)* sowing; *(Saat)* seed
Aussage, *sub, f, -, -n (Äußerung)*
statement; *(jur.)* testimony; *(kun.)*
message; *aufgrung seiner Aussage*
on his evidence; *eine Aussage verweigern* refuse to give evidence;
ihre Aussage steht gegen seine it´s
her word against his; *vor Gericht
eine Aussage machen* give evidence; **~kraft** *sub, f, -,* nur *Einz.*
expressiveness; **~satz** *sub, m, -es,
sätze* clause of statement
aussagen, (1) *vi, (jur.)* testify **(2)** *vt,*
state
aussägen, *vt,* saw out
Aussatz, *sub, m, -es,* nur *Einz.* leprosy; **aussätzig** *adj,* leprous; **Aussätzige** *sub, f, m, -n, -n (a. i.ü.S.)* leper
aussaugen, *vt,* suck (out)
ausschalten, *vt, (i. ü. S.; Gegner)* eliminate; *(Licht etc.)* switch off; *(i. ü.
S.; Parlament)* inactivate
Ausschank, *sub, m, -es, -schänke
(Schänke)* bar; *(Verkauf von Alkoholika)* sale of alcohol
ausschauen, *vi,* look out; *(ugs.)*
look; *Du schaust gut aus* You look
well; *es schaut danach aus als ob* it
looks like as if; *nach etwas ausschauen* look out for sth; *wie
schaust du denn aus?* what happened to you?; **Ausschau** *sub, f, -,* nur
Einz. nur als Anwendung; *Ausschau halten* be on the look-out;

nach etwas Ausschau halten look
out for sth
ausschelten, *vt,* scold
ausschenken, *vti,* pour out
ausscheren, *vi, (beim Abbiegen
etc.)* swerve; *(beim Überholen)*
pull out
ausschicken, *vt,* send out
ausschildern, *vt,* signpost; **Ausschilderung** *sub, f, -, -en* signposting
ausschimpfen, *vt,* tell off
ausschirren, *vt,* unharness
ausschlachten, *vt, (ugs.; alte Geräte)* cannibalize; *(Tier)* cut out
ausschlafen, (1) *vi, vr,* get a good
night´s sleep **(2)** *vt,* sleep off;
seinen Rausch ausschlafen sleep
it off
ausschlagen, *vi, (Baum)* come
into leaf; *(Pferd)* kick out; *(Zeiger)* deflect; **Ausschlag** *sub, m,
-es, -schläge (i. ü. S.)* nur als Anwendung; *(eines Zeigers)* deflection; *(med.)* rash; *den Ausschlag
geben* decide the issue; *für jemanden den Ausschlag geben* tip
the scales in so´s favour; **ausschlaggebend** *adj,* decisive; *ausschlaggebend sein für* be decisive
for; *das ist nicht ausschlaggebend für mich* this doesn´t weigh
with me; *die ausschlaggebende
Stimme* the casting vote
ausschließen, (1) *vr,* exclude o.s.
(2) *vt, (aus der Partei)* expel;
(aussperren) lock out.; *(Möglichkeit)* rule out; *jmd ausschließen*
freeze sb out; **ausschließlich (1)**
adj, exclusive **(2)** *adv,* exclusively
(3) *präp,* excluding; **Ausschließlichkeit** *sub, f, -, -en* exclusiveness
ausschlüpfen, *vi,* hatch out
Ausschluss, *sub, m, -es, -schlüsse*
exclusion; *(spo.)* disqualification;
*der vorübergehende Ausschluß
von seinem Amt* his temporary
suspension from office; *unter
Ausschluß der Öffentlichkeit* behind closed doors

ausschmieren, *vt,* *(Kuchenform etc.)* grease; *(Maschinenteil)* lubricate
ausschmücken, *vt,* decorate; **Ausschmückung** *sub, f, -, -en* decoration
ausschneiden, *vt,* cut out; **Ausschnitt** *sub, m, -es, -e (aus einer Zeitung)* cutting; *(eines T-Shirts etc.)* neck; *(Filmausschnitt)* excerpt; *(mat.)* sector
ausschreiben, *vt, (Arbeitsstelle)* advertise; *(Scheck, Wort)* write out; **Ausschreibung** *sub, f, -, -en* advertisement
ausschreiten, *vi,* step out; **Ausschreitung** *sub, f, -, -en* riot
Ausschuss, *sub, m, -es, -schüsse (Abfall)* waste; *(polit.)* committee; **~mitglied** *sub, n, -es, -er* committee member; **~quote** *sub, f, -, -n* waste rate; **~sitzung** *sub, f, -, -en* committee meeting; **~ware** *sub, f, -, -n* rejects
ausschütteln, *vt,* shake out
ausschütten, *vt, (Flüssigkeit)* pour out; *(Teile)* empty out; *(verschütten)* spill; *sein Herz ausschütten* pour one's heart out; **Ausschüttung** *sub, f, -, nur Einz. (wirt.)* distribution
ausschwärmen, *vi,* swarm out
ausschweifen, *vi, (beim Erzählen)* digress; *(Lebensstil)* lead a dissolute life; **~d** *adj, (im Leben)* dissolute; *(Phantasien)* wild; **Ausschweifung** *sub, f, -, -en (beim Erzählen)* digression; *(Lebens-Stil)* excess
ausschweigen, *vr,* refuse to speak
aussegnen, *vt,* bless; **Aussegnung** *sub, f, -, -en* blessing
Aussehen, (1) *sub, n, -s, nur Einz.* looks **(2) aussehen** *vi,* look; *dem Aussehen nach zu urteilen* judging by appearances; *man soll Leute nicht nach dem Aussehen beurteilen* one shouldn't judge people by their appearance, *du siehst gut/schlecht aus* you are looking well/ill; *es sieht danach aus als ob*

it looks like as if; So siehst du aus that's what you think; *wie sieht es bei dir aus?* how are things going?
außen, *adv,* outside; *nach außen dringen* leak out; *nach außen hin ist er nett* on the outside he is friendly; *von außen kommen* come from outside; **Außenaufnahme** *sub, f, -, -n (beim Filmen)* location shot; *(beim Fotografieren)* outdoor photograph; **Außenbezirk** *sub, m, -es, -e* suburb; **außenbordmotor** *sub, m, -s, -en* outboard motor
aussenden, *vt, (Post)* send out; *(tech.)* transmit; **Aussendung** *sub, f, -, -en (tech.)* transmission; *(von Post)* sending-out
Außendienst, *sub, m, -es, -e* field service; **Außenhandel** *sub, m, -s, nur Einz.* foreign trade; **Außenhandelspolitik** *sub, f, -, nur Einz.* foreign trade policy; **Außenminister** *sub, m, -s, -* foreign secretary; **Außenministerium** *sub, n, -s, -rien* foreign ministry; **Außenpolitik** *sub, f, -, nur Einz. (allgemein)* foreign affairs; *(bestimmte Richtung)* foreign policy; **außenpolitisch** *adj,* foreign-policy ...; **Außenseite** *sub, f, -, -n* outside; **Außenseiter** *sub, m, -s, -* outsider; **Außenspiegel** *sub, m, -s, -* wing mirror; **Außenstelle** *sub, f, -, -n* branch office; **Außentemperatur** *sub, f, -, -en* outdoor temperature; **Außenwand** *sub, f, -, wände* outer wall; **Außenwelt** *sub, f, -, nur Einz.* outside world; **Außenwirtschaft** *sub, f, -, nur Einz.* foreign trade
außer, (1) *konj,* unless **(2)** *präp, (abgesehen von)* apart from; *(Betrieb, Frage)* out of; *(zusätzlich zu)* besides; *außer dass* except that; *außer sich geraten* lose control over os; *außer wenn* unless, *außer Betrieb/Frage* out of service/question; *vor Wut außer sich*

sein be beside os with anger; **Außerachtlassung** *sub, f, -, -en* neglect; **~dem** *adv, (Rechtfertigung)* and anyway; *(zusätzlich)* besides; **~dienstlich** *adj*, unofficial **äußere, (1)** *adj, (Hülle)* outer; *(Verletzung)* external **(2)** *sub, n, -n, nur Einz.* *(Erscheinungsbild)* outward appearance; *(im Ggs. zum Inneren)* outside **außerehelich,** *adj*, illegitimate; **außergerichtlich** *adj*, out-of-court; **außergewöhnlich** *adj*, exceptional; **außerhalb (1)** *adv, (Stadt)* outside **(2)** *präp*, outside; **außerirdisch** *adj*, extraterrestrial; **Außerkraftsetzung** *sub, f, -, -en (jur.)* repeal **äußern, (1)** *vr, (Sache)* become apparent; *(seine Meinung sagen)* express one´s opinion **(2)** *vt, (Bedenken etc.)* express; *die Sache äußert sich darin, dass* the matter shows itself by; *sich äußern zu* give a statement on; *sich kritisch über etwas äußern* be critical about sth **außerordentlich, (1)** *adj*, extraordinary **(2)** *adv*, nur als Anwendung; *außerordentlicher Parteitag* special party conference; *außerordentlicher Professor* associate professor, *etwas außerordentlich bedauern* regret sth very much; *Ich freue mich außerordentlich* I´m very pleased indeed; **außerplanmäßig** *adj, (Zugbalt)* unscheduled; *(zusätzlich)* additional; **außerschulisch** *adj*, private **äußerst, (1)** *adj, (extremst)* extreme; *(räumlich)* outermost; *(zeitlich)* latest possible **(2)** *adv, (sehr)* extremely; *die äußerste Belastung* the maximum load; *im äußersten Fall* if the worst comes to the worst; *von äußerster Wichtigkeit* of utmost importance; **~enfalls** *adv, (böchstens)* at the most; *(im schlimmsten Fall)* if the worst comes to the worst **außer Stande,** *adj*, unable; *außer Stande sein etwas zu tun* be unable

to do sth; *er fühlt sich außer Stande, es zu tun* he can´t possibly do it **Äußerung,** *sub, f, -, -en (Anzeichen)* sign; *(Bemerkung)* comment **aussetzen, (1)** *vi, (pausieren)* have a break; *(unterbrechen)* stop **(2)** *vr, (der Sonne etc.)* expose o.s. **(3)** *vt*, nur als Anwendung; *(Belohnung)* offer; *(Haustier)* abandon; *(jur.)* suspend; *(unterwerfen)* expose; *daran ist nichts auszusetzen* nothing is wrong with it; *etwas an etwas auszusetzen haben* object to; *nichts daran auszusetzen haben* have no fault to find with it; **Aussetzung** *sub, f, -, -en (jur.)* suspension; *(von Haustieren)* abandonment **Aussicht,** *sub, f, -, -en (Ausblick)* view; *(i. ü. S.; Vorhersage)* outlook; *Aussichten haben etwas zu finden* have chances of finding sth; *das sind schöne Aussichten* that´s a fine outlook; *(Wetter) die weiteren Aussichten* the further outlook; *etwas in Aussicht haben* have sth in prospect; *nicht die geringsten Aussichten haben* not to have a chance; **aussichtslos** *adj*, hopeless; *das zu versuchen ist aussichtslos* there´s no point in even trying; *ein aussichtsloses Unterfangen* a hopeless venture; **~slosigkeit** *sub, f, -, nur Einz.* hopelessness; **~spunkt** *sub, m, -es, -e* lookout; **aussichtsreich** *adj*, promising; **~sturm** *sub, m, -es, türme* observation tower; **aussichtsvoll** *adj*, promising **aussieben,** *vt, (a. i.ü.S.)* sift out **aussiedeln,** *vt*, resettle; **Aussiedelung** *sub, f, -, -en* resettlement; **Aussiedler** *sub, m, -s, -* emigrant **aussöhnen,** *vr, vt*, reconcile; *sich mit jemandem aussöhnen* reconcile os with sho; **Aussöhnung** *sub, f, -, -en* reconciliation **aussondern,** *vt*, sort out; **Aussonderung** *sub, f, -, -en* sorting out

aussorgen, *vi*, put money aside for one´s old age

aussortieren, *vt*, sort out; *die Verdächtigen aussortieren* comb out all suspects

ausspähen, *vt*, spy out; *ausspähen nach* look out for

ausspannen, (1) *vi*, relax (2) *vt*, unharness; *jemandem Geld ausspannen* wheedle money out of so; *seine Freundin ausspannen* take his girlfriend away; **Ausspannung** *sub, f, -, nur Einz.* relaxation

aussparen, *vt*, leave free; **Aussparung** *sub, f, -, -en* recess

aussperren, *vt*, lock out; **Aussperrung** *sub, f, -, -en (Streikender)* lockout

ausspielen, (1) *vi*, nur als Anwendung (2) *vt*, nur als Anwendung; *(Macht etc.)* bring to bear; *(Spielkarte)* play; *einen Trumpf ausspielen* play a trump, *bei mir hast du ausgespielt* I´m through with you; *Er hat ausgespielt* he is through; **Ausspielung** *sub, f, -, nur Einz. (Gewinnspiel)* draw

ausspionieren, *vt*, spy out

Aussprache, *sub, f, -, -n (Betonung etc.)* pronunciation; *(Meinungsaustausch)* discussion; *die richtige Aussprache* the correct pronunciation; *(ugs.)* du hast aber eine feuchte Aussprache* say it, don´t spray it; *~wörterbuch sub, n, -es, bücher* pronouncing dictionary

aussprechen, (1) *vi*, finish (speaking) (2) *vr*, express one´s opinion (3) *vt, (äußern)* express; *(betonen etc.)* pronounce; *sich gegen etwas aussprechen* speak out against sth; *sprich dich nur aus* get it off your chest; **aussprechbar** *adj*, pronounceable; *es ist nicht aussprechbar* it is unpronounceable; *es ist nur schwer aussprechbar* it is hard to pronounce; **Ausspruch** *sub, m, -es, -sprüche* remark

ausspucken, (1) *vi*, spit (2) *vt, (a. i.ü.S.; auch comp.)* spit out; *(erbrechen)* bring up

ausspülen, *vt, (geol.)* erode; *(Geschirr etc.)* rinse; **Ausspülung** *sub, f, -, -en (geol.)* erosion

ausstaffieren, *vt*, fit out; **Ausstaffierung** *sub, f, -, -en* fitting-out

Ausstand, *sub, m, -es, -stände (Streik)* strike; *(wirt.)* outstanding accounts; *in den Ausstand treten* go on strike; *seinen Ausstand geben* have a leaving party; **ausständig** *adj, (streikend)* on strike; *(wirt.)* in arrears

ausstatten, *vt*, vest; *(Gerät etc.)* fit out; *(Wohnung)* furnish; *ein Büro mit Personal ausstatten* staff an office; *jemanden mit Befugnissen ausstatten* vest so with powers; **Ausstattung** *sub, f, -, -en (Ausrüstung)* equipment; *(Möblierung)* furnishings; **Ausstattungsfilm** *sub, m, -es, -e* screen spectacular; **Ausstattungsstück** *sub, n, -es, -e* spectacular play

ausstechen, *vt, (Auge)* put out; *(i. ü. S.; Konkurrenten)* cut out; *(Plätzchen, Torf)* cut out

ausstehen, (1) *vi, (Bezahlung)* be outstanding; *(Urteil etc.)* be pending (2) *vt, (ertragen)* put up with; *die Sache wäre ausgestanden* it´s all over; *Ich kann ihn nicht ausstehen* I can´t stand him

aussteigen, *vi, (aus der Gesellschaft)* drop out; *(aus einem Projekt etc.)* back out; *(aus Verkehrsmittel)* get off; **Aussteiger** *sub, m, -s, -* drop-out

ausstellen, *vt, (Gemälde etc.)* exhibit; *(im Schaufenster)* display; *(ugs.; im Schaufenster)* switch off; *(Scheck)* make out; *ein Gemälde ausstellen* exhibit a painting; **Aussteller** *sub, m, -s, - (auf einer Messe)* exhibitor; **Ausstellfenster** *sub, n, -s, -* quarterlight; **Ausstellung** *sub, f, -, -en (Messe etc.)* exhibition; *(von Dokumenter)* issue; **Ausstellungsfläche** *sub, f, -, -n* exhibition space; **Ausstellungsgelände** *sub, n, -s, -* exhibition site; **Ausstellungshalle**

sub,f, -, -n exhibition hall; **Ausstellungskatalog** *sub, m, -es, -e* exhibition catalogue; **Ausstellungsraum** *sub, m, -es, -räume* showroom; **Ausstellungsstück** *sub, n, -es, -e* exhibit

aussterben, *vi,* become extinct
aussteuern, (1) *vt,* give so a dowry (2) *vti, (Radio)* modulate
ausstopfen, *vt,* stuff; **Ausstopfung** *sub,f, -, -en* stuffing
ausstoßen, *vt, (Gase)* give off; *(Gegenstand)* push out; *(produzieren)* produce; *(wegschicken)* expel; **Ausstoß** *sub, m, -es, -stöße (von Produkten)* output; *(von Schadstoffen)* emission
ausstrahlen, (1) *vi, (phy.)* radiate; *(Schmerz)* spread (2) *vt, (i. ü. S.; Freude etc.)* radiate; *(phy.)* emit; *Ruhe ausstrahlen* have a calming effect; **Ausstrahlung** *sub, f, -, nur Einz. (i. ü. S.; einer Person)* personality;*f, -, -en (phy.)* radiation
ausstrecken, *vt,* stretch out; *seine Hand nach etwas ausstrecken* reach out for sth
ausstreuen, *vt,* scatter
ausströmen, (1) *vi, (Flüssigkeit)* gush out; *(Gas)* escape (2) *vt, (Geruch)* give off
ausstülpen, *vt, (med.)* evert
aussuchen, *vt,* choose
austarieren, *vt,* balance
Austausch, *sub, m, -s, nur Einz.* exchange; *(tech.)* replacement; **austauschbar** *adj,* interchangeable; **~barkeit** *sub, f, -, nur Einz.* interchangeability; **austauschen** *vt, (Geld, Worte)* exchange; *(tech.)* replace; *(vertauschen)* swap; **~motor** *sub, m, -s, -en* reconditioned engine; **~schüler** *sub, m, -s, -* exchange student
austeilen, (1) *vi, (Spielkarten)* deal (2) *vt, (ausgeben)* hand out; *(Spielkarten, Schläge)* deal; *(verteilen)* distribute; *du teilst aus* you are dealing; **Austeilung** *sub,f, -, -en* distribution
Auster, *sub, f, -, -n* oyster; **~nbank**

sub, f, -, -bänke oyster bed; **~nfischer** *sub, (zool.)* oyster catcher; **~nzucht** *sub,f, -, nur Einz. (Aufzucht)* oyster farming;*f, -, -en (Zuchtstätte)* oyster farm
austesten, *vt,* test
austilgen, *vt,* wipe out
austoben, *vr, (Person)* have one´s fling; *(Unwetter)* spend itself
austragen, (1) *vr, (beim Verlassen)* sign out (2) *vt, (med.: ein Kind)* carry to term; *(Post)* deliver; *(Wettkampf)* hold; **Austräger** *sub, m, -s, -* delivery boy/man; **Austragungsort** *sub, m, -es, -e* venue
austräumen, *vi,* come down to earth again; *sie hat ausgeträumt* she has come down to earth again
austreiben, (1) *vi, (Pflanzen)* sprout (2) *vt, (den Teufel)* exorcise; *den Teufel mit dem Beelzebub austreiben* out of the frying pan into the fire; *(ugs.)* jemandem etwas austreiben* cure so of sth; **Austreibung** *sub,f, -, -en* exorcism
austreten, (1) *vi, (aus einer Organisation)* leave; *(Gas)* escape (2) *vt, (Feuer)* stamp out; *(Schuhe)* wear out
austricksen, *vt,* outwit
austrinken, *vti,* drink up
Austritt, *sub, m, -s, -e (aus einer Partei etc.)* resignation; *m, -s, nur Einz. (von Gas)* escape; **~serklärung** *sub, f, -, -en* notice of resignation
austrocknen, (1) *vi, (Gewässer)* dry up; *(Haut)* go dry (2) *vt, (Gegenstand)* dry; *(Gewässer)* drain; **Austrocknung** *sub,f, -, nur Einz. (durch Verdunstung)* drying; *(Trockenlegung)* drainage
austüfteln, *vt,* work out; **Austüftelung** *sub,f, -, -en* elaboration
ausüben, *vt, (Beruf, Tätigkeit)* carry out; *(Einfluß, Macht etc.)* exercise; **Ausübung** *sub,f, -, nur Einz. (eines Berufes)* carrying out; *(von Einfluß, Macht etc.)*

exertion
ausufern, *vi, (i. ü. S.; Streit)* escalate
Ausverkauf, *sub, m, -s, nur Einz.*
(polit.) sellout; *m, -s, -käufe (wirt.)*
sale; **ausverkauft** *adj,* sold out
auswählen, *vti,* choose; **Auswahl**
sub, f, -, nur Einz. (Auswählen; Aus-
gewähltes) choice; *(wirt.)* range;
Auswahlmöglichkeit *sub, f, -, -en*
choice
auswandern, *vi,* *(Einzelperson)*
emigrate; *(Volk)* migrate; **Auswan-**
derer *sub, m, -s, -* emigrant; **Aus-**
wanderung *sub, f, -, -en (eines*
Volkes) migration; *(von Personen)*
emigration
auswärtig, *adj,* outside; *(polit.)*
foreign
auswärts, *adv, (von zu Hause weg)*
away from home; *(woanders)* outwards; *auswärts essen gehen* eat
out; *(spo.) auswärts spielen* play
away from home; *auswärts woh-*
nen live out of town; **Auswärts-**
spiel *sub, n, -s, -e* away match
auswaschen, *vt, (geol.)* erode; *(Wä-*
sche etc.) wash out; **Auswaschung**
sub, f, -, -en erosion
Ausweg, *sub, m, -es, -e* way out; *das*
ist der letzte Ausweg that´s the last
resort; *es gibt keinen anderen Aus-*
weg there is no other solution; **aus-**
weglos *adj,* hopeless; **~losigkeit**
sub, f, -, nur Einz. hopelessness
ausweichen, *vi, (einer Frage etc.)*
avoid; *(einer Person etc.)* make
way; *einem Entschluss ausweichen*
avoid to make a decision; *einem*
Thema ausweichen avoid a subject;
einem Schlag ausweichen dodge a
blow; *zur linken/rechten Seite aus-*
weichen swerve to the left/right; **~d**
adj, evasive; **Ausweichmanöver**
sub, n, -s, - (a. i.ü.S.) evasive action;
Ausweichmöglichkeit *sub, f, -, -en*
way out
ausweiden, *vt,* gut
ausweinen, (1) *vr,* have a good cry
(2) *vt,* nur als Anwendung; *sich bei*
jemandem ausweinen cry on so´s
shoulder; *sich seine Augen auswei-*

nen cry one´s eyes out
Ausweis, *sub, m, -es, -e (Mit-*
gliedsausweis) membership
card; *(Personalausweis)* identity
card; **ausweisen (1)** *vr,* identify
c.s. **(2)** *vt, (aus einem Land)* expel; **~kontrolle** *sub, f, -, -n* ID
check; **~papier** *sub, n, -es, -e*
identification papers; **~ung** *sub,*
f, -, -en expulsion
ausweiten, (1) *vr, (a. i.ü.S.; Tal;*
Krieg) expand **(2)** *vt, (Kleidung*
ausdehnen) stretch; *(verbrei-*
tern) extend; **Ausweitung** *sub, f,*
-, -en extension; *(eines Krieges)*
spread
auswendig, *adv,* by heart; *aus-*
wendig lernen learn by heart; *ein*
Lied auswendig spielen play a
song from memory; *etwas in-*
und auswendig kennen know sth
inside out; **Auswendiglernen**
sub, n, -s, nur Einz. learning by
heart
auswerten, *vt,* analyse; **Auswer-**
tung *sub, f, -, -en* analysis
auswickeln, *vt,* unwrap
auswirken, *vr,* have an effect; *sich*
auf etwas auswirken affect sth;
sich ungünstig auswirken auf
have an adverse effect on; **Aus-**
wirkung *sub, f, -, -en* effect; *(Fol-*
ge, consequence
auswischen, *vt, (Zimmer, Schrift)*
wipe out; *(i. ü. S.) jemandem eins*
auswischen play a trick on so;
sich seine Augen auswischen rub
one´s eyes
auswringen, *vt,* wring out
Auswuchs, *sub, m, -es, -wüchse*
(biol., med.) protuberance; *(Feh-*
lentwicklung) negative spin-off
Auswurf, *sub, m, -s, -würfe (med.)*
sputum; *(tech.)* ejection
auszahlen, (1) *vr,* pay off **(2)** *vt,*
pay (out); *es wird sich auszahlen*
it´l pay off in the end; *es zahlt*
sich nicht aus it doesn´t pay;
Auszahlung *sub, f, -, -en (Aus-*
zahlen; Geldbetrag) payment
auszählen, *vt, (auch Kinderspiel)*

count out; *(Wählerstimmen)* count; **Auszählung** *sub, f, -, -en* counting (out)

auszeichnen, (1) *vr*, distinguish o.s. **(2)** *vt, (mit einem Orden etc.)* honour; *(Waren)* label; *jemanden mit einem Orden auszeichnen* decorate so; *jemanden mit einem Preis auszeichnen* award a prize to so; **Auszeichnung** *sub, f, -, -en (Ehrung)* honouring; *(Pokal, Wimpel etc.)* distinction; *(von Waren)* labeling

Auszeit, *sub, f, -, -en* time out

ausziehen, (1) *vi, (umziehen)* move **(2)** *vr*, undress **(3)** *vt, (Kleider)* take off; *(Tisch etc.)* pull out

Auszubildende, *sub, f/m, -n, -n* trainee

Auszug, *sub, m, -s, -züge (aus einer Wohnung)* move; *(aus einer Zeitung)* excerpt; *(Festzug)* procession; *(Kontoauszug)* statement of account; **auszugsweise** *adv*, in parts

autark, *adj*, self-sufficient; **Autarkie** *sub, f, -, -n* self-sufficiency

authentisch, (1) *adj*, authentic **(2)** *adv*, authentically; **authentisieren** *vt*, authenticate; **Authentizität** *sub, f, -, nur Einz.* authenticity

Autismus, *sub, m, -, nur Einz.* autism; **autistisch** *adj*, autistic

Auto, *sub, n, -s, -s* car; *Auto fahren* drive a car; *jemanden im Auto mitnehmen* give so a lift; *mit dem Auto da sein* have come by car; *mit dem Auto fahren* go by car; ~**atlas** *sub, m, -es, -lanten* road atlas

Autobahn, *sub, f, -, -en (in Deutschland)* autobahn; *(in Großbritannien)* motorway; ~**ausfahrt** *sub, f, -, -en* exit; ~**dreieck** *sub, n, -s, -e* motorway junction; ~**einfahrt** *sub, f, -, -en* slip road; ~**gebühr** *sub, f, -, -en* motorway toll; ~**kreuz** *sub, n, -es, -e* motorway intersection; ~**raststätte** *sub, f, -, -n* motorway service area

Autobiografie, *sub, f, -, -n* autobiography; **autobiografisch** *adj*, auto-

biografical

Autobombe, *sub, f, -, -n* car bomb; **Autobus** *sub, m, -ses, -se* coach

Autodidakt, *sub, m, -en, -en* self-taught person; **autodidaktisch (1)** *adj*, autodidactic **(2)** *adv*, autodidactically

Autofähre, *sub, f, -, -n* car ferry; **Autofahren** *sub, n, -s, nur Einz.* car driving; **Autofahrer** *sub, m, -s, -* car driver; **Autofahrt** *sub, f, -, -en* drive; **autofrei** *adj*, car-free

Autofokus, *sub, m, -, nur Einz.* autofocus; **Autogramm** *sub, n, -es, -e* autograph

Autoindustrie, *sub, f, -, -n* car industry; **Autokarte** *sub, f, -, -n* road map; **Autokino** *sub, n, -s, -s* drive-in cinema; **Autoknacker** *sub, m, -s, -* car burglar; **Autokolonne** *sub, f, -, -n* line of cars; **Automarder** *sub, m, -s, - (ugs.)* car burglar; **Automarke** *sub, f, -, -n* make

Automechaniker, *sub, m, -s, -* car mechanic; **Automobil** *sub, n, -s, -e* car; **Automobilausstellung** *sub, f, -, -en* motor show; **Automobilklub** *sub, m, -s, -s* automobile association

autonom, *adj*, autonomous; **Autonomie** *sub, f, -, -n* autonomy

Autonummer, *sub, f, -, -n* registration number

Autopilot, *sub, m, -en, -en* autopilot

Autopsie, *sub, f, -, -n* autopsy

Autor, *sub, m, -s, -en* author; ~**lesung** *sub, f, -, -en* author´s reading

Autoradio, *sub, n, -s, -s* car radio; **Autoreifen** *sub, m, -s, -* tyre; **Autorennen** *sub, n, -s, -* car race; **Autoreparatur** *sub, f, -, -en* car repair

Autorisation, *sub, f, -, -en* authorization; **autorisieren** *vt*, authorize; **autorisiert** *adj*, authorized

autoritär, *adj*, authoritarian; **Autorität** *sub, f, -, -en* authority; **autoritätsgläubig** *adj*, have blind

faith in authority
Autoschlüssel, *sub, m, -s,* - car key;
Autostopp *sub, m, -s, -en* hitch-hiking; *per Autostopp fahren* hitch-
hike; **Autotelefon** *sub, n, -s, -e*
carphone; **Autounfall** *sub, m, -s,*
-fälle car accident; **Autoverkehr**
sub, m, -s, nur Einz. road traffic;
Autoverleih *sub, m, -s, -e* car hire;
Autowerkstatt *sub, f, -, -stätten* garage
Autosuggestion, *sub, f, -, nur Einz.*
autosuggestion
avancieren, *vi,* be promoted
Avantgarde, *sub, f, -, -n* avant-garde;
avantgardistisch *adj,* avant-garde

Aversion, *sub, f, -, -en* aversion
avisieren, *vt,* advise
Avocado, *sub, f, -, -s* avocado
Axt, *sub, f, -, Äxte* axe; *die Axt im*
Hause erspart den Zimmermann
do it yourself; sich wie die Axt im
Walde benehmen behave like a
savage
Azalee, *sub, f, -, -n (bot.)* azalea
Azetat, *sub, n, -s, -e (tt; chem.)* acetate
Azidität, *sub, f, -, nur Einz.* acidity
azurblau, *adj,* azure
azyklisch, (1) *adj,* acyclic (2) *adv,*
acyclic

B

Baby, *sub*, *n*, *Babies*, *Babies* baby;
~nahrung *sub*, *f*, *-*, *nur Einz.* baby
food; **babysitten** *vi*, babysit; **~sitter** *sub*, *m*, *-s*, - babysitter; **~speck**
sub, *m*, *-s*, *nur Einz.* *(ugs.)* puppy
fat; **~zelle** *sub*, *f*, *-*, *-n (tech.)* C-size
battery
Bach, *sub*, *m*, *-es*, *Bäche* brook; *das
ging den Bach runter* it went up in
smoke; **~forelle** *sub*, *f*, *-*, *-n* brook
trout; **Bächlein** *sub*, *n*, *-s*, -
brooklet; **~stelze** *sub*, *f*, *-*, *-n* white
wagtail
Bache, *sub*, *f*, *-*, *-n* wild sow
Backblech, *sub*, *n*, *-es*, *-e* baking tray
backbord, *adv*, to port
Backe, *sub*, *f*, *-*, *-n (Bremsbacke)*
shoe; *(Wange)* cheek; *Au Backe* Oh
no; **~nbart** *sub*, *m*, *-es*, *-bärte* sideburns; **~nzahn** *sub*, *m*, *-s*, *-zähne*
molar
backen, *vti*, bake; **Bäcker** *sub*, *m*, *-s*,
- baker; **Bäckerei** *sub*, *f*, *-*, *-en (das
Backen)* baking; *(Geschäft)* bakery;
Bäckerladen *sub*, *m*, *-s*, *-läden* baker´s shop
Backfisch, *sub*, *m*, *-es*, *-e* fried fish;
Backobst *sub*, *n*, *-es*, *nur Einz.*
dried fruit; **Backofen** *sub*, *m*, *-s*,
-öfen oven; **Backpapier** *sub*, *n*, *-s*,
-e baking paper; **Backpfeife** *sub*, *f*,
-, *-n (ugs.)* clout round the ears;
Backpfeifengesicht *sub*, *n*, *-es*, *-er*
brutish face; **Backpflaume** *sub*, *f*, *-*,
-n prune; **Backpulver** *sub*, *n*, *-s*,
nur Einz. baking powder; **Backröhre** *sub*, *f*, *-*, *-n* oven; **Backware**
sub, *f*, *-*, *-n* bread, cake and pastries
Backstein, *sub*, *m*, *-s*, *-e* brick; **~bau**
sub, *m*, *-s*, *-ten* brick building
Bad, *sub*, *n*, *-es*, *Bäder (baden)* bath;
(Badezimmer) bathroom;
(Schwimmbad) swimming pool;
ein Bad nehmen (schwimmen) go
for a swim; *ein Bad nehmen (sich
baden)* have a bath; **~eanstalt** *sub*,
f, *-*, *-en* swimming pool; **~eanzug**
sub, *m*, *-es*, *-züge* swimsuit; **~ehose**
sub, *f*, *-*, *-n* swimming-trunks;
~ekappe *sub*, *f*, *-*, *-n* bathing cap;
~emantel *sub*, *m*, *-s*, *-mäntel* bathrobe; **~ematte** *sub*, *f*, *-*, *-n* bath
mat; **~emeister** *sub*, *m*, *-s*, - pool
attendant; **~emütze** *sub*, *f*, *-*, *-n*
bathing cap; **baden (1)** *vi*, *(ein
Bad nehmen)* have a bath;
(schwimmen) swim **(2)** *vt*, *(in
der Sonne)* bask; *baden gehen* go
for a dip, *sich in der Sonne baden*
bask in the sun; **~eort** *sub*, *m*, *-es*,
-e seaside resort; **~er** *sub*, *m*, *-s*, -
(veraltet; Friseur) barber-surgeon; **~esaison** *sub*, *f*, *-*, *-s* swimming season; **~esalz** *sub*, *n*, *-es*,
-e bath salts; **~etuch** *sub*, *n*, *-es*,
-tücher bath towel; **~ewanne**
sub, *f*, *-*, *-n* bathtub; **~ezimmer**
sub, *n*, *-s*, - bathroom
Bagage, *sub*, *f*, *-*, *nur Mehrz. (ugs.;
das Pack)* rabble; *(Gepäck)* luggage
Bagatelle, *sub*, *f*, *-*, *-n* trifle; **bagatellisieren** *vt*, play down
Bagger, *sub*, *m*, *-s*, - excavator;
~führer *sub*, *m*, *-s*, - excavator
operator; **baggern** *vti*, excavate;
~see *sub*, *m*, *-s*, *-n* flooded gravel
pit
Baguette, *sub*, *n*, *-s*, *-s* French stick
Bahn, *sub*, *f*, *-*, *-en (Eisenbahn)*
railway; *(Fahrbahn)* lane; *(Papier)* web; *(Rennbahn)* track;
(Weg) way; *(Zug)* train; *bei der
Bahn arbeiten* work for the railway; *jemanden von der Bahn abholen* meet so at the station; *mit
der Bahn fahren* go by train; *auf
die schiefe Bahn geraten* get into
evil ways; *etwas auf die richtige
Bahn lenken* direct sth into the
right channels; *freie Bahn haben*
have the go-ahead; *sich Bahn brechen* force one´s way; **bahnbrechend** *adj*, pioneering;
(Entwicklung) revolutionary;
bahnen *vt*, nur als Anwendung;
*jemandem den Weg zum Erfolg
bahnen* put so on the road to

success; *jmd den Weg bahnen* pave the way for so; *sich seinen Weg bahnen* make a way for os; **bahnenweise** *adv*, strip by strip **Bahnhof,** *sub, m, -es, -höfe* station; *ich verstand nur noch Bahnhof* it was all double Dutch to me; *jemanden mit großem Bahnhof empfangen* give so the red carpet treatment; **~sbuchhandlung** *sub, f, -, -en* station bookshop; **~sbuffet** *sub, n, -s, -s* station snack booth; **~shalle** *sub, f, -, -n* station concourse; **~svorsteher** *sub, m, -s, -* station-master **Bahnkarte,** *sub, f, -, -n* railway map; **Bahnlinie** *sub, f, -, -n* railway line; **Bahnschranke** *sub, f, -, -n* barrier; **Bahnsteig** *sub, m, -es, -e* platform; **Bahnsteigkante** *sub, f, -, -n* edge of the platform; **Bahnübergang** *sub, m, -es, -gänge* level crossing; **Bahnwärter** *sub, m, -s, -* level crossing attendant
Bahre, *sub, f, -, -n (Krankenbahre)* stretcher; *(Totenbahre)* bier
Bai, *sub, f, -, -en* bay
Baiser, *sub, n, -s, -s* meringue
Bajonett, *sub, n, -s, -e* bayonet
Bakterie, *sub, f, -, -n* bacterium; **bakteriell** *adj*, bacterial; **Bakteriologe** *sub, m, -n, -n* bacteriologist; **Bakteriologie** *sub, f, -, nur Einz.* bacteriology; **bakteriologisch** *adj*, bacteriological; **Bakterizid** *sub, n, -s, -e* bactericide
Balance, *sub, f, -, -n* balance; **~akt** *sub, m, -es, -e* balancing act; **balancieren** *vti*, balance; **Balancierstange** *sub, f, -, -n* balancing pole
bald, *adv*, soon; *bald danach* soon after; *bald mag sie, bald mag sie nicht* one minute she wants to, the next she doesn´t; *bis bald* see you soon; *ich hab es bald* it won´t be minute; **~ig** *adj*, speedy; *auf ein baldiges Wiedersehen* we hope to see you again soon; **~möglichst** *adj*, earliest possible; *zum baldmöglichsten Zeitpunkt* as soon as possible

Baldachin, *sub, m, -s, -e* canopy; **baldachinartig** *adj*, canopy-like
baldowern, *vt*, find out
Balg, *sub, m, -es, Bälger (Blasebalg)* bellows; *(Haut)* skin
balgen, *vr*, scuffle; **Balgerei** *sub, f, -en* scuffle
Balken, *sub, m, -s, - (arch., spo.)* beam; *(Dachbalken)* rafter; *(Tragbalken)* girdler; **~decke** *sub, f, -, -n* timbered ceiling; **~konstruktion** *sub, f, -, -en* beam construction; **~waage** *sub, f, -, -n* beam scales
Balkon, *sub, m, -s, -e oder -s* balcony; **~möbel** *sub, f, -, -* balcony furniture; **~pflanze** *sub, f, -, -* outdoor plant
Ball, *sub, m, -s, Bälle (Spielball)* ball; *(Tanzball)* ball; *(spo.)* am *Ball bleiben* hold onto the ball, *(i. ü. S.)* keep at it; *(spo.)* am *Ball sein* have the ball; *auf einem Ball sein* be at a ball; *auf einen Ball gehen* go to a ball
Ballade, *sub, f, -, -n* ballad; **balladenhaft** *adj*, ballad-like
Ballast, *sub, m, -es, nur Einz. (i. ü. S. Last)* burden; *(überflüssiges Gewicht)* ballast; *Ballast abwerfen* shed some ballast; *nur Ballast sein* be just an encumbrance; **~stoffe** *sub, f, -, nur Mehrz.* fibre
Ballen, (1) *sub, m, -s, - (Hand-/Fußballen)* ball of the hand/foot; *(u. rt.)* bale (2) **ballen** *vr, (i. ü. S.; Probleme)* build up (3) *vt, (Hand)* clench; *(Schnee etc.)* make into a ball
ballern, (1) *vi, (ugs.; schießen)* shoot (2) *vti, (ugs.; Fußball)* bang
Ballett, *sub, n, -s, -e* ballet; *beim Ballett sein* be with the ballet; *zum Ballett gehen* join a ballet company; **Ballerina** *sub, f, -, -nen* ballerina; **~euse** *sub, f, -, -n* ballerina; **~musik** *sub, f, -, nur Einz.* ballet music; **~tänzer** *sub, m, -s, - ballet* dancer; **~tänzerin** *sub, f, -, -en* ballet dancer; **~truppe**

sub, f, -, -n ballet company
Ballgefühl, *sub, n, -es, nur Einz.* feeling for the ball
Ballistik, *sub, f, -, nur Einz.* ballistics; **ballistisch (1)** *adj,* ballistic **(2)** *adv,* ballistically
Balljunge, *sub, m, -n, -n* ball boy; **Ballkleid** *sub, n, -es, -er* ball dress; **Balllokal** *sub, n, -s, -e* ball restaurant; **Ballnacht** *sub, f, -, -nächte* ball night
Ballon, *sub, m, -s, -s oder -e (Flasche)* carboy; *(Fluggerät)* balloon; **~fahrer** *sub, m, -s, -* balloonist; **~reifen** *sub, m, -s, -* balloon tyre
Ballspiel, *sub, n, -s, -e* ball game; **~en** *sub, n, -s, nur Einz.* playing ball
Ballung, *sub, f, -, -en* agglomeration; **~sgebiet** *sub, n, -es, -e* conurbation; **~sraum** *sub, m, -es, -räume* conurbation
Balsam, *sub, m, -s, -e* balm; *das ist Balsam für die Seele* it soothes a troubled soul; *jemandem Balsam auf seine Wunde geben* pour balm on so´s wound; **balsamieren** *vt,* embalm; **~ierung** *sub, f, -, -en* embalming
Balustrade, *sub, f, -, -n* balustrade
balzen, *vi, (sich paaren)* mate; *(werben)* court; **Balz** *sub, f, -, -en (Paarung)* mating; *(Partnerwerbung)* courtship; **Balzruf** *sub, m, -es, -e (biol.)* mating call; **Balzzeit** *sub, f, -, -en* mating season
Bambus, *sub, m, -ses, nur Einz.* bamboo; **~hütte** *sub, f, -, -n* bamboo hut; **~rohr** *sub, n, -es, -e* bamboo (cane)
Bammel, *sub, m, -s, nur Einz. (ugs.)* nur als Anwendung; *Bammel haben* be scared stiff
banal, *adj, (einfach)* straightforward; *(platt)* trite; **Banalität** *sub, f, -, -en* banality
Banane, *sub, f, -, -n* banana; **~nrepublik** *sub, f, -, -en (ugs.)* banana republic
Banause, *sub, m, -n, -n* philistine
Band, *sub, n, -es, Bänder* ribbon;

(anat.) ligament; *(i. ü. S.; Beziehung)* bond; *m, -es, Bände (Buch)* volume; *n, -es, Bänder (Fließband)* production line; *(Förderband)* conveyor belt; *f, -, -s (Musikgruppe)* band; *n, -es, Bänder (Tonband, Maßband etc.)* tape; *das Band der Ehe* the bond of marriage; *das familiäre Band* familiy ties; *auf Band sprechen* speak onto a tape; *etwas auf Band aufnehmen* tape sth
Bandage, *sub, f, -, -n* bandage; *jemandem eine Bandage anlegen* put a bandage on so; *(ugs.) mit harten Bandagen kämpfen* go at it hammer and tongs; **bandagieren** *vt,* bandage
Bandbreite, *sub, f, -, -n (Rundfunk)* frequency range; *(i. ü. S.; Wissen)* spectrum
Bande, *sub, f, -, -n (Kegelspiel)* cushion; *(von Verbrechern)* gang; **~nwerbung** *sub, f, -, -en* touchline advertising; **~role** *sub, f, -, -n* revenue stamp; **Bänderriss** *sub, m, -es, -e* torn ligament; **Bänderzerrung** *sub, f, -en* stretched ligament
bändigen, *vt, (Kind, Fluss)* control; *(Tier)* tame; **Bändiger** *sub, m, -s, -* tamer
Bandit, *sub, m, -en, -en* bandit
Bandkeramik, *sub, f, -, -en* band ceramics; **Bandsäge** *sub, f, -, -n* band saw; **Bandscheibe** *sub, f, -, -n (anat.)* disc; **Bandscheibenschaden** *sub, m, -s, -schäden* damaged disc; **Bandwurm** *sub, m, -s, -würmer* tapeworm
bange, *adj,* afraid; *ein banges Gefühl* an uneasy feeling; *ein paar bange Stunden* hours of anxious waiting; *jemandem Bange machen* frighten so; *mir ist Angst und Bange* I´m frightened to death; **~n** *vi, vr,* worry; *um etwas bangen* be anxious about; **Bangigkeit** *sub, f, -, nur Einz.* anxiety
Bänkellied, *sub, n, -es, -er* street ballad; **Bänkelsang** *sub, m, -es,*

-*sänge* itinerant singing; **Bänkelsänger** *sub, m, -s, -* balladeer **Bankett,** *sub, n, -es, -e (Festmahl)* banquet; *(Randstreifen)* verge **Bankgeheimnis,** *sub, n, -ses, nur Einz.* banking secrecy; **Bankguthaben** *sub, n, -s, -* bank balance; **Bankhalter** *sub, m, -s, -* banker; **Bankier** *sub, m, -s, -s* banker; **Bankkaufmann** *sub, m, -es, -männer* bank employee; **Bankkonto** *sub, n, -s, -ten* bank account; **Bankleitzahl** *sub, f, -, -en* bank code; **Banknote** *sub, f, -, -n* note; **Bankraub** *sub, m, -es, -e* bank robbery; **Bankräuber** *sub, m, -s, -* bank robber **bankrott,** (1) *adj, (a. i.ü.S.; wirt.; moralisch)* bankrupt (2) **Bankrott** *sub, m, -s, -e* bankruptcy; *bankrott gehen* go bankrupt; *sich für bankrott erklären* declare os bankrupt, *Bankrott machen* go bankrupt; *seinen Bankrott erkären* file for bankruptcy; *vor dem Bankrott stehen* face bankruptcy; **Bankrotterklärung** *sub, f, -, -en* declaration of bankruptcy; **Bankrotteur** *sub, m, -s, -e* bankrupt (company); ~**ieren** *vi,* go bankrupt **Banküberfall,** *sub, m, -es, -fälle* bank raid; **Bankverbindung** *sub, f, -, -en* bank account; **Bankwesen** *sub, n, -s, -* banking **bannen,** *vt, (beseitigen)* avert; *(i. ü. S.; fesseln)* captivate; **Bann** *sub, m, -es, -e (Abhängigkeit, Zauber)* spell; *(Ausschluss)* banishment; *in jemandens Bann geraten* come under so´s spell; *jemanden in Bann schlagen* captivate so; *jemanden in seinem Bann halten* have so spellbound; *mit einem Bann belegen* banish; **Bannfluch** *sub, m, -es, -flüche* excommunication; **Bannkreis** *sub, m, -es, -e* spell; **Bannmeile** *sub, f, -, -n* neutral zone **Banner,** *sub, n, -s, -* banner; ~**träger** *sub, m, -s, -* standard bearer **Baptist,** *sub, m, -en, -en* babtist **Bär,** *sub, m, -en, -en* bear; *(astron.)*

der Große/Kleine Bär the Great/Little Bear; *wie ein Bär schlafen* sleep like a dog; ~**endienst** *sub, m, -es, -e* nur als Anwendung; *jemanden einen Bärendienst erweisen* do so a bad turn; ~**endreck** *sub, m, -s, nur Einz. (ugs.)* liquorice; ~**enfell** *sub, m, -s, -e* bearskin; ~**enhunger** *sub, m, -s, nur Einz.* nur als Anwendung; *einen Bärenhunger haben* feel like eating a horse; ~**ennatur** *sub, f, -, -en* constitution of a horse; **bärenstark** *adj,* strong as an ox; **bärig** *adj, (ugs.)* wonderful **bar,** (1) *adj, (direkt)* cash; *(echt)* pure (2) **Bar** *sub, f, -, -s (Kneipe, Ausschank)* bar; *n, -s, - (phy.)* bar; *etwas in bar bezahlen* pay cash; *gegen bar* for cash; *barer Unsinn* sheer nonsense; *etwas für bare Münze nehmen* take sth at face value; ~**busig** *adj,* topless; **Bardame** *sub, f, -, -n* barmaid; ~**fuß** (1) *adj,* barefooted (2) *adv,* barefoot; **Bargeld** *sub, n, -es, nur Einz.* cash; ~**geldlos** *adj,* cashless; **Bargeschäft** *sub, n, -s, -e* cash deal; ~**häuptig** *adj, adv,* bareheaded; **Barhocker** *sub, m, -s, -* bar stool **Baracke,** *sub, f, -, -n* hut; ~**nlager** *sub, n, -s, -* hut camp **Barbar,** *sub, m, -en, -en* barbarian; ~**ei** *sub, f, -, nur Einz.* barbarism; **barbarisch** *adj,* barbaric; *(grausam)* savage **Barbe,** *sub, f, -, -n (zool.)* barbel **bärbeißig,** *adj,* surly; **Bärbeißigkeit** *sub, f, -, nur Einz.* surliness **Barbier,** *sub, m, -s, -e* barber; **barbieren** *vt,* shave **Barbiturat,** *sub, n, -s, -e* barbiturate **Barett,** *sub, n, -s, -e* beret **Bariton,** *sub, m, -s, -e* baritone **Bark** *sub, f, -, -en* barque; ~**asse** *sub, f, -, -n* longboat; ~**e** *sub, f, -, -n* rowing boat **barmherzig,** *adj,* compassionate;

Barmherzigkeit *sub, f, -, nur Einz.* compassion

barock, (1) *adj,* baroque **(2) Barock** *sub, m, -s, nur Einz.* *(Barockstil)* baroque (style); *(Barockzeit)* Baroque (era); **Barockbau** *sub, m, -s, -bauten* baroque buliding; **Barockkirche** *sub, f, -, -n* baroque church; **Barockkunst** *sub, f, -, -künste* baroque art; **Barockstil** *sub, m, -s, nur Einz.* baroque style; **Barockzeit** *sub, f, -, nur Einz.* Baroque (era)

Barometer, *sub, n, -s,* - barometer; *das Barometer steht tief* the barometer is low

Baron, *sub, m, -s, -e* baron; ~**esse** *sub, f, -, -n* baroness; ~**in** *sub, f, -, -nen* baroness

Barrakuda, *sub, m, -s, -s (zool.)* barracuda

Barras, *sub, m, -, nur Einz. (ugs.)* army; *beim Barras* in the army; *zum Barras müssen* be called up for military service

Barre, *sub, f, -, -n* metal bar

Barren, *sub, m, -s,* - *(Goldbarren)* bar; *(spo.)* parallel bars

Barriere, *sub, f, -, -n (a. i.ü.S.)* barrier

Barrikade, *sub, f, -, -n* barricade; *auf die Barrikaden gehen* mount the barricades

barsch, (1) *adj,* gruff **(2) Barsch** *sub, m, -es, -e (zool.)* perch; **Barschheit** *sub, f, -, -en* gruffness

Barschaft, *sub, f, -, nur Einz.* ready money; **Barscheck** *sub, m, -s, -s* cash cheque; **Barzahlung** *sub, f, -, -en* cash payment

Bart, *sub, m, -es, Bärte (eines Mannes)* beard; *(eines Tieres)* whiskers; *der Bart ist ab* that´s done it; *einen Bart tragen* have a beard; *in seinen Bart murmeln* mumble to os; *sich einen Bart wachsen lassen* grow a beard; ~**haar** *sub, n, -es, -e* hair from a beard; **bärtig** *adj,* bearded; **bartlos** *adj,* clean-shaven; ~**stoppel** *sub, m, -s,* - stubble; ~**träger** *sub, m, -s,* - nur als Anwendung; *ein*

Bartträger sein have a beard; ~**wuchs** *sub, m, -es, nur Einz.* growth of beard(s)

Basalt, *sub, m, -es, -e* basalt; **basaltisch** *adj,* basaltic

Base, *sub, f, -, -n (chem.)* base; *(Cousine)* cousin

basieren, *vi,* be based

Basilika, *sub, f, -, -liken* basilica

Basilikum, *sub, n, -s, nur Einz. (bot.)* basil

Basilisk, *sub, m, -, -en* basilisk; ~**enblick** *sub, m, -es, -e* look of a basilisk

Basis, *sub, f, -, Basen* base; *auf breiter Basis* on a broad basis; *auf der gleichen Basis* on equal terms; *beruhen auf der Basis* be founded on; ~**kurs** *sub, m, -es, -e* basic course

basisch, *adj,* basic

Baskenmütze, *sub, f, -, -n* beret

Bass, *sub, m, -es, Bässe (Basssänger)* bass singer; *(Bassstimme)* bass voice; *(Instrument)* double bass; ~**flöte** *sub, f, -, -n* bass flute; ~**geige** *sub, f, -, -n* bass violin; ~**instrument** *sub, n, -s, -e* double bass; ~**ist** *sub, m, -en, -en (Bassänger)* bass singer; *(Bassspieler)* bass player; ~**sänger** *sub, m, -s,* - bass singer; ~**schlüssel** *sub, m, -s,* - bass clef; ~**stimme** *sub, f, -, -n* bass voice

Bassin, *sub, n, -s, -s* pool

Bast, *sub, m, -es, -e (bot.)* phloem; *(Raffiabast)* raffia

Bastard, *sub, m, -es, -e (tt; bot.)* hybrid; *(tt; zool.)* crossbreed

Bastei, *sub, f, -, -en* bastion

basteln, (1) *vi,* do handicrafts **(2)** *vt,* make; **Bastelarbeit** *sub, f, -, -en* handicraft; **Bastler** *sub, m, -s,* - home constructor

Bastion, *sub, f, -, -en* bastion

Batist, *sub, m, -es, -e* batiste

Batterie, *sub, f, -, -n (mil.)* battery; *(tech.)* battery; **batteriebetrieben** *adj,* battery-operated

Batzen, *sub, m, -s,* - clump; *(ugs.) das ist ein schöner Batzen Geld*

that´s a tidy little sum; *(ugs.) das
kostet einen ganzen Batzen* that´ll
cost a pretty penny
Bau, *sub, m, -es, -ten (eines Tieres)*
burrow; *(Errichtung)* construction;
(Gebäude) building; *(tech.)* design;
~abschnitt *sub, m, -es, -e* construction stage; **~arbeiter** *sub, m, -s, -*
building worker; **~art** *sub, f, -, -en
(arch.)* style; *(tech.)* design; **~auf-
sicht** *sub, f, -, -en* construction supervision
Bauch, *sub, m, -s, Bäuche* paunch,
stomach; *(ugs.)* belly; *eine Wut im
Bauch haben* be ready to explode;
mit vollem Bauch on a full stomach; *sich die Beine in den Bauch
stehen* stand till one drops; *sich vor
Lachen den Bauch halten* split
one´s sides laughing; **~ansatz** *sub,
m, -es, -sätze* beginnings of a
paunch; **~binde** *sub, f, -, -en
(anat.)* abdominal bandage; **~dek-
ke** *sub, f, -, -n* abdominal wall; **~fell**
sub, n, -es, -e (anat.) peritoneum;
~fleisch *sub, n, -es, nur Einz.* meat
from the belly; **~grimmen** *sub, n,
-s, nur Einz.* colic; **~höhle** *sub, f, -,
-n (anat.)* abdominal cavity; **bauchig** *adj,* bulbous; **~laden** *sub, m,
-s, -läden* vendor´s tray; **~landung**
sub, f, -, -en belly landing; *eine
Bauchlandung machen* do a belly
landing; **bäuchlings** *adv,* on one´s
belly; **~muskulatur** *sub, f, -, -en*
stomach muscles; **~nabel** *sub, m,
-s, -* navel; **bauchreden** *vi,* ventriloquize; **~redner** *sub, m, -s, -* ventriloquist; **~schmerz** *sub, m, -en, -en*
stomach-ache; **~tanz** *sub, m, -es,
-tänze* belly dance; **~weh** *sub, n, -s,
-s* stomach-ache
bauen, (1) *vi,* build (2) *vt, (a. i.ü.S.)*
build; *einen Unfall bauen* have an
accident; *Mist bauen* make a boob;
Baudenkmal *sub, n, -s, -mäler* historic monument; **Bauentwurf**
sub, m, -es, -würfe architect´s plan
Bauer, *sub, m, -s, -n (Landwirt)* farmer; *(Schachspiel)* pawn; *(Vogelkä-
fig)* cage; **Bäuerchen** *sub, n, -s, -*

nur als Anwendung; *ein Bäuerchen machen (Kind)* do it´s win-
d es; **bäuerlich** *adj,* rural;
~nbrot *sub, n, -es, nur Einz.*
brown bread; **~nfänger** *sub, m,
-s, - (ugs.)* con man; **~nfängerei**
sub, f, -, -en con game; **~nfrüh-
stück** *sub, n, -es, -e* bacon and
potato omelett; **~nhaus** *sub, n,
-es, -häuser* farmhouse; **~nhof**
sub, m, -es, -höfe farm; **~nkrieg**
sub, m, -s, -e Peasants´ War;
~nschläue *sub, f, -, nur Einz.*
cunning; **~nstand** *sub, m, -es,
-stände* farmers; **~nstube** *sub, f,
-, -n* farmhouse room
baufällig, *adj,* dilapidated; **Baufälligkeit** *sub, f, -, -en* state of
dilapidation
Baufirma, *sub, f, -, -men* construction company; **Baugenehmi-
gung** *sub, f, -, -en* building
license; **Baugewerbe** *sub, n, -s, -*
building trade; **Baugrube** *sub, f,
-, -n* excavation pit; **Bauherr** *sub,
m, -en, -en* builder-owner; **Bauholz** *sub, n, -es, -hölzer* building
timber; **Baujahr** *sub, n, -es, -e*
construction year; **Baukasten**
sub, m, -s, -kästen box of bricks;
Baukastensystem *sub, n, -s, -e*
modular system; **Bauklotz** *sub,
m, -es, -klötze* building brick;
Baukosten *sub, f, -, nur Mehrz.*
building costs; **Baukunst** *sub, f,
-, -künste* architecture; **baulich**
adj, architectural; *der bauliche
Zustand* the repair; *eine bauliche
Sünde* an architectural eyesore
Baum, *sub, m, -es, Bäume* tree;
*den Wald vor lauter Bäumen
nicht sehen* not to see the wood
for the trees; *der Baum der Erkenntnis* the tree of knowledge;
*sich fühlen als könnte man Bäu-
me ausreißen* feel up to anything;
~farn *sub, m, -s, -e* treefern;
~grenze *sub, f, -, -n* treeline;
~kuchen *sub, m, -s, -* pyramid
cake; **baumlang** *adj,* giant;
baumreich *adj,* densely woo-

ded; ~**schule** *sub, f, -, -n* tree-nursery; ~**stamm** *sub, m, -es, -stämme* tree-trunk; **baumstark** *adj*, strong as a horse; ~**stumpf** *sub, m, -es, -stümpfe* tree-stump; ~**wipfel** *sub, m, -s, -* treetop

Baumaschine, *sub, f, -, -n* construction equipment; **Baumaterial** *sub, n, -s, -ien* building material; **Baumeister** *sub, m, -s, -* *(Architekt)* architect; *(auf der Baustelle)* master builder

baumeln, *vi,* dangle

bäumen, *vr, (sich auflehnen)* rebel; *(Tier)* rear up

Baumwolle, *sub, f, -, nur Einz.* cotton; **baumwollen** *adj,* cotton; **Baumwollhemd** *sub, n, -es, -en* cotton shirt; **Baumwollindustrie** *sub, f, -, nur Einz.* cotton industry

Bauplan, *sub, m, -es, -pläne* architect´s plan; **Bauplatz** *sub, m, -es, -plätze* building site; **baureif** *adj,* ready for building; **Bauruine** *sub, f, -, -n* half-finished building; **Bausatz** *sub, m, -es, -sätze* construction kit

Bausch, *sub, m, -es, Bäusche* wad; **bauschen** **(1)** *vi, vr,* billow **(2)** *vt,* puff out

Bazar, *sub, m, -s, -e* bazaar

Bazillus, *sub, m, -, Bazillen (ugs.)* germ

beabsichtigen, *vt,* intend; *das ist beabsichtigt* it is intentional

beachten, *vt,* *(Aufmerksamkeit schenken)* pay attention; *(Regel)* follow; *(zur Kenntnis nehmen)* note; *es ist zu beachten, dass* one has to be aware that; *etwas kaum/nicht beachten* take hardly any/no notice of; ~**swert** *adj,* noteworthy; **beachtlich** *adj,* remarkable; *(beträchtlich)* considerable; **Beachtung** *sub, f, -, nur Einz.* *(Aufmerksamkeit)* attention; *(Berücksichtigung)* consideration; *Beachtung schenken* pay attention to; *Beachtung verdienen* be worthy to note; *keine Beachtung finden* be ignored; *unter Beachtung des/der*

in compliance with

beackern, *vt,* plough

Beamte, *sub, m, -n, -n (der Polizei)* officer; *(einer Behörde)* official; ~**nbeleidigung** *sub, f, -, -en* insulting an officer/official; ~**nstand** *sub, m, -es, -stände* officials; ~**ntum** *sub, n, -s, nur Einz.* officialdom; ~**nverhältnis** *sub, n, -ses, -se* civil service status

beängstigend, *adj,* frightening

beanspruchen, *vt,* *(Besitz etc.)* claim; *(gebrauchen)* use; *(Person)* keep busy; *(tech.)* stress; *(Verstand)* preoccupy; *(Zeit etc.)* take up; *es beansprucht mich seelisch sehr* it greatly preoccupies me; *jemanden stark beanspruchen* keep so very busy; **Beanspruchung** *sub, f, -, -en* *(Gebrauch)* use; *(tech.)* stress; *(von Besitz etc.)* claim

beanstanden, *vt, (kritisieren)* criticize; *(Produkt)* complain about; *daran gibt es nichts zu beanstanden* there is nothing wrong with it; **Beanstandung** *sub, f, -, -en* *(Beschwerde)* complaint; *(Kritik)* criticism

beantragen, *vt,* apply for; **Beantragung** *sub,* application

beantworten, *vt,* answer; **Beantwortung** *sub, f, -, -en* answer

bearbeiten, *vt, (Acker, Material)* work; *(Text)* edit; *(Thema)* work on; *(ugs.)* jemanden (mit Schlägen) bearbeiten give so a working over; *jemanden bearbeiten* work on so; **Bearbeiter** *sub, m, -s, -* *(eines Sachgebiets)* person in charge; *(eines Textes)* editor; **Bearbeitung** *sub, f, -, -en (eines Akkers, von Material)* working; *(eines Antrags etc.)* processing; *(eines Textes)* revision; *(eines Themas)* treatment

beatmen, *vt,* give artificial respiration; **Beatmung** *sub, f, -, -en* artificial respiration; **Beatmungsgerät** *sub, n, -es, -e* respirator

beaufsichtigen, *vt, (ein Projekt)* supervise; *(Kinder)* look after; **Beaufsichtigung** *sub, f, -, -en* supervision
beauftragen, *vt,* instruct; *jemandem beauftragen, etwas zu tun* ask so to do sth; *jemandem mit einem Fall beauftragen* put so in charge of a case; **Beauftragte** *sub, f, m, -n, -n* representative
beäugen, *vt,* eye
Beben, (1) *sub, n, -s, -* trembling; *(geol.)* tremor **(2) beben** *vi,* tremble
bebildern, *vt,* illustrate; **Bebilderung** *sub, f, -, -en* illustrations
bebrillt, *adj,* spectacled
Becher, *sub, m, -s, - (Glas)* glass; *(Wegwerfbecher)* cup; **becherförmig** *adj,* cup-shaped; **bechern** *vti, (ugs.)* tipple
becircen, *vt,* bewitch
Becken, *sub, n, -s, - (anat.)* pelvis; *(geol., tech.)* basin; *(Schwimmbecken)* pool; *(Waschbecken)* sink; **~bruch** *sub, m, -es, -brüche (med.)* fractured pelvis
bedachen, *vt,* roof; **Bedachung** *sub, f, -, -en* roofing
bedacht, (1) *adj,* careful **(2) Bedacht** *sub, m, -es, nur Einz.* consideration; *(auf ein betstimmtes Verhalten) bedacht sein* make a point of being/behaving; *auf etwas bedacht sein* be keen on sth, *etwas mit Bedacht machen* do sth carefully; *etwas ohne Bedacht machen* do sth carelessly; **~sam (1)** *adj, (langsam)* slow; *(wohlüberlegt)* careful **(2)** *adv, (langsam)* slowly; *(wohlüberlegt)* carefully; **Bedachtsamkeit** *sub, f, -, nur Einz.* care
bedächtig, (1) *adj, (langsam)* slow; *(wohlüberlegt)* careful, carefully **(2)** *adv, (langsam)* slowly; **Bedächtigkeit** *sub, f, -, nur Einz.* care
bedanken, *vr,* thank; *(i. ü. S.) dafür bedanke ich mich* no, thank you very much; *sich bei jemandem für etwas bedanken* thank so for sth
Bedarf, *sub, m, -s, nur Einz. (Benötigtes)* need; *(wirt.)* demand; **Be-**

darf haben to have need; *bei Bedarf* if required; *für den eigenen Bedarf* for os; *den Bedarf decken* meet the demand; **~sartikel** *sub, m, -s, -* commodity; **~sdeckung** *sub, f, -, nur Einz.* supply of needs; **~sfall** *sub, m, -es, -fälle* case of need; **bedarfsgerecht** *adj,* *adv,* demand-meeting; **~sgüter** *sub, f, -, nur Mehrz.* consumer goods
bedauerlich, *adj,* regrettable; **~erweise** *adv,* unfortunately; **Bedauern (1)** *sub, n, -s, nur Mehrz.* regret **(2) bedauern** *vi,* be sorry **(3)** *vt,* regret; *zu meinem großen Bedauern* much to my regret, *ich bedaure I´m* sorry, *bedauern, etwas getan zu haben* regret having done sth; *sie ist zu bedauern* you can´t help feeling sorry for her; **bedauernswert** *adj,* regrettable
bedecken, (1) *vr,* cover o.s. **(2)** *vt,* cover; **bedeckt** *adj,* overcast; **Bedeckung** *sub, f, -, -en* cover(ing)
Bedenken, (1) *sub, f, -, nur Mehrz. (Skrupel)* scruple; *(Zweifel)* doubt **(2) bedenken** *vr,* think it over **(3)** *vt,* give a present to; *(berücksichtigen)* bear in mind; *(in Betracht ziehen)* consider; *(keine) Bedenken haben* have (no) reservations; *Bedenken anmelden* raise objections; *etwas ohne Bedenken machen* do sth without hesitation, *jemanden in seinem Testament bedenken* remember so in one´s will; *jemanden mit Beifall bedenken* acknowledge so with applause; *wenn man es recht bedenkt* when you think about it; **bedenkenlos (1)** *adj, (skrupellos)* unscrupulous **(2)** *adv (ohne nachzudenken)* without thinking; *(skrupellos)* without scruple; **bedenkenswert** *adj,* worth considering; **bedenklich** *adj,* questionable; *(alarmierend)* alarming; **Bedenklichkeit**

sub,f, -, nur Einz. *(Ernsthaftigkeit)* seriousness; *(Fragwürdigkeit)* dubiousness; **Bedenkzeit** *sub,f, -, -en* time for reflection
bedeuten, *vt, (Bedeutung haben)* mean; *(wert sein)* be important; *das hat etwas zu bedeuten* that says something; *das hat nichts zu bedeuten* it doesn´t mean anything; *sie bedeutet mir alles* she is the world to me; *jemandem viel bedeuten* mean a lot to so; **~d (1)** *adj,* remarkable; *(beträchtlich)* considerable; *(wichtig)* important **(2)** *adv, (beträchtlich)* considerably; **bedeutsam** *adj, (vielsagend Blick)* meaningful; *(wichtig)* important; **Bedeutsamkeit** *sub, f, -, nur Einz.* importance; **Bedeutung** *sub, f, -, -en (Sinn)* meaning; *(Wichtigkeit)* importance; *eine Person von Bedeutung sein* be a person of some standing; *es ist nichts von Bedeutung* it´s nothing of importance; *von großer Bedeutung sein* be very important; **bedeutungslos** *adj, (sinnlos)* meaningless; *(unwichtig)* unimportant; **Bedeutungslosigkeit** *sub, f, -, nur Einz.* unimportance; **bedeutungsvoll** *adj,* meaningful
bedienen, (1) *vi,* serve **(2)** *vr, (sich nehmen)* help o.s. **(3)** *vt,* serve; *bedient euch* help yourselves; *sich einer Sache bedienen* make use of sth, *(i. ü. S.)* bedient sein have had enough; *schlecht bedient werden* get bad service; *werden sie schon bedient?* are you being served?; **bedienstet** *adj,* in service; **Bedienstete** *sub, f, m, -n, -n* employee; **Bedienung** *sub, m, -, -en (Kellner)* waiter; *f, -, nur Einz. (Service)* service; *f, -, -en (tech.)* operation; **Bedienungsanleitung** *sub, f, -, -en (kürzere)* instructions; *(umfangreiche)* instruction manual; **Bedienungsfehler** *sub, m, -s, -* operating error; **Bedienungsgeld** *sub, n, -es, -er* service charge
bedrängen, *vt, (belästigen)* harass;

(eindringlich bitten) pester; *(nötigen)* press so; **Bedrängnis** *sub, n, -ses, -se* distress
bedrohen, *vt,* threaten; **bedrohlich (1)** *adj, (Entwicklung)* ominous; *(Situation)* precarious **(2)** *adv, (schauen)* threateningly; *bedrohlich nahe kommen* come threateningly close; *ein bedrohliches Ausmaß annehmen* take on an alarming proportion; **Bedrohlichkeit** *sub, f, -, nur Einz. (einer Situation)* precariousness; **Bedrohung** *sub, f, -, -en* threat
bedrucken, *vt,* print; **Bedruckung** *sub, f, -, -en* printing
bedrücken, *vt,* depress; **bedrückt** *adj,* depressed; **Bedrücktheit** *sub, f, -, nur Einz.* depression; **Bedrückung** *sub, f, -, nur Einz.* oppression
Beduine, *sub, m, -n, -n* Bedouin
bedürfen, *vt,* need; *es bedarf aller Kraft* it´ll take all our strength; *keiner Beweise bedürfen* need no evidence; **Bedürfnis** *sub, n, -ses, -se (starkes Verlangen)* urge; *(Verlangen)* need; *ein starkes Bedürfnis haben zu* feel an urge to; *ein dringendes Bedürfnis verspüren zu* feel an urgent need to; *sein Bedürfnis verrichten* relieve os; **Bedürfnisanstalt** *sub, f, -, -en* public lavatory; **bedürfnislos** *adj,* undemanding; **bedürftig** *adj,* needy; *einer Kleidung bedürftig sein* be in need of clothes; **Bedürftigkeit** *sub, f, -, nur Einz.* neediness
beehren, *vt,* honour
beeiden, *vt,* swear to sth; **beeidigen** *vt,* swear to sth; *eine Aussage beeidigen* swear to an evidence
beeilen, *vr,* hurry (up); *beeile dich* hurry up; *du brauchst dich nicht zu beeilen* take your time; *sich mit etwas beeilen* hurry up with sth; **Beeilung** *sub, f, -, nur Einz.* nur als Anwendung; *Beeilung, bitte* get a move on
beeindrucken, *vt,* impress

beeinflussbar, *adj,* nur als Anwendung; *leicht beeinflussbar* easily influenced; **Beeinflussbarkeit** *sub, f, -, nur Einz.* ease of influencing so; **beeinflussen** *vt,* influence; **Beeinflussung** *sub, f, -, -en* influencing **beeinträchtigen,** *vt, (behindern)* impede; *(negativ beeinflussen)* affect; **Beeinträchtigung** *sub, f, -, -en (Behinderung)* impeding; *(negative Auswirkung)* adverse effect **Beelzebub,** *sub, m, -en, nur Einz.* nur als Anwendung; *den Teufel mit dem Beelzebub austreiben* out of the frying pan into the fire **beenden,** *vt, (Arbeit, Brief)* finish; *(Arbeitsverhältnis)* terminate; *(Vortrag)* close; **Beendung** *sub, f, -, -en (eines Vortrags etc.)* close; *(Fertigstellung)* completion; *(von Arbeitsverhältnisses)* termination **beengen,** *vt,* confine; **Beengtheit** *sub, f, -, nur Einz.* constriction; **Beengung** *sub, f, -, -en* constriction **beerben,** *vt,* be so´s heir **Beere,** *sub, f, -, -n* berry; **~nauslese** *sub, f, -, -n* choice wine; **beerenförmig** *adj,* berry-like; **~nobst** *sub, n, -es, nur Einz.* soft fruits **Beet,** *sub, n, -es, -e (für Blumen)* bed; *(für Gemüse)* patch **befähigen,** *vt,* enable **Befähigung,** *sub, f, -, -en (Können)* ability; *(Qualifikation)* qualification **befahrbar,** *adj, (Brücke etc.)* passable; *(Gewässer)* navigable **Befahrbarkeit,** *sub, f, -, nur Einz.* *(eines Gewässers)* navigability; *(von Straßen)* road conditions **befahren, (1)** *adj,* nur als Anwendung **(2)** *adt, (benützen)* use **(3)** *vt, (Brücke etc.)* drive on; *diese Staße ist kaum befahren* hardly anyone uses this road; *eine gering befahrene Straße* a quiet road; *eine stark befahrene Straße* a busy road **Befall,** *sub, m, -s, -fälle* attack **befallen, (1)** *adj,* infested **(2)** *vt,* attack **befangen,** *adj, (gehemmt)* self-con-

scious; *(voreingenommen)* biased **Befangenheit,** *sub, f, -, nur Einz.* *(Hemmung)* self-consciousness; *(Voreingenommenheit)* bias **befassen,** *vr, (sich beschäftigen mit)* deal with; *(untersuchen)* look at **befehden,** *vt,* be at war with **Befehl,** *sub, m, -es, -e (Anweisung)* order; *(Befehlsrecht)* command; *auf Befehl von jemandem handeln* act on orders of; *einen Befehl haben etwas zu tun* have to do sth; *Befehl ist Befehl* orders are orders; *bis auf weiteren Befehl* till further orders; **befehlen** *vt,* order; *jemandem etwas befehlen* order so to do sth; *Von ihm lasse ich mir nichts befehlen* I won´t be ordered about by him; **befehligen** *vt,* command; **~sempfänger** *sub, m, -s, -* recipient of an order; **befehlsgemäß** *adj,* according to the instructions; **~sgewalt** *sub, f, -, -en* command; **~shaber** *sub, m, -s, -* commander; **befehlshaberisch** *adj,* imperious; **~ston** *sub, m, -s, nur Einz.* commanding tone; **~sverweigerung** *sub, f, -, -en* rejection of an order **befeinden,** *vt,* be at war with **befestigen,** *vt, (anbringen)* attach; *(eine Straße)* surface; *(mil.)* fortify; *ein Segel befestigen* bend a sail; **Befestigung** *sub, f, -, -en (Anbringung)* attaching; *(mil.)* fortification; *(von Straßen)* surfacing; **Befestigungsanlage** *sub, f, -, -n* defences **Befeuchtung,** *sub, f, -, -en (von Papier etc.)* moistening; *(von Wäsche)* sprinkling **Befinden, (1)** *sub, n, -s, nur Einz.* *(Dafürhalten)* view; *(Gesundheitszustand)* state of health **(2)** **befinden** *vi, (entscheiden)* decide **(3)** *vr, (gesundheitlich, zustandsmäßig)* be **(4)** *vt,* *(beurteilen)* consider; *nach mei-*

nem Befinden in my view; *nach meinem Befinden* in my opinion; *wie ist ihr Befinden?* how are you feeling?, *Ich befinde mich gut* I´m fine; *sich in schlechtem Zustand befinden* be in a bad condition; *wie befinden Sie sich?* how are you?, *etwas für gut befinden* consider sth to be good; *jemanden für schuldig befinden* find so guilty; **befindlich** *adj*, situated; *die in den Regalen befindlichen Akten* the files (situated) on the shelves; **Befindlichkeit** *sub, f, -, -en* state of health

befingern, *vt, (ugs.)* finger

beflaggen, *vt*, deck with flags; **Beflaggung** *sub, f, -, -en* flags

beflecken, *vt*, stain; *die Tischdecke beflecken* stain the tablecloth; *mit Blut befleckt* bloodstained; *(i. ü. S.) seinen Namen beflecken* sully one´s name; **Befleckung** *sub, f, -, nur Einz.* stain

befleißigen, *vr*, take pains to; *sich einer Sache befleißigen* apply os to sth

beflissen, *adj*, very keen; *sich beflissen zeigen zu* be eager to; **Beflissenheit** *sub, f, -, nur Einz.* keenness; **~tlich** *adv*, sedulously

beflügeln, *vt*, inspire

befolgen, *vt, (Befehl etc.)* obey; *(Vorschrift etc.)* follow

beförderbar, *adj*, transportable; **Beförderungsmittel** *sub, n, -s, -* means of transportation; **Beförderungstarif** *sub, n, -es, -e* transportation charges

befördern, *vt, (beruflich)* promote; *(Güter etc.)* transport

Beförderung, *sub, f, -, -en (beruflich)* promotion; *(von Gütern etc.)* transportation

befrachten, *vt, (a. i.ü.S.)* load; **Befrachtung** *sub, f, -, nur Einz.* loading

befrackt, *adj*, in tails

befragen, *vt*, question; *(fragen)* ask; *sein Gewissen befragen* examine one´s conscience

Befragung, *sub, f, -, -en (des Volkes)* referendum; *(von Personen)* questioning

befreien, **(1)** *vr, (loskommen)* free o.s. **(2)** *vt, (ausnehmen von)* exempt; *(in die Freiheit entlassen)* free; *(retten)* rescue; *(von Schwierigkeiten)* extricate; *sich aus seinen Fesseln befreien* shake off one´s chains; **Befreiungsbewegung** *sub, f, -, -en* liberation movement; **Befreiungskampf** *sub, m, -es, -kämpfe* fight for liberation; **Befreiungskrieg** *sub, m, -es, -e* war of independence

befreit, *adj, (ausgenommen)* exempt; *(gerettet)* rescued; *(Volk, Land)* liberated

Befreiung, *sub, f, -, -en* rescue; *(Ausnahme)* exemption; *(eines Volkes)* liberation

Befremden, **(1)** *sub, n, -s, nur Einz.* astonishment **(2) befremden** *vt*, appear strange; *mit Befremden feststellen* realize with astonishment; *mit seinen These löste er Befremden aus* his theses took the people aback, *etwas befremdend finden* find sth disconcerting; **befremdend** *adj*, strange; **befremdlich** *adj*, strange

befreunden, *vr*, become friends; **befreundet** *adj*, be friends; *befreundet sein mit* be friends with; *ein befreundeter Lehrer* a teacher friend of mine; *ein befreundetes Land* a friendly nation; *eng befreundet sein* be close friends

befrieden, *vt*, restore peace; **Befriedung** *sub, f, -, -en* restoration of peace

befriedigen, **(1)** *vi, (Zustand etc.)* be satisfactory **(2)** *vr, (sexuell)* masturbate **(3)** *vt, (Erwartungen)* meet; *(zu Frieden stellen)* satisfy; *schwer zu befriedigen sein* be hard to please; *seine Erwartungen wurden nicht befriedigt* his expectations were not met; **~d** *adj*, satisfactory; **Befriedigung** *sub, f, -, -en* satisfaction

befristen, *vt,* limit

befruchten, *vt,* fertilize; **Befruchtung** *sub, f, -, -en* fertilization; *gegenseitige Befruchtung* cross-fertilization; *künstliche Befruchtung* artificial insemination

befugen, *vt,* authorize; **Befugnis** *sub, f, -, -se* authority; **befugt** *adj,* authorized

befühlen, *vt,* feel

Befund, *sub, m, -es, -e* findings; *(med.) ohne Befund* negative

befürchten, *vt, (erwarten)* expect; *(fürchten)* fear; *das ist nicht zu befürchten* there is no fear of that; *das Schlimmste befürchten* be pepared for the worst; *es ist zu befürchten, dass* it is feared that; **Befürchtung** *sub, f, -, -en* fear; *die Befürchtung haben, dass* fear that

befürworten, *vt,* support; **Befürwortung** *sub, f, -, -en* support

begabt, *adj,* talented; **Begabung** *sub, f, -, -en* talent; *eine Begabung haben für etwas* have a talent for sth

begaffen, *vt, (ugs.)* gape at

begeben, *vr,* nur als Anwendung; *(geschehen)* happen; *es begab sich, dass* it happened that; *sich auf eine Reise begeben* set out on a journey; *sich begeben nach* go to; *sich in Behandlung begeben* seek medical treatment; **Begebenheit** *sub, f, -, -en* event; **Begebnis** *sub, n, -ses, -se* event

begegnen, *vi, (einem Problem)* meet with; *(einer Person)* meet; *(einer Sache)* come across; *(erfahren)* experience; *(Krankheit, Problem bekämpfen)* combat; *etwas schon mal begegnet sein* have sth experienced before

Begegnung, *sub, f, -, -en (mit einem Feind)* encounter; *(Treffen)* meeting

begehbar, *adj,* passable

begehen, *vt, (besichtigen)* inspect; *(gehen auf)* walk on; *(Verbrechen)* commit

Begehren, (1) *sub, n, -s, nur Einz.*

desire (2) **begehren** *vt,* desire

begeistern, (1) *vr,* nur als Anwendung (2) *vt, (Person)* inspire; *(Zuschauer)* delight; *sich an etwas begeistern* get all excited about sth; *sich für etwas begeistern* get enthusiastic about sth, *jemanden für etwas begeistern* inspire so; *die Zuschauer durch Späße begeistern* delight the audience by making fun; **Begeisterung** *sub, f, -, nur Einz.* enthusiasm; *mit/ohne Begeisterung* with/without much enthusiasm; *über etwas in Begeisterung geraten* get all enthusiastic about sth

begeistert, (1) *adj,* enthusiastic (2) *adv,* enthusiastically; *er ist ein begeisterter Fußballfan* he is a great soccer fan; *sie war begeistert* she was quite taken; *von etwas begeistert sein* be enthusiastic about sth

Begierde, *sub, f, -, -n* desire

begierig, *adj, (als Eigenschaft)* eager; *(Blick, Verhalten)* greedy

begießen, *vt, (Gegenstand, Person)* pour water over; *(Pflanze)* water

Beginn, *sub, m, -s, nur Einz.* beginning; *(geh.)* commencement; *gleich zu Beginn* right at the outset; *mit Beginn* at the beginning of *von Beginn an* from the beginning on

beginnen, *vti,* begin; *(geh.)* commence; *die Entwicklung begann* the development began (in); *immer wieder mit etwas beginnen* keep harping on about sth; *mit der Arbeit beginnen* start working

beglaubigen, *vt,* certify; **Beglaubigung** *sub, f, -, -en* certification

begleichen, *vt,* pay; **Begleichung** *sub, f, -, -en* payment

Begleitbrief, *sub, m, -es, -e* covering letter

Begleiter, *sub, m, -s, - (Freund etc.)* companion; *(im Beruf)* attendant

Begleiterin, *sub, f, -, -nen (Begleitperson)* escort; *(Freundin)* companion

Begleitung, *sub, f, -, -en (mus.)* accompaniment; *(Zusammensein)* company

beglücken, *vt,* make happy

beglückwünschen, *vt,* congratulate

begnadet, *adj,* highly gifted

begnadigen, *vt,* pardon; **Begnadigung** *sub, f, -, -en* pardon

begnügen, *vr,* be satisfied; *sich mit etwas begnügen* be satisfied with

Begonie, *sub, f, -, -n (bot.)* begonia

begraben, *vt, (beerdigen)* bury; *(i. ü. S.; Vorhaben)* give up; **Begräbnis** *sub, n, -ses, -se* funeral

begradigen, *vt, (Bach etc.)* regulate; *(Weg etc.)* straighten

Begradigung, *sub, f, -, -en (eines Baches etc.)* regulation; *(eines Weges etc.)* straigtening

begrapschen, *vt, (ugs.)* grab

begreifen, *(1) vi,* understand *(2) vt,* understand; *Es ist einfach nicht zu begreifen* It´s unbelievable; *langsam/schnell begreifen* be slow/quick on the uptake, *ich begreife überhaupt nichts* I don´t understand anything; **begreiflich** *adj,* understandable

begrenzen, *vt, (abgrenzen)* mark off; *(Auswirkungen etc.)* limit

begrenzt, *(1) adj,* limited *(2) adv,* limited; *in einem eng begrenzten Bereich* in a clearly defined area, *zeitlich begrenzt verfügbar* available for a limited period only

Begriff, *sub, m, -es, -e (Vorstellung)* idea; *(Wort)* term; *für meine Begriffe* as I see it; *schwer von Begriff sein* be slow on the uptake; *sich keine Begriffe machen* have no ideas; *sich von etwas einen Begriff machen* form an idea of sth

begrifflich, *(1) adj,* conceptual *(2) adv,* nur als Anwendung; *etwas begrifflich erfassen* conceptualize sth

begründen, *vt, (Ansicht, Vermutung)* explain; *(Firma, Geschäft)* establish; **begründet** *adj,* justified;

den begründeten Verdacht haben, dass have cause to suspect that; *ein begründeter Einwand* a reasonable objection; *nicht begründet sein* be unjustified

Begründung, *sub, f, -, -en (eines Geschäftes etc.)* establishment; *(Erklärung)* explanation; *(Rechtfertigung)* justification; *mit der Begründung, dass* on the grounds that; *ohne jegliche Begründung* without giving any reasons

begrünen, *(1) vr, (Bäume)* turn green *(2) vt, (bepflanzen)* plant with grass etc.

begrüßen, *vt, (grüßen)* greet; *(a. i.ü.S.; willkommen heißen)* welcome; **Begrüßungsansprache** *sub, f, -, -n* welcoming speech

Begrüßung, *sub, f, -, -en (das Grüßen)* greeting; *(a. i.ü.S.; das Willkommen)* welcome

begünstigen, *vt, (Person)* favour; *(Sache)* help; **Begünstigung** *sub, f, -, -en* preferential treatment

begutachten, *vt,* give an opinion on; **Begutachter** *sub, m, -s, -* expert; **Begutachtung** *sub, f, -, -en* examination

begütert, *adj,* wealthy

begütigen, *vt,* appease

behaaren, *vr,* grow hairs; **behaart** *adj,* hairy; **Behaarung** *sub, f, -, -en* hairs

behäbig, *adj,* sedate; **Behäbigkeit** *sub, f, -, nur Einz.* sedateness

behacken, *vt,* hack at

behaftet, *adj,* afflicted; *mit Fehlern behaftet sein* flawed; *mit Problemen behaftet sein* afflicted with problems; *mit Schuldgefühlen behaftet sein* be guilt-ridden

Behagen, *(1) sub, n, -s, nur Einz. (Annehmlichkeit)* comfort; *(Vergnügen)* pleasure *(2) behagen vi,* suit; *das behagt mir aber gar nicht* I don´t like it one bit; *es behagt ihm nicht* it doesn´t suit him; **behaglich** *(1) adj, (angenehm)* comfortable; *(gemütlich)*

cosy (2) *adv*, comfortably; **Behaglichkeit** *sub, f, -, -en (Angenehmheit)* comfort; *(Gemütlichkeit)* cosyness

Behälter, *sub, m, -s, - (aus anderen Materialien)* container; *(aus Pappe)* box

behandeln, *vt, (Krankheit; Werkstück)* treat; *(Thema)* deal with; **Behandlung** *sub, f, -, -en* treatment

Behang, *sub, m, -es, -hänge (Ausschmückung)* decoration; *(Wandbehang)* hangings

behängen, *vt, (beladen)* hang (with); *(schmücken)* decorate (with)

behangen, *vi, (beladen)* laden; *(geschmückt)* decorated

beharren, *vi,* insist (on); *darauf beharren, dass* insist that; **Beharrungsvermögen** *sub, n, -s, nur Einz. (phy.)* inertia

beharrlich, (1) *adj, (hartnäckig)* persistent; *(standhaft)* persevering (2) *adv,* persistently; *beharrlich auf etwas bestehen* insist that; *beharrlich schweigen* refuse to speak

behauen, *vt,* hew

behaupten, (1) *vr, (gegenüber Mitstreitern)* assert o.s.; *(wirt.)* remain firm (2) *vt,* claim; *(geh.)* assert; *sich gegen jemanden behaupten* maintain one´s position, *man behauptet, dass* it is said that; *sein Recht behaupten* assert one´s rights

Behauptung, *sub, f, -, -en* claim; *(geh.)* assertion; *be seiner Behauptung bleiben, dass* maintain that; *das ist nichts als eine Behauptung* that is mere conjecture; *wie kommt er zu der Behauptung, dass?* what makes him say that?; *eine Behauptung zurücknehmen* withdraw an assertion

Behausung, *sub, f, -, -en (Unterkunft)* accommodation; *(Wohnung)* dwelling

beheben, *vt, (abhelfen)* remedy; *(reparieren)* repair

Behebung, *sub, f, -, -en* remedy, repair

beheimatet, *adj,* resident; *in (einem Land) beheimatet sein* come from; *in (einer Stadt) beheimatet sein* be resident in

beheizen, *vt,* heat; **Beheizung** *sub, f, -, nur Einz.* heating

Behelf, *sub, m, -es, -e* makeshift; **behelfen** *vr,* improvise; *sich behelfen können* be able to improvise; *sich mit etwas behelfen* make do with; *~sheim sub, n, -es, -e* temporary home; **behelfsweise** *adv,* as a makeshift

behelligen, *vt,* bother; **Behelligung** *sub, f, -, -en* pestering

behende, *adj,* nimble

beherbergen, *vt,* accommodate; **Beherbergung** *sub, f, -, -en* accommodation

beherrschbar, *adj,* controllable; **Beherrscher** *sub, m, -s, -* ruler; **Beherrschte** *sub, f, m, -n, -n* governed person

beherrschen, (1) *vr,* restrain o.s. (2) *vt, (die Szenerie)* overlook; *(dominieren)* dominate; *(Handwerk etc.)* have complete command of; *(regieren)* govern; *(Situation)* control; *er kann sich nicht beherrschen* he just can´t hold back; *ich muss mich beherrschen* I have to pull myself together, *seine Leidenschaften beherrschen* dominate one´s passions

Beherrschung, *sub, f, -, - (einer Situation)* control; *(eines Handwerks etc.)* command; *(eines Landes)* rule; *(Selbstbeherrschung)* self-control

beherzigen, *vt,* take to heart; **Beherzigung** *sub, f, -, nur Einz.* heeding; **beherzt** *adj,* brave; **Beherztheit** *sub, f, -, nur Einz.* bravery

behilflich, *adj,* helpful; *jemandem bei etwas behilflich sein* help so with sth; *kann ich Ihnen behilflich sein?* may I help you?

behindern, *vt,* impede; **Behin-**

derte *sub, f, m, -n, -(n)* disabled person; **Behinderung** *sub, f, -, -en (med.)* handicap; *(von Verkehr etc.)* impediment; *eine geistige Behinderung haben* have a mental handicap; *eine körperliche Behinderung haben* have a physical handicap

Behörde, *sub, f, -, -n* public authority

behördlich, (1) *adj,* official **(2)** *adv,* officially; *behördlich anerkannt* officially recognized; *behördlich genehmigt werden* authorize officially

behufs, *präp,* for the purpose of

behüten, *vt,* look after; *behüte dich Gott* god bless you; *behüte Gott* god forbid

behutsam, (1) *adj,* careful **(2)** *adv,* carefully; **Behutsamkeit** *sub, f, -, nur Einz.* caution

Behütung, *sub, f, -, nur Einz.* guarding

bei, *präp, (bezüglich)* at, by, on; *(in Anbetracht)* at, on, with; *(räumlich)* at, by, near; *(zeitlich)* at, by, on; *bei Frauen Pech haben* be unlucky with women; *bei deinen Problemen* considering your problems; *bei einem Lohn von* at wages of; *bei einer solchen Leistung* with such a performance; *bei der Tür* at the door; *bei Goethe steht* Goethe says; *bei London* near London; *bei seinen Eltern wohnen* live at one´s parents´ place; *beim Fluss* by the river; *bei Ankunft des Zuges* on arrival of the train; *bei Nacht* at night; *bei Tag* by day

Beibehaltung, *sub, f, -, nur Einz. (eines Brauches)* continuance; *(von Eigenschaften)* retention

Beiblatt, *sub, n, -es, -blätter* insert

beibringen, *vt, (lehren)* teach; *(Verletzung etc.)* inflict; *dem werde ich es schon beibringen* I´ll show him what´s what; *jemandem eine Verletzung beibringen* inflict an injury on so; *jemandem etwas beibringen* teach so sth; **Beibringung** *sub, f, -, nur Einz.* infliction

Beichte, *sub, f, -, -n* confession; *eine Beichte ablegen* make one´s confession; *jemandem die Beichte abnehmen* hear so´s confession; *zur Beichte gehen* go to confession; **beichten** *vti,* confess; *jemandem etwas beichten* have sth to confess to so; **Beichtgeheimnis** *sub, n, -es, -se* seal of confession; **Beichtstuhl** *sub, m, -es, -stühle* confessional box; **Beichtvater** *sub, m, -s, -väter* confessional father

beide, *pron, (betont)* both; *(unbetont)* the two; *alle beide* both of them; *auf beiden Seiten* on both sides; *keiner von beiden* neither of the two; *wir beide* the two of us; ~**rlei** *adj,* both kinds; *beiderlei Geschlechts* of either sex; ~**rseits** *adv, präp,* on both sides

beiderseitig, *adj, (polit.)* bilateral, on both sides

Beidhänder, *sub, m, -s, -* ambidextrous person; **beidhändig** *adj,* ambidextrous

beidrehen, *vti,* heave to

beidseitig, *adj,* on both sides; *(polit.)* bilateral

beieinander, *adv,* together

Beifahrer, *sub, m, -s, - (Lastwagen)* co-driver; *(Personenwagen)* passenger; ~**sitz** *sub, m, -es, -e* front passenger seat

Beifall, *sub, m, -es, nur Einz.* applause; *jemandem Beifall spenden* applaud so; *viel Beifall ernten* draw a lot of applause; ~**sklatschen** *sub, n, -s, nur Einz.* applause; ~**skundgebung** *sub, f, -, -en* show of approval; ~**ssturm** *sub, m, -s, -stürme* storm of applause

beifällig, (1) *adj,* approving **(2)** *adv,* approving

beifügen, *vt, (einem Brief)* enclose; *(Zutaten)* add

Beifügung, *sub, f, -, -en* nur als Anwendung; *(von Zutaten etc.)* addition; *die Beifügung der Unterlagen* the enclosing of the papers; *unter Beifügung von* by

adding
Beifuß, *sub, m, -es, -* *(biol.)* mugwort
Beige, *sub, n, -, nur Einz.* beige
beigefarben *adj,* beige
beigeben, (1) *vi, (ugs.)* nur als Anwendung (2) *vt,* add; *klein beigeben* give in
Beigeordnete, *sub, f, m, -n, -(n)* assistant
Beigeschmack, *sub, m, -es, -* taste; *einen bitteren Beigeschmack haben* have a slightly bitter taste; *einen unangenehmen Beigeschmack haben* have an unpleasant taste
beigesellen, (1) *vr,* join (2) *vt,* nur als Anwendung; *jemandem jemanden beigesellen* assign so to so; *sich jemandem beigesellen* join so
Beiheft, *sub, n, -es, -e* supplement
beiheften, *vt,* attach
Beihilfe, *sub, f, -, -n* subsidy
Beiklang, *sub, m, -es, -klänge (a. i.ü.S.)* overtone
beikommen, *vi, (einer Person)* get at so; *(einer Sache)* cope with; *einer Sache beikommen* get to grips with sth; *ihr ist nicht beizukommen* there´s no getting at her
Beil, *sub, n, -es, -e (eines Metzgers)* chopper; *(Handbeil)* hatchet
Beilage, *sub, f, -, -n (einer Speise)* side dish; *(einer Zeitung)* supplement
beiläufig, (1) *adj,* casual (2) *adv,* casually; *eine beiläufige Bemerkung* a passing remark, *etwas beiläufig bemerken* mention sth in passing
beilegen, *vt, (einem Brief)* enclose; *(einen)* settle; *(hinzufügen)* add; **Beilegung** *sub, f, -, -en (eines Streites)* settlement
beileibe, *adv,* certainly; *beileibe nicht* certainly not; *das ist beileibe nicht komisch* it´s far from being funny; *das war beileibe kein Vergnügen* it was no picnic, I can tell you
Beileid, *sub, n, -es, -* condolences; *jemandem sein Beileid ausspre-*

chen offer so one´s condolences; *Mein herzliches Beileid* I´m so sorry; ~**sbezeigung** *sub, f, -, -en* condolences; ~**skarte** *sub, f, -, -n* condolence card; ~**sschreiben** *sub, n, -s, -* letter of condolence
beim, *präp, (räumlich)* at, by, near; *(Umstände)* nur als Anwendung; *beim Fenster* at the window; *beim Frühstücken* when having breakfast; *beim Schlafen* when sleeping
beimengen, *vt,* add; **Beimengung** *sub, f, -, -en* admixture
beimessen, *vt,* nur als Anwendung; *einer Sache Bedeutung beimessen* attach importance to a thing
beimischen, *vt,* mix; **Beimischung** *sub, f, -, -en* admixture
Bein, *sub, n, -es, -e* leg; *alles, was Beine hat* anyone and everyone; *auf den Beinen sein* be up and about; *das geht in die Beine* it goes for your legs; *jemandem Beine machen* get so moving; *jund ein Bein stellen* trip so up; *ständig auf den Beinen sein* always be on the go
beinah, *adv,* nearly; ~**e** *adv,* nearly
Beiname, *sub, m, -n, -n* nickname
beinamputiert, *adj,* have one/two leg(s) amputated
Beinarbeit, *sub, f, -, -* footwork; **Beinbruch** *sub, m, -s, -brüche* fractured leg; *das ist kein Beinbruch* that´s not the end of the world; **Beinfleisch** *sub, n, -es, nur Einz.* meat from the leg
beinhalten, *vt, (bedeuten)* mean; *(enthalten)* contain
beinhart, *adj,* as hard as rock
Beinkleid, *sub, n, -es, -er* trousers; **Beinprothese** *sub, f, -, -n* artificial leg; **Beinring** *sub, m, -es, -e* leg ring; **Beinschere** *sub, f, -, -n (spo.)* scissors hold; **Beinstrumpf** *sub, m, -es, -strümpfe* sock
beiordnen, *vt,* nur als Anwen-

dung; *jemandem jemanden bei-ordnen* assign so to so; **Beiordnung** *sub, f, -, -en* coordination
beipacken, *vt,* enclose with; *einer Sendung etwas beipacken* enclose sth with a parcel; **Beipackzettel** *sub, m, -s, -* package insert
beipflichten, *vi,* agree with
Beiprogramm, *sub, n, -es, -e* supporting programme
beirren, *vt,* disconcert; *sich nicht beirren lassen in* not be put off from
beisammen, *adv,* together; **Beisammensein** *sub, n, -s, nur Einz.* gathering; *geselliges Beisammensein* social gathering
beischießen, *vt, (ugs.)* contribute
Beischlaf, *sub, m, -es, nur Einz.* sexual intercourse; **beischlafen** *vi,* sleep with; **Beischläfer** *sub, m, -s, -* lover
beiseite, *adv,* aside; *beiseite gehen* step aside; *etwas beiseite schieben* put sth aside; *jemanden beiseite schaffen* get rid of so; *Spaß beiseite!* seriously now!
beisetzen, *vt,* bury; **Beisetzung** *sub, f, -, -en* burial
Beisitzer, *sub, m, -s, - (einer Prüfung)* observer; *(Sachverständiger)* assessor
Beispiel, *sub, n, -es, -e* example; *das ist ohne Beispiel* that´s unprecedented; *das sollte uns ein warnendes Beispiel sein* let it be a warning to us; *ein gutes Beispiel geben* set a good example; *ein praktisches Beispiel geben* give a concrete example; *jemanden als Beispiel nehmen* take so as an example; *zum Beispiel* for example; **beispiellos** *adj,* unparalleled; **~satz** *sub, m, -es, -sätze* example; **beispielsweise** *adv,* for example
beispielhaft, (1) *adj,* exemplary (2) *adv,* nur als Anwendung; *beispielhaft vorangehen* set a positive example; *sich beispielhaft verhalten* behave impeccably
beispielshalber, *adv, (als Beispiel)* by way of example; *(zum Beispiel)* for example
beispringen, *vi,* come to so´s aid
beißen, (1) *vi, (anbeißen, brennen, stechen)* bite (2) *vr,* bite o.s. (3) *vt, (stechen, zubeißen)* bite; *auf etwas beißen* bite on sth; *auf Granit beißen* bang one´s head against a wall; *in etwas beißen* bite in on sth; **Beißkorb** *sub, m, -s, -körbe* muzzle; **Beißring** *sub, m, -s, -e* teething ring; **beißwütig** *adj,* aggressive; **Beißzange** *sub, f, -, -n* pliers
Beistand, *sub, m, -s, nur Einz. (moralische Unterstützung)* support; *m, -s, -stände (Rechtsbeistand)* legal adviser; **beistehen** *vt,* help so
beisteuern, *vti,* contribute
beistimmen, *vi,* agree with
Beistrich, *sub, m, -s, -e* comma
beitreiben, *vt, (Steuern)* collect
beitreten, *vt,* join; **Beitritt** *sub, m, -es, -e* joining; **Beitrittserklärung** *sub, f, -, -en* application for membership
Beiwagen, *sub, m, -s, -wägen* sidecar
Beiwerk, *sub, m, -s, -e* trimmings
beiwohnen, *vi,* be present; *einem Ereignis beiwohnen* witness an event; *einer Versammlung beiwohnen* be present at a meeting
Beiwort, *sub, n, -s, -wörter* epithet
Beize, *sub, f, -, -n (Beizen von Holz)* staining; *(Beizjagd)* hawking; *(für Holz)* stain; *(Substanz)* corrosive; *(Vorgang)* corrosion
beizeiten, *adv,* early
beizen, (1) *vt, (chem.)* corrode; *(Holz)* stain (2) *vti, (jagen)* hawk
bejahen, *vt,* affirm; **~d** (1) *adj,* affirmative (2) *adv,* affirmatively; **Bejahung** *sub, f, -, -en* affirmation
bejahrt, *adj,* aged
bejammern, *vt,* lament; **~swert** *adj,* lamentable
bejubeln, *vt,* acclaim
bekämpfen, *vt,* fight (against);

Bekämpfung *sub*, *f*, -, -en fight
bekannt, *adj*, known; ~ **geben** *vt*, announce; ~ **machen** (1) *vr*, nur als Anwendung (2) *vt*, nur als Anwendung; *jemanden mit jemandem bekannt machen* introduce so to so; *sich mit einer Sache bekannt machen* familiarize os with a thing; **Bekannte** *sub*, *m*, *f*, -n, -(n) friend; *ein Bekannter* a friend of mine; *ein flüchtiger Bekannter* someone one knows; **Bekanntenkreis** *sub*, *m*, -es, -e circle of friends; ~**ermaßen** *adv*, as everyone knows; **Bekanntgabe** *sub*, *f*, -, nur Einz. announcement; **Bekanntheit** *sub*, *f*, -, nur Einz. familiarity; **Bekanntheitsgrad** *sub*, *m*, -es, nur Einz. degree of familiarity; ~**lich** *adv*, as everyone knows; **Bekanntmachung** *sub*, *f*, -, -en announcement; **Bekanntschaft** *sub*, *f*, -, -en *(Freundeskreis)* acquaintances; *(mit einem Vorgang etc.)* familiarity
bekehren, (1) *vr*, become converted (2) *vt*, convert; **Bekehrte** *sub*, *m*, *f*, -n, -(n) convert; **Bekehrung** *sub*, *f*, -, -en conversion
beklagen, (1) *vr*, complain (2) *vt*, lament; ~**swert** *adj*, lamentable; *sich in einem beklagenswerten Zustand befinden* be in a sorry state; **Beklagte** *sub*, *f*, *m*, -n, -(n) defendant
beklatschen, *vt*, applaud
beklauen, *vt*, steal; *beklaut werden* have sth stolen; *jemanden beklauen* steal sth from so
bekleben, *vt*, stick sth onto
bekleckern, *vr*, *vt*, mess up
bekleiden, *vt*, *(ein Amt innehaben)* hold; *(sich anziehen)* dress; **Bekleidung** *sub*, *f*, -, nur Einz. clothing; **Bekleidungsindustrie** *sub*, *f*, -, nur Einz. clothing industry
beklemmen, *vt*, oppress; ~**d** *adj*, oppressive; **Beklemmung** *sub*, *f*, -, -en oppression
beklommen, *adj*, anxious; **Beklommenheit** *sub*, *f*, -, nur Einz. anxiety

bekloppt, *adj*, *(ugs.)* crazy
beknackt, *adj*, crazy
bekochen, *vt*, cook for
bekommen, *vt*, get; *Angst bekommen* get the wind up; *ein Baby bekommen* have a baby; *etwas geschenkt bekommen* get a present; *Hunger bekommen* get hungry
bekömmlich, *adj*, easily digestible; **Bekömmlichkeit** *sub*, *f*, -, nur Einz. ease of digestion
beköstigen, (1) *vr*, cook for o.s. (2) *vt*, cook for
Beköstigung, *sub*, *f*, -, nur Einz. *(Beköstigen)* catering; *f*, -, -en *(das Essen)* food
bekotzen, *vr*, *vt*, *(vulg.)* vomit at
Bekräftigung, *sub*, *f*, -, -en *(einer Ansicht)* supporting; *(Zustimmung)* confirmation
bekrallt, *adj*, with claws
bekränzen, *vt*, wreathe; **Bekränzung** *sub*, *f*, -, -en wreathing
bekreuzen, *vr*, cross o.s.
bekreuzigen, *vr*, cross o.s.
bekriegen, (1) *vr*, be at war with (2) *vt*, fight (against)
bekritteln, *vt*, critizise; **Bekrittelung** *sub*, *f*, -, nur Einz. criticism
bekümmern, *vt*, worry; *das braucht dich nicht zu bekümmern* you needn´t worry about that; *es bekümmert ihn überhaupt nicht* it doesn´t worry him at all
bekunden, (1) *vr*, reveal itself (2) *vt*, *(Interesse)* show; **Bekundung** *sub*, *f*, -, -en display
belächeln, *vt*, smile at; **belachen** *vt*, laugh at
beladen, *vt*, *(aufladen)* load; *(mit Problemen)* burden; **Beladung** *sub*, *f*, -, -en loading
Belag, *sub*, *m*, -s, -läge *(der Straße)* surface; *(eines Bodens)* covering; *(Überzug, auch der Zunge)* coating; *(von Bremsen)* lining; *(Zahnstein)* plaque
belagern, *vt*, besiege; **Belagerung** *sub*, *f*, -, -en siege; **Belage-**

rungszustand *sub, m, -es, -stände* state of siege

Belami, *sub, m, (-s), -s* belami

belämmert, *adj, (ugs.)* sheepish

Belang, *sub, m, -es, -e* issues; *öffentliche Belange* public issues; *ohne Belang sein* be unimportant; *von (ohne) Belang sein für* be of (no) importance to; **belanglos** *adj,* unimportant; ~**losigkeit** *sub, f, -, -en (Bedeutungslosigkeit)* irrelevance; *(Unwichtiges)* triviality

belassen, *vt,* leave sth; *alles beim alten belassen* leave things as they are; *es dabei belassen* leave it at that; *jemanden in seinem Glauben belassen* let so go on thinking; **Belassung** *sub, f, -s, nur Einz.* retention

belastbar, *adj,* nur als Anwendung; *(tech.)* loadable; *mit Arbeit belastbar sein* be able to deal with a lot of work

Belastbarkeit, *sub, f, -, nur Einz.* loading capacity; *(von Personen)* ability to cope with pressure

belasten, (1) *vr,* burden o.s. **(2)** *vt,* nur als Anwendung, pollute; *(Freundschaft, Gesundheit)* strain; *(jur.)* incriminate; *(mit einem Gewicht)* weight; *sich mit etwas belasten* burden os with; *jemanden stark belasten* put a heavy strain on so

belastend, *adj, (für die Umwelt)* pollutive; *(jur.)* incriminating; *(materiell, psychisch)* be strain

belästigen, *vt, (in der Öffentlichkeit)* harass; *(jemanden nerven)* annoy

Belästigung, *sub, f, -, -en (in der Öffentlichkeit)* harassment; *(Störung)* annoyance

Belastung, *sub, f, -, -en (der Umwelt)* pollution; *(jur.)* incrimination; *(physisch, psychisch, von Freundschaften)* strain; *(tech.)* load; *(wirt.)* burden; ~**s-EKG** *sub, n, -s, -s* exert-electrocardiogram; ~**smaterial** *sub, n, -s, -* incriminating evidence; ~**szeuge** *sub, m, -n, -n* witness for the prosecution

belauben, *vr,* come into leaf; **Belaubung** *sub, f, -, nur Einz.* foliage

belauern, *vt,* lie in wait for

belaufen, *vr,* amount to

belauschen, *vt,* overhear

Belcanto, *sub, m, -s, nur Einz.* belcanto

beleben, (1) *vr, (Stadt etc.)* come to live **(2)** *vt, (Anlage)* enliven; *(wirt.)* stimulate

belebt, *adj, (Platz etc.)* busy; *(Szene)* lively

Belebtheit, *sub, f, -, nur Einz. (einer Szene)* livelyness; *(eines Platzes etc.)* bustle

belecken, *vt,* lick

Beleg, *sub, m, -s, -e* receipt; *(Beweis)* evidence; **belegbar** *adj,* verifiable; ~**exemplar** *sub, n, -s, -e* specimen copy

belegen, (1) *vi, (Zunge)* fur **(2)** *vt,* prove; *(bedecken)* cover; *(Hotelzimmer)* occupy; *(sich einschreiben)* enrol for

Belegschaft, *sub, f, -, -en* employees

Belegstation, *sub, f, -, -en* private wing

belegt, *adj, (Telefon)* engaged; *(Zimmer)* occupied; *(Zunge)* furred

Belegung, *sub, f, -, nur Einz. (von Zimmern)* occupancy

belehrbar, *adj,* ready to learn; **Belehrung** *sub, f, -, -en* instruction

belehren, *vt, (aufklären)* inform; *(lehren)* teach

beleibt, *adj,* stout; **Beleibtheit** *sub, f, -, nur Einz.* stoutness

beleidigen, *vt,* offend; **Beleidiger** *sub, m, -s, -* offender; **beleidigt** *adj,* offended; *die beleidigte Leberwurst spielen* play the young and restless; *zutiefst beleidigt sein* be deeply offended; **Beleidigung** *sub, f, -, -en* offence

beleihen, *vt,* grant a loan on

belesen, *adj,* well-read; **Belesenheit** *sub, f, -, nur Einz.* wide

knowledge of literature
beleuchten, *vt,* *(Raum etc.)* light
(up); *(i. ü. S.; Thema etc.)* shed light
on; **Beleuchter** *sub, m, -s,* - lighting
technician; **Beleuchtung** *sub, f, -,*
nur Einz. *(eines Raumes)* lighting;
(eines Themas) examination; **Be-**
leuchtungsanlage *sub, f, -, -n*
lighting system
beleumundet, *adj,* nur als Anwendung; *gut beleumundet sein* be
held in good repute
belfern, *vi,* yelp
Belgrad, *sub, n, -s, nur Einz.* Belgrade
belichten, *vti,* expose; **Belichtung**
sub, f, -, -en exposure; **Belich-**
tungsmesser *sub, m, -s,* - light meter
Belieben, (1) *sub, n, -s, nur Einz.*
discretion (2) **belieben** *vi,* please
(3) *vt,* wish; *es ist in deinem Belie-*
ben it's up to you; *ganz nach Belie-*
ben as you like it, *er beliebt zu*
scherzen he's joking, *wie beliebt?*
what say?; *wie es dir beliebt* as you
wish
beliebig, (1) *adj,* any (2) *adv,* as you
like; *jeder beliebige Mensch* anyone, *beliebig lange* as long as you
like
beliebt, *adj,* popular; **Beliebtheit**
sub, f, -, nur Einz. popularity
beliefern, *vti,* supply; **Belieferung**
sub, f, -, nur Einz. supply
Belladonna, *sub, f, -, -s (bot.)* belladonna
bellen, *vi,* bark; *Hunde die bellen,*
beissen nicht his bark is worse than
his bite
Belletrist, *sub, m, -en, -en* fiction
writer; **~ik** *sub, f, -, nur Einz.* fiction
belobigen, *vt,* praise; **Belobung**
sub, f, -, -en praise
belohnen, *vt,* reward; *belohnet wer-*
den get a reward; *jemanden mit*
etwas belohnen give so a reward;
Belohnung *sub, f, -, -en* reward;
eine Belohnung aussetzen offer a
reward; *etwas als Belohnung für*

etwas bekommen get sth as a reward for
belüften, *vt,* ventilate; **Belüftung**
sub, f, -, nur Einz. ventilation
Beluga, *sub, f, -, -s (zool. Weiß-*
wal) beluga
belügen, (1) *vr,* delude o.s. (2) *vt,*
lie to
belustigen, (1) *vr,* amuse o.s. (2)
vi, amuse; **Belustigung** *sub, f, -,*
-en amusement; *sehr zur Belusti-*
gung von much to the amusement of; *zur allgemeinen*
Belustigung to everybody's amusement
belutschisch, *adj,* Baluchi
bemäkeln, *vt,* criticize
bemalen, (1) *vr,* paint one's face
(2) *vt,* paint; **Bemalung** *sub, f, -,*
-en painting
bemängeln, *vt,* criticize; **Bemän-**
gelung *sub, f, -, -en* criticism
bemannen, *vt,* man
bemänteln, *vt,* disguise; **Bemän-**
telung *sub, f, -, -en* disguise
bemaßen, *vt,* calculate; **Bema-**
ßung *sub, f, -, -en* calculation
bemerkbar, *adj,* perceptible; *sich*
bemerkbar machen draw attention to os; *sich unangenehm be-*
merkbar machen make one's
presence unpleasantly felt; **be-**
merken *vt, (erwähnen)* mention; *(wahrnehmen)* notice; *er*
bemerkte, dass he made the
point that; *etwas zu bemerken*
haben have to make some comments; **bemerkenswert** (1) *adj,*
remarkable (2) *adv,* remarkably;
Bemerkung *sub, f, -, -en* remark;
eine Bemerkung über etwas ma-
chen make a remark about; *was*
soll diese Bemerkung? what's
that remark supposed to mean?
bemessen, (1) *adj,* limited (2) *vr,*
be calculated (3) *vt, (berechnen)*
calculate; *(einschätzen)* evaluate;
reichlich bemessen sein be plentiful; *sich bemessen nach* be
calculated by
Bemessung, *sub, f, -, -en (Berech-*

nung) calculation; *(Einschätzung)* evaluation

bemitleiden, *vt,* pity; **Bemitleidung** *sub, f, -, -en* sympathy

bemittelt, *adj,* well-off

Bemme, *sub, f, -, -n (ugs.)* slice of bread and butter

bemogeln, *vt,* cheat

bemoost, *adj,* mossy; *ein bemoostes Haupt* a student with many terms behind him

Bemühen, **(1)** *sub, n, -s, nur Einz.* effort **(2) bemühen** *vr,* try hard **(3)** *vt, (jemanden)* call in; *sich um etwasa bemühen* try hard to get sth; *sich zu einem Ort bemühen* go all the way to a place; **Bemühung** *sub, f, -, -en* effort

bemüßigt, *adj,* nur als Anwendung; *sich zu bemüßigt fühlen zu* feel obliged to

bemuttern, *vt,* mother; **Bemutterung** *sub, f, -, nur Einz.* mothering

benachbart, *adj,* neighbouring

benachrichtigen, *vt,* inform; **Benachrichtigung** *sub, f, -, -en* notification

benachteiligen, *vt,* discriminate against; **Benachteiligung** *sub, f, -, nur Einz.* discrimination

benebeln, *vt,* befuddle; **benebelt** *adj,* befuddelt

benedeien, *vt,* bless

Benediktiner, *sub, m, -s, -* Benedictine monk

Benediktion, *sub, f, -, -en* benediction

Benefiz, *sub, n, -es, -e* benefit; **~spiel** *sub, n, -s, -e* benefit match; **~vorstellung** *sub, f, -, -en* charity performance

Benehmen, **(1)** *sub, n, -s, nur Einz.* behaviour **(2) benehmen** *vr,* behave; *im Benehmen mit* in agreement with; *kein Benehmen haben* have no manners, *sich anständig benehmen* behave oneself; *sich schlecht benehmen* behave badly

beneiden, *vt,* envy; *du bist zu beneiden* lucky you; *jemanden um etwas beneiden* envy so sth; *sie ist nicht*

zu beneiden she is not to be envied; **~swert** *adj,* enviable

benennen, *vt, (aufstellen)* nominate; *(nennen)* name

Benennung, *sub, f, -, -en (das Benennen)* naming; *(Nomenklatur)* nomenclature

benetzen, *vt,* moisten

Bengel, *sub, m, -s, - (ugs.)* scamp

Benjamin, *sub, m, -s, -e (i. ü. S.)* youngest

benoten, *vt,* mark

benötigen, *vt,* need; *etwas dringendst benötigen* need sth urgently

Benotung, *sub, f, -, -en (Geben der Noten)* marking; *(Noten)* marks

Benthal, *sub, n, -s, nur Einz. (tt; biol.)* benthos

Benummerung, *sub, f, -, -en* numbering

Benutzbarkeit, *sub, f, -, nur Einz.* suitability for use

benutzen, *vt, (fahren mit)* take; *(gebrauchen)* use; **Benützer** *sub, m, -s, - (Nutzer)* user; **Benutzung** *sub, f, -, nur Einz.* use; *freie Benutzung haben* have the use of; *unter Benutzung von* by using

benützen, *vt, (fahren mit)* take; *(gebrauchen)* use

Benutzer, *sub, m, -s, - (Nutzer)* user; *(von Leihbüchern)* borrower

Benzin, *sub, n, -s, -e (für Fahrzeuge)* petrol; *(für Kocher)* fuel; **~hahn** *sub, m, -s, -bähne* hose nozzle; **~kanister** *sub, m, -s, -* jerry can; **~preis** *sub, m, -es, -e* petrol prices; **~verbrauch** *sub, m, -s, Plural nur fachspr. -verbräuch* fuel consumption

Benzoe, *sub, f, -, nur Einz.* benzoin; **~säure** *sub, f, -, nur Einz (tt; chem.)* bezoic acid

Benzol, *sub, n, -s, -e* benzole

beobachten, *vt,* watch; **Beobachter** *sub, m, -s, -* observer; **Beobachtung** *sub, f, -, -en* observation; **Beobachtungsgabe** *sub, f, -, nur Einz.* power of observation

beordern, *vt*, order

bepacken, *vt*, load

bepflanzen, *vt*, plant; **Bepflanzung** *sub, f, -, -en* planting

Bepinselung, *sub, f, -, -en (einer Fläche, Wunde)* painting; *(Einfettung)* greasing

bepissen, *vt*, *(vulg.)* piss

bequatschen, *vt*, *(ugs.)* thrash out

bequem, **(1)** *adj*, *(angenehm)* comfortable; *(einfach)* easy; *(praktisch)* convenient **(2)** *adv, (leicht)* easily; **~en** *vr*, accommodate o.s.; *sich bequemen jemandem zu helfen* deign to help so; *sich bequemen, etwas zu tun* accommodate os to do sth; **~lich** *adj*, easy-going; **Bequemlichkeit** *sub, f, -, -en (des Bahnreisens etc.)* convenience; *(einer Person)* indolence; *(eines Stuhles etc.)* comfort

berappen, *vt*, *(ugs.)* fork out

beraten, **(1)** *vi*, confer **(2)** *vr*, consult with **(3)** *vt*, advise; *jemanden bezüglich einer Sache beraten* advise so on an issue; *mit etwas schlecht beraten sein* be ill-advised; *sich von jemandem beraten lassen* consult so; **Berater** *sub, m, -s, -* adviser

beratschlagen, **(1)** *vi*, confer **(2)** *vr*, consult with

Beratung, *sub, f, -, -en (Beratungsgespräch)* consultation; *(polit.)* deliberation, discussion; **~sausschuss** *sub, m, -es, -schüsse* advisory committee; **~sgespräch** *sub, n, -s, -e* consultation

berauben, *vt*, rob; *(i. ü. S.; entziehen)* deprive

Beraubung, *sub, f, -, -en (Entziehung)* deprivation; *(Raub)* robbing

berauschen, **(1)** *vr*, get drunk **(2)** *vt*, make so drunk; **~d (1)** *adj*, intoxicating **(2)** *adv*, nur als Anwendung; *berauschend wirken* have an intoxicating effect; **berauscht** *adj*, drunk; **Berauschung** *sub, f, -, nur Einz.* intoxication

Berberei, *sub, f, -, nur Einz.* Barbary States

Berberpferd, *sub, n, -es, -e* Berber horse

berechenbar, *adj*, calculable; **Berechenbarkeit** *sub, f, -, nur Einz.* calculability

berechnen, *vt*, calculate; *berechnend sein* be calculating; *jemandem etwas berechnen* charge so for sth; *jemandem zuviel berechnen* overcharge so; **~d** *adj*, calculating; **Berechnung** *sub, f, -, -en (a. i.ü.S.)* calculation; *es ist alles Berechnung* it´s all a matter of calculation; *etwas mit Berechnung machen* do sth with deliberation

berechtigen, *vti*, entitle; *berechtigt zu der Annahme, dass* warrants the assumption that; *berechtigt zu Hoffnungen* gives cause to hope; *jemanden zu etwas berechtigen* entitle so to do sth; **Berechtigte** *sub, m, f, -n, -(n)* entitled person; **Berechtigung** *sub, f, -, -en (Recht)* right; *(Verfügung)* authority

beregnen, *vt*, sprinkle

Bereich, *sub, m, -s, -e (Reichweite)* range; *(Zone)* area

bereichern, **(1)** *vr*, get rich **(2)** *vt*, enrich; *sich an etwas bereichern* get rich on; *sich auf Kosten anderer bereichern* get rich at the expense of others

Bereicherung, *sub, f, -, -en (das Hinzufügen)* enrichment, personal enrichment

bereift, *adj*, frost-covered; **Bereifung** *sub, f, -, nur Einz.* tyres

bereinigen, *vt*, *(Streit; Bankkonto)* settle; *(Zahlen)* correct

Bereinigung, *sub, f, -, -en (eines Streits, Kontos)* settlement; *(von Zahlen)* correction

bereisen, *vt*, visit

bereit, *adj*, ready; *(einverstanden)* willing; *sich bereit erklären* agree to; *sich bereit halten* stand by; *zu allem bereit sein* be prepared to try anything; *zu etwas bereit sein* be ready for sth; *zur*

Abfahrt bereit stehen be ready to leave

bereiten, *vt*, *(herrichten)* prepare; *(i. ü. S.; Probleme etc.)* cause

bereithalten, *vt*, keep at hand

bereitlegen, *vt*, get ready

bereitliegen, *vi*, be ready

bereitmachen, *vt*, get ready

bereits, *adv*, already; *bereits eine Tasse genügt* even one cup is enough; *bereits heute* already today; *das war bereits vor zehn Jahren bekannt* it was already known ten years ago

Bereitschaft, *sub, f, -, nur Einz. (Bereitwilligkeit)* willingness; *(eines Geräts)* stand-by mode; *(Startbereitschaft)* readiness; ~**spolizei** *sub, f, -, nur Einz.* riot squad

Bereitung, *sub, f, -, nur Einz.* preparation

bereitwillig, (1) *adj*, willing (2) *adv*, willing; **Bereitwilligkeit** *sub, f, -, -en* willingness

bereuen, *vt*, regret

Berg, *sub, m, -es, -e* mountain; *Berge versetzen* move mountains; *Berge von Müll* piles of rubbish; *in die Berge fahren* drive to the mountains; *über alle Berge sein* be over the hills and far away; *über Berg und Tal fahren* drive over hill and dale; *über den Berge sein* be out of the woods; **bergab** *adv*, downhill; **bergabwärts** *adv*, downhill; ~**arbeiter** *sub, m, -s, -* miner; **bergauf** *adv*, uphill; *es geht bergauf mit ihr* things are looking up for her; **bergaufwärts** *adv*, uphill; ~**bahn** *sub, f, -, -en (Bergeisenbahn)* moutain railway; *(Seilbahn)* cable railway; ~**bau** *sub, m, -s, -* mining; ~**bewohner** *sub, m, -s, -* mountain dweller; ~**führer** *sub, m, -s, -* mountain guide; ~**gipfel** *sub, m, -s, -* summit; **bergig** *adj*, mountainous; ~**kristall** *sub, m, -s, -e* rock-crystal; ~**luft** *sub, f, -, nur Einz.* mountain air; ~**pfad** *sub, m, -s, -e* mountain trail; ~**rücken** *sub, m, -s, -* ridge; ~**rutsch** *sub, m, -es,*

-e landslide; ~**ski** *sub, m, -s, nur Einz.* upper ski; ~**straße** *sub, f, -, -n* mountain road; ~**tour** *sub, f, -, -en* climbing expedition; ~**wacht** *sub, f, -, nur Einz.* mountain rescue service; ~**wanderung** *sub, f, -, -en* mountain hike

Bergamotte, *sub, f, -, -n* bergamot; **Bergamottöl** *sub, n, -s, nur Einz.* bergamot oil

bergen, *vt*, *(enthalten)* contain; *(retten)* rescue; *(Tote)* recover

Bergmann, *sub, m, -es, -männer, meist: Bergleute* miner; **bergmännisch** *adj*, mining; **Bergwerk** *sub, n, -s, -e* mine

Bergsteigen, *sub, n, -s, nur Einz.* mountaineering; **Bergsteiger** *sub, m, -s, -* mountain climber

Bergung, *sub, f, -, -en (von Gütern, Toten)* recovery; *(von Verletzten)* rescue

Bericht, *sub, m, -s, -e* report; *Bericht zur Lage der Nation* State of the Nation message; *jemandem über etwas Bericht erstatten* give a report on sth to so; *Lagebericht* account of the situation; *nach Berichten von* according to reports by; **berichten** (1) *vi*, report (on) (2) *vt*, report; *ausführlich berichten* give a detailed account of; *jemandem über etwas berichten* tell so about sth, *jemandem etwas berichten* report sth to so; *wie berichtet* as reported; ~**erstatter** *sub, m, -s, - (im Ausland)* correspondent; *(Presse)* reporter; ~**erstattung** *sub, f, -, -en* reporting

berichtigen, (1) *vr*, correct o.s. (2) *vt*, *(Aussage, Fehler etc.)* correct; *(jur., pol.)* amend

Berichtigung, *sub, f, -, -en (einer Aussage, von Fehlern)* correction; *(jur., pol.)* amendment

Berichtsheft, *sub, n, -es, -e* report book

Berichtsjahr, *sub, n, -es, -e* year under review

berieseln, *vt*, irrigate; *sich von*

Musik berieseln lassen expose os to an endless flow of music; **Berieselung** *sub, f, -, -en (selten)* irrigation
beringen, *vt*, ring
beritten, *adj*, mounted
Berkelium, *sub, n, -s, nur Einz. (chem.)* berkelium
Bermudadreieck, *sub, n, -s, nur Einz.* Bermuda triangle; **Bermudashorts** *sub, f, -, nur Mehrz.* Bermuda shorts
Bernhardiner, *sub, m, -s, -* St Bernard dog
Berninabahn, *sub, f, -, nur Einz.* Bernina railway
Bernstein, *sub, m, -s, -e* amber
Berserker, *sub, m, -s, - (unverwundbarer Krieger)* berserk; *(Verrückter)* madman; *toben wie ein Berserker* go berserk; ~**wut** *sub, f, -, nur Einz.* rage of a berserk
bersten, *vi*, burst; *vor Druck bersten* burst with pressure; *zum Bersten voll sein* be full to bursting
Berstschutz, *sub, m, -es, nur Einz.* protection against bursting
berüchtigt, *adj*, infamous
berücken, *vt*, enchant
berückend, *adj*, enchanting
berücksichtigen, *vt*, consider; *(Fehler etc.)* allow for; *(in Überlegungen einbeziehen)* take into account; **Berücksichtigung** *sub, f, -, -en* consideration; *ohne Berücksichtigung der* regardless of; *unter Berücksichtigung aller Vorschriften* subject to all regulations; *unter Berücksichtigung von* considering
Berückung, *sub, f, -, -en* enchantment
Beruf, *sub, m, -es, -e* job; *(anspruchsvollerer)* profession; **beruflich (1)** *adj*, professional **(2)** *adv*, nur als Anwendung; *beruflich unterwegs sein* be away on business; *sich beruflich fortbilden* do further vocational training; *was machst du beruflich?* what do you do for a living?; ~**sanfänger** *sub, m, -s, -e* first-time employee; ~**sausbildung** *sub, f, -, -en* vocational training; ~**sbeamte** *sub, m, -n, -(n)* career civil servant; ~**sberater** *sub, m, -s, -* careers adviser; ~**sberatung** *sub, f, -, -en* careers guidance; ~**sbezeichnung** *sub, f, -, -en* job title; ~**sboxen** *sub, n, -s, nur Einz.* professional boxing; ~**serfahrung** *sub, f, -, -en* work experience; ~**sethos** *sub, n, -, -ethen* professional ethics; ~**sfahrer** *sub, m, -s, -* professional driver; ~**sfeuerwehr** *sub, f, -, -en* fire brigade; **berufsfremd** *adj*, unqualified; ~**sgeheimnis** *sub, n, -es, -se* professional secret; *(Schweigepflicht)* professional secrecy; ~**sklasse** *sub, f, -, -n* professional group; ~**skrankheit** *sub, f, -, -en* occupational disease; ~**sleben** *sub, n, -s, nur Einz.* professional life; **berufsmäßig (1)** *adj*, professional **(2)** *adv*, professionally; ~**srisiko** *sub, n, -s, -risiken* occupational hazard; ~**sschule** *sub, f, -, -n* vocational school; ~**ssoldat** *sub, m, -en, -en* regular soldier; ~**sspieler** *sub, m, -s, -* professional player; ~**sstand** *sub, m, -es, -stände* profession; **berufstätig** *adj*, working; *berufstätig sein* have a job; *sie ist eine berufstätige Mutter* she is a working mother; ~**stätige** *sub, m, f, -n, -n* employed person; ~**sverbot** *sub, n, -s, -e (selten)* disqualification from a job
berufen, (1) *adj, (sachverständig)* competent **(2)** *vr*, nur als Anwendung **(3)** *vt*, appoint; *sich darauf berufen, dass* plead that; *in die Botschaft berufen werden* be called to the embassy; *jemanden auf einen Lehrstuhl berufen* offer so a chair; *jemanden zum Vorstand berufen* appoint so chairman
beruhen, *vi*, nur als Anwendung; *(begründet sein)* be based; *lassen wir die Sache auf sich beruhen* let´s leave it at that; *auf einem*

Missverständnis beruhen be a misunderstanding, be a misunderstanding; *das beruht auf Gegenseitigkeit* the feeling is mutual; *etwas auf sich beruhen lassen* let sth rest

beruhigen, (1) *vi*, calm down **(2)** *vr*, *(Person; Meer)* calm down **(3)** *vt*, *(beschwichtigen)* appease; *(Person, die Nerven)* calm (down); *da bin ich aber beruhigt* that´s a relief; *sei nur beruhigt* there is no need to worry; **Beruhigungsmittel** *sub, n, -s,* - tranquilizer; **Beruhigungsspritze** *sub, f, -, -n* tranquilizer

Beruhigung, *sub, f, -, -en (Beschwichtigung)* appeasement; *(einer Person, der Nerven)* calming

berühmt, *adj*, famous

Berühmtheit, *sub, f, -, -en (Persönlichkeit)* celebrity; *(Ruhm)* fame; *Berühmtheit erlangen* rise to fame; *traurige Berühmtheit erlangen* gain a doubtful reputation

berühren, *vt*, touch; *angenehm berührt sein* be pleased; *das berührt mich gar nicht* that doesn´t concern me at all; **Berührung** *sub, f, -, -en (a. i.ü.S.)* touch; *mit etwas in Berührung kommen* touch sth; *(i. ü. S.) miteinander in Berührung bleiben* keep in touch; **Berührungsangst** *sub, f, -, -ängste* fear of other people/things; **Berührungspunkt** *sub, m, -s, -e (a. i.ü.S.)* point of contact

berußen, *vt*, cover with soot

Beryll, *sub, m, -s, -e* beryl; **~ium** *sub, n, -s, nur Einz.* beryllium

besäen, *vt*, sow

besagen, *vi, (aussagen)* mean; *(erwähnen)* say; *das besagt überhaupt nichts* that doesn´t mean anything; *was soll das besagen?* what does that prove?

besaiten, *vt*, string

Besamung, *sub, f, -, -en* insemination

Besan, *sub, m, -s, -e* mizzen

besänftigen, (1) *vr*, calm down **(2)** *vt*, appease; **Besänftigung** *sub, f, -,* -en appeasement

besät, *adj*, sowed

Besatz, *sub, m, -es, -sätze* trimming

besaufen, *vr, (ugs.)* get plastered

beschädigen, *vt*, damage

Beschädigung, *sub, f, -, -en (das Beschädigen)* damaging; *(Schaden)* damage

beschaffbar, *adj*, possible to get

beschaffen, (1) *adj*, be **(2)** *vt*, get; *die Sache ist folgendermaßen beschaffen* it´s like this; *gut beschaffen sein* be in a good state; *so beschaffen, dass* made in such a way that

Beschaffenheit, *sub, f, -, nur Einz.* *(Art)* nature; *(Zustand)* state; *die körperliche Beschaffenheit* the physical constitution; *seine seelische Beschaffenheit* his psychological makeup

Beschaffung, *sub, f, -, nur Einz.* procurement

beschäftigen, (1) *vr, (mit einer Sache)* deal with **(2)** *vt, (Arbeit verschaffen)* occupy; *(in einer Firma)* employ; *sich mit einem Problem beschäftigen* deal with a problem; *sich nie mit den Kindern beschäftigen* never have time for the children; **beschäftigt** *adj*, busy; *bei einer Firma beschäftigt sein* work for a company; *damit beschäftigt sein etwas zu tun* be busy doing something; *mit etwas anderem beschäftigt sein* be busy with something else; **Beschäftigte** *sub, m, f, -n, -(n)* employee; **Beschäftigung** *sub, f, -, -en (Anstellung)* employment; *(Tätigkeit)* occupation; **Beschäftigungstherapie** *sub, f, -, -n* occupational therapy

beschälen, *vt*, cover; **Beschäler** *sub, m, -s,* - stud-horse

beschallen, *vt*, radiate sound waves at; **Beschallung** *sub, f, -, -en (selten)* acoustic irradiation

beschämen, *vt*, put to shame; **~d**

adj, shameful; **beschämt (1)** *adj*, ashamed **(2)** *adv*, in shame; **Beschämung** *sub, f, -, nur Einz.* shame

beschatten, *vt, (i. ü. S.; hinterherspionieren)* shadow; *(Schatten werfen auf)* shade

Beschattung, *sub, f, -, nur Einz. (einer Wiese etc.)* shading; *(i. ü. S.; Verfolgung)* shadowing

Beschauer, *sub, m, -s, -* inspector

beschaulich, *adj*, contemplative; *ein beschauliches Dasein führen* lead a contemplative live; *von beschaulichem Charakter sein* be inward-looking; **Beschaulichkeit** *sub, f, -, nur Einz.* contemplation

Bescheid, *sub, m, -s, -e* answer; *auf einem Gebiet Bescheid wissen* know a subject; *Bescheid erhalten* be informed; *Bescheid wissen* know all about it; *jemandem Bescheid geben* let so know

Bescheidenheit, *sub, f, -, nur Einz.* modesty; *bei aller Bescheidenheit* with all due modesty; *Nur keine falsche Bescheidenheit* No false modesty, please

bescheinigen, *vt*, certify; *den Empfang von etwas bescheinigen* acknowledge the receipt ofsth; *hiermit wird bescheinigt* this is to certify; *jemandem Unfähigkeit bescheinigen* accuse so of incompetence; **Bescheinigung** *sub, f, -, -en* certificate

bescheißen, *vti, (vulg.)* do the dirty on

beschenken, *vt*, give a present; *jemanden beschenken* give so a present; *jemanden reich beschenken* shower so with presents

bescheren, *vt, nur als Anwendung; jemandem etwas bescheren* give so sth; **Bescherung** *sub, f, -, nur Einz.* opening of presents; *da haben wir die Bescherung* there we are; *das ist ja eine schöne Bescherung* a fine mess that is

bescheuert, *adj, (ugs.)* nuts; *ich bin doch nicht bescheuert* I´m not that stupid; *sie ist wirklich bescheuert* she has gone of her nut

beschichten, *vt*, coat; **Beschichtung** *sub, f, -, -en* coating

beschießen, *vt, (mit Elektronen etc.)* bombard; *(mit Gewehren)* fire at

Beschießung, *sub, f, -, -en (mit Elektronen etc.)* bombardment; *(mit Waffen)* shelling

beschildern, *vt*, signpost

beschimpfen, *vt*, call so names; **Beschimpfung** *sub, f, -, -en* abuse

beschirmen, *vt*, protect; **Beschirmer** *sub, m, -s, -* protector

Beschiss, *sub, m, -es, nur Einz. (ugs.)* swindle; **beschissen (1)** *adj, (vulg.)* lousy **(2)** *adv, nur als Anwendung; es geht mir beschissen* I feel lousy

beschlabbern, *vt*, slobber on

beschlafen, *vt*, sleep with

Beschlag, *sub, m, -s, -schläge (an Schränken etc.)* metal fitting; *m, -s, nur Einz. (mit Dampf)* condensation; **beschlagen (1)** *adj, (Fensterscheibe)* steamed up **(2)** *vt, vr*, steam up; *(Metall)* oxidize **(3)** *vt, (Schrank etc.)* fit with metal

beschleichen, *vt*, creep up on

beschleunigen, **(1)** *vr*, speed up **(2)** *vti*, accelerate; *das Tempo beschleunigen* speed up; *seine Schritte beschleunigen* quicken one´s pace; **Beschleuniger** *sub, m, -s, - (tech.)* accelerator; **beschleunigt** *adj*, accelerated; **Beschleunigung** *sub, f, -, -en* acceleration

beschließen, **(1)** *vi, (entscheiden)* decide **(2)** *vt, (eine Versammlung)* close **(3)** **Beschließer** *sub, m, -s, -* custodian; **Beschließerin** *sub, f, -, -nen* custodian; **beschlossen** *adj*, agreed; *es ist jetzt beschlossene Sache* it´s definite now; *in etwas beschlossen sein* be contained within sth; **beschlossenerma-**

ßen *adv*, as agreed upon

Beschluss, *sub, m, -es, -schlüsse* decision; ~**fähigkeit** *sub, f, -, nur Einz.* quorum; ~**fassung** *sub, f, -, -en (selten)* passing of a resolution

beschmieren, (1) *vr*, get o.s. dirty (2) *vt, (beschmutzen)* get sth dirty; *(Wand etc.)* scrawl on

beschmutzen, (1) *vr*, get o.s. dirty; *(i. ü. S.; sein Image)* soil (2) *vt*, get sth dirty; **Beschmutzung** *sub, f, -, -en (des Images)* soiling

beschmutzt, *adj, (i. ü. S.; Image)* soiled; *(schmutzig)* dirty

beschneiden, *vt, (eine Hecke)* trim; *(einen Baum)* prune; *(med.)* circumcise

Beschneidung, *sub, f, -, -en (einer Hecke)* trimming; *(med.)* circumcision; *(von Bäumen)* pruning

beschnuppern, *vt*, sniff at

beschönigen, *vt*, gloss over; **Beschönigung** *sub, f, -, -en* glossing over

beschottern, *vt*, surface

beschränken, (1) *vr*, confine o.s. (2) *vt*, restrict; **Beschränkung** *sub, f, -, -en (auch wirt.)* restriction

beschrankt, *adj*, nur als Anwendung; *beschrankter Bahnübergang* level-crossing

beschränkt, (1) *adj, (eingeschränkt)* limited; *(engstirnig)* narrow-minded (2) *adv*, nur als Anwendung; *beschränkt verfügbar* in limited supply

beschreibbar, *adj*, can be written on

beschreiten, *vt*, walk on; *den Rechtsweg beschreiten* take legal action; *neue Wege beschreiten* tread new paths

beschriften, *vt, (beschreiben)* write on; *(Gläser etc.)* label

Beschriftung, *sub, f, -, -en (einer Zeichnung)* caption; *(Versehen mit Etiketten)* labelling

beschuldigen, *vt*, accuse; **Beschuldiger** *sub, m, -s, -* plaintiff; **Beschuldigte** *sub, m, f, -n, -n* accused; **Beschuldigung** *sub, f, -, -en* accusation

beschummeln, *vt, (ugs.)* diddle so

Beschuss, *sub, m, -es, -schüsse (mil.)* shelling; *(von Atomkernen)* bombardment

beschützen, *vt*, protect; **Beschützer** *sub, m, -s, -* guardian

beschwatzen, *vt*, talk so round

Beschwerde, *sub, f, -, -n (gesundheitliche)* problem; *(Klage)* complaint; *Altersbeschwerden haben* have infirmities of old age; *Beschwerden beim Schlucken haben* have trouble swallowing; *körperliche Beschwerden haben* have aches and pains; **beschweren** (1) *vr*, complain (2) *vt, (mit Gewicht)* weigh down; *er kann sich nicht beschweren* he can´t complain; *ich möchte mich beschweren* I have a complaint

beschwerlich, *adj, (Arbeit)* hard; *(Weg)* inconvenient

Beschwerlichkeit, *sub, f, -, -en (einer Aufgabe)* trouble; *(eines Weges)* inconvenience

Beschwernis, *sub, f, -es, -se* complaint

Beschwerung, *sub, f, -, -en (selten)* weight

beschwichtigen, *vt*, appease; **Beschwichtigung** *sub, f, -, -en* appeasement

beschwindeln, *vt*, lie to

beschwingen, *vt*, elate

beschwipst, *adj, (ugs.)* tipsy; **Beschwipste** *sub, m, f, -n, -en* tiddly person

beschwören, *vt, (Geister)* conjure up; *(Schlangen)* charm; *(versichern)* swear to

Beschwörung, *sub, f, -, -en (Versicherung)* oath; *(von Geistern)* invocation

beseelen, *vt*, animate; **Beseeltheit** *sub, f, -, -en (selten)* animate quality; **Beseelung** *sub, f, -, -en* animation

besehen, *vt*, look at

beseitigen, *vt, (aus dem Weg räu-*

men) remove; *(Mängel beheben)* remedy; *(Müll)* dispose of

Beseitigung, *sub, f, -, -en (selten) (von Dingen)* removal; *(von Mängeln)* remedy; *(von Müll)* disposal

Besen, *sub, m, -s, -* broom; *dann fresse ich einen Besen* I´ll eat my hat if; *Besen und Schaufel* brush and pan; *(i. ü. S.) neue Besen kehren gut* a new broom sweeps clean; **~binder** *sub, m, -s, -* broom maker; **~kammer** *sub, f, -, -n* broom room; **~macher** *sub, m, -s, -* broom maker; **besenrein** *adj,* well-swept; **~schrank** *sub, m, -s, -schränke* broom cupboard; **~stiel** *sub, m, -s, -e* broomstick

besessen, *adj, (begeistert)* obsessed; *(vom Teufel)* possessed; **Besessenheit** *sub, f, -, nur Einz.* obsession

besetzen, *vt, (Fischteich)* stock; *(Haus)* squad; *(Rollen)* cast; *(Stuhl, Land)* occupy

besetzt, *adj, (Arbeitsplatz)* filled; *(Land, Stuhl)* occupied; *(Telefonleitung)* engaged

Besetzung, *sub, f, -, -en (eines Hauses)* squatting; *(eines Landes)* occupation; *(eines Theaterstücks)* cast; *(von Arbeitsplätzen)* filling

besichtigen, *vt, (Ausstellung etc.)* visit; *(inspizieren)* inspect

Besichtigung, *sub, f, -, -en (einer Stadt etc.)* visit; *(Inspizierung)* inspection

besiedeln, *vt, (kolonisieren)* colonize; *(sich ansiedeln)* settle

Besiedelung, *sub, f, -, nur Einz. (Ansiedlung)* settlement; *f, -, -en (Kolonisierung)* colonization

besiegeln, *vt,* seal; **Besiegelung** *sub, f, -, nur Einz.* sealing

besiegen, *vt,* defeat; **Besiegte** *sub, f, m, -n, -(n)* defeated person

besingen, *vt,* celebrate

besinnen, *vr,* think about; *ohne sich lange zu besinnen* without thinking twice; *sich besinnen auf* remember; *sich eines Besseren besinnen auf* think better of it; **besinnlich**

adj, contemplative; **besinnungslos** *adj,* unconscious

Besinnung, *sub, f, -, nur Einz. (Bewußtsein)* consciousness; *(Nachdenken)* contemplation; *(ugs.; Verstand)* senses; *die Besinnung verlieren* lose consciousness; *zur Besinnung kommen* regain consciousness; *die Besinnung verlieren* lose one´s head; *jemanden zur Besinnung bringen* bring so back to her/his senses; *wieder zu Besinnung kommen* come to one´s senses

Besitz, *sub, m, -es, -e* possession; *Besitz ergreifen von* take possession of; *im Besitz sein von* be in possession of; *im Vollbesitz seiner geistigen Kräfte sein* be in full possession of one´s mental faculties; *privater/staatlicher Besitz* private/state property; **~er** *sub, m, -s, -* owner; **~ergreifung** *sub, f, -, -en* seizure; **besitzlos** *adj,* unpropertied; **~nahme** *sub, f, -, -n* occupation; **~stand** *sub, m, -s, -stände* ownership; **~tum** *sub, n, -s, -tümer* possession

besitzen, *vt, (Güter)* possess; *(Talent)* have

besoffen, *adj,* plastered

besohlen, *vt,* sole

besolden, *vt,* pay; **Besoldung** *sub, f, -, -en* payment

besondere, *adj, (außergewöhnlich)* special; *(bestimmte)* particular; *ein besonderes Auto* a special car; *für einen besonderen Freund* for a special friend; *dies hat einen besonderen Grund* there is a particular reason for that; *dieser besondere Fall* this particular case; **Besonderheit** *sub, f, -, -en* special feature

besonders, *adv, (außergewöhnlich)* especially; *(separat)* separately

besonnen, *adj,* prudent; **Besonnenheit** *sub, f, -, nur Einz.* prudence

besonnt, *adj,* sun-exposed

besorgen, *vt,* *(erledigen)* see to; *(kaufen)* buy

Besorgnis, *sub, f, -, -se* concern; *Besorgnis erregen* cause concern; *es gibt keinen Grund zur Besorgnis* there is no cause for concern; **besorgt** *adj, (ängstlich besorgt)* worried; *(bemüht)* concerned; **Besorgtheit** *sub, f, -, nur Einz.* concern

bespannen, *vt,* *(einen Schläger)* string; *(mit Leder, Stoff)* cover

bespiegeln, (1) *vr,* look at o.s. in a mirror **(2)** *vt, (i. ü. S.; Thema)* portray; **Bespiegelung** *sub, f, -, -en* portrayal

Bespieglung, *sub, f, -, -en* portrayal

bespielen, *vt,* record

bespitzeln, *vt,* spy on; **Bespitzelung** *sub, f, -, -en* spying; **Bespitzlung** *sub, f, -, -en* spying

besprechen, (1) *vr,* consult with **(2)** *vt,* discuss

Besprechung, *sub, f, -, -en (Unterredung)* consultation; *(von Problemen etc.)* discussion

besprengen, *vt,* sprinkle

besprenkeln, *vt, (Wäsche)* dampen; *(Wiese)* sprinkle

bespringen, *vt, (tt; zool.)* mount

bespritzen, *vt,* splash

Bessemerbirne, *sub, f, -, -n (tt; tech.)* bessemer converter

besser, *adj, adv,* better; *besser als gar nichts* better than nothing; *besser werden* get better; *er weiß es besser* he knows better; *oder besser gesagt* or rather; *umso besser* so much the better; *~n vr, vt,* improve; *das Wetter hat sich gebessert* the weather has improved; *es wird sich nicht bessern* it won't change

Besserung, *sub, f, -, -en* improvement; *(gesundheitlich)* recovery; *auf dem Wege der Besserung sein* be on the road to recovery; *Gute Besserung* I hope you feel better soon

Besserwisser, *sub, m, -s, - (ugs.)* know-all

best, *adj, adv,* best; *bei bester Ge-* sundheit in the best of health; *eine Geschichte zum Besten geben* tell a story; *im besten Fall* at best; *in bestem Zustand* in a perfect condition

Bestand, *sub, m, -s, -stände (an Büchern, Exponaten)* holdings; *(an Waren)* stock; *(Fortbestand)* continued existence; *Bestand haben* be lasting; *von kurzem Bestand sein* be short-lived

bestanden, *adj,* nur als Anwendung; *(Straße) mit Bäumen bestanden* lined with trees, *(Wiese)* covered in trees; *nach bestandener Prüfung* after passing the exam

beständig, (1) *adj, (dauerhaft)* permanent; *(fortwährend)* continual; *(stabil)* steady; *(Wetter)* settled **(2)** *adv, (fortwährend)* continually

Beständigkeit, *sub, f, -, nur Einz. (Dauerhaftigkeit)* permanence; *(Stabilität)* stability

Bestandsaufnahme, *sub, f, -, -n (a. i.ü.S.)* stock-taking

Bestandteil, *sub, m, -s, -e* component; *etwas in seine Bestandteile zerlegen* take sth apart; *in seine Bestandteile zerfallen* disintegrate

bestärken, *vt,* encourage; *jemanden in seiner Meinung bestärken* confirm so´s opinion; **Bestärkung** *sub, f, -, -en* encouragement

bestätigen, (1) *vr,* be confirmed **(2)** *vt,* confirm; *(schriftlich)* certify; *er konnte es nur bestätigen* he could support it fully; *jemanden in seinem Amt bestätigen* confirm so in office

Bestätigung, *sub, f, -, -en* confirmation; *(schriftliche)* certificate

bestatten, *vt,* bury; **Bestattung** *sub, f, -, -en* burial

bestäuben, *vt, (bot.)* pollinate; *(Kuchen etc.)* dust

Bestäubung, *sub, f, -, -en (bot.)* pollination; *(eines Kuchens etc.)* dusting

bestaunen, *vt*, look at in amazement

bestbewährt, *adj*, *(verläßlichste)* most reliable; *(wirksamste)* most effective

bestbezahlt, *adj*, best-paid

beste, *adj*, *adv*, best; *mein bester Freund* my best friend; *sein bestes Erlebnis* his best experience

Besteck, *sub*, *n*, *-s*, *-e (med.)* instruments; *(zum Essen)* cutlery

Bestehen, (1) *sub*, *n*, *-s*, *nur Einz.* *(einer Prüfung)* passing; *(Existenz)* existence (2) **bestehen** *vi*, nur als Anwendung; *(eine Prüfung)* pass; *(existieren)* exist (3) *vt*, *(eine Prüfung)* pass; *das Bestehen der Prüfung* the passing of the exam; *sein Bestehen auf* his insistence on; *seit Bestehen der Organisation* since the organization was founded, *eine Prüfung nicht bestehen* fail an exam

besteigen, *vt*, *(Berg)* climb; *(Fahrrad)* mount

bestellen, *vt*, nur als Anwendung; *(bewirtschaften)* cultivate; *(Essen etc.)* order; **Bestellblock** *sub*, *m*, *-s*, *-blöcke* order pad; **Besteller** *sub*, *m*, *-s*, *-* customer; **Bestellgeld** *sub*, *n*, *-s*, *-er* charge for delivery; **Bestellkarte** *sub*, *f*, *-*, *-n* order form; **Bestellliste** *sub*, *f*, *-*, *-n* order list; **Bestellschein** *sub*, *m*, *-s*, *-e* order form; **Bestellung** *sub*, *f*, *-*, *-en (Bewirtschaftung)* cultivation; *(von Essen etc.)* order; *(von Nachrichten)* delivery

bestenfalls, *adv*, at best

bestens, *adv*, very well

besteuern, *vt*, tax; **Besteuerung** *sub*, *f*, *-*, *-en* taxation

Bestform, *sub*, *f*, *-*, *-en* top condition

bestgehasst, *adj*, *(ugs.)* most hated

bestgepflegt, *adj*, best looked-after

bestialisch, (1) *adj*, bestial (2) *adv*, *(ugs.)* dreadful; **Bestialität** *sub*, *f*, *-*, *-en* bestiality; **Bestie** *sub*, *f*, *-*, *-n* beast

bestimmen, *vt*, *(befehlen)* give the orders; *(ermitteln; festlegen; sich auswirken)* determine; **Bestimmtheit** *sub*, *f*, *-*, *nur Einz.* determinati-

on; **Bestimmungsort** *sub*, *m*, *-s*, *-e* destination

bestimmt, (1) *adj*, *(Artikel)* definite; *(Menge etc.)* certain; *(Sache)* particular; *(vorherbestimmt)* destined (2) *adv*, definitely; *zu etwas bestimmt sein* be destined for sth; *zu Höherem bestimmt sein* be destined for higher, *er ist bestimmt zuhause* he must be at home; *sie kommt bestimmt* she is definitely coming

Bestimmung, *sub*, *f*, *-*, *-en* purpose, regulation; *(Ermittlung, Festlegung)* determination; *(Schicksal)* destiny

bestirnt, *adj*, with a forehead

Bestleistung, *sub*, *f*, *-*, *-en* best performance

bestrafen, *vt*, punish; **Bestrafung** *sub*, *f*, *-*, *-en* punishment

bestrahlen, *vt*, *(med.)* give ray treatment; *(mit Licht)* shine on; **Bestrahlung** *sub*, *f*, *-*, *-en (med.)* ray-treatment

Bestreben, (1) *sub*, *n*, *-s*, *nur Einz.* endeavour (2) **bestreben** *vr*, endeavour; **bestrebt** *adj*, endeavour to

bestreichen, *vt*, paint; *(mit Klebstoff, Marmelade etc.)* spread on

Bestreichung, *sub*, *f*, *-*, *nur Einz.* *(das Verteilen)* spreading; *(die Bemalung)* painting

bestreiken, *vt*, strike against; **Bestreikung** *sub*, *f*, *-*, *-en* strike

bestreiten, *vt*, *(Lebensunterhalt etc.)* pay for; *(leugnen)* deny; **Bestreitung** *sub*, *f*, *-*, *nur Einz.* payment

bestreuen, *vt*, strew

bestricken, *vt*, charm; **~d** *adj*, charming; **Bestrickung** *sub*, *f*, *-*, *nur Einz.* charming

Bestseller, *sub*, *m*, *-s*, *-* bestseller

bestücken, *vt*, equip

bestürmen, *vt*, storm

bestürzt, (1) *adj*, dismayed (2) *adv*, in dismay; **Bestürztheit** *sub*, *f*, *-*, *nur Einz.* dismay; **Bestürzung** *sub*, *f*, *-*, *nur Einz.* dismay; *große Bestürzung auslösen* cause great shock; *jemands Bestürzung über so´s* dismay at

Bestwert, *sub, m, -s, -e* optimum

Bestzeit, *sub, f, -, -en* best time; *meine persönliche Bestzeit* my personal record

Bestzustand, *sub, m, -s, nur Einz.* top condition

besuchen, *vt, (eine Schule)* attend; *(Freunde, Stadt etc.)* visit

besudeln, (1) *vr, (i. ü. S.; moralisch)* defile o.s. (2) *vt, (ugs.)* soil; **Besudelung** *sub, f, -, nur Einz. (i. ü. S.; moralisch)* defilement

betagt, *adj*, aged; **Betagtheit** *sub, f, -, nur Einz.* old age

betanken, *vt*, refuel

betasten, *vt*, feel

Betastrahlen, *sub, f, -, nur Mehrz. (tt; phy.)* beta rays; **Betastrahler** *sub, m, -s, -* beta emitter

Betätigung, *sub, f, -, -en (Arbeit)* work; *(tech.)* operation

Betatron, *sub, n, -s, -e o. -s (tt; phy.)* betatron

betäuben, *vt, (med.)* anaesthesize; *(mittels eines Schlages)* stun; *(mittels Lärm)* deafen; **~d** *adj*, deafening; **Betäubung** *sub, f, -, -en (med.)* anaesthetization; **Betäubungsmittel** *sub, n, -s, -* anaesthetic

Betazerfall, *sub, m, -s, -fälle (tt; phy.)* beta disintegration

Bete, *sub, f, -, -n (bot.)* beet; *rote Beete* beetroot

beteiligen, (1) *vr*, participate (2) *vt*, give so a share; **Beteiligte** *sub, f, m, -n, -n* partner

Beteiligung, *sub, f, -, -en* participation; *(Anzahl der Teilnehmer)* attendance; *(wirt.)* share

beten, *vi*, pray; *das Vaterunser beten* say the Lord´s Prayer; *zu Tische beten* say grace

Beter, *sub, m, -s, -* worshipper

beteuern, *vt*, protest; **Beteuerung** *sub, f, -, -en* protestation

betiteln, *vt*, give a title to

Beton, *sub, m, -s, -s* concrete; **~bau** *sub, m, -s, -ten* concrete structure; **betonieren** *vt*, concrete; **~ierung** *sub, f, -, -en* concretion

betonen, *vt, (Sachverhalt)* emphasize; *(Wort)* stress; **betont (1)** *adj*, stressed; *(i. ü. S.; deutlich)* emphatic **(2)** *adv*, emphatically; **Betonung** *sub, f, -, -en (eines Wortes)* stress; *(i. ü. S.; Schwerpunkt)* emphasis

betören, *vt*, turn so´s head; **Betörung** *sub, f, -, -en* delusion

Betracht, *sub, m, -, nur Einz.* nur als Anwendung; **betrachten** *vt*, look at; *etwas als seine Pflicht betrachten* see sth as one´s duty; *etwas betrachten als* look upon as; *genauer betrachtet* on closer examination; **~erin** *sub, f, -, -nen* female viewer; **~ung** *sub, f, -, -en* viewing; *bei genauerer Betrachtung* on closer examination; *in Betrachtungen versunken sein* be lost in thought; *über etwas Betrachtungen anstellen* reflect on

beträchtlich, **(1)** *adj*, considerable **(2)** *adv*, considerably

Betrag, *sub, m, -s, -träge* sum

Betragen, **(1)** *sub, n, -s, -* behaviour **(2) betragen** *vr*, behave **(3)** *vt*, amount to

betrauen, *vt*, entrust; *jemanden mit einer Aufgabe betrauen* entrust so with a job

Betreff, *sub, m, -s, -e* reference; **betreffen** *vt, (angehen)* concern; *(anrühren)* affect; **~ende** *sub, f, m, -n, -n* person concerned

Betreiben, **(1)** *sub, n, -s, -* instigation **(2) betreiben** *vt, (Maschine, Fabrik)* run; *(spo.)* do sports; *auf sein Betreiben hin* at his instigation; **Betreiber** *sub, m, -s, -* operator; **Betreiberin** *sub, f, -, -nen* operator; **Betreibung** *sub, f, -, nur Einz.* operation

betreten, **(1)** *adj*, embarrassed **(2)** *adv*, sheepishly **(3) Betreten** *sub, n, -s, -* nur als Anwendung; *betreten dreinblicken* look rather sheepish; *betreten schweigen* be too embarrassed to say anything; *Betreten verboten* No trespassing; **Betretenheit** *sub, f, -, nur Einz.* embarrassment

betreuen, *vt, (Kinder etc.)* look after; *(leiten)* be in charge of; **Betreuer** *sub, m, -s, -* person in charge; **Betreute** *sub, f, m, -n, -n* person looked after; **Betreuung** *sub, f, -, -en* looking after; *für jemands Betreuung zuständig sein* be in charge of; *medizinische Betreuung* medical care; *pädagogische Betreuung* pedagogical care

Betrieb, *sub, m, -s, nur Einz. (ugs.; einer Maschine)* operation; *(ugs.: hektisches Treiben)* activity; *m, -s, -e (Unternehmen)* business; **betrieblich** *adj,* company; **betriebsam** *adj,* busy; ~**samkeit** *sub, f, -, nur Einz.* activity; ~**sanleitung** *sub, f, -, -en* instructions; ~**sarzt** *sub, m, -es, -ärzte* company doctor; ~**sausflug** *sub, m, -s, -flüge* office outing; **betriebsbereit** *adj,* operational; ~**sferien** *sub, f, -, nur Mehrz.* company holiday; ~**sfest** *sub, n, -s, -e* company do; ~**sform** *sub, f, -, -en* type of firm; ~**sgeheimnis** *sub, n, -ses, -se* trade secret; ~**skapital** *sub, n, -s, -e* working capital; ~**sklima** *sub, n, -s, -s* working atmosphere; ~**skrankenkasse** *sub, f, -, -n* company health insurance fund; ~**srat** *sub, m, -s, -räte (Gremium)* works council; *(Mitglied des Betriebsrats)* works councillor; ~**sruhe** *sub, f, -, nur Einz.* closed for business; ~**ssystem** *sub, n, -s, -e* operating system; ~**sunfall** *sub, m, -s, -fälle* workplace accident; ~**swirt** *sub, m, -es, -e* master of business administration; ~**swirtschaftslehre** *sub, f, -, -n* business administration

betrinken, *vr,* get drunk

betroffen, *adj, (bestürzt)* shocked; *(physisch/seelisch)* affected

Betrug, *sub, m, -s, -betrügereien* fraud; **betrügen (1)** *vr,* deceive o.s. **(2)** *vti,* cheat; *in seinen Hoffnungen betrogen werden* have one's

hopes dashed; *jemanden um etwas betrügen* cheat so out of sth; **Betrüger** *sub, m, -s, -* cheat; **betrügerisch** *adj,* deceitful

betrunken, (1) *adj,* drunk **(2)** *adv,* in a drunken state

Betschwester, *sub, f, -, -n (ugs.)* churchy type

Bett, *sub, n, -s, -en* bed; *ab ins Bett* off to bed; *das Bett hüten* be confined to bed; *die Betten lüften* air the bedclothes; *ins Bett gehen* go to bed; *mit jemandem ins Bett steigen* go to bed with so; ~**decke** *sub, f, -, -n (aus Wolle)* blanket; *(gesteppte)* quilt; ~**enmachen** *sub, n, -s, -* making beds; ~**enmangel** *sub, m, -s, -* bed shortage; ~**gestell** *sub, n, -s, -e* bedstead; ~**hupferl** *sub, n, -s, -* bedtime treat; **bettlägerig** *adj,* bed-ridden; ~**laken** *sub, n, -s, -* sheet; ~**lektüre** *sub, f, -, -n* bedtime reading; ~**nässer** *sub, m, -s, -* bed-wetter; ~**pfosten** *sub, m, -s, -* bed post; ~**rand** *sub, m, -es, -ränder* edge of the bed; **bettreif** *adj,* ready for bed; ~**ruhe** *sub, f, -, nur Einz.* bed rest; ~**schwere** *sub, f, -, nur Einz.* nur als Anwendung; *die nötige Bettschwere haben* be ready to fall into bed; ~**stelle** *sub, f, -, -n* bedstead; ~**tuch** *sub, n, -s, -tücher* sheet; ~**vorleger** *sub, m, -s, -* bedside rug; ~**wäsche** *sub, f, -, -* bed-linen; ~**zeug** *sub, n, -s, -e* bed-clothes

Bettel, *sub, m, -s, nur Einz.* beggary

Bettelei, *sub, f, -, -en* begging; **Bettelmönch** *sub, m, -s, -e* mendicant friar; **betteln** *vi,* beg; *um etwas betteln* beg for sth; *zum Betteln gehen* go begging

betten, (1) *vr,* make a bed for o.s. **(2)** *vt,* bed; *wie man sich bettet, so liegt man* as you make your bed so you must lie in it

Bettler, *sub, m, -s, -* beggar; ~**stolz** *sub, m, -es, nur Einz.* beggar´s pride

betucht, *adj, (ugs.)* well-heeled

betulich, *adj,* over-attentive

Betulichkeit, *sub, f, -, -en* over-attentiveness

Beuge, *sub, f, -, -n* bend

Beugemuskel, *sub, m, -s, -n* flexor muscle

beugen, (1) *vr, (sich lehnen)* bend; *(sich unterwerfen)* bow **(2)** *vt, (lehnen)* bend; *(phy.)* deflect

Beule, *sub, f, -, -n (am Kopf etc.)* bump; *(im Auto etc.)* dent; **beulen** *vt,* buckle; **~npest** *sub, f, -, nur Einz.* bubonic plague

beunruhigen, (1) *vr,* worry **(2)** *vt,* worry; **~d** *adj,* worrying; **Beunruhigung** *sub, f, -, -en* uneasiness

beurlauben, (1) *vr,* take one´s leave **(2)** *vt,* grant leave; *(vom Dienst suspendieren)* suspend

Beurlaubung, *sub, f, -, -en (Gewährung von Urlaub)* leave; *(Suspendierung vom Dienst)* suspension

beurteilen, *vt, (Ergebnis etc.)* rate; *(Situation, Verhalten)* judge; *etwas falsch beurteilen* misjudge sth; *etwas gut beurteilen können* be a good judge of sth; *wie beurteilst du die Situation?* what´s your view of the situation?

Beurteilung, *sub, f, -, -en (einer Situation, von Verhalten)* judgement; *(von Ergebnissen)* rating

Beute, *sub, f, -, - (eines Jägers)* bag; *(eines Raubtieres)* prey; *(Kriegsbeute)* booty; *leichte Beute* fair game; *reiche Beute machen* make a big haul; **beutegierig** *adj,* eager for plunder; **~gut** *sub, n, -s, -güter* booty; **beutelüstern** *adj,* eager for plunder; **beutelustig** *adj,* eager for plunder; **~zug** *sub, m, -s, -züge* plundering expedition

Beutel, *sub, m, -s, - (zool.)* pouch; *(zum Einkaufen etc.)* bag; **~ratte** *sub, f, -n, -* opossum; **~schneider** *sub, m, -s, -* rip-off artist

beuten, *vt,* hive

Beutenhonig, *sub, m, -s, nur Einz.* hive honey

bevölkern, (1) *vr,* become inhabited **(2)** *vt,* populate

Bevölkerung, *sub, f, -, -en* population; *Deutschlands Bevölkerung* the people of Germany; *die gesamte Bevölkerung* the whole country; **~spolitik** *sub, f, -, nur Einz.* population policy

bevollmächtigen, *vt,* authorize; **Bevollmächtigung** *sub, f, -, -en* authorization

bevor, *konj,* before; *du stehst nicht auf bevor du nicht aufgegessen hast* you won´t leave the table until you have finished; *nicht bevor* not before

bevormunden, *vt,* treat like a child; *jemanden geistig bevormunden* make up so´s mind for her/him; **Bevormundung** *sub, f, -, -en (polit.)* patronizing treatment

Bevorratung, *sub, f, -, -en* stocking up

bevorrechten, *vt,* grant privileges

bevorschussen, *vt,* favour

bevorteilen, *vt,* give an advance; **Bevorteilung** *sub, f, -, -en* advance

bevorworten, *vt,* preface

bevorzugen, *vt,* prefer; *(bei der Behandlung)* give preferential treatment

Bevorzugung, *sub, f, -, -en* preference; *(bevorzugte Behandlung)* preferential treatment

bewachen, *vt,* guard; **Bewacher** *sub, m, -s, -* guard; **Bewachung** *sub, f, -, -en* guarding

bewaffnen, *vr, vt,* arm (o.s.)

Bewaffnung, *sub, f, -, -en (das Aufrüsten)* arming; *(Waffen)* arms

bewahren, *vt, (in gutem Zustand)* preserve; *(retten vor)* save from; *jemanden vor etwas bewahren* protect so from; *seinen Humor bewahren* keep one´s sense of humour

bewähren, *vr, (Arbeiter, Sache)* prove o.s./itself; *(Grundsatz)* hold good

Bewahrer, *sub, m, -s,* - preserver

bewahrheiten, *vr, (in Erfüllung gehen)* come true; *(sich als wahr erweisen)* prove true

bewährt, *adj,* effective, reliable; **Bewährtheit** *sub, f, -,* - reliability

Bewährung, *sub, f, -,* - *(als brauchbar etc.)* trial; *(jur.)* probation; *ein Jahr Gefängnis mit/ohne Bewährung* a suspended/an unconditional sentence of one year; *eine Strafe zur Bewährung aussetzen* suspend a sentence; **~sfrist** *sub, f, -, -en* period of probation; **~shelfer** *sub, m, -s,* - probation officer

bewaldet, *adj,* forested; **Bewaldung** *sub, f, -, -en* forests

bewältigen, *vt, (Arbeit)* cope with; *(Berggipfel)* conquer; *(Geschichte)* come to terms with

Bewältigung, *sub, f, -, -en (Arbeit)* coping with; *(Geschichte)* coming to terms with

Bewandtnis, *sub, f, -, -se* special circumstances; *das hat eine ganz andere Bewandtnis* that´s sth quite different; *es hat damit folgende Bewandtnis* the matter is as follows

bewässern, *vt,* irrigate; **Bewässerung** *sub, f, -, -en* irrigation

bewegbar, *adj,* movable

bewegen, (1) *vr, (körperlich)* get exercise; *(Kosten)* range; *(Tier, Fahrzeug etc.)* move **(2)** *vt, (einen Gegenstand)* move; *(seelisch)* touch; *jemanden zu etwas bewegen* get so to do sth; *sich zu etwas bewegen lassen* be persuaded to do sth

Beweggrund, *sub, m, -s, -gründe* motive; *der tiefere Beweggrund* the real motive

beweglich, *adj, (Dinge)* movable; *(Person)* agile; *geistig beweglich* mentally agile

bewegt, *adj, (Leben, Zeit)* exciting; *(seelisch)* touched

Bewegung, *sub, f, -, -en (eines Tieres, Fahrzeugs etc.)* movement; *(körperlich)* exercise; *etwas in Bewegung setzen* set sth into motion;

keine Bewegung don´t move; *sich in Bewegung setzen* start to move; **bewegungslos** *adj, adv,* motionless

bewehren, *vt, (mit Beton, Metall)* reinforce; *(mit Waffen)* arm

Bewehrung, *sub, f, -, -en (mit Beton etc.)* reinforcement; *(mit Waffen)* arming

beweiben, *vr, (ugs.)* get married

beweihräuchern, *vt,* adulate; *etwas beweihräuchern* praise sth to high heaven; *sich selbst beweihräuchern* sing one´s praises; **Beweihräucherung** *sub, f, -, -en* adulation

beweinen, *vt,* mourn

Beweis, *sub, m, -es, -e* proof; *als Beweis meiner Liebe* as a token of my love; *einen Beweis erbringen* furnish proof; *etwas unter Beweis stellen* prove sth; *zum Beweis* as proof; **~antrag** *sub, m, -s, -anträge* taking of evidence; **~aufnahme** *sub, f, -, -n* hearing of evidence; **beweisbar** *adj,* provable; **beweisen** *vt,* prove; *beweisen, dass man im Recht ist* prove one right; *seine Unschuld beweisen* prove that one is not guilty; **~kraft** *sub, f, -, nur Einz.* conclusiveness; **beweiskräftig** *adj,* conclusive; **~material** *sub, n, -s, -/-en* evidence; **~mittel** *sub, n, -s,* - evidence; **~stück** *sub, n, -s, -e* piece of evidence

Bewenden, *sub, n, -s,* - nur als Anwendung; *damit hatte es sein Bewenden* there the matter rested

bewerben, *vr, (polit.)* stand for; *(um eine Stelle)* apply for; **Bewerbung** *sub, f, -, -en* application

bewerfen, *vt,* throw at

bewerkstelligen, *vt,* manage; **Bewerkstelligung** *sub, f, -, nur Einz.* management

bewerten, *vt,* assess; *eine Leistung nach etwas bewerten* assess a performance by; *etwas über-/unterbewerten* over-/underrate sth; **Bewertung** *sub, f, -, -en* assessment

Bewickelung, *sub, f, -, nur Einz.*
wrapping

bewilligen, *vt, (Geldmittel etc.)*
grant; *(zustimmen)* allow

Bewilligung, *sub, f, -, -en (von Geldmitteln)* granting; *(Zustimmung)*
approval

bewimpert, *adj, (biol.)* ciliate

bewirken, *vt, (auslösen)* result in;
(einen Schaden) cause; *das Gegenteil bewirken* produce the opposite
effect; *etwas (Erwünschtes) bewirken* achieve sth

bewirten, *vt,* cater for; **Bewirtung**
sub, f, -, -en catering

bewirtschaften, *vt,* cultivate; **Bewirtschaftung** *sub, f, -, -en* cultivation

Bewitterung, *sub, f, -, nur Einz.*
weathering

bewitzeln, *vt,* ridicule

bewohnen, *vt, (ein Haus)* occupy;
(eine Region) inhabit; **Bewohner**
sub, m, -s, - (einer Region) inhabitant; *(eines Hauses)* occupant

bewölken, *vr,* become cloudy; **bewölkt** *adj, (leicht)* cloudy; *(stark)*
overcast; **Bewölkung** *sub, f, -, -en*
clouds; *starke Bewölkung* heavy
cloud cover; *wechselnde Bewölkung* variable cloud; *zunehmende
Bewölkung* increasing cloudiness

Bewuchs, *sub, m, -s, -wüchse* vegetation

Bewunderer, *sub, m, -s, -* admirer;
Bewunderin *sub, f, -, -nen* admirer;
bewundern *vt,* admire; **bewundernswert** *adj,* amirable; **Bewunderung** *sub, f, -, -* admiration

bewusst, (1) *adj,* conscious; *(absichtlich)* deliberate; *(im Klaren)*
aware **(2)** *adv, (absichtlich)* deliberately; *(mit Bewusstsein)* consciously; *sich einer Sache bewußt
sein* be aware of sth; *sich einer Situation völlig bewußt sein* know
exactly what is going on; *seiner
selbst bewusst sein* be self-aware,
etwas bewusst wahrnehmen consciously register sth; *sich umwelt-*

bewusst verhalten behave environmentally responsible; **Bewusstheit** *sub, f, -, nur Einz.*
consciousness; **~los** *adj,* unconscious; **Bewusstlosigkeit** *sub, f,
-, nur Einz.* unconsciousness; *aus
der Bewusstlosigkeit erwachen*
regain consciousness; *in tiefer
Bewusstlosigkeit* in a deep state
of unconsciousness; **Bewusstsein** *sub, n, -s, nur Einz. (gesellschaftliches etc.)* awareness,
consciousness

bezahlen, (1) *vi,* pay **(2)** *vt,* pay
(for); *zahlen, bitte* can I have the
bill, please?, *das ist nicht mit
Geld zu bezahlen* it´s priceless;
etwas nicht bezahlen können be
unable to pay for sth; *etwas teuer
bezahlen* pay dearly for sth

Bezahlung, *sub, f, -, -en (von
Dienstleistungen, Waren)* payment; *(von Lohn)* pay

bezähmen, (1) *vr,* restrain o.s. **(2)**
vt, curb

bezaubern, *vt,* charm; **~d** *adj,*
charming

Bezauberung, *sub, f, -, nur Einz.*
enchantment

bezeichnen, *vt,* *(Ausdruck)*
describe; *(nennen)* call; *das wird
verschieden bezeichnet* it has a
number of names; *es wird als
bezeichnet* it is called; *jemanden
als etwas bezeichnen* call so a;
~d *adj, (für jemanden)* characteristic; *(Rückschlüsse zulassend)* revealing; *das ist
bezeichnend für ihn* that´s typical of him; **Bezeichnung** *sub, f, -,
-en* name

bezeigen, *vt,* show

bezeugen, *vt,* testify; **Bezeugung**
sub, f, -, -en testimony

bezichtigen, *vt,* accuse; **Bezichtigung** *sub, f, -, -en* accusation

beziehbar, *adj, (erhältlich)* obtainable; *(Gebäude)* ready for occupation

beziehen, (1) *vr,* nur als Anwendung **(2)** *vt, (ein Haus)* move

into; *(Polster)* cover; *(Versandware)* get; *(Zeitschriften)* subscribe to; *sich auf etwas beziehen* refer to sth **Bezieher,** *sub, m, -s, -* subscriber
Beziehung, *sub, f, -, -en (Hinsicht)* respect; *(zwischen Dingen)* relation; *(zwischen Menschen)* relationship; *in dieser Hinsicht* in that respect; *in Hinsicht auf* with regard to; *in jeder Hinsicht* in every respect; *in wirtschaftlicher Hinsicht* in economic terms; *in wechselseitiger Beziehung stehen* be interrelated; *mit einander in Beziehung stehen* be linked with each other; *gute Beziehungen haben* have good connections; *mit jemandem in guten Beziehungen stehen* be on good terms with so; *wirtschaftliche Beziehungen* economic relations; *zwischenmenschliche Beziehungen* human relations
beziehungsweise, *adv,* respectively
beziffern, *vt, (mit Ziffern versehen)* number; *(schätzen)* estimate; **Bezifferung** *sub, f, -, -en* numbering
bezirzen, *vt, (ugs.)* bewitch
bezogen, *adj,* related; *aufeinander bezogen* interrelated; **Bezogenheit** *sub, f, -, nur Einz.* relatedness
Bezug, *sub, m, -s, -züge (eines Gebäudes)* occupation; *(Stoffbezug)* cover; *(von Versandwaren)* purchase; *(von Zeitschriften)* subscription; **bezugsfertig** *adj,* ready for occupation; **~sperson** *sub, f, -, -en* attachment figure; **~spunkt** *sub, f, -s, -e* reference point; **~squelle** *sub, f, -, -n* source of supply; **~srecht** *sub, n, -s, -e* subscription right; **~sschein** *sub, m, -s, -e* permit; **~sstoff** *sub, m, -s, -e* covering
bezuschussen, *vt,* subsidize
bezwecken, *vt,* aim at; *was willst du damit bezwecken?* what are you trying to achieve by that?
bezweifeln, *vt,* doubt; **Bezweifelung** *sub, f, -, -en* doubting; **Bezweiflung** *sub, f, -, -en* doubting
bezwingen, *vt, (einen Berg)* con-

quer; *(Feinde)* defeat; **Bezwinger** *sub, m, -s, -* conqueror
Biathlet, *sub, m, -en, -en* biathlete; **Biathlon** *sub, n, -s, nur Einz.* biathlon
Bibel, *sub, f, -, -n* Bible; **~spruch** *sub, m, -s, -sprüche* biblical saying; **~stelle** *sub, f, -, -n* biblical passage; **~stunde** *sub, f, -, -n* Bible class
Biber, *sub, m, -s, -* beaver; **~pelz** *sub, m, -es, -e* beaver fur
Bibliograf, *sub, m, -en, -en* bibliographer; **~ie** *sub, f, -, -n* bibliography; **bibliografieren** *vt,* write a bibliography
Bibliomanie, *sub, f, -, nur Einz.* bibliomania
bibliophil, *adj,* bibliophile; **Bibliophile** *sub, f, m, -n, -(n)* bibliophile; **Bibliophilie** *sub, f, -, nur Einz.* bibliophily
Bibliothek, *sub, f, -, -en* library; **~ar** *sub, m, -s, -e* librarian
biblisch, *adj,* biblical
Bickbeere, *sub, f, -, -n (ugs.)* bilberry
bieder, *adj,* honest
Biedermann, *sub, m, -es, -männer* man of honour; **Biedermeier** *sub, n, -s, nur Einz.* Biedermeier
biegen, (1) *vi,* turn (2) *vt,* bend; *nach links biegen* turn left; *um eine Ecke biegen* turn round a corner; **biegsam** *adj,* flexible; **Biegsamkeit** *sub, f, -, nur Einz.* flexibility; **Biegung** *sub, f, -, -en* bend
Biene, *sub, f, -, -n* bee; *(ugs.) eine flotte Biene* a chick; *fleißig wie eine Biene sein* be as busy as a bee; *männliche Biene* drone; **~nfleiß** *sub, m, -es, nur Einz.* industriousness; **~nhonig** *sub, m, -s, -e* honey; **~nstich** *sub, m, -s, -e* beesting; **~nstock** *sub, m, -s, -stöcke* beehive; **~nwachs** *sub, n, -es, nur Einz.* beeswax; **~nzucht** *sub, f, -, -en* beekeeping
biennal, (1) *adj,* biennial (2) *adv,* biennially

Bier, *sub, n, -s, -e* beer; *Bier vom Fass* draught beer; *das ist dein Bier* that´s your pigeon; *dunkles Bier* brown ale; *helles Bier* lager; **~dose** *sub, f, -, -n* beer can; **~fass** *sub, n, -es, -fässer* beer barrel; **~flasche** *sub, f, -, -n* beer bottle; **~glas** *sub, n, -es, -gläser* beer glass; **~krug** *sub, m, -s, -krüge* stein; **~schinken** *sub, m, -s, nur Einz.* beer ham; **~zeitung** *sub, f, -, -en* comic program at students´ smoking concert; **~zelt** *sub, n, -s, -e* beer tent

Biese, *sub, f, -, -n* piping

Biest, *sub, n, -s, -er* beast

bieten, (1) *vr, (Chance)* come up **(2)** *vt, (anbieten)* offer; *(Auktion)* bid; *(erlauben)* afford

Bieter, *sub, m, -s, -* bidder

Bifokalglas, *sub, n, -es, -gläser* bifocal glas

Bigamie, *sub, f, -, nur Einz.* bigamy; **Bigamist** *sub, m, -en, -en* bigamist; **bigamistisch** *adj,* bigamous

Bigbusiness, *sub, n, -, nur Einz.* big business

bigott, *adj,* sanctimonious; **Bigotterie** *sub, f, -, nur Einz.* sanctimoniousness

Bikini, *sub, m, -s, -s* bikini

bikonkav, *adj,* biconcave

Bilanz, *sub, f, -, -en (Endabrechnung)* balance; *(i. ü. S.; Ergebnis)* result; *(i. ü. S.) das ist eine traurige Bilanz* that´s a sad outcome; *die Bilanz ziehen* strike the balance; *eine Bilanz aufstellen* draw up a balance sheet; **bilanzieren** *vt,* balance; **~ierung** *sub, f, -, -en* balancing; **bilanzsicher** *adj,* skilled in making balances; **~summe** *sub, f, -, -n* balance sheet total

bilateral, *adj,* bilateral

Bild, *sub, n, -s, -er (Foto, Zeichnung)* picture; *(Gemälde)* painting; *n, -es, -er (Image)* image; *(Vorstellung)* idea; *du machst dir kein Bild* you have no idea; *ein falsches Bild von etwas bekommen* get the wrong idea of sth; *sich von etwas ein Bild machen* form an impression of sth;

~band *sub, n, -s, -bände* illustrated book; **~beilage** *sub, f, -, -n* colour supplement; **~bericht** *sub, m, -s, -e* documentary film

Bildchen, *sub, n, -s, -* little picture

bilden, (1) *vi,* broaden the mind **(2)** *vr, (sich entwickeln)* form; *(sich fortbilden)* educate o.s. **(3)** *vt, (entwickeln; herstellen; sein;)* form; *(jemanden fortbilden)* educate

Bilderatlas, *sub, m, -ses, -lasse/-atlanten* picture atlas; **Bilderbogen** *sub, m, -s, -* illustrated broadsheet; **Bilderbuch** *sub, n, -s, -bücher* picture book; **Bilderbuchkarriere** *sub, f, -, -n* storybook career; **Bilderrahmen** *sub, m, -s, -* picture frame; **Bilderrätsel** *sub, n, -s, -* picture puzzle

bilderreich, *adj,* richly illustrated

Bildfrequenz, *sub, f, -, -en* video frequency

bildhaft, (1) *adj, (anschaulich)* vivid; *(visuell)* visual **(2)** *adv,* nur als Anwendung; *etwas bildhaft beschreiben* give a vivid description of sth; *sich etwas bildhaft vorstellen* visualize sth

Bildhauer, *sub, m, -s, -* sculptor; **~ei** *sub, f, -, nur Einz.* sculpture; **~in** *sub, f, -, -nen* sculptor; **~kunst** *sub, f, -, nur Einz.* sculpture

Bildkonserve, *sub, f, -, -n* film recording

bildkräftig, *adj,* colourful

bildlich, (1) *adj,* pictorial **(2)** *adv,* figuratively; *bildliche Darstellung* graphic representation; *bildliche Umsetzung* visualization; *bildlicher Ausdruck* metaphor

Bildmischer, *sub, m, -s, -* video mixer

bildnerisch, *adj,* artistic

Bildnis, *sub, n, -ses, -se* portrait

Bildreportage, *sub, f, -, -n* film documentary; **Bildreporter** *sub, m, -s, -* television reporter

Bildröhre, *sub, f, -, -n* picture tube

Bildsamkeit, *sub*, *f*, -, *nur Einz.* educability

Bildschärfe, *sub*, *f*, -, *nur Einz.* definition

Bildschirm, *sub*, *m*, -s, -e screen; ~**text** *sub*, *m*, -es, -e viewdata

bildschön, *adj*, beautiful

Bildstörung, *sub*, *f*, -, -en interference

Bildstreifen, *sub*, *m*, -s, - strip cartoon

Bildtelefon, *sub*, *n*, -s, -e videophone

Bildung, *sub*, *f*, -, -en *(Ausbildung)* education; *(Entstehung)* formation; *eine Mensch mit Bildung* an educated person; *keine Bildung haben* be completely uneducated; ~**sanstalt** *sub*, *f*, -, -en school; ~**sgang** *sub*, *m*, -es, -gänge education; ~**sgrad** *sub*, *m*, -es, -e educational level; ~**spolitik** *sub*, *f*, -, *nur Einz.* educational policy; ~**sstufe** *sub*, *f*, -, -n educational level; ~**surlaub** *sub*, *m*, -s, -e educational leave; ~**sweg** *sub*, *m*, -es, -e education; *auf dem zweiten Bildungsweg* through evening classes

Bildvorlage, *sub*, *f*, -, -en original picture

Bildwerbung, *sub*, *f*, -, - illustrated advertisement

Bildzeitung, *sub*, *f*, -, -en illustrated newspaper

Bilge, *sub*, *f*, -, -n bilge; ~**wasser** *sub*, *n*, -s, - bilge

bilingual, *adj*, bilingual

Billard, *sub*, *n*, -s, *nur Einz.* billiards; **billardieren** *vi*, play billiards; ~**queue** *sub*, *f*, -, -s billiard cue

Billiarde, *sub*, *f*, -, -n thousand billions

billig, (1) *adj*, cheap, shabby (2) *adv*, cheaply; *billig abzugeben* for sale cheap; *billiger Trick* cheap trick; *es ist spottbillig* it is as cheap as dirt

billigen, *vt*, approve of; *etwas stillschweigend billigen* give sth one´s tacit approval; *ich billige voll und ganz was er getan hat* I approve of what he has done

Billigpreis, *sub*, *m*, -es, -e low price

Billigung, *sub*, *f*, -, -en approval

Billion, *sub*, *f*, -, -en million; *(US)* trillion; **billionstel** (1) *adj*, millionth (part of) (2) **Billionstel** *sub*, *n*, -s, - millionth part of

Bimetall, *sub*, *n*, -es, -e *(phy.)* bimetallic strip

bimmeln, *vi*, ring

Bimsstein, *sub*, *m*, -s, -e *(tt; arch.)* pumice-block; *(tt; geol.)* pumice-stone

binär, *adj*, *(tt; mat.)* binary

Binde, *sub*, *f*, -, -n *(ugs.)* sanitary towel; *(tt; med.)* bandage; *Augenbinde* blindfold; ~**gewebe** *sub*, *n*, -s, *nur Einz.* *(tt; anat.)* connective tissue; ~**glied** *sub*, *n*, -es, -er link; *fehlendes entwicklungsgeschichtliches Bindeglied* missing link; ~**haut** *sub*, *f*, -, -häute *(tt; anat.)* conjunctiva; ~**hautentzündung** *vi*, *(tt; med.)* conjunctivitis

binden, *vt*, bind, make up, tie; *jmd an Händen und Füssen binden* bind sb hand and foot; *Wunde verbinden* bind (up) a wound; *Blumenstrauss binden* make up a bouquet; *etwas zu etwas binden* tie sth into sth; *Ich bin zu jung, um mich schon zu binden* I am too young to be tied down; *jmd die Hände binden* tie sb hands

Binder, *sub*, *m*, -s, - tie; *(tt; arch.)* binder

Binderei, *sub*, *f*, -, -en bindery; *(geh.)* wreath and bouquet department; *Buchbinderei* (book) bindery; *Blumenbinderei* wreath and bouquet department

Bindestrich, *sub*, *m*, -es, -e hyphen; **Bindewort** *sub*, *n*, -es, -wörter conjunction; **Bindewörter** *sub*, *n*, -, *nur Mehrz.* conjunctions

Bindfaden, *sub*, *m*, -s, -fäden string; *an einem Bindfaden hän-*

gen (Leben) hang by a single thread; *ein Stück Bindfaden* piece of string **binnen,** *präp,* within; *binnen kurzem* soon; *binnen zwei Monaten* within two month **binnenbords,** *adv, (geb.)* inboard **Binnenhandel,** *sub, m, -s, nur Einz.* domestic trade; **Binnenland** *sub, n, -es, -länder* interior; **Binnenmarkt** *sub, m, -es, -märkte* domestic market; **Binnenschifffahrt** *sub, f, -, -en* inland navigation; **Binnensee** *sub, m, -es, -n* lake **binokular,** *adj, (tt; phy.)* binocular **Biochemie,** *sub, f, -, nur Einz.* biochemistry; **Biochemiker** *sub, m, -s, -* biochemist; **biochemisch** *adj,* biochemical **biodynamisch,** (1) *adj,* organic (2) *adv,* organically **Biogas,** *sub, n, -es, -e* biogas **Biogenese,** *sub, f, -, -n* biogenesis; **biogenetisch** *adj,* biogenetic **Biografie,** *sub, f, -, -n* biography; **biografisch** *adj,* biographical **Biokost,** *sub, f, -, nur Einz. (ugs.)* health-food **Bioladen,** *sub, m, -s, -läden* health-food shop **Biologe,** *sub, m, -, -n* biologist; **Biologie** *sub, f, -, nur Einz.* biology; **biologisch** (1) *adj,* biological (2) *adv,* biologically; **biologisch-dynamisch** *adj,* biological organic **Biolyse,** *sub, f, -, -n* decomposition **Biomüll,** *sub, m, -s, nur Einz.* biological waste **Bionik,** *sub, f, -, nur Einz.* bionics **Biophysik,** *sub, f, nur Einz.* biophysics **Biosphäre,** *sub, f, -en (tt; biol.)* biosphere **Biotechnik,** *sub, f, -en* biotechnology **biotisch,** *adj,* biotic **Biotonne,** *sub, f, -, -n* biological waste bin **Biotop,** *sub, n, -e (tt; biol.)* biotope **bipolar,** *adj, (tt; phy.)* bipolar; **Bipolarität** *sub, f, -, -en* bipolarity **Birke,** *sub, f, -, -n* birch tree, birch

wood **Birkhahn,** *sub, m, -es, -hähne* blackcock **Birnbaum,** *sub, m, -es, -bäume* pear-tree, pear-wood; **Birne** *sub, f, -, -n* pear; **birnenförmig** *adj,* pear-shaped **bis,** (1) *adv,* until, up to (2) *konj,* to, until (3) *präp,* down to, to, until, up to; *bis 12 Uhr* until 12 o´clock; *von 10 bis 12 Uhr* from 10 until 12 (o´clock); *bis höchstens 1000 DM* up to 1000 DM at most; *bis zu 10 Personen* up to 10 people, *10 bis 11* 10 to 11; *von Samstag bis Montag* from Saturday to Monday; *bis auf weiteres* until further orders; *bis zum Ende* until the end, *alle bis auf* everyone down to; *bis ins kleinste Detail* down to the smallest detail; *bis dahin sind es 5 km* it´s 5 km to there; *bis nach Frankfurt* to Frankfurt; *von Anfang bis Ende* from beginning to end; *bis dass der Tod euch scheidet* until death do you part; *bis an die Decke* up to the ceiling; *bis aufs letzte* up to the hilt; *bis zum Alter von* up to years of age **Bisam,** *sub, m, -s, -e* moschus; ~**ratte** *sub, f, -, -n* musk-rat **Bischof,** *sub, m, -s, -öfe* bishop; **bischöflich** *adj,* episcopal; ~**shut** *sub, m, -es, -hüte* bishop´s hat; ~**skonferenz** *sub, f, -, -en* conference of bishops; ~**smütze** *sub, f, -, -n* mitre; ~**ssitz** *sub, m, -es, -e* seat of a/the bishopric; ~**sstab** *sub, m, -es, -stäbe* bishop´s crook **Bisexualität,** *sub, f, -, nur Einz.* bisexuality; **bisexuell** (1) *adj,* bisexual (2) *adv,* bisexually **bisher,** *adv,* until now, up to now; *ein bisher unbekannter* a previously unknown; *bisher war alles in Ordnung* everything has been all right up to now; *er hat sich bisher nicht gemeldet* he hasn´t been in touch up to now; ~**ig** *adj,* previous; *ihre bisherige*

Wohnung their previous flat
Biskuitteig, *sub, m, -es, -e* sponge
bislang, *adv,* previously
bismarckisch, *adj,* Bismarckian
bismarcksch, *adj,* Bismarckian
Bismutum, *sub, n, nur Einz. (tt; chem.)* bismuth
Bison, *sub, m, -s, -s* bison
Biss, *sub, m, -e (i. ü. S.)* punch; *(ugs.)* bite; *einer Sache Biss geben* put punch into sth; *Lochzange* punch press; *das Training hat keinen Biss* this drill has no bite
bisschen, **(1)** *adj,* bit **(2)** *pron,* a bit (of); *kein bisschen* not a bit; *von dem bisschen werde ich nicht satt* that little bit won´t fill me up, *ein bisschen Saft* a bit of juice; *ein bisschen zu viel* a bit too much; *sich ein bisschen hinlegen* lie down for a bit
Bissen, *sub, m, -s, -* mouthful; *einen Bissen nehmen* to take a mouthful; *ihm blieb der Bissen im Halse stecken* the food stuck in his throat; *sich jeden Bissen vom Mund absparen* scrimp and save; **bissenweise** *adv,* bit by bit
bissig, **(1)** *adj,* bite, cutting **(2)** *adv,* cuttingly; *bissiger Hund* a dog that bites; *Vorsicht, bissiger Hund* beware of the dog; *bissige Bemerkung* cutting remark; *kein Grund, bissig zu werden* no reason to bite my head of, *bissig antworten* answer cuttingly
Bisswunde, *sub, f, -, -n* bite
Bistro, *sub, n, -s, -s* bistro
Bistum, *sub, n, -s, -tümer* bishopric
bisweilen, *adv, (geh.)* from time to time; *(ugs.)* now and then
bitte, **(1)** *adv,* please **(2)** *interj,* pardon, sorry, you´re welcome **(3) Bitte** *sub, f, -, -n* request; *(geh.)* plea; *bitte nach Ihnen* after you, please; *der Nächste bitte* next, please; *gib mir bitte* give me please; *können Sie mir bitte helfen* could you please help me, *wie bitte?* sorry; *(Danke!) Bitte sehr!* you´re wellcome, *auf seine Bitte hin* at his request; *Bitte um Bezahlung (Mahnung)* request of payment of a debt; *eine anständige Bitte haben* have a plea
bitten, **(1)** *vi,* ask for, beg for sth., request sth **(2)** *vt,* ask or invide sb to; *darf ich Sie um ein Glas Wasser bitten* may I ask you for a glass of water, please; *um Aufmerksamkeit bitten* may I ask for your attention; *ich bitte Dich um alles in der Welt* I beg you!; *um Almosen bitten* to beg for alms; *jmd um seinen Meinung bitten* to request so to express his opinion; *um ihre Anwesenheit bitten* to request their presence, *jmd zum Tee bitten* to ask sb to tea; *zu Tisch bitten* ask to come and sit down at the table; *zum Tanz bitten* to ask to dance
bitter, **(1)** *adj,* bitter **(2)** *adv,* bitterly; *bis ans bittere Ende* to the bitter end, **bitterkalt** bitterly cold; **~ernst** *adj,* deadly serious; *ich meine es bitterernst* I mean it deadly serious; **Bitterkeit** *sub, f, -, -en* bitterness; **Bitterwurzel** *sub, f, -, -n (geogr.)* bitterroot; *Bier aus der Bitterwurzel* bitterroot beer
Bittgang, *sub, m, -s, -gänge* going with a request; *einen Bittgang machen* going to sb with a request; **Bittschrift** *sub, f, -, -en* petition; *eine Bittschrift für/gegen etwas bei einreichen* present a petition for/against sth to; **Bittsteller** *sub, m, -s, -* petitioner
Biwak, *sub, n, -s, -s* bivouak; **biwakieren** *vi,* bivouak
bizarr, **(1)** *adj,* bizarre **(2)** *adv,* bizarrely; *bizarre Erscheinung* bizarre appearance
Bizeps, *sub, m, -, -e* biceps
Blabla, *sub, n, -s, nur Einz.* blah
Black-out, *sub, m, -s, -s* black-out
blaffen, *vi,* bark, snap
blähen, **(1)** *vr,* puff oneself up **(2)** *vt,* cause flatulence, swell; *die Segel aufblähen* to swell the sails; *mit vor Stolz geblähter Brust* his

chest swollen with pride; **Blähung** sub, f, -, -en flatulence

blamabel, (1) adj, blameful (2) adv, shamefully; **Blamage** sub, f, -, -n disgrace

blamieren, (1) vr, disgrace oneself; (ugs.) make a fool of oneself (2) vt, disgrace

blanchieren, vt, blanch

blank, adj, bare; (ugs.) be broke; mit blanken Füssen barefooted; Ich bin blank I´m broke

Blankett, sub, n, -s, -e (tt; wirt.) blank; mit Blankounterschrift signed blank

blanko, adj, blank; einen Scheck blanko ausstellen I´ll write you a blank cheque; **Blankoscheck** sub, m, -s, -s blank cheque; **Blankovollmacht** sub, f, -, -en (tt; zool.) carte blanche

Blankvers, sub, m, -es, -e blank verse

Bläschen, sub, n, -s, - blister, bubble; Herpes-Bläschen herpes-simplex

Blase, sub, f, -, -n blister, bubble; (tt; med.) bludder; sich Blasen laufen get blisters running; Die Tapete wirft Blasen the wall paper has bubbles; Seifenblase bubble; ~nentzündung sub, f, -, -en (tt; med.) cystitis; ~nstein sub, m, -s, -e (ugs.) bladder stone; (tt; med.) vesical calculus

blasen, (1) vt, blow (2) vti, blow, play; es bläst it´s blowy, Glas blasen blow glass; (vulg.) jmd einen blasen give sb a blow job; Wind bläst wind blows; auf dem Kamm blasen play the comb; die Trompete blasen play the trumpet

Bläser, sub, m, -s, - player; Bläser wind player

blasiert, (1) adj, blasé (2) adv, in a blasé way; **Blasiertheit** sub, f, -, -en blasé attitude

blasig, adj, blistered, bubbly; blasiger Anstrich blistered paint; Schaumbad bubbly bath

Blaskapelle, sub, f, -, -n brass band

Blason, sub, m, -s, -s (geh.) shield

blasonieren, vti, blazon; **Blasonie-**

rung sub, f, -, -en blazon

Blasphemie, sub, f, -, -n blasphemy; **blasphemisch** (1) adj, blasphemous (2) adv, blasphemously

Blasrohr, sub, n, -es, -e (tt; mil.) blowpipe; (tt; tech.) blastpipe

blass, adj, pale; (i. ü. S.) colourless; blass werden turn pale; rot macht dich blass red makes you look pale; eine blasse Erscheinung colourless person; ~blau adj, pale blue; **Blässe** sub, f, -, -n paleness; ~grün adj, pale green; **blässlich** (1) adj, colourless (2) adv, colourlessly; ~rot adj, pale red

Blastom, sub, n, -s, -e tumour

Blastula, sub, f, -, Blastulae (tt; med.) blastula

Blatt, sub, n, -es, Blätter leaf, page, sheet; Eichenblatt oakleaf; kein Blatt vor den Mund nehmen not mince one´s words; Buchblatt page; Blatt Papier sheet of paper; das Blatt hat sich gewendet things have changed; ein unbeschriebenes Blatt sein be unexperienced; loose sheets lose Blätter; **blättern** vti, leaf through; ein Buch durchblättern leaf through a book; ~ernarbe sub, f, -, -n pock-mark; **Blätterteig** sub, m, -es, -e puff pastry; **Blätterwald** sub, m, -es, nur Einz. press; es rauscht im Blätterwald there are rumblings in the press; **blätterweise** adv, leaf by leaf, sheet by sheet; **Blätterwerk** sub, n, -s, -e foliage; ~gold sub, n, -es, nur Einz. gold leaf; ~laus sub, f, -, -läuse aphid; **blattlos** adj, leafless; ~pflanze sub, f, -, -en foliage plant

Blattern, sub, f, nur Mehrz. smallpox

blau, (1) adj, blue (2) **Blau** sub, blue; blau sein be canned; blauer Montag skip work on monday; die blauen Jungs the boys in blue; ein blaues Auge haben have a black eye; *Forelle blau* blue trout; *sein blaues Wunder erleben* get a nasty surprise; ~ **machen** *vi*, skip work; **~blütig** *adj*, blue-blooded; **Bläue** *sub, f, -, nur Einz.* blue, blueness; **bläuen** *vt*, blue, dye; *Papier bläuen* turn the paper blue; *die Hose bläuen* dye the trousers; **bläulich** *adj*, bluish; ~**machen** *vt*, turn blue; **Blaumann** *sub, m, -s, -männer (ugs.)* boiler suit; **Blaupause** *sub, f, -, -en* blueprint; **Blausäure** *sub, f, -, -n (tt; chem.)* prussic acid; **Blauschimmel** *sub, m, -s, nur Einz.* blue mould; ~**stichig** *adj*, with a blue cast; *der Film ist blaustichig* the film has a blue cast

Blazer, *sub, m, -s, -* blazer

blecken, *vt*, bare one´s teeth; *Zähne blecken* bare one´s teeth

Blei, *sub, n, -es, -e* lead; *Bleivergiftung* lead-poisonning; *wie Blei im Magen liegen* weigh heavily on sb´s stomach

Bleibe, *sub, f, -n* place to stay

bleiben, *vi*, stay, remain; *am Apparat bleiben* hold the line please; *auf dem Weg bleiben* stay on the path; *auf der Stelle bleiben* to stay in one´s place; *in Frankfurt bleiben* to stay in Frankfurt; *noch bleiben* to stay on; *zum Abendessen bleiben* to stay for supper

bleich, *adj*, pale; *bleich vor Wut sein* be white with rage; **Bleiche** *sub, f, -, -e* bleach; ~**en** *vt*, bleach; **Bleichgesicht** *sub, n, -s, -er* pale face; **Bleichsucht** *sub, f, -, nur Einz.* greensickness

bleiern, *adj*, leaden, like lead; *bleierne Glieder* her limbs were like lead; *schwimmen wie eine bleierne Ente* can´t swim a stroke

bleifrei, *adj*, unleaded

Bleifuß, *sub*, foot on the floor; *mit Bleifuß fahren* drive with one´s foot on the floor

Bleikristall, *sub, n, -es, -e* lead crystal

bleischwer, *adj*, heavy as lead

Bleistift, *sub, m, -s, -e* pencil; *Blei-*

stiftabsatz stiletto-heel; *Bleistiftspitzer* pencil-sharpener; ~**stummel** *sub, m, -s, -* stub

Blende, *sub, f, -n* aperture, shade; *Blende öffnen/schliessen* open/set down the aperture; *mit Blende 8 fotografieren* set the aperture to f-8; *Sonnenblende* shade

blenden, *vt*, dazzle; *einen Motorradfahrer blenden* to dazzle a motorist; *mit ihrer Schönheit blenden* to dazzle with her beauty

blendend, *adj*, splendid; *mir geht es blendend* I feel wunderfully well

Blendlaterne, *sub, f, -, -n* dark lantern

Blendschutz, *sub, m, -es, nur Einz.* visor

Blesse, *sub, f, -, -n* blaze

blessieren, *vt*, injure; **Blessur** *sub, f, -en* injury

Blick, *sub, m, -es, -e* look, view; *auf den zweiten Blick* looking at it a second time; *einem Blick ausweichen* avoid sb glance; *einen Blick auf etwas werfen* take a quick look at sth; *einen Blick hinter die Kulissen werfen* take a look behind the scenes; *einen Blick riskieren* venture a glance; *jmd einen Blick zuwerfen* give sb a look; *wenn Blicke töten könnten* if looks could kill; *Zimmer mit Meeresblick* room with a sea view; **blicken** *vi*, look; *auf das vergangene Jahr blicken* look back on the past year; *jmd gerade in die Augen blicken* look sb straight in the eyes; *zur Seite blicken* look away; ~**kontakt** *sub, n, -es, -e* eye-contact; ~**punkt** *sub, m, -es, -e* view; ~**winkel** *sub, m, -s, -* angle of vision

blind. (1) *adj*, blind (2) *adv*, without looking, blindly; *auf einem Auge blind sein* to refuse to see that; *blind werden* go blind; *blind wie ein Maulwurf* blind as a mole; *ein blindes Huhn findet*

auch mal ein Korn anyone can have a stroke of luck once in a while; **Blinddarm** *sub, m, -es, -därme* appendix; **Blinde** *sub, m, -n, -n* blind woman; **Blindekuh** *sub, ohne* blind man´s buff; *Blindekuh spielen* play blind man´s buff; **Blindenanstalt** *sub, f, -, -en* home for the blind; **Blindenhund** *sub, m, -es, -e* guide dog; **Blindenschrift** *sub, f, -, -en* braille; **Blindenstock** *sub, m, -es, -stöcke* white stick; **Blindflug** *sub, m, -es, -flüge* blind flight; *im Blindflug* blind; **Blindgänger** *sub, m, -s, - (mil.)* unexploded shell; *(i. ü. S.; Versager)* dead loss; **Blindgeborne** *sub, m, -n, -n* blind-born; **Blindheit** *sub, f, -, nur Einz.* blindness; *mit Blindheit geschlagen* be (as if struck) blind; **Blindschleiche** *sub, f, -n, -n* slowworm
blinken, *vi, (ugs.)* flash; *(ugs.; Kfz.)* indicate; *mit Lampen blinken* flash lamps; *SOS blinken* flash an SOS signal; *vor Sauberkeit blinken* sparkling clean; *rechts blinken* indicate right; **Blinker** *sub, m, -s, - (Fischen)* spoon; *(Kfz)* indicator; **Blinkleuchte** *sub, f, -, -n* indicator; **Blinklicht** *sub, n, -es, -er* flashing light; **Blinkzeichen** *sub, n, -s, -* flashlight signal
blinzeln, *vti,* blink
Blitz, *sub, m, -es, -e* lightning; *ein Blitz* a flash of lightning; *ein Blitz hat eingeschlagen* lightning has struck; *wie ein geölter Blitz* like greased lightning; *wie vom Blitz getroffen* thunderstruck; ~**ableiter** *sub, m, -s, -* lightning-conductor; ~**aktion** *sub, f, -, -en* lightning operation; **blitzartig** *adj,* lightning; **blitzblank** *adj,* sparkling clean; **blitzen** *vi, (glänzen)* flash; ~**esschnelle** *sub, f, -, nur Einz.* lightning speed; **blitzgescheit** *adj,* very bright; ~**licht** *sub, m, -es, -er* flash(light); ~**lichtaufnahme** *sub, f, -, -n* flash photograph; **blitzsauber** *adj,* sparkling clean; ~**schlag** *sub, m, -es, -schläge* lightning;

blitzschnell *adj,* be like lightning; ~**strahl** *sub, m, -es, -en* flash of lightning; ~**umfrage** *sub, f, -, -en* lightning poll
Blizzard, *sub, m, -s, -s* blizzard
Block, *sub, m, -es, Blöcke (Fels-)* block; *(polit.)* bloc; ~**ade** *sub, f, -n* blockade; ~**bildung** *sub, f, -, -en* creation of blocs; ~**flöte** *sub, f, -, -n* recorder; ~**haus** *sub, n, -es, -häuser* log cabin; **blockieren** *vt,* block; ~**ierung** *sub, f, -, -en* blockade; ~**schokolade** *sub, f, -, -n* cooking chocolate; ~**schrift** *sub, f, nur Einz.* block capitals; ~**stunde** *sub, f, -, -n* double period
blöd, *adj,* stupid; *wo ist der blöde Schlüssel?* where is that stupid key?; **Blödelbarde** *sub, f, -n* silly joker; **Blödelei** *sub, f, -en* fooling about; ~**eln** *vi,* fool about; **Blödheit** *sub, f, -, -en* stupidity; **Blödmann** *sub, m, -männer* stupid idiot; **Blödsinn** *sub, m, nur Einz.* nonsense
blöken, *vi,* bleat
blond, *adj,* blond; **Blonde** *sub, f/m, -n, -n* blond man, blonde; ~**ieren** *vti,* dyed blond; **Blondine** *sub, f, -, -n* blonde; ~**lockig** *adj,* fair curly
bloß, (1) *adj,* bare (2) *adv,* only (3) *Partikel,* on earth; *bloßes Gerede* mere gossip; *ein blosser Zufall* pure chance; *mit blossem Kopf* bare-headed; *mit blossen Beinen* without stockings, *ich habe bloß ein Hemd* I only have one shirt, *was hast du dir bloß dabei gedacht* what on earth were you thinking of; *wie konnte das bloß geschehen* how on earth could that happen
Blöße, *sub, f, -n (geb.; Nacktheit)* nakedness; *(geb.; Schwäche)* weakness; *seine Blöße zur Schau stellen* to show one´s nakedness; *sich keine Blöße geben durch* (not) show any weakness by
bloßstellen, *vt,* unmask; **Bloßstellung** *sub, f, -, -en* showing up

Blouson, *sub, n, -s, -s* blouson
Bluff, *sub, m, -s* bluff; **bluffen** *vti,* bluff
blühen, *vi,* bloom; *blühende Gärten* gardens full of flowers; *er ist ein verfluchter Narr* he is a blooming fool; *es blüht* there are flowers in bloom
Blümchen, *sub, n, -s, -* little flower
Blume, *sub, f, -, -n* flower; *durch die Blume sagen* tell sb in a roundabout way; **~nbeet** *sub, n, -es, -e* flowerbed; **~nbinder** *sub, m, -s, -* bouquet binder; **~nbrett** *sub, n, -es, -er* flower-board; **~nfrau** *sub, f, -, -en* flower-woman; **~ngeschäft** *sub, n, -es, -e* florist´s; **~ngruß** *sub, m, -es, -grüße* bouquet of flowers; **~nkasten** *sub, m, -s, -kästen* flower-box; **~nkohl** *sub, m, -s, -e* cauliflower; **blumenreich** *adj,* full of flowers; **~nstrauß** *sub, m, -es, -sträuße* bunch of flowers; **~ntopf** *sub, m, -s, -töpfe* flowerpot
blümerant, *adj,* queasy
blumig, *adj,* flowery
Bluse, *sub, f, -, -n* blouse
Blut, *sub, n, -es, nur Einz.* blood; *an seinen Händen klebt Blut* there is blood on his hands; *Blut abgenommen bekommen* have a blood sample taken; *Blut geleckt haben* have got a taste for it; *böses Blut machen* breed bad blood; *es wurde viel Blut vergossen* there was a great deal of bloodshed; *kein Blut sehen können* cannot stand blood; *mein eigen Fleisch und Blut* my own flesh and blood; *voller Blut* covered with blood; **~ bildend** *adj,* haematinic; **~ader** *sub, f, -, -n* vein; **~alkohol** *sub, m, -s, nur Einz.* blood alcohol level; **~andrang** *sub, m, -s, nur Einz.* congestion; **~armut** *sub, f, nur Einz.* anaemia; **~bahn** *sub, f, -en* bloodstream; **~bank** *sub, f, -, -en* blood bank; **~bild** *sub, n, -es, -er* blood picture; **~druck** *sub, m, -es, nur Einz.* blood-pressure; **blutdürstig** *adj,* bloodthirsty

Blüte, *sub, f, -, -n (Baum)* blossom; *(Blumen)* flower, bloom; **~nblatt** *sub, n, -es, -blätter* petal; **~nhonig** *sub, m, nur Einz.* blossom honey; **~nkelch** *sub, m, -es, -e* calyx; **~nstaub** *sub, m, nur Einz.* pollen; **blütenweiß** *adj,* sparkling white; **~nzweig** *sub, m, -es, -e* flowering branch
Blutegel, *sub, m, -s, -* leech; **bluten** *vi,* bleed; *aus der Nase bluten* to bleed at the nose; *jmd zur Ader lassen* to bleed sb; *(iron.) mir blutet das Herz* it makes my heart bleed; *wie ein Schwein bluten* bleed like a stuck pig; **Bluter** *sub, m, -* haemophiliac; **Bluterguss** *sub, m, -gusses, -güsse (ugs.; blauer Fleck)* bruise; *(tt; med.)* haematoma; **blutgierig** *adj,* bloodthirsty; **Blutgruppe** *sub, f, -, -n* blood group; **Bluthund** *sub, m, -es, -e* bloodhound; **blutig** *adj,* bloody; *blutig geschlagen werden* be left battered and bleeding; **blutjung** *adj,* very young; **Blutkonserve** *sub, f, -, -n* container of stored blood; **Blutkreislauf** *sub, m, -es, -läufe* blood circulation; **blutleer** *adj,* bloodless; *ihr Gesicht wurde ganz blutleer* the blood drained from her face; **Blutplasma** *sub, n, -s, nur Einz.* blood plasma; **Blutplättchen** *sub, n, -s, -* blood platelet; **Blutprobe** *sub, f, -, -n* blood test; **Blutrache** *sub, f, -, nur Einz.* blood revenge; **blutrünstig** *adj,* bloodthirsty; **Blutsbruder** *sub, m, -s, -brüder* blood brother; *Blutsbrüder werden* become blood brothers; **Blutsbrüderschaft** *sub, f, -, -en* blood brotherhood; **Blutschande** *sub, f, -, -* incest; **Blutserum** *sub, n, -s, -seren* blood serum; **Blutspender** *sub, m, -, -* blood-donor; **Blutspur** *sub, f, -, -en (Jagd)* trail of blood; *(Kleidung)* traces of blood; **blutstillend** *adj,* styptic; **Blutstropfen** *sub, m, -s, -* drop of

blood; **Bluttransfusion** *sub, f, -,* *-en* blood-transfusion
b-Moll, *sub, n, -, nur Einz.* b flat minor
Bö, *sub, f, -, -en* gust
Boa, *sub, f, -, -s* boa
Bob, *sub, m, -s, -s* bob
Bobby, *sub, m, Bobbies* bobby
Bobinet, *sub, m, -, -s* English tulle
Boccia, *sub, n, nur Einz.* boccie
Boche, *sub, m, -, -s (i. ü. S.)* Kraut; *frz Schimpfwort für Deutsche* engl/am Schimpfwort für Deutsche
Bock, *sub, m, -es, Böcke* buck; *Bock haben auf* (not) fancy doing sth; *Bockbier* bock (beer); *einen Bock schießen* drop a clanger; **bockbeinig** *adj,* contrary; **bockig** *adj,* stubborn, awkward; **~igkeit** *sub, f, -, -en* awkwardness; **~mist** *sub, m, -es, nur Einz.* bilge; *Bockmist machen* make a real cock-up; *Bockmist verzapfen* come out with a load of bilge
Bocksbeutel, *sub, m, -s, -* bocksbeutel
Bodega, *sub, f, -s* bodega
Boden, *sub, m, Böden (Erde)* ground, soil; *m, - (Haus)* floor; *am liebsten in den Boden versinken* wish the ground would open and swallow sb; *auf englischem Boden* on English soil; *jmd den Boden unter den Füßen wegziehen* cut the ground from under sb´s feet; *sich auf unsicherem Boden bewegen* be on shaky ground; *sich zu Boden fallen lassen* fall to the ground; *Fußboden* floor; *vom Fußboden essen können* her floors are so clean that you could eat off them; **~abwehr** *sub, f, -, nur Einz.* ground defense; **~erosion** *sub, f, -, -en* soil erosion; **~haftung** *sub, f, -, nur Einz.* road-holding; **~kammer** *sub, f, -, -n* attic; **bodenlos** *adj,* bottomless; *ins Bodenlose fallen* fall into a bottomless abyss; **~reform** *sub, f, -, -en* land reform; **~schätze** *sub, f, nur Mehrz.* mineral resources; **bodenständig** *adj, (cult.)* native;

(Handwerk) local; *bodenständige Bevölkerung* native population; **~station** *sub, f, -, -en (Raumf.)* ground station; **~turnen** *sub, n, nur Einz.* floor exercises
Bodybuilding, *sub, n, nur Einz.* body-building
Bodycheck, *sub, m, -s, -s* body-check
Bodyguard, *sub, m, -s, -s* body-guard
Böe, *sub, f, -, -n* gust
Bogen, *sub, m, -s, Bögen (arch.)* arch; *(mat.)* arc; *(Waffe)* bow; *Triumphbogen* triumphal arch; *Bogen überspannen* go too far; *einen Bogen schlagen* move in a curve; **~führung** *sub, f, -, -en (mus.)* bowing; **~lampe** *sub, f, -n* arc lamp; **~schießen** *sub, n, -s, nur Einz.* archery; **~schütze** *sub, m, -ns, -n* archer
Boheme, *sub, f, nur Einz.* bohemian world
Bohemien, *sub, m, -s, -s* bohemian
Bohle, *sub, f, -, -n* plank
Bohlenbelag, *sub, m, -es, -beläge* planking
böhmisch, *adj,* Bohemian
bohnern, *vti,* polish; *Vorsicht, frisch gebohnert* just polished floor; **Bohnerwachs** *sub, n, -, -* floor-polish
bohren, *vti, (Loch)* bore, drill; *(Tunnel)* drive; *ein Loch bohren* bore a hole; *in der Nase bohren* pick one´s nose; *in einem Zahn bohren* drill a tooth; *nach Öl/Gas bohren* drill for oil/gas; *Tunnel bohren* drive a tunnel; **Bohrer** *sub, m, -s, -* drill; *Handbohrer* gimlet; **Bohrinsel** *sub, f, -, -n* drilling rig; **Bohrloch** *sub, n, -s, -löcher* borehole; **Bohrmaschine** *sub, f, -, -n* drill; **Bohrturm** *sub, m, -s, -türme* derrick; **Bohrung** *sub, f, -, -en* drilling
böig, *adj,* gusty; *böig auffrischend* freshening in gusts

Boiler, *sub*, *m*, *-s*, - boiler
Boje, *sub*, *f*, *-*, *-n* buoy
Bola, *sub*, *f*, *-s* Southamerican lasso
Bolero, *sub*, *m*, *-s*, *-s* bolero
Bolid, *sub*, *m*, *-ens*, *-en* bolide
Bolide, *sub*, bolide
bolivianisch, *adj*, Bolivian
Böller, *sub*, *m*, *-s*, - banger
Bollerwagen, *sub*, *m*, *-s*, *-wägen* handcart
Bollwerk, *sub*, *n*, *-s*, *-e* bastion
Bolschewismus, *sub*, *m*, *nur Einz.* Bolshevism
Bolzen, (1) *sub*, *m*, *-*, - bolt (2) **bolzen** *vti*, kick; *bolzen* kick the ball about
Bombardement, *sub*, *n*, *-s*, *-s* bombing; **bombardieren** *vt*, bomb
Bombe, *sub*, *f*, *-*, *-n* bomb; *ein Dorf mit Bomben dem Erdboden gleich machen* bomb a village out of existence; *Flugzeug mit Bomben beladen* bomb up an aircraft; *wie eine Bombe einschlagen* come as a bombshell; **bomben** *vt*, bomb; **~nerfolg** *sub*, *m*, *-es*, *-e* smash hit; **bombenfest** *adj*, bomb-proof; **~nflugzeug** *sub*, *n*, *-es*, *-e* bomber; **~ngeschäft** *sub*, *n*, *-es*, *-e* do a roaring trade; **~nschuss** *sub*, *m*, *-schusses*, *-schüse* thunderbolt; **bombensicher** *adj*, dead certain; *ein bombensicherer Tip* a dead cert; *ein bombensicheres Geschäft* a dead certain thing; **~nterror** *sub*, *m*, *-s*, *nur Einz.* terrorist bombing; **~r** *sub*, *m*, *-s*, - bomber; *der Bomber der Nation* soccer player with the fiercest shot; **~rjacke** *sub*, *f*, *-*, *-n* blouson; **bombig** *adj*, terrific; *bombiges Wetter* terrific weather; *sich bombig schlagen* make a terrific showing
Bommel, *sub*, *f*, *-*, *-n* pompom
Bon, *sub*, *m*, *-s (Gutschein)* voucher; *(Kassen-)* receipt
bonafide, *adj*, bonafide
Bonbon, *sub*, *m*, *-s*, *-s* sweet; *(US)* candy; **bonbonfarben** *adj*, candy-coloured
Bond, *sub*, *m*, *-s*, *-s (wirt.)* bond

Bongo, *sub*, *f*, *-*, *-s (mus.)* bongo
Bonhomie, *sub*, *f*, *-*, *-n (geb.)* bonhomie
Bonifikation, *sub*, *f*, *-*, *-en* bonus; **bonifizieren** *vt*, benefit
Bonität, *sub*, *f*, *-*, *-en* creditworthiness
Bonmot, *sub*, *n*, *-s*, *-s* bon mot
Bonsai, *sub*, *m*, *-s*, *-s* bonsai
Bonus, *sub*, *m*, - *und -sses*, *-se und Boni* bonus
Bonvivant, *sub*, *m*, *-s*, *-s* bon vivant
Bonze, *sub*, *m*, *-n*, *-n* bigwig
Boom, *sub*, *m*, *-s*, *-s* boom; **boomen** *vi*, boom
Bor, *sub*, *n*, *-s*, *nur Einz. (chem.)* boron
Bora, *sub*, *f*, *-*, *-s (geogr.)* Bora
Bord, *sub*, *m*, *-s*, *-e* board; *an Bord* on board; *(i. ü. S.) etwas über Bord werfen* throw sth overboard; *über Bord* overboard; **~case** *sub*, *n/m*, *-*, - *und s* boardcase; **~computer** *sub*, *m*, *-s*, - on board computer
Borde, *sub*, *f*, *-*, *-n (geogr.)* bay
bordeauxrot, *adj*, bordeaux-red
Bordelaiser, *sub*, *f*, *-*, - Bordelaiser; *Bordelaiser Brühe* Bordelaiser fungicide
Bordell, *sub*, *n*, *-s*, *-e* brothel
Bordfunk, *sub*, *m*, *-s*, *nur Einz.* radio; **~er** *sub*, *m*, *-s*, - radio operator
Bordstein, *sub*, *m*, *-s*, *-e* kerb; *Bordsteinkante* edge of the kerb
Bordüre, *sub*, *f*, *-*, *-n* edging
boreal, *adj*, *(geogr.)* boreal
borgen, *vti*, *(geben)* lend; *(nehmen)* borrow; *jmd etwas borgen* lend sb sth, lend sth to sb
Borke, *sub*, *f*, *-*, *-n* bark; **~nkäfer** *sub*, *m*, *-s*, - bark beetle; **~nkrepp** *sub*, *n*, *-s*, *nur Einz.* bark crèpe; **borkig** *adj*, cracked; *borkige Rinde* cracked bark
borniert, *adj*, narrow-minded; **Borniertheit** *sub*, *f*, *-*, *-en* narrow-mindedness
Borschtsch, *sub*, *m*, *-*, *nur Einz.* borsch(t)

Börse, *sub, f, -, -n* purse; *(Gebäude)* stock exchange; *(wirt.)* stock-market; **~nmakler** *sub, m, -s,* - stockbroker; **Börsianer** *sub, m, -s,* - stock-market speculator
bösartig, *adj,* malicious; *bösartige Bemerkungen* malicious remarks; **Bösartigkeit** *sub, f, -, -en* maliciousness; *Bösartigkeit eines Tumors* malignancy of a tumour
Böschung, *sub, f, -, -en* bank; *Flußböschung* banks of the river
böse, *(1) adj, (übel)* bad; *(verwerflich)* wicked; *(wütend)* mad *(2)* **Böse** *sub, m, -n, -n* evil; *es wird noch böse mit ihm enden* he´ll come to a bad end; *böse Stiefmutter* wicked stepmother; *eine böse Zunge haben* have a wicked tongue; *mit böser Absicht* with evil intent; *über etwas böse sein* be mad about sth, *den Bösen spielen* play the villain
boshaft, *adj,* malicious
Bosheit, *sub, f, -, -en* malice
Boskop, *sub, m, -s,* - Boskoop
bosnisch, *adj,* from Bosnia
Boss, *sub, m, -es, -e* boss
böswillig, *adj,* malicious; *jmd böswillig verlassen* wilful desertion
Botanik, *sub, f, -, nur Einz.* botany; **~er** *sub, m, -s,* - botanist; **botanisch** *adj,* botanical; **botanisieren** *vti,* botanize
Botendienst, *sub, m, -es, -e* messenger service; *mit Botendiensten Geld verdienen* earn money as a messenger
botmäßig, *adj,* obedient; **Botmäßigkeit** *sub, f, -, -en* obedience
botokudisch, *adj,* Botocudian
Botschaft, *sub, f, -, -en (Nachricht)* message; *(Neuigkeit)* news; *(polit.)* embassy; *freudige Botschaft* good news; **~er** *sub, m, -s,* - ambassador
Botsuanerin, *sub, f, -, -nen* Botsuanean; **botsuanisch** *adj,* Botsuanese
Bottich, *sub, m, -s, -e* tub
Bouillabaisse, *sub, f, -, nur Einz.* bouillabaisse
Bouillon, *sub, f, -, -s* bouillon, consommé
Boule, *sub, n/f, -, -s* boule
Boulevard, *sub, m, -s, -s* boulevard; **~presse** *sub, f, -, nur Einz.* popular press; *Boulevardpresse* yellow press; *Regenbogenpresse* popular press
Bouquet, *sub, n, -s, -s* bouquet
bourbonisch, *adj, (hist.)* bourbone
bourgeois, *(1) adj,* bourgeois *(2)* **Bourgeois** *sub, m, -,* - bourgeois; **Bourgeoisie** *sub, f, -, -n* bourgeoisie
Bouteille, *sub, f, -, -n (geh.)* bottle
Boutique, *sub, f, -, -n* boutique
Bouton, *sub, m, -s, -s* ear-button
Bowle, *sub, f, -, -n (Gefäß)* punchbowl; *(Getränk)* punch
Bowling, *sub, n, -s, nur Einz.* bowling; **~bahn** *sub, f, -, -en* bowlingalley
Box, *sub, f, -, -en (Pferde)* box; *(tech.)* speaker
boxen, *vti,* fight; **Boxer** *sub, m, -s,* - *(Sport/Hund)* boxer; *der Boxer ging zu Boden* the boxer went down; **Boxhandschuh** *sub, m, -s, -e* boxing-glove; **Boxkampf** *sub, m, -s, -kämpfe* boxing match, fight; **Boxsport** *sub, m, -s, nur Einz.* boxing
Boxkalfschuh, *sub, m, -s, -e* boxcalf-shoe
Boy, *sub, m, -s, -s* boy
brabbeln, *vi,* mutter
brach, *adj,* uncultivated; **Brachfeld** *sub, n, -s, -er* uncultivated field; **~liegen** *vi,* lie waste
brachial, *adj,* violent; *brachiale Gewalt* brute force; **Brachialgewalt** *sub, f, -, nur Einz.* brute force
Bracke, *sub, m, -n, -n* brackish water; **brackig** *adj,* brackish; **Brackwasser** *sub, n, -s, -wässer* brackish water
Brahma, *sub, m, -s, nur Einz.* Brahman
Brahmane, *sub, m, -n, -n* Brahmin; **brahmanisch** *adj,* Brahmi-

nical; **Brahmanismus** *sub, m, nur Einz.* Brahmanism

Brailleschrift, *sub, f, -, nur Einz.* Braille

Brainstorming, *sub, n, -s, nur Einz.* brainstorming session

bramarbasieren, *vi,* brag

Bramsegel, *sub, n, -s, -* topgallant sail

Branche, *sub, f, -, -n* branch of industry; *sich in der Branche auskennen* have knowledge of the industry; ~**nverzeichnis** *sub, n, -ses, -se* yellow pages

Branchie, *sub, f, -, -n (biol.)* gill

Brand, *sub, m, -s, Brände (brennen)* fire; *m, -s, nur Einz. (ugs.; Durst)* thirst; *Feuer ist ein guter Diener, aber ein schlechter Herr* fire is a good servant, but a bad master; *in Brand geraten* catch fire; *in Brand setzen* set fire to; **brandaktuell** *adj,* very latest; *brandaktuelle Nachrichten* very latest news; ~**blase** *sub, f, -, -en* blister; ~**bombe** *sub, f, -, -en* fire-bomb; ~**fackel** *sub, f, -, -n* firebrand; **brandig** *adj, (geb.)* burnt; *(tt; med.)* gangrenous; ~**legung** *sub, f, -, -en* case of arson; ~**mal** *sub, n, -s, -e* burn mark; *Vieh mit einem Brandmal versehen* to brand the cattle; **brandmarken** *vt,* brand; *jmd als Verräter brandmarken* brand sb as a traitor; ~**meister** *sub, m, -s, -* chief fire officer; **brandneu** *adj,* brand-new; **brandschatzen** *vti, (hist.)* pillage and threaten to burn; ~**stifter** *sub, m, -s, -* arsonist; ~**stiftung** *sub, m, -, -en* case of arson; ~**ursache** *sub, f, -, -n* source of fire; ~**zeichen** *sub, m, -s, -* brand

branden, *vi, (geb.)* break; *ans Ufer branden* to break ashore

Brandung, *sub, f, -, nur Einz.* surf

Brandy, *sub, m, -s, -s* brandy

Brasilianer, *sub, m, -s, -* Brazilian

Brasse, *sub, f, -, -n* brace

Braten, **(1)** *sub, m, -s, -* roast **(2)** **braten** *vt, (Ofen)* roast; *(Pfanne)* fry **(3)** *vti, (Sonne)* roast; *kalter Braten* cold meat; *Schweinebraten*

roast pork, *Brathähnchen* fried chicken; *braun braten* fry sth until it's brown, *am Spiess braten* roast sth on a spit; *in der Sonne braten* roast in the sun; ~**rock** *sub, m, -s, -röcke* frock-coat; ~**soße** *sub, f, -, -n* gravy; **Brathähnchen** *sub, n, -s, -* roast chikken

Bratsche, *sub, f, -, -n (mus.)* viola; **Bratschist** *sub, m, -en, -en* viola-player

Bratwurst, *sub, f, -, -würste* sausage

Bräu, *sub, f, -s, -s und -e* brew

Brauch, *sub, m, -s, Bräuche* custom; *das ist so Brauch* that is the custom

brauchbar, *adj,* useful; *er ist ganz brauchbar* he is a decent (worker/pupil)

brauchen, **(1)** *vi, (nötig sein)* need **(2)** *vt, (benötigen)* need; *(benutzen)* use; *(Zeit aufwenden)* take; *alles was du brauchst* all you need; *du brauchst nicht weinen* there is no need to cry; *du brauchst nicht zu helfen* there is no need to help; *es braucht keines weiteren Beweises* no further proof is needed; *ich brauche deinen Rat nicht* I can well do without your advice, *das Auto brauchen* to use the car; *die Farbe brauchen* to use the paint; *er braucht zehn Minuten* it takes him ten minutes; *wie lang brauchst du?* how long will it take you?

Brauchtum, *sub, n, -s, -tümer* custom; *das bayerische Brauchtum* the Bavarian customs

Braue, *sub, f, -, -n* brow; *Augenbraue* eyebrow

brauen, *vti,* brew; *Bier brauen* brew beer; *Kaffee brauen* brew up coffee; **Brauerei** *sub, f, -, -en* brewery; **Braumeister** *sub, m, -s, -* master brewer

braun, **(1)** *adj, (Farbe)* brown; *(Haut)* tan **(2)** **Braun** *sub, n, -s,*

Bräune brown; *das sind Braune* they are (Neo)Nazis

Braunbär, *sub, m, -s, -en* brown bear

Bräune, *sub, f, -, nur Einz.* tan

Braunkohle, *sub, f, -, -en* brown coal

Braus, *sub, m, nur Einz. (s. Saus)* life; *in Saus und Braus leben* live the high life

Brause, *sub, f, -, -n (Dusche)* shower; *(Getränk)* fizzy drink

Brausen, (1) *sub, n, -s, nur Einz.* roar **(2) brausen** *vi, (duschen)* shower; *(Verkehr)* roar

Brausepulver, *sub, n, -s, -* sherbet

Braut, *sub, f, -, Bräute* bride; *(Verlobte)* fiancée; **~eltern** *sub, f, -, nur Mehrz.* bride´s parents; **~führer** *sub, m, -s, -* bride´s guide; **Bräutigam** *sub, m, -s, -* groom; **~jungfer** *sub, f, -, -n* bridesmaid; **~mutter** *sub, f, -, -mütter* bride´s mother; **~paar** *sub, n, -s, -e* bridal couple

brav, *adj, (artig)* good; *(ehrlich)* honest; *(mutig)* brave; *iß schön brav deine Suppe* be a good boy/girl and eat up your soup; *sei ein braver Junge* be a good boy

Bravo, *sub, n, -s, -s* cheer; **~ruf** *sub, m, -s, -e* cheer; *die lauten Bravorufe der Zuschauer* the loud cheers of the audience; **bravourös** *adj,* brilliant; *bravouröse Vorstellung* brilliant performance; **~urstück** *sub, n, -s, -e* brilliant performance; **Bravur** *sub, f, -, nur Einz.* stylishness; **Bravurstück** *sub, n, -s, -e* brilliant performance

bravo!, *interj,* bravo

Breakdancer, *sub, m, -s, -* breakdancer

Brechdurchfall, *sub, m, -s, -fälle (med.)* diarrhea

brechen, (1) *vi, (erbrechen)* throw up **(2)** *vt,* break; *brechend voll* full to bursting; *mir bricht das Herz* it breaks my heart; *mit seiner Gewohnheit brechen* break a habit; *sich den Arm brechen* break one´s arm

Brecher, *sub, m, -s, - (Welle)* breaker

Brechmittel, *sub, n, -s, -* emetic; *Er*

ist ein Brechmittel He makes me want to throw up

Brechreiz, *sub, m, -es, -e* nausea

Brechstange, *sub, f, -, -n* crowbar; *ein Sieg mit der Brechstange* a victory by sheer force; *Probleme mit der Brechstange lösen* solve problems with a sledgehammer

Brechung, *sub, f, -, -en* refraction

Breeches, *sub, f, -, nur Mehrz.* breeches

Brei, *sub, m, -s, -e* porridge; *(US)* oatmeal; *einen Brei aus etwas machen* make sth a mush; *um den heißen Brei herumreden* beat about the bush; **breiig** *adj,* mushy

breit, *adj,* wide; *breiter machen* widen a street; *der Saum ist 5 cm breit* the hem is 5 cm wide

breitbeinig, *adv,* squarely

Breite, *sub, f, -, -n (Ausmaß)* width; *(geogr.)* latitude; *der Breite nach durchschneiden* to cut through sth widthwise; *in die Breite gehen* put on weight; *auf dem 35(nördl) Breitengrad liegen* have the latitude of 35 degree (north)

Breitengrad, *sub, m, -s, -e* degree of latitude

Breitensport, *sub, m, -s, nur Einz.* popular sport

breit machen, *vt,* spread; *die Pest macht sich breit* the pest is spreading

breitrandig, *adj,* broad-brimmed

breitschlagen, *vt, (i. ü. S.)* persuade; *sich breitschlagen lassen* let him/herself be persuaded

Breitschwanz, *sub, m, -es, -schwänze* caracul; *Breitschwanzpersianer* caracul

breitspurig, *adj,* broad-gauge; *breitspurige Eisenbahn* broad-gauge

Breitwand, *sub, f, -, -wände* big screen

Bremse, *sub, f, -, -n (biol.)* horsefly; *(tech.)* brake; *auf die Bremse treten* put on the brakes; **brem-**

sen *vti*, brake; *bremsen* to brake up; *er ist nicht zu bremsen* there´s no stopping him; **~nplage** *sub, f, -, -n* horse fly plague; **~nstich** *sub, m, -s, -e* stich of a horse fly; **Bremsflüssigkeit** *sub, f, -, -en* brake-fluid; *(US)* brake-liquid; **Bremslicht** *sub, n, -s, -er* brake-light; **Bremsung** *sub, f, -, -en* braking; **Bremsweg** *sub, m, -s, -e* braking distance

brennbar, *adj*, inflammable; *leicht brennbar* highly inflammable; **Brennbarkeit** *sub, f, -, -en* inflammability; **Brenndauer** *sub, f, -, - (Lampe)* life; *Brenndauer des Tons* firing time of the clay; **Brennelement** *sub, n, -s, -e (Kerntechnik)* fuel-rod; **Brenner** *sub, m, -s, -* burner; **Brennerei** *sub, f, -, -en* distillery; **Brennglas** *sub, n, -es, -gläser* burning-glas; **Brennnessel** *sub, f, -, -n* stinging-nettle; **Brennpunkt** *sub, m, -s, -e* focus; *im Brennpunkt stehen* be the focus of attention; **Brennschere** *sub, f, -, -n* curling iron; **Brennspiritus** *sub, m, -, -* methylated spirits; **Brennstoff** *sub, m, -s, -e* fuel; **Brennstoffbehälter** *sub, m, -s, -* fuel-tank; **Brennweite** *sub, f, -, -n* focal length

brennen, *vti*, be on fire, roast; *(verbrennen)* burn; *die Schule brennt* the school is on fire; *ein gebranntes Kind scheut das Feuer* a brand from the burnning; *lichterloh brennen* be blazing fiercely; *sich etwas ins Gedächtnis brennen* brand sth on one´s memory; *Kaffee/Mandeln brennen* roast coffee/almonds; *(i. ü. S.) abgebrannt sein* be burnt out; *das Haus brennt* the house is burning; *niederbrennen* to burn to ashes; *sich die Finger verbrennen* burn one´s fingers

brenzlig, *adj*, burnt; *brenzlig riechen* smell burnt; *die Situation wird mir zu brenzlig* things are getting too hot for me

Bresche, *sub, f, -, -n* breach; *für jmd in die Bresche springen* stand in for sb

Brett, *sub, n, -s, -er* board; *(lang)* plank; *das schwarze Brett* the notice-board; *die Bretter, die die Welt bedeuten* be on the boards; *Dünnbrett bohren* take the easy way out; *ein Brett vor dem Kopf haben* can´t think straight; *Spielbrett* board; **~erbude** *sub, f, -, -n* hut; **~erwand** *sub, f, -, -wände* wooden wall; **~erzaun** *sub, m, -s, -zäune* wooden fence

Breve, *sub, n, -s, -n* breve

Brevier, *sub, n, -s, -e* breviary

Brezel, *sub, f, -, -n* pretzel; *Brezeln mit Senf* pretzels with mustard

Brief, *sub, m, -s, -e* letter; *einen Brief schicken* send a letter; *offener Brief* open letter; **~freund** *sub, m, -s, -e* penfriend; **~geheimnis** *sub, n, -ses, -se* privacy of the post; **~ing** *sub, n, -s, -s* briefing; **~kasten** *sub, m, -s, -kästen* post-box; *(US)* mailbox; *Briefkastenfirma* accommodation address; *Haus-Briefkasten* letter-box; *Postfach* post-box; *Hausbriefkasten* mailbox; **~kopf** *sub, m, -s, -köpfe* letterhead(ing); **brieflich (1)** *adj*, written **(2)** *adv*, by letter; **~marke** *sub, f, -, -n* stamp; **~öffner** *sub, m, -s, -* letter-opener; **~papier** *sub, n, -s, nur Einz.* writing-paper; **~partner** *sub, m, -s, -* penfriend; **~tasche** *sub, f, -, -n* wallet; **~taube** *sub, f, -, -n* carrier pigeon; **~träger** *sub, m, -s, -* postman; **~umschlag** *sub, m, -s, -schläge* envelope; **~wahl** *sub, f, -, -en* postal vote; **~wechsel** *sub, m, -s, -* correspondence; *Briefwechsel mit jmd führen* be in correspondence with sb

Bries, *sub, n, -es, -e* thymus

Brigade, *sub, f, -, -n* brigade; *Arbeitsbrigade* (work)brigade; **Brigadier** *sub, m, -s, -s* brigadier; **Brigadierin** *sub, f, -, -nen* brigade-leader

Brigant, *sub, m, -en, -en (hist.)* brigand

Brigg, *sub*, *f*, -, -s brig
Brikett, *sub*, *n*, -s, -s briquette; **brikettieren** *vt*, form like a briquette
brillant, (**1**) *adj*, brilliant (**2**) **Brillant** *sub*, *m*, -en, -en brilliant; *ein brillanter Vortrag* a brilliant lecture; **Brillantring** *sub*, *m*, -s, -e diamond ring
Brillantine, *sub*, *f*, -, *nur Einz.* brilliantine
Brillanz, *sub*, *f*, -, *nur Einz.* brilliance
Brille, *sub*, *f*, -, -n glasses; *Brille* spectacles; *eine Brille tragen* wear glasses; *etwas durch die rosa Brille sehen* see sth through rose-coloured glasses; ~**netui** *sub*, *n*, -s, -s glasses-case; ~**nglas** *sub*, *n*, -es, -gläser spectacle-lens; ~**nschlange** *sub*, *f*, -, -n *(scherzhaft)* four-eyes; *(zool.)* spectacle cobra
Brimborium, *sub*, *n*, -s, *nur Einz.* hoo-ha; *Brimborium um etwas machen* make a big hoo-ha about sth
bringen, *vt*, *(begleiten)* take; *(dar-)* make, perform; *(es zu etwas -)* get; *(her-)* bring; *(hin-)* take; *(veröffentlichen)* publish, broadcast; *die Kinder zur Schule bringen* take the children to school; *ein Opfer bringen* make a sacrifice; *ein Ständchen bringen* to perform a serenade; *es zu etwas/nichts bringen* get somewhere/nowhere; *ich bringe den Schlüssel nicht ins Schloss* I can´t get the key into the lock; *Bequemlichkeit bringen* bring comfort; *bring Deine Frau mit* bring your wife along/with you; *bring mir bitte etwas* please bring sth to me; *er bringt die Rechnung* he brings the bill along; *Glück bringen* bring sb good/bad luck; *ich brachte ihr ein Geschenk* I brought her a present; *jmd Nachrichten bringen* bring sb news; *Profit bringen* bring a profit; *bring mich nach Hause* take me home; *das Auto zum Laufen bringen* get the car to go; *den Film zur Drogerie bringen* take the film to the drugstore; *einen Fall vor Gericht bringen* take a matter to court; *das Fernsehen bringt die Oscar-Verleihung* TV broadcasts the Academy Award

Bringschuld, *sub*, *f*, -, -en debt; *Bringschuld* dept to be paid at the creditor´s domicile
Brioche, *sub*, *f*, -, -s brioche
brisant, *adj*, explosive; *das ist eine brisante Geschichte* this is an explosive story; **Brisanz** *sub*, *f*, -, -en explosiveness; *ein Thema von hoher politischer Brisanz* a highly explosive political subject
Brise, *sub*, *f*, -, -n breeze; *Meeresbrise* sea breeze
Bristolkanal, *sub*, *m*, -s, *nur Einz.* *(geogr.)* Bristol Channel
Britannien, *sub*, *n*, -s, *nur Einz.* Britain; *Grossbritannien* Greatbritain; **britannisch** *adj*, Britannic
Brite, *sub*, *m*, -n, -n Briton; **britisch** *adj*, British; *die Britischen Inseln* The British Isles; **Britizismus** *sub*, *m*, -, -men Briticism
bröckelig, *adj*, crumbly; *ein bröckeliger Kuchen* a crumbly pastry
bröckeln, *vi*, crumble; *sein Brot bröckeln* crumble one´s bread; *zerbröckeln, verfallen* crumble away
Brocken, (**1**) *sub*, *m*, -s, - chunk (**2**) **brocken** *vt*, crumble; *ein dikker Brocken Fleisch* big chunk of meat; *ein harter Brocken* hard nut to crack; *ein paar Brocken aufschnappen* catch e few snatches; **brockenweise** *adv*, bit by bit; *die Informationen nur brockenweise bekommen* get the information bit by bit
Bröcklichkeit, *sub*, *f*, -, -en easily crumbling
brodeln, *vi*, bubble
Broiler, *sub*, *m*, -s, - fried chicken; ~**mast** *sub*, *f*, -, - chicken fattening
Brokat, *sub*, *m*, -s, *nur Einz.* brocade; **brokaten** *adj*, made of brocade

Brokkoli, *sub, m, -s, nur Einz.* broccoli

Brom, *sub, n, -s, nur Einz. (chem.)* bromine

Brombeere, *sub, f, -, -n* blackberry

bronchial, *adj, (med.)* bronchial; **Bronchialasthma** *sub, n, -s, nur Einz.* bronchial asthma; **Bronchialkatarr** *sub, m, -s, -e* bronchitis; **Bronchie** *sub, f, -, -n* bronchial tube; **Bronchitis** *sub, f, -, -chitiden (med.)* bronchitis

Brontosaurus, *sub, m, -saurier (paläont)* apatosaurus, brontosaur

Bronze, *sub, f, -, -n (kun.)* bronze statue; **bronzefarben** *adj,* coloured like bronze; **bronzefarbig** *adj, (Haut)* bronzed; **bronzen** *adj,* bronze; *bronzen schimmern* glint like bronze; **~zeit** *sub, f, -, nur Einz.* Bronze Age

Brosame, *sub, m, -, -n* crumb

Brosche, *sub, f, -, -n* brooch

broschieren, *adj,* paperback

Broschüre, *sub, f, -, -n* booklet; *(Reise)* broschure

Brösel, *sub, m, -s, -* crumb

Brot, *sub, n, -s, -e* bread; *der Mensch lebt nicht vom Brot allein* man shall not live by bread alone; *ein Laib Brot* a loaf of bread; *eine Scheibe Brot* a slice of bread; **Brötchen** *sub n, -s, -* roll; *kleine Brötchen backen* lower one´s sights; **~getreide** *sub n, -s, -* grain; **~korb** *sub, m, -s, -körbe* bread-basket; **~laib** *sub, m, -s, -e* loaf of bread; **brotlos** *adj. (wirt.)* unemployed; *brotlose Kunst* there is no money in that; *jmd brotlos machen* put sb out of work; **~maschine** *sub, f, -, -n* bread-slicer; **~scheibe** *sub, f, -, -n* slice of bread; **~schnitte** *sub, f, -, -n (ugs.)* slice of bread; **~teig** *sub, m, -s, -e* bread dough; **~zeit** *sub, f, -, -en (Essen)* snack; *(Pause)* break; *eine Brotzeit mitnehmen* take a snack with (me); *Brotzeit machen* have a break

Browning, *sub, f, -, -s (mil.)* Browning

Bruch, *sub, m, -s, Brüche* break; *(mat.)* fraction; *(med.)* fracture; *Deichbruch* breaking of the cam/brit: the breaching; *(i. ü. S.) in die Brüche gehen* break up; *zu Bruch gehen* get broken; **~rechnen (1)** *sub, n, -s, -* fractions **(2) bruchrechnen** *vi,* do fractions; *beim Bruchrechnen* when doing fractions, *jmd bruchrechnen beibringen* teach how to do fractions

brüchig, *adj,* brittle, crumbly; *(i. ü. S.) sich auf brüchigem Eis bewegen* be on thin ice

Brüchigkeit, *sub, f, -, -en* brittleness, crumbliness

Bruchschaden, *sub, m, -s, -schäden* breakage

bruchsicher, *adj,* unbreakable

Bruchstelle, *sub, f, -, -n* break; *Bruchstelle des Knochens* fracture of the bone; *eine Bruchstelle kleben* apply adhesive to a broken area

Bruchstrich, *sub, m, -s, -e* fraction line

Bruchteil, *sub, m, -s, -e* part; *im Bruchteil einer Sekunde* in a fraction of a second; *um den Bruchteil einer Sekunde zu spät* a split second too late

Brücke, *sub, f, -, -n* bridge; *eine Brücke im Mund haben* have a bridge; **~nkopf** *sub, m, -s, -köpfe (mil.)* bridgehead; **~nzoll** *sub, n, -s, -e* bridge-toll

Bruder, *sub, m, -s, Brüder* brother; *unter Brüdern* amongst friends; **~krieg** *sub, m, -s, -e* fratricidal war; **brüderlich** *adj/adv, (ugs.)* brotherly; *(geb.; polit.)* fraternal; *brüderlich teilen* share sth in a fair and generous way; *auf brüderliche Art und Weise* in a fraternal way; **~schaft** *sub, f, -, -en* brotherhood; **Brüderschaft** *sub, f, -, -en* close friendship; *Brüderschaft trinken* drink to close friendship; **~zwist** *sub, m, -s, -e* feud between brothers

Brühe, *sub, f, -, -n (ugs.)* stock; *(Suppe)* clear soup; **brühen** *vt,* blanch; *Kaffee brühen* brew coffee; **brühwarm (1)** *adj, (Klatsch)* very latest **(2)** *adv, (weitererzählen)* straight away; *jmd etwas brühwarm erzählen* pass sth around straight away

brüllen, *vi,* roar; *brüllen wie ein Löwe* roar like a lion; *das ist zum Brüllen* it is a scream; *er brüllt wie am Spiess* he bawled his head off

Brummbär, *sub, m, -en, -en* grouch

Brummbass, *sub, m, -es, -bässe* bass voice

brummeln, *vi,* mumble

brummen, *vi, (i. ü. S.)* murmur; *(Bär)* growl; *(Insekt)* buzz; *(tech.)* drone; *mir brummt der Schädel* my head is buzzing

Brummer, *sub, m, -s, - (ugs.)* bluebottle

Brummi, *sub, m, -s, -s* truck; *Brummi-Treff* truck-stop

Brummigkeit, *sub, f, -, -en* grumpiness

Brummschädel, *sub, m, -s, - (ugs.)* thick head

Brunch, *sub, m, -s, -e oder -s* brunch

brünett, *adj,* dark-haired; **Brünette** *sub, f, -, -n* brunette

Brunft, *sub, f, -, -brünfte (fem.)* heat; *(mask.)* rut; **~hirsch** *sub, m, -s, -e* rutting stag; **brunftig** *adj,* rutting (mask)/on heat (fem); **~schrei** *sub, m, -s, -e* bell

Brunnen, *sub, m, -s, -* fountain; *Trinkbrunnen* (mineral) waters; **~figur** *sub, f, -, -en* figure on the fountain

Brunst, *sub, f, -, -brünste* s. Brunft

brünstig, *adj,* s. brünftig

brüsk, *adj,* brusque, abrupt; *jmd brüsk zurückweisen* insult sb

brüskieren, *vt,* offend; *(stärker)* insult; **Brüskierung** *sub, f, -, -en* insult; *Brüskierung* a piece of offensive behaviour

Brüssel, *sub, n, -s* Brussels; *Brüsseler Spitzen* Brussels lace

Brust, *sub, f, -, Brüste (allg)* chest; *(weibl.)* breast; *einen zur Brust*

nehmen have quick (drink) one; *mit stolzgeschwellter Brust* as proud as a peacock; *sich jmd zur Brust nehmen* give someone hell; *einem Baby die Brust geben* to breastfeed a baby; *Hähnchenbrust* breast; **~bein** *sub, n, -s, -e* breastbone; **~beutel** *sub, m, -s, -* purse; **~breite** *sub, f, -, -n* chest-measurement; **~kasten** *sub, m, -s, -kästen (ugs.)* chest; **~korb** *sub, m, -s, -körbe (anat.)* thorax; **~krebs** *sub, m, -es, -e* breast cancer; **~schwimmen (1)** *sub, n, -s, nur Einz.* breaststroke **(2) brustschwimmen** *vi,* do breaststroke; **~stimme** *sub, f, -, -n* chest-voice; **~tasche** *sub, f, -, -n* breast pocket; **~ton** *sub, m, -s, -töne* chest tone; *im Brustton der Überzeugung* with utter conviction; **~umfang** *sub, m, -s, -fänge* bust measurement; **Brüstung** *sub, f, -, -en* balustrade; **~warze** *sub, f, -, -n* nipple; **~wickel** *sub, (med.)* chest compress

Brut, *sub, f, -, -* brood; *ist das eine Brut!* what a brood!

brutal, *adj,* brutal, violent; *mit brutaler Gewalt* with brute force; **~isieren** *vt,* brutalize; **Brutalität** *sub, f, -, -en* brutality

Brutapparat, *sub, m, -s, -e (med.)* incubator

brüten, (1) *vi, (biol.)* brood **(2)** *vt, (phy.)* breed; *brütende Hitze* stifling heat; *über einem Aufsatz brüten* work on an essay; *über etwas brüten* brood over sth; **Brüter** *sub, m, -s, -* breeder; *Schneller Brüter* fast breeder; **Bruthitze** *sub, f, -, nur Einz.* sweltering heat; **Brutkasten** *sub, m, -s, -kästen (med.)* incubator; *eine Hitze wie im Brutkasten* it´s like an oven; *im Brutkasten liegen* stay in the incubator; **Brutreaktor** *sub, m, -s, -en (phy.)* breeder reactor; **Brutschrank** *sub, m, -s, -schränke* hotbed

brutto, *adv, (wirt.)* gross; **Brutto-**

einkommen *sub*, *n*, *-s*, - gross income; **Bruttoertrag** *sub*, *m*, *-s*, *-erträge* gross return; **Bruttogehalt** *sub*, *n*, *-s*, *-gehälter* gross salary; **Bruttogewicht** *sub*, *n*, *-s*, *-e* gross weight; **Bruttomasse** *sub*, *f*, *-*, *- (wirt)* gross assets; **Bruttoregistertonne** *sub*, *f*, *-*, *-n* gross register ton; **Bruttosozialprodukt** *sub*, *n*, *-s*, *-e (wirt.)* gross national product
Bub, *sub*, *m*, *-en*, *-en* boy; *der Bub im Manne* boys will be boys; *~e sub*, *m*, *-n*, *-n* jack; *der böse Bube* the bad boy; *Kinderspiel* Jack in the Box; *~enstreich sub*, *m*, *-s*, *-e* childish prank; *~ikopf sub*, *m*, *-s*, *-köpfe* bobbed hair (bob)
Buch, *sub*, *n*, *-s*, *Bücher* book; *Buch führen über* keep a record of; *das Goldene Buch der Stadt* the visitor´s book of the town; *ein Buch mit sieben Siegeln* a closed book/a mystery; *über seinen Büchern sitzen* pore over one´s books; *wie ein Buch reden* talk nineteen to the dozen; *wie es im Buche steht* typical; *~binderin sub*, *f*, *-*, *-nen* bookbinder (fem/mask); **buchbindern** *vi*, bind books; *~druck sub*, *m*, *-s*, *-* letterpress printing; *~drucker sub*, *m*, *-s*, *-* printer
Buchbinderei, *sub*, *f*, *-*, *-en* bindery; *(Tätigkeit)* bookbinding
Buche, *sub*, *f*, *-*, *-n (Holz)* beech
buchen, (1) *adj*, of beech (2) *vti*, book; *auf sein Konto buchen* enter sth on his account; *ausgebucht sein* be fully booked; *eine Reise buchen* book a holiday; *einen Flug buchen* book a flight; *einen Sieg für sich buchen* chalk up a victory
Buchenkloben, *sub*, *m*, *-s*, *-* block of beechwood
Buchenscheit, *sub*, *n*, *-s*, *-e* piece of beechwood
Bücherbrett, *sub*, *n*, *-s*, *-er* bookshelf; **Bücherei** *sub*, *f*, *-*, *-en* library; **Bücherregal** *sub*, *n*, *-s*, *-e* bookshelves; **Bücherstube** *sub*, *f*, *-*, *-n* bookshop; **Bücherverbrennung** *sub*, *f*, *-*, *-en* burning of books

Buchfink, *sub*, *m*, *-en*, *-en* chaffinch
Buchführung, *sub*, *f*, *-*, *-en* bookkeeping
Buchgewerbe, *sub*, *n*, *-s*, *-* book-industry
Buchhalter, *sub*, *m*, *-s*, *-* bookkeeper; *~in sub*, *f*, *-*, *-nen* bookkeeper; **Buchhaltung** *sub*, *f*, *-*, *-en* bookkeeping
Buchhandel, *sub*, *m*, *-s*, *-* book trade; **Buchhändler** *sub*, *m*, *-s*, *-* bookseller; **Buchhandlung** *sub*, *f*, *-*, *-en* bookshop
Büchlein, *sub*, *n*, *-s*, *-* little book
Buchmacher, *sub*, *m*, *-s*, *-* bookmaker
Büchse, *sub*, *f*, *-*, *-n (Blech-)* tin; *(US; Blech-)* can; *(mil.)* rifle; *Büchse der Pandora* Pandora´s box; *etwas vor die Büchse bekommen* come into sb´s sights; *~nmilch sub*, *f*, *-*, *nur Einz.* tinned milk; *~nöffner sub*, *m*, *-s*, *-* tin opener
Buchstabe, *sub*, *m*, *-ns*, *-n* letter; *(Druck-)* character; *Buchstabenrätsel* letter puzzle; *ein großer/kleiner Buchstabe* capital/small letter; *nach dem Buchstaben des Gesetzes* according to the letters of the law; **buchstabieren** *vti*, spell; *ein Wort buchstabieren* spell a word; *noch buchstabieren müssen* spell out a word; **buchstäblich** *adv*, literally
Bucht, *sub*, *f*, *-*, *-en* bay
Buchung, *sub*, *f*, *-*, *-en* reservation
Buchverleih, *sub*, *m*, *-s*, *-e* rental library; **Buchversand** *sub*, *m*, *-s*, *-* book mailing; **Buchzeichen** *sub*, *n*, *-s*, *-* bookmarker
Buckel, *sub*, *m*, *-*, *- (ugs.)* back; *(med.)* hunchback; *den Buckel hinhalten* carry the can, take the blame; *rutsch mir den Buckel runter* take a running jump; *schon 80 Jahre auf dem Buckel haben* be 80 already; **buckeln** *vi*, bow; *nach oben buckeln und*

nach unten treten bow to superiors and kick underlings; *vor jmd buk-keln* bow and scrape to sb; **bücken** *vr*, bend down; *sich nach etwas bücken* bend down to pick up sth; **Bucklige** *sub, f,m, -n, -n* hunchback

buckelig, *adj*, hunchbacked; *(ugs.; uneben)* bumpy

Bückling, *sub, m, -s, -e (Fisch)* smoked herring; *(ugs.; Verbeugung)* bow

Buckram, *sub, m, nur Einz. (Textil)* buckram

Buddel, *sub, f, -, -n* bottle; *Buddelschiff* ship in a bottle

Buddelei, *sub, f, -, -en* digging

Buddelkasten, *sub, m, -s, -kästen* sand-pit

buddeln, *vi*, dig; *ein Loch buddeln* dig a hole; *im Sand buddeln* dig about in the sand

Buddelschiff, *sub, n, -s, -e* ship in the bottle

Buddhismus, *sub, m, -s, nur Einz.* Buddhism

Buddhist, *sub, m, -s, -en* Buddhist; **buddhistisch (1)** *adj*, Buddhist **(2)** *adv*, influenced by Buddhism

Bude, *sub, f, -, -n (Hütte)* hut; *(wirt.)* kiosk; *jmd die Bude auf den Kopf stellen* turn sb´s place upside down; *Leben in die Bude bringen* liven things up; **~nzauber** *sub, m, -s, -* rave-up

Budike, *sub, f, -, -n* little shop

Büfett, *sub, n, -s, -s* buffet; *(Möbel)* sideboard; *kaltes Büffet* cold buffet

Büffel, *sub, m, -s, -* buffalo; *stur wie ein Büffel* stubborn as a mule; **~ei** *sub, f, -, -en* swotting; **~herde** *sub, f, -, -n* herd of buffaloes; **büffeln** *vti*, cram

Buffo, *sub, m, -s, -s (mus.)* buffo

Bug, *sub, m, Büge* bow; *Schiffsbug* bow; *Schuss vor den Bug* warning shot

Bügel, *sub, m, -s, -* hanger; *(Tasche)* frame; *auf den Bügel hängen* put on a hanger; **~automat** *sub, m, -en, -en* ironing-machine; **~brett** *sub,*

n, -s, -er ironing-board; **~eisen** *sub, n, -s, -* iron; **bügelfrei** *adj*, non-iron; **bügeln** *vti*, iron; *Hose bügeln* press the trousers

Buggy, *sub, m, -s, -s* buggy

bugsieren, *vt*, shift; *den Koffer bugsieren* shift the case

Bugwelle, *sub, f, -, -n* bow wave; *in der Bugwelle schwimmen* swim in the bow wave

buhen, *vi, (ugs.)* boo

Buhle, *sub, f, -, -n* paramour; **buhlen** *vt*, court sb´s favour

Buhmann, *sub, m, -s, -männer* bogyman; *für jmd ein Buhmann sein* be a bog(e)yman

Buhne, *sub, f, -, -n* groyne

Bühne, *sub, f, -, -n* stage; *auf der politischen Bühne* on the political scene; *Beifall auf offener Bühne* applause during the play; *etwas (gut) über die Bühne bringen* bring sth off (smoothly); *hinter der Bühne* backstage; **~nbild** *sub, n, -s, -er* stage set; **bühnenmäßig** *adj*, dramatic; **~nmusik** *sub, f, -, -en* incidental music

Buhruf, *sub, m, -s, -e* boo

Bukett, *sub, n, -s, -s* bouquet; *Blumenbukett* bouquet of flowers; *Bukett des Weines* bouquet

bulbös, *adj*, bulbous

Bulette, *sub, f, -, -n* rissole

bulgarische, *adj*, Bulgarian

Bulkcarrier, *sub, m, -s, -* bulk carrier

Bullauge, *sub, n, -s, -n* circular porthole

Bulldog, *sub, m, -s, -s (ugs.)* bulldozer; *mit dem Bulldog spielen* play with the bulldozer

Bulldogge, *sub, f, -, -n* bulldog

Bulldozer, *sub, m, -s, -* bulldozer

Bulle, *sub, f, -, -n (ugs.)* cop; *(bibl.)* bull; *(Tier)* bull; *er ist ein Bulle* he´s big bull; **~nhitze** *sub, f, -, -n* boiling heat; **bullig** *adj*, beefy; *bullig heiss* boiling hot; **Bullterrier** *sub, m, -s, -* bull-terrier

Bulletin, *sub, n, -s, -s* bulletin

Bully, *sub*, *n*, -s, -s *(spo.)* bully; *einen Bully ausführend* take a bully

Bumerang, *sub*, *m*, -s, -s boomerang; *sich als Boomerang erweisen* it boomeranged on so

Bummel, *sub*, *m*, -s, - stroll

Bummelei, *sub*, *f*, -, -en idling; **Bummeligkeit** *sub*, *f*, -, -en slowliness; **bummeln** *vi*, stroll around; **Bummelstreik** *sub*, *m*, -s, -s go-slow; **Bummligkeit** *sub*, *f*, -s, - s. Bummeligkeit

bumsen, *vi*, *(vulg.)* screw; *(tech.)* bang; *fremdgehen* screw around; *an die Tür bumsen* bang on the door; *es bumste ganz fürchterlich* there was a terrible bang

Bund, *sub*, *m*, *Bünde* association; *der Bund* Federal Government; *der Bund der Ehe* bond of marriage; *im Bunde mit* in league with; **~esanwalt** *sub*, *m*, -s, -anwälte *(jur.)* Federal Prosecutor; **~esbruder** *sub*, *m*, -s, .brüder fellow member; **~esbürger** *sub*, *m*, -s, - German citizen; **~esebene** *sub*, *f*, -, -n federal level; *auf Bundesebene* at national (federal) level; **bundeseigen** *adj*, federal owned; **~esgebiet** *sub*, *n*, -s, -e federal territory; **~eskanzler** *sub*, *m*, -s, - Federal chancelor; **~esliga** *sub*, *f*, -, -en federal division; **~esligist** *sub*, *m*, -en, -en team in the federal division; **~esmarine** *sub*, *f*, -, -nen Federal Navy; **~esregierung** *sub*, *f*, -, -en Federal Government; **~esstaat** *sub*, *m*, -s, -en federal state; **~esstraße** *sub*, *f*, -, -n federal highway; **~estag** *sub*, *m*, -s, -e Parliament; **~eswehr** *sub*, *f*, -, -en Federal Armed Forces; *Deutsche Bundeswehr* German Armed Forces

Bundhose, *sub*, *f*, -, -n kneebreeches

bündig, *adj*, concise; *kurz und bündig* concisely

Bündnis, *sub*, *n*, -ses, -se alliance; **~block** *sub*, *m*, -s, -blöcke bloc of alliance; **~treue** *sub*, *f*, -, - loyality to the alliance

Bungalow, *sub*, *m*, -s, -s bungalow

Bunker, *sub*, *m*, -s, - bunker; *Luftschutzbunker* air-raid shelter; *Raketenbunker*, *Golfspiel* bunker; **bunkern** *vt*, *(Kohle)* bunker; *(Lebensmittel)* store; *Kohlen bunkern* bunker coal

bunt, *adj*, colourful (coloured); *bekannt wie ein bunter Hund* known all over the place; *bunt gefärbt* multicoloured; *bunte Reihe* men and women alternate; *es zu bunt treiben* to go too far; **Buntdruck** *sub*, *m*, -s, -e colour printing; **Buntheit** *sub*, *f*, -, -en lots of colours; **Buntsandstein** *sub*, *m*, -s, -e *(geol.)* red sandstone; **~scheckig** *adj*, spotted; **Buntspecht** *sub*, *m*, -s, -e spotted woodpecker; **Buntstift** *sub*, *m*, -s, -e coloured crayon; **Buntwäsche** *sub*, *f*, -, -n coloureds

Bürde, *sub*, *f*, -, -n burden; *jmd zur Bürde werden* become a burden to sb

Bure, *sub*, *m*, -n, -n Boer

Burg, *sub*, *f*, -, -en castle; *mein Heim ist meine Burg* my home is my castle

Bürge, *sub*, *m*, -n, -n guarantor; **bürgen** *vi*, guarantee for/of; *für jemanden bürgen* act as a guarantor for sb; *wer bürgt mir dafür* what guarantee do I have for

Bürger, *sub*, *m*, -s, - citizen; **~in** *sub*, *f*, -, -nen citizen; **~initiative** *sub*, *f*, -, -n citizen´s action; **~krieg** *sub*, *m*, -s, -e civil war; **bürgerlich** *adj*, *(jur.)* civil; *(soz.)* bourgeois; *bürgerliche Küche* home cooking; *bürgerliches Recht* civil rights; **~meister** *sub*, *m*, -s, - mayor; **~recht** *sub*, *n*, -s, -e civil right; **~schaft** *sub*, *f*, -, -en citizens; **~smann** *sub*, *m*, -es, -männer middle-class man; **~steig** *sub*, *m*, -s, -e pavement; *(US)* sidewalk; *auf dem Bürgersteig* on the pavement; **~tum** *sub*, *n*, -s, *nur Einz.* bourgeoisie

Burgfrieden, *sub*, *m*, -s, - truce

Bürgschaft, *sub*, *m*, -, -en guaran-

tee; *Bürschaft leisten* bail
burgundisch, *adj,* Burgundy
Burgverlies, *sub, n, -s, -e* dungeon
burlesk, *adj, (kun.)* burlesque; **Burleske** *sub, f, -, -n* burlesque
Bursche, *sub, m, -s, -n* boy; *Laufbursche* a boy in buttons
Burschenschaft, *sub, f, -, -en* student´s duelling society
burschikos, *adj,* sporty; *(US)* casual
Bürste, *sub, f, -, -n* brush; **bürsten** *vt,* brush; *gegen den Strich bürsten* brush against the nap; *sich die Haare bürsten* brush one´s hair; **~nabzug** *sub, m, -s, -züge (Druck)* brush proof
Bürzel, *sub, m, -s, - (zool.)* rump
Bus, *sub, m, busses, Busse* bus; *mit dem Bus fahren* go by bus
Busch, *sub, m, -es, Büsche* bush; *auf den Busch klopfen* sound things out; *da ist etwas im Busche!* there´s something going on!; *hinterm Busch halten* keep sth to oneself; *sich in die Büsche schlagen* slip away; **büschelweise** *adv,* in tufts/in handfuls; **~messer** *sub, n, -s, -* machete
Busen, *sub, m, -s, -* bosom; **~freund** *sub, m, -s, -e* bosom friend
Business, *sub, n, -, nur Einz.* business
Bussard, *sub, m, -s, -e (zool.)* buzzard

Buße, *sub, f, -, -n* penance; **büßen** **(1)** *vi,* atone **(2) Büßer** *sub, m, -s, - (bibl.)* penitent; *das sollst du mir büßen* you will pay for it; *für etwas büßen* atone for; **bußfertig** *adj,* penitent; **Bußgeld** *sub, n, -es, -er* fine; *100 Dollar Bußgeld* 100 $ fine; **Bußprediger** *sub, m, -* repentance-preacher; **Bußsakrament** *sub, n, -es, nur Einz.* sacrament of penance
Büste, *sub, f, -, -n (kun.)* bust; **~nhalter** *sub, m, -s, -* bra; *Büstenhalter mit Einlagen* wonderbra
Butan, *sub, n, -s, nur Einz. (chem.)* butane; **~gas** *sub, n, -es, nur Einz.* butane gas
Butler, *sub, m, -s, -* butler
Butte, *sub, f, -, -n* tub
Büttenpapier, *sub, n, -s, -e* handmade paper
Button, *sub, m, -s, -s* badge
Butzemann, *sub, m, -s, -männer (ugs.)* bogyman
Butzenscheibe, *sub, die ,, -, -n* bull´s eye pane
Bypass, *sub, m, -es, -pässe* bypass
Byte, *sub, n, -s), (-s)* byte
Byzantinistik, *sub, f, -, nur Einz.* Byzantine studies

C

Caballero, *sub, m, -s, -s* caballero

Cabaret, *sub, n, -s, -s* cabaret

Cadmium, *sub, n, -s, nur Einz. (chem.)* cadmium

Café, *sub, n, -s, -s* café

Cafeteria, *sub, f, -, -s und -ien* cafeteria

Caisson, *sub, m, -s, -s (tech.)* caisson

Callgirl, *sub, n, -s, -s* callgirl

Calvados, *sub, m, -, nur Einz.* calvados

Calypso, *sub, m, (-s), nur Einz.* calypso

Camembert, *sub, m, -s, -s (Käse)* camembert

Camp, *sub, n, -s, -s* camp; **campen** *vi,* camp; **~er** *sub, m, -s, - (Kfz)* caravan; *(Person)* camper; **~ing** *sub, n, -s, nur Einz.* camping; **~ingplatz** *sub, m, -es, -plätze* campsite *(US)* campground

Campus, *sub, m, -, nur Einz.* campus

Canasta, *sub, n, -s, nur Einz.* canasta

Cancan, *sub, m, -s, -s* cancan

Cannelloni, *sub, f, -, nur Mehrz.* cannelloni

Canon, *sub, m, -s, -s* canyon; **Canossagang** *sub, m, -s, -gänge (selten)* go to Canossa; *nach Canossa gehen* eat humble pie

Canto, *sub, m, -s, -s (mus.)* canto

Cape, *sub, n, -s, -s* cape

Cappuccino, *sub, m, -s, -s* cappuccino

Caravan, *sub, m, -s, -s (Camping)* caravan; *(Kombi)* station wagon

Cartoon, *sub, m, n, (-s), -s* cartoon; **~istin** *sub, f, -, -nen* cartoonist

Cäsarenwahn, *sub, m, -s, -er* megalomania

cash, (1) *adv, (wirt.)* cash **(2) Cash** *sub, n, -, nur Einz.* cash; *cash bezahlen* immediate payment with money; **Cashflow** *sub, m, -s, nur Einz.* cash flow

Cashewnuss, *sub, f, -, -nüsse* cashew nut

Cäsium, *sub, n, -s, nur Einz. (chem.)* caesium

Cassata, *sub, f, -, -s* cassata

causa, *sub, f, -, -e* causa; *(jur.)* cause; *honoris causa (hc)* honorary

CD-Laufwerk, *sub, n, -s, -e (comp.)* c(ompact)d(isc)-drive; **CD-ROM** *sub, f, -, (-s)* CD-R(ead)O(nly)M(emory); **CD-Spieler** *sub, f, -s, -* cd-player

Cedille, *sub, f, -, -n (ling.)* cedilla

Cellist, *sub, m, -en, -en (mus.)* cellist; **Cello** *sub, n, -s oder Celli* cello

Cembalo, *sub, n, -s und -li (mus.)* harpsichord

Cent, *sub, m, (-s), -s* cent

Centavo, *sub, m, (-s), -s* centavo

Center, *sub, n, -s, -* centre; *(US)* center; **Einkaufscenter** centre; **Einkaufscenter** mall

Centime, *sub, m, -s, -s* centime

Cha-Cha-Cha, *sub, m, (-s), -s* cha-cha-cha

chagrinieren, *vti,* be chagrined (by)

Chairman, *sub, m, -, -men* chairman

Chaise, *sub, f, -, -n (ugs.)* jalopy; **~longue** *sub, f, -, -n oder -s* chaise longue

Chalet, *sub, n, -s, -s* chalet

Chamäleon, *sub, n, -s, -s (zool.)* chameleon; *wie ein Chamäleon sein* be like a chameleon

Chamoisleder, *vi,* chamois (-leather)

Champignon, *sub, m, -s, -s (bot.)* mushroom

Champion, *sub, m, -s, -s* champ(ion); **~at** *sub, n, -es, -e* championship

Chance, *sub, f, -, -n* chance; *eine Chance vergeben* give away a chance; *eine letzte Chance haben* have one last chance; *er hat wenig Chancen* the chances are against him; *keine Chance haben* have no chance of; **~ngleichheit** *sub, f, -, nur Einz.* equality of opportunity; *es herrscht keine*

Chancengleichheit there are no equal opportunities
Change, *sub, m, -, nur Einz. (wirt.)* change
changieren, *vi,* shimmer
Chanson, *sub, n, -es, -s* chanson; ~**ette** *sub,f, -, -n* chanteuse; ~**nier** *sub, m, -s, -s* chansonnier
Chaos, *sub, n, -s, nur Einz.* chaos; ~**theorie** *sub,f, -, nur Einz.* science of the chaos; **Chaot** *sub, m, -en, -en (polit.)* anarchist; *(soz)* be disorganized; **chaotisch** *adv,* chaotic
Chapeau, *sub, m, -s, -s* opera-hat
Charade, *sub,f, -, -n* charade
Charakter, *sub, m, -s, -e* character; *Geld verdirbt den Charakter* money spoils people; *keinen Charakter haben* to lack character; *vertraulichen Charakter haben* be of a confidential nature; **charakterisieren** *vt,* characterize; ~**istik** *sub,f, -, -en* characterization; ~**istikum** *sub, n, -s, -ka* characteristics; **charakteristisch** *adj,* characteristic; ~**kunde** *sub,f, -, nur Einz.* characterology; **charakterlos (1)** *adj,* characterless **(2)** *adv,* despicably; ~**rolle** *sub, f, -, -n* complex (character) part; ~**zug** *sub, m, -s, -züge* characteristic
Charge, *sub, f, -, -n (mil.)* rank; *die unteren Chargen* the lower ranks
Charisma, *sub, n, -s, -ta oder -rismen* charisma; **charismatisch** *adj,* charismatic; *charismatische Persönlichkeit* having charisma
Charité, *sub,f, -, -s (geogr.)* Charité
charmant, *adj,* charming; *sich von seiner charmanten Seite zeigen* show the attractive side; **Charmeur** *sub, m, -s, -e* charmer; **Charmeuse** *sub,f, -, nur Einz. (Textil)* charmeuse
Charter, *sub, f, -s, -s* charter agreement; ~**flug** *sub, m, -s, -flüge* charter flight; ~**maschine** *sub, f, -, -n* chartered aircraft; **chartern** *vt,* *(Person)* hire; *(tech.)* charter; *ein Boot chartern* charter a boat
Charts, *sub, f, nur Mehrz.* charts; *in*

die Charts aufsteigen climb into the charts
Chateau, *sub, n, -s, -s* castle; *Chateau Latour* Chateau Latour
Chateaubriand, *sub, n, -, -s* Chateaubriand
Chauffeur, *sub, m, -s, -e* driver; **chauffieren** *vti,* drive
Chaussee, *sub, f, -, -n* road; ~**baum** *sub, m, -s, -bäume* alley tree
Chauvi, *sub, m, -s, -s (ugs.)* chauvinist; ~**nismus** *sub, m, -, nur Einz.* chauvinism; ~**nist** *sub, m, -en, -en (geh.)* chauvinist; **chauvinistisch** *adj,* chauvinistic
checken, *vt,* check (up); *den Ölstand checken* check the oil level; *etwas noch nicht checken* haven´t got it yet; *sich checken lassen* have a check-up; **Checkpoint** *sub, m, -s, -s* checkpoint; *Checkpoint Charlie* Checkpoint Charlie
Cheeseburger, *sub, m, -s, -* cheese burger
Chef, *sub, m, -s, -s* chief-; ~**arzt** *sub, m, -es, -ärzte* superintendent; ~**dirigent** *sub, m, -en, -en* chief conductor; ~**redakteur** *sub, m, -s, -e* chief editor; ~**sekretärin** *sub, f, -, -nen* director´s secretary; ~**trainer** *sub, m, -s, -* chief caoch
Chemie, *sub, f, -, nur Einz. (Chemikalie)* chemical; *(wiss)* chemistry; ~**faser** *sub, f, -, -n* synthetic; ~**werker** *sub, m, -s, -* chemical worker; **Chemikalie** *sub, f, -s, -n* chemical; **Chemiker** *sub, m, -s, -* chemist; **chemisch** *adj,* chemical; *chemische Keule* Chemical Maze (P); *chemische Reinigung* dry cleaning; **chemisieren** *vt,* chemicalize; **Chemismus** *sub, m, nur Einz.* chemism; **Chemotechniker** *sub, m, -s, -* industrial chemist; **Chemotherapie** *sub, f, -, -n (med.)* chemotherapy
Chenille, *sub, f, -s, -n* chenille
cherubinisch, *adj,* cherubic
chevaleresk, *adj,* chivalrus

Chianti, *sub, m, (-s), -s* Chianti-wine

Chiasmus, *sub, m, -, -men* chiasmus

Chiffon, *sub, m, -s, -s, österr. auch -e* chiffon

Chiffre, *sub, f, -, -n* code; *Chiffre (Anzeigen)* box number; ~**schrift** *sub, f, -, -en* code; **chiffrieren** *vti,* code

Chili, *sub, m, -s, nur Einz. (Gewürz)* chillipepper; *(Schoten)* chillies

Chiliasmus, *sub, m, -, nur Einz.* chiliasm

Chimäre, *sub, f, -n* chimera

Chinakohl, *sub, m, -(e)s, nur Einz.* Chinese cabbage

Chinchilla, *sub, f, n, -, auch -s, -s* chinchilla

chinesisch, *adj,* Chinese; *chinesisch essen* have a Chinese meal; *Chinesische Mauer* Great Wall of China; **Chinesische** *sub, n, -n, nur Einz.* Chinese

Chinin, *sub, n, -s, nur Einz.* quinine

Chip, *sub, m, -s, -s (comp.)* chip; *(Kartoffel-)* crisp; *Computerchip* chip

Chiromantie, *sub, f, -, nur Einz.* chiromancy

Chiropraktik, *sub, f, -, nur Einz. (med.)* chiropractic; ~**er** *sub, m, -, -* chiropractor

Chirurg, *sub, m, -en, -en* surgeon; ~**ie** *sub, f, -, nur Einz.* surgery; **chirurgisch** *adj,* surgical

Chitin, *sub, n, -s, nur Einz.* chitin

Chlor, *sub, n, -s, nur Einz.* chlorine; **chloren** *vt,* chlorinate; **chlorhaltig** *adj,* containing chlorine; ~**id** *sub, n, -es, -e (chem.)* chloride; **chlorieren** *vt,* chlorinate; ~**it** *sub, n, -e* chlorate; ~**kalk** *sub, m, -s, nur Einz.* hypochlorate

Chloroform, *sub, n, nur Einz.* chloroform; **chloroformieren** *vt,* chloroform

Chlorophyll, *sub, n, -s, nur Einz.* chlorophyll

Cholera, *sub, f, -, nur Einz.* cholera

Cholesterin, *sub, n, -s, nur Einz.* cholesterol; ~**spiegel** *sub, m, -s, -* cholesterol level

Chor, *sub, m, -es, Chöre* choir; *im Chor* in chorus

Choral, *sub, m, -s, Choräle (mus.)* chorale

Choreograf, *sub, m, -en, -en* choreographer; ~**ie** *sub, f, -, -n* choreography; ~**in** *sub, f, -, -nen* choreographer

Chorgestühl, *sub, n, -s, (-e) Plural selten (arch.)* choir-stalls

Chorist, *sub, m, -en, -en* member of the chorus

Chorsängerin, *sub, f, -, -nen* member of the chorus

Chose, *sub, f, -, -n* business; *das ist nicht deine Chose* it´s not your business

Christ, *sub, m, -en, -en* Christian; ~**baum** *sub, m, -s, -bäume* Christmas-tree; ~**enheit** *sub, f, -, nur Einz.* Christendom; *die ganze Christenheit* the whole christian community; ~**entum** *sub, n, -s, nur Einz.* Christianity; **christianisieren** *vt,* Christianize; **christlich** *adj,* christian; ~**mette** *sub, f, -, -n* Christmas mass; ~**us** *sub, m, -i, nur Einz.* Christ; *100 nach/vor Christus* 100 AD/BC; *Jesus Christus* Jesus Christ; ~**uskopf** *sub, m, -s, -köpfe (Plural selten)* head of Christ

Chrom, *sub, n, nur Einz. (chem.)* chromium; *(Kfz)* chrome

Chromatografie, *sub, f, -, -n (phys)* chromatography

Chromosom, *sub, n, -s, -en (biol.)* chromosome; **chromosomal** *adj,* concerning the chromosomes

Chronik, *sub, f, -, -en* chronicle; **chronikalisch** *adv,* chronically; **Chronist** *sub, m, -en, -en* chronicler

chronisch, *adj,* chronic; *chronischer Husten* cough chronically; *unter chronischem Geldmangel leiden* suffer from a chronic shortage of money

Chronograf, *sub, m, -en, -en* chronograph

Chronologie, *sub, f, -, -n* chronology; **chronologisch** *adj*, chronological

Chrysantheme, *sub*, *f*, -, -*n* chrysantheme

Chutney, *sub*, *n*, (-*s*), -*s* chutney

Chuzpe, *sub*, *f*, -, *nur Einz. (jüd.)* chutzpah

ciao!, *interj*, bye

Cicerone, *sub*, *m*, -, -*s*, *auch* -*ni* cicerone; **ciceronisch** *adj*, ciceronic

Cidre, *sub*, *m*, -*s*, *nur Einz.* cider

Cineast, *sub*, *m*, -*en*, -*en* film expert; **cineastisch** *adj*, cinematic; **Cinemascope** *sub*, *n*, -, *nur Einz.* cinemascope

circa, *adv*, *(geb.)* approximately; *(ugs.)* about; *circa 10 Uhr* at about 10 am

City, *sub*, *f*, -, -*s* city centre

Civet, *sub*, *n*, -*s*, -*s (zool.)* civet-cat

Clair-obscur, *sub*, *n*, -*s*, *nur Einz. (kun.)* chiaroscuro

Clan, *sub*, *m*, -*s*, -*s* clan

Claqueur, *sub*, *m*, -*s*, -*e* hired applauder

Clavicembalo, *sub*, *n*, -*s*, -*li*, *auch* -*s (mus.)* harpsichord

clean, *adj*, off drugs; *(US)* drug free

Clementine, *sub*, *f*, -, -*n* clementine

Clinch, *sub*, *m*, -*es*, *nur Einz.* clinch; *in den Clinch mit jmd gehen* go into a clinch with sb; *mit jmd im Clinch liegen* be locked in dispute with sb

Clique, *sub*, *f*, -, -*n* clique; *(Jugend-)* gang

Cliquenwesen, *sub*, *n*, -*s*, *nur Einz.* clique system

Clivia, *sub*, *f*, -, *Clivien (bot.)* clivia

Clou, *sub*, *m*, -*s*, -*s* highlight

Clown, *sub*, *m*, -*s*, -*s* clown; *jmd zum Clown machen* make a clown of sb; *sich zum Clown machen* make a fool of oneself; ~**erie** *sub*, *f*, -, -*n* clowning

Coach, *sub*, *m*, (-*s*), -*s* coach

coachen, *vt*, coach

Cockerspaniel, *sub*, *m*, -*s*, -*s* cocker spaniel

Cockpit, *sub*, *n*, -*s*, -*s* cockpit

Cocktail, *sub*, *m*, -*s*, -*s* cocktail; *einen Cocktail an der Bar nehmen* have a cocktail at the bar; ~**kleid** *sub*, *n*, -*es*, -*er* cocktail dress; ~**party** *sub*, *f*, -, -*parties* cocktail party

Code, *sub*, *m*, -*s*, -*s* code; ~**x** *sub*, *m*, -, *auch* -*es*, -*dizes*, *auch* -*e* codex; **codieren** *vt*, code

Coeur, *sub*, *n*, (-*s*), - *(Karten)* hearts

Coffein, *sub*, *n*, -*s*, *nur Einz.* caffeine

Cognac, *sub*, *m*, -*s*, -*s* Cognac; **cognacfarben** *adj*, cognac-coloured

Coiffeur, *sub*, *m*, -*s*, -*e* hair-stylist

College, *sub*, *n*, -*s*, -*s* college

Collie, *sub*, *m*, -*s*, -*s* collie

Collier, *sub*, *n*, -*s*, -*s* necklace

Colonel, *sub*, *m*, -*s*, -*s (mil.)* colonel

Colt, *sub*, *m*, -*s*, -*s* colt

Comeback, *sub*, *n*, (-*s*), -*s* comeback

Comecon, *sub*, *m*, *nur Einz.* Comecon

Comic, *sub*, *m*, -*s*, -*s* cartoon; ~**heldin** *sub*, *f*, -, -*nen* cartoon heroine; ~**strip** *sub*, *m*, -*s*, -*s* comic-strip

Commonwealth, *sub*, *n*, -, *nur Einz.* Commenwealth

Compactdisc, *sub*, *f*, -, -*s* C(ompact) D(isc)

Composer, *sub*, *m*, -*s*, - *(Druck)* composer

Computer, *sub*, *m*, -*s*, - computer; ~**generation** *sub*, *f*, -, -*en* generation of computers; **computerisieren** *vt*, computerize; ~**kriminalität** *sub*, *f*, -, *nur Einz.* crimes committed by computer

Concierge, *sub*, *f*, -, -*s* concierge

conferieren, *vi*, *(geb.)* get round the conference table

Consommé, *sub*, *f*, -, -*s* consommé

Constituante, *sub*, *f*, -, -*s* constituant assembly

Contenance, *sub*, *f*, -, *nur Einz. (geb.)* composure; *die Contenance wahren/verlieren* keep/loose one´s composure

contra, *präp,* contra; *pro und contra* pro and con

Controlling, *sub, n, -s, nur Einz. (wirt.)* controlling

cool, *adj, (ugs.)* cool; *cool bleiben* keep your cool; *die Ruhe selbst sein, sehr cool sein* he is as cool as a cucumber

Copyright, *sub, n, -s, -s* copyright

Cord, *sub, m, -es, -s* corduroy; **~anzug** *sub, m, -es, -züge* corduroy suit

Cornedbeef, *sub, n, -, nur Einz.* corned beef

Cornflakes, *sub, f, -, nur Mehrz.* cornflakes

Cornichon, *sub, n, -s, -s* fine gherkin

Corps, *sub, n, -, nur Einz. (mil.)* corps; *studentisches Corps* student duelling society

Corrida, *sub, f, -, -s* corrida

Cotton, *sub, m, -s, nur Einz.* cotton

Couch, *sub, f, -, -s oder -en* sofa

Couleur, *sub, f, -, -s (polit.)* shade of opinion

Coulomb, *sub, n, -s, - (phy.)* coulomb

Count-down, *sub, m, -s, -s* count-down

Countrymusic, *sub, f, -, nur Einz.* country music

County, *sub, f, -, -s* county

Coup, *sub, m, -s, -s* coup; *einen Coup landen* pull off a coup

Coupé, *sub, n, -s, -s* coupé

Couplet, *sub, n, -s, -s* satirical song

Coupon, *sub, m, -s, -s* coupon; *Angebotscoupon* rain-check; *Coupon Heft* coupon book

Cour, *sub, f, -, nur Einz.* court; *jmd die Cour machen* to court sb

Courage, *sub, f, -, nur Einz.* courage; *keine Courage haben* lack courage; *Mutter Courage* Mother Courage;

couragiert *adj,* courageous

Court, *sub, m, -s, -s (jur.)* court

Courtage, *sub, f, -, -n* brokerage

Cousin, *sub, m, -s, -s* cousin; **~e** *sub, f, -, -n* cousin

Couture, *sub, f, -, nur Einz.* couture; **Couturier** *sub, m, -s, -s* couturier

Cover, *sub, n, -s, -s* cover; *Plattencover* sleeve

Cowboy, *sub, m, -s, -s* cowboy; **~hut** *sub, m, -es, -hüte* cowboy hat

Crack, *sub, m, -s, -s (spo.)* crack

Cracker, *sub, m, -s, -* cracker

Creek, *sub, m, -s, -s (geogr.)* creek

cremefarbig, *adj,* cream (-coloured)

Crew, *sub, f, -, -s* crew

Croissant, *sub, n, -s, -s* croissant

Cromargan, *sub, n, -s, nur Einz.* stainless steel

Croupier, *sub, m, -s, -s* croupier

Cruisemissile, *sub, n, -s, -s (mil.)* cruise missile

Crux, *sub, f, -, nur Einz.* trouble with; *das ist eine Crux mit ihm* he's a real trial

Cunnilingus, *sub, m, -, -lingi (sex.)* cunnilingus

Curium, *sub, n, -, nur Einz. (chem.)* curium

Curling, *sub, n, -s, nur Einz. (spo.)* curling

Curriculum, *vi,* syllabus

Curry, *sub, m, -s, nur Einz. (Gericht)* curry; *(Gewürz)* currypowder

Cursor, *sub, m, -s, -s* cursor

Cutterin, *sub, f, -, -nen* editor

Cyberspace, *sub, m, -, -s* cyberspace

D

dabei, *adv,* *(bei)* with it (them); *(während)* at the same time
dabeibleiben, *vt,* stay there
dabeisitzen, *vi,* sit there
dabeistehen, *vi,* stand there
dableiben, *vi,* stay there
Dach, *sub, n, -es, Dächer* roof; *eins aufs Dach kriegen* get a bash on the head; *mit jmd unter einem Dach leben* live under the same roof; *unter Dach und Fach bringen* shelter sth; *unterm Dach wohnen* live under the attic; ~**decker** *sub, m, -s, -* roofer; ~**fenster** *sub, n, -s, -* skylight; ~**first** *sub, m, -es, -e* ridge; ~**geschoß** *sub, n, -es, -e* attic; ~**gesellschaft** *sub, f, -, -en* holding company; ~**gleiche** *sub, f, -, -n* *(Richtfest)* topping-out ceremony; ~**luke** *sub, f, -, -n* skylight; ~**pappe** *sub, f, -, -n* roofing-felt; ~**schaden** *sub, m, -s, -schäden* roof-damage; *einen Dachschaden haben* be not quite right in the head; ~**sparren** *sub, f, -, -* rafter; ~**stuhl** *sub, m, -s, -stühle* roof-truss; ~**terrasse** *sub, f, -n, -n* roof-terrace; ~**verband** *sub, m, -es, -bände* rooforganisation; ~**wohnung** *sub, f, -, -en* attic flat; *(US)* attic apartment; ~**ziegel** *sub, m, -n, -* roof-tile
Dachs, *sub, m, -es, -e* badger; *junger Dachs* he´s still wet behind the ears; ~**bau** *sub, m, -s, -e* badger´s earth; ~**hund** *sub, m, -es, -e* dachshund; ~**pinsel** *sub, m, -s, -* brush of bedger
Dackel, *sub, m, -s, -* dachshund; *Beine wie ein Dackel* bow legs
Dadaismus, *sub, m, -ses, nur Einz. (kun.)* Dadaism; **Dadaist** *sub, m, -en, -en* Dadaist
dadurch, *adv, (causal)* as a result; *(räuml.)* through it/them; *soll ich dadurch gehen?* shall I go through it?
dafür, *adv,* for it; *(stattdessen)* instead of; *ich bin ganz dafür* I´m all for it; *dafür will er morgen kom-*

men he will come tomorrow, instead
Dafürhalten, *sub, n, -s, nur Einz.* opinion; *nach meinem Dafürhalten* in my opinion; **dafürstehen** *vt,* guarantee that; *dafürstehen, daß* guarantee that; *es steht alles dafür, dass* there is no objection
dagegen, **(1)** *adv,* against it/them; *(Tausch)* in exchange **(2)** *konj, (Vergl.)* on the other hand; *dagegen protestieren* protest strongly against; *die Mehrheit war dagegen* the majority was against it; *etwas dagegen eintauschen* get sth in exchange, *sein Sohn ist dagegen blond* his son on the other hand is blonde
Daguerreotypie, *sub, f, -, -n* Daguerreotype
daheim, *adv,* at home
daher, **(1)** *adv, (räuml.)* from there **(2)** *konj, (causal)* therefore; *daher droht keine Gefahr* there is no danger from there; *daher weht also der Wind* so that´s the way the wind blows
daherfliegen, *vi,* flying along
daherkommen, *vi,* come along; *gemütlich daherkommen* stroll along
dahin, *adv,* *(räuml.)* there; *(zeitl.)* so far; *auf dem Weg dahin* on the way there; *bis dahin sind es noch* from here; *bis dahin bin ich fertig* I´ll be finished by then; *dahin sein* be ruined; *es steht mir bis dahin* I´m fed up with sth; *noch zehn Minuten bis dahin* another 10 minutes to go until then
dahinfahren, *vi,* depart; *(aus dem Leben)* *dahinfahren* to depart this life
dahinfallen, *vi,* fall apart; *der Grund ist dahingefallen* the reason has fallen apart
dahinfliegen, *vi,* fly away
dahingleiten, *vi,* glide on its way

dahinraffen, *vt*, carry off; *die Pest hat sie dahingerafft* the plague carried them off

dahinsausen, *vi*, race along

dahinsegeln, *vi*, sail along

dahinsiechen, *vi*, waste away

dahinstehen, *vi*, remains to be seen

dahinsterben, *vi*, pass away

dahinten, *adv*, over there

dahinter, *adv*, behind it/them; *der Garten ist dahinter* the garden is in the back; *es ist nichts dahinter* there is nothing behind it

dahinterher, *adv*, from behind; *dahinterher sein* make a big effort

Dakapo, *sub*, *n*, *-s*, *-s* encore

Daktylogramm, *sub*, *n*, *-s*, *-e* fingerprint

Daktylus, *sub*, *m*, *-*, *Daktylen* dactyl

dalassen, *vt*, leave (there); *keine Nachricht dalassen* leave no message

daliegen, *vi*, lie there

Dalles, *sub*, *m*, *-*, *nur Einz.* be broke

dalli!, *adv*, move (on)

Dalmatiner, *sub*, *m*, *-*, *- (dog)* dalmatian; *(Pers.)* Dalmatian

dalmatinisch, *adj*, Dalmation

damalig, *adj*, at the time; *in der damaligen Zeit* at that time

damals, *adv*, at that time (then)

Damast, *sub*, *m*, *-es*, *-e* damask; **damastartig** *adj*, look damasten; **~bezug** *sub*, *m*, *-es*, *-bezüge* damask cover

damaszenisch, *adj*, Damascus; **Damaszierung** *sub*, *f*, *-en*, *-en* damascene decoration

Dame, *sub*, *f*, *-*, *-n* lady; *(Spiel)* queen; *(spo.)* woman; *die Dame des Hauses* the lady of the house; *sehr geehrte Damen und Herren* Ladies and Gentlemen; *Damen Ladies*; *Sehr geehrte Damen und Herren!* ladies and gentlemen!; **~nbesuch** *sub*, *m*, *-es*, *-e* lady visitor; **~nbinde** *sub*, *f*, *-*, *-n* sanitary towel; *(US)* sanitary napkin; **~ndoppel** *sub*, *n*, *-s*, *-* women´s doubles; **~neinzel** *sub*, *n*, *-s*, *-* women´s singles; **~nfahrrad** *sub*, *n*,

-s, *-räder* lady´s bicycle; **~nfriseur** *sub*, *m*, *-s*, *-e* ladies hairdresser; **~nfußball** *sub*, *n*, *-es*, *nur Einz.* women´s soccer; **~nhut** *sub*, *m*, *-es*, *-hüte* ladies´ hat; **~nrock** *sub*, ladies´ skirt; **~nsattel** *sub*, *m*, *-s*, *-sättel* side-saddle; **~nschneider** *sub*, *m*, *-s*, *-* dressmaker

Damhirsch, *sub*, *m*, *-es*, *-e* fallow deer

damit, (1) *adv*, *(mittels)* with it (2) *konj*, *(causal)* so that; *was willst du damit* what do you want to do with it

Damm, *sub*, *m*, *-es*, *Dämme (Wasser)* dike; *(US; Wasser)* dam; *der Damm bricht* there is a breach in the dike; *wieder auf dem Damm sein* be in good shape again

dämmen, *vti*, hold back; *(Kälte/Wärme)* retain

Dämmerlicht, *sub*, *n*, *-es*, *nur Einz.* twilight; **dämmern** *vi*, getting dark/light; *es dämmert abends* it is getting dark; *es dämmert mir* the penny is beginning to drop; **Dämmerschein** *sub*, *m*, *-es*, *nur Einz.* gloaming; *im Dämmerschein der Kerze* in the gloaming light of the candle; **Dämmerstunde** *sub*, *f*, *-*, *-n* twilight hour; **Dämmerung** *sub*, *f*, *-*, *nur Einz.* dusk; *(Morgen)* dawn; **Dämmerzustand** *sub*, *m*, *-es*, *-stände* doze; *der Patient ist im Dämmerzustand* the patient is semi-conscious

Damnum, *sub*, *n*, *-s*, *Damna (wirt.)* disagio from the amount of a loan

Damoklesschwert, *sub*, *n*, *-es*, *nur Einz.* sword of Damokles; *(i. ü. S.) über mir schwebt ein Damoklesschwert* be on the danger list

Dämon, *sub*, *m*, *-s*, *-en* demon; **dämonenhaft** *adj*, demoniac; **~ie** *sub*, *f*, *-*, *-n* daemonic power; **dämonisch** *adj*, daemonic; **dämonisieren** *vt*, demonize

Dampf, *sub, m, -es, Dämpfe* steam; *Dampf ablassen* let off steam; *giftige Dämpfe einatmen* breathe in toxic vapour; *jmd Dampf machen* make someone get a move on; *mit Dampf betrieben* steam-powered; *wallende Dämpfe* clouds of steam; ~**bad** *sub, n, -es, -bäder* steam (Turkish) bath; ~**druck** *sub, m, -es, -drücke* steam pressure

dämpfen, *vt,* steam; *(reduzieren)* lower; *gedämpfte Kartoffeln* steamed potatoes; *Licht dämpfen* soften the light; *Stimme dämpfen* lower one´s voice

dampfen, *vi,* steam

Dampfer, *sub, m, -s, -* steamer; *auf dem falschen Dampfer sein* be barking up the wrong tree; ~**fahrt** *sub, f, -, -en* go by steamer

Dämpfer, *sub, m, -s, -* damper; *einen Dämpfer aufsetzen* put a damper on; *einen Dämpfer bekommen* be damped; *jmd einen Dämpfer aufsetzen* to dampen sb

Dampfheizung, *sub, f, -s, -en* steam heater; **Dampfkessel** *sub, m, -s, -* boiler; **Dampfkochtopf** *sub, m, -es, -töpfe* pressure-cooker; **Dampfmaschine** *sub, f, -, -n* steam engine; **Dampfschiff** *sub, n, -es, -e* steamer

Dämpfung, *sub, f, -, -en* cushioning

Dan, *sub, m, -, -* karate belt

danach, *adv, (Abfolge)* after(wards) it/them; *(Richtung)* towards; *danach fragen* ask for it; *danach geht es mir besser* I feel better afterwards; *die Kinder kamen danach* the children followed after; *noch Tage danach* for days afterwards; *danach springen* jump towards; *mir ist danach* I feel like it

Danaergeschenk, *sub, n, -es, -e* Greek gift

Däne, *sub, m, -n, -n* Dane; **dänisch** *adj,* Danish

daneben, *adv, (ausserdem)* besides; *(räuml.)* next to

danebengehen, *vi,* miss; *das geht sowieso daneben* it won´t be any good

danebenhauen, *vt,* miss; *(i. ü. S.) er hat weit danebengehauen* be wide off the mark

Danebrog, *sub, m, -s, nur Einz.* Danish flag

dank, (1) *präp,* thanks to **(2) Dank** *sub, m, -es, -* thanks; *dank deiner Hilfe* thanks to your help, *Herzlichen Dank* many thanks; *jmd Dank schulden* owe so a debt of gratitude; *vielen Dank* thank you very much; *zum Dank* as a way of saying thanks; **Dankadresse** *sub, f, -n, -n* letter of thanks; ~**bar** *adj,* grateful; **Dankbarkeit** *sub, f, -, nur Einz.* gratitude; ~**e!** *interj,* thank you; ~**en** *vt,* thank sb for sth.; *jmd etwas danken* reward so for sth; *jmd für etwas danken* thank sb for sth; *nichts zu danken* you´re wellcome; *wie kann ich ihnen nur danken* how can I begin to thank you; ~**enswert** *adj,* commendable; ~**erfüllt** *adj,* thankful; **Dankesformel** *sub, f, -, -n* word of thanks; **Dankesschuld** *sub, f, -es, -en* debt thanks to so.; **Dankesworte** *sub, f, -, nur Mehrz.* word of thanks

dann, *adv,* then; *dann eben nicht!* all right, forget it!; *dann und wann* now and then; *und dann kommt noch* and then there is

Daphne, *sub, f, -, -n (bot.)* daphne

daran, *adv, (i. ü. S.)* about it/them; *(räuml.)* on it/them; *dicht daran sein* be close to it; *es ist nicht daran zu denken* it´s out of question; *(i. ü. S.) es ist nichts daran* there is nothing in it; *es sind keine Knöpfe daran* there are no buttons on it; *(i. ü. S.) nahe daran sein* nearly do something; *sich daran festhalten* hold on to it

daranhalten, *vti,* accept; *(i. ü. S.) er hält sich daran* he accepts the rules

daranmachen, *vti,* get down to it; *sich daranmachen etwas zu tun* get down to doing sth

daransetzen, *vti,* devote to it; *alles daransetzen, um* he devotes all efforts to

darauf, *adv,* *(causal)* as a result; *(räuml.)* on (top of) it/them; *(zeitl.)* after that; *stell die Koffer darauf* put the suitcase on top of it; *bald darauf* soon after; *eine Woche darauf* a week later

daraufhin, *adv,* as a result of; *daraufhin bekam er* as a result of it he became

daraus, *adv,* *(Gefäss)* out of it; *(Menge)* from it; *daraus trinken* drink out of it; *daraus ausschütten* pour out from it; *daraus lernen* learn from it; *ich mache mir nichts daraus* I don´t care for it, *(i. ü. S.)* that doesn´t worry me

darben, *vi,* live in want

Darbietung, *sub, f, -, -en* presentation; *(theat.)* performance

darbringen, *vt,* offer; *ein Ständchen darbringen* serenade sb; **Darbringung** *sub, f, -, -en* offer; *Darbringung eines Opfers* offer sacrifice (to the gods)

darein, *adv,* in it/them

dareinfinden, *vt,* become accustomed to

dareinreden, *vti,* interfere in

dareinsetzen, *vt,* devote to; *seine ganze Energie dareinsetzen* concentrate all one´s efforts on doing sth

darin, *adv,* in it/them; *darin irren sie sich* there you are mistaken; *darin ist er sehr gut* he is very good at that; *darin liegt der Unterschied* that´s the difference; *was ist darin* what´s in it

darlegen, *vt,* explain; *jmd etwas darlegen* explain sth to sb; **Darlegung** *sub, f, -, -en* explanation; *es bedarf einer Darlegung* some explanation is called for

Darlehen, *sub, n, -s, -* loan; *ein Darlehen aufnehmen* raise a loan

Darlehenszins, *sub, m, -es, -en* interests on a loan

Darm, *sub, m, -es, Därme* intestines;

~**blutung** *sub, f, -en, -en* intestinal haemorrhage; ~**katarrh** *sub, m, -es, -e (med.)* enteritis; ~**parasit** *sub, m, -en, -en* intestine parasite; ~**spülung** *sub, f, -, -en* enema; ~**trägheit** *sub, f, -, -en* constipation; ~**verschluss** *sub, m, -es, -schlüsse* intestinal obstruction; ~**wind** *sub, m, -es, -e* flatulence

darreichen, *vt,* proffer; **Darreichung** *sub, f, -, -en* presentation

Darrgewicht, *sub, n, -es, -e* dry-weight

darstellbar, *adj,* depictable

darstellen, *vt,* portray; *das Gemälde stellt eine Frau dar* the painting portrays a lady; *eine Belastung darstellen* be a burden; *er stellt etwas dar* he is really sb; *etwas falsch darstellen* misrepresent; **Darsteller** *sub, m, -s, -* actor; **Darstellerin** *sub, f, -, -en* actress; **Darstellung** *sub, f, -, -en* representation; *die Darstellung des neuen Produkts* the representation of the new product

darstrecken, *vt,* s. hinstrecken

darüber, *adv,* *(räuml. oberhalb)* above it/them; *(räuml. über)* over it/them; *(thematisch)* about it/them; *(zeitl.)* meanwhile; *das Zimmer darüber* the room above it; *darüber hinwegkommen* get over it; *ich freue mich darüber* I´m glad about it; *es war darüber Abend geworden* meanwhile it had become evening

darüber hinaus, *adv,* in addition; *das geht darüber hinaus (über den Anstand)* this is beyond (the pale)

darum, *adv,* *(causal)* because of; *(räuml.)* round it/them; *darum geht es nicht* that´s not the point; *ich bat ihn darum* I asked him for it; *warum weinst du? darum!* why are you crying? because!

darumkommen, *vti,* miss; *darumkommen etwas zu tun* miss the opportunity of doing sth

darumstehen, *vi,* stand around

darunter, *adv, (räuml.unter)* under; *(räuml.unterhalb)* beneath; *(weniger)* for less; *darunter kann ich mir nichts vorstellen* that doesn´t mean anything to me; *darunter tut er es nicht* he won´t do it for less; *es liegt darunter* it is lying under it; *nichts darunter anhaben* wear nothing beneath

Darwinismus, *sub, m, -ses, nur Einz.* Darwinism; **Darwinist** *sub, m, -en, -en* Darwinist

das, (1) *best.Art/n,* the (2) *pron,* this/that; *das Auto* the car

Dasein, *sub, n, -s, -* existence; **~sangst** *sub, f, -, -ängste* existential fear; **~sform** *sub, f, -, -en* form of existence; **~skampf** *sub, m, -es, -kämpfe* struggle for existence; **daseinsmäßig** *adj,* concerning existence; **~srecht** *sub, n, -es, -e* right to exist; **~sweise** *sub, f, -, -n* mode of existence; **~szweck** *sub, m, -es, -e* point of existence

dasitzen, *vi,* sit there; *ohne Geld dasitzen* I was stuck there without money

dass, *konj,* that; *(causal)* so that; *entschuldige, dass ich zu spät komme!* please forgive me for being late; *es ist lange her, dass ich sie gesehen habe* it´s a long time since I saw her; *ich weiss, dass ich recht habe* I know (that) I´m right; *nicht, dass ich wüsste* not that I know of; *ohne dass* without; *dass mir das passieren muss* why did it have to happen to me; *hilf ihm, dass er endlich fertig wird* help him so that he´ll finally be finished

dasselbe, *adj,* same; *es ist immer dasselbe* it´s allways the same; *es ist überall dasselbe* it´s the same the whole world over; *genau dasselbe* the very same

Dasselfliege, *sub, f, -, -n* bot-fly; **Dassellarve** *sub, f, -, -n* bot-fly-larva

dastehen, *vi,* stand there; *allein dastehen* stand alone; *mittellos dastehen* be penniless; *wie stehe ich jetzt*

da? what a fool I look now!

Date, *sub, m, -s, -s* date; *ein Date haben* have a date; *up to date sein* be up to date

Datei, *sub, f, -, -en* data file

datieren, *vt,* date; *auf das 11 Jhdt datieren* date to the 11th century; *das Dokument datierte vom 1Mai* the document (was) dated May 1st

Dativ, *sub, m, -es, -e* dative; **~objekt** *sub, n, -es, -e* indirect object

dato, *adv, (wirt.)* date; *bis dato* to date

Datowechsel, *sub, m, -s, -* time-bill

Datscha, *sub, f, -s, -s* dacha

Dattel, *sub, f, -, -n* date; **~palme** *sub, f, -, -n* date-palm; **~pflaume** *sub, f, -, -n* date; **~traube** *sub, f, -, -n* black (date)grape

Datum, *sub, n, -s, Daten* date; *neueren Datums* of recent date; *ohne Datum* undated; *welches Datum haben wir heute* what´s the date today; **~sangabe** *sub, f, -, -n* marked with a date

Daube, *sub, f, -, -n (Fass)* stave

Dauer, *sub, f, -, - (geh.)* duration; *(ugs.)* length; *auf die Dauer* in the long run; *für die Dauer von* for the duration of; *für die Dauer von von zwei Jahren* for a period of two years; *von kurzer Dauer sein* be short-lived; *die Dauer des Films* the length of the movie; **~auftrag** *sub, m, -es, -aufträge* standing order; **~brenner** *sub, m, -s, -* long-running; **dauerhaft** *adj,* lasting; *dauerhaft sein* wear well; **~karte** *sub, f, -, -n* season ticket; **~mieter** *sub, m, -s, -* long-term tenant; **dauern** *vi, (geh.)* last; *(ugs.)* take time; *das dauert mir zu lange* that´s too long for me; *es dauert zwei Stunden* it takes two hours; *es wird lange dauern bis* it will be a long time before; *wie lange dauert es noch?* how much longer will it take?; **dauernd** (1) *adj,* permanent (2) *adv,* constantly; *dauernder*

Wohnsitz permanent residence; ~**parker** *sub, m, -s, -* resident with a parking permit; ~**schaden** *sub, m, -s, -schäden* permanent damage; ~**schlaf** *sub, m, -es, nur Einz.* permanent sleep; ~**ton** *sub, m, -es, -töne* continous tone; ~**welle** *sub, f, -, -n* permanent wave; ~**zustand** *sub, m, -es, -zustände* permanent (state)

Daumen, *sub, m, -s, -* thumb; *am Daumen lutschen* suck one´s thumb; *Daumen drehen* twiddle one´s thumbs; *die Daumen drükken* keep one´s fingers crossed for so; *über den Daumen gepeilt* at a rough estimate; ~**ballen** *sub, m, -s, -* ball of the thumb; **daumenbreit** *adj*, as wide as your thumb; ~**nagel** *sub, m, -s, -nägel* thumb-nail; ~**schraube** *sub, f, -, -n* thumbscrews; *jmd die Daumenschrauben anlegen* put the screws on sb; **Däumling** *sub, m, -s, -e* Tom Thumb

Daune, *sub, f, -, -n* down; ~**ndecke** *sub, f, -, -n* down-filled quilt; ~**nfeder** *sub, f, -, -n* down-feather; ~**nkissen** *sub, n, -s, -* down (-filled) pillow; **daunenweich** *adj*, as soft as down

Dauphin, *sub, m, -s, -s (hist.)* Dauphin

Davidsstern, *sub, m, -s, -e* star of David

Davit, *sub, m, -s, -s (tech.)* davit

davon, *adv, (Anteil)* of it; *(causal)* by it/them; *(mittels)* with it; *(räuml.)* from it/them; *das kommt davon* that will teach you; *davon wird man dick* that makes you fat; *ich wachte davon auf* I was awakened by it; *einen Schal davon strikken* knit a scarf with it; *auf und davon* up and away; *genug davon* enough of it; *nicht weit davon entfernt liegen* be not far away from it

davonbleiben, *vi*, keep away

davonkommen, *vi*, get away; *mit dem Leben davonkommen* escape with one´s life; *mit dem Schreck*

davonkommen get off with a fright

davonlassen, *vt, (ugs.)* steer clear of it

davonlaufen, *vti*, run away; *es ist zum davonlaufen* it makes you want to run a mile, it really turns you off

davonmachen, *vr*, make off; *er hat sich davongemacht* he´s made off

davonstehlen, *vr*, steal away

davontragen, *vt*, carry away; *den Sieg davontragen* carry the day; *eine Verletzung davontragen* sustain an injury

davor, *adv, (räuml.)* in front of it/them; *(zeitl.)* before; *ich stehe davor* I´m standing in front of it

dawai!, *interj*, go on

dawider, *adv*, against

dawiderreden, *vti*, object

dazu, *adv, (außerdem)* in addition; *(gleichz.)* at the same time; *(mit)* with it/them; *dazu ist es ja da* that´s what it is for; *möchten sie Reis dazu* would you like rice with it; *wie ist es dazu gekommen* how did that come about

dazubekommen, *vt*, get sth. in addition

dazugehören, *vt*, belong to it/them; *das gehört mit dazu* it´s all part of it

dazugehörig, *adj*, appropriate; *die dazugehörigen Schlüssel* the keys that fit in

dazumal, *adv*, in those days; *anno dazumal* in those days

dazurechnen, *vt*, add on; *wenn man noch dazurechnet* when you also consider

dazwischen, *adv*, in between; *er steht mitten dazwischen* he is standing among them

Deal, *sub, m, -s, -s* deal; *einen grossen Deal vorhaben* plan a big business; **dealen** *vti*, push drugs; ~**er** *sub, n* pusher

Debakel, *sub, n, -s, -* fiasco

Debatte, *sub, f, -, -n (pol.)* debate

(on); *(Streit)* argument (about); *eine Debatte über etwas haben* have a debate on sth; **debattieren** *vti, (geh.)* debate; *(ugs.)* discuss (am: argue); **Debattierer** *sub, m, -s, -* member of a debating society
Debet, *sub, n, -s, -s (wirt.)* debit
debil, *adj, (med.)* mentally subnormal; **Debilität** *sub, f, -, nur Einz.* mental debility
debitieren, *vt,* debt
Debitor, *sub, m, -s, -en* debtor
Debüt, *sub, n, -s, -s* debut; ~**ant** *sub, m, -en, -en* newcomer; ~**antin** *sub, f, -, -nen* debutante; **debütieren** *vi,* make one´s debut
dechiffrieren, *vt,* decode
Deck, *sub, n, -es, -s* deck; *an/unter Deck gehen* go on/below deck; ~**adresse** *sub, f, -, -n* accomodation (am: cover address); ~**blatt** *sub, n, -es, -blätter* title-page/cover
Decke, *sub, f, -, -n (bedecken)* cover; *(Reise)* blanket; *(Zimmer)* ceiling; *die Decke über den Kopf ziehen* pull the covers over one´s head; *unter die Decke kriechen* slip under the covers; *unter einer Decke stecken* be hand in glove with sb; *an die Decke gehen* hit the roof
Deckel, *sub, m, -s, -* top; *jmd einen auf den Deckel geben* haul sb over the coals; ~**kanne** *sub, f, -, -n* tankard (with a lid)
decken, (1) *vr, (übereinstimmen/mat.)* be congruent **(2)** *vt, (bedecken)* cover; *Dach decken* cover/roof the house
Deckenlampe, *sub, f, -, -n* ceiling light
Deckfarbe, *sub, f, -, -n* paint; **Deckhaar** *sub, n, -es, -e* top hair; **Deckmantel** *sub, m, -s, -mäntel* cover; *in Deckung* under cover; *unter dem Deckmantel* using sth as a cover; **Deckname** *sub, m, -ns, -n (mil.)* code name
Deckung, *sub, f, -, -en* covering; *(spo.)* defence; *in Deckung gehen* take cover; *keine Deckung (Scheck)* no funds

Deckweiß, *sub, n, -es, nur Einz.* opaque white
Decoder, *sub, m, -s, -* decoder
decouragiert, *adj,* discouraged
Deduktion, *sub, f, -, -en (phil.)* deduction; **deduktiv** *adj,* deductive; **deduzierbar** *adj,* deducible; **deduzieren** *vt,* deduce
Deeskalation, *sub, f, -, -en* de-escalation; **deeskalieren** *vt,* de-escalate
Defätismus, *sub, m, -, nur Einz.* defeatism; **Defätist** *sub, m, -en, -en* defeatist; **defätistisch (1)** *adj,* defeatist **(2)** *adv,* in a defeatist manner
defekt, (1) *adj,* defective **(2) Defekt** *sub, m, -s, -e (allg.)* fault; *(med./tech.)* defect; *defekt sein* have a defect, *das ist ein bleibender Defekt* permanent handicap
defensiv, *adj,* defensive; **Defensive** *sub, f, -, -n* defensive; *aus der Defensive heraus* from defensive positions; *in die Defensive gehen* to go on the defensive; *jmd in die Defensive drängen* force sb on the defensive
Defilee, *sub, n, -s, -s* parade; **defilieren** *vt,* parade (before)
definierbar, *adj,* definable; *schwer definierbar* difficult to define; **definieren** *vt,* define; *definieren durch* define in the terms of; **definit** *adj, (mat.)* definite; **Definition** *sub, f, -, -en* definition; **definitiv** *adj,* definitive; **Definitivum** *sub, n, -s, -va* definitive; **definitorisch** *adj,* of definition
Defizit, *sub, n, -s, -e* deficit; *Defizit an etwas haben* lack of sth; **defizitär** *adj,* show a deficit
Deflation, *sub, f, -, -en (wirt./geogr)* deflation; **deflationär** *adj, (wirt.)* deflationary; **deflatorisch** *adj,* deflationary
Defloration, *sub, f, -, -en (med.)* defloration; **deflorieren** *vt,* deflower; **Deflorierung** *sub, f, -, -en* defloration

Deformation, *sub,* *f,* *-,* *-en* (*med./phys.*) deformation; **deformieren** *vt,* destort; *deformiert* out of shape; **Deformierung** *sub, f, -, -en* distorsion

defraudieren, *vt,* defraud

deftig, (1) *adj,* (*neg.*) crude; (*pos.*) solid (2) *adv,* well and proper; *deftiger Witz* crude joke; *deftiges Essen* solid meal

Degagement, *sub, n, -es, -s* devolvement

Degen, *sub,* *m,* *-s,* *-* sword; *mit Schwert und Degen* with sword and warrier; **~fechten** *sub, n, -s, nur Einz.* épée; **~klinge** *sub, f, -, -n* sword-blade

Degeneration, *sub, f, -, -en* degeneration; **degenerativ** *adj,* degenerative; **degenerieren** *vti,* degenerate (into)

Degout, *sub, m, -, nur Einz.* disgust; **degoutant** (1) *adj,* disgusting (2) *adv,* in a disgusting manner; **degoutieren** *vt,* disgust

Degradation, *sub, f, -, -en* degradation; **degradieren** *vt,* degrade; *er hat mich degradiert vor* he degraded me in front of; **Degradierung** *sub, f, -, -en* (*mil.*) demotion; *seine Degradierung vom Feldwebel zum* his demotion from sergeant to

Degression, *sub, f, -, -en* progressive reduction; **degressiv** *adj,* degressive; *degressive Abschreibung* degressive depreciation

degustieren, *vt,* taste

Dehnbarkeit, *sub, f, -, -en* (*phy.*) elasticity; *Dehnbarkeit eines Begriffes* loose concept; **dehnen** *vt,* stretch; *sich dehnen* strech oneself; **Dehnung** *sub, f, -, -en* stretching

Dehydratation, *sub, f, -, -en* (*chem.*) dehydrogenation; **dehydratisieren** *vt,* dehydrogenate

Dehydration, *sub, f, -, -en* dehydration; **dehydrieren** *vt,* dehydrate; **Dehydrierung** *sub, f, -, -en* dehydration

Deich, *sub, m, -s, -e* dike; *mit etwas über den Deich gehen* make off with

... th; **~bau** *sub, m, -s, -bauten* dike-building

Deichsel, *sub, f, -, -n* shaft; **deichseln** *vt,* fix; *ich werde das schon deichseln* I´m going to manage it

Deifikation, *sub, f, -, -en* deify so.; **deifizieren** *vt,* deify

dein, *pron,* your(s); *dein eigenes* your own; *die Deinigen* your family; *einer deiner Freunde* a friend of yours; **~e** *pron,* your(s); *deine Mutter* your mother; **~erseits** *adv,* on(for) your part; **~esgleichen** *pron,* people like you; *für dich und deinesgleichen* for your sort; *unter deinesgleichen* amongst your own sort; **~esteils** *adv,* for your part; **~ethalben** *adv,* s. deinetwegen; **~etwegen** *adv,* (*geh.*) as far as you are concerned; (*ugs.*) because of you; *deinetwasegen können wir* as far as you are concerned we; *ich habe mir deinetwasegen große Sorgen gemacht* I have been worried on your account; **~etwillen** *adv,* for your sake; *um deinetwasillen haben wir das gemacht* we made this for your sake; **~ige** *pron,* your(s); *das Deinige* your property

Deismus, *sub,* *m,* *-,* *nur Einz.* deism

dekadent, *adj,* decadent; **Dekadenz** *sub, f, -, nur Einz.* decadence

Dekaeder, *sub, n, -s, -* (*mat.*) decahedron

Dekalog, *sub,* *m,* *-s,* *nur Einz.* (*bibl.*) decalogue

Dekan, *sub,* *m,* *-s,* *-e* dean; **~at** *sub, n, -s, -e* (*Univ.*) dean´s office; **~ei** *sub, f, -, -en* (*kirchl*) deanery

dekartellisieren, *vt,* decartelize

dekatieren, *vt,* (*Text.*) decatise

Deklamation, *sub, f, -, -en* recitation; **deklamatorisch** *adj,* declamatory; **deklamieren** *vt,* recite

Deklaration, *sub, f, -, -en* declaration; *Zoll-Deklaration* customs declaration; **deklarieren** *vt,* declare; *zur atomwaffenfreien Zone deklariert werden* be declared a nuclear free zone; **Deklarierung** *sub, f, -, -en* declaration

deklassieren, *vt,* downgrade; *(spo.)* outclass

deklinabel, *adj,* declinable; **Deklination** *sub, f, -, -en* declination; *Deklination von Verben* declension of verbs; **deklinierbar** *adj,* declinable; **deklinieren** *vt,* decline; *ein Verb schwach/stark deklinieren* decline a verb as weak/strong

dekodieren, *vt,* decode; **Dekodierung** *sub, f, -, -en* decoding

Dekolletee, *sub, n, -s, -s* neckline; **dekolletiert** *adj,* low-cut; *ein stark dekolltiertes Kleid* a dress with a low-cut neckline

Dekontamination, *sub, f, -, -en* decontamination; **dekontaminieren** *vt,* decontaminate

Dekor, *sub, m/n, -e oder -s* decoration; **~ateur** *sub, m, -s, -e* windowdresser; *(arch.)* interior decorater (designer); **~ateurin** *sub, f, -, -nen* s. Dekorateur; **~ation** *sub, f, -, -en* decoration; **dekorativ** *adj,* decorative; **dekorieren** *vt,* decorate; *ein Fenster dekorieren* dress a shopwindow; **~ierung** *sub, f, -, -en* decorating

Dekort, *sub, m, -s, -s und -e* decreasing of a bill; **dekortieren** *vt,* decrease

Dekorum, *sub, n, nur Einz.* decorum

Dekrescendo, *sub, n, -s, -s und -di* decrescendo

Dekret, *sub, n, -s, -e* decree

Dekretale, *sub, n, -, -talien* decree by the pope

dekretieren, *vt,* decree

dekupieren, *vt,* cut out; **Dekupiersäge** *sub, f, -, -n* saw to cut out

dekuvrieren, *vt,* expose; **Dekuvrierung** *sub, f, -, en* exposé

Delegat, *sub, m, -en, -en* delegate; **~ion** *sub, f, -, -en* delegation to/at; *Delegation zu jmd schicken/beim Vatikan* to send a delegation to sb/a

delegation at the Vatican; **delegieren** *vt,* send as a delegate; *Aufgaben delegieren* delegate tasks to; *jmd delegieren* send so as a delegate; **Delegierte** *sub, m/f, -n, -n* delegate; **Delegierung** *sub, f, -, -en* election of a delegate

delektieren, *vt,* entertain sb with sth.

Delfin, *sub, m, -s, -e (spo.)* butterfly; *(zool.)* dolphin; **~arium** *sub, n, -s, -rien* dolphinarium; **delfinschwimmen** *vi,* swim butterfly; **~sprung** *sub, m, -s, -sprünge* jump like a dolphin

delikat, *adj,* delicate; *delikat riechen* have a delicate bouquet; *eine delikate Angelegenheit* a delicate matter; **Delikatesse** *sub, f, -, -n* delicacy; **Delikatessengeschäft** *sub, n, -s, -e* delicatessen

Delikt, *sub, n, -s, -e* offence; *ein Delikt begehen* offend (against) the law; **Delinquent** *sub, m, -s, -n* offender

Delirium, *sub, n, -s, -ien* delirium; *Delirium tremens* delirium tremens; *im Delirium liegen* be in a delirium; *im Delirium reden* speak in one´s delirium

deliziös, *adj,* delicious

Delle, *sub, f, -, -n* dent; *eine Delle ins Auto fahren* dent one´s car; *weiß nicht* with chips and dents

delphisch, *adj,* Delphic

Delta, *sub, n, -s, -s (geogr./math)* delta; *Flussdelta* delta shaped mouth of a river; **deltaförmig** *adj,* deltashaped

dem, (1) *best.Art.,* the (2) *pron,* him (3) *Rel.Pron.,* whom; *gib es dem Mann* give it to that (the) man; *ich gab dem Mann das Buch* I gave the man the book, *gib es nicht dem, sondern dem Mann da* dont give it to him, give it to that man, *der Mann dem ich half* the man whom I helped

Demagoge, *sub, m, -n, -n* demagogue; **Demagogie** *sub, f, -, -n* demagogy; **demagogisch** (1) *adj,* demagogic (2) *adv*, by demagogic means

Demarche, *sub, f, -, -n* démarche

Demarkation, *sub, f, -, -en* demarcation; **~slinie** *sub, f, -, -n* demarcation line

demarkieren, *vt*, demarcate; **Demarkierung** *sub, f, -, -en* demarcating

demaskieren, *vt*, unmask; **Demaskierung** *sub, f, -, -en* unmasking

dementgegen, *konj*, in opposite to

Dementi, *sub, n, -, -s* denial; *ein offizielles Dementi* official denial; **dementieren** *vti*, deny; *es wird dementiert, dass* deny sth

Dementia, *sub, f, -, -e (med.)* dementia

dementsprechend, *adj*, appropriate; *er hat einen dementsprechenden Stil* a style appropriate to; *er war dementsprechend angezogen* he was dressed appropriately

demgegenüber, *adv, (geh.)* in contrast; *(ugs.)* on the other hand; *demgegenüber jedoch* on the other hand

demgemäß, (1) *adj, (Entsprechung)* appropriate; *(Übereinstimmung)* in accordance **(2)** *adv, (Folgerung)* consequently; *(Übereinstimmung)* accordingly; *die Qualität ist demgemäß* the quality is in accordance with the price

demilitarisieren, *vt*, demilitarize

demi-sec, *adj*, medium dry

Demission, *sub, f, -, -en* resignation; **~är** *sub, m, -s, -e* s. Rentner; **demissionieren** *vti*, resign from; *er mußte demissionieren* he had to resign from

Demiurg, *sub, m, -en und -s, nur Einz. (phil./Platon)* creator of the universe

demnächst, *adv*, in the near future; *demnächst in diesem Theater* coming soon

Demobilisation, *sub, f, -s, -en* demobilization

demobilisieren, *vt*, demobilize; **Demobilisierung** *sub, f, -, -en* demo-

bilising

Demografie, *sub, f, -, -n* demography; **demografisch** *adj*, demographic; *eine demographische Umfrage* demographic poll

Demokrat, *sub, m, -en, -en* democrat; *(Partei)* Democrat; *Mitglied der Demokratischen Partei* Democrat; **~ie** *sub, f, -, -n* democracy; **demokratisch** *adj*, democratic; *(Partei)* Democratic

demolieren, *vt*, demolish; *(Möbel)* smash up; **Demolierung** *sub, f, -, -en* demolition

Demonstrant, *sub, m, -en, -en* demonstrator; **Demonstration** *sub, f, -, -en* demonstration (in support of/against); **demonstrativ** *adj*, demonstrative; **Demonstrativpronomen** *sub, n, -s, -oder -pronomina* demonstrative pronoun; **Demonstrator** *sub, m, -s, -en* demonstrator; **demonstrieren** *vti*, demonstrate

Demontage, *sub, f, -, -n* dismantling; **demontieren** *vt*, dismantle; *den Vergaser demontieren* dismantle the carburetor; *jmd demontieren* take down so; **Demontierung** *sub, f, -, -en* dismantling

Demoralisation, *sub, f, -, -en* demoralization; **demoralisieren** *vt, (Moral)* corrupt; *(Mut)* demoralise; *du demoralisierst die ganze Mannschaft* you demoralise the whole team; **Demoralisierung** *vt*, demoralization

Demoskop, *sub, m, -s, -en* opinion pollster; **~ie** *sub, f, -, -n* opinion research; **demoskopisch** *adj*, opinion research

Demotivation, *sub, f, -, -en* loss of motivation; **demotivieren** *vt*, loose motivation for;

Demut, *sub, f, -, nur Einz.* humility; **demütig** *adj*, humble; **demütigen** *vt*, humiliate

demzufolge, *adv, (geh.)* consequently; *(ugs.)* therefore

den, (1) *best.Art.*, the **(2)**

dem.Pron., that/those (3) *rel.Pron.*, that; *den Faust lesen* read "Faust"; *den Mann sehen* see the man; *den Männern geben* give sth to the men; *ich meine den Mann* I mean that man

Denaturalisation, *sub, f, -, -en* denaturalization; **denaturalisieren** *vt,* denaturalize

denaturieren, *vt,* denature; *(Mensch)* dehumanize

dengeln, *vt,* sharpen

Denier, *sub, n, -, -* denier

Denkart, *sub, f, -, -en* way of thinking; **Denkaufgabe** *sub, f, -, -en* brain-teaser; **denkbar** *adj,* conceivable

Denken, (1) *sub, n, -s, nur Einz.* thinking (2) **denken** *vr,* think (3) *vt,* think; *logisches Denken* logical thought; *an Schlaf war nicht zu denken* sleep was out of the question; *das gibt mir zu denken* that makes me think; *das habe ich mir gedacht* thought as much; *das hättest dur dir denken können* you should have known that; *denken sie nur* just imagine; *denkste!* that´s what you think!; *etwas immer wieder überdenken* think over and over again; *ich dachte er sei tot* I thought him dead; *ich denke nicht daran* wouldn´t dream of it; *ich denke schon* I think so; *ich habe mir dabei nichts gedacht* I thought nothing of it; *solange ich denken kann* as long as I remember; **Denker** *sub, m, -s, -* thinker; **Denkerstirn** *sub, f, -, -en* intellectual´s high brow; **denkfaul** *adj,* mentally lazy; **Denkfehler** *sub, m, -s, -* flaw in one´s reasoning; **Denkmal** *sub, m, -s, -mäler* memorial, monument; **Denkprozess** *sub, m, -sses, -sse* process of thinking; **Denkschrift** *sub, f, -, -en* memo(randum); **Denksport** *sub, m, -s, nur Einz.* brain-teasing; **Denkungsart** *sub, f, -, -en* way of thinking; **Denkvermögen** *sub, n, -s, nur Einz.* ability to think; **denkwürdig** *adj,* memorable; *ein denkwürdiges Ereignis* a memorable event; **Denkzettel** *sub, m, -s, -* lesson; *ihm einen Denkzettel verpassen* teach sb a lesson

denn, *konj,* for/because; *(falls)* unless; *es sei denn* unless; *ist das denn so wichtig* is that really so important; *mehr denn je* more than ever; *was ist denn* what is it now; *wieso denn* but why; *wo warst du denn nur* where on earth have you been

dennoch, *adv,* nevertheless

Denominativ, *sub, n, -s, -e* denotation

Densimeter, *sub, n, -s, -* *(phy.)* density meter

dental, *adj,* dental; **Dentist** *sub, m, -s, -en* dentist

dentelieren, *vti,* make it look dentate

Denunziant, *sub, m, -en, -en* informer; **Denunziation** *sub, f, -, -en* denunciation; **denunzieren** *vt,* denounce

Deodorant, *sub, n, -s, -s und -e* deodorant; **deodorieren** *vt,* deodorize

Deospray, *sub, n, -s, -s* deodorant spray

Departure, *sub, f, -s, -s* departure

Dependance, *sub, f, -, -n* branch

Depesche, *sub, f, -, -n* telegram (to)

deplacieren, *vti,* misplace; *eine deplazierte Bemerkung* a misplaced remark; *ich kam mir deplaziert vor* I felt out of place

deplatziert, *vi,* misplaced

Deponat, *sub, n, -s, -e* deposit; **Deponens** *sub, n, -, -nentia oder -nentien* deponent; **Deponent** *sub, m, -en, -en* depositor; **Deponie** *sub, f, -, -n* tip; **deponieren** *vt,* deposit; *as Gepäck am Bahnhof deponieren* deposit the luggage at the station; *das Geld bei ihm deponieren* deposit the money with him; *das Geld im Safe deponieren* deposit the money in the safe; **Deponierung** *sub*, *f*, -, *-en* depositing

Deport, *sub*, *m*, *-s*, *-e (wirt.)* decline in prices of securities

Deportation, *sub*, *f*, -, *-en* deportation; **deportieren** *vt*, deport to; **Deportierte** *sub*, *m*, -, *-n* deportee; **Deportierung** *sub*, *f*, -, *-en* deportation

Depositen, *sub*, *f*, -, *nur Mehrz.* *(wirt.)* deposits; **Deposition** *sub*, *f*, *-s*, *-en* deposition; **Depositorium** *sub*, *n*, -, *-torien* depository

Depot, *sub*, *n*, *-s*, *-s* depot; *(wirt.)* depot; **~fund** *sub*, *m*, *-s*, *-e* cache (find); **~präparat** *sub*, *n*, *-s*, *-e* depot preparation; **~schein** *sub*, *m*, *-s*, *-e* depot check

Depp, *sub*, *m*, *-en und -s*, *-en (ugs.)* fool; *(vulg.)* twit; *ich Depp bin darauf reingefallen* and like a fool I fell for it

depravieren, *vt*, deprave

Depression, *sub*, *f*, -, *-en (geogr./wirt.)* depression; **depressiv** *vi*, depressive; **Depressivität** *sub*, *f*, -, *nur Einz. (psych.)* depression

deprimieren, *vt*, depress

deprivieren, *vt*, deprive

Deputat, *sub*, *m*, *-s*, *-e* teaching load; **~ion** *sub*, *f*, -, *-en* deputation; *(Konferenz)* delegation; **deputieren** *vti*, depute

der, (1) *best.Art*, of the, the (2) *dem.pron*, that (3) *rel.pron*, who/which, whom; *der Mann* the man; *der Mann dort* that man over there; *der Männer* of the men; *er war der erste, der es erfuhr* he was the first to know

Derangement, *sub*, *n*, *-s*, *-s* derangement; **derangieren** *vti*, derange; *jmd derangieren* derange sb mind; *jmd Ideen derangieren* to derange sb ideas; **derangiert** *adj*, deranged

derart, *adv*, so... that; *derart gut* such good; *die Folgen waren derart, dass* the consequences were such that; *jmd derart schlecht behandeln, dass* treat sb so badly that;

sie hat derart geschrien, dass she screamed so much that; **~ig** *adj*, such; *ein derartiger Wutausbruch* such a fit of fury; *eine derartig schöne Frau* such a beautiful woman; *nichts derartiges* nothing of that kind

Derby, *sub*, *n*, *-s*, *-s* derby

dereinst, *adv*, some day; *dereinst mal* some day in the future

deren, (1) *poss.pron*, their (2) *rel.pron*, *(Pers.)* whose; *(Sachen)* of which; *die Frau deren Tasche* the Lady whose bag; *die Tasche deren Bügel* the bag the bow of which

derenthalben, *adv*, because of; *(Pers.)* on whose account; *(Sachen)* on account of which; *derenthalben neu: derentwegen* on whose account

derentwegen, *adv*, s. derenthalben

derentwillen, *adv*, *(Pers.)* for whose sake; *(Sachen)* for the sake of which

dergestalt, *adv*, in such way that; *dergestalt ausgerüstet* thus equipped

dergleichen, *pron*, that sort of thing; *nichts dergleichen* no such thing; *und dergleichen mehr* and so on

Derivat, *sub*, *n*, *-s*, *-e (chem.)* derivative; **derivieren** *vti*, *(mil.)* deviate

derjenige, *pron*, the one who; *derjenige, der* he who

dermaßen, *adv*, so much that; *dermaßen schön, dass* so beautiful that; *er hat mich dermaßen belogen, dass* he has lied to me so much that

Dermatologe, *sub*, *m*, *-n*, *-n* dermatologist; **Dermatologie** *sub*, *f*, - *nur Einz.* dermatology; **Dermatologin** *sub*, *f*, -, *-nen* dermatologist

Dermographie, *sub*, *f*, -, *-n* marker on the skin

Dermoplastik, *sub*, *f*, -, *-en* plastic

surgery

derogativ, *adj,* derogatory

Derrickkran, *sub, m, -s, -e (Schiff)* derrick

Derwisch, *sub, m, -s, -e* dervish; **~tanz** *sub, m, -es, -tänze* dance of the dervishes

derzeit, *adv,* at the moment

des, *Artikel,* of the; *des Autos* of the car

desarmieren, *vt,* disarm

Desaster, *sub, n, -s, -* desaster

desavouieren, *vt,* expose

Deserteur, *sub, m, -s, -e* deserter; **desertieren** *vi,* desert; **Desertion** *sub, f, -, -en* desertion

desgleichen, *adv,* so is; *er ist Arzt, desgleichen seine Frau* he is a doctor and so is his wife

deshalb, *adv, (geh.)* for that reason; *(ugs.)* that´s why; *deshalb also* so that´s the reason; *deshalb bin ich zu dir gekommen* that´s why I came to you; *deshalb mußt du doch nicht geben* there´s no need for you to go; *gerade deshalb* that´s just why; *sie ist deshalb nicht glücklicher* she isn´t any happier for it

Desiderat, *sub, n, -s, -e* desideratum

Design, *sub, n, -s, -s* design; **~er** *sub, m, -s, -* designer; **~ermode** *sub, f, -, -en* designer fashion

Designation, *sub, f, -, -en* designation; **designieren** *vt,* designate as

Desillusion, *sub, f, -, -en* disillusion; **desillusionieren** *vt,* disillusion

Desinfektion, *sub, f, -, -en* disinfection; **~smittel** *sub, n, -s, -* disinfectant

Desinfiziens, *sub, n, -, -zien und -zia* disinfectant; **desinfizieren** *vt,* disinfect

Desinformation, *sub, f, -, -en* disinformation

Desinteresse, *sub, n, nur Einz.* lack of interest; *ihr Desinteresse an* their lack of interest in; **desinteressiert** *adj,* uninterested

Deskription, *sub, f, -, -en* description; **deskriptiv** *adj,* descriptive

desodorieren, *vt,* s. deodorieren

desolat, *adj,* wretched; *in einem desolaten Zustand sein* be wretched

Desorganisation, *sub, f, -, -en* disorganization; **desorganisieren** *vi,* disintegrate

desorientiert, *adj,* disorientate

desoxidieren, *vt,* deoxidate

Desoxyribonukleinsäure, *sub, f, -, -n (chem.)* deoxyribonucleic acid

despektierlich, *adj,* desrespectful

Desperado, *sub, m, -s, -s* desperado; **desperat** *adj,* desperate

Despot, *sub, m, -en, -en* despot; **~ie** *sub, f, -, -n* despotism; **despotisch** *adj,* despotic; **~ismus** *sub, m, -, -men* despotism

dessen, *pron, (.Sachen)* of which; *(Pers.)* whose/of whom; *der Garten, dessen Fläche* the garden, the area of which; *der Mann dessen Auto* the man whose car; *der Mann dessen Besuch wir erwarten* the man from whom we we are expecting a visit

dessenthalben, *adv,* s. derenthalben

dessentwegen, *adv,* s. derentwegen

Dessert, *sub, n, -s, -s* dessert; **~gabel** *sub, f, -, -n* dessert-fork (pastry-fork)

Dessin, *sub, n, -s, -s* pattern; **~ateur** *sub, m, -s, -e* designer; **dessinieren** *vt,* pattern; **~ierung** *vt,* decorate with a pattern

destilieren, *vti,* distil; *den Inhalt eines Buches zu einem Aufsatz destillieren* condense the content of a novel into an essay; *destilliertes Wasser* distilled water; **Destillat** *sub, n, -s, -e* distillate; **Destillateur** *sub, m, -s, -e* distiller; **Destillation** *sub, f, -, -en* distillation; **Destille** *sub, f, -n* distillery

Destination, *sub, f, -, -en* destination

desto, *konj, (mit Komparativ)* all the, the; *desto besser* all the better; *ich schätze ihn desto mehr* I appreciate him all the more; *je mehr desto besser* the more the better

destruieren, *vt*, destroy; **Destruktion** *sub*, *f*, *-*, *-en* destruction; **destruktiv** *adj*, destructive; *destruktiv auf etwas wirken* have a destructive effect on sth

deswegen, *adv*, s. deshalb

Deszendent, *sub*, *m*, *-en*, *-en* (*astrol.*) descendant; *im Deszendenten stehen* be situated in the descendant; **Deszendenz** *sub*, *f*, *-*, *-en* descending of a star; **deszendieren** *vi*, descend

Detail, *sub*, *n*, *-s*, *-s* detail; *bis ins kleinste Detail* down to the smallest detail; *ins Detail gehen* go into detail; **~frage** *sub*, *f*, *-*, *-n* question of detail; **detailgetreu** *adj*, accurate in every detail; **~handel** *sub*, *m*, *-s*, *-* retail sale; **detaillieren** *vt*, explain in detail; **detailliert** (1) *adj*, detailed (2) *adv*, in detail; **detailreich** *adj*, in great details

Detektei, *sub*, *f*, *-s*, *-en* detective agency; **Detektiv** *sub*, *m*, *-s*, *-e* detective; **Detektivbüro** *sub*, *n*, *-s*, *-s* detective agency; **detektivisch** (1) *adj*, with the attitudes of a detective (2) *adv*, like a detective; *in detektivischer Kleinarbeit* by detailed detective work; *mit detektivischem Spürsinn* with the keen perception of a detective; **Detektor** *sub*, *m*, *-s*, *-en* (*tech.*) detector

Détente, *sub*, *f*, *-*, *nur Einz.* détente

Detergens, *sub*, *n*, *-*, *-zien und -zia* detergent

Determination, *sub*, *f*, *-*, *-en* determination; **determinativ** *adj*, determinative; **determinieren** *vt*, determine; **Determinist** *sub*, *m*, *-s*, *-en* determinist; **deterministisch** *adj*, deterministic

Detonation, *sub*, *f*, *-*, *-n* detonation; **Detonator** *sub*, *m*, *-s*, *-en* detonator; **detonieren** *vi*, detonate

Deut, *sub*, *m*, *-s*, *-e* bit; *keinen Deut besser sein als* be not a bit better

than; *keinen Deut wert sein* not worth a farthing

Deutelei, *sub*, *f*, *-*, *-en* speculation; **deuten** *vt*, point (at); *alles deutet daraufhin, dass* there is every indication that; *die Karten deuten* read the cards; *etwas falsch deuten* misinterpret; *mit dem Finger auf jmd/etwas deuten* point (one´s finger) at sb/sth; **deutlich** *adj*, clear; *das macht deutlich, dass* this makes it clear; *das war deutlich genug* that was clear enough; *deutlich werden* speak in very plain terms; *deutliche Durchsage* clear announcement; *deutlicher Fortschritt* visible progress; *deutlicher Wink* broad hint; *etwas jmd deutlich zu verstehen geben* make sth plain/clear to sb; *muss ich noch deutlicher werden* do I have to spell it out (for you); **Deutlichkeit** *sub*, *f*, *-*, *-en* clarity; *an Deutlichkeit nicht zu wünschen lassen* it could have not been clearer; *in aller Deutlichkeit* in plain terms

deutsch, *adj*, German; *deutsch reden* talk in German; *Deutscher Fußballbund* German Soccer Association; *deutscher Schäferhund* German shepherd; *mit jmd deutsch reden* speak plainly with sb

Deutsche, *sub*, *m*, *f*, *-n*, *-n* German; *er hat eine Deutsche geheiratet* he married a German woman; **~nhass** *sub*, *m*, *-sses*, *nur Einz.* hatred of the Germans; **Deutschherr** *sub*, *m*, *-n*, *-en* member of the Teutonic Order of the Knights; **Deutschkunde** *sub*, *f*, *-*, *nur Einz.* German studies

Devalvation, *sub*, *f*, *-s*, *-en* (*wirt.*) devaluation; **devalvieren** *vt*, devaluate

Devastation, *sub*, *f*, *-*, *-en* (*geogr.*) devastation; **devastieren** *vt*, devaste

deviant, *adj*, deviant

Deviation, *sub*, *f*, *-*, *-en*

(mat./geogr) deviation; **deviieren** *vi*, deviate

Devise, *sub, f, -, -n* motto; *es ist meine Devise* it´s my motto

Devisen, *sub, f, -, nur Mehrz.* foreign exchange; *die Devisen aus manchen Ländern sind* the foreign exchange of some countries is; **~kurs** *sub, m, -es, -e* foreign exchange rate; **~markt** *sub, m, -s, -märkte* foreign exchange market

Devon, *sub, n, -, nur Einz. (geogr.)* Devon; *(geol.)* Devonian

devot, *adj, (geb.)* obsequious; *(ugs.)* humble; **Devotion** *sub, f, -, -en* devotion; **Devotionalien** *sub, f, nur Mehrz.* devotional objects

Dextrose, *sub, f, -, nur Einz.* dextrose

Dezember, *sub, m, -s, -* December; *1 Dezember* December 1st; *im Dezember* in December; **~tag** *sub, m, -s, -e* day in december

Dezennium, *sub, n, -s, -en* decade

dezent, *adj*, decent; *dezente Kleidung* be dressed decently

dezentral, *adj*, decentral; *der Bahnhof liegt dezentral* the station is situated non-central; **Dezentralisation** *sub, f, -, -en* decentralization; **~isieren** *vt*, decentralize

Dezernat, *sub, n, -s, -e* department; **Dezernent** *sub, m, -s, -en* head of department

Dezibel, *sub, n, -s, - (phy.)* decible

dezidiert, *adj*, determined

dezimieren, *vt*, decimate; *Schmetterlinge dezimieren* decimate butterflies; *Verbrauch dezimieren* the consumption has to be reduced drastically; **dezimiert** *adj*, be drastically reduced; **Dezimierung** *sub, f, -, -en* decimation

Dia, *sub, n, -s, -s* slide

Diabetes, *sub, m, -s, nur Einz.* diabetes; **Diabetiker** *sub, m, -s, -* diabetic; **Diabetikerin** *sub, f, -, -nen* diabetic

diabolisch, *adj*, diabolic; *diabolisch* diabolic malevolence; *diabolisches Grinsen* diabolic sneer;

Diabolus *sub, m, -, -* devil

Diadem, *sub, n, -s, -e* diadem

Diagnose, *sub, f, -, -n* diagnosis; **~zentrum** *sub, n, -s, -zentren* diagnostic clinic

Diagnostik, *sub, f, -, nur Einz.* diagnostics; **~er** *sub, m, -s, -* diagnostician; **diagnostisch** *adj*, diagnostic; **diagnostizieren** *vt*, diagnose

diagonal, *adj*, diagonal; *ein Buch diagonal lesen* skim through a book; **Diagonale** *sub, f, -, -n* diagonal

Diagramm, *sub, n, -s, -e* diagram

diakaustisch, *adj*, caustic by focussed light

Diakon, *sub, m, -s und -en, -e* deacon; **~ie** *sub, f, -, nur Einz.* welfare and social work; **~isse** *sub, f, -, -n* deaconess

Diakrise, *sub, f, -, -n* diacritic; **diakritisch** *adj*, diacritical

Dialekt, *sub, m, -s, -e* dialect; *Dialekt sprechen* speak dialect; **dialektfrei** *adj*, without a trace of dialect; *dialektfrei Englisch sprechen* speak English with out a trace of dialect; *dialektfrei sprechen* speak standard German

dialektal, *adj*, dialectal

Dialektik, *sub, f, -, nur Einz. (phil.)* dialectics; **~er** *sub, m, -s, -* dialectician; **dialektisch** *adj*, dialectical

Dialog, *sub, m, -s, -e* dialogue; *einen Dialog führen* carry on a dialogue; **dialogisch** *adj*, dialogic; **dialogisieren** *vt*, write in dialogue; **~kunst** *sub, f, -, -künste* art of dialogue

Diamant, *sub, m, -s, -en* diamond; **diamanten** *adj*, diamond; **~feld** *sub, n, -s, -er* diamond-field; **~nadel** *sub, f, -, -n (Ansteck-)* diamond pin; *(tech.)* diamond stylus; **~ring** *sub, m, -s, -e* diamond ring; **~staub** *sub, m, -s, nur Einz.* diamond dust

diametral, *adj*, diametral; *diametral entgegengesetzt* diametrically opposed; **diametrisch** *adj*, diametrical

diaphan, *adj*, diaphanus

Diaphragma, *sub*, *n*, *-s*, *-men* diaphragm

Diapositiv, *sub*, *n*, *-s*, *-e* diapositive

Diaprojektor, *sub*, *m*, *-s*, *-en* slide projector

Diarium, *sub*, *n*, *-s*, *-rien* diary

Diarrhö, *sub*, *f*, *-*, *-en* diarrh(o)ea

Diaspora, *sub*, *f*, *-*, *nur Einz.* Diaspora

diastolisch, *adj*, diastolic

Diät, *sub*, *f*, *-*, *-en* diet; *Diät halten* keep to a diet; *jmd auf Diät setzen* put so on a diet; **~kost** *sub*, *f*, *-*, *nur Einz.* dietary food; **~plan** *sub*, *m*, *-s*, *-pläne* diet plan

Diäten, *sub*, *f*, *nur Mehrz.* parliamentary allowance

Diätetik, *sub*, *f*, *-*, *-en* dietetics

Diäthylenglykol, *sub*, diethyleneglycol

Diatonik, *sub*, *f*, *-*, *nur Einz. (mus.)* diatonicism; **diatonisch** *adj*, diatonic

dich, *pron*, you; *entschuldige dich* apologize; *schau dich an* look at yourself; *wäschst du dich* are you washing

dicht, *adj*, *(Haar,Moos,Wolken...)* thick; *(Wald,Hecke,Leute...)* dense; *dicht aufeinanderfolgen* follow closely; *dicht dran sein etwas zu tun* be on the point of doing sth; *dicht gedrängt* closely packed; *dicht hinter jmd* close on so heels; *er ist nicht ganz dicht* he´s got a screw loose; **Dichte** *sub*, *f*, *-*, *-n* density; **Dichtemesser** *sub*, *m*, *-s*, *-* density-metre(am: er)

dichten, (1) *vi*, write (poetry) (2) *vt*, *(Fenster)* seal

Dichter, *sub*, *m*, *-s*, *-* poet; **dichterisch** *adj*, poetic; **~kreis** *sub*, *m*, *-es*, *-e* circle of poets; **~wort** *sub*, *n*, *-s*, *-wörter* word of a poet; **Dichtkunst** *sub*, *f*, *-*, *-künste* art of poetry; **Dichtung** *sub*, *f*, *-*, *-en* work of literature; *(tech.)* sealing; **Dichtungsart** *sub*, *f*, *-*, *-en* branches of poetry

dichthalten, *vi*, keep one´s mouth shut; *er kann nicht dichthalten* he cannot keep his mouth shut

Dichtigkeit, *sub*, *f*, *-*, *nur Einz.* denseness

dick, *adj*, *(Material)* thick; *(Person)* fat; *das dicke Ende kommt noch* the worst is yet to come; *dick geschwollen* swollen badly; *dick mit Butter bestrichen* thickly spread with butter; *dicke Milch* curdled milk; *dicker Verkehr* heavy traffic; *dickes Lob ernten* reap lavish praise; *durch dick und dünn* through thick and thin; *ich habe es/ihn dick* I´m thick of it/him; *dick machen* be fattening; *dick werden* grow fat; *dicke Freunde sein* they are as thick as thieves; **~bauchig** *adj*, large-bellied; **Dickdarm** *sub*, *m*, *-s*, *-därme (med.)* large intestine; **Dicke** *sub*, *f*, *-n*, *-n* fat man/woman, thickness; *Dicke des Materials* thickness of the material; **~flüssig** *adj*, viscous; **Dickhäuter** *sub*, *n*, *-s*, *-* chyderm; **Dickicht** *sub*, *n*, *s*, *-e* thicket; *(Wald)* dense undergrowth; *im Dickicht des Waldes* in dense undergrowth; **Dickkopf** *sub*, *m*, *-s*, *-köpfe* mule; *du bist ein Dickkopf* you are stubborn as a mule; *einen Dickkopf haben* be pigheaded; **~lich** *adj*, plumpish; **Dickmilch** *sub*, *f*, *-*, *nur Einz.* sour milk; **Dickschädel** *sub*, *m*, *-s*, *-* be stubborn; **Dicktuer** *sub*, *m*, *-s*, *-* show off with; **Dickung** *sub*, *f*, *-*, *-en* dense undergrowth; **Dickwanst** *sub*, *m*, *-s*, *-wänste* pot-belly

Didaktik, *sub*, *f*, *-*, *-en* didactics; **~er** *sub*, *m*, *-s*, *-* educationalist; **~erin** *sub*, *f*, *-*, *-nen* educationalist; **didaktisch** *adj*, didactic

die, (1) *best.art*, the (2) *dem.pron*, that/those (3) *rel.pron*, who/which; *die Frau, die da drüben geht* the woman walking over there; *die Kleine* the little girl; *die nicht!* not she!; *die Susanne* Susan (without: the); *die Tasse, die* the cup which, *die Frau da* that women; *die Frau, die ich gesehen habe* the women that I saw; *die Männer da* those men

Dieb, *sub, m, -es, -e* thief; *haltet den Dieb* stop thief; ~**esbande** *sub, f, -, -n* gang of thieves; ~**esbeute** *sub, f, -, -n* stolen goods; **diebessicher** *adj,* be safe from thieves; **diebisch** *adj,* mischievous; *sich diebisch über etwas freuen* be tickled pink at sth, take a mischievous pleasure in sth; ~**stahl** *sub, m, -s, -stähle* theft; *einfacher/schwerer Diebstahl* petty/grand larceny; *geistiger Diebstahl* plagiarism

Diele, *sub, f, -, -n (Boden)* floorboard; *(Raum)* hall(way); *geh in die Diele* go to the hallway; ~**nboden** *sub, m, -s, -böden* board-floor; ~**nbrett** *sub, n, -es, -er* floor-board; ~**nlampe** *sub, f, -, -n* hall-light

Dielektrikum, *sub, n, -s, -trika* dielectric space; **dielektrisch** *adj,* dielectric

dielen, *vt,* lay floor-boards

dienen, *vti, (Diener/Sachen)* serve; *(helfen)* help; *als Museum dienen* serve as a museum; *als Warnung dienen* let that serve as a warning to you; *bei jmd dienen* serve so; *beim Heer dienen* serve in the army; *damit ist mir nicht gedient* that´s of no use for me; *damit ist mir wenig gedient* it´s not much help to me; *das dient einer guten Sache* it is in a good cause; *mit 20 DM wäre mir schon gedient* 20 marks would do; *womit kann ich dienen* what can I do for you; *wozu soll das dienen* what´s the use of that; *diese Maßnahme dient der Sicherheit* these measures help towards safety at work; *womit kann ich dienen* can I help you

Diener, *sub, m, -s, -* servant; ~**in** *sub, f, -, -nen* maid; ~**schaft** *sub, f, -, -en* domestic stuff; ~**schar** *sub, f, -, -en* servants

dienlich, *adj,* helpful; *jmd dienlich sein* be helpful to so; *kann ich ihnen mit etwas dienlich sein* can I be of any assistance to you

Dienst, *sub, m, -es, -e (Beruf)* duty; *(Tätigkeit)* work; *außerhalb des Dienstes* off duty, outside work; *den Dienst antreten* start work; *den Dienst versagen* fail; *Dienst haben* be on duty; *Dienst ist Dienst* you shouldn´t mix business and pleasure; *Dienst nach Verschrift* work-to-rule; *jmd einen guten/schlechten Dienst erweisen* do so a good/bad turn; *jmd gute Dienste leisten* serve so well; *zum Dienst gehen* go to work; ~**abteil** *sub, n, -s, -e* guard´s compartment; ~**alter** *sub, m, -s, -alter* length of service; ~**anzug** *sub, m, -s, -züge* uniform; ~**beginn** *sub, m, -s, -e* start of work; **dienstbereit** *adj,* on duty; **diensteifrig** *adj,* eager; **dienstfertig** *adj,* zealous; ~**geber** *sub, m, -s, -* employer; ~**grad** *sub, m, -es, -e* rank; ~**leistung** *sub, f, -, -en* service; *im Dienstleistungsbereich* in the service sector; **dienstlich** *adj,* official; ~**mädchen** *sub, n, -s, -* maid; ~**mann** *sub, m, -es, -männer* porter; ~**nehmer** *sub, m, -s, -* employee; ~**reise** *sub, f, -, -n* business trip; ~**sache** *sub, f, -, -n* official matter/letter; ~**schluß** *sub, m, -schlusses, -schlüsse* end of work; ~**siegel** *sub, n, -s, -* official seal; ~**stelle** *sub, f, -, -n* department; *an seiner Dienststelle* in his office; ~**wagen** *sub, m, -s, -wägen* official car; ~**weg** *sub, m, -es, -e* official channels; *auf dem Dienstweg* through official channels; *den Dienstweg einhalten* go through official channels; **dienstwidrig** *adj,* against regulations; *sich dienstwidrig verhalten* act against regulations

dies, *pron,* s. dieser

diese, *pron,* s. dieser

dieselbe, *pron,* s. derselbe
Dieselmotor, *sub, m, -s, -n* diesel engine; **Dieselöl** *sub, n, -s, -e* diesel oil
dieser, diese, dieses, *dem.pron,* this (here)/that (there); *dies und das* various things; *diese Männer/Frauen/Autos* these man/woman/car; *dieser Mann, diese Frau, dieses Auto* this men/women/cars; *dieser Tage (Verg)* these days; *dieser Tage (Zuk)* one of these days; *dieser und jener* some (people); *dieses Buch da* that book; *dieses und jenes* this and that
dieses, *pron,* s. dieser
diesig, *adj,* hazy
diesmal, *adv,* this time
diesseits, (1) *adv,* on this side **(2) Diesseits** *sub, n, -, nur Einz.* in this world
Dietrich, *sub, m, -s, -e* picklock
dieweil, *konj,* because; *(ugs.) alldieweil* because
diffamatorisch, *adj,* defamatory
Diffamie, *sub, f, -, -n* defamation; **diffamieren** *vt,* defame; **~rung** *sub, f, -, -en* defamation
different, *adj,* different; **Differenti algetriebe** *sub, n, -s, -* differential gear; **Differentialrechnung** *sub, f, -, -en* differential calculus; **Differenz** *sub, f, -, -en* difference; **differenzieren** *vti,* differentiate; *(neg.)* discriminate; *eine Funktion differenzieren* differentiate a funktion; *genau differenzieren* make precise distinctions; **Differenzierung** *sub, f, -, -en* precise distinction; **differieren** *vi,* differ by
diffizil, *adj,* difficult; *ein difficiler Sachverhalt* difficult facts
difform, *adj,* deformed; **Difformität** *sub, f, -, -en* deformation
Digest, *sub, m, -s, -s* digest
digital, *adj,* digital; **Digitaluhr** *sub, f, -, -en* digital clock
Dignität, *sub, f, -, nur Einz.* dignity
Digression, *sub, f, -, -en* deviation
Diktafon, *sub, n, -s, -e* Dictaphone (R)

Diktat, *sub, n, -s, -e* dictation; *das Diktat aufnehmen* take the dictation; *ein Diktat schreiben* write a dictation; **~or** *sub, m, -s, -en* dictator; **diktatorisch** *adj,* dictatorial, **~ur** *sub, f, -, -en* dictatorship; **diktieren** *vt,* dictate; *jemandem diktieren* to dictate someone; **Diktiergerät** *sub, n, -es, -e* dictating machine
Diktion, *sub, f, -, -en* style and diction
Diktum, *sub, n, -s, Dikta* dictum
dilatabel, *adj,* dilatable
Dilation, *sub, f, -, -en* dilat(at)ion; **dilatorisch** *adj,* dilatory
Dilemma, *sub, n, -s, -ta oder -s* dilemma; *in einem Dilemma stecken* be on the horns of a dilemma
Dilettant, *sub, m, -en, -en* dilettante; **dilettantisch** *adj,* dilettante; **~ismus** *sub, m, -, -men* dilettantsm; **dilettieren** *vi,* dabble
Dill, *sub, m, -s, -e (Gewürz)* dill
Dillenkraut, *sub, n, -es, -kräuter (Pflanze)* Anethum
diluvial, *adj,* Pleistucene; **Diluvium** *sub, n, -s, nur Einz.* Pleistocene
Dimension, *sub, f, -, -en* dimension; *die dritte Dimension* the third dimension; **dimensional** *adj,* dimensional; *dreidimensional* three-dimensional; **dimensionieren** *vt,* dimension; *überdimensioniert* much too big
Dimmer, *sub, m, -s, -* dimmer
dimorph, *adj,* dimorphic; **Dimorphismus** *sub, m, -, -ismen* dimorphism
Diner, *sub, n, -s, -s* dinner; *Gala Diner* gala dinner
Ding, *sub, n, -es, -e (Angelegenheit)* matter; *(Gegenstand)* thing; *das geht nicht mit rechten Dingen zu* there´s something fishy/funny about it; *ein Ding der Unmöglichkeit sein* be quite impossible; *ein Ding drehen* pull a job; *gut Ding will Weile haben* it

takes time to do a thing well; *guter Dinge sein* be cheerful; *in Dingen des Geschmacks* in matters of taste; *jedes Ding hat zwei Seiten* there are two sides to everything; *nach Lage der Dinge* the way things are; *so wie die Dinge liegen* as matters stand; *vor allen Dingen* above all; *wie die Dinge stehen* as things are; **dingfest** *adv*, arrest; *jmd dingfest machen* arrest so; **~lichkeit** *sub, f, -, -en* materialism

Dingo, *sub, m, -s, -s* dingo

Dingsda, *sub, m/f/n, -s, -s* what´s its name; *Dingsda* thingumajig

dinieren, *vi*, dine

Dinner, *sub, n, -s, -* dinner; *Dinner bei Kerzenschein* candlelight dinner; *ein königliches Dinner* a dinner fit for a king; **~jacket** *sub, n, -s, -s* dinner-jacket

Dinosaurier, *sub, m, -s, -* dinosaur

Diode, *sub, f, -, -n* diode

dionysisch, *adj*, Dionysiac

diophantisch, *adj, (mat.)* Diophantic

Diopter, *sub, n, -s, -* frame finder

Dioptrie, *sub, f, -, -n* dioptre

Dioxid, *sub, n, -s, -e* dioxide

Dioxin, *sub, n, -s, nur Einz.* dioxene; *mit Dioxin verseucht* polluted with dioxene

diözesan, *adj*, diocesan; **Diözese** *sub, f, -, -n* diocese

Dip, *sub, m, -s, -s* dip; *Avocado Dip* dip of avocado

Diphtherie, *sub, f, -, -n* diphtheria; **diphtherisch** *adj*, diphtherial

diploid, *adj*, diploid

Diplom, *sub, n, -s, -e (Handwerk)* diploma; *(wissensch)* degree; **~and** *sub, m, -en, -en* person peparing for the diploma; **~andin** *sub, f, -, -nen* s. Diplomand; **~arbeit** *sub, f, -, -en* degree-dissertation; **diplomieren** *vt*, award sb a diploma; **~ökonom** *sub, m, -en, -en* holder of a degree in economics

Diplomat, *sub, m, -en, -en* diplomat; **~ie** *sub, f, -, nur Einz.* diplomacy; *eine Sache mit Diplomatie ange-* *hen* solve a problem diplomatically; **~ik** *sub, f, -, nur Einz.* science of documents; **~iker** *sub, m, -s, -* scientist of documents; **diplomatisch** *adj*, diplomatic

Dipol, *sub, m, -s, -e* dipole

Dipolantenne, *sub, f, -, -n* dipole antenna

dippen, *vt*, dip

dipterous, *sub, m, -, Dipteroi* dipterous temple

dir, *pers.pron*, to you; *dir auch* same to you; *gehen wir zu dir* let´s go to your place; *ich gebe dir das Buch* I give you the book; *ich gebe es dir* I give it to you; *wasch dir die Hände* wash your hands

direkt, *adj*, direct; *direkt lächerlich* downright ridiculous; *direkt nach Süden* face due south; *direkt übertragen* broadcast life; *direkt vor dir* right in front of you; *direkte Informationen* firsthand information

Direktion, *sub, f, -, -en (verw.)* administration; *(wirt.)* management

Direktive, *sub, f, -, -n* directive

Direktmandat, *sub, m, -en, -e* direct mandate; *über ein Direktmandat ins Parlament kommen* get into the parliament by a direct mandate

Direktor, *sub, m, -s, -en* director; *(Schule)* headmaster; **direktorial** *adj*, directorial; **~ium** *sub, n, -s, -torien* board of directors

Direktspiel, *sub, n, -s, -e* be playing directly

Dirigent, *sub, m, -en, -en* conductor; **dirigieren** *vti*, conduct

dirigistisch, *adj*, dirigiste; *dirigistisch* in a dirigiste manner

Dirndlkleid, *sub, n, -es, -er* dirndl

Dirne, *sub, f, -, -n* prostitute

Disharmonie, *sub, f, -, -n* disharmony; *solche Disharmonien* such disharmony; **disharmonieren** *vi*, disagree

Diskant, *sub, m, -s, -e* treble

Diskette, *sub, f, -, -n* floppy disc

Diskjockey, *sub, m, -s, -s* d(isc) j(ok-key)

Disko, *sub, f, -, -s* disco

Diskografie, *sub, f, -, -n* record index

Diskont, *sub, m, -s, -e* discount; **~geschäft** *sub, n, -s, -e* discount trade; **diskontieren** *vt,* discount; *einen Diskont gewähren* allow a discount

diskontinuierlich, *adj,* discontinuous

Diskontsatz, *sub, m, -es, -sätze* discount rate

Diskoroller, *sub, m, -s, -* travelling disco

Diskothek, *sub, f, -, -en* discothèque

diskrepant, *adj,* discrepant; **Diskrepanz** *sub, f, -, -en* discrepancy

diskret, *adj,* discreet; *(mat.)* discrete; *etwas diskret behandeln* treat sth in confidence; *sich diskret zurückziehen* retire discreetly; *sie ist sehr diskret* she is very discreet; **Diskretion** *sub, f, -, -en* discreetness

diskriminieren, *vt,* discriminate; *jmd diskriminieren* discriminate against sb; **Diskriminierung** *sub, f, -, -en* discrimination; *die Diskriminierung ethnischer Gruppen* the discrimination against ethnical groups

diskurrieren, *vti,* have a discussion (with)

Diskurs, *sub, m, -es, -e* discourse; *ein Diskurs zum Thema* a discourse about

Diskus, *sub, m, -ses, -se oder -ken* discus

Diskussion, *sub, f, -, -en* discussion; *(nicht) zur Diskussion stehen* (not) be under discussion; *etwas zur Diskussion stellen* put sth up for discussion

Diskuswerfen, *sub, n, -s, nur Einz.* throwing the discus

Diskuswerfer, *sub, m, -s, -* discus thrower

diskutabel, *adj,* worth discussing; *das ist indiskutabel* it´s not worth discussing

Diskutant, *sub, m, -en, -en* participant in a discussion; **~in** *sub, f, -, -nen* s. Diskutant

diskutierbar, *adj,* worth discussing; **diskutieren** *vti,* discuss sth.; *darüber läßt sich diskutieren* that´s debatable; *darüber wird viel zu viel diskutiert* there´s much too much discussion about that; *wir haben stundenlang diskutiert* our discussion went on for hours

Dislokation, *sub, f, -, -en (geol.)* fault; *(med.)* dislocation

dislozieren, *vt,* dislocate; **Dislozierung** *sub, f, -, -en* dislocation

dispensieren, *vt,* excuse from

dispergieren, *vt,* disperse

Disponent, *sub, m, -en, -en* junior departemental manager; **~in** *sub, f, -, -nen* s. Disponent; **disponibel** *adj,* available; **Disponibilität** *sub, f, -, -en* availability; **disponieren** *vti,* plan ahead; *über etwas disponieren* dipose of something; **disponiert** *adj,* be in ....form; *gut/schlecht disponiert sein* be in good/bad form

Disposition, *sub, f, -, -en (Planung)* arrangement; *(Verfügung)* disposal; *jmd etwas zur Disposition stellen* place sth at sb disposal; *seine Dispositionen treffen* make one´s arrangements; *zur Disposition stehen* be at sb disposal; **~skredit** *sub, m, -s, -e* overdraft facility

Disproportion, *sub, f, -en, -en* disproportion; **disproportioniert** *adj,* disproportionate

Disput, *sub, m, -s, -e* dispute; *einen Disput über etwas haben* have a dispute about; **~ation** *sub, f, -, -en* disputation; **disputieren** *vi,* dispute

Disqualifikation, *sub, f, -, -en* disqualification; **disqualifizieren** *vt,* disqualify; *er wurde disqualifiziert wegen* he was disqualified for

Dissens, *sub, m, -es, -e* dissent; **dissentieren** *vi,* dissent

Dissertantin, *sub, f, -, -nen* dissenter; **Dissertation** *sub, f, -, -en* dissertation; **dissertieren** *vi,* write a dissertation for a degree

Dissident, *sub, m, -en, -en* dissident; **~in** *sub, f, -, -nen* dissident; **dissidieren** *vti,* have a disagreement over

dissimilieren, *vt,* dissimilate

dissimulieren, *vt,* dissimulate

dissonant, *adj,* dissonant; **Dissonanz** *sub, f, -, -en* dissonance

dissonieren, *vi,* be dissonant

dissoziieren, *vt,* dissociate

Distanz, *sub, f, -, -en* distance; *auf Distanz gehen* to distance from; *Distanz halten von* keep one´s distance from; *in einiger Distanz* in some distance; **distanzieren** *vr,* dissociate oneself from; *sich von jmd distanzieren* dissociate oneself from; **distanziert** *adj,* reserved; **~ritt** *sub, m, -s, -e* long distance ride

Distel, *sub, f, -, -n* thistle

Distichon, *sub, n, -s, Distichen* distich

Distinktion, *sub, f, -en, -en* distinction; **distinktiv** *adj,* distinctive

distrahieren, *vt,* distract; **Distraktion** *sub, f, -, -en* distraction

Distribuent, *sub, m, -en, -en* distributor; **distribuieren** *vt,* distribute; *einen Film distribuieren* distribute a film; **Distribution** *sub, f, -, -en* distribution; **distributiv** *adj,* *(mat.)* distributive; **Distributivgesetz** *sub, n, -es, -e* rule of distribution

Distrikt, *sub, m, -s, -e* district

Disziplin, *sub, f, -, -en* discipline; *Disziplin halten* keep discipline; **disziplinär** *adj,* disciplinary; **disziplinarisch** *adj,* disciplinary; **~arstrafe** *sub, f, -, -n* disciplinary penalty; **~arverfahren** *sub, n, -s, -* disciplinary proceedings; **disziplinell** *adj,* s. disziplinarisch; **diszipli-**

nieren *vt,* discipline; **diszipliniert** *adj,* disciplined; *sich diszipliniert verhalten* behave disciplined; **disziplinlos** *adj,* undisciplined

Dithmarscher, *sub, m, -s, -* Dithmarschian; **dithmarsisch** *adj,* Dithmarschian

Diuretikum, *sub, n, -s, -retika (med.)* diuretic; **diuretisch** *adj,* diuretic

Diva, *sub, f, -, -s oder Diven* prima donna; *Filmdiva* filmstar

divergent, *adj,* divergent; *divergent verlaufen* diverge; **Divergenz** *sub, f, -, -en* divergence; *Divergenz der Meinungen* divergence of opinion; **divergieren** *vi,* diverge

divers, *adj,* *(gleiche)* several; *(versch.)* various; *die diversesten* the most diverse

diversifizieren, *vt,* deversify

Divertissement, *sub, n, -s, -s* divertissement

Dividend, *sub, m, -en, -en* dividend; **dividieren** *vt,* devide

Dividende, *sub, f, -, -n* dividend

Divination, *sub, f, -, nur Einz.* divination; **divinatorisch** *adj,* perceptive

Divinität, *sub, f, -, nur Einz.* divinity

Division, *sub, f, -, -en (mil./math)* division; **Divisor** *sub, m, -s, -en* divisor

Diwan, *sub, m, -s, -e* divan

Dixieland, *sub, m, -s, nur Einz.* Dixieland

Dobermann, *sub, m, -s, -männer* Dobermann

doch, (1) *adv,* still; *(Antwort)* yes; *(dennoch)* nevertheless (2) *konj,* but; *ich habe ihn doch erkannt* but I still recognized him; *Das kannst Du nicht! Doch!* You can´t do that! Yes, I can!; *Ja doch!* Yes, indeed!; *also doch* I knew it; *das hättest du doch wissen müssen* you should have known that; *er kommt doch* he will come, won´t he; *frag ihn doch* just ask him; *höflich, doch bestimmt* polite yet firm; *ich habe also doch recht* so I´m right after all

Docht, *sub, m, -es, -e* wick; **~schere** *sub, f, -, -n* snuffers

Dock, *sub, n, -s, -s* dock; *im Dock liegen* be in dock

docken, *vt,* *(Getreide)* shock; *(Schiff)* dock; *ein Schiff eindocken* to dock a ship

Docker, *sub, m, -s, -* dock-worker

dodekadisch, *adj,* duodecimal; **Dodekaphonie** *sub, f, -, nur Einz.* twelve-tone-technique

Dogge, *sub, f, -, -n (Deutsche)* Great Dane; *(Englische)* Mastiff

Dogma, *sub, n, -s, Dogmen* dogma; **~tik** *sub, f, -, -en* dogmatics; **~tiker** *sub, m, -s, -* dogmatist; **~tikerin** *sub, f, -, -nen* dogmatist; **dogmatisch** *adj,* dogmatic; **dogmatisieren** *vt,* dogmatize; **~tismus** *sub, m, -, -ismen* dogmatism

Dohle, *sub, f, -, -n* jackdaw

Dohnensteig, *sub, m, -s, -e* springe path

Doktor, *sub, m, -s, -en (Arzt)* doctor; *(Titel)* doctor (´s degree); *seinen Doktor machen* take one´s doctor´s degree; **~and** *sub, m, -en, -en* student going for the doctorate; **~andin** *sub, f, -, -nen* s. Doktorand; **~arbeit** *sub, f, -, -en* doctoral thesis (on); **~diplom** *sub, n, -s, -e* certificate; **~examen** *sub, n, -s, -mina* examination for a doctorate; **~titel** *sub, m, -s, -* title of doctor; **~vater** *sub, m, -s, -väter* thesis supervisor; **~würde** *sub, f, -, -n* doctor´s degree

Doktrin, *sub, f, -, -en* doctrine; **doktrinär (1)** *adj,* doctrinaire **(2) Doktrinär** *sub, m, -s, -e* advocate of a doctrine

Dolch, *sub, m, -es, -e* dagger; *die Dolchstosslegende* myth of the stab in the back; *Dolchstoss* dagger thrust; **~spitze** *sub, f, -, -n* tip of a dagger

Dolde, *sub, f, -, -n* umbel; **dolden-**

förmig *adj,* shaped like an umbel

Doline, *sub, f, -, -n* sinkhole

Dollar, *sub, m, -s, -s* Dollar; *20 Dollar* 20 bucks; *Dollar* greenback; *zwei Dollar* two dollars

Dolmen, *sub, m, -s, -* dolmen

dolmetschen, *vti,* act as an interpreter (at); **Dolmetscher** *sub, m, -s, -* interpreter

Dolomit, *sub, m, -s, -e* dolomite

dolos, *adj,* malicious

Dom, *sub, m, -s, -e* dome; *der Kölner Dom* the Cologne Cathedral

Domäne, *sub, f, -, -n (Fachgebiet)* domain; *(Staatsgut)* demesne; *das ist meine Domäne* my domain is

Domestik, *sub, m, -, -en* domestic; **~ation** *sub, f, -, -en* domestication; **~e** *sub, m, -n, -n* domestic; **domestizieren** *vt,* domesticate

Domfreiheit, *sub, f, -, -en* restricted area around a cathedral under the jurisdiction of the church

Domina, *sub, f, -, -s* dominatrix

dominant, *adj,* dominant; **Dominanz** *sub, f, -, -en* dominance; **dominieren** *vti,* dominate; *ein Tal dominieren* dominate a valley

Dominikaner, *sub, m, -s, -* Dominican

Dominium, *sub, n, -s, Dominien* dominion

Domizil, *sub, n, -s, -e* domicile; **domizilieren** *vt,* domicile

Domkapitel, *sub, n, -s, -* cathedral chapter; **Domkapitular** *sub, m, -s, -e* canon

Dompteur, *sub, m, -s, -e* tamer; **Dompteuse** *sub, f, -, -n* tamer

Don, *sub, m, -s, -s* Don

Donau, *sub, f, -, nur Einz.* Danube

Donna, *sub, f, -, -s* donna

Donner, *sub, m, -s, -* thunder; *Blitz und Donner* by Jove; *wie vom Donner gerührt* thunderstruck; **~büchse** *sub, f, -, -n* old rifle; **donnern** *vi,* thunder; **~schlag** *sub, m, -s, -schläge* peal of thunder; *die Nachricht traf uns wie ein Donnerschlag* the news completely stunned us; **~wetter** *sub, n, -s,* - row; *das setzt ein Donnerwetter* that causes a hell of a row

Donnerstag, *sub, m, -s, -e* Thursday; **donnerstags** *adv,* Thursdays

Donquichotterie, *sub, f, -, -n* quixotism

doof, *adj,* stupid; *doof bleibt doof* once a fool always a fool; **Doofheit** *sub, f, -, -en* stupidity

Dope, *sub, n, -s, nur Einz.* dope; **dopen (1)** *vr,* take drugs **(2)** *vt,* give sb drugs; *gedopt sein* have taken drugs; *jmd dopen* give drugs to sb; **Doping** *sub, n, -s, -s* taking drugs

Doppel, *sub, n, -s,* - *(Kopie)* duplicate; *(Sport)* doubles; *Vertragsdoppel* duplicate of the contract; **~agent** *sub, m, -en, -en* double agent; **~bauer** *sub, m, -s,* - double birdcage; **doppelbödig** *adj,* ambiguous; **~decker** *sub, m, -s,* - *(Bus)* double-decker; *(Flugzeug)* biplane; *Burger/Sandwich Doppeldecker* double-decker; **doppeldeutig** *adj,* ambiguous; **~erfolg** *sub, m, -es, -e* pair of victories; **~fehler** *sub, m, -s,* - double fault; **~gänger** *sub, m, -s,* - double, look-alike; *Doppelgänger* doubleganger/look-alike; **~klick** *sub, m, -s, -s* double click; **~knoten** *sub, m, -s,* - double knot; **~kopf** *sub, m, -s, nur Einz.* Doppelkopf; *Doppelkopfstatue(Januskopf)* double-faced statue; **~leben** *sub, n, -s,* - double life; *ein Doppelleben führen* live a double life; **~moral** *sub, f, -, nur Einz.* double standards; **~nelson** *sub, m, -s, nur Einz.* double nelson; **~nummer** *sub, f, -, -n* double feature; **~punkt** *sub, m, -s, -e* colon; **doppelreihig** *adj,* in two rows; **~rolle** *sub, f, -, -n* dual role; **doppelseitig** *adj,* two page; **doppelsinnig** *adj,* ambiguous; **doppelt (1)** *adj, (zweifach)* double **(2)** *adv, (zweimal)* twice (as); *doppelt genäht hält besser* it´s better to be on the safe side; *doppelt so gross* twice as big; *doppelte Buchführung* double-entry bookkeeping, *das ist doppelt gemoppelt* that´s just saying the same thing twice over; *doppelt einsam* twice as lonely; *etwas doppelt nehmen* double sth up; *sich doppelt anstrengen* try twice as hard; **~zimmer** *sub, n, -s,* - double (room); **doppelzüngig** *adj,* two-faced

Dorf, *sub, n, -es, Dörfer* village; *das Olympische Dorf* the olympic village; *über die Dörfer fahren* drive on country roads; **~bewohner** *sub, m, -s,* - villager; **dörfisch** *adj,* rustic; **dörflich** *adj,* rural; **~schenke** *sub, f, -, -n* village inn; **~trottel** *sub, m, -s,* - village idiot

Dormitorium, *sub, n, -s, -ien* dormitory

Dorn, *sub, m, -s, -en* thorn; *jmd ein Dorn im Auge sein* be a thorn in so side; *sein Weg war voller Dornen* his life was no bed of roses; **~enhecke** *sub, f, -, -n* hedge of thorn-bushes; **~enkrone** *sub, f, -, -n* crown of thornes; **dornenreich** *sub,* thorny; **~fortsatz** *sub, m, -s, -sätze* spinous process; **~gestrüpp** *sub, n, -s, -e* tangle of thorn-bushes; **dornig** *adj,* thorny; **~röschen** *sub, n, -s,* - Sleeping Beauty

Dörre, *sub, f, -, -n* kiln; *Dörre = Darre* kiln

Dorsch, *sub, m, -s, -e* codling

dort, *adv, (s.a. da)* there; *von dort* from there

dorther, *adv,* from there; *von dorther kommen die Lebkuchen* gingerbread comes from there

dorthin, *adv,* there

Dos, *sub, f, -s, nur Einz.* DOS

Dose, *sub, f, -, -n (Blech/brit)* tin; *(Konserve/am.)* can; **dosenfertig** *adj,* ready in the can; **~nfleisch** *sub, n, -es, nur Einz.* tinned meat; **~ngemüse** *sub, n, -s,* - tinned vegetables; **~nöffner** *sub, m, -s,* - tin opener

dösen, *vi,* doze; *vor sich hin dösen* doze; **dösig** *adj,* drowsy

dosieren, *vt,* dispense in requiered doses; **Dosierung** *sub, f, -, -en* dosage

Dosis, *sub, f, -, Dosen* dose; *eine zu geringe/hohe Dosis* under/overdose; **Dosimeter** *sub, n, -s, -* dosimeter

Dossier, *sub, n, -s, -s* dossier

Dotation, *sub, f, -, -en* endowment; **dotieren** *vt,* offer a salary

Dotter, *sub, n,m, -s, -* yolk; **~blume** *sub, f, -, -n* marsh marigold; **dottergelb** *adj,* bright yellow; **~sack** *sub, m, -s, -säcke* yolk-sac

Douane, *sub, f, -, -n* customs

doubeln, *vt,* stand in for; *eine Szene doubeln* use a stand-in for; *sich doubeln lassen* have a stand-in

Double, *sub, n, -s, -s* stand-in

Dozent, *sub, m, -en, -en* lecturer; **~ur** *sub, f, -, -en* lecture-ship; **dozieren** *vt,* lecture (on) (at); *vor jmd über etwas dozieren* lecture on sth at sb

Dragée, *sub, n, -s, -s* tablet; *Dragée* (coated) tablet; **dragieren** *vt,* coat with sugar

Dragoner, *sub, m, -s, -* dragoon

Draht, *sub, m, -s, Drähte* wire; *(Leitung)* line; *auf Draht sein* be on the ball; *einen guten Draht haben* have a direct line; *heisser Draht* hot wire; **~bürste** *sub, f, -, -n* wire brush; **drahten** *vt,* wire; *jmd etwas nach Rom drahten* wire sth to sb to Rome; **~funk** *sub, m, -s, nur Einz.* wired radio; **~gitter** *sub, n, -s, -* wire netting; **drahthaarig** *adj,* badger haired; **drahtig** *adj,* wiry; **drahtlos** *adj,* wireless; **~schere** *sub, f, -, -n* wire-cutters; **~seil** *sub, n, -s, -e* cable; **~seilakt** *sub, m, -s, -e* tightrope walker; **~verhau** *sub, n,m, -s, -e* wire entanglement; **~zieher** *sub, m, -s, -* wire puller

Draisine, *sub, f, -, -n (Schienenfahrzeug)* trolley; *(spo.)* dandy-horse

drakonisch, *adj,* Draconian; *drakonische Massnahmen ergreifen* use Draconian measures

Drall, *sub, m* spin; *(phy.)* torsion; *(i.*
S.) einen Drall nach rechts haben he leans to the right

Dralon, *sub, n, -s, nur Einz. (Rechtl.gesch.)* Dralon(R)

Drama, *sub, n, -s, Dramen* drama; *aus etwas ein Drama machen* dramatize sth; **~tik** *sub, f, -, nur Einz.* drama; **~tiker** *sub, m, -s, -* dramatist; **dramatisch** *adj,* dramatic; **dramatisieren** *vt,* dramatize; **~turg** *sub, m, -en, -en* literary and artistic director; **~turgie** *sub, f, -, -n* dramaturgy; **~turgin** *sub, f, -, -nen* s. Dramaturg; **dramaturgisch** *adj,* dramaturgical

dran, *adv, (ugs.)* up; *an der Sache ist was dran* there is sth in it; *das Schild bleibt dran* the sign stays up; *du bist gut dran* you are lucky; *ich bin dran* it´s my turn; *jetzt ist er dran* now he´s in for it; *jetzt weiss ich, wie ich dran bin* now I know where I stand; *man weiss nie, wie man mit ihr dran ist* you never know what to make of her; *spät dran sein* be late; *übel/arm dran sein* be in a bad way

dranbleiben, *vt,* hold (on); *am Telefon dranbleiben* hold on/the line; *bleib dran* keep at it; *dranbleiben an jmd* stick to sb

Drang, *sub, m, -s, Dränge* urge; *sein Drang nach Bewegung/Freiheit* his urge to move/be free; **drängeln** *vt,* push; *ich lasse mich nicht drängeln* I won´t be rushed; *jmd drängeln etwas zu tun* urge so to do sth; *sich durch die Menge drängeln* push one´s way through the crowd; *zum Aufbruch drängeln* go on about it being time to leave; **~periode** *sub, f, -, -n* stress period

drängen, *vt,* press for; *(bestehen auf)* insist; *auf eine Entscheidung drängen* urge a decision; *auf Zahlung drängen* press for payment; *die Zeit drängt* time is running short; *sich nach vorne* *drängen* force one´s way to the front; *auf sein Drängen hin* at his insistence; *darauf drängen, dass* insist that

Drangsal, *sub, f, -, -e* hardship; **drangsalieren** *vt,* torment

drankommen, *vi,* be sb turn; *als nächster drankommen* I´m next; *in der Schule drankommen* be asked at school; *jetzt komme ich dran* now it´s my turn

drankriegen, *vt,* get sb at sth.; *jmd mit etwas drankriegen* get sb at sth

Drapé, *sub, m, -s, -s* Drapé

drappfarben, *adj,* sand-coloured

drastisch, *adj,* *(Mittel)* drastic; *(Text)* crudely explicit

drauf, *adv,* *(ugs.)* on it; *drauf und dran sein, etwas zu tun* be on the point of doing sth; *er hatte 100 Sachen drauf* he was doing 100; *gut drauf sein* be in great form

Draufgabe, *sub, f, -, -n* extra-.....

Draufgänger, *sub, m, -s, -* daredevil

draufhalten, *vt,* aim

draufkriegen, *vt,* get smacked

draufstehen, *vt,* be on it

draufzahlen, *vt,* pay a bit more

draußen, *adv,* outside; *bleibt draußen* keep out; *draußen im Garten* out in the garden

drechseln, *vt,* turn; **Drechslerei** *sub, f, -, -en* turnery

Dreck, *sub, m, -s, -* dirt; *(Erde)* mud; *das geht dich einen Dreck an* that´s none of your business; *der letzte Dreck sein* be the lowest of the low; *Dreck am Stecken haben* have a lot to answer for; *Dreck machen* make a mess; *im Dreck sitzen* be in a mess; *jmd aus dem Dreck ziehen* take sb out of the gutter; *jmd in den Dreck ziehen* drag so´s name in the mud; *sich einen Dreck um etwas kümmern* don´t care a damn about it; *vor Dreck starren* be covered in dirt; **~arbeit** *sub, f, -, -en* dirty work; **dreckig** *adj,* dirty; *(sehr)* filthy; **~sarbeit** *sub, f, -, -en* menial work; **~sau** *sub, f, -, säue o. -en* dirty swine

Dreh, *sub, m, -s, -s o. -e* knack; *den richtigen Dreh heraushaben* have got the knack of it; **~bank** *sub, f, -, -en* lathe; **~bewegung** *sub, f, -, -en* rotation; **~buch** *sub, n, -s, -bücher* script

drehen, (1) *vt, (Film)* shoot **(2)** *vti,* turn; *(Spiel)* go round; *einen Film drehen* shoot a film, *alles dreht sich um ihn* everything revolves around him; *die Erde dreht sich um die Sonne* the earth revolves around the sun; *es dreht sich darum* it´s about the fact; *man kann es drehen und wenden* whichever way you look at it; *mir dreht sich alles* my head is spinning; *mir dreht sich alles* everything is going round and round

Dreher, *sub, m, -, -s* lathe-operator; **~ei** *sub, f, -, -en* lathery; **Drehmaschine** *sub, f, -, -n* lathe; **Drehmoment** *sub, m, -s, -e* torque; **Drehorgel** *sub, f, -, -n* barrel-organ; **Drehscheibe** *sub, f, -, -n* turntable; **Drehstrom** *sub, m, -s, -ströme* three-phase current; **Drehwurm** *sub, m, -s, -würmer* feel giddy; *den Drehwurm kriegen* feel giddy; **Drehzahl** *sub, f, -, -en* revolutions

Drehung, *sub, f, -, -en* rotation; *eine halbe Drehung* a half turn

dreiblättrig, *adj,* trifoliate

3-D-Bild, *sub, n, -s, -er* 3-D-picture; **3-D-Film** *sub, m, -s, -e* 3-D-movie

Dreieck, *sub, n, -s, -e* triangle; **dreieckig** *adj,* triangular; **~stuch** *sub, n, -s, -tücher* triangular scarf

dreieinhalb, *Zahl,* three and a half

Dreieinigkeit, *sub, f, -, -en* Triune God

dreierlei, *attr.,* three different kinds

Dreierreihe, *sub, f, -, -n* row of three

dreifach, *adj,* triple; *das Dreifache* three times as much; *die drei-*

fache Menge three times the amount; *in dreifacher Ausfertigung* in triplicate

Dreifaltigkeit, *sub, f, -, nur Einz.* Trinity

Dreifelderwirtschaft, *sub, f, -, -en* three-field system

Dreigestirn, *sub, n, -s, -e* triumvirate

dreihundert, *Zahl,* three hundred

Dreikäsehoch, *sub, m, -s, -s* nipper

Dreiklang, *sub, m, -s, -klänge* triad

dreimal, *adv,* three times

Dreimaster, *sub, m, -s, -* three-master

dreinfahren, *vt,* mess up; *er ist mir ins Geschäft dreingefahren* he messed up my business

dreinfinden, *vt,* get used to things

dreinmischen, *vt,* meddle in sb´s affairs

Dreirad, *sub, n, -s, -räder* tricycle

dreischürig, *adj,* three-rake

dreispaltig, *adj,* three-column; *eine dreispaltige Seite* a three-column page

Dreispänner, *sub, m, -s, -* three-horse carriage

Dreispitz, *sub, m, -s, -e* tricorn

dreißig, *Zahl,* thirty

dreist, *adj,* brazen; *eine dreiste Lüge* a brazen lie

dreistellig, *adj,* three-figure

Dreistigkeit, *sub, f, -, -en* brazenness; *er besaß die Dreistigkeit* he had the audacity to

dreistimmig, (1) *adj,* for three voices (2) *adv,* in three voices

dreistöckig, *adj,* three-storey

dreistrahlig, *adj,* three-jet

Dreitagefieber, *sub, n, -s, -* three-day fever

Dreizack, *sub, m, -s, -e* trident

dreizehn, *Zahl,* thirteen

Drell, *sub, m, -s, -e* cotton twill

dreschen, *vt,* thresh; *auf ein Pferd eindreschen* thresh a horse; *den Ball ins Netz dreschen* slam the ball into the net; **Dreschflegel** *sub, m, -s, -* flail; **Dreschmaschine** *sub, f, -, -n* threshing-machine

Dress, *sub, m, -es, -e (spo.)* kit; *Tennisdress* tennis kit; **~man** *sub, m, -s, -men* male model

Dresseur, *sub, m, -s, -e* trainer; **dressieren** *vt,* train; **Dressur** *sub, f, -, -en* training

Dressing, *sub, n, -s* dressing; *Salat Dressing* dressing

dribbeln, *vi,* dribble; **Dribbling** *sub, n, -s, -s* piece of dribbling

Drift, *sub, f, -, -en* drift; **driften** *vi,* drift

Drill, *sub, m, -s, -e* drilling

Drillbohrer, *sub, m, -s, -* drill

drillen, *vt,* drill

Drillich, *sub, m, -s, -e* twill; **~hose** *sub, f, -, -n* twill trousers (am: pants); **~zeug** *sub, n, -s, -e* heavy cotton twill overalls

Drilling, *sub, m, -s, -e* triplet

drin, *adv,* inside; *das ist bei mir nicht drin* that´s not on; *er ist drin* he´s inside; *es ist noch alles drin* anything is still possible; *mehr war nicht drin* that was the best I could do

dringen, *vi,* (geb.) penetrate; *(ugs.)* come through; *in die Öffentlichkeit dringen* leak out; *in jmd dringen* press so, with questions; *zu deinem Telefon durchdringen* come through

Dringlichkeit, *sub, f, -, -en* urgency; *von grösster Dringlichkeit* of top priority

Drink, *sub, m, -s, -s* drink; *ein Drink auf Kosten des Hauses* a drink on the house

drinnen, *adv,* inside; *(Haus)* indoors; *drinnen ist es schön warm* inside it´s pretty warm; *nach drinnen gehen* go inside

drinstecken, *vt,* be in sth.; *bis über beide Ohren drinstecken* be up to one´s ears in sth; *da steckt man nicht drin* there´s no way of telling; *es steckt viel Arbeit drin* there´s a lot of work in it

Drittel, (1) *adj,* third part of (2) *sub, n, -s, -* third

dritthöchste, *adj,* third-highest

drittletzte, *adj,* antepenultimate

Drittmittel, *sub*, *n*, *-s*, - third-rate funds

Drive, *sub*, *m*, *-s*, *-s* drive

Droge, *sub*, *f*, *-*, *-n* drug; *unter Drogen stehen* be on drugs; **~nkonsum** *sub*, *m*, *-s*, *nur Einz.* use of drugs; **~nsucht** *sub*, *f*, *-*, *-süchte* drug addiction; **~nszene** *sub*, *f*, *-*, *-n* drug scene

Drogerie, *sub*, *f*, *-*, *-n* chemist´s (am: drugstore); **Drogist** *sub*, *m*, *-en*, *-en* chemist (am: druggist)

drohen, *vt*, threaten; *er drohte mit der Faust* shake one´s fist to so; *er drohte zu ertrinken* he threatened to drown; *es droht zu regnen* it theatens to rain; *jmd mit dem Tod drohen* threaten sb with death; *mit der Polizei drohen* threaten to call the police; *Rache androhen* threaten revengue; **Drohbrief** *sub*, *m*, *-s*, *-e* threatening letter; **Drohgebärde** *sub*, *f*, *-*, *-n* threatening gesture; **Drohung** *sub*, *f*, *-*, *-en* threat; **Drohwort** *sub*, *n*, *-s*, *-wörter* threatening word

Drohne, *sub*, *f*, *-*, *-n* drone

dröhnen, *vi*, *(Maschine)* roar; *(mus.)* boom

Dröhnung, *sub*, *f*, *-*, *-en* fix

drollig, *adj*, funny (am: cute); *jetzt werd nicht drollig* don´t get funny; *sie ist ein drolliges Mädchen* she´s a funny girl

Dromedar, *sub*, *n*, *-s*, *-e* dromedary

Dropkick, *sub*, *m*, *-s*, *-s* drop-kick

Drops, *sub*, *m,n*, *-*, - acid drop; *saure Drops* acid drops

Droschke, *sub*, *f*, *-*, *-n* hackney carriage

Drossel, *sub*, *f*, *-*, *-n* *(zool.)* thrush

drosseln, *vt*, reduce

drüben, *adv*, over there; *drüben auf der anderen Seite* over on the other side; *von drüben kommen* come from across the border

Druck, *sub*, *m*, *-s*, *-drücke* print; *(phy./psych)* pressure; *Druck im Magen haben* have a feeling of pressure in one´s stomach; *ein Druck auf den Knopf genügt* just press the button; *im Druck sein* be pressed for time; *jmd unter Druck setzen* put so under pressure; **~abfall** *sub*, *m*, *-s*, *-fälle* drop in pressure; **~anstieg** *sub*, *m*, *-s*, *-e* increase in pressure

Drückeberger, *sub*, *m*, *-s*, - shirker

drucken, *vt*, print

drücken, *vt*, press; *(Knopf)* push; *den Knopf drücken* push the button; *jmd etwas in die Hand drücken* press sth into sb´s hands; *auf die Stimmung drücken* cast gloom; *einen Rekord drücken um* better a record by; *jmd die Hand drücken* shake hands with so; *Preis drücken* push the price down

drückend, *adj*, *(Verantwortung)* burdensome; *(Wetter)* oppressive; *das Wetter ist drückend* the heat is oppressive

Drucker, *sub*, *m*, *-s*, - printer; *Laserdrucker* laser printer; **~ei** *sub*, *f*, *-*, *-en (Firma)* printinghouse (printer´s); *(Tätigkeit)* printing-works; **~schwärze** *sub*, *f*, *-*, *-n* printer´s ink; **Druckfehler** *sub*, *m*, *-s*, - misprint; **druckfertig** *adj*, ready for press; **druckfrisch** *adj*, hot off the press; **Drucklegung** *sub*, *f*, *-*, *-en* printing; **Druckmuster** *sub*, *n*, *-s*, - printed pattern; *(i. ü. S.) nach einem bestimmten Druckmuster vorgehen* follow a pattern; **Druckpapier** *sub*, *n*, *-s*, *-e* printing paper; **Druckplatte** *sub*, *f*, *-*, *-n* printing plate; **Drucksache** *sub*, *f*, *-*, *-n (Druck)* printed stationery; *(Post)* printed matter; **Druckschrift** *sub*, *f*, *-*, *-en* block letters

Druckkabine, *sub*, *f*, *-*, *-n* pressurized cabin; **Druckkessel** *sub*, *m*, *-s*, - pressure cooker; **Druckknopf** *sub*, *m*, *-s*, *-knöpfe (Gerät)* push-button; *(Kleidung)* pressstud (am: snap-fastener); **Druckmittel** *sub*, *n*, *-s*, - means of bringing pressure to bear; **Druckspalte** *sub*, *f*, *-*, *-n (Druck)* column; *(geol.)* crevice; **Druckstelle** *sub, f, -, -n* mark; *(Obst)* bruise; **Druckverband** *sub, m, -s, -verbände* pressure bandage

drucksen, *vi*, hum and haw; *sie drucksen mit etwas herum* they hum and haw about sth

Drude, *sub, m, -s, -n (myth.)* sorceress causing nightmares

Drugstore, *sub, m, -s, -s* drugstore

Druide, *sub, m, -n, -n* druid

Drummer, *sub, m, -s, -* drummer

Drums, *sub, f, nur Mehrz.* drums

drunten, *adv*, down there

drunter, *adv*, underneath; *es geht alles drunter und drüber* everything is topsy-turvy, things are completely chaotic

Drüse, *sub, f, -, -n* gland

dry, *adj*, dry

Dschungel, *sub, m, -s, -* jungle

Dschunke, *sub, f, -, -n* junk

dsungarisch, *adj*, Dsungarian

du, *pron*, you; *bist du es/das* is that you; *du Glückliche* lucky you; *per Du sein* use the familiar form of adress

dual, (1) *adj*, dual (2) **Dual** *sub, m, -s, nur Einz.* dual; **Dualis** *sub, m, -, -le* s. Dual; **Dualismus** *sub, m, -s, nur Einz.* dualism; **~istisch** *adj*, dualistic; **Dualität** *sub, f, -, nur Einz.* duality; **Dualsystem** *sub, n, -s, -e* binary system

Dübel, *sub, m, -s, -* plug; **dübeln** *vt*, fix sth. using a plug

dubios, *adj*, dubious; *ich finde diese Sache dubious* I think this affair is dubious; *ich finde es dubios, dass* I find it suspicious that

dubitativ, *adj*, doubtful

Dublette, *sub, f, -, -n* duplicate; *(Edelsteine)* doublet; **dublieren** *vt*, plate with gold

Dublone, *sub, f, -, -n* Dublone

ducken, *vr*, duck; *den Kopf ducken* duck one´s head; *sich ducken vor jmd Fäusten* duck to avoid sb´s fists

Duckmäuser, *sub, m, -s, -* moral coward

Dudelei, *sub, f, -, -en (Instr.)* tootling

dudeln, *vi, (Radio)* drone on

Dudelsack, *sub, m, -s, -säcke* bagpipes

Duell, *sub, n, -s, -e* duel; **~ant** *sub, n, -en, -en* duellist; **duellieren** *vt*, fight a duel (over)

Duett, *sub, n, -s, -e* duet

Dufflecoat, *sub, m, -s, -s* dufflecoat

Duft, *sub, m, -s, Düfte* scent; *(Parfüm)* fragrance

dufte, *adj*, great

duften, *vi*, smell (of)

duftig, *adj*, gossamer-fine

Duftnote, *sub, f, -, -n* fragrance

Dukaten, *sub, m, -s, -* ducat; *ein Dukatenesel sein* be made of money

duktil, *adj*, ductile

dulden, *vt*, tolerate; *ich dulde es nicht, daß* I won´t have it that

Duldermiene, *sub, f, -, -n* martyred expression

duldsam, *adj*, tolerant; **Duldsamkeit** *sub, f, -, nur Einz.* tolerance

Dulzinea, *sub, f, -, -s* Dulcinea

Dumdumgeschoss, *sub, n, -es, -e* dumdum (bullet)

dumm, *adj*, stupid; *die Sache wird mir zu dumm* I´m sick and tired of it; *dummes Zeug reden* talk rubbish; *frag nicht so dumm* don´t ask such silly questions; *ich lasse mich nicht für dumm verkaufen* I´m not that stupid; *jmd dumm kommen* get fresh with so; *sich dumm stellen* act the fool; *zu dumm* how stupid; **Dummejungenstreich** *sub, m, -s, -e* silly prank; **~erweise** *adv*, unfortunately; *dummerweise habe ich es vergessen* like a fool I forgot it; **Dummheit** *sub, f, -, -en* stupidity; *mach keine Dummheiten* don´t do anything stupid; *was für eine Dummheit* what a stupid thing to do; **Dümmling** *sub, m, -s, -e* dimwit

Dummkopf, *sub, m, -s, -köpfe (ugs.)* fool; *(vulg.)* nitwit

dümmlich, (1) *adj*, simple-minded **(2)** *adv*, foolishly

Dummy, *sub*, *m*, *-s*, *Dummies* dummy

dumpf, *adj*, dull; *(muffig)* musty

dumpfig, *adj*, *(modrig)* mouldy; *(muffig)* musty; **Dumpfigkeit** *sub*, *f*, *-*, *nur Einz.* mustiness

Dumping, *sub*, *n*, *nur Einz.* dumping; ~**preis** *sub*, *m*, *-es*, *-e* dumping price

Düne, *sub*, *f*, *-*, *-n* dune

Dung, *sub*, *m*, *-es*, *nur Einz.* dung; **Düngemittel** *sub*, *n*, *-s*, *-* fertilizer; **düngen** *vti*, fertilize; **Dünger** *sub*, *m*, *-s*, *-* fertilizer

dunkel, (1) *adj*, *(Geschäfte)* shady; *(Licht/Farbe)* dark; *(Stimme)* deep **(2)** *adv*, vaguely **(3) Dunkel** *sub*, *n*, *-s*, *-* darkness; *es wird dunkel* it is getting dark; *im Dunkeln tappen* grope in the dark; *jmd im Dunkeln lassen* leave so in the dark, *ich erinnere mich dunkel* have a hazy recollection that; *sich dunkel erinnern* remember vaguely, *im Dunkel der Nacht* in the darkness of the night

dunkeläugig, *adj*, dark-eyed

dunkelblond, *adj*, light brown (hair)

dunkelhaarig, *adj*, dark-haired

dunkelhäutig, *adj*, dark-skinned

Dunkelheit, *sub*, *f*, *-*, *-en* darkness; *(nächtl.)* nightfall; *bei Dunkelheit* during the hours of darkness; *bei Einbruch der Dunkelheit* at nightfall

Dunkelkammer, *sub*, *f*, *-*, *-n* darkroom

Dunkelziffer, *sub*, *f*, *-*, *-n* number of unrecorded cases

dünken, (1) *vr*, regard **(2)** *vt*, methinks; *er dünkt sich etwas besseres/ein Held zu sein* he regards himself as superior/a hero, *es dünkt mir* methinks

dünn, (1) *adj*, *(Gehalt)* weak; *(Mass)* thin; *(Menge)* sparse **(2)** *adv*, thinly; *dünn wie eine Bohnenstange* thin as a lath; *sich dünn machen* squash, *dünn geschnittener Käse* thinly sliced cheese; *etwas dünn auftragen* apply sth thinly

Dünnbier, *sub*, *n*, *-s*, *-e* small beer

Dünndarm, *sub*, *m*, *-s*, *-därme* small intestine

dünnflüssig, *adj*, thin; *(Konsistenz)* runny

Dünnheit, *sub*, *f*, *-*, *nur Einz.* sparseness

Dünnschiss, *sub*, *m*, *-es*, *-e* runs

Dünnschliff, *sub*, *m*, *-s*, *-e* thin cutting

Dünnschnitt, *sub*, *m*, *-s*, *-e* thin cutting

dünsten, *vt*, steam; *(Früchte)* stew; *Gemüse/Fisch dünsten* steam vegetable/fish

dunstig, *adj*, hazy; *(Nebel)* misty

Duo, *sub*, *n*, *-s*, *-s* duet

Duodez..., *sub*, *n*, *-es*, *nur Einz.* minor; **Duodezimalsystem** *sub*, *n*, *-s*, *nur Einz.* duodecimal system

düpieren, *vt*, dupe

duplieren, *vt*, double

Duplikat, *sub*, *n*, *-s*, *-e* duplicate; *ein Duplikat erstellen* duplicate sth; ~**ion** *sub*, *f*, *-*, *-en* duplication; **duplizieren** *vt*, duplicate; **Duplizität** *sub*, *f*, *-*, *-en* duplication

Duplum, *sub*, *n*, *-s*, *Dupla* duplicate

Dur, *sub*, *n*, *-*, *nur Einz.* major (key); ~**akkord** *sub*, *m*, *-s*, *-e* major chord

durabel, *adj*, durable

durativ, *adj*, durative

durch, (1) *adv*, throughout **(2)** *präp m Akk*, through; *(mittels)* by; *das ganze Jahr durch* throughout the year, *der Braten ist noch nicht durch* the roast isn´t done yet; *durch deine Schuld* through your fault; *durch dick und dünn* through fair and foul; *durch und durch* through and through; *durch und durch nass* wet through; *durch Unwissenheit* through ignorance; *er ist unten durch* he is through; *es ist fünf (Uhr) durch* it is past five; *15 geteilt durch 5* 15 devided by 5; *durch Geburt* by birth; *durch Vollmacht* by deputy; *durch wackeln, ruk-kelnd* by fits and starts; *durch Zufall* by chance

durchackern, *vt*, plough through; *die Bücher durchackern* plough through the books

durcharbeiten, (1) *vt*, *(Teig/Muskeln)* knead thoroughly (2) *vti*, work through

durchaus, *adv*, absolutely; *(völlig)* perfectly; *durchaus möglich* quite possible; *durchaus nicht* by no means; *durchaus nicht!* absolutely not; *er wollte durchaus nicht gehen* he absolutely refused to go; *wenn er durchaus kommen will* if he insists on coming

durchbacken, *vt*, bake through

durchbeißen, *vt*, bite through

durchbetteln, *vr*, beg one´s way through life

durchbiegen, *vt*, bend sth. as far as possible; *die Bretter biegen sich durch* the boards sagged

durchbilden, *vt*, trace

durchblasen, *vt*, blow through

durchblättern, *vt*, leaf through; *eine Zeitschrift durchblättern* leaf through a magazine

Durchblick, *sub, m, -s, -e* know what´s going on; *den Durchblick haben* know what´s going on; *sich den nötigen Durchblick verschaffen* find out what´s what

durchblicken, *vt*, look through; *(verstehen)* I can´t make head or tail of it; *durchblicken* know the score; *durchblicken lassen, daß* intimate that; *ich blicke nicht durch* I don´t get it

durchblitzen, *vti*, flash through; *der Unterrock blitzt durch* the slip flashs through

durchbluten, *vi*, supply with blood; *seine Beine sind schlecht durchblutet* the circulation in his legs is poor

Durchblutung, *sub, f, -, -en (geb.)* supply with blood; *(tt)* blood circulation

durchbohren, *vt*, drill through; *jmd mit Blicken durchbohren* look daggers at so; **~d** *adv*, piercingly; **Durchbohrung** *sub, f, -, -en* piercing

durchbraten, *vt*, roast sth. till it is well done

durchbrausen, *vt*, rush through

durchbrechen, *vt*, break (sth.) in two; *(Auto)* crash through; *(Fussboden)* fall through; *in zwei Teile brechen* break sth in two (pieces); *sein Blinddarm ist durchgebrochen* his appendix burst

durchbrennen, *vi*, *(Lampe)* burn out; *(Sicherung)* blow; *(weglaufen)* run away; *die Sicherung ist durchgebrannt* the fuse has blown; *ihm ist die Sicherung durchgebrannt* he blew a fuse

Durchbruch, *sub, m, -s, -brüche* breakthrough, opening; *(Idee)* get an idea generally accepted; *zum Durchbruch kommen* show; *zum Durchbruch verhelfen* get sth generally accepted

durchchecken, *vt*, check thoroughly; *(Auto)* check over thoroughly

durchdenken, *vt*, think over; *ein gut durchdachter Plan* a well thought-out plan

durchdiskutieren, *vt*, discuss thoroughly

durchdrängen, *vr*, push one´s way through

durchdrehen, (1) *vi*, *(ugs.)* crack up *(Räder)* spin (2) *vt*, *(Fleisch)* mince

durchdringen, (1) *vi*, *(Sonne)* come through (2) *vt*, *(durch etw.dringen)* penetrate; *die Dunkelheit durchdringen* penetrate the darkness

durchdrucken, *vi*, print throught

durchdrücken, *vt*, *(Gemüse)* pass through; *(Gesetz)* manage to force ... through; *(Knie)* straighten

durchdrungen, *adj*, penetrated

durcheilen, *vt*, hurry through

durcheinander, (1) *adv*, *(Essen)* indiscriminately; *(Ordnung)* messed up; *(verwirrt)* confused (2) **Durcheinander** *sub*, *n*, *-s*, - muddle; *(i. ü. S.)* confusion; *alles durcheinander essen* eat everything as it comes; *durcheinander sein (Person)* be all mixed up; ~**bringen** *vt*, confuse; *(etwas)* get into a mess; *(verwechseln)* mix up; *jmd durcheinanderbringen* confuse sb; *alles durcheinanderbringen* get everything mixed up

durchfahren, (1) *vi*, drive (straight) through (2) *vt*, travel through; **Durchfahrt** *sub*, *f*, *-*, *-en* passing through

Durchfall, *sub*, *m*, *-s*, *-fälle (med.)* diarhoea; *(Prüfung)* failure

durchfallen, (1) *vt*, *(Dach ua.)* fall through (2) *vti*, *(Prüfung)* fail; *bei einer Prüfung durchfallen* to fail an exam

durchfaulen, *vi*, rot through

durchfechten, *vt*, fight successfully for

durchfegen, *vti*, sweep thoroughly

durchfeiern, *vi*, celebrate all night

durchfeilen, *vt*, *(i. ü. S.; Aufsatz)* polish; *(Metall)* file through

durchfeuchten, *vi*, get wet through; *durch und durch feucht* soaked through

durchfinden, *vr*, find one´s way through

durchflechten, *vti*, weave through

durchfliegen, (1) *vi*, fly non stop (2) *vt*, fly through; *(Prüfung)* fail; *die ganze Nacht durchfliegen* fly all through the night; *er ist durch die Prüfung geflogen* he failed the exam

durchfließen, *vt*, flow through

Durchfluss, *sub*, *m*, *-es*, *-flüsse (Abfluss)* outlet; *(Menge)* flow; *der tägliche Durchfluss* the daily flow

durchfluten, *vt*, flow through; *(Person)* flood through

Durchformung, *sub*, *f*, *-*, *-en* final shape

durchforschen, *vt*, *(Quellen)* make a thorough investigation of; *(suchen)* search thoroughly

durchforsten, *vt*, *(i. ü. S.)* sift through regulations; *(Wald)* thin out; **Durchforstung** *sub*, *f*, *-*, *-en* thinning clearance

durchfragen, *vr*, find one´s way by asking

durchfressen, *vt*, *(i. ü. S.)* live on sb´s hospitality; *(chem./Holzwurm)* eat through; *(Motten)* eat holes in; *ein von Säure durchgefressener Kittel* a coat full of acid holes

durchführbar, *adj*, *(geh.)* practicable; *(ugs.)* workable; *das ist nur schwer durchführbar* difficult to carry out; **Durchführbarkeit** *sub*, *f*, *-*, *-en* practicability

durchführen, *vt*, *(beenden)* complete; *(Idee)* put into practice; *(Veranstaltung)* make; *eine Sammlung durchführen* make a charity collection

Durchführung, *sub*, *f*, *-*, *-en (geh.)* implementation; *(ugs.)* carrying out; *(Veranstaltung)* holding

durchfuttern, *vr*, live off sb

durchfüttern, *vt*, *(Person)* support; *(Tiere)* feed; *den Sohn durchfüttern* support his son

Durchgang, *sub*, *m*, *-s*, *-gänge (spo.)* round; *(Weg)* passage; *den Durchgang versperren* block the passage; *Durchgang verboten* no throughfare; **Durchgänger** *sub*, *m*, *-s*, - passer-by; **durchgängig** *adj*, general; *(Benutzung)* constant; *(zeitl.)* continual; ~**sstraße** *sub*, *f*, *-*, *-n* through road

durchgeben, *vt*, announce, pass on by telephone; *im Radio durchgeben* announce on the radio; *telefonisch durchgeben* phone

durchgebraten, *vpp*, well done; *wünschen Sie das Steak durchgebraten?* the steak well done, raw or medium?

durchgedreht, *vpp,* *(Fleisch)* minced; *(ugs.; psych.)* cracked up

durchgehen, *vi,* *(angenommen werden)* be accepted; *(gehen, durchdringen, andauern, verlaufen)* go through; *(Pferd)* bolt; *(weglaufen)* run off; *bitte durchgehen* pass right down

durchgehend, (1) *adj,* continous; *(Verbindung)* direct (2) *adv,* all day (24 hours a day); *durchgehend geöffnet* open all day

durchgeistigt, *adj,* spiritual

durchgliedern, *vt,* structure

durchglühen, *vi,* *(Draht)* burn out; *(Kohlen)* glow right through

durchgreifen, *vi,* *(i. ü. S.)* take drastic measures; *(räuml.)* reach through

durchhalten, (1) *vi,* *(spo.)* hold out (2) *vt,* stand sth.; *bis zum Ende durchhalten* hold out to the end

durchhauen, *vt,* chop sth in half; *(ugs.)* give sb a good hiding; *jmd durchhauen* give sb a good hiding; *sich einen Weg durch etwas durchhauen* hack one´s way through sth

durchhecheln, *vt,* gossip about

durchhelfen, (1) *vr,* manage (2) *vt,* help sb through

durchhungern, *vt,* get by on very little to eat

durchkämmen, *vt,* comb; *die Haare durchkämmen* comb one´s hair; *die Stadt nach dem Mörder durchkämmen* comb the town for the murderer; **Durchkämmung** *sub, f, -, -en* search (of an area)

durchkämpfen, (1) *vr,* fight to the end (2) *vt,* struggle through

durchklingen, *vt,* *(i. ü. S.)* sound to sb; *(Musik)* sound through

durchkneten, *vt,* knead thoroughly

durchkommen, *vti,* *(i. ü. S.)* get through; *(räuml.)* come through; *damit kommst du bei mir nicht durch* you won´t get anywhere with me like that; *der Zug muss hier durchkommen* the train has to come through; *im Radio durchkommen* be announced on the radio; *in einer Prüfung durchkommen* pass an exam; *mit einer Ausrede durchkommen* get away with an excuse; *mit seiner Rente durchkommen* manage on one´s pension

durchkosten, *vti,* taste one after another

durchkreuzen, *vt,* *(ankreuzen)* cross through; *(durchfahren)* cross; *(Pläne)* thwart; *ein Gedanke durchkreuzt jmd* to cross one´s mind; *einen Plan durchkreuzen* to cross one´s plan; *jmd Weg durchkreuzen* to cross sb path

durchladen, *vti,* cock (the trigger) and rotate the cylinder; *eine Pistole/Gewehr durchladen* cock and rotate the cylinder

Durchlass, *sub, m, -es, -lässe (Öffnung)* gap; *(Pers.)* permission to pass

durchlassen, *vt,* let (allow) sb through; *(hineinlassen)* let sth. in; *den Ball durchlassen* let a goal in; *jmd durchlassen* let sb through

durchlässig, *adj,* *(geb.; erwünscht)* permeable; *(unerwünscht)* leaky

Durchlaucht, *sub, f, -, -en* Highness; *Ihre/Seine/Eure Durchlaucht* Her/His/Your Highness

durchlavieren, *vr,* get along by dint of smart manoeuvring

durchleben, *vt,* *(geb.)* experience; *(ugs.)* live through

durchleiden, *vt,* endure

durchlesen, *vt,* read sth. through; *auf Fehler durchlesen* read sth for errors; *ganz genau durchlesen* read sth all the way through; *wenn du das Buch durchgelesen hast* when you have finished the book

durchleuchten, *vt,* *(med.)* x-ray; *(Problem)* investigate thoroughly

Durchleuchtung, *sub, f, -, -en (med.)* x-ray (examination); *(Nachforschung)* investigation

durchliegen, *vt*, *(Matratze)* wear out; *Matratze ist durchgelegen* the matress is worn out

durchlochen, *vt*, punch holes in

durchlöchern, *sub*, make (wear) holes in; *mit Schüssen durchlöchern* riddle sb with bullets

durchlotsen, *vt*, *(Person)* guide through; *(Schiff)* pilot through

durchlüften, *vti*, air (...) thoroughly; **Durchlüfter** *sub, m, -s, -* ventilator; **Durchlüftung** *sub, f, -, -en* ventilation

durchmachen, (1) *vi*, *(arbeiten, feiern)* all night (2) *vt*, *(erleiden)* go through; *(fertigmachen)* complete; *die Nacht durchmachen* make a night of sth; *er hat viel durchgemacht* he has gone through a lot

Durchmarsch, *sub, m, -es, -märsche* marching through; *(i. ü. S.)* runs

durchmessen, *vt*, *(Raum)* cross; *(techn.Gerät)* measure out; *den Raum mit grossen Schritten durchmessen* cross the room with long strides; **Durchmesser** *sub, m, -s, -* diameter

durchmischen, *vt*, mix thoroughly

durchmogeln, *vt*, cheat one´s way through

durchnässen, *vt*, soak; *er/es ist vollkommen durchnäßt* he/it is soaked

durchnummerieren, *vt*, number consecutively from the beginning to the end; **Durchnummerierung** *sub, f, -, -en* complete assignment of numbers

durchpausen, *vt*, trace

durchprügeln, *vt*, give sb a real beating

durchpulsen, *vt*, pulse through; *buntes Leben durchpulste die Straßen* the streets pulsated with life

durchqueren, *vt*, cross; *den Ozean durchqueren* cross the drink; **Durchquerung** *sub, f, -, -en* crossing

durchrasen, *vti*, tear through; *durch das Kaufhaus durchrasen* tear through the department store

durchrechnen, *vt*, calculate; *genau*

durchrechnen calculate down to the last penny; *noch einmal durchrechnen* check

durchregnen, *vti*, rain is coming through

Durchreiche, *sub, f, -, -n* serving hatch; **durchreichen** *vt*, pass through; *etwas durch etwas durchreichen* pass sth through sth

Durchreise, *sub, f, -, -n* journey through; **durchreisen** *vti*, travel through

durchreiten, *vti*, ride through

durchrieseln, *vt*, run through

durchringen, *vti*, come to a decision

durchrollen, *vt*, *(Ziel)* roll through

durchrütteln, *vt*, shake sb about badly

Durchsage, *sub, f, -, -n* announcement; **durchsagen** *vt*, make an announcement

durchsägen, *vt*, saw through

durchsausen, *vt*, shoot through; *(Prüfung)* fail (am: flunk)

durchschaubar, *adj*, transparent; *(i. ü. S.)* see through

durchschauen, *vt*, look through; *(i. ü. S.)* see through; *du bist durchschaut* I´ve seen through you; *durchschauen worum es wirklich geht* see what it´s really about

durchscheinen, *vti*, filled with light, shine through; *von Sonnenlicht durchschienen* filled with sunlight

durchscheuern, *vt*, wear through; *die Schuhe/den Stoff durchscheuern* wear shoes/material through; *durchgescheuertes Kabel* worn cable

durchschimmern, *vt*, shimmer through

durchschlafen, *vi*, sleep all night

Durchschlag, *sub, m, -s, -schläge* carbon (copy)

durchschlagen, (1) *vr*, struggle through (2) *vt*, split sth. in two;

(hin-) knock through; *sich alleine durchschlagen* fend for oneself; *sich durchschlagen* fight one´s way through; *sich mühsam durchschlagen* scrape through; *auf die Preise durchschlagen* have an effect on the prices; *einen Nagel durchschlagen* knock through a nail
durchschlagend, *adj, (Erfolg)* resounding; *(Mittel)* decisive
Durchschlupf, *sub, m, -s, -e (i. ü. S.)* gap; *(Loch)* hole; *einen Durchschlupf finden* find a gap; **durchschlüpfen** *vt*, slip through; *durch die Finger schlüpfen* slip through one´s fingers; *durch die Kontrolle schlüpfen* slip through the control
durchschneiden, *vt*, cut through; *(in Scheiben)* slice; *das Land ist von Kanälen durchschnitten* the land is criss-crossed by canals; *die Straße durchschneidet den Wald* the road cuts through the forest; *das Brot durchschneiden* slice bread; *die Wellen durchschneiden* slice through the waves; *in der Mitte durchschneiden* cut sth in half; **Durchschnittsgeschwindigkeit** *sub, f, -, -en* average speed
Durchschnitt, *sub, m, -s, -e* average; *(mat.)* mean; *guter Durchschnitt sein* be (a good) average; *im Durchschnitt* on average; *der Durchschnitt beträgt* the mean is
durchschnittlich, *adj, (gewöhnlich)* modest; *(mehrheitlich)* ordinary; *(stat.)* average; *von durchschnittlicher Intelligenz sein* be of modest intelligence; *ein durchschnittliches Gesicht* an ordinary face; *durchschnittlich groß sein* be of average height; *durchschnittlich talentiert sein* be moderately talented; *über/unterdurchschnittlich verdienen* an income above/below the average
Durchschuss, *sub, m, -es, -schüsse* wound by a passed bullet
durchsegeln, *vt*, sail through; *(Prüfung)* fail; *die 7 Meere durchsegeln*

sail through the 7 seas; *zwischen den Felsen durchsegeln* sail through/between the rocks; *bei der Prüfung durchsegeln* fail the exam
durchsehen, *vt*, *(durchsichtig sein)* see through; *(Fenster, Zeitung)* look through; *(Text)* check through
durchsetzbar, *adj*, *(Forderung)* enforceable; *(Reform)* get approved; **durchsetzen** (1) *vr, (Schüler)* assert oneself against ... (2) *vt, (Idee, Lösung)* get accepted; *(Plan, Reform)* carry through; *(verteilt)* infiltrate; *sich den Schülern gegenüber durchsetzen* assert one´s authority over the pupils, *seine Idee hat sich durchgesetzt* his idea became generally accepted; *diese Reform durchsetzen* carry this reform through; **Durchsetzung** *sub, f, -, -en (erreichen)* achievement; *(Plan)* accomplishment
Durchsicht, *sub, f, -, -en* checking through; *nach/bei Durchsicht der Akten* after/on checking through the documents; **durchsichtig** *adj, (Glas/Plan)* transparent; *(Wasser)* clear; **~igkeit** *sub, f, -, -en (Glas/Plan)* transparency; *(Wasser)* clarity
durchsickern, (1) *vt, (Information)* leak out (2) *vti, (Flüssigkeit)* seep through; *es ist durchgesickert, dass* news has leaked out that
durchsieben, (1) *vt*, sift (2) *vti, (Kugeln)* riddle
durchspielen, *vt, (Musik)* play through; *(Situation)* go through; *(Theater)* act through; *einen Ritus durchspielen* go through a rite
durchsprechen, *vt*, talk over
durchstarten, *vi, (Flugzeug)* begin climbing again; *laßt uns durchstarten* let´s go round again
durchstechen, *vt*, stick a needle

through; *(Ohr)* pierce; **Durchste-cherei** *sub, f, -, -en* piercing

durchstehen, *vt, (Situation)* stand; *(überleben)* come though; *die Kälte durchstehen* stand the cold

durchstellen, *vt,* put through (to)

durchstöbern, *vt, (Archiv)* rummage through; *(Geschäft)* browse; *(Haus)* search all through

durchstoßen, *vt,* break through; *die feindlichen Linien durchstoßen* break through the enemies lines

durchstreichen, *vt,* cross through (out); *(Sieb)* pass through

durchströmen, *vt, (Flüssigkeit)* flow through; *(Personen)* stream through

durchstylen, *vi,* style all over

durchsuchen, *vt,* search (for); *das Haus nach etwas durchsuchen* search the house for sth; **Durchsuchung** *sub, f, -, -en* search; **Durchsuchungsbefehl** *sub, m, -s, -e* search warrant

durchtanzen, (1) *vt,* wear out dancing **(2)** *vti,* dance all night; *die Schuhe durchtanzen* wear the shoes out (by) dancing, *die ganze Nacht durchtanzen* dance all night

durchtränken, *vt,* soak

durchtreiben, *vt,* drive sth./so. through; *eine Herde durch das Land treiben* drive a herd through the country

durchtrennen, *vt, (geh.)* sever; *(ugs.)* cut through; *den Hals durchtrennen* sever the head from the body

durchtreten, (1) *vi, (weitergehen)* move along **(2)** *vt, (Pedal)* press right down

durchtrieben, *adj,* crafty; **Durchtriebenheit** *sub, f, -, -en* craftiness

durchwachsen, (1) *adj, (Speck)* streaky; *(Wetter)* changeable **(2)** *vt, (bot.)* grow through sth.; *es geht ihr durchwachsen* she has her ups and downs

Durchwahl, *sub, f, -, -en* direct dialing; **durchwählen** *vi, (Ausland)* dial direct; *(Nebenstelle)* dial straight through; **~nummer** *sub, f, -, -n* number of the (one´s) direct line

durchwandern, (1) *vi,* walk (hike) without a break **(2)** *vt,* walk (hike) through

durchwärmen, *vt,* warm sb up

durchweg, *adv,* without exception; *die Vegetation ist durchwegs öde* the vegetation is uniformly dreary

durchwegs, *adv,* exclusively; *er umgibt sich durchwegs mit Leuten, die* he surrounds himself exclusively with people who

durchweichen, (1) *vi,* become soggy **(2)** *vt,* make sodden; *völlig durchweicht sein* be drenched

durchwühlen, *vt, (Akten)* plough through; *(durchsuchen)* rummage through; *(umgraben)* dig through the earth; *sich durch einen Aktenstoß wühlen* plough through a pile of documents; *das Haus nach etwas durchwühlen* to rummage through the house/in search of sth/lookingt for sth

durchzählen, *vt,* count (up); **Durchzählung** *sub, f, -, -en* counting

durchzeichnen, *vt,* trace

durchziehen, (1) *vi, (Fleisch)* soak **(2)** *vt, (Fluß/Straße)* run through; *(Land)* pass through; *(Schmerz)* shoot through; *das Theme zieht sich durch den Roman* the theme runs all through the novel; *ein Gummiband durchziehen* draw an elastic through; *eine Sache durchziehen* see a matter through; *von Adern durchzogen* veined

durchzittern, *vti,* shiver (all night)

durchzucken, *vt,* flash across

Durchzug, *sub, m, -s, -züge (Leute)* passage (march) through; *(Wind)* draught; *nach Durchzug des Tiefdruckgebietes* once the anticyclone has moved through; *auf Durchzug schalten* let it go in

one ear and out the other; *Durch-zug machen* create a draught
durchzwängen, *vti*, force through
Durdreiklang, *sub*, *m*, *-s*, *-klänge* major triad
dürfen, *vti*, *(geh.)* be permitted (to); *(höflich)* may; *(ugs.)* be allowed (to); *das darf man nicht tun* this is not permitted; *er durfte nicht* he was not permitted; *darf ich ihn besuchen* may I visit him; *darfst du das* are you allowed to; *das darf man auf keinen Fall* you can´t possibly do that; *das darf nicht wahr sein* that´s incredible; *das dürfte genügen* that should be enough; *das dürfte reichen* that should be enough; *du darfst nicht lügen* you shouldn´t tell lies; *du darfst so etwas nicht sagen* you mustn´t say things like that; *du sollst an die Tafel gehen* you may go to the blackboard; *hier darf man nicht rauchen* smoking is prohibited here; *ja, sie dürfen* yes, you may; *nein sie dürfen es nicht* no you can´t/mustn´t; *was darf es sein* what would you like; *etwas tun dürfen* be allowed to do sth; *wenn ich nur dürfte* if only I were allowed to
dürftig, *adj*, poor; *(Mahlzeit)* meagre; *(Wissen, Aufsatz, Ergebnis)* scanty
Dürftigkeit, *sub*, *f*, *-*, *-en* *(ärmlich)* meagreness, poorness, scantiness; *(unzulänglich)* feebleness, poorness, scantiness
Duroplast, *sub*, *m*, *-s*, *-e* durable plastic
dürr, *adj*, *(Arme, Beine)* scraggy; *(biol.)* withered; *(geh.; geogr.)* arid; *(Person)* skinny; *dürrer Ast* withered branch
Durra, *sub*, *f*, *-*, *nur Einz.* *(bot.:Hirse)* sorghum
Dürre, *sub*, *f*, *-*, *-n (geogr.)* aridity; *(Trockenheit)* drought; *die Dürre der letzten Jahre* the drought of the last years; **~periode** *sub*, *f*, *-*, *-n* period of drought; **~schäden** *sub*,

f, *-*, *nur Mehrz.* damage of drought
Durtonleiter, *sub*, *f*, *-*, *-n* major scale
Dusche, *sub*, *f*, *-*, *-n* shower; *wie eine kalte Dusche wirken* bring so down on earth with a bump; **Duschbad** *sub*, *n*, *-s*, *-bäder* shower(-bath); **duschen (1)** *vi*, take a shower **(2)** *vt*, give sb a shower; **Duschgel** *sub*, *n*, *-s*, *-s* shower gel; **Duschkabine** *sub*, *f*, *-*, *-n* shower cubicle; **Duschschaum** *sub*, *m*, *-s*, *-schäume* shower foam; **Duschvorhang** *sub*, *m*, *-s*, *-hänge* shower-curtain
Düse, *sub*, *f*, *-*, *-n* nozzle; *(Einspritz-)* jet; **düsen** *vi*, dash; **~nantrieb** *sub*, *m*, *-s*, *-e* jet propulsion; **~nflugzeug** *sub*, *n*, *-s*, *-e* jet aeroplane; **~njäger** *sub*, *m*, *-s*, *- jet* fighter; **~nmaschine** *sub*, *f*, *-*, *-n* jet
Dusel, *sub*, *m*, *-s*, *nur Einz.* *(ugs.)* luck; *(ugs.; Rausch)* fuddle; *Dusel haben* be jammy; *sie hat Dusel gehabt* her luck was in; *einen Dusel haben* be in a fuddle
duseln, *vi*, daze; *vor sich hin duseln* be in a daze
Dussel, *sub*, *m*, *-s*, *- (ugs.)* dope, idiot; **dusslig** *adj*, gormless, idiotic; **Dussligkeit** *sub*, *f*, *-*, *-en* stupidity
düster, *adj*, *(dunkel)* dark; *(Farbe)* sombre; *(Geschäft)* shady; *(ungefähr)* hazy; *(unheilvoll)* gloomy; *eine düstere Atmosphäre* gloomy atmosphere; **Düsternis** *sub*, *f*, *-*, *-se* s. Düsterkeit
Düsterkeit, *sub*, *f*, *-*, *-en* gloominess sombreness; *(s.düster)* darkness
Dutt, *sub*, *m*, *-s*, *-e oder -s* bun
Dutyfreeshop, *sub*, *m*, *-s*, *-s* duty-free shop
Dutzend, *sub*, *n*, *-s*, *-e* dozen; *3 DM das Dutzend* 3 marks a dozen; *das Dutzend des Teufels (dreizehn)* Devil´s dozen; *ein Dutzend Eier* a dozen eggs; *zu*

Dutzenden kommen come in dozens; *zwei Dutzend* two dozen; **~ware** *sub, f, -, -n* cheap mass-produced item; **dutzendweise** *adv*, in dozens

Duvet, *sub, n, -s, -s* duvet

Dynamik, *sub, f, -, nur Einz. (Antrieb)* dynamism; *(phy./mus.)* dynamics; **dynamisch** *adj*, dynamic; *(Lebensversicherung)* index-linked; **dynamisieren** *vt*, make sth.

dynamic; *(Rente)* adjust

Dynamit, *sub, n, -s, nur Einz.* dynamite; *die Enthüllungen sind Dynamit* the revelations are dynamite; *Dynamit in den Fäusten haben* pack a powerful punch

Dynamo, *sub, m, -s, -s* dynamo; **~meter** *sub, n, -s, - (phy.)* dynamometer

Dynastie, *sub, f, -, -n* dynasty; **dynastisch** *adj*, dynastic

E

Ebbe, *sub, f, -, -n (Bewegung)* ebb tide; *(Zustand)* low tide; *Ebbe im Geldbeutel* be short of cash; *Ebbe und Flut* ebb and flow; *es ist Ebbe* the tide is out

ebben, *vi,* tide is out

eben, (1) *adj,* flat; *(glatt)* level (2) *adv,* just; *(gerade noch)* only just; *(kurz)* for a moment; *eben das meine ich auch* that´s just what I think; *eben erst* only just; *es taugt eben nichts* it´s just no good; *etwas eben noch schaffen* only just manage sth; *hast du eben was gesagt* did you just say sth; *so ist es eben* that´s the way it is; *dann eben nicht* all right, forget it; *ich gehe mal eben raus* I go out for a moment; *kann ich sie mal eben sprechen* can I speak to you for a moment

Ebenbild, *sub, n, -s, -er* spitting image; *ganz das Ebenbild von jmd sein* be the spitting image of sb

ebenbürtig, *adj,* equal; *jmd ebenbürtig sein* be so´s equal; **Ebenbürtigkeit** *sub, f, -, -en* be well matched

ebendann, *adv,* at exactly that time

ebenderselbe, *pron,* very same

ebendort, *sub,* at exactly the place

Ebene, *sub, f, -, -n (geogr.)* plain; *(mat./phys)* plane; *in der Ebene* on the plain

ebenfalls, *adv,* as well; *danke, ebenfalls* thanks, same to you; *die Ehefrauen waren ebenfalls eingeladen* the wives were invited as well

Ebenheit, *sub, f, -, -en* flatness; **Ebenmaß** *sub, f, -, -es, -e* regularity; **ebenmäßig** *adj,* regular; *(Person)* well proportioned; **Ebenmäßigkeit** *sub, f, -, -en* even proportions

ebenso, *adv, (mit Adj)* just as; *(mit Verben)* in exactly the same way; *ebenso gut wie* just as good as; *er macht es ebenso* he does is in exactly the same way; ~ *gut adv,* just as well; *er macht es ebenso gut wie sein Bruder* he does it just as

well as his brother; ~ **lang** *adv,* for the same lenght of time; ~ **sehr** *adv, (mit Verben)* just as much; *er liebt sie ebenso sehr wie* he loves her just as much as; ~ **viel** *pron,* just as much/ many; ~**lche** *pron,* just the same

Eber, *sub, m, -s, -* boar

Eberesche, *sub, f, -, -n* mountain ash, rowan

ebnen, *vt,* level; *das Geld seines Vaters ebnet ihm alle Wege* his father´s money opens all doors for him; *den Weg für jmd ebnen* smooth the way for sb

Ebnung, *sub, f, -, -en* flattening

Echo, *sub, n, -s, -s* echo; *(i. ü. S.; Reaktion)* response (to); **echoen** *vt,* echo; *es echot* there is an echo; ~**lot** *sub, n, -s, -e* echo-sounder

Echse, *sub, f, -, -n* saurian

echt, (1) *adj, (Britisch)* typical; *(kein Imitat)* genuine; *(nicht gefälscht)* authentic; *(wahr)* true (2) *adv,* really; *(vollkommen)* absolutely; *das ist echt Britischer Humor* this is typical British humour; *das ist echt Erwin* that´s Erwin all over; *ein echter Picasso* a genuine Picasso; *ein echter Engländer* a true Englishman, *echt gut* really good; *ich habe mich echt gefreut* was really pleased; *ist das echt Gold* is that real gold; *das ist echt wahr* that´s absolutely true; ~**golden** *adj,* genuine gold; **Echthaar** *sub, n, -s, -e* real hair; **Echtheit** *sub, f, -, -en* authenticity, genuineness; ~**silbern** *adj,* real silver

Eck, *sub, n, -s, -en* corner; *die Kneipe am Eck* the pub at the corner; ~**ball** *sub, m, -s, -bälle* corner-kick; ~**bank** *sub, f, -, -bänke* corner seat; ~**chen** *sub, n, -s, - (geogr.)* spot; *ihr wohnt in einen schönen Eckchen* you live in a lovely spot; ~**e** *sub, f, -, -n* corner; *(Käse)* wedge of cheese;

das Auto klappert an allen Ecken und Enden every nut and bolt in the car rattled; *eine Ecke treten* take a corner; *es fehlt an allen Ecken und Enden* we are short of everything; *gleich um die Ecke* just round the corner; *jmd in die Ecke drängen* get sb in a corner; *jmd um die Ecke bringen* bumb sb off; *um die Ecke* round the corner; *um die Ecke biegen* turn the corner; **ecken** *vt*, make sth. angular; **~ensteher** *sub, m, -s, -* street loafer; **eckig (1)** *adj,* angular, square **(2)** *adv, (bewegen)* jerkily; **~stück** *sub, n, -s, -e* corner site; **~tisch** *sub, m, -es, -e* corner table

Eclair, *sub, n, -s, -s* éclair

Economyklasse, *sub, f, -, -n* economy class

Ecstasy, *sub, n, -, nur Einz.* ecstasy

Ecu, *sub, m, -, -s* Ecu

Ecuadorianer, *sub, m, -s, -* Ecuadorian

edel, *adj, (Aussehen/Geschmack)* fine; *(Charakter)* noble; *(reinrassig)* thoroughbred; **Edelfrau** *sub, f, -, -en* noble-woman; **Edelfräulein** *sub, n, -s, -s* unmarried noble-woman; **Edelgas** *sub, n, -es, -e* inert gas; **Edelkitsch** *sub, m, -es, nur Einz.* grandly pretensious kitsch; **Edelmann** *sub, m, -s, -männer* nobleman; **~männisch** *adj,* noble-minded; **Edelmetall** *sub, n, -s, -e* precious metal; *(chem.)* noble metal; **Edelmut** *sub, m, -s, nur Einz.* nobility of mind; **~mütig** *adj,* noble-minded; **Edelstahl** *sub, m, -s, -stähle* stainless steel; **Edelstein** *sub, m, -s, -e* precious stone; *(geschliffen)* gem; **Edelweiß** *sub, n, -es, -* edelweiss

Eden, *sub, n, -s, nur Einz.* Eden; *im Garten Eden* in the Garden of Eden

edieren, *vt,* edit

Edikt, *sub, n, -s, -e* edict

Edinburg, *sub,* Edinburgh

Edition, *sub, f, -, -en (Ausgabe)* edition; *(Herausgeben)* editing; **Editor** *sub, m, -s, -en* editor

Edle, *sub, m, f, -n, -n* noble(-man/woman)

EDV-Programm, *sub, n, -s, -e* computer program

Efendi, *sub, m, -, -s* effendi

Efeu, *sub, m, -s, nur Einz.* ivy

Effeff, *sub, m, -, nur Einz.* inside out; *aus dem Effeff beherrschen* know sth inside out; *etwas aus dem Effeff können* be a real wizard at sth

Effekt, *sub, m, -s, -e* effect; *Effekthascherei* straining for effects; **~hascherei** *sub, f, -, -en* straining for effect; **effektiv** *sub, (wirksam/tatsächlich)* effective; **~ivität** *sub, f, -, nur Einz.* effectiveness; **effektuieren** *vt,* effectuate; **effektvoll** *adj,* effective; *(wirkungsvoll)* dramatic; *effectvolle Geste* dramatic gesture

Effendi, *sub, m, -s* effendi

Effet, *sub, m, -s* spin; *dem Ball Effet geben* put spin on the ball

effilieren, *vt,* give hair a thinning cut

effizient, *adj,* efficient; **Effizienz** *sub, f, -, -en (geh.)* efficiency; *(geh.; med.)* efficacy

effloreszieren, *vi,* effloresce

egal, *adj,* identical, no difference; *sie hat nicht zwei egale Stühle* she hasn´t got two identical chairs; *das ist mir egal* I don´t care; *das kann dir doch egal sein* that´s no concern of yours; *es ist jmd egal* it makes no difference to sb; *ganz egal wer* no matter who; **~isieren** *vt,* level; *(spo.)* equal; *einen Rekord egalisieren* equal the record; **~itär** *adj,* egalitarian; **Egalität** *sub, f, -, nur Einz.* equality; **Egalité** *sub, f, -, nur Einz.* Egalité

Egel, *sub, m, -s, -* leech

Egge, *sub, f, -, -n* harrow

eggen, *vt,* harrow

Egghead, *sub, m, -, -s* egghead

Ego, *sub, n, -s, nur Einz.* ego; **~ismus** *sub, m, -, -ismen* egoism; *(Selbstwert)* self-esteem; **~ist**

sub, m, -en, -en egoist; **egoistisch** *adj*, egoistical; **~trip** *sub, m, -s, -s* ego trip; **~zentrik** *sub, f, -, nur Einz.* egocentric attitude; **~zentriker** *sub, m, -s, -* egocentric; **egozentrisch** *adj*, egocentric

ehedem, *adv*, formerly; *(hist)* in former times; *wie ehedem* as in former times

ehemalig, *adj*, former; *(Zusatz)* ex-; *ein ehemaliger Offizier* a former officer; *ihr Ehemaliger* her ex; *meine ehemalige Frau* my ex-wife

ehemals, *adv*, formerly, in former times

eher, *adv*, sooner; *(früher)* earlier; *(lieber)* rather; *(wahrscheinlicher)* more likely; *je eher, je lieber* the sooner the better; *ich war eher da als* I was there earlier than; *er ist eher faul als dumm* he´s lazy rather than stupid; *seine Wohnung ist eher klein* his apartment is rather on the small side; *das ist schon eher möglich* that´s more likely

ehern, *adj*, bronze

ehestens, *adj*, at the earliest

ehrbar, *adj*, *(Absichten)* honourable; *(Person)* respectable

Ehrbegriff, *sub, m, -s, -e* conception of honour

Ehre, *sub, f, -, -n* honour; *(Selbstachtung)* self-esteem; *deine Meinung in Ehren, aber* with all due respect to your opinion, I still think; *einer Sache zuviel Ehre antun* to overvalue sth; *etwas in Ehren halten* hold sth in honour; *ihm zu Ehren* in his honour; *jmd die Ehre erweisen* do so the honour of; *jmd die letzte Ehre erweisen* pay one´s last respects to so; *jmd zur Ehre gereichen* bring honour to so; *mit wem habe ich die Ehre* to whom have I the pleasure of speaking; *zu Ehren* in honour of

ehren, *vt*, *(achten)* respect; *(Ehre erweisen)* honour; *(diese Haltung) ehrt ihn* does him credit; *du sollst Vater und Mutter ehren* honour thy father and thy mother; *ihre Einla-*

dung ehrt uns sehr we are greatly honoured by your invitation

Ehrenamt, *sub, n, -es, Ehrenämter* honorary position; **ehrenamtlich** *sub, (ehrenhalber)* honorary; *(freiwillig)* voluntary

Ehrenbürger, *sub, m, -s, -* honorary citizen; **Ehrendienst** *sub, m, -es, -e* priviledge of serving; **Ehrendoktor** *sub, m, -s, -en* honorary doctorate; **Ehreneskorte** *sub, f, -, -en* honorary escort; **Ehrengast** *sub, m, -es, -gäste* guest of honour; **Ehrengeleit** *sub, n, -es, -e* official escort; **Ehrengericht** *sub, n, -es, -e* disciplinary tribunal (court); **ehrenhaft** *adj*, honourable; *ein ehrenhafter Mann* an honourable man; **ehrenhalber** *adv*, honourably; **Ehrenmal** *sub, n, -s, -e* memorial; **Ehrenpflicht** *sub, f, -, -en* bounden duty; **Ehrenpreis** *sub, m, -es, -e* special award; **Ehrenrettung** *sub, f, -, nur Einz.* defence of sb honour; *zu seiner Ehrenrettung muß gesagt werden, daß* it must be said in his defence that; *zu seiner Ehrenrettung sagen* say to clear sb´s name; **ehrenrührig** *adj*, defamatory; **Ehrenschuld** *sub, f, -, -en* debt of honour; **Ehrenspalier** *sub n, -s, -e* guard of honour; **Ehrenstrafe** *sub, f, -, -n* penalty of honour; **Ehrentag** *sub, m, -es, -e* special day; **Ehrentribüne** *sub, f, -, -n* VIP stand; **Ehrenurkunde** *sub, f, -, -n* certificate; **ehrenvoll** *adj*, honourable; **Ehrenwort** *sub, n, -es, -e* word of honour; *(scherzh.) großes Ehrenwort* scout´s honour; *sein Ehrenwort brechen* break one´s word; **ehrenwörtlich** *adj*, solemn; **Ehrenzeichen** *sub, n, -s, -* decoration **ehrerbietig**, *adj*, respectful; **Ehrerbietung** *sub, f, -, -en* respect

Ehrfurcht, *sub, f, -, nur Einz.* reverence (for); *Ehrfurcht vor dem Leben* reverence for life; *vor jmd große Ehrfurcht haben* have a

great respect for sb; **ehrfürchtig**
adj, reverent

Ehrgeiz, *sub, m, -es, nur Einz.* ambition; *den Ehrgeiz haben etwas zu
werden* have the ambition to become; *seinen Ehrgeiz dareinsetzen*
make it one´s ambition to; **ehrgeizig** *adj*, ambitious

ehrlich, *adj*, honest; *(ursprünglich)*
genuine; *(wahrhaftig)* truthful;
ehrlich währt am längsten honesty
is the best policy; *ehrlich?* really?; *es
ehrlich mit jmd meinen* to play fairly with sb; *wenn ich ehrlich bin* if
you want my honest opinion

ehrlos, *adj*, dishonourable; **Ehrlo-
sigkeit** *sub, f, -, nur Einz.* disho-
nourableness

ehrpusselig, *adj*, be pompously
concerned about so. reputation

Ehrung, *sub, f, -, -en* prize-giving
(am: awards ceremony)

ehrwürdig, *adj*, venerable; **Ehrwürden** *sub, m, -s, -* Reverend (Father);
Ehrwürdigkeit *sub, f, -, -en* venerability

Ei, *sub, n, -s, -er* egg; *(vulg.; Hoden)*
balls; *(med.)* ovum; *ach du dickes
Ei* dash it, *(US)* darn it; *das Ei will
schlauer als die Henne sein* don´t
teach one´s grandmother to suck
eggs; *ein Ei legen* lay an egg; *verlorene Eier* poached eggs; *wie ein Ei
dem anderen gleichen* as like as two
peas; *(vulg./US) in die Eier treten*
kick one´s nuts; *sie gleichen sich
wie ein Ei dem anderen* they are
like as two peas

Eibe, *sub, f, -, -n* yew (-tree)

Eibisch, *sub, m, -s, -e (bot.)* marsh
mallow

Eichamt, *sub, n, -s, -ämter* local
weights and measures office (am:
local bureau of standards)

Eiche, *sub, f, -, -n (Baum)* oak (-
tree); *(Holz)* oak (-wood); ∼**nklotz**
sub, m, -es, -klötze block of oak;
∼**nkranz** *sub, m, -es, -kränze* garland of oak (leaves; ∼**ntisch** *sub,
m, -es, -e* oak table; **Eichgewicht**
sub, n, -s, -e standard weight

Eichel, *sub, f, -, -n (anat.)* glans;
(bot.) acorn; ∼**häher** *sub, m, -s, -*
jay

eichen, **(1)** *adj*, oak(en) **(2)** *vt*, calibrate

Eichhörnchen, *sub, n, -s, -* squirrel

Eichkätzchen, *sub, n, -s, -* squirrel

Eichstempel, *sub, m, -s, -* verification stamp

Eichung, *sub, f, -, -en* calibration

Eid, *sub, m, -es, -e* oath; *an Eides
Statt erklären daß* attest in a statutory declaration that; *einen Eid
ablegen* take an oath; *unter Eid
aussagen* testify on oath; *unter
Eid stehen* on oath

Eiderstedter, *sub, m, -s, -* person
from Eiderstedt

Eidesformel, *sub, f, -, -n* words of
the oath

Eidetik, *sub, f, -, nur Einz.* eidetic
ability; ∼**er** *sub, m, -s, -* eideti-
cian; **eidetisch** *adj*, eidetic

Eidgenosse, *sub, m, -n, -n* confederate, Swiss; ∼**nschaft** *sub, f, -,
nur Einz.* Swiss confederation;
eidgenössisch *adj*, swiss

Eidotter, *sub, m,n, -s, -* egg yolk

Eierbrikett, *sub, n, -s, -s* ovoid; **Eierkuchen** *sub, m, -s, -* pancake;
Eierlikör *sub, m, -s, -e* egg-li-
queur; **eiern** *vi, (ugs.)* roll;
(tech.) wobble; **Eierstock** *sub,
m, -s, -stöcke* ovary; **Eiertanz** *sub,
m, -es, -tänze* intricate manoeuvring

Eifer, *sub, m, -s, nur Einz.* enthusiasm; *(Eifrigkeit)* eagerness;
∼**er** *sub, m, -s, -* zealot; **eifern** *vi,
(einsetzen)* agitate for; *(streben)*
strive for

Eifersucht, *sub, f, -, -süchte* jealousy (of); **Eifersüchtelei** *sub, f,
-, -en* petty jealousy; **eifersüchtig**
adj, jealous

eiförmig, *adj*, egg-shaped

eifrig, *adj*, *(begeistert)* enthusiastic; *(bemüht)* eager; *(fleissig)* assiduous; *eifrig bei der Sache sein*
show keen interest in doing sth;

eifrig dabei sein, etwas zu tun be busy doing sth; *sich eifrig um etwas bemühen* set about doing sth eagerly

Eigelb, *sub*, *n*, *-s*, *-e* egg yolk

eigen, *adj*, own; *(kennzeichnend)* characteristic; *(mit "sein")* particular; *auf eigenen Füßen stehen* stand on one´s own feet; *eigene Ansichten* personal views; *ich habe ein eigenes Zimmer* I have a room of my own; *mein eigener Bruder* my own brother; *nur für den eigenen Gebrauch* for one´s own use only; *sich etwas zu eigen machen* make sth one´s own; *mit allem ihr eigenen Charme* with all her characteristic charm; *mit einer ihr eigenen Gebärde* with a gesture characteristic of her

Eigenart, *sub*, *f*, *-*, *-en (Charakterzug)* peculiarity; *(Wesen)* particular nature; **eigenartig** *adj*, peculiar; *(seltsam)* strange

Eigenbau, *sub*, *m*, *-s*, *-te* self-built

Eigenbedarf, *sub*, *m*, *-s*, *-dürfnisse* own requirements; *(staatl.)* domestic requirements

Eigenbericht, *sub*, *m*, *-s*, *-e* report from our own correspondent

Eigenbewegung, *sub*, *f*, *-*, *-en* inherent dynamism

Eigenbrötler, *sub*, *m*, *-s*, *-* lone wolf (loner)

Eigendünkel, *sub*, *m*, *-s*, *-* conceitedness

Eigengewicht, *sub*, *n*, *-s*, *-e* own weight; *(wirt.)* net weight

eigenhändig, *adv*, personally

Eigenheimer, *sub*, *m*, *-s*, *-* owning a house of one´s own

Eigenheit, *sub*, *f*, *-*, *-en* peculiarity

Eigenkapital, *sub*, *n*, *-s*, *-* equity capital

Eigenlob, *sub*, *n*, *-s*, *-e* self-praise; *Eigenlob stinkt* self-praise is no recommendation

eigenmächtig, **(1)** *adj*, unauthorized **(2)** *adv*, without permission

Eigenmittel, *sub*, *n*, *-s*, *-* own resources

Eigenname, *sub*, *m*, *-s*, *-n* proper name

Eigennutz, *sub*, *m*, *-es*, *-nütze* self-interest; **eigennützig** *adj*, self-interested

eigens, *adv*, specially; *eigens aus diesem Grunde* just for this purpose; *eigens für diesen Zweck* specifically for this purpose

Eigenschaft, *sub*, *f*, *-*, *-en* characteristic, quality; *(Sachen/Stoffe)* property; *in seiner Eigenschaft als* in his capacity as; ~**swort** *sub*, *n*, *-es*, *-wörter* adjective

Eigensinn, *sub*, *m*, *-s*, *nur Einz.* *(Beharrlichkeit)* obstinacy; *(Sturheit)* stubbornness

eigenständig, *adj*, independent

eigensüchtig, *adj*, selfish

eigentlich, **(1)** *adj*, original; *(wahr)* true; *(wirklich)* actual **(2)** *konj*, actually; *die eigentliche Bedeutung eines Wortes* the original meaning of a word; *wo stammen sie eigentlich her* what is your original extraction; *im eigentlichen Sinne* in the true sense of the word; *was muß eigentlich noch alles passieren, bevor* what else has got to happen before, *ich müßte eigentlich gehen* I ought to go now; *warst du eigentlich schon einmal hier* have you in fact ever been here

Eigentor, *sub*, *n*, *-s*, *-e* own goal

Eigentum, *sub*, *n*, *-s*, *-tümer* property; *(geistiges)* intellectual creation; **Eigentümer** *sub*, *m*, *-s*, *-* owner; *(Hotel, Geschäft)* proprietor; **Eigentümerin** *sub*, *f*, *-*, *-nen* s. Eigentümer; ~**swohnung** *sub*, *f*, *-*, *-en* owner-occupied flat (am. co-op apartment)

eigentümlich, *adj*, peculiar

Eigenwechsel, *sub*, *m*, *-s*, *-* owner´s bill of exchange

Eigenwerbung, *sub*, *f*, *-*, *-en* self-advertising

eigenwertig, *adj*, *(phy.)* eigenvalued

eigenwillig, *adj*, self-willed; *(-sin-*

nig) obstinate

eigenwüchsig, *adj,* self-growing

eignen, *vr,* be suitable as; *sich eignen für etwas* be suitable as

Eignung, *sub,f, -, -en* suitability; *(Eigenschaft)* aptitude; **~sprüfung** *sub,f, -, -en* aptitude test

Eiland, *sub, n, -s, -e* isle

Eile, *sub, f, -, nur Einz.* hurry; *das eilt nicht* there´s no hurry; *die Sache eilt* it´s a matter of urgency; *in aller Eile* in great haste; *in Eile sein* be in a hurry; *jmd zur Eile antreiben* hurry sb up; **Eilbrief** *sub, m, -s, -e* express letter

Eileiter, *sub, m, -, -n* Fallopian tube

Eimer, *sub, m, -s, -* bucket; *(Abfall)* bin (am: can); *(Milch)* pail; *die Stimmung war im Eimer* the atmosphere was totally ruined; *es gießt wie aus Eimern* it´s coming down in buckets; *etwas ist im Eimer* sth has had it; *in den Eimer werfen* put it in the trash; *mein Wagen ist im Eimer* my car is a total wreck

ein, (1) *präp,* in (2) *pron,* same (3) *unbest.Art,* a/an (4) *Zahl,* one; *ein und aus gehen* go in and out, *einer Meinung sein* be of the same opinion; *es kommt alles auf eins heraus* it all comes to the same thing, *an einem Tag* in a single day; *das konnte nur ein Mozart schaffen* only a Mozart could do that; *ein Apfel* an apple; *ein gewisser Herr Braun* a Mister Brown; *ein Held/ein ehrlicher Mann* a hero/an honest man; *ein Picasso* a Picasso, *ein Dollar* one Dollar; *ein für allemal* once and for ever; *ein und derselbe* one and the same; *einer von beiden* one of them/the two; *eines Tages* one day; *in einem Tag* in one day; *wie soll das einer wissen* how is one supposed to know that

Einakter, *sub, m, -s, -* one-act play

einander, *pron,* each other; *(i.einzelnen)* one another; *liebet einander* love one another; *sie grüßten einander* they greeted each other

einarbeiten, (1) *vt, (etwas einfü-*

gen) incorporate sth. into (2) *vti,* train; *er arbeitet sich gerade ein* he is training at present; **Einarbeitung** *sub,f, -, -en* training; *die Einarbeitung fiel ihm schwer* he found it difficult to familiarize

einarmig, *adj,* one-armed; *einarmiger Bandit* slot machine

einäschern, *vt,* burn down; *(Leichen)* cremate; **Einäscherung** *sub, f, -, -en* burning down, cremation

einatmen, *vti,* breathe in; *die Luft ein/ausatmen* breathe in/out the air; *tief durch die Nase einatmen* breathe in deeply through the nose

einäugig, *adj,* one-eyed; *(tech.)* single-lens; *unter Blinden ist der Einäugige König* in the kingdom of the blind the one-eyed man is king

Einbahnstraße, *sub, f, -, -n* oneway street

einbalsamieren, *vt,* embalm; **Einbalsamierung** *sub, f, -, -en* embalming

Einband, *sub, m, -s, -bände* cover; **~decke** *sub,f, -, -n* cover board

einbauen, *vt,* build in; *(einfügen)* insert; *(tech.)* install; **Einbau** *sub, m, -s, -ten* fitting; *(Einfügung)* insertion; *(Motor)* installation; **einbaufertig** *adj,* fit-in; **Einbauküche** *sub, f, -, -n* fitted kitchen; **Einbaumöbel** *sub, n, -s, -* built-in furniture

Einbaum, *sub, m, -s, -bäume* dugout

einbegriffen, *PPvt,* included; *MWSt eingebegriffen* included VAT

einbehalten, *vt,* withhold; *(Person)* detain; *die Steuer wird vom Lohn einbehalten* tax ist withhold from wages; **Einbehaltung** *sub, f, -, -en* withholding

einbestellen, *vt,* summon; *jmd als Zeugen einbestellen* summon sb as a whitness

einbeziehen, *vt,* include; *(Per-*

son) involve; *etwas in etwas einbeziehen* include sth in sth; **Einbeziehung** *sub, f, -, -en* inclusion

einbiegen, (1) *vt*, bend **(2)** *vti*, turn; *in die nächste Straße einbiegen* turn into the next street; *nach links/rechts einbiegen* turn left/right; *um die Ecke biegen* turn the corner

einbilden, *vr*, imagine; *(arrogant)* conceit; *bilde dir ja nicht ein, daß* don´t think that; *das bildest du dir nur ein* you´re imagining things; *eine eingebildete Krankheit* imaginary illness; *ich bilde mir ein, jmd gesehen zu haben* I think I saw him; *sich ziemlich viel einbilden auf etwas* be terribly conceited about sth; *was bildest du dir eigentlich ein* who do you think you are?; *er ist ganz schön eingebildet* he thinks no end of himself; **Einbildung** *sub, f, -, -en (Arroganz)* conceitedness; *(Fantasie)* fantasy; *(Vorstellung)* imagination; **Einbildungskraft** *sub, f, -, -kräfte* imaginative powers

einbinden, *vt, (Buch)* bind; *(einfügen)* link; *(Geschenk)* wrap; *ein Buch neu in Leinen/Leder einbinden* rebind a book in cloth/leather; *jmd ist in Konventionen eingebunden* so is bound by conventions; *eine Stadt in ein Verkehrsnetz einbinden* link a city into the transport system

einblenden, (1) *vr, (zuschalten)* link up with **(2)** *vt, (einfügen)* insert; **Einblendung** *sub, f, -, -en* insertion; *(Rück-)* flashback

einbleuen, *vt,* drum sth. into so.

Einblick, *sub, m, -s, -e (Kenntnis)* insight; *(Sicht)* view of

einbrechen, (1) *vi, (Börse)* crash **(2)** *vt, (Eis u.a.)* fall through **(3)** *vti, (Dieb)* break in; *(Wand)* break down; *jmd ist beim Eislaufen eingebrochen* so falls through the ice while skating, *bei einbrechender Dunkelheit* at nightfall; *bei uns wurde eingebrochen* we had a break-in; *der DAX ist eingebrochen* the

Dow Jones slumped; *in eine Bank einbrechen* break into a bank; **Einbrecher** *sub, m, -s, -* burglar

Einbrenne, *sub, f, -, -n* roux

einbringen, (1) *vr, (beitragen)* contribute **(2)** *vt,* bring in; *(verschaffen)* bring; *(Vorstellung/Gesetz)* introduce; *(wirt.)* invest; *etwas in eine Diskussion einbringen* contribute sth to a discussion, *jmd viel Geld einbringen* bring in a lot of money; *das bringt nichts ein* it doesn´t pay; *eine Klage einbringen* file an action; *es bringt mir ein* it gets me; *es hat mir nichts als Ärger gebracht* that has caused nothing but trouble; *eine Gesetzesvorlage im Parlament einbringen* introduce a bill into parliament; *Kapital in eine Gesellschaft einbringen* invest capital into a company; **einbringlich** *adj,* lucrative; **Einbringung** *sub, f, -, -en* capture; *(Gesetz)* introduction

Einbruch, *sub, m, -s, -brüche* burglary; *(geol.)* subsidence; *(meteor.)* onset; *(wirt.)* collapse; *bei Einbruch der Kältewelle* the onset of a cold wave; *bei Einbruch des Winters* when winter sets in; *Kaltlufteinbruch* influx of cold air

einbuchten, *vt, (ugs.)* lock sb up; *jmd einbuchten* lock up sb; **Einbuchtung** *sub, f, -, -en* bend; *(Meer)* bay

einbürgern, (1) *vr, (Person/Pflanze)* establish **(2)** *vt,* naturalize; *(Sitte)* introduce; **Einbürgerung** *sub, f, -, -en* naturalization

einbüßen, *vt,* lose; *an Ansehen einbüßen* her reputation suffered; *ein Bein einbüßen* lose a leg; *er hat dabei sein Geld eingebüßt* he has lost by it; *langsam Ansehen einbüßen* lose one´s ground; *sein Geld/Freiheit einbüßen* lose one´s money/freedom; **Einbuße**

sub, f, -, -n loss
einchecken, *vi,* check in
eindecken, (1) *vr,* stock up with (2) *vt, (Arbeit)* swamp
Eindecker, *sub, m, -s, -* monoplane
Eindeichung, *sub, f, -, -en* embankment
eindeutig, *adj,* clear; *(geh.)* definite; *(zweifelsfrei)* unambiguous
eindeutschen, *vt,* Germanize
eindosen, *vt,* tin (am: can)
eindösen, *vi,* doze off
eindreschen, *vt,* lay into sb
eindringen, *vti,* penetrate; *(Flüssigkeit)* seep into; *(ugs.; Gebäude)* get into; *(mil.)* invade into; *in einen Wald/ein Labyrint eindringen* penetrate into a forest/maze; **Eindringling** *sub, m, -s, -e* intruder
eindringlich, *adj, (beeindruckend)* impressive; *(mit Macht)* powerful; *(Warnung)* urgent
Eindruck, *sub, m, -s, -drücke* impression; *auf jmd Eindruck machen* impress so; *den Eindruck erwecken, daß* give the impression that; *Eindruck machen* be impressive; *einen Eindruck gewinnen* gain an impression; *einen schlechten Eindruck machen auf jmd* make a bad impression on sb; *er konnte sich des Eindrucks nicht erwehren, daß* he had the strong impression that; *jmd nach dem ersten Eindruck beurteilen* judge sb by first impressions; *noch unter dem Eindruck eines Erlebnisses stehen* be still under the spell of an adventure; **eindrucksvoll** *adj,* impressive
eindrücken, *vt, (brechen)* break; *(Nase)* flatten; *(Rippen)* crush; *(zerbrechen)* smash in; *der Wind drückte alle Fenster ein* the wind blew all the windows; **eindrücklich** *adj,* forceful
eine, *Zahl,* s. ein
einebnen, *vt,* level; *ein Grundstück einebnen* to level the ground
einengen, *vt,* restrict; *(i. ü. S.) jmd einengen* restrict sb movements; *(i. ü. S.) jmd in seiner Freiheit einen-*gen restrict sb freedom; *(i. ü. S.) sich eingeengt fühlen* fell hemmed

Einer, (1) *sub, m, -s, - (mat.)* unit; *(spo.)* single sculler (2) **einer** *Zahl,* s. ein
einerseits, *adv,* on (the) one hand; *einerseits und andererseits* on one hand and on the other hand
eines, *Zahl,* s. ein
einfach, (1) *adj,* single; *(leicht)* easy; *(nicht schwierig, einleuchtend)* simple (2) *adv, (einmal)* once; *(mit Adj.)* simply; *aus dem einfachen Grunde daß* for the simple reason that; *ein einfacher Mann* an ordinary man; *einfache Fahrkarte nach* single ticket to, *(US)* one-way ticket; *es ist einfach gut* it´s simply good; *ich mußte einfach lachen* I could´t help laughing; **Einfachheit** *sub, f, -, -en* simplicity
Einfädelung, *sub, f, -, -en* threading
einfahren, (1) *vt, (Ernte)* bring in; *(tech.)* retract; *(Wand)* knock down (2) *vti,* come in; *die Ernte einfahren* bring in the harvest, *der Zug ist soeben auf Gleis 5 eingefahren* the train has just arrived at platform 5; *in den Bahnhof einfahren* come into the station; **Einfahrgleis** *sub, n, -es, -e* home platform; **Einfahrt** *sub, f, -, -en (Annäherung)* approaching; *(Hereinfahren)* entry; *(Tor)* entrance; *Vorsicht bei der Einfahrt des Zuges* stand clear, the train is approaching
einfallen, *vt,* occur to sb; *(erinnern)* think of; *(Land)* invade; *(Licht)* come in; *etwas fällt jmd ein* sth occurs to sb; *was fällt die ein* how dare you; *es fällt mir jetzt nicht ein* I can´t think of it now; *ich werde mir was einfallen lassen* I´ll come up with sth; *in ein Gespräch einfallen* break into a conversation; *laß dir das ja*

nicht einfallen don´t you dare; *mir fällt eben ein, daß* I´ve just remembered that; *in ein Land einfallen* invade a country; *bei jmd einfallen* descend on so; **Einfall** *sub*, *m*, *-s*, *-fälle* idea; *(Land)* invasion; *(Licht)* incidence; *(Winter-)* onset; *ein sonderbarer Einfall* a strange idea; *der Einfall des Winters* the onset of the winter; **Einfalllicht** *sub*, *n*, *-s*, *-er* incidence of light; **einfallslos** *adj*, *(geh.)* unimaginative; *(ugs.)* lacking in ideas; **einfallsreich** *adj*, *(geh.)* imaginative; *(ugs.)* full of ideas **Einfalt**, *sub*, *f*, *-*, *nur Einz.* simplemindedness; *(geh.)* simpleness; *(arglos)* simplicity; **einfältig** *adj*, simple; *(arglos)* naive **einfarbig**, *adj*, of one colour; *(mit Farbe)* plain ..; *das Kleid ist einfarbig blau* the dress is plain blue **einfassen**, *vt*, *(Bild)* frame; *(Quelle)* curb; *(Stoff/Beet)* edge; *(umranden)* border; *ein Bild einfassen* frame a picture; *eine Straße mit Bäumen einfassen* edge a road with trees; **Einfassung** *sub*, *f*, *-*, *-en* edging, frame; *(Quelle)* enclosure; *(s.einfassen)* border **einfinden**, *vr*, arrive, be present; *sich pünktlich zuhause einfinden* arrive at home in time **einflechten**, *vt*, *(Bänder)* braid; *(i. ü. S.; Sprache)* work sth into; *(weben)* weave **einflößen**, *vt*, *(Angst)* arouse... in; *(Flüssigkeit)* pour; *(Mut/Vertrauen)* inspire sb with; *jmd Angst einflößen* arouse fear in sb; *jmd etwas einflößen* pour sth into sb's mouth; *jmd Bewunderung einflößen* inspire sb with admiration **einflügelig**, *adj*, one-winged **Einfluss**, *sub*, *m*, *-sses*, *-flüsse (i. ü. S.)* influence; *(meteor.)* inflow; *(wirt.)* influx; **~bereich** *sub*, *m*, *-s*, *-e* sphere of influence; **~nahme** *sub*, *f*, *-*, *-n* exertion of influence on; **einflussreich** *adj*, influential **einflüstern**, *vti*, put into one´s head; *(leise flüstern)* whisper; **Ein-**

forderung *sub*, *f*, *-*, *-en* demand **einförmig**, *adj*, monotonous; **Einförmigkeit** *sub*, *f*, *-*, *-en* monotony **einfrieren**, *vt*, freeze; *(i. ü. S.; aussetzen)* suspend; *die Rohre sind eingefroren* the pipes are frozen up; *ihr Lächeln war eingefroren* her smile had frozen; **Einfrierung** *sub*, *f*, *-*, *-en* freezing **Einfrostung**, *sub*, *f*, *-*, *-en* deepfreezing **einfügen**, (1) *vr*, adapt (2) *vt*, fit sth. in(to) sth.; *(Text)* insert; *sich in etwas einfügen* adapt oneself to sth, *etwas in etwas einfügen* fit sth in(to) sth; *ich möchte noch einfügen, daß* I would like to add that; *sich überall gut einfügen* fit in well everywhere **einfühlsam**, *adj*, *(geh.)* sensitive; *(ugs.)* understanding; **Einfühlung** *sub*, *f*, *-*, *-en* empathy **Einfuhr**, *sub*, *f*, *-*, *-en* import; **~beschränkung** *sub*, *f*, *-*, *-en* import restriction; **einführen** (1) *vi*, *(wirt.)* become established (2) *vt*, import; *(hineinschieben)* insert into; *(Neuerung)* introduce; **~hafen** *sub*, *m*, *-s*, *-häfen* port of entry; **~land** *sub*, *n*, *-es*, *-länder* importing country; **Einführung** *sub*, *f*, *-*, *-en* introduction; *(Einfügung)* insertion; *die Einführung in ein Amt* the installation in office; *eine Einführung in die Naturwissenschaften* in introduction to science; **~ware** *sub*, import-goods; **~zoll** *sub*, *m*, *-s*, *-zölle* import duty **Eingabe**, *sub*, *f*, *-*, *-n (Antrag)* petition; *(Beschwerde)* complaint; *(Daten)* input; *(Verabreichung)* administration; *eine Eingabe bei für etwas machen* make a petition to for sth; *die Eingabe der Medikamente* the tablets are to be taken; **~gerät** *sub*, *n*, *-s*, *-e* input device **Eingang**, *sub*, *m*, *-s*, *-gänge* entrance; *(das Eingehen)* incoming;

(das Erhalten) receipt; **eingangs (1)** *adv*, at the beginning **(2)** *präp*, where the ... starts; **~sbuch** *sub, n, -es, -bücher* goods inward book; **~stür** *sub, f, -, -en (i.Ggs. zu Aus-)* entrance door; *(Wohnung/Haus)* front door

Eingängigkeit, *sub, f, -, -en* comprehensiveness

eingeäschert, *adj,* burnt down; *(Leiche)* cremated

eingeben, *vt, (Daten)* feed in; *(Idee)* inspire; *(med.)* give; *etwas in den Computer eingeben* feed sth into the computer; *jmd eine Idee eingeben* inspire so with an idea; *jmd Medizin eingeben* give medicine to sb

eingebettet, *adj,* bedded

eingebildet, *adj, (arrogant)* conceited; *(nicht real)* imaginary

eingeboren, *adj,* native; **Eingeborene** *sub, f,m, -n, -n* native

eingebracht, *vt,* s. einbringen

Eingebung, *sub, f, -, -en* inspiration

eingedenk, *adj,* mindful

eingefleischt, *adj, (Junggeselle)* confirmed; *(Raucher)* inveterate; *eingefleischter Junggeselle* confirmed bachelor

eingefrieren, *vt,* deep-freeze

eingefuchst, *adj,* well-practised

eingehen, (1) *vi,* be received; *(Tiere/Pflanzen)* die; *(wirt.)* close down **(2)** *vt, (Angebot)* accept; *(auf etwas -)* deal with; *(Vertrag)* enter into; *der Brief ist bei uns noch nicht eingegangen* we have not yet received the letter; *die Blumen gehen an etwas ein* the flowers die with sth; *die Kuh ist ihm eingegangen* the cow has died on him; *die Geschäfte sind eingegangen* the shops had to close down, *auf ein Angebot eingehen* accept an offer; *auf ein Problem eingehen* deal with a problem; *auf einen Scherz eingehen* go along with a joke; *auf jmd nicht eingehen* ignore sb's wishes; *bei jmd ein- und ausgehen* be a frequent visitor at so place; *eingehende Post* in-

coming mail; *es will ihm nicht eingehen, daß* he can't grasp the fact that; *einen Vertrag eingehen* enter into a contract; **~d (1)** *adj,* detailed **(2)** *adv,* in detail

Eingemachte, *sub, n, -n, nur Einz.* preserved fruit/vegetables; *(Reserven)* reserve; *ans Eingemachte gehen* draw on one's reserves; *jetzt geht's ans Eingemachte* now comes the crunch

eingemeinden, *vt,* incorporate into

eingenommen, *vt, (begeistert)* be fond of; *(eingebildet)* conceited about

eingerechnet, *adj,* included

eingeschrieben, *adj,* registered; *(Student)* enrolled

eingesessen, *adj,* established

eingespielt, *adj,* in practice; *aufeinander eingespielt* playing well together; *ein eingespieltes Team* make a good team

eingesprengt, *adj,* with a sprinkling

eingestehen, *vt,* admit; *(bekennen)* confess; *sich eingestehen, daß* to admit oneself that; *ein Verbrechen eingestehen* confess a crime; *ich gestehe ein, daß ich Unrecht habe* I confess that I'm wrong

eingetragen, *adj, (Grundbuch)* entered; *(Markenzeichen)* registered; *eingetragenes Warenzeichen* registered Trademark

Eingeweide, *sub, f, -, nur Mehrz.* entrails

Eingeweihte, *sub, m,f, -n, -n* initiate

eingezogen, *adj, (mil.)* called-up; *(Wohnung)* moved in

eingießen, *sub,* pour in

Einglas, *sub, n, -es, -gläser* monocle

eingleisig, *adj,* single-track; *(einfältig)* narrow-minded

eingliedern, (1) *vr,* fit into **(2)** *vt,* integrate into; *(jur.)* incorporate into; *(wirt.)* include in; *sich in*

etwas eingliedern fit into sth
eingravieren, *vti*, engrave on; *in Stein eingravieren* ingrave on stone
eingreifen, *vti*, intervene in
Eingrenzung, *sub, f, -, -en* enclosure
Eingriff, *sub, m, -s, -e (Hose)* fly; *(med.)* operation; *(polit.)* intervention
Einguss, *sub, m, -gusses, -güsse* pouring out
einhalten, (1) *vi, (innehalten)* pause (2) *vt, (beachten)* observe; *(Gesetze)* obey; *(Verabredung/Limit)* keep; *das Gesetz, den Sabbat, Ruhezeiten einhalten* observe the law, the sabbath, silence; *Gesetze einhalten* obey the laws; *den Abstand einhalten* keep the distance; *die Richtung einhalten* keep going in the same direction; *ein Versprechen einhalten* keep a promise; **Einhaltung** *sub, f, -, -en* keeping; *(Vorschriften)* observance
einhämmern, *vt*, hammer on sth; *(i. ü. S.)* drum sth into sb(´s head)
einhändigen, *vt*, hand sth. over to sb
Einhauchung, *sub, f, -, -en* breathing of sth. into sth./sb
einheimisch, *adj*, native; **Einheimische** *sub, m,f, -n, -n* native
einheimsen, *vt, (raffen)* rake in; *(sammeln)* collect; *Medaillen einheimsen* collect medals
Einheit, *sub, f, -, -en (phy.)* unit; *(polit.)* unity; **einheitlich** (1) *adj, (in sich geschlossen)* integrated, unified; *(unterschiedslos)* standardized (2) *adv*, all the same; *die Prüfungsbestimmungen einheitlich regeln* standardize the examination regulations; *alle waren einheitlich ausgebildet* they had all had the same training; *alle waren einheitlich gekleidet* they were dressed all the same; **~lichkeit** *sub, f, -, -en* uniformity; **~slook** *sub, m, -s, -s* standardized fashion
einhellig, *adj*, unanimous; *einhellig einer Meinung sein* have an unanimous opinion

einherfahren, *vi*, drive around
einhergehen, (1) *vi*, walk about (around) (2) *vt, (i. ü. S.; mit etwas)* be accompanied by
einhöckerig, *adj*, one-humped
einholen, (1) *vi, (einkaufen)* go shopping (2) *vt, (erreichen)* catch up; *(Netz/Segel)* pull in; *(Rat)* seek; *(Zeit)* make up; *ein anderes Auto einholen* catch up with another car; **Einholtasche** *sub, f, -n, -n* shopping bag
Einhorn, *sub, n, -s, -e oder -hörner* unicorn
einig, *adj*, be in agreement with/about; *(polit.)* united; *~ gehen vt*, be agreed about
einige, (1) *pron*, some (2) *unb.Zahlw., (verschiedene)* several; *dazu gehört schon einiges* it takes something to do that; *einige hundert* some hundred; *es besteht einige Hoffnung, dass* there is some hope that; *ich könnte dir einiges über ihn erzählen* I could tell you a thing or two about him, *einige tausend* several thousands of
einigen, *vi, (geh.)* reach an agreement; *(ugs.)* come to an agreement; **Einigkeit** *sub, f, -, -en (polit.)* unity; *(Übereinstimmung)* agreement; **Einigung** *sub, f, -, -en (polit.)* unification; *(Übereinkunft)* agreement
einigermaßen, *adv*, fairly, rather; *einigermaßen zufrieden sein* be fairly satisfied; *wie geht es Dir? Einigermaßen!* how are you? Not too bad!
einkampfern, *vt*, use camphor
einkapseln, *vt*, encapsulate; **Einkapslung** *sub, f, -, -en* encapsulation
einkassieren, *vt*, collect; *(ugs.; festnehmen)* pinch; *eine Rechnung einkassieren* collect a bill; *Steuern einkassieren* collect taxes
einkaufen, (1) *vi*, shop (2) *vt*, buy, purchase; **Einkauf** *sub, m,*

-s, -käufe buying; *(Ware)* purchase; **Einkäuferin** *sub, f, -, -nen* purchaser; **Einkaufscenter** *sub, n, -s, -* shopping centre; *(am)* mall; **Einkaufskorb** *sub, m, -s, -körbe* shopping basket; **Einkaufsnetz** *sub, n, -es, -e* string bag

einkehren, *vi,* stop at an inn; **Einkehr** *sub, f, -, -ten* stop

Einkerkerung, *sub, f, -, -en* incarceration

Einkesselung, *sub, f, -, -en* encirclement

einklammern, *vt,* put sth in brakkets

Einklang, *sub, m, -s, -klänge* harmony; *die Hausarbeit mit der Karriere in Einklang bringen* combine housework and a career; *im Einklang leben* live in peace and harmony; *im Einklang mit jmd sein* be in agreement with sb

einkleiden, *vt,* clothe; *sich einkleiden* clothe oneself; *sich neu einkleiden* fit oneself out with a new set of clothes

Einknickung, *sub,* bending

einknüppeln, *vt,* beat so.with a club (pol:truncheon)

Einkochtopf, *sub, m, -es, -töpfe* preservation pot

Einkommen, **(1)** *sub, n, -s, -* income **(2) einkommen** *vt,* apply for sth.; *einkommen um etwas* apply for sth; ~**steuer** *sub, f, -, -n* income tax

einkreisen, *vt,* encircle; **Einkreisung** *sub, f, -, -en* encirclement

Einkreuzung, *sub, f, -, -en* crossbreeding

Einkünfte, *sub, f, -, nur Mehrz.* income

einkuscheln, *vr,* snuggle up in sth

einladen, *vt, (in)* load (into); *(zu)* invite; *etwas ins Auto einladen* load sth into the car; *ihr seid eingeladen* this is on me; *jmd auf ein Bier einladen* invite sb for a beer; *jmd zum (auswärts) Abendessen einladen* invite so out for dinner; *jmd zum Abendessen einladen* invite sb to dinner; **Einladung** *sub, f, -,* -en invitation

Einlage, *sub, f, -, -n (Anlage)* enclosure; *(mus.)* interlude; *(Schuh)* arch-support; *(wirt.)* deposit; ~**rung** *sub, f, -, -en* storage

einlassen, **(1)** *vr, (auf)* get involved in **(2)** *vt,* admit; *sich auf einen Streit einlassen* get involved in an argument; *sich mit vielen Männern einlassen* to go with lots of different men; **Einlasskarte** *sub, f, -, -n* admission ticket; **Einlassung** *sub, f, -, -en (jur.)* testimony

einlegen, *vt,* put sth. in/into; *(geh.)* insert; *(Haare)* set; *den ersten Gang einlegen* engage first gear; *ein gutes Wort für jmd bei jmd einlegen* put in a good word for sb with so; *eine Pause einlegen* have a break; *einen Spurt einlegen* put in a spurt; *in einen Brief einlegen* enclose; *in Essig einlegen* pickle; *einen Film in die Kamera einlegen* insert a film into the camera; *jmd die Haare einlegen* set so´s hair; **Einlegesohle** *sub, f, -, -n* insole

einleiten, *vt,* start; *(Massnahmen)* introduce; *(Untersuchung)* open; *(Wasser)* lead into; *die Suche einleiten* start the search; *einen Prozess einleiten* bring an action against; *giftige Abwässer in etwas einleiten* discharge poisonous effluents into sth; **Einleitewort** *sub, n, -es, -e* words of introduction; **Einleitung** *sub, f, -, -en* introduction; *(Wasser)* discharge

einleuchten, *vr,* be clear to sb; ~**d** *adj,* plausible

einliefern, *vt,* admit; *wir mußten Vater ins Krankenhaus einliefern lassen* we had to have daddy admitted to hospital; **Einlieferer** *sub, m, -s, -* deliverer; **Einlieferung** *sub, f, -, -en* admission to

einlogieren, *vr,* park oneself on sb

einlösen, *vt,* redeem; *(wirt.)* cash; *sein Wort einlösen* keep one´s

word; *einen Scheck einlösen* cash a cheque; **Einlösesumme** *sub,f, -, -n* cashing amount
einmachen, *vt*, preserve; **Einmachglas** *sub, n, -es, -gläser* preserving jar
einmal, *adv*, once; *(früher)* once (upon a time); *(später)* some day; *alles auf einmal* all at once; *das war einmal* that´s all in the past; *einmal eins ist eins* once one is one; *einmal im Jahr* once a year; *einmal ist keinmal* just once won´t matter; *einmal und nie wieder* never again; *erst einmal* first; *es ist nun einmal so* that´s the way it is; *es war einmal* once upon a time; *haben sie schon einmal* have you ever; *nicht einmal* not so much as; *noch einmal* once more; *noch einmal so alt* twice his age; *wenn du einmal groß bist* when you grow up; *ich habe einmal im Taxi gesessen* some day I sat in the taxi; *ich werde einmal im Taxi sitzen* some day I´ll sit in the taxi; **Einmaleins** *sub, n, -, nur Einz.* multiplication tables; *das kleine Einmaleins* multiplication tables from 1 to 10; **~ig** *adj*, *(einzeln)* single; *(günstig)* unique; *(hervorragend)* superb; *eine einmalige Chance* the chance of a lifetime; *einmalige Abfindung* single payment; **Einmaligkeit** *sub, f, -, -en* uniqueness
Einmarkstück, *sub, n, -s, -e* one-mark piece
Einmarsch, *sub, m, -s, -märsche* entry; *(mil.)* invasion
einmassieren, *vt*, rub in
Einmauerung, *sub, f, -, -en* immuring
Einmeterbrett, *sub, n, -s, -er* one-metre board
einmieten, *vr*, rent a room/villa
einmischen, **(1)** *vr*, interfere in **(2)** *vt*, mix in; *wenn ich mich kurz einmischen darf* if I may butt in for a moment; **Einmischung** *sub,f, -, -en* interference; *verzeihen sie meine Einmischung* excuse my butting in

einmonatig, *adj*, one-month
einmünden, *vi*, flow in(to); *(enden)* lead into
einmütig, *adj*, unanimous; **Einmütigkeit** *sub,f, -, -en* unanimity
einnähen, *vt*, sew sth. into; *(enger nähen)* take in
Einnahme, *sub, f, -, -n* income; *(med.)* taking; *(mil.)* capture; **~soll** *sub, n, -s, -s* income-debit
Einnebelung, *sub, f, -, -en* smokescreen
einnehmen, *vt*, take; *(für sich -)* win sb; *(verdienen)* earn; *eine Mahlzeit einnehmen* take a meal; *eine wichtige Stellung bei etwas einnehmen* occupy an important place in; *einen Standpunkt/Haltung einnehmen* take up a position/attitude; *gegen jmdeingenommen sein* be prejudiced against sb; *seinen Platz einnehmen* take one´s seat; *von sich eingenommen sein* be very taken with oneself; *jmd für sich einnehmen* win sb over
Einöde, *sub, f, -, -n* waste; *(abgeschieden)* isolation
einordnen, **(1)** *vr*, fit in(to); *(Verkehr)* get into lane **(2)** *vt*, put in order; *(klassifizieren)* classify; *sich links einordnen* get into the left lane
einpacken, *vt*, wrap; *da können wir einpacken* we might as well pack up and go; *er kann einpacken!* he had it!; *sich warm einpacken* wrap oneself warmly
Einpersonenhaushalt, *sub, m, -s, -e* single-person household; **Einpersonenstück** *sub, n, -s, -e* monodrama
einpferchen, *vt*, stand crammed together; **Einpferchung** *sub,f, -, -en* cramming
einpflanzen, *vt*, plant; *(med.)* implant; **Einpflanzung** *sub,f, -, -en* planting; *(med.)* implantation
Einpinselung, *sub, f, -, -en* painting
einpökeln, *vt*, salt; *Kabeljau ein-*

pökeln salt cod

Einpolderung, *sub, f, -, -en* polder

einprägen, (1) *vr,* memorize **(2)** *vt,* stamp; *ins Gedächtnis tief einprägen* ingrave sth on one´s memory, *sich etwas einprägen* stamp sth on one´s memory; **einprägsam** *adj,* catchy; *(Gedächtnis)* easily remembered; **Einprägsamkeit** *sub, f, -, -en* memorability

einquartieren, (1) *vi,* be billeted on **(2)** *vt,* quarter; **Einquartierung** *sub, f, -, -en* billeting; *(mil.)* quartering

einrahmen, *vt, (Bild)* frame; *(Person)* flank

einrangieren, *vt,* shunt in(to)

einräumen, *vt, (i. ü. S.)* admit; *(Schrank)* put away/back in(to); *jmd ein Recht einräumen* grant sth to so; *einen Schrank einräumen* put things into a cupboard

einreden, (1) *vr,* imagine **(2)** *vt, (auf jmd.)* keep talking to; *(jmd. etwas -)* talk sb into believing sth.

einreiben, *vi,* rub; *die Haut mit etwas einreiben* rub sth into the skin

einreichen, *vt,* submit; *(jur.)* file; *Klage einreichen* file an action; **Einreichung** *sub, f, -, -en* submission

einreihen, (1) *vr,* join sth. **(2)** *vt,* place sth/sb; *sich in etwas einreihen* join sth, *jmd in eine Kategorie einreihen* place sb in a category; **Einreiher** *sub, m, -s, -* single-breasted suit/jacket

einreisen, *vti,* enter; *nach Deutschland einreisen* enter Germany; **Einreise** *sub, f, -, -n* entry

Einreißhaken, *sub, m, -s, -* ceiling hook

Einrenkung, *sub, f, -, -en (med.)* reset

einrichten, (1) *vr, (auf)* arrange with **(2)** *vt,* furnish; *auf so etwas sind wir nicht eingerichtet* we´re not prepared for that sort of thing; *das läßt sich einrichten* that can be arranged; *sich einrichten auf* prepare for; *sich gemütlich einrichten* furnish sth comfortably; *sich häus-*

lich einrichten make oneself at home in a place; *sich neu einrichten* refurnish; *wenn du es einrichten kannst* if you can (manage to); **Einrichtung** *sub, f, -, -en (Gebäude)* furnishing; *(Institution)* institution; *(sanitäre)* facilities; *eine ständige Einrichtung werden* become a permanent institution; *öffentliche Einrichtung* (public) institution

Einriss, *sub, m, -risses, -risse* tear

einrücken, (1) *vi, (mil.)* move in **(2)** *vt, (Text)* indent

eins, (1) *adj,* same **(2) Eins** *sub, f, -, -en* one; *(Schulnote)* A **(3) Zahl,* one; *das ist doch alles eins* it all amounts to the same thing, *die Nummer eins sein* be number one; *eins gefällt mir nicht* there is one thing I don´t like about it; *eins zu null für dich* score one for you; *noch eins* another thing; *um eins* at once; *zwei zu eins* two to one

einsacken, (1) *vi,* sink in **(2)** *vt,* put into sacks; *(i. ü. S.)* grab

einsalzen, *vt,* salt

einsam, *adj,* lonely; *(abgelegen)* isolated; **Einsamkeit** *sub, f, -, -en* loneliness; *(Alleinsein)* solitude

einsammeln, *vt,* collect; *(auflesen)* pick up; *die Kinder einsammeln* pick up the children; **Einsammlung** *sub, f, -, -en* collecting, picking up

Einsattelung, *sub, f, -, -en* saddling

Einsatz, *sub, m, -es, -sätze (Maschine)* deployment; *(persönlicher -)* commitment; *(Stoff)* inset; *(Unterteilung)* compartment; *den Einsatz geben* give the cue; *der Einsatz der Violinen kam zu spät* the violins came in too late; *der Einsatz hat sich gelohnt* the effort was worth while; *die Einsätze sind hoch* the stakes are high; *einen Einsatz fliegen* fly a mission; *Einsatz zeigen* show commitment;

harter Einsatz (Sport) hard tackling; *im Einsatz sein* be on duty; *im praktischen Einsatz* in operation; *mit vollem Einsatz* all out; *unter Einsatz seines Lebens* at the risk of one´s life; *zum Einsatz kommen* be brought in(to action); *den Einsatz verdoppeln* double the stakes; **einsatzbereit** *adj*, ready to work; **einsatzfähig** *adj*, fit to compete; **~wagen** *sub, m, -s, -wägen* ambulance, fire engine, police-car

einschalten, (1) *vr*, intervene (2) *vt*, switch on; **Einschaltung** *sub, f, -, -en* turning on

Einschalung, *sub, f, -, -en* boarding

einschärfen, *vt*, impress sth. upon sb

einscharren, *vt*, bury

einschätzen, *vt*, (*Entfernung*) estimate; (*Person*) judge; **Einschätzung** *sub, f, -, -en* estimation, judging; (*Steuer*) assessment

einschäumen, *vt*, lather; (*mit Kunststoff*) wrap in foam

einschenken, *vt*, pour out sth. for sb

einscheren, *vi*, move into a lane/space

einschicken, *vt*, send in; *eine Bestellung einschicken* send in an order; *eine Bewerbung einschicken* send in an application; *etwas zur Reparatur einschicken* send sth (in) for repair

einschieben, *vt*, (*dazwischen*) insert; (*hinein*) push in; **Einschiebsel** *sub, n, -s, -* insertion; **Einschiebung** *sub, f, -, -en* introduction

einschießen, (1) *vr*, get the range (2) *vt*, (*Ball*) kick in; (*Fenster*) smash; *den Ball zum 1 : 1 einschießen* shoot a goal to the score 1 : 1; *sich auf ein Ziel einschießen* get the range; *sich auf jmd einschießen* make sb the target of attacks

einschlafen, *vi*, fall asleep; (*Bein*) go to sleep; (*sterben*) pass away; *beim Fernsehen einschlafen* fall asleep while watching TV; *mein Bein*

ist eingeschlafen my leg has gone to sleep; *über der Zeitung einschlafen* fall asleep over the paper; **einschläfern** *vt*, put to sleep; **einschläfig** *adj*, singlebedded; **einschläfrig** *adj*, soporific

einschlagen, (1) *vi*, (*Blitz*) strike; (*Bombe*) land (2) *vt*, (*Geschenk*) wrap up; (*Scheibe*) knock in; *Baby einschlagen* wrap up a baby; *bei uns hat es eingeschlagen* our house was struck by lightning; *einen anderen Weg einschlagen* adopt a different method; **Einschlag** *sub, m, -s, -schläge* landing; **einschlägig** (1) *adj*, specialist; (*zum Thema*) relevant (2) *adv*, similar; *einschlägig vorbestraft* previously convicted for the same offence

einschlämmen, *vt*, apply mud to

einschleichen, *vt*, sneak in(to)

einschleifen, (1) *vr*, (*Gewohnheit*) become established (2) *vt*, (*tech.*) grind; *die Zylinder einschleifen* grind the cylinders

einschleppen, *vt*, (*med.*) bring in; (*Schiff*) tow in; *eine (Krankheit) einschleppen nach* to bring in sth to

einschleusen, *vt*, infiltrate; *jmd nach Deutschland einschleusen* infiltrate so into Germany

einschließen, *vt*, lock sth. up; (*umgeben*) surround; **einschließlich** *präp*, including/inclusive; **Einschluss** *sub, m, -es, -schlüsse* (*polit./geol.*) inclusion

einschmelzen, *vt*, melt down

einschmieren, (1) *vr*, (*Schmutz*) get covered with (2) *vt*, (*Creme*) cream; (*Fett*) grease; *die Kinder schmierten meine Schuhe mit Zahnpasta ein* the kids smeared my shoes with toothpaste; *Schuhe einschmieren mit Politur* grease one´s shoes

einschnappen, *vi*, (*i. ü. S.*) go into a huff; (*Tür*) click; *das Schloss*

einschnappen lassen click the lock
einschneiden, (1) *vi, (Träger)* cut
(2) *vt,* make a cut in; *(Tal)* carve;
das Kleid schneidet an den Schultern ein the dress cuts into my
shoulders, *ein tief eingeschnittenes
Tal* a deeply carved valley; ~**d** *adj,*
drastic; *(stärker)* radical
einschneien, *vi,* get (be) snowed in
einschnüren, *vr,* lace; **Einschnürung** *sub, f, -, -en* lacerating
einschränken, (1) *vr,* cut back on
(2) *vt,* reduce; *(begrenzen)* limit;
(Verbrauch) cut down; *sich finanziell einschränken müssen* have to
cut back on one´s spending of money, *das Rauchen einschränken* reduce smoking; **Einschränkung**
sub, f, -, -en limitation, reservation,
restriction; *mit der Einschränkung,
daß* with the (one) reservation that;
ohne Einschränkung without reservation; *jmd Einschränkungen auferlegen* impose restrictions on sb
einschrauben, *vt,* screw in
einschreiten, *vi,* intervene
einschrumpfen, *vi,* shrivel
Einschub, *sub, m, -s, -schübe* insertion
einschüchtern, *vt,* intimidate
einschulen, *vi,* start school; **Einschulung** *sub, f, -, -en* starting
school
Einschuss, *sub, m, -schusses, -schüsse* bullet wound
einschwärzen, *vt,* blacken
einschweißen, *vt,* weld in; *(in Plastikfolie)* seal sth. in transparent
film
einschwenken, *vi,* turn in(to); *(i. ü.
S.)* fall into line; *auf einen anderen
Kurs einschwenken* change course
politically; *in die Toreinfahrt einschwenken* turn into the gateway
einschwimmen, *vr,* warm-up swimming
einschwingen, *vi, (phy.)* keep oscillating
einschwören, *vt,* swear sb in; *jmd
auf etwas einschwören* swear sb in
to sth

einsegnen, *vt,* consecrate; **Einsegnung** *sub, f, -, -en* consecration
Einsehen, (1) *sub, n, -s, nur Einz.*
understanding **(2) einsehen** *vt,*
understand; *(Garten)* see into;
(Text) look at; *ein Einsehen haben* show some consideration;
ich sehe nicht ein, weshalb I
don´t see why
einseifen, *vt,* lather; *(Schnee)* rub
einseitig, *adj,* one-sided; *(unausgewogen)* unbalanced; *einseitig
beschrieben* written on one side
only; *einseitige Ernährung* unbalanced diet; *etwas sehr einseitig
darstellen* give a one-sided
description of sth
einsenken, *vt,* sink sth. into
einsetzen, (1) *vi, (beginnen)* start
(2) *vr,* do what one can **(3)** *vt,* put
in; *(etw. riskieren)* risk;
(Schrank/Fenster) fit in; *(tech.)*
bring into action; *(Text)* insert;
jmd als Erben einsetzen appoint
so one´s heir; *jmd einsetzen in*
assign so to; *sich bei jmd für jmd
einsetzen* intercede with so for
so; *sich voll einsetzen* go all out
Einsicht, *sub, f, -, -en* have a look,
understanding; *(s. einsehen)*
view; *Einsicht in die Akten nehmen* have a look at the files; *Einsicht mit jmd haben* show
understanding for sb; *zu der Einsicht gelangen, daß* realize that;
zur Einsicht kommen listen to
reason; **einsichtig (1)** *adj,* understanding **(2)** *adv,* show a great
deal of understanding; **einsichtslos** *adj,* without remourse
Einsiedelei, *sub, f, -, -en* hermitage; **Einsiedler** *sub, m, -s, -* hermit
einsilbig, (1) *adj,* monosyllabic;
(i. ü. S.; Person) taciturn **(2)** *adv,*
in monosyllables; *er ist sehr einsilbig* he´s very taciturn; **Einsilbigkeit** *sub, f, -, - (i. ü. S.)*
taciturnity
Einsinktiefe, *sub, f, -, -en* depth of
sinking

einsommerig, *adj,* living one sommer

einsortieren, *vt,* sort/put into

einspannen, *vt, (Person)* rope in; *(Pferd)* harness; *(Stoff)* fix in a frame; *(tech.)* clamp; *er wollte uns für seine Zwecke einspannen* he wanted to use us for his own ends; *jmd für etwas einspannen* rope so in doing sth; *Stoff in einen Stickrahmen einspannen* fix cloth into an embroidery frame; *das Werkstück in den Schraubstoch einspannen* clamp the work in the vice

einsparen, *vt,* save; *(Verbrauch verringern)* cut down; *Arbeitsplätze einsparen* cut down on staff; *Geld einsparen* save money; *Kosten einsparen* cut down costs

einspeicheln, *vt,* insalivate

einsperren, *vt,* lock sb/sth. up

Einspielung, *sub, f, -, -en* taking

einsprachig, *adj,* monolingual

einsprechen, *vt,* s. einreden

einsprengen, *vt,* sprinkle; **Einsprengsel** *sub, n, -s, -* embedded particles

einspritzen, *vt,* inject; **Einspritzung** *sub, f, -, -en* injection

Einspruch, *sub, m, -s, -sprüche* objection

einst, *adv, (früher)* once; *(später)* some (day); *einst war einmal* once upon a day; *einst wird kommen der Tag* the day will come when

einstampfen, *vt,* pulp; *Akten Einstampfen* pulp files; **Einstampfung** *sub, f, -, -en* pulping

Einstand, *sub, m, -es, -stände* debut; *(Beruf)* celebrate starting

einstecken, **(1)** *vr,* take with **(2)** *vt,* put sth. in; *(Prügel)* take; *den Stekker einstecken* put the plug in; *steck das Bügeleisen ein* plug the iron in; *er kann viel einstecken* he can take a lot; **Einsteckkamm** *sub, m, -es, -kämme* comb

einsteigen, *vi, (Fahrzeug/Bus/Auto)* get in/on/into; *(Gebäude)* get in through; *(polit./wirt.)* go into; *alles einsteigen* all aboard; *durch das Fenster einsteigen* get in through the window; *in ein Projekt einsteigen* get in on a project; **Einsteiger** *sub, m, -s, - (Anfänger)* beginner; *(Dieb)* burglar

Einsteinium, *sub, n, -s, nur Einz. (chem.)* einsteinium

einstellen, **(1)** *vr, (auf jdn.)* adapt to sb **(2)** *vt, (beenden)* stop; *(Person)* employ; *(tech.)* adjust; *(weg)* put away/in; *sich auf jmd einstellen* adapt to sb, *die Arbeit einstellen* stop work; *ein Radio einstellen* tune a radio; *eine Uhr einstellen* adjust a clock; *das Verfahren einstellen* abandon court proceedings; *den Betrieb einstellen* shut down the factory; *die Feindseligkeiten einstellen* cease hostilities; *in die Garage einstellen* put in the garage; *Klage einstellen* drop the action; *sich schnell auf eine Situation einstellen* adjust quickly to a new situation; **Einstellung** *sub, f, -, -en (Ansicht)* attitude; *(Beendigung)* stopping; *(Beruf)* employment; *(Rekord)* equalization; *(tech.)* adjustment

Einstieg, *sub, m, -s, -e* entry; *der Einstieg in die Kernenergie* opting for nuclear energy

einstig, *adj,* former

einstimmen, *vi,* agree; *(mus.)* join in; *in das Gelächter einstimmen* join in the laughter; **Einstimmung** *sub, f, -, nur Einz.* get in the mood for

einstimmig, *adj, (Beschluss)* unanimous; *(mus.)* for one voice; **Einstimmigkeit** *sub, f, -, -en* unanimity

einstmalig, *adj,* former; *einstmalig* in former times

einstöckig, *adj,* single-storey

einstoßen, *vt,* break down; *eine Wand einstoßen* break down a wall

einstreichen, **(1)** *sub, (Geld)* rake in **(2)** *vt, (verstreichen)* spread; *Brot mit Butter einstreichen*

spread butter on bread
einströmen, *vi*, stream in
einstudieren, *vt*, rehearse
einstufen, *vt*, classify; **Einstufung**
sub, f, -, -en classification
Einstülpung, *sub, f, -, -en* turned inside
einstürmen, *vt*, besiege; *auf jmd
mit Fragen einstürmen* assail so
with questions
einstürzen, (1) *vi*, collapse (2) *vt*,
(Probleme) crowd in on sb; *die Probleme stürzten auf ihn ein* the problems crowded in on him; *eine Welt
stürzte für sie ein* her whole world
collapsed; **Einsturz** *sub, m, -es, -
stürze* collapse
einstweilen, *adv, (inzwischen)* meanwhile; *(zeitweise)* temporarily
einstweilig, *adj*, temporary; *eine
einstweilige Anordnung/Verfügung*
a temporary injunction/order
Einswerdung, *sub, f, -s, -en* becoming one
Eintagsfliege, *sub, f, -, -n (i. ü. S.)*
seven-day wonder; *(zool.)* mayfly
Eintänzer, *sub, m, -s, -* gigolo
Eintänzerin, *sub, f, -s, -nen* female
dancing-partner
eintauchen, (1) *vi*, dive in (2) *vt*,
dip; *den Zwieback in den Tee eintauchen* dip the rusk in the tea
eintauschen, *vt*, exchange (for);
Eintausch *sub, m, -es, nur Einz.*
exchange
eintaxieren, *vt*, assess; *Schaden eintaxieren* assess damages; *Steuer
eintaxieren* assess a tax
Eintel, *sub, n, -es, -* whole
eintönig, *adj*, monotonous; **Eintönigkeit** *sub, f, -, -en* monotony
eintopfen, *vt*, pot (up); *Blumen eintopfen* pot up plants; **Eintopf** *sub,
m, -s, nur Einz.* stew; *Irischer Bohneneintopf* Irish Stew; **Eintopfgericht** *sub, n, -s, -e* stew
Eintracht, *sub, f, -, nur Einz.* harmony; **einträchtig** *adj*, harmonious; *einträchtig zusammenleben*
live together in harmony
eintragen, (1) *vr, (Liste)* enter (2)

vt, (Aufsatz) copy; *(Geld/Dank)*
bring in; *(Name/Warenzeichen)*
register; *einen Aufsatz ins Heft
eintragen* copy an essay into
one´s exercise-book; *das hat ihm
nur Undank eingetragen* that
only brought him ingratitude; *ein
Warenzeichen eintragen lassen*
have registered a trade-mark; *sich
eintragen lassen(vormerken)*
put one´s name down; *sich in die
Anwesenheitsliste eintragen* sign
in; **Eintrag** *sub, m, -s, -träge (das
Eingetragene)* entry; *(das Eintragen)* entering; **einträglich** *adj*,
lucrative, profitable; *eine einträgliche Arbeit haben* do a lucrative
work; *ein einträgliches Geschäft*
profitable business
einträufeln, *vt*, put drops in; *(eingeben)* administer a medicine in
drops
eintreffen, *vi, (ankommen)* arrive; *(wahr werden)* come true;
auf Madeira eintreffen arrive at
Madeira; *in Berlin eintreffen* arrive in Berlin
eintreiben, *vt*, collect; *(Nagel)*
drive in; *das Geld eintreiben lassen* take action to obtain the money; **eintreibbar** *adj*,
collectable(collectible)
eintreten, (1) *vi*, enter; *(auftreten)* occur; *(Club)* join (2) *vt, (für
etw.)* stand up for; *(Splitter)* get
sth. in one´s foot; *in den Krieg
eintreten* enter the war; *in die
Beweisaufnahme eintreten*
proceed to hearing the evidence;
in Verhandlungen eintreten enter negotiations; *das Unerwartete war eingetreten* the
unexpected had occured; *es ist
eine Besserung eingetreten* there
has been an improvement; *es trat
Stille ein* silence fell; *in die
Erdumlaufbahn eintreten* enter
the Earth orbit, *sich einen Splitter
in den Fuß eintreten* get a splinter in one´s foot
eintrichtern, *vt*, drum sth. into sb

Eintritt, *sub, f, -s, -e* entrance, entry; *(Ereignis)* occurence; *(Verein)* joining; *(Zulassung)* admission; *beim Eintritt in die Erdatmosphäre* on entry into the Earth´s atmosphere; *Eintritt verboten* no entry; *bei seinem Eintritt in den Club* on his joining the club; *Eintritt frei* free admission; ~**skarte** *sub, f, -, -n* admission ticket

eintrocknen, *vi,* dry (up/out)

eintröpfeln, *vi,* drop in

eintürig, *adj,* one-door

eintüten, *vt,* bag

einüben, *vt,* practise; *jede seiner Gesten wirkte sorgfältig eingeübt* all of his gestures seemed carefully rehearsed; *mit jmd etwas einüben* practise sth with sb

Einvernehmen, (1) *sub, n, -, -* agreement (2) **einvernehmen** *vt,* examine

einverstanden, *adj,* agreed; *einverstanden!* all right! ok!; *mit etwas einverstanden sein* agree to sth

Einverständnis, *sub, n, -, -se (Billigung)* consent; *(Übereinstimmung)* agreement; *(Zustimmung)* approval; *Einverständnis zu etwas* consent to; *sein Einverständnis erklären* give one´s consent

Einwand, *sub, m, -s, -wände* objection; *Einwände gegen etwas erheben* raise objections to sth

Einwanderer, *sub, m, -s, -* immigrant; **Einwanderin** *sub, f, -, -nen* female immigrant; **Einwanderung** *sub, f, -, -en* immigration

einwandfrei, *adj,* perfect; *(fehlerfrei)* flawless

einwärts, *adv,* inwards

einwechseln, *vt,* change; *(ersetzen)* substitute; *DM in Dollar einwechseln* change DM into Dollar; *jemanden einwechseln* substitute a player; **Einwechslung** *sub, f, -, -en* substitution

einwecken, *vt,* preserve; **Einweckglas** *sub, n, -es, -gläser* preserving jar

einweichen, *vt,* soak; **Einweichung** *sub, f, -, -en* soak

einweihen, *vt, (Brücke)* open; *(i. ü. S.; das erste Mal benutzen)* christen; *(Monument)* dedicate

einweisen, *vt, (Arbeit)* introduce; *(Klinik)* admit; *jmd in ein Geheimnis einweihen* let so in on a secret; *jmd in etwas einweihen* initiate so into sth; *jmd ins Krankenhaus einweisen* have so admitted to hospital

einwenden, *vt,* object; *einwenden, dass* argue that; *es läßt sich nichts dagegen einwenden* there is nothing to be said against; *etwas einwenden gegen* object to sth; *ich habe nichts dagegen einzuwenden* I have no objections; **Einwendung** *sub, f, -, -en* objection (to)

einwerfen, *vt, (Bemerkung/Ball)* throw in; *(Fenster)* smash; *(Münze)* insert; *(Post)* put in

einwickeln, *vt,* wrap (up); **Einwicklung** *sub, f, -, -en* wrapping

einwilligen, *vi,* agree (to); *in etwas einwilligen* agree to sth; **Einwilligung** *sub, f, -, -en (Übereinstimmung)* agreement; *(Zustimmung)* consent; *seine Einwilligung zu etwas geben* give one´s consent to sth

Einwohner, *sub, m, -s, -* inhabitant; *die Stadt hat 2 Millionen Einwohner* the town has 2 million inhabitants; ~**in** *sub, f, -, -n* female inhabitant; ~**schaft** *sub, f, -, nur Mehrz.* population; *die Stadt hat eine Einwohnerschaft von 2 Millionen* the town has a population of 2 million

Einwurzelung, *sub, f, -, -en* taking roots

Einzahl, *sub, f, -, nur Einz.* singular

einzahlen, *vt,* deposit; **Einzahlung** *sub, f, -, -en* deposit, payment

einzäunen, *vt,* fence; *ein Grundstück einzäunen* to fence in the ground

einzeichnen, *vt,* draw sth. in; *etwas ist in der Karte nicht eingezeichnet* something isn´t on the map; **Einzeichnung** *sub, f, -, -en* mark

Einzel, *sub, n, -s, - (spo.)* singles; ~**abteil** *sub, n, -s, -e* single compartment; ~**aktion** *sub, f, -, -en* independent action; ~**disziplin** *sub, f, -, -en* single event; ~**fall** *sub, m, -, -fälle* particular case; *im Einzelfall* in particular cases; ~**gänger** *sub, f, -, -* loner; ~**haft** *sub, f, -, -* solitary confinement; ~**handel** *sub, m, -s, -* retail trade; ~**heit** *sub, f, -, -en* detail; *bis in alle Einzelheiten* down to the last detail; *in Einzelheiten geben* go into detail

einzeln, *adj, (allein)* solitary; *(aus vielen)* individual; *(jeder -)* single

Einzelperson, *sub, f, -, -en* one person; **Einzelreise** *sub, f, -, -n* individual journey; **Einzelstaat** *sub, m, -s, -en* individual state; **Einzelstück** *sub, n, -s, -e* individual item; **Einzeltäter** *sub, m, -s, -* individual culprit; **Einzelwesen** *sub, n, -s, -* individual; **Einzelzelle** *sub, m, -, -n* single cell; **Einzelzimmer** *sub, n, -s, -* single room

einziehen, **(1)** *vi,* enter; *(Wohnung)* move in **(2)** *vt, (Band)* thread in; *(Bett/Wand)* put in; *(Luft)* breathe in; *(zurückziehen)* haul in; *der Hund zog den Schwanz ein* the dog put its tail between its legs; *den Kopf einziehen* duck; *Informationen einziehen* gather information; *ins Parlament einziehen* take one´s seat in the parliament; *vom Konto einziehen lassen* pay by direct debit; **Einziehung** *sub, f, -, nur Einz. (mil.)* call-up; *(wirt.)* collection

einzig, *adj,* only; *(verneint)* single; *das ist das einzig richtige* that´s the only thing to do; *kein einziges Auto* not a single car; ~**artig** *adj,* unique

Einzug, *sub, m, -s, -züge* entry; *(Wohnung)* move; ~**sgebiet** *sub, n, -s, -e* catchment area

Einzwängung, *sub, f, -, -en* sqeeze;

(Korsett) constriction

Eis, *sub, n, -es, - (Speise-)* ice-cream; *(Wasser-)* ice; ~**bahn** *sub, f, -, -en* ice-rink; ~**bär** *sub, m, -s, -en* polarbear; ~**bein** *sub, n, -s, -e* salted knuckle of pork; *Eisbein* icebein; ~**berg** *sub, m, -s, -e* iceberg; *(i. ü. S.) die Spitze des Eisbergs* the tip of an iceberg; *Eisbergsalat* iceberg-lettuce; ~**beutel** *sub, m, -s, -* ice-pack; ~**block** *sub, m, -s, -blöcke* block of ice; ~**blume** *sub, f, -, -n* frost flower; ~**bombe** *sub, f, -, -n* bombe glacé; ~**brecher** *sub, m, -s, -* ice-breaker; ~**diele** *sub, f, -, -n* ice-cream parlour

Eischale, *sub, f, -, -n* sundae dish; **Eischnee** *sub, m, -s, nur Einz.* stiffly beaten egg-white

eisen, **(1)** *adj,* iron **(2) Eisen** *sub, n, -s, -* iron; *ein heisses Eisen anfassen* tackle a hot issue; *er gehört zum alten Eisen* he´s past it; *jmd zum alten Eisen werfen* throw so on the scrap heap; *man muß das Eisen schmieden, solange es heiss ist* strike while the iron is hot; *viele Eisen im Feuer haben* have many irons in the fire; *zwei Eisen im Feuer haben* have more than one string to one´s bow; **Eisenblech** *sub, n, -s, -e* iron-sheet; ~**haltig** *adj,* iron-bearing; *(Lebensmittel)* containing iron; **Eisenhütte** *sub, f, -, -n* ironworks; **Eisenstange** *sub, f, -, -n* iron bar; **Eisenwaren** *sub, f, -, nur Einz.* ironmongery; **Eisenzeit** *sub, f, -, nur Einz.* Iron Age

eisern, **(1)** *adj,* iron **(2)** *adv,* resolutely; *eisern an etwas festhalten* adhere rigidly to something; *eisern sparen* save rigorously; *eiserne Gesundheit* cast-iron constitution; *eiserne Reserve* permanent stock

eisglatt, *adj,* icy; *(i. ü. S.)* as slippery as ice; **Eis laufen** *vi,* ice-skate; **Eisheilige** *sub, m, -, -n* Three Saints; **Eishockey** *sub, n, -s, nur*

Einz. ice hockey; **eisig** *adj*, icy; *(i. ü. S.)* frosty; *eisig kalt sein* be icy cold; *eisiges Schweigen* maintain an icy silence; *jmd eisig empfangen* give sb a frosty reception; **eiskalt** **(1)** *adj*, ice-cold **(2)** *adv*, *(kaltblütig)* in cold blood; *eiskalter Drink* ice-cold drink; **Eiskristall** *sub*, *n*, *-s*, *-e* ice crystal; **Eiskübel** *sub*, *m*, *-s*, *-* ice bucket; **Eiskunstlauf** *sub*, *m*, *-s*, *nur Einz.* figure skating

Eisprung, *sub*, *m*, *-s*, *-sprünge (selten)* ovulation

Eisrevue, *sub*, *f*, *-*, *-n* ice show; **Eisschnelllauf** *sub*, *m*, *-s*, *nur Einz.* speed skating; **Eisschrank** *sub*, *m*, *-es*, *-schränke* refrigerator; **Eissegeln** *sub*, *n*, *-s*, *nur Einz.* ice-surfing; **Eisstock** *sub*, *m*, *-s*, *-stöcke* ice-stick; **Eisstockschießen** *sub*, *n*, *-s*, *nur Einz.* ice-stick shooting; **Eiswürfel** *sub*, *m*, *-s*, *-* ice cube; **Eiszapfen** *sub*, *m*, *-s*, *-* icicle; *wie ein Eiszapfen* cold as an icicle; **Eiszeit** *sub*, *f*, *-*, *-en* ice age; **eiszeitlich** *adj*, ice age

eitel, *adj*, vain; *eitel Freude* pure joy; *eitel wie ein Pfau* as proud as a peacock; **Eitelkeit** *sub*, *f*, *-*, *-en* vanity; *Jahrmarkt der Eitelkeit* vanity fair

Eiter, *sub*, *m*, *-*, *nur Einz.* pus; **~erreger** *sub*, *m*, *-s*, *- (med.)* bacterium causing suppuration; **eitern** *vi*, suppurate; **~pickel** *sub*, *m*, *-s*, *-* pimple; **~ung** *sub*, *f*, *-*, *-en* suppuration; **eitrig** *adj*, suppurating

Eiweiß, *sub*, *n*, *-es*, *-e* egg-white, protein; **~bedarf** *sub*, *m*, *-s*, *nur Einz.* protein requirement; **~gehalt** *sub*, *m*, *-es*, *nur Einz.* content of protein; **~mangel** *sub*, *m*, *-es*, *nur Einz.* protein deficiency; **eiweißreich** *adj*, high-protein; **~stoff** *sub*, *m*, *-s*, *-e* protein

ejakulieren, *vi*, ejaculate; **Ejakulation** *sub*, *f*, *-en* ejaculation

Ejektion, *sub*, *f*, *-en* ejection

ekel, (1) *adj*, disgusting **(2) Ekel** *sub*, *m*, *-s*, *-* disgust; *(langfristig)* loathing; *Ekel vor etwas empfinden*

disgust at sth; *einen Ekel vor etwas haben* have a loathing for sth; **~haft (1)** *adj*, disgusting **(2)** *adv*, in a disgusting manner; **~n (1)** *vr*, feel disgusted **(2)** *vti*, find sth. disgusting

EKG, *sub*, *n*, *-s*, *-s* ECG (am:EKG)

Eklat, *sub*, *m*, *-s*, *-s* sensation

eklatant, *adj*, striking; *ein eklatanter Fehler* a striking mistake

Eklektiker, *sub*, *m*, *-s*, *-* eclectic; **eklektisch** *adj*, eclectic; **Eklektizismus** *sub*, *m*, *-*, *nur Einz.* eclecticism; **eklektizistisch** *adj*, eclectic

eklig, *adj*, disgusting

Eklipse, *sub*, *f*, *-*, *-n* eclipse; **Ekliptik** *sub*, *f*, *-*, *-en* ecliptic; **ekliptisch** *adj*, ecliptic

Ekzem, *sub*, *n*, *-*, *-e* eczema

Elaborat, *sub*, *n*, *-s*, *-e* pathetic concoction

Elan, *sub*, *m*, *-s*, *nur Einz.* vigour

Elastik, *sub*, *n*, *-s*, *-s* elasticated material; **elastisch** *adj*, flexible; *(Stoff)* elasticated; **Elastizität** *sub*, *f*, *-*, *nur Einz.* elasticity; *(Biegsamkeit)* flexibility; **Elastomer** *sub*, *n*, *-s*, *-e* elastomer

Elativ, *sub*, *m*, *-s*, *-e* absolute superlative

Elch, *sub*, *m*, *-es*, *-e* elk

Elefant, *sub*, *m*, *-es*, *-en* elephant; *wie ein Elefant im Porzellanladen* like a bull in a china shop; **~enhaut** *sub*, *f*, *-*, *nur Einz.* be thick-skinned; **~enkuh** *sub*, *f*, *-*, *-kühe* cow elephant; **~iasis** *sub*, *f*, *-*, *-tiasen* elephantiasis

elegant, *adj*, elegant; *(stilvoll)* stylish; **Eleganz** *sub*, *f*, *-*, *nur Einz.* elegance

Elegie, *sub*, *f*, *-*, *-n* elegy

elektrifizieren, *vt*, electrify; **Elektrifizierung** *sub*, *f*, *-n*, *-en* electrification

Elektrik, *sub*, *f*, *-*, *nur Einz.* electrics; **~er** *sub*, *m*, *-s*, *-* electrician; **elektrisch** *adj*, *(Funktion)* electric; *(System)* electrical; **Elektrische** *sub*, *f*, *-n*, *-n* tram;

elektrisieren *vt*, electrify; *(el. Schlag)* give an electric shock; *sich elektrisieren* give oneself an electric shock; **Elektrizität** *sub, f, -, nur Einz.* electricity; **Elektrizitätswerk** *sub, n, -s, -e* power station

Elektroauto, *sub, n, -s, -s* electric car; **Elektrode** *sub, f, -, -n* electrode; **Elektrodynamik** *sub, f, -, nur Einz.* electrodynamics; **Elektrogerät** *sub, n, -s, -e* electrical appliance; **Elektroherd** *sub, m, -s, -e* electric cooker; **Elektroindustrie** *sub, f, -, nur Einz.* electrical goods industry; **Elektrokardiografie** *sub, f, -, -n* electrocardiography; **Elektrokardiogramm** *sub, n, -s, -e* electrocardiogram; **Elektrolyse** *sub, f, -, -n* electrolysis; **Elektrolyt** *sub, m, -s, seltener -en, -e oder -en* electrolyte; **elektrolytisch** *adj*, electrolytic; **Elektromagnet** *sub, m, -s, -en* electromagnet; **elektromagnetisch** *adj*, electromagnetic; **Elektrometer** *sub, n, -s, -* electrometer; **Elektromotor** *sub, m, -s, -en* electric motor

Elektron, *sub, n, -s, -en* electron; **~engehirn** *sub, n, -s, -e* electronic brain; **~enmikroskop** *sub, n, -s, -e* electron microscope; **~envolt** *sub, n, - oder -(e)s, -* electron volt

Elektronik, *sub, f, -, nur Einz.* electronics; **~er** *sub, m, -s, -* electronics engineer; **elektronisch** *adj*, electronic

Elektroofen, *sub, m, -es, öfen* electric furnace; **Elektrorasur** *sub, f, -, -en* shaving with an electric shavor; **Elektroschock** *sub, m, -s, -s* electric shock; **Elektrostatik** *sub, f, -, nur Einz.* electrostatics

Element, *sub, n, -s, -e* element; *asoziale Elemente* antisocial elements; *die vier Elemente* the four elements; *in seinem Element sein* be in one´s element; **elementar** *adj*, *(grundlegend)* elementary, fundamental; *(naturhaft)* elemental; *ihm fehlen die elementarsten Kenntnisse* he lacks the most elementary

knowledge; *die elementaren Kräfte* elemental forces; **~arteilchen** *sub, n, -s, -* elementary particle

eleusinisch, *adj*, from Eleusia

Elevator, *sub, m, -s, -en* elevator

Eleve, *sub, m, -n, -n* student; *(Land- u. Forstwirtschaft)* trainee

Elf, (1) *sub, f, -, nur Einz.* eleven; *(spo.)* soccer-team **(2) elf** *Zahl*, eleven

Elfe, *sub, f, -, -n* fairy; **~nreigen** *sub, m, -s, -* fairy dance

Elfenbein, *sub, n, -s, -* ivory; **elfenbeinern** *adj*, ivory; **~turm** *sub, m, -s, nur Einz.* ivory tower

Elfmeter, *sub, m, -s, -* penalty; *einen Elfmeter schießen* take a penalty; **elfmeterreif** *adj*, ready for a penalty; **~tor** *sub, n, -es, -e* penalty

Elftel, *sub, n, -s, -* eleventh part

Elimination, *sub, f, -, -en* elimination; **eliminieren** *vt*, eliminate; **Eliminierung** *sub, f, -, -en* eliminating

Elite, *sub, f, -, -n* élite; **elitär** *adj*, élitist; **~truppe** *sub, f, -, -n* crack force; *(mil.)* élite force

Elixier, *sub, n, -s, -e* elixir

Ellbogen, *sub, m, -s, -* elbow; *seine Ellbogen gebrauchen* use one´s elbows

Ellipse, *sub, f, -, -n* ellipse; **elliptisch** *adj*, elliptical

Eloge, *sub, f, -, -n* eulogy

Elongation, *sub, f, -, -en* elongation

eloquent, *adj*, eloquent; **Eloquenz** *sub, f, -, nur Einz.* eloquence

Eltern, *sub, f, -, nur Mehrz.* parents; *nicht von schlechten Eltern* terrific; **elterlich** *adj*, parental; **~abend** *sub, m, -s, -e* parents´ evening; **~beirat** *sub, m, -es, -räte* parents´association; **~liebe** *sub, f, -, nur Einz.* parental love; **~schaft** *sub, f, -, nur Einz. (Eltern sein)* parenthood, pa-

rents´association
elysisch, *adj*, Elysian
E-Mail, *sub*, *f*, *-*, *-s* E-mail
Email, *sub*, *n*, *-s*, *-s* enamel; **emaillieren** *vt*, enamel; **~malerei** *sub*, *f*,
-, *-n* enamel painting
emanieren, *vt*, emit radioactivity
Emanze, *sub*, *f*, *-s*, *-n* women´s libber; **Emanzipation** *sub*, *f*, *-*, *-en*
emancipation; **emanzipatorisch**
adj, emancipating; **emanzipieren**
vr, emancipate (oneself); **emanzipiert** *adj*, emancipated
emballieren, *vt*, wrap
Embargo, *sub*, *n*, *-s*, *-s* embargo; *unter einem Embargo stehen* be under
embargo
Emblem, *sub*, *n*, *-s*, *-e* emblem; **emblematisch** *adj*, emblematic
Embolie, *sub*, *f*, *-*, *-n* embolism
Embryo, *sub*, *m*, *-s*, *-s oder -nen* embryo; **embryonal** *adj*, embryologic
Emerit, *sub*, *m*, *-en*, *-en* emeritus
professor; **emeritieren** *vt*, confer
emeritus status; **emeritiert** *adj*,
emeritus; **~ierung** *sub*, *f*, *-*, *-en* retire as professor emeritus; **emeri-
tus (1)** *adj*, emeritus **(2) Emeritus**
sub, *m*, *-*, *-riti* s. Emerit
emetisch, *adj*, emetic
Emigrant, *sub*, *m*, *-en*, *-en* emigrant;
Emigration *sub*, *f*, *-*, *-en* emigration; **emigrieren** *vi*, emigrate
eminent, *adj*, eminent; **Eminenz**
sub, *f*, *-*, *-en* eminence
Emir, *sub*, *m*, *-s*, *-e* emir; **~at** *sub*, *n*,
-s, *-e* emirate
emittieren, *vt*, *(phy.)* emit; *(wirt.)*
issue; *Gas emittieren* emit gas
Emotion, *sub*, *f*, *-*, *-en* emotion;
emotional *adj*, emotional; **emotionalisieren** *vt*, emotionalize;
~alität *sub*, *f*, *-*, *-en* emotionalism;
emotionell *adj*, emotive; **emotionsfrei** *adj*, emotionless
Empathie, *sub*, *f*, *nur Einz*. empathy
empfangen, **(1)** *vi*, conceive **(2)** *vt*,
receive; *empfangen(schwanger
werden)* conceive, *sie empfängt
niemanden* she refuses to see anybody; *wir wurden sehr freundlich*

empfangen we met with a friendly reception; **Empfänger** *sub*, *m*,
-es, *-* recipient; *(tech.)* receiver;
Empfängerin *sub*, *f*, *-*, *-nen* s.
Empfänger; **empfänglich** *adj*, receptive; *(beeinflußbar)* susceptible; *sehr empfänglich für etwas
sein* be very receptive to sth;
Empfangnahme *sub*, *f*, *-*, *-n* receiving
Empfängnis, *sub*, *f*, *-ses*, *-se* conception; **~verhütung** *sub*, *f*, *-*,
-en contraception
empfangsberechtigt, *adj*, authorized to receive; **Empfangschef**
sub, *m*, *-es*, *-s* head receptionist;
Empfangsdame *sub*, *f*, *-*, *-en* receptionist; **Empfangssaal** *sub*,
m, *-es*, *-säle* reception hall
empfehlen, **(1)** *vr*, take one´s leave **(2)** *vt*, recommend; *es emp-
fiehlt sich zu* it is advisable to;
jmd etwas empfehlen recommend sth to so; *nicht zu empfehlen* not to be recommended;
Empfehlung *sub*, *f*, *-*, *-en* recommendation; *auf Empfehlung* on
recommendation
Empfinden, **(1)** *sub*, *n*, *-s*, *nur
Einz.* feeling **(2)** **empfinden** *vt*,
feel; *nach meinem Empfinden*
the way I see it, *Abscheu vor etwas empfinden* feel disgust for
sth; *etwas als lästig empfinden*
find sth a nuisance; **empfindlich**
adj, sensitive; *(Strafe)* severe;
Empfindsamkeit *sub*, *f*, *-*, *-en*
sensitivity; **Empfindung** *sub*, *f*, *-*,
-en (Gefühl) feeling; *(Sinne)* sensation
Emphase, *sub*, *f*, *nur Einz*. emphasis **emphatisch** *adj*, emphatic
Empire, *sub*, *n*, *nur Einz*. *(hist.)*
Empire; *(Staat)* empire
Empirie, *sub*, *f*, *nur Einz*. empiricism; **Empiriker** *sub*, *m*, *-* empirist; **empirisch** *adj*, empirical;
Empirismus *sub*, *m*, *nur Einz*.
empiricism; **Empirist** *sub*, *m*, *-
en*, *-en* empiricist; **empiristisch**
adj, empirical

empor, *adv*, up(wards); **~blicken** *vi*, look upwards; *zum Himmel emporblicken* raise one´s eyes heavenwards

Empore, *sub*, *f*, -, -*n* gallery

empören, (1) *vr*, become indignent (2) *vt*, outrage; **~d** *adj*, outrageous; **empörerisch** *adj*, rebellious

emporkommen, *vi*, come up; *(i. ü. S.)* rise; *im Leben emporkommen* rise in life

emporsteigen, *vti*, climb up; *(Ballon/Drachen)* rise aloft; *auf einen Baum/eine Mauer emporsteigen* climb up a tree/wall

empört, *adj*, outraged; **Empörung** *sub*, *f*, -, -*en* outrage; *(Aufstand)* rebellion; **Empörungsschrei** *sub*, *m*, -*es*, -*e* cry of outrage

emsig, *adj*, industrious; *(fleißig)* busy; *ein emsiges Treiben* a hustle and bustle; *emsig wie eine Biene* as busy as a bee

Emu, *sub*, *m*, -*s*, -*s* emu

Emulgator, *sub*, *m*, -*s*, -*en* emulsifier; **emulgieren** *vt*, emulsify; **Emulsion** *sub*, *f*, -, -*en* emulsion

Enakskinder, *sub*, *f*, -, *nur Mehrz.* Enak´s children

Endausscheidung, *sub*, *f*, -, -*en* final qualifying

Endbescheid, *sub*, *m*, -*s*, -*e* final reply

Enddreißiger, *sub*, *m*, -*s*, - person in her/his late thirties

Ende, *sub*, *n*, -*s*, -*n* end; *(Wurst -)* bit; *am Ende* in the end; *bis dahin ist es noch ein ganzes Ende* it is still a long way to go; *bis zum bitteren Ende* to the bitter end; *das dicke Ende kommt noch* there will be hell to pay; *die Arbeit geht ihrem Ende zu* the work is nearing completion; *ein böses Ende nehmen* come to a bad end; *einer Sache ein Ende machen* put an end to sth; *Ende der dreißiger Jahre* in the late thirties; *Ende der Durchsage* end of the message; *Ende gut, alles gut* all´s well that ends well; *Ende Mai* at the end of May; *es geht mit ihm zu Ende*

he´s going fast; *etwas zu Ende führen* see something through; *letzten Endes* when all is said and done; *zu Ende sein* be over

enden, *vi*, end; *(landen)* end up; *das Stück endet tragisch* the play has a tragic ending; *enden auf* end with; *mit einer Prügelei enden* end in a brawl; *nicht enden wollen* unending; *in der Gosse/Gefängnis enden* end up in the gutter/in prison

Endergebnis, *sub*, *n*, -*ses*, -*se* final result

Endfassung, *sub*, *f*, -, -*en* final version

endgültig, *adj*, final; *(abschliessend)* conclusive; *das steht endgültig fest* that´s final; *eine endgültige Antwort* a definite answer; **Endgültigkeit** *sub*, *f*, -, -*en* finality

Endivie, *sub*, *f*, -, -*n* endive

Endkampf, *sub*, *m*, -*es*, -*kämpfe* final

Endkonsonant, *sub*, *m*, -*ens*, -*en* ending consonant

endlich, *adv*, in the end; *(nach langer Zeit)* at last; *bist du endlich fertig* are you ready at last; **Endlichkeit** *sub*, *f*, -, -*en* finiteness

Endlosigkeit, *sub*, *f*, -, -*en* infinity

endogen, *adj*, endogenous

Endoskop, *sub*, *n*, -*s*, -*e* endoscope; **~ie** *sub*, *f*, -, -*n* endoscopy

endotherm, *adj*, endothermic

Endphase, *sub*, *f*, -, -*n* final stages

Endpunkt, *sub*, *m*, -*es*, -*e* end; *(Reise)* last stop

Endresultat, *sub*, *n*, -*es*, -*e* final result

Endrunde, *sub*, *f*, -, -*n* final

Endsilbe, *sub*, *f*, -, -*n* final syllable

Endspiel, *sub*, *n*, -*s*, -*e* final

Endspurt, *sub*, *m*, -*s*, -*e* final spurt

Endstation, *sub*, *f*, -*s*, -*en* terminus

Endsumme, *sub*, *f*, -, -*n* total

Endung, *sub*, *f*, -, -*en* ending

Endverbraucher, *sub*, *m*, -*s*, - consumer

endzeitlich, *adj,* apocalyptic
Energetik, *sub,f, -, nur Einz.* science of energies; **energetisch** *adj,* energetical
Energie, *sub, f, -, -n* energy; *(Tatkraft)* vigour; ~**bündel** *sub, n, -s, -* bundle of energy; ~**krise** *sub, f, -, -n* energy crisis; **energiereich** *adj,* energy-rich; ~**träger** *sub, m, -s, -* energy source; ~**versorgung** *sub, f, -, -en* energy supply; ~**wirtschaft** *sub, f, -, nur Einz.* energy sector
energisch, (1) *adj,* energetic; *(bestimmend)* determined (2) *adv,* forcefully
enervieren, *vt,* enervate
eng, *adj, (Kleid)* tight; *(nah)* close; *(schmal)* narrow; *auf engem Raum zusammenleben* live crowded together; *das darf man nicht so eng sehen* let´s be more broadminded; *das wird zeitlich sehr eng für mich* I´ve got a tight schedule already; *eng befreundet sein* be close friends; *enge Zusammenarbeit* close cooperation; *enger werden* narrow; *in engen Grenzen* within narrow bounds; ~ **anliegend** *adj,* tight
engagieren, (1) *vr,* commit (2) *vt. (kun.)* engage; **Engagement** *sub n, -es, nur Einz. (Einsatz)* involvement; *(kun.)* engagement; **engagiert** *adj,* committed
Enge, *sub, f, -, -n (Beschränkung)* confinement; *(geogr.)* narrows
Engel, *sub, m, -s, -* angel; *die Engel im Himmel singen hören* it hurts like hell, see stars; *er ist auch nicht gerade ein Engel* he´s not exactly an angle; ~**chen** *sub, n, -s, -* little angel; *(kun.)* putto; **engelgleich** *adj,* angelic; ~**macher** *sub, m, -s, -* backstreet abortionist; ~**macherin** *sub, f, -, -en* s. Engelmacher; ~**sgeduld** *sub, f, -, nur Einz.* patience of a saint; **engelsgleich** *adj,* angelic; ~**sstimme** *sub, f, -e, -n* angel´s voice; ~**szungen** *sub, f, nur Mehrz. (mit - auf jmd. einreden)* use all one´s power of persuasion on sb
engen, *vt,* restrict

Engerling, *sub, m, -es, -e* grub
engherzig, *adj,* petty
Engländer, *sub, m, -, -* Englishman; ~**in** *sub, f, -, -nen* Englishwoman; **englisch** *adj,* English; *englisch sprechen* speak English
englisieren, *vt,* anglicize
Engpass, *sub, m, -es, -pässe* pass; *(Versorgung)* bottle-neck
Engroshandel, *sub, m, -s, nur Einz.* wholesale; **Engrospreis** *sub, m, -es, -e* wholesale price
enigmatisch, *adj,* enigmatic
Enkel, *sub, m, -s, -* grandson; ~**kind** *sub, n, -es, -er* grandchild; ~**tochter** *sub, f, -, -töchter* granddaughter
Enklave, *sub, f, -, -n* enclave
enkodieren, *vt,* encode
enorm, *adj, (Anstrengung)* tremendous; *(Belastung)* immense; *(wirt.)* enormous; *(Wissen)* vast; **Enormität** *sub, f, -, -en* enormous costs
Enquete, *sub, f, -, -n* survey; *Enquete Kommission* survey commission
enragiert, *adj,* enraged
Ensemble, *sub, n, -s, -s (Gesamtheit)* ensemble; *(Theater)* company
entarten, *vi,* degenerate; **entartet** *adj,* degenerated; *sogenannte entartete Kunst* so called degenerated art; **Entartung** *sub, f, -, -en* degeneration
entasten, *vt,* disbranch
entäußern, *vt,* renounce; **Entäußerung** *sub, f, -, -en* renunciation
entbehren, *vt,* spare; *(vermissen)* miss; *kannst du entbehren* can you spare; **entbehrlich** *adj,* dispensable; **Entbehrung** *sub, f, -en* privation; **entbehrungsreich** *adj,* of privations
entbinden, *vt, (med.)* deliver; *(Pflicht)* release; *entbunden werden von* give birth to; *jmd entbinden von etwas* release so from sth; **Entbindung** *sub, f, -, -en* delivery

entblättern, *vt*, *(i. ü. S.)* strip; *(bot.)* shed the leaves

entblöden, *vr*, have the effrontery

entblößen, (1) *vr*, take one´s cloth off (2) *vt*, uncover

entdecken, *vt*, discover; *(wiederfinden)* find; *Neuland entdecken* discover a new land; *sie konnte ihn im Gewühl nicht entdecken* she couldn´t find him in the crowd; **Entdecker** *sub*, *m*, -s, - discoverer; *(Reisende)* explorer; **Entdeckerin** *sub*, *f*, -, -nen s. Entdecker; **Entdeckung** *sub*, *f*, -, -en discovery

Ente, *sub*, *f*, -, -n duck; *(Zeitung)* canard; *kalte Ente* (cold) punch; *lahme Ente* lame duck; *sein Wagen ist eine lahme Ente* his car totally lacks oomph

entehren, *vt*, dishonour

enteignen, *vt*, expropriate; **Enteignung** *sub*, *f*, -, -en expropriation

enteisen, *vt*, defrost; **~en** *vt*, *(Lebensmittel)* reduce iron; **Enteisung** *sub*, *f*, -, -en defrosting

entelechisch, *adj*, concerning entelechy

Entenbraten, *sub*, *m*, -s, - roast duck; **Entengrütze** *sub*, *f*, -, -n duckweed; **Ententeich** *sub*, *m*, -es, -e duck pond

Entente, *sub*, *f*, -, -n entente

enterben, *vt*, disinherit

Enterbrücke, *sub*, *f*, -, -n boarding bridge; **Enterhaken** *sub*, *m*, -s, - grapnel

Enterbung, *sub*, *f*, -, -en disinheritance

Enterich, *sub*, *m*, -s, -e drake

entern, *vti*, board; *(ugs.; erklettern)* climb

Entertainer, *sub*, *m*, -s, - entertainer

Enterung, *sub*, *f*, -, -en boarding

entfachen, *vt*, *(Brand)* light; *(Streit)* provoke

entfalten, *vt*, *(Idee)* expound; *(Karte/Tuch)* unfold; *(öffnen)* open; *sich frei entfalten* develop one´s own personality to the full; **Entfaltung** *sub*, *f*, -, -en development

entfärben, *vt*, *(ausbleichen)* fade; *(Farbe entfernen)* bleach

entfernen, (1) *vr*, go away (2) *vt*, remove; *jmd von der Schule entfernen* expel so from school; *sich vom Thema entfernen* depart from the subject; **entfernt** *adj*, distant, far away; *(fern)* remote; *entfernt verwandt* distantly related; *nicht im entferntesten* not in the least; *weit entfernt davon* far (away) from; **Entfernung** *sub*, *f*, -, -en *(Abstand)* distance; *(Abwesenheit)* absence; **Entfernungsmesser** *sub*, *m*, -s, - range-finder

Entfesselung, *sub*, *f*, -, -en *(Naturgewalt)* raging; *die Entfesselung der Naturgewalten* raging of the elements; **Entfesslung** *sub*, *f*, -, -en *(art.)* escapologing

entfetten, *vt*, *(Haut)* dry; *(Lebensmittel)* skim; **Entfettungskur** *sub*, *f*, -, -en diet to remove one´s excess fat

entfeuchten, *vt*, dehumidify; *(tech.)* desiccate; **Entfeuchter** *sub*, *m*, -s, - dehumidifier; *(tech.)* desiccator; **Entfeuchtung** *sub*, *f*, -, -en dehumidification; *(tech.)* desiccation

entflammen, *vt*, *(s.v.)* arouse, flare up; **entflammbar** *adj*, inflammable; *(begeisterungsfähig)* easily roused; **entflammt** *adj*, enraptured; **Entflammung** *sub*, *f*, -, -en inflammation

entflechten, *vt*, disentangle; *(wirt.)* break up; **Entflechtung** *sub*, *f*, -, -en breaking-up

entfliehen, *vt*, escape; *dem Alltag entfliehen* escape from the daily routine

entfremden, (1) *vr*, become unfamiliar with (2) *vt*, alienate; **Entfremdung** *sub*, *f*, -, -en estrangement; *(geh.)* alienation

Entfrostung, *sub*, *f*, -, -en defrosting

entführen, *vt*, kidnap; *(Kind)* abduct; *(i. ü. S.; Sache)* make off with; **Entführung** *sub*, *f*, -, -en kidnapping; *(Flugzeug)* hijacking

entgasen, *vt,* degas

entgegen, (1) *adv, (räumlich)* towards **(2)** *präp,* against; *auf, der Sonne entgegen* on towards the sun, *dem Wind entgegen* against the wind; *entgegen allen Erwartungen* contrary to all expectations

entgegengesetzt, *adj,* opposite; *(Meinung)* opposing

Entgegenkommen, (1) *sub, n, -s, nur Einz.* cooperation; *(Zugeständnis)* concession **(2) entgegenkommen** *vt, (i. ü. S.)* make concessions; *(räuml.)* come to meet sb

entgegnen, *vt,* reply; **Entgegnung** *sub, f, -, -en* reply

entgehen, *vt,* escape; *(verpassen)* miss; *jmd entgehen* escape so('s notice); *er ließ sich die Gelegenheit nicht entgehen* he seized the opportunity; *ihr entging nichts* she didn't miss a thing

entgeistert, *adj,* dump-founded

entgelten, *vt,* pay for; *jmd für etwas entgelten* pay so for sth; *jmd für etwas entgelten lassen* make so pay for sth; **Entgelt** *sub, n, -, -* payment; *(Gebühr)* fee

entgiften, *vt,* decontaminate; *(Person)* detoxicate

entgleisen, *vi,* be derailed; *(i. ü. S.) entgleisen* make a faux-pas; **Entgleisung** *sub, f, -, -en* derailment; *(i. ü. S.)* faux pas

entgleiten, *vt,* slip; *jmd entgleiten* slip away from so, slip out of so hand

entgräten, *vt,* fillet

enthaaren, *vt,* depiliate; **Enthaarung** *sub, f, -, -en* depilation

enthalten, (1) *adj,* included **(2)** *vr,* obstain from **(3)** *vt,* contain; *mit enthalten sein* be included, *sich der Stimme enthalten* abstain

enthaltsam, *adj,* abstemious; **Enthaltsamkeit** *sub, f, -en* abstinence

Enthaltung, *sub, f, -, -en (polit.)* abstention

enthaupten, *vt,* behead; **Enthauptung** *sub, f, -, -en* decapitation

entheben, *vt,* relieve

entheiligen, *vt,* desecrate

Entheiligung, *sub, f, -, -en* deseration

enthüllen, *vt, (Monument)* unveil; *(offenbaren)* reveil; *(Skandal)* expose; **Enthüllung** *sub, f, -, -en* disclosure

enthusiasmieren, *vt,* enthuse; **Enthusiasmus** *sub, m, nur Einz.* enthusiasm; **Enthusiastin** *sub, f, -, -nen* enthusiast; **enthusiastisch** *adj,* enthusiastic

entjungfern, *vt,* deflower

entkeimen, *vt, (bot.)* remove shoots; *(med.)* sterilize

entkernen, *vt,* core; *(Stadt)* reduce the density

entkleiden, *vt,* undress; **Entkleidung** *sub, f, -, -en* undressing

Entkommen, (1) *sub, n, -s, nur Einz.* escape **(2) entkommen** *vt,* escape; *dem Tod um Haaresbreite entkommen* escape death by hair's breadth

Entkoppelung, *sub, f, -, -en (tech)* loosen a docking; *(wirt.)* separate a package deal

entkräften, *vt,* weaken; *(Argumente)* refute; **Entkräftung** *sub, f, - -en* refutation; *(Erschöpfung)* exhaustion

entkrampfen, (1) *vt, (Situation)* ease **(2)** *vt/vr,* relax; **Entkrampfung** *sub, f, -, -en* relaxation

entladen, (1) *vr, (Wut)* erupt **(2)** *vt, (elec.)* discharge; *(Last)* unload

entlang, (1) *adj,* along **(2)** *adv,* along; *die Straße entlang* along the street; *hier entlang, bitte!* this way, please!; **~gehen** *vi,* walk along; *an etwas entlanggehen* walk along sth

entlarven, *vt,* expose; *eine Verschwörung entlarven* expose a conspiracy

entlassen, *vt, (Krankenhaus)* release; *(wirt.)* dismiss; **Entlassung** *sub, f, -, -en* release; *(wirt.)* dismissal

entlasten, *vt,* relieve; *(jur.)* exone-

rate; *jmd von etwas entlasten* relieve sb of sth; **Entlastzungszug** *sub, m, -es, -züge* relief train
entlausen, *vt,* delouse
entleeren, *vt, (geh.)* evacuate; *(ugs.)* empty
entlegen, *adj,* remote; **Entlegenheit** *sub, f, -, -en* be out-of-the-way
entleiben, *vr,* take one´s own life
entleihen, *vt,* borrow
entloben, *vr,* break off the engagement
entlohnen, *vt,* pay sb; **Entlohnung** *sub, f, -, -en* payment
entlüften, *vt,* ventilate; *(tech.)* bleed
entmachten, *vt,* deprive of power; **Entmachtung** *sub, f, -, -en* deprivation of power
entmannen, *vt,* castrate; *(i. ü. S.)* emasculate
entmenschen, *vt,* dehumanize; **entmenscht** *adj,* dehumanized
entmilitarisieren, *vt,* demilitarize
entmündigen, *vt, (i. ü. S.)* deprive of the right of decision; *(jur.)* incapacitate; **Entmündigung** *sub, f, -, -en* incapacitation
entmutigen, *vt,* discourage
Entnahme, *sub, f, -, -n (Blut)* extraction; *(Organe)* removal; *(Wasser)* drawing
Entnazifizierung, *sub, f, -, -en* denazification
entnehmen, *vt,* take sth.; *(ersehen aus)* gather from; *ich entnehme ihren Worten, daß* I take it that; *etwas entnehmen aus* gather sth from
entpuppen, *vr,* turn out to be
entrahmen, *vt, (Milch)* skim
entraten, *vi,* dispense with
enträtseln, *vt,* decipher; **Enträtselung** *sub, f, -, -en* deciphering
entrechten, *vt,* deprive sb of his/her rights; **Entrechtung** *sub, f, -, -en* deprivation of rights
Entrecote, *sub, n, -s* entrecôte
Entree, *sub, n, -s, -s* entrance hall; *(Essen)* entrée
entrichten, *vt,* pay; *Steuern entrichten* pay taxes; **Entrichtung** *sub, f, -, -en* payment

Entriegelung, *sub, f, -, -en* debolting
Entrinnen, (1) *sub, n, -s, nur Einz.* escaping (2) **entrinnen** *vt,* escape; *es gab kein Entrinnen* there was no escape
Entropie, *sub, f, -, -n* entropy
Entrücktheit, *sub, f, -, -en* reverie
entrümpeln, *vt,* clear out; **Entrümpelung** *sub, f, -, -en* clear-out
entrüsten, *vr,* be indignant at/about; *sich entrüsten über* be indignant at/about; **entrüstet** *adj,* indignant; **Entrüstung** *sub, f, -, -en* indignation
entsaften, *vt,* extract the juice from
entsagen, *vt,* renounce; *dem Thron entsagen* abdicate; *einer Sache entsagen* renounce sth; **Entsagung** *sub, m, -, -en* renunciation
entschädigen, *vt,* compensate; **Entschädigung** *sub, f, -, -en* compensation
entschärfen, *vt, (Bombe)* deactivate; *(Krise)* alleviate; *(Situation/Bombe)* defuse; **Entschärfung** *sub, f, -, -en* deactivation, defusing
entscheiden, *vt,* decide; *(jur.)* rule; *das mußt du entscheiden* that´s up to you; *sich entscheiden für/gegen etwas* decide on/against sth; **~d** *adj, (eine Entscheidung verlangend)* decisive; *(Problem)* crucial; **Entscheidung** *sub, f, -, -en* decision; *(jur.)* verdict; *einer Entscheidung ausweichen* avoid making a decision; *etwas steht vor der Entscheidung* sth is just about to be decided; *jmd vor die Entscheidung stellen* etwas zu tun leave the decision to sb to do sth; **entschieden** *adj, (endgültig)* definite; *(entschlossen)* determined
entschlacken, *vt,* cleanse
entschlafen, *vi,* pass away
entschlagen, *vt,* put sth out of one´s head

entschlammen, *vt,* remove sludge
entschleiern, *vt,* uncover; *(Geheimnis)* reveal
entschließen, *vt,* decide; *sich anders entschließen* change one´s mind; *sich entschließen/für etwas/etwas zu tun* decide on sth/to do sth; **Entschließung** *sub, f, -, -en* resolution
entschlossen, *adj,* determined; *(Person)* resolute; **Entschlossenheit** *sub, f, -, -en* determination
entschlüpfen, *vt,* escape; *(Worte)* slip out
Entschluss, *sub, m, -es, -üsse* decision; *einen Entschluß fassen* make a decision; *zu dem Entschluß kommen, daß* make up one´s mind to; **entschlussfähig** *adj,* decisive; **~fähigkeit** *sub, f, -, -en* decisiveness; **~kraft** *sub, f, -, nur Einz.* decisiveness
entschlüsseln, *vt,* decipher
entschrotten, *vt,* remove scrap
entschulden, *vt,* free of debts; **entschuldbar** *adj,* excusable; **Entschuldung** *sub, f, -, -en* writing off a business´ debts
entschuldigen, (1) *vr,* apologize (2) *vt,* excuse; *das ist nicht zu entschuldigen* that is inexcusable; *entschuldigen Sie!* sorry!; *entschuldigen Sie?* excuse me; *sich bei jmd für etwas entschuldigen* apologize to so for sth; **Entschuldigung** *sub, f, -, -en* excuse; *(mdl. Ausserung)* apology
entschweben, *vi,* waft away
entschwefeln, *vt,* desulfurize; **Entschwefelung** *sub, f, -en* desulfurization
entschweißen, *vt,* unweld
entschwinden, *vi,* disappear; *(geb.)* vanish
entseelt, *adj,* lifeless
Entsetzen, (1) *sub, n, -s, -* horror (2) **entsetzen** *vi,* be horrified (3) *vt,* horrify; **entsetzlich** *adj, (erschreckend)* horrible; *(schlimm)* terrible; *einen entsetzlichen Durst haben* have a terrible thirst; **entsetzt** (1)

adj, horrified (2) *adv,* in horror
entseuchen, *vt,* decontaminate; **Entseuchung** *sub, f, -, -en* decontamination
entsichern, *vt,* release the safety catch
entsiegeln, *vt,* break a seal; **Entsiegelung** *sub, f, -, -en* breaking a seal
entsinnen, *vr,* remember; *wenn ich mich recht entsinne* if I remember rightly
Entsorgung, *sub, f, -, -en* waste disposal
entspannen, *vt/vr,* relax; **Entspannung** *sub, f, -, -en* relaxation; *(polit.)* easing of tension; **Entspannungspolitik** *sub, f, -, nur Einz.* policy of détente
entspiegeln, *vt, (Glas)* coat; **Entspieglung** *sub, f, -, -en* coating
entsprechen, *vt, (übereinstimmen)* be in accordance with, correspond; **~d** *adj,* corresponding, in accordance; *(angemessen)* appropriate; *den Umständen entsprechend* as can be expected under the circumstances; **Entsprechung** *sub, f, -, -en* correspondence; *für dieses Wort gibt es keine deutsche Entsprechung* there is no German equivalent for this word
entsprießen, *vi,* spring from
entspringen, *vi,* have its source; *(Haft)* escape
Entstaubung, *sub, f, -, -en* remove the dust; *(i. ü. S.)* bring up to date
entstehen, *vi,* originate; *(Freundschaft)* arise; *(Kunst)* be created; *Schwierigkeiten entstehen durch/aus* difficulties arise from; **Entstehungsgeschichte** *sub, f, -n* history of the origin(s)
entsteinen, *vt,* stone
entstellt, *adj,* distorted; **Entstellung** *sub, f, -, -en (das Entstellte)* distorsion; *(das Entstelltsein)* disfigurement
entstempeln, *vt, (Kennzeichen)* devaluate

Entstickung, *sub, f, -, -en* remove nitrogen
entstören, *vi, (tech.)* suppress; **Entstörung** *sub, f, -, -en* suppression
Entsumpfung, *sub, f, -, -en* draining
enttabuieren, *vt,* free from taboo
enttäuschen, *vt,* be disappointing; *(jmd)* disappoint; *jmd Erwartungen enttäuschen* disappoint sb expectations; **Enttäuschung** *sub, f, -, -en* disappointment
enttrümmern, *vt,* clear rubble
entvölkern, *vt,* depopulate; *ganze Landstriche entvölkern* depopulate complete regoins; **Entvölkerung** *sub, f, -, -en* depopulation
entwaffnen, *vt,* disarm; *entwaffnendes Lächeln* a charming smile; **Entwaffnung** *sub, f, -, -en* disarming
entwarnen, *vi,* give the all-clear; **Entwarnung** *sub, f, -, -en* all-clear
entwässern, *vt,* drain; *(med.)* dehydrate; **Entwässerung** *sub, f, -, -en* drainage
entweder, *konj,* either; *entweder oder* either or; *entweder oder!* take it or leave it!
entweihen, *vt,* desecrate
entwenden, *vt,* purloin from; **Entwendung** *sub, f, -, -en* purloining
entwerfen, *vt,* design; *eine Zeichnung sorgfältig entwerfen* trace out a drawing
entwerten, *vt,* cancel; *(wirt.)* devalue; **Entwertung** *sub, f, -, -en* cancellation
entwickeln, **(1)** *vr,* develop **(2)** *vt,* produce; *sich aus etwas zu etwas entwickeln* develop from sth into sth, *Geschmack für etwas entwickeln* acquire a taste for sth; *sich gut entwickeln* be shaping well; **Entwickler** *sub, m, -s, -* developer; **Entwicklung** *sub,   f,   -,   -en* development, unwrapping; *(Vorgang)* developping; **Entwicklungshilfe** *sub, f, -, -n* aid
entwirren, **(1)** *vr,* sort itself out **(2)** *vt,* unravel
entwischen, *vt,* get away/out
entwöhnen, *vt, (kurieren)* cure sb

of; *(Säugling)* wean; **Entwöhnung** *sub, f, -, -en* cure; *(Säugling)* weaning
entwürdigen, *vt,* degrade; **Entwürdigung** *sub, f, -, -en* degradation
Entwurf, *sub, m, -es, -würfe* design; *(Roman/Konzept)* draft
entwurzeln, *vt,* uproot; **Entwurzelung** *sub, f, -, -en* uprooting
Entzauberung, *sub, f, -, -en* lose the magic
entziehen, **(1)** *vr,* free from **(2)** *vt,* take away from; *(Drogen)* get off; *(Vertrauen)* withdraw; *das entzieht sich meiner Kontrolle* that is beyond my control, *jmd das Wort entziehen* rule so out of order; *jmd den Führerschein entziehen* revoke so´s licence; *sich jmd Blicken entziehen* disappear from so´s view; *jmd etwas entziehen* withdraw sth from so; **Entziehungskur** *sub, f, -, -en* course of withdrawal treatment
entzifferbar, *adj,* decipherable; **Entzifferer** *sub, m, -s, -* deciphering person; **entziffern** *vt,* decipher; **Entzifferung** *sub, f, -, -en* deciphering
Entzücken, **(1)** *sub, n, -s, nur Einz.* delight **(2)** *entzücken vr,* be enraptured by **(3)** *vt,* delight; *sich an etwas entzücken* be enraptured by, *von etwas entzückt sein* be delighted by/at sth; **entzückend** *adj,* delightful; **Entzückung** *sub, f, -, -en* joy; *(geh.)* rapture
Entzug, *sub, m, -es, -üge* withdrawal; *(Auszug)* extraction
entzündlich, *adj,* flammable; *(med.)* inflammatory
entzwei, *adj,* in pieces; **~en (1)** *vr,* fall out **(2)** *vt,* cause to fall out; *Freunde entzweien* turn friends against each other; **~gehen** *vi,* break into pieces; *(nicht mehr arbeiten)* cease function
Enumeration, *sub, f, -, -en* enumeration; **enumerativ** *adj,* enume-

rative

Environment, *sub*, *n*, *-s*, *-s* environment

Enzephalitis, *sub*, *f*, *-*, *-litiden* encephalitis; **Enzephalogramm** *sub*, *n*, *-s*, *-e* encephalogram

Enzian, *sub*, *m*, *-s*, *-* gentian *(Schnaps)* enzian liquer

Enzyklika, *sub*, *f*, *-*, *-liken* encyclical

Enzyklopädie, *sub*, *f*, *-*, *-n* encyclopaedia; **enzyklopädisch** *adj*, encyclopedic

Enzym, *sub*, *n*, *-s*, *-e* enzyme; **enzymatisch** *adj*, enzymatic

Eolith, *sub*, *m*, *-s*, *-e* eolithic period

ephemer, *adj*, ephemeral

Epidemie, *sub*, *f*, *-*, *-n* epidemic; **Epidemiologe** *sub*, *m*, *-n*, *-n* scientist in epidemics; **epidemisch** *adj*, epidemic

Epidermis, *sub*, *f*, *-*, *-dermen* epidermis

Epigenese, *sub*, *f*, *-*, *-n* anticlinal growth of a mountain range; **epigenetisch** *adj*, anticlinal

epigonal, *adj*, imitative; **Epigone** *sub*, *m*, *-n*, *-n* imitator; **epigonenhaft** *adj*, unoriginal; **Epigonentum** *sub*, *n*, *-s*, *nur Einz.* imitativeness

Epigraf, *sub*, *n*, *-s*, *-e* epigraph; ~**ik** *sub*, *f*, *-*, *nur Einz.* epigraphy; ~**iker** *sub*, *m*, *-s*, *-* epigraphist

Epik, *sub*, *f*, *-*, *nur Einz.* epic; ~**er** *sub*, *m*, *-s*, *-* epic poet

Epikureer, *sub*, *m*, *-s*, *-* epicurean; **epikureisch** *adj*, epicurean

Epilepsie, *sub*, *f*, *-*, *-n* epilepsy; **Epileptiker** *sub*, *m*, *-s*, *-* epileptic; **epileptisch** *adj*, epileptic

epilieren, *vt*, depilate

Epilog, *sub*, *m*, *-s*, *-e* epilogue

Epiphanie, *sub*, *f*, *-*, *-n* epiphany; ~**nfest** *sub*, *n*, *-s*, *-e* Epiphany

Epiphyse, *sub*, *f*, *-*, *-n* Epiphysis

episch, *adj*, epic; *in epischer Breite* in epic terms

Episkop, *sub*, *n*, *-s*, *-e* episcope; **episkopal** *adj*, episcopal; ~**alist** *sub*, *m*, *-en*, *-en* Episcopalian; **episkopisch** *adj*, episcopal; ~**us**

sub, *m*, *-*, *-kopi* bishop

Episode, *sub*, *f*, *-*, *-n* episode; ~**nfilm** *sub*, *m*, *-s*, *-e* episode movie; **episodenhaft** *adj*, episodical; **episodisch** *adv*, episodically

Epistel, *sub*, *f*, *-*, *-n* epistle

Epitaph, *sub*, *n*, *-s*, *-e* epitaph; ~**ium** *sub*, *n*, *-s*, *-phien* memorial plaque

Epithel, *sub*, *n*, *-es*, *-e* epithelium; ~**zelle** *sub*, *f*, *-*, *-n* epithelial cell; **Epitheton** *sub*, *n*, *-s*, *Epitheta* epithet

Epizentrum, *sub*, *n*, *-s*, *-zentren* epicenter

epochal, *adj*, epochal; **Epoche** *sub*, *f*, *-*, *-n* epoch

Epos, *sub*, *n*, *-*, *Epen* epic poem

Equilibrist, *sub*, *m*, *-en*, *-en* equilibrist

Equipage, *sub*, *f*, *-*, *-n* equipage

Equipe, *sub*, *f*, *-*, *-en* team; **Equipierung** *sub*, *f*, *-*, *-en* equipment

er, *pron*, he; *(betont)* him; *es ist ein er* it´s a he; *das ist er!* it´s him!

Erachten, **(1)** *sub*, *n*, *-s*, *-* opinion **(2) erachten** *vt*, consider; *etwas für notwendig erachten* consider sth necessary; *etwas als seine Pflicht erachten* consider sth one´s duty

erarbeiten, *vt*, *(Text)* work on; *(Vermögen)* work for; *sich ein Vermögen erarbeiten* make a fortune; **Erarbeitung** *sub*, *f*, *-*, *-en* working on

Erato, *sub*, Erato (Muse of lyrics)

Erbanlage, *sub*, *f*, *-*, *-n* hereditary disposition; **Erbanspruch** *sub*, *m*, *-s*, *-sprüche* claim to an/the inheritance

Erbarmen, **(1)** *sub*, *n*, *-s*, *nur Einz.* pity **(2) erbarmen** *vr*, have mercy; *(jmdn.)* arouse pity; *kein Erbarmen kennen* be merciless; **erbärmlich** *adj*, *(elend)* wretched; *(gemein)* mean; *(schrecklich)* terrible; *erbärmlich wenig* precious little; **erbarmungslos** *adj*, merciless

erbauen, (1) *vr, (sich)* be edified by (2) *vt, (Gebäude)* build; *(jmdn.)* uplift; *er ist nicht besonders erbaut davon* he´s not exactly enthusiastic about it; **Erbauer** *sub, m, -s, -* architect

erbaulich, *adj*, edifying; **Erbauung** *sub, f, -, -en* edification

erben, *vt*, inherit; **Erbbegräbnis** *sub, n, -ses, -se* right to be buried in the family grave; **Erbe** *sub, n, -s, nur Einz.* inheritance; *(vor dem Tod)* heritage; **Erbengemeinschaft** *sub, f, -, -en* joint heirs; **Erbfeind** *sub, m, -s, -e* traditional enemy; *(Teufel)* arch fiend; **Erbfolge** *sub, f, -, -n* succession; **Erbgut** *sub, n, -s, -güter* genotype

erbeuten, *vt*, carry off; *(mil.)* capture

Erbieten, (1) *sub, n, -s, nur Einz.* offer to do (2) **erbieten** *vr*, offer to do

erbitten, *vt*, request

erbittern, *vt*, enrage; **Erbitterung** *sub, f, -, -en* bitterness

Erbkrankheit, *sub, f, -, -en* hereditary disease

erblassen, *vi*, blanch; *vor Neid erblassen* be green with envy

Erblasser, *sub, m, -s, -* testator; **~in** *sub, f, -, -nen* testatix

erbleichen, *vi*, turn pale

erblich, *adj*, hereditary; **Erblichkeit** *sub, f, -, nur Einz.* hertability

erblicken, *vt*, catch sight of

erblinden, *vi*, go blind; *(Glas)* become dull

erblühen, *vi*, bloom; *(i. ü. S.)* blossom

Erbmasse, *sub, f, -, -n* genotype; **Erbonkel** *sub, m, -s, -* rich uncle

erbosen, (1) *vr*, become furious about (2) *vt*, infuriate

erbötig, *adj*, offer to do sth

Erbrechen, (1) *sub, n, -s, nur Einz.* vomiting (2) **erbrechen** *vt, (geh.)* vomit; *(ugs.)* throw up; *(öffnen)* open; *ich finde ihn zum Kotzen (Erbrechen)* he makes me want to throw up

Erbrecht, *sub, n, -s, -e* right of inheritance; *(jur.)* law of heritance

erbringen, *vt*, produce; *(aufbringen)* raise

Erbschaft, *sub, f, -, -en* inheritance; *(hist.)* legacy; **~ssteuer** *sub, f, -, -n* estate duties (am: tax)

Erbse, *sub, f, -, -n* pea; **~nstroh** *sub, n, -s, nur Einz.* dried legumes; **~nsuppe** *sub, f, -, -n* pea soup; *der Nebel ist so dick wie Erbsensuppe* pea-supper

Erdachse, *sub, f, -, -n* earth´s axis

erdacht, *adj*, made-up

Erdalkalien, *sub, nur Mehrz.* alkaloids of the soil; **Erdanziehung** *sub, f, -, nur Einz.* earth´s gravitation; **Erdapfel** *sub, m, -s, -äpfel* potato; **Erdarbeiten** *sub, nur Mehrz.* earth-moving; **Erdball** *sub, m, -s, nur Einz.* globe

Erdbeben, *sub, n, -s, -* earthquake; **~herd** *sub, m, -s, -e* seismic focus; *(geol.)* hypocentre; **~messer** *sub, m, -s, -* seismograph

Erdbeere, *sub, f, -, -n* strawberry; **Erdbeerbowle** *sub, f, -, -n* strawberry punch

Erdbeschleunigung, *sub, f, -, -en* acceleration of gravity; **Erdbewegung** *sub, f, -, -en (Bau)* excavation; *(geol.)* tremor; **Erdboden** *sub, m, -s, -böden* ground; *eine Stadt dem Erdboden gleich machen* level a town to the ground, to level a town to (with) the ground; *über dem Erdboden* above ground

Erde, *sub, f, -, nur Einz.* earth; *f, -, -n* soil; *auf Erden* on earth; *Erde (el)* earth; **~nbürger** *sub, m, -s, -* earth-dweller

erden, *vt*, earth; *die Stromleitung erden* earth the cable

erdenken, *vt*, make-up; *erdacht* imaginary

Erdgas, *sub, n, -es, -e* natural gas; **erdgashöffig** *adj*, promising to be rich in natural gas

Erdgeborene, *sub, f,m, -n, -n (gr.Myth.)* born by the earth; **erd-**

gebunden *adj*, close to nature; *(Satellit)* earthbound; **Erdgeschichte** *sub, f, -, -n* history of the earth; **Erdgeschoss** *sub, n, -es, -e* ground floor (am: first floor); **Erdhöhle** *sub, f, -, -n* cave in the ground; **Erdhörnchen** *sub, n, -s, -* chipmunk

erdig, *adj*, earthy; *(schmutzig)* muddy

Erdkruste, *sub, f, -, -n* earth´s crust

Erdkugel *sub, f, -, -n* terrestrial globe; **Erdkunde** *sub, f, -, nur Einz.* geography; **erdkundlich** *adj*, geographical; **erdnah** *adj*, close to the earth; **Erdnuss** *sub, f, -, -nüsse* peanut; **Erdöl** *sub, n, -s, -e* petroleum

erdolchen, *vt*, stab to death

Erdreich, *sub, n, -s, -e* soil

erdreisten, *vr*, have the audacity to

erdrosseln, *vt*, strangle; **Erdrosselung** *sub, f, -, -en* strangling

erdrücken, *vt*, crush; *(psych)* overshadow; *der Schrank erdrückt den ganzen Raum* this cupboard is too overpowering for the room; **~d** *adj*, overwhelming

Erdrutsch, *sub, m, -es, -e* landslide; **Erdsatellit** *sub, m, -en, -en* earth satellite; **Erdteil** *sub, m, -s, -e* continent

erdulden, *vt*, endure; *(zulassen)* tolerate

Erdumrundung, *sub, f, -, -en* *(astron.)* orbit of the earth; *(Schiff)* circumnavigation of the earth

Erdung, *sub, f, -, -en* earthing

ereifern, *vr*, get excited; *sich ereifern über etwas* get excited about

ereignen, *vr*, happen; *(Unfall)* occur

Ereignis, *sub, n, -ses, -se* event; *(Ereignen)* occurence; **ereignislos** *adj*, uneventful

Erektion, *sub, f, -, -en* erection

Eremit, *sub, m, -en, -en* hermit; **~age** *sub, f, -, -n* hermitage

erfahren, **(1)** *adj*, experienced **(2)** *vt*, *(geb.)* experience; *(ugs.)* find out; *(lernen)* learn; *er ist in diesen Dingen sehr erfahren* he´s an old hand at that sort of thing; *erfahren von* get to know about; *etwas durch jmd/etwas erfahren* learn sth from so/sth; **Erfahrenheit** *sub, f, -, nur Einz.* skill; **Erfahrung** *sub, f, -, -en* experience; *aus eigener Erfahrung* from experience; *aus Erfahrung klug werden* to learn the hard way; *die Erfahrung hat gezeigt, dass* past experience has shown that

erfassen, *vt*, *(Daten)* record; *(einbeziehen)* cover; *(mitreissen)* catch; *(packen)* seize; *(verstehen)* grasp; *Furcht erfasste sie* she was seized with fear; *er hat´s erfaßt* he´s got it; *er wurde vom Auto erfasst* he was hit by the car

erfinden, *vt*, invent; *(Geschichte)* make-up; **Erfinder** *sub, m, -s, -* inventor; *(erschaffen)* creator; **erfinderisch** *adj*, inventive; *(schlau)* sourceful; **Erfindung** *sub, f, -, -en* invention

erflehen, *vt*, beg sth. from so.

Erfolg, *sub, m, -s, -e* success; **erfolgreich** *adj*, successful; **~sauto-r** *sub, m, -s, -en* successful author; *Erfolgsautor* best-selling author; **~sbuch** *sub, n, -s, -bücher* successful book; *Erfolgsbuch* bestseller; **~skurs** *sub, m, -es, -e* way of success; **~squote** *sub, f, -, -n* success rate; *(Prüfungen)* pass rate; **~sserie** *sub, f, -, -n* *(erfolgreiche Serie)* successful series; *(mehrere Erfolge)* success in series; **~sstück** *sub, n, -s, -e* successful play; **~szwang** *sub, m, -s, -zwänge* pressure to succeed

erfolglos, *adj*, unsuccessful

erforderlich, *adj*, *(geb.)* required; *(ugs.)* necessary; *unbedingt erforderlich* essential; **Erfordernis** *sub, n, -ses, -se* requirement

erforschen, *vt*, discover; *sein Gewissen erforschen* search one´s conscience; **erforschbar** *adj*, discoverable; **Erforschung** *sub, f, -, -en* research

erfragen, *vt*, ascertain

erfrechen, *vr,* have the audacity
erfreuen, (1) *vr,* take pleasure in **(2)** *vt,* please; **erfreulich** *adj,* pleasant
erfrieren, (1) *vi,* freeze to death; *(Pflanzen/Ernte)* be damaged by frost **(2)** *vr, (Finger ua.)* get frostbite in; **Erfrierung** *sub, f, -, -en* frostbite
erfrischen, *vt,* refresh; **~d** *adj,* refreshing; **Erfrischung** *sub, f, -, -en* refreshment
erfüllen, (1) *vr,* come true **(2)** *vt, (jur.)* fulfil; *(mat.)* satisfy; *(Pflicht)* carry out; *(Wunsch)* grant; *es erfüllt sich* it comes true, *ein erfülltes Leben* a full life; *seine Arbeit erfüllt ihn* he finds his work very satisfying; **Erfülltheit** *sub, f, -, nur Einz.* accomplishment; **Erfüllung** *sub, f, -, -en* fulfilment; *die Erfüllung finden in* find fulfilment in sth; *in Erfüllung gehen* come true
ergänzen, (1) *vr,* complement **(2)** *vt, (hinzufügen)* add to; *(vervollständigen)* complete; **Ergänzung** *sub, f, -, -en (hinzufügen)* addition; *(jur.)* amendment; *(vervollständigen)* completion
ergattern, *vt,* manage to grab
ergaunern, *vt,* pinch; *wo hast du dir das Rad ergaunert* where did you pinch that bike
ergeben, (1) *adj,* devoted; *(Diener)* obedient **(2)** *vr, (mil.)* surrender; *(Schicksal)* submit to; *(Situation)* turn out **(3)** *vt,* result in; *dich dem Trunk ergeben* take to drink; *die Welt untertan machen/sich ergeben lassen* surrender the world; *es hat sich so ergeben* it just happened that way; **Ergebenheit** *sub, f, -, -en (aufgeben)* resignation; *(Treue)* devotion
Ergebnis, *sub, n, -ses, -se (geh.)* conclusion; *(ugs.)* result; **ergebnislos** *adj,* fruitless
ergehen, (1) *vr,* things go (well) for **(2)** *vt,* go to; *es ergeht ihm gut/schlecht* things go well/bad for him; *etwas über sich ergehen lassen* endure sth; *mir ist es genauso ergangen* it was the same with me; *sich über ein Thema ergehen* hold forth on sth; *wie ist es dir ergangen* how did you fare, *die Einladung erging an alle Mitglieder* the invitations went to all members
ergiebig, *adj,* rich; *(Mine)* productive; **Ergiebigkeit** *sub, f, -, -en* richness; *(Boden)* fertility; *wegen der Ergiebigkeit des Kaffees* because the coffee goes a long way
ergo, *konj,* ergo
Ergometer, *sub, n, -s, -* ergometer
Ergonomie, *sub, f, -, nur Einz.* ergonomics; **ergonomisch** *adj,* ergonomic
Ergosterin, *sub, n, -s, nur Einz.* ergosterol
Ergötzen, (1) *sub, n, -s, nur Einz.* delight **(2) ergötzen** *vr,* be delighted by **(3)** *vt,* enthrall; *sich ergötzen an etwas* be delighted by sth
ergrauen, *vi,* turn grey
ergreifen, *vt,* grab; *(Beruf/Gelegenheit)* take; *von blindem Zorn ergriffen* in the grip of blind anger; *die Initiative/Gelegenheit ergreifen* take the initiative/an opportunity; *einen Beruf ergreifen* take up a career; **~d** *adj,* moving; **Ergriffenheit** *sub, f, -, -en* be moved
Erguss, *sub, m, -s, -güsse (Blut-)* bruise; *(geol./lit)* effusion; *(Samen)* ejaculation; *ein literarischer Erguss* a poetic outpouring; *Ergussgestein* effusive rock
erhaben, *adj, (räuml.)* uneven; *(über etwas stehen)* be beyond; *(würdig)* solemn; *über jeden Zweifel erhaben sein* be beyond all criticism; **Erhabenheit** *sub, f, -, -en* grandeur
erhalten, *vt, (bewahren)* preserve; *(Brief)* receive; *(Endprodukt)* obtain; *einen Preis erhalten* be awarded a prize; *gut erhalten sein* be in good condition; *jmd am Leben erhalten* keep so alive;

jmd das Augenlicht erhalten save so eyesight; *das erhält einen jung* that keeps you young; **erhältlich** *adj*, obtainable; **Erhaltung** *sub, f, -, -en (aufrecht-)* maintenance; *(Energie)* conservation; *(Kunst)* preservation

erhängen, *vt*, hang; *jmd/sich erhängen* hang so/oneself

erhärten, *vt*, strengthen

erheben, (1) *vr*, rise from/up/above (2) *vt*, *(empor/Stimme)* raise; *(Gebühr)* charge; *sich von seinem Platz erheben* rise from one´s seat, *jmd in den Adelsstand erheben* raise so to the peerage; *Steuern erheben* charge taxes; **erheblich** *adj*, considerable; **Erhebung** *sub, f, -, -en (Aufstand)* uprising; *(geogr.)* elevation; *(Umfrage)* survey

erheitern, *vt*, cheer sb up; **Erheiterung** *sub, f, -, -en* amusement

erhellen, (1) *vr*, *(Gesicht)* brighten (2) *vt*, light up; *(erklären)* illuminate

erhitzen, (1) *vr*, become hot (2) *vt*, *(etwas)* heat; *(jmd.)* make sbhot; **Erhitzer** *sub, m, -s, -* heater

erhöhen, (1) *vr*, *(Preise)* rise (2) *vt*, *(räuml.)* make sth. higher; **Erhöhung** *sub, f, -, -en* increase, increasing, raising

erholen, *vr*, recover; *(entspannen)* relax; **erholsam** *adj*, refreshing; **Erholung** *sub, f, -, -en* rest; *(i. ü. S.)* refreshing change; *(nach Krankheit)* recuperation

erhören, *vt*, hear

erigieren, *vi*, become erect

Erika, *sub, f, -, -s oder -ken* erica

erinnern, (1) *vr*, remember (2) *vt*, remind; *sich an jmd/etwas erinnern* remember so/sth, *jmd an etwas erinnern* remind so of sth; *soviel ich mich erinnern kann* as far as I remember; *wenn ich mich recht erinnere* if I remember rightly; **erinnerlich** *sub*, can be recalled; **Erinnerung** *sub, f, -, -en* memory, souvenir; *(wirt.)* reminder; *in guter Erinnerung haben*

have fond memories of; *Zahlungs-Erinnerung* reminder; **Erinnerungsvermögen** *sub, n, -s, -* memory

Erinnye, *sub, f, -, -n (myth.)* Fury

erjagen, *vt*, *(Jagd)* catch; *(wirt.)* make

erkalten, *vi*, cool, grow cold

erkälten, *vr*, catch a cold; **Erkältung** *sub, f, -, -en* cold; *sich eine Erkältung zuziehen* catch a cold

erkämpfen, *vt*, fight for; *sich etwas hart erkämpfen müssen* have to struggle hard for sth

erkennen, *vt*, *(deutlich sehen)* make out; *(wieder-)* recognize; *jmd für schuldig erkennen* find so guilty; *sich zu erkennen geben* disclose one´s identity; *zu erkennen geben* indicate; **erkennbar** *adj*, recognizable; *(sehen können)* visible; **erkenntlich** *adj*, show appreciation; *sich jmderkenntlich zeigen* show one´s gratitude; **Erkenntnis** *sub, n, -ses, -se (das Erkennen)* realization; *(Entdeckung)* discovery; *(Erkennen)* cognition; **Erkenntnistheorie** *sub, f, -, -n* theory of knowledge

Erker, *sub, m, -s, -* bay; **~fenster** *sub*, bay window; **~zimmer** *sub, n, -s, -* room with a bay-window

erkiesen, *vt*, choose

erklären, *vt*, *(Erklärung abgeben)* declare; *(verkündigen)* announce; *(verständlich machen)* explain; *er wurde für tot erklärt* he was declared dead; *ich kann es mir nicht erklären* I don´t understand it; *kannst du mir erklären, warum* can you tell me why; *sich einverstanden erklären* consent to; *jmd etwas erklären* explain sth to so; **Erklärung** *sub, f, -, -en (s.o.)* declaration, explanation; *(polit.)* statement

erklecklich, *adj*, considerable

erklimmen, *vt*, climb; *die oberste Stufe der Leiter erklimmen* reach the top of the ladder(of success);

Erklimmung *sub, f, -, -en* ascent
erkoren, *vt, s.* erkiesen
erkranken, *vi,* become ill; *erkranken an* come down with; **Erkrankung** *sub, f, -, -en* illness; *(chron.)* disease
erkühnen, *vr,* dare to do sth; *sich erkühnen etwas zu tun* dare to do sth
erkunden, *vt,* reconnoitre; **Erkundung** *sub, f, -, -en (mil.)* reconnaissance
erkundigen, *vr,* enquire about; **Erkundigung** *sub, f, -, -en* enquiry; *Erkundigungen einziehen über* make inquiries about
erküren, *vt,* choose as
erlahmen, *vi,* become tired; *(nachlassen)* wane; **Erlahmung** *sub, f, -, nur Einz.* wane
erlangen, *vt, (gewinnen)* gain; *(Visum/Kredit)* obtain
erlassen, *vt, (Amnestie)* declare; *(Gesetz)* enact; *(verzichten)* remit; *erlassen sie es mir, das zu schildern* excuse me from having to describe it; *jmd eine Schuld erlassen* release so from sth
erlauben, *vt,* allow; *(ermöglichen)* permit; *er kann sich das erlauben* he can get away with it; *erlauben sie mal!* who do you think you are?; *erlauben sie, daß ich rauche* may I smoke; *sich erlauben zu* take the liberty of (inviting); *sich etwas erlauben* treat oneself to sth; *jmd erlauben etwas zu tun* give so the permission to do sth; **Erlaubnis** *sub, f, -, -se* permission; **Erlaubnisschein** *sub, m, -s, -e* permit
erlaucht, *(1) adj,* illustrious *(2)* **Erlaucht** *sub, f, -, -en* Ladyship/Lordship; *Euer Erlaucht* Her/His/Your Ladyship/Lordship
erläutern, *vt,* explain; *(Text)* annotate; *durch Beispiele erläutern* illustrate; **Erläuterung** *sub, f, -, -en* explanation; *(Text)* annotation
Erle, *sub, f, -, -n* alder
erleben, *vt,* experience; *ich habe es selbst erlebt, was es heißt* I know

from experience what it means to be; **Erlebensfall** *sub, m, -s, nur Einz.* event of survival; **Erlebnis** *sub, n, -ses, -se* experience
erledigen, *(1) vr,* resolve *(2) vt,* deal with a task; *(beenden)* finish; *sich selbst erledigen* take care of itself; *würden sie das für mich erledigen* would you do that for me, *jmd erledigen* finish so; **erledigt** *adj,* closed; *(Person)* worn out; *das ist für mich erledigt* the matter´s closed as far as I´m concerned; *das wäre erledigt* that´s that; *der ist erledigt* he´s done for; *du bist für mich erledigt* I´m through with you
erleichtern, *vt, (befreien)* relieve; *(Gewicht)* lighten; *(vereinfachen)* make easier; *das erleichtert mich sehr* that was a great relief to me; *jmd um seine Brieftasche erleichtern* relieve so of; *sich das Herz erleichtern* unburden one´s heart; **erleichtert** *adj,* relieved; *(Arbeit)* easier; **Erleichterung** *sub, f, -, -en (befreit)* relief
erleiden, *vt,* suffer
erlernen, *vt,* learn
erlesen, *adj, (allg)* choice; *(spezif.)* superior; **Erlesenheit** *sub, f, -, nur Einz.* exquisiteness
erleuchten, *vt,* light; *(anregen)* inspire; **Erleuchtung** *sub, f, -, -en* inspiration
erliegen, *vt, (Druck)* succumb; *(Irrtum)* be misled; *(sterben)* die from; *einem Irrtum erliegen* be misled
Erlös, *sub, m, -es, -e* proceeds
Erlöschen, *(1) sub, n, -s, -* extinction *(2)* **erlöschen** *vi,* extinct, go out; *(Rasse)* die out; *ein erloschener Vulkan* an extinct vulcano
erlösen, *vt, (retten)* rescue; *(Schmerz)* release; *er ist erlöst* his sufferings are ove; **Erlöser** *sub, m, -s, -* saviour; *(rel.)* Redeemer; **Erlöserbild** *sub, n, -s, -er* picture of the Savior; **erlöserhaft** *adj,* saviorlike; **Erlösung** *sub, f, -, -en*

release; *(rel.)* redemption

ermächtigen, *vt*, authorize; **Ermächtigung** *sub*, *f*, -, -*en* authorization

ermahnen, *vt*, admonish; *(warnen)* warn; **Ermahnung** *sub*, *f*, -, -*en* admonition; *(Warnung)* warning

ermangeln, *vi*, lack sth.; **Ermangelung** *sub*, *f*, -, *nur Einz.* absence; *in Ermangelung eines Besseren* in the lack of anything better

ermannen, *vr*, pluck up courage

ermäßigen, *vt*, reduce; **ermäßigt** *adj*, reduced; **Ermäßigung** *sub*, *f*, -, -*en* reduction

ermatten, *vi*, become exhausted; *(Entusiasmus)* wane; **ermattet** *adj*, exhausted; **Ermattung** *sub*, *f*, -, -*en (Ermüdung)* fatigue; *(Schwäche)* weariness

ermessen, *vt*, estimate; *die Bedeutung von etwas ermessen* appreciate the significance of sth

ermöglichen, *vt*, enable; *etwas ermöglichen* enable sth to be done; *jmd ermöglichen, etwas zu tun* enable so to do sth; **Ermöglichung** *sub*, *f*, -, -*en* enabling

ermorden, *vt*, murder; *(polit.)* assassinate

ermüden, *vt*, fatigue; **Ermüdbarkeit** *sub*, *f*, -, -*en* ability to withstand fatigueing; **ermüdet** *adj*, fatigued; *(Person)* tired; **Ermüdung** *sub*, *f*, -, -*en* fatigue; *(Person)* tiredness

ermuntern, *vt*, *(munter machen)* encourage, liven up

ermutigen, *vt*, encourage; *jmd ermutigen etwas zu tun* encourage so to do sth

Ern, *sub*, *m*, -*s*, -*e* entrance hall

ernähren, *vt*, *(essen)* feed; *(unterhalten)* keep; *eine Familie ernähren* keep a family; **Ernährer** *sub*, *m*, -*s*, - breadwinner, provider; **Ernährung** *sub*, *f*, -, -*en* feeding; *(gesund/ungesund)* diet; *zur Ernährung der Familie beitragen* contribute to feeding the family; *gesunde/ungesunde Ernährung* a healthy/an unhealthy diet

ernennen, *vt*, appoint; **Ernennung** *sub*, *f*, -, -*en* appointment; *seine Ernennung zum* his appointment to the post of

erneuern, (1) *vr*, *(Natur)* renew (2) *vt*, replace; *(polit./wirt.)* reform; *(verlängern)* extend; *(wiederherstellen)* renovate; **Erneuerung** *sub*, *f*, -, -*en* extension, reform, renovation, replacement; *(geistige)* revival

erniedrigen, *vt*, *(geh.)* humiliate; *(mgs.)* lower; *sich erniedrigen etwas zu tun* lower oneself to do sth; ~*d adj*, humiliating; **Erniedrigung** *sub*, *f*, -, -*en* humiliation, reduction

ernst, (1) *adj*, serious, stern; *(heit)* genuine (2) **Ernst** *sub*, *m*, -*s*, *nur Einz.* seriousness; *(nach außen)* gravity; *ernste Musik* serious music; *ich meine es ernst* I'm serious about it; *jmd ernst nehmen* take so seriously, *allen Ernstes* in all seriousness; *es ist mein voller Ernst* I'm deadly serious; *ist das dein Ernst* are you serious; *es ernst meinen* mean business; **Ernstfall** *sub*, *m*, -*s*, -*fälle* real thing; ~**haft** *adj*, serious; **Ernsthaftigkeit** *sub*, *f*, -, -*en* seriousness

Ernte, *sub*, *f*, -, -*n* crop; *(das Ernten)* harvest; ~**brigade** *sub*, *f*, -, -*n* harvest brigade; ~**dankfest** *sub*, *n*, -*s*, -*e* harvest festival; *Erntedankfest* Thanksgiving; ~**einsatz** *sub*, *m*, -*s*, -*sätze* assistance with the harvest; **ernten** *vt*, harvest; *(Dankbarkeit)* get; *(Ruhm)* win *Lob ernten* win praise

ernüchtern, *vt*, sober up; *(i. ü. S.)* bring down to earth; **Ernüchterung** *sub*, *f*, -, -*en* disillusionment

erobern, *vt*, conquer; *Herzen im Sturm erobern* win hearts by storm; **Eroberer** *sub*, *m*, -*s*, - conqueror; **Eroberung** *sub*, *f*, -, -*en* conquest; *eine Eroberung machen* make a conquest

eröffnen, *vt*, start; *(anfangen)* begin; *(Geschäft/Konferenz)* open; *(mitteilen)* reveal; *ein Geschäft eröffnen* start business; *das Verfahren eröffnen* begin proceedings; *das Feuer eröffnen* open fire; *jmd etwas eröffnen* disclose sth to so; *jmd neue Möglichkeiten eröffnen* open new possibilities to sb; **Eröffnung** *sub, f, -, -en* opening; *(s.o.)* revelation, start

erogen, *adj*, erogenous

Erosion, *sub, f, -, -en* erosion; **erosiv** *adj*, erosive

Erotik, *sub, f, -, nur Einz.* eroticism; **Eroten** *sub, f, nur Mehrz.* Cupid; **~on** *sub, n, -s, Erotika u. -ken* erotica; **erotisch** *adj*, erotic; **erotisieren** *vt*, arouse sexual desire; **Erotisierung** *sub, f, -, -en* use of erotic effects; **Erotizismus** *sub, m, -, -men* eroticism; **Erotomanie** *sub, f, -, nur Einz.* erotomania

Erpel, *sub, m, -s, -* drake

erpicht, *vt*, be keen on; *darauf erpicht sein zu* be bent on; *erpicht sein auf* be very keen on

erpressen, *vt*, blackmail; **Erpresser** *sub, f, -, -nen* blackmailer; **Erpressung** *sub, f, -, -en* blackmail; *(Geständnis)* extorsion

erproben, *vt, (ausprobieren)* experience; *(med.)* test; *ein Medikament erproben* test a medication

erquicken, *vt*, refresh; **Erquickung** *sub, f, -, -en* refreshment

Erratum, *sub, n, -s, Errata* erratum

errechnen, *vt*, calculate; *(erwarten)* count on; *wie er errechnete* according to his calculations

erregbar, *adj*, excitable; **Erregbarkeit** *sub, f, -, -en* excitable temper; **erregen** *vt*, excite; *Bewunderung erregen* excite admiration; *jmd Zorn erregen* provoke so´s anger; **Erreger** *sub, m, -s, -* patogen; **Erregung** *sub, f, -, -en* excitement

erreichen, *vt*, reach; *(durchsetzen)* achieve; *ein hohes Alter erreichen* live to old age; *etwas erreichen* get somewhere; *haben sie bei ihm etwas erreicht* did you get anywhere

with him; *leicht zu erreichen* within easy reach; *telefonisch jmd erreichen* get so on the phone; **erreichbar** *adj*, reachable; *(räuml.)* within reach; *zu Fuß leicht erreichbar* within easy walking distance

erretten, *vt*, save; *jmd vor etwas erretten* save s from; **Erretter** *sub, m, -s, -* savior

errichten, *vt*, build; *(etw. aufstellen)* erect; **Errichtung** *sub, f, -, -en* construction

erringen, *vt*, gain; *(polit.)* win; *(spo.)* reach

erröten, *vi*, blush; *vor/über etwas erröten* blush with/at

Errungenschaft, *sub, f, -, -en* achievement; *meine neueste Errungenschaft* my latest acquisition

ersaufen, *vi*, drown; *(i. ü. S.)* flood; *in Arbeit ersaufen* be flooded with work

ersäufen, *vt*, drown; *seinen Kummer ersäufen* drown one´s sorrow in

erschaffen, *vt*, create; *etwas erschaffen* summon sth into existence; **Erschaffung** *sub, f, -, -en* creation

erschaudern, *vi*, shudder

erscheinen, *vt*, appear; *(Buch)* be published; *(sich darstellen)* seem; *vor Gericht erscheinen* appear in court; *es erscheint ratsam* it would seem advisable; **Erscheinung** *sub, f, -en* phenomenon; *(äusserliche -)* appearance; *(rel.)* apparition; *(typische -)* symptom; *er tritt kaum in Erscheinung* he keeps very much in the background

erschießen, *vt*, shoot dead; **Erschießung** *sub, f, -, -en* shooting; *(Hinrichtung)* execution by firing squad

erschimmern, *vt*, shimmer

erschlaffen, **(1)** *vi, (Haut)* grow slack **(2)** *vt*, become limp; *(i. ü. S.; Wille)* weaken

erschlagen, (1) *adj*, worn out (2) *vt*, kill, strike dead; *vom Blitz erschlagen werden* be struck dead by lightning

erschleichen, *vt*, get sth. by devious means

erschließen, (1) *vr*, *(verständlich werden)* become accessible (2) *vt* *(Land)* develop; *(nutzbar machen)* tap; *(wirt.)* open up; **Erschließung** *sub*, *f*, -, -en *(s.o.)* development, opening up, tapping

erschmelzen, *vti*, be melted

erschöpfen, *vt*, exhaust; *(Quelle)* exploit; *das Benzin/jmd Geduld erschöpfen* exhaust the fuel/one´s patience; **erschöpfbar** *adj*, exhaustible; **erschöpft** *adj*, exhausted; *(Quelle/Mine)* exploited; **Erschöpfung** *sub*, *f*, -, -en exhaustion

erschrecken, (1) *vi*, be frightened, be startled (2) *vr*, get a fright (3) *vt*, frighten, scare; *zu Tode erschrokken sein* be startled to death, *sich über etwas erschrecken* get a fright at sth, *erschrick dich nicht* don´t be frightened; *du hast mich aber erschreckt* you really gave me a scare

erschüttern, *vt*, shake; *die Botschaft hat uns erschüttert* we were shaken by the news; ~d *adj*, deeply distressing; **Erschütterung** *sub*, *f*, -, -en *(mech.)* vibration; *(psych.)* shock

erschweren, *vt*, make more difficult; *(behindern)* hinder; ~d (1) *adj*, aggravating, complicating (2) *adv*, make worse; *erschwerende Umstände* aggravating circumstances, *es kommt erschwerend hinzu, daß er* to make matters worse he; **Erschwernis** *sub*, *f*, -, -se difficulty; **Erschwerung** *sub*, *f*, -, -en impediment

erschwingen, *vt*, afford; **erschwingbar** *adj*, affordable; **erschwinglich** *adj*, reasonable; *das ist für uns nicht erschwinglich* we can´t afford it; *zu erschwinglichen Preisen* at reasonable prices

ersehen, *vt*, be evident

ersehnen, *vt*, long; *etwas ersehnen* long after sth

ersetzen, *vt*, *(austauschen)* replace; *(Fähigkeiten)* substitute; *(Schaden)* compensate

ersichtlich, *adj*, apparent

ersinnen, *vt*, devise

ersparen, *vt*, save; *(Unannehmlichkeiten)* spare; *jmd Kosten und Arbeit ersparen* save so work and money; *er bleibt ihr nichts erspart* she gets all the bad breaks; *sich etwas ersparen* spare oneself something; **Ersparnis** *sub*, *f*, -, -se savings

ersprießlich, *adj*, profitable; *(vergnüglich)* pleasant

erst, (1) *adv*, *(Anzahl)* only; *(Reihenfolge)* first; *(zeitl.)* just (2) *Partikel*, *(-recht)* even; *erst als* only when; *erst nach* only after; *erst nächste Woche* not before next week; *es ist erst fünf Uhr* it´s only five o´clock; *ich muß erst noch telefonieren* I´ve got to make a telephone call first; *eben erst* just now, *jetzt tue ich es erst recht* that makes me even more determined to do it

erstarken, *vi*, regain one´s strength; *(i. ü. S.)* grow stronger

erstarren, *vi*, be paralysed, grow stiff; *vor Schreck erstarren* be paralysed with fear; *ihm erstarrte das Blut in den Adern* the blood ran cold in his veins

erstatten, *vt*, *(Anzeige)* report; *(fin.)* reimburse; **Erstattung** *sub*, *f*, -, -en *(s.o.)* reimbursement, reporting

Erstaufführung, *sub*, *f*, -, -en première

Erstaunen, (1) *sub*, *n*, -s, *nur Einz.* astonishment; *(erfreulich)* amazement (2) **erstaunen** *vt*, amaze, astonish, surprise; *sehr zu meinem Erstaunen* much to my surprise; **erstaunlich** *adj*, amazing, astonishing; **Erstauntheit** *sub*, *f*, -, *nur Einz.* astonishment

Erstausgabe, *sub*, *f*, -, -en first edi-

tion
Erstbeichte, *sub, f, -, -en* first confession
erstechen, *vt,* stab to death
erstehen, (1) *vi, (entstehen)* rise **(2)** *vt,* purchase
ersteigen, *vt,* climb
Ersteigerung, *sub, f, -, -en* ascent
erstellen, *vt, (Gebäude)* build; *(Liste)* draw up
erstens, *adv,* firstly; **erster** *adj, (s. erst)* former; **ersterwähnt** *adj,* first mentioned; **erstes** *adv, (s. erst)* first of all; *als erstes* first of all
erstgeboren, *adj,* first-born; **Erstgeborene** *sub, m/f/n, -n, -n* first born child
Erstgeburt, *sub, f, -, -en* first-born child
erstgenannt, *adj,* mentioned first
Ersthelferin, *sub, f, -, -nen* first assistant
ersticken, (1) *vi, (verschlucken)* choke **(2)** *vt, (unterdrücken)* suppress **(3)** *vti, (tödlich)* suffocate; *jmd Begeisterung ersticken* freeze sb´s enthusiasm
erstklassig, (1) *adj,* first-class; *(Bedingungen)* excellent **(2)** *adv,* superbly; **Erstklässler** *sub, m, -s, -* first-year pupil
Erstling, *sub, m, -s, -e* first work
erstmals, *adv,* for the first time
erstrangig, *adj,* of top priority
erstreben, *vt,* strive for; **~swert** *adj,* desirable; *(Ideale)* worth striving for
Erstsemester, *sub, n, -s, -* first-year (university) student
erststellig, *adj,* first-rank
Ersuchen, (1) *sub, n, -s, -* request **(2)** **ersuchen** *vt,* request sth.; *jmd um etwas ersuchen* request sth from so
ertappen, *vt,* catch so. in the act; *jmd auf frischer Tat ertappen* catch so in the act; *jmd beim stehlen ertappen* catch so stealing; *sich bei etwas ertappen* catch oneself doing sth
erteilen, *vt, (Rat/Unterricht ua.)* give; *(schriftl.)* grant; *jmd das Wort*

erteilen ask so to speak
ertönen, *vi,* sound
Ertrag, *sub, f, -s, -träge (agr.)* yield; *(wirt.)* return (on investment)
ertragen, *vt,* bear; *(aushalten)* endure; *ein Unglück mit Resignation ertragen* bear a misfortune with resignation; **ertragfähig** *adj, (agr.)* fertile; *(wirt.)* profitable; **erträglich** *adj,* bearable; *(annehmbar)* tolerable; **ertragreich** *adj, (agr.)* productive; *(wirt.)* lucrative; **ertragsfähig** *adj,* s. ertragfähig; **Ertragslage** *sub, f, -, -en* profit situation
ertränken, *vt,* drown; *sich ertränken* drown oneself
Ertrinken, (1) *sub, n, -, nur Einz.* drowning **(2) ertrinken** *vi,* be drowned; *(i. ü. S.; Arbeit)* be inundated; **~de** *sub, m, f, -n, -n* drowning person
ertüchtigen, (1) *vr,* get/keep fit **(2)** *vt,* toughen up; **Ertüchtigung** *sub, f, -, -en* fitness
erübrigen, (1) *vr,* be unneccessary **(2)** *vt,* spare
eruieren, *vt,* find out
Eruption, *sub, f, -, -en* eruption; **eruptiv** *adj,* eruptive
Erwachen, (1) *sub, n, -s, nur Einz.* awakening **(2) erwachen** *vi,* awake, wake up; *plötzlich erwachen* wake up with a start
erwachsen, (1) *adj,* grown-up **(2)** *adv,* in an adult way **(3)** *vi, (aus etwas)* grow; *(Probleme)* arise; **Erwachsene** *sub, m, f, -n, -n* adult
erwählen, *vt,* choose; *durch Zufall erwählen* choose sb by lot; **Erwählte** *sub, m, f, -n, -n* sweetheart
erwähnen, *vt,* mention; *etwas mit keinem Wort erwähnen* make no mention of sth; **Erwähnung** *sub, f, -, -en* mention
Erwanderung, *sub, f, -, -en* walking around
erwärmen, (1) *vr, (für etwas)* warm to **(2)** *vt, (etwas)* heat;

(*jmd.*) win sb over; *sich erwärmen* get warm; *sich für etwas erwärmen* warm to sth, *jmd für etwas erwärmen* win sb over to sth
Erwarten, (1) *sub*, *n*, *-s*, *nur Einz.* expecting (2) **erwarten** *vr*, expect sb to do sth (3) *vt*, expect; *von jmd etwas erwarten* expect sb to do sth, *jmd erwarten* expect sb; **Erwartung** *sub*, *f*, *-*, *-en* expectation; **erwartungsvoll** *adj*, expectant
erwecken, *vt*, (*Eindruck*) arouse; (*jmd.*) wake; *den Eindruck erwecken, daß* arouse the impression that; *wieder zum Leben erwecken* revive
erwehren, *vr*, fend sth. off, ward sth. off; *man kann sich des Eindrucks nicht erwehren, dass* you can´t help feeling that; *sich nicht erwehren können* be helpless against
erweichen, (1) *vr*, yield (2) *vt*, soften; *sich erweichen lassen* give in
erweisen, (1) *vt*, (*Respekt*) show (2) *vti*, (*beweisen*) prove; *sich jmd gegenüber dankbar erweisen* show one´s gratitude, *sich erweisen als* prove to be
erweitern, *vt*, (*Kenntnis*) broaden; (*räuml.*) widen; (*wirt.*) expand; **Erweiterung** *sub*, *f*, *-*, *-en* (*s.o.*) enlargement, expansion, widening
erwerben, *vt*, (*kaufen*) purchase; (*Ruhm*) win; (*verdienen*) earn; (*Wissen*) acquire; *sich großen Ruhm erwerben* win great fame; *jmd Vertrauen erwerben* earn sb´s trust; **erwerbsfähig** *adj*, able to work; **Erwerbsleben** *sub*, *n*, *-s*, *-* working life; **Erwerbslose** *sub*, *m*, *f*, *-en*, *-en* unemployed person; **erwerbstätig** *adj*, gainfully employed; **Erwerbstätige** *sub*, *m*, *f*, *-n*, *-n* person in work; **Erwerbszweig** *sub*, *m*, *-s*, *-e* source of employment; **Erwerbung** *sub*, *f*, *-*, *-en* purchase; (*Aneignung/Angeeignete*) acquisition
erwidern, *vt*, (*antworten*) reply; (*reagieren*) return; *auf meine Frage erwiderte er* in reply to my que-

sion he said
erwiesen, *adj*, proved
erwirken, *vt*, obtain
erwischen, *vt*, catch; (*räumlich*) grab; *es hat ihn (schlimm) erwischt* he´s got it (bad)
erwünscht, *adj*, wanted; *das erwünschte Resultat* the desired result; *deine Anwesenheit ist dringend erwünscht* your presence is urgently required
Erz, *sub*, *n*, *-e* ore
erzählen, *vt*, tell; *das kannst du mir nicht erzählen* pull another one; *jmd von etwas erzählen* tell so about sth; *man hat mir erzählt* I´ve been told; **Erzähler** *sub*, *m*, *-s*, *-* story-teller; (*Schriftsteller*) narrator; **erzählerisch** *adj*, narrative; **Erzählkunst** *sub*, *f*, *-*, *-künste* narrative art; **Erzählung** *sub*, *f*, *-*, *-en* (*Geschichte*) tale; (*jmd.*) story
Erzbau, *sub*, *m*, *-s*, *nur Einz.* oremining
Erzbischof, *sub*, *m*, *-s*, *-schöfe* archbishop; **Erzengel** *sub*, *m*, *-s*, *-* archangel
erzeugen, *vti*, show
erzeugen, *vt*, produce; (*Hand*) manufacture; **Erzeuger** *sub*, *m*, *-s*, *-* father, producer; (*Hand*) manufacturer; **Erzeugerland** *sub*, *n*, *-s*, *-länder* country of origin; **Erzeugnis** *sub*, *n*, *-ses*, *-se* product
Erzfeind, *sub*, *m*, *-es*, *-e* arch enemy
Erzgebirgler, *sub*, *m*, *-s*, *-* person from the Erzgebirge
Erzgewinnung, *sub*, *f*, *-*, *-en* mining of ore; **Erzgießerei** *sub*, *f*, *-*, *-en* ore casting
Erzherzogin, *sub*, *f*, *-*, *-nen* archduchess; **Erzherzogtum** *sub*, *n*, *-s*, *-tümer* archduchy
erziehen, *vt*, bring up; (*Schule*) educate; *ein Kind zu Sauberkeit und Ordnung erziehen* bring a child up to be clean and tidy; *Eltern erziehen die Kinder* parents bring up the children; **Er-**

zieher *sub, m, -s, -* educator; **Erziehergabe** *sub, f, -, -n* talent for education; **erzieherisch** *adj,* educational; **Erziehung** *sub, f, -, -en* education, upbringing; **Erziehungsberechtigte** *sub, m, f, -n, -n* guardian **erzielen,** *vt, (Einigung/Geschwindigkeit)* reach; *(Ergebnis)* achieve; *(Preis)* obtain **Erzpriester,** *sub, m, -s, -* patriarch **Erzspitzbube,** *sub, m, -n, -en* scoundrel **erzürnen,** (1) *vr,* become angry (2) *vt,* anger **erzwingen,** *vt,* force; *die Wahrheit erzwingen* force the facts out of him; *etwas von jmd erzwingen* force sth out of sb **Esche,** *sub, f, -, -n* ash **Escudo,** *sub, m, -, -* Escudo **Esel,** *sub, m, -s, -* donkey; *alter Esel* old fool; *bepackt sein wie ein Esel* be loaded down like pack-horse; *wenn es dem Esel zu warm wird, geht er auf's Eis* so will come unstuck one of these days; *~ei sub, f, -, -en* stupidity; *~sbrücke sub, f, -, -n* mnemonic; *jmd eine Eselsbrücke bauen* give so a hint; *~sohr sub, n, -s, -en (Buch)* dog-ear; *(Ohren wie..)* donkey's ear; *~srücken sub, m, -s, -* donkeyback **eskaladieren,** *vt, (mil.)* climb an obstacle; **Eskaladierwand** *sub, f, -, -wände* obstacle to climb up **eskalieren,** *vt,* escale; **Eskalation** *sub, f, -, -en* escalation; **Eskalierung** *sub, f, -, -en* escalating **Eskamotage,** *sub, f, -, -n* conjuration; **eskamotieren** *vt,* conjure away **Eskapade,** *sub, f, -, -n* escapade; *(Seitensprung)* amorous adventure **Eskapismus,** *sub, m, -, nur Einz.* escapism; **eskapistisch** *adj,* escapescapist **Eskimo,** *sub, m, -s, -s* Eskimo **eskortieren,** *vt,* escort; **Eskorte** *sub, f, -, -n* escort; *(i. ü. S.; Begleitung)* entourage; **Eskortierung** *sub, f, -, -en* escorting

Esoterik, *sub, f, -, nur Einz.* esoteric activity; *~erin sub, f, -, -en* esoterically engaged woman; **esoterisch** *adj,* esoteric **Espartogras,** *sub, n, -es, -gräser* esparto **Espe,** *sub, f, -, -n* aspen **Esperanto,** *sub, n, -s, nur Einz.* Esperanto **Esplanade,** *sub, f, -, -n* esplanade **Espresso,** *sub, n, -, -s und -ssi* espresso; *~bar sub, f, -, -s* espresso (bar) **Essay,** *sub, m, n, -s, -s* essay; *~ist sub, m, -s, -en* essayist **essbar,** *adj,* edible; **Essbarkeit** *sub, f, -, nur Einz.* edibility **Essbesteck,** *sub, n, -s, -e* cutlery **Esse,** *sub, f, -, -n* chimney **Essen,** (1) *sub, n, -s, - (Fest-)* banquet; *(Lebensmittel/Speise)* food; *(Mahl)* meal (2) **essen** *vt,* have sth. for .. (3) *vti,* eat; *auswärts essen* dine out/in; *nichts zu essen haben* to dine with Duke Humphrey; *jmd zum Essen einladen* invite sb for a meal/to dinner; *laßt euch nicht beim Essen stören* don't let me disturb your meal, *abends/mittags/morgens etwas essen* have sth for dinner/supper/lunch/breakfast, *gerne essen* like (to eat) sth; *man ißt dort sehr gut* the food is quite good there; *~ausgabe sub, f, -, -n* serving of meals; *~empfang sub, m, -s, -pfänge* receiving a meal; *~smarke sub, f, -, -n* meal-ticket; *~szeit sub, f, -, -en* mealtime **Essenz,** *sub, f, -, -en* essence; **essenziell** *adj,* essential **Essgeschirr,** *sub, n, -s, nur Mehrz.* place-setting **Essig,** *sub, m, -s, -e* vinegar; *es ist Essig mit* something has to be cancelled; *Essig und Öl* oil and vinegar; *~essenz sub, f, -, -en* vinegar essence **Esskastanie,** *sub, f, -, -n* sweet chestnut; *geröstete Esskastanien* maroni; **Esslöffel** *sub, m, -s, -*

soup-spoon; *Esslöffel/Suppenlöffel/Dessertlöffel* soup-spoon/dessert-spoon; **esslöffelweise** *adj*, in soup-spoonfuls; *ihm die Medizin esslöffelweise verabreichen* administer medicine in soup-spoonfuls/dessert-spoonfuls; **Esslust** *sub, f, -, Essgelüste* desire for food; **esslustig** *adj*, feel like eating; **Esstisch** *sub, m, -s, -e* dining-table; **Essunlust** *sub, f, -, nur Einz.* reluctance of food; **essunlustig** *adj*, reluctant to eat; **Esswaren** *sub, f, -, nur Mehrz.* food; **Esszimmer** *sub, n, -s, -* dining-room

Establishment, *sub, n, -s, -s* establishment

Estanzia, *sub, f, -, -s* Estancia

Ester, *sub, m, -s, -* ester

estländisch, *adj*, Estonian

estnisch, *adj*, Estonian

Estrade, *sub, f, -, -n* estrade, open-air show

Estragon, *sub, m, -s, nur Einz. (Gewürz kein Pl)* tarragon

Etablissement, *sub, n, -s, -s* establishment

Etage, *sub, f, -, -n* floor, storey; *in der zweiten Etage* on the second floor; *in der zweiten Etage* in the second storey; **etagenförmig** *adj*, multi-storey

Etagere, *sub, f, -, -n* étagère

Etappe, *sub, f, -, -n* stage; **~nhase** *sub, m, -n, -n* base wallah; **~nsieg** *sub, m, -s, -e (spo.)* stage-win; **etappenweise** *adj*, in stages

Etat, *sub, m, -s, -s* budget; **etatisieren** *vt*, budget; **~periode** *sub, f, -, -n* budget period

etc., *adv*, etc.

etepetete, *adj*, fussy

Eternit (R), *sub, m, n, -s, nur Einz. (Warenzeichen)* asbestos cement

Etesien, *sub, f, -, nur Mehrz. (met.)* Etesien

Ethik, *sub, f, -, -en (sittl.Normen)* ethics; *(Wissenschaft)* ethics; **ethisch** *adj*, ethical

ethnisch, *adj*, ethnic; **Ethnograf** *sub, f, -, -nen* ethnographer; **Ethno-**grafie *sub, f, -, -n* ethnography; **Ethnologe** *sub, m, -n, -n* ethnologist; **Ethnologie** *sub, f, -, nur Einz.* ethnology; **ethnologisch** *adj*, ethnological

Ethologie, *sub, f, -, nur Einz.* ethology; **Ethos** *sub, n, -, nur Einz.* ethics

Etikett, *sub, n, -s, -en* label; **~e** *sub, f, -, -n* etiquette; *Verstoß gegen die Etikette* breach of etiquette **etikettieren** *vt*, label

etliche, (1) *pron, (einige)* several (2) *Zahlw.*, quite a lot of; *(wenige)* some; *etliches* a number of things

Etüde, *sub, f, -, -n* étude

Etui, *sub, n, -s, -s* case

etwas, (1) *pron*, something; *(ein Teil)* some; *(Frage/verneint)* any; *(Frage/Verneinung)* anything (2) **Etwas** *sub, n, -, -* something; *das ist etwas anderes* that's different; *hast du etwas für mich* haven't you got anything for me; *hast du etwas gesagt* did you say something; *kann ich auch etwas davon haben* can I have some of it too, *das gewisse etwas* that certain something; *ein hilfloses etwas* a helpless little thing

Etymologe, *sub, m, -, -n* etymologist; **Etymologie** *sub, f, -, -n* etymology

Etymon, *sub, n, -s, -ma* etymon

Eubiotik, *sub, f, -, nur Einz.* hygienics

euch, (1) *pron*, you (2) *refl.pron*, yourself; *euch selbst* you yourself, *setzt euch!* sit down!

Eucharistie, *sub, f, -, -n* Eucharist; **eucharistisch** *adj*, Eucharistic

euer, *pron*, your; *(nachgestl)* your(s); *euer Haus* your house; *unser und euer Haus* our house and yours; **~e** *pron*, your; *das ist euere Arbeit* that's your work; **~es** *pron*, of your, your(s); **~thalben** *adv*, on your behalf; **~twillen** *adv*, because of you

Eufonie, *sub, f, -, -n* euphony

eugenisch, *adj*, eugenic
Eukalyptus, *sub, m, -, -ten* eucalyptus
Euklid, *sub, m, -, -* Euclid
Eule, *sub, f, -, -n* owl; *Eulen nach Athen tragen* carry coals to Newcastle/send owls to Athens; ~nspiegel *sub, m, -s, -* joker; *(Till)* Eulenspiegel; ~nspiegelei *sub, f, -, -en* caper
Eunuch, *sub, m, -en, -en* eunuch; eunuchenhaft *adj, (Stimme)* high-pitched
Euphemismus, *sub, m, -, -mismen* euphemism; euphemistisch *adj*, euphemistic
Euphorie, *sub, f, -, -n* euphoria; euphorisch *adj*, euphoric; euphorisieren *vt*, bring into a euphoric condition
Eurasien, *sub, n, -, -* Eurasia
euripideisch, *adj*, like Euripides
Eurofighter, *sub, m, -s, -* Eurofighter
Europäer, *sub, m, -s, -* European; europäisch *adj*, European; europäisieren *vt*, Europeanize
Europarat, *sub, m, -s, nur Einz.* Council of Europe; Europarekord *sub, m, -s, -e* European record; Europastraße *sub, f, -, -n* European long-distance road; Europaunion *sub, f, -, nur Einz.* European Community
Europium, *sub, n, -s, nur Einz.* europium
Eurovision, *sub, f, -, nur Einz.* Eurovision
Eurythmie, *sub, f, -, nur Einz.* eurythmics
Euter, *sub, n, -s, -* udder
Euterpe, *sub, f, -, -* Euterpe (Muse of music)
Euthanasie, *sub, f, -, nur Einz.* euthanasia
eutroph, *adj*, eutrophic; Eutrophierung *sub, f, -, -en* eutrophication
evakuieren, *vt*, evacuate; *Leute aus der Stadt evakuieren* evacuate a town/evacuate people; Evakuierung *sub, f, -, -en* evacuation

evaluieren, *vt*, evaluate; Evaluation *sub, f, -, -en* evaluation
Evangeliar, *sub, n, -s, -e und -ien* Gospel; evangelikal *adj*, evangelical; Evangelikale *sub, m, f, -n, -n* evangelical; evangelisch *adj*, Evangelical; evangelisieren *vt*, evangelize; Evangelist *sub, m, -s, -en* evangelist; Evangelium *sub, n, -gelien* gospel
Evaporation, *sub, f, -, -en* evaporation; Evaporator *sub, m, -s, -en* evaporator; evaporieren *vt*, evaporate
Evasion, *sub, f, -, -en* evasion
Eventualität, *sub, f, -, -en* eventuality; Eventualfall *sub, m, -s, -fälle* eventuality; *im Eventualfall* should the occasion arise; eventuell *adj*, in the event of, possible
Evergreen, *sub, m, n, -s, -s* old favourite
evident, *adj, (offenkundig)* evident; *(überzeugend)* convincing; Evidenz *sub, f, -, nur Einz.* convincingness, self-evidence
Evolution, *sub, f, -, -en* evolution; evolutionär *adj*, avolutionary; ~stheorie *sub, f, -, -n* theory of evolution; evolvieren *vt*, evolve
evozieren, *vt*, summon
ewig, (1) *adj*, eternal; *(abwertend)* never-ending; *(Leben/Frieden)* everlasting (2) *adv*, for ever; *die Ewige Stadt* the Eternal City, *auf immer und ewig* for ever and ever; *das ist ewig schade* it´s just too bad; *es dauert ewig* it´s taking ages; *ewiger Schnee* perpetual snow; *seit ewigen Zeiten* from time immemorial; Ewiggestrige *sub, m, f, -n, -n* old reactionary; Ewigkeit *sub, f, -, -en* eternity; *(ugs.; sehr lange)* ages; *bis in alle Ewigkeit* to the end of time; *es ist eine Ewigkeit her, seit* it´s ages since; *ich habe eine Ewigkeit gewartet* I´ve waited for ages; ~lich *adv*, till the end of time; *(für immer)* for ever
ex, *adv, (vulg.)* down in one

exakt, *adj,* exact, precise; **Exaktheit** *sub, f, -, nur Einz.* exactitude, precision

Exaltation, *sub, f, -, -en* exaggeration; **exaltiert** *adj,* exaggerated

Examen, *sub, n, -s, - oder -mina* examination; **~sangst** *sub, f, -, -ängste* examination nerves; **Examinand** *sub, m, -en, -en* examinee; **Examinator** *sub, m, -s, -en* examinator; **examinieren** *vt,* examine; *einen Studenten examinieren* examine a student

Exegese, *sub, f, -n* exegesis; **Exeget** *sub, m, -en, -en* exegete

exekutieren, *vt,* execute; *einen Mörder exekutieren* execute a murderer; *jmd Befehle ausführen* execute one´s orders; **Exekution** *sub, f, -en* execution; **Exekutor** *sub, m, -s, -en* bailiff

exekutiv, *adj,* executive; **Exekutive** *sub, f, -n* executive; **Exekutivgewalt** *sub, f, -n* executive power

Exempel, *sub, n, -s, -* example; *ein Exempel statuieren* set a warning example

Exemplar, *sub, n, -s, -e* specimen; **exemplarisch (1)** *adj,* exemplary **(2)** *adv,* as an example; *jmd exemplarisch bestrafen* make an example of so

exemplifizieren, *vt,* exemplify; **Exemplifikation** *sub, f, -en* exemplification

exhalieren, *vi,* exhale

exhibieren, *vt,* exhibit

Exhibition, *sub, f, -en* exhibition; **~ismus** *sub, m, nur Einz.* exhibitionism; **~ist** *sub, m, -en, -en* exhibitionist

exhumieren, *vt,* exhume; **Exhumierung** *sub, f, -en* exhumation

Exil, *sub, n, -s, -e* exile; *ins Exil gehen* go into exile; **~regierung** *sub, f, -en* government in exile

existent, *adj,* existent; **Existenz** *sub, f, -, -en* existence; *(Lebensgrundlage)* lifelihood; *(Person)* character; *die nackte Existenz retten* escape with one´s life; *gesicher-*

te Existenz secure position; **Existenzangst** *sub, f* existential fear; **existenzfähig** *adj,* able to exist; *(überlebensfähig)* able to survive; **Existenzialismus** *sub, m, -, -* existentialism; **existenziell** *adj,* existential; **Existenzkampf** *sub, m, -es, -kämpfe* struggle for existence; **Existenzminimum** *sub, n, -s, -minima* subsistence level; **Existenzphilosophie** *sub, f, -, -n* existential philosophy; **existieren** *vti,* exist

Exitus, *sub, m, -, -* death

exkavieren, *vt,* excavate; *eine versunkene Stadt exkavieren* excavate a buried city; *einen Graben exkavieren* excavate a ditch; **Exkavation** *sub, f, -, -en* excavation

exklamieren, *vt,* exclaim; **Exklamation** *sub, f, -en* exclamation

Exklave, *sub, f, -n* exclave

exklusiv, *adj,* exclusive; **Exklusion** *sub, f, -, -en* exclusion; **~e** *präp,* excluding; **Exklusivität** *sub, f, -, nur Einz.* exclusiveness

exkommunizieren, *vt,* excommunicate; **Exkommunikation** *sub, f, -, -en* excommunication

Exkrement, *sub, n, -es, -e* excrement

Exkret, *sub, n, -es, -e* excreta; **~ion** *sub, f, -en* excretion

exkulpieren, *vt,* exculpate

Exkurs, *sub, m, -es, -e* digression; *(lit.)* excursus; **~ion** *sub, f, -, -en* study trip/tour

Exmatrikel, *sub, f, -n* confirmation of a student´s removal from the register; **Exmatrikulation** *sub, f, -, -en* student´s removal from the register; **exmatrikulieren** *vt,* remove a student´s name from the register

Exminister, *sub, f, -, -nen* ex-minister

Exodus, *sub, m, -se* exodus

exogen, *adj,* exogenous

exorbitant, *adj,* exorbitant

exorzieren, *vt,* exorcise; **Exorzismus** *sub, m, -, -smen* exorcism;

Exorzist *sub, m, -en, -en* exorcist

Exosphäre, *sub, f, -, nur Einz.* exosphere

Exot, *sub, m, -en, -en* strange foreigner; *(Pflanze/Tier)* exotic

exotherm, *adj,* exothermal

Exotik, *sub, f, -, -nen* Exotica

expandieren, *vt,* expand; *ein expandierendes Unternehmen* business which is eager to expand; **Expander** *sub, m, -s, -* chest-expander; **Expansion** *sub, f, -, -en* expansion; **expansiv** *adj,* expansive

expatriieren, *vt,* expatriate

expedieren, *vt,* dispatch; **Expedition** *sub, f, -, -en* expedition; **Expeditionsleiter** *sub, m, -s, -* leader of an expedition

expensiv, *adj,* expensive

Experiment, *sub, n, -s, -e* experiment; **experimentieren** *vi,* experiment

Experte, *sub, m, -n, -n* expert; **Expertise** *sub, f, -, -n* expert´s report; *eine Expertise einholen* obtain an expert´s report

explizieren, *vt,* explicate; **Explikation** *sub, f, -, -en* explication

explizit, *adj,* explicit

explodieren, *vt,* explode; *eine Bombe/Mine zum explodieren bringen* explode a bomb/mine; *vor Ärger explodieren* explode with anger; **explodierbar** *adj,* explosive

exploitieren, *vt,* exploit

explorieren, *vt,* explore; **Exploration** *sub, f, -, -en (med.)* exploration

explosibel, *adj,* explosive; **Explosion** *sub, f, -, -en* explosion; **explosiv** *adj,* explosive; *explosiv reagieren* react violently; *explosive Laute* plosives; **Explosivität** *sub, f, -, nur Einz.* explosiveness; **Explosivlaut** *sub, m, -s, -e* plosive

exponieren, *vt,* expose; *sich exponieren* draw attention to oneself; **Exponat** *sub, n, -s, -e* exhibit; **Exponent** *sub, m, -n, -n (auch mat.)* exponent; **exponiert** *adj,* exposed

Export, *sub, m, -s, -e* export; **~anteil** *sub, m, -s, -e* exported part; **~eur** *sub, m, -s, -e* exporter; **exportieren** *vt,* export; **~quote** *sub, f, -, -n* export ratio

Exposee, *sub, n, -s, -s* exposé; **Exposition** *sub, f, -, -en* exposition

express, (1) *adj,* express **(2) Express** *sub, m, -es, -e* express (train); **Expressbote** *sub, m, -n, -n* express deliverer; **Expressbrief** *sub, m, -s, -e* express letter; **Expresszug** *sub, m, -s, -züge* express (train)

Expression, *sub, f, -, -en* expression; **~ismus** *sub, m, -, nur Einz.* expressionism; **~ist** *sub, m, -en, -en* expressionist; **expressiv** *adj,* expressive; **Expressivität** *sub, f, -, nur Einz.* expressiveness

expropriieren, *vt,* expropriate; **Expropriation** *sub, f, -, -en* expropriation

exquisit, *adj,* exquisite

exspektativ, *adj, (med.)* expectant

exspirieren, *vi,* expire

exstirpieren, *vt,* extirpate

extendieren, *vt,* extend; *Geschäftsbeziehungen extendieren* extend one´s business relations; **Extension** *sub, f, -, -en* extension

Extensität, *sub, f, -, nur Einz.* extensiveness; **extensiv** *adj,* extensive; *ein Gesetz extensiv auslegen* give an extensive interpretation of a law

Exterieur, *sub, n, -s, -s oder -e* exterior

extern, *adj,* external; **Externe** *sub, m,f, -n, -n (Internat)* day boy/girl; **Externsteine** *sub, f, -, nur Mehrz. (geogr.)* Extern rocks

exterritorial, *adj,* extraterritorial; **Exterritorialität** *sub, f, -, nur Einz.* extraterritorial

extra, (1) *adv, (absichtlich)* on purpose; *(besonders)* especially, extra; *(getrennt)* separately **(2) Extra** *sub, n, -s, -s* extra; **Extraausgabe** *sub, f, -, -n* special edition; **Extrablatt** *sub, n, -s, -blätter* extra; **Extraklasse** *sub, f,*

-, -n extra-class

extrahieren, *vt, (med.)* extract; *eine Kugel/Zahn extrahieren* extract a bullet/tooth; *Salz aus Wasser extrahieren* extract salt from water

Extrakt, *sub, m, -s, -e* extract; **~ion** *sub, f, -, -en* extraction

extraordinär, *adj,* extraordinary; **extraterrestrisch** *adj,* extraterrestrial; **Extratour** *sub, f, -, -en* own initiative; *sich ständig irgendwelche Extratouren leisten* keep doing things off one´own bat/initiative; **extravagant** *adj,* extravagant; **Extravaganz** *sub, f, -, -en* extravagance; **Extrawurst** *sub, f, -, -würste* special treatment; *sie will immer eine Extrawurst gebraten bekommen* she always wants to get special treatment

extrem, (1) *adj,* extreme **(2) Extrem** *sub, n, -s, -e* extreme; *von einem Extrem ins andere fallen* go from one extreme to another; **Extremismus** *sub, m, -, -men* extremism; **Extremist** *sub, m, -en, -en* extremist; **Extremistin** *sub, f, -, -nen* extremist; **~istisch** *adj,* extremist; **Extremität** *sub, f, -, -en* extremity; **Extremsport** *sub, m, -s, nur Einz.* go to the extremes

extrovertiert, *adj,* extroverted

extrudieren, *vt,* extrude

exulzerieren, *vt,* remove an ulcer

exzellent, *adj,* excellent; **Exzellenz** *sub, f, -, -en* Exellency; *Seine/Eure Exzellenz* His/Your Excellency

Exzentrik, *sub, f, -, nur Einz.* eccentricity; **Exzenter** *sub, m, -s, - (tech.)* tappet; **~er** *sub, m, -s, -* eccentric; **exzentrisch** *adj,* eccentric; **Exzentrizität** *sub, f, -, -en* eccentricity

exzerpieren, *vt, (geb.; Sprachw.)* excerpt; **Exzerpt** *sub, n, -[e]s, -e* extract

Exzess, *sub, m, -es, -e (geb.)* excess; *etwas bis zum Exzess treiben* carry sth to excess; **exzessiv** *adj,* excessive

F

Fabel, *sub, f, -, -n (geh.; Literaturw.)* fable, story, tale; *ins Reich der Fabeln gehören* belong in the realm of fantasy; **~dichter** *sub, m, -s, -* writer of fables; **fabelhaft (1)** *adj, (ugs.)* fabulous **(2)** *adv,* fantastically

Fabrik, *sub, f, -, -en* factory, works; **~anlage** *sub, f, -, -n* factory, factory plant, plant; **~ant** *sub, m, -en, -en* factory owner, manufacturer; **~arbeit** *sub, f, -, nur Einz.* factory work; **~at** *sub, n, -s, -e* make, product; **~ation** *sub, f, -, -en* production; **fabrikmäßig** *adj,* manufactured goods; **fabrikneu** *adj,* brand-new; **~sirene** *sub, f, -, -n* factory siren; **fabrizieren** *vt,* produce; *(ugs.)* knock together

Fabulant, *sub, m, -en, -en (geh.)* sb who invents stories; **fabulieren** *vi,* invent stories, tell stories; **fabulös** *adj, (geh.)* fabulous, fabulously

Fach, *sub, n, -s, Fächer* compartment, field, job, pigeonhole, shelf, subject; *sein Fach verstehen* know o´s job; *das ist mein Fach* that´s right up my street,; *das ist nicht mein Fach* that´s not my line; *ein Meister seines Faches* a master of his trade; **~arbeiter** *sub, m, -s, -* skilled worker; **~arzt** *sub, m, -es, -ärzte* specialist in; **fachärztlich** *adj,* by a specialist; **~ausdruck** *sub, m, -s, -drücke* technical term; **~begriff** *sub, m, -s, -e* technical term; **~bereich** *sub, m, -s, -e* department, faculty

Fachbuch, *sub, n, -s, -bücher* specialist book

Fächer, *sub, m, -s, -* fan; **fächeln** *vt,* fan; **fächerförmig** *adj,* fanlike

fachgerecht, *adj,* professional, professionally, skilled

Fachgeschäft, *sub, n, -es, -e* specialist shop, store

Fachhochschule, *sub, f, -, -n* college

Fachidiot, *sub, m, -en, -en* narrow specialist

Fachkenntnis, *sub, f, -, -se* expertise, specialist knowledge; *mir feblen die Sachkenntnisse* I haven´t got the expertise; *Fachkenntnisse erwerben* gain some background knowledge; **fachkundig** *adj,* competent, expert; *jmdn fachkundig beraten* give sb expert advice; **fachkundlich** *adj,* knowledgeable, knowledgeably

Fachlehrerin, *sub, f, -, -nen* teacher

fachlich, *adj,* professional, qualified, specialised; *etwas fachlich beurteilen* give a professional opinion on sth; *fachlich qualifiziert* qualified in the subject; *sich fachlich weiterbilden* do further training

Fachmann, *sub, m, -s, -männer* expert, specialist; **fachmännisch** *adj,* expert; *fachmännisches Auge* expert´s eye; *fachmännisches Urteil* expert opinion; *jmd fachmännisch beraten* give sb expert advice

Fachreferent, *sub, m, -en, -en* expert

Fachrichtung, *sub, f, -, -en (geh.; Hochschulw.)* faculty

fachsimpeln, *vi, (ugs.)* talk shop

Fachsprache, *sub, f, -, -n* technical language

Fachwelt, *sub, f, -, -en* experts; *in der Fachwelt* among the experts

Fachwerkhaus, *sub, n, -es, -häuser* halftimbered house

Fachwort, *sub, n, -s, -wörter* specialist term, technical term

Fackel, *sub, f, -, -n* torch; **~licht** *sub, n, -s, -er* torchlight; **fackeln** *vi, (ugs.)* dither, shilly-shally; *(ugs.) nicht lange fackeln* don´t dither about; *nicht lange fackeln* no shilly-shallying; **~schein** *sub, m, -s, -e* torchlight; **~träger** *sub, m, -s, -* torchbearer

Fact, *sub, m, -s, -s* fact

fade, *adj,* dull, stale, tasteless; *fa-*

der Kerl bore; *fade schmecken* have no taste

Faden, *sub, m, -s, Fäden* thread; *(i. ü. S.) den Faden verlieren* lose ones´s thread; *(i. ü. S.) den Faden wiederaufnehmen* pick up the thread; *(i. ü. S.) die Fäden laufen in seiner Hand zusammen* he holds the reins; *(i. ü. S.) es hing an einem seidenen Faden* hang by a single thread; **~heftung** *sub, f, -, -en (tt; Buchdr.)* sewing; **~kreuz** *sub, n, -es, -e* crosshairs, optical reticule; *im Fadenkreuz haben* have sth/sb in one´s sights; **fadenscheinig** *adj,* flimsy

Fagott, *sub, n, -s, -e (mus.)* bassoon; **~bläser** *sub, m, -s, -* bassoonist; **~ist** *sub, m, -en, -en* bassoonist

fähig, *adj,* able, capable; *ein fähiger Kopf sein* have an able mind; *er ist zu allem fähig* he ist capable of anything, *(Verbrecher etc.)* he is desperate; **Fähigkeit** *sub, f, -, -en* ability, capability; *geistige Fähigkeiten* intellectual abilities; *praktische Fähigkeiten* practical skills

fahl, *adj,* pale; *(geh.)* wan

fahnden, *vi,* search, search for; **Fahndung** *sub, f, -, -en* search

Fahne, *sub, f, -, -n* flag; *die Fahne hochhalten* keep the flag flying; *die Fahne nach dem Wind drehen* trim one´s sails to the wind; *etwas auf seine Fahne schreiben* espouse the cause of sth; **~nabzug** *sub, m, -s, -züge (Buchdr.)* galley; **~neid** *sub, m, -es, -e* oath of allegiance; **~nflucht** *sub, f, -, -en* desertion; **~nstange** *sub, f, -, -n* flagpole; **~nweihe** *sub, f, -, -n* consecration of the flag

Fähnlein, *sub, n, -s, -* little flag, pennant; *(spo.)* marker

Fähnrich, *sub, m, -s, -e (mil.)* cadet, midshipman

Fahrbahn, *sub, f, -, -en* carriageway, lane, road; *am äußersten rechten Fahrbahnrand* keep to the edge of the inside lane, *(US)* keep to the extreme right; *beim Überqueren*

der Fahrbahn when crossing the road

Fähre, *sub, f, -, -n* ferry; **Fährbetrieb** *sub, m, -s, -e* ferryservice

fahren, *vti,* drive, go, go by, leave, ride, run, sail; *auf dieser Straße fährt es sich gut* this is a good road to drive on; *(i. ü. S.) er ist sehr gut dabei gefahren* he did very well out of it; *erster Klasse fahren* go first class, go first class; *(i. ü. S.) plötzlich fuhr mir der Gedanke durch den Kopf, dass* it suddenly occured to me that; *mit dem Bus fahren* go by bus; *der Zug fährt zweimal am Tag* the train runs twice a day; *mit der Hand überfahren* run one´s hand over

Fahrenheit, *sub, n, -, nur Einz.* Fahrenheit

Fahrensmann, *sub, m, -s, -männer (Seemannssprache)* boatman

Fahrer, *sub, m, -s, -* driver; **~ei** *sub, f, -, -en* driving around, travelling aroung; **~flucht** *sub, f, -, -en* hit-and-run-offence; *(US)* hit-and-run-offense; *(jur.) Fahrerflucht begehen* commit a hit-and-run-offence, *(jur., US)* commit a hit-and-run-offense; **~laubnis** *sub, f, -, -se* driving licence; *(US)* driver´s license; *Fahrerlaubnis entziehen* disqualify from driving; **Fahrgast** *sub, m, -es, -gäste* passenger; **Fahrgeld** *sub, n, -s, -er* fare; **Fahrgestell** *sub, n, -s, -e (Luftf.)* undercarriage; *(mot.)* chassis; **Fahrkarte** *sub, f, -, -n* ticket; **Fahrkartenschalter** *sub, m, -s, -* ticket office; **Fahrkomfort** *sub, m, -s, nur Einz. (mot.)* ride comfort

fahrig, *adj,* agitated, nervous

fahrlässig, *adj,* careless; *(jur.)* negligent; *fahrlässige Tötung* causing death through neglicence, *(US)* negligent homicide

Fahrlässigkeit, *sub, f, -, -en* carelessness; *(jur.)* negligence; *grobe*

Fahrlässigkeit gross negligence

Fahrlehrerin, *sub, f, -, -nen* driving instructor

Fährmann, *sub, m, -s, -männer* ferryman

Fahrplan, *sub, m, -s, -pläne* timetable; *(US)* schedule; **fahrplanmäßig** *adj,* scheduled; *der Zug fährt fahrplanmäßig um 12 Uhr ab* the train is scheduled to leave at 12 o´clock; *der Zug kommt fahrplanmäßig um 12 Uhr an* the train is due at 12 o´clock

Fahrprüfung, *sub, f, -, -en* driving test

Fahrrad, *sub, n, -s, -räder* bicycle, bike, cycle; *mit dem Fahrrad fahren* ride a bicycle; *mit dem Fahrrad fahren* ride a bike

Fahrschule, *sub, f, -, -n* driving school; **Fahrschüler** *sub, m, -s, -* learner

Fahrspur, *sub, f, -, -en* lane

Fahrstil, *sub, m, -s, -e (Fahrr.)* style of riding; *(mot.)* style of driving

Fahrstuhl, *sub, m, -s, -stühle* lift; *(US)* elevator

Fahrstunde, *sub, f, -, -n* driving lesson

Fahrt, *sub, f, -, -en (Ausflug)* trip; *(mot.)* ride; *(Reise)* journey; *(Schiffsr.)* voyage; *die Fahrt beschleunigen* speed up; *eine Fahrt machen* go on a trip, take a trip; *(i. ü. S.) frei Fahrt haben* have been given the green light; *freie Fahrt haben* have a clear run; *in voller Fahrt* at full speed; *auf der Fahrt* on the journey; *(Seemannspr.) Fahrt machen* make way; ~**kosten** *sub, f, -, nur Mehrz. (Autoreise)* travel costs; *(öffentl. Verkehrsm.)* fare; *Fahrtkosten erstatten* pay travelling expenses

fahrtauglich, *adj, (mot.)* roadworthy; *(Person)* fit to drive

Fährte, *sub, f, -, -n* tracks, trail; *auf der falschen Fährte sein* be on the wrong tracks; *auf der richtigen Fährte sein* be on the right tracks; *jmd von der Fährte abbringen*

throw so off the scent; *jmds Fährte verfolgen* track sb

Fahrtenbuch, *sub, n, -s, -bücher (mot.)* logbook

Fahrtest, *sub, m, -s, -s* driving test

Fahrtreppe, *sub, f, -, -n* escalator

fahrtüchtig, *adj, (Fahrz.)* roadworthy; *(Person)* fit to drive

Fahrverbot, *sub, n, -s, -e* disqualification from driving, driving ban; *ein Fahrverbot erteilen* disqualify sb from driving; *ein Fahrverbot erhalten* be banned from driving

Fahrweg, *sub, m, -s, -e* road

Fahrwerk, *sub, n, -s, -e (Luftf.)* undercarriage

Fahrwind, *sub, m, -s, nur Einz.* airstream; *(Schifff.)* behind wind

Fahrzeit, *sub, f, -, -en* travelling time

Fahrzeug, *sub, n, -s, -e* vehicle; *(Luftf.)* aircraft; *(Schifff.)* vessel; *gesperrt für Fahrzeuge aller Art* closed to all traffic; ~**bau** *sub, m, -s, -ten* motor manufacturing industry; ~**halter** *sub, m, -s, -* vehicle owner; ~**park** *sub, m, -s, -s (mot.)* fleet of cars

fair, *adj,* fair; **Fairness** *sub, f, -, nur Einz.* fairness; **Fairplay** *sub, n, -s, nur Einz.* fairplay

fäkal, *adj,* ecal; **Fäkaldünger** *sub, m, -s, -* fertilizer from eces; **Fäkalien** *sub, f, -, nur Mehrz.* eces

Fakir, *sub, m, -s, -e* fakir

Faksimile, *sub, n, -s, -s* facsimile; **faksimilieren** *vt,* facsimile

Fakt, *sub, m, n, -es, -en* fact

Faktenwissen, *sub, n, -s, nur Einz.* factual knowledge

faktisch, (1) *adj,* practical, virtually **(2)** *adv,* in fact

Faktor, *sub, m, -s, -en* factor; *(mat.)* factor

Faktotum, *sub, n, -s, Faktoten* factotum

Faktum, *sub, n, -s, Fakten* fact

fakturieren, *vt, (kaufm.)* invoice; **Fakturistin** *sub, f, -, -nen (tt; kaufm.)* clerk

Fakultät, *sub, f, -, -en (Hoch-*

schulw.) faculty
fakultativ, *adj,* optional
Falke, *sub, m, -n, -n* hawk; **Falkner** *sub, m, -s, -* falconer; **Falknerei** *sub, f, -, -en* falconry
Fall, *sub, m, -s, nur Einz. (das Fallen)* descent; *m, -s, Fälle (Ereignis)* case; *(jur., med., grammat.)* case; *(Sturz)* fall; *das ist ein klarer Fall* it´s perfectly clear; *gesetzt den Fall* supposing; *im besten Fall* at the best; *im schlimmsten Fall* if the worst comes to the worst; *(i. ü. S.) nicht jmds Fall sein* not be sb´s cup of tea; *(i. ü. S.) etwas zu Fall bringen* stop sth; *(i. ü. S.) jmdn zu Fall bringen* bring about sb´s downfall; **~beil** *sub, n, -s, -e* guillotine; **~beschleunigung** *sub, f, -, nur Einz. (geb.; phy.)* gravitational acceleration; **~grube** *sub, f, -, -n* pit; *(i. ü. S.)* trap; **~höhe** *sub, f, -, -n (phy.)* height of fall; **~obst** *sub, n, -es, nur Einz.* windfalls; **~studie** *sub, f, -, -n* case study
Falle, *sub, f, -, -n* trap; *(i. ü. S.) in die Falle gehen* walk into the trap; *(i. ü. S.) jmd eine Falle stellen* set a trap for sb
fallen, *vi,* drop, fall; *(ab-)* descend; *(Blick, Licht)* fall on; *(durch-)* fall through; *(Entscheidung)* be made; *(Fieber, Preise etc.)* go down; *(hin-)* fall down; *(mil.)* fall; *etwas fallen lassen* drop sth; *sich ins Gras/Bett/Heu etc fallen lassen* fall onto the grass/into bed/into the hay etc; *jmdn in die Hände fallen* fall into the hands of sb; *unter eine Kategorie fallen* fall into a category; *die Wahl fiel auf ihn* the choice fell on him; *auf die Knie/in den Schmutz* fall to one´s knees/in the dirt
fällig, *adj,* due; *(- werden)* become due; *(verfallen)* expire; *etwas ist mal wieder fällig* it is due for; *es war aber längst fällig* it was high time; *zum 31 Mai fällig werden* payable by May 31
Fälligkeit, *sub, f, -, -en* maturity

Fall-out, *sub, m, -s, -s (radioaktiv)* fall-out
falls, *konj,* if, in case
Fallschirm, *sub, m, -s, -e* parachute; *(-springen)* parachuting; *den Fallschirm öffnen* open up one´s parachute; **~jäger** *sub, m, -s, - (mil.)* paratrooper; **~springer** *sub, m, -s, -* parachutist; **~truppe** *sub, f, -, -n (mil.)* parachute troops
falsch, (1) *adj,* wrong; *(unangebracht)* false; *(unecht)* false; *(unehrlich)* false **(2)** *adv,* wrong way, wrongly; *an den Falschen geraten* come to the wrong man; *(i. ü. S.) etwas in die falsche Kehle bekommen* take sth the wrong way; *(i. ü. S.) ein falsches Spiel mit jmdm treiben* play false with sb; *(i. ü. S.) eine falsche Schlange a snake in the grass, etwas falsch anpacken* go about sth the wrong way; *falsch herum* the wrong way round; *die Uhr geht falsch* the clock is wrong; *etwas falsch anpacken* go about sth the wrong way; *falsch abbiegen* take the wrong turning; *falsch auffassen* get sth wrong; *falsch herum* back to front; **Falschaussage** *sub, f, -, -n* false statement; *(jur.)* false testimony; **Falschfahrer** *sub, m, -s, -* wrong-way driver; **Falschgeld** *sub, n, -es, -er* counterfeit money; **Falschheit** *sub, f, -, -* falseness; **Falschmünzer** *sub, m, -s, -* counterfeiter, forger; **Falschparker** *sub, m, -s, -* parking offender
fälschen, *vt, (Geld)* counterfeit; *(Urkunden, Unterschr.)* fake, forge; *die Bücher fälschen* salt the books; *Rechnung fälschen* salt an invoice
Fälscher, *sub, m, -s, -* counterfeiter, forger; **Fälschung** *sub, f, -, -en* counterfeit, fake
fälschlicherweise, *adv,* by mistake
Falsett, *sub, n, -s, -e (geb.; mus.)* falsetto; **falsettieren** *vi,* sing fal-

setto
Falsifikat, *sub*, *n*, *-s*, *-e (geh.)* fake; **~ion** *sub*, *f*, *-*, *-en* falsification; **falsifizieren** *vt*, falsify
Faltblatt, *sub*, *n*, *-s*, *-blätter* leaflet
Faltboot, *sub*, *n*, *-s*, *-e* collapsible boat
Falte, *sub*, *f*, *-*, *-n* crease; *(Faltenrock)* pleated skirt; *(Haut)* line, wrinkle; *(im Stoff)* fold; *die Stirn in Falten ziehen* knit one´s brow; *Falten werfen* fall in folds
falten, (1) *vr*, *(auch: geol.)* fold (2) *vt*, fold; *die Hände falten* fold one´s hands
Falter, *sub*, *m*, *-s*, *- (Nacht-)* moth; *(Tag-)* butterfly
faltig, *adj*, *(Haut)* wrinkled; *(zerknittert)* creased
Falz, *sub*, *m*, *-es*, *-e* fold; **falzen** *vt*, fold
Fama, *sub*, *f*, *-*, *nur Einz. (geh.)* rumour; *(geh.; US)* rumor
familiär, *adj*, *(ungezwungen)* informal; *(vertraut)* familiar
Familie, *sub*, *f*, *-*, *-n* family; *(biol.)* family; *das kommt in den besten Familien vor* it happens in the best families; *das liegt in der Familie* it runs in the family; *eine Familie gründen* start a family; *Familie Meyer* the Meyer family; **~nbild** *sub*, *n*, *-es*, *-er* family portrait; **~nfest** *sub*, *n*, *-es*, *-e* family celebration; **~ngrab** *sub*, *n*, *-s*, *-gräber* family grave; **~nname** *sub*, *m*, *-ns*, *-n* surname; **~npackung** *sub*, *f*, *-*, *-en* family pack; **~nplanung** *sub*, *f*, *-*, *-en* family planning; **~nsinn** *sub*, *m*, *-s*, *nur Einz.* sense of family; **~nstand** *sub*, *m*, *-es*, *-stände* marital status; **~ntag** *sub*, *m*, *-es*, *-e* family day
famos, *adj*, splendid, splendidly
Famulatur, *sub*, *f*, *-*, *-en (med.)* medical training; *(US)* internship; **famulieren** *vi*, *(med.)* do one´s medical training; *(US)* do one´s internship
Fanal, *sub*, *n*, *-s*, *-e (i. ü. S.)* signal
Fanatiker, *sub*, *m*, *-s*, *-* fanatic; **Fan** *sub*, *m*, *-s*, *-s* fan; **~in** *sub*, *f*, *-*, *-nen* fanatic; **fanatisch** (1) *adj*, fanatical (2) *adv*, fanaticallly; **fanatisieren** *vti*, fanaticicize; **Fanatismus** *sub*, *m*, *-*, *nur Einz.* fanaticism
Fanfare, *sub*, *f*, *-*, *-n* fanfare; *(mus.)* herald´s trumpet; **~nstoß** *sub*, *m*, *-stosses*, *-stösse* blast of trumpets, fanfare; **~nzug** *sub*, *m*, *-es*, *-züge* fanfare platoon
Fang, *sub*, *m*, *-es*, *Fänge* catch, haul; *(i. ü. S.)* catch, haul; *eine guten Fang machen* make a good catch; *(Fischfang) eine guten Fang machen* make a rich haul; *(i. ü. S.) einen guten Fang machen* make a good catch; *(i. ü. S.) mit ihm haben wir einen guten Fang gemacht* he was a good catch
fangen, (1) *vi*, *(auffangen)* catch (2) *vr*, *(gefangennehmen)* get or be caught (3) *vt*, catch; *(gefangennehmen)* capture; *eine (Ohrfeige) fangen* get a clip round the ear; *Feuer fangen* catch fire; *sich wieder fangen* manage to steady oneself
Fänger, *sub*, *m*, *-s*, *-* catcher
Fangleine, *sub*, *f*, *-*, *-n (Schifff.)* painter
Fangnetz, *sub*, *n*, *-es*, *-e (Fischereiw.)* fishing net
Fangschuss, *sub*, *m*, *-es*, *-schüsse (Jagdw.)* coup de grace
Fangzahn, *sub*, *m*, *-s*, *-zähne (zool.)* fang
Fanklub, *sub*, *m*, *-s*, *-s* fan club
Fantasie, *sub*, *f*, *-*, *-n* fantasy, imagination; *blühende Fantasie* vivid imagination; *schmutzige Phantasie* dirty mind; **fantasielos** *adj*, unimaginative, unimaginativly; **fantasieren** (1) *vi*, *(med.)* talk deliriously (2) *vti*, fantasize; **fantasievoll** (1) *adj*, imaginative (2) *adv*, imaginativly; **Fantast** *sub*, *m*, *-en*, *-en* dreamer; **Fantasterei** *sub*, *f*, *-*, *-en* fantasy; **Fantasterie** *sub*, *f*, *-*, *-n* fantasy; **fantastisch**

adj, fantastic, fantastic, fantastically, incredible

Fantasy, *sub*, *f*, *nur Einz.* fantasy

Faradaykäfig, *sub*, *m*, *-s*, *-e (phy.)* Faraday cage

Farbaufnahme, *sub*, *f*, *-*, *-n* colour photo, colour print; *(US)* color photo, color print

Farbband, *sub*, *n*, *-es*, *-bänder* ribbon

Farbbild, *sub*, *n*, *-es*, *-er* colour photo, colour print; *(US)* color photo, color print

Farbe, *sub*, *f*, *-*, *-n* colour; *(Anstrich)* paint; *(Drucker)* ink; *(Haare)* dye; *(US)* color; *(Kartenspiel) Farbe bekennen* follow suit, *(i. ü. S.)* declare os; *Farbe bekommen* get some colour; *Farbe verlieren* go pale; *was für eine Farbe hat es?* what colour is it?

farbecht, *adj*, colour-fast; *(US)* color-fast

Färbefarben, *sub*, *f*, *-*, *nur Mehrz.* dye

Färbemittel, *sub*, *n*, *-s*, *-* dyes

färben, *vt*, dye; *das Laub färbt sich* change colour; *sich die Haare färben* dye one's hair

farbenblind, *adj*, colour-blind; *(US)* color-blind

Farbenblindheit, *sub*, *f*, *-*, *-* colour-blindness; *(US)* color-blindness

Farbenkasten, *sub*, *m*, *-s*, *-kästen* paintbox; **Farbenlehre** *sub*, *f*, *-*, *-n* *(phy.)* theory of colours; *(phy.; US)* theory of colors; **Farbenpracht** *sub*, *f*, *-*, *nur Einz.* colourful splendour; *(US)* colorful splendor

Färber, *sub*, *m*, *-s*, *-* dyer; ~**ei** *sub*, *f*, *-*, *-en* dye-works

Farbfernsehen, *sub*, *n*, *-s*, *nur Einz.* colour television; *(US)* color television

Farbfilm, *sub*, *m*, *-s*, *-e* colour film; *(US)* color film

Farbfoto, *sub*, *n*, *-s*, *-s* colour photo, colour print; *(US)* color photo, color print

farbig, *adj*, coloured, colourful; *(US)* colored, colorful

Farbige, *sub*, *m,f*, *-n*, *-n* coloured man/woman; *(Südafr.)* Coloureds; *(US)* colored man/woman

Farbkontrast, *sub*, *m*, *-es*, *-e* colour contrast; *(US)* color contrast

farblich, *adj*, colourwise; *(US)* colorwise; *farblich aufeinander abstimmen* match sth in colour

farblos, *sub*, colourless; *(blass)* pale; *(durchsichtig)* clear; *(US)* colorless

Farbmonitor, *sub*, *m*, *-s*, *-e* colour monitor; *(US)* color monitor

Farbschicht, *sub*, *f*, *-*, *-en* layer of paint

Farbton, *sub*, *m*, *-s*, *-töne* shade, tone

Färbung, *sub*, *f*, *-*, *-en* colouring, dyeing; *(US)* coloring

Farce, *sub*, *f*, *-*, *-n* farce; **farcieren** *vt*, *(gastr.)* stuff

Farm, *sub*, *f*, *-*, *-en* farm; ~**er** *sub*, *m*, *-s*, *-* farmer; ~**ersfrau** *sub*, *f*, *-*, *-en* farmer's lady

Fasan, *sub*, *m*, *-s*, *-e oder -en* pheasant; ~**enzucht** *sub*, *f*, *-*, *-en* pheasantry; ~**erie** *sub*, *f*, *-*, *-n* pheasantry

faschieren, *vt*, *(österr.)* mince

Fasching, *sub*, *m*, *-s*, *-e oder -s* carnival; ~**szug** *sub*, *m*, *-s*, *-züge* carnival procession

Faschismus, *sub*, *m*, *-*, *-ismen* fascism; **Faschist** *sub*, *m*, *-en*, *-en* fascist; **faschistisch** *adj*, fascist; **faschistoid** *adj*, protofascist

Faselei, *sub*, *f*, *-*, *-en* drivel; **Faselhans** *sub*, *m*, *-es*, *-hänse* driveller; *(US)* driveler; **faseln** *vi*, *(ugs.)* drivel

Faser, *sub*, *f*, *-*, *-n* fibre; *(US)* fiber

faserig, *adj*, fibrous; *(Fleisch)* stringy

fasern, *vi*, fray

Faserpflanze, *sub*, *f*, *-*, *-n* fibreplant; *(US)* fiber-plant

Faserplatte, *sub*, *f*, *-*, *-n* fibreboard; *(US)* fiberboard

Fashion, *sub*, *f*, *-*, *nur Einz.* fashion; **fashionable** *adj*, fashionable

Fass, *sub,* *n,* *-es, Fässer* barrel; *(klein)* keg; *(i. ü. S.) das schlägt dem Fass den Boden aus* that takes the biscuit; *(i. ü. S.) ein Fass ohne Boden sein* be an endless drain on sb´s resources

Fassade, *sub, f, -, -n* façade; *(i. ü. S.)* façade

fassbar, *adj,* concrete; *(verständlich)* comprehensible

Fassbarkeit, *sub, f, -, nur Einz.* tangibility; *(verständlich)* comprehensibility

Fassbier, *sub, n, -s, -e* draught beer; *(US)* draft beer

Fässchen, *sub, n, -s, -* small barrel, small cask

fassen, (1) *vi, (anfassen)* touch **(2)** *vr, (sich kurz f.)* be brief **(3)** *vt,* grasp, take hold of; *(aufnehmen können)* hold; *(einfassen)* mount; *(enthalten)* contain; *(Gedanken)* form an idea; *(Verbrecher)* catch; *jmd am Kragen fassen* take grab so by the collar; *jmd an der Hand fassen* take so by the hand, *das ist doch nicht zu fassen* it is incredible; *etwas in Worte fassen* put sth into words

Fässlein, *sub, n, -s, -* small barrel

fasslich, *adj,* understandable; **Fasslichkeit** *sub, f, -, nur Einz.* understanding

Fasson, *sub, f, -, -s* shape, style; *jeder muss nach seiner Fasson selig werden* everyone has to look to his own salvation; **fassonieren** *vt,* style

Fassung, *sub, f, -, -en (Brille)* frame; *(Edelstein)* setting; *(Glühbirne)* holder; ~**slosigkeit** *sub, f, -, nur Einz.* bewilderment; ~**svermögen** *sub, n, -s, -* capacity; *(i. ü. S.) das übersteigt mein Fassungsvermögen* that is beyond me

Fasswein, *sub, m, -s, -e* wine from cask

fast, *adv,* almost, nearly; *fast nichts* next to nothing; *wir haben es fast geschafft* we are almost there

fasten, *vi,* fast; **Fastenmonat** *sub, m, -s, -e (theol.)* Lent; **Fastenspeise** *sub, f, -, -n* unleavened; **Fastenzeit** *sub, f, -, -en* fasting period; **Fasttag** *sub, m, -es, -e (med.)* fasting day

Fastfood, *sub, n, -, nur Einz.* fastfood

Fastnacht, *sub, f, -, -nächte* carnival

Faszination, *sub, f, -, -en* fascination; *eine Faszination ausüben* hold a great fascination for

faszinieren, *vt,* fascinate

fatal, *adj,* fatal; ~**erweise** *adv,* akwardly

Fatalismus, *sub, m, -, -ismen* fatalism; **Fatalist** *sub, m, -en, -en* fatalist; **fatalistisch** *adj,* fatalistic; **Fatalität** *sub, f, -, -en* fatality

Fatzke, *sub, m, -n oder -s, -n (ugs.)* jerk

faul, *adj, (träge)* idle, lazy; *(verdorben)* rotten; *(Wasser, Luft)* foul; *(i. ü. S.) faul herumliegen* laze around; *(i. ü. S.) faules As* lazy sod, lazy sod; *(i. ü. S.) etwas ist faul an der Sache* sth is rotten in that question, there is sth fishy about it

Fäule, *sub, f, -, nur Einz.* rotteness

faulen, *vi, (Lebensm.)* go off; *(Zähne, Gewebe)* decay

Faulenzerei, *sub, f, -, -en* laziness; **Faulenzerin** *sub, f, -, -nen* lazybones

Faulheit, *sub, f, -, nur Einz.* idleness, laziness

faulig, *adj,* mouldy, rotting; *(US)* moldy

Fäulnis, *sub, f, -, nur Einz.* rotteness; *(stinkend)* putrefaction

Faulpelz, *sub, m, -es, -e* lazybones

Faultier, *sub, n, -s, -e (zool.)* sloth

Faun, *sub, m, -s, -e (myth.)* faun

Fauna, *sub, f, -, Faunen (zool.)* fauna

Faust, *sub, f, -, Fäuste* fist; *das passt wie die Faust aufs Auge* it goes together like chalk and cheese; *eine Faust machen, die Hand zur Faust ballen* clench one´s fist; *jmdm mit der Faust drohen*

raise one´s fist at so; *mit der Faust auf den Tisch hauen* put one´s foot down; **~ball** *sub, m, -es, -bälle* faustball; **~feuerwaffe** *sub, f, -, -n* hand gun; **~keil** *sub, m, -s, -e* club; **~pfand** *sub, n, -es, -pfänder* pledge; **~recht** *sub, n, -es, nur Einz.* rule of force; **~regel** *sub, f, -, -n* rule of thumb; **~schlag** *sub, m, -s, -schläge* punch; **~skizze** *sub, f, -, -n* rough sketch

Fäustling, *sub, m, -s, -e* mitten

Fauteuil, *sub, m, -s, -s* armchair

Fauxpas, *sub, m, -, -* blunder, faux pas; *einen Fauxpas begehen* make a blunder; *einen Fauxpas begehen* commit a faux pas

Favela, *sub, f, -, -s (Südam.)* slum

Favorit, *sub, m, -en, -n* favourite; *(US)* favorite; *klarer Favorit* clear favourite; *klarer Favorit* clear favorite

Faxanschluss, *sub, m, -es, -schlüsse* fax machine

Faxenmacher, *sub, m, -s, -* clown

Fayence, *sub, f, -, -n* faience

Fazit, *sub, n, -s, -e, auch -s* result; *das Fazit aus etwas ziehen* what it boils down to is; *das Fazit ziehen* sum up

Februar, *sub, m, -, -* February; *im Februar* in February

Fechtbruder, *sub, m, s, -brüder* fencer

fechten, *vti,* fence; *(kämpfen)* fight; **fechterisch** *adj,* concerning the fence

Fechtkunst, *sub, f, -, -künste* art of fencing

Feder, *sub, f, -, -n* feather; *(Schreib-)* pen; *(Schwanz-/Schwung-)* quill; *(tech.)* spring; *Federn lassen müssen* lose a few feathers; *sich mit fremden Federn schmücken* strut in borrowed plumes; *(geh.) eine spitze Feder führen* wield a sharp pen; *Gänsefeder* quillpen; *zur Feder greifen* take up one´s pen

Federball, *sub, m, -bälle (Ball)* shuttlecock; *(Schläger)* racket; *(Spiel)* badminton

Federbett, *sub, n, -s, -en* continental quilt, duvet; *(US)* stuffed quilt

Federboa, *sub, f, -, -s* feather shawl

Federbusch, *sub, m, -es, -en (Hutschm.)* plume; *(zool.)* tuft

Federfuchser, *sub, m, -s, -* pen-pusher

federführend, *adj,* responsible; **Federführung** *sub, f, -, nur Einz.* in charge of

Federhalter, *sub, m, -s, -* fountain pen

federleicht, **(1)** *adj,* as light as a feather **(2)** *adv,* as lightly as a feather

Federlesen, *sub, n, -s, nur Einz.* much ado; *nicht viel Federlesens machen mit* make short work of; *ohne viel Federlesens* without much ado

Federmesser, *sub, n, -s, -* penknife

federn, **(1)** *vi,* be springy **(2)** *vt,* spring; *gut gefedert* have good suspension

Federschmuck, *sub, m, -s, -e (Indianer)* headdress; *(zool.)* plumage

Federstrich, *sub, m, -s, -e* stroke of the pen; *(i. ü. S.)* stroke of the pen

Federung, *sub, f, -, -en (Möbel)* springs; *(mot.)* suspension

Federvieh, *sub, n, -s, nur Einz.* poultry

Fee, *sub, f, -, Feen* fairy; *die böse Fee* wicked fairy; *die gute Fee* fairy godmother; **feenhaft** *adj,* fairylike; **~nmärchen** *sub, n, -s, -* fairytale

Feeling, *sub, n, -s, -s* feeling

Fegefeuer, *sub, n, -s, -* purgatory

fegen, **(1)** *vi, (Wind)* rush **(2)** *vti,* sweep; *etwas vom Tisch fegen* brush sth off the table, brush sth off the table

Feh. *sub, n, -s, -e* fur, squirrel

Fehde, *sub, f, -, -n* feud; *den Fehdehandschuh hinwerfen* throw down the gauntlet; *mit jmdm in Fehde liegen* be at feud with sb

fehl *adv,* be out of place

fehlbar, *adj,* fallible

Fehlbarkeit, *sub, f, -, nur Einz.* fal-

libility
fehlbesetzen, *vt, (Theat.)* miscast
Fehlbestand, *sub, m, -s, -stände* deficiency
Fehlbetrag, *sub, m, -s, -träge* deficit
Fehldeutung, *sub, f, -, -en* misinterpretation
Fehldiagnose, *sub, f, -, -n (med.)* wrong diagnosis
Fehlen, (1) *sub,* absence; *(Mangel)* lack **(2) fehlen** *vi, (abwesend sein)* be absent; *(mangeln)* be lacking; *(verfehlen)* miss; *(vermisst werden)* be missing; *er hat eine Woche gefehlt* he was absent for a week; *(i. ü. S.) das fehlte gerade noch!* that´s all we needed:; *es fehlen uns immer noch einige Leute* we still need a few people; *es fehlt ihm an nichts* he has got everything he wants; *es fehlt uns am nötigen Geld* we haven´t got the money; *mir fehlen die Worte* words fail me; *da fehlt ein Knopf* there is a button missing; *du hast uns sehr gefehlt* we really missed you; *ihm fehlen zwei Zähne* he has two teeth missing
fehlend, *adj,* missing
Fehler, (1) */, (Charakt./Material)* fault **(2)** *sub, m, -s, -* defect, mistake; *(charact.)* fault
fehlerhaft, *adj,* defective, faulty; *eine fehlerhafte Stelle* a defect in the material
Fehlerquelle, *sub, f, -, -n* source of error
Fehlfunktion, *sub, f, -, -en* malfunctioning
Fehlgeburt, *sub, f, -, -en* miscarriage
fehlgreifen, *vi,* make a mistake
Fehlinvestition, *sub, f, -, -en* bad investment
Fehlleitung, *sub, f, -, -en* misdirection
Fehlpass, *sub, m, -es, -pässe (spo.)* bad pass
Fehlplanung, *sub, f, -, -en* bad planning
fehlschießen, *vi,* missing
Fehlschlag, *sub, m, -s, -schläge* failure; **fehlschlagen** *vi,* fail

Fehlschluss, *sub, m, -es, -schlüsse* fallacy
Fehlschuss, *sub, m, -es, -schüsse* miss
Fehlsichtigkeit, *sub, f, -, nur Einz. (med.)* bad vision
Fehlstart, *sub, m, -s, -s (Luftf.)* faulty start; *(spo.)* false start; *einen Fehlstart verursachen* jump the gun
Fehltritt, *sub, m, -s, -e* false step, slip; *(moral.)* lapse
Fehlzündung, *sub, f, -, -en* backfire
feien, *vr,* protect
Feier, *sub, f, -s, -n* celebration, party; *eine Feier abhalten* have a celebration; *zur Feier des Tages* to mark the occasion
Feierabend, *sub, m, -s, -e* evening, finishing work; *schönen Feierabend* have a nice evening; *Feierabend machen* finish work; *(i. ü. S.) jetzt ist aber Feierabend!* that´s enough now!
feierlich, *adj,* ceremoniously, solemn, solemnly; *(förmlich)* ceremonious; *(i. ü. S.) das ist schon nicht mehr feierlich* it´s no joke; *feierlich versprechen* solemnly promise; *feierlich versprechen, daß* make a solemn promise that; *feierlich verabschiedet werden* be given a ceremonious farewell; **Feierlichkeit** *sub, f, -, -en* festivity, solemnity; *mit aller Feierlichkeit* with all due ceremony
feiern, (1) *vi,* celebrate **(2)** *vt,* celebrate; *das muss gefeiert werden* that calls for a celebration; *man muss die Feste feiern wie sie fallen* you have to enjoy yourself while you can
Feierstunde, *sub, f, -, -n* ceremony
Feiertag, *sub, m, -s, -e* holiday; *(gesetzl.)* bank holiday, public holiday; *(rel.)* religious holiday; *an Sonn- und Feiertagen* on Sundays and public holidays; *gesetzlicher Feiertag* public holiday; *kirchlicher Feiertag* religious holiday;

feiertäglich *adj*, sundaylike

feig, *adj*, cowardly, like a coward; *er ist viel zu feige, um zu* he is too much of a coward to

feige, (1) *adj*, cowardly, like a coward (2) **Feige** *sub*, *f*, -, *-n* fig; **Feigenbaum** *sub*, *m*, *-s*, *-bäume* fig tree; **Feigenblatt** *sub*, *n*, *-es*, *-blätter* fig leaf; *(i. ü. S.)* fig leaf

Feigheit, *sub*, *f*, -, *nur Einz.* cowardice

Feigling, *sub*, *m*, *-s*, *-e* coward

feil, *adj*, for sale; ~**bieten** *vt*, offer sth for sale; **Feilbietung** *sub*, *f*, -, *nur Einz.* offer

Feile, *sub*, *f*, -, *-n* file; *die letzte Feile legen an* add the finishing touches to

feilen, *vti*, file; *(i. ü. S.) feilen an* polish up

Feilenhauer, *sub*, *m*, *-s*, - file maker

feilschen, *vi*, haggle; *(um)* haggle over

fein, (1) *adj*, fine (2) *adv*, finely; *der feine Ton* good form; *ein feines Gesicht haben* have very fine features; *feine Küche* haute cuisine; *feine Nase* sensitive nose; *feiner Regen* light drizzle; *feiner Unterschied* fine distinction; *nur das Feinste vom Feinen kaufen* buy only the best, *(i. ü. S.) fein heraus sein* be sitting pretty; *fein schmecken* taste good

Feinbäckerei, *sub*, *f*, -, *-en* patisserie

Feind, *sub*, *m*, *-es*, *-e* enemy; *Feinde machen* make enemies; *Freund und Feind* friend and foe; *jmdn zum Feind machen* make an enemy of sb; ~**eshand** *sub*, *f*, -, *-er* enemy hands; *in Feindeshand geraten* fall into enemy hands; ~**esland** *sub*, *n*, *-es*, *nur Einz.* territory of the enemy

feindlich, *adj*, hostile, hostile towards; *feindlich eingestellt gegen* opposed to

Feindschaft, *sub*, *f*, -, *-en* enmity, hostility; *persönliche Feindschaft* personal enmity; **feindschaftlich** *adj*, hostile

feinfühlig, (1) *adj*, sensitive (2) *adv*, sensitively

Feinfühligkeit, *sub*, *f*, -, *-en* sensitivity; *(mit - handeln)* sensitiveness

Feingehalt, *sub*, *m*, *-es*, *nur Einz.* *(-sstempel)* hallmark; *(Münzen)* standard

Feingewicht, *sub*, *n*, *-s*, *-e* carat; *(US)* karat

feingliedrig, *adj*, slender

Feingold, *sub*, *n*, *-es*, *nur Einz.* fine gold

Feinheit, *sub*, *f*, -, *-en* fineness, gracefulness; *die Feinheiten* the finer points; *die letzten Feinheiten* the final touches

Feinkeramik, *sub*, *f*, -, *-(en)* fine ceramics

Feinkost, *sub*, *f*, -, *nur Einz.* delicatessen

fein machen, *vr*, dress up; *du hast dich aber fein gemacht* you look very smart

feinmaschig, *adj*, finely meshed

Feinschliff, *sub*, *m*, *-es*, *-e (beendet)* finish; *(Vorgang)* finishing

Feinschmecker, *sub*, *m*, *-s*, - gourmet

Feinschnitt, *sub*, *m*, *-s*, *-e (Tabak)* fine cut

Feinstwaage, *sub*, *f*, -, *-n* precision balance

feist, *adj*, fat, stout; **Feistigkeit** *sub*, *m*, -, *nur Einz.* fatness

Feld, *sub*, *n*, *-es*, *-er* field; *(Formbl.)* box, space; *(Schach)* square; *(spo.)* field, pitch; *(Wissensch.)* field; *auf dem Feld arbeiten* work in the field, work in the field; *das Feld bestellen* till the field; *das Feld anführen* lead the field; *das Feld behaupten* lead the field, stand one's ground; *das Feld räumen* beat a retreat; *jmdm das Feld überlassen* leave the field to so; *des Feldes verwiesen werden* be sent off; *(i. ü. S.) ein weites Feld* a vast area; *(i. ü. S.) es steht ein weites Feld offen für* there's a considerable scope for; ~**bett** *sub*, *n*, *-s*,

-ten camp bed; ~**flasche** *sub, f, -, -n* water-bottle; *(mil.)* canteen; ~**herr** *sub, m, -s, -en* commander; ~**lazarett** *sub,* casualty clearing station; *(US)* evacuation hospital; ~**maus** *sub, f, -, -mäuse* field vole; ~**post** *sub, f, -, nur Einz.* forces mail; ~**salat** *sub, m, -s, nur Einz.* corn salad, lamb´s lettuce; ~**spieler** *sub, m, -s, -* player; ~**stecher** *sub, m, -s, -* binoculars, field glasses; ~**theorie** *sub, f, -, -en (phy.)* field theory; ~**verweis** *sub, m, -es, -e (spo.)* sending-off; ~**webel** *sub, m, -s, - (mil.)* sergeant; ~**zug** *sub, m, -es, -züge* campaign

Felge, *sub, f, -, -n (mot.)* rim; *(Turnen)* circle; ~**nbremse** *sub, f, -, -n (Fahrr.)* calliper break

Fell, *sub, n, -s, -e* fur; *(Pferde,Hunde,Katzen)* coat; *(Schaf)* fleece; *ein dickes Fell haben* have a thick skin; *jmdm das Fell über die Ohren ziehen* pull the wool over so´s eyes; *seine Felle davonschwimmen sehen* see one´s hopes dashed

Fellatio, *sub, f, -, -nes* fellatio

Fellow, *sub, m, -s, -s* fellow

Fels, *sub, m, -, nur Einz. (geol.)* rock

Felsen, *sub, m, -s, -* rock; *(Klippe)* cliff; *wie ein Fels in der Brandung* firm as rock

felsenfest, *adj,* firm, firmly convinced of; *(i. ü. S.)* unshakable; *sich felsenfest auf jmd verlassen* rely on so totally

felsig, *adj,* rocky

Felsmalerei, *sub, f, -, -en* prehistoric painting

Felsschlucht, *sub, f, -, -en* rocky ravine

Felswand, *sub, f, -, -wände* rock face

Feme, *sub, f, -, -n (Geheimgericht)* kangaroo court; ~**gericht** *sub, f, -, -e (hist.)* vehmgericht; ~**mord** *sub, m, -s, -e* lynching

feminieren, *vi,* effeminate

feminin, *adj,* feminine

Femininum, *sub, n, -s, Feminina (Gramm.)* feminine gender

Fenchel, *sub, m, -s, -* fennel

Fenster, *sub, n, -s, -* window; *er ist weg vom Fenster* he´s had his chips; *(i. ü. S.)* sein Geld zum Fenster hinauswerfen throw one´s money away; *zum Fenster hinausschauen* look out of the window; ~**bank** *sub, f, -, -bänke* window ledge; ~**brett** *sub, n, -s, -er* window sill; ~**glas** *sub, n, -es, nur Einz.* window glass; ~**griff** *sub, m, -s, -e* handle of the window; ~**kreuz** *sub, n, -es, -e* mullion and transom; ~**laden** *sub, m, -s, -läden* shutter; ~**leder** *sub, n, -s, -* wash-leather; ~**platz** *sub, m, -es, -plätze* window-seat; ~**rahmen** *sub, m, -s, -* window-frame; ~**scheibe** *sub, f, -, -n* window-pane; ~**sims** *sub, m, n, -es, -e* window-sill; ~**stock** *sub, m, -s, -stöcke (arch.)* lintel

Ferien, *sub, f, nur Mehrz.* holidays; *(US)* vacation; *die großen Ferien* the long vacation; *Ferien haben* be on holiday; ~**arbeit** *sub, f, -, -en* holiday-job; *(Sommer)* summer-job; *(US)* vacation-job; ~**beginn** *sub, m, -es, nur Einz.* beginning of the holidays; *(US)* beginning of the vacation; ~**lager** *sub, n, -s, -* holiday camp; *(im Sommer)* summer camp; ~**reise** *sub, f, -, -n* holiday trip; *(US)* vacation-trip; ~**tag** *sub, m, -s, -e* holiday

Ferkel, *sub, n, -* piglet; *(ugs.; abw.)* pig; ~**zucht** *sub, f, -, nur Einz.* piglet-breeding

Ferkelei, *sub, f, -, -en* obscenity; *(ugs.; Bemerkung)* dirty remark

Ferment, *sub, n, -s, -e* enzyme, ferment; ~**ation** *sub, f, -, -en* fermentation; **fermentativ** *adj,* fermentative; **fermentieren** *vti,* ferment

Fermium, *sub, n, -s, nur Einz. (chem.)* fermium

fern, *adj,* far; *(räuml. u. zeitl.)* distant; *der Tag ist nicht mehr fern* the day is not far off; *fern von der Heimat sein* be far from home; *in* *ferner Zukunft* in the distant futu-re; *in nicht allzu ferner Zukunft* in the not too distant future

Fernaufnahme, *sub, f,* -, *-n* long-d.-stance shot

Fernbedienung, *sub, f,* -, *-en* remote control

fernbeheizt, *adj,* by district heating system

fernbleiben, *vi,* be absent, stay away

Ferne, *sub, f,* -, *-n* distance; *das liegt noch in weiter Ferne* that is still a long time away; *das liegt schon in weiter Ferne* that was a long time ago; *es zieht ihn in die Ferne* he´s got wanderlust; *etwas in weiter Ferne erblicken* see sth in the far distance

ferner, *adj,* further, furthermore; *(i. ü. S.) er rangiert unter ferner liefen* he is an also-ran

Fernfahrer, *sub, m, -s,* - long-distance lorry-driver

ferngelenkt, *adj,* remote-control-led; *(i. ü. S.)* controlled

Fernglas, *sub, n, -es, -gläser* binoculars

Fernheizung, *sub, f,* -, *-en* district-heating system; *(-swerk)* district-heating system plant

fernkopieren, *vti,* fax

Fernkurs, *sub, m, -es, -e* correspondence course

Fernlastzug, *sub, m, -es, -züge* long-distance lorry

Fernleitung, *sub, f,* -, *-en* long-distance line; *(Röhren-)* pipeline; *(Strom)* transmission line

Fernlenkung, *sub, f,* -, *nur Einz.* remote controle

Fernlicht, *sub, n, -s, -er* full beam; *Fernlicht anhaben* drive on full beam

fern liegen, *vi,* have no intention of; *es liegt mir fern* that is the last thing I want to do; *nichts lag mir ferner* nothing was further from my mind

Fernmeldeamt, *sub, n, -es, -ämter* local telephone headquarters

fernmündlich, *adj,* by telephone

fernöstlich, *adj,* Far Eastern

Fernpendler, *sub, m, -s,* - long-distance commuter

Fernrohr, *sub, n, -s, -e* telescope

Fernschreiber, *sub, m, -s,* - telex machine

Fernsehapparat, *sub, m, -es, -e* television; **Fernsehbild** *sub, n, -s, -er* television image; **Fernsehen (1)** *sub, n, -s, nur Einz.* television **(2) fernsehen** *vi,* watch television; *im Fernsehen übertragen werden* be shown on television; **Fernseher** *sub, m, -s,* - TV; *(Zuschauer)* TV-viewer; **Fernsehfilm** *sub, m, -s, -e* TV-film; **Fernsehgerät** *sub, n, -es, -e* TV-set; **fernsehmüde** *adj,* tired of TV; **Fernsehserie** *sub, f,* -, *-n* television series; **Fernsehspiel** *sub, n, -s, -e* television play; **Fernsehtruhe** *sub, f,* -, *-n* TV cabinet; **Fernsehturm** *sub, m, -s, -türme* television tower

Fernsprechamt, *sub, n, -es, -ämter* telephone exchange; **Fernsprechanschluss** *sub, m, -es, -schlüsse* telephone connection; **Fernsprechverzeichnis** *sub, n, -nsses, -nisse* telephone index

fern stehen, *vi,* have no relationship with so; *einer Sache fernstehen* have nothing to do with sth

fernsteuern, *vt,* remote control; **Fernsteuerung** *sub, f,* -, *-en* remote control

Fernstudent, *sub, m, -s, -en* student of a correnspondence course

Fernstudium, *sub, n, -s, -dien* correspondence course

Ferntrauung, *sub, f,* -, *-en* marriage by proxy

Fernverkehr, *sub, m, -s, nur Einz.* long-distance traffic

Fernziel, *sub, n, -s, -e (räuml.)* distart destination; *(zeitl.)* long-term aim

Ferrum, *sub, n, -s, nur Einz. (chem.)* ferrum

Ferse, *sub, f,* -, *-n* heel; *jmdm dicht auf den Fersen sein* be hard on sb´s heels; *sich jmdm an die Fersen heften* stick on sb´s heels

fertig, *adj,* ready; *(beendet)* finished; *(i. ü. S.; erschöpft)* shattered; *(vorgefertigt)* prefabricated; *(spo.) Achtung, fertig, los* ready, steady, go; *damit mußt du allein fertig werden* nobody can help you there; *damit wird man nie fertig* there is no end to it; *fertig werden damit, daß(schlechte Nachricht)* get over sth; *(i. ü. S.) fertig werden mit etwas* get along with sth; *fix und fertig* all ready; *ich bin gleich fertig* I´ll be ready in a minute; *(i. ü. S.) mit ihm werd´ ich schon fertig* I can handle him

fertigen, *vt,* make, produce

Fertighaus, *sub, n, -es, -häuser* prefabricated house

Fertigkeit, *sub, f, -, -en* skill; *(Können)* proficiency

Fertigung, *sub, f, -, nur Einz.* manufacture, production

Fertigungsstraße, *sub, f, -, -n* assembly line, production line

fertil, *adj, (biol.,med.)* fertile; **Fertilität** *sub, f, -, nur Einz. (biol.)* fertility

Fes, *sub, m, (-es), (-e)* fez

fesch, *adj,* smart

Fessel, *sub, f, -, -n* fetter, shackle; *(anat. Mensch)* ankle; *(anat. Tier)* pastern; *(Kette)* chain; *(Strick)* rope; *(i. ü. S.) die Fesseln abschütteln* shake off one´s chains; *etwas als Fesseln empfinden* feel tied down by sth; *jmdm Fesseln anlegen* put so in chains; **~ballon** *sub, m, -s, -e oder -s* captive balloon; **~gelenk** *sub, n, -s, -e (zool.)* fetlock, hock, pastern

fesseln, *vt,* tie up; *(faszinieren)* captivate, fascinate; *(i. ü. S.) ans Bett/Haus/an den Rollstuhl gefesselt sein* be tied to the bed/house/wheelchair; *jmd an Händen und Füßen fesseln* tie so´s hands and feet; *(i. ü. S.) von etwas gefesselt* be enthralled

fesselnd, *adj,* captivating, fascinating

fest, (1) *adj,* firm, solid; *(konstant)* fixed; *(straff)* tight, tough **(2)** *adv,* firmly, strong, tightly **(3) Fest** *sub, n, -es, -e* celebration, party; *ohne festen Wohnsitz* of no fixed abode, *ein Fest feiern* have a party; *frohes Fest!* Merry Christmas!; *man muss die Feste feiern wie sie fallen* it´s not every day you get a chance to celebrate; **Festbankett** *sub, n, -es, -e* banquet; **Festbeitrag** *sub, m, -s, -träge* fixed contribution; **Festessen** *sub, n, -s, -* banquet, dinner; **Festkomitee** *sub, n, -s, -s* committee for the celebrations; **Festmahl** *sub, n, -es, -mähler* banquet

festbinden, *vt,* tether, tie up

festbleiben, *vi,* remain

festgesetzt, *adj,* regulated, settled

festhaken, *vt,* hook on

festhalten, (1) *vi,* cling to, stick to **(2)** *vr, (sich)* hold on to s.b./sth **(3)** *vt,* hold on to; *(aufzeichnen)* record; *(nicht weiterleiten)* withhold; *(verhaften)* hold; *(US) an etwas krampfhaft festhalten* freeze (on) to sth, *etwas schriftlich festhalten* put sth down in writing

festigen, *vr, (sich)* grow stronger, strengthen

Festiger, *sub, m, -s, -* setting lotion

Festigkeit, *sub, f, -, -er* firmness, steadiness; *(phy.)* strength

Festival, *sub, n, -s, -s* festival

festklammern, (1) *vi, (an)* stick to **(2)** *vr, (sich)* cling to s.b./sth **(3)** *vt,* clip on; *(Wäsche)* peg on

festklopfen, *vt,* knock

Festkörper, *sub, m, -s, -* solid; *(phy.)* solid state physics

Festland, *sub, n, -es, -länder* mainland; **festländisch** *adj,* continental, mainland

festlegen, (1) *vr, (sich)* commit oneself **(2)** *vt,* arrange, fix, lay down; *(Geld)* tie up

festlich, (1) *adj,* festive **(2)** *adv,* festively; **Festlichkeit** *sub, f, -,*

-en festivity; *f, -, nur Einz.*
(Athmosph.) festiveness
festmachen, (1) *vi, (Boot)* moor **(2)**
vt, attach, fix; *(an)* fix to; *(Vereinb.)*
arrange
Festnahme, *sub, f, -, -n* arrest
festnehmen, *vt,* arrest; *(vorläufig)*
arrest
festonieren, *vt,* festoon
Festonstich, *sub, m, -s, -e* festoon
stitch
Festplakette, *sub, f, -, -n* badge
Festplatte, *sub, f, -, -n* hard disk
Festpreis, *sub, m, -es, -e* fixed price
festsetzen, (1) *vr,* settle **(2)** *vt,* fix;
(Pflichten) lay down
Festsetzung, *sub, f, -, -en* fixing, laying down, settling
feststecken, (1) *vi,* be stuck **(2)** *vt,*
pin, up
feststehen, *vi, (bestimmt sein)* be fixed; *(sicher sein)* be certain; *eins
steht fest* one thing is for certain
feststehend, *adj,* fixed; *(Brauch)* established
feststellbar, *adj,* noticeable;
(techn.) lockable; *schwer feststellbar* hard to ascertain
feststellen, *vt, (aussprechen)* state;
(ermitteln) establish; *(wahrnehmen)* detect
Feststellung, *sub, f, -, -en* realization; *(Erklärung)* statement; *(Ermittlung)* establishment
festtäglich, *adj,* festive; **festtags**
adj, on a festive day
Festung, *sub, f, -, -en* fortress;
~swall sub, m, -s, -wälle rampart
festwachsen, *vi,* grow onto; *(med.)*
adhere to
fetal, *adj,* foetal; *(US)* fetal
Fete, *sub, f, -, -n* party
Fetisch, *sub, m, -s, -e* fetish; **fetischisieren** *vt,* make a fetish; *~ismus
sub, m, -, nur Einz.* fetishism; *~ist
sub, m, -s, -en* fetishist; *~istin sub,
f, -, -nen (weibl.)* fetishist
fett, (1) *adj, (dick)* fat; *(Milch)* rich;
(ölig) oily; *(Speisen)* fatty **(2) Fett**
sub, n, -es, -e fat; *(Back-)* shor-
tening; *(Braten-)* dripping;

(Schmalz) lard; *(Schmier-)* grease; *Fett ansetzen* put weight on
fettarm, *adj,* low-fat
Fettauge, *sub, n, -es, -en* speck of
fat
fetten, (1) *vi, (Fett absondern)* be
greasy **(2)** *vt, (einfetten)* grease
fettfrei, *adj,* non-fat
fettglänzend, *adj,* greasy
fettig, *adj,* greasy
Fettnäpfchen, *sub, n, -s, -* put
one´s foot in it; *er tritt dauernd
ins Fettnäpfchen* he is always putting his foot in it
Fettpolster, *sub, n, -s, -* fatty tissue; *(i. ü. S.; Geldreserv.)* buffer
stocks
Fettsack, *sub, m, -s, -säcke* tub of
lard
Fettschicht, *sub, f, -, -en* layer of
fat
Fettsucht, *sub, f, -, nur Einz.* obesity
fetttriefend, *adj,* dripping with fat
Fetttropfen, *sub, m, -s, -* grease
drop
Fetzen, *sub, m, -s, -* rag; *(Ge-
sprächs-)* snatches; *(Papier)*
scrap; *(Stoff)* shred; *in Fetzen* in
shreds; *in Fetzen reissen* tear in
shreds
fetzig, *adj, (ugs.)* crazy
feucht, *adj, (Augen, Lippen,
Haut)* moist; *(klamm)* clammy;
(Luft, Klima) humid; *er hatte
feuchte Augen* his eyes were
moist
Feuchtbiotop, *sub, n, -s, -e* watery
biotope
Feuchtigkeit, *sub, f, -, -en* damp,
moisture; *(Luft)* humidity;
~smesser sub, m, -s, - hygrometer
feudal, *adj, (Haus)* grand; *(hist.)*
feudal; *(luxuriös)* classy
Feuer, *sub, n, -s, -* fire; *auf offenem
Feuer kochen* cook over a fire;
Feuer und Flamme sein be all for
it; *für etwas durchs Feuer gehen*
go through fire and water for; *mit
dem Feuer spielen* play with fire;

zwischen zwei Feuer geraten sein be caught between the devil and the deep blue sea

Feuerbefehl, *sub, m, -s, -e (mil.)* order to fire

Feuerbestattung, *sub, f, -, -en* cremation

feuerfest, *adj,* fire proof

Feuerfresser, *sub, m, -s, -* fire-eater

Feuergefahr, *sub, f, -, -en* danger of fire; **feuergefährlich** *adj,* flammable

Feuergefecht, *sub, n, -es, -e (mil.)* gun battle

Feuerland, *sub, m, -s, - (geogr.)* Tierra del Fuego

Feuerleiter, *sub, f, -, -n (Feuerwehr)* fire ladder; *(Gebäude)* fire escape

Feuerlöscher, *sub, m, -s, -* fire extinguisher

Feuermelder, *sub, m, -s, -* fire alarm

feuern, (1) *vi,* light a fire; *(mil.)* fire **(2)** *vt, (entlassen)* fire

Feuerpolizei, *sub, f, -, nur Einz.* authorities responsible for fire precautions and fire-fighting

feuerrot, *adj,* flaming red; *feuerrot werden im Gesicht* turn bright red

Feuersalamander, *sub, m, -s, -* spotted salamander

Feuersbrunst, *sub, f, -, -brünste* conflagration, great fire

Feuerschein, *sub, m, -s, -e* glow of the fire; *(mil.)* sky glow

Feuerschiff, *sub, n, -s, -e* lightship

Feuerschutz, *sub, m, -es, nur Einz.* fire prevention; *(mil.)* covering fire

Feuersgefahr, *sub, f, -, -en* danger of fire

feuersicher, *adj,* fireproof

Feuerspritze, *sub, f, -, -n* fire hose

Feuerstätte, *sub, f, -n, -n* fireplace

Feuerstein, *sub, m, -s, -e* flint

Feuerstelle, *sub, f, -, -en* fire; *(Brandstelle)* scene of the fire

Feuerstuhl, *sub, m, -es, -stüble (i. ü. S.)* motorbike

Feuertaufe, *sub, f, -, -n* baptism of fire

Feuertod, *sub, m, -es, -e* burnt to death

Feuerung, *sub, f, -, nur Einz. (Befeuerung)* firing; *(Heizung)* heating

Feuerversicherung, *sub, f, -, -en* fire insurance

Feuerwasser, *sub, n, -s, -* firewater

Feuerwehr, *sub, f, -, -en* fire brigade; *(US)* fire department

Feuerzangenbowle, *sub, f, -, -n* burnt punch

Feuerzeichen, *sub, n, -s, -* fire signal

Feuerzeug, *sub, n, -s, -e* lighter

Feuilleton, *sub, n, -s, -s* feature; **feuilletonistisch** *adj, (Stil)* facile; *(Zeitungsart.)* article for the feature pages

feurig, *adj,* fiery; *(Rede)* passionate

Fez, *sub, m, -es, nur Einz.* fez; *(ugs.; machen)* fool around

Fiaker, *sub, m, -s, - (österr.)* cab

Fiasko, *sub, n, -s, -s* fiasco

Fibel, *sub, f, -, -n* primer

Fiber, *sub, f, -, -n* fibre

Fichte, *sub, f, -, -n* spruce; **~nhain** *sub, m, -s, -e* spruce forest; **~nholz** *sub, n, -es, (-hölzer)* spruce wood; **~nnadel** *sub, f, -, -n* spruce needle

Fick, *sub, m, -s, -s* fuck; **ficken** *vti, (vulg.)* fuck, screw

Fickfackerei, *sub, f, -, -en* fraud

fidel, (1) *adj,* jolly **(2) Fidel** *sub, f, -, -n* fiddle

Fidibus, *sub, m, - und -ses, - oder -se* long match

Fidschianer, *sub,* Fijian

fiebern, *vi,* have temperature; *(i. ü. S.; vor Aufr.)* be feverish

Fiedel, *sub, f, -, -n* fiddle

fiederteilig, *adj,* feathery

fiepen, *vi, (Hund)* whimper; *(Vogel)* cheep

fies, *adj,* nasty

Fiesling, *sub, m, -s, -* nasty piece of work, nasty swine

Fiesta, *sub, f, -, -s* fiesta

Fight, *sub, m, -s, -s* fight; **fighten** *vi,* fight; **~er** *sub, m, -s, -* fighter

Figur, *sub, f, -, -en* figure; *(geom.)*

shape; *auf seine Figur achten* watch one´s weight; *eine gute Figur machen* cut a fine figure; *eine schlechte Figur machen* cut a poor figure

figural, *adj*, figured

figurativ, *adj*, figurative, figuratively

Figurierung, *sub*, *f*, -, -en figuration

Fiktion, *sub*, *f*, -, -en fiction; **fiktiv** *adj*, fictitious

Filet, *sub*, *n*, -s, -s *(Handarbeit)* netting; *(US)* fillet; **filetieren** *vt*, fillet

Filiale, *sub*, *f*, -, -n branch; **Filialkirche** *sub*, *f*, -, -n branch; **Filialleiter** *sub*, *m*, -s, - branch manager

Filigran, *sub*, *n*, -s, -e filigree; **~glas** *sub*, *n*, -es, -gläser filigree glass

Film, *sub*, *m*, -s, -e film; *(dünne Schicht)* film; *einen Film drehen* make a film; **~amateur** *sub*, *m*, -s, -e film amateur; **~archiv** *sub*, *n*, -s, -e film archives; **~atelier** *sub*, *n*, -s, -s film studio; **~branche** *sub*, *f*, -, -n films; **~emacher** *sub*, *m*, -s, - film maker; *(US)* movie maker; **~festival** *sub*, *n*, -s, -s film festival; **~festspiele** *sub*, *nur Mehrz.* film festival; **~regisseur** *sub*, *m*, -s, -e film director; *(US)* movie director; **~star** *sub*, *m*, -, -s film star; *(US)* movie star; **~verleih** *sub*, *m*, -s, -e film distribution; *(Firma)* film distributors

filmen, (1) *vi*, film (2) *vt*, film

filmisch, *adj*, cinematic, cinematically

Filou, *sub*, *m*, -s, -s rogue

Filter, *sub*, *n*, -s, - filter; **~papier** *sub*, *n*, -s, -e filter paper

Filtrat, *sub*, *n*, -s, -e filtrate

filtrieren, *vt*, filter

Filz, *sub*, *m*, -es, -e felt

filzen, *vi*, felt; *(durchsuchen)* frisk

filzig, *adj*, felted; *(Haar)* matted

Filzlaus, *sub*, *f*, -, -läuse crab louse

Filzokratie, *sub*, *f*, -, -n cronyism

Filzpantoffel, *sub*, *m*, -s, -n slipper

Filzstift, *sub*, *m*, -es, -e felt-tip pen

Fimmel, *sub*, *m*, -s, - craze; *einen Fimmel haben* be nuts; *einen Fußballfimmel haben* he is mad about football

final, *adj*, final

Financier, *sub*, *m*, -s, - financier

Finanz, *sub*, *f*, -, *nur Einz.* finance; **~amt** *sub*, *n*, -s, -ämter inland revenue; *(US)* internal revenue service; **~beamte** *sub*, *m*, -n, -n revenue officer; **~en** *sub*, *f*, -, *nur Mehrz.* finances; **~genie** *sub*, *n*, -s, -s financial wizard; **~krise** *sub*, *f*, -, -n financial crisis; **~minister** *sub*, *m*, -s, - finance minister; *(Brit.)* Chancellor of the Exchequer; *(US)* Secretary of the Treasury; **~wesen** *sub*, *n*, -s, - public finance; **~wirtschaft** *sub*, *f*, -, -en financial management

finanziell, *adj*, financial, financially

Finanzier, *sub*, *m*, -s, -s financier

finanzierbar, *adj*, possible to finance

finanzieren, *vt*, finance; *(unterstützen)* subsidize; *(Veranstaltungen)* sponsor

Finanzierung, *sub*, *f*, -, -en financing

finanzstark, *adj*, financially strong

Findelkind, *sub*, *n*, -s, -er foundling

finden, (1) *vi*, *(heim-)* find one´s way home (2) *vr*, *(sich)* find oneself (3) *vt*, find; *es fand sich, dass* it turned out that; *es wird sich schon alles finden* it´ll work out somehow; *findet sich nur* is only to be found, is only to be found, *ich finde keine Worte* I´m lost for words; *ich finde, dass* I think (that); *ich kann nichts dabei finden* I don´t see any harm in it; *ich weiß nicht, was sie an ihm findet* I don´t know what she sees in him *nach Hause finden* find one´s way home; *wir fanden ihn bei der Arbeit* we found him at work

Finder, *sub*, *m*, -s, - finder; **~lohn** *sub*, *m*, -s, -löhne finder´s reward

findig, *adj*, clever, resourceful

Findling, *sub*, *m*, -s, - foundling;

(geol.) boulder

Finesse, *sub*, *f*, -, *-n* finesse, tricks; *mit allen Finessen (zB Auto)* with all the trimmings; *mit sämtlichen Finessen arbeiten* use all the tricks of the trade

Finger, *sub*, *m*, *-s*, - finger; *er hat überall seine Finger im Spiel* he´s got a finger in every pie; *etwas zwischen die Finger bekommen* get hold of sth; *jmdm durch die Finger schlüpfen* slip through so´s finger; *jmdn um den kleinen Finger wikkeln* twist so round one´s little finger; *keinen Finger rühren* not to lift a finger; *lass die Finger davon!* don´t touch!; *mit dem Finger auf jmdn zeigen* point one´s finger at so; *sich die Finger verbrennen* burn one´s fingers; *sich in den Finger schneiden* cut one´s finger; *sie würde sich die Finger danach lekken* she would give her right arm for it; ~**abdruck** *sub*, *m*, *-s*, *-drücke* fingerprint; *(nehmen)* take s.o´s finger prints; **fingerbreit** *adj*, inch-wide; ~**breite** *sub*, *f*, *-e*, *-en* inch; ~**farbe** *sub*, *f*, -, *-n* finger paint; **fingerfertig** *adj.*, dextrous; ~**fertigkeit** *sub*, *f*, -, *-en* dexterity; ~**glied** *sub*, *m*, *-s*, *-er* finger joint; ~**hut** *sub*, *m*, *-s*, *-hüte* thimble; *(bot.)* foxglove; ~**kuppe** *sub*, *f*, -, *-n* fingertip; ~**nagel** *sub*, *m*, *-s*, *-nägel* fingernail; ~**spiel** *sub*, *m*, *-s*, *-e* game with fingers; ~**spitze** *sub*, *f*, -, *-n* fingertip; ~**spitzengefühl** *sub*, *n*, *-s*, *-e* instinct; *(Takt)* tact; *dazu braucht man Fingerspitzengefühl* you have got to have the right feel for it; ~**übung** *sub*, *f*, -, *-en* finger exercise; ~**zeig** *sub*, *m*, *-s*, *-e* hint

fingieren, *vt*, fake

finit, *adj*, *(Sprachw.)* finite

Fink, *sub*, *m*, *-en*, *-en* finch

Finkenschlag, *sub*, *m*, *-s*, *-schläge* finch-singing

Finne, *sub*, *f*, -, *-en* Finn

finnisch, *adj*, Finnish; **finnländisch** *adj*, Finnish

finnougrisch, *adj*, Finnish-Ugrish

finster, *adj*, dark; *(dubios)* shady; *es wird dunkel* it´s getting dark; *es wird finster* it´s getting dark; *im finstern tappen* grope in the dark; **Finsterkeit** *sub*, *f*, -, *-en* darkness; **Finsterling** *sub*, *m*, *-s*, - obscurantist; *(dubios)* shady customer; **Finsternis** *sub*, *f*, -, *-se* darkness

Finte, *sub*, *f*, -, *-n* trick; *(spo.)* feint; **fintenreich** *adj*, crafty

Firlefanz, *sub*, *m*, *-es*, *-e* frippery; *(Unsinn)* nonsense

firm, *adj*, *(sein)* be good at

Firma, *sub*, *f*, -, *Firmen* company, firm

Firmament, *sub*, *n*, *-s*, *-e* firmament

Firmenschild, *sub*, *n*, *-s*, *-er* company sign

firmieren, *vi*, trade; *firmieren unter dem Namen* trade under the name of

Firmung, *sub*, *f*, -, *-en* *(theol.)* confirmation; **firmen** *vt*, *(theol.)* confirm

Firnis, *sub*, *m*, *-ses*, *-se* varnish

First-Class-Hotel, *sub*, *n*, *-s*, *-s* First-Class-Hotel

Firstpfette, *sub*, *f*, -, *-n* ridge-piece

Firstziegel, *sub*, *m*, *-s*, - ridge-tile

Fisch, *sub*, *m*, *-s*, *-e* fish; *(astrol.)* Pisces; *(i. ü. S.) dicker Fisch* big fish, big fish; *(i. ü. S.) kleine Fische (Kleinigk)* peanuts; *(i. ü. S.) kleine Fische (Leute)* small fry; *(i. ü. S.) munter wie ein Fisch im Wasser* fit as a fiddle; ~**bestand** *sub*, *m*, *-s*, *-stände* fish stocks; ~**besteck** *sub*, *n*, *-s*, *-e* fish knives and forks; ~**fang** *sub*, *m*, *-es*, *nur Einz.* fishing; ~**gericht** *sub*, *n*, *-s*, *-e* fish dish; ~**geschäft** *sub*, *n*, *-s*, *-e* fishmonger´s; *(US)* fish store; ~**gründe** *sub*, *f*, -, *nur Mehrz.* fishing grounds; ~**kalter** *sub*, *m*, *-s*, - fish box; ~**kutter** *sub*, *m*, *-s*, - fishing trawler; ~**messer** *sub*, *n*, *-s*, - fish knife; ~**otter** *sub*, *m*, *-s*, - otter; ~**vergiftung** *pron*, fish poisoning; ~**zug** *sub*, *m*, *-s*, *-züge*

haul; *(i. ü. S.)* haul
Fischen, (1) *sub, n, -s, -* fishing **(2)**
fischen *vti,* fish; *(nach)* fish for; *(i.*
ü. S.) im trüben fischen fish in troubled waters
Fischer, *sub, m, -s, -* fisherman;
~boot *sub, n, -s, -e* fishing boat;
~dorf *sub, n, -s, -dörfer* fishing
village; **~netz** *sub, n, -es, -e* fishing
net
Fischerei, *sub, f, -, -en* fishing; *(Ge-*
werbe) fishing industry
Fisimatenten, *sub, f, nur Mehrz.*
messing about; *mach keine Fisima-*
tenten! stop making such a fuss!
Fiskus, *sub, m, -ses, -se* tax authorities; *(in GB)* Crown; **fiskalisch** *adj,*
fiscal
Fission, *sub, f, -, -en (phy.)* fission
Fistel, *sub, f, -, -n (med.)* fistula;
~stimme *sub, f, -, -n* squeaky voice
fit, *adj,* fit; *geistig fit* on the ball;
nicht sehr fit in not too hot on
Fitness, *sub, f, -, nur Einz.* fitness;
~center *sub, n, -s, -* fitness centre;
(US) fitness center; **~test** *sub, m, -s,*
-e fitness test; **~training** *sub, n, -s,*
-s gym; *Fitnesstraining machen* go
for workouts in the gym
Fittich, *sub, m, -s, -e* wing; *jmdn un-*
ter seine Fittiche nehmen take so
under one´s wings
fix, (1) *adj,* quick; *(festgelegt)* fixed
(2) *adv,* quickly; *eine fixe Idee* have
got a thing about; **Fixkosten** *sub, f,*
-, nur Mehrz. standing expenses;
Fixpunkt *sub, m, -s, -e* point of
reference; **Fixstern** *sub, m, -s, -e*
fixed star; **Fixum** *sub, n, -s, Fixa*
basic salary
Fixativ, *sub, n, -s, -e* fixative
Fixer, *sub, m, -s, -* junkie; *(drogen)*
fixer
fixieren, *vt, (anstarren)* stare at;
(Foto) fix; *(schriftl.)* put down; **Fi-**
xiermittel *sub, n, -s, -* fixative
Fjäll, *sub, m, -s, -s (schwed.)* rocky
mountain
Fjord, *sub, m, -s, -e* fiord
flach, *adj,* flat; *(Wasser)* shallow;
flach liegen lie flat; *flach machen*

level off; *(spo.) flach spielen* keep
the ball on the ground; *mit der*
flachen Hand with the flat of
one´s hand; *flach atmen* breathe
shallowly
Flachbau, *sub, m, -s, -bauten* low
building
flachbrüstig, *adj, (männl.)* hol-
low-chested; *(weibl)* flat -chested
Flachdach, *sub, n, -s, -dächer* flat
roof
Fläche, *sub, f, -, -n* area; *(Ober-)*
surface; **~nblitz** *sub, m, -es, -e*
sheet lightning; **~nbrand** *sub,*
m, -s, -brände extensive blaze;
~ninhalt *sub, m, -s, -e (mat.)*
area; **~nmaß** *sub, n, -es, -e* unit
of square measure
flachfallen, *vi,* be cancelled, fall
through
Flachland, *sub, n, -s, -länder*
lowland; **Flachländer** *sub, m, -s,*
- lowlander
Flachs, *sub, m, -es, -e* flax; *(Ulk)*
nonsense; **flachsblond** *adj,* fla-
xen; **flachsen** *vi,* joke with somebody
Flachschuss, *sub, m, -es, -schüsse*
(Fußb.) low ball
flackern, *vi,* flicker; **Flackerfeuer**
sub, n, -s, - flickering fire
Fladen, *sub, f, -, -* flat cake; *(Kuh-)*
cowpat
Flagellant, *sub, m, -en, -en*
(psych., theol.) flagellant
flagrant, *adj,* flagrant
Flair, *sub, n, -s, nur Einz.*
atmosphere, aura
Flak *sub, f, -, - (mil.,AA gun)* anti-
aircraft gun; **~batterie** *sub, f, -,*
-n (mil.) flak battery
Flakon, *sub, n,m, -s, -s* small bottle
flambieren, *vt,* flambe
Flamenco, *sub, m, -, -s* flamenco
Flamingo, *sub, m, -s, -s* flamingo
flämisch, *adj,* Flemish
Flamme, *sub, f, -, -n* flame; *auf*
kleiner Flamme kochen cook on
a low heat, *(i. ü. S.)* make do with
very little; *in Flammen aufgehen*
go up in flames; *in Flammen aus-*

brechen burst into flames; ~**nmeer** *sub, n, -s, -e* sea of flames; ~**nwerfer** *sub, m, -s, -* flame thrower
flammen, *vi,* blaze
Flammeri, *sub, m, -s, -s* flummery
Flanell, *sub, m, -s, -e* flannel; ~**anzug** *sub, m, -s, -züge* flannel suit; ~**hemd** *sub, n, -s, -en* flannel shirt; ~**hose** *sub, f, -, -n* flannel trousers
flanieren, *vi,* stroll; **Flaneur** *sub, m, -s, -e* flaneur
Flanke, *sub, f, -, -n* flank; *(Fußb.)* wing; ~**nball** *sub, m, -s, -bälle* cross
flankieren, *vt,* flank
Flaps, *sub, m, -es, -e* whippersnapper; **flapsig** *adj,* boorish
Flattergeist, *sub, m, -s, -er* flighty character
flatterhaft, *adj,* fickle, flighty
Flattermann, *sub, m, -es, -männer* jitters
Flattermine, *sub, f, -, -n (mil.,veralt.)* anti-personnel mine
flattern, *vi,* flutter; *(mit den Flügeln)* flap; *(Wind)* flap
Flattersatz, *sub, m, -es, -sätze* print in uneven lines
Flatulenz, *sub, f, -, -en (med. f. Blähungen)* flatulence; *(ugs.; med. f. Blähungen)* winds
Flatus, *sub, m, -, - (med.)* winds
flau, *adj,* slack; *(leicht übel)* queasy; *mir ist flau (im Magen)* I feel queasy
Flaum, *sub, m, -s, -e* down
Flausch, *sub, m, -s, -e* fleece; **flauschig** *adj,* fleecy
Flaute, *sub, f, -, -n* lull; *(wind)* calm
Flechte, *sub, f, -, -n (bot.)* lichen; *(med.)* eczema
flechten, *vt, (Haar)* plait; *(Korb, Matten)* weave
Fleck, *sub, m, -s, -e oder -en* mark, stain; *(blauer -)* bruise
Fleckfieber, *sub, n, -s, - (med.)* epedemic typhus
fleddern, *vt,* plunder
Fledermaus, *sub, f, -, -mäuse* bat
Flederwisch, *sub, m, -s, -e* feather duster
Flegel, *sub, m, -s, -* lout; *(Dresch-)*

flail; ~**ei** *sub, f, -, -en* loutishness; **flegelhaft** *adj,* loutish; ~**jahre** *sub, nur Mehrz.* uncouth adolescence
flehen, *vi,* plead; ~**tlich** *adj,* pleadingly
Fleisch, *sub, n, -s, -* flesh; *(Nahrung)* meat; *(Obst)* flesh; *das eigene Fleisch und Blut* one´s own flesh and blood; *in Fleisch und Blut* in the flesh; *in Fleisch und Blut übergehen* become second nature; *in Fleisch und Blut übergegangen* bred in the bone; ~**brühe** *sub, f, -, -n* bouillon; ~**käse** *sub, m, -s, -* meat loaf; ~**salat** *sub, m, -s, -e* meat salad; ~**vergiftung** *pron,* meat poisoning; ~**waren** *sub, f, -, nur Mehrz.* meat products; ~**werdung** *sub, f, -, -en* incarnation; ~**wolf** *sub, m, -s, -wölfe* mincer; ~**wunde** *sub, f, -, -n* flesh wound; ~**wurst** *sub, f, -, -würste* pork sausage
Fleischer, *sub, m, -s, -* butcher
Fleischerei, *sub, f, -, -en* butcher´s shop; *(US)* meat market
fleischlich, *adj, (sinnl.)* carnal
Fleiß, *sub, m, -es, -* diligence; *ohne Fleiß kein Preis* no pains, no gains; *viel Fleiß verwenden auf* take great pains over; ~**arbeit** *sub, f, -, -en* hard work
fleißig, *adj,* busy, diligent
Fleiverkehr, *sub, m, -s, -e* transport of goods in a combination with aeroplanes and railways
flektierbar, *adj,* inflectional; **flektieren** *vt,* inflect
flennen, *vi,* howl
fletschen, *vt,* bare one´s teeth
Fleurop, *sub, f, -, nur Einz.* Interflora
Flexion, *sub, f, -, -en (Gramm.)* inflexion; **flexionslos** *adj,* without flexion
Flicken, (1) *sub, m, -s, -* patch (2) **flicken** *vt,* mend; **Flickarbeit** *sub, f, -, -en* patchwork; ~**decke** *sub, f, -, -n* patchwork quilt; **Flick-**

werk *sub, n, -s, -e* botched-up job
Flieder, *sub, m, -s, -* lilac; **~beere** *sub, f, -, -n* elderberry; **~blüte** *sub, f, -, -n* lilac blossom; **~busch** *sub, m, -s, -büsche* lilac
Fliege, *sub, f, -, -n* fly; *(Schlips)* bowtie; *er tut keiner Fliege was zuleide* he wouldn´t hurt a fly; *ihn stört sogar die Fliege an der Wand* you are afraid to breathe when he is around; *wie die Fliegen sterben* go down like flies; *zwei Fliegen mit einer Klappe schlagen* kill two birds with one stone; **~ndreck** *sub, m, -s, -e* flies´ droppings; **~ngewicht** *sub, n, -s, -e* fly weight; **~npilz** *sub, m, -s, -e (bot.)* toadstool
fliegen, (1) *vi, (durch d. Prüf.)* fail the exam; *(entlassen w.)* be sacked; *(Expl.)* blow up; *(herunter)* fall off (2) *vt, (Flugz.)* fly; *ich kann doch nicht fliegen* I haven´t got wings; *wie lange fliegt man nach New York* how long is the flight to New York
Flieger, *sub, m, -, -* aeroplane, pilot; **~alarm** *sub, m, -s, -e* air-raid warning; **~angriff** *sub, m, -s, -e (mil.)* air-raid; **~horst** *sub, m, -s, -e* air base
fliegerisch, *adj,* aeronautical
fliehen, *vi,* escape (from); *(vor)* flee (from)
fliehend, *adj,* fleeing; *(Kinn,Stirn)* receding
Fliehkraft, *sub, f, -, -kräfte (phy.)* centrifugal force
Fliesenleger, *sub, m, -s, -* tiler
Fließarbeit, *sub, f, -, -en* assembly-line work
Fließband, *sub, n, -s, -bänder* conveyor belt; **~arbeit** *sub, f, -, -en* assembly-line work
fließen, *vi,* flow; *(in Strömen)* pour; *es wird Blut fließen* blood will flow
Fließpapier, *sub, n, -s, -e* blotting paper
Fließwasser, *sub, n, -s, -wässer* running water
flimmern, *vi,* shimmer; *(TV)* flicker; *es flimmert mir vor den Augen*

everything is dancing in front of my eyes
flink, *adj,* quick; *(aufgeweckt)* bright; **~züngig** *adj,* quick with the tongue
Flinte, *sub, f, -, -n* shotgun; *die Flinte ins Korn werfen* throw in the towel; **~nkugel** *sub, f, -, -n* shotgun pellet
Flipper, *sub, m, -s, -* pinball machine; **flippern** *vi,* play pinball
Flirt, *sub, m, -s, -s* flirt; **flirten** *vi,* flirt
Flittchen, *sub, n, -s, - (ugs.)* tart
Flitter, *sub, m, -s, -* frippery; **~glanz** *sub, m, -es, -* glitter; **~gold** *sub, n, -s, nur Einz.* tinsel; **~kram** *sub, m, -s, -* tinsel
Flitterwerk, *sub, n, -s, -e* trumpery
Flitterwochen, *sub, f, -, nur Mehrz.* honeymoon; **flittern** *vi,* honeymoon
Flitzbogen, *sub, m, -s, -bögen* bow
flitzen, *vi,* dart, shoot
floaten, *vti, (wirt.)* float
Floating, *sub, n, -s, -s* floating
Flocke, *sub, f, -, -n* flake; *(Staub, Feder)* ball of fluff; **flockenweise** *adj,* fluffwise
Floh, *sub, m, -s, Flöhe* flea; *jmdm einen Floh ins Ohr setzen* put ideas into so´s head; **~markt** *sub, m, -s, -märkte* flea market; **~zirkus** *sub, m, -, -se* flea circus
flöhen, *vt,* deflea
Floppydisk, *sub, f, -, -s* floppy disk
Flor, *sub, m, -s, -e* bloom; *(dünnes Gewebe)* gauze
Flora, *sub, f, -, Floren* flora
Florett, *sub, n, -s, -e* foil; *(-fechten)* foil fencing
florieren, *vi,* flourish
Florist, *sub, m, -en, -en* florist
Floskel, *sub, f, -, -n* phrase; **floskelhaft** *adj,* stereotyped
Floß, *sub, n, -es, Flöße* raft
Flosse, *sub, f, -, -n (i. ü. S.; Hand)* paw; *(Tauchen)* flipper; *(zool.)* flin; **~nfüßer** *sub, m, -s, - (zool.)* pinniped
flößen, *vti,* raft

Flöte, *sub*, *f*, -*s*, -*n* *(Block-)* recorder; *(Quer-)* flute; **~nbläser** *sub*, *m*, -*s*, - flute player; **~nspiel** *sub*, *n*, -*s*, -*e* flute-playing

flöten, *vti*, play the flute/recorder; *(Geld)* go down the drain

flöten gehen, *vi*, go by the board

flott, *adj*, fast, lively; *(schick)* smart; *(sein, Seef.)* be afloat; *es geht flott voran* things are getting on nicely; *es geht ihm flott von der Hand* he is very fast

Flotte, *pron*, fleet; **~nbasis** *sub*, *f*, -, -*basen* naval base; **~nstützpunkt** *sub*, *m*, -*s*, -*e* naval base

Flottille, *sub*, *f*, -, -*n (seem. Spr.)* flotilla

Flöz, *sub*, *m*, -*es*, -*e (geol.,Bergbau)* seam

Fluch, *sub*, *m*, -*s*, *Flüche* curse; *(ugs.)* swearword; *mit einem Fluch belegen* put a curse on; *unter einem Fluch stehen* be under a curse; *zum Fluch für die Menschheit werden* become the curse of mankind; **fluchbeladen** *adj*, be under a curse

fluchen, *vi*, curse, swear

Flucht, *sub*, *f*, -, -*en* flight; *(Häuser-)* row; *die Flucht nach vorn antreten* take the bull by the horns; *in die Flucht schlagen* put to flight; *wir müssen die Flucht nach vorne antreten* attack ist the best means of defence(US -se); **~gefahr** *sub*, *f*, -, -*en* danger of an escape attempt; **~helfer** *sub*, *m*, -*s*, - escape agent; **~punkt** *sub*, *m*, -*s*, -*e (Opt.)* vanishing point; **~wagen** *sub*, *m*, -*s*, - getaway car; **~weg** *sub*, *m*, -*s*, -*e* escape route

fluchtartig, *adj*, hasty, hurried

flüchten, **(1)** *vi*, escape, flee **(2)** *vr*, *(sich)* flee; *sich in ein Haus flüchten* take shelter in

flüchtig, *adj*, *(Besuch)* short; *(krim.)* wanted; *(oberfl.)* superficial; *einen flüchtigen Besuch machen* briefly drop in; *flüchtige Bekanntschaft* passing acquaintance; *flüchtiger Eindruck* fleeting impression

Flüchtigkeit, *sub*, *f*, -, -*en* cursoriness

Flüchtling, *sub*, *m*, -*s*, -*e* refugee

Flug, *sub*, *m*, -*s*, *Flüge* flight; *die Woche verging wie im Flug* the week just flew by; **~abwehr** *sub*, *f*, -, -*e (mil.)* anti-aircraft defence; **~bahn** *sub*, *f*, -, -*en (Luftf.)* flight path; **~ball** *sub*, *m*, -*s*, -*bälle (spo.)* volley; **~blatt** *sub*, *n*, -, -*blätter* leaflet; **~boot** *sub*, *n*, -*s*, -*e* flying boat; **~gast** *sub*, *m*, -*s*, -*gäste* passenger; **~gesellschaft** *sub*, *f*, -, -*en* airline; **~hafen** *sub*, *m*, -*s*, -*häfen* airport; **~höhe** *sub*, *f*, -, -*e* altitude; **~kapitän** *sub*, *m*, -*s*, -*e* captain; **~körper** *sub*, *m*, -*s*, - projectile; **~lärm** *sub*, *m*, -*s*, *nur Einz.* aircraft noise; **~plan** *sub*, *m*, -*s*, -*pläne* schedule, timetable; **~platz** *sub*, *f*, -, -*plätze* airfield; **~sand** *sub*, *m*, -*s*, -*e* windborne sand; **~schein** *sub*, *m*, -*s*, -*e* ticket; *(Lizenz)* pilot´s licence; *(Lizenz US)* pilot license; **~schreiber** *sub*, *m*, -*s*, - blackbox, flight recorder; **~schrift** *sub*, *f*, -, -*en* pamphlet; **~technik** *sub*, *f*, -, -*en* aeronautics; **~verkehr** *sub*, *m*, -*s*, -*e* air traffic

Flügel, *sub*, *m*, -*s*, - wing; *(Klavier)* grand piano; *(mil.)* flank; *mit den Flügeln schlagen* flap its wings; **~horn** *sub*, *n*, -*s*, -*hörner (Musik)* flugelhorn; **~schlag** *sub*, *m*, -*s*, -*schläge* flapping of wings; **~tür** *sub*, *f*, -, -*en* double door

flügge, *adj*, fully fledged

flugs, *adj*, at once, swiftly

Flugzeug, *sub*, *n*, -*s*, -*e* aeroplane; *(US)* air plane; *einem Flugzeug Startverbot erteilen* to ground a plane; **~abwehr** *sub*, *f*, -, - anti-aircraft defence; *(US)* anti-aircraft defense; **~bau** *sub*, *m*, -*s*, -*bauten* aircraft construction; **~entführung** *sub*, *f*, -, -*en* hijacking; **~führer** *sub*, *m*, -*s*, - pilot; *(zweiter)* co-pilot; **~halle** *sub*, *f*, -, -*n* hangar; **~motor** *sub*, *m*, -*en*, -*e* engine; **~träger** *sub*, *m*, -*s*, - aircraft carrier

Fluid, *sub*, *n*, -s, -s fluid

Fluidum, *sub*, *n*, -s, *Fluida* fluid; *(i. ü. S.)* aura

Flunder, *sub*, *f*, -, -n flounder

Flunkerei, *sub*, *f*, -, -en tall story; **flunkern** *vi*, tell stories

Flunsch, *sub*, *m*, -s, -e pout; *eine Flunsche ziehen* pull a face

Fluor, *sub*, *n*, -s, *nur Einz. (chem.)* fluorine

Fluoreszenz, *sub*, *f*, -, *nur Einz.* fluorescence; **fluoreszieren** *vi*, fluoresce

Fluorid, *sub*, *n*, -s, -e fluoride; **fluoridieren** *vt*, fluoridate

Flur, *pron*, hall; *(Gang)* corridor; *(Landsch.)* fields; *durch Wald und Flur* through fields and meadows; **~schaden** *sub*, *m*, -s, -schäden damage to farmland

Fluss, *sub*, *m*, -es, *Flüsse* river; *(i. ü. S.; das Fließen)* flow; *(klein)* stream; *in Fluss bringen* get sth going; **~aal** *sub*, *m*, -s, -e fresh water eel; **~arm** *sub*, *m*, -s, -e arm of a river; **~bett** *sub*, *n*, -s, -en riverbed; **~diagramm** *sub*, *n*, -s, -e flowchart; **~fisch** *sub*, *m*, -s, -e riverfish; **~krebs** *sub*, *m*, -es, -e *(zool.)* crayfish; *(zool.,US)* crawfish; **~lauf** *sub*, *m*, -es, -läufe course of the river; **~mündung** *sub*, *f*, -, -en mouth of a river; **~sand** *sub*, *m*, -s, -e silt; **~tal** *sub*, *n*, -s, -täler river valley

flussabwärts, *adv*, downriver, downstream

flussaufwärts, *adv*, upriver, upstream

Flüsschen, *sub*, *n*, -s, - little stream

flüssig, *adj*, liquid; *(geschmolzen)* melted; *(Stil)* fluent

Flüssiggas, *sub*, *n*, -s, -e liquid gas

Flüssigkeit, *sub*, *f*, -, -en liquid; *(Stil)* fluency

flüstern, *vi*, whisper; **Flüstertüte** *sub*, *f*, -, -n *(ugs.)* megaphone; **Flüsterwitz** *sub*, *m*, -es, -e underground joke

Flut, *sub*, *f*, -, *nur Einz. (Gezeit)* tide; *f*, -, -en *(Wassermasse)* flood; *die Flut kommt (geht)* the tide is coming in (going out); **~licht** *sub*, *n*, -s, -lichter floodlight; **~warnung** *sub*, *f*, -, -en floodwarning; **~welle** *sub*, *f*, -, -n tidal wave

flutschen, *vi*, slip; *(Arbeit)* go very well; *es flutscht nur gerade so* going like clockwork

Fock, *sub*, *f*, -, -en *(Seef.)* foresail

föderal, *adj*, federal; **Föderalismus** *sub*, *m*, -, *nur Einz.* federalism; **Föderalist** *sub*, *m*, -, -en federalist; **~istisch** *fere*, federalis::; **Föderation** *sub*, *f*, -, -en federation; **föderativ** *adj*, federal

Fohlen, (1) *sub*, *n*, -s, - foal; *(männl.)* colt; *(weibl.)* filly (2) **fohlen** *vi*, foal

Föhn, *sub*, *m*, -s, -e *(Wind)* föhn; **~wind** *sub*, *m*, -es, -e föhn

Föhre, *sub*, *f*, -, -n pine tree

fokal, *sub*, with refer to the focus

Fokus, *sub*, *m*, -, -se focus; **fokussieren** *vt*, focus

Folge, *sub*, *f*, -, -n consequence; *(aufeinander)* sequence; *(Serie)* series; *die Folgen tragen* bear the consequences; *es blieb ohne Folgen* have no consequences; *zur Folge haben* result in; *in rascher Folge* in rapid succession; **~kosten** *sub*, *f*, -, *nur Mehrz.* follow-up costs; **~lasten** *sub*, *f*, -, *nur Mehrz.* follow-up costs; **~schaden** *sub*, *m*, -s, -schäden consequential damage; **~zeit** *sub*, *f*, -, -en period following

folgen, *vi*, follow; *(gehorchen)* obey; *auf Schritt und Tritt folgen* dog so´s footsteps; *können Sie mir folgen?* do you follow me?; *weitere Einzelheiten folgen* further details to come; *wie folgt* as follows

folgend, *adj*, following; *es handelt sich um folgendes* the matter is as follows; *im folgenden* in the following; *lautet folgend* reads as follows

folgendermaßen, *adv*, as follows
folgenreich, *adj*, fraught with consequences
folgenschwer, *adj*, momentous
folgerichtig, *adj*, logical, logically
folgern, *vt*, conclude; *(- aus)* conclude from
folgewidrig, *adj*, inconsistent
folglich, *adv*, as a result; *(ugs.; deshalb)* therefore
folgsam, *adj*, obedient
Folgsamkeit, *sub, f, -, nur Einz.* obedience
Foliant, *sub, m, -en, -en* folio
Folie, *sub, f, -, -n* foil; *(Plastik)* film; *(US, Plastik)* plastic wrap
Folio, *sub, n, -s, -s oder Folien* folio; ~**format** *sub, -s, -e* folio
Folk, *sub, m, -es, nur Einz.* folk
Folklore, *sub, f, -, nur Einz.* folklore; **Folkloristik** *sub, f, -, nur Einz.* folkloristic; **Folkloristin** *sub, f, -, -nen* folklorist; **folkloristisch** *adj*, folkloric
Folter, *sub, f, -, -n* torture; *(i. ü. S.)* torture; *jmdn auf die Folter spannen* keep so in suspense; ~**er** *sub, m, -s, -* torturer; ~**kammer** *sub, f, -, -n* torture chamber
Fön, *sub, m, -s, -e* hair drier
Fond, *sub, m, -s, -s (Kochk.)* juices; *(geh.; rückwärtig)* back department
Fonds, *sub, m, -, -* fund
Fondue, *sub, n, -s, -s (Kochk.)* fondue; ~**gabel** *sub, f, -, -n* fondue fork
fonografisch, *adj*, phonografic
fonologisch, *adj*, phonological
Fontäne, *sub, f, -, -n* fountain
Fontanelle, *sub, f, -, -n (med.)* fontanelle; *(med.US)* fontanel
Foot, *sub, m, -, Feet* foot
foppen, *vt*, pull so´s leg; **Fopperei** *sub, f, -, -en* leg-pulling
forcieren, *vt*, intnesify, push forward
Förde, *sub, f, -, -n* long narrow inlet; *(geol.)* firth
Förderband, *sub, n, -es, -bänder* conveyor belt
Förderer, *sub, m, -s, -* promoter

Förderkohle, *sub, f, -, nur Einz.* coal
Förderkreis, *sub, f, -es, -e* society for the promotion of
fordern, *vt*, demand; *(zum Duell)* challenge sb; *zu viel fordern* to be too demanding; *jmd zum Duell fordern* challenge to a duel
fördern, *vt*, promote; *(Bergb.)* mine; *(Talent)* foster
Förderpreis, *sun*, award
Forderung, *sub, f, -, -en* damand; *(kaufm.)* claim; *Forderungen stellen* make demands; *eine Forderung haben an* have a claim against
Förderung, *sub, f, -, -en* promotion; *(Bergb.)* mining; *(Talent)* fostering
Forelle, *sub, f, -, -n* trout
Forint, *sub, m, (-s), -s (Währung in Ungarn)* Forint
Forke, *sub, f, -, -n* fork
Form, *sub, f, -, -en* form; *(Back-)* baking-tin; *(Modell)* mould; *aus der Form geraten* get out of shape; *der Form halber* as a matter of form; *Form behalten* keep its shape; *Form geben* lend shape to; *in guter Form* in good form; *in höflicher Form* politely; *sich in aller Form entschuldigen* make a formal apology
Formaldehyd, *sub, m, -s, nur Einz. (chem.)* formaldehyde
Formalie, *sub, f, -, -n* formality
Formalin, *sub, n, -s, nur Einz.* formalin
formalisieren, *vt*, formalize; **Formalismus** *sub, m, -, -ismen* formalism; **Formalist** *sub, m, -en, -en* formalist; **Formalistin** *sub, (weibl.)* formalist; **formalistisch** *adj*, formalist, formalistic; **Formalität** *sub, f, -, -en* formality
Formanstieg, *sub, m, -s, nur Einz.* increase of condition
Format, *sub, n, -s, -e* format, size; *ein Mann von Format* a man of stature; *er hat kein Format* he hasn´t got the personality it takes

Formation, *sub, f, -, -en* formation
formativ, *adj,* formative
Formbarkeit, *sub, f, -, -en* malleability
Formel, (1) *pron,* formula **(2)** *sub, f, -n (Redensart)* formula; *auf eine Formel bringen* bring down to a simple formula
formell, *adj,* formal
formen, *vt,* form, shape; *(techn.)* mould
formenreich, *adj,* with great variety of forms
formidabel, *adj,* formidable
formieren, *vt, vr,* form
förmlich, *adj,* formal; **Förmlichkeit** *sub, f, -, -en* formality
formlos, *adj,* informal
Formstrenge, *sub, f, -, nur Einz.* being strict in formality
Formtief, *sub, n, -s, -s* be off form
Formular, *sub, n, -s, -e* form
formulieren, *vt,* formulate; *knapp formulieren* sum sth up in a few briefly; *neu formulieren* rephrase; *wenn ich es so formulieren darf* if I may put it like that; **Formulierung** *sub, f, -, -en* formulation; *(Gesetz, Entwurf)* draft
forsch, *adj,* forceful, self-assertive
forschen, *vi,* search for; *(Wissensch.)* research
Forscher, *sub, m, -s, -* researcher; *(Naturw.)* scientist; **forscherisch** *adj,* be searching; **Forschung** *sub, f, -, -en* research; *Forschungen betreiben* do research work; **Forschungsschiff** *sub, n, -s, -e* research vessel
Forst, *sub, f, -es, -e* forest; **Förster** *sub, m, -s, -* forester; **~frevel** *sub, m, -s, -* offence against the forest law; **~meister** *sub, m, -s, -* forest warden; **~revier** *sub, n, -s, -e* forest district; **~schaden** *sub, m, -s, -schäden* forest damages; **~schule** *sub, f, -, -s* forestry college
fort, (1) *adj, (abw.)* away; *(verschw.)* gone **(2) Fort** *f,* fort; *sie sind schon fort* they have already gone

fortan, *adv,* from now on
Fortbestand, *sub, m, -s, nur Einz.* continuation; *(Staat)* continued existence
fortbestehen, *vt,* continue
Fortbewegung, *sub, f, -, nur Einz.* locomotion, movement
Fortbildung, *sub, f, -, -en* further education; *(berufl.)* further training
fortbleiben, *vi,* stay away
fortbringen, *vt,* take away
Fortdauer, *sub, f, -, -* continuation; **fortdauern** *vi,* continue; **fortdauernd** *adj,* continuous, continuously
fortfahren, *vi,* go away, leave; *(etw. fortsetzen)* carry on, continue
fortfliegen, *vi,* fly away, fly off
Fortführung, *sub, f, -, -en* continuation
Fortgang, *sub, m, -s, -gänge* progress; *(Fortsetzung)* continuation; *(weggehen)* departure
fortgeschritten, *adj,* advanced; *in einem fortgeschrittenen Alter* be fairly advanded in years; *in einem fortgeschrittenen Stadium* at an advanced stage
fortgesetzt, *adj,* continually, continued
Fortkommen, (1) *sub, n, -s, -* progress; *(Wegkommen)* get away **(2) fortkommen** *vi,* get away; *(Erfolg haben)* get on
fortlaufen, *vi,* run away; *(weitergehen)* continue
fortlaufend, (1) *adj,* continious **(2)** *adv,* continiously; *fortlaufend numeriert* numbered consecutively
fortpflanzen, (1) *vr, (sich)* reproduce **(2)** *vt,* reproduce; *(phy.)* transmit
Fortpflanzung, *sub, f, -, -en* reproduction; *(phy.)* transmission
fortschaffen, *vt,* take away
fortscheren, *vr, (ugs.)* clear off
fortschicken, *vt,* send away
fortschreiten, *vi,* progress; *(Zeit)*

march on
Fortschritt, *sub*, *m*, *-s*, *-e* progress; *(Verbesserung)* improvement
fortsetzen, *vt*, continue, resume
Fortsetzung, *sub*, *f*, *-*, *-en* continuation; *(Wiederaufnahme)* resumption; **~sroman** *sub*, *m*, *-s*, *-e* serialized novel
fortstehlen, *vr*, sneak away
fortstreben, *vi*, strive away
Fortune, *sub*, *f*, *-*, *nur Einz.* Fortune; *Fortuna war ihr hold* fortune smiled on her
fortwährend, *adj*, constant, continual
Forum, *sub*, *n*, *-s*, *Foren*, *auch Fora* forum; *(Podiumsgespräch)* panel discussion
fossil, **(1)** *adj*, fossil, fossilized **(2)** **Fossil** *sub*, *n*, *-s*, *-ien* fossil
Foto, *sub*, *n*, *-s*, *-s* photo(graph); *ein Foto machen* to take a photo(graph); **~amateur** *sub*, *m*, *-s*, *-e* amateur photographer; **~apparat** *sub*, *m*, *-s*, *-e* camera; **~artikel** *sub*, *m*, *-s*, *-* photographic equipment; **~atelier** *sub*, *n*, *-*, *-s* photographic studio
Fotochemie, *sub*, *f*, *-*, *-er* phographic chemical; **fotochemisch** *adj*, photochemical
Fotoeffekt, *sub*, *m*, *-s*, *-e* effect by the photo
Fotograf, *sub*, *m*, *-en*, *-en* photographer
Fotografie, *sub*, *f*, *-*, *-n (Bild)* photograph; *(Kunst)* photography
fotografieren, **(1)** *vt*, *(ugs.)* get a shot of **(2)** *vti*, take a photo
fotografisch, *adj*, photographic, photographically
Fotogravure, *sub*, *f*, *-*, *-n* photogravure
Fotokopie, *sub*, *f*, *-s*, *-n* photocopy
fotokopieren, *vi*, photocopy
fotomechanisch, *adj*, photomechanical
fotometrisch, *adj*, photometric
Fotomodell, *sub*, *n*, *-s*, *-e* phographic model
Fotomontage, *sub*, *f*, *-*, *-n* photomontage
Fotorealismus, *sub*, *m*, *-s*, *-er* photorealism
Fotoreporter, *sub*, *m*, *-s*, *-* photojournalist
Fotosphäre, *sub*, *f*, *-*, *nur Einz.* photosphere
Fotosynthese, *sub*, *f*, *-*, *-n* photosynthesis
Fötus, *sub*, *m*, *-*, *Föten* foetus; *(US)* fetus
Foxterrier, *sub*, *m*, *(-s)*, *-* foxterrier
Foxtrott, *sub*, *m*, *-s*, *-s*, *auch -e* foxtrot
Foyer, *sub*, *n*, *-s*, *-s* entrance hall, foyer; *(US lobby)* foyer
Frachtbrief, *sub*, *m*, *-s*, *-e* consignment note; *(US)* freight bill
Frachter, *sub*, *m*, *-s*, *-* freighter
frachtfrei, *adj*, carriage paid; *(US)* freight prepaid
Frachtgut, *sub*, *n*, *-es*, *-güter* cargo, freight
Frachtschiff, *sub*, *n*, *-s*, *-e* freighter; *(cargoship)* freighter
Frachtstück, *sub*, *n*, *-e* package
Frack, *sub*, *m*, *-es*, *-s oder Fräcke* tails
Frage, *sub*, *f*, *-*, *-n* question; *(Angelegenheit)* issue; *(Erkundigung, Unters.)* inquiry; *das kommt nicht in Frage* that is out of question; *das steht ausser Frage* there is no question about it; *eine Frage stellen* ask a question, ask a question; *in Frage stellen* call in question
Fragebogen, *sub*, *m*, *-s*, *-bögen* form, questionaire
fragen, **(1)** *vr*, *(sich)* ask about; *(sich erkundigen)* inquire about; *(sich wundern)* wonder **(2)** *vti*, ask; *(erkundigen)* inquire; *(nachfragen)* ask for; *ich frage mich, wie* I ask myself how; *ich frage mich, warum* I wonder why, *etwas fragen* ask a question; *ich wollte fragen, ob* I wanted to ask if; *jmdn nach seinem Namen, dem Weg etc fragen* ask so his/her

name, the way; *jmdn um Rat fragen* ask so´s advice
Fragenkreis, *sub, m, -es, -e* problem area
Fragerei, *sub, f, -, -en* questions
Fragezeichen, *sub, n, -s, -* question mark
fraglich, *adj,* doubtful, in question; **Fraglichkeit** *sub, f, -, nur Einz.* doubtfulness
Fragment, *sub, n, -s, -e* fragment; **fragmentarisch** *adj,* fragmentary
fragwürdig, *adj,* questionable; *(zwielichtig)* dubious
Fraktion, *sub, f, -, -en (chem.)* fraction; *(Parlament)* parliamentary party; **fraktionell** *adj,* within the party or group
fraktionieren, *vt, (polit.)* fractionalize; *(Wissensch.)* fractionize
Fraktur, *sub, f, -, -en (med.)* fracture; *(Schriftart)* Gothic type
Franc, *sub, m, -, -s* franc; *(Währungseinh.)* franc
Franchise, *sub, f, -, -n* franchise; **Franchising** *sub, n, -s, nur Einz.* franchising
Francium, *sub, n, -s, nur Einz. (chem.)* francium
frank, *adv,* frankly; *frank und frei* quite frankly
Frankenwein, *sub, m, -s, -e* wine from Frankonia
frankieren, *vt,* frank, stamp; **Frankiermaschine** *sub, f, -, -n* franking machine
franko, *adv,* post-paid; **Frankokanadier** *sub, m, -s, -* French Canadian; **~phil** *adj,* Francophile; **Frankophonie** *sub, f, -, nur Einz.* francophony
Frankreich, *sub, -, -, -* France
Franse, *sub, f, -, -n* fringe; *(Pony Haare)* fringe; *in Fransen gehen* falling apart
Franzose, *sub, m, -n, -n* Frenchman; *(die Franzosen)* French; *(ugs.; Schraubenschl.)* monkey wrench; *(ugs.; Schraubenschlüssel)* Frenchman, screw wrench; **französisch** *adj,* French

Fräse, *sub, f, -, -n (f. Boden)* rotary hoe; *(f. Metall)* milling machine
fräsen, *vt, (Holz)* shape; *(Metall)* mill
Fräsmaschine, *sub, f, -, -en* milling machine operator; *(Werkz.)* cutter, moulding machine operator
Fraß, *sub, m, -es, -e (ugs.; schlechtes Essen)* muck; *(Tiere)* food; *etwas einem Tier zum Fraß vorwerfen* throw sth to an animal
Frater, *sub, m, -s, Fratres (rel.)* Brother; **fraternisieren** *vi,* fraternize; **~nité** *sub, f, -, nur Einz.* fraternity
Fratz, *sub, m, -es, österr. auch -en, -e, öster.-en (niedl. Kind)* little rascal; *(ungez. Kind)* brat
Fratze, *sub, f, -, -n (Grimasse)* grimace; *(ugs.; hässl. Gesicht)* ugly mug; *Fratzen schneiden* pull faces; **fratzenhaft** *adj,* grotesque
Frau, *sub, f, -, -en* woman; *(Anrede)* Mrs.; *(Ehe-)* wife; *(stat.)* female; *er wirkt auf Frauen* he´s a bit of a ladies´ man; **~enarzt** *sub, m, -ärzte* gynaecologist; **~enärztin** *sub, f, -, -nen* gynaecologist; **~enberuf** *sub, m, -s, -e* female profession; **~enfeind** *sub, m, -s, -e* woman hater; **~enfrage** *sub, f, -n, nur Einz.* women´s question; **~engruppe** *sub, f, -, -n* group of women; *(Frauenbewegung)* women´s group; **~enhaus** *sub, n, -es, -häuser* women´s refuge; *(US)* women´s shelter; **~enkleid** *sub, n, -s, -er* dress; **~enleiden** *sub, n, -s, -* gynaecological disorder; **~enschutz** *sub, m, -s, nur Einz.* women´s protection; **~enzimmer** *sub, n, -s, - (abwert.)* female
Fräulein, *sub, n, -s, -, ugspr. auch -s* young lady; *(Anrede)* Miss; *(Kellnerin)* waitress
fraulich, *adj,* feminine, womanly
Fraulichkeit, *sub, f, -, -er* femininity, womanliness
Freak, *sub, m, -es, -s* freak
frech, *adj,* cheeky; *(geh.)* imperti-

nent; *(keck)* saucy; *zuletzt wurde sie noch frech* then she started getting cheeky, *(US)* then she started getting fresh; **Frechdachs** *sub, m, -es, -e (ugs.; scherzh.)* cheeky little monkey

Frechheit, *sub, f, -, -en* cheek; *(geb.)* impertinence; *die Frechheit zu haben* have the cheek to; *Frechheit* cool cheek

Freesie, *sub, f, -, -n* freesia

Fregatte, *sub, f, -, -n* frigate

Freibad, *sub, n, -s, -bäder* outdoor swimming pool

freiberuflich, *adj,* freelance, self-employed; *freiberuflich tätig sein* work freelance

Freibetrag, *sub, m, -s, -beträge* tax allowance

Freibeuter, *sub, m, -s, -* buccaneer; *~ei sub, f, -, nur Einz.* buccaneering

Freibier, *sub, n, -s, nur Einz.* free beer

freibleiben, *vi,* stay free

freibleibend, *adj,* subject to being sold; *(Handel)* subject to being sold

Freibrief, *sub, m, -s, nur Einz.* charter; *(i. ü. S.; Entschuldigung)* excuse; *(i. ü. S.; Vorrecht)* privilege

Freidemokrat, *sub, m, -en, -en* Free Democrate, Liberal

Freidenkerin, *sub, f, -, -nen* freethinker

Freie, *sub, m, -en, -en* freeborn citizen, open air

freien, *vt, (heiraten)* marry; *(werben)* court a girl

Freier, *sub, m, -s, -* suitor; *(Prostitution)* client; *(vulg.; Prostitution)* punter; *~süße sub, f, -, nur Mehrz.* be courting; *auf Freiersfüßen gehen* be courting

Freiexemplar, *sub, n, -s, -e* fee copy; *(Zeitung)* fee issue

Freifrau, *sub, f, -, -en* baroness; **Freifräulein** *sub, n, -s, -* baroness

Freigabe, *sub, f, -, -n* release; *(Film)* pass; *(Straße, Brücke)* open; *(Wechselkurs)* floating

freigebig, *adj,* generous

Freigebigkeit, *sub, f, -, nur Einz.* generosity

freigeistig, *adj,* free thinking

freihaben, *vi,* be off, have the day off

Freihafen, *sub, m, -s, -häfen* free port

freihalten, (1) *vr, (sich .... für)* keep oneself free for (2) *vt, (Angebot Stelle)* keep open; *(jemanden)* pay for, treat; *(Platz)* keep safe; *(Straße)* keep clear; *(von)* keep free from

freihändig, *adv, (radfahren etc.)* with no hands; *(zeichnen)* freehand

Freiheit, *sub, f, -s, -en* freedom, liberty; *(Spielraum)* scope; *(Unabhängigk.)* independence; **freiheitlich** *adj,* liberal; *~sberaubung sub, f, -, nur Einz.* wrongful detention; *~sstatue sub, f, -, meist nur Einz., sonst -n)* Statue of Liberty; *~sstrafe sub, f, -, -n (jur.)* prison sentence

Freiherr, *sub, m, -n, -en* baron

Freiklettern, *sub, n, -s, -* freeclimbing

Freikörperkultur, *sub, f, -, -* naturism, nudism

freilassen, *vt,* release, set free

Freilassung, *sub, f, -, -en* release

Freilauf, *sub, m, -s, -läufe* freewheel

Freileitung, *sub, f, -, -en* overhead transmission line

freilich, *adv,* admittedly, of course

freimachen, (1) *vr, (sich ausziehen)* undress (2) *vt, (Brief)* stamp; *(nicht arbeiten)* take time off

Freimaurer, *sub, m, -s, -* freemason

Freimut, *sub, m, -s, -* candidness

freimütig, *adj,* candid, frank

Freiplastik, *sub, f, -, -en* free-standing sculpture

freipressen, *vt,* obtain someones release

Freiraum, *sub, m, -s, -räume* personal freedom, scope for development

freireligiös, *adj,* non-denominational

Freischärler, *sub, m, -s, -* guerilla

freispielen, (1) *vr, (spo.,sich)* get into space **(2)** *vt, (spo.)* get a player in the clear

freisprechen, *vt, (jur.)* acquit; *(Lehrl.)* release from his/her articles; *jmdn von einer Anklage freisprechen* acquit sb of a charge

Freispruch, *sub, m, -s, -sprüche (jur.)* acquittal

freistellen, *vt,* release; *(befreien)* release; *(jem. etwas freistellen)* leave sth. up to sb

Freistil, *sub, m, -s, -e (spo.)* freestyle

Freistoß, *sub, m, -es, -stösse (Fußb.)* free kick

Freitag, *sub, m, -s, -e* Friday; **freitags** *adv,* Fridays, on Friday

Freiumschlag, *sub, m, -s, -umschläge* stamped addressed envelope

Freiwild, *sub, n, -s, -er* unprotected game

freiwillig, (1) *adj, (Entsch.)* voluntary **(2)** *adv, (sich....melden)* volunteer **(3)** *vo, (Entsch.)* voluntarily; *sich freiwillig melden zu* volunteer to; **Freiwillige** *sub, m, f, -n, -n* volunteer

Freiwurf, *sub, m, -s, -würfe (spo.)* free throw

Freizeichen, *sub, n, -s, -* dialing tone; *(US)* dialing tone

Freizeit, *sub, f, -, -en* leisure; **~hemd** *sub, n, -s, -en* leisure shirt; **~wert** *sub, m, -s, -e* recreational assets; *mit hohem Freizeitwert* with a wide range of leisure facilities

Freizügigkeit, *sub, f, -, -en (Großzügigk.)* generosity; *(moralisch)* permissiveness; *(Ortungebundenh.)* freedom of movement

fremd, *adj,* foreign, strange; *das ist mir nicht fremd* that´s nothing new to me; *fremde Länder* foreign countries; *fremde Sitten* foreign/strange customs; *in fremden Händen* in strange hands; *sich fremd werden* become strangers; *unter einem fremden Namen* incognito; **~artig** *adj,* strange

Fremde, *sub, m, f, -n, -n* away from home, foreign parts, foreigner, stranger; *(Tourist)* visitor

Fremdenbett, *sub, n, -s, -en* guest bed

Fremdenbuch, *sub, n, -s, -bücher* visitor´s book

Fremdenheim, *sub, n, -s, -e* guest house

Fremdenlegion, *sub, f, -, nur Einz.* Foreign Legion

Fremdenverkehr, *sub, m, -s, -e* tourism

fremdgehen, *vi,* be unfaithful

Fremdkörper, *sub, m, -s, - (i. ü. S.; ein...sein)* be out of place; *(med., biol.)* foreign body

Fremdmittel, *sub, n, -s, -* credit

Fremdsprache, *sub, f, -, -n* foreign language; **~nkorrespondentin** *sub, f, -, -nen* foreign language correspondent

Fremdwort, *sub, n, -s, -wörter* foreign word

frenetisch, *adj,* frenetic

frequent, *adj,* frequent; **~ieren** *vt,* frequent

Frequenz, *sub, f, -, -en* frequency

Freske, *sub, f, -, -n* fresco

Fresko, *sub, n, -s, Fresken* fresco

Fressalien, *sub, f, -, nur Mehrz. (ugs.; scherzh.)* grub

Fresse, *sub, f, -, -n (vulg.)* gob; *halt deine Fresse!* keep your gob shut; *jmdm die Fresse polieren* smash sb´s face in

Fressen, (1) *sub, n, -s, nur Einz. (vulg.; Essen)* grub; *(Haust.)* food; *(Vieh)* feed **(2) fressen** *vi, (Tier)* eat **(3)** *vt, (Benzin)* eat up; *(sich ernähren von)* feed on; *(Tier)* eat; *(vulg.; verschlingen)* swallow up; *(i. ü. S.)* da heißt es *fressen oder gefressen werden* it´s a case of dog eat dog; *einem Tier etwas zum fressen geben* feed an animal on sth; *er hat´s* *gefressen* the penny has dropped; *jmdn arm fressen* eat so out of house and home; **Fresskorb** *sub, m, -s, -körbe* hamper; **Fresslust** *sub, f, -, -lüste (Gier)* greediness; *(zool.)* appetite; **Fressnapf** *sub, m, -s, -näpfe* feeding-bowl; **Fresssack** *sub, m, -s, -säcke* glutton, greedy pig; **Fresssucht** *sub, f, -, -süchte (med.)* bulimia

Frettchen, *sub, n, -s, -* ferret

Freude, *sub, f, -, -n* joy; *(Vergnügen)* pleasures; *es war eine Freude* it was a real joy; *Freud und Leid* joy and sorrow; *vor Freude weinen* weep for joy; *er hat viel Freude daran* it gives him a lot of pleasure; *jmdm eine Freude machen* give so pleasure; *seine einzige Freude* his only pleasure

Freudenfest, *sub, n, -es, -e* celebration

Freudenfeuer, *sub, n, -s, -* bonfire

Freudenhaus, *sub, n, -es, -häuser* brothel; **Freudenmädchen** *sub, n, -s, -* prostitute, woman of easy virtue

freudenreich, *adj*, cheerful, joyful

Freudentanz, *sub, m, -es, -tänze* dance for joy

Freudenträne, *sub, f, -, -n* tears of joy

Freudianerin, *sub, f, -, -nen* Freudian follower; **freudianisch** *adj*, Freudian

freudig, *adj*, happy, joyful; *freudige Nachricht* good news; *freudiges Ereignis* happy event; *jmdn freudig begrüßen* be happy to see so

Freudigkeit, *sub, f, -, nur Einz.* happiness, joy

freudlos, *adj*, cheerless, joyless

freuen, **(1)** *vr*, be happy; *(sich -)* be pleased; *(sich - über)* be pleased about; *(sich auf etwas -)* look forward to **(2)** *vt*, please; *sich an etwas freuen* get a lot of pleasure out of; *sich riesig freuen* be over the moon; *sie hat sich über den Besuch gefreut* she was pleased that you visited her

Freund, *sub, m, -es, -e* friend; *(Liebh.)* lover; *(Partner)* boyfriend;

jmdm ein guter Freund sein be a good friend to so, be a good friend to so; *sich jmdn zum Freund machen* make a friend of so; *~in sub, f, -, -nen* girlfriend; *seine Freundin* his young lady

freundlich, **(1)** *adj*, amiable, friendly, kind; *(angenehm)* pleasant **(2)** *adv*, friendly; *könnten Sie so freundlich sein?* could you be as kind as

Freundlichkeit, *sub, f, -, -en* friendliness, kindness; *jmdm eine Freundlichkeit erweisen* do so a favour; *würden Sie die Freundlichkeit haben zu* would you be kind enough to

Freundschaft, *sub, f, -, -en* friendship; *Freundsch schließen mit* make friends with; *~sspiel sub, n, -s, -e* friendly match

freundschaftlich, **(1)** *adj*, amicable, friendly **(2)** *adv*, amicably, friendly; *auf freundschaftlichem Fuße stehen mit jmd* be on friendly terms with so; *freundsch gesinnt gegen* well-disposed towards; *freundschaftl auseinandergehen* part on friendly terms

Frevel, *sub, m, -s, -* crime; *(theol.)* sacrilege

Frevler, *sub, m, -s, -* evil-doer; *(Gotteslästerer)* blasphemer

frevlerisch, *adj*, sacrilegious, wicked

friedfertig, *adj*, peaceable; *(Tier)* gentle

Friedhof, *sub, m, -s, -höfe* cemetery; *(bei Kirche)* churchyard, graveyard; *~sruhe sub, f, -, nur Einz.* respect for silence

friedlich, *adj*, peaceful; *auf friedlichem Wege* by peaceful means; *friedlich stimmen* pacify

friedliebend, *adj*, peaceloving

frieren, *vi*, be cold, feel cold, freeze; *mich friert an den Füßen* I've got cold feet; *mich friert* I am cold

Fries, *sub, m, -es, -e* frieze

Friesländer, *sub, m, -s, -* Frisian

frigid, *adj,* frigid; **Frigidität** *sub, f, -, nur Einz.* frigidity

Frikadelle, *sub, f, -, -n* meatball *(Kochk.)* meat

Frikassee, *sub, n, -s, -s* fricassee; **frikassieren** *vt,* fricassee

Frikativlaut, *sub, m, -s, -e (Sprachw.)* fricative

Friktion, *sub, f, -, -en* friction

Frisbee, *sub, n, -, -s* Frisbee

frisch, *adj,* fresh; *(Eier)* freshlaid; *(Farbe)* wet; *(Wäsche)* clean; *frisch und munter* wide awake; *in frischer Erinnerung* fresh in my mind

frischbacken, *adj,* fresh from the oven

Frischgemüse, *sub, n, -s, -* fresh vegetables

Frischmilch, *sub, f, -, nur Einz.* fresh milk

Frischwasser, *sub, n, -s, nur Einz.* fresh water

Frischzelle, *sub, f, -, -n (med.)* living cell

Friséesalat, *sub, m, -s, -e* Frisée-lettuce

frisieren, (1) *vr, (sich)* do one´s hair **(2)** *vt, (jemanden)* do so´s hair; *(i. ü. S.; mot., Zahlen etc.)* soup up; **Frisiersalon** *sub, m, -s, -s* hairdresser´s shop; *(für Herren)* barbershop

Frisör, *sub, m, -s, -e* hairdresser; *(für Herren)* barber

Frist, *sub, f, -, -en* period of time; *(Aufschub)* extension; *(Zeitpunkt)* deadline; *drei Tage Frist* three days´ grace; *die Frist ist abgelaufen* the deadline has expired; *eine Frist einhalten* meet a deadline; *eine Frist setzen* fix a deadline; *kurzfristig* short date; **fristgerecht** *adj,* in time; *(bei Anmeldungen)* before the closing date; **fristlos** *adj,* without notice; **~wechsel** *sub, m, -s, - (wirt.)* bill of exchange

Fristenlösung, *sub, f, -, -en* termination

Frisur, *sub, f, -, -en* hairstyle

frittieren, *vt,* deep-fry

Frittüre, *sub, f, -, -n* deep-fryer

frivol, *adj,* frivolous; *(schamlos)* suggestive

Frl, *sub, (Abkürzung für Anrede)* Miss

froh, *adj,* glad, happy

fröhlich, *adj,* cheerful; *(happy)* cheerful; **Fröhlichkeit** *sub, f, -, nur Einz.* cheerfulness

fromm, *adj, (theol.)* devout, pious; **Frömmigkeit** *sub, f, -, nur Einz.* piety

Fron, *sub, f, -, -en* soccage; *(Mühsal)* drudgery; *(US)* socage; **~arbeit** *sub, f, -, -en* statute labour; *(US)* statute labor

Frondeur, *sub, m, -s, -e* opposite number; **frondieren** *vt, (geh.)* oppose

fronen, *vi,* perform statute labour; *(i. ü. S.)* slave away; *(US)* perform statute labor

frönen, *vi,* indulge in; *seinen Leidenschaften frönen* let one´s passions run wild

Fronleichnam, *sub, m, -s, -e (theol.)* Corpus Christi

Front, *sub, f, -, -en* front-line; *frontage; (mil.)* front-line; *an der Front* at the front; *(i. ü. S.)* an *zwei Fronten kämpfen* fight on two fronts; *die feindl Front* enemy lines; *hinter der Front* behind the lines

frontal, *adj,* frontal

Frontantrieb, *sub, m, -s, -e (mot.)* front-wheel drive

Frontbericht, *sub, m, -s, -e* front-line report

Frontbreite, *sub, f, -, nur Einz. (i. ü. S.)* wide range

Frontdienst, *sub, m, -es, -e* combat duty

Fronteinsatz, *sub, m, -es, -sätze* action at the front

Frontkämpfer, *sub, m, -s, -* front-line soldier

Frontlader, *sub, m, -s, -* front loader

Frontmann, *sub, m, -s, -männer* man in front-line

Frontsoldat, *sub, m, -en, -en* front-

line soldier
Frosch, *sub, m, -es, Frösche* frog; *(i. ü. S.) einen Frosch im Hals haben* have a frog in one´s throat; *(i. ü. S.) sei kein Frosch* don´t be a spoilsport; **~könig** *pron,* Frog Prince; **~laich** *sub, m, -s, -e* frogspawn; **~mann** *sub, m, -s, -männer* frogman; **~perspektive** *sub, f, -, -n* worm´s eye view
Frost, *sub, m, -es, Fröste* frost; *bei Frost* when there´s frost; *Frost abbekommen* get a touch of frost; **~beule** *sub, f, -, -n* chilblain
frösteln, *vi,* feel chilly; *(i. ü. S.) da fröstelt´s einen ja (bei einem Gedanken)* it makes you shudder
Froster, *sub, m, -s, -* freezing compartment
Frostgefahr, *sub, f, -, -en* danger of frost
Frostgrenze, *sub, f, -, -n* frost line
frostig, *adj, (auch i.ü.S.)* frosty
Frostigkeit, *sub, f, -, nur Einz.* frostiness
Frostschaden, *sub, m, -s, -schäden* frost damage
Frostwetter, *sub, n, -s, nur Einz.* frosty weather
Frottee, *sub, m, -s, -s* towelling; *(US)* toweling; **~kleid** *sub, n, -s, -er* towelling dress; *(US)* toweling dress; **~stoff** *sub, m, -s, -e* terry cloth; **~tuch** *sub, n, -s, -tücher* terry towel
frottieren, *vt,* rub; **Frottiertuch** *sub, n, -s, -tücher* fleecy towel
frotzeln, *vt,* make fun of, tease
Frucht, *sub, f, -, Früchte (auch i.ü.S.)* fruit; *die Früchte seiner Arbeit* the fruits of one´s labour; *Früchte tragen* bear fruit, bear fruit; **fruchtbar** *adj,* fertile; *(i. ü. S.)* fruitful; *auf fruchbaren Boden fallen* fall on fertile ground; *fruchtbare Tage* fertile period; **~boden** *sub, m, -s, -böden* fertile ground; **~bonbon** *sub, n, -s, -s* fruit drop; **~folge** *sub, f, -, -n* crop rotation; **~presse** *sub, f, -, -n* juicer; **~saft** *sub, m, -s, -säfte* fruit juice; **~wasser** *sub, n, -s, nur Einz.* waters; *(med.)* amniotic fluid
Früchtchen, *sub, n, -s, - (i. ü. S.)* trouble maker; *(i. ü. S.; abw.)* good-for-nothing
Früchtebrot, *sub, n, -es, -e* fruit loaf
früchtereich, *adj,* rich with fruit
fruchtig, *adj,* fruity
fruchtlos, *adj,* fruitless
fruchtreich, *adj,* rich with fruit
Fructose, *sub, f, -, nur Einz.* fructose
frugal, *adj,* frugal; **Frugalität** *sub, f, -, nur Einz.* frugality
früh, (1) *adj,* early (2) *adv,* early; *am frühen Morgen* early in the morning; *ein früher van Gogh* an early van Gogh, *früh aufstehen* get up early in the morning; *heute früh* this morning; *im frühen Alter* at an early age; *von früh bis spät* from morning till night; **Frühaufsteher** *sub, m, -s, -* early riser; **Frühdiagnose** *sub, f, -, -n (med.)* early diagnosis; **Frühgeburt** *sub, f, -, -en* premature birth; **Frühgeschichte** *sub, f, -, nur Einz.* early history
Frühe, *sub, f, -, nur Einz.* in the early morning
früher, *adj,* earlier, former, previous
frühgotisch, *adj,* early gothic
Frühjahr, *sub, n, -s, -e* spring; **~sputz** *sub, m, -es, nur Einz.* spring-clean
frühkindlich, *adj,* early childhood
Frühling, *sub, m, -s, -e* spring; **~srolle** *sub, f, -, -n* spring roll; **~stag** *sub, m, -es, -e* spring day
frühmorgens, *adj,* early in the morning
frühreif, *adj, (Kind)* precocious
Frühreife, *sub, f, -, -n* precocniousness
Frühschicht, *sub, f, -, -en* early shift
Frühschoppen, *sub, m, -s, -* morning drink; *(um Mittag)* lunchtime drink

Frühstadium, *sub, n, -s, -dien* early stage
Frühstück, *sub, n, -s, -e* breakfast; **frühstücken** *vi*, have breakfast; **~sei** *sub, n, -s, -er* egg for breakfast
frühzeitig, *adj*, early; *(vorzeitig)* premature
Frust, *sub, m, -s, -e* frustration; *(vulg.)* grind; *(vulg.)* ich hab´ einen Frust I´ am cheesed off; **~ration** *sub, f, -, -en* frustration; **frustrieren** *vt*, frustrate; **~rierung** *sub, f, -, -en* frustration
Fuchs, *sub, m, -es, -Füchse* fox; *(Pferd)* sorrel; *(i. ü. S.; schlauer Mensch)* cunning devil; **~bau** *sub, m, -s, -e* foxden; **~jagd** *sub, f, -, -en* foxhunt; **~schwanz** *sub, m, -es, -schwänze* foxtail; *(Säge)* handsaw
Fuchsie, *sub, f, -, -n (bot.)* fuchsia
fuchsteufelswild, *adj*, hopping mad
Fuchtel, *sub, f, -, -n* have so under one´s thumb
fuchteln, *vi*, wave sth around
fuchtig, *adj*, hopping mad
Fuder, *sub, n, -s, -* cart-load
Fug, *sub, n, -es, nur Einz.* rightly; *mit Fug und Recht* with good reason
Fuge, *sub, f, -n* gap; *(mus.)* fugue; *(tech.)* joint; *(i. ü. S.) aus den Fugen geraten* be thrown out of joint
fügen, (1) *vr, (sich ein-)* fit into (2) *vt, (hinzu-)* place, set; *(zusammen)* put together
Fügung, *sub, f, -, -en* providence
fühlbar, *adj*, noticeable; **Fühlbarkeit** *sub, f, -, nur Einz.* be noticable
fühlen, (1) *vr, (sich)* feel (2) *vti*, feel
Fühler, *sub, m, -s, -* feeler; *(tech.)* sensor; *(Weicht.)* tentacle
Fühlungnahme, *sub, f, -, -n* first contact
Fuhre, *sub, f, -, -n* load
führen, (1) *vi*, lead (2) *vt*, lead; *(Bücher)* keep; *(geleiten)* guide, take; *(Gerät)* handle; *(steuern)* drive; *(Titel)* hold; *bei sich führen* have on one; *ein Leben führen* lead a life, *in ein Zimmer führen* lead into a room

Führer, *sub, m, -s, -* leader; *(Fremden-)* guide; *(spo.)* captain; **~natur** *sub, f, -, -en* born leader; **~schaft** *sub, f, -, -en* leadership; **~stand** *sub, m, -s, -stände* driver´s cab
Führerschein, *sub, m, -s, -e* driving licence; *(US)* driver´s license
Fuhrmann, *sub, m, -s, -männer* carter
Fuhrpark, *sub, m, -s, -s* transport fleet
Führung, *sub, f, -, -en* leadership, management; *(mil.)* command; *Führung an sich reißen* seize control; **~skraft** *sub, f, -, -kräfte (wirt.)* executive; **~szeugnis** *sub, n, -ses, -se* certificate of good conduct
Fuhrunternehmen, *sub, n, -s, -* haulage company
Fuhrwerk, *sub, n, -s, -e* cart
fuhrwerken, *vi*, bustle around
Fülle, *sub, f, -, nur Einz.* abundance; *(Körper)* corpulence
Füllfederhalter, *sub, m, -s, -* fountain pen
Füllhorn, *sub, n, -s, -hörner* horn of plenty
füllig, *adj*, corpulent; *(Person)* stout
Fulltimejob, *sub, m, -s, -s* fulltimejob
Füllung, *sub, f, -, -en* filling; *(Lebensmittel)* stuffing; *(Praline)* centre; *(US Praline)* center
fulminant, *adj*, brilliant
Fummel, *sub, m, -s, - (ugs.)* rags
Fummelei, *sub, f, -, -en* twiddling; *(ugs.; erot.)* petting
fummeln, *vi, (ugs.)* fiddle; *(ugs.; erot.)* pet
Fund, *sub, m, -es, -e* find; *einen Fund machen* make a find
Fundament, *sub, n, -s, -e* foundation; *bis auf die Fundamente zerstört werden* be razed to the ground; *das Fundament legen für* lay the foundations for
fundamental, *adj*, fundamental
Fundamentalismus, *sub, m, -,*

nur Einz. fundamentalism; **Fundamentalist** *sub, m, -en, -en* fundamentalist

fundamentieren, *vt,* lay the foundations of

Fundbüro, *sub, n, -s, -s* lost property office; *(Schild)* lost and found

Fundgrube, *sub, f, -, -n (i. ü. S.)* goldmine; *(im Kaufhaus)* bargain offers

fundiert, *adj,* well-grounded; *(wissensch.)* backed up by research

fündig, *adj, (bei Bohrungen)* make a strike

Fundsache, *sub, f, -, -n* lost property

Fundus, *sub, m, -, nur Einz.* store of knowledge; *(Theat.)* general equipment

fünf, *adj,* five; *(i. ü. S.) alle fünf Sinne beisammen haben* have one´s wits about one; *(i. ü. S.) fünf vor zwölf* at the eleventh hour

fünfeinhalb, *adj,* five and a half

Fünferreihe, *sub, f, -, -n* row of five

fünfhundert, *adj,* five hundred

fünfstellig, *adj,* five digit

fünftausend, *adj,* five thousand

Fünfuhrtee, *sub, m, -s, -s* five o´clock tea

Fünfziger, *sub, m, -s, -* fifty

fungieren, *vi,* function as

Fungizid, *sub, n, -s, -e* fungicide

Fungus, *sub, m, -, Fungi* fungus

Funk, *sub, m, -s, nur Einz.* radio; **~amateur** *sub, m, -s, -e* radio ham; **~kontakt** *sub, m, -s, -e* radio contact; **~schatten** *sub, m, -s, -* beyond the reception area; **~spruch** *sub, m, -s, -sprüche* radio message; **~station** *sub, f, -, -en* radio station; **~störung** *sub, f, -, -en* interference; *(durch Störsender)* jamming; **~streife** *sub, f, -, -n (Polizei)* radio patrol; **~technik** *sub, f, -, -en* radio engineering; **~turm** *sub, m, -s, -türme* radio tower; **~werbung** *sub, f, -, -en* radio advertisment

Funke, *sub, m, -n, -n* spark; *(stärker)* flash; *der Funke ist übergesprungen* we clicked; *Funken sprühen* send out sparks

funkeln, *vi,* sparkle; *(Augen)* flash;

(Sterne) twinkle

funkelnagelneu, *adj,* brand-new

Funken, (1) *sub, m, -s, -* flash, spark **(2) funken** *vt,* radio, send out

Funkenregen, *sub, m, -s, nur Einz.* shower of sparks

Funker, *sub, m, -s, -* radio operator

Funktion, *sub, f, -, -en* function; *(Stellung)* position; *außer Funktion* not working; *außer Funktion setzen* bring to a standstill; *in Funktion treten* go into operation; *eine hohe Funktion ausüben* hold a key position; **funktional** *adj,* functional; **funktionalisieren** *vi,* put in function

Funktionalismus, *sub, m, -, nur Einz.* functionalism

Funktionär, *sub, m, -s, -e* official

funktionell, *adj,* functional

funktionieren, *vi,* function, work

Funzel, *sub, f, -, -n (ugs.)* useless lamp, useless light

für, *präp, (als Ersatz -)* for; *(anstatt)* for; *(im Namen von)* for; *(zugunsten von)* for; *Schritt für Schritt* step by step; *Tag für Tag* day after day; *er ist gern für sich* he likes to be on his own; *für mich* for my sake; *fürs erste* for the moment

Fürbitte, *sub, f, -, -n* intercession

Fürbitterin, *sub, f, -, -nen* intercessor

Furche, *sub, f, -, -n* furrow; *(tech., Rille)* groove

furchtbar, *adj,* awful, dreadful

fürchten, (1) *vi, (für oder um)* fear for **(2)** *vr, (sich-)* be frightened of **(3)** *vt,* be afraid of; *ich fürchte um sein Leben* I fear for his life, *er fürchtet nichts* he´s one of the bulldog breed

fürchterlich, *adj,* dreadful, terrible

furchtlos, *adj,* fearless

furchtsam, *adj,* fearful

füreinander, *adv,* for each other

Furie, *sub, f, -, -n* fury

furios, *adj, (glänzend)* brilliant; *(rasend)* furious

Furnier, *sub, n, -s, -e* veneer; **furnieren** *vt,* veneer; **~holz** *sub, n, -es, -hölzer* veneer

Fürsorge, *sub, f, -, -n* care; *(öffentl.)* public welfare; **~amt** *sub, n, -es, -ämter* social services; **~rin** *sub, f, -, -nen* social worker; **fürsorglich** *adj,* considerate

Fürsprache, *sub, f, -, -n* intercession; *(ugs.) für jmdn Fürsprache einlegen* put in a good word for so; **Fürsprecher** *sub, m, -s, -* intercessor

Fürst, *sub, m, -en, -en* prince; **~enhaus** *sub, n, -es, -häuser* dynasty; **~ensitz** *sub, m, -es, -e* royal court; **~entum** *sub, n, -s, -tümer* principality; **fürstlich** *adj,* princely; *(i. ü. S.; üppig)* lavish

Furt, *sub, f, -, -en* ford

Furunkel, *sub, n, -s, - (med.)* furuncle

fürwitzig, *adj,* cheeky

Fürwort, *sub, n, -s, -wörter (Sprachw.)* pronoun; **fürwörtlich** *adj,* pronominal

Fusel, *sub, m, -s, - (ugs.; abw.)* rotgut

Füsilier, *sub, m, -s, -e* fusilier; *(US)* fusilier

füsilieren, *vt,* shoot dead by order of court martial

Fusion, *sub, f, -, -en (Naturw.)* fusion; *(wirt.)* merger; **fusionieren** *vi,* merge; **~ierung** *sub, f, -, -en* fusion

Fuß, *sub, m, -es, Füße* foot; *(Berg, Schrank, Liste, Seite)* foot; *(Glas)* stem; *(Säule)* base; *(Tisch, Stuhl)* leg; *auf eigenen Füßen stehen* stand on one own´s two feet; *gut zu Fuß sein* be a good walker; *kalte Füße bekommen* get cold feet; *mit beiden Füßen fest auf der Erde stehen* have both feet firmly on the ground; *mit Füßen treten* trample on; *sein Glück mit Füßen treten* cast away one´s fortune; *wieder auf den Füßen sein* bee back on one´s feet again; *zu Fuß bequem erreichbar* within walking distance; *zu Fuß*

gehen walk; *zum Hund: bei Fuß heel!;* **~abtreter** *sub, m, -s, -* shoe scraper; **~angel** *sub, f, -, -n* mantrap; *(i. ü. S.)* trap; **~bad** *sub, n, -es, -bäder* footbath; **~boden** *sub, m, -s, -böden* floor; *(-belag)* floor covering; **~note** *sub, f, -, -n* footnote; **~pflegerin** *sub, f, -, -nen* pedicurist; **~pilz** *sub, m, -es, -e (med.)* athlete´s foot; **~sohle** *sub, f, -, -n* sole of the foot; **~spur** *sub, f, -, -en* footprint; **~tritt** *sub, m, -s, -e* kick; **~wanderung** *sub, f, -, -en* walking tour; **~weg** *sub, m, -s, -e* footpath; *(Zeit)* walk; *ein Fußweg von einer Stunde* an hour´s walk

Fußball, *sub, m, -s, -bälle* football; **~braut** *sub, f, -, -bräute* girlfriend of a footballer; **~feld** *sub, n, -s, -er* football pitch; **~klub** *sub, m, -s, -s* football club; **~mannschaft** *sub, f, -, -en* football team; **~platz** *sub, m, -es, -plätze* football ground; **~schuh** *sub, m, -s, -e* football boot; **~spiel** *sub, n, -s, -e* football match; **~tor** *sub, n, -s, -e* goal; **~toto** *sub, s, -s, nur Einz.* football pools

Fussel, *sub, m, -s, -n* piece of fluff

fusselig, *adj,* covered in fluff; *sich den Mund fusselig reden* talk till one is blue in the face

fußen, *vi,* based on sth

Fußgänger, *sub, m, -s, -* pedestrian; **~in** *sub, f, -, -nen* pedestrian

Fußknöchel, *sub, m, -s, -* ankle

fußkrank, *adj, (v. maschieren)* foosore

fusslig, *adj,* covered in fluff

futsch, *adj, (ugs.)* broken; *(ugs.; verdorben)* ruined; *(ugs.; verloren)* gone

Futter, *sub, n, -s, nur Einz. (Tiernahrung)* feed; *(von Kleidung)* lining; *gut im Futter stehen* be well-fed; **~krippe** *sub, f, -, -n* manger; **~neid** *sub, m, -s, nur Einz* jealousy; *(ugs.; Neid)* envy; **~platz** *sub, m, -es, -plätze* feeding ground; **~raufe** *sub, f, -, -n*

feeding trough; **~rübe** *sub, f, -, -n* turnip; **~seide** *sub, f, -, nur Einz.* lining silk; **~stoff** *sub, m, -s, -e* lining material
Futteral, *sub, n, -s, -e* case
füttern, *vt,* feed; *(Kleidung)* line

Futur, *sub, n, -s, -e (Sprachw.)* future
Futurismus, *sub, m, -, nur Einz.* futurism; **Futurist** *sub, m, -en, -en* futurist; **futuristisch** *adj,* futuristic

G

Gabe, *sub, f, -, -n* gift; *(Begabung)* gift; *(Sammlung)* donation; *die Gabe haben zu* have a gift for

Gabel, *sub, f, -, -n* fork, pitchfork; *(Fahrrad, Ast)* fork; **~bissen** *sub, m, -s, -* fork lunch; **~frühstück** *adj,* cold buffet; **~stapler** *sub, m, -s, -* forklift truck

gabeln, (1) *vr, (sich - Straße etc.)* fork **(2)** *vt,* fork sth up

Gabelung, *sub, f, -, -en* fork

gackern, *vi,* cluck; *(i. ü. S.)* gabble

Gadolinium, *sub, n, -s, nur Einz. (chem.)* gadolinium

gaffen, *vi,* gawp

Gafferei, *sub, f, -, nur Einz.* gawkiness

Gag, *sub, m, -s, -s* gag; *(Besonderh.)* gimmick

Gage, *sub, f, -, -n* fee

gähnen, *vi,* yawn; **Gähnerei** *sub, f, -, nur Einz.* yawning

Gala, *sub, f, -, -s* gala; **~empfang** *sub, m, -s, -empfänge* formal reception; **~konzert** *sub, n, -s, -e* gala concert; **~uniform** *sub, f, -, -en* full dress

Galan, *sub, m, -s, -e (i. ü. S.)* Romeo

Galaxie, *sub, f, -, -n (astron.)* galaxy

Galaxis, *sub, f, -, nur Einz.* Galaxy; *(Milchstr.)* Milky Way

Galeere, *sub, f, -, -n* galley

galenisch, *adj,* galenic

Galeone, *sub, f, -, -n* galleon

Galeote, *sub, f, -, -n (Frachtschiff)* galleon

Galerie, *sub, f, -, -n* gallery; **Galerist** *sub, m, -en, -en* gallerist

Galgen, *sub, m, -s, -* gallows; *an den Galgen bringen* send to the gallows; **~frist** *sub, f, -, -en* reprieve; **~humor** *sub, m, -ores, -s* gallows humour; **~strick** *sub, m, -s, -e (i. ü. S.)* good-for-nothing; **~vogel** *sub, m, -s, -vögel* rogue

Galione, *sub, f, -, -n* galleon; **Galionsfigur** *sub, f, -, -en* figurehead

gälisch, *adj, (Sprachw.)* Gaelic

Gallapfel, *sub, m, -s, -äpfel* oak apple

Galle, *sub, f, -, -n (med.)* gall; *(Sekret Mensch)* bile; *(Sekret Tier)* gall; *(i. ü. S.)* ihm lief die Galle über* he was seething; **gallenbitter** *sub, m, -s, -* bitter; **~nblase** *sub, f, -, -n* gall bladder; **~nkolik** *sub, f, -, -en* bilious colic; **~nleiden** *sub, n, -s, -* gall-bladder complaint; **~nstein** *sub, m, -s, -e* gallstone

Gallert, *sub, n, -s, -e* jelly; **gallertartig** *adj,* jelly-like; **~e** *sub, f, -, -n* gelatinous mass; **~masse** *sub, f, -, -n* gelatinous substance

gallig, *adj, (Geschmack)* acrid; *(Laune)* bilious

gallikanisch, *adj,* gallicanic

gallisch, *adj,* Gallic

Gallone, *sub, f, -, -n (Brit./Imperial, 4,54 l)* gallon; *(US 3,78 l)* gallon

Galopp, *sub, m, -s, -s oder -e* gallop; *im Galopp ankommen* come galopping along; *im Galopp erledigen* galop through sth; **galoppieren** *vi,* gallop; **~rennen** *sub, n, -s, -* race

Galosche, *sub, f, -, -n* galoshes

Galvanisation, *sub, f, -, -en* galvanization; **galvanisch** *adj,* galvanic; **Galvaniseur** *sub, m, -s, -e* electroplater; **galvanisieren** *vt,* galvanize; *(tech.)* electroplate; **Galvanismus** *sub, m, -, - (chem.)* galvanism; **Galvanoskop** *sub, n, -s, -e* galvanoscope; **Galvanotechnik** *sub, f, -, nur Einz.* galvanotechnic

Gamasche, *sub, f, -, -n* gaiter; *(bis zum Knöchel)* spat

Gambit, *sub, n, -s (Schach)* gambit

Gameshow, *sub, f, -s, -s* gameshow

Gamet, *sub, m, -en, -en (biol.)* gamete

Gamma, *sub, n, -s, -s* gamma; **~strahlen** *sub, -, nur Mehrz. (phy.)* gamma rays

gammeln, *vi,* *(ugs.)* loaf around;
Gammler *sub, m, -s, -* drop-out
Gämse, *sub, f, -, -n* chamois
Gang, *sub, m, -s, Gänge (Bewegung)*
be running; *(Essen course)* walk;
(Flur) corridor; *(Gehweise)* walk;
(mot.) gear; *(Verlauf)* course; *(Maschinen) einen leisen Gang haben*
run quietly; *(Maschinen) in Gang
halten* keep going; *(Maschinen) in
vollem Gang* in full swing; *Essen
mit drei Gängen* three-course
meal; *den Gang wechseln* change
gears, *(US)* shift gears; *erster Gang,
zweiter Gang* first gear, second
gear; *seinen Gang gehen* take its
course
Gangart, *sub, f, -, -en* gait
Gangbarkeit, *sub, f, -, -en (Lösung)*
practiability; *(Weg)* passability
Gängelei, *sub, f, -, -en* be bossed
around
gängig, *adj, (Handel)* saleable; *(üblich)* common
Gangschaltung, *sub, f, -, -en* gearshift
Gangster, *sub, m, -s, -* gangster;
~**boss** *sub, m, -es, -e* gang boss;
~**tum** *sub, n, -s, -tümer* world of
gangsters
Gangway, *sub, f, -, -s* gangway
Ganove, *sub, m, -n, -n* crook; ~**nehre** *sub, f, -, -n* honour amongst thieves
Gans, *sub, f, -, Gänse* goose; **Gänseblümchen** *sub, n, -s, -* daisy; **Gänsebraten** *sub, m, -s, -* roast goose;
Gänsefüßchen *sub, n, -s, - (ugs.;
Anführungszeichen)* quotation
marks; **Gänsehaut** *sub, f, -, -häute*
goose pimples; *eine Gänsehaut bekommen* send shivers down the spine; **Gänseklein** *sub, n, -s, -* goose
giblets; **Gänsemarsch** *sub, m, -s,
-märsche* single file; *(US)* Indian
file; **Gänseschmalz** *sub, n, -s, -e*
goose dripping; **Gänsewein** *sub,
m, -s, -e (i. ü. S.; Wasser)* water
ganz, (1) *adj,* whole; *(gesamt)* entire; *(mus. ganze Note/Pause)* semibreve; *(mus. ganze Note/Pause US)*

whole note; *(unbeschädigt)* in
one piece **(2)** *adv, (völlig)* completely, totally; *(ziemlich)* quite;
das hatte ich ganz vergessen I´d
completely forgotten; *das ist etwas ganz anderes* that´s a completely different matter; *es hat
mir ganz gut gefallen* I quite liked
it; *ganz gut* quite good; *ganz
schön viel* quite a lot; *ganz und
gar nicht* not at all
Gänze, *sub, f, -, nur Einz.* in full
Ganzglastür, *sub, f, -, -en* glassdoor
Ganzheit, *sub, f, -, -en* intirety,
whole; *in seiner Ganzheit* in its
entirety; *in seiner Ganzheit* as a
whole; **ganzheitlich** *adj,* comprehensive; *(med.)* holistic;
~**smethode** *sub, f, -, -n* holistic
method
gänzlich, *adj,* entirely
ganztags, *adj,* all-day; **Ganztagsschule** *sub, f, -, -n* all-day school
Ganzton, *sub, m, -s, -töne* semibreve
gar, (1) *adj, (Kochk.)* cooked,
done **(2)** *adv,* even
Garage, *sub, f, -, -n* garage; ~**nwagen** *sub, m, -s, -* keep a car in a
garage
Garant, *sub, m, -en, -en* guarantor
Garantie, *sub, f, -, -n* guarantee;
*dafür kann ich keine Garantie
übernehmen* I can´t make any
guarantees; *es hat ein Jahr Garantie* it´s got a year´s guarantee;
garantieren *vti,* guarantee
Garbe, *sub, f, -, -n (Geschoss-)*
burst of fire; *(Landw.)* sheaf; *in
Garben binden* bundle into
sheafs
Garçonnière, *sub, f, -, -n (österr.
Einzimmerw.)* one-room flat
Garde, *sub, f, -, -n (mil.)* guard; *er
ist noch von der alten Garde* he´s
still one of the old school
Garderobe, *sub, f, -, -n (Kleidung)*
clothes, wardrobe; *(US checkroom)* cloakroom; *für Gaderobe
wird nicht gehaftet* we regret that

the management cannot accept responsibility for losses due to theft; *etwas an der Gaderobe abgeben* leave sth in the cloakroom

Garderobier, *sub*, *m*, *-s*, *-s* cloakroom attendant; *(US)* checkroom attendant

Garderobiere, *sub*, *f*, *-*, *-n* clockroom attendant; *(US)* checkroom attendant

Gardine, *sub*, *f*, *-*, *-n* net curtain; **~npredigt** *sub*, *f*, *-*, *-en* dressing down

Gardist, *sub*, *m*, *-en*, *-en* guardsman

garen, *vti*, cook slowly

gären, *vi*, ferment; *(i. ü. S.)* seethe; *es gärt im Volk* there´s growing unrest among the people

Garn, *sub*, *n*, *-s*, *-e* thread

Garnele, *sub*, *f*, *-*, *-n* shrimp; *(US)* prawn

garnieren, *vt*, decorate; *(Kochk.)* garnish; **Garnierung** *sub*, *f*, *-*, *-en* garnish

Garnison, *sub*, *f*, *-*, *-en* garrison

Garnitur, *sub*, *f*, *-*, *-en* set; *(ugs.; erste/zweite -)* first/second rate; *(Möbel)* suite

Garrotte, *sub*, *f*, *-*, *-n* garrote; **garrottieren** *vt*, garotte

Garten, *sub*, *m*, *-s*, *Gärten* garden; **~arbeit** *sub*, *f*, *-*, *-en* gardening; **~bau** *sub*, *m*, *-s*, *-bauten* horticulture; **~blume** *sub*, *f*, *-*, *-n* gardenflower; **~freund** *sub*, *m*, *-s*, *-e* garden enthusiast; **~frucht** *sub*, *f*, *-*, *-früchte* fruit from the garden; **~gerät** *sub*, *n*, *-s*, *-e* garden tool; **~haus** *sub*, *n*, *-es*, *-häuser* garden house, summer-house; **~laube** *sub*, *f*, *-*, *-n* arbour; *(US)* arbor; **~lokal** *sub*, *n*, *-s*, *-e* beer garden, outdoor restaurant; **~schach** *sub*, *n*, *-s*, *-s* garden chess; **~stadt** *sub*, *f*, *-*, *-städte* garden city; **~zwerg** *sub*, *m*, *-s*, *-e* garden gnome

Gärtner, *sub*, *m*, *-s*, *-* gardener; **~ei** *sub*, *f*, *-*, *-en* nursery; **~inart** *sub*, *f*, *-*, *-en* *(Kochk.)* à la jardinière; **gärtnerisch** *adj*, gardenesque; **gärtnern** *vi*, do gardening; **~sfrau** *sub*, *f*, *-*, *-en* lady gardener

Gärung, *sub*, *f*, *-*, *-en* fermentation

Gas, *sub*, *n*, *-es*, *-e* gas; *(-pedal)* accelerator; *(mot. -geben)* accelerate; *(mot. -wegnehmen)* decelerate; **~anzünder** *sub*, *m*, *-s*, *-* gaslighter; **~badeofen** *sub*, *m*, *-s*, *-öfen* gas heater; **~explosion** *sub*, *f*, *-*, *-en* gas explosion; **~feuerzeug** *sub*, *n*, *-s*, *-e* gas lighter; **~heizung** *sub*, *f*, *-*, *-en* gas heating; **~maske** *sub*, *f*, *-s*, *-n* gas mask; **~ometer** *sub*, *m*, *-s*, *-* gasometer; **~pedal** *sub*, *n*, *-s*, *-e* accelerator; *(US)* gas pedal; **~rechnung** *sub*, *f*, *-*, *-en* gas bill; **~schlauch** *sub*, *m*, *-s*, *-schläuche* gas tube

Gässchen, *sub*, *n*, *-s*, *-* alleyway, narrow lane

Gasse, *sub*, *f*, *-*, *-n* lane; *Hans Dampf in allen Gassen* he is a busyboy; **~nhauer** *sub*, *m*, *-s*, *-* popular song; **~njunge** *sub*, *m*, *-n*, *-n* *(ugs.; abw.)* street urchin

Gast, *sub*, *m*, *-s*, *Gäste* guest; *(Besucher)* visitor; *Gäste haben* have guests, have guests; *Gäste haben* have visitors; **~arbeiter** *sub*, *m*, *-s*, *-* foreign worker, immigrant worker; **~dozentin** *sub*, *f*, *-*, *-nen* guest lecturer; **Gästezimmer** *sub*, *n*, *-s*, *-* guest room; **~freiheit** *sub*, *f*, *-*, *-en* hospitality; **~freundschaft** *sub*, *f*, *-*, *-en* hospitality; **~geber** *sub*, *m*, *-s*, *-* host; **~geberin** *sub*, *f*, *-*, *-nen* hostess; **~geschenk** *sub*, *n*, *-s*, *-e* present

Gasthaus, *sub*, *n*, *-es*, *-häuser* inn, restaurant; *(mit Unterkunft)* guest house

Gasthof, *sub*, *m*, *-s*, *-höfe* inn, restaurant

Gasthörer, *sub*, *m*, *-s*, *-* *(Univ.)* auditor

gastlich, *adj*, hospitable; **Gastlichkeit** *sub*, *f*, *-*, *-en* hospitality

Gastmahl, *sub*, *n*, *-s*, *-mähler* banquet

Gastpflanze, *sub*, *f*, *-*, *-n* parasite plant

gastral, *adj*, *(med.)* gastric
Gastrecht, *sub*, *n*, *-s*, *-e* right of hospitality
Gastrednerin, *sub*, *f*, *-*, *-nen* guestspeaker
Gastrolle, *sub*, *f*, *-*, *-n* guest part
Gastronomie, *sub*, *f*, *-*, *nur Einz.* restaurant trade; *(Kochkunst)* gastronomy; **Gastronom** *sub*, *m*, *-en*, *-en* restaurateur; **Gastronomin** *sub*, *f*, *-*, *-nen* restaurateur; **gastronomisch** *adj*, gastronomic
Gastspiel, *sub*, *n*, *-s*, *-e* guest performance; *(spo.)* away game
Gastvortrag, *sub*, *m*, *-s*, *-vorträge* guest lecture
Gastwirt, *sub*, *m*, *-s*, *-e (Restaurant)* owner; *(Restaurant, Pächter)* restaurant manager; *(Wirtshaus)* publician
Gaswerk, *sub*, *n*, *-s*, *-e* gasworks
Gatte, *sub*, *m*, *-n*, *-n* husband, spouse; ~**nliebe** *sub*, *f*, *-*, *-n* love between husband and wife; **Gattin** *sub*, *f*, *-*, *-nen* spouse, wife
Gatter, *sub*, *n*, *-s*, *-* fence
Gattung, *sub*, *f*, *-*, *-en* kind; *(zool.)* genus; *(zool. Familie)* family; *(zool., Art)* species; ~**sname** *sub*, *m*, *-ns*, *-n* generic name
Gau, *sub*, *m*, *-s*, *-e* district
Gaucho, *sub*, *m*, *-s*, *-s* gaucho
Gaudi, *sub*, *n*, *-*, *nur Einz.* *(bayr., österr.)* just for the fun of it
Gaudium, *sub*, *n*, *-s*, *nur Einz.* fun
gaukeln, *vi*, flutter; **Gaukelei** *sub*, *f*, *-*, *-en* trickery; **Gaukelspiel** *sub*, *n*, *-s*, *-e* delusion; **Gaukler** *sub*, *m*, *-s*, *-* tumbler; **gauklerhaft** *adj*, fluttery; **gauklerisch** *adj*, fluttery
Gaul, *sub*, *m*, *-s*, *Gäule* horse; *(ugs.; abw.)* nag; *einem geschenkten Gaul sieht man nicht ins Maul* never look a gift horse in the mouth
Gaumen, *sub*, *m*, *-s*, *-* palate; *einen feinen Gaumen haben* have a fine palate; ~**kitzel** *sub*, *m*, *-s*, *-* delicacy; ~**segel** *sub*, *n*, *-s*, *-* velar
Gavotte, *sub*, *f*, *-*, *-n* gavotte
Gazastreifen, *sub*, *m*, *-s*, *nur Einz.* Gazastripe

Gaze, *sub*, *f*, *-*, *-n* gauze
Gazelle, *sub*, *f*, *-*, *-n* gazelle
Gazette, *sub*, *f*, *-*, *-n* gazette
Geächze, *sub*, *n*, *-s*, *-* groaning
Geäder, *sub*, *n*, *-s*, *nur Einz.* *(Blutgefäße)* blood vessels; *(im Holz)* grain; *(Maserung)* veins; **geädert** *adj*, veined; *(Holz)* grained; **geartet** *adj*, disposed
Gebäck, *sub*, *n*, *-s*, *-e* pastry
Gebälk, *sub*, *n*, *-s*, *-e* beams
gebärden, *vr*, act, behave; **Gebärdenspiel** *sub*, *n*, *-s*, *-e* gestures
Gebaren, (1) *sub*, *n*, *-s*, *-* behaviour (2) **gebaren** *vr*, act, behave
gebären, *vti*, bear, give birth; **Gebärklinik** *sub*, *f*, *-*, *-en* maternity hospital; **Gebärmutter** *sub*, *f*, *-*, *-mütter* womb; *(med.)* uterus
Gebäude, *sub*, *n*, *-s*, *-* building; *(i. ü. S.)* structure; ~**teil** *sub*, *m,n*, *-s*, *-e* part of a building
gebefreudig, *adj*, openhanded
Gebein, *sub*, *n*, *-s*, *-e* bones; *(sterbl. Reste)* mortal remains
Gebell, *sub*, *n*, *-s*, *-* barking; *(Jagdhunde)* baying
Gebenedeite, *sub*, *f*, *-*, *-n* blessed
Geber, *sub*, *m*, *-s*, *-* giver; *(Kartenspiel)* dealer; ~**sprache** *sub*, *f*, *-*, *-n (Sprachw.)* original language from which a word is derived
Gebet, *sub*, *n*, *-s*, *-e* prayer; *sein Gebet verrichten* say one´s prayers; ~**buch** *sub*, *n*, *-s*, *-bücher* prayer book; ~**smantel** *sub*, *m*, *-s*, *-mäntel* prayer mantle; ~**snische** *sub*, *f*, *-*, *-n* prayer corner; ~**steppich** *sub*, *m*, *-s*, *-e* prayer mat
Gebiet, *sub*, *n*, *-s*, *-e* region; *(Bereich)* field; *(Staats-)* territory; *benachbarte Gebiete* neighbouring territories, *(US)* neighboring territories; **gebietsweise** *adj*, local, regional
gebieten, (1) *vi*, *(über)* control, rule over (2) *vt*, *(erfordern)* call for, require; *(j-m et. zu tun)* order so to do sth; **Gebieter** *sub*, *m*, *-s*, *-* master, ruler; **gebieterisch** *adj*,

imperious; *(herrisch)* domineering
Gebilde, *sub, n, -s, -* object, thing
gebildet, *adj,* cultured, educated
Gebimmel, *sub, n, -s, - (ugs.)* ringing
Gebinde, *sub, n, -s, - (Blumen)* arrangement; *(Strauß)* bunch
Gebirge, *sub, n, -s, -* mountains; **gebirgig** *adj,* mountainous; **Gebirgigkeit** *sub, f, -, -en* mountainousness; **Gebirgsbach** *sub, m, -s, -bäche* mountain stream; **Gebirgsjäger** *sub, m, -s, - (mil.)* mountain infantry; **Gebirgskamm** *sub, m, -s, -kämme* ridge; **Gebirgskette** *sub, f, -, -n* mountain range; **Gebirgspass** *sub, m, -es, -pässe* mountain pass; **Gebirgsstock** *sub, m, -s, -stöcke* massif
Gebiss, *sub, n, -es, -e* set of teeth; *(Zahnersatz)* denture, false teeth
Gebläse, *sub, n, -s, -* fan
Geblödel, *sub, n, -s, -* fooling around
Geblök, *sub, n, -s, -* bleat; *(Rind)* low
geblümt, *adj, (Muster)* floral; *(Sprache)* flowery
Geblüt, *sub, n, -s, -e* blood; *von edlem Geblüt* of noble blood
Geborgenheit, *sub, f, -, -en* security; **geborgen** *adj,* safe, secure; *sie fühlt sich bei ihm geborgen* she feels very secure with him
Gebot, *sub, n, -s, -e* order, requirement; *(bei Versteigerung)* bid; *dem Gebot der Vernunft folgen* follow the dictates of reason; *es ist ein Gebot der Höflichkeit* it´s a matter of courtesy; *ein Gebot abgeben* make a bid
gebrandmarkt, *adj,* be branded
gebrannt, *adj,* burnt; *(Keramik)* fired
Gebräu, *sub, n, -s, -e* brew
gebrauchen, *vt,* use; *ich könnte einen Schirm gebrauchen* I could do with an umbrella; *kannst du das gebrauchen?* can you make any use of that;* **Gebrauch** *sub, m, -s, -* use; *m, -s, -bräuche (Brauch)* custom; *im Gebrauch sein* be in use; *von etwas Gebrauch machen* make use of sth; *vor Gebrauch schütteln* sha-

ke before use; *zum persönlichen Gebrauch* for personal use; **gebräuchlich** *adj,* common, normal; **Gebrauchsanweisung** *sub, f, -, -en* instructions; **Gebrauchsgut** *sub, n, -es, -güter* consumer durables; **Gebrauchswert** *sub, m, -s, -e* practical value; **Gebrauchtwagen** *sub, m, -s, -* used or secondhand car
Gebrechen, **(1)** *sub, n, -s, -* disability; *(Krankh.)* complaint **(2)** **gebrechen** *vt,* afflict; **gebrechlich** *adj,* frail; **Gebrechlichkeit** *sub, f, -, -en* frailty; *(Alters-)* infirmity
Gebresten, *sub, f, -, nur Mehrz.* affliction
gebrochen, *adj,* broken; *(med.)* fractured; *gebrochenes Englisch* broken English; *mit einer gebrochenen Stimme* with a broken voice
Gebrüder, *sub, f, nur Mehrz.* brothers
Gebrüll, *sub, n, -s, -* roaring; *(Geschrei)* screaming
Gebrumme, *sub, n, -s, -* humming
Gebühr, *sub, f, -, -en* charge, fee; *(Beitrag)* subscription; *(Straße)* toll; *eine Gebühr entrichten* pay a fee; *eine Gebühr erheben* charge toll; **~enerlass** *sub, m, -es, -e* remission of fees; **gebührenfrei** *adj,* free of charge; **gebührenpflichtig** *adj,* subject to charges
gebühren, (1) *vi, (jmdm)* deserve **(2)** *vr, (sich)* as is fitting; **~d** *adj,* fitting, suitable; **gebührlich** *adj,* proper
gebunden, *adj,* bound; *(i. ü. S.)* tied; *(Buch)* bound; *(chem.)* fixed; *(Soße)* thickened; *vertraglich gebunden* bound by contract; **Gebundenheit** *sub, f, -, -er (Abhängigkeit)* dependence; *(Verpflichtung)* commitment
Geburt, *sub, f, -, -en* birth; *(Entbindung)* delivery; *von Geburt an* from birth; **~enüberschuss** *sub, m, -es, -schüsse* excess of births over deaths; **gebürtig** *adj,*

by birth; ~**sadel** *sub, m, -s,* - hereditary nobility; ~**sdatum** *sub, n, -s, -daten* date of birth; ~**shilfe** *sub, f, -, -n* obstetrics; ~**sjahr** *sub, n, -s, -e* year of birth; ~**sname** *sub, m, -ns, -n* birthname; *(einer Frau)* maiden name; ~**sort** *sub, n, -s, -örter* birthplace; ~**sschein** *sub, m, -s, -e* birth certificate; ~**stag** *sub, m, -s, -e* birthday; *(amtl.)* date of birth; *wann hast du Geburtstag?* when is your birthday?; ~**surkunde** *sub, f, -, -n* birthcertificate

Geck, *sub, m, -en, -en (ugs.; abw.)* fop; **geckenhaft** *adj,* foppish

Gecko, *sub, m, -s, -s u. -onen* gecko

Gedächtnis, *sub, n, -ses, -se* memory; *aus dem Gedächtnis* from memory; *ein Gedächtnis wie ein Sieb* a memory like a sieve; **gedacht** *adj,* meant; *(angenommen)* assumed; *(vorgestellt)* imagined; ~**feier** *sub, f, -, -n* commemoration; *(-gottesdienst)* memorial service

Gedanke, *sub, m, -ns, -n* thought; *(Ansicht)* view; *(Einfall)* idea; *allein der Gedanke daran* just the thought of it; *auf andere Gedanken bringen* get so´s mind onto other things; *das ist ein guter Gedanke* that´s a good idea; *ich kann keinen klaren Gedanken fassen* I can´t think straight; *in Gedanken versunken* lost in thought; *ich möchte deine Gedanken lesen können* a penny for your thought; ~**nflug** *sub, m, -s, -flüge* leap of the imagination; ~**ngang** *sub, m, -s, -gänge* line of thought; ~**ngut** *sub, n, -s, -güter* thought; ~**nstrich** *sub, m, -s, -e* dash; ~**nübertragung** *sub, f, -, -en* telepathy; **gedankenvoll** *adj,* thoughtful

Gedankenlosigkeit, *sub, f, -, -en* thoughtlessness; **gedankenlos** *adj,* thoughtless; *(rücksichtslos)* inconsiderate; *(zerstreut)* absentminded

Gedärm, *sub, n, -s, -e* intestines

Gedeck, *sub, n, -s, -e* cover; *(Speise)* set meal

Gedeihen, (1) *sub, n, -s,* - progress (2) **gedeihen** *vi,* thrive; *(blühen)* flourish; *(wachsen)* grow; **gedeihlich** *adj,* flourishing, thriving

Gedenken, (1) *sub, n, -s,* - remembrance (2) **gedenken** *vi,* remember, think of; *(feiern)* commemorate (3) *vt,* intend to do sth; *zum Gedenken an* in remembrance of; **Gedenkfeier** *sub, f, -, -n* commemoration; **Gedenkmarke** *sub, f, -, -n* commemorative stamp; **Gedenkminute** *sub, f, -, -n* minute´s silence; **Gedenkmünze** *sub, f, -, -n* commemorative coin; **Gedenkstätte** *sub, f, -, -n* memorial; **Gedenkstunde** *sub, f, -, -n* hour of remembrance; **Gedenktafel** *sub, f, -, -n* commemorative plaque

Gedicht, *sub, n, -s, -e* poem

gediegen, *adj,* solid; *solide Arbeit* a solid piece of work; **Gediegenheit** *sub, f, -, -en* solidity

Gedonner, *sub, n, -s,* - thundering

Gedränge, *sub, n, -s,* - crowd, pushing and shoving; **gedrängt** *adj, (dicht)* compressed, crowded, packed; **Gedrängtheit** *sub, f, -, -en* compression

Gedröhne, *sub, n, -s,* - droning

Gedrücktheit, *sub, f, -, -en* depressed feeling; **gedrückt** *adj,* depressed

gedrungen, *adj, (Gestalt)* stocky, thickset

gedungen, *adj,* hired

Gedunsenheit, *sub, f, -, -en* being bloated; **gedunsen** *adj,* bloated

Geeignetheit, *sub, f, -, -en* suitability; **geeignet** *adj,* right, suitable; *er ist nicht geeignet dafür* he is not the right man for it; *geeignete Schritte* appropriate action; *gut geeignet* just right

gefährden, *vt,* endanger, risk, threaten; *jmds Leben gefährden* put so´s life at risk; **Gefahr** *sub, f, -, -en* danger, risk; *auf die Gefahr hin, dass das passiert* at the risk of that happening; *auf eigene Gefahr* at one´s own risk; *außer Gefahr sein* be out of danger; *in Gefahr sein* be in danger of; *jmdn/sich einer Gefahr aussetzen* run or take a risk; **Gefahrenherd** *sub, m, -s, -e* source of danger; **Gefahrenzone** *sub, f, -, -n* danger zone; **gefährlich** *adj,* dangerous, risky; **gefahrlos** *adj,* harmless, not dangerous

Gefährt, *sub, n, -s, -e* vehicle

Gefährte, *sub, m, -n, -n* companion; *(Lebens-)* partner in life

gefallen, (1) *adj,* fallen **(2) Gefallen** *sub, n, -s, -* favour, pleasure **(3)** *vi,* like; *(- lassen)* put up with sth; *jmdn einen Gefallen tun* do so a favour, *(US)* do so a favor; *jmdn um einen Gefallen bitten* ask a favo(u)r of so; *Gefallen daran finden* take pleasure in it, *es gefällt mir* I like it; *es gefällt mir nicht* I don´t like it; *was mir daran gefällt* what I like about it; *wie gefällt dir mein Hut?* how do you like my hat?; *das lasse ich mir nicht gefallen* I´m not going to put up with it; *sich etwas gefallen lassen* put up with sth; **gefällig** *adj,* pleasant, pleasing; *(sein, hilfsbereit)* helpful; *etwas zu trinken gefällig?* would you like sth to drink; *jmdm gefällig sein* help so; **Gefälligkeit** *sub, f, -, -en (Hilfeleistung)* favour; *(Hilfsbereitschaft)* helpfulness; **Gefallsucht** *sub, f, -, -süchte* desire to please

gefangen, *adj,* caught; *(i. ü. S.)* captivated; *(eingekerkert)* imprisoned; *(mil.)* captive; **Gefangene** *sub, m,f, -n, -n* prisoner

gefangen nehmen, *vt,* arrest; *(mil.)* capture; **Gefangenenlager** *sub, n, -s, -läger* prison camp; *(mil.)* prisoner-of-war camp; **Gefangennahme** *sub, f, -, -n* arrest; *(mil.)* capture; **Gefangenschaft** *sub, f, -, -en* captivity, imprisonment

Gefängnis, *sub, n, -ses, -se* jail, prison; *fünf Jahre Gefängnis bekommen* get five years in prison; *ins*

Gefängnis kommen be sent to prison; *mit Gefängnis bestraft werden* be sentenced to prison; **~strafe** *sub, f, -, -n* prison sentence

gefärbt, *adj,* coloured; *(Haare)* dyed

Gefasel, *sub, n, -s, -* drivel

Gefäß, *sub, n, -es, -e* container, vessel

Gefasstheit, *sub, f, -, nur Einz.* composure; **gefasst** *adj,* calm, composed; *gefasst sein auf* be prepared for; *sich gefasst machen auf* prepare for

Gefecht, *sub, n, -s, -e* action, battle; *außer Gefecht setzen* put out of action; **~skopf** *sub, m, -s, -köpfe (mil.)* warhead; **~sstand** *sub, m, -stände, -s* battle headquaters

gefeit, *adj,* safe from

Gefieder, *sub, n, -s, -* feathers, plumage; **gefiedert** *adj,* feathered

Gefilde, *sub, n, -s, - (geh.)* fields; *in höheren Gefilden schweben* be up in the clouds

Geflacker, *sub, n, -s, -* flicker

Geflatter, *sub, n, -s, -* fluttering

Geflecht, *sub, n, -s, -e (Draht-)* mesh; *(garn)* netting; *(Weiden-)* wickerwork

gefleckt, *adj,* blotchy, spotted

Geflenne, *sub, n, -s, -* howling

Geflimmer, *sub, n, -s, -* flickering

Gefluche, *sub, n, -s, -* swearing

Geflügel, *sub, n, -s, -* poultry; **~farm** *sub, f, -, -en* poultry farm; **geflügelt** *adj,* winged

Gefunker, *sub, n, -s, -* fibbing

Geflüster, *sub, n, -s, -* whispering

Gefolge, *sub, n, -s, -* entourage; *(Bedienstete)* attendants; *im Gefolge von* in the wake of; **Gefolgschaft** *sub, f, -, -en* followers; *(geh.)* allegiance; **Gefolgsmann** *sub, m, -es, -männer u. -leute* vassal; *(polit.)* follower

gefragt, *adj,* in demand

Gefräßigkeit, *sub, f, -, -en* greediness; *(Tier)* voracity; **gefräßig** *adj,* greedy; *(Tier)* voracious

Gefreite, *sub*, *m*, *-n*, *-n (mil.)* lance-corporal; *(mil., Luftw.)* aircraftman first class; *(mil., US Luftw.)* airman third class; *(mil.,US)* private 1st class; *(mil.; Marine)* able seaman

Gefüge, *sub*, *n*, *-s*, *-* structure, system; **gefügig** *adj*, compliant, docile; *jmdn gefügig machen* bring so to heel; **Gefügigkeit** *sub*, *f*, *-*, *-en* compliance, docility

Gefühl, *sub*, *n*, *-s*, *-e* feeling, sensation; *(Gespür)* sense; *etwas im Gefühl haben* have a feeling for sth; *ich habe das Gefühl, dass* I have a feeling that; *mit gemischten Gefühlen* with mixed feelings; *seine Gefühle zur Schau tragen* wear one´s heart on one´s sleeve; **~igkeit** *sub*, *f*, *-*, *-en* sensitivity, sentimentality; **gefühllos** *adj*, *(Gefühle)* insensitive; *(Gliedmaßen)* heartless, numb; **gefühlsecht** *sub*, sensitive; **gefühlsmäßig** *adj*, emotional, instinctive; **~ssache** *sub*, *f*, *-*, *-n* matter of feeling; **gefühlvoll** *adj*, *(ausdrucksvoll)* expressive; *(empfindsam)* sensitive

Gefummel, *sub*, *n*, *-s*, *-* fiddling around; *(Betastung)* groping

Gefunkel, *sub*, *n*, *-s*, *-* glitter

gefurcht, *adj*, furrowed

gegabelt, *adj*, *(-förmig)* forked

gegebenenfalls, *adv*, should the occasion arise

Gegebenheit, *sub*, *f*, *-*, *-en* circumstances, fact

gegen, *präp*, *(- eine Krankheit)* for; *(als Gegenleistung)* in return for; *(gegensätzl.)* against; *(jur., spo.)* versus; *(örtl., zeitl.)* towards; *(ungefähr)* about; *gegen die Türe klopfen* knock at the door; **Gegenaktion** *sub*, *f*, *-*, *-en* countermove; **Gegenangebot** *sub*, *n*, *-s*, *-e* counteroffer; **Gegenangriff** *sub*, *m*, *-s*, *-e* counterattack; **Gegenantrag** *sub*, *m*, *-s*, *-träge* countermotion; **Gegenbesuch** *sub*, *m*, *-s*, *-e* return visit; **Gegenbeweis** *sub*, *m*, *-es*, *-e* proof of the contrary; *(jur.)* counter evidence; **Gegendarstel-**

lung *sub*, *f*, *-*, *-en* correction; **Gegendienst** *sub*, *m*, *-s*, *-e* favour in return; *(US)* favor in return; **Gegenfüßler** *sub*, *m*, *-s*, *-* antipodes; **Gegengerade** *sub*, *f*, *-*, *-n (spo.)* back straight; *(spo., US)* backstretch; **Gegengewalt** *sub*, *f*, *-*, *nur Einz.* counter plot; **Gegengewicht** *sub*, *n*, *-es*, *-e* counterweight; **Gegengift** *sub*, *n*, *-es*, *-e* antidote; **Gegenklage** *sub*, *f*, *-*, *-n (jur.)* cross action; **Gegenkultur** *sub*, *f*, *-*, *-en* counterculture; **Gegenleistung** *sub*, *f*, *-*, *-en* service in return; **~lenken** *vi*, steer against; **Gegenlicht** *sub*, *n*, *-es*, *-er* back lighting; **Gegenmaßnahme** *sub*, *f*, *-*, *-n* countermeasure; **Gegenmittel** *sub*, *n*, *-s*, *-* remedy; *(Gift)* antidote; **Gegenpartei** *sub*, *f*, *-*, *-en* other side; **Gegenpol** *sub*, *m*, *-s*, *-e* opposite pole; *(i. ü. S.)* counterpart; **Gegenprobe** *sub*, *f*, *-*, *-n* cross check

Gegend, *sub*, *f*, *-*, *-en (geogr.)* region; *(Landschaft)* landscape; *(Umgebung)* area; *in der Gegend von Hamburg* in the Hamburg area

gegeneinander, *adv*, against each other

gegenläufig, *adj*, *(i. ü. S.)* opposite; *(tech.)* counter rotating

Gegensatz, *sub*, *m*, *-es*, *-sätze* contrast; *(Gegenteil)* opposite; *(Meinungen)* differences; *im Gegensatz zu* in contrast to; *im scharfen Gegensatz stehen zu* stand in sharp contrast to; **gegensätzlich** *adj*, contrary, opposite

Gegenschlag, *sub*, *m*, *-es*, *-schläge* counterblow; *zum Gegenschlag ausholen* start to hit back

gegenseitig, *adj*, mutual; *gegenseitige Hilfe* mutual help; *gegenseitiges Interesse* mutual interest

Gegenspieler, *sub*, *m*, *-s*, *-* antagonist, opponent

Gegenstimme, *sub*, *f*, *-*, *-n* vote against; *(gegenteilige Meinung)* objection; **gegenstimmig** *adj*,

animously
gegenstromig, *adj,* countercurrently
Gegenstück, *sub, n, -es, -e* counterpart
Gegenteil, *sub, n, -es, -e* contrary, opposite; *das Gegenteil behaupten* argue the converse; *das Gegenteil bewirken* have the opposite effect; *genau das Gegenteil* the exact opposite; **gegenteilig** *sub,* contrary, opposite
Gegentor, *sub, n, -es, -e* goal for the other side
Gegentreffer, *sub, m, -s, -* goal for the other side
gegenüber, (1) *adv,* face to face, opposite; *(Im Vergleich)* compared with; *(in Bezug auf)* about (2) **Gegenüber** *sub, n, -s, -* person opposite; *sie saßen einander gegenüber* they sat face to face; *dem Bahnhof gegenüber* opposite the station; *einer Sache gegenüber skeptisch sein* be sceptical about something; **~liegen** *vi,* be opposite; **~stellen** (1) *vr, (sich feindlich -)* oppose (2) *vt,* bring so face to face, confront so with so; *(vergleichen)* compare
Gegenverkehr, *sub, m, -s, -e* oncoming traffic
Gegenwart, *sub, f, -, -* presence, present; *(Sprachw.)* present tense; **gegenwärtig** *adj,* current, present
Gegenzug, *sub, m, -s, -züge* countermove
Gegner, *sub, m, -s, -* opponent; *(mil.)* enemy; *(Rivale)* rival; *Gegner einer Sache sein* be against; **gegnerisch** *adj,* opposing; *(stärker)* antagonistic; **~schaft** *sub, f, -, -en* opposition; *(Rivalität)* rivalry
Gegrinse, *sub, n, -s, -* grinning
Gegrunze, *sub, n, -s, -* grunting
Gehabe, *sub, n, -s, -* affected behaviour; *(Getue)* fuss
Gehaben, (1) *sub, n, -s, -* way of behaviour (2) **gehaben** *vr,* farewell
Gehader, *sub, n, -s, -* quarreling
gehalten, *adj, (geh.)* be obliged
Gehampel, *sub, n, -s, -* fidgeting

gehandikapt, *adj,* handicapped
Gehänge, *sub, n, -, -* *(Blumen)* festoon; *(Ohr-)* eardrops; *(Schmuck)* pendants; **Gehängte** *sub, m, -n, -n* hanged
geharnischt, *adj, (i. ü. S.; Antwort)* withering; *(gepanzert)* armoured; *(gepanzert, US)* armored
Gehässigkeit, *sub, f, -, -en* spitefulness; *aus reiner Gehässigkeit* out of sheer spite; **gehässig** *adj,* spiteful
Gehäuse, *sub, n, -s, -* case, casing; *(Kern)* core; *(Schnecken)* shell
gehbehindert, *adj,* can only walk with great difficulty
geheftet, *adj,* sewn, stitched
Gehege, *sub, n, -s, - (Jagd-)* preserve; *(Tiere)* enclosure
geheiligt, *adj,* sacred
geheim, *adj,* secret; **Geheimagent** *sub, m, -s, -en* secret agent; **Geheimbund** *sub, m, -es, -bünde* secret society; **Geheimmittel** *sub, f, -, -* secret remedy; **Geheimnis** *sub, n, -ses, -se* secret; *(rätselhaft)* mystery; *ein Geheimnis aus etwas machen* make a secret out of sth; *ein offenes Geheimnis* an open secret; *geheimnisumwittert* surrounded by mystery; **~nisvoll** *adj,* mysterious; **Geheimnummer** *sub, f, -, -n* secret number; *(Telefon)* ex-directory; *(Telefon US)* unlisted number; **Geheimpolizei** *sub, f, -, -en* secret police; **Geheimrezept** *sub, n, -es, -e* secret recipe; **Geheimschrift** *sub, f, -, -en* secret code; **Geheimsender** *sub, m, -s, -* secret transmitter; **Geheimsprache** *sub, f, -, -n* secret language; **Geheimtuerei** *sub, f, -, -en* secretiveness; **Geheimwaffe** *sub, f, -, -n* secret weapon
Geheiß, *sub, n, -es, -e (auf j-s - hin)* at s.o.'s. behest
Gehemmtheit, *sub, f, -, -en* inhibition. **gehemmt** *adj,* inhibited

gehen, (1) *mit präp, (auf)* go up to; *(bis an)* go as far as, reach; *(durch)* go through; *(gegen)* against; *(in)* go into; *(nach)* go by; *(über)* go over; *(vor)* go before; *(vor sich gehen)* happen; *(zu jmd.)* go and see so **(2) Gehen** *sub, n, -s, -* *(spo.)* walking; *(zum - bringen)* get sth going **(3)** *vi,* walk **(4)** *vr, (sich - lassen)* lose one's temper **(5)** *vti,* go; *(-lassen)* let go; *(aus einem Amt)* resign; *(fort-, verkehren)* leave; *(funktionieren)* go, work; *(geht nicht)* is broken; *(möglich sein)* be possible; *(verkehren)* run; *(Ware)* sell; *(weg führen)* lead; *an die Arbeit gehen* get down to work; *das geht zu weit* that's going too far; *geh hier entlang* turn this way; *wie geht's?* how are you?; *das Wasser geht mir bis an die Knie* the water reaches my knees; *geht in die Millionen* runs into millions; *in die Industrie gehen* go into industry; *wie oft geht fünf in neunzig* how many times does five go into fifty?; *was geht hier vor sich?* what's happening here?, *das geht nun schon seit Jahren so* that's been going on for years; *das Schiff geht nach Hamburg* the ship goes to Hamburg; *er ist von uns gegangen* he has passed away; *es wird schon gehen* it'll be all right; *jmdn suchen gehen* go and look for sb; *mir ist es genauso gegangen* it was the same with me; *schwimmen gehen* go swimming; *wie gehen die Geschäfte?* how's business?; *sie haben ihn gehen lassen* they have let him go; *er hat seine Stelle gekündigt* he has resigned his job; *das Lied geht so* the song goes like this; *wie geht es ihnen?* how are you?; *wie geht's wie steht's* how are things?; *die Uhr geht nicht* the watch doesn't work; *wie geht das?* how does it work?; *die Spülmaschine geht nicht* the dishwasher is broken; *es geht, dass wir uns nächsten Freitag treffen* it's possible to meet next Friday; *der Zug geht stündlich* the train runs every hour; *diese Stiefel gehen überhaupt nicht* these boots don't sell well; *der Weg geht zum nächsten Dorf* the way leads to the village

Gehenkte, *sub, m, -ns, -n* hanged

geheuer, *adj, (nicht -)* eerie, scary; *mir ist die Sache nicht geheuer* I've got a funny feeling about it

Geheul, *sub, n, -es, -* howling, howls

Gehhilfe, *sub, f, -, -n* zimmer frame

Gehilfe, *sub, m, -n, -n* assistant; *(Büro)* clerk

Gehirn, *sub, n, -es, -e* brain; ~**erschütterung** *sub, f, -, -en (med.)* concussion; ~**schale** *sub, f, -, -n* meninges; ~**schlag** *sub, m, -es, -schläge* stroke; ~**schwund** *sub, m, -es, -e (med.)* atrophy of the brain; ~**wäsche** *sub, f, -, -n* brainwashing

gehoben, *adj,* high

Gehöft, *sub, n, -es, -e* farmstead

Gehölz, *sub, n, -es, -e* copse; **Geholze** *sub, n, -s, - (i. ü. S.)* kicking everything above

Gehör, *sub, n, -s, -* sense of hearing; *feines Gehör* sensitive ear; *kein Gehör schenken* refuse to listen to; *nach Gehör* by ear; ~**bildung** *sub, f, -, -en* aural training; ~**fehler** *sub, m, -s, -* hearing defect; **gehörlos** *adj,* deaf; ~**losigkeit** *sub, f, -, -en* deafness

gehorchen, *vi,* obey

gehören, (1) *vi,* belong to; *(Teil bilden von)* be part of; *(zu)* be among **(2)** *vr, (so gehört es sich)* way it should be; *das Buch gehört mir* that book is mine

Gehörn, *sub, n, -es, -e* horns; *(Geweih)* antlers; **gehörnt** *adj,* horned; *(i. ü. S.; Ehemann)* cuckold

gehorsam, (1) *adj,* obedient; *(Bürger)* law-abiding **(2) Gehorsam** *sub, m, -es, -* obedience; *blinder Gehorsam* blind obedience; **Gehorsamkeit** *sub, f, -,*

-en obedience; **Gehorsamspflicht** sub, f, -, **-en** duty to obedience

Gehrock, sub, m, **-es, -röcke** frock coat

Gehrungssäge, sub, f, -, **-n** mitre-saw; (US) mitersaw

Gehsteig, sub, m, **-es, -e** pavement; (US) sidewalk

Gehweg, sub, m, **-es, -e** footpath, pavement; (US) sidewalk

Geier, sub, m, **-s,** - vulture

geifern, vi, dribble, slaver

geigen, (1) vi, play the violin (2) vt, play sth on the violin; **Geige** sub, f, -, **-n** violin; die erste, zweite etc Geige spielen play the first, second etc violin; **Geigenbauer** sub, m, **-s,** - violin maker; **Geigenbogen** sub, m, **-s,** - violin bow; **Geigenkasten** sub, m, **-s, -kästen** violin case; **Geigensaite** sub, f, -, **-n** string; **Geigenspieler** sub, m, **-s,** - violonist; **Geiger** sub, m, **-s,** - violonist; **Geigerzähler** pron, Geiger counter

Geilheit, sub, f, -, - lust; **geil** (1) adj, (Pflanzen) luxuriant; (sexuell) randy; (vulg.; toll) brill (2) ho, (sexuell) horny

Geisel, sub, f, -, **-n** hostage; jmdn als Geisel nehmen take so hostage; **~drama** sub, n, **-s, -dramen** hostage drama; **~nahme** sub, f, -, **-n** taking of hostages; **~nehmer** sub, m, **-s,** - hostage taker

Geisha, sub, f, -, **-s** geisha

Geiß, sub, f, -, **-en** goat; **~bock** sub, m, **-es, -böcke** billy goat

geißeln, (1) vr, (sich) castigate o.s. (2) vt, whip; (theol.) flagellate; **Geißelung** sub, f, -, **-en** flagellation; (sich) castigation

Geißeltierchen, sub, n, **-s,** - flagellate

Geißlein, sub, n, **-s,** - little goat

Geist, sub, m, **-es, -er** mind; (Denker) thinker; (Intellekt) intellect; (Seele) spirit; (überirdisch) ghost, spirit; (Verstand, Sinn, Gemüt) mind; Geist a shade; hier geht ein Geist um this place is haunted; der Geist des Christentums the spirit of Christianity; der Geist ist willig, aber das Fleisch ist schwach the spirit st willing but the flesh is weak; der gute Geist the spirit of Christianity; in jmds Geiste handeln act in the spirit of so; wir werden im Geiste bei euch sein our thoughts will be with you; ein großer Geist a great thinker; Körper und Geist body and mind; **~erseher** sub, m, **-s,** - person who is able to see ghosts; **~erstadt** sub, f, -, **-städte** ghost town; **geistesabwesend** adj, absent-minded; **~esblitz** sub, m, **-es, -e** flash of inspiration; **~esgaben** sub, f, -, nur Mehrz. intellectual gifts; **geistesgestört** adj, mentally disturbed; **~esgröße** sub, f, -, **-n** intellectual greatness; **geisteskrank** adj, mentally ill; **~eskrankheit** sub, f, -, **-en** mental disease; **~eswissenschaften** sub, f, -, nur Mehrz. arts and humanities; **~eszustand** sub, m, **-es, -stände** mental state; jmdn auf seinen Geisteszustand hin untersuchen give so a mental examination

geistern, vi, flit around; **geistbildend** adj, inspirating; **Geisterbahn** sub, f, -, **-en** ghost train; **Geisterfahrer** sub, m, **-s,** - wrong-way driver; **geisterhaft** adj, ghostly, spooky; **Geisterhand** sub, f, -, **-hände** (wie von -) as if by an invisible hand

Geistigkeit, sub, f, -, **-en** intellectuaity, spirituality; **geistig** adj, (Denkkraft) intellectual, mental; (seelisch) spiritual; der geistige Vater spiritual father; **geistlich** adj religious; (mus.) sacred; (nicht weltlich) spiritual; **geistlos** adj, dull; **geistreich** adj, clever, witty; nicht gerade eine geistreiche Bemerkung not the most profound remark; **geisttötend** adj, mindnumbing

Geistliche, sub, m, **-n, -n** clergyman, priest

geizen, *vi*, be mean; **Geiz** *sub*, *m*, -*es*, - meanness, stingyness; **Geizhals** *sub*, *m*, -*es*, -*hälse* skinflint; **geizig** *adj*, mean, stingy

Gekicher, *sub*, *n*, -*s*, - giggling

Gekläffe, *sub*, *n*, -*s*, - yapping

Geklirre, *sub*, *n*, -*s*, - tinkling

Geklopfe, *sub*, *n*, -*s*, - knocking

geknickt, *adj*, downcast

Gekonntheit, *sub*, *f*, -, -*en* accomplishment; **gekonnt** *adj*, accomplished, masterly

Gekrakel, *sub*, *n*, -*s*, - scrawl

Gekreuzigte, *sub*, *m*, -*n*, -*n* crucified; *(theol.)* Christ crucified

Gekröse, *sub*, *n*, -*s*, - *(gastr.)* tripe; *(med.)* mesentery

gekünstelt, *adj*, *(Lachen)* forced; *(Stil)* stilted

Gel, *sub*, *n*, -*s*, -*e* gel

Gelächter, *sub*, *n*, -*s*, - laughter; *in schallendes Gelächter ausbrechen* roar with laughter; *jmdm dem Gelächter preisgeben* make so a laughing stock

gelackmeiert, *adj*, *(ugs.)* conned; *sich gelackmeiert fühlen* feel one has been conned

geladen, *adj*, loaded; *(Strom)* charged

Gelage, *sub*, *n*, -*s*, - feast

Gelähmte, *sub*, *m*, -*n*, -*n* paralytic; **gelähmt** *adj*, paralyzed; *einseitig gelähmt* paralyzed on one side; *sie war vor Angst gelähmt* she was paralyzed with fear

Geländer, *sub*, *n*, -*s*, - railing; *(Treppen)* banister

gelangen, *vi*, get to, reach; *(zu)* gain; *in den Besitz von etwas gelangen* come into the possesion of sth; *in jmds Hände gelangen* get into so´s hands

Gelass, *sub*, *n*, -*es*, -*e* small room in a cellar

gelassen, *adj*, calm; *(gefasst)* composed; *etwas gelassen hinnehmen* take sth calmly; *gelassen bleiben* keep calm, keep calm; **Gelassenheit** *sub*, *f*, -*es*, -*en* calmness; *(Gefasstheit)* composure

gelatinieren, *vti*, gelatinise, gelatinize

Geläufigkeit, *sub*, *f*, -, -*en* currency; **geläufig** *adj*, common; *(fließend)* fluent

gelaunt, *adj*, be in a mood; *gut/schlecht gelaunt* be in a good/bad mood; *ich bin dazu nicht gelaunt* I´m not in the mood for

Geläute, *sub*, *n*, -*s*, - ringing

gelb, *adj*, yellow; *gelb vor Neid* green with envy; *gelbe Seiten* yellow pages; ~**lich** *adj*, yellowish; **Gelbsucht** *sub*, *f*, -, -*en (med.)* yellow jaundice; ~**süchtig** *adj*, jaundiced

Geld, *sub*, *n*, -*es*, -*er* money; *(Bar-)* cash; *billiges Geld* easy money; *er ist nur auf Geld aus* all he thinks of is money; *Geld allein macht nicht glücklich* money is not everything; *Geld regiert die Welt* money makes the world go round; *Geld spielt keine Rolle* money is no object; *Geld zurück* money back; *rausgeschmissenes Geld* money down the drain; *teures Geld* hard earned money; *Geld beiseite bringen* salt down money; *Geld wie Heu haben* to have money to burn; *kein Geld mehr haben* be out of cash; *Kleingeld* pocket change; *zu Geld machen* turn into cash; ~**anlage** *sub*, *f*, -, -*n* investment; ~**automat** *sub*, *m*, -*en*, -*en* cash dispenser; ~**beutel** *sub*, *m*, -*s*, - purse; *(US)* money purse; ~**börse** *sub*, *f*, -, -*n* purse; *(US)* money purse; ~**buße** *sub*, *f*, -, -*n* fine; *zu einer Geldbuße verurteilt werden* be fined; ~**geber** *sub*, *m*, -*s*, - financial backer, sponsor; ~**geberin** *sub*, *f*, -, -*nen* financial backer, sponsor; ~**gier** *sub*, *f*, -, - greed for money; ~**institut** *sub*, *n*, -*es*, -*e* financial institution; **geldlich** *adj*, financial; ~**menge** *sub*, *f*, -, - *(wirt.)* money supply; ~**mittel** *sub*, *f*, -, *nur Mehrz.*

financial resources, funds; ~**sack** *sub, m, -es, -säcke* money-bag; *(reicher Mann)* moneybags; ~**schein** *sub, m, -es, -e* banknote; *(US)* bill; ~**schrank** *sub, m, -es, -schränke* safe

Geldstrafe, *sub, f, -, -n* fine; **Geldstück** *sub, n, -es, -e* coin; **Geldumtausch** *sub, m, -es, -täusche* currency exchange; **Geldwäsche** *sub, f, -, -n* money-laundering; **Geldwechsel** *sub, m, -s, -* change; **Geldwert** *sub, m, -es, -e* cash value

geleckt, *adj, (wie - aussehen)* look all spruced up

Gelee, *sub, n, -s, -s* jelly

gelegen, *adj,* lying, situated; *(günstig)* opportune; *(passend)* convenient; *(i. ü. S.) es kommt mir ganz gelegen* that suits me fine; *(i. ü. S.) mir ist nichts daran gelegen* I don´t care one way or the other; **Gelegenheit** *sub, f, -, -en* chance, opportunity; *bei der ersten Gelegenheit* at the first best opportunity; *bei dieser Gelegenheit möchte ich* I´d like to take this opportunity to; *Gelegenheit haben zu* have the opportunity to; *Gelegenheit macht Diebe* opportunity makes the thief; **Gelegenheitsarbeiter** *sub, m, -s, -* casual labourer; *(US)* casual laborer; **Gelegenheitskauf** *sub, m, -es, -käufe* bargain; ~**tlich** *adj,* occasional; *(zeitweilig)* temporary

Gelehrigkeit, *sub, f, -, -en* receptiveness; *(Tier)* docility; **gelehrig** *adj,* receptive; *(Tier)* docile; **Gelehrsamkeit** *sub, f, -, -en* erudition; **gelehrt** *adj,* learned; *(wissenschaftlich)* scholarly; **Gelehrte** *sub, m, -n, -n* scholar; **Gelehrtheit** *sub, f, -, -en* scholarship

Geleise, *sub, n, -s, -* rails, track

gelenk, (1) *adj,* agile **(2) Gelenk** *sub, n, -es, -e* joint; *(Fuß-)* ankle; *(Hand-)* wrist; ~**ig** *adj,* supple; *(geschmeidig)* lithe; **Gelenkigkeit** *sub, f, -, -en* agility, litheness, suppleness; **Gelenkkapsel** *sub, f, -, -n (med.)* articular capsule; **Gelenk-**

pfanne *sub, f, -, -n* socket; **Gelenkrheumatismus** *sub, m, -es, -nen* rheumatoid arthritis

gelernt, *adj,* qualified; *(Arbeiter)* skilled

Geliebte, *sub, m, -n, -n* mistress; *(Anrede)* love; *(Geliebter)* lover

geliefert, *adj, (- sein)* have had it

Geliermittel, *sub, n, -s, -* gelling agent

Gelierzucker, *sub, m, -s, -* preserving sugar

gelinde, *adj,* mild, slight; *gelinde gesagt* to put it mildly; *gelinde Zweifel* some doubt

Gelingen, (1) *sub, n, -s, -* success **(2) gelingen** *vi,* succeed; *zum Gelingen einer Sache beitragen* help to make sth a success; *der Kuchen ist gut gelungen* the cake has turned out well; *es gelang ihm* he succeeded in; *es gelang ihm nicht* he didn´t succeed in/he failed

gellen, *vi,* ring out; *(schreien)* scream; *es gellt mir in den Ohren* my ears are ringing; ~**d** *adj,* shrill

geloben, *vt,* solemnly promise, vow; *das Gelobte Land* the Promised Land; **Gelöbnis** *sub, n, -ses, -se* solemn promise, vow; *ein Gelöbnis ablegen* make a vow

gelöscht, *adj,* wiped off

gelten, *vti,* be valid; *(Regel)* apply; *(zählen)* count; *das gilt auch für dich* the same applies to you; *das will ich gelten lassen* I´ll grant you that; *der Pass gilt nicht mehr* the passport is not valid any more; *etwas gelten (Person)* carry weight; *jmdm gelten* be be meant for; *was er sagt, gilt* his word is the law; *wenig gelten* rate low; ~**d** *adj,* valid; *(Gesetz)* in effect; *(Preise)* current; *(Ansprüche) geltend machen* assert; **Geltung** *sub, f, -, -en (Gültigkeit)* validity; *(Wert)* value; *(Wichtigkeit)* importance; *etwas zur Geltung bringen* show sth to its best advantage; *zur Geltung kommen* show to its best advantage; **Geltungsbedürfnis** *sub, n, -ses, -se* need for recognition

Gelübde, *sub, n, -s, -* vow

Gelumpe, *sub, n, -s, -* rubbish

gelungen, *adj,* very good; *das Bild ist gut gelungen* the picture has turned out well

gelüsten, *vt,* crave for; **Gelüst** *sub, n, -s, -e* craving, desire

Gemahl, *sub, m, -es, -e* husband, spouse; ~**in** *sub, f, -, -nen* spouse, wife

gemahnen, *vi, (jmd.)* remind s.b. of sth

Gemälde, *sub, n, -s, -* painting; ~**galerie** *sub, f, -, -n* art gallery

Gemarkung, *sub, f, -, -en* area of a municipality

gemasert, *adj,* veined; *(Holz)* grained

gemäß, *präp,* according to; *(in Übereinstimmung)* in compliance with; ~**igt** *adj,* moderate

Gemäuer, *sub, n, -s, -* walls; *(Ruine)* ruins

Gemecker, *sub, n, -s, -* *(Nörgelei)* moaning; *(Schafe, Ziegen)* bleating

gemein, *adj,* mean, nasty; *(etwas - haben mit)* have sth in common with; *(gewöhnlich)* common; *das ist gemein* that´s mean; *gemeine Lüge* rotten lie; *gemeiner Streich* dirty trick; *sie haben nichts miteinander gemein* they have nothing in common; *das gemeine Volk* the common people; *für das gemeine Wohl* for the good of all; **Gemeinbesitz** *sub, m, -es, -e* public property

Gemeinde, *sub, f, -, -n* municipality; *(Gemeinschaft)* community; *(Kirchen-)* parish; *(Verwaltung)* local authority; ~**amt** *sub, n, -es, -ämter* local authority; ~**gut** *sub, n, -es, -* public property; ~**haus** *sub, n, -es, -häuser (kirchl.)* parish hall; ~**rat** *sub, m, -es, -räte* local council; *(Person)* councillor; ~**wahl** *sub, f, -, -en* local election; **gemeindlich** *adj,* communal

Gemeingeist, *sub, m, -es, -geister* public spirit

Gemeinheit, *sub, f, -, -en* meaness, nastiness; *die Gemeinheit dabei* the mean thing about it; **gemeiniglich** *adv,* commonly; **gemeinnützig** *adj,* charitable; **Gemeinplatz** *sub, m, -es, -plätze* commonplace

Gemeinschaft, *sub, f, -, -en* association, community; **gemeinsam** *adj,* common, shared; *allen gemeinsam* common to all; *gemeinsames Ziel* common goal; *vieles gemeinsam haben* have a lot in common

Gemeinsinn, *sub, m, -, -* public spirit

gemeinverständlich, (1) *adj,* generally comprehensible (2) *adv,* make o.s. generallly comprehensible

Gemeinwesen, *sub, n, -s, -* community

Gemeinwohl, *sub, n, -es, -* public welfare

Gemenge, *sub, n, -s, -* mixture

Gemessenheit, *sub, f, -, -en* dignity; **gemessen** *adj,* measured; *(würdevoll)* dignified

Gemetzel, *sub, n, -s, -* bloodbath, massacre

Gemisch, *sub, n, -es, -* mixture

Gemme, *sub, f, -, -n* cameo

Gemse, *sub, f, -, -n* chamois

Gemunkel, *sub, n, -s, -* *(Grücht)* gossip

Gemurmel, *sub, n, -s, -* mumbling, murmuring

Gemüse, *sub, n, -s, -* vegetable; ~**anbau** *sub, m, -es, nur Einz.* vegetable gardening; *(US)* truck farming; ~**garten** *sub, m, -s, -gärten* vegetable garden; ~**laden** *sub, m, -s, -läden* greengrocer´s; ~**suppe** *sub, f, -, -s* vegetable soup

Gemüt, *sub, n, -es, -er* disposition, nature; *das deutsche Gemüt* the German mentality; *die Gemüter bewegen* cause quite a stir; *etwas*

fürs Gemüt sth for the soul; *sich etwas zu Gemüte führen* take sth to hear; *wenn sich die Gemüter wieder beruhigt haben* when things have calmed down again; **gemüts-krank** *adj*, depressive, emotionally disturbed; **~skranke** *sub, m, -n, -n* emotional disordered person; **~sleiden** *sub, n, -, -* emotional disorder; **~smensch** *sub, m, -es, -en* good natured person; **gemütvoll** *adj*, emotional

gemütlich, *sub*, comfortable, cosy; *(US)* cozy; *es sich gemütlich machen* make os at home; *jetzt wird´s erst richtig gemütlich* the fun has started now

gen, (1) *präp*, towards (2) **Gen** *sub, n, -es, -e* gene

genannt, *adj*, said; *(schriftlich)* above-mentioned

genau, (1) *adj*, accurate, exact, precise; *(eigen)* paricular; *(ins einzelne gehend)* detailed; *(streng)* strict; *(tech.)* true (2) *adv*, exactly; *die genaue Zeit* the exact time; *genauer Bericht* full report, *etwas (wörtl) genau nehmen* take sth literally; *etwas genau nehmen* be very particular about; *genau das wollte ich auch sagen* that´s exactly what I was going to say; *genau dasselbe* exactly the same; *genau der Mann den wir brauchen* just the man we want; *genau überlegt* carefully considered; *ich weiß es noch nicht genau* I´m not sure yet; *stimmt genau* exactly; absolutely right; **Genauigkeit** *sub, f, -, -en* accuracy, precision

genauso, *adj*, exactly, same way; *(gern)* just as much; *(gut)* as well; *(lang)* just as long; *(oft)* just as often; *(viel)* as much; *(wenig)* just as little; *(wie)* just like

Genealogie, *sub, f, -, nur Einz* genealogy; **Genealoge** *sub, m, -n, -n* genealogist; **genealogisch** *adj*, genealogical

genehm, *adj*, convenient

genehmigen, *vt*, agree to, approve; *(Vertrag)* ratify; *(Vorschlag)* accept;

Genehmigung *sub, f, -, -en* approval, permission, ratification; *(behördl. Zulassung)* permit

Geneigtheit, *sub, f, -, -en* inclination; **geneigt** *adj, (sein)* feel inclined to, feel like; *ich bin dazu überhaupt nicht geneigt* it´s the last thing I feel like doing; *(i. ü. B.) jmdm ein geneigtes Ohr schenken* lend so a willing ear

General, *sub, m, -es, -e und Generäle* general; **~absolution** *sub, f, -, -en* general absolution; **~agent** *sub, m, -en, -en* general agent; **~arzt** *sub, m, -es, -ärzte* surgeon general; **~bass** *sub, m, -es, -bässe* basso continuo; **~direktor** *sub, m, -s, -en* chairman, general manager; **~inspekteur** *sub, m, -es, -e (mil.)* Chief of Staff; **~intendant** *sub, m, -en, -en* director; **~major** *sub, m, -es, -e (mil.)* major general; *(mil., Luftf.)* air vice marshal; **~probe** *sub, f, -, -n* dress rehearsal, final rehearsal; **~sekretär** *sub, m, -es, -e* Secretary General; **~srang** *sub, m, -es, -ränge* rank of a general; **~staatsanwalt** *sub, m, -es, -anwälte* chief public prosecutor; **~stab** *sub, m, -es, -stäbe (mil.)* general staff; **~stabskarte** *sub, f, -, -n* ordnance survey map; **~streik** *sub, m, -es, -s* general strike

generalisieren, *vti*, generalize; **Generalisation** *sub, f, -, -en* generalization

generaliter, *adj*, in general

Generation, *sub, f, -, -en* generation; *die Generation unserer Eltern* our parents´ generation; *seit Generationen* for generations; **~konflikt** *sub, m, -es, -e* generation gap; **generativ** *adj, (bot.)* reproductive

Generator, *sub, m, -s, -en* generator

generieren, *vt*, generate; **generel** *adj*, general; **generisch** *adj*, generic

Generosität, *sub, f, -, -en* genero-

sity; **generös** *adj*, generous
Genese, *sub*, *f*, *-s*, *-n* genesis
genesen, *vi*, recover; **Genesung**
sub, *f*, *-*, *-en* recovery; *(allmähliche)*
convalescence
Genesis, *sub*, *f*, *-*, *nur Einz.* genesis
Genetik, *sub*, *f*, *-*, *nur Einz.* genetics;
genetisch *adj*, genetic; **Genforschung** *sub*, *f*, *-*, *-en* genetic research
Genetiv, *sub*, *m*, *-es*, *-e (Sprachw.)*
genitive
Genick, *sub*, *n*, *-s*, *-e* nape of the
neck; *jmdm im Genick sitzen* be
breathing down so´s neck; *sich das
Genick brechen* break one´s neck;
steifes Genick stiff neck; **~schuss**
sub, *m*, *-es*, *-schüsse* shot in the back
of the neck; **~starre** *sub*, *f*, *-*, *-n*
stiffness of the neck
Genie, *sub*, *n*, *-s*, *-s* genius; **genial**
adj, ingenious; *ein genialer Einfall*
a stroke of genius; *ein genialer
Mensch* a genius; **genialisch** *adj*,
brilliant; **Genialität** *sub*, *f*, *-*, *nur
Einz.* brilliance, genius
genieren, **(1)** *vr*, *(sich)* feel alward,
feel embarrassed **(2)** *vt*, bother; *du
brauchst dich nicht zu genieren* no
need to be shy; *ich geniere mich vor
ihm* he makes me feel akward, *das
geniert ihn nicht* it doesn´t bother
him
genießen, **(1)** *vt*, enjoy **(2) Genießer** *sub*, *m*, *-s*, *-* bon vivant; *(Essen)*
gourmet; *eine gute Erziehung genießen* receive a good education;
ich genoß es zu I enjoyed it to; *jmds
Vertrauen genießen* be in so´s confidence; **genießbar** *adj*, drinkable,
eatable; *(unschädlich)* edible; **genießerisch** **(1)** *adj*, appreciative
(2) *adv*, with great relish
Geniestreich, *sub*, *m*, *-es*, *-e* stroke
of genius
Genitale, *sub*, *n*, *-s*, *-talien* genitals;
genital *adj*, genital
Genitiv, *sub*, *m*, *-s*, *-e* genitive
Genius, *sub*, *m*, *-es*, *Genien* genius
Genmanipulation, *sub*, *f*, *-*, *-en* genetic engineering; **Genmutation**

sub, *f*, *-*, *-en* gene mutation;
Genobst *sub*, *n*, *-es*, *-* genetically
engineered fruit
Genörgel, *sub*, *n*, *-s*, *-* moaning
Genosse, *sub*, *m*, *-n*, *-n (Kamerad)* companion; *(polit.)* comrade; **~nschaft** *sub*, *f*, *-*, *-en*
cooperative; **~nschaftsbank**
sub, *f*, *-*, *-en* cooperative bank
Genotyp, *sub*, *m*, *-s*, *-en* genotype
Genozid, *sub*, *m*, *-es*, *-e* genocide
Genre, *sub*, *n*, *-s*, *-s* genre; **~malerei** *sub*, *f*, *-*, *-en* genre painting
Gent, *sub*, *m*, *-s*, *-s (Abk.)* gentleman; *(geogr.)* Gent
Gentechnologie, *sub*, *f*, *-*, *nur
Einz.* genetic engineering; **gentechnisch** *adj*, genetically engineered
Gentransfer, *sub*, *n*, *-s*, *-s* gene
transfer
genügen, *vi*, be enough, that´ll do
for me; *das genügt für eine Woche* that´ll do for a week; **genug**
adj u. adv, enough, sufficient
amount; *das ist genug für mich*
that´s enough for me; *er kann
nie genug kriegen* he just can´t
get enough; *gut genug* good
enough; **~d** *adj*, enough; **genügsam** *adj*, easily satisfied; *(Tier)*
undemanding; **Genügsamkeit**
sub, *f*, *-*, *nur Einz.* modesty
Genugtuung, *sub*, *f*, *-*, *-en* satisfaction; *Genugtuung leisten* make
amends; *Genugtuung verlangen*
demand satisfaction
genuin, *adj*, genuine
Genus, *sub*, *n*, *-*, *Genera (biol.)* genus
Genuss, *sub*, *m*, *-es*, *-nüsse (genießen)* enjoyment; *(Nahrung)* consumption; **genussfreudig** *adj*,
pleasure-loving; **genüsslich** *adj*,
appreciative; **~mensch** *sub*, *m*,
-en, *-en* epicure; **~mittel** *sub*, *n*,
-s, *-* semi-luxury; *(anregende)* stimulant; **genussreich** *adj*, enjoyable; **~sucht** *sub*, *f*, *-*, *- (geh.)*
hedonism; *(ugs.; abw.)* craving
for pleasure; **genusssüchtig** *adj*,

(geh.) hedonistic; *(ugs.; abw.)* pleasure-seeking

geobotanisch, *adj,* geobotanic

geochemisch, *adj,* geochemical

Geodäsie, *sub, f, -, nur Einz.* geodesy; **geodätisch** *adj,* geodetic

Geodreieck, *sub, n, -s, -e* set square

Geografie, *sub, f, -, nur Einz.* geography; **Geograf** *sub, m, -en, -en* geographer; **geografisch** *adj,* geographic(al)

Geologe, *sub, m, -n, -n* geologist; **Geologie** *sub, f, -, nur Einz.* geology; **geologisch** *adj,* geologic(al)

Geometrie, *sub, f, -, -n* geometry; **geometrisch** *adj,* geometric(al)

geopolitisch, *adj,* geopolitical

geordnet, *adj,* orderly, tidy

georgisch, *adj,* Georgian

geotropisch, *adj,* geotropic

geozentrisch, *adj,* geocentric

Gepäck, *sub, n, -s, -* luggage; *(US)* baggage; *mit leichtem Gepäck reisen* travel light; **~abgabe** *sub,* luggage counter; *(US)* baggage counter; **~ablage** *sub, f, -, -n* luggage rack; *(US)* baggage rack; **~aufbewahrung** *sub, f, -, -n* left-luggage office; *(US)* checkroom; **~netz** *sub, n, -es, -e* luggage rack; *(US)* baggage rack; **~schein** *sub, m, -es, -e* luggage ticket; *(US)* baggage check; **~stück** *sub, n, -es, -e* piece or item of luggage; *(US)* piece or item of baggage; **~träger** *sub, m, -s, -* *(Auto)* roofrack; *(Fahrrad)* carrier; *(Person)* porter; **~wagen** *sub, m, -s, -wägen* luggage van; *(US)* baggage car

Gepard, *sub, m, -s, -e* cheetah

gepfeffert, *adj, (ugs.)* steep

Gepfeife, *sub, n, -s, nur Einz.* whistling

Gepflegtheit, *sub, f, -, nur Einz.* neat appearance; *(Sprache)* refinement; **gepflegt (1)** *adj,* very neat; *(Sache)* well-kept; *(Sprache, Stil)* cultivated; *(Wein)* select **(2)** *adv,* very neatly; *sich gepflegt ausdrücken* be wellspoken; *sich gepflegt unterhalten* have a decent conversation

Gepflogenheit, *sub, f, -, -en* custom, habit

Gepiepse, *sub, n, -s, nur Mehrz.* chirping

Geplänkel, *sub, n, -s, -* *(Worte)* banter

Geplapper, *sub, n, -s, -* *(abw.)* prattling; *(Baby)* babbling

Geplätscher, *sub, n, -s, nur Mehrz. (Wasser)* babbling

Geplauder, *sub, n, -s, -* chatting

Gepolter, *sub, n, -s, -* clatter; *(Schimpfen)* grumbling

Gepräge, *sub, n, -s, - (i. ü. S.)* character

Gepränge, *sub, n, -s, -* pomp

Gequassel, *sub, n, -s, -* blather, yak-yakking

Gequietsche, *sub, n, -s, -* squeaking; *(Autoreifen)* squealing; *(Metall)* screeching

Ger, *sub, m, -es, -e* spear

gerade, (1) *adj,* straight; *(Haltung)* erect; *(Zahl)* even **(2)** *adv,* exactly, just, straight **(3) Gerade** *sub, f, -, -n (mat.)* straight line; *(spo.)* straight; *das gerade Gegenteil* the exact opposite; *das hat mir gerade noch gefehlt* that's exactly what I needed; *warum gerade heute?* why does it have to be today; *er ist gerade unterwegs* he's just out now; *gerade in dem Augenblick* just in that moment; *ich war gerade beim Lesen* I was just reading; *eine gerade Linie* a straight line; **~ stehen** *vi,* stand up straight; *(i. ü. S.; -für)* take the responsibility for; **~aus** *adv,* straight on; **~nwegs** *adj,* straight; **~wegs** *adv,* straight; **~zu** *adv,* almost, virtually

gerädert, *adj,* absolutely shattered

geradeso, *adv,* do sth just as so else **~ gut** *adv,* just as well

Geradheit, *sub, f, -, nur Einz.* straightness; *(i. ü. S.)* uprightness; **geradlinig** *adj,* straight; *(i. ü. S.)* straightforward

Gerangel, *sub, n, -s, nur Einz.*

scramble, scrapping

Geranie, *sub, f, -, -n (bot.)* geranium

Gerassel, *sub, n, -s, -* rattling

Gerät, *sub, n, -es, -e* equipment; *(elektr.)* electrical appliances; *(Fernseher, Radio)* set; *(Garten)* tool; *(Küche)* utensil; *(Meß-)* instrument; *(Turnen)* piece of apparatus; **~eturnen** *sub, n, -s, -* apparatus gymnastics; **~eturner** *sub, m, -s, -* apparatus gymnast

geraten, (1) *adj, (ausfallen)* advisable **(2)** *vi,* turn out; *(gelangen)* get; *(nach jmd.)* take after; *das ist mir nicht geraten* it hasn´t turned out well; *ihm gerät alles* everything turns out right with him; *jmdm zum Vorteil geraten* turn out to so´s advantage; *unter ein Auto geraten* get run over by a car; *nach seinem Vater geraten* take after his/her father

Geratter, *sub, n, -s, -e* clatter

Geräucherte, *sub, n, -n, -* smoked

geraum, *adj,* fairly long

Geräumigkeit, *sub, f, -, -* spaciousness; **geräumig** *adj,* spacious

gerben, *vt,* tan; **Gerberei** *sub, f, -, -en* tannery; **Gerbsäure** *sub, f, -, -n* tannic acid

gerecht, (1) *adj,* fair, just; *(unparteiisch)* impartial **(2)** *adv,* fairly; *einer Aufgabe gerecht werden* cope with a task; *gerecht teilen* share sth out fairly; **Gerechtigkeit** *sub, f, -, -* fairness, justice

Gerede, *sub, n, -s, -* rumour, talk; *(Gerüchte US)* rumor; *sie ist ins Gerede gekommen* people have started talking about her

geregelt, *adj,* orderly, regular

gereichen, *vi,* redound; *jmdm zur Ehre greichen* redound to so´s honour

Gereiztheit, *sub, f, -, -* irritability; **gereizt** *adj,* irritated; *(Athmosph.)* tense

gereuen, *vr,* regret

Geriatrie, *sub, f, -, nur Einz.* geriatrics; **Geriater** *sub, m, -s, -* geriatrician; **geriatrisch** *adj,* geriatric

Gericht, *sub, n, -es, -e (Gerichtsgebäude)* court; *(Jüngstes -)* Day of Judgement; *(jur.)* court; *(Mahlzeit)* dish; *Gericht halten* hold court; *vor Gericht aussagen* testify before a court; *vor Gericht bringen* take so to court; *vor Gericht stehen* be on trial; **gerichtlich** *adj,* judicial, legal; **~sarzt** *sub, m, -es, ärtzte* forensic pathologist; **~sbarkeit** *sub, f, -, -en* jurisdication; **~sbeschluss** *sub, m, -es, -üsse* court´s decision; **~sbezirk** *sub,* juridical district; **~sherr** *sub, m, -s, -en* court official; **~shof** *sub, m, -es, -höfe* court of justice; **~smedizin** *sub, f, -, -er* forensic medicine; **~sort** *sub, m, -s, -e* domicile; **~ssaal** *sub, m, -s, säle* courtroom; **~sstand** *sub, m, -es, -stände* legal domicile; **~sverfahren** *sub, n, -s, -* court procedure, legal proceedings; *(Strafverf.)* trial; *ein Gerichtsverfahren einleiten gegen* institute legal proceedings against; **~sverhandlung** *sub, f, -, -en* judicial hearing; *(Strafverf.)* trial; **~svollzieher** *sub, m, -s, -* bailiff; *(US)* marshal; **~sweg** *sub, m, -s, -e* by legal action

gerieben, *adj,* sly

gerieren, *vr, (geh.)* behave as

gering, (1) *adj,* little, minor, slight, small **(2)** *adj, adv,* low; *geringe Kenntnisse* little knowledge; *geringe Chancen* minor prospects; *mit geringer Verspätung* with a slight delay, *eine geringe Meinung haben von* have a low opinion of; **~er** *adj,* less, lower; *(als)* less than; *in geringerem Maße* to a lesser extent; *kein geringerer als* no less than; **~fügig** *adj,* minor, slight; **~haltig** *adj,* low-grade; **~ste** *adj,* least, slightest; *das ist meine geringste Sorge* that´s the least of my worries; *die geringste Kleinigkeit* the least little thing; *nicht im geringsten* not in the least; *er hat nicht*

die geringste Ahnung he hasn´t got the slightest idea; *wir haben nicht die geringste Aussicht* we haven´t got the slightest chance
Geringschätzung, *sub, f, -, -en* contempt, disdain
gerinnen, *vi,* clot; *(Milch)* curdle; *(i. ü. S.) jmdm das Blut in den Adern gerinnen lassen* make so´s blood curdle; **Gerinnsel** *sub, n, -, -* clot; *(Blut-)* blood clot; **Gerinnung** *sub, f, -, -en* coagulation; *(Blut)* clotting
Gerippe, *sub, n, -s, -* framework, skeleton; *(dürrer Mensch)* bag of bones
gerissen, *adj, (schlau)* crafty, shrewd
germanisieren, *vt,* Germanize; **Germane** *sub, m, -n, -n* Germanin; **Germanentum** *sub, n, -s, nur Einz.* Germanic; **Germanismus** *sub, m, -, -ismen* Germanism
Germanistik, *sub, f, -, nur Einz.* German philology; **Germanist** *sub, m, -en, -en* Germanist; **Germanistin** *sub, f, -, -en* Germanist; **germanistisch** *adj,* German philological; **Germanium** *sub, n, -s, nur Einz. (chem.)* germanium
gern, *adv,* gladly, willingly; *es wird gern gekauft* it sells well; *ich helfe gerne* I´ll be glad to help; *~ gesehen adj, (sein)* be welcome
Geröchel, *sub, n, -s, -* stertorous breathing
gerochen, *vi,* smelled
Geröll, *sub, n, -es, -e (geol.)* debris, detritus; *~halde sub, f, -, -n* scree; *~schutt sub, m, -s, -* rubble
Gerontologie, *sub, f, -, nur Einz.* gerontology; **Gerontologe** *sub, m, -n, -n* gerontologist
Gerste, *sub, f, -, -n* barley; *~nkorn sub, n, -es, -körner* barleycorn; *(med.)* stye; *~nsaft sub, m, -es, -* beer; *~nsuppe sub, f, -, -n* barley soup
Gerte, *sub, f, -, -n* switch; **gertenschlank** *adj,* very slender
Geruch, *sub, m, -es, -rüche* smell; *(Duft)* scent; *(übler)* odour; **ge-**

ruchlos *adj,* odourless; *(Seifen etc.)* unscented; *~sorgan sub, n, -es, -e* olfactory organ; *~ssinn sub, m, -es, -* olfactory sense
Gerücht, *sub, n, -es, -e* rumour; *(US)* rumor; *es geht das Gerücht, dass* there´s a rumour that; *es kursiert das Gerücht* the story goes; **gerüchtweise** *adj,* from hearsay; *ich habe es nur gerüchteweise gehört* I know it from hearsay
geruhen, *vr,* deign to; **geruhsam** *adj,* peaceful; *(gemütlich)* leisurely; **Geruhsamkeit** *sub, f, -, -en* peace
Gerümpel, *sub, n, -s, -* junk
Gerundium, *sub, n, -s, Gerundien (Sprachw.)* gerund
Gerüst, *sub, n, -es, -e (i. ü. S.)* framework; *(Bau)* scaffolding; *~bauer sub, m, -s, -* scaffolder
Gesabber, *sub, n, -s, -* dribbling
gesamt, *adj,* complete, total, whole; **Gesamtausgabe** *sub, f, -, -n (Buch)* complete edition; *(Geld)* total expenditure; **Gesamtgewinn** *sub, m, -es, -e* total proceeds; **Gesamtheit** *sub, f, -, -* whole; **Gesamtkunstwerk** *sub, n, -es, -e* total art work; **Gesamtschule** *sub, f, -, -n* comprehensive school; **Gesamtsieger** *sub, m, -s, nur Einz.* final winner; **Gesamtsumme** *sub, f, -, nur Einz.* total amount
Gesandte, *sub, m, -n, -n* envoy; **Gesandtschaft** *sub, f, -, -en* legation
Gesang, *sub, m, -es, -sänge* singing; *(als Fach)* voice; *~buch sub, n, -es, -bücher* songbook; *(kirchl.)* hymnbook; **~lehrer** *sub m, -s, -* singing teacher; *~schule sub, f, -, -n* singing school; *~skunst sub, f, -, -künste* art of singing; *~verein sub, m, -s, -e* choir; *(US)* glee club
Gesäß, *sub, n, -es, -e* buttocks; *~muskel sub, m, -s, -n* gluteal muscle; *~tasche sub, f, -, -n* back

pocket
gesättigt, *adj,* full; *(chem.)* saturated
Gesause, *sub, n, -s, -* whistling; *(schnell bewegen)* rush
Gesäusel, *sub, n, -s, -* whisper
Geschädigte, *sub, m, f, -n, -n* injured party
Geschäft, *sub, n, -es, -e* business; *(Handel)* trade; *(Laden)* shop; *(Laden, US)* store; *(Transaktion)* transaction; *Geschäft ist Geschäft* business is business; **geschäftig** *adj,* busy; **~igkeit** *sub, f, -, -en* activity; **geschäftlich** *adj,* business; *eine geschäftliche Angelegenheit* business matter; **~sabschluss** *sub, m, -es, -üsse* transaction; **~sführung** *sub, f, -, nur Einz.* management; **~sgeheimnis** *sub, n, -es, -e* trade secret; **~sjahr** *sub, n, -s, -e* business year; *(polit.)* financial year; **~sleitung** *sub, f, -, -en* manager; *(Partei)* party chairman; *(Verein)* secretary; **~smann** *sub, m, -es, -männer* businessman; **~sordnung** *sub, f, -, nur Einz.* agenda, procedure; *(Parl.)* standing orders; **~sschluss** *sub, m, -es, nur Einz.* closing time; **~sstelle** *sub, f, -, -n* branch, office; **~sträger** *sub, m, -s, -* representative; **geschäftstüchtig** *adj,* efficient
gescheckt, *adj,* spotted
Geschehen, (1) *sub, n, -s, -* event (2) **geschehen** *vi,* happen; *(getan werden)* be done; *(stattfinden)* take place; *er wußte nicht, wie ihm geschah* he didn´t know what´s happening to him; *es wird dir nichts geschehen* nothing will happen to you; *geschehen lassen* let sth happen; *was geschieht, wenn* what happens if; *es muss etwas geschehen* something must be done; **Geschehnis** *sub, n, -es, -se* incident
Gescheitheit, *sub, f, -, -* cleverness; **gescheit** *adj,* bright, clever; *(vernünftig)* sensible
Geschenk, *sub, n, -es, -e* gift, present
Geschichte, *sub, f, -, -n* story; *(Angelegenheit)* affair; *(Märchen)* tale; *(Wissenschaft)* history; *(zu Sache/Person)* story; *in die Geschichte eingehen* go down in history; *immer dieselbe alte Geschichte* it´s always the same old story; **geschichtlich** *adj,* historic, historical; **Geschichtsunterricht** *sub, m, -s, nur Einz.* history lessons; **Geschichtswissenschaft** *sub, f, -, nur Einz.* history
Geschick, *sub, n, -s, -e (Begabung)* talent; *(Schicksal)* fate; **~lichkeit** *sub, f, -, -en* skill; **geschickt** *adj,* skillfull; *(fingerfertig)* dexterous
Geschiebe, *sub, n, -s, -* pushing
Geschimpfe, *sub, n, -s, -* ranting and raving
Geschirr, *sub, n, -es, -e* crockery, pots and pans; *(Handel)* kitchenware; *(Küchen-)* kitchen things; *(Pferde)* harness; *(Porzellan)* china; **~schrank** *sub, m, -es, -änke* cupboard; **~spülmaschine** *sub, f, -, -n* dishwasher; **~tuch** *sub, n, -es, -tücher* tea-towel; *(US)* dish towel
Geschlabber, *sub, n, -s, - (Essen)* lobbering; *(Kleidung)* slopping
geschlagen, (1) *adj,* defeated (2) *vr, (sich - geben)* give in
Geschlecht, *sub, n, -es, -e oder -er* sex; *(Familie)* family; *(Fürsten-)* dynasty; *(Sprachw.)* gender; *das andere Geschlecht* the opposite sex; *das schöne Geschlecht* the fair sex; *das starke Geschlecht* the strong sex; **geschlechtlich** *adj,* sexual; *mit jmdm geschlechtlich verkehren* have sexual intercourse with so; **~skrankheit** *sub, f, -, -en* venereal disease, VD; **~sreife** *sub, f, -, -* sexual maturity; **~strieb** *sub, m, -es, -e* sexual drive; **~sumwandlung** *sub, f, -, -en* sex change; **~sverkehr** *sub, m, -s, -* sexual intercourse; **~swort** *sub, n, -es, -wörter (Sprachw.)* article
geschliffen, *adj,* polished; *(Ma-*

nieren) refined

Geschlinge, *sub, n, -s, - (Tiere)* entrails

geschlossen, *adj,* closed; *(einheitlich)* uniform; *eine geschlossene Front bilden* form a united front; *geschlossen hinter jmdm stehen* be solidly behind so; *geschlossene Gesellschaft* private party; *geschlossene Ortschaft* built-up area

Geschluchze, *sub, f, -n, -er* sobbing

Geschmack, *sub, m, -es, -* taste; *es ist nicht jedermanns Geschmack* it´s not everyone´s taste; *ist es nach deinem Geschmack?* is it your taste?; *jeder nach seinem Geschmack* everyone to his own taste; *keinen Geschmack haben* have no taste; **geschmacklos** *adj,* tasteless; *(taktlos)* tactless; **~ssache** *sub, f, -, -n* matter of taste; **geschmackvoll** *adj,* tastefull; *(Stil)* stylish

Geschmeichel, *sub, n, -s, -* flattery

Geschmeide, *sub, n, -s, -* jewellery; *(US)* jewelry; **geschmeidig** *adj,* smooth; *(Körper)* lithe; *(Leder)* soft

Geschmeiß, *sub, n, -es, - (i. ü. S.)* vermin

Geschmetter, *sub, n, -es, -* flourish of trumpets; *(abw.)* blaring

Geschmunzel, *sub, n, -s, -* smirking

Geschnatter, *sub, n, -s, - (i. ü. S.)* chattering; *(Gänse)* cackling

Geschnörkel, *sub, n, -, nur Einz.* curlicues

Geschnüffel, *sub, n, -s, -* sniffling; *(i. ü. S.)* snooping around

Geschöpf, *sub, n, -es, -e* creature; *armes Geschöpf* poor creature

Geschoss, *sub, n, -es, -e* floor, projectile; *(Rakete)* missile; **~bahn** *sub, f, -, -en* trajectory; **~hagel** *sub, m, -s, nur Einz.* hail of bullets

geschraubt, *adj,* bolted; *(Stil)* stilted

Geschrei, *sub, n, -s, -* shouting; *(Aufhebens)* fuss; *(stärker)* screaming

Geschreibsel, *sub, n, -s, -* scribblings

Geschütz, *sub, n, -es, -e* heavy guns; **~rohr** *sub, n, -es, -e* gun pipe

Geschwader, *sub, n, -s, - (mil.)* squa-

-iron

Geschwafel, *sub, n, -s, -* drivel

Geschwätz, *sub, n, -es, -* prattle; **geschwätzig** *adj,* gossipy, talkative

geschweige, *konj, (- denn)* let alone, never mind

Geschwindigkeit, *sub, f, -, -en* speed; **geschwind (1)** *adj,* fast **(2)** *adv,* quickly; **~sbegrenzung** *sub, f, -, -en* speed limit; **~sbeschränkung** *sub, f, -, -en* speed limit; **~smesser** *sub, m, -s, -* speedometer; **~süberschreitung** *sub, f, -, -en* speeding

Geschwister, *sub, n, -s, nur Mehrz.* brothers and sisters; *(jur.)* siblings; **geschwisterlich** *adj,* brotherly, sisterly

geschwollen, *adj,* swollen

Geschworener, *sub, m, -n, -n (jur.)* member of the jury

geschwungen, *adj,* curved

Geschwür, *sub, n, -s, -e (med.)* ulcer

gesegnet, *adj,* blessed

Geselle, *sub, m, -n, -n (Bursche)* lad; *(Handwerker)* journeyman

gesellen, *vr,* join so; **gesellig** *adj,* sociable; *geselliges Beisammensein* get-together; **Geselligkeit** *sub, f, -, -en* sociability, socializing

Gesellschaft, *sub, f, -, -en* company, society; *jmdm Gesellschaft leisten* keep so company; *sich in guter Gesellschaft befinden* be in good company; *die feine Gesellschaft* high society; *gute/schlechte Gesellschaft* good/bad company; **gesellschaftlich (1)** *adj,* social **(2)** *adv,* social; *gesellschaftliche Entwicklung* development of society; *gesellschaftlich gewandt* move easily in society; **~sanzug** *sub, m, -es, nur Einz.* formal suit; **~sspiel** *sub, n, -s, -e* party game; **~stanz** *sub, m, -es, -tänze* ballroom dance

Gesetz, *sub, n, -es, -e* law, principle, rule; *gegen das Gesetz*

against the law; *im Namen des Gesetzes* in the name of the law; *nach dem Gesetz* under the law; *sich etwas zum obersten Gesetz machen* make sth a cardinal rule; ~**buch** *sub, n, -es, -bücher* code of law, statute book; ~**entwurf** *sub, m, -es, -würfe (parl.)* bill; ~**estext** *sub, m, -es, -e* wording of the law; ~**esübertretung** *sub,* offence; *(US)* offense; ~**esvorlage** *sub, f, -, -n* bill; ~**eswerk** *sub, n, -es, -e* body of law; **gesetzgebend** *adj,* legislative; ~**geber** *sub, m, -, nur Einz.* legislator; ~**gebung** *sub, f, -, -en* legislation; **gesetzlos** *adj,* anarchic, lawless; **gesetzmäßig** *adj,* legal; *(Anspruch)* legitimate; **gesetzwidrig** *adj,* illegal

Gesetztheit, *sub, f, -, -en* staidness; **gesetzt (1)** *adj, (reif)* mature; *(würdig)* dignified **(2)** *konj, (- den Fall)* let´s assume, suppose

Gesicht, *sub, n, -es, -er* face; *das Gesicht verlieren* lose face; *den Tatsachen ins Gesicht sehen* face the facts, face the facts; *der Gefahr ins Gesicht sehen* face up to a danger; *jmdm gerade ins Gesicht sehen* look so in the eye; *mach nicht so ein dummes Gesicht* dont´t look so stupid; ~**sausdruck** *sub, m, -es, -drücke* facial expression; ~**sfarbe** *sub, f, -, -n* complexion; ~**sfeld** *sub, n, -es, -er (opt.)* range of vision; ~**spunkt** *sub, m, -es, -e* point of view; ~**szug** *sub, m, -es, -züge* features

Gesims, *sub, n, -es, -e* molding, moulding; *(Fenster)* sill

Gesinde, *sub, n, -s, -* servant; ~**stube** *sub, f, -, -n* servant´s room

Gesindel, *sub, n, -s, -* rabble

Gesinnung, *sub, f, -, -en* convictions; **gesinnt** *adj,* minded, oriented; *ein Gesicht machen* pull a face

gesittet, *adj,* civilized, well-behaved

Gesöff, *sub, n, -es, -e (abw.)* muck

gesondert, *adj,* separate

gesotten, *adj,* boiled

gespalten, *adj,* divided, split

Gespann, *sub, n, -es, -e* team; *ein ideales Gespann* make a perfect team

Gespanntheit, *sub, f, -, -en* expectation, tension

gespenstern, *vi,* ghosting; **Gespenst** *sub, n, -es, -er* ghost; *wie ein Gespenst aussehen* look like a ghost; **gespenstisch** *adj,* ghostly

Gespiele, *sub, m, -s, nur Einz.* playmate

Gespinst, *sub, n, -es, -e* spun yarn; *(Gewebe)* web

Gespött, *sub, n, -es, nur Einz.* mockery; *zum Gespött der Leute werden* become a laughing stock

Gespräch, *sub, n, -es, -e* conversation, talk; *das Gespräch bringen auf* bring the conversation round to; *ein Gespräch führen mit* have a conversation with; *ins Gespräch kommen mit* get into conversation with; *Gespräche führen* have talks; **gesprächig** *adj,* communicative; *sie ist nicht sehr gesprächig* she doesn´t say much

gesprenkelt, *adj,* speckled

Gespür, *sub, n, -s, nur Einz.* feeling, sense

Gestade, *sub, n, -s, - (dichter.)* shore

gestalten, (1) *vr, (sich)* take shape **(2)** *vt,* arrange, create, decorate, design, form, shape; **Gestalterin** *sub, f, -, -en* designer, organizer; **gestalthaft** *adj,* in the shape of; **Gestaltung** *sub, f, -, -en* arrangement, creation, organisation

Gestammel, *sub, n, -s, nur Einz.* stammering

gestanden, *adj, (-er Mann)* confessed, man who has made it in life; **geständig** *adj, (sein)* have confessed; **Geständnis** *sub, n, -es, -e* confession; *ein Geständnis ablegen* make a confession

Gestänge, *sub, n, -s, -* struts

Gestapo, *sub, f, -, nur Einz.* Gestapo

gestatten, *vt,* allow, permit; *Fotografieren nicht gestattet* no photographs; *gestatten Sie, dass ich rauche?* do you mind my smoking?; *jmdm etwas gestatten* allow so to do sth

Geste, *sub, f, -, -n* gesture; *Geste der Versöhnung* conciliatory gesture

gestehen, *vt*, admit; *(jur.)* confess

Gestein, *sub, n, -es, -e* rock, stone; ~**sart** *sub, f, -, -en* type of rock

Gestell, *sub, n, -es, -e* rack; *(Regal)* shelves; *(Ständer)* stand

gestern, *adv*, yesterday; *(i. ü. S.) er ist nicht von gestern* he wasn´t born yesterday; *gestern früh* yesterday morning

gestiefelt, *adj*, in boots; *der gestiefelte Kater* Puss-in-Boots; *gestiefelt und gespornt* ready and waiting

gestielt, *adj*, stemmed; *(bot.)* stalked

gestikulieren, *vi*, gesticulate; **Gestik** *sub, f, -, nur Einz.* gesture; **Gestikulation** *sub, f, -, -en* gesticulation

Gestimmtheit, *sub, f, -, -en* mood

Gestirn, *sub, n, -es, -e* star; *(Sternbild)* constellation; **gestirnt** *adj*, starry

gestisch, *adj*, gesticulative

Gestöber, *pron*, drift

Gestotter, *sub, n, -s, nur Einz.* stuttering

Gesträuch, *sub, n, -es, -e* shrubbery

gestreng, *adj*, strict

gestrig, *adj*, yesterday´s; *am gestrigen Tag* yesterday; *gestriges Schreiben* our letter of yesterday

Gestrüpp, *sub, n, -es, -e* scrub

Gestühl, *sub, n, -es, -e* chairs, seats; *(Chor)* stalls

Gestümper, *sub, n, -s, -* bungling

Gestus, *sub, m, -, nur Einz. (charakt.)* expression

Gestüt, *sub, n, -es, -e* stud farm; ~**hengst** *sub, m, -es, -e* stallion; ~**pferd** *sub, n, -es, -e (Stute)* stud mare; ~**sbrand** *sub, m, -es, -brände* stud brand

Gesuch, *sub, n, -es, -e* petition; ~**theit** *sub, f, -, -en* be demanded

Gesudel, *sub, n, -s, nur Einz.* scrawl

gesunden, *vi*, recover; **gesund** *adj*, healthy; *(Firma, Ansichten, Instinkt)* sound; *gesunde Nahrung* healthy food; *gesunder Menschenverstand* sound common sense; **Gesundbeter** *sub, m, -s, -* faith healer; **Gesundbrunnen** *sub, m, -s, -* fountain of youth; **Gesundheit** *sub, f, -, nur Einz.* health; *bei bester Gesundheit* in the best of health; *beim Niesen: Gesundheit* bless you; **Gesundheitsamt** *sub, n, -es, -ämter* health centre; *(US)* health center; **Gesundheitspflege** *sub, f, -, -n* health care; **Gesundheitswesen** *sub, n, -s, nur Einz.* health service; **Gesundheitszeugnis** *sub, n, -es, -e* health certificate; **gesundstoßen** *vr, (ugs.)* make a packet; **Gesundung** *sub, f, -, nur Einz.* recovery

Getäfel, *sub, n, -s, -* panelling; *(US)* paneling; **getäfelt** *adj*, panelled

getauft, *adj*, be baptized

Getaumel, *sub, n, -s, -* swaying

Getier, *sub, n, -es, nur Einz.* animals; *(Insekten u. Kleint.)* creatures

getigert, *adj*, striped

Getöse, *sub, n, -s, nur Einz.* roar

Getränk, *sub, n, -es, -e* drink

getrauen, *vr, (sich)* dare to do sth

Getreide, *sub*, grain; ~**feld** *sub, n, -es, -er* cornfield; *(US)* grainfield

getrennt, *adj*, separate

getreu, *adj*, faithful, loyal

getrieben, *adj*, chased, embossed; *(Metall)* embossed

getrost, *adj*, easily, safely; *man kann getrost behaupten, dass* one can safely say that

gettoisieren, *vt*, put in ghetto; **Getto** *sub, n, -s, -s* ghetto

Getue, *sub, n, -s, nur Einz.* fuss

Getümmel, *sub, n, -s, -* tumult

geübt, *adj*, experienced, trained

Gevatter, *sub, m, -s, -n (veraltet)* godfather, godmother

gevierteilt, *adj*, devided in four

gewachsen, *adj*, be equal to

something; **Gewächs** *sub, n, -es, -e* plant; **Gewächshaus** *sub, n, -es, - häuser* greenhouse

gewachst, *adj,* covered with wax

gewagt, *adj,* daring

gewahr, *adj, (- werden)* notice, realize

gewahren, *vi,* notice, realize

gewähren, *vt,* allow, grant; *jmdm einen Aufschub gewähren* grant sb a period of grace; **Gewährsmann** *sub, m, -es, -männer* authority

Gewalt, *sub, f, -, -en (durch Amt)* authority; *(Gewaltanwendung)* violence; *(Herrschaft)* control; *(Macht)* power; *etwas mit Gewalt öffnen* force sth open; *Gewalt anwenden* use violence; *jmdn/Land in seine Gewalt bekommen* bring sb/a country under so´s control; *Kontrolle verlieren* lose control; **~enteilung** *sub, f, -, -en (polit.)* separation of powers; **~herrschaft** *sub, f, -, -en* despotism, tyranny

gewaltig, *adj,* enormous, gigantic, powerful, tremendous, violent; *ein gewaltiger Schlage* powerful blow; *gewaltige Leistung* tremendous achievement; **Gewaltigkeit** *sub, f, -, -* vehemence; **Gewaltlosigkeit** *sub, f, -, nur Einz. (als Prinzip)* nonviolence; **Gewaltmarsch** *sub, m, -es, -märsche* forced march; **Gewaltmensch** *sub, m, -en, -en* brutal person; **gewaltsam** *adj,* violent; **Gewaltschuss** *sub, m, -es, -üsse (Fußb.)* rocket; **gewalttätig** *adj,* violent; **Gewaltverzicht** *sub, m, - es, nur Einz.* renunciation of force

gewanden, *vr, (sich)* dress; **Gewand** *sub, n, -es, -wänder* garment; *(wallend)* robe; *(i. ü. S.) erscheint im neuen Gewand* has had a facelift; **Gewandhaus** *sub, n, -es, -häuser (veraltet)* warehouse for clothtrading

Gewandtheit, *sub, f, -, -en* agility, efficiency, skill; **gewandt** *adj,* clever, efficient; *(flink)* quick; *(geschickt)* skilful

gewärtigen, *vi,* reckon with

Gewäsch, *sub, n, -es, -* twaddle

Gewässer, *sub, n, -s, -* stretch of water

Gewebe, *sub, n, -s, - (i. ü. S.)* web; *(med.)* tissue; *(Stoff)* fabric; **~breite** *sub, f, -, -n* broadth of fabrics

Gewehr, *sub, n, -es, -e* gun, rifle; **~kolben** *sub, m, -s, -* rifle butt

Geweih, *sub, n, -es, -e* antlers

geweiht, *adj,* consecrated; *(Priester)* ordained

Gewerbe, *sub, n, -es, -* business; *(Handel, Handwerk)* trade; **~aufsicht** *sub, f, -, nur Einz.* trade supervisory; **~freiheit** *sub, f, -, -en* freedom of trade; **gewerbetreibend** *adj,* trading; **~zweig** *sub, m, -s, -e* branch of industry; **gewerblich (1)** *adj,* commercial, industrial **(2)** *adv,* commercial; *gewerbliche Räume* business premises, *gewerblich genutzt* for commercial purposes; **gewerbsmäßig** *adj,* professional

Gewerkschaft, *sub, f, -, -en* trade union

gewiegt, *adj, (schaukeln)* rocked into sleep

Gewieher, *sub, n, -s, nur Einz.* neighing

gewillt, *sub,* willing

Gewimmel, *sub, n, -s, -* bustle

Gewimmer, *sub, n, -s, nur Einz.* whimpering

Gewinde, *sub, n, -es, - (tech.)* thread; **~gang** *sub, m, -s, -gänge* turn of a thread

Gewinn, *sub, m, -s, -e (Lotterie)* prize; *(Spiel)* winnings; *(Wahl)* gains; **~ bringend** *adj,* profitable; **~anteil** *sub, m, -s, -e* share in the profits; **~beteiligung** *sub, f, -, -en* profit sharing; **~chance** *pron,* chances of winning

gewinnen, (1) *vi, (als Gewinner)* win **(2)** *vt,* win; *(Altmaterial)* reclaim from; *(Bergbau)* win; *(i. ü. S.; Einblick, Eindruck)* gain; *(Vorteil, Vorsprung)* gain; *jmdn für sich gewinnen* win so over;

jmds Herz gewinnen win so´s heart; **~d** *adj*, winning; **Gewinner** *sub*, *m*, *-s*, *-* winner; **Gewinnnummer** *sub*, winning number; **Gewinnquote** *sub*, *f*, *-*, *-n* profit margin; **Gewinnspanne** *sub*, *f*, *-*, *-n* trade margin; **Gewinnsucht** *sub*, *f*, *-*, *nur Einz*. profit-seeking
Gewinnung, *sub*, *f*, *-*, *nur Einz*. extraction; *(Neuland)* reclamation
Gewinsel, *sub*, *n*, *-s*, *nur Einz*. whining
Gewirr, *sub*, *n*, *-s*, *nur Einz*. maze, tangle; *(Durcheinander)* confusion
Gewisper, *sub*, *n*, *-s*, *-er* whispering
Gewissen, *sub*, *n*, *-s*, *nur Einz*. conscience; *das kannst du mit gutem Gewissen behaupten* you can say that with a safe conscience; *ein reines Gewissen* a clear conscience; *ihn plagt sein schlechtes Gewissen* he´s got a bad conscience; *jmdm ins Gewissen reden* have a serious talk with so; *jmdn/etwas auf dem Gewissen haben* have so/sthon one´s conscience; **gewissenhaft** *adj*, conscientious; **gewissenlos** *adj*, unscrupulous; *(verantwortungslos)* irresponsible
gewissermaßen, *adv*, in a way, to a certain extent
Gewissheit, *sub*, *f*, *-*, *-er* assurance, certainty; *mit Gewissheit* for certainty; *zur Gewissheit werden* become certainty
gewisslich, *adv*, certainly
Gewitztheit, *sub*, *f*, *-*, *nur Einz*. shrewdness
Gewogenheit, *sub*, *f*, *-*, *nur Einz*. affection, good-will
gewöhnen, *vti*, get used to; **Gewohnheit** *sub*, *f*, *-*, *-en* habit; *aus Gewohnheit* out of habit; *es ist seine Gewohnheit* it is a custom with him; *ich komme aus der Gewohnheit nicht heraus* I can´t break the habit; *jmdm zur Gewohnheit werden* become a habit; *sich etwas zur Gewohnheit machen* make sth a habit; **gewohnheitsmäßig** *adj*, habitual; **Gewohnheitstier** *sub*, *n*, *-s*,

nur Einz. creature of habit; **Gewohnheitstrinker** *sub*, *m*, *-s*, *-* habitual drinker; **gewöhnlich** *adj*, ordinary, usual; *(durchschnittlich)* average; *(herkömmlich)* conventional; *(unfein)* common; *der gewöhnliche Sterbliche* we ordinary mortals; *unter gewöhnlichen Umständen* under ordinary circumstances; *ein gewöhnliches Aussehen haben* look common
Gewöhnung, *sub*, *f*, *-*, *-er* adaption; *(Drogen)* addiction to; *(med.)* becoming habituated to; **gewohnt** *adj*, familiar, usual; *zu gewohnter Stunde* at the usual time; *auf gewohnte Weise* the usual way; *zu gewohnter Stunde* at the usual time
Gewölbe, *sub*, *n*, *-es*, *-* vault; **~bogen** *sub*, *m*, *-s*, *-bögen* arch of the vault; **gewölbt** *adj*, arched, vaulted; *(tech.)* convex
Gewölk, *sub*, *n*, *-es*, *nur Einz*. clouds
Gewühl, *sub*, *m*, *-es*, *nur Einz*. turmoil; *(Menschen-)* crowd
gewürfelt, *adj*, checked
Gewürm, *sub*, *n*, *-s*, *-e* wormer
Gewürz, *sub*, *n*, *-es*, *-e* spice; **~gurke** *sub*, *f*, *-*, *-n* gherkin; *(US)* pickle
Geysir, *sub*, *m*, *-s*, *-e* geyser
gezackt, *adj*, jagged; *(bot.)* serrated
gezahnt, *adj*, toothed; *(bot.)* dentate; *(Briefmarke)* perforated
Gezappel, *sub*, *n*, *-s*, *nur Einz*. fidgeting
gezeichnet, *adj*, drawn; *(Gesicht)* marked; *(unterschrieben)* signed; *von der Krankheit gezeichnet* the illness has left its mark
Gezeit, *sub*, *f*, *-*, *-en* tide
Geziefer, *sub*, *n*, *-s*, *-* *(Tiere)* small creature
gezielt, *adj*, *(i. ü. S.)* selective; *(Bemerkung)* pointed; *(Frage)* specific; *(Schuss)* well-aimed

geziemen, (1) *adv*, befit (2) *vi*, befit (3) *vr*, *(sich)* ist is considered proper

Geziertheit, *sub*, *f*, -, *nur Einz.* affection; **geziert** *adj*, affected

Gezische, *sub*, *n*, -*s*, *nur Einz.* whispering

Gezweig, *sub*, *n*, -*s*, *nur Einz.* twigs

Gezwitscher, *sub*, *n*, -*s*, *nur Einz.* chirping

gezwungenermaßen, *adv*, be forced to do sth

Ghostwriter, *sub*, *m*, - *oder* -*s*, - *oder* -*s* ghostwriter

Gibbon, *sub*, *m*, -*s*, -*s* *(zool.)* gibbon

Gicht, *pron*, *(med.)* gout; **~knoten** *sub*, *m*, -*s*, - chalkstone

Giebel, *sub*, *m*, -*s*, - gable; *(Zier-)* pediment; **giebelig** *adj*, gabled

gieren, *vi*, *(nach)* crave for; **Gier** *sub*, *f*, -, *nur Einz.* greed; *(nach Essen)* craving; **gierig** (1) *adj*, greedy (2) *adv*, greedily

gießen, *vt*, pour; *(Blumen)* water; *(Gußstücke)* cast; *(verschütten)* spill; *es gießt* it´s pouring; **Gießerei** *sub*, *f*, -, -*en* foundry

Gießkanne, *sub*, *f*, -, -*n* watering-can

Gift, *sub*, *n*, -*es*, -*e* poison; *(chem.)* toxin; *das ist Gift für die Beziehung* that could kill off relations; *das ist reinstes Gift für ihn* that´s sheer poison for him; **~gas** *sub*, *n*, -*es*, -*e* poison gas; **giftig** *adj*, poisonous; *(bösartig)* vivicious; *(chem.)* toxic; **~mischer** *sub*, *m*, -*s*, - poison brewer; **~mord** *sub*, *m*, -*s*, -*e* murder by poisoning; **~müll** *sub*, *m*, -*s*, *nur Einz.* toxic waste; **~pflanze** *sub*, *f*, -, -*n* poisonous plant; **~pilz** *sub*, *m*, -*es*, -*e* poisonous mushroom; **~schlange** *sub*, *f*, -, -*n* poisonous snake; *(i. ü. S.)* old shrew; **~schrank** *sub*, *m*, -*s*, -*schränke* poison cabinet; **~stachel** *sub*, *m*, -*s*, -*n* poison sting; *(Fische)* vonomous spine; **~zahn** *sub*, *m*, -*s*, -*zähne* poison fang; **~zwerg** *sub*, *m*, -*s*, -*e* nasty little man

Gig, *sub*, *n*, -*s*, -*s* gig

Gigant, *sub*, *m*, -*en*, -*en* giant; *Giganten der Politik* political giants; **gigantisch** *adj*, gigantic; **~ismus** *sub*, *m*, -*s*, *nur Einz.* gigantism; **~omanie** *sub*, *f*, -, *nur Einz.* megalomania

Gigolo, *sub*, *m*, -*s*, -*s* gigolo

gilben, *vt*, go yellow

Gilde, *sub*, *f*, -, -*n* guild; **~meister** *sub*, *m*, -*s*, - master of the guild; **~nhalle** *sub*, *f*, -, -*n* guildhall; **~nschaft** *sub*, *f*, -, *nur Einz.* guild

Gimpel, *sub*, *m*, -*s*, - *(einfältiger Mensch)* ninny; *(Vogel)* bullfinch

Gin, *sub*, *m*, -*s*, -*s* gin

Ginger, *sub*, *n*, -*s*, - ginger

Ginseng, *sub*, *m*, -*s*, -*s* ginseng

Ginster, *sub*, *m*, -*s*, - *(bot.)* broom; *(Stech-)* gorse

Gipfel, *sub*, *m*, -*s*, - summit; *(Baum)* top; *(Berg)* peak; **~konferenz** *sub*, *f*, -, -*en* summit conference; **~kreuz** *sub*, *n*, -*e* cross on the summit of the mountain; **~punkt** *sub*, *m*, -*s*, -*e* highest point; *(i. ü. S.)* culmination

gipfeln, *vi*, culminate; *(Unruhen)* escalate

Gips, *sub*, *m*, -*es*, -*e* plaster; *(med.)* plaster; **~abdruck** *sub*, *m*, -*s*, -*drücke* plaster cast; **~abguss** *sub*, *m*, -*es*, -*güsse* plaster cast; **~bein** *sub*, *n*, -*s*, -*e* leg in plaster; **~verband** *sub*, *m*, -*es*, -*verbände* *(med.)* plaster cast

gipsen, *vt*, plaster

Giraffe, *sub*, *f*, -, -*en* giraffe

Girlande, *sub*, *f*, -, -*n* festoon

Girondist, *sub*, *m*, -*en*, -*en* girondist

Gischt, *sub*, *m*, -*es*, -*e* foam

Gitarre, *sub*, *f*, -, -*n* guitar; **Gitarrist** *pron*, guitarist; **Gitarristin** *sub*, *f*, -, -*nen* guitarist

Gitter, *sub*, *n*, *s*, - *(chem., phys.)* lattice; *(Drahtgeflecht)* grille; *(paralelle Stäbe)* bar; *(Spalier)* trellis

Glace, *sub*, *f*, -, -*s*, *schweiz.* -*n* *(schweiz.)* ice cream

Gladiator, *sub*, *m*, -*s*, -*en* gladiator

Gladiole, *sub*, *f*, -, -*n* *(bot.)* gladio-

la
Glamour, *sub, m,n, -s, nur Einz.* glamour; **~girl** *sub, n, -s, -s* glamourgirl
Glanz, *sub, m, -* brightness, shine;
~bürste *sub, f, -, -n* brush for polis-
hing
glänzen, *vi,* shine; *(Hosen etc.)* be
shiny; **~d** *adj,* bright, shining; *glänzende Idee* brilliant idea; *in glänzender Form* in top form; **glanzlos**
adj, dull; **Glanznummer** *sub, f, -,
-n* highlight; **Glanzpapier** *sub, n,
-s, -e* glazed paper; **glanzvoll** *adj,*
glittering
Glas, *sub, n, -es, Gläser* glass; *(Bril-
len-)* lens; **~auge** *sub, n, -s, -n* glass
eye; **~baustein** *sub, m, -s, -e* glass
brick; **~bläser** *sub, m, -s, -* glass
blower; **~bläserei** *sub, f, -, nur
Einz.* glass works; **~bläserin** *sub, f,
-, -nen* glass blower; **~er** *sub, m, -s,
-* glazier; **~erei** *sub, f, -, -en* gla-
zier´s workshop; **~haus** *sub, n, -es,
-häuser* greenhouse; *wer selbst im
Glashaus sitzt soll nicht mit Steinen werfen* people in glass houses
shouldn´t throw stones; **~hütte**
sub, f, -, -n glassworks; **glasig** *adj,*
glassy; *(Kochk.)* transparent; **glasklar** *adj,* crystal-clear; **~malerei**
sub, m, -, -en painting on glass;
~malerin *sub, f, -, -nen* painter;
~reiniger *sub, m, -s, -* glass cleaner; **~scheibe** *sub, f, -, -n* pane of
glass; **~schrank** *sub, m, -s, -schrän-
ke* glass cabinet; **~schüssel** *sub, f,
-, -n* glass bowl; **~splitter** *sub, m,
-s, -* splinter of glass
glasieren, *vt,* glaze; *(gastr.)* ice; **Glasur** *sub, f, -, -en (Backwerk)* icing;
(Backwerk, US) frosting; *(Keramik)*
glaze
Glasnost, *sub, f, -, nur Einz.* glasnost
glatt, *adj,* smooth; *(glitschig)* slippery; *(Haar)* straight; *(poliert)* polished; *(Straße)* icy; *glatte Landung*
smooth landing; *ein glatter Sieg*
straight win
glätten, **(1)** *vr,* subside **(2)** *vt,*
smooth down, smooth out; *(Holz)*

plane; **glatt rasiert** *adj,* clean-
shaven; **Glätte** *sub, f, -, nur Einz.*
smoothness; **Glatteis** *sub, n, -es,
nur Einz.* ice; *(i. ü. S.) aufs Glatteis geraten* skating on thin ice;
glatterdings *adv,* absolutely;
Glättung *sub, f, -, nur Einz.* subsiding
glattweg, *adj,* just like that
Glatze, *sub, f, -, -n* bald head; *fast
eine Glatze haben* thin on top;
Glatzkopf *sub, m, -s, -köpfe* bald
head; **glatzköpfig** *adj,* bald-headed
Glauben, **(1)** *sub, m, -s, (selten)*
belief **(2) glauben** *vti,* believe,
think, trust; *das glaube ich gerne*
I can well believe that; *es ist
kaum zu glauben* it´s hard to believe; *ich glaubte, er sei Arzt* I
believed he was a doctor; *ob du
es glaubst oder nicht* believe it or
not; *du kannst mir glauben* you
can take my word for it; *ich glaube schon* I think so; **~sbekennt-
nis** *sub, n, -nisses, -nisse* creed;
~sfreiheit *sub, f, -, -en* religious
freedom; **~ssatz** *sub, m, -es, -sät-
ze* dogma; **glaubensvoll** *adj,*
deeply religious; **glaubhaft** *adj,*
belevable, credible; **gläubig** *adj,*
religious; *(vertrauend)* faithful;
Gläubige *sub, m, f, -n, -n* believer; **Gläubiger** *sub, m, -s, -* believer; *(wirt.)* creditor; **Gläubigerin**
sub f, -, -nen creditor
Gläubigkeit, *sub, f, -, nur Einz.* religious faith; *(Vertrauen)* trustful-
ness; **glaubwürdig** *adj,*
plausible; *(Person)* trustworthy
Glazialzeit, *sub, f, -, -en* glacial period, ice age
gleich, **(1)** *adj,* same; *(egal)* it
doesn´t matter, it is all the same
to me; *(identisch)* equal, identical, same **(2)** *adv,* alike, equally;
(sofort) immediately, straight
away; *gleich alt* the same age; *es
ist ganz gleich wann und wo* it
doesn´t matter when and where;
dreimal zwei gleich sechs three

times two equals six; *gleiche Winkel* equal angles; *gleicher Lohn für gleiche Arbeit* equal pay for equal work; *gleiches Recht für alle* equal rights for all; *ich ging gleich hin* I went there straight away; *gleich und gleich gesellt sich gern* birds of a feather flock together, *alle Menschen gleich behandeln* treat everyone alike; *es muss nicht gleich sein* there is no immediate hurry; **~altrig** *adj*, of the same age

Gleichartigkeit, *sub, f, -, -(en)* homogenity; **gleichartig** *adj*, of the same kind

Gleichberechtigung, *sub, f, -, nur Einz.* equality; *(der Frau)* equal rights for women

gleichen, *vi*, be like, resemble

gleichentags, *adv*, at the same day

gleichermaßen, *adv*, equally

gleichfalls, *adv*, also, likewise; *gleichfalls* the same to you

gleichfarbig, *adj*, of the same colour; *(US)* of the same color

Gleichförmigkeit, *sub, f, -s, -en* steadiness, uniformity; *(Eintönigkeit)* monotony

Gleichgewicht, *sub, n, -, -e* balance; **~ssinn** *sub, m, -s, -e* sense of balance

Gleichgültigkeit, *sub, f, -, nur Einz.* indifference; **gleichgültig** *adj*, indifferent; *er ist mir gleichgültig* he means nothing to me; *es ist mir völlig gleichgültig* it's all the same to me; *sie war ihm gleichgültig* he was indifferent to her

Gleichheit, *sub, f, -, nur Einz.* equality; *(Einheitlichk.)* uniformity; *(Gleichartigk.)* homogenity; *(völlige)* identity

gleichkommen, *vi*, come up to

gleichläufig, *adj*, synchronized; **gleichlaufend** *adj*, parallel; *(tech.)* synchronos

gleichmachen, *vt*, make equal; **Gleichmacher** *sub, m, -s, -* egalitarian, leveller; *(US)* leveler

gleichmäßig, *adj*, even, regular, uniform

gleichmütig, *adj*, calm

gleichnamig, *adj*, of the same name

Gleichnis, *sub, n, -es, -se* parable

gleichrangig, *adj*, of equal importance; *(Beruf)* of equal rank

gleichschalten, *vt*, bring into line; *(tech.)* synchronize

gleichschenklig, *adj*, isosceles; *gleichschenkeliges Dreieck* isosceles triangle

Gleichschritt, *sub, m, -s, nur Einz.* in step

gleichsehen, *vi*, look like, resemble

gleichseitig, *adj*, *(mat.)* equilateral

gleichsetzen, *vt*, compare with, put on a level with; *(mat.)* equate

gleichstehen, *vi*, be on level with; **Gleichstand** *sub, m, -es, nur Einz. (spo.)* tie

Gleichstrom, *sub, m, -s, nur Einz.* direct current; *(Abk.)* DC

gleichviel, *adv*, all the same; *(ob)* no matter if

gleichwertig, *adj*, equivalent; *(ugs.)* equal

gleichwohl, *adv*, nevertheless

gleichzeitig, **(1)** *adj*, simultaneous **(2)** *adv*, at the same time

gleichziehen, *vi*, catch up; *(spo.)* draw even

Gleis, *sub, n, -es, -e* rails, track; *(i. ü. S.) auf ein falsches Gleis geraten* get onto the wrong track; *(i. ü. S.) auf ein totes Gleis schieben* put on shelf; *einfaches Gleis* single track

gleiten, *vi*, glide, slide; **Gleitfläche** *sub, f, -, -n* sliding surface; **Gleitflug** *sub, m, -s, -flüge* glide; **Gleitklausel** *sub, f, -, -n* escalator clause; **Gleitschiene** *sub, f, -s, -n* slide bar; **Gleitschutz** *sub, m, -es, nur Einz.* anti-skid protection; **gleitsicher** *adj*, non-skid

Glencheck, *sub, m, -s, -s* glencheck

Gletscher, *sub, m, -s, -* glacier; **~tor** *sub, n, -s, -e* mouth of a

glacier
Glied, *sub, n, -es, -er (Ketten-)* link;
(Körper-) limb; *(Penis)* penis; **gliederlahm** *adj,* worn-out; **~erpup-
pe** *sub, f, -, -n* jointed doll; **~ertier**
sub, n, -s, -e articulate
gliedern, (1) *vr, (sich)* be devided
into **(2)** *vt,* classify, structure; **Gliederung** *sub, f, -s, -en* classification,
structure
glimmen, *vi,* glow; **Glimmer** *sub,
m, -s, nur Einz.* mica; **Glimmstän-
gel** *sub, m, -es, -* smoke stick
glimpflich, (1) *adj,* lenient **(2)** *adv,*
leniently; *glimpflich davongekom-
men* get off lightly
glitschen, *vi,* slip; **glitscherig** *adj,*
slippery; *(schleimig)* slimy; **glitschig** *adj,* slippery
glitzern, *vi,* glitter
global, *adj,* general, global, overall;
Globalsumme *sub, f, -, -n* overall
amount; **Globetrotter** *sub, m, -, -*
globetrotter; **Globus** *sub, m, - und
-busses, Globen, neu auch -busse*
globe
Glorie, *sub, f, -, -n* glory; **~nschein**
sub, m, -s, -e halo
glorifizieren, *vt,* glorify; **Glorifikation** *sub, f, -, -en* glorification; **Glorifizierung** *sub, f, -, -en*
glorification; **glorios** *adj,* glorious;
glorreich *adj,* glorious
glossieren, *vt,* commentate on; *(be-
spötteln)* sneering comment; **Glossar** *sub, n, -s, -e* glossary; **Glosse**
sub, f, -, -n gloss
Glottis, *sub, f, Glottides* glottis
Glotzauge, *sub, n, -es, -n* goggle eye;
(med.) exophthalmos
glotzen, *vi,* stare; *(mit offenem
Mund)* gape; **Glotze** *sub, f, -, -n*
goggle-box
Glück, *sub, n, -s, -* luck; *(Glücksgefühl)* happiness; *ein großes Glück*
great luck; *mehr Glück als Verstand haben* have more luck than
judgement; *sein Glück versuchen*
try one´s luck; *unverdientes Glück*
an undeserved stroke of luck; *viel
Glück!* good luck!; *das häusliche*

Glück domestic bliss; *Glück haben* to ring the bell; *jeder ist seines Glückes Schmied* life is what
you make it
glucken, *vi,* cluck; **Glucke** *sub, f,
-, -en* mother hen
gluckern, (1) *vi,* gurgle **(2)** *vt,*
(Getränk) swill down
glücklich, *adj,* fortunate, happy,
lucky; *ein glücklicher Zufall* happy coincidence; *glücklich verheiratet* happily married; **~erweise**
adv, fortunately, luckily; **glücklos** *adj,* luckless; **glückselig** *adj,*
blissful; **Glücksfall** *sub, m, -s, -
fälle* stroke of luck; **Glücksgefühl** *sub, n, -s, -e* feeling of
happiness; *(kurzes)* blissful sensation; **Glücksgöttin** *sub, f, -, -
nen* goddess of fortune;
Glückskäfer *sub, m, -s, -* ladybird; **Glücksrad** *sub, n, -s, -räder*
wheel of fortune; **Glücksritter**
sub, m, -s, - soldier of fortune;
Glückssache *sub, f, -, nur Einz.*
matter of luck; **Glücksspiel** *sub,
n, -s, -e* game of chance; *(ugs.)*
gambling; **Glücksstern** *sub, m,
-s, -e* lucky star
glucksen, *vi,* gurgle; *(lachen)*
chuckle
glühen, *vi, (Berge)* glow; *(Gesicht)* burn; *(Metall)* be red-hot;
~d *adj,* glowing; *(Anhänger)* ardent; *(Kohlen)* live; **Glühlampe**
sub, f, -, -n electric light bulb;
Glühstrumpf *sub, m, -es, -
strümpfe* filament; **Glühwein**
sub, m, -s, -e mulled wine; **Glüh-
würmchen** *sub, n, -s, -* glow-
worm
Glukose, *sub, m, -, nur Einz.* glucose
Glupschauge, *sub, n, -, -n* goggle
eye
Glut *sub, f, -, nur Einz.* embers
Glykol, *sub, n, -s, -e* glycol
Gnade, *sub, f, -, -n* mercy; *(theol.)*
grace; *bei jmdm in hoher Gnade
stehen* be in so´s good graces;
jmdm auf Gnade oder Ungnade

ausgeliefert sein be at so´s mercy; **~nbeweis** *sub, m, -es, -e* show of mercy; **~nerlass** *sub, m, -es, -e, österr.* -*erlässe* amnesty; **~nfrist** *sub, f, -, (-en)* reprieve; **~ngesuch** *sub, n, -s, -e* plea for clemency; **gnadenlos** *adj,* merciless; **gnadenreich** *adj,* blessed; **gnädig** *adj,* gracious, lenient; *Gott sei ihm gnädig* God have mercy on him
Gneis, *sub, m, -es, -e* gneiss
Gnom, *sub, m, -en, -en* gnome
Gnostiker, *sub, m, -s, -* Gnostic
Gnu, *sub, n, -, -s* gnu
Gobelin, *sub, m, -s, -s* Gobelin, tapestry
Gockel, *sub, m, -s, -* cock
Go-go-Girl, *sub, n, -s, -s* go-go-girl
Goi, *sub, m, (-s), Gojim (jüdisch)* person who is not Jewish
Go-in, *sub, n, (-s), -s* go-in
Gold, *sub, n, -es, -* gold; *er hat ein Herz aus Gold* he´s got a heart of gold; *Gold gewinnen* win gold; *Gold in der Kehle haben* have a voice of gold; *sie ist nicht mit Gold zu bezahlen* she´s worth her weight in gold; **goldähnlich** *adj,* similar to gold; **~ammer** *sub, f, -, -n (zool.)* yellowhammer; **~barren** *sub, m, -s, -* gold ingot; **~barsch** *sub, m, -es, -e* ocean perch, rosefish; **golden** *adj,* golden, of gold; *das goldene Buch* visitor´s book; *goldene Hochzeit* golden wedding; *goldene Regel* golden rule; *goldener Mittelweg* golden mean; **~fisch** *sub, m, -es, -e* goldfish; **~grube** *sub, f, -, -n* goldmine; *(i. ü. S.)* moneyspinner; **~hamster** *sub, m, -s, -* golden hamster; **goldig** *adj,* cute, lovely; **~klumpen** *sub, m, -s, -* gold nugget; **~medaille** *sub, f, -, -n* gold medal; **~mine** *sub, f, -, -n* gold mine; **~regen** *sub, m, -es, nur Einz. (bot.)* laburnum; **~reserve** *sub, f, -, -n* gold reserve; **goldrichtig** *adj,* absolutely right
Goldring, *sub, m, -s, -e* gold ring; **Goldschmied** *sub, m, -s, -e* goldsmith; **Goldzahn** *sub, m, -s, -zähne*

gold tooth
golfen, *vi,* play golf; **Golem** *sub, m, -s, nur Einz. (jüdisch)* golem; **Golf** *sub, n, -s, nur Einz. (geogr.)* gulf; *(spo.)* golf; **Golfer** *sub, m, -s, -* golfer; **Golfplatz** *sub, m, -s, -plätze* golf course; **Golfschläger** *sub, m, -s, -* golf club; **Golfstrom** *sub, m, -s, nur Einz.* Gulf Stream
Goliath, *sub, m, -s* giant
Gondel, *sub, f, -, -n* gondola; *(Ballon)* basket; **Gondoliere** *sub, m, -, Gondolieri* gondolier
Gong, *sub, m, -s, -s* gong; *(spo.)* bell
Gonorrhö, *sub, f, -, -en (med.)* gonorrhoea; **gonorrhoisch** *adj,* gonorrhoeal
Goodwill, *sub, m, -s, nur Einz.* goodwill; **~reise** *sub, f, -, -n* goodwill tour
Göre, *sub, f, -, -n* kid; *(freches Mädchen)* cheeky little madam
Gorilla, *sub, m, -s, -s* gorilla
Gospel, *sub, n, -s, -s* gospel; **~song** *sub, m, -s, -s* gospelsong
Gosse, *sub, f, -, -n* gutter; *in der Gosse enden* end up in the gutter
Gotik, *sub, f, -, nur Einz.* Gothic; **Gote** *sub, m, -n, -n* Goth; **gotisch** *adj,* Gothic
Gott, *sub, m, -es, Götter* god; *(Christent., Judent., Islam)* God; *er kennt Gott und die Welt* he knows the world and his brother; *gott der Allmächtige* god the Almighty; *gott der Herr* the Lord God; *Gott sei Dank* thank goodness; *mach es in Gottes Namen* for God´s sake do it; *so wahr mir Gott helfe* so help me God; **gottähnlich** *adj,* godlike; **gottbegnadet** *adj,* gifted; **~erbarmen** *sub, (zum - sein)* be pitiful; **gottgeben** *adj,* meek; **göttergleich** *adj,* godlike; **Götterspeise** *sub, f, -, -en (gastr.)* jelly; *(myth.)* ambrosia; **Göttertrank** *sub, m, -, nur Einz.* nectar; **~esacker** *sub, m, -s, -* graveyard; **~esanbeterin** *sub, f, -, -en (zool.)*

praying mantis; **~esdienst** *sub, m, -es, -e* service; **~esfurcht** *sub, f, -, nur Einz.* fear of God; **~esgnade** *sub, f, -, nur Einz.* grace of God; **~eslästerung** *sub, f, -, -en* blasphemy; **~esmutter** *sub, f, -, nur Einz.* Mother of God; **~esurteil** *sub, n, -s, -e* trial by ordeal; **gottgefällig** *adj*, pleasing to God; **gottgewollt** *adj*, divinely-ordained; **~heit** *sub, f, -, -en* deity

Göttlichkeit, *sub, f, -, nur Einz.* divinity; **göttlich** *adj*, divine; *die göttliche Ordnung* divine order

gottlos, *adj*, godless; *(Sache)* ungodly; **gottverlassen** *adj*, godforsaken

Gottseibeiuns, *sub, m, -, nur Einz.* Old Nick

Götze, *sub, m, -n, -n* idol; **~naltar** *sub, m, -(e)s, -e* idol; **~ndiener** *sub, m, -s, -* idolater; **~ndienst** *sub, m, -es, -e* idolatry

Gouda, *sub, m, -s* Gouda

Gourmand, *sub, m, -s, -s* gourmand; **~ise** *sub, f, -, -n* gourmandise; **Gourmet** *sub, m, -s, -s* gourmet

Gouvernement, *sub, n, -s, -s* government; **Gouvernante** *sub, f, -, -n* governess; **Gouverneur** *sub, m, -e* governor

Grab, *sub, n, -s, Gräber* grave; *er ist verschwiegen wie ein Grab* his lips are sealed; *jmdm ins Grab folgen* follow so to the grave; *mit einem Bein im Grab stehen* have one foot in the grave; *sein Geheimnis mit ins Grab nehmen* he took his secret with him into the grave; *sich sein eigenes Grab schaufeln* be digging one's own grave; **~eskälte** *sub, f, -, -en* deathly cold; **~esstille** *sub, f, -* deathly silence; **~esstimme** *sub, f, -, -n* sepulchral voice; **~gewölbe** *sub, n, -s, -* burial vault; **~mal** *sub, n, -s, mäler* tomb; **~rede** *sub, f, -, -n* funeral address; **~spruch** *sub, m, -(e)s, -sprüche* unforgotten; **~stein** *sub, m, -(e)s, -(e)s* gravestone

Grad, *sub, m, -(e)s, -e* degree; *(Ausmaß)* extent; *39 Grad Fieber haben*

have a temperature of 39 degrees; *40 Grad nördl Breite* forty degrees north (latitude); *es sind Grad* it´s degrees; *es sind minus Grad* it´s minus degrees; *in hohem Grade* up to a high degree; *Verbrennung zweiten Grades* second-degree burn; **~ation** *sub, f, -, -en* gradation; **~ient** *sub, m, -en, -en (phy.)* gradient

graduieren, *vti*, graduate; **graduell** *adj*, gradual; **Graduierung** *sub, f, -, -en* graduation

Graf, *sub, m, -en, -en* count; *(Titel in GB)* Earl; **~enkrone** *sub, f, -e, -r* count´s coronet; *(Brit.)* earl´s coronet; **~entitel** *sub, m, -s, -* Count; *(GB)* Earl; **Gräfin** *sub, f, -, -nen* countess; *(Titel)* Countess; **Gräfinwitwe** *sub, f, -, -n* countess; **gräflich** *adj*, count´s

Grafik, *sub, f, -, -en* graphic arts; *(graf. Darst.)* diagram; *(graf. Darstellung)* graph; *(Kunst)* print; **~er** *sub, m, -s, -* graphic designer; **grafisch** *adj*, graphical

Gral, *sub, m, -s, nur Einz.* Grail; **~sritter** *sub, m, -s, -* Knight of the Grail

Gram, *sub, m, -(e)s, -* grief, sorrow; *vor Gram sterben* die of grief; **gramgebeugt** *adj*, bowed down with grief

Grämlichkeit, *sub, f, -, -* moroseness; **grämlich** *adj*, morose

Gramm, *sub, n, -s, -e* gramme; *(US)* gram

Grammatik, *sub, f, -, -en* grammar; **grammatikalisch** *adj*, grammatical; **~er** *sub, m, -s, -* grammarian; **grammatisch** *adj*, grammatical

Grammofon, *sub, n, -s, -e* gramophone; *(US)* phonograph

Granat, *sub, m, -e (Schmuckst.)* garnet; **~apfel** *sub, m, -s, -äpfel (bot.)* pomegranate

Granate, *sub, f, -e, -n* shell; *(Hand-)* grenade; **Granatwerfer** *sub, m, -s, -* mortar; *(mil.)* mortar

Grand, *sub, m, -s (Skat)* grand;

~hotel *sub, n, -s, -s* grandhotel; **~seigneur** *sub, m, -s, -s oder -e* grandseigneur

Grande, *sub, m, -n* grandee

Grandeur, *sub, f, -s, nur Einz.* grandeur; **Grandezza** *sub, f, -s, nur Einz.* grandeur

grandios, *adj,* magnificent

Grantigkeit, *sub, f, -, -en* grumpiness

granulieren, *vti,* granulate; **Granulat** *sub, n, -(e)s, -e* granules; **granulös** *adj,* granular

Grapefruit, *sub, f, -, -s* grapefruit

Graphem, *sub, n, -s, -e (Sprachw.)* grapheme

grapschen, *vti,* grab

Gras, *sub, n, -es, Gräser* grass; *(i. ü. S.) ins Gras beißen* bite the dust; *(i. ü. S.) über etwas Gras wachsen lassen* let the dust settle; **~halm** *sub, m, -(e)s, -e* blade of grass; **~mücke** *sub, f, -, -n* warbler; **~narbe** *sub, f, -, -n* sod, turf; **~streifen** *sub, m, -s, -* strip of grass

grasen, *vi,* graze; **grasgrün** *adj,* bright green

grassieren, *vi, (Gerücht)* spread; *(Krankh.)* rage; *(Unsitte)* take hold

Grässlichkeit, *sub, f, -, -en* horribleness, terribleness; **grässlich** *adj,* horrible, terrible

Grat, *sub, m, -(e)s, -e* ridge

Gräte, *sub, f, -, -n* fishbone

Gratifikation, *sub, f, -, -en* bonus

gratinieren, *vt, (gastr.)* gratinate

gratis, *adj,* free of charge

Gratisaktie, *sub, f, -, -n* bonus share

Gratisprobe, *sub, f, -, -n* free sample

gratulieren, *vi,* congratulate; **Gratulant** *sub, m, -(e)s, -en* well-wisher; **Gratulantin** *sub, f, -, -nen* well-wisher; **Gratulation** *sub, f, -, -en* congratulations

grau, (1) *adj,* grey; *(US)* gray **(2) Grau** *sub, n, -s, -* grey; *(Trostlosigkeit)* dreariness; *grau werden* turn grey, turn grey; *grauer Alltag* daily grind; *(med.) grauer Star* cataract; **~ meliert** *adj, (Haar)* grey; *(Haar, US)* graying; *(Stoff)* mottled grey;

(Stoff, US) mottled gray; **Graubrot** *sub, n, -(e)s, -e* mixed-grain bred; **Graugans** *sub, f, -s, gänse* greylag goose; *(US)* graylag goose

Grauen, (1) *sub, n, -s, -* horror **(2) grauen** *vi, (es graut mir)* dread; *(Tag)* dawn; **grauenhaft** *adj,* dreadful, horrific; **grauenvoll** *adj,* terrible

Graupe, *sub, f, -, -n* barley

Graupel, *sub, f, -, -n (meteor.)* soft hail; *(US)* sleet

Graus, *sub, m, -es, -* dread, horror; *vom Graus gepackt* seized with horror

Grausamkeit, *sub, f, -, -en* cruelty; *(Greueltat)* atrocity; **grausam** *adj,* cruel

Grauschimmel, *sub, m, -s, - (Pferd)* grey horse; *(Pferd, US)* gray horse; *(Pilz)* grey mould; *(Pilz, US)* gray mould

Grauschleier, *sub, m, -s, - (Augen)* grey haze; *(Augen, US)* gray haze; *(Wäsche)* greyness; *(Wäsche, US)* grayness

Grausen, (1) *sub, n, -s, -* horror **(2) grausen** *vi,* dread; **grausig** *adj,* horrifying, terrible

Grauzone, *sub, f, -, -en* grey area; *(US)* gray area

gravieren, *vt,* engrave; **Graveur** *sub, m, -s, -e* engraver

gravierend, *adj,* grave; **Gravur** *sub, f, -, -en* engraving; **Gravüre** *sub, f, -s, -n* engraving

Gravis, *sub, m, - (Sprachw.)* grave accent

Gravität, *sub, f, -, nur Einz.* gravitate

Gravitation, *sub, f, -, nur Einz.* gravitation; **~sgesetz** *sub, n, -es, -e* law of gravity

Grazie, *sub, f, -n* grace; **grazil** *adj,* delicate; **graziös** *adj,* graceful

Greenhorn, *sub, n, -s, -s* greenhorn

gregorianisch, *adj,* Gregorian; *gregorianischer Gesang* Gregorian chant

Greif, *sub, m, -(e)s, -e oder -en*

(myth.) griffin; ~**arm** *sub, m, -(e)s, -e (tech.)* grip arm; *(zool.)* tentacle; ~**bagger** *sub, m, -s, -* grab dredger
greifen, *vti,* take; *(fest)* grab, grasp; *(Räder)* grip; *(mus.) einen Akkord greifen* play a chord; *etwas greift um sich* sth is spreading; *zum Greifen nahe* close enough to reach out and touch; *(i. ü. S.) ins Leere greifen* grasp thin air; *tief in die Tasche greifen* dip deeply into one´s purse; **Greifer** *sub, m, -s, -* gripping device; *(Klaue)* claw
greinen, *vi, (Erwachsener)* whinge; *(Kind)* grizzle
Greis, *sub, m, -es, -e* old man; ~**enalter** *sub, n, -s, -* old age; **greisenhaft** *adj,* aged; ~**in** *sub, f, -, -nen* old woman
grell, *adj, (blendend)* dazzling; *(Ton)* shrill
Gremium, *sub, n, -s, Gremien* committee
Grenadier, *sub, m, -s, -e* grenadier; **Grenadille** *sub, f, -, -n* grenadilla
Grenadine, *sub, f, -, nur Einz.* grenadine
Grenze, *sub, f, -, -n* border, boundary; *(i. ü. S.)* limit; *an der Grenze wohnen* live at the border; *(i. ü. S.) an seine Grenzen stoßen* reach its limits; *(i. ü. S.) sich in Grenzen halten* keep within limits; **Grenzbahnhof** *sub, m, -(e)s, höfe* border station; **Grenzbeamte** *sub, m, -s, -* border official; **Grenzbereich** *sub, m, -(e)s, -e* border area; *(Zwischenzone)* intermediate zone; **Grenzfall** *pron,* borderline case; **Grenzgänger** *sub, m, -s, -* cross-border commuter; *(illegal)* illegal border crosser; **Grenzgebiet** *sub, n, -(e)s, -e* border area; *(Fachgebiete)* interdisciplinary subject; **Grenzkontrolle** *sub, f, -, -n* border control; **Grenzlinie** *sub, f, -, -n* border; *(polit.)* demarcation line; *(spo.)* line; **grenznah** *adj,* close to the border; **Grenzposten** *sub, m, -s, -* border guard; **Grenzschutz** *sub, m, -es, -* frontier protection;

Grenztruppen *sub, f, -, -* border guard; **Grenzübertritt** *sub, m, -(e)s, -e* border crossing; **Grenzwert** *sub, m, -(e)s, -e* limit
grenzen, *vi,* adjoin; *(i. ü. S.)* come close to; *(an)* border on; *(Garten)* be right next to
Gretchenfrage, *sub, f, -, -* big question
Greyhound, *sub, m, -(s), -s* greyhound
Griebe, *sub, f, -, -n* greave; ~**nfett** *sub, n, -(e)s, -* dripping with greaves; ~**nwurst** *sub, f, -, -würste* black pudding
grienen, *vi,* smirk
Griesgram, *sub, m, -(e)s, -e* grouch; **griesgrämig** *adj,* grouchy
Grieß, *sub, m, -es, - (gastr.)* semolina
Griff, *sub, m, -s, -e (das Greifen)* clutching, grasping; *(Tür- etc.)* handle; *einen guten Griff tun* make a good choice, *(i. ü. S.)* make a good choice; *(i. ü. S.) Griff in der Musik* finger-placing; **griffbereit** *adj,* handy
Griffel, *sub, m, -s, -* slate pencil; *(bot.)* pistil
Griffigkeit, *sub, f, -, -en* grip, traction; **griffig** *adj,* grips well, have a good grip
Grill, *sub, m, -s, -s* grill; *(US)* barbecue; ~**gericht** *sub, n, -(e)s, -e* grilled meal
Grille, *sub, f, -, -n (i. ü. S.)* silly idea; *(zool.)* cricket
grillen, *(1) vi,* have a barbecue *(2) vt,* grill; *(US)* barbecue
Grilligkeit, *sub, f, -, -* eccentric
grimassieren, *vi,* pull a face; **Grimasse** *sub, f, -, -n* grimace
Grimbart, *sub, m, -s, -* grimace
Grimm, *sub, m, -* fury
Grimmen, *(1) sub, n, -s, -* grimming *(2) grimmen vi,* be grimming; **Grimmigkeit** *sub, f, -, -* in a bad mood
grimmig, *adj,* grim
Grind, *sub, m, -(e)s, -e (Kopf-)*

scurf; *(med.)* scab; **grindig** *adj*, scabby

grinsen, *vi*, grin; *(spöttisch)* smirk

Grippe, *sub*, *f*, *-n* flu; *(med.)* influenza; **~anfall** *sub*, *m*, *-es*, *-fälle* influenza; **~welle** *sub*, *f*, *-*, *-n* wave of influenza

Grips, *sub*, *m*, *-es*, *-e* nous

Grislibär, *sub*, *m*, *-en* grizzly bear

grobfaserig, *adj*, coarse-fibred; *(US)* coarse-fibered

Grobheit, *sub*, *f*, *-*, *-en* coarseness, crudeness; **grob** *adj*, coarse, rough; *(beleidigend)* rude; *(unverarbeitet)* raw; *grob gemahlen* coarse-ground

Grobian, *sub*, *m*, *-(e)s*, *-e* boor

grobknochig, *adj*, big-boned

grobmaschig, *adj*, wide-meshed

grobschlächtig, *adj*, uncouth

Grobschmied, *sub*, *m*, *-(e)s*, *-e* smith

Grobschnitt, *sub*, *m*, *-(e)s*, *-e (Tabak)* coarse cut

Grog, *sub*, *m*, *-s*, *-s* hot grog

groggy, *adj*, *(ugs.)* shattered

grölen, *vti*, bellow; *(Menge)* roar

grollen, *vi*, *(Donner)* rumble; *(jmd.)* bear so a grudge; **Groll** *sub*, *m*, *-(e)s*, *-* rancour, resentment; *einen Groll hegen gegen* bear a grudge against

Gros, *sub*, *n*, *-se (Mehrheit)* vast majority; *(wirt.)* gross

Groschen, *sub*, *m*, *-s*, *- (österr. Münze)* groschen; *(Zehnpfennigstück)* ten-pfennig piece; *(i. ü. S.) der Groschen ist gefallen* the penny has dropped; *(i. ü. S.) keinen Groschen wert* not worth a penny; **~heft** *sub*, *n*, *-(e)s*, *-e* rag; **~roman** *sub*, *m*, *-e* cheap novel; *(US)* dime novel

groß, *adj*, big; *(Entfernung)* long; *(erwachsen)* grown-up; *(Hitze, Schmerz)* great; *(Kälte)* severe; *(Person)* tall; *(riesig)* huge; *(weit)* vast; *(Wert)* great; *ein großer Unterschied* a big difference; *ein großes Gebäude* a big building; *groß und breit* big and broad; *groß und klein* old and young; *große Zehe* big toe; *großer Buchstabe* capital letter; *die*

Kinder sind groß the children are grown-up; *wie groß bist du?* how tall are you?; *ein großer Tag* a great day; *Friedrich der Große* Frederick the great; *große Mehrheit* great majority; **Großabnehmer** *sub*, *m*, *-s*, *-* bulk buyer; **Großadmiral** *sub*, *m*, *-s*, *-e* Admiral of the Fleet; **Großaktionär** *sub*, *m*, *-s*, *-e* major share-holder; **Großaufnahme** *sub*, *f*, *-*, *-n* close-up shot; **Großauftrag** *sub*, *m*, *-(e)s*, *aufträge* large-scale order; **Großbetrieb** *sub*, *m*, *-(e)s*, *-e* large concern; *(Landw.)* large farm; **Großeinkauf** *sub*, *m*, *-(e)s*, *einkäufe* do a big shop; *(wirt.)* bulk buying; **Großeinsatz** *sub*, *m*, *-es*, *einsätze* major operation; *(der Polizei)* large police deployment; **Großeltern** *sub*, *f*, *-*, *-* grand-parents; **Großenkelin** *sub*, *f*, *-*, *-nen* great-granddaughter

großartig, *adj*, great, tremendous

Größe, *sub*, *f*, *-*, *-n* size; *(Ausmaß)* extent; *(Bedeutsamkeit)* significance; *(Körper-)* height; *(Menge)* quantity; *dieselbe Größe haben* be the same size; *welche Größe tragen Sie?* what size do you take?; **~nordnung** *sub*, *f*, *-*, *-en* order of magnitude; **~nverhältnis** *sub*, *n*, *-ses*, *-se* dimensions, proportions; **~nwahn** *sub*, *m*, *-(e)s*, *-* delusions of grandeur

großenteils, *adv*, largely, to a great extent

Großereignis, *sub*, *n*, *-ses*, *-se* big event

größernteils, *adv*, to a large extent

Großfahndung, *sub*, *f*, *-*, *-en* dragnet operation

Großfamilie, *sub*, *f*, *-*, *-n* estended family

großfigurig, *adj*, big figured

großflächig, *adj*, extensive

Großflugzeug, *sub*, *n*, *-(e)s*, *-zeuge* wide-bodied jet

Großfürstin, *sub*, *f*, *-*, *-nen* grand duchess

Großgemeinde, *sub, f, -, -n* big community

Großhandel, *sub, m, -s, -* wholesale trade; **Großhändler** *sub, m, -s, -* wholesaler

Großhirn, *sub, n, -(e)s, -e (med.)* cerebrum

Grossist, *sub, m, -en, -en* wholesaler

großkalibrig, *adj,* large-calibre; *(US)* large-caliber

Großkampftag, *sub, m, -(e)s, -e* tough day

großkariert, *adj,* large-checked

Großkatze, *sub, f, -, -en* big cat

Großkaufmann, *sub, m, -(e)s, -männer* big trader

Großkonzern, *sub, m, -(e)s, -e* big concern

Großkopfete, *sub, f, -n, - (ugs.)* big number

Großkotz, *sub, m, -es, -e* full of o.s.

Großmacht, *sub, f, -, mächte* great power; **großmächtig** *adj,* pretentious

großmaschig, *adj,* wide-meshed

Großmast, *sub, m, -(e)s, -e (Schifff.)* mainmast

Großmaul, *sub, n, -(e)s, -mäuler* loudmouth

Großmeister, *sub, m, -s, -* grand master

Großmutter, *sub, f, -, -mütter* grandmother

Großraumbüro, *sub, n, -s, -s* open-plan office

Großstadt, *sub, f, -, -städte* big city, big town; **Großstädter** *sub, m, -s, -* city-dweller

Großteil, *sub, m, -(e)s, -e* large part; **größte** *adj,* biggest; **größtenteils** *adv,* mainly; **größtmöglich** *adj,* greatest possible

Großtuerei, *sub, f, -, -en* showing off; **großtuerisch** *adj,* boastful

Großvater, *sub, m, -s, -väter* grandfather

Großverkehr, *sub, m, -s, -* big traffic

Großvieh, *sub, n, -(e)s, -* cattle and horses

Großwetterlage, *sub, f, -, -n* general weather situation

Großwild, *sub, n, -(e)s, -* big game

großzügig, *adj,* generous; *(Ansichten)* broadminded, liberal; *(weiträumig)* spacious

Groteske, *sub, f, -, -n* grotesque; *(i. ü. S.)* farce; **grotesk** *adj,* grotesque; **Grotesktanz** *sub, m, -es, -tänze* grotesque

Grotte, *sub, f, -, -n* grotto

Groupie, *sub, n, -s, -s* groupie

Grübchen, *sub, n, -s, -* dimple

grübeln, *vi,* brood; *über etwas grübeln* brood over sth; **Grübelei** *sub, f, -, -en* brooding

Grubenausbau, *sub, m, -(e)s, -bauten* mining; **Grubenlampe** *sub, f, -, -en* miner's lamp

Gruft, *sub, f, -, -en* crypt, tomb

grummeln, *vi,* mumble

grün, *adj,* green; *(polit.)* green; *(unreif)* unripe; *die Ampel ist grün* the lights are green; *grün und blau schlagen* beat so black and blue; *grüne Heringe* fresh herrings; *grüner Salat* lettuce; **Grünanlage** *sub, f, -, -n* park

Grund, *sub, m, -(e)s, Gründe* *(Bau-)* plot; *(Boden)* ground; *(Gefäße, Gewässer)* bottom; *(Ursache)* cause; *(Vernunft-)* reason; *(Schiff.) auf Grund geraten* run aground; *(i. ü. S.) einer Sache auf den Grund gehen* get to the bottom of sth; *Grund und Boden* land property; *(i. ü. S.) im Grunde seines Herzens* at the bottom of his heart; *aus dem einfachen Grund* for the simple reason; *aus gesundheitlichen Gründen* for health reasons; *keinen Grund zum Klagen haben* have no cause for complaint; **~akkord** *sub, m, -(e)s, -e* accord; **~ausbildung** *sub, f, -, -en* basic training; **~bedarf** *sub, m, -* basic needs; **~begriff** *sub, m, -(e)s, -e* basics; **~besitz** *sub, m, -es, -e* ownership of and, property; **~besitzer** *sub, m, -s, -* landowner; **~buch** *sub, n, -s, -bücher* real estate register; **~eigentum** *sub, n, -s, -tümer* property; **~erwerb** *sub, n, -s, -e* acquisition of land

grundehrlich, *adj,* absolutely honest

gründen, *vt,* establish, found, set up; *(schaffen)* create; **Gründervater** *sub, m, -s, -väter* founding father; **Gründerzeit** *sub, f, -, nur Einz.* period of industrial expansion

grundfalsch, *adj,* absolutely wrong

Grundfehler, *sub, m, -s, -* fundamental mistake

Grundfesten, *sub, nur Mehrz.* foundations; *an den Grundfesten des Staates rütteln* rock the foundations of the state; *in den Grundfesten erschüttern* shake sth to its foundations

Grundform, *sub, f, -, -en* basic form; *(Sprachw.)* infinitive

Grundgebühr, *sub, f, -, -en* basic charge

Grundgedanke, *sub, m, -ns, -n* basic idea

Grundgesetz, *sub, n, -es, -e* basic law, constitution

Grundhaltung, *sub, f, -, -en* basic attitude

grundhässlich, *adj,* really ugly

grundieren, *vt, (Holz, Papier)* stain; *(Malerei)* ground; *(tech.)* prime; **Grundierung** *sub, f, -, -en (Farbe)* primer

gründlich, (1) *adj,* proper, thorough **(2)** *adv,* thoroughly; *du hast dich gründlich getäuscht* you are very much mistaken there; *er hat seine Sache gründlich gemacht* he´s done his job thoroughly; *gründliche Kenntnisse haben* be well-grounded in; *ich habe mich gründlich vorbereitet* I´m well-prepared

grundlos, (1) *adj, (ohne Boden)* bottomless; *(unbegründet)* unfounded **(2)** *adv,* for no reason

Gründonnerstag, *sub, m, -s, -e* Maundy Thursday

Grundordnung, *sub, f, -, -en* fundamental order

Grundpfeiler, *sub, m, -s, -* main support

Grundprinzip, *sub, n, -s, -ien* basic principle

Grundriss, *sub, m, -es, -e* layout; *(arch.)* ground plan

Grundsatz, *sub, m, -es, -sätze* maxim, principle; *er ist ein Mann mit Grundsätzen* he´s a man of principle; *nach dem Grundsatz, dass* on the principle that; **grundsätzlich** *adj,* fundamental, on principle

Grundschule, *sub, f, -, -n* primary school; *(US)* elementary school; **Grundschüler** *sub, m, -s, -* primary pupil; *(US)* elementary school student

grundsolide, *adj,* rock solid

Grundstein, *sub, m, -s, -e* foundation stone; *den Grundstein legen zu* lay the foundation stone of; **grundständig** *adj,* fundamental

Grundstoff, *sub, m, -s, -e (phy.)* element, raw material

Grundstück, *sub, n, -s, -e* piece of land; *(Bauplatz)* building site

Grundstudium, *sub, n, -s, -ien* basic course

Grundtendenz, *pron,* general tendency

Gründung, *sub, f, -, -en* foundation; *(Geschäft)* setting-up

Grundzahl, *sub, f, -, -en* cardinal number; *(mat.)* base

Grundzug, *sub, m, -s, -züge* characteristic, feature

Grundzustand, *sub, m, -s, -stände* basic condition

grünen, *vi,* turn green; **grünlich** *adj,* greenish

Grünkohl, *sub, m, -s, -e* kale

Grünpflanze, *sub, f, -, -n* non-flowering plant

Grünschnabel, *sub, m, -s, -schnäbel* greenhorn

Grünspan, *sub, m, -s, -späne* verdigris

Grünspecht, *sub, m, -s, -e* green woodpecker

Grünstreifen, *sub, m, -s, -* centre

strip; *(US)* median strip
grunzen, *vti,* grunt
Grünzeug, *sub, n, -s, -e* raw vegetables
Gruppe, *sub, f, -, -n* group; *(Kategorie)* category; **~nabend** *sub, m, -s, -e* group meeting; **~nbild** *sub, n, -s, -er* group portrait; **~ndynamik** *sub, f, -, nur Einz. (psych.)* group dynamics; **~nreise** *sub, f, -, -n* group tour, group travel; **~nsex** *sub, m, -es, -* group sex; **~nsieg** *sub, m, -s, -e* group winner; **~ntherapie** *sub, f, -, -n* group therapy; **gruppenweise** *adj,* in groups; **~nziel** *sub, n, -s, -e* ambition of the group
gruppieren, (1) *vr,* assemble, form a group **(2)** *vt,* arrange in groups; **Gruppierung** *sub, f, -, -en* grouping
Grus, *sub, m, -s, -e (geol.)* debris; *(Kohle)* slack
Gruseleffekt, *pron,* effect of horror; **gruselig** *adj,* creepy
grüßen, *vti,* greet; *(mil.)* salute; *grüßen Sie ihn von mir* give him my regards; *jmdn grüßen* greet so; **Grußwort** *sub, n, -s, -wörter* opening words
Grütze, *sub, f, -, -n* groats; *(rote)* red fruit pudding; *(US)* grits
Guanako, *sub, m, -s, -s (zool.)* guanaco
Guano, *sub, m, -s, nur Einz.* guano; **~inseln** *sub, nur Mehrz.* Guano islands
Guardian, *sub, m, -s, -e* guardian
Guatemalteke, *sub, m, -n, -n* Guatemalan
gucken, *vti,* look; *guck mal* have a look; **Guckfenster** *sub, n, -s, -* peephole; **Guckloch** *sub, n, -s, -löcher* peephole
Guerillero, *sub, m, -s, -s (US)* guerilla fighter
Gugelhupf, *sub, m, -s, -e* cake
guillotinieren, *vt,* guillotine; **Guillotine** *sub, f, -, -n* guillotine
Gulasch, *sub, n, -s, -s oder -e* goulash; **~suppe** *sub, f, -, -n* goulash soup
gülden, *adj,* golden

Gulden, *sub, m, -s, -* guilder
Gülle, *sub, f, -, nur Einz.* liquid manure
Gully, *sub, m,n, -s, -s* drain
Gültigkeit, *sub, f, -, -en* currency, validity; **gültig** *adj,* current, valid; *für gültig erklären* declare valid
Gunst, *sub, f, -, -en* favour, goodwill; *(US)* favor; *die Gunst verlieren* fall out of favour; *Saldo zu Ihren Gunsten* balance in your credit; *um jmds Gunst werben* court so´s favour; **~beweis** *sub, m, -es, -e* mark of favour; *(US)* mark of favor
günstig, *adj,* favourable, good, reasonable; *(US)* favorable; *bei günstigem Wetter* if the weather is favourable; *etwas günstig beeinflussen* have a beneficial influence on sth; *etwas günstig kaufen/verkaufen* buy/sell sth at a good price
Guppy, *sub, m, -s, -s (zool.)* guppy
Gurgel, *sub, m, -, -n* throat; *jmdn bei der Gurgel packen* grab so by the throat; *jmdn die Gurgel zudrücken* strangle sb throat; **~mittel** *sub, n, -s, -* gargle; **~wasser** *sub, n, -s, -wässer* gargle
gurgeln, *vti,* gargle
Gurke, *sub, f, -, -n* cucumber; *(Essig-)* gherkin; **~ngewürz** *sub, n, -es, -e* cucumber spice; **~nhobel** *sub, m, -s, -* cucumberslicer; **~nsalat** *sub, m, -s, -e* cucumber salad; **~ntruppe** *sub, f, -, -n (ugs.)* feeble bunch
gurren, *vi,* coo
Gürtel, *sub, m, -s, -* belt; *den Gürtel enger schnallen* tighten one´s belt; **~linie** *sub, f, -, -n* waistline; *unter der Gürtellinie* below the belt; **~rose** *sub, f, -, nur Einz. (med.)* shingles; **~tasche** *sub, f, -, -n* belt bag
gurten, (1) *vi,* put one´s seatbelt on **(2)** *vt,* strap; **Gurt** *sub, m, -s, -e* belt; *(Sicherheits-)* seatbelt; *(Trage-)* strap; **Gurtstraffer** *sub, m, -s, -* seatbelt tensioner

Guru, *sub, m, -s, -s* guru

Guss, *sub, m, -es, Güsse (Regen-)* shower; *(Strahl)* jet of water; *(tech.)* founding; ~**eisen** *sub, n, -s, -* cast iron; **gusseisern** *adj,* castiron; ~**form** *sub, f, -, -en* mould; *(US)* mold; ~**stahl** *sub, m, -s, -stähle* cast steel; ~**stein** *sub, m, -s, -e* cast stone

Gusto, *sub, m, -s, -s* taste; *nach jmds Gusto sein* be to so´s taste

gut, (1) *adj,* good (2) *adv,* well (3) **Gut** *pron, (Besitz)* property (4) **Gut** *sub, n, -s, Güter (Güter)* good; *aus guter Familie* come from a good family; *er ist ein guter Läufer* he is a good runner; *er spricht ein gutes Englisch* he speaks good English; *es ist ganz gut, dass* it´s good that; *gut sein für* be good for; *mein guter Anzug* my good suit; *so gut wie gewonnen* as good as won; *so gut wie nichts* next to nothing; *zu guter Letzt* finally, *da kennt sie sich gut aus* she knows all about that; *das kann gut sein, dass* that may well be; *das riecht/schmeckt gut* it smells/tastes good; *gut aussehen* look good; *gut gemacht* well done; *gut gemeint* well meant, *in Latein gut sein* be clever at Latin

Gutachten, *sub, n, -s, -* expert´s certificate; **Gutachter** *sub, m, -s, -* expert; *(Berater)* consultant; **Gutachterin** *sub, f, -, -nen* expert; *(Beraterin)* consultant; **gutachtlich** *adj,* testified

Gutartigkeit, *sub, f, -, -en* good-naturedness; *(med.)* benignancy; **gutartig** *adj,* good-natured; *(med.)* benign

Gutdünken, *sub, n, -s, -* judgement; *nach eigenem Gutdünken* at one´s own discretion

Güterbahnhof, *sub, m, -s, -höfe* goods station; *(US)* freight station

Gütergemeinschaft, *sub, f, -, -en (jur.)* community of property

Gütertrennung, *sub, f, -, -en* separation of property

Güterverkehr, *sub, m, -s, -e* goods traffic; *(US)* freight traffic

Güterzug, *sub, m, -s, -züge* goods train; *(US)* freight train

gut gelaunt, *adj,* in a good mood

gut gemeint, *adj,* well-meant

Gutgesinnte, *sub, m,f, -n, -n* well-meaning person

gutgläubig, *adj,* gullible; *(jur.)* acting in good faith

Guthaben, *sub, n, -s, -* balance

gutheißen, *vt,* approve of

gutherzig, *adj,* kindhearted

gütlich, (1) *adj,* amicable (2) *adv,* amicably; *sich gütlich einigen über* settle sth amicably

Gutmütigkeit, *sub, f, -, nur Einz.* good-naturedness; **gutmütig** *adj,* good-natured

Gutsbesitzer, *sub, m, -s, -* landowner

gutschreiben, *vt,* credit; *jmdn einen Betrag gutschreiben* credit a sum to so; **Gutschein** *sub, m, -s, -e* voucher; **Gutschrift** *sub, f, -, -en* credit entry

gutsprechen, *vi,* speak well

Gutturallaut, *sub, m, -s, -e* guttural sound; **guttural** *adj,* guttural

gutwillig, *adj,* obliging, willing

Gymnasium, *sub, n, -s, Gymnasien* grammar school; *(US)* high school; **Gymnasiast** *sub, m, -en, -en* grammar school pupil; *(US)* high school student

Gymnastik, *sub, f, -, nur Einz.* exercises, gymnastics; *Gymnastik machen* do exercises; *Gymnastik machen* do gymnastics; **Gymnastin** *sub, f, -, -nen* gymnast; **gymnastisch** *adj,* gymnastic

Gynäkologie, *sub, f, -, nur Einz.* gynaecology; *(US)* gynecology; **Gynäkologe** *pron,* gynaecologist; *(US)* gynecologist; **gynäkologisch** *adj,* gynaecological; *(US)* gynecological

H

Haar, *sub, n, -s, -e* hair; *die Haare schneiden lassen* have one´s hair cut; *die Haare waschen* wash one´s hair; *er wird dir kein Haar krümmen* he won´t harm a hair of your head; *Haarspalterei betreiben* split a hair; *(i. ü. S.) kein gutes Haar an jmdm lassen* pull sb to pieces; *sich die Haare ausraufen* tear one´s hair; *um ein Haar* very nearly; **~ausfall** *sub, m, -s, -fälle* hair loss; **~band** *sub, n, -s, -bänder* hairband; **~bürste** *sub,* hairbrush; **~esbreite** *sub, f, -, -* by a hair´s breadth; **~festiger** *sub, m, -s, -* setting lotion; **haargenau** *adj,* very precise; **haarig** *adj,* hairy; *(bot.)* pilous; **~klammer** *sub, f, -, -n* hair clip; *(US)* bobby pin; **~nadel** *sub, f, -, -n* hairpin; **~schneiden** *sub, n, -, -* haircut; **~schnitt** *sub, m, -s, -e* haircut; **~teil** *sub, m,n, -s, -e* hairpiece; **~trockner** *sub, m, -s, -* hair drier

haaren, (1) *vi,* lose one´s hair (2) *vr, (sich)* lose hairs

haarfein, *adj,* fine as a hair

haarklein, *adj,* minute

Haarspalterei, *sub, f, -, -en* hairsplitting; **Haarspalter** *pron, (ugs.)* hairsplitter

haarsträubend, *adj,* hair-raising

Habanera, *sub, f, -, -s* habanera

Habeaskorpusakte, *sub, f, -, nur Einz. (jur.)* habeas corpus

Haben, (1) *sub, n, -s, - (wirt.)* credit (2) **haben** *vr, (sich)* make a fuss (3) *vt,* have got; *(Hilfsverb)* have; *hab´ dich nicht so!* don´t make such a fuss!, *da hast du das Geld* there´s the money; *da hast du´s* there you are; *das hättest du früher machen können* you could have done it earlier; *diese Stadt hat 10 000 Einwohner* this town has 10,000 inhabitants; *du hast zu gehorchen* you must obey; *eine Erkältung haben* have a cold; *er hat es gut* he has it good; *er hat mir nichts zu befeh-*

len he has no right to order me about; *er hat nichts he´s* got nothing; *etwas gegen jmdn haben* have sth against sb; *etwas von etwas haben* get sth out of sth; *etwas zu tun haben* have got sth to do; *Heimweh haben* be homesick; *ich habe Hunger/Durst* I´m hungry/thirsty; *ich habe ihn eben gesehen* I´ve just seen him; *ich habe keine Zeit* I haven´t got the time; *jetzt hab´ ich dich* I´ve got you now; *Nachricht haben von jmdm* have heard from sb; *wir haben Geschichte in der Frühe* we have got history in the morning; *das hättest du mir sagen sollen* you should have told me; *hast du ihn gesehen?* have you seen him; **Habe** *sub, f, -, -* possessions; **~zinsen** *sub, nur Mehrz.* interest on deposits

Habenichts, *sub, m, - u. -es, -e* have-not

Habicht, *sub, m, -s, -e* hawk; **~snase** *sub, f, -, -n* hooked nose

habilitieren, (1) *vi,* habilitate (2) *vr (sich)* habilitate; **Habilitandin** *sub, f, -, -nen* person who habilitates; **Habilitation** *sub, f, -, -en* habilitation

habitualisieren, *vt,* form habits; **Habit** *sub, m,n, -s, -e* habit; **habituell** *adj,* habitual; **Habitus** *sub, m, -, nur Einz.* disposition

habsburgisch, *adj,* Habsburg

Habseligkeit, *sub, f, -, -en* belongings

Habsucht, *sub, f, -, -süchte* greed

Hackbeil, *sub, n, -s, -e* chopper

Hackbrett, *sub, n, -s, -er* chopping board; *(mus.)* dulcimer

Hacke, *sub, f, -s, -n* pickaxe; *(Ferse)* heel; *(US)* pickax; *jmdm dicht auf den Hacken sein* be hard on so´s heels

Hacken, (1) *sub, n, -s, -* chopping, picking (2) **hacken** *vti,* chop, hack; *Holz hacken* split wood;

~**trick** *sub, m, -s, -s (Fußball)* back-heeler
Hacker, *sub, m, -s, - (computer)* hakker
Hackfleisch, *sub, n, -es, -* minced meat; *(US)* ground meat
Hackordnung, *sub, f, -, -en* pecking order
Häcksler, *sub, m, -s, -* chaff cutter
Hader, *sub, m, -s, -n* quarrel
hadern, *vi,* quarrel
Hafen, *sub, m,n, -s, Häfen* harbour; *(Handels-)* port; *(Topf)* pot; *(US)* harbor; ~**anlagen** *sub, f, -s, nur Mehrz.* dock; ~**gebühr** *sub, f, -, -en* harbour dues; *(US)* harbor dues; ~**kneipe** *sub, f, -, -n* dockland pub; ~**polizei** *sub, f, -, nur Einz.* harbour police; *(US)* harbor police; ~**schänke** *sub, f, -, -n* dockland pub; ~**viertel** *sub, m, -s, -* dockland
Hafer, *sub, m, -s, -* oats; ~**brei** *sub, m, -s, -e* porridge; *(US)* cooked oatmeal; ~**flocken** *sub, nur Mehrz.* porridge oats; *(US)* oatmeal; ~**grütze** *sub, f, -, -n* groats; ~**schleim** *sub, m, -s, -e* gruel
Haferlschuh, *sub, m, -s, -e* boots
Hafffischer, *sub, m, -s, -* lagoon fisherman
Hafnium, *sub, n, -s, nur Einz. (chem.)* hafnium
Haft, *sub, m, -s, -e* custody; *(polit.)* detention; *aus der Haft entlassen* release from custody; *in Haft* in custody; ~**anstalt** *sub, f, -, -en* prison; ~**befehl** *sub, m, -s, -e* arrest warrant; *einen Haftbefehl gegen jmdn erlassen* issue a warrant; **Häftling** *sub, m, -s, -e* prisoner; *(polit.)* political detainee; ~**richter** *sub, m, -s, -* committing magistrate; ~**strafe** *sub, f, -, -n* prison sentence; ~**urlauber** *sub, m, -s, -* prisoner's leaver
haften, *vi,* cling, stick; *(jur.)* be liable; **haftbar** *adj,* responsible; *(jur.)* liable
Haftpflicht, *sub, f, -, -en* liability; ~**versicherung** *sub, f, -, -en* third party insurance

Haftreibung, *sub, f, -, -en (phy.)* static friction
Haftung, *sub, f, -, -en* adhesion; *(jur.)* liability; *(un)beschränkte Haftung* (un)limited liability; **haftunfähig** *adj, (jur.)* unfit to undergo detention
Hag, *sub, m, -s, -e* hag
Hagebutte, *sub, f, -n (bot.)* rose hip
Hagedorn, *sub, m, -s, -e* hawthorn
Hagel, *sub, m, -s, -* hail; ~**korn** *sub, n, -s, -körner* hailstone; ~**schaden** *sub, m, -s, -schäden* damage caused by hail; ~**schauer** *sub, m, -s, -* hailstorm; ~**schlag** *sub, m, -s, -schläge* heavy hailstorm; ~**schloße** *sub, f, -, -n* hailstone; ~**wetter** *sub, n, -s, -* hailstorm
hageln, *vti,* hail
hager, *adj,* gaunt
Häher, *sub, m, -s, -* jay
Hahn, *sub, m, -s, Hähne* cock; *(Gewehr-)* hammer; *(tech.)* tap; *(tech., US)* faucet; *(Wetter-)* weathercock; *den Hahn auf/zudrehen* turn the tap on/off; ~**enbalken** *sub, m, -s, -* roof beam; ~**enfeder** *sub, f, -, -n* cockfeather; ~**enkampf** *sub, m, -s, -kämpfe* cockfight; ~**enschrei** *sub, m, -s, -e* cock-crow; *beim ersten Hahnenschrei* at cock-row; ~**rei** *sub, m, -s, -e* cuckold
Hai, *sub, m, -s, -e* shark; ~**fisch** *sub, m, -s, -e* shark
Hain, *sub, m, -s, -e* grove
haitianisch, *adj,* Haitian
häkeln, *vti,* crochet; **Häkelarbeit** *sub, f, -, -en* crochet work
Haken, (1) *sub, m, -s, -* hook; *(auf Liste)* tick; *(auf Liste, US)* check **(2) haken** *vi, (klemmen)* get stuck **(3)** *vt,* hook; *Haken und Öse* hook and eye; *(Boxen)* linker/rechter Haken* left/right hook; **hakenförmig** *adj,* hooked; ~**kreuz** *sub, n, -es, -e* swastika
Hakim, *sub, m, -s, -s* hakim

Halali, *sub, n, -s, -s (Jagd)* death halloo
halb, (1) *adj,* half (2) *adv,* half; *auf
halber Höhe* halfway (up); *halb
drei* half past two; *(mus.) halbe
Note* minim, *(mus., US)* half note;
halbe Stunde half an hour; *jmd auf
halbem Wege entgegenkommen*
meet so halfway; *nichts Halbes und
nichts Ganzes* neither fish nor fowl;
zum halben Preis for half the price,
eine halbe Sache machen mit go
halves with; *es war mir nur halb
bewusst, dass* I was only half aware
of; ~ **fertig** *adj,* half-done; *(tech.)*
semi-finished; ~**amtlich** *adj,* semiofficial; **Halbdunkel** *sub, n, -s, -*
semidarkness; **Halbedelstein** *sub,
m, -s, -e* semiprecious stone; **Halbfinale** *sub, f, -, -n* semi-final; **Halbgott** *sub, m, -s, -götter (myth.)*
demigod; **Halbheit** *sub, f, -, -en
(ugs.)* half-measure; *er mag keine
Halbheiten* he doesn´t like doing
things in half measures; ~**hoch**
adj, medium-high; *(Schuh)* calf-
length; **Halbinsel** *sub, f, -, -n* peninsula; **Halbkreis** *sub, m, -es, -e*
semicircle; **Halbkugel** *sub, f, -, -n*
hemisphere; ~**laut** (1) *adj,* low (2)
adv, in an undertone; **Halbleiter**
sub, m, -s, - semiconductor; **Halbmond** *sub, m, -es, -e* half-moon;
(Figur) crescent; **Halbpension**
sub, f, -, -en half-board; **Halbschatten** *sub, m, -s, -* half-shade; **Halbstarke** *sub, m, -n, -n* yobbo;
Halbstiefel *sub, m, -s, -* ankle boot;
Halbstürmer *sub, m, -s, -* midfield
player; ~**tags** *adv,* half the day;
Halbton *sub, m, -s, -töne (mus.)*
semitone; *(mus., US)* half tone
Halbbildung, *sub, f, -, -en* superficial
knowledge; **halbgebildet** *adj,* half-
educated
Halbblut, *sub, n, -s, -e (Person)* half-
caste; *(Pferd)* half-breed; **Halbblütige** *sub, m, f, -n, -n* half-caste;
(Pferd) half-breed
halbe-halbe, *adj,* go halves
halbieren, *vt,* halve, split in half;

(mat.) bisect
Halbjahr, *sub, n, -s, -e* half-year;
halbjährlich *adj,* half-yearly
halbstündig, *adj,* half-hour; **halbstündlich** (1) *adj,* half-hourly (2)
adv, every half-hour
Halbwertszeit, *sub, f, -, -en (phy.)*
half-life period
Halbwüchsige, *sub, m, f, -n, -n*
teenager; **halbwüchsig** *adj,*
teenage
Halbzeit, *sub, f, -, -en (phy.)* half-
life period; *(spo.)* first, second
half; *(spo., Pause)* half-time; *zur
Halbzeit steht es* the half-time
score is
Halde, *sub, f, -, -n* slope; *(Bergb.)*
slagheap
Hälfte, *sub, f, -, -n* half; *die Hälfte
der Leute* half the people; *die Kosten zur Hälfte zahlen* pay half
the costs; *gib mir die Hälfte* give
me half of it
Halfter, *sub, n, -s, - (Pistole)* holster; *(Zaum)* halter
Halle, *sub, f, -, -n* hall; *(Flugz.)*
hangar; *(Hotel-)* foyer; *(Turn-)*
gym; *(Werks-)* shop; ~**nsport**
sub, m, -s, -e indoor sports;
~**ntennis** *sub, n, -, nur Einz.* indoor tennis
halleluja!, *Interj,* hallelujah
hallen, *vi,* echo; **Hall** *sub, m, -s, -e*
sound
Hallo, *sub, n, -s, -s* hello; *(Aufregung)* fuss
halluzinieren, *vi,* hallucinate;
Halluzination *sub, f, -, -en* hallucination; **halluzinativ** *adj,* hallucinant; **Halluzinogen** *sub, n,
-s, -e* hallucinogen
Halm, *sub, m, -s, -e (Getreide-)*
stalk; *(Gras-)* blade; *(Stroh-)*
straw
Halma, *sub, n, -s, nur Einz.* halma
Halo *sub, m, -, -s oder -nen (med.)*
halo
Halogenid, *sub, n, -s, -e (chem.)*
halogenid
Halogenlampe, *sub, f, -, -n* halogen lamp

halsstarrig, *adj*, stubborn
Halt, *sub*, *m*, *-s*, *-e o*. *-s (Griff)* hold;
(Pause) stop; *(Stütze)* support;
jmdm ein Halt sein be a support to
so; **~estelle** *sub*, *f*, *-*, *-n* stop
Haltbarkeit, *sub*, *f*, *-*, *-en* durability;
haltbar *adj*, *(Lebensm.)* non-perishable; *(Material)* durable; *(Milch)*
long-life
halten, (1) *vi*, hold, keep (2) *vr*,
hold, keep, last (3) *vt*, hold, keep,
stop, support; *den Kopf halten*
hold one´s head; *die Hand vor den
Mund halten* put one´s hand in
front of one´s mouth; *etwas an einem Ende halten* hold one end of
sth, *den Kopf hoch halten* hold
one´s head up; *jmdn an der Hand
halten* hold so´s hand, hold so´s
hand; *rechts/links halten* keep
right/left; *sich bei guter Gesundheit
halten* keep up one´s good health;
sich gut halten keep well; *sich
warm halten* keep warm, *den Kurs
halten* stay on course; *den Takt halten* keep time; *Diät halten* keep to
a diet
Halter, *sub*, *m*, *-s*, *-* holder; *(Eigentümer)* owner
Halteverbot, *sub*, *n*, *-s*, *-e* no stopping
haltlos, *adj*, *(Mensch)* floundering;
(Theorie) untenable
Halt machen, (1) *sub*, *n*, *-s*, *nur
Einz*. stop (2) *vi*, make a stop
Haltung, *sub*, *f*, *-*, *-en* posture;
(Grundeinstellung) attitude; *(inneres Gleichg.)* composure; *(Tiere)*
keeping; *eine gute Haltung haben*
have a good posture; *um Haltung
ringen* try to keep one´s composure
Halunke, *sub*, *m*, *-s*, *-n* rogue;
(Kind) rascal
Hämatom, *sub*, *n*, *-s*, *-e* bruise
hämisch, *adj*, malicious
Hamit, *sub*, *m*, *-en*, *-en* Hamitic
Hammel, *sub*, *m*, *-s*, *-* oder *Hämmel*
wether; *(-fleisch)* mutton; **~braten**
sub, *m*, *-s*, *-* roast mutton; **~fleisch**
sub, mutton; **~keule** *sub*, *f*, *-*, *-n* leg

of mutton; **~sprung** *sub*, *m*, *-s*,
-sprünge (polit.) vote by division
Hammer, *sub*, *m*, *-s*, *Hämmer*
hammer; *Hammer und Sichel*
hammer und sickle; **~werfen**
sub, *n*, *-s*, *nur Einz*. hammer throwing; **~werfer** *sub*, *m*, *-s*, *-* hammer thrower
hämmern, *vti*, hammer
Hämoglobin, *sub*, *n*, *-s*, *nur Einz*.
haemoglobin; *(US)* hemoglobin
Hampelmann, *sub*, *m*, *-s*, *-männer* jumping jack
Hamster, *sub*, *m*, *-s*, *-* hamster;
~backe *sub*, *f*, *-*, *-n (i. ü. S.)* fat
cheeks; **~er** *sub*, *m*, *-s*, *-* hoarder
hamstern, *vti*, hoard; **Hamsterkauf** *sub*, *m*, *-s*, *-käufe* panic-buying
Hand, *sub*, *f*, *-*, *Hände* hand; *aus
der Hand legen* put aside; *aus
erster Hand* first-hand; *bei der
Hand* at hand; *durch Heben der
Hände* by a show of hands; *eine
offene Hand haben* be open-handed; *Hand an sich legen* commit
suicide; *Hand anlegen* lend a
hand; *jmdm in die Hände fallen*
fall into so hands; *jmdn in der
Hand haben* have so in one´s
grip; *letzte Hand anlegen* add the
finishing touches to; *mit der
Hand gemacht* handmade; *sich
mit Händen und Füßen wehren*
fight tooth and nail; *sie hat immer eine Antwort zur Hand* she´s
always got an answer pat; *von
langer Hand* long beforehand; *zu
Händen (Brief)* c/o (=care of);
~änderung *sub*, *f*, *-*, *-en* change
by hand; **~apparat** *sub*, *m*, *-s*, *-e
(Biblio.)* reference works; **~aufheben** *sub*, *n*, *-s*, *nur Einz*. by
show of hands; **~ball** *sub*, *n*, *-s*,
nur Einz. handball; **~betrieb**
sub, *m*, *-s*, *-e* manual operation;
~bewegung *sub*, *f*, *-*, *-en* movement of the hand; **~bremse** *sub*,
f, *-*, *-n* hand brake; *(US)* emergency brake; **~buch** *sub*, *n*, *-s*, *-bücher* handbook, manual;

Händedruck *sub, m, -s, -drücke* handshake; *jmdm die Hand geben* shake hands with so
handarbeiten, *vi*, do needlework; **Handarbeit** *sub, f, -, -en* handicrafts; *(manuelle Arbeit)* manual work; *(nadelarbeit)* needlework; **Handarbeiter** *sub, m, -s, -* manual worker
Handel, *sub, m, -s, -* trade, transaction; *(Tausch-)* barter; *im Handel* on the market; **~sbank** *sub, f, -, -en* commercial bank; **~sbilanz** *sub, f, -, -en* balance of trade; **handelseinig** *adj*, come to an agreement; **handelseins** *adj*, come to an agreement; **~sfirma** *sub, f, -, -firmen* commercial firm; **~sgesellschaft** *sub, f, -, -en* trading company; *(US)* business corporation; **~shafen** *sub, m, -s, -häfen* trading port; **~skammer** *sub, f, -, -n* chamber of commerce; **~smann** *sub, m, -s, -männer* trader; **~smarke** *sub, f, -, -n* trademark; **~splatz** *sub, m, -es, -plätze* trading centre; *(US)* trading center; **~sregister** *sub, n, -s, -* trade register; **~sschiff** *sub, n, -s, -e* merchant ship, trading vessel; **~svertreter** *sub, m, -s, -* travelling salesman; *(US)* traveling salesman
Handeln, (1) *sub, n, -s, nur Einz. (Eingreifen)* action; *(Feilschen)* haggling (2) **handeln** *vi*, act; *(feilschen)* haggle; *(Handel)* trade; *(wirt)* traffic (3) *vr, (sich um -)* it is a matter of (4) *vt, (Börse)* trade on the stockexchange; *aus Überzeugung handeln* act out of conviction
Händelsucht, *sub, f, -, nur Einz.* quarrelsomeness
Händeringen, *sub, n, -s, nur Einz.* gesture with the hands with the expression of despair; **händeringend** *adj*, imploringly
Händewaschen, *sub, n, -s, nur Einz.* hands wash
Handfertigkeit, *sub, f, -, -en* manual skill
handfest, *adj*, robust, substantial; *(Streit)* violent

Handfläche, *pron*, palm of the hand
handgearbeitet, *adj*, handmade
Handgebrauch, *sub, m, -s, nur Einz.* for everyday use
handgeknüpft, *adj*, handwoven
Handgeld, *sub, n, -s, nur Einz.* earnest money
Handgelenk, *sub, n, -s, -e* wrist
Handgemenge, *sub, n, -s, -* fight
Handgepäck, *sub, n, -s, nur Einz.* hand luggage; *(US)* hand baggage
Handgranate, *sub, f, -, -n* hand grenade
Handgriff, *sub, m, -s, -e* grip, handle; *er tut keinen Handgriff* he doesn´t lift a finger; *mit einem Handgriff* with a flick of the wrist; **handgreiflich** *adj*, violent; *handgreiflich werden* turn violent
handhaben, *vt*, handle, operate, use; *das wurde immer so gehandhabt* it´s always been done like that
Handharmonika, *sub, f, -, -s oder -ken* handharmonica
Handicap, *sub, n, -s, -s* handicap
Handikap, *sub, n, -s, -s* handicap
händisch, *adv*, manually
Handkoffer, *sub, m, -s, -* small suitcase
Handkuss, *sub, m, -es, -küsse* kiss on s.b.´s hand
handlangern, *vi*, work for; **Handlanger** *sub, m, -s, -* odd-job man; *(Komplize)* accomplice; **Handlangerin** *sub, f, -, -nen* accomplice, labourer
Händler, *sub, m, -s, -* merchant, trader
Handlichkeit, *sub, f, -, nur Einz.* handiness; **handlich** *adj*, handy, practical
Handlung, *sub, f, -, -en* action; *eine symbolische Handlung* a symbolic act; **~sweise** *sub, f, -, -n* procedure; *(Verhalten)* behaviour; *(Verhalten, US)* behavior
Handmalerei, *sub, f, -, -en* hand painting

Hand-out, *sub, n, -s, -s* hand-out
Handreichung, *sub, f, -, -en* help
Handschelle, *sub, f, -, -n* handcuff
Handschrift, *sub, f, -, -en* hand, handwriting; *(Manuskript)* manuscript
Handschuh, *sub, m, -s, -e* glove; **~fach** *sub, n, -s, -fächer* glove compartment
handsigniert, *adj,* signed
Handspiegel, *sub, m, -s, -* hand mirror
Handstand, *sub, m, -s, -stände* handstand
Handstreich, *sub, m, -s, -e* surprise attack; *(Staatsstreich)* coup
Handtasche, *sub, f, -, -n* handbag
Handtuch, *sub, n, -s, -tücher* towel; *(i. ü. S.) das Handtuch werfen* throw in the towel
Handumdrehen, *sub, n, -s, nur Einz.* in no time
handverlesen, *adj,* handpicked
Handwurzel, *sub, f, -, -n* wrist; *(-knochen)* wristbone
Handy, *sub, n, -s, -s* mobile phone
Handzeichen, *sub, n, -s, -* sign; *(parl.)* show of hands
Handzettel, *sub, m, -s, -* leaflet
hanebüchen, *adj,* incredible
Hanf, *sub, m, -s, nur Einz.* hemp; **Hänfling** *sub, m, -s, -e* linnet; **~seil** *sub, n, -s, -e* hemp rope
Hang, *sub, m, -s, Hänge (Berg)* slope; *(Neigung)* tendency; **hangabwärts** *adj,* downhill
Hangar, *sub, m, -s, -s* hangar
Hängebacken, *sub, f, -, nur Mehrz.* flabby cheeks
Hängebrücke, *sub, f, -, -n* suspension bridge
hangeln, *vr,* make one´s way hand over hand
Hängematte, *sub, f, -, -n* hammock
hängen, (1) *vi,* be suspended from, fix, hang, stick, suspend from **(2)** *vt,* hang; *die ganze Arbeit hängt an mir* I´ve lumbered with all the work; *voller Bilder hängen* be full of paintings; *voller Früchte hängen* be laden with fruit

Hänger, *sub, m, -s, -* loose coat, loose dress
Hängeschrank, *sub, m, -s, -schränke* wall cupboard
Hanglage, *sub, f, -, -n* hillside location
Hansdampf, *sub, m, -s, -e* jack of all rades
Hanse, *sub, f, -, nur Einz.* Hanseatic League; **hanseatisch** *adj,* Hanseatic
hänseln, *vt,* tease
Hanswurst, *sub, m, -s, -e* clown; *den Hanswurst machen für* do the donkey work for
Hantel, *sub, f, -, -n* dumbbell
hantieren, *vi,* work with; *(herum-)* bustle around
hapern, *vi,* short of sth; *es hapert an allem* short of everything; *im Englischen hapert´s bei ihm* English is his weak point
Happen, *sub, m, -s, -* bite to eat; *(i. ü. S.; großer)* hunk; **Häppchen** *sub, n, -s, -* small snack; *(kleines)* morsel
Happening, *sub, n, -s, -s* happening
Harakiri, *sub, n, -s, -s* harakiri
Härchen, *sub, n, -s, -* tiny hair
Hardcover, *sub, n, -s, -s* hardcovered book
Hardware, *sub, f, -, -s* hardware
Harem, *sub, m, -s, -s* harem
Häresie, *sub, f, -, -n* heresy; **Häretiker** *sub, m, -s, -* heretic
Häretikerin, *sub, f, -, -nen* heretic; **häretisch** *adj,* heretical
Harfenklang, *sub, m, -s, -klänge* harp sound; **Harfner** *sub, m, -s, -* harpist
harken, *vt,* rake
Harlekin, *sub, m, -s, -e* harlequin; **harlekinisch** *adj,* harlequin
Harm, *sub, m, -es, nur Einz.* grief, sorrow; **harmlos** *adj,* harmless; *(Krankheit)* safe; *(unbedeutend)* insignificant; *der Film ist harmlos* it´s a harmless sort of film; *er ist ein harmloser Typ* he is harmless

Harmonie, *sub, f, -, -n* harmony; **harmonieren** *vi, (mus.)* harmonize; *(Personen)* get on well; **Harmonik** *sub, f, -, nur Einz.* harmony; **harmonisch** *adj, (i. ü. S.)* harmonious; *(mus.)* harmonic; *(i. ü. S.) harmonisch zusammenleben* live together in harmony; **harmonisieren** *vt,* harmonize
Harmonika, *sub, f, -, -s oder -ken* harmonica
Harmonium, *sub, n, -s, Harmonien* harmonium
Harn, *sub, m, -s, -* urine; *(i. ü. S.)* water; **~blase** *sub, f, -, -n* bladder; **~leiter** *sub, m, -s, -* ureter; **~röhre** *sub, f, -, -n* urethra; **harntreibend** *adj,* diuretic
Harpune, *sub, f, -, -n* harpoon; **harpunieren** *vt,* harpoon; **Harpunierer** *sub, m, -s, -* harpooner
Harpyie, *sub, f, -, -n (myth.)* harpy
harren, *vi,* hope, wait; *der Dinge harren, die da kommen* wait and see what happens
harsch, (1) *adj, (Benehmen)* harsh; *(Schnee)* crusted **(2) Harsch** *sub, m, -s, nur Einz.* crusted snow
hart, (1) *adj,* hard; *(Brot)* stale; *(Ei)* hard-boiled; *(fest)* firm; *(zäh)* tough **(2)** *adv,* hard; *es kommt ihn hart an* it´s hard on him; *hart arbeiten* work hard; *hart bestrafen* punish hard; *jmdn hart treffen* hit so hard; *jmdn fest anfassen* be firm with so, *durch eine harte Schule gegangen sein* have learnt it the hard way; *hart mit jmdm sein* be hard on so; *harte Droge* hard drug; *harte Währung* hard currency; *harter Winter* hard Winter; *hartes Geld* hard money; **~ gekocht** *adj,* hard-boiled; **Härte** *sub, f, -, -n* hardness; *(i. ü. S.)* toughness; *(Stabilität)* stability; **Härteklausel** *sub, f, -, -n (jur.)* hardship clause; **härten (1)** *vt, (Stahl)* temper **(2)** *vti,* harden; **~gesotten** *adj,* hard-boiled; *(i. ü. S.; Verbrecher)* hardened; **~herzig** *adj,* hard-hearted; **Hartherzigkeit** *sub, f, -, -* hard-heartedness; **Hart-**

holz *sub, n, -es, -hölzer* hardwood; **Hartkäse** *sub, m, -s, -* hard cheese; **~leibig** *adj,* firm; **~näkkig** *adj,* stubborn; *(Krankheit etc.)* persistent; **~schalig** *adj,* hard-shelled
Harz, *sub, n, -es, -e* resin; *(in hartem Zust.)* rosin
Hasard, *sub, n, -s, nur Einz.* gamble; **~eur** *sub, m, -s, -e* gambler; **hasardieren** *vi,* gamble; **~spiel** *sub, n, -s, -e* game of chance
Haschee, *sub, n, -s, -s* hash
Häscher, *sub, m, -s, -* bloodhound
haschieren, *vt,* hash
Haschisch, *sub, n, -s, nur Einz.* hashish
Hase, *sub, m, -n, -n* hare; *(Kaninchen)* rabbit; *(i. ü. S.) sehen wie der Hase läuft* see how things develop
Haselmaus, *sub, f, -, -mäuse* dormouse
Haselnuss, *sub, f, -, -nüsse* hazelnut; **~strauch** *sub, m, -s, -sträucher* hazelnut tree; **Haselstaude** *sub, f, -, -n* hazel
Hasenbraten, *sub, m, -s, -* roast hare
Hasenfuß, *sub, m, -es, -füße (i. ü. S.)* coward
Hasenscharte, *sub, f, -, -n (med.)* hare lip
Haspe, *sub, f, -, -n* hasp; **haspeln (1)** *vt,* reel **(2)** *vti, (hastig sprechen)* splutter
Hass, *sub, m, -es, nur Einz.* hate, hatred; *einen Hass haben auf* really hate; *aus Hass* out of hatred; **hassen** *vt,* hate; *(verabscheuen)* detest; **hassenswert** *adj,* hateful, odious; **hasserfüllt (1)** *adj,* full of hatred **(2)** *adv,* full of hatred; *jmdn hasserfüllt anblicken* give so a look of hatred
hässlich, *adj,* ugly; *hässlich wie die Nacht* as ugly as a sin; **Hässlichkeit** *sub, f, -, -en* ugliness; **hassverzerrt** *adj,* filled with hatred
Hast, *sub, f, -, nur Einz.* hurry,

rush; *in großer Hast* in a great hurry; *ohne Hast* without hurry; **hasten** *vi*, hurry, rush; **hastig (1)** *adj*, hurried, rushed **(2)** *adv*, in a hurry **Hätschelkind**, *sub, n, -s, -er* pampered child; **hätscheln** *vt*, pamper; *(liebkosen)* kiss and cuddle **Hatz**, *sub, f, -, -en* chase, hunt **Häubchen**, *sub, n, -s,* - little bonnet; **Haube** *sub, f, -, -n* bonnet; *(Schwestern-)* cornet; *(Sturm-)* helmet; *(tech.)* cover; *unter die Haube kommen* get married **Hauch**, *sub, m, -es, -e* breath, breeze; *(Anflug)* trace; *Luftzug/Hauch* breath of wind; **hauchen (1)** *vt*, whisper **(2)** *vti*, breathe **Haudegen**, *sub, m, -s,* - broadsword; *(Politiker)* old warhorse; *(Soldat)* old trooper **Haue**, *sub, f, -, nur Einz.* *(Hacke)* hoe; *(ugs.; Schläge)* get a smack; **hauen (1)** *vi, (nach)* lash out at **(2)** *vt*, beat; *(hacken)* chop; *(Kind)* smack; *um sich hauen* hit out in all directions, *einen Nagel in die Wand hauen* bang a nail into the wall; *jmdn auf den Kopf hauen* hit so over the head; *sich hauen* have a fight **Häufchen**, *sub, n, -s,* - *(Elend)* picture of misery; *(Kot)* pile of dog´s muck; **Haufe** *sub, m, -ns, -n (veraltet)* heap of; **Haufen** *sub, m, -s,* - pile; *(größer)* heap; *ein Haufen Arbeit* a pile of work; *über den Haufen werfen* mess up; *zu einem Haufen zusammenkehren* sweep into a pile; *ein Haufen Geld* heaps of money; **häufen (1)** *vr, (sich)* mount **(2)** *vt*, heap up, pile up; *die Hinweise häufen sich* evidence is mounting; **haufenweise** *adv*, in piles; **Haufenwolke** *sub, f, -, -n* cumulus cloud **häufig**, *adj*, frequent, often; **Häufigkeit** *sub, f, -, -en* frequency **Haupt**, *sub, n, -es, Häupter* head; *erhobenen Hauptes* with one´s head high; *gesenkten Hauptes* with head bowed; **hauptamtlich (1)** *adj*, full-

time **(2)** *adv*, on a full-time basis; ~**augenmerk** *sub, n, -s, nur Einz.* focus attention on; ~**bahnhof** *sub, m, -s, -höfe* main station; ~**eingang** *sub, m, -s, -gänge* main entrance; ~**film** *sub, m, -s, -e* main feature; ~**gebäude** *sub, n, -s,* - main building; ~**gericht** *sub, n, -s, -e (gastr.)* main course; ~**gewicht** *sub, n, -s, -e* main emphasis; ~**gewinn** *sub, m, -s, -e* first prize; *(wirt.)* main profit; ~**leitung** *sub*, mains; **Häuptling** *sub, m, -s, -e* headman; *(Indianer-)* Indian chief; ~**mann** *sub, m, -s, -männer (mil.)* captain; ~**mieter** *sub, m, -s,* - main tenant; ~**person** *sub, f, -, -en* central figure; ~**portal** *sub, n, -s, -e* main entrance; ~**postamt** *sub, n, -s, -ämter* main post office; *(US)* general post office; ~**punkt** *pron*, main point **Hauptsache**, *sub, f, -, -n* main thing; **hauptsächlich (1)** *adj*, most important **(2)** *adv*, chiefly, mainly **Hauptsaison**, *sub, f, -s, -s oder -sonen* peak season; **Hauptsatz** *sub, m, -es, -sätze (Sprachw.)* main clause; **Hauptschlagader** *sub, f, -, nur Einz.* aorta; **Hauptschuld** *sub, f, -, nur Einz.* main share of the blame; *(wirt.)* principle debt; **Hauptschule** *sub, f, -, -n* secondary modern school; **Hauptstadt** *sub, f, -, -städte* capital city; **Hauptstraße** *sub, f, -, -n* main street; **Haupttreffer** *sub, m, -s,* - first prize, jackpot; **Hauptverhandlung** *sub, f, -, -en (Strafprozess)* hearing, trial; *(Zivilprozess)* main proceedings; **Hauptverkehrsstraße** *sub, f, -, -n* mainroute; *(Eisenb.)* mainline; **Hauptverkehrszeit** *sub, f, -, -en* rush hour; **Hauptversammlung** *sub, f, -, -en* general meeting; **Hauptwort** *sub, n, -s, -wörter (Sprachw.)* noun **Haus**, *sub, n, -es, Häuser* house;

(Gebäude) building; *(Häuser-block)* block of flats; *aus gutem Hause sein* come from a good family; *das kommt mir nicht ins Haus* I´m not having that in my house; *ein Haus weiter* next door; *es stehen Neuwahlen ins Haus* elections are coming up; *frei Haus* carriage paid; *in einer Sache zu Hause sein* be well up in sth; *nach Hause bringen* take so home; *von Haus zu Haus* from door to door; *zu Hause* at home; ~**apotheke** *sub, f, -, -n* medicine cabinet; ~**arbeit** *sub, f, -, -en* housework; *(Schule)* homework; ~**arzt** *sub, m, -s, -ärzte* family doctor; ~**aufgabe** *sub, f, -, -n* homework; ~**aufsatz** *sub, m, -es, -sätze* homework essay; **hausbacken** *adj*, homemade; *(i. ü. S.)* boring; ~**besetzer** *sub, m, -s, -* squatter; ~**besitzer** *sub, m, -s, -* house owner; *(Vermieter)* landlord; ~**besorger** *sub, m, -s, -* caretaker; *(US)* janitor; ~**bewohner** *sub, m, -s, -* occupant; *(Mieter)* tenant; ~**boot** *sub, n, -s, -e* houseboat; ~**bursche** *sub, m, -n, -n* servant; **Häuschen** *sub, n, -s, -* small house; *(Pfört-ner/Jagd-)* lodge; ~**dame** *sub, f, -, -n* housekeeper; ~**drachen** *sub, m, -s, -* battleaxe

Hausdurchsuchung, *sub, f, -, -en* house search; **Hauseingang** *sub, m, -s, -gänge* front door; **hausen** *vi*, live; *(verwüsten)* wreak havoc; **Häuserblock** *sub, m, -s, -s oder -blöcke* block of houses; **Häuserfront** *sub, f, -, -en* housefront, row of houses; **Häuserreihe** *sub, f, -, -n* row of houses; **Hausflur** *sub, m, -s, -e* hallway; **Hausfrau** *sub, f, -, -en* housewife; **hausfraulich** *adj*, domestic, housewifely; **Hausfriedensbruch** *sub, m, -s, -brüche (jur.)* illegal entry of so´s house; **Hausgebrauch** *sub, m, -s, nur Einz.* use in the home; *(zur Freude)* one´s own pleasure; **Hausgehilfin** *sub, f, -, -nen* maid; **hausgemacht** *adj*, homemade; **Haushalt** *sub, m,*

-s, -e household; *(Haushaltung)* housekeeping **Haus halten,** *sub*, keep house for; **Haushälterin** *sub, f, -, -nen* housekeeper; **Haushaltung** *sub, f, -, nur Einz.* housekeeping **Hausse,** *sub, f, -, -n (Börse)* bull market **Haussier,** *sub, m, -s, -s (wirt.)* bull operator **Hausstrecke,** *sub, f, -, -n* well-known way **Haussuchung,** *sub, f, -, -en* house search; **Haustier** *sub, n, -s, -e* domestic animal, pet; **Haustür** *sub, f, -, -en* front door; **Hausverbot** *sub, n, -s, -e* order to stay away; **Hauswirt** *sub, m, -s, -e* landlord; **Hauszelt** *sub, n, -s, -e* frametent **Haut,** *sub, f, -, Häute* skin; *(auf Flüggigkeiten)* film; *(entfernt)* peel; *die eigene Haut retten* save one´s own skin; *ich möchte nicht in deiner Haut stecken* I shouldn´t like to be in your shoes; *nur noch Haut und Knochen sein* be nothing but skin and bone; *sich seiner Haut wehren* stand up for oneself; ~**arzt** *sub, m, -es, ärzte* dermatologist; **häuten (1)** *vr*, shed one´s skin; *(nach Schlangenbrand)* peel; *(Schlange)* slough off **(2)** *vt*, skin; **hauteng** *adj*, skintight; ~**farbe** *sub, f, -, -n* colour of the skin; *(Gesicht)* complexion; *(US)* color of the skin; ~**krebs** *sub, m, -es, nur Einz.* skin cancer; ~**riss** *sub, m, -es, -e* chap; **hautschonend** *adj*, non-irritant **Hautevolee,** *sub, f, -, nur Einz.* top knobs **Havarie,** *sub, f, -, -n* damage; **Havarist** *sub, m, -en, -en* person who is involved in an accident **Havelock,** *sub, m, -s, -s* mantle **Hawaiiinseln,** *sub, f, -, nur Mehrz.* Hawaii Islands **Hazienda,** *sub, f, -, -s oder Hazienden* hacienda **H-Bombe,** *sub, f, -, -n* H-bomb

Headline, *sub, f, -, -s* headline
Hearing, *sub, n, -s, -s* hearing
Hebamme, *sub, f, -, -n* midwife
Hebebühne, *sub, f, -, -n* hydraulic
lift
Hebel, *sub, m, -s, -* lever; *(am Automat etc.)* handle; *alle Hebel in Bewegung setzen* move heaven and
earth; *den Hebel ansetzen* position
the lever; **hebeln** *vt,* lever; *(Auto hoch-)* jack up
heben, (1) *vi, (sich)* lift **(2)** *vt,* lift;
(höher stellen) raise; *(Qualität)* improve; *(Schatz, Wrack)* raise; *(Stimme)* raise; *sich heben und senken*
rise and fall, *eine Last heben* lift a
load; *einen heben* have a drink; *heb
die Füße* pick your feet up
Hebräer, *sub, m, -s, -* Hebrew; **Hebraicum** *sub, n, -s, nur Einz.* Hebraic; **hebräisch** *adj,* Hebrew;
Hebraist *sub, m, -en, -en* Hebraist
Hechel, *sub, f, -, -n* flas comb, hackle; **hecheln** *vi,* pant
Hecht, *sub, m, -s, -e* pike; *der Hecht
im Karpfenteich sein* be the kingpin; ~**sprung** *sub, m, -s, -sprünge
(Schwimmen)* racing dive; *(Turnen)* long fly
Heck, *sub, n, -s, -s (Flugz.)* tail;
(mot.) rear; *(Schiff)* stern; ~**antrieb** *sub, m, -s, -e* rear-wheel drive
Heckfenster, *sub, n, -s, -* rear window; **Hecklaterne** *sub, f, -, -n* taillight; **Heckscheibe** *sub, f, -, -n* rear
windscreen
Hedoniker, *sub, m, -s, -* hedonist;
Hedonismus *sub, m, -, nur Einz.*
hedonism
Heer, *sub, n, -es, -e* army; *(i. ü. S.)*
huge crowd
Hefe, *sub, f, -, -n* yeast; ~**teig** *sub, m,
-s, -e* yeast dough; ~**zopf** *sub, m, -s,
-zöpfe* plaited bun
Heft, *sub, n, -s, -e* exercise book;
(Messer) haft; *(Zeitschrift)* magazine; **heften (1)** *vr, (sich)* fix on **(2)**
vt, fix; *(Nähen)* stitch
heftig, *adj,* heavy, intense, violent;
Heftigkeit *sub, f, -, -en* heaviness,
intensity, violence

Heftklammer, *sub, f, -, -n* paperclip; **Heftpflaster** *sub, n, -s, -* stikking plaster; **Heftzwecke** *sub, f,
-, -n* drawing pin; *(US)* thumbtack
Hege, *sub, f, -, nur Einz.* care
hegelianisch, *adj,* following the
philosophy of Hegel; **hegemonial** *adj,* hegemonic; **Hegemonie**
sub, f, -, -n hegemony; **hegemonisch** *adj,* hegemonic
hegen, *vt,* look after, protect; *(Gefühle)* cherish; *hegen und pflegen*
lavish care and attention on sb;
ich hege den Verdacht, dass I
have suspicion that; **Heger** *sub,
m, -s, -* protector
Hehl, *sub, n, m, (-s), -er* secret;
keinen Hehl aus etwas machen
make no secret of sth; ~**er** *sub,
m, -s, - (jur.)* receiver of stolen
goods; ~**erei** *sub, f, -, (-en)* receiving of stolen goods
hehr, *adj,* noble, sublime
Heide, *sub, m, -, -n* heathen, pagan; *(Land)* moor; *(Landsch.)*
heath; ~**kraut** *sub, n, -s, -er*
heather
Heidelbeere, *sub, f, -, -n* bilberry,
blueberry
Heidelerche, *sub, f, -, -n* lark
heidenmäßig, *adv, (viel Geld)*
pots of money; **Heidentum** *sub,
n, -s, nur Einz.* heathenism, paganism; **heidnisch** *adj,* heathen,
pagan
Heidschnucke, *sub, f, -, -n* moorland sheep
heikel, *adj,* akward; *(wählerisch)*
fussy
heil, (1) *adj,* healed, intact, safe,
unhurt **(2) Heil** *sub, n, -s, nur
Einz.* welfare; *(kirchl.)* salvation;
etwas heil überstehen survive sth
unscathed; *heile Welt* perfect
world; **Heiland** *sub, m, -* Redeemer, Saviour; *(US)* Savior; **Heilanstalt** *sub, f, -n, -en* mental
home, sanatorium; **Heilanzeige**
sub, f, -, -n (med.) indication;
Heilbarkeit *sub, f, -, nur Einz.*
curability; ~**bringend** *adj,* salut-

ary; **Heilbutt** *sub*, *m*, *-s*, *- oder -e* halibutt; **~en (1)** *vi*, *(jmd.)* heal **(2)** *vt*, cure; *(Wunde)* heal; **Heilerde** *sub*, *f*, *-*, *-n* healing earth; **~froh** *adj*, very glad; **Heilgymnastik** *sub*, *f*, *-*, *nur Einz.* physiotherapy **heilig**, *adj*, holy, sacred; *das Hlge Land* the Holy Land; *der Hlge Geist* the Holy Ghost; *der Hlge Vater* the Holy Father; *die Hlge Barbara* Saint Barbara; *die Hlge Jungfrau* the Blessed Virgin; *die Hlgen Drei Könige* the Holy Three Kings; *etwas ist jmdm heilig* sth is sacred to sb; *heilige Stätten* sacred places; **Heiligabend** *sub*, *m*, *-s*, *-e* Christmas Eve; **Heilige** *sub*, *m*, *f*, *-n*, *-n* saint; **~en** *vt*, hallow, sanctify; **Heiligenbild** *sub*, *n*, *-s*, *-er* picture of a saint; **Heiligenschein** *sub*, *m*, *-es*, *-e* halo **heilkräftig**, *adj*, curative; **Heilkunde** *sub*, *f*, *-*, *nur Einz.* medicine; **Heilkundige** *sub*, *m*, *f*, *-n*, *-n* person who is skilled in medicine; **heillos** *adj*, dreadful; **Heilmittel** *sub*, *n*, *-s*, *-* remedy; **Heilpflanze** *sub*, *f*, *-*, *-n* medical plant; **Heilpraktiker** *sub*, *m*, *-s*, *-* non-medical practitioner; **heilsam** *adj*, salutary; **Heilsamkeit** *sub*, *f*, *-*, *nur Einz.* salutary nature; **Heilsarmee** *sub*, *f*, *-*, *-n* Salvation Army; **Heilschlaf** *sub*, *m*, *-s*, *nur Einz.* healing sleep; **Heilung** *sub*, *f*, *-*, *selten -en)* cure, healing; *Heilung suchen* seek a cure; *wenig Hoffnung auf Heilung haben* have little hope of being cured; **Heilungsprozess** *sub*, *m*, *-es*, *-e* healing process, recovery; **Heilwirkung** *sub*, *f*, *-*, *-en* therapeutic effect **heim**, **(1)** *adv*, home **(2) Heim** *sub*, *n*, *-s*, *-e (Alters-, Heim)* home; *(Studenten-)* hall of residence, hostel; *(Studenten-, US)* dormitory; *(Zuhause)* home; **Heimat** *sub*, *f*, *-*, *meist Einz.*, *selten -en* home, homeland; **Heimathafen** *sub*, *m*, *-s*, *-häfen* home port; **Heimatkunde** *sub*, *f*, *-*, *nur Einz.* local studies; **~atlos** *adj*, homeless, uprooted; *durch den Krieg heimatlos werden* be dis-

placed by the war; **Heimatmuseum** *sub*, *n*, *-s*, *-museen* local heritage museum; **Heimatrecht** *sub*, *n*, *-s*, *-e* right of abode; **Heimatstaat** *sub*, *m*, *-es*, *-en* native country; **Heimatstadt** *sub*, *f*, *-*, *(-städte)* home town; **~begeben** *vr*, make one´s way home; **~bringen** *vt*, see so home; **Heimchen** *sub*, *n*, *-s*, *- (- am Herd)* just a housewife; *(zool.)* house cricket; **Heimcomputer** *sub*, *m*, *-s*, *-* home computer; **~elig** *adj*, cosy, cozy; **~gegangen** *adj*, deceased; **~isch** *adj*, native; *heimische Gewässer* home waters; *sich heimisch fühlen* feel at home; **Heimkehr** *sub*, *f*, *-*, *nur Einz.* homecoming **Heimkino**, *sub*, *n*, *-s*, *-s* movie-projector; **Heimleiterin** *sub*, *f*, *-*, *-nen* headmistress, warden; **heimleuchten** *vi*, *(i. ü. S.)* tell so what´s what; **heimlich (1)** *adj*, hidden, secret, undercover **(2)** *adv*, secretly; *heimlich, still und leise* on the quiet; *sich heimlich entfernen* sneak away; **heimlich tun** *vi*, make a mystery out of; **Heimlichkeit** *sub*, *f*, *-*, *-en* secrecy; **Heimlichtuer** *sub*, *m*, *-s*, *-* mystery-monger; **Heimniederlage** *sub*, *f*, *-*, *-n (spo.)* home defeat; **Heimschule** *sub*, *-* boarding school; **Heimsieg** *sub*, *m*, *-s*, *-e* home win; **Heimsuchung** *sub*, *f*, *-*, *-en* affliction; **Heimtrainer** *sub*, *m*, *-s*, *-* home exerciser; **Heimtükke** *sub*, *f*, *-*, *-n* insidiousness; **heimtückisch** *adj*, insidious; **Heimweh** *sub*, *n*, *-es*, *meist Einz.*, *sonst -wehe* homesickness; **heimwehkrank** *adj*, homesick; **heimzahlen** *vt*, pay s.b. back **Hein**, *sub*, *m*, *-s*, *nur Einz.* Grim Reaper **Heinzelmännchen**, *sub*, *n*, *-s*, *-* little helpful fairy **Heirat**, *sub*, *f*, *-*, *-en* marriage; **heiraten** *vti*, get married, marry; **~santrag** *sub*, *m*, *-es*, *-träge* marriage proposal; **heiratsfähig** *adj*, marriageable; *in einem heiratsfähigen Alter* of a marriagable age; **~smarkt** *sub*, *m*, *-s*, *-märkte* marriage market; *(Zeitung)* marriage ads; **~surkunde** *sub*, *f*, *-*, *-n* marriage certificate

heischen, *vt*, ask for

heiser, *adj*, hoarse; *(belegt)* husky; **Heiserkeit** *sub*, *f*, *-*, *nur Einz.* hoarseness

heiß, (1) *adj*, hot; *(Zone)* horrid (2) *adv*, *(heftig)* on heat; *heiße Spur* hot trail; *heiße Ware* hot goods; *heißer Tip* hot tip; *heißes Blut* hot blood, hot blood; *heißes Thema* contoversial issue; *ihm wurde heiß und kalt* he went hot and cold; *mir wird heiß* I´m getting hot; **~ ersehnt** *adj*, longed-for; **~ geliebt** *adj*, dearly loved, passionately loved; **~ laufen** (1) *vi*, overheat (2) *vr*, overheat; *der Motor ist heißgelaufen* the engine is overheated; **Heißhunger** *sub*, *m*, *-s*, *nur Einz.* craving; **~hungrig** *adj*, ravenous; *(i. ü. S.)* voracious; **Heißluftherd** *sub*, *m*, *-es*, *-e* convection oven; **Heißsporn** *sub*, *m*, *-s*, *-e (i. ü. S.)* hothead; **~spornig** *adj*, hotheaded

heißen, (1) *vi*, be called, mean (2) *vt*, call; *damit es nachher nicht heißt* so that nobody can say; *das heiße ich eine gute Nachricht* that´s what I call good news; *das heißt* it´s called; *das will nicht viel heißen* that doesn´t mean much; *es heißt in dem Brief* the letter says; *soll das heißen, dass* does that mean that; *wie heißt das* what´s that called

heiter, *adj*, bright, cheerful; *einer Sache die heitere Seite abgewinnen* look on the bright side of sth; **Heiterkeit** *sub*, *f*, *-*, *nur Einz.* cheerfulness

heizen, (1) *vi*, put the heating on (2) *vt*, fire, heat; *mit Kohle heizen* use coal for heating; **Heizer** *sub*, *m*, *-s*, *-* boilerman; *(tech.)* stoker; *(tech.,US)* fireman; **Heizöl** *sub*, *n*, *-s*, *nur Einz.* heating oil; **Heizperi-**

ode *sub*, *f*, *-*, *-n* heating period; **Heizung** *sub*, *f*, *-*, *-en* central heating, radiator; **Heizungsrohr** *sub*, *n*, *-s*, *-e* heating pipe; **Heizungstank** *sub*, *m*, *-s*, *-s* tank

Hektik, *sub*, *f*, *-*, *nur Einz.* hectic, rush; *nur keine Hektik!* take it easy; **hektisch** *adj*, hectic; *(betriebsam)* frantic; *hektisch leben* lead a hectic life

Hektoliter, *sub*, *m*, *-s*, *-* hectolitre; *(US)* hectoliter

Held, *sub*, *m*, *-en*, *-en* hero; **~enbrust** *sub*, *f*, *-*, *(-brüste)* chest of a hero; **~enepos** *sub*, *n*, *-epen* heroic epic; **heldenhaft** (1) *adj*, heroic (2) *adv*, heroically; **heldenmütig** (1) *adj*, heroic (2) *adv*, heroically; **~entat** *sub*, *f*, *-*, *-en* heroic deed; **~entenor** *sub*, *m*, *-s*, *-tenöre* heroic tenor

helfen, *vi*, be of use, help; *(behilflich sein)* lend so a hand; *da ist nicht zu helfen* there´s nothing you can do; *er weiß sich zu helfen* he can cope; *ich kann mir nicht helfen* I can´t help it; *im Haushalt helfen* help with the housework; *jmdm aus einer Verlegenheit helfen* help so out of a difficulty; *jmdm über die Straße helfen* help so across the road; *kann ich irgendwie helfen?* can I be of any help?; **Helfer** *sub*, *m*, *-s*, *-* helper; *(Gehilfe)* assistant; *ein Helfer in der Not* a friend in need

Helgoländer, *sub*, *m*, *-s*, *-* Helgolander

Helikopter, *sub*, *m*, *-s*, *-* helicopter

heliozentrisch, *adj*, heliocentric

Helium, *sub*, *n*, *-s*, *nur Einz.* *(chem.)* helium

hell, *adj*, bright; *(Farbe)* light; *(Klang)* clear; *(leuchtend)* shining

Hellebarde, *sub*, *f*, *-*, *-n* halberd

Hellebardier, *sub*, *m*, *-s*, *-e* soldier with a halberd

Hellenentum, *sub*, *n*, *-s*, *nur Einz.* Hellenism; **hellenisch** *adj*, Hellenistic; **hellenisieren** *vt*, Hellenize; **Hellenismus** *sub, m, -, nur Einz.* Hellenism; **Hellenistik** *sub, f, -, nur Einz.* Greek studies; **hellenistisch** *adj,* Hellenistic **Heller,** *sub, m, -s, -* heller; *auf Heller und Pfennig* down to the last penny **hellhörig,** *adj, (Person)* sensitive; *(Wand)* badly soundproofed; **Helligkeit** *sub, f, -, -en* brightness; **hellsehen** *vi,* be clairvoyant, have second sight; **Hellseherei** *sub, f, -, nur Einz.* clairvoyance; **Hellseherin** *sub, f, -, -nen* clairvoyant; **hellseherisch** *adj,* clairvoyant; **hellsichtig** *adj,* perceptive; **hellwach** *adj,* wide-awake **Helm,** *sub, m, -s, -e* helmet **Helmstedter,** *sub,* person from Helmstedt **helvetisch,** *adj,* Helvetic **Hemd,** *sub, n, -s, -en* shirt; *(Unter-)* vest; *(Unter-, US)* undershirt; *für sie gibt er sein letztes Hemd her* he´d sell his shirt off his back to help her; *jmdn bis aufs Hemd ausziehen* have the shirt off sb´s back; **hemdärmelig** *adj,* shirt-sleeved; **~bluse** *sub, f, -, -n* shirt; **~enknopf** *sub, m, -s, -knöpfe* shirt button; **~särmel** *sub, m, -s, -* shirt sleeve **Hemisphäre,** *sub, f, -, -n* hemisphere **hemmen,** *vt,* stop; *(behindern)* impede; *(Blut)* staunch; *(Blut, US)* stanch; *(seelisch)* inhibit; **Hemmnis** *sub, n, -es, -se* obstacle; **Hemmschuh** *sub, m, -s, -e* brake shoe; *(i. ü. S.)* obstacle; **Hemmschwelle** *sub, f, -, -n* inhibition threshold; *eine Hemmschwelle überwinden* overcome one´s inhibitions; **Hemmung** *sub, f, -, -en* inhibition; *(Skrupel)* scruple; *Hemmungen haben* have inhibitions; **hemmungslos** *adj,* unrestrained, unscrupulous; **Hemmungslosigkeit** *sub, f, -, -en* lack of restraint, shamelessness; **Hemmwirkung** *sub, m, -, -en* restraint **Hengst,** *sub, m, -es, -e* stallion **Henkel,** *sub, m, -s, -* handle

henken, *vt,* hang; **Henker** *sub, m, -s, -* executioner; **Henkersbeil** *sub, n, -s, -e* executioner´s axe; **Henkersmahl** *sub, n, -s, -e, -mähler* last meal **Henna,** *sub, f, n, (-s), nur Einz.* henna; **~strauch** *sub, m, -s, -sträucher* henna **Henne,** *sub, f, -, -n* hen **Henry,** *sub, n, -, -* Henry **Hepatitis,** *sub, f, -, -titiden (med.)* hepatitis **Heptagon,** *sub, n, -s, -e* heptagon **her,** *adv, (damit)* give it to me; *(um mich)* around me; *(von)* from; *(von früher)* from before; *jmdn von früher her kennen* know sb from before **herab,** *adv,* down to something; *(von oben)* from above; **~blicken** *vi,* look down on; **~fallen** *vi,* fall down, fall off; **~hängen** *vi,* hang down; **~lassen (1)** *vr, (sich)* condescend, deign (2) *vt,* let down; **~lassend** *adj,* condescendingly; **Herablassung** *sub, f, -, nur Einz.* condescension; *jmdn mit Herablassung behandeln* patronize so; **~sehen** *vi,* look down on **~setzen** *vt,* cut, lower, reduce; **Herabsetzung** *sub, m, -, -en* lowering, reduction; *(Beleidigung)* disparagement; **~würdigen** *vt,* degrade **Heraldik,** *sub, f, -, nur Einz.* heraldry **heran,** *adv,* close, near; **~bilden** *vt,* train; **Heranbildung** *sub, f, -, nur Einz.* development; **~bringen** *vt,* bring to; **~dürfen** *vi,* be allowed to do sth; **~fahren** *vi,* drive up; **~führen** *vt,* bring to, lead; **~kommen** *vi,* approach, come up; **~können** *vt,* be able to get close to; **~lassen** *vt,* let someone come near; *er lässt niemand an seine Bücher heran* he won´t let anyone come near his books; **~machen** *vr, (sich)* get going on, set to work on; *(sich an jmd.)* sidle up to; **~müssen**

vi, have to; **~reichen** *vi*, reach; *(i. ü. S.; leistungsm.)* come up to; **~reifen** *vi*, *(Früchte)* ripen; *(Kinder)* grow up; *(i. ü. S.; Plan)* mature **herauf**, *adv*, up, upwards; *den Berg herauf* up the hill; **~holen** *vt*, bring up; **~lassen** *vt*, let come up; **~setzen** *vt*, put up, raise; **~ziehen (1)** *vi*, come up **(2)** *vt*, pull up **heraus**, *adv*, out, out of; *heraus da!* out there!; *heraus mit der Sprache* out with it; *aus einem Gefühl heraus* out of a sense of; *zum Fenster heraus* out of the window; **~bekommen** *vt*, find out, get out, work out; *Geld herausbekommen* get money back; **~bilden** *vr*, develop; **~bringen** *vt*, bring out, get out; *(Buch)* publish; *(Schallplatte)* release; *sie brachte kein Wort heraus* she couldn´t say a word; **~dürfen** *vt*, be allowed to get out of; **~fahren (1)** *vi*, come out **(2)** *vt*, drive out; **~finden (1)** *vr*, find one´s way out **(2)** *vti*, find out; **~fordern** *vt*, challenge, provoke; *das Schicksal herausfordern* tempt fate; **Herausforderung** *sub*, *f*, -, -en challenge, provocation
herausgeben, **(1)** *vi*, give so change **(2)** *vt*, give back, hand over; *(Buch)* publish; *ein Buch herausgeben (zurück)* hand over a book; **Herausgeber** *sub*, *m*, -s, - publisher; *(Verfasser)* editor; **herausgehen (1)** *vi*, go out; *(Fleck)* come out **(2)** *vr*, *(aus sich)* come out of one´s shell; **heraushaben** *vt*, have found sth out, have got sth out; **heraushalten (1)** *vr*, keep out of sth **(2)** *vt*, keep so out of sth; **heraushängen** *vti*, hang out; **heraushauen** *vt*, knock out; *(i. ü. S.)* get so out; **herausheben** *vt*, lift, take out; *(i. ü. S.)* underline; **herausholen** *vt*, bring out, get out; *er holte das Letzte aus sich heraus* he made a supreme effort
heraushören, *vt*, hear; *(i. ü. S.)* detect; **herauskehren** *vt*, act, play a role; **herauskommen** *vi*, come out, get out; *(Buch)* be published; *(erscheinen)* appear; *(Erzeugnis;, bekannt werden)* come out; **herauskönnen** *vi*, be able to get out; **herauslassen** *vt*, let out; *(weglassen)* leave out; **herausmachen (1)** *vr*, *(i. ü. S.; sich)* improve **(2)** *vt*, take out; **herausmüssen** *vi*, *(aus Bett)* have to get up; *(aus Wohnung)* have to get out; *(nach draußen)* have to go out; *(z.B. Zahn)* have to come out; **herausnehmen** *vt*, remove, take out; *sich den Blinddarm herausnehmen lassen* have one´s appendix taken out; *sich Freiheiten herausnehmen* take liberties; **herauspauken** *vt*, *(i. ü. S.)* help so to get out of trouble
herausragen, *vi*, jut out; **herausreißen** *vt*, pull out, tear out; *(i. ü. S.; befreien)* get out of; **herausstellen (1)** *vr*, *(sich)* come out, turn out **(2)** *vt*, put out; *(an die Öffentlk. bringen)* publicize; *(i. ü. S.; betonen)* underline; **heraustragen** *vt*, carry out; **herauswagen** *vr*, *(sich)* venture out; **herauswinden** *vr*, *(i. ü. S.)* wriggle out of; **herauswollen** *vi*, want to get out; **herausziehen** *vt*, pull out; *(Zahn u.a.)* extract from
herb, *adj*, sour; *(i. ü. S.)* harsh; *(Duft)* tangy; *(Wein)* dry
Herbarium, *sub*, *n*, -, -barien herbarium
herbei, *adv*, here; **~führen** *vt*, *(bewirken)* lead to; *(verursachen)* cause; **~lassen** *vt*, let come along; **~locken** *vt*, attract; **~reden** *vt*, provoke; **~rufen** *vt*, call for, call over; **~sehnen** *vt*, long for
herbeordern, *vt*, summon
Herberge, *sub*, *f*, -, -n *(Gasthaus)* inn; *(Jugend-)* hostel
Herbivore, *sub*, *m*, -n herbivore
Herbizid, *sub*, *n*, -s, -e herbicide
herbringen, *vt*, bring along
Herbst, *sub*, *m*, -es, -e autumn;

(US) fall; **~anfang** *sub, m, -s, nur Einz.* beginning of autumn; *(US)* beginning of fall; **~blume** *sub, m, -,* -en autumnflower; **~ferien** *sub, -s, nur Mehrz.* autumn break; **herbstlich** *adj,* autumnal; **~messe** *sub, m, -s, -n* autumn trade; **~nebel** *sub, m, -s, -* autumn fog; **~sonne** *sub, f, -, nur Einz.* autumn sun; **~sturm** *sub, m, -s, -stürme* autumn storm; **~zeitlose** *sub, f, -n, -n* meadow saffron

herculanisch, *adj,* Herculean

Herd, *sub, m, -es, -e* cooker, stove; *(Ausgangspunkt)* centre of; *(Ausgangspunkt US)* center; *den ganzen Tag am Herd stehen* stand in the kitchen all day long; *eigener Herd ist Goldes wert* there´s no place like home

Herde, *sub, f, -, -n* herd; *(i. ü. S.)* masses; *(Schaf-)* flock; *aus der Herde ausbrechen* break away from the others; *mit der Herde laufen* follow the herd; **~nmensch** *sub, m, -en, -en* sheep; **~ntrieb** *sub, m, -s, nur Einz.* herd instinct; *(i. ü. S.)* herd instinct; **herdenweise** *adv,* in herds

hereditär, *adj,* hereditary

herein, *adv,* come in, in; *(von draussen)* from outside; **~dürfen** *vi,* be allowed in; **~fahren** *vt,* drive in; **~fallen** *vi,* come in; *(i. ü. S.)* fall for; **~geben** *vi,* take in; **~holen** *vt,* fetch, fetch in; *(aufholen)* make up for; *(Aufträge)* get in; **~kommen** *vi,* come in, get in; **~können** *vt,* can get in; **~lassen** *vt,* let in; **~legen** *vt, (i. ü. S.)* take so for a ride; *(i. ü. S.; finanziell)* take so in; **~müssen** *vt,* have to get in; **~nehmen** *vt,* take in; **~rufen** *vt,* call in; **~wagen** *vt,* dare to get in; **~wollen** *vt,* want to get in

Herfahrt, *sub, f, -s, -en* journey here

Hergang, *sub, m, -s, -gänge* sequence of events; *den Hergang schildern* describe exactly what happened

hergeben, **(1)** *vr, (sich)* get involved

in sth **(2)** *vt,* give away, give back; *sein Geld für etwas hergeben* put one´s money into sth

hergebrachtermaßen, *adv,* usually

hergehen, *vi,* follow, walk behind; *(heiß -)* things get pretty lively; *neben/vor/hinter jmdm hergehen* walk along, beside, before,behind sb

hergelaufen, *adj,* coming from nowhere; **Hergelaufene** *sub, m, f, -n, -n* good for nothing

herhalten, (1) *vi, (müssen)* have to take the rap **(2)** *vt,* hold out

herholen, *vt,* fetch, get

herhören, *vi,* listen

Hering, *sub, m, -s, -e (dünner Mensch)* match stick; *(Zeltpflock)* tent peg; *(zool.)* herring; **~sfang** *sub, m, -s, -fänge* herring fishery; **~sfass** *sub, n, -es, -fässer* herring to; **~sfilet** *pron,* filet from the herring; **~smilch** *sub, f, -, nur Einz.* herring milt; **~srogen** *sub, m, -s, -* herring roe; **~ssalat** *sub, m, -s, -e* pickled herring salad

Herkommen, (1) *sub, n, -s, nur Einz.* tradition **(2) herkommen** *vi,* come from, come here; **herkömmlich** *adj,* customary, traditional

Herkunft, *sub, f, -, nur Einz.* origin; *(Person)* background; *von einfacher Herkunft sein* be of humble origin; **~sland** *sub,* country of origin

Hermaphrodit, *sub, m, -en, -en* hermaphrodite; **hermaphroditisch** *adj,* hermaphroditic

hermetisch, *adj,* hermetic; *hermetisch abriegeln* hermetically sealed

hernach, *adv, (ugs.)* afterwards

hernieder, *adj,* down

Heroin, *sub, f, -, -en* heroin

heroisch, *adj,* heroic; **heroisieren** *vt,* worship as a hero; **Heroismus** *sub, m, -, nur Einz.* heroic

Herold, *sub, m, -s, -e* herald; **~sstab** *sub, m, -s, -stäbe* herald´s

baton
Herpes, *sub, m, -, nur Einz. (med.)*
herpes
Herr, *sub, m, -en, nur Einz.* man; *(Anrede)* Mr.; *(sehr höfl.)* gentleman; *aus aller Herren Länder* from the four corners of the earth; *der Herr Präsident* the Chairman; *Herr der Lage sein* have everything under control; *sehr geehrte Damen und Herren!* ladies and gentleman; *sehr geehrte Herr N(Brief)* dear Mr N; *sein eigener Herr sein* be one´s own boss; **~enabend** *sub, m, -s, -e* stag party; **~enbesuch** *sub, m, -s, -e* male visitor; **~eneinzel** *sub, n, -s, -* *(Tennis)* men´s singles; **~enmensch** *sub, m, -en, -en* domineering person; **~enpartie** *sub, f, -, -n* gentlemen´s group; **~enreiter** *sub, m, -s, -* rider; **~ensalon** *sub, m, -s, -s (Friseur)* barber´s; **~enzimmer** *sub, n, -s, -* study
herrichten, (1) *vr, (sich)* get ready (2) *vt*, get ready; *(renovieren)* do up
Herrichtung, *sub, m, -, -en* getting ready
herrisch, *adj*, domineering, imperious
herrlich, *adj*, marvellous, wonderful; *(US)* marvelous; **Herrlichkeit** *sub, f, -, -en* magnificence
herrnhutisch, *adj, (Stadt in D.)* from Herrnhut
Herrschaft, *sub, f, -, -en* control, rule; *(Macht)* power; *die Herrschaft verlieren* lose control; *die Herrschaft an sich reißen* seize power
herrschen, *vi*, be in control, rule; *(Monarch)* reign; *(vorhanden sein)* be; *draußen herrschen -30 Grad Kälte* it´s 30 below outside; *es herrscht jetzt Einigkeit* there is now agreement; *überall herrschte große Freude/Trauer* there was great joy/sorrow everywhere; **Herrscher** *sub, m, -s, -* ruler; *(Monarch)* monarch; **Herrscherin** *sub, f, -, -nen* ruler; *(Monarch)* monarch

Herrschsucht, *sub, f, -, nur Einz.* lust for power; *(stärker)* tyrannical nature
herschicken, *vt*, send over
herschieben, *vt*, push over
herstammen, *vi*, come from, stem from
herstellen, *vt*, produce, put here; *(erzeugen)* establish, make; *(gesundhl.)* restore to health; **Hersteller** *sub, m, -s, -* manufacturer, producer; **Herstellerin** *sub, f, -, -nen* manufacturer, producer; **Herstellung** *sub, f, -, nur Einz.* production; *(v. Beziehungen)* establishment
herüber, *adv*, over here
herüberholen, *vt*, fetch over
herum, *adv, (um)* about; *(vorbei)* over; *(ziellos)* about, around; **~albern** *vi*, fool around; **~ärgern** *vr, (sich)* battle with; **~balgen** *vr*, romp around; *(sich - mit)* wrangle with; **~deuteln** (1) *vi*, split hairs (2) *vt, (daran)* it is perfectly plain; **~doktern** *vi*, tinker around; **~drehen** *vtr*, turn round; *(Liegendes)* turn over; **~drücken** *vr, (sich - um)* try to get out of; *(sich an einem Ort)* hang round; **~führen** (1) *vi, (um)* run around (2) *vt, (in)* show so round; **~gehen** *vi*, walk around; *(herumgereicht werden)* be passed around; *(im Kopf)* go round and round in one´s head; **~kommen** *vi*, come around; *(i. ü. S.; um etwas)* get around sth; **~kriegen** *vt*, get so round; *(Zeit)* pass
herumlaufen, *vi*, run around; **herumliegen** *vi*, lie around; *(um etwas)* surround; **herumlungern** *vi*, hang around; **herumreißen** *vt*, swing sth round; **herumsitzen** *vi*, sit around; **herumsprechen** *vr, (sich)* get around; **herumstöbern** *vi*, poke around; *(neugierig)* nose around in; **herumtollen** *vi*, romp around; **herumtreiben** *vr, (sich)*

roam around; **Herumtreiber** *sub*, *m*, *-s*, *-* loafer; *(Vagabund)* tramp; **herumwerfen (1)** *vr*, *(sich - im Schlaf)* toss and turn **(2)** *vt*, throw around, toss around; *(Steuerrad)* pull round; **herumwirbeln** *vti*, spin round, whirl round **herunter**, *adv*, down; *da herunter* down there; *hier herunter* down here; ~**gekommen** *adj*, *(Gebäude etc.)* run down; *(gesundheitlich)* in bad shape; *(Person)* dowdy; *(sittlich)* dissolute **hervor**, *adv*, out; *(aus)* out of; *(hinter -)* from behind; *(unter)* from under; ~**brechen** *vi*, burst out; ~**bringen** *vt*, cause, create, produce; *(Worte)* utter; ~**gehen** *vi*, come from, develope from, result from; *daraus geht hervor, dass* it follows that; ~**heben** *vt*, *(i. ü. S.)* emphasize, stress, underline; ~**holen** *vt*, produce, take out; ~**kehren** *vt*, emphasize; *(herauskehren)* play; ~**ragen** *vi*, jut out, stick out; *(i. ü. S.)* stand out; ~**ragend** *adj*, excellent, outstanding **hervorrufen**, *vt*, *(bewirken)* cause, provoke; *(Eindruck)* create; **hervorsprudeln** *vi*, bubble up; **hervorstechen** *vi*, stand out; **hervortrauen** *vr*, *(sich)* dare to come out; **hervortreten** *vi*, come out; *(i. ü. S.)* bulge; **hervorwagen** *vr*, *(sich)* dare to come; **hervorziehen** *vt*, pull out **Herz**, *sub*, *n*, *-es*, *-en* heart; *(Einzelkarte)* heart; *(Kartenfarbe)* hearts; *(Mittelpunkt)* core, heart; *(Seele)* soul; *alles was dein Herz begehrt* everything your heart desires; *aus tiefstem Herzen* from the bottom of one´s heart; *ein Herz für Kinder/Tiere* a place in one´s heart for children/animals; *er hat es am Herzen* he has heart trouble; *es läßt die Herzen höher schlagen* it makes your heart swell; *mein Herz blutete* my heart bled; *mir schlug das Herz bis zum Hals* my heart was in my mouth; *mit ganzem Herzen dabei*

sein heart and soul; *sich etwas zu Herzen nehmen* take sth to heart; ~**anfall** *sub*, *m*, *-es*, *-fälle* heart attack; ~**anomalie** *sub*, *f*, *-*, *-n* heart anomaly; ~**attacke** *präp*, heart attack; **herzbewegend** *adj*, heart-rending; ~**binkerl** *sub*, *n*, *-s*, *-n (i. ü. S.)* sweetheart; ~**blut** *sub*, *n*, *-es*, nur *Einz.* one´s lifeblood; ~**chirurgie** *sub*, *f*, *-*, *-* heart surgery; ~**ensangst** *sub*, *f*, *-*, *-ängste* deep anxiety; ~**ensbrecher** *sub*, *m*, *-s*, *-* lady-killer; ~**ensgüte** *sub*, *f*, *-*, *-* kindheartedness; ~**enslust** *sub*, *f*, *-*, *-lüste (nach)* to one´s heart´s content; ~**enssache** *sub*, *f*, *-*, *-n* matter of the heart; **herzergreifend** *adj*, deeply moving; ~**fehler** *sub*, *m*, *-s*, *-* heart defect; ~**flimmern** *sub*, *n*, *-s*, *-* heart flutter; ~**frequenz** *sub*, *f*, *-*, *-en* heart frequence; **herzhaft (1)** *adj*, good; *(Essen)* substantial; *(Händedruck)* firm; *(Wein)* hearty **(2)** *adv*, substantial **herziehen**, **(1)** *vi*, *(hinter)* follow; *(über)* run down **(2)** *vt*, pull up; *(hinter sich)* pull along **herzig**, *adj*, cute; **Herzinfarkt** *sub*, *m*, *-es*, *-e* heart attack; *(med.)* cardiac infarction; **Herzkatheter** *pron*, cardiac catheter; **Herzkirsche** *sub*, *f*, *-*, *-n* heartshaped cherry; **Herzklopfen** *sub*, *n*, *-s*, *- (i. ü. S.)* heart thumping; *(med.)* palpitations; **herzlich** *adj*, affectionate, warm; *herzliche Grüßen* best regards; *herzlichen Dank* many thanks; **Herzlichkeit** *sub*, *f*, *-*, *-en* warmth; **herzlos** *adj*, heartless; **Herzmassage** *sub*, *f*, *-*, *-n* cardiac massage **Herzog**, *sub*, *m*, *-s*, *-zöge* duke; ~**in** *sub*, *f*, *-*, *-nen* duchess; ~**swürde** *sub*, *f*, *-*, *-* honour of the duke; ~**tum** *sub*, *n*, *-s*, *-tümer* duchy; **Herzschlag** *sub*, *m*, *-es*, *-schläge* heartbeat; **Herzschmerz** *sub*, *m*, *-es*, *-en* pains in the chest; **Herzschrittmacher** *sub, m, -s,* - pacemaker; **Herzspender** *sub, m, -s,* - heart donor; **herzstärkend** *adj,* cardiotonic; **Herztransplantation** *sub, f, -, -en* heart transplant; **Herztropfen** *sub, f, -, nur Mehrz.* heart drops; **Herzversagen** *sub, n, -s,* - heart failure **herzu,** *adv,* come hereby **Heterodoxie,** *sub, f, -, -n* heterodoxy **heterogen,** *adj,* heterogeneous; **Heterogenität** *sub, f, -, nur Einz.* heterogeneity **heteromorph,** *adj,* heteromorphic **Heterophyllie,** *sub, f, -, nur Einz.* heterophily **Heterosexualität,** *sub, f, -, nur Einz.* heterosexuality; **heterosexuell** *adj,* heterosexual **Heterosphäre,** *sub, f, -, -n* heterosphere **Hetze,** *sub, f, -, -n (aufhetzen)* agitation; *(Eile)* rush; **hetzen** *vt,* rush; *(Tiere)* hunt; *(Tiere mit Hunden)* chase; *(i. ü. S.; verflolgen, jagen)* chase; *(i. ü. S.; verfolgen, jagen)* hunt; *den ganzen Tag hetzen* be in a rush all day long; **~rei** *sub, f, -, -en* rush; *(i. ü. S.)* agitation; **Hetzjagd** *sub, f, -, -en* hunting; *(Verfolgung)* chase; **Hetzkampagne** *sub, f, -, -n* smear campaign **Heu,** *sub, n, -es,* - hay; *Geld wie Heu haben* have money to burn; *Heu machen* make hay; **~boden** *sub, m, -s,* - hayloft **Heuchelei,** *sub, f, -, -en* hypocrisy; *(Falschheit)* deceit; **heucheln (1)** *vi,* be hypocritical **(2)** *vt,* feign; **Heuchler** *sub, m, -s,* - hypocrite; **heuchlerisch** *adj,* hypocritical **heuer, (1)** *adv,* this year **(2) Heuer** *sub, m, -s,* - *(Schiff.)* pay **heuern,** *vt,* sign on **Heufieber,** *sub, n, -s,* - hay fever **Heugabel,** *sub, f, -, -n* pitchfork **Heulboje,** *sub, f, -, -n* whistling buoy **heulen,** *vi,* howl; *hör auf mit der Heulerei* stop howling; **Heuler** *sub, m, -s,* - *(junger Seeh.)* baby seal; **Heulsuse** *sub, f, -, -n* crybaby **heurig,** *adj,* this year´s; **Heurige**

sub, m, -n, -n (österr.) new wine **Heuschnupfen,** *sub, m, -s,* - hay fever **Heuschober,** *sub, m, -s,* - haystack **Heuschrecke,** *sub, f, -, -n* grasshopper; *(gefährliche)* locust **heute,** *adv,* today **heutig,** *adj,* today´s; *(gegenwärtig)* of today; **~entags** *adv,* nowadays **heutzutage,** *adv,* these days **Hexaeder,** *sub, n, -s,* - cube; **hexaedrisch** *adj,* cubic **Hexagon,** *sub, n, -s, -e* hexagon **Hexagramm,** *sub, n, -s, -e* hexagram **Hexameter,** *sub, m, -s,* - hexameter **hexametrisch,** *adj,* hexametric **Hexe,** *sub, f, -, -n* witch; **hexen** *vi,* practise witchcraft; *(US)* practice witchcraft; **~nkessel** *sub, m, -s,* - witch´s cauldron; *(i. ü. S.)* chaos; **~nmeister** *sub, m, -s,* - sorcerer, wizard; **~nprozess** *sub, m, -es, -e* witch´s trial; **~nsabbat** *sub, m, -s,* - witches´ sabbath; **~nschuss** *sub, m, -es,* - lumbago; *(med.)* lumbago; **~r** *sub, m, -s,* - sorcerer; **~rei** *sub, f, -, -en* sorcery, witchcraft **Hibernation,** *sub, f, -, -en* hibernation **Hibiskus,** *sub, m, -, -ken* hibiscus **Hickhack,** *sub, n, -s, -s* wrangling **Hidalgo,** *sub, m, -s, -s* hidalgo **Hieb,** *sub, m, -es, -e* blow; *(Faust)* punch; *jmdm einen Hieb versetzen* deal so a blow; **hiebfest** *adj,* watertight **hienieden,** *adv, (veraltet)* in this world **hier,** *adv,* here; *hier draußen/drinnen* out/in here; *hier entlang* along here; *hier oben/unten* up/down here **Hierarchie,** *sub, f, -, -n* hierarchy; **hierarchisch** *adj,* hierarchical **hierauf,** *adv,* on here; *(danach)* after that; **~hin** *adv,* hereupon **hieraus,** *adv,* from this

hierbei, *adv,* here, in this case, on this occasion
hier bleiben, *vi,* stay here
hierdurch, *adv,* through here; *(aufgrund)* because of this; **hier lassen** *vt,* leave sth here; **hier sein** *vi,* be here; **hierfür** *adv,* for this; **hierher** *adv,* here, this way; *bis hierher* up to here; *bis hierher und nicht weiter* this far and no further; *komm hierher* come here; **hierher kommen** *vi,* come here; **hiermit** *adv,* with this; *(tt; Amtsspr.)* **hiermit erkläre ich, dass** I hereby declare that; **hiervon** *adv,* from this, of this; **hierzu** *adv,* about this, for this; **hierzulande** *adv,* around here, in this country; **hierzwischen** *adv,* in between
Hieroglyphe, *sub, f, -, -n* hieroglyph
hiesig, *adj,* local
hieven, *vt,* heave
hiezwischen, *adv,* in between
Hi-Fi, *sub,* hi-fi; **~-Anlage** *sub, f, -, -n* hi-fi system
high, *adj, (ugs.)* high; **Highlight** *sub, n, -s, -s* highlight; **Hightech** *sub, m, -s, nur Einz.* high-tech; **Highway** *sub, m, -s, -s* highway
Hijacker, *sub, m, -s, -* hijacker
Himbeere, *sub, f, -, -n* raspberry; **Himbeergeist** *sub, m, -es, -* raspberry brandy; **Himbeersaft** *sub, m, -es, -säfte* raspberry juice
Himmel, *sub, m, -s, -* sky; *(i. ü. S.)* heaven; *am Himmel* in the sky; *der Himmel auf Erden* heaven on earth; *im siebten Himmel sein* be on cloud nine; *unter freiem Himmel* in the open air; *unter südlichem Himmel* unter southern skies; *wie aus heiterem Himmel* out of the blue; **himmelan** *adv, (veraltet)* up towards the heaven; **himmelangst** *adj,* scared to death; **~fahrt** *sub, f, -, -en (Christi)* Ascension; *(Mariä)* Assumption; **~reich** *sub, n, -s, -* kingdom of heaven; **~sachse** *sub, f, -, -* axis; **~sbahn** *sub, f, -, -en* axis; **~skörper** *sub, m, -s, -* celestial body; **~skugel** *sub, f,*

-, -n sphere; **~szelt** *sub, n, -es, -e* firmament; **himmelwärts** *adv,* heavenwards; **himmlisch** *adj,* heavenly; *der Himmlische Vater* our Father in Heaven
hin, *adv,* there; *(an)* along; *(auf etwas)* as a result of; *(bis)* as far as, up to; *(hinsichtlich)* concerning; *(nach, auf, zu)* to, towards; *(über)* over; *hin und zurück* there and back; *auf meinen Rat hin* on my advice; *bis zu dieser Stelle* up to this point; *auf die Gefahr hin* even at the risk of; *nach aussen hin* outwardly; *gegen Mittag* towards midday
hinab, *adv,* down; **~fahren** *vi,* drive down, go down; **~fallen** *vi,* fall down; **~reißen** *vi,* drag down; **~senken** *vt,* low down; **~sinken** *vi,* go down; **~steigen** *vi,* go down; **~stürzen** *vi,* fall down; *(Treppe)* rush downstairs; **~tauchen** *vi,* dive down; **~ziehen** *vt,* pull down
hinan, *adv,* up
hinarbeiten, (1) *vi, (auf)* work towards (2) *vr, (sich)* work one's way towards
hinauf, *adv,* up, upwards; *den Berg hinauf* up the hill; *die Treppe hinauf* up the stairs; *hier/dort hinauf* up here/there; **~dürfen** *vi,* be allowed to go upwards; **~führen** (1) *vi,* go up there (2) *vt,* take so up; **~gehen** (1) *vi,* walk up; *(hinaufführen)* go up; *(Treppe)* go upstairs (2) *vt, (Berg, Weg etc)* walk up; **~können** *vti,* be able to get up there; **~lassen** *vi,* let go up; **~müssen** *vi,* have to go up; **~sollen** *vi,* should go up; **~steigen** *vti,* climb up, go up; **~ziehen** (1) *vi,* move up (2) *vr, (sich)* pull o.s. up (3) *vt,* pull up
hinaus, *adv,* out, outside; *auf Jahre hinaus* for years; *hier hinaus* out here; *hinaus aus* out of, out of; *hinaus damit* out with it; *zum Fenster hinaus* out of the win-

dow; **~beugen** *vr, (sich)* lean out; **~dürfen** *vti,* be allowed to go out; **~ekeln** *vt,* freeze out; **~fahren** *vti,* drive out; **~finden** *vi,* find one´s way out; **~führen** (1) *vi,* lead out (2) *vt,* take out; **~gehen** *vi,* go out, leave; *darüber hinausgehen* go beyond; *das Zimmer geht auf den Park hinaus* looks out onto the park; **~kommen** *vi,* come out, get out; *(i. ü. S.)* get further than; **~können** *vt,* can get out; **~lassen** *vt,* let out; **~laufen** *vi,* run out; *(i. ü. S.; auf)* end up in; *(i. ü. S.) auf etwas hinauslaufen* lead to sth; **~müssen** *vi,* have to go out; **~schieben** *vt,* push out; *(i. ü. S.)* postpone; **~tragen** *vt,* carry out **hinauswagen,** *vr, (sich)* venture out; **hinauswerfen** *vt,* throw out; *(i. ü. S.; jmd. entlassen)* give the sack; **hinauswollen** *vi,* want to get out; *(i. ü. S.; auf)* drive at; *auf etwas bestimmtes hinauswollen* have sth particular in mind; *worauf willst du hinaus?* what are you driving at?; **hinausziehen** (1) *vi,* move out (2) *vr, (sich)* drag on (3) *vt,* pull out; *(i. ü. S.)* drag out; **hinauszögern** (1) *vr, (sich)* take longer than expected (2) *vt,* put off **hinbekommen,** *vt,* manage sth all right **hinblättern,** *vt, (i. ü. S.; Geld)* shell out **Hinblick,** *sub, m, -s, - (im - auf)* in view of, regarding **hinderlich,** *adj,* obstructive; *(sein)* be in so´s way; **hindern** *vt,* block, hinder; *(jemand daran)* prevent so from; **Hindernis** *sub, n, -ses, -se* barrier, obstacle; **Hindernislauf** *sub, m, -es, -läufe* steeplechase; **Hindernisrennen** *sub, n, -s, -* steeplechase **hindeuten,** *vi, (auf)* point to **Hindi,** *sub, n, -s, nur Einz.* Hindi; **Hindu** *sub, m, -s, -s* Hindu; **Hinduismus** *sub, m, -s, nur Einz.* Hinduism; **hinduistisch** *adj,* Hindu **hindurch,** *adv,* through; *die ganze Nacht durch* all night through; *durch etwas hindurch* through sth; *mitten hindurch* straight through the middle **hineintappen,** *vi,* walk into; *(i. ü. S.)* get caught up; **hineintragen** *vi,* carry in; **hineintreten** *vi,* step in, walk in; **hineinversetzen** *vr, (sich)* put o.s. in s.o´s position; **hineinwagen** *vr,* venture in; **hineinwollen** *vi,* want to get in; **hineinziehen** *vt,* pull in; *(i. ü. S.)* drag so into sth **Hinfahrt,** *sub, f, -, -en* journey there **hinfallen,** *vi,* fall down; *(Person)* fall over **hinfällig,** *adj, (gebrechl.)* frail; *(ungültig)* invalid; **Hinfälligkeit** *sub, f, -, -en (Gebrechlichk.)* frailty; *(Ungültigk.)* invalidity **hinfort,** *adv,* from now on; *(veraltet)* henceforth **Hingabe,** *sub, f, -, -n* devotion; *(selbstvergessen)* with abandon; **hingabefähig** *adj,* devoted **hingeben,** (1) *vr, (sich)* devote o.s. to (2) *vt, (opfern)* sacrifice; **hingebungsvoll** *adv,* devotedly; **hingegen** *adv,* however; **hingegossen** *adj, (ugs.; wie)* have draped oneself over; **hingehen** *vi,* go there; *(besuchen)* go to see so; *wo gehst Du hin* where are you going?; *wo kann man hier hingehen? (ausgehen)* what sort of places can you go to around here?; **hingerissen** *adj,* fascinated; *hingerissen der Musik lauschen* be carried away by the music; **hinhalten** *vt,* hold out; *(i. ü. S.; warten lassen)* keep so hanging; **hinhauen** (1) *vi,* hit; *(i. ü. S.; klappen)* work (2) *vt, (hinwerfen)* slam; **hinken** *vi,* limp; *(i. ü. S.) der Vergleich hinkt* the metaphor doesn´t work; **hinlänglich** *adv,* sufficiently; **hinlegen** (1) *vr, (sich)* lie down (2) *vt,* lay down, put down; *sich hinlegen* to lie down; **hinnehmen** *vt,* accept;

(dulden) put up with; **hinreichen** *vt*, hand; **hinreichend** *adj*, enough, sufficient **Hinreise**, *sub, f, -, -n* trip there; **hinreißend** *adj*, fascinating; **hinrichten** *vt*, execute; *(herrichten)* get ready; **Hinrichtung** *sub, f, -, -en* execution; **hinschaukeln** *vt, (ugs.)* get things right; **hinschicken** *vt*, send; **hinschieben** *vt, (jmd. etwas)* push sth over to s.b.; **hinschlagen** *vi*, hit, strike; **hinschleppen (1)** *vr, (sich)* drag o.s. along; *(Zeit: sich)* drag on **(2)** *vt*, drag along; **hinschmeißen** *vt*, throw down; **hinsehen** *vi*, look; **hinsetzen (1)** *vr, (sich)* sit down **(2)** *vt*, put down; **Hinsicht** *sub, f, -, -* on that score; **hinsichtlich** *präp*, concerning, regarding **Hinspiel**, *sub, n, -es, -e (spo.)* first leg; **hinstellen (1)** *vr, (sich)* stand up **(2)** *vt*, put; **hinstrecken (1)** *vr, (sich)* stretch out **(2)** *vt*, stretch out **hintanhalten**, *vi*, hold back; **hintansetzen** *vt*, put last; *(vernachlässigen)* neglect **hinten**, *adv*, at the back, at the back of; *sich hinten anstellen* join sthe queue; *von hinten* from behind; **~ansetzen** *vt*, put last; **~drauf** *adv*, on the back; **~herum** *adv*, around the back; *(i. ü. S.; erfahren)* through the grapevine **hinter**, **(1)** *adj*, back, rear **(2)** *präp*, in the back of; *(zeitl.)* after; *hinter dem Hügel hervor* from behind the hill; *hinter meinem Rücken* behind my back; *hinter sich bringen* get sth over with; *hinter sich lassen* leave behind; *viel hinter sich haben* have been through a lot; *die hinteren Wagen* the rear coaches; *hinteres Ende* far end; **Hinterachse** *sub, f, -, -n* rear axle; **Hinterbacke** *sub, f, -, -n* buttock; **Hinterbliebene** *sub, m, -n, -n* dependent; *(Traueranzeige)* bereaved; **~bringen** *vt*, inform so; **~drein** *adv*, behind; *(zeitl.)* after; **~einander** *adv*, one behind the other, one by one; *einer nach dem*

anderen one after the other; *sie liegen dicht hintereinander* they were running close behind one another; **~einander gehen** *vi*, walk in single file; **~fragen** *vt*, question; **Hinterfront** *sub, f, -, -n* back side; **Hintergedanke** *sub, m, -ns, -n (negativ)* ulterior motive; *einen Hintergedanken bei etwas haben* have an ulterior motive; **~gehen** *vt*, deceive; **Hintergehung** *sub, f, -, -en* deception; **Hintergrund** *sub, m, -es, -gründe* background; *den Hintergrund einer Sache bilden* form the background to sth; *jmdn in den Hintergrund drängen* push so into the background; *sich im Hintergrund halten* keep out of the way; **~gründig** *adj*, subtle; *(tief)* profound; **~haken** *vt*, *(ugs.)* question; **Hinterhalt** *sub, m, -es, -e* ambush; *(i. ü. S.) etwas im Hinterhalt haben* have sth up one's sleeve; *im Hinterhalt liegen* lie in ambush; **~hältig** *adj*, underhanded **Hinterhand**, *sub, f, -, - (Pferd)* hindquarters; **Hinterhaupt** *sub, n, -es, -häupte* back of the head; **hinterher** *adv*, after, behind; *(zeitl.)* afterwards; **Hinterlader** *sub, m, -s, -* breech-loader; **hinterlassen** *vt*, leave; *eine Nachricht hinterlassen* leave a message; *jmdm etwas hinterlassen* leave sth to so; **Hinterlassenschaft** *sub, f, -, -en* estate; *(i. ü. S.)* bequest; **hinterlegen** *vt*, deposit; **Hinterleger** *sub, m, -s, -* person who pays the deposit; **Hinterlegung** *sub, f, -, -en* depositing; **Hinterlist** *sub, f, -, -* cunning; **hinterlistig** *adj*, cunning, deceitful; **hintermauern** *vt*, reinforce a wall; **Hintern** *sub, m, -, -* backside, bottom; *du kriegst gleich ein paar auf den Hintern* you´ll get your bottom smacked; *ich hätte mich in den Hintern beißen können* I could have kicked myself;

Hinterrad *sub, n, -es, -räder* rear wheel; **Hinterreifen** *sub, m, -s,* - back tyre; *(US)* back tire **hinterrücks,** *adv,* from behind; *(i. ü. S.)* behind so´s back; **hintersinnen** *vr,* scrutinize; **hintersinnig** *adj,* with a deeper meaning; **hintertreiben** *vt,* counteract, obstruct; **Hintertreppe** *sub, f, -, -n* back stairs; **Hinterwäldler** *sub, m, -s,* - backwoodsman; **hinterwärts** *adv,* backwards; **hinterziehen** *vt,* evade **hinüber,** *adv,* over there; **~gehen** *vi,* go over; *(i. ü. S.)* pass away **hinunter,** *adv,* down; *da hinunter* down there; *den Hügel hinunter* down the hill; *die Treppe hinunter* down the stairs; **~gehen** *vi,* go down, lead down **Hinweis,** *sub, m, -es, -e* clue, indication, tip; *(Verweis)* reference; *anonymer Hinweis* anonymous tip-off; *mit Hinweis auf* referring to; **hinweisen (1)** *vi,* point to, refer to **(2)** *vt,* point sth out to so **hinwerfen, (1)** *vr, (sich)* throw o.s. down **(2)** *vt, (i. ü. S.; aufgeben)* give up; **hinwiederum** *adv,* once again; **hinziehen (1)** *vi,* move **(2)** *vr, (sich* -, *zeitl.)* drag on; *(sich - räumlich)* stretch **(3)** *vt,* pull there; *(i. ü. S.; sich hingezogen fühlen)* be drawn to; *(i. ü. S.; verzögern)* drag out; **hinzielen** *vi, (auf)* aim at; *(Bemerkung)* be directed at **hinzu,** *adv,* in addition; **~dichten** *vt,* add some imagination; **~fügen** *vt,* add; *(beifügen)* enclose; **Hinzufügung** *sub, f, -, -en* addition; *unter Hinzufügung von* in addition; **~kaufen** *vt,* buy in addition to; **~kommen** *vi,* be added to sth; *(i. ü. S.)* es kommt noch dazu, dass there is also the fact that; **~lernen** *vi,* learn in addition; **~rechnen** *vt,* add to; **~treten** *vi,* add to **Hiobsbotschaft,** *sub, f, -, -en* bad news **Hippie,** *sub, m, -s, -s* hippy **Hippodrom,** *sub, m, -s, -e* hippodrome

Hirn, *sub, n, -es, -e* brain; *(Verstand)* brains; **~blutung** *sub, f, -,* -en cerebral haemorrhage; *(US)* cerebral hemorrhage; **~gespinst** *sub, n, -es, -e* crazy idea; *(Einbildung)* delusion; **~schaden** *sub, m, -s, -schäden* brain damage; **hirnverletzt** *adj,* brain injured; **~windung** *sub, f, -, -en* brain convolution **Hirsch,** *sub, m, -es, -e* deer; *(männl.)* stag; **~geweih** *sub, n, -es, -e* stag´s antlers; **~käfer** *sub, m, -s,* - stag beetle; **hirschledern** *adj,* buckskin **Hirse,** *sub, f, -,* - millet **Hirt,** *sub, m, -es, -en* herdsman; **~e** *sub, m, -ns, -n* herdsman; *der gute Hirte* the Good Shepherd; **~enbrief** *sub, m, -es, -e (theol.)* pastoral letter; **~enflöte** *sub, f, -, -flöten* flute **Hispanistin,** *sub, f, -, -nen* Hispanist **hissen,** *vt,* hoist **Histamin,** *sub, n, -s, -e* histamine **Histologie,** *sub, f, -, nur Einz. (med.)* histology; **histologisch** *adj,* histological; **Historie** *sub, f, -, -n* history; **Historik** *sub, f, -, nur Einz.* history; **Historiker** *sub, m, -s,* - historian; **Historikerin** *sub, f, -, -nen* historian; **Historiograf** *sub, m, -en, -en* historiographer; **historisch** *adj,* historic; **Historismus** *sub, m, -es, nur Einz.* historicism; **historistisch** *adj,* historicist **Hit,** *sub, m, -s, -s* hit **Hitze,** *sub, f, -, -n* heat; **~ferien** *sub, f, -,* - be off school because of the heat; **~periode** *sub, f, -, -n* hot spell; **~schild** *sub, n, -es, -er* heat shield; **~welle** *sub, f, -, -n* heat wave; *(med.)* hot flushes; **hitzig** *adj,* quick-tempered; *(Debatte)* heated; **Hitzkopf** *sub, m, -es, -köpfe* hothead; **Hitzschlag** *sub, m, -s, -schläge* heatstroke **Hobby,** *sub, n, -s, -s* hobby **Hobel,** *sub,* *(Küche)* slicer;

(Werkz.) plane; **~bank** *sub, f, -, -bänke* carpenter´s bench **hobeln,** *vt,* plane **hoch,** (1) *adj,* high; *(Ansehen)* high; *(Gestalt, Haus, Baum)* tall; *(Strafe)* heavy (2) **Hoch** *sub, n, -s, -s (-ruf)* cheers; *(meteor.)* high; *das hohe Mittelalter* the High Middle Ages; *der hohe Norden* the far north; *drei Meter hoch sein* be three metres high; *eine hohe Meinung haben von* think very highly of; *hoch oben* high up; *hoch spielen* play high; *hoher Offizier* high-ranking officer; *hohes Gericht* high court; *lebe hoch!* three cheers for; *zu hoch einschätzen* overestimate; **Hochachtung** *sub, f, -, nur Einz.* respect; *(Bewunderung)* admiration; *bei aller Hochachtung vor* with all respect to; *mit vorzüglicher Hochachtung (Brief)* yours faithfully; **~achtungsvoll** *adv, (Briefschluss)* Yours sincerely; *(Briefschluss, US)* Yours truly; **Hochadel** *sub, m, -s, -* higher nobility; **~aktuell** *adj,* highly topical; **~arbeiten** *vr, (sich)* work one´s way up; **Hochbahn** *sub, f, -, -en* elevated railway; *(US)* elevated railroad; **~beglückt** *adj,* extremely happy; **~bekommen** *vt,* get lifted up; **~berühmt** *adj,* very famous; **Hochbetrieb** *sub, m, -s, -e* peak hours; *(Hochsaison)* peak season; **~bringen** *vt,* bring up, lift; *eine Firma/Kranken wieder hochbringen* get a company/sick person back on its/her feet; **Hochburg** *sub, f, -, -en (i. ü. S.)* stronghold; **Hochdeutsch** *sub, n, -s, nur Einz.* High German; **Hochdeutsche** *sub, n, -n, nur Einz.* German **Hochdruck,** *sub, m, -s, -drücke* high pressure; *(Blut-)* high blood pressure; **~gebiet** *sub, n, -s, -e* high-pressure area; **Hochebene** *sub, f, -n* plateau; **hocherfreut** *adj,* delighted; **hochexplosiv** *adj,* highly explosive; **hochfahrend** *adj,* overbearing; **hochfliegen** *vi,* soar up; *(explodieren)* blow up; **hochflie-**

~gend *adj,* ambitious; **Hochform** *sub, f, -, -en* in top form; **hochfrequent** *adj,* high-frequency; **hochgebildet** *adj,* erudite; **Hochgebirge** *sub, n, -s, -* high mountain region; **hochgeboren** *adj,* noble born; **hochgelehrt** *adj,* very learned; **hochgespannt** *adj, (Erwartungen)* high; *(Strom)* high-voltage; *(tech.)* high-pressure; **hochgestellt** *adj,* high-ranking; **hochglänzend** *adj,* high polished; **hochgradig** *adj,* extreme, intense **hochhalten,** *vt,* hold-up; *(Andenken, Gefühl)* cherish; *(Tradition)* uphold; **Hochhaus** *sub, n, -es, -häuser* tower block; **hochheben** *vt,* lift up; **hochkant** *adv,* on end; **hochkarätig** *adj,* high-carat; *(i. ü. S.)* high-calibre; *(i. ü. S.; US)* high-caliber; **hochklappen** *vt,* fold up, turn up; **hochklettern** *vi,* climb up; **hochkrempeln** *vt,* roll up; **hochkurbeln** *vt,* wind up; **Hochland** *sub, n, -s, -länder* highlands; **hochländisch** *adj,* highland; **hochleben** *vi, (lassen)* cheer; *hochleben lassen* give so three cheers; **Hochleistung** *sub, f, -, -en* high-performance; *(tech.)* high-capacity; **hochlöblich** *adj,* most esteemed; **hochmodisch** *adj,* very fashionable; **Hochmut** *sub, m, -s, nur Einz.* arrogance; *Hochmut kommt vor dem Fall* pride goes before a fall; **hochmütig** *adj,* arrogant **hochnäsig,** *adj,* snooty; **Hochnebel** *sub, m, -s, -* low stratus; **Hochofen** *sub, m, -s, -öfen (tt; tech.)* blast furnace; **Hochparterre** *sub, n, -s, -s* raised ground-floor; **hochpreisen** *vt,* praise (highly); **hochpreisig** *adj,* expensive; high-priced; **hochräderig** *adj,* high-wheeled; **hochrappeln** *vr, (umg.)* struggle to one´s feet; *er hat ein Vermögen an der Börse verloren, aber inzwischen hat er sich wieder hochgerappelt* he lost a fortune on the stock market, but he´s back (on his feet) again now; *(ugs.) er lag schon im Sterben; kaum zu glauben, daß er sich wieder hochgerappelt hat* he was on his deathbed; incredible the way he´s up and about again; *nach einem kurzen Rast, rappelten wir uns wieder hoch* after a short rest, we struggled to our feet again; **hochrechnen** *vt*, make a projected estimate; *wie haben Sie das hochgerechnet? die Zahl kann nicht stimmen* how did you make your projected estimate? the figure can´t be right; **Hochrechnung** *sub, f, -, -en* projected estimate; **Hochruf** *sub, m, -s, -e* cheer; *die Menge hat die Astronauten mit Hochrufen empfangen* the crowd welcomed the astronauts with cheers; **Hochschätzung** *sub, f, -, -en* high esteem, respect; *er genießt die Hochschätzung seiner Mitarbeiter* his colleagues hold him in high esteem; *früher hat man alte Menschen mit Hochschätzung behandelt, aber heutzutage* old people used to be treated with respect, but these days; **hochschieben** *vt*, push up; **hochschlagen (1)** *vi, (i. ü. S.)* run high **(2)** *vt*, hit up (in the air), turn up; *nach dem dritten Unfall innerhalb einer Woche, schlug eine Welle der Empörung hoch* after the third accident within a week feelings of outrage ran high, *er schlug den Ball so hoch, dass* he hit the ball up so high that; **Hochschrank** *sub, m, -s, -schränke* cupboard; **Hochschule** *sub, f, -, -n* university; **Hochschüler** *sub, m, -s, -* university student

Hochseejacht, *sub, f, -, -en* ocean-going yacht; **Hochseil** *sub, n, -s, -e* high-wire; **Hochsitz** *sub, m, -s, -e* raised hide; **Hochsommer** *sub, m, -s, -* midsummer; **Hochspannung** *sub, f, -, -en* high voltage; *(i. ü. S.)* great suspense; *Vorsicht! Hochspannung!* Danger! High voltage!;

man hat auf die Wahlergebnisse mit Hochspannung gewartet the outcome of the elections was waited for with great suspense; **hochspielen** *vt*, play (an affair) up; *die Zeitungen haben unerhebliche Einzelheiten hochgespielt* the newspapers played up (the importance of) trivial details; *etwas künstlich hochspielen* to make an issue of something; **hochspringen** *vi*, jump up (from a chair); **Hochsprung** *sub, m, -s, -sprünge (tt; spo.)* high jump; **höchst** *adj*, extreme, highest, maximum, uppermost; *mit höchster Konzentration* with extreme concentration; *auf dem höchsten Berg* on the highest mountain; *es ist höchste Zeit* it´s high time; *im höchsten Maße* to the highest degree; *höchste Personenzahl* maximum number of people allowed; *mit höchster Verachtung* with utmost contempt; **hochstämmig** *adj*, lofty (of trees), tall; **Hochstapelei** *sub, f, -, -en* fraud, swindle; **hochstapeln** *vi*, cheat, swindle; **Hochstapler** *sub, m, -s, -* cheat, swindler
Höchstbetrag, *sub, m, -s, -beträge* limit, maximum amount; *bis zu einem Höchstbetrag von* to the limit of; **hochsteigen** *vti*, climb up; **hochstellen** *vt*, put up; **höchstens** *adv*, at (the) most; *nach höchstens 5 Minuten* after 5 minutes at the most; *wir gewinnen höchstens einen 2 Platz* we´ll win second place at the most; **höchstfalls** *adv*, at (the) most; **Höchstgeschwindigkeit** *sub, f, -, -en* maximum speed, speed limit; **Höchstgrenze** *sub, f, -, -n* limit; **Hochstimmung** *sub, f, -, -en* high spirits; *das Geschäft lief; er war in Hochstimmung* business was doing well; he was in high spirits; **Höchstpreis** *sub, m, -es, -e* maximum price; **Höchststand** *sub, m, -s, -stände* highest

level, peak; **Höchststrafe** *sub, f, -,*
-n maximum penalty; **Höchststufe**
sub, f, -, -n highest level; **höchst-**
wahrscheinlich *adv,* most probably; **Hochtourist** *sub, m, -en, -en*
mountaineer; **hochtrabend** *adj,*
bombastic, high-sounding; **hoch-**
verdient *adj,* highly deserving,
most worthy
hochverehrt, *adj,* honoured; **Hoch-**
verrat *sub, m, -s, -räte* high treason;
Hochverräter *sub, m, -s, -* traitor;
Hochwasser *sub, n, -s, -* flood;
hochwertig *adj,* first-rate, high
quality; **hochwirbeln** *vt,* whirl up;
hochwirksam *adj,* highly effective;
Hochwürden *sub,* Your Reverence; **hochwürdigst** *adj, (tt;*
theol.) Host; **Hochzahl** *sub, f, -, -en*
(tt; mat.) exponent
Hochzeit, *sub, f, -, -en* wedding;
~erin *sub, f, -, -nen (obs.)* bride;
~sreise *sub, f, -, -n* honeymoon;
~stag *sub, m, -s, -e* wedding-day
Hocker, *sub, m, -s, -* stool; **Höcker**
sub, m, -s, - hump, protuberance;
einen Höcker haben be hunch-bak-
ked; *ein Kamel mit einem Höcker* a
single-humped camel; **höckerig**
adj, humpy, uneven; **Hök-**
kerschwan *sub, m, -s, -schwäne*
(zool.) common swan
Hockey, *sub, n, -s, nur Einz.* hockey
Hockstellung, *sub, f, -, -en* squatting
position
Hode, *sub, m, -n, -n (med.)* testicle;
~n *sub, m, -s, - (vulg.)* balls
Hodometer, *sub, n, -s, -* pedometer
hoffen, *vti,* hope (for); **~tlich** *adv,*
hopefully; **Hoffnung** *sub, f, -, -en*
hope; *eine Hoffnung begraben* to
abandon a hope; *jemandem keine*
Hoffnungen machen not to hold
out any hopes for someone; *sich*
Hoffnungen machen to have hopes;
hoffnungslos *adj,* hopeless; **hoff-**
nungsvoll *adj,* hopeful, promising
hofieren, *vt,* court, flatter
höfisch, *adj,* courtly
höflich, *adj,* civil, polite; **Höflich-**
keit *sub, f, -, nur Einz.* courtesy,

politeness
hofmännisch, *adj,* courtierlike;
Hofmarschall *sub, m, -s, -schälle*
Master of Ceremonies; **Hofnarr**
sub, m, -en, -en court-jester; **Ho-**
frat *sub, m, -s, -räte* Privy Council; **Hofschranze** *sub, f, -, -n*
courtier, flunkey; **Hofstaat** *sub,*
n, -es, -en retinue, royal household
HO-Geschäft, *sub, n, -s, -e* state
retail shop (DDR)
Höhe, *sub, f, -, -n* altitude, height,
summit; *das Flugzeug erreichte*
eine Höhe von the plane reached
an altitude of; *Höhe messen* to
measure altitude; *(i. ü. S.) auf der*
Höhe sein be at the height of
one´s powers; *in schwindelnder*
Höhe at a giddy height; *sich in*
seiner ganzen Höhe aufrichten to
draw oneself up to one´s full
height; *die Höhe gewinnen* reach
the summit; *(i. ü. S.) er ist auf der*
Höhe seiner Leistungsfähigkeit
angelangt he has reached the
peak of his potential
Hoheit, *sub, f, -, -en* sovereignty,
Your Highness; **~srecht** *sub, n,*
-s, -e sovereign rights; **hoheits-**
voll *adj,* majestic; **~szeichen**
sub, n, -s, - insignia, national colours
Höhenangabe, *sub, f, -, -n (tt;*
tech.) altitude reading; **höhen-**
gleich *adj,* level; **Höhenkrank-**
heit *sub, f, -, nur Einz.* altitude
sickness; **Höhenkurort** *sub, m,*
-s -örter high-altitude health resort;; **Höhenmesser** *sub, m, -s, -*
(tt; tech.) altimeter; **Höhenrük-**
ken *sub, m, -s, -* crest, ridge; **Hö-**
hensonne *sub, f, -, -n* ultraviolet
lamp; **Höhensteuer** *sub, n, -s, -*
(tt; tech.) elevator (control); **Hö-**
henweg *sub, m, -s, -e* mountain
path; **Höhenzug** *sub, m, -s, -züge*
mountain chain
Hohepriester, *sub, m, -s, -* high
priest
höher, *adj (comp),* higher; *etwas*

höher bewerten to rate something higher (more highly); *höher als* higher than; *(i. ü. S.) ihre Herzen schlugen höher* their hearts beat faster; **~rangig** *adj*, higher-ranking; **Höherstufung** *sub, f, -en* upgrading **hohl**, *adj*, hollow, shallow; *eine hohle Nuß* an empty nut; *eine hohle Stimme* a hollow voice; *in der hohlen Hand* in the hollow of one´s hand; *(i. ü. S.) hohles Geschwätz* stupid chatter **Höhle**, *sub, f, -, -n* cave, den, socket; *(ugs.) sich in die Höhle des Löwen begeben* to venture into the lion´s den; **höhlen** *vt*, excavate, hollow out; **~nbär** *sub, m, -en, -en* cavebear; **~nbrüter** *sub, m, -s, - (zool.)* bird that nests in caves; **~nmalerei** *sub, f, -, -en* cave-painting; **~nmensch** *sub, m, -en, -en* cavedweller **Hohlheit**, *sub, m, -, -en* hollowness; **Hohlkopf** *sub, m, -s, -köpfe* emptyheaded person; **Hohlmaß** *sub, n, -es, -e (tt)* dry/liquid/cubic measure; **Hohlraum** *sub, m, -s, -räume* cavity, hollow space; **Hohlspiegel** *sub, m, -s, -* concave mirror **Hohn**, *sub, m, -s, -* derision, mokkery, scorn; *zum Spott und Hohn werden* to become an object of derision; *das ist der reinste Hohn* that´s sheer mockery; *jemanden mit Spott und Hohn überschütten* to heap scorn on somebody; **~ lachen** *vi*, laugh derisively; **höhnen** *vi*, deride, mock; **höhnisch** *adj*, derisive, scornful; **hohnlächeln** *vi*, smile derisively; **hohnsprechen** *vi*, defy, deride; *(geh.) das spricht der Vernunft Hohn* that flies in the face of all reason **Höker**, *sub, m, -s, -* hawker, pedlar; **hökern** *vi*, hawk **hold**, *adj*, favourable; *(geh.)* lovely; *(geh.) das Glück war ihm hold* luck was on his side; *(geh.) das holde Antlitz* the fair (lovely) face; *die holde Weiblichkeit* the fair sex

Holdinggesellschaft, *sub, f, -, -en (tt; wirt.)* holding company **holen**, *vt*, catch, fetch; *sich den Tod holen* to catch one´s death; *sich eine Erkältung holen* to catch a cold; *(ugs.) der Teufel soll dich holen!* the devil take you!; *jemanden ans Telefon holen* fetch so to the phone **Holländerin**, *sub, f, -, -nen* Dutchwoman; **holländisch** *adj*, Dutch; **Holländische** *sub, n, -n, -* Dutch **Hölle**, *sub, f, -, -n* hell; *der Fürst der Hölle* the Prince of Darkness; *(ugs.) die Hölle ist los* all hell has broken loose; *(i. ü. S.) jemandem die Hölle heiß machen* to give so hell; **~nfahrt** *sub, f, -, -en (theol.)* descent into hell; **höllisch** *adj*, dreadful, hellish **Holm**, *sub, m, -s, -e (arch.)* crossbeam; *(geogr.)* islet; *(spo.)* bar **Holocaust**, *sub, m, -s, -s* holocaust **Holografie**, *sub, f, -, -n* holography; **holografisch** *adj*, holographic **holperig**, *adj*, clumsy, rough; **Holp(e)rigkeit** *sub, f, -, nur Einz.* clumsiness, roughness **Holster**, *sub, n, -s, -* holster **Holunder**, *sub, m, -s, -* elderberry **Holz**, *sub, n, -es, Hölzer* wood; **~bein** *sub, n, -es, -e* wooden leg; **holzen** *vi*, cut down (trees); **hölzern** *adj*, wooden; *(i. ü. S.)* stiff; **holzfrei** *adj*, free from wood; **~haus** *sub, n, -es, -häuser* wooden house; **holzig** *adj*, wooden; **~kohle** *sub, f, -, -n* charcoal; **~schnitt** *sub, m, -s, -e* wood-engraving; **~stoß** *sub, m, -s, -stöße* woodpile; **~weg** *sub, m, -s, -e* timber track; *(i. ü. S.)* be mistaken; *auf dem Holzweg sein* to be on the wrong track; *(i. ü. S.) er ist mit seinen Vorstellungen völlig auf dem Holzweg* he´s not going to get anywhere with his ideas; **~wolle** *sub, f, -, -n* fine wood shavings; **~wurm** *sub, m, -s,* w-

würmer woodworm
Homeland, *sub, n, -, -s* homeland
Homespun, *sub, n,m, -s, -s* homespun
homiletisch, *adj, (theol.)* homiletic
Hommage, *sub, f, -, -n* homage
Homoerotik, *sub, f, -, nur Einz.* homoeroticism; **homoerotisch** *adj,* homoerotic
homogen, *adj,* homogeneous; **~isieren** *vt,* homogenize; **Homogenität** *sub, f, -, nur Einz.* homogeneity; **homologieren** *vti,* homologize
Homöopath, *sub, m, -en, -en* homoeopath; **~ie** *sub, f, -, nur Einz.* homoeopathy; **~in** *sub, f, -, -nen* female homoeopath(-ist); **homöopathisch** *adj,* homoeopathic
homophil, *adj,* homosexual
Homosexualität, *sub, f, -, nur Einz.* homosexuality; **homosexuell** *adj,* homosexual; **Homosexuelle** *sub, m,f, -n, -n* homosexual, lesbian (f.)
Homunkulus, *sub, m, -, -e o. -li* homuncule
honduranisch, *adj,* Honduran
Honig, *sub, m, -s, -e* honey; **~kuchen** *sub, m, -s, -* gingerbread; **~lecken** *sub, n, -s, nur Einz. (ugs.)* bed of roses; *(ugs.) das Leben ist kein Honiglecken* life is not a bed of roses; **honigsüß** *adj,* honeysweet
Honneurs, *sub, nur Mehrz.* honours; *die Honneurs machen* to do the honours; **honorabel** *adj,* honourable; **Honorar** *sub, n, -s, -e* fee; **Honoratioren** *sub, nur Mehrz.* local dignitary; **honorieren** *vt,* appreciate, pay (a fee); **Honorierung** *sub, f, -, -en* payment; **honorig** *adj,* decent
Hooligan, *sub, m, -s, -s* hooligan
Hopfen, *sub, m, -s, - (bot.)* hop; **~stange** *sub, f, -, -n* hop-pole
hopsen, *vi,* hop
hops nehmen, *vi, (vulg.)* nab (a thief)
hörbar, *adj,* audible
horchen, *vi,* eavesdrop, listen; *sprich leiser! am Nebentisch horcht jemand* speak more softly! someone is eavesdropping; **Horchposten** *sub, m, -s, - (tt; mil.)* listening post, sentry
Horde, *sub, f, -, -n* horde; *(i. ü. S.)* mob; **hordenweise** *adv,* in hordes
hörig, *adj,* enslaved; **Hörigkeit** *sub, f, -, nur Einz.* subjection
Horizont, *sub, m, -s, -e* horizon; **horizontal** *adj,* horizontal; **~ale** *sub, f, -, -n* horizontal line
Hormon, *sub, n, -s, -e* hormone
Horn, *sub, n, -s, Hörner* bugle, horn; **Hörnchen** *sub, n, -s, -* croissant (Fr.), ice-cream cone, small horn; **Hörnerschall** *sub, m, -s, -e o. -schälle* sound of bugles; **~haut** *sub, f, -, -häute* horny skin; *(anat.)* cornea; **hornig** *adj,* horny
Hornisse, *sub, f, -, -n* hornet
Horoskop, *sub, n, -s, -e* horoscope
horrend, *adj, (ugs.)* awful, exorbitant; *(ugs.) sie hat noch horrende Schmerzen* she's still in awful pain; *(ugs.) die Mieten sind horrend geworden* rents have become exorbitant
Horribel, *adj,* dreadful
Horrido, *sub, n, -s, -s* halloo(ing)
Horror, *sub, m, -s, nur Einz.* horror; *(ugs.) der Abend war ein Horror* it was a ghastly evening; *(ugs.) ich habe einen Horror vor der Prüfung* I'm terrified of the exam; **~trip** *sub, m, -s, -s (ugs.)* terrifying experience; *(ugs.) der Flug war der reinste Horrortrip* it was a terrifying flight
Hörsaal, *sub, m, -s, -säle* lecture hall
Hors-d'oeuvre, *sub, n, -s, -* hors d'oeuvre
Hörspiel, *sub, n, -s, -e* radio play
Horst, *sub, m, -s, -e* eyrie, nest
horsten, *vi,* nest
Hörsturz, *sub, m, -es, -stürze* hearing loss
horten, *vt,* hoard

Hortensie, *sub, f, -, -n* hydrangea
Hörweite, *sub, f, -, nur Einz.* earshot; *außer Hörweite sein* be out of earshot
Hose, *sub, f, -, -n* trousers; ~**nbandorden** *sub, m, -s, nur Einz.* Order of the Garter; ~**nmatz** *sub, m, -es, -mätze* tiny tot; ~**nschlitz** *sub, m, -es, -e* fly; ~**ntasche** *sub, f, -, -n* trouser pocket; ~**nträger** *sub, m, -s, -* braces
hosianna!, *interj*, hosanna!
Hospital, *sub, n, -s, Hospitäler* hospital
Hospitant, *sub, m, -en, -en* auditor (Am.); ~**in** *sub, f, -, -nen* female auditor (Am.); **hospitieren** *vi*, audit (Am.)
Hostie, *sub, f, -, -n (tt; theol.)* Host
Hotdog, *sub, m,n, -s, -s* hot dog
Hotel, *sub, n, -s, -s* hotel; *das Hotel ist belegt* the hotel is booked up; ~**betrieb** *sub, m, -s, -e* hotel (business); ~**führer** *sub, m, -s, -* hotel guide; ~**gewerbe** *sub, n, -s, -* hotel trade; ~**ier** *sub, m, -s, -s* hotel-keeper; ~**lerie** *sub, f, -, nur Einz.* hotel trade; ~**zimmer** *sub, n, -s, -* hotel room
Hotelbar, *sub, f, -, -s* hotel bar
Hotpants, *sub, nur Mehrz.* hot pants
Hottentotte, *sub, m, -n, -n* Hottentot
Hub, *sub, m, -s, Hübe (tt)* lifting capacity; *(tt; tech.)* stroke (of a piston)
Hubertusjagd, *sub, f, -, -en* St. Hubert´s Day Hunt
Hubraum, *sub, m, -s, -räume (tt)* cubic capacity; *(tt; tech.)* cylinder capacity
Hubschrauber, *sub, m, -s, -* helicopter
Hucke, *sub, f, -, -n (ugs.)* load (carried on back); *(ugs.) jemandem die Hucke voll hauen* to give so a good thrashing; *(ugs.) jemandem die Hucke voll lügen* to tell so a pack of lies
hudeln, *vt*, bungle; *nur nicht hudeln!* take it easy!
Huf, *sub, m, -s, -e* hoof; ~**beschlag**

sub, m, -s, -schläge horseshoe; ~**eisen** *sub, n, -s, -* horseshoe; ~**lattich** *sub, m, -s, -e* coltsfoot; ~**nagel** *sub, m, -s, -nägel* hobnail
Hüfte, *sub, f, -, -n* hip; **Hüftgelenk** *sub, n, -s, -e* hip joint; **hüfthoch** *adj*, waist-high; **Hüftknochen** *sub, m, -s, -* hip bone
Hügel, *sub, m, -s, -* hill, mound; **hügelig** *adj*, hilly
Hugenotte, *sub, m, -n, -n* Huguenot; **hugenottisch** *adj*, Huguenot
Huhn, *sub, n, -s, Hühner* chicken, hen; *mit den Hühnern aufstehen* to get up at the crack of dawn; *(ugs.) da lachen ja die Hühner* don´t make me laugh; *ein dummes Huhn* a silly goose; **Hühnerauge** *sub, n, -s, -n* corn; **Hühnerbrühe** *sub, f, -, -n* chikken broth; **Hühnerbrust** *sub, f, -, -brüste* chicken breast; **Hühnerdreck** *sub, m, -s, nur Einz.* chikken droppings; **Hühnerei** *sub, n, -s, -er* hen´s egg; **Hühnerleiter** *sub, f, -, -n* henhouse ladder; **Hühnerstall** *sub, m, -s, -ställe* henhouse; **Hühnerzucht** *sub, f, -, -en* chicken farming
Hulamädchen, *sub, n, -s, -* hula-hula girl
Huld, *sub, f, -, nur Einz. (geh.)* favour; *(geh.) sie stand in seiner Huld* she was in his good graces; **huldigen** *vi*, pay homage to, worship; ~**igung** *sub,f, -, -en* homage; **huldvoll** *adj*, gracious
Hülle, *sub, f, -, -n* cloak, cover(ing), wrapping; **hüllen (1)** *vr*, wrap up **(2)** *vt*, wrap up; *(i. ü. S.) sich in Schweigen hüllen* to wrap oneself in silence, *(.) er hüllte die Leiche in einem Teppich* he wrapped the corpse in a carpet; *(i. ü. S.) in Flammen gehüllt* enveloped in flames; **hüllenlos** *adj*, uncovered
Hülse, *sub, f, -, -n* case, pod; ~**nfrucht** *sub,f, -, -früchte* pulse
human, *adj*, humane; **Humange-**

netik *sub, f, -, nur Einz.* human genetics; **~isieren** *vt*, humanize; **Humanismus** *sub, m, -es, nur Einz.* humanism; **Humanist** *sub, m, -en, -en* humanist; **~istisch** *adj*, humanistic; **~itär** *adj*, humanitarian; **Humanität** *sub, f, -, nur Einz.* humaneness, humanity; **Humanmedizin** *sub, f, -, nur Einz.* human medicine

humboldtisch, *adj*, Humboldt-related

Humbug, *sub, m, -(e)s, nur Einz.* nonsense

humid, *adj*, damp, humid; **Humidität** *sub, f, -, -* humidity; **Humifikation** *sub, f, -, nur Einz.* humification; **humifizieren** *vt*, rot

Hummer, *sub, m, -s, -n* lobster; **~suppe** *sub, f, -, -n* lobster soup

Humor, *sub, m, -s, -e* humour; **~eske** *sub, f, -, -n* witty sketch; *(mus.)* humoresque; **~ist** *sub, m, -(e)s, -en* comedian, humorist; **humoristisch** *adj*, humorous; **humorlos** *adj*, humourless; **humorvoll** *adj*, humorous

humpeln, *vi*, limp

Humpen, *sub, m, -s, -* tankard

Humus, *sub, m, -, nur Einz.* humus

Hund, *sub, m, -(e)s, -e* dog; *(ugs.) auf den Hund kommen* to go to pot; *(ugs.) damit lockt man keinen Hund hinter dem Ofen vor* that has no appeal; *Vorsicht! bissiger Hund!* beware of the dog; **~eart** *sub, f, -, -en* breed (of dog); **hundeelend** *adj, (ugs.)* sick, wretched; *(ugs.) ich fühle mich hundeelend* I feel completely wretched; **~ehalter** *sub, m, -s, -* dog owner; **~ehütte** *sub, f, -, -n* kennel; **~ekot** *sub, m, -(e)s, -* dog manure; *(vulg.)* dog shit; **~ekuchen** *sub, m, -s, -* dog biscuit; **hundemüde** *adj, (ugs.)* dead tired; **~erennen** *sub, n, -s, -* dog race

hundert, *adj*, hundred; **~fach** *adj*, hundredfold; **Hundertfache** *sub, n, -n, -n* hundred times, hundredfold; **Hundertjahrfeier** *sub, f, -, -n* centenary celebration; **~malig** *adj*,

hundred times; **~prozentig (1)** *adj*, hundred per cent (2) *adv*, *(ugs.)* absolutely; *(ugs.) ich bin mir hunderprozentig sicher* I´m a hundred per cent sure, *(ugs.) er hat hundertprozentig recht* he´s absolutely right; *(ugs.) mit hundertprozentiger Sicherheit* with absolute certainty; **Hundertsatz** *sub, m, -es, -* percentage; **~st** *adj*, hundredth; **Hundertstel** *sub, n, -s, -* hundredth (part); **~stens** *adv*, hundredth

Hundesperre, *sub, f, -, -n* dog-restriction; **Hundesteuer** *sub, f, -, -n* dog licence; **Hundewetter** *sub, n, -s, -* beastly weather; **Hündin** *sub, f, -, -nen* bitch; **hündisch** *adj*, servile; **Hundsfott** *sub, m, -(e)s, -e* scoundrel; **hundsgemein** *adj, (ugs.)* nasty; **Hundstage** *sub, f, -, nur Mehrz.* dog days

Hüne, *sub, m, -s, -n* giant; **hünenhaft** *adj*, gigantic

Hunger, *sub, m, -s, -* hunger; **~gefühl** *sub, n, -(e)s, -* pangs of hunger; **~kur** *sub, f, -, -en* starvation diet; **~leider** *sub, m, -s, -* starveling; *(ugs.)* poor devil; **hungern** *vi*, starve; **~streik** *sub, m, -(e)s, -e* hunger strike; **~tuch** *sub, n, -(e)s, -tücher* extreme poverty; *(ugs.) sie werden wohl nicht am Hungertuch nagen* they´re pretty well off; **hungrig** *adj*, hungry

Hunne, *sub, m, ns, -n* Hun; **~nkönig** *sub, m, -s, -e* king of the Huns

Hupe, *sub, f, -, -n* horn, siren; **hupen** *vi*, sound the horn, toot

hüpfen, *vi*, hop, leap; *vor Freude hüpfen* to jump for joy; **Hüpfer** *sub, m, -s, -* little jump

Hürde, *sub, f, -, -n (i. ü. S.)* obstacle; *(spo.)* hurdle; *(i. ü. S.) damit ist die erste Hürde genommen* we´re over the first hurdle; **~nlauf** *sub, m, -(e)s, -läufe* hurdle-race; **~nläufer** *sub, m, -s, - (spo.)* hurdler

Hure, *sub, f, -, -n* whore; *(ugs.)* tart; **huren** *vi*, whore; **~nbock**

sub, m, -(e)s, -böcke (vulg.) debauchee; ~nsohn sub, m, -(e)s, -söhne bastard
Huri, sub, f, -, -s houri
Hurrikan, sub, m, -s, -s hurricane
hurtig, adj, nimble, quick
Husar, sub, m, -(e)s, -en (mil.) hussar; ~enritt sub, m, -(e)s, -e (i. ü. S.) escapade; ~enstückchen sub, n, -s, - daring coup
Husche, sub, f, -, -n (ugs.) sudden shower; **huschen** vi, scurry
Husky, sub, m, -s, -s oder Huskies husky
Hussit, sub, m, -en, -en Hussite
hüsteln, vi, cough slightly
Husten, (1) sub, m, -s, - cough (2) **husten** vi, cough; ~anfall sub, m, -(e)s, -anfälle fit of coughing; ~bonbon sub, n, -(e)s, -s coughdrop; ~mittel sub, n, -s, - cough medicine
Hut, sub, m, -(e)s, Hüte hat; ~abteilung sub, f, -, -en hat department; ~macherin sub, f, -, -nen milliner; ~nadel sub, f, -, -n hatpin; ~schachtel sub, f, -, -n hatbox; **Hüttenkäse** sub, m, -s, - cottage cheese; **Hüttenkunde** sub, f, -, - metallurgy; **Hüttenschuh** sub, m, -(e)s, -e slipper; **Hüttenwesen** sub, n, -s, - metallurgical engineering
hüten, (1) vr, be on one´s guard (2) vt, guard, take care of; hüte dich vor ihm! er lügt be on your guard with him! he tells lies; ich werde mich hüten (das zu tun) I´ll take good care not to do that; **Hüter** sub, m, -s, - guardian
Hütte, sub, f, -, -n hovel, hut; (tech.) works
hyalin, adj, (tech.) hyaline
Hyäne, sub, f, -, -n (zool.) hyena
Hyazinthe, sub, f, -, -n (bot.) hyacinth
hybrid, adj, hybrid; **Hybride** sub, f, -, -n hybrid; **Hybris** sub, f, -, nur Einz. hubris
Hydra, sub, f, -, Hydren hydra
Hydrat, sub, n, -(e)s, -e (tt; chem.) hydrate; **hydratisieren** vti, hydrate

Hydraulik, sub, f, -, nur Einz. (tech.) hydraulics; **hydraulisch** adj, hydraulic
hydrieren, vt, (tt; chem.) hydrogenate
Hydrogenium, sub, n, -s, nur Einz. Hydrogen
Hydrographie, sub, f, -, nur Einz. hydrography
Hydrokultur, sub, f, -, -en hydroponics
Hydrologie, sub, f, -, nur Einz. hydrology
Hydromechanik, sub, f, -, nur Einz. hydromechanics
Hydrometer, sub, n, -s, - (tt; tech.) hydrometer
Hydropathie, sub, f, -, nur Einz. (med.) hydropathy
Hydrophyt, sub, m, -(e)s, -en (bot.) hydrophyte
Hydrosphäre, sub, f, -, nur Einz. (geogr.) hydrosphere
Hydrotechnik, sub, f, -, nur Einz. hydraulic engineering
Hydroxid, sub, n, -(e)s, -e (chem.) hydroxide
Hygiene, sub, f, -, nur Einz. hygiene; **hygienisch** adj, hygienic
Hygrometer, sub, n, -s, - hygrometer
Hymne, sub, f, -, -n hymn; **hymnisch** adj, hymnal; **Hymnus** sub, m, -s, Hymnen hymn
Hyperbel, sub, f, -, -n hyperbole; (tt; mat.) hyperbola
Hyperfunktion, sub, f, -, -en hyperfunction
hyperkritisch, adj, overcritical
hypermodern, adj, ultramodern
Hypertonie, sub, f, nur Einz. (med.) hypertension
Hypnose, sub, f, -, -n hypnosis; **hypnotisch** adj, hypnotic; **Hypnotiseur** sub, m, -s, -e hypnotist; **hypnotisieren** vt, hypnotize
Hypochonder, sub, m, -s, - hypochondriac; **hypochondrisch** adj, hypochondriacal
hypokritisch, adj, hypocritical
Hypophyse, sub, f, -, -n (tt; anat.)

pituitary gland
Hypostase, *sub, f, -, -n (med.)* hypostasis; *(theol.)* hypostasis; **hypostasieren** *vt,* hypostatize; **hypostatisch** *adj,* hypostatical **hypotaktisch,** *adj,* hypotactic; **Hypotaxe** *sub, f, -, -n* hypotaxis **Hypotenuse,** *sub, f, -, -n (mat.)* hypotenuse
Hypothalamus, *sub, m, -, -thalami (anat.)* hypothalamus

Hypothek, *sub, f, -, -en* mortgage; **hypothekarisch** *adj,* hypothecary
Hypothese, *sub, f, -, -n* hypothesis; **hypothetisch** *adj,* hypothetical
Hysterektomie, *sub, f, -, -n (med.)* hysterectomy
Hysterie, *sub, f, -, -n* hysteria; **hysterisch** *adj,* hysterical

iberisch, *adj, (geogr.)* Iberian
Ibis, *sub, m, -, -se (zool.)* ibis
ich, *pron,* I, self; *ich Idiot!* idiot that
I am!; *kennst du mich nicht mehr?*
ich bin es! don´t you remember
me? *it´s me!; das eigene ich erfor-*
schen to explore one´s own self;
mein zweites ich my second self;
~bezogen *adj,* egocentric, self-
centred; **Icherzählung** *sub, f, -, -en*
story (in the first person); **Ichsucht**
sub, f, -, - egotism, selfishness
Ichthyolith, *sub, m, -(e)n, -en (tt;*
geol.) ichthyolite
Ichthyologe, *sub, m, -n, -n* ichthyo-
logist
Ichthyologie, *sub, f, -, nur Einz.*
ichthyology
Ichthyosaurier, *sub, m, -s, -* ichthyo-
saur
ideal, (1) *adj,* ideal; *(ugs.)* dream
(2) Ideal *sub, n, -s, -e* ideal, ideals;
(ugs.) das ist mein ideales Auto
that´s my dream car; *er will die*
ideale Frau, sonst gar keine he
wants his dream woman or none at
all; *in einer idealen Welt leben* to
live in an ideal world, *er ist das*
Ideal eines Lehrers he´s a model
teacher; *real ist meistens das Ge-*
genteil von ideal real is usually the
opposite of ideal; *Gerechtigkeit ist*
eine seiner Ideale justice is one of
his ideals; *seine Ideale hemmen ihn*
his ideals stand in his way; **Idealge-**
stalt *sub, f, -, -en* paradigmatic figure; **Idealgewicht** *sub, n, -(e)s, -e*
ideal weight; **~isieren** *vt,* idealize;
Idealismus *sub, m, -, nur Einz.*
idealism; **Idealist** *sub, m, -(e)s, -en*
idealist; **~istisch** *adj,* idealistic;
Idealität *sub, f, -, nur Einz. (phil.)*
ideality; **Ideallösung** *sub, f, -, -en*
ideal solution; **Idealzustand** *sub,*
m, -(e)s, -stände ideal state
Idee, *sub, f, -n* idea; **ideell** *adj,* ideational; **~ngehalt** *sub, m, -(e)s, -e*
thought content
Iden, *sub, f, nur Mehrz.* ides

Identifikation, *sub, f, -, -en* identification; **identifizieren** *vi,* identify; **Identifizierung** *sub, f, -, -en*
identification; **identisch** *sub,*
identical; **Identität** *sub, f, nur*
Einz. identity; **Identitätskrise**
sub, f, -, -n identity crisis; **Identi-**
tätsnachweis *sub, m, -es, -e*
proof of identity
ideografisch, *adj,* ideographic,
ideographic(al)
Ideologe, *sub, m, -s, -n* ideologist;
Ideologie *sub, f, -, -n* ideology;
ideologisch *adj,* ideological;
ideologisieren *vt,* ideologize
Idiolatrie, *sub, f, -, nur Einz.* idiolatry
Idiot, *sub, m, -en, -en* idiot; **idio-**
tenhaft *adj,* idiotic; **~ie** *sub, f, -,*
-n idiocy; **idiotisch** *adj,* idiotic;
~ismus *sub, m, -, -ismen (med.)*
idiocy
Idiotikon, *sub, n, -s, -ken* dialect
dictionary
Idol, *sub, n, -s, -e* idol; **~atrie** *sub,*
f, -n idolatry; **idolisieren** *vt,* idolize; **~olatrie** *sub, f, -s, -ien* idolatry
Idyll, *sub, n, -, -e* idyll; *(kun.)* pastoral (poem or picture)
Idylle, *sub, f, -, -n* idyll; **idyllisch**
adj, idyllic
Igel, *sub, m, -s, -* hedgehog; **~stel-**
lung *sub, f, -, -en (tt; mil.)* all-
round defence position
igitt, *interj,* how disgusting!
Iglu, *sub, n, -s, -s* igloo
ignorant, (1) *adj,* ignorant **(2)**
Ignorant *sub, m, -en, -en* ignoramus; **Ignoranz** *sub, f, -, nur Einz.*
ignorance
Iguanodon, *sub, n, -s, -s (zool.)*
iguanodon
ihm, *pron,* him (dat.), it (dat.); **ihn**
pron, him (acc.), it (acc.); **ihnen**
pron, them, you (formal)
ihr, (1) *poss. adj,* her (chair, book)
(2) Ihr *poss.adj,* your (formal)
(3) *pron,* her (dat.), it (dat. fem.),

you (pl. informal); ~e (1) *poss adj*, their (2) *poss. adj*, her (idea, ideas); ~er *pron*, her (gen.)), of them; ~erseits *adv*, for her part, for their part; ~etwegen *adv*, because of her, because of them Ikebana, *sub*, *n*, -, *nur Einz*. ikebana Ikone, *sub*, *f*, -*n* icon Ikonolatrie, *sub*, *f*, -, *nur Einz*. iconolatry Ikonologie, *sub*, *f*, -, *nur Einz*. iconology illegal, *adj*, illegal; Illegalität *sub*, *f*, -, -*en* illegality; illegitim *adj*, illegitimate; Illegitimität *sub*, *f*, -, *nur Einz*. illegitimacy illiberal, *adj*, unliberal illiquid, *adj*, unliquid illoyal, *adj*, disloyal; Illoyalität *sub*, *f*, -, -*en* disloyalty Illumination, *sub*, *f*, -, -*en* illumination; illuminieren *vt*, illuminate Illusion, *sub*, *f*, -, -*en* illusion; illusionär *adj*, illusional; ~ist *sub*, *m*, -, -*en* illusionist; illusionistisch *adj*, illusionistic; illusionslos *adj*, without illusions; illusorisch *adj*, illusory illuster, *adj*, illustrious; Illustration *sub*, *f*, -, -*en* illustration; illustrativ *adj*, illustrative; Illustrator *sub*, *m*, -*s*, -*en* illustrator; illustrieren *vt*, illustrate; illustriert *adj*, illustrated; Illustrierte *sub*, *f*, -, -*n* magazine; Illustrierung *sub*, *f*, -, -*en* illustration Ilmenit, *sub*, *m*, -, -*e* ilmenite Iltis, *sub*, *m*, -*es*, -*se* (*zool*.) polecat Image, *sub*, *n*, -*s*, -*s* image; ~pflege *sub*, *f*, -, *nur Einz*. (*ugs*.) image-building imaginär, *adj*, imaginary; Imagination *sub*, *f*, -*en* imagination; imaginieren *vt*, imagine Imam, *sub*, *m*, -*s*, -*s oder* -*e* imam Imbezillität, *sub*, *f*, -, *nur Einz*. imbecility Imbiss, *sub*, *m*, -*es*, -*e* snack; ~halle *sub*, *f*, -, -*en* refreshment room; ~stand *sub*, *m*, -*(e)s*, -*stände* snack bar

Imitation, *sub*, *f*, -, -*en* imitation; Imitator *sub*, *m*, -*s*, -*en* imitator; imitatorisch *adj*, imitative; imitieren *vt*, imitate; imitiert *adj*, imitated Imker, *sub*, *m*, -*s*, - apiarist; ~ei *sub*, *f*, -, -*en* apiculture, beekeeping; imkern *vt*, keep bees immateriell, *adj*, immaterial Immatrikulation, *sub*, *f*, -, -*en* enrolment; immatrikulieren *vt*, enrol Imme, *sub*, *f*, -, -*n* (*dial*.) bee immediat, *adj*, immediate immens, *adj*, immense immensurabel, *adj*, immeasurable; Immensurabilität *sub*, *f*, -, *nur Einz*. immeasurability immer, *adv*, always; ~fort *adv*, continually; ~grün (1) *adj*, evergreen (2) Immergrün *sub*, *n*, -*s*, - evergreen; ~hin *adv*, nevertheless, still; *das sollte man immerhin wissen* one should know that nevertheless; *er hat seine Schulden bezahlt*; *immerhin!* he paid his debts; who would have thought so; *es bleibt immerhin ein Rätsel* it´s still a mystery; ~während *adj*, perpetual; ~zu *adv*, all the time Immersion, *sub*, *f*, -, -*en* immersion Immigrant, *sub*, *m*, -*en*, -*en* immigrant; Immigration *sub*, *f*, -, -*en* immigration; immigrieren *vi*, immigrate imminent, *adj*, imminent Immission, *sub*, *f*, -, -*en* appointment immobil, *adj*, immobile; Immobilie *sub*, *f*, -, -*ien* property, real estate; ~isieren *vt*, immobilize; Immobilität *sub*, *f*, -, *nur Einz*. immobility immoralisch, *adj*, immoral; Immoralismus *sub*, *m*, -, *nur Einz*. immoralism; Immoralität *sub*, *f*, -, *nur Einz*. immorality Immortalität, *sub*, *f*, -, *nur Einz*. immortality

immun, *adj*, immune; **~isieren** *vt*, immunize; **Immunisierung** *sub*, *f*, -, *nur Einz.* immunisation; **Immunität** *sub*, *f*, -, *nur Einz.* immunity; **Immunologie** *sub*, *f*, -, *nur Einz.* immunology; **Immunschwäche** *sub*, *f*, -, *nur Einz.* immune system deficiency; **Immunsystem** *sub*, *n*, -*s*, -*e* immune system

imperativ, (1) *adj*, imperative (2) **Imperativ** *sub*, *m*, -*s*, -*e* imperative; **~isch** *adj*, imperative; **Imperator** *sub*, *m*, -*s*, -*en* imperator

imperial, *adj*, imperial; **Imperialismus** *sub*, *m*, -, *nur Einz.* imperialism; **Imperialist** *sub*, *m*, -, -*en* imperialist; **~istisch** *adj*, imperialistic

Imperium, *sub*, *n*, -*s*, *Imperien* empire

impermeabel, *adj*, impermeable, waterproof; **Impermeabilität** *sub*, *f*, -, *nur Einz.* impermeability

impertinent, *adj*, impertinent; **Impertinenz** *sub*, *f*, -, -*en* impertinence

Impetus, *sub*, *m*, -, *nur Einz.* energy, vigour

impfen, *vt*, inoculate, vaccinate; **Impfkalender** *sub*, *m*, -*s*, - vaccination calendar; **Impfpass** *sub*, *m*, -*s*, -*pässe* vaccination certificates book; **Impfpflicht** *sub*, *f*, -, *nur Einz.* compulsory vaccination; **Impfpistole** *sub*, *f*, -, -*n* needleless injector; **Impfstoff** *sub*, *m*, -(*e*)*s*, -*e* vaccine; **Impfung** *sub*, *f*, -, -*en* vaccination

Implantat, *sub*, *n*, -(*e*)*s*, -*e* (*med.*) implant; **~ion** *sub*, *f*, -, -*en* implantation; **implantieren** *vt*, implant

implementieren, *vt*, implement

Implementierung, *sub*, *f*, -, -*en* implementation

Implikation, *sub*, *f*, -, -*en* implication; **implizieren** *vt*, imply; **implizit** *adj*, implicit

implodieren, *vti*, implode; **Implosion** *sub*, *f*, -, -*en* implosion

Imponderabilien, *sub*, *f*, -, *Mehrz.* imponderables

imponieren, *vi*, impress so; **Imponiergehabe** *sub*, *n*, -*s*, *nur Einz.* (*zool.*) display pattern

Import, *sub*, *m*, -(*e*)*s*, -*e* import; **~eur** *sub*, *m*, -*s*, -*e* importer; **~handel** *sub*, *m*, -*s*, *nur Einz.* import business; **importieren** *vt*, import

imposant, *adj*, imposing

impotent, *adj*, impotent; **Impotenz** *sub*, *f*, -, *nur Einz.* impotence

Impresario, *sub*, *m*, -, -*s* agent, impresario

Impression, *sub*, *f*, -, -*en* impression; **~ismus** *sub*, *m*, -, *nur Einz.* (*kun.*) impressionism; **~ist** *sub*, *m*, -, -*en* impressionist; **impressionistisch** *adj*, impressionist(ic)

Impressum, *sub*, *n*, -*s*, *Impressen* imprint, masthead

Improvisation, *sub*, *f*, -, -*en* improvisation; **Improvisator** *sub*, *m*, -*s*, -*en* improviser; **improvisieren** *vti*, improvise

Impuls, *sub*, *m*, -*es*, -*e* impulse, stimulus; **impulsiv** *adj*, impulsive; **~ivität** *sub*, *f*, -, *nur Einz.* impulsiveness

imstande, *adj*, capable; *er ist zu allem imstande* he is capable of anything; *sie ist nicht mal imstande die Katze zu versorgen und jetzt will sie noch ein Kind* she can´t even look after the cat and now she wants to have a baby

in, *präp*, in; *er lebt in Italien* he´s living in Italy; *(ugs.) in deiner Haut möchte ich nicht stecken* I wouldn´t like to be in your shoes; *in diesem Jahr* this year; *(.) in zwei Wochen* in two weeks; *ins Englische übersetzen* to translate into English

inadäquat, *adj*, inadequate

inakkurat, *adj*, inaccurate

inaktiv, *adj*, inactive; **~ieren** *vt*, disconnect, inactivate; **Inaktivität** *sub*, *f*, -, *nur Einz.* inactivity

inakzeptabel, *adj*, unacceptable

Inangriffnahme, *sub, f, -, nur Einz.*
commencement, starting, tackling
Inanspruchnahme, *sub, f, -, nur
Einz.* demands; *seine Inanspruchnahme durch diese Nebenbeschäftigung* the demands made on him
through his second job
Inaugenscheinnahme, *sub, f, -, nur
Einz.* inspection
Inauguraldissertation, *sub, f, -, -en*
inaugural dissertation
Inauguration, *sub, f, -, -en* inauguration; **inaugurieren** *vt,* inaugurate
inbegriffen, *adj,* included
Inbetriebnahme, *sub, f, -, -men*
commencement of operations, putting into operation
Inbrunst, *sub, f, -, -* ardour, fervour
inbrünstig, *adj,* ardent, fervent
indeklinabel, *adj,* indeclinable
indem, *konj,* by (doing sth), while;
indem er ihr schrieb by writing to
her; *indem er dies sagte, zog er sich
zurück* while saying so, he
withdrew
Indemnität, *sub, f, -, nur Einz.* indemnity
In-den-April-Schicken, *sub, n, -s, -*
making an April fool (of so)
in-den-Tag-hinein-Leben, *sub, n, -
s, -* happy-go-lucky attitude
Independenz, *sub, f, -, nur Einz.* independence
Inder, *sub, m, -s, -* Indian
indes, (1) *adv,* meanwhile **(2)** *konj,*
whereas
indessen, (1) *adv,* meanwhile **(2)**
konj, whereas; *schreib du den
Brief, ich werde indessen den Anruf
erledigen* write the letter, meanwhile I´ll ring up
indeterminiert, *adj, (phil.)* indeterminate
Index, *sub, m, -es, -e oder Indizes*
index; **~währung** *sub, f, -, -en* in-
dex-based currency; **~ziffer** *sub, f,
-, -n* index number
indezent, *adj,* indecent
Indifferenz, *sub, f, -, -en* indifference; **indifferent** *adj,* indifferent
Indigestion, *sub, f, -, -en* indigestion

Indignation, *sub, f, -, nur Einz.* indignation; **indigniert** *adj,* indignant
Indigo, *sub, m, -s, der oder -s* indigo
Indikation, *sub, f, -, -en* indication
Indikativ, *sub, m, -s, -e* indicative
(mood)
Indikator, *sub, m, -s, -en* indicator
Indio, *sub, m, -s, -s* Indio (S. or C.
American Indian)
indirekt, *adj,* indirect; **Indirektheit** *sub, f, -, -en* indirectness
indisch, *adj,* Indian
Indiskretion, *sub, f, -, -en* indiscretion; **indiskret** *adj,* indiscreet
indiskutabel, *adj,* not worth
discussing
Indisposition, *sub, f, -, -en* indisposition; **indisponibel** *adj,* unavailable; **indisponiert** *adj,*
indisposed
indisputabel, *adj,* incontestable,
indisputable
Indium, *sub, n, -s, nur Einz.*
(chem.) indium
individualisieren, *vt,* individuali-
ze
Individualität, *sub, f, -, -en* indivi-
duality
Individuation, *sub, f, -, -en* individuation
Individuum, *sub, n, -s, Individu-
en* individual; **individuell** *adj,* individual
Indiz, *sub, n, -es, -ien* circumstantial evidence, indication, sign
indizieren, *vt, (eccl.)* put on the
index; *(med.)* indicate
indiziert, *adj,* advisable; *(med.)*
indicated
Indoeuropäer, *sub, m, -s, -* Indo-
European
Indogermane, *sub, m, -n, -n* Indo-
European; **Indogermanistik**
sub, f, -, nur Einz. Indo-European
studies
Indoktrination, *sub, f, -, -en* indoctrination; **indoktrinieren** *vt,*
indoctrinate
indolent, *adj,* indolent; **Indolenz**

sub, f, -, nur Einz. indolence
Indonesien, *sub,* Indonesia; **Indonesierin** *sub, f, -, -nen* Indonesian; **indonesisch** *adj,* Indonesian **indossieren,** *vt,* endorse; **Indossierung** *sub, f, -, -en* endorsement
Induktion, *sub, f, -, -en* induction **induktiv,** *adj, (phil.)* inductive **indulgent,** *adj,* indulgent
Induration, *sub, f, -, -en (med.)* induration
Industrie, *sub, f, -, -n* industry; ~- **und Handelskammer** *sub, f, -, -* Chamber of Commerce; ~**bau** *sub, m, -es, -ten* industrial building; ~**betrieb** *sub, m, -es, -e* industrial enterprise, industrial firm; ~**gebiet** *sub, n, -es, -e* industrial area; **industriell** *adj,* industrial; ~**lle** *sub, m, -n, -n* industrialist; ~**roboter** *sub, m, -s, -* industrial robot
induzieren, *vt,* induce
ineffektiv, *adj,* ineffective
ineffizient, *adj,* inefficient; **Ineffizienz** *sub, f, -, nur Einz.* inefficiency
ineinander, *adv,* in one another, with each other; *sie sind schon lange ineinander verliebt* they have been in love with each for a long time
inexakt, *adj,* imprecise
inexistent, *adj,* non-existent
infallibel, *adj,* infallible; **Infallibilität** *sub, f, -, nur Einz.* infallibility
infam, *adj,* disgraceful, infamous; **Infamie** *sub, f, -, -n* infamy
Infanterie, *sub, f, -, -n* infant(e)ry; **Infanterist** *sub, m, -en, -en* foot soldier
infantil, *adj,* childish
Infantilität, *sub, f, -, nur Einz.* childishness, infantility
Infarkt, *sub, m, -es, -e (med.)* infarct
Infekt, *sub, m, -es, -e* infection
infektiös, *adj,* contagious, infectious
Inferiorität, *sub, f, -, nur Einz.* inferiority
infertil, *adj,* infertile; **Infertilität** *sub, f, -, nur Einz.* infertility
Infight, *sub, m, -s, -s* infight

Infiltration, *sub, f, -, -en* infiltration; **infiltrieren** *vt,* infiltrate
infinit, *adj,* infinite
Infinitesimalrechnung, *sub, f, -, -en* infinitesimal calculus
Infinitiv, *sub, m, -s, -e* infinitive
Infix, *sub, n, -es, -e* infix
infizieren, *vt,* infect; **Infizierung** *sub, f, -, -en* infection
Inflation, *sub, f, -, -en* inflation; **inflationär** *adj,* inflationary
inflexibel, *adj,* inflexible
Influenz, *sub, f, -, -en* influence
Influenza, *sub, f, -, nur Einz.* influenza; *(ugs.)* flu
Info, *sub, n, -s, -s* information
infolge, *präp,* owing to
infolgedessen, *adv,* as a result, consequently
Informant, *sub, m, -s, -en* informant
Information, *sub, f, -, -en* information
informativ, *adj,* informative
informatorisch, *adj,* informatory
informell, *adj,* informal
informieren, *vtr,* inform; *da bist du falsch informiert* you´ve been wrongly informed; *ich werde mich darüber informieren* I´ll get acquainted with the matter; **Informierung** *sub, f, -, -en* information
Infotainment, *sub, n, -s, -s* entertaining information
infrarot, *adj,* infra-red; **Infrarotfilm** *sub, m, -s, -e* infra-red film
Infraschall, *sub, m, -s, - (phy.)* infrasonic waves
Infrastruktur, *sub, f, -, -en* infrastructure
Infusion, *sub, f, -, -en* infusion; **infundieren** *vt, (med.)* infuse
Ingenieur, *sub, m, -s, -e* engineer; ~**bau** *sub, m, -es, -bauten* civil engineering
ingeniös, *adj,* ingenious; **Ingeniosität** *sub, f, -, nur Einz.* ingenuity
Ingenium, *sub, n, -s, Ingenien* genius

Ingestion, *sub,f, -, nur Einz. (med.)* ingestion

ingezüchtet, *adj,* inbred

Ingredienz, *sub,f, -, -en* ingredient

Ingrimm, *sub, m, -s, nur Einz.* wrath; **ingrimmig** *adj,* furious, wrathful

Ingwer, *sub, m, -s, nur Einz.* ginger

Inhaber, *sub, m, -s, -* owner

inhaftieren, *vt,* imprison; **Inhaftierte** *sub, m, -n, -n* prisoner; **Inhaftierung** *sub, f, -, -en* imprisonment

Inhalation, *sub, f, -, -en* inhalation; **inhalieren** *vt,* inhale

Inhalt, *sub, m, -s, -te* content, subject matter; *der Inhalt einer Flasche* the contents of a bottle; *der Inhalt unseres Gesprächs* the subject matter of our talk; *über Inhalte diskutieren* to discuss real issues; **inhaltlich** *adj,* pertaining to content(s); **inhaltsreich** *adj,* substantial; **~sverzeichnis** *sub, n, -ses, -se* table of contents

inhärent, *adj,* inherent; **Inhärenz** *sub,f, -, nur Einz.* inherence

inhomogen, *adj,* inhomogenous; **Inhomogenität** *sub,f, -, nur Einz.* inhomogeneity

inhuman, *adj,* inhuman; **Inhumanität** *sub,f, -, nur Einz.* inhumanity

Initial, *sub, n, -s, -e* initial (letter); **~wort** *sub, n, -es, -wörter* acronym

Initiation, *sub, f, -, -en* initiation; **~sritus** *sub, m, -es, -riten* initiation rite

Initiative, *sub, f, -, -n* initiative; **initiativ** *adj,* initiative

Initiator, *sub, m, -s, -en* initiator; **initiieren** *vt,* initiate

Injektion, *sub,f, -, -en* injection; **injizieren** *vt,* inject

Injurie, *sub,f, -, -n* insult, libel

injuriieren, *vt,* insult

Inkarnation, *sub, f, -, -en* incarnation; **inkarnieren** *vt,* incarnate

inkarnatrot, *adj,* flesh-coloured

Inkasso, *sub, n, -s, -s* encashment, procuration of payment; **~büro** *sub, n, -s, -s* encashment agency

Inkaufnahme, *sub, f, -, -men* acceptance, disregard to consequences

Inklination, *sub,f, -, -en* inclination

inklusive, *adj,* inclusive

inkognito, *adv,* incognito

inkohärent, *adj,* incoherent; **Inkohärenz** *sub,f, -, -en* incoherency

inkommensurabel, *adj,* incommensurable

inkommodieren, *vr,* go out of one´s way; **Inkommodität** *sub, f, -, -en* inconvenience

inkompatibel, *adj,* incompatible; **Inkompatibilität** *sub,f, -, -en* incompatibility

inkompetent, *adj,* incompetent; **Inkompetenz** *sub, f, -, -en* incompetence

inkomplett, *adj,* incomplete

inkongruent, *adj,* incongruous; **Inkongruenz** *sub,f, -, -en* incongruity

inkonsequent, *adj,* inconsistent; **Inkonsequenz** *sub, f, -, -en* inconsistency

inkonsistent, *adj,* inconsistent; **Inkonsistenz** *sub,f, -, nur Einz.* inconsistency

inkonvertibel, *adj,* inconvertible

inkorporieren, *vt,* incorporate; **Inkorporation** *sub,f, -, -en* incorporation

inkorrekt, *adj,* incorrect, wrong

Inkrement, *sub, n, -s, -e (mat.)* increment

inkriminieren, *vt,* incriminate; **inkriminiert** *adj,* incriminated

inkrustieren, *vt,* encrust

Inkubation, *sub,f, -, -en* incubation; **~szeit** *sub, f, -, -en* incubation period; **Inkubator** *sub, m, -s, Inkubatoren* incubator

Inkubus, *sub, m, -es, Inkuben* incubus

inkulant, *adj,* unobliging; **Inkulanz** *sub,f, -, -en* unwillingness to oblige

inkurabel, *adj,* incurable

Inland, *sub, m, -es, nur Einz.* home; *er ist im Inland und im Ausland berühmt* he´s famous at home and abroad; *im Inland hergestellte Waren* home-produced goods; ~**sbrief** *sub, m, -es, -e* inland letter; ~**smarkt** *sub, m, -es, -märkte* domestic market; ~**sporto** *sub, n, -s, nur Einz.* inland postage rate; ~**spreis** *sub, m, -es, -e* inland price; ~**sreise** *sub, f, -, -n* domestic travel, inland trip
Inländer, *sub, m, -s, -* national, native
inländisch, *adj,* domestic, home
Inlett, *sub, n, -s, -letts* bed-tick
inmitten, *präp,* in the middle of
inne, *adv,* within
innehalten, *vi,* pause
innen, *adv,* inside; *das Innere nach außen gekehrt* inside out
Innenantenne, *sub, f, -, -n* inside antenna
Innenarchitektur, *sub, f, -, -ren* interior design
Innendienst, *sub, m, -es, -e* office work; *(mil.)* garrison duty
Innenfläche, *sub, f, -, -n* inner surface
Innenhof, *sub, m, -s, -höfe* courtyard
Innenminister, *sub, m, -s, -* Home Secretary, Minister of the Interior
Innenministerium, *sub, n, -s, -rien* Home Office, Ministry of the Interior
Innenpolitik, *sub, f, -, -* domestic politics; **innenpolitisch** *adj,* concerning domestic affairs
Innenseite, *sub, f, -, -n* inside
Innenspiegel, *sub, m, -s, -* inside mirror
Innenstadt, *sub, f, -, -städte* centre, downtown (Am.)
Innenstürmer, *sub, m, -s, - (spo.)* inside forward
Innentasche, *sub, f, -, -n* inside pocket
innerbetrieblich, *adj,* internal (matters concerning a firm)
innere, (1) *adj,* inner **(2) Innere** *sub, n, -n, nur Einz.* interior

innerhalb, *präp,* inside, within; *innerhalb der vorgesehener Zeit* within the planned time; *innerhalb seiner vier Wände* within one´s own home
innerlich, *adv,* inwardly
innerparteilich, *adj,* internal (party matters)
Innerste, *sub, n, -n, nur Einz.* innermost part, quick; *bis ins Innerste getroffen* hurt to the quick
innervieren, *vt,* innervate
innewohnen, *vi,* be inherent in
innig, *adj,* heartfelt, intimate; *innige Freunde* intimate friends
Innovation, *sub, f, -, -en* innovation; **innovativ** *adj,* innovative; **innovatorisch** *adj,* innovative
Innung, *sub, f, -, -gen* guild
inoffiziell, *adj,* inofficial
inopportun, *adj,* untimely
Inosit, *sub, m, -s, -e (tt; chem.)* inositol
Input, *sub, m, -s, der oder -s* input
inquirieren, *vti,* inquire
Inquisition, *sub, f, -, -en* Inquisition; **Inquisitor** *sub, m, -s, Inquisitoren* inquisitor; **inquisitorisch** *adj, (i. ü. S.)* inquisitorial
insbesondere, *adv,* particularly
Inschrift, *sub, f, -, -ten* inscription
Insekt, *sub, n, -s, -en* insect; ~**arium** *sub, n, -s, -rien* insectarium; ~**enfraß** *sub, m, -es, nur Einz.* insect damage; ~**enfresser** *sub, m, -s, -* insect eater, insectivore; ~**engift** *sub, n, -es, -e* insecticide; ~**izid** *sub, n, -s, -e* insecticide
Insel, *sub, f, -, -seln* island; ~**gruppe** *sub, f, -, -n* archipelago, group of islands
Insemination, *sub, f, -, -en* insemination
insensibel, *adj,* insensitive
Inserat, *sub, n, -es, -e* advertisement; **Inserent** *sub, m, -s, -en* advertiser; **inserieren** *vti,* advertise
Insert, *sub, n, -s, -s* insert
insgeheim, *adv,* clandestinely, se-

cretly

insgemein, *adv*, in general

insgesamt, *adv*, altogether, as a whole; *das macht insgesamt 10 Mark* that comes to 10 marks altogether; *ein Verdienst von insgesamt 1000 Mark* earnings totalling 1000 marks

Insider, *sub*, *m*, *-s*, - insider

Insignien, *sub*, *f*, *-*, *Mehrz.* insignia

inskribieren, *vt*, register

insofern, (1) *adv*, in so far (2) *konj*, inasmuch as

insolent, *adj*, insolent

Insolvenz, *sub*, *f*, *-*, *-en* bankruptcy, insolvency

Inspekteur, *sub*, *m*, *-s*, *-e* inspector; *(mil.)* inspecting officer; **Inspektion** *sub*, *f*, *-*, *-en* inspection; **Inspektorin** *sub*, *f*, *-*, *-nen* supervisor

Inspektor, *sub*, *m*, *-s*, *Inspektoren* police officer, supervisor

Inspiration, *sub*, *f*, *-*, *-en* inspiration; **inspirieren** *vt*, inspire

Inspizient, *sub*, *m*, *-s*, *-en* stage manager, supervisor; **inspizieren** *vt*, inspect; **Inspizierung** *sub*, *f*, *-*, *-en* inspection

Inspizientin, *sub*, *f*, *-*, *-nen* stage manager, supervisor

instabil, *adj*, unstable

Installateur, *sub*, *m*, *-s*, *-e* plumber

Installation, *sub*, *f*, *-*, *-en* installation, plumbing

installieren, (1) *vr*, *(ugs.)* move in (2) *vt*, fit, install; *er hat sich mit seinem Rucksack bei mir im Wohnzimmer installiert* he has moved into my living room with his rucksack

inständig, *adj*, earnest, urgent

instandsetzen, *vt*, overhaul, repair; *das kann man nicht mehr instandsetzen* that´s beyond repair; *er hat das alte Auto eigenhändig instandgesetzt* he repaired the old car with his own hands

instant, *adj*, instant

Instanz, *sub*, *f*, *-*, *-en* authority, court of justice; *er ging von einer Instanz zur anderen* he went through all

the courts; *wir haben in der ersten Instanz gewonnen, aber in der zweiten verloren* we won at the first hearing, but lost at the second; **~enweg** *sub*, *m*, *-es*, *-e* stages of appeal

instillieren, *vt*, instil(l)

Instinkt, *sub*, *m*, *-es*, *-e* flair, instinct; *(ugs.)* *ein phantastischer Farbinstinkt* a fantastic flair for colours; **instinkthaft** *adj*, instinctive; **instinktiv** *adj*, instinctive; **instinktlos** *adj*, lacking in instinct

Institut, *sub*, *n*, *-s*, *-e* institute; **~ion** *sub*, *f*, *-*, *-en* institution; **institutionalisieren** *vt*, institutionalize; **institutionell** *adj*, institutional

instruieren, *vt*, inform, instruct

Instrukteur, *sub*, *m*, *-s*, *-e* instructor; **Instruktion** *sub*, *f*, *-en* instruction

instruktiv, *adj*, instructive

Instrument, *sub*, *n*, *-s*, *-e* instrument; *(i. ü. S.)* tool; **~alist** *sub*, *m*, *-en*, *-en* instrumentalist; **~arium** *sub*, *n*, *-s*, *Instrumentarien* instruments; *(med.)* instrumentarium; **~enflug** *sub*, *m*, *-es*, *-flüge* instrument flight; **instrumentieren** *vt*, arrange; *(mus.)* instrumentate; **~ierung** *sub*, *f*, *-*, *-en* instrumentation

instrumental, (1) *adj*, important; *(mus.)* instrumental (2) **Instrumental** *sub*, *m*, *-s*, *-e* *(ling.)* instrumental (case)

Insubordination, *sub*, *f*, *-*, *-en* insubordination

insuffizient, *adj*, insufficient; **Insuffizienz** *sub*, *f*, *-*, *-en* insufficiency

Insulaner, *sub*, *m*, *-s*, - islander

insular, *adj*, insular

Insulin, *sub*, *n*, *-s*, - insulin

Insult, *sub*, *m*, *-s*, *-e* insult

insultieren, *vt*, insult

Insurgent, *sub*, *m*, *-en*, *-en* insurgent, rebel

insurgieren, *vt*, arouse so to re-

volt, revolt
Insurrektion, *sub, f, -, -en* insurrection, uprising
Intarsie, *sub, f, -, -n* inlaid work, intarsia
integer, *adj*, of integrity
integral, *adj*, integral
Integralhelm, *sub, m, -s, -e* full-face helmet
Integration, *sub, f, -, -en* integration; **integrativ** *adj*, integrative; **integrierbar** *adj, (mat.)* integrable; **integrieren** *vt*, integrate; **integrierend** *adj*, integral; **Integrierung** *sub, f, -, -en* integration
Integrität, *sub, f, -, nur Einz.* integrity
Intellekt, *sub, m, -s, nur Einz.* intellect; **intellektuell** *adj*, intellectual; **~uelle** *sub, m, -n, -n* intellectual
intelligent, *adj*, intelligent
Intelligenz, *sub, f, -, -en* intelligence, understanding; **~test** *sub, m, -es, -s* intelligence test
Intelligenzquotient, *sub, m, -en, -en* intelligence quotient, IQ
intelligibel, *adj*, intelligible
Intendant, *sub, m, -en, -en* director; *(mil.)* intendant; **~in** *sub, f, -, -nen* directress; **~ur** *sub, f, -, -en* period of directorship; **Intendanz** *sub, f, -en* directorship
intendieren, *vt*, intend, plan
Intension, *sub, f, -, -en (phil.)* intension
Intensität, *sub, f, -, nur Einz.* intensity
intensiv, *adj*, intensive; **~ieren** *vt*, intensify; **Intensivkurs** *sub, m, -es, -e* intensive course; **Intensivstation** *sub, f, -, -en* intensive care unit
intentional, *adj*, deliberate; *(phil.)* intentional
interagieren, *vt*, interact
Interaktion, *sub, f, -, -en* interaction
Intercity, *sub, m, -s, -s* intercity train
interdependent, *adj*, interdependent; **Interdependenz** *sub, f, -, -en* interdependence
Interdikt, *sub, n, -s, -e* interdict
interdisziplinär, *adj*, interdiscipli-

nary
interessant, *adj*, interesting
Interesse, *sub, n, -s, -n* interest; **interesselos** *adj*, uninterested; **~ngemeinschaft** *sub, f, -, -en* community of interests; **~nt** *sub, m, -s, -en* interested party, prospective customer; **interessieren** (1) *vr*, be interested in (2) *vt*, interest; *er hat sich schon als Kind sich für Biologie interessiert* he was interested in biology even as a child; *er interessiert sich überhaupt nicht für Politik* he´s not in the slightest bit interested in politics, *Briefmarkensammeln interessiert mich einfach nicht* stamp-collecting simply doesn´t interest me; *was er darüber denkt interessiert mich brennend* what he thinks about it all interests me intensely; *was interessiert dich am meisten?* what interests you most?;
interessiert *adj*, interested
Interferenz, *sub, f, -, -en* interference; **interferieren** *vi, (phy.)* interfere
Interferometer, *sub, n, -s, -* interferometer
interfraktionell, *adj*, interparty
intergalaktisch, *adj*, intergalactic
interglazial, *adj*, interglacial
Interieur, *sub, n, -s und -e* interior
Interim, *sub, n, -s, -s* interim; **interimistisch** *adj*, interim
interkonfessionell, *adj*, interconfessional, interdenominational
interkontinental, *adj*, intercontinental; **Interkontinentalrakete** *sub, f, -, -n* intercontinental missile
Interludium, *sub, f, -, -ludien (mus.)* interlude
Interlunium, *sub, n, -s, -lunien* interlunation
Intermezzo, *sub, n, -s, -s und -mezzi (i. ü. S.)* interlude; *(mus.)* intermezzo
intermittierend, *adj*, intermittent
intern, *adj*, internal, private; *das*

ist eine rein interne Angelegenheit that´s a purely private matter; *unsere Maßnahmen müssen vorläufig intern bleiben* for the time being our measures will have to remain private
internalisieren, *vt,* internalize
Internat, *sub, n, -es, -e* boarding school
international, *adj,* international; **~isieren** *vt,* internationalize; **Internationalismus** *sub, m, -es, nur Einz.* internationalism
Interne, *sub, m, -n,* der und -n boarder
Internet, *sub, n, -s, -s* internet
internieren, *vt,* intern, isolate; **Internierte** *sub, m, -n, -s* internee; **Internierung** *sub, f, -, -en* internment
Internist, *sub, m, -en, -en* specialist in internal medicine; **~in** *sub, f, -, -nen* specialist in internal medicine
Internodium, *sub, n, -s, -ien (bot.)* internode
Internuntius, *sub, m, -, -ien* internuntio
interplanetarisch, *adj,* interplanetary
Interpol, *sub, f, -, nur Einz.* International Criminal Police Organisation
interpolieren, *vti,* interpolate
Interpret, *sub, m, -en, -en* interpreter; **~ation** *sub, f, -, -en* interpretation; **interpretieren** *vt,* interpret; **~in** *sub, f, -, -nen* interpreter (f.)
interpunktieren, *vt,* punctuate; **Interpunktion** *sub, f, -, -en* punctuation
Interregnum, *sub, n, -s, -regna und -regnen* interregnum
Interrogativpronomen, *sub, n, -s, - und pronomina* interrogative pronoun
Interruption, *sub, f, -, -en* interruption
intersexuell, *adj,* intersexual
Intershop, *sub, m, -s, -s* intershop
interstellar, *adj,* interstellar
intersubjektiv, *adj,* intersubjective
Intervall, *sub, m, -es, -e* interval

Intervenient, *sub, m, -en, -en* intervener; **intervenieren** *vi,* intervene; **Intervention** *sub, f, -, -en* intervention
Interview, *sub, n, -s, -s* interview; **interviewen** *vt,* interview; **~er** *sub, m, -s, -* interviewer
Intervision, *sub, f, -, nur Einz.* intervision
intestinal, *adj,* intestinal
inthronisieren, *vt,* enthrone
intim, *adj,* close, intimate; **Intimbereich** *sub, m, -s, -e* privacy; **Intimsphäre** *sub, f, -, -n* private life
Intimität, *sub, f, -, -en* intimacy
Intimus, *sub, m, -, Intimi* best friend
Intoleranz, *sub, f, -, -en* intolerance; **intolerabel** *adj,* intolerable; **intolerant** *adj,* intolerant
Intonation, *sub, f, -, nur Einz.* intonation; **intonieren** *vti,* intonate
Intoxikation, *sub, f, -, nur Einz.* intoxication
intramuskulär, *adj,* intramuscular
intransitiv, *adj,* intransitive
intrauterin, *adj,* intrauterine
intravenös, *adj,* intravenous
intrigant, (1) *adj,* intriguing, scheming **(2) Intrigant** *sub, m, -er, -en* intriguer; **Intrigantin** *sub, f, -, -nen* intriguer (f.)
Intrige, *sub, f, -, -n* intrigue, plot; **intrigieren** *vi,* intrigue
Introduktion, *sub, f, -, -en* introduction
Introspektion, *sub, f, -, -en* introspection
introvertiert, *adj,* introverted
Intuition, *sub, f, -, -en* intuition
intuitiv, *adj,* intuitive
intus, *adv, (ugs.)* in(side) o.s.; *(ugs.) er hat schon einiges intus* he´s had a few (drinks); *(ugs.) jetzt habe ich es endlich intus* I´ve finally got it into my head
Inuit, *sub, f, -, nur Mehrz.* In(n)uit
invalide, (1) *adj,* disabled, invalid **(2) Invalide** *sub, m, -n, -n* invalid

invalidisieren, *vt*, invalidate, make invalid

Invalidität, *sub, f, -, nur Einz.* disablement, invalidity

invariabel, *adj*, invariable

Invasion, *sub, f, -, -en* invasion; **Invasor** *sub, m, -s, -en* invader

Inventar, *sub, n, -s, -e* inventory; **inventarisieren** *vt*, take an inventory

Invention, *sub, f, -, -en* invention

Inventur, *sub, f, -, -en* inventory, stock-taking

Inversion, *sub, f, -, -en* inversion; **invers** *adj, (mat.)* inverse

invertieren, *vt*, invert

investieren, *vt*, invest; **Investierung** *sub, f, -, nur Einz.* investment; **Investition** *sub, f, -, -en* investment

investiv, *adj*, investive

Investment, *sub, n, -s, -s* investment; **~fonds** *sub, m, (-s), (-s)* investment fund

Investor, *sub, m, -s, -en* investor

involvieren, *vt*, involve

inwärts, *adv*, inward(s)

inwendig, *adj*, inner

inwiefern, *adv*, in what way; *inwiefern wird er dadurch benachteiligt?* in what way will this put him at a disadvantage?

inwieweit, *adv*, to what extent; *ich weiß nicht, inwieweit er die Wahrheit gesagt hat* I don´t know to what extent he has told the truth

Inzest, *sub, m, -es, -e* incest; **inzestuös** *adj*, incestuous

inzwischen, *adv*, in the meantime

Ion, *sub, n, -s, -en (phy.)* ion; **~enantrieb** *sub, m, -s, -ten* ion accelerator; **~isation** *sub, f, -, -en* ionization; **ionisieren** *vt*, ionize; **~isierung** *sub, f, -, -en* ionization; **~osphäre** *sub, f, -, nur Einz.* ionosphere

irakisch, *adj*, Iraqi

iranisch, *adj*, Iranian

Iranistik, *sub, f, -, nur Einz.* Iranian studies

irden, *adj*, earthen

irdisch, *adj*, earthly, worldly

irenisch, *adj*, irenic

irgend, *adv*, at all, possibly; *wenn irgend möglich* if at all possible; *wenn du irgend kannst* if you possibly can; **~ein** *pron*, some (kind of); *das scheint irgendein Behälter zu sein* it seems to be some kind of container; *ein Maulwurf oder irgend so ein Tier* a mole or some kind of animal; **~eine** *pron*, somebody, something; *irgendeine (Frau) sagte* somebody (some woman) said; *irgendeine wird auf das Kind aufpassen* somebody (some woman) will look after the child; *irgendeine Sache beunruhigt ihn* something is bothering him; **~etwas** *pron*, anything, something (or other); *wenn du irgendetwas brauchst* if there is anything you need; *er murmelte irgendetwas* he mumbled something or other; *irgendetwas ist schief gegangen* something has gone wrong; **~jemand** *pron*, anybody, anyone, someone (or other); *ist irgendjemand da?* is anybody there?; *falls irgendjemand anruft* in case anyone rings; *warten Sie auf irgendjemanden?* are you waiting for anyone?; *irgendjemand hat behauptet* someone or other claimed; **~wann** *pron*, some time; *irgendwann werde ich bestimmt kommen* I´ll come sometime or other for sure; *sie will irgendwann nach China* she wants to go to China sometime or other; **~welche** *pron*, any (some); *gibt es irgendwelche Fragen?* are there any questions?; *ich möchte nicht irgendwelche Geschichte hören, sondern die Wahrheit* I want to hear the truth, not some story; **~wie** *pron*, somehow (or other); *ich werde es irgendwie schaffen* I´ll manage somehow; *mach´ es nicht irgendwie!* don´t do it just anyhow!; **~wo** *pron*, somewhere (or other); *der Schlüssel muß irgendwo sein* the

key must be somewhere; **~wohin pron**, somewhere (or other); *ich hätte Lust am Wochenende irgendwohin zu fahren* I feel like going somewhere at the weekend
Iris, *sub, f, -, -* iris
Irland, *sub*, Ireland; **irisch** *adj*, Irish
Irokese, *sub, m, -en, -n* Iroquois
Ironie, *sub, f, -, -n* irony; **Ironiker** *sub, m, -s, -* ironical person; **ironisch** *adj*, ironic(al); **ironisieren** *vt*, treat sth ironically
Irrationalismus, *sub, m, nur Einz.* irrationalism; **irrational** *adj*, irrational; **Irrationalität** *sub, f, -, nur Einz.* irrationality
irre, (1) *adj*, insane, mad (2) **Irre** *sub, m,f, -, -n* madman; *(ugs.) diese Musik ist irre (gut)* this music is fantastic; *irres Zeug reden* to babble away
irreal, *adj*, unreal; **Irrealität** *sub, f, -, nur Einz.* irreality
Irredentist, *sub, m, -, -en* irredentist
irreführen, *vt*, deceive, mislead; **Irreführung** *sub, f, -, -en* deception
irregulär, *adj*, irregular; **Irregularität** *sub, f, -, -en* irregularity
irrelevant, *adj*, irrelevant; **Irrelevanz** *sub, f, -, -en* irrelevance
irreligiös, *adj*, irreligious
irren, *vr*, be mistaken
Irrenanstalt, *sub, f, -, -en* asylum, mental hospital; *(ugs.)* madhouse
Irresein, *sub, n, -, nur Einz.* dementia, insanity
irreversibel, *adj*, irreversible
Irrfahrt, *sub, f, -, -en* Odyssey
irrig, *adj*, mistaken, wrong; **~erweise** *adv*, mistakenly
irritabel, *adj*, irritable
Irritation, *sub, f, -, -en* irritation
irritieren, (1) *vr*, confuse (2) *vt*, irritate
Irrlehre, *sub, f, -, -en* heresy
Irrlicht, *sub, n, -s, -er (i. ü. S.)* will-o´-the-wisp; **irrlichtern** *vi*, flit about like a will-o´-the wisp
Irrsinn, *sub, m, -s, nur Einz.* madness
Irrtum, *sub, m, -s, -tümer* error; **irr-**

tümlich *adj*, erroneous
Irrweg, *sub, m, -s, -e* wrong track
ischiadisch, *adj, (med.)* sciatic
Ischias, *sub, m, n, -, nur Einz.* sciatica; **~nerv** *sub, m, -s, -en* sciatic nerve
Isegrim, *sub, m, -, -* Isegrim; *(i. ü. S.)* grumbler
Islam, *sub, m, (-s), nur Einz.* Islam, Mohammedanism; **islamisch** *adj*, Islamic; **islamisieren** *vt*, islamize; **islamitisch** *adj*, Islamic
Ismus, *sub, m, -men (phil.)* ism
Isobare, *sub, f, -, -n (meteor.)* isobar
Isochromasie, *sub, f, -, nur Einz.* isochromat; **isochromatisch** *adj*, isochromatic
isogonal, *adj, (mat.)* isogonic
Isolation, *sub, f, -, -en* isolation; **Isolationspolitik** splendid isolation
Isolationist, *sub, m, -en, -en* isolationist
Isolator, *sub, m, -s, -en (tech.)* insulator
isolieren, (1) *vr*, isolate o.s. (2) *vt*, isolate; *(tech.)* insulate; **Isolierschicht** *sub, f, -, -en* insulating layer; **Isolierstation** *sub, f, -, -en (med.)* isolation ward; **isoliert** *adj*, isolated
Isoliertheit, *sub, f, -, nur Einz.* isolation
Isolierung, *sub, f, -s, -en (tech.)* insulation
Isometrie, *sub, f, -, nur Einz. (mat.)* isometry; **isometrisch** *adj*, isometric(al)
Isomorphie, *sub, f, -, -er* isomorphism; **isomorph** *adj, (biol.)* isomorphic
Isostasie, *sub, f, -, nur Einz. (geol.)* isostacy
Isotherme, *sub, f, -, -n (tt)* isotherm
Isotop, *sub, n, -s, -e (tt; chem. phys.)* isotope
Isotron, *sub, n, -s, -s oder -e (nucl.)* isotron

Istaufkommen, *sub, n, -s, nur Einz.* real tax receipts

Isthmus, *sub, m, -, -men* isthmus

Italiener, *sub, m, -s, -* Italian; **~in** *sub, f, -, -nen* Italian; **italienisch** *adj,* Italian; **Italienische** *sub, n, -n, nur Einz.* Italian (language)

Italowestern, *sub, m, -(s), -* Italian-made Western

Iteration, *sub, f, -, -en (mat.)* iteration

iterativ, *adj,* iterative

Itinerar, *sub, n, -s, -e* itinerary

i-Tüpfelchen, *sub, n, -s, - (ugs.)* finishing touch

J

ja, *adv*, yes; *aber ja!* yes, of course; *das ist ja fürchterlich* that´s just terrible; *nun ja* well; *sag bitte ja* please say yes

Jacht, *sub, f, -, -en* yacht

Jacke, *sub, f, -, -n* cardigan, jacket; **~nkleid** *sub, n, -es, -er* two-piece dress; **~ntasche** *sub, f, -, -n* jacket pocket

Jacketkrone, *sub, f, -, -n (med.)* jakket crown

Jackett, *sub, n, -s, -s, auch vereinzelt -e* jacket

Jackpot, *sub, m, -s, -s* jackpot

Jacquard, *sub, m, (-s), -s* Jacquard, Jacquard material

Jade, *sub, m, f, -, nur Einz.* jade

Jagen, **(1)** *sub, n, -s, nur Einz.* marked section of forest **(2) jagen** *vt,* drive, hunt; *(i. ü. S.)* chase; *(i. ü. S.) ein Witz jagte den anderen* one joke followed the other; *(i. ü. S.) jemanden aus dem Haus jagen* to drive someone out of the house; *(ugs.) mit dem Essen kannst du mich jagen* I wouldn´t eat that if you paid me

Jäger, *sub, m, -s, -* hunter; **~ei** *sub, f, -, nur Einz.* hunting; **~in** *sub, f, -, -nen* huntress; **~latein** *sub, n, (-s)-, -* hunter´s jargon; *(ugs.)* tall stories (of the hunt); **~meister** *sub, m, -s, -* professional hunter; **~prüfung** *sub, f, -, -en* hunting permit test; **~schaft** *sub, f, -, nur Einz.* hunters

Jaguar, *sub, m, -s, -e (zool.)* jaguar

jäh, *adj,* sudden; *(ugs.)* disastrous; *(i. ü. S.) ein jähes Erwachen* a rude awakening; *(ugs.) ich befürchte es wird noch ein jähes Ende haben* I fear it´s going to come to a bad end

Jahr, *sub, n, -s, -re* year

Jahrbuch, *sub, n, -s, -bücher* almanac(k), yearbook

jahrelang, **(1)** *adj,* long-standing **(2)** *adv,* for years

Jahresabschluss, *sub, m, -es, -abschlüsse* annual balance sheet; **Jahresbeginn** *sub, m, -s, -e* beginning

of the year; **Jahresumsatz** *sub, m, -es, -sätze* yearly turnover; **Jahresurlaub** *sub, m, -s, nur Einz.* annual holiday; **Jahreswagen** *sub, m, -s, -wägen* one-year-old car; **Jahreswende** *sub, f, -, -n* turn of the year; **Jahreszeit** *sub, f, -, -en* season

Jahrgang, *sub, m, -s, -gänge* agegroup, year; *er ist mein Jahrgang* we were born in the same year; *sie ist Jahrgang 1950* she was born in 1950

Jahrhundert, *sub, n, -s, -e* century; **jahrhundertelang** *adv,* for centuries; *die Feindschaft dauerte jahrhundertelang* the enmity continued for centuries; **~wende** *sub, f, -, -en* turn of the century

jährlich, *adj,* annual

Jahrmarkt, *sub, m, -s, -märkte* fair

Jahrtausend, *sub, n, -s, -e* millennium

Jahrzehnt, *sub, n, -s, -e* decade

Jähzorn, *sub, m, -s, nur Mehrz.* violent (outburst of) temper

jähzornig, *adj,* irascible, violent-tempered

Jakobiner, *sub, m, -s, -* Jacobin; **~tum** *sub, n, -s, nur Einz.* Jacobinism; **jakobinisch** *adj,* Jacobinic(al)

Jakobsleiter, *sub, f, -, -n* rope ladder; *(bot.)* Jacob´s ladder

Jalon, *sub, m, -s, -s (tech.)* field rod

Jalousie, *sub, f, -, -n* venetian blind

Jamaikaner(in), *sub, m(f), -, -nen* Jamaican; **jamaikanisch** *adj,* Jamaican

Jammer, *sub, m, -s, nur Einz.* wailng, wretchedness; *(ugs.)* terrible shame; *ein lauter Jammer erhob sich* there arose a great lamentation; *er bot ein Bild des Jammers* he was a wretched sight; *das ist doch ein Jammer* what a shame!; *es wäre ein Jammer, wenn du nicht kommen könntest* it would be a terrible shame if you couldn´t come; **~miene** *sub, f, -, -n* woeful expression; **~tal** *sub, n, -es,* - vale of tears

Jammerlappen, *sub, m, -s,* - sissy, sop

jämmerlich, *adj,* pathetic, wretched

jammern, *vi,* wail, whine

jammerschade, *adj,* deplorable

Januar, *sub, m, (-s), meist Einz.,* *sonst -e* January

Janusgesicht, *sub, n, -s, -er* Janus-face; **janusköpfig** *adj,* Janus-faced

Japan, *sub,* Japan; **~er** *sub, m, -s,* - Japanese; **japanisch** *adj,* Japanese; **~ologie** *sub, f, -, nur Einz.* Japanology; **~ologin** *sub, f, -, -nen* Japan expert

japsen, *vi,* gasp

Japser, *sub, m, -s,* - *(vulg.)* jap

Jardiniere, *sub, f, -, -n* jardinière

jarowisieren, *vt,* vernalize

Jasager, *sub, m, -s,* - yes-man

Jasmin, *sub, m, -s, -e* jasmine

Jaspis, *sub, m, -ses oder -, -se* jasper

jäten, *vt,* weed

Jauche, *sub, f, -, -n* liquid manure; **~nfass** *sub, n, -es, -fässer* liquid manure tank; **~ngrube** *sub, f, -, -n* cesspit; **~wagen** *sub, m, -s, -wagen* manure cart

jauchen, *vt,* manure

jauchzen, *vi,* rejoice; **Jauchzer** *sub, m, -s,* - cry of joy

jaulen, *vi,* whine

jawohl, *adv,* yes, indeed; *(mil.)* yes, Sir!

Jawort, *sub, n, -s, -e* consent (to marriage)

Jazz, *sub, m, -, nur Einz.* jazz; **~band** *sub, f, -, -s* jazz band; **jazzen** *vi,* play jazz; **~er** *sub, m, -s,* - jazzist; **~festival** *sub, n, -s, -s* jazz festival; **~kapelle** *sub, f, -, -n* jazz combo; **~musiker** *sub, m, -s,* - jazz musician

je, *adv,* according to, each, ever, per, the ... the ...; *wenn es je passieren soll* if it should ever happen; *je eher, desto besser* the sooner the better

Jeans, *sub, nur Mehrz.* jeans

jede, (1) *pron,* everyone (2) *pron* *(adj),* each, every; *das weiß doch jeder* everyone knows that; *jeder hat seine Fehler* everyone has his faults, *(prov.) jedem das Seine!* to each his own!; *jeder von uns* each (one) of us; *sie begrüßte jeden Gast* she greeted each guest; *an jedem Ort* at every place; *(prov.) jeder für sich und Gott für uns alle* every man for himself and God for all of us

jedenfalls, *adv,* anyhow, at least; *ich weiß nicht, ob das nötig ist, jedenfalls ist es hier üblich* I don´t know if it´s necessary, but that´s the way things are done here anyhow; *jedenfalls ist es jetzt zu spät* it´s too late now anyhow; *er ist nicht gekommen, aber er hat sich jedenfalls entschuldigt* he didn´t come, but at least he apologized; *er ist sehr weit gereist, jedenfalls sagt er das* he has travelled a lot, at least he says he has

jedermann, *pron,* everyone; *das ist nicht jedermanns Sache* it´s not everyone´s cup of tea; *Herr und Frau Jedermann* Mr and Mrs Average; *(Theat.) Jedermann* Everyman

jederzeit, *adv,* always, at any time

jederzeitig, *adj,* at any time

jedoch, *konj,* however; *es kam jedoch ganz anders* however, things turned out quite differently; *wir, jedoch, wollen es so nicht machen* we, however, don´t want to do it like that

Jeep, *sub, m, -s, -s* jeep

jeglicher, *pron (adj),* any

Jelängerjelieber, *sub, n, -s,* - honeysuckle

jemals, *adv,* ever

jemand, *pron,* someone

jemenitisch, *adj,* Yemenite

jene, *pron,* that, those; *zu jener Zeit* at that time; *in jenen Tagen* in those days; *welche Blumen möchtest du? jene dort hinten?*

which flowers would you like? those over there?

jenseits, (1) *adv*, beyond **(2)** *präp*, on the other side of **(3) Jenseits** *sub, n, -, nur Einz.* hereafter, next world

Jesuit, *sub, m, -en, -en* Jesuit; ~**entum** *sub, n, -s, nur Einz.* Jesuitism

Jesuskind, *sub, n, -es, nur Einz.* Infant Jesus

Jet, *sub, m,n, (-s), -s* jet; ~**lag** *sub, m, -s, -s* jet lag; ~**set** *sub, m, -s, nur Einz.* jet set; ~**stream** *sub, m, (-s), -s (meteor.)* jet stream

Jeton, *sub, m, -s, -s* chip

jetzt, (1) *adv*, now **(2) Jetzt** *sub, n, -s, nur Einz.* present

Jetztzeit, *sub, f, -, -* modern times

jeweilig, *adj*, at the time, respective

jeweils, *adv*, at any given time

jiddisch, *adj*, Yiddish; **Jiddistik** *sub, f, -, nur Einz.* Yiddish studies

Jingle, *sub, m, (-s), (-s)* jingle

Job, *sub, m, -s, -s* job; ~**sharing** *sub, n, (-s), nur Einz.* job sharing

jobben, *vti, (ugs.)* work

Joch, *sub, n, -es, -e* yoke; *(i. ü. S.)* yoke; *(i. ü. S.) sein Joch abschütteln* to throw off one´s yoke

Jochbein, *sub, n, -s, -e (med.)* yoke bone

Jockey, *sub, m, -s, -s* jockey

Jod, *sub, n, -s, nur Einz.* iodine; ~**tinktur** *sub, f, -, -en* iodine tincture

jodeln, *vti*, yodel

Joga, *sub, m, n, (-s), nur Einz.* Yoga

joggen, *vi*, jog

Jogger, *sub, m, -s, -* jogger

Jogi, *sub, m, -s, -s* yogi

Jogurt, *sub, m, n, (-s), (-s)* yog(h)urt; *Joghurteis* frozen joghurt

Johannisbeere, *sub, f, -, -n* red/black currant; **Johannisfeuer** *sub, n, -s, -* Midsummer´s Eve bonfire

johlen, *vi*, howl

Joint, *sub, m, -s, -s* joint

Joker, *sub, m, -, -* joker

Jokus, *sub, m, -, -se* prank

Jolle, *sub, f, -, -n* dinghy

Jongleur, *sub, m, -s, -e* juggler

jonglieren, *vti*, juggle

Jordanier(in), *sub, m (f), -, (-nen)* Jordanian

josephinisch, *adj, (hist.)* Josephine

Jota, *sub, n, (-s), -s* iota

Joule, *sub, n, -* joule

Jour (fixe), *sub, m, -s, -s* meeting day

Journaille, *sub, f, -, nur Einz.* yellow press

Journalismus, *sub, m, -, nur Einz.* journalism; **Journalist** *sub, m, -en, -en* journalist; **Journalistik** *sub, f, -, nur Einz.* journalism; **Journalistin** *sub, f, -, -nen* journalist; **journalistisch** *adj*, journalistic

jovial, *adj*, jovial

Joystick, *sub, m, -s, -s (comp.)* joystick

Jubel, *sub, m, -s, nur Einz.* rejoicing; ~**ruf** *sub, m, -s, -e* cheer

jubeln, *vi*, rejoice

Jubilar, *sub, m, -s, -e* person celebrating an anniversary

Jubilate, *sub, m, -s, -n* third Sunday after Easter

Jubiläum, *sub, n, -s, Jubiläen* anniversary, jubilee

jubilieren, *vi*, sing joyfully

Juchtenleder, *sub, n, -s, -* Russian leather

jucken, (1) *v impers*, be itchy **(2)** *vi*, itch; *(ugs.) das juckt mich nicht* I don´t care; *es juckt am ganzen Körper* I´m itchy all over; **Juckpulver** *sub, n, -s, -* itching powder; **Juckreiz** *sub, m, -es, -e* itch

Jucker, *sub, m, -s, -* light coach horse

Judaika, *sub, f, -, nur Mehrz.* books pertaining to Judaism; **Judaismus** *sub, m, -, nur Einz.* Judaism; **Judaistik** *sub, f, -, nur Einz.* Judaist studies

Judas, *sub, m, -, -se* Judas; ~**kuss** *sub, m, -sses, -küsse* Judas kiss; ~**lohn** *sub, m, -s, -löhne* blood money

Jude, *sub, m, -n, -n* Jew; **~ngegner** *sub, m, -s,* - anti-Semite; **~ntum** *sub, n, -s, nur Einz.* Jewry; **~nver-folgung** *sub, f, -, -en* persecution of the Jews

Judikative, *sub, f, -, -n* judicative

jüdisch, *adj,* Jewish

judizieren, *vi,* judge

Judo, *sub, m, -s, nur Einz. (spo.)* judo; **~ka** *sub, m, -s, -s* judoka

Jugend, *sub, f, -, -* young people, youth; **~amt** *sub, n, -s, -ämter* youth welfare department; **jugendfrei** *adj,* U-certificated; **~freund** *sub, m, -s, -e* childhood friend; **~gruppe** *sub, f, -, -n* youth group; **~herberge** *sub, f, -, -n* youth hostel; **~kriminalität** *sub, f, -, nur Einz.* juvenile delinquency; **~liebe** *sub, f, -, -n* sweetheart of one´s youth; **~pflege** *sub, f, -, nur Einz.* youth welfare; **~recht** *sub, n, -s, nur Einz.* law relating to juveniles; **~schutz** *sub, m, -es, nur Einz.* protection of juveniles; **~sekte** *sub, f, -, -n* youth sect; **~stil** *sub, m, -s, nur Einz.* Pre-Raphaelitism; **~sünde** *sub, f, -, -n* youthful mistake; **~zeit** *sub, f, -, -en* youth

jugendlich, *adj,* youthful

Jugendliche, *sub, m.f, -n, -n* adolescent, youth

Jugoslawe, *sub, m, -n, -n* Yugoslav(ian); **jugoslawisch** *adj,* Yugoslavian

Juice, *sub, m, -, -s* juice

Jukebox, *sub, f, -, -es* juke box

Julfest, *sub, n, -s, -e* yuletide festival

Juli, *sub, m, -s,* - July

Julklapp, *sub, n, -s, -klapps* anonymous Yule gift

Jumbojet, *sub, m, -s, -s* Jumbo (jet)

jumpen, *vti,* jump

jung, *adj,* new, young

Jungbrunnen, *sub, m, -s, nur Einz.* fountain of youth

Junge, *sub, m, -n, -n* boy, lad; **jungenhaft** *sub,* boyish; **~nschule** *sub, f, -s, -n* boy´s school

jünger, (1) *adj,* younger **(2) Jünger** *sub, m, -s,* - disciple; **Jüngerschaft**

sub, f, -, nur Einz. disciples

Jungfer, *sub, f, -, -n* old maid; **jüngferlich** *adj,* old-maidish; **~nfahrt** *sub, f, -, -en* maiden voyage; **~nflug** *sub, m, -s, -flüge* maiden flight; **~nhäutchen** *sub, n, -s,* - maidenhead; **~nrede** *sub, f, -, -n* maiden speech

Jungfrau, *sub, f, -, -en* virgin

jungfräulich, *adj,* pure, virginal

Junggeselle, *sub, m, -n, -n* bachelor; **Junggesellin** *sub, f, -, -nen* single woman

Jüngling, *sub, m, -s, -e* youth

Jungpflanze, *sub, f, -, -n* young plant

jüngst, *adv,* recently

Jungsteinzeit, *sub, f, -, nur Einz.* Neolithic age

Jungtier, *sub, n, -s, -e* young animal

Jungvieh, *sub, n, -s, nur Einz.* young stock

Jungwählerin, *sub, f, -, -nen* young voter

Juni, *sub, m, -s,* - June

Junikäfer, *sub, m, -s,* - chafer

Juniorchef, *sub, m, -s, -s* junior executive

Junkie, *sub, m, -s, -s* junkie

Junktim, *sub, n, -s, -s (polit.)* package (deal)

Junta, *sub, f, -, -s* junta

Jupon, *sub, m, -s, -s* petticoat

Jura, *sub, f, -, nur Mehrz.* law

Jurisdiktion, *sub, f, -, -en* jurisdiction

Jurisprudenz, *sub, f, -, nur Einz.* jurisprudence

Jurist, *sub, m, -en, -en* law student, lawyer

juristisch, *adj,* legal

Juror, *sub, m, -, -oren* adjudicator, member of the jury

Jurte, *sub, f, -, -n* jurt

Jury, *sub, f, -, -s* jury

just, *adv,* exactly, just

justieren, *vt,* adjust; **Justierwaage** *sub, f, -, -n (tech.)* adjusting scales

Justifikation, *sub, f, -, -en* justifica-

tion; **justifizieren** *vt*, justify
Justitia, *sub*, *f*, -, *nur Einz.* Justice
Jute, *sub*, *f*, -, *nur Einz.* jute; ~**sack**
sub, *m*, -*s*, -*säcke* jute bag
jütländisch, *adj*, Jutlandic
juvenalisch, *adj*, Juvenalian

juvenil, *adj*, juvenile
Juwel, *sub*, *m,n*, -*s*, -*en* jewel; ~**ier**
sub, *m*, -*s*, -*e* jeweller
Jux, *sub*, *m*, -*es*, -*e* joke
Juxtaposition, *sub*, *f*, -, -*en* juxtaposition

K

Kaaba, *sub, f, -, nur Einz.* Kaaba
Kabale, *sub, f, -, -n* intrigue
Kabarett, *sub, n, -s, -s* cabaret; **~ist**
sub, m, -en, -en cabaret artist; **kabarettistisch** *adj*, cabaret-like
Kabbala, *sub, f, -, nur Einz.* cabbala
Kabbelei, *sub, f, -, -en (ugs.)*
squabble
Kabel, *sub, n, -s, -* cable; **~fernsehen** *sub, n, -s, nur Einz.* cable television; **~leitung** *sub, f, -, -en* cable; **~trommel** *sub, f, -, -n* cable drum
Kabeljau, *sub, m, -s, -e und -s* cod
kabeln, *vti*, cable
Kabine, *sub, f, -, -n* cabin
Kabriolett, *sub, n, -s, -s* convertible
Kabuff, *sub, n, -s, -e oder -s* poky room
Kachel, *sub, f, -, -n* tile; **~ofen** *sub, m, -s, -öfen* tiled stove
Kacke, *sub, f, -, nur Einz. (vulg.)* crap
kacken, *vi*, shit
Kadaver, *sub, m, -s, -* carcass; **~gehorsam** *sub, m, -s, nur Einz.* slavish obedience
Kadenz, *sub, f, -, -en (mus.)* cadence
kadenzieren, *vt*, cadence
Kader, *sub, m, -s, - (mil.)* cadre; **~leiter** *sub, m, -s, -* cadre officer; **~partie** *sub, f, -, -n (Billard)* balkline game
Kadett, *sub, m, -en, -en (mil.)* cadet
Kadi, *sub, m, -s, -s* qadi; *(ugs.)* jemanden vor den Kadi bringen to haul someone before the judge
Käfer, *sub, m, -s, -* beetle
Kaff, *sub, n, -s, -e oder -s (ugs.)* small town
Kaffee, *sub, m, -s, nur Einz.* coffee; *Kaffee kommen lassen* ring for some coffee; **~bohne** *sub, f, -, -n* coffee bean; **kaffeebraun** *adj*, coffee-coloured; **~ernte** *sub, f, -, -n* coffee harvest; **~ersatz** *sub, m, -es, -sätze* artificial coffee; **~export** *sub, m, -s, -e* coffee export; **~fahrt** *sub, f, -, -en* day trip; **~filter** *sub, m, -s, -* coffee filter; **~kanne** *sub, f, -,*

-n coffeepot; **~löffel** *sub, m, -s, -* coffee spoon; **~mühle** *sub, f, -, -n* coffee grinder; **~pause** *sub, f, -, -n* coffee break; **~sorte** *sub, f, -, -n* type of coffee; **~tante** *sub, f, -, -n (ugs.)* old biddy; **~tasse** *sub, f, -, -n* coffee cup; **~wasser** *sub, n, -s, nur Einz.* water for coffee; **~zusatz** *sub, m, -es, -sätze* coffee additive
Kaffernbüffel, *sub, m, -s, - (zool.)* black buffalo
Käfig, *sub, m, -s, -e* cage; **~haltung** *sub, f, -, nur Einz.* caging
kahl, *adj*, bald, bare
kahl fressen, *vt*, strip bare
Kahlheit, *sub, f, -, nur Einz.* baldness, bareness, bleakness
Kahlkopf, *sub, m, -s, -köpfe* bald head; **kahlköpfig** *adj*, bald-headed
kahl scheren, *vt*, shave
Kahlschlag, *sub, m, -s, -schläge* deforestation
Kahn, *sub, m, -s, Kähne* barge, boat
Kai, *sub, m, -s, -e und -s* quay
Kaiman, *sub, m, -s, -e (zool.)* cayman
Kaimauer, *sub, f, -, -n* quay wall
Kainit, *sub, m, -s, -e* kainite
Kainsmal, *sub, n, -s, -e (bibl.)* mark of Cain
Kaiser, *sub, m, -s, -* emperor; **~in** *sub, f, -, -nen* empress; **~pfalz** *sub, f, -, nur Einz. (hist.)* imperial palace; **~reich** *sub, n, -s, -e* empire
Kaiserschnitt, *sub, m, -s, -e (med.)* Caesarean
Kajak, *sub, m,n, -s, -s* kayak; **~zweier** *sub, m, -s, -* double kayak; *(spo.)* kayak pair
Kajüte, *sub, f, -, -n* cabin
Kakao, *sub, m, -s, nur Einz.* cocoa; **~butter** *sub, f, -, nur Einz.* cocoa butter; **~pulver** *sub, n, -s, -* cocoa
Kakerlak, *sub, m, -en, -en (zool.)* cockroach

Kakiuniform, *sub, f, -, -en* khaki uniform

Kakofonie, *sub, f, -, -n* cacophony; **kakofonisch** *adj,* cacophonous

Kaktus, *pron,* cactus; **~feige** *sub, f, -, -n* cactus fig

Kala-Azar, *sub, f, -, nur Einz. (med.)* kala azar

Kalabreser, *sub, m, -s, -* broad-brimmed hat

Kalamität, *sub, f, -, -en* calamity

Kalander, *sub, m, -s, - (tech.)* calander; **kalandern** *vt,* calander

Kalauer, *sub, m, -s, -* corny joke; **kalauern** *vi,* joke

Kalb, *sub, n, -s, Kälber* calf; **kalben** *vi,* calve; *(ugs.)* fool about; **Kälbermagen** *sub, m, -s, -mägen* calf's stomach; **Kälberzähne** *sub, f, -, nur Mehrz.* hulled barley; **~fell** *sub, n, -s, -e* calfskin; **~fleisch** *sub, n, -s, nur Einz.* veal; **~sbraten** *sub, m, -s, -* roast veal; **~snuss** *sub, f, -, -nüsse* veal nut

Kalebasse, *sub, f, -, -n* calabash

kaledonisch, *adj,* Caledonian

Kaleidoskop, *sub, n, -s, -e* kaleidoscope

kalendarisch, *adj,* calendarial

Kalendarium, *sub, n, -s, -darien* calendar

Kalender, *sub, m, -s, -* calendar; **~jahr** *sub, n, -es, -e* calendar year; **~tag** *sub, m, -s, -e* calendar day

Kalesche, *sub, f, -, -n (hist.)* barouche

Kalfaktor, *pron,* boilerman, odd-job man

Kalfaterung, *sub, f, -, -en* ca(u)lking; **kalfatern** *vt, (tech.)* ca(u)lk

Kalfathammer, *sub, m, -s, -hämmer* ca(u)lking-mallet

Kali, *sub, n, -s, nur Einz.* potash

Kaliber, *sub, n, -s, -* calibre; *(i. ü. S.)* type; *(ugs.)* er ist nicht mein Kaliber he's not my type; *(ugs.)* zwei Burschen vom selben Kaliber two fellows of the same calibre

kalibrieren, *vt,* calibrate

Kalif, *sub, m, -en, -en* caliph; **~at** *sub, n, -s, -e* caliphate

Kalifornier, *sub, m, -s, -* Californian; **kalifornisch** *adj,* Californian

Kaliko, *sub, m, -s, -s* calico

Kalisalpeter, *sub, m, -s, - (chem.)* saltpetre

Kalisalz, *sub, n, -es, -e* potash salt

Kaliumbromid, *sub, n, -s, nur Einz.* potassium bromide

Kaliumpermanganat, *sub, n, -s, -e* potassium permanganate

Kalk, *sub, m, -s, -e* lime; *(med.)* calcium; **~stein** *sub, m, -s, nur Einz.* limestone

Kalkulation, *sub, f, -, -en* calculation

kalkulierbar, *sub,* calculable

kalkulieren, *vt,* calculate

kalkuttisch, *adj,* Calcuttan

kalkweiß, *adj,* chalky

Kalligrafie, *sub, f, -, nur Einz.* calligraphy; **kalligraphisch** *adj,* calligraphic

Kalmar, *sub, m, -s, -e (zool.)* squid

Kalme, *sub, f, -, -n* windlessness

Kalmus, *sub, m, -, -se (bot.)* myrtle grass

Kalorie, *sub, f, -, -n* calorie

kalorienarm, *adj,* low-calorie

Kalorimeter, *sub, n, -s, - (phy.)* calorimeter

kalorisieren, *vt,* calorize

Kalpak, *sub, m, -s, -s* calpac(k)

kalt, *adj,* cold

Kaltblut, *sub, n, -s, -* heavy horse

Kaltblütler, *sub, m, -s, - (zool.)* cold-blooded animal

Kälte, *sub, f, -, nur Einz.* cold(ness); **~periode** *sub, f, -, -n* cold spell

Kaltfront, *sub, f, -, -en* cold front

kaltgepresst, *adj,* cold-pressed

kalt lassen, *vt, (ugs.)* leave unmoved; *das läßt mich kalt* I couldn't care less; *der plötzliche Tod seiner Frau schien ihn vollkommen kalt zu lassen* he seemed completely unmoved by his wife's sudden death

Kaltluft, *sub, f, -, nur Einz.* cold air

kaltmachen, *vt, (ugs.)* knock so

kalt stellen, *vt,* demote, let sth cool
Kaltstellung, *sub, f, -, -en* demotion
Kaltwelle, *sub, f, -, -n* cold perm
Kalumet, *sub, n, -s, -s* calumet
Kalvinismus, *sub, m, -, nur Einz.*
Calvinism; **Kalvinist** *sub, m, -en,
-en* Calvinist
Kalypso, *sub, ?* calypso
Kalzinierung, *sub, f, -, -en* calcination; **kalzinieren** *vr, (chem.)* calcine
Kalzium, *sub, n, -s, nur Einz.* calcium
Kamarilla, *sub, f, -, -rillen (polit.)*
clique
Kamee, *sub, f, -, -n* cameo
Kamel, *sub, n, -s, -e (zool.)* camel;
~haar *sub, n, -s, nur Einz.* camelhair
Kamelie, *sub, f, -, -n (bot.)* camellia
Kamera, *sub, f, -, -s* camera; **~recorder** *sub, m, -s, -* camera-recorder
Kamerad, *sub, m, -en, -en* comrade;
~erie *sub, f, -, nur Einz.* bonhomie;
~schaft *sub, f, -, -en* comradeship
kamerunisch, *sub,* Cameroon
Kamikaze, *sub, m, -, -* Kamikaze
Kamille, *sub, f, -, -n (bot.)* camomile;
~ntee *sub, m, -s, -s* camomile tea
Kamin, *sub, n, -s, -e* chimney, fireplace; **~feger** *sub, m, -s, -* chimneysweep
Kamm, *sub, m, -s, Kämme* comb
kämmen, *vr,* comb
Kammer, *sub, f, -, -n* chamber, professional association, small room;
~diener *sub, m, -s, -* valet; **~jäger**
sub, m, -s, - pest controller; **~junker** *sub, m, -s, -* chamberlain; **~musik** *sub, f, -, -* chamber music;
~spiel *sub, n, -s, -e* play (for studio
theatre); **~ton** *sub, m, -s, nur Einz.*
concert pitch
Kämmmaschine, *sub, f, -, -n (tech.)*
combing machine
Kammmuschel, *sub, f, -, -n (zool.)*
scallop
Kampagne, *sub, f, -, -n* campaign
Kampanile, *sub, m, -, -* Campanile
Kampf, *sub, m, -es, Kämpfe* battle,

fight, struggle; **~ansage** *sub, f, -,
-n* declaration of war; **kampfbereit** *adj,* ready for battle; **kampfbetont** *adj,* aggressive; **~eslärm**
sub, m, -s, nur Einz. din of battle;
~eslust *sub, f, -, nur Einz.* bellicosity, pugnacity; **~flieger** *sub,
m, -s, -* fighter pilot; **~gruppe**
sub, f, -, -n combat group; **kampflos** *adv,* without a fight; **~panzer**
sub, m, -s, - combat tank; **~richter** *sub, m, -s, - (spo.)* referee;
~sport *sub, m, -s, nur Einz.* martial art; **kampfunfähig** *adj,* unfit
(for fighting)
kämpfen, *vti,* battle, struggle
Kampfer, *sub, m, -s, nur Einz.*
camphor
Kämpfer, *sub, m, -s, -* combatant,
fighter; **kämpferisch** *adj,* militant; **~natur** *sub, f, -, -en* strongwilled character
kampieren, *vi,* camp
kanaanäisch, *adj,* Canaanite
kanaanitisch, *adj,* Canaanite
Kanada, *sub,* Canada; **Kanadier**
sub, m, -s, - Canadian
Kanaille, *sub, f, -, nur Einz.* rabble
Kanake, *sub, m, -n, -n und -r* Kanaka; *(vulg.)* dago
Kanal, *sub, m, -s, Kanäle* canal,
channel; **~bau** *sub, m, -s, -ten*
canal construction; **~deckel** *sub,
m, -s, -* manhole cover; **~gebühr**
sub, f, -, -en canal fee; **~schacht**
sub, m, -s, -schächte manhole;
~tunnel *sub, m, -s, -* channel tunnel
Kanalisation, *sub, f, -, -en* sewerage; **kanalisieren** *vt,* provide sewerage
Kanapee, *sub, n, -s, -s* canapé, settee
Kanarienvogel, *sub, m, -s, -vögel*
canary
Kandare, *sub, f, -, -n* curb; *(i. ü. S.)*
jemanden an die Kandare nehmen to take someone in hand
Kandelaber, *sub, m, -s, -* candelabrum
kandieren, *vt,* candy

Kandiszucker, *sub*, *m*, *-s*, *nur Einz.* rock-candy
Kaneel, *sub*, *m*, *-s*, *-e* cinnamon; **~blume** *sub*, *f*, *-*, *-n* canella flower
Känguru, *sub*, *n*, *-s*, *-s (zool.)* kangaroo
Kaniden, *sub*, *Mehrz.* dogs
Kaninchen, *sub*, *n*, *-s*, *-* rabbit
Kanister, *sub*, *m*, *-* can
Kännchen, *sub*, *n*, *-s*, *-* pot
Kanne, *sub*, *f*, *-*, *-n* jug, pot
Kannegießer, *sub*, *m*, *-s*, *- (ugs.)* pub politician; **kannegießern** *vi*, blather about politics
kannelieren, *vt*, *(arch.)* flute
kannenweise, *adv*, by pots
Kannibale, *sub*, *m*, *-n*, *-n* cannibal, savage; **kannibalisch** *adj*, cannibal(istic); **Kannibalismus** *sub*, *m*, *-*, *nur Einz.* cannibalism
Kanon, *sub*, *m*, *-s*, *-s* standard; *(bibl.)* canon
Kanonade, *sub*, *f*, *-*, *-n (mil.)* cannonade
Kanone, *sub*, *f*, *-*, *-n* cannon; *(ugs.) sie spielte unter aller Kanone* she played abominably; **~nboot** *sub*, *n*, *-s*, *-e* gunboat; **~nfutter** *sub*, *n*, *-s*, *-* cannon fodder; **~nrohr** *sub*, *n*, *-s*, *-e* gun barrel; **~nschlag** *sub*, *m*, *-s*, *-schläge* cracker
kanonisch, *adj*, canonic
kanonisieren, *vt*, canonize
kantabrisch, *adj*, Cantabrian
Kantate, *sub*, *f*, *-*, *-n (mus.)* cantata
Kante, *sub*, *f*, *-*, *-n* edge; *(ugs.) etwas auf die hohe Kante legen* to save for a rainy day; *wir legten die Steine Kante an Kante* we laid the stones end to end
Kanten, **(1)** *sub*, *m*, *-s*, *- (Dial.)* endpiece (of bread) **(2) kanten** *vt*, stand sth on edge, tilt
Kantenwinkel, *sub*, *m*, *-s*, *-* interfacial angle
Kanthaken, *sub*, *m*, *-s*, *-* cant hook
Kantharidin, *sub*, *n*, *-s*, *- (med.)* Spanish fly
kantig, *adj*, angular
Kantine, *sub*, *f*, *-*, *-n* cafeteria, canteen; **~nwirt** *sub*, *m*, *-s*, *-e* canteen manager

Kantor, *sub*, *m*, *-s*, *-en (mus.)* choirmaster
Kantorat, *sub*, *n*, *-s*, *-e* precentorship
Kantorei, *sub*, *f*, *-*, *-en* church choir
Kanu, *sub*, *n*, *-s*, *-s* canoe
Kanüle, *sub*, *f*, *-*, *-n (med.)* cannula
Kanzel, *sub*, *f*, *-*, *-n* pulpit; **~redner** *sub*, *m*, *-s*, *-* orator
Kanzlei, *sub*, *f*, *-*, *-en* chambers, office
kanzleimäßig, *adj*, *(ugs.)* official
Kanzleistil, *sub*, *m*, *-s*, *nur Einz.* officialese
Kanzler, *sub*, *m*, *-s*, *-* chancellor
Kaolin, *sub*, *m,n*, *-s*, *-e* China clay
Kap, *sub*, *n*, *-s*, *-s (geogr.)* cape
Kapaun, *sub*, *m*, *-s*, *-e* capon
Kapazität, *sub*, *f*, *-*, *-en* authority, capacity; *er ist eine der führenden Kapazitäten seines Fachs* he is one of the leading authorities in his field
Kapelle, *sub*, *f*, *-*, *-n* chapel; *(mus.)* band; **Kapellmeister** *sub*, *m*, *-s*, *-* conductor
Kaper, *sub*, *f*, *-*, *-n* caper; **~brief** *sub*, *m*, *-s*, *-e* letter of marque; **~schiff** *sub*, *n*, *-s*, *-e* privateer
kapern, *vt*, capture, grab
kapieren, *vti*, *(ugs.)* understand; *ah, ich kapiere* oh, I see; *er wird es wohl nie richtig kapieren* he´ll never understand what it´s all about
kapillar, *adj*, *(phy.)* capillary
kapital, **(1)** *adj*, *(ugs.; .)* major; *(jur.)* capital **(2) Kapital** *sub*, *n*, *-s*, *-e (wirt.)* capital; *(ugs.) das war ein kapitaler Fehler* that was a major mistake; *Ehebruch ist in manchen Ländern immer noch ein Kapitalverbrechen* adultery is still a capital crime in some countries, *er hat sein Kapital gut angelegt* he has made a good capital investment; *(i. ü. S.) ihr hübsches Gesicht ist ihr Kapital* her pretty face is her capital; **Kapitalband**

sub, n, -s, -bänder headband; **Kapitalgeber** *sub, m, -s, -* investor; **Kapitalgesellschaft** *sub, f, -, -en* joint-stock company; **Kapitalhirsch** *sub, m, -es, -e* royal stag; **Kapitalkraft** *sub, f, -, -kräfte* financial strength; **Kapitalmarkt** *sub, m, -s, -märkte* financial market; **Kapitalverbrechen** *sub, n, -s, -* capital offence; **Kapitalzins** *sub, m, -es, -en* interest (on capital) **Kapitälchen,** *sub, n, -s, -* small capital

kapitalisieren, *vt,* capitalize **Kapitalismus,** *sub, m, -, nur Einz.* capitalism; **Kapitalist** *sub, m, -en, -en* capitalist; **kapitalistisch** *adj,* capitalist(ic) **Kapitän,** *sub, m, -s, -e* captain; **~spatent** *sub, n, -s, -e* master´s certificate **Kapitel,** *sub, n, -s, -* chapter; *(i. ü. S.)* story; *(i. ü. S.) das ist ein anderes Kapitel* that´s a different story; *(i. ü. S.) das ist ein trauriges Kapitel* that´s a sad story; **~saal** *sub, m, -s, -säle* chapter house **kapitelfest,** *adj,* well-versed **Kapitell,** *pron, (arch.)* capital **Kapitol,** *sub, n, -s, nur Einz.* Capitol **Kapitular,** *sub, m, -s, -e* capitular **Kapitulation,** *sub, f, -, -en* surrender; **kapitulieren** *vi,* surrender **Kaplan,** *sub, m, -s, Kapläne* chaplain **Kapo,** *sub, m, -s, -s (ugs.)* overseer **Kapodaster,** *sub, m, - (mus.)* capo **kapores,** *adj, (ugs.)* broken **Kaposisarkom,** *sub, n, -s, -e (med.)* Kaposi´s sarcoma **Kapotte,** *sub, f, -, -n* capot(e) **Kappa,** *sub, n, -s, s* kappa **Kappe,** *sub, f, -, -n* cap; *(ugs.) das nehme ich auf meine Kappe* I´ll take the responsibility for it; *(i. ü. S.) der Berggipfel trägt eine weiße Kappe* the mountain peak is covered with snow **kappen,** *vt,* cut (back), trim **Kappenabend,** *sub, m, -s, -e* carnival party (with fancy-dress hats) **Kappnaht,** *sub, f, -, -nähte* French seam

Kaprice, *sub, f, -, -n* caprice **Kapriole,** *sub, f, -, -n (ugs.)* caper; *Kapriolen machen* to cut capers **kaprizieren,** *vr,* insist stubbornly **kapriziös,** *adj,* capricious **Kapsel,** *sub, f, -, -n* capsule; **kapselförmig** *adj,* capsular **kaputt,** *adj,* broken, exhausted, torn; *(ugs.)* bust, fagged-out; *(ugs.) das Spielzeug ist kaputt* the toy is broken; *(ugs.) bist du schon kaputt?* wir haben eben erst angefangen are you bushed already? we´ve just got started; *(ugs.) ich bin total kaputt* I´m dead beat; *(ugs.) meine Strümpfe sind kaputt* my stockings are torn; *(ugs.) die Firma ist kaputt* the firm has gone bust **kaputtgehen,** *vi,* break up, fall apart; *(ugs.)* break down, go to the dogs; *(ugs.) die Beziehung ist schon vor Jahren kaputtgegangen* they broke up years ago; *(ugs.) der Kuchen ist beim Durchschneiden kaputtgegangen* the cake fell apart when it was cut; *(ugs.) kurz vor Hamburg ging das Auto kaputt* the car broke down just before Hamburg; *(ugs.) ohne seine Frau würde er kaputtgehen* he´d go to the dogs without his wife **kaputtlachen,** *vr,* laugh till one cries; *(ugs.) bei seinen Geschichten lache ich mich immer kaputt* his stories make me laugh till I cry **kaputtmachen, (1)** *vt,* wear out **(2)** *vt, vr, (ugs.)* ruin; *(ugs.) mit seiner Zigarette hat er den Teppich kaputtgemacht* he ruined the carpet with his cigarette **kaputttreten,** *vt,* crush, smash; *(ugs.) mit deinen schweren Stiefeln trittst du mir die ganzen Blumen kaputt* with your heavy boots on you´ll crush all my flowers **Kapuze,** *sub, f, -, -n* hood **Kapuziner,** *sub, m, -s, -* Capuchin

(monk)
Karabiner, *sub, m, -s, -s (mil.)* carbine; **~haken** *sub, m, -s, - (tech.)* snap link
Karacho, *sub, n, -, nur Einz. (ugs.)* at full speed; *(ugs.) er fuhr mit Karacho gegen die Mauer* he drove smack into the wall
Karaffe, *sub, f, -, -n* carafe
Karakalpake, *sub, m, -n, -n (Anthrop.)* Karakalpak
Karakulschaf, *sub, n, -s, -e* karakul
Karambolage, *sub, f, -, -n* crash; **karambolieren** *vi,* crash
Karamell, *sub, m,n, -s, nur Einz.* caramel; **karamelisieren** *vt,* caramel(ize); **~bier** *sub, n, -s, -e* malt beer; **~e** *sub, f, -, -n* toffee; **~zukker** *sub, m, -s, -* burnt sugar
Karat, *sub, n, -s, -e* carat
Karateka, *sub, m, -s, -s (spo.)* karate expert
Karavelle, *sub, f, -, -n* caravel
Karawane, *sub, f, -, -n* caravan; **Karawanserei** *sub, f, -, -en* caravanserai
Karbatsche, *sub, f, -, -n* kourbash
Karbidlampe, *sub, f, -, -n* Davy lamp
Karbolineum, *sub, n, -s, nur Einz.* carbolineum
Karbolsäure, *sub, f, -, nur Einz. (chem.)* carbolic acid
Karbon, *sub, n, -s, nur Einz.* carbon; **~papier** *sub, n, -s, -e* carbon paper; **~säuren** *sub, nur Mehrz.* carbonic acid
Karbunkel, *sub, m, -s, -* carbuncle
Kardamom, *sub, m,n, -e, -s* cardamom
Kardantunnel, *sub, n, -s, -e (tech.)* transmission tunnel
Kardanwelle, *sub, f, -, -n* cardan shaft
Kardätsche, *sub, f, -, -n* currycomb; *(tech.)* card
kardätschen, *vt,* comb; *(tech.)* card
Kardendistel, *sub, f, -, -n (bot.)* teasel
kardial, *adj, (med.)* cardiac
Kardialgie, *sub, f, -, -n* cardialgia
kardinal, **(1)** *adj,* cardinal **(2) Kar-**

-dinal *sub, m, -s, Kardinäle (eccl)* cardinal; **Kardinalshut** *sub, m, -s, -hüte* cardinal's hat
Kardinalzahl, *sub, f, -, -en* cardinal number
Kardiograph, *sub, n, -s, -e (med.)* cardiograph
Kardiologie, *sub, f, -, nur Einz.* cardiology
Karenzzeit, *sub, f, -, nur Einz.* waiting period
Karfiol, *sub, m, -s, nur Einz. (dial.)* cauliflower
Karfreitag, *sub, m, -s, nur Einz.* Good Friday
karg, *adj,* frugal, mean
kargen, *vi,* be sparing (with sth)
Kargheit, *sub, f, -, nur Einz.* barrenness, frugality
kärglich, *adj,* meagre, poor
Kargo, *sub, m, -s, -s* cargo
Karibu, *sub, n, -s, -s (zool.)* caribou
karieren, *vt,* checker (-quer)
kariert, *adj,* checkered
Karies, *sub, f, -, nur Einz.* caries; **kariös** *adj,* carious
Karikatur, *sub, f, -, -ren* caricature; **~ist** *sub, m, -en, -en* caricaturist, cartoonist; **karikieren** *vt,* caricature
Karitas, *sub, f, -, nur Einz.* charity; **karitativ** *adj,* charitable
karlingisch, *adj, (hist.)* Carlovingian
Karmeliter, *sub, m, -s, -* Carmelite; **~geist** *sub, m, -es, nur Einz. (med.)* Carmelite water; **~in** *sub, f, -, -nen* Carmelite
karmesinrot, *adj,* crimson
Karmin, *sub, n, -s, nur Einz.* crimson; **~säure** *sub, f, -, nur Einz.* carminic acid
karmosieren, *vt,* set (small stones in jewellery)
Karneval, *sub, m, -s, -s u. -e* carnival; **~ist** *sub, m, -en, -en* carnival participant; **~szug** *sub, m, -s, -züge* carnival parade
Karnivor, *adj, (biol.)* carniverous
Karnivore, *sub, f, -, -n* carnivore

kärntnerisch, *adj,* Carinthian
Karo, *sub, n, -s, -s* check, diamonds (cards)
Karolinger, *sub, m, -s, - (hist.)* Carolingian; **karolingisch** *adj,* Carolingian
Karosse, *sub, f, -, -n* coach
Karosserie, *sub, f, -, -n* car-body
karossieren, *vt,* design (car-bodies)
Karotin, *sub, n, -s, nur Einz.* carotin
Karotte, *sub, f, -, -n* carrot; **~nbeet** *sub, n, -s, -e* carrot bed; **~nhose** *sub, f, -, -n* pants (tapered at the ankles)
Karpfen, *sub, m, -s, -* carp; **~teich** *sub, m, -s, -e* carp pond; **~zucht** *sub, f, -, -en* carp farming
Karre, *sub, f, -, -n* cart; *(ugs.)* bomb; *(ugs.)* in deiner alten Karre würde ich nicht mal um die nächste Ecke fahren* I wouldn´t even drive round the corner in your old bomb
karren, *vt,* cart
Karriere, *sub, f, -, -n* career; **~frau** *sub, f, -, -en* career woman; **Karrierismus** *sub, m, -, nur Einz.* careerism; **Karrierist** *pron,* careerist
Kartätsche, *sub, f, -, -n (mil.)* case shot; **kartätschen** *vi,* shoot (with case shot)
Kartäuser, *sub, m, -* Carthusian monk, Chartreuse
Kärtchen, *sub, n, -s, -* little card
Karte, *sub, f, -, -n* card, map, menu, ticket; **~nblatt** *sub, n, -s, -blätter* map (sheet); **~nblock** *sub, m, -s, -blöcke* card-pad; **~nbrief** *sub, m, -s, -e* lettercard; **~nspiel** *sub, n, -s, -e* cards
Kartei, *sub, f, -, -en* card file; **~karte** *sub, f, -, -n* filing-card; **~kasten** *sub, m, -s, -kästen* filing-card box; **~leiche** *sub, f, -, -n* inactive member; **~zettel** *sub, m, -s, -n* filing slip
Kartell, *sub, n, -s, -e (wirt.)* cartel
kartellieren, *vt,* cartel(l)ize
karthagisch, *adj,* Carthaginian
kartieren, *vt,* chart, file, map
Kartoffel, *sub, f, -, -n* potato; **~brei** *sub, m, -s, -e* mashed potatoes; **~käfer** *sub, m, -s, -* potato beetle;

~salat *sub, m, -s, -e* potato salad
Kartografie, *sub, f, -, nur Einz.* cartography; **Kartograf** *sub, m, -en, -en* cartographer; **kartografisch** *adj,* cartographic(al); **Kartogramm** *sub, n, -s, -e* cartogram; **Kartomantie** *sub, f, -, nur Einz.* cartomancy; **Kartometrie** *sub, f, -, nur Einz.* opisometry
Karton, *sub, m, -s, -s* cardboard, cardboard box; **~age** *sub, f, -, -n* cardboard packaging; **kartonieren** *vr,* bind books (in cardboard)
Kartothek, *sub, f, -, -en* card file
Kartusche, *sub, f, -s, -n* cartridge
Karussell, *sub, n, -s, -s und -e* merry-go-round
Karwoche, *sub, f, -, -n (eccl)* Holy Week
Karzer, *sub, m, -s, -* detention, detention cell
Kasack, *sub, m, -s, -s (Austrian)* long blouse
Kaschemme, *sub, f, -, -n (ugs.)* dive
kaschieren, *vt,* conceal, disguise; **Kaschierung** *sub, f, -, -en* concealment
Kaschmir, *sub, m, -s, -e* cashmere; **~wolle** *sub, f, -, -n* cashmere (wool)
kaschubisch, *adj,* Kashubian
Käse, *sub, m, -s, -* cheese; *(ugs.)* nonsense; *(ugs.)* er erzählt nur Käse* he talks nonsense; **~laib** *sub, m, -s, -e* cheese
Kasematte, *sub, f, -, -n (mil.)* casemate
käsen, *vi,* make cheese
Käserei, *sub, f, -, -en* cheese dairy
Kaserne, *sub, f, -, -n* barracks; **~nhof** *sub, m, -s, -höfe* barrack square
Kasernierung, *sub, f, -, -en* assignment to barracks; **kasernieren** *vt,* quarter in barracks
käseweiß, *adj,* pale
käsig, *adj,* pale, pasty
Kasino, *sub, n, -s, -s* casino, officers´ mess
Kaskade, *sub, f, -, -n* waterfall

Kaskoversicherung, *sub*, *f*, *-*, *-en* full-coverage insurance

Kassandraruf, *sub*, *m*, *-es*, *-e (ugs.)* gloomy prediction

Kassazahlung, *sub*, *f*, *-*, *-en* cash payment

Kasse, *sub*, *f*, *-*, *-n* cash desk, cash register, cashbox; *(ugs.)* money; *(ugs.) getrennte Kasse machen* to go halves; *(ugs.) mit der Kasse durchbrennen* to make off with the cash; *(ugs.) schlecht bei Kasse sein* to be short of money; ~**nblock** *sub*, *m*, *-s*, *-blöcke* bill pad; ~**nmagnet** *sub*, *m*, *-s o. -en, -e (i. ü. S.)* box-office magnet; ~**nzettel** *sub*, *m*, *-s*, *-* receipt, sales slip

Kasserolle, *sub*, *f*, *-*, *-n* casserole

Kassette, *sub*, *f*, *-*, *-n* cassette, gift box

Kassiber, *sub*, *m*, *-s*, *-* secret message

Kassienbaum, *sub*, *m*, *-s*, *-bäume (bot.)* cassia tree

kassieren, **(1)** *vi*, take (money) **(2)** *vt*, collect (money), earn; *(ugs.) von der Versicherung hat er ganz nett kassiert* he raked in a pile from the insurance, *(ugs.) darf ich bei Ihnen schon kassieren?* would you mind paying now?; *(ugs.) bei jedem Verkauf kassiert er eine Menge* he makes a packet on every sale

Kassierer, *sub*, *m*, *-s*, *-* cashier; *(Bank)* teller

Kassler, *sub*, *m*, *-s*, *-* cured pork cutlet

Kastagnette, *sub*, *f*, *-*, *-n (mus.)* castanet

Kastanie, *sub*, *f*, *-*, *-n* chestnut; ~**nbaum** *sub*, *m*, *-s*, *-bäume* chestnut tree

Kaste, *sub*, *f*, *-n* caste

kasteien, *vr*, chastise oneself

Kastell, *sub*, *n*, *-s*, *-e* citadel

Kastellan, *sub*, *m*, *-s*, *-e* caretaker, castellan

Kastration, *sub*, *f*, *-*, *-en* castration; **Kastrat** *sub*, *m*, *-en*, *-en* eunuch; **kastrieren** *vt*, castrate

Kasuar, *sub*, *m*, *-s*, *-e (wirt.)* cassowary

Kasuistik, *sub*, *f*, *-*, *nur Einz.* casuistry; **kasuistisch** *adj*, casuistic

Kasus, *sub*, *m*, *-*, *-* case; ~**endung** *sub*, *f*, *-*, *-en* inflection

Katabolismus, *sub*, *m*, *-*, *nur Einz.* katabolism

Katachresis, *sub*, *f*, *-s*, *-resen* catachresis

Katafalk, *sub*, *m*, *-s*, *-e* catafalque

Katakombe, *sub*, *f*, *-*, *-n* catacomb

katalanisch, *adj*, Catalan; **Katalanische** *sub*, *n*, *-n*, *nur Einz.* Catalan

katalektisch, *adj*, catalectic

Katalepsie, *sub*, *f*, *-*, *-n (med.)* catalepsy; **kataleptisch** *adj*, cataleptic

Katalog, *sub*, *m*, *-s*, *-e* catalogue; **katalogisieren** *vt*, catalogue

Katalysator, *sub*, *m*, *-s*, *-en* catalyst, catalytic converter; **Katalyse** *sub*, *f*, *-*, *- n (chem.)* catalysis; **katalysieren** *vt*, catalyze

Katamaran, *sub*, *m*, *-s*, *-e* catamaran

Katapult, *sub*, *m*, *-s*, *-e* catapult; ~**flug** *sub*, *m*, *-s*, *-flüge* catapult flight; **katapultieren** *vt*, catapult; ~**sitz** *sub*, *m*, *-es*, *-e* ejection seat

Katarakt, *sub*, *m*, *-s*, *-e* cataract

Kataster, *sub*, *m*, *-s*, *-* land register; ~**amt** *sub*, *n*, *-s*, *-ämter* land registry office; **katastrieren** *vt*, register

Katastrophe, *sub*, *f*, *-*, *-n* catastrophe; **katastrophal** *adj*, catastrophic

Katatonie, *sub*, *f*, *-*, *-n (psych.)* catatonia

Kate, *sub*, *f*, *-*, *-n (dial)* cottage

Katechese, *sub*, *f*, *-*, *-n (theol.)* catachesis; **Katechet** *sub*, *m*, *-en*, *-en* catechist; **katechetisch** *adj*, catechetic(al); **Katechismus** *sub*, *m*, *-*, *-men* catechism

Kategorie, *sub*, *f*, *-*, *-n* category; **kategorisch** *adj*, categorical

Kater, *sub*, *m*, *-s*, *-* hangover, tom-cat; ~**frühstück** *sub*, *n*, *-s*, *-e (ugs.)* hangover breakfast

katexochen, *adv*, par excellence

Katharsis, *sub, f, -, nur Einz.* catharsis; **kathartisch** *adj,* cathartic
Katheder, *sub, m,n, -s,* - teacher´s desk
Kathedrale, *sub, f, -, -n* cathedral
Kathete, *sub, f, -, -n (mat.)* cathetus
Katheter, *sub, m, -s, - (med.)* catheter; **katheterisieren** *vt,* catheterize
Kathode, *sub, f, -, -n* cathode
Katholik, *sub, m, -en, -en* Catholic; **katholisch** *adj,* catholic; **Katholizismus** *sub, m, -, nur Einz.* Catholicism
Kation, *sub, n, -s, -en (chem.)* cation
Kattun, *sub, m, -s, -e* cotton cloth; ~**kleid** *sub, n, -s, -er* calico dress
katzbalgen, *vr,* tussle; **Katzbalgerei** *sub, f, -, -en* tussle
katzbuckeln, *vi,* bow and scrape
Katze, *sub, f, -, -n* cat; **Katz-und-Maus-Spiel** *sub, n, -es, -e (ugs.)* cat-and-mouse game; ~**nauge** *sub, n, -s, -n* cat´s eye; ~**ndreck** *sub, m, -s, nur Einz.* cat´s excrement; ~**nfutter** *sub, n, -s, nur Einz.* cat food; **katzengleich** *adj,* feline; ~**njammer** *sub, m, -s, nur Einz. (ugs.)* blues; ~**nmusik** *sub, f, -, nur Einz.* caterwauling; ~**nsprung** *sub, m, -es, nur Einz.* stone´s throw; ~**nwäsche** *sub, f, -, nur Einz.* cat´s lick
Katzelmacher, *sub, m, -s, - (vulg.)* wop
Kauderwelsch, *sub, n, -s, -* gibberish
kauen, *vti,* chew
kauern, *vir,* cower, crouch
Kauf, *sub, m, Käufe* purchase
kaufen, *vt,* buy
kaufenswert, *adj,* worth buying
Käufer, *sub, m, -s, -* buyer, customer
Kaufhaus, *sub, n, -es, -häuser* department store
Kaufkraft, *sub, f, -, nur Einz.* purchasing power; **kaufkräftig** *adj,* moneyed
käuflich, *adj,* purchasable, venal
Käuflichkeit, *sub, f, -, -en* availability for purchase, corruptibility
kaufmännisch, *adj,* business, commercial
Kaufvertrag, *sub, m, -es, -träge* bill of sale
Kaugummi, *sub, m, n, -s, -s* chewing gum; *Kaugummi* bubblegum
Kaukasier, *sub, m, -s, -* Caucasian
Kaulquappe, *sub, f, -, -pen* tadpole
kaum, (1) *adv,* barely, hardly, scarcely (2) *konj,* hardly; *er spricht so undeutlich, daß man ihn kaum versteht* he speaks so indistinctly that you can barely understand him; *ich habe ihn kaum gekannt* I hardly knew him; *ich habe kaum noch Geld* I´ve hardly any money left; *das ist kaum zu glauben* it´s scarcely believable; *das wird kaum passieren* that´s scarcely likely to happen, *kaum daß wir das Meer erreicht hatten* hardly had we reached the sea
kausal, *adj,* causal; **Kausalgesetz** *sub, n, -es, -e* law of causality; **Kausalität** *sub, f, -, -en* causality; **Kausalkette** *sub, f, -, -n* causal chain; **Kausalsatz** *sub, m, -es, -sätze* causal clause
kaustisch, *adj,* caustic
Kautabak, *sub, m, -s, -e* chewing tobacco
Kaution, *sub, f, -, -en* bail, deposit
Kautschuk, *sub, m, -s, -e* rubber
Kauwerkzeuge, *sub, f, -, nur Mehrz. (med.)* masticatory organs
Kauz, *sub, m, -es, -ze* screech owl; *(ugs.)* odd fellow
Käuzchen, *sub, n, -s, -* s. Kauz
kauzig, *adj,* eccentric, odd
Kavalier, *sub, m, -s, -e* gentleman; ~**sdelikt** *sub, n, -s, -e* petty offence; *Zigarettensmuggeln ist kein Kavaliersdelikt mehr* smuggling cigarettes is no longer a petty offence
Kavallerie, *sub, f, -, -n (mil.)* cavalry; **Kavallerist** *sub, m, -en, -en* cavalryman
Kavatine, *sub, f, -, -n (mus.)* cavatina
Kaverne, *sub, f, -, -n* cavern

kavernös, *adj,* cavernous
Kaviar, *sub, m, -s, -e* caviar
Kawisprache, *sub, f, -, nur Einz.*
Kawi
Kebab, *sub, m, -s, -s* kebab
Kebse, *sub, f, -, -n* concubine
keck, *adj,* pert, saucy
keckern, *vi,* snarl
Keckheit, *sub, f, -, -ten* pertness, sauciness
Keepsmiling, *sub, n, - (ugs.)* forced smile
Kefir, *sub, m, -s, nur Einz.* kefir
Kegel, *sub, m, -s, -* skittle; *(mat.)* cone; **~bahn** *sub, f, -, -nen* bowling alley; **kegelförmig** *adj,* conical; **~mantel** *sub, m, -s, -mäntel (mat.)* envelope of a cone; **~schnitt** *sub, m, -s, -e (mat.)* conic section
kegeln, *vi,* bowl, play skittles
Kehle, *sub, f, -, -len* throat; **Kehlkopf** *sub, m, -es, -köpfe* larynx
Kehre, *sub, f, -, -ren* sharp curve
kehren, (1) *vt,* turn (one´s back), turn (one´s eyes) **(2)** *vti,* sweep
Kehricht, *sub, m, n, -s, nur Einz.* rubbish; **~eimer** *sub, m, -s, -* dustbin
Kehrmaschine, *sub, f, -, -n* roadsweeper
Kehrordnung, *sub, f, -, -en* cleaning duty
Kehrreim, *sub, f, -, -e* refrain
Kehrschleife, *sub, f, -, -n* hairpin curve
Kehrseite, *sub, f, -, -n* reverse (side); *(i. ü. S.)* drawback
kehrtmachen, *vi,* turn back; *(mil.)* about-turn
Kehrtwendung, *sub, f, -, -en* about-turn
keifen, *vi,* bicker; **Keiferei** *sub, f, -, -en (ugs.)* bickering
Keil, *sub, m, -es, -le* wedge; **~riemen** *sub, m, -s, - (tech.)* fan-belt; **~schrift** *sub, f, -, -ten* cuneiform script
Keile, *sub, f, -, - (ugs.)* thrashing; **~rei** *sub, f, -, -ren (ugs.)* brawl
keilen, *vt,* wedge
Keiler, *sub, m, -s, -* wild boar

Keim, *sub, m, -es, -me* bud, embryo, sprout; *(i. ü. S.)* den *Aufruhr im Keim ersticken* to nip the rebellion in the bud; **~drüse** *sub, f, -, -n (biol.)* gonad; **~zelle** *sub, f, -, -n (i. ü. S.)* seedbed; *(bot.)* germ cell; *die Keimzelle der Revolution* the seedbed of revolution
keimfrei, *adj,* germ-free
Keimling, *sub, m, -es, -e (bot.)* germ
kein, (1) *pron (adj),* neither, no, not a, not any **(2)** *pron (sub),* no one, none; *keiner von uns beiden* neither of us; *(geh.)* hast du kein *Herz?* have you no heart?; *ich sehe keinen Unterschied* I see no difference; *kein Mann würde jemals* no man would ever; *ich bin kein Kind mehr* I´m not a child any longer; *kein einziger Vorschlag* not a single suggestion; *es bleibt uns keine Zeit mehr* we haven´t got any time left; *wir haben keine Tomaten* we haven´t got any tomatoes, *es war keiner da* no one was there; *keiner liebt mich* no one loves me; *keine seiner Ideen* none of his ideas
keinerseits, *adv,* from no side
keinesfalls, *adv,* under no circumstances
keineswegs, *adv,* by no means
keinmal, *adv,* never
Keks, *sub, m, -es, -e* biscuit; **~dose** *sub, f, -, -n* biscuit tin
Kelch, *sub, m, -es, -e* goblet; **kelchförmig** *adj,* cup-shaped
Kelim, *sub, m, -s, -s* kilim
Kelle, *sub, f, -, -len* ladle
Keller, *sub, m, -s, -* basement, cellar; **~assel** *sub, f, -, -n* wood-louse; **~falte** *sub, f, -, -n* boxpleat; **~geschoss** *sub, n, -es, -e* basement; **~treppe** *sub, f, -, -n* stairs (to cellar)
Kellerei, *sub, f, -, -en* producer´s cellar
Kellner, *sub, m, -s, -* waiter
kellnern, *vi,* work as a waiter

Kelloggpakt, *sub, n, -es, nur Einz.*
Kellogg Pact
keltiberisch, *adj,* Celtiberian
Kelvin, *sub, n, -s, - (phy.)* Kelvin
Kemenate, *sub, f, -, -n* boudoir
Kendo, *sub, n, -s, nur Einz. (spo.)*
kendo
Kennel, *sub, m, -s, -* kennel
kennen, *vt,* know; *da kennst du
mich aber schlecht* that shows how
little you know me; *du kennst mich
doch!* you know what I´m like; *ich
kenne niemanden hier* I don´t
know anyone here
Kenner, *sub, m, -s, -* connoisseur,
expert; **~blick** *sub, m, -es, -e* ex-
pert´s eye; **~miene** *sub, f, -, -n*
knowledgeable expression;
~schaft *sub, f, -, -en* expertise
Kennkarte, *sub, f, -, -n* identity card
Kenntnis, *sub, f, -, -e* knowledge
Kennung, *sub, f, -, -en* identification
(signal)
Kennwort, *sub, n, -es, -wörter* password
Kennzahl, *sub, f, -, -en* code
Kennzeichen, *sub, n, -s, -* distinguishing characteristic, number plate
kennzeichnen, *vt,* characterize,
mark
Kenotaph, *sub, n, -en, -e* cenotaph
kentern, *vi,* capsize
Keratin, *sub, n, -s, -e (chem.)* keratin
Kerbe, *sub, f, -, -ben* notch; **Kerbschnitt** *sub, m, -es, -e* chip carving;
Kerbtier *sub, n, -e, -e (zool.)* insect
Kerbel, *sub, m, -s, -* chervil
kerben, *vt,* cut a notch
Kerker, *sub, m, -s, -* dungeon;
~meister *sub, m, -s, -* gaoler;
~strafe *sub, f, -, -n* imprisonment
Kerl, *sub, m, -s, -le (ugs.)* chap, fellow, lass; *ein unverschämter Kerl
sein* he´s a cool character
Kermesbeere, *sub, f, -, -n (bot.)*
foxglove
Kern, *sub, m, -es, -e* seed, stone; *(i.
ü. S.)* heart; *bis zum Kern einer
Sache vordringen* to get to the heart
of a matter; *in ihr steckt ein guter
Kern* there´s some good in her so-

mewhere; **~beißer** *sub, m, -s, -
(zool.)* hawfinch; **~energie** *sub,
f, -, nur Einz.* nuclear energy;
~explosion *sub, f, -, -en* nuclear
explosion; **~fusion** *sub, f, -, -en*
nuclear fusion; **~gehäuse** *sub, n,
-s, -* core; **kerngesund** *adj,* thoroughly healthy; **~kraftwerk**
sub, n, -es, -e nuclear power station; **~obst** *sub, n, -es, nur Einz.*
pome; **~physik** *sub, f, nur Einz.*
nuclear physics; **~problem** *sub,
n, -es, -e* main problem; **~reakti-
on** *sub, f, -, -en* nuclear reaction;
~reaktor *sub, m, -s, -en* nuclear
reactor; **~schatten** *sub, m, -s, -*
complete shadow; **~spaltung**
sub, f, -, -en nuclear fission;
~technik *sub, f, -, -en* nuclear
technology; **~verschmelzung**
sub, f, -en, -en nuclear fusion;
~waffen *sub, f, -, nur Mehrz.*
nuclear weapon
kernig, *adj,* grainy (bread), pithy,
robust
Keroplastik, *sub, f, -, -en* ceroplastics
Kerosin, *sub, n, -s, nur Einz.* kerosene
Kerze, *sub, f, -, -n* candle, spark
plug; *Kerzen ziehen* dip candles;
kerzengerade *adj,* straight as an
arrow; **~nhalter** *sub, m, -s, -*
candlestick; **~nlicht** *sub, n, -es,
-er* candlelight
Kescher, *sub, m, -s, -* fishing net
kess, *adj,* saucy
Kessel, *sub, m, -s, -* basin, kettle;
~boden *sub, m, -s, -böden* boiler
end; **~pauke** *sub, f, -, -n* kettledrum; **~treiben** *sub, n, -s, - (spo.)*
battue; **~wagen** *sub, m, -s, -* tank
wagon
Kessheit, *sub, f, -, -en* sauciness
Ketschup, *sub, n, -s, -s* ketchup
Kette, *sub, f, -, -n* chain; *(i. ü. S.)*
shackles; **~nblume** *sub, f, -, -n*
dandelion; **~nbrief** *sub, m, -es, -e*
chain letter; **~nbrücke** *sub, f, -,
-n* chain bridge; **~nfaden** *sub, m,
-s, -fäden* warp; **~nglied** *sub, n,*

-es, -er chain-link; ~npanzer *sub*, *m, -s, -* armour; ~nreaktion *sub f, -, -en* chain reaction; ~nschutz *sub, m, -es, nur Einz.* chain guard; ~nstich *sub, m, -es, -e* chain stitch ketten, (1) *vr,* tie oneself (2) *vt,* chain

Ketzer, *sub, m, -s, -* heretic; ~ei *sub, f, -, -en* heresy; ~taufe *sub, f, -, -n* heretical baptism

keuchen, *vi,* gasp (for breath), pant Keuchhusten, *sub, m, -s, -* whooping cough

Keule, *sub, f, -, -n* club, leg (of meat); ~närmel *sub, m, -s, -* leg-of-mutton sleeve; keulenförmig *adj,* club-shaped; ~nschlag *sub, m, -es, - schläge* blow (with a club)

keusch, *adj,* chaste

Keuschheit, *sub, f, -, -en* chastity; ~sgürtel *sub, f, -, -* chastity belt

Keyboard, *sub, n, -es, -s (mus.)* keyboard

Kibbuz, *sub, m, -es, -im* kibbutz; ~nik *sub, m, -s, -s* kibbutz member

kichern, *vi,* giggle

Kick, *sub, m, -s, -s* kick; ~down *sub, m, -s, -s* powerful acceleration

kicken, (1) *vi,* play football (2) *vt,* kick

Kicker, *sub, m, -s, -* football player Kickstarter, *sub, m, -s, -* kick-starter Kids, *sub, f, -, Mehrz.* youngsters Kiebitz, *sub, m, -es, -ze (zool.)* lapwing; kiebitzen *vi,* kibitz

Kiefer, *sub, m, -s, -* jaw; ~bruch *sub, m, -es, -brüche* fractured jaw; ~höhle *sub, f, -, -n (med.)* maxillary sinus; ~knochen *sub, m, -s, -* jawbone

Kiefernholz, *sub, n, -es, -hölzer* pine wood; Kiefernnadel *sub, f, -, -n* pine needle; Kiefernwald *sub, m, -es, -wälder* pine forest

Kiel, *sub, m, -es, -le* keel; kielholen *vt,* careen; ~raum *sub, m, -es, -räume* bilge; ~schwein *sub, n, -es, -e* ke(e)lson; ~schwert *sub, n, -es, -er* centre-board; ~wasser *sub, n, -s, nur Einz.* wake

Kieme, *sub, f, -, -men (zool.)* gill;

~natmer *sub, m, -s, -* gill breather; ~natmung *sub, f, -, nur Einz.* gill breathing; ~nspalte *sub, f, -, -n* gill cleft

Kienapfel, *sub, m, -s, -äpfel* pinecone

Kiepe, *sub, f, -, -n (dial)* pack basket

Kies, *sub, m, -es, nur Einz.* gravel; *(ugs.)* dough; ~weg *sub, m, -es, -e* gravel path

Kiesel, *sub, m, -s, -* pebble; ~säure *sub, f, -, nur Einz.* silicic acid

kiffen, *vi, (ugs.)* smoke pot (grass)

Kikeriki, *sub, n, -s, nur Einz.* cock-a-doodle-doo

killen, *vt, (vulg.)* bump off, murder (for payment)

Killer, *sub, m, -s, -* killer; ~satellit *sub, m, -en, -en* killer satellite; ~virus *sub, m, -es, -viren* killer virus

Kilo, *sub, n, -s, -s* kilo

Kilogramm, *sub, n, -s, -* kilogramme

Kilometer, *sub, m, -s, -* kilometre; kilometrisch *adj,* kilometric(al)

Kilt, *sub, m, -es, -s* kilt

Kimm, *sub, f, -, -* apparent horizon

Kimme, *sub, f, -, -men* rear sight

Kimono, *sub, m, -s, -s* kimono; ~ärmel *sub, m, -s, -* kimino sleeve; ~bluse *sub, f, -, -n* kimino top

Kinästhesie, *sub, f, -, nur Einz.* kin(a)esthesia

Kind, *sub, m, -es, -er* child

Kindbett, *sub, n, -es, -ten* childbed; ~erin *sub, f, -, -en* woman in childbed; ~fieber *sub, n, -s, -* childbed fever

Kinderarbeit, *sub, f, -, -en* child labour

Kinderarzt, *sub, m, -es, -ärzte* p(a)ediatrician

Kinderdorf, *sub, n, -es, -dörfer* children´s home

Kinderei, *sub, f, -, -en* childish behaviour

Kindergarten, *sub, m, -s, -gärten* kindergarten

Kindergeld, *sub, n, -es, -er* child

allowance (or subsidy)
Kinderladen, *sub, m, -s, -läden* anti-authoritarian play-group
Kinderlähmung, *sub, f, -, -en (med.)* polio(myelitis)
Kindermädchen, *sub, n, -s, -* nanny
kinderreich, *adj,* prolific
Kinderschuh, *sub, m, -e, -e* children´s shoe
Kinderschutz, *sub, m, -schützers, -schützer* protection of children
Kinderschwester, *sub, f, -, -n* p(a)ediatric nurse
Kinderseite, *sub, f, -, -n* children´s page
kindersicher, *adj,* childproof
Kinderspiel, *sub, n, -es, -e* children´s game; *(i. ü. S.)* child´s play
Kinderstube, *sub, f, -, -n* nursery
Kinderteller, *sub, m, -s, -* children´s portion
Kinderwagen, *sub, m, -s, -wägen* pram
Kinderzimmer, *sub, n, -s, -* children´s room
Kindesalter, *sub, n, -s, -* childhood
Kindesbeine, *sub, f, -, nur Mehrz.* early childhood
Kindesliebe, *sub, f, -, -n* filial love
Kindesmisshandlung, *sub, f, -, -en* child abuse
Kindheit, *sub, f, -, -en* childhood
kindisch, *adj,* childish, infantile
Kindlein, *sub, n, -s, -* infant
kindlich, *adj,* childlike; **Kindlichkeit** *sub, f, -, -en* childlike innocence
kindsköpfig, *adj,* silly
Kindspech, *sub, n, -es, -e* faeces (of a new-born infant)
Kinemathek, *sub, f, -, -en* film library
kinematisch, *adj,* cinematic; **Kinematografie** *sub, f, -, nur Einz.* cinematography
Kinetik, *sub, f, -, nur Einz. (phy.)* kinetics; **kinetisch** *adj,* kinetic
Kingsize, *sub, f, n, -, -* king-size
Kinn, *sub, n, -es, -e* chin; **~haken** *sub, m, -s, -* hook to the chin; **~lade** *sub, f, -, -n* jaw-bone

Kino, *sub, n, -s, -s* cinema; **~besitzer** *sub, m, -s, -* cinema owner; **~besucher** *sub, m, -s, -* cinemagoer; **~programm** *sub, n, -es, -e* film guide; **~reklame** *sub, f, -, -n* cinema advertisement
Kiosk, *sub, m, -es, -e* kiosk
Kippe, *sub, f, -, -en* cigarette stub; *f, -, nur Einz. (ugs.)* thin edge (of the wedge); *der Aschenbecher ist voller Kippen* the ashtray is full of cigarette stubs
kippelig, *adj,* shaky
kippen, (1) *vi,* plummet (2) *vt,* tilt
Kippfenster, *sub, n, -s, -* tilt window
Kippschalter, *sub, m, -s, -* tumbler switch
Kirche, *sub, f, -, -n* church; **~nbuße** *sub, f, -, -n* penance; **~nchor** *sub, m, -es, -chöre* church choir; **~nfest** *sub, n, -es, -e* feastday, religious feast; **~njahr** *sub, n, -es, -e* Church year; **~nlicht** *sub, n, -es, -er (ugs.)* dim person; *(ugs.) kein Kirchenlicht sein* to not be very bright; **~nmaus** *sub, f, -, -mäuse* church mouse; *(ugs.) arm wie eine Kirchenmaus* poor as a church mouse; **~nmusik** *sub, f, -, nur Einz.* sacred music; **~nstaat** *sub, m, -es, nur Einz.* Papal States
Kirchgänger, *sub, m, -s, -* churchgoer
Kirchhof, *sub, m, -es, -höfe* churchyard
kirchlich, *adj,* church
Kirchturm, *sub, m, -es, -türme* church spire
Kirchweih, *sub, f, -, -hen* country fair, kermis
Kirmeskuchen, *sub, m, -s, -* kermis cake
kirnen, *vt,* churn, shell
kirre, *adj, (ugs.)* tame
Kirsche, *sub, f, -, -n* cherry; **Kirschbaum** *sub, m, -es, -bäume* cherry tree; **Kirschblüte** *sub, f, -, -n* cherry blossom; **Kirschkuchen** *sub, m, -s, -* cherry cake;

Kirschlikör *sub, m, -es, -e* cherry brandy; **Kirschwasser** *sub, n, -s, -wässer* kirsch

Kismet, *sub, n, -s, nur Einz.* kismet

Kissen, *sub, n, -s, -* cushion, pillow

Kissenbezug, *sub, m, -es, -bezüge* cushion cover, pillow case

Kiste, *sub, f, -, -sten* box, case, crate; **~ndeckel** *sub, m, -s, -* lid; **kistenweise** *adv,* by the box (crate)

Kitsch, *sub, m, -es, nur Einz.* kitsch; **kitschig** *adj,* kitschy

Kitt, *sub, m, -es, -e* cement, putty

Kittchen, *sub, n, -s, - (ugs.)* clink kitten); *vt,* stick (with putty or cement); *(i. ü. S.)* patch up

Kitz, *sub, n, -es, -e* fawn, kid

kitzelig, *adj,* ticklish

kitzeln, *vt,* tickle

Kitzler, *sub, m, -s, - (anat.)* clitoris

Kiwi, *sub, m, -s, -s* kiwi

Klabautermann, *sub, m, -es, -männer* ship´s kobold

Klacks, *sub, m, -es, -se* blob, dollop; *(ugs.)* simple matter; *(ugs.) die 200 Mark sind für ihn ein Klacks* he can easily afford 200 marks; *(ugs.) die Prüfung war ein Klacks* the exam was dead easy

Kladde, *sub, f, -, -den* notebook

klaffen, *vi,* gape

Klaffmuschel, *pron, (zool.)* sand clam

Klafter, *sub, f, -, -tern* fathom; **~holz** *sub, n, -es, nur Einz.* fathom wood; **klafterlang** *adj,* fathom-long; **klaftertief** *adj,* fathom-deep

Klagbarkeit, *sub, f, -, -en* actionability

klagen, *vi,* complain, take legal action

Kläger, *sub, m, -s, -* plaintiff, prosecuting party; **~schaft** *sub, f, -, -en* plaintiffs

kläglich, *adj,* deplorable, pathetic, pitiful

Kläglichkeit, *sub, f, -, nur Einz.* pitifulness

Klamauk, *sub, m, -es, -ke oder -mauks* slapstick

klamm, (1) *adj,* clammy **(2) Klamm**

sub, f, -, -en gorge

Klammer, *sub, f, -, -mern* bracket, clip, peg; **~affe** *sub, m, -ns, -n (i. ü. S.)* clinging child; *(zool.)* red-faced spider monkey

Klämmerchen, *sub, n, -s, - s.* Klammer

Klammern, (1) *vr, (i. ü. S.)* cling to sth or so **(2)** *vt,* fasten

Klamotte, *sub, f, -, -n* stupid film (or play)

Klamotten, *sub, f, -, nur Mehrz.* stuff; *(ugs.)* clothes

Klampfe, *sub, f, -, -fen (ugs.; mus.)* guitar

klamüsern, *vt, (dial)* puzzle over

klandestin, *adj,* clandestine

Klang, *sub, m, -es, Klänge* sound, timbre, tone; **~effekt** *sub, m, -s, -e* sound effect; **~körper** *sub, m, -s, -* body, orchestra; **klanglos** *adj,* toneless; **klangvoll** *adj,* sonorous

Klappe, *sub, f, -, -pen* clapperboard, flap, hinged lid, valve; *(vulg.)* mouth; *eine große Klappe haben* to have a big mouth; *(vulg.) halt´ die Klappe!* shut up!; **~nhorn** *sub, n, -s, -hörner (mus.)* key bugle; **~ntext** *sub, m, -s, -e* book-cover blurb

Klapper, *sub, f, -, -pern* rattle

klapperdürr, *adj, (ugs.)* thin as a rake

Klapperkiste, *sub, f, -, -n* bomb

klappern, *vi,* clatter, rattle

Klapperschlange, *sub, f, -, -gen (zool.)* rattlesnake

Klapperstorch, *sub, m, -es, -störche* stork

Klappfahrrad, *sub, n, -es, -räder* folding bicycle

Klappfenster, *sub, n, -s, -* skylight window

Klappleiter, *sub, f, -, -n* folding ladder

Klappmesser, *sub, n, -s, -* penknife

klapprig, *adj,* rickety, shaky, tottering

Klappsessel, *sub, m, -s, -* folding

chair
Klappstuhl, *sub,* m, *-es,* *-stühle* campstool
Klappstulle, *sub, f,* -, *-n (dial)* sandwich
Klappverdeck, *sub, n, -s, -e* convertible top
Klaps, *sub, m, -es, -se* slap
Kläranlage, *sub, f,* -, *-n* sewage plant
klar denkend, *adj,* clear-thinking, lucid
klären, (1) *vr,* clear up **(2)** *vt,* clarify, clear
Klarheit, *sub, f,* -, *nur Einz.* clarity
klarieren, *vt,* clear (through customs)
Klarinette, *sub, f,* -, *-n* clarinet; **Klarinettist** *sub, m, -en, -en* clarinettist
klarmachen, (1) *vr,* realize **(2)** *vt,* make clear to so, make ready
Klärschlamm, *sub, m, -s, nur Einz.* sludge
klarsichtig, *adj,* clear-sighted
klarstellen, *vt,* get sth straight; **Klarstellung** *sub, f,* -, *-en* clarification
Klartext, *sub, m, -es, -e* plain language
klar werden, (1) *vr,* clear sth in o´s mind **(2)** *vtr,* understand
klasse, (1) *adj,* first-rate **(2) Klasse** *sub, f,* -, *-n* category, class; *(ugs.)* fantastic; *(ugs.) die Schuhe sehen klasse aus* the shoes look fantastic; *(ugs.) wie war dein Urlaub? Klasse* what was your holiday like? fantastic; **Klassenarbeit** *sub, f,* -, *-en* class test; **Klassenbeste** *sub, m, -n, -n* best pupil; **Klassenbewusstsein** *sub, n, -s, nur Einz.* class consciousness; **Klassenbuch** *sub, n, -es, -bücher* class register, roll; **Klassenhass** *sub, m, -es, nur Einz.* class hatred; **Klassenkampf** *sub, m, -es, -kämpfe* class struggle; **Klassenstaat** *sub, m, -es, -e* class-dominated state; **~nweise** *adv,* class by class; **Klassenziel** *sub, n, -es, -e* required standard
Klassement, *sub, n, -s, -s (spo.)* rankings
Klassifikation, *sub, f,* -, *-en* classification
klassifizieren, *vt,* classify
Klassiker, *sub, m, -s,* - classical authors; *(ugs.)* renowned works
klassisch, *adj,* classic, classical
Klassizismus, *sub, m, -es,* - classicism; **klassizistisch** *adj,* classical
Klatsch, *sub, m, -s, -e* gossip, smack, splash; *der allerneueste Klatsch* the very latest gossip; **~maul** *sub, n, -es, -mäuler* scandalmonger; **~nest** *sub, n, -es, -er* hotbed of gossip; **~sucht** *sub, f,* -, *nur Einz.* passion for gossip
Klatschbase, *sub, f,* -, *-sen* gossip, scandalmonger; *(ugs.)* busybody
klatschen, (1) *vi,* clap, gossip, splash **(2)** *vt,* fling
Klatscherei, *sub, f,* -, *-en* clapping, gossip
klatschhaft, *adj,* gossipy
klatschnass, *adj,* sopping (wet)
Klaubarbeit, *sub, f,* -, *-en* culling, handpicking
klauben, *vt,* gather, pick sth out of sth
Klaue, *sub, f,* -, *-en* claw; *(ugs.)* scrawl; *(ugs.) deine Klaue kann man kaum lesen* you can hardly read your scrawl; *die Klauen des Todes* the jaws of death; **~nseuche** *sub, f,* -, - foot-and -mouth disease
klauen, *vt,* crib, pinch, swipe
Klause, *sub, f,* -, *-n* hermitage
Klausel, *sub, f,* -, *-n* clause, stipulation
Klausner, *sub, m, -s,* - hermit
Klausur, *sub, f,* -, *-en* examination, seclusion
Klaviatur, *sub, f,* -, *-en* keyboard
Klavichord, *sub, n, -es, -e* clavichord
Klavier, *sub, n, -es, -e* piano; **~abend** *sub, m, -s, -e* piano recital; **~spiel** *sub, n, -s, -e* piano playing; **~stuhl** *sub, m, -s, -stühle* piano stool
Klebebindung, *sub, f,* -, *-en* adhesive binding; **Klebemittel** *sub, n, -s,* - adhesive, glue

kleben, *vt,* glue, stick
Kleber, *sub, m, -s, -* gluten; *(ugs.)* glue
klebrig, *adj,* sticky; **Klebrigkeit** *sub, f, -, nur Einz.* stickiness
Klebstreifen, *sub, m, -s, -* adhesive (sticky) tape
kleckern, *vi,* make a mess, spill, trickle
kleckerweise, *adv,* in dribs and drabs
Klecks, *sub, m, -es, -se* blob, blot
klecksen, *vi,* daub, make blots
Klee, *sub, m, -s, -* clover; ~**blatt** *sub, n, -es, -blätter* cloverleaf
Kleid, *sub, m, -es, -der* dress, frock
kleiden, (1) *vr,* wear (2) *vt,* clothe
kleidsam, *adj,* becoming
Kleidung, *sub, f, -, -gen* clothes
Kleie, *sub, f, -, -* bran
klein, *adj,* little, small
Kleinanzeige, *sub, f, -, -n* classified ad(vertisement)
Kleinarbeit, *sub, f, -, -en* painstaking work
Kleinbetrieb, *sub, m, -es, -e* small business
Kleinbürger, *sub, m, -s, -* member of the lower middle-class, petty bourgeois; **kleinbürgerlich** *adj,* petty bourgeois
Kleinbus, *sub, m, -ses, -se* van
kleiner, *adj,* s. klein
Kleinfamilie, *sub, f, -, -n* nuclear family
Kleinformat, *sub, n, -es, -e* small format
Kleingarten, *sub, m, -s, -gärten* garden plot; **Kleingärtner** *sub, m, -s, -* garden plot holder
Kleingeld, *sub, n, -es, -* change
kleingläubig, *adj,* doubting, fainthearted
klein hacken, *vt,* chop up
kleinherzig, *adj,* mean
Kleinhirn, *sub, n, -es, -e (anat.)* cerebellum
Kleinigkeit, *sub, f, -, -ten* detail, something small, trifle; *das sind nur Kleinigkeiten* these are peanuts; *das ist eine Kleinigkeit für*

ihn it´s a trifling matter for him; *findest du 100 Mark eine Kleinigkeit? ich aber nicht* do you find 100 marks a trifle? well, I don´t; *wegen jeder Kleinigkeit* for the slightest reason
Kleinkind, *sub, n, -es, -er* toddler
Kleinkram, *sub, m, -s, - (ugs.)* trivial stuff
Kleinkrieg, *sub, m, -es, -e* miniature battle
kleinkriegen, *vt, (i. ü. S.)* crush, cut up; *er ließ sich durch nichts kleinkriegen* nothing could crush him; *das Holz hier kriege ich auch noch klein* I´ll get the wood here chopped as well
Kleinkunst, *sub, f, -, -künste* cabaret
kleinlaut, *adj,* meek
kleinlich, *adj,* mean, petty
Kleinod, *sub, n, -es, nur Mehrz.* gem
Klein-Paris, *sub, n, -es, nur Einz.* Paris in miniature
Kleinrentner, *sub, m, -s, -* low-income pensioner
Kleinstaat, *sub, m, -es, -ten* small state
Kleinstadt, *sub, f, -, -städte* small town; **Kleinstädter** *sub, m, -s, -* small town person; **kleinstädtisch** *adj,* provincial
kleinste, *adj,* s. klein
Kleintierzucht, *sub, f, -, -en* breeding of domestic animals
Kleinwagen, *sub, m, -s, -* small car
Kleinwohnung, *sub, f, -, -en* flatlet, small flat
Kleister, *sub, m, -s, -* paste; ~**topf** *sub, m, -es, -töpfe* paste pot
Klematis, *sub, f, -, - (bot.)* clematis
Klementine, *sub, f, -, -nen* clementine
Klemme, *sub, f, -, -men* clip; *(i. ü. S.)* tight spot; *jemanden aus der Klemme helfen* to help someone out of a tight spot; *(ugs.) jetzt sitzen wir in der Klemme* now we´re in trouble
klemmen, (1) *vr,* squeeze oneself

(2) *vt*, jam, wedge
Klempner, *sub*, *m*, *-s*, *-* plumber;
~ei *sub*, *f*, *-*, *-en* plumbing
Klepper, *sub*, *m*, *-s*, *-* nag; **~boot**
sub, *n*, *-es*, *-e* folding boat
Kleptomane, *sub*, *m*, *-n*, *-n* kleptomaniac; **Kleptomanie** *sub*, *f*, *-*, *-n*
(psych.) kleptomania
Klerikalismus, *sub*, *m*, *-es*, *-* clericalism; **klerikal** *adj*, clerical; **Kleriker** *sub*, *m*, *-s*, *-* cleric; **Klerus** *sub*,
m, *-es*, *nur Einz.* clergy
Klette, *sub*, *f*, *-*, *-ten* burr, nuisance;
*(i. ü. S.) seine kleine Schwester ist
die reinste Klette* his little sister is a
real a nuisance
Kletterer, *sub*, *m*, *-s*, *-* climber
klettern, *vi*, climb; **Kletterfarn** *sub*,
m, *-es*, *-e* climbing fern; **Klettermаxe** *sub*, *m*, *-s*, *-n* cat burglar; **Kletterpflanze** *sub*, *f*, *-*, *-zen* climbing
plant; **Kletterrose** *sub*, *f*, *-*, *-n* climbing rose; **Kletterschuh** *sub*, *m*,
-es, *-e* climbing shoe; **Kletterseil**
sub, *n*, *-es*, *-e* mountaineering rope;
Klettertour *sub*, *f*, *-*, *-en* climbing
trip
Kletzenbrot, *sub*, *n*, *-es*, *-e* fruit
bread
Klient, *sub*, *m*, *-es*, *-en* client; **~el**
sub, *f*, *-*, *-en* clients
Kliff, *sub*, *n*, *-es*, *-fe* cliff
Klima, *sub*, *n*, *-s*, *-s und -te* climate;
(i. ü. S.) atmosphere; **~anlage** *sub*,
f, *-*, *-n* air-conditioning; **~faktor**
sub, *m*, *-s*, *-en* climatic factor;
~kammer *sub*, *f*, *-*, *-n (med.)* climatic chamber; **~kterium** *sub*, *n*, *-s*,
nur Einz. menopause; **klimatisch**
adj, climatic; **klimatisieren** *vt*, aircondition; **~tologie** *sub*, *f*, *-*, *nur
Einz.* climatology; **~wechsel** *sub*,
m, *-s*, *-* climatic change; *(i. ü. S.)*
changed climate
Klimax, *sub*, *f*, *-*, *-e* climax
klimmen, *vi*, climb
Klimmzug, *sub*, *m*, *-es*, *-züge (spo.)*
pull-up
klimpern, *vi*, tinkle; *(ugs.)* flutter
one´s eyelashes; **Klimperei** *sub*, *f*,
-, *-en* tinkling; **Klimperkasten** *sub*,

m, *-s*, *-kästen (ugs.)* piano
Klinge, *sub*, *f*, *-*, *-gen* blade
Klingel, *sub*, *f*, *-*, *-geln* bell; **~beutel** *sub*, *m*, *-s*, *-* collection bag;
~draht *sub*, *m*, *-es*, *-drähte* bell
wire; **~knopf** *sub*, *m*, *-es*, *-knöpfe*
bell button
klingeln, *vi*, ring; *klingeln* to ring
the bell
klingen, *vi*, clink, sound
Klinik, *sub*, *f*, *-*, *-en* clinic, hospital
klinisch, *adj*, clinical
Klinke, *sub*, *f*, *-*, *-ken* handle;
*(ugs.) dann nimm die Klinke in
die Hand* then get going!; *(ugs.)
Klinken putzen* door-to-door selling
klinken, *vi*, press the (door)
handle down
Klinker, *sub*, *m*, *-s*, *-* brick; **~boot**
sub, *n*, *-es*, *-e* clinker boat
Klippfisch, *sub*, *m*, *-es*, *-e* dried,
salted cod
Klippschule, *sub*, *f*, *-*, *-n* secondrate school
Klips, *sub*, *m*, *-es*, *-e* clip-on earring
klirren, *vi*, clink, rattle
Klischee, *sub*, *n*, *-s*, *-s* cliché, printing block; **klischeehaft** *adj*,
hackneyed; **~wort** *sub*, *n*, *-es*, *-
wörter* hackneyed word
klischieren, *vt*, make plates for
Klischograf, *sub*, *m*, *-en*, *-en* photo-engraving machine
Klistier, *sub*, *n*, *-s*, *-e (med.)* enema; **klistieren** *vt*, give so an enema
Klitoris, *sub*, *m*, *-*, *- oder -torides
(anat.)* clitoris
Klitsche, *sub*, *f*, *-*, *-schen (ugs.)*
poor farm
klitschnass, *adj*, drenched
klittern, *vt*, write sth illegibly
Klitterung, *sub*, *f*, *-*, *-gen* hotchpotch
klitzeklein, *adj*, teeny-weeny
Klivie, *sub*, *f*, *-*, *-en (bot.)* clivia
Kloake, *sub*, *f*, *-*, *-n* sewer; **~ntier**
sub, *n*, *-s*, *-e (zool.)* monotremes
klobig, *adj*, bulky, clumsy

Klon, *sub, m, -s, -e* clone; **klonen** *vti,* clone
klopfen, (1) *vi,* beat, throb **(2)** *vti,* knock; *den Takt klopfen* to beat time; *mit klopfendem Herzen* with a pounding heart
Klopfer, *sub, m, -s,* - beater, mallet
Klopfzeichen, *sub, n, -s,* - knock
Klöppel, *sub, m, -s,* - bobbin, clapper, drumstick
klöppeln, *vi,* make (pillow) lace
Klosett, *sub, n, -s, -s* lavatory, toilet
Kloß, *sub, m, -es, Klöße* clod, dumpling
Kloster, *sub, n, -s, Klöster* cloister, convent, monastery; **~frau** *sub, f, -, -en* nun; **klösterlich** *adj,* secluded; **~regel** *sub, f, -, -n* monastic rule
Klotz, *sub, m, -es, Klötze* block, bumpkin
klotzig, *adj,* massive, unrefined
Klubgarnitur, *sub, f, -, -en* three-piece suite; **Klubhaus** *sub, n, -es, -häuser* clubhouse; **Klubkamerad** *sub, m, -en, -en* clubmate; **Klubmitglied** *sub, n, -es, -er* club member; **Klubraum** *sub, m, -es, -räume* club room
Kluft, *sub, f, -, Klüfte* chasm, cleft; *(i. ü. S.)* rift; *eine unüberbrückbare Kluft* an unbridgeable gap; *in der Partei tat sich eine tiefe Kluft auf* a deep rift opened up in the party
klug, *adj,* clever, intelligent
Klügelei, *sub, f, -, -en* hairsplitting
klugerweise, *adv,* cleverly, wisely
Klugheit, *sub, f, -, -ten* good sense; *f, -, hier nur Einz.* intelligence; *f, -, -ten* shrewdness
Klugscheißer, *sub, m, -s,* - *(vulg.)* smart-ass
Klumpen, (1) *sub, m, -s,* - lump **(2) klumpen** *vi,* go lumpy
Klumpfuß, *sub, m, -es, -füße* clubfoot
Klüngel, *sub, m, -s,* - clique; **klüngeln** *vi,* club together
Kluniazenser, *sub, m, -s,* - Cluniac
Klunker, *sub, m, -s,* - *(ugs.)* jewellery
Klüse, *sub, m, -, -n* hawse (hole)
Klüver, *sub, m, -s,* - jib

knabbern, *vti,* nibble
Knabe, *sub, m, -n, -ben* boy, lad; **~nalter** *sub, n, -s, nur Einz.* boyhood; **knabenhaft** *adj,* boyish; **~nkraut** *sub, n, -es, -kräuter* orchid
Knäckebrot, *sub, n, -es, -te* crispbread
knacken, (1) *vi,* creak **(2)** *vt,* crack
Knacker, *sub, m, -s,* - *(dial)* sausage; *(vulg.)* old fog(e)y; *ich habe dem alten Knacker die Meinung gesagt* I gave the old fogey a piece of my mind
knackfrisch, *adj, (ugs.)* fresh and crisp
Knacks, *sub, m, -es, -se* crack; *(ugs.) die Ehe der beiden hat schon lange einen Knacks* their marriage has been cracking up for a long time; *(ugs.) er hat einen Knacks weg* he´s a bit cracked
knacksen, *vi,* creak
Knall, *sub, m, -s, -le* bang, slam; **~bonbon** *sub, n, -s, -s* Christmas cracker; **knallbunt** *adj,* garish; **~effekt** *sub, m, -s, -te* sensational effect; **~frosch** *sub, m, -es, -frösche* jumping jack; **knallhart** *adj, (ugs.)* tough; *(ugs.) ein knallharter Verhandlungspartner* a tough negotiator; *(ugs.) er ist ein knallharter Typ* he´s as hard as nails; **~körper** *sub, m, -s,* - cracker; **knallrot** *adj, (ugs.)* bright red
knallen, (1) *vt,* bang; *(ugs.)* clout **(2)** *vti,* slam
knapp, *adj,* concise, curt, scanty; *eine knappe Beschreibung* a concise description; *er sagte es knapp* he said it concisely; *eine knappe Antwort* a curt answer; *es wird knapp reichen* it´ll be just barely enough; *knappe Vorräte* scanty provisions
Knappe, *sub, m, -n, -pen* miner; *(hist.)* page
knapp halten, *vt,* keep so short
Knappheit, *sub, f, -, -* conciseness, curtness, scantiness

Knappschaft, *sub*, *f*, -, *-ten* miners´ guild
Knarre, *sub*, *f*, -, *-ren (ugs.)* gun
knarren, *vi*, creak
Knast, *sub*, *m*, *-es*, *-knäste (ugs.)* clink
Knasterbart, *sub*, *m*, *-es*, *-bärte* grumbler
knattern, *vi*, rattle (out), sputter
Knäuel, *sub*, *n*, *-s*, - ball, tangle
Knauf, *sub*, *m*, *-(e)s*, *Knäufe* knob
Knautschlack, *sub*, *m*, *-s*, *-e* crinkle-finished patent leather
Knautschzone, *sub*, *f*, -, *-n* crumple zone
Knebel, *sub*, *m*, *-s*, - gag
Knecht, *sub*, *m*, *-s*, *-e* farm-labourer; **knechten** *vt*, oppress; ~**schaft** *sub*, *f*, -, *nur Einz.* servitude
kneifen, (1) *vi*, chicken out (2) *vt*, pinch, squint
Kneifer, *sub*, *m*, *-s*, - pince-nez, shirker
Kneifzange, *sub*, *f*, -, *-n* pliers
Kneipe, *sub*, *f*, -, *-n* pub; ~**nwirt** *sub*, *m*, *-s*, *-e* pub-owner
Kneippkur, *sub*, *f*, -, *-en* Kneipp hydrotherapy; **kneippen** *vi*, undergo hydrotherapy (according to Kneipp)
kneten, *vt*, knead; **knetbar** *adj*, malleable; **Knetmaschine** *sub*, *f*, -, *-n* kneading machine; **Knetmassage** *sub*, *f*, -, *-n* massage
Knick, *sub*, *m*, *-s*, *-e* crease
knicken, *vt*, crease, fold
Knickerbocker, *sub*, *nur Mehrz.* knickerbockers
Knicks, *sub*, *m*, *-es*, *-e* curts(e)y
knicksen, *vi*, curts(e)y
Knie, *sub*, *n*, *-s*, - knee; ~**bundhose** *sub*, *f*, -, *-n* knee breeches; ~**fall** *sub*, *m*, *-s*, *-fälle* genuflection; **kniehoch** *adj*, knee-high; **knielang** *adj*, knee-length; **knien** *vi*, kneel; ~**scheibe** *sub*, *f*, -, *-n* kneecap; ~**schoner** *sub*, *m*, *-s*, - kneeguard; ~**strumpf** *sub*, *m*, *-s*, *-strümpfe* knee-sock; **knietief** *adj*, knee-deep
kniffelig, *adj*, tricky
kniffen, *vt*, fold

Knilch, *sub*, *m*, *-s*, *-e (ugs.)* duffer
knipsen, *vt*, clip, take a photo
Knipser, *sub*, *m*, *-s*, - *(ugs.)* switch
Knirps, *sub*, *m*, *-es*, *-e* little fellow
knirschen, *vi*, crunch; *(ugs.)* grind one´s teeth
knistern, (1) *v (imp)*, be charged (2) *vi*, crackle; *(i. ü. S.) es knistert im Gebälk* there is trouble brewing; *(i. ü. S.) es knisterte vor Spannung im Raum* there was a charged atmosphere in the room
Knitterfalte, *sub*, *f*, -, *-n* crease
knitterfest, *adj*, creaseproof
knittern, *vti*, crease, crumple
Knobelbecher, *sub*, *m*, *-s*, - dice cup
knobeln, *vi*, play dice
Knoblauch, *sub*, *m*, *-s*, - garlic
Knöchel, *sub*, *m*, *-s*, - ankle, knuckle; ~**chen** *sub*, *n*, *-s*, - small bone; **knöchellang** *adj*, ankle-length; **knöcheltief** *adj*, ankle-deep
Knochen, *sub*, *m*, *-s*, - bone; ~**bruch** *sub*, *m*, *-s*, *-brüche* fracture; ~**fraß** *sub*, *m*, *-es*, *-e (med.)* necrosis of the bone; **knochenhart** *adj*, rock-hard; ~**haut** *sub*, *f*, -, *-häute (anat.)* periostium; ~**mann** *sub*, *m*, *-s*, *nur Einz. (i. ü. S.)* Death; ~**mark** *sub*, *n*, *-s*, *nur Einz.* bone marrow; ~**mehl** *sub*, *n*, *-s*, *nur Einz.* bonemeal; ~**mühle** *sub*, *f*, -, *-n* bone mill
knochig, *adj*, bony, skinny; **Knochigkeit** *sub*, *f*, -, *nur Einz.* boniness
Knock-out, *sub*, *m*, *-s*, *-s* knockout; ~**-Schlag** *sub*, *m*, *-s*, *-schläge* knockout blow
Knödel, *sub*, *m*, *-s*, - dumpling
Knolle, *sub*, *f*, -, *-n* bulb; tuber; ~**nblätterpilz** *sub*, *m*, *-es*, *-e (bot.)* amanita; ~**nfäule** *sub*, *f*, -, *nur Einz.* potato rot; ~**nnase** *sub*, *f*, -, *-n* bulbous nose; *(ugs.)* conk
Knopf, *sub*, *m*, *-s*, *Knöpfe* button
knöpfen, *vt*, button (up)
Knorpel, *sub*, *m*, *-s*, - gristle;

(anat.) cartilage; **knorpelig** *adj*, gristly
Knorr-Bremse, *sub, f, -, -n* pneumatic brake
Knorren, *sub, m, -s, -* gnarl
knorrig, *adj,* gnarled
Knospe, *sub, f, -, -n* bud; **knospig** *adj,* budding
Knötchen, *sub, n, -s, -* nodule
Knote, *sub, m, -n, -n* boor
Knoten, (1) *sub, m, -s, -* bun, knot; *(med.)* lump (2) **knoten** *vt,* knot; **knotenförmig** *adj,* knot-shaped; **~punkt** *sub, m, -s, -e* centre, intersection; **~stock** *sub, m, -s, -stöcke* gnarled stick
Knöterich, *sub, m, -s, -e* knotgrass
knotig, *adj,* gnarled, knotty
Knuff, *sub, m, -s, Knüffe* nudge
knuffen, *vt,* nudge
knüllen, *vti,* crumple
Knüller, *sub, m, -s, -* scoop, sensation
knüpfen, *vt,* attach, knot; **Knüpfteppich** *sub, m, -s, -e* knotted carpet
Knüppel, *sub, m, -s, -* cudgel, stick; **knüppeldick** *adj,* very thick; *er schmiert sich die Butter knüppeldick aufs Brot* he puts lashings of butter on his bread; *(ugs.) ich habe es knüppeldick* I'm sick and tired of it; **knüppeln** *vt,* beat
knurren, *vi,* growl, rumble; **Knurrhahn** *sub, m, -s, -hähne* gurnard; **Knurrigkeit** *sub, f, -, nur Einz.* grumpiness
Knusperchen, *sub, n, -s, -* biscuit
knuspern, *vti,* crunch; **knusprig** *adj,* crunchy
Knust, *sub, m, -s, -e (dial)* crust
Knute, *sub, f, -, -n* whip; *(i. ü. S.)* tyranny; *sie lebten unter seiner Knute* they lived under his tyranny
knutschen, *vir,* smooch; **Knutschfleck** *sub, m, -s, -e (ugs.)* love bite
Knüttelvers, *sub, m, -es, -e* rhyming couplet
Koalabär, *sub, m, -en, -en* koala bear
koalieren, *vi, (polit.)* form a coaliti-

on; **Koalition** *sub, f, -, -en* coalition; **Koalitionär** *sub, m, -s, -e* coalition partner
Koautor, *sub, m, -s, -en* co-author
Kobaltbombe, *sub, f, -, -n (mil.)* cobalt bomb
Koben, *sub, m, -s, -* pigsty
Kober, *sub, m, -s, - (dial)* hamper
Kobold, *sub, m, -(e)s, -de* goblin
Kobolz (schiessen), *sub, m, -es, -ze* somersault
Kobra, *sub, f, -, -s* cobra
Koch, *sub, m, -(e)s, Köche* cook; **~buch** *sub, n, -(e)s, -bücher* cookbook; **~geschirr** *sub, n, -(e)s, -e* cooking utensils; **~kurs** *sub, m, -es, -e* cookery course; **~löffel** *sub, m, -s, -* cooking spoon; **~rezept** *sub, n, -(e)s, -e* recipe; **~salz** *sub, n, -es, -e* table salt; **kochsalzarm** *adj,* low-salt; **~topf** *sub, m, -es, -töpfe* cooking pot; **~zeit** *sub, f, -, -en* cooking time
kochen, *vti,* cook
kochend heiß, *adj,* boiling hot
Kocher, *sub, m, -s, -* cooker, stove
Köcher, *sub, m, -s, -* quiver
kochfest, *adj,* suitable for boiling
Kodein, *sub, n, -s, nur Einz. (chem.)* codeine
Köder, *sub, m, -s, -* bait
ködern, *vt,* lure, tempt
Kodex, *sub, m, -es, -e und Kodizes* codex
Koedukation, *sub, f, -, nur Einz.* co-education
Koeffizient, *sub, m, -en, -en* co-efficient
Koexistenz, *sub, f, -, nur Einz.* coexistence; **koexistieren** *vi,* coexist
Koffein, *sub, n, -s, nur Einz. (chem.)* caffeine; **koffeinfrei** *adj,* decaffeinated
Koffer, *sub, m, -s, -* bag, suitcase
Kofferdeckel, *sub, m, -s, -* suitcase lid
Kofferradio, *sub, n, -s, -s* portable radio
Kogge, *sub, f, -, -n* cog

Kognak, *sub*, *m*, *-s*, *-s* cognac; **~bohne** *sub*, *f*, *-*, *-n* brandy-filled chocolate
Kognition, *sub*, *f*, *-*, *-en* cognition;
kognitiv *adj*, cognitive
Kognomen, *sub*, *n*, *-s*, *-* *und Kognomina* cognomen, surname
kohärent, *adj*, coherent; **Kohärenz** *sub*, *f*, *-*, *nur Einz.* coherency
kohärieren, *vi*, cohere; **Kohäsion** *sub*, *f*, *-*, *nur Einz.* cohesion
Kohl, *sub*, *m*, *-s*, *-e* cabbage
Kohldampf, *sub*, *m*, *-s*, *nur Einz.* *(ugs.)* ravenous hunger
Kohle, *sub*, *f*, *-*, *-n* coal; *(ugs.)* dough; *(ugs.) hast du genügend Kohle dabei?* did you bring enough dough?;
kohlehaltig *adj*, carboniferous; **~import** *sub*, *m*, *-s*, *-e* imported coal; **~nbergwerk** *sub*, *n*, *-s*, *-e* coalmine, pit; **~nbunker** *sub*, *m*, *-s*, *-* coalbunker; **~neimer** *sub*, *m*, *-s*, *-* coal scuttle; **~nfeuer** *sub*, *n*, *-s*, *-* coal fire; **~ngrube** *sub*, *f*, *-*, *-n* pit; **~nhalde** *sub*, *f*, *-*, *-n* coal stocks; **~nmeiler** *sub*, *m*, *-s*, *-* coal pile; **kohlensauer** *adj*, *(chem.)* of carbonic acid; **~nsäure** *sub*, *f*, *-*, *-n* carbonic acid; **~nstaub** *sub*, *m*, *-s*, *-e oder stäube* coal dust; **~nstift** *sub*, *m*, *-s*, *-e* charcoal stick; **~nstoff** *sub*, *m*, *-s*, *-e* carbon; **~papier** *sub*, *n*, *-s*, *-e* carbon paper
Köhler, *sub*, *m*, *-s*, *-* charcoal burner
Kohlkopf, *sub*, *m*, *-s*, *-köpfe* cabbage
Kohlmeise, *sub*, *f*, *-*, *-n (zool.)* great tit
Kohlrabe, *sub*, *m*, *-n*, *-n* raven
kohlrabenschwarz, *adj*, jet black, pitch-black
Kohlrabi, *sub*, *m*, *-*, *-* kohlrabi
Kohlraupe, *sub*, *f*, *-*, *-n* cabbage caterpillar
Kohlroulade, *sub*, *f*, *-*, *-n* stuffed cabbage-roll
Kohlsprosse, *sub*, *f*, *-*, *-n (Austrian)* Brussels sprouts
Kohlweißling, *sub*, *m*, *-s*, *-e* cabbage butterfly
Kohorte, *sub*, *f*, *-*, *-n (mil.)* cohort
Koinzidenz, *sub*, *f*, *-*, *nur Einz.* coin-cidence; **koinzident** *adj*, *(phy.)* coincident; **koinzidieren** *vi*, coincide
Koitus, *sub*, *m*, *-*, *- oder -se* sexual intercourse; **koitieren** *vi*, copulate
Koje, *sub*, *f*, *-*, *-n* berth
Kojote, *sub*, *m*, *-n*, *-n* coyote
Kokain, *sub*, *n*, *-s*, *nur Einz.* cocaine; **~ismus** *sub*, *m*, *-*, *nur Einz.* cocainism
Kokastrauch, *sub*, *m*, *-s*, *-sträucher (bot.)* coca (plant)
kokeln, *vi*, *(ugs.)* play with fire
Kokerei, *sub*, *f*, *-*, *-en* coking practice
kokett, *adj*, coquettish, flirtatious
Koketterie, *sub*, *f*, *-*, *-n* coquetry, flirtatiousness
kokettieren, *vi*, flirt
Kokon, *sub*, *m*, *-s*, *-s* cocoon
Kokosnuss, *sub*, *f*, *-*, *-nüsse* coconut; **Kokosflocken** *sub*, *nur Mehrz.* desiccated coconut; **~öl** *sub*, *n*, *-s*, *-e* coconut oil; **Kokosraspeln** *sub*, *nur Mehrz.* desiccated coconut; **Kokosteppich** *sub*, *m*, *-s*, *-e* coconut matting
Kokotte, *sub*, *f*, *-*, *-n* cocotte
Koks, *sub*, *m*, *-es*, *-* coke; *(ugs.)* snow; **koksen** *vi*, take cocaine; **~er** *sub*, *m*, *-s*, *-* cocaine addict
Kola, *sub*, *f*, *-*, *-* cola (kola) tree
Kolben, *sub*, *m*, *-s*, *-* butt, piston; **~hirsch** *sub*, *m*, *-s*, *-e (zool.)* velvet antler; **~hirse** *sub*, *f*, *-*, *-n (bot.)* foxtail millet; **~stange** *sub*, *f*, *-*, *-n* piston rod
Kolibri, *sub*, *m*, *-s*, *-s (zool.)* humming bird
Kolik, *sub*, *f*, *-*, *-en (med.)* colic
Kolkrabe, *sub*, *m*, *-n*, *-n* raven
kollabieren, *vi*, collapse
Kollagen, *sub*, *n*, *-s*, *-e* collagen
Kollaps, *sub*, *m*, *-es*, *-e* collapse
kollateral, *adj*, collateral
Kolleg, *sub*, *n*, *-s*, *-s oder -ien* course of lectures
Kollege, *sub*, *m*, *-n*, *-n* colleague; **kollegial** *adj*, cooperative; **Kollegialität** *sub*, *f*, *-*, *nur Einz.* co-

operativeness; **Kollegium** *sub*, *n*, -*s*, *Kollegien* board, staff
Kollekte, *sub*, *f*, -, -*n* collection
Kollektion, *sub*, *f*, -, -*en* assortment, collection
kollektiv, (1) *adj*, collective (2) **Kollektiv** *sub*, *n*, -*s*, -*e* collective
kollektivieren, *vt*, collectivize
Kollektivismus, *sub*, *m*, -*s*, *nur Einz*. collectivism; **Kollektivist** *sub*, *m*, -*en*, -*en* collectivist; **kollektivistisch** *adj*, collectivist(ic)
Kollektivum, *sub*, *n*, -*s*, -*tiva* collective (noun)
Kollektor, *sub*, *m*, -*s*, -*en* collector
kollidieren, *vi*, collide, conflict
Kollier, *sub*, *n*, -*s*, -*s* necklace
Kollision, *sub*, *f*, -, -*en* clash, collision
Kollo, *sub*, *n*, -*s*, -*s und Kolli* package
kolmatieren, *vi*, silt
Kolombine, *sub*, *f*, -, -*n* Columbine
Kolonialismus, *sub*, *m*, -, *nur Einz*. colonialism; **kolonial** *adj*, colonial; **Kolonialist** *sub*, *m*, -*en*, -*en* colonialist; **Kolonie** *sub*, *f*, -, -*n* colony; **Kolonisation** *sub*, *f*, -, -*en* colonization; **Kolonisator** *sub*, *m*, -*s*, -*oren* colonizer; **kolonisieren** *vt*, colonize; **Kolonist** *sub*, *m*, -*en*, -*en* colonist
Kolonnade, *sub*, *f*, -, -*n* (*arch*.) colonnade
Kolonne, *sub*, *f*, -, -*n* (*mil*.) column, convoy
Koloratur, *sub*, *f*, -, -*en* (*mus*.) coloratura
kolorieren, *vt*, colour
Kolorimetrie, *sub*, *f*, -, *nur Einz*. colorimetry
Kolorist, *sub*, *m*, -*en*, -*en* colourist; **koloristisch** *sub*, colouristic
Kolorit, *sub*, *n*, -(*e*)*s*, -*e* colouring; (*i. ü. S.*) atmosphere
Koloss, *sub*, *m*, -*es*, *Kolosse* colossus
kolossal, *adj*, colossal, enormous; **Kolossalbau** *sub*, *m*, -*s*, -*bauten* giant-scale building; **Kolossalfilm** *sub*, *m*, -(*e*)*s*, -*e* film epic
Kolostrum, *sub*, *n*, -*s*, *nur Einz*. (*med*.) colostrum

Kolpinghaus, *sub*, *n*, -*es*, -*häuser* Catholic hostel
Kolportage, *sub*, *f*, -, -*n* cheap sensationalism, trash; **kolportieren** *vt*, circulate
Kolposkopie, *sub*, *f*, -, -*n* (*med*.) colposcopy
Kolumbianer, *sub*, *m*, -*s*, - Colomban
Kolumne, *sub*, *f*, -, -*n* column
Kolumnenmaß, *sub*, *n*, -*es*, -*e* page gauge
Kolumnist, *sub*, *m*, -*en*, -*en* columnist
Koma, *sub*, *f*, -, -*s* coma; **komatös** *adj*, (*med*.) comatose
Komantsche, *sub*, *m*, -*n*, -*n* Comanche
Kombattant, *sub*, *m*, -*en*, -*en* combatant
Kombi, *sub*, *m*, -*s*, -(*s*), -*s* (*ugs*.) station wagon
Kombinat, *sub*, *n*, -(*e*)*s*, -*e* combine
Kombination, *sub*, *f*, -, -*en* combination; ~**sschloss** *sub*, *n*, -*es*, -*schlösser* combination lock
kombinatorisch, *adj*, combinatory
kombinierbar, *adj*, combinative
kombinieren, (1) *vi*, conclude (2) *vt*, combine
Kombinierung, *sub*, *f*, -, -*en* combination
Kombischrank, *sub*, *m*, -(*e*)*s*, -*schränke* cabinet
Kombiwagen, *sub*, *m*, -*s*, -*wägen* station wagon
Komet, *sub*, *m*, -*en*, -*en* comet; **kometenhaft** *adj*, rapid
Komfort, *sub*, *m*, -*s*, *nur Einz*. comfort, convenience; **komfortabel** *adj*, comfortable
Komik, *sub*, *f*, -, *nur Einz*. comic element; ~**er** *sub*, *m*, -*s*, - comedian
Kominform, *sub*, *n* (*polit*.) Cominform
Komintern, *sub*, Comintern
komisch, *adj*, funny, strange; *er hat mich so komisch angeschaut*

he looked at me in such a strange way; *mit irgendeiner komischen Ausrede* with some sort of strange (unconvincing) excuse
Komitee, *sub, n, -s, -s* committee
Komma, *sub, n, -s, -ta und -s* comma
Kommandant, *sub, m, -en, -en* commanding officer; ~ur *sub, f, -, -en* headquarters; **Kommandeur** *sub, m, -s, -e* commander; **kommandieren** *vt,* command, give orders
Kommanditär, *sub, m, -s, -e (Swiss)* limited partner; **Kommanditgesellschaft** *sub, f, -, -en (wirt.)* limited partnership; **Kommanditist** *sub, m, -en, -en* limited partner
Kommando, *sub, n, -s, -s* command, order
Kommassation, *sub, f, -, -en* consolidation (of land); **kommassieren** *vt,* consolidate
Kommen, (1) *sub, n, -s, -* coming (2) **kommen** *vi,* arrive, come, come on, get to, happen; *komm mir nicht damit!* don´t be so clever!; *komm! wir müssen uns beeilen* come on! we have to hurry; *komm, komm! du übertreibst* come on now! you´re exaggerating; *ans Ziel kommen* to get to one´s goal (or destination); *ob ich jemals nach China kommen werde?* will I ever get to China?; *wie komme ich zum Bahnhof?* how do I get to the station?; *es kam ohne Warnung* it happened without warning; *(Prov.) unverhofft kommt oft* what you least expect happens
kommensurabel, *adj,* commensurable
Komment, *sub, m, -s, -s* code of conduct
Kommentar, *sub, m, -s, -e* comment, commentary; **kommentarlos** *adv,* without comment; **Kommentator** *sub, m, -s, -en* commentator; **kommentieren** *vt,* comment (on)
Kommerz, *sub, m, -es, nur Einz.* material interests, profit-making; *alles wird zunehmend von Kommerz beherrscht* material interests are taking over everywhere; *auch die*

Kunst ist nur Kommerz heutzutage even the arts are just a profit-making business these days; **kommerzialisieren** *vt,* commercialize; **kommerziell** *adj,* commercial, profit-orientated
Kommilitone, *sub, m, -n, -n* fellow student
Kommiss, *sub, m, -es, nur Einz. (ugs.)* army; *vom Kommiss genug haben* to be fed up with army life
Kommissar, *sub, m, -s, -e* commissioner, inspector; ~iat *sub, n, -(e)s, -e* commissioner´s department, police station; **kommissarisch** *adj,* provisional
Kommissbrot, *sub, n, -(e)s, -e* army bread
Kommission, *sub, f, -, -en* board, commission, committee
Kommisszeit, *sub, f, -* time served in the army
kommod, *adj,* comfortable
Kommode, *sub, f, -, -n* chest of drawers
Kommodore, *sub, m, -s, -s und -n* wing commander; *(mil.)* commodore
kommun, *adj,* shared; ~al *adj,* communal; ~alisieren *vt,* communalize; **Kommunalwahl** *sub, f, -, -en* local (municipal) election
Kommunarde, *sub, m, -n, -n* commune-dweller; *(hist.)* Communard
Kommune, *sub, f, -, -n* commune, local authority district
Kommunikation, *sub, f, -, -en* communication; **kommunikativ** *adj,* communicative
Kommunion, *sub, f, -, -en* Communion, communion
Kommuniqué, *sub, n, -s, -s* communiqué
kommunizieren, *vi,* communicate
kommutabel, *adj,* commutable; **Kommutierung** *sub, f, -, -en* commutation
Komödiant, *sub, m, -en, -en* actor; ~in *sub, f, -, -nen* actress; **Komö-**

die *sub, f, -, -n* comedy
Kompagnon, *sub, m, -s, -s* business partner; *(ugs.)* pal
kompakt, *adj,* compact; **Kompaktheit** *sub, f, -, nur Einz.* compactness
Kompanie, *sub, f, -, -n (mil.)* company; **~chef** *sub, m, -s, -s* company commander
komparabel, *adj,* comparable; **Komparation** *sub, f, -, -en* comparison (of adjectives); **Komparativ** *sub, m, -s, -e* comparative
Komparse, *sub, m, -n, -n* extra; **~rie** *sub, f, -, -n* extras
Kompass, *sub, m, -es, Kompasse* compass; **~nadel** *sub, f, -, -n* compass needle; **~rose** *sub, f, -, -n* compass card
kompatibel, *adj,* compatible; **Kompatibilität** *sub, f, -, -en* compatibility
Kompendium, *sub, f, -, Kompendien* compendium
Kompensation, *sub, f, -, -en* compensation; **kompensatorisch** *adj,* compensatory; **kompensieren** *vt,* compensate
kompetent, *adj,* competent; **Kompetenz** *sub, f, -, -en* authority; *f, -, nur Einz.* competence; *das liegt außerhalb meiner Kompetenz* that doesn´t lie within my authority; *seine mangelnde Kompetenz in dieser Frage* his lack of competence in this issue
Kompilation, *sub, f, -, -en* compilation; **kompilieren** *vt,* compile
Komplement, *sub, n, -(e)s, -e (mat.)* complement; **komplementär** *adj,* complementary; **komplementieren** *vt,* complement
komplett, *adj,* complete; **~ieren** *vt,* complete
Kompliment, *sub, n, -(e)s, -e* compliment; **komplimentieren** *vt,* escort so out; *wir wurden höflich aber bestimmt zum Ausgang komplimentiert* we were escorted politely but firmly to the exit
Komplize, *sub, m, -n, -n* accomplice
komplizieren, *vt,* complicate; **kom-**

pliziert *adj,* complicated
Komplott, *sub, n, -(e)s, -e* conspiracy, plot
Komponente, *sub, f, -, -n* component; **komponieren** *vti,* compose; **Komponist** *sub, m, -en, -en* composer; **Komposition** *sub, f, -,* composition; **Kompositum** *sub, n, -s, Komposita* compound
Kompost, *sub, n, -(e)s, -e* compost; **kompostieren** *vt,* compost
Kompott, *sub, n, —(e)s, -e* stewed fruit
kompress, *adj,* compact; **Kompresse** *sub, f, -, -n (med.)* compress; **~ibel** *adj, (phy.)* compressible; **Kompression** *sub, f, -, die. -en* compression; **Kompressor** *sub, m, -s, -en (tech.)* compressor
komprimieren, *vt,* compress; **komprimiert** *adj,* compressed
Kompromiss, *sub, m, -es, -promisse* compromise; **~ler** *sub, m, -s, -* compromiser; **kompromisslos** *adj,* uncompromising; **~lösung** *sub, f, -, -en* compromise
kompromittieren, *vt, vr,* compromise
Komsomolze, *sub, m, -n, -n* member of the Comsomol
Komtess, *sub, f, -, -en* countess
Kondensat, *sub, n, -(e)s, -,e* condensate; **~ion** *sub, f, -, -en* condensation; **~or** *sub, m, -s, -en* condenser; **kondensieren** *vti,* condense; **Kondensmilch** *sub, f, -, nur Einz.* evaporated milk; **Kondensstreifen** *sub, m, -s, -* vapour trail
Kondition, *sub, f, -, nur Einz.* condition; *f, -, -en* term; **konditional (1)** *adj,* conditional **(2) Konditional** *sub, m, -s, -e* conditional; **konditionieren** *vt, (psych.)* condit on
Konditor, *sub, m, -s, Konditoren* pastry-cook; **~ei** *sub, f, -, -en* cake shop
Kondom, *sub, m, -s, das oder -e* condom

Kondominium, *sub*, *n*, *-s*, *-minien* condominium

Kondor, *sub*, *m*, *-s*, *-e* condor

Kondottiere, *sub*, *m*, *-s*, *-ri (hist.)* condottiere

Kondukt, *sub*, *m*, *-(e)s*, *-e* funeral procession; *~eur sub*, *m*, *-s*, *der.-e (Swiss obs)* ticket collector

Konfekt, *sub*, *n*, *-(e)s*, *-e* confectionery

Konfektion, *sub*, *f*, *-*, *-en* off-the-peg clothing; *~euse sub*, *f*, *-*, *-n* outfitter; **konfektionieren** *vt*, manufacture (clothing); *~sanzug sub*, *m*, *-(e)s*, *-anzüge* off-the-peg suit; *~sgröße sub*, *f*, *-*, *-n* size number

Konferenz, *sub*, *f*, *-*, *-en* conference; *~schaltung sub*, *f*, *-*, *-en* conference circuit; **konferieren** *vi*, confer

Konfession, *sub*, *f*, *-*, *-en* religious denomination; *~alismus sub*, *m*, *-*, *nur Einz.* denominationalism; **konfessionell** *adj*, denominational

Konfetti, *sub*, *n*, *-s*, *nur Einz.* confetti

Konfiguration, *sub*, *f*, *-*, *-en* configuration

Konfirmand, *sub*, *m*, *-en*, *-en* candidate for confirmation; **Konfirmation** *sub*, *f*, *-*, *-en* confirmation; **konfirmieren** *vt*, confirm

Konfiskation, *sub*, *f*, *-*, *-en* confiscation; **konfiszieren** *vt*, confiscate

Konfitüre, *sub*, *f*, *-*, *-n* jam

Konflikt, *sub*, *m*, *-(e)s*, *-e* conflict; *~feld sub*, *n*, *-(e)s*, *-er* area of conflict; *~herd sub*, *m*, *-(e)s*, *-e* source of conflict; **konfliktlos** *adj*, nonconflicting

Konfluenz, *sub*, *f*, *-*, *-en* confluence

konform, *adj*, conforming; **Konformismus** *sub*, *m*, *-*, *nur Einz.* conformism; **Konformist** *sub*, *m*, *-en*, *-en* conformist; *~istisch adj*, conformist; **Konformität** *sub*, *f*, *-*, *nur Einz.* conformity

Konfrontation, *sub*, *f*, *-*, *-en* confrontation; **konfrontieren** *vt*, confront

konfus, *adj*, confused, mixed-up;

Konfusion *sub*, *f*, *-*, *-en* confusion

Konfuzianismus, *sub*, *m*, *-*, *nur Einz.* Confucianism

kongenial, *adj*, congenial, likeminded; **Kongenialität** *sub*, *f*, *-*, *nur Einz.* congeniality

Konglomerat, *sub*, *n*, *-(e)s*, *-e* conglomeration

Kongobecken, *sub*, *n*, *-s*, *nur Einz.* Congo Basin; **kongolesisch** *adj*, Congolese

Kongregation, *sub*, *f*, *-*, *-en* congregation

Kongress, *sub*, *m*, *-es*, *-gresse* congress, convention; *~halle sub*, *f*, *-*, *-n* convention hall

kongruent, *adj*, *(mat.)* concurring, congruent; **Kongruenz** *sub*, *f*, *-*, *-en* concurrence, congruence; **kongruieren** *vi*, be congruent, concur

König, *sub*, *m*, *-s*, *-e* king; *~in sub*, *f*, *-*, *-nen* queen; *~inwitwe sub*, *f*, *-*, *-n* dowager queen; **königlich** *adj*, royal; *~reich sub*, *n*, *-(e)s*, *-e* kingdom; *~sadler sub*, *m*, *-s*, *- (zool.)* royal eagle; *~skrone sub*, *f*, *-*, *-n* royal crown; *~skuchen sub*, *m*, *-s*, *-* fruitcake; *~sschloss sub*, *n*, *-es*, *-schlösser* royal palace; *~sthron sub*, *m*, *-(e)s*, *-e* throne; *~stiger sub*, *m*, *-s*, *- (zool.)* Bengal tiger; *~tum sub*, *n*, *-s*, *-tümer* kingship

konisch, *adj*, conical

konjektural, *adj*, conjectural; **Konjugation** *sub*, *f*, *-*, *-en* conjugation; **konjugierbar** *adj*, conjugable; **konjugieren** *vt*, conjugate

Konjunktion, *sub*, *f*, *-*, *-en* conjunction

Konjunktiv, *sub*, *m*, *-s*, *-e* subjunctive

Konjunktur, *sub*, *f*, *-*, *-en* economy; **konjunkturell** *adj*, economic

Konklave, *sub*, *n*, *-s*, *-n* conclave

konkludent, *adj*, conclusive; **konkludieren** *vi*, conclude

Konklusion, *sub*, *f*, *-*, *-en* conclusion; **konklusiv** *adj*, conclusive

Konkordanz, *sub, f, -, -en* concordance; **Konkordat** *sub, n, -s, -e* concordat
konkret, *adj,* concrete, definite; **Konkretion** *sub, f, -, -en (geol.)* concretion; ~**isieren** *vt,* define
Konkubinat, *sub, n, -s, -e* concubinage; **Konkubine** *sub, f, -, -n* concubine
Konkupiszenz, *sub, f, -, nur Einz.* concupiscence
Konkurrent, *sub, m, -en, -en* competitor, rival; **Konkurrenz** *sub, f, -, -en* competition, competitor, rivalry; **konkurrenzfähig** *adj,* competitive; **konkurrenzlos** *adj,* unrivalled; **konkurrieren** *vi,* compete
Konkurs, *sub, m, -es, -e* bankruptcy; ~**masse** *sub, f, -, -n* bankrupt´s assets
können, (1) *Hilfsverb,* can (2) **Können** *sub, n, -s, nur Einz.* ability, skill (3) *vti,* be able to, be allowed to, could (might, may), know how to; *es ist furchtbar, nicht schlafen zu können* it´s terrible not to be able to sleep; *jeder zahlt, soviel er kann* everyone pays as much as he can; *du kannst tun and lassen, was du willst* you can do as you please; *kann ich jetzt gehen?* can I go now?; *man kann nicht alles sagen, was wahr ist* one must not say everything that is true; *er kann jeden Augenblick kommen* he could come any minute; *sie könnte anderer Meinung sein* she might see it differently; *kannst du reiten?* can you ride?; *kochen konnte sie nie und lernen will sie es auch nicht* she never knew how to cook and she doesn´t want to learn; **Könner** *sub, m, -s, -* expert; **Könnerschaft** *sub, f, -, nur Einz.* experts
Konnexion, *sub, f, -, -en* connections
konnivieren, *vi,* connive
Konnossement, *sub, n, -s, -e (wirt.)* bill of lading
Konnotation, *sub, f, -, -en* connotation; **konnotieren** *vt,* connote

Konnubium, *sub, n, -s, -bien* marriage
Konoid, *sub, n, -s, -e (mat.)* conoid
Konrektor, *sub, m, -s, -en* deputy headmaster, vice-president
Konsekration, *sub, f, -, -en* consecration; **konsekrieren** *vt,* consecrate; **konsekutiv** *adj,* consecutive
Konsens, *sub, m, -s, -e* agreement, assent; **konsensfähig** *adj,* able to consent
konsequent, *adj,* consistent, resolute; **Konsequenz** *sub, f, -, -en* consequence, single-mindedness
konservativ, *adj,* conservative; **Konservative** *sub, m,f, -n, -n* Conservative; **Konservativismus** *sub, m, -men* conservatism; **Konservator** *sub, m, -s, -en* curator; **Konservatorium** *sub, n, -s, -rien* conservatoire
Konserve, *sub, f, -, -n* preserves, tinned food; ~**nbüchse** *sub, f, -, -r* tin; **konservieren** *vt,* preserve; **Konservierungsmittel** *sub, n, -s, -* preservative
Konsignatar, *sub, m, -s, -e* consignee; **Konsignation** *sub, f, -, -en* consignment; **konsignieren** *vt,* consign
Konsilium, *sub, n, -s, -lien (med.)* council
konsistent, *adj,* consistent; **Konsistenz** *sub, f, -, nur Einz.* consistence
konskribieren, *vt,* (mil.) conscript
Konsole, *sub, f, -, -n* bracket, console; **Konsoltisch** *sub, m, -es, -e* console table
Konsolidation, *sub, f, -, -en* consolidation; **konsolidieren** *vtr,* consolidate
Konsonant, *sub, m, -en, -en* consonant
Konsonanz, *sub, f, -, -en* consonance
Konsorten, *sub, nur Mehrz.* associates, clique; *(ugs.) er und seine*

Konsorten he and his clique
Konsortium, *sub, n, -s, -tien (wirt.)* consortium, group
konstant, *adj,* constant
Konstanz, *sub, f, -, nur Einz.* constancy
konstatieren, *vt,* confirm, perceive
Konstellation, *sub, f, -, -en* constellation, situation
konsternieren, *vt,* dismay; konsterniert *adj,* dismayed
Konstipation, *sub, f, -, -en* constipation
Konstituente, *sub, f, -, -n* constituent; konstituieren (1) *vr, (polit.)* assemble (2) *vt,* constitute; Konstitution *sub, f, -, -en* constitution; konstitutionell *adj,* constitutional; konstitutiv *adj,* constitutive
Konstriktor, *sub, m, -s, -en (med.)* constrictor
konstruieren, *vt,* construct; Konstrukt *sub, n, -s, -e o. -s* construct; Konstrukteur *sub, m, -s, -e* constructor; Konstruktion *sub, f, -en* construction; konstruktiv *adj,* constructive; *(tech.)* structural; Konstruktivismus *sub, m, -, nur Einz. (kun.)* constructivism; Konstruktivist *sub, m, -en, -en* constructivist
Konsul, *sub, m, -s, -n* consul; konsularisch *adj,* consular; ~at *sub, n, -s, -e* consulate; ~tation *sub, f, -, -en* consultation; konsultativ *adj,* consultatory; konsultieren *vt,* consult
Konsum, *sub, m, -s, nur Einz.* consumption; ~ation *sub, f, -, -en* consumption; ~denken *sub, n, -s, nur Einz.* materialistic thinking; ~ent *sub, m, -en, -en* consumer; konsumieren *vt,* consume; ~ierung *sub, f, -, -en* consumption; ~ption *sub, f, -, nur Einz. (med.)* consumption; konsumtiv *adj,* consumptive; ~verein *sub, m, -s, -e* consumer cooperative
Kontakt, *sub, m, -s, -e* contact; ~armut *sub, f, -, nur Einz.* social withdrawal; kontakten *vt, (.; wirt.)* establish contacts (to clients); ~er

sub, m, -s, - (wirt. Werbung) account manager; kontaktfreudig *adj,* sociable; ~gift *sub, n, -s, -e (med.)* contact poison; kontaktieren *vt,* get in touch with; ~linse *sub, f, -, -n* contact lens; ~mann *sub, m, -es, -männer* contact, informant; ~nahme *sub, f, -, -n* contact; ~stoff *sub, m, -s, -e (chem.)* catalyst
Kontamination, *sub, f, -, -en* contamination; kontaminieren *vt,* contaminate
kontant, *adj,* in cash
Kontanten, *sub, Mehrz.* ready money
Kontemplation, *sub, f, -, -en* contemplation; kontemplativ *adj,* contemplative
Konter, *sub, m, -s, - (spo.)* return punch
Konteradmiral, *sub, m, -s, -e (mil.)* rear admiral
Konterfei, *sub, n, -s, -s* portrait; konterfeien *vt,* portray
konterkarieren, *vt,* counteract
kontern, *vti,* contradict, counter; Konterrevolution *sub, f, -, -en* counter-revolution; Konterschlag *sub, m, -s, -schläge (mil.)* counter-attack
Kontext, *sub, m, -s, -e* context; kontextuell *adj,* contextual
kontieren, *vt,* book to an account
Kontiguität, *sub, f, -, nur Einz.* contiguity
Kontinent, *sub, m, -s, -e* continent; kontinental *adj,* continental; ~alverschiebung *sub, f, -, -en* continental shift
Kontinenz, *sub, f, -, nur Einz.* continence
Kontingent, *sub, n, -s, -e (mil.)* contingent; *(wirt.)* quota
Kontinuation, *sub, f, -, -en* continuation; kontinuierlich *adj,* continual; Kontinuität *sub, f, -, nur Einz.* continuity; Kontinuum *sub, n, -s, -tinuen und -tinua* continuum
Konto, *sub, n, -s, Konten o. Konti*

account; ~**auszug** *sub, m, -s, -züge* bank statement; ~**inhaber** *sub, m, -s, -* account holder; ~**korrent** *sub, n, -s, -e* current account; ~**nummer** *sub, f, -, -n* account number **Kontor,** *sub, m, -s, -e* branch office; ~**ist** *sub, m, -en, -en* clerk **kontra,** (1) *adv,* against (2) *präp,* versus (3) **Kontra** *sub, n, -s, -s* opposition **Kontrabass,** *sub, m, -es, -bässe* double-bass; **Kontradiktion** *sub, f, -, -en* contradiction; **Kontrafagott** *sub, n, -s, -e* double-bassoon; **Kontrafaktur** *sub, f, -, -en* contrafact **Kontrakt,** *sub, m, -s, -e* contract; ~**ion** *sub, f, -, -en (med.)* contraction; **kontraktlich** *adj,* contractual **Kontrapost,** *sub, m, -s, -e (kun.)* contrapposto; **Kontrapunkt** *sub, m, -s, -e (mus.)* counterpoint; **konträr** *adj,* contrary **Kontrast,** *sub, m, -s, -e* contrast; ~**brei** *sub, m, -s, -e (med.)* opaque meal; **kontrastieren** *vt,* contrast; ~**mittel** *sub, n, -s, - (med.)* contrast medium; ~**programm** *sub, n, -s, -e (ugs.)* variation **Kontrazeption,** *sub, f, -, nur Einz.* contraception; **kontrazeptiv** (1) *adj,* contraceptive (2) **Kontrazeptiv** *sub, n, -s, -e* contraceptive **Kontribution,** *sub, f, -, -en* contribution **Kontrolle,** *sub, f, -, hier nur Einz.* control; *er hatte die Situation vollkommen unter Kontrolle* he had the situation completely under control; *sich unter Kontrolle haben* check oneself; ~**n** *sub, f, -, hier nur Mehrz.* controls; *die Kontrollen verschärfen* to increase controls; ~**r** *sub, m, -s, - (tech.)* switch; ~**ur** *sub, m, -s, -e* inspector; **kontrollieren** *vt,* check, control, supervise; **Kontrollturm** *sub, m, -s, -türme* control tower; **Kontrolluhr** *sub, f, -, -en* time clock **kontrovers,** *adj,* controversial; **Kontroverse** *sub, f, -, -n* controversy

Kontur, *sub, f, -, -en* contour; *die Berge mit scharfen Konturen sehen* to see the mountains sharply outlined; *(i. ü. S.) eine Persönlichkeit ohne Konturen* a wishy-washy sort of character; ~**enschärfe** *sub, f, -, -n* definition **Konus,** *sub, m, -se und Konen (nat.)* cone **Konvaleszent,** *sub, m, -en, -en* convalescent **Konvektion,** *sub, f, -, -en (phy.)* convection **Konvenienz,** *sub, f, -, nur Einz.* convenience; **konvenieren** *vi,* be suitable; **Konvent** *sub, m, -s, -e* convent, convention; **Konventikel** *sub, n, -s, -* conventicle; **Konvention** *sub, f, -, -en* convention; **konventional** *adj,* conventional; **Konventionalstrafe** *sub, f, -, -n* fine (for breach of contract); **konventionell** *adj,* conventional; **Konventuale** *sub, m, -n, -n* conventual **konvergent,** *adj,* convergent; **Konvergenz** *sub, f, -, -en* convergence; **konvergieren** *vi,* converge **Konversation,** *sub, f, -, -en* conversation; ~**slexikon** *sub, n, -s, -lexika* encyclopaedia; **konversieren** *vi,* converse; **Konversion** *sub, f, -, -en* conversion; **Konverter** *sub, m, -s, -* converter; **konvertibel** *adj,* convertible; **konvertieren** (1) *vi,* be converted (2) *vt,* convert; **Konvertierung** *sub, f, -, -en* conversion; **Konvertit** *sub, m, -en, -en* convert **konvex,** *adj,* convex; **Konvexlinse** *sub, f, -, -n* convex lens **Konviktuale,** *sub, m, -n, -n* seminarian **Konvolut,** *sub, n, -s, -e* bundle of papers; **Konvulsion** *sub, f, -, -en* convulsion **konzedieren,** *vt,* grant **Konzentrat,** *sub, n, -s, -e (chem.)* concentrate; ~**ion** *sub, f, -, -en*

Konzept

concentration; *(chem.)* concentration; *das ist nur eine Sache der Konzentration* it´s only a matter of concentration; *es mangelt ihm an Konzentration* he lacks concentration; **~ionslager** *pron*, concentration camp; **konzentrieren** *vr*, concentrate; *ich kann mich heute nicht konzentrieren* I can´t concentrate today; **konzentriert** *adj*, concentrated; **konzentrisch** *adj*, concentric

Konzept, *sub*, *n*, *-s*, *-e* concept, plans, rough copy; *aus dem Konzept kommen* to lose the thread; *(ugs.) das paßt ihm nicht ins Konzept* that doesn´t suit his plans; *es ist jetzt wenigstens als Konzept fertig* at least the draft is ready now; **~ion** *sub*, *f*, *-*, *-en* conception, idea; **konzeptionell** *adj*, conceptual

Konzern, *sub*, *m*, *-es*, *-e (wirt.)* combine; **konzernieren** *vi*, combine

Konzert, *sub*, *n*, *-s*, *-e* concert; **~abend** *sub*, *m*, *-s*, *-e* concert evening

konzertant, *adj*, in concerto form; **konzertieren** *vi*, play (in a concert); **konzertiert** *adj*, concerted; **Konzertina** *sub*, *f*, *-*, *-s* concertina

Konzertmeister, *sub*, *m*, *-s*, *-* first-violinist, leader; **konzertreif** *adj*, proficient; **Konzertreife** *sub*, *f*, *-*, *nur Einz.* proficiency; **Konzertreise** *sub*, *f*, *-*, *-n* concert tour; **Konzertsaal** *sub*, *m*, *-s*, *-säle* concert hall; **Konzertstück** *sub*, *n*, *-s*, *-e* concert piece

Konzession, *sub*, *f*, *-*, *-en* concession, licence; **~är** *sub*, *m*, *-s*, *-e* licencee; **konzessionieren** *vt*, grant so a concession; **konzessiv** *adj*, concessive

Konzil, *sub*, *m*, *-s*, *-le oder -lien* council; **~svater** *sub*, *m*, *-s*, *-väter* council father

konziliant, *adj*, conciliatory; **Konzilianz** *sub*, *f*, *-*, *nur Einz.* conciliatoriness

konzipieren, *vt*, conceive

konzis, *adj*, concise

Kooperation, *sub*, *f*, *-*, *-en* cooperation; **kooperativ** *adj*, cooperative; **Kooperative** *sub*, *f*, *-*, *-n* cooperative; **kooperieren** *vi*, cooperate

Kooptation, *sub*, *f*, *-*, *-en* co-option; **kooptieren** *vt*, co-opt

Koordinate, *sub*, *f*, *-n (mat.)* coordinate; **Koordination** *sub*, *f*, *-*, *-en* coordination; **Koordinator** *sub*, *m*, *-s*, *-en* coordinator; **koordinieren** *vt*, coordinate

Kopeke, *sub*, *f*, *-*, *-n* kopeck

Kopenhagener(in), *sub*, *m*, *-s*, *-* person from Copenhagen

Köpenickiade, *sub*, *f*, *-*, *-n* hoax

Köper, *sub*, *m*, *-s*, *-* twill; **~bindung** *sub*, *f*, *-*, *-en* twill weave

Kopf, *sub*, *m*, *-s*, *Köpfe* head; *(i. ü. S.)* mind; *(ugs.) das hältst du ja im Kopf nicht aus* it´s absolutely incredible; *(i. ü. S.) es werden Köpfe rollen* heads will roll; *(ugs.) mit dem Kopf durch die Wand wollen* to be bent on getting one´s own way; *die besten Köpfe des Landes* the best minds in the country; *mir ist neulich in den Kopf gekommen, daß* the idea crossed my mind that; *sich über etwas den Kopf zerbrechen* to rack one´s brains over something; **~arbeiter** *sub*, *m*, *-s*, *-* brainworker; **~bahnhof** *sub*, *m*, *-s*, *-höfe* terminus (station); **~ball** *sub*, *m*, *-s*, *-bälle (spo.)* header; **~balltor** *sub*, *n*, *-s*, *-e* headed goal; **~bewegung** *sub*, *f*, *-*, *-en* head movement; **~düngung** *sub*, *f*, *-*, *-en* topdressing

köpfen, *vt*, behead

Kopfende, *sub*, *n*, *-s*, *-n* head; **Kopfform** *sub*, *f*, *-*, *-en* head shape; **Kopfgeld** *sub*, *n*, *-s*, *-er* head money; **Kopfhaar** *sub*, *n*, *-s*, *-e* hair; **Kopfhaltung** *sub*, *f*, *-*, *-en* posture (of the head); **Kopfhaut** *sub*, *f*, *-*, *-häute* scalp; **Kopfhörer** *sub*, *m*, *-s*, *-* headphones; **Kopfjäger** *sub*, *m*, *-s*, *-* head-hunter; **Kopfkissen** *sub*, *n*, *-s*, *-* pillow

kopflos, *adj,* headless, panicky, rash; **Kopfnuss** *sub, f, -, -nüsse* rap (on the head); **kopfrechnen** *vi,* do mental arithmetic; **Kopfsalat** *sub, m, -s, -e* lettuce; **kopfscheu** *adj,* nervous, skittish; **Kopfschmerz** *sub, m, -es, -zen* headache; *(ugs.)* *mach dir darüber keine Kopfschmerzen!* don´t lose any sleep over that!; *rasende Kopfschmerzen haben* to have a splitting headache; **Kopfschmuck** *sub, m, -s, -e* headdress; **Kopfschuppe** *sub, f, -, -n* dandruff; **Kopfschuss** *sub, m, -es, -schüsse* shot in the head; **Kopfschützer** *sub, m, -s, -* headguard, helmet **Kopfstehen,** *sub, n, -s, nur Einz.* headstand; **Kopf stehen** *vi,* stand on one's head; **Kopfstimme** *sub, f, -, -n* falsetto, head voice; **Kopfstoß** *sub, m, -es, -stösse (Billard)* pinch; **Kopfteil** *sub, m,n, -s, -e* headpiece; **Kopftuch** *sub, n, -es, -tücher* scarf; **kopfüber** *adv,* headfirst; **Kopfweh** *sub, n, -s, -e* headache; **Kopfzerbrechen** *sub, n, -s, - (i. ü. S.)* worry; *diese Sache hat mir viel Kopfzerbrechen gemacht* this business gave me quite a headache; *er macht sich darüber nicht viel Kopfzerbrechen* he doesn´t worry about it much **Kophta,** *sub, m, -s, -s* thaumaturge **Kopie,** *sub, f, -, -n* copy, imitation; **kopieren** *vt,* copy, imitate; *~rer sub, m, -s, -* copier; *~rgerät sub, n, -s, -e* photocopying machine; *~rpapier sub, n, -s, -e* photocopy paper; *~rschutz sub, m, -es, -e* copy protection; *~rstift sub, m, -s, -e* indelible pencil **Kopilot,** *sub, m, -en, -en* co-pilot **Koppel,** *sub, f, -, -n* paddock; **koppelgängig** *adj,* pasturing; *~weide sub, f, -, -n* enclosed pasture **Kopplung,** *sub,f, -, -en* coupling, joining **Koproduktion,** *sub, f, -, -en* co-production; **Koproduzent** *sub, m, -en, -en* co-producer **koprophag,** *adj,* coprophagous;

Koprophagie *sub, f, -, nur Einz.* coprophagy **Kopte,** *sub, m, -n, -n* Copt **Kopulation,** *sub, f, -, -en* copulation; **Kopulativum** *sub, n, -s, -va* copulative word; **kopulieren** *vi,* copulate **Koralle,** *sub, f, -, -n* coral; *~nbank sub, f, -, -bänke* coral reef; **korallenrot** *adj,* coral-red **koram,** *adv, (obs)* reprove so **Koran,** *sub, m, -s, nur Einz.* Koran **Korb,** *sub, m, -s, Körbe* basket; *~ball sub, m, -s, nur Einz.* basketball; *~blütler sub, m, -s, - (bot.)* composite; **Körbchen** *sub, n, -s, - cup (of a bra), s. Korb; (ugs.)* beddy-byes; *~flasche sub, f, -, -n* demijohn; *~flechter sub, m, -s, -* basket-maker; *~wurf sub, m, -s, -würfe (spo.)* throw for goal **Kord,** *sub, m, -s, -e u. -s* corduroy; *~hose sub, f, -, -n* corduroy trousers **Kordel,** *sub, f, -, -n* cord; *(ugs.)* string **kordial,** *adj,* cordial; **Kordialität** *sub, f, -, nur Einz.* cordiality **kordieren,** *vt, (tech.)* knurl **Kordon,** *sub, m, -s, -s* cordon **Kordsamt,** *sub, m, -s, -e* cord velvet **Kore,** *sub, f, -, -n (arch.)* caryatid **Koreaner,** *sub, m, -s, -* Korean; **koreanisch** *adj,* Korean **koreferieren,** *vi,* read a supplementary paper; **Koregisseur** *sub, m, -s, -e* co-director **Koriander,** *sub, m, -s, -* coriander; *~öl sub, n, -s, -e* coriander oil **Korinthe,** *sub, f, -, -n* currant **Kork,** *sub, m, -s, -e* cork; *~en (1) sub, m, -s, -* cork (2) **korken** *vt,* cork; *~enzieher sub, m, -s, -* corkscrew; **korkig** *adj,* corky **Kormoran,** *sub, m, -s, -e* cormorant **Korn,** *sub, n, -s, Körner* grain; *(i. ü. S.) jemanden aufs Korn nehmen* to start keeping tabs on someone; *~blume sub, f, -, -n* cornflower; **Körnchen** *sub, n, -s, -s.* Korn; *ein Körnchen Wahrheit* a grain of truth; **~er** *sub, m, -s, - (wirt.)* corner; **Körnerfutter** *sub, n, -s, nur Einz.* grain feed; **~feld** *sub, m, -s, -er* cornfield; **körnig** *adj,* grainy **Kornett,** *sub, m ??, -s, -e und -s (mus.)* cornet **Kornrade,** *sub, f, -, -n (bot.)* corncockle **Kornspeicher,** *sub, m, -s, -* granary **Korollarium,** *sub, n, -s, -ien (mat. phil.)* corollary **Korona,** *sub, f, -, -nen (ugs.)* crowd; *(kun.)* halo; **koronar** *adj, (med.)* coronary; **~rinsuffizienz** *sub, f, -, -en* coronary insufficiency **Körper,** *sub, m, -s, -* body; **~bau** *sub, m, -s, -ten* build, physique; **~behinderte** *sub, m,f, -n, -n* physically disabled person; **körpereigen** *adj,* endogenous; **~fülle** *sub, f, -, nur Einz.* corpulence; **~geruch** *sub, m, -s, -gerüche* body odour; **~größe** *sub, f, -, -n* height; **~kraft** *sub, f, -, -kräfte* strength; **~kultur** *sub, f, -, -en* personal hygiene; **~länge** *sub, f, -, -n* length **körperlich,** *adj,* manual, physical; *schwer körperlich arbeiten* to do heavy manual work (or labour); **Körperschaft** *sub, f, -, -en* corporation; **Körpertemperatur** *sub, f, -, -en* body temperature; **Körperverletzung** *sub, f, -, -en* physical injury; **Körperwärme** *sub, f, -, -n* body heat **Korporal,** *sub, m, -s, -e o. -äle* corporal **Korporation,** *sub, f, -, -en* fraternity; **korporativ** *adj,* corporate **Korps,** *sub, n, -, -* corps; **~bruder** *sub, m, -s, -brüder* fellow member of a (duelling) fraternity; **~student** *sub, m, -en, -en* student in a fraternity **korpulent,** *adj,* corpulent; **Korpulenz** *sub, f, -, nur Einz.* corpulence **Korpus,** *sub, n, -, Korpora* corpus **Korral,** *sub, m, -s, -e* corral

Korrasion, *sub, f, -, -en* wind carving **Korreferat,** *sub, n, -s, -e* supplementary paper; **Korreferent** *sub, m, -en, -en* reader of a supplementary paper **korrekt,** *adj,* correct, right; **Korrektheit** *sub, f, -, nur Einz.* correctness; **~iv (1)** *adj,* corrective **(2) Korrektiv** *sub, n, -s, -e* corrective; **Korrektor** *sub, m, -s, -en* proof-reader; **Korrektorat** *sub, n, -s, -e* proof-reading office; **Korrektur** *sub, f, -, -en* correction, proof-reading **Korrelat,** *sub, n, -s, -e* correlate; **~ion** *sub, f, -, -en* correlation; **korrelieren** *vi,* correlate **korrespektiv,** *adj, (jur.)* joint **Korrespondent,** *sub, m, -en, .en* correspondent; **Korrespondenz** *sub, f, -, -en* correspondence; **korrespondieren** *vi,* correspond **Korridor,** *sub, m, -s, -e* corridor; **~tür** *sub, f, -, -en* door (to or leading from corridor) **korrigieren,** *vt,* adjust, correct **korrodieren,** *vti,* corrode; **Korrosion** *sub, f, -, -en* corrosion **korrumpieren,** *vt,* corrupt; **korrumpiert** *adj,* corrupt(ed) **korrupt,** *adj,* corrupt; **Korruption** *sub, f, -, -en* bribery, corruption **Korsage,** *sub, f, -, -n* corsage **Korsar,** *sub, m, -en, -en* corsair **Korselett,** *sub, n, -s, -s o. -e* corselet **Korsett,** *sub, n, -s, -s und -e* corset(s) **Korso,** *sub, m, -s, -s* avenue **Kortison,** *sub, n, -, nur Einz.* cortisone **Korund,** *sub, m, -s, -e (geol.)* corundum **Korvette,** *sub, f, -, -n* corvette **Koryphäe,** *sub, f, -, -n* expert; *(ugs.)* leading light **Kosak,** *sub, m, -en, -en* Cossack; **~enmütze** *sub, f, -, -n* Cossack

cap; ~enpferd *sub, m, -s, -e* Cossack horse
Koschenille, *sub, f, -, -n* cochineal
koscher, *adj,* kosher; *(ugs.) die Sache scheint mir nicht ganz koscher zu sein* it looks a bit fishy to me
K.-o.-Schlag, *sub, m, -s, -schläge* knock-out blow
Koseform, *sub, f, -, -en* affectionate form, familiar form (of name); **kosen** *vi,* fondle; **Kosename** *sub, m, -ns, -n* nickname, pet name; **Kosewort** *sub, n, -es, -wörter* term of endearment
K.-o.-Sieger, *sub, m, -s, -* knock-out winner
Kosmetik, *sub, f, -, nur Einz.* cosmetics; ~erin *sub, f, -, -nen* cosmetician; ~um *sub, n, -s, -tika* cosmetic; **kosmetisch** *adj,* cosmetic
kosmisch, *adj,* cosmic; **Kosmodrom** *sub, n, -s, -e* cosmodrome
Kosmogonie, *sub, f, -, -n* cosmogony; **kosmogonisch** *adj,* cosmogonic(al)
Kosmografie, *sub, f, -, -n* cosmography; **Kosmologie** *sub, f, -, nur Einz.* cosmology; **kosmologisch** *adj,* cosmologic(al); **Kosmonaut** *sub, m, -en, -en* cosmonaut; **Kosmonautik** *sub, f, -, nur Einz.* cosmonautics; **Kosmopolit** *sub, m, -en, -en* cosmopolite; **Kosmos** *sub, n, -, nur Einz.* cosmos
Kost, *sub, f, -, nur Einz.* diet, food; *fleischlose Kost* a meatless diet; *Kost und Logis* board and lodging; *(i. ü. S.) seine Bücher sind schwere Kost* his books are heavy going
Kosten, (1) *sub, Mz.* cost(s), expense(s) (2) **kosten** *vt,* sample, taste (3) *vti,* cost; *(ugs.) das Bier geht auf meine Kosten* the beer is on me; *die Kosten spielen keine Rolle* money´s no object; *Lebenshaltungskosten* the cost of living, *alle Kosten eingeschlossen* including all charges; *was kostet das?* how much is that?; *hast du diesen Wein schon gekostet?* have you tasted this wine yet?;

ich möchte nur ein bisschen kosten I just want to have a taste; ~anschlag *sub, m, -s, -schläge* estimate; ~faktor *sub, m, -s, -en* cost factor; ~frage *sub, f, -, -n* question of cost(s); ~gründe *sub, nur Mehrz.* cost reasons; kostenlos *adj,* free; ~miete *sub, f, -, -n* rent to cover costs; kostenpflichtig *adj,* chargeable; ~punkt *sub, m, -s, -e* expense(s), price; *was den Kostenpunkt anbetrifft* as to expenses; *es gefällt mir, aber wie ist der Kostenpunkt?* I like it, but how much is it?; ~rahmen *sub, m, -s, -* estimated expenditure; *das können wir nicht machen; es übersteigt bei weitem unseren Kostenrahmen* we can´t do it; it goes far beyond our estimated expenditure; ~voranschlag *sub, m, -s, -schläge* estimate; **Kostgeld** *sub, n, -s, nur Einz.* board
köstlich, *adj,* delicious, priceless; *alles auf der Karte hier ist köstlich* everything on the menu here is delicious; *seine Sprüche sind köstlich* his sayings are priceless; **Köstlichkeit** *sub, f, -, -en* delicacy, deliciousness
kostspielig, *adj,* costly, dear, expensive
Kostüm, *sub, n, -s, -e* costume, woman´s suit; ~fundus *sub, m, -, nur Einz.* theatre wardrobe; **kostümieren** *vr,* put on fancydress; *für das Fest muß man sich kostümieren* you have to wear fancydress to that party; ~ierung *sub, f, -, -en* costume, fancydress
Kot, *sub, m, -s, nur Einz.* excrement, faeces
Kotau, *sub, m, -s, -s* kowtow
Kotelett, *sub, n, -s, -s* chop, cutlet
Koteletten, *sub, f, -, nur Mehrz.* side whiskers
Kötengelenk, *sub, n, -s, -e* fetlock
Köter, *sub, m, -s, -* cur
Kotflügel, *sub, m, -s, -* mudguard
kotieren, *vt, (wirt.)* list sth for ad-

mission to the stock exchange
Kotze, *sub, f, -, nur Einz. (vulg.)* vomit; **kotzen** *vi,* throw up, vomit; *ich
kriege langsam das Kotzen* I´m beginning to see red; *(vulg.) wenn ich
dich höre, könnte ich kotzen* just
listening to you makes me want to
throw up; **kotzübel** *adj, (vulg.)*
nauseous
Krabbe, *sub, f, -, -n* crab; *(ugs.)*
prawn
Krabbelalter, *sub, n, -s, nur Einz.*
crawling stage; **Krabbelkind** *sub,
n, -s, -er* baby at crawling stage;
krabbeln *vi,* crawl
Krach, *sub, m, -s, Kräche* noise,
quarrel, racket, row; *(ugs.) jeden
Abend gibt es nebenan Krach* the-
re´s a row next door every evening
krächzen, *vi,* caw, croak
Krächzer, *sub, m, -s,* - croaking
Kradschütze, *sub, m, -n, -n (ugs.;
mil.)* motor cyclist rifleman
kraft, (1) *präp,* by virtue of, on the
strength of **(2) Kraft** *sub, f, -, Kräfte*
energy, power, strength; **Kraftakt**
sub, m, -s, -e exertion; **Kraftaufwand** *sub, m, -s, nur Einz.* effort,
exertion; **Kraftausdruck** *sub, m, -s,
-drücke* swearword; **~erfüllt** *adj,*
energized, strong; **Kraftfahrer** *sub,
m, -s,* - driver, motorist; **Kraftfahrzeug** *sub, n, -s, -e* motor vehicle;
Kraftfeld *sub, n, -s, -er (phy.)* force
field; **Kraftfutter** *sub, n, -s, nur
Einz.* concentrated feed
kräftig, *adj,* big, powerful, strong;
*(ugs.) einen kräftigen Schluck neh-
men* to take a big swig; *sie ist kräftig
gebaut* she´s got a big build
kraftlos, *adj,* feeble, weak; *(jur.)* invalid
Kraftprobe, *sub, f, -, -n* test of
strength; *(i. ü. S.)* challenge; **Kraftprotz** *sub, m, -es, -e (ugs.)* muscle
man; **Kraftrad** *sub, n, -s, -räser* motorcycle; **Kraftstoff** *sub, m, -s, -e*
fuel; **Kraftverkehr** *sub, m, -s, nur
Einz.* motor traffic; **Kraftwagen**
sub, m, -s, -wägen motor vehicle;
Kraftwerk *sub, n, -s, -e* power stati-

on
Kragen, *sub, m, -s,* - *oder Krägen*
collar; *den Kragen offen tragen* to
wear open necks; *(ugs.) ich dreh´
dir den Kragen um* I´ll wring
your neck; *(ugs.) jetzt platzt mir
aber der Kragen* that´s the last
straw; **~bär** *sub, m, -s, -en (zool.)*
Himalayan black bear; **~knopf**
sub, m, -s, -knöpfe collar stud;
~nummer *sub, f, -, -n* collar size
Krähe, *sub, f, -, -n* crow; **krähen**
vi, crow; **Krähwinkel** *sub, m, -s,*
- *(ugs.)* back of nowhere
Krake, *sub, m, -, -n* octopus
krakeelen, *vi, (ugs.)* make a rak-
ket; **Krakeeler** *sub, m, -s,* - roisterer, rowdy
Krakelei, *sub, f, -, -en* scribbling;
krakelig *adj,* scrawly; **krakeln**
vti, scrawl, scribble
Kral, *sub, m, -s, -e* kraal
Kralle, *sub, f, -, -n* claw, talon;
krallen (1) *vr,* cling to sth **(2)** *vt,*
dig one´s nails into
Kram, *sub, m, -s, nur Einz.* junk,
stuff; *(ugs.)* things; *(ugs.) die
Wohnung ist vollgestopft mit altem Kram* the flat is crammed
with old junk; *(ugs.) was soll ich
mit diesem ganzen Kram?* what
am I supposed to do with all this
stuff?; **kramen** *vi,* rummage
about; **Krämer** *sub, m, -s,* - small
shopkeeper; **Krämergeist** *sub,
m, -s, nur Einz.* petty-minded
thinking; **Krämerseele** *sub, f, -,
-n* petty-minded nature
Krammetsvogel, *sub, m, -s, -vögel*
fieldfare
Krampf, *sub, m, -s, Krämpfe*
cramp, spasm; **~ader** *sub, m, -, -n*
varicose vein; **krampfartig** *adj,*
convulsive; **krampfhaft** *adj,* desperate, forced; **~husten** *sub, m,
-s, nur Einz.* convulsive cough
Kran, *sub, m, -s, Kräne* crane
kranial, *adj, (med.)* cranial
Kranich, *sub, m, -s, -e (zool.)* crane
krank, *adj,* sick; **Kranke** *sub, m,f,*

-n, -n patient, sick person; **kränkeln** *vi*, be in poor health; **Krankenbett** *sub*, *n*, -s, -en sick-bed; **Krankenblatt** *sub*, *n*, -s, -blätter medical record card **kranken**, *vi*, suffer (from); **kränkend** *adj*, upsetting, wounding **kränken**, *vt*, wound (so´s feelings) **Krankengeld**, *sub*, *n*, -s, *nur Einz.* sickpay; **Krankengymnastik** *sub*, *f*, -, *nur Einz.* physiotherapy; **Krankenhaus** *sub*, *n*, -es, -häuser hospital; **Krankenkasse** *sub*, *f*, -, -n health insurance scheme; **Krankenlager** *sub*, *n*, -s, - sick-bed; **Krankenschwester** *sub*,*f*, -, -n nurse; **Krankenversicherung** *sub*,*f*, -, -en health insurance; **Krankenwagen** *sub*, *m*, -s, -wägen ambulance **krankfeiern**, *vi*, take sick-leave; **krankhaft** *adj*, diseased, pathological **Krankheit**, *sub*,*f*, -, -en disease, sickness; ~**serreger** *sub*, *m*, -s, - pathogene; **kranklachen** *vr*, kill oneself laughing; **kränklich** *adj*, sickly; **krankmelden** *vtr*, give notification of sickness; **Krankmeldung** *sub*,*f*, -, -en notification of sickness **Kränkung**, *sub*, *f*, -, -en offence, wound **Kranz**, *sub*, *m*, -es, *Kränze* garland, wreath; **kränzen** *vt*, garland; ~**jungfer** *sub*, *f*, -, -n bridesmaid; ~**kuchen** *sub*, *m*, -s, - ring; ~**spende** *sub*,*f*, -, -n wreath **Krapfen**, *sub*, *m*, -s, - doughnut **krass**, *adj*, blatant, extreme, stark; *das ist eine krasse Lüge* that´s a blatant lie; *es kommt noch krasser* the worst is yet to come; **Krassheit** *sub*,*f*, -, -en blatancy, crudeness **Krater**, *sub*, *m*, -s, - crater **Kratzbürste**, *sub*, *f*, -, -n brusque person, wire brush; **kratzbürstig** *adj*, brusque **kratzen**, (1) *vr*, scratch oneself (2) *vt*, scrape, scratch **Kratzer**, *sub*, *m*, -s, - scratch **Krätzer**, *sub*, *m*, -s, - rough wine **Kratzfuß**, *sub*, *m*, -fußes, -füße low

bow **Kraul**, *sub*, *n*, -s, *nur Einz.* (spo.) crawl (stroke); **kraulen** (1) *vi*, crawl (2) *vt*, run o.´s fingers through (over); (ugs.) *kraulst du mir den Rücken?* will you run your fingers over my back?; ~**sprint** *sub*, *m*, -s, -s (spo.) crawl sprint; ~**staffel** *sub*,*f*, -, -n crawl relay **kraus**, *adj*, crumpled, frizzy **Krause**, *sub*, *f*, -, -n frizziness, ruffle **Kräuselband**, *sub*, *n*, -s, -bänder ruffle tape; **Kräuselgarn** *sub*, *n*, -s, -e waved thread; **Kräuselkrepp** *sub*, *m*, -s, -s *oder* -e crepe; **kräuseln** *vt*, crimp, frizz, pucker; (i. ü. S.) *die Stirn kräuseln* to wrinkle one´s brow; (i. ü. S.) *spöttisch die Lippen kräuseln* to mockingly pucker one´s lips **Krauseminze**, *sub*, *f*, -, -n curled mint **kraushaarig**, *adj*, frizzy-haired; **krausköpfig** *adj*, frizzy-headed **Kraut**, *sub*, *n*,*m*, -s, *hier nur Einz.* cabbage; *n*,*m*, -s, *nur Einz.* foliage, herb; (ugs.) *es ist Kraut und Rüben* it´s a muddle (a mess); (ugs S.Ger.) *Schweinswürstl mit Kraut* pork sausages with sauerkraut; (ugs.) *dagegen ist kein Kraut gewachsen* there is no remedy for that; (ugs.) *er raucht ein widerliches Kraut* the smokes a disgusting weed; **Kräuter** *sub*, *f*, -, *nur Mehrz.* herbs; **Kräuterbuch** *sub*, *n*, -s, -bücher herb book (guide); **Kräuterkäse** *sub*, *m*, -, - herb-flavoured cheese; **Kräuterlikör** *sub*, *m*, -s, -e herb(al) liqueur; **Kräutertee** *sub*, *m*, -s, -s herb(al) tea; ~**garten** *sub*, *m*, -s, -gärten vegetable garden; ~**gärtner** *sub*, *m*, -s, - vegetable gardener **Krawall**, *sub*, *m*, -s, -e brawl, riot **Krawatte**, *sub*,*f*, -, -n tie; ~**nnadel** *sub*,*f*, -, -n tie-pin **kraxeln**, *vi*, climb up (rocks)

Kraxler, *sub, m, -s,* - rock-climber
Krayon, *sub, m, -s, -s* crayon
kreativ, *adj,* creative; **Kreativität** *sub, f, -, nur Einz.* creativity; **Kreatur** *sub, f, -, nur Einz.* creation; *f, -, -en* creature; *alle Kreatur sebnte sich nach Regen* all creation cried out for rain; *er ist eine üble Kreatur* he´s a really nasty creature; **kreatürlich** *adj,* natural
Krebs, *sub, m, -es, -e* crab, crayfish; *m, -es, nur Einz. (med., astrol.)* cancer; **krebsen** *vi,* go crabbing; *(ugs.)* struggle on; ~**geschwulst** *sub, f, -, -schwülste* malignant tumour; ~**geschwür** *sub, n, -s, -e* cancerous ulcer; **krebsrot** *adj,* red as a lobster; ~**schaden** *sub, m, -s, -schäden* cancer
kredenzen, *vt,* offer so a glass of wine
Kredit, *sub, m, -s, -e* credit; ~**brief** *sub, m, -s, -e* letter of credit; **kreditfähig** *adj,* credit-worthy; ~**geber** *sub, m, -s, -* creditor; ~**hilfe** *sub, f, -, -n* aid (as a loan); **kreditieren** *vt,* credit a person with sth, give a person sth on credit; ~**ierung** *sub, f, -, -en* credit; ~**karte** *sub, f, -, -n* credit card; ~**markt** *sub, m, -s, -märkte* credit market; ~**nehmer** *sub, m, -s, -* borrower; ~**or** *sub, m, -s, -en* creditor; ~**wesen** *sub, n, -s, nur Einz.* credit system
Kredo, *sub, n, -s, -s* creed
Kreide, *sub, f, -, -n* chalk; **kreidebleich** *adj,* white as a sheet; ~**felsen** *sub, m, -s, -* chalk cliff; **kreidehaltig** *adj,* chalky; ~**strich** *sub, m, -s, -e* chalk mark
kreieren, *vt,* fashion
Kreis, *sub, m, -es, -e* circle, sphere; *(tech.)* circuit; *der Kreis ihrer Interessen* the sphere of her interests; *im engen Kreis der Familie* in the immediate family; *weite Kreise der Bevölkerung* wide circles of the population
kreischen, *vi,* screech
Kreisel, *sub, m, -s, -* roundabout, spinning-top; ~**kompass** *sub, m,*

-es, -e gyroscopic compass; ~**pumpe** *sub, f, -, -n* rotary pump
kreisen, *vi,* circle round, circulate; **Kreisfläche** *sub, f, -, -n* area of a circle; **kreisförmig** *adj,* circular; **Kreislauf** *sub, m, -s, -läufe* cycle (of nature); *(med.)* circulation; **Kreisläufer** *sub, m, -s, - (spo.)* pivot player; **Kreislaufkollaps** *sub, m, -es, -e* circulatory collapse; **Kreissäge** *sub, f, -, -n* circular saw
kreißen, *vi, (archaic)* be in labour
Kreißsaal, *sub, m, -s, -säle* delivery room
Kreisumfang, *sub, m, -s, -umfänge* circumference
Kreisverkehr, *sub, m, -s, -e* roundabout
Kremation, *sub, f, -, -en* cremation; **Krematorium** *sub, n, -s, -torien* crematorium
Kreml, *sub, m, -s, -s* Kremlin; ~**führung** *sub, f, -, -en* Kremlin leadership
Krempe, *sub, f, -, -n* brim
Krempel, *sub, m, -, -n* junk, stuff; **krempeln** *vt,* card, comb, roll up; *(ugs.) die Ärmel nach oben krempeln* to roll up one´s sleeves (and get down to work); *(ugs.) jemanden (oder etwas) umkrempeln* to change someone (or something) radically
Krenfleisch, *sub, n, -s, nur Einz. (Austrian)* boiled beef with horse-radish (Kren)
Kreole, *sub, m, -n, -n* Creole
krepieren, *vi, (ugs.)* die wretchedly, kick the bucket
Krepp, *sub, m, -s, -s und -e* crepe; ~**papier** *sub, n, -s, -e* crepe paper; ~**sohle** *sub, f, -, -n* rubber sole
Kresol, *sub, n, -s, nur Einz. (chem.)* cresol
Kresse, *sub, f, -, -n* cress
Kreszenz, *sub, f, -, -en* vintage
Kretin, *sub, m, -s, -s (ugs.)* idiot; *(med.)* cretin; ~**ismus** *sub, m, -, nur Einz.* cretinism

kretisch, *adj,* Cretan
Kreuz, *sub, n, -es, -e* cross; *(anat.)* small of the back; **~abnahme** *sub, f, -, nur Einz.* Descent from the Cross; **kreuzehrlich** *adj,* honest as the day **kreuzen, (1)** *vr,* cross **(2)** *vt,* cross; *unsere Wege haben sich nie wieder gekreuzt* our paths have never crossed again, *die Beine kreuzen* to cross one´s legs; **Kreuzer** *sub, m, -s, -* cruiser; **Kreuzfahrer** *sub, m, -s, -* crusader; **Kreuzfahrt** *sub, f, -, -en* cruise **kreuzfidel,** *adj,* merry as a lark; **kreuzförmig** *adj,* cross-shaped; **Kreuzgelenk** *sub, n, -s, -e (tech.)* universal joint **kreuzigen,** *vt,* crucify; **Kreuzigung** *sub, f, -, -en* crucifixion **Kreuzung,** *sub, f, -, -en* cross-bred, cross-breeding, crossroad(s), intersection; **kreuzunglücklich** *adj,* thoroughly miserable; **Kreuzverband** *sub, m, -s, -bände* crossed bandage; **Kreuzverhör** *sub, n, -s, -e* cross-examination; **Kreuzweg** *sub, m, -s, -e* stations of the Cross, way of the Cross; **Kreuzworträtsel** *sub, n, -s, -* crossword puzzle; **Kreuzzeichen** *sub, n, -s, -* sign of the Cross; **Kreuzzug** *sub, m, -s, -züge* crusade **kribbelig,** *adj, (ugs.)* jittery, tingly; **kribbeln** *vti,* prickle, scratch, tickle; *(ugs.)* have pins and needles; *auf der Haut kribbeln* to have a prickling sensation; *(ugs.) es kribbelt mir im Fuß I´ve* got pins and needles in my foot **Kricket,** *sub, n, -s, nur Einz.* cricket; **~ball** *sub, m, -s, -bälle* cricket ball **Krida,** *sub, f, -, nur Einz. (Austrian; jur.)* faked bankruptcy **kriechen,** *vi,* crawl, creep, grovel; *(ugs.) jemandem in den Hintern kriechen* to lick somebody´s boots; *kriechen will ich auf gar keinen Fall* the last thing I´m going to do is grovel; **Kriecher** *sub, m, -s, -* groveller, toady; **kriecherisch** *adj,* servile; **Kriechspur** *sub, f, -, -en*

crawler lane, trail; **Kriechtier** *sub, n, -s, -e* reptile
Krieg, *sub, m, -es, -e* war; **~ führend** *adj,* warring; **kriegen** *vt, (ugs.)* get; *er kann nie genug kriegen* he´s never satisfied; *es mit der Angst zu tun kriegen* to get scared; *ich kriege ein Steak I´ll have a steak; sie kriegt nie einen Mann* she´ll never get a husband; **~er** *sub, m, -s, -* warrior; **~ergrab** *sub, n, -s, -gräber* war grave; **kriegerisch** *adj,* warlike; **~erwitwe** *sub, f, -, -n* war-widow; **~führung** *sub, f, -, -en* warfare; **~sbeginn** *sub, m, -s, -e* commencement of war; **~sblinde** *sub, m,f, -, -n* person blinded in war; **~sdienst** *sub, m, -s, -e* military service; **~sdienstverweigerer** *sub, m, -s, -* conscientious objector; **~sdienstverweigerung** *sub, f, -, -en* conscientious objection **Kriegserklärung,** *sub,f, -, -en* declaration of war; **Kriegsfall** *sub, m, -s, -* case of war; **Kriegsflotte** *sub, f, -, -n* navy; **Kriegsgefangene** *sub, m,f, -n, -n* prisoner-of-war; **Kriegsgegner** *sub, m, -s, -* opponent of war; **Kriegsgericht** *sub, n, -s, -e* court-martial; **Kriegshafen** *sub, m, -s, -häfen* naval port; **Kriegshetze** *sub, f, -, nur Einz.* warmongering; **Kriegshinterbliebene** *sub, m,f, -n, -n* surviving family of fallen soldier; **Kriegskunst** *sub, f, -, nur Einz.* art of warfare; **Kriegsmarine** *sub, f, -, -n* navy; **Kriegsopfer** *sub, n, -s, -* war-victim; **Kriegsrecht** *sub, n, -s, nur Einz.* military law **Kriegsroman,** *sub, m, -s, -e* war novel; **Kriegsschauplatz** *sub, m, -es, -plätze* theatre of war; **Kriegsschiff** *sub, n, -s, -e* warship; **Kriegsverbrecher** *sub, m, -s, -* war criminal; **Kriegsversehrte** *sub, m,f, -n, -n* war-disabled person; **Kriegswaise** *sub, m,f, -n, -n* war-orphan; **Kriegswirren** *sub,f, -, nur Mehrz.* chaos caused by

war; **Kriegszeit** *sub, f, -, -en* wartime
Krill, *sub, m, -s, nur Einz. (biol.)* krill
Krimi, *sub, m, -s, -s* detective story, thriller; **kriminal** *adj,* criminal; ~**nalfilm** *sub, m, -s, -e* crime film; **kriminalisieren** *vt,* criminalize; ~**nalist** *sub, m, -en, -en* criminologist; ~**nalistik** *sub, f, -, nur Einz.* criminology; **kriminalistisch** *adj,* criminalogical; ~**nalität** *sub, f, -, nur Einz.* criminality; ~**nalpolizei** *sub, f, -, nur Einz.* criminal investigation department; ~**nalprozess** *sub, m, -es, -e* criminal trial
kriminell, *adj,* criminal; **Kriminelle** *sub, m,f, -n, -n* criminal
Krimmer, *sub, m, -s, -* imitation astrakhan lambskin, krimmer
Krimskrams, *sub, m, -s, nur Einz.* knick-knacks, odds and ends
Kringel, *sub, m, -s, -* loop, ring-shaped pastry; **kringeln** *vr,* curl up
Krinoline, *sub, f, -, -n* crinoline
Krippe, *sub,f, -, -n* crib, day-nursery, manger; ~**nplatz** *sub, m, -es, -plätze* day-nursery vacancy; ~**nspiel** *sub, n, -s, -e* Nativity play
Kristall, *sub, n, -s, nur Einz.* crystal; **Kriställchen** *sub, n, -s, -* s. Kristall; ~**glas** *sub, n, -es, -gläser* crystal glass; **kristallin** *adj,* crystalline; ~**isation** *sub, f, -, -en* crystallization; **kristallisieren** *vir,* crystalllize; **kristallklar** *adj,* crystal-clear; ~**vase** *sub, f, -, -n* crystal vase
Kriterium, *sub, n, -s, Kriterien* criterion
Kritik, *sub, f, -, hier nur Einz.* criticism;*f, -, -en* review; ~**er** *sub, m, -s, -* critic; **kritikfähig** *adj,* able to criticize; ~**punkt** *sub, m, -s, -e* point open to criticism; **kritisch** *adj,* critical; **kritisieren** *vt,* criticize; **Kritizismus** *sub, m, -, nur Einz.* critical philosophy
kritteln, *vi,* find fault; **Krittelsucht** *sub,f, -, nur Einz.* pleasure in fault-finding
Kritzelei, *sub, f, -, -en* scribbling; **kritzeln** *vti,* scribble

Krocket, *sub, n, -s, -s* croquet
Krokant, *sub, m, -s, -s oder -en* cracknel, praline
Krokette, *sub,f, -, -n* croquette
Kroki, *sub, n, -s, -s* sketch
Krokodil, *sub, n, -s, -e* crocodile; ~**sträne** *sub,f, -, -n* crocodile tears
Krokus, *sub, m, -ses, -se* crocus
Kromlech, *sub, m, -s, -e und -s* cromlech
Krone, *sub, f, -, -n* crown; *(med.)* cap; **krönen** *vt,* crown; ~**nkorken** *sub, m, -s, -* crown cap; ~**nmutter** *sub, f, -, -n (tech.)* castle nut; ~**norden** *sub, m, -s, -* Order of the Crown; ~**ntaler** *sub, m, -s, -* crown; ~**rbe** *sub, m, -n, -n* heir to the crown; **Kronkolonie** *sub, f, -, -n* crown colony; **Kronleuchter** *sub, m, -s, -* chandelier
Kronprinz, *sub, m, -en, -en* crown prince; **Krönung** *sub,f, -, -en* coronation; **Kronzeuge** *sub, m, -n, -n* principal witness
Kropf, *sub, m, -s, Kröpfe (med.)* goitre; **kröpfen** *vt,* stuff
kross, *adj,* crisp
Kröte, *sub,f, -, -n* toad; *(ugs.) eine giftige Kröte* a spiteful creature; *(ugs.) her mit den Kröten!* pass some dough over!; ~**nstein** *sub, m, -s, -e* toad-stone
Krücke, *sub,f, -, -n* crutch; **Krückstock** *sub, m, -s, -stöcke* walking stick
Krug, *sub, m, -s, Krüge* jug, tankard
Kruke, *sub,f, -, -n* stone jar
Krülltabak, *sub, m, -s, -e* shag
Krume, *sub,f, -, -n* crumb, surface soil
Krümel, *sub, m, -s, -* crumb; **krümelig** *adj,* crumbly; **krümeln** *vti,* crumble; ~**zucker** *sub, m, -s, nur Einz.* Demerara sugar
krumm, *adj,* bent, crooked, dishonest; *(ugs.) ein krummes Ding drehen* do something dishonest; *(ugs.) er ist ein ganz krummer*

Typ he´s (criminally) dishonest; **~beinig** *adj,* bow-legged **krümmen, (1)** *vr,* writhe **(2)** *vt,* bend; *sich vor Lachen krümmen* to double up with laughter; *sich vor Schmerzen krümmen* to writhe with pain **Krummholzkiefer,** *sub, f, -, -n* dwarf pine; **krumm nehmen** *vt,* take sth the wrong way; **Krummhorn** *sub, n, -s, -hörner (mus.)* krummhorn; **krummlachen** *vi,* double up with laughter; **krummnasig** *adj,* hooknosed; **Krummschwert** *sub, n, -s, -er* scimitar **Krümmung,** *sub, f, -, -en* bend, curvature **Krupp,** *sub, m, -s, nur Einz. (med.)* croup; **kruppös** *adj, (med.)* croupy **Kruppe,** *sub, f, -, -n* croup **Krüppel,** *sub, m, -s, -* cripple; **krüppelhaft** *adj,* crippled; **~holz** *sub, n, -es, hölzer* dwarf timber **Krustazee,** *sub, f, -, -en (zool.)* crustacean **Kruste,** *sub, f, -, -n* crackling, crust **Kryolith,** *sub, m, -s oder -en, -e oder -en* cryolite **Krypta,** *sub, f, -, -ten* crypt; **kryptisch** *adj,* cryptic; **kryptogen** *adj, (med.)* cryptogenic; **Kryptografie** *sub, f, -, -n* cryptography; **Kryptogramm** *sub, n, -s, -e* cryptogramme; **Krypton** *sub, n, -s, nur Einz. (chem.)* krypton **Kübel,** *sub, m, -s, -* bucket, latrine; **~pflanze** *sub, f, -, -n* pot-plant **kubieren,** *vt, (mat.)* raise number to the cube **Kubikfuß,** *sub, m, -es, nur Einz.* cubic foot; **Kubikmeter** *sub, m, -s, -* cubic metre; **Kubikwurzel** *sub, f, -, -n* cube root **kubisch,** *adj,* cubic **Kubismus,** *sub, m, -, nur Einz. (kun.)* cubism; **Kubist** *sub, m, -en, -en* cubist **Kubus,** *sub, m, -, -ben* cube **Küche,** *sub, f, -, -n* kitchen **Kuchen,** *sub, m, -s, -* cake **Küchenabfall,** *sub, m, -s, -abfälle*

kitchen scraps; **Küchenbüfett** *sub, n, -(e)s, -s oder -e* kitchen sideboard; **Küchenhilfe** *sub, f, -, -en* kitchen help; **Küchenkraut** *sub, n, -s, -kräuter* herb; **Küchenlatein** *sub, n, -s, nur Einz.* dog Latin; **Küchenmesser** *sub, n, -s, -* kitchen knife; **Küchenschabe** *sub, f, -, -n* cockroach; **Küchentisch** *sub, m, -s, -e* kitchen table; **Küchenwaage** *sub, f, -, -n* kitchen scales; **Küchenzeile** *sub, f, -, -n* kitchen unit; **Küchenzettel** *sub, m, -s, -* menu; **Küchlein** *sub, n, -s, -* s. Kuchen **Kuchenbäcker,** *sub, m, -s, -* pastry-cook; **Kuchenblech** *sub, n, -s, -e* baking tray; **Kuchenbrett** *sub, n, -s, -er* pastry board; **Kuchengabel** *sub, f, -, -n* pastry fork; **Kuchenteller** *sub, m, -s, -* cake plate **Kuckuck,** *sub, m, -s, -e* cuckoo; **~sblume** *sub, f, -, -n (bot.)* butterfly orchid; **~sei** *sub, n, -s, -er* cuckoo´s egg; *(i. ü. S.) jemandem ein Kuckucksei ins Nest legen* to land someone (oneself) with a difficult child; **~suhr** *sub, f, -, -en* cuckoo clock **Kuddelmuddel,** *sub, m, -s, -* muddle **Kufe,** *sub, f, -, -n* runner **Kugel,** *sub, f, -, -n* ball, bullet, sphere; **~blitz** *sub, m, -es, -e* ball-lightning; **~fang** *sub, m, -s, -fänge* butt; **kugelförmig** *adj,* spherical; **~gelenk** *sub, n, -s, -e* ball(-and-socket) joint; **~lager** *sub, n, -s, -läger* ball-bearing; **kugeln (1)** *vi,* roll **(2)** *vr,* roll (up); *der Stein kugelte mir vor den Füßen* the stone rolled before my feet, *sich kugeln vor Lachen* to roll up with laughter; **~schreiber** *sub, m, -s, -* ball-point pen; **kugelsicher** *adj,* bulletproof; **~stoßen** *sub, n, -s, nur Einz. (spo.)* shot-putting **kühl,** *adj,* cool **Kühlaggregat,** *sub, n, -s, -e* cooling aggregate; **Kühlanlage** *sub, f,* *-, -s* cold storage plant; **kühlen** *vt,* cool, refrigerate; **Kühler** *sub, m, -s, -* radiator; **Kühlerfigur** *sub, f, -, -en* radiator mascot; **Kühlergrill** *sub, m, -s, -s* radiator grid; **Kühlerhaube** *sub, f, -, -en* bonnet; **Kühlhaus** *sub, n, -es, -häuser* cold-storage depot; **Kühlraum** *sub, m, -s, -räume* cold-storage room; **Kühlschrank** *sub, m, -s, -schränke* refrigerator **Kuhle,** *sub, f, -, -n* hole **Kühltruhe,** *sub, f, -, -n* freezer; **Kühlturm** *sub, m, -s, -türme (tech.)* cooling tower; **Kühlung** *sub, f, -, (-en)* cooling **Kuhmilch,** *sub, f, -, nur Einz.* cow´s milk **kühn,** *adj,* bold, intrepid; **Kühnheit** *sub, f, -, (-en)* boldness, intrepidity **Kuhstall,** *sub, m, -s, -ställe* cow-shed **kujonieren,** *vt,* bully **Küken,** *sub, n, -s, -* chick **Ku-Klux-Klan,** *sub, m, (-s), nur Einz.* Ku Klux Klan **kulant,** *adj,* generous, obliging; **Kulanz** *sub, f, -, nur Einz.* generousness, obligingness **Kuli,** *sub, m, -s, -s* coolie; *(ugs.)* ballpoint **kulinarisch,** *adj,* culinary **Kulisse,** *sub, f, -, -n* backdrop, scenery **kulminieren,** *vi,* culminate **Kult,** *sub, m, -es, -e* cult; ~**film** *sub, m, -s, -e* cult film; ~**handlung** *sub, f, -, -en* ritualistic act; **kultisch** *adj,* ritual(istic); **kultivieren** *vt,* cultivate; **kultiviert** *adj,* cultivated, cultured; ~**ivierung** *sub, f, -, nur Einz.* cultivation **Kumaronharz,** *sub, n, -es, -e (chem.)* coumarone-resin **Kümmel,** *sub, m, -es, nur Einz.* caraway seed **Kummer,** *sub, m, -s, nur Einz.* grief, worry; *das ist mein geringster Kummer* that´s the least of my worries; *meine Tochter macht mir Kummer* my daughter is a worry; **kümmerlich** *adj,* meagre, paltry,

wretched; *was für ein kümmerliches Dasein* what a wretched existence **kümmern,** (1) *vr,* look after sth or so (2) *vt,* care; *ich kümmere mich um das Essen* I´ll get the meal ready; *sie kümmerte sich jahrelang um ihre kranke Mutter* she looked after her sick mother for years, *das kümmert mich wenig* I couldn´t care about that; **Kümmernis** *sub, f, -, -se* care, vexation; *die zahllosen Kümmernisse des Lebens* the thousand and one cares of life; *die kleinen Kümmernisse des Lebens* the little vexations of life **Kummerspeck,** *sub, m, -s, nur Einz.* over-weight (caused by compensating problems with food); **kummervoll** *adj,* sorrowful **Kumpan,** *sub, m, -s, -e (ugs.)* mate, pal; ~**ei** *sub, f, -, nur Einz.* chumminess; **Kumpel** *sub, m, -s, -* mate, miner, pal **Kumulation,** *sub, f, -, -en* accumulation; **kumulativ** *adj,* cumulative; **kumulieren** *vt,* accumulate; **Kumulierung** *sub, f, -, -en* accumulation **Kumulonimbus,** *sub, m, -, -se* thundercloud **Kumulus,** *sub, m, -, -li* cumulus cloud **Kunde,** *sub, m, -n, -n* customer; ~**nbesuch** *sub, m, -s, -e* call on a customer; ~**ndienst** *sub, m, -s, -e* customer service department; ~**nkreis** *sub, m, -es, -e* customers **künden,** (1) *vi,* bear witness (2) *vt,* announce **Kundgebung,** *sub, f, -, -en* demonstration, rally **kundig,** *adj,* well-informed **kündigen,** *vti,* cancel, give notice; *die Bank hat gedroht ihm die Kredite zu kündigen* the bank is threatening to cancel his credit; *nach 25 Jahren bei der Firma hat sie plötzlich gekündigt* she suddenly gave notice after having worked for the firm for 25 years; *warum kündigst du nicht?* why don´t you give notice?; **Kündigung** *sub, f, -, -en* cancellation, dismissal, notice **Kundschaft**, *sub, f, -, nur Einz.* customers; **kundschaften** *vi, (mil.)* reconnoitre; ~**er** *sub, m, -s, -* reconnoitrer **künftig**, *adj,* future **Kunst**, *sub, f, -, Künste* art, fine arts, skill; ~**denkmal** *sub, n, -s, -mäler* monument of art; ~**dünger** *sub, m, -s, nur Einz.* artificial fertilizer; ~**eisbahn** *sub, f, -, -en* artificial icerink; ~**fehler** *sub, m, -s, -* professional error; **kunstfertig** *adj,* skilful; ~**galerie** *sub,* art gallery; **kunstgerecht** *adj,* skilful; ~**geschichte** *sub, m, -, -n* art history; ~**gewerbe** *sub, n, -s, nur Einz.* arts and crafts; ~**handel** *sub, m, -s, nur Einz.* art trade; ~**händler** *sub, m, -s, -* art dealer; ~**handwerk** *sub, n, -s, nur Einz.* craft industry; ~**kritik** *sub, f, -, -en* art criticism, art review **Künstler**, *sub, m, -s, -* artist; **künstlerisch** *adj,* artistic; ~**name** *sub, m, -, -n* pseudonym; ~**pech** *sub, n, -s, nur Einz.* bad luck; ~**tum** *sub, n, -, nur Einz.* artistry; **künstlich** *adj,* artificial, stilted, synthetic **kunstlos**, *adj,* unsophisticated **Kunstsammler**, *sub, m, -s, -* art collector; **Kunstschätze** *sub, nur Mehrz.* art treasures; **Kunstschule** *sub, f, -, -n* art school; **Kunstseide** *sub, f, -, (-n)* artificial silk; **kunstsinnig** *adj,* appreciative (of art); **Kunstsprache** *sub, f, -, -n* artificial language; **Kunststoff** *sub, m, -s, -e* plastic, synthetic material; **kunststopfen** *vt,* mend invisibly; **Kunststück** *sub, n, -s, -e* trick; *(ugs.)* achievement; *(ugs.) das ist kein Kunststück* that´t nothing to write home about; *ihn davon zu überzeugen war wirklich ein Kunststück* managing to convince him was really an achievement; **Kunststudent** *sub, m, -en, -en* art student

Kunstturnen, *sub, n, -s, nur Einz.* gymnastics; **Kunstverein** *sub, m, -s, -e* art(-promoting) association; **Kunstverlag** *sub, m, -s, -e* fine art publisher; **Kunstwerk** *sub, n, -es, -e* work of art **kunterbunt**, *adj,* gaudy, motley, topsy-turvy **kupellieren**, *vt,* cupel **Kupfer**, *sub, n, -s, -* copper; ~**draht** *sub, m, -s, -drähte* copper wire; ~**druck** *sub, m, -s, -e* copperplate print; **kupferfarben** *adj,* copper-coloured; ~**geld** *sub, n, -s, nur Einz.* coppers; ~**kanne** *sub, f, -, -n* copper jug; ~**kessel** *sub, m, -s, -* copper kettle; ~**münze** *sub, f, -, -n* copper coin; ~**stich** *sub, m, -s, -e* copperplate engraving; ~**vitriol** *sub, n, -s, nur Einz.* blue vitriol **Kupon**, *sub, m, -s, -s* coupon, voucher **Kuppe**, *sub, f, -, -n* finger tip, knoll **Kuppel**, *sub, f, -, -n* dome **Kuppelei**, *sub, f, -, -en* matchmaking; **kuppeln** *vi,* matchmake, use the clutch; **kupplerisch** *adj,* matchmaking, pandering **Kupplung**, *sub, f, -, -en* clutch **Kur**, *sub, f, -, -en* cure, spa **Kür**, *sub, f, -, -en (spo.)* free section **kurabel**, *adj,* curable **Kuratel**, *sub, f, -, -en* guardianship, trusteeship **kurativ**, *adj,* curative **Kurator**, *sub, m, -s, -en* curator, trustee; ~**ium** *sub, n, -s, -ien* board of trustees, curatorship **Kurbel**, *sub, f, -, -n* crank; ~**stange** *sub, f, -, -n* connecting rod **Kürbis**, *sub, m, -ses, -se* pumpkin **kurdisch**, *adj,* Kurd(ish) **küren**, *vt,* elect **Kürettage**, *sub, f, -, -n (med.)* curettage; **kürettieren** *vt,* curette **Kurfürst**, *sub, m, -s, -en* Elector; ~**entum** *sub, n, -s, -tümer* electorate; **kurfürstlich** *adj,* electoral **kurhessisch**, *adj,* of the electorate of Hessen

Kurie, *sub, f, -, nur Einz.* Curia
Kurier, *sub, m, -s, -e* courier; **~gepäck** *sub, n, -s, nur Einz.* diplomatic luggage
kurieren, *vt,* cure
kurios, *adj,* odd, strange; **Kuriosität** *sub, f, -, -en* curiosity, oddity; **Kuriosum** *sub, n, -s, Kuriosa* strange thing
kurkölnisch, *adj,* of the electorate of Cologne
Kurkuma, *sub, f, -, -men* turmeric; **~gelb** *adj,* saffron (-yellow)
kurmärkisch, *adj,* of the electorate of the Mark of Brandenburg
Kurorchester, *sub, n, -s, -* spa orchestra
Kurort, *sub, m, -s, -e* health resort
kurpfälzisch, *adj,* of the electorate of the Palatinate
kurpfuschen, *vi,* play the quack; **Kurpfuscher** *sub, m, -s, -* quack (doctor); **Kurpfuscherei** *sub, f, -, -en* quackery
kurprinzlich, *adj,* of the elector´s heir
Kurpromenade, *sub, f, -, -n* spa promenade
Kurs, *sub, m, -es, -e* course, exchange rate, line; *den Kurs ändern* to change course; *den Kurs beibehalten* to hold one´s course; *(i. ü. S.) hoch im Kurs stehen* to be popular; *die Regierung wird nicht bei dem alten Kurs bleiben* the government won´t stick to its old line; *harter/weicher Kurs* hard/soft line; **~abschlag** *sub, m, -s, -abschläge* fall in share prices and bond quotations; **~änderung** *sub, f, -, -en* change of course; **~anstieg** *sub, m, -s, -e* rise in quotations increasing prices
Kurschatten, *sub, m, -s, -* spa romance
Kürschner, *sub, m, -s, -* furrier; **~ei** *sub, f, -, -en* furrier´s workshop
kursieren, *vi,* circulate
kursiv, *adj,* italic; **Kursivdruck** *sub, m, -s, nur Einz.* italicized print
kursorisch, *adj,* cursory

Kursrückgang, *sub, m, -s, (-gänge)* price decline; **Kursverlust** *sub, m, -es, -e* loss; **Kurswagen** *sub, m, -s, -wägen* through coach; **Kurswechsel** *sub, m, -s, -* change of course
Kursus, *sub, m, -, Kurse* course
Kurtaxe, *sub, f, -, -n* health resort tax
kurtrierisch, *adj,* of the electorate of Trier
Kürübung, *sub, f, -, -en* optional exercise
Kurve, *sub, f, -, -n* bend, curve; *(ugs.) er wird nie die Kurve kriegen* he´ll never make the grade; **kurvenförmig** *adj,* curved; **~nlineal** *sub, n, -s, -e* curve template; **kurvenreich** *adj,* curvy, winding; **~nschar** *sub, f, -, -en (mat.)* family of curves; **Kurvimeter** *sub, n, -s, -* opisometer
kurz, *adj,* brief, short
Kurzarbeit, *sub, f, -, nur Einz.* short time; **~er** *sub, m, -s, -* short-time worker; **kurzärmelig** *adj,* short-sleeved; **Kurzbericht** *sub, m, -s, -e* brief report
Kürze, *sub, f, -, nur Einz.* brevity; **kürzen** *vt,* cut back, shorten; *Lohn kürzen* dock sb´s wages
Kürzel, *sub, n, -s, -* contraction
kurzerhand, *adv,* without further ado
Kurzfassung, *sub, f, -, -en* abridged version; **Kurzfilm** *sub, m, -s, -e* short (film); **kurzfristig (1)** *adj,* short-term **(2)** *adv,* at short notice; *einen Besuch kurzfristig absagen* to cancel a visit at short notice; *wir haben kurzfristig unsere Pläne geändert* we suddenly changed our plans; **Kurzgeschichte** *sub, f, -, -n* short story; **kurzlebig** *adj,* short-lived
kürzlich, *adv,* recently
Kurzmeldung, *sub, f, -, -en* news flash; **Kurzprogramm** *sub, n, -s, -e* short programme; **Kurzreaktion** *sub, f, -, -en* rash reaction; **Kurzschluss** *sub, m, -s, nur Einz.*

short-circuit; **Kurzschlusshandlung** *sub, f, -, -en* rash action; **Kurzschrift** *sub, f, -, (-en)* shorthand **kurzsichtig,** *adj,* short-sighted; **Kurzsichtigkeit** *sub, f, -, nur Einz.* short-sightedness **kurzstämmig,** *adj,* short-stemmed **Kurzstrecke,** *sub, f, -, -n* short distance; **~nlauf** *sub, m, -s, -läufe* sprint; **~nrakete** *sub, f, -n, -* short-range missile **Kurztherapie,** *sub, f, -, -n* short therapy **kurzum,** *adv,* in brief **Kurzwarenhandlung,** *sub, f, -, -en* haberdashery **Kurzweil,** *sub, f, -, nur Einz.* diversion; **kurzweilig** *adj,* amusing, diverting; **kurzzeitig** (1) *adj,* temporary (2) *adv,* briefly **Kurzwort,** *sub, n, -s, -e* abbreviation **kuscheln,** *vr,* cuddle up; **Kuscheltier** *sub, f, -s, -e* toy animal **kuschen,** *vir,* crouch; *(i. ü. S.)* knuckle under **Kusine,** *sub, f, -, -n* cousin **Kuss,** *sub, m, -es, Küsse* kiss; **Küsschen** *sub, n, -s, -* peck; **kussecht** *adj,* kiss-proof; **küssen** (1) *vr,* kiss each other (2) *vti,* kiss; **~hand** *sub, f, -, -hände* blown kiss; **~händchen** *sub, n, -s, - s.* Kusshand

Küste, *sub, f, -, -n* coast, coastline, shore; **~nfahrer** *sub, m, -s, -* coasting vessel; **~nschifffahrt** *sub, f, -, -en* coastal shipping; **~nstrich** *sub, m, -, -e* coastal area **Küster,** *sub, m, -s, -* verger **Kutsche,** *sub, f, -, -n* coach; **~r** *sub, m, -s, -* coachman; **kutschieren** *vti,* drive (so) around; **Kutschkasten** *sub, m, -s, -* luggage box **Kutte,** *sub, f, -, -n* habit **Kutter,** *sub, m, -s, -* cutter **Küvelierung,** *sub, f, -, -en* tub **Kuvert,** *sub, n, -s, -s* cover, envelope; **kuvertieren** *vt, (Austrian)* put in an envelope; **~üre** *sub, f, -, -n* chocolate coating **Küvette,** *sub, f, -, -n (chem.)* bulb **Kwass,** *sub, m, -, nur Einz.* kvass **Kybernetik,** *sub, f, -, nur Einz.* cybernetics; **kybernetisch** *adj,* cybernetic

L

labberig, *adj*, floppy, mushy, watery
Label, *sub*, *n*, -*s*, -*s* label
laben, (1) *vr*, refresh oneself (2) *vt*,
feast, refresh; *(geh.)* wir labten uns
an dem Ausblick we feasted our
eyes on the view
labern, *vi*, chatter, gabble
labil, *adj*, unstable; *eine labile politische Situation* an unstable political situation; *er hat labile Nerven*
his nerves are shaky; **Labilität** *sub*,
f, -, -*en* instability
labiodental, *adj*, labiodental
Labmagen, *sub*, *m*, -*s*, -*mägen*
(zool.) fourth stomach
Labor, *sub*, *m*, -*s*, -*s oder* -*e* laboratory; ~ant *sub*, *m*, -*en*, -*en* laboratory
technician; ~atorium *sub*, *n*, -*s*, -
ien laboratory; ~befund *sub*, *m*, -*s*,
-*e* laboratory findings; ~versuch
sub, *m*, -*s*, -*e* laboratory experiment
laborieren, *vi*, *(ugs.)* suffer (from),
toil over; *(ugs.)* er laboriert wieder
an einer Grippe he´s suffering from
flu again
Labradorhund, *sub*, *m*, -*s*, -*e* Labrador retriever
Labsal, *sub*, *n*, *f*, -, -*e* balm, feast;
(geh.) die Kühle des Waldes haben
wir als Labsal empfunden the coolness of the forest was a soothing
balm; *(geh.)* ein Labsal für die Augen a feast for the eyes
Labskaus, *sub*, *n*, -, *nur Einz.* N. German stew (with fish and meat)
Labyrinth, *sub*, *n*, -*s*, -*e* labyrinth
Lache, *sub*, *f*, -, -*n* pool, puddle
lächeln, *vi*, smile; Lachen (1) *sub*,
n, -*s*, *nur Einz.* laughter (2) lachen
vi, laugh; Lacher *sub*, *m*, -*s*, - laugh;
lächerlich *adj*, ridiculous; Lachfältchen *sub*, *n*, -*s*, - laugh lines
Lachs, *sub*, *m*, -*es*, -*e* salmon; lachsfarben *adj*, salmon-pink; lachsfarbig *adj*, salmon-coloured;
~schinken *sub*, *m*, -*s*, *nur Einz.*
lean cured ham
lacieren, *vt*, lace
Lack, *sub*, *m*, -*s*, -*e* paint, varnish;

lackglänzend *adj*, glossy; lakkieren *vt*, lacquer, varnish; ~iererei *pron*, paint shop,
varnisher´s
Lackaffe, *sub*, *m*, -*n*, -*n* dandy;
Lackleder *sub*, *n*, -*s*, - patent
leather
Lackmus, *sub*, *m*, *n*, - litmus; ~papier *sub*, *n*, -*s*, -*e* litmus paper
Lackschaden, *sub*, *m*, -*s*, -*schäden*
damaged paintwork; Lackstiefel
sub, *m*, -*s*, - patent-leather boot
Lade, *sub*, *f*, -, -*n* drawer; ~baum
sub, *m*, -*s*, -*bäume* derrick; ~gewicht *sub*, *n*, -*s*, -*e* load capacity;
~klappe *sub*, *f*, -, -*en* tailboard;
~luke *sub*, *f*, -, -*n* loading hatch
Laden, (1) *sub*, *m*, -*s*, *Läden* shop,
shutter (2) laden *vt*, invite, load,
summon; *(i. ü. S.)* burden oneself; *(ugs.)* den Laden dichtmachen to give up a project (or
venture); *(ugs.)* der Laden läuft
business is good; *(ugs.)* er
schmeißt den Laden alleine he
runs the show on his own; *(ugs.)*
Tante Emma Laden small grocery, ich habe zu viel auf mich geladen I took on too much (more
than I could chew); Verantwortung auf sich laden to load oneself with responsibility
Ladenhüter, *sub*, *m*, -*s*, - non-seller; Ladenkette *sub*, *f*, -, -*n* chain
of shops; Ladenpassage *sub*, *f*, -,
-*n* shopping arcade; Ladenpreis
sub, *m*, -*es*, -*e* retail price; Ladenschluss *sub*, *m*, -*es*, *nur Einz.*
shop closing time; Ladenstraße
sub, *f*, -, -*n* shopping street; Ladentisch *sub*, *m*, -*s*, -*e* shop counter; Ladenzentrum *sub*, *n*, -*s*,
-*zentren* shopping centre
Laderaum, *sub*, *m*, -*s*, -*räume* loadroom
lädieren, *vt*, damage
Ladiner, *sub*, *m*, -*s*, - Ladin
Ladung, *sub*, *f*, -, -*en* cargo, load,
summons; *(mil.)* charge

Lady, *sub, f, -, -s oder Ladies* lady; **ladylike** *adj,* ladylike
Lafette, *sub, f, -, -n (mil.)* carriage
Lage, *sub, f, -, -n* layer; *f, -, -gen* location; *f, -, -n* position; *f, -, -gen* situation; *f, -, -n (i. ü. S.)* position; *dazu bin ich nicht in der Lage* I´m not in a postion to do that; *Herr der Lage sein* to be in control of the situation; **~bericht** *sub, m, -es, -e (mil.)* situation report; **~nstaffel** *sub, f, -, -n (spo.)* medley relay; **~plan** *sub, m, -s, -pläne* ground plan
lagern, (1) *vi,* be encamped (2) *vt,* bed, rest (3) *vti,* store
Lagerschild, *sub, m, -es, -e (tech.)* end plate; **Lagerstatt** *sub, f, -, -stätte* resting place; **Lagerung** *sub, f, -, -en* storage
Lagune, *sub, f, -, -n* lagoon; **~nstadt** *sub, f, -, -städte* town on a lagoon
lahm, *adj,* dull, lame, sluggish
lahmen, *vi,* be lame
lähmen, *vt,* paralyze; *(i. ü. S.)* hold back; *die Mißbilligung seines Vaters hat ihn ein lebenlang gelähmt* his father´s disapproval held him back his whole life; *(ugs.) ein lähmendes Gefühl haben* to feel debilitated; **Lähmung** *sub, f, -, -gen* immobilization, paralysis
Laib, *sub, m, -es, -be* loaf
Laich, *sub, m, -es, -che* spawning ground; **laichen** *vi,* spawn
Laie, *sub, m, -n, -n* layman; **~nbrevier** *sub, n, -s, -e* layman´s breviary; **laienhaft** *adj,* amateurish; **~nrichter** *sub, m, -s, -* lay judge
Laizismus, *sub, m, -es, nur Einz.* laicism
Lakai, *sub, m, -en, -en* lackey; **lakaienhaft** *adj,* servile
Lake, *sub, f, -, -n* brine
Laken, *sub, n, -s, -* sheet
lakonisch, *adj,* laconic; **Lakonismus** *sub, m, -es, -nismen* laconism
Lakritze, *sub, f, -, -n* liquorice
Laktation, *sub, f, -, -en* lactation; **laktieren** *vi,* lactate; **Laktose** *sub, f, -, nur Einz.* lactose
Lama, *sub, n, -s, -s* Lama

Lamaismus, *sub, m, -, nur Einz.* Lamaism; **lamaistisch** *adj,* Lamaist(ic)
Lamarckismus, *sub, m, -, nur Einz. (biol.)* Lamarckism
Lambda, *sub, n, -s, -s* lambda; **~zismus** *sub, m, -, nur Einz. (med.)* lambdacism
Lambris, *sub, m, -, u (Aust. obs.)* wainscot
Lambrusco, *sub, m, -s, nur Einz.* lambrusco
Lambskin, *sub, n, -s, -s* lambskin
Lambswool, *sub, f, -, nur Einz.* lambswool
Lamelle, *sub, f, -, -n (biol.)* lamella, slat
Lamentation, *sub, f, -, -en (obs.)* lamentation; **lamentieren** *vi,* lament, moan
Lametta, *sub, n, -s, nur Einz.* lametta
laminar, *adj, (phy.)* laminar; **laminieren** *vr,* laminate
Lamm, *sub, n, -es, Lämmer* lamb; **Lämmergeier** *sub, m, -s, - (zool.)* bearded vulture; **Lämmerwolke** *sub, f, -, -n* fleecy cloud; **~esgeduld** *sub, f, -, nur Einz.* patience of a saint; **~fell** *sub, n, -s, -e* lambskin; **~fleisch** *sub, n, -es, nur Einz.* lamb; **~kotelett** *sub, n, -s, -s* lamb chop
Lampas, *sub, m, -, -* lampas; **~sen** *sub, f, -, Mehrz.* trouser stripes
Lampe, *sub, f, -pen* lamp, light; **~ndocht** *sub, m, -es, -e* wick; **~nfieber** *sub, n, -s, -* stage fright; **~nlicht** *sub, n, -es, -er* lamplight; **~nschirm** *sub, m, -es, -e* lampshade
Lampion, *sub, m, -s, -s* Chinese lantern; **~blume** *sub, f, -, -n (bot.)* Chinese lantern flower
Lançade, *sub, f, -, -n* curvet; **lancieren** *vt,* launch; *eine Werbekampagne lancieren* to launch an advertising campaign; *(i. ü. S.) sie wurde in die Gesellschaft lanciert* sie was launched into society

Land, *sub*, *m*, *-es*, *Länder* country; *m*, *-es*, *nur Einz.* land, rural area; *das Leben auf dem Land genießen* to enjoy country life; *ein Picknick auf dem Land machen* to have a picnic in the country; *Italien ist ein herrliches Land* Italy is a wonderful country; *Land in Sicht!* land ahoy!; *Land und Leute kennenlernen* to get to know a country and its inhabitants; *wir besuchen Freunde auf dem Land* we´re going to see some friends in the country; ~**adel** *sub*, *m*, *-s*, *nur Mehrz.* landed gentry; ~**arbeiter** *sub*, *m*, *-s*, *-* agricultural worker; ~**arzt** *sub*, *m*, *-es*, *-ärzte* country doctor; ~**bewohner** *sub*, *m*, *-s*, *-* country dweller; ~**ebahn** *sub*, *f*, *-*, *-en* runway; **landeinwärts** *adv*, inland **Landekapsel**, *sub*, *f*, *-*, *-s* landing capsule; **Landeklappe** *sub*, *f*, *-*, *-n* landing flap; **Landemanöver** *sub*, *n*, *-s*, *-* landing manoeuvre; **landen** *vi*, land; **Landeplatz** *sub*, *m*, *-es*, *-plätzen* landing strip **Landenge**, *sub*, *f*, *-*, *-n* isthmus **Länderkampf**, *sub*, *m*, *-es*, *-kämpfe* *(spo.)* international contest; **Länderkunde** *sub*, *f*, *-*, *nur Einz.* geography; **länderkundig** *adj*, with knowledge of countries or regions; **Länderspiel** *sub*, *n*, *-s*, *-e* international match **Landesbrauch**, *sub*, *m*, *-es*, *-bräuche* custom; **Landesebene** *sub*, *f*, *-*, *-n* regional (or state) level; **Landesfeind** *sub*, *m*, *-es*, *-e* national enemy; **Landesfürst** *sub*, *m*, *-en*, *-e* *(hist.)* prince; **Landesgrenze** *sub*, *f*, *-*, *-n* border; **Landeshoheit** *sub*, *f*, *-*, *-en* sovereignty; **Landesinnere** *sub*, *n*, *-n*, *nur Einz.* interior, upcountry; **Landeskrone** *sub*, *f*, *-*, *-n* crown; **Landeskunde** *sub*, *f*, *-*, *nur Einz.* areal studies; **landeskundig** *adj*, with knowledge of a region **Landesliste**, *sub*, *f*, *-*, *-n* list of (regional) candidates; **Landesmutter** *sub*, *f*, *-*, *-mütter* *(ugs.)* wife of a minister-president; **Landesregie-**rung *sub*, *f*, *-*, *-en* government of a land; **Landessitte** *sub*, *f*, *-*, *-n* custom; **Landestracht** *sub*, *f*, *-*, *-en* national dress; **Landestrauer** *sub*, *f*, *-*, *-* national mourning; **landesüblich** *adj*, customary **Landesvater**, *sub*, *m*, *-s*, *-väter* *(ugs.)* minister-president; **Landesverrat** *sub*, *m*, *-es*, *-räte ?* treason; **Landesverteidigung** *sub*, *f*, *-*, *-en* national defence; **Landeswappen** *sub*, *n*, *-s*, *-* coat of arms **Landeverbot**, *sub*, *n*, *-es*, *-e* prohibition to land **Landfahrerin**, *sub*, *f*, *-*, *-nen* female vagrant **Landflucht**, *sub*, *f*, *-*, *-ten* rural exodus; **landflüchtig** *adj*, relating to rural exodus **Landgang**, *sub*, *m*, *-es*, *-gänge* gangway, shore leave; **Landgemeinde** *sub*, *f*, *-*, *-n* rural community **landgestützt**, *adj*, land-based **Landgut**, *sub*, *n*, *-s*, *-e* country estate; **Landhaus** *sub*, *n*, *-es*, *-häuser* country house; **Landkarte** *sub*, *f*, *-*, *-ten* map; **Landkommune** *sub*, *f*, *-*, *-n* rural commune; **Landkreis** *sub*, *m*, *-es*, *-e* administrative district **landläufig**, *adj*, popular; **ländlich** *adj*, bucolic, rural; **Ländlichkeit** *sub*, *f*, *-*, *-en* rural character; **landliebend** *adj*, country-loving **Landluft**, *sub*, *f*, *-*, *nur Einz.* country air; **Landmann** *sub*, *m*, *-es*, *-männer* *(obs.)* farmer; **Landmaschine** *sub*, *f*, *-*, *-n* agricultural machine; **Landpartie** *sub*, *f*, *-*, *-tien* *(obs.)* country outing; **Landpfarrer** *sub*, *m*, *-s*, *-* country parson; **Landplage** *sub*, *f*, *-*, *-gen* plague (of insects); **Landrichter** *sub*, *m*, *-s*, *-* judge in a regional court; **Landschaft** *sub*, *f*, *-*, *-en* countryside, landscape, scenery; **Landschafter** *sub*, *m*, *-s*, *-* landscape painter; **landschaftlich** *adj*, scenic; **Landschaftspflege**

sub, *f,* -, *nur Einz.* rural preservation
Landsitz, *sub, m, -es, -e* country seat; **Landsmann** *sub, m, -es, -männer* compatriot; **Landstraße** *sub, f, -, -n* ordinary road; **Landstreicher** *sub, m, -s,* - tramp; **Landstreicherei** *sub, f, -, -en* vagrancy; **Landstrich** *sub, m, -es, -e* area
Landtag, *sub, m, -es, -e* Landtag (state parliament); **~swahl** *sub, f, -, -en* elections to the Landtag
Landung, *sub, f, -, -en* landing; **~sboot** *sub, n, -es, -e* landing craft; **~ssteg** *sub, m, -es, -e* gangway
Landwehrmann, *sub, m, -es, -männer (hist.)* Home Guard; **Landwein** *sub, m, -es, -e* cask wine
Landwirt, *sub, m, -es, -en* farmer
Landwirtschaft, *sub, f, -, -en* agriculture; **landwirtschaftlich** *adj,* agricultural; **~sausstellung** *sub, f, -, -en* agricultural show
Landzunge, *sub, f, -, -gen* promontory
lang, *adj,* lengthy, long
langärmelig, *adj,* long-sleeved; **langatmig** *adj,* long-winded
lange, *adv,* at all, for a long time; *die Sitzung hat heute lange gedauert* the meeting went on for a long time today; *du hast das Gemüse zu lange gekocht* the vegetables are overcooked
Länge, *sub, f, -, -gen* length
langen, *vi, (ugs.)* be enough, reach; *das Geld langt ihm* it´s enough money for him; *langt die Milch?* is there enough milk?
längen, *vt,* lengthen
Längengrad, *sub, m, -es, -grade* degree of longitude; **Längenkreis** *sub, m, -es, -e* meridian; **Längenmaß** *sub, n, -es, -e* measure of length
langettieren, *vt,* scallop
Langeweile, *sub, f, -, -* boredom
langfristig, *adj,* long-term
langgliedrig, *adj,* long-limbed
Langhaardackel, *sub, m, -s,* - long-haired dachshund

langjährig, *adj,* long-standing
Langlauf, *sub, n, -es,* - cross-country skiing; **~ski** *sub, m, -s, -er* cross-country ski
langlebig, *adj,* durable, long-lasting; **Langlebigkeit** *sub, f, -, -en* durability
länglich, *adj,* longish
langmütig, *adj,* forbearing
längs, (1) *adv,* lengthways **(2)** *präp,* along
langsam, *adj,* slow; **Langsamkeit** *sub, f, -, -en* slowness; **Langschäfter** *sub, m, -s,* - long boot, wader; **Langschläfer** *sub, m, -s,* - late-riser; **langschwänzig** *adj,* long-tailed
längsschiffs, *adv,* broadside on; **Längsschnitt** *sub, m, -es, -e* longitudinal section
längst, *adv,* for a long time, long ago
langstänglig, *adj,* long-stemmed
längstens, *adv,* at the latest, at the most
langstielig, *adj,* long-stemmed
Langstrecke, *sub, f, -, -n* long distance; **~nlauf** *sub, m, -es, -läufe* long-distance running
langweilen, (1) *vr,* get bored **(2)** *vi,* bore; *zu Tode gelangweilt sein* be bored stupid; **langweilig** *adj,* boring; **langwierig** *adj,* lengthy
Lanolin, *sub, n, -s,* - lanolin
Lanthan, *sub, n, -s, nur Einz.* lanthanum
Lanze, *sub, f, -, -n* lance; **~nreiter** *sub, m, -s,* - lancer; **~nspitze** *sub, f, -, -n* spearhead; **~nstich** *sub, m, -es, -e* wound from a lance
Lanzettfisch, *sub, m, -es, -e (zool.)* lancet fish
lanzinieren, *vi, (rare)* lancinate
lapidar, *adj,* concise; **Lapidarium** *sub, n, -s, Lapidarien* collection of stone monuments; **Lapidarstil** *sub, m, -s, -e* lapidary style
Lapislazuli, *sub, m, -, -* lapis lazuli
Lappalie, *sub, f, -, -n* trifle; *solche Schulden sind keine Lappalie*

mehr debts like that are no longer a trifling matter
Lappe, *sub*, *m*, -n, -n Lapp
Lappen, *sub*, *m*, -s, - cloth, fold of skin, rag
Läpperei, *sub*, *f*, -, -en *(ugs.)* trifle
läppern, *vr*, mount up; *die Fehler läppern sich langsam bis eines Tages* the mistakes slowly mount up till one day
läppisch, *adj*, mere, trivial
lappisch, *adj*, Lappic
Läppmaschine, *sub*, *f*, -, -n lapping machine
Lärche, *sub*, *f*, -, -n larch
Laren, *sub*, *f*, -, *nur Mehrz.* household gods
larifari, *adj*, airy-fairy
Lärm, *sub*, *m*, -es, - noise; **lärmen** *vi*, be noisy; **lärmend** *adj*, noisy; ~**schutz** *sub*, *m*, -es, *nur Einz.* noise prevention
larmoyant, *adj*, lachrymose; **Larmoyanz** *sub*, *f*, -, *nur Einz.* sentimentality
larval, *adj*, larval
Larve, *sub*, *f*, -, -n *(zool.)* larva
Laryngal, *sub*, *m*, -s, -e laryngal; **Laryngitis** *sub*, *f*, -, -gitiden laryngitis; **Laryngoskop** *sub*, *n*, -s, -e laryngoscope; **Larynx** *sub*, *m*, -, *Laryngen* larynx
lasch, *adj*, insipid, limp, slack
Lasche, *sub*, *f*, -, -schen flap, loop
Laser, *sub*, *m*, -s, - *(phy.)* laser; ~**drucker** *sub*, *m*, -s, - laser printer; ~**impuls** *sub*, *m*, -es, -e laser impulse; ~**strahl** *sub*, *m*, -s, -en laser beam; ~**technik** *sub*, *f*, -, -en laser technology
lasieren, *vt*, glaze, varnish
Läsion, *sub*, *f*, -en *(med.)* lesion
Lassafieber, *sub*, *n*, -s, *nur Einz.* Lassa fever
lassen, *vt*, leave, let, stop; *dann lassen wir es eben* let´s drop the whole idea; *etwas ungesagt lassen* to leave something unsaid; *laß mich in Ruhe!* leave me in peace!; *er hat mich wissen lassen, dass* he let me know that; *laß die Kinder nicht auf die Straße* don´t let the children out on the street; *kannst du das Rauchen nicht lassen?* can´t you stop (give up) smoking?; *laß das Jammern* stop your moaning; *wochenlang rief sie täglich an, aber dann hat sie es schließlich gelassen* she rang up every day for weeks, but then she finally stopped
lässig, *adj*, casual; *(ugs.)* cool; *(ugs.) ein lässiger Typ* a cool guy; *(ugs.) Mensch! die Frisur ist echt lässig!* man! what a cool haircut!;
Lässlichkeit *sub*, *f*, -, -en veniality
Last, *sub*, *f*, -, -en burden, load; ~**auto** *sub*, *n*, -s, -s lorry, truck; **lasten** *vi*, weigh heavily; *die ganze Arbeit lastet auf meinen Schultern zur Zeit* I´ve got the whole burden of work on my shoulders at the momemt; *eine schwere Sorge hat auf ihr gelastet* a terrible worry weighed her down; ~**enaufzug** *sub*, *m*, -es, -züge goods lift; ~**ensegler** *sub*, *m*, -s, - transport glider
Laster, *sub*, *m*, -s, - vice
Lästerei, *sub*, *f*, -, -en blaspheming, viciousness
Lasterhöhle, *sub*, *f*, -, -n den of vice; **Lasterleben** *sub*, *n*, -s, - depraved life
lästern, **(1)** *vi*, backbite **(2)** *vt*, blaspheme; **Lästerzunge** *sub*, *f*, -, -n vicious tongue
Lastesel, *sub*, *m*, -s, - pack-mule
Lastex, *sub*, *n*, -, *nur Einz.* stretch fabric
lästig, *adj*, annoying, tiresome
Lastkahn, *sub*, *m*, -es, -kähne barge; **Lasttier** *sub*, *n*, -es, -e beast of burden; **Lastwagen** *sub*, *m*, -s, -wägen lorry, truck
Lasur, *sub*, *f*, -, -en glaze, varnish
lasziv, *adj*, lascivious; **Laszivität** *sub*, *f*, -, -en lasciviousness
Lätare, *sub*, *m*, -s, - 3rd Sunday before Easter
Latein, *sub*, *n*, -es, - Latin; ~**amerika** *sub*, *n*, -s, - Latin America;

lateinisch *adj*, Latin; ~**ische** *sub*, *n*, *-n*, - Latin; ~**schule** *sub*, *f*, *-*, *-n* grammar school; ~**segel** *sub*, *m*, *-s*, - lateen
La-Tène-Zeit, *sub*, *f*, *-*, *nur Einz*. La-Tène period
latent, *adj*, latent; **Latenz** *sub*, *f*, *-*, *nur Einz*. latency; **Latenzperiode** *sub*, *f*, *-*, *-n* latency; **Latenzzeit** *sub*, *f*, *-*, *-en (med.)* latent period
lateral, *adj*, lateral
Lateritboden, *sub*, *m*, *-s*, *-böden (geol.)* laterite
Laterne, *sub*, *f*, *-*, *-n* lantern
Latex, *sub*, *m*, *-*, *Latizes* latex
latinisieren, *vt*, latinize; **Latinismus** *sub*, *m*, *-*, *Latinismen* Latinism; **Latinität** *sub*, *f*, *-*, *nur Einz*. latinity; **Latinum** *sub*, *n*, *-*, *nur Einz*. Latin proficiency examination
Latrine, *sub*, *f*, *-*, *-n* latrine; ~**nparole** *sub*, *f*, *-*, *-n* latrine rumour
Latschen, **(1)** *sub*, *m*, *-n*, - slipper **(2)** **latschen** *vi*, scuffle, slouch; *(ugs.) in den Schuh kriegst du deine Latschen niemals* you´ll never get your feet into those shoes; *(ugs.) sie passen zusammen wie ein Paar alte Latschen* they match like an old pair of slippers
Latschenkiefer, *sub*, *f*, *-*, - *(bot.)* dwarf pine
Latte, *sub*, *f*, *-*, *-ten* list, pale, slat; *(ugs.) er hat eine Latte von Vorstrafen* he´s got a long criminal record; *(ugs.) er kam mit einer Latte von Beschwerden* he came with a (long) list of complaints
Lattenkiste, *sub*, *f*, *-*, *-n* wooden crate; **Lattenkreuz** *sub*, *n*, *-es*, *-e* corner of the goalpost
Latz, *sub*, *m*, *-es*, *Lätze* bib, flap; ~**hose** *sub*, *f*, *-*, *-n* dungarees; ~**schürze** *sub*, *f*, *-*, *-n* pinafore
lau, *adj*, lukewarm, mild
Laub, *sub*, *n*, *-es*, - foliage, leaves; ~**baum** *sub*, *m*, *-es*, *-bäume* deciduous tree
Laube, *sub*, *f*, *-*, *-ben* arbour, summer-house; ~**ngang** *sub*, *m*, *-es*, *-gänge* covered path

Laubenpieper, *sub*, *m*, *-s*, - allotment gardener; **Laubfärbung** *sub*, *f*, *-*, *-en* autumn colouring; **Laubfrosch** *sub*, *m*, *-es*, *-frösche* tree-frog; **Laubholz** *sub*, *n*, *-es*, *-hölzer* deciduous tree; **Laubsäge** *sub*, *f*, *-*, *-n* fretsaw; **Laubwald** *sub*, *m*, *-es*, *-wälder* deciduous forest; **Laubwerk** *sub*, *n*, *-es*, - foliage
Lauch, *sub*, *m*, *-es*, *nur Einz*. leek
Laudatio, *sub*, *f*, *-*, *-dationes* eulogy
Lauer, *sub*, *m*, *-s*, - be on the lurk; **lauern** *vi*, lurk
Lauf, *sub*, *m*, *-es*, *Läufe* barrel (of a gun), course, race; *(i. ü. S.) der Lauf der Welt* the way of the world; *(i. ü. S.) im Laufe der Jahre* in the course of the years; *(i. ü. S.) wir müssen den Dingen ihren Lauf lassen* we must let things take their course; ~**bahn** *sub*, *f*, *-*, *-en* career; ~**bursche** *sub*, *m*, *-n*, *-n* errand-boy; **laufen** *vi*, be in progress, go, leak, melt, run; *auf dem laufenden sein* up to the minute; *der Film lief schon, als wir ankamen* the film had already started when we got there; *die Verhandlungen laufen schon* negotiations have started; *es lief besser als ich erwartet hatte* things have gone better than I expected; *das Geschäft läuft* business is going well; *läufst du schnell in die Bäckerei?* would you just go to the baker´s for me?; *sie läuft alle paar Tage zum Arzt* she goes to the doctor every couple of days; *wenn er Bier trinkt, läuft er ständig auf die Toilette* whenever he´s been drinking beer, he has to go to the toilet all the time; *die Butter läuft* the butter is melting; *(i. ü. S.) der Schweiß lief ihm ins Gesicht* sweat was running down his face; *lauf so schnell, wie du kannst!* run as fast as you can!; *um die Wette laufen* to run a race; **laufend** *adj*, current, re-

gular, running; *die laufenden Kosten* regular expenses; *diesen Ärger habe ich laufend* I have this bother regularly; *halt´ mich auf dem laufenden* keep me up-to-date; **~erei** *sub, f, -, -en* running about; **~feuer** *sub, n, -s, -* wildfire; **lauffreudig** *adj,* keen on running; **~gewicht** *sub, n, -es, -er* sliding weight **läufig,** *adj,* on heat **Laufmasche,** *sub, f, -, -n* ladder; **Laufpass** *sub, m, -es, - (ugs.)* marching orders; *und hat sie dir den Laufpass gegeben?* did she give you your marching orders?; **Laufschiene** *sub, f, -, -n* rail; **Laufschrift** *sub, f, -, -en* moving screen, newscaster; **Laufschritt** *sub, m, -es, -e* doubletime, trot; **Laufsteg** *sub, m, -es, -e* cat-walk; **Laufstil** *sub, m, -s, -e* running style; **Laufwerk** *sub, n, -s, -e* drive, mechanism; **Laufzeit** *sub, f, -, -en* period, term; **Laufzettel** *sub, m, -s, -* docket **Lauge,** *sub, f, -, -gen* brine, leaching agent, suds; **laugenartig** *adj, (chem.)* alkaline; **~nwasser** *sub, n, -s, -* suds **Laune,** *sub, f, -n, -nen* mood; *f, -, -n* temper; *f, -n, -nen* whim; **launenhaft** *adj,* moody; **launig** *adj, (obsolete)* witty; **launisch** *adj,* moody **Laureat,** *sub, m, -s, -en* laureate; **lauretanisch** *adj,* Loretto **Laurin,** *sub, m, -s, -s* Laurin **Laus,** *sub, f, -, Läuse* louse; **~bub** *sub, m, -s, -ben* scamp; **lausbübisch** *adj, (obsolete)* roguish **Lauschaktion,** *sub, f, -, -en* bugging operation; **lauschen** *vi,* eavesdrop, listen, overhear; **Lauscher** *sub, f, -, Mz.* eavesdropper **lauschig,** *adj,* cosy **Läusebefall,** *sub, m, -s, -fälle* infestation with lice **Lausebengel,** *sub, m, -s, -* little devil, scamp **lausen,** *vt,* delouse; **lausig (1)** *adj,* lousy **(2)** *adv,* awfully **lausitzisch,** *adj,* Lusatian **laut, (1)** *adj,* loud **(2) Laut** *sub, m,*

-es, -e sound **lauten,** *vi,* read; *der Brief lautet folgendermaßen* the letter reads as follows; *der Satz muß so lauten* the sentence should read like this **läuten,** *vti,* ring **lauter,** *adj,* pure, sheer; *das ist die lauter Wahrheit* that´s the unadulterated truth; *das ist lauter Unsinn* that´s sheer nonsense; *das sind lauter Lügen* that´s a pack of lies **läutern,** *vt,* purify **lauthals,** *adv,* at the top of one´s voice; **lautlos** *adj,* soundless **Lautschrift,** *sub, f, -, -en* phonetic script; **Lautsprecher** *sub, m, -s, -* loudspeaker; **Lautstärke** *sub, f, -, -n* volume; **Lautwechsel** *sub, m, -s, -* transmutation of sounds; **Lautzeichen** *sub, n, -s, -* phonetic symbol **lauwarm,** *adj,* lukewarm **Lava,** *sub, f, -, Laven* lava **Lavabo,** *sub, n, -s, -s* lavabo **Lavendel,** *sub, m, -s, -* lavender **lavieren,** *vi,* manoeuvre **Lawine,** *sub, f, -, -n* avalanche; **lawinenartig** *adj,* like an avalanche; **~nhund** *sub, m, -es, -e* avalanche search dog **lax,** *adj,* lax **Laxans,** *sub, n, -, Laxanzien* laxative **laxieren,** *vi,* purge one´s bowels **Lay-out,** *sub, n, -s, -s* layout; **Layouter** *sub, m, -, -* layout man **Lead,** *sub, n, -s, nur Einz.* lead player **Leader,** *sub, m, -s, -* leader **leasen,** *vt,* lease; **Leasingfirma** *sub, f, -, -men* leasing company **Lebedame,** *sub, f, -, -n* courtesan; **Lebemann** *sub, m, -es, -männer* rake; **lebemännisch** *adj,* rakish **Leben, (1)** *sub, n, -s, -* life **(2) leben** *vi,* live; *Lebensunterhalt* daily bread **lebend,** *adj,* living; **Lebendgewicht** *sub, n, -s, -e* live weight;

~ig *adj,* alive, lively; **Lebendigkeit** *sub, f, -, -en* liveliness
Lebensabend, *sub, m, -, nur Einz.* old age; **Lebensalter** *sub, n, -s, -* age; **Lebensangst** *sub, f, -, Lebensängste* fear of life; **Lebensarbeit** *sub, f, -, -en* life´s work; **Lebensart** *sub, f, -, nur Einz.* way of life; **Lebensdauer** *sub, f, -, nur Einz.* life span; **lebensfähig** *adj,* capable (of living), viable **Lebensfrage,** *sub, f, -, -n* vital question; **lebensfremd** *adj,* remote from life; **Lebensfreude** *sub, f, -, nur Einz.* zest; **Lebensgefahr** *sub, f, -, nur Einz.* mortal danger; **lebensgefährlich** *adj,* perilous; **Lebensgefühl** *sub, n, -(e)s, nur Einz.* feeling for life; *auf dem Land habe ich ein ganz anderes Lebensgefühl* I have a completely different feeling (for life) when I´m in the country; *durch Yoga habe ich ein neues Lebensgefühl bekommen* yoga has given me a new feeling for life; **Lebensgenuss** *sub, m, -es, -genüsse* enjoyment of life; **Lebensgröße** *sub, f, -, nur Einz.* life-size; *(ugs.) da stand er in voller Lebensgröße* there he was, as large as life; *ein Porträt in Lebensgröße* a life-sized portrait; **Lebenshilfe** *sub, f, -, -en* support; **Lebenshunger** *sub, m, -s, nur Einz.* thirst for life; **Lebensinhalt** *sub, m, -(e)s, -e* meaning of life; **Lebenskampf** *sub, m, -(e)s, -kämpfe* struggle for survival; **Lebenskraft** *sub, f, -, -kräfte* vitality; **Lebenskreis** *sub, m, -es, -e* sphere (in which one lives); **lebenslänglich** *adj,* life(long) **Lebenslauf,** *sub, m, -(e)s, -läufe* career; **Lebenslicht** *sub, n, -(e)s, nur Einz.* flame of life; **lebenslustig** *adj,* vital **Lebensmittel,** *sub, f, -, Mz.* food, groceries; **~laden** *sub, m, -s, -läden* grocer´s; **~vergiftung** *sub, f, -, -en* food poisoning **lebensmüde,** *adj,* weary of life **Lebensniveau,** *sub, n, -s, nur Einz.* standard of living; **Lebensqualität** *sub, f, -, -en* quality of life; **Lebensraum** *sub, m, -s, -räume* environment; *m, -(e)s, -räume* (*polit.*) lebensraum; **Lebensretter** *sub, m, -s, -* rescuer; **Lebensstandard** *sub, m, -s, -s* standard of living; **Lebensunterhalt** *sub, m, -(e)s, nur Einz.* living; *mit Musik wirst du deinen Lebenshalt nicht verdienen können* you won´t be able to earn your living with music; *sie verdient den Lebensunterhalt für die Familie* she supports the family; **Lebensversicherung** *sub, f, -, -en* life insurance; **Lebenswandel** *sub, m, -s, -* way of life; **lebenswichtig** *adj,* vital; **Lebenswille** *sub, m, -n, nur Einz.* will to live; **Lebenszeit** *sub, f, -, -* lifetime; **Lebenszweck** *sub, m, -(e)s, -e* purpose of life **Leber,** *sub, f, -, -n* liver; **~balsam** *sub, m, -(e)s, -e (bot.)* ageratum; **~fleck** *sub, m, -(e)s, -en* mole; **~leiden** *sub, n, -s, -* liver disorder; **~pastete** *sub, f, -, -n* liver paté; **~tran** *sub, m, -(e)s, -* cod-liver oil
Lebewesen, *sub, n, -s, -* living thing
Lebewohl, *sub, n, -s, -* farewell **lebhaft,** *adj,* lively, vivid **leblos,** *adj,* lifeless; **Leblosigkeit** *sub, f, -, nur Einz.* lifelessness **lechzen,** *vi,* crave for, pant **leck, (1)** *adj,* leaky **(2) Leck** *sub, n, -(e)s, -s* leak; **~en (1)** *vi,* leak **(2) vt,** lick **lecker,** *adj,* delicious, yummy **Leckerbissen,** *sub, m, -s, -* delicacy; **Leckermaul** *sub, n, -(e)s, -mäuler* sweet-toothed person **Leder,** *sub, n, -s, -* leather; **~einband** *sub, m, -(e)s, -einbände* leatherbound volume; **lederfarben** *adj,* leather-coloured; **~gürtel** *sub, m, -s, -* leather belt; **~haut** *sub, f, -, -häute* dermis; **~mantel** *sub, m, -s, -mäntel* leather coat; **ledern** *adj,* leathe-

ry; ~**polster** *sub, n, -s,* - leather
upholstery; ~**riemen** *sub, m, -s,* -
leather strap; ~**schurz** *sub, m, -es,*
-e leather apron; ~**sessel** *sub, m, -s,*
- leather armchair; ~**tasche** *sub, f,*
-, -n leather bag
ledig, *adj,* single; **Ledigenheim**
sub, n, -(e)s, -e home for singles
lediglich, *adv,* merely
Lee, *sub, f, -,* - lee
leer, *adj,* empty; ~ **laufen** *vi,* run
dry; **Leere** *sub, f, -,* - emptiness;
~**en** *vt,* empty; **Leergewicht** *sub,*
n, -(e)s, -e unladen weight; **Leer-**
lauf *sub, m, -(e)s, -läufe* neutral;
Leerstelle *sub, f, -, -n* vacancy;
Leertaste *sub, f, -, -n* space-bar;
Leerwohnung *sub, f, -, -en* unfurnished flat
Lefze, *sub, f, -, -zen* chaps
legal, *adj,* lawful, legal; **Legalisati-**
on *sub, f, -, -en* legalization; ~**isie-**
ren *vt,* legalize; **Legalismus** *sub,*
m, -, nur Einz. legalism; ~**istisch**
adj, legalistic; **Legalität** *sub, f, -,*
nur Einz. legality; **Legalitätsprin-**
zip *sub, n, -(e)s, nur Einz.* principle
of legality
Legasthenie, *sub, f, -, -n* dislexia; **Le-**
gastheniker *sub, m, -s,* - dislexic
Legat, *sub, n, -en, -en (jur.)* legacy;
~**ar** *sub, m, -(e)s, -e* legatee; ~**ion**
sub, f, -, -en legation; ~**ionsrat** *sub,*
m, -(e)s, -räte legation councillor
Legebatterie, *sub, f, -, -n* hen battery
legen, (1) *vr,* abate, lie down **(2)** *vt,*
lay, put; *(i. ü. S.) der Sturm der*
Entrüstung wird sich nicht so
schnell legen the storm of indignation will not abate so quickly; *wir*
mußten warten bis der Wind sich
legte we had to wait till the wind
abated; *(i. ü. S.) die Sache legte sich*
ihm aufs Gemüt the matter began
to prey on his mind; *sich auf den*
Rücken legen to lie down on one's
back; *sie legte sich ins Gras* she lay
down in the grass, *ein Buch auf den*
Tisch legen to put a book on the
table; *ich habe die Handtücher in*
den Schrank gelegt I put the towels

in the cupboard; *ich konnte das*
Buch nicht aus der Hand legen I
couldn't put the book down;
Wert auf etwas legen to attach
importance to something
Legende, *sub, f, -, -n* legend; **le-**
gendenhaft *adj,* legendary
leger, *adj,* informal
Leghenne, *sub, f, -, -n* laying hen
legieren, *vt,* alloy; **Legierung** *sub,*
f, -, -en alloy
Legion, *sub, f, -, -en* legion; ~**ar**
sub, m, -s, -e (hist.) member of a
Roman legion; ~**är** *sub, m, -s, -e*
legionary; ~**ärskrankheit** *sub, f,*
-, nur Einz. Legionnaire's disease
Legislative, *sub, f, -, -n* legislative
body; **legislatorisch** *adj,* legislative; **Legislatur** *sub, f, -, -en* legislation; **Legislaturperiode** *sub, f,*
-, -n parliamentary term
legitim, *adj,* legitimate; **Legitima-**
tion *sub, f, -, -en* authorization,
identification; ~**ieren (1)** *vr,*
show proof of identity **(2)** *vt,* le-
gitimize; **Legitimismus** *sub, m, -,*
- legitimism
Leguan, *sub, m, -s, -e (zool.)* iguana
Lehen, *sub, n, -s,* - *(hist.)* fief;
~**swesen** *sub, n, -s, nur Einz.* feu-
dalism
Lehm, *sub, m, -(e)s,* - clay
Lehne, *sub, f, -, -nen* rest; **lehnen**
(1) *vr,* lean **(2)** *vti,* lean (on or
against); **Lehnsträger** *sub, m, -s,*
- tenant
Lehrangebot, *sub, n, -(e)s, -e*
educational programme; **Lehr-**
anstalt *sub, f, -, -en* educational
establishment; **Lehrbarkeit** *sub,*
f, -, nur Einz. teachability; **Lehr-**
buch *sub, n, -(e)s, -bücher* text-
book; **Lehre** *sub, f, -, -ren*
apprenticeship, lesson, teaching,
teachings; **lehren** *vti,* teach; **Leh-**
rer *sub, m, -s,* - school master,
teacher; **Lehrerin** *sub, f, -, -nen*
school mistress; **Lehrerschaft**
sub, f, -, -en teaching staff; **Leh-**
rerzimmer *sub, n, -s,* - staff room

Leichtsinn

Lehrfilm, *sub, m, -(e)s, -e* educational film; **Lehrgang** *sub, m, -(e)s, -gänge* course; **Lehrgedicht** *sub, n, -(e)s, -e* didactic poem; **Lehrgeld** *sub, n, -(e)s, -er* price paid for ignorance; *als er jung war, hat er kräftig Lehrgeld zahlen müssen* when he was young, he had to pay dearly for his ignorance; **lehrhaft** *adj,* didactic; **Lehrjahr** *sub, n, -(e)s, -e* apprenticeship year; **Lehrkörper** *sub, m, -s, -* staff; **Lehrling** *sub, m, -(e)s, -ge* apprentice; **Lehrmädchen** *sub, n, -s, -* female apprentice; **Lehrmeinung** *sub, f, -, -en* academic opinion; **Lehrmeister** *sub, m, -s, -* master (of a trade); **Lehrmethode** *sub, f, -, -en* teaching method **Lehrplan,** *sub, m, -(e)s, -pläne* syllabus; **Lehrprobe** *sub, f, -, -en* demonstration lesson; **Lehrsatz** *sub, m, -(e)s, -sätze* theorem; **Lehrstelle** *sub, f, -, -en* position (for apprenticeship); **Lehrstuhl** *sub, m, -(e)s, -stühle* chair; **Lehrstunde** *sub, f, -, -n* teaching unit; **Lehrvertrag** *sub, m, -(e)s, -verträge* indentures; **Lehrzeit** *sub, f, -, -en* period of apprenticeship
Leib, *sub, m, -(e)s, -er* body; **~arzt** *sub, m, -es, -ärzte* personal physician; **~chen** *sub, n, -s, -* bodice, vest
leiben, *vi,* be (oneself); *das ist er ja, wie er leibt und lebt* that´s him all over
Leibgarde, *sub, f, -, -n* bodyguard; **Leibgardist** *sub, m, -en, -en* soldier (of a bodyguard); **Leibgericht** *sub, n, -(e)s, -e* favourite meal
leibhaftig, *adj,* incarnate; **Leibhaftige** *sub, m, -n, nur Einz.* living image
Leibkoch, *sub, m, -(e)s, -köche* personal chef
leiblich, *adj,* of the same blood, physical; **Leiblichkeit** *sub, f, -, -* corporeality
Leibrente, *sub, f, -, -ten* life annuity; **Leibschmerz** *sub, m, -es, -schmerzen* stomach pains; **Leibwächter** *sub, m, -s, -* bodyguard

Leiche, *sub, f, -, -chen* corpse; **~nacker** *sub, m, -s, -äcker (dial.)* churchyard; **~nbegängnis** *sub, n, -es, -se* funeral; **leichenblass** *adj,* deathly pale; **~nfledderei** *sub, f, -, -en* looting of corpses; **~nfledderer** *sub, m, -s, -* looter of corpses; **~nfrau** *sub, f, -, -en* layer-out; **~ngift** *sub, n, -(e)s, -e* cadaveric poison; **~nhalle** *sub, f, -, -n* mortuary; **~nhemd** *sub, n, -(e)s, -en* shroud; **~nrede** *sub, f, -, -n* funeral oration; **~ntuch** *pron,* shroud; **~nverbrennung** *sub, f, -, -en* cremation; **~nwagen** *sub, m, -s, -wägen* hearse; **Leichnam** *sub, m, -(e)s, -me* body
leicht, *adj,* easy, light; *das ist leicht zu lernen* that´s easy to learn; *das ist leichter gesagt als getan* that´s easier said than done; *du machst es dir zu leicht* you don´t go to enough trouble; *sie hat es im Leben immer leicht gehabt* she has always had an easy life; *der Koffer ist aus einem leichten Material* it´s a lightweight suitcase; *der Koffer ist groß, aber leicht* the suitcase is big, but it´s light; *ein leichtes Essen* a light meal; *leichte Musik* light music
Leichtathlet, *sub, m, -en, -en* athlete; **~ik** *sub, f, -, -* athletics
Leichtbenzin, *sub, n, -s, -e* benzine
leichtblütig, *adj,* light-hearted
leichtfertig, *adj,* thoughtless; **leichtfüßig** *adj,* light-footed; **leichtherzig** *adj,* light-hearted
Leichtgewicht, *sub, n, -(e)s, -e* lightweight; **Leichtgläubigkeit** *sub, f, -, -* gullibility
Leichtigkeit, *sub, f, -, -en* ease, lightness
leichtlebig, *adj,* easy-going; **Leichtlebigkeit** *sub, f, -, nur Einz.* easy-going attitude
Leichtmetall, *sub, n, -s, -e* light metal
Leichtsinn, *sub, m, -s, -* reckless-

ness, thoughtlessness; **leichtsin-nig** *adj*, rash, thoughtless; **~sfeh-ler** *sub, m, -s,* - careless mistake
Leideform, *sub, f, -, -men* passive voice; **Leiden (1)** *sub, n, -s,* - ailment, illness, suffering **(2) leiden** *vt*, endure, tolerate **(3)** *vti*, suffer (from); *die Farbe hat durch die grelle Sonne sehr gelitten* the colour faded badly in the sun; *er leidet unter der Einsamkeit* he suffers from loneliness; *er starb, ohne viel zu leiden* he died without suffering a lot; **Leidende** *sub, m, -n, -n* sufferer
Leidenschaft, *sub, f, -, -ten* passion; **leidenschaftlich** *adj*, passionate, very keen; **leidensfähig** *adj*, emotional
Leidensmiene, *sub, f, -, -n* display of suffering; **Leidenszeit** *sub, f, -, -en* period of suffering
leider, *adv*, unfortunately
leidgeprüft, *adj*, sorely tried
leidig, *adj*, tiresome
leidlich, *adj*, passable
leidtragend, *adj*, injured; **Leidtragende** *sub, m, -n, -n* victim
leidvoll, *adj*, sorrowful
Leier, *sub, f, -, -n* lyre; **~kasten** *sub, m, -s, -kästen* barrel-organ; **leiern (1)** *vi*, drone (on) **(2)** *vt*, grind, play
Leiharbeiter, *sub, m, -s,* - casual worker; **Leihbücherei** *sub, f, -, -en* lending library; **leihen** *vt*, borrow, lend; *er hat mir Geld geliehen* he lent me some money; *ich habe das Buch aus der Bücherei geliehen* I borrowed the book from the library; *können Sie mir eine Stunde Ihrer Zeit leihen?* could you lend me an hour of your time?; **Leihgabe** *sub, f, -, -n* loan; **Leihhaus** *sub, n, -es, -häuser* pawnshop; **Leihverkehr** *sub, m, -s, nur Einz.* lending channels; **Leihvertrag** *sub, m, - (e)s, -vertäge* loan contract; **Leihwagen** *sub, m, -s, -wägen* hired car
Leim, *sub, m, -(e)s, -me* glue; **leimen** *vt*, glue; *(ugs.)* take so for a

ride; *er hat dich mit den Reparaturen regelrecht geleimt* he really took you for a ride with those repairs; **~rute** *sub, f, -, -ten* lime twig; **~topf** *sub, m, -(e)s, -töpfe* glue pot
Lein, *sub, m, -(e)s, -ne* flax
Leine, *sub, f, -, -nen* leash, line, rope
leinen, (1) *adj*, linen **(2) Leinen** *sub, n, -s,* - cloth, linen; **Leinenkleid** *sub, n, -(e)s, -er* linen dress; **Leinenweber** *sub, m, -s,* - linen weaver
Leintuch, *sub, n, -(e)s, -tücher* sheet; **Leinwand** *sub, f, -, -wände* canvas, screen
Leiste, *sub, f, -, -sten* skirting board; *(med.)* groin; **~n (1)** *sub, m, -s,* - last **(2) leisten** *vt*, achieve **(3)** *vtr*, treat oneself to sth; *er hat in seinem kurzen Leben Erstaunliches geleistet* he achieved an amazing amount in his short life; *er leistet genau soviel wie ich* he´s as efficient as I am; *sein Problem ist, daß er immer mehr leisten will* his problem is always wanting to achieve more; *wir haben gute Arbeit geleistet* we´ve done good work; **~nbruch** *sub, m, -(e)s, -brüche (med.)* hernia
Leistung, *sub, f, -, -en* achievement, performance, sevice; **leistungsfähig** *adj*, capable, efficient, powerful; **~ssport** *sub, m, -(e)s, nur Einz.* competitive sport
Leitartikel, *sub, m, -s,* - leader; **Leitartikler** *sub, m, -s,* - leaderwriter; **Leitbarkeit** *sub, f, -, -en* manageability; **Leitbild** *sub, n, - (e)s, -er* model
leiten, *vt*, be in charge of, conduct, guide, lead; **~d** *adj*, dominant, leading, managerial
Leiter, *sub, f, -, -n* ladder; *m, -s,* - director, manager
Leiterplatte, *sub, f, -, -n (comp.)* circuit board; **Leiterwagen** *sub, m, -s,* - hand-cart

Leitfaden, *sub, m, -s, -fäden* guide, main theme; **Leitgedanke** *sub, m, -n, -n* central idea; **Leithammel** *sub, m, -s, -* bellwether; **Leitlinie** *sub, f, -, -n* guide line; **Leitmotiv** *sub, n, -s, -ve (mus.)* leitmotif; **Leitplanke** *sub, f, -, -ken* crash-barrier; **Leitsatz** *sub, m, -es, -sätze* basic principle **Leitung**, *sub, f, -, -gen* cable, leadership, management, pipe; ~**smast** *sub, m, -(e)s, -en* electricity pylon; ~**snetz** *sub, n, -es, -e* grid, mains system, network; ~**srohr** *sub, n, -(e)s, -e* pipe **Leitvermögen**, *sub, n, -s, - (phy.)* conductivity; **Leitwerk** *sub, n, -(e)s, -e* tail unit **Lektion**, *sub, f, -, -en* lesson **Lektor**, *sub, m, -s, -oren* lecturer, reader; ~**at** *sub, n, -(e)s, -e* editorial office; **lektorieren** *vt*, edit; **Lektüre** *sub, f, -, -n* reading; *das ist keine passende Lektüre für ein Kind* that´s not suitable reading for a child; *das wird zur Lektüre empfohlen* that´s recommended reading; *ist das eine interessante Lektüre?* does that make good reading? **Lemma**, *sub, n, -s, -ta* lemma **Lemming**, *sub, m, -s, -ge* lemming **lemurenhaft**, *adj*, ghostlike **Lende**, *sub, f, -, -en* loin; ~**nbraten** *sub, m, -s, -* loin roast; **lendenlahm** *adj*, worn-out; ~**nschurz** *sub, m, -es, -schürze* loincloth; ~**nstück** *sub, n, -(e)s, -e* tenderloin; ~**nwirbel** *sub, m, -s, - (med.)* lumbar vertebra **Leninismus**, *sub, m, -, nur Einz.* Leninism; **leninistisch** *adj*, Leninist **Lenkbarkeit**, *sub, f, -, nur Einz.* steerability, tractability **lenken**, *vt*, control, direct attention to sth, influence, steer **Lenker**, *sub, m, -s, -* driver; **Lenkrad** *sub, m, -(e)s, -räder* steering wheel **lenksam**, *adj*, tractable **Lenz**, *sub, m, -es, -ze (geh.)* spring **Leopard**, *sub, m, -en, -en* leopard **Leporelloalbum**, *sub, n, -s, -ben* fold-out picture album **Lepra**, *sub, f, -, nur Einz.* leprosy **Lepton**, *sub, n, -s, -en* lepton **Lerche**, *sub, f, -, -chen* lark **lernbegierig**, *adj*, eager to learn; **Lernbehinderte** *sub, m, -n, -n* educationally handicapped person; **lernen** (1) *vi*, train (2) *vti*, learn; **Lerner** *sub, m, -s, -* learner; **Lernprozess** *sub, m, -es, -e* learning process; **Lernschritt** *sub, m, -(e)s, -e* learning progress; **Lernziel** *sub, n, -(e)s, -e* learning goal **Lesart**, *sub, f, -, -ten* version **lesbar**, *adj*, legible, readable **Lesbe**, *sub, f, -, -n (vulg.)* lesbian; **Lesbierin** *sub, f, -, -nen* lesbian; **lesbisch** *adj*, lesbian **Lese**, *sub, f, -, -sen* harvest **letal**, *adj*, lethal **Lethe**, *sub, f, -, nur Einz.* waters of oblivion **Letter**, *sub, f, -, -n* letter, type **letzt**, *adj*, last, latest, ultimate **letztendlich**, *adv*, at last; **letztgenannt** *adj*, last-mentioned; **letztjährig** *adj*, last year´s; **letztlich** *adv*, finally; **letztmöglich** *adj*, last possible; **letztwillig** *adj*, testamentary **Leuchtboje**, *sub, f, -, -n* light-buoy; **Leuchtbombe** *sub, f, -, -n* flare; **Leuchte** *sub, f, -, -ten* light; **leuchten** *vi*, glow, shine; **Leuchter** *sub, m, -s, -* candlestick, chandelier, sconce; **Leuchtfarbe** *sub, f, -, -n* fluorescent colour; **Leuchtfeuer** *sub, n, -s, -* beacon; **Leuchtkäfer** *sub, m, -s, -* glow-worm; **Leuchtkraft** *sub, f, -, nur Einz.* brightness; **Leuchtkugel** *sub, f, -, -n* flare; **Leuchtrakete** *sub, f, -, -n* signal rocket; **Leuchtröhre** *sub, f, -, -n* fluorescent tube; **Leuchtsignal** *sub, n, -(e)s, -e* flare signal; **Leuchtturm** *sub, m, -(e)s, -türme* lighthouse; **Leuchtziffer** *sub, f, -, -n* luminous figure **leugnen**, *vt*, deny; **Leugnung** *sub, f, -, -en* denial **Leukämie**, *sub, f, -, nur Einz.* leu-

kaemia; **leukämisch** *adj,* leukaemic
Leukozyt, *sub, m, -en, -en* white corpuscles
Leumund, *sub, m, -(e)s,* - reputation; **~szeugnis** *sub, n, -es, -se* character reference
Leute, *sub, f, -, Mz.* people
Leutnant, *sub, m, -(e)s, -s* lieutenant
leutselig, *adj,* affable
Levade, *sub, f, -, -n* levade
Levante, *sub, f, -, nur Einz.* Levant; **Levantine** *sub, f, -, nur Einz.* levantine; **Levantiner** *sub, m, -s* Levantine; **levantinisch** *adj,* Levantine
Level, *sub, m, -s, -s* level
Leviathan, *sub, m, -s, -e* leviathan
Levitation, *sub, f, -, -en* levitation
Lex, *sub, f, -, Leges* parliamentary bill
Lexem, *sub, n, -s, -e* lexeme
lexikalisch, *adj,* lexical; **Lexikograf** *sub, m, -en* lexicographer; **Lexikografie** *sub, f, -, nur Einz.* lexicography; **Lexikologie** *sub, f, -, nur Einz.* lexicography, lexicology; **Lexikologin** *sub, f, -, -nen* lexicologist; **Lexikon** *sub, m, -s, Lexika oder Lexiken* dictionary, encyclopaedia
Lezithin, *sub, n, -s, -e (chem.)* lecithin
Liaison, *sub, f, -, -s* liaison
Liane, *sub, f, -, die. -n* liana
libanesisch, *adj,* Lebanese
Libelle, *sub, f, -, -n* dragonfly
liberal, *adj,* liberal; **Liberale** *sub, m, -n, -n* Liberal; **~isieren** *vt,* liberalize; **Liberalismus** *sub, m, -, nur Einz.* Liberalism; **Liberalist** *sub, m, -en, -en* Liberal; **Liberalität** *sub, f, -, nur Einz.* liberality
Liberianerin, *sub, f, -, -nen* Liberian; **liberianisch** *adj,* Liberian
Libero, *sub, m, -s, -s (spo.)* sweeper
Libertinage, *sub, f, -, -n* libertinism
libidinös, *adj,* libidinal; **Libido** *sub, f, -, nur Einz. (psych.)* libido
Librettist, *sub, m, -en, -en* librettist; **Libretto** *sub, m, -s, -s oder Libretti* libretto
Lichenologe, *sub, m, -n, -n (bot.)* lichenologist

Lichtanlage, *sub, f, -, -n* lights; **lichtarm** *adj,* poorly lit; **Lichtbild** *sub, m, -s, -er* photo; **Lichtblick** *sub, m, -s, -e* ray of hope; **Lichteffekt** *sub, m, -s, -e* lighting effect; **Lichteinfall** *sub, m, -s, -fälle* incidence of light
lichten, (1) *vr,* clear up, get thinner **(2)** *vt,* clear, thin out; *allmählich lichteten sich die Reihen* the rows were gradually thinning out; *sein Haar lichtet sich schon* his hair is getting thinner
Lichterbaum, *sub, m, -s, -bäume* Christmas tree; **Lichterfest** *sub, n, -s, nur Einz.* Christmas; **Lichterglanz** *sub, m, -es, -e* bright lights; **Lichterkette** *sub, f, -, -n* chain of lights; **Lichtermeer** *sub, n, -s, -e* sea of lights; **Lichtfilter** *sub, n, -s,* - light filter; **Lichtgeschwindigkeit** *sub, f, -, nur Einz.* speed of light; **Lichtgestalt** *sub, f, -, -en* shining light; **Lichthof** *sub, m, -s, -höfe (arch.)* air well; **Lichthupe** *sub, f, -, -n* warning flash (of headlights); **Lichtjahr** *sub, n, -es, -e* light year; **Lichtleitung** *sub, f, -, -en* lighting wire; **Lichtmangel** *sub, m, -s, nur Einz.* lack of light
Lichtmess, *sub, f, -,* - Candlemas; **~ung** *sub, f, -, -en (phy.)* photometry; **Lichtorgel** *sub, f, -, -n* colour organ; **Lichtquelle** *sub, f, -, -n* source of light; **Lichtreflex** *sub, m, -s, -e* light reflection; **Lichtreklame** *sub, f, -, -n* neon sign; **Lichtschein** *sub, m, -s, -e* gleam of light; **lichtscheu** *adj,* averse to light; **Lichtschranke** *sub, m, -s, -schränke* photoelectric barrier; **Lichtsignal** *sub, n, -s, -e* light signal; **Lichtspielhaus** *sub, n, -es, -häuser* cinema; **Lichtstrahl** *sub, m, -s, -en* beam of light; **lichttrunken** *adj,* dizzy with light; **Lichtung** *sub, f, -, -en* clearing; **lichtwendig** *adj, (biol.)* phototropic
Lid, *sub, n, -s, -er* eyelid

Lido, *sub, m, -s, -s o. Lidi* beach
Lidschatten, *sub, m, -s, -* eyeshadow
lieb, *adj,* dear, kind, nice, sweet; *ach, du liebe Zeit!* good gracious!; *er verlor alles, was ihm lieb war* he lost everything that was dear to him; *liebe Brüder und Schwestern* dearly beloved; *Liebe Monika, Lieber Manfred* Dear Monika, Dear Manfred; *sie ist eine liebe Freundin* she is a dear friend; **~äugeln** *vi,* toy with an idea; *mit einem neuen Auto liebäugeln* to toy with the idea of buying a new car; *sie liebäugeln mit dem Gedanken auf einer Insel zu leben* they're flirting with idea of living on an island; **Liebchen** *sub, n, -s, -* sweetheart; **Liebe** *sub, f, -, nur Einz.* love, sex; *die große Liebe* the love of one's life; *eine Nacht der Liebe* a night of love-making; *Liebe auf dem ersten Blick* love at first sight; *Liebe zum Vaterland* love of one's country; *(ugs.) so weit geht die Liebe nicht* that's going a bit too far; *von der Liebe leben* to sell one's favours
Liebediener, *sub, m, -s, -* toady; **liebedienern** *vi,* fawn upon so
Liebelei, *sub, f, -, -en* flirtation; **lieben** *vti,* love, make love; **Liebende** *sub, m,f, -n, -n* lover; **liebenswert** *adj,* lovable; **liebenswürdig** *adj,* kind; *das ist sehr liebenswürdig von dir* that's very kind of you; *sie hat so eine liebenswürdige Art* she has such an engaging way; **Liebenswürdigkeit** *sub, f, -, nur Einz.* goodness, kindness
lieber, (1) *adj,* s. lieb **(2)** *adv,* rather, sooner; *es wäre mir lieber mit dem Zug zu fahren* I'd rather go by train; *ich möchte lieber nichts sagen* I'd rather not say anything; *was ist dir lieber?* what would you prefer?; *er würde lieber sterben als* he'd sooner die than; *ich täte es lieber selbst* I'd sooner do it myself
Liebesaffäre, *sub, f, -, -n* love affair; **Liebesapfel** *sub, m, -s, -äpfel (obs.)* tomato; **Liebesbande** *sub, nur Mehrz.* bonds of love; **Liebesbrief** *sub, m, -s, -e* love-letter; **Liebesdienst** *sub, m, -s, -e* favour; **Liebesentzug** *sub, m, -s, -züge* withdrawal of affection; **Liebesgöttin** *sub, f, -, -nen* goddess of love; **Liebesheirat** *sub, f, -, -en* love-match; **Liebeskummer** *sub, m, -s, nur Einz.* lovesickness; **Liebeslaube** *sub, n, -s, nur Einz.* arbour; **Liebesleben** *sub, n, -s, -* love life; **Liebesnacht** *sub, f, -, -nächte* night of love; **Liebesroman** *sub, m, -s, -e* romantic novel; **Liebesspiel** *sub, n, -s, -e* petting; **Liebestöter** *sub, nur Mehrz.* long johns; **Liebeszauber** *sub, m, -s, -s* spell of love
liebevoll, *adj,* loving
lieb gewinnen, *vt,* grow fond of
Liebhaber, *sub, m, -s, -* acquired taste, enthusiast, lover; *für diese komischen Sachen wird man einen Liebhaber finden müssen* you'll have to find someone with an acquired taste for these funny things; **~ei** *sub, f, -, -en* hobby
liebkosen, *vt,* caress; **Liebkosung** *sub, f, -, -en* caress
Liebling, *sub, m, -s, -e* darling, favourite
Lieblingstier, *sub, n, -s, -e* favourite animal
lieblos, *adj,* careless, unkind, unloving; *das Essen war sehr lieblos zubereitet* it was a carelessly prepared meal; *wenn du es so lieblos machst, kann es nichts werden* if you do it any old how, nothing can come of it
Liebreiz, *sub, m, -es, -e* charm; **liebreizend** *adj,* charming
Liebschaft, *sub, f, -, -en* love affair
Liebstöckel, *sub, m, -s, -* lovage
Lied, *sub, n, -es, -er* song; *(Weihnachten)* carol; *ein Lied anstimmen* to burst into song; *(ugs.) das Ende vom Lied* the outcome (of all this); *(ugs.) davon kann ich ein Lied singen* I can tell you a thing or two about that; *(ugs.) es*

ist immer dasselbe Lied it´s always
the same old story
Liedchen, *sub, n, -s, -* little song; **Liederabend** *sub, m, -s, -e* evening of
songs; **Liederjan** *sub, m, -(e)s, -e*
wastrel
liederlich, *adj,* sloppy, slovenly;
Bruder Liederlich wastrel
Liedermacher, *sub, m, -s, -* singer-
songwriter
liederreich, *adj,* rich in songs
liedhaft, *adj,* song-like
Lieferant, *sub, m, -en, -en* delive-
ryman, supplier; *~in sub, f, -, -nen*
deliverywoman, supplier
lieferbar, *adj,* available
Lieferfirma, *sub, f, -, -men* delivery
firm, supplier; **Lieferfrist** *sub, f, -,
-en* delivery period; *die Lieferfrist
einhalten* to meet the delivery date,
to meet the delivery date
liefern, *vti,* deliver, supply; *(spo.)
ein spannendes Spiel liefern* to put
on an exciting game; *(ugs.) jetzt
sind wir geliefert* that´s the end;
jmd ein Wortgefecht liefern to do
verbal battle with sb; *(Handel) ins
Ausland liefern* to supply the
foreign market
Liege, *sub, f, -, -n* couch; *(Camping)*
campbed
liegen, *vi, (ausgebreitet sein)* be, lie;
(sich befinden) be; *an mir soll es
nicht liegen* I´ll go along with that;
das liegt bei dir that is up to you;
das liegt mir nicht that does not
suit me; *der Kopf muss hoch liegen*
the head must be higher than the
rest of the body; *die Schuld liegt
schwer auf ihm* his guilt weighs
heavily on him; *einen Ort links liegen lassen* to pass by a place; *im
Sterben liegen* to lie dying; *(Auto)
in der Kurve liegen* to hold the corner; *mir liegt viel daran* that matters a lot to me; *seine Fähigkeiten
liegen auf einem anderen Gebiet*
his abilities lie in a different direction
Liegenschaft, *sub, f, -, -en* property,
real estate; **Liegestuhl** *sub, m, -s,*

-stühle deck chair; **Liegestütz**
sub, m, -es, -e (spo.) press-up
Lift, *sub, m, -s, -e o. -s* elevator, lift;
~boy sub, m, -s, -s elevator boy,
liftboy
liften, *vt,* lift; *sich das Gesicht liften lassen* to have a face-lift
Liga, *sub, f, -, Ligen* league; *~tur
sub, f, -, -en* ligature
Ligist, *sub, m, -en, -en* leaguer
Lignin, *sub, n, -s, -e* lignin(e);
Lignit *sub, m, -s, -e* brown coal
Liguster, *sub, m, -s, nur Einz.* privet
liieren, **(1)** *vr,* join forces; *(polit.)*
join an alliance **(2)** *vt,* bring or get
together; *liiert sein* to have joined forces
Likör, *sub, m, -s, -e* liqueur; *~es-
senz sub, f, -, -en* liqueur essence;
~flasche sub, f, -, -n liqueur bottle
Liktor, *sub, m, -s, -en* lictor
lila, *adj,* purple
Lilie, *sub, f, -, -n* lily
Liliput, *sub, n, -s, nur Einz.* Lilliput; *~aner sub, m, -s, -* dwarf;
(Bewohner von Liliput) Liliputian; *~bahn sub, f, -, -en* miniature
railway
Limbo, *sub, m, -s, nur Einz.* limbo
Limeskastell, *sub, n, -s, -e* limes
castle
Limette, *sub, f, -, -n* lime; *~nsaft
sub, m, -s, -säfte* lime juice
Limit, *sub, n, -s, -s o. -e* limit; *jmd
ein Limit setzen* to set sb a limit;
~ation sub, f, -, -en limitation;
limitieren, *vt,* limit; *~ierung
sub, f, -, -en* limitation
Limnimeter, *sub, n, -s, -* limnimeter
limnologisch, *adj,* limnological
Limonade, *sub, f, -, -n* lemonade;
(i.w.S) soft drink
Limone, *sub, f, -, -n* lime
Limousine, *sub, f, -, -n* limousine
Linde, *sub, f, -, -n* lime (tree);
~nallee sub, f, -, -n linden avenue; *~nblatt sub, n, -es, -blätter*
lime leaf; *~nblüte sub, f, -, -n*

lime blossom; **~nblütentee** *sub*, *m*, *-s*, *-s* lime blossom tea; **~nhonig** *sub*, *m*, *-s*, *-e* lime honey
lindern, *vt*, ease, relieve; **Linderung** *sub*, *f*, *-*, *-en* relief
Lindwurm, *sub*, *m*, *-s*, *-würmer* dragon, wyvern
Lineal, *sub*, *n*, *-s*, *-e* ruler
linear, *adj*, linear
Lineatur, *sub*, *f*, *-*, *-en* ruling
Linguallaut, *sub*, *m*, *-s*, *-e* lingual sound; **Linguist** *sub*, *m*, *-en*, *-en* linguist; **Linguistik** *sub*, *f*, *-*, *nur Einz.* linguistics; **linguistisch** *adj*, linguistic
Linie, *sub*, *f*, *-*, *-n* line; *(Personen)* rank; *(Verkehr)* route; *(i. ü. S.) auf der ganzen Linie* all along the line; *(i. ü. S.) auf der gleichen Linie* along the same lines; *auf die Linie achten* to watch one´s figure; *(mil.) die feindlichen Linien* the enemy lines; *(i. ü. S.) eine klare Linie für etwas finden* to give sth a clear sense of direction; *in erster Linie kommen* to come first; *in Linien antreten* fall in!; *auf einer Linie verkehren* to work a route
Liniment, *sub*, *n*, *-s*, *-e (anat.)* liniment
link, *adj*, *(Person)* double-crossing; *(Sachverhalt)* dirty; *(ugs.) ein ganz linker Hund* a nasty piece of work; *(ugs.) ein ganz linkes Ding drehen* to get up to a bit of no good; *komm mir nicht so link* stop messing me around
Linke, *sub*, *f*, *-n*, *-n (Hand, Boxen)* left hand; *f*, *-n*, *nur Einz. (polit.)* Left; *(Seite)* left (hand) side; *zur Linken des Königs* to the left of the king
linken, *vt*, *(ugs.)* con
linkisch, *adj*, awkward
links, *adv*, on the left (hand side); *jmdn links liegenlassen* to ignore sb; *(pol.) links stehen* to be leftwing; *links stricken* to purl; *von links* from the left
linksbündig, *adj*, flush left; **linksdrehend** *adj*, *(chem.)* laevorotato-

ry; **Linksdrehung** *sub*, *f*, *-*, *-en* counterclockwise turn; **linksextrem** *adj*, *(polit.)* extreme leftwing
Linksgalopp, *sub*, *m*, *-s*, *-s o. -e* canter left; **Linksgewinde** *sub*, *n*, *-s*, *-* left-handed thread
Linkshänder, *sub*, *m*, *-s*, *-* left-handed person; **linkshändig** *adj*, left-handed
linkslastig, *adj*, listing the left; *(polit.)* leftist; **linksläufig** *adj*, *(Gewinde)* left-handed; *(Schrift)* right-to-left; **linksliberal** *adj*, left-wing liberal
Linkspartei, *sub*, *f*, *-*, *-en* left-wing party; **linksradikal** *adj*, radically left-wing
linksseitig, *adj*, on the left(-hand) side
Linksverkehr, *sub*, *m*, *-s*, *nur Einz.* driving on the left; **Linkswendung** *sub*, *f*, *-*, *-en* left turn
Linoleum, *sub*, *n*, *-s*, *nur Einz.* lino(leum)
Linon, *sub*, *m*, *-(s)*, *-s* cotton/linen lawn
Linse, *sub*, *f*, *-*, *-n (bot., Küche)* lentil; *(Optik)* lens
Linsenfehler, *sub*, *m*, *-s*, *-* lens defect
linsenförmig, *adj*, lentiform
Linsensuppe, *sub*, *f*, *-*, *-n* lentil soup
Lipgloss, *sub*, *n*, *-*, *nur Einz.* lipgloss
Lipizzaner, *sub*, *m*, *-s*, *-* Lipizzaner
Lipom, *sub*, *n*, *-s*, *-e* fatty tumor
Lippe, *sub*, *f*, *-*, *-n* lip; *das bringe ich nicht über die Lippen* I can´t bring myself to say it; *(ugs.) das Wort erstarb ihm auf den Lippen* the word froze on his lips; *(ugs.) eine dicke Lippe riskieren* to be brazen; **~nblütler** *sub*, *m*, *-s*, *-* labiate; **~nstift** *sub*, *m*, *-es*, *-e* lipstick
liquid, *adj*, liquid; **Liquida** *sub*, *f*, *-*, *Liquidä oder Liquiden* liquid; **Liquidation** *sub*, *f*, *-*, *-en* liquidation; **~ieren** *vt*, *(Geschäft)* put

inliquidation; *(Person)* eliminate; **Liquidierung** *sub, f, -, -en (von Firma)* liquidation; *(von Person)* elimination; **Liquidität** *sub, f, -, nur Einz. (wirt.)* liquidity
lispeln, *vti,* lisp
Lissabonner, *sub, m, -s,* - native of Lisbon
List, *sub, f, -, -en (Täuschung)* cunning; *(trickreicher Plan)* trick; *zu einer List greifen* to use a bit of cunning; *mit List und Tücke* with a lot of coaxing
Liste, *sub, f, -, -n* list; *sich in eine Liste eintragen* to put one´s name down on a list; **listen** *vt,* list; **~nplatz** *sub, m, -es, -plätze (polit.)* place on the party list; **~npreis** *sub, m, -es, -e* list price; **listenreich** *adj,* cunning; **listig** *adj,* cunning
Litanei, *sub, f, -, -en (theol.)* litany; *eine Litanei von Klagen* a long catalogue of complaints
Liter, *sub, m oder n, -s,* - litre
Litera, *sub, f, -, -s* serial letter
literarisch, *adj,* literary; **Literatentum** *sub, n, -s, nur Einz.* literary world; **Literatur** *sub, f, -, -en* literature; **Literaturwissenschaft** *sub, f, -, -en* literary studies
Litewka, *sub, f, -, Litewken* undress jacket
Litfaßsäule, *sub, f, -, -n* advertising column
Lithium, *sub, n, -s, nur Einz.* lithium
lithografieren, *vt,* lithograph
Lithologie, *sub, f, -, nur Einz.* lithology
litoral, *adj, (geol.)* littoral
Litotes, *sub, f, -,* - litotes
Litschi, *sub, f, -, -s* lychee
Liturg, *sub, m, -en, -en (relig.)* liturgist; **~ie** *sub, f, -, -n* liturgy; **~ik** *sub, f, -, nur Einz. (relig.)* liturgics; **liturgisch** *adj,* liturgical
Litze, *sub, f, -, -n* braid; *(elektrisch)* flex
live, *adj, adv,* live
Livesendung, *sub, f, -, -en* live programme
livländisch, *adj,* Livonian

Livree, *sub, f, -, -n* livery; **livriert** *adj,* liveried
Lizenz, *sub, f, -, -en* licence; *eine Lizenz für etwas haben* to be licensed to do sth; *etwas in Lizenz herstellen* to manufacture sth under licence; **~geber** *sub, m, -s,* - licenser; *(Behörde)* licensing authority; **~gebühr** *sub, f, -, -en* licence fee; **lizenzieren** *vt, (geh.)* license; **~nehmer** *sub, m, -s,* - licensee; **~nummer** *sub, f, -, -n* licence number; **~träger** *sub, m, -s,* - licensee
Lob, *sub, n, -s, nur Einz.* praise; *(spo.)* lob; *ein Lob der Köchin* my compliments to the chef!; *Lob verdienen* to deserve praise
Lobelie, *sub, f, -, -n* lobelia
loben, *vt,* praise; *das lob ich mir* that´s what I like; *etwas wird allgemein sehr gelobt* something is universally acclaimed; *jmdn lobend erwähnen* to commend sb; **~swert** *adj,* laudable, praiseworthy; **Lobhudelei** *sub, f, -, -en* gushing; **Lobpreisung** *sub, f, -, -en* song of praise
Lobotomie, *sub, f, -, -n* lobotomy
Loch, *sub, n, -(e)s, Löcher (im Reifen)* puncture; *(Luft~)* gap; *(Öffnung, Lücke)* hole; *(ugs.) Löcher in die Luft starren* to gaze into thin air; *ein großes Loch in jmds Geldbeutel reißen* to make a big hole in sb´s pocket; *jmd Löcher in den Bauch fragen* to pester the living daylights out of somebody; *sich ein Loch ins Knie schlagen* to gash one´s knee; **lochen** *vt,* perforate; **~er** *sub, m, -s,* - punch; *(Mensch)* punch-card operator; **löcherig** *adj,* full of holes; **löchern** *vt,* pester (death) with questions; *er löchert mich seit Wochen, wann he´s* been pestering me for weeks wanting to know when
Locke, *sub, f, -, Locken* curl; *Locken haben* to have curly hair; **lokken (1)** *vt, (Tiere/Versuchung)*

lure; *(Versuchung)* tempt (2) *vtr,* *(Haare)* curl; *die Henne lockt ihre* *Küken* the hen is calling to its chicks; *das Angebot lockt mich sehr* I´m very tempted by the offer; *jmdn in einen Hinterhalt locken* to lure sb into a trap; **lockenköpfig** *adj,* curlyheaded; **~npracht** *sub, f, -, nur Einz.* magnificent head of curls; **~nwickel** *sub, m, -s, -* curler; **~nwickler** *sub, m, -s, -* curler **locker,** *adj,* loose; *(Haltung, Sitzweise)* relaxed; *(ugs.) bei ihr sitzt die Hand ziemlich locker* she´s quick to lash out; *(ugs.) das mache ich ganz locker* I can do it just like that; *(ugs.) ein lockerer Vogel* a bit of a lad; *jmdn locker machen* to relax sb; **~lassen** *vi,* let up; *nicht lockerlassen* not to give or let up; **~machen** *vt, (ugs.)* shell out; *bei jmd 100 Mark lockermachen* to get sb to shell out 100 marks; **~n (1)** *vr,* work itself loose **(2)** *vt, (Griff, Vorschriften)* relax; **Lockerung** *sub, f, -, -en* loosening; *(auch Beziehungen)* relaxation
lockig, *adj,* curly
Lockspitzel, *sub, m, -s, -* agent provocateur
Lockung, *sub, f, -, -en* lure; *(Versuchung)* temptation; **Lockvogel** *sub, m, -s, -vögel* decoy
Loden, *sub, m, -s, -* loden (cloth); **~mantel** *sub, m, -s, -mäntel* loden (coat)
Löffel, *sub, m, -s, - (Besteck)* spoon; *(Jagd)* ear; *(ugs.) den Löffel abgeben* to kick the bucket; *(i. ü. S.) den Löffel abgeben* hand over the bucket; *(ugs.) jmd eins hinter die Löffel geben* to give sb a clout round the ears; *(ugs.) schreib dir das hinter die Löffel!* get that into your head!; **löffeln** *vt,* spoon; **~stiel** *sub, m, -s, -e* spoon-handle; **löffelweise** *adv,* by the spoonful
Lofotinseln, *sub, f, -, nur Mehrz.* Lofoten Islands
Log, *sub, n, -s, -e (naut.)* log

Logarithmentafel, *sub, f, -, -n* log table; **logarithmieren** *vt,* find the log(arithm) of; **Logarithmus** *sub, m, -, -men* logarithm
Logbuch, *sub, n, -s, -bücher* log (book)
Loge, *sub, f, -, -n (Pförtner~, Frei-maurer~)* lodge; *(theat.)* box
Loggia, *sub, f, -, Loggien* loggia; *(Balkon auch)* balcony
Logierbesuch, *sub, m, -s, -e (veraltet)* house-guest; **logieren** *vi,* stay
Logik, *sub, f, -, nur Einz.* logic; *dieser Aussage fehlt die Logik* this statement is lacking in logic; *du hast vielleicht eine Logik!* your logic is a bit quaint; **~er** *sub, m, -s, -* logician; **Logis** *sub, n, -, - (veraltet)* lodgings; *Kost und Logis* board and lodging; **logisch** *adj,* logical; *(ugs.; selbstverständlich)* natural
Logistik, *sub, f, -, nur Einz. (mil.)* logistics; **logistisch** *adj,* logistic
Logopäde, *sub, m, -n, -n* speech therapist; **Logopädie** *sub, f, -, nur Einz.* speech therapy; **logopädisch** *adj,* logopaedic
Lohe, *sub, f, -, -n (geh.)* raging flames
lohen, *vi,* blaze
Lohn, *sub, m, -(e)s, Löhne* reward; *(Arbeitsentgelt)* wage(s); *(Strafe)* punishment; *jmds verdienter Lohn* sb´s just reward; *Undank ist der Welt Lohn* never expect thanks for anything; *(veraltet) bei jmd in Lohn und Brot stehen* to be in sb´s employ; *wieviel Lohn bekommst du?* what are your wages?; **lohnabhängig** *adj,* on a payroll; **~ausfall** *sub, m, -s, -fälle* loss of earnings; **~büro** *sub, n, -s, -s* wages office; **~empfänger** *sub, m, -s, -* wage-earner; **lohnen (1)** *vir,* be worthwhile **(2)** *vt,* reward; *das lohnt sich nicht für mich* it´s not worth my while; *die Mühe lohnt sich* it is worth the effort, *er hat mir meine*

Hilfe mit Undank gelohnt he repaid my help with ingratitude; **loh-nenswert** *adj,* worthwhile; **~erhöhung** *sub, f, -, -en* rise; **lohnintensiv** *adj,* wage-intensive; **~kürzung** *sub, f, -, -en* wage cut; **~steuer** *sub, f, -, -n* income tax; **~stopp** *sub, m, -s, -stopps* pay freeze; **~tüte** *sub, f, -, -n* pay packet; **~verhandlung** *sub, f, -, -en* wage negotiations; **~verzicht** *sub, m, -s, -e* renunciation of maximum pay; **~zettel** *sub, m, -s,* - pay slip
Loipe, *sub, f, -, -n* cross-country ski run
lokal, (1) *adj,* local (2) **Lokal** *sub, n, -s, -e* pub, restaurant; **Lokalanäs-thesie** *adv,* local anaesthesia; **Lo-kalbericht** *sub, m, -s, -e* local news; **Lokalderby** *sub, n, -s, -s* local derby **Lokalisation,** *sub, f, -, -en* location; *(med.)* localization; **lokalisieren** *vt,* locate; *(med.)* localize
Lokalität, *sub, f, -, -en (örtl. Beschaf-fenheit)* locality; *(Raum)* facilities; *sich mit den Lokalitäten auskennen* to know the district; *die Lokalitäten verlassen* to leave the premises
Lokalkolorit, *sub, n, -s, -e* local colour; **Lokalpatriotismus** *sub, m, -, nur Einz.* local patriotism; **Lokal-presse** *sub, f, -, nur Einz.* local press; **Lokalredaktion** *sub, f, -, -en* local newsroom; **Lokaltermin** *sub, m, -s, -e (jur.)* visit the scene of the crime; **Lokalzeitung** *sub, f, -, -en* local newspaper
Lokativ, *sub, m, -s, -e (gramm.)* locative (case)
Lokogeschäft, *sub, n, -s, -e (wirt.)* spot deal
Lokomotive, *sub, f, -, -n* locomotive **Lokus,** *sub, m, - oder -ses, -se* toilet; *(haupts. US)* bathroom
lombardieren, *vt, (wirt.)* accept as collateral; **Lombardsatz** *sub, m, -es, -sätze* rate for loans on security **Lomberspiel,** *sub, n, -s, nur Einz.* *(Kartenspiel)* lomber
Longdrink, *sub, m, -s, -s* long drink

longieren, *vt, (Pferd)* lunge
longitudinal, *adj,* longitudinal
Longseller, *sub, m, -s,* - long seller
Look, *sub, m, -s, -s (Mode)* look
Looping, *sub, m oder n, -s, -s* looping the loop; *einen Looping ma-chen* to loop the loop
Lorbass, *sub, m, -es, -e (dial.ugs.)* sly devil
Lorbeer, *sub, m, -s, -en* laurel; *da-mit kannst du keine Lorbeeren ernten* that´s no great achievement; *er hat allein die Lorbeeren eingeheimst* he took the credit himself; *sich auf seinen Lorbee-ren ausruhen* to rest on one´s laurels; **~baum** *sub, m, -s, -bäu-me* laurel tree; **~blatt** *sub, n, -s, -blätter* bayleaf; **lorbeergrün** *adj,* laurel green; **~kranz** *sub, m, -es, -kränze* laurel wreath; **~zweig** *sub, m, -s, -e* sprig of laurel
Lorchel, *sub, f, -, -n* mitre mushroom
Lord, *sub, m, -s, -s* lord; **~kanzler** *sub, m, -s,* - lord chancellor
Lore, *sub, f, -, -n* tipper; *(Eisen-bahn)* truck
Lorgnette, *sub, f, -, -n* lorgnette
Lorgnon, *sub, n, -s, -s* lorgnon
lösbar, *adj,* soluble
losbekommen, *vt,* get off; **losbin-den** *vt,* untie
Löschapparat, *sub, m, -s, -e* fire extinguisher; **Löscharbeit** *sub, f, -, -en* fire-fighting operations; **lö-schen** *vt,* put out; *(Daten)* dele-te; *(Feuer)* extinguish; *(Ladung)* unload; *(Licht)* switch off; **Lösch-papier** *sub, n, -s, nur Einz.* blotting paper; **Löschung** *sub, f, -, -en* *(Daten)* deletion; *(Ladung)* un-loading; **Löschwasser** *sub, n, -s, nur Einz.* water for firefighting; **Löschzug** *sub, m, -s, -züge* set of fire-fighting appliances
lose, *adj,* loose; *(Seil)* slack
Lösegeld, *sub, n, -s, -er* ransom
loseisen, *vtr, (ugs.)* get away from
losen, *vi,* draw lots; *wir losen, wer*

we´ll draw lots to decide who **lösen, (1)** *vr, (Schmutz)* loosen; *(sich losmachen)* detach onself **(2)** *vt,* remove; *(Problem)* solve **(3)** *vt/vr,* dissolve; *das Boot hat sich aus der Verankerung gelöst* the boat has broken its moorings, *eine Gestalt löste sich aus der Dunkelheit* a figure detached itself from the darkness; *sich lösen von jmd* to break away from sb; *sich von Verpflichtungen lösen* to free oneself of duties; *sich von Vorurteilen lösen* to rid oneself of prejudices; *sie löste ihre Hand aus der seinen* she slipped her hand out of his; *sich von selbst lösen* to solve itself, *ihre Anspannung löste sich in Tränen* her tension found relief in tears **Losentscheid,** *sub, m, -s, -e* decision by drawing lots **losfahren, (1)** *vi, (abfahren)* set off **(2)** *vt,* attack; **losfliegen** *vi,* fly off; **losgehen (1)** *vi, (ugs.; beginnen)* start; *(weggehen)* set off **(2)** *vt, (angreifen)* go for; *gleich geht´s los* it´s just about to start; *jetzt geht´s aber los!* do you mind!; *jetzt geht´s los* here we go!, *mit dem Messer auf jmdn losgehen* to go for sb with a knife; **loshaben** *vi, (ugs.)* be pretty clever; *nichts loshaben* to be pretty stupid; **loslassen** *vt, (abfeuern)* let off; *(nicht mehr festhalten)* let go (of); *das Buch lässt mich nicht mehr los* I can´t put the book down; *der Gedanke läßt mich nicht mehr los* the thought haunts me; **loslassen (auf)** *vt,* set loose (on); *die Hunde auf jmdn loslassen* to put the dogs on(to) sb; *sowas lässt man auf die Menschheit los* what a thing to unleash on an unsuspecting world; *wehe, wenn sie losgelassen* once let them off the leash; **loslegen** *vi, (ugs.)* get going/started; *er legte gleich mit seinen Ideen los* he started on about his ideas; *nun leg mal los und erzähle* now come on and tell me

löslich, *adj,* soluble; *schwer löslich* not readily soluble; **Löslichkeit** *sub, f, -, -en* solubility **lo**slösen, **(1)** *vr,* become loose, detach oneself from **(2)** *vt,* remove from; *sich von jmd loslösen* to break away from sb; **losmachen (1)** *vi, (ugs.; sich beeilen)* step on it **(2)** *vr,* get away from **(3)** *vt,* free; *der Hund hat sich losgemacht* the dog has got loose, *jmdn von einer Kette losmachen* to unchain sb; *was losmachen* to have some action; **losreissen (1)** *vr,* break free **(2)** *vt,* tear off; *sich losreißen* to break loose, *jmdn losreißen* to tear sb away; **lossagen** *vr,* renounce; *sich von etwas lossagen* to renounce sth; *sich von seiner Vergangenheit lossagen* to break with one´s past; **losschicken** *vt,* send off; **losschießen** *vi, (zu schießen anfangen)* open fire; *schieß los!* fire away!; **losschlagen (1)** *vi,* hit out **(2)** *vt, (verkaufen)* get rid of; *aufeinander losschlagen* to go for one another; **losschrauben** *vt,* unscrew **lossprechen,** *vt, (relig.)* absolve; **Lossprechung** *sub, f, -, -en* absolution **Löss,** *sub, m, -es, -e* loess **Lost,** *sub, m, -(e)s, nur Einz.* mustard gas **Lostrommel,** *sub, f, -, -n* drum **Lösung,** *sub, f, -, -en* solution; *(Annullierung)* cancellation; *zur Lösung dieser Schwierigkeiten* to resolve these problems; **~smittel** *sub, n, -s, -* solvent; **Losungswort** *sub, n, -es, -worte* password **loswerden,** *vt,* get rid of; *(Geld)* lose; *er wird seine Erkältung einfach nicht los* he can´t shake off his cold **losziehen, (1)** *vi,* set out **(2)** *vt, (ugs.)* lay into **Lot,** *sub, n, -(e)s, -e (math.)* perpendicular; *(naut.)* plumbline; *das Lot fällen* to drop a perpen-

dicular; *die Sache ist wieder im Lot* things have been straightened out; *die Sache wieder ins Lot bringen* to put the record straight; *seine Finanzen wieder ins Lot bringen* to put one´s finances back on an even keel
loten, *vt*, plumb
löten, *vti*, solder
Lothringen, *sub, n, -s, nur Einz*. Lorraine; **lothringisch** *adj*, Lorrainese
Lotion, *sub, f, -, -en* lotion
Lötlampe, *sub, f, -, -n* blowlamp
Lotosblume, *sub, f, -, -n* lotus (flower)
Lotse, *sub, m, -n, -n* flight controller; *(i. ü. S.)* guide; **~ndienst** *sub, m, -es, -e* pilot service
lotsen, *vt*, guide; *(ugs.) jmdn irgendwohin lotsen* to drag sb somewhere
Lotterie, *sub, f, -, -n* lottery; *(Tombola)* raffle; **~los** *sub, n, -es, -e* lottery ticket
lotterig, *adj*, sloppy, slovenly; *lotterig herumlaufen* to go around looking a mess; **Lotterigkeit** *sub, f, -, nur Einz.* slovenliness
Lotterleben, *sub, n, -s, nur Einz. (ugs.)* dissolute life
Lotto, *sub, n, -s, -s* national lottery; *(ugs.) du hast wohl im Lotto gewonnen* you must have won the pools; *Lotto spielen* to do the national lottery; *Sie haben wohl Ihren Führerschein im Lotto gewonnen!* how on earth did you ever pass your driver´s licence?; **~gewinn** *sub, m, -s, -e* Lotwin; **~schein** *sub, m, -s, -e* Lotcoupon; **~zahlen** *sub, f, -, nur Mehrz.* winning Lotnumbers; **~zettel** *sub, m, -s, -* Lotcoupon
Lounge, *sub, f, -, -s* lounge
Löwe, *sub, m, -n, -n* lion; *(astron., astrol.)* leo; *sich in die Höhle des Löwen wagen* to beard the lion in his den; *im Zeichen des Löwen geboren sein* to be born under the sign of Leo; *Löwe sein* to be (a) Leo; **~nanteil** *sub, m, -s, nur Einz. (ugs.)* lion´s share; **~nmaul** *sub, n,*

-s, *-mäuler* snapdragon; **~nmut** *sub, m, -s, nur Einz. (geh.)* leonine courage; **~nzahn** *sub, m, -s, -zähne* dandelion; **Löwin** *sub, f, -, -nen* lioness
loyal, *adj*, loyal; *einen Vertrag loyal auslegen* to interpret a contract faithfully; **Loyalität** *sub, f, -, -en* loyalty
Luchs, *sub, m, -es, -e* lynx; *Augen wie ein Luchs haben* to be eagle-eyed, to have eyes like a hawk; **luchsen** *vi, (ugs.)* peep
Lücke, *sub, f, -, -n* gap; *(Unvollständigkeit)* hole; *(zwischen Wörtern)* space; *Lücken im Wissen haben* to have gaps in one´s knowledge; *sein Tod hinterließ eine schmerzliche Lücke* his death has left a void in our lives; **~nbüßer** *sub, m, -s, - (ugs.)* stopgap; **lückenhaft** *adj*, full of gaps; *(Bericht, Beweis)* incomplete; *sein Wissen ist sehr lückenhaft* there are great gaps in his knowledge; **lückenlos** *adj*, complete
Lude, *sub, m, -n, -n (ugs.)* pimp
Luder, *sub, n, -s, -* minx; *armes Luder* poor creature; *was für ein ordinäres Luder* what a common little hussy!
Luffa, *sub, f, -, -s* loofah; **~schwamm** *sub, m, -s, -schwämme* vegetable sponge
Luft, *sub, f, -, nur Einz.* air; *(Atem)* breath; *f, -, Lüfte (geh.; nur Plural)* skies; *f, -, nur Einz. (Platz)* space; *(Wind)* breeze; *das kann sich doch nicht in Luft aufgelöst haben* it can´t have vanished into thin air; *die Behauptung ist aus der Luft gegriffen* this statement is pure invention; *(geh.) die Lüfte* the skies; *es liegt ein Gewitter in der Luft* there´s a storm brewing in the air; *(ugs.) etwas in die Luft jagen* to blow sth up; *frische Luft schnappen* to get some fresh air; *im Zimmer ist schlechte Luft* the room is stuffy; *(ugs.) jmdn an die Luft setzen* to show sb the door;

jmdn in der Luft zerreißen to tear sb to pieces; *jmdn wie Luft behandeln* to treat sb as though he didn´t exist; *vor Freude in die Luft springen* to jump for joy; *der Kragen schnürt mir die Luft ab* this collar is choking me; *die Luft anhalten* to hold one´s breath; *nach Luft schnappen* to gasp for breath; *(ugs.) nun halt mal die Luft an!* hold your tongue!; *tief Luft holen* to take a deep breath; *etwas Luft dazwischen lassen* to leave a space in between; *laue Lüfte* gentle breezes; *seinem Ärger Luft machen* to give vent to one´s anger; *sich Luft machen* to get everything off one´s chest; ~**angriff** *sub*, *m*, *-s*, *-e* air-raid; *einen Luftangriff auf eine Stadt fliegen* to bomb a town; ~**aufnahme** *sub*, *f*, *-*, *-n* aerial photo(graph); ~**aufsicht** *sub*, *f*, *-*, *-en* air (traffic) control; ~**bewegung** *sub*, *f*, *-*, *-en* movement of the air; ~**bild** *sub*, *n*, *-s*, *-er* aerial picture; ~**brücke** *sub*, *f*, *-*, *-n* airlift; *über eine Luftbrücke* by airlift
Lüftchen, *sub*, *n*, *-s*, *-* breeze
luftdicht, *adj*, airtight; *die Ware ist luftdicht verpackt* the article is in airtight packaging; *ein luftdicht verschlossener Behälter* a container with an airtight seal
Luftdruck, *sub*, *m*, *-s*, *-drücke* air pressure
Luftembolie, *sub*, *f*, *-*, *-n (med.)* air embolism
lüften, (1) *vt*, *(hochheben)* raise **(2)** *vti*, air
Lüfter, *sub*, *m*, *-s*, *-* fan
Luftfahrt, *sub*, *f*, *-*, *nur Einz.* aeronautics; *(Flugzeuge)* aviation; **Luftfahrzeug** *sub*, *n*, *-s*, *-e* aircraft
Luftfilter, *sub*, *m oder n*, *-s*, *-* air filter
Luftflotte, *sub*, *f*, *-*, *-n* air fleet
luftgekühlt, *adj*, air-cooled
Luftgewehr, *sub*, *n*, *-s*, *-e* air-rifle
Luftheizung, *sub*, *f*, *-*, *-en* hot-air heating
Lufthoheit, *sub*, *f*, *-*, *-en* air sovereignty

luftig, *adj*, *(Kleidung)* light; *(Zimmer)* airy; *in luftiger Höhe* at a dizzy height
Luftikus, *sub*, *m*, *-(ses)*, *-se (ugs.)* happy-go-lucky sort of fellow
Luftkorridor, *sub*, *m*, *-s*, *-e* air corridor
luftkrank, *adj*, air-sick
Luftkrieg, *sub*, *m*, *-s*, *-e* aerial warfare; *Luft- und Seekrieg* warfare at sea and in the air
Luftlandetruppe, *sub*, *f*, *-*, *-n* airborne troops
luftleer sein, *vi*, be vacuum
Luftlinie, *sub*, *f*, *-*, *-n* as the crow flies
Luftloch, *sub*, *n*, *-s*, *-löcher* airhole
Luftmatratze, *sub*, *f*, *-*, *-n* airbed; *(Markenname)* lilo
Luftpolster, *sub*, *n*, *-s*, *-* air cushion
Luftpost, *sub*, *f*, *-*, *nur Einz.* airmail; *mit Luftpost* by airmail
Luftpumpe, *sub*, *f*, *-*, *-n* air pump; *(Fahrrad)* bicycle pump
Luftqualität, *sub*, *f*, *-*, *nur Einz.* air quality
Luftraum, *sub*, *m*, *-s*, *nur Einz.* airspace
Luftröhre, *sub*, *f*, *-*, *-n* windpipe
Luftschacht, *sub*, *m*, *-s*, *-schächte* ventilation shaft
Luftschaukel, *sub*, *f*, *-*, *-n* swingboat
Luftschicht, *sub*, *f*, *-*, *-en* layer of air
Luftschiff, *sub*, *n*, *-s*, *-e* airship
Luftschiffer, *sub*, *m*, *-s*, *-* aeronaut
Luftschlacht, *sub*, *f*, *-*, *-en* air battle; *die Luftschlacht um England* the Battle of Britain
Luftschlange, *sub*, *f*, *-*, *-n* streamer
Luftschloss, *sub*, *n*, *-es*, *-schlösser (i. ü. S.)* castle in the air; *(i. ü. S.) Luftschlösser bauen* to build castles in the air
Luftschraube, *sub*, *f*, *-*, *-n* propeller
Luftschutz, *sub*, *m*, *-es*, *nur Einz.* anti-aircraft defence; ~**raum** *sub*, *n*, *-s*, *-räume* air-raid shelter

Luftverkehr, *sub*, *m*, *-s*, *nur Einz.* air traffic
Luftverschmutzung, *sub*, *f*, *-*, *nur Einz.* air pollution
Luftwaffe, *sub*, *f*, *-*, *nur Einz.* air force
Luftwechsel, *sub*, *m*, *-s*, *- (tech.)* air reversal
Luftweg, *sub*, *m*, *-s*, *-e* air route; *etwas auf dem Luftweg befördern* to transport by air
Luftzug, *sub*, *m*, *-s*, *nur Einz.* wind; *(in Gebäude)* draught
luganesisch, *adj*, of Lugano
Lüge, *sub*, *f*, *-*, *-n* lie; *das ist alles Lüge* it´s all lies; *jmdn einer Lüge beschuldigen* to accuse sb of lying; *jmdn Lügen strafen* to belie sb; *Lügen haben kurze Beine* truth will out; **lugen** *vi*, *(dial.)* peep; **lügen** *vi*, fib, lie; *Ich müsste lügen, wenn* I would be lying if; *das ist gelogen!* that´s a lie!; *lügen wie gedruckt* to lie like mad; *wer einmal lügt, dem glaubt man nicht, wenn er auch die Wahrheit spricht* remember the boy who cried ´wolf´; **~nbold** *sub*, *m*, *-s*, *-e (veraltet)* inveterate liar; **~ndetektor** *sub*, *m*, *-s*, *-en* lie detector; **~ngebäude** *sub*, *n*, *-s*, *-* tissue of lies; **~ngewebe** *sub*, *n*, *-s*, *-* tissue of lies; **Lügner** *sub*, *m*, *-s*, *-* liar; **lügnerisch** *adj*, untruthful; *(Mensch)* lying
Luke, *sub*, *f*, *-*, *-n (Dach)* skylight
lukrativ, *adj*, lucrative
lukullisch, *adj*, epicurean
Lukullus, *sub*, *m*, *-s*, *nur Einz.* (*i. ü. S.*) gourmet
Lumberjack, *sub*, *m*, *-s*, *-s (veraltet)* lumberjack
Lumineszenz, *sub*, *f*, *-*, *-en* luminescence; **lumineszieren** *vi*, luminesce
Luminografie, *sub*, *f*, *-*, *nur Einz.* luminography
Lümmel, *sub*, *m*, *-s*, *-* lout; *du Lümmel, du* you rascal you, you rogue you
Lumpen, *sub*, *m*, *-s*, *-* rag; *(Lappen)* cloth

lumpig, *adj*, *(Gesinnung)* shabby; *(Kleidung)* ragged; *lumpige 10 Mark* 10 measly marks
lunar, *adj*, *(astr.)* lunar; **Lunarium** *sub*, *n*, *-s*, *Lunarien* lumarium
lunchen, *vi*, lunch
Lunchpaket, *sub*, *n*, *-s*, *-e* packed lunch
Lunge, *sub*, *f*, *-*, *-n* lungs; *auf Lunge rauchen* to inhale; *die grüne Lunge einer Großstadt* the lungs of a city; *(ugs.)* *sich die Lunge aus dem Leib husten* to cough one´s lungs out; *sich die Lunge aus dem Leib schreien* to yell till one is blue in the face; **~nbraten** *sub*, *m*, *-s*, *-* loin roast; **~nentzündung** *sub*, *f*, *-*, *-en* pneumonia; **~nfisch** *sub*, *m*, *-s*, *-e* lung fish; **~nflügel** *sub*, *m*, *-s*, *-* lung; **lungenkrank** *adj*, tubercular; *lungenkrank sein* to have a lung disease; **~nkrebs** *sub*, *m*, *-es*, *nur Einz.* lung cancer; **~ntumor** *sub*, *m*, *-s*, *-e* lung tumour
lungern, *vi*, *(ugs.)* hang about
Lunte, *sub*, *f*, *-*, *-n* fuse; *Lunte riechen* to smell a rat; **~nschnur** *sub*, *f*, *-*, *-schnüre* fuse
Lupe, *sub*, *f*, *-*, *-n* magnifying glass; *etwas unter die Lupe nehmen* to examine sth closely, to keep a close eye on sth; *so etwas kannst du mit der Lupe suchen* things like that are few and far between
Lurch, *sub*, *m*, *-(e)s*, *-e* amphibian
Lure, *sub*, *f*, *-*, *-n* lur
lusitanisch, *adj*, Lusitanian
Lust, *sub*, *f*, *-*, *Lüste* pleasure; *(Neigung)* inclination; *(sexuell)* lust; *(sinnlich)* desire; *da kann einem die Lust vergehen* it puts you off; *er hat die Lust daran verloren* he has lost all interest in it; *ich habe immer mit Lust und Liebe gekocht* I´ve always enjoyed cooking; *jmd die Lust an etwas nehmen* to take all the fun out of sth for sb; *hast du Lust?* how about it?; *ich habe keine Lust zu arbeiten* I´m not in the mood for

working; *ich habe keine Lust, das zu tun* I don´t feel like doing that; *(ugs.) ich habe nicht übel Lust,* I´ve a good mind to; *ich hätte Lust dazu* I´d like to; *je nach Lust und Laune* just depending on your/my mood; *mach, wie du Lust hast* do as you like; *seinen Lüsten frönen* to indulge one´s lusts; *er/sie hat Lust* he/she is feeling like a bit; *(ugs.) Lust haben* to feel desire; *seinen Lüsten frönen* to indulge one´s desires; **~barkeit** *sub, f, -, -en (veraltet)* festivity; **~garten** *sub, m, -s, -gärten (veraltet)* pleasance; **~mord** *sub, m, -s, -e* sex murder; **~prinzip** *sub, n, -s, nur Einz.* pleasure principle; **~schloss** *sub, n, -schlosses, -schlösser* summer residence; **~spiel** *sub, n, -s, -e* comedy

Lüster, *sub, m, -s, -* chandelier

Lüsterklemme, *sub, f, -, -n (elektrisch)* connector

lüstern, *adj,* lecherous; *nach etwas lüstern sein* to lust after sth; **Lüsternheit** *sub, f, -, nur Einz.* lecherousness

Lustigkeit, *sub, f, -, nur Einz. (Komik)* funniness; *(Munterkeit)* merriness

Lüstling, *sub, m, -s, -e* debauchee; *ein alter Lüstling* a debauched old man, an old lecher

lustlos, *adj,* unenthusiastic

lustvoll, (1) *adj,* full of relish **(2)** *adv,* with relish

lustwandeln, *vi,* stroll

Lutein, *sub, n, -s, -e* xanthophyll

Lutetium, *sub, n, -s, nur Einz.* lutetium

Lutschbeutel, *sub, m, -s, -* suckingbag

lutschen, *vti,* suck

Lutscher, *sub, m, -s, -* lollipop

Luv, *sub, f, -, nur Einz.* windward side; *nach Luv* to windward

luven, *vi,* luff (up)

luxuriös, *adj,* luxurious; *ein luxuriöses Leben* a life of luxury

Luxus, *sub, m, -, nur Einz.* luxury; *den Luxus lieben* to love luxury; *ich leiste mir den Luxus und* I´ll treat myself to the luxury of; *im Luxus leben* to live in (the lap of) luxury; *mit etwas Luxus treiben* to be extravagant with sth, to lash out on sth; **~artikel** *sub, m, -s, -* luxury article; **~ausgabe** *sub, f, -, -n* de luxe edition; **~dampfer** *sub, m, -s, -* luxury cruise ship; **~wohnung** *sub, f, -, -en* luxury flat

Luzerne, *sub, f, -, -n (bot.)* lucerne; **~nheu** *sub, n, -s, nur Einz.* lucerne hay

Luzidität, *sub, f, -, nur Einz.* lucidity; **luzid** *adj, (durchsichtig)* translucent

Lymphe, *sub, f, -, nur Einz.* lymph; **lymphatisch** *adj,* lymphatic; **Lymphknoten** *sub, m, -s, -* lymph nod; **Lymphozyt** *sub, m, -en, -en* lymphocyte

lynchen, *vt,* lynch; **Lynchjustiz** *sub, f, -, nur Einz.* lynch-law

lyophil, *adj,* lyophil

Lyra, *sub, f, -, Lyren* lyre

Lyrik, *sub, f, -, nur Einz.* lyric poetry; **~er** *sub, m, -s, -* lyric poet; **lyrisch** *adj,* lyric(al)

Lysin, *sub, n, -s, -e (biol.)* lysin

Lyzeum, *sub, n, -s, Lyzeen* girls´ grammar school

M

Maat, *sub, m, -(e)s, -e, -en* mate

Machandel, *sub, m, -s, -n* juniper (tree)

Machbarkeit, *sub, f, -, nur Einz.* feasibility

Mache-Einheit, *sub, f, -, nur Einz. (phys.)* Mache-unit

machen, (1) *vi, (ugs.; sich beeilen)* get a move on **(2)** *vr, (sich entwikkeln)* come on/along **(3)** *vt,* do, make; *(ergeben, kosten)* be; *sie machten, dass sie heimkamen* they hurried home, *(da ist) nichts zu machen* (there´s) nothing to be done; *das Bett machen* to make the bed; *das Wohnzimmer muss mal wieder gemacht werden* the livingroom needs doing again; *er macht, was er will* he does what he wants; *es ist schon gut gemacht, wie* it´s good the way; *ich kann da auch nichts machen* I can´t do anything about it either; *ich mache einen Englischkurs* I´m doing an English course; *so etwas macht man nicht* that sort of thing just is not done; *was habe ich nur falsch gemacht?* what have I done wrong?; *was machst du da?* what what are you doing (there)?; *was macht das Auto hier in Frankfurt?* what´s this car doing here in Frankfurt?; *was macht dein Bruder beruflich?* what does your brother do for a living?; *3 und 6 macht 9* 3 and 6 make(s) 9; *aus dem Haus könnte man schon etwas machen* you could really make sth of that house; *aus Holz gemacht* made of wood; *das macht die Kälte* it´s the cold that does that; *das macht zusammen 25* altogether that´s 25; *die Straße macht einen Knick* the road bends; *eine Prüfung machen* to take an exam; *einen Stuhl freimachen* to vacate a chair; *etwas machen lassen* to have sth made; *Fotos machen* to take photos; *Jagd machen auf etwas* to hunt sth; *(verursachen) jmd Angst machen* to make sb afraid; *jmd einen Drink machen* to get sb a drink; *jmd Hoffnung machen* to give sb hope; *jmdn nervös machen* to make sb nervous; *jmdn zu etwas machen* to turn sb into sth; *jmdn zum Anführer machen* to make sb leader; *lass ihn nur machen* just let him do it; *mach es ihm nicht noch schwerer* don´t make it harder for him; *mach mir einen guten Preis!* make me an offer; *mach, dass du hier verschwindest* (you just) get out of here!; *machen, dass etwas geschieht* to make sth happen; *sich an etwas machen* to get down to sth; *sich in die Hosen machen* to wet oneself; *von sich reden machen* to be much talked about; *das lässt er nicht mit sich machen!* he won´t stand for that; *der Regen macht mir nichts* I don´t mind the rain; *die Kälte macht dem Motor nichts* the cold doesn´t hurt the engine; *er macht auf Schau* he´s out for effect; *(ugs.) er wird´s nicht mehr lang machen* he won´t last long; *(ugs.) es mit jmd machen* to do it with sb; *(beruflich) in etwas machen* to be in sth; *jetzt macht sie auf große Dame* she´s playing the lady now; *mach´s kurz!* be brief; *macht nichts!* doesn´t matter; *(ugs.) mit mir kann man´s ja machen!* the things I put up with!; *wieviel macht das?* how much is that?

machen (aus), *vr, (mögen)* like; *sich nichts aus etwas machen* not to let sth bother one; *sich wenig aus jmd machen* not to be very keen on sb

Machenschaft, *sub, f, -, -en, nur Mehrz.* wheelings and dealings

Macher, *sub, m, -s, -* man of action

Machete, *sub, f, -, -n* machete

Machination, *sub, f, -, -en* artifice,

intrigue
Machismo, *sub, m, -s, nur Einz.* machismo
Macho, *sub, m, -s, -s (ugs.)* macho
Machorka, *sub, m/f, -s/-, -s* wild tobacco
Macht, *sub, f, -, Mächte* power; *(Heer)* forces; *f, -, nur Einz. (Stärke)* might; *alles in unserer Macht stehende* everything within our power; *an der Macht sein* to be in power; *die Macht der Gewohnheit* the force of habit; *die Macht ergreifen* to seize power; *die Macht übernehmen* to assume power; *(überirdisch) die Mächte der Finsternis* the Powers of Darkness; *es stand nicht in seiner Macht* it did not lie within his power to; *seine Macht behaupten* to maintain control; *Macht geht vor Recht* might is right; *mit aller Macht* with all one´s might, with might and main; **~anspruch** *sub, m, -es, -sprüche* claim power; **~bereich** *sub, m, -(e)s, -e* sphere of influence; **Mächtegruppe** *sub, f, -, -n* group of powers; **~haber** *sub, m, -s, -* ruler; *(pej.)* dictator; *die Machthaber in Uganda* the rulers in Uganda; *die Machthaber in Uganda* the powers-that-be in Uganda; **~hunger** *sub, m, -s, nur Einz.* hunger for power; **~mittel** *sub, n, -s, -* instrument of power; **~streben** *sub, n, -s, nur Einz.* striving for power; **~wechsel** *sub, m, -s, -* changeover of power
mächtig, (1) *adj, (sehr groß)* mighty (2) *adv, (ugs.)* tremendously
machtlos, *adj,* powerless; *gegen diese Argumente war ich machtlos* I was powerless against these arguments
machtvoll, *adj,* powerful
Machwerk, *sub, n, -(e)s, -e* sorry effort; *das ist ein Machwerk des Teufels* that is the work of the devil
Macker, *sub, m, -s, - (ugs.)* bloke, guy; *(ugs.) spiel hier nicht den Makker* don´t come the tough guy here;

spiel hier nicht den Macker don´t come the tough guy here
madagassisch, *adj,* Madagascan
Madam, *sub, f, -, -s* lady; *meine Madam* my old lady; **~e** *sub, f, -, -* lady
Mädchen, *sub, n, -s, -* girl; *ein Mädchen für alles* a dogsbody, *(Haushalt)* a maid-of-all-work; *ein unberührtes Mädchen* a virgin; **mädchenhaft** *adj,* girlish; *mädchenhaft aussehen* to look like a (young) girl; *sich mädchenhaft kleiden* to dress like a girl; **~herz** *sub, n, -ens, -en* heart of a girl; **~name** *sub, m, -ns, -n (von verheirateter Frau)* maiden name; *(Vorname)* girl´s name
Made, *sub, f, -, -n* maggot; *wie die Made im Speck leben* to live in (the lap of) luxury, to live in clover
Madeira, *sub, f, -s, nur Einz.* Madeira; **~wein** *sub, m, -es, -e* Madeira
Mademoiselle, *sub, f, -, -s* Miss
Madonna, *sub, f, -, -nen* Madonna; **Madonnenbild** *sub, n, -(e)s, -er* picture of the Madonna; **madonnenhaft** *adj,* madonna-like
Madrasgewebe, *sub, n, -s, nur Einz.* Madras (muslin)
Madrigal, *sub, n, -s, -e* madrigal; **~chor** *sub, m, -(e)s, -chöre* Madrigal choir; **~stil** *sub, m, -(e)s, -e* Madrigal style
Maestro, *sub, m, -s, -s oder Maestri* maestro
Mafioso, *sub, m, -s, Mafiosi* mafioso
Magazin, *sub, n, -s, -e (am Gewehr, Zeitschrift)* magazine; *(Lager)* store-room
magazinieren, *vt,* store
Magd, *sub, f, -, Mägde* maid(en); *Maria, die Magd des Herrn* Mary, the handmaid of the Lord; *Maria, die reine Magd* Mary, the holy virgin
Magdeburger, *sub, m, -s, -* inhabitant of Magdeburg

Magen, *sub, m, -s, Mägen* stomach; *auf nüchternen Magen* on an empty stomach; *es liegt jmd wie Blei im Magen* sth lies heavily on sb´s stomach; *etwas liegt jmd schwer im Magen* sth preys on sb´s mind; *jmd auf den Magen schlagen* to upset sb´s stomach; *Liebe geht durch den Magen* the way to a man´s heart is through his stomach; *sich den Magen verderben* to upset one´s stomach; ~**ausgang** *sub, m, -es, -gänge (anat.)* pylorus; ~**bitter** *sub, m, -s, nur Einz.* bitters; ~**drükken** *sub, n, -s,* - stomach-ache; ~**eingang** *sub, m, -es, -gänge (anat.)* entrance the stomach; ~**fistel** *sub, f, -, -n* gastric fistula; ~**gegend** *sub, f, -, -en* stomach region; ~**geschwür** *sub, n, -(e)s, -e* stomach ulcer; ~**katarr** *sub, m, -s, nur Einz.* stomach cold; ~**knurren** *sub, n, -s, nur Einz.* rumbles; ~**krampf** *sub, m, -es, -krämpfe* stomach cramp; ~**leiden** *sub, n, -s,* - stomach disorder; **magenleidend sein** *vi,* have stomach trouble; ~**schmerz** *sub, m, -es, -en* stomach pains

Magenta, *sub, n, -, nur Einz.* magenta

mager, *adj, (dünn)* thin; *(dürftig)* meagre; *(Fleisch)* lean; *die sieben mageren Jahre* the seven lean years

Magerkeit, *sub, f, -, nur Einz.* leanness; *(Menschen)* thinness

Magermilch, *sub, f, -, nur Einz.* skimmed milk

Magie, *sub, f, -, nur Einz.* magic; ~**r** *sub, m, -s,* - magician

Magister, *sub, m, -s,* - *(univ.)* Master of Arts

Magistrat, *sub, m, -(e)s, -e* municipal authorities

Magma, *sub, n, -s, Magmen (geol.)* magma; **magmatisch** *adj,* magmatic

Magnesia, *sub, f, -, nur Einz. (chem.)* magnesia; *(spo.)* chalk

Magnesium, *sub, n, -s, nur Einz.* magnesium

Magnet, *sub, m, -s oder -en, -en* magnet; ~**feld** *sub, n, -es, -er* magnetic field; **magnetisch** *adj,* magnetic; ~**iseur** *sub, m, -s, -e* magnetizer; **magnetisieren** *vt,* magnetize; ~**ismus** *sub, m, -ses, nur Einz.* magnetism; ~**karte** *sub, f, -, -n* magnetic card; *(Bank)* cashpoint card; ~**nadel** *sub, f, -, -n* magnetic needle; ~**ometer** *sub, n, -s,* - magnetometer; ~**opath** *sub, m, -en, -en* mesmerist; ~**tongerät** *sub, n, -s, -e* magnetic (sound) recorder

Magnetit, *sub, m, -s, -e* magnetite

magnifik, *adj,* magnificent

Magnifizenz, *sub, f, -, -en (univ.)* Magnificence; *Seine Magnifizenz* His Magnificence

Magnolie, *sub, f, -, -n* magnolia

Mahagoni, *sub, n, -s, nur Einz.* mahogany; ~**holz** *sub, n, -es, nur Einz.* mahogany wood

Maharadscha, *sub, m, -s, -s* maharaja(h)

Maharani, *sub, f, -, -s* maharani

Mahatma, *sub, m, -s, -s* mahatma

Mahdi, *sub, m, -(s), -s* Mahdi

Mähdrescher, *sub, m, -s,* - combine (harvester)

mähen, (1) *vi, (Schaf)* bleat **(2)** *vt, (Gras)* cut; *(Rasen)* mow

mahlen, *vti,* grind

Mahlzeit, *sub, f, -, -en* meal; *(ugs.) (prost) Mahlzeit!* that´s just great; *(Guten Appetit) Mahlzeit!* enjoy your meal

Mähmaschine, *sub, f, -, -n* mower

Mahnbescheid, *sub, m, -s, -e* reminder

Mähne, *sub, f, -, -n* mane

mahnen, *vt, (auffordern)* admonish; *(erinnern)* remind (of); *der Lehrer mahnte zur Ruhe* the teacher called for quiet; *die Uhr mahnte zur Eile* the clock indicated that haste was called for; *(poet.) eine mahnende Stimme* an admonishing voice; *jmdn zur Mäßigkeit mahnen* to urge moderation on sb; *gemahnt werden* to receive a reminder; *jmdn brief-lich mahnen* to remind sb by letter; *jmdn zur Eile mahnen* to urge sb to hurry

mähnenartig, *adj,* mane-like

Mahner, *sub, m, -s,* - admonisher, warner

Mahnmal, *sub, n, -s, -e* memorial

Mahnung, *sub, f, -, -en* reminder; *(Aufforderung)* exhortation;

Mahnverfahren *sub, n, -s,* - collection proceedings; **Mahnwort** *sub, n, -(e)s, -e* word of exhortation; **Mahnzeichen** *sub, n, -s,* - omen

Mahr, *sub, m, -s, -e* nightmare

Mähre, *sub, f, -, -n* nag

Mai, *sub, m, -s, -en oder -e* may; *der erste Mai* May Day; *(poet.) des Lebens Mai* the springtime of one´s life; *wie einst im Mai* (as if) in the first bloom of youth; *~feier sub, f, -, -n* May Day celebrations; *~glöckchen sub, n, -s,* - lily of the valley; *~käfer sub, m, -s,* - cock chafer; *~kätzchen sub, n, -s,* - pussy willow

Maid, *sub, f, -, -en (veraltet)* maid(en)

mailändisch, *adj,* Milanese

Mailbox, *sub, f, -, -en.* mailbox

Mais, *sub, m, -es, nur Einz.* corn, maize; *(bes. US)* corn; *~brei sub, m, -s, -e* thick maize porridge; *~korn sub, n, -s, -körner* grain of corn, grain of maize; *~mehl sub, n, -s, nur Einz.* corn flour, maize flour

Maisonnette, *sub, f, -, -s* maisonette

Majestät, *sub, f, -, -en* majesty; *die kaiserlichen Majestäten* their Imperial Majesties; *Seine Majestät* His Majesty; **majestätisch** *adj,* majestic

Majolika, *sub, f, -, -ken* majolica

Majonäse, *sub, f, -, -n* mayonnaise

Major, *sub, m, -s, -e* major; *(Luftwaffe)* squadron leader

Majoran, *sub, m, -s, nur Einz.* marjoram

Majoratsgut, *sub, n, -es, -güter* estate which the eldest son is entitled

Majordomus, *sub, m, -, -se* mâitre d´hôtel; *(hist.)* seneschal

Majorennität, *sub, f, -, nur Einz.* majority; *Majorennität erreichen* to come of age

majorisieren, *vt,* outvote

Majorität, *sub, f, -, -en* majority; *die Majorität haben* to have a majority; *~sbeschluss sub, m, -s, -lüsse* majority decision

Majuskel, *sub, f, -, -n* capital (letter)

makaber, *adj,* macabre; *(Witz, Geschichte)* sick

Makadam, *sub, m, n, -s, -e* macadam

Makak, *sub, m, -s oder -en, -en* macaque

Makel, *sub, m, -s,* - *(Fehler)* flaw; *(Schandfleck)* stigma; *ein Makel auf seiner weißen Weste* a blot on his escutcheon; *(poet.) mit einem Makel behaftet sein* to be stigmatized; *ohne Makel* without a stain on one´s reputation, *(rel.)* unblemished

makellos, *adj, (Charakter)* unimpeachable; *(Figur, Haut)* flawless; *(Reinheit)* spotless

makeln, *vi,* act as a broker

mäkeln, *vi, (ugs.)* carp

mäkelsüchtig, *adj,* finicky

Make-up, *sub, n, -s, -s* make-up

Maki, *sub, m, -s, -s (biol.)* maki

Makimono, *sub, n, -s, -s (jap. Kunst)* makimono

makkabäisch, *adj,* Makkabean

Makkaroni, *sub, f, -, nur Mehrz.* macaroni

makkaronisch, *adj,* macaronics

Makler, *sub, m, -s,* - broker; *~gebühr sub, f, -, -en* broker´s commission

Mako, *sub, f/m/n, -(s), -s* Egyptian cotton

Makramee, *sub, n, -s, -s* macramé (work)

Makrele, *sub, f, -, -n* mackerel

Makrobiotik, *sub, f, -, nur Einz.* macrobiotics

Makroklima, *sub, m, -s, -s, -ta* macro-climate

Makrokosmos, *sub, m, -es, nur*

Einz. macrocosm
Makromolekül, *sub, n, -s, -e* macro molecule
makrozephal, *adj*, macrocephalic
Makrozephale, *sub, m, f, -n, -n* macrocephalic person
Makulatur, *sub, f, -, -en* wastepaper; *Makulatur reden* to talk rubbish
mal, (1) *adv, (ugs.)* s. einmal; *(math.)* times (2) **Mal** *sub, (Ehren~)* memorial; *(Fleck)* mark; *(Gelegenheit)* time; *das eine Mal* just once; *das eine oder andere Mal* from time to time, now and again; *ein für alle Mal* once and for all; *ein letztes Mal* one last time; *ein ums andere Mal* time after time; *für dieses Mal* for now; *mit einem Mal* all of a sudden; *von Mal zu Mal* every time; *voriges Mal* the time before; *zum ersten Mal* for the first time; *zum wiederholten Mal* repeatedly
Malachit, *sub, m, -s, -e* malachite; **malachitgrün** *adj*, malachite green; *~vase sub, f, -, -n* malachite vase
malade, *adj*, unwell
Malaga, *sub, m, -s, nur Einz.* Malaga
Malaria, *sub, f, -, nur Einz.* malaria; **malariakrank** *adj*, ill with malaria; *~logie sub, f, -, nur Einz.* malariology
maledivisch, *adj*, Maldivian
Malefizkerl, *sub, m, -s, -e (ugs.)* rascal
malen, *vti*, paint; *(zeichnen)* draw
Malepartus, *sub, m, -, nur Einz.* Malperdy
Maler, *sub, m, -s, - painter; (Kunst~ auch)* artist; *~arbeit sub, f, -, -en* painting (job); *~ei sub, f, -, nur Einz.* art; *~meister sub, m, -s, -* master painter; **malern** *vt*, paint
Malheur, *sub, n, -s, -e, -s* mishap; *das ist doch kein Malheur!* it´s not serious!; *ihm ist ein kleines Malheur passiert* he´s had a mishap
maligne, *adj, (med.)* malignant; **Malignität** *sub, f, -, nur Einz.* malignity
maliziös, *adj*, malicious
Mallorquiner, *sub, m, -s, -* Majorcan

malnehmen (mit), *vt,* multiply (by)
Maloche, *sub, f, -, nur Einz. (ugs.)* graft; *auf Maloche sein* to be grafting; *du musst zur Maloche* you´ve got to go to work; **malochen** *vi*, graft
Malteser, *sub, m, -s, -* Maltese; *~kreuz sub, n, -es, -e* Maltese cross; *~orden sub, m, -s, -* Knights of Malta
malthusisch, *adj, (wirt.)* Malthusian
Maltose, *sub, f, -, nur Einz.* maltose
malträtieren, *vt*, ill-treat
Malve, *sub, f, -, -n* hollyhock; **malvenfarben** *adj*, mauve; **malvenfarbig** *adj*, mauve
Malz, *sub, n, -es, nur Einz.* malt; *~bier sub, n, -es, -e* malt beer, stout; *~extrakt sub, n, -(e)s, -e* malt extract; *~kaffee sub, m, -s, -s* coffee substitute made from barley malt
Mamba, *sub, f, -, -s* mamba
Mambo, *sub, m, -s, nur Einz.* mambo
Mameluck, *sub, m, -en, -en* mameluke
Mammalia, *sub, f, -, nur Mehrz. (biol.)* mammals
Mammon, *sub, m, -s, nur Einz.* mammon; *dem Mammon dienen* to serve mammon; *der schnöde Mammon* mammon, filthy lucre
Mammonismus, *sub, m, -es, nur Einz.* mammonism
Mammut, *sub, m, -s, -s, -e* mammoth; *~schau sub, f, -, -en* gigantic show
mampfen, *vti, (ugs.)* munch; *ich brauche was zu mampfen* I want sth to eat
Mamsell, *sub, f, -, -en, -s (Wirtschafterin)* housekeeper
man, *pron*, one, somebody, you; *man kann nie wissen* there´s no knowing; *diese Röcke trägt man nicht mehr* these skirts aren´t worn anymore; *früher glaubte*

man people used to believe; *man hat festgestellt, dass* it has been established that; *man hat mir gesagt* somebody told me; *man wende sich an* apply to; *man will die alten Häuser niederreissen* they want to pull down the old houses; *das tut man nicht* that is not done; *man kann nie wissen* you can never tell; *(ugs.) man wird doch wohl noch fragen dürfen* there´s no law against asking

Management, *sub, n, -s, -s* management

managen, *vt,* manage; *(hinkriegen)* fix; *ich manage das schon!* I´ll manage somehow!

Manager, *sub, m, -s,* - manager; ~**krankheit** *sub, f, -, nur Einz. (ugs.)* executivitis

manch, (1) *adj/sub,* a good many (2) *pron,* many a; *gar manches* a good many things; *manche hundert Mark* several hundreds of marks; *mancher* a good many people, *in Manchem hat er recht* he´s right about some things; *manch anderer* many another; *manch eine(r)* many a person, *manch einem kann man nie Vernunft beibringen* you can never teach sense to some people; *(geh.) manch Schönes* many a beautiful thing

manchenorts, *adv,* in a number of places

mancherorten, *adv,* in a number of places

mancherorts, *adv,* in a number of places

manchmal, *adv,* sometimes

Mandant, *sub, m, -en, -en* client

Mandarin, *sub, m, -s, -e* mandarin

Mandarinenöl, *sub, n, -s, -e* tangerine oil

Mandarinente, *sub, f, -, -n (orn.)* mandarin duck

Mandat, *sub, n, -s, -e* mandate; *(pol.) imperatives Mandat* fixed mandate; *sein Mandat niederlegen* to resign one´s seat

mandatieren, *vt,* appoint mandatary

Mandel, *sub, f, -, -n* almond; *(med.)* tonsil; **mandeläugig** *adj,* almond-eyed; ~**blüte** *sub, f, -, -n* almond blossom; ~**entzündung** *sub, f, -, nur Einz.* tonsillitis; **mandelförmig** *adj,* almond-shaped; ~**gebäck** *sub, n, -s, nur Einz.* almond cookies; ~**öl** *sub, n, -s, -e* almond oil

Mandola, *sub, f, -, Mandolen* mandola

Mandoline, *sub, f, -, -n* mandolin

Mandragore, *sub, f, -, -n* mandrake

Mandrill, *sub, m, -s, -e* mandrill

Mandschukuo, *sub, m, nur Einz.* Manchoukuo

Manege, *sub, f, -, -n* arena

Mangabe, *sub, f, -, -n* mangabey

Mangan, *sub, n, -s, nur Einz.* manganese; ~**eisen** *sub, n, -s, nur Einz.* ferro-manganese

Manganat, *sub, n, -(e)s, -e* manganate

Manganit, *sub, m, -s, -e* manganite

Mangel, *sub, m, -s, -n (Fehlen)* lack; *(Fehler)* fault; *(Wäsche)* mangle; *aus Mangel an Beweisen* for lack of evidence; *keinen Mangel leiden* to want for nothing; *(poet.) Mangel an etwas leiden* to be short of; *Mangel an Vitamin C* vitamin C deficiency; *(poet.) Mangel leiden* to suffer hardship; *durch die Mangel drehen* to put through the mangle; *jmdn in der Mangel haben* to give sb a going-over; ~**beruf** *sub, m, -(e)s, -e* understaffed profession; ~**wäsche** *sub, f, -, nur Einz.* ironing

mangeln, (1) *vi unpers., (es fehlt) es mangelt:* there is lack of (2) *vt, (Wäsche)* mangle

mangels, *präp,* for lack of

Manggetreide, *sub, n, -s, nur Einz.* mixed crops

Mango, *sub, f, -, -s* mango

Mangold, *sub, m, -(e)s, -e* mangel-wurzel

Mangrove, *sub, f, -, -n* mangrove
Manguste, *sub, f, -, -n* mangoose
Manie, *sub, f, -, -n* mania, obsession
Manier, *sub, f, -, -en (Art und Weise)* manner; *f, -, nur Mehrz.* *(Umgangsformen)* manners; *in überzeugender Manier* in a most convincing manner; *Manieren lernen* to learn to behave; *was sind das für Manieren* that´s no way to behave **Manieren,** *sub, f, -, nur Mehrz.* manners
manieriert, *adj,* affected; **Manieriertheit** *sub, f, -, nur Einz.* affectation
Manierismus, *sub, m, -es, nur Einz.* mannerism; **Manierist** *sub, m, -en, -en* mannerist; **manieristisch** *adj,* manneristic
manierlich, **(1)** *adj, (Aussehen)* respectable; *(Kind)* well-mannered **(2)** *adv, (essen)* politely
manifest, **(1)** *adj,* manifest **(2) Manifest** *sub, n, -(e)s, -e* manifesto; **Manifestant** *sub, m, -en, -en* demonstrator; **Manifestation** *sub, f, -, -en* manifestation; *(Beweis)* demonstration; **~ieren** *vt,* demonstrate
Maniküre, *sub, f, -, -n* manicure; **maniküren** *vt,* manicure
Maniok, *sub, m, -s, -s* cassava; **~wurzel** *sub, f, -, -n* cassava root
manisch, *adj,* manic; **~-depressiv** *adj,* manic-depressive
Manismus, *sub, m, -, nur Einz. (psych.)* manism
Manitu, *sub, m, -s, nur Einz.* Manitou
Manko, *sub, n, -s, -s (i. ü. S.; Nachteil)* shortcoming; *(ugs.) Manko haben* to be short; *(Verkauf) Manko machen* to make a loss
Mann, **(1)** *interj, (Ausruf)* God **(2)** *sub, m, -es, Männer* man; *(Ehe~)* husband; *(ugs.) Mann, das kannst du doch nicht machen!* hey, you can´t do that!; *(ugs.) Mann, oh Mann!* oh boy!; *(ugs.) mein lieber Mann!* oh my God!, *den dritten Mann spielen* to play the third hand; *der erste Mann sein* to be in charge; *der schwarze Mann* the bogeyman; *(ugs.) drei Mann hoch* three of them altogether; *ein Mann aus dem Volk* a man of the people; *ein Mann des Todes* a dead man; *ein Überschuss an Männern* a surplus of men; *er ist unser Mann* he´s the man for us; *etwas an den Mann bringen* to get rid of sth; *(alle) Mann für Mann* every single one, *(hintereinander)* one after the other; *mit Mann und Maus untergehen* to go down with all hands; *seinen Mann stehen* to hold one´s own; *wo Männer noch Männer sind* where men are men; *jmdn an den Mann bringen* to marry sb off; *Mann und Frau werden* to become man and wife
Manna, *sub, n, -s, nur Einz.* manna
mannbar, *adj, (Junge)* sexually mature; *(Mädchen)* marriagable
Mannbarkeit, *sub, f, -, nur Einz. (Junge)* sexual maturity; *(Mädchen)* marriageability
Männchen, *sub, n, -s, -* little man; *(biol.)* male; *Männchen malen* to draw matchstick men; *(Hund) Männchen machen* to sit up and beg, *(Mensch)* to grovel, *(Tier)* to sit up on its hind legs
Manndeckung, *sub, f, -, -en* man-to-man marking
Mannequin, *sub, n, -s, -s* model
Männerberuf, *sub, m, -(e)s, -e* male profession; **Männersache** *sub, f, -, -n* man´s business; **Männerstimme** *sub, f, -, -n (mus.)* male voice
Mannesalter, *sub, n, -s, nur Einz.* manhood; *im besten Mannesalter sein* to be in one´s prime; **Manneskraft** *sub, f, -, nur Einz. (veraltet)* virility; **Mannesstamm** *sub, m, -es, -stämme* male line; **Mannesstärke** *sub, f, -, -n* masculine strength; **Mannestreue** *sub, f, -, nur Einz.* masculine loyalty; **Manneszucht** *sub, f, -, nur Einz.* masculine discipline

mannhaft, *adj*, manly; *(tapfer)* valiant
mannigfaltig, *adj*, diverse; **Mannigfaltigkeit** *sub*, *f*, -, -en diversity
Mannit, *sub*, *m*, -s, -e mannitol
Männlichkeit, *sub*, *f*, -, -en manliness; *(Auftreten)* masculinity
Mannschaft, *sub*, *f*, -, -en team
Mannsperson, *sub*, *f*, -, -en fellow
Mannweib, *sub*, *n*, -(e)s, -er mannish woman
Manometer, (1) *interj*, *(ugs.)* oh boy! (2) *sub*, *n*, -s, - pressure gauge; **manometrisch** *adj*, *(tech.)* manometric(al)
Manöver, *sub*, *n*, -s, - manoeuvre; **manövrieren** *vti*, manoeuvre
Mansarddach, *sub*, *n*, -es, -dächer garret roof
Mansarde, *sub*, *f*, -, -n garret
manschen, *vi*, mess around
Manschette, *sub*, *f*, -, -n cuff; *(tech. Dichtung)* sleeve
Mantel, *sub*, *m*, -s, **Mäntel** coat; *(i. ü. S.)* cloak; *(Reifen)* outer tyre; *etwas mit dem Mantel des Vergessens zudecken* to forgive and forget sth; **~futter** *sub*, *n*, -s, - coat lining; **~kragen** *sub*, *m*, -s, -krägen coat collar; **~tarifvertrag** *sub*, *m*, -s, -verträge general agreement on conditions of employment; **~tasche** *sub*, *f*, -, -n coat pocket
Mantik, *sub*, *f*, -, nur Einz. *(Wahrsagekunst)* mantic
Mantille, *sub*, *f*, -, -n mantilla
mantuanisch, *adj*, of Mantua
Manual, *sub*, *n*, -s, -e manual
manuell, *adj*, manual; *manuell bedienen* to operate by hand, to operate manually
Manuskript, *sub*, *n*, -(e)s, -e script
Maoismus, *sub*, *m*, -ses, nur Einz. Maoism; **Maoist** *sub*, *m*, -en, -en Maoist; **maoistisch** *adj*, Maoist
maorisch, *adj*, Maori
Mappe, *sub*, *f*, -, -n file, folder; *(Aktentasche)* briefcase
Maquis, *sub*, *m*, -, nur Einz. *(hist.)* Maquis; **~ard** *sub*, *m*, -s, -s Maquisard

Mär, *sub*, *f*, -, -en *(veraltet; Märchen)* fairytale; *(veraltet; Neuigkeit)* news
Marabu, *sub*, *m*, -s, -s *(orn.)* marabou
Marabut, *sub*, *m*, -(s), -(s) *(rel.)* marabout
Maracuja, *sub*, *f*, -, -s passion fruit
Maräne, *sub*, *f*, -, -n whitefish
marantisch, *adj*, marasmic
Maraschino, *sub*, *m*, -s, -s maraschino
Marathonlauf, *sub*, *m*, -s, -läufe marathon
Marathonrede, *sub*, *f*, -, -n marathon speech
Märchen, *sub*, *n*, -s, - fairytale; **~buch** *sub*, *n*, -(e)s, -bücher book of fairytales; **~film** *sub*, *m*, -s, -e film of a fairytale; **märchenhaft** *adj*, fabulous; **~land** *sub*, *n*, -es, nur Einz. fairyland; **~onkel** *sub*, *m*, -s, - storyteller; **~prinz** *sub*, *m*, -es, -en Prince Charming; **~tante** *sub*, *f*, -, -n storyteller
Marder, *sub*, *m*, -s, - marten
Marge, *sub*, *f*, -, -n margin
Margerite, *sub*, *f*, -, -n daisy
marginal, *adj*, marginal; **Marginalie** *sub*, *f*, -, -n *(meist Mehrz.)* marginalia
Mariage, *sub*, *f*, -, -n *(Kartenspiel)* marriage
Marienkäfer, *sub*, *m*, -s, - ladybird
Marienkirche, *sub*, *f*, -, -n St. Mary´s church
Marihuana, *sub*, *n*, -s, nur Einz. marijuana
Marille, *sub*, *f*, -, -n *(österr.)* apricot
Marimba, *sub*, *f*, -, -s *(mus.)* marimba
marin, *adj*, *(Tiere, Pflanzen)* marine
Marinade, *sub*, *f*, -, nur Mehrz. *(Fisch)* canned fish; *f*, -, -n *(Küche)* marinade
Marine, *sub*, *f*, -, -n navy; **marineblau** *adj*, navy blue; **~infanterie** *sub*, *f*, -, nur Einz. marines; **~maler** *sub*, *m*, -s, - seascape painter;

~soldat *sub, m, -en, -en* marine
marinieren, *vt*, marinate; *marinierter Hering* pickled herring
mariologisch, *adj*, mariological
Marionette, *sub, f, -, -n* puppet
maritim, *adj*, maritime
markant, *adj*, *(ausgeprägt)* clear-
cut; *(Kinn etc.)* prominent
Marke, *sub, f, -, -n (Brief~)* stamp;
(Getränke) brand; *(Lebensmit-
tel~)* coupon; *(Rekord~)* record;
(ugs.) du bist vielleicht eine Marke!
you´re a fine one!; *(ugs.) eine komische Marke* a queer character;
~nartikel *sub, m, -s, -* proprietary
article; **~nbutter** *sub, f, -, nur Einz.*
non-blended butter; **~nschutz**
sub, m, -es, nur Einz. protection of
trademarks
Marker, *sub, m, -s, - (Leuchtstift)*
highlighter
Marketenderin, *sub, f, -, -nen (hist.)*
sutler
Marketing, *sub, n, -s, nur Einz.* marketing
Markgraf, *sub, m, -, -en* margrave
markieren, *vt*, mark; *(vortäuschen)*
play; *den Dummen markieren* to
act daft; *den starken Mann markieren* to come the strong man
Markierung, *sub, f, -, -en* mark(ing)
markig, *adj*, vigorous; *(ironisch)*
grandiloquent
Markise, *sub, f, -, -n* awning, blind
Markisette, *sub, m, f, -s, -s (Textil)*
marquisette
Markknochen, *sub, m, -s, -* marrow-
bone
Markscheider, *sub, m, -s, -* mine surveyor
Markt, *sub, m, -es, Märkte* market;
(Jahr~) fair; *(Warenverkehr)* trade;
am Markt at the marketplace; *auf
den Markt bringen* to put on the
market; *auf den Markt gebracht
werden* to come on the market; *auf
den Markt gehen* to go to the market; *etwas in großen Mengen auf
den Markt werfen* to flood the market with sth; *Markt abhalten* to
have a market; *auf den Markt gehen*

to go to the fair; **~anteil** *sub, m,
-s, -e* market share; **~bericht** *sub,
m, -s, -e (wirt.)* stock-market report; **~brunnen** *sub, m, -s, -* market fountain; **~chance** *sub, f, -, -n*
market prospects; **~flecken** *sub,
m, -s, -* small market town; **~for-
schung** *sub, f, -, -en* market research; **marktführend** *adj*,
market-leading; **~führer** *sub, m,
-s, -* market leader; **marktgängig**
adj, marketable; **~ordnung** *sub,
f, -, -en* market regulations;
~platz *sub, m, -es, -plätze* marketplace; *am Marktplatz* in the
marketplace; *am Marktplatz
wohnen* to live on the marketplace; **marktschreierisch** *adj*,
blatant; **~segment** *sub, n, -s, -e*
market segment; **~stand** *sub, m,
-s, -stände* market stall; **~tag** *sub,
m, -es, -e* market day; **marktüblich** *adj, (Preis)* current; **~wirt-
schaft** *sub, f, -, nur Einz.* market
economy
Markuskirche, *sub, f, -, nur Einz.
(Venedig)* St. Mark´s (Cathedral)
Marmelade, *sub, f, -, -n* jam, marmalade
Marmor, *sub, m, -s, nur Einz.*
marble; **marmorartig** *adj*,
marble-like; **~block** *sub, m, -s,
-blöcke* block of marble; **~büste**
sub, f, -, -n marble bust; **marmorieren** *vt*, marble; **~kuchen** *sub,
m, -s, -* marble cake; **~platte** *sub,
f, -, -n* marble slab; *(Tisch~)*
marble top; **~säule** *sub, f, -, -n*
marble column; **~statue** *sub, f, -,
-n* marble statue; **~treppe** *sub, f,
-, -n* marble stairs
Marocain, *sub, n, m, -s, -s (Textil)*
Marocain
marode, *adj*, washed-out
Marokko, *sub, n, -s, nur Einz.* Morocco; **marokkanisch** *adj*, Moroccan
Marone, *sub, f, -, Maroni* chestnut; *Maronen* roasted sweet-
chestnut; **~npilz** *sub, m, -es, -e*
chestnut boletus

Maronibrater, *sub, m, -s,* - chestnut man

maronitisch, *adj,* Maronite

Maroquin, *sub, m,n, -s, nur Einz.* morocco

Marotte, *sub, f, -, -n* quirk; *das ist ihre Marotte* that´s one of her little quirks

Marquis, *sub, m, -, -* marquess; ~e *sub, f, -, -n* marquise

Marsala, *sub, m, -s, -s* Marsala wine; ~**wein** *sub, m, -s, -e* Marsala wine

Marsch, *sub, m, -es, Märsche* march; *f, -, -* *(Marschland)* marsh; *einen Marsch machen* to go on a march; *(ugs.) jmd den Marsch blasen* to give sb a rocket; *Marsch ins Bett!* off to bed with you at the double; *sich in Marsch setzen* to move off; *vorwärts marsch!* forward march!; ~**befehl** *sub, m, -s, -e (mil.)* marching orders; **marschbereit** *adj,* ready move; **marschfertig** *adj,* ready to move; ~**gepäck** *sub, n, -s, nur Einz.* pack; **marschmäßig** *adj,* marching; *marschmäßig angezogen* dressed for marching; ~**musik** *sub, f, -, nur Einz.* military marches; ~**route** *sub, f, -, -n* route of march; ~**tempo** *sub, n, -s, -tempi* marching time; ~**tritt** *sub, m, -s, nur Einz.* marching step

Marschall, *sub, m, -s, Marschälle* marshal

Marschendorf, *sub, n, -s, -dörfer* fenland village

marschieren, *vi,* march

Marschierer, *sub, m, -s, -* marcher

Marstall, *sub, m, -s, -ställe* royal stables

Marter, *sub, f, -, -n* torment; ~**pfahl** *sub, m, -s, -pfähle* stake

martialisch, *adj,* warlike

Martinstag, *sub, m, -s, nur Einz.* Martinmas

Märtyrer, *sub, m, -s, -* martyr; *jmdn zum Märtyrer machen* to make a martyr of sb; *sich zum Märtyrer aufspielen* to make a martyr of oneself; **Martyrium** *sub, n, -s, Martyrien* martyrdom; *(i. ü. S.)* ordeal

Marxismus, *sub, m, -s, nur Einz.* Marxism; **Marxist** *sub, m, -en, -en* Marxist; **marxistisch** *adj,* Marxist

März, *sub, m, (-es), geh. auch -en, -e* March; *am zweiten März* on the second of March; *diesen März* this March; *im Laufe des März* during March; *im März* in March; ~**veilchen** *sub, n, -s, -* sweet violet

Marzipan, *sub, n, -s, -e* marzipan

Masche, *sub, f, -, -n (Lauf~)* run; *(Stricken, Häkeln)* stitch; *(Trick)* trick; *dir läuft eine Masche am Strumpf* you´ve got a run (in your stocking); *die Maschen eines Netzes* the mesh of a net; *durch die Maschen des Gesetzes schlüpfen* to slip through a loophole in the law; *jmd durch die Maschen schlüpfen* to slip through sb´s net; *(ugs.) das ist seine neueste Masche* that´s his latest; *(ugs.) die Masche raushaben* to know how to do it; *(ugs.) er versucht es immer noch auf die alte Masche* he´s still trying the same old trick; ~**ndraht** *sub, m, -s, nur Einz.* wire netting; ~**nmode** *sub, f, -, -n* knit fashion; ~**nnetz** *sub, n, -es, -e* mesh; ~**nware** *sub, f, -, nur Einz.* knitwear

Maschine, *sub, f, -, -n* machine; *(ugs.; Motorrad)* bike; *(i. ü. S.) eine bloße Maschine sein* to be no more than a machine; *etwas auf der Maschine schreiben* to type sth; *ich habe den Brief meiner Sekretärin in die Maschine diktiert* my secretary typed the letter as I dictated it; **maschinell** *adv,* mechanically; ~**nbau** *sub, m, -s, nur Einz.* mechanical engineering; ~**nbauer** *sub, m, -s, -* mechanical engineer; ~**ngewehr** *sub, n, -s, -e* machine-gun; ~**nöl** *sub, n, -s, -e* lubricating oil; ~**npistole** *sub, f, -, -n* submachine gun; ~**nsprache** *sub, f, -, -n* machine language; ~**rie** *sub, -, -n (i. ü. S.)* machinery; **Maschinist** *sub, m,*

-en, -en engineer
Maser, *sub, f, -, -n* vein; *Holz mit feinen Masern* wood with a fine grain
Masern, *sub, nur Mehrz.* measles
Maserung, *sub, f, -, -en* grain
Maske, *sub, f, -, -n* mask; *das ist alles nur Maske* that´s all just pretence; *(i. ü. S.) die Maske abnehmen* to let fall one´s mask; *jmd die Maske vom Gesicht reißen* to unmask sb; *sein Gesicht wurde zur Maske* his face froze to a mask; *unter der Maske von etwas* under the guise of sth; **~nkostüm** *sub, n, -s, -e* fancy-dress costume; **~nspiele** *sub, n, nur Mehrz.* masques; **maskieren** *vtr,* dress up
Maskerade, *sub, f, -, nur Einz.* costume
Maskottchen, *sub, n, -s, -* mascot
Masochismus, *sub, m, -, nur Einz.* masochism; **Masochist** *sub, m, -en, -en* masochist; **Masochistin** *sub, f, -, -nen* masochist; **masochistisch** *adj,* masochist
Maß, *sub, n, -es, -e (Ausmaß)* extent; *f, -, -en (Bier)* litre; *n, -es, -e (Einheit)* measure; *(Meßgröße)* measurement; *in besonderem Maße* especially; *in großem Maße* to a great extent; *in höchstem Maße* extremely; *über alle Maßen* beyond all measure; *zwei Maß Bier* two litres of beer; *(i. ü. S.) das Maß aller Dinge* the measure of all things; *das Maß ist voll* enough´s enough; *das rechte Maß halten* to strike the right balance; *in reichem Maß* abundantly; *Maße und Gewichte* weights and measures; *über das übliche Maß hinausgehen* to overstep the mark; *um das Maß vollzumachen* to cap it all; *ihre Maße sind:* her measurements are:, her vital statistics are:; *Maß nehmen* to measure up; *sich etwas nach Maß schneidern lassen* to have sth made to measure
Massage, *sub, f, -, -n* massage; *Massagen nehmen* to have massage treatment; **~salon** *sub, m, -s, -s*

massage parlour; **~stab** *sub, m, -s, -stäbe* vibrator
Massaker, *sub, n, -s, -* massacre; **massakrieren** *vt,* massacre
Maßanzug, *sub, m, -s, -anzüge* made-to-measure suit
Maßband, *sub, m, -s, -bänder* tape measure
Masse, *sub, f, -, -n* mass; *(ugs.; große Menge)* heaps of; *(Menschen-)* crowd; *die wogenden Massen ihres Körpers* the heaving bulk of her body; *die breite Masse der Bevölkerung* the bulk of the population; *(Handel) die Masse muss es bringen* the profit only comes with quantity; *eine ganze Masse* a great deal; *sie kamen in wahren Massen* they came in their thousands; *der Geschmack der Masse* the taste of the masses; *die namenlose Masse* the masses; **~nabsatz** *sub, m, -es, nur Einz.* bulk selling; **~nbedarf** *sub, m, -s, nur Einz.* requirements of the masses; **~nentlassung** *sub, f, -, -en* mass redundancy; **massenhaft** *adj,* on a massive scale; **~nmedium** *sub, n, -s, -dien* mass medium; **~nmörder** *sub, m, -s, -* mass murderer; **~nproduktion** *sub, f, -, -en* mass production; **~nsport** *sub, m, -s, nur Einz.* mass sport; **massenweise** *adj,* on a massive scale
Massel, *sub, f, -, nur Einz.* luck; *Massel haben* to be dead lucky
Masseur, *sub, m, -s, -e* masseur; **Masseuse** *sub, f, -, -n* masseuse
maßgebend, *adj, (entscheidend)* decisive; *(zuständig)* competent; *maßgebende Kreise* influential circles; *von maßgebender Seite* from the corridors of power; *das war für mich nicht maßgebend* that didn´t weigh with me; *seine Meinung ist hier nicht maßgebend* his opinion doesn´t weigh here
massieren, *vt, (anhäufen)* mass; *(Massage)* massage

mäßig, *adj,* moderate; *(unterdurch-schnittlich)* mediocre; *etwas mä-ßig tun* to do sth in moderation; *mäßig rauchen* to be a moderate smoker; *mäßig, aber regelmäßig* in moderation but regularly
Mäßigkeit, *sub, f, -, nur Einz.* moderation; *(Unterdurchschnittlichkeit)* mediocrity
Mäßigung, *sub, f, -, nur Einz.* restraint
massiv, (1) *adj, (Drohung)* heavy; *(nicht hohl)* solid **(2) Massiv** *sub, n, -s, -e* massif; **Massivität** *sub, f, -, nur Einz.* massiveness
Maßliebchen, *sub, n, -s, -* common daisy
Maßlosigkeit, *sub, f, -, nur Einz.* excessiveness, extremeness
Maßnahme, *sub, f, -, -n* measure; *Maßnahmen treffen, um etwas zu tun* to take measures to do sth; *sich zu Maßnahmen gezwungen sehen* to be forced to take action; *vor Maßnahmen zurückschrecken* to shrink from taking action
Massör, *sub, m, -s, -e* masseur
massoretisch, *adj, (relig. hist.)* Massoretic
Massöse, *sub, f, -, -n* masseuse
Maßregel, *sub, f, -, -n* rule
maßregeln, *vt,* reprimand; *(bestrafen)* discipline
Maßregelung, *sub, f, -, -en* rebuke, reprimand
Maßschneider, *sub, m, -s, -* bespoke tailor
Maßstab, *sub, m, -s, -stäbe (Karten~)* scale; *(i. ü. S.; Richtlinie)* standard; *die Karte hat einen großen Maßstab* the map is on a large scale; *etwas in verkleinertem Maßstab darstellen* to scale sth down; *einen strengen Maßstab anlegen* to apply a strict standard; *für jmdn einen Maßstab abgeben* to be a model for sb; *sich jmdn zum Maßstab nehmen* to take sb as a yardstick; **maßstäblich** *adj,* scale
Mast, *sub, f, -, -en (das Mästen)* fattening; *m, -[e]s, -en (naut.)* mast;

auf Halbmast at the dip
mästen, *vt,* fatten
Mästerei, *sub, f, -, -en* fattening unit
Mastgans, *sub, f, -, -gänse (gemästet)* fat(tened) goose; *(zu mästend)* fattening goose
Mastino, *sub, m, -s, Mastini* mastiff
Mastkorb, *sub, m, -s, -körbe* top
Mastodon, *sub, n, -s, -donten* mastodon
Mastschwein, *sub, n, -s, -e* porker
Masturbation, *sub, f, -, -en* masturbation; **masturbieren** *vtir,* masturbate
Mastvieh, *sub, nur Mehrz. (gemästet)* fat(tened) cattle; *(zu mästend)* fatstock
Matador, *sub, m, -s, -e* matador
Match, *sub, m,n, -(e)s, -(e)s* match; **~beutel** *sub, m, -s, -* duffel bag
Mater, *sub, f, -, -n* matrix
Material, *sub, n, -s, -ien* material; **~isation** *sub, f, -, nur Einz.* materialization; **materialisieren** *vtr,* materialize
Materialismus, *sub, m, -, nur Einz.* materialism; **Materialist** *sub, m, -en, -en* materialist; **materialistisch** *adj,* materialist(ic)
Materie, *sub, f, -, nur Einz.* matter; *die Materie beherrschen* to know one´s stuff
materiell, *adj,* material; *(wirtschaftlich)* financial; *nur materielle Interessen haben* to be only interested in material things; *materiell eingestellt sein* to be materialistic
Mathematik, *sub, f, -, nur Einz.* mathematics; **~er** *sub, m, -s, -* mathematician; **mathematisch** *adj,* mathematical; **mathematisieren** *vt,* mathematize
Matinee, *sub, f, -, Matineen* matinée
Matjeshering, *sub, m, -s, -e* young herring
Matratze, *sub, f, -, -n* mattress
Mätresse, *sub, f, -, -n* mistress

Matrikel, *sub,f, -, -n (univ.)* matriculation register
Matrix, *sub, f, -, Matrizen* matrix
Matrize, *sub,f, -, -n* matrix; *(Schreibmaschine)* stencil; *etwas auf Matrize schreiben* to stencil sth; **~nrand** *sub, m, -(e)s, -ränder* stencil offset
Matrone, *sub,f, -, -n* matron; **matronenhaft** *adj*, matronly
Matrose, *sub, m, -n, -n* sailor
Matsch, *sub, m, -es, nur Einz.* mud; *(Schnee~)* slush; **matschen** *vi, (ugs.)* splash about; **~wetter** *sub, n, -s, nur Einz.* muddy weather
matschig, *adj*, muddy; *(schneeig)* slushy
matt, (1) *adj*, weak; *(nicht glänzend)* dull; *(Witz, Pointe)* lame (2) **Matt** *sub, n, -s, nur Einz.* mate
Matte, *sub,f, -, -n* mat; *(ugs.) auf der Matte stehen* to be there and ready for action; *(ugs.) du musst um sechs bei mir auf der Matte stehen* you must be at my place at six; *(ugs.) jmdn auf die Matte legen* to floor sb
Mattheit, *sub, f, -, nur Einz.* weakness; *(kein Glanz)* dullness; *(Witz, Pointe)* lameness
mattieren, *vt*, give a mat finish; *mattiert sein* to have a mat finish; *mattierte Gläser* frosted glass
Mattscheibe, *sub, f, -, nur Einz. (ugs.)* TV; *f, -, -n (fot.)* focussing screen; *(ugs.) da muss ich wohl eine Mattscheibe gehabt haben* I can´t have been really with it; *(nicht klar denken können) eine Mattscheibe haben* to have a mental block, *(ugs.)* to be soft in the head
Matura, *sub, f, -, nur Einz.* school-leaving exam; *Matura machen* to take one´s school-leaving exam
Matz, *sub, m, -es, -e oder Mätze (ugs.)* laddie
Matze, *sub,f, -, -n* matzo
mau, *adj*, poor; *die Geschäfte gehen mau* business is slack; *mir ist mau* I feel poorly
Maul, *sub, n, -s, Mäuler* mouth; *(Tiere)* jaws; *darüber werden sich die*

Leute *das Maul zerreißen* that will start people´s tongues wagging; *das Maul zu voll nehmen* to be to cocksure; *dem Volk aufs Maul schauen* to listen to what people really say; *ein gottloses Maul* a malicious tongue; *ein großes Maul haben* to have a big mouth; *(ugs.) ein lockeres Maul haben* to have a loose tongue; *halt´s Maul!* shut your face; *hungrige Mäuler stopfen* to feed hungry mouths; *sich das Maul verbrennen* talk one´s way into trouble; *mit der Beute im Maul* with its prey between its jaws; **~esel** *sub, m, -s, -* mule; **maulfaul** *adj, (ugs.)* uncommunicative; **~held** *sub, m, -en, -en* loud-mouth; **~korb** *sub, m, -s, -körbe* muzzle; *einem Hund einen Maulkorb umhängen* to put a muzzle on a dog; **~schelle** *sub, f, -, -n* slap in the face; **~tier** *sub, n, -s, -e* mule; **~trommel** *sub, f, -, -n* Jew´s harp; **~wurf** *sub, m, -s, -würfe* mole
maulen, *vi, (ugs.)* moan
Maurer, *sub, m, -s, -* bricklayer; *Maurer lernen* to learn to be a bricklayer; *(ugs.) pünktlich wie die Maurer* super-punctual; **~arbeit** *sub, f, -, -en* bricklaying, masonry; **~ei** *sub,f, -, nur Einz.* bricklaying; **~kelle** *sub, f, -, -n* bricklayer´s trowel; **~meister** *sub, m, -s, -* master builder; **~polier** *sub, m, -s, -e* foreman bricklayer; **~zunft** *sub, f, -, -zünfte* bricklayers´ guild
Mauretanier, *sub, m, -s, -* Mauretanier; **mauretanisch** *adj*, Mauritanian; **maurisch** *adj*, Moorish
Maus, *sub,f, -, Mäuse* mouse; *eine graue Maus* a mouse; *(ugs.) Mäuse* dough; *weiße Mäuse sehen* to see pink elephants; **Mäuschen** *sub, n, -s, -* little mouse; **Mäusebussard** *sub, m, -s, -e* common buzzard; **~efalle** *sub,f, -, -n* mouse trap; **mausetot** *adj, (ugs.)* as

dead as a doornail; **mausgrau** *adj*, mouse-grey; *(i. ü. S.)* mousy

Mauschelei, *sub*, *f*, -, *-en (ugs.)* fiddle

mauscheln, *vi*, fiddle; *(sprachl.)* talk Yiddish

mausen, (1) *vi*, catch mice (2) *vt*, *(ugs.)* pinch; *diese Katze maust gut* the cat is a good mouser

Mauser, *sub*, *f*, -, *nur Einz.* moult; *(US)* molt

mausern, *vr*, moult; *(i. ü. S.)* blossom out

Mausoleum, *sub*, *n*, -s, *-leen* mausoleum

mauve, *adj*, mauve; **~farben** *adj*, mauve

maximal, *adv*, at most, up a maximum of

Maximalhöhe, *sub*, *f*, -, *-n* maximum height

Maximalwert, *sub*, *m*, -es, -e maximum value

Maxime, *sub*, *f*, -, *-n* maxim

Maximum, *sub*, *n*, -es, *Maxima* maximum

Mayday, *interj*, mayday

Mayonnaise, *sub*, *f*, -, *nur Einz.* mayonnaise

Mäzen, *sub*, *m*, -s, -e patron; **~atentum** *sub*, *n*, -s, *nur Einz.* patronage

mazerieren, *vti*, macerate

Mechanik, *sub*, *f*, -, *nur Einz.* mechanics; **~er** *sub*, *m*, -s, - mechanic; **~erin** *sub*, *f*, -, *-nen* mechanic

mechanisch, *adj*, mechanical; *mechanischer Webstuhl* power loom

mechanisieren, *vt*, mechanize; **Mechanisierung** *sub*, *f*, -, *-en* mechanization

Mechanismus, *sub*, *m*, -, *-men* mechanism

Meckerei, *sub*, *f*, -, *-en (ugs.)* moaning; **Meckerer** *sub*, *m*, -s, - grumbler; *(ugs.)* moaner; **Meckerfritze** *sub*, *m*, -n, -n belly-acher; **Meckerstimme** *sub*, *f*, -, *-n* bleating voice; **Meckerziege** *sub*, *f*, -, *-n (ugs.)* sourpuss

Medaille, *sub*, *f*, -, *-n (Wettbewerb)* medal

Medailleur, *sub*, *m*, -s, -e punch cutter

Medaillon, *sub*, *n*, -s, -s medaillon

medial, *adj*, *(gramm.)* middle; *(med.)* medial

Mediation, *sub*, *f*, -, *-en* mediation

Mediävistik, *sub*, *f*, -, *nur Einz.* medieval studies; **Mediävistin** *sub*, *f*, -, *-nen* medievalist

Medikus, *sub*, *m*, -, *Medizi oder -kusse* quack

medioker, *adj*, *(geh.)* mediocre; **Mediokrität** *sub*, *f*, -, *nur Einz.* mediocrity

Meditation, *sub*, *f*, -, *-en* meditation; *in meditativer Versunkenheit* lost in meditation; **meditativ** *adj*, meditative; *in meditativer Versunkenheit* lost in meditation; **meditieren** *vi*, meditate

mediterran, *adj*, Mediterranean

Medium, *sub*, *n*, -s, *Medien* medium

Medizin, *sub*, *f*, -, *nur Einz.* medicine; **~alrat** *sub*, *m*, -s, *-räte* medical officer of health; **~mann** *sub*, *m*, -s, *-männer* medicine man, witchdoctor

Mediziner, *sub*, *m*, -s, - doctor; *(univ.)* medic

Medizinerin, *sub*, *f*, -, *-nen* doctor; *(univ.)* medic

medizinisch, *adj*, *(ärztlich)* medical; *(heilend)* medicinal

Medley, *sub*, *n*, -s, -s medley

Meer, *sub*, *n*, -s, -e ocean, sea; *am Meer* by the sea; *ans Meer fahren* to go to the sea(side); *jenseits des Meeres* across the sea; *über dem Meer* above sea-level; *übers Meer fahren* to travel the seas; **~busen** *sub*, *m*, -s, - gulf; **~enge** *sub*, *f*, -, *-r* straits; **~esboden** *sub*, *m*, -s, *-böden* sea bottom; **~esbucht** *sub*, *f*, -, *-en* bay; **~esgrund** *sub*, *n*, -s, *nur Einz.* sea bottom; **~eskunde** *sub*, *f*, -, *nur Einz.* oceanography; **~esspiegel** *sub*, *m*, -es, *nur Einz.* sea level; **~esstrand** *sub*, *m*, -s, *-strände* seashore; **~esstraße** *sub*, *f*, -, *-n* waterway;

~estiefe *sub, m, -, -n* depth (of the sea or ocean); ~jungfrau *sub, f, -, -en* mermaid; ~rettich *sub, m, -s, nur Einz.* horseradish; ~salz *sub, n, -es, nur Einz.* sea salt; ~schaum *sub, m, -s, nur Einz. (min.)* meerschaum; ~schweinchen *sub, n, -s, -* guineapig

Meeting, *sub, n, -s, -s* meeting

Megabyte, *sub, n, -s, -s* megabyte

Megafon, *sub, n, -s, -e* megaphone

Megalith, *sub, m, -en, -en (archäol.)* megalith; ~grab *sub, n, -s, -gräber* megalith tomb; **megalithisch** *adj,* megalithic

Megalomanie, *sub, f, -, nur Einz. (geh.)* megalomania

Megaphon, *sub, n, -s, -e* megaphone

Mehl, *sub, n, -s, nur Einz. (bei Sorten: Mehle)* flour; *(Knochen~)* bonemeal; **mehlig** *adj,* mealy; ~kleister *sub, m, -s, -* flour paste; ~schwitze *sub, f, -, -n* roux; ~speise *sub, f, -, -n* flummery

mehr, **(1)** *pron/adv,* more **(2) Mehr** *sub, n, -, nur Einz. (Zuwachs)* increase; *es gibt keine Hoffnung mehr* there´s no hope left; *ich habe kein Geld mehr* I have no more money; *immer mehr* more and more; *mehr kostet das nicht?* is that all it costs?; *mehr oder weniger* more or less; *mit mehr oder weniger Erfolg* with a greater of lesser degree of success; *nicht mehr* not anymore; *nie mehr* never again; *(ugs.) sich für mehr halten* to think one is sth more; *was wollen Sie mehr?* what more do you want?; *zu mehr hat es nicht gereicht* that was all I could manage, *mit einem Mehr an Mühe* with more effort

Mehraufwand, *sub, m, -, -wendungen* additional expenditure

Mehrausgabe, *sub, f, -, -n* additional expense

mehrdeutig, *adj,* ambiguous

Mehreinnahme, *sub, f, -, -n* additional revenue

mehren, **(1)** *vi, (sich vermehren)* multiply **(2)** *vt, (vergrößern)* increase; *(bibl.) seid fruchtbar und mehret euch!* be fruitful and multiply

mehrere, *pron/adj,* several

mehrfach, **(1)** *adj,* multiple, repeated **(2)** *adv,* several times; *die Unterlagen in mehrfacher Ausfertigung einsenden* to send several copies of the documents; *ein mehrfacher Millionär* a multimillionaire; *der mehrfache Meister* the man who has several times been champion

mehrgliedrig, *adj,* having several links; *(math.)* polynomial

Mehrheit, *sub, f, -, -en* majority; *die absolute/einfache Mehrheit* an absolute/a simple majority; *die Mehrheit der Stimmen auf sich vereinigen* to secure a majority of votes; *die Mehrheit gewinnen* to gain a majority; *mit zwei Stimmen Mehrheit* with a majority of two

mehrheitlich, *adj,* majority; *das Parlament hat mehrheitlich beschlossen* the parliament has reached a majority decision; *wir sind mehrheitlich der Meinung* the majority of us think(s)

Mehrheitsbeschluss, *sub, m, -es, -schlüsse* majority decision

Mehrkampf, *sub, m, -(e)s, -kämpfe (spo.)* multi-discipline event; **Mehrkämpfer** *sub, m, -s, -* all-round athlete

Mehrleistung, *sub, f, -, -en* additional effort; *(wirt.)* additional payment

mehrsprachig, *adj,* multilingual; *mehrsprachig aufwachsen* to grow up multilingual

mehrstimmig, *adj,* for several voices; *mehrstimmig singen* to sing in harmony; *mehrstimmiges Lied* part-song

mehrstöckig, *adj,* multistorey; *mehrstöckig bauen* to erect multistorey buildings

Mehrstufenrakete, *sub, f, -, -n* multistage rocket

mehrstündig, *adj*, lasting several hours; *mit mehrstündiger Verspätung* several hours late

Mehrwertsteuer, *sub, f, -, -n* value added tax (VAT)

Mehrzahl, *sub, f, -, nur Einz. (gramm.)* plural; *(Mehrheit)* majority

Mehrzweckgerät, *sub, n, -s, -e* multipurpose device

meiden, *vt*, avoid

Meile, *sub, f, -, -n* mile; *(ugs.) das riecht man drei Meilen gegen den Wind* you can smell that a mile off; **~nstein** *sub, m, -s, -e (i. ü. S.)* milestone

Meiler, *sub, m, -s, -* charcoal pile; *(Atom~)* atomic pile

mein, *pron*, my; *ich trinke so meine 5 Flaschen Bier am Tag* I drink my five bottles of beer a day; *mein und dein verwechseln* to take what doesn't belong to one; *mein verdammtes Auto* this damn car of mine

meine, *pron subst*, mine; *das Meine* what is mine; *die Meinen* my family; *ich tue das Meine* I'll do my bit

Meineid, *sub, m, -s, -e* perjury; *einen Meineid leisten* to commit perjury

meinen, (1) *vt, (sagen wollen, bedeuten, beabsichtigen)* mean **(2)** *vti, (denken, der Ansicht sein)* think; *er meint es nicht böse* he means no harm; *so war es nicht gemeint* it wasn't meant like that; *was meinen Sie damit?* what do you mean (drohend: by that)?, *das will ich meinen!* I quite agree; *(ugs.) ich meine nur so* it was just a thought; *ich meine,* I reckon; *man möchte meinen* one would think; *meinen Sie das im Ernst?* are you serious about that?; *wenn du meinst* if you like, I don't mind; *wie meinen Sie?* I beg your pardon?

meinerseits, *adv*, as far as I am concerned; *Einwände meinerseits* objections from me; *ganz meinerseits!* the pleasure's all mine; *ich meinerseits* I for my part

meinesteils, *adv*, for my part

meinethalben, *adv,*   *(veraltet)* vgl. meinetwegen

meinetwegen, *adv, (von mir aus)* as far as I am concerned; *(wegen mir, mir zuliebe)* because of me, on account of me; *meinetwasegen!* if you like; *wenn ihr das tun wollt, meinetwasegen aber* if you want to do that, fair enough, but

meinetwillen, *adv um ~*, for my sake

Meinung, *sub, f, -, -en* opinion; *(Anschauung auch)* view; *eine vorgefasste Meinung* a preconceived idea; *genau meine Meinung!* that's just what I think!; *(ugs.) jmd kräftig die Meinung sagen* to give sb a piece of one's mind; *meiner Meinung nach* in my opinion; *seine Meinung ändern* to change one's mind; *was ist Ihre Meinung dazu?* what's your opinion on that?; *einer Meinung sein* to share the same opinion; *ich bin der Meinung* I take the view; *ich bin seiner Meinung* I think with him; **~sforschung** *sub, f, -, -en* opinion research; **~sforschungsinstitut** *sub, n, -s, -e* opinion research institute; **~sfreiheit** *sub, f, -, nur Einz.* freedom of speech; **~stest** *sub, m, -s, -s o. -e* opinion poll

Meiose, *sub, f, -, -n (biol.)* meiosis

Meise, *sub, f, -, -n* titmouse

Meißel, *sub, m, -s, -* chisel

meißeln, *vti*, chisel

meist, *adv*, mostly; *(zum größten Teil)* for the most part

meistbietend, *adj*, highest bidding

meistenorts, *adv*, in most places

meistens, *adv*, mostly; *(zum größten Teil)* for the most part

meistenteils, *adv*, for the most part

Meister, *sub, m, -s, - (Handwerks~)* master (craftsman); *(spo.)* champion; *er hat seinen Meister gefunden* he's met his match; *es ist noch kein Meister vom Himmel gefallen* no-one is born a master; *Meister einer Sache* past master at sth; *seinen Meister machen* to take one´s master craftsman´s diploma; ~**brief** *sub, m, -s, -e* master craftsman´s certificate; ~**dieb** *sub, m, -s, -e* master thief; ~**gesang** *sub, m, -s, -gesänge* poetry of the meistersingers; **meisterhaft (1)** *adj*, masterly **(2)** *adv*, in a masterly manner; *er versteht es meisterhaft, zu lügen* he´s brilliant at lying; ~**hand** *sub, von* ~, by a master hand; **meisterlich (1)** *adj*, masterly **(2)** *adv*, in a masterly manner; **meistern** *vt*, master, overcome; *sein Leben meistern* to come to grips with one´s life; *Schwierigkeiten meistern* to overcome difficulties; ~**prüfung** *sub, f, -, -en* examination for master craftman´s certificate; ~**schaft** *sub, f, -, -en (Können)* mastery; *(spo.)* championship; *(Diebstahl etc) es zu wahrer Meisterschaft bringen* to get it down to a fine art, *(Kunst)* to achieve real mastery; ~**stück** *sub, n, -s, -e* masterpiece; ~**titel** *sub, m, -s, - (Handwerk)* title of master craftsman; *(spo.)* championship title; ~**werk** *sub, n, -s, -e* masterpiece; ~**würde** *sub, f, -, nur Einz.* rank of master (craftsman)

meistgefragt, *adj*, most popular

meistgelesen, *adj*, most widely read

meistgenannt, *adj*, most frequently mentioned

Mekongdelta, *sub, n, -s, nur Einz.* Mekong delta

Melaminharz, *sub, n, -es, -e* melamine resin

Melancholie, *sub, f, -, nur Einz.* melancholy; **Melancholiker** *sub, m, -s, -* melancholic; **melancholisch** *adj*, melancholy

melanesisch, *adj*, Melanesian

Melange, *sub, f, -, -n (österr.; Milchkaffee)* white coffee; *(selten; Mischung)* blend

Melanit, *sub, m, -s, -e (min.)* melani-

te

Melanom, *sub, n, -s, -e (med.)* melanoma

Melasma, *sub, n, -s, -men oder -mata* melasma

Melasse, *sub, f, -, -n* molasses

Melde, *sub, f, -, -n* goosefoot, orache

melden, (1) *vr, (sich ankündigen)* announce one´s presence; *(von sich hören lassen)* get in touch with **(2)** *vtr*, report; *melde dich mal wieder!* keep in touch; *seitdem hat er sich nicht mehr gemeldet* he hasn´t been heard of since; *wenn du was brauchst, melde dich* if you need anything let me know, *bitte melden!* come in, please!; *melde gehorsamst* beg to report; *nichts zu melden haben* to have no say; *sich auf eine Anzeige melden* to answer an advertisement; *sich freiwillig melden* to volunteer; *wen darf ich melden?* who(m) shall I announce; *wie soeben gemeldet wird* according to reports just coming in

Meldung, *sub, f, -, -en (Computer)* message; *(Mitteilung)* announcement; *(Presse~, dienstliche ~)* report; *Meldungen in Kürze* news headlines; *Meldungen vom Sport* sports news; *Meldung machen* to make a report

melieren, *vt*, mix

meliert, *adj, (Haar)* streaked with grey; *(Wolle)* flecked

melismatisch, *adj, (mus.)* melismatic

Melisse, *sub, f, -, -n* balm

melken, *vti*, milk; *frisch gemolkene Milch* milk fresh from the cow; **Melker** *sub, m, -s, -* milker; **Melkmaschine** *sub, f, -, -n* milking machine; **Melkschemel** *sub, m, -s, -* milking stool

Melodie, *sub, f, -, -n* melody, tune; *nach der Melodie von* to the tune of; **Melodik** *sub, f, -, nur Einz.* melodics; **melodiös** *adj, (geh.)*

melodious; **melodisch** *adj*, melodic

Melodrama, *sub*, *n*, *-s*, *-men* melodrama; **melodramatisch** *adj*, melodramatic

Melone, *sub*, *f*, *-*, *-n (Frucht)* melon; *(Hut)* bowler

Membran, *sub*, *f*, *-*, *-e(n) (anat.)* membrane; *(phys.)* diaphragm

Membrane, *sub*, *f*, *-*, *-n* membrane; *(phys.)* diaphragm

Memme, *sub*, *f*, *-*, *-n (ugs.)* cissy, yellow-belly

Memoiren, *sub*, *Mehrz.* memoirs

Memorandum, *sub*, *n*, *-s*, *-den o. -da (polit.)* memorandum

memorieren, *vt*, memorize

Menagerie, *sub*, *f*, *-*, *-n* menagerie

Menarche, *sub*, *f*, *-*, *nur Einz. (med.)* first menstruation, menarche

Mendelevium, *sub*, *n*, *-s*, *nur Einz.* mendelevium

Mendelismus, *sub*, *m*, *-*, *nur Einz.* Mendelism

Menge, *sub*, *f*, *-*, *-n (ugs.; große Menge)* lot; *(Menschen-)* crowd; *(Quantum)* amount; *Bücher in Mengen* any amount of books; *(ugs.) eine Menge Zeit* a lot of time; *(ugs.) es gab jede Menge Wein* there was loads of wine; *(ugs.) wir haben jede Menge getrunken* we drank a hell of a lot; *in Mengen zu* in quantities of; **~nangabe** *sub*, *f*, *-*, *-n* indication of quantity; **~nlehre** *sub*, *f*, *-*, *nur Einz. (math.)* set theory; **mengenmäßig** *adj*, quantitative; **~npreis** *sub*, *m*, *-es*, *-e* bulk price; **~nrabatt** *sub*, *m*, *-s*, *-e* bulk discount

mengen, **(1)** *vr*, *(geh.)* mingle (under) **(2)** *vt*, mix

Menhir, *sub*, *m*, *-s*, *-e (archäol.)* standing stone

Meningitis, *sub*, *f*, *-*, *-tiden* meningitis

Meniskus, *sub*, *m*, *-*, *-ken (anat.)* meniscus

Mennige, *sub*, *f*, *-*, *nur Einz.* red lead

Mennonit, *sub*, *m*, *-en*, *-en* Mennonite

Menopause, *sub*, *f*, *-*, *nur Einz.* menopause

Menorquiner, *sub*, *m*, *-s*, *-* Minorcan

menorrhöisch, *adj*, *(physiol.)* menorrhoeal

Mensa, *sub*, *f*, *-*, *-sen (univ.)* canteen

Mensch, *sub*, *m*, *-en*, *-en (Gattung)* man(kind), people; *(Person)* man/woman, person; *alle Menschen* everyone; *(relig.) des Menschen Sohn* the Son of Man; *(ugs.) Mensch, hat die Beine!* row! has she got a pair of legs; *alle Menschen müssen sterben* we are all mortal; *der Mensch* man; *ich bin auch nur ein Mensch* I´m only human; *sich aufführen wie der letzte Mensch* to behave like an animal; *wer so etwas macht, ist kein Mensch mehr* sb who does sth like that is not human; *des Menschen Wille ist sein Himmelreich* do what you want if it makes you happy; *ein anderer/neuer Mensch werden* to become a different/new person; *es war kein Mensch da* there was not a soul there; *man muss die Menschen nehmen, wie sie sind* you have to take people as they come; *viel unter Menschen kommen* to meet a lot of people; **~en-affe** *sub*, *m*, *-n*, *-n* ape; **menschenarm** *adj*, sparsely populated; **~enhand** *sub*, *f*, *-*, *-hände* human hand; *von Menschenhand geschaffen* fashioned by the hand of man; **~enhass** *sub*, *m*, *-es*, *nur Einz.* misanthropy; **~enherz** *sub*, *n*, *-ers*, *-en* human heart; **~enkind** *sub*, *n*, *-(e)s*, *-er* creature; **menschenleer** *adj*, deserted; **~enmenge** *sub*, *f*, *-*, *-n* crowd; **~enraub** *sub*, *m*, *-s*, *nur Einz.* kidnapping; **~enrecht** *sub*, *n*, *-s*, *-e* human right; *die Allgemeine Erklärung der Menschenrechte* the Universal Declaration of Human Rights; **~entum** *sub*, *n*, *-s*,

nur Einz. mankind; ~**enwerk** *sub, n, -s, -e (veraltet)* work of man; ~**enwürde** *sub, f, -, nur Einz.* human dignity; ~**heit** *sub, f, -, nur Einz.* humanity, mankind; *im Namen der Menschheit* in the name of humanity; *Verdienste um die Menschheit* services to humanity; *zum Wohle der Menschheit* for the benefit of mankind; **menschlich** *adj, (Gattung, zivilisiert)* human; *(human)* humane; *das menschliche Leben* human life; *die menschliche Gesellschaft* the society of man; *eine menschliche Seite haben* to have a human side to one; *(ugs.)* *einigermaßen menschlich aussehen* to look more or less human
Menschewist, *sub, m, -en, -en (hist.)* Menshevik
Menstruation, *sub, f, -, -en* menstruation; **menstruieren** *vi,* menstruate
Mensur, *sub, f, -, -en (univ.)* students' fencing bout; *eine Mensur schlagen* to fight a duel
mensurabel, *adj,* measurable; **Mensurabilität** *sub, f, -, nur Einz.* measurability
Mentalität, *sub, f, -, -en* mentality
Menthol, *sub, n, -, -e* menthol
Mentor, *sub, m, -s, -en (geh.)* mentor
Menü, *sub, n, -s, -s* set meal; *Menü des Tages* (set) meal of the day
Menuett, *sub, n, -s, -e* minuet
Mephisto, *sub, m, -, nur Einz.* Mephistopheles; **mephistophelisch** *adj,* Mephistophelian
Mercatorprojektion, *sub, f, -, -en* Mercator projection
Merci!, *interj,* thanks!
Mergelboden, *sub, m, -s, -böden* marly soil
Meridian, *sub, m, -, -e* meridian
Meringe, *sub, f, -, -n (Küche)* meringue
Merino, *sub, m, -s, -s* merino (sheep); ~**schaf** *sub, n, -s, -e* merino (sheep); ~**wolle** *sub, f, -, nur Einz.* Merino wool
Meriten, *sub, nur Mehrz. (geh.)* me-

rits; *auf seinen Meriten ruhen* to rest on one's laurels; *sich Meriten erwerben* to receive plaudits
meritorisch, *adj,* meritorious
merkantil, *adj, (geh.; hist.)* mercantile
Merkantilismus, *sub, m, -, nur Einz. (hist.)* mercantilism; **Merkantilist** *sub, m, -en, -en* mercantilist; **merkantilistisch** *adj,* mercantilist(ic)
Merkblatt, *sub, n, -s, -blätter* leaflet
merken, (1) *vt, (bemerken)* notice **(2)** *vtr, (im Gedächtnis behalten)* remember; *das merkt jeder* everyone will notice; *ich merke nichts* I can't feel anything; *seine Gefühle merken lassen* to let one's feelings show; *wie hast du das gemerkt?* how could you tell?, *das ist leicht zu merken* that's easy to remember; *das werde ich mir merken* I won't forget that; *merk dir das!* mark my words!; *merke:* note:; *merken Sie sich den Mann!* keep an eye on that man!
Merker, *sub, m, -s, -* observer, watcher
Merkheft, *sub, n, -s, -e* notebook
merklich, *adj,* noticeable
Merkmal, *sub, n, -s, -e* feature; *(biol.)* mark; *besondere Merkmale* distinguishing marks
Merksatz, *sub, m, -es, -sätze* mnemonic sentence
Merkurialismus, *sub, m, -, nur Einz.* mercurialism
merkwürdig, *adj,* odd, strange; *er hat sich merkwürdig verändert* he has undergone a curious change
Merkwürdigkeit, *sub, f, -, -en* oddness, strangeness
Merkzeichen, *sub, n, -s, -* mark, sign
merowingisch, *adj,* Merovingian
Merseburger, (1) *adj,* of Merseburg **(2)** *sub, m, -s, -* inhabitant of Merseburg

merzerisieren, *vt,* mercerize (cotton)

Mesalliance, *sub, f, -, -n* mésalliance

meschugge, *adj, (ugs.)* nuts

Meskalin, *sub, n, -s, nur Einz.* mescalin(e)

mesokephalisch, *adj,* mesocephalic

Mesolithikum, *sub, n, -s, nur Einz.* Mesolithic period; **mesolithisch** *adj,* Mesolithic

Meson, *sub, n, -s, -en* meson

Mesopotamier, *sub, m, -s, -* Mesopotamian

Mesozephalie, *sub, f, -, nur Einz.* mesocephalia

Mesozoikum, *sub, n, -s, nur Einz.* Mesozoic

Messband, *sub, n, -s, -bänder* tape measure

messbar, *adj,* measurable

Messbarkeit, *sub, f, -, nur Einz.* measurability

Messbecher, *sub, m, -s, -* measuring jug

Messbrief, *sub, m, -s, -e (naut.)* tonnage certificate

Messbuch, *sub, n, -s, -bücher* mass book

Messdiener, *sub, m, -s, -* server

Messdienerin, *sub, f, -, -nen* server

Messe, *sub, f, -, -n (Gewerbe)* fair; *(kirchl.)* mass; *(mil.)* mess; *die Messe halten* to say mass; *für jmdn eine Messe lesen lassen* to have a mass said for sb; *zur Messe gehen* to go to mass; **~gelände** *sub, n, -s, -* exhibition centre; **~katalog** *sub, m, -s, -e* fair catalogue

Messer, *sub, m, -s, -* knife; *(Rasier~)* razor; *die Messer wetzen* to get ready for the kill; *es wird eine Nacht der langen Messer geben* heads will roll; *ins offene Messer laufen* to walk straight into the trap; *jmd das Messer an die Kehle setzen* to hold a knife to sb´s throat; *(ugs.) jmd ein Messer in den Bauch jagen* to stick a knife into sb; *sich bekämpfen bis aufs Messer* to fight to the finish; *auf Messers Schneide stehen* to be on a razor´s edge; *es steht auf Messers Schneide, ob* it´s touch and go whether; **messerscharf** *adj,* razor-sharp; *messerscharf schließen* to conclude with incredible logic; **~spitze** *sub, f, -, -n* knife-point; *(Küche) eine Messerspitze* a pinch; **~stich** *sub, m, -s, -e* knife thrust; *(Wunde)* stab wound; **~werfer** *sub, m, -s, -* knife-thrower

Messgefäß, *sub, n, -es, -e* graduated measure

Messgerät, *sub, n, -s, -e* gauge, measuring instrument

Meßgewand, *sub, n, -s, -wänder* chasuble

Messglas, *sub, n, -es, -gläser* graduated measure

Messhemd, *sub, n, -s, -en* alb

messianisch, *adj, (relig.)* Messianic; **Messianismus** *sub, m, -, nur Einz.* Messianism

Messieurs, *sub, m, -, Einz. Monsieur* sirs; *(Anrede)* Mr.

Messing, *sub, n, -s, nur Einz.* brass; *mit Messing beschlagen* brass-bound; **~bett** *sub, n, -s, -en* brass bed; **~draht** *sub, m, -s, -drähte* brass wire; **~griff** *sub, m, -s, -e* brass handle; **~latte** *sub, f, -, -n* brass bar; **~stab** *sub, m, -s, -stäbe* brass bar; **~tisch** *sub, m, -(e)s, -e* brass table

Messinstrument, *sub, n, -s, -e* gauge

Messkelch, *sub, m, -s, -e (relig.)* chalice

Messlatte, *sub, f, -, -n* measuring rod

Messopfer, *sub, n, -s, - (relig.)* Sacrifice of the Mass

Messtechnik, *sub, f, -, -en* measure technology

Messuhr, *sub, f, -, -en* dial gauge

Messung, *sub, f, -, -en (das Messer)* measuring; *(Messergebnis)* measurement

Messwein, *sub, m, -s, -e* Communion wine

Messwert, *sub, m, -s, -e* measurement

Messzylinder, *sub, m, -s, -* measuring cylinder
Mestize, *sub, m, -n, -n* mestizo
Met, *sub, m, -s, nur Einz.* mead
Metabolismus, *sub, m, -, nur Einz. (physiol.)* metabolism; **metabolisch** *adj, (biol.)* metabolic
Metall, *sub, n, -s, -e* metal; **~block** *sub, m, -s, -blöcke* block of metal; **metallhaltig** *adj,* metalliferous; **metallisch** *adj,* metal; *(Stimme, Klang)* metallic; *metallisch glänzen* to gleam like metal; *metallisch schmecken* to have a metallic taste; **~kunde** *sub, f, -, nur Einz.* metallurgy; **~urgie** *sub, f, -n, nur Einz.* metallurgy
Metamorphose, *sub, f, -, -n* metamorphosis
Metapher, *sub, f, -, -n* metaphor; **Metaphorik** *sub, f, -, nur Einz.* imagery; **metaphorisch** *adj,* metaphoric(al)
Metaphysik, *sub, f, -, nur Einz.* metaphysics; **metaphysisch** *adj,* metaphysical
Metaplasmus, *sub, m, -, -men* metaplasm
Metasprache, *sub, f, -, -n* metalanguage
Metastase, *sub, f, -, -n* metastasis; **metastasieren** *vi,* metastasize **metastatisch,** *adj,* metastatic
Metazentrum, *sub, n, -s, -zentren* metacentre
Metazoon, *sub, n, -s, -zoen (zool.)* metazoa
Meteorit, *sub, m, -en, -en* meteorite; **meteoritisch** *adj,* meteoric
Meteorologe, *sub, m, -n, -n* meteorologist, weather forcaster; **Meteorologie** *sub, f, -, nur Einz.* meteorology; **Meteorologin** *sub, f, -, -nen* meteorologist
meteorotrop, *adj, (med.)* meteorotropic
Meteorstein, *sub, m, -s, -e* meteorite
Meter, *sub, m, n, -s, -* metre; *in 100 Meter Höhe* at a height of 100 metres; *in einer Entfernung von 100 Metern* at a distance of 100 metres;

nach Metern by the metre; **~maß** *sub, n, -es, -e (Maßband)* tape measure; *(Meterstab)* rule
Methan, *sub, n, -s, nur Einz.* methane; **~ol** *sub, n, -s, nur Einz.* methyl alcohol
Methode, *sub, f, -, -n* method; *das hat Methode* there´s a method behind it; *er hat so seine Methoden* he´s got his methods; *etwas mit Methode machen* to do sth methodically
Methodik, *sub, f, -, nur Einz.* methodology; **methodisch** *adj,* methodical
Methodist, *sub, m, -en, -en* Methodist
Methodologie, *sub, f, -, nur Einz.* methodology
Methusalem, *sub, m, -, nur Einz.* Methuselah; *alt wie Methusalem* old as Methuselah
Methyl, *sub, n, -s, nur Einz.* methyl; **~alkohol** *sub, m, -s, nur Einz.* methyl alcohol
Metier, *sub, n, -s, -s* job, profession; *sich auf sein Metier verstehen* to be good at one´s job
Metonomasie, *sub, f, -, -n* alteration of a name by translating it in a foreign language
Metrik, *sub, f, -, nur Einz.* metrics; **metrisch** *adj,* metric
Metro, *sub, f, -, -s* metro
Metronom, *sub, n, -s, -e* metronome
Metropole, *sub, f, -, -n (größte Stadt)* metropolis; *(Zentrum)* capital
Metropolit, *sub, m, -en, -en* Metropolitan
Metrum, *sub, n, -s, -tren* meter
Mett, *sub, n, -s, nur Einz.* minced pork
Mette, *sub, f, -, -n* matins
Metteur, *sub, m, -s, -e* make-up man/woman
Mettwurst, *sub, f, -, -würste* pork/beef sausage
Metzelei, *sub, f, -, -en* butchery, slaughter

metzeln, *vt*, slaughter
Metzger, *sub, m, -s,* - butcher; **~ei** *sub, f, -, -en* butcher´s (shop)
meucheln, *vt, (veraltet)* assassinate; **Meuchelmord** *sub, m, -(e)s, -e* treacherous murder; **meuchlerisch** *adj,* murderous; *(Mörder)* treacherous; **meuchlings** *adv,* treacherously
Meute, *sub, f, -, -n* pack (of hounds); *(i. ü. S.)* mob; *die Meute loslassen* to release the hounds
Meuterei, *sub, f, -, -en* mutiny; **Meuterer** *sub, m, -s,* - rebel; **meutern** *vi,* mutiny, rebel; *die meuternden Soldaten* the mutinous soldiers
Mexikanerin, *sub, f, -, -nen* Mexican; **mexikanisch** *adj,* Mexican
Mezzanin, *sub, n, -s, -e (arch.)* mezzanine (floor)
miauen, *vi,* miaow
mich, *pron,* me; *(reflexiv)* myself; *ich fühle mich wohl* I feel fine
Midlifecrisis, *sub, f, -, nur Einz.* midlife crisis
Mieder, *sub, n, -s,* - *(Korsage)* girdle; *(Leibchen)* bodice; **~waren** *sub, f, -, nur Mehrz.* corsetry
miefen, *vi, (ugs.)* pong, stink; *hier mieft es* there´s a pong in here; *was mieft denn hier so?* what´s this awful pong?; *hier mieft es* the air in here is so stale
miefig, *adj,* pongy
Miene, *sub, f, -, -n* expression, face; *eine finstere Miene machen* to look grim; *etwas mit eisiger Miene anhören* to listen to sth in stony silence; *gute Miene zum bösen Spiel machen* to grin and bear it; *seine Miene verfinsterte sich* his face darkened; **~nspiel** *sub, n, -s, -e* facial expressions; *ein lebhaftes Mienenspiel haben* to express a lot with one´s face
Miere, *sub, f, -, -n* chickweed, pimpernel
mies, *adj, (ugs.)* lousy, rotten; *mies machen* to run down; *mir ist mies* I feel lousy; *in den Miesen sein* to be in the red; *mir ist mies* I feel

rotten
Miesepeter, *sub, m, -s,* - misery-guts; **miesepeterig** *adj,* miserable
mies machen, *vt,* run down; **Miesmacher** *sub, m, -s,* - *(ugs.)* kill-joy; **Miesmacherei** *sub, f, -, nur Einz.* belly-aching
Miesmuschel, *sub, f, -, -n* mussel
Miete, *sub, f, -, -n (Gegenstände)* rental; *(Wohnung)* rent; *(ugs.) das ist die halbe Miete* that´s half the battle; *rückständige Miete (rent)* arrears; *zur Miete wohnen* to live in rented accommodation; **~rhöhung** *sub, f, -, -en* rent increase; **~rschutz** *sub, m, -es, nur Einz.* rent control; **mietfrei** *adj,* rent-free; **Mietkauf** *sub, m, -s,* - *käufe* hire purchase; **Mietregelung** *sub, f, -, -en* rent agreement; **Mietshaus** *sub, n, -es, -häuser* block of (rented) flats; **Mietskaserne** *sub, f, -, -n* tenement house; **Mietspiegel** *sub, m, -s,* - rent level; **Mietverlust** *sub, m, -s, -e* loss of rent; **Mietvertrag** *sub, m, -s -verträge* lease; **Mietwohnung** *sub, f, -, -en* apartment, rented flat; **Mietzahlung** *sub, f, -, -en* payment of the rent; **Mietzins** *sub, m, -es, -en (dial.)* rent
mieten, *vt,* rent; *(Boot, Auto)* hire
Mieter, *sub, m, -s,* - tenant; *(Unter~)* lodger
Mieze, *sub, f, -, -n (ugs.; Katze)* pussy; *(vulg.; Mädchen)* bird, chick
Migräne, *sub, f, -, nur Einz.* migraine
Migration, *sub, f, -, -en* migration
Mikrobe, *sub, f, -, -n* microbe
Mikrobiologie, *sub, f, -, nur Einz.* microbiology
Mikrochemie, *sub, f, -, nur Einz.* microchemistry
Mikrochip, *sub, m, -s, -s* microchip
Mikroelektronik, *sub, f, -, nur Einz.* microelectronics
Mikrofauna, *sub, f, -, -faunen* mi-

crofauna

Mikrofilm, *sub, m, -s, -e* microfilm

Mikrofon, *sub, n, -s, -e* microphone;
mikrofonisch *adj,* microphonic

Mikrogramm, *sub, n, -s, -s* microgram(me)

mikrokephal, *adj,* microcephalic

Mikroskopie, *sub, f, -, nur Einz.* microscopy

Mikrokosmos, *sub, m, -, nur Einz.* microcosm

mikronesisch, *adj,* Micronesian

Mikroorganismus, *sub, m, -, -men* microorganism

Mikroskop, *sub, n, -s, -e* microscope; **mikroskopisch** *adj,* microscopic; *etwas mikroskopisch untersuchen* to examine sth under the microscope; *mikroskopisch klein* microscopically small

Mikrotom, *sub, m,n, -s, -e* microtome

Mikrowellenherd, *sub, m, -s, -e* microwave (oven)

Mikrozensus, *sub, m, -, nur Einz.* sample census

mikrozephal, *adj,* microcephalic; **Mikrozephale** *sub, m,f, -n, -n* microcephalic

Milan, *sub, m, -s, -e (orn.)* kite

Milbe, *sub, f, -, -n* mite

Milch, *sub, f, -, nur Einz.* milk; *aussehen wie Milch und Blut* to have a peaches-and-cream complexion; *das Land, wo Milch und Honig fließen* the land flowing with milk and honey; *Milch geben* to yield milk; ~**bar** *sub, f, -, -s* milk bar; ~**eis** *sub, n, -es, nur Einz.* milk icecream; ~**eiweiß** *sub, n, -es, -e* lactoprotein; ~**ertrag** *sub, m, -s, -träge* milk yield; ~**flasche** *sub, f, -, -n* milk bottle; ~**gebiss** *sub, n, -es, -e* milk teeth; ~**gesicht** *sub, n, -s, -er* baby face; **milchig** *adj,* milky; ~**kaffee** *sub, m, -s, -s* milky coffee; ~**kuh** *sub, f, -, -kühe* milk/milch cow; ~**produkt** *sub, n, -s, -e* milk product; ~**pulver** *sub, n, -s, -* milk powder; ~**straße** *sub, f, -, nur Einz.* Milky Way; ~**zahn** *sub, m, -s, -zäh-*

ne milk tooth; ~**zucker** *sub, m, -s, nur Einz.* lactose

Milchner, *sub, m, -s, -* milter

mild, *adj, (Luft, Seife)* gentle; *(Wetter, Zigaretten)* mild; *eine milde Gabe* alms; *jmdn milde stimmen* to put sb in a mild mood; *milde ausgedrückt* to put it mildly; ~**e (1)** *adj, (Luft, Seife)* gentle; *(Urteil)* lenient; *(Wetter, Zigaretten)* mild **(2) Milde** *sub, f, -, nur Einz. (s. adj)* gentleness, leniency, mildness; *milde Gabe* alms; *milde ausfallen* to be lenient; *jmdn milde stimmen* to put sb in a mild mood; *milde ausgedrückt* to put it mildly; ~**ern** *vt, (geh.; Gegensätze)* reduce; *(geh.; Schmerz)* ease; *(geh.; Strafe, Zorn)* moderate; *mildernde Umstände* mitigating circumstances; ~**ernd** *adj, (~e Umstände)* mitigating circumstances

Mildtätigkeit, *sub, f, -, nur Einz. (geh.)* charity

Milieu, *sub, n, -s, -s (Lokalkolorit)* atmosphere; *(Umwelt)* environment; *(Verbrecher~)* underworld; ~**theorie** *sub, f, -, nur Einz. (soziol.)* environmentalism

militant, *adj,* militant; **Militär** *sub, m, -s, nur Einz.* armed forces; *m, -s, -s (einzelner Soldat)* officer; *beim Militär sein* to be in the forces; *da geht es zu wie beim Militär* the place is run like an army camp; *(ugs.) wir sind doch hier nicht beim Militär* we´re not in the army, you know; *zum Militär einberufen werden* to be called up; *(ugs.) zum Militär müssen* to have to join up; **Militärarzt** *sub, m, -es, -ärzte* army doctor; **Militärblock** *sub, m, -s, -blöcke* military bloc; **Militärdiktatur** *sub, f, -, -en* military dictatorship; **Militäretat** *sub, m, -s, -s* military budget; **Militaria** *sub, nur Mehrz.* things military; **militärisch** *adj,* military; **militarisieren** *vt,* militarize; **Militarismus**

sub, *m*, -, *nur Einz.* militarism; **Militarist** *sub*, *m*, -en, -en militarist; **militaristisch** *adj*, militaristic; **Militärjunta** *sub*,*f*, -, -s military junta; **Militärmusik** *sub*, *f*, -, *nur Einz.* military music; **Militärregierung** *sub*, *f*, -, -en military government; **Military** *sub*,*f*, -, -s three-day event; **Militärzeit** *sub*,*f*, -, -en army days **Miliz**, *sub*,*f*, -, -en militia; *(in Osteuropa: Polizei)* police; ~**ionär** *sub*, *m*, -s, -e militiaman; ~**soldat** *sub*, *m*, -en, -en militiaman **Mille**, *sub*,*f*, -, - *(ugs.)* grand; *5 Mille* 5 grand; **Milliardär** *sub*, *m*, -s, -e multi-millionaire; **Milliardärin** *sub*,*f*, -, -nen multi-millionaire; **Milliarde** *sub*, *f*, -, -en billion (US), thousand millions (Brit.); *Milliarden von Menschen* billions of people; *Milliarden von Menschen* thousands of millions of people; **milliardste** *adj*, billionth (US), thousand millionth (Brit.); **Milliardstel** *sub*, *n*, -, - billionth part (US), thousand millionth part (Brit.); **Millimeter** *sub*, *m*, -s, - millimetre; **Millimeterpapier** *sub*, *n*, -s, *nur Einz.* graph paper; **Million** *sub*, *f*, -, -en million; *eine Million Londoner sind unterwegs* a million Londoners are on their way; *zwei Millionen Einwohner* two million inhabitants; **Millionär** *sub*, *m*, -s, -e millionaire; *es zum Millionär bringen* to make a million; *vom Tellerwäscher zum Millionär* from rags to riches; **Millionärin** *sub*,*f*, -, -nen millionaire; **Millionstel** *sub*, *n*, -s, - millionth part
Milz, *sub*, *f*, -, -en spleen; ~**brand** *sub*, *m*, -s, *nur Einz.* anthrax
Mimik, *sub*, *f*, -, *nur Einz.* facial expression; ~**ry** *sub*, *f*, -, *nur Einz.* *(auch i.ü.S; biol.)* mimicry
mimisch, *adj*, mimic
Mimose, *sub*,*f*, -, -en mimosa; *empfindlich wie eine Mimose sein* to be oversensitive; **mimosenhaft** *adj*, oversensitive
Mimus, *sub*, *m*, -, *Mimen* mime

Minarett, *sub*, *n*, -s, -e minaret **minder**, *adj*, less; *mehr oder minder* more or less; *nicht mehr und nicht minder* neither more nor less; *nicht minder wichtig als* no less important than; *und das nicht minder* and no less so; ~**begabt** *adj*, less gifted; *Minderbegabte* less gifted people; ~**bemittelt** *adj*, less well-off; *(iro.) geistig minderbemittelt* mentally less gifted; **Minderbruder** *sub*, *m*, -s, -brüder Franciscan; **Minderheit** *sub*, *f*, -, -en minority; ~**jährig** *adj*, who is (still) a minor; **Minderung** *sub*, *f*, -, -en reduction; *(Herabsetzung, Verringerung)* diminishing; ~**wertig** *adj*, inferior, low(-quality), poor(-quality); **Minderwertigkeitsgefühl** *sub*, *n*, -s, -e feeling of inferiority; *Minderwertigkeitsgefühle haben* to feel inferior; **Minderwertigkeitskomplex** *sub*, *m*, -es, -e inferiority complex
Mindestalter, *sub*, *n*, -s, *nur Einz.* minimum age; **Mindestgebot** *sub*, *n*, -(e)s, -e reserve price; **Mindestgröße** *sub*,*f*, -, -n minimum size; *(von Menschen)* minimum height; **Mindestlohn** *sub*, *m*, -s, -löhne minimum wage; **Mindestmaß** *sub*, *n*, -es, -e minimum; **Mindestsatz** *sub*, *m*, -es, -sätze minimum rate; **Mindestzahl** *sub*, *f*, - -en minimum number; **Mindestzeit** *sub*, *f*, -, -en minimum time
Mine, *sub*,*f*, -, -n *(Bleistift~)* lead; *(Kugelschreiber~)* reservoir; *(mil./min.)* mine; *auf eine Mine laufen* to hit a mine; *in den Minen arbeiten* to work in the mines; ~**nstollen** *sub*, *m*, -s, - *(min.)* mine tunnel; ~**nwerfer** *sub*, *m*, -s, - *(veraltet; mil.)* mortar; ~**ral** *sub*, *n*, -s, -e *und* -ien mineral; ~**raldünger** *sub*, *m*, -s, - inorganic fertilizer; ~**ralogie** *sub*, *f*, -, *nur Einz.* mineralogy; ~**ralogin** *sub*,*f*, -, -nen mineralo-

gist; ~**ralöl** *sub, n, -(e)s, -e* mineral oil; ~**ralölsteuer** *sub, f, -, -n* tax on oil; ~**ralstoff** *sub, m, -(e)s, -e* mineral nutrient; ~**ralwasser** *sub, n, -s, nur Einz.* mineral water

Minestrone, *sub, f, -, -n* minestrone
Mineur, *sub, m, -s, -e (Börse)* bull; *(mil.)* sapper

Miniatur, *sub, f, -, -en* miniature; ~**bild** *sub, n, -(e)s, -er* miniature; **miniaturisieren** *vt,* miniaturize

Minicomputer, *sub, m, -s, -* minicomputer; **Minigolf** *sub, n, -s, nur Einz.* miniature golf; **minimal** *adj, (Gewinn)* very small; *(Steigerung)* marginal; *(Unterschied, Aufwand)* minimal; **Minimalwert** *sub, m, -s, -e* minimum; **minimieren** *vt,* minimize; **Minimierung** *sub, f, -, -en* minimization; **Minimum** *sub, n, -s, Minima* minimum; **Minirock** *sub, m, -(e)s, -röcke* mini-skirt; **Minispion** *sub, m, -s, -e* mimiaturized bugging device

Minister, *sub, m, -s, -* minister, secretary; ~**amt** *sub, n, -(e)s, -ämter* ministerial office; ~**ialdirektor** *sub, m, -s, -en* head of a government department; ~**ialdirigent** *sub, m, -en, -en* assistant head of government department; ~**iale** *sub, m, -n, -n (hist.)* ministerial(is); **ministeriell** *adj,* ministerial; ~**ium** *sub, n, -s, Ministerien* department, ministry; *Verteidigungsministerium* Department of Defense; ~**präsident** *sub, m, -en, -en* prime minister; *(eines Bundeslandes)* leader of a Federal German state; ~**rat** *sub, m, -(e)s, -räte* council of ministers; **ministrabel** *adj,* capable of holding ministerial office; **Ministrant** *sub, m, -en, -en* server; **ministrieren** *vi,* serve

Mink, *sub, m, -s, -s* mink
Minne, *sub, f, -, nur Einz.* courtly love; ~**dienst** *sub, m, -es, nur Einz.* homage rendered by a knight his lady; ~**lied** *sub, m, -(e)s, -er* minnelied; ~**sang** *sub, m, -(e)s, -gesänge* minnesong; ~**sänger** *sub, m, -s, -* minnesinger

Minorennität, *sub, f, -, nur Einz.* minority; **Minorität** *sub, f, -, -en* minority

Minute, *sub, f, -, -n* minute; *auf die Minute pünktlich* on the dot; *es vergeht keine Minute, ohne dass* not a moment goes by without; *in letzter Minute* at the last moment; **minutenlang** **(1)** *adj,* several minutes of **(2)** *adv,* for several minutes

minuziös, *adj, (Frage, Schilderung)* detailed; *(Nachbildung)* meticulous

mir, *pron,* me; *ein Freund von mir* a friend of mine; *mir nichts, dir nichts* without so much as a by-your-leave; *von mir aus* I don´t mind; *wie du mir, so ich dir* tit for tat

Mirabelle, *sub, f, -, -n* mirabelle
Mirakel, *sub, n, -s, - (veraltet)* miracle; ~**spiel** *sub, n, -(e)s, -e* miracle play

Misandrie, *sub, f, -, nur Einz. (psych.)* misandry

Misanthrop, *sub, m, -en, -en* misanthropist; ~**ie** *sub, f, -, nur Einz.* misanthropy; **misanthropisch** *adj,* misanthropic

Mischbecher, *sub, m, -s, -* mixing beaker; *(Bar)* cocktail shaker; **mischen (1)** *vt, (Kaffee-, Tabaksorten)* blend; *(Karten)* shuffle **(2)** *vtr,* mix; *sich in etwas mischen* to interfere in sth; *sich unter jmdn mischen* to mingle with sb; **Mischfarbe** *sub, f, -, -n* mixed colour; *(phys.)* secondary colour; **mischfarben** *adj,* mixed coloured; **mischfarbig** *adj,* mixed coloured; **Mischfutter** *sub, n, -s, nur Einz.* concentrated feed (stuff); **Mischgetränk** *sub, n, -s, -getränke* mixed drink; **Mischgewebe** *sub, n, -s, -* mixed fibres; **Mischkultur** *sub, f, -, -en (agr.)* mixed cultivation; *(soziol.)* mixed culture; *Mischkulturen anbauen* to grow different crops side by side; **Mischling** *sub*, *m*, *-e* half-breed; **Mischmasch** *sub*, *m*, *-(e)s*, *nur Einz.* *(ugs.)* hotchpotch, mishmash **Mischsprache**, *sub*, *f*, *-*, *-n* mixed language; **Mischtrommel** *sub*, *f*, *-*, *-n* cement-mixer; **Mischung** *sub*, *f*, *-*, *-en* mixture; *(das Mischen)* blending, mixing; *(die Mixtur)* blend; **Mischwald** *sub*, *m*, *-(e)s*, *-wälder* mixed woodland; **Misere** *sub*, *f*, *-*, *-n (Hunger, Krieg)* misery; *(Wirtschaft)* plight; *das war eine einzige Misere* that was a real disaster; *jmdn aus einer Misere herausholen* to get sb out of trouble; *in einer Misere stecken* to be in a dreadful state **miserabel**, *adj*, lousy; *(Benehmen)* dreadful **Misogam**, *sub*, *m*, *-en*, *-en* misogamist **missachten**, *vt*, *(geringschätzen)* despise; *(ignorieren)* disregard; **Missachtung** *sub*, *f*, *-*, *nur Einz.* *(Geringschätzung)* disrespect; *(Ignorieren)* disregard; **Missbehagen** *sub*, *n*, *-s*, *nur Einz.* *(Missfallen)* discontent(ment); *(Unbehagen)* uneasiness; *jmd Missbehagen bereiten* to cause sb discontent; *jmd Missbehagen bereiten* to cause sb uneasiness; **Missbildung** *sub*, *f*, *-*, *-en* deformity; **missbilligen** *vt*, disapprove of; **Missbilligung** *sub*, *f*, *-*, *nur Einz.* disapproval; **Missbrauch** *sub*, *m*, *-s*, *nur Einz.* abuse; *(falsche Anwendung)* misuse; *(sexuell)* sexual assault; *unter Missbrauch seines Amtes* in abuse of his office; *vor Missbrauch wird gewarnt* use only as directed; *Missbrauch zur Unzucht* sexual offence commited by a person in position of authority over victim; **missbrauchen** *vt*, abuse; *(Güte)* impose on; *(sexuell)* assault; *den Namen Gottes missbrauchen* to take the Lord´s name in vain; *jmdn zu etwas missbrauchen* to use sb for sth; *jmdn zu allem Möglichen missbrauchen* to impo-

se on sb; **missbräuchlich** *adj*, improper; **missdeuten** *vt*, misinterpret; **Missdeutung** *sub*, *f*, *-*, *-en* misinterpretation **missen**, *vt*, *(geh.)* do without, miss; *das möchte ich nicht missen* I wouldn´t do without it; **Misserfolg** *sub*, *m*, *-(e)s*, *-e* failure; *(Buch, Film)* flop; **Missernte** *sub*, *f*, *-*, *-n* crop failure; **Missetat** *sub*, *f*, *-*, *-en (veraltet)* misdeed, misdemeanour; **Missetäter** *sub*, *m*, *-s*, *-* culprit; **Missetäterin** *sub*, *f*, *-*, *-nen* culprit; **Missfallen (1)** *sub*, *n*, *-s*, *nur Einz.* disapproval (*f*), displeasure **(2) missfallen** *vi* displease; **Missfallensbekundung** expression of disapproval; *jmds Missfallen erregen* to encur sb´s displeasure, *es missfällt mir, wie er* I dislike the way he; **Missfallensäußerung** *sub*, *f*, *-*, *-en* expression of disapproval; **missfällig** *adj*, disparaging; **Missfarbe** *sub*, *f*, *-*, *-n* disagreeable colour; **missgebildet** *adj*, deformed; **Missgeburt** *sub*, *f*, *-*, *-en* deformed person/animal; **missgelaunt** *adj*, bad-tempered; **Missgeschick** *sub*, *n*, *-(e)s*, *-e* mishap; *ein kleines Missgeschick* a slight mishap; *vom Missgeschick verfolgt werden* to be dogged by misfortune; **Missgestalt** *sub*, *f*, *-*, *-en* misshapen figure; **missgestaltet** *adj*, misshapen **missgestimmt**, *adj*, ill-humoured; *missgestimmt sein* to be in an ill humour; **missglücken** *vi*, be unsuccessful, fail; *es ist ihm missglückt* he failed; *der Versuch ist missglückt* the attempt was a failure; **missgönnen** *vt*, grudge; *er missgönnt ihr das* he begrudges her sth; **Missgriff** *sub*, *m*, *-s*, *-e* mistake; **Missgunst** *sub*, *f*, *-*, *nur Einz.* resentment; **missgünstig** *adj*, resentful; **misshandeln** *vt*, ill-treat, maltreat; **Misshandlung** *sub*, *f*, *-*, *-en* ill-treatment; *(Kindes~)* cruelty (children);

Missheirat *sub, f, -, -en* mésalliance; **misshellig** *adj, (geh.)* unpleasant; **Misshelligkeit** *sub, f, -, -en* disagreement
Mission, *sub, f, -, -en* mission; *(pol.)* delegation; *in der Mission tätig sein* to be a missionary; *Mission treiben* to do missionary work; **~ar** *sub, m, -s, -e* missionary; **~arin** *sub, f, -, -nen* missionary; **missionarisch** *adj,* missionary; *in der Mission tätig sein* to do missionary work; **missionieren** *vti,* proselytize; **~schef** *sub, m, -s, -s* leader of a delegation
Missklang, *sub, m, -s, -klänge* discord; *ein Missklang* a note of discord; **Misskredit** *sub, m, -s, nur Einz.* discredit; *in Misskredit geraten* to be discredited; *jmdn in Misskredit bringen* to bring sb into discredit; **misslaunig** *adj,* bad-tempered; **missleiten** *vt,* mislead; **Missleitung** *sub, f, -, -en* misleading; **misslich** *adj,* awkward, unfortunate; *das ist ja eine missliche Sache* that's a bit awkward; *es steht misslich um dieses Vorhaben* the outlook for the plan is not good; **Misslichkeit** *sub, f, -, -en* awkwardness, unfortunate nature; **missliebig** *adj,* unpopular; *missliebige Politiker* politicians who have fallen out of favour; *sich missliebig machen* to make oneself unpopular; **Missliebigkeit** *sub, f, -, nur Einz.* unpopularity; **misslingen** *vi,* be unsuccessful, fail; *der Versuch ist misslungen* the attempt was unsuccessful; *das ist ihm misslungen* he failed; *ihm misslingt alles* everything he does goes wrong
Misston, *sub, m, -s, -töne* discordant note; **misstönend** *adj,* discordant; **Misstrauen (1)** *sub, n, -s, nur Einz.* mistrust, suspiciousness **(2) misstrauen** *vi,* mistrust; *jmd Misstrauen entgegenbringen* to mistrust sb; **Misstrauensantrag** *sub, m, -s, -anträge* motion of no confidence; **Misstrauensvotum** *sub, n, -s, -ten* vote of no confidence; **misstrau-**

isch *adj,* mistrustful, suspicious; *Misstrauen gegen jmdn hegen* to be suspicious of sb; **missvergnügt** *adj, (geh.)* disgruntled; **Missverhältnis** *sub, n, -ses, -se* discrepancy; *(in Proportionen)* imbalance; *seine Leistung steht im Missverhältnis zu seiner Bezahlung* there is a discrepancy between the work he does and his salary; **missverständlich** *adj,* unclear; *missverständliche Ausdrücke* expressions which could be misleading; **Missverständnis** *sub, n, -ses, -se* misunderstanding; *(falsche Vorstellung)* misconception; **missverstehen** *vt,* misunderstand; *in nicht misszuverstehender Weise* unequivocally; *Sie dürfen mich nicht missverstehen* please do not misunderstand me; **Misswahl** *sub, f, -, -en* beauty contest; **Misswirtschaft** *sub, f, -, nur Einz.* mismanagement
Mist, *sub, m, -(e)s, nur Einz. (Pferde~, Kuh~)* dung; *(Tierkot)* droppings; *(Unsinn)* rubbish; *Mist fahren* to spread manure; *(ugs.) es ist nicht auf seinem Mist gewachsen* he didn't think that up himself; *(ugs.) da hat er Mist gebaut* he really messed that up; *(ugs.) Mist!* blast!; *(ugs.) so ein Mist!* what a blasted nuisance!
Mistel, *sub, f, -, -n* mistletoe; *ein Kuss unter dem Mistelzweig* a kiss under the mistletoe; **~zweig** *sub, m, -(e)s, -e* sprig of mistletoe
Mister, *sub, m, -s, - (Anrede)* Mister
Mistfink, *sub, m, -en, -en (ugs.; Kind)* mucky pup; *(ugs.; Schimpfwort)* filthy beggar; **Mistkäfer** *sub, m, -s, -* dung beetle; **Mistkerl** *sub, m, -s, -e (vulg.)* dirty swine
Mistral, *sub, m, -s, nur Einz.* mistral
Mistgabel, *sub, f, -, -n* pitchfork; **Miststück** *sub, n, -(e)s, -stücke (vulg.; Schimpfwort/Frau)* bitch;

(vulg.; Schimpfwort/Mann) bastard; **Mistvieh** *sub, n, -(e)s, nur Einz. (Frau)* bitch; *(Mann)* bastard **mit, (1)** *adv,* nur als Anwendung **(2)** *präp,* with; *(zeitlich)* at; *das gehört mit dazu* that´s part and parcel of it; *er ist mit der Beste der Gruppe* he is among the best in the group; *er wollte mit* he wanted to come too, *(ugs.) du mit Deinen dummen Ideen!* you and your stupid ideas!; *ein Musiker, Brahms mit Namen* a musician, Brahms by name; *ein Topf mit Suppe* a pot of soup; *mit Bleistift schreiben* to write in pencil; *mit der Bahn* by train; *mit einem Wort* in a word; *mit lauter Stimme* in a loud voice; *Wie wär´s mit einem Bier?* How about a beer?; *mit 16 Jahren* at the age of 16; *mit dem Glockenschlage sechs* at six on the dot; *mit der Zeit* in time; *mit einem Mal* all at once
mitarbeiten, *vi,* collaborate, cooperate; *beim Unterricht mitarbeiten* to take an active part in lessons; *(ugs.) seine Frau arbeitet mit* his wife works too; *an etwas mitarbeiten* to work on sth; *er hat beim Bau des Hauses mitgearbeitet* he helped build the house; **Mitarbeiter** *sub, m, -s, - (Betriebsangehöriger)* employee; *(Kollege)* colleague; **Mitautor** *sub, m, -s, -en* co-author; **Mitbegründer** *sub, m, -s, -* co-founder; **mitbekommen** *vt,* be given sth. (take with one); *(verstehen)* get; *hast du das noch nicht mitbekommen?* you mean you didn´t know that?; **mitbenutzen** *vt,* share; **Mitbenutzung** *sub, f, -, nur Einz.* joint use; **Mitbesitzer** *sub, m, -s, -* co-owner; **mitbestimmen** *vti,* have an influence (on); **Mitbestimmung** *sub, f, -, nur Einz.* co-determination, participation; *Mitbestimmung der Arbeiter* worker participation; **Mitbewerber** *sub, m, -s, -* competitor, fellow applicant; **Mitbewohner** *sub, m, -s, -* fellow occupant

mitbringen, *vt, (Begleiter)* bring along; *(beim Zurück-Kommen)* bring (back); *(Mitgift)* bring with one; *(Voraussetzungen)* have; *die richtige Einstellung mitbringen* to have the right attitude; *jmdn etwas mitbringen* to bring sth for sb; *jmdn etwas von der Stadt mitbringen* to bring sth back from town; *etwas in die Ehe mitbringen* to have sth when one gets married; *sie hat zwei Kinder aus der ersten Ehe mitgebracht* she has two children from her first marriage; **Mitbringsel** *sub, n, -s, -* souvenir; **Mitbürgerin** *sub, f, -, -nen* fellow citizen; *meine Münchner Mitbürgerinnen* my fellow citizens from Munich; **Miteigentum** *sub, n, -s, nur Einz.* co-ownership; **miteinander (1)** *adv,* together, with each other **(2) Miteinander** *sub, n, -s, nur Einz.* cooperation; *alle miteinander!* all together now!; *sie reden nicht mehr miteinander* they are not talking (to each other) any more; *wir haben lange miteinander geredet* we had a long talk, *ein Miteinander ist besser als ein Gegeneinander!* it is better to work with each other than against each other!; **Mitempfinden** *sub, n, -, nur Einz.* sympathy; **mitessen (1)** *vt, (Schale)* eat as well **(2)** *vti (Mahlzeit)* share; *bei jmdn mitessen* to have a meal with sb; *willst du nicht mitessen?* why don´t you have sth to eat too?; **Mitesser** *sub, m, -s, -* blackhead; **mitfahren** *vi,* go (with sb); *jmdn mitfahren lassen* to give sb a lift; *kann ich mitfahren?* can you give me a lift?; *wie viele Leute können bei dir mitfahren?* how many people can you take?; **Mitfahrerin** *sub, f, -, -nen* fellow passenger **mitfühlen, (1)** *vi,* sympathize (with) **(2)** *vt,* feel too; **~d** *adj,* compassionate; **mitgeben** *vt, (Person)* send along; *(Sache)* give; *das geb ich dir noch mit* take that with you; *jmd jmdn mitgeben* to send sb along with sb; *jmd etwas mitgeben* to give sb sth to take with them; **mitgefangen** *adj, (~, mitgehangen)* caught together; **Mitgefangener** *sub, m, -n, -n* fellow prisoner; **Mitgefühl** *sub, n, -s, nur Einz.* sympathy; **mitgehen** *vi,* go along; *(ugs.; ~ lassen)* pinch; *(Publikum)* respond (to); *ich gehe bis zur Ecke mit* I´ll go to the corner with you; *mit der Zeit gehen* to move with the times; *mit jmd mitgehen* to accompany sb; *man merkt wie die Zuhörer mitgehen* you can see that the audience is really with him; **mitgenommen** *adj,* exhausted; **Mitgift** *sub, f, -, -en* dowry; **Mitgiftjäger** *sub, m, -s, - (ugs.)* dowry-hunter; **Mitglied** *sub, m, -s, -er* member; **Mitgliedschaft** *sub, f, -, -en* membership **Mithelferin,** *sub, f, -, -nen* helper; **Mithilfe** *sub, f, -, nur Einz.* aid, assistance; *unter Mithilfe der Kollegen* with the aid of colleagues; *unter Mithilfe der Kollegen* with the assistance of colleagues; **mithin** *adv, (veraltet)* therefore; **mithören** *vti,* listen (too), overhear; **Mitinhaberin** *sub, f, -, -nen* co-owner; **Mitkämpferin** *sub, f, -, -nen* partner; *(Krieg)* comrade in arms; **Mitklägerin** *sub, f, -, -nen* joint plaintiff; **mitkommen** *vi, (auch kommen)* come along; *(mithalten)* keep up; *bis zum Bahnhof mitkommen* to come as far as the station; *ich kann nicht mitkommen* I can´t come; *kommst du mit ins Kino?* are you coming to the cinema?; *da komm´ ich nicht mit* that´s beyond me; *sie kommt in der Schule gut mit* she´s getting on well at school; **Mitläufer** *sub, m, -s, -* fellow traveller; **Mitläuferin** *sub, f, -, -nen* fellow traveller **Mitlaut,** *sub, m, -s, -te* consonant; **Mitleid** *sub, n, -s, nur Einz.* compassion, sympathy; **Mitleiden-**

schaft *sub, f, -, nur Einz. (in ~ ziehen)* affect; **mitleidslos** *adj,* heartless, pitiless; **mitleidsvoll** *adj,* sympathetic; **mitlesen** *vti,* read too; *etwas mit jmd mitlesen* to read sth at the same time as sb; **mitmachen** *vti, (einverstanden sein)* go along (with); *(erleben)* live through; *(teilnehmen)* join; *da kann ich nicht mitmachen* I can´t go along with that; *das mach´ ich nicht mehr mit* I´ve had quite enough of that; *ich mache das nicht mehr lange mit* I won´t take that much longer; *sie hat viel mitgemacht* she´s been through a lot in her time; *er macht alles mit* he always joins in; *jede Mode mitmachen* to follow every fashion; *meine Beine machen nicht mehr mit* my legs are giving up; **Mitmensch** *sub, m, -en, -en* fellow man; *wir müssen in jedem den Mitmenschen sehen* we must see people as neighbours; **Mitnahme** *sub, f, -, nur Einz.* taking away; **mitnehmen** *vt,* take (with one); *(erschöpfen)* exhaust; *(ugs.; stehlen)* walk off (with); *einmal Pommes frites zum Mitnehmen!* a bag of chips to take away! (brit), french fries to go! (US); *jmdn im Auto mitnehmen* to give sb a lift; *sie nimmt alles mit, was sich bietet* she makes the most of everything life has to offer; *mitgenommen aussehen* to look the worse for wear; **mitnichten** *adv, (veraltet)* by no means, not at all **Mitose,** *sub, f, -, -n* mitosis **Mitpatientin,** *sub, f, -, -nen* fellow patient **Mitra,** *sub, f, -, Mitren (relig.)* mitre **mitreden, (1)** *vi,* join in **(2)** *vti,* have a say; *da kann er nicht mitreden* he wouldn´t know anything about that; *da kann ich mitreden* I should know, *(ugs.)* *da möchte ich auch ein Wörtchen* *mitreden* I´d like to have some say in this too; *Sie haben hier nichts mitzureden!* this is none of your concern!; *(ugs.) sie will überall mitreden* she always has to have her say; **Mitreisende** *sub, m, -n, -n* fellow traveller; **mitreißend** *adj, (Rede)* rousing; *(Rhythmus)* infectious; **mitschleifen** *vt, (ugs.)* drag along; **mitschleppen** *vt,* drag along; **mitschneiden** *vt,* record; **mitschreiben** *vt,* take down, take notes; *nicht so schnell, ich kann nicht mehr mitschreiben!* not so fast, I can´t keep up!; **Mitschuldige** *sub, m/f, -n, -n* accomplice; **Mitschüler** *sub, m, -s, -* class-mate; **Mitschülerin** *sub, f, -, -nen* class-mate; **mitschwingen** *vi,* resonate; *in seiner Stimme schwang ein Ton von Enttäuschung mit* there was a note of disappointment in his voice; *was bei diesem Wort mitschwingt* the associations conjured up by this word; **Mitspieler** *sub, f, -, -nen (theat.)* member of the cast; **Mitspielerin** *sub, f, -, -nen* player; **mitsprechen** *vi,* join in; *(mitbestimmen)* have a say; *da kann er nicht mitsprechen* he wouldn´t know anything about that; *da kann ich mitsprechen* I should know; *er will überall mitsprechen* he always has to have his say; *Sie haben hier nichts mitzusprechen* this is none of your concern!; **Mitstreiter** *sub, m, -s, - (geh.)* comrade in arms

mitschuldig, *adj, (Unfall)* partly responsible; *(Verbrechen)* implicated **Mittag,** *sub, m, -s, -e* midday, noon; *(~spause)* lunch-break; *etwas zu Mittag essen* to have sth for lunch; *gegen Mittag* around midday; *sie macht gerade Mittag* she´s (off) at lunch; **~essen** *sub, n, -s, -* lunch; *er kam zum Mittagessen* he came to lunch; **mittags** *adv,* at lunchtime; *die Deutschen essen mittags warm* the Germans have a hot meal at midday; *zwölf Uhr mittags* at twel-

-e noon; **~sbrot** *sub, n, -s, nur Einz.* lunch; **~shitze** *sub, f, -, nur Einz.* midday heat; **~slinie** *sub, f, - -n* meridian; **~smahl** *sub, n, -(e)s, -mähler* midday meal; **~spause** *sub, f, -, -n* lunch-break; *Mittagspause machen* to take one´s lunch-break; **~ssonne** *sub, f, -, nur Einz.* midday sun; **~stisch** *sub, m, -s, -e* dinnertable; *am Mittagstisch sitzen* to be sitting at the table having lunch; *den Mittagstisch decken* to lay the table for lunch; **~szeit** *sub, f, -, nur Einz.* lunchtime; *in der Mittagszeit* at lunchtime; *um die Mittagszeit* around midday **Mittäter,** *sub, m, -s, -* accomplice **Mitte,** *sub, f, -, -n* middle; *(Kreis, Stadt, Politik)* centre; *ab durch die Mitte!* hop it!; *das Reich der Mitte* the Middle Kingdom; *die goldene Mitte* the golden mean; *er ist Mitte vierzig* he is in his mid-fourties; *Mitte August* in the middle of August; *einer aus unserer Mitte* one of us; *er wurde aus unserer Mitte gerissen* he was taken from our midst; *(polit.) in der Mitte stehen* to be moderate; *in unserer Mitte* among(st) us **mitteilen, (1)** *vr,* communicate **(2)** *vt,* inform, tell; *er kann sich gut mitteilen* he finds it easy to communicate, *wir erlauben uns, ihnen mitzuteilen, daß* we beg to inform you that; *teil ihm die Nachricht schonened mit* break the news to him gently; **Mitteilung** *sub, f, -, -en* announcement; *(an Mitarbeiter)* memo; *(Erklärung)* statement; *(von Korrespondenten)* report; *eine Mitteilung bekommen, dass* to hear that; *jmd Mitteilung machen* to report sth to sb; **Mitteilungsbedürfnis** *sub, n, -ses, nur Einz.* need to talk to other people **Mittel,** *sub, n, -s, - (~ zum Zweck)* means, method; *(Geld~)* resources; *(math.)* average; *(med.)* medicine; *(Putz~)* cleaning agent; *(Verkehrskontrolle)* device; *der Zweck heiligt die Mittel* the end justifies the means; *ihm ist jedes Mittel recht* he will do anything; *Mittel und Wege finden* to find ways and means; *Mittel zum Zweck* a means to an end; *er ist in der Wahl seiner Mittel nicht zimperlich* he is not fussy about what methods he chooses; *zu anderen Mitteln greifen* to employ other methods; *arithmetisches Mittel* arithmetical mean; *im Mittel* on average; *das ist ein Mittel gegen meinen Durchfall* that is for my diarrhoea; *ein Mittel zum Einreiben* an ointment to be rubbed in; *es gibt kein Mittel gegen Schnupfen* there is no cure for the common cold; *Mittel zum Putzen* cleaning stuff; *sie hat mit allen Mitteln gekämpft* she fought tooth and nail; **~alter** *sub, n, -s, nur Einz.* Middle Ages; *(ugs.) da herschen Zustände wie im Mittelalter!* it is positively medieval there!; **mittelalterlich** *adj*, medieval; **~europa** *sub, n, -s, nur Einz.* Central Europe; **~finger** *sub, m, -s, -* middle finger; **~gewicht** *sub, n, -(e)s, nur Einz.* middle weight; *Meister im Mittelgewicht* middle weight champion; **~glied** *sub, n, -(e)s, -er* connecting link; **~hand** *sub, f, -, -hände (anat.)* metacarpus; *(zool.)* barrel; **~klasse** *sub, f, -, -n (soziol.)* middle classes; *f, -, nur Einz. (wirt.)* middle of the market; *ein Wagen der Mittelklasse* a midrange car; **~kreis** *sub, m, -es, -e (spo.)* centre circle; **~läufer** *sub, m, -s, -* centre-half; **~linie** *sub, f, -, -n* centre line; **mittellos** *adj*, without means; **mittelmäßig** *adj*, mediocre; *als Redner gibt er eine recht mittelmäßige Figur ab* he´s a pretty mediocre speaker **Mittelmeer,** *sub, n, -(e)s, nur Einz.* Mediterranean (Sea); **Mittelpunkt** *sub, m, -(e)s, -e* centre; *(visuell)* focal point; *er muss immer im Mittelpunkt stehen* he always has to be the centre of attention; **mittels** *präp*, by means of; **Mittelscheitel** *sub, m, -s, -* centre part(ing); **Mittelschiff** *sub, n, -s, -e (archit.)* nave; **Mittelschule** *sub, f, -, -n (=Realschule)* secondary modern school; **Mittelschullehrer** *sub, m, -s, -* teacher at a secondary high school; **mittelschwer** *adj, (Text)* of medium difficulty; *(Verletzung)* moderately severe; **Mittelsmann** *sub, m, -es, -männer* intermediary; **Mittelstand** *sub, m, -(e)s, -stände* middle classes; **Mittelstellung** *sub, f, -, -en* intermediate position; **Mittelstimme** *sub, f, -, -n (mus.)* middle part; **Mittelstrekke** *sub, f, -, -en (Rakete)* medium range; *(spo.)* middle-distance event; **Mittelstreckenrakete** *sub, f, -, -n* medium range missile; **Mittelstück** *sub, n, -s, -e* middle part; **Mittelstufe** *sub, f, -, -n (Brit.)* middle school; *(US)* junior high; **Mittelstürmer** *sub, m, -s, - (spo.)* centre-forward; **Mittelwelle** *sub, f, -, nur Einz.* medium wave (band); *auf Mittelwelle senden* to broadcast on the medium wave band; **Mittelwert** *sub, m, -s, -e* mean

mitten, *adv*, in the middle of; *der Teller brach mitten entzwei* the plate broke clean in two; *mitten an/in/auf/bei etwas* (right) in the middle of sth; *mitten im Atlantik* in mid-Atlantic; *mitten ins Gesicht* right in the face; **~drin** *adv*, in the middle of it; *mittendrin in der Arbeit* (right) in the middle of one´s work; **~durch** *adv*, through the middle; **Mitternacht** *sub, f, -, Mitternächte* midnight; **mitternachts** *adv*, at the midnight hour; **Mitternachtssonne** *sub, f, -, nur Einz.* midnight sun

mittig, *adj*, middle

Mittler, *sub, m, -s, -* mediator;

~rolle *sub, f, -, -n* mediatory position; **mittlerweile** *adv*, in the meantime

mittschiffs, *adv, (naut.)* midships; **mittsommers** *adv*, in midsummer; **mittwinters** *adv*, in midwinter; **Mittwoch** *sub, m, -s, -e* Wednesday; **mittwochs** *adv*, on Wednesdays **mitunter,** *adv*, from time to time, now and again, once in a while **mitverdienen,** *vi*, earn as well; **Mitverfasser** *sub, m, -s,* - co-author; **mitwirken** *vi*, play a part; *(beteiligt)* be involved; *(Fakten, Faktoren)* contribute; *(mitspielen)* take part; *ohne das Mitwirken meiner Frau* without my wife´s involvement; **Mitwirkende** *sub, m, -n, -n* participant; *(Mitspieler)* performer; *die Mitwirkenden* the cast; **Mitwisser** *sub, m, -s,* - accessory; *er wollte nicht so viele Mitwisser haben* he didn´t want so many people to know about it; *Mitwisser sein* to know about it; **Mitwisserin** *sub, f, -, -nen* accessory; *Mitwisserin sein* to know about it

Mix, *sub, m, -, -es* mixture; **~edpickles** *sub, f, -, nur Mehrz.* mixed pickles; **mixen** *vt*, mix; **~er** *sub, m, -s,* - *(Bar~)* cocktail waiter; *(Rührmaschine)* mixer; **~tur** *sub, f, -, -en* mixture

Mnemotechnik, *sub, f, -, nur Einz.* mnemotechnics

Möbel, *sub, n, nur Mehrz.* furniture; *Möbelrücken* to shift the furniture; **~händler** *sub, m, -s,* - furniture dealer; **~packer** *sub, m, -s,* - furniture packer; **~politur** *sub, f, -, -en* furniture polish

mobil, *adj*, mobile; *(munter)* lively; *(Vermögen)* movable; *(mil.) mobil machen* to mobilize; *jmdn mobil machen* to liven sb up; *mobiles Vermögen* movables; **Mobile** *sub, n, -s, -s* mobile; **Mobiliar** *sub, n, -s, nur Einz.* furnishings; **Mobilisation** *sub, f, -, -en* mobilization; **~isieren** *vt, (Kapital)* make liquid; *(mil.)* mobilize; *den Mop mobilisieren* to

use the mop; **Mobilität** *sub, f, -, nur Einz.* mobility; *(geistige)* agility; **Mobilmachung** *sub, f, -, -en (mil.)* mobilization; **Mobiltelefon** *sub, n, -s, -e* portable phone **möblieren,** *vt*, furnish; **möbliert** *adj*, furnished; *ein möblierter Herr* a lodger; *ein möbliertes Zimmer* a furnished room **modal,** *adj, (gramm.)* modal; **Modalität** *sub, f, -, -en (meist Mehrz.)* procedure; *(Plan, Vertrag)* arrangement; **Modalsatz** *sub, m, -es, -sätze* clause of manner; **Modalverb** *sub, n, -s, -en* modal verb

Moder, *sub, m, -s, nur Einz.* mud **Mode,** *sub, f, -, -n* fashion; *(Sitte)* custom; *aus der Mode kommen* to go out of fashion; *das ist jetzt Mode* that´s the latest fashion; *aus der Mode* out of date; *(ugs.) wir wollen keine neuen Moden einführen* we don´t want any new ideas; **~artikel** *sub, m, -s,* - fashion accessory; *(in Zeitung)* fashion article; **~ausdruck** *sub, m, -s, -drücke* in-phrase; **modebewusst** *adj*, fashion-conscious; **~designer** *sub, m, -s,* - fashion designer; **~geschäft** *sub, n, -s, -e* fashion shop; **~heft** *sub, n, -s, -e* fashion magazine; **~journal** *sub, n, -s, -e* fashion magazine

Model, *sub, n, -s, -s (Foto~)* model; **~l** *sub, n, -s, -e* model; *jmd Modell stehen* to sit for sb; *Modell stehen* to be the model for sth; **~lbauer** *sub, m, -s,* - model-maker; **~leisenbahn** *sub, f, -, -en* model railway; **modellieren** *vti*, model; **~lierer** *sub, m, -s,* - modeller; **~lierung** *sub, f, -, -en* modeling; **~lkleid** *sub, n, -s, -er* model dress; **~lpuppe** *sub, f, -, -n* model type; **~lschutz** *sub, m, -es, nur Einz.* protection of patterns and designs; **~lversuch** *sub, m, -s, -e* experiment; **modeln** *vt*, model

Modem, *sub, n, -s, -s* modem

Modepüppchen, *sub, n, -s,* - model type
Moder, *sub, m, -s, nur Einz.* mustiness; *(Verwesung)* decay; *es riecht nach Moder* it smells musty; *in Moder übergeben* to decay
moderat, *adj*, moderate; **Moderation** *sub, f, -, -en* presentation; *die Moderation heute abend hat* tonight´s presentor is; **Moderator** *sub, m, -s, -en* presenter; **Moderatorin** *sub, f, -, -nen* presenter; **Modergeruch** *sub, m, -s, -gerüche* musty odour; **moderieren** *vti*, present
modern, (1) *adj*, modern (2) *vi*, rot, up-to-date; *(Ansichten, Eltern)* progressive; *der moderne Mensch* modern man, *modern werden* to come into fashion; *modern sein* to be fashionable; **Moderne** *sub, f, -, nur Einz.* modern age; *das Zeitalter der Moderne* the modern age; **~isieren** *vt*, bring up date, modernize; **Modernismus** *sub, m, -, nur Einz.* modernism; **Modernität** *sub, f, -, nur Einz. (geb.)* modernity
Modeschmuck, *sub, m, -s, nur Einz.* costume jewellery; **Modeschöpfer** *sub, m, -s,* - fashion designer; **Modetanz** *sub, m, -es, -tänze* popular dance; **Modetorheit** *sub, f, -, -en* fashion fad; **Modewelt** *sub, f, -, nur Einz.* world of fashion; **Modewort** *sub, n, -(e)s, -e* in-word; **Modezeichner** *sub, m, -s,* - fashion illustrator
Modifikation, *sub, f, -, -en* modification; **modifizieren** *vt*, modify
modisch, *adj*, fashionable
Modistin, *sub, f, -, -nen* milliner
Modus, *sub, m, -, Modi (comp.)* mode; *(gramm.)* mood; *Modus Vivendi* modus vivendi
mogeln, *vi*, cheat; *beim Kartenspiel mogeln* to cheat at cards; **Mogelpackung** *sub, f, -, -en* misleading packaging; *(i. ü. S.) den Wählern ein Mogelpackung verkaufen* to sell the electorate false promises
mögen, *vti*, like, want; *(Vermutung)* may; *das möcht´ ich auch wissen* I´d like to know that too; *hier möchte ich nicht wohnen* I wouldn´t like to live here; *ich mag nicht mehr* I´ve had enough; *möchten sie eine Tasse Tee?* would you care for a cup of tea?; *was möchten sie, bitte?* what would you like?; *ich möchte gerne nach hause* I want to go home; *ich möchte lieber gehen* I would rather leave; *jmd nicht mögen* conceive a dislike for sb; *sagen Sie ihm, er möchte zu mir kommen* would you tell him to come and see me; *sie möchten zuhause anrufen* you should call home; *(geb.) er mah wohl recht haben, aber* he may well be right, but; *mag kommen, was da will* come what may; *(geb.) möge die Macht mit dir sein!* may the force be with you!; *was mag das wohl heißen?* what might that mean?
Mogler, *sub, m, -s,* - cheat
möglich, *adj*, possible; *(ausführbar)* feasible; *(eventuell)* potential; *alles mögliche* everything you can think of; *aus allen möglichen Richtungen* from all directions; *ist denn sowas möglich?* would you credit it?; *wenn es irgend möglich ist* if at all possible; *er tat sein Möchlichstes* he did his utmost; **~erweise** *adv*, possibly; *da liegt möglicherweise ein Missverständnis vor* there is possibly a misunderstanding; *möglicherweise kommt er morgen* he may come tomorrow; **Möglichkeit** *sub, f, -, -en* possibility; *(Ausführbarkeit)* feasibility; *(Aussicht)* chance; *(Gelegenheit)* opportunity; *er hatte keine andere Möglichkeit* he had no other choice; *ist denn das die Möglichkeit?* I don´t believe it; *die Möglichkeit haben, etwas zu tun* to have the chance of doing sth
Mogul, *sub, m, -s, -n (hist.)* mogul
Mohair, *sub, m, -s, -e (tex.)* mohair

Mohammedaner, *sub, m, -s,* - Mohammedan

Mohn, *sub, m, -s, -e* poppy; **~brötchen** *sub, n, -s,* - poppy-seed roll; **~zopf** *sub, m, -es, -zöpfe* poppyseed plait

Mohr, *sub, m, -en, -en (veraltet)* moor; *der Mohr hat seine Schuldigkeit getan, der Mohr kann gehen* as soon as you've served your purpose they've no further interest in you; *der Mohr von Venedig* the Moor of Venice; *schwarz wie ein Mohr* brown as a berry

Möhre, *sub, f, -, -n* carrot; **Mohrenkopf** *sub, m, -s, -köpfe* small chocolate-covered   cream-cake; **Mohrrübe** *sub, f, -, -n* carrot

Moiré, *sub, n oder m, -s, -s (tex.)* moiré

mokant, *adj, (geh.)* sardonic

Mokassin, *sub, m, -s, -s* moccasin

Mokick, *sub, n, -s, -s* moped with a kick-starter

mokieren, *vr,* sneer

Mol, *sub, n, -s,* - *(chem.)* mol(e)

Molch, *sub, m, -(e)s, -e* salamander

Molekül, *sub, n, -s, -e* molecule; **molekular** *adj,* molecular; **Molekulargewicht** *sub, n, -s, nur Einz.* molecular weight

molestieren, *vt, (geh.)* molest

Molke, *sub, f, -, nur Einz.* whey; **~rei** *sub, f, -, -en* dairy

Moll, *sub, n, -, -* minor; *alles in Moll sehen* to see only the gloomy side of things; *C-Moll-Tonleiter* scale of C minor; **mollig** *adj, (ugs.; behaglich)* cosy; *(ugs.; rundlich)* plump

Molluske, *sub, f, -, -n* mollusc

Moloch, *sub, m, -s, -e* moloch

Molotowcocktail, *sub, m, -s, -s* Molotov cocktail

Molton, *sub, m, -s, -s (tex.)* molleton

Molybdän, *sub, n, -s, nur Einz.* molybdenum

Moment, *sub, m, -s, -e (Augenblick)* moment; *n, -s, -e (Faktor)* factor; *m, -s, -e (phys.)* momentum; **momentan (1)** *adj,* present; *(vorübergehend)* momentary **(2)** *adv,*

augenblicklich) at the moment; *vorübergehend)* for the moment

Monade, *sub, f, -, nur Einz. (phi-los.)* monad

Monarch, *sub, m, -en, -en* monarch; **~ie** *sub, f, -, -n* monarchy; **monarchisch** *adj,* monarchic(al); **~ismus** *sub, m, -, nur Einz.* monarchism; **~ist** *sub, m, -en, -en* monarchist; **monarchistisch** *adj,* monarchistic

Monasterium, *sub, n, -s, -rien* monastery

Monat, *sub, m, -s, -te* month; *auf Monate hinaus* months ahead; *jmdn zu drei Monaten Haft verurteilen* to sentence sb to three months imprisonment; *sie ist im dritten Monat schwanger* she's over two months pregnant; **monatlich** *adj,* monthly; *monatlich stattfinden* to take place every month; **~sanfang** *sub, m, -s, -anfänge* beginning of the month; **~sbinde** *sub, f, -, -n* sanitary towel; **~serste** *sub, m, -n, -n* first (day) of month; **~sfrist** *sub, f, -, nur Einz. (binnen ~)* within a month; **~sgehalt** *sub, n, -s, -hälte* monthly salary; *ein Monatsgehalt* one month's salary; **~shälfte** *sub, f, -, -n* half of the month; **~skarte** *sub, f, -, -n* monthly season ticket; **~sletzte** *sub, m, -n, -n* last day of the month; **monatsweise** *adv/adj,* monthly

Mond, *sub, m, -es, -e* moon; *(veraltet; Monat auch)* month; *deine Uhr geht nach dem Mond* your watch is way out; *(i. ü. S.)* den *Mond anbellen* to bay at the moon; *hinter dem Mond leben* to live behind the times

mondän, *adj,* chic

Mondaufgang, *sub, m, -s, -gänge* moonrise; **Mondbahn** *sub, f, -, nur Einz.* moon's orbit; *(astr.)* lunar orbit; **Mondenschein** *sub, m, -, nur Einz. (poet.)* moonshine; **Mondesglanz** *sub, m, -es, nur*

Einz. moonshine; **Mondfähre** *sub, f, -, -n* lunar (excursion) module; **Mondfinsternis** *sub, f, -, -se* lunar eclipse; **Mondflug** *sub, m, -(e)s, -flüge* flight to the moon; **Mondjahr** *sub, n, -s, -e* lunar year; **Mondkalb** *sub, n, -s, -kälber (Dummkopf)* mooncalf; **Mondlandung** *sub, f, -, -en* moon landing; **Mondsichel** *sub, f, -, -n (poet.)* crescent moon; **Mondsonde** *sub, f, -, -n* lunar probe; **Mondsucht** *sub, f, -, nur Einz.* sleepwalking; *(geh.)* somnambulism; **mondsüchtig sein** *vi,* sleepwalk; **Mondwechsel** *sub, m, -s, -* lunation
monetär, *adj,* monetary
Moneten, *sub, f, nur Mehrz. (ugs.)* dough; *Moneten machen* to make some dough
Mongole, *sub, m, -n, -n* Mongol(ian); **Mongolismus** *sub, m, -, nur Einz. (med.)* mongolism; **mongoloid** *adj,* mongoloid
monieren, *vti,* complain (about); *sie monierte, dass* she complained that
Monitor, *sub, m, -s, -e* monitor
monochrom, *adj,* monochrome; **monogam** *adj,* monogamous; **Monogamie** *sub, f, -, nur Einz.* monogamy; **monogamisch** *adj,* monogamous; **Monografie** *sub, f, -, -n* monograph; **monografisch** *adj,* monographic; **Monogramm** *sub, n, -s, -e* monogram; **monokausal** *adj,* monocausal; *ein Problem monokausal sehen* to attribute a problem to a single cause
Monokel, *sub, n, -s, -* monocle
monokular, *adj,* monocular
Monokultur, *sub, f, -, -en (agr.)* monoculture
Monolith, *sub, m, -en, -e(n)* monolith; **monolithisch** *adj,* monolithic
Monolog, *sub, m, -s, -e* monologue; *(i. ü. S.)* einen *Monolog halten* to talk on and on; *einen Monolog sprechen* to give a soliloquy; **monologisch** *adj,* monologic(al); **monologisieren** *vi,* hold a mono-

logue
Monomane, *sub, m, -n, -n* monomaniac
Monomanie, *sub, f, -, -n* monomania; *(i. ü. S.)* obsession; **monomanisch** *adj,* monomanic
Monophthong, *sub, m, -s, -e* monophthong
Monopol, *sub, n, -s, -e* monopoly; **monopolisieren** *vt,* monopolize; **~isierung** *sub, f, -, -en* monopolization; **~ist** *sub, m, -en, -en* monopolist; **monopolistisch** *adj,* monopolistic
Monostichon, *sub, n, -s, -cha* monostich; **Monotheismus** *sub, m, -, nur Einz.* monotheism; **monotheistisch** *adj,* monotheistic
monoton, *adj,* monotonous; **Monotonie** *sub, f, -, nur Einz.* monotony
monovalent, *adj,* monovalent
Monözie, *sub, f, -, nur Einz. (biol.)* monoecism
Monster, *sub, n, -s, -* monster; *(ugs.)* hulking great piece of furniture; *(Missbildung)* monstrosity; **~a** *sub, f, -, -ren (bot.)* monstera; **~film** *sub, m, -s, -e* mammoth (film) production; **~schau** *sub, f, -, -en* gigantic show; **Monstranz** *sub, f, -, -en (kirchl.)* monstrance; **monströs** *adj,* monstrous; *(riesig)* monster; **Monstrosität** *sub, f, -, nur Einz.* monstrosity; **Monstrum** *sub, m, -s, Monstren oder Monstra* monster; *(ugs.)* hulking great piece of furniture; *(Missbildung)* monstrosity
Monsun, *sub, m, -s, -e* monsoon; **~regen** *sub, m, -s, nur Einz.* monsoon rain
Montag, *sub, m, -s, -e* Monday
Montage, *sub, f, -, -n (Aufstellung)* installation; *(von Gerüst)* erection; *(Zusammenbau)* assembly; *auf Montage sein* to be away on a job; **~band** *sub, n, -es, -bänder* assembly line; **~halle** *sub, f, -, -n* assembly shop; **~zeit** *sub, f, -, -en*

assembly time

montags, *adv,* on Mondays; **Montagsauto** *sub, n, -s, -s* problem car
montan, *adj,* montane
Montangesellschaft, *sub, f, -, -en* coal and steel company; **Montanindustrie** *sub, f, -, -n* coal and steel industry
Monteur, *sub, m, -s, -e (Auto~)* mechanic; *(Heizungs~)* engineer; *(tech.)* fitter; **montieren** *vt, (befestigen)* fit; *(künstl.)* create a montage from; *(tech.)* install; *(zusammenbauen)* assemble; **Montur** *sub, f, -, -en* gear
Monument, *sub, n, -s, -e* monument; **monumental** *adj,* monumental; **~alität** *sub, f, -, nur Einz.* monumentality
Moor, *sub, n, -(e)s, -e* bog; *(Hoch~)* moor; **~bad** *sub, n, -s, -bäder* mudbath; **~huhn** *sub, n, -s, -hühner* grouse; **moorig** *adj,* boggy; **~kolonie** *sub, f, -, -n* fen community; **~packung** *sub, f, -, -en* mudpack; **~siedlung** *sub, f, -, -en* fen community
Moped, *sub, n, -s, -s* moped; **~fahrer** *sub, m, -s, -* moped rider
Mops, *sub, m, -es, Möpse (vulg.; Brüste)* tits; *(ugs.; Dickwanst)* rolypoly; *(Hund)* pug (dog); **mopsen** *vt, (ugs.)* pinch
Mora, *sub, f, -, Moren* mora
Moral, *sub, f, -, nur Einz. (gesellschaftlich)* morality; *(Lehre)* moral; *(Sittlichkeit)* morals; *(Soldaten)* morale; *die bürgerliche Moral* bourgeois morality; *die Moral von der Geschicht'* the moral of the story; *eine doppelte Moral* double standards; *eine hohe Moral haben* to have high moral standards; *Moral predigen* to moralize; *die Moral sinkt* the morale is falling; **~begriff** *sub, m, -s, -e* moral code
Moralin, *sub, n, -s, nur Einz.* priggishness; **moralinsauer** *adj,* priggish
moralisch, *adj,* moral; *das war eine moralische Ohrfeige!* that was one in the eye!; *seinen Moralischen*

habe to be down in the dumps; **moralisieren** *vi,* moralize; **Moralismus** *sub, m, -, nur Einz.* morality; **Moralist** *sub, m, -en, -en* moralist; **moralistisch** *adj,* moralistic; **Moralität** *sub, f, -, nur Einz.* morality; **Moralpredigt** *sub, f, -, -en* homily, sermon; *Moralpredigten halten* to moralize; *jmd eine Moralpredigt halten* to give sb a sermon
Moräne, *sub, f, -, -n (geol.)* moraine
Morast, *sub, m, -(e)s, -e und Moräste* quagmire; *(Sumpf auch)* morass
Moratorium, *sub, n, -s, -rien* moratorium
morbid, *adj,* morbid; *(i. ü. S.)* degenerate; **Morbidität** *sub, f, -, nur Einz.* morbidity; *(i. ü. S.)* degeneracy
Morchel, *sub, f, -, -n (bot.)* morel
Mord, *sub, m, -es, -e* homicide, murder; *von Mord und Totschlag handeln* to be full of violence; *auf Mord sinnen* do devise murderous schemes; *dann gibt es Mord und Totschlag* there'll be hell to pay; *das ist ja Mord!* it's (sheer) murder!; **~anklage** *sub, f, -n, -n* murder charge; *Mordanklage erheben* to lay a murder charge; *unter Mordanklage stehen* to be on a murder charge; **~anschlag** *sub, m, -s, -schläge* assassination; *(erfolglos)* assassination attempt; **mordbegierig** *adj,* bloodthirsty; **~bube** *sub, m, -n, -n* murderer; **~drohung** *sub, f, -, -en* murder threat; **morden** *vti,* kill, murder, slay; *das sinnlose Morden* senseless killing; **Mörder** *sub, m, -s, -* killer, murderer; **mörderisch (1)** *adj,* *(Konkurrenzkampf)* cutthroat; *(schrecklich)* dreadful, murderous; *(Tempo)* breakneck **(2)** *adv, (schrecklich)* dreadfully; *mörderisch fluchen* to curse like blazes; *mörderisch schreien* to yell blue murder; **~fall** *sub, m,*

-(e)s, -fälle murder; *der Mordfall Reithmeier* the Reithmeier murder; **~gier** *sub, f, -, nur Einz. (geh.)* desire to kill; **Mordinstrument**, *sub, n, -s, -e* murder weapon; **Mordlust** *sub, f, -, nur Einz.* desire to kill; **Mordprozess** *sub, m, -es, -e* murder trial; **Mordsarbeit** *sub, f, -, nur Einz.* man-sized job; **Mordsdurst** *sub, m, -(e)s, nur Einz. (ugs.)* incredible thirst; **Mordshitze** *sub, f, -, nur Einz.* incredible heat; **Mordshunger** *sub, m, -s, nur Einz.* incredible hunger; **Mordskerl** *sub, m, -s, -e (ugs.; starker Mann)* enormous guy; *(ugs.; verwegener Mensch)* hell of a guy; **Mordsschreck** *sub, m, -s, nur Einz.* terrible fright; **Mordsspaß** *sub, m, -es, nur Einz.* incredible fun; **Mordswut** *sub, f, -, nur Einz.* terrible rage; *eine Mordswut im Bauch haben* to be in a hell of a temper; **Mordtat** *sub, f, -, -en (poet.)* murderous deed; **Mordverdacht** *sub, m, -s, nur Einz.* suspicion of murder; *unter Mordverdacht stehen* to be suspected of murder; **Mordversuch** *sub, m, -s, -e* murder attempt; **Mordwaffe** *sub, f, -, -n* murder weapon

Mores, *sub, nur Mehrz.* manners; *jmdn Mores lehren* to teach sb some manners

morganatisch, *adj,* morganatic

morgen, (1) *adv,* tomorrow; *(gestern ~)* yesterday morning **(2) Morgen** *sub, m, -s, - (Maßeinheit)* acre; *(Tagesanfang)* morning; *m, -s, nur Einz. (Zukunft)* dawn; *bis morgen* see you tomorrow; *die Technik von morgen* the technology of tomorrow; *hast du morgen Zeit?* are you free tomorrow?; *morgen in acht Tagen* a week (from) tomorrow; *morgen ist auch noch ein Tag* there´s always tomorrow; *morgen mittag* tomorrow lunchtime; *morgen, morgen, nur nicht heute, sagen alle faulen Leute* tomorrow never comes, *drei Morgen*

Land three acres of land; *am Morgen* in the morning; *bis in den Morgen* into the wee small hours; *eines Morgens* one morning; *Guten Morgen sagen* to say good morning; *der Morgen einer neuen Zeit* the dawn of a new age; *der Morgen graut* dawn is breaking; *es wird Morgen* day´s breaking; *frisch wie der junge Morgen* fresh as a daisy; **Morgendämmerung** *sub, f, -, nur Einz.* dawn; *die Morgendämmerung bricht an* dawn is breaking; **~dlich** *adj,* morning; *morgendlich frisch aussehen* to look as fresh as a daisy; **~frisch** *adj,* morning; **Morgenfrühe** *sub, f, -, nur Einz.* early morning; *in aller Morgenfrühe* at break of dawn; **Morgengrauen** *sub, n, -s, nur Einz.* dawn; **Morgenland** *sub, m, -(e)s, nur Einz.* East, Orient; *die Weisen aus dem Morgenland* the Three Wise Men from the East; **Morgenländer** *sub, m, -s, -* Oriental; **Morgenlicht** *sub, n, -s, nur Einz.* early morning light; **Morgenmantel** *sub, m, -s, -mäntel* dressing-gown; **Morgenmuffel** *sub, m, -s, - (ein ~ sein)* be terribly grumpy in the morning; **Morgennebel** *sub, m, -s, nur Einz.* early morning mist; **Morgenrock** *sub, m, -s, -röcke* dressing-gown; **Morgenrot** *sub, n, -s, nur Einz.* sunrise; *Morgenrot, Schlechtwetterbot´* red sky in the morning, shepherd´s warning; **~s** *adv,* in the morning; *um drei Uhr morgens* at three in the morning; *von morgens bis abends* from morning to night; **Morgensonne** *sub, f, -, nur Einz.* morning sun; *Morgensonne haben* to catch the morning sun; **Morgenstern** *sub, m, -s, nur Einz.* morning star; *m, -s, -e (Waffe)* flail; **Morgenstunde** *sub, f, -, -n* morning hour; *bis in die frühen Morgenstunden* into the early hours; *Morgen-*

stund hat Gold im Mund the early bird catches the worm

Morphem, *sub, n, -s, -e* morpheme

Morphin, *sub, n, -s, nur Einz.* morphine; **~ismus** *sub, m, -, nur Einz.* morphine addiction; **Morphium** *sub, n, -s, nur Einz.* morphine

Morphogenese, *sub, f, -, nur Einz. (biol.)* morphogenesis; **Morphologie** *sub, f, -, nur Einz.* morphology; **morphologisch** *adj,* morphlogical

morsch, *adj,* rotten; *(Gebäude)* ramshackle

Morsealphabet, *sub, n, -s, nur Einz.* Morse (code)

Mörser, *sub, m, -s, -* mortar; *etwas im Mörser zerstoßen* to crush sth with a pestle and mortar

Morsezeichen, *sub, n, -s, -* Morse signal

Mortalität, *sub, f, -, nur Einz.* mortality rate

Mörtel, *sub, m, -s, -* mortar; **~kelle** *sub, f, -, -n* bricklayer´s trowel; **~pfanne** *sub, f, -, -n* mortar bed

Morula, *sub, f, -, nur Einz.* morula

Mosaik, *sub, n, -s, -e(n)* mosaic; **~arbeit** *sub, f, -, -en* mosaic work; **mosaikartig** *adj,* tessellated; **~stein** *sub, m, -s, -e* tessera; **mosaisch** *adj,* Mosaic

Moschee, *sub, f, -, -n* mosque

Moschus, *sub, m, -, nur Einz.* musk; **moschusartig** *adj,* musk-like

Möse, *sub, f, -, -n (vulg.)* cunt

Mosel, *sub, f, -, nur Einz.* Moselle

mosern, *vi, (ugs.)* belly-ache, gripe; *er hat immer was zu mosern* he always has sth to belly-ache about; *er hat immer was zu mosern* he always has sth to gripe about

Moslem, *sub, m, -s, -s* Moslem; **Moslime** *sub, f, -, -n* Moslem

Most, *sub, m, -s, nur Einz. (Apfel~)* cidre; *(für Wein)* must

Mostrich, *sub, m, -s, nur Einz.* mustard

Motel, *sub, n, -s, -s* motel

Motette, *sub, f, -, -n* motet; **~nstil** *sub, m, -s, nur Einz.* motet style

Motilität, *sub, f, -, nur Einz.* motility

Motiv, *sub, n, -s, -e (Grund)* motive; *(Kunst)* subject; *(Leit~)* motif; *aus welchem Motiv heraus?* for what motive?; *das Motiv einer Tat* the motive for a deed; *ohne erkennbares Motiv* without any apparent motive; **~ation** *sub, f, -, -en* motivation; **motivieren** *vt, (anregen)* motivate; *(begründen)* give reasons (for); *(rechtfertigen)* justify; **~ierung** *sub, f, -, nur Einz.* motivation; **motivisch** *adj,* of motifs/motives, with regard motifs/motives; **~sammler** *sub, m, -s, -* thematic collector

Motocross, *sub, n, -, nur Einz.* motocross

Motor, *sub, m, -s, -en* motor; *(i. ü.)* driving force; *(von Fahrzeug)* engine; **~boot** *sub, n, -s, -e* motorboat; **~enlärm** *sub, m, -s, nur Einz.* noise of (the) engines; **~haube** *sub, f, -, -n (Brit.)* bonnet; *(US)* hood; **~ik** *sub, f, -, nur Einz.* motor activity; **motorisch** *adj,* motor; **motorisieren** *vt,* motorize; *(Landwirtschaft)* mechanize; *sich motorisieren* to buy a car; **~rad** *sub, n, -s, -räder* motorbike; *fahren Sie ein Motorrad?* do you ride motorbike?; **~roller** *sub, m, -s, -* scooter; **~schaden** *sub, m, -s, -schäden* engine trouble; **~segler** *sub, m, -s, - (Flug)* powered glider; *(naut.)* powered sailing boat; **~sport** *sub, m, -s, nur Einz.* motorcycle racing; **~spritze** *sub, f, -, -n* motor fire engine

Motte, *sub, f, -, -n* moth; *angezogen wie die Motten vom Licht* attracted like moths to a flame; *(ugs.) du kriegst die Motten* blow me!; *(ugs.) eine kesse Motte* a cheeky young thing; *von Motten zerfressen* moth-eaten

Mottenfiffi, *sub, m, -s, -s (ugs.)* fur coat; **Mottenkiste** *sub, f, -, -n (aus der ~ holen)* dig up; **Mottenkugel** *sub, f, -, -n* mothball; **Mottenpulver** *sub, n, -s, nur*

Einz. moth powder
Motto, *sub, n, -s, -s* motto
motzen, *vi,* (*ugs.*) grouse; *was hast du jetzt zu motzen?* what are you beefing about now?; **motzig** *adj,* grumpy
mouillieren, *vt,* palatalize; **Mouillierung** *sub, f, -, -en* palatalization
Mouliné, *sub, m, -s, -s* moulinee yarn
Mountainbike, *sub, n, -s, -s* mountain bike
Mousterien, *sub, n, -s, nur Einz.* (*archäol.*) Mousterian Age
Möwe, *sub, f, -, -n* gull
mozarabisch, *adj,* Mozarabic
Mücke, *sub, f, -, -n* midge, mosquito; *aus einer Mücke einen Elefanten machen* to make a mountain out of a molehill; (*ugs.*) *ein paar Mücken* dough; ~**nstich** *sub, m, -s, -e* mosquito bite
Mucker, *sub, m, -s, -* bigot, hypocrite; ~**tum** *sub, n, -s, nur Einz.* bigotry, hypocrisy
Mucks, *sub, m, -es, -e* (*ugs.*) sound; *keinen Mucks sagen* not to make a sound; *ohne einen Mucks* without a murmur; **mucksen** *vr,* make a sound
müde, *adj,* tired, weary; *ich bin es müde, das zu tun* I´m tired of doing that; *keine müde Mark* not a single penny; *einer Sache müde werden* to grow weary of sth; **Müdigkeit** *sub, f, -, nur Einz.* fatigue, sleepiness, tiredness; *die Müdigkeit überwinden* to overcome one´s tiredness; *gegen die Müdigkeit ankämpfen* to fight one´s tiredness; *nur keine Müdigkeit vorschützen* don´t you tell me you´re tired; *vor Müdigkeit umfallen* to drop from exhaustion
Muezzin, *sub, m, -s, -s* muezzin
Muff, *sub, m, -s, -e* muff; *m, -s, nur Einz.* (*Moder*) mildew; (*Modergeruch*) mustiness
Muffel, *sub, m, -s, -* (*ugs.*) grouser; **muffelig** *adj,* grumpy; **muffig** *sub,* musty

Mufflon, *sub, m, -s, -s* moufflon
Mufti, *sub, m, -s, -s* mufti
Mühe, *sub, f, -, -n* trouble; (*Anstrengung*) effort; *alle Mühe haben* to have a tremendous amount of trouble; *die Mühe wert sein* to be worth the trouble; *gib dir keine Mühe* save your breath; *nur mit Mühe* only just; *ohne Mühe* without any trouble; *sich große Mühe geben* to take great pains; *sich keine Mühe geben* to take no trouble; *sie hatte sich die Mühe umsonst gemacht* her efforts were wasted; *verlorene Mühe* a waste of effort; *wenn es Ihnen keine Mühe macht* if it isn´t too much trouble; **mühelos** *adj,* easy, effortless; **muhen** *vi,* moo; **mühen** *vr,* strive; *so sehr er sich auch mühte* strive as he might; **mühevoll** *adj,* laborious; ~**waltung** *sub, f, -, -en* trouble taken
Mühle, *sub, f, -, -n* mill; (*ugs.; Auto*) jalopy; (*Routine*) treadmill; (*Spiel*) nine men´s morris
Mühsal, *sub, f, -, -e* (*geh.*) tribulation; *die Mühsal des Lebens* the trials and tribulations of life; **mühsam (1)** *adj,* laborious **(2)** *adv,* with difficulty; *mühsam verdientes Geld* hard-earned money; *nur mühsam vorwärtskommen* to make painfully slow progress; **mühselig** *adj,* arduous; *ihr Mühseligen und Beladenen* ye that labour and are heavy laden; *sich mühselig durchschlagen* to toil for one´s living; **Mühseligkeit** *sub, f, -, nur Einz.* laboriousness, misery
Mulatte, *sub, m, -n, -n* mulatto
Muli, *sub, m oder n, -s, -s* mule
Mull, *sub, m, -s, -e* (*Gewebe*) muslin; (*Torf~*) garden peat; **Müllabfuhr** *sub, f, -, -en* refuse collection (department); **Müllauto** *sub, m, -s, -s* dust-cart, garbage truck; **Müllberg** *sub, m, -s, -e* rubbish heap; ~**binde** *sub, f, -, -n* gauze bandage; **Mülldeponie** *sub, f, -,*

-*n* sanitary land fill, waste disposal site; **Mülleimer** *sub, m, -s, -* garbage can, rubbish bin

Müll, *sub, m, -s, nur Einz.* garbage, rubbish, trash **Müller,** *sub, m, -s, -* miller; **~bursch** *sub, m, -en, -en* miller´s lad **Mullgardine,** *sub, f, -, -n* muslin curtains; **Müllmann** *sub, m, -(e)s, -männer* dustman; **Müllschlucker** *sub, m, -s, -* refuse chute; **Müllverbrennung** *sub, f, -, nur Einz.* incineration

mulmig, *adj, (ugs.)* uncomfortable; *es wird mulmig* things are getting uncomfortable; *mir war mulmig* I felt queasy

multilateral, *adj,* multilateral; **Multimedia** *sub, nur Mehrz.* multimedia; **multimedial** *sub,* multimedia; **Multimillionär** *sub, m, -s, -e* multimillionaire; **multinational** *adj,* multinational; **multipel** *adj,* multiple; *multiple Sklerose* multiple sclerosis; **Multiplex** *sub, n, -es, -e* multiplex; **Multiplikation** *sub, f, -, -en* mulitiplication; **Multiplikator** *sub, m, -s, -en* multiplier; **multiplizieren** *vtr,* multiply; **multivalent** *adj,* multivalent; **Multivalenz** *sub, f, -, nur Einz.* multivalence

Mumie, *sub, f, -, -n* mummy; *(ugs.) wie eine wandelnde Mumie* like death warmed up; **mumifizieren** *vt,* mummify

Mumm, *sub, m, -s, nur Einz. (ugs.)* guts, spunk; **~elgreis** *sub, m, -es, -e* old dodderer; **Mümmelmann** *sub, m, -s, -männer* hare; **mümmeln** *vi,* nibble

Mummenschanz, *sub, m, -es, nur Einz.* masquerade

Mumpitz, *sub, m, -es, nur Einz. (ugs.)* balderdash

Mumps, *sub, m oder f, -, nur Einz.* mumps

Münchhausiade, *sub, f, -, -n* cock-and-bull story

Mund, *sub, m, -es, Münder* mouth; *(Mundwerk)* tongue; *(ugs.; seine Meinung sagen) den Mund aufma-*chen to speak up; *dieses Wort nehme ich nicht in den Mund* I never use that word; *eine Tasse an den Mund setzen* to raise a cup to one´s mouth; *er kann einfach den Mund nicht halten* he can´t keep his big mouth shut; *halt den Mund!* shut up!; *in aller Munde sein* to be on everyone´s lips; *wie aus einem Munde* with one voice; *(ugs.) den Mund zu voll nehmen* to talk too big; *jmd nach dem Mund reden* to say what sb wants to hear; *sie ist nicht auf den Mund gefallen* she´s never at a loss for words; *Sie nehmen mir das Wort aus dem Mund* you´ve taken the very words out of my mouth; *von Mund zu Mund gehen* to be passed on from person to person; **~art** *sub, f, -, -en* dialect; *Mundart sprechen* to speak dialect; **mundartlich** *adj,* dialectal; *das Wort wird munartlich gebraucht* the word is used in dialect

Mündel, *sub, n, -s, -* ward; **mündelsicher** *adj,* gilt-edged

munden, *vi,* taste; *es mundete ihm nicht* he found it unpalatable; *jmd köstlich munden* to taste delicious to sb; *sich etwas munden lassen* to savour sth

mundfaul, *adj, (ugs.)* too lazy to say much; **mundgerecht** *adj,* bite-sized; *etwas mundgerecht schneiden* to cut sth into bite-sized pieces; *jmd etwas mundgerecht machen* to make sth attractive to sb; **Mundgeruch** *sub, m, -s, nur Einz.* bad breath; *etwas gegen Mundgeruch tun* to do sth about one´s bad breath; *Mundgeruch haben* to have bad breath; **Mundharmonika** *sub, f, -, -s oder -ken* mouth organ; **mündig** *adj,* of age; *(i. ü. S.)* mature; *jmdn für mündig erklären* to declare sb of age; *mündig werden* to come of age; *der mündige Bürger* the politically mature citizen;

Mündigkeit *sub, f, -, nur Einz.* majority; *(i. ü. S.)* maturity; **mündlich** *adj*, verbal; *(Prüfung)* oral; *(jur.)* einen Fall mündlich verhandeln to hear a case; *(jur.)* mündliche Verhandlung hearing; *(ugs.)* das Mündliche the oral; durch mündliche Überlieferung by word of mouth; **Mündlichkeit** *sub, f, -, nur Einz.* orality; *(jur.)* oral proceedings; **Mundöffnung** *sub, f, -, -en* orifice of the mouth; **Mundraub** *sub, m, -s, nur Einz.* theft of comestibles for personal consumption; **Mundschenk** *sub, m, -s, -e (hist.)* cupbearer; **Mundtuch** *sub, n, -s, -tücher* serviette; **Mündung** *sub, f, -, -en (Fluss, Rohr)* mouth; *(Gewehr~)* muzzle; *(Straße)* end; die Mündung der Isar in die Donau the point where the Isar flows into the Danube; an der Mündung der B300 auf die A9 at the point where the B300 joins the A9; **Mundvorrat** *sub, m, -s, -räte* provisions; **Mundwerk** *sub, n, -s, -e* tongue; ein böses Mundwerk haben to have a vicious tongue; ein großes Mundwerk haben to have a big mouth; ein gutes Mundwerk haben to be a fast talker; ihr Mundwerk steht nie still her tongue never stops wagging; **Mundwerkzeug** *sub, n, -s, -e (zool.)* mouth-parts
Mungo, *sub, m, -s, -s* mongoose
Munition, *sub, f, -, nur Einz.* ammunition; *(i. ü. S.)* keine Munition mehr haben to have run out of ammunition; *(mil.)* Munition fassen to be supplied with ammunition; *(i. ü. S.)* seine Munition verschießen to shoot one´s bolt; **~szug** *sub, m, -s, -züge* ammunition train
munkeln, *vti, (man ~)* it´s rumoured; es wird allerlei gemunkelt you hear all kinds of rumours; Ich habe munkeln hören, dass I´ve heard it rumoured that; im Dunkeln ist gut munkeln darkness is the friend of thieves/lovers
Münsteraner, (1) *adj*, of Münster

(2) *sub, m, -s, -* inhabitant of Münster
munter, *adj, (fröhlich)* cheerful; *(lebhaft)* lively; *(wach)* awake; munter drauflos reden to prattle away merrily; munter und vergnügt bright and cheery; munter werden to liven up; jmdn munter machen to wake sb up; **Munterkeit** *sub, f, -, nur Einz.* cheerfulness, liveliness; **Muntermacher** *sub, m, -s, -* stimulant
Münzanstalt, *sub, f, -, -en* mint; **Münzapparat** *sub, m, -s, -e* pay phone; **Münze** *sub, f, -, -n* coin; *(i. ü. S.)* etwas für bare Münze nehmen to take sth at face value; *(i. ü. S.)* jmd mit gleicher Münze heimzahlen to pay sb back in his own coin for sth; **münzen** *vt*, mint; das war auf dich gemünzt that was aimed at you; **Münzfernsprecher** *sub, m, -s, -* pay phone; **Münzgewicht** *sub, n, -s, -e* coin weight; **Münzsammlung** *sub, f, -, -en* numismatic collection; **Münzwechsler** *sub, m, -s, -* change machine
Muräne, *sub, f, -, -n* moray
mürbe, *adj*, crumbly; *(i. ü. S.; ~ machen)* wear down; *(Fleisch)* tender; **Mürbeteig** *sub, m, -s, nur Einz.* short (-crust) pastry; **Mürbheit** *sub, f, -, nur Einz.* crumbliness; *(Fleisch)* tenderness
Muring, *sub, f, -, -e* mooring; **~sboje** *sub, f, -, -n* mooring buoy
Murks, *sub, m, -es, nur Einz. (ugs.)* botch-up; Murks machen to botch things up; so ein Murks! what a botch-up!; **murksen** *vi*, botch things up, fiddle around
Murmel, *sub, f, -, -n* marble; **murmeln** *vti*, murmur, mutter; etwas vor sich hin murmeln to mutter sth to oneself; **~tier** *sub, n, -s, -e* marmot; *(ugs.)* schlafen wie ein Murmeltier to sleep like a log
murren, *vi*, grumble; etwas ohne Murren ertragen to put up with sth without grumbling; **mürrisch**

adj, (abweisend) sullen; *(schlecht gelaunt)* grumpy; **Mürrischkeit** *sub, f, -, nur Einz.* moroseness, sullenness; **murrköpfisch** *adj,* grumpy, morose, sullen **Mus,** *sub, n,m, -es, -e* mush; *(Apfel~)* puree; *(ugs.i.ü.S.) jmdn zu Mus schlagen* to make mincemeat of sb; *(ugs.) sie wurden fast zu Mus zerquetscht* they were nearly squeezed to death; *Kartoffeln zu Mus machen* to mash potatoes **Muschel,** *sub, f, -, -n* mussel; *(Ohr~)* external ear; *(Telefon)* mouth-/earpiece; **~bank** *sub, f, -, -bänke* mussel bed; **Müschelchen** *sub, n, -s, -* little mussel; **~werk** *sub, n, -s, nur Einz.* rocaille **Muschi,** *sub, f, -, -s (ugs.)* pussy **Muse,** *sub, f, -, -n* muse; *(i. ü. S.) die leichte Muse* light entertainment; *(i. ü. S.) von der Muse geküsst werden* to be inspired **Muselman,** *sub, m, -en, -en (veraltet)* Moslem; **muselmanisch** *adj,* Moslem; **Muselmännin** *sub, f, -, -nen* Moslem **Musentempel,** *sub, m, -s, -* theatre **Museum,** *sub, n, -s, -seen* museum; **museumsreif** *adj,* antique; *museumsreif sein* to be almost a museum piece; **~stück** *sub, n, -s, -e* museum piece **Musical,** *sub, n, -s, -s* musical; **Musicbox** *sub, f, -, -en* jukebox; **Musik** *sub, f, -, -en* music; *(i. ü. S.) das ist Musik in meinen Ohren!* that's music to my ears!; *(ugs.i.ü.S.) hier spielt die Musik!* this is where it's at!; *Musik machen* to play some music; **Musikalien** *sub, Mehrz.* music; **musikalisch** *adj,* musical; *jmdn musikalisch ausbilden* to give sb a musical training; **Musikalität** *sub, f, -, nur Einz.* musicalness; **Musikant** *sub, m, -en, -en* musician; **musikantisch** *adj,* music-loving; *(anspruchslos)* light-weight; **Musikautomat** *sub, m, -en, -en* jukebox; **Musikbox** *sub, f, -, -en* jukebox; **Musiker** *sub, m, -s, -* mu-

sician; **Musikgeschichte** *sub, f, -, nur Einz.* history of music **Musikinstrument,** *sub, n, -s, -e* musical instrument; **Musikkapelle** *sub, f, -, -n* band; **Musiklehrer** *sub, m, -s, -* music teacher; **Musiklexikon** *sub, n, -s, -ka* encyclopaedia of music; **Musikologin** *sub, f, -, -nen* musicologist; **Musikstück** *sub, n, -s, -e* piece of music; **Musiktheater** *sub, n, -s, nur Einz.* music theatre; **Musikus** *sub, m, -, Musizi* musician; **Musikverlag** *sub, m, -s, -e* music publishers; **Musikwissenschaft** *sub, f, -, nur Einz.* musicology **musisch,** *adj, (Fächer)* arts; *(Veranlagung)* artistic; **musivisch** *adj,* mosaic; **musizieren** *vi,* play a musical instrument; *am Wochenende musizieren wir immer abends* we always have a musical evening on weekends; *sie saßen zusammen und musizierten* they sat together playing their instruments **Muskat,** *sub, m, -s, -e* nutmeg; **~blüte** *sub, f, -, -n* mace; **~nuss** *sub, f, -, -nüsse* nutmeg **Muskel,** *sub, m, -s, -n* muscle; *Muskeln haben* to be muscular; *seine Muskeln spielen lassen* to flex one's muscles; **~faser** *sub, f, -n* muscle fibre; **~kater** *sub, m, -s, nur Einz.* aching muscles; *ich habe einen Muskelkater in den Armen* my arms are stiff; **~kraft** *sub, f, -, nur Einz.* physical strength; **~krampf** *sub, m, -s, -* muscle cramp; **~paket** *sub, n, -s, -e (ugs.)* muscleman; **~protz** *sub, m, -es, -e* muscleman; **~riss** *sub, m, -es, -e* torn muscle; *sich einen Muskelriss ziehen* to tear a muscle; **~schwund** *sub, m, -s, nur Einz.* muscular atrophy **Muskete,** *sub, f, -, -n* musket **Musketier,** *sub, m, -s, -e* musketeer **muskulär,** *adj,* muscular; **Musku-**

latur *sub, f, -, nur Einz.* muscular system; **muskulös** *adj*, muscular; *muskulös gebaut sein* to have a muscular build

Müsli, *sub, n, -s, -s* muesli

Muss, *sub, n, -, -, nur Einz.* must; *es ist kein Muss* it´s not a must; **~be-stimmung** *sub, f, -, -en* fixed regulation

Muße, *sub, f, -, nur Einz.* leisure; *die Muße für etwas finden* to find the time and leisure for sth; *etwas mit Muße tun* to do sth in a leisurely way; *sich Muße gönnen* to allow oneself some leisure

Musselin, *sub, m, -s, -e (tex.)* muslin **müßig**, *adj, (faul)* idle; *(unnütz)* futile; **Müßiggang** *sub, m, -s, nur Einz.* idleness; *Müßiggang ist aller Laster Anfang* the devil finds work for idle hands; *sich dem Müßiggang hingeben* to live a life of idleness, to live an idle life; **Müßiggänger** *sub, m, -s, -* idler

Mustang, *sub, m, -s, -s* mustang

Muster, *sub, n, -s, - (Probestück)* sample; *(Vorbild)* model; *(Vorlage)* pattern; *ein Muster an Tugend* a paragon of virtue; *er ist ein Muster von einem Ehemann* he is a model husband; *Muster ohne Wert* sample of no commercial value; *nach einem Muster stricken* to knit from a pattern; **~brief** *sub, m, -s, -e* specimen; **~gatte** *sub, m, -n, -n* model husband; **mustergültig** *adj*, exemplary; **~karte** *sub, f, -, -n* pattern card; **~knabe** *sub, m, -n, -n* paragon; **~koffer** *sub, m, -s, -* sample case; **~messe** *sub, f, -, -n* trade fair; **mustern** *vt, (betrachten)* scrutinize, survey; *(für Wehrdienst)* give sb their medical; *jmdn kühl mustern* to eye sb coolly; *jmdn von Kopf bis Fuß mustern* to scrutinize sb from head to toe; *jmdn skeptisch mustern* to survey sb sceptically; *von oben bis unten mustern* to look sb up and down; **~schutz** *sub, m, -es, nur Einz.* protection of patterns and designs; **~stück** *sub, n, -s, -e*

fine specimen; **~ung** *sub, f, -, -en (Betrachten)* scrutiny; *(für Wehrdienst)* medical examination for military service

Mut, *sub, m, -es, nur Einz.* courage; *(Laune)* spirits; *den Mut verlieren* to lose heart; *der Mut zum Leben* the will to live; *jmd Mut zusprechen* to encourage sb; *mit dem Mut der Verzweiflung* with the courage born of despair; *mit frischem Mut* with new heart; *Mut fassen* to pluck up courage; *Mut zur Lücke* the courage to admit when one doesn´t know sth; *allen Mut zusammennehmen* summon one´s courage; *guten Mutes sein* to be in good spirits; *mit frohem Mut* with good cheer

mutabel, *adj*, mutable; **Mutabilität** *sub, f, -, nur Einz.* mutability

Mutant, *sub, m, -en, -en* mutant; **Mutation** *sub, f, -, -en* mutation; **mutieren** *vi*, mutate

muten, *vi, (min.)* divine

mutig, *adj*, brave, courageous; *dem Mutigen gehört die Welt* fortune favours the brave; **mutlos** *adj*, discouraged; **Mutlosigkeit** *sub, f, -, nur Einz.* discouragement

mutmaßen, *vti*, conjecture; *es wurde viel gemutmaßt* there was a lot of conjecture; **mutmaßlich** *adj, (Vater)* presumed; *(Verbrecher)* suspected; **Mutmaßung** *sub, f, -, -en* conjecture; *wir müssen uns an Mutmaßungen halten* we can only conjecture

Mutprobe, *sub, f, -, -n* test of courage

Mutter, *sub, f, -, Mütter* mother; *f, -, -n* nut; *als Frau und Mutter* as a wife and a mother; *Mutter Erde* Mother Earth; *Mutter werden* to have a baby; *sie ist Mutter von zwei Kindern* she´s a mother of two; *wie bei Muttern* just like home, *(Essen)* just like mother makes

Mutterkirche, *sub, f, -, -n* mother

church; **Mutterkorn** *sub, n, -s, nur Einz.* ergot; **Mutterkuchen** *sub, m, -s, - (anat.)* placenta **mütterlich,** *adj,* maternal; *(liebevoll besorgt)* motherly; *die mütterlichen Pflichten* one´s duties as a mother; *mütterlicherseits* on the distaff side; *jmdn mütterlich umsorgen* to mother sb; **Mutterliebe** *sub, f, -, nur Einz.* motherly love **Muttermal,** *sub, n, -s, -e* birthmark; **Muttermilch** *sub, f, -, nur Einz.* mother´s milk; *etwas mit der Muttermilch einsaugen* to learn sth from the cradle; **Muttermund** *sub, m, -s, nur Einz. (anat.)* cervix; **Mutterschaf** *sub, n, -s, -e* ewe; **Mutterschaft** *sub, f, -, nur Einz.* motherhood; **Mutterschiff** *sub, n, -s, -e* parent ship; **Mutterschutz** *sub, m, -es, nur Einz.* legal protection of expectant and nursing mothers; **Muttersprache** *sub, f, -, -n* mother tongue; *Walisisch ist seine Muttersprache* he´s a native speaker of Welsh; **Mutterstelle** *sub, f, -, nur Einz. (~ vertreten)* be like a mother; **Muttertag** *sub, m, -s, -e* Mother´s Day; **Mutterwitz** *sub, m, -es, nur Einz.* mother wit **mutual,** *adj,* mutual; **Mutualismus** *sub, m, -, nur Einz.* mutualism

Mutwille, *sub, m, -ns, nur Einz. (böse Absicht)* malice; *(Übermut)* mischief; *etwas mit Mutwillen tun* to do sth out of malice; *aus einem Mutwillen* out of pure mischief; **mutwillig (1)** *adj, (böswillig)* malicious; *(übermütig)* mischievous **(2)** *adv, (mit Absicht)* wilfully **My,** *sub, n, -s, -s (griech. Buchst.)* mu **Mykose,** *sub, f, -, -n* mycosis; **Myopie** *sub, f, -, nur Einz.* myopia; **Myriade** *sub, f, -, -n* myriad **Myrrhe,** *sub, f, -, -n* myrrh; **Myrte** *sub, f, -, -n* myrtle **mysteriös,** *adj,* mysterious; **Mysterium** *sub, n, -s, -rien* mystery; **mystifizieren** *vt,* mysticize; **Mystik** *sub, f, -, nur Einz.* mysticism; **Mystiker** *sub, m, -s, -* mystic; **mystisch** *adj,* mystic(al); *(geheimnisvoll)* mysterious; **Mystizismus** *sub, m, -, nur Einz.* mysticism; **mythisch** *adj,* mythical; **Mythologie** *sub, f, -, nur Einz.* mythology; **mythologisch** *adj,* mythologic(al); **mythologisieren** *vt,* mythologize; **Mythos** *sub, m, -, -then* myth; *er war zeitlebens von einem Mythos umgeben* he was a myth in his time

N

Nabe, *sub, f, -, -n* hub
Nabel, *sub, m, -s, -* navel, umbilicus; *der Nabel der Welt* the centre of the world; *der Nabel der Welt* the hub of the universe; ~**schnur** *sub, f, -, -schnüre* umbilical cord
nach, (1) *adv, (zeitlich, ~ und ~)* little by little (2) *präp, (laut, entsprechend)* according to; *(mit Verben oft)* for; *(zeitlich, in Reihenfolge, in Anlehnung an)* after (3) *präp, (örtlich)* to; *nach und nach* bit by bit; *nach wie vor* still; *wir treffen uns nach wie vor jede Woche* we still meet every week as always, *die Uhr nach dem Radio stellen* to put a clock right by the radio; *ihrer Sprache nach zu urteilen* judging by her language; *nach allem, was ich gehört habe* from what I´ve heard; *nach Artikel 215c* under article 215c; *nach dem Gesetz* according to the law; *nach Leistung bezahlt werden* to be paid according to productivity; *seiner Natur nach ist er sehr sanft* he is very gentle by nature; *nach etwas riechen* to smell of sth; *nach jmd suchen* to look for sb; *sich nach jmd sehnen* to long for sth; *eine Woche nach Erhalt* a week after receipt; *einer nach dem anderen* one after another; *er wurde nach seinem Onkel genannt* he was called after his uncle; *fünf nach zwölf* five past twelve; *ich komme nach Ihnen!* I´m after you; *mir nach!* follow me!; *nach allem, was geschehen ist* after all that has happened; *nach Christi Geburt* anno domini (AD); *nach einem Roman von Wilde* after a novel by Wilde; *nach Erhalt* on receipt; *nach fünf Minuten kam sie zurück* she was back five minutes later; *nach Ihnen!* after you!; *nach wegen steht der Genitive* ´wegen´ takes the genitive, *der Zug fährt nach Augsburg* the train is bound for Augsburg; *der Zug nach Augsburg* the train to Augsburg; *(i. ü. S.)* nach allen Richtungen on all sides; *nach links* to the left; *nach vorn* to the front; *nach Westen* westwards; *von links nach rechts* from left to right
nachäffen, *vt, (Ideen)* ape; *(jemanden)* take off; **Nachäfferei** *sub, f, -,*

-en (Ideen) aping; *(jemanden)* mimicry
nachahmen, *vt,* imitate; *(karikieren)* take off; *(nacheifern)* emulate; **Nachahmerin** *sub, f, -, -nen* imitator; *(eines Vorbilds)* emulator; **Nachahmung** *sub, f, -, -en* imitation; *(eines Vorbilds)* emulation; *(Karikieren)* taking off; *etwas zur Nachahmung empfehlen* to recommend sth as an example
nacharbeiten, (1) *vi, (aufholen)* make up the work (2) *vt,* make up; *(nachbilden)* copy
Nachbar, *sub, m, -n, -n* neighbour; *(iro.)* die lieben Nachbarn the neighbours; *er war im Kino mein Nachbar* he sat next to me in the cinema; *Nachbars Garten* the next-door garden; ~**dorf** *sub, n, -s, -dörfer* neighbouring village; ~**haus** *sub, n, -es, -häuser* house next door; ~**in** *sub, f, -, -nen* neighbour; ~**land** *sub, n, -s, -länder* neighbouring country; **nachbarlich** *adj, (benachbart)* neighbouring; *(freundlich)* neighbourly; ~**schaft** *sub, f, -s, nur Einz. (Gegend)* neighbourhood; *(Nachbarn)* neighbours; ~**sfrau** *sub, f, -, -en* lady next door; ~**skind** *sub, n, -(e)s, -er* child next door; ~**staat** *sub, m, -s, -en* neighbouring state; ~**stadt** *sub, f, -, -städte* neighbouring town
nachbekommen, *vt,* get later, receive later; **nachbereiten** *vt,* evaluate afterwards; **nachbessern** (1) *vi,* make improvements (2) *vt,* retouch; **Nachbesserung** *sub, f, -, -en* improvement
nachbeten, *vt,* repeat parrot-fashion
Nachbildung, *sub, f, -, -en* copy
nachbleiben, *vi,* stay behind; **nachblicken** *vt,* gaze after, watch
Nachblutung, *sub, f, -, -en* secondary haemorrhage
nachdatieren, *vt,* postdate
nachdem, *konj, (dial.; kausal)* since; *(zeitlich)* after
Nachdenken, (1) *sub, n, -s, nur Einz.* reflection, thought (2) **nachdenken** *vi,* think; *gib mir ein biss-*

chen *Zeit zum Nachdenken* give me a bit of time to think; *nach langem Nachdenken* after (giving the matter) considerable thought, *darüber darf man gar nicht nachdenken* it doesn´t bear thinking about; *denk doch mal nach!* think about it!; *denk mal scharf nach!* think carefully!; *laut nachdenken* to think aloud; **nachdenklich** *adj,* thoughtful; *jmdn nachdenklich stimmen* to set sb thinking; *nachdenklich gestimmt sein* to be in a thoughtful mood

nachdichten, *vt,* give a free rendering of; **Nachdichtung** *sub, f, -, -en* free rendering

Nachdruck, *sub, m, -s, nur Einz.* emphasis, stress; *m, -s, -e (Buch)* reprint(ing); *besonderen Nachdruck darauf legen, dass* to put special emphasis on the fact that; *etwas mit Nachdruck sagen* to say sth emphatically; *besonderen Nachdruck darauf legen, dass* to stress particularly that; *etwas mit Nachdruck betreiben* to pursue sth with vigour; *Nachdruck verboten* no part of this publication may be reprinted without the prior permission of the publishers; **nachdrucken** *vt,* reprint; **nachdrücklich** *adj,* emphatic; *(Warnung auch)* firm; *jmd nachdrücklich raten* to advise sb strongly to do sth, to urge sb to do sth; *jmdn nachdrücklich warnen* to give sb a firm warning; *nachdrücklich auf etwas bestehen* to insist firmly on sth

nachdunkeln, *vi,* grow darker; *(Bild)* darken

nacheifern, *vi,* emulate; **Nacheiferung** *sub, f, -, -en* emulation

nacheinander, *adv,* one after another; *dreimal nacheinander* three times in a row; *unmittelbar nacheinander* immediately after each other

Nachempfindung, *sub, f, -, nur Einz.* sympathy

Nachen, *sub, m, -s, - (poet.)* barque

nacherleben, *vt,* relive

nacherzählen, *vt,* retell; *aus dem Spanischen nacherzählt* adapted from the Spanish; **Nacherzählung** *sub, f, -, -en* retelling; *(Schule)* reproduction

Nachfahr, *sub, m, -en, -en* descendant; **~e** *sub, m, -n, -n* descendant; **Nach-**

folge *sub, f, -n, -n* emulation, succession; *die Nachfolge Christi* the imitation of Christ; *in der Nachfolge seines Meisters* in emulation of his master; *jmds Nachfolge antreten* to succeed sb

nachfolgen, *vi,* follow; *(Tod) er ist seiner Gattin nachgefolgt* he has gone to join his wife; *jmd im Amt nachfolgen* to succeed sb; *jmd nachfolgen* to follow sb; **~d** *adj,* following; *das Nachfolgende* the following; *können sie aus den nachfolgenden Beispielen etwas entnehmen?* can you gather anything from the following examples?; *wie im Nachfolgenden ausgeführt* as detailed below; **Nachfolgende** *sub, m,f, -n, -n* following; **Nachfolgerin** *sub, f, -, -nen* successor

nachfordern, *vt,* put in another demand for

nachforschen, *vi,* try to find out; *(amtlich)* make enquiries; *(polizeilich)* carry out an investigation; **Nachforschung** *sub, f, -, -en* enquiry, investigaton; *Nachforschungen anstellen* to make enquiries; *FBI* Federal Bureau of Investigation; **Nachfrage** *sub, f, -, -n (Erkundigung)* enquiry; *(wirt.)* demand; *danke der Nachfrage* nice of you to ask, thank you for your concern *(förmlich)*; *es besteht eine rege Nachfrage* there is a great demand

nachfühlend, *adj,* sympathetic

Nachfüllung, *sub, f, -, -en* fill-up

nachgeben, *vi,* give way; *(aufgeben)* give up/in; *(Börsenkurse)* drop

nachgeboren, *adj,* late-born; **Nachgeborene** *sub, m,f, -n, -n (die ~n)* future generations; **Nachgebühr** *sub, f, -, -en* excess (postage); **nachgehen** *vi, (Beruf)* practise; *(erforschen)* investigate; *(hinterhergehen)* follow; *(Uhr)* be slow; *meine Uhr fünf Minuten geht nach* my watch is five minutes slow; *welchem Beruf gehen sie nach?* what do you do for a living?; *welcher Tätigkeit gehen sie nach?* what is your occupation?

Nachgeschmack, *sub, m, -s, nur Einz.* aftertaste; *einen üblen Nach-*

geschmack hinterlassen to leave a nasty taste in one´s mouth
nachgrübeln, *vi,* ponder, think
Nachhall, *sub, m, -s, nur Einz.* reverberation; *(Echo)* echo; *das Echo hatte einen langen Nachhall* the echo went on reverberating a long while; *künstlicher Nachhall* artificial echo, echo effect
nachhaltig, *adj,* lasting; *einen nachhaltigen Eindruck hinterlassen* to leave a lasting impression; *ihre Gesundheit hat sich nachhaltig gebessert* there has been a lasting improvement in her health; **Nachhaltigkeit** *sub, f, -, nur Einz.* lastingness
Nachhauseweg, *sub, m, -s, -e* way home
nachhelfen, *vi,* help; *er hat dem Glück ein wenig nachgeholfen* he engineered himself a little luck; *jmd nachhelfen* to give a sb a hand; *na gut, ich hab auch ein bisschen nachgeholfen* well, I did help it a bit; *sie hat der Natur ein wenig nachgeholfen* she has improved a little on Mother Nature; **Nachhilfe** *sub, f, -, nur Einz.* private tuition
nachher, *adv, (danach)* afterwards; *(später)* later; *bis nachher!* see you later!; *nachher stimmt das alles gar nicht* could be that´s not true at all
Nachholbedarf, *sub, m, -s, nur Einz.* a lot to catch up; *einen Nachholbedarf an etwas haben* to have a lot to catch up in the way of sth; **nachholen** *vt, (kommen lassen)* fetch over; *(Versäumtes)* make up; **Nachholspiel** *sub, n, -s, -e* postponed game
Nachhut, *sub, f, -, -en* rearguard; *bei der Nachgut* in the rearguard
Nachklang, *sub, m, -s, -klänge* distant echo; *die Nachklang der Posaunen* the sound of the trombones dying away; *ein ferner Nachklang von Parfum* a distant echo of perfume; **nachklingen** *vi, (Erinnerung)* linger (on); *(Ton)* go on sounding; *seine Worte klangen noch lange in mir nach* his words stayed in my head for some time
Nachkomme, *sub, m, -n, -n* descendant; *ohne Nachkommen* without issue; **nachkommen** *vi, (Pflicht, Forderung)* fulfil; *(Schritt halten)* keep up; *(später kommen)* follow later; *ich komme nicht mehr nach* I can´t keep up; *Sie können Ihr Gepäck nachkommen lassen* you can have your luggage sent on; *Sie können Ihre Familie nachkommen lassen* you can let your family join you later; *wir kommen gleich nach* we´ll come in just a couple of minutes; **Nachkömmling** *sub, m, -s, -e* descendant
Nachkriegszeit, *sub, f, -, -en* postwar time; **Nachkur** *sub, f, -, -en* follow-up cure
Nachlass, *sub, m, -es, -lässe (Erbe)* estate; *(Preis~)* discount; *den Nachlass eröffnen* to read the will; *Gedichte aus dem Nachlass* unpublished poems; *literarischer Nachlass* unpublished works; **nachlassen (1)** *vi, (abnehmen)* decrease, diminish; *(Gehör)* deteriorate; *(Sturm)* ease off **(2)** *vt, (Preis)* reduce; *10 % vom Preis nachlassen* to give a 10 % discount; **nachlässig** *adj,* careless; *(unachtsam)* thoughtless; *nachlässig gekleidet* carelessly dressed; **Nachlässigkeit** *sub, f, -, -en* carelessness; *(Unachtsamkeit)* thoughtlessness; **~ung** *sub, f, -, -en (Erbe)* estate; *(Preis~)* discount
nachlaufen, *vi,* chase, run after; *den Mädchen nachlaufen* to chase girls; *(i. ü. S.) jmd/einer Sache nachlaufen* to chase sb/sth; *jmd/einer Sache nachlaufen* to run after sb/sth
Nachlese, *sub, f, -, -n (Ernte)* second harvest; *(Kunst)* further selection; **nachlesen (1)** *vi, (Ähren)* have a second harvest **(2)** *vt,* glean; *(nachschlagen)* look up
nachliefern, *vt, (später liefern)* deliver at a later date; *(Unterlagen)* hand in later; **Nachlieferung** *sub, f, -, -en* delivery; *wir warten auf die Nachlieferung* we´re waiting for the rest to be delivered
Nachmieterin, *sub, f, -, -nen* next tenant; *unser(e) Nachmieter(in)* the tenant after us; *wir müssen einen Nachmieter finden* we have to find sb to take over the flat
Nachmittag, *sub, m, -s, -e* afternoon; *am Nachmittag* in the afternoon; *am Nachmittag des* 7

November on the afternoon of November 7th; *im Laufe des Nachmittags* in the course of the afternoon; **nachmittägig** *adj*, afternoon; **nachmittäglich** *adj*, afternoon; **nachmittags** *adv*, in the afternoon; *Dienstag nachmittags* on Tuesday afternoons **Nachnahme,** *sub, f, -, -n* cash on delivery (COD); *etwas per Nachnahme schicken* to send sth COD; *per Nachnahme* cash on delivery **Nachname,** *sub, f, -ns, -n* family name, surname **nachplappern,** *vt, (ugs.)* repeat parrot-fashion; *jmd alles nachplappern* to repeat everything sb says parrot-fashion; **nachpolieren** *vt*, give a final polish **Nachprägung,** *sub, f, -, -en* copy(ing), imitation **nachprüfbar,** *adj*, verifiable; *die Ergebnisse sind jederzeit nachprüfbar* the results can be verified at any time; **nachprüfen (1)** *vt*, verify **(2)** *vti*, check; *(nochmals prüfen)* re-examine; **Nachprüfung** *sub, f, -, -en* check; *(nochmalige Prüfung)* re-examination; *bei der Nachprüfung der Meldungen* when the reports were checked **nachrechnen,** *vti*, check; *rechne noch einmal nach!* you´d better check your arithmetic; **Nachrechnung** *sub, f, -, -en* check **Nachrede,** *sub, f, -, -n (Epilog)* epilogue; *(Verunglimpfung, jur. üble ~)* defamation of character; *jmdn in üble Nachrede bringen* to bring sb into ill repute; *üble Nachrede über jmdn verbreiten* to cast aspersions on sb´s character **nachreichen,** *vt*, hand in later **Nachricht,** *sub, f, -, -en (Botschaft)* message; *(Meldung)* news; *wir geben ihnen Nachricht* we´ll let you know; *das sind aber schlechte Nachrichten* that´s bad news; *die letzte Nachricht von ihm kam aus Brasilien* the last news of him was from Brazil; *eine Nachricht* a piece of news; *sie hören Nachrichten* this is the news; **~enagentur** *sub, f, -, -en* news agency; **~endienst** *sub, m, -es, -e (mil.)* intelligence (service); *(Radio, TV)* news service; **~enmagazin** *sub, n, -s, -e* news magazine; **~ensatellit** *sub, m, -en, -en* telecommunications satellite

Nachrückerin, *sub, f, -, -nen* successor **Nachruf,** *sub, m, -s, -e* obituary **Nachrüstung,** *sub, f, -, nur Einz. (mil.)* deployment of new arms; *(tech.)* modernization **Nachsatz,** *sub, m, -es, -sätze (gramm.)* clause in sentence final position; *(Nachschrift)* postscript **nachschauen, (1)** *vi*, watch **(2)** *vt*, *(nachschlagen)* look up; *(prüfen)* check; **nachschenken** *vti*, give a refill; *darf ich dir noch etwas Wein rachschenken?* can I give you a drop more wine?; *jmd etwas nachschenken* to top sb up with sth; **nachschicken** *vt*, forward; *bitte nachschicken!* please forward!; **nachschieben** *vt*, provide afterwards; *nachgeschobene Gründe* rationalizations **Nachschrift,** *sub, f, -, -en (Protokoll)* transcript; *(Zugefügtes)* postscript (PS) **Nachschub,** *sub, m, -s, nur Einz. (Material)* reinforcements; *(mil.)* supplies; **~weg** *sub, m, -(e)s, -e* supply route **Nachschuss,** *sub, m, -es, -schüsse (Fußball)* second shot; *(wirt.)* additional payment **Nachsehen, (1)** *sub, n, -s, nur Einz. (das ~ haben)* be left standing; *(das ~ haben, nichts bekommen)* be left empty-handed **(2) nachsehen** *vi*, watch; *(hinterherschauen)* gaze after **(3)** *vt*, *(nachschlagen)* look up; *(prüfen)* check; *(verzeihen)* forgive **nachsenden,** *vt*, forward; *bitte nachsenden!* please forward!; **Nachsendung** *sub, f, -, -en* additional consignment **Nachsicht,** *sub, f, -, nur Einz.* clemency, leniency; *er kennt keine Nachsicht* he knows no mercy; *er werde ohne Nachsicht bestraft* he was punished without mercy; *jmdn um Nachsicht bitten* to ask sb to be forbearing; *Nachsicht üben* to be lenient; **nachsichtig** *adj*, lenient **nachsinnen,** *vi*, ponder (about/over); **nachsitzen** *vi*, *(Schule)* have detention **Nachspeise,** *sub, f, -, -n* dessert; *als Nachspeise* for dessert

Nachspiel, *sub, n, -s, -e (i. ü. S.)* sequel; *(mus.)* postlude; *(theat.)* epilogue; *das wird ein unangenehmes Nachspiel haben* that will have unpleasant consequences; *ein gerichtliches Nachspiel haben* to have legal repercussions; **nachspielen (1)** *vi,* play extra-time **(2)** *vt,* play; *der Schiedsrichter ließ nachspielen* the referee allowed extra-time **nachsprechen,** *vti,* repeat; **nachspüren** *vi,* track down; *(Verbrechen)* go into **nächst,** *präp,* beside, next to **nächstbesser,** *adj,* next in ascending order of quality, up in quality **Nächste,** *sub, m, -n, -n (folgend)* next one; *(Mitmensch)* neighbour; *der Nächste, bitte!* first, please! (US u Scot), next, please! (engl); *(bibl.) du sollst deinen Nächsten lieben wie dich selbst* thou shalt love thy neighbour as thyself; *jeder ist sich selbst der Nächste* it´s every man for himself **nachstehend,** *adj,* following; *jmd an Schönheit nicht nachstehen* to be every bit as beautiful as sb; *jmd in nichts nachstehen* to be sb´s equal in every way; **nachsteigen** *vi,* climb up after sb; *(ugs. i.ü.S)* chase **nachstellen, (1)** *vi, (aufdringlich umwerben)* pester; *(jemandem)* follow **(2)** *vt, (einen Vorgang)* reconstruct; *(gramm.)* put after; *(tech.)* adjust; **Nachstellung** *sub, f, -, -en* pursuit; *(Aufdringlichkeit)* pestering; *f, -, nur Einz. (gramm.)* postposition; *f, -, -en (tech.)* adjustment **Nächstenliebe,** *sub, f, -, nur Einz.* brotherly love; *etwas mit dem Mantel der Nächstenliebe zudecken* to forgive and forget sth; *Nächstenliebe üben* to love one´s neighbour as oneself **nächstjährig,** *adj,* next year´s; **nächstliegend** *adj,* most obvious, nearest; **nächstmöglich** *adj,* next possible **nachstürzen,** *vi, (Geröll)* cave in; *jmd nachstürzen* to dash after sb **nachsuchen,** *vi,* look; *(um etwas)* request; *such mal nach, ob* have a look and see if; *bei jmd um etwas nachsuchen* to request sth of sb; **Nachsuchung** *sub, f, -, -en* request **Nacht,** *sub, f, -, Nächte* night; *als die*

Nacht hereinbrach as night fell; *bei Nacht und Nebel* at dead of night; *bis in die späte Nacht arbeiten* to work late into the night; *des Nachts* at night; *die Nacht des Wahnsinns* the darkness of insanity; *die Nacht zum Tage machen* to stay up all night; *es wird eine Nacht der langen Messer geben* heads will roll; *es wird Nacht* it´s getting dark; *heute Nacht* tonight; *in der Nacht auf Dienstag* during Monday night; *in der Nacht vom 18 zum 19 Juli* during the night of July 18th to 19th; *in tiefster Nacht* at dead of night; *(ugs.) na, dann gute Nacht* what a prospect!; *sich die Nacht um die Ohren schlagen* to make a night of it; *über Nacht* overnight; *über Nacht bleiben* to stay the night; *zur Nacht essen* to have supper; **~angriff** *sub, m, -s, -e* night attack, night raid; **~arbeit** *sub, f, -, nur Einz.* night-work; **~ausgabe** *sub, f, -, -n* late final edition; **~bar** *sub, f, -, -s* night club; **~blindheit** *sub, f, -, nur Einz.* night blindness; **~dienst** *sub, m, -s, nur Einz.* night duty; *(Apotheke) Nachtdienst haben* to be open all night, *(Person)* to be on night duty **Nachteil,** *sub, m, -s, -e* disadvantage; *daraus erwuchsen mir Nachteile* this brought its disadvantages for me; *das soll Ihr Nachteil nicht sein* you won´t lose by it; *er hat sich zu seinem Nachteil verändert* he has changed for the worse; *Nachteile durch etwas haben* to lose by sth; *sich jmd gegenüber im Nachteil befinden* to be at a disadvantage with sb **nächtens,** *adv,* by night **Nachtfalter,** *sub, m, -s, -* moth; **Nachtgewand** *sub, n, -s, -wänder* nightrobe; **Nachthemd** *sub, n, -s, -en (Damen~)* nightdress; *(Herren~)* nightshirt; **Nachthimmel** *sub, m, -s, nur Einz.* night sky; **Nachtigall** *sub, f, -, -en* nightingale; *es war die Nachtigall und nicht die Lerche* it was the nightingale and not the lark; *(ugs.) Nachtigall, ick hör dir trapsen!* now I see what you´re after **Nachtisch,** *sub, m, -s, -e* dessert

Nachtklinik, *sub, f, -, -en* after-care hostel; **nächtlich** *adj, (in der Nacht)* night; *(jede Nacht)* nightly; *zu nächtlicher Stunde* at a late hour; **Nachtmahr** *sub, m, -s, -e* nightmare **Nachtmarsch,** *sub, m, -es, -märsche* night march; **Nachtmensch** *sub, m, -en, -en* night person; **Nachtportier** *sub, m, -s, -s* night porter **Nachtrag,** *sub, m, -s, -träge* postscript; **nachtragen** *vt, (i. ü. S.)* bear sb a grudge for sth; *(hinterhertragen)* take sth after sb; *(hinzufügen)* add; **nachträglich** *adj, (verspätet)* later; *(zusätzlich)* additional **nachtrauern,** *vi,* mourn **nachts,** *adv,* at night; *dienstags nachts* (on) Tuesday nights **Nachtschicht,** *sub, f, -, -en* night shift; *Nachtschicht haben* to be on nights; **Nachtschlaf** *sub, m, -s, nur Einz.* night´s sleep; *zu nachschlafender Zeit* in the middle of the night; **Nachtschwärmer** *sub, m, -s, -* moth; *(i. ü. S.)* night owl; **Nachtschwester** *sub, f, -, -n* night nurse; **Nachttisch** *sub, m, -(e)s, -e* bedside table; **Nachttresor** *sub, m, -s, -e* night safe; **Nachtwächter** *sub, m, -s, - (hist.)* watch; *(in Betrieben)* night watchman; **Nachtwandler** *sub, m, -s, -* sleepwalker; **Nachtwäsche** *sub, f, -, nur Einz.* nightwear; **Nachtzug** *sub, m, -s, -züge* night train **nachwachsen,** *vi,* grow again; *die neue Generation, die jetzt nachwächst* the young generation who are now taking their place in society **Nachwahl,** *sub, f, -, -en (pol.)* by-election; **Nachwehen** *sub, nur Mehrz.* after-pains; *(i. ü. S.)* painful aftermath **Nachwelt,** *sub, f, -, nur Einz. (die ~)* posterity; **Nachwirkung** *sub, f, -, -en (i. ü. S.)* consequence; **Nachwort** *sub, n, -s, -e* epilogue; **Nachwuchs** *sub, m, -es, nur Einz. (junge Kräfte)* young people; *(Nachfahren)* offspring; *der wissenschaftliche Nachwuchs* the up-and-coming academics; *es mangelt an Nachwuchs* there´s a lack of young blood **nachzahlen,** *vti,* pay extra; *(später zahlen)* pay later; **Nachzahlung** *sub, f, -, -en (später)* back-payment; *(zusätzlich)* additional payment; **Nachzählung** *sub, f, -, -en* check

nachzählen, *vti,* check **nachzeichnen,** *vt,* go over; **nachziehen (1)** *vi,* follow **(2)** *vt, (hinterherziehen)* drag behind one; *(Linie)* go over; *(Lippen)* paint over; *(Schraube)* tighten (up); *das rechte Bein nachziehen* to drag one´s right leg; **nachzotteln** *vi, (ugs.)* lag behind; **Nachzügler** *sub, m, -s, -* latecomer **Nacktedei,** *sub, m, -s, -s* naked body; *(Kind)* little bare monkey **Nacken,** *sub, m, -s, -* neck; *den Nacken beugen* to submit; *er hat einen unbeugsamen Nacken* he´s an unending character; *ihm sitzt der Geiz im Nacken* he´s a miserly so-and-so; *ihm sitzt der Schalk im Nacken* he´s in a devilish mood; *im sitzt die Furcht im Nacken* he´s frightened out of his wits; *jmd im Nacken sitzen* to breathe down one´s neck; **~schlag** *sub, m, -s, -schläge** rabbit-punch; **~schutz** *sub, m, -es, nur Einz.* neck guard; **~stütze** *sub, m, -, -n* headrest; **~wirbel** *sub, m, -s, -* cervical vertebra **nackt,** *adj,* naked, nude; *(Körperteil Erde)* bare; *die nackte Armut* sheer poverty; *er stand ganz nackt da* he was standing there stark naked; *nackt herumlaufen* to run around naked; *er stand ganz nackt da* he was standing there absolutely starkers; *nackt schlafen* to sleep in the nude; *das nackte Leben retten* to escape with one´s bare life; **Nacktfrosch** *sub, m, -(e)s, -frösche (ugs.)* naked baby; **Nacktheit** *sub, f, , nur Einz. (vgl. nackt)* bareness, nakedness, nudity; **Nacktmodell** *sub, n, -s, -e* nude model; **Nacktschnecke** *sub, f, -, -n* slug **Nadel,** *sub, f, -, -n* needle; *(Häkel~)* hook; *(Steck~, Drucker~)* pin; *(ugs.) er sitzt wie auf Nadeln* he´s like a cat on hot bricks; *mit Nadel und Faden umgehen können* to be able to wield a needle and thread; *(ugs.) an der Nadel hängen* to be hooked on heroin; *(ugs.) von der Nadel kommen* to kick the habit; **~arbeit** *sub, f, -, -en* needlework; **~büchse** *sub, f, -, -n* pin tin; **nadelfertig** *adj,* ready for sewing; **nadel-**

förmig *adj*, needle-shaped; **~gehölze** *sub*, *n*, *nur Mehrz.* conifers; **~geld** *sub*, *n*, *-es*, *-er* pin-money; **~kissen** *sub*, *n*, *-s*, - pin-cushion; **~malerei** *sub*, *f*, *-*, *nur Einz.* embroidering of pictures
nadeln, *vi*, *(Baum)* shed (its needles)
Nadelöhr, *sub*, *n*, *-s*, *-e* eye of a needle; *eher geht ein Kamel durch ein Nadelöhr* it is easier for a camel to go through the eye of a needle; **Nadelspitze** *sub*, *f*, *-*, *-n* point (of a needle)
Nadir, *sub*, *m*, *-s*, *nur Einz.* nadir
Nagaika, *sub*, *f*, *-*, *-s* nagaika
Nagel, *sub*, *m*, *-s*, *-nägel* nail; *(ugs.) den Nagel auf den Kopf treffen* to hit the nail on the head; *(ugs.) der Nagel zu jmds Sarg sein* to be a nail in sb´s coffin; *(ugs.) etwas an den Nagel hängen* to chuck sth in; *(ugs.) Nägel mit Köpfen machen* to do the job properly; *(ugs.) sich etwas unter den Nagel reißen* to pinch sth
Nagelbett, *sub*, *n*, *-s*, *-en* bed of the nail; **Nagelbohrer** *sub*, *m*, *-s*, - gimlet; **Nagelbürste** *sub*, *f*, *-*, *-n* nailbrush; **Nagelfeile** *sub*, *f*, *-*, *-n* nailfile; **Nagellack** *sub*, *m*, *-s*, *-e* nail varnish
nageln, *vt*, nail
nagelneu, *adj*, *(ugs.)* brand new
nagen, **(1)** *vi*, *(knabbern)* nibble **(2)** *vti*, gnaw; *an einem Knochen nagen* to gnaw a bone; *wir haben nichts zu nagen noch zu beißen* we´ve eaten our last crust; **Nager** *sub*, *m*, *-s*, - rodent; **Nagetier** *sub*, *n*, *-s*, *-e* rodent
Nahaufnahme, *sub*, *f*, *-*, *-n* close-up
nahe, **(1)** *adj*, *(örtlich, Beziehung)* close; *(örtlich, zeitlich)* near **(2)** *adv*, *(eng)* closely; *(örtlich, zeitlich)* near **(3)** *präp*, on the verge of; *dem Wahnsinn nahe sein* to be on the verge of madness; *der Nahe Osten* the Middle East; *die nahe Zukunft* the near future; *gott ist uns nahe* god is nigh; *jmd zu nahe kommen* to get too close to sb; *(i. ü. S.) jmd zu nahe treten* to offend sb; *mit jmd nah verwandt sein* to be a near relative of sb´s; *nahe bei* close to; *nahe beieinander* close together; *Rettung ist nah´* help is at hand; *von nah und fern* from near and far; *von Nahem* at close quarters
Nähe, *sub*, *f*, *-*, *nur Einz.* *(örtlich)* proximity; *(örtlich, zeitlich)* closeness; *(Umgebung)* neighbourhood; *aus*

der Nähe at close quarters; *in der Nähe des Gebäudes* in the vicinity of the building; *in meiner Nähe* near me
nahe bringen, *vt*, *(jdm etwas)* bring sth home to sb; *(jdn jdm)* bring sb close to sb; **nahe gehen** *vi*, *(i. ü. S.)* upset; **nahe kommen** *vi*, get near; *das kommt der Wahrheit schon näher* that is getting nearer the truth; *einander nahe kommen* to become close; *jmd nahe kommen* to be on close terms with sb; **nahe liegen** *vi*, suggest itself; *der Gedanke lag nahe* the idea suggested itself; *der Verdacht liegt nahe* it seams reasonable to suspect; **nahelegen** *vt*, advise, suggest; *er legte mir nahe zu kündigen* he put it to me that I should resign; *jmd nahelegen etwas zu tun* to advise sb to do sth; *jmd etwas nahelegen* to suggest sth to sb
nahen, *vi*, *(poet.)* approach
nähen, **(1)** *vr*, *(gut, schlecht)* be easy/difficult sew **(2)** *vt*, *(Wunde)* stitch (up) **(3)** *vti*, sew; *von Hand genäht* hand sewn, *dieser Stoff näht sich sehr gut* this material is very easy to sew; *sich die Finger wund nähen* to sew one´s fingers to the bone
näher, **(1)** *adj*, *(genauer)* more detailed **(2)** *adj*, *adv*, *(örtlich, zeitlich)* closer; *(örtlich, zeitlich, Beziehung)* closer **(3)** *adv*, *(genauer)* in more detail; *bitte, treten Sie näher* just step up; **näherrücken** to approach; *die nähere Umgebung* the imediate vicinity; *die nähere Verwandtschaft* the immediate family; *dieser Weg ist näher* this road is shorter, *ich kenne ihn nicht näher* I don´t know him well; *jmdn näher kennenlernen* to get to know sb better; *sich mit etwas näher beschäftigen* to go into sth; **~ kommen** *vi*, get closer to; **~n (1)** *vr*, approach **(2)** *vt*, draw closer; *der Abend näherte sich seinem Ende* the evening was drawing to a close; **Näherung** *sub*, *f*, *-*, *-en (math.)* approximation
nahezu, *adv*, almost, nearly
Nahkampf, *sub*, *m*, *-s*, *-kämpfe (mil.)* close combat

Nähkästchen, *sub, n, -s, -* sewing box; **Nähmaschine** *sub, f, -, -n* sewing machine; **Nähnadel** *sub, f, -, -n* needle **nähren,** (1) *vr,* feed oneself (2) *vt,* feed; *(Hoffnungen)* build up; *sich von etwas nähren* to live on sth, *das Handwerk nährt seinen Mann* there´s good living to be made as a craftsman; *er sieht gut genährt aus* he looks well-fed; *er nährt den süßen Traum, berühmt zu werden* he has fond hopes of becoming famous; **nahrhaft** *adj, (Boden)* fertile; *(Essen)* nutritious; *ein nahrhaftes Essen* a square meal; **Nahrung** *sub, f, -, nur Einz.* food; *das gab der Sache neue Nahrung* that just added fuel to the fire; *er verweigerte jegliche Nahrung* he refused all nourishment; *flüssige/feste Nahrung* liquids/solids; *geistige Nahrung* intellectual stimulation

Nahrungskette, *sub, f, -, -n (biol.)* food chain; **Nahrungsmittel** *sub, n, -s, -* food (stuff)

Nährwert, *sub, m, -s, -e* nutritional value

Nähseide, *sub, f, -, -n* sewing-silk

Naht, *sub, f, -, Nähte* seam; *(med.)* stitches; *(tech.)* join; *aus allen Nähten platzen* to be bursting at the seams

Nahverkehr, *sub, m, -s, nur Einz.* local traffic

naiv, *adj,* naive; *(theat.) die Naive* the ingénue; **Naivität** *sub, f, -, nur Einz.* naivety; **Naivling** *sub, m, -s, -e* simpleton; *wie kann man bloß so ein Naivling sein?* how can anyone be so naive?

Name, *sub, m, -ns, -n* name; *das Kind beim Namen nennen* to call a spade a spade; *dazu geb´ ich meinen Namen nicht her* I won´t lend my name to that; *ein angenommener Name* an assumed name; *ein Pseudonym* a pseudonym; *ich kenne das Stück nur dem Namen nach* I´ve heard of the play but that´s all; *im Namen des Gesetzes* in the name of the law; *(ugs.) in Gottes Namen!* for heaven´s sake!; *mit Namen* by the name of; *unter dem Namen* under the name of; *wie war doch gleich Ihr Name?* what was the name?; **namenlos** (1) *adj,* nameless, unnamed; *(unsäglich)* unspeakable (2) *adv, (äußerst)* un-

speakably; *die Millionen der Namenlosen* the nameless millions; *er will namenlos bleiben* he wishes to remain anonymous; **~nnennung** *sub, f, -, -en* naming names; *auf Namennennung wollen wir doch verzichten* we don´t need to name names; **~nsgebung** *sub, f, -, -en* naming; *eine unglückliche Namensgebung* an unfortunate choice of name; **~nspapier** *sub, n, -s, -e (fin.)* registered security; **~nsschild** *sub, n, -s, -er* nameplate **~nstag** *sub, m, -s, -e* name day; **~nsvetter** *sub, m, -s, -n* namesake; **namentlich** (1) *adj,* by name (2) *adv, (besonders)* especially, in particular; *namentliche Abstimmung* roll call vote; *namentlicher Aufruf* roe call; *wir bitten, von einer namentlichen Aufführung der Spende abzusehen* we would request you to refrain from naming the donors; **namhaft** *adj,* famous, well-known; *(beträchtlich)* considerable; *namhaft machen* to identify

nämlich, (1) *adj, (veraltet; der/die/das ~)* same (2) *adv,* namely; *(jur.)* wit; *der/die/das Nämliche* the same; *mir schmeckt das nicht, da ist nämlich Ingwer drin* I don´t like this, it´s got ginger in it, you see

Nanosekunde, *sub, f, -, -n* nanosecond

Napalm, *sub, n, -s, nur Einz.* napalm; **~bombe** *sub, f, -, -n* napalm bomb

Napf, *sub, m, -s, Näpfe* bowl; **~kuchen** *sub, m, -s, -* ring-shaped poundcake

napoleonisch, *adj,* Napoleonic

Nappaleder, *sub, n, -s, -* napa leather

Narbe, *sub, f, -, -n* scar; *(bot.)* stigma; *(Gras~)* turf; *(Pocken~)* pock (mark); *die Narbe bleibt, auch wenn die Wunde heilt* deep down, you still bear the scars; *eine Narbe hinterlassen* to leave a scar; **narbig** *adj,* scarred

Narkose, *sub, f, -, -n* an(a)esthesia; **~arzt** *sub, m, -es, -ärzte* an(a)esthesist; **~maske** *sub, f, -, -n* an(a)esthetic mask; **Narkotikum**

sub, n, -s, -ka narcotic; **narkotisch**
adj, narcotic; *(Duft)* overpowering;
*der süße Geruch wirkte narkotisch
auf uns* the sweet smell had a drugli-
ke effect on us; **narkotisieren** *vt,*
drug
Narr, *sub, m, -en, -en* fool; *(Hof~)* jester; *den Narren spielen* to act the
fool; *die Narren werden nicht alle*
there´s one born every minute; *dieser verliebte Narr* this love-lorn fool;
einen Narren an jmd gefressen haben
to dote on sb; *jmdn zum Narren halten* to make a fool of sb; **narren** *vt,*
(geh.) make a fool of; **~enkappe** *sub,*
f, -, -n fool´s cap; **narrensicher** *adj,*
foolproof; **~ensposse** *sub, f, -, -n* act
of stupidity; **~enzepter** *sub, n, -s, -*
fool´s sceptre; *das Narrenzepter führen* to carry the fool´s sceptre; **närrisch** *adj,* foolish; *(verrückt)* mad;
das närrische Treiben Fasching celebrations; *die närrischen Tage* Fasching; *ganz närrisch auf jmdn sein*
to be mad on sb; *sich wie närrisch
gebärden* to act like a madman
Narwal, *sub, m, -s, -e* narwhal
Narziss, *sub, m, -es, -e (poet.)* Narcissus; **~e** *sub, f, -, -n* narcissus; **~mus**
sub, m, -, nur Einz. narcissism; **~t**
sub, m, -en, -en (psych.) narcissist;
narzisstisch *adj,* narcissistic
nasal, *adj,* nasal; *nasaler Ton* nasal
twang; **~ieren** *vti,* nasalize; **Nasalierung** *sub, f, -, -en* nasalization
naschen, (1) *vi,* eat sweet things **(2)**
vti, nibble; *darf ich mal naschen?* can
I try a bit?; *er hat von allem nur
genascht* he only had a taste of everything; *die Kinder haben den ganzen
Tag nur genascht* the children have
been nibbling all day; *er nascht gern*
he has a sweet tooth; **Nascherei** *sub,*
f, -, -en nibbling; *(nur Mehrz., Süßigkeiten)* sweets and biscuits; **naschhaft** *adj,* fond of sweet things; *sei
nicht so naschhaft* you and your
sweet tooth; **naschsüchtig** *adj,* craving for sweet things
Naserümpfen, *sub, n, -s, nur Einz.*
wrinkling up one´s nose; *mit Naserümpfen reagieren* to turn one´s
nose up at sth; **naserümpfend** *adj,*
screwing up one´s nose; *die nase-
rümpfenden Eltern* the disapproving
parents; **naseweis (1)** *adj,* cheeky;

(neugierig) nos(e)y; *(vorlaut)* precocious **(2) Naseweis** *sub, m, -es,*
-e (neugierig) nos(e)y parker; *(vorlaut)*
(überschlau) wise guy; *(vorlaut)*
cheeky brat
Nashorn, *sub, n, -s, -hörner* rhino
Nasigoreng, *sub, n, -s, -s* nasi goreng
nass, *adj,* wet; *durch und durch
nass* wet through; *ein nasses Grab*
a watery grave; *nun mach dich bloß
nicht nass!* keep your shirt/hair
on!; *ordentlich nass werden* get a
good ducking; *sich nass machen* to
wet oneself; *wie ein nasser Sack*
like a wet rag
Nassauer, *sub, m, -s, - (ugs.)* scrounger
Nässe, *sub, f, -, nur Einz.* moisture,
wetness; **nässen (1)** *vi, (Wunde)*
weep **(2)** *vt,* dampen; *das Bett nässen* to wet the bed; **nassforsch** *adj,*
brash; **nasskalt** *adj,* chilly and
damp; **Nassrasierer** *sub, m, -s, -*
wet-shaver
naszierend, *adj,* arising
Natalität, *sub, f, -, nur Einz.* natality
Nation, *sub, f, -, -en* nation; **national** *adj,* national; **nationalbewusst** *adj,* nationally conscious;
~albewusstsein *sub, n, -s, nur
Einz.* national consciousness;
~alelf *sub, f, -, -en* international
(football) team; **~alflagge** *sub, f, -,
-n* national flag; **~algarde** *sub, f, -,
-n* National Guard; **~alheld** *sub,
m, -en, -en* national hero; **~alhym-
ne** *sub, f, -, -n* national anthem;
nationalisieren *vt,* nationalize;
~alismus *sub, m, -, nur Einz.* na-
tionalism; **~alist** *sub, m, -en, -en*
nationalist; **nationalistisch** *adj,*
nationalist; **~alität** *sub, f, -, -en* nationality
Nationalliga, *sub, f, -en* national
league; **Nationalökonomie** *sub, f,
-, -n* economics
Nationalsozialismus, *sub, m, -, nur
Einz.* National Socialism; **Nationalsozialist** *sub, m, -en, -en* National
Socialist; **nationalsozialistisch**
adj, National Socialist
Nationaltanz, *sub, m, -es, -tänze* national dance; **Nationaltracht** *sub,
f, -, -en* national costume; **Nationalversammlung** *sub, f, -, -en* Natio-

nal Assembly
Natrium, *sub, n, -s, nur Einz.* sodium
Natron, *sub, n, -s, nur Einz.* sodium compound
Natter, *sub, f, -, -n* adder, viper; **~nbrut** *sub, f, -, nur Einz. (i. ü. S.)* viper´s brood
Natur, *sub, f, -, -en (Beschaffenheit)* nature; *f, -, nur Einz. (freies Land)* countryside; *(Kosmos, Naturzustand)* nature; *f, -, -en (Mensch)* type; *eine eiserne Natur haben* to have a cast-iron constitution; *eine Frage allgemeiner Natur* a question of a general nature; *es liegt in der Natur der Dinge* it is in the nature of things; *sein Haar ist von Natur aus blond* his hair is naturally blond; *sie sind von Natur aus wirksam* they are effective by nature; *zurück zur Natur!* back to nature!; *Gottes freie Natur* the open countryside; *in der freien Natur* in the open countryside; *Natur und Kultur* nature and civilization; *sie ist ein Meisterwerk der Natur* she´s one of Nature´s masterpieces; *wider die Natur sein* to be unnatural; *das entspricht nicht meiner Natur* it´s not in my nature; *sie ist eine gutmütige Natur* she´s a good-natured type; **~alien** *sub, nur Mehrz.* natural produce; *Handel mit Naturalien* barter with goods; *in Naturalien bezahlen* to pay in kind; **~alisation** *sub, f, -, -en* naturalization; **naturalisieren** *vt, (jur.)* naturalize; **~alismus** *sub, m, -, nur Einz.* naturalism; **~alist** *sub, m, -en, -en* naturalist; **~alistin** *sub, f, -, -nen* naturalist; **naturalistisch** *adj,* naturalistic
naturfarben, *adj,* natural-coloured; **Naturfreund** *sub, m, -s, -e* naturelover; **Naturgefühl** *sub, n, -s, nur Einz.* feeling for nature; **naturgegeben** *adj,* natural; **Naturgesetz** *sub, n, -es, -e* law of nature; **naturgetreu** *adj,* lifelike; *(in Lebensgröße)* life-size; *etwas naturgetreu wiedergeben* to reproduce sth true to life; **Naturheilkunde** *sub, f, -, nur Einz.* nature healing
natürlich, (1) *adj,* natural **(2)** *adv,* naturally; *(selbstverständlich)* of course; *die natürlichste Sache der Welt* the most natural thing in der Welt; *eines natürlichen Todes ster-*

...en to die a natural death; es geht ...cht mit natürlichen Dingen zu I *...nell a rat; es ist doch nur zu na-...rlich, dass it´s* only natural that; *... seiner natürlichen Größe* life-*...ze; natürliche Auslese* natural se-*...ction, die Krankheit verlief ganz ...itürlich* the illness took its natu-*...l* course; **Naturmensch** *sub, m, ...n, -en* child of nature; **Naturpro-...ukt** *sub, n, -s, -e* natural product; *...aturrein adj,* natural, pure; **Na-...rschutz** *sub, m, -es, nur Einz.* conservation; *unter Naturschutz ...ehen* to be listed; **Naturschutz-...ebiet** *sub, n, -s, -e* nature reserve; **...aturtalent** *sub, n, -s, -e* natural prodigy; *sie ist ein Naturtalent ...e´s* a natural; **naturwidrig** *adj,* unnatural; *(nicht normal)* abnor-*...al*
Na...urwissenschaft, *sub, f, -, -en* natural science; **Naturwunder** *sub, ..., -s, -* miracle of nature; **Naturzu-...tand** *sub, m, -s, -stände* natural *...ate*
Na...sea, *sub, f, -, nur Einz.* nausea
Na...tik, *sub, f, -, nur Einz.* navigati-on; **~er** *sub, m, -s, -* navigator; **Nau-...lus** *sub, m, -, -se* nautilus; **...autisch** *adj,* navigational; *(In-...rumente, Ausbildung)* nautical; *...autische Meile* sea mile
Na...elorange, *sub, f, -, -n* navel oran-*...e*
Na...igation, *sub, f, -, nur Einz.* navi-...ation; **Navigator** *sub, m, -s, -en ...avigator;* **navigieren** *vti,* navigate
Na...ibarbarei, *sub, f, -, -en* Nazi bar-...rity; **Nazidiktatur** *sub, f, -, nur ...inz.* Nazi dictatorship; **Nazizeit** *... b, f, -, nur Einz.* Nazi period
Ne...andertaler, *sub, m, -s, -* Nean-...erthal man
Ne...politaner, *sub, m, -s, -* Neapoli-...an
Ne...el, *sub, m, -s, -* mist; *(poet.)* fog; *(...str.)* nebula; *bei Nacht und Nebel ...t* the dead of night; *bei Nebel* in *...ist; über der ganzen Sache lag ein ...ebel* the whole affair was shrou-...ed in mystery; **~bildung** *sub, f, -, ...n* fog; *stellenweise Nebelbildung ...ggy* patches; **nebelig** *adj,* misty; *(...chter)* foggy; **~krähe** *sub, f, -, -n ...oded* crow; **~werfer** *sub, m, -s,*

- *(mil.)* multiple rocket launcher
neben, *präp, (außer)* apart from, besides; *(örtlich)* beside, next to; *(verglichen mit)* compared to; *du sollst keine anderen Götter neben mir haben!* thou shalt have no other gods before me!; *neben anderen Dingen* amongst other things; *er fuhr neben dem Zug her* he kept level with the train; *er ging neben ihr* he walked beside her; *ich stelle ihn neben die größten Musiker des 20 Jahrhunderts* I rank him among the greatest musicians of the 20th century
Nebenabrede, *sub, f, -, -n (jur.)* supplementary agreement; **Nebenabsicht** *sub, f, -, -en* secondary aim; **Nebenamt** *sub, n, -s, -ämter (Nebenberuf)* secondary office; *(Zweigstelle)* local exchange; **nebenamtlich** *adj,* secondary; *das macht er nur nebenamtlich* he does that just as a secondary occupation; **Nebenarbeit** *sub, f, -, -en (Zusatzarbeit)* extra work; *(Zweitberuf)* second job; **Nebenausgabe** *sub, f, -, -n* incidental expense; **Nebenausgang** *sub, m, -s, -gänge* side exit
nebenbei, *adv, (außerdem)* additionally; *(beiläufig)* incidentally; *(gleichzeitig)* at the same time; *die nebenbei entstandenen Kosten* the additional expenses; *das mache ich so nebenbei* that´s just a sideline; *nebenbei bemerkt* by the by(e); *etwas nebenbei machen* to do sth on the side
Nebenbeschäftigung, *sub, f, -, -en (Ablenkung)* something else do; *(Zweitberuf)* second job; **Nebenbuhler** *sub, m, -s, -* rival; **Nebeneffekt** *sub, m, -s, -e* side effect; **nebeneinander (1)** *adv, (räumlich)* side by side; *(zeitlich)* simultaneously **(2) Nebeneinander** *sub, n, -s, nur Einz.* juxtaposition; *sie gingen nebeneinander durchs Ziel* they were neck and neck at the finish; *zu dritt nebeneinander* three abreast; **nebeneinanderher** *adv,* side by side; *sie leben nur noch nebeneinanderher* they are just two people living in the same house; **Nebenerwerb** *sub, m, -s, -e* second occupation; **Nebenfluss** *sub, m, -es, -flüsse* tributary; **Nebengedanke** *sub, m, -ns, -n* ulterior motive; **Nebengestein** *sub, n, -s, -e (min.)* coun-

ty rock
nebenher, *adv, (gleichzeitig)* simultaneously; *(zusätzlich)* in addition
nebenordnen, *vt, (gramm.)* coordinate; **Nebenordnung** *sub, f, -, -en* coordination
Nebenprodukt, *sub, n, -s, -e* by-product
Nebensache, *sub, f, -, -n* minor matter, triviality; *das ist Nebensache* that´s not the point; **nebensächlich** *adj,* minor; *etwas als nebensächlich abtun* to dismiss sth as beside the point
Nebensaison, *sub, f, -, -s* low season
nebenstehend, *adj,* in the margin; *nebenstehende Abbildung* illustration opposite; *nebenstehende Erklärungen* explanations in the margin
Nebenstelle, *sub, f, -, -n (telek.)* extension; *(wirt.)* branch; **Nebenstraße** *sub, f, -, -n (Land)* minor road; *(Stadt)* side street; **Nebenstrecke** *sub, f, -, -n (Bahn)* branch line; **Nebenwirkung** *sub, f, -, -en* side effect; **Nebenwohnung** *sub, f, -, -en* flat next door; *(Zweitwohnung)* second flat; **Nebenzimmer** *sub, n, -s, -* next room
neblig, *adj,* misty; *(dichter)* foggy; **nebulös** *adj,* nebulous; *er redete so nebulöses Zeug* he was so woolly
nebst, *präp,* together with; *viele Grüße, Euer Andreas nebst Gattin* greetings from Andreas and wife
Neck, *sub, m, -en, -en (myth.)* water sprite; **necken** *vt,* tease; *einander necken* to have a tease; ~**erei** *sub, f, -, -en* teasing; *was sich neckt, das liebt sich* teasing is a sign of affection; **neckisch** *adj, (Kleid, Frisur)* coquettish; *(scherzhaft)* merry; *(Spielchen)* mischievous; *(Unterhaltung)* bantering
Neffe, *sub, m, -n, -n* nephew
Negation, *sub, f, -, -en* negation; **negativ (1)** *adj,* negative **(2) Negativ** *sub, n, -s, -e* negative; *das Untersuchungsergebnis war negativ* the examination proved negative; *etwas negativ aufladen* to put a negative charge on sth; *jmd auf eine Frage negativ antworten* to answer sb´s question in the negative; *sich negativ zu etwas äußern* to speak nega-

tively about sth; **Negativbild** *sub, n,
-es, -bilder* negative; **Negativimage**
sub, n, -s, -s negative image; **Negativität** *sub, f, -, nur Einz.* negativeness
Neger, *sub, m, -s, -* negro; *angeben wie
10 nackte Neger* to shoot big mouth
off; **~kuss** *sub, m, -es, -küsse* chocolate marshmellow; **~sklave** *sub, m,
-n, -n* negro slave
negieren, *vt, (leugnen)* deny; *(verneinen)* negate
Negligé, *sub, n, -s, -s* négligé; **Negligee** *sub, m, -s, -s* négligé
negrid, *adj,* negro; **Negride** *sub, m, f,
-n, -n* negro; **negroid** *adj,* negroid
nehmen, *vti,* take; *(behandeln)* handle; *(berechnen)* charge; *(Schmerz)*
take away; *(Schwierigkeiten)* overcome; *(Sicht versperren)* block; *(Zutaten benutzen)* use; *der Patient
konnte nichts zu sich nehmen* the
patient has been unable to take nourishment; *etwas an sich nehmen* to
take charge of sth; *etwas in die Hand
nehmen* to pick sth up; *sich eine Frau
nehmen* to take a wife; *sie nimmt die
Pille* she´s on the pill; *etwas als ein
Zeichen nehmen* to take sth an omen;
ich weiß, wie man ihn nehmen muss
I know how to handle him; *wie man
es nimmt* depending on your point of
view; *der Herr hat´s gegeben, der
Herr hat´s genommen* the Lord giveth and the Lord taketh away; *die
Nehmenden und die Gebenden* the
takers and the givers; *er ist immer der
Nehmende* with him it´s just take take
take; *etwas nehmen, wie es kommt* to
take sth as it comes; *Gott hat ihn zu
sich genommen* he has been called
home to his maker; *jmdn nehmen
wie er ist* to take sb as he is; *jmdn zu
sich nehmen* to take sb in; *was nehmen Sie dafür?* how much will you
take for it?; *er ließ es sich nicht nehmen* he insisted on; *jmd den Glauben
nehmen* to deprive sb of his faith; *jmd
die Angst nehmen* to stop sb being
afraid; *jmd die Hoffnung nehmen* to
take away sb´s hope; *sie nehmen sich
nichts* there´s nothing to choose between them; *woher nehmen und
nicht stehlen* where on earth am I
going to find any?; *das Auto nahm
den Berg im 3Gang* the car took the
hill in 3rd gear; *man nehme* take; *sich

einen Anwalt nehmen to get a lawyer; *sich noch etwas nehmen* to
help oneself to sth more
Neid, *sub, m, -es, nur Einz.* envy,
jealousy; *der Neid der Besitzlosen*
sour grapes; *grün vor Neid* green
with envy; *vor Neid platzen* to die
of envy; *aus Neid* out of jealousy;
das muss ihm der Neid lassen you
have to say that much for him; *jmds
Neid erregen* to make sb jealous;
~er *sub, m, -s, -* envious/jealous
person; *viele Neider haben* to be
much envied; **neiderfüllt** *adj,* filled with envy; **~hammel** *sub, m,
-s, - (ugs.)* envious person; **neidisch** *adj,* envious, jealous; *mit
neidischen Blicken betrachten* to
cast covetous glances at sth; *auf
jmdn neidisch sein* to be jealous of
sb; **neidvoll** *adj,* filled with envy
Neige, *sub, f, -, -n* remains; *das Glas
bis zur Neige leeren* to drain the
cup to the dregs; *den bitteren Kelch
bis zur Neige leeren* to drain the
bitter cup; *die Vorräte gehen zur
Neige* the provisions are fast becoming exhausted; *etwas bis zur
Neige auskosten* to savour sth to
the full; *zur Neige gehen* to draw to
an end; **neigen (1)** *vi, (tendieren)*
tend (to) **(2)** *vtr,* bend; *(kippen)*
incline; *(verneigen, unter Last)*
bow; *er neigt zum Alkohol* he has a
tendency to drink; *er neigt zum
Sozialismus* he tends toward socialism; *zu der Ansicht neigen* to tend
towards the view, *die Waagschale
neigt sich zu seinen Gunsten* the
tide is turning in his favour; *geneigte Ebene* sloping surface; *sich nach
vorn neigen* to bend forwards; *geneigte Ebene* incline; *(geh.) die
Bäume neigen ihre Zweige bis zur
Erde* the trees bow their branches
to the ground; *mit seitwärts geneigtem Kopf* with the head held on
one side; **Neigung** *sub, f, -, -en (das
Neigen)* inclination; *(Tendenz)* tendency; *f, -, nur Einz. (Zuneigung)*
affection; *er hat eine Neigung zum
Geiz* he has a tendency to be mean;
*keine Neigung verspüren, etwas zu
tun* to feel no inclination to do sth;
künstlerische Neigungen artistic leanings; *jmds Neigung erwidern* to

return sb´s affection; *zu jmd eine Nei-gung fassen* to take a liking to sb
nein, (1) *adv*, no (2) **Nein** *sub*, *n*, *-s*, *nur Einz*. no; *aber nein!* certainly not; *Hunderte, nein Tausende* hundreds, nay/no thousands; *nein und noch-mals nein* for the last time - no!; *nein, dass du dich mal wieder sehen lässt!* fancy seeing you again!; *nein, sowas!* well I never!, *bei seinem Nein bleiben* to stick to one´s refusal; *mit Ja oder Nein stimmen* to vote yes or no
Nekromantie, *sub*, *f*, *-*, *nur Einz*. necromancy; **Nekrophilie** *sub*, *f*, *-*, *nur Einz*. necrophilia; **Nekrose** *sub*, *f*, *-*, *-n* necrosis; **nekrotisch** *adj*, necrotic
Nektar, *sub*, *m*, *-s*, *nur Einz*. nectar; **~ine** *sub*, *f*, *-*, *-n* nectarine
Nelke, *sub*, *f*, *-*, *-en (Blume)* carnation; *(Gewürz)* clove; **~nstrauß** *sub*, *m*, *-es*, *-sträuße* bouquet of carnations
Nemesis, *sub*, *f*, *-*, *nur Einz*. nemesis
nennen, (1) *vr*, call oneself (2) *vt*, call; *(einene Namen geben, aufzählen)* name; *(erwähnen)* mention; *er nennt sich nur so* that´s just what he calls himself; *und sowas nennt sich Hu-mor* and he calls himself funny, *das nenne ich Mut* that´s what I call cou-rage; *Ludwig II, genannt der Mär-chenkönig* Ludwig II, known as the Fairytale King; *sein eigen nennen* to have sth to one´s name; *die genann-ten Dialekte* the dialects mentioned; *jmdn nach jmd nennen* to name sb after/for (US) sb; *können Sie mir ei-nen guten Anwalt nennen?* could you give me the name of a good lawyer?; *das (weiter dim) Genannte* the abo-ve; *das genannte Museum* the above-mentioned museum; **~swert** *adj*, considerable; *nicht nennenswert* negligible; *nichts Nennenswertes* nothing of any consequence
Nennformsatz, *sub*, *m*, *-es*, *-sätze* in-finitive clause; **Nennwert** *sub*, *m*, *-s*, *-e (fin.)* nominal value
Neofaschismus, *sub*, *m*, *-*, *nur Einz*. neo-fascism; **Neofaschist** *sub*, *m*, *-en*, *-en* neo-fascist
neolithisch, *adj*, neolithic
Neologismus, *sub*, *m*, *-*, *-men* neolo-gism
Neon, *sub*, *n*, *-s*, *nur Einz*. neon; **~re-klame** *sub*, *f*, *-*, *-n* neon sign; **~röhre** *sub*, *f*, *-*, *-n* neon tube

nepalesisch, *adj*, Nepalesian
Neper, *sub*, *n*, *-s*, *nur Einz*. neper
Nephoskop, *sub*, *n*, *-s*, *-e* nephos-cope; **Nephrit** *sub*, *m*, *-s*, *-e* kidney stone
Nerv, *sub*, *m*, *-s*, *-en* nerve; *das geht mir auf die Nerven* it gets on my nerves; *das kostet Nerven* it´s a strain on the nerves; *den Nerv ha-ben, etwas zu tun* to have the nerve to do sth; *der hat vielleicht Nerven!* he´s got a nerve!; *die Nerven sind mit ihm durchgegangen* he snap-ped; *er hat trotz allem die Nerven behalten* in spite of everything he didn´t lose his cool; *jmd den letz-ten Nerv rauben* to shatter sb´s ner-ve; *jmdn am Nerv treffen* to touch a raw nerve; *leicht die Nerven ver-lieren* to scare easily; *Nerven wie Drahtseile haben* to have nerves of steel; *schwache Nerven haben* to have weak nerves; **nerven** *vt*, get on sb´s nerves; **~enärztin** *sub*, *f*, *-*, *-nen* neurologist; **~enbündel** *sub*, *n*, *-s*, *-* fascicle; **~enkitzel** *sub*, *m*, *-s*, *-* thrill; **~enklinik** *sub*, *f*, *-*, *-en* psychatric clinic; **~enkostüm** *sub*, *n*, *-s*, *-e (ein starkes/schwaches ~ haben)* have strong/weak nerves; **~enkraft** *sub*, *f*, *-*, *-kräfte* strong nerves; **nervenkrank** *adj*, mental-ly disturbed; **~enkrieg** *sub*, *m*, *-s*, *-e* war of nerves; **~enkrise** *sub*, *f*, *-*, *-n* mental crisis; **~enleiden** *sub*, *n*, *-s*, *-* nervous complaint; **~enprobe** *sub*, *f*, *-*, *-n* trial
Nervensache, *sub*, *f*, *-*, *-n* question of nerves; *reine Nervensache!* it´s all a question of nerves; **Nerven-schock** *sub*, *m*, *-s*, *-s* nervous shock; **nervenstark** *adj*, with strong nerves; **Nervenstärke** *sub*, *f*, *-*, *nur Einz*. strong nerves; **Ner-vensystem** *sub*, *n*, *-s*, *-e* neural sy-stem; **Nervenzusammenbruch** *sub*, *m*, *-s*, *-brüche* nervous break-downs
nervig, *adj*, irritating; *(Hand/Ge-stalt)* wiry; **nervlich** *adj*, concer-ning sb´s nerves; **nervös** *adj*, nervous; **Nervosität** *sub*, *f*, *-*, *-en* nervousness
Nerz, *sub*, *m*, *-es*, *-e* mink; **~farm** *sub*, *f*, *-*, *-en* mink farm; **~fell** *sub*, *n*, *-s*, *-e* mink fur

Nessel, *sub, f, -, -n* nettle; *m, -s, nur Einz.* cotton; *sich in die Nesseln setzen* to put oneself in a spot; **~fieber** *sub, n, -s, nur Einz.* nettle rash; **~qualle** *sub, f, -, -n* nettle jellyfish
Nessessär, *sub, n, -s, -s* work basket
Nest, *sub, n, -es, -er* nest; *das Nest leer finden* to find the birds have flown; *ein Nest von Dieben* a den of thieves; *sein eigenes Nest beschmutzen* to fowl one´s own nest; *sich ins gemachte Nest setzen* to marry (into) money; **nesteln** *vt, (an etwas herum~)* fumble around with sth; **~flüchter** *sub, m, -s, - (i. ü. S.)* bird who leaves the nest early; **~häkchen** *sub, n, -s, -* baby of the family; **~hokker** *sub, m, -s, - (i. ü. S.)* bird that stays a long time in its nest; **nestwarm** *adj,* warm from the nest; **~wärme** *sub, f, -, nur Einz.* happy home life
nett, *adj,* nice; *(iron.)* great; *(hübsch)* cute; *ein ganz nettes Sümmchen* a nice little sum; *Michael war so nett und hat abgewaschen* Michael very nicely did the washing-up; *nett, dass Sie gekommen sind* good of you to come; *sei so nett und hol die Post* would you mind getting the mail in?; *was Netteres ist dir wohl nicht eingefallen* you do say some nice things; **~erweise** *adv,* kindly
netto, *adv,* net; **Nettoertrag** *sub, m, -s, -erträge* net profit; **Nettogewicht** *sub, n, -s, -e* net weight; **Nettogewinn** *sub, m, -s, -e* net profit; **Nettoregistertonne** *sub, f, -, -n* net register ton
Netz, *sub, n, -es, -e* net; *(Gepäck~)* rack; *(Spinnen~)* web; *ans Netz gehen* to go up to the net; *das soziale Netz* the social security net; *das Werk musste vom Netz genommen werden* the power station had to be shut down; *ins jmds Netz geraten* to fall into sb´s clutches; *jmd durchs Netz schlüpfen* to give sb the slip; *sich im eigenen Netz verstricken* to behoist with one´s own petard
Netzanschluss, *sub, m, -es, -anschlüsse* mains connection; **Netzball** *sub, m, -es, -bälle (spo.)* netball; **netzen** *vt, (geh.)* wet; **Netzflügler** *sub, m, -s, - neuropter; **Netzhaut** *sub, f, -, -häute* retina; **Netzhemd** *sub, n, -s, -en (brit.)* string vest; *(US)* undershirt; **Netzplan** *sub, m, -s, -pläne* critical path; **Netzspannung** *sub, f, -, -en* mains voltage; **Netzspieler** *sub, m, -, -* net player; **Netzstecker** *sub, m, -s, -* mains plug; **Netzwerk** *sub, n, -s, -e* network

neu, *adj,* fresh, new; *(kürzl. entstanden)* recent; *(Wäsche)* clean; *(Wein)* young; **~artig** *adj,* new; **Neuartigkeit** *sub, f, -, -en* novelty
Neuaufnahme, *sub, f, -, -n (Gerichtsverfahren)* re-opening; **Neubau** *sub, m, -s, -ten* new building; **Neubekehrte** *sub, m, f, -n, -n* fresh convert; **Neubesetzung** *sub, f, -, -en* replacement; *(theat.)* recasting
Neuenburger, *sub, m, -s, -* inhabitant of Neuenburg; **neuenglisch** *adj,* modern English
neuerdings, *adv,* recently; **Neueröffnung** *sub, f, -, -en* reopening; **Neuerung** *sub, f, -, -en* innovation; **Neuerwerbung** *sub, f, -, -en* new acquisition
neugeboren, *adj,* newborn; **Neugeborene** *sub, n, -n, -n* newborn child
Neugründung, *sub, f, -, -en* founding; *(Wiederbegründung)* re-establishment
Neuguineerin, *sub, f, -, -nen* New Guinean; **neuguineisch** *adj,* New Guinean; **neuhebräisch** *adj,* modern Hebrew
Neuheit, *sub, f, -, -en* innovation; *f, - nur Einz.* novelty; **Neuigkeit** *sub, f, -, -en* news; **Neuinszenierung** *sub, f, -, -en* new production
Neujahr, *sub, n, -s, nur Einz.* New Year; *jmd zu Neujahr gratulieren* to wish sb a Happy New Year; *Neujahr feiern* to celebrate the New Year; *Prosit Neujahr!* to the New Year!; **~sfest** *sub, n, -es, -e* New Year´s Day; **~sgruß** *sub, m, -es, -grüße* New Year greetings; **~stag** *sub, m, -es, -e* New Year´s Day
neulich, *adv,* recently, the other day
Neuling, *sub, m, -s, -e* newcomer; *(pej.)* greenhorn; **Neumond** *sub, m, -s, -e* new moon
neun, *num, num,* nine; *alle neune!* strike!; *er warf alle neune* he got a strike
Neunauge, *sub, n, -s, -n* lamprey
neuneinhalb, *num,* nine and a half;

neunerlei (1) *num*, nine (different) kinds of (2) *num.*, ninefold; **neunfach** *num*, nine times; **neunhundert** *num*, nine hundred; **neunmalklug** *adj*, *(iron.)* smart-aleck; **neunstellig** *adj*, nine digits **neunstöckig**, *adj*, nine storey; **neunstündig** *adj*, nine hour; **neuntausend** *num*, nine thousand; **Neuntel** *sub*, *n*, *-s*, - ninth **Neuntöter**, *sub*, *m*, *-s*, - *(orn.)* red-bakked shrike **Neuphilologie**, *sub*, *f*, *-*, *nur Einz.* modern languages **Neupreis**, *sub*, *m*, *-es*, *-e* original price **Neuralgie**, *sub*, *f*, *-*, *-n* neuralgia; **Neuralgiker** *sub*, *m*, *-s*, - person suffering from neuralgia; **neuralgisch** *adj*, neuralgic; *dieses Thema ist ein neuralgischer Punkt* this topic is a trouble spot; *ein neuralgischer Punkt* a trouble area **Neuregelung**, *sub*, *f*, *-*, *-en* revision **neureich**, *adj*, nouveau riche **Neuron**, *sub*, *n*, *-s*, *-en* neuron; **neuronal** *adj*, neuronal **Neurose**, *sub*, *f*, *-*, *-n* neurosis; **Neurotiker** *sub*, *m*, *-s*, - neurotic; **Neurotikerin** *sub*, *f*, *-*, *-nen* neurotic; **neurotisch** *adj*, neurotic **Neuschöpfung**, *sub*, *f*, *-*, *-en* new creation **Neuseeland**, *sub*, *m*, *-s*, *nur Einz.* New Zealand; **Neuseeländer** *sub*, *m*, *-s*, - New Zealander **Neutralisation**, *sub*, *f*, *-*, *-en* neutralisation; **neutralisieren** *vt*, neutralize; **Neutralisierung** *sub*, *f*, *-*, *-en* neutralisation; **Neutralität** *sub*, *f*, *-*, *nur Einz.* neutrality **Neutron**, *sub*, *n*, *-s*, *-en* neutron; **~enbombe** *sub*, *f*, *-*, *-n* neutron bomb **Neutrum**, *sub*, *n*, *-s*, *Neutren oder Neutra (gram.)* neuter **Neuvermählte**, *sub*, *m*, *f*, *-n*, *-n* newlywed; **Neuwagen** *sub*, *m*, *-s*, *-wägen* new car; **Neuwert** *sub*, *m*, *-s*, *nur Einz.* value when new **Neuzeit**, *sub*, *f*, *-*, *nur Einz.* modern age; **neuzeitlich** *adj*, modern **Neuzüchtung**, *sub*, *f*, *-*, *-en* new breed, new variety; **Neuzulassung** *sub*, *f*, *-*, *-en* registration of a new vehicle **Newcomer**, *sub*, *m*, *-s*, - newcomer **News**, *sub*, *f*, *nur Mehrz.* news **Nexus**, *sub*, *m*, *-*, - nexus

Nibelunge, *sub*, *m*, *-n*, *-n* Nibelung; **~nsage** *sub*, *f*, *-*, *nur Einz.* Nibelungenlied **Nicaraguaner**, *sub*, *m*, *-s*, - Nicaraguan **nicht**, *adv*, not; *alle lachten, nur er nicht* everybody laughed except him; *alles, nur das nicht* anything but that; *das war´s, nicht?* that´s it, right?; *er kommt nicht, nicht wahr?* he isn´t coming, is he?; *er küsst gut, nicht wahr?* he kisses well, doesn´t he?; *er raucht nicht* he does not smoke; *ich weiß auch nicht, warum* I really don´t know why; *ich weiß das nicht - ich auch nicht* I don´t know - neither do I; *nicht berühren!* do not touch; *nicht doch!* stop it!; *nicht einmal* not even; *nicht mehr* not any longer; *nicht mehr als* no more than; *nicht rauchen!* no smoking; *nicht-* non-; *tu´s nicht* don´t do it; *was der Sabine nicht alles einfällt* the things Sabine comes up with **Nichtchrist**, *sub*, *m*, *-en*, *-en* non-Christian; **nichtchristlich** *adj*, non-Christian **Nichte**, *sub*, *f*, *-*, *-n* niece **nichtehelich**, *adj*, *(Kind)* illegitimate **nichtig**, *adj*, *(unbedeutend)* trivial; *(ungültig)* invalid, void; *die nichtigen Dinge dieser Welt* the vain things of this life; *etwas für nichtig erklären* to declare sth invalid; *für null und nichtig erklären* to declare sth null and void; **Nichtigkeit** *sub*, *f*, *-*, *-en (Bedeutungslosigkeit, Kleinigkeit)* triviality; *(Ungültigkeit)* invalidity, voidness **Nichtraucher**, *sub*, *m*, *-s*, - non-smoker; *ich bin Nichtraucher* I don´t smoke **nichts**, (1) *pron*, nothing; *(bedingend, fragend auch)* not ... anything (2) **Nichts** *sub*, *n*, *-*, *nur Einz. (Leere)* emptiness; *(phil.)* nothingness; *das ist nichts für mich* not my cup of tea; *das war wohl nichts* you can´t win them all; *er ist zu nichts nutze* he´s useless; *für nichts und wieder nichts* for damn all; *ich weiß nichts* I know nothing; *ich weiß nichts Genaues* I don´t know any details; *nichts da!* no you don´t!; *nichts Neues* nothing new; *nichts von Bedeutung* nothing of any importance; *nichts wie raus* let´s get out; *nichts zu danken* not at all; *nichts zu machen* you´ve had that; *nichts anderes als* anything but; *nichts mehr* not anything more, *etwas aus dem Nichts erschaffen* to create sth out of the void; *alle seine Hoffnungen endeten im Nichts* all his hopes came to nought; *dieser Physiker ist aus dem Nichts aufgetaucht* this physicist sprang out from nowhere; *vor dem Nichts stehen* to be left with nothing; ~**destoweniger** *adv*, nevertheless; **Nichtskönner** *sub, m, -s, -* incompetent person; *er ist ein Nichtskönner* he is (worse than) useless; **Nichtsnutz** *sub, m, -es, -e* good-for-nothing; ~**nutzig** *adj*, good-for-nothing; **Nichtstuer** *sub, m, -s, -* idler; ~**würdig** *adj*, base; *(Mensch auch)* worthless; *du Nichtswürdiger!* base wretch!

Nichttänzer, *sub, m, -s, -* non-dancer; *ich bin Nichttänzer* I don´t dance

nichtzielend, *adj, (gramm.)* intransitive

Nickel, *sub, n, -s, nur Einz.* nickel

Nickelbrille, *sub, f, -, -n* metal-rimmed glasses; **Nickelmünze** *sub, f, -, -n* nickel coin

nicken, *vi,* nod; *ein leichtes Nicken* a slight nod; *mit dem Kopf nicken* to nod one´s head

Nickerchen, *sub, n, -s, - (ugs.)* nap; *ein Nickerchen machen* to take forty winks

Nickhaut, *sub, f, -, -häute* nictating

nie, *adv,* never; *fast nie* hardly ever; *nie im Leben!* not on your life!; *nie mehr* never again; *nie und nimmer* never ever

nieder, (1) *adj, (niedrig; auch Triebe, Kulturstufe)* low; *(Volk)* common; *(weniger bedeutend; auch Stand)* lower (2) *adv,* down; *das Auf und Nieder* the ups and downs; *die Waffen nieder* lay down your arms; *nieder mit dem Spießbürgertum!* down with the petit-bourgeois conformism!

niederbeugen, (1) *vr,* bend down (2) *vt,* bow down; **niederdrücken** *vt,* press (down); *(bedrücken)* depress; *jmdn niederdrücken* to get sb down; *niederdrückend* depressing; **nieder-**

fallen *vi,* fall down

niederhalten, *vt, (auch mil.)* hold down; *(Volk)* oppress; **niederhauen** *vt,* fell; *(Baum)* chop down; *(Gegner)* floor; **niederholen** *vt, (Ballon)* bring down; *(Segel, Flagge)* haul down; **niederkauern** *vir,* crouch down; **niederknien** *vi,* kneel down

Niederkunft, *sub, f, -, -künfte (veraltet)* delivery; **Niederlage** *sub, f, -, -r* defeat; *(Misserfolg)* failure

Niederländer, *sub, m, -s, -* Dutchman; **niederländisch** *adj,* Dutch

niederlassen, *vr,* sit down; *(Praxis)* establish oneself; *(Wohnsitz)* settle down; *die niedergelassenen Ärzte* the general practitioners (GPs); *sich als Arzt niederlassen* to set up as a doctor; **Niederlassung** *sub, f, -, -en* settlement; *(eines Arztes)* establishment; *(Zweigstelle)* branch

niederlegen, (1) *vr,* lie down (2) *vt,* lay down; *(Amt, Führung)* give up; *(Dial.ugs.) da legst di´ nieder!* by the ´eck!; **Niederlegung** *sub, f, -, -en (Amt)* resignation; *(Kranz)* laying; *(schriftlich)* setting out

niedermähen, *vt,* mow down; **niederregnen** *vi,* rain down; **niederreißen** *vt,* pull down; *(i. ü. S.; Schranken)* tear down

Niederrhein, *sub, m, -s, nur Einz.* Lower Rhine; **Niedersachse** *sub, m, -n, -n* Lower Saxon; **Niedersachsen** *sub, n, -s, nur Einz.* Lower Saxony

niederringen, *vt,* fight down

Niederschlag, *sub, f, -s, -schläge (Bodensatz)* sediment; *(Boxen)* knockdown blow; *(meteor.)* precipitation; **niederschlagen** (1) *vr, (Flüssigkeit)* condense (2) *vt, (Aufstand)* suppress; *(Augen)* lower; *(jemanden)* fell; *ein Verfahren niederschlagen* to dismiss a case; *sich in etwas niederschlagen* to find expression in sth

Niederschrift, *sub, f, -, -en (das Niederschreiben)* writing down; *(Niedergeschriebenes)* notes; *(Protokoll)* minutes; *die erste Niederschrift eines Romans* the first draft of a novel

niedersetzen, (1) *vr,* sit down (2)

vt, put down; **niedersinken** *vi,*
(geh.) sink down; **niederstoßen (1)**
vi, (Adler) shoot down **(2)** *vt*, knock
down
niedertourig, *adj*, low-revving; *nie-*
dertourig fahren to drive with low
revs
Niedertracht, *sub, f, -, nur Einz.* despicableness, vileness; *(Rache)* malice;
die Niedertracht, mit der er vorge-
gangen ist the despicable way he
went about; *so viel Niedertracht hät-*
te ich ihm nicht zugetraut I would
not have suspected him of such a vile
act; **niederträchtig** *adj*, despicable,
vile; *(Rache)* malicious; *jmdn nieder-*
trächtig verraten to betray sb in a
despicable way
niedertreten, *vt*, tread down
Niederung, *sub, f, -, -en (Mündungsge-*
biet) flats; *(Senke)* depression; *die*
Niederungen des Lebens the seamy
side of life; *in solche Niederungen*
begebe ich mich nicht I will not sink
to such depths
niederwalzen, *vt*, flatten
niederwerfen, (1) *vr*, prostrate oneself **(2)** *vt*, throw down; *(i. ü. S.)*
defeat; *(Aufstand)* suppress; *er wur-*
de von einer Krankheit niedergewor-
fen he was laid low with an illness;
niederziehen *vt*, pull down
niedlich, *adj*, cute, sweet; *das Kätz-*
chen lag so niedlich auf meinem Bett
the kitten looked so sweet lying on
my bed; **Niedlichkeit** *sub, f, -, nur*
Einz. cuteness, sweetness
Niednagel, *sub, m, -s, -nägel* agnail
niedrig, *adj*, low; *(Stand, Geburt*
auch) lowly; *ich schätze seine Chan-*
cen sehr niedrig ein I think his chances are very slim; *niedrigste Preise*
rock-bottom prices; *von jmd niedrig*
denken to have a low opinion of sb;
Niedrigkeit *sub, f, -, nur Einz.* lowness
Nielloarbeit, *sub, f, -, -en* piece of niello-work
niemals, *adv*, never
niemand, (1) *pron*, no-one, nobody
(2) Niemand *sub, m, -s, -e* nobody;
er ist ein Niemand he is a nobody;
Niemandsland *sub, n, -(e)s, nur*
Einz. no man´s land
Niere, *sub, f, -, -en* kidney; *es geht mir*
an die Nieren it gets me down; *künst-*

liche Niere kidney-machine;
~nbecken *sub, n, -s, -* pelvis of the
kidney; **~nbraten** *sub, m, -s, -* roast
loin; **~nentzündung** *sub, f, -, -en*
nephritis; **nierenförmig** *adj*, kid-
ney-shaped; **~nkolik** *sub, f, -, -en*
renal colic; **nierenkrank** *adj*, suffering from a kidney disease;
~nstein *sub, m, -s, -e* kidney stone;
~ntisch *sub, m, -s, -e* kidney-sha-
ped table
nieseln, *vi*, drizzle; **Nieselregen**
sub, m, -s, nur Einz. drizzle
niesen, *vi*, sneeze; **Niesreiz** *sub, m,*
-es, -e urge sneeze; **Nießbrauch**
sub, m, -s, nur Einz. (jur.) usufruct;
Nießnutz *sub, m, -ens, nur Einz.*
usufruct; **Nieswurz** *sub, f, -, nur*
Einz. (bot.) hellebore
Niet, *sub, m, -(e)s, -e* rivet
Niete, *sub, f, -, -n* rivet; *(Los)* blank;
(Mensch) dead loss; *eine Niete zie-*
hen to draw a blank; *mit ihm haben*
wir eine Niete gezogen he´s a dead
loss; **nieten** *vt*, rivet; **~nhose** *sub,*
f, -, -n studded jeans; **Nietung** *sub,*
f, -, -en riveting
Nigerianerin, *sub, f, -, -nen* Nigeri-
an; **nigerianisch** *adj*, Nigerian
Nightclub, *sub, m, -s, -s* night club
Nihilismus, *sub, m, -, nur Einz.* nihilism; **Nihilist** *sub, m, -en, -en* nihilist; **nihilistisch** *adj*, nihilistic
Nikoloabend, *sub, m, -s, -e* Eve of St.
Nicholas
Nildelta, *sub, n, -s, nur Einz.* Nile
Delta; **Nilpferd** *sub, n, -s, -e* hip-
po(potamus)
Nimbus, *sub, m, -, -se (i. ü. S.)* aura;
(Heiligenschein) halo; *im Nimbus*
der Heiligkeit stehen to be thought
of as a saint; *sich mit dem Nimbus*
der Anständigkeit umgeben to surround oneself with an aura of respectability
nimmer, *adv*, never; **Nimmer-**
leinstag *sub, m, -(e)s, nur Einz.*
never-never day; *am StNimmer-*
leinstag and pigs might fly;
~müde *adj*, tireless; **Nimmersatt**
sub, m, -(e)s, -e glutton; *ein Nim-*
mersatt sein to be insatiable
ninivitisch, *adj*, Ninevite
Niob, *sub, n, -s, nur Einz.* niobium
Nippel, *sub, m, -s, -* nipple
nippen, *vti*, nip; *vom Wein nippen*

to sip the wine

Nippes, *sub, nur Mehrz.* bric-à-brac, knick-knack, ornaments

nirgends, *adv,* not ... anywhere, nowhere; *ihm gefällt es nirgends* he doesn´t like it anywhere; *er fühlt sich nirgends so wohl wie* there´s nowhere he feels so happy as; *er ist überall und nirgends zu Hause* he has no real home; *überall und nirgends* here, there and everywhere; **~her** *adv,* from nowhere; **nirgendwoher** *adv,* from nowhere; **nirgendwohin** *adv,* not anywhere, nowhere; *wenn man nirgendwohin gehen kann, um zu übernachten* if you´ve got nowhere to spend the night

Nirosta, *sub, m, -s, nur Einz. (eingetragenes Markenzeichen)* stainless steel

Nirwana, *sub, n, -(s), nur Einz.* nirvana

Nische, *sub, f, -, -n* niche; *(Koch~)* recess

Nissenhütte, *sub, f, -, -n* Nissen hut

nisten, (1) *vi,* nest (2) *vir,* take possession (of); *dieses Vorurteil nistete in seinem Hirn* this prejudice lodged in his mind, *Hass nistete sich in ihr Herz ein* hatred gripped her heart; **Nistzeit** *sub, f, -, -en* nesting time

Nitrat, *sub, n, -s, -e* nitrate; **nitrieren** *vt,* nitrate

Nitroglyzerin, *sub, n, -s, nur Einz.* nitroglycerine

Nivellierung, *sub, f, -, nur Einz.* levelling (out)

Nixe, *sub, f, -, -n* mermaid, nix(ie), water-nymph

nobel, *adj,* noble; *(elegant; ugs.)* posh; *(großzügig)* generous; *ein nobler Kunde* a nice type of person; *nobel geht die Welt zugrunde* there´s nothing like bowing out in style; *sich nobel zeigen* to be generous; **Nobelium** *sub, n, -s, nur Einz.* nobelium; **Nobelpreis** *sub, m, -es, -e* Nobel prize

nobilitieren, *vt,* bestow a peerage on; **Noblesse** *sub, f, -, nur Einz. (geh.)* noblesse

Nobody, *sub, m, -s, -dies* nobody

noch, (1) *adv,* some time; *(außerdem)* else; *(bei Vergleichen)* even; *(einschränkend)* just; *(weiterhin; auch bei Vergleichen)* still (2) *konj,* nor; *dumm und noch dazu frech* stu-

pid and cheeky with it; *Geld noch und nöcher* heaps and heaps of money; *ich gebe Ihnen noch zwei dazu* I´ll give you two extra; *ich kann Ihnen Beispiele noch und nöcher geben* I can give you any number of examples; *ich will noch etwas sagen* there´s something else I want to say; *noch dazu regnete es* on top of that it was raining; *noch ein Bier* another beer; *noch ein Wort!* another word!; *noch einmal* once more; *noch etwas Fleisch?* some more meat?; *noch zwei Bier* to more beers; *wer war noch da?* who else was there?; *wir fanden Fehler noch und nöcher* we found tons of mistakes; *das ist noch viel wichtiger* that is far more important yet; *noch größer* even bigger; *seien sie auch noch so jung* however young they may be; *und wenn du auch noch so bittest* however much you ask; *das kann noch passieren* that might still happen; *das muss noch vor Dienstag fertig sein* it has to be ready by Tuesday; *er ist noch am selben Tag gestorben* he died the very same day; *er wird noch kommen* he´ll come yet; *er wird sich schon noch daran gewöhnen* he´ll get used to it one day; *gerade noch gut genug* only just good enough; *ich habe ihn noch gestern gesehen* I saw him only yesterday; *noch im späten 18Jh* as late as the late 18th century; *noch keine drei Tage* not three days; *das habe ich noch nie gehört* I´ve never known that before; *du bist noch zu klein* you´re still too young; *er dachte noch lange an sie* it was a long time before he stopped thinking of her; *er ist noch nicht da* he still isn´t here; *ich gehe kaum noch aus* I hardly go out any more; *ich möchte gern noch bleiben* I´d like to stay on longer; *noch immer* still; *noch nicht* not yet; *noch nie* never, *nicht dies, nicht jenes* not this nor that

nochmalig, *adj,* renewed; *eine nochmalige Überprüfung* another check; **nochmals** *adv,* again

Nockenwelle, *sub, f, -, -n* camshaft

Nockerlsuppe, *sub, f, -, -n* dump-

ling soup
Noetik, *sub, f, -, nur Einz.* noetics
nölen, *vi,* moan
Nomade, *sub, m, -n, -n* nomad; **nomadenhaft** *adj,* nomadic; **~nleben** *sub, n, -s, nur Einz.* nomadic life; **~nvolk** *sub, n, -s, -völker* nomadic people; **nomadisch** *adj,* nomadic; **nomadisieren** *vi,* lead a nomadic existence
Nomen, *sub, n, -s, Nomina* noun; *Nomen est Omen* true to his name
Nomenklatur, *sub, f, -, -en* nomenclature
nominal, *adj,* nominal; **Nominalstil** *sub, m, -s, nur Einz.* nominal style; **Nominalwert** *sub, m, -(e)s, -e (fin.)* nominal value
Nominativ, *sub, m, -s, -e* nominative
nomografisch, *adj,* nomographic
Nonchalance, *sub, f, -, nur Einz. (geb.)* nonchalance; **nonchalant** *adj,* nonchalant
None, *sub, f, -, -n (mus.)* ninth
Nonett, *sub, n, -s, -e* nonet
Nonkonformismus, *sub, m, -, nur Einz.* nonconformism; **Nonkonformist** *sub, m, -en, -en* nonconformist; **nonkonformistisch** *adj,* nonconformist
Nonne, *sub, f, -, -en* nun; *(Schmetterling)* nun moth
Nonplusultra, *sub, n, -, nur Einz.* ultimate
Nonsens, *sub, m, -(es), nur Einz.* nonsense
nonstop, *adv,* non-stop; **Nonstopflug** *sub, m, -(e)s, -flüge* non-stop flight; **Nonstopkino** *sub, n, -s, -s* cinema with a continuous programme
nonverbal, *adj,* non-verbal
Noppe, *sub, f, -, -n (Gummi~)* knob, nipple; *(Schlinge)* loop; *Kondom mit Noppen* condom with nipples; *Garn mit Noppen* bouclét; *Teppich mit Noppen* a loop pile carpet; **~ngewebe** *sub, n, -s, -* knop fabric; **~nstoff** *sub, m, -s, -e* bouclé
Nord, *sub, m, -s, -e* north
Nordamerika, *sub, n, -s, nur Einz.* North America
Nordatlantikpakt, *sub, m, -s, nur Einz.* North Atlantic Treaty
norddeutsch, *adj,* North German; *die norddeutsche Tiefebene* the North German Lowlands; *die Norddeutschen* the North Germans

Norden, *sub, m, -s, nur Einz.* north; *(von Land)* North; *der Balkon liegt nach Norden* the balcony faces northwards; *gen Norden* north(wards); *im hohen Norden* in the far north; *im Norden des Landes* in the north of the country; *von Norden (her)* from the north
nordisch, *adj,* northern; *(Völker, Sprache)* nordic; *nordische Kombination* nordic combined
Nordländerin, *sub, f, -, -nen* northern; *(Skandinavier)* Scandinavian; **nordländisch** *adj,* northern
nördlich, *adj,* northern
Nordlicht, *sub, n, -(e)s, -er (i. ü. S.; Mensch)* Northerner
Nordosten, *sub, m, -s, nur Einz.* north-east; *(von Land)* North-East; *nach Nordosten* to the north-east; *von Nordosten* from the north-east; **nordöstlich** *adj,* north-eastern; *(Wind)* north-east(erly); **Nordostwind** *sub, m, -s, -e* north-easterly wind
Nordpol, *sub, m, -s, nur Einz.* North Pole
Nord-Süd-Gefälle, *sub, n, -s, nur Einz.* north-south divide; **nordsüdlich** *adj, adv,* from north south
Nordwand, *sub, f, -, -wände (von Berg)* north face; **nordwärts** *adv,* north(wards); *der Wind dreht nordwärts* the wind is moving round to the north
Nordwesten, *sub, m, -s, nur Einz.* north-west; *(von Land)* North-West; **nordwestlich** *adj, (Gegend)* north-western; *(Wind)* north-west(erly); **Nordwestwind** *sub, m, -(e)s, -e* north-westerly wind
Nordwind, *sub, m, -(e)s, -e* north wind
Nörgelei, *sub, f, -, -en* grumbling, moaning; **nörgelig** *adj,* grumbly, moaning; **nörgeln** *vi,* grumble, moan; *(kritteln)* carp; *er hat immer was zu nörgeln* he always finds something to carp about, he always finds something to moan about; **Nörgler** *sub, m, -s, -* grumbler, moaner; *(Krittler)* carper; **nörglerisch** *adj,* grumbly, moaning; *(krittelnd)* carping
Norm, *sub, f, -, -en* norm; *(Größen-*

vorschrift) standard; *die Norm errei-* *chen* to meet one´s target; *als Norm* *gelten* to be considered normal, to be the usual thing

normal, *adj,* normal; *(Format, Maß, Gewicht)* standard; *benimm dich doch mal normal!* act like a normal human being, can´t you?; *bist du noch normal?* have you gone mad? **Normalbenzin,** *sub, n, -s, nur Einz.* regular (petrol or gas); **Normaldruck** *sub, m, -s, nur Einz.* normal pressure; **Normalgröße** *sub, f, -, -n* normal size **normalisieren,** (1) *vr,* get back normal (2) *vt,* normalize; **Normalität** *sub, f, -, nur Einz.* normality; **Normalnull** *sub, n, -s, nur Einz.* sea level; **normalspurig** *adj,* standard gauge **Normanne,** *sub, m, -n, -n* Norman; **normannisch** *adj,* Norman **Norne,** *sub, f, -, -n* Norn **norwegisch,** *adj,* Norwegian **Nostalgie,** *sub, f, -, nur Einz.* nostalgia; **nostalgisch** *adj,* nostalgic **nostrifizieren,** *vt,* naturalize **Not,** *sub, f, -, Nöte (Bedrängnis)* distress; *(Mangel, Elend)* poverty; *(Mangel,Elend)* need; *(Sorge)* trouble; *(Zwang)* necessity; *als Retter in der Not* like a knight in shining armour; *die Nöte des Alltags* the problems ov everyday living; *Freunde in der Not* a friend in need; *Hilfe in höchster Not* help in the nick of time; *in Not geraten* to get into serious difficulties; *jmd seine Not klagen* to cry on sb´s shoulder; *hier herrscht große Not* there is great poverty here; *Not kennt kein Gebot* necessity knows no law; *Not leiden* to suffer deprivation; *Not macht erfinderisch* necessity is the mother of invention; *eine Zeit der Not* a time of need; *in der Not frisst der Teufel Schmetterlinge* beggars can´t be choosers; *jmds Not lindern* to improve sb´s lot; *wenn Not am Mann ist* in an emergency; *damit hat´s keine Not* there´s no rush; *die Eltern hatten Not, ihre Kinder zu ernähren* the parents had difficulty in feeding their children; *er hat seine liebe Not mit ihr* he really has his work cut out with her; *aus der Not eine Tugend machen* to make a virtue (out) of necessity; *der Not ge-*

horchend bowing to necessity; *zur Not* if needs be **Nota,** *sub, f, -, -s* note **notabene,** *adv, (geb.)* please note **Notanker,** *sub, m, -s, -* sheet anchor **Notar,** *sub, m, -s, -e* notary public; *—iat sub, n, -s, -e* notary´s office; **notariell** *adj,* notarial; *notariell beglaubigt* legally certified **Notarztwagen,** *sub, m, -s, -wägen* emergency doctor´s car **Notation,** *sub, f, -, -en* notation **Notaufnahme,** *sub, f, -, -n* casualty unit; **Notausgang** *sub, m, -s, -gänge* emergency exit; **Notbremse** *sub, f, -, -n* emergency brake; *die Notbremse ziehen* to pull the emergency brake, *(spo.)* to commit a blatant foul; **Notbremsung** *sub, f, -, -en* emergency stop; **Notdienst** *sub, m, -(e)s, -e (~ haben; Apotheke)* be open 24 hours; *(~ haben; Arzt)* be on call; **Notdurft** *sub, f, -, zur Einz. (geb.)* call of nature; *des Lebens Notdurft* the bare necessities of life; *seine Notdurft verrichten* to anwer the call of nature **Note,** *sub, f, -, -n* note; *(Einrichtung, Kleidung)* touch; *(Schule)* mark; *ganze Note* semibreve; *halbe Note* minim; *nach Noten spielen* to play from music; *Noten* music; *das ist meine persönliche Note* that´s my trademark; *ein Parfum mit einer herben Note* a perfume with something tangy about it; *einer Sache eine persönlich Note verleihen* to give sth a personal touch; *~book* *sub, n, -s, -s* notebook; *~nschlüssel sub, m, -s, -* clef; *~nschrift sub, f, -, -en* musical notation; *~nständer sub, m, -s, -* music stand; *—nstecher sub, m, -s, -* music engraver **Notfall,** *sub, m, -(e)s, -fälle* emergency; *bei einem Notfall* in case of emergency; *für den Notfall nehm´ ich einen Schirm mit* I´ll take an umbrella just in case; *im Notfall* if reeds be; **notfalls** *adv,* if necessary, if need(s) be **notgedrungen,** (1) *adj,* essential (2) *adv,* perforce; *ich muss mich notgedrungen dazu bereit erklären* I´ve no choice but to agree **Notgroschen,** *sub, m, -s, -* nest egg;

sich einen Notgroschen zurücklegen to some money away for a rainy day; **Nothelferin** *sub, f, -, -nen* auxiliary saint; **Nothilfe** *sub, f, -, nur Einz.* assistance in an emergency

nötig, (1) *adj,* necessary (2) *adv,* urgently; *das hab ich nicht nötig* I can do without that; *das nötige Geld für die Reise* the money needed for the journey; *das Nötigste* the essentials; *das war wirklich nicht nötig* there was no need for that; *du hast es gerade nötig, so zu reden* you´re a fine one to talk; *er hat das natürlich nicht nötig* but of course he´s different; *etwas bitter nötig haben* to need sth badly; *ich habe es nicht nötig, mich von dir anschreien zu lassen* I don´t need to let you shout at me; *ist das unbedingt nötig?* is that absolutely necessary?; *wenn nötig* if necessary, *ich muss mal nötig* I´m dying to go!; **Nötige** *sub, n, -n, nur Einz.* necessity; **~en** *vt, (auffordern)* urge; *(jur.)* coerce; *(zwingen)* force; *jmdn ins Zimmer nötigen* to force sb to go into a room; *lassen Sie sich nicht erst nötigen!* don´t wait to be asked; *sich nötigen lassen* to need propting; **~enfalls** *adv,* if necessary, if need(s) be; **Nötigung** *sub, f, -, -en* compulsion; *(jur.)* coercion; *Nötigung zum Diebstahl* coercion to commit theft

Notiz, *sub, f, -, -en* note; *(Zeitungs~)* item; *keine Notitz nehmen* to ignore; *Notitz nehmen* to pay attention to; *sich Notitzen machen* to take notes; **~buch** *sub, n, -(e)s, -bücher* notebook; **~zettel** *sub, m, -s, -* piece of paper

Notlage, *sub, f, -, -n* crisis; *die wirtschaftliche Notlage Großbritanniens* Great Britain´s economic plight; *in Notlagen* in an emergency; *jmds Notlage ausnutzen* to exploit sb´s situation; *sich in einer Notlage befinden* to find oneself in serious difficulties; **Notlandung** *sub, f, -, -en* emergency landing; **Notleidende** *sub, m, -n, -n* needy; **Notmaßnahme** *sub, f, -, -n* emergency measure; **Notnagel** *sub, m, -s, -nägel (i. ü. S.)* last resort; **Notoperation** *sub, f, -, -en* emergency operation; **Notopfer** *sub, n, -s, -* emergency levy

notorisch, *adj,* notorious

Notprogramm, *sub, n, -s, -e* emergency programme; **Notrufanlage** *sub, f, -, -n* emergency telephone; **Notrufnummer** *sub, f, -, -n* emergency number; **Notrufsäule** *sub, f, -, -n* emergency telephone; **Notsignal** *sub, n, -s, -e* distress signal; **Notsituation** *sub, f, -, -en* emergency; **Notstand** *sub, m, -s, -stände* crisis; *(pol.)* state of emergency; *einen Notstand beheben* to end a crisis; *ziviler Notstand* disaster; *den Notstand ausrufen* to declare a state of emergency; *innerer Notstand* internal state of emergency

Notturno, *sub, n, -s, -s oder -ni* nocturne

Notwasserung, *sub, f, -, -en* crashlanding in the sea; **Notwehr** *sub, f, -, nur Einz.* self-defence; **notwendig** *adj,* necessary; *es folgt notwendig* it necessarily follows; *es musste notwendig zum Zusammenstoß kommen* the colosion was inevitable; *notwendig brauchen* to need urgently; *sich auf das Notwendigst beschränken* to stick to essentials; **Notwendigkeit** *sub, f, -, -en* necessity; *die Notwendigkeit, etwas zu tun* the necessity of doing sth; *mit Notwendigkeit* of necessity; **Notzucht** *sub, f, -, -en* rape; *Notzucht begehen* to commit rape; **notzüchtigen** *vt,* rape, violate

Nougat, *sub, m, -s, -s* nougat

Nova, *sub, f, -, -e* nova

Novelle, *sub, f, -, -n* novella; *(pol.)* amendment; **~nband** *sub, m, -(e)s, -bände* volume of novellas; **~nform** *sub, f, -, -en* novella form; **Novellierung** *sub, f, -, -en* amendment; **Novellist** *sub, m, -en, -en* novella writer

November, *sub, m, -s, -* November; **novemberhaft** *adj,* November-like; **novemberlich** *adj,* November-like

Novität, *sub, f, -, -en* innovation; *(Buch)* new publication; **Novize** *sub, m, -n, -n* novice; **Noviziatjahr** *sub, n, -(e)s, -e* novitiate; **Novizin** *sub, f, -, -nen* novice

Novum, *sub, n, -s, Nova* novelty

Nu, *sub, m, -s, nur Einz. (im ~)* in no time

Nuance, *sub, f, -, -n* nuance; *(Klei-*

nigkeit) shade; *um eine Nuance zu laut* a shade too loud; **nuancenreich** *adj*, full of nuances; **nuancieren** *vt*, nuance; **Nuancierung** *sub, f, -, -en* nuance

nüchtern, *adj, (nicht betrunken)* sober; *(sachlich, vernünftig)* down-to-earth; *(vernünftig)* rational; *das war ein Schreck auf nüchtenen Magen* my heart skipped to beat; *wieder nüchtern werden* to sober up

Nudel, *sub, f, -, -n* pasta; *(Mensch; komische ~)* character; *(Suppen~)* noodle; *~holz sub, n, -es, -hölzer* rolling pin; **nudeln** *vt, (Gans)* force-feed; *~walker sub, m, -s, -* rolling pin

Nudismus, *sub, m, -, nur Einz.* nudism; **Nudist** *sub, m, -en, -en* nudist; **Nudität** *sub, f, -, -en* nude (picture)

Nugat, *sub, n, -s, -s* nougat; *~füllung sub, f, -, -en* nougat centre

Nugget, *sub, n, -s, -s* nugget

nuklear, *adj*, nuclear; **Nuklearmacht** *sub, f, -, -mächte* nuclear power; **Nuklearmedizin** *sub, f, -, nur Einz.* nuclear medicine; **Nuklearwaffe** *sub, f, -, -n* nuclear weapon

Nukleus, *sub, m, -, Nuklei* nucleus

Null, *sub, f, -, -en* naught, zero; *(spo.)* nil; *(Tennis)* love; *(i. ü. S.; Versager)* dead loss

Nulldiät, *sub, f, -, -en* starvation diet; **nullifizieren** *vt*, nullify; **Nullität** *sub, f, -, -n* nullity; **Nullmeridian** *sub, m, -s, nur Einz.* Greenwich Meridian; **Nullpunkt** *sub, m, -(e)s, -e* zero; *absoluter Nullpunkt* absolute zero; *die Stimmung sank auf den Nullpunkt* the atmosphere froze; *seine Karriere war auf dem Nullpunkt angelangt* his carrear had reached a rock-bottom; **Nulltarif** *sub, m, -s, -e (Eintritt)* free admission; *(Verkehrsmittel)* free travel; *zum Nulltarif* free of charge; **Nullwachstum** *sub, n, -s, nur Einz. (pol.)* zero growth

Numerale, *sub, n, -s, Numeralien (gramm.)* numeral; **numerieren** *vt*, number; **numerisch** *adj*, numerical; **Numero** *sub, n, -s, -s* number; **Numerus** *sub, m, -, Numeri (~ clausus)* restricted entry; *(gram.)* number; **numinos** *adj*, divine

Numismatik, *sub, f, -, nur Einz.* numismatics; *~er sub, m, -s, -* numismatist; **numismatisch** *adj*, numismatic

Nummer, *sub, f, -, -n* number; *(Größe)* size; *(vulg.; Koitus)* screw; *auf Nummer sicher gehen* to play it safe; *eine Nummer abziehen* to put on an act; *eine Nummer schieben* to have it away; *Gesprächsthema Nummer eins* the number one talking point; *nur eine Nummer unter vielen sein* to be a cog (in the machine); *unser Haus hat die Nummer 7* our house is number 7; **nummerieren** *vt*, number; *~ierung dub*, numbering; *~ngirl sub, -s, -s* showgirl; *~nkonto sub, n, -, -konten* numbered account; *~nschild sub, m, -(e)s, -er* number plate

nun, (1) *adv, (danach)* then; *(Fragen; ~?)* well?; *(jetzt; Folge)* now (2) *konj*, since; *das ist nun einmal so* that´s just the way things are; *nun erst ging er* only then did he go; *nun erst recht* just for that; *nun gut* well all right; *nun ja* well yes; *nun, du hast ja recht* fair enough; *What you say is true; das hast du nun davon* serves you right; *nun denn* well then; *nun endlich* at last; *nun erst* only now; *nun ist aber genug!* now that´s enough!; *nun, da er da ist* now that he´s here; *nun?* well?; *von nun an* as from now? what now?

nunmehr, *adv, (geb.)* at this point; *(geb.; von jetzt an)* as from now, henceforth; *die nunmehr herrschende Partei* the currently ruling party

Nuntiatur, *sub, f, -, -en* nunciature; **Nuntius** *sub, m, -, Nuntien* nuncio

nur, *adv, (einschr., verstärk., Negation, Aufford.)* just; *(einschr., Wunsch)* only; *(mit Fragepronomen)* ever; *ach, nur so!* oh, no special reason; *dass es nur so krachte* making a terrible din; *der Kranke isst fast nur noch Obst* the sick man eats virtually nothing but fruit these days; *ich hab das nur so gesagt* I was just talking; *ich habe nur ein Stück Brot gegessen* I´ve eaten just a piece of bread; *nur schade, dass* it´s just a pity that; *wie schnell er nur redet* doesn´t he speak fast!; *alle, nur ich nicht* everyone but me, everyone but me; *alles, nur* *das nicht* anything but that; *nur das only this*; *nur das noch zwei Minuten* only two minutes to go; *geh nur!* just go!; *sagen Sie das nur nicht ihrer Frau!* just don´t tell your wife!; *sie brauchen es nur zu sagen* you only have to say (the word); *was hat er nur?* what on earth is the matter with him?; *wenn er nur nicht die nerven verliert* provided he doesn´t loose his nerve; *wie kannst du nur?* how could you?; *wüsst ich nur, wie* if only I knew how

Nurhausfrau, *sub, f, -, -en* full-time housewife

nuscheln, *vti*, mutter

Nuss, *sub, f, -, Nüsse* nut; *(doofe ~)* stupid twit; *(Kopf~)* punch; **~baum** *sub, m, -s, -bäume* walnut tree; **nussbraun** *adj*, hazel; **~füllung** *sub, f, -, -en* nut centre; **~knacker** *sub, m, -s, -* nutcracker; **~schale** *sub, f, -, -n* nutshell; *(i. ü. S.; Boot)* cockleshell

Nüster, *sub, f, -, -n* nostril

Nute, *sub, f, -, -n* groove; *(Keil~)* keyway; *(zur Einfügung)* slot; **~nfräser** *sub, m, -s, -* milling cutter for grooving

Nutrition, *sub, f, -, nur Einz.* nutrition

Nutte, *sub, f, -, -n (ugs.)* tart; *(ugs.; bes. US-Slang)* hooker

nutzbar, *adj*, us(e)able; *(Boden)* fertile; *nutzbar machen* to make usable; **Nutzbarkeit** *sub, f, -, nur Einz.* us(e)ability; *(Boden)* fertility; **Nutzeffekt** *sub, m, -s, -e* efficiency; **Nutzen (1)** *sub, m, -s, -* use; *(Nützlichkeit)* usefulness; *(Vorteil)* benefit **(2) nutzen** *vi*, be of use **(3)** *vt*, make use of; *es hat keinen Nutzen, das zu tun* there´s no use doing that; *jmd von Nutzen sein* to be of use to sb; *jmd von Nutzen sein* to be useful to sb; *aus etwas Nutzen ziehen* to reap the benefits of sth; *jmd Nutzen bringen* to be of advantage to sb; *sich großen Nutzen versprechen* to expect to benefit greatly; *von etwas Nutzen haben* to gain by sth; *zum Nutzen der Öffentlichkeit* for the benefit of the public, *alle Anstrengungen haben nichts genützt* all our efforts were in vain; *da nützt alles nichts* there´s nothing to be done; *die Ermahnun-*

gen haben nichts genützt the warnings didn´t do any good; *es nützt nichts* it´s no use; *wozu soll das alles nützen?* what´s the point of that?, *nütze den Tag!* gather ye rosebuds while ye may; *sein Talent nicht nutzen* wrap up one´s talent in a napkin; **Nutzfahrzeug** *sub, n, -(e)s, -e* commercial vehicle; **Nutzholz** *sub, n, -es, -hölzer* timber; **Nutzlast** *sub, f, -, -en* payload; **Nutzleistung** *sub, f, -, -en* effective capacity

nützlich, adj, useful; *(Hinweis, Kenntnisse)* useful; *er könnte dir eines Tages sehr nützlich werden* he might be very useful to you one day; *kann ich Ihnen nützlich sein?* may I be of service to you?; *nützlich für die Gesundheit* beneficial for the health; *sich nützlich machen* to make oneself useful; **Nützlichkeit** *sub, f, -, nur Einz.* usefulness; *(Vorteil)* advantage; **nutzlos** *adj*, futile, useless; *(unnötig)* needless; *er hat seine Zeit nutzlos mit Spielen verplempert* he frittered away his time playing; *es ist völlig nutzlos, das zu tun* It´s absolutely futile doing that; *es ist völlig nutzlos, das zu tun* it´s absolutely useless doing that; *sein Leben nutzlos aufs Spiel setzen* to risk one´s life needlessly **Nutznießerin**, *sub, f, -, -nen* beneficiary; **Nutzpflanze** *sub, f, -, -n* useful plant; **Nutztier** *sub, n, -(e)s, -e* working animal; **Nutzung** *sub, f, -, -en* use; *(Ausnutzen)* exploitation; *(Ertrag)* benefit; *ich habe ihr meinen Computer zur Nutzung überlassen* I gave her the use of my computer; *die Nutzungen aus etwas ziehen* to enjoy the benefit of sth; **Nutzungsrecht** *sub, n, -s, -e* usufruct

Nylon, *sub, n, -(s), nur Einz. (eingetr. Markenzeichen)* nylon

Nymphe, *sub, f, -, -n* nymph; *(i. ü. S.)* sylph; **nymphoman** *adj*, nymphomaniac; **Nymphomanie** *sub, f, -, nur Einz.* nymphomania; **Nymphomanin** *sub, f, -, -nen* nymphomaniac

O

Oase, *sub, f, -, -n* oasis
ob, *konj,* if, whether; *als ob* as if; *kommst Du mit?* - *was?* - *ob du mitkommen willst* are you coming? - what? - are you coming?; *ob er wohl morgen kommt?* I wonder if he´ll come tomorrow; *ob ich nicht besser gehe?* hadn´t I better go?; *ob sie mir wohl mal helfen könnten?* I wonder if you could you help?; *ob wir jetzt Pause machen?* shall we have a break now?; *so tun, als ob* to pretend; *und ob!* you bet!; *Du musst die Schuhe ausziehen, ob du nun willst oder nicht* Like it or not, you have to take off your shoes; *er hat gefragt, ob du nass geworden bist* he asked if you got wet; *wir gehen spazieren, ob es regnet oder nicht* we´re going for a walk whether it rains or not
Obacht, *sub, f, -, nur Einz.* attention; *gib doch Obacht!* watch it!; *Obacht geben auf* to keep an eye on
Obdach, *sub, n, -s, nur Einz.* shelter; *jmd Obdach gewähren* to offer sb shelter; *kein Obdach haben* to be homeless; *~lose sub, m, -n, -n* homeless person
Obduktion, *sub, f, -, -en* autopsy; *~sbefund sub, m, -(e)s, -e* autopsy results; **obduzieren** *vt,* do an autopsy on
O-Beine, *sub, f, -, nur Mehrz.* bow legs; **O-beinig** *adj,* bow-legged
Obelisk, *sub, m, -en, -en* obelisk
oben, *adv, (am oberen Ende)* at the top; *(an der Oberfläche)* at the surface; *(in der Höhe)* up; *(in Haus)* upstairs; *(vorher)* above; *das wird oben entschieden* that´s decided higher up; *der Befehl kommt von oben* it´s orders from above; *die da oben* the powers that be; *er will sich nur oben beliebt machen* he´s just sukking up to the management; *der ist oben nicht ganz richtig* he´s not right in the head; *der Weg nach oben* the road to the top; *die ganze Sache steht mir bis hier oben* I´m sick to death of the whole thing; *ganz oben* right at the top; *jmdn von oben bis unten mustern* to look sb up and down; *jmdn von oben herab ansehen* to look down on sb; *jmdn von oben herab behandeln* to be condescending to sb; *nach oben* up; *oben am Himmel* up in the sky; *oben auf dem Berg* on top of the mountain; *oben im Norden* up north; *oben ohne sein* to be topless; *oben und unten verwechseln* to get sth upside down; *rechts oben* in the top right hand corner; *von oben bis unten* from top to bottom; *weiter oben* further up; *wir sind im Lift nach oben gefahren* we went up in the lift; *wo geht es hier nach oben?* which is the right way up?; *die Leute, die oben wohnen* the people who live upstairs; *möchten Sie lieber oben schlafen?* would you like the top bunk?; *der oben erwähnte Harfenist* the above-mentioned harpist; *der weiter oben erwähnte Fall* the case referred to before; *siehe oben* see above
obenan, *adv,* at the top; *sein Name steht obenan* his name is at the top; **oben stehend** *adj,* above-mentioned; **obenauf** *adv,* on the top; *gestern war er krank, aber heute ist er wieder obenauf* he wasn´t well yesterday, but he´s back on form today; *sie ist immer obenauf* she´s always bright and cheery; **obendrein** *adv,* on top of everything; **obenhin** *adv,* superficially; *etwas nur so obenhin sagen* to say sth in an offhand way
Ober, *sub, m, -s, -* waiter; *(Karten)* Queen
Oberarm, *sub, m, -s, -e* upper arm; **Oberarzt** *sub, m, -es, -ärzte* senior physician; **Oberaufsicht** *sub, f, -, nur Einz.* supervision; *die Oberaufsicht haben* to be in overall control; **Oberbau** *sub, m, -(e)s, -ten (Bahn)* permanent way; *(Brücken)* superstructure; **Oberbefehlshaber** *sub, m, -s, - (mil.)* commander-in-chief; **Oberbegriff** *sub, m, -s, -e* generic term; **Oberbergamt** *sub, n, -(e)s, nur Einz.* Superior Board of Mines; **Oberbett** *sub, n, -(e)s, -en* quilt; **Oberbürgermeister** *sub, m, -s, -* mayor; **Oberdeck** *sub, n, -s, -s* top deck; **Oberdeutsche** *sub, m, -n, -n* Upper German

obere, *adj*, top, upper; *die Oberen* the top brass; *die oberen Zehntausend* high society
oberfaul, *adj*, *(ugs.)* very odd
Oberfläche, *sub*, *f*, -, *-n* surface; *an der Oberfläche schwimmen* to float; *an die Oberfläche kommen* to surface; **oberflächlich** *adj*, superficial; *(Kenntnisse, Mensch auch)* shallow; *bei oberflächlicher Betrachtung* at a quick glance; *er ist nur oberflächlich verletzt* he´s only got superficial injuries; *etwas oberflächlich lesen* to skim through sth; *jmdn nur oberflächlich kennen* to have a nodding acquaintance with sb; *nach oberflächlicher Schätzung* at a rough estimate; *seine Kenntnisse sind nur oberflächlich* his knowledge doesn´t go very deep; **Oberförster** *sub*, *m*, *-s*, - head forester; **obergärig** *adj*, *(Bier)* top fermented; **Obergefreite** *sub*, *m*, *-n*, *-n (brit.)* lance-corporal; *(US)* private first class; **Obergericht** *sub*, *n*, *-s*, *-e* supreme court; **Obergeschoss** *sub*, *n*, *-es*, *-e* top floor; *im dritten Obergeschoss* on the third floor; *im zweiten Obergeschoss* on the second floor (brit); **oberhalb** *adv*, *präp*, above; *oberhalb von Prien* above Prien
Oberhand, *sub*, *f*, -, *nur Einz.* upper hand; *die Oberhand gewinnen* to gain the upper hand; *die Oberhand haben* to have the upper hand; **Oberhaupt** *sub*, *n*, *-(e)s*, *-häupter* head, leader; **Oberhaus** *sub*, *n*, *-es*, *nur Einz.* upper house; *(in GB)* House of Lords; **Oberhemd** *sub*, *n*, *-s*, *-en* shirt; **Oberin** *sub*, *f*, -, *-nen* Mother Superior; *(Krankenhaus)* matron; **oberirdisch** *adj*, above ground
Oberkellner, *sub*, *m*, *-s*, - head waiter; **Oberkiefer** *sub*, *m*, *-s*, - upper jaw; **Oberkommando** *sub*, *n*, *-s*, *-s* Supreme Command; *(Stab)* headquarters; **Oberkörper** *sub*, *m*, *-s*, - trunk; *den Oberkörper freimachen* to strip to the waist; *mit nacktem Oberkörper* stripped to the waist; **Oberlauf** *sub*, *m*, *-s*, *-läufe* upper reaches; *am Oberlauf der Paar* in the upper reaches of the Paar; **Oberleitung** *sub*, *f*, -, *-en* overhead cable; **Oberleutnant** *sub*, *m*, *-s*, *-s* lieutenant; *Oberleutnant zur See* lieutenant; **Oberlicht** *sub*, *n*, *-(e)s*, *-er* fanlight; **Oberliga** *sub*, *f*, -,

-ligen first league; **Oberlippe** *sub*, *f*, -, *-n* upper lip; **Obermaat** *sub*, *m*, *-(e)s*, *-e(n)* leading seaman
Obermaterial, *sub*, *n*, *-s*, *-materialien* upper; **Oberpriester** *sub*, *m*, *-s*, - high priest; **Oberschenkel** *sub*, *m*, *-s*, - thigh; **Oberschicht** *sub*, *f*, -, *-en* top layer; *(soziol.)* upper strata (of society); **Oberschule** *sub*, *f*, -, *-n* grammar school; **Oberschüler** *sub*, *m*, *-s*, - grammar school pupil; **Oberst** *sub*, *m*, *-en*, *-en* colonel; **Oberstleutnant** *sub*, *m*, *-s*, *-s* lieutenant colonel
Obersteiger, *sub*, *m*, *-s*, - head foreman (in a mine); **Oberteil** *sub*, *n*, *-s*, *-e* top; **Obervoltaer** *sub*, *m*, *-s*, - Upper Voltan; **Oberwasser** *sub*, *n*, *-s*, *nur Einz.* backwater; *Oberwasser haben* to be going great guns; **Oberweite** *sub*, *f*, -, *-n* bust measurement; *die hat eine ganz schöne Oberweite* she´s very well endowed; *sie hat Oberweite 94* she has a 38-inch bust
obgleich, *konj*, although, though; **obig** *adj*, above; *vgl obige Abbildung* compare the above illustration
Obhut, *sub*, *f*, -, *nur Einz.* *(geh.)* care; *etwas jmds Obhut anvertrauen* to place sth in sb´s care
Objekt, *sub*, *n*, *-(e)s*, *-e* object; *(Grundstück)* property; **objektiv** (1) *adj*, objective (2) **Objektiv** *sub*, *n*, *-s*, *-e* objective; *objektiv über etwas urteilen* to judge sth objectively; ~**ivation** *sub*, *f*, -, *-en* objectivation; **objektivieren** (1) *vi*, objectify (2) *vt*, *(Problem)* objectivize; ~**ivismus** *sub*, *m*, -, *nur Einz.* objectivism; ~**ivität** *sub*, *f*, -, *nur Einz.* objectivity; ~**schutz** *sub*, *m*, *-es*, *nur Einz.* protection of property; ~**tisch** *sub*, *m*, *-(e)s*, *-e (Mikroskop)* stage
obliegen, *vi*, *(geh.)* be incumbent on; **Obliegenheit** *sub*, *f*, -, *-en* duty, incumbency
obligat, *adj*, obligatory; *der obligate Sparwitz* the obligatory corny joke; *mit obligatem Cembalo* with cembalo obligato; **Obligation** *sub*, *f*, -, *-en* obligation; *die Firma übernimmt keine Obligation* the firm is under no obligation; ~**orisch** *adj*,

obligatory; *(Fächer)* compulsory; **Obligatorium** *sub, n, -s, -rien* compulsory subject; **Obligo** *sub, n, -s, -s (fin.)* guarantee; *ohne Obligo* without recourse

Obmann, *sub, m, -es, Obleute o. Obmänner* representative

Oboe, *sub, f, -, -n* oboe; **Oboist** *sub, m, -en, -en* oboe player

Obolus, *sub, m, -, - oder -se* contribution

Obrigkeit, *sub, f, -, -en* authority; *(die Behörden)* authorities; *die geistliche Obrigkeit* the spiritual authorities; *die weltliche Obrigkeit* the secular authorities; **obrigkeitlich** *adj,* authoritarian

obschon, *konj, (geh.)* albeit, although

Observanz, *sub, f, -, -en* observance; **Observation** *sub, f, -, -en* observation; **Observator** *sub, m, -s, -en* observer; **Observatorium** *sub, n, -s, -rien* observatory; **observieren** *vt,* observe; *er ist observiert worden* he has been under surveillance; **Obsession** *sub, f, -, -en* obsession

Obsidian, *sub, m, -s, -e* obsidian

obsiegen, *vi, (geh.)* prevail

obskur, *adj,* obscure; *(verdächtig)* suspect; *diese obskuren Gestalten der Unterwelt* these twilight figures of the underworld; **Obskurantismus** *sub, m, -, nur Einz.* obscurantism; **Obskurität** *sub, f, -, nur Einz.* obscurity

Obst, *sub, n, -(e)s, nur Einz.* fruit; ~**bau** *sub, m, -s, nur Einz.* fruit-growing; **obstbaulich** *adj,* fruit-growing; ~**baum** *sub, m, -s, -bäume* fruit-tree; ~**garten** *sub, m, -s, -gärten* orchard; ~**händler** *sub, m, -s, -* greengrocer

obstinat, *adj, (geh.)* obstinate

Obstkern, *sub, m, -s, -e* kernel; **Obstplantage** *sub, f, -, -n* fruit plantation; **Obstsaft** *sub, m, -s, -säfte* fruit juice

obstruktiv, *adj,* obstructive

obszön, *adj,* obscene; **Obszönität** *sub, f, -, -en* obscenity

obwohl, *konj,* although, though

Ochlokratie, *sub, f, -, -n* ochlocracy

Ochse, *sub, m, -n, -n* ox; *(Dummkopf)* twit; ~**nbrust** *sub, f, -, nur Einz.* brisket of beef; ~**nfiesel** *sub, m, -s, -* bull's pizzle; ~**nfrosch** *sub, m, -es, -frösche* bullfrog; ~**nkarren** *sub, m,*

~**s,** *- ox-cart;* ~**nziemer** *sub, m, -s, -* bullwhip

Öchsle, *sub, n, -s, -* measure of alcohol content according specific gravity

ocker, *adj,* ochre; ~**farben** *adj,* ochre; ~**farbig** *adj,* ochre; ~**haltig** *adj,* containing ochre

Ockhamismus, *sub, m, -, nur Einz.* Ockhamism

Odaliske, *sub, f, -, -n* odalisque

Odds, *sub, nur Mehrz.* odds

Ode, *sub, f, -, -n* ode

öde, (1) *adj,* deserted, desolate; *(langweilig)* dreary **(2)** *sub, f, -, -n* wasteland; *(Langeweile)* barrenness; *öd und leer* dreary and desolate

Odel, *sub, m, -s, nur Einz.* liquid manure

Ödem, *sub, m, -s, -e* oedema

Odem, *sub, m, -s, nur Einz. (poet.)* breath

Odeon, *sub, n, -s, -s* odeum

oder, *conj,* or (else); *eins oder das andere* one or the other; *entweder oder* either or; *lassen wir es so, oder?* let's leave it at that, right?; *oder aber* or else; *oder auch* or perhaps; *oder soll ich lieber mitkommen?* maybe I should come along?; *so war's doch, oder?* that was what happened, wasn't it?

Odeum, *sub, n, -s, Odeen* odeum

ödipal, *adj,* oedipal; **Ödipuskomplex** *sub, m, -es, -e* Oedipus complex

Odyssee, *sub, f, -, -n* odyssey

Ofen, *sub, m, -s, Öfen* oven, stove; *(Heiz~)* heater

Ofenbank, *sub, f, -, -bänke* fireside, hearth; **Ofenheizung** *sub, f, -, -en* stove heating; **Ofenrohr** *sub, n, -s, -e* stovepipe

offen, *adj,* open; *(Bein)* ulcerated; *(Haare)* loose; *(Stelle)* vacant; *allem Neuen gegenüber offen sein* to be open to new ideas; *auf offener See* on the open sea; *auf offener Strecke* on the open road; *der Kurs ist für alle offen* the course is open to everyone; *die Geschäfte haben bis 8 Uhr offen* the shops are open until 8 o'clock; *ein offener Brief* an open letter; *ein offenes Wort mit jmd reden* to have a frank talk with;

eine offene Hand haben to be open-handed; *er hat einen offenen Blick* he´s got an open face; *etwas offen zugeben* to admit sth openly; *jmdn mit offenen Armen empfangen* to welcome sb with open arms; *mit offenem Hemd gehen* to wear an open neck; *mit offenem Mund dastehen* to stand gaping; *mit offenen Augen durchs Leben gehen* to go through life with one´s eyes open; *offen gestanden* to tell you the truth; *offene Stellen* vacancies; *(i. ü. S.) offene Türen einrennen* to kick at an open door; *seine Meinung offen sagen* to speak one´s mind; *Tag der offenen Tür* open day; *wir hielten auf offener Strecke* we stopped in the middle of nowhere; *die Haare offen tragen* to wear one´s hair loose

offenbar, **(1)** *adj,* obvious **(2)** *adv, (vermutlich)* apparently; *offenbar werden* to become obvious; *sein Zögern machte offenbar, dass* it was obvious from the way that he hesitated that, *da haben Sie sich offenbar geirrt* you seem to have made a mistake; *er hat offenbar den Zug verpasst* he must have missed the train; **~en** *vtr,* reveal; *sich als etwas offenbaren* to show oneself to be sth; *sich jmd offenbaren* to reveal oneself (Liebe: one´s feelings) to sb; **Offenbarung** *sub, f, -, -en* revelation; **Offenbarungseid** *sub, m, -s, -e* oath of disclosure; *einen Offenbarungseid leisten* to swear an oath of disclosure; *mit diesem Programm hat die Partei ihren Offenbarungseid geleistet* with this programme the party has revealed its political bankruptcy

offen halten, *vt,* keep open; *die Ohren offenhalten* to keep one´s ear to the ground; *eine Stelle für jmdn offenhalten* to keep a job open for sb; **offen lassen** *vt,* leave open; **offen legen** *vt,* expose, reveal; **offenherzig** *adj,* frank, open; *(ugs.; Kleidung)* revealing; **offenkundig** *adj,* clear, obvious; *es ist offenkundig, dass* it is clear that; *es ist offenkundig, dass* it is obvious that; **Offenlegung** *sub, f, -, nur Einz.* exposure *(Geheimnis)* disclosure; **offensichtlich** *adj,* clear, obvious; *(Lüge)* blatant; *er hat sich da offensichtlich vertan* he has clear-

ly made a mistake there; *es war offensichtlich, dass er uns mied* he was obviously avoiding us

offensiv, *adj,* offensive; **Offensive** *sub, f, -, nur Einz.* offensive; *in die Offensive gehen* take the offensive

öffentlich, *adj,* public; *Anstalt des öffentlichen Rechts* public institution; *die öffentliche Hand* government; *die öffentliche Meinung* public opinion; *die öffentliche Ordnung* law and order; *etwas in die öffentliche Hand überführen* to take sth under public control; *etwas öffentlich bekanntmachen* to make sth public; *im öffentlichen Leben stehen* to be in public life; *jmdn öffentlich hinrichten* to execute sb publicly; *öffentlich versteigern* to sell by public auction; *öffentliche Schule* state school; **Öffentlichkeit** *sub, f, -, nur Einz.* public; *als er das erste Mal vor die Öffentlichkeit trat* when he made his first public appearance; *die Öffentlichkeit scheuen* to shun publicity; *in aller Öffentlichkeit* in public; *mit etwas an die Öffentlichkeit treten* to bring sth before the public; *unter Ausschluss der Öffentlichkeit* in private

offerieren, *vt,* offer; **Offerte** *sub, f, -, -n* offer

offiziell, *adj,* official; *(Einladung)* formal; *etwas offiziell bekanntgeben* to announce sth officially; *wie von offizieller Seite verlautet* according to official sources; *auf dem Empfang ging es schrecklich offiziel zu* the reception was terribly formal; **offiziös** *adj,* semiofficial

Offizier, *sub, m, -s, -e* officer; *Offizier werden* to become an (army) officer

Offizium, *sub, n, -s, -zien* duty

öffnen, *vtir,* open; *das Geschäft wird um 10 Uhr geöffnet* the shop opens at 10 o´clock; *das Tal öffnet sich nach Westen* the valley is open to the west; *der Nachtportier öffnete mir* the night porter opened the door for me; *die Erde öffnete sich* the ground opened (up); *(comp.) eine Datei öffnen* to open a file; *es hat geklingelt, könntest du mal öffnen?* that was the doorbell, would you answer it?; *jmd die Augen für etwas öffnen* to make sb aware of sth; **Öffner** *sub, m, -s, -* opener; **Öffnung** *sub, f, -, -en* opening; *eine Politik der Öffnung* a policy of openness; *Öffnung der Leiche* autopsy; **Öffnungszeit** *sub, f, -, -en* hours of business

Offsetdruck, *sub, m, -s, nur Einz.* offset (printing)

oft, *adv,* frequently, often; *des öfteren* quite frequently; *wie oft fährt der Bus?* how frequently does the bus go?; *der Bus fährt nicht oft* the bus doesn't go very often; *je öfter* the more often; *öfter mal was Neues* variety is the spice of life; *schon so oft* often enough; *wie oft warst du schon in Baden?* how often have you been to Baden?

Oheim, *sub, m, -s, -e (veraltet)* uncle

ohne, *präp, konj,* without; *die Sache ist nicht ohne* it's not bad; *er ist nicht ohne* he's got what it takes; *er ist ohne jede Begabung* he lacks talent; *ich hätte das ohne Weiteres getan* I would have done it without thinking twice about it; *ich würde ohne Weiteres sagen, dass* I would not hesitate to say that; *ihm können Sie ohne Weiteres vertrauen* you can trust him implicitly; *ohne einen Pfennig Geld* pennyless; *ohne etwas sein* to be minus sth; *ohne ihn wären wir immer noch dort* if it weren't for him we'd still be there; *ohne mich!* count me out!; *ohne zu zögern* without hesitating

ohnedies, *adv,* anyway; *das hat ohnedies keinen Zweck!* there's no point in that anyway!; *es ist ohnedies schon spät* it's late enough already; *wir sind ohnedies zu viele Leute* there are too many of us as it is; **ohne einander** *adv,* without each other; **ohnegleichen** *adj,* unparalleled; *ein Erfolg ohnegleichen* an unparalleled success; *er singt ohnegleichen* as a singer he's without compare; *seine Frechheit ist ohnegleichen* I've never known anybody have such nerve; **Ohnehaltflug** *sub, m, -s, -flüge* non-stop flight; **ohnehin** *adv,* anyway; *es hat ohnehin keinen Sinn* there's no point in that anyway; *es ist ohnehin schon spät* it's late enough as it is; *wir sind ohnehin schon zu viele Leute*

we're too many as it is; **ohneweiters** *adv,* certainly, easily

Ohnmacht, *sub, f, -, nur Einz.* faint; *(Machtlosigkeit)* impotence, powerlessness; **ohnmächtig** *adj,* unconscious; *(machtlos)* helpless, impotent; *einer Sache ohnmächtig gegenüber stehen* to stand helpless in the face of sth; *ohnmächtig zusehen* to look on helplessly; *ohnmächtige Wut* impotent rage

Ohr, *sub, n, -s, -en* ear; *(i. ü. S.) auf dem Ohr bin ich taub* I won't hear of it; *bis über beide Ohren verliebt sein* to be head over heels in love; *dein Wort in Gottes Ohr!* god willing!; *die Ohren hängen lassen* to look downhearted; *die Ohren spitzen* to prick up one's ears; *es ist mir zu Ohren gekommen* it has come to my ears; *ich bin ganz Ohr* I'm all ear; *ich habe seine Worte noch deutlich im Ohr* his words are still ringing in my ears; *jmd ein geneigtes Ohr schenken* to lend sb a willig ear; *jmd eins hinter die Ohren geben* to give sb a clip round the ear; *jmd etwas um die Ohren hauen* to hit sb over the head with sth; *jmd in den Ohren liegen* to badger sb; *jmdn über's Ohr hauen* to take sb for a ride; *mit klingen die Ohren* my ears are burning; *noch nicht trocken hinter den Ohren sein* to be still wet behind the ears; *schreib dir das hinter die Ohren!* has that sunk in?; *seine Ohren sind nicht mehr so gut* his hearing isn't too good anymore; *sich auf's Ohr hauen* to hit the hay; *sitzt der auf seinen Ohren?* is he deaf or sth?; *sperr die Ohren auf!* clean out your ears!; *viel um die Ohren haben* to be rushed off one's feet

Öhr, *sub, n, -s, -e* eye

Ohrenbeichte, *sub, f, -, -n* auricular confession; **Ohrenbläser** *sub, m, -s, -* scandalmonger; **ohrenfällig** *adj,* obvious; **Ohrenklappe** *sub, f, -, -n* earflap; **Ohrensausen** *sub, n, -s, nur Einz.* buzzling in one's ears; **Ohrenschmalz** *sub, n, -es, nur Einz.* earwax; **Ohrenschmaus** *sub, m, -es, nur Einz.* feast for the ears; *das Konzert war ein richtiger Ohrenschmaus* the concert was a real delight to hear; *moderne Musik ist oft kein Ohrenschmaus* modern music is often far from easy on the ears; **Ohrenschmerz** *sub, m, -es, -en* earache; **Ohrensessel** *sub, m, -s, -* wing chair **Ohrfeige,** *sub, f, -, -n* clip round the ears, slap; *wenn du nicht gleich still bist, bekommst du eine Ohrfeige* if you don´t shut up I´ll box your ears; *eine Ohrfeige bekommen* to get a slap round the face; *jmd eine Ohrfeige geben* to slap sb´s face; **ohrfeigen** *vt,* slap; *ich könnte mich selbst ohrfeigen, dass ich das gemacht habe* I could kick myself for doing it; *jmdn ohrfeigen* to box sb´s ears **Ohrklipp,** *sub, m, -s, -s* clip-on earring; **Ohrläppchen** *sub, n, -s, -* lobe; **Ohrmuschel** *sub, f, -, -n* auricle; **Ohrring** *sub, m, -s, -e* earring; **Ohrschmuck** *sub, m, -s, nur Einz.* ear jewellery; **Ohrtrompete** *sub, f, -, -n* Eustachian tube; **Ohrwurm** *sub, m, -s, -würmer* earwig; *der Schlager ist ein richtiger Ohrwurm* that´s a really catchy record **Okapi,** *sub, n, -s, -s* okapi **Okarina,** *sub, f, -, -s o. -nen* ocarina **okay,** *interj,* okay **Okkasion,** *sub, f, -, -en* occasion **okkludieren,** *vt,* occlude; **Okklusion** *sub, f, -, -en* occlusion **okkult,** *adj,* occult; **Okkultismus** *sub, m, -, nur Einz.* occultstism; **Okkultist** *sub, m, -en, -en* occultist; **Okkultistin** *sub, f, -, -nen* occultist **Okkupant,** *sub, m, -en, -en* occupier; *die Okkupanten* the occupying forces; **Okkupation** *sub, f, -, -en* occupation; **okkupieren** *vt,* occupy **Ökonom,** *sub, m, -en, -en* economist; ~**ie** *sub, f, -, nur Einz.* economy; *(Wissenschaft)* economics; *durch kluge Ökonomie* by clever economies; *politische Ökonomie studieren* to study political economy; ~**ik** *sub, f, -, nur Einz.* economics; **ökonomisch** *adj,* economic **Ökosystem,** *sub, n, -s, -e* ecosystem **Oktaeder,** *sub, n, -s, -* octohedron; **oktaedrisch** *adj,* octahedral **Oktanzahl,** *sub, f, -, -en* octane number; *Benzin mit hoher Oktanzahl* high octane petrol **Oktave,** *sub, f, -, -n* octave; **Oktavformat** *sub, n, -s, -e* octavo

Oktett, *sub, n, -s, -e* octet **Oktober,** *sub, m, -s, -* October; ~**fest** *sub, n, -(e)s, -e* Oktoberfest (Munich beer festival) **Oktogon,** *sub, n, -s, -e* octagon; **oktogonal** *adj,* octagonal **Oktopode,** *sub, m, -n, -n* octopod **oktroyieren,** *vt, (geh.)* force, impose **Okular,** *sub, n, -s, -e* eyepiece **Ökumene,** *sub, f, -, nur Einz.* ecumenical movement; **ökumenisch** *adj,* ecumenical; **Ökumenismus** *sub, m, -, nur Einz.* ecumenism **Okzident,** *sub, m, -s, nur Einz.* occident; **okzidental** *adj,* occidental **Öl,** *sub, n, -s, -e* oil; *ätherische Öle* essential oils; *auf Öl stoßen* to strike oil; *im Öl malen* to paint in oils; *Öl auf die Wogen gießen* to pour oil on troubled waters; *Öl fördern* to extract oil; *Öl ins Feuer gießen* to add fuel to the fire **Ölbild,** *sub, n, -s, -er* oil painting **Oldie,** *sub, m, -s, -s* oldie; **Oldtimer** *sub, m, -s, -* veteran car **Oleat,** *sub, n, -s, -e* oleate; **Oleum** *sub, n, -s, Olea* oleum **ölen,** *vt,* oil; *wie ein geölter Blitz* like greased lightning; *wie geölt* like clockwork **Ölfilm,** *sub, m, -s, -e* film of oil; **Ölförderung** *sub, f, -, -en* bringing oil out of the earth; **Ölfrucht** *sub, f, -, -früchte* olive **Oligarchie,** *sub, f, -, -n* oligarchy; **oligarchisch** *adj,* oligarchic **Ölindustrie,** *sub, f, -, -n* oil industry **Ölkrise,** *sub, f, -, -n* oil crisis; **Ölluftpumpe** *sub, f, -, -n* oil vacuum pump **Olm,** *sub, m, -s, -e* olm **Ölmalerei,** *sub, f, -, -en* oil painting; **Ölofen** *sub, m, -s, -öfen* oil stove; **Ölpest** *sub, f, -, nur Einz.* oil pollution; **Ölplattform** *sub, f, -, -en* oilrig; **Ölquelle** *sub, f, -, -n* oil well; **Ölraffinerie** *sub, f, -, -n* oil refinery; *da sitzt ihr ja wie die Ölsardinen!* you must be crammed in like sardines; **Öltank** *sub, m, -s, -s* oil tank; **Öltanker** *sub, m, -s, -* oil tanker; **Ölvorkommen** *sub, n, -s, -* oil deposit; **Ölwechsel** *sub, m, -s, -* oil change; *den Ölwechsel machen* to change the oil; *ich muss mit dem Moped zum Ölwechsel* I must take my motobike in for an oil change

Olympiade, *sub, f, -, -n* Olympic Games; *(Zeitraum)* Olympiad; **Olympier** *sub, m, -s, -* Olympian; **Olympionike** *sub, m, -n, -n* Olympic athlete; **olympisch** *adj, (Götter)* Olympian; *(spo.)* Olympic; *die olympischen Götter* to Olympian deities; *die olympischen Spiele* the Olympic Games

Ölzeug, *sub, n, -s, nur Einz.* oilskins

Oma, *sub, f, -, -s* grandma, granny; *die alte Oma da drüben* the old dear over there

Ombudsmann, *sub, m, -es, -männer* ombudsman

Omega, *sub, n, -s, -s* omega

Omelett, *sub, n, -s, -s oder -e* omelette; ~*e sub, n, -s, -s oder -* omelette

Omen, *sub, n, -s, - oder Omina* omen

Omikron, *sub, n, -s, -s* omicron

Omnibus, *sub, m, -ses, -se* bus; ~**fahrt** *sub, f, -, -en* bus trip; ~**linie** *sub, f, -, -n* bus route

omnipräsent, *adj,* omnipresent

Onanie, *sub, f, -, nur Einz.* masturbation; **onanistisch** *adj,* onanistic

ondulieren, *vt,* crimp; **Ondulierung** *sub, f, -, -en* crimping

Onkel, *sub, m, -s, -* uncle; *der Onkel Doktor* the nice doctor; *sag dem Onkel guten Tag!* say hello to the nice man

onkologisch, *adj,* oncologic

online, *adj,* on-line

Onomastikon, *sub, n, -s, -ka* list of names

ontologisch, *adj,* ontological; *der ontologische Gottesbeweis* to ontological argument

Onyx, *sub, m, -(es), -e* onyx

Opa, *sub, m, -s, -s* grandad, grandpa; *na Opa, nun mach mal schneller!* go on grandpa, hurry up!

Opal, *sub, m, -s, -e* opal; **opaleszieren** *vi,* opalesce

Openairfestival, *sub, n, -s, -s* open-air festival

open end, *adj,* open end

Oper, *sub, f, -, -n* opera; *an die Oper gehen* to become an opera singer; *in die Oper gehen* to go to the opera

operabel, *adj,* operable; **Operateur** *sub, m, -s, -e (med.)* surgeon; **Opera-**

-tion *sub, f, -, -en* operation; **operational** *adj,* operational; **operativ** *adj,* operative, surgical; *eine Geschwulst operativ entfernen* to remove a growth surgically; *das ist nur durch einen operativen Eingriff zu beseitigen* that can only be removed by means of surgery

-perette, *sub, f, -, -n* operetta; **Opernarie** *sub, f, -, -n* aria; **Opernführer** *sub, m, -s, -* opera guide; **Opernmelodie** *sub, f, -, -n* operatic melody; **Opernsänger** *sub, m, -s, -* opera singer

-perieren, *vti,* operate; *der Blinddarm muss sofort operiert werden* that appendix needs immediate surgery; *jmdn am Magen operieren* to operate on sb´s stomach; *sich operieren lassen* to have an operation; *wir müssen sehr vorsichtig operieren* we must tread very carefully

-pfer, *sub, n, -s, - (~gabe)* sacrifice; *(Geschädigter)* victim; *jmd etwas als Opfer darbringen* to offer sth as a sacrifice to sb; *sie brachten ein Opfer dar* they made an offering; *wir müssen alle Opfer bringen* we must all make sacrifices; *das Erdbeben forderte viele Opfer* the earthquake took a heavy toll; *jmd zum Opfer fallen* to be (the) victim of sb; *Opfer des Straßenverkehrs* victims of road accidents; *sie fiel seinem Charme zum Opfer* she fell vitim to his charme

-pferbereit, *adj,* ready to make sacrifices; **Opferbereitschaft** *sub, f, -, nur Einz.* readiness make sacrifices; **Opfermut** *sub, m, -(e)s, nur Einz.* self-sacrifice; **opfern (1)** *vr, (sich bereiterklären)* be martyr **(2)** *vt, (aufgeben)* give up **(3)** *vtir,* sacrifice; *wer opfert sich, die reste aufzuessen?* who is going to be a martyr and eat up the remains?, *einem Gotte opfern* to pay homage to a god; *sein Leben opfern* to sacrifice one´s life; **Opferpfennig** *sub, m, -s, -e* small contribution; **Opferschale** *sub, f, -, -n* sacrificial bowl; **Opfertod** *sub, m, -es, nur Einz.* self-sacrifice; *Christus starb den Opfertod* Christ gave up his life; **Opferung** *sub, f, -, -en* sacrifice;

(kirchl.) offertory; **opferwillig** *adj,* willing to make sacrifices

Ophiolatrie, *sub, f, -, nur Einz. (rel.)* ophiolatry

Opiat, *sub, n, -s, -e* opiate; **Opium** *sub, n, -s, nur Einz.* opium; **Opiumgesetz** *sub, n, -es, -e* opium law; **opiumhaltig** *adj,* containing opium; **Opiumhandel** *sub, m, -s, nur Einz.* opium trade; **Opiumpfeife** *sub, f, -, -n* opium pipe; **Opiumraucher** *sub, m, -s, -* opium smoker

Opossum, *sub, n, -s, -s* opossum

Opponent, *sub, m, -en, -en* opponent; **opponieren** *vi,* oppose; *ihr müsst auch immer opponieren!* do you always have to oppose everything

opportun, *adj, (geh.)* opportune; **Opportunismus** *sub, m, -, nur Einz.* opportunism; **Opportunist** *sub, m, -en, -en* opportunist; **~istisch** *adj,* opportunist(ic); *opportunistisch handeln* to act in an opportunist fashion; *(med.) opportunistische Infektion* secondary infection; **Opportunität** *sub, f, -, nur Einz. (geh.)* opportuneness

Opposition, *sub, f, -, -en* opposition; *diese Gruppe macht ständig Opposition* this Group is always making trouble; *etwas aus reiner Opposition tun* to do sth out of sheer contrariness; **oppositionell** *adj,* opposition

Oppression, *sub, f, -, -en* oppresion

OP-Schwester, *sub, f, -, -n* theatre sister

Optant, *sub, m, -en, -en* optant; **Optativ** *sub, m, -s, -e* optative; **optieren** *vi, (pol.)* opt for

Optik, *sub, f, -, nur Einz.* lens sytem, optics; *(Aussehen)* look; *(i. ü. S.) das ist eine Frage der Optik!* it depends on your point of view; *du hast wohl einen Knick in der Optik!* can't you see straight?; *das ist nur hier wegen der Optik* it's just here because it looks good; *etwas in die rechte Optik bringen* to put sth into the right perspective; **~er** *sub, m, -s, -* optician

optimal, *adj,* optimum; **optimieren** *vt,* optimize; **Optimierung** *sub, f, -, -en* optimization; **Optimist** *sub, m, -en, -en* optimist; **optimistisch** *adj,* optimistic; **Optimum** *sub, n, -s, Optima* optimum

Option, *sub, f, -, -en* option; **optional** *adj,* optional

opulent, *adj,* lavish; **Opulenz** *sub, f, -, nur Einz.* lavishness

Opuntie, *sub, f, -, -n (bot.)* opuntia

Opus, *sub, n, -, Opera* work; *(mus.; Gesamtwerk)* opus

Orakel, *sub, n, -s, -* oracle; *das Orakel befragen* to consult the oracle; *er spricht in Orakeln* he speaks like an oracle; **orakeln** *vi,* prognosticate; **~spruch** *sub, m, -(e)s, -sprüche* prophecy

oral, *adj,* oral

orange, (1) *adj,* orange (2) **Orange** *sub, f, -, -n* orange; **Orangeade** *sub, f, -, -n* orangeade; **Orangeat** *sub, n, -s, -e* candied (orange) peel; **~farben** *adj,* orange; **~farbig** *adj,* orange; **Orangenbaum** *sub, m, -s, -bäume* orange tree; **Orangenblüte** *sub, f, -, -n* orange blossom; **Orangensaft** *sub, m, -s, -säfte* orange juice; **Orangerie** *sub, f, -, -n* orangery

Orang-Utan, *sub, m, -s, -s* orang(o)utan(g)

oratorisch, *adj,* rhetorical; **Oratorium** *sub, n, -s, -rien* oratorio

Orbit, *sub, m, -s, -s* orbit; **orbital** *adj,* orbital; **~albahn** *sub, f, -, -en* orbital

Orchester, *sub, n, -s, -* orchestra; **orchestrieren** *vt,* orchestrate; **Orchestrion** *sub, n, -s, -trien* orchestrion

Orchidee, *sub, f, -, -n* orchid; **~nart** *sub, f, -, -en* orchid species

Orden, *sub, m, -s, -* decoration, order; *einen Orden bekommen* to receive a decoration; *jmd einen Orden verleihen* to decorate sb; *in einen Orden eintreten* to become a monk/nun; **~sbruder** *sub, m, -s, -brüder* monk; *meine Ordensbrüder* my brother monks; **~sregel** *sub, f, -, -n* rule (of the order); **~sritter** *sub, m, -s, -* member of an order of knights; **~sspange** *sub, f, -, -n (mil.)* clasp; **~sstern** *sub, m, -s, -e (bot.)* carrion flower; **~stracht** *sub, f, -, -en* habit

ordentlich, *adj,* orderly, tidy; *(annehmbar)* reasonable; *(anständig)* respectable; *ein ordentliches Frühstück* a proper breakfast; *eine ordentliche Tracht Prügel* a proper hiding; *greift nur ordentlich zu!* tuck in!; *in ihrem Haushalt geht es sehr ordentlich zu* she runs a very orderly household; *ordentliches Gericht* court of law; *ordentliches Mitglied* full member; *sich ordentlich benehmen* to behave properly; *wir haben ordentlich gearbeitet* we really got down to it; *bei ihr sieht es immer ordentlich aus* her house always looks neat and tidy; *ordentlich arbeiten* to be a thorough and precise worker

Order, *sub, f, -, -s oder -n* order; *an Order lautend* made out to order; *ich habe meine Order* I have my orders; *jmd Order erteilen* to order sb; **ordern** *vt,* order; *~papier sub, n, -s, -e (fin.)* instrument order

Ordinalzahl, *sub, f, -, -en* ordinal number

ordinär, *adj,* vulgar; *(alltäglich)* ordinary; *sie wollen so viel für eine ganz ordinäre Hupe?* you are wanting that much for a perfectly ordinary horn?

Ordinärpreis, *sub, m, -es, -e (Handel)* retail price

Ordinate, *sub, f, -, -n* ordinate; *~nachse sub, f, -, -n* axis of ordinates

Ordination, *sub, f, -, -en (kirchl.)* ordination

ordnen, *(1) vr,* get in order *(2) vt,* order; *(sortieren)* arrange; **Ordner** *sub, m, -s, -* steward; *(Akten~)* file; **Ordnung** *sub, f, -, -en (geordneter Zustand; Rang)* order; *(Gesetzmäßigkeit)* routine; *(Vorschrift)* rules; *das war ein Fauxpas erster Ordnung* that was a faux pas of the first water; *ein Kind zur Ordnung erziehen* to teach a child tidy habits; *ein Stern fünfter Ordnung* a star of the fifth magnitude; *es ist alles in bester Ordnung* things couldn´t be better; *etwas in Ordnung bringen* to fix sth; *etwas in Ordnung halten* to keep sth in order; *geht in Ordnung* fine; *hier bei uns herrscht Ordnung* we like to have a little order around here; *ich finde es ganz in Ordnung, dass* I find it quite right that; *ihre Bestellung geht in Ordnung* we´ll see to your order; *in Ordnung!* all right!; *mit ihm ist etwas nicht in Ordnung* there´s sth the matter with him; *Ordnung halten* to keep things tidy; *Ordnung ist das*

halbe Leben a tidy mind is half the battle; *Ordnung schaffen* to sort things out; *Ruhe und Ordnung* law and order; *seid ruhig, sonst schaffe ich gleich mal Ordnung* be quiet or I´ll come and sort you out; *alles muss seine Ordnung haben* he does everything according to a fixed schedule; *der Ordnung gemäß* according to the rules; *ich frage nur der Ordnung halber* it´s only a routine question; **Ordnungsamt** *sub, n, -(e)s, -ämter* town clerk´s office; **Ordnungsruf** *sub, m, -s, -e* call order; **Ordnungssinn** *sub, m, -s, nur Einz.* conception of order; **Ordnungsstrafe** *sub, f, -, -n* fine; *jmdn mit einer Ordnungsstrafe belegen* to fine sb; **ordnungswidrig** *adj,* irregular; *(Parken, Verkehr)* illegal; **Ordnungswidrigkeit** *sub, f, -, -en* infringement; **Ordnungszahl** *sub, f, -, -en* ordinal number

Ordonanz, *sub, f, -, -en* orderly

Öre, *sub, n, -s, -* öre

Oregano, *sub, m, -s, -s* oregano

Organ, *sub, n, -s, -e* organ; *(Behörde)* instrument; *(Stimme)* voice; *kein Organ für etwas haben* not to have any feel for sth; *beratendes Organ* advisory body; *die ausführenden Organe* the executors

Organisation, *sub, f, -, -en* organization; **Organisator** *sub, m, -s, -en* organizer; **organisatorisch** *adj,* organizational; *das hat organisatorisch gar nicht geklappt* organizationally it was a failure; *eine organisatorische Höchstleistung* a masterpiece of organization

organisch, *adj,* organic; *(Erkrankung)* physical; *ein organisches Ganzes* ein organic whole; *sich organisch einfügen* to blend

organisieren, *vti,* organize; *(ugs.; stehlen)* lift; **organisiert** *adj,* organized

organismisch, *adj,* organismic; **Organismus** *sub, m, -, -men* organism

Organist, *sub, m, -en, -en* organist

Organmandat, *sub, n, -s, -e (österr.)* fine; **Organografie** *sub, f, -, -n (med.)* organography; **Organologie** *sub, f, -, nur Einz.* organology

Organspender, *sub, m, -s, -* donor

Orgasmus, *sub, m, -, -men* orgasm;

orgastisch *adj*, orgasmic
Orgelbauerin, *sub*, *f*, -, -nen organ
builder; **Orgelkonzert** *sub*, *n*, -s, -e
organ concert; **orgeln** *vi*, *(ugs.)* play
the organ; **Orgelpfeife** *sub*, *f*, -, -n
organ pipe; *dastehen wie die Orgelpfeifen* to be standing like a row of
Russian dolls
Orgiasmus, *sub*, *m*, -, *nur Einz.* orgiasm; **orgiastisch** *adj*, orgiastic; **Orgie** *sub*, *f*, -, -n orgy; *Orgien feiern* to
go wild, to have orgies, *(i. ü. S.)* to run
riot
Orient, *sub*, *m*, -s, *nur Einz.* Orient;
(geog.) Middle East; *das Denken des
Orients* Eastern thought; *vom Orient
zum Okzident* from east to west; *der
Vordere Orient* the Near East; ~**ale**
sub, *m*, -n, -n person from the Middle
East; **orientalisch** *adj*, Middle Eastern; ~**alist** *sub*, *m*, -en, -en specialist
in Middle Eastern and oriental studies; ~**alistik** *sub*, *f*, -, *nur Einz.*
Middle Eastern studies
orientieren, (1) *vr*, inform oneself (2)
vti, *(unterrichten)* put sb in the picture (3) *vtir*, orientate; *darüber ist er
gut orientiert* he´s well informed on
that; *ein positivistisch orientierter
Denker* a positivistically orientated
thinker; *links orientiert sein* to tend
to the left; *links orientierte Gruppen*
left-wing groups; *von da an kann ich
mich alleine orientieren* I can find
my own way from there; **Orientierung** *sub*, *f*, -, *nur Einz.* (*Unterrichtung*) information; *(Zurechtfinden,
Ausrichtung)* orientation; *die Orientierung verlieren* to lose one´s bea-
rings
Orientkunde, *sub*, *f*, -, *nur Einz.*
Middle Eastern studies
Origano, *sub*, *m*, -s, *nur Einz.* oregano
original, (1) *adj*, original (2) **Original**
sub, *n*, -s, -e original; *(Mensch)* character; *original aus Österreich* guaranteed from Austria; *original
Meißener Porzellan* genuine Meißen
porcelaine; **Originalität** *sub*, *f*, -, *nur
Einz.* *(Echtheit)* genuineness; *(Urtümlichkeit)* originality; **Originaltext** *sub*, *m*, -(e)s, -e original text;
Originalton *sub*, *m*, -s, *nur Einz.* original soundtrack; *Originalton Blair*
in Blair´s own words; **originär** *adj*,
original; **originell** *adj*, *(geistreich)*

witty; *(neu)* novel; *(selbständig)*
original; *das finde ich originell*
that´s pretty witty; *er ist ein sehr
origineller Kopf* his got an original
mind; *das hat er sich sehr originell*
that´s a very original idea of his
Orkan, *sub*, *m*, -s, -e hurricane; *(i. ü.
S.)* storm; *ein Orkan des Beifalls
brach los* thunderous applause
broke out; ~**stärke** *sub*, *f*, -, *nur
Einz.* hurricane force
Ornament, *sub*, *n*, -s, -e decoration,
ornament; **ornamental** *adj*, ornamental; ~**form** *sub*, *f*, -, -en ornamental form; ~**ik** *sub*, *f*, -, *nur Einz.*
ornamentation
Ornat, *sub*, *m*, -s, -e regalia; *in vollem Ornat* dressed up to the nines
Ornithologe, *sub*, *m*, -n, -n ornithologist; **Ornithologie** *sub*, *f*, -, *nur
Einz.* ornithology; **Ornithologin**
sub, *f*, -, -nen ornithologist; **ornithologisch** *adj*, ornithological
orografisch, *adj*, orographical
orphisch, *adj*, Orphic
Ort, *sub*, *m*, -es, -e place; *m*, -es, Ör-
ter position; *m*, -es, -e *(min.)* coal
face; *am angegebenen Ort* in the
place quoted; *an Ort und Stelle*
there and then; *das ist höheren
Ortes entschieden worden* the decision came from higher places; *ein
Ort der Einkehr* a place for quiet
contemplation; *ein Ort des Friedens* a place of peace; *er ist im
ganzen Ort bekannt* everyone
knows him; *hier bin ich wohl nicht
am richtigen Ort* I´ve obviously
not come to the right place; *hier ist
nicht der Ort, darüber zu sprechen*
this is not the time or place to talk
about it; *in einem kleinen Ort in
Niederbayern* in a little spot in Lower Bavaria; *jeder größere Ort hat
ein Postamt* a place of any size has
a post office; *mitten im Ort* in the
centre of the place/town; *Ort der
Handlung* scene of the action; *Ort
des Treffens* meeting venue; *Ort
des Verbrechens* scene of the crime;
von Ort zu Ort from place to place;
wir haben keinen Arzt am Ort we
have no resident doctor; *wir sind
mit dem halben Ort verwandt*
we´re related to half the people in
the place; **orten** *vt*, locate

orthodox, *adj,* orthodox; **Orthodoxie** *sub, f, -, nur Einz.* orthodoxy **Orthogon,** *sub, n, -s, -e* rectangle; **orthogonal** *adj,* orthogonal **Orthopäde,** *sub, m, -n, -n* orthopaedist; **Orthopädie** *sub, f, -, nur Einz.* orthopaedics; **orthopädisch** *adj,* orthopaedic; **Orthopädist** *sub, m, -en, -en* orthopaedist **örtlich,** *adj,* local; *das ist örtlich verschieden* it varies from place to place; *der Konflikt war örtlich begrenzt* it was limited to a local encounter; *örtliche Betäubung* local anaesthetic; **Örtlichkeit** *sub, f, -, -en* locality; *er ist mit den Örtlichkeiten gut vertraut* he knows his way about; **ortsansässig** *adj,* local; **Ortsausgang** *sub, m, -s, -gänge* end of the village/town; **Ortschaft** *sub, f, -, -en* town, village; *geschlossene Ortschaft* built-up area; **Ortseingang** *sub, m, -s, gänge* entrance of the village/town **Ortsgespräch,** *sub, f, -, -e* local call; **Ortskenntnis** *sub, f, -, -se* local knowledge; *Ortskenntnisse haben* to know one´s way around; **ortskundig** *adj,* knowing one´s way round; *ich bin nicht sehr ortskundig* I don´t know my way round very well; **Ortsname** *sub, m, -ns, -n* place name; **Ortsnetz** *sub, n, -es, -e* local (telephone) exchange area; **Ortssinn** *sub, m, -es, nur Einz.* sense of direction; **Ortsteil** *sub, m, -s, -e* quarter; **ortsüblich** *adj,* local; *das ist hier ortsüblich* it is customary here; *ortsübliche Mieten* standard local rents; **Ortsverkehr** *sub, m, -s, nur Einz.* local traffic; **Ortswechsel** *sub, m, -s, -* change of environment; **Ortszeit** *sub, f, -, -en* local time; **Ortszuschlag** *sub, m, -s, -schläge* weighting allowance **Ortung,** *sub, f, -, -en* locating **Öse,** *sub, f, -, -n* loop; *(an Kleidung)* eye **Osmium,** *sub, n, -s, nur Einz.* osmium **Osmose,** *sub, f, -, nur Einz..* osmosis; **osmotisch** *adj,* osmotic **Ossarium,** *sub, n, -s, -rien* charnelhouse **Ossi,** *sub, m, -s, -s (ugs.)* East German, Easterner; **ossifizieren** *vi,* ossify **Ost,** *sub, m, -es, nur Einz. (poet.; auch Wind)* East; *10 Mark Ost* 10 East German marks; *aus Ost und West* from East and West; *der Wind kommt aus Ost* the wind is coming from the East

ostasiatisch, *adj,* Eastern Asian; **ostbaltisch** *adj,* East Baltic **Ostberliner,** *sub, m, -s, -* East Berliner **Ostblock,** *sub, m, -s, nur Einz.* Eastern bloc; **~land** *sub, n, -s, -länder* Eastern bloc country **Osten,** *sub, m, -s, nur Einz.* east; *(von Land)* East; *gen Osten* to the east; *im Osten Bayerns* in the east of Bavaria; *von Osten her* from the east; *der Ferne Osten* the Far East; *der Mittlere Osten* the Middle East; *der Nahe Osten* the Near East **Osterbrauch,** *sub, m, -s, -bräuche* Easter tradition; **Ostermontag** *sub, m, -s, -e* Easter Monday; **Ostern** *sub, n, -, -* Easter; *frohe Ostern!* happy Easter!; *über Ostern fahren wir weg* we´re going away over Easter; *wenn Ostern und Pfingsten auf einen Tag fallen* if pigs could fly **Ostersonntag,** *sub, m, -s, -e* Easter Sunday; **Osterverkehr** *sub, m, -s, nur Einz.* Easter traffic **Osteuropa,** *sub, n, -s, nur Einz.* East(ern) Europe **ostfränkisch,** *adj,* Eastern Franconian; **ostfriesisch** *adj,* East Frisian **Ostitis,** *sub, f, -, -tiden (med.)* osteitis **Ostküste,** *sub, f, -, -n* East coast **östlich,** (1) *adj, (Gebiet)* eastern (2) *adv, präp,* east of; *östlich von Burghausen* east of Burghausen **Ostrazismus,** *sub, m, -, nur Einz.* ostracism **Östrogen,** *sub, n, -s, -e* oestrogen **Ostsee,** *sub, f, -, nur Einz.* Baltic (Sea); **~insel** *sub, f, -, -n* island in the Baltic (Sea) **Ostseite,** *sub, f, -, -n* eastern side **ost-westlich,** *adj,* East-West **Oszillation,** *sub, f, -, -en* oscillation; **Oszillator** *sub, m, -en, -en* oscillator; **oszillieren** *vi,* oscillate; **Oszillogramm** *sub, n, -s, -e* oscillograph **Otiatrie,** *sub, f, -, nur Einz. (med.)* otology **Otter,** *sub, f, -, -n* viper; *m, -s, -* otter **Ottomane,** *sub, f, -, -n* ottoman **out** *adj,* out

Outcast, *sub, m, -s, -s* outcast; **Outfit** *sub, n, -s, -s* outfit; **Outlaw** *sub, m, -s, -s* outlaw; **Output** *sub, m, -s, -s* output; **Outsider** *sub, m, -s, -* outsider **Ouvertüre,** *sub, f, -, -n* overture **oval, (1)** *adj,* oval **(2) Oval** *sub, n, -s, -e* oval **Ovarium,** *sub, n, -s, -rien* ovary **Ovation,** *sub, f, -, -en* ovation; *jmd Ovationen darbringen* to give sb an ovation; *stehende Ovationen* standing ovations **Overall,** *sub, m, -s, -s* overalls **overdressed,** *adj,* overdressed **Overheadprojektor,** *sub, m, -s, -en* overhead projector **Overkill,** *sub, m, -s, nur Einz.* overkill **ovoid,** *adj,* ovoid **Ovulation,** *sub, f, -, -en* ovulation

Oxer, *sub, m, -s, -* ox-fence **Oxid,** *sub, n, -s, -e* oxide; **~ation** *sub, f, -, -en* oxidation; **oxidieren** *vti,* oxidize; **~ierung** *sub, f, -, -en* oxidation; **Oxygen** *sub, n, -s, nur Einz.* oxygen **Oxymoron,** *sub, n, -s, -ra oder -ren* oxymoron **Ozalidpapier,** *sub, n, -s, nur Einz. (phot.)* ozalid paper **Ozelot,** *sub, m, -s, -e* ocelot **Ozon,** *sub, n, -s, nur Einz.* ozone; **~alarm** *sub, m, -s, nur Einz.* ozone alarm; **ozonisieren** *vt,* ozonize; **~loch** *sub, n, -s, nur Einz.* hole in the ozone layer; **~schicht** *sub, f, -, nur Einz.* ozone layer

P

paar, (1) *adj, (ein ~)* a few, couple of (2) **Paar** *sub, n, -es, -e* pair; *(Mann und Frau)* couple; *alle paar Minuten* every other minute; *ein paar Male* a couple of times; *schreiben Sie mir ein paar Zeilen* drop me a line, *ein Paar mit jmd bilden* to pair off with sb; *ein Paar Ochsen* a yoke of oxen; *ein Paar Schuhe* a pair of shoes; *ein Paar werden* to be made one; *zwei Paar Schuhe* two pairs of shoes; *ein Paar Würstchen* two sausages; *ein ungleiches Paar* an odd couple

Paarbildung, *sub, f, -, -en (biol.)* mating; **paaren** (1) *vr,* copulate (2) *vt, (spo.)* match (3) *vtr,* mate; **Paarhufer** *sub, m, -s, meist Mehrz.* cloven-hoofed animals; **paarig** *adj,* in pairs

Paarlauf, *sub, m, -s, nur Einz.* pair-skating; **Paarläuferin** *sub, f, -, -nen* pair-skater

Paarung, *sub, f, -, -en* combination; *(Kopulation)* copulation; *(Kreuzung)* mating

paarweise, *adv,* in pairs

Pacemaker, *sub, m, -s, -s* pacemaker

Pacht, *sub, f, -, -en* lease, rent; *etwas in Pacht geben* to let out sth on lease; *etwas in/zur Pacht haben* to have sth on leasehold; **pachten** *vt,* lease; *er tat so, als hätte er die Weisheit für sich gepachtet* he thought he was the only clever person around; **Pächter** *sub, m, -s, -* tenant; *er ist Pächter eines Bauernhofs* he´s a tenant farmer; **~gut** *sub, n, -s, -güter* smallholding; **~ung** *sub, f, -, nur Einz.* leasing; **~vertrag** *sub, m, -s, -träge* lease

Pack, *sub, m, -s, -* pile, stack; *n, -s, -* rabble; *Pack schlägt sich, Pack verträgt sich* rabble like that are at at each others throats one minute and friend again the next; *zwei Pack Spielkarten* two packs of playing cards

Packagetour, *sub, f, -, -en* package tour; **Päckchen** *sub, n, -s, -* packet, parcel; *ein Päckchen Zigaretten* a packet of cigarettes; *jeder hat sein Päckchen zu tragen* we all have our cross to bear; *ein Päckchen aufgeben* to post a small parcel; **Packeis** *sub, n, -es, nur Einz.* pack ice

Packen, (1) *sub, m, -s, -* pile, stack (2) **packen** *vt, (fassen)* grab (hold of); *(Gefühle)* seize; *(Koffer)* pack; *(mitreißen)* grip; *den hat es aber ganz schön gepackt* he´s got it bad(ly); *jmdn am Kragen packen* to grab sb by the collar; *jmdn bei der Ehre packen* to appeal to sb´s sense of honour; *das Theaterstück hat mich gepackt* I was really gripped by the play; *er packt es nie* he´ll never get; *hast du die Prüfung gepackt?* did you get through the exam; *pack dich nach Hause!* clear off home!; *packen wir´s!* let´s go!; *ein Paket packen* to make up a parcel; *etwas in Watte packen* to pack sth in cotton wool; *jmdn ins Bett packen* to tuck sb up; *von der Leidenschaft gepackt* in the grip of passion

Packerei, *sub, f, -, nur Einz.* packing; *f, -, -en* packing department; **Packesel** *sub, m, -s, -* pack-mule; **Packleinwand** *sub, f, -, -wände* burlap; **Packraum** *sub, m, -s, -räume* packing department; **Packwagen** *sub, m, -s, -wägen* luggage van

Pädagoge, *sub, m, -n, -n* educationalist; **Pädagogik** *sub, f, -, nur Einz.* educational theory; **pädagogisch** *adj,* educational; *pädagogische Fähigkeiten* ability to teach; *Pädagogische Hochschule* teacher-training college

Paddel, *sub, n, -s, -* paddle

Päderast, *sub, m, -en, -en* pederast; **~ie** *sub, f, -, nur Einz.* pederasty

pädophil, *adj,* p(a)edophile; **Pädophilie** *sub, f, -, nur Einz.* p(a)edophilia

Paella, *sub, f, -, -s* paella

paffen, *vi, (ugs.; heftig rauchen)* puff away; *(ugs.; nicht inhalieren)* puff; *du paffst ja bloß!* you´re just puffing at it!

Paganismus, *sub, m, -, nur Einz.* paganism

Page, *sub, m, -n, -n* page; *(Hotel~)* bellboy; **~nfrisur** *sub, f, -, -en* page-boy (cut)

Paginierung, *sub, f, -, -en* pagination

Pagode, *sub, f, -, -n* pagoda;

~ndach *sub, n, -s, -dächer* pagoda roof
Paillette, *sub, f, -, -n* sequin
Pair, *sub, m, -s, -s* pair
Paket, *sub, n, -s, -e* packet; *(Bündel)* pile; *(Post)* parcel
Paketadresse, *sub, f, -, -n* stick-on address label; **Paketannahme** *sub, f, -, -n* parcels office; **Paketkarte** *sub, f, -, -n* dispatch form
Pakistan, *sub, n, -s, nur Einz.* Pakistan; ~**erin** *sub, f, -, -nen* Pakistani; **pakistanisch** *adj*, Pakistani
Pakt, *sub, m, -es, -e* agreement, pact; *einem Pakt beitreten* to enter into an agreement; *einen Pakt abschließen* to make a pact
paläarktisch, *adj*, Palaearctic
Paladin, *sub, m, -s, -e (hist.)* paladin
Paläobotanik, *sub, f, -, nur Einz.* palaeobotany; **Paläolithikum** *sub, n, -s, nur Einz.* Palaeolithic Age; **Paläontologe** *sub, m, -n, -n* palaeontologist; **Paläontologie** *sub, f, -, nur Einz.* palaeontology; **Paläozän** *sub, n, -s, nur Einz.* Pal(a)eocene; **Paläozoikum** *sub, n, -s, nur Einz.* Palaeozoic; **paläozoisch** *adj*, Palaeozoic
Palast, *sub, m, -es, Paläste* palace
Palästina, *sub, n, -s, nur Einz.* Palestine; **palästinisch** *adj*, Palestinian
Palastrevolution, *sub, f, -, -en* palace revolution; **Palastwache** *sub, f, -, -n* palace guard
Palatschinken, *sub, m, -s, - (österr.)* stuffed pancake
Palaver, *sub, n, -s, -* palaver; **palavern** *vi*, palaver
Paletot, *sub, m, -s, -s (veraltet)* overcoat
Palette, *sub, f, -, -n (i. ü. S.)* range; *(Malerei)* palette; *(Stapelplatte)* pallet; **palettieren** *vt*, palletize
Palindrom, *sub, n, -s, -e* palindrome
Palisade, *sub, f, -, -n* palisade
Palisander, *sub, m, -s, -* jacaranda
Palliativ, *sub, n, -s, -e* palliative; **Pallium** *sub, n, -s, Pallien* pallium
Palme, *sub, f, -, -n* palm; *die Palme des Sieges erringen* to bear off the palm; *jmdn auf die Palme bringen* to make sb´s blood boil; **palmenartig** *adj*, palm-like; ~**nblatt** *sub, n, -(e)s, -blätter* palm leaf; ~**nwedel** *sub, m, -s, -* palm leaf; ~**nzweig** *sub, m, -(e)s, -e* palm leaf; **Palmkätzchen** *sub, n, -s, -*

pussy willow; **Palmwedel** *sub, m, -s, -* palm leaf
palpabel, *adj*, palpable
Palpitation, *sub, f, -, -en* palpitation
Pampa, *sub, f, -, -s* pampas; ~**sgras** *sub, n, -es, -gräser* pampas grass
Pampelmuse, *sub, f, -, -n* grapefruit
Panade, *sub, f, -, -n* breadcrumb coating
panarabisch, *adj*, pan-Arab; **Panarabismus** *sub, m, -, nur Einz.* pan-Arabism
panchromatisch, *adj*, panchromatic
Panda, *sub, m, -s, -s* panda
Pandit, *sub, m, -s, -e* Pundit
Paneel, *sub, n, -s, -e* panel; **paneelieren** *vt*, panel; **Panel** *sub, n, -s, -s (soziol.)* panel
Panentheismus, *sub, m, -, nur Einz. (philos.)* panentheism
Paneuropa, *sub, n, -s, nur Einz.* pan-Europe
Panflöte, *sub, f, -, -n* panpipes
panieren, *vt*, bread
Panik, *sub, f, -, -en* panic; *nur keine Panik!* don´t panic!; *Panik brach aus* panic broke out; *von Panik ergriffen* panic-stricken; **panisch** *adj*, panic-stricken; *panische Angst* panic-stricken fear
Pankreas, *sub, n, -, -kreaten (anat.)* pancreas
Panne, *sub, f, -, -n* breakdown; *(Reifen~)* puncture; *eine Panne mit dem Auto haben* to have a breakdown; *mit der neuen Maschine passieren dauernd Pannen* things keep going wrong with the new machine; *eine Panne mit dem Fahrrad haben* to have a puncture
Pannendienst, *sub, m, -es, -e* breakdown service; **Pannenkoffer** *sub, m, -s, -* emergency toolkit
Panoptikum, *sub, n, -s, -ken* waxworks
Panorama, *sub, n, -s, -ramen* panorama; ~**bus** *sub, m, -ses, -se* panorama coach
Pansen, *sub, m, -s, -* rumen
Panter, *sub, m, -s, -* panther; ~**katze** *sub, f, -, -n* panther
Pantheismus, *sub, m, -, nur Einz.* pantheism
Pantoffel, *sub, m, -s, -n* slipper; *unterm Pantoffel stehen* be under

so´s thumbs, to be henpecked; **~held** *sub, m, -en, -en (ugs.)* henpecked husband; **~tierchen** *sub, n, -s, -* slipper animalcule
Pantograph, *sub, m, -en, -en* pantograph; **~ie** *sub, f, -, -n* pantography
Pantolette, *sub, f, -, -n* slip-on
Pantomime, *sub, m, -n, -n* mime; **pantomimisch** *adj,* in mime; *sich pantomimisch verständlich machen* to communicate with gestures
Pantry, *sub, f, -, -s* pantry
Panzer, *sub, m, -s, - (i. ü. S.)* shield; *(mil.)* tank; *(Panzerung)* armour; *ein Panzer der Gleichgültigkeit* a wall of indifference; *sich mit einem Panzer umgeben* to harden oneself; **~abwehr** *sub, f, -, nur Einz.* anti-tank defence; **~echse** *sub, f, -, -n* crocodilian; **~faust** *sub, f, -, -fäuste* bazooka; **~glas** *sub, n, -es, nur Einz.* bulletproof glass; **~graben** *sub, m, -s, -gräben* anti-tank ditch; **~jäger** *sub, m, -s, -* anti-tank gunner; **~kampfwagen** *sub, m, -s, -* armoured vehicle; **~schiff** *sub, n, (e)s, -e* armoured (war) ship; **~sperre** *sub, f, -, -n* tank trap; **~wagen** *sub, m, -s, -* armoured car
Papa, *sub, m, -s, -s* daddy
Papagei, *sub, m, -s, -en* parrot; *alles wie ein Papagei nachplappern* to repeat everything parrot fashion; **~fisch** *sub, m, -s, -e* parrot-fish
Papaya, *sub, f, -, -s* papaya
Paperback, *sub, n, -s, -s* paperback
Papeterie, *sub, f, -, -n* stationer´s
Papier, *sub, m, -s, -e* paper; *(Wert~)* security; *das steht nur auf dem Papier* that´s only in theory; *ein Blatt Papier* a sheet of paper; *er hatte keine Papiere bei sich* he had no means of identification on him; *Papier ist geduldig* you can say what you like on paper; *sein Gedanken zu Papier bringen* to commit one´s thoughts to paper; *seine Papiere bekommen* to get one´s cards
Papierblock, *sub, m, -s, -blöcke* pad; **Papierblume** *sub, f, -, -n* paper flower; **Papierbogen** *sub, m, -s, -bögen* sheet; **Papierfabrik** *sub, f, -, -en* paper mill; **Papierfetzen** *sub, m, -s, -* scrap of paper; **Papiergeld** *sub, n, -(e)s, nur Einz.* paper money; **Papierkorb** *sub, m, -s, -körbe* paper basket;

Papierkrieg *sub, m, -(e)s, -e* a lot of red tape; *einen Papiekrieg mit und führen* to go through a lot of read tape with sb; *vor lauter Papierkrieg kommen wir nicht zur Forschung* there´s so much paperwork we can´t get on with our research; **Papiermesser** *sub, n, -s, -* paper knife; **Papiermühle** *sub, f, -, -en* paper mill; **Papierschere** *sub, f, -, -n* paper scissors; **Papiertiger** *sub, m, -s, - (i. ü. S.)* paper tiger; **Papierwaren** *sub, f, -, nur Mehrz.* stationery
Pappe, *sub, f, -, -n* cardboard; *dieser Linke Haken war nicht von Pappe* that was no mean left hook
Pappel, *sub, f, -, -n* poplar; **~allee** *sub, f, -, -n* avenue of poplars
päppeln, *vt, (ugs.)* nourish
pappen, (1) *vi,* be sticky **(2)** *vt,* glue, stick; *das Hemd pappt an mir* the shirt is sticking to me, *der Leim pappt gut* the glue sticks well
Pappdeckel, *sub, m, -s, -* thin cardboard
pappig, *adj, (ugs.)* sticky
Pappkamerad, *sub, m, -en, -en (ugs.; mil.)* silhouette target; **Pappmaschee** *sub, n, -s, -s* papiermâché; **Pappnase** *sub, f, -, -n* false nose; **Pappteller** *sub, m, -s, -* paper plate
Paprika, *sub, m, -, -s (Gewürz)* paprika; *(Schote)* pepper
Papst, *sub, m, -es, Päpste* pope; *(i. ü. S.)* high priest; **~familie** *sub, f, -, -n* papal family; **~tum** *sub, n, -s, nur Einz.* papacy
Papuasprache, *sub, f, -, -n* Papuan language
Papyrus, *sub, m, -, -ri* papyrus
Parabel, *sub, f, -, -n (lit.)* parable; *(math.)* parabola
Parabolantenne, *sub, f, -, -n* satellite dish
Parade, *sub, f, -, -n (Boxen)* parry; *(mil.)* parade; *jmd in die Parade fahren* to cut sb off short; *die Parade abnehmen* to take the salute
Paradekissen, *sub, n, -s, -* scatter cushion; **Parademarsch** *sub, m, -(e)s, -märsche* parade step; *(Musik)* match; **Paradepferd** *sub, n, -(e)s, -e* show horse; **Paradestück** *sub, n, -(e)s, -e* showpiece; **paradieren** *vi,*

parade
Paradies, *sub, n, -es, -e* paradise; *da haben sie wie im Paradies gelebt* they were living in paradise; *das Paradies auf Erden* heaven on earth; *die Vertreibung aus dem Paradies* the expulsion from paradise; *ein Paradies für Kinder* a children´s paradise; ~**apfel** *sub, m, -s, -äpfel (österr,)* tomato; **paradiesisch** *adj, (i. ü. S.)* heavenly; *hier ist es paradiesisch schön* this is paradise; *paradiesisch leere Strände* blissfully empty beaches; ~**vogel** *sub, m, -s, -vögel* bird of paradise
paradox, (1) *adj,* paradoxical **(2) Paradox** *sub, n, -es, -e* paradox
Paraffin, *sub, n, -s, -e* paraffin; **paraffinisch** *adj,* paraffinic
Paragraf, *sub, m, -en, -en (Abschnitt)* paragraph; *(jur.)* section; ~**endschungel** *sub, m, -s, nur Einz.* jungle of regulations
Paralexie, *sub, f, -, -n (med.)* paralexia
Paralipomenon, *sub, n, -s, nur Einz.* Paralipomenon
Parallaxe, *sub, f, -, -n* parallax
parallel, *adj,* parallel; *(elek.)* parallel *schalten* to connect in parallel; **Parallele** *sub, f, -, -n* parallel; *eine Parallele zu etwas ziehen* to draw a parallel to sth; **Parallelfall** *sub, m, -(e)s, -fälle* parallel (case); **Parallelismus** *sub, m, -, nur Einz.* parallelism; **Parallelität** *sub, f, -, nur Einz.* parallelism; **Parallelogramm** *sub, n, -s, -e* parallelogram; **Parallelprojektion** *sub, f, -, -en* parallel projection
Paralogismus, *sub, m, -, -ismen* fallacy
Paralyse, *sub, f, -, -n* paralysis; **paralysieren** *vt,* paralyse
Parameter, *sub, m, -s, -* paramater
paramilitärisch, *adj,* paramilitary
Paranoia, *sub, f, -, nur Einz.* paranoia; **paranoid** *adj,* paranoid; **paranormal** *adj,* paranormal
Paranuss, *sub, f, -, -nüsse (bot.)* Brazil nut
Paraphe, *sub, f, -, -n* signature; **paraphieren** *vt,* initial; **Paraphierung** *sub, f, -, -en* initialling; **Paraphrase** *sub, f, -, -n* paraphrase; **paraphrasieren** *vt,* paraphrase
Parapsychologie, *sub, f, -, nur Einz.* parapsychology
Parasit, *sub, m, -en, -en* parasite; **para-**

sitär *adj,* parasitic(al); ~**entum** *sub, n, -s, nur Einz.* parasitism; **parasitisch** *adj,* parasitic(al)
Parasympathikus, *sub, m, -, nur Einz.* parasympathetic nervous system
parat, *adj,* prepared, ready; *er hat immer eine Ausrede parat* he always has an excuse on tap; *er hat immer eine Ausrede parat* he was always ready with an excuse; *halte dich parat!* be ready!
Parataxe, *sub, f, -, -n* coordination
Paravent, *sub,,* screen
Pärchen, *sub, n, -s, -* couple
Parcours, *sub, m, -, -* show-jumping course; *einen Parcours reiten* to jump a course; *Sie reitet nicht gern Parcours* She doesn´t like showjumping
Pardon, *sub, n, -s, nur Einz.* pardon; *das Zeug räumst Du auf, da gibts kein Pardon* you clear the stuff up and that´s that; *jmdn kein Pardon geben* to give sb no quarter; *jmdn um Pardon bitten* to ask sb´s pardon; *kein Pardon kennen* to be ruthless; **pardonieren** *vt,* pardon
Parenthese, *sub, f, -, -n* parenthesis
Parforcejagd, *sub, f, -, -en* hunt; **Parforceritt** *sub, m, -(e)s, -e* forced ride
Parfüm, *sub, n, -s, -e und -s* perfume, scent; ~**erie** *sub, f, -, -n* perfumery; **parfümieren (1)** *vr,* put perfume on **(2)** *vt,* perfume; *du parfümierst dich zu stark* you put too much perfume on
Paria, *sub, m, -s, -s* pariah
parieren, (1) *vi,* obey **(2)** *vt,* parry; *aufs Wort parieren* to jump to it
Parietalauge, *sub, n, -s, -n* parietal eye
Pariser, (1) *adj,* Parisian **(2)** *sub, m, -s, - (Kondom)* French letter; **pariserisch** *adj,* Parisian
Parität, *sub, f, -, -en* parity; **paritätisch** *adj,* equal
Park, *sub, m, -s, -s* park; *(Schloss~)* grounds
Parkbank, *sub, f, -, -bänke* park bench; **Parkdeck** *sub, n, -s, -s* parking level; **parken** *vti,* park; *ein parkendes Auto* a parked car; *parken verboten!* no Parking!
Parkett, *sub, n, -s, -e (Fußboden)*

parquet; *(Tanzfläche)* floor; *(theat.)* stalls; *auf dem internationalen Parkett* in international circles; *ein Zimmer mit Parkett auslegen* to lay parquet in a room; *sich auf jedem Parkett bewegen können* to be able to move in any society; *eine tolle Nummer aufs Parkett legen* to put on a great show; *das Parkett klatschte Beifall* there was applause from the stalls; **~boden** *sub, m, -s, -böden* parquet floor; **parkettieren** *vt,* parquet; **~leger** *sub, m, -s, -* parquet layer; **~sitz** *sub, m, -es, -e* seat in the stalls **Parkleuchte,** *sub, f, -, -n* parking light; **Parkplatz** *sub, m, -es, -plätze* car park; *(für einzelne Autos)* parking space; **Parkraum** *sub, m, -s, -räume* parking space; **Parkscheibe** *sub, f, -, -n* parking disc; **Parkuhr** *sub, f, -, -en* parking meter; **Parkverbot** *sub, n, -s, -e* parking ban; *hier ist Parkverbot* there is no parking here; **Parkwächter** *sub, m, -s, -* car-park attendant; **Parkzeit** *sub, f, -, -en* parking time **Parlament,** *sub, n, -s, -e* parliament; *das Parlament auflösen* to dissolve parliament; *jmdn ins Parlament wählen* to elect sb to parliament; **~är** *sub, m, -s, -e* peace envoy; **~arier** *sub, m, -s, -* parliamentarian; **parlamentarisch** *adj,* parliamentary; *parlamentarisch regieren* to govern by a parliament; *parlamentarische Demokratie* parliamentary democracy; **~arismus** *sub, m, -, nur Einz.* parliamentarianism; **~sbeschluss** *sub, m, -es, -schlüsse* vote of parliament **parlieren** *vi,* talk away **Parmesan,** *sub, m, -s, nur Einz.* Parmesan (cheese); **parmesanisch** *adj,* Parmesan **parnassisch,** *adj,* Parnassian **Parodie,** *sub, f, -, -n* parody; *eine Parodie von jmd geben* to take sb off; *er ist nur noch eine Parodie seiner selbst* he is now only a parody of his former self; **~messe** *sub, f, -, -n* parody mass; **parodieren** *vt,* parody; **Parodist** *sub, m, -en, -en* parodist; **parodistisch** *adj,* parodistic; *er hat parodistische Fähigkeiten* he´s a good imersonator; *parodistische Sendung* parody **Parodontose,** *sub, f, -, -n* periodontosis

Parole, *sub, f, -, -n (mil.)* password; *(pol.)* slogan **Paroli,** *sub, n, -s, nur Einz. (~ bieten)* defy **Paronomasie,** *sub, f, -, -n* annomination **Parotitis,** *sub, f, -, Parotitiden* mumps **Partei,** *sub, f, -, -en* party, tenant; *die Partei wechseln* to change parties; *die streitenden Parteien* the disputing parties; *ein Richter sollte über den Parteien stehen* a judge should be impartial; *es mit beiden Parteien halten* to run with the hare and hunt with the hounds; *gegen jmdn Partei ergreifen* to take sides against sb; *meine Partei* my client **Parteichefin,** *sub, f, -, -nen* party leader; **Parteifreund** *sub, m, -(e)s, -e* fellow party member; **Parteiführer** *sub, m, -s, -* party leader; **Parteigänger** *sub, m, -s, -* party supporter; **parteiintern** *adj,* internal party; *etwas parteiintern lösen* to solve sth within the party; **parteiisch** *adj,* bias; **Parteilinie** *sub, f, -, -n* party line; *auf die Parteilinie einschwenken* to tow the party line; **Parteinahme** *sub, f, -, -n* partisanship; **Parteiorgan** *sub, n, -s, -e* party organ; **Parteiprogramm** *sub, n, -s, -e* party programme; **Parteispitze** *sub, f, -, -n* party leadership **parterre, (1)** *adv, (brit.)* on the ground floor; *(US)* on the first floor **(2) Parterre** *sub, n, -s, -s (brit.)* ground floor; *(US)* first floor; **Parterrewohnung** *sub, f, -, -en (brit.)* ground-floor flat; *(US)* first-floor apartment **Partie,** *sub, f, -, -n (ugs.)* catch; *(Handel)* lot; *(Sport)* game; *(Teil, Ausschnitt)* part; *eine gute Partie machen* to marry money; *eine gute Partie sein* to be a good catch; *die Partie verloren geben* to give up the game as lost; *(Landpartie) eine Partie machen* to go on a trip; *eine Partie Schach spielen* to play a game of chess; *da bin ich mit von der Partie* I´m with you; *mit von der Partie sein* to join in **Partieführer,** *sub, m, -s, -* foreman of a gang of labourers

partiell, *adj,* partial
partienweise, *adv, (Handel)* in lots;
Partiepreis *sub, m, -es, -e* special
terms; **partieweise** *adv,* in lots
Partikel, *sub, f, -s, -n* particle; **partiku-**
lar *adj,* separate; **Partikularismus**
sub, m, -, nur Einz. particularism;
Partikulier *sub, m, -s, -e* independent barge-owner
Partisan, *sub, m, -en, -en* partisan
partitiv, *adj, (gramm.)* partitive; **Par-**
titur *sub, f, -, -en* score
Partizip, *sub, n, -s, -ien* participle; *Par-*
tizip Präsens present participle;
~ation *sub, f, -, -en* participation;
partizipieren *vi,* participate
Partner, *sub, m, -s, -* partner; *(Film)*
co-stars; *als jmds Partner spielen* to
be sb´s partner; *als jmds Partner*
spielen to play opposite sb
Partnerland, *sub, n, -(e)s, -länder*
partner (country); **Partnerschaft**
sub, f, -, -en partnership; *(Städte~)*
twinning; **Partnerstaat** *sub, m, -(e)s,*
-en partner (country); **Partnerstadt**
sub, f, -, -städte twin town; **Partner-**
tausch *sub, m, -(e)s, -e* change of
partners; *(sexuell)* partner-swop-
ping; **Partnerwahl** *sub, f, -, -en* choice of partner
Party, *sub, f, -, Parties* party; *auf einer*
Party at a party; *eine Party geben* to
have a party; *zu einer Party gehen* to
go to a party; **~löwe** *sub, m, -n, -n*
socialite
Parvenü, *sub, m, -s, -s* parvenu
Parzelle, *sub, f, -, -n* parcel of land,
plot; **parzellieren** *vt,* parcel out
Pas, *sub, m, -, -* step
Pasch, *sub, m, -(e)s, -e und Päsche*
doublets; **paschen** *vi,* throw dou-
blets
Pascha, *sub, m, -s, -s* pasha; *wie ein*
Pascha like Lord Muck
Pasquillant, *sub, m, -en, -en* calumnia-
tor
Pass, *sub, m, -es, -Pässe (Ausweis)* pas-
sport; *(Gebirge, Ballsport)* pass
passabel, *adj,* reasonable; *mir geht´s*
ganz passabel I´m all right
Passage, *sub, f, -, -n* passage; **Passa-**
gier *sub, m, -s, -e* passenger; *blinder*
Passagier stowaway
Passah, *sub, n, -s, nur Einz.* Passover
Passant, *sub, m, -en, -en* passer-by
Passat, *sub, m, -s, -e* trade wind

Passbild, *sub, n, -es, -er* passport
photograph
passé, *adj,* passé; *die Sache ist*
längst passé that´s all ancient history; *diese Mode ist längst passé*
this fashion went out long ago
passen, *vi, (genehm sein)* suit; *(Grö-*
ße) fit; *(harmonieren)* go with,
match; *(Karten, Fußball)* pass; *das*
könnte dir so passen you´d love
that wouldn´t you?; *das passt zu*
ihm, so etwas zu sagen It´s just like
him to say that; *diese Einstellung*
passt zu ihm that attitude is typical
of him; *er passt mir einfach nicht!*
I just don´t like him!; *Freitag passt*
und nicht Friday is no good for us;
ihre Faulheit passt mir schon lange
nicht this laziness of hers has been
annoying me for a long time; *zu*
jmd (menschlich) passen to be suited to sb; *zueinander passen* to go
together; *der Deckel passt nicht*
the lid won´t fit; *die Schuhe passen*
mir gut the shoes fit me well; *er*
passt nicht in dieses Team he
doesn´t fit in this team; *wie ange-*
gossen passen to fit like a glove; *das*
Rot passt da nicht the red is all
wrong there; *dieser Ausdruck passt*
nicht in den Satz this expression is
out of place in this sentence; *zu*
etwas passen to go with sth; *zu*
etwas im Ton passen to match sth;
bei dieser Frage muß ich passen
I´ll have to pass on this question;
passe! pass!; **~d** *adj, (angenehm)*
suitable; *(Geld)* exact; *(Größe)* fitting; *(harmonisch)* matching; *er*
findet immer das passende Wort
he always knows the right thing to
say; *er kam zu jeder passenden und*
unpassenden Zeit he came at any
time, no matter how inconvenient;
haben Sie´s passend? have you got
the right money?; *ein passender*
Schlüssel a key to fit; *er trägt kaum*
mal einen passenden Anzug he
hardly ever wears a suit that fits;
eine im Ton genau dazu passende
Tasche a bag which matches it
exactly; *ich muß passende Schuhe*
kaufen I must buy some matching
shoes
Passepartout, *sub, n, m, -s, -s* passe-
partout

Passfoto, *sub, n, -s, -s* passport photograph; **Passgang** *sub, m, -s, -gänge* amble; **passgerecht** *adj*, well-fitting **Passhöhe**, *sub, f, -, -n* top of the pass; **passierbar** *adj*, passable; **passieren** **(1)** *vi, (geschehen)* happen **(2)** *vt*, pass; *(Küche)* strain; *beim Sturz ist ihm nichts passiert* he wasn´t hurt in the fall; *das kann auch nur mir passieren* just my luck!; *das passiert nun mal* these things happen; *es ist ein Unfall passiert* there has been an accident; *ihm ist etwas Schreckliches passiert* something terrible has happened to him; *sowas ist mit noch nie passiert!* I´ve never known anything like it; *was ist denn passiert?* what´s the matter?, *der Zug passierte die Brücke* the train crossed the bridge; *jmdn ungehindert passieren lassen* to let sb pass; **Passiersieb** *sub, n, -s, -e* strainer
Passion, *sub, f, -, -en* passion; *f, -, nur Einz. (relig.)* Passion; **passioniert** *adj*, enthusiastic; *~sweg sub, m, -(e)s, nur Einz. (relig.)* Passion; *~szeit sub, f, -, nur Einz.* Holy Week
passiv, **(1)** *adj*, passive **(2) Passiv** *sub, n, -s, -e* passive (voice); *passive Bestechung* corruption; *passive Handelsbilanz* adverse trade balance; *passives Mitglied* non-active member; *sich passiv verhalten* to be passive, *das Verb steht im Passiv* the verb is in the passive voice; **Passivhandel** *sub, m, -s, nur Einz. (pol., wirt.)* excess of imports over exports; **Passivität** *sub, f, -, nur Einz.* passiveness; **Passivmasse** *sub, f, -, -n* debt; **Passivposten** *sub, m, -s, - (Handel)* debit entry; **Passivzins** *sub, m, -es, -en, meist Mehrz.* interest payable creditors
Passkontrolle, *sub, f, -, -n* passport control; *Passkontrolle!* passports please!; **Passwort** *sub, n, -(e)s, -wörter* password
Passus, *sub, m, -, -* passage
Paste, *sub, f, -, -n* paste
Pastell, *sub, n, -s, -e* pastel; *~farbe sub, f, -, -n* pastel; **pastellfarben** *adj*, pastel; *etwas pastellfarben streichen* to paint sth in pastels; *~malerei sub, f, -, nur Einz.* drawing in pastel; *~stift sub, m, -es, -e* pastel (crayon)
Pastete, *sub, f, -, -n* pie; *(Leber~ etc.)*

äte
Pasteurisation, *sub, f, -, -en* pasteurization; **pasteurisieren** *vt*, pasteurize; **Pasteurisierung** *sub, f, -, -en* pasteurization
Pastille, *sub, f, -, -n* pastille
Pastinak, *sub, m, -s, -e (bot.)* parsnip
Pastor, *sub, m, -s, -en* parish priest; **pastoral** *adj*, pastoral; *~at sub, n, -s, -e (Büro)* pastorate; *(Haus)* parsonage; *~in sub, f, -, -nen* parish priest
patagonisch, *adj*, Patagonian
Patchwork, *sub, n, -s, nur Einz.* patchwork
Pate, *sub, m, -n, -n (Firm~)* sponsor; *(Tauf~)* godfather; *bei etwas Pate gestanden haben* to be the force behind sth; *bei einem Kind Pate stehen* to be child´s godparent
Patene, *sub, f, -, -n (kirchl.)* paten
Patenschaft, *sub, f, -, -en (Firmung)* sponsorship; *(Taufe)* godparenthood; *er nahm seine Patenschaft nicht ernst* he didn´t take his responsibilities as godfather seriously; *er übernimmt die Patenschaft für das Kind* he´s going to be the child´s godfather
patent, **(1)** *adj*, clever, ingenious **(2) Patent** *sub, n, -s, -e (Erfindung)* patent; *(ugs.; Mechanismus)* apparatus; *ein patenter Kerl* a great bloke; *sie ist eine patente Frau* she´s a tremendous woman, *etwas zum Patent anmelden* to apply for a patent on sth; *so ein blödes Patent!* stupid thing!; *zum Patent angemeldet* patent pending
Patentamt, *sub, n, -s, -ämter* Patent Office; **patentfähig** *adj*, patentable; **patentieren** *vt*, patent; *sich etwas patentieren lassen* to have sth patented; **Patentlösung** *sub, f, -, -en* patent remedy; *es gibt keine Patentlösung* there´s no instant recipe (for success)
Patentochter, *sub, f, -, -töchter* goddaughter
Pater, *sub, m, -s, -, Patres* father
Paternoster, *sub, m, -s, nur Einz.* Lord´s prayer; *m, -s, - (Aufzug)* paternoster
pathetisch, *adj*, emotional; *(Geba-*

be) histrionic; *(Rede,Stil)* emotive; *das war zu pathetisch gespielt* that was overacted!

pathogen, *adj,* pathogenic; **Pathogenese** *sub, f, -, -n* pathogenesis **Pathologe,** *sub, m, -n, -n* pathologist; **Pathologie** *sub, f, -, nur Einz.* pathology; **pathologisch** *adj,* pathological **Pathos,** *sub, n, -, nur Einz.* emotiveness

Patience, *sub, f, -, -n* patience; *eine Patience legen* to play patience **Patient,** *sub, m, -en, -en* patient; *ich bin Patient von DrBurzler* I´m being treated by Dr Burzler **Patin,** *sub, f, -, -nen (Firm~)* sponsor; *(Tauf~)* godmother **Patina,** *sub, f, -, nur Einz.* patina; *Patina ansetzen* to patinate, *(i. ü. S.)* to take on a hallowed air of tradition; **patinieren** *vt,* patinate **Patio,** *sub, m, -s, -s* patio **Patisserie,** *sub, f, -, -n* pastry kitchen **Patriarch,** *sub, m, -en, -en* patriarch; **patriarchalisch** *adj,* patriarchal; *~at sub, n, -s, nur Einz.* patriarchy; **patriarchisch** *adj,* venerable **patrimonial,** *adj,* inherited **Patriot,** *sub, m, -en, -en* patriot; **patriotisch** *adj,* patriotic; *~ismus sub, m, -, nur Einz.* patriotism **Patristiker,** *sub, m, -s, - (theol.)* patristic; **patristisch** *adj,* patristic **Patrizier,** *sub, m, -s, -* patrician; *~in sub, f, -, -nen* patrician **Patron,** *sub, m, -s, -e (rel.)* patron saint; *(Schirmherr)* patron; *~age sub, f, -, -n* patronage; *~at sub, n, -(e)s, -e* patronage **Patrone,** *sub, f, -, -n* cartridge; *~ngurt sub, m, -s, -e* ammunition belt **patronieren,** *vt, (tex.)* draft; **Patronin** *sub, f, -, -nen (rel.)* patron saint; *(Schirmherr)* patron **Patrouille,** *sub, f, -, -n* patrol; **patrouillieren** *vi,* patrol **patschenass,** *adj, (ugs.)* soaking wet **patschnass,** *adj,* soaking wet **Patschuli,** *sub, n, -s, nur Einz.* patchouli; *~öl sub, n, -s, -e* patchouli oil **patt, (1)** *adj,* in stalemate **(2) Patt** *sub, n, -s, -s* stalemate; *jetzt steht es patt* now we´ve both reached a stalemate, *ein Patt erreichen* to come to (a) stalemate; **Pattsituation** *sub, f, -, -en* stalemate; *aus einer Pattsitua-*

tion herauskommen to break the deadlock **Pattern,** *sub, n, -s, -s* pattern **patzen,** *vi, (ugs.)* slip up; *der Pianist hat gepatzt* the pianist fluffed a passage; **Patzer** *sub, m, -s, -* slip; *mir ist ein Patzer unterlaufen* I made a slip; **Patzerei** *sub, f, -, nur Einz.* slapdash work; **patzig** *adj,* insolent **Pauke,** *sub, f, -, -n* kettledrum, timpani; *auf die Pauke hauen* to paint the town red; *jmdn mit Pauken und Trompeten empfangen* to give sb the red-carpet treatment; *mit Pauken und Trompeten durchfallen* to fail miserably; **pauken (1)** *vi,* drum; *(ugs.; lernen)* swot **(2)** *vt,* swot up; *meine Mutter hat immer mit mir gepaukt* my mother always helped my with my swotting, *mit jmd Lateinvokabeln pauken* to help sb swot up their Latin vocabulary; *~nschall sub, m, -s, -e* drum sound; *~nschlag sub, m, -(e)s, -schläge* drum beat; *~nwirbel sub, m, -s, -* drum roll **Pauker,** *sub, m, -s, -* drummer; *(ugs.; Lehrer)* teacher **Pauperismus,** *sub, m, -, nur Einz.* pauperism **Pausbacken,** *sub, f, nur Mehrz.* chubby cheeks; **pausbackig** *adj,* chubby-cheeked **pauschal,** *adj, (einheitlich)* flatrate; *(geschätzt)* estimated; *(inklusive)* inclusive; *die Einkommensteuer kann pauschal festgesetzt werden* income tax can be set at a flat-rate; *die Gebühren werden pauschal bezahlt* the charges are paid in a lump sum; *ich schätze die Baukosten pauschal auf 300000 Mark* I´d estimate the overall building costs to be 300,000 Marks; *die Reisekosten verstehen sich pauschal* the travelling costs are inclusive; *ein Volk pauschal verurteilen* to condemn a people wholesale; *so pauschal kann man das nicht sagen* that´s much too sweeping a statement; **Pauschale** *sub, f, -, -n (Einheitspreis)* flat rate; *(geschätzter Betrag)* estimated amount; *~ieren vt,* estimate at a flat rate; **Pauschsumme** *sub, f, -, -n*

flat rate
pausen, *vt,* trace
Pausenfüller, *sub, m, -s,* - stopgap;
Pausenhalle *sub, f, -, -n* break hall;
pausenlos *adj,* continuous, non-stop; **Pausenpfiff** *sub, m, -(e)s, -e*
time-out whistle; **Pausenstand** *sub,
m, -s, -stände* half-time score; **pausie-ren** *vi,* have a break; *der Torwart
musste pausieren* the goal keeper
had to rest up
Pavane, *sub, f, -, -n* pavan(e)
Pavian, *sub, m, -s, -e* baboon
Pavillon, *sub, m, -s, -s* pavilion
Pay-TV, *sub, n, -s, nur Einz.* pay TV
Pazifik, *sub, m, -s, nur Einz.* Pacific
Pazifismus, *sub, m, -, nur Einz.* paci-fism; **Pazifist** *sub, m, -en, -en* pacifist;
pazifistisch *adj,* pacifist; **pazifizie-ren** *vt,* pacify
Pech, *sub, n, -s, -e* pitch; *n, -s, nur Einz.
(Unglück)* bad luck; *schwarz wie
Pech* black as pitch; *zusammenhalten
wie Pech und Schwefel* to be as thick
as thieves; *bei etwas Pech haben* to be
unlucky with sth; *er ist vom Pech
verfolgt* bad luck follows him around;
Pech gehabt! tough!; *so ein Pech!* just
my luck!; **pechfinster** *adj,* pitch-dark; **~strähne** *sub, f, -, -n* streak of
bad luck; *eine Pechsträhne haben* to
go through an unlucky patch, to have
a streak of bad luck
Pedal, *sub, n, -s, -e* pedal; *in die Peda-le treten* to pedal hard
Pedant, *sub, m, -en, -en* pedant; **~erie**
sub, f, -, nur Einz. pedantry; **pedan-tisch** *adj,* pedantic
Pedell, *sub, m, -s, -e* janitor
Pediküre, *sub, f, -, nur Einz.* pedicure;
pediküren *vt,* give a pedicure to
Pedometer, *sub, n, -s, -* pedometer
Peeling, *sub, n, -s, -s* peeling
Peepshow, *sub, f, -, -s* peep show
Pegnitzorden, *sub, m, -s, nur Einz.
(hist.)* Pegnitz order
Peies, *sub, f, -, nur Mehrz.* ringlets
peilen, *vt, (Richtung)* plot; *(Sender,
Standort)* get a fix on; *(Wassertiefe)*
sound; *über den Daumen gepeilt* at a
rough estimate; *über den Daumen
peilen* to guess roughly; *die Lage pei-len* to see how the land lies, to see
which way the wind is blowing; **Pei-lung** *sub, f, -, -en (Richtung)* plotting;
(Sender) locating; *(Wassertiefe)* so-

nding
Pein, *sub, f, -, nur Einz.* agony, suf-fering; *jmd das Leben zur Pein ma-chen* to make sb´s life a misery; *sein
Leben war eine einzige Pein* his life
was one long torment; **peinigen**
r, torture; *(i. ü. S.)* torment; *jmdn
bis aufs Blut peinigen* to torture sb
til he bleeds; *von Schmerzen gepei-nigt* racked with pain; *von Zweifeln
gepeinigt* tormented by doubt;
~iger *sub, m, -s, -* torturer; *(i. ü. S.)*
tormentor; **peinlich** *adj, (gewiss-enhaft)* meticulous; *(unange-nehm)* embarassing; *auf seinem
Schreibtisch herrschte peinlichste
Ordnung* his desk was scrupulous-ly tidy; *der Koffer wurde peinlich
genau untersucht* the case was gi-ven a very thorough going-over; *er
vermied es peinlichst, davon zu
sprechen* he was at pains not to talk
about it; *etwas peinlichst geheim-halten* to keep sth top secret; *in
seinem Zimmer herrscht peinliche
Ordnung* his room was meticulous-ly tidy; *jmdn einem peinlichen Verb-hör unterziehen* to question sb very
closely; *peinlich sauber* meticu-lously clean; *das ist mir ja so pein-lich* I feel awful about it; *es ist mir
sehr peinlich, aber ich muss es Ih-nen einmal sagen* I don´t know
how to put it, but you really ought
to know; *es war ihm peinlich* he
felt embarrassed; *es war so
schlecht, dass es schon peinlich
wc* it was so bad it was really pain-ful; *ich habe das peinliche Gefühl,
dass* I have a terrible feeling that;
~lichkeit *sub, f, -, nur Einz. (Ge-wissenhaftigkeit)* meticulousness;
f, - -en (Unangenehmheit) emba-rassment; **peinvoll** *adj,* painful
Peitsche, *sub, f, -, -n* whip; *er gab
seinem Pferd die Peitsche* he whip-ped his horse; *mit Zuckerbrot und
Peitsche* with a stick and a carrot;
peitschen *vt,* whip; *(i. ü. S.)* lash
Pekinese, *sub, m, -n, -n* pekinese
Pektin, *sub, n, -s, -e* pectin
Pektorale, *sub, n, -s, -lien (kirchl.)*
pectoral cross
pekuniär, *adj,* financial
Pelagial, *sub, n, -s, nur Einz.* pelagic
region

Pelerine, *sub, f, -, -n* cape
Pelikan, *sub, m, -s, -e* pelican
Pelle, *sub, f, -, -n* skin; *auf die Pelle rücken* to crowd sb; *der Chef sitzt mir auf der Pelle* I´ve got the boss on my back; *er geht mir nicht von der Pelle* he won´t stop pestering me; **pellen** (1) *vt*, skin (2) *vtr*, peel
pelletieren, *vt,* pelletize
Pelz, *sub, m, -es, -e* fur; *jmdn eins auf den Pelz brennen* to singe sb´s hide; *sich die Sonne auf den Pelz brennen lassen* to toast oneself; **pelzbesetzt** *adj*, fur-trimmed; **pelzig** *adj*, furry; **~tier** *sub, n, -(e)s, -e* animal prized for its fur; **~tierfarm** *sub, f, -, -en* fur farm; **~waren** *sub, f, nur Mehrz.* furs
Pemmikan, *sub, m, -s, nur Einz.* pemmican
Pence, *sub, m, -, Einz. Penny* pence
P.E.N.-Club, *sub, m, -s, nur Einz.* PEN Club
Pendant, *sub, n, -s, -s* counterpart
Pendel, *sub, n, -s, -* pendulum; *das Pendel schlug nach der entgegengesetzten Seite aus* the pendulum swung in the other direction; *keiner kann das Pendel der Zeit aufhalten* time and tide wait for no man; **pendeln** *vi*, swing (and fro); *(Mensch)* commute; **~verkehr** *sub, m, -s, nur Einz.* shuttle service; *(Berufsverkehr)* commuter traffic
Pendüle, *sub, f, -, -n* pendule
penetrant, *adj*, pungent; *(aufdringlich)* insistent; *das schmeckt penetrant nach Ingwer* you can´t taste anything for ginger; *der Typ war mir zu penetrant* he was too pushy for my liking; *ein penetranter Kerl* a pest; *seine Selbstsicherheit ist schon penetrant* his self-confidence is overpowering; **Penetranz** *sub, f, -, -en* pungency; *(Aufdringlichkeit)* insistence; **Penetration** *sub, f, -, -en* penetration; **penetrieren** *vt*, penetrate
penibel, *adj*, exact, precise; **Penibilität** *sub, f, -, -en* meticulousness
Penicillin, *sub, n, -s, -e* penicillin
Peninsula, *sub, f, -, -suln* peninsula
Penis, *sub, m, -, -se* penis
Penizillin, *sub, n, -s, -e* penicillin
Pennäler, *sub, m, -s, - (veraltet)* high-school boy/girl
Pennbruder, *sub, m, -s, -brüder (ugs.)* tramp; *(ugs.; US)* hobo

pennen, *vi, (ugs.)* kip; *der Wimmer pennt schon wieder im Unterricht* Wimmer´s having a little sleep again during the lesson; *du bist dran - penn nicht!* it´s your turn, wake up!; *ich habe gerade ein bisschen gepennt* I´ve just been kipping
Penny, *sub, m, -s, -ies oder Pence* penny
penseefarbig, *adj*, pansy; **Penseekleid** *sub, n, -s, -er* pansy dress
Pensum, *sub, n, -s, Pensen und Pensa* workload; *ein hohes Pensum an Arbeit* a heavy workload; *er hat sein Pensum nicht geschafft* he didn´t achieve his target; *tägliches Pensum* daily quota
Pentaeder, *sub, n, -s, -* pentahedron
Pentagon, *sub, n, -s, -e* pentagon; **Pentagramm** *sub, n, -s, -e* pentagram; **Pentameter** *sub, m, -s, -* pentameter; **Pentathlon** *sub, n, -s, -len* pentathlon; **Pentatonik** *sub, f, -, nur Einz.* pentatonic scale
Penthaus, *sub, n, -es, -häuser* penthouse
Penthouse, *sub, n, -s, -s* penthouse
Pep, *sub, m, -s, nur Einz.* pep; *das Kleid hat Pep* that dress has style; *etwas mit Pep machen* to put a bit of pep into sth, to put a bit of zip into sth
Peperoni, *sub, nur Mehrz.* chillies
Pepita, *sub, m, -s, -s* shepherd(´s) plaid
peppig, *adj, (ugs.)* lively
Pepsin, *sub, n, -s, -e* pepsin
per, *präp*, by; *mit jmd per du sein* to be one Christian-name terms with sb; *per Adresse* care of (c/o); *per definitionem* by definition; *per pedes* on Shanks´ pony; *per se* per se
Perborsäure, *sub, f, -, nur Einz.* perboric acid
Percussion, *sub, f, -, -s* percussion
Perestroika, *sub, f, -, nur Einz.* perestroika
perfekt, (1) *adj*, perfect; *(abgemacht)* settled (2) **Perfekt** *sub, n, -s, -e* perfect (tense); *damit war die Niederlage perfekt* total defeat was then inevitable; *der Vertrag ist perfekt* the contract is signed, sealed and delivered; *die Sache perfekt machen* to settle the matter; *per-*

fekt Englisch sprechen to speak English perfectly, to speak perfect English; **Perfektion** *sub, f, -, nur Einz.* perfection; *das war Artistik in höchster Perfektion* that was the epitome of artistry; **~ionieren** *vt,* perfect; **Perfektionismus** *sub, m, -, nur Einz.* perfectionism; **Perfektionist** *sub, m, -en, -en* perfectionist; **~ionistisch** *adj,* perfectionist
perfektiv, *adj,* perfective
Perforation, *sub, f, -, -en* perforation; **perforieren** *vt,* perforate
Performance, *sub, f, -, -s* performance
Pergament, *sub, n, -s, -e (~papier)* greaseproof paper; *(Handschrift)* parchment; **~papier** *sub, n, -s, -e* greaseproof paper
Pergola, *sub, f, -, -len* arbour
Perigon, *sub, n, -s, -ien (bot.)* perigone
Perikope, *sub, f, -, -n* pericope
Periode, *sub, f, -, -n* period; *(elektr.)* cycle; **~nzahl** *sub, f, -, -en* periodic number; **Periodikum** *sub, n, -s, -ka* perdiodical; **periodisch** *adj,* periodic(al), regular; *periodischer Dezimalbruch* recurring fraction; **periodisieren** *vt,* divide up inperiods; **Periodisierung** *sub, f, -, -en* periodization
peripher, *adj,* peripheral; **Peripherie** *sub, f, -, -n* periphery; *(von Stadt)* outskirts
Periphrase, *sub, f, -, -n* periphrasis
Periskop, *sub, n, -s, -e* periscope; **periskopisch** *adj,* periscopic
Peristaltik, *sub, f, -, nur Einz.* peristalsis
Peristyl, *sub, n, -s, -e* peristyle
Perkal, *sub, m, -s, nur Einz.* percale
Perkolat, *sub, n, -s, -e* percolate
Perkussion, *sub, f, -, -en* percussion
perkutan, *adj,* percutaneous
Perle, *sub, f, -, -n* pearl; *(Glas~)* bead; *dabei fällt dir keine Perle aus der Krone* it won´t hurt you; *Perlen vor die Säue werfen* to cast pearls before swine; **perlen** *vi, (rollen)* trickle; *(sprudeln)* sparkle; *der Schweiß perlte ihm von der Stirn* beads of sweat were running down his forehead; *perlendes Lachen* rippling laughter; *der Tau perlt auf den Blättern* beads of dew glisten on the leaves; **~nkette** *sub, f, -, -n* pearl necklace; **~nschnur**

sub, f, -, -schnüre string of beads; **Perlhuhn** *sub, n, -s, -hühner* guinea fowl; **Perlmuschel** *sub, f, -, -n* pearl oyster; **Perlmutt** *sub, n, -s, nur Einz.* mother-of-pearl; **perlmuttern** *adj,* mother-of-pearl
Perlon, *sub, n, -s, nur Einz. (eingetr. Markenzeichen)* nylon
Perlschrift, *sub, f, -, -en* pearl
perlweiß, *adj,* pearl white
Perlzwiebel, *sub, f, -, -n* cocktail onion
Perm, *sub, n, -s, nur Einz.* Permian
permanent, *adj,* permanent; **Permanenz** *sub, f, -, nur Einz.* permanence
Permanganat, *sub, n, -s, -e* permanganate
Permission, *sub, f, -, -en* permission
permissiv, *adj,* permissive; **Permissivität** *sub, f, -, nur Einz.* permissiveness
permutabel, *adj,* permutable
Permutation, *sub, f, -, -en* permutation; **permutieren** *vt,* permute
Perpendikel, *sub, m, -s, -* pendulum; **perpendikular** *adj,* perpendicular
perplex, *adj,* thunderstruck
Persenning, *sub, f, -, -e(n)* tarpaulin
Perserkatze, *sub, f, -, -n* Persian cat; **Perserkrieg** *sub, m, -es, -e (die ~e)* Persian wars; **Perserteppich** *sub, m, -s, -e* Persian carpet
Perser, *sub, m, -s, -* Persian lamb *(coat)*
Persien, *sub, n, -s, nur Einz.* Persia
Persiflage, *sub, f, -, -n* pastiche, satire; **persiflieren** *vt,* satirize
persisch, *adj,* Persian
persistent, *adj,* persistent; **Persistenz** *sub, f, -, nur Einz.* persistence
Person, *sub, f, -, -en* individual; *(auch gramm.)* person; *(Rolle)* character; *eine hochgestellte Person* a high-ranking personage; *er ist Finanz- und Aussenminister in einer Person* he is the Chancellor of the Exchequer and Foreign Secretary rolled into one; *in Person erscheinen* to appear in person; *jede Person bezahlt* everybody pays; *jmdn zur Person vernehmen* to question sb concerning his identity; *juristische Person* juristic person; **Personen** people; *pro Person*

per person; *was seine eigene Person betrifft* as for himself; *die Person des Königs ist unantastbar* (the person of) the king is inviolable; *es geht um die Person des Kanzlers, nicht um das Amt* it concerns the chancellor as person, not the office; *sie ist die Geduld in Person* she is patience personified; *die Personen der Handlung* the dramatis personae; *eine stumme Person* a non-speaking part **personal,** (1) *adj*, personal (2) **Personal** *sub, n, -s, nur Einz.* personnel, staff; **Personalakte** *sub, f, -, -n* personal file; **Personalausweis** *sub, m, -es, -e* identity card; **Personalbüro** *sub, n, -s, -s* personnel department; **Personalcomputer** *sub, m, -s, -* personal computer; **Personalien** *sub, nur Mehrz.* particulars; **~intensiv** *adj*, personnel-intensive; **~isieren** *vti*, personalize; **Personalität** *sub, f, -, -en* personality; **Personalpronomen** *sub, n, -s, - oder -mina* personal pronoun; **Personalrat** *sub, m, -s, -räte* staff council for civil servants; **Personalunion** *sub, f, -, nur Einz.* personal union; *er ist Kanzler und Parteivorsitzender in Personalunion* he is at the same time Prime Minister and party chairman

personell, *adj*, personnel, staff; *die Verzögerungen in unserer Produktion sind personell bedingt* the delays in production are caused by personnel problems; *unsere Schwierigkeiten sind rein personell* our difficulties are simply to do with staffing

Personenkreis, *sub, m, -es, -e* group of people; **Personenkult** *sub, m, -s, -e* personality cult; *mit Che Guevara wird viel Personenkult betrieben* a great personality cult has been built up around Che Guevara; **Personenname** *sub, m, -ns, -n* name; **Personenschutz** *sub, m, -es, nur Einz.* personal security; **Personenstand** *sub, m, -es, -stände* marital status; **Personenzahl** *sub, f, -, -en* number of people; **Personenzug** *sub, m, -(e)s, -züge* passenger train

Personifikation, *sub, f, -, -en* personification; **personifizieren** *vt*, personify; *er läuft herum wie das personifizierte schlechte Gewissen* he's going around with guilt written

all over his face; **Personifizierung** *sub, f, -, -en* personification

persönlich, (1) *adj*, personal; *(Atmosphäre)* friendly (2) *adv*, personally; *persönliche Auslagen* out-of-pocket expenses; *persönliche Meinung* one's own opinion; *persönliches Fürwort* personal pronoun; *der Chef persönlich* the boss himself; *etwas persönlich nehmen* to take sth personally; *persönlich haften* to be personally liable; *persönlich werden* get personal; *sie müssen persönlich erscheinen* you are required to appear in person; **Persönlichkeit** *sub, f, -, -en* personality; *er besitzt wenig Persönlichkeit* he hasn't got much personality; *er ist eine Persönlichkeit* he's quite a personality; *Persönlichkeiten des öffentlichen Lebens* public figures

Perspiration, *sub, f, -, nur Einz.* perspiration

Perücke, *sub, f, -, -n* wig

pervers, *adj*, perverted; *ein perverser Mensch* a pervert; **Perversion** *sub, f, -, -en* perversion; **Perversität** *sub, f, -, -en* perversion; **pervertieren** (1) *vi*, become perverted (2) *vt*, pervert; **Pervertiertheit** *sub, f, -, nur Einz.* pervertedness

Perzeption, *sub, f, -, -en* perception; **perzipieren** *vt*, perceive

Pessar, *sub, n, -s, -e* pessary; *(zur Empfängnisverhütung)* diaphragm

Pest, *sub, f, -, nur Einz.* pest(ilence), plague; *jmd die Pest an den Hals wünschen* to wish sb would drop dead; *jmdn wie die Pest hassen* to loathe and detest sb; *stinken wie die Pest* to stink to high heaven; *jmdn wie die Pest meiden* to avoid sb like the plague; *sich wie die Pest ausbreiten* to spread like the plague

Pestilenz, *sub, f, -, nur Einz. (veraltet)* pestilence

Pestizid, *sub, n, -s, -e* pesticide

Petarde, *sub, f, -, -n* petard

Petermännchen, *sub, n, -s, -* weever

Petersilie, *sub, f, -, nur Einz.* parsley; *du siehst aus, als wäre dir die Petersilie verhagelt* you look as though you've lost a pound and found a sixpence

Petition, *sub, f, -, -en* petition
Petitschrift, *sub, f, -, nur Einz.* brevier
Petrefakt, *sub, n, -s, -e* petrifaction
Petrikirche, *sub, f, -, -n* St Peter´s
Petrochemie, *sub, f, -, nur Einz.* petrochemistry
Petrodollar, *sub, m, -s, -s* petrodollar
Petroleum, *sub, n, -s, nur Einz.* kerosene, paraffin
Petschaft, *sub, n, -s, -e* seal
petschieren, *vt,* seal
Petticoat, *sub, m, -s, -s* stiff petticoat
Petunie, *sub, f, -, -n* petunia
Petz, *sub, m, -es, -e (poet.; Meister ~)* Master Bruin; **~e** *sub, f, -, -n (ugs.)* telltale; **petzen** *vti,* tell; *der petzt alles* he always tells; *er hat gepetzt, dass he went and told that; er hat´s dem Lehrer gepetzt* he told sir
Pfad, *sub, m, -s, -e* path, track; *auf dem Pfad der Tugend wandeln* to follow the path of virtue; *neue Pfade in der Medizin* new directions in medicine; **~finder** *sub, m, -s, -* scout; *er ist bei den Pfadfindern* he´s in the Boy Scouts; **~finderin** *sub, f, -, -nen* girl guide
Pfaffe, *sub, m, -n, -n (ugs.; Schimpfwort)* cleric
Pfahl, *sub, m, -s, Pfähle* post; *(Brükken~)* pile; *(Zaun~)* stake; **~bau** *sub, m, -s, -ten (Bauweise)* building on stilts; *(Gebäude)* pile dwelling; **~graben** *sub, m, -s, -gräben (hist.)* palisaded ditch; **~muschel** *sub, f, -, -n* common mussel; **~wurzel** *sub, f, -, -n* taproot
Pfand, *sub, n, -(e)s, Pfänder* pledge; *(Flaschen~)* deposit; *auf der Flasche ist Pfand* there something (back) on the bottle; *ein Pfand einlösen* to redeem a pledge; *etwas zum Pfand geben* to pledge sth, *(Pfänderspiel)* to pay sth as a forfeit; *ich gebe mein Wort als Pfand* I pledge my word; **pfändbar** *adj,* distrainable; **Pfändbarkeit** *sub, f, -, nur Einz.* distrainability; **pfänden** *vt,* impound, seize; *jmdn pfänden* to impound some of sb´s possessions; *jmdn pfänden lassen* to get the bailiffs onto sb; *man hat ihm die Möbel gepfändet* the bailiffs took away his furniture; **Pfänderspiel** *sub, n, -s, -e* forfeits; **~flasche** *sub, f, -, -n* returnable bottle; **~haus** *sub, n, -es, -häuser* pawnshop; **~lei-**

~er *sub, m, -s, -* pawnbroker; **~schein** *sub, m, -s, -e* pawn ticket; **Pfändung** *sub, f, -, -en* distraint, seizure; **~zettel** *sub, m, -s, -* pawn ticket
Pfanne, *sub, f, -, -n* pan; *(anat.)* socket; *(Dach~)* pantile; *ein paar Eier in die Pfanne schlagen* to bung a couple of eggs in the pan; *jmdn in die Pfanne hauen* to do the dirty on sb, *(vernichtend schlagen)* to wipe the floor with sb; **~nstiel** *sub, m, -s, -e* pan handle; **Pfannkuchen** *sub, m, -s, -* pancake
Pfarramt, *sub, n, -es, -ämter* priest´s office; **Pfarrei** *sub, f, -, -en* parish; **pfarreilich** *adj,* parish; **Pfarrer** *sub, m, -s, - (anglikanisch)* vicar; *(Gefängnis~, Militär~)* chaplain; *(kath., evang.)* priest; **Pfarrersfrau** *sub, f, -, -en* clergyman´s wife; **Pfarrhelfer** *sub, m, -s, -* curate; **Pfarrkirche** *sub, f, -, -n* parish church
Pfau, *sub, m, -(e)s, -en* peacock; *aufgedonnert wie ein Pfau* done up to the nines; *er stolziert daher wie ein Pfau* he struts around like a peacock; **~enauge** *sub, n, -s, -n (Nacht~)* peacock moth; *(Tag~)* peacock butterfly
Pfeffer, *sub, m, -s, -* pepper; *das brennt wie Pfeffer* that´s red-hot; *er kann bleiben, wo der Pfeffer wächst* he can take a running jump; *Pfeffer und Salz* salt and pepper; *(vulg.) sie hat Pfeffer im Arsch* she´s got lots of get-up-and-go; **~kuchen** *sub, m, -s, -* gingerbread; **~ling** *sub, m, -s, -e* chanterelle; **~minze** *sub, f, -, nur Einz.* peppermint; **~minzlikör** *sub, m, -s, nur Einz.* crème de menthe; **~mühle** *sub, f, -, -n* pepper-mill; **pfeffern** *vt, (heftig werfen)* fling; *(Küche)* pepper; *jmd eine gepfefferte Ohrfeige geben* to give sb a clout; **~steak** *sub, n, -s, -s* pepper steak
Pfeife, *sub, f, -, -n* whistle; *(Orgel~, Raucher~)* pipe; *(ugs.; Versager)* wash-out; **pfeifen (1)** *vi, (auf einer Trillerpfeife)* blow one´s whistle **(2)** *vti,* whistle; *auf dem letzten Loch pfeifen* to be on one´s last legs; *(finanziell)* to be on one´s beam ends; *das pfeifen ja schon die*

Spatzen von den Dächern it´s all over town; *ich pfeife drauf* I couldn´t care less, *(vulg.)* I don´t give a fuck; *sein Atem ging pfeifend* his breath was coming in wheezes; ~**nkopf** *sub, m, -(e)s, -köpfe* bowl (of a pipe); ~**nkraut** *sub, n, -(e)s, -kräuter (bot.)* aristolochia; ~**nmann** *sub, m, -(e)s, -männer* referee; ~**ntabak** *sub, m, -s, -e* pipe tobacco; **Pfeifkessel** *sub, m, -s, -* whistling kettle; **Pfeifkonzert** *sub, n, -(e)s, -e* hail of whistles; **Pfeifton** *sub, m, -s, -töne* whistle

Pfeil, *sub, m, -s, -e* arrow; *(bei Armbrust)* bolt; *(Wurf~)* dart; *Amors Pfeil* Cupid´s arrow; *die Pfeile seines Spottes* the barbs of his mockery; *er schoss wie ein Pfeil davon* he was off like a shot; *Pfeil und Bogen* bow and arrow; *alle seine Pfeile verschossen haben* to have shot one´s bolt; ~**er** *sub, m, -s, -* pillar; *(Stütz~)* buttress; *(von Hängebrücke)* pylon; **pfeilgerade** *adj,* as straight as a die; *eine pfeilgerade Linie* a dead-straight line; *sie kam pfeilgerade auf uns zu* she made a beeline for us; **pfeilschnell** *adj,* as quick as lighting, as swift as an arrow

Pfennig, *sub, m, -s, -e* pfennig; *auf den Pfennig schauen* to count every penny; *er hat keinen Pfennig Geld* he hasn´t got a penny to his name; *er hat nicht für fünf Pfennig Verstand* he hasn´t an ounce of intelligence; *es ist keinen Pfennig wert* it´s not worth a thing; *jeden Pfennig dreimal umdrehen* to think twice about every penny one spends; *wer der Pfennig nicht ehrt, ist den Taler nicht wert* take care of the pennies, and the pounds will look after themselves; ~**fuchser** *sub, m, -s, - (ugs.)* skinflint; **pfenniggroß** *adj,* size of a penny; ~**stück** *sub, n, -s, -e* pfennig; **pfennigweise** *adv,* one penny at a time

Pferch, *sub, m, -es, -e* fold; **pferchen** *vt,* cram, pack

Pferd, *sub, n, -es, -e* horse; *(Reit~ auch)* mount; *arbeiten wie ein Pferd* to work like a Trojan; *aufs richtige Pferd setzen* to back the right horse; *das hält ja kein Pferd aus* it´s more than flesh and blood; *er ist unser bestes Pferd im Stall* he´s our best man; *es gehen leicht die Pferde mit ihm durch* he flies off the handle ea-

sily; *im glaub´, mich tritt ein Pferd* blow me down; *immer sachte mit den jungen Pferden* hold your horses; *keine 10 Pferde brächten mich dahin* wild horses would not drag me there; *mit ihm kann man Pferde stehlen* he´s great sport; ~**eapfel** *sub, m, -s, -äpfel* piece of horsedung; ~**edroschke** *sub, f, -, -n* hackney-cab; ~**egebiss** *sub, n, -es, -e* horsey teeth; ~**ekoppel** *sub, f, -, -n* paddock; ~**elänge** *sub, f, -, -n* length; ~**enatur** *sub, f, -, -en (er hat eine ~)* as strong as a horse; ~**erennen** *sub, n, -s, - (einzelnes Rennen)* horse race; *(Sportart)* horse-racing; ~**eschwanz** *sub, m, -es, -schwänze (Frisur)* pony-tail; ~**esport** *sub, m, -s, nur Einz.* equestrian sport; ~**estall** *sub, m, -s, -ställe* stable; ~**estärke** *sub, f, -, -n* horse power (hp); ~**ezucht** *sub, f, -, nur Einz.* horse-breeding; ~**sprung** *sub, m, -s, -sprünge* vault (over a horse)

Pfettendach, *sub, n, -(e)s, -dächer* purlin roof

Pfifferling, *sub, m, -s, -e* chanterelle; *er schert sich keinen Pfifferling um seine Kinder* he doesn´t give a damn about his children; *keinen Pfifferling wert* not worth a thing

Pfingsten, *sub, n, -, -* Pentecost, Whitsun; **Pfingstfest** *sub, n, -es, -e* Pentecost, Whitsun; **pfingstlich** *adj,* Whitsun; **Pfingstochse** *sub, m, -n, -n* adorned ox; *herausgeputzt wie ein Pfingstochse* dressed up to the nines; **Pfingstrose** *sub, f, -, -n* peony; **Pfingstwoche** *sub, f, -, -n* Whit week

Pfirsich, *sub, m, -s, -e* peach; ~**baum** *sub, m, -s, -bäume* peach tree; ~**haut** *sub, f, -, nur Einz.* peach skin

Pflanze, *sub, f, -, -n* plant; **pflanzen** *vt(r), (ugs.)* plant; ~**nbau** *sub, m, -s, nur Einz.* agriculture; ~**nfett** *sub, n, -s, -e* vegetable fat; ~**nfresser** *sub, m, -s, -* herbivore; ~**ngift** *sub, n, -es, -e* plant poison; ~**ngrün** *sub, n, -s, nur Einz.* chlorophyll; ~**nkost** *sub, f, -, nur Einz.* vegetable foodstuffs; ~**nkunde** *sub, f, -, nur Einz.* botany; ~**nschutz** *sub, m, -es, nur Einz.* protection of

plants; *(gegen Ungeziefer)* pest control; **~r** *sub, m, -s, -* planter; **Pflanzgarten** *sub, m, -s, -gärten* forest nursery; **pflanzlich** *adj,* vegetable; **Pflanzstock** *sub, m, -s, -stöcke* digging stick; **Pflanzung** *sub, f, -, -en (Plantage)* plantiation; *(Vorgang)* planting
Pflaster, *sub, n, -s, - (Heft~)* plaster; *(Kopfstein~)* cobbles; *(Staßen~)* surface; **Pflästerchen** *sub, n, -s, -* little plaster; **~maler** *sub, m, -s, -* pavement artist; **pflastermüde** *adj, (ugs.)* dead on one´s feet; **pflastern** *vt, (mit Kopfsteinpflaster)* cobble; *(Straße, Hof)* surface
Pflaume, *sub, f, -, -n* plum; *(ugs.; Mensch)* dope; **pflaumen** *vt, (an~)* have a go at; **~nbaum** *sub, m, -s, -bäume* plum tree; **~nmus** *sub, n, -es, nur Einz.* stewed plums
Pflege, *sub, f, -, nur Einz.* care; *(Beziehungen)* fostering; *(Maschinen, Gebäude)* maintenance; *der Hund hat bei uns gute Pflege* the dog is well looked after by us; *der Kranke braucht viel Pflege* the sick man needs a lot of care and attention; *die Pflege von jmd übernehmen* to look after sb; *jmd gute Pflege angedeihen lassen* to take good care of sb; *jmdn in Pflege geben* to have sb looked after; *jmdn in Pflege nehmen* to look after sb; *ein Kind in Pflege geben* to have a child fostered; *ein Kind in Pflege nehmen* to foster a child; **pflegebedürftig** *adj,* in need of care (and attention); **~eltern** *sub, nur Mehrz.* foster parents; **~geld** *sub, n, -es, -er* attendance allowance; **~heim** *sub, n, -s, -e* nursing home; **~kind** *sub, n, -es, -er* foster child; **pflegeleicht** *adj,* easy-care; *(i. ü. S.)* easy handle; **~mutter** *sub, f, -, -mütter* foster mother; **pflegen (1)** *vi, (gwöhnlich tun)* be in the habit of; **(2)** *vt, (Beziehungen)* foster; *(Gebäude)* maintain; *ein Kind pflegen* to look after a child; **~personal** *sub, n, -s, nur Einz.* nursing staff; **~r** *sub, m, -s, -* nurse; *(Nachlass~)* trustee; **pflegerisch** *adj,* nursing; **~stätte** *sub, f, -, -n* foster home; **~vater** *sub, m, -s, -väter* foster father; **pfleglich** *adj,* careful; *etwas pfleglich behandeln* to treat sth with care; **Pflegschaft** *sub, f, -, -en* guardianship

Pflicht, *sub, f, -, -en* duty; *(spo.)* compulsory section; *als Abteilungsleiter hat er die Pflicht* it´s his responsibility as head of department; *(spo.)* bei der Pflicht in the compulsory section; *der Pflicht gehorchen* to obey the call of duty; *die bürgerlichen Pflichten* one´s civic duties; *die Pflicht ruft!* duty calls!; *eheliche Pflichten* marital duties; *es ist seine verdammte Pflicht und Schuldigkeit* he damn well ought to do it; *ich habe die traurige Pflicht* it´s my sad duty; *ich habe es mir zur Pflicht gemacht* I´ve taken it upon myself; *ich tue nur meine Pflicht* I´m only doing my duty; *jmdn in die Pflicht nehmen* to remind sb of his duty; *Rechte und Pflichten* rights and responsibilities; *seine Pflicht erfüllen* to do one´s duty; **pflichtbewusst** *adj,* conscientious; *er ist sehr pflichtbewusst* he has a great sense of duty, he takes his duties very seriously; **~bewusstsein** *sub, n, -s, nur Einz.* sense of duty; **~eifer** *sub, m, -s, nur Einz.* zeal; **~fach** *sub, n, -es, -fächer* compulsory subject; **~gefühl** *sub, n, -s, nur Einz.* sense of duty; **pflichtgemäß** *adj,* dutiful; **~jahr** *sub, n, -(e)s, -e* year´s compulsory community service for girls during the Nazi period; **~lauf** *sub, m, -s, -läufe* compulsory figures; **~lektüre** *sub, f, -, nur Einz.* compulsory reading; **~teil** *sub, m, -s, -e* statutory portion; **~treue** *sub, f, -, nur Einz.* devotion duty; **~übung** *sub, f, -, -en* compulsory exercise; **~versicherung** *sub, f, -, -en* compulsory insurance; **~verteidiger** *sub, m, -s, -* counsel for the defence appointed by the court
Pflock, *sub, m, -s, Pflöcke* peg; *(für Tiere)* stake; **pflocken** *vt,* tether
pflücken, *vt,* pick; **Pflücker** *sub, m, -s, -* picker; **Pflücksalat** *sub, m, -s, -e* non-heading lettuce
Pflug, *sub, m, -(e)s, Pflüge (brit.)* plough; *(US)* plow; **pflügen** *vti, (brit.)* plough; *(US)* plow; **~messer** *sub, n, -s, - (brit.)* ploughshare; *(US)* plowshare; **~schar** *sub, f, -, -en (brit.)* ploughshare; *(US)* plowshare

Pforte, *sub, f, -, -n* gate; *das Theater hat seine Pforten für immer geschlossen* the theatre has closed its doors for good; *die Pforten des Himmels* the gates of heaven; *Stirling, die Pforte zu den Highlands* Stirling, the gateway; **Pförtner** *sub, m, -s, -* porter; *(Fabrik)* gateman; *(Wohnhaus)* doorman; **Pförtnerloge** *sub, f, -, -n* porter´s office; *(Fabrik)* gatehouse; *(Wohnhaus)* doorman´s office
Pfosten, *sub, m, -s, -* post; *(Tür~, Fenster~)* jamb
Pfote, *sub, f, -, -n* paw; *seine Pfoten überall drin haben* to have a finger in every pie; *sich die Pfoten verbrennen* to burn one´s fingers
Pfriem, *sub, m, -s, -e* awl; **~engras** *sub, n, -es, -gräser* feathergrass
Pfropf, *sub, m, -es, -e (Sekt~)* cork; *(Stöpsel)* stopper; *(Watte)* plug; **~en** **(1)** *sub, m, -s, -* plug; *(Sekt~)* cork; *(Stöpsel)* stopper **(2) pfropfen** *vt, (Pflanzen)* graft; *(verschließen)* bung; **~messer** *sub, n, -s, -* grafting knife
Pfuhl, *sub, m, -s, -e* mudhole; *(i. ü. S.)* quagmire
Pfühl, *sub, m, -s, -e* pillow
pfui, *interj,* yuck; *da kann ich nur sagen: pfui!* it´s simply disgraceful!; *fass das nicht an, das ist pfui* don´t touch it, it´s nasty; *pfui Teufel!* ugh!; *pfui, schäm dich!* shame on you!;
Pfuiruf *sub, m, -s, -e* boo
Pfund, *sub, n, -(e)s, -e oder (nach Zahl) -* pound; *20 Pfund Sterling* 20 pounds sterling; *3 Pfund Bierschinken, bitte!* 3 pounds of ham sausage, please!; *das Pfund fällt* sterling is falling; *er bewegte seine Pfunde mit Mühe* he moved his great bulk with effort; *mit seinem Pfunde wuchern* to make the most of one´s opportunities; **~note** *sub, f, -, -n* one-pound note
Pfusch, *sub, m, -s, nur Einz.* slapdash work; **~arbeit** *sub, f, -, -en* slapdash work; **pfuschen** *vi,* bungle; *(einen Fehler machen)* slip up; *jmd ins Handwerk pfuschen* to meddle in sb´s affairs; **~er** *sub, m, -s, - (ugs.)* bungler
Pfütze, *sub, f, -, -n* puddle
Phäakenleben, *sub, n, -s, nur Einz.* carefree existence

Phagozyt, *sub, m, -en, -en* phagocyte
Phalanx, *sub, f, -, Phalangen (hist.)* phalanx; *(mil.)* battery
phallisch, *adj,* phallic; **Phallus** *sub, m, -, Phalli und Phallen* phallus; **Phalluskult** *sub, m, -s, -e* phallic cult
Phänomen, *sub, n, -s, -e* phenomenon; *dieser Mensch ist ein Phänomen* this person is an absolute phenomenon; **phänomenal** *adj,* phenomenal; *dieser Film ist phänomenal* this film is phenomenal; **~ologie** *sub, f, -, nur Einz.* phenomenology
Phantom, *sub, n, -s, -e* phantom; *einem Phantom nachjagen* to tilt at windmills; **~bild** *sub, n, -s, -er* identikit
Pharao, *sub, m, -s, -nen* Pharaoh; **~ameise** *sub, f, -, -n* Pharaoh´s ant; **pharaonisch** *adj,* pharaonic
Pharisäer, *sub, m, -s, - (i. ü. S.)* hypocrite; *(hist.)* pharisee; **~tum** *sub, n, -s, nur Einz. (i. ü. S.)* self-righteousness; **pharisäisch** *adj,* pharisaic(al); *(i. ü. S.)* holier-than-thou
Pharmaindustrie, *sub, f, -, -n* pharmaceuticals industry; **Pharmakologie** *sub, f, -, nur Einz.* pharmacology; **Pharmakon** *sub, n, -s, -ka* love potion, pharmacon; **Pharmazeut** *sub, m, -en, -en* pharmacist; **Pharmazeutik** *sub, f, -, nur Einz.* pharmacy; **Pharmazeutikum** *sub, n, -s, -ka* pharmaceutical; **Pharmazeutin** *sub, f, -, -nen* pharmacist; **Pharmazie** *sub, f, -, nur Einz.* pharmacy
Philanthropie, *sub, f, -, nur Einz.* philanthropy; **philanthropisch** *adj,* philanthropic(al)
philharmonisch, *adj,* philharmonic
Philippiner, *sub, m, -s, -* Filipino
Philisterei, *sub, f, -, -en* philistinism; **Philistertum** *sub, n, -s, nur Einz.* philistinism
Philodendron, *sub, m, -s, -ren* philodendron
Philologe, *sub, m, -n, -n* philologist; **Philologie** *sub, f, -, nur Einz.* philology; **philologisch** *adj,* philological

Philosoph, *sub, m,* -en, -en philosopher; **~ie** *sub, f,* -, -n philosophy; **philosophieren** *vi,* philosophize; **~in** *sub, f,* -, -nen philosopher; **philosophisch** *adj,* philosophical
Phimose, *sub, f,* -, -n phimosis
Phiole, *sub, f,* -, -n phial
Phlegma, *sub, n,* -s, *nur Einz.* apathy; **~tiker** *sub, m,* -s, - apathetic person; **phlegmatisch** *adj,* apathetic
Phobie, *sub, f,* -, -n phobia
Phonem, *sub, n,* -s, -e phoneme; **phonematisch** *adj,* phonematic
Phonetik, *sub, f,* -, *nur Einz.* phonetics; **phonetisch** *adj,* phonetic
Phonometrie, *sub, f,* -, *nur Einz.* phonometrics
Phosphat, *sub, n,* -s, -e phosphate
Phosphor, *sub, m,* -s, *nur Einz.* phosphorus; **~eszenz** *sub, f,* -, *nur Einz.* phosphorescence; **phosphoreszieren** *vi,* phophoresce
Phrase, *sub, f,* -, -n phrase; *abgedroschene Phrase* hackneyed phrase; *das sind alles nur Phrasen* that´s just so many words; *hohle Phrasen* hollow words; *Phrasen dreschen* to churn out one cliché after another; **phrasenhaft** *adj,* empty, hollow; **phrasenreich** *adj,* cliché-ridden; **~ologie** *sub, f,* -, *nur Einz.* phraseology; **phrasieren** *vt,* phrase; **Phrasierung** *sub, f,* -, -en phrasing
Physik, *sub, f,* -, *nur Einz.* physics; **physikalisch** *adj,* physical; *das ist physikalisch nicht erklärbar* that can´t be explained by physics; *physikalische Experimente durchführen* to experiment in physics; *physikalische Therapie* physiotherapy; **~er** *sub, m,* -s, - physicist; **~um** *sub, n,* -s, *nur Einz.* preliminary examination in medicine
Physiognomie, *sub, f,* -, -n physiognomy; **Physiognomik** *sub, f,* -, *nur Einz.* physiognomy
Physiologe, *sub, m,* -n, -n physiologist; **Physiologie** *sub, f,* -, *nur Einz.* physiology; **physiologisch** *adj,* physiological
Physiotherapeut, *sub, m,* -en, -en physiotherapist; **Physiotherapie** *sub, f,* -, *nur Einz.* physiotherapy
Physis, *sub, f,* -, *nur Einz.* physique; **physisch** *adj,* physical
phytogen, *adj,* phytogenic

Pianist, *sub, m,* -en, -en pianist; **Piano** *sub, n,* -s, -s piano; **Pianola** *sub, n,* -s, -s player-piano
Piassava, *sub, f,* -, -ven bass
Picke, *sub, f,* -, -n pick(axe); **~l** *sub, m,* -s, - pimple, spot; *(Spitzhacke)* pick(axe); **~lhaube** *sub, f,* -, -n spiked helmet; **pickelig** *adj,* spotty; **picken** *vti,* peck
Picknick, *sub, n,* -s, -e *und* -s picnic; *Picknick machen* to have a picnic; *zum Picknick fahren* to go for a picnic; **~korb** *sub, m,* -s, -körbe picnic basket
Piedestal, *sub, n,* -s, -e pedestal
pickfein, *adj, (ugs.)* posh
piemontisch, *adj,* Piedmontese
Piep, *sub, m,* -s, -e *(ugs.; kein ~)* not a single word; *du hast ja einen Piep* you´re off your head; *keinen Piep mehr machen* to have had it; **piepegal** *adj, (ugs.)* all one; *das ist mir piepegal* I couldn´t care less; **~en** (1) *sub, nur Mehrz.* dough (2) **piepen** *vi, (Funkgerät)* bleep; *(Kinderstimme)* squeak; *(Vogel)* cheep; *mit piepender Stimme* in a piping voice; *bei dir piept´s wohl!* are you off your head?; *es war zum Piepen!* it was a scream; **~matz** *sub, m,* -es, -mätze *(ugs.)* dickybird; **piepsen** *vi, (Funkgerät)* bleep; *(Kinderstimme, Maus)* squeak; *(Vogel)* cheep; **~sigkeit** *sub, f,* -, *nur Einz. (ugs.)* squeakiness; **~vogel** *sub, m,* -s, -vögel dickybird
Pier, *sub, m,* -s, -e *oder* -s pier
Pierrette, *sub, f,* -, -n Pierrette
piesacken, *vt, (belästigen)* pester; *(quälen)* torment; *er piesackt mich schon den ganzen Tag* he´s been pestering me all day; **Piesackerei** *sub, f,* -, -en pastering
Pietät, *sub, f,* -, *nur Einz.* piety, respect; **pietätlos** *adj,* impious, irreverent; **pietistisch** *adj,* pietistic
Pigment, *sub, n,* -s, -e pigment; **~farbe** *sub, f,* -, -n pigment; **~fleck** *sub, m,* -s, -en pigmentation mark; **pigmentieren** *vti,* pigment
Pignole, *sub, f,* -, -n pine-nut
Pik, *sub, n,* -s, *nur Einz. (Karten)* spades; *dastehen wie Pik Sieben* to look completely at a loss; *einen Pik auf jmdn haben* to have a grudge against sb; *Pik As* ace of spades; *Pik*

König king of spades
pikant, *adj*, piquant; **Pikanterie** *sub*, *f, -, -n* piquancy
Pikeekragen, *sub, m, -s, -, auch -krägen* piqué collar
pikieren, *vt*, transplant; **pikiert** *adj*, peeved; *pikiert reagieren* to get put out; *sie machte ein pikiertes Gesicht* she looked peeved
Pikkolo, *sub, m, -s, -s* trainee waiter; *(kleine Ausgabe)* mini-version; ~**flöte** *sub, f, -, -n* piccolo
Pikör, *sub, m, -s, -e* huntsman
Piktografie, *sub, f, -, -n* pictography
Piktogramm, *sub, n, -s, -e* pictogram
Pilaw, *sub, m, -s, nur Einz.* pilaw
Pilger, *sub, m, -s, -* pilgrim; ~**fahrt** *sub, f, -, -en* pilgrimage; ~**schaft** *sub, f, -, nur Einz.* pilgrimage; ~**smann** *sub, m, -es, -männer* pilgrim
Pille, *sub, f, -, -n* pill; *das war eine bittere Pille für ihm* that was a bitter pill for him; *die Pille danach* the morning-after pill; *sie nimmt die Pille* she´s on the pill
Pilot, *sub, m, -en, -en* pilot; ~**film** *sub, m, -s, -e* pilot film; ~**sendung** *sub, f, -, -en* pilot programme; ~**studie** *sub, f, -, -n* pilot study; ~**versuch** *sub, m, -s, -e* pilot experiment
Pilz, *sub, m, -es, -e (Atom~)* mushroom cloud; *(essbar)* mushroom; *(Mikro~)* mould; ~**gericht** *sub, n, -s, -e* mushroom meal; ~**krankheit** *sub, f, -, -en* fungal disease
Piment, *sub, m, n, -s, -e* pimento
Pimmel, *sub, m, -s, - (ugs.)* willie
Pinakothek, *sub, f, -, -en* picture gallery
Pinasse, *sub, f, -, -n* pinnace
pingelig, *adj, (ugs.)* finicky; **Pingeligkeit** *sub, m, -, nur Einz.* fussiness
Pingpong, *sub, n, -s, -s (ugs.)* ping-pong
Pinguin, *sub, m, -s, -e* penguin
Pinie, *sub, f, -, -n* pine tree; ~**nzapfen** *sub, m, -s, -* pine cone
Pinke, *sub, f, -, nur Einz. (ugs.)* dough
pinkeln, *vi*, pee
Pinne, *sub, f, -, -n (für Kompassnadel)* pivot; *(Ruder~)* tiller; **pinnen** *vt*, pin; **Pinnwand** *sub, f, -, -wände* notice board
Pinscher, *sub, m, -s, -* pinscher; *(ugs.; Mensch)* self-important little pipsqueak

Pinsel, *sub, m, -s, -* brush; *(ugs.; eingebildeter ~)* self-optionated twit; **pinseln** *vti, (ugs.)* paint; ~**strich** *sub, m, -s, -e* brushstroke
Pinte, *sub, f, -, -n (Einheit)* pint; *(ugs.; Lokal)* boozer
Pin-up-Girl, *sub, n, -s, -s* pin-up
Pionier, *sub, m, -s, -e (i. ü. S.)* pioneer; *(mil.)* sapper; ~**geist** *sub, m, -es, nur Einz.* pioneering spirit
Pipe, *sub, f, -, -s* pipe
Pipeline, *sub, f, -, -s* pipeline
Pipette, *sub, f, -, -n* pipette
Piranha, *sub, m, -s, -s* piranha
Pirat, *sub, m, -en, -en* pirate; *(Luft~)* hijacker
Piroge, *sub, f, -, -n* pirogue
Pirogge, *sub, f, -, -n (meist Mehz)* piroshki
Pirol, *sub, m, -s, -e* oriole
Pirouette, *sub, f, -, -n* pirouette
Pirsch, *sub, f, -, nur Einz.* stalk; *auf die Pirsch gehen* to go stalking; **pirschen** *vi*, stalk; *pirschen* to go stalking
Pisse, *sub, f, -, nur Einz. (vulg.)* piss; **pissen** *vi*, piss; *(vulg.; regnen)* piss down; **Pissoir** *sub, n, -s, -e und -s (veraltet)* urinal
Pistazie, *sub, f, -, -n* pistachio
Piste, *sub, f, -, -n (Luftfahrt)* runway; *(Ski~)* piste
pistoiaisch, *adj*, of Pistoia
Pistole, *sub, f, -, -n* pistol; *jmd die Pistole auf die Brust setzen* to hold a pistol to sb´s head; *mit vorgehaltener Pistole* at gunpoint; *wie aus der Pistole geschossen* like a shot; ~**nlauf** *sub, m, -s, -läufe* pistol barrel
Piz, *sub, m, -es, -e* peak
Pizza, *sub, f, -, -s oder Pizzen* pizza; ~**bäcker** *sub, m, -s, -* pizza cook
Placebo, *sub, n, -s, -s* placebo
Plackerei, *sub, f, -, -en (ugs.)* grind
plädieren, *vi*, plead
Plädoyer, *sub, n, -s, -s* address the jury; *(i. ü. S.)* plea
Plafond, *sub, m, -s, -s* ceiling
Plage, *sub, f, -, -n* plague; *(i. ü. S.)* nuisance; *sie hat ihre Plage mit ihm* he´s a trial for her; *zu einer Plage werden* to become a nuisance; **plagen (1)** *vr, (leiden)* be troubled; *(sich bemühen)* take great pains **(2)** *vt*, torment; *(belästigen)*

pester; *schon die ganze Woche plage ich mich mit meinem Heuschnupfen* my hay-fever has been bothering me all week; **~rei** *sub, f, -, -en* grind **Plagiat,** *sub, n, -s, -e* plagiarism **Plakat,** *sub, n, -s, -e* poster; **plakatieren** *vt*, placard; **plakativ** *adj, (Sprache)* pithy; *(Wirkung)* striking; **~kunst** *sub, f, -, nur Einz.* poster art; **~säule** *sub, f, -, -n* advertisement pillar; **Plakette** *sub, f, -, -n* badge **Plan,** *sub, m, -s, Pläne* plan; *(ebene Fläche)* plain; *(Straßen~)* map; *den Plan fassen, etwas zu tun* to form the intention of doing sth; *die Pläne zur Renovierung des Hauses* the plans for the renovation of the house; *nach Plan verlaufen* to run according to plan; *Pläne schmieden* to make plans; *auf den Plan treten* to arrive on the scene; *jmdn auf den Plan rufen* to bring sb into the arena; **~e** *sub, f, -, -n* tarpaulin; *(Schutzdach)* awning; **planen (1)** *vt, (Verbrechen, Attentat)* plot **(2)** *vti*, plan; **Pläneschmied** *sub, m, -s, -e* planner **Planet,** *sub, m, -en, -en* planet; **planetar** *adj*, planetary; **planetarisch** *adj*, planetary; **~arium** *sub, n, -s, -rien* planetarium; **~enbahn** *sub, f, -, -en* planetary orbit; **~enjahr** *sub, n, -s, -e* planetary year; **~oid** *sub, m, -en, -en* asteroid, planetoid **Planierbank,** *sub, f, -, -bänke* smoothing lathe; **planieren** *vt*, level (off); **Planierraupe** *sub, f, -, -n* bulldozer **Planke,** *sub, f, -, -n* plank; *(Leit~)* crash barrier; **~nzaun** *sub, m, -s, -zäune* fencing **Plänkelei,** *sub, f, -, -en (i. ü. S.)* squabble; *(mil.)* skirmish; **plänkeln** *vi, (i. ü. S.)* squabble; *(mil.)* skirmish **Plankton,** *sub, n, -s, nur Einz.* plankton; **planktonisch** *adj*, planktonic; **~netz** *sub, n, -es, -e* plankton net **Planquadrat,** *sub, n, -s, -e* grid square **Planschbecken,** *sub, n, -s, -* paddling pool; **planschen** *vi*, splash around **Plansoll,** *sub, n, -s, -s* output target **Plantage,** *adj*, plantation **Planung,** *sub, f, -, -en* planning; *dieses Haus ist noch in Planung* this house is still being planned; *schon in Planung* at the planning stage; **planvoll** *adj*, systematic; **Planwirtschaft** *sub, f, -, nur Einz.* planned economy;

Planzeichner *sub, m, -s, -* designer; **Planziel** *sub, n, -s, -e* planned target **Plaque,** *sub, f, -, -s* plaque **plärren,** *vi, (ugs.; Radio)* blare *(out); (ugs.; schreien)* yell; *(ugs.; weinen)* howl **Pläsanterie,** *sub, f, -, -n* amusement **Pläsier,** *sub, n, -s, -e* pleasure; *nun laß ihm doch sein Pläsier* let him have his bit of fun **Plasma,** *sub, n, -s, -men* plasma; **~chemie** *sub, f, -, nur Einz.* plasma chemistry **Plasmodium,** *sub, n, -s, -ien* plasmodium **Plastik,** *sub, n, -s, -s (Kunststoff)* plastic; *f, -, -en (Skulptur)* sculpture; **~bombe** *sub, f, -, -n* plastic bomb; **~folie** *sub, f, -, -n* plastic film; **~geld** *sub, n, -es, nur Einz.* plastic money; **~helm** *sub, m, -s, -e* plastic helmet; **~sack** *sub, m, -s, -säcke* plastic bag; **~tüte** *sub, f, -, -n* plastic bag **Plastilin,** *sub, n, -s, nur Einz.* plasticine **plastisch,** *adj, (anschaulich)* vivid; *(dreidimensional)* three-dimensional (3D); *(Kunst, med.)* plastic; **Plastizität** *sub, f, -, nur Einz. (Anschaulichkeit)* graphicness, vividness **Plateau,** *sub, n, -s, -s* plateau; *(von Schuh)* platform **Platin,** *sub, n, -s, nur Einz.* platinum; **platinblond** *adj*, platinum blonde **plätschern,** *vi, (Bach, Brunnen)* splash; *(Regen)* patter; *eine plätschernde Unterhaltung* light conversation **platt** *adj*, flat; *(ugs.; verblüfft)* flabbergasted; *(Witz, Mensch)* dull; *da bist du platt, nicht?* that´s surprised you; *das platte Land* the flat country; *einen Platten haben* to have a flat tyre; *etwas platt drücken* to press sth flat; **Platte** *sub, f, -, -n (Beton, Stein)* slab; *(Fleisch~)* plate; *(Glatze)* bald head; *(Holz, Glas, Plastik)* piece of wood/glass/plastic *(Schall~)* record; *(Tisch~)* top *(ugs.)* die Platte putzen to hop it; *ein Ereignis auf die Platte bannen* to capture an event on film;

kalte Platte cold dish; *die Platte hat einen Kratzer* the record´s stuck; *die Platte kenne ich schon* I know that line; *eine Platte mit Funkmusik* a record of funk music; *er legte die alte Platte auf* he started on his old theme; *etwas auf Platte aufnehmen* to record sth; *leg doch mal eine neue Platte auf!* change the record, can´t you!

Plätteisen, *sub*, *n*, *-s*, *-* iron; **plätten** *vt*, iron

Plattenbelag, *sub*, *m*, *-s*, *-läge* slab covering

Plattenhülle, *sub*, *f*, *-*, *-n* record sleeve; **Plattenleger** *sub*, *m*, *-s*, *-* paver; **Plattenspieler** *sub*, *m*, *-s*, *-* record-player; **Plattenteller** *sub*, *m*, *-s*, *-* turntable

platterdings, *adv*, absolutely

Plattfuß, *sub*, *m*, *-es*, *-füße* flat foot

Plattitüde, *sub*, *f*, *-*, *-n* platitude

Platz, *sub*, *m*, *-es*, *Plätze (freier Raum)* room, space; *(Markt~)* square; *(Sitzplatz)* seat; *(Sport~)* field; *den ganzen Platz wegnehmen* to take up all the room; *es sind noch ein paar Plätze frei* there are a few places left; *mach mal ein bisschen Platz* make a bit of room; *mehr als 10 Leute haben hier nicht Platz* there´s not room for more than 10 people here; *Platz da!* out of the way there; *Platz einnehmen* to occupy room; *Platz finden für etwas* to find room for sth; *Platz schaffen* to make room; *wir haben noch einen freien Platz* we´ve still got one vacancy; *auf dem Platz* in the square; *das Buch hat keinen Platz mehr im Regal* there´s no more space on the shelf for that book; *das erste Haus am Platz* the best hotel in town; *ein freier Platz vor der Kirche* an open space in front of the church; *Platz da!* gangway!; *Platz für etwas bieten* to hold sth; *Platz greifen* to gain ground; *behalten Sie doch bitte Platz!* please remain seated!; *dieser Platz ist belegt* this seat is taken; *mit jmd den Platz tauschen* to change places with sb; *Platz nehmen* to take a seat; *(zum Hund) Platz!* sit!; *auf eigenem Platz* at home; *einen Spieler vom Platz stellen* to send a player off; *~angst* *sub*, *f*, *-*, *nur Einz.* agoraphobia; *(ugs.)* claustrophobia; *Platz-*

angst bekommen to get claustrophobic; *~bedarf* *sub*, *m*, *-s*, *nur Einz. (Handel)* local requirements; **Plätzchen** *sub*, *n*, *-s*, *- (Gebäck)* biscuit; *(kleiner Platz)* little place

platzen, *vi*, *(aufreißen)* burst; *(fehlschlagen)* fall through; *(Naht)* split; *ihm ist eine Ader geplatzt* he burst a blood-vessel; *mir ist ein Reifen geplatzt* a tyre burst; *vor Wut platzen* to burst with rage; *die Verlobung ist geplatzt* the engagement is off; *etwas platzen lassen* to make sth fall through; *jmd ins Haus platzen* to descend on sb; *wir sind vor Lachen fast geplatzt* we´re split our sides laughing

Platzhalter, *sub*, *m*, *-s*, *-* place-marker; *(math.)* parameter; **Platzhirsch** *sub*, *m*, *-s*, *-e* dominant male; **Platzierung** *sub*, *f*, *-*, *-en (Platz)* place; *(Rennen)* order; *welche Platzierung hatte er?* what position did he come in?; **Platzkarte** *sub*, *f*, *-*, *-n* seat reservation (ticket); **Platzkonzert** *sub*, *n*, *-s*, *-e* open-air concert; **Platzmangel** *sub*, *m*, *-s*, *nur Einz.* lack of space; **Platzordner** *sub*, *m*, *-s*, *-* steward; **Platzpatrone** *sub*, *f*, *-*, *-n* blank (cartridge); **Platzregen** *sub*, *m*, *-s*, *nur Einz.* cloudburst; *das ist nur ein Platzregen* it´s only a shower; **Platzverweis** *sub*, *m*, *-es*, *-e* sending-off; *es gab zwei Platzverweise* two players were sent off; **Platzwechsel** *sub*, *m*, *-s*, *-* change of place; *(spo.)* change of position; **Platzziffer** *sub*, *f*, *-*, *-n* place number

Plauderei, *sub*, *f*, *-*, *-en* chat; **plaudern** *vi*, chat; **Plaudertasche** *sub*, *f*, *-*, *-n (ugs.)* chatterbox

Plausch, *sub*, *m*, *-es*, *-e* chat; **plauschen** *vi*, chat

plausibel, *adj*, plausible; *jmd etwas plausibel machen* to explain sth to sb, to make sth clear to sb

Play-back, *sub*, *n*, *-s*, *-s (Band bei Platte)* backing track; *(TV)* miming; *(Verfahren bei Platte)* double-trakking

Playboy, *sub*, *m*, *-s*, *-s* playboy

Play-off, *sub*, *n*, *-s*, *-s* play-off

Plazenta, *sub*, *f*, *-*, *-s und -ten* placenta

Plazet, *sub*, *n*, *-s*, *-s* approval

Plebiszit, *sub, n, -(e)s, -e* plebiscite; **plebiszitär** *adj*, plebiscitary
pleite, (1) *adj*, broke; *(Firma auch)* bust (2) **Pleite** *sub, f, -, -n* bancruptcy; *(ugs. i.ü.S)* flop; *pleite gehen* to go bust, *Pleite machen* to go bankrupt; *damit haben wir eine Pleite erlebt* that was a disaster; **Pleitegeier** *sub, m, -s, -* vulture; *über der Firma schwebt der Pleitegeier* the vultures are hovering over the firm
Plektron, *sub, n, -s, -tren oder -tra* plectrum
plempern, *vi, (ugs.; trödeln)* dawdle; *(ugs.; verschütten)* splash
plemplem, *adj, (ugs.)* nuts
Plenum, *sub, n, -s, -na* plenum
Pleonasmus, *sub, m, -, -men* pleonasm; **pleonastisch** *adj*, pleonastic
Plesiosaurier, *sub, m, -s, -* plesiosaur
Pleuelstange, *sub, f, -, -n* connecting rod
Plexiglas, *sub, n, -es, nur Einz. (eingetr. Markenzeichen)* acrylic glass
Plexus, *sub, m, -, nur Einz.* plexus
Plombe, *sub, f, -, -n (Siegel)* lead seal; *(Zahn~)* filling; *er hat mir zwei Plomben gemacht* he did two fillings; **plombieren** *vt, (Siegel)* seal; *(Zahn)* fill; *er hat mir zwei Zähne plombiert* he did two fillings; **Plombierung** *sub, f, -, -en (Siegel)* seal; *(Zahn)* filling
Plot, *sub, m, -s, -s* plot
plötzlich, (1) *adj*, sudden (2) *adv*, all of a sudden, suddenly
Plumeau, *sub, n, -s, -s* eiderdown
plump, *adj, (Ausdruck)* clumsy; *(Bewegung)* awkward; *(Schmeichelei, Lüge)* crude
plumpsen, *vi, (ugs.)* fall, tumble; *er plumpste ins Wasser* he went splash into the water; *ich habe es plumpsen hören* I heard a bang; *ich ließ mich aufs Bett plumpsen* I flopped onto the bed
Plumpudding, *sub, m, -s, -s* plum pudding
Plunder, *sub, m, -s, nur Einz.* junk, rubbish; **~markt** *sub, m, -es, -märkte* flea market; **plündern** *vt*, loot, plunder; *(ausrauben)* raid; *jemand hat unsere Apfelbäume geplündert* sb has raided our apple trees; **~teig** *sub, m, -s, -e* puff-paste; **Plünderung** *sub, f, -, -en* looting, plunder

Plural, *sub, m, -s, e* plural; **~endung** *sub, f, -, -en* plural ending; **~etantum** *sub, n, -s, -s, -liatantum* noun that occurs only in the plural; **~ismus** *sub, m, -, nur Einz.* pluralism; **pluralistisch** *adj*, pluralistic; **~ität** *sub, f, -, -en* plurality; *(Mehrheit)* majority
plus, (1) *präp, adv*, plus (2) **Plus** *sub, n, -, - (~pol)* positive pole; *(~zeichen)* plus sign; *(Handel)* increase; *(Vorteil)* advantage; *bei 3 Grad plus* at 3 degrees (above zero); *das Ergebnis war plus minus null* nothing was gained, nothing was lost; *mit plus minus null abschließen* to break even; *plus minus 5 Jahre* plus or minus 5 years, *das ist ein Plus für dich* that's a point in your favour; *das können Sie als Plus für sich buchen* you've scored a point there; *ein Plus machen* to put a plus (sign)
Plüsch, *sub, m, -es, -e* plush; **~augen** *sub, nur Mehrz. (~ machen)* make sheep's eyes; **~sessel** *sub, m, -s, -* plush chair
Plusquamperfekt, *sub, n, -s, -e* past perfect
plustern, *vtr*, fluff up
Pluszeichen, *sub, n, -s, -* plus sign
plutonisch, *adj*, plutonic; **Plutonium** *sub, n, -s, nur Einz.* plutonium
Pluviometer, *sub, n, -s, -* rain gauge
Pneumatik, *sub, f, -, nur Einz.* pneumatics; **pneumatisch** *adj*, pneumatic
Pneumonie, *sub, f, -, -n* pneumonia
Pöbel, *sub, m, -s, nur Einz.* mob, rabble; **pöbeln** *vi*, swear
pochen, *vi, (Herz, Blut)* pound; *(klopfen)* knock; *(leise)* tap; *auf etwas pochen* to insist on sth; *auf sein Recht pochen* to stand up for one's right
pochieren, *vt*, poach
Pochstempel, *sub, m, -s, - (min.)* stamp
Pocke, *sub, f, -, -n* pock; **~n** *sub, nur Mehrz.* smallpox; **~nnarbe** *sub, f, -, -n* pockmark; **pockennarbig** *adj*, pockmarked; **~nvirus** *sub, n, -, -ren* smallpox virus
Pocketkamera, *sub, f, -, -s* pocket camera
Podest, *sub, n, -es, -e (Podium)* plat-

form; *(Sockel)* pedestal
Podex, *sub, m, -es, -e (ugs.)* posterior
Podium, *sub, n, -s, -dien* platform;
(bei Diskussionen) panel
Podsol, *sub, m, -s, nur Einz.* podsol
soil
Poem, *sub, n, -s, -e* poem
Poesie, *sub, f, -, nur Einz.* poetry; **~al-
bum** *sub, n, -s, -ben* autograph book
Poetaster, *sub, m, -s, -* poetaster
Poetik, *sub, f, -, nur Einz.* poetics;
poetisch *adj,* poetic; *eine poetische
Ader haben* to have a poetic streak;
poetisieren *vti,* poetize
Pogrom, *sub, m, n, -s, -e* pogrom;
~hetze *sub, f, -, -n* hate campaign;
~opfer *sub, n, -s, -* pogrom victim
Pointe, *sub, f, -, -n (Geschichte)* point;
(Witz) punch-line; *die Pointe einer
Geschichte verstehen* to get the point
of a story; **~r** *sub, m, -s, -* pointer;
pointieren *vt,* emphasize; **Pointillismus** *sub, m, -, nur Einz.* pointillism;
Pointillist *sub, m, -en, -en* pointillist
Pökel, *sub, m, -s, -* brine; **~fleisch**
sub, n, -es, nur Einz. salt meat; **~he-
ring** *sub, m, -s, -e* pickled herring;
pökeln *vt,* pickle, salt
Poker, *sub, n, -s, nur Einz.* poker;
~face *sub, n, -s, -s* poker face; *ein
Pokerface aufsetzen* to put on a poker-faced expression; **~gesicht** *sub,
n, -es, -er* poker face; *ein Pokergesicht
machen* to put on a deadpan expression; **pokern** *vi,* play poker
Pol, *sub, m, -s, -e* pole; *(i. ü. S.) der
ruhende Pol* the calming influence;
polar *adj,* polar; **~areis** *sub, n, -es,
nur Einz.* polar ice; **~arfront** *sub, f,
-, -en* polar front; **~argebiet** *sub, n,
-es, -e* polar region; **~argegend** *sub,
f, -, -en* polar region; **~arisation** *sub,
f, -, -en* polarization; **~arisator** *sub,
m, -s, -en* polarizer; **polarisieren** *vtr,*
polarize; **~arität** *sub, f, -, -en* polari-
ty; **~arkreis** *sub, m, -es, -e* polar circle; **~arlicht** *sub, n, -es, -er* polar
lights; **~arluft** *sub, f, -, nur Einz.*
polar air; **~arnacht** *sub, f, -, nur Einz.*
polar night; **~aroidkamera** *sub, f, -,
-s* polaroid camera; **~arstern** *sub, m,
-s, nur Einz.* North Star
Polder, *sub, m, -s, -* polder; **~deich**
sub, m, -s, -e polder dyke
Polemik, *sub, f, -, nur Einz.* polemics;
die Polemik dieser Rede the polemic

nature of this speech; *seine Polemik ist unerträglich* his polemics
are unbearable; **~erin** *sub, f, -, -
nen* controversialist, polemicist;
polemisch *adj,* polemic(al); **polemisieren** *vi,* polemicize; *polemisieren gegen* to inveigh against
polen, *vt,* polarize
Polenta, *sub, f, -, -s* polenta
Polente, *sub, f, -, nur Einz. (ugs.)*
cops
Poleposition, *sub, f, -, -s* pole position
Police, *sub, f, -, -n* policy
Polichinelle, *sub, f, -s, -li* Pulcinello
Polier, *sub, m, -s, -e* site foreman;
polieren *vt,* polish; *(ugs.) jmd die
Fresse polieren* to smash sb´s face
in; **~er** *sub, m, -s, -* polisher; **~mit-
tel** *sub, n, -s, -* polish; **~stahl** *sub,
m, -s, nur Einz.* steel burnisher;
~wachs *sub, n, -es, -e* wax polish
Poliklinik, *sub, f, -, -en* clinic; **poliklinisch** *adj,* outpatient
Polio, *sub, f, -, nur Einz.* polio(myelitis)
Politesse, *sub, f, -, -n* woman traffic
warden
Politik, *sub, f, -, nur Einz.* politics;
(bestimmte) policy; *in die Politik
gehen* to go into politics; *welche
Politik vertritt er?* what are his politics?; *eine Politik der starken
Hand treiben* to take a tough line;
eine Politik verfolgen to pursue a
policy; **~aster** *sub, m, -s, -* alehouse
politician; **~er** *sub, m, -s, -* politician; **~erin** *sub, f, -, -nen* politician;
~um *sub, n, -s, -ka* political issue;
politisch *adj,* political; *(klug)* politic; *er ist ein politischer Gefangener* he´s a political prisoner;
politisieren *vti,* politicize; **Politologe** *sub, m, -n, -n* political scientist; **Politologie** *sub, f, -, nur Einz.*
political science, politics
Polizei, *sub, f, -, -en* police; **~auto**
sub, n, -s, -s policecar; **~chef** *sub,
m, -s, -s* police chief; **~funk** *sub, m,
-s, nur Einz.* police radio; **~griff**
sub, m, -s, -e wristlock; **~hund** *sub,
m, -es, -e* police dog; **~inspektor**
sub, m, -s, -en police inspector; **polizeilich** *adj,* police; **~organ** *sub,
n, -s, -e* police branch; **~staat** *sub,
m, -es, -en* police state; **~stunde**

sub, f, -, -n closing time; ~**wache** sub, f, -, -n police station; ~**wesen** sub, n, -s, - police force; **Polizist** sub, m, -en, -en policeman

Polka, sub, f, -, -s polka

Pollen, sub, m, -s, - pollen; ~**allergie** sub, f, -, -n allergy to pollen

Pollution, sub, f, -, -en pollution

polnisch, adj, Polish

Polo, sub, n, -s, nur Einz. polo; ~**hemd** sub, n, -s, -en sports shirt

Polonäse, sub, f, -, -n polonaise

polonistisch, adj, Polish

Polonium, sub, n, -s, nur Einz. polonium

Polster, sub, n, -s, - cushion, upholstery; **Pölsterchen** sub, n, -s, - flab, spare tyre; ~**möbel** sub, n, -s, - upholstered furniture; **polstern** vt, (Kleidung) upholster; (Tür) pad; ~**stoff** sub, m, -s, -e upholstery; ~**stuhl** sub, m, -s, -stühle upholstered chair

Polterabend, sub, m, -s, -e party on the eve of a wedding at which old crockery is smashed to bring luck; **Polterer** sub, m, -s, - noisy person; (beim Sprechen) ranter; **Poltergeist** sub, m, -es, -er poltergeist; **poltern** vi, bang about, crash about

Polyandrie, sub, f, -, nur Einz. polyandry

Polyäthylen, sub, n, -s, -e polyethylene

Polychromie, sub, f, -, -n polychrome

Polyeder, sub, n, -s, - (mat.) polyedron

Polyester, sub, m, -s, - polyester

polygam, adj, polygamous; **Polygamie** sub, f, -, nur Einz. polygamy

polyglott, adj, polyglot

Polygon, sub, n, -s, -e polygon; **polygonal** adj, (mat.) polygonal

Polygynie, sub, f, -, nur Einz. polygamy

Polymeter, sub, n, -s, - polymeter

polymorph, adj, multiform; **Polymorphie** sub, f, -, nur Einz. (Naturwissenschaft) polymorphism

Polyp, sub, m, -en, -en (med.) adenoids; (zool.) polyp

polyploid, adj, polyploid

Polysemie, sub, f, -, -n ambiguity

Polystyrol, sub, n, -s, -e polystyrene

Polysyndeton, sub, n, -s, -ta polysyndeton

Polytechnikum, sub, n, -s, -ka, -en polytechnic

Polytheismus, sub, m, -, nur Einz. polytheism

polytrop, adj, polytrop

Polyvinylchlorid, sub, n, -s, -e polyvinyl chloride

Pomade, sub, f, -, -n pomade; **pomadig** adj, smarmy; **pomadisieren** vt, pomade

Pomp, sub, m, -s, nur Einz. pomp; **pompös** adj, grandiose

pompejanisch, adj, Pompeian

Ponalgesetz, sub, n, -es, -e criminal law

Poncho, sub, m, -s, -s poncho

Pönitent, sub, m, -en, -en penitent; ~**iar** sub, m, -s, -e father confessor

Pontifex, sub, m, -, -fizes Pontifex

Pontifikalamt, sub, n, -s, -ämter Pontifical Mass

Pontifikat, sub, n, -es, -e pontificate

Ponton, sub, m, -s, -s pontoon; ~**brücke** sub, f, -, -n pontoon bridge

Pony, sub, m, -s, -s pony; (Frisur) fringe

Poolbillard, sub, n, -s, nur Einz. pocket billiards

Popanz, sub, m, -es, -e bugbear

Pop-Art, pron, pop-art

Popcorn, sub, n, -s, nur Einz. popcorn

Pope, sub, m, -n, -n priest; **popeln** vi, (ugs.) pick one's nose

Popel, sub, m, -s, - (ugs.) bogey; (zgs.; Mensch) pleb

Popfestival, sub, n, -s, -s popfestival; **Popmusik** sub, f, -, nur Einz. popmusic; **poppig** adj, (Kleidung) trendy; (ugs.; kun./mus.) pop; **Popsängerin** sub, f, -, -nen pop singer; **Popstar** sub, m, -s, -s pop star; **Popszene** sub, f, -, -n pop scene

Popo, pron, (ugs.) bottom

Popper, sub, m, -s, - preppie

populär, adj, popular; **popularisieren** vt, popularize; **Popularität** sub, f, -, nur Einz. popularity; **Population** sub, f, -, -en (biol.) population; **populistisch** adj, populist

Pore, sub, f, -, -n pore; **porig** adj, porous; **porös** adj, porous

Porno, sub, m, -s, -s (ugs.) porn; ~**grafie** sub, f, -, -n pornography

Porphyr, *sub*, *m*, *-s*, *-e* porphyry
Porree, *sub*, *m*, *-s*, *-s* leek
Porridge, *sub*, *m*, *-s*, *nur Einz.* porridge
Port, *sub*, *m*, *-es*, *-e (comp.)* port; *(Wein)* port
Portable, *sub*, *m*, *-s*, *-s* portable TV
Portal, *sub*, *n*, *-s*, *-e* portal
Portechaise, *sub*, *f*, *-*, *-n* sedan chair
Portemonnaie, *sub*, *n*, *-s*, *-s* purse
Porter, *sub*, *m*, *n*, *-s*, *-s* porter; ~**housesteak** *sub*, *n*, *-s*, *-s* porterhouse steak
Portier, *sub*, *m*, *-s*, *-s* porter; ~**e** *sub*, *f*, *-*, *-n* portiere; ~**sfrau** *sub*, *f*, *-*, *-en* porter
Portion, *sub*, *f*, *-*, *-en* portion; **portionieren** *vt*, split (up)
Porto, *sub*, *n*, *-s*, *-s*, *-ti* postage; **portofrei** *adj*, post free
Porträt, *sub*, *n*, *-s*, *-s* portrait; **porträtieren** *vt*, portray; ~**maler** *sub*, *m*, *-s*, - portrait painter
Portugiesin, *sub*, *f*, *-*, *-en* Portuguese
Portwein, *sub*, *m*, *-es*, *-(e)s* port
Porzellan, *sub*, *n*, *-s*, *-e* porcelain; **porzellanen** *adj*, made from porcelain
Posaune, *sub*, *f*, *-*, *-n* trombone; **posaunen** *vi*, play the trombone; ~**nchor** *sub*, *m*, *-s*, *-chöre* trombone band; **Posaunistin** *sub*, *f*, *-*, *-nen* trombonist
Pose, *sub*, *f*, *-*, *-n* pose; **posieren** *vi*, pose
Position, *sub*, *f*, *-*, *-en* position; **positionell** *adj*, positionel
positiv, *adj*, positive; ~**istisch** *adj*, positivist
Positivum, *sub*, *n*, *-s*, *-va* positiveness
Positron, *sub*, *n*, *-s*, *-en* positron
Positur, *sub*, *f*, *-*, *-en* posture
Posse, *sub*, *f*, *-*, *-n* farce; ~**nreißer** *sub*, *m*, *-s*, - clown
possessiv, *adj*, possessive; **Possessivpronomen** *sub*, *n*, *-s*, - possessive pronoun; **Possessivum** *sub*, *n*, *-s*, *-va* possessive pronoun
possierlich, *adj*, comical
Posten, *sub*, *m*, *-s*, - position, post; ~**dienst** *sub*, *m*, *-es*, *-e* guard duty; ~**kette** *sub*, *f*, *-*, *-n* cordon
Poster, *sub*, *n*, *-s*, - poster
Postfach, *sub*, *n*, *-es*, *-fächer* post office box; **Postflugzeug** *sub*, *n*, *-s*, *-e* mail plane; **Postgeheimnis** *sub*, *n*, *-ses*, *-se* secrecy of the post; **Postgiro-**amt *sub*, *n*, *-es*, *-ämter* National Giro office; **postglazial** *adj*, postglacial; **Posthorn** *sub*, *n*, *-(e)s*, *-hörner* post-horn
postieren, *vt*, post
Postillion, *sub*, *m*, *-s*, *-e* mail coach driver
Postkarte, *sub*, *f*, *-*, *-n* postcard; **Postkutsche** *sub*, *f*, *-*, *-n* mail coach; **postlagernd** *adv*, poste restante; **Postleitzahl** *sub*, *f*, *-*, *-en* postal code; **Postminister** *sub*, *m*, *-s*, - postmaster general
postmortal, *adj*, post mortem
postnatal, *adj*, post-natal
postnumerando, *adv*, postnumerando
postoperativ, *adj*, postoperative
Postsack, *sub*, *m*, *-es*, *-säcke* mailbag; **Postscheckkonto** *sub*, *n*, *-s*, *-ten o. -s o. -ti* Post Office Giro account; **Postschließfach** *sub*, *n*, *-s*, *-fächer* post office box
Postskript, *sub*, *n*, *-(e)s*, *-e* postscript; ~**um** *sub*, *n*, *-s*, *-ta* postscript
Postsparbuch, *sub*, *n*, *-s*, *-bücher* Post Office savings book; **Poststempel** *sub*, *m*, *-s*, - postmark
Postszenium, *sub*, *n*, *-s*, *-ien* proscenium
Postulant, *sub*, *m*, *-en*, *-en* postulant
Postulat, *sub*, *n*, *-s*, *-e* postulate; **postulieren** *vt*, postulate; **Postulierung** *sub*, *f*, *-*, *-en* postulate
Postverkehr, *sub*, *m*, *-s*, *-e* postal system; **postwendend** *adv*, by return mail; **Postwertzeichen** *sub*, *n*, *-s*, - postage stamp
Pot, *sub*, *m*, *-s*, *nur Einz. (ugs.)* pot
potent, *adj*, potent; **Potentat** *sub*, *m*, *-en*, *-en* potentate; ~**ial** *adj*, potential; **Potentialis** *sub*, *m*, *-*, *-es* potentiality
Potenz, *sub*, *f*, *-*, *-en* potency; ~**ial** *sub*, *n*, *-s*, *-e* potential; **potenziell** *adv*, potentially; **potenzieren** *vt*, multiply; ~**ierung** *sub*, *f*, *-*, *-en* multiplication
Pott, *sub*, *m*, *-s*, *Pötte* pot; ~**asche** *sub*, *f*, *-*, *nur Einz.* potash; **potthässlich** *adj*, *(ugs.)* plug-ugly; ~**wal** *sub*, *m*, *-s*, *-e* sperm whale
Poularde, *sub*, *f*, *-*, *-n* poullard
poussieren, *vi*, flirt
Pouvoir, *sub*, *n*, *-s*, *-s* ability

Power, *sub, f, -, nur Einz. (ugs.)* power; **powern** *vi,* get things moving; **~play** *sub, n, -, nur Einz.* powerplay
Powidlknödel, *sub, m, -s, - (ugs.)* plum dumpling
Präambel, *sub, f, -, -n* preamble
PR-Abteilung, *sub, f, -, -en* public relations departement
Pracht, *sub, f, -, nur Einz.* splendour; **prächtig** *adj,* splendid; **Prächtigkeit** *sub, f, -, nur Einz.* magnificence; **~junge** *sub, m, -n, -n (ugs.)* great guy; **~liebe** *sub, f, -, -n* great love; **~straße** *sub, f, -, -n* boulevard; **~stück** *sub, n, -s, -e (ugs.)* splendid specimen; **prachtvoll** *adj,* magnificent
Prädestination, *sub, f, -, nur Einz.* predestination; **prädestinieren** *vt,* predestine; **prädestiniert** *adv,* predestined
Prädikant, *sub, m, -en, -en* curate; **Prädikat** *sub, n, -s, -e* predicate; **Prädikativum** *sub, n, -s, -va* predicative noun/adjective/pronoun
prädisponieren, *vt,* predispose
Präfekt, *sub, m, -en, -en* prefect; **~ur** *sub, f, -, -en* prefecture
Präferenz, *sub, f, -, -en* preference; **präferieren** *vt,* prefer
Präfix, *sub, n, -es, -e* prefix
präformieren, *vt,* preform
Prägbarkeit, *sub, f, -, nur Einz.* shapeability; **prägen** *vt,* shape, stamp; **Prägepresse** *sub, f, -, -n* mint; **Präger** *sub, m, -s, -* stamper; **Prägestätte** *sub, f, -, -n* mint; **Prägestempel** *sub, m, -s, -* stamp
Pragmatik, *sub, f, -, nur Einz.* pragmatism; **~er** *sub, m, -s, -* pragmatist; **pragmatisch** *adj,* pragmatic; **Pragmatismus** *sub, m, -, nur Einz.* pragmatism
prägnant, *adj,* succinct; **Prägnanz** *sub, f, -, nur Einz.* succinctness
Prähistorie, *sub, f, -, nur Einz.* prehistory; **Prähistoriker** *sub, m, -s, -* prehistorian; **prähistorisch** *adj,* prehistoric
prahlen, *vi,* boast; **prahlerisch** *adj,* boastful; **Prahlhans** *sub, m, -es, -hänse* show-off; **prahlsüchtig** *adj,* boastful
präjudiziell, *adj,* prejudiced; **präjudizieren** *vt,* prejudge
präkambrisch, *adj,* Pre-Cambrian

Praktik, *sub, f, -, -en* practice, procedure; **praktikabel** *adj,* practicable; **~ant** *sub, m, -en, -en* trainee; **~antin** *sub, f, -, -nen* trainee; **~er** *sub, m, -s, -* practician; **~um** *sub, n, -s, -ka* practical; **~us** *sub, m, -, -se* know-all; **praktisch** *adj,* practical; **praktizieren** *vi,* practise
Prälat, *sub, m, -en, -en* prelate
Präliminarien, *sub, f, -, nur Mehrz.* preliminary talks
Praline, *sub, f, -, -n* chocolate candy; **Pralinee,** *sub, n, -s, -s* chocolate candy
Präludium, *sub, n, -s, -dien* prelude
Prämaturität, *sub, f, -, nur Einz.* prematurity
Prämie, *sub, f, -, -n* bonus, premium; **prämienfrei** *adj,* premiumfree; **~nkurs** *sub, m, -es, -e* premium rate; **~nlohn** *sub, m, -s, -löhne* bonus; **prämieren** *vt,* give a bonus, give an award; **Prämiierung** *sub, f, -, -en* award
Prämisse, *sub, f, -, -n* premise
pränatal, *adj,* prenatal
prangen, *vi,* be resplendent; **Pranger** *sub, m, -s, -* pillory
Pranke, *sub, f, -, -n* paw; **~nhieb** *sub, m, -s, -e* swipe or blow from a paw
pränumerando, *adv,* prenumerando
Präparat, *sub, n, -s, -e* preparation; **~ion** *sub, f, -, -en* preparation; **~or** *sub, m, -s, -en* lab technician; **~orin** *sub, f, -, -nen* lab technician; **präparieren** *vt,* prepare
Präponderanz, *sub, f, -, -en* preponderance
Präposition, *sub, f, -, -en* preposition; **präpositional** *adj,* prepositional
Prärie, *sub, f, -, -n* prairie; **~auster** *sub, f, -, -n* prairieoyster; **~hund** *sub, m, -es, -e* prairiedog; **~wolf** *sub, m, -s, -wölfe* prairiewolf
Prärogativ, *sub, n, -s, -e* prerogative; **~e** *sub, f, -, -n* prerogative
Präsens, *sub, m, -, Präsentia oder Präsentien* present (tense)
Präsent, *sub, n, -s, -e* present; **~korb** *sub, m, -(e)s, -körbe* hamper
präsentabel, *adj,* presentable; **Präsentation** *sub, f, -, -en* presentati-

on; **präsentieren** *vt*, present; **präsentisch** *adj*, presently
Präservativ, *sub*, *n*, *-s*, *-e* contraceptive; **Präserve** *sub*, *f*, *-*, *-n* preserve; **präservieren** *vt*, preserve
Präsident, *sub*, *m*, *-en*, *-en* president; **~in** *sub*, *f*, *-*, *-nen* president; **präsidial** *adj*, presidential; **Präsidialsystem** *sub*, *n*, *-s*, *-e* presidential system **präsidieren**, *vi*, preside; **Präsidium** *sub*, *n*, *-s*, *-dien* headquarters, presidency
präskriptiv, *adj*, prescriptive
prasseln, *vi*, clatter
prassen, *vi*, feast
präsumieren, *vt*, presuppose; **Präsumtion** *sub*, *f*, *-*, *-en* assumption
Prätendent, *sub*, *m*, *-en*, *-en* pretender; **prätendieren** *vt*, pretend
Prätention, *sub*, *f*, *-*, *-en* pretension; **prätentiös** *adj*, pretentious
Präterition, *sub*, *f*, *-*, *-en* apparent omission
Präteritum, *sub*, *n*, *-s*, *-rita* preterite
Prävention, *sub*, *f*, *-*, *-en* prevention; **präventiv** *adj*, preventive
Praxis, *sub*, *f*, *-*, *Praxen* practice; **~bezug** *sub*, *m*, *-s*, *-bezüge* experience; **praxisfremd** *adj*, impractical; **präzise** *adj*, precise; **präzisieren** *vt*, state more precisely; **Präzisierung** *sub*, *f*, *-*, *-en* preciseness; **Präzision** *sub*, *f*, *-*, *nur Einz.* precision
Präzedenzfall, *sub*, *m*, *-s*, *-fälle* precedent
Präzeptor, *sub*, *m*, *-s*, *-en* preceptor
präzis, *adj*, precise
Preis, *sub*, *m*, *-es*, *-se* price; **~angabe** *sub*, *f*, *-*, *-n* price quotation; **~anstieg** *sub*, *m*, *-s*, *-e* rise in prices; **~aufgabe** *sub*, *f*, *-*, *-n* prize competition; **~ausschreiben** *sub*, *n*, *-s*, *-* competition; **~behörde** *sub*, *f*, *-*, *-n* pricing authority; **~bildung** *sub*, *f*, *-*, *-en* price fixing; **~bindung** *sub*, *f*, *-*, *-en* price fixing; **~brecher** *sub*, *m*, *-s*, *-* undercutter; *(ugs.)* snip; **~fahren** *sub*, *n*, *-s*, *-* competitive racing; **~gefälle** *sub*, *n*, *-s*, *-* price gap; **~gefüge** *sub*, *n*, *-s*, *-* price structure; **preisgekrönt** *adj*, award-winning; **~gericht** *sub*, *n*, *-s*, *-e* jury; **~grenze** *sub*, *f*, *-*, *-n* price limit; **preisgünstig** *adj*, inexpensive; **~kartell** *sub*, *n*, *-s*, *-e* price cartel; **~klasse** *sub*, *f*, *-*, *-n* price range; **~nachlass** *sub*, *m*, *-es*, *-e o. -lässe*

price reduction; **~niveau** *sub*, *n*, *-s*, *-s* price level
Preiselbeere, *sub*, *f*, *-*, *-n* cranberry
preisen, *vt*, praise
preisgeben, *vt*, expose
Preispolitik, *sub*, *f*, *-*, *-en* pricing policy; **Preisrätsel** *sub*, *n*, *-s*, *-* prize competition; **Preisrichter** *sub*, *m*, *-s*, *-* judge; **Preisschild** *sub*, *n*, *-es*, *-er* price-tag; **Preissenkung** *sub*, *f*, *-*, *-en* price cut; **preisstabil** *adj*, stable in price; **Preisstopp** *sub*, *m*, *-s*, *-s* price freeze; **Preisträger** *sub*, *m*, *-s*, *-* prizewinner; **Preistreiber** *sub*, *m*, *-s*, *-* person who forces prices up; **preiswert** *adj*, good in value; **Preiswucher** *sub*, *m*, *-s*, *nur Einz.* exorbitant price; **preiswürdig** *adj*, priceworthy
prekär, *adj*, awkward
Prellbock, *sub*, *m*, *-s*, *-böcke* buffers; *(ugs.)* scapegoat; **prellen** *vt*, bruise; *(ugs.)* cheat; **Prellung** *sub*, *f*, *-*, *-en* bruise
Premiere, *sub*, *f*, *-*, *-n* premiere; **Premierminister** *sub*, *m*, *-s*, *-* prime minister
Presbyter, *sub*, *m*, *-s*, *-* Presbyterian
preschen, *vi*, dash
Presse, *sub*, *f*, *-*, *-n* press; **~dienst** *sub*, *m*, *-es*, *-e* news service; **~freiheit** *sub*, *f*, *-*, *-en* freedom of the press; **~gesetz** *sub*, *n*, *-es*, *-e* press law; **~notiz** *sub*, *f*, *-*, *-en* paragraph in the press; **~organ** *sub*, *n*, *-s*, *-e* organ; **~stelle** *sub*, *f*, *-*, *-n* press office; **~stimme** *sub*, *f*, *-*, *-n* press commentary; **~wesen** *sub*, *n*, *-s*, *-* press; **~zensur** *sub*, *f*, *-*, *-en* censorship of the press
pressen, *vt*, press
Pressglas, *sub*, *n*, *-es*, *-gläser* pressed glass
Pression, *sub*, *f*, *-*, *-en* pressure
Presskohle, *sub*, *f*, *-*, *-n* briquette
Pressluft, *sub*, *f*, *-*, *nur Einz.* compressed air; **~bohrer** *sub*, *m*, *-s*, *-* pneumatic drill; **~hammer** *sub*, *m*, *-s*, *-hämmer* pneumatic hammer
Prestige, *sub*, *n*, *-s*, *nur Einz.* prestige
Preußen, *sub*, *n*, *-s*, *nur Einz.* Prussia
preziös, *adj*, precious; **Preziosen** *sub*, *f*, *-*, *nur Mehrz.* valuables
prickeln, *vi*, tickle, tingle; **~d** *adj*,

sparkling, tingling
Priel, *sub, m, -s, -e* tideway
Priem, *sub, m, -s, -e* quid of tobacco
priemen, *vi,* chew tobacco
Prießnitzkur, *sub, f, -, -en* cure with
cold water
Priester, *sub, m, -s, -* priest; ~**amt** *sub,
n, -(e)s, -ämter* priesthood; **priesterhaft** *adj,* priestly; **priesterlich** *adj,*
clerical; ~**tum** *sub, n, -s, -tümer*
priesthood
prima, *adj,* fantastic
Primaballerina, *sub, f, -, -rinen* prima
ballerina; **Primadonna** *sub, f, -, -don-
nen* prima donna
primär, *adj,* primary; **Primärenergie**
sub, f, -, -n primary energy; **Primärstrom** *sub, m, -s, -ströme* primary
power
Primarstufe, *sub, f, -, -n* primary
education
Primat, *sub, m, n, -s, -e* priority
Primel, *sub, f, -, -n* primrose, primula;
(i. ü. S.) wie eine Primel eingehen to
fade away
primitiv, *adj,* primitive; **Primitivismus** *sub, m, -, nur Einz.* primitive-
ness; **Primitivität** *sub, f, -, nur Einz.*
crudeness; **Primitivling** *sub, m, -s, -e*
(ugs.) peasant, primitive
Primus, *sub, m, -, -se und Primi* top
pupil
Primzahl, *sub, f, -, -en* prime number
Printe, *sub, f, -, -n* ginger snap
Printer, *sub, m, -s, -* printer
Printmedium, *sub, n, -s, -dien* printmedium
Prinz, *sub, m, -en, -en* prince
Prinzenpaar, *sub, n, -s, -e* royal couple; **Prinzessin** *sub, f, -, -nen* princess; **Prinzgemahl** *sub, m, -s, -e*
prince consort
Prinzip, *sub, n, -s, -ien* principle; **prinzipiell** *adj,* in principle
Prinzipal, *sub, n, -s, -e* master, proprietor; ~**in** *sub, f, -, -nen* proprietor
Prior, *sub, m, -s, -en* prior; ~**ität** *sub,
f, -, -en* priority
Prise, *sub, f, -, -n* pinch
Prisma, *sub, n, -s, Prismen* prism;
prismatisch *adj,* prismatic; **Prismenform** *sub, f, -, -en* in the form of
a prism; **Prismenglas** *sub, n, -es, -glä-
ser* prismatic telescope
Pritsche, *sub, f, -, -n* fool's wand,
plank bed

Privat, *adj,* private; **Privataudienz**
sub, f, -, -en private audience; **Privatbesitz** *sub, m, -es, nur Einz.* private property; **Privatbrief** *sub, m,
-s, -e* private letter; **Privatdozent**
sub, m, -en, -en outside lecturer;
Privatdruck *sub, m, -s, -e* private
print; **Privatier** *sub, m, -s, -s* man
of independent means; ~**im** *adv,*
private; **Privatinitiative** *sub, f, -, -n*
private initiative; ~**isieren** *vt,* privatize; **Privatisierung** *sub, f, -, -en*
privatization; ~**issime** *adj,* private
and confidential; **Privatklinik** *sub,
f, -, -en* private clinic; **Privatkontor**
sub, n, -s, -e private office; **Privatleben** *sub, n, -s, -* private life; **Privatlehrer** *sub, m, -s, -* private tutor;
Privatleute *sub, f, -, nur Mehrz.*
private individuals; **Privatmittel**
sub, n, -s, - private means; **Privatperson** *sub, f, -, -en* private person;
Privatquartier *sub, n, -s, -e* private
quarters; **Privatrecht** *sub, n, -s, -e*
civil law
Privatsache, *sub, f, -, -n* private matter; **Privatschule** *sub, f, -, -n* private
school; **Privatsphäre** *sub, f, -, -n*
one's own space; **Privatstunde**
sub, f, -, -n private tuition; **Privatzimmer** *sub, n, -s, -* private room
Privileg, *sub, n, -s, -ien* privilege;
privilegieren *vt,* privilege; **privilegiert** *adj,* privileged
pro, *präp,* per
probabel, *adj,* propaple; **Prob-
abilität** *sub, f, -, -en* probability;
Proband *sub, m, -en, -en* experi-
mentee; **probat** *adj,* tested, tried
Probe, *sub, f, -, -n* rehearsal, test;
~**abzug** *sub, m, -s, -züge* proof;
~**arbeit** *sub, f, -, -en* trial work;
~**bohrung** *sub, f, -, -en* probe, test
drill; **probehalber** *adv,* for a test;
probehaltig *adj,* stand the test;
proben *vti,* rehearse; ~**narbeit**
sub, f, -, -en rehearsals; ~**nummer**
sub, f, -, -n trial copy; ~**sendung**
sub, f, -, -en sample pack; ~**zeit**
sub, f, -, -en trial period; **probieren**
vti, try; **Probierglas** *sub, n, -es, -
gläser* tasting glass; **Probierstube**
sub, f, -, -n place where drinks are
tested
Problem, *sub, n, -s, -e* problem;
~**atik** *sub, f, -, -en* problem; **proble-**

matisch *adj*, problematic; **problematisieren** *vt*, make more difficult; **~film** *sub*, *m*, *-s*, *-e* reality film; **~haar** *sub*, *n*, *-s*, *-e* problem hair; **~haut** *sub*, *f*, *-*, *-häute* problem skin; **~kind** *sub*, *n*, *-s*, *-er* problem child; **~kreis** *sub*, *m*, *-es*, *-e* problem area; **~müll** *sub*, *m*, *-s*, *nur Einz.* hard to dispose of rubbish; **~stück** *sub*, *n*, *-s*, *-e* problem play; **~zone** *sub*, *f*, *-*, *-n* problem area

Procedere, *sub*, *n*, *-*, *-* proceedings

Produkt, *sub*, *n*, *-s*, *-e* product; **~ion** *sub*, *f*, *-*, *-en* production; **~ionskosten** *sub*, *f*, *-*, *nur Mehrz.* production costs

produktiv, *adj*, productive; **Produktivität** *sub*, *f*, *-*, *nur Einz.* productivity

Produzent, *sub*, *m*, *-en*, *-en* producer; **~in** *sub*, *f*, *-*, *-nen* producer; **produzieren** *vt*, produce; *(ugs.)* show off

profan, *adj*, profane; **Profanation** *sub*, *f*, *-*, *-en* profanation; **~ieren** *vt*, profane; **Profanierung** *sub*, *f*, *-*, *-en* profanation; **Profanität** *sub*, *f*, *-*, *nur Einz.* ordinariness

Profession, *sub*, *f*, *-*, *-en* profession; **~al** *sub*, *m*, *-s*, *-e* professional; **professionalisieren** *vt*, professionalize; **professionell** *adj*, professional

Professor, *sub*, *m*, *-s*, *-en* professor; **professoral** *adj*, professorial; **~in** *sub*, *f*, *-*, *-nen* lady professor; **Professur** *sub*, *f*, *-*, *-en* chair

Profi, *sub*, *m*, *-s*, *-s (ugs.)* pro; **~fußball** *sub*, *m*, *-s*, *nur Einz.* professional football

Profil, *sub*, *n*, *-s*, *-e* profile; *(Reifen)* tread; **~eisen** *sub*, *n*, *-s*, *-* profile; **profilieren (1)** *vr*, create a distinctive personal image for oneself **(2)** *vt*, define; **~ierung** *sub*, *f*, *-*, *-en* making one´s mark; **~neurose** *sub*, *f*, *-*, *-n* image neurosis; **~sohle** *sub*, *f*, *-*, *-n* treaded sole; **~stahl** *sub*, *m*, *-s*, *-stähle* sectional steel

Profit, *sub*, *m*, *-(e)s*, *-e* profit; **profitabel** *adj*, profitable; **~center** *sub*, *n*, *-s*, *-* profit centre; **profitieren** *vti*, profit; *von etwas profitieren* to benefit by sth; **~jäger** *sub*, *m*, *-s*, *-* profiteer

profund, *adj*, profound; **profus** *adj*, profuse

Progesteron, *sub*, *n*, *-s*, *nur Einz.* progesterone

Programm, *sub*, *n*, *-(e)s*, *-e* programme; **~atik** *sub*, *f*, *-*, *-en* objective; **programmatisch** *adj*, programmatic; **~heft** *sub*, *n*, *-(e)s*, *-e* programme; **programmieren** *vt*, programme; **~ierer** *sub*, *m*, *-s*, *-* programmer; **~iersprache** *sub*, *f*, *-*, *-n* programming language; **~steuerung** *sub*, *f*, *-*, *-en* programme control

Progress, *sub*, *m*, *-es*, *Progresse* progress; **~ion** *sub*, *f*, *-*, *-en* progression; **~ist** *sub*, *m*, *-en*, *-en* progressive party supporter; **progressiv** *adj*, progressive

Prohibition, *sub*, *f*, *-*, *-en* Prohibition; **~ist** *sub*, *m*, *-en*, *-en* Prohibitionist; **prohibitiv** *adj*, prohibitive

Projekt, *sub*, *n*, *-(e)s*, *-e* project; **projektieren** *vt*, project; **~il** *sub*, *n*, *-s*, *-e* projectile; **~ion** *sub*, *f*, *-*, *-en* projection; **~ionsapparat** *sub*, *m*, *-(e)s*, *-e* projector; **~or** *sub*, *m*, *-s*, *-en* projector; **projizieren** *vt*, project; **Projizierung** *sub*, *f*, *-*, *-en* projection

Proklamation, *sub*, *f*, *-*, *-en* proclamation; **proklamieren** *vt*, proclaim

Prokonsul, *sub*, *m*, *-s*, *-n* proconsul; **~at** *sub*, *n*, *-(e)s*, *-e* proconsulate

Prokura, *sub*, *f*, *-*, *Prokuren* procuration; **Prokurist** *sub*, *m*, *-en*, *-en* company secretary; **Prokuristin** *sub*, *f*, *-*, *-nen* company secretary

proleptisch, *adj*, anticipatory

Prolet, *sub*, *m*, *-en*, *-en* prole; **~ariat** *sub*, *n*, *-(e)s*, *-e* proletariat; **~arier** *sub*, *m*, *-s*, *-* proletarian; **proletarisch** *adj*, proletarian; **proletarisieren** *vt*, proletarianize

Proliferation, *sub*, *f*, *-*, *nur Einz.* proliferation; **proliferieren** *vt*, proliferate

Prolog, *sub*, *m*, *-(e)s*, *-e* prologue

Prolongation, *sub*, *f*, *-*, *-en* prolongation; **prolongieren** *vt*, prolong

Promenade, *sub*, *f*, *-*, *-n* promenade; **promenieren** *vi*, promenade

prometheisch, *adj*, Promethean

Promille, *sub*, *n*, *-*, *-* alcohol level; **~satz** *sub*, *m*, *-es*, *-sätze* thousandth part

prominent, *adj*, prominent; **Prominenz** *sub*, *f*, *-*, *-en* prominent figures

Promoter, *sub*, *m*, *-s*, *-* promoter;

Promotion *sub, f, -, nur Einz.* promotion; **promovieren** *vi,* do a doctor´s degree
prompt, *adj,* promt
Promulgation, *sub, f, -, -en* promulgation; **promulgieren** *vt,* promulgate
Pronomen, *sub, n, -s, -mina* pronoun; **pronominal** *adj,* pronominal
Propädeutik, *sub, f, -, -en* preparatory course
Propaganda, *sub, f, -, nur Einz.* propaganda; **Propagandist** *sub, m, -en, -en* propagandist; **propagandistisch** *adj,* propagandistic
propagieren, *vt,* propagate; **Propagierung** *sub, f, -, -en* propaganda
Propan, *sub, n, -s, nur Einz.* propane
Propeller, *sub, m, -s, -* propeller
proper, *adj,* neat; **Prophet** *sub, m, -en, -en* prophet; **Prophetie** *sub, f, -, -n* prophecy; **prophetisch** *adj,* prophetic
prophezeien, *vt,* prophesy; **Prophezeiung** *sub, f, -, -en* prophecy
prophylaktisch, *adj,* prophylactic; **Prophylaxe** *sub, f, -, -n* prophylaxis
proponieren, *vt,* propose; **Proportion** *sub, f, -, -en* proportion; **proportional** *adj,* proportional; **Proportionalität** *sub, f, -, -en* appropriateness of the means; **proportioniert** *adj,* proportioned; **Proporz** *sub, m, -es, -e* proportional representation
Propst, *sub, m, -(e)s, Pröpste* provost
Prorektor, *sub, m, -s, -en* deputy rector; **~at** *sub, n, -(e)s, -e* office of vice-principal
Prorogation, *sub, f, -, -en* prorogation; **prorogativ** *adj,* put off; **prorogieren** *vt,* prorogue
Prosekution, *sub, f, -, -en* prosecution
Proseminar, *sub, n, -s, -e* introductory seminar for students in their first and second year
Prosit, *sub, n, -s, -s* toast
prosit!, *interj,* your health
proskribieren, *vt,* proscribe; **Proskription** *sub, f, -, -en* proscription
Prosodie, *sub, f, -, -n* prosody
Prospekt, *sub, m, -(e)s, -e* brochure; **prospektieren** *vt,* prospect; **~ierung** *sub, f, -, -en* prospecting; **prospektiv** *adj,* prospective; **~or** *sub, m, -s, -en* prospector

prosperieren, *vi,* prosper; **Prosperität** *sub, f, -, nur Einz.* prosperity
prost!, *interj,* cheers
Prostata, *sub, f, -, Prostatae* prostate gland
Prostatitis, *sub, f, -, nur Einz.* inflamation of prostate
prostituieren, *vr,* prostitute oneself; **Prostituierte** *sub, f, -, -n* prostitute; **Prostitution** *sub, f, -, nur Einz.* prostitution
Proszenium, *sub, n, -s, -ien* proscenium
Protactinium, *sub, n, -s, nur Einz.* protactinium
Protagonist, *sub, m, -en, -en* protagonist
Protegé, *sub, m, -s, -s* protégé
Protektion, *sub, f, -, -en* protection; **Protektor** *sub, m, -s, -en* protector; **Protektorat** *sub, n, -(e)s, -e* protectorate
Protest, *sub, m, -(e)s, -e* protest; **~ant** *sub, m, -en, -en* protestant; **~antin** *sub, f, -, -nen* protestant; **protestantisch** *adj,* protestant; **~antismus** *sub, m, -, nur Einz.* protestantism
Protestation, *sub, f, -, -en* protest; **protestieren** *vi,* protest; **Protestnote** *sub, f, -, -n* letter of protest; **Protestsong** *sub, m, -(e)s, -s* protest song; **Proteststurm** *sub, m, -(e)s, -türme* storm of protest; **Protestwelle** *sub, f, -, -n* wave of protest
Prothese, *sub, f, -, -n* artificial limb or joint; **prothetisch** *adj,* **prosthetic**
protogen, *adj,* protogen
Protokoll, *sub, n, -s, -e* record; **~ant** *sub, m, -en, -en* secretary; **protokollarisch** *adj,* on record; **protokollieren** *vi,* take the minutes of a meeting
Proton, *sub, n, -s, -en* proton
Protoplasma, *sub, n, -s, nur Einz.* protoplasm
Prototyp, *sub, m, -en, -en* prototype
Protuberanz, *sub, f, -, -en* protuberance
Protz, *sub, m, -es, -ze* swank; **protzenhaft** *adj, (ugs.)* posy; **protzig** *adj,* swanky; **~igkeit** *sub, f, -, nur Einz.* showing off
Protze, *sub, f, -, -n* front part of gun carriage

Provenienz, *sub, f, -, -en* provenance
Provenzalin, *sub, f, -, -nen* Provençal
Proverb, *sub, n, -s, -en* proverb
Proviant, *sub, m, -s, -e* provisions
Provision, *sub, f, -, -en* commission;
Provisor *sub, m, -s, -en* manager of a
chemist´s shop; **provisorisch** *adj*,
provisional; **Provisorium** *sub, n, -s,
-ien* provisional arrangement
provokant, *adj*, provocative; **Provokateur** *sub, m, -s, -e* trouble maker;
Provokation *sub, f, -, -en* provocation; **provokatorisch** *adj*, provocative; **provozieren** *vti*, provoke;
Provozierung *sub, f, -, -en* provocation
prozedieren, *vt*, proceed; **Prozedur**
sub, f, -, -en procedure
Prozent, *sub, n, -(e)s, -e* per cent; **prozentisch** *adj*, per cent; ~**kurs** *sub,
m, -(e)s, -e* per cent rate; ~**punkt** *sub,
m, -(e)s, -e* percentage point; ~**satz**
sub, m, -es, -sätze percentage; **prozentual** *adj*, percentage; **prozentuell** *adj*, percentage; ~**wert** *sub, m,
-(e)s, -e* percentage
Prozess, *sub, m, -es, -e* trial; ~**akte**
sub, f, -, -n case files; **prozessfähig**
adj, able to take legal action; **prozessieren** *vi*, go to court; ~**ion** *sub, f, -,
-en* procession; ~**recht** *sub, n, -(e)s,
nur Einz.* procedural law
prüde, *adj*, prudish; **Prüderie** *sub, f,
-, -n* prudery
Prüfautomat, *sub, m, -en, -en* testing
machine; **Prüfbericht** *sub, m, -(e)s,
-e* test report; **prüfen** *vt*, check, consider, test; **Prüfer** *sub, m, -s, -* examiner, inspector; **Prüferbilanz** *sub, f, -,
-en* inspector´s report; **Prüfling** *sub,
m, -s, -e* examinee; **Prüfmethode**
sub, f, -, -n method of examination;
Prüfnorm *sub, f, -, -en* test standard;
Prüfung *sub, f, -, -en* examination;
Prüfungsfach *sub, n, -(e)s, -fächer*
examination subject
Prügel, *sub, m, -s, -* beating, club; ~**ei**
sub, f, -, -en fight; ~**knabe** *sub, m, -n,
-n* whipping boy; **prügeln (1)** *vr*,
fight **(2)** *vti*, beat; ~**strafe** *sub, f, -, -n*
corporal punishment; ~**szene** *sub, f,
-, -n* fight scene
Prunk, *sub, m, -(e)s, nur Einz.* splendour; ~**bau** *sub, m, -(e)s, -bauten*
state building; **prunken** *vi*, be
resplendent; ~**gemach** *sub, n, -(e)s,*

-**gemächer** state apartment; ~**gewand** *sub, n, -(e)s, -gewänder*
sumptuous garment; **prunklos**
adj, modest; ~**sessel** *sub, m, -s, -*
antique chair; ~**sitzung** *sub, f, -,
-en* carnival session; ~**sucht** *sub, f,
-, nur Einz.* great love of splendour;
prunksüchtig *adj*, have a craving
for splendour
prusten, *vi*, snort
Psalm, *sub, m, -s, -en* psalm; ~**ist**
sub, m, -en, -en psalmist
Psalmodie, *sub, f, -, -n* psalmody;
psalmodieren *vt*, sing psalms;
psalmodisch *adj*, psalmlike
Pseudokrupp, *sub, m, -s, nur Einz.*
(med.) pseudo-croup; **pseudomorph** *adj*, pseudomorph; **Pseudonym** *sub, n, -s, -e* pseudonym
Psi, *sub, n, -s, nur Einz.* psi
Psoriatiker, *sub, m, -s, -* psoriatist
PS-stark, *adj*, powerful
Psychiater, *sub, m, -s, -* psychiatrist;
Psychiatrie *sub, f, -, -n* psychiatry;
psychiatrisch *adj*, psychiatric
psychisch, *adj*, psychological; **Psychoanalyse** *sub, f, -, -n* psychoanalysis; **psychoanalysieren** *vt*,
psychoanalyse; **Psychoanalytiker**
sub, m, -s, - psychoanalyst; **psychoanalytisch** *adj*, psychoanalytical
psychogen, *adj*, psychogenic
Psychokinese, *sub, f, -, -n* psychokinesis
Psychologe, *sub, m, -n, -n* psychologist; **Psychologie** *sub, f, -, nur
Einz.* psychology; **psychologisch**
adj, psychological; **psychologisieren** *vt*, psychologize
Psychopath, *sub, m, -en, -en* psychopath; **psychopathisch** *adj*,
psychopathic
Psychopharmakon, *sub, n, -, Psy-
chopharmaka* psychiatric drugs
Psychose, *sub, f, -, -n* psychosis
Psychosomatik, *sub, f, -, nur Einz.*
psychosomatics; **psychosomatisch** *adj*, psychosomatic
Psychoterror, *sub, m, -s, nur Einz.*
psychological terror
Psychotherapeut, *sub, m, -en, -en*
psychotherapist; **Psychotherapie**
sub, f, -, -n psychotherapy
psychotisch, *adj*, psychotic
ptolemäisch, *adj*, Ptolemaic
pubertär, *adj*, of puberty; **Pubertät**

sub, f, -, nur Einz. puberty; **pubertieren** *vi*, reach puberty

Publicity, *sub, f, -, nur Einz.* publicity

Publicrelations, *sub, f, -, nur Mehrz.* public relations

publizieren, *vti*, publish; **Publizist** *sub, m, -en, -en* journalist, publicist; **Publizistik** *sub, f, -, nur Einz.* journalism; **Publizistin** *sub, f, -, -nen* journalist, publicist; **Publizität** *sub, f, -, nur Einz.* publicity

Puck, *sub, m, -s, -s* puck

Puddeleisen, *sub, n, -s, -* refined steel

Pudding, *sub, m, -s, -s* thick custard-based dessert often flavoured with vanilla, chocolate etc; **~from** *sub, f, -, -en* pudding mould

Pudel, *sub, m, -s, -* poodle; **pudelnass** *adj*, soaking wet; **pudelwohl** *adj, (ugs.)* feel completely contented

Puder, *sub, m, -s, nur Einz.* powder; **pudern (1)** *vr*, powder oneself **(2)** *vt*, powder; **~quaste** *sub, f, -, -en* powder puff; **~zucker** *sub, m, -s, nur Einz.* icing sugar

Pueblo, *sub, m, -s, -s* pueblo

pueril, *adj*, boyish; *(geh.)* puerile; **Puerilität** *sub, f, -, nur Einz.* puerility

Puff, *sub, m, -s, -s* thump; *(ugs.)* brothel; **puffen** *vt*, puff, thump; **~reis** *sub, m, -es, nur Einz.* puffed rice

Pulk, *sub, m, -(e)s, -s* pile; *(mil.)* group

Pulle, *sub, f, -, -n (ugs.)* bottle

Pullover, *sub, m, -s, -* jumper; **~hemd** *sub, n, -(e)s, -en* pullover

Pullunder, *sub, m, -s, -* tank top

Pulp, *sub, m, -s, -en* pulp; **pulpös** *adj*, pulpy

Pulque, *sub, m, -s, nur Einz.* pulque

Puls, *sub, m, -es, -e* pulse; **~ader** *sub, f, -, -n* artery; **pulsieren** *vi*, pulsate; **~zahl** *sub, f, -, -en* pulse count

Pulver, *sub, n, -s, -* powder; **~dampf** *sub, m, -(e)s, -dämpfe* gunsmoke; **~fass** *sub, n, -es, -fässer* barrel of gunpowder; **pulverisieren** *vt*, pulverize; **~kaffee** *sub, m, -s, -s* instant coffee; **~mühle** *sub, f, -, -n* powder factory; **~schnee** *sub, m, -s, nur Einz.* powder snow

Puma, *sub, m, -s, -s* puma

pummelig, *adj, (ugs.)* chubby

Pumpe, *sub, f, -, -n* pump; **pumpen** *vti*, pump; **~rnickel** *sub, m, -s, -* pumpernickel; **Pumphose** *sub, f, -, -n* baggy breeches, knickerbockers; **Pumpwerk** *sub, n, -(e)s, -e* pumping station

Pumps, *sub, m, -, nur Mehrz.* pump

Punch, *sub, m, -s, -s* punch; **~ingball** *sub, m, -(e)s, -bälle* punchball

Punk, *sub, m, -s, nur Einz.* punk; **punkig** *adj*, punk

Punkt, *sub, m, -(e)s* full stop, point, spot; **~ekampf** *sub, m, -(e)s, -kämpfe* points fight; **~espiel** *sub, n, -(e)s, -e* game decided on points; **punktgleich** *adj*, level; **punktieren** *vt*, dot; *(med.)* aspirate; **~ion** *sub, f, -, -en* aspiration; **~landung** *sub, f, -, -en* precision landing; **pünktlich (1)** *adj*, punctual **(2)** *adv*, on time; **~richter** *sub, m, -s, -judge*; **~sieg** *sub, m, -(e)s, -e* win on points; **punktuell** *adj*, dealing with certain points, selective; **~verlust** *sub, m, -(e)s, -e* loss of points; **~wertung** *sub, f, -, -en* points system; **~zahl** *sub, f, -, -en* score

Punsch, *sub, m, -(e)s, -* hot punch; **~essenz** *sub, f, -, -en* punchessence

pupen, *vi, (ugs.)* make a rude noise/smell

Pupille, *sub, f, -, -n* pupil

Püppchen, *sub, n, -s, -* little sweetie; *(ugs.)* dolly; **Puppe** *sub, f, -, -n* doll; **Puppenspiel** Punch and Judy show; **Puppendoktor** *sub, m, -s, -en* dolls' doctor; **Puppenklinik** *sub, f, -, -en* doll's hospital; **Puppenküche** *sub, f, -, -n* doll's kitchen; **Puppenmutter** *sub, f, -, -mütter* doll's mother; **Puppenspiel** *sub, n, -(e)s, -e* puppet show; **Puppenstube** *sub, f, -, -n* doll's house; **Puppentheater** *sub, n, -s, -* puppet theatre; **Puppenwagen** *sub, m, -s, -wägen* doll's pram; **puppig** *adj*, cute

Pups, *sub, m, -es, -e (ugs.)* rude noise/smell; **pupsen** *vi*, make a rude noise/smell

pur *adj*, pure, sheer

Püree, *sub, n, -s, -s* puree

Purgativ, *sub, n, -s, -e* aperient, laxative; **Purgatorium** *sub, n, -s, nur Einz.* purgatory; **purgieren** *vt*, have a laxative effect

Purifikation, *sub, f, -, -en* purification **purifizieren** *vt*, purify

Purim, *sub, n, -s, nur Einz.* Purim
Purismus, *sub, m, -, nur Einz.* purism;
Purist *sub, m, -en, -en* purist
Puritaner, *sub, m, -s, -* Puritan; ~**in**
sub, f, -, -nen Puritan; **puritanisch**
adj, Puritan; **Puritanismus** *sub, m, -,*
nur Einz. Puritanism
Purpur, *sub, m, -s, nur Einz.* crimson;
purpurfarben *adj,* crimson; **pur-**
purfarbig *adj,* crimson; ~**mantel**
sub, m, -s, -mäntel crimson robe
Purzelbaum, *sub, m, -s, -bäume* somersault; **purzeln** *vi,* tumble
puschen, *vt,* push
Pusselarbeit, *sub, f, -, -en* tinkering;
pusseln *vi,* fiddle about, fuss; **puss-**
lig *adj,* fussy, pernickety
Puste, *sub, f, -, nur Einz. (ugs.)* breath,
puff; ~**kuchen** *interj,* fiddlesticks;
pusten *vti,* puff
Pustel, *sub, f, -, -n* pimple, spot;
(med.) postule
pustulös, *adj,* pustulous
putativ, *adj, (geh.)* putative
Pute, *sub, f, -, -n* turkey hen; ~**r** *sub,*
m, -s, - turkey cock; **puterrot** *adj,*
bright red
Putrefaktion, *sub, f, -, -en* putrefaction
Putsch, *sub, m, -es, -e* putsch; **put-**
schen *vi,* revolt
Putte, *sub, f, -, -n* cherub
Putz, *sub, m, -es, -* finery, plaster; ~**er**

sub, m, -s, - cleaner; ~**erei** *sub, f, -,*
nur Einz. cleaning; ~**macherin**
sub, f, -, -nen milliner
putzen, *vt,* clean, plaster; **Putzfim-**
mel *sub, m, -s, nur Einz.* overtidiness; **Putzfrau** *sub, f, -, -en*
cleaning lady; **putzsüchtig** *adj,* excessively fond of dressing up; **Putz-**
tuch *sub, n, -s, -tücher* cloth,
duster; **Putzzeug** *sub, n, -s, nur*
Einz. cleaning things
putzig, *adj,* cute, funny
puzzeln, *vi,* do a jigsaw; **Puzzle** *sub,*
n, -s, -s jigsaw, puzzle; **Puzzlespiel**
sub, n, -s, -e jigsaw puzzle
Pygmäe, *sub, m, -n, -n* Pygmy
Pyjama, *sub, m, -s, -s* pyjamas
Pykniker, *sub, m, -s, -* stocky person; **pyknisch** *adj,* stockily built
Pyknometer, *sub, n, -s, - (phy.)* densimeter
Pyramide, *sub, f, -, -n* pyramid
Pyromane, *sub, m, -n, -n* pyroma-
niac; **Pyromanie** *sub, f, -, nur Einz.*
pyromania
Pyrometer, *sub, n, -s, -* pyrometer
Pyrotechnik, *sub, f, -, nur Einz.* py-
rotechnics; ~**er** *sub, m, -s, -* pyro-
technist
Python, *sub, m, -s, -s* python
Pyxis, *sub, f, -, -iden oder -ides* pyx

Q

Quabbe, *sub, f, -, -n* potbelly
quabbelig, *adj*, slimy, wobbly
Quaddel, *sub, f, -, -n* heat spot, hives, rash
Quader, *sub, m, -s, -* cuboid; **~stein** *sub, m, -s, -e* square stone block
Quadrant, *sub, m, -en, -en* quadrant; **Quadrat** *sub, n, -s, -e* square; **quadratisch** *adj*, square; **Quadratmeile** *sub, f, -, -n* square mile; **Quadratur** *sub, f, -, -en* quadrature; **Quadratwurzel** *sub, f, -, -n* square root; **Quadratzahl** *sub, f, -, -en* square number; **Quadratzoll** *sub, m, -es, -* square inch; **quadrieren** *vt*, square
Quadriga, *sub, f, -, Quadrigen* four-horsed chariot
Quadrille, *sub, f, -, -n* quadrille
Quadrofonie, *sub, f, -, nur Einz.* quadrophony
Quadrosound, *sub, m, -s, nur Einz.* quadrosound
quäken, *vti*, screech, squawk
quaken, *vi*, croak, quack; **Quäker** *sub, m, -s, -* Quaker
Qual, *sub, f, -, -en* agony, pain; **quälen (1)** *vr*, torture oneself **(2)** *vt*, torment; *er war von Zweifeln gequält* he was distracted with doubt; **Quälerei** *sub, f, -, -en* atrocity, torture
Qualifikation, *sub, f, -, -en* qualification; **qualifizieren** *vt*, qualify; **qualifiziert** *adj*, qualified
Qualität, *sub, f, -, en* quality; **qualitativ** *adj*, qualitative
Qualle, *sub, f, -, -n* jellyfish
Qualm, *sub, m, -s, nur Einz.* fug, smoke; **qualmen (1)** *vt*, puff away at **(2)** *vti*, smoke; **qualmig** *adj*, smoky
qualvoll, *adj*, agonizing, painful
Quant, *sub, n, -s, -en* quantum; **Quäntchen** *sub, n, -s, -* tiny bit; **~enmechanik** *sub, f, -, nur Einz.* quantum mechanics
Quantität, *sub, f, -, nur Einz.* quantity; **quantitativ** *adj*, quantitative; **Quantum** *sub, n, -s, Quanten* quantum
Quappe, *sub, f, -, -n* tadpole
Quarantäne, *sub, f, -, -n* quarantine
Quark, *sub, n, -s, -s* quark; *(ugs.)* rubbish; **~kuchen** *sub, m, -s, -* cheesecake; **~speise** *sub, f, -, -n* pudding made with curd cheese, sugar, milk, fruit etc

Quart, *sub, n, -s, -e* quart; *(mus.)* fourth
Quartal, *sub, n, -s, -e* quarter
Quartanerin, *sub, f, -, -nen* pupil in third year of German secondary school
Quarte, *sub, f, -, -n (mus.)* fourth
Quartett, *sub, n, -s, -e* set of four cards; *(mus.)* quartet
Quartformat, *sub, n, -s, nur Einz.* quarto (format)
Quartier, *sub, n, -s, -e* accomodation, district; *(mil.)* quarters
Quarz, *sub, m, -es, -e* quartz; **~filter** *sub, m, -s, -* quartz filter; **~glas** *sub, n, -es, -gläser* quartz glass; **quarzhaltig** *adj*, quarziferous; **~lampe** *sub, f, -, -n* quartz lamp; **~uhr** *sub, f, -, -en* quartz clock/watch
quasi, *adv*, quasi, virtually; **~optisch** *adj*, quasioptical
Quasselei, *sub, f, -, -en (ugs.)* gabbling; **quasseln** *vti*, gabble; **Quasselstrippe** *sub, f, -, -n (ugs.)* blabbermouth, chatterbox
Quaste, *sub, f, -, -n* bristles, powder puff, tassel
Quästor, *sub, m, -s, -en* bursar
Quecke, *sub, f, -, -n* couch grass
Quecksilber, *sub, n, -s, nur Einz.* quicksilver; **quecksilbern** *vi*, fidget; **~vergiftung** *sub, f, -, nur Einz.* quicksilver poisoning; **quecksilbrig** *adj*, *(i. ü. S.)* fidgety, restless
Quelle, *sub, f, -, -n* source, spring; **quellen (1)** *vi*, pour, swell **(2)** *vt*, soak; **~nkunde** *sub, f, -, nur Einz.* source research; **quellenmäßig** *adj*, concerning sources; **quellenreich** *adj*, abundance of sources; **Quellfassung** *sub, f, -, -en* original version; **Quellgebiet** *sub, n, -s, -e* headwaters; **Quellwasser** *sub, n, -s, -* spring water
quengeln, *vi*, *(ugs.)* whine; **Quengler** *sub, m, -s, -* whiner
quer, *adv*, crossways, crosswise, diagonally; *kreuz und quer* all over; **~durch** *adv*, straight through; **~beet** *adv*, *(ugs.)* all over the place; **Querdenkerin** *sub, f, -, -nen* open-minded thinker
Quere, *sub, f, -, -* widthways; *jmd in die Quere kommen* to cross sb´s

path
Querele, *sub, f, -, -n* quarrel
queren, *vti,* cross
querfeldein, *adv,* across country;
Querfeldeinlauf *sub, m, -s, -läufe*
cross-country (run)
Querflöte, *sub, f, -, -n* transverse flute
Quergang, *sub, m, -s, -gänge* go wrong
Querholz, *sub, n, -es, -hölzer* crossbeam, transom
Querkopf, *sub, m, -s, -köpfe (ugs.)* awkward so-and-so
Querlage, *sub, f, -, nur Einz. (med.)* transverse presentation
Querpass, *sub, m, -es, -pässe* cross
Querschiff, *sub, n, -s, -e* transept
Querschnitt, *sub, m, -s, -e* cross-section; ~**slähmung** *sub, f, -, -en* paraplegia
Querschuss, *sub, m, -es, -schüsse* objection
Querstraße, *sub, f, -, -n* street that runs at right angles to another street
Quersumme, *sub, f, -, -n* sum of digits of a number
Quertreiber, *sub, m, -s, - (ugs.)* trouble maker
querüber, *adv,* straight through
Querulant, *sub, m, -en, -en* grumbler; *(ugs.)* grouser; ~**in** *sub, f, -, -nen* grumbler; *(ugs.)* grouser
Querulation, *sub, f, -, -en* querulation; **querulieren** *vi,* grumble; *(ugs.)* grouse
Querverweis, *sub, m, -es, -e* cross-reference
quetschen, (1) *vr,* squash oneself (2) *vt,* squash, squeeze; **Quetschfalte** *sub, f, -, -n* box pleat; **Quetschung** *sub, f, -, -en* bruise, contusion; **Quetschwunde** *sub, f, -, -n* contusion

wound
Queue, *sub, f, -, -s* cue
quick, *adj,* lively
Quidproquo, *sub, n, -s, -s* quid pro quo
quieken, *vi,* squeak, squeal
quietschen, *vi,* squeak, squeal
Quinquennium, *sub, n, -s, -ien* quinquennium; **Quint** *sub, f, -, -en* quint; **Quintanerin** *sub, f, -, -nen* pupil in second year of German secondary school; **Quinte** *sub, f, -, -n* quinte; *(mus.)* fifth; **Quintessenz** *sub, f, -, -en* quintessence; **Quintett** *sub, n, -s, -e* quintet
Quirl, *sub, m, -s, -e* whisk, whorl; **quirlen** *vt,* beat, whisk; **quirlig** *adj,* lively
Quisling, *sub, m, -s, -e* quisling
quitt, *adj,* be quits with sb, quitt
Quitte, *sub, f, -, -n* quince; ~**nbrot** *sub, n, -s, -e* quince bread; ~**ngelee** *sub, n, -s, -s* quincejelly
quittieren, (1) *vi,* sign (2) *vt,* give a receipt for, quit; **Quittung** *sub, f, -, -en* receipt; *das ist die Quittung dafür, dass* that´s the price you have to pay for
Quivive, *sub, n, -, -* qui vive; *auf dem Quivive* on the alert
Quiz, *sub, n, -, -* quiz; ~**master** *sub, m, -s, -* quizmaster; ~**sendung** *sub, f, -, -en* quizprogram
Quorum, *sub, n, -s, nur Einz.* quorum
Quotation, *sub, f, -, -en* quotation; **Quote** *sub, f, -, -n* proportion, quota; **Quotient** *sub, m, -en, -en* quotient; **quotieren** *vt,* quote

R

Rabatt, *sub, m, -s, -e* discount; **~e** *sub, m, -, -n* border; **~ierung** *sub, f, -, -en* discount; **~marke** *sub, f, -, -n* trading stamp

Rabatz, *sub, m, -es, nur Einz.* din; *(ugs.)* row, shindy

Rabauke, *sub, m, -n, -n* hooligan, rowdy

Rabbi, *sub, m, -s, -s* rabbi; **~ner** *sub, m, -s, -* rabbi

Rabe, *sub, m, -n, -n* raven; *(ugs.) wie ein Rabe stehlen* to thieve like a magpie; **~naas** *sub, m, -es, -e oder -äser (ugs.)* bad lot; **~neltern** *sub, f, -, nur Mehrz.* bad parents; **~nmutter** *sub, f, -, -mütter* bad mother; **rabenschwarz** *adj,* coal-black, pitch-black, raven(-black)

rabiat, *adj,* rough, violent

Rabulist, *sub, m, -en, -en* quibbler, sophist; **~erei** *sub, f, -, -en* quibbling, sophistry; **~ik** *sub, f, -, -en* quibbling, sophistry; **rabulistisch** *adj,* quibbling, sophistic

Rachen, *sub, m, -s, -* throat; *(tt)* pharynx; *(ugs.) jmd den Rachen stopfen* to give sb what she/he wants; *(ugs.) jmd etwas in den Rachen werfen* to shove sth down sb´s throat

rächen, (1) *vr,* get one´s revenge (2) *vt,* avenge; *deine Faulheit wird sich rächen* you´ll pay for being so lazy

Rachenmandel, *sub, f, -, -n* pharyngeal tonsil

Rächer, *sub, m, -s, -* avenger; **Racheschwur** *sub, m, -s, -schwüre* oath of revenge; **Rachgier** *sub, f, -, nur Einz.* vindictiveness; **rachsüchtig** *adj,* vindictive

Rachitis, *sub, f, -, nur Einz.* rachitis; **rachitisch** *adj,* rachitic

Racker, *sub, m, -s, -* rascal, scamp; **~ei** *sub, f, -, nur Einz. (ugs.)* grind; **rakkern** *vir,* slave (away)

Racket, *sub, n, -s, -s* racket

Raclette, *sub, n, -s, -s* raclette; **~käse** *sub, m, -s, nur Einz.* raclette cheese

Rad, *sub, n, -(e)s, Räder* bicycle, wheel; *(ugs.) unter die Räder kommen* to fall into bad ways; *(ugs.) das fünfte Rad am Wagen sein* to be in the way; *(ugs.) ein Rad abhaben* to have a screw loose

Radar, *sub, m, n, -s, -e* radar; **~kontrolle** *sub, f, -, -n* radar speed check; **~schirm** *sub, m, -s, -e* radar screen; **~station** *sub, f, -, -en* radar station

Radau, *sub, m, -s, nur Einz. (ugs.)* row; *(ugs.) Radau machen* to kick up a row; **~bruder** *sub, m, -s, -brüder* rowdy; **~macher** *sub, m, -s, -* hooligan; **rädeln** *vt,* trace

Radballspiel, *sub, n, -s, -e* bicycle polo

Rade, *pron,* corncockle

radebrechen, *vti,* speak broken English/German etc.

radeln, *vi, (ugs.)* cycle

Rädelsführer, *sub, m, -s, -* ringleader

Radfahren, *sub, n, -s, nur Einz.* cycle

Radfahrer, *sub, m, -s, -* cyclist; **~in** *sub, f, -, -nen* cyclist

Radfelge, *sub, f, -, -n* rim

radial, *adj,* radial; **Radialreifen** *sub, m, -s, -* radial tyre

radiär, *adj,* radial

Radiator, *sub, m, -s, -en* radiator

Radicchio, *sub, m, -s, Radicchi* radicchio

radieren, *vti,* erase, rub out; *(kun.)* etch; **Radierer** *sub, m, -s, -* rubber; **Radiergummi** *sub, m, -s, -s* rubber; **Radierkunst** *sub, f, -, nur Einz. (kun.)* etching; **Radiermesser** *sub, n, -s, -* erasing knife; **Radiernadel** *sub, f, -, -n (kun.)* etching needle; **Radierung** *sub, f, -, -en* etching

Radieschen, *sub, n, -s, -* radish; *(ugs.) sich die Radieschen von unten ansehen* to be pushing up the daisies

radikal, *sub,* drastic, radical; **Radikale** *sub, m, f, -n, -n* radical; **~isieren** *vt,* radicalize; **Radikalismus** *sub, m, -, -ismen* radicalism; **Radikalität** *sub, f, -, nur Einz.* radicalisation; **Radikalkur** *sub, f, -, -en (ugs.)* kill-or-cure remedy

Radio, *sub, n, -s, -s* radio; **radioaktiv** *adj,* radioactive; **~aktivität** *sub, f, -, nur Einz.* radioactivity; **~amateur** *sub, m, -s, -e (ugs.)* radio ham; **~apparat** *sub, m, -s, -e* radio set; **~chemie** *sub, f, -, nur Einz.* radiochemistry; **~element**

sub, n, -s, -e radio element; **~gerät** *sub, n, -s, -e* radio set; **~loge** *sub, m, -n, -n (med.)* radiologist; **~logie** *sub, f, -, nur Einz.* radiology; **radiologisch** *adj,* radiological; **~meter** *sub, n, -s, -* radiometer; **~metrie** *sub, f, -, nur Einz.* radiometry; **~phonie** *sub, f, -, nur Einz.* radiophony; **~sender** *sub, m, -s, -* radio station; **~technik** *sub, f, -, nur Einz.* radio technology; **~teleskop** *sub, n, -s, -e* radio telescope
Radium, *sub, n, -s, nur Einz.* radium; **radiumhaltig** *adj,* containing radium
Radius, *sub, m, -, Radien* radius
Radix, *sub, f, -, Radizes* radix
Radkappe, *sub, f, -, -n* hub cap; **Radkranz** *sub, m, es, -kränze* rim (of a wheel)
Radler, *sub, m, -s, - (ugs.)* cyclist, shandy
Radrennbahn, *sub, f, -, -en* cycle track
Rad schlagen, *sub, n, -s, nur Einz.* do/turn cartwheels
Radsport, *sub, m, -s, nur Einz.* cycling; **~ler** *sub, m, -s, -* cyclist
Radwanderung, *sub, f, -, -en* cycling tour
Radweg, *sub, m, -s, -e* cycleway
raffeln, *vti,* comb, grate
raffen, *vt,* pile; *(ugs.)* suss; *etwas an sich raffen* to grab sth; **Raffgier** *sub, f, -, nur Einz.* greed; **raffgierig** *adj,* greedy
Raffinade, *sub, f, -, -n* refined sugar
Raffination, *sub, f, -, -en* refining
Raffinerie, *sub, f, -, -n* refinery
Raffinesse, *sub, f, -, -n* cunning, refinement
raffinieren, *vt,* refine
raffiniert, *adj,* cunning, refined; **Raffiniertheit** *sub, f, -, nur Einz.* cleverness
Raffzahn, *sub, m, -s, -zähne (ugs.)* money-grubber
Rage, *sub, f, -, nur Einz.* fury, rage
ragen, *vi,* jut, rise
Ragout, *sub, n, -s, -s* ragout
Ragtime, *sub, m, -s, nur Einz.* ragtime
Rahe, *sub, f, -, -n* yard
Rahm, *sub, m, -s, nur Einz.* cream
Rähm, *sub, m, -s, -e* mount
Rahmen, (1) *sub, m, -s, -* frame **(2) rahmen** *vt,* frame; *aus dem Rahmen fallen* to go too far; *das würde den Rahmen sprengen* it would be beyond my/our etc scope

Rahmenantenne, *sub, f, -, -n* frame aerial
Rahmengesetz, *sub, n, -es, -e* general outline of a law providing guidelines for specific elaboration
Rahmkäse, *sub, m, -s, -* cream cheese
Rahmsoße, *sub, f, -, -n* cream sauce
Rahsegel, *sub, n, -s, -* square sail
räkeln, *vr,* loll about, stretch
Rakete, *sub, f, -, -n* missile, rocket; **~nauto** *sub, n, -s, -s* rocket car; **~nbasis** *sub, f, -, -basen* launching site; **~nstart** *sub, m, -s, -s* rocket launch(ing); **~nstufe** *sub, f, -, -n* stage (of a rocket); **~nwaffe** *sub, f, -, -n* antimissile weapon; **~nwerfer** *sub, m, -s, -* rocket launcher
Rakett, *sub, n, -s, -s* racket
Raki, *sub, m, -s, -s* raki
Rallye, *sub, f, -s, -s* rally
Ramadan, *sub, m, -, nur Einz.* Ramadan
Rammbock, *sub, m, -s, -böcke* piledriver, ram(mer)
Ramme, *sub, f, -, -n* pile-driver
Rammelei, *sub, f, -, -en (ugs.)* banging away, crush; **rammeln (1)** *vi,* mate **(2)** *vir,* charge about; **rammen** *vt,* ram; **Rammler** *sub, m, -s, -* buck
Rampe, *sub, f, -, -n* ramp; **~nlicht** *sub, n, -s, nur Einz.* footlights; *(i. ü. S.) im Rampenlicht der Öffentlichkeit stehen* to be in the limelight
ramponieren, *vt, (ugs.)* ruin; *(ugs.) er sah ziemlich ramponiert aus* he looked the worse for wear
Ramsch, *sub, m, -s, nur Einz.* junk; **ramschen** *vi,* buy cheap junk; **ramschweise** *adj,* like junk
Ramschladen, *sub, m, -s, -läden* junk shop
Ranch, *sub, f, -, -es* ranch; **~er** *sub, m, -s, -* rancher
Rand, *sub, m, -es, Ränder* edge, rim; *(Buch)* margin; *am Rande des Todes* at death´s door; *(ugs.) halt den Rand* shut your face; *sie waren außer Rand und Band* they were going wild
Randale, *sub, f, -, nur Einz.* rioting; **randalieren** *vi,* rampage (about); **Randalierer** *sub, m, -s, -* hooligan
Randbemerkung, *sub, f, -, -en* com-

ment, marginal note
Randgruppe, *sub, f, -, -n* fringe group
Randsiedlung, *sub, f, -, -en* outside settlement
Randsteller, *sub, m, -s, -* margin stop
randvoll, *adj*, full to the rim, packed
Ranft, *sub, m, -es, Ränfte (ugs.)* crust
Rang, *sub, m, -es, Ränge* position; *(mil.)* rank; *(i. ü. S.) jmd den Rang ablaufen* to outstrip sb; *(i. ü. S.) jmd den Rang streitig machen* to challenge sb´s position; **~abzeichen** *sub, n, -s, -* badge of rank; **~älteste** *sub, m, -n, -n* senior officer; **~höchste** *sub, m, -n, -n* highest-ranking officer
rangehen, *vi, (ugs.)* get stuck in
Rangelei, *sub, f, -, -en* scrapping; **rangeln** *vi*, scrap, tussle
rangieren, *(1) vi*, rank *(2) vt*, shunt; *an erster/letzter Stelle rangieren* to come first/last; **Rangiergleis** *sub, n, -es, -e* siding
Rangliste, *sub, f, -, -n (mil.)* active list
Rangordnung, *sub, f, -, -en* hierarchy
rank, *adj*, slender and supple; *(Mädchen) rank und schlank* slim and sylphlike
Ränke, *sub, f, -, nur Mehrz.* intrigue
Ranke, *sub, f, -, -n* tendril
ranken, *vr*, entwine itself around sth.
rankenartig, *adj*, like a tendril
Ränkeschmied, *sub, m, -s, -e* intriguer
ränkesüchtig, *adj*, scheming
Ranküne, *sub, f, -, -* rancour
ranschmeißen, *vr, (ugs.)* fling oneself at sb
Ranzen, *sub, m, -s, -* satchel; *(ugs.)* belly; *(ugs.) jmd ordentlich den Ranzen vollhauen* to give sb a good trashing; *(ugs.) sich den Ranzen voll schlagen* to stuff oneself
ranzig, *adj*, rancid
Rap, *sub, m, -s, -s* rap
rapide, *adj*, rapid
Rapier, *sub, n, -s, -e* rapier
Rappe, *sub, m, -n, -n* black horse
Rappel, *sub, m, -s, - (ugs.)* crazy mood; *(ugs.) dabei kann man ja einen Rappel kriegen* it´s enough to drive you mad; *(ugs.) seinen Rappel kriegen* to get one of one´s crazy moods; **rappelig** *adj*, crazy, jumpy; *(ugs.) bei dem Lärm kann man rappelig werden* the noise is enough to drive you round the twist
Rapper, *sub, m, -s, -* rapper

Rapport, *sub, m, -s, -e* report; **rapportieren** *vi*, report
Raps, *sub, m, -es, -e (bot.)* rape; **~feld** *sub, n, -s, -er* rape field; **~öl** *sub, n, -s, -e* rape oil
Rapunzel, *sub, f, -, -n* Rapunzel; *(bot.)* corn salad
rar, *adj*, rare; *(ugs.) sich rar machen* to keep away; **Rarität** *sub, f, -, -en* rarity
rasant, *adj*, fast; *(ugs.)* vivacious; **Rasanz** *sub, f, -, nur Einz.* speed; *etwas mit Rasanz tun* to do sth in great style
rasch, *(1) adj*, rash *(2) adv*, rapidly
rascheln, *vi*, rustle
raschestens, *adj*, quickly
Rasen, *(1) sub, m, -s, -* grass *(2) rasen vi*, race, rave; *die Zeit rast* time flies; **rasenbedeckt** *adj*, grassy; **rasend** *(1) adj*, furious *(2) adv*, like mad; *(ugs.) jmdn rasend machen* to make sb furious; *rasende Kopfschmerzen* a splitting headache; **~fläche** *sub, f, -, -n* lawn; **~mäher** *sub, m, -s, -* lawn-mower; **Raser** *sub, m, -, - (ugs.)* speed maniac; **Raserei** *sub, f, -, -en* fury, mad rush
Rasierapparat, *sub, m, -s, -e* razor; **Rasiercreme** *sub, f, -, -s* shaving cream; **rasieren** *(1) vr*, have a shave *(2) vt*, shave; **Rasierer** *sub, m, -s, -* razor; **Rasierklinge** *sub, f, -, -n* razor blade; **Rasiermesser** *sub, n, -s, -* cut-throat razor; **Rasierpinsel** *sub, m, -s, -* shaving brush; **Rasierschaum** *sub, m, -es, -schäume* shaving foam; **Rasierseife** *sub, f, -, -n* shaving soap; **Rasierwasser** *sub, n, -s, -* aftershave
Räson, *sub, f, -, nur Einz.* reason; *jmdn zur Räson bringen* to make sb listen to reason; **räsonieren** *vi*, grumble; **~nement** *sub, n, -s, -s* reasonableness
Raspel, *sub, f, -, -n* grater, rasp; **raspeln** *vt*, grate, rasp; *(i. ü. S.) Süßholz raspeln* to turn on the blarney; *(ugs.) du kannst aufhören, Süßholz zu raspeln* you can stop soft-soaping me/him etc
Rasse, *sub, f, -, -n* breed, race
Rassel, *sub, f, -, -n* rattle; **~bande** *sub, f, -, -n (ugs.)* mischievous bunch; **rasseln** *vi*, rattle
Rassenfrage, *sub, f, -, -n* racial prob-

lem; **Rassengesetz** *sub, n, -es, -e* racial law; **Rassenhass** *sub, m, -es, nur Einz.* racial hatred; **Rassenhetze** *sub, f, -, nur Einz.* malicious racial campaign; **Rassenkunde** *sub, f, -, -n (tt)* ethnogeny
rassig, *adj*, sleek, striking; **Rassismus** *sub, m, -, nur Einz.* racism; **Rassist** *sub, m, -en, -en* racist; **rassistisch** *adj*, racist
Rast, *sub, f, -, -en* rest; **rasten** *vi*, rest; *wer rastet, der rostet* you have to keep active; ~**haus** *sub, n, -es, -häuser* inn; **rastlos** *adj*, restless; ~**platz** *sub, m, -es, -plätze* picnic area, resting place
Raster, *sub, m, -s, -* raster; *(arch.)* grid; ~**ätzung** *sub, f, -, -en* halftone (engraving); ~**punkt** *sub, m, -es, -e* halftone dot
Rasur, *sub, f, -, -en* shave
Rat, *sub, m, -es, Räte* advice
Rate, *sub, f, -, -n* instalment; ~**nzahlung** *sub, f, -, -en* payment by instalment
raten, *vti*, advise, guess
Rater, *sub, m, -s, - (ugs.)* guesser
Räterepublik, *sub, f, -, -en* soviet republic
Ratgeber, *sub, m, -s, -* adviser
Rathaus, *sub, n, -es, -häuser* town hall; ~**saal** *sub, m, -s, -säle* council chamber
Ratifikation, *sub, f, -, -en* ratification; **ratifizieren** *vt*, ratify
Ratiné, *sub, m, -s, -s* ratiné
Ratio, *sub, f, -, nur Einz.* reason
Ration, *sub, f, -, -en* ration; **rational** *adj*, rational; **rationalisieren** *vti*, rationalize; ~**alismus** *sub, m, -, nur Einz.* rationalism; ~**alist** *sub, m, -en, -en* rationalist; ~**alität** *sub, f, -, nur Einz.* rationality; **rationell** *adj*, efficient; **rationieren** *vt*, ration; ~**ierung** *sub, f, -, -en* rationing
ratlos, *adj*, helpless; **Ratlosigkeit** *sub, f, -, -en* helplessness
ratsam, *adj*, advisable
Ratsbeschluss, *sub, m, -es, -schlüsse* decision of the local council
ratschen, *vi, (ugs.)* blather
Ratschlag, *sub, m, -es, -schläge* bit of advice; **ratschlagen** *vi*, consult, deliberate
Rätsel, *sub, n, -s, -* crossword, riddle; *vor einem Rätsel stehen* to be faced

with a riddle; ~**frage** *sub, f, -, -n* question; ~**freund** *sub, m, -es, -e* crossword fan; **rätselhaft** *adj*, mysterious; ~**löser** *sub, m, -s, -* puzzle-solver; ~**lösung** *sub, f, -, -en* crossword solution; ~**raten** *sub, n, -s, -s* guessing game
Ratsherr, *sub, m, -en, -en* councillor; **Ratssitzung** *sub, f, -, -en* council meeting; **Ratsuchende** *sub, m, -n, -n* people seeking advice
Ratte, *sub, f, -, -n* rat; ~**nfalle** *sub, f, -, -n* rat trap; ~**nfänger** *sub, m, -s, -* rat-catcher; *der Rattenfänger von Hameln* the Pied Piper of Hamelin; ~**nkönig** *sub, m, -s, -e* rat´s king; ~**nschwanz** *sub, m, -es, -schwänze* rat´s tail, string
rattern, *vi*, rattle
Ratze, *sub, f, -, -n (ugs.)* rat
Raub, *sub, m, -es, -* robbery; ~**bau** *sub, m, -es, -ten* overexploitation; **rauben** **(1)** *vi*, rob **(2)** *vt*, steal; **Räuber** *sub, m, -s, -* robber; **Räuberbande** *sub, f, -, -n* robber band; **Räuberei** *sub, f, -, -en (ugs.)* robbery; **Räuberhöhle** *sub, f, -, -n* robber´s cave; **räubern** *vi, (ugs.)* thieve; **Räuberpistole** *sub, f, -, -n (i. ü. S.)* cock-and-bull story; **Räuberzivil** *sub, n, -s, nur Einz. (ugs.)* scruffy old clothes; ~**gier** *sub, f, -, nur Einz.* rapacity; ~**mord** *sub, m, -s, -e* robbery with murder; ~**pressung** *sub, f, -, -en* pirate copy; ~**tier** *sub, n, -s, -e* predator; ~**überfall** *sub, m, -es, -fälle* robbery
Rauch, *sub, m, -es, nur Einz.* fumes, smoke; *kein Rauch ohne Feuer* there´s no smoke without fire; *(i. ü. S.)* sich in Rauch auflösen to go up in smoke; **rauchen** *vti*, smoke
Räucherfisch, *sub, m, -es, -e* smoked fish; **Räucherkerze** *sub, f, -, -n* incense con; **Räucherlachs** *sub, m, -es, -e* smoked salmon; **räuchern** *vt*, smoke; **Räucherspeck** *sub, m, -es, -e* smoked bacon; **Räucherware** *sub, f, -, -n* smoked foods; **rauchfarben** *adj*, smoke-coloured; **rauchfarbig** *adj*, smoke-coloured; **Rauchfleisch** *sub, n, -es, nur Einz.* smoked meat; **rauchlos** *adj*, smokeless; **Rauchsignal** *sub, n, -s, -e* smoke signal; **Rauchverbot** *sub, n, -es, -e* smoking ban;

Rauchware *sub, f, -, -n* tobacco; **Rauchzeichen** *sub, n, -s, -* smoke signal; **Rauchzimmer** *sub, n, -s, -* smoke room
Räude, *sub, f, -, -n* mange; **räudig** *adj,* mangy
rauen, *vt,* roughen (up)
rauf, *adv,* up
Raufaser, *sub, f, -, -n* woodchip paper
Raufbold, *sub, m, -s, -e* ruffian; **raufen** (1) *vir,* fight (2) *vt,* pull up; *sich die Haare raufen* to tear at one´s hair; **Rauferei** *sub, f, -, -en* scrap; **Rauflust** *sub, f, -, -lüste* pugnacity
Raufe, *sub, f, -, -n* hay rack
Raufrost, *sub, m, -s, nur Einz.* white frost
Raum, *sub, f, -, Räume* area, room; *(geh.)* einer Sache Raum geben to yield to sth; ~**anzug** *sub, m, -s, -züge* spacesuit; **räumen** *vt,* clear, evacuate; ~**fähre** *sub, f, -, -n* space shuttle; ~**fahrt** *sub, f, -, -en* space travel; ~**fahrzeug** *sub, n, -s, -e* spacecraft; **Räumfahrzeug** *sub, n, -s, -e* bulldozer, snow-clearer; ~**flug** *sub, m, -es, -flüge* space flight; ~**gleiter** *sub, m, -s, -* orbiter; **raumgreifend** *adj,* far-reaching; ~**inhalt** *sub, m, -s, -e* volume; **Räumkommando** *sub, n, -s, -s* clearance gang; ~**lehre** *sub, f, -, nur Einz.* geometry; **räumlich** *adj,* spatial, three-dimensional; **Räumlichkeit** *sub, f, -, -en* three-dimensionality; ~**maß** *sub, n, -es, -e* unit of volume; ~**meter** *sub, m, -s, -* cubic metre
Raumplanung, *sub, f, -, -en* development planning; **Raum sparend** *adj,* space-saving; **Raumprogramm** *sub, n, -s, -e* space programme; **Raumschifffahrt** *sub, f, -, -en* space travel; **Raumsonde** *sub, f, -, -n* space probe; **Raumstation** *pron,* space station; **Räumungsklage** *sub, f, -, -n* action for eviction; **Räumungsverkauf** *sub, m, -es, -käufe* clearance sale
Raunen, (1) *sub, n, -s, nur Einz.* murmur (2) **raunen** *vi,* whisper
raunzen, *vi, (ugs.)* grouse; **Raunzer** *sub, m, -s, -* grouser
Raupe, *sub, f, -, -n* caterpillar; **raupenartig** *adj,* like a caterpillar; ~**nbagger** *sub, m, -s, -* caterpillar; ~**nkette** *sub, f, -, -n* caterpillar track; ~**nschlepper** *sub, m, -s, -* caterpillar tractor

Raureif, *sub, m, -s, nur Einz.* hoarfrost
Rausch, *sub, m, -es, Räusche* ecstasy, intoxication; *einen Rausch haben* to be drunk; *seinen Rausch ausschlafen* to sleep it off; **rauschen** *vi,* roar, sweep; *rauschende Feste* glittering parties; *sie rauschte in das/aus dem Zimmer* she swept into/out of the room
Rauschgift, *sub, n, -s, -e* drug; **rauschgiftsüchtig** *adj,* addicted to drugs
Rauschgold, *sub, n, -s, nur Einz.* gold foil
rausfliegen, *vi, (ugs.)* be chucked out
rauskriegen, *vt,* find out, get out
räuspern, *vr,* clear one´s throat
Rausschmiss, *sub, m, -es, -e (ugs.)* booting out
Raute, *sub, f, -, -n (bot.)* rue; *(mat.)* rhombus; **rautenförmig** *adj,* diamond-shaped, rhomboid
Ravensberger, *sub, m, -s, -* Ravensberger
Razzia, *sub, f, -, -zien, -s* raid
Reader, *sub, m, -s, -* reader
Reagenz, *sub, n, -es, -ien* reagent; ~**glas** *sub, n, -es, -gläser (chem.)* test-tube
reagieren, *vi,* react
Reaktion, *sub, f, -, -en* raction; **reaktionär** (1) *adj,* reactionary (2) **Reaktionär** *sub, m, -s, -e* reactionary; ~**zeit** *sub, f, -, -en* reaction time; **reaktiv** *adj,* reactive; **reaktivieren** *vt* reactivate, revive; **Reaktivität** *sub, f, -, -en* reactivation
Reaktor, *sub, m, -s, -en* reactor; ~**block** *sub, m, -s, -blöcke* reactor block
real, *adj,* real
Realisation, *sub, f, -, -en* realization; **realisierbar** *adj,* realizable; **realisieren** *vt,* carry out, realize; **Realisierung** *sub, f, -, -en* realization
Realismus, *sub, m, -, nur Einz.* realism; **Realist** *sub, m, -en, -en* realist; **realistisch** *adj,* realistic
Realität, *sub, f, -, -en* reality; **realiter** *adv,* in reality
Realkapital, *sub, n, -s, nur Einz.* physical assets
Realkatalog, *sub, m, -(e)s, -e* subject catalogue

Realkonkurrenz, *sub, f, -, -en* in conjunction with
Realpolitik, *sub, f, -, nur Einz.* political realism
Realschule, *sub, f, -, -n* secondary school
Realschüler, *sub, m, -s, -* student at secondary school
Reanimation, *sub, f, -, -en (med.)* resuscitation; **reanimieren** *vt,* resusciate; **Reanimierung** *sub, f, -, -en* resusciation
Rebberg, *sub, m, -(e)s, -e* vineyard; **Rebe** *sub, f, -, -n* vine
Rebell, *sub, m, -s, -en* rebel; **rebellieren** *vi,* rebel; **~ion** *sub, f, -, -en* rebellion; **rebellisch** *adj,* rebellious
Rebhuhn, *sub, n, -(e)s, -hühner* partridge
Reblaus, *sub, f, -, -läuse* vine pest
Rebsorte, *sub, f, -, -n* type of vine
Rebstock, *sub, m, -(e)s, -stöcke* vine
Receiver, *sub, m, -s, -* receiver
Rechen, **(1)** *sub, m, -s, -* rake **(2) rechen** *vt,* rake
Rechenanlage, *sub, f, -, -n* computer; **Rechenaufgabe** *sub, f, -, -n* sum; **Rechenbrett** *sub, n, -(e)s, -er* abacus; **Rechenfehler** *sub, m, -s, -* miscalculation; **Rechenmaschine** *sub, f, -, -n* adding machine; **Rechenschaft** *sub, f, -, -en* account; *jmd über etwas Rechenschaft ablegen* to account to sb for sth; **Rechenschieber** *sub, m, -s, -* slide-rule; **Rechentafel** *sub, f, -n, -n* arithmetic slate; **Rechenzentrum** *sub, n, -s, -zentren* computer centre
Recherche, *sub, f, -, -n* investigation; **recherchieren** *vti,* investigate
Rechnen, **(1)** *sub, n, -s, nur Einz.* arithmetic **(2) rechnen** *vi,* do calculations **(3)** *vr,* pay off **(4)** *vt,* calculate, count; *damit rechnen müssen, dass* to have to expect that; *etwas rechnet sich schlecht/nicht* sth is barely/not economical; **Rechner** *sub, m, -s, -* arithmetician; **rechnerisch** *adj,* arithmetical; **Rechnung** *sub, f, -, -en* bill, calculation; *nicht auf Rechnung (auch mit Kreditkarte)* pay cash; **Rechnungsamt** *sub, n, -(e)s, -ämter* audit office; **Rechnungsart** *sub, f, -, -en* type of calculation
recht, (1) *adj,* right **(2)** *adv,* quite **(3) Recht** *sub, n, -(e)s, -e* law, right; *alles, was recht ist* fair´s fair, *recht viel*

quite a lot, *das Recht des Stärkeren* the law of the jungle; *Recht sprechen* to administer justice
Rechte, *sub, f, -n, -n* right hand
Rechteck, *sub, n, -(e)s, -e* rectangle; **rechteckig** *adj,* rectangular
rechtfertigen, *vt,* justify; **Rechtfertigung** *sub, f, -, -en* justification
rechtgläubig, *adj,* orthodox
Rechthaberei, *sub, f, -, nur Einz. (ugs.)* know-all attitude; **rechthaberisch** *adj,* know-all
rechtlich, *adj,* legal; *jmdn rechtlich belangen* to take sb to court
rechtlos, *adj,* without rights; **Rechtlosigkeit** *sub, f, -, -en* lack of rights
rechtmäßig, *adj,* lawful, rightful
rechts, *adv,* on the right; *(ugs.) ich weiss nicht mehr, wo rechts und links ist* I don´t know whether I´m coming or going
Rechtsanspruch, *sub, m, -(e)s, -sprüche* legal right
Rechtsaußen, *sub, m, -, -* outside-right
Rechtsberatung, *sub, f, -, -en* citizens´ advice bureau
Rechtsbruch, *sub, n, -(e)s, -brüche* infringement of the law
rechtsbündig, *adj,* ranged
rechtschaffen, (1) *adj,* honest **(2)** *adv,* really
rechtschreiben, *vi,* spell; **Rechtschreibung** *sub, f, -, -en* spelling
Rechtsdrall, *sub, m, -(e)s, -drälle (selten)* pull to the right
rechtsextrem, *adj,* right-wing extremist; **Rechtsextremismus** *sub, m, -, -men* right-wing extremism; **Rechtsextremist** *sub, m, -en, -en* right-wing extremist
rechtsfähig, *adj,* legally responsible
Rechtsfall, *sub, m, -(e)s, -fälle* court case
Rechtsgeschäft, *sub, n, -(e)s, -e* legal transaction
Rechtsgrund, *sub, m, -(e)s, -gründe* legal justification
rechtsgültig, *adj,* legally valid
Rechtshandel, *sub, m, -s, nur Einz.* lawsuit
Rechtshänder, *sub, m, -s, -* right-hander; **rechtsanhängig** *adj,* sub judice; **rechtshändig** *adj,* right-handed

rechtsherum, *adv*, to the right
rechtskundig, *adj*, versed in the law
Rechtskurve, *sub, f, -, -n* right-hand bend
rechtslastig, *adj*, listing to the right
rechtsläufig, *adj*, right-handed
Rechtslehre, *sub, f, -, -n* jurisprudence
Rechtsmissbrauch, *sub, m, -s, -bräuche* abuse of the law
Rechtsmittel, *sub, n, -s, -* means of legal redress
Rechtspartei, *sub, f, -, -en* right-wing party
Rechtsprechung, *sub, f, -, -en* jurisdiction
Rechtssache, *sub, f, -, -n* legal matter
Rechtsschutz, *sub, m, -es, nur Einz.* legal protection
rechtsseitig, *adj*, on the right(-hand) side
Rechtsspruch, *sub, m, -(e)s, -sprüche* verdict
Rechtsstaat, *sub, m, -(e)s, -en* state under the rule of the law
Rechtsstreit, *sub, m, -(e)s, -e* lawsuit
rechtsuchend, *adj*, seeking justice
Rechtswesen, *sub, n, -s, nur Einz.* law
rechtswidrig, *adj*, illegal
Rechtswissenschaft, *sub, f, -, -en* jurisprudence
rechtwinklig, *adj*, right-angled
rechtzeitig, *adj*, punctual
Reck, *sub, n, -(e)s, -e (spo.)* horizontal bar
Recke, *sub, m, -n, -n* warrior
recken, (1) *vr*, stretch oneself (2) *vt*, stretch
Recorder, *sub, m, -s, -* recorder
Recycling, *sub, n, -s, nur Einz.* recycling; **~papier** *sub, n, -s, nur Einz.* recycled paper
Redakteur, *sub, m, -s, -e* editor; **~in** *sub, f, -, -nen* editor
Redaktion, *sub, f, -, -en* editing; **redaktionell** *adj*, editorial; **~sschluss** *sub, m, -es, -schlüsse* time of going to press
Rede, *sub, f, -, -n* speech; *das ist nicht der Rede wert* it´s not worth mentioning; *jmdn zur Rede stellen* to take sb to task; **~fluss** *sub, m, -es, nur Einz.* volubility; **~freiheit** *sub, f, -, -en* freedom of speech; **redegewandt** *adj*, eloquent; **~kunst** *sub, f, -, -künste* rhetoric; **reden** *vi*, speak, talk; *um*

den heissen Brei reden beat about the bush; *das ist wie gegen eine Wand reden* it´s like talking to a brick wall; *Reden ist Silber, Schweigen ist Gold* speech is silver but silence is golden; *(ugs.) wie ein Wasserfall reden* to talk nineteen to the dozen; **~nsart** *sub, f, -, -en* saying; **~schwall** *sub, m, -(e)s, -e* food of words; **~wendung** *sub, f, -, en* idiom
redigieren, *vt*, edit
redlich, *adj*, honest; *sich etwas redlich verdient haben* to have genuinely earned sth; **Redlichkeit** *sub, f, -, nur Einz.* honesty
Redner, *sub, m, -s, -* speaker; **~bühne** *sub, f, -, -n* platform; **rednerisch** *adj*, rhetorical
redselig, *adj*, talkative; **Redseligkeit** *sub, f, -, nur Einz.* talkativeness
Reduktion, *sub, f, -, -en* reduction
redundant, *adj*, redundant; **Redundanz** *sub, f, -en* redundancy
Reduplikation, *sub, f, -, -en* reduplication; **reduplizieren** *vt*, reduplicate
reduzieren, *vt*, reduce; **Reduzierung** *sub, f, -, -en* reduction
Reede, *sub, f, -, -n* roads; **~r** *sub, m, -s, -* ship owner; **~rei** *sub, f, -, -en* shipping company
reell, *adj*, honest; *(mat.)* real
Referat, *sub, n, -(e)s, -e* seminar paper
Referendar, *sub, m, -s, -e* student teacher, trainee; **~in** *sub, f, -, -nen* student teacher, trainee
Referendum, *sub, n, -s, Referenden* referendum
Referent, *sub, m, -en, -en* consultant speaker
Referenz, *sub, f, -, -en* reference
referieren, *vi*, give a report
reffen, *vt*, reef
Reflation, *sub, f, -, -en* reflation; **reflationär** *adj*, reflationary
Reflektant, *sub, m, -en, -en* prospective purchaser; **reflektieren** *vti*, reflect; **Reflektor** *sub, m, -s, -en* reflector
Reform, *sub, f, -, -en* reform; **~ation** *sub, f, -, nur Einz.* Reformation; **~ator** *sub, m, -s, -en* Reformer; **reformatorisch** *adj*, reforming; **~er** *sub, m, -s, -* reformer; **reforme-**

risch *adj,* reforming; **~haus** *sub, n, -es, -häuser* health food shop; **reformieren** *vt,* reform; **~ierter** *sub, m, -en, -n* member of the Reformed Church; **~ierung** *sub, f, -, -en* reformation; **~ismus** *sub, m, -, nur Einz.* reformism

Refrain, *sub, m, -s, -s* chorus

Refrigerator, *sub, m, -s, -en* refrigerator

Refugium, *sub, n, -s, -gien (geh.)* refuge

Regal, *sub, n, -s, -ien* shelves

Regatta, *sub, f, -, -ten* regatta

rege, *adj,* busy; *ein reges Treiben* a hustle and bustle; *noch sehr rege sein* to be very active still

Regel, *sub, f, -, -n* regulation, rule; **regelbar** *adj,* adjustable; **~barkeit** *sub, f, -, nur Einz.* adjustability; **~blutung** *sub, f, -, -en* menstruation; **regellos** *adj,* irregular; **regelmäßig** *adj,* regular; **regeln** *vt,* control, settle; **regelrecht** *adj,* real; **~technik** *sub, f, -, nur Einz.* control engineer; **~ung** *sub, f, -, -en* regulation; **regelwidrig** *adj,* against the rules

Regen, (1) *sub, m, -s, - rain* **(2) regen** *vrt,* move; *(i. ü. S.) jmdn im Regen stehen lassen* to leave sb out in the cold; *vom Regen in die Traufe kommen* to fall out of the frying-pan into the fire, *(i. ü. S.) keinen Finger mehr regen* not to lift a finger any more; *sich regen bringt Segen* hard work brings its own reward; **~bogen** *sub, m, -s, -bögen* rainbow; **~bogenhaut** *sub, f, -, -häute* iris; **~bogenpresse** *sub, f, -, nur Einz.* yellow press; **~eration** *sub, f, -, -en* regeneration; **~erator** *sub, m, -s, -en (tech.)* regenerator; **regenerieren** *vrt,* regenerate; **~mantel** *sub, m, -s, -mäntel* raincoat; **~pfeifer** *sub, m, -s, - plover; **~schatten** *sub, m, -s, - rain shadow; **~schauer** *sub, m, -s, - shower (of rain); **~schirm** *sub, m, -s, -e umbrella; **~schutz** *sub, m, -s, -e rain shelter; **regenschwer** *adj,* black clouds; **~tag** *sub, m, -s, -e rainy day; **~tropfen** *sub, m, -s, - rain drop; **~tschaft** *sub, f, -, -en reign; **~wald** *sub, m, -s, -wälder* rain forest; **~wasser** *sub, n, -s, -wässer* rainwater; **~wetter** *sub, n, -s, - rainy weather

regenarm, *adj,* dry

Regent, *sub, m, -en, -en* sovereign

Regie, *sub, f, -, nur Einz.* direction, production; **~anweisung** *sub, f, -, -en* direction; **~betrieb** *sub, m, -, -s, -e* stage-owned factory; **~einfall** *sub, m, -s, -fälle* production idea; **~fehler** *sub, m, -s, - (ugs.)* slip-up; **~kosten** *sub, f, -, nur Mehrz.* production costs

regieren, *vti,* rule; **Regierung** *sub, f, -, -en* government; *Regierung (US)* Big Brother; **Regierungsbezirk** *sub, m, -s, -e* primary administrative division of a Land

Regime, *sub, n, -s, - regime; **~nt** *sub, n, -s, -e oder -er* regiment

Region, *sub, f, -, -en* region; **regional** *adj,* regional; **~alismus** *sub, m, -s, nur Einz.* regionalism; **~alist** *sub, m, -en, -en* regionalist; **~alliga** *sub, f, -, -ligen* regional league; **~alprogramm** *sub, n, -s, -e* regional station

Regisseur, *sub, m, -s, -e* director; **~in** *sub, f, -, -nen* director

Registrator, *sub, m, -s, -en* registrar; **Registratur** *sub, f, -, -en* registration

registrieren, *vti,* note, register; **Registrierkasse** *sub, f, -, -n* cash register

Reglement, *sub, n, -s, -s* rules; **reglementarisch (1)** *adj,* regulative **(2)** *adv,* according to the regulations; **reglementieren** *vt,* regulate; **~ierung** *sub, f, -, -en* regimentation

Regler, *sub, m, -s, - regulator

reglos, *adj,* motionless

regnen, *vti,* rain; *es regnet in Strömen* it´s pouring with rain

Regress, *sub, m, -es, -e* regress; **~anspruch** *sub, m, -s, -sprüche* claim for compensation; **~ion** *sub, f, -, -en* regression; **regressiv** *adj,* regressive; **regresspflichtig** *adj,* liable for compensation

regsam, *adj,* active

regulär, *adj,* normal, regular; **Regularität** *sub, f, -, -en* regularity; **Regulation** *sub, f, -, -en (biol.)* regulation; **regulativ (1)** *adj,* regulative **(2) Regulativ** *sub, n, -s, -e (med.)* counterbalance; **Regulator** *sub, m, -s, -en* wall clock; **regulierbar** *adj,* regul(at)able; **regulieren**

(1) *vr*, become regular **(2)** *vt*, regulate; **Regulierung** *sub*, *f*, -, *-en* regulation

Regung, *sub*, *f*, -, *-en* movement; *eine menschliche Regung verspüren* to have to answer a call of nature; *ohne jede Regung* without a flicker of emotion; **regungslos** *adj*, motionless

Reh, *sub*, *n*, *-s*, *-e* roedeer; *scheu wie ein Reh* as timid as a fawn

Rehabilitand, *sub*, *m*, *-en*, *-en* person undergoing rehabilitation; **Rehabilitation** *sub*, *f*, -, *-en* rehabilitation; **rehabilitieren (1)** *vr*, vindicate oneself **(2)** *vt*, rehabilitate

rehbraun, *adj*, hazel, russet

Rehkeule, *sub*, *f*, -, *-n* haunch of venison

Reibach, *sub*, *m*, *-s*, *nur Einz.* *(ugs.)* killing

Reibe, *sub*, *f*, -, *-n* grater

reiben, (1) *vr*, rub oneself **(2)** *vti*, grate, rub

Reiberei, *sub*, *f*, -, *-en (ugs.)* friction

Reibung, *sub*, *f*, -, *-en* rubbing; *(phy.)* friction; **reibungslos** *adj*, frictionless; *(ugs.)* trouble-free

reich, (1) *adj*, rich, wealthy **(2) Reich** *sub*, *n*, *-s*, *-e* empire, realm; *(ugs.)* *reich heiraten* to marry into money; *jmdn reich beschenken* to shower sb with presents

reichen, (1) *vi*, reach, stretch, suffice **(2)** *vt*, hand

reichhaltig, *adj*, extensive, large

reichlich, *adj*, ample, plentiful; *reichlich vorhanden sein* to exist in plenty

Reichsapfel, *sub*, *m*, *-s*, *-äpfel* imperial orb

Reichsgrenze, *sub*, *f*, -, *-n* border of the empire

Reichspräsident, *sub*, *m*, *-en*, *-en* German president (until 1934)

Reichsstadt, *sub*, *f*, -, *-städte (hist.)* free city (of the Holy Roman Empire)

Reichstag, *sub*, *m*, *-s*, *-e* Parliament

Reichtum, *sub*, *m*, *-s*, *-tümer* richness, wealth

Reichweite, *sub*, *f*, -, *-n* range, reach; *in Reichweite* within range; *jmd ist in Reichweite* sb is nearby

reif, (1) *adj*, mature, ready, ripe **(2) Reif** *sub*, circlet, hoarfrost

Reife, *sub*, *f*, -, *nur Einz.* maturity, ripening

Reifeprüfung, *sub*, *f*, -, *-en* school-lea-

ving exam and university entrance qualification

Reifezeugnis, *sub*, *n*, *-ses*, *-se* Abitur certificate

reiflich, *adj*, careful, thorough

Reifrock, *sub*, *m*, *-s*, *-röcke* farthingale

Reifungsprozess, *sub*, *m*, *-es*, *-e* process of ripening

Reigen, *sub*, *m*, *-s*, - round dance; *(geh.)* *den Reigen beschließen* to bring up the rear

Reihe, *sub*, *f*, -, *-n* row, series; *außer der Reihe* out of order; *er ist an der Reihe* it´s his turn; *(ugs.)* *etwas auf die Reihe kriegen* to handle sth; *~nfolge sub*, *f*, -, *-n* order; *~nhaus sub*, *n*, *-es*, *-häuser* terraced house; *~nsiedlung sub*, *f*, -, *-en* estate of terraced houses; **reihenweise** *adv*, by the dozen, in rows

reihen, *vt*, tack; *etwas reiht sich an etwas* sth follows after sth

Reiher, *sub*, *m*, *-s*, - heron; *(ugs.)* *kotzen wie ein Reiher* to puke one´s guts up

reihum, *adv*, round

Reim, *sub*, *m*, *-s*, *-e* rhyme; *(ugs.)* *ich kann mir keinen Reim darauf machen* I can´t make head nor tail of it; **reimen** *vti*, rhyme; *~erei sub*, *f*, -, *-en* versifying; *~lexikon sub*, *n*, *-s*, *-ka* rhyming dictionary; *~schmied sub*, *m*, *-s*, *-e* rhymester; *~wort sub*, *n*, *-s*, *-wörter* rhyme

rein (1) *adj*, clean, pure **(2)** *adv*, purely

Reineinnahme, *sub*, *f*, -, *-n* net profit; **Reinfall** *sub*, *m*, *-s*, *-fälle (ugs.)* disaster; **Reingewicht** *sub*, *n*, *-s*, *-e* net weight; **Reingewinn** *sub*, *m*, *-s*, *-e* net profit; **Reinhaltung** *sub*, *f*, -, *nur Einz.* keeping clean; **Reinheit** *sub*, *f*, -, *-en* cleanness, purity; **Reinheitsgebot** *sub*, *n*, *-s*, *-e* purity regulations

Reinfektion, *sub*, *f*, -, *-en* reinfection

reinigen, (1) *vr*, clean oneself **(2)** *vt*, clean, purify; **Reiniger** *sub*, *m*, *-s*, - cleaner; **Reinigung** *sub*, *f*, -, *-en* cleaning, purification; **reinlich** *adj* cleanly, clear, tidy; **Reinlichkeit** *sub*, *f*, -, *-en* cleanliness, tidiness

Reinkarnation, *sub*, *f*, -, *-en* reincarnation

reinrassig, *adj*, of pure race; **Reinzucht** *sub*, *f*, -, -*en* cultivation of pure cultures, inbreeding
Reinschrift, *sub*, *f*, -, -*en* fair copy
reinsilbern, *adj*, pure silver
Reis, *sub*, *n*, -*es*, -*er* rice; ~**feld** *sub*, *n*, -*s*, -*er* paddy-field; ~**korn** *sub*, *n*, -*s*, -*körner* grain of rice; ~**mehl** *sub*, *n*, -*s*, -*e* ground rice
Reise, *sub*, *f*, -, -*n* journey; *wenn einer eine Reise tut*, *so kann er was erzählen* strange things happen when you´re abroad; ~**bericht** *sub*, *m*, -*s*, -*e* report on one´s journey; ~**besteck** *sub*, *n*, -*s*, -*e* travel cutlery; ~**büro** *sub*, *n*, -*s*, -*s* travel agency; ~**bus** *sub*, *m*, -*ses*, -*se* coach; **reisefertig** *adj*, ready to go; ~**fieber** *sub*, *n*, -*s*, - travel nerves; ~**führer** *sub*, *m*, -*s*, - courier, guidebook; ~**kosten** *sub*, *f*, -, *nur Mehrz*. travelling expenses; ~**leiter** *sub*, *m*, -*s*, - courier; ~**lektüre** *sub*, *f*, -, -*n* reading matter (for a journey); **reiselustig** *adj*, keen on travel(ling)
reisen, *vi*, travel; **Reisende** *sub*, *m*, *f*, -*n*, -*n* traveller; **Reisepass** *sub*, *m*, -*es*, -*pässe* passport; **Reiserei** *sub*, *f*, -, -*en* travelling around; **Reiseruf** *sub*, *m*, -*s*, -*e* personal message; **Reisesaison** *sub*, *f*, -, -*s* travel season; **Reisescheck** *sub*, *m*, -*s*, -*s* traveller´s cheque; **Reisespesen** *sub*, *f*, -, *nur Mehrz*. travelling expenses; **Reisetasche** *sub*, *f*, -, -*n* travelling bag; **Reiseverkehr** *sub*, *m*, -*s*, -*e* holiday traffic; **Reisewecker** *sub*, *m*, -*s*, - travelling alarm clock; **Reisewetter** *sub*, *n*, -*s*, - travelling weather
Reisig, *sub*, *m*, -*s*, *nur Einz*. brushwood; ~**besen** *sub*, *m*, -*s*, - besom; ~**bündel** *sub*, *n*, -*s*, - bundle of twigs
Reißbrett, *sub*, *n*, -*s*, -*er* drawing-board
reißen, **(1)** *vi*, pull **(2)** *vt*, rip **(3)** *vti*, tear; *(i. ü. S.)* *hin und her gerissen sein* to be torn; *sich um jmdn/etwas reißen* to scramble to get sb/sth; *(i. ü. S.)* *wenn alle Stricke reißen* if the worst comes to the worst; ~**d** *adj*, massive, torrential; **reißfest** *adj*, tearproof; **Reißfestigkeit** *sub*, *f*, -, *nur Einz*. tensible strength
Reißverschluss, *sub*, *m*, -*es*, -*schlüsse* zipper

Reißwolf, *sub*, *m*, -*s*, -*wölfe* shredder
Reißzahn, *sub*, *m*, -*s*, -*zähne* fang
Reißzwecke, *sub*, *f*, -, -*n* drawing pin
Reitbahn, *sub*, *f*, -, -*en* arena; **Reitdress** *sub*, *m*, -*es*, -*e* riding-habit; **reiten** *vti*, ride; *(ugs.) auf diesem Messer kann man reiten* you couldn´t cut butter with this knife; *(ugs.) Prinzipien reiten* to insist on one´s principles; **Reiter** *sub*, *m*, -*s*, - horseman, rider; **Reiterei** *sub*, *f*, -, -*en* cavalry; **Reitersmann** *sub*, *m*, -*es*, -*männer* horseman; **Reiterstandbild** *sub*, *n*, -*s*, -*er* equestrian statue; **Reithose** *sub*, *f*, -, -*n* riding-breeches; **Reitlehrerin** *sub*, *f*, -, -*nen* riding instructor; **Reitpeitsche** *sub*, *f*, -, -*n* riding whip; **Reitsport** *sub*, *m*, -*s*, *nur Einz*. horse-riding; **Reitstiefel** *sub*, *m*, -*s*, - riding-boot; **Reittier** *sub*, *n*, -*s*, -*e* animal used for riding; **Reitturnier** *sub*, *n*, -*s*, -*e* horse show
Reiz, *sub*, *m*, -*es*, -*e* attraction, stimulus; *das erhöht den Reiz* it adds to the thrill; *der Reiz des Verbotenen* the lure of forbidden fruits; *seine Reize zeigen* to reveal one´s charms; **reizbar** *adj*, sensitive; *(ugs.)* touchy; ~**barkeit** *sub*, *f*, -, *nur Einz*. sensitiveness; *(ugs.)* touchiness; **reizend** *adj*, charming; **reizlos** *adj*, dull; ~**schwelle** *sub*, *f*, -, -*n* stimulus threshold; ~**therapie** *sub*, *f*, -, -*n* (*med.*) stimulation therapy; ~**überflutung** *sub*, *f*, -, -*en* overstimulation; **reizvoll** *adj*, charming; *die Aussicht ist nicht gerade reizvoll* the prospect is not particularly appealing; ~**wort** *sub*, *n*, -*s*, -*wörter* emotive word
rekapitulieren, *vt*, recapitulate
Reklamation, *sub*, *f*, -, -*en* complaint
Reklame, *sub*, *f*, -, -*n* advertising; **reklamehaft** *adj*, advertising; ~**trick** *sub*, *m*, -*s*, -*s* sales trick
reklamieren, **(1)** *vi*, make a complaint **(2)** *vt*, complain about
rekompensieren, *vt*, recompense
rekonstruieren, *vt*, reconstruct; **Rekonstruktion** *sub*, *f*, -, -*en* reconstruction

Rekonvaleszenz, *sub, f, -, nur Einz.* convalescene
Rekord, *sub, m, -s, -e* record; ~besuch *sub, m, -s, -e* record visitation; ~ernte *sub, f, -, -n* record harvest; ~halter *sub, m, -s,* - record-holder; ~marke *sub, f, -, -n* record; ~weite *sub, f, -, -n* record length
Rekorder, *sub, m, -s,* - recorder
Rekreation, *sub, f, -, -en* recreation
Rekrut, *sub, m, -en, -en (mil.)* recruit; ~enzeit *sub, f, -, -en* time as a recruit; rekrutieren *vt, (mil.)* recruit; ~ierung *sub, f, -, -en* recruitment
rektal, *adj, (med.)* rectal; Rektum *sub, n, -s, Rekta* rectum
Rektifikation, *sub, f, -, -en* rectification
Rektor, *sub, m, -s, -en* headteacher; ~at *sub, n, -s, -e* headship
Relais, *sub, n, -, -* relay; ~station *sub, f, -, -en* relay station
Relation, *sub, f, -, -en* relation
relativ, (1) *adj,* relative (2) *adv,* relatively; ~ieren (1) *vi,* think in relative terms (2) *vt,* qualify; Relativität *sub, f, -, -en* relativity; Relativitätstheorie *sub, f, -, nur Einz.* theory of relativity
relaxed, *adj, (ugs.)* relaxed
relaxen, *vi,* relax
Release-center, *sub, n, -s,* - release-centre
Relegation, *sub, f, -, -en* expulsion; relegieren *vt,* expel
relevant, *adj,* relevant; Relevanz *sub, f, -, nur Einz.* relevance
Relief, *sub, n, -s, -s oder -e* relief; reliefartig *adj,* like a relief; ~druck *sub, m, -s, -e* relief printing; ~karte *sub, f, -, -n* relief map
Religion, *sub, f, -, -en* religion; *(ugs.) Religion sehr gut, Kopfrechnen schwach* virtuous but stupid; ~sfreiheit *sub, f, -, -en* religious freedom; religionslos *adj,* not religious; ~swissenschaft *sub, f, -, nur Einz.* religious studies; religiös *adj,* religious; Religiosität *sub, f, -, nur Einz.* religiousness
Relikt, *sub, n, -s, -e* relic
Reling, *sub, f, -, -s* rail
Reliquie, *sub, f, -, -n* reliquary
Remake, *sub, n, -s, -s* remake
Remigrant, *sub, m, -en, -en* returning emigrant; ~in *sub, f, -, -nen* returning emigrant

Reminiszenz, *sub, f, -, -en* reminiszence
remis, *adj,* drawn
Remise, *sub, f, -, -n* draw
Remittende, *sub, f, -, -n* return; Remittent *sub, m, -en, -en* payee
Rempelei, *sub, f, -, -en (ugs.)* barging, pushing and shoving; rempeln *vti,* barge
Renaissance, *sub, f, -, -n (hist.)* renaissance
Rendant, *sub, m, -en, -en* chief accountant; Rendement *sub, n, -s, -s* return
Rendezvous, *sub, n, -, -* rendezvous
Rendite, *sub, f, -, -n* return on capital
Renditenhaus, *sub, n, -es, häuser* block of (rented) flats
Renegat, *sub, m, -en, -en* renegade
renitent, *adj,* awkward; Renitenz *sub, f, -, nur Einz.* awkwardness
Renke, *sub, f, -, -n* whitefish
Renkontre, *sub, n, -s, -s* rencontre
Rennauto, *sub, n, -s, -s* racing car; Rennbahn *sub, f, -, -en* race track; Rennboot *sub, n, -s, -e* powerboat; Rennen (1) *sub, n, -s,* - race, running (2) rennen *vti,* run; Rennerei *sub, f, -, -en* running around; Rennfahrerin *sub, f, -, -en* racing cyclist, racing driver; Rennmaschine *sub, f, -, -n* racer; Rennpferd *sub, m, -s, -e* racehorse; Rennstall *sub, m, - (e., -ställe* stable; Rennstrecke *sub, f, -, -n* race track
renommieren, *vi,* show off; renommiert *adj,* renowned
renovieren, *vt,* renovate; Renovierung *sub, f, -, -en* renovation
rentabel, *adj,* profitable; Rentabilität *sub, f, -, nur Einz.* profitability
Rente, *sub, f, -, -n* annuity, pension; ~nalter *sub, n, -s,* - retirement age; ~nbasis *sub, f, -, -basen* annuity basis; ~npapier *sub, n, -s, -e* fixed-interest security; ~nreform *sub, f, -, -en* reform of pensions; ~nversicherung *sub, f, -, -en* pension scheme rentieren *vir,* be worthwile, pay; Rentner *sub, m, -s,* - pensioner
Rentier, *sub, n, -s, -e* pensioner, reindeer
renunzieren, (1) *vi,* resign (2) *vt,* renounce

reokkupieren, *vt, (mil.)* reoccupy
Reorganisation, *sub, f, -, -en* reorganisation; **reorganisieren** *vt,* reorganize
reparabel, *adj,* repairable; **Reparatur** *sub, f, -, -en* repair; **Reparaturwerkstatt** *sub, f, -, -stätten* garage; **reparieren** *vt,* repair
Reparation, *sub, f, -, -en* reparations
repartieren, *vt,* scale down; **Repartition** *sub, f, -, -en* repartition
repassieren, *vt,* mend ladders
repatriieren, *vt,* repatriate
Repertoire, *sub, n, -s, -s* repertoire
Repertorium, *sub, n, -s, Repertorien* reference book or work
repetieren, *vt,* repeat, revise
Repetiergewehr, *sub, n, -s, -e* repeating rifle
Repetition, *sub, f, -, -en* repetition, revision
Repetitor, *sub, m, -s, -en* coach
Repetitorium, *sub, n, -s, -ien* revision book/course
Replik, *sub, f, -, -en (jur.)* replication; **replizieren** *vti,* reply
Reportage, *sub, f, -, -n* report; **Reporter** *sub, m, -s, -* reporter
Reposition, *sub, f, -, -en (med.)* resetting
repräsentabel, *adj,* impressive, presentable; **Repräsentant** *sub, m, -en, -en* representative; **Repräsentation** *sub, f, -, -en* representation; **repräsentativ** *adj,* representative; **repräsentieren (1)** *vi,* perform official duties **(2)** *vt,* represent
Repräsentantenhaus, *sub, n, -es, nur Einz. (polit.)* House of Representatives
Repräsentanz, *sub, f, -, -en* representation
Repressalie, *sub, f, -, -n* reprisal; **Repression** *sub, f, -en* repression; **repressiv** *adj,* repressive
Reprint, *sub, m, -s, -s* reprint
Reprise, *sub, f, -, -n* repeat, rerun
reprivatisieren, *vt,* denationalize
Reproduktion, *sub, f, -, -en* reproduction; **reproduktiv** *adj,* reproductive; **reproduzieren** *vt,* reproduce
Reptil, *sub, n, -s, -ien* reptile
Republik, *sub, f, -, -en* republic; **~aner** *sub, m, -s, -* republican; **republikanisch** *adj,* republican
repulsiv, *adj,* repulsive

Repunze, *sub, f, -, -n* hallmark
Reputation, *sub, f, -, -en* reputation; **reputierlich** *adj,* reputable
Requiem, *sub, n, -s, -s* requiem
Requisit, *sub, n, -(e)s, -en* equipment; **~eur** *sub, m, -s, -e* property manager
Reservat, *sub, n, -(e)s, -e* reservation, right
Reservation, *sub, f, -, -en* reservation
Reserve, *sub, f, -, -n* reserve, savings; **~bank** *sub, f, -, -en* reserves bench; **~fonds** *sub, m, -, -* reserve fond; **~tank** *sub, m, -s, -s* reserve tank; **~übung** *sub, f, -, -en* reserve training; **reservieren** *vt,* reserve; **reserviert** *adj,* reserved; **Reservist** *sub, m, -en, -en* reservist; **Reservoir** *sub, n, -s, -e* reservoir
Resident, *sub, m, -en, -en* resident; **Residenz** *sub, f, -, -en* residence; **residieren** *vt,* reside
Resignation, *sub, f, -, -en (geh.)* resignation; **resignieren** *vi,* give up
resistent, *adj,* resistant; **Resistenz** *sub, f, -, -en* resistance
resistieren, *vi, (med.)* resist
resolut, *adj,* determined; **Resolutheit** *sub, f, -, -en* resolution; **Resolution** *sub, f, -, -en* resolution
Resonanz, *sub, f, -, -en* resonance, response; **~körper** *sub, m, -s, -* soundbox
resorbieren, *vt,* absorb; **Resorption** *sub, f, -, -en* absorption
resozialisieren, *vt,* rehabilitate; **Resozialisierung** *sub, f, -, -en* rehabilitation
Respekt, *sub, m, -s, nur Einz.* respect; **respektabel** *adj,* respectable; **respektieren** *vt,* respect; **respektive** *adv,* respectively; **respektlos** *adj,* disrespectful; **respektvoll** *adj,* respectful
Respiration, *sub, f, -, nur Einz.* respiration; **respirieren** *vi,* respire
Respons, *sub, m, -es, -e* response
Ressentiment, *sub, n, -s, -s* resentment
Ressource, *sub, f, -, -n (meist Mehrz.* resource
Rest, *sub, m, -es, -e, er* left-overs, rest; *der letzte Rest vom Schützenfest* the last little bit; *(ugs.) sich den Rest holen* to make oneself really

ill; ~**alkohol** *sub, m, -s, -e* left alcohol; ~**bestand** *sub, m, -(e)s, -bestände* remaining stock; ~**everkauf** *sub, m, -(e)s, -verkäufe* remnants sale; **restlich** *adj,* remaining; **restlos** *adj,* complete; ~**müll** *sub, m, -(e)s, nur Einz.* left over rubbish
Restant, *sub, m, -en, -en* defaulter
Restaurant, *sub, n, -s, -s* restaurant
Restauration, *sub, f, -, -en* restoration; *(hist.)* Restauration; **Restaurator** *sub, m, -s, -en* restorer; **restaurieren** *vt,* restore
restituieren, *vt,* make restitution of; **Restitution** *sub, f, -en* restitution
Restriktion, *sub, f, -, -en* restriction; **restriktiv** *adj, (geh.)* restrictive
restringieren, *vt,* restrain
Resultat, *sub, n, -es, -e* result; **resultatlos** *adj,* without result; **resultieren** *vi,* result
Resümee, *sub, n, -s, -s* summary; **resümieren** *vti,* summarize
Retardation, *sub, f, -, -en* retardation; **retardieren** *vt,* retard
retikulär, *adj,* reticulated; **retikuliert** *adj,* reticulate
Retina, *sub, f, -, ...nae* retina
retirieren, *vi,* beat a retreat
Retorsion, *sub, f, -, -en* retort
Retorte, *sub, f, -, -n* retort; ~**nbaby** *sub, n, -s, -s* test-tube baby
Retraktion, *sub, f, -, -en* retraction
Retribution, *sub, f, -, -en* retribution
retrograd, *adj,* retrograde
retrospektiv, *adj,* retrospective; **Retrospektive** *sub, f, -, -n* retrospective
Retsina, *sub, m, -s, nur Einz.* retsina
retten, (1) *vr,* escape (2) *vt,* rescue; **Retter** *sub, m, -s, -* rescuer, saviour; **Rettung** *sub, f, -, -en* deliverance, rescue; **Rettungsarzt** *sub, m, -es, -ärzte* emergency doctor; **Rettungsboot** *sub, n, -(e)s, -e* lifeboat; **Rettungsdienst** *sub, m, -es, -e* rescue service; **Rettungsgürtel** *sub, m, -s, -* lifebelt; **rettungslos** *adj,* beyond saving, hopeless; **Rettungsring** *sub, m, -(e)s, -e* lifebelt, spare tyre
Rettich, *sub, m, -s, -e* radish
Return, *sub, m, -s, -s* return
Retusche, *sub, f, -, -n* retouching; **retuschieren** *vt,* retouch
Reue, *sub, f, -, -* remorse, repentance; **reuen** *vt,* sb regrets sth.; **reuevoll** *adj,* remorseful, repentant; **reuig**

adj, remorseful, repentant; **reumütig** *adj,* remorseful, repentant
Reunion, *sub, f, -, -s* reunion
Reuse, *sub, f, -, -n* fish trap
reüssieren, *vi,* be successful with
Revanche, *sub, f, -, -n* revenge; **revanchieren** *vr,* get one´s revenge, reciprocate; **Revanchismus** *sub, m, -, nur Einz.* revanchism
Reverenz, *sub, f, -, -en* reverence
Reverie, *sub, f, -, -n* reverie
revidieren, *vt,* revise
Revier, *sub, n, -s, -e* district, station, territory; **revierkrank** *adj,* in the sick-bay
Review, *sub, f, -, -s* review
Revision, *sub, f, -en* revision; ~**ismus** *sub, m, -, nur Einz.* revisionism; ~**ist** *sub, m, -en, -en* revisionist; **Revisor** *sub, m, -en, -en* auditor, proof-reader
Revival, *sub, n, -s, -s* revival
Revokation, *sub, f, -, -en* revocation
Revolte, *sub, f, -, -n* revolt; **revoltieren** *vi,* revolt; **Revolution** *sub, f, -, -en* revolution; **revolutionär** (1) *adj,* revolutionary (2) **Revolutionär** *sub, m, -s, -e* revolutionary; **revolutionieren** *vt,* revolutionize
Revolver, *sub, m, -s, -* revolver; ~**blatt** *sub, n, -(e)s, -blätter* scandal sheet; ~**held** *sub, m, -en, -en* gunslinger; ~**lauf** *sub, m, -(e)s, -veäufe* barrel of a revolver; **revolvieren** *vti,* revolve
revozieren, *vt,* revoke
Revue, *sub, f, -, -n* review, revue; *(i. ü. S.) etwas Revue passieren lassen* to pass sth in review; ~**theater** *sub, n, -, -* revue theatre
Rezensent, *sub, m, -en, -en* reviewer; **rezensieren** *vt,* review; **Rezension** *sub, f, -, -en* review
rezent, *adj, (biol.)* living
Rezept, *sub, n, -(e)s, -e* recipe; *(med.)* prescription; ~**block** *sub, m, -s, -blöcke* prescription pad; ~**ion** *sub, f, -, -en* adoption, reception; **rezeptiv** *adj,* receptive; ~**or** *sub, m, -en, -en* receptor; **rezeptpflichtig** *adj,* available only on prescription; ~**ur** *sub, f, -, -en* dispensing
Rezession, *sub, f, -, -en* recession
rezessiv, *adj, (biol.)* recessive
Rezipient, *sub, m, -en, -en* recipient;

rezipieren *vt*, receive
Rezitativ, *sub*, *n*, *-s*, *-e (mus.)* recitative
Rhabarber, *sub*, *m*, *-s*, - rhubarb
Rhapsodie, *sub*, *f*, *-*, *-n* rhapsody
Rhesus, *sub*, *m*, *-*, - rhesus; **~faktor** *sub*, *m*, *-s*, *-en* rhesus
Rhetorik, *sub*, *f*, *-*, *nur Einz.* rhetoric; **~er** *sub*, *m*, *-s*, - rhetorician; **rhetorisch** *adj*, rhetorical
Rheuma, *sub*, *n*, *-s*, *nur Einz.* rheumatism; **~decke** *sub*, *f*, *-*, *-n* rheumatism blanket; **~tiker** *sub*, *m*, *-s*, - rheumatic; **rheumatisch** *adj*, rheumatic; **~tismus** *sub*, *m*, *-*, *-tismen* rheumatism; **~tologe** *sub*, *m*, *-n*, *-n* rheumatologist; **~wäsche** *sub*, *f*, *-*, *nur Einz.* rheumatism clothes
Rhinozeros, *sub*, *n*, *-*, *-ses*, *-se* rhinoceros
rhombisch, *adj*, rhomboidal; **Rhombus** *sub*, *m*, *-*, *-ben* rhombus
Rhythmik, *sub*, *f*, *-*, *nur Einz.* rhythmics; **rhythmisch** *adj*, rhythmical; **Rhythmus** *sub*, *m*, *-*, *Rhythmen* rhythm
ribbeln, *vti*, *(ugs.)* rub
Ribonukleinsäure, *sub*, *f*, *-*, *-n* ribonucleic acid
richten, (1) *vi*, judge (2) *vr*, focus (3) *vt*, direct, point, prepare, set; *sich selbst richten* to find death by one´s own hand; **Richter** *sub*, *m*, *-s*, - judge; **richterlich** *adj*, judicial; **Richterstuhl** *sub*, *m*, *-s*, *-stühle* bench; **Richtfest** *sub*, *n*, *-s*, *-e* topping-out ceremony; **Richtgeschwindigkeit** *sub*, *f*, *-*, *-en* recommended speed
richtig, (1) *adj*, real, right (2) *adv*, correctly; **Richtigkeit** *sub*, *f*, *-*, *nur Einz.* correctness; **Richtigstellung** *sub*, *f*, *-*, *-en* correction
Richtpreis, *sub*, *m*, *-es*, *-e* recommended price; **Richtschnur** *sub*, *f*, *-*, *nur Einz.* guide line; **Richtstätte** *sub*, *f*, *-*, *-n* place of execution; **Richtstrahler** *sub*, *m*, *-s*, - directional antenna
Richtung, *sub*, *f*, *-*, *-en* direction, trend; **~sanzeiger** *sub*, *m*, *-s*, - direction sign; **richtungslos** *adj*, lacking a sense of direction
Ricke, *sub*, *f*, *-*, *-n* doe
Ried, *sub*, *n*, *-s*, *-e* reeds
Riefe, *sub*, *f*, *-*, *-n* groove
Riege, *sub*, *f*, *-*, *-n (spo.)* team; **~nführer** *sub*, *m*, *-s*, - team leader; **riegenweise** *adj*, in teams

Riegel, *sub*, *m*, *-s*, - bar, bolt
Riemen, *sub*, *m*, *-s*, - belt, strap
Riese, *sub*, *m*, *-*, *-n* giant; *(ugs.) das macht nach Adam Riese DM 3,50* the way I learned it at school that makes DM 350; **~nschlange** *sub*, *f*, *-*, *-n* boa; **~nslalom** *sub*, *m*, *-s*, *-s* giant slalom; **riesenstark** *adj*, tremendous; **riesig** (1) *adj*, gigantic (2) *adv*, tremendously
Rieselfeld, *sub*, *n*, *-s*, *-er* sewage farm; **rieseln** *vi*, float, trickle; *ein Schauer rieselte mir über den Rükken* a shiver went down my spine
Riet, *sub*, *n*, *-s*, *-e* weaver´s reed
Riff, *sub*, *m*, *-s*, *-s* reef; *(mus.)* riff
riffeln, *vt*, comb
rigide, *adj*, *(geb.)* rigid; **Rigorismus** *sub*, *m*, *-*, *nur Einz. (geb.)* rigour; **rigoristisch** *adj*, ridorous
Rigidität, *sub*, *f*, *-*, *nur Einz. (med.)* rigidity
Rigole, *sub*, *m*, *-*, *-n* drainage trench
rigoros, *adj*, rigorous; **Rigorosität** *sub*, *f*, *-*, *nur Einz.* rigorousness; **Rigorosum** *sub*, *n*, *-s*, *-sa* doctoral viva
Rikscha, *sub*, *f*, *-*, *-s* rickshaw
Rille, *sub*, *f*, *-*, *-n* groove; **rillenförmig** *adj*, groove-like; **~nprofil** *sub*, *n*, *-s*, *-e* tread
Rinde, *sub*, *f*, *-*, *-n* bark, crust
Ring, *sub*, *m*, *-es*, *-e* circle, ring; **~bahn** *sub*, *f*, *-*, *-en* circle line; **~buch** *sub*, *n*, *-s*, *-bücher* ring binder
Ringelblume, *sub*, *f*, *-*, *-n* marigold
ringelig, *adj*, ringleted
Ringellocke, *sub*, *f*, *-*, *-n* ringlet
ringeln, (1) *vr*, curl (2) *vt*, entwine; **Ringelnatter** *sub*, *f*, *-*, *-n* grass snake
Ringelreihen, *sub*, *m*, *-s*, - ring-a-ring-o´ roses
Ringeltaube, *sub*, *f*, *-*, *-n* woodpigeon
Ringen, (1) *sub*, *n*, *-s*, *nur Einz.* struggle; *(spo.)* wrestling (2) **ringen** *vi*, wrestle; *die Hände ringen* to wring one´s hands; *mit den Tränen ringen* to fight to keep back one´s tears; **Ringer** *sub*, *m*, *-s*, - wrestler; **Ringergriff** *sub*, *m*, *-s*, *-e* wrestling hold; **Ringkampf** *sub*, *m*, *-s*, *-kämpfe* wrestling match; **Ringkämpfer** *sub*, *m*, *-s*, - wrestler;

Ringrichter *sub, m, -s, - (spo.)* referee

Ringfinger, *sub, m, -s, -* ring finger; **Ringgeschäft** *sub, n, -s, -e* shop for rings

rings, *adv,* all around; **~herum** *adv,* all the way around

Ringvorlesung, *sub, f, -, -en* series of lectures by different speakers

Rinne, (1) *pron,* channel (2) *sub, f, -, -n* groove; **rinnen** *vi,* run; *(i. ü. S.) das Geld rinnt ihm durch die Finger* money slips through his fingers; **Rinnsal** *sub, n, -s, -e* rivulet; **Rinnstein** *sub, m, -s, -e* gutter

Rippchen, *sub, n, -s, -* slightly cured pork rib; **Rippe** *sub, f, -, -n* rib; *(ugs.) ich kann es doch nicht durch die Rippen schwitzen* I can´t just produce it from nowhere; **Rippenbogen** *sub, m, -s, - oder -bögen (anat.)* costal arch; **Rippenbruch** *sub, m, -s, -brüche* fractured rib; **Rippenspeer** *sub, m, n, -s, nur Einz.* spare rib; **Rippenstück** *sub, n, -s, -e* joint of meat including ribs

Rips, *sub, m, -es, -e* rep

Risiko, *sub, n, -s, -s und -ken öster. Risken* risk; **~faktor** *sub, m, -s, -en* risk factor; **~geburt** *sub, f, -, -en* risky birth; **~gruppe** *sub, f, -, -n* risk group; **riskant** *adj,* risky; **riskieren** *vt,* risk, venture; *etwas riskieren* to take a chance

Riss, *sub,* crack, tear; **rissfest** *adj,* tearproof; **rissig** *adj,* chapped, cracked

Rist, *sub, m, -es, -e* instep, whithers

Ritt, *sub, m, -s, -e* ride; **~er** *sub, m, -s, -* knight; **~ergut** *sub, n, -s, -güter* manor; **ritterlich** *adj,* knightly; **~erorden** *sub, m, -s, -* order of knights; **~erroman** *sub, m, -s, -e* romance of chivalry; **~erschaft** *sub, f, -, nur Einz.* knighthood; **~erschlag** *sub, m, -s, -schläge (hist.)* dubbing; **~ersmann** *sub, m, -(e)s, -leute* knight; **~ersporn** *sub, m, -s, -e (bot.)* larkspur; **~erwesen** *sub, n, -s, nur Einz.* knighthood; **rittlings** *adj,* astride; **~meister** *sub, m, -s, -* cavalry captain

Ritual, *sub, n, -s, -e* ritual; **~handlung** *sub, f, -, -en* ritual act; **~mord** *sub, m, -es, -e* ritual murder; **rituell** *adj,* ritual; **Ritus** *sub, m, -, -ten* rite

Ritz, *sub, m, -es, -e* crack, scratch; **~e** *sub, f, -, -n* crack, gap; **ritzen** *vt,*

scratch

Rivale, *sub, m, -n, -n* rival; **rivalisieren** *vi,* compete with sb; **Rivalität** *sub, f, -, -en* rivalry

Rizinus, *sub, m, -, - und -se (bot.)* caster-oil plant; **~öl** *sub, n, -s, nur Einz.* caster oil

Roadster, *sub, m, -, -* roadster

Roastbeef, *sub, n, -s, -s* roast beef

Robbe, *sub, f, -, -n* seal; **~nfänger** *sub, m, -s, -* seal hunter; **~njäger** *sub, m, -s, -* sealer

robben, *vi, (mil.)* crawl

Robe, *sub, f, -, -en* evening gown, robe

Robinie, *sub, f, -, -n* robinia

Robinsonade, *sub, f, -, -n* Robinsonade

roboten, *vi, (ugs.)* slave; **Roboter** *sub, m, -s, -* robot; **roboterhaft** *adj,* like a robot

robust, *adj,* robust

Rock, *sub, m, -s, Röcke* skirt; **~saum** *sub, m, -s, -säume* hem of a skirt

rocken, *vi, (mus.)* rock; **Rock'n'Roll** *sub, m, -s, nur Einz.* Rock´n´Roll; **Rocker** *sub, m, -s, -* rocker; **Rockerbande** *sub, f, -, -n* rocker gang; **Rockerbraut** *sub, f, -, -räute* rocker´s girl-friend; **Rockkonzert** *sub, n, -s, -e* rock concert; **Rockmusik** *sub, f, -, nur Einz.* rock music; **Rockmusiker** *sub, m, -s, -* rock musician; **Rockoper** *sub, f, -, -* rock opera; **Rocksängerin** *sub, f, -, -nen* rock singer

Rodel, *sub, m, -, -n* sledge; **rodeln** *r., sledge;* **~schlitten** *sub, m, -s, -* toboggan; **Rodler** *sub, m, -s, -* tobogganer

roden, *vt,* clear; **Rodung** *sub, f, -, -en* clearing

Rodeo, *sub, m, n, -s, -s* rodeo

Rogate, *sub, f, -, -* Rogation Sunday

Rogen, *sub, m, -s, -* roe

Roggen, *sub, m, -s, -* rye; **~ernte** *sub, f, -, -n* rye harvest

Rogner, *sub, m, -s, -* spawner

roh, *adj,* raw, rough; **Rohbau** *sub, m, -s, -bauten* shell; **Rohkost** *sub, f, -, -* raw fruit and vegetables; **Rohköstler** *sub, m, -s, -* person who prefers fruit and vegetables uncooked; **Rohköstlerin** *sub, f, -, -nen* person who prefers fruit and vegetables uncooked; **Rohmaterial** *sub, n, -s, -materialien* raw material; **Rohöl** *sub, n, -s, nur Einz.* crude oil; **Rohseide** *sub, f, -, nur Einz.* wild silk; **Rohstahl** *sub, m, -(e)s, nur Einz.* raw steel; **~stoffarm** *adj,* lack of raw material; **Rohtabak** *sub, m, -s, nur Einz.* uncured tobacco

Rohr, *sub, n, -(e)s, -e* cane, pipe, reed; **~dommel** *sub, f, -, -n* bittern; **Röhre** *sub, f, -, -n* oven, tube; *(ugs.) in die Röhre gucken* to be left out; *(ugs.) in die Röhre glotzen* to sit in front of the box; **röhren** *vi,* roar; **Röhrenhose** *sub, f, -, -n (ugs.)* drainpipe trousers; **~geflecht** *sub, n, -(e)s, -e* wickerwork; **Röhricht** *sub, n, -(e)s, -e* reed bed; **~krepierer** *sub, m, -s, - (ugs.; mil.)* barrel burst; **~leitung** *sub, f, -, -en* pipe; **~zucker** *sub, m, -s, nur Einz.* cane sugar

Rokoko, *sub, n, -s, nur Einz.* Rococo period

Rollbahn, *sub, f, -, -en* runway; **Rolle** *sub, f, -, -n* reel, roll; *(Theater)* role; *(i. ü. S.) seine Rolle ausgespielt haben* to have played one´s part; *(i. ü. S.) aus der Rolle fallen* to say the wrong thing; *es spielt keine Rolle, ob* it doesn´t matter whether; **rollen (1)** *vi,* roll **(2)** *vr,* curl up; **rollenförmig** *adj,* cylindrical; **Rollenspiel** *sub, n, -(e)s, -e* role play; **Rollentausch** *sub, m, -(e)s, -e* exchange of roles; **Roller** *sub, m, -s, -* roller, scooter; **Rollerskates** *sub, f, -, -* rollerskates; **Rollfeld** *sub, n, -(e)s, -er* runway; **Rollfilm** *sub, m, -(e)s, -e* roll film; **Rollkommando** *sub, n, -s, -s* raiding party; **Rollladen** *sub, m, -s, -läden* shutters; **Rollmops** *sub, m, -es, -möpse* rollmops; **Rollschinken** *sub, m, -s, -* smoked ham; **Rollschrank** *sub, m, -(e)s, -schränke* roll-fronted cupboard; **Rollschuh** *sub, m, -(e)s, -e* roller-skate; **Rollstuhl** *sub, m, -(e)s, -stühle* wheelchair; **Rolltreppe** *sub, f, -, -n* escalator

Rom, *sub, m, -, Roma* Rome; **Römer** *sub, m, -s, -* Roman; **Römerstraße** *sub, f, -, nur Einz.* Roman road; **Römertopf** *sub, m, -(e)s, -töpfe* chicken brick; **Römertum** *sub, n, -s, nur Einz.* Roman culture; **römisch** *adj,* Roman; **römisch-katholisch** *adj,* Roman Catholic

Roman, *sub, m, -s, -e* novel; **~autorin** *sub, f, -, -nen* novelist; **~cier** *sub, m, -s, -s* novelist; **~e** *sub, m, -n, -n* person speaking a Romance language; **~gestalt** *sub, f, -, -en* figure of a novel; **~heldin** *sub, f, -, -nen* hero of a novel; **~literatur** *sub, f, -, nur Einz.* novels; **~tik** *sub, f, -, nur Einz.* romance, Romanticism; **~tiker** *sub, m, -* Romantic; *(i. ü. S.)* romantic; **tikerin** *sub, f, -, -nen* Romantic; *(i. ü. S.)* romantic; **romantisch** *adj,* romantic; **~ze** *sub, f, -, -n* romance

Romanik, *sub, f, -, nur Einz.* Romanesque period; **romanisch** *adj,* Romance; *(kun.)* Romanesque; **romanisieren** *vt,* romanticize; **Romanist** *sub, m, -en, -en* teacher/student/scholar of Romance languages and literature; **Romanistik** *sub, f, -, nur Einz.* Romance languages and literature; **romanistisch** *adj,* Romance

Rondo, *sub, n, -s, -s (mus.)* rondo

röntgen, *vt,* X-ray; **Röntgenarzt** *sub, m, -(e)s, -ärzte* X-ray doctor; **Röntgenbild** *sub, n, -(e)s, -er* X-ray plate; **Röntgenologe** *sub, m, -n, -n* radiologist; **Röntgenologie** *sub, f, -, nur Einz.* radiology; **Röntgenoskopie** *sub, f, -, -n* radioscopy; **Röntgenpass** *sub, m, -es, -pässe* X-ray registration card

Rooming-in, *sub, n, -s, -s* rooming-in

Roquefort, *sub, m, -s, -s* Roquefort

rosa, *adj,* pink

rösch, *adj,* crusty

Rose, *sub, f, -, -n* rose; **rosenfarben** *adj,* rose-coloured; **rosenfarbig** *sub,* rosy; **~nkohl** *sub, m, -s, -* Brussels sprouts; **~nkranz** *sub, m, -es, -kränze* rosary; **~nmontag** *sub, m, -s, -e* Monday preceding Ash Wednesday; **~nöl** *sub, n, -s, -e* attar of roses; **~nstrauch** *sub, m, -(e)s, -sträucher* rosebush; **~nstrauß** *sub, m, -es, -sträuße* bunch of roses; **~nwasser** *sub, n, -s, nur Einz.* rose water; **~nzüchter** *sub, m, -s, -* rose-grower; **rosig** *adj,* rosy

Rosette, *sub, f, -, -n* rosette

Rosinante, *sub, f, -, -n* nag

Rosine, *sub, f, -, -n* raisin; *(ugs.) die größten Rosinen aus dem Kuchen*

herauspicken to take the pick of the bunch; *(ugs.) große Rosinen im Kopf haben* to have big ideas; **~nbrot** *sub, n, -(e)s, -e* raisin bread; **rosinfarben** *adj,* raisin coloured **Rosmarin,** *sub, m, -s, nur Einz.* rosemary

Ross, *sub, n, -es, Rosse* horse, steed; **~elenker** *sub, m, -s, -* reinsman; **~haar** *sub, n, -s, -e* horsehair; **~kastanie** *sub, f, -, -n* horse chestnut; **~kur** *sub, f, -, -en* drastic cure; **Rösslein** *sub, n, -s, -* small horse; **~täuscher** *sub, m, -s, -* horse-trader **Rössel,** *sub, n, -s, -* horse; *(Schach)* knight; **~sprung** *sub, m, -(e)s, - sprünge (Schach)* knight´s move **Rost,** *sub, m, -(e)s, -e* grill; *m, -(e)s, -* rust; **~bildung** *sub, f, -, -en* rust formation; **~braten** *sub, m, -s, -* roast; **rosten** *vi,* rust; *alte Liebe rostet nicht* old love never dies; *wer rastet, der rostet* you have to keep active; **rösten** *vt,* roast; **rostfrei** *adj,* stainless; **rostig** *adj,* rusty; **~laube** *sub, f, -, -n* rust-heap; **Rotisserie** *sub, f, -, -n* rotisserie

rot, *adj,* red; *bis über beide Ohren rot werden* to blush furiously; **~ sehen** *vi, (ugs.)* see red; **Rotbuche** *sub, f, -, -n* beech; **Röte** *sub, f, -, nur Einz.* redness; **Röteln** *sub, f, -, nur Einz.* German measles; **röten (1)** *vr,* flush **(2)** *vt,* redden; **Rotfuchs** *sub, m, -es, -füchse* red fox; *(ugs.)* carrot-top; **~gesichtig** *adj,* red-faced; **Rotkäppchen** *sub, n, -s, nur Einz.* Little Red Ridinghood; **Rotkehlchen** *sub, n, -s, -* robin; **Rotkohl** *sub, m, -(e)s, nur Einz.* red cabbage; **Rotkraut** *sub, n, -es, nur Einz.* red cabbage; **Rotlauf** *sub, m, -es, -* swine erysipelas; **Rotlicht** *sub, n, -(e)s, nur Einz.* red light; **~nasig** *adj,* red-nosed; **Rotstift** *sub, m, -(e)s, -e* red pencil; **Rötung** *sub, f, -, -en* reddening; **Rotwein** *sub, m, -(e)s, -e* red wine; **Rotwild** *sub, n, -es, nur Einz.* red deer **Rotation,** *sub, f, -, -en* rotation; **rotieren** *vi,* rotate; *(ugs.) am Rotieren sein* to be rushing around like a mad thing; *(ugs.) anfangen zu rotieren* to get into a flap; **Rotor** *sub, m, -en, -en* rotor

Rottweiler, *sub, m, -s, -* Rottweiler **Rotz,** *sub, m, -es, nur Einz. (ugs.)* snot;

~löffel *sub, m, -s, -* cheeky brat; **~nase** *sub, f, -, -n* snotty nose **Rouge,** *sub, n, -s, -s* rouge **Roulade,** *sub, f, -, -n* beef olive **Roulette,** *sub, n, -s, -s* roulette **Route,** *sub, f, -, -n* route **Routine,** *sub, f, -, -n* routine; **routinemäßig** *adj,* routine; **~sache** *sub, f, -, -n* routine matter; **Routinier** *sub, m, -s, -s* routined person; **routiniert** *adj,* experienced **Rowdy,** *sub, m, -s, -s* hooligan; **~tum** *sub, n, -s, nur Einz.* hooliganism **royal,** *adj,* royal; **Royalist** *sub, m, -en, -en* royalist **Rübe,** *sub, f, -, -n* carrot, turnip; *(ugs.)* nut; *(ugs.) eins auf die Rübe bekommen* to get a bash on the nut; **~nzucker** *sub, m, -s, -* beet sugar; **~zahl** *sub, m, -s, nur Einz.* spirit of the Sudeten Mountains **rüberbringen,** *vt, (ugs.)* get across **rüberkommen,** *vi,* come over **Rubidium,** *sub, n, -s, nur Einz.* rubidium **Rubin,** *sub, m, -s, -e* ruby **Rubrik,** *sub, f, -, -en* category, column; **rubrizieren** *vt,* categorize; **Rubrizierung** *sub, f, -, -en* categozation **ruchbar,** *adj, (geh.)* become known **Rückansicht,** *sub, f, -, -en* back view; **Rückantwort** *sub, f, -, -en* answer; **Rückäußerung** *sub, f, -, -en* reply; **rückbezüglich** *adj,* reflexive; **Rückbildung** *sub, f, -, -en* back-formation; **Rückbleibsel** *sub, n, -s, -* remnant; **Rückblende** *sub, f, -, -n* flashback; **rückblenden** *vi,* flash back; **Rückblick** *sub, m, -es, -e* look back; **rückblickend** *adj,* retrospective; **Rückbuchung** *sub, f, -, -en* back transfer; **rückdatieren** *vt,* backdate **Rücken, (1)** *sub, m, -s, -* back **(2) rücken** *vi,* jerk; *(ugs.) ein schöner Rücken kann auch entzücken* you´ve got a lovely back; *(ugs.) ich bin ja auf den Rücken gefallen!* you could have knocked me down with a feather; *(i. ü. S.) jmd in den Rücken fallen* to stab sb in the back; **~flosse** *sub, f, -, -n* dorsal fin; **~lehne** *sub, f, -, -n* back-rest; **~mark** *sub, n, -(e)s, nur Einz.* spinal cord; ~**muskel** *sub, m, -s, -n* back muscle; ~**wirbel** *sub, m, -s, -* thoracic; **Rückgrat** *sub, n, -(e)s, -e* backbone; *jmd das Rückgrat brechen* to ruin sb; **rückgratlos** *adj,* spineless **Rückfahrkarte,** *sub, f, -, -n* return ticket; **Rückfahrt** *sub, f, -, -en* return journey; **Rückfall** *sub, m, -(e)s, -fälle* relapse; **rückfällig** *adj,* relapsed; **Rückflug** *sub, m, -es, -flüge* return flight; **Rückfrage** *sub, f, -, -n* question; **Rückführung** *sub, f, -, -en* repatriation, tracing back; **Rückgabe** *sub, f, -, -n* return; **Rückgang** *sub, m, -(e)s, -gänge* drop; **rückgängig** *adj,* declining; **rückgebildet** *adj,* degenerate **Rückgriff,** *sub, m, -(e)s, -e* by reverting to sb/sth; **Rückhalt** *sub, m, -(e)s, -e, -s* support; **rückhaltlos** *adj,* complete, implicit; **Rückhand** *sub, f, -, nur Einz. (spo.)* backhand; **Rückkauf** *sub, m, -(e)s, -käufe* repurchase; **Rückkehr** *sub, f, -, nur Einz.* return; **Rückkehrerin** *sub, f, -, -nen* person who returns; **rückkoppeln** *vti,* feed back; **Rückkopplung** *sub, f, -, -en* feedback; **Rückkreuzung** *sub, f, -, -en* back-cross **Rückkunft,** *sub, f, -, -künfte* return; **Rücklage** *sub, f, -, -n* reserves; **Rücklauf** *sub, m, -es, -läufe* returns, reverse running; **rückläufig** *adj,* declining; **Rückleuchte** *sub, f, -, -n* rear light; **Rückmeldung** *sub, f, -, -en* re-registration; **Rücknahme** *sub, f, -, -n* taking back; **Rückpass** *sub, m, -es, -pässe (spo.)* return pass **Rucksack,** *sub, m, -(e)s, -säcke* rucksack; ~**tourist** *sub, m, -en, -en* backpacker; **rucksen** *vi,* coo **Rückschlag,** *sub, m, -es, -schläge* relapse, set-back; **Rückschluss** *sub, m, -es, -schlüsse* conclusion; **Rückschritt** *sub, m, -es, -e* step backwards; **Rückseite** *sub, f, -, -n* back, reverse; **Rücksendung** *sub, f, -, -en* return **Rücksicht,** *sub, f, -, -en* consideration; **rücksichtslos** *adj,* inconsiderate, reckless; ~**slosigkeit** *sub, f, -, -en* inconsiderateness; **rücksichtsvoll** *adj,* considerate **Rücksiedlung,** *sub, f, -, -en* return settlement; **Rücksitz** *sub, m, -es, -e* back seat; **Rückspiegel** *sub, m, -s, -* driving mirror; **Rücksprache** *sub, f, -, -n* consultation; **Rückstand** *sub, m, -es, -*

stände arrears, remains; **rückständig** *adj,* backward, in arrears; **Rückstau** *sub, m, -(e)s, -s, -e* tailback; **Rückstoß** *sub, m, -es, -stöße* repulsion; **Rückstrahler** *sub, m, -s, -* reflector **Rücktritt,** *sub, m, -es, -e* resignation, withdrawal; ~**bremse** *sub, f, -, -n* backpedal; **rückvergüten** *vt,* refund; **Rückwand** *sub, f, -, -wände* back wall; **rückwärts** *adj,* backwards; **Rückwärtsgang** *sub, m, -s, -gänge* reverse gear; **Rückwendung** *sub, f, -, -en* return; **rückwirkend** *adj,* backdated; **Rückwirkung** *sub, f, -, -en* repercussion; **rückzahlbar** *adj,* repayable; **Rückzahlung** *sub, f, -, -en* repayment; **Rückzug** *sub, m, -es, -e* retreat

rüde, (1) *adj,* brusque, impolite **(2) Rüde** *sub, m, -n, -n* dog

Rudel, *sub, m, -s, -* herd, pack

Ruder, *sub, n, -s, -* rudder; *(i. ü. S.) das Ruder fest in der Hand haben* to be in control of the situation; *(i. ü. S.) sich in die Ruder legen* to put one´s back into it/sth; ~**boot** *sub, n, -es, -e* rowing boat; **rudern** *vti,* row; ~**regatta** *sub, f, -, -tten* rowing regatta; ~**sport** *sub, m, -s, nur Einz.* rowing; ~**verband** *sub, m, -s, -verbände* row club; ~**verein** *sub, m, -s, -e* row club

Rudiment, *sub, n, -s, -e* rudiment; **rudimentär** *adj,* rudimentary

Ruf, *sub, m, -s, nur Einz.* call, reputation; **rufen (1)** *vi,* call **(2)** *vt,* send for, shout; ~**mord** *sub, m, -s, -e* character assassination; ~**name** *sub, m, -ns, -n* forename; ~**nummer** *sub, f, -, -n* telephone number; ~**säule** *sub, f, -, -n* emergency telephone; ~**weite** *sub, f, -, nur Einz.* within calling distance

Rufer, *sub, m, -s, - (liter)* leader in the battle

Rüge, *sub, f, -, -n* criticism, reprimand; **rügen** *vt,* reprimand

Ruhe, *sub, f, -, nur Einz.* peace, rest, silence; ~**bank** *sub, f, -, -bänke* bench; ~**bett** *sub, n, -es, -en* bed; ~**gehalt** *sub, n, -es, -gehälter* superannuation; ~**lage** *sub, f, -, -n* immobility, reclining position; **ruhelos** *adj,* restless; **ruhen** *vi,* cease, rest; **ruhen lassen** *vt*, let rest; **ruhend** *adj*, resting; **~raum** *sub*, *m*, *-s*, *-räume* rest room; **~sitz** *sub*, *m*, *-es*, *Plural selten (-e)* retirement home; **~stand** *sub*, *m*, *-s*, *nur Einz.* retirement; **~stellung** *sub*, *f*, *-*, *nur Einz.* resting position; **ruhestörend** *adj*, *(jur.)* disturbance of the peace; **~störung** *sub*, *f*, *-*, *-en* disturbance of the peace; **~tag** *sub*, *m*, *-s*, *-e* rest-day; **~zeit** *sub*, *f*, *-*, *-en* rest period; **ruhig** *adj*, calm, quiet

Ruhm, *sub*, *m*, *-s*, *-* fame, glory; **ruhmbedeckt** *adj*, covered with glory; **~begierde** *sub*, *f*, *-*, *-n* thirst for glory; **ruhmbegierig** *adj*, thirsty for glory; **rühmen** (1) *vr*, boast about sth (2) *vt*, praise; *sich einer Sache rühmen* to boast about sth; **rühmenswert** *adj*, praiseworthy; **~esblatt** *sub*, *n*, *-es*, *nur Einz. (i. ü. S.)* glorious chapter; **~eshalle** *sub*, *f*, *-*, *-n* hall of fame; **rühmlich** *adj*, praiseworthy; **ruhmreich** *adj*, glorious; **~sucht** *sub*, *f*, *-*, *nur Einz.* thirst for glory; **ruhmsüchtig** *adj*, thirsty for glory; **ruhmvoll** *sub*, glorious

Ruhr, *sub*, *f*, *-*, *nur Einz.* dysentery
Rührei, *sub*, *n*, *-s*, *-er* scrambled eggs
rühren, (1) *vi*, stir; *(i. ü. S.)* touch sth (2) *vt*, move; *daran wollen wir nicht rühren* let´s not go into it; **~d** *adj*, touching; **rührig** *adj*, active; **Rührmaschine** *sub*, *f*, *-*, *-n* mixing machine; **Rührmichnichtan** *sub*, *n*, *-s*, *nur Einz. (bot.)* touch-me-not; **rührselig** *adj*, touching; **Rührteig** *sub*, *m*, *-es*, *-e* sponge mixture; **Rührung** *sub*, *f*, *-*, *nur Einz.* emotion

Ruhrgebiet, *sub*, *n*, *-s*, *nur Einz.* Ruhr area

Ruin, *sub*, *m*, *-s*, *nur Einz.* ruin; **~e** *sub*, *f*, *-*, *-n* ruin; **ruinenartig** *adj*, ruined; **ruinieren** *vt*, ruin; **ruinös** *adj*, ruinous

rülpsen, *vi*, belch; **Rülpser** *sub*, *m*, *-s*, *-* *(ugs.)* belch

Rum, *sub*, *m*, *-s*, *-s oder -e* rum; **~kugel** *sub*, *f*, *-*, *-n* rum ball; **~topf** *sub*, *m*, *-s*, *-töpfe* rumpot

Rumänien, *sub*, *n*, *-s*, *-* Romania
Rumba, *sub*, *f*, *m*, *-s*, *-s* rumba
Rummel, *sub*, *m*, *-s*, *nur Einz. (ugs.)* fuss, hustle and bustle; *(ugs.) großen Rummmel um jmdn/etwas machen* to make a great fuss about sb/sth; *den*

Rummel kennen to know all about ; **~platz** *sub*, *m*, *-es*, *-plätze* fairground

rumoren, *vi*, make a noise, rumble
Rumpelkammer, *sub*, *f*, *-*, *-n (ugs.)* junk room

Rumpf, *sub*, *m*, *-es*, *Rümpfe* trunk; *(Schiff)* hull

Rumpsteak, *sub*, *n*, *-s*, *-s* rump steak
Run, *sub*, *m*, *-s*, *-s* run
rund, (1) *adj*, round (2) *adv*, round; *rund um die Uhr* right round the clock; **Rundbank** *sub*, *f*, *-*, *-bänke* circular bench; **Rundbeet** *sub*, *n*, *-s*, *-e* round bed; **Runde** *sub*, *f*, *-*, *-n* company, walk; *(spo.)* lap; *(ugs.) eine Runde Schlaf* to have a kip; *(i. ü. S.) etwas über die Runden bringen* to manage sth; **Rundenrekord** *sub*, *m*, *-s*, *-e* rounds record; **~erneuert** *adj*, remoulded; **Rundfahrt** *sub*, *f*, *-*, *-en* tour; **Rundflug** *sub*, *m*, *-s*, *-flüge* sightseeing flight

Rundfunk, *sub*, *m*, *-s*, *nur Einz.* broadcasting, radio; **~apparat** *sub*, *m*, *-s*, *-e* radio set; **~gerät** *sub*, *m*, *-s*, *-e* radio set; **~programm** *sub*, *m*, *-s*, *-e* radio programme; **~sendung** *sub*, *f*, *-*, *-en* radio programme; **~station** *sub*, *f*, *-*, *-en* radio station; **~übertragung** *sub*, *f*, *-*, *-en* radio broadcast; **~werbung** *sub*, *f*, *-*, *-en* radio advertisement

Rundgang, *sub*, *m*, *-s*, *-gänge* rounds, walk; **Rundheit** *sub*, *f*, *-*, *nur Einz.* roundness; **rundherum** *adv*, all round; **Rundkurs** *sub*, *m*, *-es*, *-e* circuit; **rundlich** *adj*, plump; **Rundlichkeit** *sub*, *f*, *-*, *nur Einz.* plumpness; **Rundling** *sub*, *m*, *-s*, *-e* nuclear village; **Rundschädel** *sub*, *n*, *-s*, *-* shorthead; **Rundschreiben** *sub*, *n*, *-s*, *-* circular; **Rundschrift** *sub*, *f*, *-*, *-en* circular; **Rundsicht** *sub*, *f*, *-*, *nur Einz.* panorama; **rundum** *adv*, all round; *(i. ü. S.)* completely; **Rundumschlag** *sub*, *m*, *-s*, *-schläge* sweeping blow

Rune, *sub*, *f*, *-*, *-n* rune; **~nschrift** *sub*, *f*, *-*, *-en* runic writing; **runisch** *adj*, runic

Runkelrübe, *sub*, *f*, *-*, *-n* mangelwurzel

Runzel, *sub*, *f*, *-*, *-n* wrinkle; **runzelig** *adj*, wrinkled; **runzeln** *vt*, wrinkle

Rüpel, *sub, m, -s, -* lout; **rüpelhaft** *adj*, loutish

Rupfen, **(1)** *sub, m, -s, -* gunny **(2)** **rupfen** *vt*, pluck; *(ugs.) mit jmd ein Hühnchen zu rupfen haben* to have a bone to pick with sb; *wie ein gerupftes Huhn aussehen* to look like a shorn sheep

ruppig, *adj*, rough

Ruptur, *sub, f, -, -en* rupture

Rüsche, *sub, f, -, -n* ruche; **~nbluse** *sub, f, -, -n* ruched blouse; **~nhemd** *sub, n, -s, -en* ruched shirt

Rushhour, *sub, f, -, -s* rush hour

Ruß, *sub, m, -es, fachspr. Ruße* soot; **rußig** *adj*, sooty

Russe, *sub, m, -n, -n* Russian; **~nbluse** *sub, f, -, -n* Russian blouse; **~nkittel** *sub, m, -s, -* smock; **russisch** *adj*, Russian; **Russland** *sub, n, -s, -* Russia

rüsten, **(1)** *vi, (mil.)* arm **(2)** *vr*, prepare

Rüster, *sub, f, -, -n* elm

rüstig, *adj*, sprightly

Rüstung, *sub, f, -, -en* armament, arms; **Rüstzeug** *sub, n, -es, nur Einz.* tools

Rute, *sub, f, -, -n* rod, switch; **~nbündel** *sub, n, -s, -* *(hist.)* fasces; **~ngänger** *sub, m, -s, -* diviner

Ruthenium, *sub, n, -s, nur Einz.* ruthenium

Rutsch, *sub, m, -(e)s, -e* slip, swing; *(ugs.) guten Rutsch* have a good new year; **~bahn** *sub, f, -, -en* slide; *(mechanisch)* chute; **~e** *sub, f, -, -n* slide; **rutschen** *vi*, slide, slip; **~gefahr** *sub, f, -, -en* danger of skidding; **rutschig** *adj*, slippery; **~partie** *sub, f, -, -n* slip; *(Auto)* skid; **rutschsicher** *adj*, non-slip

Rüttelei, *sub, f, -, -en* rattling, shaking; **rütteln** **(1)** *vi*, rattle **(2)** *vt*, shake

S

Saal, *sub*, *m*, -s, *Säle* hall; ~schlacht *sub*, *f*, -, -*en* (*ugs.*) brawl
Saarbrücker, *sub*, *m*, -s, - Saarbrücker
Saarländerin, *sub*, *f*, -, -*nen* Saarlander
Saarlouiser, *sub*, *m*, -s, - Saarlouiser
Saat, *sub*, *f*, -, -*en* seed, seedlings; ~enpflege *sub*, *f*, -, *nur Einz.* seedlings care; ~enstand *sub*, *m*, -s, -*stände* state of the crop(s); ~gut *sub*, *n*, -s, *nur Einz.* seed; ~korn *sub*, *n*, -s, -*körner* seed corn; ~krähe *sub*, *f*, -, -*n* rook
Sabbat, *sub*, *m*, -s, -*e* Sabbath
sabbeln, (1) *vi*, sobbler (2) *vt*, blather
Sabber, *sub*, *m*, -s, *nur Einz.* (*ugs.*) slobber; sabbern (1) *vi*, slobber (2) *vt*, (*ugs.*) blather
Sabotage, *sub*, *f*, -, -*n* sabotage; ~akt *sub*, *m*, -s, -*e* act of sabotage; Saboteur *sub*, *m*, -s, -*e* saboteur; sabotieren *vt*, sabotage
Saccharin, *sub*, *n*, -s, *nur Einz.* saccharin
Sachbereich, *sub*, *m*, -s, -*e* specialist area; Sachbeschädigung *sub*, *f*, -, -*en* damage of property; sachbezogen *adj*, relevant; Sachbuch *sub*, *n*, -s, -*bücher* non-fiction book; sachdienlich *adj*, useful
Sache, *sub*, *f*, -, -*n* affair, matter, thing; (*ugs.*) *bei der Sache sein* to be on the ball; *das ist meine Sache* that's my business; (*ugs.*) *mach keine Sachen* don't be silly
Sacheinlage, *sub*, *f*, -, -*n* contribution in kind
Sachertorte, *sub*, *f*, -, -*n* sachertorte
sachgemäß, *adj*, proper; sachgerecht *adj*, proper
Sachkatalog, *sub*, *m*, -s, -*e* subject index; Sachkenntnis *sub*, *f*, -, -*se* knowledge of the subject; sachkundig *adj*, well-informed; Sachlage *sub*, *f*, -, -*n* state of affairs; Sachleistung *sub*, *f*, -, -*en* payment of kind
sachlich, *adj*, factual, objective; Sachlichkeit *sub*, *f*, -, *nur Einz.* functionality, objectivity; Sachregister *sub*, *n*, -s, - subject index; Sachschaden *sub*, *m*, -s, -*schäden* damage to property
sächlich, *adj*, neuter
sacht, *adj*, gentle, soft; ~e *adj*, careful, gentle

Sachverhalt, *sub*, *m*, -s, -*e* facts; Sachverstand *sub*, *m*, -s, *nur Einz.* expertise; sachverständig *adj*, expert; Sachverständige *sub*, *m*, *f*, -*n*, -*n* expert; Sachwalterin *sub*, *f*, -, -*en* agent, trustee; Sachwert *sub*, *m*, -s, *nur Einz.* material assets; Sachzwang *sub*, *m*, -s, -*zwänge* practical constraint
Sack, *sub*, *m*, -s, *Säcke* bag, sack; ~bahnhof *sub*, *m*, -s, -*höfe* terminus; sacken (1) *vi*, sink (2) *vt*, sack; ~gasse *sub*, *f*, -, -*n* cul-de-sac
Sackleinwand, *sub*, *f*, -, -*wände* sacking
Sacktuch, *sub*, *n*, -s, -*tücher* sacking
Sadismus, *sub*, *m*, -, *nur Einz.* sadism; Sadist *sub*, *m*, -*en*, -*en* sadist; sadistisch *adj*, sadistic
säen, *vti*, sow
Safari, *sub*, *f*, -, -*s* safari
Safe, *sub*, *m*, -s, -*s* safe; ~rsex *sub*, *m*, -, *nur Einz.* safer sex
Saffian, *sub*, *m*, -s, *nur Einz.* morocco leather; ~leder *sub*, *n*, -s, *nur Einz.* morocco leather
Safran, *sub*, *m*, -s, -*e* saffron
Saft, *sub*, *m*, -s, *Säfte* juice; (*Pflanzen*) sap; saftig *adj*, juicy; (*ugs.*) *da habe ich ihm einen saftigen Brief geschrieben* so I wrote him a pretty potent letter
Saga, *sub*, *f*, -, -*gas* saga
Sage, *sub*, *f*, -, -*n* legend; Sägefisch *sub*, *m*, -s, -*e* sawfish; Sägemehl *sub*, *n*, -s, *nur Einz.* sawdust; Sägemühle *sub*, *f*, -, -*n* sawmill
Säge, *sub*, *f*, -, -*n* saw
sagen, *vt*, say; *das kann man wohl sagen* you can say that again; (*ugs.*) *unter uns gesagt* between you and me and the gatepost
sägen, *vti*, saw
Sagengestalt, *sub*, *f*, -, -*en* legend figure; sagenhaft *adj*, legendary; sagenumwoben *adj*, legendary
Sägewerk, *sub*, *n*, -s, -*e* sawmill; Sägezahn *sub*, *m*, -s, -*zähne* saw tooth
Sago, *sub*, *m*,*n*, -s, *nur Einz.* sago
Sahib, *sub*, *m*, -, -*s* sahib
Sahne, *sub*, *f*, -, *nur Einz.* cream; ~bonbon *sub*, *n*, -s, -*s* toffee; ~eis *sub*, *n*, -es, - icecream; sahnig *adj*,

creamy
Saison, *sub, f, -, -s* season; **saisonal**
adj, seasonal; **~arbeit** *sub, f, -, nur*
Einz. seasonal work; **~beginn** *sub,*
m, -s, nur Einz. start of the season;
saisonweise *adj*, seasonal
Saite, *sub, f, -, -n* string; **~ninstru-**
ment *sub, n, -s, -e* string instrument;
~nspiel *sub, n, -s, nur Einz.* playing
of stringed instrument
Sake, *sub, m, -, nur Einz.* sake
Sakko, *sub, n, -s, -s* sports jacket
sakral, *adj*, sacral; **Sakralbau** *sub, m,*
-s, -ten sacral building
Sakrament, *sub, n, -s, -e* sacrament;
sakramental *adj*, sacramental
Sakrifizium, *sub, n, -s, -fizien* sacrifice
Sakrileg, *sub, n, -s, -e (geh.)* sacrilege;
sakrilegisch *adj*, sacrilegious
Sakristan, *sub, m, -s, -e* sacristan; **~in**
sub, f, -, -nen sacristan; **Sakristei** *sub,*
f, -, -en sacristy
sakrosankt, *adj*, sacrosanct
säkular, *adj*, secular; **Säkularisation**
sub, f, -, -en secularization; **~isieren**
vt, secularize
Säkulum, *sub, n, -s, Säkula (geh.)* century
Salam, *sub, -, nur Einz.* Salem; **~an-**
der *sub, m, -s, -* salamander
Salami, *sub, f, -, -s* salami; **~wurst** *sub,*
f, -, -würste salami
Salär, *sub, n, -s, -e* salary
Salat, *sub, m, -s, -e* lettuce, salad; **~be-**
steck *sub, n, -s, -e* salad servers;
~pflanze *sub, f, -, -n* lettuce plant;
~platte *sub, f, -, -n* salad; **~teller**
sub, m, -s, - salad
Salbe, *sub, f, -, -n* ointment
Salbei, *sub, m, -s, nur Einz.* sage
salben, *vt*, anoint; **Salbung** *sub, f, -,*
-en anointing; **salbungsvoll** *adj*, unctuous
Saldenliste, *sub, f, -, -n* balance list;
saldieren *vt*, balance; **Saldo** *sub, m,*
-s, Saldi oder Salden balance; **Saldo-**
vortrag *sub, m, -s, -träge* balance
brought forward
Salesmanship, *sub, n, -s, nur Einz.* salesmanship
Saline, *sub, f, -, -n* salt-works
Salmiak, *sub, m,n, -s, nur Einz.* sal
ammoniac
Salmonellen, *sub, f, -, nur Mehrz.* salmonellae; **Salmonellose** *sub, f, -, -n*
salmonellosis; **salomonisch** *adj*, of

Solomon
Salon, *sub, m, -s, -s* salon; **salonfä-**
hig *adj*, presentable
Saloon, *sub, m, -s, -s* saloon
salopp, *adj*, casual, sloppy
Salpeter, *sub, m, -s, nur Einz.* saltpetre; **~säure** *sub, f, -, -n* nitric acid
Salto, *sub, m, -s, -s oder Salti* somersault; **~ mortale** *sub, m, - -, -ti...-ti*
oder - - (Zirkus) perform a death-
defying leap
Salut, *sub, m, -s, -e (mil.)* salute; **sa-**
lutieren *vti*, salute; **~schuss** *sub,*
m, -ses, -schüsse five-gun salute
Salve, *sub, f, -, -n* salvo; *(mil.)* salute
salve!, *interj*, salve!
Samariter, *sub, m, -s, -* Samaritan;
Samarium *sub, n, -s, nur Einz.* samarium
Samba, *sub, f, -, -s* samba
Same, *sub, m, -ns, -n* seed; **~n** *sub,*
m, -s, - seeds; **~nerguss** *sub, m, -es,*
-güsse ejaculation; **~nfaden** *sub,*
m, -s, -fäden spermtozoon;
~nkapsel *sub, f, -, -n* seed capsule;
~nleiter *sub, m, -s, -* vas deferens;
~nstrang *sub, m, -s, -stränge* sper-
matic cord
Sämischleder, *sub, m, -s, -* chamois
leather
Sammelalbum, *sub, n, -s, -ben* col-
lector´s album; **Sammelan-**
schluss *sub, m, -es, -schlüsse* party
branch exchange; **Sammelbecken**
sub, n, -s, - collecting tank; **Sam-**
melbüchse *sub, f, -, -n* collecting
tin; **Sammeldepot** *sub, n, -s, -s* collective securities deposit; **Samme-**
lei *sub, f, -, nur Einz.* collecting;
Sammeleifer *sub, m, -s, nur Einz.*
enthusiasm about collecting; **Sam-**
melkonto *sub, n, -s, -ten* collective
account; **Sammellager** *sub, n, -s, -*
collective camp; **Sammelmappe**
sub, f, -, -n file; **sammeln (1)** *vi*,
gather **(2)** *vt*, collect
Sammelname, *sub, m, -ns, -n* collective name; **Sammelnummer**
sub, f, -, -n private exchange number; **Sammelplatz** *sub, m, -es, -*
plätze assembly point;
Sammelstelle *sub, f, -, -n* collecting point; **Sammelsurium** *sub, n,*
-s, -rien conglomeration; **Sammel-**
tasse *sub, f, -, -n* ornamental cup;
Sammeltrieb *sub, m, -s, nur Einz.*

collecting mania; **Sammler** *sub, m, -s, -* collector; **Sammlerfleiß** *sub, m, -es, nur Einz.* collector's enthusiasm; **Sammlung** *sub, f, -, -en* collection, composure
Samoainseln, *sub, f, -, nur Einz.* Samoa islands
Samos, *sub, m, -, -* Samos
Samowar, *sub, m, -s, -e* samovar
Samstag, *sub, m, -s, -e* Saturday; **samstags** *adv,* on Saturdays
Samt, *sub, m, -s, -e* velvet; **~hose** *sub, f, -s, -n* velvet trousers; **samtig** *adj,* velvety
sämtlich, *adj,* all, complete
Samtpfötchen, *sub, n, -s, - (ugs.)* velvet paw; **Samtteppich** *sub, m, -s, -e* velvet carpet
Samurai, *sub, m, -s, -s* Samurai
Sanatorium, *sub, n, -s, Sanatorien* senatorium
Sanctitas, *sub, f, -, nur Einz.* Sancitas
Sandale, *sub, f, -, -n* sandal
Sandbahn, *sub, f, -, -en* sand track; **Sandbank** *sub, f, -, -bänke* sandbank
Sandelholz, *sub, n, -es, -hölzer* sandalwood; **~öl** *sub, n, -s, -e* sandalwood oil; **Sandelöl** *sub, n, -s, -e* sandalwood oil
sandig, *adj,* sandy; **Sandkorn** *sub, n, -s, -körner* grain of sand; **Sandmann** *sub, m, -s, nur Einz.* sandman; **Sandmännchen** *sub, n, -s, nur Einz.* sandman; **Sandsack** *sub, m, -s, -säcke* sandbag; *(Boxen)* punchbag; **Sandstein** *sub, m, -s, -ne* sandstone; **Sanduhr** *sub, f, -, -ren* hourglass
Sandwich, *sub, n, -es, -es* sandwich
Sänfte, *sub, f, -, -n* litter, sedan chair; **Sanftmut** *sub, f, -, nur Einz.* gentleness; **sanftmütig** *adj,* gentle
Sang, *sub, m, -s, Sänge* song; **Sänger** *sub, m, -s, -* singer; **Sängerin** *sub, f, -, -nen* singer; **~esbruder** *sub, m, -s, -brüder* chorister; **~esfreund** *sub, m, -s, -e* friend of songs; **sangeslustig** *adj,* song-loving
Sangria, *sub, f, -, -s* sangria
Sanguiniker, *sub, m, -s, - (psych.)* sanguine person; **sanguinisch** *adj,* sanguine
sanieren, **(1)** *vr, (ugs.)* line one's own pocket **(2)** *vt,* rehabilitate, renovate; **Sanierung** *sub, f, -, -en* rehabilitation, renovation, self-enrichment; **Sanierungsmaßnahme** *sub, f, -, -n* redeve-

lopment measures; **Sanierungsplan** *sub, m, -s, -pläne* redevelopment plan
sanitär, *adj,* sanitary
Sanitäter, *sub, m, -s, -* first-aid attendant; **Sanitätsauto** *sub, n, -s, -s* ambulance; **Sanitätsrat** *sub, m, -s, -räte* medical advice; **Sanitätszelt** *sub, n, -s, -e* medical tent
Sankt, *adj,* saint; **~ion** *sub, f, -, -en* sanction; **sanktionieren** *vt,* sanction; **~ionierung** *sub, f, -, -en* sanctioning; **~uarium** *sub, n, -s, -ien* sanctuary
Sansculotte, *sub, m, -n, -n* Sansculotte
sansibarisch, *adj,* Zanzibari
Sanskrit, *sub, n, -s, nur Einz.* Sanskrit; **sanskritisch** *adj,* Sanskrit; **~ist** *adj,* Sanskritian
saprogen, *adj,* putrefactive
Saprophyt, *sub, m, -en, -en* saprophyt
Sarabande, *sub, f, -, -n (mus.)* saraband; **Sarazene** *sub, m, -n, -n* Saracen; **sarazenisch** *adj,* Saracen
Sardelle, *sub, f, -, -n* anchovy
Sardine, *sub, f, -, -n* sardine
Sardinier, *sub, f, -, -nen* Sardinian; **sardisch** *adj,* Sardinian; **sardonisch** *adj,* Sardinian
Sardonyx, *sub, m, -es, -e* sardonyx
Sarg, *sub, m, -s, Särge* coffin
Sari, *sub, m, -s, -s* sari
Sarkasmus, *sub, m, -, Sarkasmen* sarcasm; **sarkastisch** *adj,* sarcastic
Sarkophag, *sub, m, -s, -e* sarcophagus
Sarong, *sub, m, -s, -s* sarong
Sass, *sub, m, -en, -en* local resident; **~afrasöl** *sub, n, -s, -e* sassafras oil
Satan, *sub, m, -s, -e* Satan; **satanisch** *adj,* satanic; **~sbraten** *sub, f, -s, - (ugs.)* young devil
Satellit, *sub, m, -en, -en* satellite
Satin, *sub, m, -s, -s* satin
Satisfaktion, *sub, f, -, -en* satisfaction
Satrap, *sub, m, -en, -en (hist.)* satrap
satt, *adj,* full, replete; *(Farben)* rich
Satte, *sub, f, -, -n (ugs.)* bowl
Sattel, *sub, m, -s, Sättel* saddle; *(i. ü. S.)* **fest im Sattel sitzen** to be firmly in the saddle; **~decke** *sub, f, -, -n* saddlecloth; **sattelfest** *adj,* have a good seat; **~kissen** *sub, n, -s, -*

paddock; **~knopf** *sub, m, -s, -knöpfe* pommel
satteln, *vt,* saddle (up); **Sattelpferd** *sub, n, -s, -e* saddle horse; **Sattelschlepper** *sub, m, -s, -* articulated lorry; **Satteltasche** *sub, f, -, -n* saddlebag
Sattheit, *sub, f, -, nur Einz.* feeling of repletion; *(Farben)* richness; **sättigen (1)** *vi,* be filling **(2)** *vt,* satisfy; **Sättigung** *sub, f, -, -en (geb.)* repletion; *(chem.)* saturation
Sattler, *sub, m, -s, -* saddler, upholsterer
saturieren, *vt,* satisfy; **saturiert** *adj,* saturated
Saturnrakete, *sub, f, -, -n* Saturn rokket
Satyr, *sub, m, -s oder-n, -n* satyr
Satz, *sub, m, -es, Sätze* clause, sentence; **~aussage** *sub, f, -, -n* predicate; **~bauplan** *sub, m, -s, -pläne* sentence construction plan; **~spiegel** *sub, m, -s, -* type area; **~teil** *sub, m, -s, -e* part of a sentence; **~ung** *sub, f, -, -en* statutes; **~zeichen** *sub, n, -s, -* punctuation mark
Sau, *sub, f, -, Säue* pig, sow; *(ugs.)* dirty swine; *(ugs.) die Sau rauslassen* to let it all hang out; *(ugs.) unter aller Sau* goddamn awful
sauber, *adj,* clean, neat; **Sauberkeit** *sub, f, -, nur Einz.* cleanliness; **Saubermann** *sub, m, -s, -männer (ugs.)* cleanliness freak; **säubern** *vt,* clean; **Säuberung** *sub, f, -, -en* cleaning; *(polit.)* purge
Saubohne, *sub, f, -, -nen* broad bean
Sauce, *sub, f, -n, -n* gravy, sauce
sauer, *adj,* pickled, sour; *(ugs.) gib ihm Saures* let him have it; **Sauerampfer** *sub, m, -s, nur Einz.* sorrel; **Sauerbraten** *sub, m, -s, -* braised beef
Sauerei, *sub, f, -, -en (ugs.)* mess; *eine Sauerei machen* to make a mess; *Sauereien erzählen* to tell filthy stories
Sauerkirsche, *sub, f, -, -en* sour cherry; **Sauerkraut** *sub, n, -s, nur Einz.* sauerkraut; **Sauerstoff** *sub, m, -s, nur Einz.* oxygen; **Sauerstoffzelt** *sub, n, -es, -e* oxygen tent; **Sauerteig** *sub, m, -es, -e* sour dough; **sauertöpfisch** *adj,* sour; **Säuerung** *sub, f, -, -en* leavening
Saufbold, *sub, m, -s od. -es, -e (ugs.)*

drunkard; **saufen** *vti,* drink; **Säufer** *sub, m, -s, - (ugs.)* drunkard; **Sauferei** *sub, f, -, -en* booze-up; **Saufgelage** *sub, n, -s, -* booze-up
saugen, *vti,* suck; **Sauger** *sub, m, -s, -* teat; *(ugs.)* vacuum cleaner; **Säugetier** *sub, n, -s od. -es, -e* mammal; **Saugflasche** *sub, f, -, -n* feeding bottle; **Säugling** *sub, m, -s od. -es, -e* baby; **Säuglingssterblichkeit** *sub, f, -, nur Einz.* infant mortality; **Saugmassage** *sub, f, -, -n* vacuum massage; **Saugnapf** *sub, m, -s od. -es, -näpfe* sucker; **Saugrohr** *sub, n, -s od. -es, -e* pipette
säugen, *vt,* suckle
Säule, *sub, f, -, -n* column, pillar; **säulenförmig** *adj,* like a column; **~nhalle** *sub, f, -, -n* columned hall; **~nschaft** *sub, m, -es, -e* shaft of a column; **~ntempel** *sub, m, -s, -* colonnaded temple
Saum, *sub, m, -s od. -es, Säume* hem, seam; **~agen** *sub, m, -s, -mägen (ugs.)* robust stomach; **saumäßig (1)** *adj,* lousy **(2)** *adv,* lousily; **säumen (1)** *vi,* tarry **(2)** *vt,* hem; **säumig** *adj,* dilatory, overdue; **~tier** *sub, n, -s od. -es, -te* pack animal
Sauna, *sub, f, -, -s oder Saunen* sauna; **saunen** *vi,* have a sauna
Säure, *sub, f, -, -n* acid, sourness; **~gehalt** *sub, m, -s od. -es, -e* acid content; **säurehaltig** *adj,* acidic; **~mangel** *sub, m, -s, nur Einz.* shortage of acid; **~messer** *sub, m, -s, -* instrument to measure acid
Saurier, *sub, m, -s, -* dinosaur
Sause, *sub, f, -, -n (ugs.)* pub crawl; **sausen** *vi,* buzz; *(Wind)* whistle; **Saustall** *sub, m, -s od. -es, -e, nur Einz. (ugs.)* pigsty
Sauwetter, *sub, n, -s, -* awful weather
Savanne, *sub, f, -, -n* savanna
Saxofon, *sub, n, -s, -e* saxophone; **~ist** *sub, m, -en, -en* saxophonist
S-Bahn, *sub, f, -, -en* suburban railway; **~-Wagen** *sub, m, -s, -wägen* suburban railway carriage
Scandium, *sub, n, -s, nur Einz.* scandium
Scanner, *sub, m, -s, -* scanner; **Scanning** *sub, n, -s, nur Einz.* scanning
Scene, *sub, f, -, nur Einz.* scene

Schabe, *sub, f, -, -n* cockroach; **~messer** *sub, n, -s, -* scraper; **schaben** *vt,* scrape
Schabernack, *sub, m, -es, -nacks* prank
schäbig, *adj,* shabby; **Schäbigkeit** *sub, f, -, -en* shabbiness
Schablone, *sub, f, -, -n* stencil, template
Schabmesser, *sub, n, -s, -* scraping knife; **Schabracke** *sub, f, -, -n* saddlecloth
Schach, *sub, f, -s, Schachs* chess; *den König ins Schach setzen* to check the king; *(i. ü. S.) jmdn in Schach halten* to stall sb; **~brett** *sub, n, -s od. -es, -bretter* chessboard
Schacher, *sub, m, -s, -* haggling; **schachern** *vi,* haggle over sth.
Schächer, *sub, m, -s, - (bibl.)* thief
Schachfigur, *sub, f, -, -en* chess piece; **Schachpartie** *sub, f, -, -n* game of chess; **Schachspiel** *sub, n, -s od -es, -e* game of chess
Schacht, *sub, m, -s od. -es, Schächte* shaft
Schachtel, *sub, f, -, -n* box; **Schächtelein** *sub, n, -s, -* small box; **~halm** *sub, m, -s od. -es, -e (bot.)* horsetail
schachten, *vi,* dig a pit
Schachtisch, *sub, m, -s od. -es, -e* square; **Schachzug** *sub, m, -s od. -es, -züge* move
Schädel, *sub, m, -s, -* skull; *(ugs.) einen dicken Schädel haben* to be stubborn; *(ugs.) mir brummt der Schädel* my head is going round and round; **~basis** *sub, f, -, -basen* base of the skull; **~bruch** *sub, m, -s od. -es, -brüche* fractured skull; **~dach** *sub, n, -s od. -es, -dächer* top of the skull; **~decke** *sub, f, -, -n* top of the skull; **~form** *sub, f, -, -en* form of the skull
Schaden, (1) *sub, m, -s, Schäden* damage, fault, harm (2) **schaden** *vi,* damage, harm; *wer den Schaden hat, braucht für den Spott nicht zu sorgen* don´t mock the afflicted; *durch Schaden wird man klug* you learn from your mistakes; **~ersatz** *sub, m, -es, nur Einz.* compensation; **~freude** *sub, f, -, nur Einz.* malicious joy; **schadenfroh** *adj,* gloating; **~sbericht** *sub, m, -s od. -es, -e* damage report; **~sfall** *sub, m, -s od. -es, -fälle* in the event of a claim; **schadhaft** *adj,* de-

fective, faulty; **schädigen** *vt,* damage, harm; **Schadinsekt** *sub, n, -s, -en* harmful insect; **schädlich** *adj,* harmful; **Schädling** *sub, m, -s, -e* pest; **Schädlingsbekämpfungsmittel** *sub, n, -s, -* pesticide; **schadlos** *adj,* take advantage of sb/sth.; *(ugs.) wir halten uns dafür am Bier schadlos* but we´ll make up for it on the beer; **Schadstoff** *sub, m, -s od. -es, -e* harmful substance
Schaf, *sub, n, -s od. -es, -e* sheep; **Schäfer** *sub, m, -s, -* shepherd; **Schäferhund** *sub, m, -s od. -es, -e* German shepherd dog; **Schäferroman** *sub, m, -s, -e* pastoral novel; **Schäferstündchen** *sub, n, -s, - (ugs.)* bit of hanky-panky
Schaff, *sub, n, -s od. -es, -e* small cupboard
schaffen, *vt,* create, make, manage; *und schwer zu schaffen machen* to cause sb a lot of trouble; *(ugs.) das hat mich geschafft* it took it out of me
Schaffensdrang, *sub, m, -s od. -es, nur Einz.* creative urge
Schaffner, *sub, m, -s, -* conductor; **~in** *sub, f, -, -nen* conductor, housekeeper; **schaffnerlos** *adj,* without a conductor
Schafgarbe, *sub, f, -, -n* yarrow
Schafott, *sub, n, -, -e* scaffold
Schafskleid, *sub, n, -s od. -es, -er* sheepskin; **Schafskopf** *sub, m, -s od. -es, -köpfe (ugs.)* blockhead; *Spiel) sheep´s head;* **Schafsmilch** *sub, f, -, nur Einz.* sheep´s milk; **Schafsnase** *sub, f, -, -n* fool
Schaft, *sub, m, -es, Schäfte* shank; *arch.)* shaft
Schakal, *sub, m, -s, -* jackal
schäkern, *vi,* flirt
schal, (1) *adj,* flat, stale (2) **Schal** *sub, m, -s, -s* scarf
Schale, *sub, f, -, -n* bowl; *(Obst)* peel; **schälen** *vti,* peel; **~nsitz** *sub, n, -es, -e* bucket seat
Schalk, *sub, m, -es, -e* joker; *ihm sitzt der Schalk im Nacken* he´s in a devilish mood; **schalkhaft** *adj,* roguish; **~ragen** *sub, m, -s, -krägen* shawl collar; **~snarr** *sub, m, -en, -en* court jester
Schalmei, *sub, f, -, -en* shawm
schalom!, *interj,* schalom!

Schalotte, *sub, f, -, -n* shallot
Schaltanlage, *sub, f, -, -n* switchgear
schalten, *vt,* switch, turn; *jmdn frei schalten und walten lassen* to give sb a free hand; *schalten und walten* to bustle around; **Schalter** *sub, m, -s, -* switch; *(Amt)* counter; **Schalterraum** *sub, m, -s od.-es, -räume* hall; **Schalthebel** *sub, m, -s, -* switch lever; **Schaltjahr** *sub, m, -es, -re* leap year; **Schaltkreis** *sub, m, -es, -e (tech.)* switching circuit; **Schaltplan** *sub, m, -s od. -es, -pläne* circuit diagram; **Schaltskizze** *sub, f, -, -n* wiring diagram; **Schaltstelle** *sub, f, -, -n* coordinating point; **Schalttafel** *sub, f, -, -n* switchboard; **Schaltung** *sub, f, -, -en* switching
Schalung, *sub, f, -, -en* formwork
Schaluppe, *sub, f, -, -n* sloop
Scham, *sub, f, -, nur Einz.* shame; *ich hätte vor Scham in den Boden versinken können* I wanted the floor to swallow me up; *(ugs.) nur keine falsche Scham* no need to feel embarrassed
Schamane, *sub, m, -n, -n* shaman
Schamdreieck, *sub, n, -s, -e* private parts; **schämen** *vr,* be ashamed; *schäme dich!* shame on you!; **Schamgefühl** *sub, n, -s, nur Einz.* sense of shame; **Schamgegend** *sub, f, -, nur Einz.* pubic region; **schamhaft** *adj,* bashful; **Schämigkeit** *sub, f, -, nur Einz.* modesty; **schamlos** *adj,* indecent, shameless
Schamott, *sub, n, -s, nur Einz. (ugs.)* junk; **schamottieren** *vt,* line with firebricks
schamponieren, *vt,* shampoo
Schampun, *sub, n, -s, -e* shampoo
Schampus, *sub, m, -, nur Einz. (ugs.)* champers
Schande, *sub, f, -, -* disgrace, shame; *mit Schimpf und Schande* in disgrace; *er ist eine Schande für seine Familie* he disgraces his family; *(ugs.) mach mir keine Schande* don´t show me up
schänden, *vt,* desecrate, violate; **Schänder** *sub, m, -s, -* violator
schändlich, *adj,* disgraceful
Schandmaul, *sub, n, -s od. -es, -mäuler* evil tongue; **Schandpfahl** *sub, m, -s od. -es, -pfähle* pillory
Schändung, *sub, f, -, -en* desecration,

violation; **Schandurteil** *sub, n, -s, -e* disgraceful decision
schanghaien, *vt,* shanghai
Schänke, *sub, f, -, -n* bar; **Schankstube** *sub, f, -, -en* public bar; **Schanktisch** *sub, m, -es, -e* bar
Schanzarbeit, *sub, f, -, -en* trenchwork; **Schanze** *sub, f, -, -n (mil.)* fieldwork; *(spo.)* ski-jump; **schanzen** *vi, (mil.)* dig; **Schanzenbau** *sub, m, -s od. -es, -bauten* construction of fieldwork
Schar, *sub, f, -, -en* crowd, swarm; *(Pflug)* ploughshare
Scharade, *sub, f, -, -n* charade
Scharbockskraut, *sub, n, -s od. -es, -kräuter* lesser celandine
Schäre, *sub, f, -, -n* skerry; **scharen** *vt,* gather people around one; **scharenweise** *adv,* in droves
scharf, *adj,* sharp; *(ugs.)* randy; *(Gewürz)* hot; *(Maßnahmen)* tough; **Scharfblick** *sub, m, -s od. -es, nur Einz.* keen insight; **schärfen** *vt,* sharpen; **~kantig** *adj,* sharp-edged; **~machen** *vt,* stir up; **Scharfmacher** *sub, m, -s, -* agitator; **Scharfrichter** *sub, m, -s, -* executioner; **Scharfsichtigkeit** *sub, f, -, nur Einz.* perspicacity; **Scharfsinn** *sub, m, -s od. -es, nur Einz.* keen perception; **~sinnig** *adj,* astute; **~züngig** *adj,* spiteful
Scharlach, *sub, n, -s, nur Einz.* scarlet; **~fieber** *sub, n, -s, -* scarlet fever; **scharlachrot** *adj,* scarlet red
Scharlatan, *sub, m, -s, -e* charlatan; **~erie** *sub, f, -, -n* charlatanism
Scharm, *sub, m, -s, nur Einz.* charm; **scharmant** *adj,* charming
Scharmützel, *sub, n, -s, -* skirmish; **scharmützeln** *vi,* skirmish
Scharnier, *sub, n, -s, -e* hinge
scharren, *vti,* scrape
Scharschmied, *sub, m, -s od. -es, -e* blacksmith
Scharte, *sub, f, -, -n* nick
schartig, *adj,* jagged
Scharwenzel, *sub, m, -s, -* fawning; **scharwenzeln** *vi, (ugs.)* dance attendence; **scharwerken** *vi,* labour for one´s feudal lord; **Scharwerker** *sub, m, -s, -* socage worker
Schaschlik, *sub, n,m, -s, -s* kebab
schassen, *vt, (ugs.)* chuck out
Schatten, **(1)** *sub, f, -s, -* shade, sha-

dow (2) **schatten** *vt*, shade; *(i. ü. S.)* *man kann nicht über seinen eigenen Schatten springen* the leopard cannot change his spots; *(ugs.) du hast ja einen Schatten* you must be nuts; *wo Licht ist, ist auch Schatten* there´s no joy without sorrow; ~**bild** *sub, n, -s od. -es, -er* silhouette; **schattenhaft** *adj*, shadowy; **schattenlos** *adj*, shadowless; ~**riss** *sub, m, -ses, -e* silhouette; ~**spiel** *sub, n, -s od. -es, -e* shadow play; **schattieren** *vt*, shade; **Schattierung** *sub, f, -, -en* shading; **schattig** *adj*, shady
Schatulle, *sub, f, -, -n* casket
Schatz, *sub, m, -es, Schätze* riches, treasure; ~**anweisung** *sub, f, -, -en* treasury bond
schätzen, (1) *vi*, guess (2) *vt*, estimate, regard highly; **Schätzer** *sub, m, -s, -* valuer; **Schatzgräber** *sub, m, -s, -* treasure-hunter; **Schatzinsel** *sub, f, -, -n* treasure island; **Schatzkammer** *sub, f, -, -n* treasure chamber; **Schatzmeister** *sub, m, -s, -* treasurer; **Schätzpreis** *sub, m, -s od. -es, -e* valuation price; **Schatzsuche** *sub, f, -, -n* treasure hunt; **Schatzsucher** *sub, m, -s, -* treasure hunter; **Schätzwert** *sub, m, -es, -e* estimated value
Schau, *sub, f, -, -en* show; *sich zur Schau stellen* to make a spectacle of oneself; ~**bude** *sub, f, -, -n* show booth; ~**bühne** *sub, f, -, -n* stage
Schauder, *sub, m, -s, -* shudder; **schauderbar** *adj*, terrible; **schauderhaft** *adj*, horrible; **schaudern** *vi*, shudder, tremble; **schaudervoll** *adj*, dreadful
schauen, (1) *vi*, look (2) *vt*, see; **Schauer** *sub, m, -s, -* shudder; *(Regen)* shower; **schauerartig** *adj*, showery; **Schauergeschichte** *sub, f, -, -n* horror story; **schauerlich** *adj*, horrific; **Schauermann** *sub, m, -s od. -es, -männer* docker
schauern, *vi*, shudder
Schauerroman, *sub, m, -s od. -es, -e* horror story
Schaufel, *sub, f, -, -n* shovel; **schaufeln** *vti*, dig, shovel; ~**rad** *sub, n, -s od. -es, -räder* paddlewheel
Schaufenster, *sub, n, -s, -* shop window; ~**auslage** *sub, f, -, -n* window display; **Schaukasten** *sub, m, -s, -kästen* showcase

Schaukel, *sub, f, -, -n* swing; **schaukeln** (1) *vi*, swing (2) *vt*, rock; ~**pferd** *sub, n, -s od. -es, -e* rocking horse
schaulustig, *adj*, curious; **Schaulustige** *sub, f, -, -n* curious onlookers
Schaum, *sub, m, -s od. -es, Schäume* foam, froth; ~**blase** *sub, f, -, -n* bubble; **schäumen** *vi*, foam, froth; ~**gebäck** *sub, n, -s od. -es, nur Einz.* frothy biscuits; ~**gummi** *sub, m, -s, nur Einz.* foam rubber; **schaumig** *adj*, foamy, frothy; ~**kelle** *sub, f, -, -n* skimmer; ~**krone** *sub, f, -, -n* whitecap; ~**löffel** *sub, m, -s, -* skimmer; ~**schläger** *sub, m, -s, - (ugs.)* hot-air merchant; ~**speise** *sub, f, -, -en* frothy dish; ~**stoff** *sub, m, -s od. -es, -e* foam material; ~**wein** *sub, m, -s od. -es, -e* sparkling wine
Schauobjekt, *sub, n, -s od. -es, -e* exhibition object; **Schauplatz** *sub, n, -es, -plätze* scene; **Schauprozess** *sub, m, -es, -e* show trial
schaurig, *adj*, gruesome; **schaurig-schön** hazy fantasy; **Schaurigkeit** *sub, f, -, nur Einz.* gruesomeness
Schauspiel, *sub, n, -s od. -es, -e (i. ü. S.)* spectacle; *(Theater)* drama; ~**er** *sub, m, -s, -* actor; ~**erin** *sub, f, -, -nen* actress; **Schausteller** *sub, m, -s, -* showman; **Schauturnen** *sub, m, -s od. -es, -türme* gymnastic display; **Schauturnier** *sub, n, -s, -e* show tournament
Scheck, *sub, m, -s, -s* cheque; *Verrechnungsscheck* a crossed cheque; ~**betrug** *sub, m, -s, -e* cheque fraud; ~**buch** *sub, n, -s od. -es, -bücher* chequebook
Schecke, *sub, m, -n, -n* dappled horse; **scheckig** *adj*, spotted; *(Pferd)* dappled
Scheckkarte, *sub, f, -, -n* cheque card
scheeläugig, *adj*, dirty look
Scheffel, *sub, m, -s, -* bushel; *(ugs.) sein Licht unter den Scheffel stellen* to hide one´s light under a bushel
Scheibe, *sub, f, -, -n* disc, slice; *(Auto)* window
Scheibenschießen, *sub, n, -s, nur Einz.* target shooting; **Scheibenwischer** *sub, m, -s, -* windscreen wiper

Scheich, *sub, m, -s od. -es, -s* sheikh
Schein, *sub, m, -s od. -es, -e* appearances, light; *(Geld)* note; **scheinbar** *adj,* apparent; ~**blüte** *sub, f, -, -n* illusory flowering; ~**dasein** *sub, n, -s, nur Einz.* phantom existence; **scheinen** *vi,* seem, shine; ~**firma** *sub, f, -, -firmen* fictitous firm; ~**friede** *sub, m, -n, -n* phoney peace; ~**gewinn** *sub, m, -s od. -es, -e* fictitious win; ~**grund** *sub, m, -s od. -es, -gründe* spurious reason; **scheinheilig** *adj,* hypocritical; ~**tod** *sub, m, -es, -e* apparent death; **scheintot** *adj,* in a state of apparent death; ~**werfer** *sub, m, -s, -* floodlight
Scheiß, *sub, m, -, nur Einz. (vulg.)* crap, shit; ~**dreck** *sub, m, -s, nur Einz.* crap, load of shit; ~**e** *sub, f, -, nur Einz.* crap, shit; **scheißen (1)** *vi,* crap, shit **(2) Scheißer** *sub, m, -s, - (ugs.)* bugger; *(vulg.) vor Angst in die Hosen scheißen* to get the shits; ~**kerl** *sub, m, -s, -e* bastard; ~**laden** *sub, m, -s, -läden* shitty shop; ~**wetter** *sub, n, -s, nur Einz.* shitty weather
Scheit, *sub, m, -es, -e* log
Scheitel, *sub, m, -s, - (Haare)* parting; *vom Scheitel bis zur Sohle* from top to toe
Scheiterhaufen, *sub, m, -s, -* pyre, stake
scheitern, *vi,* break down, fail
Schelch, *sub, m, -s, -e* barge
Schelle, *vi, (Klingel)* bell; *(Ohrfeige)* slap in the face; *(tech.)* clamp; **schellen** *vi,* ring; ~**nass** *sub, n, -es, -e* diamonds ace
Schellfisch, *sub, m, -es, -e* haddock
Schelm, *sub, m, -s, -e* rogue; *den Schelm im Nacken haben* to be up to mischief; **schelmisch** *adj,* mischievous
Schelte, *sub, f, -, -n* scolding; **schelten (1)** *vi,* curse **(2)** *vt,* scold
Schema, *sub, n, -s, -s, -ta* plan, scheme; ~**brief** *sub, m, -es, -e* example letter; **schematisch** *adj,* schematic; **schematisieren** *vti,* schematize; ~**tismus** *sub, m, -es, -tismen* schematism
Schemel, *sub, m, -s, -* stool
Schemen, *sub, m, -s, -* silhouette; **schemenhaft** *adj,* shadowy; *etwas schemenhaft sehen* to see the outlines of sth

Schenke, *sub, f, -, -n* tavern
Schenkel, *sub, m, -s, - (anat.)* thigh; *(mat.)* side
scheppern, *vi, (ugs.)* clatter
Scherbe, *sub, f, -, -n* broken piece, fragment
Scherbengericht, *sub, n, -es, -e* ostracism
Schere, *sub, f, -, -n* scissors; **scheren (1)** *vt,* clip **(2)** *vti,* not to care about sb/sth.; ~**nschnitt** *sub, m, -s, -e* silhouette
Schererei, *sub, f, -, -en (ugs.)* trouble
Scherflein, *sub, n, -s, - (bibl.)* mite
Scherge, *sub, m, -n, -n* thug
Scherif, *sub, m, -s, -s, -e* sheriff
Scherkopf, *sub, m, -es, -köpfe* shaving head; **Schermesser** *sub, n, -s, -* shearing knife; **Scherwenzel** *sub, m, -s, -* fawning
Scherz, *sub, m, -es, -ze* joke; **scherzen** *vi,* joke, trifle; ~**frage** *sub, f, -, -n* riddle; **scherzhaft** *adj,* jocular; ~**o** *sub, n, -s, -s, -zi* scherzo; **scherzweise** *adj,* joking
scheu, (1) *adj,* shy **(2) Scheu** *sub, f, -, nur Einz.* fear; *(Tier)* shyness
Scheuche, *sub, f, -, -n* terrible vision
scheuchen, *vt,* shoo away
scheuen, (1) *vr,* be afraid of sth. **(2)** *vt,* shy away from
Scheuerbesen, *sub, m, -s, -* scrubbing broom
Scheuerfrau, *sub, f, -, -en* cleaning woman; **scheuern (1)** *vr,* rub against sth. **(2)** *vti,* scour; **Scheuersand** *sub, m, -s, -e* scouring powder; **Scheuertuch** *sub, n, -s, -tücher* floorcloth
Scheune, *sub, f, -, -n* barn; ~**ntor** *sub, n, -s, -e* barn door
Scheusal, *sub, n, -s, -e* monster
scheußlich, *adj,* dreadful
Schi, *sub, m, -s, -* ski
Schibboleth, *sub, m, -en, -en* identification
Schicht, *sub, f, -, -en* layer, shift; **schichten** *vt,* layer; ~**lohn** *sub, m, -es, -löhne* shift rates; **schichtweise** *adj,* in layers; ~**zeit** *sub, f, -, -en* shift time
schick, (1) *adj,* elegant **(2) Schick** *sub, m, -es, nur Einz.* styles
schicken, (1) *vr,* be fitting **(2)** *vti,* send

Schickeria, *sub, f, -, nur Einz.* inpeople; **Schickimicki** *sub, m, -s, -s (ugs.)* trendy; **schicklich** *adj,* proper **Schicksal,** *sub, n, -s, -e* destiny; fate; *(ugs.) das ist Schicksal* that´s life; **Schickse** *sub, f, -, -n* floozy **Schiebebühne,** *sub, f, -, -n (Theater)* sliding stage; **Schiebedach** *sub, n, -s, -dächer* sunroof; **schieben** *vt,* push, shove; *(i. ü. S.) etwas vor sich her schieben* to put off sth; *(ugs.) mit etwas schieben* to traffic in sth; **Schieber** *sub, m, -s, -* black marketeer, slide; **Schiebung** *sub, f, -, -en* shady deals, string-pulling **Schiedsfrau,** *sub, f, -, -en* arbitrator; **Schiedsmann** *sub, m, -es, -männer* arbitrator; **Schiedsrichter** *sub, m, -s, -* arbitrator **schief,** *adj,* not straight, wry; *(i. ü. S.) auf die schiefe Bahn geraten* to leave the straight and narrow; *~ gehen vi,* go wrong; **Schiefer** *sub, m, -s, -* slate; **Schieferdach** *sub, n, -es, -dächer* slate roof; *~ergrau adj,* slate-grey; **Schiefertafel** *sub, f, -, -n* slate; *~lachen vr, (ugs.)* kill oneself laughing **schieläugig,** *adj,* cross-eyed; **schielen** *vi,* squint **Schienbein,** *sub, n, -es, -e* shin **Schiene,** *sub, f, -, -n* guide, rail; **schienen** *vt,* splint; *~nbahn sub, f, -, -en* track transport; *~nbus sub, m, -es, -e* rail bus; *~nnetz sub, n, -es, -e* rail network; *~nweg sub, m, -es, -e* railway line **Schierling,** *sub, m, -s, -e* hemlock; *~sbecher sub, m, -s, -* cup of hemlock **Schießbefehl,** *sub, m, -s, -e* order to fire; **Schießeisen** *sub, n, -s, - (ugs.)* shooting iron; **Schießen (1)** *sub, n, -s, nur Einz.* shooting **(2) schießen** *vt,* fire, shoot; *(i. ü. S.) aus dem Boden schießen* to sprout up; *(ugs.) das ist zum Schießen* that´s a scream; **Schießgewehr** *sub, n, -s, -e* gun; **Schießhund** *sub, m, -s, -e (ugs.)* keep a close watch; *(ugs.) wie ein Schießhund aufpassen* to watch like a hawk; **Schießplatz** *sub, m, -es, -plätze* shooting range; **Schießprügel** *sub, m, -s, - (ugs.)* iron; **Schießpulver** *sub, n, -s, nur Einz.* gunpowder; **Schießstand** *sub, m, -es, -stände* shooting gallery; **Schießübung** *sub, f, -, -en* shooting

practice; **schießwütig** *adj,* eager to shoot **Schifahrerin,** *sub, f, -, -en* skier **Schiff,** *sub, n, -es, -e* ship; **schiffbar** *adj,* navigable; *~bauer sub, m, -s, -* shipwright; *~bruch sub, m, -es, -brüche* shipwreck; *~brücke sub, f, -, -n* bridge; **schiffen** *vi,* ship; *(ugs.)* piss; *~fahrt sub, f, -, -en* shipping; *~sarzt sub, m, -es, -ärzte* ship´s doctor; *~sfahrt sub, f, -, -en* shipping; *~sjunge sub, m, -n, -n* ship´s boy; *~skoch sub, m, -es, -köche* ship´s cook; *~sladung sub, f, -, -en* shipload; *~sname sub, m, -n, -n* ship´s name; *~soffizier sub, m, -s, -e* officer on a ship; *~sraum sub, m, -es, -räume* hold; *~sreise sub, f, -, -n* sea voyage; *~srumpf sub, m, -es, -rümpfe* hull; *~sschraube sub, f, -, -n* ship´s propeller; *~staufe sub, f, -, -n* naming of a ship; *~swerft sub, f, -, -en* shipyard **Schiismus,** *sub, m, -es, nur Einz.* schiism **Schiit,** *sub, m, -es, -en* Shiite; **schiitisch** *adj,* Shiite **Schikane,** *sub, f, -, -n* harassment; *(spo.)* chicane; *~ur sub, m, -s, -e* harasser; **schikanieren** *vt,* harass, mess around; **schikanös** *adj,* bloody-minded, harassing **Schikoree,** *sub, m, -s, -* chicory **Schiläuferin,** *sub, f, -, -en* skier **Schild,** *sub, n, -es, -er* shield, sign; *~bürger sub, m, -s, -* fool; *~bürgerstreich sub, m, -es, -e* foolish act; *~drüse sub, f, -, -n* thyroid gland; *~erhaus sub, n, -es, -häuser* sentry-box; **schildern** *vt,* describe; *~erung sub, f, -, -en* description; *~erwald sub, m, -es, -wälder* jungle of traffic signs; *~knappe sub, m, -n, -n* shield-bearer; *~kröte sub, f, -, -n* turtle; *~wache sub, f, -, -n* sentry **Schilehrerin,** *sub, f, -, -en* ski instructor **schilfig,** *adj,* reeds **Schillebold,** *sub, m, -es, -e* dragonfly **schillern,** *vi,* shimmer **Schillerwein,** *sub, m, -s, -e* rosé wine **schilpen,** *vi,* twitter **Schimmel,** *sub, m, -s, -* mould, whi-

te horse; **schimmeln** *vi*, go mouldy; ~**pilz** *sub, m, -es, -e* mould
Schimmer, *sub, m, -s,* - glimmer, shimmer; *(ugs.)* **keinen blassen** *Schimmer von etwas haben* not to have the slightest idea about sth; **schimmern** *vi*, glimmer, shimmer
Schimpanse, *sub, m, -n, -n* chimpanzee
schimpfen, (1) *vi*, get angry (2) *vt*, scold; **Schimpferei** *sub, f, -, -en* scolding; **schimpflich** *adj*, insulting; **Schimpfname** *sub, m, -n, -n* nickname; **Schimpfwort** *sub, n, -es, -e* swearword
Schindanger, *sub, m, -s,* - knacker´s yard
Schindel, *sub, f, -, -n* shingle; ~**dach** *sub, n, -es, -dächer* shingle roof
schinden, (1) *vr*, struggle (2) *vt*, maltreat; *Eindruck schinden* to make a good impression; *Mitleid schinden* try to get some sympathy; **Schinder** *sub, m, -s,* - slavedriver; **Schinderei** *sub, f, -, -en* struggle; **Schindluder** *sub, n, -s,* - *(ugs.)* make sb suffer; *(ugs.) mit etwas Schindluder treiben* to misuse sth; **Schindmähre** *sub, f, -, -n* nag
Schinken, *sub, m, -s,* - ham; ~**brot** *sub, n, -s, -e* ham roll
Schintoismus, *sub, m, -es, nur Einz. (theol.)* shintoism; **Schintoist** *sub, m, -en, -en* shintoist
Schippe, *sub, f, -, -n* shovel; *(Karten)* spades; *(ugs.) dem Tod von der Schippe springen* to be snatched from the jaws of death; *(i. ü. S.) jmdn auf die Schippe nehmen* to pull sb´s leg
Schirm, *sub, m, -s, -e* shade, umbrella; **schirmen** *vt, (geh.)* shield; ~**fabrik** *sub, f, -, -en* umbrella factory; ~**herr** *sub, m, -en, -en* patron; ~ **herrin** *sub, f, -, -en* patroness; ~**hülle** *sub, f, -, -n* umbrella cover; ~**macher** *sub, m, -s,* - maker of umbrellas; ~**mütze** *sub, f, -, -n* peaked cap
Schirokko, *sub, m, -s, -s* sirocco
schirren, *vt*, harness a horse
Schisma, *sub, n, -s, -ta, -men* schism; **schismatisch** *adj*, schismatic
Schispringer, *sub, m, -s,* - ski-jumper
Schiss, *sub, m, -es, -e (vulg.)* shit; *(vulg.) Schiss haben* to be shit scared; ~**er** *sub, m, -s,* - *(ugs.)* scaredy-cat; ~**laweng** *sub, m, -s, -s* sweeping

schizoid, *adj*, schizoid; **schizophren** *adj, (med.)* schizophrenic; **Schizophrenie** *sub, f, -, nur Einz.* schizophrenia
Schlabberei, *sub, f, -, -en (ugs.)* slobbering; **schlabberig** *adj*, slithery; **schlabbern** *vi*, slobber
Schlacht, *sub, f, -, -en* battle; ~**bank** *sub, f, -, -en* butcher´s table; *jmdn wie ein Lamm zur Schlachtbank führen* to lead sb like a lamb to the slaughter; **schlachtbar** *adj*, slaughterable; **schlachten** (1) *vi*, do one´s slaughtering (2) *vt*, slaughter; **Schlächter** *sub, m, -s,* - butcher; ~**erei** *sub, f, -, -en* butcher´s shop; ~**feld** *sub, n, -es, -er* battle-field; ~**fest** *sub, n, -es, -e* country feast to eat up meat from freshly slaughtered pigs; ~**haus** *sub, n, -es, -häuser* slaughter-house; ~**hof** *sub, m, -es, -höfe* slaughter-house; ~**plan** *sub, m, -es, -pläne* battle plan; **schlachtreif** *adj*, ready for the slaughter; ~**ross** *sub, n, -es, -rösser* war-horse; ~**ruf** *sub, m, -es, -e* battle cry; ~**schiff** *sub, n, -es, -e* battleship; ~**tag** *sub, m, -es, -e* slaughtering day; ~**tier** *sub, n, -es, -e* animals for slaughter; ~**ung** *sub, f, -, -en* slaughtering; ~**vieh** *sub, n, -es, nur Einz.* animals for slaughter
Schlacke, *sub, f, -, -n* clinker, waste products
schlackern, *vi*, tremble; *(i. ü. S.) mit den Ohren schlackern* to be left speechless
Schlaf, *sub, m, -es, nur Einz.* sleep; *(ugs.) es fällt mir nicht im Schlaf ein, das zu tun* I wouldn´t dream of doing that; ~**anzug** *sub, m, -es, -züge* pyjamas; **Schläfchen** *sub, n, -s,* - snooze; ~**couch** *sub, f, -, -en* studio couch; **Schläfe** *sub, f, -, -n* temple; **schlafen** *vi*, be asleep, sleep; *(ugs.) schlafen wie ein Murmeltier* to sleep like a log; **schlafend** *adj*, asleep, sleeping; **Schläfer** *sub, m, -s,* - sleeper
schlaff, *adj*, floppy, limp; **Schlaffheit** *sub, f, -, nur Einz.* flabbiness, limpness; **Schlafgemach** *sub, n, -s, -mächer* bedchamber
Schlafittchen, *sub, n, -s,* - wing feather; *(ugs.) jmdn beim Schlafitt-*

chen nehmen to take sb by the scruff of the neck; **Schlafkrankheit**, *sub, f, -, nur Einz.* sleeping sickness; **schlaflos** *adj*, sleepless; **Schlaflosigkeit** *sub, f, -, -en* sleeplessness; **Schlafmittel** *sub, n, -s, -* sleeping drug; **Schlafmütze** *sub, f, -, -n* nightcap; *(ugs.)* dope; **schlafmützig** *adj*, dozy; **Schlafpuppe** *sub, f, -, -n* sleeping doll; **schläfrig** *adj*, sleepy; **Schlafsack** *sub, m, -es, -säcke* sleeping-bag; **Schlaftrunk** *sub, m, -es, -trünke* sleeping draught; **Schlafwagen** *sub, m, -s, -wägen* sleeping-car; **Schlafwandler** *sub, m, -s, -* sleepwalker; **schlafwandlerisch** *adj*, sleepwalking; **Schlafzimmer** *sub, n, -s, -* bedroom
Schlag, *sub, m, -es, Schläge* blow, punch; *(Herz)* beat; **~abtausch** *sub, m, -es, nur Einz.* *(Boxen)* exchange of blows
Schlagader, *sub, f, -, -n* artery
Schlaganfall, *sub, m, -s, -fälle* stroke; **schlagartig (1)** *adj*, sudden **(2)** *adv*, suddenly; **Schlagball** *sub, m, -es, -bälle* rounders; **Schlagbaum** *sub, m, -es, -bäume* barrier; **Schlagbohrer** *sub, m, -s, -* hammer drill; **Schlägelchen** *sub, n, -s, -* miner´s hammer; **schlagen (1)** *vr*, fight **(2)** *vt*, strike **(3)** *vti*, beat, hit; *sich tapfer schlagen* to make a good showing; **Schlager** *sub, m, -s, -* bestseller, pop-song; **Schläger** *sub, m, -s, -* ruffian; *(spo.)* racquet; **Schlägerei** *sub, f, -, -en* fight; **Schlagerstar**, *sub, m, -s, -s* pop star; **Schlagertext** *sub, m, -es, -e* pop music lyrics; **schlagfertig** *adj*, quick-witted; **Schlagkraft** *sub, f, -, -kräfte* power; **Schlaglicht** *sub, n, -es, -er* highlight
Schlagobers, *sub, m, -, nur Einz.* whipped cream; **Schlagsahne** *sub, f, -, -n* whipping cream; **Schlagseite** *sub, f, -, -n* list; **Schlagstock** *sub, m, -es, -stöcke* truncheon; **Schlagwetter** *sub, n, -s, nur Einz.* firedamp; **Schlagwort** *sub, n, -es, -wörter, -e* catchword; **Schlagzeile** *sub, f, -, -n* headline; **Schlagzeug** *sub, n, -s, -e* drums; **Schlagzeuger** *sub, m, -s, -* drummer
schlaksig, (1) *adj*, gangling **(2)** *adv*, in a gangling way
Schlamassel, *sub, m, -s, nur Einz.*

mess; *(ugs.) der ganze Schlamassel* the whole caboodle; **Schlamm** *sub, m, -es, -e* mud; **Schlammbad** *sub, n, -es, -bäder* mugbath
Schlampe, *sub, f, -, -n (ugs.)* slut; **schlampen** *vi*, be sloppy; **~rei** *sub, f, -, -en (ugs.)* sloppiness; **schlampig** *adj*, sloppy
Schlange, *sub, f, -, -n* queue, snake; **schlängelig** *adj, (Weg)* winding; **schlängeln** *vr*, wind; **~nbiss** *sub, m, -es, -e* snakebite; **~ngift** *sub, n, -es, -e* snake poison; **~nlinie** *sub, f, -, -n* swerve around
schlank, *adj*, slender, slim; **Schlankheit** *sub, f, -, nur Einz.* slenderness, slimness; **Schlankheitskur** *sub, f, -, -en* diet
schlapp, *adj*, listless, worn-out; **Schläppchen** *sub, n, -s, - (ugs.)* slipper
Schlappe, *sub, f, -, -n* set-back; **~n** *sub, m, -s, - (ugs.)* slipper; **Schlappheit** *sub, f, -, -en* exhaustion, listlessness; **Schlapphut** *sub, m, -(e)s, -hüte* floppy hat; **schlappmachen** *vi*, *(ugs.)* wilt; **Schlappschwanz** *sub, m, -es, -schwänze* wimp
Schlaraffenland, *sub, n, -(e)s, -länder* land of milk and honey
schlau, *adj*, clever, smart; **Schlauberger** *sub, m, -s, - (ugs.)* clever-dick
Schlauch, *sub, m, -(e)s, Schläuche* hose; *(Auto)* inner tube; **~boot** *sub, n, -(e)s, -e* rubber dinghy; **schlauchen (1)** *vi*, wear one out **(2)** *vt*, wear out; **schlauchlos** *adj*, tubeless
Schläue, *sub, f, -, nur Einz.* cunning
Schlaufe, *sub, f, -, -n* loop
Schlauigkeit, *sub, f, -, -en* cleverness
Schlawiner, *sub, m, -s, - (ugs.)* villain
schlecht, (1) *adj*, bad, poor; *(Milch/Fleisch)* off **(2)** *adv*, badly; **~ machen** *vt*, denigrate; **~er** *adj*, worse; **~erdings** *adv*, absolutely; **~este** *adj*, worst; **Schlechtheit** *sub, f, -, nur Einz.* badness; **~hin** *adv*, per se; **Schlechtigkeit** *sub, f, -, -ten* inferiority; **~weg** *adv*, per se; **Schlechtwetter** *sub, n, -s, -* bad weather

schlecken, (1) *vi*, eat sweets (2) *vti*, lick; Schleckerei *sub, f, -, -en* delicacy, eating sweet things, licking
Schlegel, *sub, m, -s, -* stick; *(Geflügel)* leg
Schlehe, *sub, f, -, -n* sloe
Schleier, *sub, m, -s, -* veil; *einen Schleier vor den Augen haben* to have a mist in front of one´s eyes; ~eule *sub, f, -, -n* barn owl; schleierhaft *adj, (ugs.)* mysterious; ~schwanz *sub, m, -es, -schwänze* goldfish; ~tanz *sub, m, -es, -tänze* veil-dance
Schleifbank, *sub, f, -, -en* grinding machine; Schleife *sub, f, -e, -en* bow, loop; schleifen (1) *vi*, sharpen, trail (2) *vt*, drag; Schleiferei *sub, f, -, -en* grinding, grinding shop; Schleiflack *sub, m, -(e)s, -e* coloured lacquer; Schleifpapier *sub, n, -s, -e* abrasive paper; Schleifstein *sub, m, -(e)s, -e* grinding stone
Schleim, *sub, m, -(e)s, -e* slime; ~beutel *sub, m, -s, -* bursa; ~drüse *sub, f, -, -n* mucous gland; schleimen *vi*, leave a coating; *(ugs.)* crawl; ~er *sub, m, -s, -* crawler; ~haut *sub, f, -, -häute* mucous membrane; ~pilz *sub, m, -es, -e* slime mould
schleißen, *vt*, wear out
Schlemihl, *sub, m, -s, -e (ugs.)* unlucky person
schlemmen, *vi*, feast; Schlemmer *sub, m, -s, -* gourmet; Schlemmerei *sub, f, -, -en* feasting; Schlemmerin *sub, f, -, -nen* gourmet
schlendern, *vi*, stroll; Schlendrian *sub, m, -s, -e (ugs.)* rut
Schlenkerich, *sub, m, -(e)s, -e* shove; schlenkern (1) *vi, (Auto)* swerve (2) *vti*, swing
Schlepp, *sub, m, nur Einz.* have in tow; *(i. ü. S.) jmdn/etwas in Schlepp nehmen* to take sb/sth in tow; ~e *sub, f, -, -n (Hut)* drag; *(Kleid)* train; schleppen (1) *vi, (ugs.)* drag (2) *vt*, lug; ~er *sub, m, -s, -* tractor; ~erei *sub, f, -, -en (ugs.)* lugging around; ~kahn *sub, m, -(e)s, -kähne* lighter; ~kleid *sub, n, -(e)s, -er* dress with train; ~lift *sub, m, -(e)s, -e* ski tow; ~netz *sub, n, -es, -e* trawl net; ~seil *sub, n, -(e)s, -e* trail rope
Schlesien, *sub, n, -s, -* Silesia
Schleuder, *sub, f, -, -n (Waffe)* sling; *(Wäsche)* spin-drier; ~ei *sub, f, -, -en* flinging; ~er *sub, m, -s, -* slinger; schleudern (1) *vi, (Auto)* skid (2) *vti*, hurl, spin; ~preis *sub, m, -es, -e* giveaway price; ~sitz *sub, m, -es, -e* ejection seat
schleunig, *adj*, prompt, rapid; ~st *adv*, at once
Schleuse, *sub, f, -, -n* floodgate; *(Schiffe)* lock; schleusen *vt*, filter; *(Schiffe)* lock; ~ntor *sub, n, -(e)s, -e* lock gate
Schlich, *sub, m, -(e)s, -e* trick; *jmd auf die Schliche kommen* to catch on to sb
schlicht, *adj*, simple; ~en *vti*, mediate; Schlichter *sub, m, -s, -* mediator; Schlichtheit *sub, f, -, nur Einz.* simplicity; Schlichtung *sub, f, -, -en* mediation; ~weg *adv*, as simple as that
Schlick, *sub, m, -(e)s, -e* silt; schlikkerig *adj*, muddy
schließen, (1) *vi*, infer (2) *vt*, close, conclude; *von sich auf andere schließen* to judge others by one´s own standards; Schließerin *sub, f, -, -nen (ugs.)* jailer; Schließfach *sub, n, -(e)s, -fächer* locker; Schließkette *sub, f, -, -n* lock and chain; Schließkorb *sub, m, -(e)s, -körbe* hamper; schließlich *adv*, finally; Schließmuskel *sub, m, -s, -n (anat.)* sphincter; Schließzeit *sub, f, -, -en* closing-time
Schliff, *sub, m, -(e)s, -e* cutting, polish
schlimm, *adj*, awful, bad; ~er *adj*, worse; Schlimmste *sub, n, -n, -* worst; ~stenfalls *adv*, at the worst
Schlinge, *sub, f, -, -n* loop, sling; *(i. ü. S.) den Kopf aus der Schlinge ziehen* to get out of a tight spot
Schlingel, *sub, m, -s, -* rascal
schlingen, (1) *vi*, gobble (2) *vt*, tie, wrap
schlingern, *vi*, roll; Schlingpflanze *sub, f, -, -n* creeper
Schlips, *sub, m, -es, -e* tie; *(ugs.) jmd auf dem Schlips treten* to tread on sb´s toes; ~nadel *sub, f, -, -n* tiepin
Schlitten, *sub, m, -s, -n* sledge; Schlitterbahn *sub, f, -, -en* slide; schlittern *vi*, slide; Schlittschuh *sub, m, -(e)s, -e* ice-skate; Schlittschuh laufen *sub, n, -s, -* ice-ska-

ting
Schlitz, *sub, m, -es, -e* slit; *(Hose)* fly;
schlitzäugig *adj*, slit-eyed; **schlitzen**
vt, slit; ~**ohr** *sub, n, -(e)s, -n (ugs.)* sly
fox; **schlitzohrig** *adj*, shifty
schlohweiß, *adj*, snow-white
Schloss, *sub, n, -es, Schlösser* castle;
(Tür) lock; **Schlösschen** *sub, n, -s, -*
small castle
Schlosser, *sub, m, -s, -* lock-smith; ~**ei**
sub, f, -, -en metalworking shop; ~**in**
sub, f, -, -nen lock-smith; **Schlossherr**
sub, m, -n, -en owner of a castle;
Schlosshof *sub, m, -(e)s, -höfe* courtyard; **Schlosshund** *sub, m, -(e)s, -e*
watchdog; **Schlösslein** *sub, n, -s, -*
small castle; **Schlosspark** *sub, m, -s,*
-s estate; **Schlossruine** *sub, f, -, -n*
ruins of castle
Schlot, *sub, m, -(e)s, -e* chimney; ~**ba-**
ron *sub, m, -s, -e (ugs.)* big industrialist; ~**feger** *sub, m, -s, -*
chimney-sweep; **schlotterig** *adj*, shivering; **schlottern** *vi*, shiver
Schlucht, *sub, f, -, -en* gorge
schluchzen, *vti*, sob
schludern, **(1)** *vi*, do sloppy work **(2)**
vt, skimp
Schlummer, *sub, m, -s, nur Einz.*
slumber; **schlummern** *vi*, slumber;
~**trunk** *sub, m, -(e)s, -trünke (selten)*
night cap
Schlumpf, *sub, m, -(e)s, Schlümpfe*
smurf
Schlund, *sub, m, -(e)s, Schlünde*
(anat.) pharynx
schlüpfen, *vi*, slip; **Schlüpfer** *sub, m,*
-s, - knickers; **Schlupfjacke** *sub, f, -,*
-n slip-on jacket; **Schlupfloch** *sub, n,*
-(e)s, -löcher hide-out; **schlüpfrig**
adj, slippery; **Schlupfwespe** *sub, f, -,*
-n ichneumon; **Schlupfwinkel** *sub,*
m, -s, - hiding place; **Schlupfzeit** *sub,*
f, -, -en hatching time
schlurfen, *vi*, shuffle
schlürfen, *vt*, slurp
Schluss, *sub, m, -es, Schlüsse* closing,
conclusion, end; ~**akkord** *sub, m,*
-(e)s, -e final chord; ~**akt** *sub, m, -es,*
-e final act; ~**ball** *sub, m, -(e)s, -bälle*
last shot; ~**besprechung** *sub, f, -, -en*
final observation; ~**bild** *sub, n, -(e)s,*
-er end picture; ~**brief** *sub, m, -(e)s,*
-e final letter
Schlüssel, *sub, m, -s, -* key; ~**bein** *sub,*
n, -(e)s, -e collar-bone; ~**blume** *sub,*

f -, -n cowslip; ~**gewalt** *sub, f, -, -en*
(theol.) power of the keys; ~**indu-**
strie *sub, f, -, -n* key industry; ~**reiz**
sub, m, -es, -e key reaction; ~**ro-**
man *sub, m, -s, -e* roman à clef;
~**ung** *sub, f, -, -en* coding; ~**wort**
sub, n, -(e)s, -e keyword; **schluss-**
endlich *adv*, in conclusion;
Schlussfeier *sub, f, -s, -n* closing
party; **Schlussfolge** *sub, f, -, -n* conclusion; **schlussfolgern** *vi*, conclude; **Schlussfolgerung** *sub, f, -, -en*
inference; **schlüssig** *adj*, conclusive; **Schlusslicht** *sub, m, -(e)s, -er*
rear light
Schlusspfiff, *sub, m, -es, -e* final
whistle; **Schlussphase** *sub, f, -, -n*
final stages; **Schlusspunkt** *sub, m,*
-(e)s, -e round off sth.; *einen Schlus-*
spunkt unter etwas setzen to write
sth off; **Schlusssatz** *sub, m, -es,*
-sätze closing sentence; **Schluss-**
spurt *sub, f, -, -n* final spurt;
Schlussstrich *sub, m, -(e)s, -e* final
stroke; *einen Schlussstrich unter*
etwas ziehen to consider sth finished; **Schlussszene** *sub, f, -, -n* final
scene; **Schlussverkauf** *sub, m, -*
(e)s, -verkäufe sale; **Schlusswort**
sub, n, -(e)s, -e closing words
Schmach, *sub, f, -, -* disgrace;
schmachten *vi*, languish; ~**tfet-**
zen *sub, m, -, - (ugs.)* tear-jerker;
schmächtig *adj*, slight; **schmach-**
voll *adj*, ignominious; **schmack-**
haft *adj*, tasty
schmähen, *vti*, abuse; **schmählich**
adj, shameful; **Schmähschrift** *sub,*
f, -en defamatory piece of writing;
Schmähsucht *sub, f, -, -süchte* suk-
ker for abuse; **Schmähwort** *sub, n,*
-(e)s, -worte abusive word
schmal, *adj*, narrow, slender;
schmälern *vt*, diminish; **Schmäle-**
rung *sub, f, -, nur Einz.* diminishing; **Schmalfilmer** *sub, m, -s, -*
cine-filmer; **Schmalhans** *sub, m, -,*
nur Einz. (ugs.) frugil; ~**randig**
adj, narrow edged; **Schmalseite**
sub, narrow side; ~**spurig** *adj*,
narrow-gauge
Schmalz, *sub, m, -es, -e* fat, lard;
~**brot** *sub, n, -(e)s, -e* schmaltz
bread; **schmalzig** *adj, (ugs.)* slushy
schmarotzen, *vi*, sponge; **Schma-**

rotzer *sub, m, -s,* - sponger; *(biol.)* parasite; **Schmarotzerpflanze** *sub, f, -, -n* parasitic plant
Schmarren, *sub, m, -s,* - pancake cut up into small pieces, rubbish
Schmauch, *sub, m, -(e)s, -e* smoke; **schmauchen** *vi,* puff away
Schmaus, *sub, m, -es, Schmäuse* feast; **schmausen** *vi,* feast; **~erei** *sub, f, -, -en* feast
schmecken, *vi,* taste; *es sich schmekken lassen* to tuck in; *(i. ü. S.) etwas schmecken* to smack of sth
Schmeichelei, *sub, f, -, -en* flattery; **schmeichelhaft** *adj,* flattering; **schmeicheln** *vi,* flatter; **Schmeichler** *sub, m, -s,* - flatterer
schmeißen, (1) *vi,* throw (2) *vt, (ugs.)* chuck; *mit Fremdwörtern um sich schmeißen* to bandy loanwords; *(i. ü. S.) sich jmd an den Hals schmeißen* to throw oneself at sb; **Schmeißfliege** *sub, f, -, -n* bluebottle
Schmelz, *sub, m, -es, -e* glaze; **schmelzbar** *adj,* meltable; **schmelzen** *vi,* melt; **~erei** *sub, f, -, -en* smelting plant; **~farbe** *sub, f, -, -n* vitrifiable colour; **~glas** *sub, n, -es, -gläser* enamel; **~hütte** *sub, f, -, -n* smelting plant; **~käse** *sub, m, -s,* - cheese spread; **~ofen** *sub, m, -s,* - öfen melting furnace; **~punkt** *sub, m, -(e)s, -e* melting point; **~wärme** *sub, f, -, nur Einz.* heat of fusion; **~zone** *sub, f, -, -n* melting area
Schmer, *sub, m, n, -s, nur Einz. (ugs.)* pork fat; **~bauch** *sub, m, -(e)s, -bäuche* potbelly
Schmerz, *sub, m, -, -en* pain; *m, -es, -en* sore; **schmerzen** (1) *vi,* be sore (2) *vt,* hurt; **~ensgeld** *sub, n, -(e)s, -er (jur.)* damages; **schmerzfrei** *adj,* painless; **schmerzhaft** *adj,* painful; **schmerzlich** *adj, (geh.)* painful; **schmerzlos** *adj,* painless; **~schwelle** *sub, f, -, -n* pain threshold; **schmerzvoll** *adj,* painful
Schmetterling, *sub, m, -(e)s, -e* butterfly; **~sblütler** *sub, m, -s,* - papilionaceae; **schmettern** *vt,* smash; *(Tür)* slam
Schmied, *sub, m, -(e)s, -e* blacksmith; **~e** *sub, f, -, -n* forge; **schmieden** *vt,* forge; *jmdn in Ketten schmieden* to bind sb in chains; **~eofen** *sub, m, -s, -öfen* blacksmith´s oven

Schmiege, *sub, f, -, -n* foldable measurement instrument; **schmiegen** *vr,* cuddle; **schmiegsam** *adj,* supple
Schmiere, *sub, f, -, -n (ugs.)* grease; *(ugs.) Schmiere stehen* to be the look-out; **schmieren** *vt,* smear, spread; *es läuft wie geschmiert* it´s going like clockwork; *(ugs.) jmd eine schmieren* to clout sb one; *(ugs.) jmdn schmieren* to grease sb´s palms; **~nkomödiant** *sub, m, -, -en (ugs.)* ham actor; **~nstück** *sub, n, -(e)s, -e* slapstick farce; **~rei** *sub, f, -, -en* scrawl, smearing; **Schmierfett** *sub, n, -(e)s, -e* lubricating grease; **Schmierfink** *sub, m, -(e)s, -e* scribbler; **Schmiergeld** *sub, n, -(e)s, -er* bribe money; **Schmierheft** *sub, n, -(e)s, -e* jotter; **Schmierkäse** *sub, m, -es, nur Einz.* cheese spread; **Schmiermittel** *sub, n, -s,* - lubricant; **Schmierseife** *sub, f, -, -en* soft soap; **Schmierung** *sub, f, -, -en* lubrication
Schminke, *sub, f, -, -n* make-up; **schminken** (1) *vr,* make oneself up (2) *vt,* make up; **Schminkstift** *sub, m, -(e)s, -e* make-up pencil; **Schminktisch** *sub, m, -(e)s, -e* dressing table
Schmirgel, *sub, m, -s,* - emery; **schmirgeln** *vt,* sand
Schmiss, *sub, m, -es, Schmisse* dash, wound; **schmissig** *adj,* dashing
schmökern, *vi,* bury oneself in a book
Schmonzes *sub, m, -, nur Einz.* balderdash
Schmorbraten, *sub, m, -s,* - potroast
schmoren, (1) *vi,* roast (2) *vt,* braise
schmuck, (1) *adj,* neat (2) **Schmuck** *sub, m, -es -s, nur Einz.* decoration, jewellery; **schmücken** *vt,* decorate; **schmückend** *adj,* jewelled; **~los** *adj,* plain; **Schmucknadel** *sub, f, -, -n* brooch; **Schmuckstein** *sub, m, -(e)s, -e* gem; **Schmuckstück** *sub, n, -(e)s, -e* ornament; **~voll** *adj,* proper; **Schmuckwaren** *sub, f, -, nur Mehrz.* jewellery
Schmuddelei, *sub, f, -, -en* mess; **schmuddelig** *adj,* dirty, messy;

schmuddeln *vi*, botch
Schmuggel, *sub*, *m*, *-s*, - smuggling; **~ei** *sub*, *f*, *-*, *-en* smuggling; **schmuggeln** *vti*, smuggle; **Schmuggler** *sub*, *m*, *-s*, - smuggler
schmunzeln, *vi*, smile
Schmus, *sub*, *m*, *-es*, *nur Einz*. nonsense; **schmusen** *vi*, cuddle
Schmutz, *sub*, *m*, *-es*, *nur Einz*. dirt, filth; **~blatt** *sub*, *n*, *-es*, *-blätter* halftitle; **~fink** *sub*, *m*, *-(e)s*, *-e (ugs.)* dirty slob; **~fleck** *sub*, *m*, *-(e)s*, *-en* dirty mark; **schmutzig** *adj*, dirty; **~titel** *sub*, *m*, *-s*, - half-title
Schnabel, *sub*, *m*, *-s*, *Schnäbel* beak; *reden, wie einem der Schnabel gewachsen ist* to say exactly what comes into one´s head; **Schnäbelein** *sub*, *n*, *-s*, - *(ugs.)* beak; **~hieb** *sub*, *m*, *-(e)s*, *-e* peck; **~kerf** *sub*, *m*, *-s*, *-e* biting insect; **schnäbeln** *vi*, bill and coo; **~schuh** *sub*, *m*, *-s*, *-e* pointed shoe; **~tasse** *sub*, *f*, *-*, *-n* feeding cup; **~tier** *sub*, *n*, *-s*, *-e* duckbilled platypus
schnabulieren, *vi*, *(ugs.)* nibble
Schnake, *sub*, *f*, *-*, *-n* gnat
Schnällchen, *sub*, *n*, *-s*, - *(ugs.)* bukkel; **Schnalle** *sub*, *f*, *-*, *-n* buckle; **schnallen** *vt*, buckle, strap; *(ugs.) etwas schnallen* to catch on to sth
schnalzen, *vi*, click one´s tongue; *mit der Peitsche schnalzen* to crack one´s whip; **Schnalzlaut** *sub*, *m*, *-s*, *-e* click
schnappen, **(1)** *vi*, snap **(2)** *vt*, snatch; **Schnapphahn** *sub*, *m*, *-s*, *-hähne (hist.)* highwayman; **Schnappschuss** *sub*, *m*, *-es*, *-schüsse* snapshot
Schnaps, *sub*, *m*, *-es*, *Schnäpse* spirits; **~bude** *sub*, *f*, *-*, *-n (ugs.)* distillery; **Schnäpschen** *sub*, *n*, *-s*, - little drink; **~fahne** *sub*, *f*, *-*, *-n (ugs.)* boozy breath; **~glas** *sub*, *n*, *-es*, *-gläser* small glass for spirits; **~idee** *sub*, *f*, *-*, *-n (ugs.)* crazy idea; **~nase** *sub*, *f*, *-*, *-n* boozer´s nose
Schnatterer, *sub*, *m*, *-s*, - chatterbox; **schnatterig** *adj*, chattery; **Schnatterin** *sub*, *f*, *-*, *-nen* chatterbox; **schnattern** *vi*, chatter; *(Gans)* gabble
schnauben, *vi*, snort
schnaufen, *vi*, wheeze; **Schnaufer** *sub*, *m*, *-s*, - *(ugs.)* breath; **Schnauferl** *sub*, *n*, *-s*, *-n* veteran car
Schnauzbart, *sub*, *m*, *-s*, *-bärte* walrus moustache; **Schnäuzchen** *sub*, *n*, *-s*, - nose; **Schnauze** *sub*, *f*, *-*, *-n (ugs.)* ob; *(Tier)* muzzle; *(ugs.) die Schnauze gestrichen voll haben* to be fed up to the back teeth; *(ugs.) die Schnauze halten* to hold one´s tongue; *(ugs.) etwas frei nach Schnauze machen* to do sth any old how; **schnauzen** *vi*, snap; **schnäuzen** *vi*, blow one´s nose; **Schnauzer** *sub*, *m*, *-s*, - walrus moustache; *(Hund)* schnauzer
Schnecke, *sub*, *f*, *-*, *-n* slug, snail; **~haus** *sub*, *n*, *-es*, *-häuser* snailshell; **~ntempo** *sub*, *n*, *-s*, *nur Einz*. at a snail´s pace
Schnee, *sub*, *m*, *-s*, *nur Einz*. snow; *das ist Schnee von gestern* that´s old hat; **~ball** *sub*, *m*, *-s*, *-bälle* snowball; **schneeballen** *vi*, play snowballs; **~besen** *sub*, *m*, *-s*, - whisk; **schneeblind** *adj*, snowblind; **~blindheit** *sub*, *f*, *-*, *nur Einz*. snow blindness; **~brille** *sub*, *f*, *-*, *-n* snow-goggles; **~bruch** *sub*, *m*, *-s*, *-brüche* damage to trees due to heavy snow; **~decke** *sub*, *f*, *-*, *nur Einz*. blanket of snow; **~eule** *sub*, *f*, *-*, *-n* snowy owl; **~fläche** *sub*, *f*, *-*, *-n* snow field; **~flocke** *sub*, *f*, *-*, *-n* snowflake; **~fräse** *sub*, *f*, *-*, *-n* snow blower; **schneeglatt** *adj*, icy; **~glätte** *sub*, *f*, *-*, *nur Einz*. hardpacked snow
Schneeglöckchen, *sub*, *n*, *-s*, - snowdrop; **Schneehuhn** *sub*, *n*, *-s*, *-hühner* Alpine snow chicken; **Schneekanone** *sub*, *f*, *-*, *-n* snow cannon; **Schneekette** *sub*, *f*, *-*, *-n* snow chain; **Schneematsch** *sub*, *m*, *-s*, *nur Einz*. slush; **Schneemensch** *sub*, *m*, *-en*, *-en* snow person; **Schneemonat** *sub*, *m*, *-s*, *-e (ugs.)* January; **Schneemond** *sub*, *m*, *-s*, *-e* January; **Schneepflug** *sub*, *m*, *-s*, *-pflüge* snowplough; **Schneeräumer** *sub*, *m*, *-s*, - snow cat; **Schneeregen** *sub*, *m*, *-s*, *nur Einz*. sleet; **Schneeschuh** *sub*, *m*, *-s*, *-e* snow-shoe; **schneesicher** *adj*, snow proof; **Schneesturm** *sub*, *m*, *-s*, *-stürme* snowstorm; **Schneewasser** *sub*, *n*, *-s*, *nur Einz*. water from melting snow; **Schneewittchen** *sub*, *n*, *-s*, *nur Einz*. Snow White
Schneide, *sub*, *f*, *-*, *-n* edge; **~isen** *sub*, *n*, *-s*, - dowl; **schneiden (1)** *vi*,

cut (2) *vt, (Gemüse)* chop; *(i. ü. S.)*
die Luft ist zum Schneiden the air is
very bad; *Grimassen schneiden* to
pull faces; **~r** *sub, m, -s, -* cutter,
tailor; *(i. ü. S.) aus dem Schneider
sein* to be out of the woods; **~rei** *sub,
f, -, -en* tailoring; **~rin** *sub, f, -, -nen*
dressmaker; **schneidern** *vt*, sew;
~zahn *sub, m, -s, -zähne* incisor;
schneidig *adj*, dashing
schneien, *vi*, snow; *(ugs.) jmd ins
Haus schneien* to drop in on sb
Schneise, *sub, f, -, -n* break; *(Wald)*
aisle
schnell, *adj*, fast, quick; **Schnellboot**
sub, n, -s, -e speedboat; **Schnelle** *sub,
f, -, -n* quickness, speed; **~en** *vi*,
shoot; **Schnellfeuer** *sub, n, -s, nur
Einz. (mil.)* rapid fire; **~füßig** *adj*,
fleet-footed; **Schnellgang** *sub, m, -s,
nur Einz.* top gear; **Schnellheit** *sub,
f, -, nur Einz.* speed; **Schnelligkeit**
sub, f, -, -en quickness; **Schnellkraft**
sub, f, -, nur Einz. springiness;
Schnellkurs *sub, m, -es, -e* crash
course; **~lebig** *adj*, fast-moving
Schnellpaket, *sub, n, -s, -e* express
parcel; **Schnellschuss** *sub, m, -es,
-schüsse* quick fire; **schnellstens**
adv, as quickly as possible; **Schnellstraße** *sub, f, -, -n* expressway;
Schnellzug *sub, m, -s, -züge* fast train
Schnepfe, *sub, f, -, -n* snipe
Schnickschnack, *sub, m, -, -schnacks*
(ugs.) twaddle
schniegeln, *vt*, spruce up
schnieke, *adj*, swish
schnippeln, *vti*, snip at; **schnippisch**
adj, saucy; **Schnipsel** *sub, m, -s, -*
(ugs.) scrap; **schnipseln** *vti*, snip at
Schnitt, *sub, m, -s, -e* cut; **~blume**
sub, f, -, -n cut flowers; **~bohne** *sub,
f, -, -n* green beans; **~brot** *sub, n, -s,
-e* sliced bread; **~e** *sub, f, -, -n* slice;
~er *sub, m, -s, -* reaper; **~erin** *sub, f,
-, -nen* reaper; **schnittfest** *adj*, firm;
~holz *sub, n, -es, nur Einz.* cut wood;
schnittig *adj*, smart; **~käse** *sub, m,
-s, -* cut cheese; **~lauch** *sub, m, -s, -e*
chives; **~linie** *sub, f, -, -n* cutting line;
~menge *sub, f, -, -n (mat.)* intersection; **~muster** *sub, n, -s, -* pattern
Schnittpunkt, *sub, m, -s, -e* intersection; **Schnittware** *sub, f, -, -n* carved
goods; **schnittweise** *adj*, cut by cut;
Schnittwunde *sub, f, -, -n* cut

Schnitz, *sub, m, -es, -e* piece;
~bank *sub, f, -, -bänke* carving
table; **~bild** *sub, n, -s, -er* carving;
~el *sub, n, -s, -* schnitzel, scrap of
paper; **~elei** *sub, f, -, -en* carving;
~eljagd *sub, f, -, -en* paper-chase;
schnitzen *vti*, carve; **~er** *sub, m,
-s, -* wood carver; **~erei** *sub, f, -, -en*
wood-carving; **~werk** *sub, n, -s, -e*
wood carving
schnobern, *vi*, snuffle
Schnodder, *sub, m, -s, nur Einz.*
(ugs.) brashness; **schnodderig**
adj, brash
schnöde, *adj*, despicable; **Schnödigkeit** *sub, f, -, -en* despicableness
Schnorchel, *sub, m, -s, -* snorkel;
schnorcheln *vi*, snorkel; **Schnörkel** *sub, m, -s, -* flourish, scroll;
Schnörkelei *sub, f, -, -en* scroll,
squiggle; **schnörkelig** *adj*, ornate
schnorren, *vti, (ugs.)* scrounge;
Schnorrer *sub, m, -s, -* scrounger;
Schnorrerei *sub, f, -, -en* scrounging
Schnösel, *sub, m, -s, -* snotty little
upstart
Schnuckelchen, *sub, n, -s, -*
sweetheart; **schnuckelig** *adj*, cosy
Schnüffelei, *sub, f, -, -en* snuffling;
(ugs.) snooping; **schnüffeln** *vi*,
sniff; *(ugs.)* snoop around;
Schnüffler *sub, m, -s, -* snooper
Schnuller, *sub, m, -s, -* dummy
Schnulze, *sub, f, -, -n* schmaltzy
film/book/song
Schnupfen, (1) *sub, m, -s, nur Einz.*
cold (2) **schnupfen** *vti*, sniff;
Schnupftabak *sub, m, -s, nur Einz.*
snuff; **Schnupftuch** *sub, n, -s, -tü-
cher (ugs.)* hanky
schnuppe, *adj*, be all the same to
sb; *(ugs.) das Wohl seiner Angestellten ist ihm völlig schnuppe* he
couldn´t care less about the welfare of his employees; **~rn** *vi*, sniff
Schnurre, *sub, f, -, -n* funny story;
schnurren *vi*, hum; *(Katze)* purr;
Schnurrhaar *sub, n, -s, -e* whiskers; **Schnürriemen** *sub, m, -s, -*
shoelace; **schnurrig** *adj*, droll;
Schnürschuh *sub, m, -, -e* laced
shoe; **Schnürsenkel** *vi*, shoelace;
schnurstracks *adv*, straight;
schnurzpiepe *adj*, he couldn´t
care less; *(ugs.) das ist ihm*

schnurzpiepe he couldn´t give a darn about it

Schnute, *sub, f, -, -n* pout

Schock, *sub, n, -s, -e* shock; **schocken** *vt, (ugs.)* shock; **~er** *sub, m, -s, -* shock film/novel; **schockfarben** *adj,* electric coloured; **schockieren** *vti,* shock; **schockweise** *adv,* by the three score

Schöffe, *sub, m, -n, -n* juror; **~nbank** *sub, f, -, -bänke* jury bench

Schogun, *sub, m, -s, -e* Shogun

Schokolade, *sub, f, -, -n* chocolate; **schokoladen** *adj,* chocolate; **Schokoriegel** *sub, m, -s, -* chocolate bar

Scholar, *sub, m, -en, -en* scholar; **Scholastik** *sub, f, -, nur Einz.* scholasticism; **Scholastiker** *sub, m, -s, -* scholastic; **scholastisch** *adj,* scholastic

Scholle, *sub, f, -, -n (Eis)* floe; *(Fisch)* plaice

schon, *adv,* already, before, just

schön, (1) *adj,* beautiful, good, lovely (2) *adv,* well; **~ machen** *vr,* dress oneself up; **schonen** (1) *vr,* take care of oneself (2) *vt,* look after; **~en** *vt,* brighten; **Schoner** *sub, m, -s, -* cover; **~färben** *vt,* gloss over; **Schönfärber** *sub, m, -s, -* someone who tends to gloss things over; **Schongebiet** *sub, n, -es, -e* nature reserve; **Schongehege** *sub, n, -s, -* wild life reserve; **Schöngeist** *sub, m, -es, -er* aesthete; **~geistig** *adj,* aesthetic; **Schönheit** *sub, f, -, -en* beauty; **Schönheitskrem** *sub, f, -, -s* beauty creme; **Schönheitspflege** *sub, f, -, nur Einz.* beauty care; **Schonkost** *sub, f, -, nur Einz.* light diet; **Schönling** *sub, m, -s, -e (ugs.)* pretty boy

Schönredner, *sub, m, -s, -* flatterer; **Schönschreiben** *sub, n, -s, -* writing; **Schönschrift** *sub, f, -, nur Einz.* in one´s best handwriting; **Schöntuerei** *sub, f, -, -en* blandishments; **Schonung** *sub, f, -, nur Einz.* mercy, sparing; **schonungslos** *adj,* merciless; **Schonzeit** *sub, f, -, -en* close season

Schopf, *sub, m, -(e)s, Schöpfe* shock of hair; *eine Gelegenheit beim Schopf packen* to grasp an opportunity with both hands; *jmdn beim Schopf pakken* to grab sb by the hair

Schöpfe, *sub, f, -, -n* ladle; **~imer** *sub,*

~, -s, - bucket; **schöpfen** *vt, (Atem)* draw; *(Wasser)* scoop

Schöpfer, *sub, m, -s, -* creator; *(Gott)* Creator; **~hand** *sub, f, -s, -Hände (theol.)* Hand of the Creator; **schöpferisch** *adj,* creative; **~tum** *sub, n, -s, nur Einz.* creativity

Schöpfgefäß, *sub, n, -es, -e* ladle; **Schöpfkelle** *sub, f, -, -n* ladle; **Schöpflöffel** *sub, m, -s, -* ladle; **Schöpfung** *sub, f, -, -en* creation

Schoppen, *sub, m, -s, -* half-litre; **~wein** *sub, m, -(e)s, -e (ugs.)* glass of wine

Schorle, *sub, f, -, -n* spritzer

Schornstein, *sub, m, -(e)s, -e* chimney; **~feger** *sub, m, -s, -* chimney-sweep

Schose, *sub, f, -, -n (ugs.)* thing; *die ganze Schose* the whole lot

Schoß, *sub, m, -es, Schöße* womb; *(Rot.)* shoot; *sicher wie in Abrahams Schoß* safe and secure; *(i. ü. S.) das ist ihm nicht in den Schoß gefallen* it wasn´t handed to him or a plate; **~hündchen** *sub, n, -s, -* lap-dog; **~kind** *sub, n, -es, -der* spoilt child; **Schössling** *sub, m, -s, -e (bot.)* shoot

Schote, *sub, f, -, -n (ugs.)* yarn; *(bot.)* pod

Schott, *sub, n, -(e)s, -en* bulkhead; *(ugs.) die Schotten dichtmachen* to close up shop

Schotten, *sub, m, -s, - (ugs.)* quark; **~rock** *sub, m, -(e)s, -röcke* kilt; **~witz** *sub, m, -es, -e* Scot´s joke; **Schotter** *sub, m, -s, -* gravel; *(ugs.; Geld)* dough; **Schotterung** *sub, f, -, -en* ballast; **schottisch** *adj,* Scottish; **Schottische** *sub, m, -n, -n* Scottish dance; **Schottländer** *sub, m, -s, -* Scotsman

schraffieren, *vt,* hatch; **Schraffierung** *sub, f, -, -en* hatching

Schraffur, *sub, f, -, -en* hatching

schräg, (1) *adj,* sloping, weird (2) *adv,* obliquely; *(ugs.) jmdn schräg ansehen* to look at sb out of the corner of one´s eye; *schräg gedruckt* in italics; **Schräge** *sub, f, -, -n* slant, slope; **Schrägstrich** *sub, m, -(e)s, -e* oblique

Schramme, *sub, f, -, -n* scratch; **~musik** *sub, f, -, nur Einz.* popular Viennese music for violins, guitar and accordion; **Schrankfach** *sub, n, -(e)s, -fächer* shelf; **Schrankwand** *sub, f, -, -wände* wall unit **Schrank,** *sub, m, -(e)s, Schränke* cupboard, wardrobe **Schrankbett,** *sub, n, -(e)s, -en* foldaway bed **Schranke,** *sub, f, -, -n* barrier, gate; **Schränkeisen** *sub, n, -s, -* tool for repairing sawblades; **schränken** *vt,* repair a sawblade; **schrankenlos** *adj,* boundless, unrestrained **schrapen,** *vt, (ugs.)* scratch off **Schrapnell,** *sub, n, -s, -s oder -e* shrapnel **Schrat,** *sub, m, -(e)s, -e* forest demon **Schraube,** *sub, f, -, -n* screw; *(ugs.) bei ihr ist eine Schraube locker* she-´s got a scew loose; **schrauben** *vti,* screw; **~nmutter** *sub, f, -, -n* nut; **~nrad** *sub, n, -es, -räder* screw wheel; **~nschlüssel** *sub, m, -s, -* spanner; **~nzieher** *sub, m, -es, -* screwdriver; **Schraubstock** *sub, m, -(e)s, -stöcke* vice **Schrebergarten,** *sub, m, -s, -gärten* allotment **Schreck,** *sub, m, -(e)s, -e* fright; *(ugs.) der Schreck fuhr mir in die Glieder* my knees turned to jelly; **~bild** *sub, n, -es, -er* terrible vision; **~en (1)** *sub, m, -s, nur Einz.* fright, horror **(2) schrecken** *vt,* frighten; *lieber ein Ende mit Schrecken als ein Schrecken ohne Ende* it´s best to get unpleasant things over and done with, *jmdn aus seinen Träumen schrecken* to startle sb out of his dreams; **~ensherrschaft** *sub, f, -, -en* reign of terror; **schreckhaft** *adj,* easily startled; **schrecklich** *adj,* frightful, terrible; **~nis** *sub, n, -ses, -se* horror; **~schraube** *sub, f, -, -n (ugs.)* dolledup old bag; **~schuss** *sub, m, -es, -schüsse* warning shot; **~sekunde** *sub, f, -, -n* moment of shock **Schredder,** *sub, m, -s, -* shredder **Schrei,** *sub, m, -(e)s, -e* shout, yell; *(ugs.) der letzte Schrei* the latest thing **Schreibblock,** *sub, m, -es, -blöcke* writing pad; **Schreibbüro** *sub, n, -s, -s* office; **Schreibe** *sub, f, -, -n (ugs.)* writing; **Schreiben (1)** *sub, n, -s, -* writing **(2) schreiben** *vti,* write; *es steht Ihnen auf der Stirn geschrieben* it´s written all over your face; **Schrei-**

berei *sub, f, -, -en* paperwork; **Schreiberin** *sub, f, -, -nen* writer; **Schreiberling** *sub, m, -s, -e* scribbler; **schreibfaul** *adj,* lazy about writing letters; **Schreibfehler** *sub, f, -, -n* spelling mistake; **Schreibheft** *sub, n, -es, -e* exercise book; **Schreibkraft** *sub, f, -, -kräfte* typist; **Schreibkrampf** *sub, m, -(e)s, -krämpfe* writer´s cramp; **Schreibmappe** *sub, f, -, -n* folder; **Schreibmaschine** *sub, f, -, -n* typewriter; **Schreibpult** *sub, n, -(e)s, -e* writing desk; **Schreibstube** *sub, f, -, -n* writing room; **Schreibtisch** *sub, m, -es, -e* desk; **Schreibübung** *sub, f, -, -en* writing exercise **Schreibung,** *sub, f, -, -en* spelling; **Schreibunterricht** *sub, m, -(e)s, nur Einz.* writing lessons; **Schreibwaren** *sub, f, -, nur Mehrz.* stationery; **Schreibweise** *sub, f, -, -n* style; **Schreibzeug** *sub, n, -(e)s, nur Einz.* writing things **schreien,** *vi,* scream, shout; **Schreier** *sub, m, -s, -* rowdy; *(Baby)* bawler; **Schreihals** *sub, m, -es, -hälse (ugs.)* bawler; **Schreikrampf** *sub, m, -(e)s, -krämpfe* screaming fit **Schrein,** *sub, m, -(e)s, -e (geh.)* shrine; **~er** *sub, m, -s, -* carpenter; **~erei** *sub, f, -, -en* workshop **schreiten,** *vi,* stride; **Schreitvogel** *sub, m, -s, -vögel* wader **Schrieb,** *sub, m, -s, -e (ugs.)* missive **Schrift,** *sub, f, -, -en* document, writing; **~bild** *sub, n, -es, -er* script; **~deutsch** *sub, n, -, nur Einz.* written German; **~form** *sub, f, -, -en (jur.)* this contract must be drawn up in writing; *(jur.) dieser Vertrag erfordert die Schriftform* this contract must be drawn up in writing; **~führer** *sub, m, -s, -* secretary; **~gelehrte** *sub, m, -n, -n (bibl.)* scribe; **schriftgemäß** *adj,* according to written convention; **~grad** *sub, m, -(e)s, -e* type size; **~höhe** *sub, f, -, -n* height of the type; **schriftlich (1)** *adj,* written **(2)** *adv,* in writing; **~probe** *sub, f, -, -n* specimen of one´s writing; **~rolle** *sub, f, -, -n* scroll; **~satz** *sub, m, -es, -sätze* compositor; **~sprache** *sub, f, -, nur Einz.* written language; **~steller** *sub, m, -s, -* author;

~**stück** *sub, n, -(e)s, -e (jur.)* document; ~**tum** *sub, n, -s, nur Einz.* literature; ~**wechsel** *sub, m, -s, -* correspondence

schrill, *adj,* brash, shrill; **Schrillheit** *sub, f, -, nur Einz.* shrillness

Schrimp, *sub, m, -s, -s* shrimp

Schrippe, *sub, f, -, -n (ugs.)* bread roll

schroff, *adj,* brusque, curt; **Schroffheit** *sub, f, -, -en* curt remark, curtness

schröpfen, *vt,* bleed; *(ugs.) jmdn schröpfen* to fleece sb; **Schröpfkopf** *sub, m, -es, -köpfe (med.)* cupping glass

Schrot, *sub, n, -es, -.s, -e* shot, wholecorn/-rye etc. meal; ~**brot** *sub, n, -es, -e* wholemeal bread; **schroten** *vt,* grind coarsely; ~**flinte** *sub, f, -, -n* shotgun; ~**kugel** *sub, f, -, -n* pellet; ~**ladung** *sub, f, -, -en* round of shot; ~**mühle** *sub, f, -, -n* mill stone; ~**schuss** *sub, m, -es, -schüsse* round of shot

Schrott, *sub, m, -(e)s, -e* scrap metal; **schrotten** *vt,* write off; ~**haufen** *sub, m, -s, -* scrap heap; ~**platz** *sub, m, -es, -plätze* scrap yard; **schrottreif** *adj,* only fit for scrap; ~**wert** *sub, m, -(e)s, nur Einz.* scrap value

Schrubbbesen, *sub, m, -s, -* scrubbing brush; **schrubben** *vt,* scrub; **Schrubber** *sub, m, -s, -* long-handled scrubbing brush

Schrulle, *sub, f, -, -n* quirk; *(ugs.)* old crone; **schrullig** *adj,* odd

schrumpfen, *vi,* shrink; **Schrumpfkopf** *sub, m, -es, -köpfe* shrunken head; **Schrumpfung** *sub, f, -, -en* shrinking

Schrunde, *sub, f, -, -n (Fels)* crevasse; *(Haut)* crack; **schrundig** *adj,* crakked

Schruppfeile, *sub, f, -, -n* rough file; **Schrupphobel** *sub, m, -s, -* jack plane

Schub, *sub, m, -(e)s, Schübe* push; *(ugs.; Fach)* drawer; ~**kasten** *sub, m, -s, -kästen* drawer; ~**lade** *sub, f, -, -n* drawer; ~**s** *sub, m, -es, -e* shove; ~**schiff** *sub, n, -es, -e* tug; **schubsen** *vti, (ugs.)* shove

schüchtern, *adj,* shy; **Schüchternheit** *sub, f, -, -en* shyness

Schuft, *sub, m, -(e)s, -e (ugs.)* heel; **schuften** *vi,* slave away; **schuftig** *adj,* mean; ~**igkeit** *sub, f, -, nur Einz.* meanness

Schuh, *sub, m, -es, -e* shoe; *(ugs.) jmd etwas in die Schuhe schieben* to put the blame for sth on sb; *wo drückt der Schuh?* what's the trouble; ~**bürste** *sub, f, -, -n* shoe brush; ~**fabrik** *sub, f, -, -en* shoe factory; ~**karton** *sub, m, -s, -s* shoe box; ~**löffel** *sub, m, -s, -* shoehorn; ~**macher** *pron,* shoemaker; ~**nummer** *sub, f, -, -n* shoe size; ~**plattler** *sub, m, -s, -* Bavarian dance; ~**putzer** *sub, m, -s, -* bootblack; ~**riemen** *sub, m, -s, -* strap; ~**spanner** *sub, m, -s, -* shoetree

Schulamt, *sub, n, -(e)s, -ämter* education authority; **Schulanfang** *sub, m, -(e)s, nur Einz.* beginning of term; **Schularbeit** *sub, f, -, -en* homework; **Schulärztin** *sub, f, -, -nen* school doctor; **Schulaufgabe** *sub, f, -, -n* homework; **Schulaufsatz** *sub, m, -es, -sätze* class essay; **Schulbeginn** *sub, m, -(e)s, nur Einz.* beginning of term; **Schulbehörde** *sub, f, -, -n* education authority; **Schulbesuch** *sub, m, -(e)s, -e* school attendance; **Schulbildung** *sub, f, -, nur Einz.* school education; **Schulbuch** *sub, n, -(e)s, -bücher* schoolbook; **Schulbus** *sub, m, -es, -busse* school bus

schuld, (1) *adj,* be to blame (2) **Schuld** *sub, f, -, -en* debt, guilt; *jmd/einer Sache schuld geben* to blame sb/sth, *(ugs.) mehr Schulden als Haare auf dem Kopf haben* to be up to one's ears in debt; *(i. ü. S.) ich stehe tief in seiner Schuld* I'm deeply indebted to him; **Schuldbeweis** *sub, m, -es, -e* evidence of one's guilt; ~**bewusst** *adj,* feeling guilty; **Schuldbewusstsein** *sub, n, -s, nur Einz.* feelings of guilt; ~**en** *vt,* owe; **Schuldenberg** *sub, m, -es, -e* mountain of debts; ~**enfrei** *adj,* free of debts; **Schuldenlast** *sub, f, -, nur Einz.* debts; ~**fähig** *adj,* suffering from diminished responsibility ~**haft** (1) *adj, (jur.)* culpable (2) **Schuldhaft** *sub, f, -, nur Einz. (hist.)* imprisonment for debt; ~**ig** *adj,* guilty; *(i. ü. S.) er blieb ihr nichts schuldig* he gave as good as he got; *(i. ü. S.) jmd etwas schuldig sein* to owe sb sth; **Schuldiger** *sub,* *m, -s, -* guilty person; **Schuldigkeit** *sub, f, -, nur Einz.* duty; **~los** *adj,* innocent; **Schuldner** *sub, m, -s, -* debtor; **Schuldnerin** *sub, f, -, -nen* debtor; **Schuldrecht** *sub, n, -s, nur Einz. (jur.)* law of contract; **Schuldschein** *sub, m, -s, -e* promissory note; **Schuldspruch** *sub, m, -es, -sprüche* verdict of guilty **Schuldienst,** *sub, m, -(e)s, -e* teaching **Schule,** *sub, f, -, -n* school; **schulen** *vt,* train; **Schüler** *sub, m, -s, -* pupil; **schülerhaft** *adj, (ugs.)* childish; **Schülerlotse** *sub, m, -, -n* pupil acting as road crossing warden; **Schulferien** *sub, f, -, nur Mehrz.* school holidays; **Schulfreund** *sub, m, -s, -* schoolfriend; **Schulfunk** *sub, m, -s* school´s radio; **Schulgarten** *sub, m, -s, -gärten* schoolyard; **Schulgebäude** *sub, n, -es, -* school building; **Schulgeld** *sub, n, -s, nur Einz.* school fees; **Schulgesetz** *sub, n, -es, -e* education act; **Schulhof** *sub, m, -s, -höfe* school playground; **Schuljahr** *sub, n, -s, -e* school year; **Schuljugend** *sub, f, -, -er* schoolchildren; **Schulkamerad** *sub, m, -s, -en* schoolmate; **Schulklasse** *sub, f, -, -n* class; **Schullehrer** *sub, m, -s, -* schoolteacher; **Schulleiter** *sub, m, -s, -* headmaster; **Schulleitung** *sub, f, -, -en* school management; **Schulmädchen** *sub, n, -s, -* schoolgirl **Schulmeister,** *sub, m, -s, -* school master; **schulmeistern** *vt,* lecture; **Schulordnung** *sub, f, -, -en* school rules; **Schulpflicht** *sub, f, -, nur Einz.* compulsory school attendance; **Schulpolitik** *sub, f, -, nur Einz.* education policy; **Schulranzen** *sub, m, -s, -* school satchel; **Schulrat** *sub, m, -s, -räte* schools inspector; **Schulreife** *sub, f, -, nur Einz.* school readiness; **Schulschiff** *sub, n, -s, -e* training school; **Schulschluss** *sub, m, -es, -* end of school; **Schulsport** *sub, m, -s, nur Einz.* school sport; **Schulstress** *sub, m, -es, nur Einz.* stress at school; **Schulstunde** *sub, f, -, -en* lesson; **Schultag** *sub, m, -s, -e* schoolday; **Schultasche** *sub, f, -, -n* schoolbag **Schulter,** *sub, f, -, -n* shoulder; *etwas auf die leichte Schulter nehmen* to take sth lightly; *(i. ü. S.) sich selbst auf*

die Schulter klopfen to blow one´s own trumpet; **~blatt** *sub, n, -s, -blätter* shoulder blade; **schulterfrei** *adj,* off-the-shoulder; **schulterlang** *adj,* shoulderlength; **schultern** *vt,* shoulder; **~sieg** *sub, m, -, -e (spo.)* fall **Schulung,** *sub, f, -* training; **Schulweg** *sub, m, -s, -e* way to/from school; **Schulwesen** *sub, n, -s, -* school system; **Schulwissen** *sub, n, -s, nur Einz.* knowledge acquired at school **Schulze,** *sub, m, -n, -n (hist.)* mayor **Schulzenamt,** *sub, n, -es, -ämter* office of mayor **Schulzentrum,** *sub, -s, -zentren* school complex; **Schulzeugnis** *sub, n, -ses, -se* school report; **Schulzimmer** *sub, n, -s, -n* classroom **Schummel,** *sub, m, -, nur Einz.* crib; **schummeln** *vi,* cheat; **Schummlerin** *sub, f, -, -nen* cheater **schummerig,** *adj,* dim **Schund,** *sub, m, -s, -er* trash; **~blatt** *sub, n, -s, -blätter* pulp paper; **~literatur** *sub, f, -, nur Einz.* pulp literature; **~roman** *sub, m, -s, -e* pulp novel **schunkeln,** *vi,* link arms and sway from side to side **Schuppe,** *sub, f, -, -n* dandruff; *(bot.)* scale; *es fiel mir wie Schuppen von den Augen* the scales fell from my eyes; **schuppen (1)** *vr,* flake **(2)** *vt, (Fische)* scale; **~nflechte** *sub, f, -, nur Einz. (med.)* psoriasis; **~npanzer** *sub, m, -s, -* scale armour; **schuppig** *adj,* flaking, scaly **Schur,** *sub, f, -es, -en* shearing **Schüreisen,** *sub, n, -* poker; **schüren** *vt,* rake, stir up **schürfen, (1)** *vt,* mine **(2)** *vtr,* graze oneself; **Schürfrecht** *sub, n, -s, -e* mining rights; **Schürfwunde** *sub, f, -, -n* graze; **Schürhaken** *sub, m, -s, -* poker **Schurigelei,** *sub, f, -, -en* bullying; **schurigeln** *vt, (ugs.)* bully **schurren,** *vi,* grate **Schurwolle,** *sub, f, -, nur Einz.* virgin wool; **schurwollen** *adj,* virgin wool **Schurz,** *sub, m, -es, -e* loincloth

Schürze, *sub, f, -, -n* pinafore; **schürzen** *vt,* gather up; *die Lippen schürzen* to purse one´s lips; **~nband** *sub, n, -es, -bänder* apron-string; **~njäger** *sub, m, -s,* - philanderer **Schuss,** *sub, m, -es, Schüsse* shot; *(Wein)* dash; *(ugs.) ein Schuss in den Ofen* a complete waste of time; *(i. ü. S.) ein Schuss ins Schwarze* a bull´s-eye; *(i. ü. S.) er ist keinen Schuss Pulver wert* he is not worth tuppence; **~abgabe** *sub, f, -, nur Einz.* dischargement of weapon; **schussbereit** *adj,* ready to fire **Schussel,** *sub, f, -, -n (ugs.)* dolt; **schusselig** *adj, (ugs.)* daft **Schüssel,** *sub, f, -, -n* bowl **Schusser,** *sub, m, -s,* - marble **Schussfaden,** *sub, m, -s, -fäden* weft thread; **Schussfahrt** *sub, f, -, -en* schussing; **schussfertig** *adj,* ready to fire; **schussfest** *adj,* bulletproof; **schussgerecht** *adj,* get a good shot; **Schusskanal** *sub, m, -s, -kanäle (med.)* path of a bullet through the body; **Schusslinie** *sub, f, -, -n* line of fire; **Schussschwäche** *sub, f, -, -en* weakness of fire; **schusssicher** *adj,* bulletproof; **schussstark** *adj,* heavy fire; **Schussstärke** *sub, f, -, -en* level of fire; **Schusswaffe** *sub, f, -s, -n* firearm; **Schussweite** *sub, f, -, nur Einz.* range of fire; **Schusswunde** *sub, f, -s, -n* bullet wound **Schuster,** *sub, m, -s,* - shoemaker; *Schuster, bleib bei deinem Leisten!* cobbler, stick to your last; **~pech** *sub, n, -s, nur Einz.* shoemaker´s wax **Schutt,** *sub, m, -s, nur Einz.* debris, rubble **Schüttbeton** *sub, m, -s, nur Einz.* cast concrete; **Schüttelfrost** *sub, m, -s, -e (med.)* shivering fit; **schütteln (1)** *vr,* shiver **(2)** *vt,* shake; **Schüttelreim** *sub, m, -s, -e* goat rhyme; **schütten** *vt,* pour **schütter,** *adj,* thin **Schutthalde,** *sub, f, -, -n* rubble tip; **Schutthaufen** *sub, m, -s,* - heap of rubble; **Schuttkegel** *sub, m, -s,* - cone of scree; **Schuttplatz** *sub, m, -es, -plätze* tip **Schüttstroh,** *sub, n, -s, nur Einz.* bedding straw **Schutz,** *sub, m, -es, Einz., Technik -e* protection, shelter; **~anzug** *sub, m,*

~, *-anzüge* protective clothing; **~befohlene** *sub, m, f, -n, -n* protégé; **~blech** *sub, n, -s, -e* mudguard; **~brief** *sub, m, -s, -e* letter of safe-conduct; **~brille** *sub, f, -, -n* protective goggles **Schutzengel,** *sub, m, -s,* - guardian angel **Schutzgebiet,** *sub, n, -s, -e* protectorate; **Schutzgebühr** *sub, f, -, -en* token fee; **Schutzgeist** *sub, m, -es, ~er* protecting spirit; **Schutzgitter** *sub, n, -s,* - protective barrier; **Schutzhafen** *sub, m, -s, -häfen* port of refuge; **Schutzhaft** *sub, f, -, nur Einz.* protective custody; **Schutzhaube** *sub, f, -, -s* protective hood; **Schutzheilige** *sub, f, -n, -n* patron saint; **Schutzherrschaft** *sub, f, -, nur Einz.* protectorate; **Schutzhülle** *sub, f, -, -n* protective cover **schutzimpfen,** *vt,* vaccinate; **Schutzimpfung** *sub, f, -, -en* vaccination **Schützling,** *sub, m, -s, -e* protégé **schutzlos,** *adj,* defenceless **Schutzmann,** *sub, m, -s, -männer* policeman **Schutzmarke,** *sub, f, -, -n* trademark **Schutzmaske,** *sub, f, -, -n* protective mask **Schutzmittel,** *sub, n, -s,* - means of protection **Schutzpatron,** *sub, f, -s, -e* saint **Schutzpolizei,** *sub, f, -, nur Einz.* police force **Schutzschild,** *sub, m, -s, -s* shield **Schutzvorkehrung,** *sub, f, -, -en* safety device **Schutzzoll,** *sub, m, -s, -zölle* protective tariff **schwabbelig,** *adj,* flabby **Schwabenstreich,** *sub, m, -s, -e* piece of folly **Schwaden,** *sub, m, -s,* - cloud **Schwadron,** *sub, -s, -en (mil.)* squadron; **schwadronieren** *vi,* bluster **Schwafelei,** *sub, f, -, -en (ugs.)* drivel **schwafeln** *vi,* drivel **Schwager,** *sub, -s, Schwäger* brother-in-law; **Schwägerin** *sub, -, -nen* sister-in-law; **schwägerlich** *adj,* sister-/brother-in-lawly **Schwälbchen,** *sub, n, -s,* - swallow; **Schwalbe** *sub, f, -, -n* swallow;

Schwalbenschwanz *sub*, *m*, *-es*, *-schwänze* swallowtail
Schwall, *sub*, *m*, *-es*, *-e* flood
Schwamm, *sub*, *m*, *-s*, *Schwämme* sponge; *(ugs.) Schwamm drüber!* forget it; **schwammartig** *adj*, spongy; **schwammig** *adj*, spongy; **~tuch** *sub*, *n*, *-s*, *-tücher* sponge
Schwan, *sub*, *m*, *-s*, *Schwäne* swan; **schwanen** *vi*, forebode; *ihm schwante etwas* he had forebodings; **~engesang** *sub*, *m*, *-s*, *-gesänge* swansong; **schwanenweiß** *adj*, *(geh.)* lily-white
schwanger, *adj*, pregnant; *(i. ü. S.) mit etwas schwanger gehen* to be big with sth; **schwängern** *vt*, make pregnant; **Schwangerschaft** *sub*, *f*, *-*, *-en* pregnancy; **Schwangerschaftsabbruch** *sub*, *m*, *-s*, *-abbrüche* abortion; **Schwangerschaftsverhütung** *sub*, *f*, *-*, *nur Einz.* contraception; **Schwängerung** *sub*, *f*, *-*, *-en* making a woman pregnant
Schwank, *sub*, *m*, *-s*, *Schwänke* merry tale; **schwanken** *vi*, hesitate, stagger, sway; *(i. ü. S.) der Boden schwankte unter meinen Füßen* the ground rokked beneath my feet; **~figur** *sub*, *f*, *-*, *-en* merry tale figure
Schwanz, *sub*, *m*, *-es*, *Schwänze* tail; *das Pferd am Schwanz aufzäumen* to do things back to front; **Schwänzchen** *sub*, *n*, *-s*, *-* tail; **~ende** *sub*, *n*, *-es*, *-s* tip of the tail; **~feder** *sub*, *f*, *-*, *-n* tail feather; **~flosse** *sub*, *f*, *-*, *-n* tail fin; **~lurch** *sub*, *m*, *-s*, *-e (zool.)* caudate; **~stück** *sub*, *n*, *-s*, *-e* piece of tail
schwänzen, *vt*, *(ugs.)* skip
schwappen, *vi*, slosh around
Schwäre, *sub*, *f*, *-*, *-n* ulcer; **schwären** *vi*, fester
Schwarm, *sub*, *m*, *-s*, *Schwärme* swarm; *(ugs.)* idol; **schwärmen** *vi*, enthuse, swarm; **Schwärmer** *sub*, *m*, *-s*, *-* enthusiast; *(zool.)* hawkmoth; **Schwärmerei** *sub*, *f*, *-*, *-en* enthusiasm; **Schwärmerin** *sub*, *f*, *-*, *-nen* enthusiast
Schwarte, *sub*, *f*, *-*, *-n* rind; *(ugs.)* old book
Schwarzseher, *sub*, *m*, *-s*, *-* pessimist; **~ei** *sub*, *f*, *-*, *nur Einz.* pessimism; **Schwarzwald** *sub*, *m*, *-s*, *nur Einz.* Black Forest; **schwarzweiß** *adj*, black-and-white; **Schwarzweißaufnahme** *sub*, *f*, *-*, *-en* black-and-white

shot; **Schwarzwild** *sub*, *n*, *-s*, *nur Einz.* wild boars
Schwatz, *sub*, *f*, *-es*, *-e (ugs.)* chat; **~base** *sub*, *f*, *-*, *-n* gossip; **Schwätzchen** *sub*, *n*, *-s*, *-* chat; **schwatzen** *vti*, chatter; **Schwätzer** *sub*, *m*, *-s*, *-* chatterer; **Schwätzerei** *sub*, *f*, *-*, *-en* chatter; **Schwätzerin** *sub*, *f*, *-*, *-nen* chatterer; **schwatzhaft** *adj*, talkative
Schwebe, *sub*, *f*, *-*, *nur Einz.* hover; *(i. ü. S.) in der Schwebe sein* to be in the balance; **~bahn** *sub*, *f*, *-*, *-en* suspension railway; **~balken** *sub*, *m*, *-s*, *- (spo.)* beam; **schweben** *vi*, float, hang; *(i. ü. S.) etwas schwebt jmd vor Augen* sb envisages sth
Schwede, *sub*, *m*, *-*, *-n* Swede; **~n** *sub*, *n*, *-s*, *-* Sweden; **~nplatte** *sub*, *f*, *-*, *-n* smorgasbord; **schwedisch** *adj*, Swedish; *(ugs.) hinter schwedischen Gardinen* behind bars; **Schwedische** *sub*, *n*, *-n*, *nur Einz.* Swedish
Schwefel, *sub*, *m*, *-s*, *nur Einz.* sulphur; **schwefelgelb** *adj*, sulphurous yellow; **~holz** *sub*, *n*, *-es*, *-hölzer* match; **schwefeln** *vt*, sulphurize; **~quelle** *sub*, *f*, *-*, *-n* sulphur spring; **~salbe** *sub*, *f*, *-*, *nur Einz.* sulphur creme; **~säure** *sub*, *f*, *-*, *nur Einz.* sulphuric acid; **~ung** *sub*, *f*, *-*, *-en* sulphurization
Schweif, *sub*, *m*, *-s*, *-e* tail; **schweifen** (1) *vi*, roam (2) *vt*, curve; **~säge** *sub*, *f*, *-*, *-s* fretsaw
Schweigegeld, *sub*, *n*, *-es*, *-er* hushmoney; **Schweigemarsch** *sub*, *m*, *-s*, *-märsche* silent march; **Schweigen** (1) *sub*, *-s*, *nur Einz.* silence (2) **schweigen** *vi*, be silent; *er kann schweigen wie ein Grab* he knows how to keep quiet; *ganz zu schweigen von* to say nothing of; **schweigend** *adj*, silent; **Schweigepflicht** *sub*, *f*, *-*, *nur Einz.* pledge of secrecy; **schweigsam** *adj*, silent
Schwein, *sub*, *n*, *-s*, *-e* pig; **~ebraten** *sub*, *m*, *-s*, *-* roast pork; **~efett** *sub*, *n*, *-*, *nur Einz.* pig fat; **~efleisch** *sub*, *n*, *-s*, *nur Einz.* pork; **~ehund** *sub*, *m*, *-s*, *-e (ugs.)* bastard; **~ekotelett** *sub*, *n*, *-s*, *-s* pork chop; **~epest** *sub*, *f*, *-*, *nur Einz.* swine fever; **~erei** *sub*, *f*, *-*, *-en* mess, scandal; **~estall** *sub*, *m*, *-s*, *-ställe*

pigsty; **schweinisch** *adj*, piggish; **~skopf** *sub*, *m*, *-s*, *(-köpfe)* pig´s head
Schweiß, *sub*, *m*, *-es*, *-e* sweat; **~band** *sub*, *n*, *-s*, *-bänder* sweatband; **~draht** *sub*, *m*, *-es*, *-drähte* welding rod; **~drüse** *sub*, *f*, *-*, *-n* sweat gland; **schweißen** (1) *vt*, weld (2) **Schweißer** *sub*, *m*, *-s*, *-* welder; **~fleck** *sub*, *m*, *-s*, *-e(n)* sweat stain; **~hund** *sub*, *m*, *-s*, *-e* bloodhound; **~naht** *sub*, *f*, *-*, *-nähte* welded joint; **~perle** *sub*, *f*, *-*, *-n* bead of sweat; **~pore** *sub*, *f*, *-*, *-n* pore; **~tuch** *sub*, *n*, *-s*, *nur Einz.* handkerchief
Schweiz, *sub*, *f*, *-*, *-* Switzerland; **~er** *sub*, *m*, *-s*, *-* Swiss; **~erin** *sub*, *f*, *-*, *-nen* Swiss; **schweizerisch** *adj*, Swiss; **~reise** *sub*, *f*, *-*, *(-n)* trip to Switzerland
Schwelbrand, *sub*, *m*, *-s*, *-brände* smouldering fire
schwelen, *vi*, smoulder
schwelgen, *vi*, indulge oneself; *in Gefühlen schwelgen* to revel in one´s emotions; **Schwelgerei** *sub*, *-*, *-en* indulgence
Schwelkohle, *sub*, *f*, *-*, *-en* high-bituminous brown coal
Schwelle, *sub*, *f*, *-*, *-n* threshold; *keinen Fuß über die Schwelle setzen* not to set foot in sb´s house; **schwellen** *vi*, swell; **~nangst** *sub*, *f*, *-*, *-ängste* *(psych.)* fear of entering a place; **~nwert** *sub*, *m*, *-s*, *-e* threshold value; **Schwellkörper** *sub*, *m*, *-s*, *-* *(anat.)* erectile tissue; **Schwellung** *sub*, *f*, *-*, *-en* swelling
Schwemmboden, *sub*, *m*, *-s*, *-böden* alluvial land; **Schwemme** *sub*, *f*, *-*, *-n* glut; *(Tiere)* watering-place; **schwemmen** *vt*, soak; wash; **Schwemmland** *sub*, *n*, *-s*, *nur Einz.* alluvial land; **Schwemmsand** *sub*, *m*, *-s*, *-er* alluvial sand
schwenken, (1) *vi*, swing (2) *vt*, wave; **Schwenkglas** *sub*, *n*, *-es*, *-gläser* balloon glass; **Schwenkkran** *sub*, *m*, *-s*, *-kräne/-e* swing crane; **Schwenkseil** *sub*, *n*, *-s*, *-e* tackle; **schwer reich** *adj*, *(ugs.)* stinking rich; **Schwerathlet** *sub*, *m*, *-en*, *-en* weight-lifter; **Schwerbehinderte** *sub*, *m*, *f*, *-*, *-n* seriously handicapped person; **schwerbeschädigt** *adj*, seriously disabled; **schwerblütig** *adj*, serious; **Schwere-**

~sigkeit *sub*, *f*, *-*, *nur Einz.* weightlessness; **Schwerenöter** *sub*, *m*, *-s*, *-* philanderer; **schwerfällig** *adj*, clumsy, ponderous; **Schwergewicht** *sub*, *n*, *-s*, *nur Einz.* heavyweight; **Schwergewichtsmeisterschaft** *sub*, *f*, *-*, *-en* heavyweight championship; **schwerhörig** *adj*, hard of hearing; **Schwerhörigkeit** *sub*, *f*, *-*, *nur Einz.* hardness of hearing; **Schwerindustrie** *sub*, *-*, *-n* heavy industry; **Schwerkraft** *sub*, *f*, *-*, *-ten* gravity; **Schwerkranke** *sub*, *m*, *-n*, *-r* seriously ill patient; **schwerlich** *adv*, hardly; **Schwermetall** *sub*, *n*, *-s*, *-e* heavy metal; **Schwermut** *sub*, *f*, *-* *nur Einz.* melancholy; **schwermütig** *adj*, melancholy; **Schwerpunkt** *sub*, *m*, *-s*, *-e* centre of gravity, main focus
schwer, (1) *adj*, difficult, grave, heavy (2) *adv*, really; *(ugs.) ich werde mich schwer hüten* there´s no way I will; *sich schwer blamieren* to make a proper fool out of oneself
Schwert, *sub*, *n*, *-s*, *-er* sword; **~esch** *sub*, *m*, *-s*, *-e* swordfish; **~knauf** *sub*, *m*, *-(e)s*, *-knäufe* sword pommel; **~lilie** *sub*, *f*, *-*, *-n* *(bot.)* iris
schwerwiegend, *adj*, serious
Schwester, *sub*, *f*, *-*, *-n* sister; **schwesterlich** *adj*, sisterly; **~nhelferin** *sub*, *f*, *-*, *-nen* nursing auxiliary; **~nschule** *sub*, *f*, *-*, *-n* nurses´ training college; **~nschülerin** *sub*, *f*, *-*, *-nen* trainee nurse; **~ntracht** *sub*, *f*, *-*, *-en* nurse´s uniform; **~nwohnheim** *sub*, *n*, *-s*, *-e* nurses´ home
Schwetzinger, *sub*, *m*, *-*, *-* citizen of Schwetzingen
Schwibbogen, *sub*, *m*, *-s*, *-bögen* *(arch.)* flying buttress
Schwiegereltern, *sub*, *nur Mehrz.* parents-in-law; **Schwiegermutter** *sub*, *f*, *-*, *-mütter* mother-in-law; **Schwiegersohn** *sub*, *m*, *-s*, *-söhne* son-in-law
Schwiele, *sub*, *f*, *-*, *-en* callus
schwierig, *adj*, difficult; **Schwierigkeit** *sub*, *f*, *-*, *-en* difficulty; *sich in Schwierigkeiten verstricken* to oneself up in knots
Schwimmanzug, *sub*, *m*, *-s*, *-anzüge* swimsuit; **Schwimmbad** *sub*, *n*,

-s, -bäder swimming pool; **Schwimmdock** *sub, n, -s, -s, auch -e* floating dock; **schwimmen** *vi,* swim; *es schwimmt mir vor Augen* I feel dizzy; *(ugs.) in Geld schwimmen* to be rolling in money; **Schwimmer** *sub, m, -s, -* swimmer; **Schwimmerin** *sub, f, -, -nen* swimmer; **Schwimmflosse** *sub, f, -, -n* fin; **Schwimmhalle** *sub, f, -, -n* swimming bath; **Schwimmhaut** *sub, f, -, -häute* web; **Schwimmkran** *sub, m, -s, -kräne, -krane* floating crane; **Schwimmsport** *sub, m, -s, nur Einz.* swimming; **Schwimmstil** *sub, m, -s, -e* swimming style; **Schwimmvogel** *sub, m, -s, -vögel* water-bird; **Schwimmweste** *sub, f, -, -n* life jacket
Schwindel, *sub, m, -s, nur Einz.* dizziness, swindle; *(ugs.) auf den Schwindel falle ich nicht herein* that´s an old trick; *(ugs.) der ganze Schwindel* the whole caboodle; **~anfall** *sub, m, -s, -anfälle* dizzy turn; **~ei** *sub, f, -, -en* fib; **schwindelig** *adj,* dizzy; **schwindeln** *vi, (ugs.)* fib; *ein schwindelnder Abgrund* a yawning abyss; *sich durchs Leben schwindeln* to con one´s way through life; **Schwindler** *sub, m, -s, -* swindler; **Schwindlerin** *sub, f, -, -nen* swindler
schwinden, *vi,* fade
Schwindsucht, *sub, f, -, nur Einz.* consumption
Schwingbühne, *sub, f, -, -n (tech.)* resonant platform; **Schwinge** *sub, f, -, -n* wing; **Schwingen (1)** *sub, n, -s, nur Einz. (spo.)* wrestling **(2)** **schwingen** *vi,* swing; *(ugs.) das Tanzbein schwingen* to shake a leg; *(ugs.) große Reden schwingen* to talk big; **Schwinger** *sub, m, -s, -* swing; **Schwingquarz** *sub, m, -es, -e (tech.)* oscillating quarz; **Schwingung** *sub, f, -, -en* vibration
Schwippschwager, *sub, m, -s, -schwäger (ugs.)* sister-in-law´s husband; **Schwippschwägerin** *sub, f, -, -nen* brother-in-law´s wife
Schwitze, *sub, f, -, -n* roux; **schwitzen** *vi,* sweat; **Schwitzkasten** *sub, m, -s, -kästen* headlock; **Schwitzkur** *sub, f, -, -en* sweating cure
schwofen, *vi, (ugs.)* dance
schwören, *vti,* swear
Schwuchtel, *sub, f, -, -n (ugs.)* queen

schwul, *adj,* gay
schwül, *adj,* sultry
Schwule, *sub, m, -, -n (ugs.)* gay
Schwüle, *sub, f, -, nur Einz.* sultriness
Schwulität, *sub, f, -, -en (ugs.)* trouble
Schwulst, *sub, m, -es, Schwülste* bombast; **schwülstig** *adj,* bombastic
schwummerig, *adj,* dizzy, uneasy; **schwummrig** *adj,* dizzy, uneasy
Schwund, *sub, m, -es, nur Einz.* decrease, shrinkage; **~stufe** *sub, f, -, -n* zero grade
Schwung, *sub, m, -s, Schwünge* swing, verve; *(i. ü. S.) in Schwung kommen* to get going; *voller Schwung* full of life; **~brett** *sub, n, -s, -er* swinging board; **~feder** *sub, f, -, -n* wing feather; **schwunghaft** *adj,* flourishing; **~kraft** *sub, f, -s, -kräfte* centrifugal force; **schwungvoll** *adj,* sweeping
Schwur, *sub, m, -s, Schwüre* oath; **~gericht** *sub, n, -s, -te* court with a jury
Sciencefiction, *sub, f, -, nur Einz.* science fiction
Scotch, *sub, m, -s, -s* Scotch; **~terrier** *sub, m, -s, -* Scotch terrier
Seal, *sub, m,n, -s, -s* sealskin
Séance, *sub, f, -, -n* séance
sechs, *num,* six; **Sechsachser** *sub, m, -s, -* six wheeler; **~achsig** *adj,* six axled; **Sechseck** *sub, n, -s, -e* hexagon; **~einhalb** *num,* six and a half; **Sechserpack** *sub, n, -s, -s* six pack; **Sechserreihe** *sub, f, -, -n* six in a row; **~hundert** *num,* six hundred; **~kantig** *adj,* six edged; **~stellig** *adj,* six digit; **Sechstagerennen** *sub, n, -s, -* six-days bicycle race; **~tausend** *num,* six thousand; **Sechstel** *sub, n, -s, -* sixth; **sechzehn** *num,* sixteen; **sechzig** *num,* sixty
Secondhandshop, *sub, m, -s, -s* secondhand shop
Sedativ, *sub, n, -s, -e* sedative
Sedezformat, *sub, n, -s, nur Einz.* sextodecimo
Sediment, *sub, n, -s, -e (geol.)* sediment; **sedimentär** *adj,* sedimentary; **~ation** *sub, f, -, -en* sedimentation; **sedimentieren** *vi,*

become sedimented
See, *sub, f, -,* - lake, sea; **~aal** *sub, m, -s, -e (zool.)* conger eel; **~adler** *sub, m, -s,* - sea eagle; **~bad** *sub, n, -s, -bäder* seaside resort; **~bär** *sub, m, -s, -en (zool.)* fur seal; **~beben** *sub, n, -s,* - seaquake; **~blick** *sub, m, -s, nur Einz.* sea view; **~blokade** *sub, f, -, -n* sea blockade; **~elefant** *sub, m, -en, -en* sea-elephant; **seeerfahren** *adj,* experienced at navigation; **~erfahrung** *sub, f, -, nur Einz.* experience at seafaring; **~fahrt** *sub, f, -, -en* sea voyage; **~fahrtbuch** *sub, n, -s, -bücher* seaman´s registration book; **seefest** *adj,* not subject to seasickness; **~fisch** *sub, m, -s, -e* salt-water fish; **~gang** *sub, m, -s, nur Einz.* swell; **~gurke** *sub, f, -, -s* sea tubor; **~hafen** *sub, m, -s, -häfen* seaport; **~herrschaft** *sub, f, -, -en* naval supremacy; **~hund** *sub, m, -s, -e* seal; **~igel** *sub, m, -s,* - sea urchin **Seejungfrau**, *sub, f, -, -en* mermaid; **Seekadett** *sub, m, -en, -en (mil.)* naval cadet; **Seekarte** *sub, f, -, -n* sea chart; **Seeklima** *sub, n, -s, -s oder -te* maritime climate; **seekrank** *adj,* seasick; **Seekrankheit** *sub, f, -, -en* seasickness; **Seekrieg** *sub, m, -s, -e* naval war; **Seekuh** *sub, f, -, -kühe* manatee; **Seelachs** *sub, m, -es, -e* pollack **Seelchen**, *sub, n, -s,* - *(ugs.)* dear soul; **Seele** *sub, f, -, -n* soul; *eine Seele von Mensch* an absolute dear; *(ugs.) sich die Seele aus dem Leib reden* to talk until one is blue in the face; *sich etwas von der Seele reden* to get sth off one´s chest; **seelen(s)gut** *adj,* kind-hearted; **Seelenarzt** *sub, m, -es, -ärzte (ugs.)* head-shrinker; **Seelengröße** *sub, f, -, nur Einz. (geh.)* magnanimity; **Seelenhirt** *sub, m, -en, -en* pastor; **Seelenkunde** *sub, f, -, nur Einz.* psychology; **Seelenleben** *sub, n, -s, nur Einz.* inner life; **Seelenlehre** *sub, f, -, nur Einz.* psychology; **Seelenmassage** *sub, f, -, -n* gentle persuasion; **seelenruhig** *adv,* calmly; **seelenstark** *adj,* inner strength; **seelenvergnügt** *adj, (ugs.)* happy; **Seelenverkäufer** *sub, m, -s,* - seller of souls; **Seelenwanderung** *sub, f, -, -en* transmigration of souls; **seelisch** *adj,* mental, spiritual; **Seelsorge** *sub, f, -, nur Einz.* spiritual

welfare; **Seelsorger** *sub, m, -s,* - pastor; **Seelsorgerin** *sub, f, -, -nen* pastor; **seelsorglich** *adj,* pastoral **Seemacht**, *sub, f, -, -mächte* naval power; **seemännisch** *adj,* nautical; **Seemannsgarn** *sub, n, -s, nur Einz. (ugs.)* sailor´s yarn; **Seemannsheim** *sub, n, -s, -e* sailor´s home; **Seemannslied** *sub, n, -s, -er* sea shanty; **Seemannstod** *sub, m, -s, nur Einz.* sailor´s death; **Seenot** *sub, f, -, nur Einz.* distress; **Seepferdchen** *sub, n, -s,* - sea-horse; **Seeräuberei** *sub, f, -, nur Einz.* piracy; **Seereise** *sub, f, -, -n* sea voyage; **Seeschlacht** *sub, f, -, -en* sea battle; **Seeschlange** *sub, f, -, -n* sea snake; **Seestern** *sub, m, -s, -e (zool.)* starfish; **Seetang** *sub, m, -s, -e* seaweed; **seetüchtig** *adj,* seaworthy; **Seewarte** *sub, f, -, -n* viewing point (by sea); **seewärts** *adv,* seawards; **Seeweg** *sub, m, -s, -e* route; **Seewesen** *sub, n, -s, nur Einz.* maritime affairs; **Seezollhafen** *sub, m, -s, -häfen* custom´s port; **Seezunge** *sub, f, -, -n* sole **Segel**, *sub, n, -s,* - sail; **~boot** *sub, n, -s, -e* sailing boat; **segelfertig** *adj,* ready to sail; **segelfliegen** *vi,* go gliding; **~flieger** *sub, m, -es,* - glider pilot; **~flug** *sub, m, -s, -flüge* gliding; **~flugzeug** *sub, n, -s, -e* glider; **~macher** *sub, m, -s,* - sailmaker; **segeln** *vti,* sail; **~regatta** *sub, f, -, -gatten* sailing regatta; **~schiff** *sub, n, -s, -e* sailing ship; **~surfen** *sub, n, -s, nur Einz.* windsurfing; **~tuch** *sub, n, -s, -e* canvas **Segen**, *sub, m, -s, nur Einz.* blessing; **segensreich** *adj,* beneficial; **~spruch** *sub, m, -s, -sprüche* blessing; **~swunsch** *sub, m, -es, -wünsche* blessing **Segge**, *sub, f, -, -n (ugs.)* sedge **Segment**, *sub, n, -s, -e* segment; **segmental** *adj,* segmental; **segmentär** *adj,* segmentary; **segmentieren** *vt,* segment **segnen**, *vt,* bless **sehbehindert**, *adj,* partially sighted **sehen**, *vt,* look at, see; *(Fernsehen)* watch; *(Spiel) ich sehe was, was du nicht siehst* I spy with my little eye; *jeder muß sehen, wo er bleibt* it´s every man for himself; **~swert** *adj,*

worth seeing; ~**swürdig** *adj*, worth seeing; **Sehenswürdigkeit** *sub, f, -, -en* sight; **Seher** *sub, m, -s, -* seer; **seherisch** *adj*, prophetic; **Sehhilfe** *sub, f, -, -n* glasses; **Sehkraft** *sub, f, -, nur Einz.* eyesight
Sehne, *sub, f, -, -n (anat.)* tendon; **sehnig** *adj*, sinewy
sehnen, *vr*, long for sb/sth; **sehnlich** *adj*, ardent, eager; **Sehnsucht** *sub, f, -, -süchte* longing; **sehnsüchtig** *adj*, longing
Sehorgan, *sub, n, -s, -e* visual organ; **Sehprobe** *sub, f, -, -n* eye test; **Sehrohr** *sub, n, -s, -e* periscope; **Sehschärfe** *sub, f, -, -n* visual acuity; **Sehschwäche** *sub, f, -, -n* poor eyesight; **Sehtest** *sub, m, -s, -s* eye test; **Sehvermögen** *sub, n, -s, nur Einz.* powers of vision
sehr, *adv*, a lot, very; *wie sehr er sich auch* however much he
seicht, *adj*, shallow; **Seichtigkeit** *sub, f, -, -en* shallowness
seid, *pron*, are
Seide, *sub, f, -, -n* silk
Seidel, *sub, n, -s, -* stein
Seidelbast, *sub, m, -s, -e (bot.)* daphne
seiden, *adj*, silk; ~**artig** *adj*, silky; **Seidenatlas** *sub, m, -ses, -se* silk satin; **Seidenbluse** *sub, f, -, -n* silk blouse; **Seidenfaden** *sub, m, -s, -fäden* silk thread; **Seidenglanz** *sub, m, -es, nur Einz.* silky sheen; **Seidenkleid** *sub, n, -s, -er* silk dress; **Seidenpapier** *sub, n, -s, -e* tissue paper; **Seidenraupe** *sub, f, -, -n* silkworm; **Seidenschal** *sub, m, -s, -s oder -e* silk scarf; ~**weich** *adj*, soft as silk
seidig, *adj*, silky
Seife, *sub, f, -, -n* soap; **seifen** *vt*, soap; **seifenartig** *adj*, soapy; ~**nblase** *sub, f, -, -n* soap-bubble; ~**nflocke** *sub, f, -, -n* soapflakes; ~**nlappen** *sub, m, -s, -* soap cloth; ~**nlauge** *sub, f, -, -n* soapsuds; ~**noper** *sub, f, -, -n (ugs.)* soap opera; ~**npulver** *sub, n, -s, nur Einz.* soap powder; ~**nschale** *sub, f, -, -n* soap dish; ~**nschaum** *sub, m, -s, nur Einz.* lather; ~**nwasser** *sub, n, -s, nur Einz.* soapy water
seihen, *vt*, sieve
Seil, *sub, n, -s, -e* rope; ~**bahn** *sub, f, -, -en* cable railway; ~**er** *sub, m, -s, -* ropemaker; ~**schaft** *sub, f, -, -en* roped party; **seilspringen** *vi*, skip;

~**tänzer** *sub, m, -s, -* tightrope walker; ~**tänzerin** *sub, f, -, -nen* tightrope walker; ~**trommel** *sub, f, -, -n* bail for rope
sein, (1) *pron*, her, his, its (2) **Sein** *sub, n, -s, nur Einz.* being (3) *vi*, be; *Sein oder Nichtsein* to be or not to be; *Sein und Schein* appearance and reality, *(ugs.) das brauchte nicht zu sein* it need not have happened
seine, *pron*, his
seinerseits, *adv*, on his part; **seinerzeitig** *adj*, then; **seines** *pron*, his; **seinethalben** *adv*, because of him; **seinetwegen** *adv*, because of him; **seinetwillen** *adv*, for his sake; **seinige** *pron*, his
Seismik, *sub, f, -, nur Einz.* seismology; **seismisch** *adj*, seismic; **Seismograf** *sub, m, -en, -en* seismograph; **Seismogramm** *sub, n, -s, -e* seismogram; **Seismologie** *sub, f, -, nur Einz.* seismology; **Seismologin** *sub, f, -, -nen* seismologist; **Seismometer** *sub, n, -s, -* seismometer
seit, (1) *konj*, since (2) *präp*, for, since; ~**dem** *adv*, since then
Seite, *sub, f, -, -n* side; *(Buch)* page; *auf der einen Seite, auf der anderen Seite* on the one hand, on the other hand; *Gelbe Seiten* yellow pages; ~**naltar** *sub, m, -s, -e* side altar; ~**nblick** *sub, m, -s, -e* sidelong glance; ~**nflügel** *sub, m, -es, -* wing; ~**ngewehr** *sub, n, -s, -e* bayonet; ~**nhieb** *sub, m, -s, -e* sideswipe; **seitenlang** *adj*, several pages long; ~**nlinie** *sub, f, -, -n (Eisenbahn)* branch line; *(Tennis)* sideline; ~**nportal** *sub, n, -s, -e* side portal; ~**nrampe** *sub, f, -, -n* side ramp; ~**nruder** *sub, n, -s, -* rudder; **seitens** *präp*, on the part of; ~**nschiff** *sub, n, -s, -e (arch.)* side aisle; ~**nschutz** *sub, m, -es, -e* side protection; ~**nsprung** *sub, m, -s, -sprünge* bit on the side; ~**nstechen** *sub, n, -s, nur Einz.* stitch; ~**nstraße** *sub, f, -, -n* side street; ~**nstück** *sub, n, -s, -e* side piece; ~**ntasche** *sub, f, -, -n* side pocket; ~**ntrakt** *sub, m, -s, -e* side wing of building
Seitenwagen, *sub, m, -s, -* sidecar

seither, *adv*, since then
seitlich, (1) *adj*, lateral (2) *adv*, at the side (3) *präp*, at the side of
seitwärts, *adv*, sideways
Sejm, *sub*, *m*, -s, *nur Einz.* Sejm
Sekante, *sub*, *f*, -, -n *(mat.)* secant
Sekret, *sub*, *n*, -s, -e secretion; *(theol.)* secret
Sekretär, *sub*, *m*, -s, -e secretary; **Sekretariat** *sub*, *n*, -s, -e office; **~in** *sub*, *f*, -, -en secretary; **sekretieren** *vi*, *(med.)* secrete; **Sekretion** *sub*, *f*, -, -en secretion; **sekretorisch** *adj*, *(mat.)* secretive
Sekt, *sub*, *m*, -es, -e sparkling wine; **~flasche** *sub*, *f*, -, -n champagne bottle; **~glas** *sub*, *n*, -es, -gläser champagne glass
Sekte, *sub*, *f*, -, -n sect; **~nwesen** *sub*, *n*, -s, - sectarianism
Sektion, *sub*, *f*, -, -en department, section; **~schef** *sub*, *m*, -s, -s head of department
Sektkellerei, *sub*, *f*, -, -en winery
Sektor, *sub*, *m*, -s, -en sector
sekundär, *adj*, secondary; **Sekundärenergie** *sub*, *f*, -, -n secondary energy; **Sekundärliteratur** *sub*, *f*, -, *nur Einz.* secondary literature
Sekunde, *sub*, *f*, -, -n second; **sekundenlang** (1) *adj*, of a few seconds (2) *adv*, for a few seconds
sekundieren, *vi*, be sb´s second
Seladon, *sub*, *n*, -s, -s *(ugs.)* yearning lover
selber, *pron*, he himself, I myself, she herself, they themselves, we ourselves, you yourself; **Selbermachen** *sub*, *n*, -s, *nur Einz. (ugs.)* do-it-yourself
selbst, (1) *adv*, even (2) *pron*, alone, he himself, I myself, she herself, they themselves, we ourselves (3) **Selbst** *sub*, *n*, -, *nur Einz.* self
Selbstachtung, *sub*, *f*, -, -en self-respect
selbständig, *adj*, independent; **Selbständige** *sub*, *f*, -, *nur Einz.* independent businessman/woman
Selbstanzeige, *sub*, *f*, -, -n voluntary declaration
Selbstbedienung, *sub*, *f*, -, -en self-service; **~sladen** *sub*, *m*, -s, -läden self-service shop
Selbstbefriedigung, *sub*, *f*, -, -en masturbation

Selbstbeherrschung, *sub*, *f*, -, -en self-control
Selbstbestimmung, *sub*, *f*, -, -en self-determination
selbstbewusst, *adj*, self-confident; **Selbstbewusstsein** *sub*, *n*, -s, *nur Einz.* self-confidence
Selbstbildnis, *sub*, *n*, -es, -e self-portrait
Selbstbinder, *sub*, *m*, -s, - tie
Selbsterhaltungstrieb, *sub*, *m*, -s, -e survival instinct
Selbsterkenntnis, *sub*, *f*, -, -e self-knowledge; *Selbsterkenntnis ist der erste Weg zur Besserung* self-knowledge is the first step towards self-improvement
Selbstfahrer, *sub*, *m*, -s, - self-propelling wheelchair
Selbstgefälligkeit, *sub*, *f*, -, *nur Einz.* self-satisfaction
Selbstgefühl, *sub*, *n*, -es, *nur Einz.* self-esteem
Selbstgespräch, *sub*, *n*, -s, -e talk to oneself
Selbsthilfe, *sub*, *f*, -, -n self-help
Selbstironie, *sub*, *f*, -, -n self-irony
Selbstjustiz, *sub*, *f*, -, *nur Einz.* arbitrary law
Selbstkontrolle, *sub*, *f*, -, -n check on oneself
Selbstkosten, *sub*, *f*, -, *nur Mehrz.* prime costs
Selbstkritik, *sub*, *f*, -, -en self-criticism
Selbstlaut, *sub*, *m*, -s, -e vowel
Selbstmord, *sub*, *m*, -es, -e suicide; *Selbstmord begehen* commit suicide; **Selbstmörder** *sub*, *m*, -s, - suicide
selbstredend, *adv*, naturally
Selbstreinigung, *sub*, *f*, -, -en self-purification
Selbstschuss, *sub*, *m*, -es, -schüsse set-gun
Selbstschutz, *sub*, *m*, -es, *nur Einz.* self-protection
selbstsicher, *adj*, self-assured
Selbstsucht, *sub*, *f*, -, *nur Einz.* egoism
selbsttätig, *adj*, automatic
Selbsttötung, *sub*, *f*, -, -en suicide
selbstverständlich, (1) *adj*, natural (2) *adv*, of course
Selbstverstümmelung, *sub*, *f*, -, -en self-mutilation

Selbstvertrauen, *sub, n, -s, nur Einz.* self-confidence

Selbstzucht, *sub, f, -, nur Einz.* self-discipline

Selbstzünder, *sub, m, -s, -* self-ignition

Selbstzweck, *sub, m, -es, nur Einz.* end in itself

Selcher, *sub, m, -s, - (ugs.)* pork butcher

Selchkammer, *sub, f, -, -n* smokehouse

Selchkarree, *sub, n, -s, -s* lightly smoked pork loin

selektieren, *vt,* select; **Selektion** *sub, f, -, -en* selection; **selektionieren** *vt,* select; **selektiv** *adj,* selective; **Selektivität** *sub, f, -, nur Einz.* selectiveness

Selen, *sub, n, -s, -* selenium

Selfmademan, *sub, m, -s, -men* selfmade man

selig, *adj,* overjoyed; *(theol.)* blessed; **Seligkeit** *sub, f, -, -en* happiness; *(theol.)* salvation

Sellerie, *sub, m, -s, -s* celeriac

selten, (1) *adj,* rare **(2)** *adv,* rarely; **Seltenheit** *sub, f, -, -en* rareness, rarity

seltsam, *adj,* strange; **~erweise** *adj,* strangely enough; **Seltsamkeit** *sub, f, -, -en* strangeness

Semantik, *sub, f, -, nur Einz.* semantics; **semantisch** *adj,* semantic

Semaphor, *sub, n, -en, -e* semaphore; **semaphorisch** *adj,* semaphoric

Semester, *sub, n, -s, -* semester; **~ende** *sub, n, -s, -n* end of semester

Semifinale, *sub, n, -s, -* semi-final

Semikolon, *sub, n, -s, -s, -kola* semicolon

semilunar, *adj,* crescent-shaped

Seminar, *sub, n, -s, -e* seminar; **~ist** *sub, m, -en, -en* seminarist; **~istin** *sub, f, -, -en* seminarist; **~übung** *sub, f, -, -en* seminar

semipermeabel, *adj,* semipermeable

Semit, *sub, m, -en, -en* Semite; **semitisch** *adj,* Semitic; **~istik** *sub, f, -, nur Einz.* Semitics; **semitistisch** *adj,* Semitic

Semivokal, *sub, m, -es, -e* semivowel

Semmel, *sub, f, -, -n* roll; **semmelblond** *adj,* flaxen-haired; **~brösel** *sub, m, -s, -n* breadcrumbs; **~knödel** *sub, m, -s, -* bread dumpling; **~mehl** *sub, n, -s, nur Einz.* breadcrumbs

Senat, *sub, m, -s, -e* senate; **~or** *sub, m, -s, -en* senator; **senatorisch** *adj,* senatorial; **~sbeschluss** *sub, m, -es, -lüsse* decision made by senate

Sendbote, *sub, m, -s, -ten* emissary; **Sendeanlage** *sub, f, -, -n* transmitting installation; **Sendeanstalt** *sub, f, -, -n* television/radio company; **Sendebeginn** *sub, m, -s, -e* start of programme; **Sendebereich** *sub, m, -s, -e* transmission range; **Sendegebiet** *sub, n, -es, -e* transmission area; **Sendeleiter** *sub, m, -s, -* producer; **senden** *vt,* send; **Sender** *sub, m, -s, -* transmitter; **Senderanlage** *sub, f, -, -n* transmitting installation; **Senderaum** *sub, m, -es, -räume* studio; **Sendeschluss** *sub, m, -es, nur Einz.* closedown; **Sendestation** *sub, f, -, -en* station; **Sendezeichen** *sub, n, -s, -* call sign; **Sendezentrum** *sub, n, -s, -tren* station; **Sendung** *sub, f, -, -en* programme, sending; **Sendungsbewusstsein** *sub, n, -s, nur Einz.* sense of mission

senegalisch, *adj,* Senegalese

Senf, *sub, m, -s, -e* mustard; **~korn** *sub, n, -es, -körner* mustard seed; **~pflaster** *sub, n, -s, - (med.)* mustard plaster; **~soße** *sub, f, -, -n* mustard sauce

Senge, *sub, f, -, nur Mehrz. (ugs.)* get a good hiding; **sengen** *vt,* singe; **sengerig** *adj,* precarious; **Senhor** *sub, m, -es, -s* Senhor

Senhora, *sub, f, -s, -s* Senhora; **Senhorita** *sub, f, -, -s* Senhorita

senil, *adj,* senile; **Senilität** *sub, f, -, nur Einz.* senility

Senior, *sub, m, -s, -en* boss, senior; **~at** *sub, n, -es, -e* council of elders; **~enheim** *sub, n, -s, -e* old people´s home

Senkblei, *sub, n, -s, -e* plumbline; **Senke** *sub, f, -, -n* valley; **Senkel** *sub, m, -s, -* lace; **senken (1)** *vr,* sink **(2)** *vt,* lower; **Senkgrube** *sub, f, -, -n* cesspit; **senkrecht** *adj,* vertical; **Senkrechte** *sub, f, -, -n (mat.)* perpendicular; **Senkrechtstarter** *sub, m, -s, -* vertical take-off aircraft; **Senkung** *sub, f, -, -en* sinking

Senn, *sub, m, -es, -e* dairyman; **~e** *sub, f, -, -n* Alpine pasture; **~erei** *sub, f, -, -en* Alpine dairy; **~hütte**

sub, f, -, -n Alpine dairy hut
Sensation, sub, f, -, -en sensation; **sensationell** adj, sensational
Sense, sub, f, -, -n scythe
sensitiv, adj, sensitive; **Sensitivität** sub, f, -, nur Einz. sensitivity
Sensitometer, sub, n, -s, - machine to measure photosensitivity
Sensor, sub, m, -s, -en sensor; **sensorisch** adj, sensory; **~taste** sub, f, -, -n touch-sensitive button
Sensualismus, sub, m, -es, nur Einz. sensualism; **Sensualität** sub, f, -en, nur Einz. sensuality; **sensuell** adj, sensory
sentenzartig, adj, easily remembered; **sentenzhaft** adj, catchy
Sentiment, sub, n, -s, -s feeling, sensation; **sentimental** adj, sentimental; **~alität** sub, f, -, -en sentimentality
separat, adj, separate; **Separatdruck** sub, m, -es, -e offprint; **Separation** sub, f, -, -en separation; **Separatismus** sub, m, -es, nur Einz. separatism; **Separatist** sub, m, -en, -en separatist; **~istisch** adj, separatist; **Separator** sub, m, -s, -en separator; **Separee** sub, n, -s, -s private room; **separieren** vt, separate
Sepiaknochen, sub, m, -s, - sepia bone; **Sepiaschale** sub, f, -, -n cuttlefish shell
Sepsis, sub, f, -, Sepsen (med.) sepsis
September, sub, m, -s, nur Einz. September
Septett, sub, n, -s, -e (mus.) septet
Septime, sub, -n seventh; **septisch** adj, septic
Sequenz, sub, f, -, -en sequence; **sequenziell** adj, sequential
sequestrieren vt, sequester
Serail, sub, m, -s, -s seraglio
seraphisch, adj, seraphic
Serenade, sub, f, -, -n serenade
Serge, sub, f, -, -n serge; **~ant** sub, m, -s, -en, -s (mil.) sergeant
Serie, sub, f, -, -n (Satz) set; (TV) series; **in Serie gehen** go into production; **seriell** adj, serial; **serienmäßig** adj, series(-produced); **~nreife** sub, f, -, nur Einz. fitness for serial production; **serienweise** adv, in series
Serife, sub, f, -, -n serif
seriös, adj, (allg.) honest, respectable; (Zeitung) serious; ein seriöser älterer Herr a respectable elderly

gentleman; ein seriöses Angebot a serious offer; eine seriöse Firma a sound firm; er wirkt seriös he makes a serious impression; **Seriosität** sub, f, -, nur Einz. seriousness
Sermon, sub, m, -s, -e sermon; jemandem einen Sermon halten give someone a lecture
serologisch, adj, serous; **serös** adj, serous
Serpentin, sub, m, -s, -e serpentine; **~e** sub, f, -, -n winding road
Serum, sub, n, -s, -ren, -ra serum
Serval, sub, m, -s, -e, -s servaline cat; (zool.) serval
Service, sub, m, -es, -e service; n, -es, -e (Geschirr) set; erstklassiger Service first-class service; **~netz** sub, n, -es, -e service net
servieren, vt, serve; das Abendessen ist serviert dinner is served; (ugs.; spo.) jemandem den Ball servieren hat the ball right to someone; **Serviererin** sub, f, -, -en waitress; **Serviertisch** sub, m, -es, -e serving-table; **Servierwagen** sub, m, -s, -wägen trolley; **Serviette** sub, f, -, -n napkin
servil, adj, servile; **Servilität** sub, f, -, nur Einz. servility
Servolenkung, sub, f, -, -en power steering
servus!, interj, (ugs.) see you!; (ugs.; US) so long!
Sesam, sub, m, -s, -s sesame
sesshaft, adj, resident; (stationär) settled; sesshaft werden settle; sich sesshaft machen settle down; **Sesshaftigkeit** sub, f, -, - settledness
Session, sub, f, -, -en session
Set, sub, n, -s, -s set
Setter, sub, m, -s, - (tt; zool.) setter
setzen, (1) vr, (sich setzen) sit down (2) vt, plant; (legen) put; (platzieren) place, set; (i. ü. S.; Glücksspiel) auf das falsche Pferd setzen back the wrong horse; darf ich mich zu Ihnen setzen? may I join you?; etwas auf die Tagesordnung setzen put something on the agenda; jemandem ein Messer an die Kehle setzen place a knife at someone's throat; **Setzer**, sub, m, -s, - type-compositor; (Verlag) type-setter; **Setzerei** sub, f, -, -en (Firma) typesetting room; (Verlag) compo-

sing room; **Setzling** *sub, m, -s, -e* seedling

Seuche, *sub, f, -, -n* epidemic (disease); *(i. ü. S.) es ist wie eine Seuche* it´s like an epidemic; **seuchenhaft** *adj,* epidemic; **~nherd** *sub, m, -es, -e* centre of an epidemic

seufzen, *vi,* sigh; *er seufzte tief* he heaved a deep sigh; **Seufzer** *sub, m, -s, -* groan, sigh

Sex, *sub, m, -, nur Einz.* sex; **sexagesimal** *adj,* sexagesimal; **~appeal** *sub, m, -s, nur Einz.* sex appeal; **~bombe** *sub, f, -, -n (ugs.)* sex bomb; **~boutique** *sub, f, -, -n* sex shop; **~ismus** *sub, m, -es, nur Einz.* sexism; **~ist** *sub, m, -en, -en* sexist; **sexistisch** *adj,* sexist; **~ologie** *sub, f, -, nur Einz.* sexology; **sexologisch** *adj,* sexologist; **~shop** *sub, m, -s, -s* sex shop

Sextourismus, *sub, m, -es, nur Einz.* sex tourism; **Sexualdelikt** *sub, n, -s, -e* sex crime; **Sexualerziehung** *sub, f, -, nur Einz.* sex education; **Sexualhormon** *sub, n, -s, -e* sex hormone; **Sexualität** *sub, f, -, nur Einz.* sexuality; **Sexualkunde** *sub.*, sexual education; **Sexualleben** *sub, n, -s, nur Einz.* sex life; **Sexualtäter** *sub, m, -s, -* sex offender; **Sexualtrieb** *sub, m, -(e)s, nur Einz.* sexual drive; **sexuell** *adj,* sexual; **Sexus** *sub, m, -, -* sexuality; **sexy** *adj,* sexy

Sezession, *sub, f, -, -en* secession; **~ist** *sub, m, -en, -en* secessionist; **~skrieg** *sub, m, -es, -e* War of Secession; *(hist.) der Amerikanische Sezessions-krieg* the American Civil War

sezieren, *vt,* dissect; *(med.) jemanden sezieren* perform an autopsy; **Seziermesser** *sub, n, -s, -* scalpel

Shag, *sub, m, -s, -s (ugs.)* shag

Shake, *sub, m, -s, -s* shake; **~hands** *sub, n, -, -* shaking hands

Shampoo, *sub, n, -s, -s* shampoo

Share, *sub, m, -s, -s* share

Sheriff, *sub, m, -s, -s (ugs.)* sheriff

Sherry, *sub, m, -s, -s* sherry

Shetland, *sub, m, -s, -s (geogr.)* Shetland

Shilling, *sub, m, -s, -s (wirt.)* shilling

Shirt, *sub, n, -s, -s* shirt

Shit, *sub, n, -s, nur Einz. (vulg.)* shit; *(ugs.; Haschisch)* dope

Shop, *sub, m, -s, -s* shop; **~ping** *sub, n, -s, -s* shopping; **~pingcenter** *sub,* *m, -s, -* shopping centre, shopping mall

Shorts, *sub, f, -, nur Mehrz.* shorts

Show, *sub, f, -, -s* show; *(ugs.) eine Show abziehen* to put on a show; **~-down** *sub, m, -s, -s* show-down; **~business** *sub, n, -es, nur Einz.* show business; **~geschäft** *sub, n, -s, nur Einz.* show business; **~master** *sub, m, -s, -* compère; *(US)* emcee

Shrimp, *sub, m, -s, -s* shrimp

Sial, *sub, n, -s, nur Einz. (geol.)* Sial

Sibilant, *sub, m, -en, -en* sibilant

Sibylle, *sub, f, -, -n* Sibyl; **sibyllinisch** *adj,* Sibylline

Sichel, *sub, f, -, -n* sickle; *(Mond)* crescent; **sichelförmig** *adj,* sickle-shaped; **~wagen** *sub, m, -s, -wägen* scythed chariot

sicher, *adj, (Geborgenheit)* secure; *(Gefahr)* safe; *(Gewissheit)* certain, sure; *so sicher wie das Amen in der Kirche* as sure as eggs are eggs; *es ist so gut wie sicher* it´s a safe guess; *vor etwas sicher sein* be safe from something; *sich seiner Sache sicher sein* be sure of oneself; *(ugs.) so sicher wie das Amen in der Kirche* as sure as fate; **~ gehen** *vt,* make sure; *sicher ist sicher* it´s best to make sure; **Sicherheit** *sub, f, -, -en (Auftreten)* self-assurance; *(Gefahr)* safety; *(Geld)* security; *(Gewissheit)* certainty; *(spo.) auf Sicherheit spielen* play for safety; *sich in Sicherheit bringen* leap to safety; *man kann mit Sicherheit behaupten, dass* one can say for certain that; *mit tödlicher Sicherheit* with absolute certainty; **Sicherheitsglas** *sub, n, -es, -gläser* safety glass; **Sicherheitsgurt** *sub, m, -s, -e* safety (seat) belt; **~heitshalber** *adv,* be on the safe side, for safety reasons; **Sicherheitspolitik** *sub, f, -, nur Einz.* security measure; **Sicherheitsschloss** *sub, n, -es, -schlösser* safety lock; **~lich** *adj,* certainly, sure; **~n (1)** *vr,* protect **(2)** *vt,* safeguard, secure; **~stellen** *vt,* guarantee, secure; **Sicherung** *sub, f, -, -en* safeguard(ing); *(tech.)* fuse, safety mechanism; *zur Sicherung des Friedens* (in order) to safeguard peace; *(tech.) die Siche-*

rung ist durchgebrannt the fuse has blown; *(tech.)* *eine neue Sicherung einsetzen* replace a fuse

Sicht, *sub, f, -, -* view, visibility; *auf lange Sicht* in the long run; *in Sicht kommen* come into view; *die Sicht beträgt nur 100 Meter* visibility is down to only 100 metres; *gute (schlechte) Sicht* good (poor) visibility; *in Sicht sein* be within sight; **sichtbar** *adj*, visible; *(i. ü. S.)* **sichtbar werden** become apparent; **~barkeit** *sub, f, -, nur Einz.* visibility; **sichtbarlich** *adv*, visibly; **~einlage** *sub, f, -, -n* demand deposit; **sichten** *vt*, sight; **~grenze** *sub, f, -, -n* visibility limit; **sichtlich** *adj*, obvious; **~ung** *sub, f, -, -en* inspection, sighting, sorting; **~vermerk** *sub, m, -s, -e* endorsement; **~weite** *sub, f, -, -n* sighting distance; *in Sichtweite* within sight; **~werbung** *sub, f, -, nur Einz.* visual advertising

Sickergrube, *sub, f, -, -n* soakaway; **sickern** *vi*, ooze, seep, trickle; *(i. ü. S.) nach außen sickern* leak out; **Sickerwasser** *sub, n, -s, nur Einz.* seeping water; *(Grundwasser)* ground water

sie, *pron*, she; *(geh.; Anrede)* you; *da ist sie!* there she is!; *wenn ich sie wäre* if I were her; *(geh.) ich möchte Sie etwas fragen* I´d like to ask you something; *(geh.) verzeihen Sie!* excuse me!; *(geh.) wenn Sie gestatten* with your permission

Sieb, *sub, m, -s, -e* sieve; *(Teesieb)* strainer; *ein Gedächtnis wie ein Sieb* a memory like a sieve; *Tee durch ein Sieb gießen* pour tea through a strainer; **~druck** *sub, m, -s, nur Einz.* silk-screen print

sieben, (1) *vt*, sieve, sift; *(aussieben)* weed (2) *Zahl*, seven; *(i. ü. S.) es wird sehr gesiebt* they are very selective; **~eckig** *adj*, heptagonal; **~erlei** *adj*, of seven different kinds; **Siebenfache** *sub, n, -s, nur Einz.* sevenfold amount; **Siebengestirn** *sub, n, -s, - (astron.)* Pleiades; **~jährig** *adj*, seven-year-old; *der Siebenjährige Krieg* the Seven Year´s War; **~köpfig** *adj*, of seven; **~malig** *adv*, seven times; **Siebensachen** *sub, f, -, nur Mehrz. (ugs.)* all one´s things, belongings; **Siebenschläfer** *sub, m, -s, - (zool.)*

~rmouse; **Siebmaschine** *sub, f, -,* **~** screener, sifter; **siebzig** *Zahl*, seventy

siech, *adj*, ailing, infirm; **Siechtum** *sub, n, -s, nur Einz.* infirmity

siedeln, *vi*, settle

sieden, *vi*, boil; *siedend heiß* boiling hot; **Siedepunkt** *sub, m, -s, -e* *(chem.)* boiling-point

Siedlung, *sub, f, -, -en* settlement; *(Wohn-)* housing estates

Sieg, *sub, m, -s, -e* victory; *den Sieg davontragen* win the day; *der Gerechtigkeit zum Sieg verhelfen* make justice triumph

Siegel, *sub, n, -s, -* seal; *ein Siegel auf etwas drücken* affix a seal to something; *unter dem Siegel der Verschwiegenheit* under the seal of secrecy; **~lack** *sub, m, -s, -e* sealing wax

siegen, (1) *vi*, be victorious (2) *vt, (spo.)* win; **Sieger** *sub, m, -s, -* victor; *(spo.)* winner; **Siegerehrung** *sub, f, -, -en* presentation ceremony; **Siegerkranz** *sub, m, -es, -kränze* victor´s laurels; **Siegermacht** *sub, f, -, -mächte* victorious power; **Siegermiene** *sub, f -, -n* triumphant expression; **Siegerpodest** *sub, n, -s, -e (spo.)* winner´s pedestal; **Siegerpokal** *sub, m, -s, -e* winner´s cup; **Siegerstraße** *sub, f, -, -n* road to victory; **siegesbewusst** *adj*, confident of victory; **Siegesfeier** *sub, f, -, -n* victory celebration; **Siegesfreude** *sub, f, -, nur Einz.* drunk with victory; **siegesgewiss** *adj*, sure of victory; **Siegesgewissheit** *sub, f, -, nur Einz.* certainty of victory; **Siegesgöttin** *sub, f, -, -nen* goddess of victory; **Siegeskranz** *sub, m, -es, -kränze* victor´s laurels; **Siegespreis** *sub, m, -es, -e (spo.)* winner´s prize; **Siegessäule** *sub, f, -, -n* victory column; **Siegesserie** *sub, f, -, -n* series of victories; **siegessicher** *adj*, sure of victory; **Siegeswille** *sub, m, -n, nur Einz.* will to win

sieggewohnt, *adj*, used to winning; **siegreich** *adj*, victorious; **Siegtreffer** *sub, m, -s, -* golden goal

Siel, *sub, n,m, -s, -e* floodgate; *(Abwasserkanal)* sewer; *(Schleuse)*

Sierra 602

sluice
Sierra, *sub, f, -, -s oder Sierren* sierra
Siesta, *sub, f, -, -s oder Siesten* siesta
siezen, *vt,* address so formally
Sigel, *sub, n, -s,* - abbreviation, short form
Sigma, *sub, n, -s, -s* sigma
Signal, *sub, n, -s, -e* signal; *(Zeichen)* sign; *ein Signal geben* give a signal; *(i. ü. S.) Signale setzen* blaze a trail; *das war das Signal zum Aufbruch* that was the sign to leave; ~**anlage** *sub, f, -, -n* set of signals; ~**farbe** *sub, f, -, -n* signaling colour; ~**feuer** *sub, n, -s,* - signal fire; ~**flagge** *sub, f, -, -n* signal flag; ~**glocke** *sub, f, -, -n* signal bell; **signalisieren** *vt,* signal; ~**knopf** *sub, m, -s, -knöpfe* signal knob; ~**lampe** *sub, f, -, -n* signal lamp; ~**licht** *sub, n, -s, -er* signal light; ~**pfiff** *sub, m, -s, -e* signaling whistle; ~**reiz** *sub, m, -es, -e (biol.)* stimulant
Signatur, *sub, f, -, -en* signature; *(Buch)* shelf-mark; *(Karten)* symbol
Signet, *sub, n, -s, -s* publisher´s mark, signet; **signieren** *vt,* sign; **signifikant** *adj,* significant; **Signifikanz** *sub, f, -, nur Einz.* significance
Signor, *sub, f, -, -i* signor; ~**a** *sub, f, -, -s* signora; ~**ina** *sub, f, -, -s* signorina; ~**ino** *sub, m, -, -s* signorino
Signum, *sub, n, -s, Signa* signature, symbol
Sikh, *sub, m, -s, -s* Sikh; ~**religion** *sub, f, -, nur Einz.* Sikh religion
Sikkativ, *sub, n, -s, -e* siccative
Silage, *sub, f, -, -n* silage
Silbe, *sub, f, -, -n* syllable; *(ugs.) ich verstehe keine Silbe* I don´t understand a word; *keine Silbe sagen* not breathe a word; ~**nrätsel** *sub, n, -s,* - word game; ~**ntrennung** *sub, f, -, -en* syllabication
Silber, *sub, n, -s, nur Einz.* silver; ~**arbeit** *sub, f, -, -en* silver work; ~**barren** *sub, m, -s,* - bar of silver; ~**blick** *sub, m, -s, nur Einz. (ugs.)* squint; ~**brokat** *sub, n, -s, nur Einz.* silver brocade; ~**draht** *sub, m, -s, -drähte* silver wire; ~**faden** *sub, m, -s, -fäden* silver thread; **silberfarben** *adj,* silver; **silberfarbig** *adj,* silvery; ~**fischchen** *sub, n, -s,* - *(zool.)* silver-fish; ~**fuchs** *sub, m, -es, -füchse* silverfox; **silberhaarig** *adj,* silvery hair; **silberhaltig** *adj,* argentiferous, silver-bearing;

~**löwe** *sub, m, -n, -n (zool.)* puma; ~**münze** *sub, f, -, -n* silver coin; **silbern** *adj,* silver; ~**papier** *sub, n, -s, -e* tinfoil; ~**pappel** *sub, f, -, -n* silver poplar; ~**stift** *sub, m, -s, -e* silver pin; **silbrig** *adj,* silvery
Sild, *sub, m, -s, -e* sild
Silhouette, *sub, f, -, -n* silhouette; *sich als Silhouette abzeichnen gegen* be silhouetted against
Silicium, *sub, n, -s, nur Einz. (chem.)* silicon; **Silikat** *sub, n, -s, -e* silicate; **Silikon** *sub, n, -s, -e* silicone
Silo, *sub, m,n, -s, -s* silo
Silur, *sub, n, -s, nur Einz.* Silurian
Silvester, *sub, n, -s,* - New Year´s Eve
simbabwisch, *adv,* of Zimbabwe
Similistein, *sub, m, -s, -e (kun.)* artificial stone
Simmentaler, *sub, m, -s,* - Simmental
Simonie, *sub, f, -, -n* simony
simpel, *adj, (dumm)* stupid; *(einfach)* plain, simple
Simplex, *sub, n, -, -e* simplex
simplifizieren, *vt,* simplify; **Simplizität** *sub, f, -, nur Einz.* simplicity
Sims, *sub, m, -es, -e (Fenster)* sill; *(Kamin)* mantelpiece; *(Rand)* ledge
Simulant, *sub, m, -en, -en* malingerer; **Simulation** *sub, f, -, -en* simulation; **Simulator** *sub, m, -en, -en (tech.)* simulator; **simulieren** *vti,* feign; *(phys.)* simulate; *(vortäuschen)* malinger, sham; **simultan** *adj,* simultaneous; **Simultanität** *sub, f, -, -* simultaneity, simultaneousness
Sinfonie, *sub, f, -, -n* symphony; **Sinfoniker** *sub, m, -s,* - symphony orchestra; **sinfonisch** *adj,* symphonic
Singakademie, *sub, f, -, -n* choral society
Singapurerin, *sub, f, -, -nen (geogr.)* Singaporean; **singapurisch** *adv,* of Singapore
singbar, *adj,* singable
Singdrossel, *sub, f, -, -n* song thrush
Singgruppe, *sub, f, -, -n* choir
Singhalesin, *sub, f, -, -nen* Sin(g)halese
Single, *sub, n, -s, -s* single

singulär, *adj,* singularly; **Singular** *sub, n, -s, -e* singular; **Singularform** *sub, f, -, -en* singular form; **singularisch** *adj,* singular; **Singularität** *sub, f, -, -en* singularity
Singvogel, *sub, m, -s, -vögel (zool.)* song-bird
sinister, *adj,* sinister
sinken, *vi,* go down, sink; *(fig.)* drop, fall; *(ugs.)* er ist *tief gesunken* he has gone down a lot; *ich hätte vor Scham in den Boden sinken mögen* I wish the earth could have swallowed me up; *im Wert sinken* decline in value; *in jemandes Achtung sinken* sink in someone´s eyes; *auf die Knie sinken* drop to one´s knees; *auf einen Stuhl sinken* drop into a chair; *in tiefen Schlaf sinken* fall into a deep sleep; *jemandem zu Füßen sinken* fall at someone´s feet
Sinn, *sub, m, -s od. -es, -e (Bedeutung)* meaning; *(organ.)* sense; *(Sache)* idea, point; *(Verstand)* mind; *das hat einen tieferen Sinn* there is a deeper meaning; *lange Rede, kurzer Sinn* the long and the short of it; *das hat keinen Sinn* there is no sense; *einen Sinn ergeben* make sense; *von Sinnen sein* be out of senses; *das ist der Sinn der Sache* that´s the whole point; *das geht mir nicht aus dem Sinn* I can´t get it out pf my mind; *im Sinn haben, etwas zu tun* have in mind to do something; **sinnbetörend** *adj,* bewitching, sensuously intoxicating; **~bild** *sub, n, -s od. -es, -er* symbol; **sinnbildlich** *adj,* symbolic(al); **sinnen** *vi,* brood over sth; *auf Rache sinnen* mediate revenge; *über etwas sinnen* brood over something; **~enmensch** *sub, m, -en, -en* sensuous person; **~enrausch** *sub, m, -s od. -es, -räusche* sensual passion; **sinnentleert** *adj,* bereft of content; **~esorgan** *sub, n, -s od. -es, -e (anat.)* sense organ; **~eswandel** *sub, m, -s, -* change of mind; **~eszelle** *sub, f, -, -n* sensory cell; **sinnfällig** *adj,* obvious; **sinngemäß** *adj,* faithful; *etwas sinngemäß wiedergeben* give the gist of something; **sinnieren** *vi,* brood; **sinnig** *adj, (Vernunft)* sensible; *(Zweck)* practical; **sinnlich** *adj,* sensual, sensuous; *ein sinnlicher Mensch* a sensualist; **~lichkeit** *sub, f, -, nur Einz.* sensuality

sinnlos, *adj, (absurd)* absurd; *(bedeutungslos)* meaningless; *(zwecklos)* useless; *mein Leben ist sinnlos* my life is meaningless; *es ist sinnlos, länger zu warten* it´s useless to wait any longer; **Sinnlosigkeit** *sub, f, -, nur Einz. (Absurdität)* absurdity; *(Zwecklosigkeit)* uselessness; **Sinnspruch** *sub, m, -s od. -es,* sprüche epigram; **sinnverwandt** *adj,* synonymous; *ein sinnverwandtes Wort* a synonym; **sinnvoll** *adj, (klug)* ingenious; *(zweckmäßig)* convenient
Sinologe, *sub, m, -n, -n (tt; wiss.)* sinologist; **Sinologie** *sub, f, -, nur Einz.* sinology; **sinologisch** *adj,* sino-
Sintflut, *sub, f, -, nur Einz.* deluge; *(i. ü. S.; bibl.)* Deluge, Flood
Sinus, *sub, m, -es, -se (mat.)* sinus
Siphon, *sub, m, -s, -s (tt; tech.)* siphon
Sippe, *sub, f, -, -n (biol.)* family; *(zool.)* species; **~nkunde** *sub, f, -, nur Einz.* genealogy; **Sippschaft** *sub, f, -, -en (ugs.)* clique, lot, set; *(ugs.)* die ganze *Sippschaft* every mother´s son of them; *(ugs.)* mit *der ganzen Sippschaft* with kith and kin
Sire, *sub, m, -, -s (geh.)* sire
Sirene, *sub, f, -, -en* siren; **~nprobe** *sub, f, -, -n* practice alarm
Sirtaki, *sub, m, -s, -s* sirtaki
Sisalläufer, *sub, m, -s, -* sisal mat
Sisyphusarbeit, *sub, f, -, nur Einz.* neverending task; *(i. ü. S.)* Sisyphean task
Sitar, *sub, m, -s, -s (mus.)* sitar
Sit-in, *sub, m, -s, -s* sit-in
Sitte, *sub, f, -, -n* custom; *das ist hier so Sitte* that´s the custom here; *gegen die guten Sitten verstoßen* offend against good manners; *(ugs.)* hier *herrschen aber rauhe Sitten!* people have a pretty rough way of doing things here!; **~ngesetz** *sub, m, -es, -e* moral law; **~nkodex** *sub, m, -es, -e* moral code; **~nlehre** *sub, f, -, nur Einz.* ethics; **~nlosigkeit** *sub, f, -, nur Einz.* immorality; **~npolizei** *sub, f, -, nur Einz.* vice squad; **~nroman** *sub, m, -s od. -es, -e* moral novel; **sittenstreng** *adj,*

puritanical; ~**nstrolch** *sub, m, -s od. -es, -e (ugs.)* sex fiend; **sittenwidrig** *adj,* immoral

Sittich, *sub, m, -s od. -es, -e (zool.)* parakeet

sittlich, *adj,* moral; **Sittlichkeit** *sub, f, -, nur Einz.* morality

sittsam, *adj,* decent; *(anständig)* modest; *(manierlich)* well-behaved; **Sittsamkeit** *sub, f, -, nur Einz.* decency

Situation, *sub, f, -, -en* situation; *der neuen Situation gerecht werden* meet the new situation; *er war der Situation gewachsen* he rose to the situation; *Herr der Situation sein* be master of the situation; **situativ** *adj,* dependent on the situation; **situieren** *vt,* situate; **situiert** *adj,* situated

Sitz, *sub, m, -es, -e (allg.)* seat; *(Kleider)* fit; *(Wohn-)* residence; *die Gäste nahmen ihre Sitze ein* the guests took their seats; *(wirt.)* mit dem Sitz in Berlin* with the place of business and legal seat in Berlin; ~**bank** *sub, f, -, -bänke* bench; ~**blockade** *sub, f, -, -n* sit-down strike; ~**ecke** *sub, f, -, -n* corner seating unit; **sitzen** *vi, (allg.)* sit; *(Kleidung)* fit; *(wohnen)* dwell, live; *auf dem trockenen sitzen* be left high and dry; *das Kleid sitzt wie angegossen* the dress sits perfectly; *(i. ü. S.)* die Bemerkung hat gesessen* the remark hit home; *(ugs.)* einen sitzen haben* be a little high; ~**enbleiber** *sub, m, -s, -* pupil who has to repeat a year; ~**fleisch** *sub, n, -es, nur Einz.* stamina; *(Ausdauer)* perseverance; ~**ordnung** *sub, f, -, -en* seating arrangement, seating plan

Sitzung, *sub, f, -, -en (Arzt)* visit; *(jur.)* session; *(Konferenz)* meeting; ~**sgeld** *sub, n, -es, -er (polit.)* attendance allowance; ~**ssaal** *sub, m, -s od. -es, -säle (jur)* court room; *(Konferenz)* conference hall

Sizilianerin, *sub, f, -, -nen (geogr.)* Sicilian; **sizilianisch** *adj,* Sicilian; **skalar** *adj, (mat.)* scalar; **Skalenzeiger** *sub, m, -s, -* indicator

Skai, *sub, n, -s, nur Einz.* imitation leather

Skala, *sub, f, -, Skalen (elektrisch)* scale; *(figurativ)* range

Skalp, *sub, m, -s, -e* scalp

Skalpell, *sub, n, -s, -e (med.)* scalpel

Skandal, *sub, m, -s od. -es, -e (allg.)* scandal; *(Lärm)* fuss, row; *einen Skandal machen* kick up a row; *einen Skandal vertuschen* hush up a scandal; *es ist ein Skandal, wie er sich benimmt* it´s a disgrace the way he acts; **skandalieren** *vi,* make noise; ~**nudel** *sub, f, -, -n (i. ü. S.)* glutton for scandal; **skandalös** *adj,* scandalous; ~**presse** *sub, f, -, nur Einz.* gutter press

skandieren, *vti,* scan

Skarabäus, *sub, m, -, Skarabäen* scarab

Skat, *sub, m, -s od. -es, -e od. -s* skat

Skateboard, *sub, n, -s, -s* skateboard; ~**er** *sub, m, -s, -* skateboarder

skaten, *vti,* skate; **Skater** *sub, m, -s, -* skater; **Skatspieler** *sub, m, -s, -* skat player; **Skatturnier** *sub, n, -s od. -es, -e* skat tournament

Skeetschießen, *sub, n, -s, nur Einz. (spo.)* skeet

Skeleton, *sub, m, -s, -s* skeleton

Skelett, *sub, n, -s od. -es, -e* skeleton; **skelettieren** *vt,* skeletonize

Skelettform, *sub, f, -, -en* type of skeleton

Skepsis, *sub, f, -, nur Einz.* scepticism; **Skeptiker** *sub, m, -s, -* sceptic; **skeptisch** *adj,* sceptical

Sketch, *sub, m, -es, -e* sketch; **Sketsch** *sub, m, -es, -e* sketch

Ski, *sub, m, -s, -er* ski; *die Skier anschnallen* put on the skis; ~ **fahren** *vi,* ski; ~**akrobatik** *sub, f, -, nur Einz.* ski acrobatics; ~**bob** *sub, m, -s, -s* ski-bob; ~**fahrerin** *sub, f, -, -nen* skier; ~**läuferin** *sub, f, -, -nen* skier; ~**lehrerin** *sub, f, -, -nen* instructor; ~**mütze** *sub, f, -, -n* ski cap; ~**piste** *sub, f, -, -n* ski-run; ~**sport** *sub, m, -s od. -es, nur Einz.* skiing; ~**springer** *sub, m, -s, -* ski-jumper; ~**stock** *sub, m, -s od -es, -stöcke* ski-stick; ~**wachs** *sub, n, -es, -e* ski-wax

Skiff, *sub, n, -s, -e (spo.)* skiff

Skikjöring, *sub, n, -s, -s* skijoring

Skinhead, *sub, m, -s, -s* skinhead

Skizze, *sub, f, -, -n (Abriss)* sketch; *(Entwurf)* draft; *(Plan)* outline; ~**nblock** *sub, m, -s od. -es, -blöcke* sketch-pad; ~**nbuch** *sub, n, -s od. -es, -bücher* sketch-book; **skizzen-**

haft *adj*, in broad outline; **skizzieren** *vt*, *(Plan)* outline; *(umreißen)* sketch; **Skizzierung** *sub*, *f*, -, *-en* outline
Sklave, *sub*, *m*, *-en*, *-en* slave; *jmd zum Sklaven machen* make a slave of so; *Sklave seiner Arbeit sein* be a slave to one´s work; **sklavenartig** *adj*, slavish; **~nmarkt** *sub*, *m*, *-s*, *-märkte* slave market; **~rei** *sub*, *f*, -, *-en* slavery; **sklavisch** *adj*, slavish
Sklerose, *sub*, *f*, -, *-n (med.)* sclerosis; **sklerotisch** *adj*, sclerotic
skontieren, *vt*, allow a discount; **Skonto** *sub*, *n*, *-s*, *-s (wirt.)* cash discount
Skontration, *sub*, *f*, -, *-en* making entries in a stock book of incomings and outgoings; **skontrieren** *vi*, make adjusting entries in a stock book; **Skontrobuch** *sub*, *n*, *-s*, *-bücher* stock book
Skooter, *sub*, *m*, *-s*, - scooter
Skorbut, *sub*, *m*, *-s*, *nur Einz. (med.)* scurvy
Skorpion, *sub*, *m*, *-s*, *-e (astrol.)* Scorpio; *(zool.)* scorpion
Skribent, *sub*, *m*, *-en*, *-en* scribbler; **Skript** *sub*, *n*, *-s*, *-en* script
Skrotum, *sub*, *n*, *-s*, *-ta (anat.)* scrotum
skrupellos, *adj*, unscrupulous
skullen, *vti*, *(spo.)* scull; **Skuller** *sub*, *m*, *-s*, - sculler
skulptieren, *vt*, *(kun.)* sculpture; **Skulptur** *sub*, *f*, -, *nur Einz.* sculpture
Skunk, *sub*, *m*, *-s*, *-e (zool.)* skunk
skurril, *adj*, bizarre, ludicrous; **Skurrilität** *sub*, *f*, -, *-en* bizarreness, ludicrousness
Skylight, *sub*, *n*, *-s*, *-s (arch.)* skylight; **Skyline** *sub*, *f*, -, *-s* skyline
Slang, *sub*, *m*, *-s*, *-s (ugs.)* slang
Slapstick, *sub*, *m*, *-s*, *-s* slapstick
Slawe, *sub*, *m*, *-n*, *-n* Slav; **slawisch** *adj*, Slavonic; **slawisieren** *vt*, slavicise; **Slawist** *sub*, *m*, *-en*, *-en* Slavist; **Slawistik** *sub*, *f*, -, *nur Einz.* Slavonic studies; **slawistisch** *adj*, Slavonic
Slibowitz, *sub*, *m*, *-es*, *-e* slivovitz
Slip, *sub*, *m*, *-s*, *-s (allg.)* briefs; *(Damen-)* panties; **~per** *sub*, *m*, *-s*, - casual; *(US)* loafer
Slogan, *sub*, *m*, *-s*, *-s* slogan
Sloop, *sub*, *f*, -, *-s* sloop
slowakisch, *adj*, Slovak(ian); **Slowa-**

kische *sub*, *n*, -, - Slovac
Slowenierin, *sub*, *f*, -, *-nen* Slovene; **Slowenische** *sub*, *n*, *-n*, - Slovenian
Slowfox, *sub*, *m*, *-es*, *-e* slow foxtrot
Slum, *sub*, *m*, *-s*, *-s* slum
Slup, *sub*, *f*, -, *-s* sloop
Smaragd, *sub*, *m*, *-es*, *-e* emerald; **smaragdgrün** *adj*, emerald-green
smart, *adj*, smart
Smash, *sub*, *m*, *-s*, *-s* smash
Smog, *sub*, *m*, *-s*, *-s* smog
Smörrebröd, *sub*, *n*, *-s*, *-s* open sandwich
Smutje, *sub*, *m*, *-s*, *-s* ship´s cook
Snack, *sub*, *m*, *-s*, *-s* snack; **~bar** *sub*, *f*, -, *-s* snack bar
Snob, *sub*, *m*, *-s*, *-s* snob; **~ismus** *sub*, *m*, -, *-men* snobbishness; **snobistisch** *adj*, snobbish
snowboarden, *vti*, snowboard; **Snowboarder** *sub*, *m*, *-s*, - snowboarder; **Snowboarding** *sub*, *n*, *-s*, - snowboarding
so, (1) *adv*, so; *(auf diese Art)* like this (2) *konj*, *(so daß)* so that; *er war so dumm* he was so stupid; *so kam es, daß* so it was that; *so weit, so gut* so far so good; *wie lange dauert das?* - *so eine Woche* how long will it take? - a week or so; *ach so!* oh, I see; *ich habe es nicht so gemeint* I didn´t mean it like that; *ich lasse mich von dir nicht so behandeln* I won´t let you treat me like that; *so oder so* one way or another; *(ugs.) so siehst du aus!* that´s what you think!; *sowie* asas; *wie der Vater, so der Sohn* like father, like son, *er hat zuviel gegessen, so daß ihm jetzt schlecht ist* he ate too much so that he feels sick now
sobald, *konj*, as soon as
Söckchen, *sub*, *n*, *-s*, - ankle sock;
Socke *sub*, *f*, -, *-n* sock; *(ugs.) sich auf die Socken machen* take to one´s heels
Sockel, *sub*, *m*, *-s*, - base; *(Statue)* pedestal; **~betrag** *sub*, *m*, *-s*, *-äge* flat cash supplement; *ein Sockelbetrag von 10 DM* a basic rate of 10 DM; **Sockenhalter** *sub*, *m*, *-s*, - suspender; *(US)* garter
Soda, *sub*, *f*, -, *nur Einz.* soda; **~wasser** *sub*, *n*, *-s*, *-wässer* soda water

sodann, *interj,* *(Sodann!)* well then!

Sodbrennen, *sub, n, -s, -* heartburn

Sode, *sub, f, -, -n* piece of turf, sod

Sodomie, *sub, f, -, -, nur Einz.* bestiality, buggery

Sodomit, *sub, m, -s, -en* sodomite; **sodomitisch** *adj,* bestial

soeben, *adv,* just, this minute

sofern, *konj,* if, provided that; *sofern nur irgend möglich* if at all possible

sofort, *adv,* at once, immediately, right away; *bist du fertig? - sofort!* are you ready? - just a moment!; *komm sofort nach hause!* come home at once!; *(wirt.) sofort lieferbar* immediately deliverable

Soforthilfe, *sub, f, -, -n* emergency aid

sofortig, *adj,* immediate, instant

Softdrink, *sub, m, -s, -s* non-alcoholic beverage; **Softeis** *sub, n, -es, -* soft ice-cream; **Softie** *sub, m, -s, -s (ugs.)* caring type, softy; **Softporno** *sub, m, -s, -s* soft porn; **Software** *sub, f, -, nur Einz.* software

Sog, *sub, m, -es, -e (Explosions-)* suction; *(Wasser-)* undertow

sogar, *adv,* even

sogleich, *adv,* at once

Sohle, *sub, f, -, -n (Fuß-)* sole; *(Tal-)* bottom; **~nleder** *sub, n, -s, -* sole leather

Sohn, *sub, m, -es, Söhne* son; *(bibl.) der verlorene Sohn* the prodigal son; *wie der Vater, so der Sohn* like father like son; **~esliebe** *sub, f, -, nur Einz.* filial love

Soiree, *sub, f, -, -n (US)* soirée

Soja, *sub, f, -, -jen* Soy, Soya; **~bohne** *sub, f, -, -n* soya bean; *(bes. US)* soy bean; **~mehl** *sub, n, -s, -* soya flour; **~öl** *sub, n, -s, -e* soya oil; **~soße** *sub, f, -, -n* soy sauce, soya sauce

solang, *konj.,* as, as long as

solange, *adv,* as long as

Solanin, *sub, n, -s, nur Einz. (chem.)* solanine

solar, *adj,* solar; **Solarenergie** *sub, f, -, nur Einz.* solar energy; **Solarium** *sub, n, -s, -ien* solarium; **Solarplexus** *sub, m, -, -* solar plexus; **Solartechnik** *sub, f, -, -en* solar technology; **Solarzelle** *sub, f, -, -n* solar cell

Sold, *sub, m, -es, -e* pay; **~buch** *sub, n, -es, -bücher* military passbook; **Söldner** *sub, m, -s, -* mercenary; **Söldnerheer** *sub, n, -es, -e* mercenary army

Soldat, *sub, m, -en, -en* soldier; *das Grabmal des Unbekannten Soldaten* the tomb of the Unknown Warrior; *zu den Soldaten gehen* enter the army; **~enrock** *sub, m, -es, -röcke* uniform; **~entum** *sub, n, -es, nur Einz.* soldiery; **soldatisch** *adj,* soldier-like, soldierly

Sole, *sub, f, -, -en* brine, saltwater; **~i** *sub, n, -s, -er* pickled egg; **~nleitung** *sub, f, -, -en* brine conduit

solenn, *adj,* solemn

solid, *adj,* solid

solidarisch, (1) *adj,* solidary **(2)** *adv,* in solidarity; *sich mit jemandem solidarisch erklären* declare one´s solidarity with someone; *solidarisch sein mit* show solidarity with, *solidarisch handeln* act in solidarity; **solidarisieren** *vr,* solidarize; *sich mit jemandem solidarisieren* solidarize with someone; **Solidarität** *sub, f, -, nur Einz.* solidarity; **Solidaritätserklärung** *sub, f, -, -en* declaration of solidarity

solide, *adj,* *(ansehnlich)* sound; *(anständig)* respectable; *(festgebaut)* solid; *(Person)* steady; **Solidität** *sub, f, -, nur Einz. (Ansehnlichkeit)* soundness; *(Stärke)* solidity

Solist, *sub, m, -en, -en* soloist; **solistisch (1)** *adj,* solo **(2)** *adv,* solo

Solitär, *sub, m, -s, -e* solitaire

Soll, *sub, n, -s, - (Plan)* target; *(wirt.)* debit; *(wirt.) im Soll verbuchen* enter on the debit side; *(wirt.) Soll und Haben* debit and credit; **~bestand** *sub, m, -es, -stände* calculated assets; **~einnahme** *sub, f, -, -n* supposed revenue; **sollen (1)** *vi,* shall; *(bestimmt)* be to **(2)** *vt, (verpflichtet)* be supposed to; *man sollte es ihm sagen* one ought to tell him; *was sollen wir jetzt tun?* what shall we do now?; *du sollst morgen zum Chef kommen* you are to see the boss tomorrow; *was soll ich tun?* what am I to do?, *ich soll auf sie aufpassen* I am to look after her; *soll ich das etwasa essen?* am I supposed to eat that?; *was soll das bedeuten?* what´s that supposed to mean?; *wer soll das sein?*

who is that supposed to be?; **~kaufmann** *sub, m, -s, -männer* obligatorily registrable trader; **~zeit** *sub, f, -, -en* required time
solo, (1) *adv,* solo (2) **Solo** *sub, n, -s, -li* solo; **Solokantate** *sub, f, -, -n* voice solo; **Solomaschine** *sub, f, -, -n* motorcycle without sidecar; **Solopart** *sub, m, -s, nur Einz.* solo (part); **Solosängerin** *sub, f, -, -nen* solo singer; **Solotanz** *sub, m, -es, -tänze* solo dance; **Solotänzerin** *sub, f, -, -nen* solo dancer
Solution, *sub, f, -, -en* solution
Solvenz, *sub, f, -, -en* solvent; *n, -, -venzien* solvency; **solvent** *adj,* solvent
Soma, *sub, n, -s, -ta (med.)* body
somatisch, *adj,* somatic
Sombrero, *sub, m, -s, -s* sombrero
Sommer, *sub, m, -s, -* summer; *der Sommer naht* summer is drawing near; *(i. ü. S.) im Sommer des Lebens stehen* be in the summer of one´s life; **~abend** *sub, m, -s, -e* summer´s evening; **~anfang** *sub, m, -s, -* beginning of summer; **~anzug** *sub, f, -s, -züge* summerwear; **~ferien** *sub, f, -, nur Mehrz.* summer holidays; **~frische** *sub, f, -, -n (Ort)* summer resort; **~gerste** *sub, f, -, -* spring barley; **~hitze** *sub, f, -, -* summer heat; **~kleid** *sub, n, -es, -er* summer dress; **~kleidung** *sub, f, -, -* summer clothing; **~monat** *sub, m, -s, -e* summer month; **~nacht** *sub, f, -, -nächte* summer night; *(Drama) Ein Sommernachtstraum* A Midsummernight´s Dream; **~pause** *sub, f, -, -n* summer break; **~preis** *sub, m, -es, -e* summer sale; **~regen** *sub, m, -s, -* summer rain; **~reise** *sub, f, -, -n* summer journey
Sommerresidenz, *sub, f, -, -en* summer-house; **Sommerschlussverkauf** *sub, m, -s, -käufe* summer sale; **Sommerschuh** *sub, m, -s, -e* summer shoe; **Sommersonnenwende** *sub, f, -, -* summer solstice; **Sommersprosse** *sub, f, -, -n* freckle; **Sommerszeit** *sub, f, -, -en* summer time; **Sommerwetter** *sub, n, -s, -* summer weather; **Sommerzeit** *sub, f, -, nur Einz.* Summer Time
somnambul, *adv,* somnambulary; **Somnambulismus** *sub, m, -, nur Einz.* sleepwalking, somnambulism

Sonant, *sub, m, -en, -en* syllabic
Sonate, *sub, f, -, -n* sonata; **Sonatine** *sub, f, -, -n* sonatina
Sonde, *sub, f, -, -n (med.)* probe; *(Seefahrt)* plummet; *(Wetter-)* sonde
Sonderabzug, *sub, m, -s, -züge* special discount
Sonderangebot, *sub, n, -s, -e* special offer
Sonderausgabe, *sub, f, -, -n* special edition
sonderbar, *adj,* odd, strange; *mir ist sonderbar zumute* I have a strange feeling; *was ist daran sonderbar?* what´s strange about it?
Sonderdeponie, *sub, f, -, -n* hazardous waste depot
Sonderdezernat, *sub, n, -es, -e* Special Branch
Sonderdruck, *sub, m, -s, -e* offprint
Sonderfahrt, *sub, f, -, -en* special trip
sondergleichen, *adv,* unequalled, unparalleled; *das ist eine Frechheit sondergleichen!* that´s the height of cheek!
Sonderklasse, *sub, f, -, -en* special class, top grade
Sonderkonto, *sub, n, -s, -ten* special account
Sonderkosten, *sub, f, -, nur Mehrz.* extra expense
sonderlich, *adv,* particularly
Sonderling, *sub, m, -s, -e* eccentric
Sondermüll, *sub, m, -s, nur Einz.* special refuse
sondern, (1) *konj,* but (2) *vt,* separate; *nicht nur, sondern auch* not only, but also; *sondern was?* what then?
Sondernummer, *sub, f, -, -n* special edition
Sonderpreis, *sub, m, -es, -e* special price
Sonderrabatt, *sub, m, -es, -e* special discount
Sonderration, *sub, f, -, -en* extra ration
Sonderrecht, *sub, n, -es, -e* privilege
Sonderschule, *sub, f, -, -n* special school
Sondersendung, *sub, f, -, -en* special delivery
Sonderstatus, *sub, m, -, -* special status

Sonderstellung, *sub, f, -, -en* special position
Sondersteuer, *sub, f, -, -n* special tax
Sonderwunsch, *sub, m, -es, -wünsche* special request
Sonderzug, *sub, m, -es, -züge* special train
sondieren, *vt,* sound out; *(ugs.) die Lage sondieren* find out how the land lies
Sonett, *sub, n, -s, -e* sonnet
Song, *sub, m, -s, -s* song
Sonnabend, *sub, m, -s, -de* Saturday; **sonnabends** *adv,* on a Saturday; *(immer)* on Saturdays
Sonne, *sub, f, -, -n* sun; *an die Sonne geben* go out in the sun; *(i. ü. S.) ein Platz an der Sonne* a place in the sun; *(ugs.) geh mir aus der Sonne!* get out of my light!; **sonnen** *vr,* sunbathe; **~naufgang** *sub, m, -es, -gänge* sunrise; *(Drama) "Vor Sonnenaufgang"* "Before Sunrise"; *bei Sonnenaufgang* at sunrise; **sonnenbaden** *vi,* sunbathe; **~nbank** *sub, f, -, -bänke* sun bench; **~nblende** *sub, f, -, -n* sunblind; **~nblume** *sub, f, -, -en* sunflower; **~nbrand** *sub, m, -es, -brände* sunburn; **~nbräune** *sub, f, -, nur Einz.* sun-tan; **~nbrille** *sub, f, -, -n* sun-glasses; **~ncreme** *sub, f, -, -s* sun cream; **~ndeck** *sub, n, -s, -s* sun deck; **~nenergie** *sub, f, -, -* solar energy; **~nfinsternis** *sub, f, -, -se* solar eclipse; **~nfleck** *sub, m, -s, -en (astron.)* sunspot; **sonnengebräunt** *adj,* sun-tanned; **~nhut** *sub, m, -es, -hüte* sun-hat; **~nkraftwerk** *sub, n, -s, -e* solar power station; **~nlicht** *sub, n, -es, nur Einz.* sunlight; **~nöl** *sub, n, -s, -e* sun-tan lotion; **~nschein** *sub, m, -s, -e* sunshine
Sonnenschirm, *sub, m, -s, -e (Garten)* sunshade; *(Straße)* parasol; **Sonnenschutz** *sub, m, -es, nur Einz.* protection against the sun; **Sonnenseite** *sub, f, -, -n* sunny side; **Sonnenstich** *sub, m, -s, -e* sunstroke; *(ugs.) du hast wohl einen Sonnenstich!* you must have been out in the sun too long!; **Sonnenstrahl** *sub, m, -s, -e* sunbeam; **Sonnensystem** *sub, n, -s, -e* solar system; **Sonnenuhr** *sub, f, -, -en* sundial; **Sonnenuntergang** *sub, m, -es, -gänge* sunset; *(US)* sundown; **Sonnenwärme** *sub, f, -, -n* warmth of the sun; **Sonnenwende** *sub, f, -, -n* solstice; **Sonnenzelle** *sub, f, -, -n* solar cell
sonnig, *adj,* sunny
Sonntag, *sub, m, -s, -e* Sunday; **~abend** *sub, m, -s, -e* Sunday evening; **sonntags** *adv,* on Sundays; **~sausgabe** *sub, f, -, -n* Sunday edition; **~sfahrer** *sub, m, -s, -* Sunday driver; **~skind** *sub, n, -es, -er* born on a Sunday; **~sruhe** *sub, f, -, -n* observe Sunday as a day of rest
sonnverbrannt, *adj,* sunburnt
Sonnyboy, *sub, m, -s, -s* sunshine boy
sonor, *adj,* sonorous
sonst, *adv, (außerdem)* else, otherwise; *(ehemals)* formerly; *(gewöhnlich)* usually; *(im übrigen)* otherwise; *sonst etwas* anything else; *sonst jemanden* anybody else; *sonst nichts* nothing else; *sonst nirgends* nowhere else; *ich habe heute mehr als sonst verdient* today I earned more than usually; *ich muß mich beeilen, sonst komme ich zu spät* I have to hurry, otherwise I'll be late; **~ jemand** *adv,* anybody else; **~ wo** *adv,* anywhere else; **~ woher** *adv,* from somewhere else; **~ wohin** *adv,* somewhere else
sooft, *konj.,* every time, whenever
Soor, *sub, m, -es, -* scab
Sophist, *sub, m, -en, -en* sophist; **~erei** *sub, f, -, -en* sophistry; **~ik** *sub, f, -, nur Einz.* sophistication; **sophistisch** *adj,* sophisticated
sophokleisch, *adj,* Sophoclean
Sopran, *sub, m, -s, -e* soprano; **~istin** *sub, f, -, -nen* soprano
Sorbet, *sub, m,n, -s, -s* sorbet
sorbisch, *adj,* Sorbian
Sorge, *sub, f, -, -n* worry; *(Ärger)* trouble; *(Kummer)* sorrow; *keine Sorge!* don't worry!; *lass das meine Sorge sein!* leave that to me!; *mach dir deshalb keine Sorgen!* don't worry about that!; *Sorgen haben* have problems; **sorgen (1)** *vr,* worry **(2)** *vt,* take care; *sich sorgen um* be worried about, *bitte sorgen Sie dafür, dass* please, make sure that; **~nfalte** *sub, f, -, -n* worry line; **sorgenschwer** *adj,* troubled; **~pflicht** *sub, f, -, -en* duty of care; **~recht** *sub, n, -s, -e* custody; **Sorg-**

falt *sub, f, -, nur Einz.* care; *viel Sorg-falt aufwenden auf etwas* put a lot of care into something; **sorgfältig** *adj,* careful; **sorglos** *adj, (unachtsam)* careless; *(unbekümmert)* carefree; **sorgsam** *adj,* careful; **Sorgsamkeit** *sub, f, -, nur Einz.* carefulness
Sorte, *sub, f, -, -n* kind; *(Art)* sort; *(Marke)* brand; *(Qualität)* grade; *(wirt.)* foreign currency; *andere Sorten von Käse* other kinds of cheese; *er ist ein Schwindler übelster Sorte* he´s a fraud of the worst kind; *er ist eine seltsame Sorte Mensch* he´s an odd sort; *von allen Sorten* of all sorts; *eine besonders milde Sorte Zigaretten* a particularly mild brand of cigarettes; *feinste Sorte* first(-class) grade; *Waren nach Sorten einteilen* grade goods; **~nhandel** *sub, m, -s, nur Einz.* transactions in foreign notes and coins; **~nzettel** *sub, m, -s, -* list of registered plant varieties
sortieren, *vt,* sort; *(ordnen)* arrange; *nach Größen sortieren* sort according to size; **Sortiererin** *sub, f, -, -nen* sorter; **sortiert** *adj,* well-stocked; *(ausgewählt)* select
Sortilegium, *sub, n, -s, -gien* sortilege
Sortiment, *sub, n, -s, -e (Auswahl)* assortment; *(Handel)* collection; **~er** *sub, m, -s, -* retail bookseller
sosehr, *adv,* so much
soso, (1) *adv, (ugs.)* so-so, well, well! **(2)** *interj,* I see!
Soße, *sub, f, -, -n* sauce; *(Braten-)* gravy; *(vulg.; schmieriges Zeug)* gunge; **~nlöffel** *sub, m, -s, -* gravy spoon; **~nrezept** *sub, n, -s, -e* sauce recipe
Sottise, *sub, f, -, -n* rudeness, stupidity
Sou, *sub, m, -, -s* sou
Souchongtee, *sub, m, -s, -s* souchong (tea)
Souffleur, *sub, m, -s, -e* prompter; **Souffleuse** *sub, f, -, -n* prompter; **soufflieren** *vi,* prompt
Soul, *sub, m, -s, nur Einz.* soul music
Sound, *sub, m, -s, nur Einz.* sound; **~track** *sub, m, -s, -s* sound-track
soundso, *adv,* so and so
Souper, *sub, n, -s, -s* supper; **soupieren** *vi,* dine
Soutane, *sub, f, -, -n* cassock
Souterrain, *sub, n, -s, -s* basement
Souvenir, *sub, n, -s, -s* souvenir
souverän, (1) *adj, (i. ü. S.)* superior;

(polit.) sovereign **(2) Souverän** *sub, m, -s, -e* sovereign; *die Lage souverän meistern* deal with the situation supremely well; *er siegte ganz souverän* he won in superior style; **Souveränität** *sub, f, -, nur Einz.* sovereignty
Sovereign, *sub, m, -s, -s* sovereign
soviel, (1) *adv,* so much **(2)** *konj,* as much as; *rede nicht so viel!* don´t talk so much!, *halb soviel* half as much; *soviel du willst* as much as you like
soweit, (1) *adv,* so far **(2)** *konj,* as far as; *soweit fertig sein* be more or less ready; *soweit so gut* so far so good, *soweit als möglich* as far as possible; *soweit es mich betrifft* as far as I´m concerned
sowie, *konj, (und auch)* as well as; *(zeitlich)* as soon as
sowieso, *adv,* anyhow, anyway, in any case; *ich gehe sowieso hin* I´m going there anyhow; *daraus wird sowieso nichts* that won´t come to anything anyway; *er kommt sowieso nicht* he won´t come anyway
sowjetisch, *adj,* Soviet; **Sowjetrusse** *sub, m, -n, -n* Soviet Russian; **sowjetrussisch** *adj,* Soviet Russian
sowohl, *konj,* as well; *sowohl als auch* as well as
sozial, *adj,* social; *die sozialen Verhältnisse* social conditions; *sozial denken* be socially minded; *soziale Fürsorge* social welfare; **Sozialarbeit** *sub, f, -, -* social work; **Sozialarbeiter** *sub, m, -s, -* social worker; **Sozialberuf** *sub, m, -s, -e* caring profession; **Sozialfürsorge** *sub, f, -, -n* social welfare; **Sozialhilfe** *sub, f, -, -n* welfare aid; **Sozialhilfeempfänger** *sub, m, -s, -* person receiving welfare; **Sozialhygiene** *sub, f, -, nur Einz.* public health; **Sozialisation** *sub, f, -, -en* socialization; **~isieren** *vt,* nationalize, socialize; **Sozialismus** *sub, m, -, nur Einz.* socialism; **Sozialist** *sub, m, -en, -en* socialist; **~istisch** *adj,* socialist; *sozialistische Einheitspartei* Socialist Unity Party; **Sozialkritik** *sub, f, -, nur Einz.* social criticism; **Sozialkunde** *sub, f, -, nur Einz.* social studies; **Sozialla sten** *sub, f, -, nur Mehrz.* social

expediture; **Sozialpädagogik** *sub, f, -, nur Einz.* social education; **Sozialpartner** *sub, f, -, nur Mehrz.* employers and employees, unions and management; **Sozialprodukt** *sub, n, -es, -e* gross national product **Sozialrecht**, *sub, n, -s, -e* social legislation; **Sozialreform** *sub, f, -, -en* social reforms; **Sozialrente** *sub, f, -, -n* social security pension; **Sozialstaat** *sub, m, -es, -en* welfare state; **Sozialtarif** *sub, m, -s, -e* subsidized rate; **Sozialversicherung** *sub, f, -, -en* social insurance; **Sozialzulage** *sub, f, -, -n* welfare allowance **Soziologe**, *sub, m, -n, -n* sociologist; **Soziologie** *sub, f, -, nur Einz.* sociology; **soziologisch** *adj,* sociological **Soziometrie**, *sub, f, -, -* sociometry **Sozius**, *sub, m, -, -se* partner; *(KFZ)* pillion rider **sozusagen**, *adv,* as it were, so to speak **Spaceshuttle**, *sub, m, -s, -s* space shuttle **Spachtel**, *sub, f, -, -n* spatula; *(Kitt-)* filler; **spachteln** *vt,* fill **Spagat**, *sub, m, -s, -e* split; *einen Spagat machen* do the splits **Spagetti**, *sub, f, -, nur Mehrz.* spaghetti **spähen**, *vi, (kundschaften)* scout; *(verstohlen)* peer; *durch die Zaunlücke spähen* peep through the gap in the fence; *nach jemandem spähen* look out for someone; **Späher** *sub, m, -s, -* scout; **Späherei** *sub, f, -, -n* peering **Spalier**, *sub, n, -s, -e (Haus)* trellis; *(Reihe)* line; *ein Spalier bilden* form a line; **~baum** *sub, m, -es, -bäume* espalier, trellis tree; **~obst** *sub, n, -es, nur Einz.* wall fruit **Spalt**, *sub, m, -s, -e (i. ü. S.)* split; *(Fels-)* crevice, fissure; *(Öffnung)* opening; *(Riss)* crack; *der Vorhang war nur einen winzigen Spalt geöffnet* the curtain was only open a narrow slit; *lass die Tür einen Spalt offen* leave the door open a crack; **spaltbar** *adj, (Holz)* cleavable; *(phy.)* fissionable; *(phy.) spaltbarer Stoff* fissionable material; **~barkeit** *sub, f, -, nur Einz. (Holz)* cleavability; *(phy.)* fissionability; **~e** *sub, f, -n, -n (Gletscher-)* crevasse; *(Holz)* crack; *(Zeitung)* column; **spalten** *vt,* split; *(allg.)* chop; *(chem.)* crack; *(Holz)* cleave;

die Meinungen über diese Frage sind gespalten opinions are divided on this question; *die Partei hat sich gespalten* the party has split; **spaltenweise** *adv,* from column to column; **~produkt** *sub, n, -es, -e* product of fission; **~ung** *sub, f, -, -en (allg.)* splitting; *(phy.)* fission; *(polit.)* split **Span**, *sub, m, -s, Späne (Holz)* shavings; *(Metall)* filing; **spanabhebend** *adj,* cutting; **~ferkel** *sub, n, -s, -* sucking pig **Spange**, *sub, f, -, -n (Arm-)* bracelet; *(Haar-)* hair slide; *(Schuh)* bar; *(Verschluss)* clasp **Spaniel**, *sub, m, -s, -s* spaniel **Spann**, *sub, m, -s, -e* instep **Spanne**, *sub, f, -, -n (Entfernung)* short distance; *(Preis-)* margin; *(Reichweite)* range; *(Zeit-)* while; **spannen (1)** *vi, (Kleider)* fit tightly; *(ugs.; mitbekommen)* grasp **(2)** *vr, (Haut)* go tout **(3)** *vt,* stretch; *(Feder)* tension; *(Saite)* tighten; *einen Bogen spannen* bend a bow; *bend a bow;* **spannend** *adj, (i. ü. S.)* exciting; *(aufregend)* thrilling; **~r** *sub, m, -s, - (Schuh-)* shoetree; *(i. ü. S.; Voyeur)* peeping Tom; *(zool.)* geometer moth; **Spanngardine** *sub, f, -, -n* net curtain; **Spannrahmen** *sub, m, -s, -* tenter frame; **Spannung** *sub, f, -, -en (i. ü. S.; Erregung)* excitement; *(phy.)* tension voltage; *(tech.)* tension; *(Ungewissheit)* suspense; *die Spannung des Seils ließ nach* the tension of the rope decreased; *im Saal herrschte atemlose Spannung* there was an atmosphere of breathless suspense in the hall; *voller Spannung warten* wait in suspense; **spannungslos** *adj,* boring; **Spannweite** *sub, f, -, -n (Brücke)* span width; *(Flügel-)* wing-spread **Spant**, *sub, n,m, -s, -en (Luftfahrt)* frame; *(Schifffahrt)* rib; **~enriss** *sub, m, -es, -e* body plan; **Sparbrenner** *sub, m, -s, -* low flame burner **Sparbuch**, *sub, n, -s, -bücher* savings book; **Spareinlage** *sub, f, -, -n* savings deposit; **sparen (1)** *vi, (Geld)* save; *(sparsam sein)* economize **(2)** *vt,* save; *wir müssen Proviant sparen* we have to be economical with our provisions, *dadurch sparen sie 10 DM die Woche* that will save you 10 DM a week; *spar dir deine Ratschläge!* keep your advice!; **Sparer** *sub, m, -s,* - saver; **Spargroschen** *sub, m, -s,* - nest egg; **Sparguthaben** *sub, n, -s,* - savings account; **Sparkasse** *sub, f, -, -n* savings bank

Spargel, *sub, m, -s,* - asparagus; ~**beet** *sub, n, -s, -e* asparagus patch; ~**suppe** *sub, f, -, -n* asparagus soup

spärlich, *adj, (dürftig)* scanty; *(zerstreut)* sparse; *spärlich bekleidet* scantily dressed; *spärlich bevölkert* sparsely populated; *spärliches Haar* thin hair; **Spärlichkeit** *sub, f, -, nur Einz.* scantiness

Sparmaßnahme, *sub, f, -, -n* economy measure; **Sparpfennig** *sub, m, -s, -e* nest egg; **Sparpolitik** *sub, f, -, nur Einz.* political economy; **Sparprogramm** *sub, n, -s, -e (polit.)* austerity program(me); *(Waschmaschine)* economy cycle

Sparren, (1) *sub, m, -s,* - rafter **(2)** **sparren** *vi,* spar; ~**dach** *sub, n, -s, -dächer* rafters

Sparring, *sub, n, -s, nur Einz.* sparring

sparsam, *adj,* thrifty; *(Haushalt)* economical; *sparsam umgehen mit etwas* use something sparingly; **Sparsamkeit** *sub, f, -, nur Einz.* thrift; *(Haushalt)* economizing; **Sparschwein** *sub, n, -s, -e* piggy bank; **Sparstrumpf** *sub, m, -es, -strümpfe* money sock

Spartakiade, *sub, f, -, -n* Spartakiad; **Spartakist** *sub, m, -en, -en* Spartacist; **Spartakusbund** *sub, m, -es, nur Einz.* Spartacus league

spartanisch, *adj,* spartan

Sparte, *sub, f, -, -n (wirt.)* line of business; ~**nsender** *sub, m, -s,* - area station

Sparvertrag, *sub, m, -s, -träge* savings agreement; **Sparziel** *sub, n, -s, -e* object of saving; **Sparzins** *sub, m, -es, -en* interest

spasmolytisch, *adj,* anti-spasmodic; **Spasmus** *sub, m, -, - Spasmen* spasm

Spaß, *sub, m, -es, Späße (Scherz)* joke; *(Vergnügen)* fun; *den Spaß verderben* spoil the fun; *er versteht keinen Spaß* he can't take a joke; *es macht Spaß* it's fun; *ich habe doch nur Spaß gemacht* I was just having a bit of fun;

Spaß beiseite! joking apart!; *viel Spaß!* enjoy yourself!; **Späßchen** *sub, n, -s,* - joke; **spaßen** *vi,* jest, joke; *damit ist nicht zu spaßen* that is no joking matter; *er lässt nicht mit sich spaßen* he is not to be joked with; *sie spaßen wohl!* you must be joking!; **spaßeshalber** *adv,* for fun; **spaßhaft** *adj,* droll, funny; **spaßig** *adj,* funny; ~**vogel** *sub, m, -s, -vögel* comedian, joker

spät, (1) *adj,* late **(2)** *adv,* late; *er bezahlt seine Miete immer zu spät* he is always late with his rent; *es ist schon spät* it's getting late; *zu etwas zu spät kommen* be late for something; ~**er** *adj,* later; *bis später!* see you later!; *es ist später als ich dachte* it is later than I thought; *früher oder später* sooner or later; ~**estens** *adv,* at the latest

Spat, *sub, m, -s, nur Einz.* spar

Spatel, *sub, f,m, -, -n* spatula

Spaten, *sub, m, -s,* - spade; ~**stich** *sub, m, -s, -e* cut of the spade

Spatentwickler, *sub, m, -s,* - slow on the uptake

Spatienkeil, *sub, m, -s, -e* spaceband

Spatium, *sub, n, -s, Spatien* space

Spätlese, *sub, f, -, -n* late vintage; **Spätprogramm** *sub, n, -s, -e* late-night show; **Spätromantik** *sub, f, - nur Einz.* late Romanticism; **Spätschaden** *sub, m, -s, -schäden* late side-effect, long-term damage; **Spätschicht** *sub, f, -, -en* late shift; **Spätwerk** *sub, n, -s, -e* late work

Spatz, *sub, m, -en oder -es, -en* sparrow; *(i. ü. S.) besser ein Spatz in der Hand als eine Taube auf dem Dach* a bird in the hand is worth two in the bush; *(i. ü. S.) das pfeifen die Spatzen von den Dächern* that is the talk of the town; *frech wie ein Spatz* cheeky as a sparrow; ~**ennest** *sub, n, -es, -er* sparrow's nest

Spätzle, *sub, f, -, nur Mehrz.* spaetzle

Spatzündung, *sub, f, -, -en* retarded ignition

spazieren, *vi,* stroll; **Spaziergehen** *sub, n, -s, nur Einz.* go for a walk; **Spazierfahrt** *sub, f, -s, -en (auto)* drive; *(Zweirad)* ride; **Spaziergang** *sub, m, -s, -gänge* stroll,

walk; *einen Spaziergang machen* go for a stroll; **Spaziergänger** *sub, m, -s, -* stroller; **Spazierritt** *sub, m, -s, -e* ride; **Spazierstock** *sub, m, -s, -stöcke* walking stick
Specht, *sub, m, -s, -te* woodpecker
Speck, *sub, m, -s, -e* bacon; *(i. ü. S.) mit Speck fängt man Mäuse* good bait catches fine fish; *(ugs.) Speck ansetzen* get fat; *(i. ü. S.) wie die Made im Speck leben* live in clover; **speckbäuchig** *adj,* paunchy; **speckig** *adj, (fettig)* lardy; *(schmierig)* greasy; ~**nacken** *sub, m, -s, -* fat neck; ~**stein** *sub, m, -s, -e* soapstone, steatite
spedieren, *vt,* transport; **Spediteur** *sub, m, -s, -e (Fuhrunternehmer)* forwarding agent; *(Möbel-)* furniture remover; *(Schiffsfracht-)* shipping agent; **Spedition** *sub, f, -, en (Möbel-)* removal firm; *(Schiffsfracht-)* shipping agency
Speech, *sub, m, -es, -e oder -es* speech
Speer, *sub, m, -s, -e (spo.)* javelin; *(Waffe)* spear; ~**werfer** *sub, m, -s, -* javelin thrower
Speiche, *sub, f, -, -n* spoke; *(anat.)* radius; ~l *sub, m, -s, nur Einz.* spittle; *(med.)* saliva
Speicher, *sub, m, -s, - (Dachboden)* attic; *(EDV)* memory; *(Lager-)* storehouse; *(Wasser-)* reservoir; *auf dem Speicher* in the loft; **speichern (1)** *vr,* accumulate **(2)** *vt,* store; ~**ofen** *sub, m, -s, -öfen* storage heater; ~**ung** *sub, f, -, -en (allg.)* storing; *(EDV)* storage
speien, *vti,* spit; *(sich erbrechen)* vomit
Speil, *sub, m, -s, -e* skewer
Speise, *sub, f, -, -n (Gericht)* dish; *(Nahrung)* food; ~**fisch** *sub, m, -es, -e* edible fish; ~**kammer** *sub, f, -, -n* pantry; ~**karte** *sub, f, -, -n* menu; *eine reichhaltige Speisekarte* a wide choice of menu; *Herr Ober, bitte die Speisekarte!* waiter, may I have the menu, please?; **speisen (1)** *vi, (essen)* eat; *(tech.)* feed **(2)** *vt, (beköstigen)* feed; ~**nfolge** *sub, f, -, nur Einz.* order of the menu; ~**nkarte** *sub, f, -, -n* menu; ~**öl** *sub, n, -s, -e* cooking oil; ~**opfer** *sub, n, -s, -* meal offering; ~**röhre** *sub, f, -s, -n (anat.)* gullet; ~**wagen** *sub, m, -s, -* dining car; *(US)* diner; ~**würze** *sub, f, -, -n* spice; ~**zettel**

sub, m, -s, - menu; ~**zimmer** *sub, n, -s, -* dining-room; **Speisung** *sub, f, -, -en (Beköstigung)* feeding; *(tech.)* supply
speiübel, *adj,* sick; *mir ist speiübel!* I think I´m going to be sick
Spektakel, *sub, m, -s, -* row; *(Radau)* shindy; *ein großes Spektakel machen über* make a great fuss about; **spektakeln** *vi,* act; **spektakulär** *adj,* spectacular
spektral, *adj,* spectral; **Spektralanalyse** *sub, f, -, -n* spectrum analysis; **Spektralapparat** *sub, m, -s, -e* spectroscope
Spektrometer, *sub, n, -s, -* spectrometer
Spektroskop, *sub, n, -s, -e* spectroscope
Spektrum, *sub, n, -s, Spektren* spectrum
Spekulant, *sub, m, -en, -en* speculator; **Spekulation** *sub, f, -, -en* speculation; *eine Spekulation anstellen* make a speculation; **spekulativ** *adj,* speculative; **spekulieren** *vi,* speculate; *(i. ü. S.) auf etwas spekulieren* have hopes of something
Spekulatius, *sub, m, -, -* almond biscuit
Speläologin, *sub, f, -, -nen* spel(a)eologist
Spelunke, *sub, f, -, -n (ugs.)* dive
Sperber, *sub, m, -s, -* sparrowhawk
Sperling, *sub, m, -s, -e* sparrow
Sperma, *sub, n, -s, -ta oder Spermen* sperm; ~**torrhö** *sub, f, -, -en* spermatorrh(o)ea; **Spermium** *sub, n, -s, Spermien* sperm
Sperrballon, *sub, m, -s, -s (mil.)* barrage balloon
Sperrbetrag, *sub, m, -s, -träge* blokked amount
Sperre, *sub, f, -, -n (Bahn-)* barrier; *(Blockierung)* blockade; *(Straßen-)* roadblock; *(tech.)* stop; *(Verbot)* ban
sperren, *vt, (spo.)* disqualify; *(Straße)* close; *(tech.)* cut off; *(wirt.) einen Scheck sperren* stop a cheque; *etwas für jemanden sperren* close something for someone; *(tech.) jemandem das Telefon sperren* cut off somebody´s telephone
Sperrfrist, *sub, f, -, -en* suspension

Sperrgebiet, *sub, n, -s, -e* prohibited area
Sperrgürtel, *sub, m, -s, -* cordon
Sperrgut, *sub, n, -s, -güter* bulky goods; *(US)* bulk freight
Sperrholz, *sub, n, -es, nur Einz.* plywood
Sperrklausel, *sub, f, -, -n* exclution clause
Sperrklinke, *sub, f, -, -n* pawl
Sperrriegel, *sub, m, -s, -* bolt
Sperrsitz, *sub, m, -es, -e* back seats
Sperrung, *sub, f, -, -en (allg.)* closing; *(tech.)* cutting off; *(wirt.)* blocking, stopping
Sperrvermerk, *sub, m, -s, -e* notice of non-negotiability
Spesen, *sub, f, -, nur Mehrz.* expenses; *abzüglich aller Spesen* all expenses deducted; *auf Spesen essen* eat on expenses; **~ritter** *sub, m, -s, - (ugs.)* expense-account type
Spezerei, *sub, f, -, -en* spice; *(Delikatesse)* exotic delicacy
Spezialfach, *sub, n, -s, -fächer* special subject; **spezialisieren** *vr,* specialize; *sich auf Geschichte spezialisieren* specialize in history; **Spezialist** *sub, m, -en, -en* specialist; **Spezialistin** *sub, f, -, -nen* specialist; **Spezialität** *sub, f, -, -en* speciality; **speziell** *adj,* special; **Spezies** *sub, f, -, -* species; *die Spezies Mensch* the human species; **Spezifikation** *sub, f, -, -en* specification; **Spezifikum** *sub, n, -s, Spezifika* specimen; **spezifisch** *adj,* specific; **spezifizieren** *vt,* specify
Sphäre, *sub, f, -, -n* sphere; **sphärisch** *adj, (himmlisch)* celestial; *(mat.)* spherical
Sphärometer, *sub, n, -s, -* spherometer
Sphinx, *sub, f, -, nur Einz.* sphinx
Sphragistik, *sub, f, -, nur Einz.* sphragistics
spicken, (1) *vi, (ugs.; abschreiben)* crib **(2)** *vt, (Braten)* lard; **Spickzettel** *sub, m, -s, -* crib
Spider, *sub, m, -s, -* spider
Spiegel, *sub, m, -s, -* mirror; *(Meeres-)* level; *(Wasser-)* surface; *in den Spiegel sehen* look in the mirror; *(i. ü. S.)* jemandem den Spiegel vorhalten* hold up a mirror to someone; **~bild** *sub, n, -s, -er* reflected image; *(i. ü. S.)* reflection; **spiegelblank** *adj,* bright

~s a mirror, mirror-like; **~ei** *sub, n, -s, -er* fried egg; **~glas** *sub, n, -es, -gläser* mirror glass; **spiegelglatt** *adj,* as smooth as glass; *(Straße)* icy; *(Wasser)* glassy; **spiegeln (1)** *vi,* gleam, reflect, shine **(2)** *vr,* be reflected **(3)** *vt,* mirror; **~reflexkamera** *sub, f, -, -s* reflex camera; **~saal** *sub, m, -s, -säle* hall of mirrors; **~schrift** *sub, f, -, -en* mirror writing; **~teleskop** *sub, n, -s, -e* reflector telescope; **~ung** *sub, f, -, -en* reflection; *(Luft-)* mirage
Spiel, *sub, n, -s, -e* play; *(Glücks-)* gambling; *(spo.)* game; *(Wettkampf)* match; *auf dem Spiel stehen* to be at stake; **~abbruch** *sub, m, -s, -brüche* abandonment of a match; **~art** *sub, f, -, -en* variety; **~automat** *sub, m, -en, -en* slot machine; **~bank** *sub, f, -s, -en* casino; **~beginn** *sub, m, -s, nur Einz.* start of play; **~einsatz** *sub, m, -es, -sätze* stake; **~er** *sub, m, -s, -* player; *(Glücks-)* gambler; **spielerisch (1)** *adj,* playful **(2)** *adv,* with the greatest of ease; *er tat es mit spielerischer Leichtigkeit* he did it with the greatest of ease; **~feld** *sub, n, -s, -er* playing-field; **~film** *sub, m, -s, -e* feature film; **~fläche** *sub, f, -, -n (spo.)* playfield; **~freude** *sub, f, -, nur Einz.* playfulness; **spielfreudig** *adj,* playful; **~führer** *sub, m, -s, -* captain
spielen, *vt,* play, toy; *(Film)* show; *(Schauspiel)* act; *den Unschuldigen spielen* play the innocent; *jemandem einen Streich spielen* play a trick on someone; *seine Muskeln spielen lassen* brace one's muscles; *(ugs.) was wird hier gespielt? what's going on here?; *eine Komödie spielen* go through the motions
Spielhälfte, *aub,* half of the field; **Spielhölle** *sub, f, -, -n* gambling den; **Spielhöschen** *sub, n, -s, -* rompers; **Spielkamerad** *sub, m, -en, -en* playfellow, playmate; **Spielkino** *sub, n, -s, -s* casino; **Spielklasse** *sub, f, -, -n (spo.)* league; **Spielleiter** *sub, m, -s, - (Film)* producer; *(spo.)* organizer; *(Theater)* director; *(TV)* emcee; **Spielleitung** *sub, f, -, nur Einz. (Film)* production; *(spo.)* refereeing;

(Theater) direction; **Spielmacher** *sub, m, -s, - (spo.)* key player; **Spielmann** *sub, m, -s, -männer (hist.)* minstrel; *(mil.)* bandsman; **Spielminute** *sub, f, -, -n* minute (of play); **Spielplatz** *sub, m, -es, -plätze* playground; **Spielraum** *sub, m, -s, -räume (tech.)* play; *(wirt.)* margin; *(i. ü. S.; zeitlich)* scope; *Spielraum lassen* leave a margin **Spielsachen,** *sub, f, -, nur Mehrz.* toys; **Spielschuld** *sub, f, -, -en* gambling debt; **Spielschule** *sub, f, -, -n* kindergarten; **Spielstärke** *sub, f, -, nur Einz.* fighting power, strength of the team; **Spielstraße** *sub, f, -, -n* playstreet; **Spieltag** *sub, m, -s, -e* day of the play; **Spielteufel** *sub, m, -s, - (ugs.)* gambling bug; **Spieluhr** *sub, f, -, -en* musical box; *(US)* music box; **Spielverbot** *sub, n, -s, nur Einz. (spo.)* ban; *(spo.) Spielverbot haben* be banned; **Spielverderber** *sub, m, -s, -* spoil-sport; **Spielzeug** *sub, n, -s, -e* toy; **Spielzimmer** *sub, n, -s, -* playroom

Spieß, *sub, m, -es, -e (Brat-)* spit; *(Fleisch-)* skewer; *(ugs.; mil.)* kissem; *(ugs.; US mil.)* topkick; *(Waffe)* spear; ~**bürger** *sub, m, -s, -* low-brow; ~**er** *sub, m, -s, -* low-brow; **spießerhaft** *adj,* low-brow, narrow-minded; **spießerisch** *adj,* narrow-minded; ~**geselle** *sub, m, -n, -n* accomplice; **spießig** *adj,* narrow-minded, stuffy; ~**igkeit** *sub, f, -, -en* stuffiness; ~**rutenlaufen** *sub, n, -s, nur Einz.* run the gauntlet

Spike, *sub, m, -s, -s* spike; ~**reifen** *sub, m, -s, -* studded tires

spinal, *adj,* spinal

Spinat, *sub, m, -s, -e* spinach; ~**wachtel** *sub, f, -, -n (ugs.)* old crone

Spind, *sub, m,n, -s, -e* locker

Spindel, *sub, f, -, -n* spindle; **spindeldürr** *adj,* lean as a rake

Spinell, *sub, m, -s, -e* spinel(le)

Spinett, *sub, n, -s, -e (mus.)* spinet

Spinnaker, *sub, m, -s, -* spinnaker

Spinne, *sub, f, -, -n* spider; **spinnen** **(1)** *vi, (i. ü. S.)* be nuts, talk nonsense **(2)** *vt, (Garn)* spin; *spinnst du?!* are you nuts?!; ~**narme** *sub, f, -, nur Mehrz.* spindly arms; ~**nbeine** *sub, f, -, nur Mehrz.* spindly legs; ~**nfaden** *sub, m, -s, -fäden* spinning-thread;

~**nnetz** *sub, n, -es, -e* cobweb; ~**r** *sub, m, -s, - (i. ü. S.)* nutcase; *(Garn-)* spinner; *(i. ü. S.; US)* screwball; *(zool.)* silkworm moth; ~**rei** *sub, f, -, -en (i. ü. S.)* rubbish; *(Fabrik)* spinning mill; ~**rlied** *sub, n, -s, -e* spinning song; **Spinngewebe** *sub, n, -s, -* cobweb; **Spinnrad** *sub, n, -s, -räder* spinning-wheel; **Spinnwebe** *sub, f, -, -n* spider´s web

spinozaisch, *adj,* Spinozistic

Spion, *sub, m, -s, -e (mil.)* spy; *(Tür-)* spy-hole; ~**age** *sub, f, -, nur Einz.* espionage; ~**agefall** *sub, m, -s, -fälle* espionage affair; ~**agefilm** *sub, m, -s, -e* spy film; ~**agenetz** *sub, n, -es, -e* spy network; ~**agering** *sub, m, -s, -e* spy-ring; **spionieren** *vi, (i. ü. S.)* snoop; *(mil.)* spy; ~**iererei** *sub, f, -, nur Einz.* spying

Spiralbohrer, *sub, m, -s, -* twist drill; **Spirale** *sub, f, -, -n* spiral; *(Draht-)* coil; **Spiralfeder** *sub, f, -, -n* coil spring; **spiralförmig** *adj,* spiral; **spiralig** *adj,* spiral; **Spirallinie** *sub, f, -, -n* spiral line

spirantisch, *adj,* fricative

Spiritismus, *sub, m, -, nur Einz.* spiritism; **Spiritist** *sub, m, -en, -en* spiritualist; **spiritistisch** *adj,* spiritualist

Spiritual, *sub, n, -s, -s (mus.)* spiritual; ~**ien** *sub, f, -s, Mehrz.* spirits; ~**ismus** *sub, m, -, nur Einz.* spiritualism; ~**ist** *sub, m, -en, -en* spiritualist; ~**ität** *sub, f, -, nur Einz.* spirituality; **spirituell** *adj,* spiritual

Spital, *sub, n, -s, Spitäler (ugs.)* hospital

spitz, (1) *adj,* pointed; *(vulg.)* horny **(2) Spitz** *sub, m, -es, - (zool.)* Pomeranian, Spitz; *(i. ü. S.) eine spitze Zunge haben* have a sharp tongue; *(ugs.) etwas spitzkriegen* get wind of something; *spitz auslaufen* end in a point; *spitzer Winkel* acute angle; ~**bärtig** *adj,* with a goatee; **Spitzbohrer** *sub, m, -s, -* gimlet bit; **Spitzbube** *sub, m, -, -n* scamp, scoundrel; *(ugs.)* spiv; ~**bübisch** *adj,* mischievous; ~**e (1)** *adj, (ugs.)* great, super **(2) Spitze** *sub, f, -, -n (Gebäude)* top; *(Gegenstände)* point; *(Gewebe)* lace; *(Glieder)* tip

Spitzel, *sub, m, -s, -* police-informer;

(ugs.) snooper, stool-pigeon; **spitzeln** *vi*, act as an informer; *(ugs.)* snoop
spitzen, *vt*, sharpen; *(i. ü. S.) die Lippen spitzen* pucker one´s lips; *(i. ü. S.) die Ohren spitzen* prick up
Spitzenbluse, *sub, f, -, -en* lace blouse; **Spitzenfilm** *sub, m, -(e)s, -e* top movie; **Spitzenkraft** *sub, f, -, -kräfte* highly qualified worker; **Spitzenleistung** *sub, f, -, -en* top-rate performance; *(tech.)* peak performance; **Spitzenlohn** *sub, m, -(e)s, -löhne* maximum pay; **Spitzenreiter** *sub, m, -s, - (mus.)* hit; *(spo.)* leader; *(wirt.)* top seller; **Spitzenspiel** *sub, n, -(e)s, -e* top play; **Spitzensport** *sub, m, -(e)s, -e (selten)* top sports; **Spitzentuch** *sub, n, -(e)s, -tücher* lace cloth; **Spitzenverband** *sub, m, -(e)s, -verbände* leading organization; **Spitzenwert** *sub, m, -(e)s, -e* peak value; **Spitzenzeit** *sub, f, -, -en* record time
spitzfindig, *adj*, over-subtle; **Spitzfindigkeit** *sub, f, -, -en* hairsplitting, subtlety; **Spitzgiebel** *sub, m, -s, -* pointed gable; **Spitzhacke** *sub, f, -, -n* pickaxe; **Spitzmaus** *sub, f, -, -mäuse* shrew; **Spitzname** *sub, m, -ns, -n* nickname; **Spitzpfeiler** *sub, m, -s, -* pointed column; **Spitzwegerich** *sub, m, -(e)s, -che* ribwort; **spitzwinklig** *adj*, acute-angled; **spitzzüngig** *adj*, sharp-tongued
Spleen, *sub, m, -s, -e oder -s (ugs.)* crazy habit; *(ugs.) du hast wohl einen Spleen!* you must be round the bend!; **spleenig** *adj*, crazy, nutty
spleißen, *vt, (Holz)* split
splendid, *adj*, generous; **Splendidität** *sub, f, -, -en* generosity
splissen, *vt, (Leine)* splice
splitten, *vt*, split; **Splitter** *sub, m, -s, -* splinter; *(Bruchstück)* fragment; **splitterfasernackt** *adj*, stark-naked; *(ugs.)* starkers; *er rannte splitterfasernackt herum* he ran around without a stitch on; **splitterfrei** *adj*, shatterproof; **Splittergruppe** *sub, f, -, -n (polit.)* splinter group; **splittern** *vi*, splinter; **splitternackt** *adj*, stark-naked; **Splitterpartei** *sub, f, -, -en (polit.)* splinter party
Spoiler, *sub, m, -s, -* spoiler
spongiös, *adj*, spongy

sponsern, *vt*, sponsor; **Sponsor** *sub, m, -s, -en* sponsor
spontan, *adj*, spontaneous; **Spontaneität** *sub, f, -, -en* spontaneity; **Spontanität** *sub, f, -, -en* spontaneousness
Sponti, *sub, m, -s, -s* member of alternative movement rejecting traditional procedures; **~gruppe** *sub, f, -, -n* group supporting traditional procedures
Spore, *sub, f, -, -n* spore; **~nblatt** *sub, n, -s, -blätter* spore leaf; **~nkapsel** *sub, f, -, -n* spore capsule
Sporn, *sub, m, -s, Sporen oder Sporne* spur; *(Flugzeug)* tail-skid; *einem Pferd die Sporen geben* spur a horse; *sich die Sporen verdienen* win one´s spurs; **~rädchen** *sub, n, -s, -* tail-wheel
Sport, *sub, m, -s, -e* sport; *(Schulfach)* physical education; **~angeln** *sub, n, -s, nur Einz.* fishing; **~angler** *sub, m, -s, -* angler; **~anlage** *sub, f, -, -n* sports grounds; **~art** *sub, f, -, -en* sport; **~artikel** *sub, m, -, -* sports equipment; **sportbegeistert** *adj*, keen on sport; *(ugs.)* sports-mad; **~beilage** *sub, f, -, -n* sports section; **~bericht** *sub, m, -s, -* sports report; **~fischen** *sub, n, -, nur Einz.* fishing; **~flieger** *sub, m, -s, -* amateur pilot; **~gewehr** *sub, n, -s, -e* competition rifle; **~hochschule** *sub, f, -, -n* college of physical education; **~hotel** *sub, n, -s, -s* sport hotel; **~invalide** *sub, m, -n, -n* sports invalid; **sportiv** *adj*, sporty; **~kamerad** *sub, m, -en, -en* sports friend, sports pal; **~klub** *sub, m, -s, -s* sports club
Sportlehrer, *sub, m, -s, -* physical education teacher, sports instructor; **Sportler** *sub, m, -s, -* athlete, sportsman; **Sportlerherz** *sub, n, -en, -en* athlete´s heart; **Sportlerin** *sub, f, -, -nen* sportswoman; **sportlich** *adj*, athletic; *(Veranstaltung)* sporting; **sportlich-elegant** *adj*, smart but casual; **Sportmedizin** *sub, f, -, nur Einz.* sports medicine; **sportmedizinisch** *adj*, of sports medicine; **Sportplatz** *sub, m, -es, -plätze* sports field, sports grounds; **Sportpresse** *sub, f, -, nur Einz.* sports press; **Sportsendung** *sub, f,*

-, -en sports program(me); **Sports-geist** *sub, m, -s, nur Einz.* sporting spirit; *er hat großen Sportsgeist bewiesen* he showed great sporting spirit; **Sportskanone** *sub, f, -, -n (ugs.)* sporting ace; **Sportstätte** *sub, f, -, -n* sports stadium; **Sportstrumpf** *sub, m, -s, -strümpfe* sport sock; **Sportstudent** *sub, m, -en, -en* student of physical education
Sporttauchen, *sub, n, -s, nur Einz.* skin diving; *(mit Atemgerät)* scuba diving; **Sporttaucher** *sub, m, -s, -* skin diver; *(mit Atemgerät)* scuba diver; **Sportunfall** *sub, m, -s, -unfälle* sports accident; **Sportveranstaltung** *sub, f, -, -en* sporting event; **Sportverband** *sub, m, -s, -verbände* sports association; **Sportverein** *sub, m, -s, -e* sports club; **Sportzeitung** *sub, f, -, -en* sports magazine
Spot, *sub, m, -s, -s (Licht)* spotlight; *(Werbe-)* commercial; **~light** *sub, n, -s, -s* spotlight; **~markt** *sub, m, -s, -märkte* spot market
Spott, *sub, m, -s, nur Einz.* mockery; *(Hohn)* ridicule; *(Verachtung)* scorn; *zur Zielscheibe des Spotts werden* become the laughing-stock; *Gegenstand des allgemeinen Spottes sein* be object of general ridicule; *jemanden dem Spott preisgeben* hold someone up to ridicule; *jemanden mit Spott und Hohn überschütten* pour scorn on someone; *Spott und Hohn ernten* earn scorn and derision; **spottbillig** *adj,* dirt cheap; **spötteln** *vi,* gibe, mock; **spotten** *vi,* mock; *(Hohn)* ridicule; *(lustig)* make fun of; *das spottet jeder Beschreibung* that simply defies description; *spotte nicht!* don´t mock!; **~geburt** *sub, f, -, -en* joke figur; *(ugs.)* butt of ridicule; **~gedicht** *sub, n, -s, -e* satirical poem; **spöttisch** *adj,* mocking; *(höhnisch)* sneering; *(verächtlich)* derisive; **~preis** *sub, m, -es, -e* giveaway price; **~vogel** *sub, m, -s, -vögel (ugs.)* mocker; *(zool.)* mocking-bird
Sprachatlas, *sub, m, -es, -atlanten* linguistic atlas; **sprachbegabt** *adj,* linguistically talented; **Sprache** *sub, f, -, -n* language; *(Ausdrucksweise)* way of speaking; *(Sprachfähigkeit)* speech; *es verschlägt einem die Sprache* it takes your breath away; *etwas zur*

Sprache bringen mention something; *heraus mit der Sprache!* out with it!; *mit der Sprache herausrücken* speak freely; *(i. ü. S.)* wir sprechen nicht dieselbe Sprache* we do not speak the same language; **Spracherwerb** *sub, m, -s, -e* language acquisition; **Sprachfehler** *sub, m, -s, -* speech impediment; **sprachfertig** *adj,* articulate; **Sprachführer** *sub, m, -s, -* phrasebook; **Sprachgebiet** *sub, n, -s, -e* speech area; **Sprachgefühl** *sub, n, -s, nur Einz.* feeling for language; **Sprachgenie** *sub, n, -s, -s* linguistic genius; **Sprachgesetz** *sub, n, -es, -e* linguistic law; **Sprachgewalt** *sub, f, -, nur Einz.* eloquence; **Sprachgrenze** *sub, f, -, -n* language boundary; **Sprachinsel** *sub, f, -, -n* linguistic island; **Sprachkarte** *sub, f, -, -n* language map; **Sprachkenner** *sub, m, -s, -* linguist; **Sprachkritik** *sub, f, -, -en* linguistic criticism; **Sprachkultur** *sub, f, -, nur Einz.* linguistic sophistication
Sprachkunde, *sub, f, -, nur Einz.* philology; **sprachkundig** *adj,* proficient in languages; **Sprachkunst** *sub, f, -, nur Einz.* literary artistry; **Sprachlabor** *sub, n, -s, -e* language laboratory; **Sprachlehre** *sub, f, -, nur Einz.* grammar; **Sprachlehrer** *sub, m, -s, -* language teacher; **sprachlos** *adj,* speechless; *einfach sprachlos sein* be simply speechless; *jemanden sprachlos machen* strike someone dumb; **Sprachpflege** *sub, f, -, nur Einz.* maintaining linguistic standards; **Sprachreise** *sub, f, -, -n* language tour; **Sprachrohr** *sub, n, -s, -e* megaphone; *(i. ü. S.)* organ; *(ugs.)* mouthpiece; **Sprachschatz** *sub, m, -es, nur Einz.* vocabulary; **Sprachsilbe** *sub, f, -, -n* syllable; **Sprachstamm** *sub, m, -s, -stämme* language stock; **Sprachtalent** *sub, n, -s, -e* talent for languages; **Sprachübung** *sub, f, -, -en* linguistic exercise; **Sprachverein** *sub, m, -s, -e* language society; **Sprachwandel** *sub, m, -s, -* language change; **sprachwidrig** *adj,* contrary to the rules of grammar; **Sprachwissenschaft** *sub, f, -, -en* linguistics

Spray, *sub, m,n, -s, -s* spray; **sprayen** *vti,* spray
Sprechanlage, *sub, f, -, -n* intercom; **Sprechblase** *sub, f, -, -n* speech balloon, speech bubble; **Sprechbühne** *sub, f, -, -n* stage; **sprechen** *vti,* speak, talk; **Sprecher** *sub, m, -s, -* speaker; *(Ansager)* announcer; *(Nachrichten-)* newsreader; *(Wortführer)* spokesman; **sprecherisch** *adj,* verbal; **Sprechgesang** *sub, m, -s, -gesänge* speech song; **Sprechkunde** *sub, f, -, nur Einz.* study of speech; **Sprechkunst** *sub, f, -, -künste* way with words; **Sprechlehrer** *sub, m, -s, -* language instructor; **Sprechpause** *sub, f, -, -n* speech break; **Sprechplatte** *sub, f, -, -n* spoken-word record; **Sprechrolle** *sub, f, -, -n* speaking part; **Sprechsilbe** *sub, f, -, -n* phonetic syllable; **Sprechstunde** *sub, f, -, -n* office hours; *(Arzt)* consulting hours **Sprechübung,** *sub, f, -, -en* speech exercise; **Sprechweise** *sub, f, -, -n* way of speaking; **Sprechzelle** *sub, f, -, -n (Fern-)* telephone-box; *(Kloster)* locutory; **Sprechzimmer** *sub, n, -s, -* consulting room
spreizbeinig, *adj,* with one´s legs apart; **Spreizdübel** *sub, m, -s, -* cavity plug; **spreizen (1)** *vr,* kick up **(2)** *vt,* spread
Sprengbombe, *sub, f, -, -n* high-explosive bomb
Sprengel, *sub, m, -s, - (Bischofs-)* diocese; *(Pfarrers-)* parish
sprengen, (1) *vi, (reiten)* thunder **(2)** *vt,* blow up; *(Fesseln)* break; *(Rasen)* sprinkle; **Sprengkammer** *sub, f, -, -n* demolition chamber; **Sprengkörper** *sub, m, -s, -* explosive device; **Sprengkraft** *sub, f, -, nur Einz.* explosive force; **Sprengladung** *sub, f, -, -en* explosive charge; **Sprengmittel** *sub, n, -s, -* explosive ammunition; **Sprengpulver** *sub, n, -s, nur Einz.* explosive powder; **Sprengpunkt** *sub, m, -es, -e* point of detonation; **Sprengstoff** *sub, m, -s, -e* explosive; **Sprengtrupp** *sub, m, -s, -s* demolition squad; **Sprengung** *sub, f, -, -en* blowing-up; *(Fesseln)* breaking; *(Rasen-)* sprinkling; **Sprengwagen** *sub, m, -s, -wägen* street sprinkler
Spreu, *sub, f, -, nur Einz.* chaff; *(i. ü. S.)* die Spreu vom Weizen trennen separate the chaff from the wheat
Sprichwort, *sub, n, -s, -wörter* proverb; *wie das Sprichwort sagt* as the saying goes; **sprichwörtlich** *adj,* proverbial; *das war die sprichwörtliche Katze im Sack* it was your proverbial pig in a poke; *ihre Gastfreundschaft ist sprichwörtlich* they´re a byword for hospitality
sprießen, *vi,* sprout; *(Knospen)* shoot
Spriet, *sub, n, -s, -e* sprit
Springbrunnen, *sub, m, -s, -* fountain; **springen** *vi,* hop, jump, leap, skip; *das Glas ist gesprungen* the glass is cracked; *(ugs.) etwas springen lassen* fork something out; *in die Bresche springen* throw oneself into the breach; *von einem Thema zum anderen springen* jump around from one subject to another; **Springflut** *sub, f, -, -en* spring tide; **Springinsfeld** *sub, m, -es, -e* harum-scarum, madcap; **Springmaus** *sub, f, -, -mäuse* jerboa; **Springmesser** *sub, n, -s, -* flick knife; *(US)* switchblade; **Springpferd** *sub, n, -es, -e* jumper; **Springreiter** *sub, m, -s, -* show jumper
Sprinkler, *sub, m, -s, -* sprinkler
Sprint, *sub, m, -s, -s* sprint; **sprinten** *vt,* sprint; **~er** *sub, m, -s, -* sprinter
Sprit, *sub, m, -s, -e (Alkohol)* spirit; *(ugs.; Benzin)* juice; **~arbeit** *sub, f, -, -en* spray work; **~zbeton** *sub, m, -s, nur Einz.* gunned concrete; **~zbeutel** *sub, m, -s, -* piping bag; **~ze** *sub, f, -, -n* syringe; *(Feuer-)* hose; *(med.)* injection; *(ugs.) an der Spritze hängen* be on the needle; *eine Spritze bekommen* have an injection; *eine Spritze geben* give an injection; **spritzen (1)** *vi,* spray **(2)** *vt,* splash, spray, squirt; *(med.)* inject; **~zenhaus** *sub, n, -es, -häuser* fire station
Spritzfahrt, *sub, f, -, -en* spin; **spritzig** *adj,* lively; *(Wein)* tangy; **Spritzigkeit** *sub, f, -, nur Einz.* liveliness; **Spritzkuchen** *sub, m, -s, -* fritter; *(US)* cruller; **Spritzpistole** *sub, f, -, -n* spray gun; **Spritztour** *sub, f, -, -en* spin
spröde, *adj,* brittle; *(i. ü. S.; abweisend)* aloof; *(Haut)* rough; **Sprödigkeit** *sub, f, -, -en* brittleness;

(Haut) roughness; *(Person)* aloofness

Spross, *sub, m, -es, -e* shoot; *(i. ü. S.; Nachkomme)* offspring; **~e** *sub, f, -, -n (Fenster-)* mullion; *(Geweih)* tine; *(Leiter-)* rung; **~enwand** *sub, f, -, -wände* wall bars; **~er** *sub, m, -s, - (zool.)* thrush nightingale

Sprotte, *sub, f, -n* sprat

Spruch, *sub, m, -s, Sprüche* saying; *(Lebr-)* aphorism; *(Richter-)* judgement; **~band** *sub, n, -s, -bänder* banner; **spruchreif** *adj, (allg.)* definite; *(jur.)* ripe for decision

Sprudel, *sub, m, -s, -* mineral water; **sprudeln** *vi,* bubble; *(Getränk)* fizz

sprühen, (1) *vi, (Augen)* sparkle; *(Flüssigkeit)* spray **(2)** *vt, (lackieren)* spray; **Sprühflasche** *sub, f, -, -n* spray can; **Sprühregen** *sub, m, -s, -* drizzle

Sprung, *sub, m, -s, Sprünge* jump; *(Turnen)* vault; *(Wasser)* dive; **~anlage** *sub, f, -, -n* jumping facilities; **~balken** *sub, m, -s, -* take-off board; **~becken** *sub, n, -s, -* diving pool; **sprungbereit** *adj,* ready to jump; **~brett** *sub, n, -s, -er* springboard; *(Wasser)* diveboard; **~deckel** *sub, m, -s, -* spring lid; **~feder** *sub, f, -, -n* spring; **sprungfertig** *adj,* ready to jump; **~gelenk** *sub, n, -s, -e* ankle joint; **~grube** *sub, f, -, -n* pit; **sprunghaft (1)** *adj, (Entwicklung)* rapid; *(unbeständig)* volatile **(2)** *adv,* by leaps and bounds; **~hügel** *sub, m, -s, -* jump hill; **~kraft** *sub, f, -, nur Einz.* take-off power; **~pferd** *sub, n, -es, -e* jumper; **~schanze** *sub, f, -, -n* skijump; **~tuch** *sub, n, -s, -tücher* jumping sheet; *(US)* life net

Spuk, *sub, m, -s od. -es, -e* strange happenings; *(Gespenst)* apparition; **spuken** *vi,* haunt; *(ugs.) bei dir spukt´s wohl!* you must be round the bend!; *(i. ü. S.) die Idee spukt ihm immernoch im Kopf herum* he is still obsessed with the idea; *hier spukt´s!* this place is haunted!; **~gestalt** *sub, f, -, -en* apparition, spectre; **spukhaft** *adj,* eerie

Spülautomat, *sub, m, -en, -en* automatic dishwasher; **Spüle** *sub, f, -, -n* sink unit; **spulen** *vt,* reed, spool; **spülen** *vti, (Geschirr)* wash up; *(Waschmaschine)* rinse; *(WC)* flush; **Spüler** *sub, m, -s, -* dishwasher; **Spül-**

maschine *sub, f, -, -n* open-reel tape deck; **Spülmaschine** *sub, f, -, -n* dishwasher; **Spültisch** *sub, m, -es, -e* sink; **Spülung** *sub, f, -, -en* rinsing; *(Wasser-)* flush

Spule, *sub, f, -, -n* reel, spool; *(Nähmaschine)* bobbin; *(tech.)* coil

Spulwurm, *sub, m, -s, -würmer* roundworm

Spund, *sub, m, -, -e* bung, spigot; *(i. ü. S.) junger Spund* (young) whippersnapper; **~bohrer** *sub, m, -s, -* bunghole borer; **~loch** *sub, n, -s, -löcher* bunghole; **~zapfen** *sub, m, -s, -* stopper

Spur, *sub, f, -, -en (Abdruck)* track; *(Fahr-)* lane; *(Zeichen)* trace; *(i. ü. S.) auf der falschen Spur sein* be barking up the wrong tree; *jemanden auf die richtige Spur bringen* put someone on the right track; *(i. ü. S.) keine Spur!* not at all!; *seine Spuren verwischen* cover up one´s tracks; **spuren** *vi, (sich fügen)* toe the line; *(spo.)* lay a track; **spüren** *vt,* feel; *(ugs.) du kriegst es noch zu spüren!* some day you´ll regret it!; *es zu spüren bekommen, dass* feel the effects of the fact that; **Spürhund** *sub, m, -s, -e* tracker dog; *(i. ü. S.; Mensch)* sleuth; **spurlos** *adj,* without trace; *spurlos an jemandem vorübergehen* have no effect on someone; *spurlos verschwinden* disappear without trace; **Spürnase** *sub, f, -, -n* good nose; *(i. ü. S.; Mensch)* prying fellow; **Spürsinn** *sub, m, -s, nur Einz.* instinct, nose

Spurt, *sub, m, -s, -s* spurt; *einen Spurt einlegen* put on a sprint; *zum Spurt ansetzen* make a dash for it; **spurten** *vi,* make a final spurt, sprint

Spurwechsel, *sub, m, -s, -* changing lanes

sputen, *vr,* hurry, make haste

Sputnik, *sub, m, -s, -s* sputnik

Sputum, *sub, n, -s, Sputa* sputum; *(Schleim)* phlegm

Squash, *sub, n, -, nur Einz.* squash

Squaw, *sub, f, -, -s* squaw

Staat, *sub, m, -s, -en* state; *(Land)* country; *(ugs.) eine Staatsaktion aus etwas machen* to make a song and dance about sth; **~enbund**

sub, m, -es, -bünde confederation; **staatlich** adj, state, state-owned; **~saffäre** sub, f, -, -n affair of state; *eine Staatsaffäre aus etwas machen* make a big affair out of something; **~saktion** sub, f, -, -en major operation; **~sangehörigkeit** sub, f, -, -en nationality **Staatsanwalt**, sub, m, -s, -anwälte public prosecutor; *(US)* district attorney; **~schaft** sub, f, -, -en public prosecutor´s office; *(US)* district attorney´s office; **Staatsarchiv** sub, n, -s, -e state archives; **Staatsbeamte** sub, m, -n, -n civil servant; **Staatsbesuch** sub, m, -s, -e state visit; **Staatsbürger** sub, m, -s, - citizen; **Staatsbürgerkunde** sub, f, -, nur Einz. civics; **Staatsdiener** sub, m, -s, - civil servant; **Staatsdienst** sub, m, -es, -e civil service; **staatseigen** adj, state-owned; **Staatsexamen** sub, n, -s, -mina state exam(ination); **Staatsflagge** sub, f, -, -n national flag; **Staatsgebiet** sub, n, -s, -e national territory; **Staatsgelder** sub, f, -, nur Mehrz. public funds; **Staatsgewalt** sub, f, -, -en authority of the state **Staatsgrenze**, sub, f, -, -n border, state frontier; **Staatshaushalt** sub, m, -s, -e national budget; **Staatshoheit** sub, f, -, nur Einz. sovereignty; **Staatskasse** sub, f, -, -n treasury; **Staatskosten** sub, f, -, nur Mehrz. public expenses; **Staatskunst** sub, f, -, nur Einz. statesmanship; **Staatsoberhaupt** sub, n, -es, -häupter head of state; **Staatsorgan** sub, n, -s, -e instrument of state; **Staatspapier** sub, n, -s, -e government loan; **Staatspartei** sub, f, -, -en official party; **Staatsräson** sub, f, -, nur Einz. reasons of state; **Staatsrecht** sub, n, -s, nur Einz. constitutional law; **Staatssäckel** sub, n, -s, - national coffers; **Staatsschutz** sub, m, -es, nur Einz. national security; **Staatssekretär** sub, m, -s, -e permanent secretary; *(US)* undersecretary; **Staatssteuer** sub, f, -, -n tax; **Staatsstreich** sub, m, -s, -e coup d´état; **Staatstrauer** sub, f, -, nur Einz. national mourning; **Staatsvertrag** sub, m, -s, -verträge international treaty; **Staatswesen** sub, n, -s, nur Einz. state; *(geh.)* body politic **stabil**, adj, stable; *(kräftig)* sturdy;

Stabilisator sub, m, -en, -en stabilizer; **~isieren** vt, stabilize; **Stabilisierung** sub, f, -, -en stabilization; **Stabilität** sub, f, -, nur Einz. stability **Stabreim**, sub, m, -s, -e alliteration; **stabreimend** adj, alliterative; **Stabsarzt** sub, m, -es, -ärzte captain in the medical corps; **stabsichtig** adj, astigmatic; **Stabwechsel** sub, m, -s, - baton change **Stachel**, sub, m, -s, -n prickle; *(Dorn)* thorn; *(Insekten)* sting; **~beere** sub, f, -, -n gooseberry; **~draht** sub, m, -s, -drähte barbed wire; **stachelig** adj, prickly; *(bot.)* thorny; *(zool.)* spiny; **stacheln** vt, spur on; **~schwein** sub, n, -s, -e porcupine; **~zaun** sub, m, -s, -zäune barbed fence; **stachlig** adj, prickly; *(bot.)* thorny; *(zool.)* stiny; **Stachligkeit** sub, f, -, nur Einz. prickliness **Stadel**, sub, m, -s, - barn **Stadion**, sub, n, -s, Stadien stadium; **Stadium** sub, n, -s, Stadien stage; *alle Stadien durchlaufen* go through all the stages; *(med.)* in vergerücktem Stadium at an advanced stage **Stadt**, sub, f, -, Städte town; *(Groß-)* city; *(Rom)* die Ewige Stadt the Eternal City; *in die Stadt gehen* go into town; **~archiv** sub, n, -s, -e municipal archives; **~bauamt** sub, n, -s, -ämter municipal development authority; **~baurat** sub, m, -s, -räte municipal building surveyor; **stadtbekannt** adj, known all over town; **~bezirk** sub, m, -s, -e municipal district; **~bummel** sub, m, -s, - stroll through town; **~chronik** sub, f, -, -en town chronicles; **Städtebau** sub, m, -s, nur Einz. urban development; **Städtebilder** sub, f, -, nur Mehrz. townscape, urban features; **Städter** sub, m, -s, - city dweller; **~flucht** sub, f, -, nur Einz. exodus from the cities; **~führer** sub, m, -s, - city guide; **~garten** sub, m, -s, -gärten municipal park; **~gebiet** sub, n, -s, -e municipal area; *(Großstadt)* city zone **Stadtgespräch**, sub, n, -s, -e talk of the town; *(Telefon)* local call;

Stadtgraben *sub, m, -s, -gräben* city boundary; **Stadtinnere** *sub, n, -n, nur Einz.* city centre; **städtisch** *adj,* urban; *(groß-)* metropolitan; *(Verwaltung)* municipal; **Stadtkern** *sub, m, -s, -e* city centre; **Stadtklatsch** *sub, m, -es, nur Einz.* town gossip; **stadtkundig** *adj,* know the town; **Stadtmensch** *sub, m, -en, -en* urbanite; *(ugs.)* townie; **Stadtpfeifer** *sub, m, -s, -* town musician; **Stadtplan** *sub, m, -s, -pläne* town map; **Stadtplanung** *sub, f, -, -en* town planning; **Stadtrand** *sub, m, -s, -ränder* outskirts; *am Stadtrand leben* live in the suburbs; **Stadtrat** *sub, m, -s, -räte* town council; *(Person)* town councillor; **Stadtrecht** *sub, n, -s, -e (hist.)* town charter **Stadtstaat,** *sub, m, -s, -en* city state; **Stadtstreicher** *sub, m, -s, -* town vagrant; **Stadttheater** *sub, n, -s, -* municipal theatre; **Stadttor** *sub, n, -s, -e* town gate; **Stadtverkehr** *sub, m, -s, nur Einz.* city traffic; **Stadtverwaltung** *sub, f, -, -en* municipal authority, town council; **Stadtviertel** *sub, n, -s, -* district, part of town; **Stadtwappen** *sub, n, -s, (-n)* municipal coat of arms; **Stadtwohnung** *sub, f, -, -en* city flat; *(US)* city apartment; **Stadtzentrum** *sub, n, -s, (-zentren)* city centre

Stafette, *sub, f, -, -n* relay

Staffage, *sub, f, -, -n (i. ü. S.)* window-dressing; *(kun.)* staffage

Staffel, *sub, f, -, -n (mil.)* squadron; *(spo.)* relay, relay team; **~ei** *sub, f, -, -en* easel; **~lauf** *sub, m, -s, -läufe* relay race; **staffeln** *vt, graduate; (US)* grade; **~preis** *sub, m, -es, -e* graduated price; **~ung** *sub, f, -, -en* graduation, staggering; **staffelweise** *adv,* by graduation; **Staffierung** *sub, f, -, -en* decoration

Stagnation, *sub, f, -, (-en)* stagnation; **stagnieren** *vi,* stagnate; **Stagnierung** *sub, f, -, nur Einz.* stagnancy

Stahl, *sub, m, -s, nur Einz.* steel; *Nerven aus Stahl* nerves of steel; *so hart wie Stahl* as hard as steel; **~bau** *sub, m, -s, -bauten* steel-girder construction; **~beton** *sub, m, -s, nur Einz.* reinforced concrete; **~bürste** *sub, f, -, -n* wire brush

stählen, (1) *vr,* steel **(2)** *vt,* toughen; **stählern** *adj,* made of steel, steel;

einen stählernen Willen haben have an iron will; *stählerne Muskeln* muscles of steel

Stahlflasche, *sub, f, -, -n* steel bottle; **Stahlhelm** *sub, m, -s, -e* steel helmet; **Stahlkammer** *sub, f, -s, -n* strongroom; **Stahlplatte** *sub, f, -, -n* steel sheet; **Stahlross** *sub, n, -es, -e oder -rösser* bike; **Stahlstecher** *sub, m, -s, -* steel engraver; **Stahlstraße** *sub, f, -, -n* steel overpass; **Stahlträger** *sub, m, -s, -* steel girder; **Stahltrosse** *sub, f, -, -n* steel rope

Stake, *sub, f, -, -n* grappling hook; **staken** *vti,* pole, punt; **~t** *sub, m, -s, -e* picket fence

Stalagmit, *sub, m, -en, -en (geol.)* stalagmite; **Stalaktit** *sub, m, -en, -en* stalactite

Stalinismus, *sub, m, -, nur Einz.* Stalinism

Stall, *sub, m, -s, Ställe (Kuh-)* cowshed; *(Pferde-)* stable; *(Schweine-)* pigsty; *(i. ü. S.; Familie) aus einem guten Stall* from a good stable; **~bursche** *sub, m, -n, -n* stable boy; **~dünger** *sub, m, -s, -* manure; **~hase** *sub, m, -n, -n* rabbit; **~knecht** *sub, m, -s, -e* farm hand, stableman; **~laterne** *sub, f, -, -n* stable lamp; **~meister** *sub, m, -s, -* equerry; **~ung** *sub, f, -, -en* stables

Stamm, *sub, m, -s, Stämme (bot.)* trunk; *(ling.)* stem; *(Volks-)* tribe; **~baum** *sub, m, -s, -bäume* family tree; *(zool.)* pedigree; **~buch** *sub, n, -s, -bücher* family register; **stammeln** *vti,* stammer; **stammen** *vi,* come, date; *das stammt nicht von mir!* I had nothing to do with that!; *woher stammen Sie?* where do you come from?; *aus einer alten Familie stammen* descend from an old family

Stammesfürst, *sub, m, -en, -en* tribal chieftain; **Stammeskunde** *sub, f, -, nur Einz.* ethnology; **Stammesname** *sub, m, -ns, -n* tribal name; **Stammessage** *sub, f, -, -n* tribal legend; **Stammgast** *sub, m, -es, -gäste* regular; **Stammgericht** *sub, n, -s, -e* standard meal; **Stammhalter** *sub, m, -s, -* son and heir

stämmig, *adj,* stocky, thickset; *(kräftig)* sturdy; **Stämmigkeit** *sub,* *f, -, nur Einz.* stockiness, sturdiness; **Stammkapital** *sub, n, -s, nur Einz.* ordinary share capital; *(US)* common stock capital; **Stammkneipe** *sub, f, -, -n* favourite restaurant, local; **Stammkunde** *sub, m, -n, -n* regular customer; **Stammler** *sub, m, -s, -* stammerer; **Stammmieter** *sub, m, -s, - regular tenant;* **Stammmutter** *sub, f, -, -mütter* progenitrix; **Stammplatz** *sub, m, -es, -plätze* usual seat; **Stammrolle** *sub, f, -, -n* muster roll; **Stammvater** *sub, m, -s, -väter* progenitor; **Stammwähler** *sub, m, -s, -* loyal voter, staunch supporter **Stampede,** *sub, f, -, -n* stampede **Stampfbeton,** *sub, m, -s, nur Einz.* tamped concrete; **stampfen (1)** *vi, (Maschine)* pound **(2)** *vti,* stamp **Stand,** *sub, m, -s, Stände* standing position; *(fester Halt)* foothold; *(Markt-)* stand; *(Spiel-)* standings; *(Wasser-)* level; *einen schweren Stand haben* have a tough job; *etwas auf den neusten Stand bringen* bring something up to date; *nach Stand der Dinge* as things stand **Standard,** *sub, m, -s, -s* standard; **~form** *sub, f, -, -en* standard design; **standardisieren** *vt,* standardize; **~tanz** *sub, m, -es, -tänze* standard dance; **~werk** *sub, n, -s, -e* standard work; **~wert** *sub, m, -s, -e* standard value **Standarte,** *sub, f, -, -en* standard **Standbein,** *sub, n, -s, -e* standing leg; *(spo.)* pivot leg; **Standbild** *sub, n, -s, -er* statue; *(TV)* freeze frame; **Ständchen** *sub, n, -s, -* serenade; *jemandem ein Ständchen bringen* serenade sb **Ständekammer,** *sub, f, -, -n* corporative chamber **Ständer,** *sub, m, -s, -* stand; *(ugs.; Erektion)* hard-on; *(Gestell)* rack; **~lampe** *sub, f, -, -n* standard lamp; **Standesamt** *sub, n, -s, -ämter* registry office **standesbewusst,** *adj,* class-conscious; **Standesbewusstsein** *sub, n, -s, nur Einz.* class consciousness; **Standesehre** *sub, f, -, -n* professional honour; **standesgemäß** *adj,* befitting one´s rank; **Standesherr** *sub, m, -en, -en (hist.)* mediatized prince; **Standesrecht** *sub, n, -s, -e* class privilege;

Standeswürde *sub, f, -, nur Einz.* honour as a nobleman; **Ständewesen** *sub, n, -s, nur Einz.* corporative state **Standgas,** *sub, n, -es, nur Einz.* idling mixture (supply); **Standgericht** *sub, n, -s, -e* drumhead court martial; **standhaft** *adj,* steadfast; *sich standhaft weigern* refuse staunchly; **standhalten** *vi, (Gebäude)* hold; *(Person)* stand firm; **Standheizung** *sub, f, -, -en* stationary heating **Standlicht,** *sub, n, -s, nur Einz.* sidelights; **Standort** *sub, m, -s, -e* location, position; **Standpauke** *sub, f, -, -n* lecture; **Standpunkt** *sub, m, -s, -e* point of view; *(Ansicht)* standpoint; **Standrecht** *sub, n, -s, nur Einz.* martial law; **standsicher** *adj,* firm, steady; **Standspur** *sub, f, -, (-en)* hard shoulder; **Standuhr** *sub, f, -, -en* grandfather clock **Stange,** *sub, f, -, -n* rod; *(Kleider-)* rail; *(Stab)* pole; *ein Anzug von der Stange* a suit off the peg; *jemandem die Stange halten* stand up for someone; *(i. ü. S.) jemanden bei der Stange halten* bring someone up to scratch **Stängel,** *sub, m, -s, -* stalk, stem; **~blatt** *sub, n, -s, -blätter* stem leaf; **~chen** *sub, n, -s, -* little stalk; **~glas** *sub, n, -es, (-gläser)* stemmed glass **Stangenholz,** *sub, n, -es, (-hölzer)* pole wood; **Stangenpferd** *sub, n, -s, -e* hobby horse; **Stangenspargel** *sub, m, -s, nur Einz.* asparagus spears; **Stangenware** *sub, f, -, nur Einz.* off-the-peg **Stänker,** *sub, m, -s, -* grouser; **~ei** *sub, f, -, (-en)* grousing; **stänkern** *vi,* grouse; *(ugs.)* make trouble **Staniol,** *sub, n, -s, -e* silver foil **Stanze,** *sub, f, -, -n (Loch-)* punch; *(Präge-)* die; **stanzen** *vt,* punch, stamp **Stapel,** *sub, m, -s, -* pile, stack; *(i. ü. S.) vom Stapel lassen* come out with; *vom Stapel laufen* be launched; **~faser** *sub, f, -, -n* staple fibre; **~lauf** *sub, m, -s, (-läufe)* launching; **stapeln (1)** *vr,* pile up **(2)** *vt,* stack; **~platz** *sub, m, -es, -plätze* depot, store; **stapelweise** *adv,* in piles; *bei ihm liegen stapel-*

weise Zeitschriften herum he´s got piles of magazines lying around **Stapfe**, *sub, f, -, -n* footprint; **~n (1)** *sub, m, -s, -* footprints **(2) stapfen** *vi,* trudge **Star,** *sub, m, -s, -s (Film-)* star; *m, -s, -e (zool.)* starling; **~anwalt** *sub, m, -s, -anwälte* top lawyer; **~aufgebot** *sub, n, -s, nur Einz.* star-studded; **~besetzung** *sub, f, -, nur Einz.* star cast **stark,** *adj, (allg.)* strong; *(mächtig)* powerful; *das ist ja ein starkes Stück!* that´s really a bit thick!; *das starke Geschlecht* the stronger sex; *(i. ü. S.) sich für etwas stark machen* stand up for something; **Starkbier** *sub, n, -, -e* strong beer **Stärke,** *sub, f, -, -n (Intensität)* intensity; *(Kraft)* strength; *(Macht)* power; *(Speise-)* starch; **~fabrik** *sub, f, -, -n* starch factory; **stärken** *vt,* strengthen; *(Wäsche)* starch; **~zucker** *sub, m, -s, (-)* glucose **starkknochig,** *adj,* heavy-boned; **starkleibig** *adj,* large; **Starkstrom** *sub, m, -s, nur Einz.* heavy current; **Starkult** *sub, m, -s, (-e)* star cult **Stärkung,** *sub, f, -, nur Einz.* refreshment, strengthening; *(Kräftigung)* invigoration **Starost,** *sub, m, -en, -en* starost(a) **starr,** *adj, (bewegungslos)* motionless; *(steif)* stiff; *(unbeweglich)* rigid; *jemanden starr ansehen* stare at someone; *starr vor Kälte* numb with cold; *starr vor Schreck* paralyzed with terror; **~en** *vi,* stare; *(strotzen)* be thick with; **Starrkopf** *sub, m, -s, -köpfe* obstinate mule; **~köpfig** *adj,* obstinate, stubborn; **Starrkrampf** *sub, m, -es, -krämpfe* lockjaw; *(med.)* tetanus; **Starrsinn** *sub, m, -s, nur Einz.* obstinacy, stubbornness; **~sinnig** *adj,* obstinate, stubborn **Statement,** *sub, n, -s, -s* statement; *ein Statement abgeben* give a statement **Statik,** *sub, f, -, nur Einz.* statics; **~er** *sub, m, -s, -* structural engineer **Station,** *sub, f, -, -en* station; *(Haltestelle)* stop; *zwei Tage Station machen* stop over for two days **stationär,** *adj,* stationary; *(med.)* inpatient; *stationär behandeln* treat in hospital; **stationieren** *vt,* station; **Stationsarzt** *sub, m, -es, -ärzte* ward doctor; **Stationsvorstand** *sub, f, -s,*

-vorstände station-master; *(US)* station-agent **statisch,** *adj, (Bau)* structural; *(phy.)* static; **Statist** *sub, m, -en, -en (Film)* extra; *(Theater)* supernumerary; **Statisterie** *sub, f, -, -n (Film)* extras; *(Theater)* supernumeraries **Statistik,** *sub, f, -, -en* statistics; *die Statistik zeigt* statistics show; *eine Statistik aufstellen* conduct a survey; **~er** *sub, m, -s, -* statistician; **statistisch** *adj,* statistical **Stativ,** *sub, n, -s, -e* tripod **statt,** *präp,* instead of **Stätte,** *sub, f, -, -n* place; *historische Stätte* historical site; *keine bleibende Stätte haben* have no fixed abode **stattfinden,** *vi,* take place; *(sich ereignen)* occur; **statthaft** *adj,* allowed, permitted; **Statthalter** *sub, m, -s, -* governor; **stattlich** *adj, (Eindruck)* imposing; *(Gebäude)* stately; *(Pracht)* magnificent; *(ugs.) ein stattliches Sümmchen* a nice little sum; *eine stattliche Erscheinung* a commanding figure **statuarisch,** *adj,* statuesque; **Statue** *sub, f, -, -n* statue; **statuenhaft** *adj,* statue-like **Statuette,** *sub, f, -, -n* statuette **statuieren,** *vt,* set an example **Statur,** *sub, f, -, (-en)* build, stature **Status,** *sub, m, -, -* status; **~denken** *sub, n, -s, -* status consciousness; **~symbol** *sub, n, -s, -e* status symbol **Statut,** *sub, n, -es, -en* statute; **statutarisch** *adj,* statutory **Staub,** *sub, m, -, Staube, Stäube* dust; *(i. ü. S.) sich aus dem Staub machen* make a getaway; *Staub wegwischen* brush off dust; *(i. ü. S.) viel Staub aufwirbeln* cause a big stir; **staubbedeckt** *adj,* dust-covered, dusty; **~beutel** *sub, m, -s, - (bot.)* anther; *(Staubsauger)* dust bag; **stauben** *vi,* make a lot of dust; **~faden** *sub, m, -s, -fäden (bot.)* filament; **~fänger** *sub, m, -s, -* dust collector; **staubgeboren** *adj,* mortal (being); **~gefäß** *sub, n, -es, -e (bot.)* stamen; **~kamm** *sub, m, -s, -kämme* fine-tooth comb; **~korn** *sub, n, -s, -körner* dust particle;

~lappen *sub, m, -s,* - duster; **~lawine** *sub, f, -, -n (Schnee)* dry avalanche; *(Vulkan)* hot ash avalanche
Staubpinsel, *sub, m, -s,* - dusting brush; **Staub saugen** *vti,* hoover, vacuum; **Staubsauger** *sub, m, -s,* - hoover, vacuum cleaner; **Staubschicht** *sub, f, -, -en* layer of dust; **staubtrocken** *adj,* bone-dry
stauchen, *vt,* compress; *(tech.)* upset
Staudamm, *sub, m, -s, -dämme* dam
Staude, *sub, f, -, -n* herbaceous plant; *(Strauch)* shrub; **staudenartig** *adj,* herbaceous
stauen, (1) *vr, (Verkehr)* get jammed **(2)** *vt, (Güter)* stow; *(Wasser)* dam up
Staunen, (1) *sub, n, -s, nur Einz.* amazement, astonishment **(2) staunen** *vi,* be amazed, be astonished; *da staune ich aber!* you amaze me!; *sie sind aus dem staunen nicht mehr herausgekommen* they couldn´t believe their eyes; **staunenswert** *adj,* amazing, astonishing
Staupe, *sub, f, -, -n* distemper
Stauraum, *sub, m, -s, -räume* storage space; **Stauwehr** *sub, f, -s, nur Einz.* dam; **Stauwerk** *sub, n, -s, -e* dam
Steak, *sub, n, -s, -s* steak
Stearin, *sub, n, -s, -e* stearin; **~kerze** *sub, f, -, -n* stearin candle
Stechen, (1) *sub, n, -s,* - *(Schmerz)* sharp pain; *(spo.)* play-off **(2) stechen** *vti,* prick; *(Biene)* sting; *(Mükke)* bite; *(Waffe)* stab; **Stechfliege** *sub, f, -, -n* stable fly; **Stechkarte** *sub, f, -, -n* clocking-in card; **Stechschritt** *sub, m, -s, -e* goose-step; **Stechuhr** *sub, f, -, -en* time clock
Steckbecken, *sub, n, -s,* - *(med.)* bedpan; **Steckbrief** *sub, m, -s, -e* personal description, warrant of arrest; **Steckdose** *sub, f, -, -n* socket; **Stekken (1)** *sub, m, -s,* - stick **(2) stecken** *vi, (fest-)* be stuck **(3)** *vt,* put; *(fest-)* pin; *Hände in die Tasche stecken* dive into one´s pocket, *(ugs.; verraten) jemandem etwas stecken* tell someone sth; *jemanden ins Gefängnis stekken* put someone in prison; *(i. ü. S.) was steckt dahinter?* what´s behind it?; *zeigen, was in einem steckt* show what one is made of; **stecken bleiben** *vi,* come to a standstill, get stuck; **Steckenpferd** *sub, n, -es, -e* hobby;

(Spielzeug) hobby horse; **Stecker** *sub, m, -s,* - plug
Steckkissen, *sub, n, -s,* - papoose; **Steckkontakt** *sub, m, -s, -e* plug; **Steckling** *sub, m, -s, -e* cutting; **Steckmuschel** *sub, f, -n, -n (zool.)* ing shell; **Stecknadel** *sub, f, -, -n* p n; *da sucht man eine Stecknadel im Heuhaufen* it´s like looking for a needle in a haystack; *(i. ü. S.) es war so still, daß man eine Stecknadel hätte fallen hören können* it was so quiet you could have heard a pin drop; *(i. ü. S.) jemanden wie eine Stecknadel suchen* look for someone high and low; **Steckrübe** *sub, f, -, -n* swede, turnip; **Steckschuss** *sub, m, -es, -schüsse* bullet lodged in the body; **Steckzwiebel** *sub, f, -, -n* bulb
Steg, *sub, m, -s, -e* footbridge; *(US)* walkway; **~reif** *sub, m, -s, -e* impromptu; *(Rede)* make an impromptu speech; **~reifrede** *sub, f, -, -n* impromptu speech
Stehaufmännchen, *sub, n, -s,* - tumbler; **Stehempfang** *sub, m, -s,* - empfänge standing reception; **stehen** *vi,* stand; *(passen) das steht dir* that suits you; *mir steht es bis hier!* I´m sick and tired of it; *unter der Dusche stehen* be having a shower; *vor dem Ruin stehen* be on the brick of ruin; *(ugs.) vor Dreck stehen* be stiff with dirt; **stehen bleiben** *vi,* come to a standstill, remain standing, stop; *die Zeit scheint hier stehengeblieben zu sein* it´s as if time had stood still here; *ich bin auf Seite 20 stehengeblieben* I left off on page 20; *mir ist das Herz fast stehengeblieben* my heart missed a beat; **Stehenbleiben** *sub, n, -s, nur Einz.* standstill; **stehend** *adj,* standing; *(Wasser)* stagnant; **Steherrennen** *sub, n, -s,* motor-paced race; **Stehimbiss** *sub, m, - oder -es, (imbisse)* stand-up snack bar; **Stehkragen** *sub, m, -s, -kragen oder -krägen* stand-up collar; **Stehleiter** *sub, f, -, -n* stepladder
Stehplatz, *sub, m, -es, -plätze* standing room; *die Anzahl der Stehplätze ist begrenzt* only a limited number of people are allowed to

stand; *einen Stehplatz haben* have to stand; **Stehvermögen** *sub, n, -s, nur Einz.* stamina; *(Durchhaltevermögen)* staying power **Steiermärker,** *sub, m, -s,* - Styrian **steif,** *adj,* numb, stiff; *das Eiweiß steif schlagen* beat the egg white until stiff; *(i. ü. S.) die Ohren steif halten* keep a stiff upper lip; *eine steife Brise* a stiff breeze; *steif und fest behaupten, daß* swear up and down that; **~beinig (1)** *adj,* stiff-legged **(2)** *adv,* with stiff legs **Steife,** *sub, f, -, -n* stiffness; *(Stärkemittel)* starch **Steifigkeit,** *sub, f, -, -en* stiffness; *(Starrheit)* numbness **Steig,** *sub, m, -s, -e* steep track; **~bügel** *sub, m, -s,* - stirrup; **steigen** *vi,* climb; *(anwachsen)* increase; *(Temperatur etc.)* rise; **~er** *sub, m, -s,* - pit foreman **steigern, (1)** *vi, (Grammatik)* compare **(2)** *vr, (verbessern)* improve **(3)** *vt,* increase, intensify; **Steigerung** *sub, f, -, -en* increase, intensification; *(Grammatik)* comparison; *(Verbesserung)* improvement **Steigleiter,** *sub, f, -, -n* stepladder; **Steigriemen** *sub, f, -s, -en* stirrup-strap; **Steigung** *sub, f, -, -en* gradient; *(Hang-)* slope; *(US)* grade **steil,** *adj,* steep; *ein steiles Ufer* a steep coast; *eine steile Karriere machen* have a rapid rise; **Steilhang** *sub, m, -s, -hänge* steep slope; **Steilkurve** *sub, f, -, -n* steep turn; *(Boden)* ground loop; **Steilküste** *sub, f, -, -n* cliff; **Steilschrift** *sub, f, -, -en* vertical writing; **Steilvorlage** *sub, f, -, nur Einz. (spo.)* through ball **Stein,** *sub, m, -s, -e* stone; *(i. ü. S.) bei jemandem einen Stein im Brett haben* be well in with someone; *(i. ü. S.) das könnte einen Stein erweichen!* that would move the hardest heart to pity!; *(i. ü. S.) der Stein der Weisen* the philosophers´ stone; *(Gebäude) es blieb kein Stein auf dem anderen* not a stone was left standing; *(i. ü. S.) mir fällt ein Stein vom Herzen!* that´s a load off my mind!; **~adler** *sub, m, -s,* - golden eagle; **steinalt** *adj,* as old as the hills; **~axt** *sub, f, -, -äxte* stone axe; **~bau** *sub, m, -s, -bauten* stone building; **~block** *sub, m, -s, -blöcke* block of stone; **~bock** *sub, m, -s,*

-*böcke (astrol.)* Capricorn; *(zool.)* ibex; **~bohrer** *sub, m, -s,* - masonry drill; **~bruch** *sub, m, -s, -brüche* quarry; **~butt** *sub, m, -es, -e* turbot; **steinern** *adj,* stone; **~fliese** *sub, f, -, -n* stone tile **Steinfrucht,** *sub, f, -, -früchte* stone fruit; **Steingut** *sub, n, -, nur Einz.* stoneware; **Steinhaufen** *sub, m, -s,* - heap of stones; **steinig** *adj,* stony; *(i. ü. S.) ein steiniger Weg* a path of trial and tribulation; **Steinkohle** *sub, f, -, -n* mineral coal; **Steinkohlenteer** *sub, m, -s, -e* tar of mineral coal; **Steinlawine** *sub, f, -, -n* avalanche of stones; **Steinleiden** *sub, n, -s, nur Mehrz. (Blasen-)* bladder stones; *(Gallen-)* gallstones; *(Nieren-)* kidney stones; **Steinmarder** *sub, m, -s,* - beech marten; **Steinmetz** *sub, m, -es, -e* stonemason; **Steinobst** *sub, n, -es, nur Einz.* stone fruit; **Steinpilz** *sub, m, -es, -e* yellow boletus; **steinreich** *adj,* stinking rich; **Steinsalz** *sub, n, -es, (-salze)* rock salt; **Steinschlag** *sub, m, -s, -schläge* rockfall; **Steinwurf** *sub, m, -s, -würfe* stone´s throw; **Steinzeit** *sub, f, -s, nur Einz.* Stone Age **Steiß,** *sub, m, -es, -e* buttocks; **~bein** *sub, n, -s, nur Einz.* coccyx **Stellage,** *sub, f, -, -n* rack; *(ugs.)* frame **stellar,** *adj,* stellar **Stelle,** *sub, f, -, -n* place, spot; *an erster Stelle* in the first place; *an jemandes Stelle treten* take the place of someone; *sich um eine Stelle bewerben* apply for a vacancy; *zur Stelle sein* be at hand; **stellen** *vt,* place, put; *(regulieren)* set; *das Radio leiser (lauter) stellen* turn down (up) the radio; *eine Frage stellen* ask a question; *sich auf Zehenspitzen stellen* stand on tiptoe; *sich einer Herausforderung stellen* take up a challenge; *sich schlafend stellen* pretend to be asleep; **~nangebot** *sub, n, -s, -e* job offer; **~ngesuch** *sub, n, -s, -e* application for a job; **~nmarkt** *sub, m, -s, (-märkte)* job market; **~nplan** *sub, m, -s, -pläne* staff plan; *(US)* staffing schedule; **stellenweise** *adv,* here and there, in places;

~nwert *sub, m, -s, nur Einz.* rank, status; *einen hohen Stellenwert haben* play an important role; **Stellfläche** *sub, f, -, -n* parking space; **Stellmacher** *sub, m, -s, -* cartwright; **Stellplatz** *sub, m, -es, -plätze* parking place

Stellung, *sub, f, -, (-en)* position, status; *(Arbeits-)* employment; *(i. ü. S.) die Stellung halten* hold the fort; *ohne Stellung sein* be unemployed; *seine Stellung behaupten* stand one´s ground; *(mil.) Stellung beziehen* move into position; *Stellung nehmen zu* express one´s opinion on; **~nahme** *sub, f, -s, -s* statement; **~skrieg** *sub, m, -s, -e* positional warfare; **stellungslos** *adj,* unemployed

Stelze, *sub, f, -, -n* stilt; **stelzen** *vi,* stalk; **Stelzvogel** *sub, m, -s, -vögel* wader

Stemmbogen, *sub, m, -es, -bögen* stem turn; **Stemmeisen** *sub, n, -s, -* crowbar; **stemmen (1)** *vr, (gegen-)* brace o.s. against **(2)** *vt,* press; *(hoch-) lift

Stempel, *sub, m, -s, - (Gummi-)* stamp; *(Post-)* postmark; *(Präge-)* die; *den Stempel vontragen* bear the stamp of; *(i. ü. S.) etwas seinen Stempel aufdrücken* make one´s mark on something; **~farbe** *sub, f, -, -n* stamping ink; **~karte** *sub, f, -, -n* punch card; **~marke** *sub, f, -, -n* stamp; **stempeln** *vt,* stamp; *(Post)* postmark; *(i. ü. S.) jemanden zum Lügner stempeln* brand someone as a liar; *(ugs.) stempeln gehen* be on the dole; *der Brief trägt den Stempel vom 5 Mai* the letter bears the postmark of May 5

Stenografie, *sub, f, -, -* shorthand; **stenografieren** *vi,* do shorthand, take down in shorthand; **Stenografin** *sub, f, -, -nen* shorthand writer; *(Amts-)* stenographer; **Stenogramm** *sub, n, -s, -e* shorthand dictation; **stenotypieren** *vi,* type in shorthand; **Stenotypistin** *sub, m, -, -nen* steno typist

Steppdecke, *sub, f, -, -n* quilt; *(US)* comforter

Steppe, *sub, f, -, -n* steppe; **steppen (1)** *vi,* tap-dance **(2)** *vt, (wattieren)* quilt; **~nfuchs** *sub, m, -es, -füchse* corsac; *(zool.)* Afghan fox; **~nwolf**

sub, m, -s, -wölfe coyote; *(zool.)* prairie wolf

Stepffutter, *sub, n, -s, -* lining; **Steppmantel** *sub, m, -s, -mäntel* quilted coat; **Stepptänzer** *sub, f, -s, -* tap-dancer

Sterbedatum, *sub, n, -s, -data* date of death; **Sterbehilfe** *sub, f, -, -n* euthanasia; **Sterben (1)** *sub, n, -s, nur Einz.* dying **(2) sterben** *vi,* decease, die, pass away; *die Angst vom Sterben* the fear of death; *im Sterben liegen* be dying; *(i. ü. S.) zum Sterben langweilig* deadly boring, *(i. ü. S.) daran wirst du nicht sterben!* it won´t kill you!; *eines natürlichen Todes sterben* die a natural death; *(i. ü. S.) er ist für mich gestorben* he might as well be dead; **sterbenselend** *adj,* ghastly; *ich fühle mich sterbenselend!* I feel ghastly!; **sterbenskrank** *adj,* dangerously ill; **sterbensmatt** *adj,* dead tired

Sterbesakrament, *sub, n, -s, -e* last rites; **Sterbestunde** *sub, f, -, (-n)* hour of death; **Sterbezimmer** *sub, n, -s, Plural selten* death chamber; **sterblich** *adj,* mortal; *seine sterblichen Überreste* his mortal remains; **Sterbliche** *sub, m, f, -n, -n* mortal; **Sterblichkeit** *sub, f, -, nur Einz.* mortality

stereo, *adj,* stereo; **Stereoanlage** *sub, f, -, -n* stereo set; **~fon** *adj,* stereo, stereophonic; **Stereokamera** *sub, f, -, -s* stereo(scopic) camera; **Stereometer** *sub, n, -s, - (mat.)* stereometer; **Stereoplatte** *sub, f, -es, -n* stereo(phonic) record; *(Druck)* stereo(type) plate

Stereoskop, *sub, n, -s, -e* stereoscope; **~ie** *sub, f, -, nur Einz.* stereoscopy; **stereoskopisch** *adj,* stereoscopic

stereotyp, (1) *adj,* stereotype; *(unpersönlich)* impersonal **(2) Stereotyp** *sub, m, -s, -en* stereotype; **Stereotypie** *sub, f, -, -n* stereotype printing

steril, *adj,* sterile; *(keimfrei)* aseptic; *(unfruchtbar)* infertile; **Sterilisation** *sub, f, -, -en* sterilization; **Sterilisator** *sub, m, -s, -en* sterilizer; **~isieren** *vt,* sterilize; **Sterilität** *sub, f, -, nur Einz.* sterility;

(Keimfreiheit) asepsis; *(Unfruchtbarkeit)* infertility

Sterlet, *sub, m, -s, -e (zool.)* sterlet **Stern,** *sub, m, -s, -e (zool.) es steht in den Sternen* it´s all in the stars; *(i. ü. S.) nach den Sternen greifen* reach for the stars; *(benommen sein) Sterne sehen* see stars; *(i. ü. S.) unter einem glücklichen Stern geboren sein* be born under a lucky star; **~bild** *sub, n, -s, -er (astrol.)* sign; *(astron.)* constellation; **~deuter** *sub, m, -s,* - astrologer; **~deutung** *sub, f, -, nur Einz.* astrology

Sternenbanner, *sub, m, -s,* - starspangled banner; *(US)* Stars and Stripes; **sternenhell** *adj,* starlit; **Sternenhimmel** *sub, m, -,* - starry sky; **sternenklar** *adj,* starlit, starry; **Sternenlicht** *sub, n, -s, Plural seltern (-er)* starlight; **Sternenzelt** *sub, n, -s, nur Einz.* firmament

Sterz, *sub, m, -es, -e* tail; *(Pflug-)* handle

Stethoskop, *sub, n, -s, -e* stethoscope **stetig, (1)** *adj,* steady **(2)** *adv,* constantly; **Stetigkeit** *sub, f, -, nur Einz.* constancy, continuity, steadiness **stets,** *adv,* always; *du bist stets willkommen* you´re always welcome; *stets zu Diensten!* always at your service!

Steuer, *sub, n, -s,* - tax; *(Auto)* steering wheel; *das Steuer übernehmen* take over; *jemanden ans Steuer lassen* let someone drive; *(wirt.) Steuern hinterziehen* evade taxes; *Trunkenheit am Steuer* drunkenness at the wheel; **~behörde** *sub, f, -, -n* tax authority; **~berater** *sub, m, -s,* - tax consultant; **~bescheid** *sub, m, -s, -e* tax assessment (bill); **~betrag** *sub, m, -s, (-beträge)* tax amount; **~bord** *sub, n, -es, -e* starboard; **~erklärung** *sub, f, -, -en* tax return; **~erlass** *sub, m, -es, nur Einz.* tax remission; **~ermittlungsverfahren** *sub, n, -s,* - tax ascertainment procedure; **~fahndung** *sub, f, -, -en* fiscal investigation; **~flucht** *sub, f, -, nur Einz.* tax evasion; **steuerfrei** *adj, (Waren)* duty-free; *(wirt.)* tax-free; **~gelder** *sub, m, -, nur Mehrz.* taxes; **~gerät** *sub, n, -s, -e* controller; *(tech.)* control unit **Steuergesetz,** *sub, n, -es, -e* fiscal law; **Steuerhelfer** *sub, m, -s,* - tax advisor;

Steuerhinterziehung *sub, f, -, nur Einz.* tax evation; **Steuerkarte** *sub, f, -, -n* tax card; *(Lohn-)* wage tax card; **Steuerklasse** *sub, f, -, -n* tax group; **Steuerknüppel** *sub, m, -s,* - control stick; **steuerlich** *adj,* fiscal; **Steuermann** *sub, m, -s,* -männer, -leute helmsman; *(spo.)* coxswain; **Steuermarke** *sub, f, -, -n* tax stamp; *(Hunde-)* dog tag; **steuern** *vt, (Auto)* drive; *(Schiff)* steer; *(tech.)* control; *(i. ü. S.) direkt ins Unglück steuern* head straight for desaster; *eine Unterhaltung in die gewünschte Richtung steuern* steer a conversation in the desired direction; **Steuerparadies** *sub, n, -es, -e* tax haven; **Steuerpolitik** *sub, f, -, -en* fiscal policy **Steuerprüfer,** *sub, m, -s,* - tax inspector; **Steuerrad** *sub, n, -s, -räder* steering wheel; *(i. ü. S.) das Steuerrad übernehmen* take over; **Steuerrecht** *sub, n, -s, nur Einz.* fiscal law; **Steuerreform** *sub, f, -s, -en* tax reform; **Steuerruder** *sub, n, -s,* - rudder; **Steuerschuld** *sub, f, -, -en* tax owed; **Steuertarif** *sub, m, -s, -e* tax scale; **Steuerträger** *sub, m, -s,* - taxpayer; **Steuerung** *sub, f, -, (-en) (Auto)* steering; *(tech.)* control; **Steuerventil** *sub, n, -s, -e* control valve; **Steuerwesen** *sub, n, -s, nur Einz.* tax system; **Steuerzahler** *sub, m, -s,* - taxpayer; **Steuerzettel** *sub, m, -s,* - notice of assessment **Steward,** *sub, m, -s, -s* steward; **~ess** *sub, f, -, Stewardessen* stewardess **Stich,** *sub, m, -es, -e (Insekten-)* bite; *(Messer-)* stab; *(Nadel-)* prick; *(Näh-)* stitch; *(ugs.) du hast ja einen Stich!* you must be round the bend!; *(Speisen) einen Stich haben* be off; *es gab ihm jedesmal einen Stich, wenn er sie sah* he always felt a pang when he saw her; *jemanden im Stich lassen* let someone down **Stichelhaar,** *sub, n, -s, -e* stubby hair; *(textil)* kemp fibre; **sticheln** *vi, (ugs.)* gibe; *(nähen)* sew **Stichflamme,** *sub, f, -, (-n)* darting flame; **Stichgraben** *sub, m, -s, -gräben (tech.)* taphole; **stichhaltig** *adj,* sound, valid; *stichhaltige Gründe* sound arguments; **Stichling** *sub, m, -s, -e (zool.)* stickleback; **Stichprobe** *sub, f, -, -n* spot check; **Stichsäge** *sub, f, -, -n* fret-saw; **Stichtag** *sub, m, -s, (-tage)* deadline, fixed day; **Stichwahl** *sub, f, -, (-en)* final ballot; *(US)* run-off; **Stichwort** *sub, n, -s, nur Einz.* key word; *(Theater)* cue; **stichwortartig** *adj,* shorthand; *geben Sie es nur stichwortartig wieder!* recount it in shorthand!; **Stichwortverzeichnis** *sub, n, -ses, - se* index of headings; **Stichwunde** *sub, f, -, -n* stab wound

sticken, *vti,* embroider; **Sticker** *sub, m, -s, -* embroiderer; **Stickerei** *sub, f, -, -en* embroidery; *(Fabrik)* embroidery works; **stickig** *adj,* stifling, stuffy; **Stickstoff** *sub, m, -s, -e* nitrogen

Stiefbruder, *sub, m, -s, -brüder* stepbrother

Stiefel, *sub, m, -s, -* boot; *(ugs.) einen Stiefel zusammenreden* talk a lot of nonsense; *(ugs.) er kann einen Stiefel vertragen* he can take quite a lot; ~**chen** *sub, n, -s, -* ankle boot, bootie; **stiefeln** *vi,* stride; ~**tern** *sub, m, -, nur Mehrz.* stepparents

Stiefmutter, *sub, f, -, -n* stepmother; **Stiefmütterchen** *sub, n, -s, - (bot.)* pansy; **Stieftochter** *sub, f, -, -töchter* stepdaughter; **Stiefvater** *sub, m, -s, -väter* stepfather

Stiege, *sub, f, -, -n* staircase; *(Obstkiste)* crate; ~**nhaus** *sub, n, -es, -häuser* stairwell

Stier, *sub, m, -s, -e (astrol.)* Taurus; *(zool.)* bull; *(i. ü. S.) den Stier bei den Hörnern anpacken* take the bull by the horns; *(i. ü. S.) wütend wie ein Stier* raving mad; **stieren** *vi,* stare; *(wütend schauen)* glare; ~**kampf** *sub, m, -es, -kämpfe* bullfight; ~**kämpfer** *sub, m, -s, -* bullfighter; ~**nacken** *sub, m, -s, -* bull neck; **stiernackig** *adj,* bull-necked

Stift, *sub, m, -es, -e (geistliches)* ecclesiastic foundation; *(Halte-)* pin; *(ugs.; Lehrling)* apprentice boy; *(Schreibgerät)* pen; **stiften** *vt, (gründen)* found; *(spenden)* donate; *(ugs.) stiften gehen* take to one´s heels; *Unfrieden stiften* sow discord; ~**er** *sub, m, -s, - (Gründer)* founder; *(Spender)* donator

Stiftskirche, *sub, f, -, -n* collegiate church; **Stiftsschule** *sub, f, -, -n* ca-

thedral school

Stiftung, *sub, f, -, -en (Gründung)* foundation; *(Schenkung)* donation; ~**srat** *sub, m, -es, -räte* board of a foundation; *(Mitglied)* member of a board of a foundation

Stigma, *sub, n, -s, -ta, -men* stigma; **stigmatisieren** *vt,* stigmatize

Stil, *sub, m, -s, -e* style; *alles im großen Stil tun* do things in style; *im Stil unserer Zeit* in the style of our time; **stilbildend** *adj,* stylistically constructive; ~**blüte** *sub, f, -, -n* stylistic lapse; *(ugs.)* howler; **stilecht** *adj,* true to style; ~**element** *sub, n, -s, -e* element of style; ~**ett** *sub, n, -s, -e* stiletto; **stilgerecht** *adj,* appropriate in style; *eine gemütliche, wenn auch nicht ganz stilgerechte Wohnung* a cosy appartment, although the decor is not altogether appropriate in style; **stilisieren** *vt,* stylize; ~**isierung** *sub, f, -, -en* stylization; ~**ist** *sub, m, -en, -en* stylist; ~**istik** *sub, f, -, nur Einz.* stylistics; **stilistisch** *adj,* stylistic; *in stilistischer Hinsicht* from the stylistic point of view; **stilkundlich** *adj,* stylistic

still, *adj,* quiet, silent; *(unbewegt)* still; *die Füße still halten* keep one´s feet still; *sei still!* be quiet!; *(wirt.) stiller Teilhaber* sleeping partner

Stille, (1) *adj,* quiet, silent (2) **Stille** *sub, f, -, nur Einz.* quietness, silence, stillness; *(ugs.) das stille Örtchen* the loo; *(i. ü. S.) stille Wasser gründen tief* still waters run deep; *er wurde in aller Stille beigesetzt* he was given a quiet burial; *sich in aller Stille davonmachen* make off secretly; ~**n** *vt, (Durst)* quench; *(Hunger)* allay; *(Kind)* nurse

stillhalten, *vi,* keep still; **Stillleben** *sub, n, -s, -* still-life; **Stilllegung** *sub, f, -, -en* closure; *(Betrieb)* shutdown; *(Verkehr)* stoppage; **stillliegen** *vi,* be closed down; *(Betrieb)* be shut down; *(tech.)* be at a standstill; **stillschweigend** (1) *adj,* tacit (2) *adv,* silently; *eine stillschweigende Übereinkunft* a tacid understanding; **stillsitzen** *vi,* sit still; **Stillstand** *sub, m, -es, nur*

Einz. standstill, stop; **stillstehen** *vi*, stand still; *(mil.)* stand at attention **Stillung**, *sub*, *f*, *-*, *-en (Durst)* appeasement; *(Hunger)* allayment; *(Säugling)* lactation
Stilrichtung, *sub*, *f*, *-*, *-en* style; **stilvoll** *adj*, stylish
Stimmabgabe, *sub*, *f*, *-*, *-n* voting; **Stimmaufwand** *sub*, *m*, *-es*, *nur Einz.* vocal effort; **Stimmband** *sub*, *n*, *-es*, *-bänder* vocal cord; **Stimmbezirk** *sub*, *m*, *-s*, *-e* electoral district; **Stimmbildung** *sub*, *f*, *-*, *-en* voice formation; **Stimmbruch** *sub*, *m*, *-es*, *-brüche* breaking of the voice; **Stimmbürger** *sub*, *m*, *-s*, *-* voter
Stimme, *sub*, *f*, *-*, *-n* voice; *(Wahl-)* vote; *die Stimme des Volkes* the voice of the people; *die Stimme verlieren* lose one´s voice; *(polit.)* jemandem seine Stimme geben give one´s vote to a person; *mit tiefer Stimme* in deep voice; **stimmen (1)** *vi*, *(richtig sein)* be right; *(Wahl)* vote **(2)** *vt*, *(mus.)* tune; *(mus.)* das Orchester stimmt die Instrumente* the orchestra is tuning up; *für einen Kandidaten stimmen* vote for a candidate; *stimmt das?* is that true?; *stimmt so!* keep the change!; ~**nfang** *sub*, *m*, *-es*, *nur Einz.* vote catching; ~**nkauf** *sub*, *m*, *-s*, *-käufe* buying of votes; ~**nmehrheit** *sub*, *f*, *-*, *-en* majority of votes; *einfache Stimmenmehrheit* bare majority of votes; *mit Stimmenmehrheit gewählt werden* be elected by a majority of votes; *relative Stimmenmehrheit* relative majority of votes; ~**nzahl** *sub*, *f*, *-*, *-* number of votes
Stimmführung, *sub*, *f*, *-*, *-en* part writing; **Stimmgabel** *sub*, *f*, *-*, *-n* tuning fork; **stimmlos** *adj*, voiceless; **Stimmmittel** *sub*, *n*, *-s*, *-* vocal resource, voice; **Stimmrecht** *sub*, *n*, *-s*, *-e* right to vote; **Stimmzettel** *sub*, *m*, *-s*, *-* ballot paper; *(Wahl-)* voting paper
Stimmung, *sub*, *f*, *-*, *-en* atmosphere; *(Gemüts-)* mood
Stimulans, *sub*, *n*, *-*, *-lanzien* stimulant
Stimulus, *sub*, *m*, *-*, *-muli* stimulus
Stinkefinger, *sub*, *m*, *-s*, *-* dirty finger
stinken, *vi*, smell, stink; *(ugs.)* das stinkt wie die Pest* that stinks like hell; *(ugs.)* die Angelegenheit stinkt

mir! I´m fed up to the back teeth!; *(ugs.)* die ganze Sache stinkt the whole business stinks; **stinkfaul** *adj*, bone-lazy; **Stinktier** *sub*, *n*, *-es*, *-e* skunk; **stinkvornehm** *adj*, posh; **Stinkwut** *sub*, *f*, *-*, *nur Einz.* towering rage
Stint, *sub*, *m*, *-es*, *-e* smelt, sparling
Stipendiat, *sub*, *n*, *-s*, *-e* scholarship holder; **Stipendium** *sub*, *n*, *-s*, *Stipendien* grant, scholarship
Stipp, *sub*, *m*, *-es*, *-e* dip; ~**besuch** *sub*, *m*, *-s*, *-e* flying visit; **stippen** *vt*, dip; ~**visite** *sub*, *f*, *-*, *-n* flying visit; *eine Stippvisite nach Paris machen* go on a flying visit to Paris
Stirn, *sub*, *f*, *-*, *-en* forehead; *die Stirn bieten* defy; *die Stirn runzeln* frown; *er hatte die Stirn zu behaupten* he had the cheek to maintain; *sich das Haar aus der Stirn streichen* brush one´s hair back from the forehead; *sich den Schweiß von der Stirn wischen* wipe the perspiration off one´s forehead; ~**band** *sub*, *n*, *-es*, *-bänder* headband; ~**fläche** *sub*, *f*, *-*, *-n* end face; *(Holz)* crosscut end; ~**glatze** *sub*, *f*, *-*, *-n* bald forehead; ~**höhle** *sub*, *f*, *-*, *-n* frontal sinus; ~**riemen** *sub*, *m*, *-s*, *-* browband; ~**runzeln** *sub*, *n*, *-s*, *nur Einz.* frowning; ~**ziegel** *sub*, *m*, *-s*, *-* antefix tile
Stöberei, *sub*, *f*, *-*, *-en* rummage; **stöbern** *vi*, rummage; *(ugs.)* poke; *ich habe in allen Schubladen gestöbert* I rooted around in every drawer
Stochastik, *sub*, *f*, *-*, *nur Einz.* stochastic studies; **stochastisch** *adj*, stochastic
Stocher, *sub*, *m*, *-s*, *-* toothpick; **stochern** *vi*, poke; *in den Zähnen stochern* pick in one´s teeth; *in der Glut stochern* poke the fire
Stock, *sub*, *m*, *-es*, *Stöcke* stick; *(Spazier-)* cane; *am Stock gehen* walk with a stick; *im ersten Stock* on the first floor; *über Stock und Stein* up hill and down dale; ~**car** *sub*, *n*, *-s*, *-s* stock car; **stockdunkel** *adj*, pitch-dark
stöckeln, *vi*, trip along on high heels; **Stöckelschuh** *sub*, *m*, *-s*, *-e* high-heeled shoe
stockfinster, *adj*, pitch-dark; **Stockfisch** *sub*, *f*, *-*, *-e* dried cod; *(i.*

ü. S.) stuffed shirt; **Stockflecken** *sub,
m, -s,* - mildew mark; **stockfleckig**
adj, mildewed; **stockheiser** *adj,* as
hoarse as a crow; **Stockschirm** *sub,
m, -s, -e* walking-stick umbrella; **Stok-
kung** *sub, f, -, -en* hold-up; *(Verkehr)*
traffic jam; **Stockwerk** *sub, n, -s, -e*
floor, storey
Stoff, *sub, m, -s, -e (chem.)* substance;
(Gesprächs-) subject; *(Gewebe)*
fabric; *(Kleidung)* cloth; *(Material)*
material; *(ugs.; Rauschgift) sich Stoff
beschaffen* score some stuff; *Stoff für
einen Roman* material for a novel; *(i.
ü. S.; Gespräch) uns ist der Stoff ausgegangen* we ran out of topics; ~**ballen** *sub, m, -s,* - bale of cloth;
~**behang** *sub, m, -es, -hänge* fabric
covering
Stoffel, *sub, m, -s,* - boor; **stoffelig**
adj, boorish; **Stofffetzen** *sub, m, -s,* -
rag, tatter; **Stoffwechsel** *sub, m, -s,* -
metabolism
stöhnen, *vi,* groan, moan; *ächzen und
stöhnen* moan and groan; *(i. ü. S.) der
Wind stöhnte in den Bäumen* the
wind moaned in the trees; *vor
Schmerzen stöhnen* groan with pain
Stolperdraht, *sub, m, -es, -drähte* trip
wire; **stolpern** *vi,* stumble, trip; **Stolperstein** *sub, m, -s, -e* obstacle
stolz, (1) *adj,* proud; *(anmaßend)* arrogant (2) **Stolz** *sub, m, -es, nur Einz.*
pride; *(Hochmut)* arrogance; *das ist
nichts, worauf man stolz sein kann*
that´s nothing to be proud of; *stolz
sein auf* be proud of; *zu stolz sein,
etwas zu tun* have too much pride to
do something, *ihr ganzer Stolz* her
pride and joy; *jemanden mit Stolz
erfüllen* be a source of pride to someone; ~**ieren** *vi, (angeberisch)*
strut; *(hochmütig)* stalk
Stopfen, (1) *sub, n, -s, nur Einz.* plug,
stopper (2) **stopfen** *vt, (füllen)* fill;
(pressen) stuff; *(Strumpf)* darn
stopp, (1) *interj,* stop! (2) **Stopp** *sub,
m, -s, -s* halt, stop
Stoppel, *sub, m, -s, -n* stubble; ~**bart**
sub, m, -es, -bärte stubbly beard;
~**feld** *sub, n, -es, -er* stubble field;
~**haar** *sub, n, -es, -e* stubbly hair;
stoppelig *adj,* bristly, stubbly; **stoppeln** *vi,* glean
stoppen, *vti,* stop; **Stoppschild** *sub,
n, -es, -er* stop sign; **Stoppsignal** *sub,*

~, -s, -e stop signal; **Stoppstraße**
sub, f, -, -n stop street; **Stoppuhr**
sub, f, -, -en stop-watch
Stöpsel, *sub, m, -s,* - plug, stopper;
(Korken) cork; *den Stöpsel aus der
Flasche ziehen* uncork a bottle;
stöpseln *vt,* plug
Stör, *sub, m, -es, -e* sturgeon;
störanfällig *adj,* susceptible to interference
Storch, *sub, m, -es, Störche* stork; *(i.
ü. S.) bei den Nachbarn kommt
bald der Storch* the neighbours are
expecting the stork soon; *(ugs.) da
brat mir aber einer einen Storch!*
well, blow me down!; **storchbeinig** *adj,* spindle-legged; ~**ennest**
sub, n, -es, -er stork´s nest;
~**schnabel** *sub, m, -s, -schnäbel*
stork´s bill; *(bot.)* cranesbill
stören, *vti,* disturb; *(belästigen)* bother; *(irritieren)* annoy; *(unterbrechen)* interrupt; *eins stört mich
noch* one thing is still bothering
me; *jemanden bei der Arbeit stören*
disturb someone at his work; **Störenfried** *sub, m, -s, -e* trouble maker; **Störfall** *sub, m, -es, -fälle*
interference; **störfrei** *adj,* without
interference; **Störgeräusch** *sub, n,
-es, -e (atmosphärisch)* statics interference; *(Radio)* background noise; **Störmanöver** *sub, n, -s,* -
disruptive action
stornieren, *vt, (Auftrag)* cancel;
(Buchung) reverse; **Stornierung**
sub, f, -, -en (Auftrag) cancellation;
(Buchung) reversal
Storno, *sub, m, n, -s, -s, -ni (Auftrag)*
cancellation; *(Buchung)* reversal
Störrigkeit, *sub, f, -, -en* obstinacy,
stubbornness; **störrisch** *adj,* obstinate, stubborn
Storting, *sub, n, -s, nur Einz. (polit.)*
Storting
Störung, *sub, f, -, -en* disturbance;
(Radio-) interference; *(Unterbrechung)* disruption; **störungsfrei**
adj, undisturbed; *(Radio)* interfe-
rence-free
Story, *sub, f, -, -s, -ies* story
Stoßtrupp, *sub, m, -s,* - combat patrol; ~**ler** *sub, m, -s,* - member of a
combat patrol; **Stoßverkehr** *sub,
m, -s, nur Einz.* rush-hour traffic;
Stoßzahn *sub, m, -es, -zähne (Ele-*

fant) ivory; *(zool.)* tusk; **Stoßzeit** *sub, f, -, -en* rush hour **stottern,** *vi,* stutter; *(Motor)* splutter **stracks,** *adv,* straight away **Straddle,** *sub, m, -s, -s (spo.)* straddle **Strafaktion,** *sub, f, -, -en* punitive action **Strafanstalt,** *sub, f, -, -en* penal institution; *(US)* correctional institution; **Strafanzeige** *sub, f, -, -n* penal charge; *Strafanzeige gegen jemanden erstatten* bring a charge against someone; **Strafarbeit** *sub, f, -, -n* imposition; **Strafarrest** *sub, m, -es, -e* detention; **strafbar** *adj,* punishable; *sich strafbar machen* commit an offence; *(jur.)* *strafbar nach* punishable under; **Strafbarkeit** *sub, f, -, -en* punishability; **Strafbefehl** *sub, m, -s, -e* order of punishment; **Strafe** *sub, f, -, -en* punishment; *(Gefängnis-)* sentence; *(Geld-)* fine; *(spo.)* penalty; **strafen** *vt,* punish; *jemanden für etwas strafen* punish someone for something; *jemanden Lügen strafen* give the lie to someone; *jmd mit Verachtung strafen* treat so with contempt; **Straferlass** *sub, m, -es, -e* remission **straff,** *adj,* *(gespannt)* tight; *(Haltung)* straight; *(Organisation)* strict; **~ällig** *adj,* liable to punishment; **~en** *vt,* tighten; *(spannen)* tauten; **Strafgericht** *sub, n, -s, -e* criminal court; *(i. ü. S.)* punishment; **Strafgesetz** *sub, n, -es, -e* penal law; **Strafgesetzbuch** *sub, n, -es, -bücher* criminal code; **Strafgewalt** *sub, f, -, -en* penal authority; **Strafkammer** *sub, f, -, -n* criminal court; **Strafkolonie** *sub, f, -, -n* convict settlement **Sträfling,** *sub, m, -s, -e* convict, prisoner **straflos,** *adj,* unpunished; *straflos ausgehen* come off clear; **Strafmaß** *sub, n, -es, nur Einz.* sentence; **Strafminute** *sub, f, -, -n* penalty minute; **strafmündig** *adj,* criminally liable; **Strafpredigt** *sub, f, -, -en* lecture; *jemandem eine Strafpredigt halten* lecture someone; **Strafprozess** *sub, m, -es, -e* criminal case; **Strafpunkt** *sub, m, -es, -e* penalty point; **Strafrecht** *sub, n, -es, -e* criminal law; **Strafstoß** *sub, m, -es, -stöße* penalty kick; **Straftat** *sub, f, -, -en* criminal offence;

Straftilgung *sub, f, -, -en* extinction in the criminal record; **Strafversetzung** *sub, f, -, -en* disciplinary transfer; **Strafvollzug** *sub, m, -es, nur Einz.* execution of sentence, penal system; **strafwürdig** *adj,* punishable; **Strafzettel** *sub, m, -s, -* ticket **Strahl,** *sub, m, -s, -en (Licht-)* beam, ray; *(Wasser-)* jet **Strahlemann,** *sub, m, -es, -männer* sunshine boy **strahlen,** *vi,* shine; *(Radioaktivität)* be radioactive; *(Wärme)* radiate; *er strahlte übers ganze Gesicht* his face was beaming with joy; *ihre Augen strahlten* her eyes shone; **Strahlenbehandlung** *sub, f, -, -en* radiotherapy; **~d** *adj,* radiant; *(Wetter)* bright; **Strahlenpilz** *sub, m, -es, -e (bot.)* ray fungus; **Strahlenschutz** *sub, m, -es, nur Einz.* radiation protection; **Strahler** *sub, m, -s, -* radiator; *(Licht-)* spotlight; **strahlig** *adj,* radial; **Strahlkraft** *sub, f, -, nur Einz.* power of radiation; **Strahlstärke** *sub, f, -, nur Einz.* intensity of radiation; **Strahltriebwerk** *sub, n, -es, -e* jet engine **Strahlung,** *sub, f, -, -en* radiation **Strähne,** *sub, f, -, -n* strand; *Strähnen machen lassen* have one´s hair streaked; **strähnig (1)** *adj,* straggly **(2)** *adv,* in strands **Stramindecke,** *sub, f, -, -n* canvas **stramm,** *adj,* *(Disziplin)* strict; *(Haltung)* straight; *(Kleidung)* tight; *(Seil)* taut; *(i. ü. S.) jemandem die Hosen stramm ziehen* give someone a good hiding; *(Kleidung) stramm sitzen* fit tightly; *(mil.) stramm stehen* stand at attention; **~stehen** *adj,* stand at attention **Strand,** *sub, m, -es, Strände (Bade-)* beach; *(Ufer)* shore; **~anzug** *sub, m, -es, -züge* beach suit; **~distel** *sub, f, -, -n* sea holly; **stranden** *vi,* be stranded; *(i. ü. S.; scheitern)* fail; **~gut** *sub, n, -es, -güter* stranded goods; *(angespültes)* jetsam; *(treibendes)* flotsam; **~kleid** *sub, n, -es, -er* beach dress; **~korb** *sub, m, -es, -körbe* canopied beach chair; **~krabbe** *sub, f, -, -n* shore crab; **~wache** *sub, f, -, -n* lifeguard **Strang,** *sub, m, -es, Stränge* rope;

(anat.) cord; *(i. ü. S.) am gleichen Strang ziehen* be in the same boat; *(i. ü. S.) über die Stränge schlagen* kick over the traces; *(i. ü. S.) wenn alle Stränge reissen* if it comes to the worst; ~**ulation** *sub, f, -, -en* strangulation; **strangulieren** *vt,* strangle; *(med.)* strangulate

Strapaze, *sub, f, -, -n* exertion, strain; *den Strapazen nicht gewachsen sein* be not able to stand the strain; **strapazieren** *vt, (abnützen)* wear hard; *(erschöpfen)* knock up; **strapazierfähig** *adj,* hard-wearing; **strapaziös** *adj, (Arbeit etc.)* strenuous; *(ermüdend)* tiring; *(erschöpfend)* exhausting

Straps, *sub, m, -es, -e* suspender; *(US)* garter

Strass, *sub, m, -es, -e* paste

Straße, *sub, f, -, -en* street; *(Land-)* road; *(Meerenge)* strait; *(i. ü. S.) auf der Straße sitzen* be on the street; *(demonstrieren) auf die Straße gehen* take to the streets; *(i. ü. S.) jemanden auf die Straße setzen* throw someone out; *über die Straße gehen* cross the street; ~**nanzug** *sub, m, -es, -anzüge* lounge suit; *(US)* business suit; ~**narbeiten** *sub, f, -, nur Mehrz.* roadworks; ~**nbahn** *sub, f, -, -en* tram(way); *(US)* streetcar; ~**nbau** *sub, m, -es, nur Einz.* road construction; ~**nbelag** *sub, m, -es, -beläge* road surfacing; ~**nbild** *sub, n, -es, -er* streetscape; ~**ncafé** *sub, n, -s, -s* street café; ~**ndamm** *sub, m, -es, -dämme* road embankment; ~**rdekke** *sub, f, -, -n* road surface; ~**ndorf** *sub, n, -es, -dörfer* ribbon-built village; ~**necke** *sub, f, -, -n* street corner; ~**nfeger** *sub, m, -s, -* road-sweeper; *(US)* street cleaner; ~**nfest** *sub, n, -es, -e* street party

Straßenhandel, *sub, m, -s, nur Einz.* street sale; **Straßenkarte** *sub, f, -, -n* road map; **Straßenlage** *sub, f, -, -en* road holding; **Straßenlärm** *sub, m, -s, nur Einz.* street noise; **Straßenmädchen** *sub, n, -s, -* prostitute, street girl; **Straßenname** *sub, m, -n, -n* street name; **Straßennetz** *sub, n, -es, -e* road network, road system; **Straßenrand** *sub, m, -es, -ränder* roadside; **Straßenraub** *sub, m, -es, -e* highway robbery; **Straßenschuh** *sub, m, -s, -e* walking shoe; **Straßenseite** *sub, f, -, -n* roadside; **Straßenverkehrsordnung** *sub, f, -, -en* Highway Code, road traffic regulations; **Straßenzoll** *sub, m, -s, -zölle* road toll

Stratege, *sub, f, -n, -n* strategist; **Strategie** *sub, f, -, -n* strategy; **strategisch** *adj,* strategic

Stratosphäre, *sub, f, -, nur Einz.* stratosphere

Stratus, *sub, m, -es, Strati* stratus; ~**wolke** *sub, f, -, -n* stratus cloud

sträuben, (1) *vr,* refuse; *(Haare)* stand on end **(2)** *vt,* bristle; *da sträuben sich einem ja die Haare!* that´s enough to make your hair stand on end; *sich mit Händen und Füßen sträuben* refuse to do something

Strauch, *sub, m, -es, Sträucher* bush, shrub; **strauchartig** *adj,* bushlike, shrublike; ~**dieb** *sub, m, -es, -be* prowler; **straucheln** *vi,* stumble; *(i. ü. S.)* go astray; **Sträuchlein** *sub, n, -s, -* little shrug; ~**ritter** *sub, m, -s, -* footpad, prowler; ~**werk** *sub, n, -s, -e* shrubbery

Strauß, *sub, m, -es, Sträuße (Blumen-)* bunch; *(zool.)* ostrich; ~**enfarm** *sub, f, -, -en* ostrich farm

Strebe, *sub, f, -, -n* prop; *(Verstrebung)* strut; ~**balken** *sub, m, -s, -* brace; ~**bogen** *sub, m, -s, -bögen* arched buttress; **streben** *vi,* strive; ~**r** *sub, m, -s, -* swot; *(US)* grind; **streberhaft** *adj,* overambitious, pushing; **streberisch** *adj,* overambitious, pushing; **strebsam** *adj, (eifrig)* zealous; *(fleißig)* industrious; **Strebsamkeit** *sub, f, -, nur Einz.* strenuousness; *(Eifer)* zeal

Strecke, *sub, f, -, -n* distance; *(Weg-)* way; *(i. ü. S.) auf der Strecke bleiben* fall by the wayside; *er hat eine tüchtige Strecke zurückgelegt* he covered quite a distance; *(i. ü. S.) zur Strecke bringen* hunt down; **strecken (1)** *vr, (sich ausstrecken)* stretch out **(2)** *vt, (dehnen)* stretch; *(i. ü. S.: verlängern)* eke out; *(ugs.) alle viere von sich strecken* stretch oneself out; *(verdünnen) die Suppe strecken* eke out the soup with water; *die Zunge aus dem Mund strecken* stick out one´s tongue;

jemanden zu Boden strecken knock someone to the ground; **~nnetz** *sub, n, -es, -e* railway network; **Streckmetall** *sub, n, -s, -e* expanded metal; **Streckmuskel** *sub, m, -s, -n* extensor muscle; **Streckung** *sub, f, -, -en* extension; *(med.)* stretching **Streetworker,** *sub, m, -s, -* street worker **Streichmusik,** *sub, f, -, nur Einz.* music for strings; **Streichtrio** *sub, n, -s, -s* string trio; **Streichung** *sub, f, -, -en* cut, deletion; *(wirt.)* cancellation; **Streichwurst** *sub, f, -s, -würste* meat paste **Streife,** *sub, f, -, -n* patrol; **~n (1)** *sub, m, -s, - (Papier etc.)* strip; *(regelmäßig)* stripe; *(unregelmäßig)* streak **(2) streifen** *vi, (i. ü. S.; angrenzen)* border **(3)** *vt,* brush, touch; **~ngang** *sub, m, -s, nur Einz.* patrol; **Streiflicht** *sub, n, -s, -er* sidelight; *ein Streiflicht auf etwas werfen* highlight something; **Streifschuss** *sub, m, -es, -schüsse* graze; **Streifzug** *sub, m, -s, -züge* scouting trip; *(i. ü. S.; Wissensgebiet)* discourse **Streik,** *sub, m, -s, -s* strike; *einen Streik abbrechen* call off a strike; *einen Streik ausrufen* call a strike; *in den Streik treten* go on strike; *wilder Streik* wildcat strike; **~aktion** *sub, f, -, -en* strike movement; **~aufruf** *sub, m, -s, -e* call to strike; **~bruch** *sub, m, -s, -brüche* breaking of a strike; **streiken** *vi,* be on strike, strike; **~kasse** *sub, f, -, -n* strike fund; **~lokal** *sub, n, -s, -e* strike committee; **~posten** *sub, m, -s, -* picket; **~recht** *sub, n, -s, -e* right to strike; **~welle** *sub, f, -, -n* series of strikes **Streit,** *sub, m, -s, -e* quarrel; *(Kampf)* fight; *(Wort-)* dispute; **~axt** *sub, f, -, -äxte* battle-axe; **streiten** *vi,* quarrel; *(handgreiflich)* fight; *(verbal)* argue; *darüber lässt sich streiten* this is open to argument; *(Sprichwort) wenn zwei sich streiten, freut sich der Dritte* when two people quarrel there´s always a third who rejoices; *wir wollen uns nicht darüber streiten* let´s not have a quarrel about it; **~er** *sub, m, -s, -* fighter; *(i. ü. S.; Überzeugung)* proponent; **~frage** *sub, f, -, -n* issue, point of issue; **~gegenstand** *sub, m, -s, -stände* object of dispute;

~gespräch *sub, n, -s, -e* discussion, dispute; **~hammel** *sub, m, -s, -* squabbler; **streitig** *adj,* contentious; *jemandem den Rang streitig machen* rival someone; *jemandem ein Recht streitig machen* contest someone´s right to do something **Streitkräfte,** *sub, f, -, nur Mehrz.* armed forces; **streitlustig** *adj,* pugnatious; **Streitmacht** *sub, f, -s, -mächte* armed forces; **Streitobjekt** *sub, n, -s, -e* object of dispute; **Streitpunkt** *sub, m, -s, -e* issue, point in controversy; **Streitross** *sub, n, -es, -rosse oder -rösser* warhorse; **Streitsache** *sub, f, -, -n* controversy; **Streitschrift** *sub, f, -, -en* polemical pamphlet; **Streitsucht** *sub, f, -, nur Einz.* pugnacy, quarrelsomeness; **Streitwagen** *sub, m, -s, -* chariot; **Streitwert** *sub, m, -s, -e* value in dispute **streng,** *adj,* rigid, severe, strict; *jemanden streng bestrafen* punish someone severely; *mit stenger Miene* with a stern face; *streng geheim!* top secret!; *streng verboten!* strictly forbidden!; **Strenge** *sub, f, -, nur Einz.* rigidity, severity, strictness; **~gläubig** *adj,* orthodox; **~stens** *adv,* most severly; *Rauchen strengstens verboten* smoking strictly prohibited; *strengstens bestraft werden* be punished most severly **Stress,** *sub, m, -es, Stresse* stress **Stretch,** *sub, m, -es, -es* elastic material **Streu,** *sub, f, -, -en* litter; **~besitz** *sub, m, -es, -e* scattered property; **~büchse** *sub, f, -, -n* shaker; **streuen (1)** *vi,* sprinkle **(2)** *vt,* scatter; **~er** *sub, m, -s, -* caster, shaker; **~gebiet** *sub, n, -s, -e* scattering surface; **~gut** *sub, n, -s, nur Einz.* grit **streunen,** *vi,* stray; *(herum-)* roam about; **Streuner** *sub, m, -s, - (Person)* tramp; *(Tier)* stray **Streupflicht,** *sub, f, -, nur Einz.* obligation to strew; **Streusel** *sub, m,n, -s, -* crumble; **Streuung** *sub, f, -, -en (Geschütz)* disperson; *(phy.)* scattering; **Streuungsmaß** *sub, n, -es, -e* scattering coefficient; **Streuzucker** *sub, m, -s, nur Einz.* caster sugar **Strich,** *sub, m, -es, -e* stroke; *(kurzer*

Strich) dash; (Linie) line; *(ugs.) auf den Strich gehen* go on the game; *(i. ü. S.) es geht mir gegen den Strich!* it goes against the grain!; *(i. ü. S.) jmd einen Strich durch die Rechnung machen* thwart so´s plans; *(i. ü. S.) nach Strich und Faden* thoroughly; *unter dem Strich* in total; ~**ätzung** *sub, f, -, -en* line etching; **stricheln** *vt,* sketch in; *(schraffieren)* hatch; ~**er** *sub, m, -s, -* street-walker; ~**junge** *sub, m, -n, -n* male prostitute; ~**mädchen** *sub, n, -s, -* prostitute; ~**punkt** *sub, m, -es, -e* semicolon; ~**regen** *sub, m, -s, nur Einz.* local rain; ~**vogel** *sub, m, -s, -vögel* migratory bird; **strichweise** *adv,* here and there
Strick, *sub, m, -s, Stricke* rope; *(i. ü. S.) jmd einen Strick aus etwas drehen* trip so up with sth; *(i. ü. S.) wenn alle Stricke reissen* if everything else fails; ~**arbeit** *sub, f, -, -en* piece of knitting; ~**beutel** *sub, m, -s, -* knitting bag; **stricken** *vti,* knit; ~**er** *sub, m, -s, -* knitter; ~**jacke** *sub, f, -, -n* cardigan; ~**kleid** *sub, n, -s, -er* knitted dress; ~**leiter** *sub, f, -, -n* rope ladder; ~**muster** *sub, n, -s, - (Anleitung)* knitting pattern; *(Probe)* knitting sample; ~**nadel** *sub, f, -, -n* knitting needle; ~**stoff** *sub, m, -s, -e* knitting yarn; ~**waren** *sub, f, -, nur Mehrz.* knitwear; ~**weste** *sub, f, -, -n* knitted vest; ~**zeug** *sub, n, -s, -e* knitting
Striegel, *sub, m, -s, -* currycomb; **striegeln** *vt,* curry
Strieme, *sub, f, -, -n* weal; ~**n** *sub, m, -s, -* weal
striezen, *vt,* tease
stringent, *adj, (logisch)* necessary; *(schlüssig)* conclusive
Strippe, *sub, f, -, -n (Schnur)* string; *(i. ü. S.; Telefon)* blower; *(ugs.) an der Strippe hängen* be on the blower; *(ugs.) jemanden an die Strippe haben* have someone on the blower; **strippen** *vi,* striptease; ~**rin** *sub, f, -, -nen (ugs.)* stripper; **Striptease** *sub, m,n, -, nur Einz.* striptease
strittig, *adj,* contentious, controversal, debatable
Stroboskop, *sub, n, -s, -e* stroboscope
Stroh, *sub, n, -s, nur Einz.* straw; *Stroh im Kopf haben* have sawdust between one´s ears, *(US)* be dead from the neck up; ~**ballen** *sub, m, -s, -* bale of

straw; ~**blume** *sub, f, -, -n* strawflower; **strohdumm** *adj,* empty-headed; ~**strohfarben** *adj,* straw-coloured; **strohfarbig** *adj,* stramineous; ~**feuer** *sub, n, -s, -* straw fire; *(i. ü. S.)* passing fancy; *seine große Liebe war nur ein Strohfeuer* his great love was only a flash in the pan; ~**halm** *sub, m, -s, -e* straw; *(i. ü. S.) sich an einen Strohhalm klammern* clutch at any straw; ~**haufen** *sub, m, -s, -* heap of straw; ~**hut** *sub, m, -s, -hüte* straw hat; ~**mann** *sub, m, -s, -männer (i. ü. S.; jur.)* front man; *(Vogelscheuche)* scarecrow; ~**presse** *sub, f, -, -n* straw baler; ~**witwe** *sub, f, -, -n* grass widow; *(US)* sod widow; ~**witwer** *sub, m, -s, -* grass widower
Strolch, *sub, m, -s, -e* scamp; *(ugs.; US)* bum
Strom, *sub, m, -s, Ströme (Fluss)* river; *(Menschen-)* stream; *(Strömung)* current; ~**abnahme** *sub, f, -, -n (Anzapfung)* collection of current; *(Entnahme)* current drain; *(Stromstärke)* fall of current; **stromabwärts** *adv,* downstream; ~**ausfall** *sub, m, -s, -fälle* power failure; **strömen** *vi,* stream; *Blut strömte ihm über das Gesicht* his face streamed blood; *die Menge strömte aus dem Saal* the crowd poured out of the hall; ~**er** *sub, m, -s, - (Landstreicher)* tramp; *(Tier)* stray; **stromern** *vi,* tramp; *(streuen)* stray; ~**kreis** *sub, m, -es, -e* circuit; ~**leitung** *sub, f, -, -en* circuit line; ~**messer** *sub, m, -s, -* amperemeter; ~**schiene** *sub, f, -, -n* conductor rail; ~**schlag** *sub, m, -s, -schläge* electric shock; ~**schnelle** *sub, f, -, -n* rapid; ~**sperre** *sub, f, -, -n* power cut; ~**stärke** *sub, f, -, -n* current intensity; **Strömung** *sub, f, -, -en* current, stream; *(Tendenz)* trend; ~**zähler** *sub, m, -s, -* electric current meter
Strontium, *sub, n, -s, nur Einz. (chem.)* strontium
Strophanthin, *sub, n, -s, -e (med.)* strophantin
Strophe, *sub, f, -, -n (Gedicht)* stanza; *(Lied)* verse; ~**nbau** *sub, m, -s,*

nur Einz. stanzaic structure; **~nform** *sub, f, -, -en* stanzaic form; **~nlied** *sub, n, -s, -er* strophic song; **strophisch** *adj*, stanzaic; *(Lied)* in verses **strotzen**, *vi*, brim; *vor Gesundheit strotzen* be bursting with health; *vor Ungeziefer strotzen* be teeming with vermin
strubbelig, *adj*, dishevelled; *(Haar)* tousled; **Strubbelkopf** *sub, m, -s, -köpfe* dishevelled hair; *(Person)* tousle-headed person
Strudel, *sub, m, -s, - (i. ü. S.)* whirl; *(Mehlspeise)* strudel; *(Wasserwirbel)* whirlpool; **strudeln** *vi*, whirl
Struktur, *sub, f, -, -en* structure; *(Gewebe)* texture; **~analyse** *sub, f, -, -n* structural analysis; **strukturell** *adj*, structural; **strukturieren** *vt*, structure; *(Gewebe)* texture
strullen, *vi*, pee
Strumpf, *sub, m, -s, Strümpfe (Damen-)* stocking; *(Herren-)* sock; *(i. ü. S.) sein Geld in den Strumpf stecken* save one´s money; **~band** *sub, n, -s, -bänder* garter; **~hose** *sub, f, -, -n* tights; *(US)* panty hose; **~waren** *sub, f, -, nur Mehrz.* hosiery
struppig, *adj*, unkempt; *(Tier)* shaggy; **Struppigkeit** *sub, f, -, nur Einz.* unkemptness; *(Tier)* shagginess
Struwwelpeter, *sub, m, -s, -* Shock-headed Peter
Strychnin, *sub, n, -s, nur Einz. (chem.)* strychnine
Stuartkragen, *sub, m, -s, -krägen* Stuart collar
Stube, *sub, f, -, -n* room; *die gute Stube* the parlour; **~narrest** *sub, m, -s, -e* house arrest; *(mil.)* confinement to barracks; **~ndienst** *sub, m, -es, -e* barrack room duty; **~nfliege** *sub, f, -, -n* housefly; **~nhocker** *sub, m, -s, -* house-mouse; *(ugs.)* stay-at-home; **~nmädchen** *sub, n, -s, -* parlour-maid; *(Hotel)* chambermaid; **~nwagen** *sub, m, -s, -* bassinet (on wheels)
Stuck, *sub, m, -s, nur Einz.* stucco
Stück, *sub, n, -s, -e* piece; *(Abschnitt)* part; *(Bruch-)* fragment; *5 DM das Stück* 5 DM each; *auf freien Stücken* voluntarily; *(i. ü. S.) große Stücke auf jemanden halten* think highly of someone; *jemanden ein Stück mitnehmen* give sb a lift; *Stück für Stück* piece by piece; **Stuckarbeit** *sub, f, -,*

-en stuccowork; **stückeln** *vti*, add a piece, piece together; *(Wertpapiere)* denominate; **~elung** *sub, f, -, -en* denomination; **~gewicht** *sub, n, -s, -e* individual weight; **~gut** *sub, n, -s, -güter* parcelled goods; **~kosten** *sub, f, -, nur Mehrz.* price for one; **stückweise** **(1)** *adj*, by the piece **(2)** *adv*, piece by piece; **~werk** *sub, n, -s, nur Einz.* patchwork; **~zinsen** *sub, f, -, nur Mehrz.* broken-period interest
Student, *sub, m, -en, -en* student; **~enrevolte** *sub, f, -, -n* students´ revolt; **~enverbindung** *sub, f, -, -en* students´ society; **studentisch** *adj*, student
Studie, *sub, f, -, -n* study; *(literarisch)* essay; **~n** *sub, f, -, nur Mehrz.* studies; **~nbuch** *sub, n, -s, -bücher* student´s record; **~nfach** *sub, n, -s, -fächer* subject; **~ngang** *sub, m, -s, -gänge* course of studies; **~nrat** *sub, m, -s, -räte* teacher at a secondary school; **~nrätin** *sub, f, -, -nen* teacher at a secondary school; **~nreise** *sub, f, -, -n* study trip; **~nzeit** *sub, f, -, -en* student days; **~nzweck** *sub, m, -s, -e* purpose of study; **studieren** *vti*, study; **~rende** *sub, m,f, -n, -n* student; **~rstube** *sub, f, -, -n* study; **~rzimmer** *sub, n, -s, -* study
Studio, *sub, n, -s, -s* studio; *(Künstler-)* atelier; **~bühne** *sub, f, -, -n* studio
Studium, *sub, n, -s, -dien* study; *ein Studium abbrechen* break off one´s studies; *ein Studium aufnehmen* begin one´s studies
Stufe, *sub, f, -, -n* step; *(i. ü. S.; Rang)* grade; *(i. ü. S.; Stadium)* stage; **stufen** *vt*, step; *(Haare)* cut in tiers; *(stufenförmig anlegen)* terrace; **~nbarren** *sub, m, -s, -* asymmetric bar; **~nfolge** *sub, f, -, -n* arrangement of steps; *(i. ü. S.)* graduation; **stufenförmig (1)** *adj*, stepped **(2)** *adv*, in steps; **~nheck** *sub, n, -s, -e* oder *-s* notchback; **~nleiter** *sub, f, -, -n* stepladder; **~nrakete** *sub, f, -, -n* multistage rocket; **stufenweise** *adv*, step by step
Stuhl, *sub, m, -s, Stühle* chair; *(ugs.) das haut einen ja vom Stuhl!* it knocks you sideways!; *(theol.) der*

Heilige Stuhl the Holy See; *ist der Stuhl noch frei?* is this chair taken?; *(i. ü. S.) sich zwischen zwei Stühle setzen* fall between two stools; **~gang** *sub, m, -s, nur Einz.* discharge of the bowels; **~kissen** *sub, n, -s,* - chair cushion
Stulle, *sub, f, -, -n* sandwich
Stulpe, *sub, f, -, -n* cuff; *(Stiefel)* turndown; **stülpen** *vt,* put sth over sth; *etwas über etwas stülpen* put somethimg over something; *sich den Helm über den Kopf stülpen* clap one´s helmet on one´s head; **~närmel** *sub, m, -s,* - turn-back sleeve
stumm, *adj,* dumb, mute; *(schweigend)* silent; **Stumme** *sub, m,f, -n, -n* dumb person; **Stummel** *sub, m, -s,* - stub; **Stummelaffe** *sub, m, -n, -n (zool.)* guereza; **Stummelchen** *sub, n, -s,* - stub; **Stummheit** *sub, f, -, nur Einz.* dumbness, muteness; *(Schweigen)* silence
stumpf, (1) *adj,* blunt, dull **(2) Stumpf** *sub, m, -es, Stümpfe* stump; **~nasig** *adj,* flat-nosed; **Stumpfsinn** *sub, m, -s, nur Einz.* dullness; **~sinnig** *adj, (Arbeit)* tedious; *(Person)* dull
Stunde, *sub, f, -, -n* hour; *(Unterricht)* lesson; **stunden** *vt,* grant delay for payment; **~nglas** *sub, n, -es, -gläser* hourglass; **~nhotel** *sub, n, -s, -s* ill-famed hotel; **stundenlang (1)** *adj,* for hours **(2)** *adv,* for hours; **~nlohn** *sub, m, -s, -löhne* hourly wage; **~nplan** *sub, m, -s, -pläne* timetable; *(US)* schedule; **~ntakt** *sub, m, -s, -e* every hour; **stundenweise** *adv,* by the hour; **stundenweit** *adv,* several hours (away); **stündlich (1)** *adj,* hourly **(2)** *adv,* every hour; **Stundung** *sub, f, -, -en* delay of payment
Stunk, *sub, m, -s, nur Einz.* hullabaloo; *(ugs.) Stunk machen* cause a hullabaloo, kick up a row
Stunt, *sub, m, -s, -s* stunt; **~man** *sub, m, -s, -men* stunt man
stupfen, *vt,* jog
stupide, *adj,* dull; *(geistlos)* mindless; **Stupidität** *sub, f, -, -en* dullness, mindlessness
stupsen, *vt,* jog, push
stur, *adj,* stubborn; *(unnachgiebig)* obdurate; **Sturheit** *sub, f, -, -ten* stubbornness; *(Unnachgiebigkeit)* obdu-

rateness
Sturm, *sub, m, -s, Stürme* (spo.) forward line; *(Unwetter)* storm; *die Ruhe vor dem Sturm* the calm before the storm; *im Sturm nehmen* take by storm; *(i. ü. S.) Sturm laufen gegen* be up in arms against; *Sturm läuten* ring the alarm; **~angriff** *sub, m, -s, -e* assault; **sturmbereit** *adj, (mil.)* ready to attack; **stürmen (1)** *vi, (Wind)* blow, rage **(2)** *vt, (mil.)* storm; **Stürmer** *sub, n, -s,* - (spo.) forward; **sturmerprobt** *adj,* storm-proof; **~flut** *sub, f, -, -en* storm tide; **sturmfrei** *adj,* sheltered from the storm; *(ugs.) eine sturmfreie Bude* trouble-free digs; **~gepäck** *sub, n, -s, nur Einz. (mil.)* combat pack; **~glocke** *sub, f, -, -en* storm bell; **stürmisch** *adj,* stormy; *(ungestüm)* impetuous
Sturmlaterne, *sub, f, -, -n* storm lantern; *(US)* hurricane lamp; **Sturmläuten** *sub, n, -s, nur Einz.* sounding of alarm; **Sturmleiter** *sub, f, -, -n* scaling ladder; **Sturmriemen** *sub, m, -s,* - chin strap; **Sturmschritt** *sub, m, -s, nur Einz.* double time; **Sturmsignal** *sub, n, -s, -e* storm signal; **Sturmvogel** *sub, n, -s, -vögel (zool.)* petrel; **Sturmwarnung** *sub, f, -, -en* storm warning; **Sturmzeichen** *sub, n, -s,* - storm signal
Sturz, *sub, m, -es, Stürze* fall; *(i. ü. S.)* overthrow; *(i. ü. S.) der Sturz einer Regierung* the overthrow of a government; **~acker** *sub, m, -s,* -äcker new-ploughed field; **~bach** *sub, m, -s, -bäche* torrent; **stürzen (1)** *vi,* fall; *(i. ü. S.)* overthrow; *(rennen)* rush **(2)** *vr,* pounce on so **(3)** *vt,* turn upside down; *ins Zimmer stürzen* rush into the room; *sich auf die Zeitung stürzen* grab the newspaper; *sich ins Unglück stürzen* plunge into misery; *von einem Gerüst stürzen* fall from a scaffold, *sich in die Politik stürzen* dive into politics; **~flug** *sub, m, -s, -flüge* nose dive; **~see** *sub, f, -, -n* breaker
Stuss, *sub, m, -es, nur Einz.* nonsense; *rede keinen Stuss!* don´t talk such nonsense!
Stute, *sub, f, -, -n* mare

Stutenzucht, *sub, f, -, -en* stud
Stützbalken, *sub, m, -s, -* supporting bar; **Stütze** *sub, f, -, -n* support; *der Stock dient mir als Stütze* the stick serves me as a support; *(i. ü. S.) in jemandem eine Stütze haben* have a mainstay in someone; **Stutzen (1)** *sub, m, -s, - (ugs.)* short rifle; *(spo.)* football sock; *(tech.)* connecting piece **(2) stutzen** *vi*, be puzzled, hesitate **(3)** *vt*, trim; *(Hecke etc.)* clip; **stützen (1)** *vr*, lean **(2)** *vt*, back, support; *die Ellbogen auf den Tisch stützen* prop one´s ellbows on the table; *einen Verdacht durch etwas stützen* base a suspicion on something; *er wurde von zwei Freunden gestützt* he was supported by two friends; **Stutzer** *sub, m, -s, - (ugs.)* bumfreezer
Stutzflügel, *sub, m, -s, -* baby grand piano; **Stützgewebe** *sub, n, -s, -* supporting tissue; **stutzig** *adj*, puzzled; *jemanden stutzig machen* make someone suspicious; *stutzig werden* begin to wonder; **Stützkorsett** *sub, n, -s, -e* supporting corset; **Stützpfeiler** *sub, m, -s, -* buttress, supporting column; **Stützrad** *sub, n, -s, -räder* supporting wheel; **Stützsprung** *sub, m, -s, -sprünge (spo.)* vault with support; **Stützstrumpf** *sub, m, -s, -strümpfe* supporting stocking; **Stützverband** *sub, m, -s, -bände* fixed dressing
Styrol, *sub, n, -s, nur Einz. (chem.)* styrene
subaltern, *adj*, subaltern, subordinate
Subjekt, *sub, n, -s, -e* subject; **subjektiv** *adj*, subjective; ~**ivismus** *sub, m, -, nur Einz.* subjectivism; **subjektivistisch** *adj*, subjectivistic; ~**ivität** *sub, f, -, nur Einz.* subjectivity; ~**satz** *sub, m, -es, -sätze* nominative clause
Subkategorie, *sub, f, -, -n* subordinated category; **Subkontinent** *sub, m, -s, -e* subcontinent; **Subkultur** *sub, f, -, -en* subculture; **subkulturell** *adj*, subcultural; **subkutan** *adj*, *(med.)* subcutaneous
sublim, *adj*, sublime; **Sublimation** *sub, f, -, -en* sublimation; ~**ieren** *vt*, sublime; *(chem.)* sublimate; **Sublimierung** *sub, f, -, -en* sublimation
submarin, *adj*, submarine
Subordination, *sub, f, -, -en* subordi-

nation; **subordinieren** *vt*, subordinate
Subsidiarität, *sub, f, -, nur Einz.* subsidiarity
Subskribent, *sub, m, -en, -en* subscriber; **subskribieren** *vt*, subscribe; **Subskription** *sub, f, -, -en* subscription
Subspezies, *sub, f, -, nur Einz.* subspecies
Substandard, *sub, m, -s, nur Einz.* substandard
substantiell, *adj*, substantial; **substantiieren** *vt*, substantiate
Substantiv, *sub, n, -s, -e* noun, substantive; **substantivieren** *vt*, substantivate
Substanz, *sub, f, -, -en* substance; *(phil.)* essence; *(wirt.)* capital assets; **substanziell** *adj*, substantial
substituieren, *vt*, substitute; *(Computer)* extract; *A durch B substituieren* substitute B for A; **Substitut** *sub, m, -en, -en* assistant of sales manager; **Substitutin** *sub, f, -, -n* assistant of sales manager; **Substitution** *sub, f, -, -en* substitution
Substrat, *sub, n, -s, -e (biol.)* substrate; *(chem.)* reactant
subtil, *adj*, *(feinsinnig)* subtle; *(zart)* delicate
Subtrahend, *sub, m, -en, -en (mat.)* subtrahend; **subtrahieren** *vti*, subtract
Subtraktion, *sub, f, -, -en* subtraction
Subtropen, *sub, f, -, Mehrz.* subtropical regions, subtropics; **subtropisch** *adj*, subtropical
Subvention, *sub, f, -, -en (privat)* subvention; *(staatlich)* subsidy; **subventionieren** *vt*, subsidize
Subversion, *sub, f, -, -en* subversion; **subversiv** *adj*, subversionary, subversive
Suchanzeige, *sub, f, -, -n* advertisement; **Suchbild** *sub, n, -s, -er* searching image; **Suche** *sub, f, -, -n* search; *auf der Suche nach etwas sein* be looking for something; *auf die Suche gehen nach* go in search of; *vergebliche Suche* wild goose chase; **suchen** *vti*, look for; *(danach streben)* seek; *(eingehend)* search for; **Sucher** *sub, m, -s, - (Kamera)* viewfinder; *(Person)* sear-

cher; **Sucherei** *sub, f, -, -en* constant searching; **Suchmeldung** *sub, f, -, -en* police announcement about wanted persons, radio call
Sucht, *sub, f, -, Süchte* addiction; ~**gefahr** *sub, f, -, -en* danger of habit formation; **süchtig** *adj,* addicted; **Süchtige** *sub, m, f, -n, -n* addict; **Süchtigkeit** *sub, f, -, nur Einz.* addiction; ~**kranke** *sub, m, f, -n, -n* addict
Sud, *sub, m, -s, -e (gastronomisch)* stock; *(med.)* extract; **Südafrika** *sub, n, -s, -* South Africa; **Südafrikaner** *sub, m, -s, -* South African; **Südamerika** *sub, n, -s, -* South America; **sudanesisch** *adj,* Sudanese; **südasiatisch** *adj,* South Asiatic; ~**dendeath** *sub, m, -s, -s (spo.)* sudden death; **Süddeutsche** *sub, m, f, -n, -n* South German
Sudelei, *sub, f, -, -en* mess; *(Arbeit)* botchery
Süden, *sub, m, -s, nur Einz.* south
Südfrucht, *sub, f, -, -früchte* tropical and subtropical fruit; **Südländerin** *sub, f, -, -nen* inhabitant of Italy, Greece, Spain or Portugal; **südländisch** *adj,* of Italy, Greece, Spain or Portugal; **südlich (1)** *adj,* southern **(2)** *adv,* south; **Südosten** *sub, m, -s, nur Einz.* southeast; **Südpol** *sub, m, -s, nur Einz.* South Pole; **Südsee** *sub, f, -, nur Einz.* South Pacific; **Südseite** *sub, f, -, -n* south side; **Südstaaten** *sub, f, -, nur Mehrz.* southern states; *(USA)* Southern States; **Südsüdosten** *sub, m, -s, nur Einz.* south-southeast; **Südsüdwesten** *sub, m, -s, nur Einz.* south-southwest; **südtirolisch** *adj,* South Tyrolean; **südwärts** *adv,* southward(s); **Südwesten** *sub, m, -s, nur Einz.* south-west; **Südwester** *sub, m, -s, -* southwester; **südwestlich** *adj,* south-western; **Südweststaat** *sub, m, -s, -en* south-western state; **Südwestwind** *sub, m, -s, -e* south-west wind
Suff, *sub, m, -s, nur Einz. (Handlung)* drinking; *(Zustand)* state of drunkenness; *(ugs.) dem Suff verfallen sein* be on the bottle; **süffeln** *vti,* tipple; *(ugs.)* have a couple; **süffig** *adj,* pleasant to drink; *der Wein ist süffig* the wine is nice to drink
süffisant, *adj,* self-satisfied; **Süffisanz** *sub, f, -, nur Einz.* self-satisfaction

Suffix, *sub, n, -es, -e* suffix
suffizient, *adj,* sufficient
suggerieren, *vt,* suggest; *jemandem etwas suggerieren* influence someone by suggesting something; **suggestibel** *adj,* suggestible; **Suggestion** *sub, f, -, -en* suggestion; **suggestiv** *adj,* suggestive
Suhle, *sub, f, -, -n* wallow; *(Lache)* slough; **suhlen** *vr,* wallow
Sühne, *sub, f, -, -n* atonement, expiation; *als Sühne für* to atone for; *das verlangt Sühne* this demands atonement; ~**gericht** *sub, n, -s, -e* conciliation; **sühnen** *vti,* atone, expiate; *ein Verbrechen sühnen* atone for a crime; *seine Schuld sühnen* atone for one's wrongs; ~**richter** *sub, m, -s, -* conciliation judge; ~**termin** *sub, m, -s, -e* conciliation hearing
Suitcase, *sub, m, n, -, - oder -s* suitcase
Suite, *sub, f, -, -n* suite
Suizid, *sub, m, n, -s, -e* suicide; **suizidal** *adj,* suicidal; ~**risiko** *sub, n, -s, -s oder -ken* danger of committing suicide
Sujet, *sub, n, -s, -s* subject
Sukkade, *sub, f, -, -n* succade
Sukzession, *sub, f, -, -en* succession; **sukzessiv** *adj,* gradual, successive; **sukzessive** *adv,* gradually, successively
Sulfat, *sub, n, -s, -e* sulfate
Sulky, *sub, n, -s, -s* sulky
Sultan, *sub, m, -s, -e* sultan; ~**at** *sub, n, -s, -e* sultanate
Sultanine, *sub, f, -, -n* sultana; *(US)* seedless raisin
Sulz, *sub, f, -, -en (ugs.)* brawn; **Sülze** *sub, f, -, -n* brawn; **sülzen** *vt,* boil until jellified; **Sülzkotelett** *sub, m, -s, -s* cutlet in aspic
Summa, *sub, f, -, -en* summa
Summand, *sub, m, -en, -en* summand; *(mat.)* addend
Summation, *sub, f, -, -en* summation
Summe, *sub, f, -, -n* sum; *(Geld)* amount; *die Summe meiner Wünsche* the total of my ambitions; *(ugs.) es hat eine hübsche Summe gekostet* that cost a pretty penny; *sie konnten sich über die Höhe der Summe nicht einigen* they

couldn´t agree on the sum; **summen (1)** *vi, (Biene)* buzz **(2)** *vti,* hum; **~nbilanz** *sub, f, -, -en* turnover balance
Summer, *sub, m, -s, -* buzzer, hummer
summieren, (1) *vr,* add up **(2)** *vt,* sum up; *(ugs.) das summiert sich!* it all adds up!; *sich summieren auf* amount to
Sumpf, *sub, m, -s, Sümpfe* marsh, swamp; *(i. ü. S.) ein Sumpf des Lasters* a den of vice; *(i. ü. S.) im Sumpf der Großstadt* in the slough of the big city; *in einen Sumpf geraten* get lost in a swamp; **~dotterblume** *sub, f, -, -n* marsh marigold; **~fieber** *sub, n, -s, -* malaria; **~gas** *sub, n, -es, -e* marsh gas; **~gebiet** *sub, n, -s, -e* marshland; **~gegend** *sub, f, -, -en* swampy district; **~huhn** *sub, n, -s, -hühner (zool.)* crake; **sumpfig** *adj,* marshy, swampy; **~pflanze** *sub, f, -, -n* marsh plant
Sund, *sub, m, -s, -e* sound; **Sünde** *sub, f, -, -n* sin; *(i. ü. S.) ich hasse ihn wie die Sünde* I hate him like poison; *jemandem seine Sünden vergeben* forgive someone his sins; *seine Sünden beichten* confess one´s sins; *(i. ü. S.) sie ist hässlich wie die Sünde* she is ugly as sin; **Sündenbabel** *sub, n, -s, -* sink of iniquity; *(ugs.; US)* hell´s kitchen; **Sündenbock** *sub, m, -s, -böcke* scapegoat; **Sündenfall** *sub, m, -s, -fälle* Fall; **Sündenpfuhl** *sub, m, -s, -e* cesspool of vice; **Sünder** *sub, m, -s, -* sinner; **Sündermiene** *sub, f, -, -n* hangdog expression; **Sündflut** *sub, f, -, -en* Flood; **sündhaft** *adj,* iniquitous, sinful; *(i. ü. S.)* wicked; *(i. ü. S.) das Kleid hat ein sündhaftes Geld gekostet* the dress cost a wicked amount of money; *ein sündhaftes Leben führen* lead a sinful life; *(i. ü. S.) sündhaft teuer* frightfully expensive; **sündig** *adj,* iniquitous, sinful; **sündigen** *vi,* sin
Sunnit, *sub, m, -en, -en* Sunnite
Suomi, *sub, n, -, nur Einz.* Finland
super, (1) *adj,* super **(2) Super** *sub, n, -s, nur Einz. (Benzin)* super; *das finde ich super!* that´s great!; *sein neues Auto ist einfach super* his new car is absolutely super; **~b** *adj,* splendid, superb; **Superbenzin** *sub, n, -s, -e* super; **Superintendentur** *sub, f, -,*

-en superintendency; **Superkargo** *sub, m, -s, -s* supercargo; **Superlativ** *sub, m, -s, -e* superlative; *in Superlativen sprechen* speak in superlatives; **~leicht** *adj,* ultralight; **Supermarkt** *sub, m, -s, -märkte* supermarket; **~modern** *adj,* ultramodern; **Supernova** *sub, f, -, -novä* supernova; **Superstar** *sub, m, -s, -s* superstar
Supinum, *sub, n, -s, Supina* supine
Süppchen, *sub, n, -s, -* soup; *(i. ü. S.) sein Süppchen am Feuer anderer kochen* get an advantage to the detriment of others; **Suppe** *sub, f, -, -n* soup; *(Fleischbrühe)* broth; *(i. ü. S.) die Suppe auslöffeln müssen* have to face the music; *(i. ü. S.) jemandem die Suppe versalzen* queer someone´s pitch; *(i. ü. S.) jemandem eine schöne Suppe einbrocken* get someone into a nice mess; *(i. ü. S.) jemandem in die Suppe spucken* spoil someone´s fun; **Suppenkaspar** *sub, m, -s, -* nickname for a child who will not eat its soup; **Suppenkelle** *sub, f, -, -n* soup ladle; **Suppenkraut** *sub, n, -s, -kräuter* potherb; **Suppenlöffel** *sub, m, -s, -* soup spoon; **Suppennudel** *sub, f, -, -n* soup noodle; **Suppentasse** *sub, f, -, -n* soup cup; **Suppenteller** *sub, m, -s, -* soup plate; **Suppenwürfel** *sub, m, -s, -* bouillon cube; **suppig** *adj,* soupy
Supplement, *sub, n, -s, -e* supplement
supplizieren, *vt,* supplement
Support, *sub, m, -s, -e* slide rest
Suppression, *sub, f, -, -en* suppression; **suppressiv** *adj,* suppressible
supprimieren, *vt,* suppress
Supremat, *sub, m,n, -s, -e* supremacy; **~seid** *sub, m, -s, -e* oath of supremacy
Sure, *sub, f, -, -n* sura
Surfbrett, *sub, n, -s, -er* surfboard; **surfen** *vi,* surf; **Surfer** *sub, m, -s, -* surfer
Surinamerin, *sub, f, -, -nen* Surinamese; **surinamisch** *adj,* Surinamese
Surplus, *sub, n, -, -* surplus
Surrealismus, *sub, m, -, nur Einz.* surrealism; **Surrealist** *sub, m, -en,*

-en surrealist; **Surrealistin** *sub, f, -, -nen* surrealist; **surrealistisch** *adj,* surrealist(ic)

surren, *vi,* buzz; *der Pfeil surrte durch die Luft* the arrow whizzed through the air

Surrogat, *sub, n, -s, -e* substitute, surrogate; *~ion sub, f, -, -en* surrogation

suspekt, *adj,* suspicious; *(fragwürdig)* dubious; *das ist mir suspekt* that seems fishy to me; *ich finde sein Benehmen reichlich suspekt* I find his behaviour rather suspicious

suspendieren, *vt,* suspend; *jmdn von Dienst suspendieren* suspend so from office; **Suspension** *sub, f, -, -en* suspension; **Suspensorium** *sub, n, -s, -sorien* suspensory

süß, *adj,* sweet; *das süße Nichtstun* sweet idleness; *ich trinke meinen Tee gerne sehr süß* I like my tea very sweet; *(schmeichlerisch) ihr süßes Lächeln geht mir auf die Nerven* her sugary smile gets on my nerves; *(niedlich) ist das Baby nicht süß?* isn´t the baby sweet?; *Rache ist süß!* I´ll get you for that!; *süße Träume!* sweet dreams!; *~en vt,* sweeten; **Süßigkeit** *sub, f, -, -en* sweets; *(US)* candy; **Süßkartoffel** *sub, f, -, -n* sweet potato; *~lich adj,* sweetish; *(widerlich)* mawkish; **Süßlichkeit** *sub, f, -, -en* sweetishness; *(i. ü. S.)* mawkishness; *~sauer adj,* sweet-and-sour; **Süßstoff** *sub, m, -s, -e* sweetener; **Süßwasser** *sub, n, -s, -* freshwater; **Süßwasserfisch** *sub, m, -s, -e* freshwater fish

suszeptibel, *adj,* susceptible

Swami, *sub, m, -s, -s* Swami

Sweater, *sub, m, -s, -* pullover, sweater; **Sweatshirt** *sub, n, -s, -s* sweatshirt

Swimmingpool, *sub, m, -s, -s* swimming pool

Sykophant, *sub, m, -en, -en* sycophant

Syllogismus, *sub, m, -, -logismen* syllogism

Sylvester, *sub, m,n, -s, -* Sylvester

Symbiont, *sub, m, -en, -en* symbiont

Symbiose, *sub, f, -, -n* symbiosis

symbiotisch, *adj,* symbiotic(al)

Symbol, *sub, n, -s, -e* symbol; *die Waage ist das Symbol der Gerechtigkeit* the balance is the symbol of justice; *~ik sub, f, -, nur Einz.* symbolism;

symbolisch (1) *adj,* symbolic(al) (2) *adv,* symbolically; *das muss symbolisch aufgefasst werden* that is meant symbolically; *die symbolische Darstellung des Todes* the symbolic representation of death; **symbolisieren** *vt,* symbolize; *~ismus sub, m, -, nur Einz.* symbolism

Symmetrie, *sub, f, -, -n* symmetry; **symmetrisch** *adj,* symmetric(al)

Sympathie, *sub, f, -, -n* sympathy; *die Sympathien der Zuschauer lagen auf Seiten des Verlierers* the sympathies of the spectators were on the loser´s side; *etwas (keine) große Sympathie entgegenbringen* show (no) great sympathy for something; *sich alle Sympathien verscherzen* be no longer liked; **Sympathikus** *sub, m, -, -thizi* sympathetic system; **Sympathisant** *sub, m, -en, -en* sympathizer; **sympathisch** *adj,* likeable, pleasant; *(med.)* sympathetic; *ein sympathisches Mädchen* a nice girl; *er hat ein sympathisches Lächeln* he has a pleasant smile; *sie war mir vom ersten Moment an sympathisch* I liked her at once; *(med.) das sympathische Nervensystem* the sympathetic nervous system; **sympathisieren** *vi,* sympathize

Symptom, *sub, n, -s, -e* symptom; *(objektiv)* sign; **symptomatisch** *adj,* symptomatic

Synagoge, *sub, f, -, -n* synagogue

Synapse, *sub, f, -, -n* synapsis

synchron, *adj,* synchronous; **Synchronisation** *sub, f, -, -en* synchronization; *~isieren vt, (Film)* dub; *(tech.)* synchronize

syndetisch, *adj,* syndetic

Syndikat, *sub, n, -s, -e* syndicate; *sich zu einem Syndikat zusammenschließen* form a syndicate; **Syndikus** *sub, m, -, -se (jur.)* syndic; *(US)* corporation lawyer

Syndrom, *sub, n, -s, -e* syndrome

synergetisch, *adj,* synergetic(al); **Synergie** *sub, f, -, -n* synergy

Synod, *sub, m, -s, -e* Holy Synod; **synodal** *adj,* synodal; *~ale sub, m,f, -n, -n* synodalist

Synode, *sub, f, -, -n* church council, synod; **synodisch** *adj,* synodic(al)

synonym, (1) *adj,* synonymous (2)

Synonym *sub, n, -s, -e* synonym; **Synonymie** *sub, f, -, -n* synonymy; **Synonymik** *sub, f, -, nur Einz.* synonymics

Synoptik, *sub, f, -, nur Einz.* synoptics; **synoptisch** *adj,* synoptic(al)

Syntagma, *sub, n, -s, -ta oder -men* syntagm

syntaktisch, *adj,* syntactic(al)

Syntax, *sub, f, -, -en* syntax

Synthese, *sub, f, -, -n* synthesis; **Synthesizer** *sub, m, -s, -* synthesizer; **Synthetik** *sub, n, -s, nur Einz.* synthetics; **synthetisch (1)** *adj,* synthetic(al) **(2)** *adv,* synthetically; *ein synthetisches Verfahren* a synthetic process; *synthetische Fasern* synthetic fibres

Syphilis, *sub, f, -, nur Einz.* syphilis; **Syphilitiker** *sub, m, -s, -* syphilitic patient; **syphilitisch** *adj,* syphilitic

System, *sub, n, -s, -e* system; *(Methode)* method; *dahinter steckt System* there´s method behind it; *nach sei-nem eigenen System wetten* bet according to one´s own system; **~atik** *sub, f, -, -en* systematics; **systematisch** *adj,* methodic(al), systematic; **systematisieren** *vt,* methodize, systematize; *(bot.)* classify; **systemimmanent** *adj,* immanent in a system

Systole, *sub, f, -, -n* systole

Szenario, *sub, n, -s, -s* scenario; **Szenarium** *sub, n, -s, -rien* scenario; **Szene** *sub, f, -, -n* scene; *(Bühne)* stage; *etwas in Szene setzen* put something on the stage; *jemandem eine Szene machen* make a scene in front of someone; *(ugs.) sich in der Szene auskennen* know the scene; **Szenegänger** *sub, m, -s, -* insider; **Szenenfolge** *sub, f, -, -n* scene change; **Szenerie** *sub, f, -, -n* scenery; **szenisch (1)** *adj,* scenic(al) **(2)** *adv,* scenically; *etwas szenisch darstellen* present something scenically

T

Tabak, *sub, m, -s, -e* tobacco; ~bau *sub, m, -s, nur Einz.* cultivation of tobacco; ~monopol *sub, n, -s, nur Einz.* tobacco monopoly; ~pflanze *sub, f, -, -n* tobacco plant; ~raucher *sub, m, -s, -* tobacco smoker; ~sbeutel *sub, m, -s, -* tobacco pouch; ~spfeife *sub, f, -, -n* tobacco pipe; ~strauch *sub, m, -s, -sträucher* tobacco (plant); ~trafik *sub, f, -, -en* tobacco shop; *(US)* tobacco store

Tabasco, *sub, m, -s, nur Einz.* tabasco

tabellarisch, *adj,* tabular; tabellarisieren *vt,* tabulate

Tabelle, *sub, f, -, -n* table; *(Grafik)* chart; ~nende *sub, n, -s, -n* bottom of the table; ~nform *sub, f, -, -en* tabular form; *in Tabellenform* in tabular form; ~nführer *sub, m, -s, -* table leader; tabellieren *vt,* tabulate; Tabellierer *sub, m, -s, -* tabulator

Tableau, *sub, n, -s, -s* tableau

Tablett, *sub, n, -s, -s* tray; ~e *sub, f, -, -n* pill, tablet; ~enmissbrauch *sub, m, -s, -bräuche* pharmacophilia

tabu, (1) *adj,* taboo (2) Tabu *sub, n, -s, -s* taboo; *dieses Thema ist für dich tabu* this subject is taboo for you, *ein Tabu brechen* break a taboo; *sich über alle Tabus der Gesellschaft hinwegsetzen* ignore all social taboos; ~isieren *vt,* put sth under taboo, taboo

Tabulator, *sub, m, -s, -en* tab(ulator)

Tabuschranke, *sub, m, -s, -schränke* taboo; Tabuwort *sub, n, -s, -wörter* taboo word

Tacheles, *sub, m, -, - (ugs.)* plain terms; *(ugs.) mit jemandem Tacheles reden* tell someone off; *Tacheles reden* speak in plain terms

Tachismus, *sub, m, -, nur Einz. (kun.)* tachism

Tacho, *sub, m, -s, -s* speedo; ~meter *sub, n, -s, -* speedometer; Tachymeter *sub, n, -s, -* tachymeter

Tadel, *sub, m, -s, -* reprimand, reproach; *(Kritik)* censure; tadellos *adj,* irreproachable; tadeln *vt,* reprimand; *(kritisieren)* criticize; *(zurechtweisen)* rebuke; tadelnswert *adj,* blameworthy, reproachable; tadelsüchtig *adj,* censorious, critical

tadschikisch, *adj,* Tadzhik

Taekwondo, *sub, n, -s, nur Einz.* taek won do

Tafel, *sub, f, -, -n (Gedenk-)* plaque; *(Schokoladen-)* bar; *(Schule)* blackboard; *(Tisch)* dinner table; *Tafel* blackboard; ~aufsatz *sub, m, -es, -sätze* centrepiece; ~besteck *sub, m, -s, -e* flatware; tafelfertig *adj,* ready-to-serve; tafelförmig *adj,* tabular; ~freuden *sub, f, -, nur Mehrz.* delights of the table; ~gebirge *sub, n, -s, -* table mountains; tafeln *vi,* dine; *(schmausen)* feast; *er tafelt gern* he is fond of good food; täfeln *vt, (Decke)* panel; *(Wand)* wainscot; ~schere *sub, f, -, -n* plate shears; Täfelung *sub, f, -, -en* wainscot; ~wasser *sub, n, -s, -wässer* table water

Taft, *sub, m, -s, -e* taffeta

Tag, *sub, m, -s, -e* day; *(i. ü. S.) an den Tag bringen* bring to light; *den ganzen Tag* all day; *eines schönen Tages* one fine day; *(i. ü. S.) es ist noch nicht aller Tage Abend* it´s early days yet; *guten Tag!* good morning!, *(nachmittags)* good afternoon!; *schönen Tag noch!* have a nice day!; *(i. ü. S.) seine Tage haben* have one´s period; *Tag für Tag* day after day; *welcher Tag ist heute?* what day is today?; *zweimal am Tag* twice a day; tagaus *adv,* day out; *tagaus, tagein* day in, day out; ~ebau *sub, n, -s, -e* open-cast mining; ~ebuch *sub, n, -s, -bücher* diary; *(wirt.)* journal; ~edieb *sub, m, -s, -e* idler, loafer; ~egeld *sub, m, -s, -er* daily allowance; tagein *adv,* day in; *tagaus, tagein* day in, day out; tagelang (1) *adj,* lasting for days (2) *adv,* for days on end; ~elied *sub, n, -s, -er* morning song; ~elohn *sub, m, -s, -löhne* daily wages; *im Tagelohn arbeiten* work by the day; tagelöhnern *vi,* work by the day

tagen, *vi,* hold a meeting, sit; *(Tag werden)* dawn

Tagesablauf, *sub, m, -s, -läufe* daily routine; Tagesanbruch *sub, m, -s, -brüche* dawn, daybreak; *bei Tagesanbruch* at daybreak; *vor Tagesanbruch* before daybreak;

Tagesarbeit *sub*, *f*, -, -en day´s work; **Tagesausflug** *sub*, *m*, -s, -flüge day trip; **Tagesbedarf** *sub*, *m*, -s, -e daily requirement; **Tagesbefehl** *sub*, *m*, -s, -e order of the day; **Tagesdienst** *sub*, *m*, -s, -e day duty; **Tageslosung** *sub*, *f*, -, -en parole, password; **Tagesmarsch** *sub*, *m*, -es, -märsche day´s march; **Tagesordnung** *sub*, *f*, -, -en agenda; *(ugs.) das ist hier an der Tagesordnung* that´s nothing out of the ordinary here; *etwas auf die Tagesordnung setzen* put something down on the agenda; *zur Tagesordnung übergehen* proceed to the agenda; **Tagespolitik** *sub*, *f*, -, -en politics of the day; **Tagespresse** *sub*, *f*, -, nur Einz. daily press; **Tagesration** *sub*, *f*, -, -en daily ration; **Tagessieger** *sub*, *m*, -s, - winner of the day; **Tageszeitung** *sub*, *f*, -, -en daily (news)paper; **Tagewerk** *sub*, *n*, -s, -e day´s work; *sein Tagewerk verrichten* do one´s daily work

Tagliatelle, *sub*, *f*, -, nur Mehrz. pasta

täglich, **(1)** *adj*, daily **(2)** *adv*, every day; *der tägliche Bedarf an Nahrungsmitteln* the daily food requirements; *über die täglichen Vorfälle berichten* report on the daily events, *es wird täglich schwieriger* it´s getting more difficult every day; *so etwas kommt täglich vor* things like this happen every day; **tagsüber** *adv*, during the day; **Tagtraum** *sub*, *m*, -s, -träume daydream; **Tagträumerin** *sub*, *f*, -, -nen daydreamer

Tagung, *sub*, *f*, -, -en conference; *(polit.)* sitting; *eine Tagung abhalten* hold a meeting; *eine Tagung einberufen* call a meeting; **~sbüro** *sub*, *n*, -s, -s meeting office

Taifun, *sub*, *m*, -s, -e typhoon

Taiga, *sub*, *f*, -, nur Einz. taiga

Taille, *sub*, *f*, -, -n waist; *eine schlanke Taille haben* have a slim waist; *jemanden um die Taille fassen* put one´s arm round someone´s waist; **~nweite** *sub*, *f*, -, -n waist (measurement); **taillieren** *vt*, waist

Takelage, *sub*, *f*, -, -n rig; *zu schwere Takelage haben* be overrigged; **Takeoff** *sub*, *m,n*, -s, -s take-off; **Takelwerk** *sub*, *n*, -s, -e rigging

Takt, *sub*, *m*, -s, -e *(Feingefühl)* tact; *(mus.)* time; *eine Angelegenheit mit* *Takt behandeln* handle an affair with tact; *es fehlt ihm an Takt* he lacks tact; *(mus.) aus dem Takt kommen* play out of time; *(mus.) den Takt halten* keep time; *(mus.) im Takt* in time; **taktieren** *vi*, manoeuvre

Taktik, *sub*, *f*, -, -en tactics; *eine raffinierte Taktik anwenden* use subtle tactics; *nach einer bestimmten Taktik vorgehen* proceed according to certain tactics; **~er** *sub*, *m*, -s, - tactician; **taktisch** *adj*, tactical; **taktlos** *adj*, tactless; **Taktlosigkeit** *sub*, *f*, -, -en tactlessness; **Taktstock** *sub*, *m*, -s, -stöcke baton; *den Taktstock schwingen* wield the baton; **taktvoll** *adj*, tactful

Tal, *sub*, *n*, -s, Täler valley; *über Berg und Tal wandern* hike cross-country

talaufwärts, *adv*, up the valley

Talar, *sub*, *m*, -s, -e gown; *(jur.)* robe

Talent, *sub*, *n*, -s, -e talent; *(Begabung)* gift; *(Person)* talented person; **talentiert** *adj*, gifted, talented; **~probe** *sub*, *f*, -, -n proof of one´s talent

Taler, *sub*, *m*, -s, - German dollar, taler

Talfahrt, *sub*, *f*, -, -en descent; *(spo.)* downhill run

Talg, *sub*, *m*, -s, -e *(anat.)* sebum; *(ausgelassen)* tallow; *(roh)* suet; **talgig** *adj*, suety; *(med.)* sebaceous; **~licht** *sub*, *n*, -s, -er tallow candle

Talisman, *sub*, *m*, -s, -e charm, talisman

Talk, *sub*, *m*, -s, -s talk; **talken** *vti*, talk

Talkum, *sub*, *n*, -s, nur Einz. soapstone, talcum; **talkumieren** *vt*, powder sth with talcum

Talmi, *sub*, *n*, -s, nur Einz. pinchbeck

Talmud, *sub*, *m*, -s, -e Talmud; **~ismus** *sub*, *m*, -, nur Einz. Talmudism

Talmulde, *sub*, *f*, -, -n hollow, valley basin; **Talsenke** *sub*, *f*, -, -n hollow; **Talsohle** *sub*, *f*, -, -n valley bottom; **Talsperre** *sub*, *f*, -, -n *(Speichersee)* storage reservoir; *(Staumauer)* river dam; **talwärts** *adv*, down to the valley

Tamarinde, *sub, f, -, -n* tamarind
Tamariske, *sub, f, -, -n* tamarisk
Tambourmajor, *sub, m, -s, -e* drum major
tamburieren, *vt,* embroider on a tambour; **Tamburin** *sub, n, -s, -e* tambourine
Tampon, *sub, m, -s, -s* tampon; ~**ade** *sub, f, -, -n* tamponade
Tamtam, *sub, n, -s, -s (ugs.)* fuss; *(mus.)* tam-tam; *(ugs.) das Fest wurde mit großem Tamtam eröffnet* the festival was opened with a lot of ballyhoo; *(ugs.) viel Tamtam machen* make a lot of fuss
Tanagrafigur, *sub, f, -, -en* Tanagra
Tand, *sub, m, -s, nur Einz.* knicknacks, trinkets
Tändelmarkt, *sub, m, -s, -märkte* jumble market; **tändeln** *vi,* play about; *(flirten)* dally
Tandem, *sub, n, -s, -s* tandem; ~**achse** *sub, f, -, -n* tandem axle
Tangens, *sub, m, -, nur Einz.* tangent; ~**kurve** *sub, f, -, -n* tangent curve
Tangente, *sub, f, -, -n* tangent; *(Städteplanung)* tangential trunk road; **tangential** *adj,* tangential; **tangieren** *vt,* touch; *(i. ü. S.)* affect
Tango, *sub, m, -s, -s* tango; *Tango tanzen* dance the tango
Tank, *sub, m, -s, -s* tank; *(Behälter)* container; **tanken** *vti,* fill up; *(i. ü. S.) er hat zuviel getankt* he has had one too many; *(i. ü. S.) frische Kräfte tanken* work up one´s strength; *ich muß noch tanken* I have to fill up; ~**er** *sub, m, -s, -* tanker; ~**erflotte** *sub, f, -, -n* tanker fleet; ~**fahrzeug** *sub, n, -s, -e* tanker; ~**füllung** *sub, f, -, -en* tank filling; ~**schloss** *sub, n, -es, -schlösser* tank lock; ~**stelle** *sub, f, -, -n* filling station; *(US)* gas station; ~**wart** *sub, m, -s, -e* petrol pump attendant; *(US)* gas station attendant
Tann, *sub, m, -s, -* fir wood
Tanne, *sub, f, -, -n* fir; ~**nbaum** *sub, m, -s, -bäume* fir tree; ~**nhonig** *sub, m, -s, nur Einz.* fir honey; ~**nnadel** *sub, f, -, -n* fir needle; ~**nreisig** *sub, n, -s, nur Einz.* fir brushwood; ~**nwald** *sub, m, -s od. -es, -wälder* fir forest, fir wood; ~**nzapfen** *sub, m, -s, - fir cone; ~**nzweig** *sub, m, -s od. -es, -e* fir twig; *(Ast)* fir branch
Tannin, *sub, n, -s, -e* tannin; ~**beize**

sub, f, -, nur Einz. tannin mordant
Tansanierin, *sub, f, -, -nen* Tanzanian
Tantalusqualen, *sub, f, -, nur Mehrz.* torments of Tantalus; *jemandem Tantalusqualen bereiten* tantalize someone
Tante, *sub, f, -, -n* aunt; ~**-Emma-Laden** *sub, m, -s, -Läden* little shop
Tantieme, *sub, f, -, -n* royalty
Tanz, *sub, m, -es, Tänze* dance; *(ugs.) dann ging der Tanz erst richtig los!* this was but the beginning of the fun; *(geh.) darf ich Sie um den nächsten Tanz bitten?* may I have the next dance?; *zum Tanz gehen* go to a dance; ~**bein** *sub, n, -e, nur Einz.* nur in Anwendungen; ~**café** *sub, n, -s, -s* café with Tanzing; **Tänzchen** *sub, n, -s, - dan-ce; wollen wir ein Tänzchen wagen?* shall we venture a dance?; **tänzeln** *vi, (Person)* mince; *(Pferd)* prance; **tanzen** *vti,* dance; *das Boot tanzt auf den Wellen* the boat dances on the waves; *möchtest Du tanzen?* would you like to dance?; *Walzer tanzen* dance the waltz; **Tänzer** *sub, m, -s, - dancer; ~**erei** *sub, f, -, -en* dancing; **Tänzerin** *sub, f, -, -nen* dancer; ~**girl** *sub, n, -s, -s* chorus girl; ~**kapelle** *sub, f, -, -n* dance band
Tanzkurs, *sub, m, -es, -e* dancing lessons; **Tanzlehrerin** *sub, f, -, -nen* dancing instructor; **Tanzlied** *sub, n, -s od. -es, -er* dancing song; **Tanzpartner** *sub, m, -s, - dancing partner; **Tanzsaal** *sub, m, -s, -säle* dancing hall; *(Hotel)* ballroom; **Tanzschritt** *sub, m, -s od. -es, -e* dance step; **Tanzschüler** *sub, m, -s - dancing pupil; **Tanzstunde** *sub, f, -, -en* dancing lesson; **Tanzturnier** *sub, n, -s, -e* dancing contest
Tao, *sub, n, -s, nur Einz.* tao; ~**ismus** *sub, m, -, nur Einz.* Taoism
Tape, *sub, n, -s, -s* tape; ~**deck** *sub, n, -s, -s* tape deck
Tapergreis, *sub, m, -es, -e* dodderer; **taperig** *adj,* doddery; **tapern** *vi,* dodder
tapezieren, *vti,* decorate; paper; **Tapezierer** *sub, m, -s, - decorator; paperhanger

tapfer, *adj,* brave; *(mutig)* courageous; **Tapferkeit** *sub, f, -, nur Einz.* bravery; *(Mut)* courage
Tapir, *sub, m, -s, -e* tapir
Tapisserie, *sub, f, -, -n* tapestry
tappen, *vi,* grope; *im Dunkeln tappen* grope in the dark; **täppisch** *adj,* awkward, clumsy
tapsen, *vi, (Person)* tramp; *(Tier)* pat; **tapsig** *adj,* awkward, clumsy
Tara, *sub, f, -, Taren* tare
Tarantel, *sub, f, -, -n* tarantula; *wie von der Tarantel gestochen* as if stung by a bee; **~la** *sub, m, -s, -llen* tarantella
Tarbusch, *sub, m, -s, -e* tarboosh
tarentinisch, *adj,* Tarentine
tarieren, *vt,* tare; **Tarierwaage** *sub, f, -, -n* tare balance
Tarif, *sub, m, -s, -e (Lohn-)* rate; *(wirt.)* tariff; **tarifarisch (1)** *adj,* contractual **(2)** *adv,* according to tariff; **~autonomie** *sub, f, -, -n (Lohnverhandlungen)* autonomy in negotiating wage rates; *(Zollwesen)* tariff autonomy; **~bezirk** *sub, m, -s, -e* collective-agreement area; **~gruppe** *sub, f, -, -n* grade; **~hoheit** *sub, f, -, -en* right to conclude collective agreements; **~ierung** *sub, f, -, -en* tariff; **~lohn** *sub, m, -s, -löhne* standard wage; **~ordnung** *sub, f, -, -en* wage scale; **~partner** *sub, m, -s, -* party to a (collective) wage agreement; **~politik** *sub, f, -, nur Einz. (Lohn)* wage policy; *(Zoll)* tariff policy; **~vertrag** *sub, m, -s, -verträge* collective wage agreement
Tarnanstrich, *sub, m, -s, -e* camouflage coating
tarnen, *vt,* camouflage; *(i. ü. S.)* disguise; **Tarnkappe** *sub, f, -, -n* magic cap; **Tarnname** *sub, m, -s, -n* code name; **Tarnung** *sub, f, -, -en (i. ü. S.)* disguise; *(mil.)* camouflage
Tarock, *sub, m, -s, -s* tarot
tarocken, *vi,* tarot
Tarzan, *sub, m, -s, -s* Tarzan
Tasche, *sub, f, -, -en (Akten-)* briefcase; *(Beutel)* pouch; *(Hand-)* bag; *(Kleidung)* pocket; *(US)* purse; **Täschelkraut** *sub, n, -s, nur Einz. (bot.)* shepherd´s purse; **~nbuch** *sub, n, -s od. -es, -bücher* paperback; **~ndieb** *sub, m, -s, -e* pickpocket; **~ngeld** *sub, n, -s od. -es, -er* pocket-money; **~nkamm** *sub, m, -s, -kämme* pocket comb; **~nkrebs** *sub, m, -es, -e* common crab; **~nlampe** *sub, f, -, -n* torch; *(US)* flashlight; **~nrechner** *sub, m, -s, -* pocket calculator; **~nspieler** *sub, m, -s, -* conjurer, jugger; **~ntuch** *sub, n, -s od. -es, -tücher* handkerchief; *(ugs.)* hanky; **~nuhr** *sub, f, -, -en* pocket watch
Tässchen, *sub, n, -s, -* little cup; *sich ein Tässchen genehmigen* have a nice cup; **Tasse** *sub, f, -, -n* cup; *(i. ü. S.) du bist eine trübe Tasse!* you are a proper drip!; *eine Tasse Kaffee* a cup of coffee; *(i. ü. S.) er hat nicht alle Tassen im Schrank!* he´s off his rocker!; *(ugs.) hoch die Tassen!* cheers!
Tastatur, *sub, f, -, -en* keyboard; **Taste** *sub, f, -, -n* key; *(i. ü. S.) auf die Tasten hauen* hammer away at the keyboard; *eine Taste drücken* press a key; **tasten** *vti,* feel; *(i. ü. S.)* grope; *nach dem Lichtschalter tasten* grope for the light switch; *(i. ü. S.) sich zur Lösung eines Problems tasten* grope one´s way towards the solution of a problem; *sie tastete nach seiner Hand* she felt for his hand; **Tastendruck** *sub, m, -s, nur Einz.* key pressure
Tastsinn, *sub, m, -s, nur Einz.* sense of touch
Tat, *sub, f, -, -en* act, deed; *(Handeln)* action; *(jur.)* offence; *auf frischer Tat ertappen* catch in the act; *ein Mann der Tat* a man of action; *in der Tat!* indeed!; *in die Tat umsetzen* put into action; *jemandem mit Rat und Tat beistehen* assist someone in word and deed
Tatar, *sub, n, -s, -s* minced beef
Tatbestand, *sub, m, -es, -stände* facts; *(jur.)* facts of the case; **tatendurstig** *adj,* burning for action; **tatenlos** *adj,* idle, inactive; **Täter** *sub, m, -s, - (jur.)* perpetrator; **Täterschaft** *sub, f, -, -en* perpetration; *(Schuld)* guilt; **Tatgeschehen** *sub, n, -s, -* course of events
tätig, *adj,* active; *(beruflich) in einer Firma tätig sein* be employed with a firm; *in einer Sache tätig werden* take action in matter; **Tätigkeit** *sub, f, -, -en (Aktivität)* activity; *(Arbeit)* work; *(Beruf)* job; *(Beschäftigung)* occupation; **Tätigung** *sub, f, -, -en* conclusion, tran-

saction; **Tatkraft** *sub, f, -, -kräfte* drive; *(Energie)* energy; **tatkräftig** *adj*, energetic; **tätlich** *adj*, violent; *gegen jemanden tätlich werden* assault someone; *tätlich werden* become violent; **Tätlichkeit** *sub, f, -, -en* violence; *die Diskussion artete in Tätlichkeiten aus* the discussion ended in blows; *sich zu Tätlichkeiten hinreissen lassen* get violent; **Tatort** *sub, m, -s od. -es, -e* scene of the crime **tätowieren**, *vt*, tattoo; *sich tätowieren lassen* have oneself tattooed; **Tätowierung** *sub, f, -, -en* tattoo(ing) **Tatsache**, *sub, f, -, -n* fact; *den Tatsachen ins Auge blicken* face the facts; *etwas als Tatsache hinstellen* lay something down as fact; *in Anbetracht der Tatsache, daß* considering the facts that; *sich mit den Tatsachen abfinden* put up with the facts; **~nbericht** *sub, m, -s od. -es, -e* documentary; **tatsächlich** **(1)** *adj*, actual, real **(2)** *adv*, actually, really **tätscheln**, *vt*, pat **tatschen**, *vi*, finger; *(ugs.)* paw **Tattergreis**, *sub, m, -es, -e* dodderer; **Tatterich** *sub, m, -s, -e* shake, tremble; *den Tatterich haben* have the shakes; *(ugs.) er ist ein alter Tatterich!* he´s a dodderer!; **Tattersall** *sub, m, -s, -s* manege, riding school **Tattoo**, *sub, n, -s, -s* tattoo **Tatverdacht**, *sub, m, -s, -e* suspicion; *der Tatverdacht fiel auf ihn* suspicion fell on him; **Tatwaffe** *sub, f, -n, -n* murder weapon **Tatzeuge**, *sub, m, -en, -en* witness **Tau**, *sub, n, -s, -e* dew, rope; *(spo.) am Tau klettern* climb the rope; *an den Gräsern funkelte der Tau* dew was sparkling on the grass **taub**, *adj*, *(betäubt)* numb; *(Gehör)* deaf; **Taube** *sub, m, -n, -n* dove, pigeon; *(i. ü. S.; Sprichwort) besser ein Spatz in der Hand als eine Taube auf dem Dach* a bird in the hand is worth two in the bush; *sanft wie eine Taube* gentle as a dove; **Taubenei** *sub, n, -es, -er* pigeon´s egg; **Taubenschlag** *sub, m, -s od. -es, -schläge* dovecot; *(für Brieftauben)* pigeon loft; *(i. ü. S.) hier geht´s ja zu wie in einem Taubenschlag!* it´s like a railway station here!; **Taubenzucht** *sub, f, -, -en* pigeon breeding; **Taubheit** *sub, f, -, -*

Gefühlslosigkeit) numbness; *(Gehörlosigkeit)* deafness; **Täubling** *sub, m, -s, -e (bot.)* russula; **Taubnessel** *sub, f, -, -n* dead nettle; **~stumm** *adj*, deaf and dumb **tauchen**, *vti*, dive; *(kurz)* dip; *(U-Boot)* submerge; *die Hände ins Wasser tauchen* dip one´s hands into the water; *nach Schätzen tauchen* dive for treasures; **Taucher** *sub, m, -s, -* diver; **Taucheranzug** *sub, m, -s od. -es, -anzüge* diving suit; **Taucherhelm** *sub, m, -s, -e* diving helmet; **Taucherkrankheit** *sub, f, -, nur Einz.* diver´s paralysis; **Taucherkugel** *sub, f, -, -n* bathysphere; **Tauchmanöver** *sub, n, -s, -* dive; **Tauchsieder** *sub, m, -s, -* immersion coil; **Tauchstation** *sub, f, -, -en* diving station; *auf Tauchstation* at diving station **tauen**, *vti*, melt, thaw **Taufbecken**, *sub, n, -s, -* baptismal font; **Taufbrunnen** *sub, m, -s, -* baptismal font **Taufe**, *sub, f, -, -n (Einrichtung)* baptism; *(Vorgang)* christening; *(i. ü. S.) ein Kind aus der Taufe heben* stand sponsor to a child; *(i. ü. S.) etwas aus der Taufe heben* start something up; **taufen** *vt*, baptize; *(i. ü. S.; Namen geben)* christen; **Täufer** *sub, m, -s, -* baptist; *(bibl.) Johannes der Täufer* John the Baptist; **Taufgelübde** *sub, n, -s, -* baptismal vow; **Taufkapelle** *sub, f, -, -n* baptistry; **Täufling** *sub, m, -s od. -es, -e* child to be baptized; **Taufname** *sub, m, -n, -n* Christian name, forename; **Taufpate** *sub, m, -n, -n* godparent; **Taufregister** *sub, n, -s, -* parish register; **Taufstein** *sub, m, -s -e* baptismal font **taugen**, *vi*, be good; *(geeignet sein)* be suitable; *er taugt nichts* he is no good; *ob das wohl was taugt?* I wonder whether it is any good; *zu etwas taugen* be fit for something; **Taugenichts** *sub, m, -es, -e* good-for-nothing; **tauglich** *adj*, *(geeignet)* suitable; *(geistig)* qualified; *(nützlich)* useful; *für tauglich erklärt werden* be passed as fit; *(mil.) nicht tauglich!* unfit for service!; **Tauglichkeit** *sub, f, -, nur Einz. (Eignung)* suitability; *(geistige)*

qualification; *(Nützlichkeit)* usefulness
Taumel, *sub, m, -s, -* giddiness; *(Schwindelgefühl)* dizziness; **taumeln** *vi,* stagger
Tausch, *sub, m, -es, -e* exchange; *(Handel)* barter; **tauschen** *vti,* exchange; *(Güter)* barter; **täuschen** *vti,* be eceptive, be mistaken, deceive; *der Schein täuscht* appearances are deceptive; *ich sah mich in meinen Erwartungen getäuscht* my expectations were disappointed; *sie hat sich gründlich in ihm getäuscht* she has been completely mistaken about him; *so leicht kannst du mich nicht täuschen!* you won´t fool me so easy!; *jemandes Vertrauen täuschen* deceive someone´s confidence; *wenn mich meine Augen nicht täuschen* if my eyes do not deceive me; **Täuscher** *sub, m, -s, -* deceiver; **~handel** *sub, m, -s, nur Einz.* barter; **~objekt** *sub, n, -s od. -es, -e* barter object; **Täuschung** *sub, f, -, -en* deception, delusion; *gib dich keiner Täuschung hin!* you must not delude yourself!; **tauschweise** *adv,* by way of exchange
tausend, -, thousand; *ich habe tausend verschiedene Dinge zu tun* I have a thousand and one different things to do; *(ugs.) tausend Ängste ausstehen* die a thousand deaths; *viele Tausende* thousands of; **Tausende** *sub, n, -n, -* thousands of; **~eins** *adj,* thousand and one; **~erlei** *adj,* of a thousand (different) kinds; *ich habe noch tausenderlei Dinge zu erledigen* I still have a thousand things to do; **~fach** (1) *adj,* thousandfold (2) *adv,* in a thousand ways; **Tausendfache** *sub, n, -n, nur Einz.* thousandfold; **Tausendfüßler** *sub, m, -s, -* millipede; **Tausendgüldenkraut** *sub, n, -es, nur Einz. (bot.)* centaury; **Tausendkünstler** *sub, m, -s, - (Alleskönner)* Jack of all trades; *(Gaukler)* conjurer; **~malig** *adv,* thousand times; **Tausendsasa** *sub, m, -s, -s* Jack of all trades; *(ugs.; Teufelskerl)* devil of a fellow; **Tausendschönchen** *sub, n, -s, - (bot.)* daisy; **Tausendstel** *sub, n, -s, -* thousandth (part); **~stens** *adj,* thousandth
Tautropfen, *sub, m, -s, -* dewdrop;

Tauwerk *sub, n, -s od. -es, nur Einz.* rigging, ropes; **Tauwetter** *sub, n, -s, -* thaw; **Tauziehen** *sub, n, -s, nur Einz.* tug of war
Taverne, *sub, f, -, -n* tavern
Taxameter, *sub, n,m, -s, -* taximeter
Taxation, *sub, f, -, -en (jur.)* valuation; *(wirt.)* rating; **Taxator** *sub, m, -en, -en* valuator; *(jur.)* appraiser; **Taxe** *sub, f, -, -n (wirt.)* fixed value, rate; *(wirt.) einer Taxe unterliegen* be subject to a tax
Taxi, *sub, n, -s, -s* cab, taxi; *ein Taxi nehmen* take a taxi; *mit dem Taxi fahren* go by taxi; **taxieren** *vt, (jur.)* value; *(wirt.)* rate; **~fahrerin** *sub, f, -, -nen* cabdriver, taxi driver
Teach-in, *sub, n, -s, -s* teach-in
Teakholz, *sub, n, -es, nur Einz.* teak (wood)
Team, *sub, n, -s, -s* team; **~chef** *sub, m, -s, -s (spo.)* captain of the team; **~work** *sub, n, -s, nur Einz.* teamwork
Technik, *sub, f, -, -en* technics, technology; *(Funktionsweise)* mechanics; *(Verfahren)* technique; **~er** *sub, m, -s, -* technician; *(Ingenieur)* engineer; **~erin** *sub, f, -, -nen* technician; *(Ingenieurin)* engineer; **~um** *sub, n, -, -ka* college of technology; **technisch** *adj,* technical, technological; **technisieren** *vt,* technicalize, technicize
Techno, *sub, n, -s, nur Einz. (mus.)* techno; **~krat** *sub, m, -en, -en* technocrat; **~kratie** *sub, f, -, nur Einz.* technocracy; **technokratisch** *adj,* technocratic; **~loge** *sub, m, -n, -n* technologist; **~logie** *sub, f, -, nur Einz.* technology; **~logietransfer** *sub, m, -s, -s* transfer of technology; **technologisch** *adj,* technological
Techtelmechtel, *sub, n, -s, -s (ugs.)* affair
Teckel, *sub, m, -s, -* dachshund
Tedeum, *sub, n, -s, -s* Te Deum
Tee, *sub, m, -s, Tees* tea; *(i. ü. S.) abwarten und Tee trinken!* let´s wait and see!; *den Tee ziehen lassen* let the tea infuse; *eine Tasse Tee* a cup of tea; *Fünf-Uhr-Tee* five o´clock tea; **~blatt** *sub, n, -s od. -es, -blätter* tea leaf; **~ei** *sub, n, -s, -er* infuser; **~ernte** *sub, f, -, -n* tea

harvest; **~kanne** *sub, f, -, -n* teapot; **~küche** *sub, f, -, -n* tea-house; **~licht** *sub, n, -s od. -es, -er* teapot warmer **Teenager,** *sub, m, -s, -* teener; **Teenie** *sub, m, -s, -s* teener **Teer,** *sub, m, -s, -e* tar; **teeren** *vt,* tar; *ein Schiff teeren* tar a vessel; *(ugs.) jmd teeren und federn* tar and feather so; **~fass** *sub, n, -es, -fässer* tar barrel; **~ose** *sub, f, -, -n (bot.)* tea-rose; **Teestube** *sub, -, -n* tea-room; **Teetasse** *sub, f, -, -n* tea cup; **Teetisch** *sub, m, -es, -e* tea-table; **Teewagen** *sub, m, -s, -wägen* tea-trolley; *(US)* tea-wagon **Teich,** *sub, m, -s, -e* pond; *(ugs.; Atlantischer Ozean) der große Teich* the herring pond; **~muschel** *sub, f, -, -n* swan mussel; **~pflanze** *sub, f, -, -n* aquatic plant **Teig,** *sub, m, -s od. -es, -e* dough, pastry; **teigig** *adj,* doughy; **~rädchen** *sub, n, -s, -* pastry jagging wheel; **~schüssel** *sub, f, -, -n* pastry bowl; **~waren** *sub, nur Mehrz.* pasta **Teil,** *sub, m, n, -s, -e (Anteil)* share; *(Bruchteil)* part; *der größte Teil davon* the greater part of it; *ein Teil der Menschen* some of the people; *ich für meinen Teil* I, for my part; *sich seinen Teil denken* draw one's own conclusions; *zum größten Teil* for the most part; **~ansicht** *sub, f, -, -en* partial view; **teilbar** *adj,* divisible; **~barkeit** *sub, f, -, -en* divisibility; **~bereich** *sub, m, -s, -e* branch, subsection; **~chen** *sub, n, -s, -* particle; **teilen (1)** *vr, (Straße etc.)* fork **(2)** *vt,* divide; *(auf-)* share; **~er** *sub, m, -s, -* divisor; **~fabrikat** *sub, n, -s, -e* partial product; **teilhaben** *vi,* participate; **~haber** *sub, m, -s, -* associate, partner; **~haberin** *sub, f, -, -nen* associate, partner **Teilleistung,** *sub, f, -, -en* part performance; **teilmöbliert** *adj,* partly furnished; **Teilnahme** *sub, f, -, -n (Beileid)* condolence; *(Beteiligung)* participation; *(Interesse)* interest; **teilnahmslos** *adj,* indifferent, unconcerned; **teilnehmen** *vi,* participate, show interest, take part; **teilnehmend** *adj,* interested, taking part; **Teilnehmer** *sub, m, -s, -* participant; *(spo.)* competitor; *(Telefon)* subscriber; **Teilnehmerin** *sub, f, -, -nen* participant; *(spo.)* competitor;

(Telefon) subscriber **Teilstrecke,** *sub, f, -, -n* stage; **Teilung** *sub, f, -, -en* division; **teilweise** **(1)** *adj,* partial **(2)** *adv,* partly; **Teilzahlung** *sub, f, -, -en* hire purchase; *(Rate)* instal(l)ment; **Teilzeitarbeit** *sub, f, -, nur Einz.* part-time employment **Tektonik,** *sub, f, -, nur Einz.* tectonics; **tektonisch** *adj,* tectonic **Tektur,** *sub, f, -, -en* amendment slip **Telebanking,** *sub, n, -s, nur Einz.* telebanking; **Telefax** *sub, n, -es, -* telefax; **Telefon** *sub, n, -s, -e* telephone; *ans Telefon gehen* answer the phone; *bleiben Sie bitte am Telefon!* hold the line, please!; *das Telefon läutet!* the phone is ringing!; **Telefonanruf** *sub, m, -s od. -es, -e* phone call; **Telefonat** *sub, n, -s od. -es, -e* phone call; **Telefonbuch** *sub, n, -s od. -es, -bücher* phone book; **Telefonhörer** *sub, m, -s, -* telephone receiver; **telefonieren** *vi,* make a telephone call; *(ugs.)* telephone; *kann ich mal bei dir telefonieren?* can I use your phone?; *mit jemandem telefonieren* speak to someone on the phone; **telefonisch (1)** *adj,* telephonic **(2)** *adv,* by telephone; **Telefonistin** *sub, f, -, -nen* telephone operator; **Telefonkabel** *sub, n, -s, -* phone cable; **Telefonkarte** *sub, f, -, -n* calling card; **Telefonnetz** *sub, n, -es, -e* telephone network; **Telefonzelle** *sub, f, -, -n* telephone-box; **Telefonzelle** kiosk; **telegen** *adj,* telegenic **Telegraf,** *sub, m, -en, -en* telegraph; **~ie** *sub, f, -, nur Einz.* telegraphy; **telegrafieren** *vti,* telegraph, wire; **telegrafisch (1)** *adj,* telegraphic **(2)** *adv,* by wire; *jemandem telegrafisch Geld überweisen* wire someone money; *man wird Sie telegrafisch verständigen!* they will let you know by telegram; **~ist** *sub, m, -en, -en* telegraph operator; **Telegramm** *sub, n, -s, -e* telegram; *(US)* wire; **Telegrammformular** *sub, n, -s, -e* telegram form; **Telekinese** *sub, f, -, nur Einz.* telekinesis; **Telekom** *sub, f, -, nur Einz.* Telekom; **Telekommunikation** *sub, f, -, nur Einz.* telecommunication; te-

lekopieren *vt*, telecopy; **telekratisch** *adj*, telecratic
Telemetrie, *sub, f, -, nur Einz.* telemetry; **telemetrisch** *adj*, telemetric; **Teleobjektiv** *sub, n, -s, -e* telephoto lens; **teleologisch** *adj*, finalist(ic), teleologic(al); **Telepath** *sub, m, -en, -en* telepathist; **Telepathie** *sub, f, -, nur Einz.* telepathy; **telepathisch** *adj*, telepathic; **Teleskop** *sub, n, -s, -e* telescope; **Teleskopantenne** *sub, f, -n, -n* telescopic antenna; **Teleskopauge** *sub, n, -s, -n (zool.)* telescope eye; **teleskopisch** *adj*, telescopic(al); **Television** *sub, f, -, nur Einz.* television
Teller, *sub, m, -s, -* plate; ~**brett** *sub, n, -s od. -es, -er* plate rail; ~**eisen** *sub, n, -s, -* spring trap; **tellerfertig** *adj*, ready-to-serve; **tellerförmig** *adj*, plate-shaped; ~**gericht** *sub, n, -s od. -es, -e* one course meal; ~**mütze** *sub, f, -, -n* flatcap; *(Baskenmütze)* beret
Tellur, *sub, n, -s, nur Einz.* tellurium
Tempel, *sub, m, -s, -* temple; ~**orden** *sub, m, -s, -* Order of the Temple; ~**ritter** *sub, m, -s, -* Knight Templar
Temperafarbe, *sub, f, -, -n* tempera; **Temperamalerei** *sub, f, -, -en* tempera-painting
Temperament, *sub, n, -s od. -es, -e* temperament; *(Lebhaftigkeit)* vivacity
Temperatur, *sub, f, -, -en* temperature; *die Temperatur ist unter null Grad gesunken* the temperature has dropped below zero; *erhöhte Temperatur haben* have a temperature; *jemandes Temperatur messen* take someone´s temperature
Temperenz, *sub, f, -, -en* abstention
temperieren, *vt*, keep at a moderate temperature; *(mus.)* temper; **Temperierung** *sub, f, -, -* temperature; **Temperkohle** *sub, f, -, nur Einz.* temper carbon
Tempo, *sub, n, -s, -s und Tempi* speed; *(mus.)* time; *bei diesem Tempo werden wir nie fertig!* we´ll never finish at this rate!; *(i. ü. S.) das Tempo angeben* set the pace; *ein mörderisches Tempo fahren* drive at a lunatic speed; *Tempo zulegen* speed up; ~**limit** *sub, n, -s, -s* speed limit
temporal, *adj*, temporal; **Temporalsatz** *sub, m, -es, -sätze* temporal clau-

se; **temporär (1)** *adj*, temporary **(2)** *adv*, temporarily
Tempoverlust, *sub, m, -s od. -es, nur Einz.* loss of speed
Tenakel, *sub, n, -s, -* copyholder
Tendenz, *sub, f, -, -en* trend; *(Neigung)* tendency; *(wirt.) die Preise zeigen eine steigende Tendenz* prices show a tendency to rise; *die Tendenz haben zu* tend to; *eine Tendenz verfolgen* follow a trend; **tendenziell** *adv*, according to tendency; **tendenziös** *adj*, tendentious; *(voreingenommen)* bias(s)ed; ~**stück** *sub, n, -s od. -es, -e* thesis play; ~**wende** *sub, f, -, -n* trend change
Tender, *sub, m, -s, -* tender; **tendieren** *vi*, tend
Tenne, *sub, f, -, -n* threshing floor
Tennis, *sub, n, -, nur Einz.* tennis; ~**ball** *sub, m, -s od. -es, -bälle* tennis-ball; ~**match** *sub, n, -es, -e* tennis-match; ~**platz** *sub, m, -es, -plätze* tennis-court; ~**schläger** *sub, m, -s, -* tennis-racket; ~**schuh** *sub, m, -s, -e* tennis-shoe; ~**spiel** *sub, n, -s, -e* game of tennis
Tenor, *sub, m, -s, nur Einz.* tenor
Tension, *sub, f, -, -en* tension
Tentakel, *sub, n.m, -s, -s* tentacle
Teppich, *sub, m, -s, -e* carpet; *(Brükke)* rug; *(i. ü. S.) bleib auf dem Teppich!* keep your feet on the ground!; *den Teppich klopfen* beat the carpet; *(i. ü. S.) etwas unter den Teppich kehren* sweep something under the carpet; ~**boden** *sub, m, -s, -böden* carpeted floor; ~**muster** *sub, n, -s, -* carpet pattern
Tequila, *sub, m, -s, nur Einz.* tequila
Teratologin, *sub, f, -, -nen* teratologist
Term, *sub, m, -s, -e* term; ~**in** *sub, m, -s, -e* date; *(Verabredung)* appointment; *einen Termin anberaumen für* set a date for; *einen Termin einhalten* keep a date; *schon einen anderen Termin haben* have a prior engagement; ~**inal** *sub, n, -s, -s* terminal; ~**indruck** *sub, m, -s od. -es, nur Einz.* pressure of time; **termingemäß (1)** *adj*, on time **(2)** *adv*, due time; **terminieren** *vt*, restrict; ~**inierung** *sub, f, -, -en* restriction, time

limit; **~inkalender** *sub, m, -s,* - appointment book; *(US)* tickler; **~inologe** *sub, m, -n, -n* terminologist; **~inologie** *sub, f, -, -n* terminology; **~inus** *sub, m, -, Termini* expression, term
ternär, *adj,* ternary
Terpentin, *sub, n, m, -s, -e* turpentine
Terrain, *sub, n, -s, -s* terrain; *(i. ü. S.)* territory; *das Terrain sondieren* reconnoitre the terrain; *(mil.) in unwegsamem Terrain vorrücken* advance in difficult terrain; *(i. ü. S.) sich auf unsicheres Terrain begeben* get onto shaky ground
Terrakotta, *sub, f, -, nur Einz.* terracotta
Terrarium, *sub, n, -s, -rien* terrarium
Terrasse, *sub, f, -, -n* terrace
Terrazzo, *sub, n, (-s), -zzi* terrazzo
terrestrisch, *adj,* terrestrial
Terrier, *sub, m, -s,* - terrier
Terrine, *sub, f, -, -n* tureen
territorial, *adj,* territorial; **Territorialhoheit** *sub, f, -, nur Einz.* territorial sovereignty; **Territorium** *sub, n, -s, -rien* territory; *sich auf fremdem Territorium befinden* be in foreign territory
Terror, *sub, m, -s, nur Einz.* terror; *dieses Land wird vom Terror beherrscht* this country is ruled by terror; *es kam zum blutigen Terror* there was terror and bloodshed; **terrorisieren** *vt,* terrorize; **~isierung** *sub, f, -, -en* terrorization; **~ismus** *sub, m, -s, nur Einz.* terrorism; **~ist** *sub, m, -, -en* terrorist; **~istin** *sub, f, -, -nen* terrorist; **~kommando** *sub, n, -s, -s* terrorist commando; **~welle** *sub, f, -, (-n)* wave of terror
Terz, *sub, f, -, -en (mus.)* third; *(spo.)* tierce
Terzett, *sub, n, -s, -e* trio
Tesafilm, *sub, m, -s, (-e)* Sellotape; *(US)* Scotch tape
Test, *sub, m, -s, -e* test
Testament, *sub, n, -s, -e (jur.)* will, will; *(bibl.) Altes (Neues) Testament* Old (New) Testament; *durch Testament verfügen* provide by will; *ein Testament anfechten* contest a will; *sein Testament machen* make one´s will; **testamentarisch (1)** *adj,* testamentary **(2)** *adv,* by will
Testat, *sub, n, -s, -e* certificate

Testbild, *sub, n, -s, -er* testcard; **testen** *vt,* test; **Tester** *sub, m, -s,* - tester; **Testfall** *sub, m, -s, (-fälle)* test; **Testflug** *sub, m, -s, -flüge* test flight; **Testgelände** *sub, n, -s, nur Einz.* testing area; **testieren** *vt,* certify
Testikel, *sub, n, -s,* - testicle
Tetanus, *sub, m, -, nur Einz.* tetanus
Tete-a-tete, *sub, n, -, -s* tête-à-tête
Tetraeder, *sub, m, -s,* - tetrahedron
tetragonal, *adj,* tetragonal
teuer, *adj,* expensive; *(i. ü. S.; lieb)* dear; *da ist guter Rat teuer* it´s hard to know what to do; *(i. ü. S.) das wird ihn teuer zu stehen kommen!* that will cost him dear!; *wie teuer ist dieser Wagen?* how much is this car?; **Teuerung** *sub, f, -, -en* rise in prices
Teufel, *sub, m, -s,* - devil; *(i. ü. S.) in Teufels Küche kommen* get into trouble; *jemanden zum Teufel wünschen* wish someone in hell; *mal den Teufel nicht an die Wand!* don´t think the worst!; *pfui Teufel!* how disgusting!; *(ugs.) wer zum Teufel hat das getan?* who the devil did it?; **~ei** *sub, f, -, -en* devilry; **~sbraten** *sub, m, -s,* - Satan´s brood; **~skerl** *sub, m, -s, -e* devil of a fellow; **~skreis** *sub, m, -s, nur Einz.* vicious circle; **~skunst** *sub, f, -, -künste* black magic, diabolic art, **~swerk** *sub, n, -s, Plural selten* work of the devil; **~szeug** *sub, n, -s nur Einz.* devilish things; **teuflisch** *adj,* devilish, diabolical, satanic
Text, *sub, m, -es, -e* text; *weiter im Text!* go on!; **~abdruck** *sub, m, -s, -e* ext printing; **~buch** *sub, n, -s, -bücher* book; *(Film)* script; **texten (1)** *vt, (Werbung)* copywrite **(2)** *vti, (mus.)* write the text; **~er** *sub, m, -s,* - text writer; *(Werbung)* copywriter
textil, *adj,* textile; **Textilfabrik** *sub, f, - -en* textile factory; **Textilien** *sub, nur Mehrz.* textiles; **Textilindustrie** *sub, f, -, -n* textile industry; **Textilwaren** *sub, nur Mehrz.* textile goods
Textkritik, *sub, f, -, -en* textual criticism; **textlich (1)** *adj,* textual **(2)** *adv,* as far as the text is concerned;

Textur *sub, f, -, -en* texture; **Textverarbeitung** *sub, f, -, nur Einz.* word processing
Thailand, *sub, n, -s, -* Thailand; **Thailänderin** *sub, f, -, -nen* Thai; **thailändisch** *adj,* Thai
Thalamus, *sub, m, -, -mi* thalamus
Theater, *sub, n, -s, -* theatre; *(i. ü. S.) das ist doch alles bloß Theater!* it´s all just play-acting!; *(ugs.) mach kein Theater!* don´t make a fuss!; *(i. ü. S.) Theater spielen* put on an act; **~besucher** *sub, m, -s, -* theatre-goer; **~karte** *sub, f, -, -s* theatre ticket; **~kasse** *sub, f, -, -n* box-office; *(US)* ticket-office; **~probe** *sub, f, -, -n* rehearsal; **~raum** *sub, m, -s, -räume* auditorium; **~saal** *sub, m, -es, -säle* auditorium, theatre hall; **~stück** *sub, n, -s, -e* play; **Theatralik** *sub, f, -, nur Einz.* theatricality; **theatralisch** *adj,* theatrical
Theismus, *sub, m, -, nur Einz.* theism
Theke, *sub, f, -, -n (Laden)* counter; *(Lokal)* bar
Thema, *sub, n, -s, -men* subject, topic; *(Leitgedanke)* theme; *das ist ein interessantes Thema für eine Diskussion* that´s an interesting topic to discuss; *das Thema wechseln* change the subject; *kommen wir zum Thema!* let´s get to the point!; **~tik** *sub, f, -, -en* subject matter, theme; **Themenkreis** *sub, m, -es, -e* interrelated subjects
Theodolit, *sub, m, -s, -e* theodolite
Therapeut, *sub, m, -en, -en* therapeutist, therapist; **~ikum** *sub, n, -s, -ka* therapeutic agent; **~in** *sub, f, -, -nen* therapeutist, therapist; **therapeutisch** *adj,* therapeutic; **Therapie** *sub, f, -, -n* therapy; **therapieren** *vt,* treat
thermal, *adj,* thermal; **Thermalsalz** *sub, n, -es, (-e)* thermal salt
Therme, *sub, f, -, -n* thermal spring; **Thermik** *sub, f, -, nur Einz. (phy.)* thermionics; *(spo.)* thermic current; **thermisch** *adj,* thermal, thermic
Thermodynamik, *sub, f, -, nur Einz.* thermodynamics; **Thermometer** *sub, n, -s, -* thermometer; **thermonuklear** *adj,* thermonuclear; **Thermosflasche** *sub, f, -, -n* thermos bottle; **Thermostat** *sub, m, -en oder -s, -en oder -e* thermostat
These, *sub, f, -, -n* thesis; *eine These aufstellen* evolve a thesis
thessalisch, *adj,* Thessalian
Theta, *sub, n, -s, -s* theta
Thora, *sub, f, -, nur Einz.* Torah
Thorax, *sub, m, -es, -e* thorax
Thriller, *sub, m, -s, -* thriller
Thrombose, *sub, f, -, -n* thrombosis; **thrombotisch** *adj,* thrombotic; **Thrombozyt** *sub, m, -s, -en* blood platelet; *(tt; med.)* thrombocyte
Thron, *sub, m, -es, -e* throne; *den Thron besteigen* ascend the throne; *jemanden vom Thron stoßen* dethrone someone; *(i. ü. S.) komm wieder von deinem Thron herunter!* come down from your high horse!; **~anwärter** *sub, m, -s, -* heir to the throne; **thronen** *vi,* sit enthroned; **~folge** *sub, f, -, nur Einz.* succession to the throne; **~folger** *sub, m, -s, -* successor to the throne; **~räuber** *sub, m, -s, -* usurper (of the throne); **~sessel** *sub, m, -es, -* throne-chair
Thüringen, *sub, n, -s, -* Thuringia; **Thüringerin** *sub, f, -, -nen* Thuringian; **thüringisch** *adj,* Thuringian
Thymian, *sub, m, -s, nur Einz.* thyme
Tic, *sub, m, -s, -s* tic, twitching
Tick, *sub, m, -s, -s (Eigenart)* quirk; *(Schrulle)* kink; *(ugs.) der Kerl hat doch einen Tick!* that fellow is just crazy!; **ticken** *vi,* tick; *(ugs.) du tickst ja nicht richtig!* you´re off your rocker!; **~er** *sub, m, -s, - (ugs.)* ticker
Tide, *sub, f, -, -n* tide; **~nhub** *sub, m, -s, (-hübe)* tidal amplitude
Tie-Break, *sub, m, n, -s, -s* tie-break
tief, **(1)** *adj,* deep; *(niedrig)* low **(2)** **Tief** *sub, n, -s, -s* depression; *(meteorologisch)* low-pressure area; *er atmete tief* he drew a deep breath; *im tiefsten Afrika* in darkest Africa; *im tiefsten Winter* in the depths of winter; *tief in jemandes Schuld stehen* be deeply indepted to someone; **~ betrübt** *adj,* deeply distressed; **~ bewegt** *adj,* deeply moved; **Tiefbau** *sub, m, -s, nur Einz.* civil engineering; **~blau** *adj,* deep-blue
Tiefe, *sub, f, -, -n* depth; *(i. ü. S.)* deepness; *(i. ü. S.) aus der Tiefe des Herzens* from the bottom of one´s

heart; *in der Tiefe versinken* sink into the depths; **~bene** *sub, f, -, -n* lowland; **~nlinie** *sub, f, -, -s* bathometer; **Tiefflieger** *sub, m, -s, -* low-flying aircraft; *(ugs.)* hedgehopper; **Tiefflug** *sub, m, -s, -flüge* low-level flight; **Tiefgang** *sub, m, -s, nur Einz.* draught; *(i. ü. S.)* depth; **Tiefgeschoss** *sub, m, -es, -e* basement; **tiefgründig** *adj*, deep, profound; **Tiefkühlfach** *sub, n, -s, -fächer* deep-freeze compartment; **Tiefkühlkost** *sub, f, -, nur Einz.* frozen food; **Tiefkühltruhe** *sub, f, -, -n* freezer **Tiefland,** *sub, n, -s, -lande, -länder* lowland; **tief stehend** *adj*, low; *(i. ü. S.)* inferior; **Tiefpunkt** *sub, m, -s, -e* low; *(ugs.)* *er befindet sich auf dem absoluten Tiefpunkt* he has reached an all-time low; **Tiefschlag** *sub, m, -s, -schläge* low blow; *(spo.)* hit below the belt; **tiefschwarz** *adj*, deep-black; **Tiefsee** *sub, f, -, nur Einz.* deep sea; **Tiefsinn** *sub, m, -s, nur Einz.* profundity; **Tiefstand** *sub, m, -s, (-stände)* low level; **Tiefstapelei** *sub, f, -, -en* overmodesty; **tiefstapeln** *vi*, be overmodest; **Tiefstpreis** *sub, f, -es, -e* minimum price; **Tiefstrahler** *sub, m, -s, -* narrow-angle lighting fitting; **Tiefststand** *sub, m, -s, (-stände)* lowest level; **tieftauchen** *vi*, dive deep; **tieftraurig** *adj*, very sad **Tiegel,** *sub, m, -s, - (Koch-)* saucepan; *(Schmelz-)* crucible; **~druck** *sub, m, -s, -e* platen print **Tier,** *sub, n, -s, -e* animal; *(wildes Tier)* beast; *(i. ü. S.)* *das Tier in jemandem wecken* bring out the brute in someone; *(i. ü. S.)* *er ist ein hohes Tier* he´s a big shot; **~arzt** *sub, m, -es, -ärzte* veterinary surgeon; *(US)* veterinarian; **tierärztlich** *adj*, veterinary; **~asyl** *sub, n, -s, -e* animal home; **~bändiger** *sub, m, -s, -* animal tamer; **~buch** *sub, n, -s, -bücher* book about animals; **~garten** *sub, m, -s, -gärten* zoo, zoological garden; **~gärtner** *sub, m, -s, -* keeper; **~gestalt** *sub, f, -, -en* animal creature; **~halterin** *sub, f, -, -nen* animal owner; **~haltung** *sub, f, -, nur Einz.* animal keeping; **~händler** *sub, m, -s, -* trader in animals; **~handlung** *sub, f, -, -en* pet shop; **~heilkunde** *sub, f, -, nur Einz.* veterinary medicine; **~heim** *sub, n,*

~ *-e* animal home **tierisch,** *adj*, animal; *(i. ü. S.; roh)* bestial; *(i. ü. S.)* *mit tierischem Ernst* dead seriously; **Tierkreis** *sub, m, -es, -e* zodiac; **Tierkreiszeichen** *sub, n, -s, -* sign of the zodiac; **Tierkunde** *sub, f, -, nur Einz.* zoology; **tierlieb** *adj*, fond of animals; **tierliebend** *adj*, animal-loving; **Tiermedizin** *sub, f, -, nur Einz.* veterinary medicine; **Tierpark** *sub, m, -s, -s* zoo; **Tierpfleger** *sub, m, -s, -* keeper; **Tierquälerei** *sub, f, -, (-en)* cruelty to animals; **Tierreich** *sub, n, -s, nur Einz.* animal kingdom; **Tierschau** *sub, f, -, (-en)* animal show; **Tierschutz** *sub, m, -es, nur Einz.* protection of animals; **Tierschützer** *sub, m, -s, -* protector of animals; **Tierversuch** *sub, m, -s, -e* animal experiment; **Tierwelt** *sub, f, -, nur Einz.* animal world; **Tierzucht** *sub, f, -, nur Einz.* livestock breeding; **Tierzüchter** *sub, m, -s, -* animal breeder **Tiger,** *sub, m, -s, -* tiger; *gestreift wie ein Tiger* striped like a tiger; *(i. ü. S.)* *sich wie ein Tiger auf die Arbeit stürzen* set to work like a madman; **~hai** *sub, m, -s, -e* tiger shark **Tilde,** *sub, f, -, -n* tilde **tilgen,** *vt*, wipe out; *(Schuld)* pay off; **Tilgung** *sub, f, -, -en* erasure; *(Schuld)* repayment; **Tilgungsrate** *sub, f, -, -n* redemption rate; **Tilgungssumme** *sub, f, -, -n* redemption amount **Timbre,** *sub, n, -, -s* tone colour **timen,** *vt*, time; **Timing** *sub, n, -s, -s* timing **timokratisch,** *adj*, timocratic(al) **Tingeltangel,** *sub, m, n, -s, - (ugs.)* honky-tonk **Tinktur,** *sub, f, -, -en* tincture **Tinte,** *sub, f, -, -n* ink; *(i. ü. S.)* *in der Tinte sitzen* be in the soup; **~nfass** *sub, n, -es, -fässer* inkpot; **~nfisch** *sub, m, -s, -e* cuttlefish; *(tt)* octopus; **~nfleck** *sub, m, -s, -e (Kleidung)* ink-stain; *(Papier)* ink-blot; **~nklecks** *sub, m, -es, -e* ink-blot; **~nstift** *sub, m, -s, -e* fountain pen **Tipi** *sub, n, -s, -s* tee-pee **Tipp,** *sub, m, -s, -s* tip; *(Hinweis)* hint; **tippeln** *vi*, trip; *(ugs.)* traipse; **tippen (1)** *vi*, *(raten)* **(2)** *vti*,

tap; *(an-)* touch; *(Schreibmaschine)* type(write); *3 Richtige tippen* have three right; *ich tippe im Lotto* I do the lottery, *(i. ü. S.) auf etwas tippen* reckon; *jemandem auf die Schulter tippen* tap someone on the shoulder; ~**fräulein** *sub, n, -s, -en* typist; ~**se** *sub, f, -s, -n (ugs.)* silly little typist
Tirade, *sub, f, -, -n* tirade; *sich in Tiraden ergehen* go into tirades
Tirol, *sub, n, -s, -* Tyrol; **tirolerisch** *adj,* Tyrolean
Tisch, *sub, m, -es, -e* table; *(Mahlzeit)* meal; *den Tisch decken* lay the table; *(i. ü. S.) etwas unter den Tisch fallen lassen* drop something; *(ugs.) jemanden unter den Tisch trinken* drink someone under the table; *(i. ü. S.) reinen Tisch machen* get things straight; *sich zu Tisch setzen* sit down at table; *bitte zu Tisch!* dinner (lunch) is served; *jmd zu Tisch rufen* summon sb to table; **tischfertig** *adj,* ready-to-serve; ~**ler** *sub, m, -s, -* joiner; ~**nachbar** *sub, m, -n, -s, -n,* neighbour at table; ~**ordnung** *sub, f, -, nur Einz.* seating order (at table); ~**platte** *sub, f, -, -n* table-top; ~**rechner** *sub, m, -s, -* desk computer; ~**rücken** *sub, n, -s* table tipping; ~**telefon** *sub, n, -s, -e* desk telephone; ~**tennis** *sub, n, -, nur Einz.* table tennis; ~**tuch** *sub, n, -s, (tücher)* table-cloth
Titan, *sub, n, -s, nur Einz. (chem.)* titanium; *m, -en, -en (myth.)* Titan; **titanisch** *adj,* gigantic, titanic
Titel, *sub, m, -s, -* title; *einen Titel führen* hold a title; *jemandem einen Titel verleihen* bestow a title on someone; *seinen Titel verteidigen* defend one´s title; ~**auflage** *sub, f, -, -n* re-issue under a new title; ~**heldin** *sub, f, -, -nen* title heroine; ~**schrift** *sub, f, -, (-en)* titling type; **titelsüchtig** *adj,* keen on titles; ~**träger** *sub, m, -s, -* holder of a title; ~**verteidiger** *sub, m, -s, -* title holder
Titular, *sub, m, -s, -e* titulary; **titulieren** *vt,* address, call; *jemanden als Esel titulieren* call someone a jackass; *jemanden mit etwas titulieren* call someone something
Tivoli, *sub, n, (-)s, -s* tivoli
Toast, *sub, m, -s, -s* toast, toasted bread; *einen Toast auf jemanden*

ausbringen propose a toast to someone; **toasten** *vt,* toast
toben, *vi,* rage; *(lärmend spielen)* romper; *(wüten)* storm; **Tobsucht** *sub, f, -, nur Einz.* mad rage; *in Tobsucht verfallen* become raving mad; **tobsüchtig** *adj,* raving mad
Tochter, *sub, f, -, Töchter* daughter; **Töchterchen** *sub, n, -s, -* little daughter; ~**firma** *sub, f, -, -firmen* subsidiary company; ~**gesellschaft** *sub, f, -, -en* subsidiary company; **töchterlich** *adj,* daughterly; ~**zelle** *sub, f, -, -n* daughter cell
Tod, *sub, m, -es, nur Einz.* death; *(i. ü. S.) jemanden zu Tode erschrekken* scare the daylights out of someone; *(ugs.) sich den Tod holen (vor Kälte)* catch one´s death (of cold); *sich vor dem Tod fürchten* be afraid of death; *sich zu Tode schämen* be utterly ashamed; *zu Tode betrübt* in the depths of despair; *zu Tode erschrocken sein* be frightened to death; *(i. ü. S.) zu Tode langweilen* bore to death; *zum Tode verurteilen* sentence to death; **todblass** *adj,* deadly pale; **todbringend** *adj,* deadly, fatal; **todernst** *adj,* deadly serious
Todesahnung, *sub, f, -, -en* presentiment of death; **Todesanzeige** *sub, f, -, -n* obituary; **Todesart** *sub, f, -, (-en)* manner of death; **Todesfall** *sub, m, -s, -fälle* death; *wegen Todesfall geschlossen!* closed because of death!; **Todesfurcht** *sub, f, -, nur Einz.* fear of death; *(tt; psych.)* necrophobia; **Todesgefahr** *sub, f, -, -en* deadly peril; **Todesmut** *sub, f, -es, nur Einz.* courage which defies death; **Todesnot** *sub, f, -, -nöte* peril of death; **Todesschuss** *sub, m, schusses, -schüsse* death-shot; **Todesstrafe** *sub, f, -, -n* capital punishment, death penalty; **Todesstunde** *sub, f, -, (-n)* hour of so´s death; **Todestag** *sub, m, -s, -e* day of so´s death; *(Jahrestag)* anniversary of so´s death; **Todesursache** *sub, f, -, -n* cause of death; **Todesurteil** *sub, n, -s, -e* death sentence; **todeswürdig** *adj,* deserving of death
Todfeind, *sub, m, -s, -e* deadly enemy; **Todgeweihte** *sub, m, f, -n,*

-*n* doomed person; **todkrank** *adj*, dangerously ill; **tödlich** *adj*, deadly, mortal; *(i. ü. S.) mit tödlicher Sicherheit* as sure as death; *sich tödlich langweilen* be bored to death; *tödlich verunglücken* be killed in an accident; **todmüde** *adj*, dead tired; **todschick** *adj*, dead smart; **todsicher** *adj*, dead certain; **Todsünde** *sub*, *f*, -, -*n* mortal sin

Töfftöff, *sub*, *n*, -*s*, -*s (ugs.)* phut-machine

Tofu, *sub*, *m*, *(-s), nur Einz.* tofu

Toga, *sub*, *f*, -, -*gen* toga

Tohuwabohu, *sub*, *n*, *(-s)*, -*s* chaos, tohubohu

Toilette, *sub*, *f*, -, -*n (Körperpflege)* toilet; *(WC)* lavatory; *(Körperpflege) in großer Toilette erscheinen* appear in full dress; *(Körperpflege) Toilette machen* make one´s toilet; *(WC) auf die Toilette gehen* go to the toilet, *(ugs.; WC)* spend a penny; ~**nartikel** *sub*, *m*, -*s*, - toiletry

Tokaierwein, *sub*, *m*, -*es*, -*e* Tokay (wine)

Tokkata, *sub*, *f*, -, -*ten* toccata

Töle, *sub*, *f*, -, -*n (ugs.)* cur

tolerabel, *adj*, tolerable

tolerant, *adj*, tolerant; **Toleranz** *sub*, *f*, -, -*en* tolerance; **tolerieren** *vt*, tolerate; **Tolerierung** *sub*, *f*, -, -*en* toleration

toll, *adj*, great; *(großartig)* terrific; *(verrückt)* crazy; *(ugs.) das ist das Tollste was ich je gehört habe!* that beats everything I´ve heard!; *(ugs.) das Tollste dabei ist* the most incredible part about it is; *(ugs.) er treibt es etwas zu toll* he´s carrying on a little too much; *(ugs.) es ging toll her* it was a riot; *(ugs.) es kommt noch toller!* there´s more to come!

Tolle, *sub*, *f*, -, -*n* quiff

tollen, *vi*, romp (about); **Tollerei** *sub*, *f*, -, -*en* romp; **Tollhaus** *sub*, *n*, -*es*, -*häuser* madhouse; **Tollheit** *sub*, *f*, -, -*en* craziness, madness; **Tollkirsche** *sub*, *f*, -, -*n* deadly nightshade; *(tt; bot.)* belladonna; **tollkühn** *adj*, daring, reckless; *ein tollkühner Kerl* a daredevil; *ein tollkühnes Unternehmen* a foolhardy undertaking; **Tollkühnheit** *sub*, *f*, -, -*en* daring, recklessness; **tollpatschig** *adj*, awkward; *(ungeschickt)* clumsy; **Tollwut**

sub, *f*, -, *nur Einz.* rabies

Tölpel, *sub*, *m*, -*s*, - *(Dummkopf)* fool; *(Tollpatsch)* clumsy fellow; *(zool.)* booby; ~**ei** *sub*, *f*, -, -*en* clumsiness, foolishness; **tölpisch** *adj*, clumsy, foolish

Tomahawk, *sub*, *n*, -*s*, -*s* tomahawk

Tomate, *sub*, *f*, -, -*n* tomato; *gefüllte Tomaten* stuffed tomatoes; *(ugs.) sie wurde rot wie eine Tomate* she went crimson; *(ugs.) treulose Tomate!* faithless friend!; ~**nketchup** *sub*, *n*, -*s*, -*s* tomato ketchup; ~**nmark** *sub*, *n*, -*s*, *nur Einz.* tomato pulp; ~**nsaft** *sub*, *m*, -*es*, -*säfte* tomato juice; ~**nsalat** *sub*, *m*, -*s*, -*e* tomato salad; ~**nsoße** *sub*, *f*, -, -*n* tomato sauce; ~**nsuppe** *sub*, *f*, -, -*n* tomato soup

Tombola, *sub*, *f*, -, -*s* tombola

Tomografie, *sub*, *f*, -, -*n* tomography

Ton, *sub*, *m*, -*es*, -*e (Erdart)* clay; *(Farbe)* colour; *(Laut)* sound, tone; *(Erdart) feuerfester Ton* fire-resistant clay; *(Erdart) gebrannter Ton* burned clay; *(i. ü. S.) das gehört zum guten Ton* that´s how the best people do it; *den Ton angeben* give the note; *(i. ü. S.) der Ton macht die Musik* it´s not what you say but the way you say it; *ich verbitte mir diesen Ton!* I won´t be spoken to like that!; *keinen Ton von sich geben* not to utter a sound; *(i. ü. S.) sich im Ton vergreifen* hit the wrong note; ~**abnehmer** *sub*, *m*, -*s*, - pick-up; **tonal** *adj*, tonal; ~**alität** *sub*, *f*, -, *nur Einz.* tonality; **tonangebend** *adj*, dominant, leading; ~**arm** *sub*, *m*, -*s*, -*e* pick-up arm; ~**art** *sub*, *f*, -, -*en (mineralogisch)* type of clay; *(mus.)* key; *(i. ü. S.) eine andere Tonart anschlagen* change one´s tune; **tonartig** *adj*, claylike; *(tt)* argilloid; ~**aufnahme** *sub*, *f*, -, -*n* sound recording; ~**band** *sub*, *n*, -*es*, -*bänder* tape; *auf Tonband aufnehmen* record on tape; ~**dichter** *sub*, *m*, -*s*, - composer, tone poet; ~**dichtung** *sub*, *f*, -, -*en* tone poem; **tönen (1)** *vi (klingen)* sound; *(i. ü. S.; prahlen)* sound off **(2)** *vt, (färben)* tint; **tönern** *adj*, of clay; ~**film** *sub*, *m*, -*s*, -*e* sound film; ~**folge** *sub*, *f*, -, -*n* melody, sequence of tones

Tonfrequenz, *sub*, *f*, *-*, *-en* audio frequency; **Tongainseln** *sub*, *f*, *-*, *nur Mehrz.* Tonga; **Tongasprache** *sub*, *f*, *-*, *-n* Tongan language; **Tongefäß** *sub*, *n*, *-es*, *-e* earthenware vessel; **Tongeschirr** *sub*, *n*, *-s*, *-e* earthenware **Tonic**, *sub*, *n*, *-s*, *-s* tonic **Tonika**, *sub*, *f*, *-*, *Toniken* tonic; *(mus.)* keynote **Tonikum**, *sub*, *n*, *-s*, *Tonika* tonic **Toningenieur**, *sub*, *m*, *-s*, *-e* sound engineer; **Tonkünstler** *sub*, *m*, *-s*, *-* musician; **Tonleiter** *sub*, *f*, *-*, *-n* scale; **tonlos** *adj*, toneless; *(Stimme)* flat; **Tonlosigkeit** *sub*, *f*, *-*, *nur Einz.* tonelessness; **Tonmeisterin** *sub*, *f*, *-*, *-en* sound engineer **Tonnage**, *sub*, *f*, *-*, *-n* tonnage **Tonne**, *sub*, *f*, *-*, *-n (Behälter)* barrel; *(Gewicht)* ton; *(i. ü. S.) sie ist eine Tonne* she´s a fatty; **~ngehalt** *sub*, *m*, *-s*, *-e* tonnage; **~nleger** *sub*, *m*, *-s*, *-* buoy-laying vessel; **tonnenweise** *adv*, by the ton **Tonqualität**, *sub*, *f*, *-*, *-en* sound quality; **Tonschneider** *sub*, *m*, *-s*, *-* sound editor **Tonsur**, *sub*, *f*, *-*, *-en* tonsure; **tonsurieren** *vt*, shave the top of one´s head **Tontaube**, *sub*, *f*, *-*, *-n* clay pigeon **Tontechniker**, *sub*, *m*, *-s*, *-* sound technician **Tönung**, *sub*, *f*, *-*, *-en* tinting; *(Farbton)* shade **Tonus**, *sub*, *m*, *-es*, *Toni* tonus **Topf**, *sub*, *m*, *-es*, *Töpfe* pot; *(i. ü. S.) alles in einen Topf werfen* lump everything together; *(i. ü. S.; Sprichwort) jeder Topf findet seinen Deckel* there´s a nut for every bolt; *(i. ü. S.) seine Nase in alle Töpfe stecken* nose into other people´s business; **Töpfchen** *sub*, *n*, *-s*, *-* little pot; *(ugs.; Nachttopf)* potty; **~en (1)** *sub*, *m*, *-s*, *-* curd **(2) topfen** *vt*, pot; **Töpfer** *sub*, *m*, *-s*, *-* potter; **Töpferei** *sub*, *f*, *-*, *-en* pottery; **Töpfermarkt** *sub*, *m*, *-es*, *-märkte* pottery market; **töpfern** *vi*, make pottery; **~gucker** *sub*, *m*, *-s*, *-* *(ugs.)* nosy parker; **~pflanze** *sub*, *f*, *-*, *-n* potted plant; **~reiniger** *sub*, *m*, *-s*, *-* scourer **topfit**, *adj*, very fit **Topik**, *sub*, *f*, *-*, *nur Einz.* topics **topless**, *adj*, topless **Topmanagement**, *sub*, *n*, *-s*, *-s* top management

Topografie, *sub*, *f*, *-*, *-n* topography; **topografisch** *adj*, topographical **Topologie**, *sub*, *f*, *-*, *nur Einz.* topology; **topologisch** *adj*, topological; **Topos** *sub*, *m*, *-*, *Topoi* topos **Topplaterne**, *sub*, *f*, *-*, *-n* masthead light **Tor**, *sub*, *n*, *-es*, *-e* gate; *(Narr)* fool; *(spo.)* goal; *das Tor öffnen (schließen)* open (shut) the gate; *(spo.) ein Tor erzielen* score a goal; *(spo.) im Tor stehen* be in goal; *(i. ü. S.) vor den Toren der Stadt* outside the town; **~ausbeute** *sub*, *f*, *-*, *nur Einz.* number of goals; **~bogen** *sub*, *m*, *-s*, *-bögen* arch; **~differenz** *sub*, *f*, *-*, *-en* goals difference; **~einfahrt** *sub*, *f*, *-*, *-en* gateway **Torero**, *sub*, *m*, *-s*, *-s* torero **Toresschluss**, *sub*, *m*, *-es*, *nur Einz.* closing time **Torf**, *sub*, *m*, *-es*, *-e* peat; *Torf stechen* cut peat; **~feuerung** *sub*, *f*, *-*, *-en* peat firing; **~moor** *sub*, *n*, *-es*, *-e* peat bog; **~stecher** *sub*, *m*, *-s*, *-* peat cutter **Torheit**, *sub*, *f*, *-*, *-en* foolishness; *(Dummheit)* silliness; *(i. ü. S.; Sprichwort) Alter schützt vor Torheit nicht* there is no fool like an old fool; *(Dummheit) eine Torheit begehen* do something foolish; **Torhüter** *sub*, *m*, *-s*, *-* gatekeeper; *(spo.)* goalkeeper **töricht**, *adj*, foolish; *(dumm)* silly **Torjäger**, *sub*, *m*, *-s*, *-* goalgetter **torkeln**, *vi*, reel, stagger **Tornado**, *sub*, *m*, *-s*, *-s* tornado; *(US)* twister **Tornister**, *sub*, *m*, *-s*, *-* *(mil.)* knapsack; *(Schulranzen)* satchel **torpedieren**, *vt*, torpedo; **Torpedierung** *sub*, *f*, *-*, *-en* torpedo; **Torpedo** *sub*, *m*, *-s*, *-s* torpedo; **Torpedoboot** *sub*, *n*, *-es*, *-e* torpedo-boat **Torraumlinie**, *sub*, *f*, *-*, *-n* goal area line **Torschluss**, *sub*, *m*, *-es*, *-schlüsse* closing time; **~panik** *sub*, *m*, *-*, *-en* last-minute panic; *(ugs.)* fear of being left on the shelf **Torsion**, *sub*, *f*, *-*, *-en* torsion; *(tech.)* twist **Torso**, *sub*, *m*, *-s*, *-s* torso

Törtchen, *sub, n, -s,* - little flan, tart; *(Obst-)* tartlet; **Torte** *sub, f, -, -n* flan; *(Sahne-)* gâteau; **Tortenboden** *sub, m, -s, -böden* baked pastry case; **Tortenheber** *sub, m, -s,* - cake slice **Tortur,** *sub, f, -, -en* torture; *(i. ü. S.)* ordeal

Torwache, *sub, f, -, -n* gatekeeper; **Torwart** *sub, m, -es, -e* goalkeeper; **Torweg** *sub, m, -es, -e* gateway **Tory,** *sub, m, -s, Tories* Tory; *(polit.)* Conservative

tosen, *vi,* roar; *(Beifall)* thunder; *(Sturm)* rage

tot, *adj,* dead; *(geogr.) das Tote Meer* the Dead Sea; *tot umfallen* drop dead; *(i. ü. S.; Verhandlung etc.) toter Punkt* deadlock; *toter Winkel* blind spot; *(wirt.) totes Kapital* dead capital

total, *adj,* complete, total; **Totalansicht** *sub, f, -, -en* general view; **Totale** *sub, f, -, -n* long shot; **~isieren** *vt,* add up, totalize; **Totalitarismus** *sub, m, -es, -men* totalitarism; **Totalität** *sub, f, -, -en* totality; **Totalschaden** *sub, m, -s, -schäden* write-off

totarbeiten, *vr,* work to death; **Tote** *sub, m, -n, -n* dead person; *(Verstorbene)* deceased; *der Toten gedenken* commemorate the dead; *die Toten ruhen lassen* leave the dead in peace; *(i. ü. S.) dieser Lärm würde Tote aufwecken* that noise would awaken the dead; *es gab 10 Tote* 10 people were killed

Totem, *sub, n, -s, -s* totem; **~glaube** *sub, m, -ns, nur Einz.* totemism; **~ismus** *sub, m, -es, nur Einz.* totemism; **totemistisch** *adj,* totemistic; **~pfahl** *sub, m, -es, -pfähle* totem pole

Totenkopf, *sub, m, -es, -köpfe* death´s head; *(Schädel)* skull; *(Symbol)* skull and crossbones

Toto, *sub, n, -s, -s (Fußball)* football pool; **~ergebnis** *sub, n, -es, -e* result of the football pools

Totpunkt, *sub, m, -es, -e* dead centre; **totsagen** *vt,* declare so dead; **totschießen** *vt,* shoot so dead; **Totschlag** *sub, m, -s, -schläge* manslaughter; *(US)* homicide; **totschlagen** *vt,* kill; **Totschläger** *sub, m, -s,* - *(Knüppel)* cudgel; *(Person)* killer; **totschweigen** *vt,* hush up; **tottrampeln** *vt,* trample to death; **Tö-**

rung *sub, f, -, -en* killing **Touch,** *sub, m, -s, -s* touch **Toupet,** *sub, n, -s, -s* toupee; **toupieren** *vt,* back-comb **Tour,** *sub, f, -, -en* tour; *(Fahrt)* trip; *(i. ü. S.) auf Touren kommen* get into top gear; *er macht es auf die gemütliche Tour* he does it the easy way; *(i. ü. S.) er redet in einer Tour* he talks incessantly; *(ugs.) jemandem die Tour vermasseln* mess up someone´s plans; *(ugs.) krumme Touren* sharp practices; **tour-retour** *adv,* there and back; **~enwagen** *sub, m, -s,* - touring car; **~enzähler** *sub, m, -s,* - revolution indicator; **~ismus** *sub, m, -es, nur Einz.* tourism; **~ist** *sub, m, -en, -en* tourist; **~istik** *sub, f, -, nur Einz.* tourism; **~nee** *sub, f, -, -n* tour **Tower,** *sub, m, -s,* - tower; **~brücke** *sub, f, -, -n* tower bridge **Toxikologie,** *sub, f, -, nur Einz.* toxicology; **Toxikologin** *sub, f, -, -en* toxicologist; **Toxikum** *sub, n, -s, Toxika* poison; **Toxin** *sub, n, -s, -e* toxin; **toxisch** *adj,* poisonous, toxicant

Trab, *sub, m, -es, nur Einz.* trot; *im Trab* at a trot; *(i. ü. S.) jemanden auf Trab bringen* make someone get a move on; *(i. ü. S.) jemanden in Trab halten* keep someone on the go

Trabant, *sub, m, -s, -s* satellite; *(Mond)* moon; **~enstadt** *sub, f, -, -städte* satellite town **traben,** *vi,* trot; **Traber** *sub, m, -s,* - *(Fahrer)* sulky driver; *(Pferd)* trotter

Trabrennbahn, *sub, f, -, -en* trotting course; **Trabrennen** *sub, n, -s,* - trotting race

Trachea, *sub, f, -, -een* windpipe; *(tt; med.)* trachea

Tracht, *sub, f, -, -en (Amts-)* garb; *(Volks-)* traditional costume; *(ugs.) jemandem eine Tracht Prügel geben* give someone a good hiding; **trachten** *vi,* strive; **~enfest** *sub, n, -es, -e* festival of traditional costumes; **trächtig** *adj,* pregnant; **Trächtigkeit** *sub, f, -, nur Einz.* pregnancy

Tradeskantie, *sub, f, -, -n (bot.)* spiderwort

tradieren, *vt*, hand down; Tradition *sub*, *f*, -, -en tradition; Traditionalismus *sub*, *m*, -es, *nur Einz.* traditionalism; traditionell *adj*, traditional Tragbahre, *sub*, *f*, -, -n stretcher Trage, *sub*, *f*, -, -n stretcher träge, *adj*, *(bequem)* sluggish; *(faul)* lazy; tragen *vt*, carry; *(Kleidung)* wear; *(Kosten etc.)* bear; *etwas bei sich tragen* carry something; *sich mit dem Gedanken tragen, etwas zu tun* entertain the idea of doing something; *viele Früchte tragen* produce a good crop of fruit; Träger *sub*, *m*, -s, - carrier; *(Eisen-)* girder; *(Gepäck-)* porter; *(Metall-)* beam; Trägerkleid *sub*, *n*, -es, -er dress with shoulder straps; Trägerrakete *sub*, *f*, -, -n carrier rocket; Trägerwelle *sub*, *f*, -, -n carrier wave; Tragetasche *sub*, *f*, -, -n bag; Tragfläche *sub*, *f*, -, -n wing; Tragflächenboot *sub*, *n*, -es, -e hydrofoil; Trägheit *sub*, *f*, -, -en *(Bequemlichkeit)* sluggishness; *(Faulheit)* laziness Tragik, *sub*, *f*, -, *nur Einz.* tragedy; ~er *sub*, *m*, -s, - tragedian, tragic poet; tragikomisch *adj*, tragicomic(al); ~omödie *sub*, *f*, -, -n tragicomedy; tragisch *adj*, tragic; *das ist nicht so tragisch* that´s not the end of the world; *ein tragisches Ende nehmen* come to a tragic end Tragkorb, *sub*, *m*, -es, -körbe pack basket; tragkräftig *adj*, load-carrying, strong; Traglast *sub*, *f*, -, -en load; *(Gepäck)* heavy luggage Tragödie, *sub*, *f*, -, -n tragedy Tragtier, *sub*, *n*, -s, -e pack animal; Tragweite *sub*, *f*, -, -n *(i. ü. S.; Bedeutung)* consequence; *(Reichweite)* range; Tragwerk *sub*, *n*, -s, -e *(Bauwerk)* load-bearing member; *(Flugzeug)* wing assembly Trailer, *sub*, *m*, -s, - trailer Trainer, *sub*, *m*, -s, - coach, trainer; trainieren *vti*, practise, train; *(üben)* exercise; Training *sub*, *m*, -s, -s training; *(Übung)* practice Trajekt, *sub*, *m*, *n*, -es, -e traject; ~orien *sub*, *f*, -, *nur Mehrz.* trajectory Trakt, *sub*, *m*, -es, -e tract; *(Gebäude)* wing Traktat, *sub*, *m*, -es, -e tractate, treatise Traktätchen, *sub*, *n*, -s, - brochure, pamphlet

traktieren, *vt*, maltreat; Traktierung *sub*, *f*, -, -en maltreatment Traktor, *sub*, *m*, -s, -en tractor; ~ist *sub*, *m*, -en, -en tractor driver trällern, *vti*, lilt Tramp, *sub*, *m*, -s, -s tramp, vagabond; trampeln *vti*, stamp, trample; ~elpfad *sub*, *m*, -es, -e path, trail; ~eltier *sub*, *n*, -es, -e Bactrian camel; *(ugs.; Person)* bumpkin trampen, *vti*, hitchhike; Tramper *sub*, *m*, -s, - hitchhiker Trampolin, *sub*, *n*, -s, -e trampoline Trampschiff, *sub*, *n*, -s, -e tramper Tran, *sub*, *m*, -es, -e train-oil Trance, *sub*, *f*, -, -n trance; *in Trance fallen* fall into trance; *jemanden in Trance versetzen* put someone into trance Tranche, *sub*, *f*, -, -n *(Scheibe Fleisch)* slice; *(wirt.)* tranche Träne, *sub*, *f*, -, -n tear; *in Tränen ausbrechen* burst into tears, *(i. ü. S.)* to be inclined into tears; *(i. ü. S.) mir kommen die Tränen!* you are bringing tears to my eyes!; *Tränen lachen* laugh till one cries; *Tränen vergießen* shed tears; *unter Tränen* in tears; tränen *vi*, water; ~ndrüse *sub*, *f*, -, -n lachrymal gland; tränenfeucht *adj*, moist with tears; ~nfluss *sub*, *m*, -es, -flüsse flow of tears; ~ngas *sub*, *n*, -es, -se tear-gas; ~ngrube *sub*, *f*, -, -n tear-duct; tränenreich *adj*, tearful tranig, *adj*, tasting like train-oil; *(trödelig)* dawdling Trank, *sub*, *m*, -es, Tränke beverage, drink; Tränke *sub*, *f*, -, -n watering-place; tränken *vt*, *(durchnässen)* soak; *(Tiere)* water Tranquilizer, *sub*, *m*, -s, - tranquillizer Transaktion, *sub*, *f*, -, -en transaction transalpin, *adj*, transalpine; transatlantisch *adj*, transatlantic transchieren, *vt*, carve Transept, *sub*, *m*, *n*, -es, -e transept Transfer, *sub*, *m*, -s, -s transfer; transferabel *adj*, transferable; transferieren *vt*, transfer Transfusion, *sub*, *f*, -, -en transfusion Transistor, *sub*, *m*, -, -en transistor

Transit, *sub, m, -s, -s* transit; **transitieren** *vt,* transit
transitiv, *adj,* transitive
transitorisch, *adj,* transitory; **Transitorium** *sub, n, -s, -ien* deferred item; **Transitvisum** *sub, n, -s, -sa, -sen* transit visa; **Transitware** *sub, f, -, -n* transit goods; **Transitzoll** *sub, m, -es, -zölle* duty on goods in transit
transkribieren, *vt,* transliterate; *(mus.)* transcribe
Transliteration, *sub, f, -, -en* transliteration
transmittieren, *vt,* transmit
transparent, (1) *adj,* pellucid, transparent (2) **Transparent** *sub, n, -s, -e (Durchscheinbild)* transparency; *(Spruchband)* banner; **Transparenz** *sub, f, -, nur Einz.* pellucidity, transparency
Transpiration, *sub, f, -, nur Einz.* perspiration; *(bot.)* transpiration; **transpirieren** *vi,* perspire; *(bot.)* transpire
Transplantat, *sub, n, -s, -e (Gewebe)* graft(ing); *(Organ)* transplant; **~ion** *sub, f, -, -en* transplantation; **transplantieren** *vt,* transplant
Transport, *sub, m, -s, -e* transport; **transportabel** *adj,* transportable; **~er** *sub, m, -s, - (Auto)* van; *(Flugzeug)* transport plane; *(Schiff)* cargo ship; **~eur** *sub, m, -s, -e* transporter; **transportieren** *vt,* convey, transport
Transuse, *sub, f, -, -n* slow coach
transversal, *adj,* transverse
Transvestismus, *sub, m, -es, nur Einz.* transvestism
Transvestit, *sub, m, -en, -en* transvestite
Trapez, *sub, n, -es, -e (mat.)* trapezium; *(Zirkus)* trapeze; **trapezförmig** *adj,* trapeziform; **~oeder** *sub, n, -es, -* trapezohedron
Trapper, *sub, m, -s, -* trapper
Trasse, *sub, f, -, -n* marked-out route
Trassierung, *sub, f, -, -en* location
Tratsch, *sub, m, -es, nur Einz.* gossip, tittle-tattle; **tratschen** *vi,* gossip; **~erei** *sub, f, -, -en* tittle-tattle
Tratte, *sub, f, -, -n* draft
Traube, *sub, f, -, -n* grape; *(i. ü. S.; Haufen)* bunch; **~nkamm** *sub, m, -es, -kämme* grapecomb; **~nlese** *sub, f, -, -n* grape harvest, vintage; **~nmost** *sub, m, -s, nur Einz.* grape must; **~nsaft** *sub, m, -es, -säfte* grape juice;

~nzucker *sub, m, -s, nur Einz.* dextrose, glucose
trauen, (1) *vi, (vertrauen)* trust (2) *vr, (wagen)* dare (3) *vt, (verheiraten)* marry; *ich traute meinen Ohren nicht* I couldn´t believe my ears; *jmd nicht über den Weg trauen* not to trust someone an inch, *(heiraten) sich trauen lassen* get married
Trauer, *sub, f, -, nur Einz. (Gram)* grief; *(Kummer)* sorrow; *(Trauern)* mourning; **~arbeit** *sub, f, -, -en* mourning; **~binde** *sub, f, -, -n* mourning band; **~brief** *sub, m, -s, -e* condolence letter; **~feier** *sub, f, -,* funeral ceremony; **~flor** *sub, m, -es, -e* black ribbon; **~geleit** *sub, n, -s, -e* cortege; **~karte** *sub, f, -, -n* condolence card; **~marsch** *sub, m, -es, -märsche* funeral march; **~miene** *sub, f, -, -n* sad face; **trauern** *vi,* mourn; **~spiel** *sub, n, -s, -e* tragedy; **~weide** *sub, f, -, -n* weeping willow
Traufe, *sub, f, -, -n* eaves; *(i. ü. S.; Sprichwort) vom Regen in die Traufe kommen* fall out of the frying pan into the fire
träufeln, (1) *vi,* trickle (2) *vt,* dribble
traulich, *adj, (gemütlich)* cosy; *(harmonisch)* harmonious; **Traulichkeit** *sub, f, -, -en (Gemütlichkeit)* cosiness; *(Harmonie)* harmony
Traum, *sub, m, -es, Träume* dream; *(i. ü. S.) das ging wie im Traum* it worked like a dream; *(i. ü. S.) der Traum ist ausgeträumt!* the honeymoon is over!; *ich denke nicht im Traum daran* I wouldn´t dream of it; *mein Traum ging in Erfüllung* my dream came true
Trauma, *sub, n, -s, -ta, -men* trauma; **traumatisch** *adj,* traumatic; **Traumdeuter** *sub, m, -s, -* interpreter of dreams; **Traumdeutung** *sub, f, -, -en* interpretation of dreams; **träumen** *vti,* dream; *das hätte ich mir nie träumen lassen* I´d never have thought it possible; *etwas schönes träumen* have a pleasant dream; *schlecht träumen* have a bad dream; **träumerisch** *adj,* *(schwärmerisch)* wistful; *(ver-*

träumt) dreamy; **Traumfabrik** *sub, f, -, -en* dream factory; **Traumgebilde** *sub, n, -s, -* phantasm, vision; **Traumgesicht** *sub, n, -es, -er* phantom, vision; **Traumjob** *sub, m, -s, -s* job of one´s dreams; **Traumtänzer** *sub, m, -s, -* dreamer, fantast; **traumwandeln** *vi,* sleepwalk

traurig, *adj,* sad; *(beklagenswert)* sorry; *(betrübt)* upset; **Traurigkeit** *sub, f, -, nur Einz.* sadness; *eine tiefe Traurigkeit erfüllte ihn* he was filled with deep sadness; *(i. ü. S.)* **kein Kind von Traurigkeit sein** be no child of sorrow; **Trauring** *sub, m, -s, -e* wedding-ring

traut, *adj, (gemütlich)* cosy; *(vertraut)* familiar

Travellerscheck, *sub, m, -s, -s* traveller´s cheque

Traverse, *sub, f, -, -n (Querbalken)* cross-beam; *(Quergang)* traverse

Travertin, *sub, m, -s, -e* travertine

Travestie, *sub, f, -, -n* travesty; **travestieren** *vt,* travesty

Trawl, *sub, n, -s, -s* trawl net; ~**er** *sub, m, -s, -* trawler

Treatment, *sub, n, -s, -s* treatment

Trebegänger, *sub, m, -s, -* vagabond; **Treber** *sub, nur Mehrz.* draff

Treck, *sub, m, -s, -s* trek; ~**er** *sub, m, -s, -* tractor

Treff, *sub, m, -s, -s (Treffen)* meeting; *(Treffpunkt)* meeting place; ~**en (1)** *sub, n, -s, -* meeting **(2) treffen** *vti, (begegnen)* meet; *(geschehen)* happen; *(schlagen)* hit, strike; *auf jemanden treffen* meet someone; *es trifft sich gut, daß* it is convenient that; *sich getroffen fühlen* feel hurt; **treffend** *adj,* apt; *(Ähnlichkeit)* striking; *(Antwort etc.)* appropriate; ~**er** *sub, m, -s, -* hit; *(spo.)* goal; *einen Treffer erzielen* score a hit, *(Fußball)* score a goal; ~**erquote** *sub, f, -, -n* score; ~**erzahl** *sub, f, -, -en* number of hits; *(spo.)* score; **treffsicher** *adj,* sure; *(Ausdrucksweise)* precise

Treibeis, *sub, m, -, -* drift-ice; **Treiben (1)** *sub, n, -s, -* drive; *(Drängen)* urge **(2) treiben** *vti,* drift, drive; *(Knospen)* sprout; *(ugs.) du treibst mich noch zum Wahnsinn!* you´re driving me mad; *(vulg.; sexuell) es mit jemandem treiben* have it off with someone; *es zu weit treiben* go too far;

etwas an die Spitze treiben carry something too far; *zur Verzweiflung treiben* drive to despair; **Treiber** *sub, m, -s, - (Jagd-)* beater; *(Vieh-)* drover; **Treibfäustel** *sub, m, -s, -* hammer; **Treibgas** *sub, n, -es, -e* fuel gas; **Treibgut** *sub, n, -s, -güter* flotsam; **Treibhaus** *sub, n, -es, -häuser* hothouse; **Treibjagd** *sub, f, -, -en* battue; **Treibladung** *sub, f, -, -en* propelling charge; **Treibmittel** *sub, n, -s, - (backen)* raising agent; *(chem.)* propellant; **Treibriemen** *sub, m, -s, -* driving belt; **Treibsand** *sub, m, -s, -e* quicksand; **Treibstoff** *sub, m, -s, -e* fuel; *(Raketen-)* propellant

treideln, *vti,* tow; **Treidelpfad** *sub, m, -s, -e* towing path

treife, *adj,* impure, tref

tremolieren, *vi,* quaver, trill

Tremolo, *sub, n, -s, -s und -li* tremolo

tremulieren, *vi,* quaver, trill

Trenchcoat, *sub, m, -, -s* trench coat

Trensenring, *sub, m, -s, -e* snaffle bit

treppauf, *adv,* upstairs

Treppe, *sub, f, -, -n* staircase, stairs; *(US)* stairway; ~**nflur** *sub, f, -, -en* stairwell; ~**nhaus** *sub, n, -es, -häuser* stairwell; ~**nstufe** *sub, f, -, -n* stair, step; ~**nwange** *sub, f, -, -n* string; ~**nwitz** *sub, m, -es, -e* afterthought

Tresen, *sub, m, -s, - (Ladentisch)* counter; *(Theke)* bar

Tresor, *sub, m, -s, -e* safe; *(Raum)* vault

Tressenrock, *sub, m, -s, -röcke* braided coat; **Tressenstern** *sub, m, -s, -e* lacing star

Tretauto, *sub, n, -s, -s* pedal car; **Tretboot** *sub, n, -s, -e oder -böte* pedal boat; **treten** *vti,* kick, step; *(Radfahrer)* pedal; *gegen das Bein getreten werden* get kicked in the leg; *nach jemandem treten* take a kick at someone; *(i. ü. S.)* jemandem auf die Füsse treten* tread on someone´s toes; *Sie sind mir auf den Fuß getreten!* you stepped on my foot!; *tritt näher!* move closer!; **Treter** *sub, m, -s, - (ugs.)* clodhopper; **Tretmine** *sub, f, -, -n* antipersonnel mine; **Tretrad** *sub, n, -s, -räder* treadwheel

treu, *adj*, *(Diener)* devoted; *(Ehegatte)* faithful; *(Freund etc.)* loyal; *seinem Vorsatz treu bleiben* keep to one´s resolution; *zu treuen Händen* in trust; ~ **ergeben** *adj*, truly devoted; ~**brüchig** *adj*, disloyal, faithless; ~**doof** *adj*, credulous; **Treue** *sub*, *f*, -, *nur Einz.* faith; *(Ergebenheit)* loyalty; *jemandem die Treue beweisen* give a proof of loyalty; *jemandem die Treue halten* keep faith with someone; **Treuepflicht** *sub*, *f*, -, -*en* allegiance; **Treueprämie** *sub*, *f*, -, -*n* bonus for loyal service; *(Kunden-)* bonus for long-standing custom; **Treuerabatt** *sub*, *m*, -*s*, -*e* discount allowed to long-standing customers; **Treueschwur** *sub*, *m*, -*s*, -*schwüre* oath of allegiance; **Treuhänder** *sub*, *m*, -*s*, - fiduciary, trustee; **Treuhandgesellschaft** *sub*, *f*, -, -*en* trust company

treuherzig, *adj*, guileless; *(unbefangen)* ingenuous; *(unschuldig)* innocent; **treulos** *adj*, disloyal, faithless; **Treupflicht** *sub*, *f*, -, -*en* duty of allegiance; **treusorgend** *adj*, devoted, loving

Triade, *sub*, *f*, -, -*n* triad

Trial, *sub*, *n*, -*s*, -*s* trial; ~**-and-Error-Methode** *sub*, *f*, -, *nur Einz.* trial and error (method)

Triangel, *sub*, *m*, -*s*, - triangle; **triangulär** *adj*, triangular; **Triangulation** *sub*, *f*, -, -*en* triangulation; **triangulieren** *vt*, triangulate

Tribalismus, *sub*, *m*, -, *nur Einz.* tribalism

Tribunal, *sub*, *n*, -*s*, -*e* court of justice, tribunal; **Tribüne** *sub*, *f*, -, -*n* *(Redner-)* platform; *(Zuschauer-)* stand

Tribut, *sub*, *m*, -*s*, -*e* tribute; *(i. ü. S.)* *jemandem Tribut zollen* pay tribute to someone

Trichine, *sub*, *f*, -, -*n* trichina

Trichter, *sub*, *m*, -*s*, - funnel; *(Granat-)* crater; *(i. ü. S.)* *jemanden auf den Trichter bringen* start someone off on the right foot; *(i. ü. S.)* *jetzt bin ich auf den richtigen Trichter gekommen* I´m on the right track now

Trick, *sub*, *m*, -*s*, -*s* trick; *da ist ein Trick dabei* there´s a special trick to it; *ein gemeiner Trick* a dirty trick, a dirty trick; *wenn du erst einmal den Trick heraus hast* once you get the

trick; ~**betrug** *sub*, *m*, -*s*, *nur Einz.* tricksing; ~**diebin** *sub*, *f*, -, -*nen* trickser; ~**film** *sub*, *m*, -*s*, -*e* trick film; *(Zeichen-)* cartoon; **tricksen** *vi*, fiddle, trick

Trident, *sub*, *m*, -*s*, -*e* trident

Trieb, *sub*, *m*, -*s*, -*e* drive; *(bot.)* shoot; *(Drang)* urge; *(Instinkt)* instinct; *(Verlangen)* desire; **triebhaft** *adj*, compulsive, instinctive; ~**kraft** *sub*, *f*, -, -*kräfte* *(i. ü. S.)* driving force; *(tech.)* motive power; ~**mörder** *sub*, *m*, -*s*, - sex murderer; ~**täter** *sub*, *m*, -*s*, - sex offender; ~**wagen** *sub*, *m*, -*s*, - railcar; ~**werk** *sub*, *n*, -*s*, -*e* *(i. ü. S.)* power plant; *(Flugzeug)* engine

triefen, *vi*, drip; *(i. ü. S.)* *vor Freundlichkeit triefen* gush with friendliness; *vor Nässe triefen* be soaking wet

Triere, *sub*, *f*, -, -*n* trireme

triezen, *vt*, *(necken)* tease; *(quälen)* plague

triftig, *adj*, *(überzeugend)* convincing; *(wichtig)* important; **Triftigkeit** *sub*, *f*, -, *nur Einz.* convincingness, importance

Trigonometrie, *sub*, *f*, -, *nur Einz.* trigonometry; **trigonometrisch** *adj*, trigonometrical

Trikolore, *sub*, *f*, -, -*n* tricolour

Trikot, *sub*, *m,n*, -*s*, -*s* jersey; *(spo.)* leotard

Triller, *sub*, *m*, -*s*, - trill; *(Vogel-)* warble; **trillern** *vi*, trill; *(Vogel)* warble; ~**pfeife** *sub*, *f*, -, -*n* whistle

Trilliarde, *sub*, *f*, -, -*n* thousand trillions; **Trillion** *sub*, *f*, -, -*en* trillion

Trilogie, *sub*, *f*, -, -*n* trilogy

Trimester, *sub*, *n*, -*s*, - trimester

Trimmaktion, *sub*, *f*, -, -*en* keep-fit program(me)

Trinität, *sub*, *f*, -, *nur Einz.* Trinity

trinkbar, *adj*, drinkable; **Trinkbarkeit** *sub*, *f*, -, -*en* drinkableness; **Trinkbecher** *sub*, *m*, -*s*, - drinking cup; **trinken** *vti*, drink; *darauf trinke ich!* I´ll drink to that!; *einen trinken, zechen* bend one´s elbow; *jemandem etwas zu trinken geben* give someone a drink; *möchtest du etwas zu trinken?* would you like something to drink?; **Trinker** *sub*, *m*, -*s*, - drinker; *(Säufer)* drunkard; **Trinkflasche** *sub*, *f*, -, -*n* water-bottle; **trinkfreudig** *adj*, willing to drink; **Trinkgelage** *sub, f, -, -n* drinking session; **Trinkgeld** *sub, n, -s, -er* tip; **Trinkkur** *sub, f, -, -en* mineral water cure; **Trinkschale** *sub, f, -, -n* bowl; **Trinkspruch** *sub, m, -s, -sprüche* toast; **Trinkwasser** *sub, n, -s, nur Einz.* drinking water

Trio, *sub, n, -s, -s* trio

trippeln, *vi*, trip; *(geziert gehen)* mince

Tripper, *sub, m, -s, - (tt)* gonorrhoea; *(ugs.)* clap; *(ugs.) sich den Tripper holen* get a dose

trist, *adj*, dismal, dreary; **Tristesse** *sub, f, -, -n* dreariness

Tritt, *sub, m, -s, -e (Fuß-)* kick; *(Fußspur)* footprint; *(Schritt)* step; *aus dem Tritt kommen* get out of step; *(ugs.) ein Tritt in den Hintern* a kick in the backside; *jemandem einen Tritt geben* give someone a kick; *(i. ü. S.) Tritt fassen* get off the mark; **~brett** *sub, m, -s, -er* footboard; **~leiter** *sub, f, -, -n* stepladder; **trittsicher** *adj*, durable

Triumph, *sub, m, -s, -e* triumph; **triumphal** *adj*, triumphant; **triumphieren** *vi*, triumph; *(frohlocken)* exult; **~wagen** *sub, m, -s, -* triumphal chariot; **Triumvirat** *sub, n, -s, -e* triumvirate

trivial, *adj*, trivial; **Trivialität** *sub, f, -, -en* triviality; **Trivialroman** *sub, m, -s, -e* light novel

Trizeps, *sub, m, -, -e* triceps

Trochäus, *sub, m, -, Trochäen* trochee

Trochophora, *sub, f, -, -ren* trochophore

trocken, *adj*, dry; *(dürr) (i. ü. S.) auf dem Trockenen sitzen* be in a tight spot; *(i. ü. S.) noch nicht trokken hinter den Ohren sein* be still wet behind the ears; *trocken werden* dry off; **Trockenblume** *sub, f, -, -n* strawflower; **Trockenboden** *sub, m, -s, -böden* drying loft; **Trockendock** *sub, n, -s, -s* dry dock; **Trockeneis** *sub, n, -s, -* dry ice; **Trockenfarbe** *sub, f, -, -n* dry colour; **Trockenhaube** *sub, f, -, -n* hairdryer; **Trockenhefe** *sub, f, -, -n* dry yeast; **Trockenheit** *sub, f, -, nur Einz.* dryness; *(Dürre)* drought; **~legen** *vt*, drain; *(Kind)* change; **Trockenofen** *sub, m, -s, -öfen* drying oven; **Trockenplatz** *sub,*

m, -es, -plätze place for drying laundry; **Trockenrasur** *sub, f, -, -en* dry shave; **Trockenraum** *sub, m, -s, -räume* drying room; **trocknen** *vti*, dry; **Trockner** *sub, m, -s, -* dryer

Troddel, *sub, f, -, -n* tassel, tuft; **~blume** *sub, f, -, -n* soldanella

Trödel, *sub, m, -s, nur Einz.* junk; **~ei** *sub, f, -, -en* dawdling; **~laden** *sub, m, -s, -läden* secondhand shop; **~liese** *sub, f, -, -n (ugs.)* slow coach; **~markt** *sub, m, -s, -märkte* jumble market; *(Flohmarkt)* flea market; **trödeln** *vi*, dawdle; **Trödler** *sub, m, -s, - (ugs.)* dawdler; *(Händler)* junk-dealer; **Trödlerladen** *sub, m, -s, -läden* secondhand shop

Trog, *sub, m, -s, Tröge* trough; *(Bottich)* vat

Troll, *sub, m, -s, -e* troll; **trollen** *vr*, push off; *troll dich!* push off!

Trommel, *sub, f, -, -n (mus.)* drum; *(tech.)* barrel; *(i. ü. S.) die Trommel für etwas rühren* drum up support for something; *(mus.) die Trommel schlagen* play the drum; **Trömmelchen** *sub, n, -s, -* side drum; **~fell** *sub, m, -s, -e (med.)* eardrum; *(mus.)* drumhead; **~feuer** *sub, n, -s, - drumfire; (Regen)* beat down; **~stock** *sub, m, -s, -stöcke* drumstick; **Trommler** *sub, m, -s, -* drummer

Trompete, *sub, f, -, -n* trumpet; **~r** *sub, m, -s, -* trumpeter

Tropen, *sub, nur Mehrz.* tropics; **~anzug** *sub, m, -s, -züge* tropical suit; **~fieber** *sub, n, -s, -* tropical fever; **~klima** *sub, n, -s, -s oder -te* tropical climate

Tropf, *sub, m, -s, Tröpfe (med.)* drip; *(ugs.) am Tropf hängen* be on the drip; *(ugs.) armer Tropf!* poor devil!

Trophäe, *sub, f, -, -n* trophy

Troposphäre, *sub, f, -, nur Einz.* troposphere

Tross, *sub, m, -es, -e* baggage train; *(i. ü. S.) einen großen Tross mit sich führen* have a crowd of followers; **~knecht** *sub, m, -s, -e (hist.)* wagoner; *(mil.)* baggage servant; **~schiff** *sub, n, -s, -e* supply ship

Trost, *sub, m, -es, nur Einz.* comfort, consolation; *(ironisch) das ist ein*

schwacher Trost some comfort that is; *(ugs.)* nicht recht bei Trost sein be out of one´s mind; **trösten (1)** *vr,* cheer up (2) *vt,* comfort, console; **tröstlich** *adj,* comforting, consoling; **trostlos** *adj,* desolate, hopeless; **~losigkeit** *sub, f, -, nur Einz.* desolateness, hopelessness; **~spruch** *sub, m, -s, -sprüche* comforting words; **Tröstung** *sub, f, -, -en* comfort, consolation

tröten, *vti,* screech

Trott, *sub, m, -s, -e (i. ü. S.)* routine; *(Gangart)* trot

Trottel, *sub, m, -s, - (ugs.)* fod; **trottelhaft** *adj,* awkward, clumsy; **trotteln** *vi,* trot; **trotten** *vi,* trot along

Trottoir, *sub, n, -s, -e und -s* pavement; *(US)* sidewalk

trotz, (1) *präp,* despite, in spite of (2) **Trotz** *sub, m, -es, nur Einz.* defiance; *(Boshaftigkeit)* spite; *aus purem Trotz* out of sheer spite; *etwas zum Trotz* in defiance of something; **~dem** *adv,* nevertheless; **~en** *vi,* be awkward, defy; **~ig** *adj,* defiant; **~köpfig** *adj,* defiant; *(eigensinnig)* obstinate

Trotzkismus, *sub, m, -, nur Einz.* Trotskyism; **Trotzkist** *sub, m, -en, -en* Trotskyist

Troubadour, *sub, m, -s, -e und -s* troubadour

trüb, *adj,* *(Flüssigkeit)* muddy; *(glanzlos)* dim; *(Himmel)* cloudy; *(Stimmung)* gloomy; *in trüber Stimmung sein* be in gloomy mood; *(ugs.)* *trübe Tasse!* drip!; *trüben Zeiten entgegensehen* foresee gloomy days; **~en (1)** *vr,* grow cloudy (2) *vt,* dim; *(i. ü. S.; Freude)* spoil; *(i. ü. S.) er sieht aus, als könne er kein Wässerchen trüben* he looks as if butter would not melt in his mouth; *kein Wölkchen trübte den Himmel* not a cloud obscured the sky; **Trübheit** *sub, f, -, nur Einz.* cloudiness, dimness

Trubel, *sub, m, -s, nur Einz.* hurly-burly

Trübsal, *sub, f, -, -e* affliction; *(Kummer)* sorrow; *(i. ü. S.) Trübsal blasen* mope; **trübselig** *adj,* *(betrübt)* gloomy; *(trostlos)* bleak; **Trübsinn** *sub, m, -s, nur Einz.* gloom, melancholy; **trübsinnig** *adj,* gloomy, me-

lancholy; **Trübung** *sub, f, -, -en* cloudiness, dulling

Truck, *sub, m, -s, -s* truck

trudeln, *vi,* spin

Trüffel, *sub, f, -, -n* truffle; **~wurst** *sub, f, -, -würste* truffled sausage

Trug, *sub, m, -s, nur Einz. (Fantasiegebilde)* delusion; *(Täuschung)* deceit; **~bild** *sub, n, -s, -er* delusion; **trügen (1)** *vi,* be deceptive (2) *vt,* deceive; *der Schein trügt* appearances are deceptive; *wenn mich nicht alles trügt* unless I´m very much mistaken; **trügerisch** *adj,* *(betrügerisch)* deceitful; *(irreführend)* deceptive; **~gebilde** *sub, n, -, -* delusion; *(Erscheinung)* phantom; **~schluss** *sub, m, -es, -schlüsse* fallacy

Truhe, *sub, f, -, -n* chest; **~ndeckel** *sub, m, -s, -* chest lid

Trimmer, *sub, Mz. (Gebäude-)* ruins; *(Schutt)* rubble; *(Überreste)* remnants; *in Trümmer gehen* be ruined; *in Trümmern liegen* be in ruins; **~feld** *sub, n, -s, -er* expanse of rubble; *(i. ü. S.)* scene of devastation; **~flora** *sub, f, -, -ren* ruderal flora; **trümmerhaft** *adj,* fragmentary

Trumpf, *sub, m, -es, Trümpfe* trump; *(i. ü. S.) alle Trümpfe in der Hand haben* hold all the trumps; *(i. ü. S.) Herz ist Trumpf* hearts are trumps; **trumpfen** *vti,* trump; **~farbe** *sub, f, -, -n* trump (suit); **~karte** *sub, f, -, -n* trump (card); **~könig** *sub, m, -s, -e* king of trumps

Trunk, *sub, m, -es, Trünke* drink; **trunken** *adj,* drunk; *(geh.)* intoxicated; **~enbold** *sub, m, -es, -de* drunkard; **~enheit** *sub, f, -, nur Einz.* drunkenness; *(geh.)* intoxication; *Trunkenheit am Steuer* drunkenness at the wheel; *(jur.) wegen Trunkenheit am Steuer* for drunken driving; **~sucht** *sub, f, -, nur Einz.* alcoholism; **trunksüchtig** *adj,* addicted to drink

Trupp, *sub, m, -s, Trupps* bunch; *(Arbeits-)* troop; *(Polizei)* squad; **~e** *sub, f, -, -n (Einheit)* unit; *(mil.)* troop; *(i. ü. S.) er ist nicht gerade von der schnellen Truppe* he´s pretty slow on the uptake; *(mil.)*

kämpfende Truppe combat element; **~en** *sub, f, -, nur Mehrz.* troops; *(mil.)* armed forces; **~enabbau** *sub, m, -s, nur Einz.* force reduction; **~enabzug** *sub, m, -s, -züge* withdrawal of troops; **~enarzt** *sub, m, -es, -ärzte* medical officer; **~enteil** *sub, m, -s, -e* formation, unit; **~enunterkunft** *sub, f, -, -künfte* barracks, quarters; **truppweise** *adv*, in gangs, in squads
Truthahn, *sub, m, -es, -hähne* turkey cock; **Truthenne** *sub, f, -, -nen* turkey hen
Tschako, *sub, m, -s, -s* shako
Tscheche, *sub, m, -n, -n* Czech; **tschechisch** *adj*, Czech
Tscherkesse, *sub, m, -n, -n* Circassian; **Tscherkessin** *sub, f, -, -nen* Circassian
Tschetschene, *sub, m, -n, -n* Chechenian
Tschibuk, *sub, m, -s, -s* chibouk
Tsetsefliege, *sub, f, -n, -gen* tsetse fly; **Tsetseplage** *sub, f, -, -n* tsetse plague
T-Shirt, *sub, n, -s, -s* T-shirt
Tuba, *sub, f, -, Tuben* tuba
Tube, *sub, f, -, -n* tube; *(i. ü. S.)* auf die Tube drücken* put one´s foot down
Tuberkel, *sub, m, -s, -s* tubercle; **tuberkulös** *adj*, tuberculous; **Tuberkulose** *sub, f, -, -n* tuberculosis
tubulär, *adj*, tubular; **Tubus** *sub, m, -, Tuben oder -se* tube
Tuch, *sub, n, -es, Tücher* cloth; *(Hals-)* scarf; *(i. ü. S.)* wie ein rotes Tuch wirken* be like a red rag to a bull; **~bahn** *sub, f, -, -en* length of cloth; **~fühlung** *sub, f, -, -en* close touch; *auf Tuchfühlung gehen* move closer; *Tuchfühlung haben mit jemandem* be in close touch with someone; **Tüchlein** *sub, n, -s, -* little scarf; **~macher** *sub, m, -s, -* clothworker
tüchtig, *adj*, efficient; *(fähig)* capable; *(fleissig)* good; *jemanden tüchtig verprügeln* give someone a good hiding; *tüchtig arbeiten* work hard; *tüchtig essen* eat heartily; **Tüchtigkeit** *sub, f, -, -* ability, efficiency
Tücke, *sub, f, -, -ken* malice, spite; *das hat seine Tücken* that´s rather intricate; *das ist die Tücke des Objekts!* things have a will of their own; **tükkisch** *adj*, *(boshaft)* malicious; *(gefährlich)* treacherous
Tüftelarbeit, *sub, f, -, -en* fiddly job;

Tüftelei *sub, f, -, nur Einz.* fiddly job; **tüfteln** *vi*, fiddle, puzzle over sth; **Tüftler** *sub, m, -s, -* *(ugs.)* fiddler
Tugend, *sub, f, -, -den* virtue; *(i. ü. S.)* auf dem Pfad der Tugend wandeln* follow the path of virtue; *(i. ü. S.)* aus der Not eine Tugend machen* make a virtue of necessity; **~bold** *sub, m, -es, -de* paragon of virtue; **tugendhaft** *adj*, virtuous; **~heldin** *sub, f, -, -nen* paragon of virtue
Tukan, *sub, m, -s, -e* tucan
Tüll, *sub, m, -s, -e* tulle; **~gardine** *sub, f, -, -n* lace curtain; **~schleier** *sub, m, -s, -* tulle veil; **~vorhang** *sub, m, -es, -hänge* lace curtain
Tulpe, *sub, f, -, -pen* tulip
Tumor, *sub, m, -s, -en* tumo(u)r
Tümpel, *sub, m, -s, -* pool
Tumult, *sub, m, -s, -e* commotion, tumult
Tumulus, *sub, m, -, Tumuli* tumulus
Tun, (1) *sub, n, -s, nur Einz.* conduct, doing; *(Tat)* deed **(2) tun** *vti*, do; *mein ganzes Tun* everything I do; *Sagen und Tun ist zweierlei* saying is one thing and doing another, *alle Hände voll zu tun haben* have one´s hands full with something; *(ugs.)* das Auto tut es nicht mehr* the car has had it; *er tut nur so* he´s only pretending; *es zu tun bekommen mit* get into trouble with; *gesagt, getan* no sooner said than done; *sein möglichstes tun* do one´s best; *zu tun haben* be busy
Tünche, *sub, f, -, -chen* whitewash; *(i. ü. S.; äußerer Anstrich)* veneer; **tünchen** *vt*, whitewash
Tundra, *sub, f, -, Tundren* tundra
tunen, *vt*, tune; **Tuner** *sub, m, -s, -* tuner; **Tuning** *sub, n, -s, -s* tuning
Tunfisch, *sub, m, -es, -e* tuna (fish)
Tunichtgut, *sub, m, -s, -te* good-for-nothing
Tunika, *sub, f, -, Tuniken* tunic
Tunke, *sub, f, -, -ken* sauce; *(Braten-)* gravy; **tunken** *vt*, dip
Tunlichkeit, *sub, f, -, -en* advisability
Tunnel, *sub, m, -s, -s* tunnel
Tunte, *sub, f, -, -n* *(ugs.; Homosexueller)* fairy; *(ugs.; zimperliche Frau)* prude; **tuntig** *adj*, prudish
tüpfeln, *vt*, dot, spot; **Tupfen (1)**

sub, m, -s, - dot, spot (2) **tupfen** vt, dab; **Tupfer** sub, m, -s, - swab
Turban, sub, m, -s, -e turban; **turbanartig** adj, turban-like
Turbellarie, sub, f, -, -n flatworm
Turbine, sub, f, -, -n turbine; **~nhaus** sub, n, -es, -häuser power house
Turbolader, sub, m, -s, - turbocharger
turbulent, adj, turbulent; **Turbulenz** sub, f, -, -en turbulence
Turf, sub, m, -s, -s turf
Türflügel, sub, m, -s, - wing of a door; **Türgriff** sub, m, -s, -e door handle
Türke, sub, m, -n, -n Turk; **~i** sub, f, -, nur Einz. Turkey; **~npfeife** sub, f, -, -n chibouk; **~nsäbel** sub, m, -s, - Turkish scimitar; **türkisch** adj, Turkish; **Türkischrot** sub, n, -s, nur Einz. Turkey red
türkis, (1) adj, turquoise (2) **Türkis** sub, m, -es, -e turquoise; **~farben** adj, turquoise; **~farbig** adj, turquoise; **turkisieren** vt, turkicize; **turkmenisch** adj, Turkmenian; **Turksprache** sub, f, -, -n Turkic language
Turm, sub, m, -s, Türme tower; (Kirch-) steeple; (Schach) castle; **~alin** sub, m, -s, -e tourmaline; **Türmchen** sub, n, -s, - turret; **~drehkran** sub, m, -es, -krähne tower crane; **türmen** (1) vi, (i. ü. S.; flüchten) take to one´s heels (2) vr, tower (3) vt, pile up; **turmhoch** adj, lofty, towering; **~springen** sub, n, -s, nur Einz. high diving; **~wächter** sub, m, -s, - look-out
Turn, sub, m, -s, -s turn; **~en** (1) sub, n, -s, nur Einz. gymnastics (2) **turnen** vi, do gymnastics; (herum-) climb about; **~er** sub, m, -s, - gymnast; **~erei** sub, f, -, nur Einz. - gymnastics; **~erschaft** sub, f, -, -en gymnastic club; **~fest** sub, n, -es, -e gymnastic festival; **~halle** sub, f, -, -n gymnasium; (ugs.) gym; **~hemd** sub, n, -s, -en gym shirt; **~hose** sub, f, -, -n gym shorts
Turnier, sub, n, -s, -e (Tanz-) competition; (Wettkampf) tournament; **~pferd** sub, n, -s, -e competition horse
Turnkleidung, sub, f, -, -en gym outfit; **Turnlehrer** sub, m, -s, - gym teacher; **Turnschuh** sub, m, -s, -e gym shoe; (US) sneaker; **Turnstunde** sub, f, -, -n gym lesson; **Turnunterricht** sub, m,

-, nur Einz. gymnastic intruction
Turnus, sub, m, -, -se rotation; **turnusmäßig** (1) adj, regular (2) adv, **~y** rotation; **Turnzeug** sub, n, -s, -e gym outfit; (ugs.) gym things
Türschließer, sub, m, -s, - (Person) doorkeeper; (tech.) door check; (Theater etc.) commissionaire; **Türschwelle** sub, f, -, -n sill, threshold; **Türspalt** sub, m, -s, -e crack of the door; **Türsteher** sub, m, -s, - (Gericht) usher; (Hotel) concierge; **Türstock** sub, m, -s, -stöcke doorframe; (arch.) architrave
Tusch, sub, m, -s, -e flourish
Tusche, sub, f, -, -n Indian ink; (Wimpern-) mascara
Tuschelei, sub, f, -, -en whispering; **tuscheln** vi, whisper
tuschen, vt, colour-wash, draw in Indian ink; (Kosmetik) put mascara on; **tuschieren** vt, touch up; **Tuschkasten** sub, m, -s, -kästen paintbox; **Tuschzeichnung** sub, f, -, -en pen-and-ink drawing
Tüte, sub, f, -, -n bag; in Tüten verpacken put in bags; (i. ü. S.) kommt nicht in die Tüte! no way!; (i. ü. S.) Tüten kleben do time
Tutel, sub, f, -, -en guardianship
Tutor, sub, m, -s, -en tutor
Tuttifrutti, sub, n, -s, -s tutti-frutti
Tweed, sub, m, -s, -s und -e tweed
Twen, sub, m, -s, -s young man/woman in his/her twenties
Twinset, sub, n, -s, -s twinset
Typ, sub, m, -s oder -en, -en type; (Art) kind, sort; (Modell) model; (ugs.) dein Typ wird verlangt! you're wanted!; er ist nicht mein Typ he´s not my type; (vulg.) kaputter Typ bum; **~e** sub, f, -, -n (ugs.; Person) character; (Scheibmaschinen-) type
typhös, adj, typhous
Typhus, sub, m, -, nur Einz. typhoid fever
Typik, sub, f, -, -en typology
typisch, adj, characteristic, typical; **typisieren** vt, (Charakter) stylize; (Produkte) standardize
Tyrann, sub, m, -en, -en tyrant; **~ei** sub, f, -, -en tyranny; **tyrannisch** adj, tyrannical; **tyrannisieren** vt, tyrannize

U

U-Bahn, *sub, f, -, -en* underground; *(US)* subway; **~-Netz** *sub, n, -es, -e* underground system; *(US)* subway system

übel, (1) *adj,* bad; *(böse)* wicked; *(körperlich)* nasty **(2)** *adv,* badly **(3)** *sub, n, -s, -* evil; *(ugs.)* ein übler Bursche a bad lot; *in eine üble Lage geraten* fall on evil days; *mir ist übel!* I feel sick!; *nicht übel!* not bad!; *wohl oder übel* willy-nilly, *das kleinere (größere) Übel* the lesser (greater) evil; *das Übel an der Wurzel packen* get down to the root of the grievance; *~* **nehmen** *vti,* take amiss; *ich nehme es dir nicht übel* I don´t blame you for it; *nehmen Sie es mir nicht übel, aber* don´t take it amiss but; *~* **wollen** *vi,* wish so ill; **Übelkeit** *sub, f, -, -en* nausea, sickness; **Übelnehmerei** *sub, f, -, -en* resentfulness; **Übelsein** *sub, n, -s, nur Einz.* sickness; **Übelstand** *sub, m, -s, -stände* evil, ill; **Übeltäter** *sub, m, -s, -* wrongdoer; **Übeltäterin** *sub, f, -, -nen* wrongdoer

üben, *vti,* exercise, practise; *Geduld üben* be patient; *Kritik an jemandem üben* criticize someone

über, (1) *adv,* all over **(2)** *präp, (betreffend)* about; *(darüber hinaus)* beyond; *(mittels)* via; *(oberhalb)* above; *(räumlich)* over; *bis über beide Ohren* up to one´s ears; *ein Buch über Bäume* a book on trees; *ein Scheck über 100 DM* a cheque for 100 DM; *Fehler über Fehler* one mistake after another; *über achtzig Jahre alt* past eighty; *über den Dingen stehen* be above it all; *über Frankfurt nach Berlin* via Frankfurt to Berlin; *~all* *adv,* all over, everywhere; *überall und nirgends* here, there and everywhere; **Überalterung** *sub, f, -, -en* superannuation; **Überangebot** *sub, n, -s, -e* surplus; *~anstrengen* **(1)** *vr,* overexert **(2)** *vt,* overstrain; *~antworten* **(1)** *vr,* surrender **(2)** *vt,* entrust, hand over; *~arbeiten* **(1)** *vr,* overwork **(2)** *vt,* go over; *(Buch)* revise; **Überarbeitung** *sub, f, -, -en* overwork; *(Aufsatz etc.)* revision

überaus, *adv,* exceedingly, extremely; **Überbau** *sub, m, -s, nur Einz. (Brücke etc.)* superstructure; *(vorstehender Teil)* projecting part; **überbehalten** *vt,* keep sth over; **Überbein** *sub, n, -s, -e* ganglion; **überbekommen** *vt,* grow weary of sth; **überbelasten** *vt,* overload; **überbelegen** *vt,* overcrowd; **Überbelegung** *sub, f, -, -en* overcrowding; **überbelichten** *vt,* overexpose; **Überbelichtung** *sub, f, -, -en* overexposure; **Überbeschäftigung** *sub, f, -, -en* overemployment; **überbetonen** *vt,* overstress; *(Körperteil)* overaccentuate; **Überbetonung** *sub, f, -, -en* overaccentuation, overstress

überbewerten, *vt,* overvalue; *(i. ü. S.)* overrate; *(i. ü. S.)* sie haben seine Fähigkeiten überbewertet they have overrated his abilities; *wollen wir das doch nicht überbewerten!* let´s not attach too much importance to this!; **überbezahlen** *vt,* overpay, pay too much; **überbietbar** *adj,* overbiddable; **überbieten (1)** *vr,* surpass o.s. **(2)** *vt,* make a higher bid, overbid; *das ist nicht mehr zu überbieten!* that beats everything!; *einen Rekord überbieten* beat a record; **Überbietung** *sub, f, -, -en* overbid; **Überbiss** *sub, m, -es, -e* overbite; **überblatten** *vt,* (Bauholz) rebate; *(Schienen)* scarf; **Überblattung** *sub, f, -, -en* scarf; **überbleiben** *vi,* be left over, remain; **Überbleibsel** *sub, n, -s, -* remain, remnant

überblenden, *vi,* cut, dissolve; **Überblendung** *sub, f, -, -en* cut, fade effect; **Überblick** *sub, m, -s, -* general view; *(Abriss)* survey; *den Überblick verlieren* lose track; *sich einen Überblick verschaffen über* get a general idea of; **überblicken** *vt,* overlook; *(i. ü. S.)* have a view of; *(i. ü. S.) das lässt sich noch nicht überblicken* I cannot say as yet; *(i. ü. S.) es lässt sich leicht überblicken* it can be seen at a glance; **überbringen** *vt,* deliver; **Überbringer** *sub, m, -s, - (wirt.)* bearer; **Überbringung** *sub, f, -, -en* delivery; **überbrückbar** *adj, (Gegensätze)* reconcilable; *(Zeitspanne)* bridgeable;

überbrücken *vt*, bridge; **Überbrük-kung** *sub*, *f*, -, -en *(Gegensätze)* reconciliation; *(Überführung)* bridge; **Überbürdung** *sub*, *f*, -, -en overburdening **Überdach**, *sub*, *n*, -s, -dächer roof; **überdachen** *vt*, roof over; ~ung *sub*, *f*, -, -en roofing; **überdecken** *vt*, cover (over); **Überdeckung** *sub*, *f*, -, -en cover(ing); **überdehnen** *vt*, overstretch; **Überdehnung** *sub*, *f*, -, -en *(Gelenk)* hyperextension; *(Muskel)* strain; **überdenken** *vt*, consider, think over; *etwas noch einmal überdenken* reconsider something; **überdeutlich** *adj*, more than clear; **überdies** *adv*, *(außerdem)* moreover; *(ohnehin)* anyway; **überdimensional** *adj*, oversize; **Überdosis** *sub*, *f*, -, -dosen over-dose; **überdrucken** *vt*, overprint; **Überdruss** *sub*, *m*, -es, - *(Übersättigung)* surfeit; *(Widerwille)* aversion; **überdrüssig** *adj*, weary of sth **überdüngen**, *vt*, over-fertilize; **Überdüngung** *sub*, *f*, -, -en over-fertilization; **überdurchschnittlich** *adj*, above average; **übereignen** *vt*, convey; **übereilen** *vt*, hurry, rush; *nur nichts übereilen!* don´t rush things!; **übereilt** *adj*, rash; *(voreilig)* premature; *(zu eilig)* hasty; **übereinander** *adv*, on top of each other; *(einander betreffend)* about each other; **übereinkommen** *vi*, agree; **Übereinkunft** *sub*, *f*, -, -künfte agreement, arrangement; **übereinstimmen** *vi*, *(Daten etc.)* correspond; *(Personen)* agree; *(zusammenpassen)* match; **Übereinstimmung** *sub*, *f*, -, -en *(Meinungen)* agreement; **Übereinstimmung** *sub*, *f*, -, -en *(Einklang)* correspondence **übererfüllen**, *vt*, overfulfil; **Überernährung** *sub*, *f*, -, - hyperalimentation; **übererregbar** *adj*, overexcitable; **überfahren (1)** *vi*, cross over (2) *vt*, *(Boot etc.)* take across; *(Tier etc.)* run over; **Überfahrt** *sub*, *f*, -, -en crossing; **Überfall** *sub*, *m*, -s, -fälle assault; *(Bank-)* holdup; *(i. ü. S.; unerwartetes Auftauchen)* invasion; *einen Überfall auf jemanden machen* carry out an attack on someone; *keine Bewegung, das ist ein Überfall!* freeze, this is a holdup!; **überfallen** *vt*, assault;

(Bank) hold-up; *(i. ü. S.; unerwartet)* descend upon; *(i. ü. S.) jemanden mit Fragen überfallen* bombard someone with questions; *(i. ü. S.) tiefe Traurigkeit überfiel ihn* he was overcome by deep sadness; **Überfallhose** *sub*, *f*, -, -n knickerbockers; **überfällig** *adj*, overdue; **Überfallkommando** *sub*, *n*, -s, -s flying squad **Überfangglas**, *sub*, *n*, -es, -gläser flashed glass; **überfeinern** *vt*, overrefine; **Überfischung** *sub*, *f*, -, -en overfishing; **überfleißig** *adj*, overdiligent; **überfliegen** *vt*, fly over; *(i. ü. S.)* glace over; **überfließen** *vi*, overflow; *sein Herz fließt vor Liebe über* his heart is overflowing with love; **Überflug** *sub*, *m*, -es, -flüge flight (across); **überflügeln** *vt*, *(i. ü. S.)* outstrip; **Überflüglung** *sub*, *f*, -, -en outstripping **Überfluss**, *sub*, *m*, -es, - abundance; *im Überfluss leben* live in luxury; *im Überfluss vorhanden* in plentiful supply; *zu allem Überfluss* superfluously; **überflüssig** *adj*, *(entbehrlich)* superfluous; *(unnötig)* unnecessary; **überfluten** *vt*, *(absichtlich)* flood; *(Damm etc.)* overflow; **Überflutung** *sub*, *f*, -, -en flood, overflow; **überfordern** *vt*, *(geistig)* ask too much of so; *(körperlich)* overtax; **überfrachten** *vt*, overfreight; **überfremden** *vt*, foreignize; **überfressen** *vr*, oveeat; *(ugs.) sich an etwas überfressen* gorge oneself on something; **überfrieren** *vi*, freeze over; **überführen** *vt*, transfer; *(jur.)* convict; **Überführung** *sub*, *f*, -, -en *(Brücke)* bridge; *(jur.)* conviction; *(Transport)* transport **überfüllen**, *vt*, overfill; **überfüllt** *adj*, overcrowded; *(Lager)* overstocked; **Überfüllung** *sub*, *f*, -, -en overcrowding; **Überfunktion** *sub*, *f*, -, -en hyperactivity; **Überfütterung** *sub*, *n*, -s, - overfeeding; **Übergabe** *sub*, *f*, -, -n handing over; *(Waren etc.)* delivery; **Übergang** *sub*, *m*, -s, -gänge crossing; *(Grenz-)* checkpoint; **übergangslos** *adv*, infinitely; **Übergangszeit** *sub*, *f*, -, -en transitional period; **Übergardine** *sub*, *f*, -, -n curtain; *(US)* drape

übergeben, (1) *vr, (erbrechen)* vomit (2) *vt,* hand over
übergehen, (1) *vi,* go over; *(verändern)* change into (2) *vt, (auslassen)* skip; *(übersehen)* overlook; *in jemandes Besitz übergehen* become someone´s property; *jemandes Einwände übergehen* ignore someone´s objections; *(i. ü. S.) seine Augen gingen ihm über* his eyes were almost popping out of his head; *zum Angriff übergehen* take the offensive; *zum nächsten Punkt übergehen* go on to the next point; **übergenau** *adj,* overprecise; **übergeordnet** *adj, (Bedeutung)* primary; *(Behörde)* superior; *von übergeordneter Bedeutung* of overriding significance; **Übergewicht** *sub, n, -es, nur Einz.* overweight; *(i. ü. S.)* predominance; *an Übergewicht leiden* be overweight; *(i. ü. S.) das Übergewicht bekommen* become predominant; **übergewichtig** *adj,* overweight; **übergießen** *vt, (Soße)* pour over; *(verschütten)* spill; **Übergießung** *sub, f, -, -en* affusion; **Übergipsung** *sub, f, -, -en* overplastering; **überglücklich** *adj,* overjoyed; **übergreifen** *vi, (ineinander)* overlap; *(unberechtigt)* encroach; *(verbreiten)* spread; **übergroß** *adj,* oversized; *(riesig)* huge; *(sehr groß)* extra large; **Übergröße** *sub, f, -, -n* oversize
überheblich, *adj,* arrogant; **Überheblichkeit** *sub, f, -, -en* arrogance; **überhitzen** *vt,* overheat; **Überhitzung** *sub, f, -, -en* overheating; **überholen** *vt,* overtake; *(ausbessern)* overhaul; **überholen verboten!** no passing!; **Überholspur** *sub, f, -, -en* overtaking lane; **überhören** *vt,* not to hear; *(absichtlich)* ignore; **überirdisch** *adj, (himmlisch)* heavenly; *(übernatürlich)* supernatural; **überkleiden** *vt,* line over; *(täfeln)* wainscot; **überklettern** *vt,* climb over; **überkochen** *vi,* boil over; **überkommen** *vt,* come over; *es überkam mich ganz plötzlich, daß* it suddenly struck me that; *Furcht überkam mich* I was overcome with fear; **überkreuzen** *vt,* cross **überkriegen,** *vt,* get fed up with, get sick of; **überkrusten** *vt,* crust (over); **überladen** *vt,* overload; *(i. ü. S.)* clutter; **Überlagerung** *sub, f, -, -en* over-laying; *(tech.)* superimposition; **Überlandbahn** *sub, f, -, -en* interurban railway; *(Zug)* intercity train; **Überlandbus** *sub, m, -ses, -se* interurban coach; **überlang** *adj,* extra long; **überlappen** *vr,* overlap; **Überlappung** *sub, f, -, -en* overlap; **überlassen** *vt,* let so have sth; *(anheimstellen)* leave it up to so; *(übriglassen)* leave; *sie überließen es ihm widerstandslos* they let him have it without resistance; *das bleibt Ihnen überlassen* that´s up to you; *jemanden sich selbst überlassen* leave someone to his own devices; **Überlassung** *sub, f, -, -en* abandonment
überlasten, *vt, (Person)* overtax; *(tech.)* overload; **Überlastung** *sub, f, -, -en (Person)* overstrain; *(tech.)* overload; **Überlauf** *sub, m, -es, -läufe* overflow; **überlaufen** (1) *adj,* overcrowded (2) *vi,* overflow, run over; **Überläufer** *sub, m, -s, - (mil.)* deserter; *(polit.)* turncoat; **überlaut** *adj,* overloud; *(geh.)* stentorious; **überleben** (1) *vt,* outlive (2) *vti,* survive; *(i. ü. S.) überlebe ich nicht!* that´ll be the death of me!; *(i. ü. S.; ironisch) du wirst es schon überleben* it won´t kill you; **Überlebende** *sub, m, -n, -n* survivor; **Überlebensgröße** *sub, f, -, -n* larger than life
überlegen, (1) *adj,* superior (2) *vi, (nachdenken)* think (3) *vt,* put over; *(durchdenken)* think over; *ein überlegener Sieg* a convincing victory, *das wäre zu überlegen* it´s worth thinking about; *hin und her überlegen* deliberate; *lass mich mal überlegen* now let me think; *sie hat es sich anders überlegt* she has changed her mind, *das werde ich mir überlegen* I´ll give it some thought; **Überlegenheit** *sub, f, -, nur Einz.* superiority; *(Hochmut)* superciliousness; **überlegt** *adj,* considered; **Überlegung** *sub, f, -, -en* consideration, thought; *das wäre eine Überlegung wert* that is worth thinking about; *eine Überlegung anstellen* make observations; **Überleitung** *sub, f, -, -en* transition; **überlesen** *vt, (flüchtig lesen)* glance through; *(übersehen)* over-

look; **überliefern** *vt*, hand down; **Überlieferung** *sub, f, -, -en* tradition; **überlisten** *vt*, outwit; **Überlistung** *sub, f, -, -en* dupery; **Übermacht** *sub, f, -, -mächte* superior strength; *(Gefühle)* predominance; **übermächtig** *adj*, superior **übermalen,** *vt*, paint over; **übermannen** *vt*, overcome; *der Schlaf übermannte ihn* sleep overcame him; *die Rührung hat ihn übermannt* he was overcome with emotion; **übermäßig** *adj*, excessive; **Übermensch** *sub, m, -en, -en* superman; **übermenschlich** *adj*, superhuman; **Übermikroskop** *sub, n, -s, -e* electron microscope; **übermitteln** *vt*, convey, transmit; **Übermittlung** *sub, f, -, -en* conveyance; *(tech.)* transmission; **übermorgen** *adv*, day after tomorrow; **übermüdet** *adj*, overtired; **Übermut** *sub, m, -s, nur Einz.* high spirits; *(Mutwille)* mischief; **übermütig** *adj*, high-spirited **übernachten,** *vi*, stay overnight; **Übernachtung** *sub, f, -, -en* overnight stay; *Übernachtung mit Frühstück* bed and breakfast; *was berechnen Sie für die Übernachtung?* what do you charge for the night?; **Übernahme** *sub, f, -, -n (Amts-)* assumption; *(Meinung etc.)* adoption; *(wirt.)* takeover; **übernatürlich** *adj*, supernatural; **übernehmen** (1) *vr*, take on too much (2) *vt*, take-over; *(Amt)* assume; *sich finanziell übernehmen* overreach oneself; *(i. ü. S.)* **übernimm dich nicht!** don´t strain yourself!, *ein Amt von jmd übernehmen* take over an office from so **Überordnung,** *sub, f, -, -en* superordination; **überparteilich** *adj*, cross-bench, non-party; **überpflanzen** *vt*, bed out, transplant; **überpinseln** *vt*, paint over; **Überproduktion** *sub, f, -, -en* overproduction; **überprüfbar** *adj*, verifiable; **überprüfen** *vt*, check; *(Maschine)* inspect; *(Situation etc.)* examine; **Überprüfung** *sub, f, -, -en* check, examination, inspection; **überquellen** *vi*, overflow **überqueren,** *vt*, cross; **Überquerung** *sub, f, -, -en* crossing, traverse; **überragen** (1) *vi*, *(überstehen)* protrude (2) *vt*, *(größer sein)* tower above; *(i. ü. S.; übertreffen)* outshine; **überra-**

schen *vt*, surprise; *(ugs.) lassen wir uns überraschen* let´s wait and see; *sie wurden von einem Gewitter überrascht* they were caught in a storm; **überraschend** *adj*, surprising; **Überraschung** *sub, f, -, -en* surprise; **Überreaktion** *sub, f, -, -en* overreaction; **überrechnen** *vt*, calculate; **überreden** *vt*, persuade; **Überredung** *sub, f, -, -en* persuasion; **überregional** *adj*, nationwide; **überreichen** *vt*, hand over; *(feierlich)* present; **Überreichung** *sub, f, -, -en* presentation **überreif,** *adj*, overmature, overripe; **Überreizung** *sub, f, -, -en (Fantasie)* overexcitement; *(Nerv etc.)* overstrain; **Überrest** *sub, m, -s, -e* remains; **überrieseln** *vt*, irrigate; **Überrieslung** *sub, f, -, -en* irrigation; **Überrock** *sub, m, -s, -röcke* overcoat; **überrumpeln** *vt*, take by surprise; *jemanden mit einer Frage überrumpeln* throw someone with a question; **Überrumplung** *sub, f, -, -en* surprise; *(mil.)* surprise attack; **überrunden** *vt*, *(i. ü. S.)* outstrip; *(spo.)* lap; **Überrundung** *sub, f, -, -en* lapping **übersatt,** *adj*, glutted; **übersättigen** *vt*, supersaturate; **Übersäuerung** *sub, f, -, -en* superacidification; **Überschallflugzeug** *sub, n, -s, -e* supersonic aircraft; **Überschallgeschwindigkeit** *sub, f, -, nur Einz.* supersonic speed; **überschatten** *vt*, overshadow; **überschätzen** *vt*, overestimate, overrate; **überschaubar** *adj*, visible at a glance; **überschauen** *vt*, overlook; *(i. ü. S.)* see; **überschäumen** *vi*, foam over; *(i. ü. S.)* brim over; *(i. ü. S.) vor Freude überschäumen* bubble over with joy; *(i. ü. S.) vor Wut überschäumen* fume with rage; **überschießen** (1) *vi*, *(Flüssigkeit)* overflow; *(Summe)* be in excess (2) *vt*, *(mil.)* overshoot; **überschlafen** *vt*, sleep on **überschlagen,** (1) *vr*, turn over; *(Stimme)* crack (2) *vt*, *(Beine)* cross; *(berechnen)* estimate roughly; *(weglassen)* skip; *ich hatte mich mehrmals überschlagen* I had gone head over heels several times;

seine Beine überschlagen cross one´s legs; **überschneiden** *vr*, intersect; *(i. ü. S.)* overlap; **überschneien** *vt*, snow; **überschnell** *adj*, superfast; **überschreiben** *vt*, write over; *(betiteln)* head; *(übertragen)* sign over; **überschreien** *vt*, shout down; **überschreiten** *vt*, cross; *(i. ü. S.; Maß)* exceed; *die zulässige Höchstgeschwindigkeit überschreiten* exceed the speed limit; *sie hat die Vierzig schon überschritten* she´s past fourty already; **Überschrift** *sub, f, -, -en* heading; *(Schlagzeile)* headline; **Überschuh** *sub, m, -s, -e* overshoe; **überschuldet** *adj*, heavily indebted; **Überschuss** *sub, m, -es, -schüsse* surplus; **überschüssig** *adj*, surplus; **überschütten** *vt*, cover with, shower; **Überschwang** *sub, m, -s, nur Einz.* exuberance **überschwemmen**, *vt*, flood, overflow; **Überschwemmung** *sub, f, -, -en* flood, overflow; **Übersee** *sub, nur Einz.* overseas; **Überseehafen** *sub, m, -s, -häfen* transatlantic harbour; **übersehen** *vt*, look over; *(ignorieren)* overlook; *bei der Übersetzung habe ich ein Wort übersehen* I left a word out in the translation; *die Lage übersehen* be in full command of the situation; *man kann ihn nicht übersehen* he cannot be missed; **übersenden** *vt*, send; *(Geld)* remit; *hiermit übersenden wir Ihnen* enclosed please find; **Übersendung** *sub, f, -, -en* sending; *(Geld)* remittance **übersetzbar**, *adj*, translatable; **übersetzen (1)** *vi*, ferry across **(2)** *vti*, translate; **Übersetzerin** *sub, f, -, -nen* translator; **Übersetzung** *sub, f, -, -en (sprachlich)* translation; *(tech.)* transmission; **Übersicht** *sub, f, -, -en (Überblick)* overall view; *(Zusammenfassung)* survey; **übersichtig** *adj*, farsighted; *(tt)* hyperopic; **übersichtlich** *adj (klar)* clear; *(leicht überschaubar)* easy to survey; **übersiedeln** *vi, (auswandern)* emigrate; *(umziehen)* move; **Übersiedler** *sub, m, -s, -* emigrant; **Übersiedlung** *sub, f, -, -en (Auswanderung)* emigration; *(Umzug)* move **übersinnlich**, *adj*, supersensory; *(übernatürlich)* supernatural; **überspannen** *vt*, span; *(zu stark spannen)* overstrain; *(i. ü. S.) den Bogen überspannen* overstep the mark; *eine neue Brücke überspannt den Fluss* a new bridge spans the river; **überspannt** *adj*, eccentric; *(Ansicht etc.)* extravagant; **überspielen** *vt*, re-record; *(i. ü. S.; Fehler)* cover (up); **Überspielung** *sub, f, -, -en* re-recording; **überspitzen** *vt*, exaggerate; **Überspitzung** *sub, f, -, -en* exaggeration, oversubtlety; **übersprechen** *vt*, cross talk; **überspringen** *vt, (auslassen)* skip; *(spo.)* jump; *(i. ü. S.) zwischen ihnen sprang der Funke über* something clicked between them; **übersprudeln** *vi*, bubble over **Überständer**, *sub, m, -s, -* holdover; **überständig** *adj*, declining, overmature; **überstehen (1)** *vi*, jut out; *(durchstehen)* get through **(2)** *vt*, get through; *(überleben)* survive; *das wäre überstanden!* thank heavens, that´s over!; *(ugs.; ironisch) du wirst es schon überstehen!* you ´ll survive it; **übersteigbar** *adj*, surpassable; **übersteigen** *vt*, climb over; *(i. ü. S.)* exceed; *(i. ü. S.) das übersteigt alles!* that beats all!; *(i. ü. S.) jemandes Erwartungen übersteigen* exceed someone´s expectations; **übersteigern** *vt*, exaggerate, go too far; **Übersteigung** *sub, f, -, -en* exaggeration; **überstellen** *vt*, put over; **Überstellung** *sub, f, -, -en* commitment **überstempeln**, *vt*, postmark; *(entwerten)* cancel; **übersteuern** *vi*, oversteer; **überstimmen** *vt, (Antrg etc.)* vote down; *(Person)* outvote; **Überstimmung** *sub, f, -, -en* outvoting; **überstrahlen** *vt*, illuminate; *(i. ü. S.)* outshine; **überstreifen** *vt*, slip on; **überstreuen** *vt*, sprinkle, strew; **überströmen** *vi*, overflow, run over; *(i. ü. S.) von Tränen überströmen* brim with tears; *(i. ü. S.) vor Freude überströmen* exult with joy; **Überstrumpf** *sub, m, -s, -strümpfe* gaiter; **überstülpen** *vt*, clap on; **Überstunde** *sub, f, -, -n* overtime; **überstürzen (1)** *vr, (Ereignisse)* happen in a rush **(2)** *vt*, rush into; *die Ereignisse überstürzen sich* the news happen in a rush; *nur nichts überstürzen!* don´t let´s rush into anything!; **Überstürzung** *sub,f, -, -en* rush; *nur keine Überstürzung!* easy does it!; **Überteuerung** *sub,f, -, -en* overcharging **übertreiben,** *vt,* exaggerate; *(zu weit treiben)* overdo; *man kann es auch übertreiben* you can overdo things; **Übertreibung** *sub,f, -, -en* exaggeration; **übertreten (1)** *vi,* go over; *(Gesetz)* break; *(spo.)* overstep **(2)** *vt,* *(Grenze)* cross; **Übertretung** *sub,f, -, -en* violation; **übertrieben** *adj,* exaggerated; *(unmäßig)* excessive; **übertrumpfen** *vt, (i. ü. S.)* outdo; *(Kartenspiel)* overtrump; **übertünchen** *vt,* whitewash; *(i. ü. S.)* cover up **übervölkern,** *vt,* overpopulate; **Übervölkerung** *sub,f, -, -en* overpopulation; **übervoll** *adj,* overfull; *(ugs.; Menschen)* cram-full; **übervorteilen** *vt,* overcharge; **überwach** *adj,* tensely awake; **überwachen** *vt, (beobachten)* keep an eye on; *(kontrollieren)* supervise; **überwachsen (1)** *adj,* overgrown **(2)** *vt,* overgrow; **Überwachung** *sub, f, -, -en (Kontrolle)* supervision; *(Verdächtige)* surveillance; **überwältigen** *vt,* overpower; *(i. ü. S.; Angst)* overcome; *(i. ü. S.; Schönheit)* overwhelm; **überwältigend** *adj,* overwhelming; **überwechseln** *vt,* change over; **Überweg** *sub, m, -s, -e* crossing **überweisen,** *vt, (Geld)* transfer; *(Patienten)* refer; **Überweisung** *sub, f, -, -en (Geld)* transfer; *(Patienten)* referral; **überweit** *adj,* extra wide; **überwerfen (1)** *vr,* fall out **(2)** *vt, (Kleidung)* throw on; **Überwerfung** *sub, f, -, -en* overpass; **Überwertung** *sub, f, -, -en* overvaluation; **überwiegen (1)** *vi,* predominate **(2)** *vt,* outweigh; **überwiegend** *adj,* predominant; **überwindbar** *adj,* superable; *(Feind)* vincible; **überwinden (1)** *vr,* overcome one´s inclinations **(2)** *vt,* get over, overcome; **Überwindung** *sub,f, -, -en* effort; *(Selbst-)* willpower **überwintern,** *vi,* winter; *(Tiere)* hibernate; **Überwölbung** *sub,f, -, -en* arch, vault; **überwuchern** *vt,* overgrow; **Überwurf** *sub, m, -s, -würfe* wrapper; *(US)* robe; **Überzahl** *sub, f, -, nur Einz.* majority; **überzählig** *adj,* *(überflüssig)* superfluous; *(über-*

schüssig) surplus; *(übrig)* spare; **Überzahlung** *sub, f, -, -en* overcharge; **überzeichnen** *vt, (i. ü. S.; Charakter)* overdraw; *(wirt.)* oversubscribe **überzeugen,** *vt,* convince, persuade; *überzeugen Sie sich selbst davon!* go and see for yourself!; **~d** *adj,* convincing; **Überzeugung** *sub, f, -, -en* conviction; **überziehen (1)** *vr,* put sth on **(2)** *vt,* *(bedecken)* cover; *(Konto)* overdraw; *ein Bett frisch überziehen* change a bed; *ein Land mit Krieg überziehen* turn a country into a battlefield; *einen Kuchen mit Schokolade überziehen* ice a cake with chocolate; *Wolken überziehen den Himmel* clouds are covering the sky; **Überzieher** *sub, m, -s, - (ugs.; Kondom)* French letter; *(Übermantel)* topcoat; **überzüchtet** *adj,* overbred; **überzuckern** *vt,* ice; *(US)* frost; **Überzug** *sub, m, -s, -züge (Bett etc.)* cover; *(Metall-)* coating **ubiquitär,** *adj,* ubiquitous **üblich,** *adj,* *(allg.)* usual; *(herkömmlich)* customary; *(normal)* normal; *allgemein üblich* be common practice; *das ist bei uns so üblich* that´s usual for us; **~erweise** *adv,* normally, usually **U-Boot,** *sub, n, -e, -e* submarine; **~-Krieg** *sub, m, -s, -e* submarine warfare **übrig,** *adj,* left (over), remaining; *ein übriges tun* do one more thing; *(i. ü. S.) für jemanden etwas übrig haben* have a soft spot for someone; *(i. ü. S.) für jemanden nichts übrig haben* have no time for someone; *im Übrigen* by the way; **~ lassen** *vt,* leave; *zu wünschen übrig lassen* leave something to be desired; **~ens** *adv,* by the way, incidentally **Übung,** *sub, f, -, -en* practice; *(spo.)* exercise; *alles nur eine Sache der Übung* it all comes with practice; *aus der Übung* out of practice; *in der Übung bleiben* keep in practice; *Übung macht den Meister* practice makes perfect; **~sanzug** *sub, m, -s, -züge* tracksuit; **~sarbeit** *sub, f, -, -en* exercise; **übungshalber** *adv,*

for practice; **~splatz** *sub, m, -es, -plätze* training ground; **~sstück** *sub, n, -s, -e* exercise
Ufer, *sub, n, -s, -* (*Fluss-*) bank; (*See-*) shore; **~böschung** *sub, f, -, -en* embankment; **uferlos** *adj,* boundless; *die Debatte ging ins Uferlose* the debate went on and on; *die Kosten gehen ins Uferlose* the costs are going up and up; **~schwalbe** *sub, f, -, -n* bank swallow
Uhr, *sub, f, -, -en* (*Armband-*) watch; (*Wand-*) clock; *meine Uhr geht genau* my watch keeps exact time; *meine Uhr geht vor (nach)* my watch is fast (slow); *nach meiner Uhr* by my watch; *um wieviel Uhr?* at what time?; *wieviel Uhr ist es?* what time is it?; **~enkasten** *sub, m, -s, -kästen* clock case; **~kette** *sub, f, -, -n* watch chain; **~macher** *sub, m, -s, -* watchmaker; **~macherei** *sub, f, -, -en* watchmaking; (*Werkstätte*) watchmaker´s workshop; **~macherin** *sub, f, -, -nen* watchmaker; **~werk** *sub, n, -s, -e* clockwork; **~zeit** *sub, f, -, -en* time; *haben Sie die genaue Uhrzeit?* do you have the correct time?
Uhu, *sub, m, -s, -s* eagle-owl
Ukas, *sub, m, -ses, -se* ukase
Ukulele, *sub, f, n, -, -n* ukulele
Ulan, *sub, m, -en, -en* lancer, uhlan
Ulk, *sub, m, -s, -e* lark; (*Scherz*) joke; *etwas aus Ulk tun* do something as a joke; *seinen Ulk mit jemandem treiben* play jokes on someone; **ulken** *vi,* lark (around); **ulkig** *adj,* funny; **~nudel** *sub, f, -, -n* queer bird; **~us** *sub, n, -, Ulzera* ulcus
Ulme, *sub, f, -, -n* elm
ultimativ, *adj,* in the form of an ultimatum; **Ultimatum** *sub, n, -s, -ten* ultimatum; **Ultimo** *sub, m, -s, -s* end of month
Ultra, *sub, m, -s, -s* extremist, ultra; **~schall** *sub, m, -s, nur Einz.* ultrasound; **ultraviolett** *adj,* ultraviolet
Ulzeration, *sub, f, -, -en* ulceration; **ulzerieren** *vi,* ulcerate; **ulzerös** *adj,* ulcerous
um, (1) *adv,* (*ungefähr*) about **(2)** *konj,* (*final*) in order to **(3)** *präp,* around; (*Maß*) about, by, for; (*Zeit*) at; *sich ängstigen um* be worried about; *wann fährst du in den Urlaub?- so um Ostern* when are you

going on holidays?- about Easter, *er ging ins Nebenzimmer um zu telefonieren* he went into the next room in order to make a phone call, *die Touristen sammelten sich um den Führer* the tourists gathered around the guide; *um den Tisch herum sitzen* sit around the table; *es geht mir nicht um Geld* I´m not concerned about money; *um ein Haar* by a hair; *um einen Kopf größer* taller by a head; *um alles in der Welt* for anything in the world; *um Himmels willen* for heaven´s sake; *um 6 Uhr* at six o´clock; *um jeden Preis* at any rate; **~ändern** *vt,* alter; (*modifizieren*) modify; **~arbeiten** *vt,* alter; (*Buch etc.*) revise; **Umarbeitung** *sub, f, -, -en* modification, revision; **~armen** *vt,* embrace, hug; **Umarmung** *sub, f, -, -en* embrace, hug; **Umbau** *sub, m, -s, -ten* rebuilding, renovation; *wegen Umbaus geschlossen!* closed for renovations!; **~bauen** *vt,* rebuild, renovate; **Umbenennung** *sub, f, -, -en* rename
Umbesetzung, *sub, f, -, -en* (*polit.*) reshuffle; (*Theater*) recast; **umbetten** *vt,* transfer so to another bed; **umbiegen (1)** *vi,* turn round **(2)** *vt,* bend; **umbilden** *vt,* (*polit.*) reshuffle; (*Verwaltung*) reorganize; **umbinden** *vt,* put on; **umblasen** *vt,* blow down
Umbra, *sub, f, -, -* umber
umbrechen, *vt,* break down; **umbringen** *vt,* kill; (*i. ü. S.*) *dieses endlose Warten bringt mich noch um!* this endless waiting will be the death of me!; (*i. ü. S.*) *sich vor Höflichkeit fast umbringen* fall over oneself to be polite; **Umbruch** *sub, m, -s, -brüche* radical change; (*Schriftstück*) makeup; **umbuchen** *vt,* (*Reise*) alter one´s booking; (*wirt.*) transfer; **umdenken (1)** *vi,* change one´s view **(2)** *vt,* rethink; **umdeuten** *vt,* re-interpret; **umdirigieren** *vt,* re-direct; **umdisponieren** *vi,* change one´s arrangements, re-plan; **umdrehen (1)** *vr,* turn round **(2)** *vt,* turn over; (*i. ü. S.*) *dem Spieß umdrehen* turn the tables; *jmd den Arm umdrehen* twist so´s arm; **Umdrehung** *sub, f,*

-, -en *(allg.)* turn; *(Motor)* revolution; *(phy.)* rotation
umeinander, *adv,* about each other; *(räumlich)* round each other; **Umerziehung** *sub, f, -, -en* re-education; **umfahren** *vt,* drive round; *(niederfahren)* run down; **umfallen** *vi,* fall down; *(ugs.; ohnmächtig werden)* pass out; *verwundet/tot umfallen* bite the dust; **Umfang** *sub, m, -s, -fänge (i. ü. S.; Ausmaß)* extent; *(Größe)* size; *(Kreis-)* perimeter; *in großem Umfang* on a large scale; *in vollem Umfang* fully; **umfangen** *vt,* clasp; *(i. ü. S.)* envelope; *(i. ü. S.) Dunkelheit umfing sie* darkness enveloped them; **umfangmäßig** *adv,* extensively; **umfangreich** *adj, (dick)* voluminous; *(Studien etc.)* extensive; **umfangsmäßig** *adv,* voluminously; **umfärben** *vt,* dye sth a different colour
umfassen, *vt,* clasp; *(umarmen)* embrace; **~d** *adj,* comprehensive; *(weitreichend)* extensive; **Umfeld** *sub, n, -s, -er* surrounding field; **umformen** *vt,* remodel; *(tech.)* convert; **Umformer** *sub, m, -s, -* converter; **umformulieren** *vt,* re-formulate; **Umfrage** *sub, f, -, -n* survey; *(Meinungs-)* opinion poll; **umfrieden** *vt,* enclose; **Umfriedigung** *sub, f, -, -en* enclosure; *(Zaun)* fence; **umfüllen** *vt,* decant; **umfunktionieren** *vt,* turn sth into sth
Umgang, *sub, m, -s, Umgänge* intercourse; *(Bekanntenkreis)* acquaintances; *(Umzug)* procession; *ich habe so gut wie keinen Umgang mit ihm* I have little to do with him; *im Umgang mit* in dealing with; **~sform** *sub, f, -, -en* manner; **~ssprache** *sub, f, -, -n* colloquial speech; **umgarnen** *vt,* ensnare; **Umgaukelung** *sub, f, -, -en* fluttering (a)round; **Umgebung** *sub, f, -, -en* surroundings; *(Umwelt)* environment; **umgehen (1)** *vi, (behandeln)* handle; *(Gerücht etc.)* circulate; *(Verordnung etc.)* circumvent **(2)** *vt, (herumgehen)* go round; *es geht das Gerücht um, daß* the rumour circulates that; *hier geht ein Gespenst um* this place is haunted; *mit jmd grob umgehen* treat so roughly; **umgehend** *adj,* immediate; **Umgehung**

sub, f, -, -en circumvention; *(Straße)* detour
umgeben, *vt,* surround, wall
umgekehrt, *adj, (gegenteilig)* contrary; *(Reihenfolge)* reverse; **umgestalten** *vt, (ändern)* alter; *(umbilden)* remodel; **Umgestaltung** *sub, f, -, -en* alteration, modification; **umgraben** *vt,* dig over; **umgreifen** *vt,* clasp; **umgrenzen** *vt,* border; **umgruppieren** *vt,* rearrange, regroup; **umhacken** *vt,* cut down, fell; **umhalsen** *vt,* hug; **Umhang** *sub, m, -s, -hänge* cape; **umhängen** *vt,* put on; **Umhängetasche** *sub, f, -, -n* shoulder bag; **Umhängetuch** *sub, n, -s, -tücher* shawl
umhauen, *vt,* cut down, fell; *(i. ü. S.)* knock out; **umher** *adv,* about, around; **umherblicken** *vi,* glance around, look about; **umherfahren** *vi,* drive around; **umherfliegen** *vi,* fly around; **umherirren** *vi,* wander around; *(Blicke)* roam about; **umherlaufen** *vi,* run around; **umherliegen** *vi,* lie around; **umherreisen** *vi,* travel around; **umhertragen** *vi,* carry around; **umherziehen** *vi,* wander around; **umhinkommen** *vi,* be not able to avoid sth; **umhinkönnen** *vi,* be not able to avoid sth
umhüllen, *vt,* cover, wrap; **umjubeln** *vt,* cheer so enthusiastically; **Umkehr** *sub, f, -, nur Einz.* turning back; **umkehren (1)** *vi,* turn back **(2)** *vt, (Situation)* overturn; **Umkehrung** *sub, f, -, -en* reversal; *(mat.)* inversion; **umkippen (1)** *vi, (ugs.; ohnmächtig werden)* pass out **(2)** *vt, (Gegenstand)* fall over **(3)** *vti,* tip over; **umklammern** *vt,* clasp; *(Boxen)* clinch; **Umklammerung** *sub, f, -, -en* clutch; *(Boxen)* clinch
Umlage, *sub, f, -, -n* apportioned fee; *(Versicherungswesen)* contribution; **umlagern** *vt, (mil.)* besiege; *(Waren)* re-store; **Umland** *sub, n, -s, nur Einz.* environs; **Umlauf** *sub, m, -s, -läufe (Erd-)* revolution; *(Geld-)* circulation; **umlaufen (1)** *vi,* circulate **(2)** *vt, (umrennen)* knock over; **Umlaufmittel** *sub, n, -s, -* currency; **Umlaufzeit** *sub, f, -,*

umleiten

-en period of circulation; **Umlaut** sub, m, -s, -e umlaut, vowel mutation; **Umlegekragen** sub, m, -s, -krägen turn-down collar; **umlegen** vt, (tech.) re-lay; (ugs.; töten) bump off; (umhängen) put round

umleiten, vt, divert; **Umleitung** sub, f, -, -gen detour, diversion; **umlenken** vt, turn sth round; **umlernen** vi, retrain; (i. ü. S.; Ansichten ändern) change one´s view; **umliegend** adj, surrounding; **Ummantelung** sub, f, -, -en encasement, jacket; **ummodeln** vt, (Form) remodel; (Person) change; **ummünzen** vt, (i. ü. S.) cash in; (neu prägen) recoin; **umnachtet** adj, mentally disturbed; **umnebeln** vt, becloud, daze; **umnieten** vt, knock down

umpflügen, vt, plough up; **umquartieren** vt, move so to another accommodation; (mil.) requarter; **umrahmen** vt, frame; **Umrahmung** sub, f, -, -en frame; **umranden** vt, edge sth with sth; (Fehler etc.) mark with a circle; **umrangieren** vt, shunt; **umranken** vt, twine (a)round; **umräumen** vt, (anders anordnen) rearrange; (umstellen) shift; **umrechnen** vt, convert; **umreißen** vt, tear down; (grob darstellen) outline; **umrennen** vt, run down; **umringen** vt, surround

Umriss, sub, m, -es, -risse outline; ~**linie** sub, f, -, -n outline, skyline; ~**zeichnung** sub, f, -, -en contour drawing; **umrühren** vt, stir; **umrunden** vt, (astron.) orbit; (spo.) lap; **umrüsten** vt, (mil.) re-equip; (tech.) re-set; **umsatteln** (1) vi, (i. ü. S.) switch (2) vt, resaddle; **Umsattelung** sub, f, -, -en switching

Umsatz, sub, m, -es, -sätze turnover; ~**steuer** sub, f, -, -n sales tax; **umsäumen** vt, (nähen) edge; (umgeben) line; **Umschaffung** sub, f, -, -en transformation; **umschalten** vt, switch over; **Umschaltung** sub, f, -, -en changeover; **umschatten** vt, surround with shadow; **Umschau** sub, f, -, nur Einz. review; Umschau halten look around; **umschauen** vr, look around; **umschichten** vt, repile; (i. ü. S.) rearrange; **umschichtig** adv, alternately, in turns; **Umschichtung** sub, f, -, -en rearrangement, shifting

Umschlag, sub, m, -s, -schläge (Brief-) envelope; (Hülle) cover; **umschlagen** (1) vi, (Wetter) change (2) vt, (Ärmel) tuck up; (Kragen) turn down; (Seite) turn over; ~**tuch** sub, n, -s, -tücher shawl; **umschleichen** vt, creep around; **umschließen** vt, enclose, surround; **Umschließung** sub, f, -, -en enclosure; **umschlingen** vt, (Person) embrace; (Pflanze) twine round; **Umschlingung** sub, f, -, -en embrace, twisting; **umschmeißen** vt, knock flying; (ugs.) das schmeißt meine Pläne um that mucks my plans up; **umschmelzen** vt, remelt; **Umschmelzung** sub, f, -, -en remelt

umschnallen, vt, buckle on; **umschreiben** vt, (Besitz) transfer; (mit anderen Worten ausdrücken) paraphrase; (Text) rewrite; **Umschreibung** sub, f, -, -en (mit Worten) paraphrase; (wirt.) transfer; **umschrieben** adj, circumscribed; **Umschuldung** sub, f, -, -en conversion (of a debt); **umschulen** vt, retrain; (Schulwechsel) transfer to another school; **Umschülerin** sub, f, -, -nen retrainee; **Umschulung** sub, f, -, -en retraining; **umschwärmen** vt, idolize; von Verehrern umschwärmt besieged by admirers; **Umschweife** sub, f, -, nur Mehrz. nur in Anwendungen; ohne Umschweife etwas sagen say something bluntly; **umschwenken** vi, change one´s mind; **umschwirren** vt, buzz round

Umschwung, sub, m, -s, -schwünge change, reversal; **umsegeln** vt, sail round; **umsehen** vr, look around; sich in der Stadt umsehen have a look around the town; sich in der Welt umsehen see something of the world; **umseitig** adj, overleaf; **umsetzen** vt, (Pflanze) transplant; (wirt.) turn over; etwas in die Tat umsetzen translate something into action; **Umsetzung** sub, f, -, -en (chem.) transformation; (tech.) transposition; **Umsicht** sub, f, -, nur Einz. circumspection, prudence; **umsichtig** adj, circumspect, prudent; **umsiedeln** vi, resettle; **Umsiedelung** sub, f, -, -en resettlement; **Umsiedler** *sub, m, -s, -* resettler; **Umsiedlerin** *sub, f, -, -nen* resettler; **Umsiedlung** *sub, f, -, -en* resettlement

umsinken, *vi,* sink to the ground; *vor Müdigkeit umsinken* drop with exhaustion; **umsonst** *adv, (erfolglos)* without success; *(ohne Bezahlung)* for nothing; *(vergeblich)* in vain; *das hast du nicht umsonst getan!* you´ll pay for that!; *(i. ü. S.) umsonst ist nur der Tod* you don´t get anything for nothing in the world; **umsorgen** *vt,* care for, look after; **umspannen** *vt, (i. ü. S.; räumlich)* encompass; *(Strom)* transform; **Umspannwerk** *sub, n, -s, -e* transformer plant; **umspringen** *vt, (Hindernis)* leap round; *(Wind)* veer round; *mit jmd grob umspringen* treat so roughly; *so können Sie mit mir nicht umspringen!* you can´t push me around like that!; **umspulen** *vt,* rewind; **umspülen** *vt,* wash round

Umstand, *sub, m, -s, -stände* circumstance; *(Tatsache)* fact; *ein unvorhergesehener Umstand* something unforeseen; *(geh.) in anderen Umständen sein* be pregnant; *machen Sie sich meinetwasegen keine Umstände!* don´t trouble yourself on my account; *unter keinen Umständen* under no circumstances; *unter Umständen* circumstances permitting; **umständlich** *adj, (schwerfällig)* awkward; *(verwickelt)* intricate; *(weitschweifig)* long-winded; *sei doch nicht so umständlich!* don´t make such heavy weather of everything; ~**skleid** *sub, n, -s, -er* maternity dress; ~**ssatz** *sub, m, -es, -sätze* adverbial clause; ~**swort** *sub, n, -s, -wörter* adverb; **umsteigen** *vi,* change; **Umsteiger** *sub, m, -s, -* transfer (ticket); **Umsteigkarte** *sub, f, -, -n* transfer (ticket); **umstellen (1)** *vr,* change one´s lifestyle **(2)** *vt,* surround; *(Hebel)* switch over; *(Möbel etc.)* rearrange; **Umsteuerung** *sub, f, -, -en (Einrichtung)* reversing mechanism; *(Vorgang)* reversion; **umstimmen** *vt,* change so´s mind; *er lässt sich nicht umstimmen* he´s not to be persuaded; *jemanden umstimmen* change someone´s mind

umstoßen, *vt,* knock over; *einen My-*

thos/Aberglauben/eine Theorie umstoßen explode a myth/superstition/theory; **umstritten** *adj,* controversal; **umstülpen** *vt,* turn inside out, turn upside down; **Umsturz** *sub, m, -es, -stürze* coup ´état, overthrow; **umstürzen (1)** *i,* fall **(2)** *vt,* overturn; *(polit.)* overthrow; **Umstürzler** *sub, m, -s, -* revolutionary; **Umstürzlerin** *sub, f, -, -nen* revolutionary; **umstürzlerisch** *adj,* revolutionary, subversionary

umtanzen, *vt,* dance round; **umtaufen** *vt,* rechristen, rename; **Umtausch** *sub, m, -s od. -es, -e* exchange; **umtauschen** *vt,* exchange; **umtopfen** *vt,* repot; **Umtrieb** *sub, m, -s, -e* intrigue; **Umtriebe** *sub, Mz.* intrigues, subversive activities; **umtun (1)** *vr,* stir oneself **(2)** *vt,* put on; **Umverpackung** *sub, f, -, -en* repacking; **umverteilen** *vt,* shift; **Umverteilung** *sub, f, -, -en* shifting; **Umwälzanlage** *sub, f, -, -n* circulation equipment

umwälzen, *vt,* roll round; *(i. ü. S.)* revolutionize; **Umwälzpumpe** *sub, f, -, -n* circulating pump; **umwandeln** *vt,* change, convert; *eine Freiheitsstrafe in eine Geldstrafe umwandeln* commute a prison sentence into a fine; *sie ist wie umgewandelt* she´s a different person; **Umwandelung** *sub, f, -, -en* conversion, transformation; **umwechseln** *vt, (Geld)* change; *(Währung)* exchange; **Umwechslung** *sub, f, -, -en* exchange; **Umweg** *sub, m, -s, -e* detour; *(i. ü. S.)* roundabout way; *(absichtlich) einen Umweg machen* make a detour, *(unabsichtlich)* go a long way round; **Umwelt** *sub, f, -, nur Einz.* environment

Umwelteinfluss, *sub, m, -es, -einflüsse* environmental influence; **Umweltfaktor** *sub, m, -s, -en* environmental factor; **Umweltpapier** *sub, n, -s, -e* non-polluting paper; **Umweltsünder** *sub, m, -s, -* polluter

umwenden, (1) *vr,* turn round **(2)** *vt,* turn over; **umwerben** *vt,* court; **umwerfen** *vt,* overturn; *(i. ü. S.;*

ändern) upset; **umwerfend** *adj,* fantastic; *(ugs.) seine Leistungen waren nicht gerade umwerfend* his achievements were no great shakes; *(ugs.) umwerfend komisch* screamingly funny; **umwickeln** *vt,* wrap round; **umwinden** *vt,* entwist; **umwohnend** *adj,* neighbouring; **umwölken (1)** *vr,* cloud over **(2)** *vt, (verdüstern)* darken; **umzäunen** *vt,* fence round; **Umzäunung** *sub, f, -, -en* fence; **umziehen (1)** *vi,* move **(2)** *vr,* change one´s clothes; **umzingeln** *vt,* encircle, surround; **Umzingelung** *sub, f, -, -en* encirclement
Umzug, *sub, m, -s od. -es, -züge* move, removal; *(Festzug)* parade; **umzugshalber** *adv,* for removal; **~skosten** *sub, nur Mehrz.* removal expenses
unabsehbar, *adj, (Folgen)* unforeseeable; *(Schaden)* immeasurable; **unabsichtlich** *adj,* unintentional; **unabweisbar** *adj,* unrefusable; **unabweislich** *adj,* irrefusable, unrefusable; **unabwendbar** *adj,* inevitable; **unachtsam** *adj,* inattentive; *(unvorsichtig)* careless
unähnlich, *adj,* dissimilar, unlike; **unanfechtbar** *adj,* incontestable; **unangebracht** *adj,* inappropriate, unsuitable; **unangefochten** *adj,* unchallenged; **unangemeldet** *adj,* unannounced; *(Besucher)* unexpected; **unangemessen** *adj, (unvernünftig)* unreasonable; *(unzulänglich)* inadequate; **unangenehm** *adj,* unpleasant; *er kann unangenehm werden* he can get quite nasty; *unangenehm berührt sein von etwas* be embarrassed by something; **unangepasst** *adj,* inapt, unfitting; **unangetastet** *adj,* untouched; **unangreifbar** *adj,* unassailable; **unannehmbar** *adj,* unacceptable; **Unannehmlichkeit** *sub, f, -, -en (Schwierigkeit)* trouble; *(Unbequemlichkeit)* inconvenience; *Unannehmlichkeiten bekommen* get into trouble
unansehnlich, *adj,* unsightly; *(Person)* plain; **unanständig** *adj, (Kleidung)* indecent; *(obszön)* dirty; **unantastbar** *adj,* untouchable; *(Person)* unimpeachable; **unappetitlich** *adj,* unappetizing; **unartig** *adj,* naughty; **Unartigkeit** *sub, f, -, nur Einz.* naughtiness; **unartikuliert**

adj, unarticulated; **unästhetisch** *adj,* unaesthetic; **unauffällig** *adj,* unobtrusive; **unauffindbar** *adj,* nowhere to be found
unaufgefordert, (1) *adj,* unsolicited **(2)** *adv,* without being asked; **unaufgeklärt** *adj, (Irrtum)* unclarified; *(unwissend)* uninformed; *(Verbrechen)* unsolved; **unaufhaltbar** *adj,* unstoppable; *(unerbittlich)* inexorable; **unaufhaltsam** *adj,* unstoppable; *(unerbittlich)* inexorable; **unaufhörlich** *adj,* incessant; **unauflösbar** *adj,* unsolvable; **unauflöslich** *adj,* indissoluble; *(chem.)* insoluble; **unaufmerksam** *adj,* inattentive; **unaufrichtig** *adj,* insincere; **unaufschiebbar** *adj,* urgent; *die Angelegenheit ist unaufschiebbar* the matter can´t be put off; **unausbleiblich** *adj,* inevitable
unausdenkbar, *adj,* unimaginable; **unausführbar** *adj,* impracticable; **unausgefüllt** *adj, (Formular)* blank; *(Person)* unfulfilled; **unausgeglichen** *adj,* unbalanced; *(Person)* moody; **unausgegoren** *adj, (i. ü. S.)* immature; *(ugs.)* half-baked; **unausgesetzt** *adj,* constant, incessant; **unauslöschlich** *adj,* indelible; **unausrottbar** *adj,* ineradicable
unaussprechlich, *adj,* unpronounceable; *(i. ü. S.)* unspeakable; **unausstehlich** *adj,* intolerable; **unaustilgbar** *adj,* indelible; *(Schuld)* inexpiable; **unausweichlich** *adj,* unavoidable; **unbändig** *adj, (ausgelassen)* boisterous; *(ungezügelt)* unrestrained
unbar, *adv,* by cheque, by credit card; **~mherzig** *adj,* merciless; **unbeabsichtigt** *adj,* unintentional; **unbeachtet** *adj,* unnoticed; *etwas unbeachtet lassen* let something pass; **unbeachtlich** *adj,* irrelevant; **unbearbeitet** *adj,* untreated; **unbebaut** *adj, (Feld)* uncultivated; *(Grundstück)* vacant; **unbedacht** *adj,* thoughtless; **unbedachtsam** *adj,* thoughtless; **unbedenklich** *adj,* completely harmless; **unbedeutend** *adj,* insignificant, unimportant; **unbedingt (1)** *adj,* absolute; *(bedingungslos)*

implicit **(2)** *adv*, absolutely; *das ist nicht unbedingt nötig* that´s not absolutely necessary; *du musst unbedingt dieses Buch lesen* you really must read this book **unbeeinflusst**, *adj*, unaffected, uninfluenced; **unbefahrbar** *adj*, impassable; **unbefangen** *adj*, *(natürlich)* natural; *(ungehemmt)* uninhibited; **Unbefangenheit** *sub, f, -, nur Einz.* naturalness; *(Unparteilichkeit)* impartiality; **unbefleckt** *adj*, undefiled; *(geh.; bibl.) die Unbefleckte Empfängnis Mariens* the Immaculate Conception of Mary; **unbefriedigt** *adj*, unsatisfied; **unbefristet** *adj*, unlimited; **unbefugt** *adj*, unauthorized; **Unbefugte** *sub, m, -n, -n* trespasser, unauthorized person; *Zutritt für Unbefugte verboten!* no trespassing!; **unbegabt** *adj*, untalented; **Unbegabtheit** *sub, f, -, nur Einz.* lack of talent; **unbegreiflich** *adj*, incomprehensible **unbegrenzt**, *adj*, unlimited; **unbegründet** *adj*, groundless, unfounded; **Unbehagen** *sub, n, -s, nur Einz.* *(körperlich)* discomfort; *(seelisch)* uneasiness; **unbehaglich** *adj*, *(körperlich)* uncomfortable; *(seelisch)* uneasy; **unbehelligt** *adj*, unmolested; **unbeherrscht** *adj*, uncontrolled; *(zügellos)* unrestrained; **unbehilflich** *adj*, unpractical; **unbehindert** *adj*, unhindered, unobstructed; **unbeholfen** *adj*, awkward, clumsy; **unbeirrt** *adv*, unwaveringly **unbekannt**, *adj*, unknown; *das ist mir unbekannt* I don´t know that; *er ist hier unbekannt* he´s a stranger here; *unbekanntes Flugobjekt* unidentified flying object (UFO); **Unbekannte** *sub, f, -n, -n* unknown person; *f,n, -n, -n (Fremder)* stranger; **unbekleidet** *adj*, bare; **unbekümmert** *adj*, lighthearted, unconcerned; *seien Sie ganz unbekümmert!* don´t worry!; **unbelebt** *adj*, inanimate; *(leblos)* lifeless; **unbelehrbar** *adj*, fixed in one´s views; **unbeleuchtet** *adj*, unilluminated; **unbelichtet** *adj*, unexposed; **unbeliebt** *adj*, unpopular; **unbemittelt** *adj*, impecunious; poor; **unbenutzbar** *adj*, unusable; **unbeobachtet** *adj*, unobserved; *in einem unbeobachteten Augenblick* when nobody was looking **unbequem**, *adj*, *(lästig)* inconvenient; *(ungemütlich)* uncomfortable; **unberechenbar** *adj*, unpredictable; **unberechtigt** *adj*, unauthorized **unberufen**, -, knock on wood!; **unbeschadet** *präp*, notwithstanding, regardless of; **unbeschädigt** *adj*, undamaged; **unbescheiden** *adj*, immodest, presumptuous; **unbescholten** *adj*, respectable; **Unbescholtenheit** *sub, f, -, nur Einz.* blamelessness; **unbeschrankt** *adj*, without gates; **unbeschränkt** *adj*, unlimited, unrestricted; **unbeschreiblich** *adj*, indescribable **unbeschützt**, *adj*, helpless, unprotected; **unbeschwert** *adj*, carefree, lighthearted; **unbesehen** *adv*, indiscriminately; **unbesiegbar** *adj*, invincible; **unbesieglich** *adj*, invincible, unconquerable; **unbesonnen** *adj*, rash, thoughtless; **unbespielbar** *adj*, unplayable; **unbeständig** *adj*, *(Person)* unsteady; *(Wetter)* changeable; **unbestätigt** *adj*, unconfirmed; **unbestechlich** *adj*, incorruptible **unbestimmbar**, *adj*, indeterminable; *(undefinierbar)* undefinable; **unbestimmt** *adj*, *(ungewiss)* uncertain; *(unklar)* vague; *(Zeitraum)* indefinite; *auf unbestimmte Zeit* for an indefinite period; *etwas unbestimmt lassen* leave something open; **unbestreitbar** *adj*, unquestionable; *(Tatsache)* indisputable; **unbestritten** *adj*, undisputed; *es ist unbestritten, dass* nobody denies that; **unbeteiligt** *adj*, *(gleichgültig)* indifferent; *(nicht teilnehmend)* uninvolved; **unbetont** *adj*, unstressed; **unbeträchtlich** *adj*, inconsiderable, insignificant; *eine nicht unbeträchtliche Summe* quite a considerable amount; **unbeugsam** *adj*, inflexible; *(willensstark)* inexorable; **unbewaffnet** *adj*, unarmed; **unbewältigt** *adj*, unconquered, unmastered **unbeweglich**, *adj*, *(bewegungslos)* motionless; *(nicht bewegbar)* immovable; **unbewegt** *adj*, motionless; *(i. ü. S.; ungerührt)* unmoved; **unbewohnbar** *adj,* uninhabitable; **unbewusst** *adj,* unconscious; **unbezahlbar** *adj, (äußerst nützlich)* invaluable; *(i. ü. S.; unersetzlich)* priceless; *(zu teuer)* exorbitantly expensive; *(i. ü. S.; treu) sie ist einfach unbezahlbar!* she´s worth her weight in gold!; **unbezähmbar** *adj,* uncontrollable, unrestrainable; **unbezwingbar** *adj, (Berg etc.)* unconquerable; *(Gegner)* invincible **Unbill,** *sub, f, -, nur Einz.* injustice, wrong; **unbillig** *adj,* unfair; *(ungerecht)* inequitable; **unblutig** *adj,* unbloody; **unbotmäßig** *adj, (Person)* insubordinate; *(Verhalten)* disorderly; **unbrauchbar** *adj,* useless; *(nicht zu verwenden)* unusable; **unbußfertig** *adj,* impenitent; **unchristlich** *adj,* unchristian **Undank,** *sub, m, -s, nur Einz.* ingratitude; *Undank ernten* get little thanks; **undankbar** *adj, (Aufgabe)* thankless; *(Person)* ungrateful; **undenkbar** *adj,* unthinkable; **Undercoveragent** *sub, m, -en, -en* undercover agent; **Underdog** *sub, m, -s, -s (ugs.)* underdog; **underdressed** *adj,* inadequately dressed; **Understatement** *sub, n, -s, -s* understatement; **undeutlich** *adj,* indistinct **Unding,** *sub, n, -s od. -es, -e* absurdity; *es ist ein Unding zu sagen, daß* it´s preposterous to say that **undiskutabel,** *adj,* undiscussable; **undiszipliniert** *adj,* undisciplined; **undogmatisch** *adj,* undogmatic; **undramatisch** *adj,* undramatic; **undulatorisch** *adj,* undulatory; **unduldsam** *adj,* intolerant; **undurchdringlich** *adj,* impenetrable; *(Miene)* inscrutable; **undurchsichtig** *adj, (Glas etc.)* non-transparent; *(i. ü. S.; Person)* obscure **uneben,** *adj,* uneven; *(rauh)* rough; *(i. ü. S.) gar kein so unebener Bursche, dieser* not a bad sort, this; **unecht** *adj,* false; *(künstlich)* artificial; *(vorgetäuscht)* fake; **unehelich** *adj,* illegitimate; **unehrenhaft** *adj,* dishonourable; **unehrerbietig** *adj,* disrespectful; **unehrlich** *adj,* dishonest; **uneigentlich** *adj,* improper; **uneingeschränkt** *adj,* unlimited, unrestricted; **uneingeweiht** *adj,*

uninitiated; **uneinig** *adj,* divided; *ich bin mit mir selbst noch uneinig* I haven´t made up my mind yet; *mit jemandem uneinig sein* disagree with someone; **Uneinigkeit** *sub, f, -, -en* disagreement; **uneinnehmbar** *adj,* impregnable **uneins,** *adj,* divided; **~ichtig** *adj,* unreasonable; **unempfindlich** *adj,* insensitive; **unendlich** *adj,* infinite; *(zeitlich)* endless; *(mat.) unendlich klein* infinitesimal; *unendlich viele* no end of; **Unendlichkeit** *sub, f, -, nur Einz.* infinity; *(zeitlich)* endlessness; **unendlichmal** *adv,* endless times; **unentbehrlich** *adj, (Person)* indispensable; *(Wissen etc.)* essential; **unentgeltlich** *adj,* free of charge; **unentrinnbar** *adj,* inescapable; **unentschieden (1)** *adj, (noch nicht entschieden)* undecided; *(Spiel)* drawn; *(unentschlossen)* undecisive **(2) Unentschieden** *sub, n, -s, -* draw; *(Spiel) unentschieden enden* end in a draw; **unentschlossen** *adj,* indecisive; *ich bin noch unentschlossen* I haven´t decided yet; **unentwegt** *adj,* continuous; **unentwirrbar** *adj,* inextricable; **unerbittlich** *adj,* inexorable; **unerfahren** *adj,* inexperienced **unerfindlich,** *adj,* incomprehensible, inexplicable; *aus unerfindlichen Gründen* for some obscure reasons; **unerforschlich** *adj,* impenetrable; *(Geist etc.)* unfathomable; *(geh.; bibl.) die Wege des Herrn sind unerforschlich* the ways of the Lord are unfathomable; **unerfreulich** *adj,* unpleasant; **unerfüllbar** *adj,* unrealizable; **unergründbar** *adj,* unfathomable; **unergründlich** *adj,* unfathomable; *die unergründliche Tiefe des Meeres* the fathomless depth of the sea; **unerheblich** *adj,* insignificant; **unerhört (1)** *adj,* outrageous; *(ungeheuer)* enormous **(2)** *adv,* incredibly; *eine unerhörte Frechheit!* an outrageous insolence!; *(ungeheuer) er weiß unerhört viel* he knows a tremendous amount, *(unglaublich) unerhört begabt* exceedingly gifted; **uner-**

kennbar *adj*, unrecognizable; **unerklärbar** *adj*, inexplicable; **unerklärlich** *adj*, inexplicable; **unerlässlich** *adj*, imperative **unerlaubt**, *adj*, forbidden; *(gesetzlich)* illegal; *(mil.)* **unerlaubte Entfernung von der Truppe** absence without leave; **unermesslich** *adj*, immense; **Unermesslichkeit** *sub*, *f*, -, *nur Einz.* immensity; **unermüdlich** *adj*, tireless, untiring; **unerquicklich** *adj*, unedifying; **unerreichbar** *adj*, inaccessible, unattainable; **unerreicht** *adj*, unattained; **unersättlich** *adj*, insatiable; **unerschöpflich** *adj*, inexhaustible **unerschrocken**, *adj*, fearless, undaunted; **Unerschrockenheit** *sub*, *f*, -, *nur Einz.* dauntlessness, fearlessness; **unerschütterlich** *adj*, unshakable; **unerschwinglich** *adj*, exorbitant, prohibitive; **unersetzbar** *adj*, irreplaceable; **unersetzlich** *adj*, irreplaceable; **unersprießlich** *adj*, unprofitable; **unerträglich** *adj*, unbearable; **unerwartet** *adj*, unexpected; **unerweisbar** *adj*, unprovable; **unerweislich** *adj*, unprovable; **unerwünscht** *adj*, unwelcome; *(Kind)* unwanted; *ein unerwünschter Ausländer* an undesirable alien **unfähig**, *adj*, incapable, incompetent; *dessen ist er unfähig* he is incapable of that; *er ist einfach unfähig!* he´s simply incompetent; *er ist einfach unfähig!* he´s simply incompetent!; **Unfähigkeit** *sub*, *f*, -, *nur Einz.* incapacity; *(mangelndes Können)* inability; **unfair** *adj*, unfair; *(spo.)* foul **Unfall**, *sub*, *m*, -s, *-fälle* accident; **~fahrer** *sub*, *m*, -s, - driver at fault in the accident; **~flucht** *sub*, *f*, -, *-en* abscondence after the accident, hit-and-run driving; *Unfallflucht begehen* abscond after an accident; **~folgen** *sub*, *nur Mehrz.* consequence of the accident; **~gefahr** *sub*, *f*, -, *-en* danger of accident; **~hilfe** *sub*, *f*, -, *nur Einz.* first aid; **~klinik** *sub*, *f*, -, *-en* hospital for accident cases; **~opfer** *sub*, *n*, -s, - victim of an accident; **~quote** *sub*, *f*, -, *-n* accident rate; **~schutz** *sub*, *m*, -es, *nur Einz.* prevention of accidents; *(Versicherung)* accident insurance cover; **~station** *sub*, *f*, -, *-en* first-aid station;

~stelle *sub*, *f*, -, *-n* scene of the accident; **~versicherung** *sub*, *f*, -, *-en* accident insurance; **~wagen** *sub*, *m*, -s, *-wägen (Rettungswagen)* ambulance; *(unfallbeteiligter Wagen)* car involved in the accident; *(verunfallter Wagen)* crash car; **~zeuge** *sub*, *m*, -n, *-n* witness of the accident **unfassbar**, *adj*, incomprehensible; **Unfassbarkeit** *sub*, *f*, -, *nur Einz.* incomprehensibility; **unfasslich** *adj*, incomprehensible; **unfehlbar** *adj*, infallible; **Unfehlbarkeit** *sub*, *f*, -, *nur Einz.* infallibility; **unfein** *adj*, indelicate; *(Damen) das ist mehr als unfein* that´s most unladylike, *(Männer)* that´s most ungentlemanly; **unfertig** *adj*, uncompleted, unfinished; **Unfertigkeit** *sub*, *f*, -, *nur Einz.* incompleteness; **unflätig** *adj*, offensive; *(Sprache)* obscene; **Unflätigkeit** *sub*, *f*, -, *-en* obscenity; **unflektiert** *adj*, uninflected; **unförmig** *adj*, shapeless; *(med.)* deformed; **unfrankiert** *adj*, unpaid **unfrei**, *adj*, unfree; *(befangen)* embarrassed; *(Post)* unpaid; **~willig** *adj*, involuntary; *(unbeabsichtigt)* unintentional; **unfreundlich** *adj*, unfriendly; *(Wetter)* inclement; **Unfreundlichkeit** *sub*, *f*, -, *-en* unfriendliness; **unfruchtbar** *adj*, infertile, sterile; *(i. ü. S.; Verhandlung etc.)* fruitless; **Unfruchtbarkeit** *sub*, *f*, -, *nur Einz.* infertility, sterility **Unfug**, *sub*, *m*, -s *od.* -es, *nur Einz.* nonsense; *lass den Unfug!* stop that nonsense!; *Unfug treiben* get up to mischief **Ungar**, *sub*, *m*, -n, *-n* Hungarian **ungeachtet**, *präp*, despite, in spite of; *ungeachtet aller Warnungen* despite all warnings; *ungeachtet dessen, daß es regnet* in spite of it raining; **ungeahnt** *adj*, undreamt-of; **ungebärdig** *adj*, *(Benehmen)* unmannerly; *(Kind)* unruly; **ungebildet** *adj*, *(ohne Bildung)* uneducated; *(unkultiviert)* uncultured; **ungebraucht** *adj*, unused; **ungebrochen** *adj*, unbroken; **ungebührend** *adj*, improper; **ungebührlich** *adj*, improper; **un-**

gebunden *adj*, unbound; *(i. ü. S.)* free; **ungedeckt** *adj*, *(Scheck)* uncovered; *(schutzlos)* unprotected; *(spo.)* unmarked; *(Tisch)* unlaid **Ungeduld**, *sub, f, -, nur Einz.* impatience; **ungeduldig** *adj*, impatient; **ungefähr** *adv*, approximately, roughly; *kannst du mir ungefähr sagen, wie?* can you give me a rough idea of how?; *ungefähr 12 Uhr* about 12 o´clock; *wenn ich nur ungefähr wüsste, was er meint* if I only knew approximately what he means; *wieviele brauchst du ungefähr?* how many do you need roughly?; **ungefährdet (1)** *adj*, safe, unendangered **(2)** *adv*, safe and sound; **ungefährlich** *adj*, *(harmlos)* harmless; *(sicher)* safe; **ungefällig** *adj*, disobliging; **Ungefälligkeit** *sub, f, -, nur Einz.* disobligingness, uncomplaisance **ungehörig**, *adj*, impertinent; **ungehorsam (1)** *adj*, disobedient **(2)** **Ungehorsam** *sub, m, -s, nur Einz.* disobedience; *(mil.)* insubordination; **ungehört** *adj*, unheard; **ungeklärt** *adj*, unsolved; **ungekündigt** *adj*, not under notice to leave; **ungekünstelt** *adj*, unaffected; **ungekürzt** *adj*, *(Buch)* unabridged; *(Film)* uncut; **ungelegen** *adj*, inconvenient; *das kommt mir ungelegen* that´s inconvenient for me; *komme ich ungelegen?* is this an inconvenient time for you?; **ungelehrig** *adj*, unteachable; **ungelehrt** *adj*, uneducated; **ungelenk** *adj*, awkward; **ungelöst** *adj*, *(chem.)* undissolved; *(Problem)* unsolved **Ungemach**, *sub, n, -s od. -es, nur Einz.* hardship, trouble; **ungemein (1)** *adj*, immense **(2)** *adv*, exceedingly; **ungemindert** *adj*, undiminished; **ungemütlich** *adj*, uncomfortable, unpleasant; *er kann auch sehr ungemütlich werden* he can be very unpleasant; *es kann hier gleich sehr ungemütlich werden* things could get very nasty here in a moment; *sei doch nicht so ungemütlich!* don´t be so unsociable!; **Ungemütlichkeit** *sub, f, -, nur Einz.* lack of warmth, unhomeliness **ungenau**, *adj*, *(nicht fehlerlos)* inaccurate; *(nicht wahrheitsgetreu)*

inexact; *(ungefähr)* rough; **ungeniert** *adj*, *(taktlos)* uninhibited; *(ungehemmt)* free and easy; *(ungehemmt) greifen Sie bitte ungeniert zu!* please feel free to help yourself!; **ungenießbar** *adj*, *(nicht essbar)* inedible; *(nicht trinkbar)* undrinkable; *(i. ü. S.; Person)* unbearable; **ungenügend** *adj*, *(allg.)* insufficient; *(Schulnote)* unsatisfactory; **ungepflegt** *adj*, neglected; *(Person)* untidy **ungerade**, *adj*, *(Linie etc.)* uneven; *(Zahl)* odd; **ungeraten** *adj*, rude; *(unerzogen)* ill-mannered; **ungerechnet** *präp*, not including; **ungerecht** *adj*, unjust; *(ugs.)* unfair; **ungerechtfertigt** *adj*, unjustified; **Ungerechtigkeit** *sub, f, -, -en* injustice; **ungeregelt** *adj*, irregular; *(ugs.)* chaotic; **ungereimt** *adj*, blank, incoherent; *(kun.)* ungereimte *Verse* blank verse; *(ugs.)* ungereimtes *Zeug* nonsense; **ungern** *adv*, *(ugs.)* unwillingly; **ungesagt** *adj*, *(i. ü. S.)* unsaid; **ungesättigt** *adj*, not satisfied, still hungry; *(tt; chem.)* unsaturated **Ungeschicklichkeit**, *sub, f, -, -en* clumsiness; **ungeschickt** *adj*, clumsy; *(ugs.)* ham-fisted; *sich ungeschickt ausdrücken* to express oneself awkwardly; *(ugs.) ungeschickte Finger haben* to be all thumbs; *(ugs.) Ungeschick läßt grüßen* butter fingers; **ungeschlacht** *adj*, cumbersome; **ungeschlagen** *adj*, unbeaten; **ungeschliffen** *adj*, *(tt; tech.)* uncut, unpolished; *(ugs.) ungeschliffener Kerl* rough diamond; **ungeschminkt** *adj*, without make - up; *(ugs.) die ungeschminkte Wahrheit* unvarnished truth; *(ugs.) etwas ungeschminkt berichten* to give an unvarnished report of sth; **ungeschoren** *adj*, unshorn; *(ugs.) jemanden ungeschoren lassen* to leave so in peace; *(ugs.) ungeschoren davonkommen* to get off (scotfree); **ungeschützt** *adj*, unprotected, unsheltered; **ungesetzlich** *adj*, illegal; **Ungesetzlichkeit** *sub, f, -, -en* illegality **Ungestalt**, *sub, f, -en, -en* monster; **ungestaltet** *adj*, shapeless; **unge-**

stempelt *adj*, unstamped; **ungestört** *adj*, undisturbed, uninterrupted; **Ungestörtheit** *sub*, *f*, -, *nur Einz.* *(i. ü. S.)* peace and quiet; **ungestüm** *adj*, impetuous, passionate; **ungesund** *adj*, unhealthy; **ungesüßt** *adj*, *(i. ü. S.)* without sugar; **Ungetüm** *sub*, *n*, -s *od.* -es, -e monster; **ungewachsen** *adj*, *(i. ü. S.)* ungrown; **ungewandt** *adj*, unskilled; **ungewiss** *adj*, uncertain; **Ungewissheit** *sub*, *f*, -, -en uncertainty
ungewöhnlich, *adj*, exceptional, unusual; **ungewohnt** *adj*, unaccustomed; **ungezeichnet** *adj*, not signed; **Ungeziefer** *sub*, *n*, -s, - vermin; **ungezogen** *adj*, naughty; *(ugs.)* cheeky; **Ungezogenheit** *sub*, *f*, -, -en naughtiness; **ungezuckert** *adj*, *(i. ü. S.)* without sugar; **ungezwungen** *adj*, informal, unaffected; **Ungezwungenheit** *sub*, *f*, -, *nur Einz.* informality
ungiftig, *adj*, *(i. ü. S.)* invicious; *(ugs.)* unpoisonous
unglaubhaft, *adj*, incredible; **ungläubig** *adj*, unbelieving; **unglaublich** (1) *adj*, incredible (2) *adv*, incredibly; **unglaubwürdig** *adj*, implausible, untrustworthy; **Unglaubwürdigkeit** *sub*, *f*, -, *nur Einz.* incredibility
ungleich, *adj*, unequal; *(ugs.)* odd; **Ungleichheit** *sub*, *f*, -, -en difference, dissimilarity, inequality; ~**mäßig** *adj*, irregular, unequal, uneven; **Ungleichung** *sub*, *f*, -, -en inequation
Unglück, *sub*, *n*, -s *od.* -es, -e misfortune; *(ugs.)* bad luck; *(i. ü. S.)* in sein *Unglück rennen/sich ins Unglück stürzen* to rush headalong into disaster; *(i. ü. S.)* welch ein Unglück what a disaster; *(i. ü. S.)* zu allem Unglück to make things worse; *(ugs.)* das bringt Unglück that´s bad luck; *(i. ü. S.)* ein Unglück kommt selten allein it never rains but it pours; **unglücklich** *adj*, unfortunate, unlucky; ~**liche** *sub*, *m*, -n, -n *(i. ü. S.)* poor man; **unglücklicherweise** *adv*, unfortunately; ~**sbote** *sub*, *m*, -n, -n bearer of bad news; **unglückselig** *adj*, ill-fated, miserable, unfortunate; ~**sfall** *sub*, *m*, -s *od.* -es, -fälle accident, misfortune; ~**sort** *sub*, *m*, -s *od.* -es, -e *(i. ü. S.)* unlucky place; ~**srabe** *sub*, *m*, -n, -n unlucky person; ~**stag** *sub*, *m*,

-s *od.* -es, -e fateful day; ~**swurm** *sub*, *m*, -s *od.* -es, -würmer *(ugs.)* hapeless person
Ungnade, *sub*, *f*, -, *nur Einz.* *(i. ü. S.)* out of favour; *(i. ü. S.)* in Ungnade *fallen/sein* to fall/be out of favour with so; **ungnädig** *adj*, ungracious; **ungültig** *adj*, expired, invalid; *(tt; jur.)* void; *(tt; spo.)* disallowed; *eine Ehe für ungültig erklären* to annul a marriage; *etwas für ungültig erkären* to declare sth null and void; *ungültig werden* to expire; **Ungültigkeit** *sub*, *f*, -, *nur Einz.* invalidity; *(tt; jur.)* nullity; **Ungunst** *sub*, *f*, -, *nur Einz.* inconvenience; *zu jmds Ungunsten* to sb´s disadvantage; **ungünstig** *adj*, inconvenient, unfavourable; **ungut** *adj*, bad; *ein ungutes Gefühl haben* to have an uneasy/bad feeling; *nichts für ungut* no offence; **unhaltbar** *adj*, untenable, untolerable; *(tt; spo.)* unstoppable
unharmonisch, *adj*, unharmonious; *(mus.)* easily confused harmonies
Unheil, *sub*, *n*, -s, *nur Einz.* damage, disaster; *Unheil stiften* to do damage; *großes Unheil anrichten* to cause havoc; **unheilbar** *adj*, *(tt; med.)* incurable; **unheilig** *adj*, *(i. ü S.)* unsacred; **unheilvoll** *adj*, disastrous; **unheimlich** *adj*, eery; *(ugs.)* weird; *(ugs.)* das/er ist mir unheimlich it/he gives me the creep; *(ugs.)* mir ist unheimlich *(zumute)* it is uncanny; *(ugs.)* unheimlich viel Geld incredible amount of money; *unheimliches Durcheinander* terrible mess; **unhistorisch** *adj*, unhistoric; **unhöflich** *adj*, impolite; *(ugs.)* rude; **Unhöflichkeit** *sub*, *f*, -, -en impoliteness; **Unhold** *sub*, *m*, -s *od.* -es, -e fiend
unhörbar, *adj*, inaudible; **Unhörbarkeit** *sub*, *f*, -, *nur Einz.* inaudibility; **unhygienisch** *adj*, unhygienic
uni *adj*, plain; *uniblau* plain blue
unifizieren, *vt*, standardize, unify; **Unifizierung** *sub*, *f*, -, -en standardization, unification; **Uniform** (1) *adj*, uniform (2) *sub*, *f*, -, -en

uniform; **uniformieren** *vt*, uniform; **Uniformität** *sub, f, -, -en* uniformity **Unikat**, *sub, n, -s od. -es, -e* unique specimen; *(ugs.)* real character **Unikum**, *sub, n, -s, -s* unique thing; *(ugs.)* queer fish **unilateral**, *adj*, unilateral; **uninformiert** *adj*, uninformed; **uninteressant** *adj*, uninteresting **Union**, *sub, f, -, -en* union; **~ist** *sub, m, -en, -en* unionist; **~skirche** *sub, f, -, nur Einz. (i. ü. S.)* union-church **unisono**, *adj*, unisono **Unitarier**, *sub, m, -s, -* Unitarian; **Unitarismus** *sub, m, -, nur Einz.* Unitarianism **Unität**, *sub, f, -, nur Einz.* unity **universal**, *adj*, universal; **Universalerbe** *sub, m, -n, -n (tt; jur.)* sole heir; **Universalgenie** *sub, n, -s, -s* universal genius; **Universalien** *sub, f, -, nur Mehrz.* universals; **Universalismus** *sub, m, -, nur Einz.* universalism; **universell** *adj*, universal; **universitär** *adj*, university; **Universität** *sub, f, -, nur Einz.* university; **Universum** *sub, n, -s, -sen.* universe **Unke**, *sub, f, -, -n* toad; *(ugs.)* moaner, prophet of doom; **unken** *vi*, phrophesy doom **unkenntlich**, *adj*, unrecognizable; **Unkenntnis** *sub, f, -, nur Einz.* ignorance; **Unkenruf** *sub, m, -s od. -es, -e (i. ü. S.)* toadcry; **unkeusch** *adj*, unchaste; **Unkeuschheit** *sub, f, -, nur Einz.* unchastity **unklar**, *adj*, cloudy, uncertain, unclear; *(ugs.)* jmd über etwas im Unklaren lassen to leave sb in the dark about sth; *nur unklar zu erkennen sein* not to be easily discernible; *(ugs.) über etwas völlig im Unklaren sein* to be completely in the dark about sth; **unklug** *adj*, imprudent; **unkollegial** *adj, (i. ü. S.)* not helpful; **unkompliziert** *adj*, uncomplicated; **unkörperlich** *adj, (i. ü. S.)* corpless; **Unkosten** *sub, f, -, nur Mehrz.* expenses; *mit etwas Unkosten haben* to incure expenses; *sich in Unkosten stürzen* to get to a lot of expenses; **Unkraut** *sub, n, -s, -kräuter* weeds; *(i. ü. S.) Unkraut vergeht nicht* it would take more than that to finish (me/him etc) off; **unkultiviert** *adj*, uncultivated, uneducated; **unkun-**

dig *adj*, inexpert, unable to do sth.; **unlängst** *adv*, recently; **unlauter** *adj*, dishonest; *unlauterer Wettbewerb* unfair competition **unleidlich**, *adj*, bad-tempered; *(ugs.)* cross; **unleserlich** *adj*, illegible, unreadable; **unlimitiert** *adj*, unlimited; **unlogisch** *adj*, illogical **unlösbar**, *adj*, impossible, indissoluble, inseperable, insoluble; **Unlösbarkeit** *sub, f, -, -en* insolubility; **Unlust** *sub, f, -, nur Einz.* disinclination; *(wirt.)* slackness; *etwas mit Unlust tun* to do sth reluctantly; **Unlustgefühl** *sub, n, -s, -e (i. ü. S.)* reluctance-feeling; **unlustig** *adj, (ugs.)* reluctant; **unmanierlich** *adj, (i. ü. S.)* not well-behaved; **unmaßgeblich** *adj*, unauthoritative; *(ugs.)* of no consequence; *das ist meine unmaßgebliche Meinung* that is my humble opinion; *ein unmaßgebliches Urteil* a not authoritative judgement; **unmäßig** *adj*, excessive, immoderate; **Unmäßigkeit** *sub, f, -, nur Einz.* immoderation; **unmelodisch** *adj, (i. ü. S.)* unmelodious; **Unmenge** *sub, f, -, -n* mass **Unmensch**, *sub, m, -en, -en* brute; *(ugs.) ich bin ja kein Unmensch* I´m not a orge; **unmenschlich** *adj*, inhuman; *(ugs.)* terrible; **unmethodisch** *adj*, unmethodical; **unmissverständlich** *adj*, unmistakable **unmittelbar**, *adj*, direct, immediate; *aus unmittelbarer Nähe* at close range; *das berührt mich unmittelbar* it affects me directly; *unmittelbar danach* immediatly afterwards; *unmittelbar neben mir* right next to me **unmöglich**, *adj*, impossible; *das ist mir unmöglich* that´s impossible for me; *das Unmögliche* the impossible; *jmd/sich unmöglich machen* to make a fool of so/oneself; *unmöglich aussehen* it look ridiculous; **Unmöglichkeit** *sub, f, -, -en* impossibility **unmoralisch**, *adj*, immoral **unmotiviert**, *adj*, unmotivated **unmündig**, *adj, (i. ü. S.)* under age; **Unmündigkeit** *sub, f, -, nur Einz.* minority

Unmut, *sub, m, -s, nur Einz. (i. ü. S.)* displeasure; **unmutig** *adj,* uncouraged
unnachgiebig, *adj,* inflexible, unyielding; **Unnachgiebigkeit** *sub, f, -, nur Einz.* inflexibility
unnachsichtig, *adj,* inlenient
unnahbar, *adj,* unapproachable; *(ugs.)* standoffish; **Unnahbarkeit** *sub, f, -, nur Einz.* coldness, distance
unnatürlich, *adj,* unnatural; **Unnatürlichkeit** *sub, f, -, nur Einz. (i. ü. S.)* unnaturality
unnormal, *adj,* abnormal
unnötig, *adj,* unnecessary
unnütz, *adj,* pointless, useless
unökonomisch, *adj,* uneconomical
unordentlich, *adj,* untidy; **Unordnung** *sub, f, -, nur Einz.* untidiness
unorthographisch, *adj, (i. ü. S.)* unorthographic
unparteiisch, *adj,* impartial; *(tt; polit.)* independent; **Unparteiische** *sub, m,f, -n, -n (ugs.; spo.)* referee
unpassend, *adj,* inconvenient, out of place, unsuitable; **unpassierbar** *adj,* impassable; **unpässlich** *adj,* poorly; **Unpässlichkeit** *sub, f, -, -en* indisposition
unpathetisch, *adj,* impathetic
unpersönlich, *adj,* impersonal
unplatziert, *adj, (tt; spo.)* off target, unplaced
unpolitisch, *adj,* non-political, unpolitical
unpraktisch, *adj,* impractibal
unprätentiös, *adj,* unambitious, undemanding, unpretentious
unpräzis, *adj,* inaccurate
unproduktiv, *adj,* unproductive
unproportioniert, *adj,* unproportioned
unpünktlich, *adj,* not in time, unpunctual
Unrast, *sub, n, -s, nur Einz.* restlessness
Unrat, *sub, m, -s, nur Einz.* refuse; **unrationell** *adj,* inefficient; **unratsam** *adj,* inadvisable
unreal, *adj,* unreal
unrecht, (1) *adj,* wrong **(2) Unrecht** *sub, n, -s, -e* injustice; *jmd ins Unrecht setzen* to put sb in the wrong; *nicht ganz Unrecht haben* to be not entirely wrong; *nicht zu Unrecht* not without good reason; *Unrecht*

bekommen to be shown to be wrong; *Unrecht tun* to do wrong; **~mäßig** *adj,* illegal, unlawful
unredigiert, *adj, (i. ü. S.)* unedited
unreell, *adj,* unreliable; *(tt; wirt.)* dishonest
unregelmäßig, *adj,* irregular, uneven
unregierbar, *adj, (i. ü. S.)* not rulable
unreif, *adj,* unripe; *(ugs.)* immature
unrein, *adj,* unclean; *(i. ü. S.)* impure; *(tt; mus.)* false; **~lich** *adj,* unclean; **Unreinlichkeit** *sub, f, -, nur Einz.* uncleanliness
unrentabel, *adj,* unprofitable
unrichtig, *adj,* incorrect, wrong
unritterlich, *adj, (i. ü. S.; hist.)* unknightly
unromantisch, *adj,* unromantic
Unruh, *sub, f, -, -en (tt; tech.)* balance wheel; **~e** *sub, f, -, nur Einz.* agitation, anxiety, disturbance, restlessness, uneasiness; *(ugs.) die Unruhen der Großstadt* the hustle and bustle of the big city; *(ugs.) in Unruhe sein* to be restless; *(ugs.) Unruhe stiften* to stir up trouble; **~en** *sub, f, -, n (tt; polit.)* riots; *(tt; polit.) politische Unruhen* political disturbances; **unruhig** *adj,* choppy, excited, restless, troubled, turbulent
uns, (1) *pers.pron,* us **(2)** *refl..pron,* our **(3)** *refl.pron,* each other, ourselves
unsachgemäß, *adj,* improper, inexpert; **unsachlich** *adj,* irrelevant, subjective
unsagbar, *adj, (i. ü. S.)* inexpressive, unutterable
unsanft, *adv,* rough
unsauber, *adj,* dirty, untidy; *(i. ü. S.)* blurry; *(tt; spo.)* unfair; **Unsauberkeit** *sub, f, -, -en* dirtiness, untidiness; *(i. ü. S.)* shady nature
unschädlich, *adj,* harmless; *jmd/etwas unschädlich machen* to take care of sb/sth
unschätzbar, *adj, (i. ü. S.)* inestimable, invaluable
unscheinbar, *adj,* inconspicuous, unspectacular; *(tt; bot.)* nondescript
unschicklich, *adj,* unseemly
unschlagbar, *adj,* unbeatable;

(ugs.) terrific

unschlüssig, *adj,* irresolute, undecided; *ich bin mir noch unschlüssig* I can´t make up my mind; *über etwas unschlüssig sein* to be undecided

unschmelzbar, *adj, (i. ü. S.)* unmelting

Unschuld, *pron,* innocence; *(tt; med.)* virginity; **unschuldig** *adj,* innocent; *(tt; jur.)* not guilty; *daran ist er nicht ganz unschuldig* he is partly to blame for that; *noch unschuldig sein* still a virgin; *unschuldig in die Ehe gehen* to be married as a virgin; *unschuldig tun* to act the innocent; *jmd unschuldig verurteilen* to convict sb when he is innocent; *sich für unschuldig bekennen* to plead not guilty; **~ige** *sub, m,f, -n, -n (i. ü. S.)* innocent person; *die Unschuldigen* the innocent

unschwer, *adj,* easily, without difficulty

unser, (1) *poss.adj,* our **(2)** *poss.pron,* of us, ours; **~e** *poss.pron,* our; **~erseits** *adv,* for our part; **~es** *pron,* ours; **~esteils** *adv,* for our part

unseriös, *adj,* unrespectable

unserthalben, *adv, (i. ü. S.)* on our half; **unsertwegen** *adv,* for our sake; **unsertwillen** *adv,* on our account

unsicher, *adj,* dangerous, diffident, insecure, uncertain, unstable; *(ugs.) die Gegend unsicher machen* to knock about the district; *jmd unsicher machen* to make sb feel unsure; *mit unsicherer Hand* with an unsteady hand; *sich unsicher fühlen* to feel insecure; *unsicher auf den Beinen stehen* unsteady on one´s feet; **Unsicherheit** *sub, f, -, -en* insecurity, uncertainty

unsichtbar, *adj,* invisible; **Unsichtbarkeit** *sub, f, -, -en* invisibility

Unsinn, *sub, m, -s, nur Einz. (ugs.)* nonsense; *laß den Unsinn* stop fooling about; *(ugs.) mach keinen Unsinn* no clever stuff; *(ugs.) Unsinn reden* to talk nonsense; **unsinnig** *adj,* foolish, senseless; *(i. ü. S.)* insane; *sich unsinnig verlieben* to fall madly in love; *unsinnig viel* an incredible amount; **~igkeit** *sub, f, -, -en* insanity; *(ugs.)* foolishness

Unsitte, *sub, f, -, -n* bad habit; **unsittlich** *adj,* immoral; *sich jmd unsittlich nähern* to make indecent advances to so; *sich unsittlich benehmen* to behave immoral

unsoldatisch, *adj, (ugs.)* unsoldierly

unsozial, *adj,* antisocial

unspezifisch, *adj,* unspecific

unsportlich, *adj,* unfair, unsporting

unsrerseits, *adv,* for our part

unsresteils, *adv,* for our part

unsrige, *pron,* ours,our one

unstabil, *adj,* unstable; **Unstabilität** *sub, f, -, -en* unstability

unstatthaft, *adj,* impermissible

unsterblich, *adj,* immortal; *jmd unsterblich machen* to immortalize sb; *sich unsterblich blamieren* to make an utter fool of oneself; *(ugs.) unsterblich verliebt sein* to be head over heels; **Unsterblichkeit** *sub, f, -, nur Einz.* immortality

unstet, *adj,* restless, vacillating, wandering; **Unstetigkeit** *sub, f, -, -en* restlessness

Unstimmigkeit, *sub, f, -, -en* difference, inconsistence

unsträflich, *adj,* uncriminal

Unsumme, *sub, f, -, -n* enormous sum

unsymmetrisch, *adj,* unsymetric

unsympathisch, *adj,* disagreeable, uncongenial; *er ist mir unsympathisch* I don´t like him; *er ist unsympathisch* he is unpleasant

unsystematisch, *adj,* unsystematic

Untat, *sub, f, -, -en* atrocity; **untätig** *adj,* inactive; **Untätigkeit** *sub, f, -, nur Einz.* inactivity

untauglich, *adj,* unsuitable; **Untauglichkeit** *sub, f, -, -en* unsuitableness; *(tt; mil.)* unfitness (for service)

unteilbar, *adj,* indivisible; **unteilhaftig** *adj,* indivisical

unten, *adv,* at the bottom, below, down below, downstairs, downwards, underneath; **~an** *adv,* down below; **~her** *adv,* underneath

unter, (1) *adj,* lower **(2)** *adv,* less than **(3)** *präp,* among, below, under; *(weniger) Temperaturen unter 25 Grad* temperatures below 25 degrees; *(geringer) unter einer Stunde zurück sein* to be back in less than one hour, *(innerhalb)* *nicht einer unter tausend* not one in a thousand; *(zwischen) unter anderem* among other things; *(zwischen) unter uns gesagt* between you and me; *(unterhalb) jmd unter sich haben* to have sb under one; *(unterhalb) Städte unter 10 000 Einwohnern* towns with a population of under 10000; *(unterhalb) unter 18 Jahren* under 18 years; *(darunter) unter etwas leiden* to suffer from sth; *(innerhalb) unter sich sein* to be by themselves; **Unterarm** *sub, m, -s, -e* forearm; **Unterbau** *sub, m, -s, -ten (tt; arch.)* foundations; **Unterbauung** *sub, f, -, -en* underpinning; **Unterbegriff** *sub, m, -s, -e* subsumable concept; **~belegt** *adj*, undersubscribed; **~besetzt** *adj*, understaffed; **~bewusst** *adj*, subconcious; **Unterbewusstsein** *sub, n, -s, nur Einz. (tt; psych.)* subconcious; **~bieten** *vt*, undercut; *(tt; spo.)* beat; **Unterbietung** *sub, f, -, -en* undercutting; **~binden** *vt*, put a stop to; **Unterbindung** *sub, f, -, -en* prevention; **~bleiben** *vi*, be stopped; **~brechen** *vt*, disconnect, disrupt, interrupt; *(tt; med.)* terminate; **Unterbrechung** *sub, f, -, -en* break, disconnection, interruption; *(tt; chem.)* termination

unterbreiten, *vt*, submit sth; **unterbringen** *vt*, accomodate, store; *(tt; mil.)* quarter; *(tt; tech.)* install; *etwas bei jmd unterbringen* to leave sth with sb; *ich kann sie nicht alle unterbringen* I can´t get them all in; *jmd bei einer Firma unterbringen* to get so a job with a firm; *schlecht/gut untergebracht sein* to have good/bad accommodation; **unterbügeln** *vt*, *(ugs.)* ride rouhshod over; **unterbuttern** *vt*, sneak in; **unterchlorig** *adj*, inchlorinated; **Unterdeckung** *sub, f, -, -en (tt; arch.)* underroofing; **unterdessen** *adv*, meanwhile

Unterdruck, *sub, m, -s, -drücke (tt; med.)* low blood pressure; *(tt; phy.)* vacuum; **unterdrücken** *vt*, oppress, put down, stifle, suppress; **Unterdrücker** *sub, m, -s, -* oppressor; **unterducken** *vr*, *(ugs.)* duck down; **untere** *adj*, lower; **untereinander** *adv*, beneath the other, with one another; **Untereinheit** *sub, f, -, -en* subunity; **unterentwickelt** *adj*,

underdeveloped; **unterernährt** *adj*, undernourished; **Unterernährung** *sub, f, -, nur Einz.* malnutrition; **unterfahren** *vt, (i. ü. S.)* underdrive; **Unterfamilie** *sub, f, -, -* *(tt; biol.)* subspecies **Unterfangen**, *sub, n, -s, -* undertaking; **unterfliegen** *vi, (i. ü. S.)* underfly; **unterfordern** *vi*, subchallenge; **unterführen** *vt*, underpass; **Unterführer** *sub, m, -s, - (tt; gs.)* underpasser; **Unterführung** *sub, f, -, -en* subway, underpass; **Unterfutter** *sub, n, -s, -* interfacing; **unterfüttern** *vt*, interface; **Untergang** *sub, m, -s, -gänge* downfall, setting, sinking; **untergärig** *adj*, bottom-fermented; **Untergärung** *sub, f, -, -en* bottom-ferment; **Untergebene** *sub, m, f, -n, -n* subordinate **untergehen**, *vi*, go under, perish, sink; **untergeordnet** *adj*, secondary, subordinate; **Untergestell** *sub, n, -s, -e* subframe; **Untergewicht** *sub, n, -s, -e* underweight; **Untergliederung** *sub, f, -, -en* subdivision; **untergraben** *vt*, *(i. ü.)* undermine; **Untergrabung** *sub, f, -, -en* undermining; **Untergrenze** *sub, f, -, -n* subbarrier; **Untergrund** *sub, m, -s, -gründe* underground; *(tt; agrar)* subsoil; **Untergrundbahn** *sub, f, -, -en* subway; **Untergrundbewegung** *sub, f, -, -en* underground movement; **untergründig** *adj*, underground; **Untergruppe** *sub, f, -, -n (tt; med.)* subgroup

unterhalb, *präp*, below, underneath; **Unterhalt** *sub, m, -s, -en* support; *(tt; jur.)* alimony; **unterhalten** *vt*, amuse, entertain, run, support, talk so; **Unterhalter** *sub, m, -s, -* entertainer; **unterhaltsam** *adj*, entertaining; **Unterhaltung** *sub, f, -, -en* amusement, conversation, entertainment, maintance; **Unterhaltungselektronik** *sub, f, -, en (tt; tech.)* consumer electronics; **Unterhaltungsmusik** *sub, f, -, nur Einz.* light music **unterhandeln**, *vi*, negotiate; **Unterhändler** *sub, m, -s, -* mediator, negotiator; **Unterhaus** *sub, n, -es, -häuser* lower house; **Unterhemd**

sub, n, -s, -en undershirt; **unterhöhlen** *vt,* hollow out, undermine; **Unterholz** *sub, n, -es, -hölzer* undergrowth; **Unterhose** *sub, f, -, -n (f)* briefs, panties; *(m)* pants, underpants; **Unterinstanz** *sub, f, -, -en* lower authority; *(tt; jur.)* lower court; **unterirdisch (1)** *adj,* subterranean, underground **(2)** *adv,* below ground **unterjochen,** *vt,* subjugate; **Unterjochung** *sub, f, -, -en* subjugation; **unterjubeln** *vt, (ugs.)* palm sth off on so; **unterkellern** *vt,* build a cellar under; **Unterkiefer** *sub, m, -s, - (tt; med.)* lower jaw; **Unterkleid** *sub, n, -s, -er* full-length slip; **unterkommen** *vi,* find accommodation; *(ugs.)* get a job; **Unterkörper** *sub, m, -s, -* lower part (of the body); **unterkriegen** *vt, (ugs.)* bring down; **unterkühlen** *vt,* undercool; **Unterkühlung** *sub, f, -, -en* undercooling; *(tt; med.)* hypothermia; **Unterkunft** *sub, f, -, -künfte* accommodation; *(tt; mil.)* quaters **Unterlage,** *sub, f, -, -n* base, document, underlay; *(tt; tech.)* bed; **Unterländer** *sub, m, -s, -* lowlander; **Unterlass** *sub, m, -es, nur Einz. (ohne ~)* incessantly; **unterlassen** *vt,* not to carry out, omit, refrain from, stop; **Unterlassung** *sub, f, -, -en* failure, omission; *(tt; jur.)* default; **unterlaufen (1)** *adj, (tt; med.)* bloodshot **(2)** *vi,* has made; **unterläufig** *adj, (i. ü. S.)* undergoing; **Unterlaufung** *sub, f, -, -en* undermining; **unterlegen (1)** *adj,* defeated, inferior **(2)** *vi,* provide **(3)** *vt,* add, put underneath; *(i. ü. S.)* attribute **Unterleib,** *sub, m, -s, -er (ugs.)* womb; *(tt; med.)* lower abdomen, uterus; **unterliegen** *vi,* be defeated, be subjected to, lose; **Unterlippe** *sub, f, -, -n (tt; med.)* lower lip; **unterm** *präp, (ugs.)* under the; **untermalen** *vt, (tt; kun.)* prime; *(tt; mus.)* provide sth; **Untermalung** *sub, f, -, -en (tt; kun.)* priming; *(tt; mus.)* background music; **untermauern** *vt,* underpin; **Untermauerung** *sub, f, -, -en (tt; arch.)* underpinning **Untermensch,** *sub, m, -en, -en* subhuman creature; **Untermiete** *sub, f, -, -n* subtenancy; **Untermieter** *sub, m, -s, -* subtenant; **unterminieren** *vt,* undermine; **Unterminierung** *sub, f, -,*

-en undermining; **untermischen** *vt,* mix in; **Unternächte** *sub, f, nur Mehrz. (ugs.)* undernights; **Unternehmen (1)** *sub, n, -s, -* venture; *(ugs.)* undertaking; *(tt; mil.)* operation; *(tt; wirt.)* enterprise **(2)** **unternehmen** *vt,* do, make, undertake; **unternehmend** *adj,* dynamic; *(tt; wirt.)* enterprising; **Unternehmer** *sub, m, -s, - (tt; indu.)* industrialist; *(tt; wirt.)* employer, entrepreneur; **Unternehmung** *sub, f, -, -en (= Unternehmen)* scheme; **unternehmungslustig** *adj,* adventurous **Unteroffizier,** *sub, m, -s, -e (tt; mil.)* non-commissioned officer NCO, sergeant; **unterordnen** *vt,* subordinate; **unterordnend** *adj,* subordinated; **Unterordnung** *sub, f, -, -en* subordination; **Unterpfand** *sub, n, -s, -pfänder* pledge; **unterpflügen** *vti,* plough under; **unterqueren** *vi,* underrun; **Unterredung** *sub, f, -, -en* conversation, discussion, interview **Unterschlag,** *sub, m, -s, -schläge* misappropriation; **unterschlagen** *vt,* embezzle, suppress; **~ung** *sub, f, -, -en* embezzlement; **Unterschlupf** *sub, m, -s, -schlüpfe* hideout, shelter; **unterschreiben** *vt,* sign; **Unterschrift** *sub, f, -, -en* signature; **Unterseeboot** *sub, n, -s, -e oder -böte* submarine; **unterseeisch** *adj,* submarine; **Untersekunda** *sub, f, -, -den* lower fifth form; **untersetzen** *vt,* place sth. underneath; **Untersetzer** *sub, m, -s, -* mat coaster; **untersetzt** *adj, (ugs.)* stocky; **Untersetzung** *sub, f, -, -en (tt; tech.)* reduction gear **untersinken,** *vt,* sink; **unterspielen** *vt,* play down; **unterspülen** *vt,* undermine sth.; **unterst** *adj,* bottom, lowest; **Unterstand** *sub, m, -s, -stände* shelter; **unterste** *adj,* lowest; **unterstehen (1)** *vi,* be under so, take shelter **(2)** *vr,* have the audacity do sth; *dem Vorstand unmittelbar unterstehen* to be directly responsible to the board; *untersteh´ dich* you dare, *dem Gesetz unterstehen* to be subject to; **unterstellen (1)** *vr,* take shelter **(2)** *vt,* assume, impute sth., store;

Unterstellung sub, f, -, -en imputation, subordination; **untersteuern** vi, understeer; **unterstopfen** vt, (ugs.) stuff under; **unterstreichen** vt, corroberate, underline; **unterstützen** vt, encourage, support; **Unterstützung** sub, f, -, -en aid, assistance, support **untersuchen**, vt, check, inspect, investigate, search; **Untersuchung** sub, f, -, -en inspection, investigation; (tt; chem.) analysis; (tt; med.) examination; bei näherer Untersuchung on closer investigation; **Untersuchungshaft** sub, f, -, nur Einz. (tt; jur.) custody, imprisonment awaiting trial; **Untertagebau** sub, m, -s, -ten underground mining; **untertan** (1) adj, subservient (2) **Untertan** sub, m, -en oder -s, -en subject; **Untertasse** sub, f, -, -n saucer; **untertauchen** (1) vi, dive; (i. ü. S.) disappear (2) vt, dip, duck; untertauchen to lie low **unterteilen**, vt, subdivide; **Unterteilung** sub, f, -, -en subdivision **Untertertia**, sub, f, -, -tien fourth year **Untertitel**, sub, m, -s, - subtitle; **untertiteln** vt, caption, subtitle **Unterton**, sub, m, -s, -töne undertone **untertourig**, adj, with low revs **untertreiben**, (1) vi, understate (2) vt, play down **untertunneln**, vt, (tt; arch.) undertunnel; **unterwandern** vt, infiltrate; **Unterwanderung** sub, f, -, -gen infiltration; **unterwärts** adj, (i. ü. S.) underwards; **Unterwäsche** sub, f, -, -n underwear; **unterwaschen** vt, (i. ü. S.) underwash; **Unterwasser** sub, n, -s, nur Einz. underwater; **unterwegs** adv, on the way; **unterweisen** (1) vi, (i. ü. S.) underlinger (2) vt, instruct; **Unterweisung** sub, f, -, -en instruction; **Unterwelt** sub, f, -, nur Einz. underworld; **unterwerfen** vt, subjugate, submit, surrender; **Unterwerfung** sub, f, -, -en subjugation, submission **unterwinden**, vt, (i. ü. S.) underwind; **unterworfen** adj, submitted; **unterwürfig** adj, obsequious, servile; **Unterwürfigkeit** sub, f, -, nur Einz. obsequiousness, servility; **unterzeichnen** vt, sign; **Unterzeug** sub, n, -s, -e (ugs.) underwear; **unterziehen**

ri, put on underneath, subject s.o; (tt; med.) undergo **untief**, adj, shallow; **Untiefe** sub, f, - -n enormous depth, shoal **Untier**, sub, n, -s, -e creature, monster **Unzote**, sub, m,f, -n, -n (ugs.) uncead **untragbar**, adj, intolerable **untrainiert**, adj, untrained **untröstlich**, adj, inconsolable **untrüglich**, adj, infallible, unmistakable; **Untugend** sub, f, -, -en bad habit, vice **unüberhörbar**, adj, (i. ü. S.) not not to hear **unüberlegt**, adj, ill-considered; **unübersehbar** adj, conspicous, inestimable, vast; **unübersichtlich** adj, broken, unclear; unübersichtliche Kurve blind corner; **unübertrefflich** adj, matchless **unüblich**, adj, unusual **unumgänglich**, adj, unavoidable; **unumschränkt** adj, unlimited; **unumstößlich** adj, irrefutabled; (i. ü. S.) definetly; **unumstritten** adj, undisputed; **unumwunden** adj, uninterrupted; (ugs.) unumwunden without beating about the bush **ununterbrochen**, adj, continuous, unbroken **unverändert**, adj, unchanged; **unverantwortlich** adj, irresponsible **unveräußerlich**, adj, undisposable **unverbaubar** adj, unblockable; **unverbesserlich** adj, incorrigible; **unverbildet** adj, unspoilt; **unverbindlich** adj, non-committal, not binding; **unverblümt** adj, blunt; **unverbraucht** adv, unspent; **unverbürgt** adj, unwarranted; **unverdächtig** adj, unsusbicious; **unverdaulich** adj, indegistible; **unverdient** adj, undeserved; **unverdorben** adj, unspoilt; **unverdrossen** adj, untiring; **unvereinbar** adj, incompatible **unverfälscht**, adj, unadulterated; **unverfänglich** adj, harmless; **unverfroren** adv, impudent; **unvergänglich** adj, immortal, undying; **unvergessen** adj, unforgotten; **unvergesslich** adj, unforgettable; **unvergleichlich** adj, incomparable; **unverheiratet** *adj*, unmarried; **unverhofft** *adj*, unexpected; **unverhohlen** *adj*, unconcealed; **unverkäuflich** *adj*, not for sale; **unverkennbar** *adv*, unmistakable; **unverletzbar** *adj*, invulnerable; **unverletzlich** *adj*, unviolable; **unverlierbar** *adj*, not to lose **unvermählt,** *adj*, unwedded; **unvermeidbar** *adj*, unavoidable; **unvermeidlich** *adj*, inevitable; **unvermindert** *adj*, undiminished; **unvermischt** *adv*, unmixed; **unvermittelt** *adj*, sudden; **Unvermögen** *sub*, *n*, *-s, nur Einz.* inability; **unvermögend** *adj*, impecunious; **unvermutet** *adj*, unexpected; **Unvernunft** *sub*, *f*, *-, nur Einz.* unreasonableness; **unvernünftig** *adj*, unreasonable; **unverrichtet** *adj*, without having accomplished anything; **unverrückbar** *adj*, unmovable; **unverschämt** *adj*, outrageous; **Unverschämtheit** *sub*, *f*, *-, -en* outrageousness; **unverschuldet** *adj*, innocent; **unversehens** *adv*, unexpectedly; **unversehrt** *adj*, undamaged, unhurt; **unversiegbar** *adj*, inexhaustible; **unversöhnbar** *adj*, implacable; **unversöhnlich** *adj*, irreconcilable **Unverstand,** *sub*, *m*, *-s, nur Einz.* folly; **unverstanden** *adj*, misunderstood; **unverständig** *adj*, unintelligible; **unverständlich** *adj*, incomprehensible; **unverstellt** *adj*, unfeigned; **unversteuert** *adj*, untaxed; **unverträglich** *adj*, cantankerous; **Unverträglichkeit** *sub*, *f*, *-, -en* cantankerousness; **unverwandt** *adj*, fixed; **unverweslich** *adj*, durable; **unverwundbar** *adj*, invulnerable; **unverwüstlich** *adj*, undefatigable; **unverzagt** *adj*, undaunted; **Unverzagtheit** *sub*, *f*, *-, nur Einz.* undauntedness; **unverzeihbar** *adj*, unforgivable; **unverzeihlich** *adj*, inexcusable; **unverzinslich** *adj*, interest-free; **unverzüglich** *adj*, immediate **unvollendet,** *adj*, unfinished; **unvollkommen** *adj*, imperfect; **Unvollkommenheit** *sub*, *f*, *-, -en* imperfection; **unvollständig** *adj*, incomplete; **Unvollständigkeit** *sub*, *f*, *-, nur Einz.* incompletness **unvoreingenommen,** *adj*, unbiased;

Unvoreingenommenheit *sub*, *f*, *-, nur Einz.* unbiasness **unvorhergesehen,** *adj*, unforeseen **unvorsichtig,** *adj*, unwary; **Unvorsichtigkeit** *sub*, *f*, *-, -ten* carelessness **unwägbar,** *adj*, imponderable; **Unwägbarkeit** *sub*, *f*, *-, -en* imponerabiliry **unwahr,** *adj*, untrue; **~haftig** *adj*, false; **Unwahrheit** *sub*, *f*, *-, -en* falseness; **~scheinlich** *adj*, improbable, unlikely; **Unwahrscheinlichkeit** *sub*, *f*, *-, -en* improbability **unwandelbar,** *adj*, changeless **unwegsam,** *adj*, impassable **unweigerlich,** *adj*, inevitable **unweit,** *adv*, not far from **Unwesen,** *sub*, *n*, *-s, nur Einz.* curse; *sein Unwesen treiben* to be up to mischief; **unwesentlich** *adj*, insignificant **Unwetter,** *sub*, *n*, *-s, -* storm **unwichtig,** *adj*, unimportant **unwiderlegbar,** *adj*, irrefutable; **unwiderruflich** *adj*, irrevocable; **unwiderstehlich** *adj*, irresistible **unwiederbringlich,** *adj*, irretrievable **Unwillen,** *sub*, *m*, *-s, nur Einz.* indignation; **unwillig** *adj*, indignant; **unwillkommen** *adj*, unwelcome; **unwillkürlich** *adj*, involuntary **unwirklich,** *adj*, unreal; **Unwirklichkeit** *sub*, *f*, *-, nur Einz.* unreality **unwirksam,** *adj*, ineffective **unwirsch,** *adj*, gruff **unwirtlich,** *adj*, inhospitable **unwohl,** *adj*, unwell; **Unwohlsein** *sub*, *n*, *-s, nur Einz.* indisposition **unwürdig,** *adj*, undignified, unworthy; **Unwürdigkeit** *sub*, *f*, *-, nur Einz.* unworthiness **Unzahl,** *sub*, *f*, *-, nur Einz.* enormous number; **unzählig** *adj*, innumerable **Unze,** *sub*, *f*, *-, -n* ounce; **~it** *sub*, *f*, *-, nur Einz.* inopportunely; **unzeitgemäß** *adj*, old-fashined **unzerbrechlich,** *adj*, unbreakable; **unzerreißbar** *adj*, tearproof; **unzerstörbar** *adj*, indestructible; **unzertrennlich** *adj*, inseperable **unziemlich,** *adj*, inconsiderable

Unzucht, *sub, f, -, nur Einz.* sexual offence; **unzüchtig** *adj,* lewd
unzufrieden, *adj,* dissatisfied; **Unzufriedenheit** *sub, f, -, nur Einz.* dissatisfaction
unzugänglich, *adj,* inaccessible
unzukömmlich, *adj, (i. ü. S.)* unbefitting
unzulänglich, *adj,* insufficient
unzulässig, *adj,* inadmissible
unzumutbar, *adj,* unreasonable
Unzurechnungsfähigkeit, *sub, f, -, nur Einz.* unsoundness of mind; *(tt; jur.)* insanity; **unzureichend** *adj,* inadequate; **unzuständig** *adj,* unresponsible; **unzustellbar** *adj,* undeliverable; **unzuträglich** *adj,* unwholesome; **unzutreffend** *adj,* inapplicable; **unzuverlässig** *adj,* unreliable; **Unzuverlässigkeit** *sub, f, -, nur Einz.* unreliability
unzweckmäßig, *adj,* inexpedient
unzweideutig, *adj,* unequivocal
Uppercut, *sub, m, -s, -s* uppercut
üppig, *adj,* luxuriant, thick; *(ugs.) jetzt werde mal nicht zu üppig* let´s have more of your cheek; *üppig leben* to live in style; **Üppigkeit** *sub, f, -, nur Einz.* luxuriance, opulence, voluptuousness
Ur, *sub, m, -s, -e (tt; zool.)* aurochs
Urahn, *sub, m, -en, -en* forefather; **~e** *sub, m, -n, -n* forebear
uralt, *adj,* ancient
Uran, *sub, n, -s, nur Einz. (tt; chem.)* uranium; **~bergwerk** *sub, n, -s od. -es, -e* uranium mine; **uranfänglich** *adj, (i. ü. S.)* first beginning
Uranismus, *sub, m, -, nur Einz.* uranism; **Uranmine** *sub, f, -, -n* uranium mine
uraufführen, *vt,* give the first performance; **Uraufführung** *sub, f, -, -en* premiere
urban, *adj,* urban; **~isieren** *vt,* urbanize
Urbanität, *sub, f, -, nur Einz.* urbanity
urbar, *adj,* cultivate; **Urbarmachung** *sub, f, -, -en* cultivation
Urbedeutung, *sub, f, -, -en* original meaning
Urbild, *sub, n, -s od. -es, -er* archetype
Urchristentum, *sub, n, -, nur Einz.* early Christianity; **urchristlich** *adj,* early Christian
Urd, *sub, f, -, nur Einz. (i. ü. S.)* Urd

Ureinwohner, *sub, m, -s, -* native
Urenkel, *sub, m, -s, -* great-grandchild
Urfassung, *sub, f, -, -en* original (text, film..)
Urfehde, *sub, f, -, -n (tt; hist.)* oath of truce
Urform, *sub, f, -, -en* prototype
urgemütlich, *adj,* really comfortable
urgent, *adj, (i. ü. S.)* urgent; **Urgenz** *sub, f, -, -en* urgency
urgermanisch, *adj,* Proto-Germanic
Urgeschichte, *sub, f, -, nur Einz.* prehistory
Urgestein, *sub, n, -s, -e* prehistoric rock
Urgewalt, *sub, f, -, -en* elemental force
Urgroßeltern, *sub, f, -, nur Mehrz.* great-grandparents; **Urgroßmutter** *sub, f, -, -mütter* great-grandmother; **Urgroßvater** *sub, m, -s, -väter* great-grandfather
Urheber, *sub, m, -s, -* creator; **~recht** *sub, n, -s, -e (tt; jur.)* copyright; **~schutz** *sub, m, -es, nur Einz.* copyright
Urian, *sub, m, -s, -e (i. ü. S.)* urian; **Urias** *sub, f, -, -e* urias
urig, *adj,* ethnic
Urin, *sub, m, -s, -e* urine; **~al** *sub, n, -s, -e (tt; med.)* urinal; **urinieren** *vt* urinate
Urknall, *sub, m, -s, nur Einz.* big bang
Urlandschaft, *sub, f, -, -en* primeval landscape
Urlaub, *sub, m, -s od. -es, -e* holiday; **~er** *sub, m, -s, -* vacationist; **~erzug** *sub, m, -s od. -es, -züge (i. ü. S.)* holiday train; **~sgeld** *sub, n, -s od. -es, -gelder* holiday pay; **~skasse** *sub, f, -, -n (i. ü. S.)* holiday till; **~liste** *sub, f, -, -n* holiday list; **urlaubsreif** *adj,* ready for a holiday; **~sreise** *sub, f, -, -n* holiday trip; **~szeit** *sub, f, -, -en* holiday period
Urmeer, *sub, n, -s, -e* primeval sea
Urmensch, *sub, m, -en, -en* caveman, primeval man; **urmenschlich** *adj, (i. ü. S.)* prehuman
Urne, *sub, f, -, -n* urn

Urologe, *sub, m, -n, -n (tt; med.)* urologist; **Urologie** *sub, f, -, nur Einz.* urology
urplötzlich, *adj*, very sudden
Ursache, *sub, f, -, -n* cause, reason; **ursächlich** *adj*, causal
Urschrift, *sub, f, -, -en* original (text)
Ursprung, *sub, m, -s, -sprünge* beginning, extraction, origin; **ursprünglich** (1) *adj*, inital, natural, original (2) *adv*, in the beginning, originally
urstofflich, *adj, (i. ü. S.)* prematerial
Urteil, *sub, n, -s, -e* decision, judgement, opinion; **urteilen** *vi*, judge; **urteilsfähig** *adj*, competent; ~**skraft** *sub, f, -, nur Einz.* power of judgement; ~**sspruch** *sub, m, -s od. -es, -sprüche* judgement; *(tt; jur.)* verdict
Urtext, *sub, m, -s od. -es, -e* original (text)
Urtierchen, *sub, n, -s, - (tt; zool.)* protozoon
Urtyp, *sub, m, -en, -en* prototype
urväterlich, *adj, (i. ü. S.)* olden; **Urväterzeit** *sub, f, -, -en* olden times
Usambaraveilchen, *sub, n, -s, - (tt; bot.)* African violet
Usance, *sub, f, -, -n* usage; **usancemä-**

ßig *adj*, usable
User, *sub, m, -s, - (tt; comp.)* user
usuell, *adj, (i. ü. S.)* usable
Usurpation, *sub, f, -, -en* Usurpation; **Usurpator** *sub, m, -s, -patoren* usurper; **usurpieren** *vt*, usurp; **Usurpierung** *sub, f, -, -en* usurpation
Usus, *sub, m, -, nur Einz. (ugs.)* custom
Utensil, *sub, n, -s, -ien* implement
Uterus, *sub, m, -, Uteri (tt; med.)* uterus
Utilitarismus, *sub, m, -, nur Einz.* Utilitarism; **Utilitarist** *sub, m, -en, -en* Utilitarian
Utopia, *sub, n, -s, nur Einz.* Utopia; **Utopie** *sub, f, -, -n* utopia; **utopisch** *adj*, utopian; **Utopismus** *sub, m, -, -men* utopianism
UV-bestrahlt, *adj, (ugs.)* UV-soaked; **UV-Lampe** *sub, f, -, -n* UV-lamp; **UV-Strahlen** *sub, f, -, nur Mehrz.* UV-rays; **UV-Strahlung** *sub, f, -, -en* UV-radiation
uvular, *adj*, uvular

Vabanquespiel, *sub*, *n*, -, *nur Einz. (i. ü. S.)* dangerous game

Vademekum, *sub*, *n*, -*s*, -*s* vademecum

vag, *adj*, vague; **Vagabund** *sub*, *m*, -*en*, -*en* vagabond; **~abundieren** *vi*, live as a vagabond, rove around

Vagant, *sub*, *m*, -*en*, -*en* vagant; **~enlied** *sub*, *n*, -*s*, -*er* vagantsong

Vagina, *sub*, *f*, -, *Vaginen (tt; med.)* vagina; **vaginal** *adj*, vaginal

vakant, *adj*, vacant

Vakat, *sub*, *n*, -*s*, -*s* blank

Vakuum, *sub*, *n*, -*s*, *Vakuen oder Vakua* vacuum; **~bremse** *sub*, *f*, -, -*n* vacuum brake; **~meter** *sub*, *n*, -*s*, - vacuum meter; **~pumpe** *sub*, *f*, -, -*n* vacuum pump; **~röhre** *sub*, *f*, -, -*n* vacuum tube

Vakzination, *sub*, *f*, -, -*en (tt; med.)* vaccination; **Vakzine** *sub*, *f*, -, -*n* vaccine; **vakzinieren** *vi*, vaccinate; **Vakzinierung** *sub*, *f*, -, -*en* vaccination

vale!, -, vale! farewell!

Valentinstag, *sub*, *m*, -*s od.* -*es*, -*e* Valentine´s Day

Valenz, *sub*, *f*, -, -*en (tt; chem.)* valency

Validierung, *sub*, *f*, -, -*en (tt; jur.)* validation; **Validität** *sub*, *f*, -, *nur Einz.* validity

Valoren, *sub*, *Mehrz.* securities; **valorisieren** *vt*, *(tt; wirt.)* revalue

Valuta, *sub*, *f*, -, *Valuten* foreign currency, value; **~kredit** *sub*, *m*, *s od.* -*es*, -*e* value credit; **valutieren** *vt*, value

Valvation, *sub*, *f*, -, -*en* determination of value

Vamp, *sub*, *m*, -*s*, -*s* vamp; **~ir** *sub*, *m*, -*s*, -*e* vampire

Vanadium, *sub*, *n*, -*s*, *nur Einz. (tt; chem.)* vanadium

Vandale, *sub*, *f*, -, -*n (tt; hist.)* Vandal; **Vandalismus** *sub*, *m*, -, *nur Einz.* vandalism

Vanille, *sub*, *f*, -, *nur Einz.* vanilla; **~soße** *sub*, *f*, -, -*n* custard; **Vanillin** *sub*, *n*, -*s*, *nur Einz.* vanilla

Varia, *sub*, *Mehrz.* varia; **variabel** *adj*, variable; **~bilität** *sub*, *f*, -, -*en* variability; **~ble** *sub*, *f*, -, -*n* variable; **~nte** *sub*, *f*, -, -*n* variant; **~tion** *sub*, *f*, -, -*en* variation

Varietät, *sub*, *f*, -, -*en (tt; biol.)* variety;

varieté *sub*, *n*, -, -*s* variety; **variieren** *vti*, *(ugs.)* vary

Varikosität, *sub*, *f*, -, -*en (tt; med.)* varicosity

Variometer, *sub*, *n*, -*s*, - *(tt; tech.)* variometer

Vasall, *sub*, *m*, -*en*, -*en (tt; hist.)* vasall; **~entum** *sub*, *n*, -*s*, *nur Einz.* vassalage

Vase, *sub*, *f*, -, -*n* vase; **~ktomie** *sub*, *f*, -, -*n (tt; med.)* vasectomy; **~line** *sub*, *f*, -, *nur Einz.* Vaseline; **vasenförmig** *adj*, vase shaped

Vaterbindung, *sub*, *f*, -, -*en (tt; psych.)* father fixation; **Vaterfreuden** *sub*, *nur Mehrz.* joys of fatherhood; **Vaterhaus** *sub*, *n*, -*es*, -*häuser* parental home; **Vaterland** *sub*, *n*, -*s od.* -*es*, -*länder* native country; **väterlich** *adj*, paternal; **vaterlos** *adj*, fatherless; **Vaterschaft** *sub*, *f*, -, -*en* fatherhood; *(tt; jur.)* paternity; **Vaterstelle** *sub*, *f*, -, *nur Einz.* be father to sb; **Vatertag** *sub*, *m*, -*s od.* -*es*, -*e* Father´s Day; **Vaterunser** *sub*, *n*, -*s*, - *(tt; relig)* Lord´s Prayer; **Vati** *sub*, *m*, -*s*, -*s (ugs.)* dad(dy)

Vatikan, *sub*, *m*, -*s*, *nur Einz.* Vatican; **vatikanisch** *adj*, Vatican

V-Ausschnitt, *sub*, *m*, -*s*, -*e* V-neck

Vedutenmaler, *sub*, *m*, -*s*, - *(tt; kst.)* vedutenpainter/original representation painter

vegetabil, *adj*, vegetable; **Vegetabilien** *sub*, *Mehrz. (tt; bot.)* vegetables; **Vegetarier** *sub*, *m*, -*s*, - vegetarian; **Vegetarierin** *sub*, *f*, -, -*nen* vegetarian; **vegetarisch** *adj*, vegetarian; **Vegetarismus** *sub*, *m*, -, *nur Einz.* vegetarianism; **Vegetation** *sub*, *f*, -, -*en* vegetation; **vegetativ** *adj*, vegetative; **vegetieren** *vi*, vegetate

vehement, *adj*, vehement

Vehemenz, *sub*, *f*, -, *nur Einz.* vehemence

Vehikel, *sub*, *n*, -*s*, - vehicle

Veilchen, *sub*, *n*, -*s*, - *(ugs.)* black eye *(tt; bot.)* violet; *(ugs.) blau wie ein Veilchen* drunk as a lord; *(ugs.) wie ein Veilchen, das im Verborgenen blüht* modesty itself; **veilchenblau** *adj*, violet; *(ugs.)* roaring

drunk; ~**duft** *sub, m, -s od. -es, -düfte*
fragrance of violets
Veitstanz, *sub, m, -es, nur Einz.* St.
Vitus Dance; *(ugs.) einen Veitstanz
aufführen* to hop about like crazy
Velar, *sub, m, -s, -e* velar
Velodrom, *sub, n, -s, -e* Cycle racing
track, Velodrom
Velours, *sub, n, -, nur Einz.* velours;
~**leder** *sub, n, -s, nur Einz.* velvet
leather
Veloziped, *sub, n, -s, -e* veloziped
Velvet, *sub, n,m, -s, -s* velvet
Vendetta, *sub, f, -, Vendetten* vendetta
Vene, *sub, f, -, -n* vein; **venerisch** *adj,*
veneral; ~**zianerin** *sub, f, -s, -nen*
Venetian; **venezianisch** *adj,* Venetian
venös, *adj,* venous
Ventil, *sub, n, -s, -e (tt; tech.)* valve;
~**ation** *sub, f, -, -en* ventilation;
~**ator** *sub, m, -s, -en* ventilator;
~**gummi** *sub, n,m, -s, -s* valve gum;
ventilieren *vt,* ventilate; ~**ierung**
sub, f, -, -en ventilation; ~**kolben**
sub, m, -s, - (tt; tech.) valve piston;
~**spiel** *sub, n, -s, -e* valve (free) play
Ventrikel, *sub, m, -s, - (tt; med.)* ventricle
ventrikulär, *adj,* ventricular
Venushügel, *sub, m, -s, - (ugs.)* venus
hillock
verabfolgen, *vt, (tt; med.)* administer;
verabreden (1) *vr,* arrange to meet
sb **(2)** *vt,* arrange, conspire in; *(tt;
jur.)* collude in; **Verabredung** *sub, f,
-, -en* appointment, arrangement;
(ugs.) date; **verabreichen** *vt,* give,
prescribe; **verabsäumen** *vt,* neglect;
verabscheuen *vt,* detest; **verabschieden (1)** *vr,* say goodbye **(2)** *vt,*
say goodbye to; **Verabschiedung**
sub, f, -, -en discharge; *(tt; polit.)* passing
verachten, *vt,* despise; *nicht zu verachten* not to despise; **Verächter**
sub, f, -, -nen (i. ü. S.) despiser; **verächtlich** *adj,* contemptuous; **Verachtung** *sub, f, -, nur Einz.* contempt
veralbern, *vt,* make fun of; **Veralbe-
rung** *sub, f, -, -en (i. ü. S.)* making fun
of
verallgemeinern, *vti,* generalize; **Verallgemeinerung** *sub, f, -, -en* generalization
Veranda, *sub, f, -, Veranden* veranda;

verandaartig *adj, (ugs.)* veranda
like
veränderbar, *adj,* changeable; **veränderlich** *adj,* variable; **verändern** *vtr,* change; **Veränderung**
sub, f, -, -en change
verängstigen, *vt,* frighten; **verängstigt** *adj,* scared
verankern, *vt, (tt; jur.)* establish;
(tt; tech.) anchor; **Verankerung**
sub, f, -, -en (tt; jur.) establishment;
(tt; tech.) anchoring
veranlagen, *vt,* assess; **veranlagt**
adj, have a .... disposition; **Veranlagung** *sub, f, -, -en* disposition,
natural abilities; *(tt; anat.)* predisposition
veranlassen, (1) *vi,* give rise **(2)** *vt,*
arrange for sth; **Veranlasser** *sub,
m, -s, -* leader; **Veranlassung** *sub,
f, -, -en* cause, reason
veranschaulichen, *vt,* illustrate
veranschlagen, *vt,* estimate
veranstalten, *vt,* organize; *(tt; polit.)* hold; **Veranstalter** *sub, m, -s,
-* organizer; **Veranstaltung** *sub, f,
-, -en* event, organization
verantworten, (1) *vr,* justify sth **(2)**
vt, accept responsibility; **verantwortlich** *adj,* responsible; **Verantwortung** *sub, f, -, nur Einz.*
responsibility; **verantwortungsbewusst** *adj,* responsible; **Verantwortungsbewusstsein** *sub, n, -s,
nur Einz.* sense of responsibility;
verantwortungslos *adj,* irresponsible
verarbeitbar, *adj,* workable; **verarbeiten** *vt,* assimilate, use; *(tt; biol.,
techn)* process; **Verarbeitung** *sub,
f, -, -en* assimilation, use; *(tt; biol.,
tech)* processing
verargen, *vt,* hold sth against sb;
verärgern *vt,* annoy; **Verärgerung**
sub, f, -, -en annoyance
verarmen, *vi,* become impoverished
verarschen, *vt, (vulg.)* take the piss
out of
verarzten, *vt,* fix up
Verästelung, *sub, f, -, -en* branching
verausgaben, *vr,* overspend, overtax oneself; **Verausgabung** *sub, f,
-, -en* overspending, overtaxing;
verauslagen *vt,* disburse; **Verauslagung** *sub, f, -, -en* laying out; **ver-**

äußerlichen (1) *vi,* become superficial **(2)** *vt,* trivialize; **veräußern** *vt,* dispose of; **Veräußerung** *sub, f, -, -en* disposal
Verb, *sub, n, -s, -en* verb; **verbal** *adj,* verbal; **~ale** *sub, n, -s, Verbalien* verbal; **~alinjurie** *sub, f, -, -n* verbal injury; **verbalisieren** *vt,* verbalize; **verballhornen** *vt, (ugs.)* parody; **~alnote** *sub, f, -, -n* verbal mark; **~alstil** *sub, m, -s, nur Einz.* verbal style; **~alsubstantiv** *sub, n, -s, -e* verbal noun
Verband, *sub, m, -s, -bände* dressing; *(tt; med.)* bandage; *(tt; polit.)* association; **~szeug** *sub, n, -s, -e* dressing material
verbannen, *vt,* banish; **Verbannung** *sub, f, -, -en* banishment
verbarrikadieren, *vtr,* barricade
verbauen, *vt,* botch, obstruct; **Verbauung** *sub, f, -, -en (tt; arch.)* blokking, obstruction
Verbeamtung, *sub, f, -, -en* getting the status of a civil servant
verbeißen, (1) *vr,* bite insth **(2)** *vt,* bite back sth, suppress sth
Verbene, *sub, f, -, -n (i. ü. S.)* verbene
verbergen, (1) *vr,* conceal oneself **(2)** *vt,* hide
Verbesserer, *sub, m, -s, -* improver; **verbessern (1)** *vr,* get better **(2)** *vt,* improve; **Verbesserung** *sub, f, -, -en* improvement
verbeugen, *vr,* bow; **Verbeugung** *sub, f, -, -en* bow
verbiegen, *vtr,* bend
verbiestern, (1) *vr,* become fixed on sth **(2)** *vt,* throw
verbieten, *vt,* forbid, prohibit
verbildlichen, *vt,* illustrate
verbinden, *vt,* combine, connect, unit; *(tt; med.)* dress; **verbindlich** *adj,* obligatory, obliging; **Verbindlichkeit** *sub, f, -, -en* commitments, obligatory, obligingness; **Verbindung** *sub, f, -, -en* combination, connection, line; *(tt; mil.)* contact; *(tt; wirt.)* association
verbissen, *adj,* determined, grim
verbitten, *vr,* refuse; **verbittern (1)** *vi,* become embittered **(2)** *vt,* embitter; **Verbitterung** *sub, f, -, -en* bitterness
verblassen, *vi,* fade
verblättern, *vt,* leaf wrong

Verbleib, *sub, m, -s, -e* whereabouts; **verbleiben** *vi,* remain
verbleichen, *vi,* pale
verblenden, *vt,* blend
verblichen, *vi,* pale
verblöden, *vi, (i. ü. S.)* become a zombie
verblüffen, *vt,* amaze, stun; **~d** *adj,* amazing; **verblüfft** *adj,* amazed; **Verblüffung** *sub, f, -, -en* amazement
verbluten, *vi,* bleed to death; *verbluten* to bleed to death
verbocken, *vt, (ugs.)* botch
verbogen, *adj,* bent
verbohrt, *vi, (ugs.)* stubborn; **Verbohrtheit** *sub, f, -, -en* inflexibility
verborgen, (1) *adj,* hidden **(2)** *vt,* lend out
verbrämen, *vt,* trim, veil; **Verbrämung** *sub, f, -, -* trimming
Verbrauch, *sub, m, -s, -bräuche* consumption, expenditure; **verbrauchen** *vt,* exhaust, use up; **~er** *sub, m, -s, -* consumer; **~ergenossenschaft** *sub, f, -, -en* consumer cooperative; **~ermarkt** *sub, m, -s, -märkte* hypermarket
Verbrechen, *sub, n, -s, -* crime; **Verbrecher** *sub, m, -s, -* criminal; **Verbrecheralbum** *sub, n, -s, -alben* rogue´s gallery; **Verbrecherin** *sub, f, -, -nen* criminal; **verbrecherisch** *adj,* criminal
verbreiten, *vtr,* spread; **Verbreiterin** *sub, f, -, -nen* spreader; **verbreitern** *vt,* widen; **Verbreitung** *sub, f, -, -en* spreading
verbrennbar, *adj,* combustible; **verbrennen (1)** *vt,* incinerate; scorch **(2)** *vtir,* burn; **Verbrennung** *sub, f, -, -en* burning, incineration; *(tt; med.)* burn; **Verbrennungsmotor** *sub, m, -s, -en (tt; tech.)* internal combusting engine
verbriefen, *vt,* document
verbringen, *vt,* spend; **Verbringung** *sub, f, -, -en (ugs.)* spending
verbrüdern, *vr,* swear eternal friendship; **Verbrüderung** *sub, f, -, -er* avowal of friendship
verbuchen, *vt,* enter (up), notch up
Verbum, *sub, n, -s, -ba oder -ben* verb; **verbummeln (1)** *vi,* get lazy **(2)** *vt,* fritter away, lose; **verbum-**

melt *adj*, wasted

verbünden, *vr*, alley oneself; *(tt; polit.)* form an alliance; **Verbundenheit** *sub*, *f*, -, -*en* solidarity; **Verbündete** *sub*, *m,f*, -*n*, -*n* ally; **Verbundglas** *sub*, *n*, -*es*, -*gläser* laminated glass; **Verbundkarte** *sub*, *f*, -, -*n* dual card; **Verbundlampe** *sub,f*, -, -*n* integrated lamp; **Verbundnetz** *sub*, *n*, -*es*, -*e* *(tt; tech.)* integrated grid system

verbürgen, *vtr*, guarantee

verbüßen, *vt*, serve

Verchromung, *sub*, *f*, -, -*en* *(tt; tech.)* chromium-plating

Verdacht, *sub*, *m*, -*s*, -*dächte* suspicion; **verdächtig** *adj*, suspicious; **Verdächtige** *sub*, *m,f*, -*n*, -*n* suspect; **verdächtigen** *vt*, suspect; **Verdächtigung** *sub, f*, -, -*en* suspicion

verdammen, *vt*, damn; **Verdammnis** *sub*, *f*, -, *nur Einz.* damnation; **verdammt** *adj*, damned; *(ugs.) das tut verdammt weh* that hurts like hell; *(ugs.) Verdammt nochmal* damn it all; *(vulg.) verdammter Mist* sod it

verdanken, *vt*, owe sth sb

verdattert, *adj & adv*, *(ugs.)* flabbergasted

verdauen, *vt*, digest; **Verdauung** *sub*, *m*, -, -*en* digestion; **Verdauungsstörung** *sub, f*, -, -*en* indigestion

Verdeck, *sub*, *n*, -*s*, -*e* hood, soft top; **verdecken** *vt*, conceal, hide; **verdenken** *vt*, hold sth against sb

Verderb, *sub*, *m*, -*s*, *nur Einz.* ruin; ~**en** (1) *sub*, *n*, -, *nur Einz.* ruin, spoiling (2) **verderben** *vi*, go bad/off (3) *vt*, ruin, spoil; **verderblich** *adj*, pernicious; ~**theit** *sub, f*, -, -*en* corruptness

verdeutlichen, *vt*, show clearly

verdichtbar, *adj*, compressed; **verdichten** (1) *vr*, thicken (2) *vt*, compress; **Verdichtung** *sub*, *f*, -, -*en* compression, thickening; **verdicken** *vtr*, thicken

verdienen, (1) *vt*, *(i. ü. S.)* deserve (2) *vti*, earn; **Verdienst** *sub*, *m*, -*es*, -*e* contribution, credit, income; **Verdienstorden** *sub*, *m*, -*s*, - order of merit; **verdient** *adj*, rightful, well-deserved

Verdikt, *sub*, *n*, -*s*, -*e* verdict

verdingen, *vt*, put inservice

verdonnern, *vt*, *(ugs.)* condemn

verdoppeln, *vt*, double; **Verdopplung** *sub,f*, -, -*en* redoubling; *(ugs.)* doubling

verdorben, *adj*, corrupt, ruined; *(ugs.)* off; **Verdorbenheit** *sub, f*, -, -*en* depravity

verdorren, *vi*, wither

verdrängen, *vt*, drive out, replace; **Verdrängung** *sub,f*, -, -*en* superseding

verdrehen, *vt*, twist; **verdreht** *adj*, crazy, screwed-up; **Verdrehtheit** *sub, f*, -, -*en* craziness

verdrießen, *vt*, irritate; **verdrießlich** *adj*, morose

verdrossen, *adj*, morose

verdrücken, (1) *vr*, slip away (2) *vt*, crumble

Verdruss, *sub*, *m*, -*es*, *nur Einz.* frustration

verduften, *vi*, *(ugs.)* beat it, lose its scent

verdummen, *vi*, become stultified

Verdumpfung, *sub*, *f*, -, -*en* stultification

Verdunkelung, *sub,f*, -, -*en* curtain, darkening; *(tt; jur.)* suppression of evidence

verdünnen, (1) *vr*, become deluted (2) *vt*, thin (down); **verdunsten** *vi*, evaporate; **Verdunstung** *sub*, *f*, -, -*en* evaporation

verdursten, *vi*, die of thirst

verdutzt, *adj*, *(ugs.)* nonplussed; **Verdutztheit** *sub*, *f*, -, -*en* bafflement

verebben, *vi*, subside

veredeln, *vt*, refine

Veredlung, *sub, f*, -, -*en* refining

verehelichen, *vr*, marry

verehren, *vt*, admire, honour; **Verehrer** *sub*, *m*, -*s*, - admirer

Verein, *sub*, *m*, -*s*, -*e* organization, society; *(tt; spo.)* club; **vereinbaren** *vt*, agree, reconcile; ~**barung** *sub*, *f*, -, -*en* agreement; **vereinen** (1) *vr*, join together (2) *vt*, unite; **vereinfachen** *vt*, simplify; **vereinheitlichen** *vt*, standardize; **vereinigen** (1) *vt*, *(tt; wirt.)* merge (2) *vtr*, unite; **vereinigt** *adj*, united; ~**igung** *sub*, *f*, -, -*en* organization, uniting; *(tt; wirt.)* merging; *Anwohnervereinigung* association of residents

vereinnahmen, *vt*, occupy sb, take;

vereinsamen *vi*, become isolated; **Vereinsamung** *sub, f, -, -en* isolation; **Vereinsfarbe** *sub, f, -, -n* club colour; **Vereinshaus** *sub, n, -es, -häuser* club house; **Vereinslokal** *sub, n, -s, -e (ugs.)* club pub/bar; **Vereinswesen** *sub, n, -s, nur Einz.* clubs, societies, organizations; **vereinzelt (1)** *adj*, occasional **(2)** *adv*, occasionally; **Vereinzelung** *sub, f, -, -en* isolation

vereisen *vti*, freeze; **Vereisung** *sub, f, -, -en* freezing

vereiteln *vt*, foil, thwart; **Vereitelung** *sub, f, -, -en* thwarting; **Vereiterung** *sub, f, -, -en (tt; med.)* sepsis

verekeln *vt, (ugs.)* put sb off sth

Verelendung *sub, f, -, -en* impoverishment

verenden *vi*, perish

verengen (1) *vr*, narrow **(2)** *vt*, make narrow; **Verengerung** *sub, f, -, -en* narrowing

vererben (1) *vr*, be transmitted **(2)** *vt*, bequeath, leave; *sich vom Vater zum Sohn vererben* descend from father to son; **Vererbung** *sub, f, -, -en* bequeathing, heredity, leaving

verewigen (1) *vt*, perpetuate **(2)** *vtr*, immortalize

verfahren, (1) *adj*, muddled **(2) Verfahren** *sub, n, -s, -* actions, procedure; *(tt; jur.)* proceeding **(3)** *vi*, act **(4)** *vr*, get muddled **(5)** *vt*, use up

Verfall, *sub, m, -s, nur Einz.* decay, decline, fall, lapsing; **verfallen (1)** *adj*, dilapidated **(2)** *vi*, be forfeited, decay, expire, sink in sth; ~**stag** *sub, m, -es, -e* expiry day; ~**szeit** *sub, f, -, -en* expiry time

verfälschen, *vt*, distort, falsify; **Verfälschung** *sub, f, -, -en* distortion, falsification

verfangen, (1) *vi*, be accepted **(2)** *vr*, get caught; **verfänglich** *adj*, awkward, embarrassing

verfärben, (1) *vr*, change colour **(2)** *vt*, discolour

verfassen, *vt*, write; **Verfasser** *sub, m, -s, -* author, writer; **Verfasserin** *sub, f, -, -nen* author, writer; **Verfassung** *sub, f, -, -en* state of; *(tt; polit.)* constitution; **Verfassungsbeschwerde** *sub, f, -, -n (tt; jur.)* complaint about infringement of the constitution; **Verfassungsgericht** *sub, n, -es, -e* constitutional court; **verfassungs-**

-widrig *adj*, unconstitutional

verfechten, *vt*, defend; **Verfechter** *sub, f, -, -nen* advocate; *(tt; spo.)* champion; **Verfechtung** *sub, f, -, -en* advocacy, championing

verfehlen, *vt*, miss; **Verfehlung** *sub, f, -, -en* misdemeanour, missing

Verfeindung, *sub, f, -, -en* quarreling; **verfeinern (1)** *vt*, refine **(2)** *vtr*, improve; **Verfeinerung** *sub, f, -, -en* improvement

verfertigen, *vt*, manufacture; **Verfertigung** *sub, f, -, -en* production

verfestigen, *vtr*, harden, solidify; **Verfestigung** *sub, f, -, -en* solidification

verfetten, *vi*, *(tt; med.)* become obese; **Verfettung** *sub, f, -, nur Einz.* obesity

verfilmen, *vt*, make a film of

verfilzen, *vi*, become felted

verfinstern, *vt*, darken

Verflachung, *sub, f, -, -en* flattening

verflechten, *vtr*, interweave; **Verflechtung** *sub, f, -, -en* interweaving; *(tt; polit.)* integration

verfliegen, (1) *vi*, blow over, vanish **(2)** *vr*, stray

verflixt, (1) *adj*, blessed **(2)** *adv*, darned

verflossen, *adj*, bygone

verfluchen, *vt*, curse; **Verfluchung** *sub, f, -, -en* cursing

verflüssigen, *vtr*, liquefy; **Verflüssigung** *sub, f, -, -en* liquefaction

verfrachten, *vt*, transport; **Verfrachter** *sub, m, -s, -* transport agent; **Verfrachtung** *sub, f, -, -en* transporting

verfrüht, *adj*, early, premature

verfügbar, *adj*, available; **verfugen** *vt* grout; **verfügen (1)** *vi*, have sth **(2)** *vr*, proceed **(3)** *vt*, order; **Verfügung** *sub, f, -, -en* possession; *(tt; jur.)* order; **Verfügungsgewalt** *sub, f, -, nur Einz.* right of disposal

verführen, *vt*, seduce, tempt; **Verführer** *sub, m, -s, -* seducer; **Verführerin** *sub, f, -, -nen* seductress; **verführerisch** *adj*, tempting; **Verführung** *sub, f, -, -en* seduction, temptation

vergällen, *vt*, denature

vergaloppieren, *vr*, *(i. ü. S.)* go far

vergangen, *adj*, bygone, past; **Ver-**

gangenheit *sub, f, -, -en* history, past; **vergänglich** *adj,* transitory **vergasen,** *vt, (tt; tech.)* carburet; *(tt; zool.)* gas; **Vergaser** *sub, m, -s, - (tt; tech.)* carburettor; **Vergasung** *sub, f, -, -en* gassing; *(tt; tech.)* carburation **Vergatterung,** *sub, f, -, -en* fencing **vergeben,** *vt,* award, forgive, misdeal; **vergeblich (1)** *adj,* futile **(2)** *adv,* in vain; **Vergebung** *sub, f, -, -en* forgiveness **vergegenwärtigen,** *vr,* visualize **Vergehen, (1)** *sub, n, -s, -* fading, offence **(2) vergehen** *vi,* be dying of sth, pass **(3)** *vr,* assault sb **vergeigen,** *vt, (ugs.)* lose; **vergeistigen** *vt,* spirit **vergelten,** *vt,* repay; **Vergeltung** *sub, f, -, -en* retaliation **vergessen,** *vti,* forget; **vergesslich** *adj,* forgetful; **Vergesslichkeit** *sub, f, -, nur Einz.* forgetfulness **vergeuden,** *vt,* waste **vergewissern,** *vr,* make sure **vergießen,** *vt,* shed, spill **vergiften,** *vt,* poison; **Vergiftung** *sub, f, -, -en* poisoning **vergilben,** *vi,* become yellow **Vergissmeinnicht,** *sub, n, -s, -e* forget-me-not **verglasen,** *vt,* glaze **Vergleich,** *sub, m, -s, -e* comparison; *(tt; jur.)* settlement; *das ist doch gar kein Vergleich* there is no comparison; *im Vergleich zu/mit* in comparison to/with; *in keinem Vergleich zu etwas stehen* to be out of all proportion to sth; *einen außergerichtlichen Vergleich schließen* to reach a settlement out of court; *im Vergleich zu A spielt B besser* compared with A plays B better; **vergleichbar** *adj,* comparable; **vergleichen** *vt,* compare; **vergleichsweise** *adj,* comparatively; **~ung** *sub, f, -, -en* comparison; **verglichen** *adj,* compared **Vergnügen, (1)** *sub, n, -s, -* entertainment, pleasure; *(ugs.)* fun **(2) vergnügen** *vt,* amuse; **vergnüglich** *adj,* enjoyable; **vergnügungssüchtig** *adj,* sybaritic **vergolden,** *vt,* gild, gold-plate, paint gold; *(i. ü. S.)* turn to gold; **Vergolderin** *sub, f, -, -nen* gilder **vergönnen,** *vt,* fate granted **vergöttern,** *vt,* idolize; **Vergötterung**

sub, f, -, -en idolization **vergraben,** *vt,* bury **vergraulen,** *vt, (ugs.)* scare off **vergreifen,** *vr,* make a mistake, misappropriate **vergreisen,** *vi,* age; **Vergreisung** *sub, f, -, nur Einz.* ageing **vergriffen,** *adj,* unavailable **Vergrößerer,** *sub, m, -s, -* extender; **vergrößern** *vt,* enlarge, extend, increase; **Vergrößerung** *sub, f, -, -en* enlargement, extension; **Vergrößerungsglas** *sub, n, -es, -gläser* magnifying glass **Vergünstigung,** *sub, f, -, -en* privilege **vergüten,** *vt,* refund sbsth, temper; **Vergütung** *sub, f, -, -en* refunding, tempering **verhaften,** *vt,* arrest; **Verhaftung** *sub, f, -, -en* arrest **verhalten, (1)** *adj,* restrained **(2) Verhalten** *sub, n, -, nur Einz.* behavouir **(3)** *vr,* behave **(4)** *vt,* hold, react, stop; **Verhaltensforschung** *sub, f, -, -en (tt; biol.)* behavioural research; **Verhältnis** *sub, n, -ses, -se* affair, proportion, relationship; *ausserehliches Verhältnis* dinner without grace; **verhältnismäßig** *adj,* proportional, reasonable; **Verhältniswort** *sub, n, -s, -wörter* preposition **verhandeln,** *vti,* negotiate; **Verhandlung** *sub, f, -, -en* negotiations; *(tt; jur.)* trial **verhängen,** *vt,* cover, impose; **Verhängnis** *sub, n, -ses, -se* disaster, undoing; **verhängnisvoll** *adj,* disasterous **verharmlosen,** *vt,* play down; **verhärmt** *adj,* careworn **verharren,** *vi,* pause, remain **verharschen,** *vi,* crust **verhärten,** *vtr,* harden **verhaspeln,** *vr,* get in a muddle; **Verhaspelung** *sub, f, -, -en* getting into a muddle; **Verhasplung** *sub, f, -, -en* getting into a muddle **verhasst,** *adj,* hated **verhätscheln,** *vt,* pamper **Verhau,** *sub, m,n, -s, -e* barrier, mess; **verhauen (1)** *vr,* make a mistake **(2)** *vt,* beat **verheddern,** *vr,* get tangled up **verhehlen,** *vt,* conceal

verheilen, *vi,* heal up
verheimlichen, *vt,* keep secret
verheiraten, *vt,* marry; **verheiratet** *adj,* married; **Verheiratete** *sub, m,f, -n, -n* married one; **Verheiratung** *sub, f, -, -en* marriage
verheißen, *vt,* promise; **verheißungsvoll** *adj,* promising
verhelfen, *vi,* help sb to
verherrlichen, *vt,* glorify
verhetzen, *vt,* stir up
verhexen, *vt,* bewitch
verhindern, *vt,* prevent; **Verhinderung** *sub, f, -, -en* prevention
verhohlen, *adj,* concealed
verhöhnen, *vt,* mock; **verhohnepipeln** *vt, (ugs.)* send up
verhökern, *vt,* get rid of
Verhör, *sub, n, -s, -e* questioning; **verhören** *vt,* question
verhüllen, *vt,* cover, veil; **verhüllt** *adj,* covered, veiled
verhungern, *vi,* starve
verhüten, *vt,* prevent
verhütten, *vt,* smelt; **Verhüttung** *sub, f, -, -en* smelting
Verifikation, *sub, f, -, -en* verification
verifizieren, *vt,* verify
Verinnerlichung, *sub, f, -, nur Einz.* internalization
verirren, *vr,* get lost
veritabel, *adj,* veritable
verjagen, *vt,* chase away
verjähren, *vi,* come under the statute of limitations; **Verjährung** *sub, f, -, -en* limitation
verjüngen, *vt,* regenerate, rejuvenate; **Verjüngung** *sub, f, -, -en* regeneration, rejuvenation
verjuxen, *vt,* blow
Verkabelung, *sub, f, -, -en* linking up to the cable network
verkalken, *vi,* become hardened, calcify; **Verkalkung** *sub, f, -, -en* calcification, hardening
verkannt, *adj,* unrecognized
verkappt, *adj,* hidden
Verkapslung, *sub, f, -, -en* encapsulation, encapsulation
verkatert, *adj, (ugs.)* hung over
Verkauf, *sub, m, -s, -käufe* sale; **verkaufen** *vtr,* sell; **Verkäufer** *sub, m, -, -* sales assistance, seller; **Verkäuferin** *sub, f, -, -n* salesperson; **verkäuflich** *adj,* for sale; **~sraum** *sub, m, -s, -räume* sales room

Verkehr, *sub, m, -s, nur Einz.* contact, trade, traffic; **verkehren (1)** *vi,* frequent, run **(2)** *vtr,* turn; **~sader** *sub, f, -, -n* arterial road; **~sampel** *sub, f, -, -n* traffic light; **~samt** *sub, n, -s, -ämter* divisional railway office; **~sbüro** *sub, n, -s, -s* tourist information office; **~sflugzeug** *sub, n, -es, -e* commercial aircraft; **verkehrsfrei** *adj, (i. ü. S.)* without traffic; **~sfunk** *sub, m, -s, nur Einz.* radio traffic service; **~sinsel** *sub, f, -, -n* traffic island; **~sknotenpunkt** *sub, m, -s, -e* traffic junction; **~slage** *sub, f, -, nur Einz.* traffic situation; **~slärm** *sub, m, -s, nur Einz.* traffic noise; **~smittel** *sub, n, -s, -* means of transport; **~snetz** *sub, n, -es, (-e)* traffic network
Verkehrsordnung, *sub, f, -, nur Einz.* Road Traffic Act; **Verkehrsplan** *sub, m, -s, -pläne* traffic map; **Verkehrspolizei** *sub, f, -, -er* traffic police; **verkehrsreich** *adj,* busy; **Verkehrssicherheit** *sub, f, -, nur Einz.* road-worthyness; **Verkehrssprache** *sub, f, -, nur Einz.* lingua franca; **Verkehrsstau** *sub, m, -s, -s* traffic jam; **Verkehrsstockung** *sub, f, -, -en* traffic hold-up; **Verkehrstote** *sub, m, f, -n, -n* road casualty; **Verkehrstüchtigkeit** *sub, f, -, nur Einz.* roadworthiness; **Verkehrsunfall** *sub, m, -s, -unfälle* road accident; **Verkehrsweg** *sub, m, -s, -e* highway; **Verkehrszeichen** *sub, n, -s, -* road sign
verkehrt, (1) *adj,* wrong **(2)** *adv,* wrongly; **Verkehrtheit** *sub, f, -, nur Einz. (ugs.)* wrong thing
verkennen, *vt,* misjudge
Verkettung, *sub, f, -, -en* chaining
Verketzerung, *sub, f, -, -en* denouncing
verkitschen, *vt, (tt; kun.)* make kitschy
verklagen, *vt,* sue, take proceedings against
verklären, (1) *vr,* become transfigured **(2)** *vt,* transfigure
verklatschen, *vt, (ugs.)* tell on
verklausulieren, *vt,* hedge in
verkleiden, (1) *vr,* dress **(2)** *vt,* disguise, line; **Verkleidung** *sub, f, -, -en* disguising, dressing up, lining

verkleinern, (1) *vr,* be reduced (2) *vt,* reduce
verkleistern, *vt,* get glue on, stick together
verklingen, *vi,* fade away
verklumpen, *vi, (ugs.)* get lumpy; **Verklumpung** *sub, f, -, -en* getting lumpy
verknacken, *vt,* do sb for
verknacksen, *vt, (ugs.)* twist
verknallen, *vr,* fall for sb
verknappen, *vt,* cut back; **Verknappung** *sub, f, -, nur Einz.* cutting down
verkneifen, *vr, (ugs.)* hide sth
verknittern, *vt,* crush
verknöchern, *vi,* ossify; **verknöchert** *adj,* ossified
verknorpeln, *vi,* become cartiginous; **Verknorplung** *sub, f, -, -en* becoming cartilagnous
verknoten, *vt,* knot
verknüpfen, *vt,* combine, tie; **Verknüpfung** *sub, f, -, -en* combination, tying
verkohlen, *vi,* char; *(ugs.)* have sb on
verkoken, *vt,* carbonize
verkommen, *vi, (ugs.)* go pieces, go waste; *(ugs.; arch.)* become dilapidated
verkomplizieren, *vt,* complicate
verkorken, *vt,* cork
verkörpern, *vt,* embody, personify; **Verkörperung** *sub, f, -, -en* embodiment, personification
verköstigen, *vt,* feed; **Verköstigung** *sub, f, -, -* feeding
verkracht, *adj, (ugs.)* ruined
verkraften, *vt,* cope with, manage
verkrampfen, *vr,* become cramped; **Verkrampfung** *sub, f, -, -en* tension
verkriechen, *vr,* creep away
verkrümeln, (1) *vr, (ugs.)* disappear (2) *vt,* crumble; **Verkrümmung** *sub, f, -, -en* crookedness, distortion
verkrüppeln, (1) *vi,* become crippled (2) *vt,* cripple; **verkrüppelt** *adj,* crippled
Verkrustung, *sub, f, -, -en (tt; med.)* scab formation
verkühlen, *vr,* catch a cold
verkümmert, *adj,* wasted away; **Verkümmerung** *sub, f, -, nur Einz. (ugs.)* wasting away; *(tt; med.)* atrophy
verkünden, *vt,* announce; **Verkünderin** *sub, f, -, -n* preacher; **verkündi-**

-gen *vt,* proclaim; **Verkündiger** *sub, m, -s, -* harbinger; **Verkündigung** *sub, f, -, -er* proclamation; **Verkündung** *sub, f, -, -en* announcement
Verkupferung, *sub, f, -, nur Einz.* copper-plating
verkuppeln, *vt, (ugs.)* pair off, procure sb for sb; **Verkuppelung** *sub, f, -, -en* pairing off, procuring
verkürzen, (1) *vr,* be shortened (2) *vt,* shorten
Verlag, *sub, m, -s, -e* publishing firm; **~erung** *sub, f, -, -en* shift; **~shaus** *sub, n, -es, -häuser* publishing house; **~srecht** *sub, n, -s, -e* publishing rights; **~swesen** *sub, n, -s, nur Einz.* publishing
verlanden, *vi, (ugs.)* silt up
Verlangen, (1) *sub, n, -es, nur Einz.* desire, longing, request (2) **verlangen** *vi,* long for (3) *vt,* ask, demand, require; **verlängern** *vt,* extend, lengthen; **Verlängerung** *sub, f, -, -en* extension; **verlangsamen** *vtr,* slow down
verläppern, *vr, (ugs.)* be lost; **Verläpperung** *sub, f, -, nur Einz.* disappearing
Verlass, *sub, m, -es, nur Einz.* relying; **verlassen** (1) *vr,* rely (2) *vt,* leave; **verlässlich** *adj,* reliable
Verlauf, *sub, m, -s, -läufe* course; **verlaufen** (1) *vi,* go off, run (2) *vr,* get lost
verlautbaren, *vti,* announce; **Verlautbarung** *sub, f, -, -en* announcement
verleben, *vt,* spend; **verlebt** *adj,* dissipated
verlegen, *vt,* lay, mislay, postpone, publish, transfer; **Verlegenheit** *sub, f, -, -en* embarrasment, embarrassing situation; **Verleger** *sub, m, -s, -* publisher
verleiden, *vt,* spoil sth
Verleih, *sub, m, -s, -e* rental company; **verleihen** *vt,* laward, lend; **~er** *sub, m, -s, -* distributor, rental firm; **~erin** *sub, f, -, -nen* hirer; **~ung** *sub, f, -, -en* award(ing), lending
verleiten, *vt,* lead sb to sth, tempt
verlernen, *vt,* unlearn
verlesen, (1) *vr,* make a slip (2) *vt,* read, sort

verletzen, (1) *vt,* break, wound (2) *vtr,* injure; **verletzlich** *adj,* vulnerable; **verletzt** *adj,* hurt, injured, wounded; **Verletzung** *sub, f, -, -en* hurting, injury
verleugnen, *vt,* deny; **Verleugnung** *sub, f, -, -er* denial
verlieben, *vr,* fall in love; **verliebt** *adj,* amorous, be in love; **Verliebtheit** *sub, f, -, (-en)* being in love
verlieren, (1) *vr,* lose each other (2) *vti,* lose; **Verliererin** *sub, f, -, -n* loser
Verlies, *sub, n, -es, -e* dungeon
verloben, *vr,* get engaged; **Verlöbnis** *sub, n, -ses, -se* engagement; **Verlobte** *sub, m, f, -n, -n* fiancé; **Verlobung** *sub, f, -, -en* engagement
verlocken, *vti,* entice; ~**d** *adj,* enticing; **Verlockung** *sub, f, -, -en* enticement
verlogen, *adj,* mendacious; **Verlogenheit** *sub, f, -, -en* mendacity
verloren, *adj,* lost, vain; **Verlorenheit** *sub, f, -, nur Einz.* forlorness
verlöschen, *vi,* go out; *(i. ü. S.)* fade
verlosen, *vt,* raffle; **Verlosung** *sub, f, -, -en* raffling
verlöten, *vt,* solder
Verlust, *sub, m, -s, -e* loss; *mit Verlust* at a discount; **verlustieren** *vr,* amuse oneself; **verlustreich** *adj,* heavily loss-making
vermachen, *vt,* bequeath sth; **Vermächtnis** *sub, n, -ses, -se* bequest
vermahlen, *vt,* grind; **vermählen** *vtr,* marry; **vermählt** *adj,* married; **Vermählung** *sub, f, -, -en* marriage
vermännlichen, *vt,* masculinize
vermarkten, *vt,* commercialize; **Vermarktung** *sub, f, -, nur Einz.* marketing
vermasseln, *vt,* ruin
vermeiden, *vt,* avoid; **vermeidlich** *adj,* avoidable
vermeintlich, *adj,* supposed
vermengen, *vt,* mix
vermenschlichen, *vt,* humanize
Vermerk, *sub, m, -s, -e* remark
vermessen, (1) *adj,* presumptuous (2) *vt,* measure
vermiesen, *vt,* spoil sth for sb
vermieten, *vti,* rent; **Vermieter** *sub, m, -s, -* landlord, lessor; **Vermieterin** *sub, f, -, -nen* landlady
vermindern, (1) *vr,* decrease (2) *vt,* reduce; **Verminderung** *sub, f, -, nur*

Einz. reduction
verminen, *vt,* mine
vermischen, *vtr,* mix; **Vermischung** *sub, f, -, -en* mixture
vermissen, *vt,* miss; **vermisst** *adj,* missing; **Vermisste** *sub, m, f, -n, -en* missing person
vermitteln, (1) *vi,* mediate (2) *vt,* arrange; **Vermittler** *sub, m, -s, -* mediator; **Vermittlerin** *sub, f, -s, -en* agent; **Vermittlung** *sub, f, -, -en* agency, arrangement, mediation
vermöbeln, *vt, (ugs.)* beat up
vermodern, *vi,* moulder; **Vermoderung** *sub, f, -, nur Einz.* decay
Vermögen, (1) *sub, n, -s, nur Einz.* ability, fortune, property (2) **vermögen** *vt,* be able to; **vermögend** *adj,* wealthy; **vermögenslos** *adj,* without wealth
vermuten, *vt,* suspect; **vermutlich** (1) *adj,* presumable (2) *adv,* presumably; **Vermutung** *sub, f, -, -en* assumption, conjecture
vernachlässigen, *vtr,* neglect; **vernachlässigt** *adj,* neglected; **Vernachlässigung** *sub, f, -, -en* ignoring, neglect
Vernagelung, *sub, f, -, nur Einz.* nailing up
vernähen, *vt,* neaten; *(tt; med.)* stitch
vernarben, *vi,* heal up
Vernarrtheit, *sub, f, -, nur Einz.* infatuation
vernaschen, *vt,* eat up, make it with
Vernebelung, *sub, f, -, nur Einz.* obscuring, screening
vernehmbar, *adj,* able to be questioned, audible; **Vernehmen** (1) *sub, n, -s, -* reliable source (2) **vernehmen** *vt,* hear; *(tt; jur.)* examine; **vernehmlich** *adj,* clear; **Vernehmung** *sub, f, -, -en (tt; jur.)* examination
verneigen, *vr,* bow
verneinen, *vti,* answer in the negative, deny; ~**d** *adj,* negative; **Verneinerin** *sub, f, -, -n* negator; **Verneinung** *sub, f, -, -en* denial, negation; **Verneinungsfall** *sub, m, -s, nur Einz.* negation case
vernichten, *vt,* destroy; ~**d** *adj,* withering; **Vernichter** *sub, m, -, -* terminator; **Vernichterin** *sub, f, -,*

-nen destroyer; **Vernichtung** *sub, f, -,* *-en* destruction, extermination; **Vernichtungslager** *sub, n, -s, -* extermination camp

Vernickelung, *sub, f, -, nur Einz.* nikkel plating; *f, -s, nur Einz.* nickel plating

verniedlichen, *vt,* trivialize

vernieten, *vt,* rivet

Vernissage, *sub, f, -, -n (tt; kun.)* opening day

veröden, (1) *vi,* become desolate **(2)** *vt, (tt; med.)* sclerose

veröffentlichen, *vti,* publish; **Veröffentlichung** *sub, f, -, -en* publication

verordnen, *vt,* decree, prescribe; **Verordnung** *sub, f, -, -en* decree, prescription

verpachten, *vt,* lease; **Verpächterin** *sub, f, -, -nen* lessor

verpacken, *vt,* pack, tuck

verpassen, *vt,* give sb sth, miss

verpatzen, *vt,* spoil

verpennen, (1) *vri,* oversleep **(2)** *vt,* sleep through

verpesten, *vt,* pollute

verpetzen, *vt, (ugs.)* sneak on

verpfänden, *vt,* pawn; **Verpfändung** *sub, f, -, nur Einz.* pawning; *(tt; jur.)* mortage

verpfeifen, *vt, (ugs.)* grass on

verpflanzen, *vt, (tt; bot.&med.)* transplant; **Verpflanzung** *sub, f, -, -en* transplantation; *(tt; med.)* transplant

verpflegen, *vtr,* feed; **Verpflegung** *sub, f, -, nur Einz.* catering, feeding, food

verpflichten, (1) *vi,* be binding **(2)** *vr,* commit oneself **(3)** *vt,* commit, oblige; **verpflichtet** *adj,* obliged; **Verpflichtung** *sub, f, -, -en* engaging, obligation, signing on

verpfuschen, *vt,* bungle

verplappern, *vt, (ugs.)* chat away

verplempern, *vt,* fritter away

verplomben, *vt, (tt; tech.)* seal; **Verplombung** *sub, f, -, -en* sealing

verpönt, *adj,* frowned upon

verprassen, *vt, (ugs.)* blow; *etwas sinnlos verprassen* to fritter sth away

verprellen, *vt,* intimidate

verproviantieren, *vt,* supply with food

verprügeln, *vt, (ugs.)* beat up

verpuffen, *vi,* pop

verpulvern, *vt,* fritter away

Verpuppung, *sub, f, -, nur Einz. (tt; biol.)* pupation

Verputz, *sub, m, -s, nur Einz.* plasterwork; **verputzen** *vt,* plaster, polish off

verquicken, *vt,* combine; *(tt; chem.)* amalgamate; **Verquickung** *sub, f, -, nur Einz.* combination; *(tt; chem.)* amalgamation

verquirlen, *vt,* whisk

verquollen, *vt,* swell

verrammeln, *vt, (ugs.)* barricade; **Verrammelung** *sub, f, -en, nur Einz.* barricade; *f, -, nur Einz. (ugs.)* barricading

verrauschen, *vi,* fade away

verrechnen, (1) *vr,* miscalculate **(2)** *vt,* clear; **Verrechnung** *sub, f, -, nur Einz.* clearing

verrecken, *vi, (ugs.)* die

verreisen, *vi,* go away; **verreißen** *vt, (ugs.)* tear into pieces

verrenken, *vt,* dislocate; **Verrenkung** *sub, f, -, -en* contortion

verrichten, *vt,* perform; **Verrichtung** *sub, f, -, -en* performing

verriegeln, *vt,* bolt; **Verriegelung** *sub, f, -, -en* locking

verringern, (1) *vr,* decrease **(2)** *vt,* reduce; **Verringerung** *sub, f, -, -en* decrease, reduction

Verriss, *sub, m, -es, -e (tt; kun.)* slating review

verrohen, *vt,* brutalize; **verroht** *adj,* brutalized

verrosten, *vi,* rust

verrotten, *vi,* rot

verrucht, *adj,* despicable; **Verruchtheit** *sub, f, -, nur Einz.* despicable nature

verrücken, *vt,* disarrange; **verrückt** *adj,* crazy, mad; **Verrücktheit** *sub, f, -, -en* madness

Verruf, *sub, m, -s, nur Einz.* disrepute; **verrufen** *adj,* disreputable

verrutschen, *vi,* slip

versacken, *vi,* sink

versagen, (1) *vi,* fail **(2)** *vt,* refuse sb sth; **Versager** *sub, m, -s, -* failure

Versal, *sub, m, -s, -ien* capital letter

versammeln, *vtr,* assemble; **Versammlung** *sub, f, -, -en* assembly; **Versammlungsfreiheit** *sub, f, -, nur Einz.* freedom of assembly

Versand, *sub, m, -s, nur Einz.* dispatch; **versanden** *vi,* silt;

~haus *sub, n, -es, -häuser* mail order firm

Versatzstück, *sub, n, -s, -e* set piece

versauen, *vt, (ugs.)* mess up; **versauern (1)** *vi,* stagnate **(2)** *vt,* ruin sb sth; *eine versauerte alte Jungfer* an embittered old spinster, *jmd etwas versauern* to ruin sth for sb

versäumen, *vt,* miss; **Versäumnis** *sub, n, -ses, -se* absence, failing

verschachern, *vt, (ugs.)* sell off

verschaffen, (1) *vr,* obtain sth **(2)** *vt,* provide sb with sth

Verschalung, *sub, f, -, -en* framework, panelling

verschämt, *adj,* coy; **Verschämttun** *sub, n, -s, nur Einz.* coyness

verschandeln, *vt, (ugs.)* ruin

verschanzen, (1) *vr, (tt; mil.)* entrench **(2)** *vt,* fortify; **Verschanzung** *sub, f, -, nur Einz.* fortification

verschärfen, *vtr,* increase, intensify; **Verschärfung** *sub, f, -, -en* increase, intensification

verscharren, *vt, (ugs.)* bury

verscheiden, *vi,* expire

verscheißern, *vt, (ugs.)* take the piss out of sb

verschenken, (1) *vr,* throw oneself away **(2)** *vt,* give away

verscherbeln, *vt, (ugs.)* flog

verscherzen, *vr,* forfeit sth

verscheuchen, *vt,* frighten off

verscheuern, *vt,* sell off

verschicken, *vt,* deport, send out

verschiebbar, *adj,* movable; **verschieben (1)** *vr,* be postponed, shift **(2)** *vt,* change, move; **Verschiebung** *sub, f, -, -en* displacement, moving, postponement, shifting

verschieden, (1) *adj,* different, various **(2)** *adv,* differently; ~**artig** *adj,* different; **Verschiedenheit** *sub, f, -, -en* difference, variety; ~**tlich** *adv,* occasionally, several times

verschiffen, *vt,* ship; **Verschiffung** *sub, f, -s, -en (tt; naut.)* shipment

verschimmeln, *vi,* go mouldy

verschlafen, (1) *adj,* sleepy **(2)** *vi,* oversleep **(3)** *vt,* sleep through

Verschlag, *sub, m, -s, -schläge* partitioned room, shed; **verschlagen** *vt,* board sth, take away; *(ugs.)* trash; *(tt; spo.)* mishit

verschlechtern, (1) *vr,* get worse **(2)** *vt,* worsen; **Verschlechterung** *sub, f,*

~-**en** decline, worsening; *finanzielle/berufliche* **Verschlechterung** a financial/professional setback

verschleiern, (1) *vr,* veil oneself **(2)** *vt,* disguise, veil

Verschleiß, *sub, m, -es, -e* consumption; *(ugs.)* wear and tear; **verschleißen (1)** *vi,* wear out **(2)** *vt,* retail, use up

verschleppen, *vt,* abduct, carry, protract; **Verschleppung** *sub, f, -, nur Einz.* abduction, carrying, protraction

verschleudern, *vt, (ugs.)* dump

verschließen, (1) *vr,* be closed **(2)** *vt,* close, lock (up)

verschlimmern, *vt,* make worse

verschlingen, (1) *vr,* become intertwined **(2)** *vt,* devour, entwine

verschlossen, *adj,* closed, locked, sealed; **Verschlossenheit** *sub, f, -, nur Einz.* reticence

verschlucken, (1) *vr, (i. ü. S.)* splutter **(2)** *vt,* swallow

Verschluss, *sub, m, -es, -schlüsse* Ld, lock, seal, shutter; *(tt; med.)* occlusion; **verschlüsseln** *vt,* encode; ~**sache** *sub, f, -, -n* item of classified information

verschmähen, *vt,* spurn; **Verschmähung** *sub, f, -, -en* rejection; **verschmälern (1)** *vr,* narrow **(2)** *vt,* make narrower

verschmausen, *vt,* feast on

verschmelzen, (1) *vi,* melt together **(2)** *vt,* blend, fuse, unify; **Verschmelzung** *sub, f, -, -en* blending, fusion, merger

verschmerzen, *vt,* get over

verschmieren, *vt,* fill in, spread

verschmitzt, *adj,* mischievous

verschmutzen, (1) *vi,* get dirty **(2)** *vt,* pollute, soil; **verschmutzt** *adj,* dirty

verschneiden, *vt,* blend, cut, cut wrongly; **Verschnitt** *sub, m, -es, -e* blend, clippings

verschnupfen, *vi,* get a cold; **verschnupft** *adj,* with a cold

verschnüren, *vt,* tie up; **Verschnürung** *sub, f, -, -en* tying up

verschollen, *adj,* missing; *(tt; kun.)* forgotten

verschönen, *vt,* brighten up, improve

verschonen, *vt,* spare; *verschone*

mich damit spare me that; *verschone mich mit deinen Reden* spare me your speeches; **verschönern** *vt*, improve; **Verschonung** *sub, f, -, -en* sparing; **Verschönung** *sub, f, -, -en* improvement
verschorfen, *vi*, scab; **Verschorfung** *sub, f, -, -en (tt; med.)* encrustation
verschossen, *vt, (ugs.)* fall in love with sb
verschrammen, *vt*, scratch
verschränken, *vt*, cable, cross over
verschrauben, *vt*, screw together
verschrecken, *vt*, frighten off; **verschreckt** *adj*, scared
verschreiben, **(1)** *vr*, make a slip **(2)** *vt*, prescribe; **Verschreibung** *sub, f, -, -gen* error, prescription; **verschroten** *vt*, grind coarsely
verschrieen, *adj*, notorious
verschroben, *adj*, eccentric
verschrotten, *vt*, scarp
Verschulden, **(1)** *sub, n, -s, -* fault **(2)** **verschulden** *vi*, get into debt **(3)** *vt*, be to blame for; *durch eigenes Verschulden* through one´s own fault; *ohne sein Verschulden* through no fault of his (own); **verschuldet** *adj*, be in debt; **Verschuldung** *sub, f, -, -gen* blame, indebtedness
verschusseln, *vt*, mess up
verschütten, *vt*, be buried, spill; **Verschüttung** *sub, f, -, -en* submerging
verschwägert, *adj*, related
verschweigen, *vt*, conceal, hide
verschweißen, *vt*, weld
verschwelen, *vti*, burn
verschwenden, *vt*, waste; **Verschwender** *sub, m, -s, -* squanderer; **verschwenderisch** *adj*, extravagant, wasteful; **Verschwendung** *sub, f, -, -en* wastfulness
verschwiegen, *adj*, discreet
Verschwinden, **(1)** *sub, n, -s, -* disappereance **(2)** **verschwinden** *vi*, disappear, vanish
verschwistert, *adj*, be brother and sister; *(i. ü. S.; kun.) verschwisterte Seelen* kindred spirits
verschwitzen, *vt*, forget, make sweaty
verschwollen, *adj*, swollen
verschwommen, *adj*, blurred, fuzzy
verschwören, *vr*, conspire, plot; **Verschworene** *sub, m, -n, -s* conspirator; *(i. ü. S.)* ally; **Verschwörer** *sub, m, -s, -* conspirator; **Verschworne** *sub, f,*

-n, -n plotter; **Verschwörung** *sub, f, -, -gen* conspiracy, plot
Versehen, **(1)** *sub, n, -s, -* mistake **(2)** **versehen** *vr*, make a mistake **(3)** *vt*, give, occupy, provide sb; *(ugs.) bevor man es sich versieht* before you could say Jack Robinson; *(kümmern) den Dienst eines Kollegen versehen* to take a collegue´s place; *(geben) jmd mit einer Vollmacht versehen* to invest sb with full power; *jmd mit etwas versehen* to provide sb with sth; *(ausstatten) mit etwas versehen sein* to have sth; *(versorgen.) sich mit etwas versehen* to provide oneself with sth; **versehentlich (1)** *adj*, inadvertent **(2)** *adv*, by mistake
Versemacher, *sub, m, -s, -* poet
versenden, *vt*, send away
versengen, *vt*, scorch
Versenkbühne, *sub, f, -, -n (tt; theat)* lower stage; **versenken (1)** *vr*, become immersed **(2)** *vt*, countersink, lower, sink; **Versenkung** *sub, f, -, -en* immersion, lowering, sinking; *(tt; theat)* trap (door); *aus der Versenkung auftauchen* to reappear (on the scene); *in der Versenkung verschwinden* to vanish from the scene; *innere/mystische Versenkung* inner/mystic contemplation; *jmd aus seiner Versenkung reißen* to tear sb from his absorption in sth
Verseschmied, *sub, m, -es, -e (ugs.)* rhymester
versessen, *adj*, be very keen on sth; **Versessenheit** *sub, f, -, -en* keenness
versetzen, **(1)** *vr*, change places **(2)** *vt*, mix, move, stand sb up, transfer; *(ugs.)* flog; **Versetzung** *sub, f, -, -gen* mixing, moving up, transfer
verseuchen, *vt*, contaminate, infect; **Verseuchung** *sub, f, -, -en* contamination, infection
Versicherer, *sub, m, -s, -* insurer; **versichern (1)** *vr*, make secure **(2)** *vt*, assure, insure; **Versicherte** *sub, m, -n, -n* insured (party); **Versicherung** *sub, f, -, -gen* assurance, insurance; **Versicherungspflicht** *sub, f, -, -en* compulsory insurance
Versickerung, *sub, f, -, -en* seeping
versiegeln, *vt*, seal; **Versiegelung**

sub, f, -, -en sealing; **versiegen** vi, dry up; **Versieglung** sub, f, -, -en sealing
versiert, adj, experienced; **Versiertheit** sub, f, -s, -en experience
versifft, adj, (ugs.) dirty
Versifikation, sub, f, -, -en versification; **versifizieren** vt, versify
Versilberer, sub, m, -s, - silver-plater; **versilbern** vt, silver-plate; **Versilberung** sub, f, -, -en silver-plate, silvering
versimpeln, vt, make easier
Version, sub, f, -, -en version
versippt, adj, (ugs.) interrelated
versitzen, vt, crease
Versklavung, sub, f, -, -en enslavement
Verso, sub, n, -s, -s verso
versohlen, vt, (ugs.) belt
versöhnen, (1) vr, become reconciled (2) vt, reconcile; **Versöhnerin** sub, f, -s, -nen reconciler; **versöhnlich** adj, conciliatory; (i. ü. S.) die Götter versöhnlich stimmen to placate the gods; **Versöhnlichkeit** sub, f, -, - reconciliation; **Versöhnung** sub, f, -, -gen appeasement
versonnen, adj, pensive
versorgen, vt, look after, provide for, supply; **Versorgung** sub, f, -, -en care, providing, supply
verspachteln, vt, fill in; (ugs.) tuck away
Verspannung, sub, f, -, -en bracing, tenseness
verspäten, vr, be late; **verspätet** adj, delayed, late; **Verspätung** sub, f, -, -en delay, late arrival
verspeisen, vt, consume; **Verspeisung** sub, f, -, -en consumation
versperren, vt, block, lock; **Versperrung** sub, f, -, -en blockade, locking
verspielen, vt, bargain away, gamble away
verspießern, vi, (i. ü. S.) become middle-class
Versprechen, (1) sub, n, -s, - promise (2) **versprechen** vr, pronounce wrong (3) vt, promise; **Versprecher** sub, m, -s, - slip; **Versprechung** sub, f, -, -en promise
versprengen, vt, disperse; **Versprengte** sub, n, -, nur Einz. scattered persons; **Versprengung** sub, f, -, -en dispersion
verspritzen, vt, splash, spray

versprudeln, vt, (ugs.) sprinkle
verstaatlichen, vt, nationalize; **Verstaatlichung** sub, f, -, -en nationalization
verstädtern, vt, urbanize; **Verstädterung** sub, f, -, -en urbanization
Verstand, sub, m, -es, - common sense, mind, reason; **verständig** adj, sensible; **verständigen** vt, notify; **Verständigung** sub, f, -, -en notification, understanding; **verständlich** adj, understandable; allgemein verständlich readily comprehensible; jmd etwas verständlich machen to make sb understand sth; sich verständlich machen to make oneself clear; **Verständlichkeit** sub, f, -, -en comprehensibility; **Verständnis** sub, n, -es, nur Einz. understanding; (tt; kun.) appreciation; **verständnislos** adj, uncomprehending; **verständnisvoll** adj, understanding
verstänkern, vt, (ugs.) make a stink
verstärken, (1) vr, intensify (2) vt, reinforce; **Verstärker** sub, m, -s, - amplifier; **Verstärkung** sub, f, -, -en reinforcement
vertauchen, vt, sprain; **Verstauchung** sub, f, -, -en (tt; med.) sprain
Versteck, sub, n, -s, -stecke hidding place, hide-out; ~en (1) sub, n, -s, nur Einz. (ugs.) hide-out (2) **verstecken** vt, conceal, hide
Verstehen, (1) sub, n, -s, nur Einz. understanding (2) **verstehen** vr, get along (3) vti, comprehend, know, understand
versteifen, (1) vr, (ugs.) become set on sth (2) vt, strengthen; **Versteifung** sub, f, -, -en stiffener, strengthening
Versteigerer, sub, m, -s, - auctioneer; **versteigern** vt, auction; **Versteigerung** sub, f, -, -gen auction
versteinern, vi, fossilize; **Versteinerung** sub, f, -, -gen fossilization
verstellbar, adj, adjustable; **verstellen** vt, adjust; **Verstellung** sub, f, -, -en adjustment, obstruction
verstimmt, adj, out of tune, upset; **Verstimmung** sub, f, -, -en disgruntlement
verstockt, adj, obstinate
verstohlen, adj, furtive
verstopfen, vt, plug, stop up; **Ver-**

stopfung *sub, f, -, -en* blockage, jam; *(tt; med.)* constipation
verstorben, *adj*, deceased; **Verstorbene** *sub, m, -n, -nen* decease
verstört, *adj*, disturbed; **Verstörtheit** *sub, f, -, -en* distraction
Verstoß, *sub, m, -es, -stöße* violation; **verstoßen** (1) *vi*, offend (2) *vt*, disown
Verstrebung, *sub, f, -, -en* supporting
verstreichen, (1) *vi*, pass (2) *vt*, put on, spread
verstreuen, *vt*, scatter, spill
verstricken, *vt*, become entangled, involve, use; **Verstrickung** *sub, f, -, -en* entanglement
Verstromung, *sub, f, -, -en* conversion into electricity
verstümmeln, *vt*, distort, mutilate; **Verstümmelung** *sub, f, -, -en* distortion, mutilation
verstummen, *vi*, go silent, stop talking; **Verstümmlung** *sub, f, -, -en* maiming
Versuch, *sub, m, -es, -e* attempt, try; **versuchen** *vt*, attempt, tempt, try; *nichts unversucht lassen* to strive one´s hardest; **~er** *sub, m, -s, -* tempter; **~erin** *sub, f, -, -nen* temptress; **~stier** *sub, n, -es, -e* laboratory animal; **~ung** *sub, f, -, -en* temptation; *(geh.; bibl.) in Versuchung geraten* to be tempted; *jmd in Versuchung führen* to lead sb into temptation; *(geh.; bibl.) und führe uns nicht in Versuchung* and lead us not into temptation
Versumpfung, *sub, f, -, -en* increasing marshiness
versunken, *adj*, submerged, sunken; *in Gedanken versunken* lost in thought; *völlig in diesen Augenblick versunken* completely caught up in this sight
versüßen, *vt*, sweeten; *jmd etwas versüßen* to sweeten sth for sb
Vertäfelung, *sub, f, -, -en* panelling
vertagen, *vti*, adjourn
vertäuen, *vt*, *(tt; naut)* moor
vertauschbar, *adj*, exchangable; **vertauschen** *vt*, exchange, mix up; **Vertauschung** *sub, f, -, -en* exchange, mixing up
verteidigen, *vti*, defend; **Verteidiger** *sub, m, -s, -* advocate, defender; *(tt; jur.)* defence lawyer; **Verteidigung** *sub, f, -, -en* defence

verteilen, (1) *vr*, spread (2) *vt*, distribute; *Geschenke verteilen* distribute gifts; **Verteilung** *sub, f, -, -en* distribution
verteuern, *vt*, make dearer; **Verteuerung** *sub, f, -, -en* rise in price
verteufelt, (1) *adj*, devilish (2) *adv*, damned; *verteufeltes Glück haben* to be damned lucky; **Verteuflung** *sub, f, -, -en* condemnation
vertiefen, *vtr*, deepen; **Vertiefung** *sub, f, -, -en* absorption, deepening, depression
vertikal, *adj*, vertical; **Vertikale** *sub, f, -, -n (tt; mat.)* vertical line
Vertiko, *sub, m, -s, -s* vertico
vertilgen, *vt*, demolish, eradicate
vertippen, *vr*, make a typing error, slip up
vertonen, *vt*, set to music; **Vertonung** *sub, f, -, -en* setting (to music)
Vertrag, *sub, m, -es, -träge* agreement, contract; *Vertrag abschliessen* bind a contract; **vertragen** (1) *vr*, get along with (2) *vt*, stand; **vertraglich** (1) *adj*, contractual (2) *adv*, by contract; **verträglich** *adj*, easy-going, wholesome; **vertragsgemäß** (1) *adj*, stipulated in the contract (2) *adv*, as stipulated in the contract; **~stext** *sub, m, -es, -e (i. ü. S.)* text of the contract; **vertragswidrig** (1) *adj*, contrary to the terms of the contract (2) *adv*, in breach of contract
Vertrauen, (1) *sub, n, -s, nur Einz.* confidence, trust (2) **vertrauen** *vi*, have confidence in, trust sb/sth; **~sbruch** *sub, m, -es, -brüche* breach of confidence; **~sfrage** *sub, f, -, -n* question of matter; **vertraulich** (1) *adj*, confidential, friendly (2) *adv*, confidentially; **Vertraulichkeit** *sub, f, -, -en* confidentiality
verträumt, *adj*, dreamy
vertraut, *adj*, familiar, intimate; *mit etwas vertraut sein* to be familiar with sth; *mit jmd sehr vertraut werden* to become close friends with sth; *sich mit dem Gedanken vertraut machen, daß* to get used to the idea that; *sich mit etwas vertraut machen* to familiarize oneself with sth; **Vertrautheit** *sub, f, -, -en* closeness, familiarity
sub, f, -, -en defence

vertreiben, *vt,* drive away, repulse; *ich wollte sie nicht vertreiben* I didn´t mean to drive you away; *jmd aus seinem Amt vertreiben* to oust sb from his office; *sich die Zeit mit etwas vertreiben* to pass away the time with sth; **Vertreibung** *sub, f, -, -en* expulsion, ousting; *(bibl.) Vertreibung aus dem Paradies* expulsion from paradise

vertretbar, *adj,* justifiable

vertreten, *vt,* replace, represent, strain, support; **Vertreter** *sub, m, -s, -* agent, representative; **Vertreterin** *sub, f, -, -nen* representative; **Vertretung** *sub, f, -, -en* agency, replacement, representation

Vertrieb, *sub, m, -es, -e* sales, sales departement; **~ene** *sub, m, -n, -n* exile

vertrocknen, *vi,* dry out; *(tt; bot.)* shrivel

vertrödeln, *vt,* fritter away; **Vertrödlung** *sub, f, -, -en (ugs.)* frittering away

vertrösten, (1) *vr,* be content wait **(2)** *vt,* put of; **Vertröstung** *sub, f, -, -en (ugs.)* putting off

vertrotteln, *vi,* vegetate; **vertrottelt** *adj,* vegetated

Vertrustung, *sub, f, -, -en (tt; wirt.)* forming (of a trust)

vertun, *vt, (ugs.)* waste

vertuschen, *vt,* hush up; **Vertuschung** *sub, f, -, -en* cover-up

verübeln, *vt,* take sth amiss

verulken, *vt, (ugs.)* make fun of

verunfallen, *vt,* have an accident; **Verunfallte** *sub, m, -n, -n* casualty

verunglimpfen, *vt,* disparage

verunglücken, *vi,* crash; **Verunglückte** *sub, m, -n, -n* casualty, victim

verunkrauten, *vt, (ugs.)* grow weed

verunreinigen, *vt,* pollute

verunsichern, *vt,* make unsure

verunstalten, *vt,* disfigure

veruntreuen, *vt,* embezzle; **Veruntreuer** *sub, m, -s, -* embezzler; **Veruntreuung** *sub, f, -, -en* embezzlement

verunzieren, *vt,* spoil; **Verunzierung** *sub, f, -, -en* spoiling

verursachen, *vt,* cause, create; **Verursacher** *sub, m, -s, -* cause; **Verursachung** *sub, f, -, -en* causing

verurteilen, *vt,* condemn; *(tt; jur.)* convict; **Verurteilung** *sub, f, -, -en* condemnation, conviction

Verve, *sub, f, -, nur Einz.* spirit

vervielfältigen, *vt,* duplicate

vervollkommnen, *vt,* perfect

vervollständigen, *vt,* complete

verwahren, (1) *vr,* protest against **(2)** *vt,* keep; **Verwahrerin** *sub, f, -, -en (ugs.)* keeper; **verwahrlosen** *vi,* go seed, neglect oneself; **Verwahrloste** *sub, m, -n, -n* unkempt; **Verwahrung** *sub, f, -, -en* keeping, protest

verwaisen, *vi,* become an orphan; **verwaist** *adj,* be orphaned

verwalten, *vt,* manage, run; **Verwalterin** *sub, f, -, -nen* administrator; **Verwaltung** *sub, f, -, -en* management; **Verwaltungsprozess** *sub, m, -es, -e* administrative process

verwandelbar, *adj,* convertible; **verwandeln (1)** *vr,* metamorphose **(2)** *vt,* change, convert, transform; **Verwandlung** *sub, f, -, -en* metamorphosis, transformation

verwandt, *adj,* allied, related; **Verwandte** *sub, m, -n, -n* relativ; **Verwandtschaft** *sub, f, -, nur Mehrz.* relations

verwanzt, *adj, (ugs.)* bug-ridden

verwarnen, *vt,* warn; **Verwarnung** *sub, f, -, -en* warning

verwaschen, *adj,* faded; *(ugs.)* wishy-washy

Verwässerung, *sub, f, -, -en* watering-down, watering-down

verwechseln, *vt,* get muddled, mix up; **Verwechslung** *sub, f, -, -en* confusion

verwegen, *adj,* daring, foolhardy; **Verwegenheit** *sub, f, -, -en* boldness

verwehen, (1) *vi,* be carried away **(2)** *vt,* blow away

verwehren, *vt,* refuse; *den Blick verwehren auf* to bar the view of; *jmd etwas verwehren* to refuse sb sth

verweichlichen, *vt,* make sb soft

Verweigerer, *sub, m, -s, -* refusenik; *(tt; mil.)* conscientious objector; **verweigern** *vt,* refuse; *das Pferd hat verweigert* the horse has refused; *er kann ihr keinen Wunsch verweigern* he can refuse nothing; *es war ihr verweigert etwas zu tun* she was denied doing sth; *sich jmd verweigern* to refuse intimacy with sb; **Verweigerung** *sub, f, -,* -*en* denial, refusal

Verweildauer, *sub, f, -, nur Einz.* time of stay; **verweilen** *vi,* dwell, rest, stay

verwelken, *vi,* wilt

verwendbar, *adj,* usable; **verwenden** *vt,* use; **Verwendung** *sub, f, -, -en* expenditure, use

verwerfen, **(1)** *vr,* misdeal **(2)** *vt,* reject; *(tt; spo.)* lose; **verwerflich** *adj,* reprehensible

verwerten, *vt,* exploit, utilize; **Verwertung** *sub, f, -, -en* exploitation, utilization

verwesen, *vi,* decay; **Verwesung** *sub, f, -, -en* decay

verwickeln, *vtr,* tangle; **verwickelt** *adj,* involved; **Verwicklung** *sub, f, -, -en* embroilment, involvement

verwildert, *adj,* wild; **Verwilderung** *sub, f, -, (-en) (tt; bot.)* overgrowing; *Zustand der Verwilderung* state of neglect

verwinden, *vt,* get over

verwinkelt, *adj,* full of corners

verwirken, *vt,* forfeit

verwirklichen, **(1)** *vr,* be realized **(2)** *vt,* realize; *sich selbst verwirklichen* to fulfil oneself

verwirren, **(1)** *vr,* become tangled **(2)** *vt,* confuse, ruffle; **Verwirrspiel** *sub, n, -s, -e* confusion; **Verwirrtheit** *sub, f, -, (-en)* confusion; **Verwirrung** *sub, f, -, (-en)* bewilderment

verwischen, *vt,* cover over, fade, smudge; **Verwischung** *sub, f, -, -en* blurring

verwittern, *vi,* weather; **Verwitterung** *sub, f, -, -en* weathering

verwitwet, *adj,* widowed

verwöhnen, *vt,* be good to, spoil; **verwöhnt** *adj,* spoilt; **Verwöhntheit** *sub, f, -, nur Einz.* spoiltness

verworren, *adj,* confused

verwundbar, *adj,* vulnerable; **verwunden** *vt,* wound; **verwunderlich** *adj,* amazing, surprising

verwundern, **(1)** *vr,* wonder **(2)** *vt,* astonish; **Verwunderung** *sub, f, -, nur Einz.* amazement

verwundet, *adj,* injured, wounded

verwünschen, *vt,* curse, enchant

Verwurzelung, *sub, f, -, -en* rooting, rooting

verwüsten, *vt,* devastate; **Verwüstung** *sub, m, -, -en* devastation

verzagen, *vi,* lose heart; **verzagt** *adj,* disheartened

verzählen, *vr,* miscount

Verzärtelung, *sub, f, -, -en (ugs.)* pampering

verzaubern, *vt,* enchant, put a spell on; **Verzauberung** *sub, f, -, nur Einz.* bewitchment, enchantment

Verzehr, *sub, m, -, nur Einz.* consumption; **verzehren** **(1)** *vr,* languish **(2)** *vt,* consume

verzeichnen, **(1)** *vr,* make a mistake **(2)** *vt,* draw wrong, record; **Verzeichnis** *sub, n, -ses, -se* index

verzeihen, *vt,* forgive; **verzeihlich** *adj,* forgivable; **Verzeihung** *sub, f, -, nur Einz.* forgiveness; *ich bitte vielmals um Verzeihung* I am terribly sorry for; *jmd um Verzeihung bitten* to apologize to sb

verzerren, **(1)** *vt,* strain **(2)** *vti,* distort

verzetteln, **(1)** *vr,* waste a lot of time **(2)** *vt,* waste

verziehen, **(1)** *vi,* move **(2)** *vr,* contort, disappear **(3)** *vt,* stretch, twist

verzieren, *vt,* decorate

Verzimmerung, *sub, f, -, nur Einz.* panelling

verzinsen, **(1)** *vr,* bear interest **(2)** *vt, (tt; wirt.)* pay interest on; **verzinslich** *adj,* interest-bearing; *(tt; wirt.) fest verzinslich sein* to yield a fixed rate of interest; *nicht verzinslich* free of interest; **Verzinsung** *sub, f, -, (-en)* interest rate, payment of interest

verzogen, *adj,* badly brought up, spoilt

verzögern, *vt,* delay; **Verzögerung** *sub, f, -, -en* delay, delaying

verzollen, *vt,* pay duty on

Verzuckerung, *sub, f, -, nur Einz.* crystallization

verzückt, *adj,* ecstatic, enraptured; **Verzücktheit** *sub, f, -, nur Einz.* ecstasy, rapture

Verzug, *sub, m, -s, nur Einz.* delay, moving away; *bei Verzug der Zahlung* on default of payment; *es ist Gefahr im Verzug* there´s danger ahead; *mit etwas in Verzug geraten* to fall behind with sth; *ohne Verzug* without delay

verzweifeln, *vi,* despair; *am Leben verzweifeln* to despair of life; *es ist*

zum **Verzweifeln** it makes you despair; *nur nicht verzweifeln* don´t despair
verzweifelt, *adj,* despairing, desperate; **Verzweiflung** *sub, f, -, nur Einz.* despair, desperation
verzweigen, *vr,* branch; **Verzweigung** *sub, f, -, -en* branching
verzwickt, *adj,* tricky
Vesper, *sub, f, -, -n* break
Vestibül, *sub, n, -s, -e* vestibule
Veteran, *sub, m, -n, -en* veteran
veterinär, (1) *adj, (tt; med.)* veterinarian (2) **Veterinär** *sub, m, -s, -e* veterinary surgeon; **Veterinärin** *sub, f, -, -nen* veterinary surgeon; **Veterinärmedizin** *sub, f, -s, nur Einz.* veterinary medicine
Veto, *sub, n, -s, -s* veto; **~recht** *sub, n, -s, nur Einz.* right of veto
Vetter, *sub, m, -s, -n* cousin; **~nwirtschaft** *sub, f, -, nur Einz. (i. ü. S.)* nepotism
Vexierbild, *sub, n, -s, -er* picture puzzle; **vexieren** *vt,* vex
via, *adv,* via
Vibrafon, *sub, n, -s, -e (tt; mus.)* vibraphone
Vibration, *sub, f, -, -en* vibration; **Vibrator** *sub, m, -s, -en* vibrator; **vibrieren** *vt,* vibrate; **Vibromassage** *sub, f, -, -n* vibro massage
Vicomte, *sub, m, -s, -s* vicomte
Video, *sub, n, -s, -s* video; **~clip** *sub, m, -s, -s* video clip; **~film** *sub, m, -s, -e* video film; **~kamera** *sub, f, -, -s* video camera; **~kassette** *sub, f, -, -n* video cassette; **~recorder** *sub, m, -s, -* video recorder; **~spiel** *sub, n, -s, -e* video game; **~technik** *sub, f, -, -en* video technology; **~text** *sub, m, -s, -e* teletext; **~thek** *sub, f, -, -en* video library
Vieh, *sub, n, -s, nur Einz.* livestock; *(ugs.)* swine; **~bestand** *sub, m, -s, -stände* livestock; **~haltung** *sub, f, -, -en* livestock owning; **~händler** *sub, m, -s, -* livestock dealer; **~herde** *sub, f, -, -n* livestock herd; **viehisch** *adj,* brutish; **~zeug** *sub, n, -s, -e* creatures; **~zucht** *sub, f, -, -en* livestock breeding; **~züchter** *sub, m, -s, -* livestock breeder
viel, (1) *adj,* a lot of, many (2) *adv,* much; **~ gelesen** *adj,* much-read; **~ gereist** *adj,* much-travelled; **~e** *adj,*

many; **Vieleck** *sub, n, -s, -e* polygon; **~erlei** *adj,* all kinds of, various; **~fach** (1) *adj,* multiple (2) *adv,* many times; **Vielfalt** *sub, f, -, nur Einz.* variety; **~fältig** *adj,* divers; **~flächig** *adj, (tt; mat.)* polyhedral; **Vielflächner** *sub, m, -s, - polyhedron; **Vielfraß** *sub, m, -es, -e (i. ü. S.)* glutton; **Vielgereister** *sub, m, f, -n, -n* much-travelled person; **~gliedrig** *adj, (tt; mat.)* polynomial; **Vielgötterei** *sub, f, -, -en* polytheism; **Vielheit** *sub, f, -, -en* variety
vielleicht, *adv,* by any chance, maybe, perhaps
vielmals, *adv,* many times, very much; **Vielmännerei** *sub, f, -, -en* polygamy; **vielmehr** *adv,* rather; **vielseitig** *adj,* many-sided; **Vielseitigkeit** *sub, f, -, -en* many-sidenss; **vielsprachig** *adj,* polyglot; **vielstimmig** *adj,* many-voiced; **vielstrophig** *adj,* many-verses; **Vielweiberei** *sub, f, -, -en* polygamy; **Vielzahl** *sub, f, -, -en* multitude
vier, *sub, f, ers, -en* four; *alle viere von sich strecken* to stretch out; *jm-d unter vier Augen sprechen* to speak to sb in private; *(ugs.) sich auf seine vier Buchstaben setzen* to sit oneself down; *(i. ü. S.) vier Augen sehen mehr als zwei* two heads are better than one; **~blättrig** *adj,* four-leaf; **Viereck** *sub, m, -s, -e (tt; mat.)* four-sided figure; **~einhalb** *Zahl,* four and a half; **Viererreihe** *sub, f, -, -n* row of four; **~fach** (1) *adj,* fourfold (2) *adv,* four times; **Vierflächner** *sub, m, -s, - (tt; mat.)* tetahedron; **Vierfüßler** *sub, m, -s, - (tt; zool.)* tetrapod; **~händig** *adj,* four-handed; **~hundert** *Zahl,* four hundred; **Viermastzelt** *sub, n, -s, -e* four-mast-tent; **~motorig** *adj,* four-engined; **~räderig** *adj,* four-wheeled; **Vierruderer** *sub, m, -s, -* four-rower; **~schrötig** *adj,* burly; **Vierspänner** *sub, m, -s, -* four-in-hand; **~spännig** *adj,* four-horse; **~stellig** *adj,* four-figured; **~stimmig** *adj,* four-part; **~stöckig** *adj,* four-storeyed; **Viertaktmotor** *sub, m, -s, -en (tt; tech.)* four stroke engine; **~tausend** *numm,* four thou-

sand; ~**teilen** *vt*, quarter; **Viertel** *sub*, *m*, -, - quarter; **Vierteljahr** *sub*, *n*, -*s*, -*e* three months **vierteljährig**, *adj*, three months´; **vierteljährlich** (1) *adj*, quarterly (2) *adv*, quarterly; **Viertelliter** *sub*, *m,n*, -*s*, -*e* quarter-litre; **vierteln** *vt*, divide in four; **Viertelnote** *sub, f*, -, -*n* quarter note; **Viertelpfund** *sub*, *n*, -*s*, -*e* quarter-pound; **Viertelstunde** *sub, f*, -, -*n* quarter of an hour; **viertelstündig** *adj*, quarter-hour; **viertelstündlich** (1) *adj*, quarter-hour (2) *adv*, every quarter of an hour; **viertens** *adv*, fourthly; **vierzehn** *num*, fourteen
Vigil, *sub, f*, -, -*ien* vigil
Vignette, *sub, f*, -, -*n* vignette
Vikar, *sub*, *m*, -*s*, -*e* curate; ~**iat** *sub*, *n*, -*s*, -*e* curacy; **vikariieren** *vt*, curace
Viktualien, *sub*, *Mehrz.* victuals
Vikunja, *sub*, *n*, -*s*, -*s* vicunja; ~**wolle** *sub, f*, -, -*n* vicunja wool
Villa, *sub, f*, -, *Villen* villa
villenartig, *adj*, villa-like; **Villengegend** *sub, f*, -, -*en* exclusive residential area
Vinaigrette, *sub, f*, -, -*n* vinaigrette
vincentisch, *adj*, vincentical
Vindelizier, *sub*, *m*, -*s*, - Vindelizian; **vindelizisch** *adj*, vindelizian
Vinkulation, *sub*, *f*, -, -*en (tt; wirt.)* vinculation; **vinkulieren** *vt*, restrict transferability of; **Vinkulierung** *sub*, *f*, -, -*en* vinculation
Viola, *sub, f*, -, *Violen (tt; bot.)* violet; *(tt; mus.)* viola
violent, *adj*, violent
violett, *adj*, purple, violet
Violine, *sub, f*, -, -*n (tt; mus.)* violin; **Violinist** *sub*, *m*, -*en*, -*en* violinist; **Violinschlüssel** *sub*, *m*, -*s*, - treble clef; **Violoncello** *sub*, *n*, -*s*, -*s oder* -*li* violoncello; **Violone** *sub*, *m*, -, -*s oder* -*ni* violon
Viper, *sub, f*, -, -*n (tt; zool.)* viper
Virement, *sub*, *n*, -*s*, -*s (tt; polit.)* virement
Viren, *sub, f*, -, - *(tt; med.)* virus
Virginität, *sub, f*, -, *nur Einz.* virginity
viril, *adj*, virile; **Virilismus** *sub*, *m*, -, *nur Einz. (tt; med.)* virilinism; **Virilität** *sub, f*, -, *nur Einz.* virility
Virologe, *sub*, *m*, -*n*, -*n* virologist; **Virologie** *sub, f*, -, *nur Einz.* virology; **virologisch** *adj*, virological

Virtualität, *sub, f*, -, -*en* virtuality; **virtuell** *adj*, virtual
virtuos, *adj*, virtuoso; **Virtuose** *sub*, *m,f*, -*n*, -*n* virtuoso; **Virtuosität** *sub, f*, -, *nur Einz.* virtuosity
virulent, *adj*, virulent; **Virulenz** *sub*, *f*, -, *nur Einz. (tt; med.)* virulence
Virus, *sub*, *m*, -, *Viren (tt; mat.)* virus; ~**grippe** *sub, f*, -, -*n (tt; med.)* viral cold
Visage, *sub*, *f*, -, -*n* face; **Visagist** *sub*, *m*, -*en*, -*en* make.up artist
vis-a-vis, *adv*, opposite
Viscount, *sub*, *m*, -*s*, -*s* viscount; ~**ess** *sub, f*, -, -*es* viscountess
Visier, *sub*, *n*, -*s*, -*e* sight, visor; **visieren** *vi*, take aim at; ~**linie** *sub*, *f*, -, -*n (tt; mil.)* sight line
Vision, *sub, f*, -, -*en* vision; **visionär** (1) *adj*, visionary (2) **Visionär** *sub*, *m*, -*s*, -*e* visionary
Visitation, *sub, f*, -, -*en* inspection, visitation; **Visite** *sub, f*, -, -*n (tt; med.)* round; **Visitenkarte** *sub, f*, -, -*n* calling card; **visitieren** *vt*, visit
viskos, *adj*, viscous; **Viskose** *sub, f*, -, *nur Einz.* viscose; **Viskosität** *sub, f*, -, *nur Einz.* viscosity
visualisieren, *vt*, visualize; **visuell** *adj*, visual
Visum, *sub, n*, -*s*, *Visa od. Visen* visa; ~**antrag** *sub*, *m*, -*s*, -*anträge* visa application
Vita, *sub, f*, -, *Vitae od. Viten* life; **vital** *adj*, energetic, vital; **vitalisieren** *vt*, vitalize; **vitalistisch** *adj*, vigorous; ~**lität** *sub, f*, -, *nur Einz.* vitality
Vitamin, *sub*, *n*, -*s*, -*e* vitamin; **vitaminieren** *vt*, vitamin; **vitaminreich** *adj*, rich in vitamins; ~**stoß** *sub*, *m*, -*es*, -*stöße* massive dose of vitamins
Vitrine, *sub, f*, -, -*n* glass cabinet, show case
vivat!, *interj*, vivat
Vivisektion, *sub, f*, -, -*en* vivisection; **vivisezieren** *vti*, vivisect
Vizekanzler, *sub*, *m*, -*s*, - *(tt; polit.)* vice-chancellor; **Vizemeister** *sub*, *m*, -*s*, - *(tt; spo.)* runner-up; **Vizepräsident** *sub*, *m*, -*en*, -*en (tt; polit.)* vice-president
Vlies, *sub*, *n*, -*es*, -*e* fleece
Vogel, *sub*, *m*, -*s*, -*vögel* bird; *(i. ü.*

S.) den Vogel abschießen to surpass everyone; *(i. ü. S.) ein lustiger Vogel* a lively character; *(i. ü. S.) ein seltsamer Vogel* a queer bird; *(i. ü. S.) jmd den Vogel zeigen* to give sb the V sign; ~**art** *sub, f, -, -en (tt; biol.)* species of bird; ~**beere** *sub, f, -, -n (tt; bot.)* rowan (tree)/(berry); ~**fänger** *sub, f, -s, -* bird-catcher; **vogelfrei** *adj,* outlawed; ~**futter** *sub, n, -s, nur Einz.* bird food; **vögeln** *vti, (vulg.)* screw; ~**schutz** *sub, m, -es, -e* protection of birds; ~**schwarm** *sub, m, -s, -schwärme* birds swarm; ~**spinne** *sub, f, -, -n (tt; zool.)* birdspider; ~**stimme** *sub, f, -, -n* birdsvoice; ~**warte** *sub, f, -, -n* ornithological station; ~**züchter** *sub, m, -s, -* breeder of birds; ~**zug** *sub, m, -s, -züge* bird migration
Vogt, *sub, m, -s, Vögte* church advocate; *(tt; hist.)* landvogt, protector
Voile, *sub, m, -, -s* veil
Vokabel, *sub, f, -, -n* vocabulary, word; ~**heft** *sub, n, -s, -e* vocabulary book; **Vokabular** *sub, n, -s, -e* vocabulary; **Vokabularium** *sub, n, -s, -ien* vocabulary
vokal, (1) *adj, (tt; mus.)* vocal (2) **Vokal** *sub, m, -s, -e* vowel; **Vokalisation** *sub, f, -, -en* vocalization; ~**isieren** *vi,* vocalize; **Vokalist** *sub, m, -en, -en (tt; mus.)* vocalist
Vokation, *sub, f, -, -en* vocation; **Vokativ** *sub, m, -s, -e* vocative
Voliere, *sub, f, -, -n* voliere
Volksentscheid, *sub, m, -s, -e (tt; phy.)* referendum; **Volksglauben** *sub, n, -s, -* popular belief; **Volkshochschule** *sub, f, -, -n* adult education centre; **Volkskirche** *sub, f, -, -n* national church; **Volkskunde** *sub, f, -, nur Einz.* folklore; **Volkskundler** *sub, m, -s, -* folklorist; **Volkslied** *sub, n, -s, -er* folk song; **Volksmärchen** *sub, n, -s, -* folktale; **Volksmarine** *sub, f, -, nur Einz. (tt; mil.)* national marine; **Volksmusik** *sub, f, -, -en* folk music; **Volksredner** *sub, m, -s, -* public speaker
Volksrepublik, *sub, f, -, -en* people´s republic; **Volksschicht** *sub, f, -, -en* level of society; **Volksschule** *sub, f, -, -n* elementary school; **Volksschüler** *sub, m, -s, -* pupil at the elementary school; **Volkssprache** *sub, f, -, -n* everyday language; **Volkstanz** *sub, m,*

-es, -tänze folk dance; **Volkstracht** *sub, f, -, -ten* traditional costume; **volkstümlich** *adj,* folksy; **Volksvertretung** *sub, f, -, -en* representative body; **Volkswirtschaft** *sub, f, -, -en (tt; wirt.)* national economy; **Volkszählung** *sub, f, -, -en* census
voll, (1) *adj,* full (2) *adv,* fully; *aus dem Vollen schöpfen* to draw on unlimited sources; *aus voller Kehle* at the top of one´s voice; *(ugs.) den Mund voll nehmen* to overdo it; *(i. ü. S.) jmd nicht für voll nehmen* not to take sb seriously; *voll des Lobes* full of praise, *gerammelt voll* as full as an egg; *ich habe die Nase voll* I´m through; *nicht voll da sein* not to be with it; *voll drinstecken* to be in the middle of it; *voll und ganz* completely; ~**auf** *adv,* completely; **Vollbart** *sub, m, -s, -bärte* beard; **Vollbeschäftigung** *sub, f, -, -en (tt; wirt.)* full employment; **Vollblut** *sub, n, -s, -e (i. ü. S.)* full-blooded; **Vollblüter** *sub, m, -s, - (tt; zool.)* thoroughbred; **Vollbremsung** *sub, f, -, -en* emergency stop; ~**bringen** *vt,* achieve; **Vollbringung** *sub, f, -, -en* achievement; **Vollgefühl** *sub, n, -s, nur Einz.* feeling of fullness; ~**enden** (1) *vr,* come an end (2) *vt,* complete; **Vollenderin** *sub, f, -, -nen* completer; ~**endet** *adj,* completed, perfect; ~**ends** *adv,* altogether, especially; **Völlerei** *sub, f, -, -en* gluttony
Volleyball, *sub, m, -s, -s (tt; spo.)* volleyball; **voll laufen** *vr, (ugs.)* get full, get totally drunk; **voll machen** (1) *vr,* get messed (2) *vt,* fill (up); **vollführen** *vt,* perform; **Vollführung** *sub, f, -, -en* performance; **Vollidiot** *sub, m, -en, -en (ugs.)* complete idiot; **völlig** *adj,* complete; **volljährig** *adj,* of age; **Volljährigkeit** *sub, f, -, -* majority; **vollkommen** (1) *adj,* absolut, perfect (2) *adv,* completely; **Vollkornbrot** *sub, n, -s, -e* coarse wholemeal bread; **Vollmacht** *sub, f, -, -en* authority; **Vollmatrose** *sub, m, -n, -n* able-bodied seaman
Vollmitglied, *sub, m, -s, -er* full member; **voll packen** *vt,* pack full; **voll stopfen** *vt, (ugs.)* cram full;

Vollmond *sub, m, -s, -e* full moon; **Vollnarkose** *sub, f, -, -n* general anasesthetic; **Vollpension** *sub, f, -, -en* full board; **vollschlank** *adj,* stout; **vollständig** *adj,* complete, entire; **vollstopfen** *vt,* cram full; **vollstrekken** *vt,* execute; **Vollstrecker** *sub, m, -s, -* executor; **Vollstreckung** *sub, f, -, -en* execution; **Vollstrekkungsbescheid** *sub, m, -s, -e* enforcement order

voll tanken, *vt,* fill up

Volontär, *sub, m, -s, -e* trainee; **Volontariat** *sub, n, -s, -e* practical training; **volontieren** *vi,* be trained

Volt, *sub, n, - oder -s, -s* volt

Voltaelement, *sub, n, -s, -e (tt; tech.)* voltaic element

Voltairianer, *sub, m, -s* Voltarianian

Voltampere, *sub, n, -, -* volt ampere

voltigieren, *vi, (tt; spo.)* perform exercises on a horseback

Voltmeter, *sub, n, -s, - (tt; tech.)* voltmeter; **Voltsekunde** *sub, f, -, -n* volt second

Volumen, *sub, n, -s, - oder -mina* volume; **Volumgewicht** *sub, n, -s, -e (tt; mat.)* volume weight; **voluminös** *adj,* voluminous; **Volumprozent** *sub, n, -s, -e (tt; mat.)* volume percent

Voluntarismus, *sub, m, -, nur Einz.* Volutarinism; **Voluntarist** *sub, m, -en, -en* Voluntarian

Volute, *sub, f, -, -n (tt; arch.)* volute

vor, **(1)** *adv,* front **(2)** *präp,* before, from, in front of, outside, with; **~ab** *adv,* begin with; **Vorabend** *sub, m, -s, -e* evening before; **Vorahnung** *sub, f, -, -en* premonition; **~an** *adv,* in front of

vorangehen, *vi,* go in front, go on ahead; **~d** *adj,* as...before

vorankommen, *vi,* make progress

voranmachen, *vi,* hurry up

voranmelden, *vr,* make a booking; **Voranmeldung** *sub, f, -, -en* appointment

Voranschlag, *sub, m, -s, -schläge* estimate

voranstellen, *vt,* place in front

vorantreiben, *vt,* hurry along

vorarbeiten, *vti,* work in advance; **Vorarbeiter** *sub, m, -s, -* foreman

vorauf, *adv,* in front; **~gehen** *vi, (ugs.)* go in front; **voraus (1)** *adv,* ahead, in advance, in front **(2) Vor-** **aus** *sub, m, -, nur Einz.* advance; **vorauseilen** *vi,* hurry on ahead; **vorausfahren** *vi,* drive ahead; **vorausgehen** *vi,* precede; **vorausgehend** *adj,* as...before; **vorausgesetzt** *adj,* provided that; **voraushaben** *vt,* have the advantage; **Vorauskasse** *sub, f, -, -n (ugs.)* cash in advance; **vorauslaufen** *vi,* walk ahead; **voraussagbar** *adj,* predictable; **voraussagen** *vt,* predict

Vorausschau, *sub, f, -, -en* foresight; **voraussehbar** *adj,* foreseeable; **voraussehen** *vt,* foresee; **voraussetzen** *vt,* presuppose; **Voraussetzung** *sub, f, -, -en* precondition; **Voraussicht** *sub, f, -, nur Einz.* foresight; **voraussichtlich (1)** *adj,* expected **(2)** *adv,* probably; **vorauswissen** *vt,* know in advance; **vorauszahlen** *vt,* pay in advance; **Vorauszahlung** *sub, f, -, -en* advance payment

Vorbau, *sub, m, -s, -ten (tt; arch.)* porch; **vorbauen (1)** *vi,* take precautions **(2)** *vt,* built on

vorbedacht, *adj,* considered

Vorbedeutung, *sub, f, -, -en* prognostic

Vorbedingung, *sub, f, -, -en* precondition

Vorbehalt, *sub, m, -s, -e* reservation; **vorbehalten** *vt,* reserve sth; **vorbehaltlich** *adj,* subject to; **vorbehaltlos** *adj,* unreserved

vorbei, *adv,* be over, by, past; **~dürfen** *vi,* be allowed past; **~fahren (1)** *vi,* drive past **(2)** *vt,* drive sb past; **~führen** *vt,* lead sb past; **~gehen** *vi,* bypass, go by, pass; **~kommen** *vi,* drop in, pass; **~können** *vi,* be able to get past; **~lassen** *vt,* let past; **~laufen** *vi,* run past; **Vorbeimarsch** *sub, m, -es, -märsche* march-past; **~müssen** *vi,* have go past; **~planen** *vti,* plan past; **~reden** *vi,* talk round sth; **~reiten** *vi,* ride past; **~ziehen (1)** *vi,* file past **(2)** *vt,* pull past

vorbelastet, *adj,* handicapped; **Vorbelastung** *sub, f, -, -en* handicap

Vorbemerkung, *sub, f, -, -en* preliminary remark

Vorberatung, *sub, f, -, -en* preliminary consultation

vorbereiten, *vtr*, prepare; **Vorbereitung** *sub*, *f*, -, -en preparation
Vorbescheid, *sub*, *m*, -s, -e preliminary decision
Vorbesitzer, *sub*, *m*, -s, - previous owner
vorbestellen, *vt*, order in advance
vorbestimmen, *vt*, decide in advance
vorbestraft, *adj*, previously convicted; **Vorbestrafte** *sub*, *m,f*, -n, -n man/woman with a previous conviction
vorbeten, *vi*, lead the prayer; **Vorbeter** *sub*, *m*, -s, - prayer leader
Vorbeugehaft, *sub*, *f*, -, -en *(tt; jur.)* preventive custody; **vorbeugen** (1) *vi*, prevent (2) *vt*, bend forward; **Vorbeugung** *sub*, *f*, -, -en prevention
Vorbild, *sub*, *n*, -s, -er model; **vorbildhaft** *adj*, exemplary; **vorbildlich** *adj*, exemplary
vorbörslich, *adj*, *(i. ü. S.)* before hours market
Vorbote, *sub*, *m*, -n, -n herald
vorbringen, *vt*, get out, say, take up
vordem, *adv*, in olden days
Vordenkerin, *pron*, mentor, prophet
Vorderachse, *sub*, *f*, -, -n *(tt; tech.)* front axle; **Vorderfront** *sub*, *f*, -, -en frontage; **Vordergaumen** *sub*, *m*, -s, - *(tt; med.)* palatal; **Vordergrund** *sub*, *m*, -s, -gründe foreground; **vordergründig** *adj*, superficial; **Vorderkipper** *sub*, *m*, -s, - front tipper; **Vorderlader** *sub*, *m*, -s, - muzzel loader; **Vorderpfote** *sub*, *f*, -, -n front paw; **Vorderrad** *sub*, *n*, -es, -räder front wheel; **Vorderreifen** *sub*, *m*, -s, - front-tyre; **Vorderschiff** *sub*, *n*, -s, -e front ship; **Vorderseite** *sub*, *f*, -, -n front head; **Vordersteven** *sub*, *m*, -s, - *(tt; naut)* stem; **Vorderzimmer** *sub*, *n*, -s, - front room
vordrängeln, *vr*, push to the front;
vordrängen *vr*, push to the front
vordringen, *vi*, advance; **vordringlich** *adj*, urgent
Vordruck, *sub*, *m*, -s, -e form
voreilig, *adj*, rash; **Voreiligkeit** *sub*, *f*, -, -en rashing
voreinander, *adv*, from each other, in front of each other
voreingenommen, *adj*, biased; **Voreingenommenheit** *sub*, *f*, -, -en bias
vorenthalten, *vt*, withhold sth from sb
Vorentscheid, *sub*, *m*, -s, -e prelimina-

ry decision; ~**ung** *sub*, *f*, -, -en preliminary decision
vorerst, *adv*, for the present
vorerwähnt, *adj*, aforementioned
vorerzählen, *vt*, foretell
Vorfahre, *sub*, *m*, -n, -n ancestor; **Vorfahrt** *sub*, *f*, -, -en right of way
Vorfall, *sub*, *m*, -es, -fälle incident
Vorfrühling, *sub*, *m*, -s, -e early spring
vorführen, *vt*, present; *(tt; jur.)* bring foreward; **Vorführerin** *sub*, *f*, -, -en projectionist; **Vorführgerät** *sub*, *n*, -s, -e projector; **Vorführraum** *sub*, *m*, -es, -räume projection room; **Vorführwagen** *sub*, *m*, -s, -wägen demonstration car
Vorgabe, *sub*, *f*, -, -n handicap; ~**zeit** *sub*, *f*, -, -en handicap time
Vorgang, *sub*, *m*, -es, -gänge event, file; *(tt; biol.)* process; **Vorgänger** *sub*, *f*, -, -en predecessor
vorgeben, *vt*, pretend; **Vorgebirge** *sub*, *n*, -s, - foothills; **vorgefasst** *adj*, preconceived; **vorgefertigt** *adj*, preconceived, preproduced; **Vorgefühl** *sub*, *n*, -s, -e anticipation; **Vorgegenwart** *sub*, *f*, -, -en *(tt; gram)* conditional; **Vorgehen** (1) *sub*, *n*, -s, *nur Einz*. action (2) **vorgehen** *vi*, act, be fast, go first, happen; **vorgelagert** *adj*, offshore; **vorgenannt** *adj*, aforementioned; **vorgeordnet** *adj*, preordered; **Vorgeplänkel** *sub*, *m*, -s, - presquabble; **Vorgeschichte** *sub*, *f*, -, *nur Einz*. prehistory; **Vorgeschmack** *sub*, *m*, -s, *nur Einz*. foretaste; **Vorgesetzte** *sub*, *m*, -n, -n superior; **Vorgespräch** *sub*, *n*, -es, -e nterview; **vorgestern** *adv*, day before yesterday
vorgreiflich, *adj*, anticipated; **Vorgriff** *sub*, *m*, -s, -e anticipation
Vorhaben, (1) *sub*, *n*, -s, - plan (2) **vorhaben** *vt*, itend
Vorhalle, *sub*, *f*, -, -n entrance hall
Vorhand, *sub*, *f*, -, *nur Einz*. *(tt; sp.)* forehand; **vorhanden** *adj*, available; ~**ensein** *sub*, *n*, -s, *nur Einz*. existence
Vorhang, *sub*, *m*, -es, -hänge curtain; **Vorhängeschloss** *sub*, *n*, -es, -schlösser padlock; ~**stoff** *sub*, *m*, -es, -e curtainning
Vorhaut, *sub*, *f*, -, -häute foreskin

vorher, *adv,* before; **~gehen** *vi,* go first; **~gehend** *adj,* preceding; **~ig** *adj,* prior; **Vorherrschaft** *sub, f, -, -en* predominance; **~rschen** *vi,* predominate; **~sagbar** *adj,* predictable; **Vorhersage** *sub, f, -, -n* forecast; **~sagen** *vt,* predict; **~sehbar** *adj,* foreseeable; **~sehen** *vt,* foresee **vorhin,** *adv,* just now; **Vorhof** *sub, m, -es, -höfe* forecourt; **Vorhut** *sub, f, -, -en (tt; mil.)* vanguard; **vorig** *adj,* last, previous **Vorjahr,** *sub, n, -s, -e* previous year; **vorjährig** *adj,* year before; **Vorkämpferin** *sub, f, -, -en* pioneer; **Vorkasse** *sub, f, -, -n* cash in advance; **vorkauen** *vt,* chew; **Vorkehrung** *sub, f, -, -en* precaution; **Vorkenntnis** *sub, f, -, -e* previous knowledge; **vorklinisch** *adj,* preclinical; **Vorkommen (1)** *sub, n, -s, -* incidence, occurence **(2) vorkommen** *vi,* happen, occur; **Vorkommnis** *sub, n, -es, -se* incident; **vorladen** *vt, (tt; jur.)* summons **Vorlage,** *sub, f, -, -n* pattern, presentation; *(tt; jur.)* submission; **Vorläuferin** *sub, f, -, -en* forerunner; **vorläufig (1)** *adj,* temporary **(2)** *adv,* temporarily; **vorlaut** *adj,* cheeky; **Vorleben (1)** *sub, n, -s, -* past (life) **(2) vorleben** *vt,* set an example of sth; **Vorlegegabel** *sub, f, -, -n* serving-fork; **vorlegen** *vt,* present, serve; **Vorleger** *sub, m, -s, -* mat; **Vorleistung** *sub, f, -, -en* advance, preliminary work **vorlesen,** *vti,* read aloud; **Vorlesepult** *sub, n, -s, -e* reading desk; **Vorleser** *sub, m, -s, -* reader; **Vorlesung** *sub, f, -, -en* lecture; **Vorlesungsverzeichnis** *sub, n, -es, -e* lecture timetable **Vorliebe,** *sub, f, -, -n* preference **vorliegen,** *vi,* be, be available **vorlügen,** *vt,* lie to sb **vorm,** *adv,* in the morning **vormachen,** *vt,* fool sb, show sb how do sth; **Vormacht** *sub, f, -, nur Einz.* supremacy; **vormalig** *adj,* former; **vormals** *adv,* formerly; **Vormarsch** *sub, m, -es, -märsche (tt; mil.)* advance; **Vormerkbuch** *sub, n, -es, -bücher* reservation book; **vormerken** *vt,* note down, reserve; **Vormieterin** *sub, f, -, -en* previous tenant; **Vormittag** *sub, m, -s, -e* morning; **vormittägig** *adj,* morning; **vormittags** *adv,* in

the morning; **Vormonat** *sub, m, -s, -e* previous month; **Vormund** *sub, m, -es, -münder* guardian **vorn,** *adv,* forwards, in front, in front of **Vorname,** *sub, m, -n, -n* first name **vornehm,** *adj,* distinguished, genteel, noble; **~en** *vt,* attend to, carry out, intend do sth; **Vornehmheit** *sub, f, -, -en* nobility; **~lich (1)** *adj,* principal **(2)** *adv,* principally **vornüber,** *adv,* forwards **Vorort,** *sub, m, -s, -te* suburb; **Vorplatz** *sub, m, -, -plätze* forecourt; **Vorposten** *sub, m, -s, - (tt; mil.)* outpost; **vorpreschen** *vi, (ugs.)* press ahead; **Vorprogramm** *sub, n, -s, -e* supporting programme; **Vorrang** *sub, m, -es, nur Einz.* priority; **Vorrat** *sub, m, -es, -räte* stock; **vorrätig** *adj,* in stock; **Vorratsraum** *sub, m, -es, -räume* storeroom; **Vorrecht** *sub, n, -s, -e* privilege; **Vorrede** *sub, f, -, -n* prologue; **Vorrichtung** *sub, f, -, -en* device; **vorrücken** *vti,* move forward; **Vorruhestand** *sub, m, -es, -stände* early retirement; **Vorrunde** *sub, f, -, -n (tt; spo.)* qualifying round **vors,** *adv,* in front of **vorsagen,** *vt,* recite, tell sb sth; **Vorsager** *sub, m, -s, - (ugs.)* foreteller; **Vorsängerin** *sub, f, -, -en* leading voice; **Vorsatz** *sub, m, -es, -sätze* intention; **Vorsatzblatt** *sub, n, -es, -blätter* endpaper; **vorsätzlich** *adj,* intentional; *(tt; jur.)* wilful; **Vorschau** *sub, f, -, -en* preview; **Vorschein** *sub, m, -s, -e* come light, show up **vorschicken,** *vt,* send in advance; **vorschieben (1)** *vr,* move forward **(2)** *vt,* push in front, put forward; **vorschießen (1)** *vi,* shoot forward **(2)** *vt,* advance sb money; **vorschlafen** *vi,* sleep in advance; **Vorschlag** *sub, m, -es, -schläge* suggestion; **vorschlagen** *vt,* suggest; **vorschmecken** *vi,* taste before sb; **Vorschotmann** *sub, m, -es, -männer (tt; naut)* foresheetman; **vorschreiben** *vt,* stipulate, write out; **Vorschrift** *sub, f, -, -en* regulation; **vorschriftsmäßig (1)** *adj,* correct **(2)** *adv,* as instructed

Vorschub, *sub, m, -es, -schübe* encouragement; **Vorschule** *sub, f, -, -n* nursery-school; **Vorschulerziehung** *sub, f, -, -en* pre-school-education; **vorschulisch** *adj,* pre-school; **Vorschuss** *sub, m, -es, -schüsse* advance; **Vorschusslorbeeren** *sub, f, -, nur Mehrz.* premature praise; **vorschützen** *vt,* plead; **vorschwärmen** *vti,* go into raptures; **vorschweben** *vi,* have sth in mind; **vorsehen (1)** *vi,* appear **(2)** *vr,* be careful **(3)** *vt,* plan; **Vorsehung** *sub, f, -, nur Einz.* Providence; **vorsetzen** *vt,* move forward, put sb in charge of sb

Vorsicht, *sub, f, -, nur Einz.* care, caution; **vorsichtig** *adj,* careful, guarded; **vorsichtshalber** *adv,* as a precaution; **~smaßregel** *sub, f, -, -n* precaution

Vorsilbe, *sub, f, -, -n* prefix

Vorsitz, *sub, m, -es, -e* chairmanship; **~ende** *sub, m, -n, -n* chairman, leader; **~erin** *sub, f, -, -en* president

Vorsorge, *sub, f, -, nur Einz.* precaution; **vorsorgen** *vi,* make provisions; **~untersuchung** *sub, f, -, -en (tt; med.)* medical check-up; **vorsorglich (1)** *adj,* cautious **(2)** *adv,* as a precaution

Vorspann, *sub, m, -s, nur Einz.* opening credits

Vorspeise, *sub, f, -, -n* starter

vorspiegeln, *vt,* feign; **Vorspiegelung** *sub, f, -, -en* pretence

Vorspiel, *sub, n, -s, -e (ugs.)* foreplay; *(tt; mus.)* overture, prelude; **vorspielen** *vt,* play first, play sth to

vorsprechen, *vt,* recite; *(tt; kun.)* audition

vorspringen, *vi,* jump out; **Vorspringer** *sub, m, -s, -* protruder; **Vorsprung** *sub, m, -s, -sprünge* ledge; *(tt; arch.)* projection

Vorstadt, *sub, f, -, -städte* suburb; **vorstädtisch** *adj,* suburban; **~kino** *sub, n, -s, -s* suburb-cinema

Vorstand, *sub, m, -es, -stände (tt; wirt.)* board, chairman; **vorstehen** *vi,* jut out, preside over sth; **Vorsteher** *sub, m, -s, - (tt; relig)* abbot/abbess; *(tt; wirt.)* manager; **Vorsteherdrüse** *sub, f, -, -n (tt; med.)* prostate; **Vorsteherin** *sub, f, -, -en* manager; **Vorstehhund** *sub, m, -es, -e* pointer

vorstellbar, *adj,* conceivable; **vorstellen** *vt,* introduce, move forward, represent; **Vorstellung** *sub, f -, -en* idea, introduction, performance

Vorstoß, *sub, m, -es, -stöße* venture; **Vorstrafe** *sub, f, -, -n* previous conviction; **vorstrecken** *vt,* advance, stretch forward; **vorstreichen** *vt,* paint; **Vorstufe** *sub, f, -, -n* preliminary stage; **Vortag** *sub, m, -s, -e* day before; **Vortänzerin** *sub, f, -, -en* leading dancer; **vortäuschen** *vt,* fake, feign; **Vortäuschung** *sub, f, -, -en* fake

Vorteil, *sub, m, -s, -e* advantage; **vorteilhaft** *adj,* advantageous

Vortrag, *sub, m, -es, -träge* lecture; **vortragen** *vt,* carry forward, recite, report; **~ende** *sub, m, f, -n, -n* lecturer

vortrefflich, *adj,* excellent, splendid

vortreten, *vi,* project, step forward; **Vortritt** *sub, m, -es, nur Einz.* precedence, priority

vorüber, *adv,* be over, be past; **~gehen** *vi,* pass (by); **~gehend** *adj,* momentary, temporary

Vorübung, *sub, f, -, -en* preliminary exercise; **Voruntersuchung** *sub, f, -, -en (tt; jur.)* preliminary investigation; *(tt; med.)* preliminary examination; **Vorurteil** *sub, n, -s, -e* prejudice; **vorverlegen** *vt,* bring forward; **Vorverlegung** *sub, f, -, -en* bringing forward; **Vorvertrag** *sub, m, -s, -träge (tt; jur.)* preliminary contract; **vorvorletzt** *adj,* *(ugs.)* last but two; **Vorwand** *sub, m, -es, -wände* pretext; **vorwärts** *adv,* forward; **Vorwärtsgang** *sub, m, -es, nur Einz.* forward gear; **Vorwaschgang** *sub, m, -es, -gänge* prewash; **vorweg** *adv,* at the front, before (hand); **Vorwegnahme** *sub, f, -, nur Einz.* anticipation; **vorwegnehmen** *vt,* anticipate; **vorwegsagen** *vt,* say before hand; **Vorwegweiser** *sub, m, -s, -* previous sign

vorweisen, *vt,* show; **vorweltlich** *adj,* pre-wordly; **vorwerfen** *vt,* accuse, reproach, throw sth down; **Vorwerk** *sub, n, -s, -e* outlying estate; **vorwiegend (1)** *adj,* predominant (2) *adv*, predominantly; **Vorwissen** *sub, n, -s, nur Einz.* previous knowledge; **Vorwoche** *sub, f, -, -n* previous week; **Vorwort** *sub, n, -s, -e* foreword, preface; **Vorwurf** *sub, m, -s, -würfe* accusation, subject; **vorwurfsfrei** *adj*, reproachfree; **vorwurfsvoll** *adj*, reproachful **Vorzeichen,** *sub, n, -s, -* omen; *(tt; med.)* early symptom; *(tt; mus.)* keysignature **vorzeichnen,** *vt*, sketch out; **Vorzeichnung** *sub, f, -, -en* drawing out; **Vorzeigefrau** *sub, f, -, -en* token woman; **vorzeigen** *vt*, produce **Vorzeit,** *sub, f, -, -en* prehistoric times; **vorzeitig** *adj*, early; **vorzeitlich** *adj*, prehistoric; **vorziehen** *vt*, prefer, pull out; **Vorzug** *sub, m, -es, -züge* preference, train in front; **vorzüglich** (1) *adj*, excellent (2) *adv*, superbly; **Vorzugsaktie** *sub, f, -, -n (tt; wirt.)* preference share; **Vorzugsmilch** *sub, f, -, nur Einz. (ugs.)* gold-top milk; **Vorzugspreis** *sub, m, -es, -e* special discount price; **vorzugsweise** *adv*, preferably **votieren** *vi*, vote

Votivbild, *sub, n, -es, -er* votive picture; **Votivkapelle** *sub, f, -, -n* votive chapel; **Votivkirche** *sub, f, -, -n* votive church **Votum,** *sub, n, -s, Voten (tt; polit.)* vote **Voucher,** *sub, m, n, -s, -s* voucher **Voyeur,** *sub, m, -s, -e* voyeur **vulgär,** *adj*, vulgar; **Vulgarismus** *sub, m, -es, -men* vulgarism; **Vulgarität** *sub, f, -, nur Einz.* vulgarity; **Vulgärlatein** *sub, n, -s, nur Einz.* vulgar Latin **Vulgata,** *sub, f, -, nur Einz.* vulgata **vulgo,** *adj*, vulgo **Vulkan,** *sub, m, -s, nur Einz.* volcano; *auf einem Vulkan leben* to be living on the edge of a volcano; *(i. ü. S.) Tanz auf dem Vulkan* playing with fire; **~isation** *sub, f, -, -en* vulcanization; **vulkanisch** *adj*, volcanic; **~iseur** *sub, m, -s, -e* vulcanizer; **vulkanisieren** *vt*, vulcanize **Vulva,** *sub, f, -, Vulven (tt; med.)* vulva

W

wabbelig, *adj,* *(ugs.)* flabby, wobbly
Wabe, *sub, f, -, -n (tt; biol.)* honey-comb
wabern, *vi,* drift, undulate
wach, *adj,* awake; **Wachablösung** *sub, f, -, -en* changing of the guard; **Wachbuch** *sub, n, -es, -bücher (i. ü. S.)* guardbook; **Wache** *sub, f, -, -n* guard, station, watch; **Wachebeamte** *sub, m, -n, -n* guard; ~**en** *vi,* be awake, keep watch
Wachestehen, *sub, n, -s, nur Einz.* be on guard; *(ugs.)* keep a look-out; **Wachhabende** *sub, m, -n, -n* duty officer; **Wachheit** *sub, f, -, nur Einz.* alertness; **Wachhund** *sub, m, -es, -e* watchdog; **Wachmann** *sub, m, -es, -männer* watchman
Wacholder, *sub, m, -s, nur Einz. (tt; bot.)* juniper; ~**schnaps** *sub, m, -es, -schnäpse* gin
Wachposten, *sub, m, -s, -* sentry
Wachs, *sub, n, -es, -e* wax; *(ugs.) Wachs in jmd Hand sein* to be putty in sb hands; *(ugs.) Knie weich wie Wachs haben* to have knees like jelly; *weich wie Wachs* as soft as butter; ~**abguss** *sub, m, -es, -abgüsse* waxcast; **wachsam** *adj,* watchful; *ein wachsames Auge haben auf etwas* to keep a watchful eye on sth; ~**amkeit** *sub, f, -, -en* watchfulness; **wachsbleich** *adj,* waxen; **wachsen** *vi,* broaden, grow, mount; **wächsern** *adj,* waxen
Wachsmodell, *sub, n, -s, -e* wax model; **Wachsplatte** *sub, f, -, -n* wax plate
Wachstation, *sub, f, -, -en* guard-station
Wachstuch, *sub, n, -s, -tücher* oilcloth; **Wachstum** *sub, n, -s, -* growth; **Wachszieher** *sub, m, -s, -* chandler
Wacht, *sub, f, -, -en* guard
Wachtel, *sub, f, -, -n (ugs.)* silly goose; *(tt; zool.)* quail; ~**hund** *sub, m, -es, -e* quaildog
Wächter, *sub, m, -s, -* attendant, guardian; ~**lied** *sub, n, -es, -er (i. ü. S.)* guardiansong; **Wachtmeister** *sub, m, -s, -* constabler; *(tt; mil.)* sergant; **Wachtparade** *sub, f, -, -n (i. ü. S.)* guards-parade; **Wachtposten** *sub, m, -s, -* sentry; **Wachtraum** *sub, m, -s,*

~**räume** daydream; **Wachturm** *sub, m, -es, -türme* watch-tower
Wachzustand, *sub, m, -es, -stände (i. ü. S.)* in the waking state
Wackelei, *sub, f, -, nur Einz.* wobbling; **wackelig** *adj,* loose, rickety, shaky, wobbly; **wackeln** *vi,* shake, totter, wobble; **Wackelpeter** *sub, m, -s, - (ugs.)* jelly
Wade, *sub, f, -, -n* calf
Wadenbein, *sub, n, -s, -e (tt; med.)* fibula; **Wadenkrampf** *sub, m, -es, -krämpfe* cramp in the calf; **Wadenwickel** *sub, m, -s, - (tt; med.)* compress around the leg
Waffe, *sub, f, -, -n* weapon; *(ugs.)* gun; *(tt; mil.)* arm; *die Waffen strecken* to lay down one´s arms; *jmd mit seinen eigenen Waffen schlagen* to beat sb with his own weapons; *zu den Waffen rufen* to call to arms
Waffel, *sub, f, -, -n* waffle; ~**eisen** *sub, n, -s, -* waffle-iron
Waffenbesitz, *pron,* possesion of firearms; **Waffenbruder** *sub, m, -s, -brüder (ugs.)* comrade in arms; **waffenfähig** *adj,* able-bodied; **Waffengewalt** *sub, f, -, nur Einz.* force of arms; **Waffenhandel** *sub, m, -s, nur Einz.* arms trade; **Waffenkunde** *sub, f, -, nur Einz.* science of arms; **Waffenlager** *sub, n, -s, -* armoury; **Waffenschein** *sub, m, -s, -e* gun licence; **Waffenstillstand** *sub, m, -s, -stände* armistice
wägbar, *adj,* ponderable
Wagehals, *sub, m, -es, -hälse (ugs.)* daredevil; **wagehalsig** *adj,* foolhardy; **wagemutig** *adj,* daring
Wagen, (1) *sub, m, -s, Wägen* car, carriage, coach, van, wagon; *(tt; astrol.)* Plough **(2) wagen** *vt,* dare, risk, venture
wägen, *vt,* ponder
Wagenburg, *sub, f, -, -en* barricade of wagons
Wagenführer, *sub, m, -s, -* driver; **Wagenheber** *sub, m, -s, -* jack; **Wagenkolonne** *sub, f, -, -n* convoy of wagons; **Wagenladung** *sub, f, -, -en* wagonload; **Wagenpapiere** *sub, f, -, nur Mehrz.* carpapers/documents; **Wagenrad** *sub, n, -es, -rä-*

der cartwheel; **Wagenrennen** *sub, n, -s, -* chariot race; **Wagentür** *sub, f, -, -en* car door; **Wagentyp** *sub, m, -s, -en* type of car; **Wagenwäsche** *sub, f, -, -n* carwash
Waggon, *sub, m, -s, -s* wagon
waghalsig, *adj, (ugs.)* daredevil
Wagnis, *sub, n, -es, -e* risk
Wahl, *sub, f, -, -en* choice, quality; *(tt; polit.)* election; *aus freier Wahl* of free choice; *erste Wahl* top quality; *es gab keine andere Wahl* there was no alternative; *(tt; polit.)* geheime/freie *Wahl* secret ballot/free election; *jmd etwas zur Wahl stellen* to give sb the choice of sth; *(tt; polit.) jmd zur Wahl aufstellen* to put sb up as a candidate (for election); *(i. ü. S.)* wer die Wahl *hat hat die Qual* you are spoilt for choice; ~**anzeige** *sub, f, -, -n* dial; ~**ausgang** *sub, m, -es, -gänge* election result; **Wählbarkeit** *sub, f, -, -en* eligibility; **wählen** *vt,* choose; *(polit.)* vote; *(Telefon)* dial; **Wähler** *sub, m, -s, -* elector; *(tt; tech.)* selector; ~**ergebnis** *sub, n, -es, -e* election result; **wählerisch** *adj,* particular; *(ugs.)* choosy; **Wählerliste** *sub, f, -, -n* electorlist; **Wählerschaft** *sub, f, -, nur Mehrz.* electorate; **Wählerstimme** *sub, f, -, -n* vote; **Wählerwille** *sub, m, -n, nur Einz.* electorsintention; ~**fach** *sub, n, -es, -fächer* optional subject
Wahlfreiheit, *sub, f, -, nur Einz.* electoral freedom; **Wahlgang** *sub, m, -es, -gänge* ballot; **Wahlgeschenk** *sub, n, -s, -e* pre-election promise; **Wahljahr** *sub, n, -es, -e* year of elections; **Wahlkampagne** *sub, f, -, -n* election campaign; **wahllos (1)** *adj,* indiscriminate **(2)** *adv,* at random; *wahllos* choose blindly; **Wahlmann** *sub, m, -es, -männer* delegate; **Wahlperiode** *sub, f, -, -n* lifetime of a parliament; **Wahlpflicht** *sub, f, -, nur Einz.* electoral duty; **Wahlprogramm** *sub, n, -s, -e* election program; **Wahlrecht** *sub, n, -s, nur Einz.* universal franchise; *(aktiv)* right to vote; *(tt; jur.)* electoral law; *(passiv)* eligibility; **Wahlrede** *sub, f, -, -n* election speech; **Wählscheibe** *sub, f, -, -n* dial
Wahn, *sub, m, -es, nur Einz.* delusion, illusion; *(tt; psych.)* mania; ~**bild**

sub, n, -es, -er delusion, illusion; **wähnen (1)** *vr,* imagine to be **(2)** *vt,* believe, imagine
Wahnidee, *sub, f, -, -n* crazy notion; **Wahnsinn** *sub, m, -s, nur Einz.* insanity; *(ugs.)* madness; **wahnsinnig (1)** *adj,* crazy, dreadful, insane, mad; *(ugs.)* brilliant **(2)** *adv,* incredibly; **Wahnsinnige** *sub, m, f, -n, -n* lunatic; **Wahnsinnstat** *sub, f, -, -en* crazy action; **Wahnwitz** *sub, m, -es, nur Einz.* sheer foolishness
wahr, *adj,* true, veritable; *das darf doch nicht wahr sein* it can´t be true; *(ugs.) das ist nicht das Wahre* it´s not great shakes; *du hast ein wahres Wort gesprochen* there was a lot of truth in it; *so wahr mir Gott helfe* so help me god; ~**en** *vt,* preserve, protect; **währen** *vi,* last; **während (1)** *konj,* whereas, while **(2)** *präp,* during, throughout; ~**haft (1)** *adj,* real, true, truthful **(2)** *adv,* really, truly; **Wahrhaftigkeit** *sub, f, -, nur Einz.* veracity; **Wahrheit** *sub, f, -, -en* truth; *das schlägt der Wahrheit ins Gesicht* that´s patently untrue; *er nimmt es mit der Wahrheit nicht so genau* you have to take what he says with a pinch of salt; *um die Wahrheit zu sagen* to tell the truth; ~**lich** *adv,* definitely, indeed, really
wahrnehmbar, *adj,* noticeable; **wahrnehmen** *vt,* detect, observe, preceive; **Wahrnehmung** *sub, f, -, -en* awareness, observing, perception
wahrsagen, *vt,* predict the future; **Wahrsager** *sub, m, -s, -* fortuneteller; **Wahrsagerei** *sub, f, -, -en* fortunetelling; **Wahrsagerin** *sub, f, -, -en* fortuneteller; **wahrschauen** *vi, (i. ü. S.)* prophesy; **Wahrschauer** *sub, m, -s, -* prophet
wahrscheinlich, (1) *adj,* probable **(2)** *adv,* probably; **Wahrscheinlichkeit** *sub, f, -, nur Einz.* plausibility, probability; **Wahrscheinlichkeitsrechnung** *sub, f, -, -en (tt; mat.)* probability calculus; **Wahrscheinlichkeitstheorie** *sub, f, -, nur Einz.* probability theorie
Währung, *sub, f, -, -en* currency; ~**skurs** *sub, m, -es, -e* exchange

rate; ~**sreform** *sub, f, -, -en* currency reform

Wahrzeichen, *sub, n, -s, -* emblem, symbol

Waise, *sub, m, -n, -n* orphan; ~**nhaus** *sub, n, -es, -häuser* orphanage; ~**nkind** *sub, n, -es, -er* orphan; ~**nknabe** *sub, m, -n, -n* orphan (boy); ~**nrente** *sub, f, -, -n* orphan´s allowance

Wal, *sub, m, -es, -e (tt; zool.)* whale

Wald, *sub, m, -s od. -es, Wälder* forest, wood; *(i. ü. S.) den Wald vor lauter Bäumen nicht sehen* can´t see the wood for the trees; *(i. ü. S.) ich glaub ich steh´ im Walde* I must be hearing/seeing things; *(i. ü. S.) wie es in den Wald hineinruft, so schallt es wieder heraus* you get as much as you give; ~**arbeiter** *sub, m, -s, -* forestry worker; **Wäldchen** *sub, n, -s, - (ugs.)* little wood; ~**erdbeere** *sub, f, -, -n* wild strawberry; ~**horn** *sub, n, -s, -hörner (tt; mus.)* French horn; **waldig** *adj*, wooded; ~**lauf** *sub, m, -s od. -es, -läufe* cross-country running; ~**lehrpfad** *sub, m, -s od. -es, -e* nature trail; ~**lichtung** *sub, f, -, -en* wood glade; ~**meister** *sub, m, -s, nur Einz. (tt; bot.)* woodruff

Waldorfsalat, *sub, m, -s od. -es, -e* Waldorf salad

Waldrand, *sub, m, -s od. -es, -ränder* woodside; **Waldsterben** *sub, n, -s, nur Einz.* dying of the forest

Walfang, *sub, m, -s, -fänge* whaling; **Walfänger** *sub, m, -s, -* whaler; **Walfisch** *sub, m, -s, -e* whale

walisisch, *adj*, Welsh

walken, *vt*, drum, mill, tumble

Walkman, *sub, m, -s, -s* walkman

Walküre, *sub, f, -, -n* Valkyrie

Wall, *sub, m, -s, Wälle* embankment

Wallach, *sub, m, -s, -e (tt; zool.)* gelding

wallen, *vi*, boil, flow, surge

wallfahren, *vi, (i. ü. S.)* go on a pilgrimage; **Wallfahrer** *sub, m, -s, -* pilgrim; **Wallfahrerin** *sub, f, -, -nen* pilgrim; **Wallfahrt** *sub, f, -, -en* pilgrimage; **wallfahrten** *vi*, go on a pilgrim

walliserisch, *adj*, Valisian

Wallone, *sub, m, -n, -n* Walloon; **Wallonische** *sub, n, -n, nur Einz. (i. ü. S.)* Walloon

Wallstreet, *sub, f, -, nur Einz.* wallstreet

Walnuss, *sub, f, -, -nüsse* walnut; ~**baum** *sub, m, -s, -bäume* walnut tree

Walross, *sub, n, -s, -e (tt; zool.)* walrus; *(ugs.) schnaufen wie ein Walross* to puff like a gampus

Walstatt, *sub, f, -, -stätten* battlefield

walten, *vi*, prevail, reign; *jmd walten lassen* to let sb free rein; *über jmd/etwas walten* to rule over sth/sth; *Vernunft walten lassen* to let reason prevail

Walze, *sub, f, -, -n* roller; *(tt; tech.)* cylinder, platen; **wälzen** (1) *vr*, writhe (2) *vt*, pore over, roll, toss; ~**nbruch** *sub, m, -s, -brüche (tt; tech.)* cylinder-break; **walzenförmig** *adj*, cylindrical; ~**nmühle** *sub, f, -, -n (tt; tech.)* rolling mill; ~**nspinne** *sub, f, -, -n* rolling line; ~**nstraße** *sub, f, -, -n* rolling train

Walzer, *sub, m, -s, - (tt; mus.)* waltz

Wälzer, *sub, m, -s, - (ugs.)* weighty tome; **Walzermusik** *sub, f, -, nur Einz.* waltz music; **Walzertänzer** *sub, m, -s, -* waltz dancer

Wamme, *sub, f, -, -n* dewlap, paunch

Wampe, *sub, f, -, -n (ugs.)* paunch

Wampum, *sub, m, -s, -e (tt; indians)* Wampum

Wams, *sub, n, -es, Wämse oder Wämser* jerkin, waistcoat

Wand, *sub, f, -, Wände* wall; *(tt; arch.)* partition (wall); *(tt; biol.)* septum

Wandale, *sub, m, -n, -n* Vandal; **Wandalismus** *sub, m, -, nur Einz.* Vandalism

Wandel, *sub, m, -s, -* change, mode *(cf life)*; **wandelbar** *adj*, changeable; ~**halle** *sub, f, -, -n* foyer; **wandeln** (1) *vi*, stroll (2) *vt*, change; *(i. ü. S.) die wandelnde Güte sein* to be goodness/kindness itself

Wanderameise, *sub, f, -, -n (tt; biol.)* army ant; **Wanderer** *sub, m, -s, -* hiker, traveller; **Wanderfahrt** *sub, f, -, -en* hiking trip; **Wanderfalke** *sub, m, -en, -en (tt; zool.)* peregrine (falcon); **Wandergewerbe** *sub, n, -s, - (i. ü. S.)* travelling trade; **Wanderkarte** *sub, f, -, -n* map of trails; **wanderlustig** *adj, (ugs.)* filled with wanderlust; **wandern** *vi*,

hike, migrate, move, travel, wander; *durchs Leben wandern* to journey through life; *hinter Schloß und Riegel wandern* to be put behind bars **Wanderpokal**, *sub, m, -s, -e od pokäle* challenge cup; **Wanderratte** *sub, f, -, -n (tt; zool.)* brown rat; **Wanderschaft** *sub, f, -, -en* travels; *auf Wanderschaft gehen* to go off on one´s travels; *auf Wanderschaft sein* to be on one´s travels; **Wanderschuh** *sub, m, -s, -e* walking shoes; **Wandersmann** *sub, m, -s, -männer (ugs.)* rambler; **Wandervogel** *sub, m, -s, -vögel* hiker; *(i. ü. S.)* rolling stone; **Wanderzirkus** *sub, m, -es, -e* travelling circus **Wandgemälde**, *sub, n, -s, -* wall-painting; **Wandkalender** *sub, m, -s, -* wall calendar; **Wandschirm** *sub, m, -s, -e* screen; **Wandschrank** *sub, m, -s, -schränke* wall cupboard; **Wandspiegel** *sub, m, -s, -* wall mirror; **Wandteppich** *sub, m, -s, -e* wall hanging; **Wandzeitung** *sub, f, -, -en (ugs.)* wall news-sheet
Wange, *sub, f, -, -n* cheek, stringboard; *Wange an Wange* cheek to cheek; **~nmuskel** *sub, m, -s, -n (i. ü. S.)* cheek muscle
Wankelmotor, *sub, m, -s, -en (tt; tech.)* Wankel engine; **Wankelmut** *sub, m, -es, nur Einz.* inconstancy; **wankelmütig** *adj*, inconstant
wanken, *vi*, stagger, sway
wann, *adv*, when
Wanne, *sub, f, -, -n* bath, tub; *(tt; tech.)* sump
Wanst, *sub, m, -es, Wänster (ugs.)* belly; *(tt; zool.)* rumen; *den Wanst vollschlagen* to stuff oneself
Wanze, *sub, f, -, -n (zool., comp.,)* bug
Wapiti, *sub, n, -s, -s (tt; zool.)* vapity
Wappen, *sub, n, -s, -* coat of arms; **~brief** *sub, m, -s, -e* heraldic letter; **~kunde** *sub, f, -, nur Einz.* heraldry; **~schild** *sub, n od m, -s od. -es, -er* shield; **~spruch** *sub, m, -s od. -es, -sprüche* heraldic saying
wappnen, *vr*, prepare
Waran, *sub, m, -s, -e (tt; zool.)* varan
Ware, *sub, f, -, -n* article, goods, product; **~nangebot** *sub, n, -s od. -es, -e* range of goods for sale; **~nannahme** *sub, f, -, -n (i. ü. S.)* acceptance of goods; **~nausfuhr** *sub, f, -, -en* export of goods; **~nausgabe** *sub, f, -,*

-n (i. ü. S.) issuing/distribution of goods; **~nbestand** *sub, m, -s od. -es, -bestände* stock of goods; **~neinfuhr** *sub, f, -, -en* import of goods; **~nexport** *sub, m, -s, -e* export of goods; **~nhandel** *sub, m, -s, nur Einz.* trade of goods; **~nhaus** *sub, n, -es, -häuser* department store; **~nimport** *sub, m, -s, -e* import of goods; **~nkredit** *sub, m, -s, -e* credit of goods; **~nlager** *sub, n, -s, - oder -läger* warehouse; **~nsendung** *sub, f, -, -en* trade sample; **~nstempel** *sub, m, -s, -* tradestamp; **~nzeichen** *sub, n, -s, -* trademark
warm, *adj*, warm; *das Essen warm stellen* to keep the food warm; *das macht warm* it warms you up; *jmd wärmstens empfehlen* to recommend sb warmly; *(ugs.)* *mit jmd warm werden* to get close to sb; *sich warm anziehen* to dress up warmly; *warme Miete* rent including heating; **Warmblut** *sub, n, -es, -blüter (tt; biol.)* crossbreed; **Warmblütler** *sub, m, -s, -* crossbreed; **Wärme** *sub, f, -, -n* heat, warmth; *das ist eine Wärme* isn´t it warm; *komm in die Wärme* get into the warmth; *mit Wärme* warmly; **wärmedämmend** *adj*, insulated; **Wärmedämmung** *sub, f, -, -en* insulation; **Wärmedehnung** *sub, f, -, -en* dilation; **Wärmeeinheit** *sub, f, -, -en* thermal unit; **Wärmeenergie** *sub, f, -, -n* thermal energy; **wärmehaltig** *adj*, warm; **Wärmeleiter** *sub, m, -s, -* heat conductor; **Wärmemesser** *sub, m, -s, -* thermometer; **wärmen (1)** *vi*, be warm **(2)** *vr*, warm oneself **(3)** *vt*, heat up, warm up
Wärmequelle, *sub, f, -, -n (i. ü. S.)* heat source; **warm laufen** *vi*, warm up; **Wärmeregler** *sub, m, -s, -* thermostat; **Wärmeschutz** *sub, m, -es, nur Einz.* heat shield; **Wärmeverlust** *sub, m, -es, -e* heat loss; **Wärmflasche** *sub, f, -, -n* hot water bottle; **Warmluft** *sub, f, -, nur Einz.* warm air; **Warmwasserheizung** *sub, f, -, -en* hot-water central heating
Warndreieck, *sub, n, -s, -e* warning triangle; **warnen** *vi*, warn; *vor Ta-*

schendieben wird gewarnt beware of pickpockets; **Warner** *sub, m, -s, -* warning; **Warnleuchte** *sub, f, -, -n* warning light; **Warnschuss** *sub, m, -es, -schüsse* warning shot; **Warnung** *sub, f, -, -en* warning; **Warnzeichen** *sub, n, -s, - (auditiv)* warning signal; *(visuell)* warning sign

Warrant, *sub, m, -s, -s* warrant

warschauisch, *adj,* warsawish

Warte, *sub, f, -, -en* observation-point

warten, (1) *vi,* wait (2) *vt,* look after; *(tt; tech.)* service; *bitte warten* please hold the line; *(ugs.) da kannst du warten bis du schwarz wirst* you can wait till the cows come home; *(ugs.) darauf habe ich gerade noch gewartet* that was all I needed; *lange auf sich warten lassen* to be a long time (in) coming; *(ugs.) na warte* just you wait, *er wartet sein Auto* he services his car; **Wärter** *sub, m, -s, -* attendant, keeper; **Warterei** *sub, f, -, -en (ugs.)* waiting; **Wartezeit** *sub, f, -, -en* waiting period; **Wartezimmer** *sub, n, -s, -* waiting room; **Wartung** *sub, f, -, -en (tt; tech.)* servicing; **wartungsarm** *adj,* maintenanceless; **wartungsfrei** *adj,* maintenance-free

warum, *adv,* why

Warze, *sub, f, -, -n (tt; anat.)* nipple; *(tt; med.)* wart; **warzenförmig** *adj,* wart-shaped; **~nschwein** *sub, n, -s, -e (tt; zool.)* warthog

was, *pron,* anything, that, what, why

Wäscheknopf, *sub, m, -s, -knöpfe* linen-coverd button; **Wäscheleine** *sub, f, -, -n* clothes line; **Wäschemangel** *sub, f, -, -n* mangle; **waschen** (1) *vr,* wash (2) *vt,* wash; **Wäscherei** *sub, f, -, -en* laundry; **Wäschespinne** *sub, f, -, -n (ugs.)* rotary clothes dryer; **Wäschetinte** *sub, f, -, nur Einz.* marking ink; **Waschkessel** *sub, m, -s, -* washing-boiler; **Waschlappen** *sub, m, -s, -* flannel; *(ugs.)* sissy

waschledern, *adj,* chamois leathered; **Waschmaschine** *sub, f, -, -n* washing-machine; **Waschmittel** *sub, n, -s, -* detergent; **Waschpulver** *sub, n, -s, -* washing-powder; **Waschraum** *sub, m, -s, -räume* wash-room; **Waschschüssel** *sub, f, -, -n* wash-bowl; **Waschstraße** *sub, f, -, -en (ugs.)* car wash; **Waschtag** *sub, m, -s, -e* washing-day; **Waschung** *sub, f, -, -en (tt;*

...ed. &relig) ablution; **Waschwasser** *sub, n, -s, nur Einz.* washingwater; **Waschzettel** *sub, m, -s, -* blurb

Wasser, *sub, n, -s, - water; (i. ü. S.) bei Wasser und Brot* behind bars; *(i. ü. S.) bis dahin fließt noch viel Wasser den Bach runter* a lot of water will have flown under the bridge by then; *(i. ü. S.) das ist Wasser auf die Mühle* this is all grist to the mill; *(i. ü. S.) das Wasser läuft mir im Munde zusammen* my mouth is watering; *(i. ü. S.) dort wird auch nur mit Wasser gekocht* they´re no different from anybody else; *(i. ü. S.) ins Wasser gehen* to drown oneself; *(i. ü. S.) mit allen Wassern gewaschen sein* to know all the tricks; *(i. ü. S.) nicht das Wasser reichen können* can´t hold the candle; *(i. ü. S.) sich über Wasser halten* to keep one´s head above water; **~ball** *sub, n, -s, nur Einz. (tt; spo.)* waterball; **~bombe** *sub, f, -, -n (i. ü. S.)* water-bomb; **~büffel** *sub, m, -s, -* water-buffalo; **~dampf** *sub, m, -s od. -es, -dämpfe* steam; **wasserdicht** *adj,* watertight; **~eimer** *sub, m, -s, -* waterbucket; **~fall** *sub, m, -s, -fälle* cascade, waterfall; **~farbe** *sub, f, -, -n* water-colour; **~fläche** *sub, f, -, -n* expanse of water; **~flugzeug** *sub, n, -s, -e* seaplane; **~glas** *sub, n, -es, -gläser* water-glass; **~glätte** *sub, f, -, nur Einz.* slippery roads due to surface water; **~graben** *sub, m, -s, -gräben* moat

Wasserhahn, *sub, m, -s, -hähne* water tap; **Wasserhärte** *sub, f, -, -n* hardness of water; **Wasserhose** *sub, f, -, -n* waterspout; **wässerig** *adj,* watery; *(tt; chem.)* aqueous; **Wasserkessel** *sub, m, -s, -* kettle; **Wasserkopf** *sub, m, -s od. -es, -köpfe* big head; *(tt; med.)* hydrocephalus; **Wasserkraft** *sub, f, -, nur Einz.* water-power; **Wasserkunst** *sub, f, -, -künste (tt; kun.)* water-art; **Wasserlache** *sub, f, -, -n* waterpool; **Wasserläufer** *sub, m, -s, - (tt; zool.)* sandpiper; **wasserlebend** *adv, (i. ü. S.)* water-living; **Wasserleiche** *sub, f, -, -n* drowned body); **Wasserleitung** *sub, f, -, -en* water-pipe;

Wassermangel *sub, m, -s, -mängel* water-shortage
Wassermann, *sub, m, -s, -männer (tt; astrol.)* Aquarius; *(tt; myth.)* water sprite; **Wassermelone** *sub, f, -, -n* water-melon; **Wassermühle** *sub, f, -, -n* water-mill; **Wasserpfeife** *sub, f, -, -n (ugs.)* hubble-bubble; **Wasserpumpe** *sub, f, -, -n* water-pump; **Wasserrad** *sub, n, -s, -räder* water-wheel; **Wasserratte** *sub, f, -, -n* water-rat; **wasserreich** *adj,* abounding in water; **Wassersäule** *sub, f, -, -n* water-column; **Wasserschau** *sub, f, -, -en* water-show; **Wasserscheide** *sub, f, -, -n* watershed; **wasserscheu** *adj,* scared of water; **Wasserschlange** *sub, f, -, -n (tt; astron.)* Hydra; *(tt; myth.)* water-serpent; *(tt; zool.)* water-snake; **Wasserschloss** *sub, n, -es, -schlösser* castle surrounded by water **Wasserski,** *sub, m, -s, -er* waterski; **Wasserspeier** *sub, m, -s, -* gargoyle; **Wasserspiegel** *sub, m, -s, -* surface of the water; **Wasserspiel** *sub, n, -s, -e* water-game; **Wassersport** *sub, m, -s, nur Einz.* water-sports; **Wasserspülung** *sub, f, -, -en* water-closet; **Wasserstoff** *sub, m, -s, nur Einz. (tt; chem.)* hydrogen; **Wasserstoffbombe** *sub, f, -, -n (tt; mil.)* H-bomb; **Wasserstrahl** *sub, m, -s, -en* jet of water; **Wasserstraße** *sub, f, -, -n* waterway; **Wassersucht** *sub, f, -, nur Einz. (tt; med.)* dropsy; **Wassertiefe** *sub, f, -, -n* water depth; **Wasserträger** *sub, m, -s, -* water-carrier; **Wassertreten** *sub, n, -s, nur Einz. (tt; spo.)* treading water; **Wasserung** *sub, f, -, -en* water-landing; **Wasservogel** *sub, m, -s, -vögel* water-fowl; **Wasserwaage** *sub, f, -, -n* spirit-level; **Wasserwerfer** *sub, m, -s, -* water-cannon; **Wasserzeichen** *sub, n, -s, -* water-mark; **wässrig** *adj,* watery; **Wässrigkeit** *sub, f, -, nur Einz.* watery
waten, *vi,* wade
Waterkant, *sub, f, -, nur Einz.* coast; **Waterproof** *sub, m, -s, -s* waterproof
Watsche, *sub, f, -, -n (ugs.)* slap; **watscheln** *vi,* waddle; **watschen** *vt,* slap
Watte, *sub, f, -, -n* cotton wool; ~**bausch** *sub, m, -es, -bäusche* cotton pad; ~**nmeer** *sub, n, -s, -e* mud-flats
WC, *sub, n, -s, -s (ugs.)* WC
weben, *vti,* weave; **Weber** *sub, m, -s, -* weaver; **Weberei** *sub, f, -, -en* weaving, weaving mill; **Weberknecht** *sub, m, -s, -e (tt; zool.)* daddy-long-legs; **Weberknoten** *sub, m, -s, -* reef knot; **Webstuhl** *sub, m, -s, -stühle* loom
Wechsel, *sub, m, -s, -* bill, change, rotation; *(tt; spo.)* change-over; *(tt; wirt.)* exchange; ~**balg** *sub, m, -s od. -es, -bälger (ugs.)* little monster; ~**bank** *sub, f, -, -en* bank; ~**bürge** *sub, m, -, -n* guarantee; ~**fälle** *sub, nur Mehrz.* vicissitudes; ~**fieber** *sub, n, -s, nur Einz. (tt; med.)* malaria; ~**geld** *sub, n, -s od. -es, -er* change; **wechselhaft** *adj,* changeable; ~**jahre** *sub, nur Mehrz.* menopause; *in die Wechseljahre kommen* to start the menopause; ~**kasse** *sub, f, -, -n* cashdesk; ~**kurs** *sub, m, -es, -e* rate of exchange; **wechseln** *vt,* alternate, change, pass by; ~**rede** *sub, f, -, -n (i. ü. S.)* dialogue; ~**strom** *sub, m, -s, -ströme* alternating current; ~**stube** *sub, f, -, -n* bureau de change; ~**summe** *sub, f, -, -n (i. ü. S.)* exchange amount; **wechselvoll** *adj,* varied; **wechselweise** *adv,* alternately; **Wechsler** *sub, m, -s, -* change dispenser; *(ugs.)* money changer
Weckapparat, *sub, m, -s, -e* preserving and bottling equipment; **Wekke** *sub, f, -, -n* roll; **wecken** *vt,* bring back, create, waken; **Wecker** *sub, m, -s, -* alarm clock
Weckglas, *sub, n, -es, -gläser* preserving jar
Wedel, *sub, m, -s, -* fan, feather duster; **wedeln** (1) *vi,* wag (2) *vt,* waft
Wedgwoodware, *sub, f, -, -n (i. ü. S.)* wedgwoodware
Weekend, *sub, n, -s, -s* weekend
weg, (1) *adv,* be away, be gone (2) **Weg** *sub, m, -s, -e* distance, path, trail, way; *in einem weg* non-stop; *(ugs.) nur weg von hier* let´s scram; *über den Kopf weg* over the head; *über etwas weg sein* to have got over it; *weit weg von hier* far away from here, *einer langweiligen Person aus dem Weg gehen* duck a tiresome person; ~**arbeiten** *vi, (i. ü. S.)* work things away; ~**bekommen** *vt,* get rid of, remove; *(ugs.)*

catch; **Wegbereiter** *sub*, *m*, *-s*, - forerunner; **~bleiben** *vi*, be omitted, stay away; *(ugs.)* immer *weg damit* chuck it all out; *mir blieb die Luft weg* I couldn´t breath; *weg mit euch* away with you; *von zuhause wegbleiben* to stay away from home; **~bringen** *vt*, take away; **Wegegeld** *sub*, *n*, *-s*, *nur Einz*. toll; **Wegelagerer** *sub*, *m*, *-s*, - highwayman; **Wegelagerung** *sub*, *f*, *-*, *-en* highwayrobbery **wegen**, *präp*, because of, due to **Wegerecht**, *sub*, *n*, *-s*, *-e (i. ü. S.)* road law; **Wegerich** *sub*, *m*, *-s*, *-e (tt; bot.)* plantain; **wegessen** *vt*, eat; **wegfallen** *vi*, be discontinued, be lost, be omitted; **wegfegen** *vt*, sweep away, wipe whith; **Weggabelung** *sub*, *f*, *-*, *-en* fork (in the road); **weggeben** *vt*, give away, have looked after; **Weggefährte** *sub*, *m*, *-n*, *-n* companion; **weggehen** *vi*, go away, leave, sell; **wegholen** *vt*, take away; **weghören** *vi*, not to listen **wegjagen**, *vt*, chase away; **Wegkarte** *sub*, map; **wegkommen** *vi*, come from, come off, disappear, get out, go; **Wegkreuzung** *sub*, *f*, *-*, *-en* crossroad **weglassen**, *vt*, leave out, not use; **weglaufen** *vt*, run away, run off; **weglegen** *vt*, put away; **wegmüssen** *vi*, have go, have leave, have to be removed **Wegnahme**, *sub*, *f*, *-*, *-n* taking away; **wegnehmen** *vt*, absorb, remove, take away; **wegradieren** *vt*, erase; **wegräumen** *vt*, clear away; **wegreißen** *vt*, tear away; **wegsanieren** *vt*, put of; **wegschaffen** *vt*, cart away, get rid of **wegscheuchen**, *vt*, shoo away; **wegschicken** *vt*, send away; **wegschließen** *vt*, lock away; **wegschmeißen** *vt*, *(ugs.)* chuck away; **wegschnappen** *vt*, pinch, snatch sth away; **wegschneiden** *vt*, cut off; **wegschütten** *vt*, *(ugs.)* tip away; **wegstehlen** (1) *vr*, steal away (2) *vt*, put away **wegstreichen**, *vt*, cross out, spread away; **wegtun** *vt*, put aside, put away; **Wegweiser** *sub*, *m*, *-s*, - signpost; **wegwerfen** (1) *vr*, waste oneself (2) *vt*, throw away; **wegwerfend** *adj*, dismissive; **Wegzehrung** *sub*, *f*, *-*, *nur Einz*. provisions for the journey; **Wegzug** *sub*, *m*, *-s*, *-züge* move (away from)

weh, (1) *adj*, aching, sore (2) *interj*, was, woe (3) **Weh** *sub*, *n*, *-s*, *-e* ache, -ief, woe

wehe, (1) *interj*, dare, woe (2) **Wehe** *sub*, *f*, *-*, *-n* drift, pains; *(tt; med.)* contractions; **~n** (1) *vi*, blow, flutter, waft, wave (2) *vt*, blow

Wehgeschrei, *sub*, *n*, *-s*, *nur Einz*. cries of woe; **Wehklage** *sub*, *f*, *-*, *-n* lamentation; **wehklagen** *vi*, lament, wail; **wehleidig** *adj*, *(ugs.)* snivelling, whining; **Wehmut** *sub*, *f* *-*, *nur Einz*. melancholy; **wehmütig** *adj*, melancholy, nostalgic; **Wehmütigkeit** *sub*, *f*, *-*, *-en* nostalgia; **wehmutsvoll** *adj*, nostalgic

Wehr, *sub*, *f*, *-*, *-en* defence, fire brigade; *n*, *-*, *-en* weir; *f*, *-*, *-en (tt; mil.)* defences; **~bereich** *sub*, *m*, *-s*, *-e* military district; **~dienst** *sub*, *m*, *-s*, *-e* military service; **wehren** (1) *vi*, fight (2) *vr*, defend oneself; *dagegen weiß ich mich zu wehren* I know how to deal with it; *sich gegen einen Plan wehren* to fight against a plan; *(i. ü. S.) wehret den Anfängen* these things must be stopped before they get out of hand; **wehrhaft** *adj*, well-fortified; **wehrlos** *adj*, defenceless; **~macht** *sub*, *f*, *-*, *-mächte (tt; mil.)* armed forces; **~pflicht** *sub*, *f*, *-*, *nur Einz*. conscription; **~turm** *sub*, *m*, *-s*, *-türme* fortified tower

Weib, *sub*, *n*, *-es*, *-er* female, woman; *(it bibl.)* wife; **~chen** *sub*, *n*, *-s*, - *(zgs.)* dumb female; *(tt; zool.)* female; **~erfeind** *sub*, *m*, *-s*, *-e* misogynist; **weibisch** *adj*, *(ugs.)* effeminate; **weiblich** *adj*, feminine; **~lichkeit** *sub*, *f*, *-*, *nur Einz*. femininity; **~sperson** *sub*, *f*, *-*, *-en* *(zgs.)* woman

weich, *adj*, soft, tender, weak; *die Knie wurden mir weich* my knees turned to jelly; *ein weiches Herz haben* to have a soft heart; *jmd weich kriegen/machen* to soften; *weich werden* to soften; **Weichbild** *sub*, *n*, *-s*, *-er (i. ü. S.)* precincts **Weide**, *sub*, *f*, *-*, *-n* meadow; *(tt; agrar)* pasture; *(tt; bot.)* willow;

~land *sub, n, -s, -länder* pasturage; **weiden (1)** *vi*, graze; *(i. ü. S.)* feast **(2)** *vr*, revel in; **~nbusch** *sub, m, -s, -büsche* willow bush; **~ngerte** *sub, f, -, -n* willow rod **weidgerecht**, *adj*, in accordance with hunting principles; **weidlich (1)** *adj*, huntsman´s **(2)** *adv*, pretty; **Weidmann** *sub, m, -s, -männer* hunter, huntsman; **weidmännisch** *adj*, huntsman´s; **weidwund** *adj*, wounded in the belly **weigern**, *vr*, refuse; **Weigerung** *sub, f, -, -en* refusal **Weihe**, *sub, f, -, -n* solemnity; *m, -s, -e oder -en* harrier; *f, -, -n (i. ü. S.)* greater glory; *(tt; arch.)* inauguration; *(tt; relig.)* consecration, ordination; **~kessel** *sub, m, -s, -* consecrationkettle; **weihen (1)** *vr*, devote **(2)** *vt*, consecrat, dedicate, ordain; *(tt; arch.)* inaugurate **Weiher**, *sub, m, -s, -* pond **Weihestunde**, *sub, f, -, -n (i. ü. S.)* consecration hour **Weihnacht**, *sub, f, -, -en* Christmas; **~en** *sub, n, -s, -* Christmas; **~sbaum** *sub, m, -s, -bäume* Christmastree; **~smann** *sub, m, -s, -männer* Santa Claus; **~sstern** *sub, m, -s, -e (tt; bibl.)* star of Bethlehem; *(tt; bot.)* poinsettia **Weihrauch**, *sub, m, -s, nur Einz.* incense; **weihräuchern** *vt*, insense; **Weihwasser** *sub, n, -s, -wässer* holy water **weil**, *konj*, because **Weilchen**, *sub, n, -s, nur Einz. (ugs.)* little while; **Weile** *sub, f, -, nur Einz.* while; *das hat noch gute Weile* there´s no hurry; *vor einer Weile* a while ago **weilen**, *vi*, be, stay **Weiler**, *sub, m, -s, -* hamlet **Wein**, *sub, m, -es, -e* wine; **~bergschnecke** *sub, f, -, -n* escargot; *(ugs.)* snail; **~brand** *sub, m, -s, -brände* brandy **Weinberg**, *sub, m, -s, -e* vineyard **weinen**, *vti*, cry, weep; *es ist zum Weinen* to make you want to cry; *man könnte weinen* it makes you weep; *sich die Augen rot weinen* to cry one´s heart out; *sich müde weinen* to tire oneself out crying; **weinerlich** *adj*, whining

Weinflasche, *sub, f, -, -n* winebottle; **Weingärtner** *sub, m, -s, -* wine-grower; **Weinglas** *sub, n, -es, -gläser* wineglass; **Weinhändler** *sub, m, -s, -* wine-dealer; **Weinhandlung** *sub, f, -, -en* wine store; **Weinkeller** *sub, m, -s, -* wine-cellar; **Weinkellerei** *sub, f, -, -en* winery; **Weinkönigin** *sub, f, -, -nen (i. ü. S.)* wine queen **Weinlage**, *sub, f, -, -n* wine-area; **Weinlese** *sub, f, -, -n* vintage; **Weinpanscher** *sub, m, -s, -* wine-adulterator; **Weinrebe** *sub, f, -, -n* vine; **Weinstock** *sub, m, -s, -stöcke* vine; **Weintraube** *sub, f, -, -n* grape **weise**, **(1)** *adj*, wise **(2) Weise** *sub, f, -, -n* fashion, manner; *(ugs.)* way; *auf geheimnisvolle Weise* in a mysterious way; *in der Weise, daß* in such a way that; *in keiner Weise* no way; *jeder nach seiner Art und Weise* each one in his own way **Weisel**, *sub, f, -, -n (tt; zool.)* queen bee **weisen**, **(1)** *vi*, point **(2)** *vt*, expel sb, reject, show sb sth **Weisheit**, *sub, f, -, (-en)* wisdom; *(i. ü. S.) behalte deine Weisheiten für dich* keep your pearls of wisdom to yourself; *(i. ü. S.) das war der Weisheit letzter Schluß* that was all they came up with; *(i. ü. S.) die Weisheit mit Löffeln gefressen* to think to know all; **~szahn** *sub, m, -s, -zähne* wisdom tooth; **weismachen** *vt*, make sb believe sth **weiß**, *adj*, white; *ein weißer Fleck* a blank area; *weiß werden* to turn white; *weiß wie Kreide* white as chalk; **weissagen** *vt*, foretell; **Weissagerin** *sub, f, -, -nen* foreteller; **Weissagung** *sub, f, -, -en* prophecy; **Weißbier** *sub, n, -s, - oder -e (ugs.)* weissbeer; **Weißblech** *sub, n, -s, -e* tinplate; **~blond** *adj*, ash blond; **Weißbrot** *sub, n, -s, -e* white bread; **Weißdorn** *sub, m, -s, -e (tt; bot.)* whitehorn; **Weiße** *sub, m, f, -n, -n* white man/woman; **Weißfisch** *sub, m, -s, -e* whitefish; **Weißgardist** *sub, m, -en, -en (tt; hist.)* member of the white guard; **Weißglut** *sub, f, -, nur Einz.* white heat; *jmd zur Weißglut reizen* to make sb see red; **Weißgold** *sub, n, -s, nur Einz.* white gold

Weißkäse, *sub, m, -s,* - white cheese; **Weißkohl** *sub, m, -s,* - white cabbage; **Weißling** *sub, m, -s, -e (ugs.)* whity; **Weißmacher** *sub, m, -s, - (i. ü. S.)* liar; **Weißnäherin** *sub, f, -, -nen* seamstress; **weißrussisch** *adj,* White Russian; **Weißsucht** *sub, f, -, nur Einz. (tt; med.)* albinism; **Weißtanne** *sub, f, -, -n (tt; bot.)* silver fir; **weißwaschen** *vtr, (ugs.)* whitewash; **Weißwein** *sub, m, -s, -e* white wine **Weisung**, *sub, f, -, -en* instruction; *(tt; jur.)* ruling

weit, (1) *adj,* big, broad, open, wide; *(zeitl)* long (2) *adv, (ugs.)* up to; *(Größe)* widely; *(örtl.)* far; ~**ab** *adj,* far (away) from; ~**aus** *adv,* far; **Weite** *sub, f, -, -n* distance, expanse, length; ~**en** (1) *vr,* broaden, swell (2) *vt,* stretch, widen

weiter, *adv,* far; **Weiterarbeit** *sub, f, -, nur Einz.* continue working; ~**bilden** (1) *vr,* continue one´s education (2) *vt,* educate sb further; ~**erzählen** *vt,* pass on; ~**fahren** (1) *vi,* continue doing sth, travel on (2) *vt,* keep on driving; **Weiterfahrt** *sub, f, -, -en* continuation of the journey; ~**führen** (1) *vi,* lead on (2) *vt,* continue; ~**geben** *vt,* pass on, transmit; ~**gehen** *vi,* go on

weiterhelfen, *vi,* help (along); **weiterkommen** *vi,* get further; **weiterkönnen** *vi,* be able to carry on; **weiterlaufen** *vi,* run/walk on; *(tt; indus)* go on; **weiterleben** *vi,* live on; **weiterleiten** *vt,* pass on; **weitermachen** *vti,* carry on; **Weiterreise** *sub, f, -, -n* continuation of the journey; **weiterreisen** *vi,* continue travelling; **weitersagen** *vt,* pass on, repeat; **weitersehen** *vi,* see how to go on

Weiterung, *sub, f, -, -en* complication, consequence; **weiterwissen** *vi,* know how to go on; **weiterwollen** *vi,* want to go on; **weiterzahlen** *vt,* continue paying; **weiterziehen** *vi,* continue travelling

weitgehend, (1) *adj,* extensive (2) *adv,* a great extent

weither, *adv,* largely, widely

weitläufig, *adj,* distant, long-winded; *(räuml.)* spacious; **weitmaschig** *adj,* coarse-meshed; **weitschweifig** *adj,* long-winded; **weitsichtig** *adj,* far-sighted; **Weitsichtigkeit** *sub, f, -, -en*

far-sightedness; **weitspringen** *vi,* do the long jump; **Weitsprung** *sub, m, -s, -sprünge (tt; spo.)* long-jumping

Weizen, *sub, m, -s, nur Mehrz.* wheat; ~**ernte** *sub, f, -, -n (tt; agrar)* wheat harvest(ing); ~**keimöl** *sub, n, -s, -e* wheatgerm oil; ~**kleie** *sub, f, -, nur Einz.* wheatbran; ~**preis** *sub, m, -es, -e* price of wheat

welcher, *pron,* who/which/that

welk, *adj,* wilted, withered; *(i. ü. S.)* fading, tired-looking; ~**en** *vi,* fade, grow tired-looking

Welkblech, *sub, n, -s, -e* wilted state **Welle**, *sub, f, -, -n* wave; *(mod.)* craze; *(tt; spo.)* circle; *(tt; tech.)* shaft; ~**ellen** (1) *vr,* become wavy (2) *vt,* corrugate, wave; ~**n reiten** *sub, n, -s, nur Einz. (tt; spo.)* surfing; **wellenartig** *adj,* wavy; **wellenförmig** *adj,* wave-like; ~**nlänge** *sub, f, -, -n* wavelength; ~**nlinie** *sub, f, -, -n* wavy line; ~**nreiter** *sub, m, -s, - (tt; spo.)* surfer; ~**nschlag** *sub, m, -s, -schläge* breaking of the waves; ~**nsittich** *sub, m, -s, -e (tt; zool.)* budgerigar; **wellig** *adj, (ugs.)* wavy; *(tt; tech.)* uneven; **Wellpappe** *sub, f, -, -n* corrugated cardboard

Welpe, *sub, m, -n, -n* whelp; *(ugs.)* pup

Wels, *sub, m, -es, -e (tt; zool.)* catfish **Welt**, *sub, f, -, -en* world; *(i. ü. S.) aus der Welt schaffen* to eliminate; *(i. ü. S.) das ist doch nicht die Welt* it isn´t all important as all that; *die Alte/Neue/Dritte Welt* the Old/New/Third World; *ein Mann von Welt* a man of the world; *(i. ü. S.) Gott und die Welt* everybody; *in aller Welt* all over the world; *(i. ü. S.) um nichts in der Welt* not for all the tea in China; *(i. ü. S.) zur Welt kommen* to come to world/to be born; ~**all** *sub, n, -s, nur Einz.* cosmos, universe; ~**anschauung** *sub, f, -, -en* weltanschauung; ~**ausstellung** *sub, f, -, -en* world exhibition; ~**bank** *sub, f, -, nur Einz.* World Bank; **weltbekannt** *adj,* world-renowned; **weltberühmt** *adj,* world-famous; ~**bestzeit** *sub, f, -, -en (tt; spo.)* world´s best time; **weltbewe-**

gend *adj*, world-shattering; **~bild**
sub, *n*, *-s*, *-er (i. ü. S.)* conception of
the world
Weltbummler, *sub*, *m*, *-s*, - globetrotter; **Weltchronik** *sub*, *f*, *-*, *-en* world
chronicle; **Weltcuppunkt** *sub*, *m*, *-s*,
-e (tt; spo.) World Cup-point; **Weltenbürger** *sub*, *m*, *-s*, - cosmopolitan;
weltentrückt *adj*, world-entraptured; **Weltergewicht** *sub*, *n*, *-s*, *nur
Einz.* welterweight; **Weltfrieden** *sub*,
m, *-s*, *nur Einz.* world peace; **Weltgeltung** *sub*, *f*, *-*, *nur Einz.* international
standing; **Weltgeschichte** *sub*, *f*, *-*,
nur Einz. world history; *(i. ü. S.) in
der Weltgeschichte herumfahren* to
travel around all over the place; **Weltgesundheitsorganisation** *sub*, *f*, *-*,
nur Einz. World Health Organisation
(WHO); **weltgewandt** *adj*, sophisticated; **Welthandel** *sub*, *m*, *-s*, *nur
Einz.* world trade; **Weltklugheit** *sub*,
f, *-*, *nur Einz. (i. ü. S.)* world wise;
Weltkrieg *sub*, *m*, *-s*, *-e* world war
weltlich, *adj*, mondane, secular;
Weltlichkeit *sub*, *f*, *-*, *nur Einz.* mondanity; **Weltliteratur** *sub*, *f*, *-*, *nur
Einz.* world literature; **Weltmann**
sub, *m*, *-s*, *-männer* man of the world;
weltmännisch *adj*, sophisticated;
Weltmeer *sub*, *n*, *-s*, *-e* ocean; **Welt-
meister** *sub*, *m*, *-s*, - world champion;
Weltmeisterschaft *sub*, *f*, *-*, *-en*
world championship; **Weltordnung**
sub, *f*, *-*, *nur Einz.* world order; **Welt-
politik** *sub*, *f*, *-*, *nur Einz.* world politics; **Weltpremiere** *sub*, *f*, *-*, *-n*
world premiere; **Weltpriester** *sub*,
m, *-s*, - world priest; **Weltrang** *sub*,
m, *-s*, *nur Einz.* world status
Weltraum, *sub*, *m*, *-s*, *nur Einz.* space;
~fahrer *sub*, *m*, *-s*, - space traveller;
~fahrt *sub*, *f*, *-*, *-en* space travel;
~flug *sub*, *m*, *-s*, *-flüge* space flight;
Weltreich *sub*, *n*, *-s*, *-e* empire; **Weltreisende** *sub*, *m,f*, *-n*, *-n* globetrotter;
Weltrekord *sub*, *m*, *-s*, *-e* world record; **Weltreligion** *sub*, *f*, *-*, *-en* world
religion; **Weltruhm** *sub*, *m*, *-s*, *nur
Einz.* world fame; **Weltschmerz** *sub*,
m, *-es*, *nur Einz.* world-weariness; *(i.
ü. S.)* weltschmerz; **Weltspartag** *sub*,
m, *-s*, *-e* world-saving-day; **Weltspra-
che** *sub*, *f*, *-*, *-n* world language
Weltstadt, *sub*, *f*, *-*, *-städte* cosmopolitan city; *(i. ü. S.)* metropolis;

Weltstar *sub*, *m*, *-s*, *-s* world-star;
Weltumsegler *sub*, *m*, *-s*, - circumnavigator; **weltweit** *adj*, global,
world-wide; **Weltwirtschaft** *sub*, *f*,
-, *nur Einz.* world economy; **Welt-
wirtschaftskrise** *sub*, *f*, *-*, *-n* world
economy crisis; **Weltwunder** *sub*,
n, *-s*, - wonder of the world; *die
sieben Weltwunder* the Seven Wonders of the World; *jmd anstarren
wie ein Weltwunder* to stare at so
as if he/she was from another pla-
net; **Weltzeituhr** *sub*, *f*, *-*, *-en* world
clock
Wende, *sub*, *f*, *-*, *-n* change, turning
point; **~hals** *sub*, *m*, *-es*, *-hälse*
wryneck; *(ugs.)* turncoat; **~kreis**
sub, *m*, *-es*, *-e* tropic
Wendelbohrer, *sub*, *m*, *-s*, - twist
drill; **Wendeltreppe** *sub*, *f*, *-*, *-n*
spiral staircase
Wendemanöver, *sub*, *n*, *-s*, - *(tt;
spo.)* turning manoeuvre; **wenden**
(1) *vi*, turn round (2) *vr*, turn (3)
vt, consult, spend, turn; **wendig**
adj, agile, manoeuverable; **Wendung** *sub*, *f*, *-*, *-en* expression, turn
wenig, (1) *adj*, a few, little, not
much (2) *adv*, little; **~er** (1) *adj*,
fewer (2) *adv*, less; **~ste** *adj*, fewest, least; **~stens** *adv*, at least
wenn, *konj*, if; *(zeitl)* when;
~gleich *konj*, although; **~schon**
adv, *(ugs.)* so what
Werbeagentur, *sub*, *f*, *-*, *-en* advertising agency; **Werbeanteil** *sub*, *m*,
-s, *-e* advertising interest/share;
Werbebranche *sub*, *f*, *-*, *nur Einz.*
advertising business; **Werbefeldzug** *sub*, *m*, *-s*, *-züge* advertising
campaign; **Werbekosten** *sub*, *f*, *-*,
nur Mehrz. advertising costs; **werbekräftig** *adj*, catchy; *ein werbekräftiger Slogan* an effective
publicity slogan; **Werbeleiter** *sub*,
m, *-s*, - publicity manager; **Werbemittel** *sub*, *n*, *-s*, - means of advertising
werben, (1) *vi*, advertise (2) *vt*, attract; **Werber** *sub*, *m*, *-s*, - canvas-
ser; *(tt; mil.)* recruiter;
Werbeslogan *sub*, *m*, *-s*, *-s* advertising slogan; **Werbespruch** *sub*, *m*,
-s, *-sprüche* advertising slogan;
Werbetexter *sub*, *m*, *-s*, - advertising copywriter; **Werbeträger** *sub*,

m, -s, - advertising medium; **Werbe-trommel** *sub, f, -, -n* big drum; *die Werbetrommel rühren* to beat the big drum; **werbewirksam** *adj,* effective **Werbung,** *sub, f, -, -en* advertising, publicity; **~skosten** *sub, f, -, nur Mehrz.* professional expenses

Werdegang, *sub, m, -s, -gänge* development

werden, *vi,* be going be, become, get; *überfahren werden* to be run over **werfen,** (1) *vt, (tt; biol.)* have young (2) *vti,* throw; **Werfer** *sub, m, -s, -* thrower; *(tt; spo.)* bowler, pitcher; **Werft** *sub, f, -, -en* shipyard

Werg, *sub, n, -s, nur Einz.* tow

Werk, *sub, n, -es, -e* factory, work; *(tt; tech.)* mechanism; **~bank** *sub, f, -, -bänke* workbench; **~bücherei** *sub, f, -, -en* library; **werken** (1) *vi,* work (2) *vt,* make; **~garantie** *sub, f, -, -n* guarantee; **~leitung** *sub, f, -, -en* management; **~meister** *sub, m, -s, -* foreman; **~spionage** *sub, f, -, -n* industrial espionage; **~statt** *sub, f, -, -stätten* garage, workshop; *(kun.)* studio

Werkstück, *sub, n, -s, -e (tt; tech.)* workpiece; **Werktag** *sub, m, -s, -e* workday; **werktäglich** (1) *adj,* workaday (2) *adv,* on workdays; **werktags** *adv,* on workdays; **Werktätige** *sub, m,f, -n, -n* working man/woman; **Werkzeug** *sub, n, -s, -e* tool

Wermut, *sub, m, -s, - oder -s (bot.)* wormwood; **~stropfen** *sub, m, -s, nur Einz. (i. ü. S.)* drop of bitterness; **~wein** *sub, m, -s, -e* vermouth

Werst, *sub, f, -, -en* verst

wert, (1) *adj,* useful, worth something (2) **Wert** *sub, m, -es, -e* denomination, value, worth; **Wertachtung** *sub, f, -, nur Einz.* respect; **~en** *vti,* judge, rate; **~frei** *adj,* unbiased; **~los** *adj,* worthless; **Wertpapier** *sub, n, -s, -e* bond; **~schätzen** *vt,* esteem; **Wertschrift** *sub, f, -, -en* bond

Wertsendung, *sub, f, -, -en* registered consignment; **Wertstellung** *sub, f, -, -en* value; **Wertungslauf** *sub, m, -s, -läufe (spo.)* score-run; **wertvoll** *adj,* valuable; **Wertvorstellung** *sub, f, -, -en* moral concept; **Wertzeichen** *sub, n, -s, -* postage stamp; **Wertzuwachs** *sub, m, -es, nur Einz. (tt; wirt.)* capital gain

~erwolf, *sub, m, -s, -wölfe* werewolf

~esen, *sub, n, -s, -* creature, nature, work; **wesenlos** *adj,* unreal; **~sart** *sub, f, -, -en* character; **wesensei-gen** *adj,* intrinsic; **wesensfremd** *adj,* different in nature; **wesensge-mäß** *adj,* in accordance with nature; **wesensgleich** *adj,* essentially alike; **~szug** *sub, m, -s, -züge* characteristic; **wesentlich** (1) *adj,* essential, fundamental (2) *adv,* undamentally

~eshalb, *adv,* why

~espe, *sub, f, -, -n (zool.)* wasp; **~nnest** *sub, n, -s, -er* wasp´s nest; *ugs.) in ein Wespennest stechen* to stir up a hornet´s nest; **~nstich** *sub, m, -s, -e* wasp sting; **~ntaille** *sub, f, -, -n* wasp waist

~essen, *pron,* what, whatever, which, whose; **~twegen** *adv,* on whose/what account

~essi, *sub, m, -s, -s (ugs.)* Westner; **Westberliner** *sub, m, -s, -* West Berliner; **westdeutsch** *adj,* West German

~este, *sub, f, -, -n* vest; *(i. ü. S.) eine saubere Weste haben* to have a clean slate

~esten, *sub, m, -s, nur Einz.* west; **~tasche** *sub, f, -, -n* vest pocket; **Western** *sub, m, -s, -* western; **Westfalen** *sub, n, -, -* Westphalia; **westfälisch** *adj,* Westphalian; **Westindien** *sub,* West Indies; **westindisch** *adj,* West Indian; **westlerisch** *adj, (ugs.)* western; **westlich** (1) *adj,* westerly, western (2) *adv,* west (3) *präp,* west of; **westöstlich** *adj,* west -to -east; **weströmisch** *adj, (tt; hist.)* Western Roman; **westwärts** *adv,* westwards; **Westwind** *sub, m, -s, -e* west wind

~eswegen, *adv,* why

~ett, *adj,* quits; **Wettannahme** *sub, f, -, -n* betting office; **Wettbewerb** *sub, m, -s, -e* competition; **Wettbe-werber** *sub, m, -s, -* competitor; **Wettbüro** *sub, n, -s, -s* betting office; **Wette** *sub, f, -, -n* bet; **Wettei-fer** *sub, m, -s, nur Einz.* competitive zeal; **Wetteiferer** *sub, m, -s, -* competitive person; **~en** *vti,* bet

Wetter, *sub, m, -s, -* storm, weather; **~ansage** *sub, f, -, -n* weather broadcast; **~bericht** *sub, m, -s, -e* weather report; **~fahne** *sub, f, -, -n* weather vane; **wetterfest** *adj,* weatherproofed; **~fleck** *sub, m, -s, -e* weatherproof cape; **~frosch** *sub, m, -s, -frösche (ugs.)* weatherman; **wetterfühlig** *adj,* sensitive to the weather; **~fühligkeit** *sub, f, -, nur Einz.* sensivity to the weather; **~glas** *sub, n, -es, -gläser* weatherglass; **~karte** *sub, f, -, -n* weather-map; **~kunde** *sub, f, -, nur Einz.* meteorology; **wetterkundig** *adj,* meteorological; **~leuchten** *sub, n, -s, nur Einz.* sheet lightning

wettern, *vi, (ugs.)* curse and swear; **Wetterregel** *sub, f, -, -n* weather-saying; **Wettersatellit** *sub, m, -en, -en* weather satellite; **Wetterseite** *sub, f, -, -n* windward side; **Wettersturz** *sub, m, -es, -stürze* sudden fall in temperature and atmosheric pressure; **Wettervorhersage** *sub, f, -, -n* weather forecast; **Wetterwarte** *sub, f, -, -n* weather station

Wettkampf, *sub, m, -s, -kämpfe* competition; **Wettkämpfer** *sub, m, -s, -* competitor; **Wettlauf** *sub, m, -s, -läufe* race; **Wettläufer** *sub, m, -s, -* runner; **wettmachen** *vt, (ugs.)* make up for; **Wettrennen** *sub, n, -s, -* race; **Wettstreit** *sub, m, -s, -e* competition; **wettstreiten** *vt,* compete; **Wetttauchen** *sub, n, -s, nur Einz.* diving competition

wetzen, *vt,* whet

Whirlpool, *sub, m, -s, -s* spa

Whisky, *sub, m, -s, -s* whiskey

wichsen, (1) *vi, (vulg.)* jerk **(2)** *vt,* polish

Wicht, *sub, m, -s, -e* goblin, titch

Wichtelmännchen, *sub, n, -s, -* gnome

Wicke, *sub, f, -, -n (tt; bot.)* vetch

Wickel, *sub, m, -s, -* roller; *(tt; med.)* compress; **wickeln** *vt,* wind, wrap; *(tt; tech.)* coil; **~tisch** *sub, m, -s, -e* baby´s changing table

Wickenblüte, *sub, f, -, -n* sweet pea bloom

Wicklung, *sub, f, -, -en* wrapping

Widder, *sub, m, -s, - (tt; astrol.)* Aries; *(tt; zool.)* ram

wider, *präp,* against, contrary to; **~fahren** *vi,* befall, happen; **Widerhaken** *sub, m, -s, -* barb; **Widerhall** *sub, m, -s, -e* echo, reverberation;

~hallen *vi,* echo; **Widerklage** *sub, f, -, -n* counterclaim; **Widerkläger** *sub, m, -s, -* counterclaimant; **~klingen** *vi,* resound; **~legbar** *adj,* refutable; **~legen** *vt,* refute; **Widerlegung** *sub, f, -, -en* refutation

widerlich, *adj,* digusting

widernatürlich, *adj,* against nature; **widerrechtlich** *adj,* unlawful; **Widerruf** *sub, m, -s, -e* revocation, withdrawal; **widerrufen (1)** *vi,* withdraw **(2)** *vt,* revoke; **widerruflich** *adj,* revocable; **Widerrufung** *sub, f, -, -en* cancellation; **Widersacher** *sub, m, -s, -* adversary

Widerschein, *sub, m, -s, -e* reflection; **widersetzen** *vr,* oppose, resist; **Widersetzlichkeit** *sub, f, -, -en* insubordination; **widersinnig** *adj,* absurd; **widerspenstig** *adj,* unruly; **widerspiegeln (1)** *vr,* be reflected **(2)** *vt,* reflect; **Widerspiegelung** *sub, f, -, -en* reflection; **widersprechen** *vir,* contradict; **Widerspruch** *sub, m, -s, -sprüche* contradiction; **widersprüchlich** *adj,* contradictory; **widerspruchslos** *adj,* unopposed

Widerstand, *sub, m, -s, -stände* resistance; **~sbewegung** *sub, f, -, -en* resistance movement; **widerstandsfähig** *adj,* resistant; **~skraft** *sub, f, -, -kräfte* resistance; **widerstehen** *vi,* resist; **Widerstrahl** *sub, m, -s, -en* reflection; **Widerstreben (1)** *sub, n, -s, nur Einz.* reluctance **(2)** **widerstreben** *vi,* oppose; **Widerstreit** *sub, m, -s, -e* conflict; **widerwärtig** *adj,* offensive; **Widerwille** *sub, m, -ns, -n* disgust, revulsion; **Widerwillen** *sub, m, -s, -* distaste; **widerwillig** *adj,* reluctant

widmen, (1) *vr,* devote **(2)** *vt,* dedicate; **Widmung** *sub, f, -, -en* dedication

widrig, *adj,* adverse

wie, (1) *adv,* how **(2)** *konj,* as

Wiedehopf, *sub, m, -s, -e (tt; zool.)* hoopoe

wieder, *adv,* again; **~ aufnehmen** *vt,* resume, take back; *(tt; jur.)* reopen; **~ bekommen** *vt,* get back; **Wiederanstoß** *sub, m, -es, -stöße (tt; spo.)* kick-off; **Wieder-**

aufbau *sub, m, -s, -ten* reconstuction; **Wiederaufnahme** *sub, f, -, -n* readoption, resumption, taking back; **Wiederbeginn** *sub, m, -s, nur Einz. (ugs.)* restart; **~bringen** *vt*, bring back; **Wiederdruck** *sub, m, -s, -e* reprint **wiedererkennen,** *vt*, recognize; **wiedererlangen** *vi*, regain; **Wiedergabe** *sub, f, -, -n* account, rendition, repetition, representation, translation; **wiedergeben** *vt*, give back, recite, represent, reproduce **wiederkäuen,** *vti*, ruminate; **Wiederkäuer** *sub, m, -s, -* ruminant; **wiederkaufen** *vt*, buy again; **Wiederkäufer** *sub, m, -s, -* rebuyer; **Wiederkehr** *sub, f, -, nur Einz.* return; **wiederkehren** *vi*, return; **wiederkommen** *vi*, come back; **Wiederkunft** *sub, f, -, nur Einz.* return; **Wiedersehen** *sub, n, -s, -* meeting, reunion **Wiedertaufe,** *sub, f, -, -n* rebaptism; **wiederum** *adv*, again, in turn, on the other hand; **Wiedervereinigung** *sub, f, -s, -en* reunification; **Wiederwahl** *sub, f, -, -en* re-election **Wiege,** *sub, f, -, -n* cradle; *(i. ü. S.) das ist ihm schon in die Wiege gelegt worden* he inherited it; *(i. ü. S.) seine Wiege stand in* his birthplace was; *von der Wiege bis zur Bahre* from the cradle to the grave; **~messer** *sub, n, -s, -* chopper; **wiegen (1)** *vr*, sway **(2)** *vt*, chop up, rock **(3)** *vti*, weigh; **~ndruck** *sub, m, -s, -e (tt; tech.)* incunabulum **wiehern,** *vi*, neigh **wienerisch,** *adj*, Viennese **Wiese,** *sub, f, -, -n* lawn, meadow **Wiesel,** *sub, n, -s, - (zool.)* weasel; *(i. ü. S.) flink wie ein Wiesel* quick as a flash; **wieselflink (1)** *adj, (ugs.)* quicksilver **(2)** *adv*, quick as a flash; **wieseln** *vi*, scurry **Wiesenblume,** *sub, f, -, -n* meadow flower; **Wiesengrund** *sub, m, -s, -gründe* meadow; **Wiesenwachs** *sub, n, -es, -e (i. ü. S.)* meadow wax **wieso,** *adv*, how come, why; **wievielerlei** *adj, (ugs.)* how many sorts; **wiewohl** *konj*, as well as **Wigwam,** *sub, m, -s, -s* wigwam **Wikinger,** *sub, m, -s, -* Viking; **~sage** *sub, f, -, -n* Vikingepos **wild, (1)** *adj*, furious, illegal, savage, wild **(2) Wild** *sub, n, -s, nur Einz.*

deer, game; **Wildbach** *sub, m, -s, -bäche* torrent; **Wildbahn** *sub, f, -, -en* hunting ground; **Wildbestand** *sub, m, -s, -stände* stock of game; **Wildbret** *sub, n, -s, nur Einz.* gasne/vension; **Wilddieb** *sub, m, -s, -e* poacher; **Wilddieberei** *sub, f, -, -en* poaching; **Wildente** *sub, f, -, -n* wild duck; **Wilderei** *sub, f, -, -en* poaching; **Wilderer** *sub, m, -s, -* poacher; **Wildfang** *sub, m, -s, -fänge* captured in the wild; *(i. ü. S.)* little devil; **Wildheit** *sub, f, -, nur Einz.* wild passion, wildness **Wildhund,** *sub, m, -s, -e* wild dog; **wild lebend** *adj*, wild; **Wildkatze** *sub, f, -, -n* wildcat; **Wildleder** *sub, n, -s, -* suede; **Wildpark** *sub, m, -s, -s* game park; **Wildpflanze** *sub, f, -, -r* wild plant; **Wildreichtum** *sub, m, -s, nur Einz.* abundance of game; **Wildrind** *sub, n, -s, -er* wild cattle; **Wildschwein** *sub, n, -s, -e* wild boar; **Wildwechsel** *sub, m, -s, -* game path; **Wildwest** *sub*, wild west; **Wildwestfilm** *sub, m, -s, -e* western; **wildwüchsig** *adj*, ranked growth; **Wildzaun** *sub, m, -s, -zäune* wild fence **wilhelminisch,** *adj*, Wilhelminian **Wille,** *sub, m, -ns, -n* intention, wants, will; *das geschah wider meinem Willen* that was done against my will; *der gute Wille* good will; *jmd zu Willen sein* to comply with sb wishes; *nach jmds Willen* as sb wanted; **willens sein** *adj*, be willing; **~nserklärung** *sub, f, -, -en* professed intention; **~nskraft** *sub, f, -, nur Einz.* willpower; **willensstark** *adj*, strong-willed; **willentlich** *adj*, wilful **willfährig,** *adj*, submissive **Willkommen,** *sub, n, -s, -* welcome **Willkür,** *sub, f, -, nur Einz.* capriciousness; **willkürlich** *adj*, arbitrary, voluntary **wimmeln,** *vi*, overrun, swarm, teem **wimmern, (1)** *vi*, whimper **(2)** *vt*, whine **Wimpel,** *sub, m, -s, -* pennant **Wimper,** *sub, f, -, -n* lash; *(vulg.; biol.)* cilium; **~ntusche** *sub, f, -, -n* mascara **Wind,** *sub, m, -s, -e* wind; *bei Wind und Wetter* in all weathers; *(ugs.)*

daher weht der Wind so that´s the way the wind is blowing; *(i. ü. S.) das Fähnchen nach dem Wind drehen* to trim one sails to the wind; *(i. ü. S.) jmd den Wind aus den Segeln nehmen* to take the wind out of sb´s sails; *seither weht ein frischer Wind* things have changed since then; *(ugs.) viel Wind um etwas machen* to make a lot of fuss; **~abweiser** *sub, m, -s, -* windrejector; **~bäckerei** *sub, f, -, -en (i. ü. S.)* cream bakery; **~beutel** *sub, m, -s, -* cream puff; *(ugs.)* rake; **~beutelei** *sub, f, -, -en* cream puff egg

Winde, *sub, f, -, -n (tt; bot.)* bindweed; *(tt; tech.)* winch

Windei, *sub, n, -s, -er (ugs.)* non-starter

Windel, *sub, f, -, -n* nappy; **windelweich** *adj, (ugs.)* black and blue, softly-softly; *(ugs.) jmd windelweich hauen* to beat sb black and blue, to beat the daylights out of sb

winden, (1) *vr,* meander **(2)** *vtr,* wind; **Windenergie** *sub, f, -, nur Einz.* wind energy; **Windfang** *sub, m, -s, -fänge* draught-excluder; **Windhose** *sub, f, -, -n* vortex; **Windhund** *sub, m, -s, -e (ugs.)* rake; *(zool.)* greyhound

windig, *adj,* windy; *(ugs.)* dodgy

Windjammer, *sub, m, -s, - (tt; nautl)* wind-jammer; **Windkanal** *sub, m, -s, -kanäle* wind-tunnel; **Windkraftwerk** *sub, n, -s, -e* wind-power-station; **Windmaschine** *sub, f, -, -n* wind-machine; **Windmühle** *sub, f, -, -n* windmill; **Windpocken** *sub, nur Mehrz. (tt; med.)* chickenpox; **Windrichtung** *sub, f, -, -en* wind direction; **Windröschen** *sub, n, -s, - (tt; bot.)* anemone; **Windrose** *sub, f, -, -n (tt; met)* wind rose; **Windschatten** *sub, m, -s, -* lee; **windschief** *adj,* crooked

Windschutzscheibe, *sub, f, -, -n* windscreen; **Windspiel** *sub, n, -s, -e* greyhound; **Windstille** *sub, f, -, nur Einz.* calm; **Windstoß** *sub, m, -es, -stöße* gust of wind; **Windsurfing** *sub, n, -s, nur Einz.* sailboarding

Windung, *sub, f, -, -en* meander; *(tt; elekt)* coil; *(tt; tech.)* thread

Wink, *sub, m, -s, -e* nod, sign, wave; *(ugs.)* hint; *(ugs.) der Wink mit dem Zaunpfahl* to give a sign

winken, *vti,* signal, wave; **Winker** *sub,*

m, -s, - indicator; **Winkerflagge** *sub, f, -, -n (tt; naut.)* semaphor flag; **Winnipegsee** *sub, m, -s, nur Einz. (tt; geogr.)* Lake Winnipeg

Winselei, *sub, f, -, -en (ugs.)* groveling; **winseln** *vti,* whimper

Winter, *sub, m, -s, -* winter; *(i. ü. S.) der nächste Winter kommt bestimmt* you never know how long the good times are going to last; **~abend** *sub, m, -s, -e* winter evening; **~anfang** *sub, m, -s, -fänge* beginning of winter; **~apfel** *sub, m, -s, -äpfel* winter apple; **~frucht** *sub, f, -, -früchte* winter fruit; **~garten** *sub, m, -s, -gärten* winter garden; **~gerste** *sub, f, -, -n* winter barley; **~hafen** *sub, m, -s, -häfen* winter port; **~kleid** *sub, n, -s, -er* winter clothes; **~mantel** *sub, m, -s, -mäntel* winter coat

Winternacht, *sub, f, -, -nächte* winter night; **winteroffen** *adj, (ugs.)* winteropen; **Winterpause** *sub, f, -, -n* winter break; **Winterreifen** *sub, m, -s, -* winter tyre; **Winterreise** *sub, f, -, -n* winter journey; **Wintersachen** *sub, nur Einz.* winter clothes; **Wintersaison** *sub, f, -, -s* winter season; **Winterschlaf** *sub, m, -s, nur Einz. (tt; zool.)* hibernation; **Winterschlussverkauf** *sub, m, -s, -käufe* winter sale; **Winterschuh** *sub, m, -s, -e* winter shoe; **Winterspiele** *sub, nur Einz.* Winter Olympics; **Wintersport** *sub, m, -s, -e* winter sports; **Winterstarre** *sub, f, -, nur Einz.* winter stiffness; **Winterzeit** *sub, f, -, -en* wintertime

Winzer, *sub, m, -s, -* wine-grower; **winzig,** *adj,* tiny; *winzig klein* tiny little; **Winzling** *sub, m, -s, -e (ugs.)* mite

Wipfel, *sub, m, -s, -* treetop; *in den Wipfeln der Bäume* in the treetops

Wippe, *sub, f, -, -n* seesaw; **wippen** *vi,* bob up and down, seesaw

wir, *pron,* us, we

Wirbel, *sub, m, -s, -* crown, whirl; *(tt; mus.)* roll; *(tt; spo.)* pirouette; **~säule** *sub, f, -, -n (tt; med.)* spinal column; **~sturm** *sub, m, -s, -stürme* whirlwind; **~tier** *sub, n, -s, -e (tt; zool.)* vertebrate; **~wind** *sub, m, -s, -e* whirlwind

wirken, (1) vi, be effective, have an effect, seem, work (2) vt, do, weave
Wirkleistung, sub, f, -, -en effect
wirklich, (1) adj, real (2) adv, really; **Wirklichkeit** sub, f, -, -en reality; in Wirklichkeit in reality; Wirklichkeit werden to come true
wirksam, adj, effective; mit wirsam werden to take effect on; **Wirksamkeit** sub, f, -, nur Einz. effectiveness; **Wirkstoff** sub, m, -s, -e (tt; med.) active substance
Wirkung, sub, f, -, -en effect; an Wirkung verlieren to lose its effect; seine Wirkung verfehlen not to have the desired effect; **~sfeld** sub, n, -s, -er field of activity/interest etc.; **~skreis** sub, m, -es, -e sphere of activity; **wirkungslos** adj, ineffective; **wirkungsvoll** adj, effective
wirr, adj, confused, weird; alles lag wirr durcheinander everything was in chaos; er ist wirr im Kopf he is confused; sich wirr ausdrücken to express oneself in a confused way; **Wirrheit** sub, f, -, -en confusion; **Wirrkopf** sub, m, -s, -köpfe (ugs.) muddle-head; **Wirrnis** sub, f, -, -se confusion; **Wirrsal** sub, n,f, -s oder -, -e confusion; **Wirrwarr** sub, m, -s, nur Einz. chaos, hubbub
Wirsing, sub, m, -s, nur Einz. (bot.) savoy cabbage; **~kohl** sub, m, -s, nur Einz. (tt; bot.) savoy cabbage
Wirt, sub, m, -s, -e landlord; (tt; biol.) host; **wirtlich** adj, hospitable; **~lichkeit** sub, f, -, nur Einz. hospitality
Wirtschaft, sub, f, -, -en (ugs.) household, pub; (agrar) farm; (tt; wirt.) economy; **wirtschaften** vi, economize, keep house; **~er** sub, m, -s, - householder, manager; (tt; wirt.) economist; **wirtschaftlich** adj, (sparsam) economical; (tt; wirt.) economic; **~lichkeit** sub, f, -, nur Einz. economy; **~skriminalität** sub, f, -, nur Einz. white collar crime; **~spolitik** sub, f, -, -en economic policy; **~sstandort** sub, m, -s, -e (tt; wirt.) economic location; **~swissenschaft** sub, f, -, -en economics; **~swissenschaftler** sub, m, -s, - economist; **wirtschaftswissenschaftlich** adj, economic; **~swunder** sub, n, -s, - economic miracle
Wirtshaus, sub, n, -es, -häuser pub;

Wirtspflanze sub, f, -, -n (tt; biol.) host (plant)
Wisch, sub, m, -es, -e (ugs.) piece of paper; **wischen** (1) vi, whisk (2) vt, wipe; (ugs.) eine gewischt bekommen to get a shock, Einwände vom Tisch wischen to sweep aside objections; jmd über den Ärmel wischen to wipe sb´s sleeve; **~erblatt** sub, n, -s, -blätter wiper blade; **~iwaschi** sub, n, -s, -s (ugs.) drivel; **~lappen** sub, m, -s, - cloth
Wisent, sub, m, -s, -e (tt; zool.) bison
Wismut, sub, n, -s, nur Einz. bismuth
wispern, vti, whisper
Wissen, (1) sub, n, -s, nur Einz. knowledge (2) wissen vti, know, remember; nach bestem Wissen und Gewissen to do the best one can; (i. ü. S.) Wissen ist Macht knowledge is power, das hättest du ja wissen müssen you ought to have realized that; (ugs.) das weiß jedes Kind everybody knows that; das wissen die Götter God only knows; gewusst wie sheer brilliance; jmd etwas wissen lassen to let sb know sth; man kann ja nie wissen you never know; oder was weiß ich or something; von etwas wissen to know of sth; **~schaft** sub, f, -, -en science; **~schaftler** sub, m, -s, - academic, scientist; **~sdrang** sub, m, -s, -dränge urge for knowledge; **~sdurst** sub, m, -s, nur Einz. thirst for knowledge; **~slücke** sub, f, -, -n lack of knowledge; **~sstand** sub, m, -s, -stände store of knowledge; **~sstoff** sub, m, -s, nur Einz. material; **wissenswert** adj, worth knowing; **wissentlich** (1) adj, deliberate (2) adv, knowingly
wittern, (1) vi, sniff the air (2) vt, scent, smell; **Witterung** sub, n, -s, - scent, weather
Witwe, sub, f, -, -n widow; **~nrente** sub, f, -, -n widow´s pension; **~nschaft** sub, f, -, nur Einz. widowhood; **~r** sub, m, -s, - widower; **~schaft** sub, f, -, nur Einz. widowerhood
Witz, sub, m, -es, -e joke, wit; **~bold** sub, m, -s, -e (ugs.) great one; **~elei** sub, f, -, -en teasing; **witzeln** vi,

joke; **witzig** *adj*, funny
wo, *adv*, where
Woche, *sub*, *f*, -, -*n* week; ~**nbett** *sub*,
n, -*s*, -*en* weeks following childbirth;
~**nblatt** *sub*, *n*, -*s*, -*blätter* weekly
paper; ~**nende** *sub*, *n*, -*s*, -*n* weekend; *schönes Wochenende* have a
nice weekend; ~**nendehe** *sub*, *f*, -, -*n*
weekend marriage; ~**nendler** *sub*,
m, -*s*, - *(ugs.)* weekend tripper;
~**nkarte** *sub*, *f*, -, -*n* weekly season
ticket; **wochenlang** *adj*, for weeks;
~**nmarkt** *sub*, *m*, -*s*, -*märkte* weekly
market
Wochenschau, *sub*, *f*, -, -*en* newsreel;
Wochenstunde *sub*, *f*, -, -*n* weekly
hour, weekly lesson; **Wochentag**
sub, *m*, -*s*, -*e* weekday; **wöchentlich**
(1) *adj*, weekly (2) *adv*, weekly; **wochenweise** *adv*, week by week
Wöchnerin, *sub*, *f*, -, -*nen* *(tt; med.)*
puerpera
wodurch, *adv*, how/which; **wofür**
adv, for what/why, which...for
Woge, *sub*, *f*, -, -*n* wave; *(i. ü. S.)* surge;
*(i. ü. S.) wenn sich die Wogen geglät-
tet haben* when things have calmed
down
wogegen, *adv*, against what/which
wogen, *vi*, rage, surge, wave
woher, *adv*, where ... from
wohin, *adv*, where; ~**gegen** *konj*,
whereas, while
wohl, (1) *adv*, perhaps, probably, well
(2) **Wohl** *sub*, *n*, -*s*, *nur Einz.* welfare,
well-being; *auf dein Wohl* your
health; *der Menschheit zum Wohle*
for the benefit of mankind; *zum Wohl*
cheers; ~ **bedacht** *adj*, well considered; ~ **behütet** *adj*, well-sheltered;
~ **ergehen** *adj*, welfare; ~**auf** *adj*,
well; **Wohlbefinden** *sub*, *n*, -*s*, *nur
Einz.* well-being; **Wohlbehagen** *sub*,
n, -*s*, *nur Einz.* feeling of well-being;
~**behalten** *adj*, intact; ~**bestallt**
adj, well-established; ~**erwogen**
adj, well considered; ~**erworben**
adj, well-earned; ~**erzogen** *adj*,
well-mannered
Wohlfahrt, *sub*, *f*, -, *nur Einz.* welfare;
~**sstaat** *sub*, *m*, -*s*, -*en* welfare state;
wohlfeil *adj*, inexpensive; **wohlgeboren** *adj*, Sir; **Wohlgefallen** *sub*, *n*,
-*s*, *nur Einz.* satisfaction; **wohlgefäl-
lig** *adj*, pleasing; **wohlgeformt** *adj*,
well-shaped; **wohlgelitten** *adj*, well-

liked; **wohlgemerkt** *adv*, mind
you; **wohlgemut** *adj*, cheerful;
wohlgenährt *adj*, well-fed
wohlgeraten, *adj*, fine; **wohlgesetzt** *adj*, well-set; **wohlgesinnt**
adj, well-disposed; **wohlgestalt**
adj, well-shaped; **wohlhabend**
adj, prosperous; **wohlig** *adj*,
pleasant; **Wohlklang** *sub*, *m*, -*s*, -
klänge melodious sound; **wohlklingend** *adj*, melodious;
wohllautend *adj*, pleasant sounding; **Wohlleben** *sub*, *n*, -*s*, - life of
luxury; **wohlmeinend** *adj*, well-
meaning; **wohlriechend** *adj*, fra-
grant; **wohlschmeckend** *adj*,
palatable
Wohlsein, *sub*, *n*, -*s*, *nur Einz.*
health; *auf dein Wohlsein* your
health; **Wohlstand** *sub*, *m*, -*s*, *nur
Einz.* prosperity; **Wohltat** *sub*, *f*, -,
-*en* favour, relief; **Wohltäter** *sub*,
m, -*s*, - benefactor; **Wohltäterin**
sub, *f*, -, -*nen* benefactress; **wohltätig** *adj*, agreeable, charitable;
Wohltätigkeit *sub*, *f*, -, -*en* charity;
Wohltätigkeitsveranstaltung
sub, *f*, -, -*en* charity function; **wohl-
tuend** *adj*, agreeable; **wohlverdient** *adj*, well-deserved;
well-earned; **wohlverstanden** (1)
adj, well-understood (2) *adv*,
mark you; **wohlweislich** *adv*, very
wisely; **Wohlwollen** *sub*, *n*, -*s*, *nur
Einz.* goodwill; *selbst bei dem größten Wohlwollen* with the best will
in the world; **wohlwollend** *adj*,
benevolent
Wohnanhänger, *sub*, *m*, -*s*, - caravan; **Wohnbereich** *sub*, *m*, -*s*, -*e*
living area; **Wohneinheit** *sub*, *f*, -,
-*en* accomodation unit; **wohnen** *vi*,
dwell, live; **Wohngebäude** *sub*, *n*,
-*s*, - residential building; **Wohngemeinschaft** *sub*, *f*, -, -*en* people
sharing a flat; **wohnhaft** *adj*, residential; **Wohnhaus** *sub*, *n*, -*es*, -
häuser residential building;
Wohnheim *sub*, *n*, -*s*, -*e* home, hostel
Wohnkomplex, *sub*, *m*, -*es*, -*e* housing estate; **Wohnlage** *sub*, *f*, -, -*n*
residential area; **wohnlich** *adj*, homely; **Wohnlichkeit** *sub*, *f*, -, *nur
Einz.* cosiness; **Wohnmobil** *sub*, *n*,
-*s*, -*e* camper; **Wohnraum** *sub*, *m*,

-s, -räume living room, living space; **Wohnsitz** *sub, m, -es, -e* domicile
Wohnung, *sub, f, -, -en* apartment, flat, lodging; **~samt** *sub, n, -es, -ämter* housing office; **~sbau** *sub, m, -s, nur Einz.* house building; **~seigentum** *sub, n, -s, nur Einz.* housing-property; **~sgeld** *sub, n, -es, (-gelder)* housing benefits; **wohnungslos** *adj,* homeless; **~snot** *sub, f, -, nur Einz.* lack of housing; **~stür** *sub, f, -, -en* door
Wohnviertel, *sub, n, -s, -* residential area; **Wohnwagen** *sub, m, -s, - oder -wägen* caravan; **Wohnzimmer** *sub, n, -s, -* living room
wölben, *vtr,* bend, curve; **Wölbung** *sub, f, -en, -en* curvature, curve
Wolf, *sub, m, -s, nur Einz. (tt; med.)* intertrigo; *(tt; tech.)* shredder; *m, -s, Wölfe (zool.)* wolf; **wölfisch** *adj,* wolfish; **~smilch** *sub, f, -, nur Einz. (tt; biol.)* spurge; **~srachen** *sub, m, -s, - (tt; med.)* cleft palate
Wolldecke, *sub, f, -, -n* blanket; **Wolle** *sub, f, -, (-n)* wool; *(ugs.) sich in der Wolle haben* to be at loggerheads with sb; *(ugs.) sich in die Wolle kriegen* to start squabbelling with sb
wollen, **(1)** *adj,* woollen **(2)** *vt,* prefer, wish **(3)** *vti,* want
Wollgarn, *sub, n, -s, -e* woollen yarn; **Wollkämmerei** *sub, f, -, -en* wool-carding shop; **Wollkleid** *sub, n, -es, -er* woollen dress; **Wollmaus** *sub, f, -, -mäuse (i. ü. S.)* woollen mouse; **Wollust** *sub, f, -, (-lüste)* lasciviousness, sensuality; *(ugs.)* lust; **wollüstig** *adj,* lascivious, sensual; **Wollüstling** *sub, m, -s, -e* sensualist
Wombat, *sub, m, -s, -s* wombat
womit, *adv,* with what/which
womöglich, *adv,* possibly
wonach, *adv,* after what, for which
Wonne, *sub, f, -, -n* bliss, joy; **~gefühl** *sub, n, -s, -e* blissful feeling; **~monat** *sub, m, -s, Plural selten (-monate)* merry month (of May); **wonnetrunken** *adj,* blissful
wonnig, *adj,* delightful
woran, *adv,* by which, what; **worauf** *adv,* by which, on what; **woraus** *adv,* out of what/which
Worcestersoße, *sub, f, -, -n* worcestersauce
worein, *adv,* in what/which; **worin**

adv, in what/which
Workaholic, *sub, m, f, -s, -s (ugs.)* workaholic; **Workshop** *sub, m, -s, -s* workshop; **Worldcup** *sub, m, -s, -s* worldcup
Wort, *sub, n, -es, Worte und Wörter* quotation, saying, word; *dabei habe ich auch noch ein Wort mitzureden* I still have sth to say about it at too; *das Wort zum Sonntag* late call; *(i. ü. S.) dein Wort in Gottes Ohr* let us hope so; *ein Wort das er immer im Mund führt* one of his favourite sayings; *etwas in Worte fassen* to put sth into words; *genug der Worte* enough talk; *ich gebe die mein Wort darauf* I give you my word on it; *in Worten* words; *jmd aufs Wort folgen* to obey sb's every word; *jmd beim Wort nehmen* to take sb at his word; *jmd das Wort im Mund umdrehen* to twist sb's words; *mit dir habe ich noch ein Wort zu reden* I want a word with you; *nichts als Worte* nothing but words; *seine Worte galten dir* he meant you; *Worten Taten folgen lassen* to suit the action to the words; **~auswahl** *sub, f, -, nur Einz.* choice of words; **~bildung** *sub, f, -, -en* morphology; **~bruch** *sub, m, -es, (-brüche)* breaking a promise; **wortbrüchig** *adj,* false
Wörterbuch, *sub, n, -s, -bücher* dictonary; **Wörterverzeichnis** *sub, n, -ses, -se* vocabulary
Wortführer, *sub, m, -s, -* spokesman; **~in** *sub, f, -, -nen* spokeswoman; **Wortgefecht** *sub, n, -s, -e* battle of words; **Wortgeplänkel** *sub, n, -s, -* banter; **wortgewandt** *adj,* eloquent; **wortkarg** *adj,* taciturn; **Wortkargheit** *sub, f, -, nur Einz.* taciturnity; **Wortklauberei** *sub, f, -, -en (ugs.)* cavilling; **Wortlaut** *sub, m, -s, -e* wording
worüber, *adv,* about what/which; **worum** *adv,* about what; **worunter** *adv,* under what/which; **wovon** *adv,* from what/which; **wovor** *adv,* before what/which; **wozu** *adv,* what/which
Wrack, *sub, n, -s, -s* wreck
wringen, *vti,* wring
Wucher, *sub, m, -s, nur Einz.* profi-

teering; ~**ei** *sub, f, -, -en* profiteering; ~**er** *sub, m, -s, -* profiteer; **wuchern** *vi*, profiteer; *(tt; bot.)* grow rampant; ~**preis** *sub, m, -es, -e (ugs.)* exorbitant price; ~**ung** *sub, f, -, -en (bot.)* rank growth; ~**zinsen** *sub, nur Mehrz.* exorbitant interest
Wuchs, *sub, m, -es, -, fachspr. Wüchse* stature; *(bot.)* growth
Wucht, *sub, f, -, nur Einz.* force, load, power; ~**igkeit** *sub, f, -, nur Einz.* massiveness, power
wühlen, *vi*, dig, gnaw, rummage; **Wühlmaus** *sub, f, -, -mäuse (ugs.)* subversive; *(tt; zool.)* vole; **Wühltisch** *sub, f, -s, -e (ugs.)* bargain counter
Wulst, *sub, m, -es, Wülste, fachspr. -e* bulge; *(tt; arch.)* torus; *die dicken Wülste seiner Lippen* his thick lips; **wulstig** *adj*, bulging, thick
wund, *adj*, sore; **Wundarzt** *sub, f, -es, -ärzte (tt; med.)* surgeon; **Wunde** *sub, f, -, -n* wound; *alte Wunden wieder aufreißen* to open up old sores; *Balsam in eine Wunde gießen* to comfort sb; *jmd eine tiefe Wunde schlagen* to scar sb; *Salz in eine Wunde streuen* to turn the knife in the wound
Wunder, *sub, n, -s, -* miracle, wonder; *ein architektonisches Wunder* an architectural miracle; *er wird sein blaues Wunder erleben* he won´t know what hit him; *es geschehen noch Zeichen und Wunder* wonders will never cease; *kein Wunder* no wonder; *Wunder tun* to do wonders; **wunderbar** *adj*, marvellous, wonderful; ~**doktor** *sub, m, -s, -en (ugs.)* quack; ~**glaube** *sub, m, -ns, nur Einz.* belief in miracles; ~**heiler** *sub, m, -s, - (ugs.)* faith-healer; ~**heilung** *sub, f, -, -en* faith-healing; **wunderhübsch** *adj*, wonderfully pretty; ~**kerze** *sub, f, -, -n* sparkler; ~**kind** *sub, n, -es, -er* child prodigy; ~**knabe** *sub, m, -n, -n* wonder boy/child; ~**kraft** *sub, f, -, -kräfte* miracle power; ~**lampe** *sub, f, -, -n* magic lamp; **wunderlich** *adj*, strange, wondrous; ~**mittel** *sub, n, -s, -* miracle cure
wundern, (1) *vr*, be surprised (2) *vt*, surprised; **wundersam** *adj*, wondrous; **wunderschön** *adj*, beautiful, lovely; **Wundertat** *sub, f, -, -en* mi-

racle; **Wundertäter** *sub, m, -s, -* miracle worker; **wundertätig** *adj*, magic; **wundervoll** *adj*, wonderful
Wundfieber, *sub, n, -s, nur Einz. (tt; med.)* traumatic fever; **wund liegen** *vr*, get bedsores; **Wundmal** *sub, n, -s, -e* stigma; **Wundpflaster** *sub, n, -s, - (med.)* adhesive plaster; **Wundstarrkrampf** *sub, m, -es, (-krämpfe) (tt; med.)* tetanus; **Wundverband** *sub, m, -s, Plural selten (-verbände)* wound bandage
Wunsch, *sub, m, -es, Wünsche* desire, wish; ~**denken** *sub, n, -s, nur Einz.* wishful thinking; **Wünschelrute** *sub, f, -, -n* dowsing rod; **wünschen** (1) *vt*, want (2) *vti*, wish; ~**gegner** *sub, m, -s, -* ideal opponent; **wunschgemäß** (1) *adj*, requested (2) *adv*, as requested; ~**traum** *sub, m, -s, -träume* illusion; ~**zettel** *sub, m, -s, -* wish list
Würde, *sub, f, -, -n* dignity, honour
Würdenträger, *sub, m, -s, -* dignitary
würdig, *adj*, dignified, worthy; ~**en** *vt*, appreciate, deem sb; **Würdigung** *sub, f, -, -en* appreciation
Würfel, *sub, m, -s, -* dice; *(tt; mat.)* cube; *die Würfel sind gefallen* the dice are cast; *etwas in Würfel schneiden* to cut sth into cubes; ~**becher** *sub, m, -s, -* shaker; **würfelig** *adj*, cubic; **würfeln** (1) *vt*, dice (2) *vti*, throw; ~**spiel** *sub, n, -s, -e* dice; ~**zucker** *sub, m, -s, -* cube sugar
Wurfgeschoss, *sub, n, -es, -e* projectile; **Wurfsendung** *sub, f, -, -en* circular
Würgegriff, *sub, m, -s, -e* stranglehold; **Würgemal** *sub, n, -s, -e, selten -mäler* strangulation mark; **würgen** (1) *vi*, choke (2) *vt*, strangle; **Würger** *sub, m, -s, -* strangler
Wurm, *sub, n, -(e)s, Würmer (zool.)* maggot; worm; *(i. ü. S.) da steckt der Wurm drin* there´s sth wrong somewhere; *(ugs.) der kleine Wurm (Kind)* little mite; **wurmen** *vt*, rankle with; ~**fortsatz** *sub, m, -s, nur Einz. (tt; med.)* vermiform appendix; **wurmig** *adj*, wormeaten; ~**loch** *sub, n, -s, -löcher* wormhole; **wurmstichig** *adj*, maggoty

Wurst, *sub, f, -, Würste* salami, sausage
wursteln, *vi, (ugs.)* muddle along
Wurstsalat, *sub, m, -s, -e* sausage salad
Württemberg, *sub, n* Württemberg
würzburgisch, *adj,* Würzburgian
Würze, *sub, f, -, -n* spice; *(i. ü. S.) das gibt dem Leben die Würze* that adds spice to life; *(i. ü. S.) in der Kürze liegt die Würze* brevity is the soul of wit;
Wurzel *sub, f, -, -n* root; *(tt; anat.)* wrist; **Wurzelbehandlung** *sub, f, -, -en (tt; med.)* root treatment; **Wurzelbürste** *sub, f, -, -n* scrubbing brush; **Wurzelfaser** *sub, f, -, -n* root fibre; **Wurzelknolle** *sub, f, -, -n (tt; bot.)* root nodule; **wurzeln** *vi,* be rooted; **Wurzelsilbe** *sub, f, -, -n* root syllable; **Wurzelstock** *sub, m, -s, -stöcke (tt; bot.)* rhizome
würzen, *vt,* add spice; **Würzfleisch** *sub, n, -es, nur Einz.* spiced meat; **würzig** *adj,* aromatic, tasty; **Würzmischung** *sub, f, -, -en* flavouring mixture

Wuschelkopf, *sub, m, -s, -köpfe (ugs.)* fuzzy-head
Wust, *sub, m, -es, nur Einz.* jumble; **Wüste** *sub, f, -, -n* desert; **Wüstenei** *sub, f, -, -en* wasteland; **Wüstenfuchs** *sub, m, -es, -füchse* desert fox; **Wüstenklima** *sub, n, -s, Plural selten (-te)* desert climat; **Wüstenschiff** *sub, n, -s, -e (i. ü. S.)* ship of the desert (camel); **Wüstling** *sub, m, -s, -e* lecher
wüst, *adj,* chaotic, desert, terrible, waste, wild
Wut, *sub, f, -, -* fury, rage; **~ausbruch** *sub, m, -s, -brüche* outburst of rage; **wüten** *vi,* rage; **wütend** *adj,* angry, furious; **wutentbrannt** *adj,* enraged; **Wüterich** *sub, m, -s, -e* brute; **wutschäumend** *adj, (ugs.)* foaming with rage; **wutschnaubend** *adj,* snorting with rage

X

X-Beine, *sub, -, nur Mehrz.* knock-knees; x-beinig *adj,* knock-kneed; X-Chromosom *sub, n, -s, -en* X-chromosome; x-mal *adv,* umpteen times; X-Strahlen *sub, nur Mehrz.* X-rays; xerografisch *adj,* Xerox; xerokopieren *vti,* Xerox Xylose, *sub, f, -s, nur Einz.* xylose

Y

Yacht, *sub, f, -, -en* yacht
Yak, *sub, m, -s, -s (zool.)* yak
Yang, *sub, n, (-s), nur Einz. (tt; Sinologie)* yang
Yard, *sub, n, -s, -s* yard
Y-Chromosom, *sub, n, -s, -en (tt; biol.)* y-chromosome
Yeti, *sub, m, -s, -s* Yeti

Youngster, *sub, m, (-s), -s (ugs.)* youngster
Yttrium, *sub, n, nur Einz. (tt; chem.)* yttrium
Yucca, *sub, f, -, -s (vulg.; biol.)* yucca
Yuppie, *sub, m, -s, -s (ugs.)* yuppie

Z

Zacke, *sub, f, -n, -n* point, prong; **~n (1)** *sub, m, -s, -* tooth **(2) zacken** *vt,* serrate; *(ugs.) du brichst dir keinen Zacken aus der Krone* it won´t hurt you; **~nlinie** *sub, f, -, -n* jagged line; **zackig** *adj,* jagged; *(ugs.)* brisk, smart; **zaghaft** *adj,* hesitant, timid; **Zaghaftigkeit** *sub, f, -, -* timidity **zäh,** *adj,* tough; *(i. ü. S.)* tenacious; **Zähigkeit** *sub, f, -, nur Einz.* toughness
Zahl, *sub, f, -, -en* number; *in großer Zahl* in large numbers; *(i. ü. S.) Zahl oder Wappen* head or tails; **Zählapparat** *sub, m, -s, -e* counting-machine; **zahlbar** *adj,* payable; **zählbar** *adj,* countable; **Zählbarkeit** *sub, f, -, -en* countability; **zählen** *vi,* count **zahlen,** *vti,* pay; *(i. ü. S.) einen hohen Preis zahlen* to pay a high price; **Zahlenangabe** *sub, f, -, -n* figure; **Zahlenfolge** *sub, f, -, -n* sequence; **Zahlenkombination** *sub, f, -, -en* combination of figures; **Zahlenlotterie** *sub, f, -, -n* lottery; **Zahlenlotto** *sub, n, -, nur Einz.* lottery; **~mäßig** *adv,* numerically; **Zahlenmystik** *sub, f, -, nur Einz.* mysticism of figures; **Zahlenschloss** *sub, n, -es, -schlösser* combination lock; **Zahlenskala** *sub, f, -, -len* scale of figures; **Zähler** *sub, m, -s, -* counter; **Zahlkellner** *sub, m, -s, -* waiter of payment; **Zahlmeister** *sub, m, -s, -* paymaster; *(tt; Seefahrt)* purser; **zahlreich** *adj,* numerous; **Zahlstelle** *sub, f, -, -n* payments office; **Zahltag** *sub, m, -s, -e (ugs.)* pay-day; **Zahlung** *sub, f, -, -en* payment; **Zählung** *sub, f, -, Plural selten (-en)* count; **Zahlungsaufschub** *sub, m, -s, nur Einz.* extension (of credit); **Zahlungsfähigkeit** *sub, f, -, nur Einz.* solvency; **Zahlungsunfähigkeit** *sub, f, -, nur Einz.* insolvency; **Zahlungsverpflichtung** *sub, f, -, -en (i. ü. S.)* obligation to pay; **Zählwerk** *sub, n, -s, -e* counter; **Zahlwort** *sub, n, -s, -wörter* numeral
zahm, *adj,* tame; **zähmen** *vt,* restrain (one´s impatience), tame (an animal); **Zahmheit** *sub, f, -, nur Einz.* tameness; **Zähmung** *sub, f, -, nur Einz.* taming

Zahnheilkunde, *sub, f, -, nur Einz.* dentistry; **Zahnlücke** *sub, f, -, -n (ugs.)* toothgap; **Zahnmedizin** *sub, f, -, nur Einz.* dentistry; **Zahnpasta** *sub, f, -, -ten* toothpaste; **Zahnrad** *sub, n, -s, -räder (tt; tech.)* gearwheel; **Zahnradbahn** *sub, f,* rack-railway; **Zahnschmelz** *sub, m, -es, nur Einz. (tt; med.)* enamel; **Zahnschmerz** *sub, m, -es, -en* toothache; **Zahnseide** *sub, f, -, (-n)* dental floss; **Zahnspange** *sub, f, -, -n (tt; med.)* braces; **Zahnstein** *sub, m, -s, nur Einz.* tartar; **Zahnstocher** *sub, m, -s, -* toothpick; **Zahntechnik** *sub, f, -, nur Einz. (tt; med.)* dental technology; **Zahnwal** *sub, m, -s, -e (zool.)* toothed whale; **Zahnweh** *sub, n, -, nur Einz.* toothache
Zähre, *sub, f, -, -n (i. ü. S.)* tear
Zander, *sub, m, -s, -* zander
Zange, *sub, f, -, -n* tongs; *(tt; biol.)* pincers; *(tt; med.)* forceps; *(tt; tech.)* pliers; **zangenförmig** *adj,* pincer shaped; **~ngeburt** *sub, f, -, -en (tt; med.)* foreceps delivery
Zank, *sub, m, -s, nur Einz.* row; *(ugs.)* squabble; **~apfel** *sub, m, -s, nur Einz. (i. ü. S.)* bone of contention; **zanken** *vr,* have a row, squabble; **Zänkerei** *sub, f, -, -en (ugs.)* squabbling; **zänkisch** *adj,* quarrelsome; **zanksüchtig** *adj,* quarrelsome
Zäpfchen, *sub, n, -s, -* small plug; *(tt; med.)* uvula; *(tt; pharm)* suppository; **Zapfen (1)** *sub, m, -s, -bung; (tt; bot.)* cone; *(tt; Zimmerhandwerk)* tenon **(2) zapfen** *vt,* tap; **zapfenförmig** *adj,* cone-shaped; **Zapfenstreich** *sub, m, -s, (-e) (tt; mil.)* last post; **Zapfhahn** *sub, m, -s, -hähne* tap; **Zapfsäule** *sub, f, -, -n* petrol pump; **Zapfstelle** *sub, f, -, -n* tap; **Zaponlack** *sub, m, -s, -e* cellulose lacquer
zappelig, *adj,* fidgety; *(ugs.)* wriggly; **zappeln** *vi,* fidget; *(ugs.)* wriggle; *(ugs.) jmd zappeln lassen* to keep sb in suspense
zappen, *vi,* zap
Zar, *sub, m, -en, -en* tsar
Zarathustra, *sub, -* Zarathustra

Zarenfamilie, *sub, f, -, nur Einz. (ugs.)* tsar family
Zarentum, *sub, n, -s, nur Einz.* tsardom
Zarismus, *pron, (ugs.)* tsarism
zaristisch, *adj,* tsarist
zart, *adj,* delicate, gentle, soft, tender; *(kun.)* fragile; ~ **fühlend** *adj,* sensitive, tendersome; ~**besaitet** *adj,* highly sensitive; **Zartheit** (1) *pron,* softness (2) *sub, f, -, nur Einz.* sensitivity, tenderness
zärtlich, *adj,* affectionate; **Zärtlichkeit** *sub, f, -, (-en)* affection, caresses, endearments, tenderness; *(vulg.)* petting
Zäsur, *sub, f, -, -en* caesura
Zauber, *sub, m, -s, -* magic, spell; *(i. ü. S.)* charm; *den Zauber lösen* to break the spell; *(ugs.) fauler Zauber* humbug; *warum der ganze Zauber?* why all that fuss?; ~**buch** *sub, n, -s, -bücher* magic book; ~**ei** *sub, f, -, -en* magic; ~**er** *sub, m, -s, -* magician; ~**formel** *sub, f, -, -n* magic formula; **zauberhaft** *adj,* delightful, enchanting; ~**kasten** *sub, m, -s, -kästen* magic box; ~**kraft** *sub, f, -, -kräfte (i. ü. S.)* magic power; ~**kunst** *sub, f, -, -künste* conjuring; ~**künstler** *sub, m, -s, -* magician; **zaubern** *vi,* conjuring tricks; *(ugs.)* do magic; ~**spruch** *pron,* magic spell; ~**trank** *sub, m, -s, -tränke* magic potion; ~**trick** *sub, m, -s, -s* conjuring trick
Zauderei, *sub, f, -, -en* hesitation; **Zauderer** *sub, m, -s, -* vacillator; **zaudern** *vi,* hesitate, vacillate
Zaum, *sub, m, -s, -Zäume* bridle; *(i. ü. S.) etwas im Zaum halten* to keep a tight rein on sth; *(i. ü. S.) sich im Zaum halten* to control oneself; **zäumen** *vt,* bridle; ~**zeug** *sub, n, -s, -e* bridle
Zaun, *sub, m, -s, Zäune* fence; *einen Streit vom Zaun brechen* to start a fight; **zaundürr** *adj, (ugs.)* spare; ~**eidechse** *sub, f, -, -n (zool.)* sand lizard; **zäunen** *vi,* build a fence; ~**gast** *sub, m, -es, -gäste (ugs.)* onelooker; ~**könig** *pron, (tt; zool.)* wren; ~**pfahl** *sub, m, -s, -pfähle* fencepost
zausen, *vt, (ugs.)* tousle
Zaziki, *sub, m, -s, -s* tzaziki
Zebaoth, *sub, m, -s, -* Jehova

Zebra, *sub, n, -s, -s (tt; zool.)* zebra; ~**streifen** *sub, m, -s, -* zebra crossing
Zebu, *sub, m,n, -s, -s (tt; zool.)* zebu
Zechbruder, *sub, m, -s, -brüder (ugs.)* drinking companion; **Zeche** *sub, f, -, -n* bill; **zechen** *vi,* tipple; **Zecher** *sub, m, -s, -* tippler; **Zecherei** *sub, f, -, -en* drinking bout; **Zechgelage** *pron,* drinking bout **Zechpreller**, *sub, m, -s, - (i. ü. S.)* someone who leaves without paying; ~**ei** *sub, f, -, -en* leaving without paying; **Zechtour** *pron, (ugs.)* drinking tour
Zeder, *sub, f, -, -n (bot.)* cedar; ~**nholz** *sub, n, -es, nur Einz.* cedarwood
Zeh, *sub, m, -s, -en* toe; *(i. ü. S.) jmd auf die Zehen treten* to tread on sb´s toe; ~**e** *sub, f, -, -n* toe; ~**enspitze** *sub, f, -, -n* tip of the toe
zehn, *adj,* ten; ~**einhalb** *adj,* ten and a half; **Zehner** *sub, m, -s, - (ugs.)* ten mark note; **Zehnerkarte** *sub, f, -, -n* ticket of ten; **Zehnerl** *sub, m, -s, - (ugs.)* ten-pfennig piece; **Zehnfingersystem** *sub, n, -s, -* touch-typing; **Zehnkampf** *sub, m, -s od. -es, -kämpfe (tt; spo.)* decathlon; **Zehnkämpfer** *sub, m, -s, - (spo.)* decathlete; ~**tausend** *adj,* ten thousend; **Zehntel** *sub, n, -s, -* tenth (part) of; **Zehntelgramm** *sub, n, -s, -* tenth gram
zehren, *vi,* sap so strength; **Zehrgeld** *sub, n, -s od. -es, - (i. ü. S.)* sapmoney; **Zehrpfennig** *sub, m, -s, -e* sappenny
zeichnen, (1) *vi,* draw, sign (2) *vt,* draw, mark; *(tt; landw.)* brand; *(wirt.)* subscribe; **Zeichner** *sub, m, -s, -* draughtsman; **Zeichnung** *pron,* drawing
Zeigefinger, *sub, m, -s, -* forefinger; **zeigen** *vt,* display, express, indicate, show sth; *(ugs.) das zeigt sich jetzt* it´s beginning to show; *(ugs.) es wird sich zeigen wer recht hat!* time will tell; *(ugs.) dem werd´ ich es zeigen* I´ll show him; *(ugs.) zeig´ mal was du kannst* let see what you can do; **Zeiger** *sub, m, -s, -* pointer; **Zeigestock** *sub, m, -s, -stöcke* pointer
Zeile, *sub, f, -, -n* line; *zwischen den*

Zeilen lesen to read between the lines; ~**nlänge** *sub, f, -, -n* linelength; ~**nsprung** *sub, m, -s od. -es, -sprünge (i. ü. S.)* line change; **zeilenweise** *adj,* per line

Zeisig, *sub, m, -s, -e (zool.)* siskin; ~**futter** *sub, n, -s, - (tt; zool.)* siskin food

Zeit, (1) *pron,* time (2) **zeit** *Vorsilbe,* time-; *die Zeiten haben sich geändert* times have changed; *es wird allmählich Zeit zu gehen* it´s about time we went home; *sich für jmd/etwas Zeit nehmen* to devote some time for sb/sth; *(i. ü. S.) vor der Zeit alt werden* to get old before one´s time; *zur Zeit* at the moment; ~**abschnitt** *sub, m, -s, -e* period; ~**abstand** *sub, m, -s od. -es, -abstände* period; ~**alter** *sub, n, -s, -* age, era; ~**aufnahme** *sub, f, -, -n* time exposure; ~**aufwand** *sub, m, -s od. -es, -wände* expenditure of time; ~**dokument** *sub, n, -s, -e* contemporary document

Zeiteinheit, *sub, f, -, -en* unit of time; **Zeitenfolge** *pron,* time sequence; **Zeitgeist** *sub, m, -s od. -es, nur Einz.* Zeitgeist; **zeitgemäß** *adj,* up-to-date; **Zeitgenosse** *sub, m, -n, -n* contemporary; **Zeitgenossin** *sub, f, -, -nen* contemporary; **zeitgerecht** *adj,* contemporary; **Zeitgeschichte** *sub, f, -, nur Einz.* contemporary history; **zeitig** (1) *adj,* in good time (2) *adv,* early; **Zeitkarte** *sub, f, -, -n* season ticket; **zeitkritisch** *adj,* critical; **zeitlich** (1) *adj,* temporal, time (2) *adv,* timewise; *(i. ü. S.) das Zeitlich segnen* to depart this life; *in großem zeitlichen Abstand* at long intervals (of time); *die Pläne zeitlich auf einander abstimmen* to synchronize one´s plans, *das passt zeitlich nicht* the time isn´t convenient; **Zeitlichkeit** *sub, f, -, nur Einz.* temporality; **zeitlos** *adj,* timeless; **Zeitlupe** *sub, f, -, nur Einz.* slow motion; **Zeitmessung** *sub, f, -, -en* chronology

Zeitpersonal, *sub, n, -s, nur Einz.* temporary staff; **Zeitplan** *sub, m, -s, -pläne* timetable; **Zeitpunkt** *sub, m, -s od. -es, -e* moment; **Zeitraffer** *sub, m, -s, - (tech.)* speed up; **zeitraubend** *adj,* time consuming; **Zeitraum** *sub, m, -s od. -es, -räume* period of time; **Zeitrechnung** *sub, f, -, -en* calendar;

Zeitschrift *sub, f, -, -en* magazin; **zeitsparend** *adj,* timesaving; **Zeitakt** *sub, m, -s od. -es, -e* timing, unit length

Zeitung, *sub, f, -, -en* newspaper; ~**lesen** *vt,* read a paper; ~**sente** *sub, j -, -n* false newspaper report; ~**sfrau** *sub, f, -, -en* newspaper woman; ~**smann** *sub, m, -s od. -es, -männer (ugs.)* newspaper man; ~**swissenschaft** *sub, f, -, -en* media studies

Zeitverlust, *sub, m, -es, -e* loss of time; **zeitversetzt** *adj,* time transferred; **Zeitvertrag** *sub, m, -s od. -es, -verträge (i. ü. S.)* contract for a certain period; **Zeitvertreib** *sub, m, -s, -e* passtime; **zeitweilig** *adj,* temporary; **zeitweise** *adv,* at times; **Zeitwert** *sub, m, -s od. -es, -e (i. ü. S.)* temporary value

Zeitwort, *sub, n, -e od. -es, -wörter (ff; gram)* verb; ~**form** *sub, f, -, -en* verb form; **zeitwörtlich** *adj,* verbal; **Zeitzone,** *sub, f, -, -n* time zone; **Zeitzünder** *sub, m, -s, - (tt; mil.)* time fuse

Zelebration, *sub, f, -, -en* celebration; **zelebrieren** *vt,* celebrate; **Zelebrität** *sub, f, -, -en* celebrity

Zelle, *sub, f, -, -n* cell; **zellenförmig,** *adj,* cell-shaped; **Zellengewebe** *sub, n, -s, -* cell tissue; **Zellenlehre** *sub, f, -, nur Einz.* science of cells; **Zellglas** *sub, n, -es, nur Einz.* cell glass; **Zellkern** *sub, m, -s od. -es, -e (tt; biol.)* nucleus; **Zellmembran** *sub, f, -, -e* cell membran

Zelloidinpapier, *sub, n, -s, -e* celluloid paper

Zellstoff, *sub, m, -s, nur Einz. (tt; biol.)* cellulose; **Zellteilung** *sub, f, -, -en (biol.)* celldivision

Zellwand, *pron,* cellwall; **Zellwolle** *sub, f, -, nur Einz.* viscose fibre

Zelot, *sub, m, -en, -en* zealot; ~**ismus** *sub, m, -, nur Einz.* zealotism

Zelt, *sub, m, -s od. -es, nur Einz.* big top, marquee, tent; ~**bahn** *sub, f, - -en* canvas; **zelten** *vi,* camp; ~**hering** *sub, m, -s od. -es, -e* tent peg; ~**lager** *sub, n, -s, -* camp; ~**leinwand** *sub, f, -, -wände* tent canvas; **Zeltmission,** *sub, f, -, nur Einz.* missionary camp

Zeltwand, *sub, f, -, -wände* tentside
Zement, *sub, n, -s, -e* cement; **~boden**
sub, m, -s, -böden cement floor; **zementieren** *vt,* cement sth.; *(i. ü. S.)*
make conditions permanent; **~ie-
rung** *sub, f, -, -en* cementing; **~röhre**
sub, f, -, -n (tech.) cement pipe
Zen, *pron,* Zen
Zenit, *sub, m, -s od. -es, nur Einz.* zenith
zensieren, *vt,* censor, mark; **Zensor**
sub, m, -s, -en censor; **Zensur** *sub, f,
-, -en* censorship; **zensurieren** *vt,*
censor; **Zensus** *sub, m, -, -* census
Zentaur, *sub, m, -s, -en* zentaur
Zentiliter, *sub, m, -s, -* centilitre; **Zentimeter** *sub, m, -s, -* centimetre
Zentner, *sub, m, -s, - (ugs.)* hundredweight; **~last** *sub, f, -, -en* heavy burden; **zentnerweise** *adj,* by the
hundredweight
zentral, *adj,* central; **Zentralbank**
sub, f, -, -en central bank
Zentrale, *sub, f, -, -n* central, head office
Zentralfigur, *sub, f, -, -en* central figure; **Zentralgewalt** *sub, f, -, -en* central power; **Zentralheizung** *sub, f, -,
-en* central heating
Zentralisation, *sub, f, -, -en* centralization; **zentralisieren** *vt,* centralize;
Zentralisierung *sub, f, -, -en* centralisation; **Zentralismus** *sub, m, -, nur
Einz.* centralism; **zentralistisch** *adj,*
centralistic; **Zentralität** *sub, f, -, nur
Einz.* centrality
zentrieren, *vt,* centre sth.; **Zentrierung** *sub, f, -, -en* centralization
Zentrifugalkraft, *pron, (tt; tech.)* centrifugal power; **Zentrifuge** *sub, f, -, -n*
centrifuge; **zentrifugieren** *vt,* centrifuge sth.
zentripetal, *adj,* centripetal; **Zentripetalkraft** *sub, f, -, nur Einz.* centripetal power
zentrisch, *adj,* centric
Zentrum, *sub, n, -s, Zentren* centre
Zeppelin, *sub, m, -s od. -es, -e* zeppelin
Zepter, *sub, n, -s, -* sceptre
zerbersten, *vi,* explode
zerbrechen, *vti,* break, shatter; *(i. ü.
S.)* break up; *(ugs.)* smash; *am Leben
zerbrechen* to be broken (by life); *das
Geschirr zerbrechen* to shatter china;
eine Freundschaft zerbrechen to break up a friendship; **zerbrechlich** *adj,*

fragile; **zerbröckeln** *vti,* crumble
zerdrücken, *vt,* crush, mash,
squash
zerebral, *adj,* cerebral; **Zerebrallaut** *sub, m, -s od. -es, -e* cerebral
noise
Zeremonie, *sub, f, -, -n* ceremony;
zeremoniell (1) *adj,* ceremonial
(2) Zeremoniell *sub, n, -s, -e* ceremonial; **~nmeister** *sub, m, -s, -*
master of ceremonies
zerfahren, *adj,* detracted, rutted
Zerfall, *sub, m, -s od. -es, -fälle* decay; **zerfallen** *vi,* be divided, decay,
tumble down; *(arch.)* fall down in
ruins
zerfetzen, *vt,* tear sth. up/in pieces
zerflattern, *vi, (ugs.)* tatter
zerfleischen, *vt,* tear into pieces
zergehen, *vi,* dissolve; *(gastron.)*
melt
zergliedern, *vt, (tt; anat.)* dissect
zerhauen, *vt, (ugs.)* smash
zerkauen, *vt,* masticate
zerkleinern, *vt,* cut/chop sth.
zerklüftet, *adj,* deeply fissured;
Zerklüftung *sub, f, -, -en* deep fissures
zerknirscht, *adj,* remorseful
zerknittern, *vt,* crease; **zerknittert**
adj, crumpled
zerkratzen, *vt,* cover with scratches., scratch sth.
zerlassen, *vt, (tt; gastron.)* melt
zerlegen, *vt,* dismantle; *(tt; gram)*
parse
zerlumpt, *adj,* ragged; *zerlumpt in*
rags; *zerlumpt und abgerissen* in
rags and tatters
zermürben, *vt,* wear down; **zermürbt** *adj,* worn down
zernagen, *vt,* gnaw through
zerpflücken, *vt,* pull apart; **zerplatzen** *vt,* burst; *vor Wut zerplatzen* to
explode with anger; **zerpulvern** *vt,*
pulverize; **zerquetschen** *vt,*
squash
zerreden, *vt,* flog to death
zerreiben, *vt,* crush
zerreißen, *vti,* tear up; *die Stille zerreißen* to shatter the silence; *es zer-
reißt mir das Herz* it breaks my
heart; *(i. ü. S.) ich kann mich nicht
zerreißen* I can´t be in two places
at once; **zerreißfest** *adj,* tear-resistant; **Zerreißprobe** *sub, f, -, -n*

pull test
zerren, (1) vt, pull/strain **(2)** vti, tug (at sth.); **Zerrerei** sub, f, -, -en (ugs.) pulling
zerrinnen, vi, blur, melt
Zerrspiegel, sub, m, -s, - distorting mirror; **Zerrung** sub, f, -, -en (tt; med.) pull
zersägen, vt, saw up
zerschellen, vt, be dashed pieces, be wrecked
zerschießen, vt, shoot to pieces; **zerschlagen (1)** adj, be exhausted **(2)** vt, break; **Zerschlagung** sub, f, -, -en breaking
zerschleißen, vi, wear out
zerschlitzen, vt, (ugs.) cut up
zerschmettern, vt, smash; **zerschmettert** adj, smashed
zerschneiden, vt, cut
zerschrammt, adj, covered with scratches
zerschunden, adj, ragged
zersetzen, vt, corrode, undermine
zersplittern, vti, splinter
zersprengen, vt, blast; **Zersprengung** sub, f, -, -en blasting; **zerspringen** vi, break, shatter; das Herz wollt vor Freude zerspringen the heart was bursting with joy; in tausend Stücke zerspringen to shatter into a thousand pieces; **Zerstäuber** sub, m, -s, - atomizer; **Zerstäubung** sub, f, -, -en (tt; biol.) atomizing
zerstampfen, vt, pound, trample
zerstäuben, vt, atomize, spray
zerstören, vt, destroy, ruin; **Zerstörer** sub, m, -s, - (tt; naut.) destroyer, fighter; **Zerstörung** sub, f, -, -en destruction
Zerstrahlung, sub, f, -, -en radiation
zerstreiten, vr, fall out
zerstreuen, (1) vr, disperse **(2)** vt, scatter; (i. ü. S.) dispel; (tt; phy.) diffuse; **zerstreut** adj, absent-minded; **Zerstreuung** sub, f, -, -en dispelling, dispersal; (tt; phy.) diffusion; (unterh.) entertainment
zerstückeln, vt, divide sth. up
zerteilen, (1) vr, part **(2)** vt, divide sth. up
Zertifikat, sub, n, -s, -e certificate; **zertifizieren** vt, certificate
zertrampeln, vt, trample
Zertrennung, sub, f, -, -en division
zertreten, vt, tread on

zertrümmern, vt, wreck
Zervelatwurst, sub, f, -es, -würste ...rvelat (sausage)
zerzausen, vt, ruffle; **zerzaust** adj, ...ishevelled
Zeta, sub, n, -s, -s zeta
Zetergeschrei, sub, n, -s, nur Einz. ...gs.) hullabaloo; **zetern** vi, scre-...n
Zettel, sub, m, -s, - leaflet, note
Zeug, sub, n, -s, nur Einz. nonsense, ...ings; (ugs.) stuff; (i. ü. S.) das Zeug zu etwas haben to have (got) ...hat it takes; dummes Zeug reden ...e talk a lot of nonsense; (i. ü. S.) ...nd am Zeug flicken to tell sb what ...o do; (ugs.) sich ins Zeug legen to ...o flat out
Zeuge, sub, m, -n, -n witness; **zeugen** vt, father, reproduce, testify; ...t; jur.) give evidence; ~**nschaft** ...b, f, -, nur Einz. witness; ~**nstand** sub, m, -s od. -es, nur ...nz. (tt; jur.) witness box
Zeughaus, sub, n, -es, -häuser (tt; ...il.) arsenal
Zeugnis, sub, n, -es, -se evidence; ...t; jur.) testimony; (tt; schul.) re-...ort; (tt; wirt.) testimonial
Zeugung, sub, f, -, -en reproduction; ~**sfähigkeit** sub, f, -, nur Einz. (tt; ...ed.) fertility
Zibetkatze, sub, f, -, -n (tt; zool.) ...ibetcat
zickig, adj, (ugs.) prim, prudish
Zickzack, sub, m, -s, -e zigzag; ~**kurs** sub, m, -es, -e zigzag ...ourse); ~**linie** sub, f, -, -n zigzag ...ne)
Zider, sub, m, -s, nur Einz. cider
Ziege, sub, f, -, -n (zool.) goat; ...ulg.) dumme Ziege bitch
Ziegel, sub, m, -s, - brick, tile; ~**ei** ...b, f, -, -en brickworks; ~**stein** ...b, m, -s, -e brick
Ziegenbart, sub, m, -s, nur Einz. ...ool.) goatee beard; **Ziegenherde** ...b, f, -, -n flock of goats; **Ziegenleder** sub, n, -s, - goat skin; **Ziegenmilch** sub, f, -, nur Einz. goat's ...ilk; **Ziegenpeter** sub, m, -s, nur ...nz. (tt; med.) mumps
ziehen, (1) vi, draw, tug **(2)** vr, ...etch **(3)** vt, breed, pull; (med.) ...xtract; die Blicke auf sich ziehen ...t attract attention; heimwärts zie-

hen to make one´s way home; *sich aus der Affäre ziehen* to get out of it, *etwas ins Lächerliche ziehen* to ridicule sth; *jmd nach unten ziehen* to pull sb down; *unangenehme Folgen nach sich ziehen* to have unpleasant consequences; *(math.) Wurzel ziehen* work out
Ziehharmonika, *sub, f, -, -s* accordion; **Ziehkind** *sub, n, -s od. -es, -er* foster child; **Ziehung** *sub, f, -, -en* draw
Ziel, *sub, n, -s, -e* aim, destination, target; *(spo.)* finish
Zielbahnhof, *sub, m, -s, -höfe* destination; **Zielband** *sub, n, -s od. -es, -bänder (tt; spo.)* finishing tape; **zielbewusst** *adj,* purposeful; **zielen** *vi,* aim; **Zielfahndung** *sub, f, -, -en* final search; **Zielfernrohr** *sub, n, -s, -e (tt; mil.)* telescopic sight; **Zielgerade** *sub, f, -, -en (tt; spo.)* finishing straight; **ziellos** *adj,* aimless; **Zielscheibe** *sub, f, -, -n* target; **Zielsetzung** *sub, f, -, -en* aims; **Zielsprache** *sub, f, -, nur Einz.* target language; **Zielstellung** *sub, f, -, -en* objectives; **zielstrebig** *adj,* single-minded; **Zielvorgabe** *sub, f, -, -n* aim
Ziemer, *sub, m, -s, -* saddle, whip
ziemlich, *adj,* considerable
ziepen, (1) *vi,* chirp (2) *vt,* tweak
Zier, *sub, f, -, nur Einz.* ornament; **~de** *sub, f, -, -n* ornament; **zieren** (1) *vr,* make a fuss (2) *vt,* decorate; **~gras** *sub, n, -es, -gräser* ornamental grass
zierlich, *adj,* dainty; **Zierlichkeit** *sub, f, -, nur Einz.* daintiness
Zierpflanze, *sub, f, -, -n* ornamental plant; **Zierpuppe** *sub, f, -, -n* ornamental doll; **Zierstrauch** *sub, m, -s od. -es, -sträucher* ornamental bush
Ziffer, *sub, f, -, -n* digit; **~blatt** *sub, n, -s od. -es, -blätter* dial; **ziffernmäßig** *adj,* digital
Zigarette, *sub, f, -, -n* cigarette; **Zigarillo** *sub, n, -s, -s* cigarillo; **Zigarre** *sub, f, -, -n* cigar
Zigeuner, *sub, m, -s, -* gypsy; **zigeunerhaft** *adj,* gypsylike; **zigeunerisch** *adj, (ugs.)* gypsylike; **~leben** *sub, n, -s, nur Einz.* gypsy life; **~primas** *sub, m, -, -* leader of a gypsy band
Zikade, *sub, f, -, -n* cicada
Ziliarkörper, *sub, m, -s, - (tt.; anat.)*

ciliar body; **Ziliarmuskel** *sub, m, -s, -n* ciliar muscle
Zimbel, *sub, f, -, -n* cymbal
Zimmerarbeit, *sub, f, -, -en* room work; **Zimmerbrand** *sub, m, -es, -brände* room blaze; **Zimmerdecke** *sub, f, -, -n* ceiling; **Zimmerei** *sub, f, -, -en* carpentry
Zimmerflucht, *sub, f, -, -en (tt; arch.)* suite of rooms; **Zimmermann** *sub, m, -es, -männer* carpenter; **Zimmermiete** *sub, f, -, -n* rent; **zimmern** *vt,* make sth. from wood
Zimmernummer, *sub, f, -, -n* room number; **Zimmerpflanze** *sub, f, -, -n* room plant; **Zimmersuche** *sub, f, -, nur Einz.* room hunting
zimperlich, *adj,* cowardly, prudish; *da kann man nicht so zimperlich sein* you can´t afford to be soft; *sei doch nicht so zimperlich* don´t be so silly; **Zimperliese** *sub, f, -, -n (ugs.)* cissy
Zimt, *sub, n, -s, nur Einz.* cinnamon; *(ugs.)* junk; *mit Zimt und Zucker* with cinnamon and sugar; *(ugs.) der ganze Zimt* the whole wretched business
Zincum, *sub, n, -s, nur Einz. (tt; chem.)* zincum
Zingulum, *sub, n, -s, -s, -gula* zingulum
Zink, *sub, m, -es, -en* zinc; **~sarg** *sub, m, -es, -särge* zinc coffin
Zinke, *sub, f, -, -n* prong; **zinken** (1) *adj,* made of zinc (2) **Zinken** *sub, m, -s, - (ugs.)* conk (3) *vt,* mark
Zinn, *sub, n, -es, nur Einz.* tin; **~guss** *sub, m, -es, -güsse* tinfounding
Zinne, *sub, f, -, -n* battlements
Zinnie, *sub, f, -, -n (bot.)* zinnia; **Zinnkraut** *sub, n, -es, nur Einz.* horsetail
Zinnkrug, *sub, m, -es, -krüge* pewter tankard
Zinnober, *sub, m, -s, nur Einz. (ugs.)* fuss, rubbish; *(tt; kun.)* vermilion
Zins, *sub, m, -es, -en (wirt.)* interest
Zinsendienst, *sub, m, -s, -e (tt; wirt.)* interest service; **Zinserhöhung** *sub, f, -, -en* interest increase; **Zinseszins** *sub, m, -es, -en* compound interest; **Zinsfuß** *sub, m, -es, -füße* interest rate; **Zinsgro-**

schen sub, m, -s, - (ugs.) interest penny; **zinsgünstig** adj, (tt; wirt.) favourable interest

Zionismus, sub, m, -es, nur Einz. Zionism; **Zionist** sub, m, -en, -en Zionist; **zionistisch** adj, Zionist

Zipfel, sub, m, -s, - corner, end, tassel, tip; (geogr.) long point, point **Zipfelmütze**, sub, f, -, -n pointed cap; **Zippdrossel** sub, f, -, -n (tt; zool.) thrush

Zipperlein, sub, n, -s, nur Einz. (ugs.) little aches

Zirbel, sub, f, -, -n pineal; ~**drüse** sub, f, -, -n pineal body

zirka, adv, about, approximate; **Zirkaauftrag** sub, m, -es, -träge (i. ü. S.) approximate contract

Zirkel, sub, m, -s, - (tt; mat.) pair of compasses; ~**kasten** sub, m, -s, -kästen compasses case; **zirkeln** vi, (i. ü. S.) do fiddly work; (ugs.) measure exactly

Zirkon, sub, n, -s, -e (tt; chem.) zircon; ~**ium** sub, n, -s, nur Einz. (tt; bot.) zirconium

Zirkularnote, sub, f, -, -n (i. ü. S.) circular note; **Zirkulation** sub, f, -, -en circulation; **zirkulieren** vi, circulate **Zirkumflex**, sub, m, -es, -e circumflex **Zirkumskript**, sub, n, -es, -e circumscription

Zirkus, sub, m, -es, -e circus; ~**clown** sub, m, -s, -s circus clown; ~**pferd** sub, n, -es, -e circus horse; ~**reiter** sub, m, -s, - circus rider

zirpen, vi, chirp

Zirrhose, sub, f, -, -n (tt; med.) cirrhosis

Zirrostratus, sub, f, -, -strati (tt; meteol.) cirostratus

Zirruswolke, sub, f, -, -n (tt; geol.) cirrus

zisalpin, adj, cisalpin

zischeln, vi, whisper

zischen, vi, (ugs.) hiss, sizzle, whizz; (ugs.) jmd eine zischen to belt sb one **Ziseleur**, sub, m, -s, -e (tt; kun.) engraver; **ziselieren** vi, engrave; **Ziselierung** sub, f, -, -en engraving

Zisterne, sub, f, -, -n well

Zisterzienser, sub, m, -s, - Cistercian

Zitadelle, sub, f, -, -n citadel

Zitat, sub, n, -s, -e quotation

Zither, sub, f, -, -n (mus.) zither; ~**spiel** sub, n, -s, -e zither playing

zitieren, vi, quote; (tt; jur.) summon

Zitronat, sub, n, -s, -e candied lemon peel; **Zitrone** sub, f, -, -n (bot.) lemon; **Zitronenbaum** sub, m, -es, -bäume (tt; bot.) lemon tree; **Zitronenfalter** sub, m, -s, - (tt; zool.) lemon moth; **zitronengelb** adj, lemon yellow; **Zitronensaft** sub, m, -es, -säfte lemon juice; **Zitrusfrucht** sub, f, -, -früchte (bot.) citrus fruit

Zitteraal, sub, m, -s, -e electric eel; **Zittergras** sub, n, -es, -gräser quaking grass

zittern, vi, quaver, quiver, shake, shiver, tremble; am ganzen Körper zittern to tremble all over; mir zittern die Knie my knees are trembling; vor jmd zittern to be terrified of sb

Zitterpappel, sub, f, -, -n (tt; bot.) aspen; **Zitterpartie** sub, f, -, -n (ugs.) nail-biting event; **Zitterrochen** sub, m, -s, - electric ray

Zitze, sub, f, -, -n teat

Zivi, sub, m, -s, -s (ugs.) person doing community service

Zivilcourage, sub, f, -, nur Einz. courage of one's convictions; **Zivildienst** sub, m, -s, nur Einz. community service; **Zivilehe** sub, f, -, -n (tt; jur.) civilian marriage **Zivilisation**, sub, f, -, -en civilization; **zivilisatorisch** adj, civilisatory; **zivilisieren** vi, civilize; **zivilisiert** adj, civilized

Zivilist, sub, m, -en, -en civilian; **zivilistisch** adj, civilian; **Zivilperson** sub, f, -, -en civilian

Zivilprozess, sub, m, -es, -e (tt; jur.) civil action; ~**ordnung** sub, f, -, -en code of civil procedure; **Zivilrecht** sub, n, -s, nur Einz. civil law

Zivilschutz, sub, m, -es, nur Einz. civil defence; **Ziviltrauung** sub, f, -, -en (tt; jur.) civil marriage

Zobel, sub, m, -s, - sable

zocken, vt, (ugs.) gamble; **Zocker** sub, m, -s, - gambler

Zofe, sub, f, -, -n lady´s maid

Zoff, sub, m, -s, nur Einz. (ugs.) trouble

zögern, vi, hesitate; er tat es ohne zu zögern he did it without hestitating **Zögling**, sub, m, -s, -e pupil

Zölibat, *sub, m, n, -s, nur Einz.* celibacy
Zoll, *sub, m, -s, Zölle* customs, duty; *(Längenmaß)* inch
Zollamt, *sub, n, -es, -ämter* customs house; **zollamtlich** *adj,* customs; **Zollbeamte** *sub, m, -n, -n* customs officer; **Zollbehörde** *sub, f, -, -n* customs authority; **zollen** *vt,* show **Zollerklärung**, *sub, f, -, -en* customs declaration; **Zollfahnder** *sub, m, -s, -* customs investigator; **Zollfahndung** *sub, f, -, -en* customs investigation department; **zollfrei** *adj,* duty-free; **Zollfreiheit** *sub, f, -, nur Einz.* duty freedom; **Zollgebühr** *sub, en* customs charge; **Zollkontrolle** *sub, f, -, -n* customs examination; **Zollordnung** *sub, f, -, -en* customs regulations; **Zollschranke** *sub, f, -, -n* customs barrier; **Zollstation** *sub, f, -, -en* customs post; **Zollstock** *sub, m, -s, -stöcke* folding rule; **Zollvertrag** *sub, m, -es, -träge* customs contract
Zombie, *sub, m, -s, -s (ugs.)* zombie
zoografisch, *adj,* zoografic; **Zoohandlung** *sub, f, -, -en* pet shop; **Zoologe** *sub, m, -n, -n* zoologist; **Zoologie** *sub, f, -, nur Einz.* zoology; **zoologisch** *adj,* zoological
Zoom, *sub, m, -s, -s* zoom; **zoomen** *vt,* zoom
Zootechniker, *sub, m, -s, -* zoo technician
Zopf, *sub, m, -s, Zöpfe (ugs.)* pigtail
Zorn, *sub, m, -s, nur Einz.* anger; *der Zorn Gottes* the wrath of god; *einen Zorn auf jmd haben* to be furious with sb; *im Zorn* in rage; *in gerechtem Zorn* in righteous anger; *in Zorn geraten* to fly into rage; *jmd Zorn heraufbeschwören* to incur sb's wrath; ~**ausbruch** *sub, m, -s, -brüche* fit of anger; **zornig** *adj,* angry; ~**röte** *sub, f, -, nur Einz. (i. ü. S.)* anger flush
zoroastrisch, *adj,* zoroastric
Zote, *sub, f, -, -n (ugs.)* smutty joke; ~**nreißer** *sub, m, -s, - (i. ü. S.)* smutty joke teller; **zotig** *adj,* filthy, smutty
Zottel, *sub, f, -, -n (ugs.)* shagg; **zottelig** *adj,* shaggy; **zotteln** *vt,* shagg
zottig, *adj,* shaggy
zottlig, *adj,* shaggy
zu, (1) *adv,* too; *(i. ü. S.)* closed (2) *konj,* to (3) *präp,* at, for, on, to, to/into/as; *(zeitl)* at; *(adv/allzu) ich*

wäre zu gerne mit ihm gekommen I should have only too pleased to come; *(adv/allzu) zu verliebt* too deeply in love; *(adv/allzu) zu viel* too much; *Tür zu* shut the door; *(adj) zu sein* to be shut, *(mit partiz) der zu prüfende Kandidat* the candidate to be examined; *(mit infin) er hat zu gehorchen* he has to obey; *(mit infin) etwas zu essen* sth to eat; *(mit infin) ich habe zu arbeiten* I have to work; *(mit partiz) nicht zu unterschätzende Probleme* problems (that are) not to be underestimated; *(mit pron) zu was* for what; *(mit pron) zu wem* who to, *(zahlenang.) fünf zu 30 Pfennig* five to 30 pence; *(zahlenang.) zu zwei Prozent* at two per cent; *(zahlenang.) zum ersten Mal* for the first time; *(Zusatz) die Melodie zu dem Lied* the melody of the song; *(Anlaß) etwas zu Weihnachten bekommen* to get sth for christmas; *(Vergleich) im Vergleich mit* in comparison with; *(Vergleich) im Verhältnis zu* in relation to; *(Beziehung) Liebe zu jmd* love for sb; *meine Beziehung zu ihm* my relation with him; *(bestim) Milch zum Kaffee* milk for coffee; *(zweck) nur zu ihrerer Beruhigung* to set her mind at rest; *(Zweck) Wasser zum Waschen* water for washing; *(Zusatz) Wein zum Essen trinken* to drink wine with one's meal; *(zweck) zu nichts zu gebrauchen sein* to be no use at all; *(Folge/Umst) zu seinem Besten* for his own good; *(folge/umst) zu seinem Tode* death; *(zweck) zu seiner Entschuldigung* in apology; *(Verb mit n) zum Beispiel* for example; *(Verb mit n) zur Beurteilung* for inspection; *zur Probe* on test; *(Verb mit n) zur Strafe* as a punishment; *(Lage) zu beiden Seiten* on both sides; *(art/Weise) zu Deutsch* in German; *(art/weise) zu Fuß* on foot; *(örtl) auf den Wald zu* towards the forest; *(örtl/bewg) bis zum Bahnhof sind es* it's 5 kms to the station; *(örtl/bewg) etwas zu sich stecken* to take sth; *(örtl/bewg) zum Bahnhof* to the station; *(örtl/richt) zum Himmel weisen* to point heavenwards/up at the heavens; *(als) jmd zum Freund haben* to have sb as friend; *(als) jmd zum König wählen* to chose sb as king; *(veränder.) jmd zum Manne machen* to make a man of sb; *(als) sich jmd zum Vorbild nehmen* to take sb as one´s example; *(veränder.) zu Asche verbrennen* to burn to ashes; *(veränder.) zu etwas heranwachsen* to grow into sth; *(veränder.) zu etwas werden* to turn into sth; *(örtl. Lage) jmd zur Seite sitzen* to seat at sb side; *(zeitl.) zu früher Stunde* at an early hour; *(zeitl.) zu Mittag* at midday; *(zeitl.) zu Ostern* at Easter

zuallererst, *adv*, first of all; **zuallerletzt** *adv*, last of all; **zuallermeist** *adv*, most of all

Zubehör, *sub*, *n*, *-s*, *-e* equipment; *(ugs.)* accessories; *Küche mit allem Zubehör* fully equiped kitchen; **~teil** *sub*, *n*, *-s*, *-e* equipmentpart

zubeißen, *vi*, *(ugs.)* bite (firmly)

Zuber, *sub*, *m*, *-s*, *-* tube

zubereiten, *vt*, prepare; **Zubereitung** *sub*, *f*, *-*, *-en* preparation

Zubettgehen, *sub*, *n*, *-s*, *nur Einz.* going to bed

zubilligen, *vt*, allow; **Zubilligung** *sub*, *f*, *-*, *-en* allowance

zubinden, *vt*, tie up

zubringen, *vt*, get, spend; *(i. ü. S.)* shut; **Zubringer** *sub*, *m*, *-s*, *-* *(tt; arch.)* feeder road; **Zubringerbus** *sub*, *m*, *-es*, *-e* *(ugs.)* shuttle (bus)

Zubrot, *sub*, *n*, *-es*, *nur Einz.* extra

Zucchini, *sub*, *f*, *-*, *nur Mehrz.* zucchini; *(tt; biol.)* courgette

Zucht, *sub*, *f*, *-*, *-en* breeding; *(ugs.)* discipline; *(tt; biol)* culture; *(tt; bot.)* cultivation; **züchten** *vr*, breed; *(tt; bot.)* cultivate, grow; *Rennpferde züchten* breed racing horses; **~erfolg** *sub*, *m*, *-s*, *-e* *(i. ü. S.)* breeding success; **züchterisch** *adj*, breedical

Zuchthaus, *sub*, *n*, *-es*, *-häuser* prison; **Zuchthäusler** *sub*, *m*, *-s*, *-* prisoner; **~strafe** *sub*, *f*, *-*, *-n* prison sentence

Zuchthengst, *sub*, *m*, *-es*, *-e* breeding stallion

züchtig, *adj*, disciplined; **Züchtigkeit** *sub*, *f*, *-*, *nur Einz.* discipline; **Züchtigung** *sub*, *f*, *-*, *-gen* corporal punishment

Zuchtmittel, *sub*, *n*, *-s*, *-* *(i. ü. S.)* breeding stuff, punishment

Züchtung, *sub*, *f*, *-*, *-en* breeding

zucken, *vti*, flash, leap, twitch

zücken, *vt*, draw

Zucker, *sub*, *m*, *-s*, *nur Einz.* sugar; *(tt; med.)* diabetes; **~bäcker** *sub*, *m*, *-s*, *-* confectioner; **~erbse** *sub*, *f*, *-*, *-n* sugar-pea; **~fabrik** *sub*, *f*, *-*, *-en* sugar-factory; **~gehalt** *sub*, *m*, *-s*, *nur Einz.* amount of sugar; **~guss** *sub*, *m*, *-es*, *-güsse* icing; **zuckerhaltig** *adj*, sugary

Zuckerhut, *sub*, *m*, *-es*, *-hüte* sugarloaf; **Zuckerkandis** *sub*, *m*, *-*, *nur Einz.* candy sugar; **zuckerkrank** *adj*, *(tt; med.)* diabetic; **Zuckerkrankheit** *sub*, *f*, *-*, *nur Einz.* diabetes

zudecken, *vt*, cover up

zudem, *präp*, in addition to

zudiktieren, *vt*, dictate

zudrehen, *vt*, turn off; *jemanden den Rücken zudrehen* to turn one´s back

zudringlich, *adj*, *(ugs.)* pushy

Zuerkennung, *sub*, *f*, *-*, *-en* award

zuerst, *adv*, first

Zuerteilung, *sub*, *f*, *-*, *-en* awarding

Zufahrt, *sub*, *f*, *-*, *-en* access; *(ugs.)* drive; **~sweg** *sub*, *m*, *-es*, *-e* access road

Zufall, *sub*, *m*, *-es*, *-fälle* coincident; *durch Zufall* by accident; *ein merkwürdiger Zufall* a strange coincident; *es war reiner Zufall, daß* it was pure chance that; *etwas dem Zufall überlassen* to leave sth to chance; *per Zufall* by a fluke; **zufällig** *adj*, accidental; *zufällig einen Freund treffen* he chanced on a friend; **Zufälligkeit** *sub*, *f*, *-*, *-en* by accident; **~sgröße** *sub*, *f*, *-*, *-n* *(i. ü. S.)* coincidence size

zufallen, *vt*, fall to

zufassen, *vi*, lend a hand, make a grap

zufließen, *vi*, flow towards

Zuflucht, *sub*, *f*, *-*, *nur Einz.* refuge; **~sort** *sub*, *m*, *-es*, *-e* refuge; **~sstätte** *sub*, *f*, *-*, *-n* refuge

Zufluss, *sub*, *m*, *-es*, *-flüsse* flow

zufolge, *präp*, according to

zufügen, *vt*, inflict; *jmd etwas zufügen* to cause sb sth; *jmd Schaden zufügen* to harm sb; *(i. ü. S.) was du nicht willst, was man dir tut,*

das füg auch keinem anderen zu do as you would be done by
Zufuhr, *sub, f, -, nur Einz.* supply
zuführen, *vt,* lead to, supply
Zug, *sub, m, -es, Züge* lorry, pull, train; *(i. ü. S.)* characteristic, features, gulp, puff; *(tt; mus.)* slide; *(tt; spiel)* moves; *(tt; spo.)* stroke
Zugabe, *sub, f, -, -n* free gift; *(tt; mus.)* encore
Zugang, *sub, m, -es, -gänge* access, entrance; **zugängig** *adj,* accessible; **zugänglich** *adj,* accessible, approachable
Zugbegleiter, *sub, m, -s, -* train guard
Zugbrücke, *sub, f, -, -n* drawbridge
zugeben, *vt,* admit, give; **zugegen** *adj, (i. ü. S.)* present; **zugehen** *vi,* shut, walk up to; *auf jmd zugehen* to go towards; *dem Ende zugehen* to draw to a close; *der Koffer geht nicht zu* the case won´t shut; *(Nachricht) der Polizei sind einige Hinweise zugegangen* the police have already received several clues; *hier geht es nicht mit rechten Dingen zu* there´s sth odd going on here
zugehören, *vt,* belong to; **Zugehörigkeit** *sub, f, -, nur Einz.* membership
Zügel, *sub, m, -s, -* rein; *die Zügel an sich reißen* to seize the reins; *(i. ü. S.) die Zügel fest in der Hand halten* to have things under control; **zügellos** *adj,* unrestrained; **~losigkeit** *sub, f, -, -en* licentiousness; **zügeln** *vt, (tt; spo.)* rein in, restrain
zugelassen, *vt,* be allowed to
zugestanden, *adv,* granted; **Zugeständnis** *sub, n, -es, -e* concession; **zugestehen** *vt,* grant
Zugewinn, *sub, m, -s, -en (i. ü. S.)* profit
Zugführer, *sub, m, -s, -* train guard
zugig, *adj,* draughty
Zugkontrolle, *sub, f, -, -n* train control; **Zugkraft** *sub, f, -, -kräfte* traction, tractive power
zugleich, *adv,* at the same time
Zugluft, *sub, f, -, nur Einz.* draught
Zugmaschine, *sub, f, -, -n* tractor; **Zugnummer** *sub, f, -, -n* train number; **Zugpersonal** *sub, n, -s, nur Mehrz.* train staff/crew; **Zugpferd** *sub, n, -s, -e* carthorse
zugreifen, *vi,* grab hold; *(ugs.)* jump at; **Zugriff** *sub, m, -s, -e* quick action;

(tt; comp.) access; **Zugriffszeit** *sub, f, -, -en* access time
zu Grunde, *adv, (~liegen)* be the basis of sth; *(~richten)* ruin
Zugsalbe, *sub, f, -, -n (tt; med.)* poultice
Zugspitzbahn, *sub, f, -, nur Einz.* Zugspitztrain; **Zugverkehr** *sub, m, -s, nur Einz.* traintraffic
Zugtier, *sub, n, -es, -e* draught animal
zugucken, *vi,* look at
zugunsten, *präp,* in favour of
zugute, *adv,* prove
Zugvogel, *sub, m, -es, -vögel* migratory bird
Zugzwang, *sub, m, -es, -zwänge (ugs.)* zugzwang
zuhalten, **(1)** *vi,* make for sth **(2)** *vt,* keep sth shut; **Zuhälter** *sub, m, -s, - (ugs.)* pimp; **Zuhälterei** *sub, f, -, nur Einz.* pimping; **zuhälterisch** *adj,* pimpical
zuhauf, *adv,* a lot of
zuheilen, *vi,* heal up/over
Zuhilfenahme, *sub, f, -, nur Einz.* use; *unter der Zuhilfenahme von* with the aid of
zuhören, *vi,* listen to; **Zuhörer** *sub, m, -s, -* listener; **Zuhörerbank** *sub, f, -, -bänke* audience seat; **Zuhörerschaft** *pron,* audience
zujubeln, *vi,* cheer; **zukaufen** *vt,* buy; **zukleben** *vt,* seal; **zukommen** *vi,* be befitting for so, come towards; **zukorken** *vt,* cork up
Zukunft, *sub, f, -, Zukünfte* future; **zukünftig** *adj,* in future; **~splan** *sub, m, -s, -pläne* plan for the future; **zukunftsreich** *adj,* promising; **zukunftsvoll** *adj,* promising
Zulage *sub, f, -, -n* allowance; *(ugs.)* bonus
zu Lande, *adv,* in my/our country
zulangen, *vi,* help oneself
zulänglich, *adj,* adequate
zulassen, *vt,* admit, allow, leave sth shut, permit, tolerate; **zulässig** *adj,* permissible; **Zulässigkeit** *sub, f, -, -en* admission; **Zulassung** *sub, f, -, -en* authorization; *(techn.)* registration
Zulauf, *sub, m, -s, Zuläufe (ugs.)* draw big crowds; **zulaufen** *vi,* run towards to
zu Leide, *adv,* harm so

zuleiten, *vt,* deliver, supply
zuletzt, *adv,* finally, last
zuliebe, *sub, (i. ü. S.)* do it for s.o
Zulieferant, *sub, m, -en, -en* deliverer;
Zulieferung *sub, f, -, -en* delivery
zumachen, (1) *vi,* shut (2) *vt,* close
zumal, (1) *adv,* especially (2) *konj,*
especially as
zumauern, *vt,* wall up
zumeist, *adv,* mainly, mostly; **zumindest** *adv,* at least
zumutbar, *adj,* reasonable; **Zumutbarkeit** *sub, f, -, -en* reasonability;
zumuten *vt,* attempt, expect; **Zumutung** *sub, f, -, -en* unreasonable demand
zunächst, *adv,* at first
zunageln, *vt,* nail up
Zunahme, *sub, f, -, -n* increase
Zuname, *sub, m, -ns, -n* surname
zünden, (1) *vi,* ignite (2) *vt,* light;
Zunder *sub, m, -s, -* tinder; *(ugs.)*
trashing; **Zünder** *sub, m, -s, -* detonator
Zündholz, *sub, n, -es, -hölzer* match;
Zündhölzchen *sub, n, -s, - (ugs.)*
match; **~schachtel** *sub, f, -, -n* match
box
Zündkerze, *sub, f, -, -n (tt; tech.)* sparking plug; **Zündschloss** *sub, n, -es,*
-schlösser ignition lock; **Zündschnur**
sub, f, -, -schnüre fuse; **Zündung** *sub,*
f, -, -en ignition
zunehmen, *vi,* increase; *(i. ü. S.)* put
on weight
zuneigen, *vi,* be fond of, incline to;
Zuneigung *sub, f, -, -en* affection,
fondness
Zunft, *sub, f, -, Zünfte* guild; **~genosse** *sub, m, -n, -n (ugs.)* guildsman;
zünftig *adj,* professional; *(i. ü. S.)*
proper; **~meister** *sub, m, -s, -* guild
master; **~ordnung** *sub, f, -, -en* guild
order; **~wappen** *pron,* guild arms
Zunge, *sub, f, -, -n* tongue; *böse Zunge*
behaupten malicious gossip has it;
eine spitze Zunge haben to have a
sharp tongue; *mir hängt die Zunge*
zum Hals heraus my tongue is hanging out; *seine Zunge im Zaum halten* curb one´s tongue; *sich die*
Zunge abrechen to tie one´s tongue
in knots; **züngeln** *vi, (ugs.)* tongue;
zungenfertig *adj,* glib; **~nspitze**
sub, f, -, -n tip of the tongue;
~nwurst *sub, f, -, -würste* tongue

sausage
zunicken, *vi,* nod to/towards s.o
zu Nutze, *adv,* take advantage of;
(ugs.) make use of
zuoberst, *adv,* on top
zuordnen, *vt,* assign sth to; **Zuordnung** *sub, f, -, -en* classification
zupacken, *vi,* grab hold; *(ugs.)*
nuckle down to
zupfen, *vt,* pluck, pull up; *jmd am*
Ärmel zupfen to tug one´s sleeve;
sich am Bart zupfen to pull at
one´s beard; **Zupfgeige** *sub, f, -, -n*
(t; mus.) guitar, plucked violin
zürcherisch, *adj,* of Zurich
zurechenbar, (1) *adj,* included (2)
adv, added; **zurechnen** *vt,* add,
include; **zurechnungsfähig** *adj,*
sound mind; **Zurechnungsfähigkeit** *sub, f, -, nur Einz.* soundness
of mind
zurechtfinden, *vr, (i. ü. S.)* find
one´s way
zurechtlegen, *vt,* put/place sth.
zurechtmachen, (1) *vr,* get oneself
ready (2) *vt,* prepare
zurechtweisen, *vt,* reprimand
Zureden, (1) *sub, n, -s, - (i. ü. S.)* try
to persuade (2) **zureden** *vi,* try to
persuade; *(ugs.)* keep on; *auf mein*
Zureden with my encouragement;
freundliches Zureden friendly persuasion
zureichen, *vt,* pass
zureiten, (1) *vi,* ride towards (2) *vt,*
break in
züricherisch, *adj,* of Zurich; *(i. ü.*
S.) from Zurich; **Zürichgebiet** *sub,*
r, -s, nur Einz. area round Zurich
zürnen, *vi, (i. ü. S.)* be angry with so
zurren, *vt, (ugs.)* lash
zurück, *adv,* back, behind; *(tt;*
med.) mental retarded
zurückbehalten, *vt,* keep back; **zurückbeugen** *vr,* bend back; **zurückbezahlen** *vt,* pay back; **zurückbilden** *vr,* form back; **zurückbleiben** *vi,* stay back; **zurückbringen** *vt,* take/bring back; **zurückdämmen** *vt,* dam back; **zurückdenken** *vi,* think back; **zurückdrehen** *vt,* turn back
zurückdürfen, *vi, (i. ü. S.)* allowed
to go back
zurückeilen, *vi,* hurry back
zurückerhalten, *vt,* get back

zurückfahren, *vi*, drive back; **zurückfallen** *vi*, fall back; **zurückfinden** *vi*, find back; **zurückfragen** *vti*, ask back; **zurückführen** *vt*, lead back **zurückgeben**, *vt*, give back **zurückgehen**, *vi*, go/walk back; **zurückgezogen** *adj*, retired, secluded **zurückgreifen**, *vt*, go back to, resort to **zurückhaben**, *vt*, have sth back **zurückhalten**, *vt*, hold back, restrain, withhold; *die Tränen zurückhalten* hold back one´s tears; *mit nichts zurückhalten* hold back nothing; *sich im richtigen Moment zurückhalten* hold back at the right moment; ~*d adj*, restrained, sparing; **Zurückhaltung** *sub, f, -, -en* reserve, restaint **zurückholen**, *vt, (i. ü. S.)* bring back **zurückkämmen**, *vt*, comb back; **zurückkehren** *vi*, return; **zurückkommen** *vi*, come/get back; **zurückkönnen** *vi, (i. ü. S.)* be able to go back **zurücklassen**, *vt*, leave sth behind **zurücklehnen**, *vr*, lean back **zurückmüssen**, *vi*, have to go back **Zurücknahme**, *sub, f, -, -n* withdrawal; *(ugs.)* taking back; **zurücknehmen** *vt*, take back, withdraw; *(tt; spo.)* pull back **zurückrollen**, *vt*, roll back **zurückrufen**, *vi*, call back; *(i. ü. S.)* revive **zurückschicken**, *vt*, send back **zurückschlagen**, (1) *vi*, fold back (2) *vti*, hit back **zurückschrecken**, *vi*, recoil **zurücksehnen**, *vr*, long for **zurücksenden**, *vr*, send back **zurücksetzen**, (1) *vr*, discriminate, sit further back (2) *vt*, move back, put back; **Zurücksetzung** *sub, f, -, -en* affront **zurückstehen**, *vi*, inferior; *(tt; arch.)* be set back; *das muß vorläufig zurückstehen* that will have to wait for the moment; *hinter etwas zurückstehen* to take second place to sth; *nicht zurückstehen wollen* to be unwilling to stand down **zurückstoßen**, *vi*, push back **zurückstufen**, *vt*, put back **zurücktreten**, *vi*, resign, step back **zurückweichen**, *sub*, recede; *(tt; mil.)* fall back; **zurückweisen** *vt*, re-

fuse, turn away **zurückwerfen**, *vt*, throw back; *(tt; mil.)* repuls; *(tt; phy.)* reflect **zurückwirken**, *vt*, backdate **zurückwollen**, *vi*, want back **zurückzahlen**, *vt*, pay back, repay **zurückziehen**, (1) *vr*, retire (2) *vt*, draw back; *(tt; jur.)* drop; **Zurückzieher** *sub, m, -s, -* withdrawal; **zurückzucken** *vi*, twitch back **Zuruf**, *sub, m, -s, -e* shout; *durch Zuruf abstimmen* to vote by acclamation; **zurufen** *vt*, shout sth to s.o **Zusage**, *sub, f, -, -n* acceptance; *(i. ü. S.)* promise; **zusagen** (1) *vi*, accept, appeal (2) *vt*, promise **zusammen**, *adv*, alltogether, together **Zusammenarbeit**, *sub, f, -, -en* cooperation **zusammenballen**, *vt*, squeeze **Zusammenbau**, *sub, m, -s, -e* assembly **zusammenbrechen**, *vi*, collapse; *(tt; arch.)* break down; **Zusammenbruch** *sub, m, -s, -brüche* collapse; *(tt; med.)* breakdown **zusammenfahren**, (1) *vi*, collide with, wince (2) *vt*, smash up **Zusammenfall**, *sub, m, -s, -fälle* collapse **zusammenfassen**, *vt*, combine, summarize; **Zusammenfassung** *sub, f, -, -en* combination, summary **zusammenfügen**, *vt*, put together **zusammengesetzt**, *adj*, compound **Zusammenhalt**, *sub, m, -s, nur Einz.* cohesion; **zusammenhalten** (1) *vi*, stick together (2) *vt*, compare, hold together **Zusammenhang**, *sub, m, -, -hänge* connection; *etwas aus dem Zusammenhang reißen* to take sth out of its context; *etwas mit etwas in Zusammenhang bringen* to connect sth with sth; *in Zusammenhang stehen mit* to be connected with sth; **zusammenhängend** *adj*, connected **Zusammenkunft**, *sub, f, -, -künfte* meeting **zusammen laufen**, *vi*, gather; *(i. ü. S.)* met; *(tt; geogr.)* converge **Zusammenleben**, (1) *sub, m, -s, -* living together (2) **zusammenleben** *vi*, live together

zusammenlegen, (1) *vi*, club together (2) *vt*, fold up, put together
zusammennehmen, (1) *vr*, pull oneself together (2) *vt*, summon up
zusammenpassen, *vi*, *(ugs.)* match
zusammenrechnen, *vt*, add
zusammenrufen, *vt*, rally
Zusammenschluss, *sub*, *m*, *-es*, *-schlüsse* amalgamation; *(tt; polit.)* union
Zusammensein, *sub*, *n*, *-s, nur Einz.* get-together
zusammensetzen, (1) *vr*, sit together (2) *vt*, assemble; *(ugs.)* put together; Zusammensetzung *sub*, *f*, *-*, *-en* assembly, composition
zusammenstellen, *vt*, combine; Zusammenstellung *sub*, *f*, *-*, *-en* combination
zusammenstimmen, *vt*, match
zusammentragen, *vt*, collect
Zusammentreffen, (1) *sub*, *n*, *-s*, *-* meeting (2) zusammentreffen *vi*, meet up with; zusammentreten *vi*, assemble
zusammentun, (1) *vr*, club/band together (2) *vt*, put sth together
zusammenzählen, *vt*, add up
zusammenziehen, (1) *vi*, move in with so (2) *vt*, concentrate, draw up
Zusatz, *sub*, *m*, *-es, -sätze* addition; *(tt; jur.)* rider; ~gerät *sub*, *n*, *-s, -e (tt; tech.)* attachment; zusätzlich (1) *adj*, additional (2) *adv*, in addition to; ~steuer *sub*, *f*, *-*, *-n* additive tax; ~tarif *sub*, *m*, *-s, -e* additional charge
zu Schanden, *adv*, ruin
zuschauen, *vi*, watch; Zuschauer *sub*, *m*, *-s*, *-* audience; *(ugs.)* on looker; *(tt; spo.)* spectator; Zuschauerin *sub*, *f*, *-*, *-nen (ugs.)* on looker
zuschaufeln, *vt*, *(i. ü. S.)* shovel/cover
zuschicken, *vt*, send to
zuschieben, *vt*, push sth, slide
zuschießen, *vi*, shoot/rush towards; *(tt; spo.)* shoot
Zuschlag, *sub*, *m*, *-s, -schläge* supplementary, surcharge; zuschlagfrei *adj*, *(tt; Bahn)* not subject to a supplement; ~satz *sub*, *m*, *-es, -sätze* supplementary fare
zuschließen, *vt*, lock
zuschnappen, *vi*, snap
zuschneiden, *vt*, cut, size; Zuschneider *sub*, *m*, *-s*, *-* cutter
zuschreiben, *vt*, attribute, blame; Zu-

schrift *sub*, *f*, *-*, *-en* reply
Zuschuss, *sub*, *m*, *-es, -schüsse* contribution
zuschustern, *vi*, *(ugs.)* wangle sth so
zuschütten, *vt*, add, fill in
zusehen, *vi*, look on, take care, watch; ~ds *adv*, visibly
zu sehr, *präp*, to much
zusenden, *vt*, send
zusetzen, (1) *vi*, pester; *(tt; med.)* affect (2) *vt*, add; er hat nichts mehr zuzusetzen he has nothing in reserve; jmd zusetzen to lean on sb
zusichern, *vt*, promise; Zusicherung *sub*, *f*, *-*, *-en* guarantee
zuspitzen, *vt*, sharpen
Zusprechung, *sub*, *f*, *-*, *-en* encouragement; Zuspruch *sub*, *m*, *-s*, *-sprüche* advice, general acclaim, words (of encouragement); großen Zuspruch finden to be very popular
Zustand, *sub*, *m*, *-s, -stände* condition; zuständig *adj*, competent, responsible; Zuständigkeit (1) *pron*, *(tt; jur.)* jurisdiction (2) *sub*, *f* *-, nur Einz.* competence, responsibility; zuständlich *adj*, relevant; ~sverb *sub*, *n*, *-s, -en* verb
zustatten, *adv*, be useful
zustehen, *vi*, be entitled to
zustellen, *vt*, block, deliver; Zustellung *sub*, *f*, *-*, *-en* delivery
zustimmen, *vi*, agree; Zustimmung *sub*, *f*, *-*, *-en* agreement
zustreben, *vt*, strive to
Zustrom, *sub*, *m*, *-s, nur Einz.* stream
Zutat, *sub*, *f*, *-*, *-en* ingredients
zuteil, *adv*, revieve sth.; ~en *adv*, allot, share out; Zuteilung *sub*, *f*, *-*, *-en* allocation, ration
zutiefst, *adv*, extremely
zutragen, *vt*, report; *(i. ü. S.)* occur; Zuträger *sub*, *m*, *-s*, *-* talebearer; zuträglich *adj*, beneficial
zutrauen, (1) *sub*, *n*, *-s, nur Einz.* confidence (2) zutrauen *vt*, believe in; zutraulich *adj*, trusting
zutreffen, *vi*, apply to, be correct; ~d *adj*, (correct; Zutreffende *sub*, *a*, *-n, nur Einz. (i. ü. S.)* correct thing
Zutritt, *sub*, *m*, *-s*, *-* admittance
Zutun, (1) *sub*, *n*, *-s, nur Einz. (ugs.)* hand in it (2) zutun *vt*, add, assi-

stance; *(ugs.)* shut
zu Ungunsten, *adv,* disadvantage of
zuverdienen, *vt,* earn sth extra; **Zuverdienst** *sub, m, -s, -e (i. ü. S.)* extra
salary
zuverlässig, *adj,* reliable; **Zuverlässigkeit** *pron,* reliability
Zuversicht, *sub, f, -, nur Einz.* optimism; **zuversichtlich** *adj,* optimistic
zuviel, *pron,* too much; *besser zuviel
als zuwenig* better too much than too
little; *da krieg ich zuviel* I blow my
top; *was zuviel ist zuviel* that´s just
too much; **zuvor** *adv,* before; *am Tag
zuvor* the day before; *im Jahr zuvor*
in the previous year; **zuvörderst** *adv,*
first
zuvorkommen, *vi,* forestall; **~d** *adj,*
helpful, obliging, thoughtful
Zuwachs, *sub, m, -es, Zuwächse*
growth, increase (in); **zuwachsen** *vi,*
heal, overgrow; **~rate** *sub, f, -, -n (tt;
theol.)* increasingrate; **Zuwanderung** *sub, f, -, -en* immigration
zuweilen, *adv,* occasionally, sometimes
zuweisen, *vt,* assign
zuwenden, (1) *vr,* give attention, turn
to (2) *vt,* pay so; **Zuwendung** *sub, f,
-, -en* attention, payment
zuwenig, *pron,* too little
zuwerfen, *vt,* slam, throw
zuwider, (1) *adv,* be repugnant so (2)
präp, contrary to; *das Glück war ihm
zuwider* luck was against him, *das ist
mir zuwider* I detest that; *dem Gesetz
zuwider* contrary to the law; *unseren
Plänen zuwider* unfavourable to our
plans; **~handeln** *vi,* contravene
zuwinken, *vi,* wave to
zuzahlen, *vi,* pay extra
zuzählen, (1) *vi,* count extra (2) *vt,*
add
zuzeiten, *adv,* at the times of
zuziehen, (1) *vi,* move into (2) *vr,*
incur (3) *vt,* catch, consult, pull; **Zuzug** *sub, m, -s, -züge* influx, move;
zuzüglich *präp,* plus
zwacken, *vi, (ugs.)* pinch
Zwang, *sub, m, -s, Zwänge* compulsion, economic pressures, moral/social
constraints, physical force; *allen
Zwang ablegen* to dispense with all
formalities; *auf jmd Zwang ausüben*
to exert pressure on sb; *tu´ dir keinen Zwang an* don´t force yourself;

unter Zwang stehen to be under
duress; **zwängen** (1) *vr,* force oneself (2) *vt,* squeeze; **zwanglos** (1)
adj, informal, irregular (2) *adv,*
openly/freely; **~sarbeit** *sub, f, -,
-en* forced labour; **~schiene** *sub, f,
-, -n (i. ü. S.)* forced track; **~sernäh-
rung** *sub, f, -, -en* forced feeding;
(tt; med.) coercive
Zwangsjacke, *sub, f, -, -n* straitjak-
ket; **Zwangslage** *sub, f, -, -n* predicament; **zwangsläufig** *adj,*
inevitable; **Zwangslizenz** *pron, (i.
ü. S.)* forced licence; **zwangsmäßig** *adj,* inevitable; **Zwangsmittel**
sub, n, -s, - means of enforcement;
Zwangsneurose *sub, f, -, -n (tt;
med.)* obsessional neurosis
Zwangssparen, *sub, n, -s, nur Einz.
(i. ü. S.)* forced saving; **Zwangsurlaub** *sub, m, -s, -e* forced holidays;
Zwangsvollstreckung *sub, f, -, -en
(tt; jur.)* enforcement; **Zwangsvorstellung** *sub, f, -, -en (tt; med.)*
obsession; **zwangsweise** *adv,*
compulsorily, inevitably
zwar, *adv,* admittedly, in fact; *(wohl)
ich weiß zwar, daß es schädlich ist,
aber* I do know it´s harmful but;
(erklärend) und zwar in fact; *(erklärend) und zwar einschließlich*
inclusive of
Zweck, *sub, m, -s, -e* aim, point, purpose; *das ist der Zweck der Übung*
that´s the point of the exercise;
(Ziel) einem guten Zweck dienen
to be for a good cause; *(Absicht)
einen bestimmten Zweck verfolgen*
to have a specific aim; *es hat ja
doch alles keinen Zweck mehr* there is no point (in); *seinen Zweck
erfüllen* to serve its purpose; *(Absicht) zu diesem Zweck* to this end;
~aufwand *sub, f, -, -wände (i. ü.
S.)* apropriate expenditure; **~bin-
dung** *sub, f, -, -en* appropriate connection; **zweckdienlich** *adj,*
appropriate, helpful, relevant; **~e**
sub, f, -, -n tack
zweckgebunden, *adj,* appropriate;
zweckgemäßig *adv,* appropriately; **zwecklos** *adj,* pointless;
zweckmäßig *adv,* properly;
zwecks *präp,* for the purpose of
Zwecksparen, *sub, n, -s, nur Einz.
(i. ü. S.)* saving for a purpose;

Zwecksteuer *sub, f, -, -n* appropriate tax; **zweckwidrig** *adj*, inappropriate; **zwei**, *adj*, two; **~deutig** *adj*, ambiguous; **~einhalb** *adj*, two and a half; **Zweierkajak** *sub, m, -s, -s (tt; spo.)* double-kayak; **~erlei** *adj*, two sorts of **Zweierreihe**, *sub, f, -, -n* row of two; **zweifach** *adj*, double; **Zweifamilienhaus** *sub, n, -es, -häuser* two-family house **Zweifel**, *sub, m, -s, -* doubt; *an etwas Zweifel haben* to have one's doubt about sth; *außer Zweifel* beyond doubt; *es besteht kein Zweifel, daß* there's no doubt that; **zweifelhaft** *adj*, doubtful, questionable; **zweifellos** *adv*, undoubtedly; **zweifeln** *vi*, doubt sth; **~sfall** *sub, m, -s, -fälle* doubtful case; **zweifelsfrei** *adv*, undoubtedly; **zweifelsohne** *adv*, without any doubt; **~sucht** *pron, (i. ü. S.)* addiction to doubt; **Zweifler** *pron*, sceptic; **zweiflerisch** *adv*, sceptical **Zweig**, *sub, m, -s, -e* twig; *(tt; wirt.)* branch **Zweigespann**, *sub, m, -s, -e (ugs.)* carriage and pair; **Zweigespräch** *sub, n, -s, -e* dialogue **Zweiggeschäft**, *sub, n, -s, -e* branch (shop) **zweigleisig**, *adj*, double-tracked; **zweigliedrig** *adj, (i. ü. S.)* bipartite **Zweigpostamt**, *sub, n, -s, -ämter* sub-post-office; **Zweigstelle** *sub, f, -, -n* branch office **zweihändig**, *adj*, two-handed **zweihundert**, *adj*, two hundred **Zweikampf**, *sub, m, -s, -kämpfe* duel; **Zweikanalton** *sub, m, -s, -töne* two-channel-sound **zweimal**, *adv*, twice, two times **Zweireiher**, *sub, m, -s, -* double-breasted suit; **Zweisamkeit** *sub, f, -, nur Einz.* togetherness **zweischläfig**, *adj*, two-templed; **zweischneidig** *adj*, double-edged; **zweischürig** *adj, (i. ü. S.)* double-poked **Zweisitzer**, *sub, m, -s, -* two-seater; **zweispaltig** *adj, (i. ü. S.)* doublecolumned; **Zweispänner** *sub, m, -s, -* carriage and pair; **zweispännig** *adj*, drawn by two horses **zweisprachig**, *adj*, bilingual; **zweistellig** *adj*, two-figure; **zweistimmig**

adv, for two voices; **zweistöckig** *adj*, two-storey; **zweistrahlig** *adj*, double-beamed; **zweistündig** *adj*, two-hours; **zweistündlich** *adv, (i. ü. S.)* two-hours **Zweitaktmotor**, *sub, m, -s, -toren* two-stroke engine **zweitausend**, *adj*, two thousand **Zweitausfertigung**, *sub, f, -, -en* duplicate **zweite**, *adj*, second **Zweiteilung**, *sub, f, -, -en* division; **Zweitgerät** *sub, n, -s, -e* second machine **zweitgrößte**, *adj*, second-largest; **zweithöchste** *adj*, second-highest; **zweitklassig** *adj*, second-rate; **zweitletzte** *adj*, second-last; **zweitrangig** *adj*, second-ranked **Zweitschlag**, *sub, m, -s, -schläge* second-punch; **Zweitschrift** *sub, f, -, -en* second copy; **Zweitstimme** *sub, f, -, -n* second voice; **Zweitwagen** *sub, m, -s, -* second car; **Zweitwohnung** *sub, f, -, -en* second home **Zweizeiler**, *sub, m, -s, -* two-liner **Zwerchfell**, *sub, n, -s, -e (tt; anat.)* diaphragm; **zwerchfellerschütternd** *adj, (ugs.)* sidesplitting **Zwerg**, *sub, m, -s, -e* dwarf; **zwergenhaft** *adj*, dwarfish; **~envolk** *sub, n, -s, -völker (i. ü. S.)* dwarf peoples; **zwergwüchsig** *adj*, diminutive **Zwetschenmus**, *sub, n, -es, nur Einz.* plum purée **Zwickel**, *sub, m, -s, -* gusset; *(tt; arch.)* spandrel **Zwickmühle**, *sub, f, -, -n* double mill; *(i. ü. S.)* dilemma **Zwieback**, *sub, m, -s, -e* rusk **Zwiebel**, *sub, f, -, -n* onion; *(ugs.)* pocket watch; *(tt; bot.)* bulb; **~fisch** *sub, m, -s, -e* bulb-fish; **~muster** *sub, n, -s, -* onion-pattern; **~ring** *sub, m, -s, -e* onion ring; **~suppe** *sub, f, -, -n* onion soup; **~turm** *sub, m, -s, -türme* onion tower **Zwiegespräch**, *sub, n, -s, -e* dialogue **Zwielicht**, *sub, n, -s, nur Einz.* twilight; **zwielichtig** *adj*, shady **Zwiespalt**, *sub, m, -s od. -es, -e od. -spälte* conflict; **zwiespältig** *adj*, conflicting; **Zwiesprache** *sub, f, -, -n* communication

Zwietracht, *sub, f, -, -* discord; *Zwietracht säen* to sow (seeds of) discord; **zwieträchtig** *adj,* discording

Zwillichhose, *sub, f, -, -n (ugs.)* thikning trousers

Zwilling, *sub, m, -s, -e* twin; *(tt; astrol.)* gemini; ~**sforschung** *pron,* twin-research

Zwinge, *sub, f, -, -n (tt; tech.)* clamp, tip; **zwingen** *vt,* force; **zwingend** *adj,* compelling; *(tt; jur.)* conclusive; ~**r** *sub, m, -s, -* kennel

zwinkern, *vi,* blink

zwirbeln, *vt,* twirl

Zwirn, *sub, m, -s, -e* yarn; ~**sfaden** *sub, m, -s, -fäden* twine

zwischen, *präp,* among, between, in the middle; **Zwischenakt** *sub, m, -s od. -es, -e* interval; **Zwischendeck** *sub, n, -s, -s* between deck; **Zwischending** *pron,* cross between A and B; ~**drin** *adv,* in between; ~**durch** *adv,* at intervals, in the meantime; *(ugs.)* here and there, now and then

Zwischenfall, *sub, m, -s, -fälle* incident; **Zwischenhandel** *sub, m, -s, -* middlebusinnes; **Zwischenhirn** *sub, n, -s, -e* middle brain; **Zwischenhoch** *pron, (i. ü. S.)* middle-high; **zwischeninne** *adj,* in between

Zwischenlagerung, *sub, f, -, -en* between-storage; **Zwischenlauf** *sub, m, -s od. -es, -äufe* middle-barrel; **Zwischenmahlzeit** *sub, f, -, -en* between-meal (snack); **Zwischenraum** *sub, m, -s, -räume* gap; **Zwischenruf**

pron, interjection; **Zwischentür** *sub, f, -, -en* middle-door; **Zwischenwand** *sub, f, -, -wände* partition; **Zwischenwirt** *sub, m, -s, -e (tt; biol.)* between-host; **Zwischenzeit** *sub, f, -, -en* interim, meantime; *(tt; spo.)* split-time

zwitschern, *vi,* chirp, twitter; *bei dir zwitschert´s wohl* you must be batty; *einen zwitschern* to go for a quick one

Zwitter, *sub, m, -s, -* hermaphrodite; ~**blüte** *sub, f, -, -n (tt; bot.)* hermaphrodite-blossom; ~**form** *sub, f, -, -en* hermaphrodit-form; **zwitterhaft** *adj,* hermaphroditic; ~**wesen** *sub, n, -s, - (tt; biol.)* hermaphrodite creature; **Zwittrigkeit** *sub, f, -, -en* hermaphrodism

zwölf, *adj,* twelve; ~**achsig** *adj,* twelve-axeled; ~**einhalb** *adj,* twelve and a half; **Zwölfkämpfer** *sub, m, -s, -* twelve-fighter; ~**tausend** *adj,* twelve thousand; **Zwölftel** *sub, n, -s, -* twelfth; **Zwölftonmusik** *sub, f, -, nur Einz.* twelve-tone-music

zyklisch, *adj,* cyclic; **Zyklus** *sub, m, -, Zyklen* cycle

Zyklon, *sub, m, -s, -e* cyclone; ~**e** *sub, f, -, -n* cyclone

Zyklop, *sub, m, -en, -en* cyclope

Zylinder, *sub, m, -s, -* top hat; *(tt; tech.)* cylinder; **zylindrisch** *adj,* cylindrical

Zyniker, *sub, m, -s, -* cynic; **zynisch** *adj,* cynical

Zypresse, *sub, f, -, -n* cypress

A

A, *sub*, -s *(Schulnote)* Eins
a/an, *unbest.Art*, ein; *a hero/an honest man* ein Held/ein ehrlicher Mann; *a Mister Brown* ein gewisser Herr Braun; *a Picasso* ein Picasso; *an apple* ein Apfel; *in a single day* an einem Tag; *only a Mozart could do that* das konnte nur ein Mozart schaffen
abacus, *sub*, -es Rechenbrett; *(tt; arch.)* Abakus
abandon, *vt*, *(Haustier)* aussetzen; *(Hoffnung)* aufgeben; *abandon court proceedings* das Verfahren einstellen; *threaten to abandon a relationship* mit Abbruch einer Beziehung drohen; ~ment *sub*, -s Überlassung; *nur Einz.* Verzicht; -s *(von Haustieren)* Aussetzung; ~ment of a match *sub*, *abandonments* Spielabbruch
abate, *vi*, legen; *(i. ü. S.) the storm of indignation will not abate so quickly* der Sturm der Entrüstung wird sich nicht so schnell legen; *we had to wait till the wind abated* wir mussten warten bis der Wind sich legte
Abbé, *sub*, -s *(tt; theol.)* Abbé
abbey, *sub*, -bies Abtei; abbot *sub*, -s Abt; abbot/abbess *sub*, -s/es *(tt; relig)* Vorsteher
abbreviate, *vt*, *(Wort)* abkürzen; abbreviation *sub*, -s Kurzwort, Sigel; *(eines Wortes)* Abkürzung; abbreviation list *sub*, - -s Abkürzungsverzeichnis
abdomen, *sub*, -mina *(tt; anat.)* Abdomen; abdominal *adj*, abdominal; abdominal bandage *sub*, -s *(anat.)* Bauchbinde; abdominal cavity *sub*, -ies Bauchhöhle; abdominal wall *sub*, -s Bauchdecke
abduct, *vt*, verschleppen; *(Kind)* entführen; ~ion *sub*, *nur Einz.* Verschleppung
ability, *sub*, -ies Fähigkeit, Können, Pouvoir, Tüchtigkeit; *nur Einz.* Vermögen; -ies *(Können)* Befähigung; *intellectual abilities* geistige Fähigkeiten; *his abilities lie in a different direction* seine Fähigkeiten liegen auf einem anderen Gebiet; ~ to cope with pressure *sub*, -ies - *(von Personen)* Belastbarkeit; ~ to think *sub*, -ies Denkvermögen; ~ to withstand fatigeing *sub*, -ies Ermüdbarkeit
a bit (of), *pron*, bisschen; *a bit of juice* ein bisschen Saft; *a bit too much* ein bisschen zu viel; *lie down for a bit* sich ein bisschen hinlegen
Abitur certificate, *sub*, -s Reifezeugnis
able, *adj*, fähig; *have an able mind* ein fähiger Kopf sein; ~ seaman *sub*, -men *(mil.; Marine)* Gefreite; ~ to be questioned *adj*, vernehmbar; ~ to consent *adj*, konsensfähig; ~ to criticize *adj*, kritikfähig; ~ to exist *adj*, existenzfähig; ~ to survive *adj*, *(überlebensfähig)* existenzfähig; ~ to take legal action *adj*, prozessfähig; ~ to work *adj*, erwerbsfähig; ~ to write off *adj*, abschreibungsfähig; ~-bodied *adj*, waffenfähig; ~-bodied seaman *sub*, *men* Vollmatrose
ablution, *sub*, -s *(tt; med.&relig)* Waschung
abnormal, *adj*, abartig, abnorm, abnormal, anomal, anormal, unnormal; *(nicht normal)* naturwidrig; ~ity *sub*, -ties Abartigkeit; -ies Abnormität
A bomb, *sub*, -s A-Bombe
abortion, *sub*, -s Schwangerschaftsabbruch; *(med.)* Abtreibung; *(tt; med.)* Abortion
abounding in water, *adj*, wasserreich
about, (1) *adv*, umher; *(ugs.)* circa, etwa; *(in Bezug auf)* gegenüber; *(um)* herum; *(ungefähr)* um; *(ziel-s)* herum (2) *präp*, von; *(betreffend)* über; *(Maß)* um; *(ungefähr)* gegen; *at about 10 am* circa 10 Uhr; *it´s about time we went home* es wird allmählich Zeit zu gehen; *be sceptical about something* einer Sache gegenüber skeptisch sein; *be worried about* sich ängstigen um; *when are you going on holidays?- about Easter* wann fährst du in den Urlaub?- so um Ostern, *I´m not concerned about money* es geht mir nicht um Geld; ~ each other *adv*, umeinander; *(einander betreffend)* übereinander; ~ it/them

adv, (i. ü. S.) daran; *(thematisch)* darüber; *I´m glad about it* ich freue mich darüber; ~ **this** *adv,* hierzu; ~ **what** *adv,* worum; ~ **what/which** *adj,* worüber; ~, **approximate** *adv,* zirka; ~**-turn** (1) *sub,* -s Frontwechsel, Kehrtwendung (2) *vi, (mil.)* kehrtmachen

above, (1) *adj,* obig (2) *adv, (vorher)* oben (3) *adv, präp,* oberhalb (4) *präp, (oberhalb)* über; *compare the above illustration* vgl obige Abbildung, *see above* siehe oben; *the above-mentioned harpist* der oben erwähnte Harfenist, *above Prien* oberhalb von Prien, *above all* vor allen Dingen; *be above it all* über den Dingen stehen; *it´s orders from above* der Befehl kommt von oben; *the above* das (weiter oben) Genannte; ~ **average** *adj,* überdurchschnittlich; ~ **ground** *attr,* oberirdisch; ~ **it/them** *adv, (räuml.oberhalb)* darüber; *the room above it* das Zimmer darüber; ~**-mentioned** *adj,* oben stehend; *(schriftlich)* genannt

abrade, *vt, (Haut)* aufreiben

abrasion, *sub, nur Einz. (tech.)* Abrieb; **abrasive** *adj, (Substanz)* aggressiv; **abrasive paper** *sub,* -s Schleifpapier

abridged version, *sub,* -s Kurzfassung; **abridgement** *sub,* -s Kürzung

abrupt, *adj,* abrupt

abscess, *sub,* -es *(med.)* Abszess

abscondence after the accident, *sub, abscondences* Unfallflucht

abseil, *vi, (Klettern)* abseilen

absence, *sub,* -s Absenz, Abwesenheit; *nur Einz.* Ermangelung; Fehlen; -s Versäumnis; *(Abwesenheit)* Entfernung; *be conspicuous by one´s absence* durch Abwesenheit glänzen; *in absence of* durch Abwesenheit von; *in the lack of anything better* in Ermangelung eines Besseren; **absent** *adj,* absent, abwesend; **absent-minded** (1) *adj,* geistesabwesend; *(geistig)* abwesend; *(zerstreut)* gedankenlos (2) *adv,* zerstreut

absinth, *sub,* -s Absinth

absolut, *adj,* vollkommen; ~**e** *adj,* absolut, unbedingt; ~**e superlative** *sub,* -s Elativ; ~**ely** *adv,* absolut, durchaus, glatterdings, platterdings, schlechterdings, unbedingt; *(ugs.)*

hundertprozentig; *(vollkommen)* echt; *absolutely not* durchaus nicht!; *he absolutely refused to go* er wollte durchaus nicht gehen; *that´s not absolutely necessary* das ist nicht unbedingt nötig; *(ugs.)* *he´s absolutely right* er hat hundertprozentig recht; *(ugs.) with absolute certainty* mit hundertprozentiger Sicherheit; *that´s absolutely true* das ist echt wahr; ~**ely honest** *adj,* grundehrlich; ~**ely right** *adj,* goldrichtig; ~**ely shattered** *adj,* gerädert; ~**ely wrong** *adj,* grundfalsch; ~**eness** *sub, nur Einz.* Absolutheit; ~**ion** *sub,* -s Absolution; *(relig.)* Lossprechung; ~**ism** *sub, nur Einz.* Absolutismus

absolve, *vt, (relig.)* lossprechen

abstemious, *adj,* enthaltsam

abstention, *sub,* -s Temperenz; *(polit.)* Enthaltung; **abstinence** *sub, nur Einz.* Abstinenz; -s Enthaltsamkeit; **abstinent** *adj,* abstinent

abstract, (1) *adj,* abstrakt, gegenstandslos (2) *vt, (die Essenz)* abstrahieren; *(kun.) be abstract* abstrahieren; ~**ness** *sub, nur Einz.* Abstraktheit

abstruse, *adj,* abstrus

absurd, *adj,* absurd, widersinnig; *(absurd)* sinnlos; ~**ity** *sub,* -ies Absurdität, Unding; - *(Absurdität)* Sinnlosigkeit

abundance, *sub, nur Einz.* Fülle, Überfluss; ~ **of game** *sub, nur Einz.* Wildreichtum; ~ **of sources** *sub,* -s quellenreich

abuse, (1) *sub, nur Einz.* Beschimpfung; -s Missbrauch (2) *vt,* missbrauchen (3) *vti,* schmähen; *in abuse of his office* unter Missbrauch seines Amtes; ~ **of the law** *sub,* -s Rechtsmissbrauch; **abusive word** *sub,* -s Schmähwort

abyss, *sub,* -es *(Felswand)* Abgrund; *a yawning abyss* ein schwindelnder Abgrund

Abyssinia, *sub,* Abessinien; ~**n** (1) *adj,* abessinisch (2) *sub,* -s Abessinier

acacia, *sub,* -s *(bot.)* Akazie

academic, (1) *adj,* akademisch (2) *sub,* -s Wissenschaftler; ~ **opinion** *sub,* -s Lehrmeinung; **academy**

sub, -mies (Gelehrtengesellschaft) Akademie

accelerate, (1) *vt, (mot. -geben)* Gas **(2)** *vti,* beschleunigen; *~d adj,* beschleunigt; **acceleration** *sub, -s* Beschleunigung; **acceleration of gravity** *sub, -s* Erdbeschleunigung; **accelerator** *sub, -s* Gaspedal; *(-pedal)* Gas; *(tech.)* Beschleuniger

accent, *sub, -s (Aussprache)* Akzent; *~uate vt,* akzentuieren

accept, (1) *vi,* zusagen **(2)** *vt,* akzeptieren, daranhalten, hinnehmen; *(Angebot)* eingehen; *(Bedingung, etc.)* annehmen; *(Vorschlag)* genehmigen; *(i. ü. S.) he accepts the rules* er hält sich daran; *accept an offer* auf ein Angebot eingehen; *get sth generally accepted* zum Durchbruch verhelfen; *refuse to accept sth* die Annahme verweigern; *~ as collateral vt, (wirt.)* lombardieren; *~ responsibility vt,* verantworten; *~ability sub, nur Einz.* Akzeptabilität; *~able adj,* akzeptabel, annehmbar, annehmlich; *~ance sub, nur Einz.* Akzeptanz; *hier nur Einz.* Inkaufnahme; *-s* Zusage; *(Akzeptierung)* Annahme; *~ance of goods sub, - (i. ü. S.)* Warenannahme

access, *sub, -es* Zufahrt, Zugang; *- (tt; comp.)* Zugriff; *~ road sub, -s* Zufahrtsweg; *~ time sub, -* Zugriffszeit; *~ible adj,* zugängig, zugänglich; *~ories sub, nur Mehrz.* Accessoire; *-s (ugs.)* Zubehör; *~ory sub, -ies* Mitwisser, Mitwisserin; *~ory metallic mineral sub, -s* Nebenmetall

accident, *sub, -s* Unfall, Unglücksfall; *have an accident* einen Unfall bauen; *~ insurance sub, -s* Unfallversicherung; *~ insurance cover sub, -s (Versicherung)* Unfallschutz; *~ rate sub, -s* Unfallquote; *~al adj,* zufällig

acclimation, *sub, -s* Akklimatisation

accommodate, *vt,* beherbergen; *(Gäste)* aufnehmen; *~ o.s. vr,* bequemen; *accommodate os to do sth* sich bequemen, etwas zu tun; **accommodation** *sub, nur Einz.* Beherbergung; *-s* Unterkunft; *nur Einz. (Unterkunft)* Behausung; **accomodate** *vt,* unterbringen; **accomodation** *sub, -s* Quartier; *to have good/bad accommodation* schlecht/gut untergebracht sein; **accomodation (am: cover address)** *sub, -s* Deckadresse;

accomodation unit *sub, -s* Wohneinheit

accompaniment, *sub, -s (mus.)* Begleitung; **accompany** *vt,* begleiten, geleiten; *be accompanied by protests* von Protesten begleitet sein; *the singer is accompanied by* der Sänger wird begleitet von; *to accompany sb* mit jmd mitgehen; **accomplice** *sub, -s* Handlangerin, Komplize, Mitschuldige, Mittäter, Spießgeselle; *(Komplize)* Handlanger

accomplished, *adj,* gekonnt; **accomplishment** *sub, -s* Erfülltheit; *-* Gekonntheit; *-s (Plan)* Durchsetzung

accord, *sub, -s* Grundakkord; *of one´s own accord* aus eigenem Antrieb; *~ing to (1) adv,* je *(2) präp,* gemäß, zufolge; *(laut, entsprechend)* nach; *according to the law* nach dem Gesetz; *to be paid according to productivity* nach Leistung bezahlt werden; *under article 215c* nach Artikel 215c; *~ing to tariff adv,* tarifarisch; *~ing to tendency adv,* tendenziell; *~ing to that adv,* demnach; *~ing to the application adj, adv,* antragsgemäß; *~ing to the arrangement adv,* absprachegemäß; *~ing to the instructions adj,* befehlsgemäß; *~ing to the regulations adv,* reglementarisch; *~ing to written convention adj,* schriftgemäß; *~ingly adv, (Übereinstimmung)* demgemäß

accordion, *sub, -s* Akkordeon, Ziehharmonika

accost, *vt, (ugs.)* anquatschen

account, *sub, -s* Konto, Rechenschaft, Wiedergabe; *enter sth on his account* auf sein Konto buchen; *give a detailed account of* ausführlich berichten; *to account to sb for sth* jmd über etwas Rechenschaft ablegen; *to turn sth to good account* etwas Nutz bringend anwenden; *~ holder sub, -s* Kontoinhaber; *~ manager sub, -s (wirt. Werbung)* Kontakter; *~ number sub, -s* Kontonummer

accumulate, (1) *vi,* akkumulieren, anreichern, ansammeln; *(Gelder)* auflaufen; *(Schmutz)* ansetzen **(2)** *vr,* speichern **(3)** *vrt,* anlagern **(4)**

accuracy

vt, akkumulieren, kumulieren; **accumulation** *sub*, *-s* Akkumulation, Anhäufung, Anlagerung; *nur Einz.* Kumulation; - Kumulierung; *-s (Ansammlung)* Anreicherung; *(von Staub, etc.)* Ansammlung; **accumulator** *sub*, *-s (tech.)* Akkumulator
accuracy, *sub*, *-ies* Genauigkeit; **accurate** *adj*, genau; **accurate in every detail** *adj*, detailgetreu
accusation, *sub*, *-s* Anschuldigung, Beschuldigung, Bezichtigung, Vorwurf; **accuse** *vt*, anschuldigen, beschuldigen, bezichtigen, vorwerfen; **accused** *sub*, - *people* Beschuldigte; **accuser** *sub*, *-s* Ankläger
acetate, *sub*, *-s (tt; chem.)* Azetat
ache, *sub*, *-s* Weh; **~s and pains of old age** *sub*, *nur Mehrz.* Altersbeschwerden; **aching** *adj*, weh; **aching muscles** *sub*, *nur Mehrz.* Muskelkater
achieve, *vt*, leisten, vollbringen; *(durchsetzen)* erreichen; *(Ergebnis)* erzielen; *(erreichen)* ausrichten; *he achieved an amazing amount in his short life* er hat in seinem kurzen Leben Erstaunliches geleistet; *he´s as efficient as I am* er leistet genau soviel wie ich; *his problem is always wanting to achieve more* sein Problem ist, daß er immer mehr leisten will; *we´ve done good work* wir haben gute Arbeit geleistet; *achieve sth* etwas (Erwünschtes) bewirken; *what are you trying to achieve by that?* was willst du damit bezwecken?; **~ment** *sub*, *-s* Errungenschaft, Leistung, Vollbringung; - *(ugs.)* Kunststück; *-s (erreichen)* Durchsetzung; *that´s no great achievement* damit kannst du keine Lorbeeren ernten; *managing to convince him was really an achievement* ihn davon zu überzeugen war wirklich ein Kunststück; *(ugs.) that´t nothing to write home about* das ist kein Kunststück
acid, *sub*, *-s* Säure; *a coat full of acid holes* ein von Säure durchgefressener Kittel; *~* **content** *sub*, *-s* Säuregehalt; *~* **drop** *sub*, *-s* Drops; *acid drops* saure Drops; **~ic** *adj*, säurehaltig; **~ity** *sub*, *nur Einz. (tt; chem.)* Azidität
acknowledge, *vt*, anerkennen; *acknowledge so with applause* jeman-

den mit Beifall bedenken; **~ment** *sub*, *nur Einz.* Anerkennung
acorn, *sub*, *-s (bot.)* Eichel
acoustic, *adj*, akustisch; *~* **irradiation** *sub*, *nur Einz.* Beschallung; **~s** *sub*, *nur Mehrz.* Akustik
acquaintances, *sub*, - *(Bekanntenkreis)* Umgang; *nur Mehrz. (Freundeskreis)* Bekanntschaft
acquire, **(1)** *vi*, *(auch Wissen)* aneignen **(2)** *vt*, *(Wissen)* erwerben; *acquire a taste for sth* Geschmack für etwas entwickeln; *~d* **taste** *sub*, *-s* Liebhaber; *you´ll have to find someone with an acquired taste for these funny things* für diese komischen Sachen wird man einen Liebhaber finden müssen
acquisition, *sub*, *-s (Aneignung/Angeeignete)* Erwerbung; *(Erwerb)* Anschaffung; *(tt; wirt.)* Akquisition; *(Wissen)* Erwerb; *my latest acquisition* meine neueste Errungenschaft; *~* **of land** *sub*, *-s* Grunderwerb
acquit, *vt*, *(jur.)* freisprechen; *acquit sb of a charge* jmdn von einer Anklage freisprechen; **~tal** *sub*, *-s* Freispruch
acre, *sub*, *-s (Maßeinheit)* Morgen; *three acres of land* drei Morgen Land; *~* **age** *sub*, *-s* Anbaufläche
acrid, *adj*, *(Geschmack)* gallig
acrobat, *sub*, *-s* Akrobat; **~ic** *adj*, akrobatisch, artistisch; **~ically** *adv*, artistisch; **~ics** *sub*, *nur Mehrz.* Akrobatik, Artistik
acronym, *sub*, *-s* Initialwort
across country, *adv*, querfeldein
acryl, *sub*, *-s* Acryl; **~ic glass** *sub*, *nur Einz. (eingetr. Markenzeichen)* Plexiglas
act, **(1)** *sub*, *-s* Akt, Tat; *(im Drama)* Aufzug **(2)** *vi*, agieren, handeln, spektakeln, verfahren, vorgehen **(3)** *vr*, gebärden, gebaren; *(sich-)* geben **(4)** *vt*, *(i. ü. S.)* herauskehren; *(Schauspiel)* spielen; *sexual act* Geschlechtsakt; *(ugs.) act as if* sich anstellen als wenn; *catch in the act* auf frischer Tat ertappen; *(i. ü. S.) put on an act* Theater spielen; *that was overacted!* das war zu pathetisch gespielt; *to act daft* den Dummen markieren; *to act the innocent* den Unschuldigen mimen;

to put on an act eine Nummer abziehen, *act out of conviction* aus Überzeugung handeln; ~ **as a broker** *vi,* makeln; ~ **as an informer** *vi,* spitzeln; ~ **as an interpreter (at)** *vti,* dolmetschen; ~ **of revenge** *sub, -s* Racheakt; ~ **of sabotage** *sub, -s* Sabotageakt; ~ **of stupidity** *sub, acts* Narrensposse; ~ **through** *vt, (Theater)* durchspielen; **Acts of the Apostles** *sub, nur Mehrz.* Apostelgeschichte

acting, *adj, (vorübergehend)* stellvertretend; ~ **in good faith** *adj, (jur.)* gutgläubig

action, *sub, -s* Gefecht, Handlung; *nur Einz.* Vorgehen; *-s (Eingreifen)* Handeln; *(Handeln)* Tat; *(Handlung)* Aktion; *a symbolic act* eine symbolische Handlung; *a man of action* ein Mann der Tat; *put into action* in die Tat umsetzen; *put out of action* außer Gefecht setzen; *to be forced to take action* sich zu Maßnahmen gezwungen sehen; *(ugs.) to be there and ready for action* auf der Matte stehen; *to have some action* was losmachen; *to shrink from taking action* vor Maßnahmen zurückschrecken; *where´s the action here?* wo ist hier etwas los?; *be in action* in Aktion sein; *take action* in Aktion treten; ~ **at the front** *sub, -s* Fronteinsatz; ~ **for eviction** *sub, -s* Räumungsklage; ~**ability** *sub, nur Einz.* Klagbarkeit; ~**s** *sub, nur Mehrz.* Verfahren

activate, *vt,* aktivieren

actor, *sub, -s* Darsteller, Komödiant, Schauspieler; *(im Film)* Akteur; **actress** *sub, -es* Darstellerin, Komödiantin, Schauspielerin

actual, *adj,* tatsächlich; *(wirklich)* eigentlich; ~**ly (1)** *adv,* tatsächlich; *(eigentlich)* überhaupt **(2)** *konj,* eigentlich

acupuncture, *sub, -s* Akupunktur

acute, *adj, (med.)* akut; *acute angle* spitzer Winkel; ~**-angled** *adj,* spitzwinklig

acyclic, (1) *adj,* azyklisch **(2)** *adv,* azyklisch

Adam´s apple, *sub, ´s -s* Adamsapfel

adapt, (1) *vr,* einfügen **(2)** *vt,* adaptieren, angleichen; *adapt oneself to sth* sich in etwas einfügen; *adapted from the Spanish* aus dem Spanischen

nacherzählt; ~ **to sb** *vt, (auf jdn.)* einstellen; ~**able** *adj,* anpassungsfähig; ~**ation** *sub, -s* Adaptation, Adaptierung; ~**er** *sub, -s* Adapter; ~**ion** *sub, -s* Angleichung, Gewöhnung

add, *vt,* anfügen, beigeben, beimengen, hinzufügen, unterlegen, zurechnen, zusammenrechnen, zuschütten, zusetzen, zutun, zuzählen; *(hinzufügen)* beilegen, nachtragen; *(tun, legen, stecken)* zeben; *(zufügen)* anhängen; *(Zutaten)* beifügen; *by adding* unter Beifügung von; *I would like to add that* ich möchte noch einfügen, daß; *(ugs.) it all adds up!* das summiert sich!; *mix adding sth* unter Zeigabe von etwas rühren; ~ **(up)** *vt,* addieren; ~ **a piece** *vi,* stükeln; ~ **some imagination** *vt,* hinzudichten; ~ **spice** *vt,* würzen; ~ **to (1)** *vi,* hinzutreten **(2)** *vt,* hinzurechnen; *(hinzufügen)* ergänzen; ~ **up (1)** *vr,* summieren **(2)** *vt,* aufrechnen, totalisieren, zusammenzählen; ~**ed** *adv,* zurechenbar

addend, *sub, -s (mat.)* Summand

adder, *sub, -s* Natter; *(zool.)* Kreuzotter

addict, *sub, -s* Süchtige, Suchtkranke; ~**ed** *adj,* süchtig; ~**ed to alcohol** *adj,* alkoholabhängig; ~**ed to drink** *adj,* trunksüchtig; ~**ed to drugs** *adj,* rauschgiftsüchtig; ~**ion** *sub, -s* Sucht; *nur Einz.* Süchtigkeit; ~**ion to sub, -s (Drogen)** Gewöhnung; ~**ion to doubt** *sub, -s (i. ü. S.)* Zweifelsucht

adding machine, *sub, -s* Rechenmaschine

addition, *sub, -s* Addition, Hinzufügung, Zusatz; *(hinzufügen)* Ergänzung; *(von Zusätzen)* Beigabe; *(von Zutaten etc.)* Beifügung; *in addition* unter Hinzufügung von; ~**al** *adj,* zusätzlich; *(zusätzlich)* außerplanmäßig, nachträglich; ~**al consignment** *sub, -s* Nachsendung; ~**al costs** *sub, nur Mehrz.* Nebenkosten; ~**al expenditure** *sub, -s* Mehraufwand; ~**al expense** *sub, -s* Mehrausgabe; ~**al payment** *sub, -s (wirt.)* Mehrleistung, Nachschuss; *(zusätzlich)* Nachzahlung; ~**a revenue** *sub, -s* Mehreinnah-

me; ~**ally** *adv*, *(außerdem)* nebenbei; *the additional expenses* die nebenbei entstandenen Kosten
additional charge, *sub, -s* Zusatztarif
additive tax, *sub, -* Zusatzsteuer
add on, *vti*, dazurechnen
adenoids, *sub, nur Mehrz. (med.)* Polyp
adequacy, *sub, -cies* Adäquatheit; *nur
Einz.* Angemessenheit; **adequate**
adj, adäquat, zulänglich
adherent, *adj*, adhärent; **adhere to**
vi, (med.) festwachsen
adhesion, *sub, -* Haftung
adhesive, (1) *adj*, adhäsiv (2) *sub, -s*
Klebemittel; ~ **(sticky) tape** *sub,
nur Einz.* Klebstreifen; ~ **binding**
sub, -s Klebebindung; ~ **label** *sub, -s
(geh.)* Aufkleber; ~ **plaster** *sub, -s (tt;
med.)* Wundpflaster
adit, *sub, -s (Minen-)* Stollen
adjective, *sub, -s* Adjektiv, Eigen-
schaftswort
adjoin, *vi*, grenzen
adjourn, *vti*, vertagen
adjudicator, *sub, -s* Juror
adjust, *vt*, justieren, korrigieren, verstellen; *(einstellen)* ausrichten; *(Rente)* dynamisieren; *(tech.)* einstellen,
nachstellen; *adjust a clock* eine Uhr
einstellen; *adjust quickly to a new
situation* sich schnell auf eine Situation einstellen; ~ **o.s.** (1) *vi, vr*, adaptieren (2) *vr*, anpassen; ~**ability**
sub, nur Einz. Regelbarkeit; ~**able**
adj, einstellbar, regelbar, verstellbar;
~**ing scales** *sub, nur Mehrz. (tech.)*
Justierwaage; ~**ment** *sub*, Adjustierung; *-s* Ausrichtung, Verstellung;
(Person) Anpassung; *(tech.)* Einstellung, Nachstellung
administer, *vt, (tt; med.)* verabfolgen;
(Medikament) applizieren; *to administer justice* Recht sprechen; ~ **a
medicine in drops** *vt, (eingeben)*
einträufeln; **administration** *sub, -s*
Administration; *nur Einz. (Verabreichung)* Eingabe; *-s (verw.)* Direktion;
administrative district *sub, -s* Landkreis; **administrative process** *sub,
-es* Verwaltungsprozess; **administrator** *sub, -s* Verwalterin
admiral, *sub, -s* Admiral; **Admiral of
the Fleet** *sub, -s* Großadmiral
admiration, *sub, -* Bewunderung; *-s
(Bewunderung)* Hochachtung; **ad-**

mire *vt*, bewundern, verehren; **admirer** *sub, -s* Bewunderer, Bewunderin, Verehrer
admission, *sub, -s* Eingeständnis;
nur Einz. Einlass; *-s* Zulässigkeit;
(ins Krankenhaus, in einen Kurs)
Aufnahme; *(Zulassung)* Eintritt;
free admission Eintritt frei; ~ **fee**
sub, - -s Aufnahmegebühr; ~ **ticket**
sub, -s Einlasskarte, Eintrittskarte;
~ **to** *sub, -s* Einlieferung
admit, *vt*, eingestehen, einlassen,
einliefern, gestehen, zugeben, zulassen; *(i. ü. S.)* einräumen; *(Klinik)* einweisen; *(Schuld)*
anerkennen; *to admit oneself that*
sich eingestehen, daß; *we had to
have daddy admitted to hospital*
wir mußten Vater ins Krankenhaus
einliefern lassen; *be admitted to*
bei etwas Aufnahme finden; *have
so admitted to hospital* jmd ins
Krankenhaus einweisen; ~**tance**
sub, nur Einz. Einlass; *-* Zutritt;
grant sb admittance jmd Einlass
gewähren; *no admittance to persons under 18 years* ab 18 Jahren;
~**tedly** *adv*, freilich; ~**tetly** *adv*,
zwar
admonish, *vt*, ermahnen; *(auffordern)* mahnen; *(poet.)* an admonishing voice* eine mahnende
Stimme; ~**er** *sub, -s* Mahner; **admonition** *sub, -s* Ermahnung
adolescence, *sub, nur Einz.* Adoleszenz; **adolescent** *sub, -s* Jugendliche
adopt, *vt*, adoptieren; *adopt a different method* einen anderen Weg
einschlagen; ~**ion** *sub, -s* Adoption, Rezeption; *(Meinung etc.)*
Übernahme; ~**ive child** *sub, - -ren*
Adoptivkind; ~**ive parents** *sub,
nur Mehrz.* Adoptiveltern
adore, *vt, (i. ü. S.)* anbeten
adorned ox, *sub, oxen* Pfingstochse
adrenalin, *sub, nur Einz.* Adrenalin
adulate, *vt*, beweihräuchern; **adulation** *sub, -s* Beweihräucherung
adult, *sub, -s* Erwachsene; ~ **education centre** *sub, -s* Volkshochschule
adulterate, *vt*, panschen; **adulte-
ress** *sub, -es* Ehebrecherin; **adultery** *sub, -ies* Ehebruch
advance, (1) *sub, -s* Bevorteilung;

nur Einz. Voraus; Vorleistung; *-s* Vorschuss; *(tt; mil.)* Vormarsch (2) *vi*, vordringen (3) *vt*, vorstrecken; ~ **guard** *sub, -s (tt; mil.)* Vortrupp; ~ **payment** *sub, -s* Vorauszahlung; ~ **sb money** *vt*, vorschießen; ~**d** *adj*, fortgeschritten; *at an advanced stage* in einem fortgeschrittenen Stadium; *be fairly advanded in years* in einem fortgeschrittenen Alter; ~**s** *sub, nur Mehrz. (zw. Personen)* Annäherungsversuch

advantage, *sub, -s* Vorteil; *(Vorteil)* Nützlichkeit, Plus; *(i. ü. S.) get an advantage to the detriment of others* sein Süppchen am Feuer anderer kochen; *show sth to its best advantage* etwas zur Geltung bringen; *show to its best advantage* zur Geltung kommen; *to be of advantage to sb* jmd Nutzen bringen; ~**ous** *adj*, vorteilhaft

Advent, *sub, -s* Advent

adventure, *sub, -s* Abenteuer; *have an adventure* ein Abenteuer erleben; ~ **film** *sub, -s* Abenteuerfilm; ~ **holiday** *sub, -s* Abenteuerurlaub; ~ **playground** *sub, -s* Abenteuerspielplatz; ~**r** *sub, -s* Abenteurer, Abenteurerin; **adventurous** *adj*, abenteuerlich, unternehmungslustig

adverb, *sub, -s* Adverb, Umstandswort; ~**ial clause** *sub, -s* Umstandssatz

adverse, *adj*, widrig; *(Kritik)* abfällig; **adversary** *sub, -es* Widersacher; ~ **effect** *sub, -s (negative Auswirkung)* Beeinträchtigung

advertise, (1) *vi*, werben (2) *vt*, annoncieren; *(Arbeitsstelle)* ausschreiben (3) *vti*, inserieren; ~**ment** *sub, -s* Annonce, Ausschreibung, Inserat, Suchanzeige; *(Annonce)* Anzeige; ~**ment paper** *sub, - -s* Anzeigenblatt; ~**ment pillar** *sub, -s* Plakatsäule; ~**ment section** *sub, - -s* Anzeigenteil; ~**r** *sub, -s* Inserent; **advertising** (1) *adj*, reklamehaft (2) *sub, -s* Reklame, Werbung; **advertising agency** *sub, -es* Werbeagentur; **advertising business** *sub, nur Einz.* Werbebranche; **advertising campaign** *sub, -s* Werbefeldzug; **advertising column** *sub, -s* Litfaßsäule; **advertising copywriter** *sub, -s* Werbetexter; **advertising costs** *sub, nur Mehrz.* Werbekosten;

advertising interest/share *sub, -s* Werbeanteil; **advertising medium** *sub, -s* Werbeträger; **advertising slogan** *sub, -s* Werbeslogan, Werbespruch

advocacy, *sub,* Verfechtung; **advocate** *sub, -s* Verfechterin, Verteidiger; **advocate of a doctrine** *sub, -s* Doktrinär

aerial photo(graph), *sub, -s* Luftaufnahme; **aerial picture** *sub, -s* Luftbild; **aerial warfare** *sub, -s* Luftkrieg

aerodynamic, *adj*, aerodynamisch; ~**s** *sub, nur Mehrz.* Aerodynamik; **aeronaut** *sub, -s* Luftschiffer; **aeronautical** *adj*, fliegerisch; **aeronautics** *sub, nur Mehrz.* Flugtechnik, Luftfahrt; **aeroplane** *sub, -s* Flieger, Flugzeug

aesthete, *sub, -s* Ästhet, Schöngeist; **aesthetic** *adj*, ästhetisch, schöngeistig; **aesthetically** *adv*, ästhetisch; **aesthetics** *sub, nur Mehrz. (Lehre)* Ästhetik

a few, *adj*, wenig; *(ein ~)* paar

affable, *adj*, leutselig

affair, *sub, -s* Affäre, Sache, Verhältnis; *(ugs.)* Techtelmechtel; *(Angelegenheit)* Geschichte; *little affair* amouröses Abenteuer; *make a big affair out of something* eine Staatsaffäre aus etwas machen; ~ **of state** *sub, affairs* Staatsaffäre

affect, (1) *vi, (tt; med.)* zusetzen (2) *vt, (i. ü. S.)* tangieren; *(anrühren)* betreffen; *(betreffen)* erstrecken; *(Gesundheit)* angreifen; *(in ~ ziehen)* Mitleidenschaft; *(negativ beeir flussen)* beeinträchtigen; *affect sth* sich auf etwas auswirken; ~**ation** *sub, nur Einz.* Manieriertheit; ~**ed** *adj*, affektiert, geziert, manieriert; *(physisch/seelisch)* betroffen; ~**ed behaviour** *sub, -* Gehabe; ~**ion** *sub, nur Einz.* Anhänglichkeit; *-s* Gewogenheit, Geziertheit; *-* Zärtlichkeit; *-s* Zuneigung; *nur Einz. (Zuneigung)* Neigung; *to return sb´s affection* jmds Neigung erwidern; ~**ionate** *adj*, anhänglich, anschmiegsam, herzlich, zärtlich; ~**ionate form** *sub, -s* Koseform; ~**ive** *adj*, affektiv

affiliation, *sub, -s (an Partei, etc.)* Angliederung

affinity, *sub*, *-es* Wahlverwandtschaft
affirm, *vt*, bejahen; ~**ation** *sub*, *-s* Bejahung; ~**ative** *adj*, affirmativ, bejahend; ~**atively** *adv*, bejahend
afflict, *vt*, gebrechen; ~**ed** *adj*, behaftet; *afflicted with problems* mit Problemen behaftet sein; ~**ion** *sub*, *-s* Gebresten, Heimsuchung, Trübsal
afford, *vt*, erschwingen; *(erlauben)* bieten; ~**able** *adj*, erschwingbar
affront, *sub*, *-s* Zurücksetzung; *(geh.)* Affront
affusion, *sub*, *-s* Übergießung
Afghan fox, *sub*, *-es (zool.)* Steppenfuchs
afraid, *adj*, bange; *be afraid* Angst haben; *to stop sb being afraid* jmd die Angst nehmen; *you are afraid to breathe when he is around* ihn stört sogar die Fliege an der Wand
African violet, *sub*, *- (tt; bot.)* Usambaraveilchen
aft, *adv*, achtern
after, (1) *adv*, hinterher; *(zeitl.)* hinterdrein (2) *konj*, *(zeitlich)* nachdem (3) *präp*, *(zeitl.)* hinter; *(zeitlich, in Reihenfolge, in Anlehnung an)* nach; *after* im Anschluss an; *day after day* Tag für Tag; *he did it after all* er tat es also doch; *immediately after each other* unmittelbar nacheinander; *one mistake after another* Fehler über Fehler, *a week after receipt* eine Woche nach Erhalt; *after a novel by Wilde* nach einem Roman von Wilde; *after all that has happened* nach allem, was geschehen ist; *after you!* nach Ihnen!; *he was called after his uncle* er wurde nach seinem Onkel genannt; *I´m after you* ich komme nach Ihnen!; *one after another* einer nach dem anderen; ~ *that adv*, *(danach)* hierauf; *(zeitl.)* darauf; *soon after* bald darauf; ~ *what adv*, wonach; ~**(wards) it/them** *adv*, *(Abfolge)* danach; *for days afterwards* noch Tage danach; *I feel better afterwards* danach geht es mir besser; *the children followed after* die Kinder kamen danach; ~**-care hostel** *sub*, *-s* Nachtklinik; ~**-fire** *vi*, nachdieseln; ~**pains** *sub*, *nur Mehrz.* Nachwehen; ~**noon** (1) *adj*, nachmittäglich (2) *attr*, nachmittägig (3) *sub*, *-s* Nachmittag; *(nachmittags) good afternoon!* guten Tag!; *on Tuesday*

afternoons Dienstag nachmittags, *in the afternoon* am Nachmittag; *in the course of the afternoon* im Laufe des Nachmittags; *on the afternoon of November 7th* am Nachmittag des 7 November; ~**shave** *sub*, *-s* Rasierwasser; ~**taste** *sub*, *nur Einz.* Nachgeschmack; ~**thought** *sub*, *-s* Treppenwitz; ~**wards** *adv*, *(ugs.)* hernach; *(danach)* nachher; *(zeitl.)* hinterher
again, *adv*, nochmals, wieder, wiederum; *be at sth again* schon wieder mit etwas anfangen; *never again* nie mehr
against, (1) *adv*, dawider (2) *präp*, entgegen, kontra, wider; *(gegensätzl.)* gegen (3) *vti*, *(gegen)* gehen; *against the wind* dem Wind entgegen; *be against* Gegner einer Sache sein; *luck was against him* das Glück war ihm zuwider; *there is nothing to be said against* es läßt sich nichts dagegen einwenden; *turn friends against each other* Freunde entzweien; ~ **each other** *adv*, gegeneinander; ~ **it/them** *adv*, dagegen; *protest strongly against* dagegen protestieren; *the majority was against it* die Mehrheit war dagegen; ~ **nature** *adj*, widernatürlich; ~ **regulations** *sub*, *nur Mehrz.* dienstwidrig; *act against regulations* sich dienstwidrig verhalten; ~ **the rules** *adj*, regelwidrig; ~ **what/which** *adv*, wogegen
agate, *sub*, *-s* Achat
age, (1) *sub*, Alter; *-s* Lebensalter; *-* Zeitalter (2) *vi*, vergreisen; *(Person)* altern (3) *vt*, *(tech.)* altern; *at a ripe old age* im hohen Alter; *at the age of 18* im Alter von 18 Jahren; *middle-aged* mittleren Alters; *at the age of 16* mit 16 Jahren; *it´s taking ages* es dauert ewig; *to come of age* Majorennität erreichen; ~ **limit** *sub*, *- -* Altersgrenze; ~**group** *sub*, *- -s* Altersgruppe; *-s* Jahrgang; ~**d** *adj*, bejahrt, betagt, greisenhaft; ~**ing** *sub*, *nur Einz.* Alterung, Vergreisung; ~**ing process** *sub*, *-es* Alterungsprozess
agency, *sub*, *-cies* Agentur; *-s* Vermittlung, Vertretung; ~ **abroad** *sub*, *-ies - (wirt.)* Auslandsvertre-

tung

agenda, *sub*, -s Geschäftsordnung, Tagesordnung; *proceed to the agenda* zur Tagesordnung übergehen; *put something down on the agenda* etwas auf die Tagesordnung setzen; *what is next on the agenda?* was steht als nächstes an?

agent, *sub*, -s Agent, Impresario, Sachwalterin, Vermittlerin, Vertreter; ~ **provocateur** *sub*, -s -s Lockspitzel

ageratum, *sub*, -a *(bot.)* Leberbalsam

ages, *sub*, - *(ugs.; sehr lange)* Ewigkeit; *I´ve waited for ages* ich habe eine Ewigkeit gewartet; *it´s ages since* es ist eine Ewigkeit her, seit

agglomeration, *sub*, -s Agglomeration, Ballung

aggravating, *adj*, erschwerend; *aggravating circumstances* erschwerende Umstände

aggression, *sub*, -s Aggression; **aggressive** *adj*, angriffslustig, beißwütig, kampfbetont; *(Verhalten)* aggressiv; **aggressiveness** *sub*, *nur Einz.* Aggressivität, Angriffslust; **aggressor** *sub*, -s Aggressor; **aggressors** *sub*, -s *(polit.)* Angreifer

agitated, *adj*, fahrig; **agitate for** *vt*, *(einsetzen)* eifern; **agitation** *sub*, -s Aufhetzung; *nur Einz.* Unruhe; *(i. ü. S.)* Hetzerei; - *(aufhetzen)* Hetze; **agitator** *sub*, -s Scharfmacher

agnail, *sub*, -s Niednagel

agonizing, *adj*, qualvoll; **agony** *sub*, *nur Einz.* Pein; *-ies* Qual

a good many, *adj/sub*, manch; *a good many people* mancher; *a good many things* gar manches

agoraphobia, *sub*, *nur Einz.* Platzangst

agrarian, *adj*, agrarisch

agrarian country, *sub*, *-tries* Agrarstaat

a great extent, *adj*, weitgehend

agree, (1) *vi*, einstimmen, übereinkommen, zustimmen; *(Personen)* übereinstimmen (2) *vt*, vereinbaren; *agree to* sich bereit erklären; *I quite agree* das will ich meinen!; *the food agrees with her* das Essen bekommt ihr gut; *the food doesn´t agree with her* das Essen bekommt ihr nicht gut; ~ **(to)** *vi*, einwilligen; *agree to sth* in etwas einwilligen; ~ **to** *vt*, genehmigen; ~ **with** *vi*, beipflichten, beistim-

men; ~**able** *adj*, wohltätig, wohlmend; ~**d** *adj*, beschlossen, einverstanden; *agree to sth* mit etwas einverstanden sein; ~**ment** *sub*, -s Abkommen, Abrede, Arrangement, Einigkeit, Einigung, Einvernehmen, Einverständnis, Einwilligung, Konsens, Pakt, Übereinkunft, Vereinbarung, Vertrag, Zustimmung; *(Meinung)* Übereinstimmung; *conclude an agreement* ein Abkommen schließen; *be in agreement with sb* im Einklang mit jmd sein; *in agreement with* im Benehmen mit; *to enter into an agreement* einem Pakt beitreten

agricultural, *adj*, landwirtschaftlich; ~ **machine** *sub*, -s Landmaschine; ~ **product** *sub*, -s Agrarprodukt; ~ **show** *sub*, -s Landwirtschaftsausstellung; ~ **worker** *sub*, -s Landarbeiter; **agriculture** *sub*, *nur Einz.* Ackerbau, Landwirtschaft, Pflanzenbau

ahead, *adv*, voraus; *there´s danger ahead* es ist Gefahr im Verzug

aid, *sub*, -s Entwicklungshilfe, Hilfe, Hilfsmittel; *nur Einz.* Mithilfe; - Unterstützung; *with the aid of* unter der Zuhilfenahme von; *with the aid of colleagues* unter Mithilfe der Kollegen; ~ **(as a loan)** *sub*, - Kredithilfe; ~ **vessel** *sub*, -s Hilfsschiff; ~-**de-camp** *sub*, -s Adjutant

ailing, *adj*, siech; **ailment** *sub*, -s Leiden

aim (1) *sub*, -s Ziel, Zielvorgabe, Zweck (2) *vi*, zielen (3) *vt*, draufhalten; *that was aimed at you* das war auf dich gemünzt; *(Absicht) to have a specific aim* einen bestimmten Zweck verfolgen; ~ **(at)** *vi*, *(Gewehr)* anlegen; ~ **at** *vi*, abzielen, bezwecken; *(auf)* hinzielen; ~**less** *adj* ziellos; ~**s** *sub*, *nur Einz.* Zielsetzung

air, (1) *sub*, *nur Einz.* Luft (2) *vti*, lüften; *it can´t have vanished into thin air* das kann sich doch nicht in Luft aufgelöst haben; *there´s a storm brewing in the air* es liegt ein Gewitter in der Luft; *to get some fresh air* frische Luft schnappen, *in the open air* unter freiem Himmel; *influx of cold air* Kaltlufteinbruch; *(i. ü. S.) to take on a hallowed air* *of tradition* Patina ansetzen; *to transport by air* etwas auf dem Luftweg befördern; ~ **base** *sub*, *-s* Fliegerhorst; ~ **battle** *sub*, *-s* Luftschlacht; *the Battle of Britain* die Luftschlacht um England; ~ **corridor** *sub*, *-s* Luftkorridor; ~**-condition** *vt*, klimatisieren; ~**-conditioning** *sub*, *nur Einz.* Klimaanlage; ~**-cooled** *adj*, luftgekühlt; ~**bed** *sub*, *-s* Luftmatratze **aircraft**, *sub*, *-s* Luftfahrzeug; *(Luftf.)* Fahrzeug; ~ **carrier** *sub*, *-s* Flugzeugträger; ~ **construction** *sub*, *-s* Flugzeugbau; ~ **noise** *sub*, *-s* Fluglärm; ~**man first class** *sub*, *-men (mil., Luftw.)* Gefreite

air plane, *sub*, *-s (US)* Flugzeug; **air pollution** *sub*, *-s* Luftverschmutzung; **air pressure** *sub*, *-s* Luftdruck; **air pump** *sub*, *-s* Luftpumpe; **air quality** *sub*, *-ies* Luftqualität; **air reversal** *sub*, *-s (tech.)* Luftwechsel; **air route** *sub*, *-s* Luftweg; **air scout** *sub*, *- -s* Aufklärer, Aufklärungsflugzeug; **air sovereignity** *sub*, *-ies* Lufthoheit; **air-raid** *sub*, *-s* Luftangriff; *(mil.)* Fliegerangriff; **air-raid shelter** *sub*, *-s* Luftschutzraum; **air-raid warning** *sub*, *-s* Fliegeralarm; **air-rifle** *sub*, *-s* Luftgewehr; **air-sick** *adj*, luftkrank **air (...) thoroughly**, *vti*, durchlüften; **air (traffic) control** *sub*, *-s* Luftaufsicht; **air traffic** *sub*, *-s* Flugverkehr; *nur Einz.* Luftverkehr; **air vice marshal** *sub*, *-s (mil., Luftw.)* Generalmajor; **air well** *sub*, *-s (arch.)* Lichthof

airy, *adj*, *(Zimmer)* luftig; ~**-fairy** *adj*, larifari

aisle, *sub*, *-s (Wald)* Schneise

akward, *adj*, heikel; ~**ly** *adv*, fatalerweise

alabaster, *sub*, *-* Alabaster

à la jardinière, *sub*, *- (Kochk.)* Gärtnerinart

alarm, (1) *sub*, *-s* Alarm (2) *vt*, alarmieren; *air-raid warning* Fliegeralarm; *false alarm* blinder Alarm; *sound the alarm* Alarm geben, *ring the alarm* Sturm läuten; ~ **clock** *sub*, *-s* Wecker; ~ **device** *sub*, *- -s* Alarmgerät; ~ **signal** *sub*, *- -s* Alarmsignal; ~ **system** *sub*, *-s* Alarmanlage; ~**ing** *adj*, *(alarmierend)* bedenklich; *take on an alarming proportion* ein bedrohliches Ausmaß annehmen

alas, *interj*, weh
alb, *sub*, *-s* Messhemd
albatross, *sub*, *-es* Albatros
albeit, *konj*, *(geh.)* obschon
albinism, *sub*, *nur Einz. (tt; med.)* Weißsucht; **albino** *sub*, *-es* Albino
album, *sub*, *-s* Album
alchemy, *sub*, *nur Einz.* Alchemie
alcohol, *sub*, *-s* Alkohol; *drown one's sorrows in alcohol* seine Sorgen im Alkohol ertränken; ~ **abuse** *sub*, *nur Einz.* Alkoholmissbrauch; ~ **consumption** *sub*, *nur Einz.* Alkoholgenuss; ~ **level** *sub*, *-s* Promille; ~ **poisoning** *sub*, *- -s* Alkoholvergiftung; ~**ic** (1) *adj*, alkoholisch (2) *sub*, *-s* Alkoholiker; *be an alcoholic* alkoholabhängig sein; ~**ic drinks** *sub*, *nur Mehrz.* Alkoholika; ~**ism** *sub*, *nur Einz.* Alkoholismus, Trunksucht
alder, *sub*, *-s* Erle
alehouse politician, *sub*, *-s* Politikaster
alertness, *sub*, *nur Einz.* Wachheit
alert phase, *sub*, *- -s* Alarmstufe
alga, *sub*, *algae (biol.)* Alge
algebra, *sub*, *nur Einz.* Algebra; ~**ic** *adj*, algebraisch
algorithm, *sub*, *-s* Algorithmus
alias, *adv*, alias
alibi, *sub*, *-s (jur.)* Alibi
alien, *adj*, artfremd; ~**ate** *vt*, entfremden; ~**ation** *sub*, *-s (geh.)* Entfremdung
alike, *adv*, gleich; *treat everyone alike* alle Menschen gleich behandeln
alimony, *sub*, *-ies (für Frau)* Alimente; *-s (tt; jur.)* Unterhalt
a little apple, *sub*, *-s* Äpfelchen
alive, *adj*, lebendig
alkaline, *adj*, *(chem.)* laugenartig; *(tt; chem.)* alkalisch
alkaloids of the soil, *sub*, *nur Mehrz.* Erdkalien
allay, *vt*, *(Hunger)* stillen; ~**ment** *sub*, *-s* Stillung
all-clear, *sub*, *-* Entwarnung; **all day (24 hours a day)** *adv*, durchgehend; **all-day** *adj*, ganztags; **all-day school** *sub*, *-s* Ganztagsschule
alleged, *adj*, angeblich
allegiance, *sub*, *-s* Treuepflicht; *nur Mehrz. (geh.)* Gefolgschaft
allegorical, *adj*, allegorisch; **allego-**

ry *sub*, *-ies* Allegorie
all-embracing, *adj*, allumfassend
allergic, *adj*, allergisch; *be allergic to* allergisch sein gegen; *be allergic to sth* eine Allergie haben gegen etwas; *have an allergic reaction to* auf etwas allergisch reagieren; **allergy** *sub*, *-ies* Allergie; **allergy sufferer** *sub*, - *-s* Allergiker; **allergy to pollen** *sub*, *-ies* Pollenallergie
alleviate, *vt*, *(Krise)* entschärfen
alley oneself, *vr*, verbünden; **alley tree** *sub*, *-s* Chausseebaum; **alleyway** *sub*, *-s* Gässchen
alliance, *sub*, *-s* Allianz, Bündnis; **allied** *adj*, alliiert, verwandt
alligator, *sub*, *-s (zool.)* Alligator
alliteration, *sub*, *-s* Stabreim; **alliterative** *adj*, stabreimend
all kinds of, *adj*, vielerlei
all night, *adv*, *(arbeiten, feiern)* durchmachen
allocation, *sub*, *nur Einz.* Zuteilung
all of a sudden, *adv*, plötzlich; **all of them/us** *adv*, allesamt; **all one** *attr*, *(ugs.)* piepegal; **all one´s things** *sub*, *nur Mehrz.* Siebensachen
allotment, *sub*, *-s* Schrebergarten; ~ **gardener** *sub*, *-s* Laubenpieper
all over, *adv*, über, überall; *that´s Erwin all over* das ist echt Erwin; *that´s you all over* das sieht dir ähnlich; ~ **the place** *adv*, *(ugs.)* querbeet
allow, *vt*, erlauben, gestatten, gewähren, zubilligen, zulassen; *(zustimmen)* bewilligen; *allow so to do sth* jmdm etwas gestatten
alloy, (1) *sub*, *-s* Legierung (2) *vt*, legieren
all-purpose glue, *sub*, - *-s* Alleskleber; **all right** *adj*, klar; **all round** *adv*, rundherum, rundum; **all sorts of** *adj*, allerlei; **all the** *konj*, *(mit Komparativ)* desto; **all the same** (1) *adj*, *(gleichwertig)* einerlei (2) *adv*, einheitlich, gleichviel; *it´s all the same to me* das ist mir einerlei, *they had all had the same training* sie waren einheitlich ausgebildet; *they were dressed all the same* alle waren einheitlich gekleidet; **all the time** (1) *adj*, allzeit (2) *adv*, immerzu; **all the way around** *adv*, ringsherum; **all-round** *adj*, allseitig; **all-round athlete** *sub*, *-s (spo.)* Mehrkämpfer; **all-round defence position** *sub*, *-s*

~t; mil.) Igelstellung
allusively, *adv*, andeutungsweise
alluvial land, *sub*, *nur Einz.* Schwemmboden, Schwemmland; **alluvial sand** *sub*, *nur Einz.* Schwemmsand
all-weather gear, *sub*, *nur Mehrz.* Allwetterkleidung
all-wheel drive, *sub*, - *-s* Allradantrieb
ally, *sub*, *-ies* Alliierte; *-s* Verbündete *(i. ü. S.)* Verschworene
almanac, *sub*, *-s* Almanach; ~**(k)** *sub*, *-s* Jahrbuch
almond, *sub*, *-s* Mandel; ~ **(in its shell)** *sub*, *-s* Knackmandel; ~ **biscuit** *sub*, *-s* Spekulatius; ~ **blossom** *sub*, *-s* Mandelblüte; ~ **cookies** *sub*, *nur Mehrz.* Mandelgebäck; ~ **oil** *sub*, *-s* Mandelöl; ~**-eyed** *adj*, mandeläugig; ~**-shaped** *adj*, mandelförmig
almost, *adv*, fast, geradezu, nahezu; *we are almost there* wir haben es fast geschafft
alms, *sub*, *-s* Almosen; *nur Mehrz.* *(Almosen)* Spende; *alms* eine milde Gabe; ~**-house** *sub*, *-es* Armenhaus
alone, *pron*, selbst; *leave me alone* laß mich in Frieden!; *live alone* alleinstehend sein; ~, **on one´s own** *adj*, *adv*, allein
along, (1) *adj*, entlang (2) *adv*, entlang *(an)* hin (3) *präp*, längs; *along the street* die Straße entlang; *I´ll go along with that* an mir soll es nicht liegen
a lot, (1) *adj*, allerhand (2) *adv*, sehr; *(ugs.) that´s too much* das ist ja allerhand; ~ **of** (1) *adj*, viel (2) *adv* zuhauf; ~ **of red tape** *sub*, *nur Einz.* Papierkrieg; *to go through a lot of read tape with sb* einen Papiekrieg mit jmd führen; ~ **to catch up** *sub*, *nur Einz.* Nachholbedarf; *to have a lot to catch up in the way of sth* einen Nachholbedarf an etwas haben
alphabet, *sub*, *-s* Alphabet; ~**ical** *adj*, alphabetisch; ~**ically** *adv*, alphabetisch
alpine, *adj*, alpin; **Alpine dairy** *sub*, *-ies* Sennerei; **Alpine dairy hut** *sub*, *-s* Sennhütte; ~ **pasture** *sub*, *-s* Alm Senne; **Alpine snow chik-**

ken *sub*, -*s* Schneehuhn

already, *adv*, bereits, schon; *already today* bereits heute; *it was already known ten years ago* das war bereits vor zehn Jahren bekannt; *be 80 already* schon 80 Jahre auf dem Buckel haben; *it´s late enough already* es ist ohnedies schon spät

also, *adv*, gleichfalls; *(i. ü. S.) he is an also-ran* er rangiert unter ferner liefen; *(i. ü. S.) there is also the fact that* es kommt noch dazu, dass; **~, as well, too** *adv, konj, (genauso)* auch; *as well as* sowohl als auch; *me too* ich auch

altar, *sub*, -*s* Altar

alter, *vt*, abändern, ändern, umändern, umarbeiten; *(ändern)* umgestalten; **~ation** *sub*, -*s* Abänderung, Umgestaltung; **~ation of a name by translating it in a foreign language** *sub, a.s of names by t. them* Metonomasie

alternate, (1) *vi*, abwechseln (2) *vt*, wechseln; *men and women alternate* bunte Reihe; **~ly** *adv*, abwechselnd, umschichtig, wechselweise; **alternating** *adj*, abwechselnd; **alternating current** *sub*, -*s* Wechselstrom

alternative, (1) *adj*, alternativ (2) *sub*, -*s* Alternative; *there was no alternative* es gab keine andere Wahl; **~ energy** *sub*, -*ies* Alternativenergie; **~ programme** *sub*, -*s* Alternativprogramm; **~ly** *adv*, alternativ

alter one´s booking, *vt*, *(Reise)* umbuchen

although, *konj*, obgleich, obwohl, wenngleich; *(geh.)* obschon

altimeter, *sub*, -*s (tt; tech.)* Höhenmesser

altitude, *sub*, -*s* Flughöhe, Höhe; *the plane reached an altitude of* das Flugzeug erreichte eine Höhe von; *to measure altitude* Höhe messen; **~ reading** *sub*, -*s (tt; tech.)* Höhenangabe; **~ sickness** *sub*, -*es* Höhenkrankheit

altogether, *adv*, insgesamt, vollends; *earnings totalling 1000 marks* ein Verdienst von insgesamt 1000 Mark; *that comes to 10 marks altogether* das macht insgesamt 10 Mark; *(ugs.) three of them altogether* drei Mann hoch

aluminium, *sub*, *nur Einz.* Aluminium; **~ wrap** *sub*, *nur Einz.* Aluminiumfolie

always, *adv*, allemal, immer, jederzeit, stets; *always at your service!* stets zu Diensten!; *you´re always welcome* du bist stets willkommen

A major, *sub*, *nur Einz.* A-Dur

amalgam, *sub*, -*s (tt; chem.)* Amalgam; **~ate** *vt*, verquicken; **~ation** *sub*, -*s* Zusammenschluss; *(tt; chem.)* Verquickung

amanita, *sub*, -*s (bot.)* Knollenblätterpilz

amass, *vt*, *(Reichtümer)* anhäufen

amateur, *sub*, -*s* Amateur; **~ photographer** *sub*, -*s* Fotoamateur; **~ pilot** *sub*, -*s* Sportflieger; **~ish** *adj*, laienhaft

amaze, *vt*, erstaunen, verblüffen; *you amaze me!* da staune ich aber!; **~d** *adj*, verblüfft; **~ment** *sub*, *nur Einz.* Staunen; -*s* Verblüffung; *nur Einz.* Verwunderung; -*s (erfreulich)* Erstaunen; **amazing** *adj*, erstaunlich, staunenswert, verblüffend, verwunderlich

amazon, *sub*, -*s* Amazone

ambassador, *sub*, -*s* Botschafter

amber, *sub*, -*s* Bernstein

ambidextrous, *adj*, beidhändig; **~ person** *sub*, - *people* Beidhänder

ambience, *sub*, *nur Einz.* Ambiente

ambiguity, *sub*, -*ies* Polysemie; *(geh.)* Ambiguität; **ambiguous** *adj*, doppelbödig, doppeldeutig, doppelsinnig, mehrdeutig, zweideutig

ambition, *sub*, -*s* Ambition, Ehrgeiz; *have the ambition to become* den Ehrgeiz haben etwas zu werden; *make it one´s ambition to* seinen Ehrgeiz dareinsetzen; **~ of the group** *sub*, -*s* Gruppenziel; **ambitious** *adj*, ambitioniert, ehrgeizig, hochfliegend

ambivalence, *sub*, -*s* Ambivalenz; **ambivalent** *adj*, ambivalent

amble, *sub*, -*s* Passgang

ambrosia, *sub*, -*s (myth.)* Götterspeise

ambulance, fire engine, police-car, *sub*, -*s* Einsatzwagen

ambush, *sub*, -*es* Hinterhalt; *lie in ambush* im Hinterhalt liegen

amen, *sub*, *nur Einz.* Amen

amend, *vt*, *(jur., pol.)* berichtigen; *make amends* Genugtuung leisten;

~**ment slip** *sub*, -*s* Tektur
amendment, *sub*, -*s* Novellierung;
(jur.) Ergänzung; *(jur., pol.)* Berichtigung; *(pol.)* Novelle
amenities, *sub*, *nur Mehrz.* Annehmlichkeit
American, (1) *adj*, amerikanisch (2)
sub, -*s* Amerikaner, Amerikanerin
American Indian studies, *sub*, *nur
Mehrz.* Indianistik
amethyst, *sub*, -*s* *(geol.)* Amethyst
amiable, *adj*, freundlich; **amicable**
adj, freundschaftlich, gütlich; **amicably** *adv*, freundschaftlich, gütlich;
settle sth amicably sich gütlich einigen über
amino acid, *sub*, - -*s* *(tt; chem.)* Aminosäure
A minor, *sub*, *nur Einz.* *(tt; mus.)* a-
Moll
amirable, *adj*, bewundernswert
ammonia, *sub*, *nur Einz.* *(tt; chem.)*
Ammoniak
ammunition, *sub*, *nur Einz.* Munition; *(mil.)* *to be supplied with ammunition* Munition fassen; *(i. ü. S.)* *to
have run out of ammunition* keine
Munition mehr haben; ~ **belt** *sub*, -*s*
Patronengurt; ~ **train** *sub*, -*s* Muniti-
onszug
amnesia, *sub*, -*s* *(tt; med.)* Amnesie
amniotic fluid, *sub*, *nur Einz.* *(med.)*
Fruchtwasser
amoeba, *sub*, -*s* *(tt; zool.)* Amöbe
among, *präp*, unter, zwischen; *(zwischen)* *among other things* unter anderem; *among(st) us* in unserer
Mitte; *he is among the best in the
group* er ist mit der Beste der Gruppe; *he is standing among them* er
steht mitten dazwischen
amoral, *adj*, amoralisch
amorous, *adj*, amourös, verliebt; ~
adventure *sub*, -*s* *(Seitensprung)* Eskapade
amortization, *sub*, -*s* Amortisation;
amortize (1) *vi*, amortisieren (2) *vt*,
amortisieren
amount, *sub*, -*s* *(Geld)* Summe;
(Quantum) Menge; *amount to* sich
summieren auf; *any amount of
books* Bücher in Mengen; ~ **carried
forward** *sub*, *amounts* Übertrag; ~
of budget *sub*, -*s* Budgetbetrag; ~ **of
sugar** *sub*, *nur Einz.* Zuckergehalt; ~
to *vi*, belaufen, betragen

amperemeter, *sub*, -*s* Strommesser
amphibian, *sub*, -*s* Lurch; *(tt; zool.)*
amphibie; ~ **vehicle** *sub*, -*s* *(tech.)*
amphibienfahrzeug; **amphibious**
adj, *(zool.)* amphibisch
amphora, *sub*, -*s* Amphore
ample, *adj*, reichlich
amplifier, *sub*, -*s* Verstärker; **amplify** *vt*, *(phy.)* aufschaukeln
ampulla, *sub*, Ampulle
amputate, *vt*, *(med.)* amputieren;
(geb.; med.) abnehmen; **amputation** *sub*, -*s* *(med.)* Abnahme, Amputation
amulet, *sub*, -*s* Amulett
amuse, *vt*, belustigen, unterhalten,
vergnügen; *be amused at* sich amüsieren über; *(iro.)* *most amusing
das ist ja lustig; ~ o.s. vr*, belustigen; ~ **oneself** *vr*, verlustieren;
~ **ment** *sub*, -*s* Belustigung, Erheiterung; *nur Einz.* Pläsanterie; -*s* Unterhaltung; *much to the
arousement of* sehr zur Belustigung von; *to everybody´s amusement* zur allgemeinen Belustigung;
amusing *adj*, kurzweilig
anachronism, *sub*, -*s* Anachronismus; **anachronistic** *adj*, anachronistisch
anaconda, *sub*, -*s* Anakonda; *(zool.)*
Abgottschlange
anaemia, *sub*, *nur Einz.* Blutarmut
an(a)esthesia, *sub*, *nur Einz.* Narkose; **an(a)esthesist** *sub*, -*s* Narko-
searzt; **an(a)esthetic mask** *sub*, -*s*
Narkosemaske; **anaesthesize** *vt*,
(med.) betäuben; **anaesthetic** *sub*,
-*s* Betäubungsmittel; **anaesthetist**
sub, -*s* Anästhesist; **anaesthetization** *sub*, -*s* *(med.)* Betäubung
anagram, *sub*, -*s* Anagramm
anal, *adj*, *(anat.)* anal; ~ **intercourse** *sub*, *nur Einz.* Analverkehr
analogous, *adj*, analog; **analogy**
sub, -*ies* Analogie
analyse, *vt*, auswerten; **analysis**
sub, Analyse; -*lyses* Auswertung;
(Beschäftigung) Auseinandersetzung; - *(tt; chem.)* Untersuchung;
analytical *adj*, analytisch; **analytically** *adv*, analytisch; **analyze** *vt*,
analysieren
anarchic, *adj*, anarchisch, gesetzlos; **anarchist** *sub*, -*s* *(polit.)*
Chaot; **anarchy** *sub*, -*ies* Anarchie

anatomical, *adj*, anatomisch; **anatomy** *sub*, *-ies* Anatomie
ancestor, *sub*, *-s* Ahn, Vorfahre; **ancestral halls** *sub*, *nur Mehrz.* Ahnengalerie; **ancestral worship** *sub*, *-s* Ahnenkult
anchor, (1) *sub*, *-s* Anker (2) *vi*, ankern (3) *vt*, *(tt; tech.)* verankern; *drop anchor* vor Anker gehen; *weigh anchor* den Anker lichten; **~-cable** *sub*, *-s* Ankerkette, Ankertau; **~ing** *sub*, *-s (tech.)* Abspannung; *(tt; tech.)* Verankerung; **~ing ground** *sub*, *-s* Ankerplatz
anchovy, *sub*, *-ies* Anschovis, Sardelle
ancient, *adj*, altertümlich, uralt; *(altertümlich)* antik; *(hist.)* alt; *the ancient Romans* die alten Römer; *Ancient Rome* das antike Rom
and, *konj*, und; *and so on* und so weiter; *(danach) and then?* und dann?
and anyway, *adv*, (Rechtfertigung) außerdem
android, *sub*, *-s* Androide
anecdote, *sub*, *-s* Anekdote
anemia, *sub*, *-s (med.)* Anämie; **anemic** *adj*, anämisch
anemone, *sub*, *-s (bot.)* Anemone; *(tt; bot.)* Windröschen
anesthesia, *sub*, *-s (med.)* Anästhesie; **anesthetize** *vt*, anästhesieren
Anethum, *sub*, *-a (Pflanze)* Dillenkraut
angel, *sub*, *-s* Engel; *he´s not exactly an angle* er ist auch nicht gerade ein Engel; **~´s voice** *sub*, *-s* Engelsstimme; **~ic** *adj*, engelgleich, engelsgleich
anger, (1) *sub*, *nur Einz.* Zorn; *(ugs.)* Rochus (2) *vt*, erzürnen; *in righteous anger* in gerechtem Zorn; *be beside os with anger* vor Wut außer sich sein; *to give vent to one´s anger* seinem Ärger Luft machen; **~ flush** *sub*, *nur Einz. (i. ü. S.)* Zornröte
angle, *sub*, *-s (Blickpunkt)* Perspektive; *the house looks much bigger from this angle* aus dieser Perspektive wirkt das Haus viel größer; **~ of vision** *sub*, Blickwinkel
angler, *sub*, *-s* Angler, Sportangler
anglicize, *vt*, englisieren
Anglo-Saxon, *sub*, *-s* Angelsachse, -sächsin
angora wool, *sub*, *nur Einz.* Angorawolle

angry, *adj*, aufgebracht, wütend, zornig
angular, *adj*, eckig, kantig
animal, (1) *adj*, animalisch, tierisch (2) *sub*, *-s* Tier; *keeping animals in an appropriate environment* artgerechte Tierhaltung; *to behave like an animal* sich aufführen wie der letzte Mensch; **~ breeder** *sub*, *-s* Tierzüchter; **~ creature** *sub*, *-s* Tiergestalt; **~ experiment** *sub*, *-s* Tierversuch; **~ home** *sub*, *-s* Tierasyl, Tierheim; **~ keeping** *sub*, *nur Einz.* Tierhaltung; **~ kingdom** *sub*, *-s* Tierreich; **~ owner** *sub*, *-s* Tierhalterin; **~ prized for its fur** *sub*, *animals ... their fur* Pelztier; **~ show** *sub*, *-s* Tierschau; **~ tamer** *sub*, *-s* Tierbändiger; **~ used for riding** *sub*, *-s* Reittier; **~ world** *sub*, *nur Einz.* Tierwelt; **~-loving** *adj*, tierliebend; **~s** *sub*, *nur Mehrz.* Getier; **~s for slaughter** *sub*, *nur Mehrz.* Schlachttier, Schlachtvieh
animosity, *sub*, *-ies* Animosität
animously, *adv*, gegenstimmig
anise, *sub*, *- (bot.)* Anis
ankle, *sub*, *-s* Fußknöchel, Knöchel; *(anat. Mensch)* Fessel; *(Fuß-) Gelenk*; **~ boot** *sub*, *-s* Halbstiefel, Stiefelchen; **~ joint** *sub*, *-s* Sprunggelenk; **~ sock** *sub*, *-s* Söckchen; **~-deep** *adj*, knöcheltief; **~-length** *adj*, knöchellang
annals, *sub*, *-s* Annalen
annex, *vt*, annektieren; *(mil.)* einverleiben; *(Territorium)* angliedern; **~ation** *sub*, *-s (tt; polit.)* Annexion; *(Territorium)* Angliederung
anniversary, *sub*, *-ies* Jubiläum; **~ of so´s death** *sub*, *anniversaries (Jahrestag)* Todestag
annomination, *sub*, *-s* Paronomasie
annotate, *vt*, *(Text)* erläutern; **annotation** *sub*, *-s* Erläuterung
announce, (1) *vt*, ankündigen, ansagen, bekannt geben, durchgeben, künden, verkünden; *(bekanntgeben)* anzeigen; *(Besucher)* anmelden; *(verkündigen)* erklären (2) *vti*, verlautbaren; *announce on the radio* im Radio durchgeben; *be announced on the radio* im Radio durchkommen;

who(m) shall I announce wen darf ich melden?; ~ one´s presence vi, (sich ankündigen) melden; ~ that one is coming vi, ankündigen; ~ment sub, -s Ankündigung, Ansage, Bekanntgabe, Bekanntmachung, Durchsage, Mitteilung, Verkündung, Verlautbarung; (Bekanntmachung) Anzeige; (Mitteilung) Meldung; ~r sub, -s Ansager; (Ansager) Sprecher

annoy, vt, verärgern; (irritieren) stören; (jemanden nerven) belästigen; (Person) ärgern; be very annoyed with someone auf jemanden schlecht zu sprechen sein; this laziness of hers has been annoying me for a long time ihre Faulheit passt mir schon lange nicht; ~ so vt, (ärgern) aufregen; ~ance sub, -s Verärgerung; (Störung) Belästigung; ~ed adj, (Person) ärgerlich; ~ing adj, lästig; (Angelegenheit) ärgerlich

annual, adj, alljährlich, jährlich; ~ balance sheet sub, -s Jahresabschluss; ~ holiday sub, -s Jahresurlaub; ~ly adv, alljährlich

annuity, sub, -ies Rente; ~ basis sub, -es Rentenbasis

annul, vt, (Vertrag) annullieren; to annul a marriage eine Ehe für ungültig erklären; ~ment sub, -s (geh.; eines Flugs) Annullierung

anoint, vt, salben; ~ing sub, -s Salbung

anomaly, sub, -ies Anomalie

anorak, sub, -s Anorak

another engagement, sub, other -s Abhaltung

answer, (1) sub, Antwort; -s Beantwortung, Bescheid, Rückantwort (2) vt, beantworten (3) vti, antworten; enough said keine Antwort ist auch eine Antwort; have an answer for everything auf alles eine Antwort wissen; in answer to in Antwort auf; have a lot to answer for Dreck am Stecken haben; no one is answering niemand geht an den Apparat; that was the doorbell, would you answer it? es hat geklingelt, könntest du mal öffnen?; to answer an advertisement sich auf eine Anzeige melden, answer sth auf etwas antworten; ~ in the negative vti, verneinen; ~ reproaches vt, (i. ü. S.) entgegentreten; ~ the phone vi, (Hörer) abheben;

~ing machine sub, --s Anrufbeantworter

ant, sub, -s Ameise

antagonism, sub, -s Antagonismus; **antagonist** sub, -s Antagonist, Gegenspieler; **antagonistic** adj, antagonistisch; (stärker) gegnerisch; **antagonistically** adv, antagonistisch

anti-aircraft defence, sub, - Flugzeugabwehr; nur Einz. Luftschutz; -s (mil.) Flugabwehr

antarctic, adj, antarktisch

anteater, sub, -s Ameisenbär

antefix tile, sub, -s Stirnziegel

antelope, sub, -s (zool.) Antilope

antenna, sub, -e (tech., zool.) Antenne

antepenultimate, adj, drittletzte

anther, sub, -s (bot.) Staubbeutel

anthill, sub, -s Ameisenhaufen

anthology, sub, -ies Anthologie

anthracite, sub, -s Anthrazit

anthropological, adj, anthropologisch; **anthropologist** sub, -s Anthropologe; **anthropology** sub, nur Einz. Anthropologie

anti-aircraft defense, sub, - (US) Flugzeugabwehr; **anti-aircraft gun** sub, -s (mil., AA gun) Flak; **anti-authoritarian** adj, antiautoritär; **anti-authoritarian playgroup** sub, -s Kinderladen

antibiotic, (1) adj, antibiotisch (2) sub, -s (tt; med.) Antibiotikum; **antibody** sub, -ies (tt; biol.) Antikörper

antichristian, sub, -s Antichrist

anticipate, vt, antizipieren, vorwegnehmen; (Konsequenzen) abschätzen; anticipate so´s wish jemandem einen Wunsch von den Augen ablesen; ~d adj, vorgreiflich; **anticipation** sub, -s Antizipation, Vorfreude, Vorgefühl, Vorgriff, Vorwegnahme; **anticipatory** adj, proleptisch

anticlinal, adj, epigenetisch; ~ growth of a mountain range sub, -s Epigenese

anti-dazzle light, sub, -s Abblendlicht

antidote, sub, -s Gegengift; (Gift) Gegenmittel

antigene, sub, -s (tt; biol.) Antigen

antihero, sub, -s Antiheld

antimatter, *sub, nur Einz. (tt; phy.)* Antimaterie
antimissile weapon, *sub, -s* Raketenwaffe
anti-nuclear protester, *sub, -s* Atomgegner
antiparticle, *sub, -s (tt; phy.)* Antiteilchen
antipathy, *sub, -ies* Antipathie
anti-personnel mine, *sub,* -s *(mil.,veralt.)* Flattermine; **antipersonnel mine** *sub, -s* Tretmine
antiquarian, *adj,* antiquarisch; ~ **bookshop** *sub, - -s (für wertvollere Bücher)* Antiquariat; **antiquated** *adj,* antiquiert; *(i. ü. S.)* vorsintflutlich; **antiquatedness** *sub, nur Einz.* Altertümlichkeit, Antiquiertheit
antique, (1) *adj,* museumsreif; *(Möbel)* antik **(2)** *sub, -s* Antiquität; ~ **chair** *sub, -s* Prunksessel; ~ **collection** - -s, Antikensammlung; ~ **collector** *sub, - -s* Antiquitätensammler; ~ **dealer** *sub, - -s* Antiquitätenhändler; ~ **trade** *sub, nur Einz.* Antiquitätenhandel; **antiquity** *sub, -ies* Altertum; *nur Einz.* Antike
anti-Semite, *sub, -s* Antisemit, Judengegner; **anti-Semitic** *adj,* antisemitisch; **anti-Semitism** *sub, nur Einz.* Antisemitismus
antisepsis, *sub, nur Einz. (tt; med.)* Antiseptik; **antiseptic** *adj,* antiseptisch; **antiseptic drug** *sub, -s (tt; med.)* Antiseptikum; **antiseptically** *adv,* antiseptisch
anti-serum, *sub, -s (tt; med.)* Antiserum
anti-skid protection, *sub,* - Gleitschutz
antisocial, (1) *adj,* asozial, unsozial **(2)** *sub, -s* Asoziale
anti-spasmodic, *adj,* spasmolytisch
antistatic, *adj,* antistatisch; ~**ally** *adv,* antistatisch
anti-tank defence, *sub, nur Einz.* Panzerabwehr; **anti-tank ditch** *sub, -es* Panzergraben; **anti-tank gunner** *sub, tank destroyer troops* Panzerjäger
anti- terrorist squad, *sub, - -s* Antiterroreinheit
antithesis, *sub, -es* Antithese
antlers, *sub, nur Mehrz.* Gehörn; -s Geweih
anus, *sub, -s (tt; anat.)* After; *ani* Anus

anvil, *sub, -s* Dengelamboss; *-en (tech.)* Amboss
anxiety, *sub, nur Einz.* Bangigkeit, Beklommenheit, Unruhe; **anxious** *adj,* angsterfüllt, beklommen; *(besorgt)* ängstlich; *be anxious about* um etwas bangen; *hours of anxious waiting* ein paar bange Stunden
aorta, *sub, nur Einz.* Hauptschlagader; *-s (tt; anat.)* Aorta
apart, *adv,* auseinander; *take sth apart* etwas in seine Bestandteile zerlegen; *these places are far apart from each other* diese Orte liegen weit auseinander; ~ **from** *präp, (abgesehen von)* außer; *(außer)* neben
apartment, *sub, -s* Mietwohnung, Wohnung
apathetic, *adj,* apathisch, phlegmatisch; ~ **person** *sub, -s* Phlegmatiker; ~**ally** *adv,* apathisch; **apathy** *sub,* Apathie; *nur Einz.* Phlegma
apatosaurus, *sub,* *-ri (paläont)* Brontosaurus
ape, (1) *sub, -s* Menschenaffe **(2)** *vt, (Ideen)* nachäffen; ~**like** *adj,* affenartig, äffisch
aperient, *sub, -s* Purgativ
aperitif, *sub, -s* Aperitif
aperture, *sub, -s* Blende; *open/set down the aperture* Blende öffnen/schliessen; *set the aperture to f-8* mit Blende 8 fotografieren
aphid, *sub, -s* Blattlaus
aphorism, *sub,* -s Aphorismus; *(Lehr-)* Spruch; **aphoristic** *adj,* aphoristisch; **aphoristically** *adv,* aphoristisch
aphrodisiac, *sub,* -s *(tt; med.)* Aphrodisiakum
apiarist, *sub, -s* Imker
apiculture, *sub, nur Einz.* Imkerei
aping, *sub, -s (Ideen)* Nachäfferei
apocalypse, *sub,* -s Apokalypse; **apocalyptic** *adj,* apokalyptisch, endzeitlich
apolitical, *adj,* apolitisch
apologetic, *adj,* apologetisch; ~**ally** *adv,* apologetisch; ~**s** *sub, nur Mehrz. (Disziplin)* Apologetik; **apologize** *vi,* entschuldigen; *apologize* Abbitte tun, entschuldige dich; *apologize to so for sth* sich bei jmd für etwas entschuldigen; *to*

apologize to sb jmd um Verzeihung bitten; **apology** *sub*, *-ies* Abbitte; *(mdl. Äusserung)* Entschuldigung; *(Verteidigung)* Apologetik **apropriate expenditure**, *sub*, *-s (i. ü. S.)* Zweckaufwand

apostle, *sub*, *-s* Apostel

apostrophe, *sub*, *-s* Apostroph, Auslassungszeichen

apotheosis, *sub*, *-es* Apotheose

apparatus, *sub*, *-es (biol., tech.)* Apparat; *(ugs.; Mechanismus)* Patent; ~ **gymnast** *sub*, *-s* Geräteturner; ~ **gymnastics** *sub*, *nur Mehrz.* Geräteturnen

apparent, *adj*, anscheinend, augenscheinlich, ersichtlich, scheinbar; ~ **death** *sub*, *-s* Scheintod; ~ **horizon** *sub*, *-s* Kimm; ~ **omission** *sub*, *-s* Präterition; ~**ly** *adv*, anscheinend, augenscheinlich; *(vermutlich)* offenbar

apparition, *sub*, *-s* Spukgestalt; *(Gespenst)* Spuk; *(rel.)* Erscheinung

appeal, **(1)** *sub*, *-s (i. ü. S.)* Appell; *(eines Gericht)* Anruf; *(jur.)* Appellation, Berufung **(2)** *vi*, appellieren, zusagen; *(Gericht)* anrufen; *appeal (again)* in die Berufung gehen (gegen), *appeal for* aufrufen zu; *to appeal to sb´s sense of honour* jmdn bei der Ehre packen; ~ **against** *vt*, *(jur.)* anfechten; ~ **proceedings** *sub*, *nur Mehrz.* Berufungsverfahren; ~ **to** *vi*, *(Zielgruppe)* ansprechen

appear, **(1)** *vi*, vorsehen; *(erscheinen)* auftreten, herauskommen **(2)** *vt*, erscheinen; *appear as a witness* als Zeuge auftreten; *appear in public* in der Öffentlichkeit auftreten, *appear in court* vor Gericht erscheinen; ~ **strange** *vi*, befremden; ~**ance** *sub*, *-s* Anschein; *nur Einz.* Äußerlichkeit; *-s (Anschein)* Augenschein; *(äusserliche -)* Erscheinung; *nur Einz. (Erscheinen auch im Drama)* Auftritt; *to all appearances* dem Anschein nach; *appearances are deceptive* der Augenschein trügt; *to all appearances* dem Augenschein nach; *appearance and reality* Sein und Schein; *judging by appearances* dem Aussehen nach zu urteilen; *one shouldn´t judge people by their appearance* man soll Leute nicht nach dem Aussehen beurteilen; *to all appearances* dem Anse-

~en nach; ~**ances** *sub*, *nur Mehrz.* Schein

appease, *vt*, begütigen, besänftigen, beschwichtigen; *(beruhigen)* abwiegeln; *(beschwichtigen)* beruhigen; ~**ment** *sub*, *-s* Abwiegelung; *nur Einz.* Besänftigung, Beschwichtigung; *-s* Versöhnung; *nur Einz. (Beschwichtigung)* Beruhigung; *-s (Durst)* Stillung

appendage, *sub*, *-s* Anhängsel

appendix, *sub*, *-dices* Blinddarm; *(anat.)* Appendix; *-es (Anhang)* Fortsatz; *-dices (Buch)* Anhang

appetite, *sub*, *nur Einz.* Appetit; *- (zool.)* Fresslust; *give so an appetite* emanden Appetit machen; *lose one´s appetite* den Appetit verlieren; *spoil so´s appetite* jemanden den Appetit verderben; ~ **suppressant** *sub*, *- -s* Appetitzügler; **appetizing** *adj*, Appetit anregend, appetitlich

applaud, **(1)** *vi*, applaudieren **(2)** *vt*, beklatschen; *applaud so* jemanden Beifall spenden; **applause** *sub*, *nur Einz.* Applaus, Beifall, Beifallsklatschen; *draw a lot of applause* viel Beifall ernten; *applause during the play* Beifall auf offener Bühne; *thunderous applause broke out* ein Orkan des Beifalls brach los

applicability, *sub*, *nur Einz.* Anwendbarkeit; **applicable** *adj*, anwendbar; **applicant** *sub*, *-s* Antragsteller, Kandidat; *(für eine Stelle)* Bewerber; **application** *sub*, *-s* Antrag, Anwendung, Beantragung, Bewerbung; *nur Einz. (von Lack)* Auftrag; *logde an application for* einen Antrag auf etwas stellen; ~**pplication for a job** *sub*, *-s* Stellengesuch; **application for membership** *sub*, *-s* - Beitrittserklärung; **application form** *sub*, *- -s* Antragsformular; **applied** *adj*, angewandt; **apply (1)** *vi*, *(Verband)* anlegen **(2)** *vt*, anwenden; *(Lack)* auftragen; *(Lack, etc.)* applizieren **(3)** *vi*, *(Regel)* gelten; *apply sth to* etwas anwenden auf; *apply os to sth sch* einer Sache befleißigen; *apply to* man wende sich an; *the same applies to you* das gilt auch für dich; **apply a tourniquet** *vt*,

(Arm, etc.) abschnüren; **apply for** *vi*, beantragen; *(um eine Stelle)* bewerben; **apply for sth**. *vt*, einkommen; *apply for sth* einkommen um etwas; **apply mud to** *vt*, einschlämmen; **apply to** *vi*, zutreffen

appoint, *vt*, berufen, bestallen, ernennen; *appoint so chairman* jemanden zum Vorstand berufen; *be called to the embassy* in die Botschaft berufen werden; *appoint so one´s heir* jmd als Erben einsetzen; ~ **mandatary** *vt*, mandatieren; ~**ment** *sub*, *-s* Ernennung, Immission, Verabredung, Voranmeldung; *(Verabredung)* Termin; *(zu einer Professur etc.)* Berufung; *his appointment to the post of* seine Ernennung zum; *what time was your appointment?* zu welchem Termin waren Sie notiert?; ~**ment book** *sub*, *-s* Terminkalender

apportioned fee, *sub*, *-s* Umlage

appraiser, *sub*, *-s (jur.)* Taxator

appreciate, *vt*, honorieren, würdigen; *appreciate the significance of sth* die Bedeutung von etwas ermessen; *highly appreciate so´s help* jemanden seine Hilfsbereitschaft hoch anrechnen; **appreciation** *sub*, *-s* Würdigung; *nur Einz. (tt; kun.)* Verständnis; **appreciative** *adj*, genießerisch, genüsslich; **appreciative (of art)** *adj*, kunstsinnig

apprehensive, *adj*, ahnungsvoll

apprentice, *sub*, *-s* Lehrling; ~ **boy** *sub*, *-s (ugs.; Lehrling)* Stift; ~**ship** *sub*, *-s* Lehre; ~**ship year** *sub*, *-s* Lehrjahr

approach, **(1)** *sub*, *-es* Anflug, Anmarsch, Annäherung; *(Anrücken)* Anzug; *(Einfahrt)* Anfahrt; *-s (Skisprung)* Anlauf **(2)** *vi*, herankommen, heranrücken, herantreten; *(auch mil.)* anrücken **(3)** *vt*, annähern; *(Gespräch beginnen)* anreden **(4)** *vti*, nähern; *(poet.)* nahen; *while approaching* beim Anflug auf; *it has approached* es hat sich angenähert; *to approach* näherrücken, *approach so on sth* jemanden auf etwas hin anreden; ~ **a crisis** *vi*, kriseln; ~ **so with sth** *vt*, *(i. ü. S.; Bitte, Wunsch)* herantragen; ~**able** *adj*, zugänglich; ~**ing** *sub*, *-s (Annäherung)* Einfahrt; *stand clear, the train is approaching* Vorsicht bei der Einfahrt des Zuges

appropriate, **(1)** *adj*, angebracht, dazugehörig, dementsprechend, zweckdienlich, zweckgebunden; *(angemessen)* entsprechend; *(Antwort etc.)* treffend; *(Entsprechung)* demgemäß; *(Größe einer Hose, etc.)* angemessen **(2)** *vi*, *(unrechtmäßig)* aneignen; *think that sth is appropriate* etwas für angebracht halten; *a style appropriate to* er hat einen dementsprechenden Stil; *he was dressed appropriately* er war dementsprechend angezogen; *appropriate action* geeignete Schritte; ~ **connection** *sub*, *-s (i. ü. S.)* Zweckbindung; ~ **in style** *adj*, stilgerecht; *a cosy appartment, although the decor is not altogether appropriate in style* eine gemütliche, wenn auch nicht ganz stilgerechte Wohnung; ~ **tax** *sub*, *-es (i. ü. S.)* Zwecksteuer; ~**ly** *adv*, zweckgemäßig; ~**ness of the means** *sub*, *nur Einz.* Proportionalität

approval, *sub*, *-s* Billigung, Genehmigung, Plazet; *nur Einz. (Zustimmung)* Anklang; *-s* Bewilligung, Einverständnis; *strike a chord with so* bei jemandem Anklang finden; **approve** *vt*, genehmigen; *(billigen)* anerkennen; **approve of** *vt*, billigen, gutheißen; *give sth one´s tacit approval* etwas stillschweigend billigen; *I approve of what he has done* ich billige voll und ganz was er getan hat; **approving (1)** *adj*, beifällig **(2)** *adv*, beifällig

approximate, **(1)** *adj*, annähernd, approximativ **(2)** *vt*, annähern; ~ **contract** *sub*, *(i. ü. S.)* Zirkaauftrag; ~**ly** *adv*, annäherungsweise, ungefähr; *(geb.)* circa, etwa; *if I only knew approximately what he means* wenn ich nur ungefähr wüsste, was er meint; *approximately when* wann etwasa; **approximation** *sub*, *-s (math.)* Näherung

apricot, *sub*, *-s* Aprikose; *(österr.)* Marille; ~ **jam** *sub*, *- -s* Aprikosenkonfitüre, Aprikosenmarmelade

April, *sub*, *-s* April; ~ **showers** *sub*, *nur Mehrz.* Aprilwetter; ~**-fool joke** *sub*, *- -s* Aprilscherz

apron-string, *sub*, *-s* Schürzenband

apt, *adj*, treffend; ~**itude** *sub*, *-s (Eignenschaft)* Eignung; ~**itude test**

sub, -s Eignungsprüfung

aquamarine, *sub,* -s Aquamarin;
aquanaut *sub, -s* Aquanaut; **aquaplaning** *sub, -s (tt; tech.)* Aquaplaning;
aquarium *sub,* -s Aquarienglas,
Aquarium; **Aquarius** *sub,* - *(tt; astrol.)* Wassermann; **aquatic** *adj,*
aquatisch; **aquatic plant** *sub, -s*
Teichpflanze

aqueous, *adv, (tt; chem.)* wässerig
Arab, *adj, (Staaten)* arabisch; **~ian**
adj, (Speisen) arabisch; **~ic** *adj,*
(Zahlen, etc.) arabisch

arable land, *sub, -s* Ackerfläche
arbitrary, *adj,* arbiträr, willkürlich; **~**
law *sub, -s* Selbstjustiz; **arbitrator**
sub, -s Schiedsfrau, Schiedsmann,
Schiedsrichter

arbor, *sub, -s (US)* Gartenlaube
arbour, *sub,* -s Gartenlaube, Laube,
Liebeslaube, Pergola

arc, *sub, -s (mat.)* Bogen; **~ lamp** *sub,*
-s Bogenlampe

arcade, *sub,* -s Arkade
arch, *sub,* -es Torbogen, Überwölbung; -s *(arch.)* Bogen; *triumphal*
arch Triumphbogen

archaeological, *adj,* archäologisch;
archaeologist *sub, -s* Archäologe; **archaeology** *sub, nur Einz.* Altertumsforschung,   Altertumskunde,
Archäologie

archaic, *adj,* archaisch; **archaism**
sub, -s Archaismus

archangel, *sub,* -a Erzengel; **arch**
enemy *sub, -ies* Erzfeind; **archbishop** *sub, -s* Erzbischof; **archduchess**
sub, -es Erzherzogin; **archduchy** *sub,*
-ies Erzherzogtum; **arched** *adj,* gewölbt; **arched buttress** *sub, -es* Strebebogen

archer, *sub, -s* Bogenschütze, Schütze;
~y *sub, nur Einz.* Bogenschießen

archetypal, *adj,* archetypisch; **archetype** *sub, -s* Archetyp, Urbild

arch fiend, *sub, -s (Teufel)* Erbfeind
archipelago, *sub, -s* Inselgruppe; -es
(tt) Archipel

architrave, *sub, -s (arch.)* Türstock
archives, *sub, nur Mehrz.* Archiv; **archivist** *sub, -s* Archivar

arch of the vault, *sub,* -es Gewölbebogen

arch-support, *sub, -s (Schuh)* Einlage
arctic, (1) *adj,* arktisch **(2) Arctic** *sub,*
nur Einz. Arktis

ardent, *adj,* inbrünstig, sehnlich;
(Anhänger) glühend

ardour, *sub, nur Einz.* Inbrunst; **arduous** *adj,* mühselig

are *pron,* seid
area, *sub, -s* Areal, Fläche, Landstrich, Raum; *(mat.)* Flächeninhalt;
(Umgebung) Gegend; *(Zone)* Bereich; *in the Hamburg area* in der
Gegend von Hamburg; **~ of a circle** *sub, -s* Kreisfläche; **~ of a municipality** *sub, -s* Gemarkung; **~ of**
conflict *sub, -s* Konfliktfeld; **~**
round Zurich *sub, nur Einz. (i. ü.*
S.) Zürichgebiet; **~ station** *sub, -s*
Spartensender

area studies, *sub,* - Landeskunde
arena, *sub, -s* Arena, Manege, Reitbahn; *to bring sb into the arena*
jmdn auf den Plan rufen

argentiferous, *adj,* silberhaltig
argilloid, *adj, (tt)* tonartig
argue, *vi,* argumentieren; *(verbal)*
streiten; *argue that* einwenden,
dass; **argument** *sub, -s* Argument;
(Streit) Auseinandersetzung; *an*
argument in favour/against ein Argument dafür/dagegen; *this is open*
to argument darüber lässt sich
streiten; **argument (about)** *sub,*
Debatte; **argumentation** *sub, -s* Argumentation; **argumentative** *adj,*
argumentativ

aria *sub, -s* Opernarie; *(mus.)* Arie;
~n (1) *adj,* arisch **(2) Arian** *sub, -s*
Arier

arid *adj, (dürr)* trocken; *(geh.;*
geogr.) dürr; **~ity** *sub, nur Einz.*
(geogr.) Dürre

arise, (1) *vi, (i. ü. S.)* keimen;
(Freundschaft) entstehen; *(Kosten)* anfallen; *(Probleme)* erwachsen; *(Verdacht)* aufkommen **(2)** *vr,*
(Gelegenheit) geben; *the suspicion*
arose der Verdacht keimte; *difficulties arise from* Schwierigkeiten
entstehen durch/aus; **arising** *adj,*
naserend

aristocracy, *sub, nur Einz.* Adel; *-ies*
Aristokratie; **aristocrat** *sub, -s* Adlige, Aristokrat; **aristocratic** *adj,* aristokratisch

aristolochia, *sub, -s (bot.)* Pfeifenkraut

arithmetic, *sub, nur Einz.* Arithmetik, Rechnen; **~ slate** *sub, -s* Rechentafel; **~al** *adj*, arithmetisch, rechnerisch; **~ian** *sub*, *-s* Rechner

ark, *sub*, *-s* Arche; *Noah´s ark* die Arche Noah

arm, (1) *sub*, *-s (anat.)* Arm; *(tt; mil.)* Waffe (2) *vi*, *(mil.)* rüsten (3) *vt*, *(mit Waffen)* bewehren (4) *vti*, aufrüsten; *the arm of law* der Arm des Gesetzes, *she would give her right arm for it* sie würde sich die Finger danach lecken; *to beat sb with his own weapons* jmd mit seinen eigenen Waffen schlagen; *to call to arms* zu den Waffen rufen; *to lay down one´s arms* die Waffen strecken; **~ (o.s.)** *vr*, *vt*, bewaffnen; **~ bend** *sub*, - *-s (spo.)* Armbeuge; **~ muscle** *sub*, - *-s* Armmuskel; **~ of a river** *sub*, *-s* Flussarm; **~´s length** *sub*, *nur Einz.* Armeslänge; *s´ -s* Armlänge; *at arm´s length* auf Armlänge

armament, *sub*, *nur Einz.* Aufrüstung; *-s* Rüstung

armband, *sub*, *-s* Armbinde

armchair, *sub*, *-s* Fauteuil; *(Lehnstuhl)* Sessel

armed forces, *sub*, *nur Mehrz.* Militär, Streitkräfte, Streitmacht; *(mil.)* Truppen; *(tt; mil.)* Wehrmacht; **arming** *sub*, - *(das Aufrüsten)* Bewaffnung; *(mit Waffen)* Bewehrung; **armistice** *sub*, *-s* Waffenstillstand; **armored** *adj*, *(gepanzert, US)* geharnischt; **armour** *sub*, *-s* Kettenpanzer; *(Panzerung)* Panzer; **armoured** *adj*, *(gepanzert)* geharnischt; **armoured (war) ship** *sub*, *-s* Panzerschiff; **armoured car** *sub*, *-s* Panzerwagen; **armoured personnel carrier** *sub*, *-s* Schützenpanzer; **armoured vehicle** *sub*, *-s* Panzerkampfwagen; **armoury** *sub*, *-es* Waffenlager

armpit, *sub*, *-s* Achselhöhle

armrest, *sub*, *-s* Armlehne

arms, *sub*, *nur Mehrz.* Rüstung; *(Waffen)* Bewaffnung; *(i. ü. S.) be up in arms against* Sturm laufen gegen; **~ trade** *sub*, *nur Einz.* Waffenhandel

army, *sub*, *-s* Armee; *-ies* Heer; *nur Einz. (ugs.)* Barras; Kommiss; *in the army* beim Barras; *enter the army* zu den Soldaten gehen; *the place is run like an army camp* da geht es zu wie beim Militär; *to be fed up with army life* vom Kommiss genug haben; *(ugs.) we´re not in the army, you know* wir sind doch hier nicht beim

Militär; **~ ant** *sub*, *-s (tt; biol.)* Wanderameise; **~ bread** *sub*, *nur Einz.* Kommissbrot; **~ days** *sub*, *nur Mehrz.* Militärzeit; **~ doctor** *sub*, *-s* Militärarzt; **~ unit** *sub*, - *-s* Armeeeinheit

arnica, *sub*, - *(bot.)* Arnika

aromatic, *adj*, aromatisch, würzig

arouse, *vt*, *(Eindruck)* erwecken; *(s.v.)* entflammen; *arouse the impression that* den Eindruck erwecken, daß; **~ pity** *vt*, *(jmdn.)* erbarmen; **~ sexual desire** *vt*, erotisieren; **~ so to revolt** *vt*, insurgieren; **~... in** *vt*, *(Angst)* einflößen; *arouse fear in sb* jmd Angst einflößen

arrange, (1) *vr*, absprechen (2) *vt*, arrangieren, festlegen, gestalten, instrumentieren, verabreden, vermitteln; *(Dinge)* anordnen; *(ordnen)* sortieren; *(sortieren)* ordnen; *(Vereinb.)* festmachen; *(vereinbaren)* abmachen, ausmachen; *that can be arranged* das läßt sich einrichten; *arrange a time* einen Termin ausmachen; *arrange a venue* einen Treffpunkt ausmachen; **~ for sth** *vt*, veranlassen; **~ in chapters** *vt*, abkapiteln; **~ in groups** *vt*, gruppieren; **~ with** *vt*, *(auf)* einrichten; **~ with so** *vi*, absprechen; **~ment** *sub*, *-s* Abmachung, Absprache, Gestaltung, Übereinkunft, Verabredung, Vermittlung; *(Anordnung)* Aufstellung; *(Art und Vorgang)* Anlage; *(Blumen)* Gebinde; *(mus.)* Arrangement; *(Plan, Vertrag)* Modalität; *(Planung)* Disposition; *(von Dingen)* Anordnung; *come to an arrangement* eine Abmachung treffen; *make one´s arrangements* seine Dispositionen treffen; **~ment of steps** *sub*, *arrangements* Stufenfolge; **~r** *sub*, *-s* Arrangeur

arrange to meet sb, *vr*, verabreden

array, *sub*, *-s (Menge)* Aufgebot

arrears, *sub*, *nur Mehrz.* Rückstand

arrest, (1) *sub*, *-s* Arretierung, Festnahme, Gefangennahme, Verhaftung (2) *vt*, dingfest, festnehmen, gefangen nehmen, verhaften; *(tech.)* arretieren; *(vorläufig)* festnehmen; *arrest so* jmd dingfest machen; **~ warrant** *sub*, *-s* Haftbefehl *issue a warrant* einen Haftbefehl gegen jmdn erlassen

arrival, *sub*, *-s* Ankunft

arrive, *vi*, einfinden, kommen; *(ankommen)* eintreffen; *(Ziel erreichen)* ankommen; *arrive at home in time* sich pünktlich zuhause einfinden; *arrive at Madeira* auf Madeira eintreffen; *arrive in Berlin* in Berlin eintreffen; *the train has just arrived at platform 5* der Zug ist soeben auf Gleis 5 eingefahren; *arrive savely* sicher ankommen

arrogance, *sub*, *-s* Anmaßung; *nur Einz.* Arroganz, Dünkel; *-* Hochmut; *-s* Überheblichkeit; *nur Einz. (Hochmut)* Stolz

arrogant, *adj*, anmaßend, arrogant, hochmütig, überheblich; *(anmaßend)* stolz

arrow, *sub*, *-s* Pfeil; *bow and arrow* Pfeil und Bogen; *Cupid´s arrow* Amors Pfeil

arse, *sub*, *-s (vulg.)* Arsch; *give so a kick in the arse* jemandem einen Arschtritt verpassen; **~-licker** *sub*, *-s* Arschkriecher; **~hole** *sub*, *-s (vulg.)* Arschloch

arsenal, *sub*, *-s (Lager)* Arsenal; *(tt; mil.)* Zeughaus

arsenic, (1) *adj*, arsenig (2) *sub*, *nur Einz.* Arsen; **~ poisoning** *sub*, *-s* Arsenvergiftung

arsonist, *sub*, *-s* Brandstifter

art, *sub*, *nur Einz.* Kunst, Malerei; *have no appreciation for the arts* amusisch sein; *(Diebstahl etc) to get it down to a fine art* es zu wahrer Meisterschaft bringen; **~ collector** *sub*, *-s* Kunstsammler; **~ criticism** *sub*, *nur Einz.* Kunstkritik; **~ dealer** *sub*, *-s* Kunsthändler; **~ gallery** *sub*, *-ies* Gemäldegalerie, Kunstgalerie; **~ history** *sub*, *-* Kunstgeschichte; **~ lesson** *sub*, *-s* Zeichenstunde; **~ of dialogue** *sub*, *nur Einz.* Dialogkunst; **~ of fencing** *sub*, Fechtkunst; **~ of poetry** *sub*, *nur Einz.* Dichtkunst; **~ of singing** *sub*, *-s* Gesangskunst; **~ of warfare** *sub*, *-* Kriegskunst; **~ review** *sub*, *-s* Kunstkritik; **~ room** *sub*, *-s* Zeichensaal; **~ school** *sub*, *-s* Kunstschule; **~ student** *sub*, *-s* Kunststudent; **~ trade** *sub*, *nur Einz.* Kunsthandel; **~ treasures** *sub*, *nur Mehrz.* Kunstschätze; **~(-promo-**

ting) association *sub*, *-s* Kunstverein

arterial, *adj*, arteriell; **~ road** *sub*, *-s* Verkehrsader; **arteriosclerosis** *sub*, *nur Einz. (tt; med.)* Arteriosklerose; **artery** *sub*, *-ies* Pulsader, Schlagader; *(anat.)* Arterie

arthritic, *adj*, *(tt; med.)* arthritisch; **arthritis** *sub*, *nur Einz.* Arthritis

arthrosis, *sub*, Arthrose

artichoke, *sub*, *-s* Artischocke

article, *sub*, *-s* Ware; *(Linguistik, jur.)* Artikel; *(Sprachw.)* Geschlechtswort; **~ for the feature pages** *adj*, *(Zeitungsart.)* feuilletonistisch; **~ of equipment** *sub*, *-s* Ausrüstungsgegenstand, Ausrüstungsstück

articular capsule, *sub*, *-s (med.)* Gelenkkapsel

articulate, (1) *adj*, sprachfertig (2) *sub*, *-s* Gliedertier (3) *vt*, artikulieren; **~d lorry** *sub*, *-ies* Sattelschlepper; **articulation** *sub*, *nur Einz.* Artikulation; *-s* Lautbildung

artifice, *sub*, *-s* Machination

artificial, *adj*, artifiziell, künstlich; *(künstlich)* unecht; **~ coffee** *sub*, *-s* Kaffeeersatz; **~ fertilizer** *sub*, *-s* Kunstdünger; **~ ice-rink** *sub*, *-s* Kunsteisbahn; **~ language** *sub*, *-s* Kunstsprache; **~ leg** *sub*, *-s* Beinprothese; **~ limb or joint** *sub*, *-s* Prothese; **~ respiration** *sub*, *-s* Beatmung; **~ silk** *sub*, *-s* Kunstseide; **~ stone** *sub*, *-s (kun.)* Similistein

artillery, *sub*, *-ies* Artillerie; **~ shell** *sub*, *-s* Artilleriegeschoss; **~man** *sub*, *-men* Artillerist; *(mil.)* Kanonier

artist, *sub*, *-s* Artist, Künstler; *(Kunst~ auch)* Maler; **~ic** (1) *adj*, bildnerisch, künstlerisch (2) *attr*, *(Veranlagung)* musisch; **~ry** *sub*, *nur Einz.* Künstlertum

arts, *attr*, *(Fächer)* musisch; **~ and crafts** *sub*, *nur Mehrz.* Kunstgewerbe; **~ and humanities** *sub*, *-* Geisteswissenschaften

as, (1) *konj*, wie; *(weil)* da (2) *konj.*, solang (3) *präp*, *(so wie)* als; *(wie)* als; *as it´s raining* da es regnet, *asas* sowie; *it´s late enough as it is* es ist ohnehin schon spät; *there are too many of us as it is* wir sind ohnedies zu viele Leute; *we´re too* *many as it is* wir sind ohnehin schon zu viele Leute; *(i. ü. S.) you get as much as you give* wie es in den Wald hineinruft, so schallt es wieder heraus, *as a present* als Geschenk; ~ a **makeshift** *adv*, behelfsweise; *(improvisiert)* behelfsmäßig; ~ a **precaution** *adv*, vorsichtshalber, vorsorglich; ~ a **result** *adv*, folglich, infolgedessen; *(causal)* dadurch, darauf; ~ a **result of** *adv*, daraufhin; *(auf etwas)* hin; *as a result of it he became* daraufhin bekam er; ~ a **whole** *adv*, insgesamt; ~ **agreed upon** *adv*, beschlossenermaßen; ~ **an alternative** *adv*, ersatzweise

as an example, *adv*, exemplarisch; **as dead as a doornail** *adj*, *(ugs.)* mausetot; **as everyone knows** *adv*, bekanntermaßen, bekanntlich; **as far as** (1) *adv*, *(bis)* hin (2) *konj*, soweit; *as far as I´m concerned* soweit es mich betrifft; *as far as possible* soweit als möglich; **as far as I am concerned** *adv*, meinerseits; *(von mir aus)* meinetwegen; *if you like* meinetwasegen!; *if you want to do that, fair enough, but* wenn ihr das tun wollt, meinetwasegen aber; **as far as the text is concerned** *adv*, textlich; **as far as you are concerned** *adv*, *(geh.)* deinetwegen; **as follows** *adv*, folgendermaßen; **as from now** *adv*, *(geh.; von jetzt an)* nunmehr; **as hard as rock** *adj*, beinhart; **as hoarse as a crow** *adj*, stockheiser

asbestos, *sub*, *nur Einz.* Asbest; ~ **cement** *sub*, *-s (Warenzeichen)* Eternit (R)

ascendant, *sub*, *-s* Aszendent

ascent, *sub*, *-s* Erklimmung, Ersteigerung; *(Aufstieg)* Anstieg; *(a. i.ü.S.; Weg, auch sozial)* Aufstieg

ascertain, *vt*, erfragen, ermitteln; *hard to ascertain* schwer feststellbar; *inverstigate sb concerning sth* gegen jmd in einer Sache ermitteln; ~**able** *adj*, *(Tatsachen)* erschließbar

ascetic, (1) *adj*, asketisch (2) *sub*, *-s* Asket; ~**ally** *adv*, asketisch; ~**ism** *sub*, *nur Einz.* Askese

ascorbic acid, *sub*, *nur Einz.* *(tt; chem.)* Ascorbinsäure

asepsis, *sub*, *nur Einz.* *(Keimfreiheit)* Sterilität; **aseptic** *adj*, *(keimfrei)* steril

asexual, *adj*, *(tt; biol.)* asexual, asexuell

ash, *sub*, *-es* Asche; *ashtrees* Esche; *reduce to ashes* in Schutt und Asche legen; ~ **blond** *adj*, aschblond, weißblond; ~ **gray** *adj*, aschgrau; ~ **pale** *adj*, aschbleich

ashamed, *adj*, beschämt

ashen, *adj*, aschfahl

ashtray, *sub*, *-s* Aschenbecher

Asian, *adj*, asiatisch

aside, *adv*, beiseite; *put sth aside* etwas beiseite schieben; *step aside* beiseite gehen

as if, *präp*, *(als dass)* als; *as if she were blind* als ob sie blind wäre; ~ **by an invisible hand** *sub*, *-s (wie von -)* Geisterhand; **as instructed** *adv*, vorschriftsmäßig; **as is fitting** *vr*, *(sich)* gebühren; **as it were** *adv*, sozusagen; **as light as a feather** *adj*, federleicht; **as lightly as a feather** *adv*, federleicht; **as long as** (1) *adv*, solange (2) *konj.*, solang; **as long as an arm** *adj*, armlang; **As major** *sub*, *nur Einz. (tt; mus.)* As-Dur; **as minor** *sub*, *nur Einz.* as-Moll; **as much** *adj*, *(viel)* genauso; **as much as** *konj*, soviel; *as much as you like* soviel du willst; *half as much* halb soviel; **as old as the hills** *adj*, steinalt; **as per order** *adv*, auftragsgemäß; **as planned** *adj*, *(wie geplant)* planmäßig; **as quick as lighting** *attr*, pfeilschnell; **as quickly as possible** *adv*, schnellstens; **as requested** *adv*, wunschgemäß

ask, (1) *vt*, verlangen; *(fragen)* (2) *vti*, fragen; *ask for it* danach fragen; *ask so about sth* bei jemandem nach etwas anfragen; *ask so to do sth* jemandem beauftragen, etwas zu tun; *ask so to speak* jmd das Wort erteilen; *be asked at school* in der Schule drankommen; *don´t wait to be asked* lassen Sie sich nicht erst nötigen!; *I asked him for it* ich bat ihn darum; *(ugs.) there´s no law against asking* man wird doch wohl noch fragen dürfen, *ask a question* eine Frage stellen, etwas fragen; *ask so his/her name, the way* jmdn nach seinem Namen, dem Weg etc fragen; *ask so´s advice* jmdn um Rat fragen; *I* *wanted to ask if* ich wollte fragen, ob; ~ **about** *vr, (sich)* fragen; *I ask myself how* ich frage mich, wie; ~ **back** *vti*, zurückfragen; ~ **for** (1) *vi*, bitten (2) *vt*, heischen (3) *vti, (nachfragen)* fragen; *may I ask for your attention* um Aufmerksamkeit bitten; *may I ask you for a glass of water, please* darf ich Sie um ein Glas Wasser bitten; ~ **in** *vi*, hineinbitten; ~ **or invide sb to** *vt*; *ask to come and sit down at the table* zu Tisch bitten; *to ask sb to tea* jmd zum Tee bitten; *to ask to dance* zum Tanz bitten; ~ **so out** *vt*, *(einladen)* ausbitten; ~ **so´s pardon** *vt*, abbitten; ~ **too much of so** *vt*, *(geistig)* überfordern

asleep, *adj*, schlafend

asparagus, *sub*, - Spargel; ~ **patch** *sub*, -es Spargelbeet; ~ **soup** *sub*, -s Spargelsuppe; ~ **spears** *sub*, *nur Mehrz.* Stangenspargel

aspen, *sub*, -s Espe; *(tt; bot.)* Zitterpappel

asphalt, (1) *sub*, -s Asphalt (2) *vt*, asphaltieren

aspic, *sub*, -s Aspik

aspirate, *vt, (med.)* punktieren; **aspiration**, *sub*, -s Punktion

aspire, *vi*, aufstreben

aspirin, *sub*, -s *(tt; med.)* Aspirin

aspiring, *adj, (Person)* aufstrebend

assassin, *sub*, -s Attentäter; ~**ate** *vt, (veraltet)* meucheln; *(polit.)* ermorden; *assassinate so* auf jemanden erfolgreich ein Attentat verüben; ~**ation** *sub*, -s Attentat, Mordanschlag; ~**ation attempt** *sub*, -s *(erfolglos)* Mordanschlag

assault, (1) *sub*, -s Ansturm, Sturmangriff, Überfall (2) *vt*, überfallen; *(jur.)* angreifen; *(sexuell)* missbrauchen; *the assault on the city* der Ansturm auf die Stadt, *assault someone* gegen jemanden tätlich werden; ~ **sb** *vr*, vergehen

as scheduled, *adj, (pünktlich)* planmäßig; *we arrived as scheduled at 12* wir sind planmäßig um 12 Uhr angekommen; **as simple as that** *adv*, schlichtweg; **as slippery as ice** *adj*, *(i. ü. S.)* eisglatt; **as smooth as glass** *adj*, spiegelglatt; **as soft as down** *adj*, daunenweich; **as soon as** *konj*, sobald; *(zeitlich)* sowie; **as stipulated in the contract** *adv*, vertragsge-

mäß; **as straight as a die** *attr*, pfeilgerade; **as strong as a horse** *adj*, *(er hat eine ~)* Pferdenatur; **as swift as an arrow** *attr*, pfeilschnell; **as the crow flies** *Redeuendg.*, Luftlinie; **as well** (1) *adj*, *(gut)* genauso (2) *adv*, ebenfalls *(3) konj*, sowohl; *the wives were invited as well* die Ehefrauen waren ebenfalls eingeladen, *as well as* sowohls auch; **as well as** *konj*, wesowohl; *(und auch)* sowie; **as wide as your thumb** *adj*, daumenbreit; **as...before** *adj*, vorangehend, vorausgehend

assemble, (1) *vi*, zusammentreten; *(polit.)* konstituieren; *(zusammenbauen)* aufbauen (2) *vr*, gruppieren (3) *vt*, zusammensetzen; *(zusammenbauen)* montieren (4) *vt*, versammeln; **assembly** *sub*, -es Versammlung; *nur Einz.* Zusammenbau; Zusammensetzung; -ies *(Zusammenbau)* Aufbau, Montage **assembly hall** *sub*, - -s Aula; **assembly line** *sub*, -s Fertigungsstraße, Montageband; **assembly point** *sub*, -s Sammelplatz; **assembly shop** *sub*, -s Montagehalle; **assembly time** *sub*, -s Montagezeit; **assembly-line work** *sub*, -s Fließarbeit, Fließbandarbeit

assent, *sub*, -s Konsens

assert, *vi, (geh.)* behaupten; *assert (Ansprüche)* geltend machen; *assert one´s rights* sein Recht behaupten; *assert os against so* gegen jemanden aufkommen; ~ **o.s.** *vr, (gegenüber Mitstreitern)* behaupten; ~ **oneself against ...** *vr, (Schüler)* durchsetzen; *assert one´s authority over the pupils* sich den Schülern gegenüber durchsetzen; ~**ion** *sub*, -s *(geh.)* Behauptung; *make an assertion* eine Behauptung aufstellen; *withdraw an assertion* eine Behauptung zurücknehmen

assess, *vt*, bewerten, eintaxieren, veranlagen; *(i. ü. S.)* gewichten; *assess a performance by* eine Leistung nach etwas bewerten; *assess a tax* Steuer eintaxieren; *assess damages* Schaden eintaxieren; *be assessed according to one standard* mit einerlei Maß gemessen wer-

den; ~**ment** *sub*, *-s* Bewertung; *(Steuer)* Einschätzung; ~**or** *sub*, *-s (Sachverständiger)* Beisitzer
assets, *sub*, *nur Mebrz. (tt; wirt.)* Aktiva; *assets and liabilities* Aktiva und Passiva
assiduous, *adj*, *(fleissig)* eifrig
assimilate, *vt*, angleichen, assimilieren, verarbeiten; **assimilation** *sub*, *-s* Assimilation, Assimilierung, Verarbeitung
assist, *vi*, assistieren; ~**ance** (1) *sub*, *-s* Assistenz; *nur Einz.* Mithilfe; *-s* Unterstützung (2) *vt*, zutun; *with the assistance of colleagues* unter Mithilfe der Kollegen, *can I be of any assistance to you* kann ich ihnen mit etwas dienlich sein; ~**ance in an emergency** *sub*, *nur Einz.* Nothilfe; ~**ance with the harvest** *sub*, *nur Einz.* Ernteeinsatz; ~**ant** *sub*, *-s* Assistent, Beigeordnete, Gehilfe, Hilfslehrer; *(Gebilfe)* Helfer; ~**ant head of government department** *sub*, *heads* Ministerialdirigent; ~**ant judge** *sub*, *- -s (jur.)* Assessor; ~**ant of sales manager** *sub*, *assistants* Substitut, Substitutin
associate, (1) *sub*, *-s* Teilhaber, Teilhaberin (2) *vt*, *(geb.)* assoziieren; ~ *o.s.* *vr*, *(geb.; polit.)* assoziieren; ~**s** *sub*, *hier nur Mehrz.* Konsorten; **association** *sub*, *-s* Assoziation, Assoziierung, Bund, Gemeinschaft; *(tt; polit.)* Verband; *(tt; wirt.)* Verbindung; *association of residents* Anwohnervereinigung; *the associations conjured up by this word* was bei diesem Wort mitschwingt; **associative** *adj*, assoziativ
assortment, *sub*, *-s* Kollektion; *(Auswahl)* Sortiment
assume, *vt*, unterstellen; *(Amt)* übernehmen; *do sth assuming that* etwas in der Annahme tun, dass; *have reason to assume that* Grund zur Annahme haben, dass; ~**d** *adj*, *(angenommen)* gedacht; **assumption** *sub*, *-s* Präsumtion, Vermutung; *(Amts-)* Übernahme; *nur Einz. (Mariä)* Himmelfahrt; *-s (Vermutung)* Annahme; *warrants the assumption that* berechtigt zu der Annahme, dass
assurance, *sub*, *-s* Gewissheit, Versicherung; **assure** *vt*, versichern
aster, *sub*, *-s (bot.)* Aster

asterisk, *sub*, *-s (Druckwesen)* Sternzeichen
asteroid, *sub*, *-s* Planetoid; *(tt; pby.)* Asteroid
asthma, *sub*, *nur Einz. (med.)* Asthma; ~ **attack** *sub*, *- -s* Asthmaanfall; ~**tic** (1) *adj*, asthmatisch (2) *sub*, *-s* Asthmatiker
astigmatic, *adj*, astigmatisch, stabsichtig; **astigmatism** *sub*, *nur Einz.* Astigmatismus
astonish, *vt*, erstaunen, frappieren, verwundern; ~**ing** *adj*, erstaunlich, staunenswert; ~**ment** *sub*, *nur Einz.* Befremden; *-s* Erstaunen, Erstauntheit; *nur Einz.* Staunen; *realize with astonishment* mit Befremden feststellen
astral, *adj*, astral; ~ **body** *sub*, *-ies* Astralleib
astride, *adj*, rittlings
astrologer, *sub*, *-s* Astrologe, Sterndeuter; **astrological** *adj*, astrologisch; **astrology** *sub*, *nur Einz.* Astrologie, Sterndeutung
astronaut, *sub*, *-s* Astronaut; ~**ical** *adj*, astronautisch; ~**ics** *sub*, *-s* Astronautik
astute, *adj*, scharfsinnig
asylum, *sub*, *-s* Irrenanstalt; *nur Einz. (polit.)* Asyl; ~ **application** *sub*, *- -s* Asylantrag; ~ **laws** *sub*, *nur Mehrz. (Gesetze)* Asylrecht; ~**-seeker** *sub*, *-s* Asylant, Asylbewerber
asymmetric bar, *sub*, *-s* Stufenbarren; **asymmetrical** *adj*, asymmetrisch; **asymmetry** *sub*, *-ies* Asymmetrie
asynchronous, *adj*, asynchron
as you like, *adv*, beliebig
at, *präp*, zu; *(räumlich)* am; *(Zeit)* um; *(zeitl)* zu; *(zeitlich)* mit; *(zahlenang.)* *at two per cent* zu zwei Prozent; *at the oven* am Ofen; *at any rate* um jeden Preis; *at six o´clock* um 6 Uhr; *at the window* beim Fenster; *knock at the door* gegen die Türe klopfen; *sit at the table* am Tisch sitzen; *(ugs.i.ü.S.)* *this is where it´s at!* hier spielt die Musik!; *(zweck)* *to be no use at all* zu nichts zu gebrauchen sein; *(örtl/richt)* *to point heavenwards/up at the heavens* zum Himmel weisen; *(zweck)* *to set her mind at rest* nur zu ihrer Beruhi-

gung; *(zeitl.) at an early hour* zu früher Stunde; *(zeitl.) at Easter* zu Ostern; *(zeitl.) at midday* zu Mittag; *(örtl. Lage) to seat at sb side* jmd zur Seite sitzen; ~ **(the) most** *adv*, höchstens, höchstfalls; *after 5 minutes at the most* nach höchstens 5 Minuten; *we'll win second place at the most* wir gewinnen höchstens einen 2 Platz; ~ **a snail's pace** *adv*, Schnekkentempo; ~ **all** *adv*, irgend, lange; *if at all possible* wenn irgend möglich; *(i. ü. S.) not at all!* keine Spur!; ~ **any given time** *adv*, jeweils; ~ **any time** *adv*, jederzeit, jederzeitig; ~ **best** *adv*, bestenfalls; ~ **exactly that time** *adv*, ebendann; ~ **exactly the place** *adv*, ebendort; ~ **first** *adv*, zunächst; ~ **full speed** *adv*, *(ugs.)* Karacho; *(ugs.) he drove smack into the wall* er fuhr mit Karacho gegen die Mauer; ~ **intervals** *adv*, zwischendurch

at, by, near, *präp*, *(räumlich)* bei, beim; *at the door* bei der Tür; *by the river* beim Fluss; *live at one's parents' place* bei seinen Eltern wohnen; *near London* bei London; **at, by, on** *präp*, *(bezüglich)* bei; *(zeitlich)* bei; *at night* bei Nacht; *by day* bei Tag; *on arrival of the train* bei Ankunft des Zuges; **at, in, on, to** *präp*, auf; *everywhere in the world* überall auf der Welt; *in German* auf Deutsch; *it's getting on for noon* auf Mittag zu gehen; *on the chair* auf dem Stuhl; **at, on** *präp*, *(räumlich)* an; *at the door* an der Tür; *on the wall* an der Wand; **at, on, with** on, *(in Anbetracht)* bei; *at wages of* bei einem Lohn von; *considering your problems* bei deinen Problemen; *with such a performance* bei einer solchen Leistung

atelier, *sub*, -s *(Künstler-)* Studio
atheism, *sub*, *nur Einz.* Atheismus; **atheist** *sub*, -s Atheist; **atheistic** *adj*, atheistisch
athlete, *sub*, -s Athlet, Leichtathlet, Sportler; ~'s **foot** *sub*, - *(med.)* Fußpilz; ~'s **heart** *sub*, -s Sportlerherz; **athletic** *adj*, athletisch, sportlich; **athletics** *sub*, *nur Mehrz.* Athletik; - Leichtathletik
athmosphere, *sub*, - Flair
at home, *adv*, daheim

Atlantic, *sub*, *nur Einz.* Atlantik
atlas, *sub*, -es Atlas
at last, *adv*, letztendlich; *(nach langer Zeit)* endlich; *are you ready at least* bist du endlich fertig; **at least** *adv*, jedenfalls, wenigstens, zumindest; *he didn't come, but at least he apologized* er ist nicht gekommen, aber er hat sich jedenfalls entschuldigt; *he has travelled a lot, at least he says he has* er ist sehr weit gereist, jedenfalls sagt er das; **at lunchtime** *adv*, mittags; **at most** *adv*, allenfalls, maximal; **at night** *adv*, nachts; *(on) Tuesday nights* dienstags nachts; **at once** *adv*, flugs, schleunigst, sofort, sogleich; *come home at once!* komm sofort nach hause!; **at random** *adv*, wahllos; **at s.o.'s behest** *sub*, -s *(auf j-s -hin)* Geheiß; **at short notice** *adv*, kurzfristig; *to cancel a visit at short notice* einen Besuch kurzfristig absagen; *we suddenly changed our plans* wir haben kurzfristig unsere Pläne geändert; **at that time (then)** *adv*, damals
atmosphere, *sub*, -s Atmosphäre, Stimmung; *(i. ü. S.)* Klima; *nur Einz.* Kolorit; -s *(Lokalkolorit)* Milieu; *the atmosphere was totally ruined* die Stimmung war im Eimer; **atmospheric** *adj*, atmosphärisch; **atmospheric humidity** *sub*, -s Luftfeuchtigkeit
atom, *sub*, -s Atom; ~**ic nucleus** *sub*, Atomkern; ~**ic pile** *sub*, -s *(Atom~)* Meiler; ~**ic weight** *sub*, -s Atomgewicht; ~**ize** *vt*, zerstäuben; ~**izer** *sub*, -s Zerstäuber; ~**izing** *sub*, -s *(tt; biol.)* Zerstäubung
atonal, *adj*, *(mus.)* atonal; ~**ity** *sub*, -ies Atonalität; **atone (1)** *vi*, büßen **(2)** *vti*, sühnen; *atone for* für etwas büßen; *you will pay for it* das sollst du mir büßen, *atone for a crime* ein Verbrechen sühnen; *atone for one's wrongs* seine Schuld sühnen; **atonement** *sub*, -s Sühne; *this demands atonement* das verlangt Sühne; *to atone for* als Sühne für
atrium, *sub*, -s Atrium
atrocity, *sub*, -ies Quälerei; - Untat; -ies *(Greueltat)* Grausamkeit
atrophy, *sub*, *nur Einz.* *(tt; med.)*

Verkümmerung; ~ **of the brain** *sub,
-ies (med.)* Gehirnschwund

attach, *vt,* anmontieren, beiheften,
festmachen, knüpfen; *(anbringen)*
anmachen, befestigen; *(tech.)* anfügen; *be very attached to each other*
aneinander hängen; ~ **o.s.** *vr, (einer
Person)* anhängen; ~**é** *sub, -s* Attaché; ~**ing** *sub, nur Einz. (Anbringung)* Befestigung; ~**ment** *sub, - (tt;
tech.)* Zusatzgerät; ~**ment figure**
sub, - -s Bezugsperson; ~**ment point**
sub, -s (tech.) Ansatzpunkt

attack, (1) *sub, -s* Angriff, Attacke, Befall; *(Attentat)* Anschlag; *(med.)* Anfall **(2)** *vt,* befallen, losfahren;
(angreifen) anfallen; *(mil.)* angreifen; *carry out an attack on someone*
einen Überfall auf jemanden machen;
~ **of fever** *sub, -s* Fieberanfall; ~**er**
sub, -s Angreifer

attar of roses, *sub, -s* Rosenöl

attempt, (1) *sub, -s* Versuch; *(i. ü. S.)*
Anlauf; *(i. ü. S.; Versuch)* Ansatz **(2)**
vt, versuchen, zumuten; *make an attempt on so´s life* einen Anschlag auf
jemanden verüben; ~**ed escape** *sub,
-s* Ausbruchsversuch; ~**ed rapprochement** *sub, -s (polit.)* Annäherungsversuch

attend, *vt, (eine Schule)* besuchen; *attend a meeting* bei einer Sitzung anwesend sein; ~ **to** *vt,* vornehmen;
~**ance** *sub, -s* Aufwartung; *(Anzahl
der Teilnehmer)* Beteiligung; *nur
Einz. (bei Kursen)* Anwesenheit; *-s
(einer Schule)* Besuch; ~**ance allowance** *sub, -s* Pflegegeld; *(polit.)* Sit-
zungsgeld; ~**ance register** *sub, -s*
Präsenzliste; ~**ant** *sub, -s* Wächter,
Wärter; *(allgemein)* Aufseher; *-s (im
Beruf)* Begleiter; ~**ants** *sub, nur
Mehrz. (Bedienstete)* Gefolge

attention, *sub, nur Einz.* Augenmerk,
Beachtung, Obacht; *-s* Zuwendung;
nur Einz. (Konzentration) Aufmerksamkeit; *turn one´s attention to sth*
sein Augenmerk auf etwas richten;
pay attention to Beachtung schenken; *draw attention to os* sich bemerkbar machen; *draw so´s
attention to sth* jemanden auf etwas
aufmerksam machen; *pay attention*
aufmerksam sein; *(mil.)* stand at attention* stramm stehen; *to avoid attracting attention* um Aufsehen zu

vermeiden; *to pay attention to* Notiz nehmen; *attract attention* Aufmerksamkeit erregen; *focus one´s
attention on sth* seine Aufmerksamkeit auf etwas richten; *pay attention to sth* etwas seine
Aufmerksamkeit schenken; **Attention!** *sub, nur Einz.* Aufgepasst!;
attentive *adj, (konzentriert; höflich)* aufmerksam; **attentively** *adv,*
aufmerksam; *listen attentively* aufmerksam lauschen; **attentiveness**
sub, nur Einz. (Höflichkeit) Aufmerksamkeit

at the back, *adv,* hinten; ~ **of** *adv,*
hinten; **at the beginning** *adv,* eingangs; **at the bottom** *adv,* unten;
at the earliest *adj,* ehestens; **at
the front** *adv,* vorweg; **at the latest** *adv,* längstens, spätestens; **at
the midnight hour** *adv,* mitternachts; **at the moment** *adv,* derzeit; *(augenblicklich)* momentan;
(momentan) augenblicklich

at the most, *adv,* längstens, *(höchstens)* äußerstenfalls; **at the same
day** *adv,* gleichentags; **at the same
time** *adv,* gleichzeitig, zugleich;
(gleichz.) dazu; *(gleichzeitig)* nebenbei; *(während)* dabei; **at the
side** *adv,* seitlich; **at the side of**
präp, seitlich; **at the surface** *adv,*
(an der Oberfläche) oben; **at the
time** *adj,* damalig, jeweilig; *at that
time* in der damaligen Zeit; **at the
times of** *adv,* zuzeiten

at the top, *adv,* obenan; *(am oberen Ende)* oben; *his name is at the
top* sein Name steht obenan; ~ **of
one´s voice** *adv,* lauthals; **at the
very earliest** *adv,* allerfrühestens;
at the very least *adv,* allerspätestens; **at the worst** *adv,* schlimm-
stenfalls; **at this point** *adv, (geh.)*
nunmehr; **at times** *adv,* zeitweise

attic, *sub, -s* Bodenkammer, Dach-
geschoß; *(Dachboden)* Speicher;
live under the attic unterm Dach
wohnen; ~ **apartment** *sub, -s (US)*
Dachwohnung; ~ **flat** *sub, -s* Dachwohnung

attitude, *sub, -s (Ansicht)* Einstellung; *(Grundeinstellung)* Haltung;
to have the right attitude die richtige Einstellung mitbringen

attribute, (1) *sub, -s* Attribut **(2)** *vt,*

zuschreiben; *(i. ü. S.)* unterlegen; **attributive** *adj,* attributiv
atypical, *adj,* atypisch
aubergine, *sub, -s* Aubergine
auction, (1) *sub, -s* Auktion, Versteigerung (2) *vt,* versteigern; *be auctioned* zur Auktion kommen; *put up for auction* in die Auktion geben; **~eer** *sub, -s* Auktionator, Versteigerer
audible, *adj,* hörbar, vernehmbar
audience, *sub, -s* Audienz, Hörer, Publikum; *nur Einz.* Zuhörerschaft; *nur Mehrz.* Zuschauer; *-s (Zuhörer)* Auditorium; *you can see that the audience is really with him* man merkt wie die Zuhörer mitgehen; **~ seat** *sub, -s* Zuhörerbank
audio frequency, *sub, -ies* Tonfrequenz; **audio-visual** *adj,* audiovisuell
audit (Am.), *vi,* hospitieren; **audit office** *sub, -s* Rechnungsamt
audition, *vt, (tt; kun.)* vorsprechen; **auditor** *sub, -s* Revisor; *(Univ.)* Gasthörer; **auditor (Am.)** *sub, -s* Hospitant; **auditorium** *sub, -s* Theaterraum, Theatersaal; *(Hörsaal)* Auditorium
August, *sub, -s* August
aunt, *sub, -s* Tante
au pair girl, *sub, -s* Aupairmädchen
aura, *sub, -s* Aura; - Flair; *-s (i. ü. S.)* Fluidum, Nimbus; *to surround oneself with an aura of respectability* sich mit dem Nimbus der Anständigkeit umgeben
aural training, *sub, -s* Gehörbildung
auricle, *sub, -s* Ohrmuschel; **auricular confession** *sub, -s* Ohrenbeichte
aurochs, *sub, -es* Auerochse; - *(tt; zool.)* Ur
austerity program(me), *sub, -s (polit.)* Sparprogramm
Austrian, (1) *adj,* österreichisch (2) *sub, -s* Österreicher
authentic, *adj,* authentisch; *(nicht gefälscht)* echt; **~ally** *adv,* authentisch; **~ate** *vt,* authentisieren; **~ity** *sub, nur Einz.* Authentizität; *-ies* Echtheit
author, *sub, -s* Autor, Schriftsteller, Verfasser, Verfasserin; *best-selling author* Erfolgsautor; **~´s reading** *sub, -s´ -s* Autorenlesung
authoritarian, *adj,* autoritär, obrigkeitlich
authorities, *sub, nur Mehrz. (die Behörden)* Obrigkeit; *the secular authorities* die weltliche Obrigkeit; *the spiritual authorities* die geistliche Obrigkeit; **~ responsible for fire precautions and firefighting** *sub,* Feuerpolizei; **authority** *sub, -ies* Autorität, Befugnis, Gewährsmann, Instanz, Kapazität; *hier nur Einz.* Kompetenz; *nur Einz.* Obrigkeit, Vollmacht; *(durch Amt)* Gewalt; *nur Einz. (Verfügung)* Berechtigung; *he is one of the leading authorities in his field* er ist eine der führenden Kapazitäten seines Fachs; *that doesn't lie within my authority* das liegt außerhalb meiner Kompetenz; **authority of the state** *sub, -ies* Staatsgewalt
authorization, *sub, -s* Autorisation, Bevollmächtigung, Ermächtigung; *nur Einz.* Legitimation; *-s* Zulassung; **authorize** *vt,* autorisieren, befugen, bevollmächtigen, ermächtigen; **authorized** *adj,* autorisiert, befugt; **authorized to receive** *adj,* empfangsberechtigt
autism, *sub,* Autismus; **autistic** *adj,* autistisch
autobahn, *sub, -s (in Deutschland)* Autobahn
autobiografical, *adj,* autobiografisch; **autobiography** *sub, -ies* Autobiografie
autocracy, *sub, -ies* Alleinherrschaft; **autodidactic** *adj,* autodidaktisch; **autodidactically** *adv,* autodidaktisch
autofocus, *sub, nur Einz.* Autofokus
autograph, *sub, -s* Autogramm; **~ book** *sub, -s* Poesiealbum
automat, *sub, -s* Automatenrestaurant; **~e** *vt,* automatisieren; **~ic** *adj,* automatisch, selbsttätig; **~ic dishwasher** *sub, -s* Spülautomat; **~ic system** *sub, -s (automatisches System)* Automatik; **~ic teller machine (ATM)** *sub, -s* Bankautomat; **~ic transmission** *sub, -s* Automatikgetriebe; *(in Fahrzeugen)* Automatik; **~ic washing machine** *sub, -s* Waschautomat; **~ically** *adv,* automatisch
automation, *sub, -s* Automation, Automatisierung; **automatism** *sub, -s* Automatismus; **automobile**

association *sub, -s* Automobilklub
autonomous, *adj*, autonom; **autonomy** *sub, -ies* Autonomie; **autonomy in negotiating wage rates** *sub, autonomies (Lohnverhandlungen)* Tarifautonomie
autopsy, *sub, -ies* Autopsie, Obduktion; *autopsy* Öffnung der Leiche; *(med.)* perform an autopsy jemanden sezieren; ~ **results** *sub, nur Mehrz.* Obduktionsbefund
autosuggestion, *sub, nur Einz.* Autosuggestion
autumn, *sub, nur Einz.* Herbst; ~ **break** *sub, nur Einz.* Herbstferien; ~ **colouring** *sub, nur Einz.* Laubfärbung; ~ **fog** *sub, -* Herbstnebel; ~ **storm** *sub, -s* Herbststurm; ~ **sun** *sub, -* Herbstsonne; ~ **trade** *sub, -s* Herbstmesse; ~**al** *adj*, herbstlich; ~**flower** *sub, -s* Herbstblume
auxiliary saint, *sub, -s* Nothelferin
availability, *sub, -ies* Disponibilität; ~ **for purchase** *sub, nur Einz.* Käuflichkeit; **available** *adj*, disponibel, lieferbar, verfügbar, vorhanden; *(Handel)* greifbar; **available only on prescription** *adj*, rezeptpflichtig
avalanche, *sub, -s* Lawine; ~ **of stones** *sub, avalanches* Steinlawine; ~ **search dog** *sub, -s* Lawinenhund
avant-garde, (1) *adj*, avantgardistisch (2) *sub, -s* Avantgarde
avenge, *vt*, rächen; ~**r** *sub, -s* Rächer; **avenging goddess** *sub, -es* Rachegöttin
avenue, *sub, -s* Allee, Korso; ~ **of poplars** *sub, avenues* Pappelallee
average, (1) *adj*, *(durchschnittlich)* gewöhnlich; *(stat.)* durchschnittlich (2) *sub, -s* Durchschnitt; *(math.)* Mittel; *be (a good) average* guter Durchschnitt sein; *on average* im Durchschnitt; *on average* im Mittel; ~ **speed** *sub, -s* Durchschnittsgeschwindigkeit
averse, *adj*, abhold; ~ **to light** *adj*, lichtscheu; **aversion** *sub, -s* Aversion; *(Widerwille)* Überdruss
avert, *vt*, *(beseitigen)* bannen; *(Verdacht)* ablenken
aviation, *sub, nur Einz.* *(Flugzeuge)* Luftfahrt
avocado, *sub, -s* Avocado
avoid, *vt*, meiden, vermeiden; *(einer Frage etc.)* ausweichen; *avoid a sub-*

ject einem Thema ausweichen; *avoid to make a decision* einem Entschluss ausweichen; ~**able** *adj*, abwendbar, vermeidlich
avolutionary, *adj*, evolutionär
awake, (1) *adj*, wach; *(wach)* munter (2) *vi*, erwachen; *wide awake* frisch und munter; ~**ning** *sub, -s* Erwachen
award, (1) *sub, -s* Förderpreis, Prämiierung, Zuerkennung (2) *vt*, vergeben; *award a prize to so* jemanden mit einem Preis auszeichnen; *be awarded a prize* einen Preis erhalten; ~ **sb a diploma** *vt*, diplomieren; ~**(ing)** *sub, -s* Verleihung; ~**-winning** *adj*, preisgekrönt; ~**ing** *sub, -s* Zuerteilung
aware, *adj*, *(im Klaren)* bewusst; *be aware of sth* sich einer Sache bewußt sein; *be self-aware* seiner selbst bewusst sein; *one has to be aware that* es ist zu beachten, dass; *to make sb aware of sth* jmd die Augen für etwas öffnen; ~**ness** *sub, -* Wahrnehmung; *nur Einz.* *(gesellschaftliches etc.)* Bewusstsein
away, (1) *adj*, *(abw.)* fort (2) *adv*, hinweg; *(weg)* los; *away with you* weg mit euch; *far away from here* weit weg von hier; *up and away* auf und davon; ~ **from home** (1) *adv*, *(von zu Hause weg)* auswärts (2) *sub*, Fremde; ~ **game** *sub, -s (spo.)* Gastspiel; ~ **match** *sub, -s* Auswärtsspiel
awful, *adj*, furchtbar, schlimm; *(ugs.)* horrend; *(ugs.)* goddamn awful unter aller Sau; *I feel awful about it* das ist mir ja so peinlich; *(ugs.) she´s still in awful pain* sie hat noch horrende Schmerzen; ~ **weather** *sub, -* Sauwetter; ~**ly** *adv*, lausig
awkward, *adj*, linkisch, misslich, prekär, renitent, täppisch, tapsig, tollpatschig, trottelhaft, unbeholfen, ungelenk, verfänglich; *(Bewegung)* plump; *(schwerfällig)* umständlich; *that´s a bit awkward* das ist ja eine missliche Sache; *to express oneself awkwardly* sich ungeschickt ausdrücken; ~ **so-and-so** *adj*, *(ugs.)* Querkopf; ~**ness** *sub, nur Einz.* Bockigkeit, Misslichkeit, Renitenz

awl, *sub,* -*s* Pfriem
awning, *sub,* -*s* Markise; *(Schutzdach)*
Plane
axe, *sub,* -*s* Axt
axiom, *adj,* Axiom; ~**atic** *adj,* axiomatisch; ~**atically** *adv,* axiomatisch
axis, *sub,* - Himmelsachse; -*en* Him-
melsbahn; *axes (arch., mat.)* Achse;

~ **of ordinates** *sub, axes* Ordina-
tenachse
axle, *sub, axles (Auto)* Achse; ~
load *sub,* - -*s* Achsdruck
azalea, *sub,* -*s (bot.)* Azalee
azure, *adj,* azurblau

B

babbling, *sub,* - *(Baby)* Geplapper; *(Wasser)* Geplätscher; ~ **stage** *sub,* - Lallperiode

baboon, *sub, -s* Pavian

baby, *sub, babies* Baby; *-ies* Säugling; *have a baby* ein Baby bekommen; *to have a baby* Mutter werden; ~ **at crawling stage** *sub, -ies* Krabbelkind; ~ **face** *sub, -s* Milchgesicht; ~ **food** *sub, nur Einz.* Babynahrung; ~ **grand piano** *sub, -s* Stutzflügel; ~ **of the family** *sub, babies* Nesthäkchen; ~ **seal** *sub, -s (junger Seeh.)* Heuler; ~´s **changing table** *sub, -s* Wickeltisch; ~´s **sleeping bag** *sub, -s* Strampelsack; ~**sit** *vi,* babysitten; ~**sitter** *sub, -s* Babysitter

bachelor, *sub, -s* Junggeselle

back, (1) *adj,* hinter (2) *adv,* zurück; *(ugs.)* retour (3) *sub, -s* Rücken, Rückseite; *(ugs.)* Buckel (4) *vt,* stützen; *behind my back* hinter meinem Rücken, *(i. ü. S.) to stab sb in the back* jmd in den Rücken fallen; *(ugs.) you´ve got a lovely back* ein schöner Rücken kann auch entzücken; *(i. ü. S.; Glücksspiel) back the wrong horse* auf das falsche Pferd setzen; *he lost a fortune on the stock market, but he´s back (on his feet) again now* er hat ein Vermögen an der Börse verloren, aber inzwischen hat er sich wieder hochgerappelt; *I´ve got the boss on my back* der Chef sitzt mir auf der Pelle; *the garden is in the back* der Garten ist dahinter; *to do things back to front* das Pferd am Schwanz aufzäumen; *(i. ü. S.) to put one´s back into it/sth* sich in die Ruder legen; ~ **department** *sub, -s (geh.; rückwärtig)* Fond; ~ **lighting** *sub, -s* Gegenlicht; ~ **muscle** *sub, -s* Rückenmuskel; ~ **of nowhere** *sub,* - *(ugs.)* Krähwinkel; ~ **of the head** *sub, -s* Hinterhaupt; ~ **out** *vi, (aus einem Projekt etc.)* aussteigen; ~ **pocket** *sub, -s* Gesäßtasche; ~ **seat** *sub, -s* Rücksitz; ~ **seats** *sub, nur Mehrz.* Sperrsitz; ~ **side** *sub, -s* Hinterfront; ~ **stairs** *sub, nur Mehrz.* Hintertreppe; ~ **straight** *sub, -s (spo.)* Gegengerade

background, *sub,* -s Hintergrund; *(Person)* Herkunft; *form the back-ground to sth* den Hintergrund einer Sache bilden; *he keeps very much in the background* er tritt kaum in Erscheinung; *push so into the background* jmdn in den Hintergrund drängen; ~ **music** *sub,* - *(tt; mus.)* Untermalung; ~ **noise** *sub, -s (Radio)* Störgeräusch; **backhand** *sub, nur Einz. (spo.)* Rückhand; **backheeler** *sub, -s (Fußball)* Hackentrick; **backing track** *sub, -s (Band bei Platte)* Play-back; **backlog of orders** *sub, nur Einz.* Auftragsbestand; **backpacker** *sub, -s* Rucksacktourist; **backpedal** *sub, -s* Rücktrittbremse; **backrest** *sub, -s* Sessellehne; **backside** *sub, -s* Hintern; **backstreet abortionist** *sub, -s* Engelmacher; **backstretch** *sub, -es (spo., US)* Gegengerade; **backward** *adj,* rückständig; **backwards** (1) *adj,* rückwärts (2) *adv,* hinterwärts; **backwater** *sub, nur Einz.* Oberwasser; **backwoodsman** *sub, -men* Hinterwäldler

back tire, *sub, -s (US)* Hinterreifen; **back transfer** *sub, -s* Rückbuchung; **back tyre** *sub, -s* Hinterreifen; **back view** *sub,* Rückansicht; **back wall** *sub, -s* Rückwand; **back-cross** *sub, -es* Rückkreuzung; **back-formation** *sub, -s* Rückbildung; **back-payment** *sub, -s (später)* Nachzahlung; **back-rest** *sub, -s* Rückenlehne; **backache** *sub, -s* Kreuzschmerz; **backbite** *vi,* lästern; **backbone** *sub, -s* Rückgrat; **backdate** *vt,* rückdatieren, zurückwirken; **backdated** *adj,* rückwirkend; **backdrop** *sub, -s* Kulisse; **backed up by research** *adj, (wissensch.)* fundiert; **backfire** *sub, -s* Fehlzündung

bacon, *sub, -s* Speck; ~ **and potato omelett** *sub, -s* Bauernfrühstück

bacterial, *adj,* bakteriell; **bactericidal** *adj,* antibakteriell; **bactericide** *sub, -s* Bakterizid; **bacteriological** *adj,* bakteriologisch; **bacteriologist** *sub, -s* Bakteriologe; **bacteriology** *sub, nur Einz.* Bakteriologie; **bacterium** *sub, -ria* Bakterie; **bacterium causing suppuration** *sub, -a (med.)* Eitererreger

Bactrian camel, *sub,* -s Trampeltier
bad, *adj,* arg, schlecht, schlimm, übel; ungut; *(Gesundheit)* angegriffen; *(übel)* böse; *(ugs.) a bad lot* ein übler Bursche; *he´s got it bad(ly)* den hat es aber ganz schön gepackt; *how are you? Not too bad!* wie geht es Dir? Einigermaßen!; *it´s just too bad* das ist ewig schade; *it´s not bad* die Sache ist nicht ohne; *(i. ü. S.) not a bad sort, this* gar kein so unebener Bursche, dieser; *not bad!* nicht übel!; *(i. ü. S.) the air is very bad* die Luft ist zum Schneiden; *to have an uneasy/bad feeling* ein ungutes Gefühl haben; *he´ll come to a bad end* es wird noch böse mit ihm enden; ~ **breath** *sub, nur Einz.* Mundgeruch; *to do sth about one´s bad breath* etwas gegen Mundgeruch tun; ~ **habit** *sub,* -s Unsitte, Untugend; ~ **investment** *sub,* -s Fehlinvestition; ~ **lot** *sub,* -s *(ugs.)* Rabenaas
badge, *sub,* -s Abzeichen, Button, Festplakette, Plakette; *(Abzeichen)* Anstecknadel; ~ **of rank** *sub,* -s *(mil.)* Rangabzeichen
badger, *sub,* -s Dachs; *to badger sb* jmd in den Ohren liegen; ~ **haired** *adj,* drahthaarig; ~´s **earth** *sub, nur Einz.* Dachsbau
bad luck, *sub, nur Einz.* Künstlerpech; - *(ugs.)* Unglück; *nur Einz. (Unglück)* Pech; *(ugs.) that´s bad luck* das bringt Unglück; *bad luck follows him around* er ist vom Pech verfolgt; **bad mother** *sub,* -s *(ugs.)* Rabenmutter; **bad news** *sub, nur Mehrz.* Hiobsbotschaft; **bad parents** *sub, nur Mehrz. (ugs.)* Rabeneltern; **bad pass** *sub,* -es *(spo.)* Fehlpass; **bad planning** *sub,* -s Fehlplanung; **bad state of affairs** *sub, nur Einz.* Missstand; **bad taste** *sub,* -s *(schlechter Geschmack)* Abgeschmacktheit; **bad vision** *sub, nur Einz. (med.)* Fehlsichtigkeit; **bad weather** *sub,* - Schlechtwetter; **bad-tempered** *adj,* missgelaunt, misslaunig, unleidlich
badly, *adv,* arg, schlecht, übel; ~ **brought up** *adj,* verzogen; ~ **soundproofed** *adj, (Wand)* hellhörig
badminton, *sub, (Spiel)* Federball
badness, *sub, nur Einz.* Schlechtheit
bafflement, *sub,* -s *(ugs.)* Verdutztheit
baggage, *sub,* - *(US)* Gepäck; ~ **car**

~ b, -s Gepäckwagen; ~ **check**
~ b, -s Gepäckschein; ~ **counter**
~ b, -s Gepäckabgabe; ~ **rack** *sub,*
-s Gepäckablage, Gepäcknetz; ~
servant *sub,* -s *(mil.)* Trossknecht;
~ **train** *sub,* -s Tross
bagging, *sub,* - *(in Tüten)* Abfüllung
baggy breeches, *sub, nur Mehrz.* Pumphose
bagpipes, *sub, nur Mehrz.* Dudelsack
bail, *sub,* -s Kaution; ~ **for rope** *sub,* -s Seiltrommel
bailiff, *sub,* -s Exekutor, Gerichtsvollzieher; *the bailiffs took away his furniture* man hat ihm die Möbel gepfändet; *to get the bailiffs onto sb* jmdn pfänden lassen
bait, *sub,* -s Köder; *(i. ü. S.) good bait catches fine fish* mit Speck fängt man Mäuse
bake, (1) *sub,* -s *(Gericht)* Auflauf (2) *vti,* backen; ~ **through** *vt,* durchbacken; ~ **d pastry case** *sub,* -s Tortenboden; ~ **r** *sub,* -s Bäcker; ~ **r´s shop** *sub,* -s´ -s Bäckerladen; ~ **ry** *sub,* -ies *(Geschäft)* Bäckerei; **baking** *sub, nur Einz. (das Backen)* Bäckerei; **baking paper** *sub, nur Einz.* Backpapier; **baking powder** *sub, nur Einz.* Backpulver; **baking tray** *sub,* -s Backblech, Kuchenblech; **baking-tin** *sub,* -s *(Back-)* Form
balance, (1) *sub,* -s Abgewogenheit; *nur Einz.* Ausgewogenheit; -s Balance; Gleichgewicht; -s Guthaben, Saldo, Waage; *nur Einz. (einer Person)* Ausgeglichenheit; -s *(Endabrechnung)* Bilanz; *(Gleichgewicht)* Ausgleich (2) *vt,* austarieren, bilanzieren, saldieren; *(Unterschiede)* ausgleichen (3) *vti,* balancieren; *adverse trade balance* passive Handelsbilanz; *(i. ü. S.) to be in the balance* in der Schwebe sein; *to strike the right balance* das rechte Maß halten; *draw up a balance sheet* eine Bilanz aufstellen; *strike the balance* die Bilanz ziehen; *(i. ü. S.) that´s a sad outcome* das ist eine traurige Bilanz; ~ **beam** *sub,* -s Waagebalken; ~ **brought forward** *sub,* -s Saldovortrag; ~ **list** *sub,* -s Saldenliste; ~ **of trade** *sub,* -s Handelsbilanz; ~ **out**

vt, (a. i.ü.S.) ausbalancieren; ~ **sheet total** *sub, -s* Bilanzsumme; ~ **wheel** *sub, -s (tt; tech.)* Unruh; ~**d** *adj,* abgewogen, ausgewogen; *(wirt.)* ausgeglichen; ~**master** *sub, -s (i. ü. S.)* Waagemeister; **balancing** *sub, nur Einz.* Bilanzierung; **balancing act** *sub, -s* Balanceakt; **balancing pole** *sub, -s* Balancierstange

balcony, *sub,* -*ies* Balkon; *(Balkon auch)* Loggia; ~ **furniture** *sub, nur Einz.* Balkonmöbel

bald, *adj,* kahl; ~ **forehead** *sub, -s* Stirnglatze; ~ **head** *sub, -s* Glatze, Glatzkopf, Kahlkopf; *(Glatze)* Platte; ~**-headed** *adj,* glatzköpfig, kahlköpfig

balderdash, *sub, -es* Schmonzes; *nur Einz. (ugs.)* Mumpitz

baldness, *sub, nur Einz.* Kahlheit

bale, *sub, -s (wirt.)* Ballen; ~ **of cloth** *sib,* Stoffballen; ~ **of straw** *sub, bales* Strohballen

baleen whale, *sub, - -s* Bartenwal

balk-line game, *sub, -s (Billard)* Kaderpartie

ballad, *sub, -s* Ballade; ~**-like** *adj,* balladenhaft; ~**eer** *sub, -s* Bänkelsänger

ballast, *sub, -s* Schotterung; *nur Einz. (überflüssiges Gewicht)* Ballast; *shed some ballast* Ballast abwerfen

ballerina, *sub, -s* Ballerina, Balletteuse

ballet, *sub, -s* Ballett; *be with the ballet* beim Ballett sein; *join a ballet company* zum Ballett gehen; ~ **company** *sub, - -ies* Balletttruppe; ~ **dancer** *sub, - -s* Balletttänzer, Balletttänzerin; ~ **music** *sub, nur Einz.* Ballettmusik

ballistic, *adj,* ballistisch; ~**ally** *adv,* ballistisch; ~**s** *sub, nur Mehrz.* Ballistik

balloon, **(1)** *sub, -s (Fluggerät)* Ballon **(2)** *vi,* aufblähen; ~ **glass** *sub, -es* Schwenkglas; ~ **tyre** *sub, - -s* Ballonreifen; ~**ing** *sub, -s* Aufblähung; ~**ist** *sub, -s* Ballonfahrer

ballot, *sub, -s* Wahlgang; ~ **box** *sub, -es* Wahlurne; ~ **paper** *sub, -s* Stimmzettel

ballpoint, *sub, -s (ugs.)* Kuli

ballroom, *sub, -s* Festsaal; *(Hotel)* Tanzsaal; ~ **dance** *sub, -s* Gesellschaftstanz

balls, *sub, (vulg.)* Hoden; *nur Mehrz.*

(vulg.; Hoden) Ei

balm, *sub, -s* Balsam; *nur Einz.* Labsal; -*s* Melisse; *pour balm on so´s wound* jemandem Balsam auf seine Wunde geben; *(geh.) the coolness of the forest was a soothing balm* die Kühle des Waldes haben wir als Labsal empfunden

Baltic (Sea), *sub, nur Einz.* Ostsee

Baluchi, *adj,* belutschisch

balustrade, *sub, -s* Balustrade, Brüstung

bamboo, *sub, nur Einz.* Bambus; ~ **(cane)** *sub, -s* Bambusrohr; ~ **hut** *sub, - -s* Bambushütte

ban, **(1)** *sub, -s* Verbot; *(spo.)* Spielverbot; *(Verbot)* Sperre **(2)** *vt, (Produkt, etc.)* ächten; *(spo.) be banned* Spielverbot haben; ~ **on exports** *sub, -s -* Ausfuhrverbot

banana, *sub, -s* Banane; ~ **republic** *sub, - -s (ugs.)* Bananenrepublik

bankruptcy, *sub, nur Einz.* Pleite

band, *sub, -s* Musikkapelle; *(mus.)* Kapelle; *(Musikgruppe)* Band; *bang a nail into the wall* einen Nagel in die Wand hauen; *bang a thing onto sth* einen Gegenstand auf etwas aufstoßen; *bang on the door* an die Tür bumsen; *I heard a bang* ich habe es plumpsen hören; *there was a terrible bang* es bumste ganz fürchterlich; ~ **ceramics** *sub, nur Mehrz.* Bandkeramik; ~ **saw** *sub, - -s* Bandsäge

bandage, **(1)** *sub, -s* Bandage; *(tt; med.)* Binde, Verband **(2)** *vt,* bandagieren; *put a bandage on so* jemandem eine Bandage anlegen

bandit, *sub, -s* Bandit

bandsman, *sub, -men (mil.)* Spielmann

bang, **(1)** *sub, -s* Knall **(2)** *vi,* krachen **(3)** *vt,* knallen **(4)** *vti, (ugs.; Fußball)* ballern; *(tech.)* bumsen; ~ **about** *vi,* poltern; ~**er** *sub, nur Mehrz.* Böller

banging, *sub, nur Einz. (ugs.; Fußball)* Ballerei; ~ **away** *vi, (ugs.)* Rammelei

bangle, *sub, -s* Armreif, Reifen

banish, *vt,* verbannen; *banish* mit einem Bann belegen; ~**ment** *sub, -s* Verbannung; *(Ausschluss)* Bann

banister, *sub, -s (Treppen)* Geländer

bank, *sub,* Böschung; -*s* Wechsel-

bank; *(Fluss-)* Ufer; *(wirt.)* Bank; *banks of the river* Flußböschung; *go to the bank* auf die Bank gehen; *have an account at the bank* ein Konto bei der Bank haben; *work for a bank* bei einer Bank sein; ~ **account** *sub*, - -*s* Bankkonto, Bankverbindung; ~ **balance** *sub*, - -*s* Bankguthaben; ~ **clerk** *sub*, - -*s* Bankbeamte; ~ **code** *sub*, - -*s* Bankleitzahl; ~ **employee** *sub*, - -*s* Bankkaufmann; ~ **holiday** *sub*, -*s (gesetzl.)* Feiertag; ~ **raid** *sub*, - -*s* Banküberfall; ~ **robber** *sub*, - -*s* Bankräuber; ~ **robbery** *sub*, - -*ies* Bankraub; ~ **statement** *sub*, -*s* Kontoauszug; ~ **swallow** *sub*, -*s* Uferschwalbe
banker, *sub*, -*s* Bankhalter, Bankier; **banking** *sub*, *nur Einz.* Bankwesen; **banking secrecy** *sub*, *nur Einz.* Bankgeheimnis; **banknote** *sub*, -*s* Geldschein; **bankrupt** *adj*, insolvent; *(a. i.ü.S.; wirt.; moralisch)* bankrott; *to go bankrupt* Pleite machen; *declare os bankrupt* sich für bankrott erklären; *go bankrupt* bankrott gehen; **bankrupt (company)** *sub*, -*s*/- -*ies* Bankrotteur; **bankrupt´s assets** *sub*, *nur Mehrz.* Konkursmasse; **bankruptcy** *sub*, -*ies* Bankrott, Insolvenz, Konkurs; *face bankruptcy* vor dem Bankrott stehen; *file for bankruptcy* seinen Bankrott erkären; *go bankrupt* Bankrott machen; *with this programme the party has revealed its political bankruptcy* mit diesem Programm hat die Partei ihren Offenbarungseid geleistet
banner, *sub*, -*s* Banner, Spruchband; *(Spruchband)* Transparent
banns, *sub*, *nur Mehrz. (Eheaufgebot)* Aufgebot
banquet, *sub*, -*s* Festbankett, Festessen, Festmahl, Gastmahl; *(Fest-)* Essen; *(Festmahl)* Bankett; *(Gast~)* Mahl; ~**ing hall** *sub*, -*s* Festsaal
banter, *sub*, -*s (ugs.)* Wortgeplänkel; *(Worte)* Geplänkel; ~**ing** *adj*, *(Unterhaltung)* neckisch
baobab tree, *sub*, - -*s* Affenbrotbaum
baptism, *sub*, -*s (Einrichtung)* Taufe; ~ **of fire** *sub*, -*s* Feuertaufe; ~**al font** *sub*, -*s* Taufbecken, Taufbrunnen, Taufstein; ~**al vow** *sub*, -*s* Taufgelübde; **baptist** *sub*, -*s* Täufer; *(bibl.)* John

the **Baptist** Johannes der Täufer; **baptistry** *sub*, -*ies* Taufkapelle; **baptize** *vt*, taufen
bar, (1) *sub*, -*s* Riegel, Schänke, Schanktisch; *(Goldbarren)* Barren; *(Kneipe, Ausschank)* Bar; *(Lokal)* Theke; *(paralelle Stäbe)* Gitter; *(phy.)* Bar; *(Schänke)* Ausschank; *(Schokoladen-)* Tafel; *(Schuh)* Spange; *(spo.)* Holm; *(Theke)* Tresen (2) *vt*, *(Tür)* abriegeln; *(i. ü. S.)* behind bars bei Wasser und Brot, *(ugs.)* hinter schwedischen Gardinen; *to bar the view of* den Blick verwehren auf; **Bar Council** *sub*, -*s (jur.)* Anwaltskammer; ~ **of silver** *sub*, *bars* Silberbarren; ~ **stool** *sub*, - -*s* Barhocker
barb, *sub*, -*s* Widerhaken
barbarian, *sub*, -*s* Barbar; **barbaric** *adj*, barbarisch; **barbarism** *sub*, *nur Einz.* Barbarei
Barbary States, *sub*, *nur Mehrz.* Berberei
barbecue, (1) *sub*, -*s (US)* Grill (2) *vt*, grillen
barbed fence, *sub*, -*s* Stachelzaun; **barbed wire** *sub*, -*s* Stacheldraht
barbel, *sub*, -*s (zool.)* Barbe
barber, *sub*, -*s* Barbier; *(für Herren)* Försör; ~**-surgeon** *sub*, -*s (veraltet; Friseur)* Bader; ~´*s* *sub*, - *(Friseur)* Herrensalon; ~**shop** *sub*, -*s (für Herren)* Frisiersalon
barbiturate, *sub*, -*s* Barbiturat
bard, *sub*, -*s* Barde
bare, *adj*, blank, bloß, kahl, unbekleidet; *(Körperteile, Erde)* nackt; *barefooted* mit blanken Füssen; *bare-headed* mit blossem Kopf; *without stockings* mit blossen Beinen; *to escape with one´s bare life* das nackte Leben retten; ~ **one´s teeth** *vt*, blecken, fletschen; *bare one´s teeth* Zähne blecken; ~**foot** *adv*, barfuß; ~**footed** *adj*, barfuß; ~**headed** *adj*, *adv*, barhäuptig
barely, *adv*, kaum; *he speaks so indistinctly that you can barely understand him* er spricht so undeutlich, daß man ihn kaum versteht
bareness, *sub*, *nur Einz.* Kahlheit; *(vgl. nackt)* Nacktheit
barge, (1) *sub*, -*s* Kahn, Lastkahn, Schelch (2) *vti*, rempeln; **barging**

sub, -s (ugs.) Rempelei
baritone, *sub,* Bariton
bark, (1) *sub, -s* Borke, Rinde **(2)** *vi,*
bellen, blaffen; *(Hund)* anschlagen;
be barking up the wrong tree auf dem
falschen Dampfer sein, *his bark is
worse than his bite* Hunde die bellen,
beissen nicht; ~ **at** *vt,* anbellen, anherrschen, ankläffen; ~ **beetle** *sub,
-s* Borkenkäfer; ~ **crèpe** *sub, nur
Einz.* Borkenkrepp
barking, *sub, -* Gebell
barley, *sub, -s* Gerste, Graupe; ~ **soup**
sub, -s Gerstensuppe; ~**corn** *sub, -s*
Gerstenkorn
barmaid, *sub, -s* Bardame; **barman**
sub, -men Barmann; *-s* Barmixer
barn, *sub, -s* Scheune, Stadel; ~ **door**
sub, -s Scheunentor; ~ **owl** *sub, -s*
Schleiereule
barometer, *sub, -s* Barometer; *the barometer is low* das Barometer steht
tief
baron, *sub, -s* Baron, Freiherr; ~**ess**
sub, -es Baronesse, Baronin, Freifrau,
Freifräulein
baroque, *adj,* barock; **Baroque (era)**
sub, nur Einz. Barockzeit; *(Barockzeit)* Barock; ~ **(style)** *sub, nur Einz.
(Barockstil)* Barock; ~ **art** *sub, -s* Barockkunst; ~ **buliding** *sub, -s* Barockbau; ~ **church** *sub, -es*
Barockkirche; ~ **style** *sub, nur Einz.*
Barockstil
barouche, *sub, -s (hist.)* Kalesche
barque, *sub, -s* Bark; *(poet.)* Nachen
barrack room duty, *sub, -ies* Stuben-
dienst; **barrack square** *sub, -s* Kaser-
nenhof; **barracks** *sub, nur Mehrz.*
Kaserne; *-* Truppenunterkunft
barracuda, *sub, -s (zool.)* Barrakuda
barrage balloon, *sub, -s (mil.)* Sperrballon
barrel, *sub, -s* Fass; *(Behälter)* Tonne;
(tech.) Trommel; *(zool.)* Mittelhand;
~ **(of a gun)** *sub, -s* Lauf; ~ **burst**
sub, -s (ugs.; mil.) Rohrkrepierer; ~
of a revolver *sub, -s* Revolverlauf; ~
of gunpowder *sub, -s* Pulverfass; ~-
organ *sub, -s* Drehorgel, Leierkasten
barricade, (1) *sub, -s* Barrikade; *nur
Einz.* Verrammelung **(2)** *vt, (ugs.)*
verrammeln **(3)** *vtr,* verbarrikadieren; *mount the barricades* auf die
Barrikaden gehen; ~ **of wagons** *sub,
-s* Wagenburg; **barricading** *sub, nur*

Einz. (ugs.) Verrammelung
barrier, *sub, -s* Bahnschranke, Hindernis, Schlagbaum, Schranke; *(a.
i.ü.S.)* Barriere; *-* *(ugs.)* Verhau; *-s
(Bahn-)* Sperre; *to tear down the
barriers* die Mauern einreißen
barring, *sub, -s (Tür)* Abriegelung
barter, (1) *sub, -s* Handel, Tausch,
Tauschhandel **(2)** *vt, (Güter)* tauschen; ~ **object** *sub, -s* Tauschob-
jekt
basalt, *sub, -s* Basalt; ~**ic** *adj,* basaltisch
base, (1) *adj,* nichtswürdig, schur-
kisch **(2)** *sub, -s* Basis, Sockel, Unterlage; *(chem.)* Base; *(eines
Glieds)* Ansatz; *(mat.)* Grundzahl;
(Säule) Fuß; *base wretch!* du
Nichtswürdiger!; *base a plan on
sth* bei einer Planung von etwas
ausgehen; *base a suspicion on
something* einen Verdacht durch
etwas stützen, *on a broad basis* auf
breiter Basis; ~ **of the skull** *sub, -s*
Schädelbasis; ~ **wallah** *sub, -s*
Etappenhase; ~**d on sth** *adv,* fußen; ~**ment** *sub, -s* Keller, Keller-
geschoss, Souterrain, Tiefgeschoss
bashful, *adj,* schamhaft
basic, *adj,* basisch, grundlegend; ~
attitude *sub, -s* Grundhaltung; ~
charge *sub, -s* Grundgebühr; ~
condition *sub, -s* Grundzustand; ~
course *sub, -s* Basiskurs, Grundstudium; ~ **form** *sub, -s* Grundform;
~ **idea** *sub, -s* Grundgedanke; ~
law *sub, -s* Grundgesetz; ~ **needs**
sub, - Grundbedarf
basic principle, *sub, -s* Grundprinzip, Leitsatz; **basic research** *sub,
-es* Grundlagenforschung; **basic
salary** *sub, -* Fixum; **basic training**
sub, -s Grundausbildung; **basically**
adv, an sich; **basics** *sub, nur
Mehrz.* Grundbegriff
basil, *sub, nur Einz. (bot.)* Basilikum
basilica, *sub, -s* Basilika
basilisk, *sub, -s* Basilisk
basin, *sub, -s* Kessel; *(geol., tech.)*
Becken
basis, *sub, -* Grundlage; *form the basis of* die Grundlage bilden für;
have no legal basis jeder gesetzli-
chen Grundlage entbehren
bask, *vt, (in der Sonne)* baden; *bask*

in the sun sich in der Sonne aalen,
sich in der Sonne baden
basket, *sub,* *-s* Korb; *(Ballon)* Gondel;
~-ball *sub, nur Einz.* Korbball; **~-maker** *sub, -s* Korbflechter
bassinet (on wheels), *sub, -s* Stuben-
wagen
basso continuo, *sub, -s* Generalbass
bassoon, *sub, -s (mus.)* Fagott; **~ist**
sub, -s Fagottbläser, Fagottist
bastard, *sub,* *-s (ugs.)* Scheißkerl,
Schweinehund; *(vulg.)* Arschgeige,
Hurensohn; *(Mann)* Mistvieh; *(vulg.;
Schimpfwort/Mann)* Miststück
baste, *sub, -s (Braten-)* Überguss
bastion, *sub, -s* Bastei, Bastion, Bollwerk
bat, *sub, -s* Fledermaus; *(ugs.) to go
like a bat out of hell* einen Zahn
draufhaben
bath, *sub,* *-* Wanne; *-s (baden)* Bad;
have a bath ein Bad nehmen (sich
baden)
bath mat, *sub,* *- -s* Badematte; **bath
salts** *sub, nur Mehrz.* Badesalz; **bath
towel** *sub, --s* Badetuch; **bathing cap**
sub, -s Badekappe, Bademütze; **bathrobe** *sub, -s* Bademantel; **bathroom** *sub,* *-s* Badezimmer;
(haupts. US) Lokus; *(Badezimmer)*
Bad; **bathtub** *sub, -s* Badewanne
bathometer, *sub, -s* Tiefenlinie
bathysphere, *sub, -s* Taucherkugel
batik, *sub, -s* Batik; **~ print** *sub, - -s*
Batikdruck
batiste, *sub, -s* Batist
baton, *sub, -s* Taktstock; *wield the baton* den Taktstock schwingen; **~
change** *sub, -s* Stabwechsel
battery, *sub, -ies (mil.)* Batterie, Phalanx; *(tech.)* Batterie; **~-operated**
adj, batteriebetrieben
battle, (1) *sub, -s* Gefecht, Kampf,
Schlacht **(2)** *vi,* kämpfen; *(ugs.)
that´s half the battle* das ist die halbe
Miete; *to do verbal battle with sb* jmd
ein Wortgefecht liefern; **~ cry** *sub,
-ies* Schlachtruf; **~ headquaters** *sub,
nur Mehrz. (mil.)* Gefechtsstand; **~
of words** *sub, -s* Wortgefecht; **~ plan**
sub, -s Schlachtplan; **~ with** *vr, (sich)*
herumärgern; **~-axe** *sub, -s* Streitaxt;
~-field *sub, -s* Schlachtfeld; **~axe**
sub, -s (i. ü. S.) Hausdrachen; **~field**
sub, -s Walstatt; **~ments** *sub, nur
Mehrz.* Zinne; **~ship** *sub, -s* Schlacht-

schiff
Bavarian folk dance, *sub,* *-* Schuh-
plattler
bawler, *sub, -s (ugs.)* Schreihals;
(Baby) Schreier
bay, *sub, -s* Bai, Bucht, Erker, Mee-
resbucht; *(geogr.)* Börde; *(Meer)*
Einbuchtung; **~ window** *sub, -s* Er-
kerfenster
baying, *sub,* *- (Jagdhunde)* Gebell
bayleaf, *sub, -leaves* Lorbeerblatt
bayonet, *sub, -s* Bajonett, Seitenge-
wehr
bazaar, *sub, -s* Bazar
bazooka, *sub, -s* Panzerfaust
be, (1) *vi,* beschaffen, sein, vorliegen, weilen; *(ausgebreitet sein)* liegen; *(gesundheitlich, zustandsmäßig)* befinden; *(sich befinden)*
liegen; *(vorhanden sein)* herrschen **(2)** *vt,* *(ergeben, kosten)* machen; *be in a good state* gut
beschaffen sein; *it´s like this* die
Sache ist folgendermaßen beschaffen; *made in such a way that* so
beschaffen, dass; *be homesick*
Heimweh haben; *(ugs.) be on the
dole* stempeln gehen; *how are
things?* wie geht´s wie steht´s; *how
are you?* wie geht es ihnen?; *how´s
business?* wie gehen die Geschäfte?; *I´m hungry/thirsty* ich habe
Hunger/Durst; *it was the same
with me* mir ist es genauso gegangen; *it´ll be all right* es wird schon
gehen; *it´s up to you* es ist in dei-
rem Belieben; *that was what happened, wasn´t it?* so war´s doch,
oder?; *there has been an accident*
es ist ein Unfall passiert; *there we
are* da haben wir die Bescherung;
there you are da hast du´s; *there´s
the money* da hast du das Geld;
these skirts aren´t worn anymore
diese Röcke trägt man nicht mehr;
(i. ü. S.) what´s behind it? was
steckt dahinter?; *how are you?* wie
geht´s?; *how much is that?* was kostet das?; *I am cold* mich friert; *I am
to look after her* ich soll auf sie
aufpassen; *that book is mine* das
Buch gehört mir; *to be run over*
überfahren werden; *be in a bad
condition* sich in schlechtem Zustand befinden; *how are you?* wie
befinden Sie sich?; *I´m fine* Ich be-

finde mich gut; *it´s 30 below outside* draußen herrschen -30 Grad Kälte; *there is now agreement* es herrscht jetzt Einigkeit; *there was great joy/sorrow everywhere* überall herrschte große Freude/Trauer, *be brief* mach´s kurz!; *how much is that?* wieviel macht das?; *(beruflich) to be in sth* in etwas machen; ~ **(oneself)** *vi*, leiben; *that´s him all over* das ist er ja, wie er leibt und lebt; ~ **able to (1)** *v aux*, können **(2)** *vt*, vermögen; *everyone pays as much as he can* jeder zahlt, soviel er kann; *it´s terrible not to be able to sleep* es ist furchtbar, nicht schlafen zu können; ~ **able to carry on** *vi*, weiterkönnen; ~ **able to get close to** *vt*, herankönnen; ~ **able to get in** *vi*, hineinkönnen; ~ **able to get out** *vi*, herauskönnen; ~ **able to get past** *vi*, vorbeikönnen; ~ **able to get up there** *vti*, hinaufkönnen; ~ **able to take** *vt*, abkönnen

be absent, *vi*, fernbleiben; *(abwesend sein)* fehlen; *he was absent for a week* er hat eine Woche gefehlt; **be accepted** *vi*, verfangen; *(angenommen werden)* durchgehen; **be accompanied by** *vt*, *(i. ü. S.; mit etwas)* einhergehen; **be added to sth** *vi*, hinzukommen; **be afloat** *adj*, *(sein, Seef.)* flott; **be afraid** *vi*, ängstigen; **be afraid of** *vt*, fürchten; **be afraid of sth.** *vr*, scheuen; **be agreed about** *vt*, einig gehen; **be alike** *vi*, ähneln; **be all the same to sb** *vt*, schnuppe

beach, *sub*, *-es* Lido; *(Bade-)* Strand; ~ **dress** *sub*, *-es* Strandkleid; ~ **suit** *sub*, *-s* Strandanzug

beacon, *sub*, *-s* Leuchtfeuer

bead, *sub*, *-s (Glas~)* Perle; ~ **of sweat** *sub*, *-s* Schweißperle

beak, *sub*, *-s* Schnabel; *(ugs.)* Schnäbelein

be allowed (to), *vti*, *(ugs.)* dürfen; *be allowed to do sth* etwas tun dürfen; *if only I were allowed to* wenn ich nur dürfte; **be allowed in** *vi*, hereindürfen, hineindürfen; **be allowed past** *vi*, vorbeidürfen; **be allowed to (1)** *v aux*, können **(2)** *vt*, zugelassen; *can I go now?* kann ich jetzt gehen?; *one must not say everything that is true* man kann nicht alles sagen, was wahr ist; *you can do as you please* du kannst tun und lassen, was du willst;

be allowed to do sth *vi*, herandürfen; **be allowed to get out of** *vt*, herausdürfen; **be allowed to go out** *vti*, hinausdürfen; **be allowed to go upwards** *vi*, hinaufdürfen; **be amazed** *vi*, staunen; **be among** *vi*, *(zu)* gehören; **be angry with so** *vi*, *(i. ü. S.)* zürnen; **be announced** *vi*, aushängen

beam, *sub*, *-s (arch., spo.)* Balken; *(Licht-)* Strahl; *(Metall-)* Träger; *(spo.)* Schwebebalken; *his face was beaming with joy* er strahlte übers ganze Gesicht; *(finanziell) to be on one´s beam ends* auf dem letzten Loch pfeifen; ~ **construction** *sub*, *- -s* Balkenkonstruktion; ~ **of light** *sub*, *-s* Lichtstrahl; ~ **scales** *sub*, nur Mehrz. Balkenwaage; ~**s** *sub*, *-* Gebälk

be approaching, *vi*, bevorstehen; **be ashamed** *vr*, schämen; **be asleep** *vi*, schlafen; **be astonished** *vi*, staunen; **be at a standstill** *vi*, *(tech.)* stillliegen; **be at war with (1)** *vi*, befeinden, bekriegen **(2)** *vt*, befehden; **be available** *vi*, vorliegen; *(Zeitschriften, etc.)* aufliegen; **be awake** *vi*, wachen; **be away** *adv*, weg; **be awkward** *vi*, trotzen; **be baptized** *adj*, getauft

bear, (1) *sub*, *-s* Bär **(2)** *vt*, ertragen; *(Kosten etc.)* tragen **(3)** *vti*, gebären; *(astron.) the Great/Little Bear* der Große/Kleine Bär, *bear a misfortune with resignation* ein Unglück mit Resignation ertragen; *there´s one born every minute* die Narren werden nicht alle; ~ **in mind** *vt*, *(berücksichtigen)* bedenken; ~ **interest** *vr*, verzinsen; ~ **sb a grudge for sth** *vt*, *(i. ü. S.)* nachtragen; ~ **so a grudge** *vi*, *(jmdm.)* grollen; ~ **witness** *vi*, künden

bearable, *adj*, erträglich

beard, *sub*, *-s* Vollbart; *(eines Mannes)* Bart; *have a beard* ein Bartträger sein; *grow a beard* sich einen Bart wachsen lassen; *have a beard* einen Bart tragen; ~**ed** *adj*, bärtig; ~**ed vulture** *sub*, *-s (zool.)* Lämmergeier

bearer, *sub*, *-s (wirt.)* Überbringer; ~ **of bad news** *sub*, *-s* Unglücksbote

bearskin, *sub*, *-s* Bärenfell

beast, *sub*, -s Bestie, Biest; *(wildes Tier)* Tier; ~ **of burden** *sub*, -s Lasttier
beastly weather, *sub*, *nur Einz.* Hundewetter, *sub*, *nur Einz.* Hundewetter
beat, (1) *sub*, -s *(Herz)* Schlag (2) *vi*, klopfen (3) *vt*, hauen, knüppeln, prügeln, quirlen, verhauen; *(tt; spo.)* unterbieten; *(Teppich)* ausklopfen (4) *vti*, schlagen; *to beat time* den Takt klopfen; *with a pounding heart* mit klopfendem Herzen, *beat a record* einen Rekord überbieten; *(i. ü. S.) that beats all!* das übersteigt alles!; *(ugs.) that beats everything I´ve heard!* das ist das Tollste was ich je gehört habe!; *that beats everything!* das ist nicht mehr zu überbieten!, das übertrifft alles!; ~ **a retreat** *vi*, retirieren; ~ **back** *vt*, *(Gegner)* abwehren; ~ **down** *vi*, *(Regen)* trommeln; ~ **it** *vi*, *(ugs.)* verduften; ~ **out** *vt*, *(Blech)* ausbeulen; ~ **so.with a club (pol:truncheon)** *vt*, einknüppeln; ~ **up** *vt*, *(ugs.)* verdreschen, vermöbeln, verprügeln; ~**er** *sub*, -s Klopfer; *(Jagd-)* Treiber; ~**ing** *sub*, -s Prügel
beautiful, *adj*, bildschön, schön, wunderschön; **beauty** *sub*, *-ies* Schönheit; *nur Einz. (Schönheit)* Ästhetik; *of striking beauty* von auffallender Schönheit; **beauty care** *sub*, -s Schönheitspflege; **beauty contest** *sub*, -s Misswahl; **beauty creme** *sub*, -s Schönheitskrem
beaver, *sub*, -s Biber; ~ **fur** *sub*, - -s Biberpelz
be based, *vi*, basieren; *(begründet sein)* beruhen; **be befitting for so** *vi*, zukommen; **be beyond** *adj*, *(über etwas stehen)* erhaben; *be beyond all criticism* über jeden Zweifel erhaben sein; **be billeted on** *vt*, einquartieren; **be binding** *vi*, verpflichten; **be bossed around** *adj*, Gängelei; **be branded** *adj*, gebrandmarkt; **be brief** *vt*, *(sich kurz f.)* fassen; **be brilliant** *vi*, brillieren; **be broke** (1) *adj*, *(ugs.)* blank (2) *vi*, Dalles; *I´m broke* Ich bin blank; **be broken down** *vi*, *(chem.)* aufspalten; **be brother and sister** *adj*, verschwistert; **be bulky** *vi*, *(Stoff)* auftragen; **be buried** *vt*, verschütten
be calculated, *vi*, bemessen; *be calculated by* sich bemessen nach; **be cal-**

-ed *vi*, heißen; *it´s called* das heißt; *that´s what I call good news* das heiße ich eine gute Nachricht; *what´s that called* wie heißt das; **be cancelled** *vi*, flachfallen; *(absagen)* ausfallen; **be careful** (1) *vi*, acht geben (2) *vr*, vorsehen; **be carried away** *vi*, verwehen; **be certain** *vi*, *(sicher sein)* feststehen; *one thing is for certain* eins steht fest; **be chagrined (by)** *vti*, chagrinieren; **be charged** *vi*, knistern; *(elektrisch)* aufladen; *(i. ü. S.) there is trouble brewing* es knistert im Gebälk; *(i. ü. S.) there was a charged atmosphere in the room* es knisterte vor Spannung im Raum; **be chucked out** *vi*, *(ugs.)* rausfliegen; **be clairvoyant** *vi*, hellsehen; **be clear to sb** *vt*, einleuchten; **be closed** *vr*, verschließen; **be closed down** *vi*, stilliegen
because, *konj*, dieweil, weil; *(ugs.)* alldieweil; ~ **of** (1) *adv*, derenthalben; *(causal)* darum (2) *präp*, wegen; *why are you crying? because!* warum weinst du? darum!; ~ **of her** *adv*, ihretwegen; ~ **of him** *adv*, seinethalben, seinetwegen; ~ **of me** *adv*, *(wegen mir, mir zuliebe)* meinetwegen; ~ **of them** *adv*, ihretwegen; ~ **of this** *adv*, *(aufgrund)* hierdurch; ~ **of you** *adv*, euertwillen; *(ugs.)* deinetwegen; *as far as you are concerned we* deinetwasegen können wir; *I have been worried on your account* ich habe mir deinetwasegener große Sorgen gemacht
becloud, *vt*, benebeln
be cold, *vi*, frieren; *I´ve got cold feet* mich friert an den Füßen; **be completely cured** *vi*, ausheilen; **be confirmed** *vi*, bestätigen; **be congruent** *vi*, kongruieren; *(übereinstimmen/mat.)* decken; **be conspicuous** *vi*, auffallen; **be content** *vr*, vertrösten; **be contented** *vi*, bescheiden; **be converted** *vi*, konvertieren; **be correct** *vi*, zutreffen; **be courting** *adj*, Freiersfüße; *be courting* auf Freiersfüßen gehe; **be created** *vi*, *(Kunst)* entstehe; **be damaged by frost** *vi*, *(Pflanzen/Ernte)* erfrieren; **be dashed pieces** *vt*, zerschellen; **be**

deceptive *vi*, trügen; *appearances are deceptive* der Schein trügt
become due, *vt*, *(- werden)* fällig; **become dull** *vi*, *(Glas)* erblinden; **become embittered** *vi*, verbittern; **become entangled** *vt*, verstricken; **become erect** *vi*, erigieren; **become established** *vi*, etablieren; *(Gewohnheit)* einschleifen; *(wirt.)* einführen; **become exhausted** *vi*, ermatten; **become extinct** *vi*, aussterben; **become felted** *vi*, verfilzen; **become fixed on sth** *vr*, verbiestern; **become friends** *vt*, anfreunden, befreunden; **become furious about** *vt*, erbosen; **become hardened** *vi*, abhärten, verkalken; **become hot** *vt*, erhitzen
become ill, *vi*, erkranken; **become immersed** *vr*, versenken; **become impoverished** *vi*, verarmen; **become indignent** *vi*, empören; **become inflamed** *vi*, *(med.)* entzünden; **become inhabited** *vi*, bevölkern; **become insensible** *vi*, *(Person)* abstumpfen; **become intertwined** *vr*, verschlingen; **become isolated** *vi*, vereinsamen; **become known** *adj*, *(geh.)* ruchbar; **become limp** *vt*, erschlaffen; **become loose** *vr*, loslösen; **become middle-class** *vi*, *(i. ü. S.)* verspießern; **become obese** *vi*, *(tt; med.)* verfetten; **become obsolete** *vi*, veralten; **become perverted** *vi*, pervertieren; **become reconciled** *vr*, versöhnen
become regular, *vr*, regulieren; **become sedimented** *vi*, sedimentieren; **become set on sth** *vr*, *(ugs.)* versteifen; **become soggy** *vi*, durchweichen; **become stultified** *vi*, *(ugs.)* verdummen; **become superficial** *vi*, veräußerlichen; **become tangled** *vr*, verwirren; **become tired** *vi*, erlahmen; **become transfigured** *vr*, verklären; **become unfamiliar with** *vi*, entfremden; **become wavy** *vr*, wellen; **become yellow** *vi*, vergilben
becoming, *adj*, kleidsam; ~ **cartilagnous** *sub*, - Verknorplung; ~ **habituated to** *sub*, *-s (med.)* Gewöhnung; ~ **one** *sub*, nur *Einz.* Einswerdung
bed, (1) *sub*, *-s* Bett, Lager, Ruhebett; *(für Blumen)* Beet; *(tt; tech.)* Unterlage (2) *vt*, betten, lagern; *be con-*fined to bed* das Bett hüten; *go to bed* ins Bett gehen; *go to bed with so* mit jemandem ins Bett steigen; *off to bed* ab ins Bett; *be ready to fall into bed* die nötige Bettschwere haben; *bed and breakfast* Übernachtung mit Frühstück; ~ **of roses** *sub*, *-s (ugs.)* Honiglecken; *(ugs.) life is not a bed of roses* das Leben ist kein Honiglecken; ~ **of the nail** *sub*, *beds of the nails* Nagelbett; ~ **out** *vt*, überpflanzen; ~ **post** *sub*, - - Bettpfosten; ~ **rest** *sub*, - -*s* Bettruhe; ~ **shortage** *sub*, *-s* Bettenmangel; ~**-clothes** *sub*, nur *Mehrz.* Bettzeug; ~**-linen** *sub*, - Bettwäsche; ~**-ridden** *adj*, bettlägerig; ~**-tick** *sub*, *-s* Inlett; ~**-wetter** *sub*, *-s* Bettnässer; ~**chamber** *sub*, *-s* Schlafgemach; ~**ded** *adj*, eingebettet; ~**ding straw** *sub*, nur *Einz.* Schüttstroh; ~**dy-byes** *sub*, *(ugs.)* Körbchen
be defeated, *vi*, unterliegen; **be definitive** *adj*, Definitivum; **be delighted by** *vi*, ergötzen; **be demanded** *adv*, Gesuchtheit; **be derailed** *vi*, entgleisen; **be devided into** *vr*, *(sich)* gliedern; **be directed at** *vi*, *(Bemerkung)* hinzielen; **be disappointing** *vt*, enttäuschen; **be discontinued** *vi*, wegfallen; **be disorganized** *vi*, *(soz)* Chaot; **be dissonant** *vi*, dissonieren; **be divided** *vi*, *(tt; lit.)* zerfallen; **be done** *vi*, *(getan werden)* geschehen; *something must be done* es muss etwas geschehen; **be drastically reduced** *vi*, dezimiert; **be drawn to** *vt*, *(i. ü. S.; sich hingezogen fühlen)* hinziehen
Bedouin, *sub*, *-s* Beduine
bedpan, *sub*, *-s (med.)* Steckbecken; **bedroom** *sub*, *-s* Schlafzimmer; **bedside rug** *sub*, - -*s* Bettvorleger; **bedside table** *sub*, *-s* Nachttisch; **bedstead** *sub*, *-s* Bettgestell, Bettstelle; **bedtime reading** *sub*, nur *Einz.* Bettlektüre; **bedtime treat** *sub*, - -*s* Betthupferl
be drowned, *vi*, ertrinken; **be dying of sth** *vi*, vergehen; **be easy/difficult sew** *vi*, *(gut, schlecht)* nähen; **be edified by** *vi*, *(sich)* erbauen; **be effective** *vi*, wirken; **be emerging** *vi*, *(Problem,*

etc.) abzeichnen; **be encamped** *vi,* lagern; **be enough (1)** *vi,* ausreichen, genügen **(2)** *vt, (ugs.)* langen; *he doesn´t know enough* sein Wissen reicht nicht aus; *that will do it* das reicht aus, *is there enough milk?* langt die Milch?; *it´s enough money for him* das Geld langt ihm; **be enraptured by** *vt,* entzücken; *be enraptured by* sich an etwas entzücken; **be entitled to** *vi,* zustehen; **be equal to something** *adj,* gewachsen; **be evident** *vt,* ersehen; **be exhausted** *adj,* zerschlagen; **be fast** *vi,* vorgehen

bee, *sub, -s* Biene; *(Dial.)* Imme; *be as busy as a bee* fleißig wie eine Biene sein; *as if stung by a bee* wie von der Tarantel gestochen; *she made a beeline for us* sie kam pfeilgerade auf uns zu

beech, *sub, -es* Rotbuche; *(Holz)* Buche; ~ **marten** *sub, -s* Steinmarder

beef, *sub, -* Rind, Rindfleisch; *what are you beefing about now?* was hast du jetzt zu motzen?; ~ **olive** *sub, -s* Roulade; **~y** *adj,* bullig

beehive, *sub, -s* Bienenstock; **beekeeping** *sub, nur Einz.* Bienenzucht, Imkerei

beer, *sub, -s* Bier; *-* Gerstensaft; *bock (beer)* Bockbier; *draught beer* Bier vom Fass; ~ **barrel** *sub, - -s* Bierfass; ~ **bottle** *sub, - -s* Bierflasche; ~ **can** *sub, - -s* Bierdose; ~ **garden** *sub, -s* Gartenlokal; ~ **glass** *sub, - -es* Bierglas; ~ **ham** *sub, nur Einz.* Bierschinken; ~ **tent** *sub, - -s* Bierzelt

beesting, *sub, -s* Bienenstich; **beeswax** *sub, nur Einz.* Bienenwachs

beet, *sub, -s (bot.)* Bete; *beetroot* rote Beete; ~ **sugar** *sub, -* Rübenzucker

befall, *vi,* widerfahren

be feverish, *vi, (i. ü. S.; vor Aufr.)* fiebern; **be filling** *vi,* sättigen; **be fitting** *vr,* schicken; **be fixed** *vi, (bestimmt sein)* feststehen; **be flooded** *vi, (ugs.; Motor)* absaufen; **be fond of (1)** *vi,* zuneigen **(2)** *vt, (begeistert)* eingenommen; **be forced to do sth** *adv,* gezwungenermaßen; **be forfeited** *vi,* verfallen; **be friends** *adj,* befreundet; *a teacher friend of mine* ein befreundeter Lehrer; *be close friends* eng befreundet sein; *be friends with* befreundet sein mit; **be frightened** *vi,* erschrecken; **be frigh-**

-tened of *vr, (sich-)* fürchten; **be frostbitten** *vi,* abfrieren

befit, (1) *adv,* geziemen **(2)** *vi,* geziemen; **~ting one´s rank** *adj,* standesgemäß

before, (1) *adv,* schon, vorher, zuvor; *(zeitl.)* davor **(2)** *konj,* bevor, ehe **(3)** *präp,* vor; *it was a long time before he stopped thinking of her* er dachte noch lange an sie; *not before next week* erst nächste Woche; *thou shalt have no other gods before me!* du sollst keine anderen Götter neben mir haben!; *the day before* am Tag zuvor, *not before* nicht bevor; ~ **(hand)** *adv,* vorweg; ~ **hours market** *adj, (i. ü. S.)* vorbörslich; ~ **the closing date** *adj, (bei Anmeldungen)* fristgerecht; ~ **what/which** *adv,* wovor

befuddelt, *adj,* benebelt; **befuddle** *vt,* benebeln

beg, *vi,* betteln; *beg for sth* um etwas betteln; *go begging* zum Betteln gehen; ~ **for sth.** *vi,* bitten; *I beg you!* ich bitte Dich um alles in der Welt; *to beg for alms* um Almosen bitten; ~ **one´s way through life** *vr,* durchbetteln; ~ **sth. from so.** *vi,* erflehen; **~gar** *sub, -s* Bettler; *beggars can´t be choosers* in der Not frisst der Teufel Schmetterlinge; **~gar´s pride** *sub, nur Einz.* Bettlerstolz; **~gary** *sub, nur Einz.* Bettel; **~ging** *sub, nur Einz.* Bettelei

begin, (1) *vi,* anheben **(2)** *vt, (anfangen)* eröffnen **(3)** *vti,* anfangen, beginnen; *begin* einen Anfang machen; *begin proceedings* das Verfahren eröffnen, *begin with sth* mit etwas anfangen; *start working* mit der Arbeit beginnen; *the development began (in)* die Entwicklung begann; ~ **climbing again** *vi, (Flugzeug)* durchstarten; ~ **to blossom** *vi, (Hoffnung)* aufkeimen; ~ **to dry** *vi,* antrocknen; ~ **with** *adv,* vorab

beginner, *sub, -s* Anfänger; *(Anfänger,* Einsteiger; **~s´ course** *sub, -s* Anfängerkurs; **beginning (1)** *adj, (Beruf)* angehend **(2)** *sub, -s* Beginn, Ursprung; *(Anfang)* Ausgang; *(i. ü. S.; erste Anzeichen)* Ansatz; *(Start)* Anfang; *at the beginning of* mit Beginn; *from the beginning on*

von Beginn an; *in the beginning* am Anfang; *the beginning of the end* der Anfang vom Ende
beginning of autumn, *sub, -s* Herbstanfang; **beginning of fall** *sub, -s (US)* Herbstanfang; **beginning of summer** *sub,* - Sommeranfang; **beginning of term** *sub, nur Einz.* Schulanfang; *-s* Schulbeginn; **beginning of the holidays** *sub, nur Einz.* Ferienbeginn; **beginning of the month** *sub, b.s* Monatsanfang; **beginning of the vacation** *sub, nur Einz. (US)* Ferienbeginn; **beginning of the year** *sub, -s* Jahresbeginn; **beginning of winter** *sub, -s* Winteranfang; **beginnings of a paunch** *sub,* - *of paunches* Bauchansatz
be given sth. (take with one), *vt,* mitbekommen; **be going be** *vi,* werden; **be gone** *adv,* weg; **be good** *vi,* taugen; **be good at** *adj, (sein)* firm; **be good to** *vt,* verwöhnen; **be greasy** *vi, (Fett absondern)* fetten; **be grimming** *vi,* grimmen; **be happening** *vi unpers., (geschehen)* los sein; *what´s happening?* was ist los?; **be happy** *vr,* freuen; **be here** *vi,* hier sein; **be horrified** *vi,* entsetzen; **be hostile to** *vt,* anfeinden; **be hypocritical** *vi,* heucheln; **be important** *vt, (wert sein)* bedeuten; **be impressive** *vi,* bestechen
begonia, *sub, -s (bot.)* Begonie
behave, (1) *vi,* benehmen, betragen **(2)** *vr,* gebärden, gebaren, verhalten; *(sich-)* geben; *behave badly* sich schlecht benehmen; *behave oneself* sich anständig benehmen, *know how to behave* sich anständig zu benehmen wissen; *that´s no way to behave* was sind das für Manieren; *to behave properly* sich ordentlich benehmen; *to learn to behave* Manieren lernen; *~ as* *vr, (geh.)* gerieren; *~ badly* *vi,* aufführen; **behavior** *sub, -s (Verhalten, US)* Handlungsweise; **behaviour** *sub, nur Einz.* Benehmen; - Betragen, Gebaren; *-s (Verhalten)* Handlungsweise; **behavioural research** *sub, -es (tt; biol.)* Verhaltensforschung; **behavouir** *sub, nur Einz.* Verhalten
behead, *vt,* enthaupten, köpfen
behind, *adv,* hinterdrein, hinterher, zurück; *from behind* von hinten; *from behind the hill* hinter dem Hü-

gel hervor; *to fall behind with sth* mit etwas in Verzug geraten; *~ it/them* *adv,* dahinter; *there is nothing behind it* es ist nichts dahinter; *~ so´s back* *adv, (i. ü. S.)* hinterrücks; *~ wind* *sub, nur Einz. (Schifff.)* Fahrwind
beige, (1) *adj,* beigefarben **(2)** *sub, nur Einz.* Beige
be incumbent on, *vt, (geh.)* obliegen; **be in excess** *vi, (Summe)* überschießen; **be indignant at/about** *vt,* entrüsten; *be indignant at/about* sich entrüsten über; **be infectious** *vi, (med.)* anstecken; **be inflamed with** *vt,* entbrennen
being, *sub, nur Einz.* Sein; *to be or not to be* Sein oder Nichtsein; *~ bloated* *sub,* - Gedunsenheit; *~ in love* *sub,* - Verliebtheit; *~ spotted* *sub,* Fleckigkeit; *~ strict in formality* *sub, -ies* Formstrenge
be inherent in, *vi,* innewohnen; **be in labour** *vi, (archaic)* kreißen; **be in love** *adj,* verliebt; **be in poor health** *vi,* kränkeln; **be in progress** *vi,* laufen; *negotiations have started* die Verhandlungen laufen schon; *the film had already started when we got there* der Film lief schon, als wir ankamen; **be in so´s way** *adj, (sein)* hinderlich
be in sth., *vt,* drinstecken
be interested in, *vt,* interessieren; *he was interested in biology even as a child* er hat sich schon als Kind sich für Biologie interessiert; *he´s not in the slightest bit interested in politics* er interessiert sich überhaupt nicht für Politik; **be in the air** *vt, (Änderung)* andeuten; **be in the habit** *vi, (gwöhnlich tun)* pflegen; **be in the offing** *vi,* anbahnen; **be inundated** *vi, (i. ü. S.; Arbeit)* ertrinken; **be involved** *vi, (beteiligt)* mitwirken; **be itchy** *vi,* jukken; *(ugs.) I don´t care* das juckt mich nicht; *I´m itchy all over* es juckt am ganzen Körper
be keen on, *vi,* erpicht; **be killed** *vi,* umkommen; **be lacking** *vi, (mangeln)* fehlen; **be lame** *vi,* lahmmen
belami, *sub, -s* Belami
be late, *vr,* verspäten

belcanto, *sub, nur Einz.* Belcanto
belch, (1) *sub, -* (ugs.) Rülpser (2) *vi,* rülpsen
be left empty-handed, *vi, (das ~ haben, nichts bekommen)* Nachsehen; be left over *vi,* überbleiben; be left standing *vi, (das ~ haben)* Nachsehen
belfry, *sub, -ies* Glockenstuhl
Belgian, *adj,* belgisch
Belgrade, *sub, nur Einz.* Belgrad
be liable, *vi, (jur.)* haften
belief, *sub, -s* Glaube, Glauben; *firm belief* fester Glaube; ~ in miracles *sub, nur Einz.* Wunderglaube; believable *adj,* glaubhaft; believe (1) *vt,* wähnen (2) *vti,* glauben; *I couldn´t believe my ears* ich traute meinen Ohren nicht; *I don´t believe it* ist denn das die Möglichkeit?; *there´s every reason to believe that* es spricht vieles dafür, daß; *they couldn´t believe their eyes* sie sind aus dem staunen nicht mehr herausgekommen, *believe it or not* ob du es glaubst oder nicht; *I believed he was a doctor* ich glaubte, er sei Arzt; *I can well believe that* das glaube ich gerne; *it´s hard to believe* es ist kaum zu glauben; believe in *vt,* zutrauen; believer *sub, -s* Gläubige, Gläubiger
be like, *vi,* gleichen; ~ a mother *vi, (~ vertreten)* Mutterstelle; ~ lightning *adj,* blitzschnell; be lost (1) *vi,* wegfallen (2) *vr, (ugs.)* verläppern; be made *vi, (Entscheidung)* fallen; be mean *vi,* geizen; be melted *vi,* erschmelzen; be misled *vt, (Irrtum)* erliegen; be missing *vi, (vermisst werden)* fehlen; *he has two teeth missing* ihm fehlen zwei Zähne; *there is a button missing* da fehlt ein Knopf; *we really missed you* du hast uns sehr gefehlt; be mistaken (1) *vi, (i. ü. S.)* Holzweg (2) *vt,* täuschen (3) *vti,* irren; *(i. ü. S.) he´s not going to get anywhere with his ideas* er ist mit seinen Vorstellungen völlig auf dem Holzweg; *to be on the wrong track* auf dem Holzweg sein, *she has been completely mistaken about him* sie hat sich gründlich in ihm getäuscht; be moved *vi,* Ergriffenheit; be noisy *vi,* lärmen
belladonna, *sub, -s (bot.)* Belladonna; *(tt; bot.)* Tollkirsche

bellboy, *sub, -s (Hotel~)* Page
bellicosity, *sub, nur Einz.* Kampfeslust
bellow, *vti,* grölen; ~s *sub, pair of bellows* Blasebalg; *nur Mehrz. (Blasebalg)* Balg
bellwether, *sub, -s* Leithammel
belly, *sub, -ies (ugs.)* Bauch, Ranzen; *-s* Wanst; ~ dance *sub, - -s* Bauchtanz; ~ landing *sub, - -s* Bauchlandung; *do a belly landing* eine Bauchlandung machen; ~-ache *vi, (ugs.)* mosern; *he always has sth to belly-ache about* er hat immer was zu mosern; ~-acher *sub, -s* Meckerfritze; ~-aching *sub, nur Einz.* Miesmacherei
belong to, *vi,* angehören, gehören, zugehören; ~ it/them *vt,* dazugehören; ~gether *vi,* zusammengehören; belonging (to) *adj,* angehörig; belongings *sub, nur Mehrz.* Habseligkeit; *(ugs.)* Siebensachen
beloved, *sub, -s* Angebetete
below, (1) *adv,* unten (2) *präp,* unter; unterhalb; *10 degrees below* minus 10 Grad; *below par* unter Niveau; ~ ground *adv,* unterirdisch
belt, (1) *sub, -s* Gurt, Gürtel, Riemen (2) *vt, (ugs.)* versohlen; *tighten one´s belt* den Gürtel enger schnallen; *below the belt* unter der Gürtellinie; *(ugs.) to belt sb one* jmd eine zischen; ~ bag *sub, -s* Gürteltasche
beluga, *sub, -s (zool. Weißwal)* Beluga
bench, *sub, -es* Richterstuhl, Ruhebank, Sitzbank; *(Sitzbank)* Bank; *(spo.)* Auswechselbank
bend, (1) *sub, -s* Abbiegung, Beuge, Biegung, Einbuchtung, Krümmung, Kurve (2) *vi, (sich lehnen)* beugen (3) *vt,* abbiegen, anwinkeln, biegen, einbiegen, krümmen, umbiegen; *(lehnen)* beugen (4) *vti,* neigen (5) *vtr,* verbiegen, wölben; *be bent on* darauf erpicht sein zu; *he´s an unbending character* er hat einen unbeugsamen Nacken; *the road bends* die Straße macht einen Knick; *(ugs.) you must be round the bend!* bei dir spukt´s wohl!, du hast ja einen Stich!, du

hast wohl einen Spleen!, *bend a bow* einen Bogen spannen, einen Bogen spannen; *bend a sail* ein Segel befestigen; *bend one´s elbow* einen trinken, zechen, *to bend forwards* sich nach vorn neigen; ~ **back** *vr*, zurückbeugen; ~ **down** *vi*, bücken, niederbeugen; *bend down to pick up sth* sich nach etwas bücken; ~ **forward** *vt*, vorbeugen; ~ **sth. as far as possible** *vt*, durchbiegen; ~**ing** *sub*, -s Einknickung

beneath, *adv*, *(räuml. unterhalb)* darunter; *beneath me* unter meinem Niveau; *wear nothing beneath* nichts darunter anhaben; ~ **the other** *adv*, untereinander

Benedictine monk, *sub*, -s Benediktiner; **benediction** *sub*, -s Benediktion

benefactor, *sub*, -s Wohltäter; **benefactress** *sub*, -es Wohltäterin; **benefice** *sub*, -s *(Kirchenamt)* Pfründe; **beneficial** *adj*, segensreich, zuträglich; *have a beneficial influence on sth* etwas günstig beeinflussen; **beneficiary** *sub*, -ies Nutznießerin; **benefit (1)** *sub*, -s Benefiz; *(Ertrag)* Nutzung; *(Vorteil)* Nutzen **(2)** *vt*, bonifizieren; *to enjoy the benefit of sth* die Nutzungen aus etwas ziehen; *for the benefit of the public* zum Nutzen der Öffentlichkeit; *to reap the benefits of sth* aus etwas Nutzen ziehen; *beneficial for the health* nützlich für die Gesundheit; *for the benefit of mankind* der Menschheit zum Wohle; *to benefit by sth* von etwas profitieren; *to expect to benefit greatly* sich großen Nutzen versprechen; **benefit match** *sub*, - -es Benefizspiel; **benevolent** *adj*, wohlwollend

benign, *adj*, *(med.)* gutartig; ~**ancy** *sub*, -ies Gutartigkeit

be not able to avoid sth, *vi*, umhinkommen, umhinkönnen; **be noticable** *sub*, Fühlbarkeit; **be nuts** *vi*, *(i. ü. S.)* spinnen; *are you nuts?!* spinnst du?!; **be obliged** *adj*, *(geh.)* gehalten; **be of use** *vi*, helfen, nutzen; *(i. ü. S.)* fruchten; **be off** *vi*, freihaben; **be off form** *sub*, - Formtief; **be off school because of the heat** *adj*, Hitzeferien; **be omitted** *vi*, wegbleiben, wegfallen; **be on call** *vi*, *(~ haben; Arzt)* Notdienst; **be on fire** *vti*, brennen; *the school is on fire* die Schule

brennt; **be on guard** *sub*, *nur Einz.* Wachestehen; **be on it** *vt*, draufstehen

bent, *adj*, krumm, verbogen

benthos, *sub*, *nur Einz.* *(tt; biol.)* Benthal

benzine, *sub*, -s Leichtbenzin; *nur Einz.* Waschbenzin

benzoin, *sub*, *nur Einz.* Benzoe

benzole, *sub*, -s Benzol

be on level with, *vi*, gleichstehen; **be on one´s guard** *vi*, hüten; *be on your guard with him! he tells lies* hüte dich vor ihm! er lügt; *I´ll take good care not to do that* ich werde mich hüten (das zu tun); **be on strike** *vi*, streiken; **be on the lurk** *vi*, Lauer; **be on the safe side** *adv*, sicherheitshalber; **be on the turntable** *vi*, *(CD)* aufliegen; **be open 24 hours** *vi*, *(~ haben; Apotheke)* Notdienst; **be opposite** *vi*, gegenüberliegen; **be orphaned** *adj*, verwaist; **be out of place (1)** *adv*, fehl **(2)** *sub*, *(i. ü. S.; ein...sein)* Fremdkörper; **be out-of-the-way** *vi*, Entlegenheit; **be outstanding** *vi*, *(Bezahlung)* ausstehen

be over, *adv*, vorbei, vorüber; ~**modest** *vi*, tiefstapeln; **be paralysed** *vi*, erstarren; *be paralysed with fear* vor Schreck erstarren; **be part of** *vt*, *(Teil bilden von)* gehören; **be passed around** *vi*, *(herumgereicht werden)* herumgehen; **be past** *adv*, vorüber; **be patient** *vr*, gedulden; **be pending** *vi*, *(Urteil etc.)* ausstehen; **be permitted (to)** *vti*, *(geh.)* dürfen; *he was not permitted* er durfte nicht; *this is not permitted* das darf man nicht tun; **be pessimistic about** *vt*, schwarz sehen; **be pitiful** *adj*, *(zum - sein)* Gotterbarmen; **be playing directly** *vt*, Direktspiel; **be pleased** *vr*, *(sich -)* freuen; **be pleased about** *vr*, *(sich - über)* freuen; *she was pleased that you visited her* sie hat sich über den Besuch gefreut; **be pompously concerned about so. reputation** *vt*, ehrpusselig; **be possible** *vti*, *(möglich sein)* gehen; *it´s possible to meet next Friday* es geht, dass wir uns nächsten Freitag treffen; **be postponed** *vr*, verschieben

be present, vi, beiwohnen, einfinden; be present at a meeting einer Versammlung beiwohnen; **be pretty clever** vi, (ugs.) loshaben; **be promoted** vi, avancieren; (i. ü. S.; beruflich) aufsteigen; (in der Stellung) aufrücken; **be published (1)** vi, (Buch) herauskommen **(2)** vt, erscheinen; **be puzzled** vi, stutzen; **be quits with sb** adj, quitt; **be quoted** vi, (Börse) notieren; **be radioactive** vi, (Radioaktivität) strahlen; **be ready** vi, bereitliegen, bereitstehen; **be realized** vr, verwirklichen; **be received** vi, eingehen; we have not yet received the letter der Brief ist bei uns noch nicht eingegangen

bequeath, vt, vererben; ~ sth vt, vermachen; ~ing sub, -s Vererbung

bequest, sub, -s Vermächtnis; (i. ü. S.) Hinterlassenschaft

Berber horse, sub, - -s Berberpferd

bereaved, sub, nur Mehrz. (Traueranzeige) Hinterbliebene

be red-hot, vi, (Metall) glühen; **be reduced** vr, verkleinern; **be reflected** vr, spiegeln, widerspiegeln; **be repugnant so** adv, zuwider; **be resplendent** adj, prangen, prunken; **be right** vi, (richtig sein) stimmen; **be right next to** vi, (Garten) grenzen; **be rooted** vi, wurzeln; **be running** sub, -s (Bewegung) Gang; (Maschinen) in full swing in vollem Gang; (Maschinen) run quietly einen leisen Gang haben; **be sacked** vi, (entlassen w.) fliegen; **be safe from thieves** adj, diebessicher; **be satisfactory** vi, (Zustand etc.) befriedigen; **be satisfied** vi, begnügen; be satisfied with sich mit etwas begnügen; **be so´s heir** vt, beerben

bereft of content, adj, sinnentleert

bergamot, sub, -s Bergamotte; ~ oil sub, nur Einz. Bergamottöl

Bering Strait, sub, nur Einz. Beringstraße

berkelium, sub, nur Einz. (chem.) Berkelium

Bermuda shorts, sub, nur Mehrz. Bermudashorts; **Bermuda triangle** sub, nur Einz. Bermudadreieck

Bernina railway, sub, nur Einz. Berninabahn

berry, sub, -ies Beere; ~-like adj, beerenförmig

berserk, sub, -s (unverwundbarer Krieger) Berserker; go berserk toben wie ein Berserker

berth, sub, -s Koje

beryl, sub, -s Beryll; ~lium sub, nur Einz. Beryllium

be sb´s second, vi, sekundieren; **be sb turn** vi, drankommen; now it´s my turn jetzt komme ich dran; **be searching** adj, forscherisch; **be set back** vi, (tt; arch.) zurückstehen; to be unwilling to stand down nicht zurückstehen wollen; **be shiny** vi, (Hosen etc.) glänzen; **be shortened** vr, verkürzen; **be shut down** vi, (Betrieb) stillliegen; **be silent** vi, schweigen; **be single** vi, allein stehen; **be sloppy** vi, schlampen; **be slow** vi, (Uhr) nachgehen; **be solved** vi, (Verbrechen) aufklären; **be sore** vi, schmerzen; **be sorry** vi, bedauern; I´m sorry ich bedaure; **be sparing (with sth)** vi, kargen; **be springy** adv, federn; **be startled** vi, erschrecken; be startled to death zu Tode erschrocken sein

beseech, vt, anflehen; ~ing adj, (Blick) hilfeflehend

beside, präp, nächst; (örtlich) neben; completely beside os in einem Zustand völliger Auflösung; he walked beside her er ging neben ihr; ~s (1) adv, (ausserdem) daneben; (zusätzlich) außerdem (2) präp, (außer) neben; (zusätzlich zu) außer

besiege, vt, belagern, einstürmen; (mil.) umlagern; besieged by admirers von Verehrern umschwärmt

besom, sub, -s Reisigbesen

bespoke tailor, sub, -s Maßschneider

bessemer converter, sub, - -s (tt; tech.) Bessemerbirne

bestial, adj, bestialisch, sodomitisch; (i. ü. S.; roh) tierisch; ~ity sub, -ies Bestialität; - Sodomie

be sticky, vi, pappen; the shirt is sticking to me das Hemd pappt an mir; **be stingy** vi, knausern; **be stirred up** vi, (Hass) aufloden; **be stopped** vi, unterbleiben; (i. ü. S.) these things must be stopped before they get out of hand wehret den Anfängen; **be stranded** vi, stranden; **be stubborn** *adj*, Dickschädel; **be stuck** *vi*, aufgeschmissen, feststecken; *(fest-)* stecken; **be subjected to** *vi*, unterliegen; **be successful with** *vr*, reüssieren; **be suitable** *vi*, konvenieren; *(geeignet sein)* taugen; **be suitable as** *vt*, eignen; **be suitable as** sich eignen für etwas; **be supposed to** *vt*, *(verpflichtet)* sollen; *am I supposed to eat that?* soll ich das etwasa essen?; *what´s that supposed to mean?* was soll das bedeuten?; *who is that supposed to be?* wer soll das sein?

bestow a peerage on, *vt*, nobilitieren **bestseller**, *sub*, *-s* Bestseller, Schlager; *bestseller* Erfolgsbuch **be surprised**, *vr*, wundern; **be suspended from** *vi*, hängen; **be terribly grumpy in the morning** *vi*, *(ein ~ sein)* Morgenmuffel; **be the basis of** *sth adv*, zu Grunde; **be thick with** *vi*, *(strotzen)* starren; **be thick-skinned** *vi*, Elefantenhaut; **be thirsty** *vt*, dürsten; *be thirsty for* dürsten nach **bet**, (1) *sub*, *-s* Wette (2) *vti*, wetten; *make a bet* eine Wette abschließen; *you bet!* und ob!

beta disintegration, *sub*, *-s (tt; phy.)* Betazerfall; **beta emitter** *sub*, *-s* Betastrahler; **beta rays** *sub*, *nur Mehrz.* Betastrahlen; **betatron** *sub*, *-s* Betatron

be to, *vi*, *(bestimmt)* sollen; *what am I to do?* was soll ich tun?; *you are to see the boss tomorrow* du sollst morgen zum Chef kommen; *~* **blame** *adj*, schuld; *to blame sb/sth* jmd/einer Sache schuld geben; **be trained** *vi*, volontieren; **be transmitted** *vr*, vererben; **be troubled** *vi*, *(leiden)* plagen; **be under** *vi*, ressortieren; **be under a curse** *adj*, fluchbeladen; **be under so** *vi*, unterstehen; **be unfaithful** *adv*, fremdgehen; **be unnecessary** *vi*, erübrigen; **be unsuccessful** *vi*, missglücken, misslingen; *the attempt was unsuccessful* der Versuch ist misslungen; **be up to** sth *vt*, *(etwas anstellen)* ausfressen; *what has she been up to?* was hat sie denn ausgefressen?; **be useful** *adv*, zustatten **be told where to go** *vi*, *(ugs.)* abblitzen

betray, *vt*, verraten; *~al sub*, *nur*

Einz. Verrat **better**, *adj*, *adv*, besser; *better than nothing* besser als gar nichts; *get better* besser werden; *have nothing better to do than* nichts eiligeres zu tun haben, als; *he knows better* er weiß es besser; *so much the better* umso besser **betting office**, *sub*, *-s* Wettannahme, Wettbüro **between**, *präp*, zwischen; *(zwischen) between you and me* unter uns gesagt; *nothing can come between us* uns kann nichts trennen; *~* **deck** *sub*, *-s* Zwischendeck; *~-* **host** *sub*, *-s (tt; biol.)* Zwischenwirt; *~-* **meal (snack)** *sub*, *-s* Zwischenmahlzeit; *~-* **storage** *sub*, *-s* Zwischenlagerung **be valid**, *vti*, gelten; *the passport is not valid any more* der Pass gilt nicht mehr; **be very keen on** sth *adj*, versessen; **be victorious** *vi*, siegen; **be waiting** *vi*, *(zur Bearbeitung, etc.)* anstehen; **be warm** *vi*, wärmen; **be washed ashore** *vt*, *(ans Ufer)* antreiben; **be welcome** *adj*, *(sein)* gern gesehen; **be well matched** *vi*, Ebenbürtigkeit; **be willing** *adj*, willens sein; **be worth striving for** *adj*, anstrebenswert; **be worthwhile** *vi*, lohnen; **be worthwile** *vir*, rentieren; **be wrecked** (1) *adv*, zunichte (2) *vt*, zerschellen; **be wrong** *vi* unpers., *(nicht in Ordnung sein)* los sein; *there´s something wrong with sb* mit jmd ist etwas los **beverage**, *sub*, *-s* Trank **bewilderment**, *sub*, *nur Mehrz.* Fassungslosigkeit; *-s* Verwirrung **beyond**, (1) *adv*, jenseits (2) *präp*, *(darüber hinaus)* über; *(i. ü. S.) that is beyond me* das übersteigt mein Fassungsvermögen; *that is beyond my control* das entzieht sich meiner Kontrolle; *that´s beyond me* da komm´ ich nicht mit; *~* **saving** *adj*, rettungslos; *~* **the reception area** *sub*, *-s* Funkschatten **bezoic acid**, *sub*, *nur Einz. (tt; chem.)* Benzoesäure **b flat minor**, *sub*, *nur Einz.* b-Moll **bias**, (1) *adj*, parteiisch (2) *sub*, *-* Voreingenommenheit; *nur Einz.*

(Voreingenommenheit) Befangenheit; ~(s)ed *adj*, *(voreingenommen)* tendenziös; ~ed *adj*, voreingenommen; *(voreingenommen)* befangen
biathlete, *sub*, *-s* Biathlet; **biathlon** *sub*, *nur Einz.* Biathlon
bib, *sub*, *-s* Latz
Bible, *sub*, *-s* Bibel; ~ **class** *sub*, - *-es* Bibelstunde; **biblical** *adj*, biblisch; **biblical passage** *sub*, *-s* Bibelstelle; **biblical saying** *sub*, *-s* Bibelspruch
bibliographer, *sub*, *-s* Bibliograf; **bibliography** *sub*, *-ies* Bibliografie; **bibliomania** *sub*, *nur Einz.* Bibliomanie; **bibliophile (1)** *adj*, bibliophil **(2)** *sub*, *-s* Bibliophile; **bibliophily** *sub*, *nur Einz.* Bibliophilie
biceps, *sub*, - Bizeps
bicker, *vi*, keifen; ~**ing** *sub*, *nur Einz.* *(ugs.)* Keiferei
biconcave, *adj*, bikonkav; **biconvex** *adj*, bikonvex
bicycle, *sub*, *-s* Fahrrad, Rad; *ride a bicycle* mit dem Fahrrad fahren; ~ **polo** *sub*, - Radballspiel; ~ **pump** *sub*, *-s (Fahrrad)* Luftpumpe
bid, **(1)** *sub*, *-s (bei Versteigerung)* Gebot **(2)** *vi*, *(Auktion)* bieten; *make a bid* ein Gebot abgeben; ~**der** *sub*, *-s* Bieter; *(Auktion)* Anbieter
bidet, *sub*, *-s* Bidet
Biedermeier, *sub*, *nur Einz.* Biedermeier
biennial, *adj*, biennal; ~**ly** *adv*, biennal
bifocal glas, *sub*, *-es* Bifokalglas
big, *adj*, groß, kräftig, weit; *a big building* ein großes Gebäude; *a big difference* ein großer Unterschied; *big and broad* groß und breit; *big toe* große Zehe; *talk big* angeben; *(i. ü. S.) have a big say in this matter* ein gewichtiges Wort mitzureden haben; *much too big* überdimensioniert; *she´s got a big build* sie ist kräftig gebaut; *(i. ü. S.) to be big with sth* etwas schwanger gehen; *(ugs.) to take a big swig* einen kräftigen Schluck nehmen; ~ **bang** *sub*, *nur Einz.* Urknall; ~ **business** *sub*, *nur Einz.* Bigbusiness; ~ **cat** *sub*, *-s* Großkatze; ~ **city** *sub*, *-ies* Großstadt; ~ **community** *sub*, *-ies* Großgemeinde; ~ **concern** *sub*, *-s* Großkonzern; ~ **drum** *sub*, *-s* Werbetrommel; *to beat the big drum* die Werbetrommel

rühren; ~ **event** *sub*, *-s* Großereignis; ~ **figured** *adj*, großfigurig; ~ **game** *sub*, *-s* Großwild; ~ **head** *sub*, *-s* Wasserkopf; ~ **industrialist** *sub*, *-s (ugs.)* Schlotbaron
bigamist, *sub*, *-s* Bigamist; **bigamous** *adj*, bigamistisch; **bigamy** *sub*, *nur Einz.* Bigamie
biggest, *adj*, größte
big number, *sub*, *-s* Großkopfete; **big question** *sub*, - Gretchenfrage; **big screen** *sub*, *-s* Breitwand; **big top** *sub*, *-s* Zelt; **big town** *sub*, *-s* Großstadt; **big trader** *sub*, *-s* Großkaufmann; **big traffic** *sub*, *nur Einz.* Großverkehr; **big-boned** *adj*, derbknochig, grobknochig
bigot, *sub*, *-s* Mucker; ~**ry** *sub*, *nur Einz.* Muckertum
bigwig, *sub*, *-s* Bonze
bike, *sub*, *-s* Fahrrad, Stahlross; *(ugs.; Motorrad)* Maschine; *ride a bike* mit dem Fahrrad fahren
bikini, *sub*, *-s* Bikini
bilateral, *adj*, bilateral; *(polit.)* beiderseitig, beidseitig
bilberry, *sub*, *-ies* Heidelbeere; *(ugs.)* Bickbeere
bile, *sub*, *(Sekret Mensch)* Galle
bilge, *sub*, *-s* Bilge, Bilgewasser; Bockmist; *-s* Kielraum; *come out with a load of bilge* Bockmist verzapfen
bilingual, *adj*, bilingual, zweisprachig
bilious, *adj*, *(Laune)* gallig
bilious colic, *sub*, *-s* Gallenkolik
billetting, *sub*, *-s* Einquartierung
billiard cue, *sub*, - *-s* Billardqueue; **billiards** *sub*, *nur Mehrz.* Billard
billion (US), *sub*, *-s* Milliarde; *billions of people* Milliarden von Menschen; **billionth (US)** *adj*, milliardste; **billionth part (US)** *sub*, *-s* Milliardstel
billow, *vi*, bauschen
billy goat, *sub*, *-s* Geißbock
bimetallic strip, *sub*, *-s (phy.)* Bimetall
bin (am: can), *sub*, *-s (Abfall)* Eimer
binary, *adj*, *(tt; mat.)* binär; ~ **system** *sub*, *-s* Dualsystem
bind *vt*, binden; *(Buch)* einbinden; *bind (up) a wound* Wunde verbinden; *bind a contract* Vertrag ab-

schliessen; *bind sb hand and foot* jmd an Händen und Füssen binden; *rebind a book in cloth/leather* ein Buch neu in Leinen/Leder einbinden; *so is bound by conventions* jmd ist in Konventionen eingebunden; *to bind sb in chains* jmdn in Ketten schmieden; ~ **books** *vt*, buchbindern; ~ **books (in cardboard)** *vt*, kartonieren; ~**er** *sub, nur Einz. (tt; arch.)* Binder; ~**ery** *sub, -ies* Binderei, Buchbinderei; *(book) bindery* Buchbinderei

bindweed, *sub, -s (tt; bot.)* Winde

binocular, *adj, (tt; phy.)* binokular; ~**s** *sub, nur Mehrz.* Feldstecher, Fernglas

biochemical, *adj*, biochemisch; ~ **pathway** *sub, -s (tt; biol.)* Abbauprozess; **biochemist** *sub, -s* Biochemiker; **biochemistry** *sub, nur Einz.* Biochemie; **biodiversity** *sub, nur Einz. (biol.)* Artenreichtum; **biogas** *sub, -es* Biogas; **biogenesis** *sub, -* Biogenese; **biogenetic** *adj*, biogenetisch

biographical, *adj*, biografisch; **biography** *sub, -ies* Biografie

biological, *adj*, biologisch; ~ **organic** *adj*, biologisch-dynamisch; ~ **waste** *sub, nur Einz.* Biomüll; ~ **waste bin** *sub, -s* Biotonne; ~**ly** *adv*, biologisch; **biologist** *sub, -s* Biologe; **biology** *sub, nur Einz.* Biologie

bionics, *sub, nur Einz.* Bionik; **biophysics** *sub, nur Einz.* Biophysik; **biopsy** *sub, -ies (tt; med.)* Biopsie; **biosphere** *sub, nur Einz. (tt; biol.)* Biosphäre; **biotechnology** *sub, nur Einz.* Biotechnik; **biotic** *adj*, biotisch; **biotope** *sub, -s (tt; biol.)* Biotop

biplane, *sub, -s* (Flugzeug) Doppeldecker; **bipolar** *adj, (tt; phy.)* bipolar; **bipolarity** *sub, -ies* Bipolarität

bird, *sub, -s* Vogel; *(vulg.; Mädchen)* Mieze; *(i. ü. S.) a bird in the hand is worth two in the bush* besser ein Spatz in der Hand als eine Taube auf dem Dach; *(i. ü. S.) a queer bird* ein seltsamer Vogel; *kill two birds with one stone* zwei Fliegen mit einer Klappe schlagen; *to find the birds have flown* das Nest leer finden; ~ **food** *sub, nur Einz.* Vogelfutter; ~ **migration** *sub, -s* Vogelzug; ~ **of paradise**

sub, birds Paradiesvogel; ~ **that nests in caves** *sub, -s (zool.)* Höhlenbrüter; ~ **that stays a long time in its nest** *sub, birds (i. ü. S.)* Nesthocker; ~ **who leaves the nest early** *sub, birds* Nestflüchter; ~**-catcher** *sub, -s* Vogelfänger; ~**s swarm** *sub, -s* Vogelschwarm; ~**spider** *sub, -s (tt; zool.)* Vogelspinne; ~**svoice** *sub, -s* Vogelstimme

birth, *sub, -es* Geburt; *from birth* von Geburt an; ~ **certificate** *sub, -s* Geburtsschein; ~**certificate** *sub, -s* Geburtsurkunde; ~**day** *sub, -s* Geburtstag; *when is your birthday?* wann hast du Geburtstag?; ~**mark** *sub, -s* Muttermal; ~**name** *sub, -s* Geburtsname; ~**place** *sub, -s* Geburtsort; *(i. ü. S.) his birthplace was* seine Wiege stand in

biscuit, *sub, -s* Keks, Knusperchen; *(Gebäck)* Plätzchen; *(i. ü. S.) that takes the biscuit* das schlägt dem Fass den Boden aus; ~ **tin** *sub, -s* Keksdose

bisect, *vt, (mat.)* halbieren

bisexual, *adj*, bisexuell; ~**ity** *sub, nur Einz.* Bisexualität; ~**ly** *adv*, bisexuell

bishop, *sub, -s* Bischof, Episkopus; *(kirchl.)* Ordinarius; ~´**s crook** *sub, -s* Bischofsstab; ~´**s hat** *sub, -s* Bischofshut; ~**ric** *sub, -s* Bistum; *bishopric* Bischöfliches Ordinariat

Bismarck herring, *sub, -s* Bismarckhering; **Bismarckian** *adj*, bismarckisch, bismarcksch

bismuth, *sub, nur Einz.* Wismut; *(tt; chem.)* Bismutum

bison, *sub, -s* Bison; *(tt; zool.)* Wisent

bistro, *sub, -s* Bistro

bit, (1) *adj*, bisschen **(2)** *sub, -s* Deut; *(Wurst -)* Ende; *not a bit* kein bisschen; *that little bit won´t fill me up* von dem bisschen werde ich nicht satt, *be not a bit better than* keinen Deut besser sein als; *the last little bit* der letzte Rest vom Schützenfest; *to be every bit as beautiful as sb* jmd an Schönheit nicht nachstehen; ~ **by bit** *adv*, bissenweise, brockenweise; *bit by bit* nach und nach; *get the information bit by bit* die Informationen nur brockenweise bekommen; ~ **of advice** *sub*, *-s* Ratschlag; ~ **of hanky-panky** *sub*, - *(ugs.)* Schäferstündchen; ~ **on the side** *sub*, - Seitensprung

bitch, *sub*, *-es* Hündin; *(vulg.; Schimpfwort/Frau)* Miststück, Mistvieh

bite, (1) *adj*, bissig (2) *sub*, *-s* Bisswunde; *(ugs.)* Biss; *-s (Insekten-)* Stich (3) *vi*, anbeißen; *(anbeißen, brennen, stechen)* beißen (4) *vt*, *(stechen, zubeißen)* beißen (5) *vti*, *(Mükke)* stechen; *a dog that bites* bissiger Hund, *no reason to bite my head of* kein Grund, bissig zu werden; *bite the dust* verwundet/tot umfallen; *this drill has no bite* das Training hat keinen Biss, *bite in on sth* in etwas beißen; *bite on sth* auf etwas beißen; ~ **(firmly)** *vi*, *(ugs.)* zubeißen; ~ **back sth** *vt*, verbeißen; ~ **insth** *vr*, verbeißen; ~ **into** *vt*, anbeißen; ~ **o.s.** *vr*, beißen; ~ **off** *vt*, abbeißen; ~ **through** *vt*, durchbeißen; ~ **to eat** *sub*, *-s* Happen; ~**-sized** *adj*, mundgerecht; *to cut sth into bite-sized pieces* etwas mundgerecht schneiden; **biting insect** *sub*, *-s* Schnabelkerf

bitter, *adj*, bitter, gallenbitter; *to the bitter end* bis ans bittere Ende; ~**ly** *adv*, bitter; *bitterly cold* bitterkalt; ~**ness** *sub*, Bitterkeit; *-es* Erbitterung, Verbitterung; ~**root** *sub*, *-s (geogr.)* Bitterwurzel; *bitterroot beer* Bier aus der Bitterwurzel; ~**s** *sub*, *nur Mehrz.* Magenbitter

bittern, *sub*, *-s* Rohrdommel

bitumen road, *sub*, - *-s* Asphaltstraße

bizarre, *adj*, abwegig, bizarr, skurril; *bizarre appearance* bizarre Erscheinung; ~**ly** *adv*, bizarr; ~**ness** *sub*, - Skurrilität

blab out, *vt*, *(ugs.)* ausquatschen; **blabbermouth** *sub*, *-s* Quasselstrippe

black, (1) *adj*, schwarz (2) *sub*, - Schwarz; ~ **(date)grape** *sub*, *-s* Datteltraube; ~ **and blue** *adj*, *(ugs.)* windelweich; *(ugs.) to beat sb black and blue* jmd windelweich hauen; ~ **beech** *sub*, *-es* Schwarzbuche; ~ **buffalo** *sub*, *-es (zool.)* Kaffernbüffel; ~ **clouds** *sub*, *nur Mehrz.* regenschwer; ~ **eye** *sub*, *-s (ugs.)* Veilchen; **Black Forest** *sub*, *nur Einz.* Schwarzwald;

~ **horse** *sub*, *-s* Rappe; ~ **magic** *sub*, - Teufelskunst; ~ **market** *sub*, *-s* Schwarzhandel, Schwarzmarkt; ~ **marketeer** *sub*, *-s* Schieber; ~ **peter** *sub*, *nur Einz.* Schwarzpulver; ~ **pudding** *sub*, *-s* Griebenwurst; ~ **ribbon** *sub*, *-s* Trauerflor

black-and-white, *adj*, schwarzweiß; ~ **shot** *sub*, *-s* Schwarzweißaufnahme; **black-box** *sub*, *-es* Flugschreiber; **black-headed gull** *sub*, *-s (zool.)* Lachmöwe; **blackout** *sub*, *-s* Black-out; **blackberry** *sub*, *-ies* Brombeere; **blackbird** *sub*, *-s* Amsel; **blackboard** *sub*, *-s (Schule)* Tafel; **blackcock** *sub*, *-s* Birkhahn

blacken, *vt*, anschwärzen, einschwärzen, schwärzen; **blackhead** *sub*, *-s* Mitesser; **blackish** *adj*, schwärzlich; **blackmail** (1) *sub*, *-s* Erpressung (2) *vt*, erpressen; **blackmailer** *sub*, *-s* Erpresser; **blackness** *sub*, *nur Einz.* Schwärze; **blacksmith** *sub*, *-s* Scharschmied, Schmied; **blacksmith´s oven** *sub*, *-s* Schmiedeofen

bladder, *sub*, *-s* Harnblase; ~ **stone** *sub*, *-s (ugs.)* Blasenstein; ~ **stones** *sub*, *nur Mehrz. (Blasen-)* Steinleiden

blade, *sub*, *-s* Klinge; *(Gras-)* Halm; ~ **of grass** *sub*, *-s* Grashalm

blah, *sub*, *nur Einz.* Blabla

blame, (1) *sub*, *-es* Verschuldung (2) *vt*, zuschreiben; *blame so for sth* jemandem eine Sache anlasten; *he is partly to blame for that* daran ist er nicht ganz unschuldig; *I don´t blame you for it* ich nehme es dir nicht übel; *take the blame* den Buckel hinhalten; *(ugs.) to put the blame for sth on sb* jmd etwas in die Schuhe schieben; ~**ful** *adj*, blamabel; ~**lessness** *sub*, *nur Einz.* Unbescholtenheit; ~**worthy** *adj*, tadelnswert

blanch, (1) *vi*, erblassen (2) *vt*, blanchieren, brühen

blandishments, *sub*, *nur Mehrz.* Schöntuerei

blank, (1) *adj*, ungereimt; *(Formular)* unausgefüllt; *(tt; wirt.)* blanko (2) *adv*, Blankett (3) *sub*, *-s* Vakat; *(Los)* Niete; *a blank area* ein weißer Fleck; *(kun.) blank verse* unge-

reimte Verse; *I´ll write you a blank cheque* einen Scheck blanko ausstellen, *signed blank* mit Blankounterschrift, *to draw a blank* eine Niete ziehen; ~ **(cartridge)** *sub, -s* Platzpatrone; ~ **cheque** *sub, -s* Blankoscheck; ~ **verse** *sub, -s* Blankvers
blanket, *sub, -s* Wolldecke; *(aus Wolle)* Bettdecke; *(Reise)* Decke; ~ **of snow** *sub, -s* Schneedecke
blare (out), *vi, (ugs.; Radio)* plärren; **blaring** *sub, (abw.)* Geschmetter; **blaring horns** *sub, -* Gehupe
blasé, *adj,* blasiert; ~ **attitude** *sub, nur Einz.* Blasiertheit
blaspheme, *vt,* lästern; ~**r** *sub, -s (Gotteslästerer)* Frevler; **blaspheming** *sub, nur Einz.* Lästerei; **blasphemy** *sub, nur Einz.* Blasphemie; - Gotteslästerung
blast, *vt,* zersprengen; *(ugs.) blast!* Mist!; ~ **furnace** *sub, -s (tt; tech.)* Hochofen; ~ **of trumpets** *sub, -* Fanfarenstoß; ~ **open** *vt, (mit Dynamit)* aufsprengen; ~**ing** *sub, -s* Zersprengung; ~**pipe** *sub, -s (tt; tech.)* Blasrohr
blastula, *sub, -e (tt; med.)* Blastula
blatancy, *sub, nur Einz.* Krassheit; **blatant** *adj,* krass, marktschreierisch; *(Lüge)* offensichtlich; *that´s a blatant lie* das ist eine krasse Lüge
blather, (1) *sub, -* Gequassel (2) *vi, (ugs.)* quatschen, ratschen (3) *vt,* sabbeln; *(ugs.)* sabbern; ~ **about politics** *vi,* kannegießern
blaze, (1) *sub, -s* Blesse (2) *vi,* flammen; *(geh.)* lohen; *be blazing fiercely* lichterloh brennen; ~**r** *sub, -s* Blazer
blazon, (1) *sub, nur Einz.* Blasonierung (2) *vti,* blasonieren
bleach, (1) *sub, -s* Bleiche (2) *vt,* bleichen; *(Farbe entfernen)* entfärben (3) *vti,* ausbleichen; ~**ed** *adj,* ausgebleicht
bleak, *adj, (trostlos)* trübselig; ~**ness** *sub, nur Einz.* Kahlheit
bleat, (1) *sub, -s* Geblök (2) *vi,* blöken; *(Schaf)* mähen; ~**ing** *sub, -s (Schafe, Ziegen)* Gemecker; ~**ing voice** *sub, -s* Meckerstimme
bleed, (1) *vi,* bluten; *(getötetes Tier)* ausbluten (2) *vt,* schröpfen; *(tech.)* entlüften; *bleed like a stuck pig* wie ein Schwein bluten; *(iron.) it makes my heart bleed* mir blutet das Herz;

to bleed at the nose aus der Nase bluten; *to bleed sb* jmd zur Ader lassen; *to bleed to death* verbluten; *allow a wound to bleed* eine Wunde ausbluten lassen, *be left battered and bleeding* blutig geschlagen werden; *bleed so* jemanden zur Ader lassen; *my nose bleeds* ich habe Nasenbluten; *(i. ü. S.) to bleed sb dry* jmd das Mark aus den Knochen saugen; ~ **to death** *vi,* verbluten; ~**ing** *sub, -s* Blutung
bleep, *vi, (Funkgerät)* piepen, piepsen
blend, (1) *sub, -s* Verschnitt; *(die Mixtur)* Mischung; *(selten; Mischung)* Melange (2) *vt,* verblenden, verschmelzen, verschneiden; *(Kaffee-, Tabaksorten)* mischen; *to blend* sich organisch einfügen; ~**ing** *sub, -s* Verschmelzung; *(das Mischen)* Mischung
bless, *vt,* aussegnen, benedeien, segnen; *bless you* beim Niesen: Gesundheit; ~**ed** (1) *adj,* gesegnet, gnadenreich, verflixt; *(theol.)* selig (2) *sub, -s* Gebenedeite; *the Blessed Virgin* die Hlge. Jungfrau; ~**ing** *sub, -s* Aussegnung, Segen, Segensspruch, Segenswunsch
blind, (1) *adj,* blind (2) *sub, -s* Markise; *blind as a mole* blind wie ein Maulwurf; *blind spot* toter Winkel; *go blind* blind werden; ~ **flight** *sub, -s* Blindflug; *blind* im Blindflug; ~ **man´s buff** *sub, nur Einz.* Blindekuh; *play blind man´s buff* Blindekuh spielen; ~ **woman** *sub, women* Blinde; ~**-born** *adj,* Blindgeborne; ~**ness** *sub, nur Einz.* Blindheit; *be (as if struck) blind* mit Blindheit geschlagen
blink, (1) *sub, -s* Augenaufschlag (2) *vi,* zwinkern (3) *vti,* blinzeln; ~**er** *sub, -s* Scheuklappe
bliss, *sub, nur Einz.* Wonne; ~**ful** *adj,* glückselig, wonnetrunken; *blissfully empty beaches* paradiesisch leere Strände; ~**ful feeling** *sub, -s* Wonnegefühl; ~**ful sensation** *sub, -s (kurzes)* Glücksgefühl
blizzard, *sub, -s* Blizzard
bloat, *vi, (Gesicht etc.)* aufschwemmen; ~**ed** *adj,* aufgedunsen, gedunsen
blob, *sub, -s* Klacks, Klecks

bloc, *sub, (polit.)* Block
block, (1) *sub,* -s Klotz; *(Fels-)* Block **(2)** *vt,* abblocken, blockieren, hindern, versperren, zustellen; *(Sicht versperren)* nehmen; *(Straße)* abriegeln, absperren; *block so´s path* jemandem den Weg abschneiden; *(nicht klar denken können) to have a mental block* eine Mattscheibe haben; ~ **and tackle** *sub,* -s Flaschenzug; ~ **capitals** *sub, nur Mehrz.* Blockschrift; ~ **letters** *sub, nur Mehrz.* Druckschrift; ~ **of (rented) flats** *sub, blocks* Mietshaus; -*s* Renditenhaus; ~ **of beechwood** *sub,* -s Buchenkloben; ~ **of flats** *sub,* -s - Apartmenthaus; -*s* Haus; ~ **of houses** *sub,* -s Häuserblock; ~ **of ice** *sub,* -s Eisblock; ~ **of marble** *sub, blocks* Marmorblock; ~ **of metal** *sub, blocks* Metallblock; ~ **of oak** *sub,* -s Eichenklotz; ~ **of stone** *sub, blocks* Steinblock; ~ **with phelgm** *vt, (tt; med.)* verschleimen
blockade, *sub,* -s Blockade, Blokkierung, Versperrung; *(Blockierung)* Sperre; **blockage** *sub,* -s Verstopfung; **blocked amount** *sub,* -s Sperrbetrag; **blockhead** *sub,* -s *(ugs.)* Schafskopf
blocking, *sub,* -s *(tt; arch.)* Verbauung; *(Straße)* Abriegelung; *(wirt.)* Sperrung
bloc of alliance, *sub,* -s Bündnisblock
bloke, *sub,* -s *(ugs.)* Macker
blond, *adj,* blond; ~ **man, blonde** *sub,* Blonde; ~**e** *sub,* -s Blondine
blood, *sub, nur Einz.* Blut; -s Geblüt; *cannot stand blood* kein Blut sehen können; *covered with blood* voller Blut; *have a blood sample taken* Blut abgenommen bekommen; *(i. ü. S.) make so´s blood curdle* jmdm das Blut in den Adern gerinnen lassen; *my own flesh and blood* mein eigen Fleisch und Blut; *take a blood sample from so* jemandem Blut abnehmen; *the blood drained from her face* ihr Gesicht wurde ganz blutleer; *there is blood on his hands* an seinen Händen klebt Blut; *there was a great deal of bloodshed* es wurde viel Blut vergossen; *there´s a lack of young blood* es mangelt an Nachwuchs; *to make sb´s blood boil* jmdn auf die Palme bringen; *of noble blood* von

edlem Geblüt; ~ **alcohol level** *sub,* -s Blutalkohol; ~ **bank** *sub,* -s Blutbank; ~ **brother** *sub,* -s Blutsbruder; *become blood brothers* Blutsbrüder werden; ~ **brotherhood** *sub,* -s Blutsbrüderschaft; ~ **circulation** *sub, nur Einz.* Blutkreislauf; *(tt)* Durchblutung; ~ **clot** *sub,* -s *(Blut-)* Gerinnsel; ~ **group** *sub,* -s Blutgruppe; ~ **money** *sub, nur Einz.* Judaslohn; ~ **picture** *sub,* -s Blutbild; ~ **plasma** *sub, nur Einz.* Blutplasma; ~ **platelet** *sub,* -s Blutplättchen, Thrombozyt; ~ **revenge** *sub, nur Einz.* Blutrache; ~ **serum** *sub, sera* Blutserum; ~ **sugar** *sub, nur Einz.* Blutzucker
blood test, *sub,* -s Blutprobe; **blood vessels** *sub, nur Mehrz. (Blutgefäße)* Geäder; **blood-donor** *sub,* -s Blutspender; **blood-letting** *sub,* -s Aderlass; **blood-poisoning** *sub,* -s Blutvergiftung; **blood-pressure** *sub, nur Einz.* Blutdruck; **blood-transfusion** *sub,* -s Bluttransfusion; **blood-transference** *sub,* -s Blutübertragung; **bloodbath** *sub* -s Gemetzel; **bloodhound** *sub* -s Bluthund, Häscher, Schweißhund; **bloodless** *adj,* blutleer; **bloodshed** *sub,* -s Blutvergießen; **bloodshot** *adj, (tt; med.)* unterlaufen; **bloodstream** *sub,* -s Blutbahn
bloodthirsty, *adj,* blutdürstig, blutgierig, blutrünstig, mordbegierig; **bloody** *adj,* blutig; *Bloody Mary* Wodka, Tomatensaft; **bloody-minded** *adj,* schikanös
bloom, (1) *sub,* -s Flor **(2)** *vi,* blühen, erblühen; *gardens full of flowers* blühende Gärten; *he is a blooming fool* er ist ein verfluchter Narr; *there are flowers in bloom* es blüht; *(as if) in the first bloom of youth* wie einst im Mai
blossom, (1) *sub,* -s *(Baum)* Blüte **(2)** *vi, (i. ü. S.)* erblühen; *(Blüte)* aufblühen; ~ **honey** *sub, nur Einz.* Blütenhonig; ~ **out** *vi, (i. ü. S.)* mausern
blot, *sub,* -s Klecks, Schandfleck; *a blot on his escutcheon* ein Makel auf seiner weißen Weste; ~**chy (1)** *adj,* gefleckt **(2)** *sub, (Haut)* fleckig; ~**ting paper** *sub,* -s Fließpa-

pier; *pieces of* ~ Löschpapier
blow, (1) *sub*, -*s* Hieb, Schlag, Streich
(2) *vi*, wehen; *(Sicherung)* durchbrennen; *(Wind)* stürmen **(3)** *vt*, blasen, verjuxen, wehen; *(ugs.)*
verprassen **(4)** *vti*, blasen; *deal so a*
blow jmdm einen Hieb versetzen;
blow me down im glaub´, mich tritt
ein Pferd; *(ugs.) blow me!* du kriegst
die Motten; *blow on the window* das
Fenster anhauchen; *deal someone a*
blow jemandem einen Stoß versetzen; *dodge a blow* einem Schlag ausweichen; *the discussion ended in*
blows die Diskussion artete in Tätlichkeiten aus; *the wind blew all the*
windows der Wind drückte alle Fenster ein; *(ugs.) to blow sth up* etwas
in die Luft jagen; *(ugs.) well, blow me*
down! da brat mir aber einer einen
Storch!; *he dealt him a fatal blow* er
versetzte ihm einen tödlichen
Streich, *he blew a fuse* ihm ist die
Sicherung durchgebrannt; *the fuse*
has blown die Sicherung ist durchgebrannt, *it´s blowy* es bläst, *blow glass*
Glas blasen; *(vulg.) give sb a blow job*
jmd einen blasen; *wind blows* Wind
bläst; ~ **(with a club)** *sub*, -*s* Keulen-
schlag; ~ **away** *vt*, verwehen; ~
down *vt*, umblasen; ~ **off** *vt*, abblasen; ~ **one´s nose** *vr*, schnäuzen; ~
one´s whistle *vi*, *(auf einer Triller-*
pfeife) pfeifen; ~ **out** *vt*, aufblähen,
ausblasen, auspusten; ~ **over** *vi*, verfliegen; ~ **through** *vt*, durchblasen;
~ **up (1)** *vi*, *(Expl.)* fliegen; *(explo-*
dieren) hochfliegen; *(i. ü. S.; Plan,*
etc.) auffliegen **(2)** *vt*, sprengen
blower, *sub*, -*s (i. ü. S.; Telefon)* Strippe; *(ugs.) be on the blower* an der
Strippe hängen; *(ugs.) have someone*
on the blower jemanden an der Strippe haben; **blowing-up** *sub*, -*s* Sprengung; **blowlamp** *sub*, -*s* Lötlampe;
blown kiss *sub*, -*es* Kusshand; **blo-**
wpipe *sub*, -*s (tt; mil.)* Blasrohr
bludder, *sub*, -*s (tt; med.)* Blase
blue, (1) *adj*, blau **(2)** *sub*, *nur Einz.*
Blau **(3)** *vt*, bläuen; *blue trout* Forelle
blau; *the boys in blue* die blauen
Jungs, *beat so black and blue* grün
und blau schlagen; *out of the blue* wie
aus heiterem Himmel; *talk till one is*
blue in the face sich den Mund fusselig reden; *turn the paper blue* Papier

bläuen; ~ **mould** *sub*, *nur Einz.*
Blauschimmel; ~ **vitriol** *sub*, *nur*
Einz. Kupfervitriol; ~, **blueness**
sub, *nur Einz.* Bläue; ~-**blooded**
adj, blaublütig; ~**bell** *sub*, -*s* Glok-
kenblume; ~**berry** *sub*, -*ies* Heidelbeere; ~**bottle** *sub*, -*s*
Schmeißfliege; *(ugs.)* Brummer;
~**print** *sub*, -*s* Blaupause; ~*s sub*,
nur Mehrz. (ugs.) Katzenjammer
bluff, (1) *sub*, -*s* Bluff **(2)** *vti*, bluffen
bluish, *adj*, bläulich
blunder, *sub*, -*s* Fauxpas; *make a*
blunder einen Fauxpas begehen
blunt, (1) *adj*, stumpf, unverblümt
(2) *vt*, *(Messer, etc.)* abstumpfen;
~**ed** *adj*, abgestumpft
blur, *vi*, zerrinnen; ~**b** *sub*, -*s*
Waschzettel; ~**red** *adj*, unscharf,
verschwommen; ~**ring** *sub*, -*s* Verwischung; ~**ry** *adj*, *(i. ü. S.)* unsauber
blush, *vi*, erröten; *blush with/at*
vor/über etwas erröten; *to blush*
furiously bis über beide Ohren rot
werden
bluster, *vi*, schwadronieren
boa, *sub*, -*s* Boa, Riesenschlange
boar, *sub*, -*s* Eber
board, (1) *sub*, -*s* Bord, Brett, Kollegium, Kommission; *nur Einz.* Kostgeld; -*s (tt; wirt.)* Vorstand **(2)** *vti*,
entern; *board and lodging* Kost
und Logis; *on board* an Bord; *over-*
board über Bord; *(i. ü. S.) throw*
sth overboard etwas über Bord
werfen; *be on the boards* die Bretter, die die Welt bedeuten; *black-*
board Tafel; *board* Spielbrett; *the*
notice-board das schwarze Brett,
half board Halbpension; ~**case**
sub, -*s* Bordcase
boarder, *sub*, -*s* Interne; *(Gast)* Pensionär
board-floor, *sub*, -*s* Dielenboden;
board of a foundation *sub*,
boards Stiftungsrat; **board of di-**
rectors *sub*, -*s* Direktorium; **board**
of trustees *sub*, -*s* Kuratorium;
board sth *vt*, verschlagen; **boar-**
ding *sub*, -*s* Einschalung, Enterung; **boarding bridge** *sub*, -*s*
Enterbrücke; **boarding school**
sub, -*s* Heimschule, Internat, Pen-
sionat
boat, *sub*, -*s* Boot, Kahn; *(i. ü. S.) be*

in the same boat am gleichen Strang ziehen; *turn one´s boats* alle Brükken hinter sich abbrechen; *we are all in the same boat* in einem Boot sitzen; **~-building** *sub, nur Einz.* Bootsbau; **~-race** *sub, -s* Bootsrennen; **~man** *sub, -men (Seemannssprache)* Fahrensmann; **~swain** *sub, -s* Bootsmann

bob, *sub, -s* Bob; **~ up and down** *vi, (ugs.)* wippen; **~bed hair (bob)** *sub, nur Einz.* Bubikopf; **~bin** *sub, -s* Klöppel; *(Nähmaschine)* Spule; **~by** *sub, -ies* Bobby; **~by pin** *sub, -s (US)* Haarklammer

boccie, *sub, nur Einz.* Boccia

bocksbeutel, *sub,* - Bocksbeutel

bodega, *sub, -s* Bodega

bodice, *sub, -s* Leibchen; *(Leibchen)* Mieder

body, *sub, -ies* Klangkörper, Körper, Leib, Leichnam; *(med.)* Soma; *advisory body* beratendes Organ; **~ heat** *sub, -s* Körperwärme; **~ odour** *sub, -s* Körpergeruch; **~ of law** *sub, -ies* Gesetzeswerk; **~ plan** *sub, -s* Spantenriss; **~ politic** *sub, nur Einz. (geh.)* Staatswesen; **~ search** *sub, -es* Leibesvisitation; **~ temperature** *sub, -s* Körpertemperatur; **~-building** *sub, nur Einz.* Bodybuilding; **~-check** *sub, -s* Bodycheck; **~guard** *sub, -s* Bodyguard, Leibgarde, Leibwächter

Boer, *sub, -s* Bure

bog, *sub, -s* Moor

bogey, *sub, -ies (ugs.)* Popel

boggy, *adj,* moorig

bogyman, *sub, -men* Buhmann; *(ugs.)* Butzemann; *be a bog(e)yman* für jmd ein Buhmann sein

Bohemian, (1) *adj,* böhmisch **(2) bohemian** *sub, -s* Bohemien; **bohemian world** *sub, nur Einz.* Boheme

boil, (1) *vi,* sieden, wallen **(2)** *vt,* abkochen; *(Speise)* auskochen; *boiling hot* siedend heiß; *what it boils down to is* das Fazit aus etwas ziehen; **~ over** *vi,* überkochen; **~ until jellified** *vt,* sülzen; **~ until tender** *vi,* weich kochen; **~ed** *adv,* gesotten; **~ed beef with horse-radish (Kren)** *sub, (Austrian)* Krenfleisch; **~er** *sub,* - Boiler, Dampfkessel; **~er end** *sub, -s* Kesselboden; **~er suit** *sub, -s (ugs.)* Blaumann; **~erman** *sub, -men*

Heizer, Kalfaktor; **~ing heat** *sub,* - Bullenhitze; **~ing hot** *adj,* kochend heiß; **~ing-point** *sub, -s (tt; chem.)* Siedepunkt

boisterous, *adj, (ausgelassen)* unbändig

bold, *adj,* kühn; **~ness** *sub, nur Einz.* Kühnheit; - Verwegenheit

bolide, *sub, -s* Bolid; Bolide

Bolivian, *adj,* bolivianisch

Bolshevism, *sub, nur Einz.* Bolschewismus

bolt, (1) *sub, -n* Bolzen; *-s* Riegel, Sperrriegel; *(bei Armbrust)* Pfeil **(2)** *vi, (Pferd)* durchgehen **(3)** *vt,* verriegeln; *(i. ü. S.; Sprichwort) there´s a nut for every bolt* jeder Topf findet seinen Deckel; *to have shot one´s bolt* alle seine Pfeile verschossen haben; **~ed** *adj,* geschraubt

bomb, (1) *sub, -s* Bombe; *(ugs.)* Karre, Klapperkiste **(2)** *vt,* bombardieren, bomben; *come as a bombshell* wie eine Bombe einschlagen; *(ugs.) I wouldn´t even drive round the corner in your old bomb* in deiner alten Karre würde ich nicht mal um die nächste Ecke fahren, *bomb a village out of existence* ein Dorf mit Bomben dem Erdboden gleich machen; *bomb up an aircraft* Flugzeug mit Bomben beladen; *to bomb a town* einen Luftangriff auf eine Stadt fliegen; **~-proof** *adj,* bombenfest; **~ard** *vt, (mit Elektronen etc.)* beschießen; *(i. ü. S.) bombard someone with questions* jemanden mit Fragen überfallen; **~ardment** *sub, -s* Beschießung; *(von Atomkernen)* Beschuss; **~e glacé** *sub, -s* Eisbombe; **~er** *sub,* - Bombenflugzeug, Bomber; **~ing** *sub, -s* Bombardement

bombast, *sub, -s* Schwulst; **~ic** *adj,* bombastisch, hochtrabend, schwülstig

bonafide, *adj,* bonafide

bond, *sub, -s* Wertpapier, Wertschrift; *(i. ü. S.; Beziehung)* Band; *(wirt.)* Bond; *the bond of marriage* das Band der Ehe; *bond of marriage* der Bund der Ehe; **~s of love** *sub,* - Liebesbande

bone, *sub, -s* Knochen; *(ugs.) to*

have a bone to pick with sb mit jmd ein Hühnchen zu rupfen haben; ~ **marrow** *sub, nur Einz.* Knochenmark; ~ **mill** *sub, -s* Knochenmühle; ~ **of contention** *sub, nur Einz. (i. ü. S.)* Zankapfel; ~-**dry** *adj,* staubtrocken; ~-**lazy** *adj,* stinkfaul; ~**meal** *sub, nur Einz.* Knochenmehl; *(Knochen~)* Mehl; ~**s** *sub, nur Mehrz.* Gebein
bonfire, *sub, -s* Freudenfeuer
bongo, *sub, -s (mus.)* Bongo
bonhomie, *sub, nur Einz.* Kameraderie; *-s (geh.)* Bonhomie
boniness, *sub, nur Einz.* Knochigkeit
bon mot, *sub, bon mots* Bonmot
bonnet, *sub, -s* Haube, Kühlerhaube; *(Brit.)* Motorhaube; *get married* unter die Haube kommen
bonsai, *sub, bonsai trees* Bonsai
bon vivant, *sub, -s* Bonvivant, Genießer
bony, *adj,* knöchern, knochig
boo, (1) *sub, nur Einz.* Buhruf; *-s* Pfuiruf **(2)** *vi, (ugs.)* buhen **(3)** *vt,* ausbuhen
booby, *sub, -ies (zool.)* Tölpel
book, (1) *sub, -s* Buch, Textbuch **(2)** *vt,* buchen; *a closed book/a mystery* ein Buch mit sieben Siegeln; *keep a record of* Buch führen über; *pore over one´s books* über seinen Büchern sitzen; *the visitor´s book of the town* das Goldene Buch der Stadt; *be fully booked* ausgebucht sein; *book a flight* einen Flug buchen; *book a holiday* eine Reise buchen; *I can´t put the book down* das Buch lässt mich nicht mehr los; *the hotel is booked up* das Hotel ist belegt; ~ **about animals** *sub, books* Tierbuch; ~ **about Indians** *sub, -s* Indianerbuch; ~ **mailing** *sub, -s* Buchversand; ~ **of fairytales** *sub, books* Märchenbuch; ~ **of legends** *sub, -s* Legendar; ~ **out** *vt,* ausbuchen; ~ **to an account** *vt,* kontieren; ~ **trade** *sub, nur Einz.* Buchhandel; ~ **up** *vt,* verplanen; ~-**cover blurb** *sub, nur Einz.* Klappentext; ~-**industry** *sub, nur Einz.* Buchgewerbe; ~**binder (fem/mask)** *sub,* - Buchbinderin; ~**binding** *sub, nur Einz. (Tätigkeit)* Buchbinderei
booked out, *adj,* ausgebucht;
bookkeeper *sub,* - Buchhalter, Buchhalterin; **bookkeeping** *sub, nur Einz.* Buchführung, Buchhaltung; **booklet** *sub, -s* Broschüre; **bookmaker** *sub,* - Buchmacher; **bookmark** *sub, -s* Lesezeichen; **bookmarker** *sub,* - Buchzeichen; **books pertaining to Judaism** *sub,* Judaika; **bookseller** *sub, -s* Buchhändler; **bookshelf** *sub, -ves* Bücherbrett; **bookshelves** *sub, nur Mehrz.* Bücherregal; **bookshop** *sub, -s* Bücherstube, Buchhandlung
boom, (1) *sub, -s* Boom **(2)** *vi,* boomen; *(mus.)* dröhnen
boomerang, *sub, -s* Bumerang; *it boomeranged on so* sich als Boomerang erweisen
boor, *sub, -s* Grobian, Knote, Stoffel; ~**ish** *adj,* flapsig, stoffelig
boost, *vt, (i. ü. S.; wirt.)* ankurbeln
boot, *sub, -s* Stiefel; ~**black** *sub, -s* Schuhputzer; ~**ie** *sub, -s* Stiefelchen; ~**ing out** *sub,* - *(ugs.)* Rausschmiss; ~**s** *sub, nur Mehrz.* Haferlschuh
booty, *sub,* - Beutegut; *(Kriegsbeute)* Beute
booze-up, *sub, -s (ugs.)* Sauferei, Saufgelage; **boozer** *sub, -s* Schluckspecht; *(ugs.; Lokal)* Pinte; **boozer´s nose** *sub, -s (ugs.)* Schnapsnase; **boozy breath** *sub,* - Schnapsfahne
Bora, *sub, nur Einz. (geogr.)* Bora
bordeaux-red, *adj,* bordeauxrot
Bordelaisian, *adj,* Bordelaiser; *Bordelaisian fungicide* Bordelaiser Brühe
bore, (1) *vt,* anbohren, aufbohren; *(ugs.)* anöden **(2)** *vti,* langweilen; ~, **drill** *vti, (Loch)* bohren; *bore a hole* ein Loch bohren; *drill a tooth* in einem Zahn bohren; *drill for oil/gas* nach Öl/Gas bohren; ~**al** *adj, (geogr.)* boreal; ~**dom** *sub, nur Einz.* Langeweile; ~**hole** *sub, -s* Bohrloch; **boring** *adj,* langweilig, spannungslos; *(i. ü. S.)* hausbacken; *bore* fader Kerl
born, *adj,* geboren; *a born businessman* ein geborener Geschäftsmann; *he´s German by birth* ein geborener Deutscher; ~ **by the earth** *adj, (gr.Myth.)* Erdgeborene; ~ **leader** *sub, -s* Führernatur; ~ **on a Sunday** *adj,* Sonntagskind

boron, *sub, nur Mehrz. (chem.)* Bor
borrow, (1) *vt,* entleihen, leihen **(2)** *vti, (nehmen)* borgen; *borrow sth from so* sich etwas von jemandem ausborgen, sich etwas von jemandem ausleihen; *I borrowed the book from the library* ich habe das Buch aus der Bücherei geliehen; ~**er** *sub, -s* Kreditnehmer; *(von Leihbüchern)* Benutzer
borsch(t), *sub, nur Einz.* Borschtsch
Boskoop, *sub, -s* Boskop
bosom, *sub, nur Einz.* Busen; ~ **friend** *sub, -s* Busenfreund
boss, *sub, nur Einz.* Boss; *-es* Senior; *be one´s own boss* sein eigener Herr sein
botanical, *adj,* botanisch; **botanist** *sub, -s* Botaniker; **botanize** *vti,* botanisieren; **botany** *sub, nur Einz.* Botanik, Pflanzenkunde
botch, (1) *vi,* schmuddeln **(2)** *vt,* stümpern, verbauen; *(ugs.)* verbokken; ~ **things up** *vi,* murksen; ~**-up** *sub, nur Einz. (ugs.)* Murks; *to botch things up* Murks machen; *what a botch-up!* so ein Murks!; ~**ed-up job** *sub, -s* Flickwerk; ~**er** *sub, -s* Stümper; ~**ery** *sub, -ies (Arbeit)* Sudelei; ~**ing** *sub, nur Einz.* Stümperei; ~**y** *adj,* stümpermäßig
bot-fly, *sub, flies* Dasselfliege; ~**-larva** *sub, -e* Dassellarve
both, *pron, (betont)* beide; *both of them* alle beide; *on both sides* auf beiden Seiten; ~ **kinds** *adj,* beiderlei
bother, (1) *vr,* behelligen **(2)** *vt,* genieren; *(belästigen)* stören; *it doesn´t bother him* das geniert ihn nicht; *my hay-fever has been bothering me all week* schon die ganze Woche plage ich mich mit meinem Heuschnupfen; *not to let sth bother one* sich nichts aus etwas machen
Botocudian, *adj,* botokudisch
Botsuanean, *sub, -s* Botsuanerin; **Botsuanese** *adj,* botsuanisch
bottle, (1) *sub, -s* Buddel, Flasche; *(geh.)* Bouteille; *(ugs.)* Pulle **(2)** *vt, (in Flaschen)* abfüllen; *ship in a bottle* Buddelschiff; *give a baby its bottle* einem Kind die Flasche geben; *take to the bottle* zur Flasche greifen; *(ugs.) be on the bottle* dem Suff verfallen sein; *there something (back) on the bottle* auf der Flasche ist Pfand; ~ **bank** *sub, -s* Altglasbehälter; ~

neck *sub, -s* Flaschenhals; ~**-fed baby** *sub, -ies* Flaschenkind; ~**neck** *sub, -s (Versorgung)* Engpass; ~**d beer** *sub, -s* Flaschenbier; **bottling** *sub, - (in Flaschen)* Abfüllung
bouclé, *sub, -s* Noppenstoff
boudoir, *sub, -s* Boudoir, Kemenate
bouillabaisse, *sub, nur Einz.* Bouillabaisse
bouillon, *sub, -s* Fleischbrühe; ~ **cube** *sub, -s* Suppenwürfel; ~, **consommé** *sub, nur Einz.* Bouillon
boulder, *sub, -s (ugs.)* Wackerstein; *(geol.)* Findling
boule, *sub, -s* Boule
boulevard, *sub, -s* Boulevard, Prachtstraße
bounce, *sub, -s (eines Balls)* Aufsprung
bound, *adj,* gebunden; *(Buch)* gebunden; *bound by contract* vertraglich gebunden; *his rage knew no bounds* er war maßlos in seiner Wut; *that was bound to happen* das musste ja so kommen; *the train is bound for Augsburg* der Zug fährt nach Augsburg; ~**ary** *sub, -ies* Grenze; ~**en duty** *sub, -ies* Ehrenpflicht; ~**less** *adj,* schrankenlos, uferlos; *(grnzenlos Trauer etc.)* maßlos
bouquet, *sub, -s* Bouquet, Bukett; *bouquet* Bukett des Weines; *bouquet of flowers* Blumenbukett; ~ **binder** *sub, -* Blumenbinder; ~ **of carnations** *sub, bouquets* Nelkenstrauß; ~ **of flowers** *sub, -s* Blumengruß
bourbone, *adv, (hist.)* bourbonisch
bourgeois, (1) *adj,* bourgeois; *(soz.)* bürgerlich **(2)** *sub, -* Bourgeois; ~**ie** *sub, nur Einz.* Bourgeoisie, Bürgertum
boutique, *sub, -s* Boutique
bow, (1) *sub, -s* Bug, Flitzbogen, Schleife, Verbeugung; *(ugs.; Verbeugung)* Bückling; *(Waffe)* Bogen **(2)** *vi,* buckeln; *(sich unterwerfen)* beugen **(3)** *vr,* verbeugen, verneigen **(4)** *vti, (verneigen, unter Last)* neigen; *bow* Schiffsbug; *bow legs* Beine wie ein Dackel; *bow and scrape to sb* vor jmd buckeln; *bow to superiors and kick underlings* nach oben buckeln und nach unten

treten, *(geb.) the trees bow their branches to the ground* die Bäume neigen ihre Zweige bis zur Erde; ~ **and scrape** *vi*, katzbuckeln; ~ **down** *vt*, niederbeugen; ~ **legs** *sub*, *nur Mehrz.* O-Beine; ~ **wave** *sub*, *-s* Bugwelle; *swim in the bow wave* in der Bugwelle schwimmen; ~**-legged** *adj*, krummbeinig, O-beinig; *(ugs.)* säbelbeinig; ~**-tie** *sub*, *-s (Schlips)* Fliege; ~**ed down with grief** *adj*, gramgebeugt; ~**ing** *sub*, *-s (mus.)* Bogenführung

bowl, (1) *sub*, *-s* Napf, Schale, Schüssel, Trinkschale; *(ugs.)* Satte (2) *vi*, kegeln; ~ **(of a pipe)** *sub*, *-s* Pfeifenkopf; ~**er** *sub*, *-s (Hut)* Melone; *(tt; spo.)* Werfer; ~**ing** *sub*, *nur Einz.* Bowling; ~**ing alley** *sub*, *-s* Kegelbahn; ~**ing-alley** *sub*, *-s* Bowlingbahn

box, *sub*, *-es* Kasten, Kiste, Schachtel; *(aus Pappe)* Behälter; *(Formbl.)* Feld; *(Pferde)* Box; *(theat.)* Loge; *if you don´t shut up I´ll box your ears* wenn du nicht gleich still bist, bekommst du eine Ohrfeige; *to box sb´s ears* jmdn ohrfeigen; ~ **of bricks** *sub*, *-es* - Baukasten; ~ **office** *sub*, *-s* Abendkasse; ~ **pleat** *sub*, *-s* Quetschfalte; ~**-office** *sub*, *-s* Theaterkasse; ~**-office magnet** *sub*, *-s (i. ü. S.)* Kassenmagnet; ~**calf-shoe** *sub*, *-s* Boxkalfschuh; ~**pleat** *sub*, *-s* Kellerfalte

boy, *sub*, *-s* Boy, Bub, Bursche, Junge, Knabe; *a boy in buttons* Laufbursche; *boys will be boys* der Bub im Manne; ~´**s school** *sub*, *-s* Jungenschule

boycott, (1) *sub*, *-s* Boykott (2) *vt*, boykottieren; *tighten the boycott of a country* weitere Boycottmaßnahmen ergreifen

boyfriend, *sub*, *-s (Partner)* Freund; **boyhood** *sub*, *nur Einz.* Knabenalter; **boyish** *adj*, jungenhaft, knabenhaft, pueril

bra, *sub*, *-s* Büstenhalter; *wonder-bra* Büstenhalter mit Einlagen

brace, *sub*, *-s* Brasse, Strebebalken; *brace one´s muscles* seine Muskeln spielen lassen; ~ **o.s. against** *vr*, *(gegen-)* stemmen; ~**let** *sub*, *-s* Armband; *(Arm-)* Spange; **bracing** *sub*, *-s* Verspannung

braces, *sub*, *nur Mehrz.* Hosenträger;

nur Mehrz. (tt; med.) Zahnspange **bracket**, *sub*, *-s* Klammer, Konsole **brackish**, *adj*, brackig; ~ **water** *sub*, *-s* Bracke, Brackwasser

brag, *vi*, bramarbasieren; ~**gart** *sub*, *-s* Angeber; ~**ging** *adj*, angeberisch

Brahman, *sub*, *nur Einz.* Brahma; ~**ism** *sub*, *-s* Brahmanismus; **Brahmin** *sub*, *-s* Brahmane; **Brahminical** *adj*, brahmanisch

braid, (1) *sub*, *-s* Litze (2) *vt*, *(Bänder)* einflechten; ~**ed coat** *sub*, *-s* Tressenrock

braille, *sub*, *nur Einz.* Blindenschrift, Brailleschrift

brain, *sub*, *-s* Gehirn, Hirn; *to rack one´s brains over something* sich über etwas den Kopf zerbrechen; ~ **convolution** *sub*, *-s* Hirnwindung; ~ **damage** *sub*, *-s* Hirnschaden; ~ **injured** *adj*, hirnverletzt; ~**-teaser** *sub*, - Denkaufgabe; ~**-teasing** *sub*, *nur Einz.* Denksport; ~**s** *sub*, *nur Mehrz. (Verstand)* Hirn; ~**storming session** *sub*, brainstorming Brainstorming; ~**washing** *sub*, *-s* Gehirnwäsche; ~**worker** *sub*, *-s* Kopfarbeiter

braise, *vt*, schmoren; ~**d beef** *sub*, - Sauerbraten

brake, (1) *sub*, *-s (tech.)* Bremse (2) *vti*, bremsen; *put on the brakes* auf die Bremse treten, *to brake up* bremsen; ~ **shoe** *sub*, *-s* Hemmschuh; ~**-fluid** *sub*, *-s* Bremsflüssigkeit; ~**-light** *sub*, *-s* Bremslicht; ~**-liquid** *sub*, *nur Einz. (US)* Bremsflüssigkeit; **braking** *sub*, *-s* Abbremsung, Bremsung; **braking distance** *sub*, *-s* Bremsweg

bran, *sub*, *-s* Kleie

brand, (1) *sub*, *-s* Brandzeichen; *(Getränke)* Marke; *(Marke)* Sorte (2) *vt*, brandmarken; *(tt; landw.)* zeichnen; *a brand from the burning* ein gebranntes Kind scheut das Feuer; *(i. ü. S.) brand someone as a liar* jemanden zum Lügner stempeln; *to brand the cattle* Vieh mit einem Brandmal versehen; *a particularly mild brand of cigarettes* eine besonders milde Sorte Zigaretten, *brand sb as a traitor* jmd als Verräter brandmarken; *brand sth on one´s memory* sich etwas ins

Gedächtnis brennen; ~ **new** *adj,*
(ugs.) nagelneu; ~**-new** *adj,* brandneu, fabrikneu, funkelnagelneu
brandy, *sub, nur Einz.* Brandy,
Branntwein; *-es* Weinbrand; ~**-filled**
chocolate *sub, -s* Kognakbohne
brash, *adj,* nassforsch, schnodderig,
schrill; ~**ness** *sub, nur Einz. (ugs.)*
Schnodder
brass, *sub, nur Einz.* Messing; *brass-*
bound mit Messing beschlagen; ~
band *sub, -s* Blaskapelle; ~ **band**
music *sub,* Blechmusik; ~ **bar** *sub,*
-s Messinglatte, Messingstab; ~ **bed**
sub, -s Messingbett; ~ **handle** *sub, -s*
Messinggriff; ~ **instrument** *sub, -s*
Blechblasinstrument; ~ **table** *sub, -s*
Messingtisch; ~ **wire** *sub, -s* Messing-
draht
brat, *sub, -s (ungez. Kind)* Fratz
brave, *adj,* beherzt, mutig, tapfer,
wacker; *(mutig)* brav; *fortune fa-*
vours the brave dem Mutigen gehört
die Welt; ~**ry** *sub, nur Einz.* Beherztheit, Tapferkeit
bravo, *interj,* bravo!
brawl, *sub, -s* Krawall; *(ugs.)* Keilerei,
Saalschlacht
brawn, *sub, -s* Sülze; *(ugs.)* Sulz
brazen, *adj,* dreist; *a brazen lie* eine
dreiste Lüge; *(ugs.) to be brazen* eine
dicke Lippe riskieren; ~**ness** *sub,*
nur Einz. Dreistigkeit
Brazil nut, *sub, -s (bot.)* Paranuss;
Brazilian *sub, -s* Brasilianer
breach, *sub, -es* Bresche; *stand in for*
sb für jmd in die Bresche springen; ~
of confidence *sub, -es* Vertrauens-
bruch
bread, *(1) sub, nur Einz.* Brot *(2) vt,*
panieren; *a loaf of bread* ein Laib
Brot; *a slice of bread* eine Scheibe
Brot; *daily bread* Lebensunterhalt;
man shall not live by bread alone der
Mensch lebt nicht vom Brot allein; ~
dough *sub, nur Einz.* Brotteig; ~
dumpling *sub, -s* Semmelknödel; ~
roll *sub, -s (ugs.)* Schrippe; ~**, cake**
and pastries *sub, nur Mehrz.* Backware; ~**-basket** *sub, -s* Brotkorb; ~**-**
slicer *sub, nur Einz.* Brotmaschine;
~**crumb coating** *sub, -s* Panade;
~**crumbs** *sub, nur Mehrz.* Semmel-
brösel, Semmelmehl; ~**winner** *sub,*
-s Ernährer
break, *(1) sub, -s* Bruch, Bruchstelle,

Pause, Schneise, Unterbrechung,
Vesper; *(Pause)* Brotzeit *(2) vi,*
(geh.) branden; *(Gesetz)* übertreten; *(tt; musik.)* zerspringen *(3) vt,*
brechen, verletzen, zerschlagen;
(brechen) eindrücken; *(Fesseln)*
sprengen *(4) vti,* zerbrechen; *(i. ü.*
S.) break up in die Brüche gehen;
breaking of the dam/brit: the bre-
aching Deichbruch; *get broken* zu
Bruch gehen; *apply adhesive to a*
broken area eine Bruchstelle kleben; *fracture of the bone* Bruchstelle des Knochens; *to take a break*
eine Pause einlegen; *at break of*
dawn in aller Morgenfrühe; *break*
so of sth jemandem etwas abgewöhnen; *have a break* eine Pause
einlegen; *it breaks my heart* es zer-
reißt mir das Herz; *the boat has*
broken its moorings das Boot hat
sich aus der Verankerung gelöst;
the plate broke clean in two der
Teller brach mitten entzwei; *they*
want to break away from capita-
lism sie wollen sich vom Kapitalismus; *to break away from sb* sich
lösen von jmd, sich von jmd loslösen; *to break even* mit plus minus
null abschließen; *to break loose*
sich losreißen; *to break with one´s*
past sich von seiner Vergangenheit
lossagen; *have a break* Brotzeit machen, *to break ashore* ans Ufer
branden, *break a habit* mit seiner
Gewohnheit brechen; *break one´s*
arm sich den Arm brechen; *it bre-*
aks my heart mir bricht das Herz,
to be broken (by life) am Leben
zerbrechen; ~ **(sth.) in two** *vt,*
durchbrechen; *break sth in two*
(pieces) in zwei Teile brechen; ~ **a**
seal *vt,* entsiegeln; ~ **down (1)** *vi,*
scheitern; *(ugs.)* kaputtgehen; *(tt;*
arch.) zusammenbrechen **(2)** *vt,*
aufschlüsseln, einstoßen, umbrechen **(3)** *vti, (Wand)* einbrechen;
(ugs.) the car broke down just be-
fore Hamburg kurz vor Hamburg
ging das Auto kaputt, *break down*
a wall eine Wand einstoßen; ~
free *vi,* losreissen; ~ **hall** *sub, -s*
Pausenhalle
breakfast, *sub, -s* Frühstück; *have a*
big breakfast ausgiebig frühstük-
ken

break in, (1) *vr*, zureiten **(2)** *vt*, *(Dieb)* einbrechen; *break into a bank* in eine Bank einbrechen; *break into a conversation* in ein Gespräch einfallen; *we had a break-in* bei uns wurde eingebrochen; ~**to** *vt*, *(Vorrat)* anbrechen; ~**to pieces** *vi*, entzweigehen; **break off (1)** *vi*, abbrechen; *(unterbrechen)* absetzen **(2)** *vt*, *(wegbrechen)* ausbrechen; **break off the engagement** *vt*, entloben; **break on the wheel** *vt*, rädern; **break open** *vt*, *(aufbrechen)* aufschlagen; *(Tür, etc.)* aufbrechen; **break out** *vi*, *(Krieg, Feuer, Häftling etc.)* ausbrechen; *break into applause* in Beifall ausbrechen; **break through** *vt*, durchstoßen; *break through the enemies lines* die feindlichen Linien durchstoßen

break up, (1) *vi*, kaputtgehen; *(i. ü. S.)* zerbrechen; *(Beziehung beenden)* auseinander gehen; *(tt; chem.)* aufschließen; *(Menschenmenge)* auflösen; *(Wolkendecke)* auflockern **(2)** *vt*, *(Menschenmenge)* auflösen; *(wirt.)* entflechten; *(ugs.) they broke up years ago* die Beziehung ist schon vor Jahren kaputtgegangen; *to break up a friendship* eine Freundschaft zerbrechen, *break up with so* eine Freundschaft aufkündigen; **breakage** *sub*, *-s* Bruchschaden; **breakage of the axle** *sub*, *-s -s* Achsbruch, Achsenbruch; **breakdancer** *sub*, *-s* Breakdancer; **breakdown** *sub*, *-s* Aufschlüsselung, Panne; *(tt; med.)* Zusammenbruch; *to have a breakdown* eine Panne mit dem Auto haben; **breakdown service** *sub*, *- -s* Abschleppdienst; *-s* Pannendienst; **breaker** *sub*, *-s* Sturzsee; *(Welle)* Brecher

breast, *sub*, *nur Einz. (weibl.)* Brust; *breast* Hähnchenbrust; *three abreast* zu dritt nebeneinander; *to breastfeed a baby* einem Baby die Brust geben; ~ **cancer** *sub*, *nur Einz.* Brustkrebs; ~ **pocket** *sub*, *-s* Brusttasche; ~**bone** *sub*, *-s* Brustbein; ~**stroke** *sub*, *nur Einz.* Brustschwimmen

breath, (1) *sub*, *nur Einz.* Atem; *-s* Atemzug, Hauch; *nur Einz. (poet.)* Odem; *(ugs.)* Puste; *- Schnaufer*; *nur Einz. (Atem)* Luft **(2)** *vti*, atmen; *be out of breath* außer Atem sein; *hold one´s breath* den Atem anhalten; *take a breath* Atem holen; *in one breath* in einem Atemzug; *breath of wind* Luftzug/Hauch; *to have bad breath* Mundgeruch haben; *it takes your breath away* es verschlägt einem die Sprache; *save your breath* gib dir keine Mühe; *to gasp for breath* nach Luft schnappen; *to hold one´s breath* die Luft anhalten; *to take a deep breath* tief Luft holen; ~ **a sigh of relief** *vt*, aufatmen; ~ **on** *vt*, anhauchen; ~**e** *vti*, hauchen; *breathe in toxic vapour* giftige Dämpfe einatmen; *I couldn´t breath* mir blieb die Luft weg; *to breathe down sb´s neck* jmd im Nacken sitzen; ~**e in** *vt*, einatmen; *(Luft)* einziehen; *breathe in deeply through the nose* tief durch die Nase einatmen; *breathe in/out the air* die Luft ein/ausatmen; ~**e out** *vti*, ausatmen; ~**er** *sub*, *-s (ugs.)* Atempause; ~**ing (1)** *adj*, atmungsaktiv **(2)** *sub*, *nur Einz.* Atemholen, Atmung; ~**ing exercise** *sub*, *-s* Atemübung; ~**ing of sth. into sth./sb** *sub*, *-s* Einhauchung; ~**less** *adj*, atemlos; *hold so breathless* jemanden in Atem halten; ~**taking** *adj*, atemberaubend

breeches, *sub*, *nur Mehrz.* Breeches

breech-loader, *sub*, *-s* Hinterlader

breed, (1) *sub*, *-s* Rasse **(2)** *vt*, aufzüchten, ziehen, züchten; *(phy.)* brüten; *bred in the bone* in Fleisch und Blut übergegangen; *breed bad blood* böses Blut machen; *breed racing horses* Rennpferde züchten; ~ **(of dog)** *sub*, *-s* Hundeart; ~**er** *sub*, *nur Einz. (phy.)* Brüter; *fast breeder* Schneller Brüter; ~**er of birds** *sub*, *-s* Vogelzüchter; ~**er reactor** *sub*, *-s (phy.)* Brutreaktor; ~**ing** *sub*, *nur Einz.* Aufzucht; *-s* Zucht, Züchtung; ~**ing of domestic animals** *sub*, *nur Einz.* Kleintierzucht; ~**ing stallion** *sub*, *-s* Zuchthengst; ~**ing stuff** *sub*, *- (i. ü. S.)* Zuchtmittel; ~**ing success** *sub*, *-es* Zuchterfolg

breedical, *adj*, züchterisch

breeze, *sub*, *-s* Brise, Hauch, Lüftchen; *(Wind)* Luft; *sea breeze* Meeresbrise; *gentle breezes* laue Lüfte

Brenner railway, *sub*, *-s* Brenner-

bahn
breve, *sub,* - Breve
breviary, *sub, -ies* Brevier
brevier, *sub, nur Einz,* Petitschrift
brevity, *sub, nur Einz.* Kürze
brew, (1) *sub, -s* Bräu, Gebräu (2) *vt,*
aufbrühen; *(Tee, etc.)* aufgießen (3)
vti, brauen; *brew beer* Bier brauen;
brew mischief Übles aushecken;
brew up coffee Kaffee brauen; **~ery**
sub, -ies Brauerei
bribe, *vt,* bestechen; *take bribes* sich
bestechen lassen; **~ money** *sub,* -
Schmiergeld; **~ry** *sub, -ies* Bestechung; *nur Einz.* Korruption
bric-à-brac, *sub, nur Einz.* Nippes
bridal couple, *sub, -s* Brautpaar; **bride** *sub, -s* Braut; *(obs.)* Hochzeiterin;
bride´s guide *sub, -s* Brautführer;
bride´s mother *sub, -s* Brautmutter;
bride´s parents *sub, nur Mehrz.*
Brauteltern; **bridesmaid** *sub, -en*
Brautjungfer; *-s* Kranzjungfer
bridge, (1) *sub, -s* Brücke, Schiffbrük-
ke; *(Brücke)* Überführung; *(Überführung)* Überbrückung (2) *vt,*
überbrücken; *have a bridge* eine
Brücke im Mund haben; **~ (of the
nose)** *sub, -s* Nasenwurzel; **~-toll**
sub, nur Einz. Brückenzoll; **~able**
adj, *(Zeitspanne)* überbrückbar;
~head *sub, -s (mil.)* Brückenkopf
bridle, (1) *sub, -s* Zaum, Zaumzeug
(2) *vt,* aufzäumen, zäumen
brief, *adj,* kurz; **~ report** *sub, -s* Kurzbericht; **~case** *sub, -s* Aktentasche;
(Akten-) Tasche; *(Aktentasche)* Mappe; **~ing** *sub, -s* Briefing; **~ly** *adv,*
kurzzeitig
briefs, *sub,* - *(allg.)* Slip; *nur Mehrz. (f)*
Unterhose
brig, *sub, -s* Brigg
brigade, *sub, -s* Brigade; *(work)briga-
de* Arbeitsbrigade; **~leader** *sub, -s*
Brigadierin; **brigadier** *sub, -s* Brigadier
brigand, *sub, -s (hist.)* Brigant
bright, *adj,* aufgeweckt, gescheit,
glänzend, heiter, hell, licht; *(aufgeweckt)* flink; *(Wetter)* strahlend; *look
on the bright side of sth* einer Sache
die heitere Seite abgewinnen; *she´s
always bright and cheery* sie ist immer obenauf; **~ as a mirror** *adj,*
spiegelblank; **~ green** *adj,* grasgrün;
~ lights *sub,* - Lichterglanz; **~ red**

adj, puterrot; *(ugs.)* knallrot; **~
yellow** *adj,* dottergelb; **~en** (1) *vi,*
(Gesicht) aufheitern, erhellen (2)
vt, schönen; **~en up** (1) *vi,* aufklaren; *(Himmel)* aufhellen (2) *vt,* verschönen; **~ness** *sub, nur Einz.*
Aufgewecktheit; *-es* Glanz; *nur
Einz.* Helligkeit, Leuchtkraft
brill, *adj, (vulg.; toll)* geil
brilliance, *sub, nur Einz.* Brillanz,
Genialität; *sheer brilliance* gewusst
wie; **brilliant** (1) *adj,* bravourös,
brillant, fulminant, genialisch;
(ugs.) wahnsinnig; *(glänzend)* furios (2) *sub, -s* Brillant; *brilliant performance* bravouröse Vorstellung;
a brilliant lecture ein brillianter
Vortrag, *brilliant idea* glänzende
Idee; *he´s brilliant at lying* er versteht es meisterhaft, zu lügen; **brilliant performance** *sub,* -s
Bravourstück, Bravurstück
brilliantine, *sub, nur Einz.* Brillantine
brim, (1) *sub, -s* Krempe (2) *vi,*
strotzen; *(i. ü. S.)* brim with tears*
von Tränen überströmen; **~ over**
vi, (i. ü. S.) überschäumen
brine, *sub, -s* Lake; - Lauge; *-s* Pökel,
Salzlake, Sole; **~ conduit** *sub, -s*
Solenleitung
bring, *vt,* herantragen; *(her-)* bringen; *(herbeischaffen)* anbringen;
(verschaffen) einbringen; *bring a
profit* Profit bringen; *bring comfort*
Bequemlichkeit bringen; *bring sb
good/bad luck* Glück bringen;
bring sb news jmd Nachrichten
bringen; *bring your wife
along/with you* bring Deine Frau
mit; *he brings the bill along* er
bringt die Rechnung; *I brought her
a present* ich brachte ihr ein Geschenk; *please bring sth to me*
bring mir bitte etwas; *bring os to do
sth* sich zu etwas aufraffen; **~
(back)** *vt, (beim Zurück-Kommen)*
mitbringen; *to bring sth back from
town* jmdn etwas von der Stadt mitbringen; *to bring sth for sb* jmdn
etwas mitbringen; **~ (with)** *vt,* da-
herbringen; **~ about** *vt, (ugs.)* inszenieren; *(ugs.) she made an
incredible fuss occur* sie hat ein
unglaubliches Theater inszeniert;
(i. ü. S.) to start an argument einen

Streit inszenieren; ~ **along** *vt*, herbringen; *(Begleiter)* mitbringen; ~ **back** *vt*, wecken, wiederbringen; *(i. ü. S.)* zurückholen; ~ **down** *vt*, *(ugs.)* unterkriegen; *(Ballon)* niederholen; ~ **down to earth** *vt*, *(i. ü. S.)* ernüchtern; ~ **foreward** *vt*, *(tt; jur.)* vorführen; ~ **forward** *vt*, vorverlegen; ~ **with one** *vt*, *(Mitgift)* mitbringen
bring in, *vt*, einbringen; *(Ernte)* einfahren; *(Geld/Dank)* eintragen; *(med.)* einschleppen; *bring in a lot of money* jmd viel Geld einbringen; *bring in the harvest* die Ernte einfahren; *that only brought him ingratitude* das hat ihm nur Undank eingetragen; *to bring in sth to* eine (Krankheit) einschleppen nach; ~**to a euphoric condition** *vt*, euphorisieren; ~**to action** *vt*, *(tech.)* einsetzen; ~**to line** *vt*, gleichschalten; **bring or get together** *vt*, liieren; **bring out** *vt*, herausbringen, herausholen; **bring sb close to sb** *vt*, *(jdn jdm)* nahe bringen; **bring so face to face** *vt*, gegenüberstellen; **bring sth home to sb** *vt*, *(jdm etwas)* nahe bringen
brioche, *sub*, -s Brioche
briquette, *sub*, -s Brikett, Presskohle
brisk, *adj*, *(ugs.)* zackig
brisket of beef, *sub*, *nur Einz.* Ochsenbrust; -s Rinderbrust
bristle, **(1)** *sub*, -s Borste **(2)** *vt*, sträuben; *bristle* Borsten aufstellen; ~**s** *sub*, *nur Mehrz.* Quaste; **bristly** *adj*, borstig, stoppelig
Bristol Channel, *sub*, *nur Einz.* *(geogr.)* Bristolkanal
Britain, *sub*, *nur Einz.* Britannien; *Greatbritain* Grossbritannien; **Britannic** *adj*, britannisch; **Briticism** *sub*, -s Britizismus; **British** *adj*, britisch; *The British Isles* die Britischen Inseln; **Briton** *sub*, *the British* Brite
brittle, *adj*, spröde; ~, **crumbly** *adj*, brüchig; ~**ness** *sub*, - Sprödigkeit; ~**ness, crumbliness** *sub*, - Brüchigkeit
broad, *adj*, weit; *broad hint* deutlicher Wink; *let´s be more broadminded* das darf man nicht so eng sehen; ~ **bean** *sub*, -s Saubohne; ~**-brimmed** *adj*, breitrandig; ~**-brimmed hat** *sub*, -s Kalabreser; ~**-gauge** *adj*, breitspurig; *broad-gauge* breitspuri-

ge Eisenbahn; ~**cast (1)** *sub*, -s *(TV)* Übertragung **(2)** *vt*, *(ugs.)* ausposaunen; *(senden)* *broadcast something on television* etwas im Fernsehen übertragen; ~**casting** *sub*, -s Rundfunk; ~**en (1)** *vi*, wachsen **(2)** *vr*, weiten **(3)** *vt*, *(Kenntnis)* erweitern; ~**en the mind** *vt*, bilden; ~**minded** *adj*, *(Ansichten)* großzügig; ~**side on** *adv*, längsschiffs; ~**sword** *sub*, -s Haudegen
broadth of fabrics, *sub*, - Gewebebreite
brocade, *sub*, *nur Einz.* Brokat
broccoli, *sub*, *nur Einz.* Brokkoli
brochure, *sub*, -s Prospekt, Traktätchen
broke, *adj*, pleite; ~**n** *adj*, gebrochen, kaputt, unübersichtlich; *(ugs.)* futsch, kapores; *(auseinandergerissen)* abgerissen; *broken English* gebrochenes Englisch; *with a broken voice* mit einer gebrochenen Stimme; *(ugs.) the toy is broken* das Spielzeug ist kaputt; ~**n piece** *sub*, -s Scherbe; ~**n-period interest** *sub*, *nur Einz.* Stückzinsen
broker, *sub*, -s Makler; - *(wirt.)* Broker; ~´**s commission** *sub*, -s Maklergebühr; ~**age** *sub*, -s Courtage
bromine, *sub*, *nur Einz.* *(chem.)* Brom
brontosaur, *sub*, -s *(paläont)* Brontosaurus
bronze, *adj*, bronzen, ehern; *glint like bronze* bronzen schimmern; **Bronze Age** *sub*, *nur Einz.* Bronzezeit; ~ **statue** *sub*, -s *(kun.)* Bronze; ~**d** *adj*, *(Haut)* bronzefarbig
brooch, *sub*, -es Brosche, Schmucknadel
brood, **(1)** *sub*, *nur Einz.* Brut **(2)** *vi*, grübeln, sinnieren; *(biol.)* brüten; *what a brood!* ist das eine Brut!, *brood over sth* über etwas grübeln; *brood over sth* über etwas brüten; ~ **over sth** *vi*, sinnen; *brood over something* über etwas sinnen; ~**ing** *sub*, - Grübelei; ~**y** *adj*, grüblerisch; ~**y person** *sub*, -s Grübler
brook, *sub*, -s Bach; ~ **trout** *sub*, - -s Bachforelle; ~**let** *sub*, -s Bächlein
broom, *sub*, -s Besen; *(bot.)* Ginster; *(i. ü. S.) a new broom sweeps*

clean neue Besen kehren gut; ~ **cupboard** *sub*, - -*s* Besenschrank; ~ **maker** *sub*, - -*s* Besenbinder, Besenmacher; ~ **room** *sub*, - -*s* Besenkammer; ~**stick** *sub*, -*s* Besenstiel
broschure, *sub*, -*s* *(Reise)* Broschüre
broth, *sub*, -*s* *(Fleischbrühe)* Suppe
brothel, *sub*, -*s* Bordell, Freudenhaus; *(ugs.)* Puff
brother, *sub*, -*s* Bruder; *(rel.)* Frater; *Big Brother* Regierung (US); ~**-in-law** *sub*, -*s* Schwager; ~**-in-law´s wife** *sub*, -*ves* Schwippschwägerin; ~**hood** *sub*, -*s* Bruderschaft; *brotherhood of (all) men* Gemeinschaft aller Menschen; ~**ly** *adj*, *(ugs.)* brüderlich; ~**ly love** *sub*, *nur Einz.* Nächstenliebe; ~**ly**, **sisterly** *adj*, geschwisterlich; ~*s* *sub*, *nur Mehrz.* Gebrüder; ~*s* **and sisters** *sub*, Geschwister
brow, *sub*, -*s* Braue; ~**band** *sub*, -*s* Stirnriemen
brown, (1) *adj*, *(Farbe)* braun (2) *sub*, *nur Einz.* Braun (3) *vt*, anbräunen; *brown as a berry* schwarz wie ein Mohr, *they are (Neo)Nazis* das sind Braune; ~ **bear** *sub*, -*s* Braunbär; ~ **bread** *sub*, *nur Einz.* Bauernbrot; ~ **coal** *sub*, *nur Einz.* Braunkohle; -*s* Lignit; ~ **rat** *sub*, -*s* *(tt; zool.)* Wanderratte; ~ **rye bread** *sub*, -*s* Schwarzbrot; **Browning** *sub*, -*s (mil.)* Browning
browse, *vt*, *(Geschäft)* durchstöbern
bruise, (1) *sub*, -*s* Erguss, Fleck, Hämatom, Prellung, Quetschung; -*e (ugs.)* Bluterguss; -*s (Obst)* Druckstelle (2) *vt*, prellen
brunch, *sub*, *nur Einz.* Brunch
brunette, *sub*, -*s* Brünette
brusque, *adj*, kratzbürstig, rüde, schroff; ~ **person** *sub*, *people* Kratzbürste; ~, **abrupt** *adj*, brüsk
Brussels, *sub*, *nur Einz* Brüssel; *Brussels lace* Brüsseler Spitzen; ~ **sprouts** *sub*, *nur Mehrz.* Rosenkohl; -*s (Austrian)* Kohlsprosse
brutal person, *sub*, -*s* Gewaltmensch; **brutal, violent** *adj*, brutal; *with brute force* mit brutaler Gewalt; **brutality** *sub*, *nur Einz.* Brutalität; **brutalize** *vt*, brutalisieren, verrohen; **brutalized** *adj*, verroht
brute, *sub*, -*s* Unmensch, Wüterich; *(i. ü. S.) bring out the brute in someone*

das Tier in jemandem wecken; ~ **force** *sub*, -*s* Brachialgewalt; **brutish** *adj*, viehisch; **brutish face** *sub*, -*s (ugs.)* Backpfeifengesicht
bubble, (1) *sub*, -*s* Bläschen, Blase, Schaumblase (2) *vi*, blubbern, brodeln, sprudeln; *bubble* Seifenblase; *bubble-gum* Kaugummi; *the wall paper has bubbles* Die Tapete wirft Blasen; *(i. ü. S.) bubble over with joy* vor Freude überschäumen; ~ **over** *vi*, übersprudeln; ~ **up** *vi*, hervorsprudeln; *(Wasser)* aufwallen; **bubbly** *adj*, blasig; **bubbly bath** Schaumbad
bubonic plague, *sub*, -*s* Beulenpest
buccaneer, *sub*, -*s* Freibeuter; ~**ing** *sub*, -*s* Freibeuterei
buck, *sub*, -*s* Bock, Rammler; *(not) fancy doing sth* Bock haben auf; *pass the buck to so* die Verantwortung auf jemanden abwälzen; ~ **o.s. up** *vr*, *(i. ü. S.)* aufputschen
buckel, *sub*, -*s (ugs.)* Schnällchen
bucket, *sub*, -*s* Eimer, Kübel, Schöpfeimer; *(i. ü. S.) hand over the bucket* den Löffel abgeben; *it´s coming down in buckets* es gießt wie aus Eimern; *(ugs.) to kick the bucket* den Löffel abgeben; ~ **seat** *sub*, -*s* Schalensitz
buckle, (1) *sub*, -*s* Schnalle (2) *vt*, beulen, schnallen; ~ **on** *vt*, umschnallen; ~**d tyre** *sub*, - -*s (Fahrrad)* Achter
buckram, *sub*, *nur Einz.* *(Textil)* Buckram; **buckskin** *adj*, hirschledern
bucolic, *adj*, ländlich
bud, *sub*, -*s* Keim, Knospe; *(i. ü. S.) to nip the rebellion in the bud* den Aufruhr im Keim ersticken
Buddhism, *sub*, *nur Einz.* Buddhismus; **Buddhist** (1) *adj*, buddhistisch (2) *sub*, -*s* Buddhist
budding, *adj*, knospig; *(Musiker, etc)* angehend
budget, (1) *sub*, -*s* Budget, Etat (2) *vt*, etatisieren; ~ **period** *sub*, -*s* Etatperiode
buffalo, *sub*, -*es* Büffel
buffer stocks, *sub*, - *(i. ü. S.; Geldreserve.)* Fettpolster; **buffers** *sub*, *nur Mehrz.* Prellbock
buffet, *sub*, -*s* Büfett; *cold buffet* kaltes Büfett

buffo, *sub*, *-es (mus.)* Buffo

bug, *sub*, *-s (zool., comp.,)* Wanze; **~-ridden** *adj*, *(ugs.)* verwanzt; **~bear** *sub*, *-s* Popanz; **~ger** *sub*, *-s (ugs.)* Scheißer; **~gery** *sub*, *-* Sodomie; **~ging device** *sub*, *-s* Abhörgerät, Abhörwanze; **~ging operation** *sub*, *-s* Lauschaktion; **~gy** *sub*, *-ies* Buggy

bugle, *sub*, *-s* Horn, Jagdhorn

build, (1) *sub*, *-s* Körperbau, Statur (2) *vi*, bauen (3) *vt*, errichten; *(a. i.ü.S.)* bauen; *(Bauwerk)* aufbauen; *(Gebäude)* erbauen, erstellen (4) *vti*, mauern; *built-up area* geschlossene Ortschaft; *~* **a cellar under** *vt*, unterkellern; *~* **a fence** *vi*, zäunen; *~* **an extension** *vt*, *(Haus, etc.)* anbauen; *~* **in** *vt*, einbauen; *~* **on** *vi*, *(Grundstück)* bebauen; *~* **up** (1) *vi*, anstauen, aufbauen; *(i. ü. S.; Auswirkungen etc.)* aufschaukeln; *(i. ü. S.; Probleme)* ballen (2) *vt*, *(Hoffnungen)* nähren; *build so up again* jemanden wieder aufbauen; **~-up** *sub*, *-s (Wasser-)* Stau; **~er-owner** *sub*, *-s* Bauherr; **~up** *sub*, *-s (mil.)* Aufmarsch

building, *sub*, *-s* Bau, Bauwerk; *nur Einz.* Bauwesen; *-s* Gebäude, Haus; *~* **brick** *sub*, *-s* Bauklotz; *~* **contractor** *sub*, *-s* Bauunternehmer; *~* **costs** *sub*, *nur Mehrz.* Baukosten; *~* **freeze** *sub*, *-s* Baustopp; *~* **license** *sub*, *- -s* Baugenehmigung; *~* **material** *sub*, *-s* Baumaterial, Baustoff; *~* **on stilts** *sub*, *nur Einz. (Bauweise)* Pfahlbau; *~* **project** *sub*, *-s* Bauvorhaben; *~* **site** *sub*, *-s* Bauplatz, Grundstück; *(eines Bauwerks)* Baustelle; *~* **timber** *sub*, *-s* Bauholz; *~* **trade** *sub*, *nur Einz.* Baugewerbe; *~* **worker** *sub*, *-s* Bauarbeiter

built on, *vt*, vorbauen; **built-in furniture** *sub*, *nur Einz.* Einbaumöbel

bulb, *sub*, *-s* Glühbirne, Knolle, Steckzwiebel; *- (tt; bot.)* Zwiebel; *-s (chem.)* Küvette; **~-fish** *sub*, *-* Zwiebelfisch; **~ous** *adj*, bauchig, bulbös; **~ous nose** *sub*, *-s* Knollennase

Bulgarian, *adj*, bulgarische

bulge, (1) *sub*, *-s* Wulst (2) *vi*, *(i. ü. S.)* hervortreten; **bulging** *adj*, prall, wulstig

bulimia, *sub*, *-s (med.)* Fresssucht

bulk buyer, *sub*, *-s* Großabnehmer; **bulk buying** *sub*, *-s (wirt.)* Großeinkauf; **bulk carrier** *sub*, *-* Bulkcarrier;

bulk discount *sub*, *-s* Mengenrabatt; **bulk freight** *sub*, *- (US)* Sperrgut; **bulk price** *sub*, *-s* Mengenpreis; **bulk selling** *sub*, *-s* Massenabsatz; **bulkhead** *sub*, *-s* Schott; **bulky** *adj*, klobig; *(Gegenstand)* ungefüge; **bulky goods** *sub*, *nur Mehrz.* Sperrgut

bull, *sub*, *- (bibl.)* Bulle; *-s (Börse)* Mineur; *(Tier)* Bulle; *(zool.)* Stier; *like a bull in a china shop* wie ein Elefant im Porzellanladen; *take the bull by the horns* die Flucht nach vorn antreten; *he´s big bull* er ist ein Bulle; *(i. ü. S.) take the bull by the horns* den Stier bei den Hörnern anpacken; *~* **market** *sub*, *-s (Börse)* Hausse; *~* **neck** *sub*, *-s* Stiernacken; *~* **operator** *sub*, *-s (wirt.)* Haussier; **~-necked** *adj*, stiernackig; **~-terrier** *sub*, *-* Bullterrier; *~´s eye* *sub*, *-s (ugs.)* Volltreffer; *(i. ü. S.) a bull´s-eye* ein Schuss ins Schwarze; *~´s* **eye pane** *sub*, *-s* Butzenscheibe; *~´s* **pizzle** *sub*, *-s* Ochsenfiesel; **~dog** *sub*, *-s* Bulldogge; *he´s one of the bulldog breed* er fürchtet nichts; **~dozer** *sub*, *-* Bulldozer; *-s* Planierraupe, Räumfahrzeug; *- (ugs.)* Bulldog; *play with the bulldozer* mit dem Bulldog spielen

bulletin, *sub*, *-s* Bulletin

bullfight, *sub*, *-s* Stierkampf; **~er** *sub*, *-s* Stierkämpfer

bullfinch, *sub*, *-es (Vogel)* Gimpel; **bullfrog** *sub*, *-s* Ochsenfrosch; **bullwhip** *sub*, *-s* Ochsenziemer

bully, (1) *sub*, *-ies (spo.)* Bully (2) *vt*, kujonieren; *(ugs.)* schurigeln; *take a bully* einen Bully ausführend, *bully sth out of so* jemandem etwas abtrotzen; **~ing** *sub*, *-* Schurigelei

bum, *sub*, *-s (ugs.; US)* Strolch; *(vulg.)* bum kaputter Typ

bumble-bee, *sub*, *-s* Hummel

bumfreezer, *sub*, *-s (ugs.)* Stutzer

bump, *sub*, *-s (am Kopf etc.)* Beule; *bring so down on earth with a bump* wie eine kalte Dusche wirken; *bump into so* jemandem in die Arme laufen; *~* **against** *vi*, *(zusammenstoßen)* anstoßen; *~* **into** *vi*, zusammenstoßen; *~* **o.s.** *vr*, stoßen; *~* **off** *vt*, *(vulg.)* killen; *(ugs.;*

töten) umlegen; ~ **on the nose** *sub,*
bumps Nasenstüber; ~**er** *sub, -s* Stoßstange; *rear (front) bumper* hintere
(vordere) Stoßstange; ~**kin** *sub, -s*
Klotz; *(ugs.; Person)* Trampeltier; ~**y**
adj, (ugs.; uneben) buckelig
bun, *sub, -s* Dutt, Knoten
bunch, *sub, -es* Gebinde; *-s* Trupp; *-es*
(Blumen-) Strauß; *-s (i. ü. S.; Haufen)*
Traube; *(ugs.)* to take the pick of the
bunch die größten Rosinen aus dem
Kuchen herauspicken; ~ **of flowers**
sub, -es Blumenstrauß; ~ **of roses**
sub, -es Rosenstrauß
bundle, *sub, -s* Bündel; ~ **of energy**
sub, -s Energiebündel; ~ **of papers**
sub, -s Konvolut; ~ **of twigs** *sub, -s*
Reisigbündel
bung, (1) *sub, -s* Spund; - Zapfen **(2)**
vt, (verschließen) pfropfen; *(i. ü. S.)*
(young) whippersnapper junger
Spund; ~**hole** *sub, -s* Spundloch;
~**hole borer** *sub, -s* Spundbohrer
bungalow, *sub, -s* Bungalow
bungle, (1) *vi,* pfuschen **(2)** *vt,* verpfuschen; *(ugs.)* hudeln **(3)** *vti,* stümpern; *take it easy!* nur nicht hudeln!;
~**d** *adj,* stümperhaft; ~**r** *sub, -s*
Stümper; *(ugs.)* Pfuscher; **bungling**
sub, - Gestümper; *nur Einz.* Stümperei
bunker, (1) *sub,* - Bunker **(2)** *vt, (Koh-*
le) bunkern; *bunker* Raketenbunker,
Golfspiel, *bunker coal* Kohlen bunkern
bunting, *sub, -s (zool.)* Ammer
burden, (1) *sub, nur Einz.* Bürde; *-s*
Last; *(i. ü. S.; Last)* Ballast; *(wirt.)*
Belastung **(2)** *vt, (mit Problemen)* beladen; *be a burden* eine Belastung
darstellen; *become a burden to sb*
jmd zur Bürde werden; *burden os*
with sich mit etwas belasten; *I´ve got*
the whole burden of work on my
shoulders at the momemt die ganze
Arbeit lastet auf meinen Schultern zur
Zeit; *place a burden on so´s shoulder*
jemandem eine Last aufbürden; ~
o.s. *vr,* belasten; ~ **oneself** *vr, (i. ü.*
S.) laden; *I took on too much (more*
than I could chew) ich habe zu viel
auf mich geladen; *to load oneself*
with responsibility Verantwortung
auf sich laden; ~**some** *adj, (Verant-*
wortung) drückend
bureau de change, *sub,* - Wechselstu-

be; **bureaucracy** *sub, nur Einz.*
Bürokratie; **bureaucrat** *sub, -s* Bü-
rokrat; **bureaucratic** *adj,* bürokra-
tisch; **bureaucratize** *vt,*
bürokratisieren
burglar, *sub, -s* Einbrecher; *(Dieb)*
Einsteiger; ~**y** *sub, -ies* Einbruch
Burgundy, *adj,* burgundisch
burial, *sub, -s* Beerdigung, Beisetzung, Bestattung; ~ **offering** *sub,*
-s (Grabbeigabe) Beigabe; ~ **vault**
sub, -s Grabgewölbe
burlap, *sub, -s* Packleinwand
burlesque, (1) *adj, (kun.)* burlesk
(2) *sub, -s* Burleske
burly, *adj,* vierschrötig
burn, (1) *sub, -s (tt; med.)* Verbrennung **(2)** *vi, (Essen)* anbrennen;
(Gesicht) glühen **(3)** *vti,* verschwelen; *(verbrennen)* brennen **(4)** *vtir,*
verbrennen; *(i. ü. S.)* be burnt out
abgebrannt sein; *burn one´s fin-*
gers sich die Finger verbrennen;
the house is burning das Haus
brennt; *to burn to ashes* niederbrennen; *to have money to burn*
Geld wie Heu haben; ~ **down (1)**
vi, abbrennen **(2)** *vt,* einäschern; ~
mark *sub, -s* Brandmal; ~ **off** *vt,*
abfackeln; ~ **out (1)** *vi, (Draht)*
durchglühen; *(Lampe)* durchbren-
nen **(2)** *vti,* ausbrennen; ~**er** *sub,*
nur Einz. Brenner; ~**ing** *sub, -s*
Verbrennung; ~**ing down** *sub, nur*
Einz. Einäscherung; ~**ing for acti-**
on *adj,* tatendurstig; ~**ing of**
books *sub, -s* Bücherverbrennung;
~**ing-glas** *sub, -glasses* Brennglas
burnt, *adj,* brenzlig, gebrannt;
(geb.) brandig; *smell burnt* brenzlig riechen; ~ **down** *adj,* abgebrannt, eingeäschert; ~ **punch**
sub, -es Feuerzangenbowle; ~ **su-**
gar *sub, nur Einz.* Karamellzucker;
~ **to death** *sub,* - Feuertod
burp, *vi, (rülpsen)* aufstoßen
burr, *sub, -s* Klette
burrow, *sub, -s (eines Tieres)* Bau
bursa, *sub, -s* Schleimbeutel; ~**r**
sub, -s Quästor
burst, (1) *adj,* zerplatzen **(2)** *vi,* bersten; *(aufreißen)* platzen; *(Flasche,*
etc.) aufplatzen; *(Tüte)* aufreißen;
be bursting with health vor Gesundheit strotzen; *the heart was*
bursting with joy das Herz wollt

vor Freude zerspringen, *be full to bursting* zum Bersten voll sein; *burst with pressure* vor Druck bersten; *a tyre burst* mir ist ein Reifen geplatzt; *he burst a blood-vessel* ihm ist eine Ader geplatz; *to burst with rage* vor Wut platzen; ~ **of fire** *sub, -s (Geschoss-)* Garbe; ~ **out** *vi*, hervorbrechen

bury, *vt*, beerdigen, beisetzen, bestatten, einscharren, vergraben; *(ugs.)* verscharren; *(beerdigen)* begraben; ~ **oneself in a book** *vr*, schmökern; ~**ing beetle** *sub, -s (zool.)* Totengräber

bush, *sub, -es* Busch, Strauch; *beat about the bush* um den heißen Brei herumreden, um den heissen Brei reden; *(ugs.) without beating about the bush* unumwunden

bushel, *sub, -s* Scheffel; *(ugs.) to hide one's light under a bushel* sein Licht unter den Scheffel stellen

bushes, *sub, nur Mehrz.* Gebüsch; *take to the bush* sich ins Gebüsch schlagen

bushlike, *adj*, strauchartig

business, (1) *adj*, geschäftlich, kaufmännisch (2) *sub, nur Einz.* Business; - Chose; *-es* Geschäft, Gewerbe; *(Unternehmen)* Betrieb; *business matter* eine geschäftliche Angelegenheit, *business is business* Geschäft ist Geschäft; *mean business* es ernst meinen; *that's my business* das ist meine Sache; *be away on business* beruflich unterwegs sein; *(ugs.) business is good* der Laden läuft; *business premises* gewerbliche Räume; *it's not your business* das ist nicht deine Chose; *mind your own business* kümmere dich um deine Angelegenheiten; *(i. ü. S.) nose into other people's business* seine Nase in alle Töpfe stecken; *that's my business* das geht niemanden etwas an; *that's none of your business* das geht dich einen Dreck an; *(ugs.) the whole wretched business* der ganze Zimt; *there is something fishy about the business* das ist nicht ganz astrein; *you shouldn't mix business and pleasure* Dienst ist Dienst; ~ **administration** *sub, - -s* Betriebswirtschaftslehre; ~ **corporation** *sub, -s (US)* Handelsgesellschaft; ~ **partner** *sub,*

-s Kompagnon; ~ **suit** *sub, -s (US)* Straßenanzug; ~ **trip** *sub, -s* Dienstreise; ~ **year** *sub, -s* Geschäftsjahr; ~**man** *sub, -men* Geschäftsmann, Kaufmann

bust, (1) *adj, (ugs.)* kaputt; *(Firma auch)* pleite (2) *sub, -s (kun.)* Büste; *(ugs.) the firm has gone bust* die Firma ist kaputt; *to go bust* pleite gehen, *she has a 38-inch bust* sie hat Oberweite 94; ~ **measurement** *sub, -s* Brustumfang, Oberweite

bustle, *sub, -s* Gewimmel; *nur Einz. (eines Platzes etc.)* Belebtheit; *a hustle and bustle* ein emsiges Treiben; *to bustle around* schalten und walten; ~ **around** *vi*, fuhrwerken; *(herum-)* hantieren

busy, *adj*, beschäftigt, betriebsam, emsig, fleißig, geschäftig, rege, verkehrsreich; *(Platz etc.)* belebt; *be busy doing something* damit beschäftigt sein etwas zu tun; *be busy with something else* mit etwas anderem beschäftigt sein; *as busy as a bee* emsig wie eine Biene; *he is a busyboy* Hans Dampf in allen Gassen; *be busy* zu tun haben; *be busy doing sth* eifrig dabei sein, etwas zu tun; *keep so very busy* jemanden stark beanspruchen; ~**body** *sub, -ies (ugs.)* Klatschbase

but, (1) *konj*, aber, doch, sondern (2) *sub, -s* Aber; *but of course* aber sicher; *but still* aber dennoch; *anything but that* alles, nur das nicht; *but why* wieso denn; *everyone but me* alle, nur ich nicht, alle, nur ich nicht; *not only, but also* nicht nur, sondern auch, *no ifs, no buts* ohne Wenn und Aber

butane, *sub, nur Einz. (chem.)* Butan; ~ **gas** *sub, nur Einz.* Butangas

butcher, *sub, -s* Fleischer, Metzger, Schlächter; ~**'s (shop)** *sub, (shops)* Metzgerei; ~**'s shop** *sub, -s* Fleischerei, Schlachterei; ~**'s table** *sub, -s* Schlachtbank; ~**y** *sub, -ies* Metzelei

butler, *sub, -* Butler

butt, *sub, -s* Kolben, Kugelfang; *if I may butt in for a moment* wenn ich mich kurz einmischen darf

butter, *sub, nur Einz.* Butter; *as soft*

as butter weich wie Wachs; *(ugs.)* *everything´s fine!* alles in Butter!; ~ **bicuits** *sub, nur Mehrz.* Buttergebäck; ~ **cake** *sub, -s* Butterkuchen; ~**-cream** *sub, nur Einz.* Buttercreme; ~**fly** *sub, -ies* Schmetterling, Tagfalter; *nur Einz. (spo.)* Delfin; *-ies (Tag-)* Falter; ~**fly (stroke)** *sub, nur Einz.* Butterflystil; ~**fly orchid** *sub, -s (bot.)* Kuckucksblume; ~**milk** *sub, nur Einz.* Buttermilch

buttock, *sub, -s* Hinterbacke; *(vulg.)* Arschbacke; ~**s** *sub, -* Gesäß; *nur Mehrz.* Steiß

butt of ridicule, *sub, -s (ugs.)* Spottgeburt

buttress, *sub, -es* Stützpfeiler; *(Stütz~)* Pfeiler

buy, *vt,* einkaufen, kaufen, zukaufen; *(kaufen)* anschaffen, besorgen; *buy sth from so* jemandem etwas abkaufen; ~ **again** *vt,* wiederkaufen; ~ **cheap junk** *vi,* ramschen; ~ **in addition to** *vt,* hinzukaufen; ~ **sth from so** *vt,* abkaufen; ~ **up** *vt,* aufkaufen; ~**-up** *sub, -s* Aufkauf; ~**er** *sub, -s* Käufer; ~**ing** *sub, -s* Einkauf; ~**ing of votes** *sub, -* Stimmenkauf

buzz, *vi,* sausen, surren; *(Biene)* summen; *(Insekt)* brummen; *my head is buzzing* mir schwirrt der Kopf; *my head is buzzing* mir brummt der Schädel; ~ **off** *vi, (ugs.)* abschwirren; ~ **round** *vt,* umschwirren; ~**ard** *sub, -s (zool.)* Bussard; ~**er** *sub, -s* Summer; ~**ling in one´s ears** *sub, nur Einz.* Ohrensausen

by, (1) *adv,* an Hand, vorbei (2) *präp,* per, von; *(Maß)* um; *(mittels)* durch; *(nahe bei)* an; *(neben)* am; *by definition* per definitionem; *by a hair* um ein Haar; *taller by a head* um einen Kopf größer; *15 devided by 5* 15 geteilt durch 5; *by birth* durch Geburt; *by chance* durch Zufall; *by deputy* durch Vollmacht; *by fits and starts* durch wackeln, ruckelnd; *by Jove* Blitz und Donner; *by the by(e)* nebenbei bemerkt; *by train* mit der Bahn; *he is very gentle by nature* seiner Natur nach ist er sehr sanft; *it has to be ready by Tuesday* das muss noch vor Dienstag fertig sein; *judging by her language* ihrer Sprache nach zu urteilen; *(innerhalb) to be by themselves* unter sich sein; *to put a*

clock right by the radio die Uhr nach dem Radio stellen; *be located by the river* am Fluss liegen; ~ **(doing sth)** *adv,* indem; *by writing to her* indem er ihr schrieb; ~ **a hair´s breadth** *sub, nur Einz.* Haaresbreite; ~ **a master hand** *adv,* Meisterhand; ~ **a specialist** *adj,* fachärztlich; ~ **accident** *sub, -* Zufälligkeit; ~ **analogy** *adv,* analog; ~ **any chance** *adv,* vielleicht; ~ **birth** *adj,* gebürtig; ~ **cheque** *adv,* unbar; ~ **common consent** *adv,* anerkanntermaßen; ~ **contract** *adv,* vertraglich; ~ **credit card** *adv,* unbar; ~ **demagogic means** *adv,* demagogisch; ~ **district heating system** *adj,* fernbeheizt; ~ **graduation** *adv,* staffelweise; ~ **heart** *adv,* auswendig; *learn by heart* auswendig lernen

by it/them, *adv, (causal)* davon; *I was awakened by it* ich wachte davon auf; **by leaps and bounds** *adv,* sprunghaft; **by legal action** *sub, -s* Gerichtsweg; **by letter** *adv,* brieflich; **by marriage** *adj,* angeheiratet; **by means of** *präp,* mittels; **by mistake** *adv,* fälschlicherweise, versehentlich; **by name** *adj,* namentlich; **by night** *adv,* nächtens; **by no means** *adv,* keineswegs; *(veraltet)* mitnichten; **by pots** *adv,* kannenweise; **by return mail** *adv,* postwendend; **by reverting to sb/sth** *sub, -s* Rückgriff; **by rotation** *adv,* turnusmäßig; **by show of hands** *sub, -s* Handaufheben

byte, *sub, -s* Byte

by telephone, *adv,* fernmündlich, telefonisch; **by the box (crate)** *adv,* kistenweise; **by the dozen** *adv,* reihenweise; **by the hour** *adv,* stundenweise; **by the piece** *adv,* stückweise; **by the spoonful** *adv,* löffelweise; **by the three score** *adv,* schockweise; **by the ton** *adv,* tonnenweise; **by the way** *adv,* übrigens; *by the way* im Übrigen; **by virtue of** *präp,* kraft; **by way of example** *adv, (als Beispiel)* beispielshalber; **by way of exchange** *adv,* tauschweise

by the hundredweight, *adj,* zentnerweise

by which, *adv,* woran, worauf; **by will** *adv,* testamentarisch; **by wire** *adv,* telegrafisch; **by-election** *sub,* *-s (pol.)* Nachwahl; **by-product** *sub, -s* Nebenprodukt; **bye** *interj,* ciao!; **by-** **gone** *adj,* verflossen, vergangen; **bypass (1)** *sub, -es* Bypass **(2)** *vi,* vorbeigehen
Byzantine studies, *sub, nur Mehrz.* Byzantinistik

C

cab, *sub*, -s Taxi; *(österr.)* Fiaker
caballero, *sub*, -s Caballero
cabaret, *sub*, -s Cabaret, Kabarett, Kleinkunst; ~ **artist** *sub*, -s Kabarettist; ~-**like** *adj*, kabarettistisch
cabbage, *sub*, -s Kohl, Kohlkopf, Kraut; *(ugs.) it´s a muddle (a mess)* es ist Kraut und Rüben; *(ugs S.Ger.) pork sausages with sauerkraut* Schweinswürstl mit Kraut; ~ **butterfly** *sub*, -ies Kohlweißling; ~ **caterpillar** *sub*, -s Kohlraupe
cabbala, *sub*, *nur Einz.* Kabbala
cabdriver, *sub*, -s Taxifahrerin
cabinet, *sub*, -s Kombischrank; *(polit.)* Kabinett
cable, (1) *sub*, -s Drahtseil, Kabel, Kabelleitung, Leitung (2) *vt*, verschränken (3) *vti*, kabeln; ~ **drum** *sub*, -s Kabeltrommel; ~ **railway** *sub*, -s Kabelbahn; - -s *(Seilbahn)* Bergbahn; ~ **television** *sub*, *nur Einz.* Kabelfernsehen
cache (find), *sub*, -s Depotfund
cackling, *sub*, *(Gänse)* Geschnatter
cacophonous, *adj*, kakofonisch; **cacophony** *sub*, -ies Kakofonie
cactus, *sub*, -i Kaktus; ~ **fig** *sub*, -s Kaktusfeige
cadaveric poison, *sub*, -s Leichengift
cadence, (1) *sub*, -s *(mus.)* Kadenz (2) *vt*, kadenzieren
cadet, *sub*, -s *(mil.)* Fähnrich, Kadett
cadmium, *sub*, *nur Einz.* *(chem.)* Cadmium
cadre, *sub*, -s *(mil.)* Kader; ~ **officer** *sub*, -s Kaderleiter
Caesarean, *sub*, -s *(med.)* Kaiserschnitt
caesium, *sub*, *nur Einz.* *(chem.)* Cäsium
caesura, *sub*, -s Zäsur
café, *sub*, -s Café; ~ **with dancing** *sub*, *cafés* Tanzcafé; **cafeteria** *sub*, -s Cafeteria, Kantine; **caffeine** *sub*, *nur Einz.* Coffein; *(chem.)* Koffein
caftan, *sub*, -s Kaftan
caisson, *sub*, -s *(tech.)* Caisson
cake, *sub*, -s Gugelhupf, Kuchen; *(wirt.) sell like hot cakes* reissenden Absatz finden; ~ **plate** *sub*, -s Kuchenteller; ~ **shop** *sub*, -s Konditorei; ~ **slice** *sub*, -s Tortenheber
calabash, *sub*, -es Kalebasse

calamity, *sub*, -ies Kalamität
calander, (1) *sub*, -s *(tech.)* Kalander (2) *vt*, kalandern
calcification, *sub*, -s Verkalkung; **calcify** *vi*, verkalken; **calcination** *sub*, -s *(chem.)* Kalzinierung; **calcine** *vti*, kalzinieren
calcium, *sub*, -s Kalzium; *nur Einz. (med.)* Kalk
calculability, *sub*, *nur Einz.* Berechenbarkeit; **calculable** *adj*, berechenbar, kalkulierbar; **calculate** *vt*, bemaßen, berechnen, durchrechnen, errechnen, kalkulieren, rechnen, überrechnen; *(berechen)* bemessen; *(mat.)* ermitteln; *be calculating* berechnend sein; *calculate down to the last penny* genau durchrechnen; *according to his calculations* wie er errechnete; **calculated assets** *sub*, *nur Mehrz.* Sollbestand; **calculating** *adj*, berechnend; **calculation** *sub*, -s Bemaßung, Kalkül, Kalkulation, Rechnung; *(a. i.ü.S.)* Berechnung; *(Berechnung)* Bemessung; *it´s all a matter of calculation* es ist alles Berechnung
Calcuttan, *adj*, kalkuttisch
Caledonian, *adj*, kaledonisch
calendar, (1) *pron*, Zeitrechnung (2) *sub*, -s Kalendarium, Kalender; ~ **day** *sub*, -s Kalendertag; ~ **year** *sub*, -s Kalenderjahr; ~**ial** *adj*, kalendarisch; **Calends** *sub*, *nur Mehrz.* Kalenden
calf, *sub*, -ves Kalb; *ves* Wade; ~-**length** *adj*, *(Schuh)* halbhoch; ~´s **stomach** *sub*, -s Kälbermagen; ~**skin** *sub*, -s Kalbfell
calibrate, *vt*, eichen, kalibrieren; **calibration** *sub*, -s Eichung; **calibre** *sub*, -s Kaliber; *(ugs.) two fellows of the same calibre* zwei Burschen vom selben Kaliber
calico, *sub*, -es Kaliko; ~ **dress** *sub*, -es Kattunkleid
Californian, (1) *adj*, kalifornisch (2) *sub*, -s Kalifornier
caliph, *sub*, -s Kalif; ~**ate** *sub*, -s Kalifat
calligraphic, *adj*, kalligraphisch; **calligraphy** *sub*, *nur Einz.* Kalligrafie

calling card, *sub,* *-s* Telefonkarte, Visitenkarte
calliper break, *sub,* *-s (Fahrr.)* Felgenbremse; **calliper rule** *sub,* *-s* Schieblehre
call on a customer, *sub,* *-s* Kundenbesuch; **call on so** *vt,* auffordern; **call oneself** *vr,* nennen; *and he calls himself funny* und sowas nennt sich Humor; *that´s just what he calls himself* er nennt sich nur so; **call order** *sub, calls* Ordnungsruf; **call out** *vt, (Namen)* ausrufen; **call over** *vt,* herbeirufen; **call sign** *sub,* *-s* Sendezeichen; **call so names** *vt,* beschimpfen; **call to strike** *sub, calls* Streikaufruf; **call up** *vt,* aufrufen; *call upon so to* jemanden zu etwas aufrufen; **call-up** *sub, nur Einz. (mil.)* Einziehung; **called-up** *adj,* eingezogen; **caller** *sub, -s* Anrufer; **callgirl** *sub, -s* Callgirl
callus, *sub, -es* Schwiele
calm, **(1)** *adj,* gefasst, gelassen, gleichmütig, ruhig **(2)** *sub, nur Einz.* Windstille; *-s (wind)* Flaute; *keep calm* gelassen bleiben, gelassen bleiben; *take sth calmly* etwas gelassen hinnehmen; *have a calming effect* Ruhe austrahlen; *(i. ü. S.) when things have calmed down* wenn sich die Wogen geglättet haben; *when things have calmed down again* wenn sich die Gemüter wieder beruhigt haben; ~ **(down)** *vt, (Person, die Nerven)* beruhigen; ~ **down** *vi,* beruhigen, besänftigen; *(Person; Meer)* beruhigen; ~**ing** *sub, nur Einz. (einer Person, der Nerven)* Beruhigung; ~**ly** *adv,* seelenruhig; ~**ness** *sub, -* Gelassenheit
calorie, *sub,* *-s* Kalorie; **calorimeter** *sub, -s (phy.)* Kalorimeter; **calorize** *vt,* kalorisieren
calpac(k), *sub, -s* Kalpak
calumet, *sub, -s* Kalumet
calumniator, *sub, -s* Pasquillant
calvados, *sub, nur Einz.* Calvados
calve, *vi,* kalben
Calvinism, *sub, nur Einz.* Kalvinismus; **Calvinist** *sub, -s* Kalvinist
calypso *sub, nur Einz.* Calypso; *-s* Kalypso
calyx, *sub, -es* Blütenkelch
cambium, *sub, -s (bot.)* Kambium
camellia, *sub, -s (bot.)* Kamelie

camembert, *sub, -s (Käse)* Camembert
cameo, *sub, -s* Gemme, Kamee
camera, *sub, -s* Fotoapparat, Kamera; ~**-recorder** *sub, -s* Kamerarecorder
Cameroon, *adj,* kamerunisch
camomile, *sub, -s (bot.)* Kamille; ~ **tea** *sub, -s* Kamillentee
camouflage, **(1)** *sub, nur Einz. (mil.)* Camouflage; *-s* Tarnung **(2)** *vt,* tarnen; *(mil.)* camouflieren; ~ **coating** *sub, -s* Tarnanstrich
camp, **(1)** *sub, -s* Camp, Lager, Zeltlager **(2)** *vi,* campen, kampieren, zelten; ~ **bed** *sub, -s* Feldbett; ~ **hysteria** *sub, - (ugs.)* Lagerkoller; ~ **inmate** *sub, -s* Lagerinsasse; ~**bed** *sub, -s (Camping)* Liege
campaign, **(1)** *sub, -s* Feldzug, Kampagne **(2)** *vi,* agitieren; *campaign against* agitieren gegen
Campanile, *sub, -i, -s* Kampanile
camper, *sub, -s* Wohnmobil; *- (Person)* Camper; **campground** *sub, -s (US)* Campingplatz
camphor, *sub, nur Einz.* Kampfer
camping, *sub, nur Einz.* Camping; **campsite** *sub, -s* Campingplatz; **campstool** *sub, -s* Klappstuhl
campus, *sub, nur Mehrz.* Campus
camshaft, *sub, -s* Nockenwelle
can, **(1)** *Hilfsverb,* können **(2)** *sub, -s* Kanister; *(US; Blech-)* Büchse; *(Konserve/am.)* Dose; *to do the best one can* nach bestem Wissen und Gewissen, *be canned* blau sein; *carry the can* den Buckel hinhalten; *if you can (manage to)* wenn du es einrichten kannst; *no you can´t/mustn´t* nein sie dürfen es nicht; *you can´t possibly do that* das darf man auf keinen Fall; ~ **be estimated** *adj, (Entfernung)* einschätzbar; ~ **be opened up** *vi, (wirt.)* erschließbar; ~ **be recalled** *vi,* erinnerlich; ~ **be written on** *vi,* beschreibbar; ~ **get in** *vt,* hereinkönnen; ~ **get out** *vt,* hinauskönnen; ~ **get over sth** *vi, (i. ü. S.)* hinwegkönnen; ~ **only walk with great difficulty** *adv,* gehbehindert
Canada, *sub,* Kanada; **Canadian** *sub, -s* Kanadier
canal, *sub, -s* Kanal; ~ **construction** *sub, nur Einz.* Kanalbau; ~ **fee**

sub, -s Kanalgebühr

canapé, *sub*, -s Appetithappen, Kanapee

canard, *sub*, -s *(Zeitung)* Ente

canary, *sub*, -ies Kanarienvogel

canasta, *sub*, *nur Einz.* Canasta

cancan, *sub*, -s Cancan

cancel, (1) *vi*, absagen (2) *vt*, abbestellen, entwerten, kündigen; *(Auftrag)* stornieren; *(entwerten)* überstempeln; *(Flug)* annullieren; *(Institution)* abmelden; *(Vertrag)* aufkündigen, auflösen; *(wirt.)* streichen; *something has to be cancelled* es ist Essig mit; *the bank is threatening to cancel his credit* die Bank hat gedroht ihm die Kredite zu kündigen; ~ **an appointment** *vt*, absagen; ~**lation** *sub*, -s Abbestellung, Abmeldung, Absage, Aufkündigung, Entwertung, Kündigung, Widerrufung; *(Annullierung)* Lösung; *(Auftrag)* Stornierung, Storno; *(einer Vorlesung)* Ausfall; *(geh.; eines Vertrags)* Annullierung; *(wirt.)* Streichung; ~**led** *adj*, *(Termin)* abgesagt; ~**led shift** *sub*, *(Arbeitsw.)* Feierschicht; *have one´s shift cancelled* eine Schicht einlegen müssen

cancer, *sub*, -s Karzinose; - Krebsschaden; -s *(med.)* Karzinom, Krebs; ~**ous** *adj*, karzinomatös; ~**ous ulcer** *sub*, -s Krebsgeschwür

candelabra, *sub*, -s Armleuchter

candelabrum, *sub*, -a Kandelaber

candid, *adj*, freimütig; ~**acy** *sub*, -ies Kandidatur; ~**ate** *sub*, -s Anwärter, Aspirant, Kandidat; *(polit.)* Bewerber; ~**ate for confirmation** *sub*, -s Konfirmand; ~**ate for the school-leaving exam** *sub*, -s - Abiturient, Abiturientin; ~**ness** *sub*, - Freimut

candied (orange) peel, *sub*, -s Orangeat; **candied lemon peel** *sub*, -s Zitronat

candle, *sub*, -s Kerze; *(i. ü. S.) can´t hold the candle* nicht das Wasser reichen können; ~**light** *sub*, Kerzenlicht; **Candlemas** *sub*, - Lichtmess; ~**stick** *sub*, -s Kerzenhalter, Leuchter

candy, (1) *sub*, -s *(US)* Bonbon; -ies Süßigkeit; *nur Einz. (Zucker-)* Überguss (2) *vti*, kandieren; ~ **sugar** *sub*, *nur Einz.* Zuckerkandis; ~**-coloured** *adj*, bonbonfarben; ~**floss** *sub*, *nur Einz.* Zuckerwatte

cane, *sub*, -s Rohr; *(Spazier-)* Stock; ~ **sugar** *sub*, *nur Einz.* Rohrzucker

canned, *adj*, *(ugs.; US)* sternhagelvoll; ~ **fish** *sub*, - *(Fisch)* Marinade

cannelloni, *sub*, *nur Mehrz.* Cannelloni

cannibal, *sub*, -s Kannibale; ~**(istic)** *adj*, kannibalisch; ~**ism** *sub*, *nur Einz.* Kannibalismus; ~**ize** *vt*, *(ugs.; alte Geräte)* ausschlachten

cannon, *sub*, -s Kanone; ~ **fodder** *sub*, *nur Einz.* Kanonenfutter; ~**ade** *sub*, -s *(mil.)* Kanonade

cannula, *sub*, -s *(med.)* Kanüle

canoe, *sub*, -s Kanu; ~**ist** *sub*, -s *(spo.)* Kanute

canon, *sub*, -s Domkapitular; *nur Einz. (bibl.)* Kanon

canonic, *adj*, kanonisch; **canonize** *vt*, kanonisieren

canopied beach chair, *sub*, -s Strandkorb; **canopy** *sub*, -ies Baldachin; **canopy-like** *adj*, baldachinartig

Cantabrian, *adj*, kantabrisch

cantankerous, *adj*, unverträglich; ~**ness** *sub*, - Unverträglichkeit

cantata, *sub*, -s *(mus.)* Kantate

canteen, *sub*, -s Kantine; *(mil.)* Feldflasche; *(univ.)* Mensa; ~ **manager** *sub*, -s Kantinenwirt

canter left, *sub*, *nur Einz.* Linksgalopp

cant hook, *sub*, -s Kanthaken

cantilever, (1) *adj*, *(tech.)* freitragend (2) *sub*, -s *(arch.)* Ausleger

canvas, *sub*, -es Leinwand; -ses Segeltuch; -es Stramindecke, Zeltbahn; ~**ser** *sub*, -s Werber

canyon, *sub*, -s Canon

cap, *sub*, -s Kappe, Mütze; *(med.)* Krone; *(ugs.) I´ll take the responsibility for it* das nehme ich auf meine Kappe; *(i. ü. S.) the mountain peak is covered with snow* der Berggipfel trägt eine weiße Kappe; *to cap it all* um das Maß vollzumachen

capability, *sub*, -ies Fähigkeit; **capable** *adj*, fähig, imstande, leistungsfähig; *(fähig)* tüchtig; *(Verbrecher etc.) he is desperate* er ist zu allem fähig; *he is capable of anything* er ist zu allem fähig; *he is capable of anything* er ist zu allem imstande; *she can't even look after the cat and now she wants to have a baby* sie ist nicht mal imstande die Katze zu versorgen und jetzt will sie noch ein Kind; **capable (of living)** *adj*, lebensfähig; **capable of holding ministerial office** *attr*, ministrabel **capacity**, *sub*, - Fassungsvermögen; *nur Einz.* Kapazität; *in his capacity as* in seiner Eigenschaft als; ~ **for work** *sub, -ies* - Arbeitskraft **cape**, *sub, -s* Cape, Pelerine, Umhang; *(geogr.)* Kap; **Cape Verdan** *adj*, kapverdisch **caper**, *sub, -s* Eulenspiegelei, Kaper; *(ugs.)* Kapriole; *to cut capers* Kapriolen machen **capercaillie**, *sub, -s* Auerhahn **capillary**, *adj, (phy.)* kapillar **capital**, (1) *adj, (jur.)* kapital (2) *sub, -s (arch.)* Kapitell; *nur Einz. (wirt.)* Kapital; *-s (Zentrum)* Metropole; *adultery is still a capital crime in some countries* Ehebruch ist in manchen Ländern immer noch ein Kapitalverbrechen, *capital letter* großer Buchstabe; *he has made a good capital investment* er hat sein Kapital gut angelegt; *(i. ü. S.) her pretty face is her capital* ihr hübsches Gesicht ist ihr Kapital; ~ **(city)** *sub, -s* Kapitale; ~ **(letter)** *sub, -s* Majuskel; ~ **assets** *sub, nur Mehrz. (wirt.)* Substanz; ~ **city** *sub, -ies* Hauptstadt; ~ **gain** *sub, nur Einz. (tt; wirt.)* Wertzuwachs; ~ **letter** *sub, -s* Versal; ~ **offence** *sub, -s* Kapitalverbrechen; ~ **punishment** *sub, -s* Todesstrafe; ~**ism** *sub, nur Einz.* Kapitalismus; ~**ist** *sub, -s* Kapitalist; ~**ist(ic)** *adj*, kapitalistisch; ~**ize** *vt*, kapitalisieren **Capitol**, *sub, nur Einz.* Kapitol **capitular**, *sub, -s* Kapitular **capo**, *sub, -s (mus.)* Kapodaster **capon**, *sub, -s* Kapaun **capot(e)**, *sub, -s* Kapotte **Cappadocian**, (1) *adj*, kappadozisch (2) *sub, -s* Kappadozier **caprice**, *sub, -s* Kaprice; **capricious** *adj*, kapriziös; **capriciousness** *sub, nur Einz.* Willkür **Capricorn**, *sub, -s (astrol.)* Steinbock **capsize**, *vi*, kentern **capsular**, *adj*, kapselförmig; **capsule** *sub, -s* Kapsel **captain**, *sub, -s* Flugkapitän, Kapitän,

Spielführer; *(mil.)* Hauptmann; *(spo.)* Führer; ~ **in the medical corps** *sub, -s* Stabsarzt; ~ **of the team** *sub, captains (spo.)* Teamchef **caption**, (1) *sub, -s (einer Zeichnung)* Beschriftung (2) *vt*, untertiteln **captivate**, *vt, (faszinieren)* fesseln; *(i. ü. S.; fesseln)* bannen; *captivate so jemanden in Bann schlagen; (i. ü. S.) captivate the audience* das Publikum bestechen; ~**d** *adj, (i. ü. S.)* gefangen; **captivating** *adj*, fesselnd; **captive** *adj, (mil.)* gefangen; **captive balloon** *sub, -s* Fesselballon; **captivity** *sub, -ies* Gefangenschaft **capture**, (1) *sub, -s* Einbringung; *(mil.)* Einnahme, Gefangennahme (2) *vt*, kapern; *(gefangennehmen)* fangen; *(mil.)* erbeuten, gefangen nehmen; *a mid-range car* ein Wagen der Mittelklasse; *his car totally lacks oomph* sein Wagen ist eine lahme Ente; *to buy a car* sich motorisieren; ~**d in the wild** *sub*, - Wildfang **Capuchin (monk)**, *sub, -s* Kapuziner **car**, *sub, -s* Auto, Automobil, Wagen; *drive a car* Auto fahren; *go by car* mit dem Auto fahren; *have come by car* mit dem Auto da sein; ~ **accident** *sub*, - - Autounfall; ~ **bomb** *sub, -s* Autobombe; ~ **burglar** *sub*, - -s Autoknacker; *(ugs.)* Automarder; ~ **door** *sub, -s* Wagentür; ~ **driver** *sub*, - -s Autofahrer; ~ **driving** *sub, nur Einz.* Autofahren; ~ **ferry** *sub*, - -ies Autofähre; ~ **hire** *sub*, - -s Autoverleih; ~ **industry** *sub*, - -ies Autoindustrie; ~ **involved in the accident** *sub, cars (unfallbeteiligter Wagen)* Unfallwagen; ~ **key** *sub*, - -s Autoschlüssel; ~ **mechanic** *sub*, - -s Automechaniker **caracul**, *sub, -s* Breitschwanz; *caracul* Breitschwanzpersianer **carafe**, *sub, -s* Karaffe **caramel**, *sub, nur Einz.* Karamell; ~**(ize)** *vt*, karamelisieren **carat**, *sub, -s* Feingewicht, Karat **caravan**, *sub, -s* Karawane, Wohnanhänger, Wohnwagen; *(Camping)*

Caravan; *(Kfz)* Camper
caravanserai, *sub*, *-s* Karawanserei
caraway seed, *sub*, *-s* Kümmel
carbine, *sub*, *-s (mil.)* Karabiner
carbolic acid, *sub*, *nur Einz. (chem.)*
Karbolsäure
carbolineum, *sub*, *nur Einz.* Karbolineum
carbon, *sub*, *-s* Kohlenstoff; *(chem.)*
Karbon; ~ **(copy)** *sub*, *-s* Durchschlag, Durchschrift; ~ **paper** *sub*,
nur Einz. Karbonpapier, Kohlepapier
carbonic acid, *sub*, *nur Einz.* Karbonsäuren; *-s (chem.)* Kohlensäure
carboniferous, *adj*, kohlehaltig
carbonize, *vt*, verkoken
carboy, *sub*, *-s (Flasche)* Ballon
carbuncle, *sub*, *-s* Karbunkel
carburation, *sub*, *-s (tt; tech.)* Vergasung; **carburet** *vt*, vergasen; **carburettor** *sub*, *-s* Vergaser
carcass, *sub*, *-es* Kadaver
carcinogen, *sub*, *-s (med.)* Karzinogen; **~ic** *adj*, karzinogen
card, **(1)** *sub*, *-s* Karte; *(tech.)* Kardätsche **(2)** *vt*, krempeln; *(tech.)* kardätschen; *to get one´s cards* seine
Papiere bekommen; ~ **file** *sub*, *-s*
Kartei, Kartothek; **~-pad** *sub*, *-s* Kartenblock
cardamom, *sub*, *-s* Kardamom
cardan shaft, *sub*, *-s (tech.)* Kardanwelle
cardiac, *adj*, *(med.)* kardial; ~ **catheter** *sub*, *-s* Herzkatheter; ~ **infarction** *sub*, *-s (med.)* Herzinfarkt; ~
massage *sub*, *-s* Herzmassage; **cardialgia** *sub*, *-s (med.)* Kardialgie
cardigan, *sub*, *-s* Jacke, Strickjacke
cardinal, **(1)** *adj*, kardinal **(2)** *sub*, *-s*
(Eccl) Kardinal; ~ **number** *sub*, *-s*
Grundzahl, Kardinalzahl; **~´s hat**
sub, *-s* Kardinalshut
cardiograph, *sub*, *-s (med.)* Kardiograph; **care-worn** *adj*, *(geh.)* abgehärmt
cardiology, *sub*, *nur Einz.* Kardiologie; **cardiotonic** *adj*, herzstärkend
cards, *sub*, *-s* Kartenspiel
care, **(1)** *sub*, *nur Einz.* Bedächtigkeit,
Bedachtsamkeit; *-s* Fürsorge; - Hege;
-s Kümmernis; *nur Einz.* Pflege; -
Sorgfalt; *-s* Versorgung; *nur Einz.*
Vorsicht; *(geh.)* Obhut **(2)** *vt*, kümmern; *care of (c/o)* per Adresse;
don´t care a damn about it sich ei-

ren Dreck um etwas kümmern; *I
couldn´t care less* das ist mir piepegal, ich pfeife drauf; *(i. ü. S.)* *I
couldn´t care less about him!* er
kann mir gestohlen bleiben!; *I
con´t care for it* ich mache mir
nichts daraus; *(i. ü. S.)* *I don´t care
one way or the other* mir ist nichts
daran gelegen; *take care of so* sich
jemands annehmen; *take care of
sb* sich einer Sache annehmen; *to
take care of sb/sth* jmd/etwas unschädlich machen; *to treat sth with
care* etwas pfleglich behandeln;
would you care for a cup of tea?
möchten sie eine Tasse Tee?; *the
sick man needs a lot of care and
attention* der Kranke braucht viel
Pflege; *to take good care of sb* jmd
gute Pflege angedeihen lassen; *put
a lot of care into something* viel
Sorgfalt aufwenden auf etwas; *to
place sth in sb´s care* etwas jmds
Obhut anvertrauen, *I couldn´t
care about that* das kümmert mich
wenig; ~ **for** *vt*, umsorgen; **~ful**
(1) *adj*, bedacht, behutsam, pfleglich, reiflich, sachte, sorgfältig,
sorgsam, vorsichtig; *(wohlüberlegt)* bedächtig, bedachtsam **(2)** *vi*,
achtsam; *carefully considered* genau überlegt; **~fully (1)** *adj*,
(wohlüberlegt) bedächtig **(2)** *adv*,
behutsam; *(wohlüberlegt)* bedachtsam; *do sth carefully* etwas
mit Bedacht machen; **~fulness**
sub, - Achtsamkeit, Sorgsamkeit
careen, *vti*, kielholen
career, *sub*, *-s* Karriere, Laufbahn,
Lebenslauf; ~ **civil servant** *sub*, *-s*
Berufsbeamte; ~ **woman** *sub*, *-s*
men Karrierefrau; **~ism** *sub*, *nur
Einz.* Karrierismus; **~ist** *sub*, *-s* Karrierist; **~s adviser** *sub*, - *-s* Berufsberater; **~s guidance** *sub*, - *-s*
Berufsberatung
carefree, *adj*, unbeschwert; *(unbekümmert)* sorglos; ~ **existence**
sub *nur Einz.* Phäakenleben
careless, *adj*, achtlos, fahrlässig,
lieblos, nachlässig; *(unachtsam)*
sorglos; *(unvorsichtig)* unachtsam;
do sth carelessly etwas ohne Bedacht machen; *if you do it any old
how, nothing can come of it* wenn
du es so lieblos machst, kann es

nichts werden; *it was a carelessly prepared meal* das Essen war sehr lieblos zubereitet; *carelessly dressed* nachlässig gekleidet; ~ **mistake** *sub,* -s Leichtsinnsfehler; ~**ness** *sub, nur Einz.* Achtlosigkeit; - Fahrlässigkeit; *nur Einz.* Nachlässigkeit; -es Unvorsichtigkeit

caress, (1) *sub,* -es Liebkosung (2) *vt,* liebkosen; ~**es** *sub, nur Mehrz.* Zärtlichkeit

caretaker, *sub,* -s Hausbesorger, Hausmeister, Kastellan

careworn, *adj,* verhärmt

cargo, *sub,* -s Frachtgut; -es Kargo, Ladung; ~ **on deck** *sub,* -es Decksladung; ~ **ship** *sub,* -s *(Schiff)* Transporter

caribou, *sub,* -s *(zool.)* Karibu

caries, *sub, nur Einz.* Karies

carillon, *sub,* -s *(mus.)* Glockenspiel

caring profession, *sub,* -s Sozialberuf; **caring type** *sub,* -s *(ugs.)* Softie

Carinthian, *adj,* kärntnerisch

carious, *adj,* kariös

Carlovingian, *adj, (hist.)* karlingisch

Carmelite, *sub,* -s Karmeliter, Karmeliterin; ~ **water** *sub, nur Einz. (med.)* Karmelitergeist

carminic acid, *sub, nur Einz.* Karminsäure

carnal, *adj, (sinnl.)* fleischlich; **carnation** *sub,* -s *(Blume)* Nelke

carnival, *sub,* -s Fasching; - Fastnacht; -s Karneval; ~ **parade** *sub,* -s Karnevalszug; ~ **participant** *sub,* -s Karnevalist; ~ **party (with fancy-dress hats)** *sub,* Kappenabend; ~ **procession** *sub,* -s Faschingszug; ~ **session** *sub,* -s Prunksitzung

carniverous, *adj, (biol.)* karnivor; **carnivore** *sub,* -s Karnivore

carol, *sub,* -s *(Weihnachten)* Lied

Carolingian, (1) *adj,* karolingisch (2) *sub,* -s *(hist.)* Karolinger

carotid artery, *sub,* -ies Halsschlagader

carotin, *sub, nur Einz.* Karotin

carp, (1) *sub,* -s Karpfen (2) *vi, (ugs.)* mäkeln; *(kritteln)* nörgeln; ~ **farming** *sub, nur Einz.* Karpfenzucht; ~ **pond** *sub,* -s Karpfenteich

car park, *sub,* -s Parkplatz; **car race** *sub,* - -s Autorennen; **car radio** *sub,* - -s Autoradio; **car repair** *sub,* - -s Autoreparatur; **car wash** *sub,* -es *(ugs.)*

Waschstraße; **car-body** *sub,* -ies Karosserie; **car-free** *adj,* autofrei; **car-park attendant** *sub,* -s Parkwächter; **car-wash** *sub,* -es Waschanlage

carpenter, *sub,* -s Schreiner, Zimmermann; ~´**s bench** *sub,* -es Hobelbank; **carpentry** *sub,* -es Zimmerei

carper, *sub,* -s *(Krittler)* Nörgler

carpet, *sub,* -s Teppich; *beat the carpet* den Teppich klopfen; *give up the red carpet treatment* jemanden mit großem Bahnhof empfangen; *(i. ü. S.) sweep something under the carpet* etwas unter den Teppich kehren; ~ **pattern** *sub,* -s Teppichmuster; ~**ed floor** *sub,* -s Teppichboden

carphone, *sub,* -s Autotelefon

carping, *adj, (krittelnd)* nörglerisch

carriage, *sub,* -s Wagen; *(mil.)* Lafette; *carriage paid* frei Haus; ~ **and pair** *sub,* - *(i. ü. S.)* Zweispänner; *(ugs.)* Zweigespann; ~ **paid** *adj,* frachtfrei; ~**way** *sub,* -s Fahrbahn

carrier, *sub,* -s Träger; *(Fahrrad)* Gepäckträger; *(med.)* Überträgerin; ~ **pigeon** *sub,* -s Brieftaube; ~ **rocket** *sub,* -s Trägerrakete; ~ **wave** *sub,* -s Trägerwelle

carrion, *sub,* - Aas; ~ **flower** *sub,* -s *(bot.)* Ordensstern

carrot, *sub,* -s Karotte, Möhre, Mohrrübe, Rübe; *with a stick and a carrot* mit Zuckerbrot und Peitsche; ~ **bed** *sub,* -s Karottenbeet; ~**-top** *sub,* -s *(ugs.)* Rotfuchs

carry, *vt,* tragen, verschleppen; *be carried away by the music* hingerissen der Musik lauschen; *carry something* etwas bei sich tragen; *carry something too far* etwas an die Spitze treiben; *carry things too far* es arg treiben; *carry weight* etwas gelten (Person); ~ **around** *vi,* umhertragen; ~ **away** *vt,* abtreiben, davontragen; *carry the day* den Sieg davontragen; ~ **forward** *vt,* vortragen; ~ **in** *vi,* hineintragen; ~ **off** *vt,* dahinraffen, erbeuten; *(Wärme)* abführen; *the plague carried them off* die Pest hat sie dahingerafft; ~ **on** (1) *vi, (etw. fortsetzen)* fortfahren; *(zeitl.)*

erstrecken **(2)** *vti*, weitermachen; *carry on for* sich erstrecken über; ~ **out** *vt*, heraustragen, hinaustragen, realisieren, vornehmen; *(Beruf, Tätigkeit)* ausüben; *(durchführen)* ausführen; *(Pflicht)* erfüllen; ~ **out an investigation** *vi*, *(polizeilich)* nachforschen

carry through, *vt*, *(Plan, Reform)* durchsetzen; *carry this reform through* diese Reform durchsetzen; **carry to term** *vi*, *(med.: ein Kind)* austragen; **carrying** *sub*, *nur Einz.* Verschleppung; **carrying off** *sub*, *(Wärme)* Abführung; **carrying out** *sub*, *nur Einz.* Ausführung; *(ugs.)* Durchführung; *(eines Berufes)* Ausübung

cart, **(1)** *sub*, *-s* Fuhrwerk, Karre **(2)** *vt*, karren; ~ **away** *vt*, abtransportieren, wegschaffen; ~ **off** *vt*, abfahren; ~**load** *sub*, *-s* Fuder

carte blanche, *sub*, *cartes blanches (tt; zool.)* Blankovollmacht

cartel, *sub*, *-s (wirt.)* Kartell; ~**(l)ize** *vt*, kartellieren

carter, *sub*, *-s* Fuhrmann

carthorse, *sub*, *-s* Zugpferd

Carthusian monastery, *sub*, *-ies* Kartause; **Carthusian monk** *sub*, *-s* Kartäuser

cartilage, *sub*, *-s (anat.)* Knorpel

cartogram, *sub*, *-s* Kartogramm

cartographer, *sub*, *-s* Kartograf; **cartographic(al)** *adj*, kartografisch; **cartography** *sub*, *nur Einz.* Kartografie

cartomancy, *sub*, *nur Einz.* Kartomantie

cartoon, *sub*, *-s* Cartoon, Comic; *(Zeichen-)* Trickfilm; ~ **(film)** *sub*, *-s* Zeichenfilm (im Deutschen unbekannt, nur Zeichentrickfilm); *(ugs.)* Zeichentrickfilm; ~ **heroine** *sub*, *-s* Comicheldin; ~**ist** *sub*, *-s* Cartoonistin, Karikaturist; ~**s** *sub*, *-s (Filmprodukt)* Animation

cartridge, *sub*, *-s* Kartusche, Patrone

cartwheel, *sub*, *-s* Wagenrad

cartwright, *sub*, *-s* Stellmacher

carve, *vt*, schnitzen, tranchieren; *(Tal)* einschneiden; *a deeply carved valley* ein tief eingeschnittenes Tal; ~**d goods** *sub*, *nur Mehrz.* Schnittware; **carving** *sub*, *-s* Schnitzbild, Schnitzelei; **carving table** *sub*, *-es*

Schnitzbank

carwash, *sub*, *-s* Wagenwäsche

caryatid, *sub*, *-s (arch.)* Kore

cascade, *sub*, *-s* Wasserfall

case, *sub*, *-s* Etui, Futteral, Gehäuse, Hülse, Kasten, Kasus, Kiste; *(Ereignis)* Fall; *(jur., med., grammat.)* Fall; *I´ll take an umbrella just in case* für den Notfall nehm´ ich einen Schirm mit; *put so in charge of a case* jemandem mit einem Fall beauftragen; *that´s a case for* das ist ein Argument für; ~ **files** *sub*, *nur Mehrz.* Prozessakte; ~ **of arson** *sub*, arson Brandlegung, Brandstiftung; ~ **of need** *sub*, *-s* Bedarfsfall; ~ **of war** *sub*, *-* Kriegsfall; ~ **shot** *sub*, *nur Einz. (mil.)* Kartätsche; ~ **study** *sub*, *-ies* Fallstudie; ~**mate** *sub*, *-s (mil.)* Kasematte

cash, **(1)** *adv*, *(wirt.)* cash **(2)** *sub*, *nur Einz.* Bargeld; *- (Bar-)* Geld; *nur Einz. (direkt)* bar; *(wirt.)* Cash **(3)** *vt*, einlösen; *pay cash* nicht auf Rechnung (auch mit Kreditkarte), *turn into cash* zu Geld machen; *for cash* gegen bar; *pay cash* etwas in bar bezahlen; *be out of cash* kein Geld mehr haben; *cash on delivery* per Nachnahme, *be short of cash* Ebbe im Geldbeutel; *cash a cheque* einen Scheck einlösen; ~ **cheque** *sub*, *- -s* Barscheck; ~ **deal** *sub*, *- -s* Bargeschäft; ~ **desk** *sub*, *-s* Kasse; ~ **discount** *sub*, *-s (wirt.)* Skonto; ~ **dispenser** *sub*, *-s* Geldautomat; ~ **flow** *sub*, *nur Einz.* Cashflow; ~ **in** *vt*, *(i. ü. S.)* ummünzen; ~ **in advance** *sub*, *-* Vorkasse; ~ **on delivery (COD)** *sub*, *nur Einz.* Nachnahme; *to send sth COD* etwas per Nachnahme schicken

cashier, *sub*, *-s* Kassierer; **cashing amount** *sub*, *-s* Einlösesumme; **cashless** *adj*, bargeldlos

cashmere, *sub*, *-s* Kaschmir; ~ **(wool)** *sub*, *-s* Kaschmirwolle

cash payment, *sub*, *- -s* Barzahlung; *-s* Kassazahlung; **cash purchase** *sub*, *- -s* Barkauf; **cash register** *sub*, *-s* Kasse, Registrierkasse; **cash value** *sub*, *-s* Geldwert; **cashbox** *sub*, *-es* Kasse; **cashdesk** *sub*, *-s* Wechselkasse

cashpoint card, *sub*, *-s (Bank)* Magnetkarte
casing, *sub*, *-s* Gehäuse
casino, *sub*, *-s* Kasino, Spielbank, Spielkasino
cask wine, *sub*, *-s* Landwein; **casket** *sub*, *-s* Schatulle
cassata, *sub*, *nur Einz.* Cassata
cassava, *sub*, *-s* Maniok; ~ **root** *sub*, *-s* Maniokwurzel
casserole, *sub*, *-s* Kasserolle
cassette, *sub*, *-s* Kassette
cassia tree, *sub*, *-s (bot.)* Kassienbaum
cassock, *sub*, *-s* Soutane
cassowary, *sub*, *-ies (wirt.)* Kasuar
cast, (1) *sub*, *-s* Abguss; *(eines Theaterstücks)* Besetzung (2) *vt*, *(Gußstücke)* gießen; *(Rollen)* besetzen; *cast away one´s fortune* sein Glück mit Füßen treten; *cast gloom* auf die Stimmung drücken; *the cast* die Mitwirkenden; ~ **concrete** *sub*, *nur Einz.* Schüttbeton; ~ **iron** *sub*, *-s* Gusseisen; ~ **steel** *sub*, *-s* Gussstahl; ~ **stone** *sub*, *-s* Gussstein
castanet, *sub*, *-s (mus.)* Kastagnette
castellan, *sub*, *-s* Kastellan
caster, *sub*, *-s* Streuer; ~ **oil** *sub*, *nur Einz.* Rizinusöl; ~ **sugar** *sub*, *nur Einz.* Streuzucker; ~**-oil plant** *sub*, *-s (bot.)* Rizinus
caste system, *sub*, *-s* Kastenwesen
castigate *o.s.*, *vr*, *(sich)* geißeln; **castigation** *sub*, *-s* Geißelung
casting, *sub*, *-s (Prozess)* Abguss
castiron, *adj*, gusseisern
castle, (1) *sub*, *-s* Burg, Chateau, Schloss; *(Schach)* Turm (2) *vi*, rochieren; *my home is my castle* mein Heim ist meine Burg; *Chateau Latour* Chateau Latour; ~ **in the air** *sub*, *castles (i. ü. S.)* Luftschloss; *(i. ü. S.) to build castles in the air* Luftschlösser bauen; ~ **nut** *sub*, *-s (tech.)* Kronenmutter; ~ **surrounded by water** *sub*, *-s* Wasserschloss
castling, *sub*, *-s (Schach)* Rochade
castrate, *vt*, entmannen, kastrieren; **castration** *sub*, *-s* Kastration
casual, (1) *adj*, beiläufig, lässig, salopp; *(US)* burschikos (2) *sub*, *- * Slipper; ~ **laborer** *sub*, *-s (US)* Gelegenheitsarbeiter; ~ **labourer** *sub*, *-s* Gelegenheitsarbeiter; ~ **worker** *sub*, *-s* Leiharbeiter; ~**ly** *adv*, beiläufig

casualty, *sub*, *-es* Verunfallte, Verunglückte; ~ **clearing station** *sub*, *-s* Feldlazarett; ~ **unit** *sub*, *-s* Notaufnahme
casuistic, *adj*, kasuistisch; **casuistry** *sub*, *nur Einz.* Kasuistik
cat, *sub*, *-s* Katze; ~ **burglar** *sub*, *-s* Klettermaxe; ~ **food** *sub*, *nur Einz.* Katzenfutter; ~**-and-mouse game** *sub*, *-s (ugs.)* Katz-und-Maus-Spiel; ~**-walk** *sub*, *-s* Laufsteg; ~´s **excrement** *sub*, *nur Einz.* Katzendreck; ~´s **eye** *sub*, *-s* Katzenauge; ~´s **lick** *sub*, *nur Einz. (ugs.)* Katzenwäsche
catachesis, *sub*, *-es (theol.)* Katechese; **catachresis** *sub*, *-es* Katachresis
catacomb, *sub*, *-s* Katakombe
catafalque, *sub*, *-s* Katafalk
catalectic, *adj*, katalektisch; **catalepsy** *sub*, *-ies (med.)* Katalepsie; **cataleptic** *adj*, kataleptisch
catalogue, (1) *sub*, *-s* Katalog (2) *vt*, katalogisieren; *a long catalogue of complaints* eine Litanei von Klagen
catalysis, *sub*, *-es (chem.)* Katalyse; **catalyst** *sub*, *-s* Abgaskatalysator, Katalysator; *(chem.)* Kontaktstoff; **catalytic converter** *sub*, *-s* Katalysator; **catalyze** *vt*, katalysieren
catamaran, *sub*, *-s* Katamaran
catapult, (1) *sub*, *-s* Katapult (2) *vt*, katapultieren; ~ **flight** *sub*, *-s* Katapultflug
cataract, *sub*, *-s* Katarakt; *(med.) cataract* grauer Star
catarrh, *sub*, *-s (med.)* Katarrh; ~**like** *adj*, katarrhartig; ~**al** *adj*, katarrhalisch
catastrophe, *sub*, *-s* Katastrophe; **catastrophic** *adj*, katastrophal
catatonia, *sub*, *nur Einz. (psych.)* Katatonie
catch, (1) *sub*, *nur Einz.* Fang; *(i. ü. S.)* Fang; *-s (ugs.)* Partie (2) *vi*, *(auffangen)* fangen (3) *vt*, aufschnappen, erwischen, fangen, haschen, holen, zuziehen; *(ugs.)* wegbekommen; *(Ball, etc.)* auffangen; *(Jagd)* erjagen; *(mitreissen)* erfassen; *(Verbrecher)* fassen; *make a good catch* eine guten Fang machen; *(i. ü. S.) he was a good catch* mit ihm haben wir einen guten Fang gemacht; *(i. ü. S.) make a good catch*

einen guten Fang machen; *to be a good catch* eine gute Partie sein, *catch e few snatches* ein paar Brokken aufschnappen; *catch oneself doing sth* sich bei etwas ertappen; *catch so stealing* jmd beim stehlen ertappen; *not quite catch what so is saying* jemanden akustisch nicht verstehen; *they were caught in a storm* sie wurden von einem Gewitter überrascht; *to catch on to sb* jmd auf die Schliche kommen; *(ugs.) to catch on to sth* etwas schnallen; *catch fire* Feuer fangen; *play catch* haschen spielen; *to catch a cold* sich eine Erkältung holen; *to catch one´s death* sich den Tod holen; ~ **a cold** (1) *vr*, verkühlen (2) *vt*, erkälten; ~ **fire** *vi*, *(Papier, etc.)* anbrennen; ~ **mice** *vi*, mausen; ~ **sight of** *vt*, erblicken; ~ **so. in the act** *vt*, ertappen; *catch so in the act* jmd auf frischer Tat ertappen; ~ **up** (1) *vi*, gleichziehen; *(Rückstand)* aufholen (2) *vt*, *(erreichen)* einholen; *catch up with another car* ein anderes Auto einholen; *completely caught up in this sight* völlig in diesen Augenblick versunken; ~ **up with** *vt*, *(Rückstand)* aufholen

catcher, *sub*, -s Fänger; **catchment area** *sub*, -s Einzugsgebiet; **catchword** *sub*, -s Schlagwort; **catchy** *adj*, einprägsam, sentenzhaft, werbekräftig; *that´s a really catchy record* der Schlager ist ein richtiger Ohrwurm

catechetic(al), *adj*, katechetisch; **catechism** *sub*, -s Katechismus; **catechist** *sub*, -s *(theol.)* Katechet

categorical, *adj*, kategorisch; **categorization** *sub*, -s Rubrizierung; **categorize** *vt*, rubrizieren; **category** *sub*, -ies Kategorie, Klasse, Rubrik; *(Kategorie)* Gruppe

cater for, *vi*, bewirten; **catering** *sub*, - Bewirtung; *nur Einz.* Verpflegung; *(Beköstigen)* Beköstigung

caterpillar, *sub*, -s Caterpillar, Raupe, Raupenbagger; ~ **track** *sub*, -s Raupenkette; ~ **tractor** *sub*, -s Raupenschlepper

caterwauling, *sub*, *nur Einz.* *(ugs.)* Katzenmusik

catharsis, *sub*, -es Katharsis

cathartic, *adj*, kathartisch

cathedral, *sub*, -s Kathedrale; ~ **chapter** *sub*, -s Domkapitel; ~ **school** *sub*, -s Stiftsschule

catheter, *sub*, -s *(med.)* Katheter; ~**ize** *vt*, katheterisieren

cathetus, *sub*, -i ? *(mat.)* Kathete

cathode, *sub*, -s Kathode

catholic, (1) *adj*, katholisch (2) **Catholic** *sub*, -s Katholik; **Catholic hostel** *sub*, -s Kolpinghaus; **Catholicism** *sub*, *nur Einz.* Katholizismus

cation, *sub*, -s *(chem.)* Kation

cattle, *sub*, *nur Mehrz.* Rind, Rindvieh; ~ **and horses** *sub*, *nur Mehrz.* Großvieh

Caucasian, *sub*, -s Kaukasier

caudate, *sub*, -s *(zool.)* Schwanzlurch

caught, *adj*, gefangen; ~ **together** *adj*, (~, *mitgehangen*) mitgefangen

cauliflower, *sub*, - Blumenkohl; -s *(Dial.)* Karfiol

caulk, *vt*, kalfatern; ~**ing** *sub*, *nur Einz.* Kalfaterung; ~**ing-mallet** *sub*, -s Kalfathammer

causa, *sub*, -e causa; *honorary* honoris causa (hc)

causal, *adj*, kausal, ursächlich; ~ **chain** *sub*, -s Kausalkette; ~ **clause** *sub*, -s Kausalsatz; ~**ity** *sub*, -ies Kausalität

caustic, *adj*, kaustisch; *(med.)* ätzend; ~ **by focussed light** *adj*, diakaustisch

cauterization, *sub*, -s *(med.)* Ätzung; **cauterize** *vt*, ätzen

caution, *sub*, *nur Einz.* Behutsamkeit, Vorsicht; **cautious** *adj*, vorsorglich

cavalcade, *sub*, -s Kavalkade

cavalry, *sub*, -ies Reiterei; *(mil.)* Kavallerie; ~ **captain** *sub*, -s Rittmeister; ~**man** *sub*, -men Kavallerist

cavatina, *sub*, -s *(mus.)* Kavatine

cave *sub*, -s Höhle; ~ **in** *vi*, *(Geröll)* nachstürzen; ~ **in the ground** *sub*, -s Erdhöhle; ~**-bear** *sub*, -s Höhlenbär ~**-dweller** *sub*, -s Höhlenmensch; ~**-painting** *sub*, -s Höhlenmalerei; ~**man** *sub*, -men Urmensch; ~**rn** *sub*, -s Kaverne; ~**rnous** *adj*, kavernös

caviar, *sub*, -s Kaviar

cavilling, *sub*, -s *(ugs.)* Wortklauberei

cavity, *sub, -ies;* Hohlraum; *-ies (Höhle)* Aushöhlung; **~ plug** *sub, -s* Spreizdübel

caw, *vi,* krächzen

cayman, *sub, -s (zool.)* Kaiman

cd-player, *sub,* - CD-Spieler; **CD-R(ead)O(nly)M(emory)** *sub, -s (comp.)* CD-ROM

cease, *vi,* ruhen; *cease hostilities* die Feindseligkeiten einstellen; **~ function** *vt, (nicht mehr arbeiten)* entzweigehen

cedar, *sub, -s (tt; bot.)* Zeder; **~wood** *sub, nur Einz. (i. ü. S.)* Zedernholz

cedilla, *sub, -s (ling.)* Cedille

celebrate, **(1)** *vi,* feiern **(2)** *vt,* besingen, feiern, zelebrieren; **~ all night** *vi,* durchfeiern; **~ starting** *vt, (Beruf)* Einstand; **celebration** *sub, -s* Feier, Fest, Freudenfest, Zelebration; *have a celebration* eine Feier abhalten; *that calls for a celebration* das muss gefeiert werden; **celebrity** *sub,* - Zelebrität; *-ies (Persönlichkeit)* Berühmtheit

celeriac, *sub, -s* Sellerie

celestial, *adj, (himmlisch)* sphärisch; **~ body** *sub, -ies* Himmelskörper

celibacy, *sub, nur Einz.* Ehelosigkeit, Zölibat; **celibate** *adj,* ehelos

cell, *sub,* Zelle; **~ glass** *sub, nur Einz.* Zellglas; **~ membrane** *sub,* - Zellmembran; **~ tissue** *sub,* - Zellengewebe; **~-shaped** *adj,* zellenförmig; **~division** *sub, -s (biol.)* Zellteilung; **~ular** *adj, (tt; biol.)* zellular; **~ulitis** *sub,* - Zellulitis; **~uloid** *sub, nur Einz.* Zelluloid; **~uloid paper** *sub, -s (i. ü. S.)* Zelloidinpapier; **~ulose** *sub, nur Einz.* Zellulose; *(tt; biol.)* Zellstoff; **~ulose lacquer** *sub, -s* Zaponlack; **~wall** *sub, -s* Zellwand

cellar, *sub, -s* Keller

cellist, *sub, -s (mus.)* Cellist; **cello** *sub, -i* Cello

Celt, **(1)** *adj,* keltisch **(2)** *sub, -s* Kelte; **~iberian** *adj,* keltiberisch

cement, *sub, -s* Kitt; - *(tt; med. & baukonst.)* Zement; **~ floor** *sub,* - *(tt; baukonst.)* Zementboden; **~ pipe** *sub, -s (tech.)* Zementröhre; **~ sth.** *vt,* zementieren; **~-mixer** *sub, -s* Mischtrommel; **~ing** *sub, -s (tt; baukonst.)* Zementierung

cemetery, *sub, -ies* Friedhof

cenotaph, *sub, -s* Kenotaph

censor, **(1)** *sub, -s* Zensor **(2)** *vt,* zensieren, zensurieren; **~ious** *adj,* tadelsüchtig; **~ship** *sub,* - Zensur; **~ship of the press** *sub, nur Einz.* Pressezensur

censure, *sub, -s (Kritik)* Tadel

census, *sub, -es* Volkszählung; - Zensus

cent, *sub, -s* Cent

centaury, *sub, nur Einz. (bot.)* Tausendgüldenkraut

centenary celebration, *sub, -s* Hundertjahrfeier

center, *sub, -s (US)* Center; *(Ausgangspunkt US)* Herd; *(US Praline)* Füllung

centilitre, *sub, -s* Zentiliter; **centimetre** *sub, -s* Zentimeter

centime, *sub, -s* Centime

central, **(1)** *adj,* zentral **(2)** *sub,* - Zentrale; **~ bank** *sub,* - Zentralbank; **~ committee** *sub, -s* Zentralkomitee; **Central Europe** *sub, nur Einz.* Mitteleuropa; **~ figure** *sub, -s* Hauptperson, Zentralfigur; **~ heating** *sub, -s* Heizung, Zentralheizung; **~ idea** *sub, -s* Leitgedanke; **~ nerve system** *sub, nur Einz. (tt; med.)* Zentralnervensystem; **~ organ** *sub, -s* Zentralorgan

centralisation, *sub, -s* Zentralisierung; **central power** *sub,* - Zentralgewalt; **centralism** *sub, nur Einz.* Zentralismus; **centralistic** *adj,* zentralistisch; **centrality** *sub, nur Einz.* Zentralität; **centralization** *sub, -s* Zentralisation, Zentrierung; **centralize** *vt,* zentralisieren

centre, *sub, -s* Center, Innenstadt, Knotenpunkt, Mittelpunkt, Zentrum; *(Kreis, Stadt, Politik)* Mitte; *(Praline)* Füllung; *centre* Einkaufscenter; *he always has to be the centre of attention* er muss immer im Mittelpunkt stehen; **~ circle** *sub, -s (spo.)* Mittelkreis; **~ line** *sub, -s* Mittellinie; **~ of** *sub, -s (Ausgangspunkt)* Herd; **~ of an epidemic** *sub, centres* Seuchenherd; **~ of gravity** *sub, -s* Schwerpunkt; **~ part(ing)** *sub, -s* Mittelscheitel; **~ sth.** *vt,* zentrieren; **~ strip** *sub, -s* Grünstreifen; **~-board** *sub, -s* Kielschwert; **~-forward** *sub, -s (spo.)* Mittelstürmer; **~-half** *sub, -s* Mittelläufer; **~piece** *sub, -s* Tafelauf-

satz
centric, *adj,* zentrisch; **centrifugal force** *sub,* *-s* Schwungkraft; *(phy.)* Fliehkraft; **centrifugal power** *sub,* *nur Einz. (tt; tech.)* Zentrifugalkraft; **centrifuge** *sub,* *-s* Zentrifuge; **centrifuge sth.** *vt,* zentrifugieren; **centripetal** *adj,* zentripetal; **centripetal power** *sub, nur Einz.* Zentripetalkraft
century, *sub,* *-ies* Jahrhundert; *(geh.)* Säkulum
ceramic, *adj,* keramisch
cerebellum, *sub,* *-s (anat.)* Kleinhirn
cerebral, *adj,* zerebral; ~ **haemorrhage** *sub,* *-s* Hirnblutung; ~ **hemorrhage** *sub,* *-s (US)* Hirnblutung; ~ **noise** *sub,* - Zerebrallaut; **cerebrum** *sub,* *-s (med.)* Großhirn
ceremonial, (1) *adj,* zeremoniell **(2)** *sub,* *-s* Zeremoniell; **ceremonious** *adj,* *(förmlich)* feierlich; *be given a ceremonious farewell* feierlich verabschiedet werden; **ceremoniously** *adv,* feierlich; **ceremony** *sub,* *-ies* Feierstunde; *-es* Zeremonie
ceroplastics, *sub,* *nur Mehrz.* Keroplastik
certain, *adj,* gewiss; *(Gewissheit)* sicher; *(Menge etc.)* bestimmt; *a certain Mr X* ein gewisser Mr X; *a certain sth* ein gewisses etwas, ein gewisses etwas; *in a certain way* in gewisser Hinsicht; *one can say for certain that* man kann mit Sicherheit behaupten, dass; ~**ly (1)** *adj,* sicherlich **(2)** *adv,* beileibe, gewisslich, ohneweiters; *(gewiss)* allerdings; *certainly not* beileibe nicht; ~**ty** *sub,* *-ies* Gewissheit; *- (Gewissheit)* Sicherheit; *become certainty* zur Gewissheit werden; *for certainty* mit Gewissheit; *with absolute certainty* mit tödlicher Sicherheit; ~**ty of victory** *sub,* - Siegesgewissheit
certificate, (1) *sub,* *-s* Bescheinigung, Doktordiplom, Ehrenurkunde, Testat, Urkunde, Zertifikat; *(schriftliche)* Bestätigung; *(Zeugnis)* Nachweis **(2)** *vt,* zertifizieren; ~ **of good conduct** *sub,* *-s* Führungszeugnis; **certification** *sub,* *-s* Beglaubigung; **certify** *vt,* attestieren, beglaubigen, bescheinigen, testieren; *(schriftlich)* bestätigen; *this is to certify* hiermit wird bescheinigt
cervical vertebra, *sub,* *-f* Nak-

kenwirbel; **cervix** *sub,* *-vices (anat.)* Muttermund
cession, *sub,* *-s* Abtretung; *s (Abtretung)* Abtritt
cesspit, *sub,* *-s* Jauchengrube, Senkgrube; **cesspool of vice** *sub,* *cesspools* Sündenpfuhl
cetraria penastri, *sub,* *nur Einz.* Moosflechte
cha-cha-cha, *sub,* *nur Einz.* Cha-Cha-Cha
chafer, *sub,* *-s* Junikäfer
chaff, *sub,* *nur Einz.* Spreu; *(i. ü. S.) separate the chaff from the wheat* die Spreu vom Weizen trennen; ~ **cutter** *sub,* *-s* Häcksler
chaffinch, *sub,* *-s* Buchfink
chain, (1) *sub,* *-s* Kette; *(Kette)* Fessel **(2)** *vt,* anketten, ketten; *(Fahrrad, etc.)* anschließen; *put so in chains* jmdm Fesseln anlegen; *shake off one´s chains* sich aus seinen Fesseln befreien, *(i. ü. S.)* die Fesseln abschütteln; ~ **bridge** *sub,* *-s* Kettenbrücke; ~ **guard** *sub,* *-s* Kettenschutz; ~ **letter** *sub,* *-s* Kettenbrief; ~ **of lights** *sub,* *-s* Lichterkette; ~ **of shops** *sub,* *-s* Ladenkette; ~ **reaction** *sub,* *-s* Kettenreaktion; ~ **stitch** *sub,* *-es* Kettenstich; ~**-link** *sub,* *-s* Kettenglied; ~**ing** *sub,* *-s* Verkettung
chair, *sub,* *-s* Lehrstuhl, Ordinariat, Professur, Stuhl; *to vacate a chair* einen Stuhl freimachen; *is this chair taken?* ist der Stuhl noch frei?; ~ **cushion** *sub,* *-s* Stuhlkissen; ~**lift** *sub,* *-s* Sessellift; ~**man** *sub,* *-men* Chairman, Generaldirektor; *men* Vorsitzende; *(tt; wirt.)* Vorstand; ~**man of the supervisory board** *sub,* *-s* - Aufsichtsratsvorsitzende; ~**manship** *sub,* *-s* Vorsitz; ~**s** *sub,* - Gestühl
chaise longue, *sub,* *-s* Chaiselongue
chalet, *sub,* *-s* Chalet
chalice, *sub,* *-s (relig.)* Messkelch
chalk, *sub,* *nur Einz.* Kreide; *(spo.)* Magnesia; *it goes together like chalk and cheese* das passt wie die Faust aufs Auge; ~ **cliff** *sub,* *-s* Kreidefelsen; ~ **mark** *sub,* *-s* Kreidestrich; ~**stone** *sub,* *-s* Gichtknoten; ~**y** *adj,* kalkweiß, kreidehaltig

challenge, (1) *sub*, *-s* Herausforderung; *(i. ü. S.)* Kraftprobe **(2)** *vt*, herausfordern; *challenge so* gegen jemanden (zum Kampf) antreten; *challenge so to a fight* jemanden zum Kampf auffordern; *(i. ü. S.) to challenge sb´s position* jmd den Rang streitig machen; ~ **cup** *sub*, *-s* Wanderpokal; ~ **sb** *vt*, *(zum Duell)* fordern; *challenge to a duel* jmd zum Duell fordern

chamber, *sub*, *-s* Kammer; ~ **music** *sub*, *nur Einz.* Kammermusik; ~ **of commerce** *sub*, *-s* Handelskammer, Industrie- und Handelskammer; ~**lain** *sub*, *-s* Kammerjunker; ~**maid** *sub*, *-s (Hotel)* Stubenmädchen; ~**s** *sub*, *nur Mehrz.* Kanzlei

chamois, *sub*, *-es* Gämse, Gemse; ~ **(-leather)** *sub*, *nur Einz.* Chamoisleder; ~ **leather** *sub*, *- Sämischleder; ~ **leathered** *adj*, waschledern

champagne, *sub*, *nur Einz. (Getränk)* Champagner; ~ **bottle** *sub*, *-s* Sektflasche; ~ **glass** *sub*, *-es* Sektglas

champers, *sub*, *nur Einz. (ugs.)* Schampus

champion, *sub*, *-s (i. ü. S.)* Anwalt; *(spo.)* Meister; *(tt; spo.)* Verfechterin; ~ **rifleman at a Schützenfest** *sub*, *-men* Schützenkönig; ~**ing** *sub*, *-s* Verfechtung; ~**ship (1)** *sub*, *-s (spo.)* Meisterschaft **(2)** *vi*, Championat; ~**ship title** *-s*, *(spo.)* Meistertitel

champ(ion), *vi*, Champion

chance, *sub*, Chance; *-s* Gelegenheit; *(Aussicht)* Möglichkeit; *give away a chance* eine Chance vergeben; *have chances of finding sth* Aussichten haben etwas zu finden; *have no chance of* keine Chance haben; *have one last chance* eine letzte Chance haben; *he chanced on a friend* zufällig einen Freund treffen; *not to have a chance* nicht die geringsten Aussichten haben; *pure chance* ein blosser Zufall; *the chance of a lifetime* eine einmalige Chance; *the chances are against him* er hat wenig Chancen; *to have the chance of doing sth* die Möglichkeit haben, etwasa zu tun; *to leave sth to chance* etwas dem Zufall überlassen; *to take a chance* etwas riskieren; *he had no other choice* er hatte keine andere Möglichkeit

chancellor, *sub*, *-s* Kanzler; **Chancel-lor of the Exchequer** *sub*, *nur Einz. (Brit.)* Finanzminister

chances of winning, *sub*, *-* Gewinnchance

chandelier, *sub*, *-s* Kronleuchter, Leuchter, Lüster

chandler, *sub*, *-s* Wachszieher

change, (1) *sub*, *-s* Abwechslung, Änderung, Geldwechsel; *nur Einz.* Kleingeld; *-s* Umschwung, Veränderung; *nur Einz.* Wandel; *-es* Wechsel, Wechselgeld; *-s* Wende; *nur Einz. (wirt.)* Change **(2)** *vi*, ändern, umsteigen; *(Wetter)* umschlagen **(3)** *vt*, einwechseln, umwandeln, verschieben, verwandeln, wandeln, wechseln; *(Geld)* umwechseln; *(Kind)* trokkenlegen; *(Person)* ummodeln **(4)** *vtr*, verändern; *for a change* zur Abwechslung; *need a change* Abwechslung benötigen; *subject to change* Änderungen vorbehalten; *undergo change* eine Änderungen erfahren; *pocket change* Kleingeld, *change a bed* ein Bett frisch überziehen; *change course politically* auf einen anderen Kurs einschwenken; *change DM into Dollar* DM in Dollar einwechseln; *change one´s mind* sich anders entschließen; *he has changed for the worse* er hat sich zu seinem Nachteil verändert; *he hasn´t changed* er ist noch immer der Alte; *it won´t change* es wird sich nicht bessern; *nothing has changed* alles blieb beim alten; *things have changed* das Blatt hat sich gewendet; *things have changed since then* seither weht ein frischer Wind; ~ **by hand** *sub*, *-s* Handänderung; ~ **clothes** *vr*, *(sich umziehen)* umkleiden; ~ **colour** *vr*, verfärben; ~ **course** *vi*, *(Luftfahrt, Schifffahrt)* abdrehen; ~ **dispenser** *sub*, *-s* Wechsler

changeable, *adj*, abänderlich, veränderbar, wandelbar, wechselhaft; *(Wetter)* durchwachsen, unbeständig; **changed climate** *sub*, *-s (i. ü. S.)* Klimawechsel; **changeless** *adj*, unwandelbar; **changeover** *sub*, *-s* Umschaltung; **changeover of power** *sub*, *-overs* Machtwechsel; **changing lanes** *sub*, *- Spurwechsel; **changing of the guard** *sub*, *-s*

Wachablösung; **changing room** *sub*, *-s* Umkleideraum; **changing-room** *sub*, *-s* Ankleideraum
change into, *vi*, *(verändern)* übergehen; **change machine** *sub*, *-s* Münzwechsler; **change of course** *sub*, *-s* Kursänderung; *-es* Kurswechsel; **change of environment** *sub*, *changes* Ortswechsel; **change of mind** *sub*, - Sinneswandel; **change of partners** *sub*, *changes* Partnertausch; **change of place** *sub*, *changes* Platzwechsel; **change of position** *sub*, *-s* Rochade; *changes (spo.)* Platzwechsel; **change of scenery** *sub*, *changes (i. ü. S.)* Tapetenwechsel; **change of sight** *sub*, *-s* Vistawechsel
change one´s arrangements, *vi*, umdisponieren; **change one´s clothes** *vr*, umziehen; **change one´s lifestyle** *vr*, umstellen; **change one´s mind** *vt*, umschwenken; **change one´s view (1)** *vi*, umdenken **(2)** *vt*, *(i. ü. S.; Ansichten ändern)* umlernen; **change over** *vt*, überwechseln; **change places** *vr*, versetzen; **change positions** *vi*, rochieren; **change so´s mind** *vt*, umstimmen; *change someone´s mind* jemanden umstimmen; **change-over** *sub*, *-s (tt; spo.)* Wechsel
channel, *sub*, *-s* Kanal, Rinne; *direct sth into the right channels* etwas auf die richtige Bahn lenken; ~ **tunnel** *sub*, *-s* Kanaltunnel
chanson, *sub*, *-s* Chanson; ~**nier** *sub*, *-s* Chansonnier
chanteuse, *sub*, *-s* Chansonette
chaos, *sub*, *nur Einz.* Chaos; - Tohuwabohu; *nur Einz. (i. ü. S.)* Hexenkessel; *(ugs.)* Wirrwarr; *everything was in chaos* alles lag wirr durcheinander; ~ **caused by war** *sub*, *nur Einz.* Kriegswirren; **chaotic** *adj*, chaotisch, wüst; *(ugs.)* ungeregelt; *things are completely chaotic* es geht alles drunter und drüber
chap, *sub*, *-s* Hautriss; *(ugs.)* Kerl
chapel, *sub*, *-s* Kapelle
chaperon, *sub*, *-s* Anstandswauwau
chaplain, *sub*, *-s* Kaplan; *(Gefängnis~, Militär~)* Pfarrer
chapped, *adj*, rissig
chaps, *sub*, - Lefze
chapter, *sub*, *-s* Kapitel; ~ **house** *sub*, *-s* Kapitelsaal

char, **(1)** *sub*, *-s* Saibling **(2)** *vi*, verkohlen
character, *sub*, *-s* Charakter, Gestalt, Wesensart; *(i. ü. S.)* Gepräge; *(Druck-)* Buchstabe; *(Mensch)* Original; *(Mensch; komische ~)* Nudel; *(Person)* Existenz; *(ugs.; Person)* Type; *(Rolle)* Person; *to lack character* keinen Charakter haben; *(i. ü. S.) a lively character* ein lustiger Vogel; *(ugs.) a queer character* eine komische Marke; *reveal one´s true character* sich in wahrer Gestalt zeigen; *to cast aspersions on sb´s character* üble Nachrede über jmdn verbreiten; ~ **assassination** *sub*, *-s* Rufmord; ~ **reference** *sub*, *-s* Leumundszeugnis; ~**istic (1)** *adj*, arteigen, charakteristisch, typisch; *(für jemanden)* bezeichnend; *(kennzeichnend)* eigen **(2)** *sub*, *-s* Charakterzug, Eigenschaft, Grundzug, Wesenszug; *(i. ü. S.)* Zug; *with a gesture characteristic of her* mit einer ihr eigenen Gebärde; *with all her characteristic charm* mit allem ihr eigenen Charme; ~**istics** *sub*, *nur Mehrz.* Charakteristikum
characterization, *sub*, *-s* Charakteristik; **characterize** *vt*, charakterisieren, kennzeichnen; **characterless** *adj*, charakterlos; **characterology** *vi*, Charakterkunde
charade, *sub*, *-s* Charade, Scharade
charcoal, *sub*, *nur Einz.* Holzkohle; ~ **burner** *sub*, *-s* Köhler; ~ **pile** *sub* *-s* Meiler; ~ **stick** *sub*, *-s* Kohlenstift
charge, **(1)** *sub*, *-s* Anklage, Gebühr, Klageschrift; *(mil.)* Ladung **(2)** *vi*, anstürmen **(3)** *vt*, *(Akku)* aufladen; *(berechnen)* nehmen; *(Gebühr)* erheben; *bring a charge against so* gegen jemanden Anklage erheben; *be in charge of* für jemands Betreuung zuständig sein; *be in charge of sth* die Aufsicht über etwas haben; *bring a charge against someone* Strafanzeige gegen jemanden erstatten; *charge so for sth* jemandem etwas aufrechnen, jemandem etwas berechnen; *charge sth to so´s account* jemandem etwas anschreiben, jemandem etwasa anrechnen;

charge taxes Steuern erheben; *free of charge* zum Nulltarif; *overcharge so* jemandem zuviel berechnen; *to be in charge* der erste Mann sein; *to take charge of sth* etwas an sich nehmen; ~ **(with)** *vt*, anklagen; ~ **about** *vir*, *(ugs.)* rammeln; ~ **for delivery** *sub*, -s -*ies* Bestellgeld; ~**able** *adj*, kostenpflichtig; ~**d** *adj*, *(Strom)* geladen **chariot**, *sub*, -s Streitwagen; ~ **race** *sub*, -s Wagenrennen **charitable**, *adj*, gemeinnützig, karitativ, wohltätig; **Charité** *sub, nur Einz.* *(geogr.)* Charité; **charity** *sub, nur Einz.* Karitas; -*es* Wohltätigkeit; *nur Einz.* *(geb.)* Mildtätigkeit; **charity function** *sub*, -s Wohltätigkeitsveranstaltung; **charity performance** *sub*, - -*s* Benefizvorstellung **charlatan**, *sub*, -s Scharlatan; ~**ism** *sub*, -s Scharlatanerie **charm**, (1) *sub*, -s Liebreiz; *nur Einz.* Scharm; -*s* Talisman; - *(i. ü. S.)* Zauber (2) *vt*, bestricken; *(Schlangen)* beschwören (3) *vti*, bezaubern; ~**er** *sub*, -s Charmeur; ~**euse** *sub, nur Einz.* *(Textil)* Charmeuse; ~**ing** (1) *adj*, anziehend, bestrickend, bezaubernd, charmant, lieblich, liebreizend, reizend, reizvoll, scharmant (2) *sub, nur Einz.* Bestrickung; *a charming smile* entwaffnendes Lächeln **charnelhouse**, *sub*, -s Ossarium **chart**, (1) *sub*, -s *(Grafik)* Tabelle (2) *vt*, kartieren; ~ **showing the exercises performed of a keep-fit program(me)** *sub, charts* Trimmspirale; ~**er** (1) *sub*, -s Freibrief (2) *vt, (tech.)* chartern; *charter a boat* ein Boot chartern; ~**er agreement** *sub*, -s Charter; ~**er flight** *sub*, -s Charterflug; ~**ered aircraft** *sub*, -s Chartermaschine; ~**erhouse** *sub*, -s Kartause **Chartreuse**, *sub, nur Einz.* Kartäuser **charts**, *sub, nur Mehrz.* Charts; *climb into the charts* in die Charts aufsteigen **chase**, (1) *sub*, -s Aufholjagd, Hatz; *(Verfolgung)* Hetzjagd (2) *vt*, nachlaufen; *(i. ü. S.)* hetzen, jagen; *(ugs. i.ü.S)* nachsteigen; *(Tiere mit Hunden)* hetzen; *to chase girls* den Mädchen nachlaufen; *(i. ü. S.)* to chase sb/sth* jmd/einer Sache nachlaufen; *wild goose chase* vergebliche Suche; ~ **away** *vt*, verjagen, wegjagen; ~**d**

adj, getrieben **chasm**, *sub*, -s Kluft **chassis**, *sub*, -en Chassis; - *(mot.)* Fahrgestell **chaste**, *adj*, keusch; **chastise** oneself *vr*, kasteien; **chastity** *sub, nur Einz.* Keuschheit; **chastity belt** *sub*, -s Keuschheitsgürtel **chasuble**, *sub*, -s Meßgewand **chat**, (1) *sub*, -s Plauderei; *(ugs.)* Plausch, Schwatz, Schwätzchen (2) *vi*, plaudern, plauschen; *chat so up* jemanden anmachen; ~ **away** *vt*, *(ugs.)* verplappern **Chateaubriand**, *sub*, -s Chateaubriand **chatter**, (1) *sub*, -s *(ugs.)* Schwätzerei (2) *vi*, labern, schnattern; *(ugs.)* schwatzen; ~**box** *sub*, -es Schnatterer, Schnatterin; *(ugs.)* Plaudertasche, Quasselstrippe; ~**er** *sub*, -s Schwätzer, Schwätzerin; ~**ing** *sub*, *(i. ü. S.)* Geschnatter; ~**ing of teeth** *adj, (ugs.)* Zähne klappernd; ~**y** *adj*, schnatterig; **chatting** *sub*, Geplauder; **chatty** *adj, (ugs.)* aufgeknöpft **chauvinism**, *sub*, -s Chauvinismus; **chauvinist** *sub*, -s *(geb.)* Chauvinist; *(ugs.)* Chauvi; **chauvinistic** *adj*, chauvinistisch **cheat**, (1) *sub*, -s Betrüger, Hochstapler, Mogler (2) *vi*, bemogeln, mogeln, schummeln (3) *vt*, *(ugs.)* prellen (4) *vti*, betrügen, hochstapeln; *to cheat at cards* beim Kartenspiel mogeln, *cheat so out of sth* jemanden um etwas betrügen; ~ **one´s way through** *vt*, durchmogeln; ~**er** *sub*, -s Schummlerin **Chechenian**, *sub*, -s Tschetschene **check**, (1) *sub*, -s Karo, Nachprüfung, Nachrechnung, Nachzählung, Überprüfung; *(auf Liste, US)* Haken (2) *vi*, prüfen (3) *vt*, abchecken, kontrollieren, überprüfen, untersuchen; *(prüfen)* nachschauen, nachsehen (4) *vti*, nachprüfen, nachrechnen, nachzählen; *(prüfend)* nachmessen; *check* noch einmal durchrechnen; *when the reports were checked* bei der Nachprüfung der Meldungen, *you´d better check your arithmetic* rechne noch einmal nach!; ~ **(up)** *vt*, checken; *check oneself* sich unter

Kontrolle haben; *check the oil level* den Ölstand checken; *have a check-up* sich checken lassen; *to check the king* den König ins Schach setzen; ~ **in** (1) *vi*, einchecken; *(Passagiere)* abfertigen (2) *vt, (Gepäck)* aufgeben; ~ **of measurement** *sub*, *checks* Nachmessung; ~ **on oneself** *sub, -s* Selbstkontrolle; ~ **over thoroughly** *vt, (Auto)* durchchecken; ~ **thoroughly** *vt*, durchchecken; ~ **through** *vt*, *(Text)* durchsehen; ~**-in desk** *sub, -s (Luftfahrt)* Abfertigungsschalter; ~**ed** *adj*, gewürfelt; ~**er (-quer)** *vt*, karieren; ~**ered** *adj*, kariert; ~**ing in** *sub, nur Einz. (von Gepäck)* Aufgabe; ~**ing through** *sub, -s* Durchsicht; *after/on checking through the documents* nach/bei Durchsicht der Akten; ~**point** *sub, -s* Checkpoint; *(Grenz-)* Übergang; *Checkpoint Charlie* Checkpoint Charlie; ~**room** *sub, -s (US)* Gepäckaufbewahrung; ~**room attendant** *sub, -s* Garderobier, Garderobiere

cheek, *sub, -s* Backe, Frechheit, Wange; *have the cheek to* die Frechheit zu haben; *cheek to cheek* Wange an Wange; *he had the cheek to maintain* er hatte die Stirn zu behaupten; ~ **muscle** *sub, -s (i. ü. S.)* Wangenmuskel; ~**y** *adj*, frech, fürwitzig, naseweis, vorlaut; *(ugs.)* ungezogen; *then she started getting cheeky* zuletzt wurde sie noch frech; *(ugs.) a cheeky young thing* eine kesse Motte; ~**y brat** *sub, -s* Rotzlöffel; *(vorlaut)* Naseweis; ~**y little madam** *sub, -s (freches Mädchen)* Göre; ~**y little monkey** *sub, -s (ugs.; scherzh.)* Frechdachs

cheep, *vi, (Vogel)* fiepen, piepen, piepsen; *are you off your head?* bei dir piept's wohl!

cheer, (1) *sub, -s* Bravo, Bravoruf, Hochruf, Hurraruf (2) *vi*, zujubeln; *(lassen)* hochleben; *cheerleader* Anfeuerungsteam; *cheers* Prost!; *be cheerful* guter Dinge sein; *cheers* zum Wohl; *the loud cheers of the audience* die lauten Bravorufe der Zuschauer; *three cheers for* lebe hoch!; *with good cheer* mit frohem Mut; *the crowd welcomed the astronauts with cheers* die Menge hat die Astronauten mit Hochrufen empfangen, *give so three cheers* hochleben

lassen; ~ **on so** *vt, (i. ü. S.)* anfeuern; ~ **sb up** *vt*, erheitern; ~ **so enthusiastically** *vt*, umjubeln; ~ **so up** *vt*, aufheitern; ~ **up** (1) *vr*, trösten (2) *vt, (jemanden aufheitern)* aufmuntern; ~**ful** *adj*, aufgeräumt, freudenreich, fröhlich, heiter, wohlgemut; *(fröhlich)* munter; *(happy)* fröhlich; *bright and cheery* munter und vergnügt; ~**fulness** *sub, nur Einz.* Fröhlichkeit, Heiterkeit, Munterkeit; ~**ing up** *sub, nur Einz. (einer Person)* Aufheiterung; *(Erheiterung)* Aufmunterung; ~**less** *adj*, freude(n)los, freudlos; ~**s** (1) *interj*, prost! (2) *sub, nur Mehrz. (-ruf)* Hoch; *(ugs.) cheers!* hoch die Tassen!

cheese, *sub, -s* Käse, Käselaib; ~ **burger** *sub, -* Cheeseburger; ~ **dairy** *sub, -ies* Käserei; ~ **spread** *sub, -s* Schmelzkäse, Schmierkäse, Streichkäse; ~**cake** *sub, -s* Quarkkuchen

cheetah, *sub, -s* Gepard

chemical, (1) *adj*, chemisch (2) *sub, -s* Chemikalie; *(Chemikalie)* Chemie; *Chemical Maze (P)* chemische Keule; ~ **worker** *sub, -s* Chemiewerker; ~**ize** *vt*, chemisieren; **chemism** *sub, -s* Chemismus; **chemist** *sub, -s* Apotheker, Chemiker; **chemist (am: druggist)** *sub, -s* Drogist; **chemist´s** *sub, chemists* Apotheke; **chemist´s (am: drugstore)** *sub, (-s)* Drogerie; **chemist´s scale** *sub, -s* Apothekerwaage; **chemistry** *sub, nur Einz. (wiss)* Chemie

chemotherapy, *sub, -ies (med.)* Chemotherapie

chenille, *sub, nur Einz.* Chenille

cheque, *sub, -s* Scheck; ~ **card** *sub, -s* Scheckkarte; ~ **fraud** *sub, -s* Scheckbetrug; ~**book** *sub, -s* Scheckbuch

cherish, *vt, (Andenken, Gefühl)* hochhalten; *(Gefühle)* hegen

Cherokee, *sub, -s* Tscherokese

cherry, *sub, -ies* Kirsche; ~ **blossom** *sub, -s* Kirschblüte; ~ **brandy** *sub -ies* Kirschlikör; ~ **cake** *sub, -s* Kirschkuchen; ~ **tree** *sub, -s* Kirschbaum

cherub, *sub, -s* Putte; ~**ic** *adj*, cherubinisch

chess, *sub,* - Schach; **~ piece** *sub, -s* Schachfigur; **~board** *sub, -s* Schachbrett

chest, *sub, -s* Truhe; *nur Einz. (ugs.)* Brustkasten; *(allg)* Brust; *get it off your chest* sprich dich nur aus; *to get everything off one´s chest* sich Luft machen; *to get sth off one´s chest* sich etwas von der Seele reden; **~ compress** *sub, -es (med.)* Brustwickel; **~ freezer** *sub, -s* Gefriertruhe; **~ lid** *sub, -s* Truhendeckel; **~ of a hero** *sub, nur Einz.* Heldenbrust; **~ of drawers** *sub, -s* Kommode; **~ tone** *sub, -s* Brustton; **~-expander** *sub, -s* Expander; **~-measurement** *sub, -s* Brustbreite; **~-voice** *sub, -s* Bruststimme

chestnut, *sub, -s* Kastanie, Marone; **~ boletus** *sub, -ses* Maronenpilz; **~ man** *sub, men* Maronibrater; **~ tree** *sub, -s* Kastanienbaum

chew, (1) *vt,* vorkauen **(2)** *vti,* kauen; **~ tobacco** *vt,* priemen; **~ing gum** *sub, -s* Kaugummi; **~ing tobacco** *sub, -s* Kautabak

Chianti-wine, *sub, nur Einz.* Chianti

chiaroscuro, *sub, nur Einz. (kun.)* Clair-obscur

chiasmus, *sub,* - Chiasmus

chibouk, *sub, -s* Tschibuk, Türkenpfeife

chic, *adj,* mondän

chicane, *sub, -s (spo.)* Schikane

chick, *sub, -s* Küken; *(vulg.; Mädchen)* Mieze; *(ugs.) a chick* eine flotte Biene; **~en** *sub, -s* Huhn; *Don´t count your chickens before they´re hatched* Man soll den Tag nicht vor dem Abend loben; *to get up at the crack of dawn* mit den Hühnern aufstehen; **~en breast** *sub, -s* Hühnerbrust; **~en brick** *sub, -s* Römertopf; **~en broth** *sub, nur Einz.* Hühnerbrühe; **~en droppings** *sub, nur Mehrz.* Hühnerdreck; **~en farming** *sub, nur Einz.* Hühnerzucht; **~en fattening** *sub,* - Broilermast; **~en out** *vi,* kneifen; **~enpox** *sub, nur Mehrz. (tt; med.)* Windpocken; **~weed** *sub, -s* Miere

chicory, *sub, -ies* Schikoree

chief accountant, *sub, -s* Rendant; **chief caoch** *sub, -es* Cheftrainer; **chief conductor** *sub, -s* Chefdirigent; **chief editor** *sub, -s* Chefredak-

teur; **chief fire officer** *sub, -s* Brandmeister; **Chief of Staff** *sub, -s (mil.)* Generalinspekteur; **chief public prosecutor** *sub, -s* Generalstaatsanwalt; **chief-** *sub, -s* Chef; **chiefly** *adv,* hauptsächlich

chiffon, *sub, nur Einz.* Chiffon

chihuahua, *sub, -s* Chihuahua

chilblain, *sub, -s* Frostbeule

childhood, *sub, -s* Kindesalter, Kindheit; **~ friend** *sub, -s* Jugendfreund; **childish** *adj,* infantil, kindisch; *(ugs.)* schülerhaft; **childish behaviour** *sub, nur Einz.* Kinderei; **childish prank** *sub, -s* Bubenstreich; **childishness** *sub, nur Einz.* Infantilität; **childlike** *adj,* kindlich; **childlike innocence** *sub, nur Einz.* Kindlichkeit; **childproof** *adj,* kindersicher; **children´s game** *sub, -s* Kinderspiel; **children´s home** *sub, -s* Kinderdorf; **children´s page** *sub, -s* Kinderseite; **children´s portion** *sub, -s* Kinderteller; **children´s room** *sub, -s* Kinderzimmer; **children´s shoe** *sub, -s* Kinderschuh

chiliasm, *sub, -s* Chiliasmus

chill, *vt, (tech.)* abschrecken

chillies, *sub, nur Mehrz.* Peperoni; *(Schoten)* Chili; **chillipepper** *sub, nur Einz. (Gewürz)* Chili

chilly and damp, *adj,* nasskalt

chime, *sub, -s* Glockenspiel

chimera, *sub, -e* Chimäre; *-s* Schimäre; **chimerical** *adj,* schimärisch

chimney, *sub, -s* Esse, Kamin, Schlot, Schornstein; **~-sweep** *sub, -s* Kaminfeger, Schlotfeger, Schornsteinfeger

chimpanzee, *sub, -s* Schimpanse

chin, *sub, -s* Kinn; **~ strap** *sub, -s* Sturmriemen

china, *sub, - (Porzellan)* Geschirr; **China clay** *sub, -s* Kaolin

chinchilla, *sub, -s* Chinchilla

Chinese, (1) *adj,* chinesisch **(2)** *sub,* - Chinesische; *Great Wall of China* Chinesische Mauer; *have a Chinese meal* chinesisch essen; **~ cabbage** *sub, -s* Chinakohl; **~ lantern** *sub, -s* Lampion; **~ lantern flower** *sub, -s (bot.)* Lampionblume

chip, *sub, -s* Jeton; *(comp.)* Chip; *chip* Computerchip; *he is a chip of* the old block ein Apfel fällt nicht weit vom Stamm; he´s had his chips er ist weg vom Fenster; ~ **carving** sub, -s Kerbschnitt; ~ **off** vi, absplittern; ~**munk** sub, -s Erdhörnchen; ~**ped** adj, (Gegenstand) angeschlagen

chiromancy, sub, nur Einz. Chiromantie

chiropractic, sub, -s (med.) Chiropraktik; **chiropractor** sub, -s Chiropraktiker

chisel, (1) sub, -s Meißel (2) vti, meißeln

chitin, sub, nur Einz. Chitin

chivalrus, adj, chevaleresk

chives, sub, nur Mehrz. Schnittlauch

chlorate, sub, -s Chlorit

chloride, sub, -s (chem.) Chlorid

chlorinate, vt, chloren; (chem.) chlorieren; **chlorine** sub, nur Einz. Chlor

chloroform, (1) sub, nur Einz. Chloroform (2) vt, chloroformieren

chlorophyll, sub, nur Einz. Chlorophyll, Pflanzengrün

chocolate, (1) adj, schokoladen (2) sub, -s Schokolade; ~ **bar** sub, -s Schokoriegel; ~ **candy** sub, -ies Praline, Pralinee; ~ **coating** sub, -s Kuvertüre; ~ **marshmellow** sub, -s Negerkuss

choice, (1) adj, auserlesen, ausgesucht; (allg) erlesen (2) sub, nur Einz. Auswahlmöglichkeit; -s Wahl; nur Einz. (Auswählen; Ausgewähltes) Auswahl; I´ve no choice but to agree ich muss mich notgedrungen dazu bereit erklären; (i. ü. S.) make a good choice einen guten Griff tun, of free choice aus freier Wahl; to give sb the choice of sth jmd etwas zur Wahl stellen; (i. ü. S.) you are spoilt for choice wer die Wahl hat hat die Qual; ~ **of partner** sub, c.s of p.s Partnerwahl; ~ **of words** sub, nur Einz. Wortauswahl, Wortwahl; ~ **wine** sub, -s Beerenauslese

choir, sub, -s Chor, Gesangverein, Singegruppe; ~**stalls** sub, nur Mehrz. (arch.) Chorgestühl; ~**master** sub, -s (mus.) Kantor

choisest wine, sub, (Wein) Auslese

choke, vi, würgen; (verschlucken) ersticken; this collar is choking me der Kragen schnürt mir die Luft ab

cholera, sub, nur Einz. Cholera; **choleric temperament** sub, -s Choleri-

cholesterol, sub, nur Einz. Cholesterin; ~ **level** sub, -s Cholesterinspiegel

chop, (1) sub, -s Kotelett (2) vt, (allg.) spalten; (Gemüse) schneiden; (hacken) hauen (3) vti, hacken; ~ **down** vt, (Baum) niederhauen; ~ **off** vt, abhacken; (anschlagen) abhauen; (Gliedmaße) abschlagen; ~ **sth in half** vt, durchhauen; ~ **up** vt, klein hakken, wiegen; ~**per** sub, -s Hackbeil, Wiegemesser; (eines Metzgers) Beil; ~**ping** sub, - Hacken; ~**ping board** sub, -s Hackbrett; ~**py** adj, abgehackt, unruhig; ~**stick** sub, -s Stäbchen

chorale, sub, -s (mus.) Choral; **choral society** sub, -ies Singakademie

chord, sub, -s Akkord

choreographer, sub, - Choreograf, Choreografin; **choreography** sub, -ies Choreografie

chorister, sub, -s Sangesbruder

chorus, sub, -es Refrain; in chorus im Chor; ~ **girl** sub, -s Tanzgirl

chosen, adj, auserkoren, auserwählt; ~ **few** sub, nur Mehrz. Auserwählte

Christ, sub, nur Einz. Christus; 100 AD/BC 100 nach/vor Christus; Jesus Christ Jesus Christus; ~ **crucified** sub, - (theol.) Gekreuzigte; ~ **on the cross** sub, Kruzifixus; **christen** vt, (i. ü. S.; das erste Mal benutzen) einweihen; (i. ü. S.; Namen geben) taufen; ~**endom** sub, nur Einz. Christenheit; the whole christian community die ganze Christenheit; **christening** sub, -s (Vorgang) Taufe; **christian** (1) adj, christlich (2) **Christian** sub, -s Christ; ~**ian name** sub, -s Taufname; ~**ianity** sub, nur Einz. Christentum; ~**ianize** vt, christianisieren

Christmas, sub, - Lichterfest, Weihnacht, Weihnachten; Merry Christmas! frohes Fest!; ~ **cracker** sub, -s Knallbonbon; ~ **Eve** sub, nur Einz. Heiligabend; ~ **mass** sub, -es Christmette; ~ **tree** sub, -s Lichterbaum; ~**-tree** sub, -s Christbaum; ~**tree** sub, -s Weihnachtsbaum

chromatography, sub, -ies (phys)

Chromatografie
chrome, *sub*, *nur Einz.* *(Kfz)* Chrom;
chromium *sub*, *nur Einz.* *(chem.)*
Chrom; **chromium-plating** *sub*, *-s*
(tt; tech.) Verchromung
chromosome, *sub*, *-s (biol.)* Chromosom
chronic, *adj*, chronisch; *cough chronically* chronischer Husten; *suffer
from a chronic shortage of money*
unter chronischem Geldmangel lei-
den; ~**ally** *adv*, chronikalisch; ~**le**
sub, *-s* Chronik; ~**ler** *pron*, Chronist;
chronograph *sub*, *-s* Chronograf;
chronological *adj*, chronologisch;
chronology *sub*, *-ies* Chronologie;
-es Zeitmessung; **chronometer** *sub*,
-s Chronometer
chrysantheme, *sub*, *-s* Chrysantheme
chubby, *adj*, *(ugs.)* pummelig; ~
cheeks *sub*, *nur Mehrz.* Pausbacken;
~**-cheeked** *adj*, pausbackig
chuck, *vt*, *(ugs.)* schmeißen; *(ugs.)*
chuck it all out immer weg damit;
(ugs.) *to chuck sth in* etwas an den
Nagel hängen; ~ *away* *vt*, wegschmeißen; ~ *out* *vt*, schassen
chumminess, *sub*, *nur Einz.* Kumpa-
nei
chunk, *sub*, *-s* Brocken; *big chunk of
meat* ein dicker Brocken Fleisch
church, (1) *adj*, kirchlich (2) *sub*, *-es*
Kirche; ~ **advocate** *sub*, *-s* Vogt; ~
choir *sub*, *-s* Kirchenchor; *(mus.)*
Kantorei; ~ **council** *sub*, *-s* Synode;
~ **mouse** *sub*, *mice (ugs.)* Kirchenmaus; *(ugs.)* *poor as a church mouse*
arm wie eine Kirchenmaus; ~ **spire**
sub, *-s* Kirchturm; **Church year** *sub*,
-s Kirchenjahr; ~**-goer** *sub*, *-s* Kirchgänger; ~**y type** *sub*, *-s (ugs.)* Betschwester
churn, *vt*, kirnen; ~ **up** *vt*, *(Meer)* aufwühlen
chute, *sub*, *-s (mechanisch)* Rutschbahn
chutney, *sub*, *nur Einz.* Chutney
chutzpah, *sub*, *nur Einz.* *(jüd)*
Chuzpe
chyderm, *sub*, *-s* Dickhäuter
cicada, *sub*, *-s* Zikade
cicerone, *sub*, *-s* Cicerone; **ciceronic**
adj, ciceronisch
cider, *sub*, *-s* Apfelwein; *nur Einz.* Cidre; *(ugs.)* Zider; **cidre** *sub*, *nur Einz.*
(Apfel~) Most

cigar, *sub*, *-s* Zigarre; ~**ette** *sub*, *-s*
Zigarette; ~**ette stub** *sub*, *-s* Kippe;
the ashtray is full of cigarette stubs
der Aschenbecher ist voller Kippen; ~**illo** *sub*, *-s* Zigarillo
ciliar body, *sub*, *-es* Ziliarkörper; **ciliar muscle** *sub*, *-s* Ziliarmuskel
ciliate, *adj*, *(biol.)* bewimpert
cilium, *sub*, *-s (vulg.; biol.)* Wimper
Cinderella, *sub*, *-s* Aschenputtel;
lead a Cinderella-like existence ein
Aschenputteldasein führen
cine-filmer, *sub*, *-s* Schmalfilmer;
cinema *sub*, *-s* Kino, Lichtspielhaus; **cinema advertisement** *sub*,
-s Kinoreklame; **cinema owner**
sub, *-s* Kinobesitzer; **cinema with
a continuous programme** *sub*, *ci-
nemas* Nonstopkino; **cinema-goer**
sub, *-s* Kinobesucher; **cinemascope** *adj*, Cinemascope; **cinematic** *adj*, cineastisch, filmisch,
kinematisch; **cinematically** *adv*,
filmisch; **cinematography** *sub*,
nur Einz. Kinematografie
cinnamon, *sub*, *nur Einz.* Kaneel,
Zimt; *with cinnamon and sugar*
mit Zimt und Zucker
Circassian, *sub*, *-s* Tscherkesse,
Tscherkessin
circensic, *adj*, zirzensisch
circle, (1) *sub*, *-s* Kreis, Ring; *(tt;
spo.)* Welle; *(Turnen)* Felge (2) *vt*,
umkreisen; *wide circles of the population* weite Kreise der Bevölkerung; ~ **line** *sub*, *-s* Ringbahn; ~ **of
friends** *sub*, *-s* - Bekanntenkreis; ~
of poets *sub*, *-s* Dichterkreis; ~
round *vi*, kreisen; ~**t** *sub*, *-s* Reif
circuit, *sub*, *-s* Rundkurs, Strom-
kreis; *(tech.)* Kreis; ~ **board** *sub*, *-s*
(comp.) Leiterplatte; *(Computer)*
Platine; ~ **diagram** *sub*, *-s* Schaltplan; ~ **line** *sub*, *-s* Stromleitung
circular, (1) *adj*, kreisförmig (2)
sub, *-s* Rundschreiben, Rundschrift, Wurfsendung; ~ **bench**
sub, *-es* Rundbank; ~ **note** *sub*, *-s*
(i. ü. S.) Zirkularnote; ~ **porthole**
sub, *-s* Bullauge; ~ **saw** *sub*, *-s*
Kreissäge
circulate, (1) *vi*, kreisen, kursieren,
umlaufen, zirkulieren; *(Gerücht
etc.)* umgehen (2) *vt*, kolportieren;
the rumour circulates that es geht
das Gerücht um, daß; **circulating**

pump *sub*, *-s* Umwälzpumpe; **circulation** *sub*, *-s* Zirkulation; *(einer Zeitschrift)* Auflage; *(Geld-)* Umlauf; - *(med.)* Kreislauf; *the circulation in his legs is poor* seine Beine sind schlecht durchblutet; **circulation equipment** *sub*, *-s* Umwälzanlage; **circulatory collapse** *sub*, *-s* Kreislaufkollaps

circumcircle, *sub*, *-s (mat.)* Umkreis

circumcise, *vt*, *(med.)* beschneiden; **circumcision** *sub*, *-s* Beschneidung

circumference, *sub*, *-s* Kreisumfang; **circumflex** *sub*, *-es* Zirkumflex; **circumnavigation of the earth** *sub*, *-s (Schiff)* Erdumrundung; **circumnavigator** *sub*, *-s* Weltumsegler; **circumscribed** *adj*, umschrieben; **circumspect** *adj*, umsichtig; **circumspection** *sub*, *nur Einz.* Umsicht

circumscription, *sub*, *-s (tt; mat.)* Zirkumskript

circumstance, *sub*, *-s* Umstand; *circumstances permitting* unter Umständen; *under no circumstances* unter keinen Umständen, unter keiner Bedingung; **~s** *sub*, *nur Mehrz.* Gegebenheit; **circumstantial evidence** *sub*, *nur Einz.* Indiz; **circumvent** *vi*, *(Verordnung etc.)* umgehen; **circumvention** *sub*, *-s* Umgehung

circus, *sub*, *-es* Zirkus; **~ clown** *sub*, *-s* Zirkusclown; **~ horse** *sub*, *-s* Zirkuspferd; **~ rider** *sub*, *-s* Zirkusreiter

cirostratus, *sub*, *- (tt; meteol.)* Zirrostratus

cirrhosis, *sub*, *-es (tt; med.)* Zirrhose

cisalpin, *adj*, zisalpin

cissy, *sub*, *-ies (ugs.)* Memme, *-s* Zimperliese

Cistercian, *sub*, *-s (tt; bibl.)* Zisterzienser

citadel, *sub*, *-s* Kastell, Zitadelle

cithara, *sub*, *-s* Kithara

citizen, *sub*, *-s* Bürger, Bürgerin, Staatsbürger; *my fellow citizens from Munich* meine Münchner Mitbürgerinnen; *senior citizens* die älteren Mitbürger; **~ of Schwetzingen** *sub*, *-s* Schwetzinger; **~´s action** *sub*, *-s* Bürgerinitiative; **~s** *sub*, *nur Mehrz.* Bürgerschaft; **~s´ advice bureau** *sub*, *-s* Rechtsberatung

citrus fruit, *sub*, *-s (tt; biol.)* Zitrusfrucht

city, *sub*, *-ies (Groß-)* Stadt; *in the city* in den Mauern der Stadt; *(Rom) the Eternal City* die Ewige Stadt; **~ apartment** *sub*, *-s (US)* Stadtwohnung; **~ boundary** *sub*, *-ies* Stadtgraben; **~ centre** *sub*, *-s* City, Stadtinnere, Stadtkern, Stadtzentrum; **~ dweller** *sub*, *-s* Städter; **~ flat** *sub*, *-s* Stadtwohnung; **~ guide** *sub*, *-s* Stadtführer; **~ state** *sub*, *-s* Stadtstaat; **~ traffic** *sub*, *nur Einz.* Stadtverkehr; **~ zone** *sub*, *-s (Großstadt)* Stadtgebiet; **~-dweller** *sub*, *-s* Großstädter

civet-cat, *sub*, *-s (zool.)* Civet

civics, *sub*, *nur Einz.* Staatsbürgerkunde

civil, (1) *adj*, höflich, zivil; *(jur.)* bürgerlich (2) *sub*, *nur Einz.* Zivil; **~il rights** bürgerliches Recht; **~ action** *sub*, *-s (tt; jur.)* Zivilprozess; **~ defence** *sub*, *nur Einz.* Zivilschutz; **~ engineering** *sub*, *nur Einz.* Ingenieurbau, Tiefbau; **~ law** *sub*, *-s* Privatrecht; *nur Einz. (tt; jur.)* Zivilrecht; **~ marriage** *pron*, Ziviltrauung; **~ right** *sub*, *-s* Bürgerrecht; **~ servant** *sub*, *-s* Staatsbeamte, Staatsdiener; **~ service** *sub*, *-s* Staatsdienst; **~ service status** *sub*, *-es* Beamtenverhältnis; **~ war** *sub*, *-s* Bürgerkrieg

civil, (1) *adj*, zivilistisch (2) *sub*, *-s* Zivilist, Zivilperson; **~ marriage** *sub*, *-s (tt; jur.)* Zivilehe; **civilisatory** *adj*, zivilisatorisch; **civilization** *sub*, *-s* Kultur, Zivilisation; *civilization is the opposite of barbarism* Kultur ist das Gegenteil von Barbarei; *Western civilization* die Kultur des Abendlandes; **civilize** *vi*, zivilisieren; **civilized** *adj*, gesittet, zivilisiert

claim, (1) *sub*, *-s* Behauptung; *(jur.)* Anspruch; *(kaufm.)* Forderung; *-s (von Besitz etc.)* Beanspruchung (2) *vi*, behaupten (3) *vt*, *(behaupten)* angeben; *(Besitz etc.)* beanspruchen; *(Rechte)* anmaßen; *lay claim to* auf etwas Anspruch erheben; *have a claim against* eine Forderung haben an, *it is said that* man behauptet, dass; **~ for compensation** *sub*, *-s* Regressanspruch; **~ power** *sub*, *claims* Machtanspruch; **~ to an/the inheritance** *sub*, *-s* Erbanspruch

clairvoyance, *sub,* *nur Einz.* Hellseherei; **clairvoyant (1)** *adj,* hellseherisch **(2)** *sub,* -s Hellseherin
clammy, *adj,* klamm; *(klamm)* feucht
clamp, (1) *sub,* -s *(tech.)* Schelle; *(tt; tech.)* Zwinge **(2)** *vt,* abklemmen; *(tech.)* einspannen; *clamp the work in the vice* das Werkstück in den Schraubstoch einspannen
clandestine, *adj,* klandestin; ~ly *adv,* insgeheim; **clannishness** *sub, nur Einz.* Kastengeist
clap, (1) *sub,* -s *(ugs.)* Tripper **(2)** *vi,* klatschen; *clap one´s helmet on one´s head* sich den Helm über den Kopf stülpen; ~ **on** *vt,* überstülpen; ~**per** *sub,* -s Klöppel, Schwengel; ~**perboard** *sub,* -s Klappe; ~**ping** *sub, nur Einz.* Klatscherei
clarification, *sub,* -s Abklärung; *nur Einz.* Klarstellung; **clarify** *vt,* abklären, klären
clarinet, *sub,* -s Klarinette; ~**tist** *sub,* -s Klarinettist
clarity, *sub, nur Einz.* Anschaulichkeit; -ies Deutlichkeit; *nur Einz.* Klarheit; *(Wasser)* Durchsichtigkeit
clash, *sub,* -es Kollision; *(Handgreiflichkeiten)* Auseinandersetzung
clasp, (1) *sub,* -s *(mil.)* Ordensspange; *(Verschluss)* Spange **(2)** *vt,* umfangen, umfassen, umgreifen, umklammern
class, *sub,* -es Klasse, Schulklasse; *a hotel with class* ein Hotel mit Niveau; *through evening classes* auf dem zweiten Bildungsweg; ~ **by class** *adv,* klassenweise; ~ **consciousness** *sub, nur Einz.* Klassenbewusstsein, Standesbewusstsein; ~ **essay** *sub,* -s Schulaufsatz; ~ **hatred** *sub, nur Einz.* Klassenhass; ~ **privilege** *sub,* -s Standesrecht; ~ **register** *sub,* -s Klassenbuch; ~ **struggle** *sub,* -s Klassenkampf; ~ **test** *sub,* -s Klassenarbeit; ~-**conscious** *adj,* standesbewusst; ~-**dominated state** *sub,* -s Klassenstaat; ~-**mate** *sub,* -s Mitschüler, Mitschülerin
classic, *adj,* klassisch; ~**al** *adj,* klassisch, klassizistisch; ~**al authors** *sub, nur Mehrz.* Klassiker; ~**al music/literature** *sub, nur Einz. (ugs.)* Klassik; ~**al period** *sub, nur Einz. (hist.)* Klassik; ~**ism** *sub, nur Einz.* Klassizismus; ~**s** *sub, nur Mehrz.* Altphilologie
classification, *sub,* -s Einstufung, Gliederung, Klassifikation, Zuordnung; *(bot.)* Einteilung; *nur Einz. (Klassifizierung)* Aufgliederung; **classified ad(vertisement)** *sub,* -s Kleinanzeige; **classify** *vt,* einstufen, gliedern, klassifizieren; *(bot.)* einteilen, systematisieren; *(klassifizieren)* aufgliedern, einordnen
classroom, *sub,* -s Schulzimmer
classy, *adj, (luxuriös)* feudal
clatter, (1) *sub,* - Gepolter, Geratter **(2)** *vi,* prasseln; *(ugs.)* scheppern **(3)** *vti,* klappern
clause, *sub,* -s Klausel, Satz; ~ **in sentence final position** *sub, clauses (gramm.)* Nachsatz; ~ **of manner** *sub, clauses* Modalsatz; ~ **of statement** *sub,* -s - Aussagesatz
claustrophobia, *sub, nur Einz. (ugs.)* Platzangst; *(psych.)* Klaustrophobie
clavichord, *sub,* -s Klavichord
clay, *sub,* -s Lehm; - *(Erdart)* Ton; *(Erdart) burned clay* gebrannter Ton; *(Erdart) fire-resistant clay* feuerfester Ton; ~ **pigeon** *sub,* -s Tontaube; ~**like** *adj,* tonartig
clean, (1) *adj,* rein, sauber; *(Wäsche)* frisch, neu **(2)** *vt,* putzen, reinigen, säubern; *(Tafel)* ablöschen; *cleaning stuff* Mittel zum Putzen; *sparkling clean* vor Sauberkeit blinken; ~ **oneself** *vr,* reinigen; ~ **out** *vt, (ugs.; Kasse)* ausplündern; *(Stall)* ausmisten; ~-**shaven** *adj,* bartlos, glatt rasiert; ~**er** *sub,* -s Putzer, Reiniger; ~**ing** *sub, nur Einz.* Putzerei; -s Reinigung, Säuberung
cleaning agent, *sub,* -s *(Putz~)* Mittel; **cleaning duty** *sub,* -ies Kehrordnung; **cleaning lady** *sub,* -ies Aufwartefrau; -ies Putzfrau; **cleaning things** *sub, nur Mehrz.* Putzzeug; **cleaning woman** *sub,* -men Scheuerfrau; **cleanliness** *sub,* -es Reinlichkeit; *nur Einz.* Sauberkeit; **cleanliness freak** *sub,* -s *(ugs.)* Saubermann; **cleanly** *adj,* reinlich; **cleanness** *sub,* -es Reinheit; **cleanse** *vt,* abputzen, entschlacken
clear, (1) *adj,* deutlich, eindeutig, offenkundig, offensichtlich, reinlich, vernehmlich; *(durchsichtig)*

farblos; *(Klang)* hell; *(klar)* übersichtlich; *(Wasser)* durchsichtig (2) *vi, (Himmel)* aufheitern (3) *vt,* klären, lichten, räumen, roden, verrechnen; *(Tisch)* abdecken; *(Waldgebiet)* abholzen; *(Zoll)* abfertigen; *clear announcement* deutliche Durchsage; *do I have to spell it out (for you)* muss ich noch deutlicher werden; *make sth plain/clear to sb* etwas jmd deutlich zu verstehen geben; *that was clear enough* das war deutlich genug; *this makes it clear* das macht deutlich, dass; *it is clear that* es ist offenkundig, dass; *he has clearly made a mistake there* er hat sich da offensichtlich vertan, *clear off* sich auf und davon machen, sich auf und davon machen; *clear off home!* pack dich nach Hause!; *come off clear* straflos ausgehen; *it could have not been clearer* an Deutlichkeit nicht zu wünschen lassen; *it's perfectly clear* das ist ein klarer Fall; *say to clear sb's name* zu seiner Ehrenrettung sagen; *to make oneself clear* sich verständlich machen; *to make sth clear to sb* jmd etwas plausibel machen; ~ **(through customs)** *vt,* klarieren; ~ **as a bell** *adj,* glockenhell; ~ **away** *vt,* wegräumen; ~ **of ice** *vt,* abeisen; ~ **off** (1) *vi, (ugs.)* abdampfen; *(ugs.; weggehen)* abhauen (2) *vr, (ugs.)* fortscheren; ~ **one's lungs** *vt,* abhusten; ~ **one's throat** *vr,* räuspern; ~ **out** *vt,* entrümpeln; *(Haus etc.)* ausräumen; ~ **rubble** *vt,* enttrümmern **clearance,** *sub, nur Einz. (Zoll)* Abfertigung; ~ **gang** *sub, -s* Räumkommando; ~ **sale** *sub, -s* Räumungsverkauf; ~ **work** *sub, nur Einz.* Aufräumungsarbeiten; **clearing** *sub, -s* Aufhellung, Lichtung, Rodung; *nur Einz.* Verrechnung; *clearing of the forest* Abholzung eines Waldes; **clearing away** *sub,* ~ *(von Boden)* Abtragung; **clearing up** *sub, nur Einz. (des Himmels)* Aufheiterung; *(des Himmels, Wetters, eines Verbrechens)* Aufklärung **clear sth in o's mind,** *vt,* klar werden; **clear soup** *sub, -s (Suppe)* Brühe; **clear the table** (1) *vi,* abräumen (2) *vt,* abservieren; **clear up** (1) *vi,* lichten; *(Himmel, Wetter)* aufklären (2) *vt,* abräumen; *(i. ü. S.; Bedenken)*

aufräumen; *(Verbrechen)* aufklären (3) *vti,* klären; **clear-cut** *adj, (ausgeprägt)* markant; **clear-out** *sub, -s* Entrümpelung; **clear-sighted** *adj,* klarsichtig; **clear-thinking** *adj,* klar denkend **cleavability,** *sub, nur Einz. (Holz)* Spaltbarkeit; **cleavable** *adj,* spaltbar; **cleave** *vt,* spalten **clef,** *sub, -s* Notenschlüssel **cleft,** *sub, -s* Kluft; ~ **palate** *sub, - (i., med.)* Wolfsrachen **clematis,** *sub, - (bot.)* Klematis **clemency,** *sub, nur Einz.* Nachsicht **clementine,** *sub, -s* Clementine, Klementine **clench,** *vt, (Hand)* ballen **clergy,** *sub, nur Einz.* Klerus; ~**man** *sub, -men* Geistliche; ~**man's wife** *sub, clergymen's wives* Pfarrersfrau; **cleric** *sub, -s* Kleriker; *(ugs.; Schimpfwort)* Pfaffe; **clerical** *adj,* klerikal, priesterlich; **clericalism** *sub, nur Einz.* Klerikalismus **clerk,** *sub, -s* Kontorist; *(Büro)* Gehilfe; *(tt; kaufm.)* Fakturistin **clever,** *adj,* clever, findig, geistreich, gescheit, gewandt, klug, patent, schlau; *be clever at Latin* in Latein gut sein; *don't be so clever!* komm mir nicht damit!; *he thought he was the only clever person around* er tat so, als hätte er die Weisheit für sich gepachtet; *(ugs.) no clever stuff* mach keinen Unsinn; ~**-dick** *sub, -s (ugs.)* Schlauberger; ~**ly** *adv,* klugerweise; ~**ness** *sub,* Cleverness; - Gescheitheit; *nur Einz.* Raffiniertheit; *-es* Schlauigkeit **click,** (1) *sub, -s* Schnalzlaut (2) *vi, (Tür)* einschnappen (3) *vt, (comp.)* anklicken; *(i. ü. S.) something clicked between them* zwischen ihnen sprang der Funke über, *click the lock* das Schloss einschnappen lassen ~ **one's tongue** *vt,* schnalzen **client,** *sub, -s* Klient, Mandant; *(Prostitution)* Freier; *my client* meine Partei; ~**s** *sub, nur Mehrz.* Klientel **cliff,** *sub, -s* Kliff, Klippe, Steilküste; *(Klippe)* Felsen; ~ **edge** *sub, -s* Klippenrand **climate,** *sub, -s* Klima; **climatic** *adj,* klimatisch; **climatic chamber** *sub, -s (med.)* Klimakammer; **climatic**

change *sub*, *-s* Klimawechsel; **climatic factor** *sub*, *-s* Klimafaktor; **climatology** *sub*, *nur Einz.* Klimatologie
climax, *sub*, *-es* Klimax
climb, (1) *sub*, *-s* Erkletterung; *(Aufsteigen)* Aufstieg (2) *vi*, erklettern, klettern, klimmen; *(bergsteigen)* aufsteigen (3) *vt*, erklimmen, ersteigen; *(Berg)* besteigen; *(ugs.; erklettern)* entern (4) *vti*, steigen; *climb the band wagon* sich engagieren; ~ **about** *vi*, *(herum-)* turnen; ~ **an obstacle** *vt*, *(mil.)* eskaladieren; ~ **over**, überklettern, übersteigen; ~ **up** (1) *vi*, hochklettern (2) *vti*, emporsteigen, hinaufsteigen, hochsteigen; *climb up a tree/wall* auf einen Baum/eine Mauer emporsteigen; ~ **up (rocks)** *vi*, kraxeln; ~ **up after sb** *vi*, nachsteigen
climber, *sub*, *-s* Kletterer; **climbing boot** *sub*, *-s* Nagelstiefel; **climbing expedition** *sub*, - *-s* Bergtour; **climbing fern** *sub*, *-s* Kletterfarn; **climbing plant** *sub*, *-s* Kletterpflanze; **climbing rose** *sub*, *-s* Kletterrose; **climbing shoe** *sub*, *-s* Kletterschuh; **climbing trip** *sub*, *-s* Klettertour
clinch, (1) *sub*, *-es* Clinch; *-s (Boxen)* Umklammerung (2) *vt*, umklammern; *go into a clinch with sb* in den Clinch mit jmd gehen
cling, (1) *vi*, ankleben, haften (2) *vt*, anklammern; ~ **to** *vi*, festhalten; ~ **to s.b./sth** *vr*, *(sich)* festklammern; ~ **to sth** *vt*, krallen; ~ **to sth or so** *vi*, *(i. ü. S.)* klammern; ~**ing child** *sub*, *children* Klammeraffe
clinic, *sub*, *-s* Klinik, Poliklinik; ~**al** *adj*, klinisch; ~**al thermometer** *sub*, *-s* Fieberthermometer
clink, (1) *sub*, *nur Einz. (ugs.)* Kittchen, Knast (2) *vt*, klingen (3) *vti*, klirren; ~ **glasses** *vt*, *(beim Trinken)* anstoßen; ~**er** *sub*, *nur Einz.* Schlakke; ~**er boat** *sub*, *-s* Klinkerboot
clip, (1) *sub*, *-s* Klammer, Klemme (2) *vt*, knipsen, scheren; *(Hecke etc.)* stutzen; ~ **on** *vr*, *(sich)* festklammern; ~ **round the ears** *sub*, *clips* Ohrfeige; ~**-on earring** *sub*, *-s* Klips, Ohrklipp; ~**pings** *sub*, *nur Mehrz.* Verschnitt
clique, *sub*, *-s* Clique, Klüngel; *hier nur Einz.* Konsorten; *-s (ugs.)* Sippschaft; *(polit.)* Kamarilla; *(ugs.) he*

and his clique er und seine Konsorten; ~ **system** *sub*, *-s* Cliquenwesen
clitoris, *sub*, *-es (anat.)* Kitzler, Klitoris
clivia, *sub*, *-e (bot.)* Clivia; *-s* Klivie
cloak, *sub*, *-s* Hülle; *(i. ü. S.)* Mantel; ~**room** *sub*, *-s (US checkroom)* Garderobe; *leave sth in the cloakroom* etwas an der Gaderobe abgeben; ~**room attendant** *sub*, *-s* Garderobier
clod, *sub*, *-s* Kloß; ~**hopper** *sub*, *-s (ugs.)* Treter
cloister, *sub*, *-s* Kloster
clone, (1) *sub*, *-s* Klon (2) *vti*, klonen
close, (1) *adj*, intim; *(nah)* eng; *(örtlich, Beziehung)* nahe (2) *adv*, heran (3) *sub*, *nur Einz. (eines Vortrags etc.)* Beendung (4) *vt*, schließen, verschließen, zumachen; *(eine Versammlung)* beschließen; *(Konto)* auflösen; *(Straße)* sperren; *(Vortrag)* beenden; *be close friends* eng befreundet sein; *close cooperation* enge Zusammenarbeit, *at close quarters* aus der Nähe, von Nahem; *at close range* aus unmittelbarer Nähe; *be close to it* dicht daran sein; *close something for someone* etwas für jemanden sperren; *close to* nahe bei; *close together* nahe beieinander; *closely packed* dicht gedrängt; *follow closely* dicht aufeinanderfolgen; *move closer* auf Tuchfühlung gehen; *to become close* einander nahe kommen; *to become close friends with sth* mit jmd sehr vertraut werden; *(ugs.) to close up shop* die Schotten dichtmachen; *(ugs.) to get close to sb* mit jmd warm werden; *to get too close to sb* jmd zu nahe kommen; *to question sb very closely* jmdn einem peinlichen Verhör unterziehen; ~ **combat** *sub*, *-s (mil.)* Nahkampf; ~ **down** *vi*, *(wirt.)* eingehen; *the shops had to close down* die Geschäfte sind eingegangen; ~ **friend** *sub*, *-s* Duzbruder; ~ **friendship** *sub*, *-s* Brüderschaft; *drink to close friendship* Brüderschaft trinken; ~ **season** *sub*, *-s* Schonzeit; ~ **to nature** *adj*, erdgebunden; ~ **to the border** *adj*,

grenznah; ~ **to the earth** *adj*, erdnah; ~ **touch** *sub*, *-s* Tuchfühlung; *be in close touch with someone* Tuchfühlung haben mit jemandem; ~**-up** *sub*, *-s* Nahaufnahme; ~**-up shot** *sub*, *-s* Großaufnahme

closed, (1) *adj*, erledigt, geschlossen, verschlossen (2) *adv*, *(i. ü. S.)* zu; *the matter´s closed as far as I´m concerned* das ist für mich erledigt; ~ **for business** *adj*, Betriebsruhe; ~**own** *sub*, *-s* Sendeschluss; **closely** *adv*, *(eng)* nahe; **closeness** *sub*, *nur Einz.* Vertrautheit; *(örtlich, zeitlich)* Nähe; **closer** *adj*, *adv*, näher; *(örtlich, zeitlich, Beziehung)* näher; **closing** *sub*, *nur Einz.* Schluss; *-s (allg.)* Sperrung; *(eines Kontos)* Auflösung; **closing date** *sub*, *-s* Meldeschluß; **closing party** *sub*, *-ies* Schlussfeier; **closing sentence** *sub*, *-s* Schlusssatz; **closing time** *sub*, *-s* Geschäftsschluss, Polizeistunde; *nur Einz.* Sperrstunde, Toresschluss, Torschluss; **closing words** *sub*, *nur Mehrz.* Schlusswort; **closing-time** *sub*, *-s* Büroschluss, Schließzeit; **closure** *sub*, *-s* Stilllegung

clot, (1) *sub*, Gerinnsel (2) *vi*, gerinnen

cloth, *sub*, *-s* Lappen; *-* Leinen; *-s* Putztuch, Tuch, Wischlappen; *(Kleidung)* Stoff; *-es (Lappen)* Lumpen; ~**e** *vt*, einkleiden, kleiden; *clothe oneself* sich einkleiden; ~**es** *sub*, *nur Mehrz.* Kleidung; *(ugs.)* Klamotten; *(Kleidung)* Garderobe; ~**es line** *sub*, *-s* Wäscheleine; ~**es moth** *sub*, *-s* Kleidermotte; ~**ing** *sub*, *nur Einz.* Bekleidung; ~**ing industry** *sub*, *nur Einz.* Bekleidungsindustrie; ~**worker** *sub*, *-s* Tuchmacher

clotting, *sub*, *-s (Blut)* Gerinnung

cloud, *sub*, *-s* Schwaden, Wolke; *be on cloud nine* im siebten Himmel sein; ~ **cover** *sub*, *-s* Wolkendecke; ~ **over** *vr*, umwölken; ~**-cuckoo-land** *sub*, *nur Einz. (i. ü. S.)* Wolkenkukkucksheim; ~**burst** *sub*, *-s* Platzregen; *(ugs.)* Wolkenbruch; ~**iness** *sub*, *nur Einz.* Trübheit; *-es* Trübung; *increasing cloudiness* zunehmende Bewölkung; ~**less** *adj*, wolkenlos; ~**s** *sub*, *nur Mehrz.* Bewölkung, Gewölk; *heavy cloud cover* starke Bewölkung; *variable cloud* wechselnde

Bewölkung; ~**y** *adj*, unklar, wolkig; *(Himmel)* trüb; *(leicht)* bewölkt

clout, *vt*, *(ugs.)* knallen; *(ugs.)* to *clout sb one* jmd eine schmieren; *to give sb a clout* jmd eine gepfefferte Ohrfeige geben; ~ **round the ears** *sub*, *-s* - Backpfeife

clove, *sub*, *-s (Gewürz)* Nelke; ~**n-hoofed animals** *sub*, *nur Mehrz.* Paarhufer; ~**r** *sub*, *nur Einz.* Klee; *(i. ü. S.) live in clover* wie die Made im Speck leben; *to live in clover* wie die Made im Speck leben; ~**leaf** *sub*, *-ves* Kleeblatt

clown, *sub*, *-s* Clown, Faxenmacher, Hanswurst, Possenreißer; *make a clown of sb* jmd zum Clown machen; *(i. ü. S.) be the clown* den dummen August spielen; *(theat.)* clown lustige Person; ~**ing** *sub*, *nur Einz.* Clownerie

club, *sub*, *-s* Faustkeil, Keule, Prügel *(tt; spo.)* Verein; ~ **colour** *sub*, *-s* Vereinsfarbe; ~ **house** *sub*, *-s* Vereinshaus; ~ **member** *sub*, *-s* Klubmitglied; ~ **moss** *sub*, *-* *-es (bot.)* Bärlapp; ~ **pub/bar** *sub*, *-s (ugs.)* Vereinslokal; ~ **room** *sub*, *-s* Klubraum; ~ **together** *vi*, klüngeln, zusammenlegen; ~**-foot** *sub*, *-fee* Klumpfuß; ~**-shaped** *adj*, keulenförmig; ~**/band together** *vr*, zusammentun; ~**house** *sub*, *-s* Klubhaus, Schützenhaus; ~**mate** *sub*, *-s* Klubkamerad; ~**s, societies**, **organizations** *sub*, *nur Mehrz.* Vereinswesen

cluck, *vi*, gackern, glucken

clue *sub*, *-s* Anhalt, Anhaltspunkt, Hinweis

clump, *sub*, *-s* Batzen

Cluniac, *sub*, *-s* Kluniazenser

clutch, *sub*, *-es* Kupplung; *-s* Umklammerung; *to fall into sb´s clutches* ins jmds Netz geraten; ~**ing** *sub*, *-s (das Greifen)* Griff

clutter, *vt*, *(i. ü. S.)* überladen

coach, (1) *sub*, *-es* Autobus, Coach, Karosse, Kutsche, Reisebus, Repetitor; *-s* Trainer, Wagen (2) *vt*, coachen; ~**man** *sub*, *-men* Kutscher

coagulation, *sub*, *-s* Gerinnung

coal, *sub*, *-* Förderkohle; *-s* Kohle; *haul sb over the coals* jmd einen auf den Deckel geben

coal and steel company, *sub*, -*ies* Montangesellschaft; **coal and steel industry** *sub*, -*ies* Montanindustrie; **coal dust** *sub*, *nur Einz.* Kohlenstaub; **coal face** *sub*, -*s (min.)* Ort; **coal fire** *sub*, -*s* Kohlenfeuer; **coal pile** *sub*, -*s* Kohlenmeiler; **coal scuttle** *sub*, -*s* Kohleneimer; **coal stocks** *sub*, *nur Mehrz.* Kohlenhalde; **coalblack** *adj*, rabenschwarz; **coalbunker** *sub*, -*s* Kohlenbunker

coalition, *sub*, -*s* Koalition; ~ **partner** *sub*, -*s* Koalitionär

coalmine, *sub*, -*s* Kohlenbergwerk

coarse, *adj*, grob; *coarse-ground* grob gemahlen; ~ **cut** *sub*, -*s (Tabak)* Grobschnitt; ~ **wholemeal bread** *sub*, -*s* Vollkornbrot; ~-**fibered** *adj*, *(US)* grobfaserig; ~-**fibred** *adj*, grobfaserig; ~-**meshed** *adj*, weitmaschig; ~**ness** *sub*, -*es* Grobheit

coarsening, *sub*, -*s* Vergröberung

coast, *sub*, -*s* Küste; *nur Einz.* Waterkant; ~**al area** *sub*, -*s* Küstenstrich; ~**al shipping** *sub*, *nur Einz.* Küstenschifffahrt; ~**ing vessel** *sub*, -*s* Küstenfahrer; ~**line** *sub*, -*s* Küste

coat, (1) *sub*, -*s* Mantel; *(Pferde,Hunde,Katzen)* Fell (2) *vt*, beschichten; *(Glas)* entspiegeln; ~ **collar** *sub*, -*s* Mantelkragen; ~ **hook** *sub*, -*s* Kleiderhaken; ~ **lining** *sub*, -*s* Mantelfutter; ~ **of arms** *sub*, -*s* Landeswappen; -Wappen; ~ **pocket** *sub*, -*s* Manteltasche; ~ **with sugar** *vt*, dragieren; ~**hanger** *sub*, -*s* Kleiderbügel; ~**ing** *sub*, -*s* Beschichtung; *(Glas)* Entspieglung; *(Metall-)* Überzug; *(Überzug)* Anstrich; *(Überzug, auch der Zunge)* Belag

co-author, *sub*, -*s* Koautor, Mitautor, Mitverfasser

co-axial, *adj*, *(tech.)* koaxial

cobalt bomb, *sub*, -*s (mil.)* Kobaltbombe

cobra, *sub*, -*s* Kobra

cobweb, *sub*, -*s* Spinnennetz, Spinngewebe

cocaine, *sub*, *nur Einz.* Kokain; ~ **addict** *sub*, -*s* Kokser; **cocainism** *sub*, *nur Einz.* Kokainismus

coca (plant), *sub*, -*s (bot.)* Kokastrauch

coccyx, *sub*, *nur Einz.* Steißbein

cochineal, *sub*, -*s* Koschenille

cock, *sub*, -*s* Gockel, Hahn; *make a* *real cock-up* Bockmist machen; *(i. ü. S.) to cock a snook at sb* jmd eine lange Nase drehen; ~ **(the trigger) and rotate the cylinder** *vti*, durchladen; *cock and rotate the cylinder* eine Pistole/Gewehr durchladen; ~ **chafer** *sub*, -*s* Maikäfer; ~-**a-doodle-doo** *sub*, -*s* Kikeriki; ~-**and-bull story** *sub*, -*ies* Münchhausiade; *(ugs.)* Räuberpistole; ~-**crow** *sub*, -*s* Hahnenschrei; *at cock-row* beim ersten Hahnenschrei

cockade, *sub*, -*s* Kokarde

cockatoo, *sub*, -*s (zool.)* Kakadu

cocker spaniel, *sub*, -*s* Cokkerspaniel

cockfeather, *sub*, -*s* Hahnenfeder

cockfight, *sub*, -*s* Hahnenkampf

cockleshell, *sub*, -*s (i. ü. S.; Boot)* Nussschale

cockpit, *sub*, -*s* Cockpit

cockroach, *sub*, -*es* Küchenschabe, Schabe; *(zool.)* Kakerlak

cocktail, *sub*, -*s* Cocktail; *have a cocktail at the bar* einen Cocktail an der Bar nehmen; ~ **dress** *sub*, -*es* Cocktailkleid; ~ **onion** *sub*, -*s* Perlzwiebel; ~ **party** *sub*, -*ies* Cocktailparty; ~ **shaker** *sub*, -*s (Bar)* Mischbecher; ~ **waiter** *sub*, -*s (Bar~)* Mixer

coconut, *sub*, -*s* Kokosnuss; ~ **matting** *sub*, *nur Einz.* Kokosteppich; ~ **oil** *sub*, -*s* Kokosnussöl

cocoon, *sub*, -*s* Kokon

cocotte, *sub*, -*s* Kokotte

cod, *sub*, -*s* Kabeljau; ~-**liver oil** *sub*, - Lebertran

code, (1) *sub*, -*s* Chiffre, Chiffreschrift, Code, Kennzahl, Kodierung (2) *vt*, codieren (3) *vti*, chiffrieren; *box number* Chiffre (Anzeigen); ~ **name** *sub*, -*s* Tarnname; *(mil.)* Deckname; ~ **of civil procedure** *sub*, -*s (tt; jur.)* Zivilprozessordnung; ~ **of conduct** *sub*, -*s* Komment; ~ **of law** *sub*, -*s* Gesetzbuch

codeine, *sub*, *nur Einz. (chem.)* Kodein

co-determination, *sub*, *nur Einz.* Mitbestimmung

codex, *sub*, *codices* Codex; -*ices* Kodex

coding, *sub*, -*s* Schlüsselung

co-director, *sub*, -*s* Koregisseur

codling, *sub,* -s Dorsch
co-driver, *sub,* -s *(Lastwagen)* Beifahrer
co-education, *sub, nur Einz.* Koedukation
co-efficient, *sub,* -s Koeffizient
coerce, *vt, (jur.)* nötigen; **coercion** *sub,* -s Nötigung; *coercion to commit theft* Nötigung zum Diebstahl; **coercive** *sub,* -s *(tt; med.)* Zwangsernährung
co-exist, *vi,* koexistieren
coffee, *sub,* -s Kaffee; *because the coffee goes a long way* wegen der Ergiebigkeit des Kaffees; *brew coffee* Kaffee brühen; *the coffee is filtered* der Kaffee ist durchgelaufen; ~ **additive** *sub,* -s Kaffeezusatz; ~ **bean** *sub,* -s Kaffeebohne; ~ **break** *sub,* -s Kaffeepause; ~ **cup** *sub,* -s Kaffeetasse; ~ **export** *sub,* -s Kaffeeexport; ~ **filter** *sub,* -s Kaffeefilter; ~ **grinder** *sub,* -s Kaffeemühle; ~ **harvest** *sub,* -s Kaffeeernte; ~ **spoon** *sub,* -s Kaffeelöffel; ~ **substitute made from barley malt** *sub, nur Einz.* Malzkaffee; ~-**coloured** *adj,* kaffeebraun; ~**pot** *sub,* -s Kaffeekanne
coffin, *sub,* -s Sarg
co-founder, *sub,* -s Mitbegründer
cog, *sub,* -s Kogge; *to be a cog (in the machine)* nur eine Nummer unter vielen sein
Cognac, *sub, nur Einz.* Cognac; -s Kognak; **cognac-coloured** *adj,* cognacfarben
cognition, *sub, nur Einz.* Kognition; -s *(Erkennen)* Erkenntnis; **cognitive** *adj,* kognitiv
cognomen, *sub,* -s Kognomen
cohere, *vi,* kohärieren; ~**ncy** *sub, nur Einz.* Kohärenz; ~**nt** *adj,* kohärent; **cohesion** *sub, nur Einz.* Kohäsion, Zusammenhalt
cohort, *sub,* -s *(mil.)* Kohorte
coil, (1) *sub,* -s *(Draht-)* Spirale; *(tt; elekt)* Windung; *(tech.)* Spule (2) *vt, (tt; tech.)* wickeln; ~ **spring** *sub,* -s Spiralfeder
coin, (1) *sub,* -s Geldstück, Münze (2) *vt,* ausprägen; *(i. ü. S.) to pay sb back in his own coin for sth* jmd mit gleicher Münze heimzahlen; ~ **weight** *sub,* -s Münzgewicht
coincide, *vi,* koinzidieren; ~**nce** *sub,* -s Koinzidenz; ~**nce size** *sub,* -es *(i.*

ü. S.) Zufallsgröße; ~**nt** (1) *adj, (phy.)* koinzident (2) *sub,* -s Zufall; *a strange coincident* ein merkwürdiger Zufall; *by accident* durch Zufall; *it was pure chance that* es war reiner Zufall, daß
coke, *sub, nur Mehrz.* Koks; **coking practice** *sub,* -s Kokerei
cola (kola) tree, *sub,* -s Kola
cold, (1) *adj,* kalt (2) *sub,* -s Erkältung; *nur Einz.* Schnupfen; *catch a cold* sich eine Erkältung zuziehen; *cold meat* kalter Braten; ~ **air** *sub, nur Einz.* Kaltluft; ~ **buffet** *sub,* -s Gabelfrühstück; ~ **chain** *sub,* -s Gefrierkette; ~ **cuts** *sub, nur Mehrz.* Aufschnitt; ~ **front** *sub,* -s Kaltfront; ~ **perm** *sub,* -s Kaltwelle; ~ **spell** *sub,* -s Kälteperiode; ~ **storage plant** *sub,* -s Kühlanlage
cold(ness), *sub, nur Einz.* Kälte; **cold-blooded** *adj,* kaltblütig; **cold-blooded animal** *sub,* -s *(zool.)* Kaltblütler; **cold-pressed** *adj,* kaltgepresst; **cold-storage depot** *sub,* -s Kühlhaus; **cold-storage room** *sub,* -s Kühlraum; **coldness** *sub, nur Einz.* Unnahbarkeit
collaborate, *vi,* kollaborieren, mitarbeiten; **collaboration** *sub,* - Kollaboration; **collaborator** *sub,* -s Kollaborateur
collage, *sub,* -s *(kun.)* Collage
collagen, *sub,* -s Kollagen
collapse, (1) *sub,* -s Einsturz, Kollaps, Zusammenbruch; - Zusammenfall; -s *(wirt.)* Einbruch (2) *vi,* einstürzen, kollabieren, zusammenbrechen; *her whole world collapsed* eine Welt stürzte für sie ein; **collapsible boat** *sub,* -s Faltboot
collar, *sub,* -s Kragen; *(Hund)* Halsband; *(ugs.) I´ll wring your neck* ich dreh´ dir den Kragen um; *(ugs.) that´s the last straw* jetzt platzt mir aber der Kragen; *to wear open necks* den Kragen offen tragen; ~ **size** *sub,* -s Kragennummer; ~ **stud** *sub,* -s Kragenknopf; ~-**bone** *sub,* -s Schlüsselbein
collateral, *adj,* kollateral; ~ **line** *sub,* -s *(Familie)* Nebenlinie
colleague, *sub,* -s Kollege; *(Kollege)* Mitarbeiter
collect, (1) *vi,* aufstauen (2) *vt,* ansammeln, einkassieren, einsam-

meln, eintreiben, sammeln, zusammentragen; *(sammeln)* einheimsen; *(Steuern)* beitreiben; *collect a bill* eine Rechnung einkassieren; *collect taxes* Steuern einkassieren; *collect medals* Medaillen einheimsen; ~ **(money)** *vt*, kassieren; *(ugs.) would you mind paying now?* darf ich bei Ihnen schon kassieren?; ~**able(collectible)** *adj*, eintreibbar; ~**ing** *sub*, -s Einsammlung, Sammelei; ~**ing mania** *sub, nur Einz.* Sammeltrieb; ~**ing point** *sub*, -s Sammelstelle; ~**ing tank** *sub*, -s Sammelbecken; ~**ing tin** *sub*, -s Sammelbüchse; ~**ion** *sub*, -s Kollekte, Kollektion, Sammlung; *(Handel)* Sortiment; *(Sammlung)* Ansammlung; *(wirt.)* Einziehung; ~**ion bag** *sub*, -s Klingelbeutel; ~**ion of current** *sub, collections (Anzapfung)* Stromabnahme; ~**ion of stone monuments** *sub*, -s Lapidarium; ~**ion proceedings** *sub, nur Mehrz.* Mahnverfahren

collective, (1) *adj*, kollektiv **(2)** *sub*, -s Kollektiv; ~ **(noun)** *sub*, -s Kollektivum; ~ **account** *sub*, -s Sammelkonto; ~ **camp** *sub*, -s Sammellager; ~ **name** *sub*, -s Sammelname; ~ **securities deposit** *sub*, -s Sammeldepot; ~ **wage agreement** *sub*, -s Tarifvertrag; ~**-agreement area** *sub*, -s Tarifbezirk; **collectivism** *sub, nur Einz.* Kollektivismus; **collectivist** *sub*, -s Kollektivist; **collectivist(ic)** *adj*, kollektivistisch; **collectivize** *vt*, kollektivieren

collector, *sub*, -s Abholer, Kollektor, Sammler; ~´**s album** *sub*, -s Sammelalbum; ~´**s enthusiasm** *sub, nur Einz.* Sammlerfleiß

college, *sub*, -s College, Fachhochschule; *(Hochschule)* Akademie; ~ **of physical education** *sub, colleges* Sporthochschule; ~ **of technology** *sub, colleges* Technikum; **collegiate church** *sub*, -es Stiftskirche

collide, *vi*, kollidieren, zusammenstoßen; ~ **with** *vi*, zusammenfahren; ~ **with sth.** *vt*, prallen

collie, *sub*, -s Collie

collision, *sub*, -s Kollision; - Zusammenstoß; -s *(Zusammenstoß)* Anstoß

colloquial language, *sub*, -s Alltagssprache; **colloquial speech** *sub*, -es Umgangssprache; **colloquium** *sub*, -

a Kolloquium

collude in, *vt, (tt; jur.)* verabreden

colon, *sub*, -s Doppelpunkt

colonel, *sub*, -s Oberst; *(mil.)* Colonel

colonial, *adj*, kolonial; ~**ism** *sub, nur Einz.* Kolonialismus; ~**ist** *sub*, -s Kolonialist; **colonist** *sub*, -s Kolonist; **colonization** *sub*, -s Kolonisation; *(Kolonisierung)* Besiedelung, Besiedlung; **colonize** *vt*, kolonisieren; *(kolonisieren)* besiedeln; **colonizer** *sub*, -s Kolonisator

colonnade, *sub*, -s *(arch.)* Kolonnade; ~**d temple** *sub*, -s Säulentempel

colony, *sub*, -ies Kolonie

color, *sub*, -s *(US)* Farbe; ~ **contrast** *sub*, -s Farbkontrast; ~ **film** *sub*, -s Farbfilm; ~ **monitor** *sub*, -s Farbmonitor; ~ **of the skin** *sub*, -s Hautfarbe; ~ **photo** *sub*, -s Farbaufnahme, Farbbild, Farbfoto; ~ **print** *sub*, -s Farbaufnahme, Farbbild, Farbfoto; ~ **television** *sub*, - Farbfernsehen; ~**-blind** *adj*, farbenblind; ~**-blindness** *sub, nur Einz.* Farbenblindheit; ~**-fast** *adj*, farbecht

coloratura, *sub*, -s *(mus.)* Koloratur

colored, *adj*, *(US)* farbig; ~ **man/woman** *sub*, *men/women* Farbige; **colorful** *adj*, farbenfreudig, farbig; **colorful splendor** *sub, nur Einz.* Farbenpracht; **colorimetry** *sub, nur Einz.* Kolorimetrie; **coloring** *sub*, - *(US)* Färbung; **colorless** *adj*, farblos; **colorwise** *adj*, farblich

colossal, *adj*, kolossal; **colossus** *sub*, -i Koloss

colostrum, *sub, nur Einz.* *(med.)* Kolostrum

colour, (1) *sub*, -s Farbe; *(Farbe)* Ton **(2)** *vt*, kolorieren; *(Zeichnung)* ausmalen; *(i. ü. S.) declare os* Farbe bekennen; *(Kartenspiel) follow suit* Farbe bekennen; *get some colour* Farbe bekommen; *what colour is it?* was für eine Farbe hat es?, *change colour* das Laub färbt sich; *match sth in colour* farblich aufeinander abstimmen; ~ **contrast** *sub*, -s Farbkontrast; ~ **film** *sub*, -s Farbfilm; ~ **monitor**

sub, -*s* Farbmonitor; **~ of the eyes** *sub*, -*s* - Augenfarbe; **~ of the skin** *sub*, -*s* Hautfarbe; **~ organ** *sub*, -*s* Lichtorgel; **~ photo** *sub*, -*s* Farbaufnahme, Farbbild, Farbfoto; **~ print** *sub*, -*s* Farbaufnahme, Farbbild, Farbfoto; **~ printing** *sub*, *nur Einz.* Buntdruck; **~ supplement** *sub*, - -*s* Bildbeilage
coloureds, *sub*, *nur Mehrz.* Buntwäsche; - *(Südafr.)* Farbige
colourful, *adj*, bildkräftig, farbenfreudig, farbig; **~ (coloured)** *adj*, bunt; *multicoloured* bunt gefärbt; **~ splendour** *sub*, *nur Einz.* Farbenpracht; **colouring** *sub*, - Färbung; *nur Einz.* Kolorit; **colourist** *sub*, -*s* Kolorist; **colouristic** *adj*, koloristisch; **colourless** *adj*, blässlich, farblos; *(i. ü. S.)* blass; *colourless person* eine blasse Erscheinung; **colourlessly** *adv*, blässlich; **colourwise** *adj*, farblich
colour television, *sub*, - Farbfernsehen; **colour-blind** *adj*, farbenblind; **colour-blindness** *sub*, *nur Einz.* Farbenblindheit; **colour-fast** *adj*, farbecht; **colour-wash** *vti*, tuschen; **coloured** *adj*, farbig, gefärbt; **coloured crayon** *sub*, -*s* Buntstift; **coloured lacquer** *sub*, -*s* Schleiflack; **coloured like bronze** *adj*, bronzefarben; **coloured man/woman** *sub*, *men/women* Farbige
colposcopy, *sub*, - *(med.)* Kolposkopie
colt, *sub*, -*s (männl.)* Fohlen; *(mil.)* Colt; **~sfoot** *sub*, *nur Einz.* Huflattich
Columbine, *sub*, -*s* Kolombine
column, *sub*, -*s* Kolumne, Rubrik, Säule; *(Druck)* Druckspalte; *(mil.)* Kolonne; *(Zeitung)* Spalte; **~ed hall** *sub*, -*s* Portikus, Säulenhalle
columnist, *sub*, -*s* Kolumnist
coma, *sub*, -*s* Koma
Comanche, *sub*, -*s* Komantsche
comatose, *adj*, *(med.)* komatös
comb, **(1)** *sub*, -*s* Einsteckkamm, Kamm **(2)** *vt*, abkämmen, abklappern, durchkämmen, kämmen, kardätschen, krempeln, riffeln **(3)** *vti*, raffeln; *comb one´s hair* die Haare durchkämmen; *comb out all suspects* die Verdächtigen aussortieren; *comb the town for the murderer* die Stadt

nach dem Mörder durchkämmen; **~ back** *vt*, zurückkämmen
combat, *vt*, *(Krankheit, Problem bekämpfen)* begegnen; **~ duty** *sub*, -*ies* Frontdienst; **~ group** *sub*, -*s* Kampfgruppe; **~ pack** *sub*, -*s (mil.)* Sturmgepäck; **~ patrol** *sub*, -*s* Stoßtrupp; **~ tank** *sub*, -*s* Kampfpanzer; **~ant** *sub*, -*s* Kämpfer, Kombattant
combination, *sub*, -*s* Kombination, Kombinierung, Paarung, Verbindung, Verknüpfung, Verquickung, Zusammenfassung, Zusammenstellung; **~ lock** *sub*, -*s* Kombinationsschloss, Zahlenschloss; **~ of figures** *sub*, -*s* Zahlenkombination; **combinative** *adj*, kombinierbar; **combinatory** *adj*, kombinatorisch
combine, **(1)** *sub*, -*s* Kombinat; *(wirt.)* Konzern **(2)** *vi*, konzernieren **(3)** *vt*, kombinieren, unieren, verbinden, verknüpfen, verquikken, zusammenfassen, zusammenstellen; *combine housework and a career* die Hausarbeit mit der Karriere in Einklang bringen; **~ (harvester)** *sub*, -*s* Mähdrescher
combing machine, *sub*, -*s (tech.)* Kämmmaschine
come, *vi*, kommen, stammen; *are you coming to the cinema?* kommst du mit ins Kino?; *come from* in *(einem Land)* beheimatet sein; *come in, please!* bitte melden!; *come into the possesion of sth* in den Besitz von etwas gelangen; *he will come, won´t he* er kommt doch; *how did that come about* wie ist es dazu gekommen; *I can´t come* ich kann nicht mitkommen; *incoming mail* eingehende Post; *the things Sabine comes up with* was der Sabine nicht alles einfällt; *the worst is yet to come* das dicke Ende kommt noch; *to be a long time (in) coming* lange auf sich warten lassen; *to come as far as the station* bis zum Bahnhof mitkommen; *to come first* in erster Linie kommen; *to come first/last* an erster/letzter Stelle rangieren; *to come the strong man* den starken Mann markieren; *to come to grips with one´s life* sein Leben mei-

stern; *we´ll come in just a couple of minutes* wir kommen gleich nach; *where do you come from?* woher stammen Sie?; ~ **across** *vi, (einer Sache)* begegnen; ~ **along** *vi,* daherkommen; *(auch kommen)* mitkommen; ~ **an end** *vr,* vollenden; ~ **around** *vi,* herumkommen; ~ **back** *vi,* wiederkommen; ~ **close to** *vi, (i. ü. S.)* grenzen; ~ **down** *vi, (Preis)* abschlagen; *come down with* erkranken an; ~ **down to earth again** *vi,* austräumen; *she has come down to earth again* sie hat ausgeträumt; ~ **from** *vi,* herkommen, herrühren, herstammen, hervorgehen, wegkommen; ~ **here** *vi,* herkommen, hierher kommen; ~ **hereby** *adv,* herzu

Comecon, *sub, nur Einz.* Comecon

comedian, *sub, -s* Humorist, Komiker, Spaßvogel; **comedy** *sub, -ies* Komödie; *-s* Lustspiel

come in, (1) *präp,* herein (2) *vi,* hereinfallen, hereinkommen, hineinkommen; *(Zug)* einlaufen (3) *vt, (Licht)* einfallen (4) *vti,* einfahren; *the violins came in too late* der Einsatz der Violinen kam zu spät, *come into the station* in den Bahnhof einfahren; ~**to leaf** *vi,* belauben; *(Baum)* ausschlagen; **come light** *sub,* - Vorschein; **come off** *vi,* abblättern, abreißen, wegkommen; *(Lack)* ablösen, abspringen; *(ugs.) what´s in it for me?* was springt für mich ab?; **come on** *vi,* kommen; *come on now! you´re exaggerating* komm, komm! du übertreibst; *come on! we have to hurry* komm! wir müssen uns beeilen; **come on!** *Ausruf, (Aufforderung)* los; **come on/along** *vt, (sich entwickeln)* machen; **come out (1)** *vi,* herausfahren, herauskommen, hervortreten, hinauskommen; *(Erzeugnis;, bekannt werden)* herauskommen; *(Fleck)* herausgehen (2) *vr, (sich)* herausstellen; *(i. ü. S.) come out with* vom Stapel lassen; **come out of one´s shell** *vr, (aus sich)* herausgehen

come over, (1) *vi, (ugs.)* rüberkommen (2) *vt,* überkommen; **come right** *vr, (wieder gut werden)* geben; **come though** *vt, (überleben)* durchstehen; **come through (1)** *vi, (ugs.)* dringen; *(Sonne)* durchdringen (2)

vti, (räuml.) durchkommen; *come through* zu deinem Telefon durchdringen, *the train has to come through* der Zug muss hier durchkommen; **come to a decision** *vt,* durchringen; **come to a standstill** *vi,* stecken bleiben, stehen bleiben; **come to an agreement (1)** *adj,* handelseinig, handelseins (2) *vi,* arrangieren (3) *vt, (ugs.)* einigen; **come to an arrangement** *vi,* abstimmen; **come to an end** *vi, (fertig werden)* abschließen; *come to terms with so* mit jemandem abschließen

come to live, *vi, (Diskussion, Person, Pflanzen)* aufleben; *(Stadt etc.)* beleben; **come to meet sb** *vt, (räuml.)* entgegenkommen; **come to so´s aid** *vi,* beispringen; **come to terms with** *vi, (Geschichte)* bewältigen; **come to the boil** *vi,* aufkochen; **come towards** *vi,* zukommen; **come true** *vi,* erfüllen; *(in Erfüllung gehen)* bewahrheiten; *(wahr werden)* eintreffen; *it comes true* es erfüllt sich; **come under the statute of limitations** *vi,* verjähren; **come up** *vi,* emporkommen, herankommen, heraufziehen; *(aus dem Wasser)* auftauchen; *(Chance)* bieten; *(Unwetter)* aufziehen; *come up with an idea* mit einem Vorschlag aufwarten; *I´ll come up with sth* ich werde mir was einfallen lassen; *the tomatos are coming up nicely* die Tomaten haben gut angesetzt; **come up to** *vi,* gleichkommen; *(i. ü. S.; leistungsm.)* heranreichen; **come-back** *sub, nur Einz.* Comeback; **come/get back** *vi,* zurückkommen

comfort, (1) *sub, -s* Komfort, Trost, Tröstung; *(Angenehmheit)* Behaglichkeit; *nur Einz. (Annehmlichkeit)* Behagen; *(eines Stuhles etc.)* Bequemlichkeit (2) *vt,* trösten; *to comfort sb* Balsam in eine Wunde gießen; *(ironisch) some comfort that is* das ist ein schwacher Trost; ~**able** *adj,* gemütlich, komfortabel, kommod; *(angenehm)* behaglich, bequem; ~**ably** *adv,* behaglich; ~**er** *sub,* -s *(US)* Steppdecke; ~**ing** *adj,* tröstlich;

~ing words *sub*, - Trostspruch
comic element, *sub*, *-s* Komik; **comic program at students´ smoking concert** *sub*, - *-s* - *-s* Bierzeitung; **comic-strip** *sub*, *-s* Comicstrip; **comical** *adj*, possierlich
Cominform, *sub*, *(polit.)* Kominform
coming, *sub*, *nur Einz.* Kommen; *(ugs.) I don´t know whether I´m coming or going* ich weiss nicht mehr, wo rechts und links ist; **~ from nowhere** *adj*, hergelaufen; **~ to terms with** *sub*, - *(Geschichte)* Bewältigung
Comintern, *sub*, *(polit.)* Komintern
comma, *sub*, *-s* Beistrich, Komma
command, (1) *sub*, *-s* Befehlsgewalt, Kommando; *nur Einz. (Befehlsrecht)* Befehl; *(eines Handwerks etc.)* Beherrschung; *-s (mil.)* Führung (2) *vt*, befehligen, kommandieren; *be in full command of the situation* die Lage übersehen; **~er** *sub*, *-s* Befehlshaber, Feldherr, Kommandeur; **~er-in-chief** *sub*, *-s (mil.)* Oberbefehlshaber; **~ing officer** *sub*, *-s* Kommandant; **~ing tone** *sub*, *nur Einz.* Befehlston
commemorate, *vi*, *(feiern)* gedenken; **commemoration** *sub*, *-s* Gedächtnisfeier, Gedenkfeier; **commemorative coin** *sub*, *-s* Gedenkmünze; **commemorative plaque** *sub*, *-s* Gedenktafel; **commemorative stamp** *sub*, *-s* Gedenkmarke; **commemorative volume** *sub*, *-s* Festschrift
commence, *vti*, *(geh.)* anfangen, beginnen; **~ment** *sub*, *nur Einz.* Inangriffnahme; *-s (geh.)* Beginn; **~ment of operations** *sub*, *nur Einz.* Inbetriebnahme; **~ment of war** *sub*, - Kriegsbeginn
commend, *vt*, *(empfehlen)* anpreisen; *to commend sb* jmdn lobend erwähnen; **~able** *adj*, anerkennswert, dankenswert; **~ation** *sub*, *-s (Empfehlung)* Anpreisung; **commensurable** *adj*, kommensurabel
comment, *sub*, *-s* Kommentar, Randbemerkung; *(Bemerkung)* Äußerung; *(kritische)* Anmerkung; *have to make some comments* etwas zu bemerken haben; **~ (on)** *vt*, kommentieren; **~ary** *sub*, *-ies* Kommentar; **~ate on** *vt*, glossieren; **~ator** *sub*, *-s* Kommentator

Commenwealth, *sub*, *nur Einz.* Commonwealth
commercial, (1) *adj*, gewerblich, kaufmännisch, kommerziell (2) *adv*, gewerblich (3) *sub*, *-s (Werbe-)* Spot; *for commercial purposes* gewerblich genutzt; **~ aircraft** *sub*, - Verkehrsflugzeug; **~ bank** *sub*, *-s* Handelsbank; **~ firm** *sub*, *-s* Handelsfirma; **~ vehicle** *sub*, *-s* Nutzfahrzeug; **~ize** *vt*, kommerzialisieren, vermarkten
commission, *sub*, *-s* Kommission, Provision; *commission so to do sth* etwas bei jemandem in Auftrag geben; **~aire** *sub*, *-s (Theater etc.)* Türschließer; **~ed work** *sub*, *nur Einz.* Auftragsarbeit; **~er** *sub*, *-s* Kommissar; **~er´s department** *sub*, *-s* Kommissariat
commit, (1) *vr*, engagieren (2) *vt*, verpflichten, verüben; *(Tat begehen)* ausführen; *(Verbrechen)* begehen; **~ oneself** *vr*, verpflichten; *(sich)* festlegen; **~ment** *sub*, *-s* Überstellung; *(persönlicher -)* Einsatz; *(Verpflichtung)* Gebundenheit; *be brought in(to action)* zum Einsatz kommen; *show commitment* Einsatz zeigen; **~ments** *sub*, *nur Mehrz.* Verbindlichkeit; **~ted** *adj*, engagiert; **~tee** *sub*, *-s* Gremium, Komitee, Kommission; *(polit.)* Ausschuss; **~tee for the celebrations** *sub*, *-s* Festkomitee; **~tee meeting** *sub*, - *-s* Ausschusssitzung; **~tee member** *sub*, - *-s* Ausschussmitglied; **~ting magistrate** *sub*, *-s* Haftrichter
commodore, *sub*, *-s (mil.)* Kommodore
common, *adj*, gebräuchlich, geläufig, gemeinsam, weit verbreitet; *(gewöhnlich)* gemein; *(üblich)* gängig; *(unfein)* gewöhnlich; *(Volk)* nieder; *common goal* gemeinsames Ziel; *common to all* allen gemeinsam; *have a lot in common* vieles gemeinsam haben; *be common practice* allgemein üblich; *what a common little hussy!* was für ein ordinäres Luder; *the common people* das gemeine Volk; *look common* ein gewöhnliches Aussehen haben; **~ buzzard** *sub*,

-s Mäusebussard; ~ **crab** *sub, -s* Taschenkrebs; ~ **daisy** *sub, -ies* Maßliebchen; ~ **knowledge** *sub, nur Einz. (i. ü. S.; Wissen)* Allgemeingut; ~ **mussel** *sub, -s* Pfahlmuschel; ~ **property** *sub, nur Einz. (Besitz)* Allgemeingut; ~ **sense** *sub, -s* Verstand; ~ **stock capital** *sub, - (US)* Stammkapital; ~ **swan** *sub, -s (zool.)* Hökkerschwan; ~**ly** *adv*, gemeiniglich; ~**place** *sub, -s* Allgemeinplatz, Gemeinplatz

commotion, *sub, -s* Tumult

communal, *adj*, gemeindlich, kommunal; ~**ize** *vt*, kommunalisieren; **Communard** *sub, -s (hist.)* Kommunarde; **commune** *sub, -s* Kommune; **commune-dweller** *sub, -s* Kommunarde

communicate, **(1)** *vi*, kommunizieren, mitteilen **(2)** *vt, (Krankheit)* übertragen; *(wegen einer Erkrankung) he/she is unable to communicate* er/sie ist nicht ansprechbar; *he finds it easy to communicate* er kann sich gut mitteilen; **communication** *sub, -s* Kommunikation; - Zwiesprache; *-s (Krankheit)* Übertragung; **communicative** *adj*, gesprächig, kommunikativ; *she doesn´t say much* sie ist nicht sehr gesprächig

Communion, *sub, -s* Abendmahl; *nur Einz.* Kommunion; *-s* Kommunion; ~ **chalice** *sub, -s* Abendmahlskelch; ~ **wine** *sub, -s* Messwein

communiqué, *sub, -s* Kommuniqué

communism, *sub, nur Einz.* Kommunismus; **communist (1)** *adj*, kommunistisch **(2)** *sub, -s* Kommunist(in)

communitive service, *sub, -s* Ersatzdienst

community, *sub, -ies* Gemeinschaft, Gemeinwesen; *(Gemeinschaft)* Gemeinde; ~ **of interests** *sub, -ies* Interessengemeinschaft; ~ **of property** *sub, -ies (jur.)* Gütergemeinschaft; ~ **service** *sub, -s* Zivildienst

commutable, *adj*, kommutabel; **commutation** *sub, -s* Kommutierung; **commute** *vi, (Mensch)* pendeln; *commute a prison sentence into a fine* eine Freiheitsstrafe in eine Geldstrafe umwandeln; **commuter traffic** *sub, nur Einz. (Berufsverkehr)* Pendelverkehr

compact, *adj*, kompakt, kompress; ~**ness** *sub, nur Einz.* Kompaktheit **C(ompact) D(isc)**, *sub*, Compactdisc; **c(ompact)d(isc)-drive** *sub, -s (comp.)* CD-Laufwerk **companion**, *sub, -s* Gefährte, Weggefährte; *(Freund etc.)* Begleiter; *(Freundin)* Begleiterin; *(Kamerad)* Genosse; **company (1)** *adj*, betrieblich **(2)** *sub, -ies* Firma, Gesellschaft; *nur Einz.* Runde; *-ies (mil.)* Kompanie; *(Theater)* Ensemble; *nur Einz. (Zusammensein)* Begleitung; *be in good company* sich in guter Gesellschaft befinden; *keep so company* jmdm Gesellschaft leisten; *good/bad company* gute/schlechte Gesellschaft; *look for company* Anschluss suchen; **company commander** *sub, -s (mil.)* Kompaniechef; **company do us** *sub, - -s* Betriebsfest; **company doctor** *sub, - -s* Betriebsarzt; **company health insurance fund** *sub, -s* Betriebskrankenkasse; **company holiday** *sub, nur Einz.* Betriebsferien; **company secretary** *sub, -ies* Prokurist, Prokuristin; **company sign** *sub, -s* Firmenschild

comparable, *adj*, komparabel, vergleichbar; **comparative** *sub, -s* Komparativ; **comparatively** *adj*, vergleichsweise; **compare (1)** *vi, (Grammatik)* steigern **(2)** *vt*, vergleichen, zusammenhalten; *(vergleichen)* gegenüberstellen; *as a singer he´s without compare* er singt ohnegleichen; **compare with** *vt*, gleichsetzen; **compared** *adj*, verglichen; **compared to** *präp*, *(verglichen mit)* neben; **compared with** *adv*, *(Im Vergleich)* gegenüber; *compared with A plays B better* im Vergleich zu A spielt B besser; **comparison** *sub, -s* Vergleich, Vergleichung; *(Grammatik)* Steigerung; *in comparison to/with* im Vergleich zu/mit; *there is no comparison* das ist doch gar kein Vergleich; *draw comparisons* Vergleiche anstellen; **comparison (of adjectives)** *sub, -s* Komparation

compartment, *sub, -s* Abteil, Fach; *(Unterteilung)* Einsatz **compassion**, *sub, nur Einz.* Barmherzigkeit, Mitleid; ~ate *adj;* barmherzig, mitfühlend

compatibility, *sub,* -ies Kompatibilität; **compatible** *adj,* kompatibel

compatriot, *sub,* -s Landsmann

compelling, *adj,* zwingend

compendium, *sub,* -s -a Kompendium

compensate, *vt,* entschädigen, kompensieren; *(Schaden)* ersetzen; ~ **(for)** *vt,* ausgleichen; ~ **for** *vt,* aufwiegen; **compensation** *sub,* -s Abfindungssumme, Entschädigung, Kompensation, Schadenersatz, Wiedergutmachung; *(Entschädigung)* Abfindung; Ausgleich; -s *(Schaden)* Ersatz; **compensatory** *adj,* kompensatorisch

compère, *sub,* -s Showmaster

compete, (1) *vi,* konkurrieren (2) *vt,* wettstreiten; *compete against the noise* gegen den Lärm anreden; ~ **(against)** *vt,* messen; ~ **with sb** *vi,* rivalisieren

competence, *sub, nur Einz.* Kompetenz, Zuständigkeit; *his lack of competence in this issue* seine mangelnde Kompetenz in dieser Frage; **competent** *adj,* fachkundig, kompetent, urteilsfähig, zuständig; *(sachverständig)* berufen; *(zuständig)* maßgebend

competition, *sub, nur Einz.* Konkurrenz; -s Preisausschreiben, Wettbewerb, Wettkampf, Wettstreit; *(Tanz-)* Turnier; ~ **horse** *sub,* -s Turnierpferd; ~ **rifle** *sub,* -s Sportgewehr; **competitive** *adj,* konkurrenzfähig; **competitive person** *sub,* -s Wetteiferer; **competitive racing** *sub,* -s Preisfahren; **competitive sport** *sub,* -s Leistungssport; **competitive zeal** *sub, nur Einz.* Wetteifer; **competitor** *sub,* -s Konkurrent, Konkurrenz, Mitbewerber, Wettbewerber, Wettkämpfer; *(spo.)* Teilnehmer, Teilnehmerin

compilation, *sub,* -s Kompilation; **compile** *vt,* kompilieren

complain, *vi,* beklagen, beschweren, klagen; *he can't complain* er kann sich nicht beschweren; ~ **(about)** *vti,* monieren; *she complained that* sie monierte, dass; ~ **about** (1) *vi, (Produkt)* beanstanden (2) *vt,* reklamieren; ~**t** *sub,* -s Beschwernis,

Reklamation; *(Beschwerde)* Beanstandung, Eingabe; *(Klage)* Beschwerde; *(Krankh.)* Gebrechen; *I have a complaint* ich möchte mich beschweren; ~**t about infringement of the constitution** *sub,* -s *(it; jur.)* Verfassungsbeschwerde

complement, (1) *sub,* -s *(mat.)* Komplement (2) *vt,* ergänzen, komplementieren; ~**ary** *adj,* komplementär

complete, (1) *adj,* gesamt, komplett, lückenlos, restlos, rückhaltlos, sämtlich, total, völlig, vollständig, vollzählig (2) *vt,* komplettieren, vervollständigen, vollenden; *(beenden)* durchführen; *(fertigmachen)* durchmachen; *(vervollständigen)* ergänzen; *completely* voll und ganz; ~ **assignment of numbers** *sub,* Durchnummerierung; ~ **edition** *sub,* -s *(Buch)* Gesamtausgabe; ~ **idiot** *sub,* -s *(ugs.)* Vollidiot; ~ **shadow** *sub,* -s Kernschatten; ~**d** *adj,* vollendet; *(vollständig)* abgeschlossen; ~**ly** *adv,* vollauf, vollkommen; *(i. ü. S.)* rundum; *(völlig)* ganz; *I'd completely forgotten* das hatte ich ganz vergessen; *that's a completely different matter* das ist etwas ganz anderes; ~**ly harmless** *adj,* unbedenklich; ~**r** *sub,* -s Vollenderin; **completion** *sub,* -s *(Fertigstellung)* Beendung; *(vervollständigen)* Ergänzung; *the work is nearing completion* die Arbeit geht ihrem Ende zu

complex, (1) *adj,* komplex (2) *sub,* -es Komplex; ~ **(character) part** *sub,* -s Charakterrolle

complexion, *sub,* -s Gesichtsfarbe, Hautfarbe, Teint; *to have a peaches-and-cream complexion* aussehen wie Milch und Blut

compliance, *sub,* -s Gefügigkeit; *in compliance with* unter Beachtung des/der; **compliant** *adj,* gefügig

complicate, *vt,* komplizieren, verkomplizieren; ~**d** *adj,* kompliziert; **complicating** *adj,* erschwerend; **complication** *sub,* -s Komplikation, Weiterung

compliment, *sub,* -s Kompliment; *my compliments to the chef!* ein Lob der Köchin

component, *sub*, -*s* Bauteil, Bestandteil, Komponente
compose, *vti*, komponieren; ~**d** *adj*, gefasst; *(gefasst)* gelassen; ~**r** *sub*, -*s* Komponist, Tondichter; - *(Druck)* Composer; **composing room** *sub*, -*s* *(Verlag)* Setzerei; **composite** *sub*, - *itae (bot.)* Korbblütler; **composition** *sub*, -*s* Komposition; Zusammensetzung; **compositor** *sub*, -*s* Schriftsatz **compost**, (1) *sub*, -*s* Kompost (2) *vt*, kompostieren
composure, *sub*, - Gefasstheit, Gelassenheit; -*s* Sammlung; *nur Einz. (geh.)* Contenance; -*s (inneres Gleichg.)* Haltung; *keep/loose one's composure* die Contenance wahren/verlieren; *try to keep one's composure* um Haltung ringen
compound, (1) *pron*, zusammengesetzt (2) *sub*, -*s* Kompositum; ~ **interest** *sub*, -*s (tt; wirt.)* Zinseszins
comprehend, *vti*, verstehen; **comprehensibility** *sub*, -*es* Verständlichkeit; *nur Einz. (verständlich)* Fassbarkeit; **comprehensible** (1) *adj*, fassbar (2) *adv*, allgemein verständlich; *readily comprehensible* allgemein verständlich; **comprehensive** *adj*, ganzheitlich, umfassend; *(umfangreich)* ausführlich; **comprehensive school** *sub*, -*s* Gesamtschule; **comprehensiveness** *sub*, *nur Einz.* Eingängigkeit
compress, (1) *sub*, -*es (med.)* Kompresse; *(tt; med.)* Wickel (2) *vt*, komprimieren, stauchen, verdichten; ~ **around the leg** *sub*, *(tt; med.)* Wadenwickel; ~**ed** *adj*, komprimiert, verdichtbar; *(dicht)* gedrängt; ~**ed air** *sub*, - Pressluft; ~**ible** *adj*, *(phy.)* kompressibel; ~**ion** *sub*, -*s* Gedrängtheit, Kompression, Verdichtung; ~**or** *sub*, -*s (tech.)* Kompressor
compromise, (1) *sub*, -*s* Kompromiss, Kompromisslösung (2) *vt & vr*, kompromittieren; ~**r** *sub*, -*s* Kompromissler
compulsion, *sub*, -*s* Nötigung; - Zwang; **compulsive** *adj*, triebhaft; **compulsorily** *adv*, zwangsweise; *(spo.)* in *the compulsory section* bei der Pflicht; **compulsory** *adj*, *(Fächer)* obligatorisch; **compulsory exercise** *sub*, -*s* Pflichtübung; **compulsory figures** *sub*, *nur Mehrz.*

Pflichtlauf; **compulsory insurance** *sub*, -*s* Pflichtversicherung, Versicherungspflicht; **compulsory reading** *sub*, *nur Einz.* Pflichtlektüre; **compulsory registration** *sub*, -*s* Anmeldepflicht, Meldepflicht; **compulsory school attendance** *sub*, *nur Einz.* Schulpflicht; **compulsory section** *sub*, -*s (spo.)* Pflicht; **compulsory subject** *sub*, -*s* Obligatorium, Pflichtfach; **compulsory vaccination** *sub*, *nur Einz.* Impfpflicht; **compulsory wearing of seatbelts** *sub*, *nur Einz.* Anschnallpflicht
combustible, *adj*, verbrennbar
computer, *sub*, -*s* Computer, Rechenanlage; ~ **centre** *sub*, -*s* Rechenzentrum; ~ **program** *sub*, -*s* EDV-Programm; ~ **scientist** *sub*, -*s* Informatiker; ~**ize** *vt*, computerisieren
comrade in arms, *sub*, *comrades (geh.)* Mitstreiter; -*s (ugs.)* Waffenbruder; *comrades (Krieg)* Mitkämpferin; **comrade** *sub*, -*s* Kamerad; *(polit.)* Genosse; **comradeship** *sub*, *nur Einz.* Kameradschaft
con, *vt*, *(ugs.)* linken; *to con one's way through life* sich durchs Leben schwindeln; ~ **game** *sub*, - -*s* Bauernfängerei; ~ **man** *sub*, - -*s (ugs.)* Bauernfänger
conceal, *vt*, kaschieren, verdecken, verhehlen, verschweigen, verstecken; ~ **oneself** *vr*, verbergen; ~**ed** *adj*, verhohlen; ~**ment** *sub*, -*s* Kaschierung
conceit, *vi*, *(arrogant)* einbilden; *be terribly conceited about sth* sich ziemlich viel einbilden auf etwas; ~**ed** *adj*, eingebildet; ~**ed about** *vt*, *(eingebildet)* eingenommen; ~**edness** *sub*, *nur Einz.* Eigendünkel; *(geh.)* Dünkel; *(Arroganz)* Einbildung
conceivable, *adj*, denkbar, vorstellbar; **conceive** (1) *vi*, empfangen (2) *vt*, konzipieren; *conceive* empfangen(schwanger werden); *conceive a dislike for sb* jmd nicht mögen
concentrate, (1) *sub*, -*s (chem.)* Konzentrat (2) *vt*, zusammenziehen (3) *vti*, konzentrieren; *I can't*

concentrate today ich kann mich heute nicht konzentrieren; ~**d** *adj,* angestrengt, konzentriert; ~**d feed** *sub, nur Einz.* Kraftfutter; ~**d feed (stuff)** *sub, nur Einz.* Mischfutter; **concentration** *sub, nur Einz.* Konzentration; -*s (chem.)* Konzentration; *he lacks concentration* es mangelt ihm an Konzentration; *it´s only a matter of concentration* das ist nur eine Sache der Konzentration; **concentration camp** *sub,* -*s* Konzentrationslager

concentric, *adj,* konzentrisch; ~ **cable** *sub,* -*s* Koaxialkabel

concept, *sub,* -*s* Konzept; ~**ion** *sub,* -*s* Empfängnis, Konzeption; ~**ion of honour** *sub,* -*s* Ehrbegriff; ~**ion of order** *sub, nur Einz.* Ordnungssinn; ~**ion of the world** *sub,* -*s (i. ü. S.)* Weltbild; ~**ual** *adj,* begrifflich, konzeptionell

concern, (1) *sub,* -*s* Anliegen, Besorgnis, Besorgtheit **(2)** *vt, (angehen)* betreffen; *(betreffen)* angehen, anlangen; *cause concern* Besorgnis erregen; *there is no cause for concern* es gibt keinen Grund zur Besorgnis; *a matter of international concern* ein internationales Anliegen; *as far as I am concerned* was mich anbetrifft; *thank you for your concern (förmlich)* danke der Nachfrage; *that doesn´t concern me at all* das berührt mich gar nicht; *that´s no concern of yours* das kann dir doch egal sein; *this is none of your concern!* Sie haben hier nichts mitzureden!, Sie haben hier nichts mitzusprechen; *as far as she is concerned* was sie angeht; *as far as school is concerned* was die Schule anlangt; ~**ed** *adj, (bemüht)* besorgt; ~**ing (1)** *adv, (hinsichtlich)* hin **(2)** *präp,* hinsichtlich; ~**ing domestic affairs** *adj,* innenpolitisch; ~**ing entelechy** *adj,* entelechisch; ~**ing existence** *adj,* daseinsmäßig; ~**ing sb´s nerves** *adj,* nervlich; ~**ing sources** *adj,* quellenmäßig; ~**ing the chromosomes** *adj,* chromosomal; ~**ing the fence** *adj,* fechterisch

concert, *sub,* -*s* Konzert; ~ **evening** *sub,* -*s* Konzertabend; ~ **hall** *sub,* -*s* Konzertsaal; ~ **piece** *sub,* -*s* Konzertstück; ~ **pitch** *sub, nur Einz.* Kam-

merton; ~ **tour** *sub,* -*s* Konzertreise; ~**ed** *adj,* konzertiert; ~**ina** *sub,* -*s* Konzertina

concession, *sub,* -*s* Konzession, Zugeständnis; *(Zugeständnis)* Entgegenkommen; **concessive** *adj,* konzessiv

concierge, *sub, s* Concierge; -*s (Hotel)* Türsteher

conciliation, *sub,* -*s* Sühnegericht; ~ **hearing** *sub,* -*s* Sühnetermin; ~ **judge** *sub,* -*s* Sühnerichter; **conciliatoriness** *sub, nur Einz.* Konzilianz; **conciliatory** *adj,* konziliant, versöhnlich

concise, *adj,* bündig, knapp, konzis, lapidar; *concisely* kurz und bündig; *a concise description* eine knappe Beschreibung; *he said it concisely* er sagte es knapp; ~**ness** *sub, nur Einz.* Knappheit

conclave, *sub,* -*s* Konklave

conclude, (1) *vi,* kombinieren, konkludieren, schlussfolgern **(2)** *vt,* folgern, schließen; ~ **from** *vt, (-eus)* folgern; **concluding** *adv,* folgernd; **conclusion** *sub,* -*s* Konklusion, Rückschluss, Schluss, Schlussfolge, Tätigung; *(geb.)* Ergebnis; *(Beendigung)* Abschluss; *come to a different conclusion* zu einer anderen Ansicht gelangen; *draw one´s own conclusions* sich seinen Teil denken; *in conclusion* zum Abschluss; **conclusive** *adj,* beweiskräftig, konkludent, konklusiv, schlüssig; *(abschliessend)* endgültig; *(tt; jur.)* zwingend; *(schlüssig)* stringent; **conclusiveness** *sub,* -Beweiskraft

concordance, *sub,* -*s* Konkordanz

concordat, *sub,* -*s* Konkordat

concubinage, *sub,* -*s* Konkubinat; **concubine** *sub,* -*s* Kebse, Konkubine

concupiscence, *sub, nur Einz.* Konkupiszenz

concur, *vi,* kongruieren; ~**rence** *sub,* -*s (mat.)* Kongruenz; ~**ring** *adj,* kongruent

concussion, *sub,* -*s (med.)* Gehirnerschütterung

condemn, *vt,* verurteilen; *(ugs.)* verdonnern; ~**ation** *sub,* -*s* Verteuflung, Verurteilung; ~**ed building** *sub,* -*s* Abbruchhaus

condensate, *sub*, *-s* Kondensat; **condensation** *sub*, *-s* Kondensation; *nur Einz.* *(mit Dampf)* Beschlag; **condense (1)** *vi*, *(Flüssigkeit)* niederschlagen **(2)** *vti*, kondensieren; **condenser** *sub*, *-s* Kondensator
condescend, *vr*, *(sich)* herablassen; *to be condescending to sb* jmdn von oben herab behandeln; **~ingly** *adj*, herablassend; **condescension** *sub*, *-s* Herablassung
condition, (1) *sub*, *-s* Bedingung; *nur Einz.* Kondition; *-s* Zustand; *(Bedingung)* Auflage **(2)** *vt*, *(psych.)* konditionieren; *make sth a condition* etwas zur Bedingung machen; *on one condition* unter einer Bedingung; *make sth a condition for so* jemandem etwas zur Auflage machen, *be in good condition* gut erhalten sein; *in a perfect condition* in bestem Zustand; **~al (1)** *adj*, konditional; *(erlernt)* bedingt **(2)** *sub*, *-s* Konditional; *(tt; gram)* Vorgegenwart; *be conditional on* bedingt sein durch
conditioner, *sub*, *-s* Weichspüler
condolence, *sub*, *-s* Kondolenz; *(Beileid)* Teilnahme; **~ card** *sub*, *- -s* Beileidskarte; *-s* Trauerkarte; **~ letter** *sub*, *-s* Trauerbrief; **~s** *sub*, *nur Mehrz.* Beileid, Beileidsbezeigung; *offer so one´s condolences* jemandem sein Beileid aussprechen
condom, *sub*, *-s* Kondom
condominium, *sub*, *-s* Kondominium
condor, *sub*, *-s* Kondor
condottiere, *sub*, *-i (hist.)* Kondottiere
conduct, (1) *sub*, *-s* Tun **(2)** *vt*, leiten **(3)** *vti*, dirigieren; **~ivity** *sub*, *nur Einz. (phy.)* Leitvermögen; **~or** *sub*, *-s* Dirigent, Schaffner, Schaffnerin; *(mus.)* Kapellmeister; **~or of sound** *sub*, *-s* Schallleiter; **~or rail** *sub*, *-s* Stromschiene
cone, *sub*, *- (tt; bot.)* Zapfen; *-s (mat.)* Kegel, Konus; **~ of scree** *sub*, *-s* Schuttkegel; **~-shaped** *adj*, zapfenförmig
confederacy, *sub*, *-ies (polit.)* Konföderation; **confederate (1)** *sub*, *-s* Eidgenosse, Konföderierte **(2)** *vti*, konföderieren; **confederation** *sub*, *-s* Staatenbund
confer, *vi*, beraten, beratschlagen, konferieren; **~ emeritus status** *vt*,

emeritieren; **~ence** *sub*, *-s* Konferenz, Tagung; *special party conference* außerordentlicher Parteitag; **~ence circuit** *sub*, *-s* Konferenzschaltung; **~ence hall** *sub*, *-s (Konferenz)* Sitzungssaal; **~ence of bishops** *sub*, *-s* Bischofskonferenz
confess, (1) *vt*, *(bekennen)* eingestehen; *(jur.)* gestehen **(2)** *vti*, beichten; *confess a crime* ein Verbrechen eingestehen; *I confess that I´m wrong* ich gestehe ein, daß ich Unrecht habe, *have sth to confess to so* jemandem etwas beichten; **~ (to)** *vi*, *(zu einem Verbrechen)* bekennen; **~ed** *adj*, *(-er Mann)* gestanden; **~ion** *sub*, *-s* Beichte, Geständnis; *(Bekenntnis)* Eingeständnis; *(zu einem Glauben, Verbrechen)* Bekenntnis; *go to confession* zur Beichte gehen; *hear so´s confession* jemandem die Beichte abnehmen; *make one´s confession* eine Beichte ablegen; *make a confession* ein Geständnis ablegen; **~ional box** *sub*, *-es* Beichtstuhl; **~ional father** *sub*, *-s* Beichtvater
confetti, *sub*, *nur Mehrz.* Konfetti; *(Austrian)* Koriandoli
confidence, *sub*, *nur Einz.* Vertrauen; *be in so´s confidence* jmds Vertrauen genießen; *treat sth in confidence* etwas diskret behandeln; **confident of victory** *adj*, siegesbewusst
confidential, *adj*, vertraulich; *be of a confidential nature* vertraulichen Charakter haben; **~ity** *sub*, *-es* Vertraulichkeit; **~ly** *adv*, vertraulich; **confiedence** *sub*, *-* Zutrauen
configuration, *sub*, *-s* Konfiguration
confine, *vt*, beengen; **~ o.s.** *vr*, beschränken; **~ment** *sub*, *-s (Beschränkung)* Enge; *(jur.)* Arrest; **~ment cell** *sub*, *- -s* Arrestzelle; **~ment to barracks** *sub*, *confinements (mil.)* Stubenarrest
confirm, *vt*, bestätigen, konfirmieren, konstatieren; *(bestätigen)* bekräftigen; *(theol.)* firmen; *confirm so in office* jemanden in seinem Amt bestätigen; *(ugs.)* he´s a confirmed cheat er ist ein alter Betrü-

ger; ~ation *sub*, -s Auftragsbestätigung, Bestätigung, Konfirmation; *(theol.) (Zustimmung)* Bekräftigung; ~ation of a student´s removal from the register *sub*, -s Exmatrikel; ~ed *adj, (Junggeselle)* eingefleischt; *confirmed bachelor* eingefleischter Junggeselle
confiscate, *vt,* konfiszieren; **confiscation** *sub*, -s Konfiskation
conflagration, *sub*, -s Feuersbrunst
conflict, (1) *sub*, -s Konflikt, Widerstreit, Zwiespalt (2) *vi*, kollidieren; ~ing *adj,* zwiespältig
confluence, *sub*, -s Konfluenz
conforming, *adj,* konform; **conformism** *sub, nur Einz.* Konformismus; **conformist** (1) *adj,* konformistisch; *(polit.)* angepasst (2) *sub*, -s Konformist; **conformity** *sub, nur Einz.* Angepasstheit, Konformität
confront, *vt,* konfrontieren; ~ so with so *vt,* gegenüberstellen; ~ation *sub*, -s Konfrontation
Confucianism, *sub, nur Einz.* Konfuzianismus
congenial, *adj,* kongenial; ~ity *sub, nur Einz.* Kongenialität
conger eel, *sub*, -s *(zool.)* Seeaal
congested with phlegm, *adj*, *(tt; med.)* verschleimt; **congestion** *sub*, -s Blutandrang
conglomeration, *sub*, -s Konglomerat, Sammelsurium
Congo Basin, *sub*, *nur Einz.* Kongobecken; **Congolese** *adj,* kongolesisch
congratulate, (1) *vi*, gratulieren (2) *vt*, beglückwünschen; **congratulations** *sub, nur Mehrz.* Gratulation
congregation, *sub*, -s Kongregation
congress, *sub*, -es Kongress
congruence, *sub*, -s *(mat.)* Kongruenz; **congruent** *adj,* kongruent
conic section, *sub*, -s Kegelschnitt; **conical** *adj,* kegelförmig, konisch
conifers, *sub, nur Mehrz.* Nadelgehölze
conjectural, *adj,* konjektural; **conjecture** (1) *sub*, -s Mutmaßung, Vermutung (2) *vti*, mutmaßen; *that is mere conjecture* das ist nichts als eine Behauptung; *there was a lot of conjecture* es wurde viel gemutmaßt; *we can only conjecture* wir müssen uns an Mutmaßungen halten

conjugable, *adj,* konjugierbar
conjugate, *vt,* konjugieren; **conjugation** *sub*, -s Konjugation
conjunction, *sub*, -s Bindewort, Konjunktion; ~s *sub, nur Mehrz.* Bindewörter
conjunctiva, *sub*, - *(tt; anat.)* Bindehaut; **conjunctivitis** *sub*, - *(tt; med.)* Bindehautentzündung
conk, *sub*, -s *(ugs.)* Knollennase; Zinken
connect, (1) *vi, (Raumschiff)* ankoppeln (2) *vt,* verbinden; *(tech.)* anschließen; *(zusammenfügen)* anhängen; *to connect sth with sth* etwas mit etwas in Zusammenhang bringen; ~ed *adj,* zusammenhängend; *to be connected with sth* in Zusammenhang stehen mit; ~ing lead *sub*, -s Anschlusskabel; ~ing link *sub*, -s Mittelglied; ~ing piece *sub*, -s *(tech.)* Stutzen; ~ing rod *sub*, -s Kurbelstange, Pleuelstange; ~ing train *sub*, -s Anschlusszug; ~ing tube *sub*, -s Anschlussrohr; ~ion *sub*, -s Verbindung; *nur Einz.* Verkoppelung; -s Zusammenhang; *Telefon, Zug)* Anschluss; *have good connections* gute Beziehungen haben; *(Zug) have a connection* Anschluss haben; ~ions *sub*, hier *nur Mehrz.* Konnexion; ~ive tissue *sub*, -s *(tt; anat.)* Bindegewebe; ~or *sub*, -s *(elektrisch)* Lüsterklemme
conned, *adj*, *(ugs.)* gelackmeiert; *feel one has been conned* sich gelackmeiert fühlen
connive, *vi,* konnivieren
connoisseur, *sub*, -s Kenner
connotation, *sub*, -s Konnotation; **connote** *vt,* konnotieren
conoid, *sub*, -s *(mat.)* Konoid
conquer, *vt,* erobern; *(Berggipfel)* bewältigen; *(einen Berg)* bezwingen; ~or *sub*, -s Bezwinger, Eroberer; **conquest** *sub*, -s Eroberung; *make a conquest* eine Eroberung machen; **conquistador** *sub*, -s *(hist.)* Konquistador
conscience, *sub*, - Gewissen; *a clear conscience* ein reines Gewissen; *have so/sthon one´s conscience* jmdn/etwas auf dem Gewissen haben; *he´s got a bad conscience* ihn plagt sein schlechtes Gewissen;

you can say that with a safe conscience das kannst du mit gutem Gewissen behaupten; **conscientious** *adj,* gewissenhaft, pflichtbewusst; **conscientious objection** *sub, nur Einz.* Kriegsdienstverweigerung; **conscientious objector** *sub, -s* Kriegsdienstverweigerer; *(tt; mil.)* Verweigerer

conscious, *adj,* bewusst; *the patient is semi-conscious* der Patient ist im Dämmerzustand; ~**ly** *adv, (mit Bewusstsein)* bewusst; *consciously register sth* etwas bewusst wahrnehmen; ~**ness** *sub, nur Einz.* Bewusstheit; *(Bewußtsein)* Besinnung; *(gesellschaftliches etc.)* Bewusstsein; *lose consciousness* die Besinnung verlieren; *regain consciousness* zur Besinnung kommen; *regain consciousness aus* der Bewusstlosigkeit erwachen **conscript,** **(1)** *sub, -s* Einberufene **(2)** *vt, (mil.)* konskribieren; ~**ion** *sub, -s (Armee)* Einberufung; *nur Einz. (tt; mil.)* Wehrpflicht

consecrat, *vt,* weihen

consecrate, *vt,* einsegnen, konsekrieren; ~**d** *adj,* geweiht; **consecration** *sub, -s* Einsegnung, Konsekration; *(tt; relig.)* Weihe; **consecration hour** *sub, -s (i. ü. S.)* Weihestunde; **consecration of the flag** *sub, -s* Fahnenweihe; **consecrationkettle** *sub, -s* Weihekessel

consecutive, *adj,* konsekutiv

consent, *sub, -s (Billigung)* Einverständnis; *(Zustimmung)* Einwilligung; *consent to* Einverständnis zu etwas; *give one's consent* sein Einverständnis erklären; *consent to* sich einverstanden erklären; *give one's consent to sth* seine Einwilligung zu etwas geben; *unqualified consent* bedingungslose Zustimmung; ~ **(to marriage)** *sub, -s* Jawort

consequence, *sub, -s* Folge, Konsequenz, Weiterung; *(i. ü. S.)* Nachwirkung; *(i. ü. S.; Bedeutung)* Tragweite; *(Folge)* Auswirkung; *bear the consequences* die Folgen tragen; *have no consequences* es blieb ohne Folgen; *nothing of any consequence* nichts Nennenswertes; *that will have unpleasant consequences* das wird ein unangenehmes Nachspiel haben; ~ **of the accident** *sub, consequences*

Unfallfolgen; **consequential damage** *sub, -s* Folgeschaden; **consequently** *adv,* infolgedessen, somit; *(geh.)* demzufolge; *(Folgerung)* demgemäß

conservatism, *sub, nur Einz.* Konservativismus; **conservative (1)** *adj,* konservativ **(2) Conservative** *sub, -s* Konservative; *(polit.)* Tory

conservatoire, *sub, -s* Konservatorium

consider, *vt,* berücksichtigen, erachten, erwägen, prüfen, überdenken; *(beurteilen)* befinden; *(in Betracht ziehen)* bedenken; *consider sth necessary* etwas für notwendig erachten; *consider sth one's duty* etwas als seine Pflicht erachten; *consider buying a car* den Kauf eines Autos erwägen; *considering* in Anbetracht, unter Berücksichtigung von; *to consider oneself too good for sth* für etwas zu schade sein; *to consider sth finished* einen Schlussstrich unter etwas ziehen; *when you also consider* wenn man noch dazurechnet; *consider sth to be good* etwas für gut befinden; ~ **sth abstractly** *vt,* abstrahieren; ~**able** *adj,* beträchtlich, erheblich, erklecklich, nennenswert, ziemlich; *(beträchtlich)* ansehnlich, beachtlich, bedeutend, namhaft; *quite a considerable amount* eine nicht unbeträchtliche Summe; ~**ably** *adv,* beträchtlich; *(beträchtlich)* bedeutend; ~**ate** *adj,* fürsorglich, rücksichtsvoll; ~**ation** *sub, nur Einz.* Bedacht; *-s* Berücksichtigung, Erwägung, Rücksicht, Überlegung; *nur Einz. (Berücksichtigung)* Beachtung; *show some consideration* ein Einsehen haben; ~**ed** *adj,* überlegt, vorbedacht

consign, *vt,* konsignieren; ~**ee** *sub, -s* Konsignatar; ~**ment** *sub, -s* Konsignation; ~**ment note** *sub, -s* Frachtbrief

consistence, *sub, nur Einz.* Konsistenz; **consistent** *adj,* konsequent, konsistent

consolation, *sub, -s* Trost, Tröstung; **console (1)** *sub, -s* Konsole **(2)** *vt,* trösten; **console table** *sub, -s* Konsoltisch

consolidate, (1) *vt*, kommassieren (2) *vti*, konsolidieren; **consolidation** *sub*, -*s* Konsolidation; **consolidation (of land)** *sub*, -*s* Kommassation **consoling**, *adj*, tröstlich **consommé**, *sub*, -*s (geb.)* Consommé **consonance**, *sub*, -*s* Konsonanz; **consonant** *sub*, -*s* Konsonant, Mitlaut **consortium**, *sub*, -*s (wirt.)* Konsortium **conspicous**, *adj*, unübersehbar; **conspicuousness** *sub*, *nur Einz.* Auffälligkeit **conspicuous**, *adj*, auffällig **conspiracy**, *sub*, -*ies* Komplott, Konspiration; -*es* Verschwörung; **conspirator** *sub*, -*s* Verschworene, Verschwörer; **conspiratorial** *adj*, konspirativ; **conspire** (1) *vi*, konspirieren (2) *vr*, verschwören; **conspire in** *vt*, verabreden **constabler**, *sub*, -*s* Wachtmeister **constancy**, *sub*, *nur Einz.* Konstanz, Stetigkeit; **constant** (1) *adj*, fortwährend, konstant, unausgesetzt; *(Benutzung)* durchgängig; *(laufend)* ständig (2) *sub*, -*s* Konstante; **constant searching** *sub*, -*s* Sucherei; **constantly** *adv*, dauernd, stetig; *constantly* alle Augenblicke **constipation**, *sub*, -*s* Konstipation; *(med.)* Darmträgheit; *(tt; med.)* Verstopfung **constituant assembly**, *sub*, -*ies* Constituante; **constituent** *sub*, -*s* Konstituente; **constitute** *vt*, *(polit.)* konstituieren; **constitution** *sub*, -*s* Grundgesetz, Konstitution; *(tt; polit.)* Verfassung; *the physical constitution* die körperliche Beschaffenheit; *to have a cast-iron constitution* eine eiserne Natur haben; **constitution of a horse** *sub*, - *of horses* Bärennatur; **constitutional** *adj*, konstitutionell; **constitutional court** *sub*, -*s (tt; jur.)* Verfassungsgericht; **constitutional law** *sub*, *nur Einz.* Staatsrecht; **constitutive** *adj*, konstitutiv **constriction**, *sub*, -*s* Beengtheit, Beengung; *(Korsett)* Einzwängung; **constrictor** *sub*, -*s (med.)* Konstriktor **construct**, (1) *sub*, -*s* Konstrukt (2) *vt*, konstruieren; ~**ion** *sub*, -*s* Errichtung, Konstruktion; *(Errichtung)*

~bau; ~**ion company** *sub*, - -*ies* Baufirma; ~**ion equipment** *sub*, *nur Einz.* Baumaschine; ~**ion kit** *sub*, - -*s* Bausatz; ~**ion method** *sub*, -*s (Baumethode)* Bauweise; ~**ion of fieldwork** *sub*, -*s* Schanzenbau; ~**ion stage** *sub*, - -*s* Bauabschnitt; ~**ion supervision** *sub*, - -*s* Bauaufsicht; ~**ion work** *sub*, *nur Einz. (tech.)* Aufbauarbeit; ~**ion year** *sub*, - -*s* Baujahr; ~**ive** *adj*, konstruktiv; ~**ivism** *sub*, *nur Einz. (Baun.)* Konstruktivismus; ~**ivist** *sub*, -*s* Konstruktivist; ~**or** *sub*, -*s* Konstrukteur **consul**, *sub*, -*s* Konsul; ~**ar** *adj*, konsularisch; ~**ate** *sub*, -*s* Konsulat **consult**, (1) *vi*, ratschlagen (2) *vt*, konsultieren, wenden, zuziehen; *(Fachmann)* heranziehen; *consult so* sich von jemandem beraten lassen; ~ **with** *vi*, beraten, beratschlagen, besprechen; ~**ant** *sub*, -*s* Referent; *(Berater)* Gutachter; *(Beraterin)* Gutachterin; ~**ation** *sub*, -*s* Beratungsgespräch, Konsultation; Rücksprache; *(Beratungsgespräch)* Beratung; *(Unterredung)* Besprechung; ~**atory** *adj*, konsultativ; ~**ing hours** *sub*, *nur Mehrz. (Arzt)* Sprechstunde; ~**ing room** *sub*, -*s* Sprechzimmer **consumation**, *sub*, -*s* Verspeisung; **consume** *vt*, konsumieren, verspeisen, verzehren; *(Vorrat, Geld etc.)* aufzehren; **consumer** *sub*, -*s* Endverbraucher, Konsument, Verbraucher; **consumer cooperative** *sub*, -*s* Konsumverein, Verbrauchergenossenschaft; **consumer durables** *sub*, *nur Mehrz.* Gebrauchsgut; **consumer electronics** *sub*, -*s (tt; tech.)* Unterhaltungselektronik; **consumer goods** *sub*, *nur Mehrz.* Bedarfsgüter; **consumption** *sub*, - Konsum, Konsumation, -*s* Konsumierung, Schwindsucht, Verbrauch, Verschleiß; *nur Einz.* Verzehr; - *(med.)* Konsumption; -*s (Nahrung)* Genuss; **consumptive** *adj*, konsumtiv **contact**, *sub*, -*s* Ansprechpartner, Kontakt, Kontaktmann, Kontaktaufnahme, Verkehr; *(tt; mil.)* Verbindung; ~ **lens** *sub*, -*es*

Kontaktlinse; ~ **poison** *sub*, *-s*
(med.) Kontaktgift
contagious, *adj*, infektiös
contain, *vt*, enthalten; *(enthalten)* beinhalten, bergen, fassen; *be contained within sth* in etwas
beschlossen sein; ~**er** *sub*, *-s* Container, Gefäß; *(aus anderen Materiali-
en)* Behälter; *(Behälter)* Tank; ~**er of
stored blood** *sub*, *stored blood* Blutkonserve; ~**er ship** *sub*, *-s* Container-
schiff
containing ash, *adj*, aschenhaltig;
containing chlorine *adj*, chlorhaltig; **containing iron** *adj*, *(Lebensmittel)* eisenhaltig; **containing ochre**
attr, ockerhaltig; **containing opium**
attr, opiumhaltig; **containing radium** *adj*, radiumhaltig
contaminate, *vt*, kontaminieren, verseuchen; **contamination** *sub*, *-s* Kontamination, Verseuchung;
contemplation *sub*, *nur Einz.* Beschaulichkeit; - Kontemplation;
(Nachdenken) Anschauung; *nur
Einz.* Besinnung; *inner/mystic contemplation* innere/mystische Versenkung; **contemplative** *adj*,
beschaulich, besinnlich, kontemplativ; *lead a contemplative live* ein beschauliches Dasein führen
contemporary, **(1)** *adj*, zeitgerecht
(2) *sub*, *-es* Zeitgenosse, Zeitgenossin; ~ **history** *sub*, *nur Einz.* Zeitgeschichte
contemporary document, *sub*, *-s*
Zeitdokument
contempt, *sub*, *-s* Geringschätzung;
nur Einz. Verachtung; *contempt of
cort* Nichtachtung des Gerichts;
~**uous** *adj*, geringschätzig, verächtlich
content, **(1)** *adv*, zufrieden **(2)** *sub*, *-s*
Inhalt; *(Inhalt)* Gehalt; *the contents
of a bottle* der Inhalt einer Flasche; ~
of protein *sub*, *-s* Eiweißgehalt
contentment, *sub*, *nur Einz.* Zufrie-
denheit
contest, *vt*, *(bestreiten)* anfechten;
*contest someone´s right to do some-
thing* jemandem ein Recht streitig
machen; ~**able** *adj*, anfechtbar
context, *sub*, *-s* Kontext; *to take sth
out of its context* etwas aus dem Zusammenhang reißen; ~**ual** *adj*, kontextuell

contiguity, *sub*, *nur Einz.* Kontiguität
continence, *sub*, *nur Einz.* Kontinenz
continent, *sub*, *-s* Erdteil; Kontinent; ~**al** *adj*, festländisch, kontinental; ~**al quilt** *sub*, *-s* Federbett;
~**al shift** *sub*, *-s* Kontinentalver-
schiebung
contingent, *sub*, *-s* *(mil.)* Aufgebot,
Kontingent
continous, *adj*, fortlaufend; ~**ly**
adv, fortlaufend; **continous** *adj*,
durchgehend; **continous tone**
sub, *-s* Dauerton; **continual** *adj*,
fortwährend, kontinuierlich; *(fortwährend)* beständig, ständig;
(zeitl.) durchgängig; **continually**
adv, fortgesetzt, immerfort; *(fortwährend)* beständig; **continuance**
sub, *nur Einz.* *(eines Brauches)*
Beibehaltung; **continuous** *adj*, andauernd, anhaltend, fortdauernd,
pausenlos, unentwegt, ununterbrochen; *continuous snowfall* anhaltender Schneefall
continuation, *sub*, *nur Einz.* Fortbestand; - Fortdauer; *-s* Fortführung, Fortsetzung, Kontinuation;
(Fortsetzung) Fortgang; ~ **of the
journey** *sub*, *-s* Weiterfahrt, Weiterreise; **continue** **(1)** *adj*, andauern
(2) *vi*, fortdauern; *(etw. fortsetzen)*
fortfahren; *(weitergeben)* fortlaufen **(3)** *vt*, fortbestehen, fortsetzen,
weiterführen; *it will continue to
snow* der Schneefall wird andauern; **continue doing sth** *vi*, weiterfahren; **continue** **one´s
education** *vr*, weiterbilden; **continue paying** *vt*, weiterzahlen; **continue travelling** *vi*, weiterreisen,
weiterziehen; **continue working**
sub, *nur Einz.* Weiterarbeit
continued, *adj*, fortgesetzt; ~ **existence** *sub*, *nur Einz.* *(Fortbestand)* Bestand; *(Staat)*
Fortbestand; **continuity** *sub*, *nur
Einz.* Kontinuität, Stetigkeit; **continuously** *adv*, fortdauernd; *do sth
continuously* etwas ohne aufzuhören tun; **continuum** *sub*, *-ua* Kontinuum
contort, *vr*, verziehen; ~**ion** *sub*, *-s*
Verrenkung
contour, *sub*, *-s* Kontur; *(i. ü. S.)* a

wishy-washy sort of character eine Persönlichkeit ohne Konturen; *to see the mountains sharply outlined* die Berge mit scharfen Konturen sehen; ~ **drawing** *sub, -s* Umrisszeichnung; ~ **line** *sub, -s* Niveaulinie
contra, *präp,* contra; *pro and con* pro und contra
contraception, *sub, -s* Empfängnisverhütung; *nur Einz.* Kontrazeption; *-s* Schwangerschaftsverhütung; **contraceptive** (1) *adj,* kontrazeptiv (2) *sub, -s* Kontrazeptiv, Präservativ
contract, (1) *sub, -s* Kontrakt, Vertrag (2) *vt, (med.)* kontrahieren; ~ **for a certain period** *sub, -s (i. ü. S.)* Zeitvertrag; ~**ion** *sub, -s* Kürzel; *(med.)* Kontraktion; ~**ions** *sub, - (tt; med.)* Wehe; ~**or** *sub, -s* Auftragnehmer; ~**ual** *adj,* kontraktlich, tarifarisch, vertraglich
contradict, (1) *vir,* widersprechen (2) *vt,* kontern; ~**ion** *sub, -s* Kontradiktion, Widerspruch; ~**ory** *adj,* widersprüchlich
contrapposto, *sub, - (kun.)* Kontrapost
contrary, (1) *adj,* bockbeinig, gegensätzlich, gegenteilig, konträr; *(gegenteilig)* umgekehrt (2) *sub, -ies* Gegenteil; *contrary to all expectations* entgegen allen Erwartungen; *to do sth out of sheer contrariness* etwas aus reiner Opposition tun; ~ *to präp,* wider, zuwider; *contrary to the law* dem Gesetz zuwider; ~ *to the rules of grammar adj,* sprachwidrig; ~ *to the terms of the contract adj,* vertragswidrig
contrast, (1) *sub, -s* Gegensatz, Kontrast (2) *vi, (kontrastieren)* absetzen (3) *vt,* kontrastieren; *in contrast to* im Gegensatz zu; *stand in sharp contrast to* im scharfen Gegensatz stehen zu, *in contrast to sb/sth* im Unterschied zu jmd/etwas; ~ **medium** *sub, -s (med.)* Kontrastmittel
contravene, *vi,* zuwiderhandeln
contribute, (1) *vt, (ugs.)* beischießen; *(beitragen)* einbringen; *(Fakten, Faktoren)* mitwirken (2) *vti,* beisteuern, beitragen; *contribute sth to a discussion* etwas in eine Diskussion einbringen, *contribute one´s share* seinen Teil beitragen; *contribute to sth* zu etwas beitragen; **contribution**

sub, -s Kontribution, Obolus, Verdienst, Zuschuss; *(aktiv, finanziell etc.)* Beitrag; *(Versicherungswesen)* Umlage; *make a contribution* einen Beitrag leisten; **contribution in kind** *sub, -s* Sacheinlage; **contribution payment** *sub, - -s* Beitragszahlung; **contribution rate** *sub, - -s* Beitragssatz
control, (1) *sub, -* Gewalt; *nur Einz.* Herrschaft; *hier nur Einz.* Kontrolle, *nur Einz. (einer Situation)* Beherrschung; *-s (tech.)* Steuerung (2) *vi, (über)* gebieten (3) *vt,* kontrollieren, lenken, regeln; *(Kind, Fluss)* bändigen; *(Situation)* beherrschen; *(tech.)* steuern; *bring sth/a country under so´s control* jmdn/Land in seine Gewalt bekommen; *lose control* Kontrolle verlieren; *lose control* die Herrschaft verlieren; *he had the situation completely under control* er hatte die Situation vollkommen unter Kontrolle, *lose control over os* außer sich geraten; *seize control* Führung an sich reißen; *(i. ü. S.) to be in control of the situation* das Ruder fest in der Hand haben; *to be in overall control* die Oberaufsicht haben; *(i. ü. S.) to control oneself* sich im Zaum halten; *to maintain control* seine Macht behaupten; ~ **board** *sub, -s* Aufsichtsbehörde; ~ **engineer** *sub, -s* Regeltechnik; ~ **stick** *sub, -s* Steuerknüppel; ~ **tower** *sub, -s* Kontrollturm; ~ **unit** *sub, -s (tech.)* Steuergerät; ~ **valve** *sub, -s* Steuerventil; ~**lable** *adj,* beherrschbar; ~**led** *adv, (i. ü. S.)* ferngelenkt; ~**ler** *sub, -s* Steuergerät; ~**ling** *sub, (wirt.)* Controlling; ~*s sub, hier nur Mehrz.* Kontrollen *to increase controls* die Kontrollen verschärfen
controversal, *adj,* strittig, umstritten **controversial** *adj,* kontrovers; *(These)* Aufsehen erregend; **controversialist** *sub, -s* Polemiker; **controversy** *sub, -ies* Kontroverse, Streitsache
contusion, *sub, -s* Quetschung; ~ **wound** *sub, -s* Quetschwunde
conurbation, *sub, -* Ballungsgebiet, Ballungsraum
convalescence, *sub, -s (allmähli-*

che) Genesung; **convalescene** *sub,* *nur Einz.* Rekonvaleszenz; **convalescent** *sub, -s* Konvaleszent
convection, *sub, -s (phy.)* Konvektion; ~ **oven** *sub, -s* Heißluftherd
convenience, *sub, nur Mehrz.* Komfort; - Konvenienz; *-s (des Bahnreisens etc.)* Bequemlichkeit; **convenient** *adj,* genehm; *(passend)* gelegen; *(praktisch)* bequem; *(zweckmäßig)* sinnvoll; *he came at any time, no matter how inconvenient* er kam zu jeder passenden und unpassenden Zeit; *it is convenient that* es trifft sich gut, daß
convent, *sub, -s* Kloster, Konvent
conventicle, *sub, -s* Konventikel
convention, *sub, -s* Kongress, Konvent, Konvention; ~ **hall** *sub, -s* Kongresshalle; ~**al** *adj,* konventional, konventionell; *(herkömmlich)* gewöhnlich; **conventual** *sub, -s* Konventuale
converge, *vi,* konvergieren; *(tt; geogr.)* zusammen laufen; *have a decent conversation* sich gepflegt unterhalten; *light conversation* eine plätschernde Unterhaltung; ~**nce** *sub, -s* Konvergenz; ~**nt** *adj,* konvergent
converse, *vi,* konversieren; *argue the converse* das Gegenteil behaupten
conversion, *sub, -s* Bekehrung, Konversion, Konvertierung, Umwandelung; ~ *(of a debt) sub, conversions of debts* Umschuldung; ~ *into electricity sub, -s* Verstromung; **convert** (1) *sub, -s* Bekehrte, Konvertit (2) *vt,* bekehren, konvertieren, umrechnen, umwandeln, verwandeln; *(Dachboden)* ausbauen; *(tech.)* umformen; **converter** *sub, -s* Konverter, Umformer; **convertible** (1) *adj,* konvertibel, verwandelbar (2) *sub,* *-s* Kabriolett; **convertible top** *sub, -s* Klappverdeck
convex, *adj,* konvex; *(tech.)* gewölbt; ~ **lens** *sub, -es* Konvexlinse
convey, *vt,* transportieren, übereignen, übermitteln; ~**ance** *sub, -s* Übermittlung
conveyor belt, *sub, - -s* Band; *-s* Fließband, Förderband
convict, (1) *sub, -s* Sträfling (2) *vt, (jur.)* überführen; *(tt; jur.)* verurteilen; ~ **settlement** *sub, -s* Strafkolo-

nie; ~**ion** *sub,* - Glaube; *-s* Überzeugung, Verurteilung; *(jur.)* Überführung; *with utter conviction* im Brustton der Überzeugung; ~**ions** *sub, nur Mehrz.* Gesinnung
convince, *vt,* überzeugen; *a convincing victory* ein überlegener Sieg; **convincing** *adj,* überzeugend; *(überzeugend)* evident, triftig; **convincingness** *sub, -es* Evidenz; *nur Einz.* Triftigkeit
convoy, *sub, -s* Geleitzug, Konvoi; *(mil.)* Geleit, Kolonne; ~ **of wagons** *sub, -es* Wagenkolonne
convulsion, *sub,* *-s* Konvulsion; **convulsive** *adj,* krampfartig; **convulsive cough** *sub, -* Krampfhusten
coo, *vi,* gurren, rucksen; *(girren)* turteln
cook, (1) *sub, -s* Koch (2) *vti,* kochen; *home cooking* bürgerliche Küche; ~ **for** *vi,* bekochen, beköstigen; ~ **for o.s.** *vi,* beköstigen; ~ **outside** *vi,* abkochen; ~ **slowly** *vti,* garen; ~ **up** *vt, (ugs.)* aushekken; ~**book** *sub, -s* Kochbuch; ~**ed** *adj, (Kochk.)* gar; ~**ed oatmeal** *sub, -s (US)* Haferbrei; ~**er** *sub, -s* Herd, Kocher; ~**ery course** *sub, -s* Kochkurs; ~**ing chocolate** *sub, nur Einz.* Blockschokolade; ~**ing oil** *sub, -s* Speiseöl; ~**ing pot** *sub, -s* Kochtopf; ~**ing spoon** *sub, -s* Kochlöffel; ~**ing time** *sub, -s* Kochzeit; ~**ing utensils** *sub, nur Mehrz.* Kochgeschirr
cool, (1) *adj,* kühl; *(ugs.)* cool, lässig (2) *vi,* erkalten (3) *vt,* kühlen; *cool cheek* Frechheit; *he is as cool as a cucumber* die Ruhe selbst sein, sehr cool sein; *he´s a cool character* ein unverschämter Kerl sein; *keep your cool* cool bleiben; *(ugs.)* *a cool guy* ein lässiger Typ; *(ugs.)* *man! what a cool haircut!* Mensch! die Frisur ist echt lässig!, *in spite of everything he didn´t lose his cool* er hat trotz allem die Nerven behalten; ~ **down** (1) *vi,* auskühlen (2) *vti,* abkühlen; ~ **off** *vi,* abkühlen; ~**ing** *sub, -s* Abkühlung; - Kühlung; ~**ing aggregate** *sub, -s* Kühlaggregat; ~**ing tower** *sub, -s (tech.)* Kühlturm
coolie, *sub, -s* Kuli
cooper, *sub, -s* Fassbinder

cooperate, *vi,* kooperieren, mitarbeiten; **cooperation** *sub,* -s Entgegenkommen; - Kooperation; *nur Einz.* Miteinander; *cancel the cooperation with so* die Zusammenarbeit mit jemandem aufkündigen; **cooperative** (1) *adj,* kollegial, kooperativ (2) *sub,* -s Genossenschaft, Kooperative; **cooperative bank** *sub,* -s Genossenschaftsbank; **cooperativeness** *sub, nur Einz.* Kollegialität
co-operation, *sub,* -s Zusammenarbeit
coordinate, (1) *sub,* -s *(mat.)* Koordinate (2) *vt,* koordinieren; *(gramm.)* nebenordnen; *well-coordinated* gut aufeinander abgestimmt; **coordinating point** *sub,* -s Schaltstelle; **coordination** *sub,* -s Beiordnung, Koordination, Parataxe; *(gramm.)* Nebenordnung; **coordinator** *sub,* -s Koordinator
co-owner, *sub,* -s Mitbesitzer, Mitinhaberin; **~ship** *sub,* -s Miteigentum
cop, *sub,* -s Kops; *(ugs.)* Bulle
copal, *sub,* -s Kopal
cope with, (1) *vi, (Arbeit)* bewältigen; *(einer Sache)* beikommen (2) *vt,* verkraften
copier, *sub,* -s Kopierer
co-pilot, *sub,* -s Kopilot; *(zweiter)* Flugzeugführer
coping with, *sub,* - *(Arbeit)* Bewältigung
copper, *sub, nur Einz.* Kupfer; **~ coin** *sub,* -s Kupfermünze; **~ jug** *sub,* -s Kupferkanne; **~ kettle** *sub,* -s Kupferkessel; **~ wire** *sub,* -s Kupferdraht; **~-coloured** *adj,* kupferfarben; **~-plating** *sub, nur Einz.* Verkupferung; **~plate engraving** *sub,* -s Kupferstich; **~plate print** *sub,* -s Kupferdruck; **~s** *sub,* - Kupfergeld
co-producer, *sub,* -s Koproduzent; **co-production** *sub,* -s Koproduktion
coprophagous, *adj,* koprophag; **coprophagy** *sub,* - Koprophagie
cops, *sub, nur Mehrz. (ugs.)* Polente
copse, *sub,* -s Gehölz
Copt, *sub,* -s Kopte
copulate, *vi,* koitieren, kopulieren, paaren; **copulation** *sub, nur Einz.* Kopulation; -s *(Kopulation)* Paarung; **copulative word** *sub,* -s Kopulativum
copy, (1) *sub,* -ies Abschrift, Kopie,

Nachbildung; -s *(Buchdruck)* Abdruck (2) *vt,* abmalen, kopieren, nachmachen; *(ugs.)* abkupfern; *(abmalen)* abzeichnen; *(abschreiben)* übertragen; *(Aufsatz)* eintragen; *(nachbilden)* nacharbeiten (3) *vti,* abschreiben; *she copies everything I do!* sie macht mir alles nach!; *copy an essay into one's exercise-book* einen Aufsatz ins Heft eintragen; *(abschreiben) she copied the text from the book into her notebook* sie übertrug den Text aus dem Buch in ihr Heft; **~ protection** *sub,* - Kopierschutz; **~(ing)** *sub,* -ies (-s) Nachprägung; **~holder** *sub,* -s Tenakel; **~right** *sub,* -s Copyright; *(tt; jur.)* Urheberrecht; *nur Einz.* Urheberschutz; **~write** *vi, (Werbung)* texten; **~writer** *sub,* -s Texter
coral, *sub,* -s Koralle; **~ reef** *sub,* -s Korallenbank; **~-red** *adj,* korallenrot
cord, *sub,* -s Kordel; *(anat.)* Strang; **~ velvet** *sub,* -s Kordsamt
cordial, *adj,* kordial; **~ity** *sub, nur Einz.* Kordialität
cordon, *sub,* -s Kordon, Postenkette, Sperrgürtel
corduroy, *sub, nur Einz.* Cord; -s Kord; **~ suit** *sub,* -s Cordanzug; **~ trousers** *sub, nur Mehrz.* Kordhose
core, (1) *sub,* -s Kerngehäuse; *(Kern)* Gehäuse; *(Mittelpunkt)* Herz (2) *vt,* entkernen; *(i. ü. S.) to the core* bis ins Mark
coriander, *sub, nur Einz.* Koriander; **~ oil** *sub,* -s Korianderöl
Corinthian, *adj,* korinthisch
cork, (1) *sub, nur Einz.* Kork; -s Korken; *(Korken)* Stöpsel; *(Sekt~)* Pfropf, Pfropfen (2) *vt,* korken, verkorken; **~ up** *vt,* zukorken; **~screw** *sub,* -s Korkenzieher; **~y** *adj,* korkig
cormorant, *sub,* -s Kormoran
corn, *sub,* -s Hühnerauge; *nur Einz.* Mais; *(bes. US)* Mais; **~ flour** *sub, nur Einz.* Maismehl; **~ salad** *sub,* - Feldsalat; -s *(bot.)* Rapunzel; **~- cockle** *sub,* -s Kornrade
corncockle, *sub,* -s Rade
cornea, *sub,* -s *(anat.)* Hornhaut
corned beef, *sub,* nur *Einz.*

Cornedbeef
cornelian, *sub, -s* Karneol
corner, *sub, -s* Eck, Ecke, Winkel;
(ugs.) Zipfel; *(wirt.)* Korner; *the pub
at the corner* die Kneipe am Eck;
blind corner unübersichtliche Kurve;
from the four corners of the earth aus
aller Herren Länder; *get sb in a corner* jmd in die Ecke drängen; *just
round the corner* gleich um die Ecke;
round the corner um die Ecke; *take
a corner* eine Ecke treten; *(Auto) to
hold the corner* in der Kurve liegen;
turn the corner um die Ecke biegen;
~ **of the eye** *sub, -s -s* Augenwinkel;
*watch so out of the corner of one´s
eye* jemanden aus dem Augenwinkel
beobachten; ~ **of the goalpost** *sub,
-s* Lattenkreuz; ~ **seat** *sub, -s* Eck-
bank; ~ **seating unit** *sub, -s* Sitzecke;
~ **site** *sub, -s* Eckstück; ~ **table** *sub,
-s* Ecktisch; ~**-kick** *sub, -s* Eckball
cornfield, *sub, -s* Getreidefeld, Korn-
feld; **cornflakes** *sub, nur Mehrz.*
Cornflakes; **cornflower** *sub, -s* Korn-
blume
corny joke, *sub, -s* Kalauer
corollary, *sub, -ies (mat. phil.)* Korollarium
coronary, *adj, (med.)* koronar; ~ **insufficiency** *sub, -* Koronarinsuffizi-
enz
coronation, *sub, -s* Krönung
corpless, *adj, (i. ü. S.)* unkörperlich
corporal, *sub, -s* Korporal; ~ **punishment** *sub, nur Einz.* Leibesstrafe; *-s*
Prügelstrafe, Züchtigung
corporate, *adj,* korporativ; **corporation** *sub, -s* Körperschaft; **corporation lawyer** *sub, -s (US)* Syndikus;
corporative chamber *sub, -s* Ständekammer; **corporative state** *sub, nur
Einz.* Ständewesen
corporeality, *sub, nur Einz.* Leiblichkeit
corps, *sub, -* Korps; *-es (mil.)* Corps;
student duelling society studentisches Corps
corpse, *sub, -s* Leiche
corpulence, *sub, nur Einz.* Körperfül-
le, Korpulenz, Leibesfülle; *(Körper)*
Fülle; **corpulent** *adj,* füllig, korpulent
corpus, *sub, -pora* Korpus; **Corpus
Christi** *sub, nur Einz. (theol.)* Fronleichnam

corpuscle, *sub, -s (phy.)* Korpuskel
corral, *sub, -s* Korral
correct, (1) *adj,* korrekt, vorschriftsmäßig, zutreffend **(2)** *vt,*
korrigieren; *(Aussage, Fehler etc.)*
berichtigen; *(Fehler)* ausbessern;
(Zahlen) bereinigen; ~ o.s. *vr,* berichtigen; ~ **thing** *sub, - (i. ü. S.)*
Zutreffende; ~**ion** *sub, -s* Gegen-
darstellung, Korrektur, Richtigstellung; *(einer Aussage, von Fehlern)*
Berichtigung; *(von Fehlern)* Ausbesserung; *(von Zahlen)* Bereinigung; ~**ional institution** *sub, -s
(US)* Strafanstalt; ~**ive (1)** *adj,* korrektiv **(2)** *sub, -s* Korrektiv; ~**ly**
adv, richtig; ~**ness** *sub, nur Einz.*
Korrektheit, Richtigkeit
correspond, (1) *vi,* korrespondieren; *(Daten etc.)* übereinstimmen
(2) *vt, (übereinstimmen)* entsprechen; ~**ence** *sub, nur Einz.* Briefwechsel; *-s* Entsprechung; *nur
Einz.* Korrespondenz; *-s* Schrift-
wechsel; *(Einklang)* Übereinstimmung; *be in correspondence with
sb* Briefwechsel mit jmd führen;
~**ence course** *sub, -s* Fernkurs,
Fernstudium; ~**ent** *sub, -s* Korrespondent; *(im Ausland)* Berichterstatter; ~**ing** *adj,* entsprechend
corrida, *sub, -s* Corrida
corridor, *sub, -s* Flur, Gang, Korridor
corroberate, *vt,* unterstreichen
corrode, (1) *vt,* zersetzen; *(chem.)*
beizen; *(tech.)* ätzen **(2)** *vti,* korrodieren, verätzen; **corrosion** *sub,
nur Einz.* Korrosion; *-s (tech.)* Ätzung; *nur Einz. (Vorgang)* Beize;
corrosive (1) *adj, (tech.)* ätzend
(2) *sub, -s* Ätzflüssigkeit; *(Substanz)* Beize
corrugate, *vt,* wellen; ~**d cardboard** *sub, -s* Wellpappe
corrupt, (1) *adj,* korrupt, verdorben **(2)** *vt,* korrumpieren; *(Moral)*
demoralisieren; ~**(ed)** *adj,* korrumpiert; ~**ibility** *sub, nur Einz.*
Bestechlichkeit, Käuflichkeit;
~**ible** *adj,* bestechlich; ~**ion** *sub,
nur Einz.* Korruption; *corruption
passive* Bestechung; ~**ness** *sub, -es*
Verderbtheit
corsac, *sub, -s* Steppenfuchs
corsage, *sub, -s* Korsage

corsair, *sub*, *-s* Korsar
corselet, *sub*, *-s* Korselett
corset(s), *sub*, Korsett; **corsetry** *sub*, *nur Einz.* Miederwaren
Corsican, *adj*, korsisch
cortege, *sub*, *-s* Trauergeleit
cortisone, *sub*, *-s* Kortison
corundum, *sub*, *-s (geol.)* Korund
cosiness, *sub*, *nur Einz.* Wohnlichkeit; *(Gemütlichkeit)* Traulichkeit
cosmetic, (1) *adj*, kosmetisch (2) *sub*, *-s* Kosmetikum; ~**ian** *sub*, *-s* Kosmetikerin; ~**s** *sub*, *nur Mehrz.* Kosmetik
cosmic, *adj*, kosmisch
cosmodrome, *sub*, *-s* Kosmodrom;
cosmogonic(al) *adj*, kosmogonisch;
cosmogony *sub*, *-ies* Kosmogonie;
cosmography *sub*, *-ies* Kosmografie;
cosmologic(al) *adj*, kosmologisch;
cosmology *sub*, *-ies* Kosmologie
cosmonaut, *sub*, *-s* Kosmonaut; ~**ics** *sub*, - Kosmonautik
cosmopolitan, *sub*, *-s* Weltenbürger; ~ **city** *sub*, *-s* Weltstadt; **cosmopolite** *sub*, *-s* Kosmopolit
cosmos, *sub*, *nur Einz.* Kosmos, Weltall
Cossack, *sub*, *-s* Kosak; ~ **cap** *sub*, *-s* Kosakenmütze; ~ **horse** *sub*, *-s* Kosakenpferd
cost, (1) *sub*, *nur Einz.* Anschaffungskosten; *-s (finanziell)* Aufwand (2) *vti*, kosten; *at a cost of* mit einem Aufwand von; ~ **factor** *sub*, *-s* Kostenfaktor; ~ **reasons** *sub*, - Kostengründe; ~**(s)** *sub*, - Kosten; *money's no object* die Kosten spielen keine Rolle; *(ugs.) the beer is on me* das Bier geht auf meine Kosten; *the cost of living* Lebenshaltungskosten
costal arch, *sub*, *-es (anat.)* Rippenbogen
co-stars, *sub*, *-s (Film)* Partner
costly, *adj*, kostspielig
costume, *sub*, *-s* Kostüm, Kostümierung, Maskerade; ~ **jewellery** *sub*, *nur Einz.* Modeschmuck
cosy, *adj*, behaglich, gemütlich, heimelig, lauschig, traulich, traut; *(ugs.)* mollig, schnuckelig; ~**ness** *sub*, *nur Einz. (Gemütlichkeit)* Behaglichkeit
cottage, *sub*, *-s (Dial)* Kate; ~ **cheese** *sub*, *nur Einz.* Hüttenkäse; ~**r** *sub*, *-s (Dial)* Kätner
cotton, (1) *adj*, baumwollen (2) *sub*, *nur Einz.* Baumwolle, Cotton; *-s* Nes-

sel; ~ **cloth** *sub*, *-s* Kattun; ~ **industry** *sub*, *nur Einz.* Baumwollindustrie; ~ **pad** *sub*, *-s* Wattebausch; ~ **shirt** *sub*, *- -s* Baumwollhemd; ~ **twill** *sub*, *nur Einz.* Drell; ~ **wool** *sub*, *nur Einz.* Watte; ~**/linen lawn** *sub*, *-s* Linon
cough, (1) *sub*, *-s* Husten (2) *vi*, husten; ~ **medicine** *sub*, *-s* Hustenmittel; ~ **slightly** *vi*, hüsteln; ~ **up** (1) *vt*, abhusten (2) *vti*, *(ugs.)* blechen; ~**-drop** *sub*, *-s* Hustenbonbon
could (might, may), *v aux*, können; *he could come any minute* er kann jeden Augenblick kommen; *she might see it differently* sie könnte anderer Meinung sein
coulomb, *sub*, *-s (phy.)* Coulomb
coumarone-resin, *sub*, *-s (chem.)* Kumaronharz
council, *sub*, *-s* Konzil; *(med.)* Konsilium; ~ **chamber** *sub*, *-s* Rathaussaal; ~ **father** *sub*, *-s* Konzilsvater; ~ **meeting** *sub*, *-s* Ratssitzung; ~ **of elders** *sub*, *-s -* Ältestenrat; *-s* Seniorat; **Council of Europe** *sub*, *nur Einz.* Europarat; ~ **of ministers** *sub*, *councils* Ministerrat; ~**lor** *sub*, *-s* Ratsherr; *(Person)* Gemeinderat
count, (1) *pron*, Zählung (2) *sub*, *-s* Graf; *-* Grafentitel (3) *vi*, zählen (4) *vt* rechnen; *(Wählerstimmen)* auszählen (5) *vti*, *(zählen)* gelten; *(i. ü. S.) count* ins Gewicht fallen; *it counted against him* es wurde ihm angekreidet; ~ **(out)** *vt*, abzählen; ~ **(up)** *vt*, durchzählen; ~ **extra** *vi*, zuzählen; ~ **on** *vt*, *(erwarten)* errechnen; ~ **out** *vt*, *(auch Kinderspiel)* auszählen; ~´**s** *adj*, gräflich; ~´**s coronet** *sub*, *-s* Grafenkrone; ~**ability** *sub*, *-s (i. ü. S.)* Zählbarkeit; ~**able** *adj*, zählbar; ~**down** *sub*, *-s* Count-down
counter, (1) *sub*, *-s* Zähler, Zählwerk; *(Amt)* Schalter; *(Ausgabestelle)* Ausgabe; *(Laden)* Theke; *(Ladentisch)* Tresen (2) *vti*, kontern; ~ **evidence** *sub*, *-s (jur.)* Gegenbeweis; ~**-attack** *sub*, *-s (mil.)* Konterschlag; ~**act** *vt*, hintertreiben, konterkarieren; ~**attack** *sub*, *-s* Gegenangriff; ~**balance** *sub*, *-s (med.)* Regulativ; ~**blow** *sub*, *-s*

Gegenschlag; ~**claim** *sub, -s* Widerklage; ~**claimant** *sub, -s* Widerkläger; ~**clockwise turn** *sub, -s* Linksdrehung; ~**culture** *sub, -s* Gegenkultur; ~**currently** *adv,* gegenstromig

counterfeit, (1) *sub, -s* Fälschung **(2)** *vt, (Geld)* fälschen; ~ **money** *sub, -* Falschgeld; ~**er** *sub, -s* Fälscher, Falschmünzer

countermeasure, *sub, -s* Gegenmaßnahme; **counter plot** *sub, -* Gegengewalt; **counter rotating** *adj, (tech.)* gegenläufig; **counter-revolution** *sub, -s* Konterrevolution; **countermotion** *sub, -s* Gegenantrag; **countermove** *sub, -s* Gegenaktion, Gegenzug; **counteroffer** *sub, -s* Gegenangebot; **counterpart** *sub, -s* Counterpart, Gegenstück, Pendant; *(i. ü. S.)* Gegenpol; **counterpoint** *sub, - (mus.)* Kontrapunkt; **countersink** *vt,* versenken; **counterweight** *sub, -s* Gegengewicht

countess, *sub, -es* Gräfin, Gräfinwitwe, Komtess; - *(Titel)* Gräfin

counting, *sub, -s* Durchzählung; ~ **(out)** *sub, nur Einz.* Auszählung; ~**machine** *sub, -s (i. ü. S.)* Zählapparat; ~**-out rhyme** *sub, -s* Abzählreim

country, *sub, -ies* Land, Staat; *drive on country roads* über die Dörfer fahren; *the whole country* die gesamte Bevölkerung; ~ **air** *sub, nur Einz.* Landluft; ~ **doctor** *sub, -s* Landarzt; ~ **dweller** *sub, -s* Landbewohner; ~ **estate** *sub, -s* Landgut; ~ **fair** *sub, -s* Kirchweih; ~ **feast to eat up meat from freshly slaughtered pigs** *sub, -s* Schlachtfest; ~ **house** *sub, -s* Landhaus; ~ **music** *sub, nur Einz.* Countrymusic; ~ **of origin** *sub, -ies* Erzeugerland, Herkunftsland; ~ **outing** *sub, -s (obs.)* Landpartie; ~ **parson** *sub, -s* Landpfarrer; ~ **seat** *sub, -s* Landsitz; ~ **squire** *sub, -s* Junker; ~**-loving** *adj,* landliebend; ~**side** *sub, nur Einz.* Landschaft; *(freies Land)* Natur; *in the open countryside* in der freien Natur; *the open countryside* Gottes freie Natur

county, *sub, -ies* County; ~ **rock** *sub, -s (min.)* Nebengestein

coup, (1) *sub, -s (Staatsstreich)* Handstreich **(2)** *vi,* Coup; *pull off a coup* einen Coup landen; ~ **d´état** *sub, -s*

Staatsstreich; *coups* Umsturz; ~ **de grace** *sub, (Jagdw.)* Fangschuss

coupé, *sub, -s* Coupé

couple, *sub, -s* Ehepaar, Pärchen; *(Mann und Frau)* Paar; *a couple of times* ein paar Male; *an odd couple* ein ungleiches Paar; ~ **of** *adj, (ein* ~*)* paar; **coupling** *sub, -s* Kopplung, Verkopplung

courage, *sub, -* Courage; *nur Einz.* Mut; *(Mut)* Tapferkeit; *lack courage* keine Courage haben; *Mother Courage* Mutter Courage; *the courage to admit when one doesn´t know sth* Mut zur Lücke; *to pluck up courage* Mut fassen; *with the courage born of despair* mit dem Mut der Verzweiflung; ~ **of one's convictions** *sub, nur Einz.* Zivilcourage; ~ **which defies death** *sub, nur Einz.* Todesmut; ~**ous** *adj,* couragiert, mutig; *(mutig)* tapfer

courgette, *sub, -s (tt; biol.)* Zucchini

courier, *sub, -s* Kurier, Reiseführer, Reiseleiter

course, *sub, -s* Kurs, Kursus, Lauf, Lehrgang, Verlauf; *(Verlauf)* Gang; *to change course* den Kurs ändern; *to hold one´s course* den Kurs beibehalten; *(i. ü. S.) in the course of the years* im Laufe der Jahre; *(i. ü. S.) the way of the world* der Lauf der Welt; *(i. ü. S.) we must let things take their course* wir müssen den Dingen ihren Lauf lassen; *three-course meal* Essen mit drei Gängen; *take its course* seinen Gang gehen; ~ **of events** *sub, courses* Tatgeschehen; ~ **of lectures** *sub, -s* Kolleg; ~ **of studies** *sub, courses* Studiengang; ~ **of the river** *sub, -s* Flusslauf; ~ **of withdrawal treatment** *sub, -s* Entziehungskur

court, (1) *sub, nur Einz.* Cour; *-s* Hof; *(Gerichtsgebäude)* Gericht; *(jur.)* Court, Gericht **(2)** *vi, (werben)* balzen **(3)** *vt,* hofieren, umwerben; *to court sb* jmd die Cour machen; *at the court of Louis XIV* am Hofe Ludwig XIV; *court of law* ordentliches Gericht; *to take sb to court* jmdn rechtlich belangen; *hold court* Gericht halten; *take so to court* vor Gericht bringen; *testify*

before a court vor Gericht aussagen; ~ **a girl** *vt, (werben)* freien; ~ **case** *sub, -s* Rechtsfall; ~ **jester** *sub, -s* Schalksnarr; ~ **of appeal** *sub, -s* - Appellationsgericht; ~ **of justice** *sub, -s* Gerichtshof, Instanz; *courts* Tribunal; *he went through all the courts* er ging von einer Instanz zur anderen; *we won at the first hearing, but lost at the second* wir haben in der ersten Instanz gewonnen, aber in der zweiten verloren; ~ **official** *sub, -s* Gerichtsherr; ~ **procedure** *sub, -s* Gerichtsverfahren; ~ **room** *sub, -s (jur)* Sitzungssaal; ~ **sb´s favour** *vt,* buhlen; ~ **with a jury** *sub, -s* Schwurgericht; ~**-jester** *sub, -s* Hofnarr; ~**-martial** *sub, -s* Kriegsgericht; ~´s **decision** *sub, -s* Gerichtsbeschluss; ~**room** *sub, -s* Gerichtssaal; ~**ship** *sub, -s (Partnerwerbung)* Balz; ~**yard** *sub, -s* Innenhof, Schlosshof
courtesan, *sub, -s* Kurtisane, Lebedame
courtesy, *sub, -ies* Höflichkeit
courtier, *sub, -s* Hofschranze; ~**like** *adj,* hofmännisch
courtly, *adj,* höfisch; ~ **love** *sub, nur Einz.* Minne
cousin, *sub, -s* Cousin, Cousine, Kusine, Vetter; *(Cousine)* Base
couture, *sub, nur Einz.* Couture; **couturier** *sub, -s* Couturier
cover, (1) *sub, -s* Abdeckung, Cover, Deckmantel, Einband, Gedeck, Kuvert, Schoner; *(bedecken)* Decke; *(Bett etc.)* Überzug; *(Hülle)* Umschlag; *(Käse-)* Glocke; *(Stoffbezug)* Bezug; *(tech.)* Haube **(2)** *vt,* bedekken, beschälen, umhüllen, umkleiden, verhängen, verhüllen, zurücklegen; *(bedecken)* abdecken, belegen, decken, überziehen; *(Boden)* auslegen; *(einbeziehen)* erfassen; *(mit Leder, Stoff)* bespannen; *(Polster)* beziehen; *under cover* in Deckung; *using sth as a cover* unter dem Deckmantel; *clouds are covering the sky* Wolken überziehen den Himmel; *pull the covers over one´s head* die Decke über den Kopf ziehen; *slip under the covers* unter die Decke kriechen, *cover/roof the house* Dach decken; ~ **(over)** *vt,* überdekken; ~ **(up)** *vt, (i. ü. S.; Fehler)* überspielen; ~ **board** *sub, -s*

Abdeckplatte, Einbanddecke; ~ **o.s.** *vr,* bedecken; *(Versicherung)* absichern; ~ **over** *vt,* verwischen; ~ **up** *vt,* zudecken; *(i. ü. S.)* übertünchen; ~ **with** *vt,* überschütten; ~ **with scratches.** *vt,* zerkratzen; ~ **with soot** *vt,* berußen; ~**(ing)** *sub, -s* Bedeckung, Hülle, Überdeckung; ~**-up** *sub, -* *(ugs.)* Vertuschung
covered, *adj,* verhüllt; ~ **in fluff (1)** *adj,* fusselig **(2)** *adv,* fusslig; ~ **path** *sub, -s* Laubengang; ~ **with glory** *adj,* ruhmbedeckt; ~ **with scratches** *adj, (ugs.)* zerschrammt; ~ **with wax** *adj,* gewachst; **covering** *sub, -s* Bezugsstoff, Deckung; *(eines Bodens)* Belag; *take cover* in Deckung gehen; **covering fire** *sub, - (mil.)* Feuerschutz; **covering letter** *sub, -s* Begleitbrief
cow. *sub, -s* Kuh; *milk fresh from the cow* frisch gemolkene Milch; *(ugs.) you can wait till the cows come home* da kannst du warten, bis du schwarz wirst; ~ **elephant** *sub, -s* Elefantenkuh; ~ **race** *sub, -s* Rinderasse; ~**-shed** *sub, -s* Kuhstall; ~´s **liver** *sub, -s* Rinderleber; ~´s **milk** *sub, nur Einz.* Kuhmilch; ~´s **udder** *sub, -s* Kuheuter
coward, *sub, -s* Feigling; *(i. ü. S.)* Hasenfuß; *he is too much of a coward to* er ist viel zu feige, um zu; ~**-ice** *sub, nur Einz.* Feigheit; ~**ly** *adj,* feig, feige, zimperlich
cowboy, *sub, -s* Cowboy; ~ **hat** *sub, -s* Cowboyhut
cowpat, *sub, -s (Kuh-)* Fladen; **cowshed** *sub, -s* Stall; **cowslip** *sub, -s* Schlüsselblume
coxswain, *sub, -s (spo.)* Steuermann
coy, *adj,* verschämt; ~**ness** *sub, nur Einz.* Verschämttun
coyote, *sub, -s* Kojote, Steppenwolf
cozy, *adj,* heimelig; *(US)* gemütlich
crab *sub, -s* Krabbe, Krebs; ~ **louse** *sub crab lice* Filzlaus; ~**by** *adj, (i. ü. S.)* ätzend
crack, (1) *sub, -s* Knacks, Riss, Ritz, Ritze; *(Haut)* Schrunde; *(Holz)* Spalte; *(Riss)* Spalt; *- (spo.)* Crack **(2)** *vi, (Eisfläche)* aufbrechen; *(Lippen)* aufspringen **(3)** *vr, (Stimme)* überschlagen **(4)** *vt,* knacken; *(chem.)* spalten; *(Ei)* aufschlagen;

(ugs.) he´s a bit cracked er hat einen Knacks weg; *(ugs.) their marriage has been cracking up for a long time* die Ehe der beiden hat schon lange einen Knacks; *he´s cracked up* er ist durchgedreht; *leave the door open a crack* lass die Tür einen Spalt offen; *the glass is cracked* das Glas ist gesprungen; *to crack one´s whip* mit der Peitsche schnalzen; ~ **force** *sub*, *-s* Elitetruppe; ~ **of the door** *sub*, *cracks* Türspalt; ~ **up** *vi*, *(ugs.)* durchdrehen; ~**ed** *adj*, borkig, rissig, schrundig; *cracked bark* borkige Rinde; ~**ed up** *vpp*, *(ugs.; psych.)* durchgedreht
cracker, *sub*, *-s* Cracker, Kanonenschlag, Knallkörper
crackle, *vi*, knistern; **crackling** *sub*, - Kruste
cracknel, *sub*, *-s* Krokant
cradle, *sub*, *-s* Wiege; *from the cradle to the grave* von der Wiege bis zur Bahre; *to learn sth from the cradle* etwas mit der Muttermilch einsaugen
craft, *sub*, *-s* Handwerk; ~ **industry** *sub*, *nur Einz.* Kunsthandwerk; ~**iness** *sub*, *-es* Durchtriebenheit; ~**sman** *sub*, *-men (künstl)* Handwerkerin; *(künstl.)* Handwerker; ~**y** **(1)** *adj*, abgefeimt, durchtrieben; *(schlau)* gerissen **(2)** *sub*, fintenreich; ~**y thing** *sub*, *-s* Pfiffikus; ~**yness** *sub*, *-es* Abgefeimtheit
crake, *sub*, *-s (zool.)* Sumpfhuhn
cram, **(1)** *vt*, pferchen **(2)** *vti*, büffeln; ~ **full** *vt*, vollstopfen; *(ugs.)* voll stopfen; ~**-full** *adj*, *(ugs.; Menschen)* übervoll; ~**ming** *sub*, *-s* Einpferchung
cramp, *sub*, *-s* Krampf; ~ **in the calf** *sub*, *-s* Wadenkrampf
cranberry, *sub*, *-ies* Preiselbeere
cranial, *adj*, *(med.)* kranial
crank, *sub*, *-s* Kurbel; ~ **up** *vt*, *(Auto)* ankurbeln
crap, **(1)** *sub*, *nur Einz. (vulg.)* Kacke, Scheiß, Scheißdreck, Scheiße **(2)** *vi*, scheißen
crash, **(1)** *sub*, *-es* Karambolage; *-s (Kfz)* Crash **(2)** *vi*, karambolieren, krachen, verunglücken; *(Börse)* einbrechen; *(comp.)* abstürzen; *crash into* auffahren auf; ~ **about** *vi*, poltern; ~ **barrier** *sub*, *-s (Leit~)* Planke; ~ **car** *sub*, *-s (verunfallter*

Wagen) Unfallwagen; ~ **course** *sub*, *-s* Schnellkurs; ~ **into** *vi*, *(zusammenstoßen)* auffahren; ~ **into sth.** *vt*, prallen; ~ **through** *vt*, *(Auto)* durchbrechen; ~**-barrier** *sub*, *-s* Leitplanke; ~**-land** *vi*, bruchlanden; *crash-land* bruchgelandet sein; ~**-landing** *sub*, *-s* Bruchlandung; ~**-landing in the sea** *sub*, *c.-landings* Notwasserung
crate, *sub*, *-s* Kasten, Kiste; *(Obstkiste)* Stiege
crater, *sub*, *-s* Krater; *(Granat-)* Trichter
crave for, **(1)** *vi*, *(nach)* gieren **(2)** *vt*, gelüsten, lechzen; **craving** *sub*, *-s* Gelüst; *nur Einz.* Heißhunger; - *(nach Essen)* Gier; **craving for pleasure** *sub*, - *(ugs.; abw.)* Genusssucht; **craving for sweet things** *adj*, naschsüchtig
crawfish, *sub*, - *(zool.,US)* Flusskrebs
crawl, *vi*, krabbeln, kraulen, kriechen; *(ugs.)* schleimen; *(mil.)* robben; ~ **(stroke)** *sub*, - *(spo.)* Kraul; ~ **relay** *sub*, *-s* Kraulstaffel; ~ **sprint** *sub*, *-s (spo.)* Kraulsprint; ~**er** *sub*, *-s (ugs.)* Schleimer; ~**er lane** *sub*, *-s* Kriechspur; ~**ing stage** *sub*, - Krabbelalter
crayfish, *sub*, - Krebs, Languste; *(zool.)* Flusskrebs
crayon, *sub*, *-s* Krayon
craze, *sub*, - Fimmel; *-s (mod.)* Welle; **craziness** *sub*, *nur Einz.* Tollheit; - Verdrehtheit; **crazy** *adj*, verdreht, verrückt, wahnsinnig; *(ugs.)* bekloppt, beknackt, fetzig, rappelig, spleenig; *(verrückt)* toll; *(ugs.) be crazy about so* eine Affen an jemandem gefressen haben; *(ugs.) that fellow is just crazy!* der Kerl hat doch einen Tick!; **crazy action** *sub*, *-s* Wahnsinnstat; **crazy habit** *sub*, *-s (ugs.)* Spleen; **crazy idea** *sub*, *-s* Hirngespinst; *(ugs.)* Schnapsidee; **crazy mood** *sub*, *-s* Rappel; *(ugs.) to get one of one´s crazy moods* seinen Rappel kriegen; **crazy notion** *sub*, *-s* Wahnidee
creak, *vi*, knacken, knacksen, knarren, krachen
cream, **(1)** *sub*, - Rahm; *nur Einz.* Sahne **(2)** *vt*, *(Creme)* einschmie-

ren; ~ (-coloured) *adj*, cremefarbig; ~ **bakery** *sub*, *-es (i. ü. S.)* Windbäkkerei; ~ **cheese** *sub*, - Rahmkäse; ~ **off** *vi*, *(ugs.)* abzocken; ~ **off the profits** *vt*, absahnen; ~ **puff** *sub*, *-s* Windbeutel; ~ **puff egg** *sub*, *-s* Windbeutelei; ~ **sauce** *sub*, *-s* Rahmsoße; ~y *adj*, kremig, sahnig

crease, (1) *sub*, *-s* Falte, Knick, Knitterfalte (2) *vt*, knicken, versitzen, zerknittern (3) *vti*, knittern; ~**d** *adj*, *(zerknittert)* faltig; ~**proof** *adj*, knitterfest

create, *vt*, erschaffen, gestalten, hervorbringen, schaffen, verursachen, wecken; *(Eindruck)* hervorrufen; *(schaffen)* gründen; ~ **a collage** *vt*, collagieren; ~ **a distinctive personal image for oneself** *vr*, profilieren; ~ **a montage from** *vt*, *(künstl.)* montieren; **creation** *sub*, *-s* Erschaffung, Gestaltung, Kreation; *nur Einz.* Kreatur; *-s* Schöpfung; *all creation cried out for rain* alle Kreatur sehnte sich nach Regen; **creation of blocs** *sub*, *nur Einz.* Blockbildung; **creative** *adj*, kreativ, schöpferisch; *become very creative* schöpferische Aktivität entfalten; **creative urge** *sub*, *nur Einz.* Schaffensdrang; **creativity** *sub*, *nur Einz.* Kreativität; *-ies* Schöpfertum; **creator** *sub*, *-s* Schöpfer, Urheber; *(erschaffen)* Erfinder; - *(Gott)* Schöpfer; **creator of the universe** *sub*, *nur Einz.* *(phil./Platon)* Demiurg

credible, *adj*, glaubhaft

credit, (1) *sub*, *-s* Fremdmittel; *nur Einz.* Kredit; *-s* Kreditierung, Verdienst; *(wirt.)* Haben (2) *vt*, gutschreiben; *(gutschreiben)* anrechnen; *balance in your credit* Saldo zu Ihren Gunsten; *deserve credit* Anerkennung verdienen; *does him credit* (diese Haltung) ehrt ihn; *from all directions* aus allen möglichen Richtungen; *give so credit for sth* jemandem etwas als Verdienst anrechnen; *he took the credit himself* er hat allein die Lorbeeren eingeheimst; *take sth on credit* etwas anschreiben lassen; *would you credit it?* ist denn sowas möglich?, *credit a sum to so* jmdn einen Betrag gutschreiben; ~ **a person with sth** *vt*, kreditieren; ~ **card** *sub*, *-s* Kreditkarte; ~ **entry** *sub*,

-ies Gutschrift; ~ **market** *sub*, *-s* Kreditmarkt; ~ **of goods** *sub*, *-s* Warenkredit; ~ **system** *sub*, *-s* Kreditwesen; ~**-worthy** *adj*, kreditfähig; ~**or** *sub*, *-s* Kreditgeber, Kreditor; *(wirt.)* Gläubiger, Gläubigerin; ~**worthiness** *sub*, - Bonität

credulous, *adj*, treudoof

creed, *sub*, *-s* Glaubensbekenntnis, Kredo

creek, *sub*, *-s (geogr.)* Creek

creep, *vi*, kriechen, schleichen; *(ugs.) it/he gives me the creep* das/er ist mir unheimlich; ~ **around** *vt*, umschleichen; ~ **away** *vr*, verkriechen; ~ **up on** (1) *vi*, beschleichen (2) *vt*, anschleichen; ~**er** *sub*, *-s* Schlingpflanze; ~y *adj*, gruselig

cremate, *vt*, *(Leichen)* einäschern; ~**d** *adj*, *(Leiche)* eingeäschert; **cremation** *sub*, *-s* Einäscherung, Feuerbestattung, Kremation, Leichenverbrennung; **crematorium** *sub*, *-s* Krematorium

crème de menthe, *sub*, *nur Einz.* Pfefferminzlikör

Creole, *sub*, *-s* Kreole

crepe, *sub*, *-s* Kräuselkrepp, Krepp; ~ **paper** *sub*, - Krepppapier

crescent, *sub*, *-s (Figur)* Halbmond; - *(Mond)* Sichel; ~ **moon** *sub*, *-s (poet.)* Mondsichel; ~**-shaped** *adj*, semilunar

cresol, *sub*, - *(chem.)* Kresol

cress, *sub*, *nur Einz.* Kresse

crest, *sub*, *-s* Höhenrücken

Cretan, *adj*, kretisch

cretin, *sub*, *-s (med.)* Kretin; ~**ism** *sub*, *nur Einz.* Kretinismus

crew, *sub*, *-s* Crew; *(eines Flugzeugs, Schiffes)* Besatzung

crib, (1) *sub*, *-s* Krippe, Schummel, Spickzettel (2) *vi*, *(ugs.; abschreiben)* spicken (3) *vt*, *(ugs.)* klauen

cricket, *sub*, *nur Einz.* Kricket; *-s (zool.)* Grille; ~ **ball** *sub*, *-s* Kricketball

cries of woe, *sub*, *nur Mehrz.* Wehgeschrei

crime, *sub*, *-s* Frevel, Verbrechen; ~ **film** *sub*, *-s* Kriminalfilm; ~**s committed by computer** *sub*, *nur Mehrz.* Computerkriminalität; **criminal** (1) *adj*, kriminal, kriminell, verbrecherisch (2) *sub*, *-s* Kriminelle, Verbrecher, Verbrecherin; **criminal case** *sub, -s* Strafprozess; **criminal code** *sub, -s* Strafgesetzbuch; **criminal court** *sub, -s* Strafgericht, Strafkammer; **criminal investigation department** *sub, -s* Kriminalpolizei **criminal law,** *sub, -s* Pönalgesetz, Strafrecht; **criminal offence** *sub, -s* Straftat; **criminal trial** *sub, -s* Kriminalprozess; **criminality** *sub, nur Einz.* Kriminalität; **criminalize** *vt,* kriminalisieren; **criminally liable** *adj,* strafmündig; **criminalogical** *adj,* kriminalistisch; **criminologist** *sub, -s* Kriminalist; **criminology** *sub, nur Einz.* Kriminalistik **crimp,** *vt,* kräuseln, ondulieren; ~**ing** *sub, -s* Ondulierung **crimson, (1)** *adj,* karmesinrot, purpurfarben, purpurfarbig **(2)** *sub, nur Einz.* Karmin, Purpur; *(ugs.) she went crimson* sie wurde rot wie eine Tomate; ~ **robe** *sub, -s* Purpurmantel **crinkle-finished patent leather,** *sub, -s* Knautschlack **crinoline,** *sub, -s* Krinoline **cripple, (1)** *sub, -s* Krüppel **(2)** *vt,* verkrüppeln; ~**d** *adj,* krüppelhaft, verkrüppelt **crisis,** *sub, -es* Krise; *crises* Notlage, Notstand; *to end a crisis* einen Notstand beheben; ~ **area** *sub, -s* Krisengebiet **crisp, (1)** *adj,* kross **(2)** *sub, -s (Kartoffel-)* Chip; ~**bread** *sub, -s* Knäckebrot **criterion,** *sub, -ia* Kriterium **critic,** *sub, -s* Kritiker; ~**al** *adj,* kritisch, tadelsüchtig, zeitkritisch; *be critical about sth* sich kritisch über etwas äußern; ~**al path** *sub, -s* Netzplan; ~**al philosophy** *sub, nur Einz.* Kritizismus; ~**ism** *sub, nur Einz.* Bekrittelung, Bemängelung; *hier nur Einz.* Kritik; *-s* Rüge; *nur Einz. (Kritik)* Beanstandung; ~**ize** *vt,* bemäkeln, bemängeln, kritisieren; *(kritisieren)* beanstanden, tadeln; *criticize someone* Kritik an jemandem üben; **critique of civilization** *sub, -* Kulturkritik; **critizise** *vt,* bekritteln **croak, (1)** *vi,* krächzen **(2)** *vti,* quaken; ~**ing** *sub, nur Einz.* Krächzer **crockery,** *sub, -ies* Geschirr **crocodile,** *sub, -s* Krokodil; ~ **tears**

sub, nur Mehrz. Krokodilsträne; **crocodilian** *sub, -dilia* Panzerechse **crocus,** *sub, -es* Krokus **Croesus,** *sub, -* Krösus **croissant,** *sub, -s* Croissant; ~ **(Fr.)** *sub, -s* Hörnchen **cromlech,** *sub, -s* Kromlech **cronyism,** *sub, -s* Filzokratie **crook,** *sub, -s* Ganove, Gauner; *gang of crooks* Gaunerbande; ~ **of an arm** *sub, -s -s (Armkehle)* Armbeuge; ~**ed** *adj,* krumm; *(ugs.)* windschief; ~**edness** *sub, -es* Verkrümmung **crop,** *sub, -s* Ernte; *to grow different crops side by side* Mischkulturen anbauen; ~ **failure** *sub, -s* Missernte; ~ **rotation** *sub, -s* Fruchtfolge **croquet,** *sub, nur Einz.* Krocket; ~**te** *sub, -s* Krokette **cross, (1)** *adj, (ugs.)* unleidlich **(2)** *sub, -es* Flankenball, Kreuz, Querpass **(3)** *vi,* kreuzen **(4)** *vt,* durchqueren, kreuzen, überkreuzen, überqueren, überschreiten; *(Beine)* überschlagen; *(durchfahren)* durchkreuzen; *(Grenze)* übertreten; *(Raum)* durchmessen **(5)** *vti,* queren; *cross one's legs* seine Beine überschlagen; *the land is crisscrossed by canals* das Land ist von Kanälen durchschnitten; *the train crossed the bridge* der Zug passierte die Brücke; *to cross sb's path* jmd in die Quere kommen; *we all have our cross to bear* jeder hat sein Päckchen zu tragen, *our paths have never crossed again* unsere Wege haben sich nie wieder gekreuzt, *cross the drink* den Ozean durchqueren; *to cross one's legs* die Beine kreuzen; *to cross one's mind* ein Gedanke durchkreuzt jmd; *to cross one's plan* einen Plan durchkreuzen; *to cross sb path* jmd Weg durchkreuzen; *cross the room with long strides* den Raum mit grossen Schritten durchmessen; ~ **action** *sub, -s (jur.)* Gegenklage; ~ **between A and B** *sub, -* Zwischending; ~ **check** *sub, -s* Gegenprobe; ~ **o.s.** *vr,* bekreuzen, bekreuzigen; ~ **on the summit of the mountain** *sub, -es* Gipfelkreuz; ~ **out** *vt,* wegstreichen; ~ **over (1)** *vi,* über-

fahren (2) *vt*, verschränken; ~ **spider** *sub*, *-s (zool.)* Kreuzspinne; ~ **talk** *vt*, übersprechen; ~ **through** *vt*, *(ankreuzen)* durchkreuzen; *a crossed cheque* Verrechnungsscheck; ~ **through (out)** *vt*, durchstreichen; ~**-beam** *sub*, *-s (arch.)* Holm; *(Querbalken)* Traverse; ~**-border** com**muter** *sub*, *-s* Grenzgänger; ~**-bred** *sub*, *-s* Kreuzung; ~**-breeding** *sub*, *-s* Einkreuzung; *nur Einz.* Kreuzung
cross-country (run), *sub*, *-s* Querfeldeinlauf; **cross-country** *adj*, geländegängig; *hike cross-country* über Berg und Tal wandern; **cross-country activity** *sub*, *-ies* Geländespiel; **cross-country drive** *sub*, *-s* Geländefahrt; **cross-country ride** *sub*, *-s* Geländeritt; **cross-country run** *sub*, *-s* Geländelauf; **cross-country running** *sub*, *-s* Waldlauf; **cross-country ski** *sub*, *-s* Langlaufski; **cross-country ski run** *sub*, *-s* Loipe; **cross-country skiing** *sub*, *nur Einz.* Langlauf; **cross-country vehicle** *sub*, *-s* Geländewagen; **cross-examination** *sub*, *-s* Kreuzverhör
cross-eyed, *adj*, schieläugig; **cross-reference** *sub*, *-s* Querverweis; **cross-section** *sub*, *-s* Querschnitt; **cross-shaped** *adj*, kreuzförmig; **crossbeam** *sub*, *-s* Querholz; **cross-bench** *adj*, überparteilich; **crossbill** *sub*, *-s (zool.)* Kreuzschnabel; **crossbow** *sub*, *-s* Armbrust; **crossbreed** *sub*, *-s (tt; biol.)* Warmblut, Warmblütler; *(tt; zool.)* Bastard; **crosscut end** *sub*, *-s (Holz)* Stirnfläche; **crossed bandage** *sub*, *-s* Kreuzverband; **crosshairs** *sub*, *nur Mehrz.* Fadenkreuz
crossing, *sub*, *-s* Durchquerung, Überfahrt, Übergang, Überquerung, Überweg; ~**-the-line ceremony** *sub*, *- -ies* Äquatortaufe; *-ies* Linientaufe; **crossroad** *sub*, *-s* Wegkreuzung; **crossroad(s)** *sub*, *-* Kreuzung; **crossways** *adv*, quer; **crosswise** *adv*, quer; **crossword** *sub*, *-s* Rätsel; **crossword fan** *sub*, *-s* Rätselfreund; **crossword puzzle** *sub*, *-s* Kreuzworträtsel; **crossword solution** *sub*, *-s* Rätsellösung
crotch measurement, *sub*, *-s* Schrittweite
crouch, *vi*, hocken, kauern, kuschen;

~ **down** *vi*, niederkauern
croupier, *sub*, *-s* Croupier
croupy, *adj*, *(med.)* kruppös
crow, (1) *sub*, *-s* Krähe (2) *vi*, krähen; ~**bar** *sub*, *-s* Brechstange, Stemmeisen
crowd, *sub*, *-* Gedränge; *-s* Gewühl, Masse, Menge, Menschenmenge-Menschenmenge, Schar; *(ugs.)* Korona; *(Ansammlung)* Auflauf; *(ugs.) strange crowd* ein komisches Volk; *to crowd sb* auf die Pelle rücken; ~ **in on sb** *vt*, *(Probleme)* einstürzen; *the problems crowded in on him* die Probleme stürzten auf ihn ein; ~**ed** *adj*, *(dicht)* gedrängt; *live crowded together* auf engem Raum zusammenleben
crown, (1) *sub*, *-s* Krone, Kronentaler, Landeskrone, Wirbel; *nur Mehrz. (in GB)* Fiskus (2) *vt*, krönen; ~ **cap** *sub*, *-s* Kronenkorken; ~ **colony** *sub*, *-ies* Kronkolonie; ~ **of thornes** *sub*, *-s* Dornenkrone; ~ **prince** *sub*, *-s* Kronprinz
crucial, *adj*, *(Problem)* entscheidend
crucible, *sub*, *-s (Schmelz-)* Tiegel
crucified, *sub*, *-s* Gekreuzigte; **crucifix** *sub*, *-es* Kruzifix; **crucifixion** *sub*, *-s* Kreuzigung; **crucify** *vt*, kreuzigen
crude, *adj*, *(neg.)* deftig; *(Schmeichelei, Lüge)* plump; *(Umgangsform)* derb; *crude joke* deftiger Witz; ~ **oil** *sub*, *nur Einz.* Rohöl; ~**ly explicit** *adj*, *(Text)* drastisch; ~**ness** *sub*, *-es* Grobheit; *nur Einz.* Krassheit; *-es* Primitivität; **crudity** *sub*, *-ies* Derbheit
cruel, *adj*, grausam; ~**ty** *sub*, *-ies* Grausamkeit; ~**ty (children)** *sub*, *nur Einz. (Kindes~)* Misshandlung; ~**ty to animals** *sub*, *cruelties* Tierquälerei
cruise, *sub*, *-s* Kreuzfahrt; ~ **missile** *sub*, *-s (mil.)* Cruisemissile; ~**r** *sub*, *-s* Kreuzer
cruller, *sub*, *-s (US)* Spritzkuchen
crumb, *sub*, *-s* Brosame, Brösel, Krume, Krümel; ~**le** (1) *sub*, *-s* Streusel (2) *vi*, bröckeln (3) *vr*, verkrümeln (4) *vt*, brocken, verdrükken (5) *vti*, krümeln, zerbröckeln; *crumble away* zerbröckeln, verfal-

len; *crumble one´s bread* sein Brot bröckeln; **~le away** *vi*, abbröckeln; **~liness** *sub*, *nur Einz.* Mürbheit; **~ling away** *sub*, *nur Einz.* Abbrökkelung; **~ly** *adj*, bröckelig, krümelig, mürbe; *a crumbly pastry* ein brökkeliger Kuchen
crumple, *vti*, knittern, knüllen; **~ zone** *sub*, *-s* Knautschzone; **~d** *adj*, kraus; *(ugs.)* zerknittert
crunch, (1) *vi*, knirschen (2) *vti*, knuspern; *now comes the crunch* jetzt geht´s ans Eingemachte; **~y** *adj*, knusprig
crusade, *sub*, *-s* Kreuzzug; **~r** *sub*, *-s* Kreuzfahrer, Kreuzritter
crust, (1) *sub*, *-s* Kruste, Rinde, Schorf; *(Dial)* Knust; *(ugs.)* Ranft (2) *vi*, verharschen; **~ (over)** *vt*, überkrusten
crustacean, *sub*, *-s (zool.)* Krustazee
crusted, *adj*, *(Schnee)* harsch; **~ snow** *sub*, *nur Einz.* Harsch; **crusty** *adj*, rösch; **crusty manner** *sub*, Borstigkeit
crutch, *sub*, *-es* Krücke
cry, (1) *vt*, *(rufen)* ausrufen (2) *vti*, weinen; *cry on so´s shoulder* seine Sorgen bei jemandem abladen; *laugh till one cries* Tränen lachen; *to cry on sb´s shoulder* jmd seine Not klagen; *to cry one´s heart out* sich die Augen rot weinen; *to make you want to cry* es ist zum Weinen; *to tire oneself out crying* sich müde weinen; **~ for help** *sub*, *cries* Hilferuf; **~ of joy** *sub*, *-ies* Jauchzer; **~ of outrage** *sub*, *-ies* Empörungsschrei; **~ out** *vi*, aufbrüllen; **~baby** *sub*, *-ies* Heulsuse; **~ing** **cramp** *sub*, *-s* Weinkrampf
cryolite, *sub*, *-s* Kryolith
crypt, *sub*, *-s* Gruft, Krypta; **~ic** *adj*, kryptisch; **~ogenic** *adj*, *(med.)* kryptogen; **~ogramme** *sub*, *-s* Kryptogramm; **~ography** *sub*, - Kryptografie
crystal, *sub*, - Kristall; **~ glass** *sub*, *-es* Kristallglas; **~ vase** *sub*, *-s* Kristallvase; **~-clear** *adj*, glasklar, kristallklar; **~line** *adj*, kristallin; **~lization** *sub*, *-s* Kristallisation; *nur Einz.* Verzukkerung; **~llize** *vti*, kristallisieren
C-size battery, *sub*, *-ies (tech.)* Babyzelle
cube, *sub*, *-s* Hexaeder, Kubus; *(tt; mat.)* Würfel; *to cut sth into cubes* etwas in Würfel schneiden; **~ root**

sub, *-s* Kubikwurzel; **~ sugar** *sub*, *-s* Würfelzucker; **cubic** *adj*, hexaedrisch, kubisch, würfelig; **cubic capacity** *sub*, *-ies (tt)* Hubraum; **cubic foot** *sub*, *feet* Kubikfuß; **cubic metre** *sub*, *-s* Kubikmeter, Raummeter
cubicle, *sub*, *-s (Sporthalle, etc.)* Ankleidekabine
cubism, *sub*, *nur Einz. (kun.)* Kubismus; **cubist** *sub*, *-s* Kubist
cuboid, *sub*, *-s* Quader
cuckold, (1) *adj*, *(i. ü. S.; Ehemann)* gehörnt (2) *sub*, *-s* Hahnrei
cuckoo, *sub*, *-s* Kuckuck; **~ clock** *sub*, *-s* Kuckucksuhr; **~´s egg** *sub*, *-s* Kuckucksei; *(i. ü. S.)* *to land someone (oneself) with a difficult child* jemandem ein Kuckucksei ins Nest legen
cucumber, *sub*, *-s* Gurke; **~ salad** *sub*, *-s* Gurkensalat; **~ spice** *sub*, *-s* Gurkengewürz; **~slicer** *sub*, *-s* Gurkenhobel
cudgel, *sub*, *-s* Knüppel, Totschläger
cue, *sub*, *-s* Queue; *(Theater)* Stichwort; *give the cue* den Einsatz geben
cuff, *sub*, *-s* Manschette, Stulpe; *(eines Ärmels)* Aufschlag
cuirassier, *sub*, *-s* Kürassier
cul-de-sac, *sub*, *-s* Sackgasse
culinary, *adj*, kulinarisch
culling, *sub*, *nur Einz.* Klaubarbeit
culminate, *vi*, gipfeln, kulminieren; **culmination** *sub*, *-s (i. ü. S.)* Gipfelpunkt
culpable, *adj*, *(jur.)* schuldhaft
culprit, *sub*, *-s* Missetäterin; *(veraltet)* Missetäter
cult, *sub*, *-s* Kult; **~ film** *sub*, *-s* Kultfilm; **~ivate** (1) *adj*, urbar (2) *vt*, bewirtschaften, kultivieren; *(bepflanzen)* bebauen; *(bewirtschaften)* bestellen; *(tt; bot.)* züchten; *(Getreide, etc.)* anbauen; **~ivated** *adj*, kultiviert; *(Sprache, Stil)* gepflegt; **~ivation** *sub*, *-s* Bewirtschaftung; *nur Einz.* Kultivierung; *-s* Urbarmachung; *nur Einz. (Anpflanzung)* Anbau; *-s (Bewirtschaftung)* Bestellung; *(tt; bot.)* Zucht; *nur Einz. (Kultivierung)* Bebauung; **~ivation of pure cultures** *sub*, *-s* Reinzucht; *(biol.)* Reinkul-

tur; **~ivation of tobacco** *sub*, *nur Einz.* Tabakbau
cultural, *adj*, kulturell; **~ heritage** *sub*, *nur Einz.* Kulturerbe; **~ life** *sub*, - Kulturleben; **~ revolution** *sub*, *-s* Kulturrevolution; **culture** *sub*, *-s* Kultur; *(tt; biol)* Zucht; *he is uncultured* er hat keine Kultur; *vanished cultures* verschollene Kulturen; **cultured** *adj*, gebildet, kultiviert
cumbersome, *adj*, ungeschlacht
cumulative, *adj*, kumulativ
cumulus cloud, *sub*, *-s* Haufenwolke, Kumulus
cuneiform script, *sub*, *-s* Keilschrift
cunning, (1) *adj*, hinterlistig, listenreich, listig, raffiniert (2) *sub*, *nur Einz.* Bauernschläue; *-s* Hinterlist; - Raffinesse; *-s* Schläue; *nur Einz. (Täuschung)* List; *to use a bit of cunning* zu einer List greifen; **~ devil** *sub*, *-s* *(i. ü. S.; schlauer Mensch)* Fuchs
cunt, *sub*, *-s (vulg.)* Möse
cup, *sub*, *-s* Pokal, Tasse; *(Wegwerfbecher)* Becher; *the cup final* das Endspiel um den Pokal; *a cup of coffee* eine Tasse Kaffee; *have a nice cup* sich ein Tässchen genehmigen; *(i. ü. S.) not be sb´s cup of tea* nicht jmds Fall sein; *not my cup of tea* das ist nichts für mich; *to drain the bitter cup* den bitteren Kelch bis zur Neige leeren; *to drain the cup to the dregs* das Glas bis zur Neige leeren; **~ (of a bra)** *sub*, *-s* Körbchen; **~ of hemlock** *sub*, *-s* Schierlingsbecher; **~-shaped** *adj*, becherförmig, kelchförmig; **~-winner** *sub*, *nur Mehrz.* Pokalsieger; **~bearer** *sub*, *-s (hist.)* Mundschenk
cupboard, *sub*, *-s* Geschirrschrank, Hochschrank, Schrank
cupel, *vt*, kupellieren
Cupid, *sub*, *-s* Eroten
cupping glass, *sub*, *-es (med.)* Schröpfkopf
cur, *sub*, *-s (ugs.)* Töle
curability, *sub*, *nur Einz.* Heilbarkeit; **curable** *adj*, kurabel
curace, *vt*, vikariieren; **curacy** *sub*, *-es* Vikariat; **curate** *sub*, *-s* Pfarrhelfer, Prädikant, Vikar; **curative** *adj*, heilkräftig, kurativ; **curator** *sub*, *-s* Konservator, Kurator; **curatorship** *sub*, - Kuratorium
curb, (1) *sub*, *-s* Kandare (2) *vt*, bezäh-

ren; *(Quelle)* einfassen; *(i. ü. S.) to curb someone in hand* jemanden an die Kandare nehmen, *curb one´s tongue* seine Zunge im Zaum halten
churchyard, *sub*, *-s* Kirchhof; *(Dial.)* Leichenacker; *(bei Kirche)* Friedhof
curd, *sub*, *-s* Topfen; **~le** *vi*, *(Milch)* gerinnen
cure, (1) *sub*, *-s* Entwöhnung, Heilung, Kur (2) *vt*, kurieren; *(jmd.)* heilen; *(ugs.) cure so of sth* jemandem etwas austreiben; *there is no cure for the common cold* es gibt kein Mittel gegen Schnupfen; *have little hope of being cured* wenig Hoffnung auf Heilung haben; *seek a cure* Heilung suchen; **~ completely** *vt*, auskurieren; **~ sb of** *vt*, *(kurieren)* entwöhnen; **~ with cold water** *sub*, *-s* Prießnitzkur; **~d pork cutlet** *sub*, *-s* Kassler
curettage, *sub*, *-s (med.)* Kürettage; **curette** *vti*, kürettieren
curfew, *sub*, *-s* Ausgangssperre, Ausgehverbot; *nur Einz. (mil.)* Sperrstunde; *impose a curfew* eine Ausgangssperre verhängen
curing, *sub*, *nur Einz.* Ausheilung
curiosity, *sub*, *-ies* Kuriosität; *nur Einz.* Neugier; **curious** *adj*, neugierig, schaulustig; *he has undergone a curious change* er hat sich merkwürdig verändert; **curious onlookers** *sub*, *nur Mehrz.* Schaulustige
curium, *sub*, *nur Einz. (chem.)* Curium
curl, (1) *sub*, *-s* Locke (2) *vi*, *(Haare)* locken (3) *vr*, ringeln; **~ up** (1) *vi*, kringeln (2) *vr*, rollen; **~ed mint** *sub*, *-s* Krauseminze; **~er** *sub*, *-s* Lockenwickel, Lockenwickler
curlicues, *sub*, *nur Mehrz.* Geschnörkel
curling, *sub*, *nur Einz. (spo.)* Curling **~ iron** *sub*, *-s* Brennschere
curly, *adj*, lockig; *to have curly hair* Locken haben; **~headed** *adj*, lockenköpfig
currant, *sub*, *-s* Korinthe
currency, *sub*, *-ies* Geläufigkeit, Gültigkeit; *nur Einz.* Umlaufmittel; *-es* Währung; **~ exchange** *sub*, *-s* Geldumtausch; **~ reform** *sub*, *-s*

Währungsreform

current, (1) *adj*, gegenwärtig, gültig, laufend; *(Preis)* marktüblich; *(Preise)* geltend **(2)** *sub*, -s Strömung; *(Strömung)* Strom; ~ **account** *sub*, -s Girokonto, Kontokorrent; ~ **drain** *sub*, -s *(Entnahme)* Stromabnahme; ~ **intensity** *sub*, -ies Stromstärke

curry, (1) *sub*, -ies *(Gericht)* Curry **(2)** *vt*, striegeln; ~**-powder** *sub*, *(Gewürz)* Curry; ~**comb** *sub*, -s Kardätsche, Striegel

curse, (1) *sub*, -s Fluch; *nur Einz.* Unwesen **(2)** *vi*, fluchen, schelten **(3)** *vt*, verfluchen, verwünschen; *be under a curse* unter einem Fluch stehen; *become the curse of mankind* zum Fluch für die Menschheit werden; *put a curse on* mit einem Fluch belegen, *to curse like blazes* mörderisch fluchen; ~ **and swear** *vi, (ugs.)* wettern; **cursing** *sub*, -s Verfluchung

cursor, *sub*, - Cursor

cursoriness, *sub*, -es *(oberfl.)* Flüchtigkeit

cursory, *adj*, kursorisch

curt, *adj*, knapp, schroff; *a curt answer* eine knappe Antwort; ~ **remark** *sub*, -s Schroffheit

curtain, *sub*, -s Übergardine, Verdunkelung, Vorhang; ~**ning** *sub*, *nur Einz.* Vorhangstoff

curtness, *sub*, *nur Einz.* Knappheit; -es Schroffheit

curts(e)y, (1) *sub*, -ies Knicks **(2)** *vi*, knicksen

curvature, *sub*, -s Krümmung, Wölbung; **curve (1)** *sub*, -s Kurve, Wölbung **(2)** *vt*, schweifen **(3)** *vtr*, wölben; *(ugs.)* *he´ll never make the grade* er wird nie die Kurve kriegen, *move in a curve* einen Bogen schlagen; **curve template** *sub*, -s Kurvenlineal; **curved** *adj*, geschwungen, kurvenförmig

curvet, *sub*, -s Lançade

curvy, *adj*, kurvenreich

cushion, (1) *sub*, -s Kissen, Polster; *(Kegelspiel)* Bande **(2)** *vt*, *(i. ü. S.; Auswirkungen)* auffangen; *(Stoß, etc.)* auffangen; ~ **cover** *sub*, -s Kissenbezug; ~ **of moss** *sub*, *cushions* Moospolster; ~**ing** *sub*, -s Dämpfung

custard, *sub*, -s Vanillesoße

custodian, *sub*, -s Beschließer, Beschließerin; **custody** *sub*, -ies Haft, Sorgerecht; *nur Einz. (tt; jur.)* Untersuchungshaft; *in custody* in Haft; *release from custody* aus der Haft entlassen

custom, *sub*, -s Brauch, Brauchtum, Gepflogenheit, Landesbrauch, Landessitte; *nur Einz.* Sitte; *(ugs.)* Usus; -s *(Brauch)* Gebrauch; *(Sitte)* Mode; *it is a custom with him* es ist seine Gewohnheit; *that is the custom* das ist so Brauch; *get through customs quickly* am Grenzübergang schnell abgefertigt werden; *the Bavarian customs* das bayerische Brauchtum; *that´s the custom here* das ist hier so Sitte; ~´**s port** *sub*, -s Seezollhafen; ~**ary** *adj*, herkömmlich, landesüblich; *(herkömmlich)* üblich; *it is customary here* das ist hier ortsüblich; ~**er** *sub*, -s Abnehmer, Besteller, Käufer, Kunde; *steal so´s customers* jemandem seine Kunden abjagen; ~**er service department** *sub*, -s Kundendienst; ~**ers** *sub*, Kundenkreis; *nur Mehrz.* Kundschaft

customs, (1) *adj*, zollamtlich **(2)** *sub*, *nur Mehrz.* Douane; - Zoll; ~ **authority** *sub*, -s Zollbehörde; ~ **barrier** *sub*, -es Zollschranke; ~ **charge** *sub*, s Zollgebühr; ~ **contract** *sub*, -s Zollvertrag; ~ **declaration** *sub*, -s Zollerklärung; ~ **examination** *sub*, -s Zollkontrolle; ~ **house** *sub*, -s Zollamt; ~ **investigation department** *sub*, -s Zollfahndung; ~ **investigator** *sub*, -s Zollfahnder; ~ **officer** *sub*, - Zollbeamte; ~ **post** *sub*, -s Zollstation; ~ **regulations** *sub*, *nur Mehrz.* Zollordnung

cut, (1) *sub*, -s Kürzung, Schnitt, Schnittwunde, Streichung, Überblendung; *(Kürzung)* Abstrich **(2)** *vi*, schneiden, überblenden **(3)** *vt*, herabsetzen, verschneiden, zerschneiden, zuschneiden; *(Brot)* anschneiden; *(Gras)* mähen; *(Torf)* abstechen; *(Träger)* einschneiden; *cut so short* jemandem das Wort abschneiden, jemanden nicht ausreden lassen; *cut sth in half* in der Mitte durchschneiden; *take a short cut* den Weg abschneiden; *to cut sb off short* jmd in die Parade fahren; *(i. ü. S.) to cut sb to the quick* jmdn bis ins Mark treffen; *(ugs.) you couldn´t cut butter with this knife* auf diesem Messer kann man reiten, *the dress cuts into my shoulders* das Kleid schneidet an den Schultern ein; ~ **(back)** *vt*, kappen; ~ **(off)** *vt, (Papier, Haare, etc.)* abschneiden; ~ **a notch** *vt*, kerben; ~ **back** *vt*, kürzen, verknappen; ~ **back on** *vt*, einschränken; *have to cut back on one´s spending of money* sich finanziell einschränken müssen; ~ **by cut** *adv*, schnittweise; ~ **cheese** *sub*, *-s* Schnittkäse; ~ **down** *vt*, umhacken, umhauen; *(Bäume)* abholzen; *(Verbrauch)* einschränken; *(Verbrauch verringern)* einsparen; *cut down costs* Kosten einsparen; *cut down on staff* Arbeitsplätze einsparen; ~ **down (trees)** *vt*, holzen; ~ **flowers** *sub, nur Mehrz.* Schnittblume; ~ **in tiers** *vt, (Haare)* stufen; ~ **in(to)** *vt*, einschleifen; ~ **o.s. off** *vr*, abkapseln; *(zurückziehen)* abschotten; ~ **of the spade** *sub, cuts* Spatenstich

cute, *adj*, goldig, herzig, niedlich, puppig, putzig; *(hübsch)* nett; ~**ness** *sub, nur Einz.* Niedlichkeit

cutlery, *sub, -ies* Essbesteck; *- (zum Essen)* Besteck

cutlet, *sub, -s* Kotelett; *(Austrian)* Karbonade; ~ **in aspic** *sub, cutlets* Sülzkotelett

cut off, *vt*, wegschneiden; *(Ader, etc.)* abschnüren; *(tech.)* sperren; *(tech.) cut off somebody´s telephone* jemandem das Telefon sperren; **cut open** *vt, (Verpackung etc.)* aufschneiden; **cut out** *vt*, ausschneiden, dekupieren; *(i. ü. S.; Konkurrenten)* ausstechen; *(Plätzchen, Torf)* ausstechen; *(Tier)* ausschlachten; **cut teeth** *vi*, zahnen; **cut the cord** *vt*, abnabeln; **cut through** *vt*, durchschneiden; *(ugs.)* durchtrennen; *the road cuts*

through the forest die Straße durchschneidet den Wald; **cut up** *vt, (i. ü. S.)* kleinkriegen; *(ugs.)* zerschlitzen; *I´ll get the wood here chopped as well* das Holz hier kriege ich auch noch klein; **cut wood** *sub*, *nur Einz.* Schnittholz; **cut wrongly** *vt*, verschneiden; **cut-throat razor** *sub, -s* Rasiermesser; **cut/chop sth.** *vt*, zerkleinern

cuttle-fish shell, *sub, -s* Sepiaschale **cuttlefish** *sub, -* Tintenfisch

cybernetic, *adj*, kybernetisch; ~**s** *sub, -* Kybernetik; **cyberspace** *sub*, *-s* Cyberspace

cycle, (1) *sub, -s* Fahrrad, Zyklus; *(elektr.)* Periode **(2)** *vi*, Radfahren; *(ugs.)* radeln; ~ **(of nature)** *sub, -s* Kreislauf; **Cycle racing track** *sub*, *-s* velodrom; ~ **track** *sub, -s* Radrennbahn; ~**way** *sub, -s* Radweg; **cyclic** *adj*, zyklisch; **cycling** *sub*, *nur Einz.* Radsport; **cycling tour** *sub*, *-s* Radwanderung; **cyclist** *sub*, *-s* Radfahrer, Radfahrerin, Radsportler; *(ugs.)* Radler

cyclone, *sub, -s* Zyklon, Zyklone

cyclope, *sub, -s* Zyklop

cylinder, *sub, -s (tt; tech.)* Walze, Zylinder; ~ **capacity** *sub, -ies* Hubraum; ~**-break** *sub, -s* Walzenbruch; **cylindrical** *adj*, rollenförmig, walzenförmig, zylindrisch

cymbal, *sub, -s* Zimbel

cynic, *sub, -* Zyniker; ~**al** *adj*, zynisch

cypress, *sub, - (fach.; bio.)* Zypresse

cyst, *sub, -s (tt; med.)* Zyste

cystitis, *sub, -es* Blasenentzündung

Czech, (1) *adj*, tschechisch **(2)** *sub*, *-s* Tscheche

D

dab, *vt*, tupfen; *(beseitigen)* abtupfen; ~ble *vi*, dilettieren
dacha, *sub*, -s Datscha
dachshund, *sub*, -s Dachshund, Dakkel, Teckel
dactyl, *sub*, -s Daktylus
dad(dy), *sub*, -s *(ugs.)* Vati
daddy, *sub*, -s Papa; ~-long-legs *sub*, - *(tt; zool.)* Weberknecht
daemonic, *adj*, dämonisch; ~ power *sub*, -s Dämonie
daft, *adj*, *(ugs.)* schusselig
dagger, *sub*, -s Dolch; *dagger thrust* Dolchstoss; *look daggers at so* jmd mit Blicken durchbohren
dago, *sub*, -s *(vulg.)* Kanake
Daguerreotype, *sub*, -s Daguerreotypie
dahlia, *sub*, -e Dahlie
daily, *adj*, täglich; *(Vorgang, etc.)* alltäglich; *report on the daily events* über die täglichen Vorfälle berichten; *the daily food requirements* der tägliche Bedarf an Nahrungsmitteln; ~ (news)paper *sub*, -s Tageszeitung; ~ allowance *sub*, -s Tagegeld; ~ press *sub*, *nur Einz.* Tagespresse; ~ ration *sub*, -s Tagesration; ~ requirement *sub*, -s Tagesbedarf; ~ routine *sub*, *nur Einz.* Alltag; -s Tagesablauf; ~ wages *sub*, - Tagelohn
daintiness, *sub*, *nur Einz.* Zierlichkeit; dainty *adj*, zierlich
dairy, *sub*, -ies Molkerei; ~man *sub*, -men Senn
daisy, *sub*, -ies Gänseblümchen, Margerite; *(bot.)* Tausendschönchen; *fresh as a daisy* frisch wie der junge Morgen; *to look as fresh as a daisy* morgendlich frisch aussehen
dally, *vi*, *(flirten)* tändeln
dalmatian, *sub*, -s *(dog)* Dalmatiner; *(Pers.)* Dalmatiner
Dalmation, *adj*, dalmatinisch
dam, (1) *sub*, -s Staudamm, Stauwehr, Stauwerk; *(US; Wasser)* Damm (2) *vt*, *(vor Wasser, etc.)* abschotten; ~ back *vt*, zurückdämmen; ~ up *vt*, anstauen, aufstauen; *(Wasser)* stauen
damand, *sub*, -s Forderung; *make demands* Forderungen stellen
damascene decoration, *sub*, -s Damaszierung
Damascus, *adj*, damaszenisch

damask, *sub*, *nur Einz.* Damast
damask cover, *sub*, -s Damastbezug
damming, *sub*, -s *(gegen Wasser)* Abschottung
damn, *vt*, verdammen; *(ugs.)* *damn it all* Verdammt nochmal; *for damn all* für nichts und wieder nichts; *he doesn't give a damn about his children* er schert sich keinen Pfifferling um seine Kinder; ~ation *sub*, -s Verdammnis; ~ed (1) *adj*, verdammt (2) *adv*, verteufelt; *to be damned lucky* verteufeltes Glück haben
damp, (1) *adj*, humid (2) *sub*, - Feuchtigkeit; ~en *vt*, nässen; *(Wäsche)* besprenkeln; ~er *sub*, - Dämpfer; *be damped* einen Dämpfer bekommen; *put a damper on* einen Dämpfer aufsetzen; *to dampen sb* jmd einen Dämpfer aufsetzen
dance, (1) *sub*, -s Tanz, Tänzchen (2) *vi*, *(ugs.)* schwofen (3) *vti*, tanzen; *go to a dance* zum Tanz gehen; *(geh.)* *may I have the next dance?* darf ich Sie um den nächsten Tanz bitten?; *shall we venture a dance?* wollen wir ein Tänzchen wagen?, *ask so for a dance* jemanden zum Tanzen auffordern; *everything is dancing in front of my eyes* es flimmert mir vor den Augen; *I don't dance* ich bin Nichttänzer; *the boat dances on the waves* das Boot tanzt auf den Wellen, *dance the waltz* Walzer tanzen; *would you like to dance?* möchtest Du tanzen?; ~ all night *vi*, durchtanzen; *dance all night* die ganze Nacht durchtanzen; ~ attendence *vi*, *(ugs.)* scharwenzeln; ~ band *sub*, -s Tanzkapelle; ~ for joy *sub*, -s Freudentanz; ~ of the dervishes *sub*, -s Derwischtanz; ~ round *vt*, umtanzen; ~ step *sub*, -s Tanzschritt; ~r *sub*, -s Tänzer, Tänzerin; dancing *sub*, -s Tanzerei; dancing contest *sub*, -s Tanzturnier; dancing hall *sub*, -s Tanzsaal; dancing instructor *sub*, -s Tanzlehrerin; dancing lesson *sub*, -s Tanzstunde; dancing lessons *sub*, - Tanzkurs; dancing partner *sub*, -s Tanzpartner; dancing pupil *sub*,

-s Tanzschüler; **dancing song** *sub*, *-s* Tanzlied

dandelion, *sub*, *-s* Kettenblume, Löwenzahn; *(bot.)* Butterblume

dandruff, *sub*, *nur Einz.* Kopfschuppe, Schuppe

dandy, *sub*, *-ies* Dandy, Lackaffe; ∼**horse** *sub*, *-s (spo.)* Draisine

Dane, *sub*, *-s* Däne

danger, *sub*, *-s* Gefahr; *be in danger of* in Gefahr sein; *(i. ü. S.) be on the danger list* über mir schwebt ein Damoklesschwert; *be out of danger* außer Gefahr sein; ∼ **of accident** *sub*, *dangers* Unfallgefahr; ∼ **of an escape attempt** *sub*, *-s* Fluchtgefahr; ∼ **of committing suicide** *sub*, *dangers* Suizidrisiko; ∼ **of fire** *sub*, *-s* Feuergefahr, Feuersgefahr; ∼ **of frost** *sub*, *-s* Frostgefahr; ∼ **of habit formation** *sub*, *dangers* Suchtgefahr; ∼ **of infection** *sub*, *-s* - Ansteckungsgefahr; ∼ **of skidding** *sub*, *-s* Rutschgefahr; ∼ **zone** *sub*, *-s* Gefahrenzone; ∼**ous** *adj*, gefährlich, unsicher; ∼**ous game** *sub*, *nur Einz. (i. ü. S.)* Vabanquespiel; ∼**ously ill** *adj*, sterbenskrank, todkrank

dangle, *vti*, baumeln

Danish, *adj*, dänisch; ∼ **flag** *sub*, *-s* Danebrog

daphne, *sub*, *-s (bot.)* Daphne, Seidelbast

dapple grey, *sub*, - *-s* Apfelschimmel; **dappled** *adj*, *(Pferd)* scheckig; **dappled horse** *sub*, *-s* Schecke

dare, (1) *interj*, wehe (2) *vr*, *(wagen)* trauen (3) *vt*, wagen; *don´t you dare* laß dir das ja nicht einfallen; *how dare you* was fällt die ein; *you dare untersteh´* dich; ∼ **to come** *vr*, *(sich)* hervorwagen; ∼ **to come out** *vr*, hervortrauen; ∼ **to do sth** (1) *vr*, getrauen (2) *vt*, erkühnen; *dare to do sth* sich erkühnen etwas zu tun; ∼ **to get in** *vt*, hereinwagen; ∼**devil** (1) *adj*, *(ugs.)* waghalsig (2) *sub*, *-s* Draufgänger; *(ugs.)* Wagehals; *a daredevil* ein tollkühner Kerl; **daring** (1) *adj*, gewagt, tollkühn, verwegen, wagemutig (2) *sub*, *-s* Tollkühnheit; **daring coup** *sub*, *-s* Husarenstückchen

dark, *adj*, finster, *(dunkel)* düster; *(Licht/Farbe)* dunkel; *grope in the dark* im finstern tappen; *it´s getting dark* es wird dunkel, es wird finster;

in darkest Africa im tiefsten Afrika; *it´s getting dark* es wird Nacht; *(ugs.) to be completely in the dark about sth* über etwas völlig im Unklaren sein; *(ugs.) to leave sb in the dark about sth* jmd über etwas im Unklaren lassen; *grope in the dark* im Dunkeln tappen; *it is getting dark* es wird dunkel; *leave so in the dark* jmd im Dunkeln lassen; ∼ **brown** *adj*, schwarzbraun; ∼ **lantern** *sub*, *-s* Blendlaterne; ∼**-eyed** *adj*, dunkeläugig, schwarzäugig; ∼**-haired** *adj*, brünett, dunkelhaarig; ∼**-room** *sub*, *-s* Dunkelkammer; ∼**-skinned** *adj*, dunkelhäutig; ∼**en** (1) *vi*, *(Bild)* nachdunkeln (2) *vt*, verfinstern; *(verdüstern)* umwölken; ∼**ening** *sub*, *-s* Verdunkelung; ∼**ness** *sub*, *nur Einz.* Dunkel, Dunkelheit; - Finsterkeit, Finsternis, *-es (s.düster)* Düsterkeit; *in the darkness of the night* im Dunkel der Nacht; *during the hours of darkness* bei Dunkelheit; *darkness is the friend of thieves/lovers* im Dunkeln ist gut munkeln; *the darkness of insanity* die Nacht des Wahnsinns

darling, *sub*, *-s* Liebling, Mignon

darn, *vt*, *(Strumpf)* stopfen; *(US) darn it* ach du dickes Ei; *(ugs.) he couldn´t give a darn about it* das ist ihm schnurzpiepe; ∼**ed** *adv*, verflixt

dart, (1) *sub*, *-s* Abnäher; *(Wurf∼)* Pfeil (2) *vi*, flitzen; ∼**ing flame** *sub*, *-s* Stichflamme

Darwinism, *sub*, *nur Einz.* Darwinismus; **Darwinist** *sub*, *-s* Darwinist

dash, (1) *sub*, *-es* Gedankenstrich, Schmiss; *-s (kurzer Strich)* Strich; *-es (Wein)* Schuss (2) *vi*, düsen (3) *vt*, preschen; *dash it* ach du dickes Ei; *make a dash for it* zum Spurt ansetzen; *to dash after sb* jmd nachstürzen; ∼**board** *sub*, *-s* Armaturenbrett; ∼**ing** *adj*, schmissig, schneidig

data, *sub*, *nur Mehrz.* Daten; *personal data* Angaben zur Person; ∼ **bank** *sub*, *-s* Datenbank; ∼ **base** *sub*, *-s* Datenbestand; ∼ **carrier** *sub*, - Datenträger; ∼ **collection** *sub*, *-s* Datenerfassung; ∼ **file** *sub*,

-s Datei; ~ **processing** *sub, nur Einz.* Datenverarbeitung; ~ **protection** *sub, -s* Datenschutz
date, (1) *adv, (wirt.)* dato (2) *sub, -s* Date, Dattel, Dattelpflaume, Datum, Termin; *(ugs.)* Verabredung (3) *vi,* stammen (4) *vt,* datieren; *to date* bis dato, *be up to date* up to date sein; *have a date* ein Date haben; *bring something up to date* etwas auf den neusten Stand bringen; *of recent date* neueren Datums; *out of date* aus der Mode; *short date* kurzfristig; *undated* ohne Datum; *what´s the date today* welches Datum haben wir heute; *keep a date* einen Termin einhalten; *set a date for* einen Termin anberaumen für, *date to the 11th century* auf das 11 Jhdt datieren; *the document (was) dated May 1st* das Dokument datierte vom 1Mai; ~ **of birth** *sub, -s* Geburtsdatum; *(amtl.)* Geburtstag; ~ **of death** *sub, dates* Sterbedatum; **~-palm** *sub, -s* Dattelpalme
dative, *sub, nur Einz.* Dativ
daub, *vti,* klecksen
daughter, *sub, -s* Tochter; ~ **cell** *sub, -s* Tochterzelle; **~ly** *adj,* töchterlich
dauntlessness, *sub,* *nur Einz.* Unerschrockenheit
Dauphin, *sub, -s (hist.)* Dauphin
Davy lamp, *sub, -s* Karbidlampe
dawdle, *vi,* trödeln; *(ugs.; trödeln)* plempern; **~r** *sub, -s (ugs.)* Trödler; **dawdling** (1) *adj, (trödelig)* tranig (2) *sub, -s* Trödelei
dawn, (1) *sub, nur Einz.* Morgendämmerung, Morgengrauen; *-s* Tagesanbruch; *(Morgen)* Dämmerung; *nur Einz. (Zukunft)* Morgen (2) *vi, (Tag)* anbrechen, grauen; *(Tag werden)* tagen; *dawn is breaking* die Morgendämmerung bricht an; *the dawning of a new age* der Anbruch eines neuen Zeitalters; *dawn is breaking* der Morgen graut; *the dawn of a new age* der Morgen einer neuen Zeit
day, *sub, -s* Tag; *all day* den ganzen Tag; *day after day* Tag für Tag; *day´s breaking* es wird Morgen; *during the day* am Tage; *have a nice day!* schönen Tag noch!; *he´ll get used to it one day* er wird sich schon noch daran gewöhnen; *(i. ü. S.) it´s early days yet* es ist noch nicht aller Tage Abend;

one fine day eines schönen Tages; *the day will come when* einst wird kommen der Tag; *twice a day* zweimal am Tag; *what day is today?* welcher Tag ist heute?; *work by the day* im Tagelohn arbeiten; ~ **after tomorrow** *adv,* übermorgen; ~ **before** *sub,* - Vortag; ~ **before yesterday** *adv,* vorgestern; ~ **boy/girl** *sub, -s (Internat)* Externe; ~ **duty** *sub, -ies* Tagesdienst; ~ **in** *adv,* tagein; *day in, day out* tagaus, tagein; ~ **in december** *sub, -s* Dezembertag; ~ **nursery** *sub, -ies* Hort; ~ **of action** *sub, -s* - Aktionstag; **Day of Judgement** *sub, (Jüngstes -)* Gericht; ~ **of so´s death** *sub, days* Todestag; ~ **of the play** *sub, days* Spieltag
day out, *adv,* tagaus; *day in, day out* tagaus, tagein; **day release prisoner** *sub, -s (Häftling)* Freigänger; **day trip** *sub, -s* Kaffeefahrt, Tagesausflug; **day-nursery** *sub, -ies* Krippe; **day-nursery vacancy** *sub, -ies* Krippenplatz; **day´s march** *sub, -es* Tagesmarsch; **day´s work** *sub, -s* Tagesarbeit, Tagewerk; **daybreak** *sub, -s* Tagesanbruch; *at daybreak* bei Tagesanbruch, bei Tagesanbruch; *before daybreak* vor Tagesanbruch; **daydream** *sub, -s* Tagtraum, Wachtraum; **daydreamer** *sub, -s* Tagträumer
daze, (1) *vi,* duseln (2) *vt,* umnebeln; *be in a daze* vor sich hin duseln; **~d** *adj,* benommen; **~d feeling** *sub, nur Einz.* Benommenheit; **dazzle** *vt,* blenden; *dazzle light* Fernlicht; *to dazzle a motorist* einen Motorradfahrer blenden; *to dazzle with her beauty* mit ihrer Schönheit blenden; **dazzling** *adj, (blendend)* grell
DC, *sub,* - *(Abk.)* Gleichstrom
deacon, *sub, -s* Diakon; **~ess** *sub, -es* Diakonisse
deactivate, *vt, (Bombe)* entschärfen; **deactivation** *sub, -s* Entschärfung
dead, *adj,* abgestorben, tot; *(US) be dead from the neck up* Stroh im Kopf haben; *commemorate the dead* der Toten gedenken; *(wirt.) dead capital* totes Kapital; *(i. ü. S.)*

dead seriously mit tierischem Ernst; *drop dead* tot umfallen; *leave the dead in peace* die Toten ruhen lassen; *(i. ü. S.) that noise would awaken the dead* dieser Lärm würde Tote aufwecken; *(ugs.) the exam was dead easy* die Prüfung war ein Klacks; *to wish sb would drop dead* jmd die Pest an den Hals wünschen; ~ **centre** *sub, -s* Totpunkt; ~ **certain** *adj*, bombensicher, todsicher; *a dead cert* ein bombensicherer Tip; *a dead certain thing* ein bombensicheres Geschäft; ~ **drunk** *adj*, sternhagelvoll; ~ **easy** *adj, (ugs.)* kinderleicht; ~ **loss** *sub, -es (Mensch)* Niete; *(i. ü. S.; Versager)* Blindgänger; *-es* Null; *he´s a dead loss* mit ihm haben wir eine Niete gezogen; *(ugs.) he´s a dead loss (now)* mit dem ist nichts mehr los; ~ **nettle** *sub, -s (bot.)* Taubnessel; ~ **on one´s feet** *adj, (ugs.)* pflastermüde; ~ **person** *sub, -s* Tote; ~ **smart** *adj*, todschick; ~ **tired** *adj*, sterbensmatt, todmüde; *(ugs.)* hundemüde; ~**line** *sub, -s* Abgabetermin, Stichtag; *(Zeitpunkt)* Frist; *fix a deadline* eine Frist setzen; *meet a deadline* eine Frist einhalten; *the deadline has expired* die Frist ist abgelaufen

deadly, *adj*, todbringend, tödlich; *(i. ü. S.) deadly boring* zum Sterben langweilig; ~ **enemy** *sub, -ies* Todfeind; ~ **nightshade** *sub, -s* Tollkirsche; ~ **pale** *adj*, todblass; ~ **pallor** *sub, nur Einz.* Totenblässe; ~ **peril** *sub, -s* Todesgefahr; ~ **serious** *adj*, bitterernst, todernst; *I mean it deadly serious* ich meine es bitterernst

deaf, *adj*, gehörlos; *(Gehör)* taub; *is he deaf or sth?* sitzt der auf seinen Ohren?; ~ **and dumb** *adj*, taubstumm; ~**en** *vt, (mittels Lärm)* betäuben; ~**ening** *adj*, betäubend; ~**ness** *sub, -es* Gehörlosigkeit; *nue Einz. (Gehörlosigkeit)* Taubheit

deal, (1) *sub, -s* Deal (2) *vi, (Kartenspiel)* geben; *(Spielkarten)* austeilen (3) *vt*, ausgeben; *(Spielkarten, Schläge)* austeilen; *a great deal* eine ganze Masse; *be able to deal with a lot of work* mit Arbeit belastbar sein; *I know how to deal with it* dagegen weiß ich mich zu wehren; *in dealing with* im Umgang mit; *it´s a deal* ab-

gemacht!; *plan a big business* einen grossen Deal vorhaben, *you are dealing* du teilst aus; ~ **with** (1) *vi, (mit einer Sache)* beschäftigen; *(sich beschäftigen mit)* befassen (2) *vt*, abhandeln, durchnehmen; *(auf etwas -)* eingehen; *(Thema)* behandeln; *deal with a problem* sich mit einem Problem beschäftigen, *deal with the subject* den Unterrichtsstoff durchnehmen; *deal with a problem* auf ein Problem eingehen; ~ **with a task** *vt*, erledigen; ~**er** *sub, -s (Kartenspiel)* Geber; ~**ing with certain points** *adj*, punktuell

dean, *sub, -s* Dekan; ~´s **office** *sub, -s (Univ.)* Dekanat; ~**ery** *sub, -ies (kirchl)* Dekanei

dear, *adj*, kostspielig, lieb; *(i. ü. S.; lieb)* teuer; *an absolute dear* eine Seele von Mensch; *Dear Monika, Dear Manfred* Liebe Monika, Lieber Manfred; *dearly beloved* liebe Brüder und Schwestern; *good gracious!* ach, du liebe Zeit!; *he lost everything that was dear to him* er verlor alles, was ihm lieb war; *she is a dear friend* sie ist eine liebe Freundin; *(i. ü. S.) that will cost him dear!* das wird ihn teuer zu stehen kommen!; *the old dear over there* die alte Oma da drüben; ~ **soul** *sub, - (ugs.)* Seelchen; ~**ly loved** *adj*, heiß geliebt

death, *sub*, ableben; *-s* Exitus, Tod, Todesfall; *- (i. ü. S.)* Knochenmann; *(i. ü. S.) as sure as death* mit tödlicher Sicherheit; *be bored to death* sich tödlich langweilen, vor Langeweile umkommen; *(ugs.) like death warmed up* wie eine wandelnde Mumie; *(i. ü. S.) that´ll be the death of me!* das überlebe ich nicht!; *the fear of death* die Angst vom Sterben; *(i. ü. S.) this endless waiting will be the death of me!* dieses endlose Warten bringt mich noch um!; *(ugs.) to be snatched from the jaws of death* dem Tod von der Schippe springen; *to find death by one´s own hand* sich selbst richten; *be afraid of death* sich vor dem Tod fürchten; *be frightened to death* zu Tode erschrocken sein; *(i. ü. S.) bore to* *death* zu Tode langweilen; *(ugs.)* catch one´s death (of cold) sich den Tod holen (vor Kälte); *sentence to death* zum Tode verurteilen; *closed because of death!* wegen Todesfall geschlossen!; ~ **certificate** *sub, -s* Totenschein; ~ **chamber** *sub, -s* Sterbezimmer; ~ **halloo** *sub, -s (Jagd)* Halali; ~ **mask** *sub, -s* Totenmaske; ~ **penalty** *sub, -ies* Todesstrafe; ~ **sentence** *sub, -s* Todesurteil; ~**-shot** *sub, -s* Todesschuss; ~´s **head** *sub, -s* Totenkopf, Totenschädel; ~´s **head moth** *sub, -s* Totenkopfschwärmer; ~**bed** *sub, -s* Totenbett; ~**like** *adj,* totenähnlich; ~**ly cold** *sub, -* Grabeskälte; ~**ly pale** *adj,* leichenblass, totenblass, totenbleich; ~**ly silence** *sub,* Grabesstille; *nur Einz.* Totenstille

debauchee, *sub, -s* Lüstling; *(vulg.)* Hurenbock

debit, (1) *sub, -s* Abbuchung; *(wirt.)* Debet, Soll **(2)** *vt,* abbuchen; *pay by direct debit* vom Konto einziehen lassen; *(wirt.) debit and credit* Soll und Haben; *(wirt.) enter on the debit side* im Soll verbuchen, *(wirt.) debit a sum to an account* einen Betrag von einem Konto abbuchen; ~ **entry** *sub, -ies (Handel)* Passivposten

debolting, *sub, -s* Entriegelung

debris, *sub, nur Einz.* Schutt; *- (geol.)* Geröll; *nur Einz.* Grus

debt, (1) *sub, -s* Bringschuld, Passivmasse, Schuld **(2)** *vt,* debitieren; *dept to be paid at the creditor´s domicile* Bringschuld; *(ugs.) to be up to one´s ears in debt* mehr Schulden als Haare auf dem Kopf haben; ~ **of honour** *sub, -s* Ehrenschuld; ~ **thanks to so.** *vt,* Dankesschuld; ~**or** *sub, -s* Debitor, Schuldner, Schuldnerin; ~**s** *sub, nur Mehrz.* Schuldenlast

debut, *sub, -s* Debüt, Einstand; ~**ante** *sub, -s* Debütantin

decade, *sub, -s* Dekade, Dezennium, Jahrzehnt; *it takes decades* es dauert Jahrzehnte

decadence, *sub, nur Einz.* Dekadenz; **decadent** *adj,* dekadent

decaffeinated, *adj,* koffeinfrei

decahedron, *sub, - (mat.)* Dekaeder

decalogue, *sub, nur Einz. (bibl.)* Dekalog

decant, *vt,* umfüllen

decapitation, *sub, -s* Enthauptung

decartelize, *vt,* dekartellisieren

decathlon, *sub, (tt; spo.)* Zehnkampf; **decathlete** *sub, -s (spo.)* Zehnkämpfer

decatise, *vt, (Text.)* dekatieren

decease, (1) *sub, -s* Verstorbene; *(Tod)* Abgang **(2)** *vi,* sterben; ~**d (1)** *adj,* abgelebt, heimgegangen, verstorben **(2)** *sub, - (Verstorbene)* Tote

deceit, *sub, -s (Falschheit)* Heuchelei; *(Täuschung)* Trug; ~**ful** *adj,* arglistig, betrügerisch, hinterlistig; *(betrügerisch)* trügerisch; ~**fulness** *sub, nur Einz.* Arglist; **deceive** *vt,* hintergehen, irreführen, täuschen, trügen; *deceive someone´s confidence* jemandes Vertrauen täuschen; *if my eyes do not deceive me* wenn mich meine Augen nicht täuschen; **deceive o.s.** *vr,* betrügen; **deceiver** *sub, -s* Täuscher

decelerate, *sub, (mot. -wegnehmen)* Gas

December, *sub, -s* Dezember; *December 1st* 1 Dezember; *in December* im Dezember

decency, *sub, nur Einz.* Anständigkeit; *- Sittsamkeit; preserve a sense of decency* seinen Anstand wahren; **decent** *adj,* anständig, dezent, honorig, sittsam; *be dressed decently* dezente Kleidung

decentral, *adj,* dezentral; *the station is situated non-central* der Bahnhof liegt dezentral; ~**ization** *sub, -s* Dezentralisation; ~**ize** *vt,* dezentralisieren

decentyl, *adv,* anständig

deception, *sub, -s* Blendwerk, Hintergehung, Irreführung, Täuschung; *trap set by the devil* des Teufels Blendwerk; **deceptive** *adj, (irreführend)* trügerisch; *appearances are deceptive* der Schein täuscht

decible, *sub, -s (phy.)* Dezibel

decide, (1) *vi, (entscheiden)* befinden, beschließen **(2)** *vt,* entscheiden, entschließen; *decide on/against sth* sich entscheiden für/gegen etwas; *decide on sth/to do sth* sich entschließen/für etwas zu tun; *I haven´t decided yet* ich bin noch

unentschlossen; *sth is just about to be decided* etwas steht vor der Entscheidung; ~ **in advance** *vt*, vorbestimmen; **deciding** *sub*, -s *(Gewinner)* Ermittlung
deciduous forest, *sub*, -s Laubwald
deciduous tree, *sub*, -s Laubbaum, Laubholz
decimal, *adj*, dekadisch, dezimal; *decimal system* das dekadische System; ~ **(Dewey) classification** *sub*, -s Dezimalklassifikation; ~ **(fraction)** *sub*, -s Dezimalbruch; ~ **(number)** *sub*, -s Dezimalzahl; ~ **system** *sub*, *nur Einz.* Dezimalsystem
decimate, *vt*, dezimieren; *decimate butterflies* Schmetterlinge dezimieren; **decimation** *sub*, -s Dezimierung
decimetre, *sub*, -s Dezimeter
decipher, *vt*, enträtseln, entschlüsseln, entziffern; ~**able** *adj*, entzifferbar; ~**ing** *sub*, -s Enträtselung, Entzifferung; ~**ing person** *sub*, -s Entzifferer
deck, *sub*, -s Deck; *go on/below deck* an/unter Deck gehen; ~ **chair** *sub*, -s Liegestuhl; ~ **with flags** *vt*, beflaggen; ~**-officer** *sub*, -s *(mil.)* Deckoffizier; **declamatory** *adj*, deklamatorisch
declaration, *sub*, -s Deklaration, Deklarierung, Revers; *(s.o.)* Erklärung; *customs declaration* Zoll-Deklaration; ~ **of bankruptcy** *sub*, -s - Bankrotterklärung; ~ **of solidarity** *sub*, -s Solidaritätserklärung; ~ **of war** *sub*, -s Kampfansage, Kriegserklärung;
declare *vt*, deklarieren; *(Amnestie)* erlassen; *(erklären)* angeben; *(Erklärung abgeben)* erklären; *be declared a nuclear free zone* zur atomwaffenfreien Zone deklariert werden; *(tt; Amtsspr.) I hereby declare that* hiermit erkläre ich, dass; *he was declared dead* er wurde für tot erklärt; **declare (to be)** *vt*, *(etwas ausgeben als)* ausgeben; **declare so dead** *vt*, totsagen; **declared** *adj*, *(zu Verzollendes)* angegeben
declinable, *adj*, deklinabel, deklinierbar; **declination** *sub*, -s Deklination; **decline (1)** *sub*, *nur Einz.* Verfall; -s Verschlechterung; *(i. ü. S.)* Abstieg; *nur Einz.* Niedergang; -s *(Anzahl)* Abnahme **(2)** *vi*, *(sich verringern)* abnehmen **(3)** *vt*, deklinieren; *decline*

a verb as weak/strong ein Verb schwach/stark deklinieren; *decline a value* im Wert sinken; **decline in prices of securities** *sub*, -s *(Wirt.)* Deport; **decline with a nod** *vi*, abwinken; **declining** *adj*, rückgängig, rückläufig, überständig
declutch, *vi*, *(Motor)* auskuppeln
decode, *vt*, dechiffrieren, dekodieren; ~**r** *sub*, -s Decoder; **decoding** *sub*, -s Dekodierung
decomposition, *sub*, -s Biolyse; *nur Einz. (tt; biol.)* Abbau; *(tt; chem.)* Aufschluss
decontaminate, *vt*, dekontaminieren, entgiften, entseuchen; **decontamination** *sub*, *nur Einz.* Dekontamination; -s Entseuchung
decorate, **(1)** *vt*, ausschmücken, dekorieren, garnieren, gestalten, schmücken, verzieren, zieren **(2)** *vi*, tapezieren; *dress a shop-window* ein Fenster dekorieren; *decorate so* jemanden mit einem Orden auszeichnen; ~ **(with)** *vt*, *(schmücken)* behängen; ~ **with a pattern** *vt*, Dessinierung; ~**d** *vi*, *(geschmückt)* behangen; **decorating** *sub*, *nur Einz.* Dekorierung; **decoration** *sub*, -s Ausschmückung, Behang, Dekor, Dekoration, Ehrenzeichen, Orden, Ornament, Schmuck, Staffierung; *(Auzeichnung)* Abzeichen; *to decorate sb* mit einem Orden verleihen; *to receive a decoration* einen Orden bekommen; **decorative** *adj*, dekorativ; *draped decoratively over the sofa* malerisch auf das Sofa drapiert; **decorator** *sub*, -s Tapezierer
decorum, *sub*, *nur Einz.* Dekorum
decoy, *sub*, -s Lockvogel
decrease, **(1)** *sub*, -s Schwund, Verringerung **(2)** *vi*, *(abnehmen)* nachlassen **(3)** *vr*, vermindern, verringern **(4)** *vt*, dekortieren; **decreasing of a bill** *sub*, -s Dekort
decree, **(1)** *sub*, -s Dekret, Verordnung; *(polit.)* Erlass **(2)** *vt*, dekretieren, verordnen; ~ **by the pope** *sub*, -s Dekretale
decrescendo, *sub*, -i Dekrescendo
dedicate, *vt*, einweihen, widmen; *(Monument)* einweihen; **dedication** *sub*, -s Widmung

deduce, *vt*, deduzieren; *(schließen aus)* ableiten; **deducible** *adj*, deduzierbar

deducted, *adj*, abgezogen; **deduction** *sub*, *-s (Abzug)* Abrechnung; *(Folgerung)* Ableitung; *(phil.)* Deduktion; *(Steuer)* Abzug; **deductive** *adj*, deduktiv

deem sb, *vt*, würdigen

deep, *adj*, tief, tief gehend, tiefgründig; *(Stimme)* dunkel; *he drew a deep breath* er atmete tief; *be deeply indepted to someone* tief in jemandes Schuld stehen; *his knowledge doesn´t go very deep* seine Kenntnisse sind nur oberflächlich; ~ **anxiety** *sub*, *-ies* Herzensangst; ~ **fissures** *sub*, - Zerklüftung; ~ **sea** *sub*, *-s* Tiefsee; ~ **sigh** *sub*, *-s* Stoßseufzer; ~-**black** *adj*, tiefschwarz; ~-**blue** *adj*, tiefblau; ~-**freeze** *vt*, eingefrieren; ~-**freeze compartment** *sub*, *-s* Tiefkühlfach; ~-**freezing** *sub*, *-s* Einfrostung; ~-**fry** *vt*, frittieren; ~-**fryer** *sub*, *-s* Frittüre

deepen, *vtr*, vertiefen; ~**ing** *sub*, *-s* Vertiefung; **deeply distressed** *adj*, tief betrübt; **deeply distressing** *adj*, erschütternd; **deeply fissured** *adj*, zerklüftet; **deeply moved** *adj*, tief bewegt; **deeply moving** *adj*, herzergreifend; **deeply religious** *adj*, glaubensvoll; **deepness** *sub*, - *(i. ü. S.)* Tiefe

deer, *sub*, *-s* Hirsch; *nur Einz.* Wild

de-escalate, *vt*, deeskalieren; **de-escalation** *sub*, *-s* Deeskalation

defamation, *sub*, *-s* Diffamie, Diffamierung; ~ **of character** *sub*, *nur Einz. (Verunglimpfung, jur. üble ~)* Nachrede; **defamatory** *adj*, diffamatorisch, ehrenrührig; **defamatory piece of writing** *sub*, *-s* Schmähschrift; **defame** *vt*, diffamieren

default, *sub*, *-s (tt; jur.)* Unterlassung; *on default of payment* bei Verzug der Zahlung; ~**er** *sub*, *-s* Restant

defeat, **(1)** *sub*, *-s* Niederlage **(2)** *vt*, besiegen; *(i. ü. S.)* niederwerfen; *(Feinde)* bezwingen; ~**ed** *adj*, geschlagen, unterlegen; ~**ed person** *sub*, - *people* Besiegte; ~**ism** *sub*, *nur Einz.* Defätismus; ~**ist** **(1)** *adj*, defätistisch **(2)** *sub*, *-s* Defätist

defect, *sub*, *-s* Fehler; *(med./tech.)* Defekt; *a defect in the material* eine fehlerhafte Stelle; *have a defect* defekt sein; ~**ion** *sub*, *-s* Abtrünnigkeit; ~**ion rate** *sub*, *-s* Abfallquote

defective, *adj*, defekt, fehlerhaft, schadhaft

defence, *sub*, *-s* Verteidigung; *nur Einz.* Wehr; *(spo.)* Abwehr, Deckung; ~ **lawyer** *sub*, *-s (tt; jur.)* Verteidiger; ~ **of sb honour** *sub*, *nur Einz.* Ehrenrettung; *it must be said in his defence that* zu seiner Ehrenrettung muß gesagt werden, daß; ~**less** *adj*, schutzlos, wehrlos; ~**s** *sub*, *-s* Befestigungsanlage; *nur Mehrz. (tt; mil.)* Wehr; **defend (1)** *vt*, verfechten **(2)** *vti*, verteidigen; **defend oneself** *vr*, wehren; **defendant** *sub*, *-s* Angeklagte, Beklagte; **defender** *sub*, *-s* Verteidiger; **defensive (1)** *adj*, defensiv **(2)** *sub*, *nur Einz.* Defensive; *force sb on the defensive* jmd in die Defensive drängen; *from defensive positions* aus der Defensive heraus; *to go on the defensive* in die Defensive gehen; **defensive reaction** *sub*, - *-s* Abwehrreaktion

deferred item, *sub*, *-s* Transitorium

defiance, *sub*, *nur Einz.* Trotz; *in defiance of something* etwas zum Trotz; **defiant** *adj*, trotzig, trotzköpfig

deficiency, *sub*, *-ies* Fehlbestand; *vitamin C deficiency* Mangel an Vitamin C; ~ **symptom** *sub*, - *-s* Ausfallserscheinung

deficit, *sub*, *-s* Defizit, Fehlbetrag, Minusbetrag; *(Fehlbetrag)* Minus; *lack of sth* Defizit an etwas haben

defile o.s., *vr*, *(i. ü. S.; moralisch)* besudeln; **defilement** *sub*, *-s* Besudelung

deflation, *sub*, *-s (wirt./geogr.)* Deflation; ~**ary** *adj*, deflatorisch; *(wirt.)* deflationär

deflea, *vt*, flöhen

deflect, **(1)** *vi*, *(Zeiger)* ausschlagen **(2)** *vt*, abfälschen; *(Ball, phy.)* ablenken; *(Blitz)* ableiten; *(phy.)* beugen; ~**ion** *sub*, *-s (Ball, Strahlen)* Ablenkung; *(eines Zeigers)* Ausschlag

defloration, *sub*, *-s* Deflorierung; *(med.)* Defloration; **deflower** *vt*, deflorieren, entjungfern

deforestation, *sub*, Abholzung; *-s*

Kahlschlag
deformation, *sub,* -s Difformität; *(tt; med.)* Verwachsung; *(med./phys.)* Deformation; **deformed** *adj,* difform, missgebildet, verwachsen; *(med.)* unförmig; **deformed person/animal** *sub,* -s Missgeburt; **deformity** *sub,* -ies Missbildung
defraud, *vt,* defraudieren; ~**er** *sub,* -s Nepper
defrost, (1) *vt,* enteisen; *(Gefrierschrank)* abtauen **(2)** *vti, (Speisen)* auftauen; ~**er** *sub,* - Defroster; ~**ing** *sub,* -s Enteisung, Entfrostung
defuse, *vt, (Situation/Bombe)* entschärfen; **defusing** *sub,* -s Entschärfung
defy, (1) *vi,* trotzen **(2)** *vt,* hohnsprechen; *(~ bieten)* Paroli; *defy* die Stirn bieten; *(geh.) that flies in the face of all reason* das spricht der Vernunft Hohn; *that simply defies description* das spottet jeder Beschreibung
degas, *vt,* entgasen
degeneracy, *sub, nur Einz. (i. ü. S.)* Morbidität; **degenerate (1)** *adj,* rückgebildet; *(i. ü. S.)* morbid **(2)** *vi,* entarten, verfaulen; **degenerate (into)** *vti,* degenerieren; **degenerated** *adj,* entartet, verfault; *so called degenerated art* sogenannte entartete Kunst; **degeneration** *sub,* -s Ausartung, Degeneration, Entartung; **degenerative** *adj,* degenerativ
degradation, *sub,* -s Degradation, Entwürdigung; **degrade** *vt,* degradieren, entwürdigen, herabwürdigen; *he degraded me in front of* er hat mich degradiert vor
degree, *sub,* -s Grad; *-e (wissensch)* Diplom; *forty degrees north (latitude)* 40 Grad nördl Breite; *have a temperature of 39 degrees* 39 Grad Fieber haben; *it´s degrees* es sind Grad; *it´s minus degrees* es sind minus Grad; *second-degree burn* Verbrennung zweiten Grades; *up to a high degree* in hohem Grade; *at 3 degrees (above zero)* bei 3 Grad plus
degree of familiarity, *sub, nur Einz.* Bekanntheitsgrad; **degree of latitude** *sub,* -s Breitengrad; **degree of longitude** *sub,* -s Längengrad; **degree-dissertation** *sub,* -s Diplomarbeit
degressive, *adj,* degressiv; *degressive*

depreciation degressive Abschreibung
dehumidification, *sub,* -s Entfeuchtung; **dehumidifier** *sub,* -s Entfeuchter; **dehumidify** *vt,* entfeuchten
dehydrate, *vt,* dehydrieren; *(med.)* entwässern; **dehydration** *sub,* -s Dehydration, Dehydrierung
dehydrogenate, *vt,* dehydratisieren; **dehydrogenation** *sub,* -s *(chem.)* Dehydratation
deify, *vt,* deifizieren; ~ *so. vt,* Deifikation
deign, *vr, (sich)* herablassen; *deign to help so* sich bequemen jemandem zu helfen; ~ *to vr,* geruhen
deism, *sub, nur Einz.* Deismus
deity, *sub,* -ies Gottheit
dejected, *adj,* niedergeschlagen
delay, (1) *sub,* -s Aufschiebung, Verspätung; *nur Einz.* Verzögerung, Verzug **(2)** *vt,* verzögern; *(hinauszögern)* aufhalten; *without delay* ohne Verzug; ~ *of payment sub, delays* Stundung; ~**ed** *adj,* verspätet; ~**ing** *sub, nur Einz.* Verzögerung
delegate, (1) *sub,* -s Delegat, Delegierte, Wahlmann; *(Delegierter)* Abgeordnete **(2)** *vt,* abordnen; ~**d** *adj,* abgeordnet; **delegation** *sub,* -s Abordnung; *(Konferenz)* Deputation; *(pol.)* Mission; **delegation to/at** *sub,* -s Delegation; *to send a delegation to sb/a delegation at the Vatican* Delegation zu jmd schicken/beim Vatikan
delete, *vt, (Daten)* löschen; *(löschen)* streichen; **deletion** *sub,* -s Streichung; *(Daten)* Löschung
deliberate, (1) *adj,* intentional, wissentlich; *(absichtlich)* bewusst **(2)** *vi,* ratschlagen; *deliberate* hin und her überlegen; ~**ly** *adv,* absichtlich, absichtsvoll; *(absichtlich)* bewusst; **deliberation** *sub,* -s *(polit.)* Beratung; *do sth with deliberation* etwas mit Berechnung machen
delicacy, *sub,* -ies Delikatesse, Gaumenkitzel, Köstlichkeit, Leckerbissen, Schleckerei; **delicate** *adj,* delikat, grazil, zart; *(gesundheitlich)* anfällig; *(zart)* subtil; *a delicate matter* eine delikate Angelegenheit; *have a delicate bouquet*

delikat riechen; **delicatessen** *sub,* *nur Einz.* Delikatessengeschäft; Feinkost
delicious, *adj,* deliziös, köstlich, lekker; *everything on the menu here is delicious* alles auf der Karte hier ist köstlich; ~**ness** *sub, nur Einz.* Köstlichkeit
delight, (1) *sub, -s* Entzücken, Ergötzen **(2)** *vt,* entzücken; *(Zuschauer)* begeistern; *the concert was a real delight to hear* das Konzert war ein richtiger Ohrenschmaus, *be delighted by/at sth* von etwas entzückt sein; *delight the audience by making fun* die Zuschauer durch Späße begeistern; ~**ed** *adj,* hocherfreut; *be delighted by sth* sich ergötzen an etwas; ~**ful** *adj,* entzückend, wonnig, zauberhaft; ~**s of the table** *sub, nur Mehrz.* Tafelfreuden
delirium, *sub, nur Einz.* Delirium; *be in a delirium* im Delirium liegen; *delirium tremens* Delirium tremens; *speak in one´s delirium* im Delirium reden
delouse, *vt,* entlausen, lausen
Delphic, *adj,* delphisch
delta, *sub, -s (geogr./math)* Delta; *delta shaped mouth of a river* Flussdelta; ~**shaped** *adj,* deltaförmig
delude o.s., *vr,* belügen
deluge, *sub, -* Sintflut; *nur Einz. (i. ü. S.; bibl.)* Sintflut
delusion, *sub, -s* Betörung, Gaukelspiel, Täuschung, Trugbild, Truggebilde; *nur Einz.* Wahn; *(Einbildung)* Hirngespinst; *(Fantasiegebilde)* Trug; ~**s of grandeur** *sub, nur Mehrz.* Größenwahn
de luxe edition, *sub, -s* Luxusausgabe; **de luxe equipment** *sub, -s* De-Luxe-Ausstattung
demagogic, *adj,* demagogisch; **demagogue** *sub, -s* Demagoge; **demagogy** *sub, nur Einz.* Demagogie
demand, (1) *sub, -s* Einforderung; *nur Einz. (Bestellung)* Anforderung; *(wirt.)* Bedarf; *-s* Nachfrage **(2)** *vt,* abfordern, fordern, verlangen; *be very demanding* Ansprüche stellen; *demand sth from/of so* jemandem etwas abverlangen; *persistent demand* anhaltende Nachfrage; *meet the demand* den Bedarf decken; *there is a great demand* es besteht eine rege

Nachfrage, *demand sth from so* jemandem etwas abfordern; *to be too demanding* zu viel fordern; ~ **deposit** *sub, -s* Sichteinlage; ~**-meeting** *adj, adv,* bedarfsgerecht; ~**ing** *adj, (fordernd)* anspruchsvoll; ~**s** *sub, nur Mehrz.* Inanspruchnahme; *the demands made on him through his second job* seine Inanspruchnahme durch diese Nebenbeschäftigung
demarcate, *vt,* demarkieren; *(Staatsgebiet)* abgrenzen; **demarcating** *sub, -s* Demarkierung; **demarcation** *sub, -s* Demarkation; *(Staatsgebiet)* Abgrenzung; **demarcation line** *sub, -s* Demarkationslinie; *(polit.)* Grenzlinie
démarche, *sub, -s* Demarche
dementia, *sub, nur Einz.* Irresein; *-e (med.)* Dementia
Demerara sugar, *sub, nur Einz.* Krümelzucker
demesne, *sub, -s (Staatsgut)* Domäne
demigod, *sub, -s (myth.)* Halbgott
demijohn, *sub, -s* Korbflasche
demimondaine, *sub, -s* Halbweltdame; **demimonde** *sub, -s* Halbwelt
demobilising, *sub, -s* Demobilisierung; **demobilization** *sub, -s* Demobilisation; **demobilize** *vt,* demobilisieren
democracy, *sub, -ies* Demokratie; **democrat** *sub, -s* Demokrat; *(Partei)* Demokrat; *Democrat* Mitglied der Demokratischen Partei; **democratic** *adj,* demokratisch; *(Partei)* demokratisch
demographic, *adj,* demografisch; *demographic poll* eine demografische Umfrage; **demography** *sub, -ies* Demografie
demolish, *vt,* demolieren, vertilgen; **demolition** *sub, -s* Demolierung; *(Bauwerk)* Abriss; *(Gebäude)* Abbruch; **demolition chamber** *sub, -s* Sprengkammer; **demolition firm** *sub, -s* Abbruchfirma; **demolition squad** *sub, -s* Sprengtrupp; **demolition work** *sub, nur Einz.* Abbrucharbeiten
demon, *sub, -s* Dämon; *be a regular demon* ein Ausbund an Bosheit sein; ~**iac** *adj,* dämonenhaft; ~**ize** *vt,* dämonisieren

demonstrate, (1) *vt*, dokumentieren, manifestieren **(2)** *vti*, demonstrieren; *be demonstrated by* es dokumentiert sich in; *demonstrate one´s interest* sein Interesse dokumentieren; **demonstration** *sub*, **-s** Kundgebung; *(Beweis)* Manifestation; **demonstration (in support of/against)** *sub*, **-s** Demonstration; **demonstration car** *sub*, **-s** Vorführwagen; **demonstration lesson** *sub*, **-s** Lehrprobe; **demonstrative** *adj*, demonstrativ; **demonstrative pronoun** *sub*, **-s** Demonstrativpronomen; **demonstrator** *sub*, **-s** Demonstrant, Demonstrator, Manifestant

demoralise, *vt*, *(Mut)* demoralisieren; *you demoralise the whole team* du demoralisierst die ganze Mannschaft; **demoralization (1)** *sub*, *nur Einz.* Demoralisation **(2)** *vt*, Demoralisierung

demote, *vt*, kalt stellen; **demotion** *sub*, **-s** Kaltstellung; *(mil.)* Degradierung; *his demotion from sergeant to* seine Degradierung vom Feldwebel zum

den, *sub*, **-s** Höhle; *a den of thieves* ein Nest von Dieben; *(i. ü. S.) a den of vice* ein Sumpf des Lasters; *(ugs.) to venture into the lion´s den* sich in die Höhle des Löwen begeben; **~ of vice** *sub*, **-s** Lasterhöhle

denationalize, *vt*, reprivatisieren

denaturalization, *sub*, **-s** Denaturalisation; **denaturalize** *vt*, ausbürgern, denaturalisieren; **denature** *vt*, denaturieren, vergällen

denazification, *sub*, **-s** Entnazifizierung

denial, *sub*, Aberkennung; **-s** Dementi, Leugnung, Verleugnung, Verneinung, Verweigerung; *official denial* ein offizielles Dementi; **denier** *sub*, *nur Einz.* Denier

denigrate, *vt*, schlecht machen

denominate, *vt*, *(Wertpapiere)* stükkeln; **denomination** *sub*, **-s** Stückelung, Wert; **denominational** *adj*, konfessionell; **denominationalism** *sub*, *nur Einz.* Konfessionalismus

denounce, *vt*, denunzieren; **~ment** *sub*, **-s** Anprangerung; **denouncing** *sub*, **-s** Verketzerung

dense, *adj*, *(Wald,Hecke,Leute...)* dicht; *in dense undergrowth* im Dik-

kicht des Waldes; **~ undergrowth** *sub*, Dickung; *(Wald)* Dickicht; **~ly wooded** *adj*, baumreich; **~ness** *sub*, *nur Einz.* Dichtigkeit; **densimeter** *sub*, **-s** *(phy.)* Pyknometer; **density** *sub*, *-ies* Dichte; **density meter** *sub*, **-s** *(phy.)* Densimeter; **density-metre(am: er)** *sub*, **-s** Dichtemesser

dent, *sub*, **-s** Delle; *(im Auto etc.)* Beule; *dent one´s car* eine Delle ins Auto fahren; *with chips and dents* weiß nicht

dental, *adj*, dental, zahnärztlich; **~ floss** *sub*, **-** Zahnseide; **~ technology** *sub*, **-s** *(tt; med.)* Zahntechnik; **dentate** *adj*, *(bot.)* gezahnt; **dented** *adj*, *(i. ü. S.; Selbstbewußtsein)* angeknackst; **dentist** *sub*, **-s** Dentist; **-** Zahnarzt; **dentistry** *sub*, *nur Einz.* Zahnmedizin; *(tt; med.)* Zahnheilkunde; **denture** *sub*, **-s** *(Zahnersatz)* Gebiss; **dentures** *sub*, *nur Mehrz.* Zahnersatz

denunciation, *sub*, **-s** Denunziation

deny, (1) *vt*, ableugnen, absprechen, abstreiten, leugnen, verleugnen; *(leugnen)* bestreiten, negieren **(2)** *vti*, dementieren, verneinen; *deny sth* es wird dementiert, dass; *etwas in Abrede stellen; nobody denies that* es ist unbestritten, dass; *she was denied doing sth* es war ihr verweigert etwas zu tun; **~ so s.th** *vt*, aberkennen

deodorant, *sub*, **-s** Deodorant; **~ spray** *sub*, **-s** Deospray; **deodorize** *vt*, deodorieren

deoxidate, *vt*, desoxidieren

deoxyribonucleic acid, *sub*, **-s** *(chem.)* Desoxyribonukleinsäure

depart, (1) *vi*, abreisen; *(Schiff)* auslaufen **(2)** *vt*, dahinfahren; *depart from the subject* sich vom Thema entfernen; *to depart this life* (aus dem Leben) dahinfahren

department, *sub*, **-s** Dezernat, Dienststelle, Fachbereich, Ministerium, Ressort, Sektion; *(eines Instituts)* Abteilung; *Department of Defense* Verteidigungsministerium; **~ store** *sub*, **-s** Kaufhaus, Warenhaus; **~al** *adj*, ressortmäßig

departure, *sub*, **-s** Abfahrt, Abreise, Aufbruch, Ausreise, Departure; *(Flugplan)* Abflug; *(a. i. ü. S; Per-*

son) Abgang; *(weggehen)* Fortgang; ~ **day** *sub*, *-s* Abflugtag; ~ **time** *sub*, *-s* Abflugzeit
dependence, *sub*, Abhängigkeit; *nur Einz.* Bedingtheit; *-s (Abhängigkeit)* Gebundenheit; *(polit.)* Anlehnung; *interdependence* gegenseitige Abhängigkeit; **dependent (1)** *adj*, abhängig **(2)** *sub*, *-s* Hinterbliebene; *be dependent on* angewiesen sein auf; **dependent on the situation** *adj*, situativ; **dependent relationship** *sub*, *-s* Abhängigkeitsverhältnis; **dependents** *sub*, *nur Mehrz.* *(Angehörige)* Anhang
depictable, *adj*, darstellbar
depilate, *vt*, depilieren, epilieren
depiliate, *vt*, enthaaren; **depiliation** *sub*, *-s* Enthaarung
deploy, *vi*, *(mil.)* auffahren; ~**ment** *sub*, *-s (Maschine)* Einsatz; ~**ment of new arms** *sub*, *nur Einz.* *(mil.)* Nachrüstung
deponent, *sub*, *-s* Deponens
depopulate, *vt*, entvölkern; *depopulate complete regoins* ganze Landstriche entvölkern; **depopulation** *sub*, *nur Einz.* Entvölkerung
deport, *vt*, verschicken; *(ausweisen)* abschieben; ~ **to** *vt*, deportieren; ~**ation** *sub*, *-s* Deportation, Deportierung; ~**ation custody** *sub*, *- -ies* Abschiebehaft; ~**ee** *sub*, *-s* Deportierte
deposit, **(1)** *sub*, *-s* Anzahlung, Deponat, Einzahlung, Kaution; *(Flaschen~)* Pfand; *(wirt.)* Einlage **(2)** *vi*, *(Sediment)* aufschwemmen **(3)** *vt*, deponieren, einzahlen, hinterlegen; *(biol., Feststoff)* abscheiden; *(geol., med., Müll)* ablagern; *deposit the luggage at the station* als Gepäck am Bahnhof deponieren; *deposit the money in the safe* das Geld im Safe deponieren; *deposit the money with him* das Geld bei ihm deponieren; ~**ing** *sub*, *-s* Deponierung, Hinterlegung; ~**ion** *sub*, *-s* Deposition; ~ *(geol., med.)* Ablagerung; ~**or** *sub*, *-s* Deponent; ~**ory** *sub*, *-ies* Aufbewahrungsort, Depositorium; *-ries (Stelle)* Ablage; ~**s** *sub*, *nur Mehrz.* *(wirt.)* Depositen
depot, *sub*, *-s* Depot, Stapelplatz; *(wirt.)* Depot; ~ **check** *sub*, *-s* Depotschein; ~ **preparation** *sub*, *-s* Depot-

präparat
deprave, *vt*, depravieren; ~**d** *adj*, verworfen; ~**d life** *sub*, *lives* Lasterleben; **depravity** *sub*, *-s* Verdorbenheit
depress, *vt*, bedrücken, deprimieren, niederdrücken; *depressing* niederdrückend; ~**ed** *adj*, bedrückt, gedrückt; ~**ed feeling** *sub*, *-s* Gedrücktheit; ~**ion** *sub*, *-s* Bedrücktheit, Tief, Vertiefung; *(geogr./wirt.)* Depression; *(psych.)* Depressivität; *(Senke)* Niederung; ~**ive (1)** *adj*, gemütskrank **(2)** *vi*, depressiv
deprivation, *sub*, *-s (Entziehung)* Beraubung; ~ **of power** *sub*, *-s* Entmachtung; ~ **of rights** *sub*, *-s* Entrechtung; **deprive** *vt*, deprivieren; *(i. ü. S.; entziehen)* berauben; *to deprive sb of his faith* jmd den Glauben nehmen; *to suffer deprivation* Not leiden; **deprive of power** *vt*, entmachten; **deprive of the right of decision** *vt*, *(i. ü. S.)* entmündigen; **deprive sb of his/her rights** *vt*, entrechten
depth, *sub*, *-s* Tiefe; *nur Einz.* *(i. ü. S.)* Tiefgang; *I will not sink to such depths* in solche Niederungen begebe ich mich nicht; *in the depths of despair* zu Tode betrübt; *in the depths of winter* im tiefsten Winter; *sink into the depths* in der Tiefe versinken; ~ **(of the sea or ocean)** *sub*, *depths* Meerestiefe; ~ **of sinking** *sub*, *-s* Einsinktiefe
deputation, *sub*, *-s* Deputation; **depute** *vt*, deputieren; **deputy (1)** *adj*, *(amtlich)* stellvertretend **(2)** *sub*, *-ies* Stellvertreter, Stellvertretung; **deputy managing director** stellvertretender Geschäftsführer; **deputy headmaster** *sub*, *-s* Konrektor; **deputy rector** *sub*, *-s* Prorektor
derailment, *sub*, *-s* Entgleisung
derange, *vt*, derangieren; *derange sb mind* jmd derangieren; *to derange sb ideas* jmd Ideen derangieren; ~**d** *adj*, derangiert; ~**ment** *sub*, *-s* Derangement
derby, *sub*, *-ies* Derby
derelict, *adj*, abbruchreif
deride, *vt*, höhnen, hohnsprechen; **derision** *sub*, *nur Einz.* Hohn; *to*

become an object of derision zum Spott und Hohn werden

derivative, sub, -s (chem.) Abkömmling, Derivat; **derive** vi, ableiten; **derive from** vt, entstammen; derive themselves from noble ancestors von edlen Vorfahren entstammen

dermatologist, sub, -s Dermatologe, Dermatologin, Hautarzt; **dermatology** sub, nur Einz. Dermatologie

dermis, sub, - Lederhaut

derogatory, adj, derogativ

derrick, sub, -s Bohrturm, Ladebaum; (Schiff) Derrickkran

dervish, sub, -es Derwisch

desaster, sub, s Desaster

descend vi, deszendieren, niedergehen; (ab-) fallen; (im Gebirge) absteigen; be descended from abstammen von; descend from an old family aus einer alten Familie stammen; descend from father to son sich vom Vater zum Sohn vererben; descend on so bei jmd einfallen; to descend on sb jmd ins Haus platzen; ~ **upon** vt, (i. ü. S.; unerwartet) überfallen; **~ant** sub, -s Abkomme, Abkömmling, Nachfahr, Nachfahre, Nachkomme, Nachkömmling; (astrol.) Deszendent; be situated in the descendant im Deszendenten stehen; **~ants** sub, - Abkommenschaft; **~ing of a star** sub, -s Deszendenz; **descent** sub, -s Abkunft, Talfahrt; (Bergsteigen) Abstieg; - (das Fallen) Fall; **Descent from the Cross** sub, Kreuzabnahme; **descent into hell** sub, nur Einz. (theol.) Höllenfahrt

describe, vt, schildern; (Ausdruck) bezeichnen; (schildern) beschreiben; describe exactly what happened den Hergang schildern; describe sth in detail etwas genau beschreiben; you can´t describe it es ist einfach nicht zu beschreiben; **description** sub, -s Beschreibung, Deskription, Schilderung; give a vivid description of sth etwas bildhaft beschreiben; **descriptive** adj, deskriptiv

desecrate, vt, entheiligen, entweihen, schänden; **desecration** sub, -s Entheiligung, Schändung

desert, (1) adj, wüst (2) sub, -s Wüste (3) vi, desertieren; ~ **climat** sub, - Wüstenklima; ~ **fox** sub, - Wüstenfuchs; **~ation** sub, -s Fahnenflucht;

~ed adj, menschenleer, öde; (Stadt) ausgestorben; **~er** sub, -s Deserteur; (mil.) Überläufer; **~ion** sub, -s Desertion

deserve, (1) vi, (jmdm) gebühren (2) vt, (i. ü. S.) verdienen; **deserving of death** adj, todeswürdig

desiccate, vt, (tech.) entfeuchten; **~d coconut** sub, nur Einz. Kokosflocken, Kokosraspeln; **desiccation** sub, -s (tech.) Entfeuchtung; **desiccator** sub, -s Entfeuchter

desideratum, sub, -a Desiderat

design, (1) sub, -s Ausprägung, Design, Entwurf; (eines Produkts) Ausführung; (tech.) Bau, Bauart (2) vt, entwerfen, gestalten; (entwerfen) auslegen; (gestalten) aufmachen; the car is designed to do 150 km/h das Auto ist für 150 km/h ausgelegt; the restaurant is designed to seat 40 people das Restaurant ist für 40 Personen ausgelegt; ~ **(carbodies)** vt, karossieren

designate as, vt, designieren; **designation** sub, -s Designation

desirable, adj, erstrebenswert; **desire** (1) sub, -s Begehren, Begierde, Gelüst; nur Einz. Verlangen; Wunsch; (sinnlich) Lust; (Verlangen) Trieb (2) vt, begehren; (ugs.) to feel desire Lust haben; to indulge one´s desires seinen Lüsten frönen; the desired result das erwünschte Resultat; **desire for food** sub, -s Esslust; **desire to kill** sub, nur Einz. Mordlust; (geb.) Mordgier; **desire to please** sub, -s Gefallsucht

desk, sub, -s Pult, Schreibtisch; ~ **computer** sub, -s Tischrechner; ~ **telephone** sub, -s Tischtelefon

desolate, adj, öde, trostlos; dreary and desolate öd und leer; **~ness** sub, nur Einz. Trostlosigkeit

despair, (1) sub, nur Einz. Verzweiflung (2) vi, verzweifeln; don´t despair nur nicht verzweifeln; it makes you despair es ist zum Verzweifeln; to despair of life am Leben verzweifeln; **~ing** adj, verzweifelt

desperado, sub, -s Desperado

desperate, adj, desperat, krampfhaft, verzweifelt; **desperation** sub,

nur Einz. Verzweiflung
despicable, *adj,* niederträchtig, schnöde, verrucht; *(zu verachten)* elend; *to betray sb in a despicable way* jmdn niederträchtig verraten; *the despicable way he went about* die Niedertracht, mit der er vorgegangen ist; **~ nature** *sub, nur Einz.* Verruchtheit; **~ness** *sub, nur Einz.* Niedertracht; - Schnödigkeit; **despicably** *adv,* charakterlos

despise, *vt,* verachten; *(geringschätzen)* missachten; *not to despise* nicht zu verachten; **~r** *sub, -s (i. ü. S.)* Verächterin

despite, *präp,* trotz, ungeachtet; *despite all differences* über alle Unterschiede hinweg; *despite all warnings* ungeachtet aller Warnungen

despot, *sub, -s* Despot; **~ic** *adj,* despotisch; **~ism** *sub, -s* Despotie; *nur Einz.* Despotismus; *-s* Gewaltherrschaft

desrespectful, *adj,* despektierlich

dessert, *sub, -s* Dessert, Nachspeise, Nachtisch; *for dessert* als Nachspeise; **~-fork (pastry-fork)** *sub, -s* Dessertgabel

destination, *sub, -s* Bestimmungsort, Destination, Ziel, Zielbahnhof; **destined** *adj, (vorherbestimmt)* bestimmt; *be destined for higher* zu Höherem bestimmt sein; *be destined for sth* zu etwas bestimmt sein

destiny, *sub, -ies* Schicksal; *(Schicksal)* Bestimmung

destort, *vt,* deformieren

destroy, *vt,* destruieren, vernichten, zerstören; *(Gegner)* aufreiben; **~er** *sub, -s* Vernichterin; *(tt; naut.)* Zerstörer; **destruction** *sub, -s* Destruktion, Vernichtung, Zerstörung; **destructive** *adj,* destruktiv; *have a destructive effect on sth* destruktiv auf etwas wirken

detach oneself from, *vr,* loslösen; **detach onself** *vr, (sich losmachen)* lösen; **detachable** *adj,* abtrennbar

detail, (1) *sub, nur Einz.* Ausführlichkeit; *-s* Detail, Einzelheit, Kleinigkeit **(2)** *vt, (mil.)* abkommandieren; *to the last detail* in aller Ausführlichkeit; *down to the smallest detail* bis ins kleinste Detail; *go into detail* ins Detail gehen; *as detailed below* wie im Nachfolgenden ausgeführt; *down*

to the last detail bis in alle Einzelheiten; *further details at* nähere Auskunft bei; *give details* genaue Angaben machen; *go into detail* in Einzelheiten gehen; **~ed** *adj,* detailliert, eingehend; *(detailliert)* ausführlich; *(Frage, Schilderung)* minuziös; *(ins einzelne gehend)* genau

detain, *vt, (Person)* einbehalten

detect, *vt,* wahrnehmen; *(i. ü. S.)* heraushören; *(tech.)* nachweisen; *(wahrnehmen)* feststellen; *traces of ammonia can be detected* Spuren von Ammoniak sind nachweisbar; **~able** *adj, (tech.)* nachweisbar; **~ive** *sub, -s* Detektiv; **~ive agency** *sub, -ies* Detektei, Detektivbüro; **~ive story** *sub, -ies* Krimi; **~or** *sub, -s (tech.)* Detektor

détente, *sub, nur Einz.* Détente

detention, *sub, nur Einz.* Karzer; *-s* Strafarrest; *(polit.)* Haft; **~ cell** *sub, -s* Karzer

detergent, *sub, -s* Detergens, Waschmittel

deteriorate, *vi, (Gehör)* nachlassen

determination, *sub, nur Einz.* Bestimmtheit; *-s* Determination, Entschlossenheit, Ermittlung; *(Ermittlung, Festlegung)* Bestimmung; **~ of value** *sub, -s (tt; wirt.)* Valvation; **determinative** *adj,* determinativ; **determine** *vt,* determinieren; *(ermitteln; festlegen; sich auswirken)* bestimmen; *(Tatsachen)* ermitteln; *determine a result* Ergebnis ermitteln; **determined** *adj,* dezidiert, entschlossen, resolut, verbissen; *(bestimmend)* energisch; *(entschlossen)* entschieden; **determinist** *sub, -s* Determinist; **deterministic** *adj,* deterministisch

deterrence, *sub, -s* Abschreckung

detest, *vt,* verabscheuen; *(verabscheuen)* hassen; *I detest that* das ist mir zuwider

detonate, *vi,* detonieren; **detonation** *sub, -s* Detonation; **detonator** *sub, -s* Detonator, Zünder

detour, *sub, -s* Abstecher, Umleitung, Umweg; *(Straße)* Umgehung; *(absichtlich) make a detour* einen Umweg machen

detoxicate, *vt, (Person)* entgiften

detracted, *adj,* zerfahren

detrimental, *adj,* abträglich
devaluate, *vt,* devalvieren; *(Kennzeichen)* entstempeln; **devaluation** *sub, -s (wirt.)* Abwertung, Devalvation; **devalue** *vt,* abwerten, entwerten
devastate, *vt,* verheeren, verwüsten; **devastating** *adj,* verheerend; **devastation** *sub, nur Einz.* Verwüstung; *-s (geogr.)* Devastation; **devaste** *vt,* devastieren
develop, (1) *vi,* ausprägen (2) *vr,* herausbilden (3) *vt,* ausgestalten; *(Land)* erschließen (4) *vti,* entwikkeln; *develop one´s own personality to the full* sich frei entfalten; *(i. ü. S.) see how things develop* sehen wie der Hase läuft, *develop from sth into sth* sich aus etwas zu etwas entwickeln; *~e from vi,* hervorgehen; *~er sub, nur Einz.* Entwickler; *~ment sub, -s* Ausgestaltung, Entfaltung, Entwicklung; *-* Heranbildung, Werdegang; *-s (mit Gebäuden)* Bebauung; *(s.o.)* Erschließung; *the site is suitable for development* das Gelände ist noch ausbaufähig; *~ment planning sub, -s* Raumplanung; *~ping sub, -s (Vorgang)* Entwicklung
deversify, *vt,* diversifizieren
deviant, *adj,* deviant; **deviate** (1) *vi,* abweichen, deviieren (2) *vt, (mil.)* derivieren; **deviation** *sub, -s* Abweichung, Digression; *(mat./geogr)* Deviation
device, *sub, -s* Vorrichtung; *(Verkehrskontrolle)* Mittel
devide, *vt,* dividieren; *~ up vt, (teilen)* einteilen; *~d in four adj,* gevierteilt
devil, *sub, -s* Diabolus, Teufel; *be caught between the devil and the deep blue sea* zwischen zwei Feuer geraten sein; *he´s in a devilish mood* ihm sitzt der Schalk im Nacken; *(ugs.) who the devil did it?* wer zum Teufel hat das getan?; *~ of a fellow sub, devils* Teufelskerl; *(ugs.; Teufelskerl)* Tausendsasa; *~ish adj,* teuflisch, verteufelt; *~ish things sub, nur Mehrz.* Teufelszeug; *~ry sub, -ies* Teufelei
devise, *vt,* ersinnen
devolvement, *sub, -s* Degagement
Devon, *sub, nur Einz. (geogr.)* Devon; *~ian sub, nur Einz. (geol.)* Devon
devote, *vr,* weihen, widmen; *~ o.s. to vr, (sich)* hingeben; *~ to vt,* dareinsetzen; *~ to it vt,* daransetzen; *he devotes all efforts to* alles daransetzen, um; *~d adj,* ergeben, hingabefähig, treusorgend; *(Diener)* treu; *~dly adv,* hingebungsvoll; **devotion** *sub, -s* Andacht, Devotion, Hingabe; *(Treue)* Ergebenheit; **devotion duty** *sub, nur Einz.* Pflichttreue; **devotional objects** *sub, nur Mehrz.* Devotionalien
devour, *vt,* auffressen, verschlingen
devout, *adj,* andächtig; *(theol.)* fromm
dew, *sub, nur Einz.* Tau; *beads of dew glisten on the leaves* der Tau perlt auf den Blättern; *dew was sparkling on the grass* an den Gräsern funkelte der Tau; *~drop sub, -s* Tautropfen; *~lap sub, -s* Wamme
dexterity, *sub, nur Einz.* Fingerfertigkeit; **dexterous** *adj, (fingerfertig)* geschickt
dextrous, *adj,* fingerfertig
diabetes, *sub, nur Einz.* Diabetes; *(tt; med.)* Zucker, Zuckerkrankheit; **diabetic** (1) *adj,* zuckerkrank (2) *sub, -s* Diabetiker, Diabetikerin
diabolic, *adj,* diabolisch, luziferisch; *diabolic malevolence* diabolisch; *diabolic sneer* diabolisches Grinsen; *~ art sub, -* Teufelskunst; *~al adj,* teuflisch
diacritic, *sub, -s* Diakrise; *~al adj,* diakritisch
diadem, *sub, -s* Diadem
diaeresis, *sub, -* Trennpunkt
diagnose, *vt,* diagnostizieren; **diagnosis** *sub, -* Diagnose; **diagnostic** *adj,* diagnostisch; **diagnostic clinic** *sub, -s* Diagnosezentrum; **diagnostician** *sub, -s* Diagnostiker; **diagnostics** *sub, nur Mehrz.* Diagnostik
diagonal, (1) *adj,* diagonal (2) *sub, -s* Diagonale; *skim through a book* ein Buch diagonal lesen; *~ly adv,* quer
diagram, *sub, -s* Diagramm; *(graf. Darst.)* Grafik
dial, (1) *sub, -s* Wahlanzeige, Wählscheibe, Zifferblatt (2) *vt,* anwählen, wählen; *~ direct vi, (Ausland)* durchwählen; *~ gauge sub, -s* Messuhr; *~ straight through vi, (Nebenstelle)* durchwählen

dialect, *sub*, -s Dialekt, Mundart; *speak dialect* Dialekt sprechen; *the word is used in dialect* das Wort wird munartlich gebraucht; *to speak dialect* Mundart sprechen; ~ **dictionary** *sub*, -*ies* Idiotikon; ~**al** *adj*, dialektal, mundartlich
dialectical, *adj*, dialektisch; **dialectician** *sub*, -s *(phil.)* Dialektiker; **dialectics** *sub*, *nur Mehrz.* Dialektik
dialing tone, *sub*, - Freizeichen; -s Wählton; - *(US)* Freizeichen
dialogic, *adj*, dialogisch
dialogue, *sub*, -s Dialog, Zwiegespräch, Zwiegespräch; *(i. ü. S.)* Wechselrede; *carry on a dialogue* einen Dialog führen
dialysis, *sub*, -*ses* Dialyse
diamond, (1) *adj*, diamanten (2) *sub*, -s Diamant; ~ **dust** *sub*, -s Diamantstaub; ~ **pin** *sub*, *(Ansteck-)* Diamantnadel; ~ **ring** *sub*, -s Brillantring, Diamantring; ~ **stylus** *sub*, -*es (tech.)* Diamantnadel; ~-**field** *sub*, -s Diamantfeld; ~-**shaped** *adj*, rautenförmig; ~**s** **(cards)** *sub*, *nur Mehrz.* Karo; ~**s ace** *sub*, -s Schellenass
diaphanus, *adj*, diaphan
diaphragm, *sub*, -s Diaphragma; *(tt; anat.)* Zwerchfell; *(phys.)* Membran, Membrane; *(zur Empfängnisverhütung)* Pessar
diapositive, *sub*, -s Diapositiv
diarhoea, *sub*, *(med.)* Durchfall
diarrhea, *sub*, -e *(med.)* Brechdurchfall
diarrh(o)ea, *sub*, -e Diarrhö
diary, *sub*, -*ies* Diarium, Tagebuch
Diaspora, *sub*, *nur Einz.* Diaspora
diastolic, *adj*, diastolisch
diatonic, *adj*, diatonisch; ~**ism** *sub*, -s *(mus.)* Diatonik
dice, (1) *sub*, -s Würfel, Würfelspiel (2) *vt*, würfeln; *the dice are cast* die Würfel sind gefallen; ~ **cup** *sub*, -s Knobelbecher
dichotomic, *adj*, dichotomisch; **dichotomy** *sub*, -*ies* Dichotomie
dickybird, *sub*, -s *(ugs.)* Piepmatz, Piepvogel
Dictaphone (R), *sub*, -s Diktafon; **dictate** *vt*, diktieren, zudiktieren; *follow the dictates of reason* dem Gebot der Vernunft folgen; *to dictate someone* jemandem diktieren; **dictating machine** *sub*, -s Diktiergerät; **dictation** *sub*, -s Diktat; *take the dictation* das Diktat aufnehmen; *write a dictation* ein Diktat schreiben
dictator, *sub*, -s Diktator; *(pej.)* Machthaber; ~**ial** *adj*, diktatorisch; ~**ship** *sub*, -s Diktatur
dictum, *sub*, *dicta* Diktum
didactic, *adj*, didaktisch, lehrhaft; ~ **poem** *sub*, -s Lehrgedicht; ~**s** *sub*, *nur Mehrz.* Didaktik
diddle so, *vt*, *(ugs.)* beschummeln
die, (1) *sub*, -s *(Präge-)* Stanze, Stempel (2) *vi*, sterben, umkommen; *(ugs.)* verrecken; *(Tiere/Pflanzen)* eingehen; *die a natural death* eines natürlichen Todes sterben; *I´m dying to go!* ich muss mal nötig; *prepare to die* mit dem Leben abschließen; *the cow has died on him* die Kuh ist ihm eingegangen; *the flowers die with sth* die Blumen gehen an etwas ein; ~ **away** *vi*, *(mus.)* ausklingen; ~ **down** *vi*, *(Geschäft)* abflauen; *(Sturm)* abflauen; ~ **from** *vt*, *(sterben)* erliegen; ~ **of thirst** *vi*, verdursten; ~ **off** *vi*, absterben; ~ **out** *vi*, *(Rasse)* erlöschen; ~ **wretchedly** *vi*, *(ugs.)* krepieren
dielectric, *adj*, dielektrisch; ~ **space** *sub*, -s Dielektrikum
diesel engine, *sub*, -s Dieselmotor; **diesel oil** *sub*, *nur Einz.* Dieselöl
diet, *sub*, -s Abmagerungskur, Diät, Kost, Schlankheitskur; *(gesund/ungesund)* Ernährung; *keep to a diet* Diät halten; *put so on a diet* jmd auf Diät setzen; *a meatless diet* fleischlose Kost; *(i. ü. S.)* *his books are heavy going* seine Bücher sind schwere Kost; *a healthy/an unhealthy diet* gesunde/ungesunde Ernährung; ~ **plan** *sub*, -s Diätplan; ~ **to remove one´s excess fat** *sub*, -s Entfettungskur; ~**ary food** *sub*, *nur Einz.* Diätkost; ~**etics** *sub*, *nur Mehrz.* Diätetik
diethyleneglycol, *sub*, *nur Einz.* Diäthylenglykol
differ, *vr*, unterscheiden; *differ voneinander* abweichen; ~ **by** *vi*, differieren; ~**ence** *sub*, -s Differenz, Ungleichheit, Unstimmigkeit, Unterschied, Verschiedenheit; *make no difference* nicht ins Gewicht fal-

len; *that´s the difference* darin liegt der Unterschied; *a slight difference* ein feiner Unterschied; *that´s a vast difference* das ist ein gewaltiger Unterschied; *there´s a difference* einen Unterschied machen; **~ences** *sub*, *nur Mehrz.* Andersartigkeit; *(Meinungen)* Gegensatz; **~ent** *adj*, andersartig, different, unterschiedlich, verschieden, verschiedenartig; *(verschieden)* andere; *but of course he´s different* er hat das natürlich nicht nötig; *she´s a different person* sie ist wie umgewandelt; *that´s a completely different thing* das ist etwas ganz anderes; *that´s different* das ist etwas anderes; *that´s sth quite different* das hat eine ganz andere Bewandtnis; *(i. ü. S.) they´re no different from anybody else* dort wird auch nur mit Wasser gekocht; *it´s a different colour* es ist eine andere Farbe; **~ent in nature** *adj*, wesensfremd; **~ential calculus** *sub*, *-i* Differentialrechnung; **~ential gear** *sub*, *-s* Differentialgetriebe; **~entiate** (1) *vt*, *(differenzieren)* abgrenzen (2) *vti*, differenzieren; *differentiate a funktion* eine Funktion differenzieren; **~ently** *adv*, verschieden

difficult, *adj*, diffizil, schwer, schwierig; *difficult facts* ein difficiler Sachverhalt; *difficult to carry out* das ist nur schwer durchführbar; **~y** *sub*, *-ies* Erschwernis, Schwierigkeit; *the parents had difficulty in feeding their children* die Eltern hatten Not, ihre Kinder zu ernähren; *to find oneself in serious difficulties* sich in einer Notlage befinden; *to get into serious difficulties* in Not geraten; **~y in breathing** *sub*, *nur Einz.* Atembeschwerden

diffident, *adj*, unsicher

diffuse, (1) *adj*, *(phy.)* diffus (2) *vt*, *(tt; phy.)* zerstreuen; *diffuse light* diffuses Licht; **diffusion** *sub*, *-s* Diffusion; *nur Einz. (tt; phy.)* Zerstreuung

dig, (1) *vi*, ausgraben, wühlen (2) *vt*, *(mil.)* schanzen (3) *vti*, buddeln, graben, schaufeln; *dig a hole* ein Loch buddeln; *dig about in the sand* im Sand buddeln; **~ a pit** *vt*, schachten; **~ away** *vt*, abgraben; **~ in** *vt*, untergraben; **~ one´s nails into** *vt*, krallen; **~ over** *vt*, umgraben; **~**

through the earth *vt*, *(umgraben)* durchwühlen; **~ up** *vt*, aufgraben, ausbuddeln; *(aus der ~ holen)* Mottenkiste; *(Strauch etc.)* ausgraben

digest, (1) *sub*, *-s* Digest (2) *vt*, verdauen; *(Erlebtes)* aufarbeiten; **~ion** *sub*, *-s* Verdauung; *(von Erlebnissen)* Aufarbeitung

digging, *sub*, *nur Einz.* Buddelei; **~ stick** *sub*, *-s* Pflanzstock

digit, *sub*, *-s* Ziffer; **~al** *adj*, digital, ziffernmäßig; **~al clock** *sub*, *-s* Digitaluhr

dignitary, *sub*, *-es* Würdenträger; **dignity** *sub*, *-ies* Dignität; - Gemessenheit; *-es* Würde

digress, *vt*, abschweifen; *(beim Erzählen)* ausschweifen; **~ion** *sub*, *-s* Abschweifung, Exkurs; *(beim Erzählen)* Ausschweifung; *(thematisch)* Abweichung

digusting, *adj*, widerlich

dike, *sub*, *-s* Deich; *(Wasser)* Damm; *there is a breach in the dike* der Damm bricht; **~-building** *sub*, *-s* Deichbau

dilapidated, *adj*, baufällig, verfallen; *(Bauwerk)* altersschwach

dilat(at)ion, *sub*, *-s* Dilation; **dilatable** *adj*, dilatabel; **dilation** *sub*, *-s* Wärmedehnung

dilatory, *adj*, dilatorisch, säumig

dilemma, *sub*, *-s* Dilemma; *(i. ü. S.)* Zwickmühle; *be on the horns of a dilemma* in einem Dilemma stecken

dilettante, (1) *adj*, dilettantisch (2) *sub*, *-i* Dilettant; **dilettantism** *sub*, *-s* Dilettantismus; **diligent** *adj*, fleißig

diligence, *sub*, - Fleiß

dill, *sub*, *nur Einz. (Gewürz)* Dill

dim, (1) *adj*, schummerig; *(glanzlos)* trüb (2) *vt*, abblenden, trüben; **~ person** *sub*, *people (ugs.)* Kirchenlicht; *(ugs.) to not be very bright* kein Kirchenlicht sein

dime novel, *sub*, *-s (US)* Groschenroman

dimension, (1) *sub*, *-s* Dimension; *(Maß)* Abmessung (2) *vt*, dimensionieren; *the third dimension* die dritte Dimension; **~al** *adj*, dimensional; *three-dimensional* dreidimensional; **~s** *sub*, *nur Mehrz.*

Größenverhältnis
diminish, (1) *vi*, *(abnehmen)* nachlassen (2) *vt*, diminuieren, schmälern; ~**ing** *sub*, *-s* Schmälerung; *(Herabsetzung, Verringerung)* Minderung
diminutive, (1) *adj*, zwergwüchsig (2) *sub*, *-s* Diminutivum
dimorphic, *adj*, dimorph; **dimorphism** *sub*, *-s* Dimorphismus
dimple, *sub*, *-s* Grübchen
dimwit, *sub*, *-s* Dümmling; *(ugs.)* Schwachkopf
din, *sub*, *-s* Rabatz; *making a terrible din* dass es nur so krachte; ~ *of battle sub*, *nur Einz.* Kampfeslärm
dine, *vi*, dinieren, soupieren, tafeln; *dine out/in* auswärts essen; *to dine with Duke Humphrey* nichts zu essen haben; ~**r** *sub*, *- (US)* Speisewagen
dinghy, *sub*, *-ies* Jolle
dingo, *sub*, *-es* Dingo
dining car, *sub*, *-s* Speisewagen; **dining-room** *sub*, *-s* Esszimmer, Speisezimmer; **dining-table** *sub*, *-s* Esstisch
dinner, *sub*, *-s* Abendessen, Diner, Dinner, Festessen; *a dinner fit for a king* ein königliches Dinner; *candlelight dinner* Dinner bei Kerzenschein; *dinner (lunch) is served* bitte zu Tisch!; *dinner is served* das Abendessen ist serviert; *dinner without grace* aussereheliches Verhältnis; *gala dinner* Gala Diner; *have dinner* zu Abend essen; ~ **table** *sub*, *-s (Tisch)* Tafel; ~**-jacket** *sub*, *-s* Dinnerjacket, Smoking; ~**-table** *sub*, *-s* Mittagstisch
dinosaur, *sub*, *-s* Dinosaurier, Saurier
diocesan, *adj*, diözesan; **diocese** *sub*, *-s* Diözese; *(Bischofs-)* Sprengel
diode, *sub*, *-s* Diode
Dionysiac, *adj*, dionysisch
Diophantic, *adj*, *(mat.)* diophantisch
dioptre, *sub*, *-s* Dioptrie
dioxene, *sub*, *-s* Dioxin; *polluted with dioxene* mit Dioxin verseucht
dip, (1) *sub*, *-s* Dip, Stipp (2) *vt*, abblenden, dippen, eintauchen, stippen, tunken, untertauchen; *(kurz)* tauchen; *dip of avocado* Avocado Dip, *at the dip* auf Halbmast; *dip candles* Kerzen ziehen; *dip deeply into one´s purse* tief in die Tasche greifen; *go for a dip* baden gehen; *dip the rusk in the tea* den Zwieback in den Tee eintauchen; *dip one´s hands*

into the water die Hände ins Wasser tauchen; ~ **into** *vi*, *(Buch)* anlesen
diphtheria, *sub*, *-s* Diphtherie; ~**l** *adj*, diphtherisch
diplease, *vt*, missfallen
diploid, *adj*, diploid
diploma, *sub*, *-s* Abschlussdiplom; *-e (Handwerk)* Diplom; ~**cy** *sub*, *-ies* Diplomatie; *solve a problem diplomatically* eine Sache mit Diplomatie angehen; ~**t** *sub*, *-s* Diplomat; ~**tic** *adj*, diplomatisch; ~**tic luggage** *sub*, *nur Einz.* Kuriergepäck; ~**tic mission** *sub*, *-s (polit.)* Auslandsvertretung
dipole, *sub*, *-s* Dipol; ~ **antenna** *sub*, *-s* Dipolantenne
dipterous temple, *sub*, *-s* dipterous
direct, (1) *adj*, direkt, unmittelbar, wörtlich; *(Verbindung)* durchgehend (2) *vt*, inszenieren, richten; *it affects me directly* das berührt mich unmittelbar; ~ **attention to** *sth vt*, lenken; ~ **current** *sub*, *-* Gleichstrom; ~ **dialing** *sub*, *-s* Durchwahl; ~ **mandate** *sub*, *-s* Direktmandat; *get into the parliament by a direct mandate* über ein Direktmandat ins Parlament kommen; ~**ion** *sub*, *-s* Regie, Regieanweisung, Richtung; *nur Einz. (Theater)* Spielleitung; *give so directions* jemanden bei der Arbeit anweisen; *new directions in medicine* neue Pfade in der Medizin; *(i. ü. S.) to give sth a clear sense of direction* eine klare Linie für etwas finden; ~**ion of impact** *sub*, *directions* Stoßrichtung; ~**ion sign** *sub*, *-s* Richtungsanzeiger; ~**ional antenna** *sub*, *-s* Richtstrahler; ~**ions** *sub*, *nur Mehrz. (Weisung)* Auftrag; ~**ive** *sub*, *-s* Direktive
director, *sub*, *-s* Anstaltsleiter, Direktor, Generalintendant, Intendant, Leiter, Regisseur, Regisseurin; *(Theater)* Spielleiter; ~´**s secretary** *sub*, *-ies* Chefsekretärin; ~**ial** *adj*, direktorial; ~**ship** *sub*, *-s* Intendanz; ~**y** *sub*, *-ries* Adressbuch; **directress** *sub*, *-es* Intendantin
dirigiste, *adj*, dirigistisch; *in a dirigiste manner* dirigistisch
dirndl, *sub*, *-s* Dirndlkleid

dirt, *sub, nur Einz.* Dreck, Schmutz; *be covered in dirt* vor Dreck starren; ~ **cheap** *adj,* spottbillig; ~**iness** *sub, nur Einz.* Unsauberkeit; ~**y** *adj,* dreckig, schmuddelig, schmutzig, schwarz, unsauber, verschmutzt; *(ugs.)* versifft; *(obszön)* unanständig; *(Sachverhalt)* link; *(schmutzig)* beschmutzt; *to do the dirty on sb* jmdn in die Pfanne hauen; ~**y finger** *sub,* -s Stinkefinger; ~**y look** *sub,* -s scheeläugig; ~**y mark** *sub,* -s Schmutzfleck; ~**y o.s.** *vr,* anschmieren; ~**y remark** *sub,* -s *(ugs.; Bemerkung)* Ferkelei; ~**y slob** *sub,* -s *(ugs.)* Schmutzfink; ~**y swine** *sub,* -s Drecksau; *(ugs.)* Sau; *(vulg.)* Mistkerl; ~**y work** *sub, nur Einz.* Dreckarbeit

disability, *sub,* -ies Gebrechen; -es Versehrtheit; **disabled** *adj,* invalide; **disabled person** *sub,* -people Behinderte; -s Versehrte; **disablement** *sub,* -s Invalidität

disadvantage, *sub,* -s Nachteil; *(Nachteil)* Minus; *this brought its disadvantages for me* daraus erwuchsen mir Nachteile; *to be at a disadvantage with sb* sich jmd gegenüber im Nachteil befinden; *to sb´s disadvantage* zu jmds Ungunsten; ~ **of** *adv,* zu Ungunsten

disagio from the amount of a loan, *sub,* -s *(wirt.)* Damnum

disagree, *vi,* disharmonieren; *disagree with someone* mit jemandem uneinig sein; ~**able** *adj,* unsympathisch; ~**able colour** *sub,* -s Missfarbe; ~**ment** *sub,* -s Misshelligkeit, Uneinigkeit, Zerwürfnis

disappear, *(1) vi,* entschwinden, verschwinden, wegkommen; *(i. ü. S.)* untertauchen; *(Wolken)* auflösen *(2) vr,* verziehen; *(ugs.)* verkrümeln; *disappear from so´s view* sich jmd Blicken entziehen; *disappear into thin air* sich in nichts auflösen; ~**ing** *sub, nur Einz.* Verläpperung; **disappereance** *sub,* -s Verschwinden

disappoint, *vt, (jmd)* enttäuschen; *disappoint sb expectations* jmd Erwartungen enttäuschen; ~**ment** *sub,* -s Enttäuschung; *a great disappointment* eine arge Enttäuschung; *she´ in for a big disappoinment* ihr steht eine große Enttäuschung bevor

disapproval, *sub,* -s Missbilligung; ~ **(of)** *sub, nur Einz.* Missfallen; *expression of disapproval* Missfallensbekundung; **disapprove of** *vt,* missbilligen

disarm, *(1) vt,* desarmieren, entwaffnen *(2) vti,* abrüsten; ~**ament** *sub,* -s Abrüstung; ~**ament conference** *sub,* - -s Abrüstungskonferenz; ~**ing** *sub,* Entwaffnung

disarrange, *vt,* verrücken

disaster, *(1) adj,* Unheil *(2) sub,* -s Verhängnis; *(ugs.)* Reinfall; *disaster* ziviler Notstand; *that was a disaster* damit haben wir eine Pleite erlebt; *that was a real disaster* das war eine einzige Misere; *(i. ü. S.)* to rush headalong into disaster in sein Unglück rennen/sich ins Unglück stürzen; *(i. ü. S.) what a disaster* welch ein Unglück; ~**ous** *adj,* verhängnisvoll; **disastrous** *adj,* unheilvoll; *(ugs.)* jäh; *(i. ü. S.) a rude awakening* ein jähes Erwachen; *(ugs.) I fear it´s going to come to a bad end* ich befürchte es wird noch ein jähes Ende haben

disbranch, *vt,* entasten

disburse, *vt,* verauslagen

disc, *sub,* -s Scheibe; *(anat.)* Bandscheibe

discharge, *(1) sub,* -s Verabschiedung; *(tt; med.)* Abgang; *(Wasser)* Einleitung *(2) vt, (elec.)* entladen; *discharge poisonous effluents into sth* giftige Abwässer in etwas einleiten; ~ **of the bowels** *sub, nur Einz.* Stuhlgang; ~**ment of weapon** *sub,* -s Schussabgabe

disciple, *sub,* -s Adept, Jünger; ~**s** *sub, nur Mehrz.* Jüngerschaft

disciplinary, *adj,* disziplinär, disziplinarisch; ~ **penalty** *sub,* -ies Diszipl.inarstrafe; ~ **proceedings** *sub, nur Mehrz.* Disziplinarverfahren; ~ **transfer** *sub,* -s Strafversetzung; ~ **tribunal (court)** *sub,* -s Ehrengericht; **discipline** *(1) sub,* -s Diszipl.; *nur Einz.* Züchtigkeit; -s *(ugs.)* Zucht *(2) vt,* disziplinieren; *(bestrafen)* maßregeln; *keep discipline* Disziplin halten; **disciplined** *adj,* diszipliniert, züchtig; *behave disciplined* sich diszipliniert verhalten

d(isc) j(ockey), *sub,* -s Diskjockey

disclosure, *sub*, *-s* Enthüllung; *(Geheimnis)* Offenlegung
disco, *sub*, *-s* Disko
discolour, *vt*, verfärben
disconcert, *vt*, beirren
disconnect, *vt*, inaktivieren, unterbrechen; *(tech.)* trennen; **~ion** *sub*, *-s* Unterbrechung
discontent(ment), *sub*, *nur Einz.* *(Missfallen)* Missbehagen; *to cause sb discontent* jmd Missbehagen bereiten; **discontented** *adj*, *(unzufrieden)* missmutig
discontinued model, *sub*, *-s* Auslaufmodell; **discontinuous** *adj*, diskontinuierlich
discord, *sub*, *-s* Missklang, Missstimmung; *- Zwietracht; a note of discord* ein Missklang; *to sow (seeds of) discord* Zwietracht säen; **~ant** *adj*, misstönend; **~ant note** *sub*, *d. sound* Misston; **~ing** *adj*, zwieträchtig
discothèque, *sub*, *-s* Diskothek
discount, **(1)** *sub*, *-s* Diskont, Rabatt, Rabattierung; *(Preis~)* Nachlass, Nachlassung **(2)** *vt*, diskontieren; *to give a 10 % discount* 10 % vom Preis nachlassen, *allow a discount* einen Diskont gewähren; *at a discount* mit Verlust; **~ allowed to long-standing customers** *sub*, *discounts* Treuerabatt; **~ rate** *sub*, *-s* Diskontsatz; **~ trade** *sub*, *-s* Diskontgeschäft
discourage, *vt*, entmutigen; **~d** *adj*, decouragiert, mutlos; **~ment** *sub*, *nur Einz.* Mutlosigkeit
discourse, *sub*, *-s* Diskurs; *(i. ü. S.; Wissensgebiet)* Streifzug; *a discourse about* ein Diskurs zum Thema
discover, *vt*, entdecken, erforschen; *(krim.)* ermitteln; *discover a new land* Neuland entdecken; **~able** *adj*, erforschbar; **~er** *sub*, *-* Entdecker
discovery, *sub*, *-ies* Entdeckung, Ermittlung; *(Entdeckung)* Erkenntnis
discredit, **(1)** *sub*, *nur Einz.* Misskredit **(2)** *vt*, diskreditieren; *to be discredited* in Misskredit geraten; *to bring sb into discredit* jmdn in Misskredit bringen, *to discredit a statement* eine Aussage diskreditieren
discreet, *adj*, diskret, verschwiegen; *discreetly* ohne großes Aufsehen; *retire discreetly* sich diskret zurückziehen; *she is very discreet* sie ist sehr diskret; **~ness** *sub*, *nur Einz.* Diskretion

discrepancy, *sub*, *-ies* Diskrepanz, Missverhältnis; *there is a discrepancy between the work he does and his salary* seine Leistung steht im Missverhältnis zu seiner Bezahlung; **discrepant** *adj*, diskrepant
discrete, *adj*, *(mat.)* diskret; **discretion** *sub*, *nur Einz.* Belieben; *at one's own discretion* nach eigenem Gutdünken
discriminate, **(1)** *vr*, zurücksetzen **(2)** *vt*, diskriminieren **(3)** *vti*, *(neg.)* differenzieren; *discriminate against sb* jmd diskriminieren; **~ against** *vi*, benachteiligen; **discrimination** *sub*, *nur Einz.* Benachteiligung; *-s* Diskriminierung; *discrimination at work* Diskriminierung am Arbeitsplatz; *the discrimination against ethnical groups* die Diskriminierung ethnischer Gruppen
discuss, *vt*, besprechen, erörtern; *discuss sth with so* über etwas bereden; *to discuss real issues* über Inhalte diskutieren; **~ (am: argue)** *vti*, *(ugs.)* debattieren; **~ aesthetics** *vt*, ästhetisieren; **~ s.th** *vt*, *(etwas besprechen)* bereden; **~ sth.** *vt*, diskutieren; *our discussion went on for hours* wir haben stundenlang diskutiert; *there's much too much discussion about that* darüber wird viel zu viel diskutiert; **~ thoroughly** *vt*, durchdiskutieren; **~ion** *sub*, *-s* Diskussion, Erörterung, Streitgespräch, Unterredung; *(Meinungsaustausch)* Aussprache; *(polit.)* Beratung; *(von Problemen etc.)* Besprechung; *(not) be under discussion* (nicht) zur Diskussion stehen; *put sth up for discussion* etwas zur Diskussion stellen; *(i. ü. S.) something comes up to discussion* etwas kommt aufs Tapet
disdain, *sub*, *-s* Geringschätzung; **~ful** *adj*, geringschätzig
disease, *sub*, *-es* Krankheit; *-s (chron.)* Erkrankung; **~d** *adj*, krankhaft
disengage, **(1)** *vi*, *(tech.)* ausrasten **(2)** *vt*, ausrücken
disentangle, *vt*, entflechten
disfigure, *vt*, verunstalten; **~ment**

sub, -s *(das Entstelltsein)* Entstellung
disgrace, (1) *sub, nur Einz.* Missstand,
Schande, Schmach **(2)** *vi,* Blamage
(3) *vt,* blamieren; *in disgrace* mit
Schimpf und Schande; *it´s a disgrace
the way he acts* es ist ein Skandal, wie
er sich benimmt, *he disgraces his family* er ist eine Schande für seine
Familie; ~ **oneself** *vr,* blamieren;
~**ful** *adj,* infam, schändlich; *it´s simply disgraceful!* da kann ich nur sagen: pfui!; ~**ful decision** *sub, -s*
Schandurteil
disgruntled, *adj, (geh.)* missvergnügt;
disgruntlement *sub, -s* Verstimmung
disguise, (1) *sub, nur Einz.* Bemänte-
lung; *-s* Vermummung; *(i. ü. S.)* Tarnung **(2)** *vt,* bemänteln, kaschieren,
verkleiden, verschleiern; *(i. ü. S.)* tarnen; **disguising** *sub, -s* Verkleidung
disgust, (1) *sub, -s* Degout, Ekel, Widerwille **(2)** *vti,* degoutieren; *disgust
at sth* Ekel vor etwas empfinden; *how
disgusting!* pfui Teufel!; ~**ing** *adj,*
abstoßend, degoutant, ekel, ekelhaft,
eklig
dish, *sub, -es (Gericht)* Speise; *(Mahlzeit)* Gericht; *cold dish* kalte Platte; ~
towel *sub, -s (US)* Geschirrtuch
disharmony, *sub, -ies* Disharmonie;
such disharmony solche Disharmonien
disheartened, *adj,* verzagt
dishes, *sub, nur Mehrz.* Abwasch
dishevelled, *adj,* strubbelig, zerzaust;
~ **hair** *sub, -s (Haar)* Strubbelkopf
dishonest, *adj,* krumm, unehrlich,
unlauter, unredlich; *(tt; wirt.)* unreell; *(ugs.) do something dishonest* ein
krummes Ding drehen; *(ugs.) he´s
(criminally) dishonest* er ist ein ganz
krummer Typ
dishwasher, *sub, -s* Geschirrspülma-
schine, Spüler, Spülmaschine
disillusion, (1) *sub, -s* Desillusion **(2)**
vt, desillusionieren; ~**ment** *sub, -s*
Ernüchterung
disinclination, *sub, nur Einz.* Unlust
disinfect, *vt,* desinfizieren; ~**ant** *sub,
-s* Desinfektionsmittel, Desinfiziens;
~**ion** *sub, -s* Desinfektion
disinformation, *sub, nur Einz.* Desinformation
disinherit, *vt,* enterben; ~**ance** *sub, -s*
Enterbung

disinhibition, *sub, -s* Enthemmtheit
disintegrate, *vi,* desorganisieren;
*disintegrate in seine Bestandteile
zerfallen;* **disintegration** *sub, nur
Einz.* Desintegration
disinvite, *vt, (Person nicht einladen)* ausladen
dislexia, *sub, -* Legasthenie; **dislexic** *sub, -s* Legastheniker
dislike, *sub, nur Einz.* Abneigung;
dislike sth/so einer Sache/jeman-
dem abgeneigt sein; *I dislike the
way he* es missfällt mir, wie er
dislocate, *vt,* auskugeln, ausrenken, dislozieren, verrenken; *dislocate one´s arm* sich seinen Arm
ausrenken; **dislocation** *sub, -s* Ausrenkung, Dislozierung; *(med.)* Dislokation
disloyal, *adj,* illoyal, treubrüchig,
treulos; ~**ty** *sub, -ies* Illoyalität
dismal, *adj,* trist
dismantle, *vt,* abmontieren, demontieren, zerlegen; *dismantle
the carburetor* den Vergaser demontieren; *take down so* jmd demontieren; **dismantling** *sub, nur
Einz.* Abbau; *-s* Demontage, Demontierung
dismay, (1) *sub, -* Bestürztheit; *nur
Einz.* Bestürzung **(2)** *vt,* konsternieren; *so´s dismay at* jemands Bestürzung über; ~**ed (1)** *adj,*
bestürzt **(2)** *adv,* konsterniert
disobedience, *sub, -s* Ungehorsam;
disobedient *adj,* ungehorsam
disobliging, *adj,* ungefällig; ~**ness**
sub nur Einz. Ungefälligkeit
disorderly, *adj, (Verhalten)* unbotmäßig
disorganization, *sub, nur Einz.*
Desorganisation
disorientate, *adj,* desorientiert
disown, *vt,* verstoßen
disparage, *vt,* verunglimpfen;
~**ment** *sub, - (Beleidigung)* Herabsetzung; **disparaging** *adj,* abfällig,
abschätzig, missfällig; **disparagingly** *adv,* abfällig
dispatch, (1) *sub, nur Einz.* Versand; *(Sendung)* Abfertigung **(2)**
vt, expedieren; ~ **counter** *sub, -s*
Abfertigungsschalter; ~ **form** *sub,
-s* Packetkarte; ~ **service** *sub, -s* Abfertigungsdienst
dispatch rider, *sub, -s* Meldereiter;

(mil.) Meldefahrer, Melder
dispel, *vt, (i. ü. S.)* zerstreuen; ~**ling**
sub, nur Einz. Zerstreuung
dispensable, *adj,* abkömmlich, entbehrlich; **dispense in requiered doses** *vt,* dosieren; **dispense with** *vt,* entraten; **dispensing** *sub, -s* Rezeptur
dispersal, *sub, nur Einz.* Zerstreuung;
disperse (1) *vr,* zerstreuen (2) *vt,* dispergieren, versprengen; **dispersion** *sub, -s* Versprengung; **disperson** *sub, -s (Geschütz)* Streuung
displacement, *sub, -s* Verschiebung
display, (1) *sub, -s* Anzeigetafel, Bekundung, Display (2) *vt,* zeigen; *(comp.)* anzeigen, ausgeben; *(im Schaufenster)* ausstellen; *(zum Ansehen)* auslegen; ~ **of suffering** *sub, -* Leidensmiene; ~ **pattern** *sub, -s (zool.)* Imponiergehabe
displeasure, *sub, nur Einz.* Missfallen; *- (i. ü. S.)* Unmut; *nur Einz. (Unzufriedenheit)* Missmut; **to encur** *sb´s displeasure* jmds Missfallen erregen
disposal, *sub, -s* Entledigung, Veräußerung; *(Verfügung)* Disposition; *nur Einz. (von Müll)* Beseitigung; *be at sb disposal* zur Disposition stehen; *place sth at sb disposal* jmd etwas zur Disposition stellen; **dispose** *vt,* entledigen; *well-disposed towards* freundsch gesinnt gegen; **dispose of** *vt,* veräußern; *(Müll)* beseitigen; **disposed** *adj,* geartet; **disposition** *sub, -s* Gemüt, Habitus, Veranlagung; *(med.)* Anlage
disputation, *sub, -s* Disputation; **dispute** (1) *sub, -s* Disput, Streitgespräch; *(Wort-)* Streit (2) *vi,* disputieren; *have a dispute about* einen Disput über etwas haben, *be lokked in dispute with sb* mit jmd im Clinch liegen
disqualification, *sub, -s* Disqualifikation; *(spo.)* Ausschluss; ~ **from a job** *sub, -s from jobs* Berufsverbot; ~ **from driving** *sub, -s* Fahrverbot; *disqualify sb from driving* ein Fahrverbot erteilen; **disqualify** *vt,* disqualifizieren; *(spo.)* sperren; *he was disqualified for* er wurde disqualifiziert wegen
disregard, (1) *sub, nur Einz.* Nichtachtung; *(Ignorieren)* Missachtung

(2) *vt,* missachten; ~ **to consequences** *sub, nur Einz.* Inkaufnahme
disreputable, *adj,* anrüchig, verrufen; **disrepute** *sub, nur Einz.* Anrüchigkeit, Verruf
disrespect, *sub, nur Einz. (Geringschätzung)* Missachtung; ~**ful** *adj,* respektlos, unehrerbietig
disrupt, *vt,* unterbrechen; ~**ion** *sub, -s (Unterbrechung)* Störung; ~**ive action** *sub, -s* Störmanöver
dissatisfaction, *sub, nur Einz.* Unzufriedenheit; **dissatisfied** *adj,* unzufrieden
dissect, *vt,* sezieren; *(tt; anat.)* zergliedern
dissent, (1) *sub, -s* Dissens (2) *vi,* dissentieren; ~**er** *sub, -s* Dissentantin; ~**ing** *adj, (polit.)* anders denkend
dissertation, *sub, -s* Dissertation
dissident, *sub, -s* Dissident, Dissidentin
dissimilar, *adj,* unähnlich; ~**ity** *sub, -s* Ungleichheit
dissimilate, *vt,* dissimilieren
dissimulate, *vt,* dissimulieren
dissipated, *adj,* verlebt
dissociate, *vt,* dissoziieren; ~ **oneself from** *vr,* distanzieren; *dissociate oneself from* sich von jmd distanzieren
dissolve, (1) *vi,* überblenden, zergehen; *(chem.)* auflösen (2) *vt, (Substanz, Parlament)* auflösen (3) *vt/vr,* lösen; **dissolving** *sub, nur Einz. (chem.)* Auflösung
dissonance, *sub, -s* Dissonanz; **dissonant** *adj,* dissonant; **distant** *adj,* entfernt, weitläufig; *(räuml. u. zeitl.)* fern; *distantly related* entfernt verwandt; *in the distant future* in ferner Zukunft; *in the not too distant future* in nicht allzu ferner Zukunft; **distant destination** *sub, -s (räuml.)* Fernziel; **distant echo** *sub, -es* Nachklang; *a distant echo of perfume* ein ferner Nachklang von Parfum
distance, *sub,* Abstand; *-s* Anfahrtsweg, Distanz, Ferne, Strecke; *nur Einz.* Unnahbarkeit; *-s* Weg, Weite; *(Abstand)* Entfernung; *in some distance* in einiger Distanz; *keep one´s distance from* Distanz halten

von; *to distance from* auf Distanz gehen; *see sth in the far distance* etwas in weiter Ferne erblicken; *he covered quite a distance* er hat eine tüchtige Strecke zurückgelegt; *distance os from so* sich von jemandem abgrenzen; *keep one´s distance* sich abseits halten

distaste, *sub, -s* Widerwillen

distemper, *sub, -s* Staupe

distended, *adj, (med.)* aufgebläht

distich, *sub, -es* Distichon

distil, *vt,* destilieren; *condense the content of a novel into an essay* den Inhalt eines Buches zu einem Aufsatz destillieren; *distilled water* destilliertes Wasser; **~late** *sub, -s* Destillat; **~lation** *sub, nur Einz.* Destillation; **~ler** *sub, s* Destillateur; **~lery** *sub, -ies* Brennerei, Destille; *(ugs.)* Schnapsbude

distinct, *adj, (Merkmal)* ausgeprägt; *have a distinct character* einen ausgeprägten Charakter haben; *have strong tendencies towards sth* ausgeprägte Neigungen für etwas haben; **~ion** *sub, -s* Distinktion; *(Pokal, Wimpel etc.)* Auszeichnung; *make precise distinctions* genau differenzieren; **~ive** *adj,* distinktiv; **~ness** *sub, nur Einz. (von Merkmalen)* Ausgeprägtheit

distinguish, **(1)** *vi,* unterscheiden **(2)** *vt,* unterscheiden; *(unterscheiden)* auseinander halten; *(i. ü. S.; unterscheiden)* trennen; ~ o.s. *vr,* auszeichnen; **~ed** *adj,* distinguiert, vornehm; **~ing characteristic** *sub, -s* Kennzeichen

distorsion, *sub, -s* Deformierung; *(das Entstellte)* Entstellung; **distort** **(1)** *vt,* verfälschen, verstümmeln **(2)** *vti,* verzerren; **distorted** *adl,* entstellt; **distorted picture** *sub, -s (i. ü. S.)* Zerrbild; **distorting mirror** *sub, -s* Zerrspiegel; **distortion** *sub, -s* Verfälschung, Verkrümmung; *nur Einz.* Verstümmelung

distract, *vt,* distrahieren; *(von der Arbeit)* ablenken; *he was distracted with doubt* er war von Zweifeln gequält; **~ion** *sub, -s* Distraktion, Verstörtheit; *(von der Arbeit)* Ablenkung

distrainability, *sub, nur Einz.* Pfändbarkeit; **distrainable** *adj,* pfändbar; **distraint** *sub, -s* Pfändung

distress, *sub, -es* Bedrängnis; *nur Einz.* Seenot; *(Bedrängnis)* Not; ~ **signal** **(1)** *adj, (Signal)* hilfeflehend **(2)** *sub, -s* Notsignal

distribute, *vt,* distribuieren, verteilen; *(verteilen)* aufteilen, austeilen; *distribute a film* einen Film distribuieren; *distribute gifts* Geschenke verteilen; **distribution** *sub, -s* Austeilung, Distribution, Verteilung; *(Verteilung)* Aufteilung; *nur Einz. (wirt.)* Ausschüttung; **distributive** *adj, (mat.)* distributiv; **distributor** *sub, -s* Distribuent, Verleiher

district, *sub, -s* Bezirk, Distrikt, Gau, Quartier, Revier, Stadtviertel; *to know the district* sich mit den Lokalitäten auskennen; ~ **attorney** *sub, -s (US)* Staatsanwalt; ~ **attorney´s office** *sub, -s* Staatsanwaltschaft; ~ **by district** *adv,* bezirksweise; ~ **league** *sub, - -s* Bezirksliga; ~ **map** *sub, - -s* Bezirkskarte; **~-heating system** *sub, -s* Fernheizung; **~-heating system plant** *sub, -s (-swerk)* Fernheizung

ditch, *sub, -es* Graben

dither, *vi, (ugs.)* fackeln; *(ugs.) don´t dither about* nicht lange fackeln

Dithmarschian, **(1)** *adj,* dithmarsisch **(2)** *sub, -s* Dithmarscher

diuretic, **(1)** *adj,* diuretisch, harntreibend **(2)** *sub, -s (med.)* Diuretikum

diurnal, *sub, -s (zool.)* Tagfalter

divan, *sub, -s* Diwan

dive, **(1)** *sub, -s* Tauchmanöver; *(ugs.)* Kaschemme, Spelunke; *(Wasser)* Sprung **(2)** *vi,* tauchen, untertauchen; ~ **deep** *vi,* tieftauchen; ~ **down** *vi,* hinabtauchen; ~ **in** *vi,* eintauchen; *dive into one´s pocket* Hände in die Tasche stecken. *dive into politics* sich in die Politik stürzen; **~board** *sub, -s (Wasser)* Sprungbrett; **~r** *sub, -s* Taucher

diverge, *vi,* divergieren; *(Linien)* auseinander gehen; **~nce** *sub, -s* Divergenz; *divergence of opinion* Divergenz der Meinungen; **~nt** *adj,* divergent; *diverge* divergent verlaufen

divers, *adj,* vielfältig; **~e** *adj,* mannigfaltig; *the most diverse* die diversesten; ~*ion sub, -s* Ablenkungsmanöver, Kurzweil, Umleitung; ~*ity sub, -ies* Mannigfaltigkeit; **divert** *vt*, umleiten; **diverting** *adj*, kurzweilig; **divertissement** *sub, -s* Divertissement

divide, (1) *vr*, scheiden (2) *vt*, abteilen, teilen; *opinions are divided on this question* die Meinungen über diese Frage sind gespalten; ~ **(up)** *vt, (teilen)* aufteilen; ~ **exactly into** *vi, (mat.)* aufgehen; ~ **in four** *vt*, vierteln; ~ **sth. up** *vt*, zerstückeln, zerteilen; ~ **up inperiods** *vt*, periodisieren; ~**d** *adj*, gespalten, uneinig, uneins; ~**nd** *sub, -s* Dividend, Dividende; **dividing up** *sub*, Einteilung

divination, *sub, -s* Divination; **divine** (1) *adj*, göttlich, numinos (2) *vi, (min.)* muten; *divine order* die göttliche Ordnung; **divinely-ordained** *adj*, gottgewollt

diviner, *sub, -s* Rutengänger

diving competition, *sub, nur Einz.* Wetttauchen; **diving helmet** *sub, -s* Taucherhelm; **diving pool** *sub, -s* Sprungbecken; **diving station** *sub, -s* Tauchstation; *at diving station* auf Tauchstation; **diving suit** *sub, -s* Taucheranzug

divinity, *sub, -ies* Divinität; - Göttlichkeit

divisibility, *sub, nur Einz.* Teilbarkeit; **divisible** *adj*, teilbar; **division** *sub, -s* Teilung, Zertrennung, Zweiteilung; *(Einteilung)* Abteilung; *(mil./math)* Division; *(Silben-)* Trennung; *(Teilung)* Aufteilung; **division of labour** *sub, -s* - Arbeitsteilung; **divisional railway office** *sub, -s* Verkehrsamt

divisor, *sub, -s* Divisor, Teiler

Dixieland, *sub, nur Einz.* Dixieland

dizziness, *sub, nur Einz.* Schwindel; *(Schwindelgefühl)* Taumel; **dizzy** *adj*, schwindelig, schwummerig, schwummrig; *I feel dizzy* es schwimmt mir vor Augen; **dizzy turn** *sub, -s* Schwindelanfall; **dizzy with light** *adj*, lichttrunken

do, (1) *vt*, machen, unternehmen, wirken; *(ugs.; unternehmen)* anstellen (2) *vti*, tun; *(there´s) nothing to be done* (da ist) nichts zu machen; *he does what he wants* er macht, was er will; *I can´t do anything about it either* ich kann da auch nichts machen; *I´m doing an English course* ich mache einen Englischkurs; *that sort of thing just is not done* so etwas macht man nicht; *the livingroom needs doing again* das Wohnzimmer muss mal wieder gemacht werden; *what does your brother do for a living?* was macht dein Bruder beruflich?; *what have I done wrong?* was habe ich nur falsch gemacht?; *what what are you doing (there)?* was machst du da?; *what´s this car doing here in Frankfurt?* was macht das Auto hier in Frankfurt?; *20 marks would do* mit 20 DM wäre mir schon gedient; *do one´s best* sein möglichstes tun; *do sth to so* jemandem etwas antun; *doesn´t he speak fast!* wie schnell er nur redet; *everything I do* mein ganzes Tun; *(i. ü. S.) he did very well out of it* er ist sehr gut dabei gefahren; *he was doing 100* er hatte 100 Sachen drauf; *(ugs.) I can do it just like that* das mache ich ganz locker; *I could do with an umbrella* ich könnte einen Schirm gebrauchen; *I do the lottery* ich tippe im Lotto; *I had nothing to do with that!* das stammt nicht von mir!; *I´d like to see anyone else do that* das macht mir so schnell keiner nach; *it´s always been done like that* das wurde immer so gehandhabt; *it´s the cold that does that* das macht die Kälte; *no sooner said than done* gesagt, getan; *(ugs.) now she´s done it* da hat sie ja was angerichtet; *stop doing sth* von etwas ablassen; *that is not done* das tut man nicht; *that´s done it* der Bart ist ab; *there´s nothing to be done* da nützt alles nichts; *(ugs.) to do it with sb* es mit jmd machen; *(ugs.) to do sth any old how* etwas frei nach Schnauze machen; *what are you going to do now?* was wirst du jetzt anfangen?; *what can I do for you* womit kann ich dienen; *would you do that for me* würden sie das für mich erledigen; ~ **a big shop** *sub, -s* Großeinkauf; ~ **a bunk** *vi, (ugs.; flüchten)* abhauen; ~ **a clearing-out** *vt, (i.*

ü. S.) ausmisten; ~ **a doctor´s degree** *vi*, promovieren; ~ **a jigsaw** *vi*, puzzeln; ~ **a roaring trade** *vt*, Bombengeschäft; ~ **an autopsy on** *vt*, obduzieren; ~ **breaststroke** *vi*, brustschwimmen; ~ **calculations** *vi*, rechnen; ~ **fiddly work** *vi, (i. ü. S.)* zirkeln; ~ **fractions** *vt*, bruchrechnen; *teach how to do fractions* jmd bruchrechnen beibringen; ~ **gardening** *vi*, gärtnern; ~ **gymnastics** *vi*, turnen; ~ **handicrafts** *vt*, basteln

Dobermann, *sub, -s* Dobermann

docile, *adj*, gefügig; *(Tier)* gelehrig; **docility** *sub, -ies* Gefügigkeit; *(Tier)* Gelehrigkeit

dock, (1) *sub, -s* Anklagebank, Dock, Hafenanlagen (2) *vi, (Raumschiff)* ankoppeln (3) *vt*, ankoppeln; *(Schiff)* docken (4) *vti*, andocken; *be in dock* im Dock liegen, *dock sb´s wages* Lohn kürzen; *to dock a ship* ein Schiff eindocken; ~**-worker** *sub, -s* Docker; ~**er** *sub, -s* Schauermann; ~**land** *sub, -s* Hafenviertel; ~**land pub** *sub, -s* Hafenkneipe, Hafenschänke

docket, *sub, -s* Laufzettel

doctor, *sub, -s* Arzt, Mediziner, Medizinerin; *(Arzt)* Doktor; ~ **(´s degree)** *sub, -s (Titel)* Doktor; *take one´s doctor´s degree* seinen Doktor machen; ~**´s assistant** *sub, -s´ -s* Arzthelferin; ~**´s bill** *sub, -s´ -s* Arztrechnung; ~**´s degree** *sub, -s* Doktorwürde; ~**al thesis (on)** *sub, -* Doktorarbeit; ~**al viva** *sub, -s* Rigorosum

doctrinaire, *adj*, doktrinär; **doctrine** *sub, -s* Doktrin

document, (1) *sub, -s* Dokument, Schrift, Unterlage, Urkunde; *(jur.)* Schriftstück (2) *vt*, verbriefen; ~**alist** *sub, -s* Dokumentalist, Dokumentar; ~**ary** (1) *adj*, dokumentarisch (2) *sub, -ies* Tatsachenbericht; ~**ary book about breeding animals** *sub, -s* Herdbuch; ~**ary film** *sub, - -s* Bildbericht; *-s* Dokumentarfilm; ~**ation** *sub, -s* Dokumentation; *documentary account* Dokumentationsmaterial; *documentary report* Dokumentationsbericht

dodder, *vi*, tapern; *(ugs.) he´s a dodderer!* er ist ein alter Tatterich!; ~**er** *sub, -s* Tapergreis, Tattergreis; ~**y** *adj*, taperig

dodgy, *adj, (ugs.)* windig

d<doctor´s>**e**, *sub, -s* Ricke

d<og>**g**, *sub, -s* Hund, Rüde; *beware of the dog* Vorsicht! bissiger Hund!; *(ugs.) that has no appeal* damit lockt man keinen Hund hinter dem Ofen vor; *(ugs.) to go to pot* auf den Hund kommen; *beware of the dog* Vorsicht, bissiger Hund; *dog so´s footsteps* auf Schritt und Tritt folgen; *sleep like a dog* wie ein Bär schlafen; *take the dog for a walk* den Hund ausführen; *to put the dogs on(to) sb* die Hunde auf jmdn loslassen; ~ **biscuit** *sub, -s* Hundekuchen; ~ **days** *sub, nur Mehrz.* Hundstage; ~ **Latin** *sub, nur Einz.* Küchenlatein; ~ **licence** *sub, -s* Hundesteuer; ~ **manure** *sub, nur Einz.* Hundekot; ~ **owner** *sub, -s* Hundehalter; ~ **race** *sub, -s* Hunderennen; ~ **shit** *sub, nur Einz. (vulg.)* Hundekot; ~ **tag** *sub, -s* (Hunde-) Steuermarke; ~**-ear** *sub, -s (Buch)* Eselsohr; ~**-Latin** *sub, nur Einz.* Mönchslatein; ~**-restriction** *sub, nur Einz.* Hundesperre

dogma, *sub, -s* Dogma, Glaubenssatz; ~**tic** *adj*, dogmatisch; ~**tics** *sub, nur Mehrz.* Dogmatik; ~**tism** *sub, -s* Dogmatismus; ~**tist** *sub, -s* Dogmatiker, Dogmatikerin; ~**tize** *vt* dogmatisieren

dogs, *sub, nur Mehrz. (zool.)* Kaniden

do it first, *vi, (ugs.)* zuvortun; **do it for** s.o *adv, (i. ü. S.)* zuliebe; **do magic** *vt, (ugs.)* zaubern; **do mental arithmetic** *vt*, kopfrechnen; **do needlework** *vi*, handarbeiten; **do one´s hair** *vr, (sich)* frisieren; **do one´s internship** *vi, (US)* familieren; **do one´s medical training** *vi, (med.)* familieren; **do one´s slaughtering** *vi*, schlachten; **do sb for** *vt*, verknacken; **do shorthand** *vi*, stenografieren; **do sloppy work** *vi*, schludern; **do so in** *vt, (ugs.)* abmurksen; **do so´s hair** *vt, (jemanden)* frisieren; **do sports** *vt, (spt.)* betreiben; **do sth just as so else** *adv*, geradeso; **do the accounts** *vi, (Kosten)* abrechnen; **do the cleaning** *vi*, rein machen

doll, *sub, -s* Puppe; *to be standing like a row of Russian dolls* dastehen wie die Orgelpfeifen; ~**´s hos-**

pital *sub*, *-s* Puppenklinik; ~´s **house** *sub*, *-s* Puppenstube; ~´s **kitchen** *sub*, *-s* Puppenküche; ~´s **mother** *sub*, *-s* Puppenmutter; ~´s **pram** *sub*, *-s* Puppenwagen

Dollar, *sub*, *-s* Dollar; *20 bucks* 20 Dollar; *two dollars* zwei Dollar

dolled up, *adj*, *(ugs.)* aufgedonnert, aufgetakelt; **dolled-up old bag** *sub*, *-s* Schreckschraube

dollop, *sub*, *-s* Klacks

dolls´ doctor, *sub*, *-s* Puppendoktor

dolly, *sub*, *-ies (ugs.)* Püppchen

dolmen, *sub*, *-s* Dolmen

dolomite, *sub*, *-s* Dolomit

dolphin, *sub*, *-s (zool.)* Delfin; ~**arium** *sub*, *dolphinaria* Delfinarium

dolt, *sub*, *-s (ugs.)* Schussel

domain, *sub*, *-s (Fachgebiet)* Domäne; *my domain is* das ist meine Domäne

dome, *sub*, *-s* Dom, Kuppel

domestic, (1) *adj*, hausfraulich, häuslich, inländisch (2) *adv*, häuslich (3) *sub*, *-s* Domestik, Domestike; *domestic bliss* das häusliche Glück; ~ **animal** *sub*, *-s* Haustier; ~ **cat** *sub*, *-s* Hauskatze; ~ **market** *sub*, *-s* Binnenmarkt, Inlandsmarkt; ~ **pig** *sub*, *-s* Hausschwein; ~ **politics** *sub*, *nur Mehrz.* Innenpolitik; ~ **requirements** *sub*, *nur Mehrz. (staatl.)* Eigenbedarf; ~ **stuff** *sub*, *nur Einz.* Dienerschaft; ~ **trade** *sub*, *nur Einz.* Binnenhandel; ~ **travel** *sub*, *nur Einz.* Inlandsreise; ~**ate** *vt*, domestizieren; ~**ation** *sub*, *-s* Domestikation; ~**ity** *sub*, *-* Häuslichkeit

domicile, (1) *sub*, *-s* Domizil, Gerichtsort, Wohnsitz (2) *vt*, domizilieren

dominance, *sub*, *-s* Dominanz; **dominant** *adj*, dominant, leitend, tonangebend; **dominant male** *sub*, *-s* Platzhirsch; **dominate** (1) *vt*, *(dominieren)* beherrschen (2) *vti*, dominieren; *dominate a valley* ein Tal dominieren; *dominate one´s passions* seine Leidenschaften beherrschen

domineering, *adj*, herrisch; *(herrisch)* gebieterisch

domineering person, *sub*, *-s* Herrenmensch

Dominican, *sub*, *-s* Dominikaner

dominion, *sub*, *-s* Dominium

domino, *sub*, *-es* Domino; *(Spiel)* Dominostein; ~**es** *sub*, *nur Mehrz.* Dominospiel

Don, *sub*, *-s* Don

donate, *vt*, spenden; *(spenden)* stiften; **donation** *sub*, *-s (Sammlung)* Gabe; *(Schenkung)* Stiftung; *(Stiftung)* Spende; **donations account** *sub*, *-s* Spendenkonto; **donator** *sub*, *-s* Spender; *(Spender)* Stifter

done, *adj*, abgemacht; *(ugs.)* ausgepumpt; *(Kochk.)* gar; *he´s done for* der ist erledigt

donkey, *sub*, *-s* Esel; *do the donkey work for* den Hanswurst machen für; ~´s **ear** *sub*, *-s (Ohren wie..)* Eselsohr; ~**back** *sub*, *-s* Eselsrükken

donna, *sub*, *-s* Donna

donor, *sub*, *-s* Organspender; *(med.)* Spender

doomed person, *sub*, *-s* Todgeweihte

door, *sub*, *-s* Tür, Wohnungstür; *at death´s door* am Rande des Todes; *at the door* vor der Tür; *behind closed doors* unter Ausschluß der Öffentlichkeit; *from door to door* von Haus zu Haus; *(i. ü. S.) kick at an open door* offene Türen einrennen; *live next door to someone* Tür an Tür mit jemandem leben; *next door* ein Haus weiter; *slam the door in someone´s face* jemandem die Tür vor der Nase zuschlagen; *(ugs.) to show sb the door* jmdn an die Luft setzen; ~ **(to or leading from corridor)** *sub*, *-s* Korridortür; ~ **check** *sub*, *-s (tech.)* Türschließer; ~ **handle** *sub*, *-s* Türgriff; ~ **hinge** *sub*, *-s* Türangel; ~**-to-door collection** *sub*, *-s* Haussammlung; ~**frame** *sub*, *-s* Türstock; ~**keeper** *sub*, *-s* Türhüter; *(Person)* Türschließer; ~**man** *sub*, *-men (Wohnhaus)* Pförtner; ~**man´s office** *sub*, *-s* Pförtnerloge; ~**mat** *sub*, *-s* Abstreifer, Abtreter

dope, *sub*, *nur Einz.* Dope; *-s (ugs.)* Dussel, Schlafmütze; *nur Einz. (ugs.; Haschisch)* Shit; *-s (ugs.; Mensch)* Pflaume

Doppelkopf, *sub*, *nur Einz.* Doppelkopf; *double-faced statue* Doppelkopfstatue (Januskopf)

dormitory, *sub*, *-ies* Dormitorium;

(Studenten-, US) Heim; **dormouse** *sub, -mice* Haselmaus; *(zool.)* Siebenschläfer
DOS, *sub*, - Dos
dosage, *sub, -s* Dosierung; **dose** *sub, -s* Dosis; *(ugs.) get a dose* sich den Tripper holen; *under/overdose* eine zu geringe/hohe Dosis; **dosimeter** *sub, -s* Dosimeter
dosshouse, *sub, -s (ugs.)* Absteige
dossier, *sub, -s* Dossier
dot, (1) *sub, -s* Tupfen (2) *vt,* punktieren, tüpfeln; *at six on the dot* mit dem Glockenschlage sechs; *on the dot* auf die Minute pünktlich
do the dirty on, *vt, (vulg.)* bescheißen; **do the long jump** *vi,* weitspringen; **do the splits** (1) *vi,* abgrätschen (2) *vti, (im Spagat)* grätschen; **do the washing up** *vt, (Geschirr)* abspülen; **do the washing-up** *vt,* abwaschen; **do up** (1) *vi, (ugs.; herrichten)* aufmotzen (2) *vt, (ugs.; abnützen)* aufarbeiten; *(ugs.; Fahrzeug, etc.)* aufmöbeln; *(renovieren)* herrichten; **do what one can** *vi,* einsetzen; **do without** (1) *vi,* verzichten (2) *vt, (geh.)* missen; *I wouldn´t do without it* das möchte ich nicht missen; **do-it-yourself** *sub, nur Einz. (ugs.)* Selbermachen; **do/turn cartwheels** *vi,* Rad schlagen
double, (1) *adj,* zweifach; *(zweifach)* doppelt (2) *sub, -s* Doppelgänger (3) *vt,* duplieren, verdoppeln; *double-entry bookkeeping* doppelte Buchführung, *doubleganger/look-alike* Doppelgänger, *double sth up* etwas doppelt nehmen; *off to bed with you at the double* Marsch ins Bett!; **~ (room)** *sub, -s* Doppelzimmer; **~ agent** *sub, -s* Doppelagent; **~ bass** *sub, -es* Bassinstrument; *(Instrument)* Bass; **~ bed** *sub, -s (Doppelbett)* Ehebett; **~ birdcage** *sub, -s* Doppelbauer; **~ click** *sub, -s* Doppelklick; **~ door** *sub, -s* Flügeltür; **~ fault** *sub, -s* Doppelfehler; **~ feature** *sub, -s* Doppelnummer; **~ kayak** *sub, -s* Kajakzweier; **~ knot** *sub, -s* Doppelknoten; **~ life** *sub, lives* Doppelleben; *live a double life* ein Doppelleben führen; **~ mill** *sub, -s* Zwickmühle; **~ nelson** *sub, -s* Doppelnelson; **~ period** *sub, -s* Blockstunde; **~ standards** *sub, nur Mehrz.*

Doppelmoral
double time, *sub, nur Einz.* Sturmschritt; **double up with laughter** *vi,* krummlachen; **double-bass** *sub, -es* Kontrabass; **double-bassoon** *sub, -s* Kontrafagott; **double-beamed** *adj,* zweistrahlig; **double-breasted suit** *sub, -s* Zweireiher; **double-crossing** *adj, (Person)* link; **double-decker** *sub, -s (Bus)* Doppeldecker; *double-dekker* Burger/Sandwich Doppeldekker; **double-edged** *adj,* zweischneidig; **double-kayak** *sub, -s (tt; spo.)* Zweierkajak; **double-poked** *adj, (i. ü. S.)* zweischürig; **double-time** *adv,* Laufschritt; **double-tracked** *adj,* zweigleisig; **double-tracking** *sub, nur Einz. (Verfahren bei Platte)* Play-back; **doubles** *sub, nur Mehrz. (Sport)* Doppel; **doublet** *sub, -s (Edelsteine)* Dublette; **doublets** *sub, nur Mehrz.* Pasch; **doubling** *sub, -s (ugs.)* Verdopplung
doubt, (1) *sub, -s* Zweifel; *(Zweifel)* Bedenken (2) *vt,* anzweifeln, bezweifeln; *beyond doubt* außer Zweifel; *give no rise to doubt* keine Zweifel aufkommen lassen; *some doubt* gelinde Zweifel; *there´s no doubt that* es besteht kein Zweifel, daß; *to have one´s doubt about sth* an etwas Zweifel haben; **~ sth** *vi,* zweifeln; **~ful** *adj,* dubitativ, fraglich, zweifelhaft; **~ful case** *sub, -s* Zweifelsfall; **~fulness** *sub,* Fraglichkeit; **~ing** (1) *adj,* kleingläubig (2) *sub, -s* Anzweifelung; *nur Einz.* Bezweifelung, Bezweiflung
dough, *sub, -s* Teig; *nur Einz. (ugs.)* Kies, Kohle, Moneten, Piepen, Pinke, Zaster; *(ugs.; Geld)* Moos; - Schotter; *(ugs.) did you bring enough dough?* hast du genügend Kohle dabei?; *to make some dough* Moneten machen; *(ugs.) dough* ein paar Mücken, Mäuse; *(ugs.) pass some dough over!* her mit den Kröten!; **~nut** *sub, -s* Krapfen; **~y** *adj,* teigig
dove, *sub, -s* Taube; *gentle as a dove* sanft wie eine Taube; **~cot** *sub, -s* Taubenschlag
dowager queen, *sub, -s* Königinwitwe

dowdy, *adj, (Person)* heruntergekommen

dowl, *sub, -s* Schneideisen

down, **(1)** *adv*, hernieder, herunter, hinab, hinunter, nieder **(2)** *sub, -s* Daune, Flaum; *down here* hier herunter; *down there* da herunter; *down the hill* den Hügel hinunter; *down the stairs* die Treppe hinunter; *down there* da hinunter; *down with the petit-bourgeois conformism!* nieder mit dem Spießbürgertum!; *lay down your arms* die Waffen nieder; *the ups and downs* das Auf und Nieder, *downstream* stromabwärts; *it gets me down* es geht mir an die Nieren; *let someone down* jemanden im Stich lassen; *to be down in the dumps* seinen Moralischen habe; *to get sb down* jmdn niederdrücken; *we really got down to it* wir haben ordentlich gearbeitet; ~ **(-filled) pillow** *sub, -s* Daunenkissen; ~ **below** *adv*, unten, untenan; ~ **in one** *adv, (vulg.)* ex; ~ **there** *adv*, drunten; ~ **time** *sub, -s* Ausfallzeit; ~ **to** *präp*, bis; *down to the smallest detail* bis ins kleinste Detail; *everyone down to* alle bis auf; ~ **to something** *adv*, herab; ~ **to the valley** *adv*, talwärts; ~**(wards)** *adv*, niederwärts; ~**-at-heel** *adj*, abgetakelt; ~**-feather** *sub, -s* Daunenfeder; ~**-filled quilt** *sub, -s* Daunendecke; ~**-to-earth** *adj, (sachlich, vernünftig)* nüchtern; ~**cast** *adj*, geknickt; ~**fall** *sub, -s* Untergang; *(i. ü. S.) bring about sb´s downfall* jmdn zu Fall bringen

downgrade, *vt*, deklassieren; **downhill (1)** *adj*, abwärts, hangabwärts **(2)** *adv*, bergab, bergabwärts; *he/she is going downhill* es geht mit ihm/ihr abwärts; **downhill race** *sub, -s* Abfahrtslauf, Abfahrtsrennen; **downhill run** *sub, -s (spo.)* Abfahrt, Talfahrt; **downhill way** *sub, -s* Abfahrtsstrecke; **downriver** *adv*, flussabwärts; **downstairs** *adv*, unten; **downstream** *adv*, flussabwärts, stromabwärts; **downtown** (Am.) *sub, nur Einz.* Innenstadt; **downwards** *adv*, unten

dowsing rod, *sub, -s* Wünschelrute

doze, **(1)** *sub, -s* Dämmerzustand **(2)** *vi*, dösen; *doze* vor sich hin dösen; ~ **off** *vi*, eindösen

dozen, *sub, -s* Dutzend; *3 marks a do-* zen 3 DM das Dutzend; *a dozen eggs* ein Dutzend Eier; *come in dozens* zu Dutzenden kommen; *Devil´s dozen* das Dutzend des Teufels (dreizehn); *talk nineteen to the dozen* wie ein Buch reden; *two dozen* zwei Dutzend

dozy, *adj, (ugs.)* schlafmützig

Draconian, *adj*, drakonisch; *use Draconian measures* drakonische Maßnahmen ergreifen

draff, *sub, -s* Treber

draft, **(1)** *sub, -s* Tratte; *(Entwurf)* Skizze; *(Gesetz, Entwurf)* Formulierung; *(Roman/Konzept)* Entwurf **(2)** *vt, (Schriftstück)* aufsetzen; *(tex.)* patronieren; *the first draft of a novel* die erste Niederschrift eines Romans; ~ **beer** *sub, - (US)* Fassbier

drag, **(1)** *sub, -s (Hut)* Schleppe **(2)** *vi, (ugs.)* schleppen **(3)** *vt*, schleifen; *(ugs.) to drag sb somewhere* jmdn irgendwohin lotsen; ~ **along** *vt*, hinschleppen, mitschleppen; *(ugs.)* mitschleifen; *(ugs.; Person)* anschleifen, anschleppen; ~ **behind one** *vt, (hinterherziehen)* nachziehen; *to drag one´s right leg* das rechte Bein nachziehen; ~ **down** *vi*, hinabreißen; ~ **o.s. along** *vr, (sich)* hinschleppen; ~ **on** *vr*, hinausziehen; *(sich -, zeitl.)* hinziehen; *(Zeit: sich)* hinschleppen; ~ **out** *vt, (i. ü. S.)* hinausziehen; *(i. ü. S.; verzögern)* hinziehen; ~ **so into sth** *vt, (i. ü. S.)* hineinziehen

dragnet operation, *sub, -s* Großfahndung

dragon, *sub, -s* Drache, Drachenboot, Lindwurm; *fight the dragon* gegen den Drachen kämpfen; ~**fly** *sub, -ies* Libelle, Schillebold

dragoon, *sub, -s* Dragoner

drain, **(1)** *sub, -* Ablass; *-es* Gully; *-es (Abzugs-)* Graben; *nur Einz. (eines Landes, Volkes)* Auszehrung **(2)** *vt*, auszehren, entwässern, trokkenlegen; *(Gemüse)* abgießen; *(Gewässer)* austrocknen; *drain so of all her/his strength* jemanden stark auszehren; *(i. ü. S.) be an endless drain on sb´s resources* ein Fass ohne Boden sein; *let the dishes drain* das Geschirr abtropfen

dream

lassen; *the blood drained from her face* ihrem Gesicht entwich alles Blut; ~ **channel** *sub*, *-s* Abflusskanal, Ablaufrinne; ~ **cock** *sub*, *-s* Abflusshahn; ~ **off** *vt*, *(Wasser)* ablassen, ableiten; *(Wasserlauf)* abgraben; ~ **pipe** *sub*, Abflussrohr; ~**age** *sub*, *-s* Entwässerung; *(Flüssigkeit)* Ableitung; *nur Einz.* *(Trockenlegung)* Austrocknung; ~**age** trench *sub*, *-es* Rigole; ~**ed** *adj*, *(i. ü. S.; Person)* ausgelaugt; *(psych.)* durchhängen; ~**ing** *sub*, *-s* Entsumpfung; ~**pipe** trousers *sub*, *nur Mehrz.* *(ugs.)* Röhrenhose
drake, *sub*, *-s* Enterich, Erpel
Dralon(R), *sub*, nur Einz. *(Rechtl.gesch.)* Dralon
drama, *sub*, *nur Einz.* Drama, Dramatik; *-s (Theater)* Schauspiel; *dramatize sth* aus etwas ein Drama machen; *the dramatis personae* die Personen der Handlung; ~**tic** *adj*, bühnenmäßig, dramatisch; *(wirkungsvoll)* effektvoll; *dramatic gesture* effectvolle Geste; ~**tist** *sub*, *-s* Dramatiker; ~**tize** *vt*, dramatisieren; ~**turgical** *adj*, dramaturgisch; ~**turgy** *sub*, *-ies* Dramaturgie
drape, (1) *sub*, *-s (US)* Übergardine (2) *vt*, drapieren; **Drapé** *sub*, *nur Einz.* Drapé; ~**ry** *sub*, *-ies* Draperie
draught, *sub*, *nur Einz.* Tiefgang, Zugluft; *-s (in Gebäude)* Luftzug; *(Wind)* Durchzug; *create a draught* Durchzug machen; ~ **animal** *sub*, *-s* Zugtier; ~ **beer** *sub*, - Fassbier; ~**-excluder** *sub*, *-s* Windfang; ~**sman** *sub*, *-men (tt; kun. & ind.)* Zeichner; ~**y** *adj*, zugig
draw, (1) *sub*, *-s* Auslosung, Remise, Unentschieden, Ziehung; *(Gewinnspiel)* Ausspielung (2) *vi*, zeichnen, ziehen (3) *vt*, aufmalen, zeichnen, zücken; *(Atem)* schöpfen; *(Blut)* abzapfen; *(Fische)* ausnehmen; *(Geld)* abheben; *(zeichnen)* aufzeichnen (4) *vti*, malen; *draw an elastic through* ein Gummiband durchziehen; *the evening was drawing to a close* der Abend näherte sich seinem Ende; *to draw to a close* dem Ende zugehen; ~ **back** *vt*, zurückziehen; ~ **big crowds** *sub*, - *(ugs.)* Zulauf; ~ **closer** *vt*, nähern; ~ **even** *vi*, *(spo.)* gleichziehen; ~ **in Indian ink** *vt*, tuschen;

~ **lines on** *vt*, linieren; ~ **lots** *vi*, losen; *we'll draw lots to decide who* wir losen, wer; ~ **lots for** *vt*, auslosen; ~ **near** *vi*, heranrücken, heranziehen; ~ **sth. in** *vt*, einzeichnen
drawn, *adj*, gezeichnet, remis; *(Spiel)* unentschieden; *(Spiel) end in a draw* unentschieden enden; ~ **by two horses** *adj*, zweispännig
draw up, *vt*, aufziehen, zusammenziehen; *(Arm)* anziehen; *(Liste)* erstellen; *(Plan)* ausarbeiten; **draw wrong** *vt*, verzeichnen; **drawback** *sub*, *-s (i. ü. S.)* Kehrseite; **drawbridge** *sub*, *-s* Zugbrücke; **drawer** *sub*, *-s* Lade, Schubkasten, Schublade; *(ugs.; Fach)* Schub; **drawing** *sub*, *-s* Zeichnung; *(Wasser)* Entnahme; **drawing board** *sub*, *-s* Zeichenbrett; **drawing book** *sub*, *-s* Zeichenheft; **drawing in pastel** *sub*, *nur Einz.* Pastellmalerei; **drawing out** *sub*, - Vorzeichnung; **drawing pad** *sub*, *-s* Zeichenblock; **drawing pen** *sub*, *-s (ugs.)* Zeichenstift; **drawing pin** *sub*, *-s* Heftzwecke, Reißzwecke; **drawing up** *sub*, *nur Einz.* Ausarbeitung; **drawing- board** *sub*, *-s* Reißbrett
dread, (1) *sub*, *-s* Graus (2) *vi*, grausen; *(es graut mir)* grauen; ~**ful** (1) *adj*, furchtbar, fürchterlich, grauenhaft, heillos, höllisch, horribel, schaudervoll, schauervoll, scheußlich, wahnsinnig; *(Benehmen)* miserabel; *(schrecklich)* mörderisch; *(Verdacht)* ungeheuerlich (2) *adv*, *(ugs.)* bestialisch; *to be in a dreadful state* in einer Misere stecken; ~**fully** *adv*, *(schrecklich)* mörderisch
dream, (1) *adj*, *(ugs.)* ideal (2) *sub*, *-s* Traum (3) *vti*, träumen; *he wants his dream woman or none at all* er will die ideale Frau, sonst gar keine; *(ugs.) I wouldn't dream of doing that* es fällt mir nicht im Schlaf ein, das zu tun; *(ugs.) that's my dream car* das ist mein ideales Auto; *to live in an ideal world* in einer idealen Welt leben; *wouldn't dream of it* ich denke nicht daran, *I wouldn't dream of it* ich denke nicht im Traum daran; *(i. ü. S.) it*

worked like a dream das ging wie im Traum; *my dream came true* mein Traum ging in Erfüllung, *have a bad dream* schlecht träumen; *have a pleasant dream* etwas schönes träumen; ~ **factory** *sub, -ies* Traumfabrik; **~er** *sub, -s* Fantast, Traumtänzer; **~y** *adj,* verträumt; *(verträumt)* träumerisch

dreariness, *sub,* - Tristesse; *-s (Trostlosigkeit)* Grau; **dreary** *adj,* trist; *(langweilig)* öde; *dreary and desolate* öd und leer

dredge, *vt,* schlämmen

drenched, *adj,* klitschnass

dress, (1) *sub, -es* Frauenkleid, Kleid (2) *vr,* verkleiden; *(sich)* gewanden (3) *vt,* zurichten; *(tt; med.)* verbinden; *(sich anziehen)* bekleiden (4) *vti,* ankleiden; *(Körperpflege) appear in full dress* in großer Toilette erscheinen; *dressed up to the nines* herausgeputzt wie ein Pfingstochse, in vollem Ornat; ~ **material** *sub, -s* Kleiderstoff; ~ **oneself up** *vr,* schön machen; ~ **rehearsal** *sub, -s* Generalprobe; ~ **uniform** *sub, - -s* Ausgehuniform; ~ **up** (1) *vr,* fein machen (2) *vtr,* maskieren; *you look very smart* du hast dich aber fein gemacht; ~ **with shoulder straps** *sub, dresses* Trägerkleid; ~ **with train** *sub, -es* Schleppkleid

dressing, *sub, -s* Dressing, Verband; *dressing* Salat Dressing; ~ **down** *sub, -s* Gardinenpredigt; ~ **material** *sub, -s* Verbandszeug; ~ **table** *sub, -s* Schminktisch; ~ **up** *sub,* - Verkleidung; **~-down** *sub, -s* Abkanzelung; *give so a dressing-down* jemanden abkanzeln; **~-gown** *sub, -s* Morgenmantel, Morgenrock; **dressmaker** *sub,* - Damenschneider; *-s* Schneiderin

dribble, (1) *vi,* geifern (2) *vt,* dribbeln, träufeln; **dribbling** *sub,* - Gesabber

dried cod, *sub, -s* Stockfisch; **dried fruit** *sub, -s* Backobst; - Dörrobst; **dried legumes** *sub, nur Mehrz.* Erbsenstroh; **dried up** *adj,* ausgedörrt; **dried, salted cod** *sub, -s* Klippfisch

drift, (1) *sub, -s* Abdrift, Drift, Gestöber; - Wehe (2) *vi,* abdriften, driften, treiben, wabern; **~-ice** *sub,* - Treibeis

drill, (1) *sub, -s* Bohrer, Bohrmaschi-

ne, Drillbohrer (2) *vt,* drillen (3) *vti,* exerzieren; ~ **through** *vt,* durchbohren; **~ing** *sub, -s* Bohrung, Drill; **~ing rig** *sub, -s* Bohrinsel

drink, (1) *sub, -s* Drink, Getränk, Trank, Trunk (2) *vti,* saufen, trinken; *a drink on the house* ein Drink auf Kosten des Hauses, *drink to sth* auf etwas anstoßen; *have a drink* einen heben; *have quick (drink)* one einen zur Brust nehmen; *I could just drink a beer* ich habe Durst auf ein Bier; *take to drink* dich dem Trunk ergeben; *the wine is nice to drink* der Wein ist süffig; *give someone a drink* jemandem etwas zu trinken geben; *I´ll drink to that!* darauf trinke ich!; *would you like something to drink?* möchtest du etwas zu trinken?; ~ **up** *vti,* austrinken; **~able** *adj,* genießbar, trinkbar; **~ableness** *sub, nur Einz.* Trinkbarkeit; **~er** *sub, -s* Trinker; **~ing** *sub, nur Einz. (Handlung)* Suff; **~ing bout** *sub, -s (ugs.)* Zecherei, Zechgelage; **~ing ceremony (in a student fraternity)** *sub,* Kommers; **~ing companion** *sub, -s (ugs.)* Zechbruder; **~ing cup** *sub, -s* Trinkbecher; **~ing session** *sub, -s* Trinkgelage; **~ing tour** *sub, (ugs.)* Zechtour; **~ing water** *sub, nur Einz.* Trinkwasser

dripstone, *sub, -s* Tropfstein

drive, (1) *sub, -s* Autofahrt, Drive, Laufwerk, Tatkraft, Treiben, Trieb; *-es (ugs.)* Zufahrt; *-s (Ausflug)* Ausfahrt; *(Auto)* Spazierfahrt; *(tech.)* Antrieb (2) *vt,* fahren, jagen, treiben; *(Auto)* steuern; *(steuern)* führen; *(Tiere, Maschine)* antreiben; *(Tunnel)* bohren (3) *vti,* chauffieren; *(jur.) for drunken driving* wegen Trunkenheit am Steuer; *(ugs.) it´s enough to drive you mad* dabei kann man ja einen Rappel kriegen; *let someone drive* jemanden ans Steuer lassen; *(ugs.) the noise is enough to drive you round the twist* bei dem Lärm kann man rappelig werden; *to drive with low revs* niedertourig fahren; *(ugs.) you´re driving me mad* du treibst mich noch zum Wahnsinn!, *this is a good road to drive on* auf dieser

Straße fährt es sich gut; *drive to de-spair* zur Verzweiflung treiben; *drive a tunnel* Tunnel bohren; ~ **(so) around** *vti*, kutschieren; ~ **(straight) through** *vi*, durchfahren; ~ **ahead** *vi*, vorausfahren; ~ **around** *vi*, einherfahren, umherfahren; ~ **at** *vi*, *(i. ü. S.; auf)* hinauswollen; *what are you driving at?* worauf willst du hinaus?; ~ **away** *vt*, vertreiben; *I didn´t mean to drive you away* ich wollte sie nicht vertreiben; ~ **back** *vi*, zurückfahren; ~ **down** *vi*, hinabfahren; ~ **in** *vt*, hereinfahren; *(Nagel)* eintreiben; ~ **on** *vi*, *(Brücke etc.)* befahren; ~ **out (1)** *vt*, herausfahren, verdrängen **(2)** *vti*, hinausfahren; ~ **past** *vi*, vorbeifahren; ~ **round** *vt*, umfahren; ~ **sb past** *vt*, vorbeifahren; ~ **shaft** *sub*, - -s Antriebswelle; ~ **sth./so. through** *vt*, durchtreiben; *drive a herd through the country* eine Herde durch das Land treiben; ~ **up** *vi*, heranfahren; ~**-in cinema** *sub*, -s Autokino

drivel, (1) *sub*, -s Faselei, Gefasel, Geschwafel; *nur Einz. (ugs.)* Schwafelei; -s Wischiwaschi **(2)** *vi*, faseln, schwafeln; ~**er** *sub*, -s *(US)* Faselhans; ~**ler** *sub*, -s Faselhans

driver, *sub*, - Chauffeur; -s Fahrer, Kraftfahrer, Lenker, Wagenführer; ~ **at fault in the accident** *sub*, *drivers* Unfallfahrer; ~´**s cab** *sub*, -s Führerstand; ~´**s license** *sub*, -s *(US)* Fahrerlaubnis, Führerschein; **driveway** *sub*, -s *(Grundstück)* Auffahrt; **driving around** *sub*, Fahrerei; **driving ban** *sub*, -s Fahrverbot; *be banned from driving* ein Fahrverbot erhalten; **driving belt** *sub*, -s Treibriemen; **driving force** *sub*, -s Antriebskraft; *(i. ü. S.)* Motor, Triebkraft; **driving instructor** *sub*, -s Fahrlehrerin; **driving lesson** *sub*, -s Fahrstunde; **driving licence** *sub*, -s Fahrerlaubnis, Führerschein; *disqualify from driving* Fahrerlaubnis entziehen; **driving mirror** *sub*, -s Rückspiegel; **driving on the left** *sub*, *nur Einz.* Linksverkehr; **driving school** *sub*, -s Fahrschule; **driving test** *sub*, -s Fahrprüfung; *(mot.)* Fahrtest

drizzle, (1) *sub*, *nur Einz.* Nieselregen; -s Sprühregen **(2)** *vi*, nieseln; *light drizzle* feiner Regen

droll, *adj*, schnurrig, spaßhaft; ~**ery** *sub*, -ies Drolligkeit

dromedary, *sub*, -ies Dromedar

drone, (1) *sub*, -s Drohne **(2)** *vi*, *(tech.)* brummen; *drone* männliche Biene; ~ **(on)** *vi*, leiern; ~ **on** *vt*, *(Radio)* dudeln; **droning** *sub*, -s Gedröhne

drop, (1) *sub*, -s Rückgang, Tropfen; *nur Einz. (geol.)* Abfall; - *(Wasser)* Gefälle **(2)** *vi*, fallen, tropfen; *(fig.)* sinken; *(Kurse)* nachgeben; *(Pegel)* absinken **(3)** *vt*, *(Bomben)* abwerfen; *(tt; jur.)* zurückziehen; *briefly drop in* einen flüchtigen Besuch machen; *can I give you a drop more wine?* darf ich dir noch etwas Wein nachschenken?; *drop a clanger* einen Bock schießen; *(i. ü. S.) drop something* etwas unter den Tisch fallen lassen; *drop the action* Klage einstellen; *drop with exhaustion* vor Müdigkeit umsinken; *he hasn´t had a single drop* er hat keinen Tropfen Alkohol getrunken; *stand till one drops* sich die Beine in den Bauch stehen; *the penny has dropped* er hat´s gefressen; *(ugs.) to drop in on sb* jmd ins Haus schneien; *(i. ü. S.) a drop in the ocean* ein Tropfen auf den heißen Stein, *drop sth* etwas fallen lassen; *drop into a chair* auf einen Stuhl sinken; *drop to one´s knees* auf die Knie sinken; ~ **by drop** *adv*, tropfenweise; ~ **in** *vi*, eintröpfeln, vorbeikommen; ~ **in pressure** *sub*, -s Druckabfall; ~ **of bitterness** *sub*, -s *(i. ü. S.)* Wermutstropfen; ~ **of blood** *sub*, -s Blutstropfen; ~ **off (1)** *vi*, *(i. ü. S.; wirt.)* abbröckeln **(2)** *vt*, *(Mitfahrer)* absetzen; ~ **out** *vi*, *(aus der Gesellschaft)* aussteigen; *(spo.)* ausscheiden; ~**-kick** *sub*, -s Dropkick; ~**-out** *sub*, -s Aussteiger, Gammler

dropping, *sub*, -s Abwurf; ~ **bottle** *sub*, -s Tropfflasche; ~ **out** *sub*, *nur Einz. (Wegbleiben)* Ausfall; ~**s** *sub*, *nur Mehrz. (Tierkot)* Mist; *(Wildtiere)* Losung

dropsy, *sub*, *nur Einz. (tt; med.)* Wassersucht

drought, *sub*, -s *(Dürre)* Trockenheit; *(Trockenheit)* Dürre; *the*

drought of the last years die Dürre der letzten Jahre
drover, *sub, -s (Vieh-)* Treiber
drown, (1) *vi,* ersaufen; *(ugs.; Mensch)* absaufen **(2)** *vt,* ersäufen, ertränken; *drown one´s sorrow in seinen Kummer* ersäufen; *drown oneself* sich ertränken; *(i. ü. S.) to drown oneself* ins Wasser gehen; **~ed body** *sub, -es* Wasserleiche; **~ing** *sub, -s* Ertrinken; **~ing person** *sub, -s* Ertrinkende
drowsy, *adj,* dösig
drudge, *vi, (i. ü. S.)* strampeln; **~ry** *sub, -s (Mühsal)* Fron
druid, *sub, -s* Druide
drum, (1) *sub, -s* Lostrommel; *(mus.)* Trommel **(2)** *vi,* pauken **(3)** *vr,* walken **(4)** *vti,* trommeln; *(i. ü. S.) drum up support for something* die Trommel für etwas rühren; *(mus.) play the drum* die Trommel schlagen; **~ beat** *sub, -s* Paukenschlag; **~ major** *sub, -s* Tambourmajor; **~ roll** *sub, -s* Paukenwirbel; **~ sound** *sub, -s* Paukenschall; **~ sth into sb(´s head)** *vt, (i. ü. S.)* einhämmern; **~ sth. into sb** *vt,* eintrichtern; **~ sth. into so.** *vt,* einbleuen; **~fire** *sub, -s* Trommelfeuer; **~head** *sub, -s (mus.)* Trommelfell; **~head court martial** *sub, -s* Standgericht; **~mer (1)** *sb,* Drummer **(2)** *sub, -s* Pauker, Schlagzeuger, Trommler; **~s** *sub, nur Mehrz.* Drums, Schlagzeug; **~stick** *sub, -s* Klöppel, Trommelstock
drunk, *adj,* berauscht, betrunken, trunken; *to be drunk* einen Rausch haben; **~ with victory** *adj,* Siegesfreude; **~ard** *sub, -s* Trunkenbold; *(ugs.)* Saufbold, Säufer; *(Säufer)* Trinker; **~en** *adj,* alkoholisiert; **~enness** *sub, nur Einz.* Trunkenheit; *drunkenness at the wheel* Trunkenheit am Steuer
dry, (1) *adj,* dry, regenarm, trocken; *(Wein)* herb **(2)** *vt,* dörren; *(Gegenstand)* austrocknen; *(Haut)* entfetten **(3)** *vti,* trocknen; *be left high and dry* auf dem trockenen sitzen; *dry cleaning* chemische Reinigung; *dry off* trocken werden; **~ (up)** *vti,* abtrocknen; *dry one´s face* sich sein Gesicht abtrocknen; *dry the dishes* das Geschirr abtrocknen; **~ (up/out)** *vi,* eintrocknen; **~ avalanche** *sub, -s*

(Schnee) Staublawine; **~ colour** *sub, -s* Trockenfarbe; **~ dock** *sub, -s* Trockendock; **~ ice** *sub,* - Trockeneis; **~ out** *vi,* vertrocknen; **~ shave** *sub, -s* Trockenrasur; **~ up (1)** *vi,* abdorren, versiegen; *(Gewässer)* austrocknen **(2)** *vti,* ausdörren; **~ yeast** *sub, -s* Trockenhefe; **~-weight** *sub, -s* Darrgewicht; **~/liquid/cubic measure** *sub, -s (tt)* Hohlmaß
dryer, *sub, -s* Trockner; **drying** *sub, nur Einz. (durch Verdunstung)* Austrocknung; **drying loft** *sub, -s* Trockenboden; **drying oven** *sub, -s* Trockenofen; **drying room** *sub, -s* Trockenraum; **drying-out** *sub, nur Einz.* Ausnüchterung; **drying-out cell** *sub, -s* Ausnüchterungszelle; **dryness** *sub, nur Einz.* Trockenheit
Dsungarian, *adj,* dsungarisch
dual, (1) *adj,* dual **(2)** *sub, -s* Dual; **~ card** *sub, -s* Verbundkarte; **~ role** *sub, -s* Doppelrolle; **~ism** *sub, -s* Dualismus; **~istic** *adj,* dualistisch; **~ity** *sub, -ies* Dualität
dub, *vt, (Film)* synchronisieren; **~bing** *sub, -s (hist.)* Ritterschlag
dubious, *adj,* dubios; *(fragwürdig)* suspekt; *(zwielichtig)* fragwürdig; *I think this affair is dubious* ich finde diese Sache dubious; **~ness** *sub, nur Einz. (Fragwürdigkeit)* Bedenklichkeit
Dublone, *sub, -s* Dublone
ducat, *sub, -s* Dukaten
duchess, *sub, -es* Herzogin
duchy, *sub, -ies* Herzogtum
duck, (1) *sub, -s* Ente **(2)** *vi,* abducken **(3)** *vr,* ducken **(4)** *vt,* untertauchen; *(cold) punch* kalte Ente; *duck den Kopf* einziehen; *lame duck* lahme Ente, *duck a tiresome person* einer langweiligen Person aus dem Weg gehen; *duck one´s head* den Kopf ducken; *duck to avoid sb´s fists* sich ducken vor jmd Fäusten; *get a good ducking* ordentlich nass werden; **~ down** *vr, (ugs.)* unterducken; **~ pond** *sub, -s* Ententeich; **~billed platypus** *sub, -es* Schnabeltier; **~weed** *sub, -s* Entengrütze
ductile, *adj,* duktil
due, *adj,* fällig; *I´m due in for a cold*

bei mir kündigt sich eine Erkältung an; *it is due for* etwas ist mal wieder fällig; *the train is due in at 9 o'clock* planmäßig kommt der Zug um 9 Uhr an; ~ **time** *adv*, termingemäß; ~ **to** *präp*, auf Grund, wegen
duet, *sub*, *-s* Duett, Duo
duffel bag, *sub*, *-s* Matchbeutel
duffer, *sub*, *-s (ugs.)* Knilch
dufflecoat, *sub*, *-s* Dufflecoat
dug-out, *sub*, *-s* Einbaum
Duke, *sub*, *-s* Duke, Herzog
dulcimer, *sub*, *-s (mus.)* Hackbrett
Dulcinea, *sub*, *-s* Dulzinea
dull, *adj*, dumpf, fade, geistlos, glanzlos, lahm, reizlos, stumpf, stupide; *(nicht glänzend)* matt; *(Person)* stumpfsinnig; *(Witz, Mensch)* platt; **~ing** *sub*, *-s* Trübung; **~ness** *sub*, *nur Einz.* Abstumpfung, Stumpfsinn, Stupidität; *(kein Glanz)* Mattheit
dumb, *adj*, stumm; *strike someone dumb* jemanden sprachlos machen; ~ **female** *sub*, *-s (ugs.)* Weibchen; ~ **person** *sub*, *-s* Stumme; **~bell** *sub*, *-s* Hantel; **~ness** *sub*, *nur Einz.* Stummheit
dumdum (bullet), *sub*, *-s* Dumdumgeschoss
dummy, *sub*, *-ies* Dummy; *(ugs.)* Schnuller; *(Puppe)* Attrappe; *(Schnuller)* Nuckel
dump, *vt*, *(ugs.)* verschleudern; **~-founded** *adj*, entgeistert; **~ing** *sub*, *-s* Dumping; **~ing price** *sub*, *-s* Dumpingpreis; **~ling** *sub*, *-s* Kloß, Knödel; **~ling soup** *sub*, *-s* Nockerlsuppe
dune, *sub*, *-s* Düne
dung, *sub*, *nur Einz.* Dung; *(Pferde~, Kuh~)* Mist; ~ **beetle** *sub*, *-s* Mistkäfer
dungarees, *sub*, *-* Latzhose
duodecimal, *adj*, dodekadisch; ~ **system** *sub*, *nur Einz.* Duodezimalsystem
dupe, *vt*, düpieren, übertölpeln; **~ry** *sub*, *-ies* Überlistung, Übertölpelung
duplicate, **(1)** *sub*, *-s* Dublette, Duplikat, Duplum, Zweitausfertigung; *(Kopie)* Doppel **(2)** *vt*, duplizieren, vervielfältigen; *duplicate sth* ein Duplikat erstellen; *duplicate of the contract* Vertragsdoppel; **duplication** *sub*, *-s* Duplikation, Duplizität
durability, *sub*, *-ies* Haltbarkeit; - Langlebigkeit

durable, *adj*, durabel, langlebig, krittsicher, unverweslich; *(Material)* haltbar; ~ **plastic** *sub*, *-s* Duroplast
duration, *sub*, *- (geb.)* Dauer; *for a period of two years* für die Dauer von von zwei Jahren; *for the duration of* für die Dauer von; **durative** *adj*, durativ
during, *präp*, während; ~ **the day** *adv*, tagsüber
dusk, *sub*, *nur Einz.* Abenddämmerung; *-s (Abend)* Dämmerung
dust, **(1)** *sub*, *-s* Staub **(2)** *vi*, abstauben **(3)** *vt*, *(Kuchen etc.)* bestäuben; *(i. ü. S.) bite the dust* ins Gras beißen; *(i. ü. S.) kick up a lot of dust* eine Menge Staub aufwirbeln; *(i. ü. S.) let the dust settle* über etwas Gras wachsen lassen; ~ **bag** *sub*, *-s (Staubsauger)* Staubbeutel; ~ **collector** *sub*, *-s* Staubfänger; ~ **particle** *sub*, *-s* Staubkorn; **~-bin** *sub*, *-s* Kehrichteimer; **~-cart** *sub*, *-s* Müllauto; **~-covered** *adj*, staubbedeckt; **~er** *sub*, *-s* Putztuch, Staublappen; **~ing** *sub*, *nur Einz. (eines Kuchens etc.)* Bestäubung; **~ng brush** *sub*, *-s* Staubpinsel; **~man** *sub*, *-men* Müllmann; **~y** *adj*, staubbedeckt
Dutch, **(1)** *adj*, holländisch, niederländisch **(2)** *sub*, *nur Einz.* Holländische; *it was all double Dutch to me* ich verstand nur noch Bahnhof; **~man** *sub*, *-men* Niederländer; **~woman** *sub*, *-women* Holländerin
dutiable, *adj*, *(Zoll)* abgabenpflichtig; **dutiful** *adj*, pflichtgemäß; **duty** *sub*, *-ies* Offizium, Pflicht, Schuldigkeit; - Zoll; *-ies (geb.)* Obliegenheit; *(Aufgabe)* Amt; *(Beruf)* Dienst; *duty calls!* die Pflicht ruft!; *I'm only doing my duty* ich tue nur meine Pflicht; *it is my sad duty* ich habe die traurige Pflicht; *marital duties* eheliche Pflichten; *one's civic duties* die bürgerlichen Pflichten; *to do one's duty* seine Pflicht erfüllen; *to obey the call of duty* der Pflicht gehorchen; *to remind sb of his duty* jmdn in die Pflicht nehmen; *be on duty* Dienst haben, im Einsatz sein; *carry out one's duties* seines Amtes

walten; *do your duty* walte deines Amtes; *off duty* außerhalb des Dienstes; *see sth as one´s duty* etwas als seine Pflicht betrachten; **duty freedom** *sub, nur Einz. (i. ü. S.)* Zollfreiheit; **duty of allegiance** *sub, duties* Treupflicht; **duty of care** *sub, duties* Sorgepflicht; **duty officer** *sub, -s* Wachhabende; **duty on goods in transit** *sub, duties* Transitzoll; **duty to obedience** *sub, -ies* Gehorsamspflicht; **duty-free** *adj,* zollfrei; *(Waren)* steuerfrei; *(Zoll)* abgabenfrei; **duty-free shop** *sub, -s* Dutyfreeshop
duvet, *sub, -s* Duvet, Federbett
dwarf, *sub, dwarves* Liliputaner; *-s* Zwerg; *~* **peoples** *sub, - (i. ü. S.)* Zwergenvolk; *~* **pine** *sub, -s* Krummholzkiefer; *(bot.)* Latschenkiefer; *~* **timber** *sub, nur Einz.* Krüppelholz; **~ish** *adj,* zwergenhaft
dwell, *vi,* verweilen; *(i. ü. S.)* wohnen; *(wohnen)* sitzen; **~ing** *sub, -s (Wohnung)* Behausung

dye, **(1)** *sub, -s* Färbefarben; *(Haare)* Farbe **(2)** *vt,* bläuen, färben; *dye the trousers* die Hose bläuen; *dye one´s hair* sich die Haare färben; *~ sth a different colour* *vt,* umfärben; **~-works** *sub, nur Mehrz.* Färberei; **~d** *adj, (Haare)* gefärbt; **~d blond** *vti,* blondieren; **~ing** *sub, -* Färbung; **~r** *sub, -s* Färber; **~s** *sub, -s* Färbemittel
dying, *sub, nur Einz.* Sterben; *be dying* im Sterben liegen; *~ of the forest* *sub, nur Einz.* Waldsterben
dynamite, *sub, -s* Dynamit; *the revelations are dynamite* die Enthüllungen sind Dynamit
dynamo, *sub, nur Einz.* Dynamo; **~meter** *sub, -s (phy.)* Dynamometer
dynastic, *adj,* dynastisch; **dynasty** *sub, -ies* Dynastie, Fürstenhaus; *(Fürsten-)* Geschlecht
dysentery, *sub, nur Einz.* Ruhr

E

each, (1) *adj*, jede (2) *adv*, je; *5 DM
each 5 DM* das Stück; *each (one) of
us* jeder von uns; *she greeted each
guest* sie begrüßte jeden Gast; *(prov.)
to each his own!* jedem das Seine!; ~
other (1) *adv*, aneinander (2)
pers.pron, uns (3) *pron*, einander;
they greeted each other sie grüßten
einander
eager, *adj*, diensteifrig, sehnlich; *(als
Eigenschaft)* begierig; *(bemüht)* eifrig; *set about doing sth eagerly* sich
eifrig um etwas bemühen; ~ **for
plunder** *adj*, beutegierig, beutelüstern, beutelustig; ~ **to learn** *adj*,
lernbegierig, wissbegierig; ~ **to
shoot** *adj*, schießwütig; ~**ness** *sub*,
nur Einz. (Eifrigkeit) Eifer
eagle, *sub*, -s Adler; *eagle-eyed* mit Adleraugen; *to be eagle-eyed* Augen wie
ein Luchs haben; ~**-eyed** *adj*, argusäugig; ~**-eyes** *sub*, *nur Mehrz.* Argusaugen; ~**-owl** *sub*, -s Uhu
ear, *sub*, -s Ohr; *(bot.)* Ähre; *(Jagd)*
Löffel; *clean out your ears!* sperr die
Ohren auf!; *his words are still ringing in my ears* ich habe seine Worte
noch deutlich im Ohr; *I´m all ear* ich
bin ganz Ohr; *it has come to my ears*
es ist mir zu Ohren gekommen; *my
ears are burning* mit klingen die Ohren; *to be still wet behind the ears*
noch nicht trocken hinter den Ohren
sein; *to give sb a clip round the ear*
jmd eins hinter die Ohren geben; *to
lend sb a willing ear* jmd ein geneigtes
Ohr schenken; *to prick up one´s ears*
die Ohren spitzen; *by ear* nach Gehör; *get a clip round the ear* eine
(Ohrfeige) fangen; *he´s still wet behind the ears* junger Dachs; *let it go
in one ear and out the other* auf
Durchzug schalten; *modern music is
often far from easy on the ears* moderne Musik ist oft kein Ohrenschmaus; *sensitive ear* feines Gehör;
to keep one´s ear to the ground die
Ohren offenhalten; *(ugs.) to give sb a
clout round the ears* jmd eins hinter
die Löffel geben; ~ **jewellery** *sub*,
nur Einz. Ohrschmuck; ~**-button**
sub, -s Bouton; ~**ache** *sub*, -s Ohrenschmerz; ~**drops** *sub*, *nur Mehrz.
(Ohr-)* Gehänge; ~**drum** *sub*, -s

(med.) Trommelfell; ~**flap** *sub*, -s
Ohrenklappe
Earl, *sub*, - *(GB)* Grafentitel; *(Titel in
GB)* Graf; **earl´s coronet** *sub*, -s
(Brit.) Grafenkrone
earlier, (1) *adj*, früher (2) *adv*, *(früher)* eher; *I was there earlier than
ich* war eher da als; **earliest possible** *adj*, baldmöglichst; *as soon as
possible* zum baldmöglichsten Zeitpunkt; **early** (1) *adj*, früh, frühzeitig, verfrüht, vorzeitig (2) *adv*,
beizeiten, früh, zeitig; *an early van
Gogh* ein früher van Gogh; *early in
the morning* am frühen Morgen, *at
an early age* im frühen Alter; *get up
early in the morning* früh aufstehen; *early in the week* Anfang der
Woche; *into the early hours* bis in
die frühen Morgenstunden; *the
early bird catches the worm* Morgenstund hat Gold im Mund; **early
childhood** (1) *adj*, frühkindlich
(2, *sub*, *nur Einz.* Kindesbeine;
early Christian *adj*, urchristlich;
early Christianity *sub*, *nur Einz.*
Urchristentum; **early diagnosis**
sub, diagnoseses *(med.)* Frühdiagnose
early **gothic**, *adj*, frühgotisch; **early history** *sub*, *nur Einz.* Frühgeschichte; **early in the morning**
adj, frühmorgens; **early leaver**
sub, -s Frührentner; **early morning** *sub*, *nur Einz.* Morgenfrühe;
early morning light *sub*, *nur Einz.*
Morgenlicht; **early morning mist**
sub *nur Einz.* Morgennebel; **early
retirement** *sub*, -s Vorruhestand;
early riser *sub*, -s Frühaufsteher;
early shift *sub*, -s Frühschicht; **early spring** *sub*, *nur Einz.* Vorfrühling **early stage** *sub*, -s
Frühstadium; **early symptom** *sub*,
-s *(med.)* Prognostikon; *(tt; med.)*
Vorzeichen
earn, (1) *vt*, kassieren; *(verdienen)*
einnehmen, erwerben (2) *vti*, verdienen; *(ugs.) he makes a packet
on every sale* bei jedem Verkauf
kassiert er eine Menge; *earn sb´s
trust* jmd Vertrauen erwerben; *to
have genuinely earned sth* sich etwas redlich verdient haben; ~ *as*

well *vi*, mitverdienen; ~ **sth extra** *vt*, *(ugs.)* zuverdienen; ~ **sth. extra** *vt*, dazuverdienen

earnest, *adj*, inständig; ~ **money** *sub*, - Handgeld

earning, *sub*, *-s* Erwerb

earring, *sub*, *-s* Ohrring; **earshot** *sub*, *nur Einz.* Hörweite; *be out of earshot* außer Hörweite sein

earth, (1) *sub*, Erde (2) *vt*, erden; *earth* Erde (el); *on earth* auf Erden, *earth the cable* die Stromleitung erden; *what on earth is the matter with him?* was hat er nur?; ~ **bank** *sub*, --s Aufschüttung; ~ **satellite** *sub*, *-s* Erdsatellit; ~**-dweller** *sub*, *-s* Erdenbürger; ~**-moving** *sub*, *-s* Erdarbeiten; ~´s **axis** *sub*, - Erdachse; ~´s **crust** *sub*, *-s* Erdkruste, Erdrinde; ~´s **gravitation** *sub*, *nur Einz.* Erdanziehung; ~**bound** *adj*, *(Satellit)* erdgebunden; ~**en** *adj*, irden; ~**enware** *sub*, - Tongeschirr; ~**enware vessel** *sub*, *-s* Tongefäß; ~**ing** *sub*, *-s* Erdung; ~**ly** *adj*, irdisch; ~**quake** *sub*, *-s* Erdbeben; ~**y** *adj*, erdig; *(theat.)* derb; ~**y comic** *adj*, derbkomisch

ease, (1) *sub*, *nur Einz.* Leichtigkeit (2) *vi*, *(Schmerz)* abklingen (3) *vt*, lindern; *(geh.; Schmerz)* mildern; *(Situation)* entkrampfen; *mitigating circumstances* mildernde Umstände; *he did it with the greatest of ease* er tat es mit spielerischer Leichtigkeit; ~ **of digestion** *sub*, *nur Einz.* Bekömmlichkeit; ~ **of influencing so** *sub*, *nur Einz.* Beeinflussbarkeit; ~ **off** *vi*, *(Sturm)* nachlassen

easel, *sub*, *-s* Staffelei

easier, *adj*, *(Arbeit)* erleichtert; **easily** (1) *adj*, getrost, unschwer; *(leicht)* bequem (2) *adv*, ohneweiters; **easily confused harmonies** *sub*, *(mus.)* unharmonisch; **easily crumbling** *adj*, Bröcklichkeit; **easily digestible** *adj*, bekömmlich; **easily remembered** *adj*, sentenzartig; *(Gedächtnis)* einprägsam; **easily roused** *adj*, *(begeisterungsfähig)* entflammbar; **easily satisfied** *adj*, genügsam; **easily startled** *adj*, schreckhaft

easing of tension, *sub*, *-s (polit.)* Entspannung

East, *sub*, *nur Einz.* Morgenland, Osten; *(poet.; auch Wind)* Ost; *(von Land)* Osten; *from the east* von Osten her; *in the east of Bavaria* im Osten Bayerns; *to the east* gen Osten; *10 East German marks* 10 Mark Ost; *from East and West* aus Ost und West; *the wind is coming from the East* der Wind kommt aus Ost; *30 degrees east* dreißig Grad östlicher Länge; *from east to west* vom Orient zum Okzident; *the Far East* der Ferne Osten; *the Middle East* der Mittlere Osten, der Nahe Osten; *the Near East* der Nahe Osten, der Vordere Orient; *the Three Wise Men from the East* die Weisen aus dem Morgenland; ~ **Baltic** *adj*, ostbaltisch; ~ **Berliner** *sub*, *-s* Ostberliner; ~ **coast** *sub*, *-s* Ostküste; ~ **Frisian** *adj*, ostfriesisch; ~ **German** *sub*, *-s (ugs.)* Ossi; **east of** *adv*, *präp*, östlich; *east of Burghausen* östlich von Burghausen; ~ **Prussian** *adj*, ostpreußisch; ~**(ern) Europe** *sub*, *nur Einz.* Osteuropa; ~**-West** *adj*, ost-westlich

Easter, *sub*, *-s* Ostern; *happy Easter!* frohe Ostern!; *we´re going away over Easter* über Ostern fahren wir weg; ~ **Monday** *sub*, *-s* Ostermontag; ~ **Sunday** *sub*, *-s* Ostersonntag; ~ **tradition** *sub*, *-s* Osterbrauch; ~ **traffic** *sub*, *nur Einz.* Osterverkehr

eastern, *adj*, *(Gebiet)* östlich; *Eastern thought* das Denken des Orients; **Eastern Asian** *adj*, ostasiatisch; **Eastern bloc** *sub*, *nur Einz.* Ostblock; **Eastern bloc country** *sub*, *-ies* Ostblockland; **Eastern Franconia** *sub*, *nur Einz.* Mainfranken; **Eastern Franconian** *adj*, ostfränkisch; ~ **side** *sub*, *-s* Ostseite; **Easterner** *sub*, *-s (ugs.)* Ossi

easy, *adj*, leicht, mühelos; *(einfach)* bequem; *(leicht)* einfach; *she has always had an easy life* sie hat es im Leben immer leicht gehabt; *that´s easier said than done* das ist leichter gesagt als getan; *that´s easy to learn* das ist leicht zu lernen; *you don´t go to enough trouble* du machst es dir zu leicht; *easy does it!* nur keine Überstürzung!; *not to be easily discernible* nur unklar zu erkennen sein; *take it easy* nur keine Hektik!, *(ugs.)* reg dich ab; *take the easy way out* Dünnbrett bohren; ~ **handle** *adj, (i. ü. S.)* pflegeleicht; ~ **to spread** *adj,* streichfähig; ~ **to survey** *adj, (leicht überschaubar)* übersichtlich; ~**-care** *adj,* pflegeleicht; ~**-chair** *sub, -s* Sessel; ~**-going** *adj,* bequemlich, leichtlebig, verträglich; ~**-going attitude** *sub,* - Leichtlebigkeit

eat, (1) *vi, (Tier)* fressen (2) *vt,* essen, futtern, wegessen; *(essen)* speisen; *(Tier)* fressen; *eat everything as it comes* alles durcheinander essen; *eat humble pie* nach Canossa gehen; *eat out* auswärts essen gehen; *eat very little* ein bescheidener Esser sein; *I want sth to eat* ich brauche was zu mampfen; *like (to eat) sth* gerne essen; *we´ve eaten our last crust* wir haben nichts zu nagen noch zu beißen; *eat so out of house and home* jmdn arm fressen; *(i. ü. S.) it´s a case of dog eat dog* da heißt es fressen oder gefressen werden; ~ **as well** *vt, (Schale)* mitessen; ~ **clean** *vt, (Futternapf)* ausfressen; ~ **holes in** *vt, (Motten)* durchfressen; ~ **noisily** *vi,* schmatzen; ~ **sweet things** *vi,* naschen; ~ **sweets** *vi,* schlecken; ~ **through** *vt,* *(chem./Holzwurm)* durchfressen; ~ **up** *vt,* aufessen, vernaschen; *(Benzin)* fressen; *(Nahrung)* aufzehren; ~**able** *adj,* genießbar; ~**ing sweet things** *sub, nur Einz.* Schleckerei

eaves, *sub,* - Traufe; ~**drop** *vi,* horchen, lauschen; *speak more softly! someone is eavesdropping* sprich leiser! am Nebentisch horcht jemand; ~**dropper** *sub, -s* Lauscher

ebb away, *vi,* abebben; **ebb tide** *sub, -s (Bewegung)* Ebbe; *ebb and flow* Ebbe und Flut; *the tide is out* es ist Ebbe

ecal, *adj,* fäkal

eccentric, (1) *adj,* exzentrisch, kauzig, überspannt, verschroben (2) *sub, -s* Exzentriker; - Grilligkeit; *-s* Sonderling; ~**ity** *sub, -ies* Exzentrik, Exzentrizität

ecclesiastic foundation, *sub,*   *-s (geistliches)* Stift

eces, *sub,* - Fäkalien

ECG (am:EKG), *sub, -s* EKG

éclair, *sub, -s* Eclair

eclectic, (1) *adj,* eklektisch, eklektizistisch (2) *sub, -s* Eklektiker; ~**ism** *sub, -s* Eklektizismus

eclipse, *sub, -e* Eklipse; **ecliptic** (1) *adj,* ekliptisch (2) *sub, -s* Ekliptik

ecological, *adj,* ökologisch; **ecologist** *sub, -s* Ökologe; **ecology** *sub, nur Einz.* Ökologie

economic, *adj,* konjunkturell, ökonomisch, wirtschaftswissenschaftlich; *(tt; wirt.)* wirtschaftlich; ~ **location** *sub, -s* Wirtschaftsstandort; ~ **miracle** *sub, -s* Wirtschaftswunder; ~ **policy** *sub, -es* Wirtschaftspolitik; ~ **pressures** *sub, nur Mehrz.* Zwang; ~**al** *adj,* wirtschaftlich; *(Haushalt)* sparsam; *sth is barely/not economical* etwas rechnet sich schlecht/nicht; *we have to be economical with our provisions* wir müssen Proviant sparen; ~**s** *sub,* - Nationalökonome; *nur Mehrz.* Ökonomik; *Wirtschaftswissenschaft; nur Mehrz. (Wissenschaft)* Ökonomie; **economist** *sub, -s* Ökonom, Wirtschaftswissenschaftler; *(tt; wirt.)* Wirtschafter; **economize** *vi,* wirtschaften; *(sparsam sein)* sparen; **economizing,** *sub, nur Einz. (Haushalt)* Sparsamkeit; **economy** *sub, -ies* Konjunktur; *nur Einz.* Ökonomie, Wirtschaftlichkeit; *-es (tt; wirt.)* Wirtschaft; *to study political economy* politische Ökonomie studieren; *by clever economies* durch kluge Ökonomie; **economy class** *sub, -es* Economyklasse; **economy cycle** *sub, -s (Waschmaschine)* Sparprogramm; **economy measure** *sub, -s* Sparmaßnahme; **economy pack** *sub, -s* Großpackung

ecosystem, *sub, -s* Ökosystem

ecstasy, *sub, -ies* Ecstasy, Ekstase, Rausch; *nur Einz.* Verzücktheit

ecstatic (1) *adj,* ekstatisch, verzückt (2) *sub, -s* Ekstatiker

Ecu, *sub, -s* Ecu

Ecuadorian, *sub, -s* Ecuadorianer;

ecumenical movement *sub, nur Einz.* Ökumene

ecumenical, *adj,* ökumenisch

ecumenism, *sub, nur Einz.* Ökumenismus

eczema, *sub, -s* Ekzem; *(med.)*

Flechte
edelweiss, *sub,* - Edelweiß
Eden, *sub, nur Einz.* Eden; *in the Garden of Eden* im Garten Eden
edibility, *sub, -ies* Essbarkeit
edict, *sub, -s* Edikt; **edification** *sub, -s* Erbauung; **edifying** *adj,* erbaulich
Edinburgh, *sub,* - Edinburg
edit, *vt,* edieren, lektorieren, redigieren; *(Text)* bearbeiten; **~ing** *sub, -s* Redaktion; *(Herausgeben)* Edition; **~ion** *sub, -s (Ausgabe)* Edition; *(eines Buches)* Auflage; *(eines Buchs)* Ausgabe; **~or** *sub, -n* Cutterin; *-s* Editor, Redakteur, Redakteurin; *(eines Textes)* Bearbeiter; *(Verfasser)* Herausgeber; **~orial** *adj,* redaktionell; **~orial office** *sub, -s* Lektorat
educability, *sub, nur Einz.* Bildsamkeit; **educate** *vt, (bilden)* ausbilden; *(jemanden fortbilden)* bilden; *(Schule)* erziehen; **educate** o.s. *vr, (sich fortbilden)* bilden; **educate sb further** *vt,* weiterbilden; **educated** *adj,* gebildet; *an educated person* eine Mensch mit Bildung; *be completetly uneducated* keine Bildung haben; **education** *sub, nur Einz.* Bildungsgang, Bildungsweg, Edukation, Erziehung; *-s (an Schulen)* Ausbildung; *nur Einz. (Ausbildung)* Bildung; **education act** *sub, -s* Schulgesetz; **education authority** *sub, -ies* Schulamt, Schulbehörde; **education campaign** *sub, - -s* Aufklärungskampagne; **education policy** *sub, -ies* Schulpolitik
educational, *adj,* erzieherisch, pädagogisch; **~ establishment** *sub, -s* Lehranstalt; **~ film** *sub, -s* Lehrfilm; **~ leave** *sub, -s* Bildungsurlaub; **~ level** *sub, -s* Bildungsgrad, Bildungsstufe; **~ policy** *sub, nur Einz.* Bildungspolitik; **~ programme** *sub, -s* Lehrangebot; **~ theory** *sub, nur Einz.* Pädagogik; **~ist** *sub, -s* Didaktiker, Didaktikerin, Pädagoge; **~ly handicapped person** *sub,* Lernbehinderte; **educator** *sub, -s* Erzieher
eel, *sub, -s (zool.)* Aal
eerie, *adj,* spukhaft; *(nicht -)* geheuer; **eery** *adj,* unheimlich
effect, *sub, -s* Effekt, Einwirkung, Wirkleistung, Wirkung; *(Wirkung)* Auswirkung; *straining for effects* Effekthascherei; *have an effect on the*

prices auf die Preise durchschlagen; *have no effect on someone* spurlos an jemandem vorübergehen; *he´s out for effect* er macht auf Schau; *to use sth to good effect* etwas Nutz bringend anwenden; *not to have the desired effect* seine Wirkung verfehlen; *to lose its effect* an Wirkung verlieren; **~ by the photo** *sub, -s* Fotoeffekt; **~ of horror** *sub, -s* Gruseleffekt; **~ive** *adj,* werbewirksam, wirksam, wirkungsvoll; *(wirksam)* effektvoll; *(wirksam/tatsächlich)* effektiv; *(wirkungsvoll)* bewährt; *to take effect on* mit wirsam werden; *an effective publicity slogan* werbekräftiger Slogan; **~ive capacity** *sub, -ies* Nutzleistung; **~iveness** *sub, nur Einz.* Effektivität, Wirksamkeit
effectuate, *vt,* effektuieren
effeminate, (1) *adj, (ugs.)* weibisch (2) *vi,* feminieren
effendi, *sub, -s* Efendi, Effendi
effervesce, *vi,* moussieren
efficacy, *sub, nur Einz. (geh.; med.)* Effizienz
efficiency, *sub,* - Gewandtheit; *nur Einz.* Nutzeffekt; *-ies* Tüchtigkeit; *(geh.)* Effizienz; **efficient** *adj,* effizient, geschäftstüchtig, leistungsfähig, rationell; *(leistungsfähig)* tüchtig; *(tüchtig)* gewandt
effloresce, *vi,* effloreszieren
effusion, *sub, -s (geol./lit)* Erguss
E flat, *sub,* - *(mus.)* Es
egalitarian, (1) *adj,* egalitär (2) *sub, -s* Gleichmacher; **Egalité** *sub,* - Egalité
egg, *sub, -s* Ei; *as full as an egg* gerammelt voll; *as sure as eggs are eggs* so sicher wie das Amen in der Kirche; *don´t teach one´s grandmother to suck eggs* das Ei will schlauer als die Henne sein; *in the egg* in den Anfängen; *lay an egg* ein Ei legen; *poached eggs* verlorene Eier; **~ for breakfast** *sub, -s* Frühstücksei; **~ yolk** *sub, -s* Eidotter; *yolk of more than two eggs* Eigelb; **~-liqueur** *sub, -s* Eierlikör; **~-shaped** *adj,* eiförmig; **~-white** *sub, -s* Eiweiß; **~head** *sub, -s* Egghead
ego, *sub, -s* Ego; **~ trip** *sub, -s* Egotrip; **~centric** (1) *adj,* egozen-

trisch, ichbezogen (2) *sub*, *-s* Egozentriker; **~centric attitude** *sub*, *-s* Egozentrik; **~ism** *sub*, *-s* Egoismus; *nur Einz.* Selbstsucht; **~ist** *sub*, *-s* Egoist; **~istical** *adj*, egoistisch; **~tism** *sub*, *nur Einz.* Ichsucht

Egyptian cotton, *sub*, *-s* Mako

eiderdown, *sub*, *-s* Plumeau

eidetic, *adj*, eidetisch; **~ ability** *sub*, *-ies* Eidetik; **~ian** *sub*, *-s* Eidetiker

eigenvalued, *adj*, *(phy.)* eigenwertig

eight, (1) *adj*, acht (2) *adv*, acht (3) *sub*, *(die Zahl)* Acht; *eight of them/us* zu acht; **~ and a half** *adj*, achteinhalb; **~ hundred** *adj*, achthundert; **~ thousand** *adj*, achttausend; **~ times** *adj*, achtmal; **~-cylinder** *adj*, achtzylindrig; **~-cylinder (car)** *sub*, *- -s (Auto)* Achtzylinder; **~-cylinder engine** *sub*, *- -s (Motor)* Achtzylinder; **~-hour day** *sub*, *- -s* Achtstundentag; **~-sided** *adj*, achtseitig; **~-storey** *adj*, achtstöckig; **~-year** *adj*, *(Dauer)* achtjährig; **~-year-old** (1) *adj*, *(Alter)* achtjährig (2) *sub*, Achtjährige; **~een** *adj*, achtzehn; **~fold** (1) *adj*, achtfach (2) *sub*, *-s* Achtfache; **~h** *sub*, *-s* Achtel; **~ies** *sub*, *nur Mehrz.* Achtzigerjahre; **~ieth part** *sub*, *nur Einz.* Achtzigstel; **~ly** *adv*, achtens; **~y** *adj*, achtzig; *be in one´s eighties* in den achtzigern sein; *the eighties* die achtziger Jahre; **~y times** *adv*, achtzigmal; **~y-year-long** *adj*, *(Zeitspanne)* achtzigjährig; **~y-year-old** *adj*, *(Alter)* achtzigjährig; **~yfold** *adj*, achtzigfach

einsteinium, *sub*, *nur Einz.* *(chem.)* Einsteinium

either, *konj*, entweder; *either or* entweder oder; *I can´t do it either* ich kann das auch nicht

ejaculate, *vi*, ejakulieren; **ejaculation** *sub*, *-s* Ejakulation, Samenerguss; *(Samen)* Erguss

ejection, *sub*, *-s* Ejektion; *(tech.)* Auswurf; **~ seat** *sub*, *-s* Katapultsitz, Schleudersitz

eke out, *vt*, *(i. ü. S.; verlängern)* strekken

elaboration, *sub*, *-s* Austüftelung

elate, *vt*, beschwingen

elbow, *sub*, *-s* Ellbogen; *cut one´s elbow* sich seinen Ellbogen aufstoßen; *use one´s elbows* seine Ellbogen gebrauchen

elderberry, *sub*, *-ies* Holunder; *(Holunderb.)* Fliederbeere

elect, *vt*, küren; **~ed affinity** *adj*, wahlverwandt; **~ion** *sub*, *-s (tt; polit.)* Wahl; *elections are coming up* es stehen Neuwahlen ins Haus; *(tt; polit.) secret ballot/free election* geheime/freie Wahl; *(tt; polit.) to put sb up as a candidate (for election)* jmd zur Wahl aufstellen; **~ion campaign** *sub*, *-s* Wahlkampagne; **~ion of a delegate** *sub*, *-s* Delegierung; **~ion program** *sub*, *-s* Wahlprogramm; **~ion result** *sub*, *-s* Wahlausgang, Wahlergebnis; **~ion slogan** *sub*, *-s* Wahlspruch; **~ion speech** *sub*, *-es* Wahlrede; **~ion victory** *sub*, *-es* Wahlsieg; **~ions to the Landtag** *sub*, Landtagswahl; **~ive attraction** *sub*, *-es (tt; chem.)* Wahlverwandtschaft; **Elector** *sub*, *-s* Kurfürst, Wähler

electoral, *adj*, kurfürstlich; **~ district** *sub*, *-s* Stimmbezirk; **~ duty** *sub*, *nur Einz.* Wahlpflicht; **~ freedom** *sub*, *nur Einz.* Wahlfreiheit; **~ law** *sub*, *nur Einz.* *(tt; jur.)* Wahlrecht; **electorate** *sub*, *-s* Kurfürstentum; *nur Einz.* Wählerschaft; **electorlist** *sub*, *-s* Wählerliste; **electorsintention** *sub*, *nur Einz.* Wählerwille

electric, *adj*, *(Funktion)* elektrisch; **~ car** *sub*, *-s* Elektroauto; **~ coloured** *adj*, schockfarben; **~ cooker** *sub*, *-s* Elektroherd; **~ current meter** *sub*, *-s* Stromzähler; **~ eel** *sub*, *-s* Zitteraal; **~ furnace** *sub*, *-s* Elektrooofen; **~ light bulb** *sub*, *-s* Glühlampe; **~ motor** *sub*, *-s* Elektromotor; **~ ray** *sub*, *-s* Zitterrochen; **~ shock** *sub*, *-s* Elektroschock, Stromschlag

electrical, *adj*, *(System)* elektrisch; **~ appliance** *sub*, *-s* Elektrogerät; **~ appliances** *sub*, *nur Mehrz.* *(elektr.) Gerät;* **~ goods industry** *sub*, *-es* Elektroindustrie; **electrician** *sub*, *-s* Elektriker; **electricity** *sub*, *nur Einz.* Elektrizität; *read the electricity meter* den Stromverbrauch ablesen; **electricity pylon** *sub*, *-s* Leitungsmast; **electrics** *sub*, *nur Mehrz.* Elektrik; **electrification** *sub*, *-s* Elektrifizierung; **elec-**

trify *vt*, elektrifizieren, elektrisieren; **electrolyte** *sub, nur Einz.* Elektrolyt **electrocardiogram,** *sub, -s* Elektrokardiogramm; **electrocardiography** *sub, -ies* Elektrokardiografie; **electrode** *sub, -s* Elektrode; **electrodynamics** *sub, nur Einz.* Elektrodynamik; **electrolysis** *sub,* - Elektrolyse; **electrolytic** *adj*, elektrolytisch; **electromagnet** *sub, -s* Elektromagnet; **electromagnetic** *adj*, elektromagnetisch; **electrometer** *sub, -s* Elektrometer **electron,** *sub, -s* Elektron; ~ **microscope** *sub, -s* Elektronenmikroskop, Übermikroskop; ~ **volt** *sub, -s* Elektronenvolt; ~**ic** *adj*, elektronisch; ~**ic brain** *sub, -s* Elektronengehirn; ~**ics** *sub, nur Einz.* Elektronik; ~**ics engineer** *sub, -s* Elektroniker; **electroplate** *vt, (techn.)* galvanisieren; **electroplater** *sub, -s* Galvaniseur; **electrostatics** *sub, nur Einz.* Elektrostatik **elegance,** *sub, nur Einz.* Eleganz; **elegant** *adj*, elegant, schick **elegy,** *sub, -ies* Elegie **element,** *sub, -s* Element; *(i. ü. S.; Komponente)* Baustein; *(phy.)* Grundstoff; *antisocial elements* asoziale Elemente; *be in one´s element* in seinem Element sein; *(mil.) combat element* kämpfende Truppe; *the four elements* die vier Elemente; ~ *of style sub, elements* Stilelement; ~**al** *adj*, *(naturhaft)* elementar; *elemental forces* die elementaren Kräfte; ~**al force** *sub, -s* Urgewalt; ~**ary** *adj*, *(grundlegend)* elementar; *he lacks the most elementary knowledge* ihm fehlen die elementarsten Kenntnisse; ~**ary particle** *sub, -s* Elementarteilchen; ~**ary school** *sub, -s* Volksschule; *(US)* Grundschule; ~**ary school student** *sub, -s* Grundschüler **elephant,** *sub, -s* Elefant; *to see pink elephants* weiße Mäuse sehen; ~**iasis** *sub,* - Elefantiasis **elevated railroad,** *sub, -s (US)* Hochbahn; **elevated railway** *sub, -s* Hochbahn; **elevation** *sub, -s (arch.)* Aufriss; *(geogr.)* Erhebung; **elevator** *sub, -s* Elevator, Lift; *(US)* Fahrstuhl; **elevator (control)** *sub, -s (tt; tech.)* Höhensteuer; **elevator boy** *sub, -s* Liftboy

eleven, (1) *sub, nur Einz.* Elf (2) *Zahl,* elf; *(i. ü. S.) at the eleventh hour* fünf vor zwölf; *(i. ü. S.) have one´s wits about one* alle fünf Sinne beisammen haben; ~**th part** *sub, nur Einz.* Elftel **eligibility,** *sub, -es* Wählbarkeit; *nur Einz. (passiv)* Wahlrecht **elite,** *sub, -s (Elite)* Auslese; **élite** *sub, -s* Elite; **élite force** *sub, -s (mil.)* Elitetruppe; **élitist** *adj*, elitär **elixir,** *sub, -s* Elixier **elk,** *sub, -s* Elch **ellipse,** *sub, -s* Ellipse; **elliptical** *adj*, elliptisch **elm,** *sub, -s* Rüster, Ulme **elongation,** *sub, -s* Elongation **eloquence,** *sub, nur Einz.* Beredsamkeit, Eloquenz; - Sprachgewalt; **eloquent** *adj*, beredsam, beredt, eloquent, redegewandt, wortgewandt **else,** *adv, (außerdem)* noch, sonst; *there´s something else I want to say* ich will noch etwas sagen; *who elso was there?* wer war noch da?; *anybody else* sonst jemanden; *anything else* sonst etwas; *no one else but him* er und kein anderer; *nothing else* sonst nichts; *nowhere else* sonst nirgends; ~**where** *adv*, woandershin **Elysian,** *adj*, elysisch **emaciated,** *adj*, abgemagert, abgezehrt, ausgemergelt, ausgezehrt; *(Gesicht)* abgemergelt; **emaciation** *sub, -s* Abmagerung, Abzehrung; *nur Einz. (einer Person)* Auszehrung **E-mail,** *sub, -s* E-Mail **emancipated,** *adj*, emanzipiert; **emancipate (oneself)** *vi/vr*, emanzipieren; **emancipating** *adj*, emanzipatorisch; **emancipation** *sub, nur Einz.* Emanzipation **emasculate,** *vt, (i. ü. S.)* entmannen **embalm,** *vt,* balsamieren, einbalsamieren; ~**ing** *sub, nur Einz.* Balsamierung; *-s* Einbalsamierung **embankment,** *sub, -s* Eindeichung, Uferböschung, Wall **embarassing,** *adj*, *(unangenehm)* peinlich; **embarassment** *sub, -s (Unangenehmheit)* Peinlichkeit **embark,** *vi, (Person)* einschiffen **embarkation,** *sub, -s* Einschiffung

embarrasment, *sub*, *nur Einz.* Verlegenheit

embarrassed, *adj*, betreten; *(befangen)* unfrei; *be embarrassed by something* unangenehm berührt sein von etwas; *be too embarrassed to say anything* betreten schweigen; *(ugs.) no need to feel embarrassed* nur keine falsche Scham; **embarrassing** *adj*, verfänglich; **embarrassing situation** *sub*, -s Verlegenheit; **embarrassment** *sub*, *nur Einz.* Betretenheit

embassy, *sub*, -ies *(polit.)* Botschaft

embedded particles, *sub*, *nur Mehrz.* Einsprengsel

embers, *sub*, *nur Mehrz.* Glut

embezzle, *vt*, unterschlagen, veruntreuen; **~ment** *sub*, - Unterschlagung; -s Veruntreuung; **~r** *sub*, -s Veruntreuer

embitter, *vt*, verbittern

emblem, *sub*, -s Emblem, Wahrzeichen; **~atic** *adj*, emblematisch

embodiment, *sub*, -s Ausbund, Verkörperung; **embody** *vt*, verkörpern

embolism, *sub*, -s Embolie

embossed, *adj*, getrieben; *(Metall)* getrieben

embrace, (1) *sub*, -s Umarmung, Umschlingung (2) *vt*, umarmen; *(Person)* umschlingen; *(umarmen)* umfassen; *embrace so* jemanden in die Arme nehmen

embroider, *vti*, sticken; **~ on a tambour** *vt*, tamburieren; **~er** *sub*, -s Sticker; **~ing of pictures** *sub*, *nur Einz.* Nadelmalerei; **~y** *sub*, -ies Stickerei; **~y works** *sub*, - *(Fabrik)* Stickerei

embroilment, *sub*, -s Verwicklung

emcee, *sub*, -s *(TV)* Spielleiter; *(US)* Showmaster

emerald, *sub*, -s Smaragd; **~-green** *adj*, smaragdgrün

emergence, *sub*, *nur Einz.* *(von Bewuchs)* Aufkommen

emergency, *sub*, -ies Notfall, Notsituation; *in case of emergency* bei einem Notfall; *in an emergency* in Notlagen, wenn Not am Mann ist; **~ aid** *sub*, -s Soforthilfe; **~ brake** *sub*, -s Notbremse; *(US)* Handbremse; *to pull the emergency brake* die Notbremse ziehen; **~ doctor** *sub*, -s Rettungsarzt; **~ doctor´s car** *sub*, -s Notarztwagen; **~ exit** *sub*, -s Notausgang; **~ landing**

sub, -s Notlandung; **~ levy** *sub*, -ies Notopfer; **~ measure** *sub*, -s Notmaßnahme; **~ number** *sub*, -s Notrufnummer; **~ operation** *sub*, -s Notoperation; **~ programme** *sub*, -s Notprogramm; **~ stop** *sub*, -s Notbremsung, Vollbremsung; **~ telephone** *sub*, -s Notrufanlage, Notrufsäule, Rufsäule; **~ toolkit** *sub*, -s Pannenkoffer

emeritus, *adj*, emeritiert, emeritus; **~ professor** *sub*, -s Emerit

emery, *sub*, -ies Schmirgel

emetic, (1) *adj*, emetisch (2) *sub*, -s Brechmittel

emigrant, *sub*, -s Aussiedler, Auswanderer, Emigrant, Übersiedler; **emigrate** *vi*, emigrieren; *(auswandern)* übersiedeln; *(Einzelperson)* auswandern; **emigration** *sub*, -s Emigration; *(Auswanderung)* Übersiedlung; *(von Personen)* Auswanderung

eminence, *sub*, -s Eminenz

eminent, *adj*, eminent

emir, *sub*, -s Emir; **~ate** *sub*, -s Emirat

emissary, *sub*, -ies Sendbote

emission, *sub*, -s *(tt; chem.)* Abgabe; *(phy.)* Emission; *(von Schadstoffen)* Ausstoß; **~-free** *adj*, abgasfrei; **emit** *vt*, *(phy.)* ausstrahlen, emittieren; *(Wärme)* abgeben; *emit gas* Gas emittieren; **emit radioactivity** *vt*, emanieren

emotion, *sub*, -s Affekt, Emotion, Rührung; **~al** *adj*, emotional, gefühlsmäßig, gemütvoll, leidensfähig, pathetisch; **~al disorder** *sub*, -s Gemütsleiden; **~al disordered person** *sub*, -s Gemütskranke; **~alism** *sub*, -s Emotionalität; **~alize** *vt*, emotionalisieren; **~ally disturbed** *adj*, gemütskrank; **~less** *adj*, emotionsfrei; **emotive** *adj*, emotionell; *(Rede, Stil)* pathetisch; **emotive word** *sub*, -s Reizwort; **emotiveness** *sub*, *nur Einz.* Pathos

empathy, *sub*, -ies Einfühlung, Empathie

emperor, *sub*, -s Kaiser

empire, *sub*, -s Imperium, Kaiserreich, Reich, Weltreich; *nur Einz.* *(hist.)* Empire; -s *(Staat)* Empire

empirical, *adj*, empirisch, empiristisch; **empiricism** *sub*, -s Empirie,

Empirismus; **empiricist** *sub, -s* Empiriker, Empirist
employ, *vt, (beruflich)* anstellen; *(in einer Firma)* beschäftigen; *(Person)* einstellen; *(veraltet) to be in sb´s employ* bei jmd in Lohn und Brot stehen; ~ **so fully** *vt,* auslasten; *she is completely occupied by her job* sie ist mit ihrer Arbeit völlig ausgelastet; ~**ed person** *sub, - people* Berufstätige; ~**ee** *sub, -s* Angestellte, Arbeitnehmer, Arbeitskraft, Bedienstete, Beschäftigte, Dienstnehmer; *(Betriebsangehöriger)* Mitarbeiter; ~**ees** *sub, nur Mehrz.* Belegschaft; ~**er** *sub, -s* Arbeitgeber, Auftraggeber, Dienstgeber; *(tt; wirt.)* Unternehmer; ~**er-employee relationship** *sub, - -s* Arbeitsverhältnis; ~**ers and employees** *sub, nur Mehrz.* Sozialpartner
employment, *sub, -s* Anstellung; *nur Einz. (Anstellung)* Beschäftigung; *-s (Arbeits-)* Stellung; *(Beruf)* Einstellung; *safeguard employment* Arbeitsplätze sichern; ~ **agency** *sub, - -ies* Arbeitsvermittlung; ~ **contract** *sub, - -s* Anstellungsvertrag; ~ **office** *sub, - -s* Arbeitsamt
empress, *sub, -es* Kaiserin
emptiness, *sub, nur Einz.* Leere, Nichts; **empty (1)** *adj,* leer, phrasenhaft **(2)** *vt,* auskippen, ausleeren, leeren; *(ugs.)* entleeren; **empty by fishing** *vt,* abfischen; **empty out** *vt, (Teile)* ausschütten; **empty-headed** *adj,* strohdumm; **empty-headed person** *sub, people* Hohlkopf
emu, *sub, -s* Emu
emulate, (1) *vi,* nacheifern **(2)** *vt, (nacheifern)* nachahmen; **emulation** *sub, -s* Nacheiferung, Nachfolge; *(eines Vorbilds)* Nachahmung; *in emulation of his master* in der Nachfolge seines Meisters; **emulator** *sub, -s* Nachahmerin
emulsifier, *sub, -s* Emulgator; **emulsify** *vt,* emulgieren; **emulsion** *sub, -s* Emulsion
enable, *vt,* befähigen, ermöglichen; *enable so to do sth* jmd ermöglichen, etwas zu tun; *enable sth to be done* etwas ermöglichen; **enabling** *sub, nur Einz.* Ermöglichung
enact, *vt, (Gesetz)* erlassen
Enak´s children, *sub, nur Mehrz.* En-

akskinder
enamel, (1) *sub, -s* Email, Schmelzglas; *(tt; med.)* Zahnschmelz **(2)** *vt,* emaillieren; ~ **painting** *sub, -s* Emailmalerei
encapsulate, *vt,* einkapseln; **encapsulation** *sub, -s* Einkapslung, Verkapslung, Verkapslung
encasement, *sub, -s* Ummantelung
encashment, *sub, nur Einz.* Inkasso; ~ **agency** *sub, -ies* Inkassobüro
encephalogram, *sub, -s* Enzephalogramm
enchant, *vt,* berücken, verwünschen, verzaubern; ~**ing** *adj,* berückend, zauberhaft; ~**ment** *sub, -s* Berückung; *nur Einz.* Bezauberung, Verzauberung
encircle, *vt,* einkreisen, umzingeln; ~**ment** *sub, -s* Einkesselung, Einkreisung, Umzingelung
enclave, *sub, -s* Enklave
enclose, *vt,* einfrieden, einfriedigen, umfrieden, umschließen; *(beifügen)* hinzufügen; *(einem Brief)* beifügen, beilegen; *enclose in* einen Brief einlegen; *the enclosing of the papers* die Beifügung der Unterlagen; ~ **with** *vt,* beipacken; *enclose sth with a parcel* einer Sendung etwas beipacken; ~**d (1)** *adj, adv,* beiliegend **(2)** *adv,* anbei; ~**d pasture** *sub, -s* Koppelweide; **enclosure** *sub, -s* Einfriedung, Eingrenzung, Umfriedigung, Umschließung; *(Anlage)* Einlage; *(Quelle)* Einfassung; *(Tiere)* Gehege; *different means of inclosure* verschiedene Einfriedungen
encode, *vt,* enkodieren, kodieren, verschlüsseln
encompass, *vt, (i. ü. S.; räumlich)* umspannen
encore, *sub, nur Einz.* Dakapo; *-s (tt; mus.)* Zugabe
encounter, *sub, -s (mit einem Feind)* Begegnung
encourage, *vt,* animieren, aufmuntern, bestärken, ermutigen, unterstützen; *(ermutigend)* auffordern; *(munter machen)* ermuntern; *encourage so to do sth* jmd ermutigen etwas zu tun; *to encourage sb* jmd Mut zusprechen; **encouraging** *adj,* aufrüttelnd
encouragement, *sub, -s* Aufrütte-

lung, Bestärkung, Vorschub, Zusprechung; *(Ermutigung)* Aufmunterung; *with my encouragement* auf mein Zureden

encroach, *vi, (unberechtigt)* übergreifen

encrust, *vt,* inkrustieren; ~**ation** *sub, -s (tt; med.)* Verschorfung

encyclical, *sub, -s* Enzyklika

encyclopaedia, *sub, -s* Enzyklopädie, Konversationslexikon, Lexikon; ~ **of music** *sub, e.s* Musiklexikon; **encyclopedic** *adj,* enzyklopädisch

end, (1) *sub, -s* Ende, Endpunkt; *nur Einz.* Schluss; *-s (ugs.)* Zipfel; *(mus.)* Ausklang; *(Straße)* Mündung (2) *vi,* enden; *(i. ü. S.)* ausklingen; *(enden)* auslaufen; *all´s well that ends well* Ende gut, alles gut; *at the end of May* Ende Mai; *come to a bad end* ein böses Ende nehmen; *end of the message* Ende der Durchsage; *in the end* am Ende; *put an end to sth* einer Sache ein Ende machen; *to the bitter end* bis zum bitteren Ende; *far end* hinteres Ende; *no end of* unendlich viele; *put an end to* mit etwas aufräumen; *put an end to one´s life* sich töten; *that´s not the end of the world* das ist nicht so tragisch; *(ugs.) that´s the end* jetzt sind wir geliefert; *the play has a tragic ending* das Stück endet tragisch; *there is no end in sight* ein Ende ist nicht abzusehen; *there is no end to it* damit wird man nie fertig; *to draw to an end* zur Neige gehen; *to the end of time* bis in alle Ewigkeit; *(Absicht) to this end* zu diesem Zweck; *turn out well in the end* einen guten Ausgang nehmen; *to end off the day* zum Ausklang des Tages, *end in a brawl* mit einer Prügelei enden; *end with* enden auf; *unending* nicht enden wollen; ~ **face** *sub, -s* Stirnfläche; ~ **in itself** *sub, nur Einz.* Selbstzweck; ~ **of month** *sub, ends of months* Ultimo; ~ **of school** *sub, -* Schulschluss; ~ **of semester** *sub, -s* Semesterende; ~ **of the village/town** *sub, ends* Ortsausgang; ~ **of work** *sub, -s* Dienstschluß; ~ **picture** *sub, -s* Schlussbild; ~ **plate** *sub, -s (tech.)* Lagerschild; ~ **up** *vi, (landen)* enden; *end up in the gutter/in prison* in der Gosse/Gefängnis enden; ~ **up in** *vi, (i. ü. S.; auf)*

hinauslaufen; ~**-of-course party** *sub, -ies* Abschlussfeier

endearments, *sub, nur Mehrz.* Zärtlichkeit

endeavour, (1) *sub, nur Einz.* Bestreben (2) *vi,* bestreben; ~ **to** *vi,* bestrebt

ending, *sub, -s* Endung; *(eines Filmes)* Ausgang; ~ **consonant** *sub, -s* Endkonsonant

endive, *sub, -s* Endivie

endless, *adj, (zeitlich)* unendlich; ~ **times** *adv,* unendlichmal; ~**ness** *sub, nur Einz. (zeitlich)* Unendlichkeit

endogenous, *adj,* endogen, körpereigen

endorse, *vt,* indossieren; ~**ment** *sub, -s* Indossierung, Sichtvermerk

endoscope, *sub, -s* Endoskop; **endoscopy** *sub, -ies* Endoskopie; **endothermic** *adj,* endotherm

endowment, *sub, -s* Dotation

endpaper, *sub, -s* Vorsatzblatt

endpiece (of bread), *sub, -s (Dial.)* Kanten

endure, *vt,* durchleiden, erdulden, leiden; *(aushalten)* ertragen; *endure sth* etwas über sich ergehen lassen; **enduring** *adj, (geduldig)* ausdauernd

enema, *sub, -s (med.)* Darmspülung; *-ae* Einlauf; *-s* Klistier

enemy, *sub, -ies* Feind; *-s (mil.)* Gegner; *make an enemy of sb* jmdn zum Feind machen; *make enemies* Feinde machen; *my worst enemy* mein ärgster Feind; *the worst enemy* der ärgste Feind; ~ **hands** *sub, nur Mehrz.* Feindeshand; *fall into enemy hands* in Feindeshand geraten

energetic, *adj,* energisch, tatkräftig, vital; ~**al** *adj,* energetisch; **energized** *adj,* krafterfüllt; **energy** *sub, -ies* Energie; *nur Einz.* Impetus, Kraft; *-ies (Energie)* Tatkraft; **energy crisis** *sub, -* Energiekrise; **energy sector** *sub, -s* Energiewirtschaft; **energy source** *sub, -s* Energieträger; **energy supply** *sub, -ies* Energieversorgung; **energy-rich** *adj,* energiereich

enervate, *vt,* enervieren

engage, *vt, (kun.)* engagieren; *engage first gear* den ersten Gang ein-

legen; ~d *adj*, unabkömmlich; *(Telefon)* belegt; *(Telefonleitung)* besetzt; ~ment *sub*, -s Verlöbnis, Verlobung; *(kun.)* Engagement; *have a prior engagement* schon einen anderen Termin haben; *the engagement is off* die Verlobung ist geplatzt; engaging *sub*, -s Verpflichtung
engine, *sub*, -s Flugzeugmotor; *(Flugzeug)* Triebwerk; *(von Fahrzeug)* Motor; ~ trouble *sub*, *nur Einz.* Motorschaden
engineer, *sub*, -s Ingenieur, Maschinist; *(Heizungs~)* Monteur; *(Ingenieur)* Techniker; *(Ingenieurin)* Technikerin; *he engineered himself a little luck* er hat dem Glück ein wenig nachgeholfen
English, *adj*, englisch; *speak English* englisch sprechen; ~ tulle *sub*, -s Bobinet; ~man *sub*, -men Engländer; ~woman *sub*, -men Engländerin
enigmatic, *adj*, enigmatisch
enjoy, *vt*, genießen; *enjoy yourself!* viel Spaß!; *I enjoyed it to* ich genoß es zu; *I've always enjoyed cooking* ich habe immer mit Lust und Liebe gekocht; *you have to enjoy yourself while you can* man muss die Feste feiern wie sie fallen; ~ life *vt*, ausleben; ~ o.s. *vr*, amüsieren; ~ to the full *vt*, auskosten; ~able *adj*, genussreich, vergnüglich; ~ment *sub*, -s *(genießen)* Genuss; ~ment of life *sub*, *nur Einz.* Lebensgenuss
enlarge, *vt*, vergrößern; ~ment *sub*, -s Vergrößerung; *(s.o.)* Erweiterung
enlightening, *adj*, aufklärerisch; *enlighten other people* aufklärerisch tätig sein; enlightenment *sub*, *nur Einz.* Aufgeklärtheit; *(Belehrung)* Aufklärung; *(des Himmels, Wetters, eines Verbrechens)* Aufklärung
enliven, *vt*, *(Anlage)* beleben
enmity, *sub*, -ies Feindschaft; *personal enmity* persönliche Feindschaft
enormous, *adj*, gewaltig, kolossal; *(i. ü. S.)* haushoch; *(riesig)* ungeheuer; *(ungeheuer)* unerhört; *(wirt.)* enorm; *take on enormous dimensions* ungeheure Ausmaße annehmen; ~ costs *sub*, Enormität; ~ depth *sub*, -s Untiefe; ~ guy *sub*, -s *(ugs.; starker Mann)* Mordskerl; ~ number *sub*, *nur Einz.* Unzahl; ~ sum *sub*, -s Unsumme

enough, (1) *adj*, ausreichend, genügend, hinreichend (2) *adj u. adv*, genug; *enough of it* genug davon; *enough's enough* das Maß ist voll; *(i. ü. S.)* have had enough bedient sein; *I've had enough* ich mag nicht mehr; *I've had quite enough of that* das mach' ich nicht mehr mit; *that should be enough* das dürfte genügen; *(i. ü. S.)* that's enough now! jetzt ist aber Feierabend!, *good enough* gut genug; *he just can't get enough* er kann nie genug kriegen; *that's enough for me* das ist genug für mich
enquire about, *vt*, erkundigen; enquiry *sub*, -ies Anfrage, Erkundigung, Nachforschung; *(Erkundigung)* Nachfrage; *make inquiries about* Erkundigungen einziehen über; *to make enquiries* Nachforschungen anstellen
enrage, *vt*, erbittern; ~ so *vt*, *(Person verärgern)* aufbringen; ~d *adj*, enragiert, wutentbrannt
enraptured, *adj*, entflammt, verzückt
enrich, *vt*, anreichern, bereichern; ~ment *sub*, *nur Einz.* *(das Hinzufügen)* Bereicherung; -s *(Konzentrierung)* Anreicherung
ensemble, *sub*, -s *(Gesamtheit)* Ensemble
enslaved, *adj*, hörig; enslavement *sub*, -s Versklavung
ensnare, *vt*, umgarnen
entangle, ~ment, *sub*, -s Verstrickung
entente, *sub*, -s Entente
enter, (1) *vi*, eintreten, einziehen; *(Liste)* eintragen (2) *vt*, einreisen; *enter negotiations* in Verhandlungen eintreten; *enter the war* in den Krieg eintreten; *enter the Earth orbit* in die Erdumlaufbahn eintreten, *enter Germany* nach Deutschland einreisen; ~ (up) *vt*, verbuchen; ~ into *vt*, *(Vertrag)* eingehen; *enter into a contract* einen Vertrag eingehen; ~ one's name *vt*, *(Liste)* einschreiben; ~ed *adj*, *(Grundbuch)* eingetragen; ~ing *sub*, -s *(das Eintragen)* Eintrag
enteritis, *sub*, -es *(med.)* Darmkatarrh
enterprise, *sub*, -s *(tt; wirt.)* Unter-

nehmen; **enterprising** *adj*, unternehmend

entertain, *vt*, amüsieren, unterhalten; *entertain the idea of doing something* sich mit dem Gedanken tragen, etwas zu tun; ~ **sb with sth**. *vt*, delektieren; ~**er** *sub*, -s Animateur, Entertainer, Unterhalter; ~**ing** *adj*, amüsant, unterhaltsam; ~**ing information** *sub*, *nur Einz*. Infotainment; ~**ment** *sub*, -s Unterhaltung, Vergnügen; *nur Einz*. *(tt; unterh.)* Zerstreuung; *(i. ü. S.) light entertainment* die leichte Muse

enthrall, *vt*, ergötzen; *(i. ü. S.) be enthralled* von etwas gefesselt

enthrone, *vt*, inthronisieren

enthuse, (1) *vi*, schwärmen (2) *vt*, enthusiasmieren; **enthusiasm** *sub*, *nur Einz*. Begeisterung; -s Eifer, Enthusiasmus, Schwärmerei; *with/without much enthusiasm* mit/ohne Begeisterung; **enthusiasm about collecting** *sub*, *nur Einz*. Sammeleifer; **enthusiast** *sub*, -s Enthusiastin, Liebhaber, Schwärmer, Schwärmerin; **enthusiastic** *adj*, begeistert, enthusiastisch, passioniert; *(begeistert)* eifrig; *be enthusiastic about sth* von etwas begeistert sein; *get all enthusiastic about sth* über etwas in Begeisterung geraten; *get enthusiastic about sth* sich für etwas begeistern; *he´s not exactly enthusiastic about it* er ist nicht besonders erbaut davon; **enthusiastically** *adv*, begeistert

entice, *vti*, verlocken; ~**ment** *sub*, -s Verlockung; **enticing** *adj*, verlockend

entire, *adj*, vollständig; *(gesamt)* ganz; ~**ly** *adj*, gänzlich

entitle, *vti*, berechtigen; *be entitled to* auf etwas Anspruch haben; *entitle so to do sth* jemanden zu etwas berechtigen; ~**d person** *sub*, - *people* Berechtigte

entourage, *sub*, -s Gefolge; *(i. ü. S.; Begleitung)* Eskorte

entrance, *sub*, -s Eingang, Eintritt; -es Zugang; -s *(Tor)* Einfahrt; ~ **door** *sub*, -s *(i.Ggs. zu Aus-)* Eingangstür; ~ **examination** *sub*, - -s Aufnahmeprüfung; ~ **hall** *sub*, -s Entree, Ern, Foyer, Vorhalle; ~ **of the village/town** *sub*, *entrances* Ortseingang; ~ **the stomach** *sub*, *entrances (anat.)* Ma-

geneingang

entrecôte, *sub*, -s Entrecote

entrée, *sub*, -s *(Essen)* Entree

entrench, *vr*, *(tt; mil.)* verschanzen

entrepreneur, *sub*, -s *(tt; wirt.)* Unternehmer

entropy, *sub*, -ies Entropie

entrust, *vt*, betrauen, überantworten; *entrust so with a job* jemanden mit einer Aufgabe betrauen; *entrust so with sth* jemandem etwas anvertrauen

entry, *sub*, -ies Einmarsch, Einreise, Einstieg, Eintritt, Einzug; *(das Eingetragene)* Eintrag; *(Eingang)* Einlass; *(Hereinfahren)* Einfahrt; *no entry* Eintritt verboten; *on entry into the Earth´s atmosphere* beim Eintritt in die Erdatmosphäre

entwine, *vt*, ringeln, verschlingen; ~ **itself around sth**. *vr*, ranken

entwist, *vt*, umwinden

enumeration, *sub*, -s Enumeration; *(Aufzählen)* Aufzählung; **enumerative** *adj*, enumerativ

envelope, (1) *sub*, -s Briefumschlag, Kuvert; *(Brief-)* Umschlag (2) *vt*, *(i. ü. S.)* umfangen; ~ **of a cone** *sub*, -s *(mat.)* Kegelmantel

enviable, *adj*, beneidenswert; **envious** *adj*, neidisch; **envious person** *sub*, -s *(ugs.)* Neidhammel; **envious/jealous person** *sub*, -s Neider

environment, *sub*, -s Environment, Lebensraum; *nur Einz*. Umwelt; -s *(Umwelt)* Milieu, Umgebung; *behave environmentally responsible* sich umweltbewusst verhalten; ~ **protection** *sub*, -s Umweltschutz; ~**al factor** *sub*, -s Umweltfaktor; ~**al influence** *sub*, -s Umwelteinfluss; ~**alism** *sub*, *nur Einz*. *(soziol.)* Milieutheorie

environs, *sub*, *nur Einz*. Umland

envoy, *sub*, -s Abgesandte, Gesandte

enzian liquer, *sub*, -s *(Schnaps)* Enzian

enzymatic, *adj*, enzymatisch

enzyme, *sub*, -s Enzym, Ferment

eolithic period, *sub*, *nur Einz*. Eolith

eon, *sub*, *eons* Äon

epedemic typhus, *sub*, -s *(med.)* Fleckfieber

épée, *sub*, *nur Einz*. Degenfechten

ephemeral, *adj,* ephemer
epic, (1) *adj,* episch **(2)** *sub, -s* Epik;
in epic terms in epischer Breite; ~
poem *sub, -s* Epos; ~ **poet** *sub, -s*
Epiker
epicenter, *sub, -s* Epizentrum
epicure, *sub, -s* Genussmensch
epicurean, (1) *adj,* epikureisch, lukullisch **(2)** *sub, -s* Epikureer
epidemic, (1) *adj,* epidemisch, seuchenhaft **(2)** *sub, -s* Epidemie; ~ **(disease)** *sub, -s* Seuche; *(i. ü. S.) it´s
like an epidemic* es ist wie eine Seuche
epidermis, *sub, nur Einz.* Epidermis
epigram, *sub, -s* Epigramm, Sinnspruch; ~**matic** *adj,* epigrammatisch
epigraph, *sub, -s* Epigraf; ~**ist** *sub, -s*
Epigrafiker; ~**y** *sub, -ies* Epigrafik
epilogue, *sub, -s* Epilog, Nachwort;
(Epilog) Nachrede; *(theat.)* Nachspiel
epiphany, *sub, -ies* Epiphanie, Epi-
phanienfest
Epiphysis, *sub, -s* Epiphyse
episcopal, *adj,* bischöflich, episkopal,
episkopisch; **Episcopalian** *sub, -s*
Episkopalist
episcope, *sub, -s* Episkop
episode, *sub, -s* Episode; ~ **movie**
sub, -s Episodenfilm
episodical, *adj,* episodenhaft; ~**ly**
adv, episodisch
epistle, *sub, -s* Apostelbrief, Epistel
epitaph, *sub, -s* Epitaph
epithelial cell, *sub, -s* Epithelzelle
epithelium, *sub, -s/-lia* Epithel
epithet, *sub, -s* Beiwort, Epitheton
epoch, *sub, -s* Epoche; ~**al** *adj,* epochal
epsilon, *sub, -s* Epsilon
equability, *sub, nur Einz. (des Klimas)* Ausgeglichenheit; **equable** *adj,*
(Klima) ausgeglichen
equal, (1) *adj,* ebenbürtig, gleichberechtigt, paritätisch, vollwertig;
(ugs.) gleichwertig; *(identisch)*
gleich **(2)** *vt, (spo.)* egalisieren; *be
so´s equal* jmd ebenbürtig sein;
equal angles gleiche Winkel; *equal
pay for equal work* gleicher Lohn für
gleiche Arbeit; *equal rights for all*
gleiches Recht für alle; *three times
two equals six* dreimal zwei gleich
sechs, *equal the record* einen Rekord
egalisieren; *to be sb´s equal in every*

way jmd in nichts nachstehen; ~
rights for women *sub, nur Mehrz.*
(der Frau) Gleichberechtigung;
~**ity** *sub, -ies* Egalität; - Gleichberechtigung; *nur Einz.* Gleichheit;
~**ity of opportunity** *sub, nur
Einz.* Chancengleichheit; *there are
no equal opportunities* es herrscht
keine Chancengleichheit
equally, *adv,* gleich, gleichermaßen
equate, *vt, (mat.)* gleichsetzen;
equation *sub, -s* Gleichung
equator, *sub, -s* Äquator; ~**ial** *adj,*
äquatorial
equerry, *sub, -ies* Stallmeister
equestrian sport, *sub, nur Einz.*
Pferdesport; **equestrian statue**
sub, -s Reiterstandbild
equilateral, *adj, (mat.)* gleichseitig
equilibrist, *sub, -s* Equilibrist
equip, *vt,* ausrüsten, bestücken;
~**age** *sub, -s* Equipage; ~**ment**
sub, nur Einz. Apparatur; ~ Equipierung, Gerät, Rüstzeit, Zubehör;
(Ausrüstung) Ausstattung; *(mil.,
tech.)* Ausrüstung; *fully equiped
kitchen* Küche mit allem Zubehör;
~**mentpart** *sub, -s* Zubehörteil
equity capital, *sub, nur Einz.* Eigenkapital
equivalence, *sub, -s* Äquivalenz
equivalent, (1) *adj,* äquivalent,
gleichwertig **(2)** *sub, -s* Äquivalent;
*there is no German equivalent for
this word* für dieses Wort gibt es
keine deutsche Entsprechung
era, *sub, -s* Ära, Zeitalter
eradicate, *vt,* vertilgen
erase, (1) *vt,* wegradieren; *(Schrift)*
ausradieren **(2)** *vti,* radieren; **erasing knife** *sub, -ves* Radiermesser
erasure, *sub, -s* Tilgung
Erato (Muse of lyrics), *sub, -* Erato
erect, (1) *adj, (Haltung)* gerade **(2)**
vt, (Denkmal) aufstellen; *(errichten)* aufrichten; *(etw. aufstellen)*
errichten; ~**ile tissue** *sub, -s
(anat.)* Schwellkörper; ~**ion** *sub,
-s* Erektion; *(eines Bauwerks)* Aufbau; *(von Gerüst)* Montage
ergo, *konj,* ergo; ~**meter** *sub, -s* Ergometer; ~**nomic** *adj,* ergono-
misch; ~**nomics** *sub, nur Einz.*
Ergonomie; ~**sterol** *sub, nur Einz.*
Ergosterin
ergot, *sub, nur Einz.* Mutterkorn

erica, *sub,* -s Erika
ermine, *sub,* -s *(Pelz)* Hermelin; *(zool.)* Hermelin
erode, *vt, (geol.)* aushöhlen, ausspülen, auswaschen
erogenous, *adj,* erogen
erosion, *sub, nur Einz.* Auswaschung; -s Erosion; *nur Einz. (geol.)* Aushöhlung, Ausspülung; **erosive** *adj,* erosiv
erotic, *adj,* erotisch; ~**a** *sub, nur Mehrz.* Erotikon; ~**ism** *sub,* -s Erotik, Erotizismus; **erotomania** *sub,* -e Erotomanie
errand-boy, *sub,* -s Laufbursche
erratum, *sub, errata* Erratum
erroneous, *adj,* irrtümlich
error, *sub,* -s Irrtum, Verschreibung; *(tech.)* Fehlanzeige
erudite, *adj,* hochgebildet; **erudition** *sub,* -s Gelehrsamkeit
erupt, *vi, (Vulkan)* ausbrechen; *(Wut)* entladen; ~**ion** *sub,* -s Eruption; *(eines Vulkans)* Ausbruch; ~**ive** *adj,* eruptiv
escalate, *vi, (i. ü. S.; Streit)* ausufern; *(Unruhen)* gipfeln; **escalating** *sub,* -s Eskalierung; **escalation** *sub,* -s Eskalation; **escalator** *sub,* -s Fahrtreppe, Rolltreppe; **escalator clause** *sub,* -s Gleitklausel
escapade, *sub,* -s Eskapade; *(i. ü. S.)* Husarenritt
escape, (1) *sub,* -s Entkommen, Entweichung; *(eines Häftlings)* Ausbruch; *nur Einz. (von Gas)* Austritt **(2)** *vi,* entweichen, flüchten; *(Dampf)* abziehen; *(entkommen)* auskommen; *(Gas)* ausströmen, austreten; *(Haft)* entspringen **(3)** *vr,* retten **(4)** *vt,* entfliehen, entgehen, entkommen, entrinnen, entschlüpfen; *(Gedächtnis)* entfallen; *escape with one´s life* mit dem Leben davonkommen, *escape from the daily routine* dem Alltag entfliehen; *escape so(´s notice)* jmd entgehen; *escape death by hair´s breadth* dem Tod um Haaresbreite entkommen; *there was no escape* es gab kein Entrinnen; *the name escapes me* der Name ist mir entfallen; ~ **(from)** *vi,* fliehen; ~ **agent** *sub,* -s Fluchthelfer; ~ **hatch** *sub,* - -es Ausstiegsluke; ~ **route** *sub,* -s Fluchtweg; ~**e** *sub,* -s Ausbrecher; ~**scapist** *adj,* eskapistisch; **escaping** *sub,* -s Entrinnen; **escapism** *sub,* -s

Eskapismus; **escapologing** *sub,* -s *(art.)* Entfesslung
escargot, *pron,* Weinbergschnecke
escort, (1) *sub,* -s Eskorte, Geleit, Geleitschutz, Geleitzug; *(Begleitperson)* Begleiterin **(2)** *vt,* eskortieren; *(mil. und schützend)* geleiten; ~ **so out** *vt,* komplimentieren; *we were escorted politely but firmly to the exit* wir wurden höflich aber bestimmt zum Ausgang komplimentiert; ~**ing** *sub,* -s Eskortierung
Escudo, *sub,* -s Escudo
Eskimo, *sub,* -s Eskimo
es mangelt: there is lack of, *vi, (es fehlt)* mangeln
esoteric, *adj,* esoterisch; ~ **activity** *sub,* -ies Esoterik; ~**ally engaged woman** *adj,* Esoterikerin
espalier, *sub,* -s Spalierbaum
esparto, *sub,* -grass Espartogras
especially, *adv,* vollends, zumal; *(außergewönlich)* besonders; *(besonders)* extra, namentlich; *especially* in besonderem Maße; ~ **as** *konj,* zumal
Esperanto, *sub, nur Einz.* Esperanto
espionage, *sub, nur Einz.* Spionage; ~ **affair** *sub,* -s Spionagefall
esplanade, *sub,* -s Esplanade
espresso, *sub,* -s Espresso; ~ **(bar)** *sub, (bars)* Espressobar
esprit, *sub,* -s Esprit
essence, *sub,* -s Essenz; *(phil.)* Substanz; **essential** *adj,* essenziell, notgedrungen, wesentlich; *(Wissen etc.)* unentbehrlich; *essential* unbedingt erforderlich; *the essentials* das Nötigste; *to stick to essentials* sich auf das Notwendigst beschränken; **essentially alike** *adj,* wesensgleich
establish, (1) *vi, (Person/Pflanze)* einbürgern **(2)** *vt,* etablieren, gründen, instituieren; *(ermitteln)* feststellen; *(erzeugen)* herstellen; *(Firma, Geschäft)* begründen; *(tt; jur.)* verankern; *establish a contact* eine Beziehung anknüpfen; *it has been established that* man hat festgestellt, dass; *set oneself up as* sich geschäftlich etablieren; ~ **contacts (to clients)** *vt, (.; wirt.)* kontakten; ~ **oneself** *vr, (Praxis)* niederlas-

sen; ~ed *adj*, eingesessen; *(Brauch)* feststehend; ~ing *sub*, *-s* Etablierung; ~ment *sub*, *-s* Establishment, Etablissement; *(eines Arztes)* Niederlassung; *(eines Geschäftes etc.)* Begründung; *(Ermittlung)* Feststellung; *(tt; jur.)* Verankerung; - *(v. Beziehungen)* Herstellung
Estancia, *sub*, *-s* Estanzia
estate, *sub*, *-s* Anwesen, Hinterlassenschaft, Schlosspark; *(Erbe)* Nachlass, Nachlassung; ~ **duties (am: tax)** *sub*, *nur Mehrz.* Erbschaftssteuer; ~ **of terraced houses** *sub*, *-s* Reihensiedlung; ~ **owner** *sub*, *-s* Gutsherr; ~ **which the eldest son is entitled** *sub*, *estates* Majoratsgut
esteem, *vt*, wertschätzen; *be held in great esteem* großes Ansehen genießen
estended family, *sub*, *-ies* Großfamilie
ester, *sub*, *-s* Ester
estimate, **(1)** *sub*, *-s* Kostenanschlag, Kostenvoranschlag, Voranschlag **(2)** *vt*, abschätzen, ermessen, schätzen, veranschlagen; *(Entfernung)* einschätzen; *(schätzen)* beziffern; *at a rough estimate* über den Daumen gepeilt; *I´d estimate the overall building costs to be 300,000 Marks* ich schätze die Baukosten pauschal auf 300000 Mark; *overestimate* zu hoch einschätzen; ~ **at a flat rate** *vt*, pauschalieren; ~ **roughly** *vt*, *(berechnen)* überschlagen; ~d *adj*, *(geschätzt)* pauschal; ~d **amount** *sub*, *-s (geschätzter Betrag)* Pauschale; ~d **expenditure** *sub*, *nur Einz.* Kostenrahmen; *we can´t do it; it goes far beyond our estimated expenditure* das können wir nicht machen; es übersteigt bei weitem unseren Kostenrahmen; ~d **value** *sub*, *-s* Schätzwert; **estimation** *sub*, *-s* Einschätzung
Estonian, *adj*, estländisch, estnisch
estrade, *sub*, *-s* Estrade
estrangement, *sub*, *-s* Entfremdung
étagère, *sub*, *-s* Etagere
etc., *adv*, etc.
etch, *vti*, *(kun.)* radieren
etching, *sub*, *nur Einz.* Radierkunst; *-s* Radierung; ~ **needle** *sub*, *-s* Radiernadel
eternal, *adj*, ewig; *the Eternal City* die

Ewige Stadt; eternity *sub*, *-ies* Ewigkeit
ether, *sub*, *nur Einz. (tt; chem., phys.)* Äther; ~al *adj*, ätherisch
ethical, *adj*, ethisch; **ethics** *sub*, *nur Mehrz.* Ethos; *nur Einz.* Sittenlehre; *nur Mehrz. (sittl.Normen)* Ethik; *nur Einz. (Wissenschaft)* Ethik
ethnic, *adj*, ethnisch, urig
ethnogeny, *sub*, *-ies (tt)* Rassenkunde; **ethnographer** *sub*, *-s* Ethnograf; **ethnography** *sub*, *-ies* Ethnografie; **ethnological** *adj*, ethnologisch; **ethnologist** *sub*, *-s* Ethnologe; **ethnology** *sub*, *nur Einz.* Ethnologie, Stammeskunde, Völkerkunde
ethology, *sub*, *nur Einz.* Ethologie
etiquette, *sub*, *-s* Etikette; *breach of etiquette* Verstoß gegen die Etikette
étude, *sub*, *-s* Etüde
etymologist, *sub*, *-s* Etymologe; **etymology** *sub*, *-ies* Etymologie; **etymon** *sub*, *etyma* Etymon
eucalyptus, *sub*, *-ses* Eukalyptus
Eucharist, *sub*, *-s* Eucharistie; ~ic *adj*, eucharistisch
Euclid, *sub*, - Euklid
eugenic, *adj*, eugenisch
Eulenspiegel, *sub*, - *(Till)* Eulenspiegel
eulogy, *sub*, *-ies* Eloge, Laudatio
eunuch, *sub*, *-s* Eunuch, Kastrat
euphemism, *sub*, *-s* Euphemismus; **euphemistic** *adj*, euphemistisch
Eurasia, *sub*, - Eurasien
Eurofighter, *sub*, *-s* Eurofighter; **European** **(1)** *adj*, europäisch **(2)** *sub*, *-s* Europäer; **European Community** *sub*, *nur Einz.* Europaunion; **European long-distance road** *sub*, *nur Einz.* Europastraße; **European record** *sub*, *-s* Europarekord; **Europeanize** *vt*, europäisieren; **europium** *sub*, *nur Einz.* Europium; **Eurovision** *sub*, *nur Einz.* Eurovision
eurythmics, *sub*, *nur Einz.* Eurythmie
Eustachian tube, *sub*, *-s* Ohrtrompete
Euterpe (Muse of music), *sub*, - Euterpe
euthanasia, *sub*, *nur Einz.* Euthana-

sie; - Sterbehilfe
eutrophic, *adj*, eutroph; ~**ation** *sub*,
-s Eutrophierung
evacuate, *vt*, evakuieren; räumen;
(geh.) entleeren; *(in Notfällen, zur
Rettung)* auslagern; *(med.)* ausleeren; *evacuate a town/evacuate
people* Leute aus der Stadt evakuieren; **evacuation** *sub*, -s Auslagerung;
-s,-s Evakuierung; -s *(med.)* Ausleerung; **evacuation hospital** *sub*, -s
(US) Feldlazarett
evade, *vt*, hinterziehen
evaluate, *vt*, evaluieren; *(einschätzen)* bemessen; ~ **afterwards** *vt*,
nachbereiten; **evaluation** *sub*, -s Evaluation; *(Einschätzung)* Bemessung
evangelical, (1) *adj*, evangelikal,
evangelisch (2) *sub*, -s Evangelikale;
evangelist *sub*, -s Evangelist; **evangelize** *vt*, evangelisieren
evaporate, (1) *vi*, verdunsten; *(Flüssigkeit)* ausdünsten; *(tt; phy.)* abdampfen (2) *vt*, evaporieren; ~**d
milk** *sub*, *nur Einz.* Kondensmilch;
evaporation *sub*, *nur Einz.* Ein-
dampfung; -s Evaporation, Verdunstung; *nur Einz. (von Flüssigkeiten)*
Ausdünstung; **evaporator** *sub*, -s
Evaporator
evasion, *sub*, -s Evasion; **evasive** *adj*,
ausweichend; **evasive action** *sub*, -s
(a. i.ü.S.) Ausweichmanöver
even, (1) *adj*, gleichmäßig; *(Zahl)* gerade (2) *adv*, gar, selbst, sogar; *(bei
Vergleichen)* noch (3) *adv*, *konj*,
(selbst) auch (4) *Partikel*, *(-recht)*
erst; *even one cup is enough* bereits
eine Tasse genügt; *(ugs.) get even
with so* mit jemandem abrechnen;
not even nicht einmal; *even bigger*
noch größer, *even if* wenn auch, *that
makes me even more determined to
do it* jetzt tue ich es erst recht; ~
proportions *sub*, *nur Mehrz.* Ebenmäßigkeit
evening, (1) *adj*, abendlich (2) *sub*, -s
Abend, Feierabend; *good evening* guten Abend; *in the evening* am Abend;
have a nice evening schönen Feierabend; ~ **before** *sub*, -s Vorabend; ~
classes *sub*, *nur Mehrz.* Abendkurs,
Abendschule; ~ **dress** *sub*, -es
Abendkleid; ~ **gown** *sub*, -s Robe; ~
of songs *sub*, *evenings* Liederabend;
~ **paper** *sub*, -s Abendzeitung; ~ **star**

sub, nur Einz. Abendstern
event, *sub*, -s Begebenheit, Begebnis, Ereignis, Geschehen, Veranstaltung, Vorgang; ~ **of survival**
sub, -s Erlebensfall
Eve of St. Nicholas, *sub*, *Eves* Nikoloabend
ever, *adv*, je, jemals; *(mit Fragepronomen)* nur; *if it should ever happen* wenn es je passieren soll; *for
ever and ever* auf ewig; *hardly ever*
fast nie; ~**green** (1) *adj*, immergrün (2) *sub*, -s Immergrün; ~**lasting** *adj*, *(Leben/Frieden)* ewig
evert, *vt*, *(med.)* ausstülpen
every, *adj*, all, jede; *every day* alle
Tage; *everybody* alle Leute; *at every place* an jedem Ort; *(prov.) every man for himself and God for all*
ci us jeder für sich und Gott für uns
alle; ~ **day** *adv*, täglich; *(Vorgang,
etc.)* alltäglich; *it´s getting more
difficult every day* es wird täglich
schwieriger; *things like this happen every day* so etwas kommt täglich vor; ~ **evening** *adv*,
allabendlich; ~ **half-hour** *adv*,
halbstündlich; ~ **hour** *adv*, Stun-
dentakt, stündlich; ~ **month** *adv*,
a lmonatlich; ~ **morning** *adv*, allmorgendlich; ~ **night** *adv*, allnächtlich; ~ **quarter of an hour**
adv, viertelstündlich; ~ **time**
konj., sooft; ~ **week** *adv*, allwöchentlich; ~**-day occupation** *sub*,
-s Alltagsbeschäftigung; ~**day language** *sub*, -s Volkssprache
everybody, *pron*, jeder; *(i. ü. S.)
everybody* Gott und die Welt; *everybody pays* jede Person bezahlt;
good morning everybody guten
Morgen allerseits
everyone, *pron*, jede, jedermann;
everyone has his faults jeder hat
seine Fehler; *everyone knows that
das* weiß doch jeder; *(Theat.) Everyman* Jedermann; *everyone* alle
Menschen; *everyone knows him* er
ist im ganzen Ort bekannt; *it´s not
everyone´s cup of tea* das ist nicht
jedermanns Sache; *Mr and Mrs
Average* Herr und Frau Jedermann;
everything *pron*, alles; *you can think of* alles mögliche; *he
has got everything he wants* es fehlt
ihm an nichts; *(i. ü. S.) if everything*

else fails wenn alle Stricke reissen; **everywhere** *adv*, überall; *here, there and everywhere* überall und nirgends
evidence, *sub, nur Einz.* Beweismaterial, Beweismittel; *-s* Zeugnis; *nur Einz.* *(Beweis)* Beleg; *give evidence* vor Gericht eine Aussage machen; *on his evidence* aufgrung seiner Aussage; *refuse to give evidence* eine Aussage verweigern; ~ *of one´s guilt sub, -s* Schuldbeweis
evident, *adj, (offenkundig)* evident
evil, *sub, nur Einz.* Böse; *-s* Übel, Übelstand; *fall on evil days* in eine üble Lage geraten; *with evil intend* mit böser Absicht; *the lesser (greater) evil* das kleinere (größere) Übel; ~ **tongue** *sub, -s* Schandmaul; ~**-doer** *sub, -s* Frevler
evolution, *sub, -s* Evolution; **evolve** *vt*, evolvieren
ewe, *sub, -s* Mutterschaf
ex-, *adj, (Zusatz)* ehemalig; *her ex* ihr Ehemaliger; *my ex-wife* meine ehemalige Frau; ~**directory** *sub, -ies (Telefon)* Geheimnummer; ~**libris** *sub, libri* Exlibris; ~**minister** *sub, -s* Exminister
exact, *adj*, abgemessen, exakt, genau, penibel; *(Geld)* passend; *the exact time* die genaue Zeit; ~**itude** *sub, -s* Exaktheit; ~**ly** **(1)** *adj*, genauso **(2)** *adv*, genau, gerade, just; *exactly the same* genau dasselbe; *exactly; absolutely right* stimmt genau; *I´m not sure yet* ich weiß es noch nicht genau; *that´s exactly what I was going to say* genau das wollte ich auch sagen; *that´s exactly what I needed* das hat mir gerade noch gefehlt; *the exact opposite* das gerade Gegenteil
exaggerate, *vt*, aufbauschen, überspitzen, übersteigern, übertreiben; ~**d** *adj*, exaltiert, übertrieben; **exaggeration** *sub, -s* Exaltation, Überspitzung, Übersteigung, Übertreibung
examination, *sub, -s* Begutachtung, Einvernahme, Examen, Klausur, Prüfung, Überprüfung; *(eines Themas)* Beleuchtung; *(tt; jur.)* Vernehmung; *(tt; med.)* Untersuchung; *on closer examination* bei genauerer Betrachtung, genauer betrachtet; ~ **for a doctorate** *sub, -s* Doktorexamen; ~ **for master craftman´s certificate**

sub, examinations Meisterprüfung; ~ **nerves** *sub, nur Mehrz.* Examensangst; ~ **subject** *sub, -s* Prüfungsfach; **examinator** *sub, -s* Examinator; **examine** *vt*, einvernehmen, examinieren; *(tt; jur.)* vernehmen; *(Situation etc.)* überprüfen; *examine a student* einen Studenten examinieren; *examine one´s conscience* sein Gewissen befragen; *to examine sth closely* etwas unter die Lupe nehmen; **examinee** *sub, -s* Examinand, Prüfling; **examiner** *sub, -s* Prüfer
example, *sub, -s* Beispiel, Beispielsatz, Exempel; *for example* zum Beispiel; *give a concrete example* ein praktisches Beispiel geben; *set a good example* ein gutes Beispiel geben; *take so as an example* jemanden als Beispiel nehmen; *a warning example* ein abschreckendes Beispiel; *make an example of so* jmd exemplarisch bestrafen; *set a positive example* beispielhaft vorangehen; *set a warning example* ein Exempel statuieren; *to recommend sth as an example* etwas zur Nachahmung empfehlen; ~ **letter** *sub, -s* Schemabrief
exceed, *vt, (i. ü. S.)* übersteigen; *(i. ü. S.; Maß)* überschreiten; *exceed all expectations* alle Erwartungen übertreffen; *(i. ü. S.) exceed someone´s expectations* jemandes Erwartungen übersteigen; *exceed the speed limit* die zulässige Höchstgeschwindigkeit überschreiten; ~**ingly** *adv*, überaus, ungemein; *(unglaublich) exceedingly gifted* unerhört begabt
excel, *vt*, übertreffen; ~**lent** *adj*, ausgezeichnet, exzellent, hervorragend, vortrefflich, vorzüglich; *(Bedingungen)* erstklassig
except (for), *präp*, ausgenommen; **exception** *sub, -s* Ausnahme, Ausnahmeerscheinung; *make no exceptions* keine Ausnahmen machen; *the exception proves the rule* die Ausnahme bestätigt die Regel; *with the exception of* mit Ausnahme von; *everyone without exception* alle ohne Unterschied; *without exception* durch die Bank; **exception clause** *sub, - -s* Ausnah-

mebestimmung; **exceptional** *adj*, ausnehmend, außergewöhnlich, ungewöhnlich; *be exceptionally beautiful* von ausnehmender Schönheit sein; **exceptional athlete** *sub, -s* Ausnahmeathlet; **exceptionally** *adv*, ausnahmsweise, ausnehmend

excerpt, (1) *sub, -s (aus einer Zeitung)* Auszug; *(Filmausschnitt)* Ausschnitt (2) *vt*, *(geh.; Sprachw.)* exzerpieren

excess, *sub, -* *(geh.)* Exzess; *-es (Lebens-Stil)* Ausschweifung; *carry sth to excess* etwas bis zum Exzess treiben; *he drinks to excess* er trinkt maßlos; ~ **(postage)** *sub, nur Einz.* Nachgebühr; ~ **of births over deaths** *sub, -es* Geburtenüberschuss; ~ **of imports over exports** *sub, nur Einz. (pol.wirt.)* Passivhandel; ~**ive** *adj*, übermäßig, unmäßig; *(geh.)* exzessiv; *(Forderung)* maßlos; *(unmäßig)* übertrieben; ~**ively fond of dressing up** *adj*, putzsüchtig; ~**iveness** *sub, nur Einz.* Maßlosigkeit

exchangable, *adj*, vertauschbar; **exchange** (1) *sub*, Austausch; *-s* Ballwechsel; *nur Einz.* Eintausch; *-s* Tausch, Umtausch, Umwechslung, Vertauschung; *(Austausch)* Auswechselung; *-es (tt; wirt.)* Wechsel (2) *vt*, tauschen, umtauschen, vertauschen; *(gegen etwas)* auswechseln; *(Geld, Worte)* austauschen; *(Währung)* umwechseln; **exchange (for)** *vt*, eintauschen

exchange amount, *sub, -s (i. ü. S.)* Wechselsumme; **exchange of blows** *sub, nur Einz. (Boxen)* Schlagabtausch; **exchange of roles** *sub, -s* Rollentausch; **exchange rate** *sub, -s* Kurs, Währungskurs; **exchange student** *sub, - -s* Austauschschüler

excitable, *adj*, erregbar; ~ **temper** *sub, -s* Erregbarkeit; **excite** *vt*, erregen; *(erregen)* aufregen; *excite admiration* Bewunderung erregen; **excited** *adj*, aufgeregt, echauffiert, unruhig; *get all excited about sth* sich an etwas begeistern; **excitement** *sub, nur Einz.* Aufgeregtheit; *-s* Erregung; *nur Einz. (Erregung)* Aufregung; *-s (i. ü. S.; Erregung)* Spannung; **exciting** *adj*, *(i. ü. S.)* spannend; *(erregend)* aufregend; *(Leben, Zeit)* bewegt

exclaim, (1) *vi*, ausrufen (2) *vt*, exklamieren; **exclamation** *sub, -s* Ausruf, Exklamation; **exclamation mark** *sub, - -s* Ausrufezeichen

exclave, *sub, -s* Exklave

exclude, *vt*, ausgrenzen; ~ **o.s.** *vr*, ausschließen; **excluding** (1) *präp*, ausschließlich (2) *vt*, exklusive; **exclusion** *sub, -s* Ausgrenzung, Ausschluss, Exklusion; **exclusive** *adj*, ausschließlich, exklusiv; **exclusive residential area** *sub, -s* Villengegend; **exclusively** *adv*, ausschließlich, durchwegs; **exclusiveness** *sub, nur Einz.* Ausschließlichkeit, Exklusivität; **exclution clause** *sub, -s* Sperrklausel

excommunicate, *vt*, exkommunizieren; **excommunication** *sub, -s* Bannfluch, Exkommunikation

excrement, *sub, -s* Exkrement, Kot; *(Kot)* Ausscheidung

excreta, *sub, nur Einz.* Exkret

excrete, *vt*, *(biol.)* ausscheiden; **excretion** *sub, -s* Exkretion; *(Absondern)* Ausscheidung

exculpate, *vt*, exkulpieren

excursus, *sub, excursi (lit.)* Exkurs

excusable, *adj*, entschuldbar; **excuse** (1) *sub, -s* Ausflucht, Ausrede, Entschuldigung; *(i. ü. S.; Entschuldigung)* Freibrief (2) *vt*, entschuldgen; *I don´t want any excuses* keine Ausflüchte bitte; *make excuses* Ausflüchte machen; *excuse me from having to describe it* erlassen sie es mir, das zu schildern; *force os to an excuse* sich eine Ausrede abquälen, *excuse me* entschuldigen Sie?; *that is inexcusable* das ist nicht zu entschuldigen; **excuse from** *vt*, dispensieren; **excuse o.s.** *vr.* ausreden

execute, *vt*, exekutieren, hinrichten, vollstrecken, vollziehen; *execute a murderer* einen Mörder exekutieren; *execute one´s orders* jmd Befehle ausführen; **execution** *sub, -s* Exekution, Hinrichtung, Vollstreckung, Vollziehung; **execution by firing squad** *sub, -s (Hinrichtung)* Erschießung; **execution of sentence** *sub, executions* Strafvollzug; **executioner** *sub, -s* Henker, Scharfrichter; **executioner´s axe** *sub, -s* Henkersbeil

executive, (1) *adj,* exekutiv **(2)** *sub,* executive personnel *(wirt.)* Führungskraft **(3)** *suv,* Exekutive; ~ **power** *sub, nur Einz.* Exekutivgewalt

executivitis, *sub, nur Einz. (ugs.)* Managerkrankheit

executor, *sub,* -s Vollstrecker; *the executors* die ausführenden Organe

exegesis, *sub,* - Exegese

exegete, *sub,* -s Exeget

Exellency, *sub,* -ies Exzellenz; *His/Your Excellency* Seine/Eure Exzellenz

exemplary, *adj,* beispielhaft, exemplarisch, mustergültig, vorbildhaft, vorbildlich; **exemplification** *sub,* -s Exemplifikation; **exemplify** *vt,* exemplifizieren

exempt, (1) *adj, (ausgenommen)* befreit **(2)** *vt, (ausnehmen von)* befreien; *(mil.)* ausmustern; ~**ion** *sub,* -s Ausnahmegenehmigung; *(Ausnahme)* Befreiung; *(mil.)* Ausmusterung

exercise, (1) *sub,* -s Leibesübung, Übungsarbeit, Übungsstück; *(körperlich)* Bewegung; *(spo.)* Übung **(2)** *vt, (Einfluß, Macht etc.)* ausüben **(3)** *vti,* üben; *(üben)* trainieren; ~ **book** *sub,* -s Heft, Schreibheft; ~**s** *sub, nur Mehrz.* Gymnastik; *do exercises* Gymnastik machen

exert o.s., *vr,* anstrengen; **exert-electrocardiogram** *sub,* -s Belastungs-EKG; **exertion** *sub,* -s Kraftakt, Kraftaufwand, Strapaze; *nur Einz. (von Einfluß, Macht etc.)* Ausübung; **exertion of influence on** *sub,* -s Einflussnahme

exhalation, *sub, nur Einz.* Ausatmung; **exhale (1)** *vi,* exhalieren **(2)** *vt,* ausdünsten

exhaust, (1) *sub,* -s Auspuff **(2)** *vt,* erschöpfen, verbrauchen; *(Boden)* ausmergeln; *(erschöpfen)* mitnehmen; *exhaust the fuel/one's patience* das Benzin/jmd Geduld erschöpfen; *the provisions are fast becoming exhausted* die Vorräte gehen zur Neige; ~ **air** *sub, nur Einz.* Abluft; ~ **emission test** *sub,* -s Abgassonderuntersuchung; ~ **gas** *sub,* -es Abgas; ~ **gas cleaner** *sub,* -s Abgasreiniger; ~ **gas cleaning** *sub,* -s Abgasentgiftung; ~ **steam** *sub, nur Einz.* Abdampf; ~ **system** *sub,* -s Auspuffanlage; ~**ed** *adj,* abgearbeitet, abgehetzt, ermat-

tet, erschöpft, kaputt, mitgenommen; *(Boden)* ausgelaugt; *(ugs.) are you bushed already? we've just got started* bist du schon kaputt? wir haben eben erst angefangen; *(ugs.) I'm dead beat* ich bin total kaputt; ~**ible** *adj,* erschöpfbar; ~**ing** *adj,* aufreibend; *(erschöpfend)* strapaziös; ~**ion** *sub, nur Einz.* Abarbeitung, Abgeschlagenheit, Ausmergelung; -s Erschöpfung, Schlappheit; *(Erschöpfung)* Entkräftung; *to drop from exhaustion* vor Müdigkeit umfallen

exhibit, (1) *sub,* -s Ausstellungsstück, Exponat **(2)** *vt,* exhibieren; *(Gemälde etc.)* ausstellen; *exhibit a painting* ein Gemälde ausstellen; ~**ion** *sub,* -s Exhibition; *(Messe etc.)* Ausstellung; ~**ion catalogue** *sub,* - -s Ausstellungskatalog; ~**ion centre** *sub,* -s Messegelände; ~**ion hall** *sub,* - -s Ausstellungshalle; ~**ion object** *sub,* -s Schauobjekt; ~**ion site** *sub,* - -s Ausstellungsgelände; ~**ion space** *sub, nur Einz.* Ausstellungsfläche; ~**ionism** *sub,* -s Exhibitionismus; ~**ionist** *sub,* -s Exhibitionist; ~**or** *sub,* -s *(auf einer Messe)* Aussteller

exhumation, *sub,* -s Exhumierung; **exhume** *vt,* exhumieren

exile, *sub,* -s Exil, Vertriebene; *go into exile* ins Exil gehen

exist, (1) *vi, (existieren)* bestehen **(2)** *vti,* existieren; *to exist in plenty* reichlich vorhanden sein; *to treat sb as though he didn't exist* jmdn wie Luft behandeln; ~**ence** *sub, nur Einz.* Dasein; -s Existenz; *nur Einz.* Vorhandensein; *(Existenz)* Bestehen

existent, *adj,* existent; ~**ial** *adj,* existenziell; ~**ial fear** *sub, nur Einz.* Daseinsangst; -s Existenzangst; ~**ial philosophy** *sub,* -ies Existenzphilosophie; ~**ialism** *sub, nur Einz.* Existenzialismus

exit, *sub,* -s Autobahnausfahrt; *(Ausgang)* Ausstieg; *(eines Anwesens)* Ausfahrt; *(Tür)* Ausgang; ~ **permit** *sub,* - -s Ausreisegenehmigung; ~ **road** *sub,* - -s Ausfallstraße; ~ **sign** *sub,* - -s Ausfahrtsschild

exodus, *sub,* - Exodus; ~ **from the**

cities *sub*, - Stadtflucht
exogenous, *adj*, exogen
exonerate, *vt*, *(jur.)* entlasten
exophthalmos, *sub*, - *(med.)* Glotzauge
exorbitant, *adj*, exorbitant, unerschwinglich; *(ugs.)* horrend; *(ugs.)* rents have become exorbitant die Mieten sind horrend geworden; ~ interest *sub*, -s Wucherzinsen; ~ price *sub*, -s Preiswucher; *(ugs.)* Wucherpreis; ~ly expensive *adj*, *(zu teuer)* unbezahlbar
exorcise, *vt*, exorzieren; *(den Teufel)* austreiben; exorcism *sub*, -s Austreibung, Exorzismus; exorcist *sub*, -s Exorzist
exosphere, *sub*, *nur Einz.* Exosphäre
exothermal, *adj*, exotherm
exotic, *sub*, -s *(Pflanze/Tier)* Exot; ~ delicacy *sub*, -ies *(Delikatesse)* Spezerei; Exotica *sub*, *nur Mehrz.* Exotik
expand, (1) *vi*, *(Siedlung)* ausdehnen; *(a. i.ü.S.; Tal; Krieg)* ausweiten (2) *vt*, expandieren; *(tech.)* ausdehnen; *(wirt.)* erweitern; business which is eager to expand ein expandierendes Unternehmen; ~ed metal *sub*, -s Streckmetall
expanse, *sub*, -s Weite; ~ of rubble *sub*, expanses Trümmerfeld; ~ of water *sub*, -s Wasserfläche; expansion *sub*, -s Expansion; *(s.o.)* Erweiterung; expansive *adj*, expansiv
expect, *vt*, erhoffen, erwarten, zumuten; *(erwarten)* befürchten; as can be expected under the circumstances den Umständen entsprechend; expect sb jmd erwarten; to have to expect that damit rechnen müssen, dass; you weren´t expecting that, were you? da bist du baff, was?; ~ sb to do sth *vt*, erwarten; expect sb to do sth von jmd etwas erwarten; ~ant *adj*, erwartungsvoll; *(med.)* exspektativ; ~ation *sub*, -s Erwartung, Gespanntheit; his expectations were not met seine Erwartungen wurden nicht befriedigt; ~ed *adj*, voraussichtlich; ~ing *sub*, -s Erwarten
expedition, *sub*, -s Expedition
expel, *vt*, relegieren, verweisen; *(aus der Partei)* ausschließen; *(aus einem Land)* ausweisen; *(wegschicken)* ausstoßen; expel so from school jmd von der Schule entfernen; ~ sb *vt*, weisen

expenditure, *sub*, *nur Einz.* Aufwendung; -s Verbrauch, Verwendung; ~ of time *sub*, -s *(ugs.)* Zeitaufwand
expense(s), *sub*, - Kosten, Kostenpunkt; as to expenses was den Kostenpunkt anbetrifft; expense-account type *sub*, -s *(ugs.)* Spesenritter; expenses *sub*, *nur Mehrz.* Spesen, Unkosten; all expenses deducted abzüglich aller Spesen; eat on expenses auf Spesen essen; to get to a lot of expenses sich in Unkosten stürzen; to incure expenses mit etwas Unkosten haben; expensive *adj*, expensiv, hochpreisig, kostspielig, teuer
experience, (1) *sub*, -s Erfahrung, Erlebnis, Praxisbezug, Versiertheit (2) *vt*, erleben; *(geh.)* durchleben, erfahren; *(ausprobieren)* erproben; *(erfahren)* begegnen; from experience aus eigener Erfahrung; past experience has shown that die Erfahrung hat gezeigt, dass, I know from experience what it means to be ich habe es selbst erlebt, was es heißt; have sth experienced before etwas schon mal begegnet sein; ~ at seafaring *sub*, -s Seeerfahrung; ~d *adj*, erfahren, geübt, routiniert, versiert; ~d at navigation *adj*, seeerfahren
experiment, (1) *sub*, -s Experiment, Modellversuch (2) *vti*, experimentieren; ~ee *sub*, -s Proband
expert, (1) *adj*, fachkundig, fachmännisch, sachverständig (2) *sub*, -s Begutachter, Experte, Fachmann, Fachreferent, Gutachter, Gutachterin, Kenner, Könner, Koryphäe, Sachverständige; expert opinion fachmännisches Urteil; expert´s eye fachmännisches Auge; give sb expert advice jmd fachmännisch beraten, jmdn fachkundig beraten; ~´s certificate *sub*, -s Gutachten; ~´s eye *sub*, -s Kennerblick; ~´s report *sub*, -s Expertise; obtain an expert´s report eine Expertise einholen; ~ise *sub*, - Fachkenntnis; hier nur *Einz.* Kennerschaft; *nur Einz.* Sachverstand; I haven´t got the expertise mir fehlen die Sachkenntnisse; ~s *sub* *nur Mehrz.* Fachwelt, Könner-

schaft; *among the experts* in der Fachwelt
expiate, *vti*, sühnen; **expiation** *sub*, *-s* Sühne
expire, **(1)** *adj*, *(verfallen)* fällig **(2)** *vi*, exspirieren, verfallen, verscheiden; *(Vertrag)* auslaufen; *to expire* ungültig werden; ~**d** *adj*, ungültig; **expiry** *sub*, *-ies (einer Frist)* Ablauf; **expiry day** *sub*, *-s* Verfallstag; **expiry time** *sub*, *-s* Verfallszeit
explain, *vt*, darlegen, dartun, erläutern; *(Ansicht, Vermutung)* begründen; *(erklären)* ausführen; *(verständlich machen)* erklären; *explain sth to sb* jmd etwas darlegen; *to explain sth to sb* jmd etwas plausibel machen; *explain sth to so* jmd etwas erklären; ~ **in detail** *vt*, detaillieren; ~ **the facts of life** *vt*, *(sexuell)* aufklären; **explanation** *sub*, *-s* Darlegung, Erläuterung; *(s.o.)* Erklärung; *(Erklärung)* Begründung; *some explanation is called for* es bedarf einer Darlegung
explicate, *vt*, explizieren; **explication** *sub*, *-s* Explikation; **explicit** *adj*, ausdrücklich, explizit; **explicitly** *adv*, ausdrücklich
explode, **(1)** *vi*, zerbersten **(2)** *vt*, explodieren; *be ready to explode* eine Wut im Bauch haben; *explode a bomb/mine* eine Bombe/Mine zum explodieren bringen; *explode a myth/superstition/theory* einen Mythos/Aberglauben/eine Theorie umstoßen; *explode with anger* vor Ärger explodieren; *to explode with anger* vor Wut zerplatzen
exploit, *vt*, ausbeuten, exploitieren, verwerten; *(ausbeuten)* ausnutzen; *(Quelle)* erschöpfen; *to exploit sb´s situation* jmds Notlage ausnutzen; ~**ation** *sub*, *-s* Ausbeuterei, Ausbeutung; *nur Einz.* Ausnutzung, Nutzung; *-s* Verwertung; ~**ative** *adj*, ausbeuterisch; ~**ed** *adj*, *(Quelle/Mine)* erschöpft; ~**ed person** *sub*, *-s* Ausgebeutete; ~**er** *sub*, *-s* Ausbeuter
exploration, *sub*, *-s (med.)* Exploration; **explore** *vt*, *(eine Gegend)* auskundschaften; *(med.)* explorieren; **explorer** *sub*, *- (Reisende)* Entdecker
explosion, *sub*, *-s* Explosion; **explosive (1)** *adj*, brisant, explodierbar, explosibel, explosiv **(2)** *sub*, *-s* Sprengstoff; *this is an explosive story* das ist eine brisante Geschichte; *plosives* explosive Laute; **explosive ammunition** *sub*, - Sprengmittel; **explosive charge** *sub*, *-s* Sprengladung; **explosive device** *sub*, *-es* Sprengkörper; **explosive force** *sub*, *-es* Sprengkraft; **explosive powder** *sub*, *nur Einz.* Sprengpulver; **explosiveness** *sub*, *nur Einz.* Brisanz, Explosivität; *a highly explosive political subject* ein Thema von hoher politischer Brisanz
export, **(1)** *sub*, *nur Einz.* Ausfuhr; *-s* Export **(2)** *vt*, exportieren; *(wirt.)* ausführen; ~ **of goods** *sub*, *-s* Warenausfuhr, Warenexport; ~ **ratio** *sub*, *-s* Exportquote; ~**-import business** *sub*, *nur Einz.* Auslandsgeschäft; ~**able** *adj*, *(wirt.)* ausführbar; ~**ed part** *sub*, *-s* Exportanteil; ~**er** *sub*, *-s* Exporteur; ~**ing country** *sub*, *-ies* Ausfuhrland; ~**s** *sub*, *nur Mehrz.* Ausfuhrware
expose, *vt*, belichten, dekuvrieren, desavouieren, entlarven, exponieren, offen legen, preisgeben; *(Skandal)* enthüllen; *(unterwerfen)* aussetzen; *expose a conspiracy* eine Verschwörung entlarven; *draw attention to oneself* sich exponieren
exposé, *sub*, *-s* Dekuvrierung, Exposee; **expose o.s.** *vr*, *(der Sonne etc.)* aussetzen; **exposed** *adj*, exponiert; **exposition** *sub*, *-s* Exposition; *(Erklärung)* Ausführung; **exposure** *sub*, *-s* Belichtung, Offenlegung
expound, *vt*, *(Idee)* entfalten
express, **(1)** *adj*, express **(2)** *vt*, zeigen; *(äußern)* aussprechen; *(Bedenken etc.)* äußern; *(formulieren)* ausdrücken; *express sth* etwas Ausdruck verleihen, etwas zum Ausdruck bringen; *to express a lot with one´s face* ein lebhaftes Mienenspiel haben; ~ **(train)** *sub*, *-es (-s)* Express, Expresszug; ~ **consignment** *sub*, *-s* Eilsendung; ~ **deliverer** *sub*, *-s* Expressbote; ~ **delivery** *sub*, *-ies* Eilzustellung; ~ **freight train** *sub*, *-s* Eilgüterzug; ~

goods *sub, nur Mehrz.* Eilgut; ~ **letter** *sub, -s* Eilbrief, Expressbrief; ~ o.s. *vr,* artikulieren; ~ **one´s opinion** *vt,* aussprechen; *(seine Meinung sagen)* äußern; ~ **parcel** *sub, -s* Eilpäckchen, Schnellpaket
expression, *sub, -s* Expression, Miene, Terminus, Wendung; *(auch Redewendung)* Ausdruck; - *(charakt.)* Gestus; *expressions which could be misleading* missverständliche Ausdrücke; *to find expression in sth* sich in etwas niederschlagen; *to put on a deadpan expression* ein Pokergesicht machen; ~ **of disapproval** *sub, expressions* Missfallensäußerung; ~**ism** *sub, nur Einz.* Expressionismus; ~**ist** *sub, -s* Expressionist; ~**less** *adj,* ausdruckslos; **expressive** *adj,* ausdrucksvoll, expressiv; *(ausdrucksvoll)* gefühlvoll; **expressiveness** *sub, nur Einz.* Aussagekraft, Expressivität
expressway, *sub, -s* Schnellstraße
expropriate, *vt,* enteignen, exproprieren; **expropriation** *sub, -s* Enteignung, Expropriation
expulsion, *sub, -s* Ausweisung, Relegation, Vertreibung, Verweisung; *(bibl.) expulsion from paradise* Vertreibung aus dem Paradies
exquisite, *adj,* exquisit; ~**ness** *sub, nur Einz.* Erlesenheit
extemporization, *sub, -s* Extempore; **extemporize** *vt,* extemporieren
extend, (1) *vi, (ausdehnen)* erstrekken; *(sich erstrecken)* ausdehnen (2) *vt,* extendieren, vergrößern, verlängern; *(arch.)* ausbauen; *(verbreitern)* ausweiten; *(verlängern)* erneuern; *(Zeitraum)* ausdehnen; *extend one´s business relations* Geschäftsbeziehungen extendieren; ~**er** *sub, -s* Vergrößerer; ~**ible** *adj,* ausfahrbar, ausziehbar; **extension** *sub, -s* Ausweitung, Erneuerung, Erstreckung, Extension, Streckung, Vergrößerung, Verlängerung; *(arch.)* Ausbau; *(Aufschub)* Frist; *(Gebäude)* Anbau; *(telek.)* Nebenstelle; *(Vorgang)* Ausdehnung; *three days´ grace* drei Tage Frist; **extension (of credit)** *sub, -s* Zahlungsaufschub
extensive, *adj,* ausgedehnt, ausgiebig, extensiv, großflächig, reichhaltig, weitgehend *(Studien etc.)* umfang-

reich; *(weitreichend)* umfassend; *give an extensive interpretation of a law* ein Gesetz extensiv auslegen; ~ **blaze** *sub, -s* Flächenbrand; ~**ly** *adv,* umfangmäßig; ~**ness** *sub, nur Einz.* Extensität
extensor muscle, *sub, -s* Streckmuskel
extent, *sub, -s (i. ü. S.)* Ausmaß; *(Ausmaß)* Grad, Größe; *nur Einz.* Maß; *-s (i. ü. S.; Ausmaß)* Umfang; *(Umfang)* Ausdehnung; *of a devastating extent* von verheerendem Ausmaß; *to a great extent* in großem Maße; *(i. ü. S.) to a great extent* in großem Ausmaß
exterior, *sub, -s* Exterieur
external, *adj,* extern; *(Verletzung)* äußere; ~ **ear** *sub, -s (Ohr~)* Muschel; ~**ly** *adv,* äußerlich
Extern rocks, *sub, nur Mehrz. (geogr.)* Externsteine
extinct, (1) *adj,* erloschen; *(biol.)* ausgestorben (2) *vi,* erlöschen; *an extinct vulcano* ein erloschener Vulkan; ~**ion** *sub, nur Einz.* Erlöschen; ~**ion in the criminal record** *sub, extinctions* Straftilgung
extinguish, *vt, (Feuer)* ablöschen, auslöschen, löschen
extirpate, *vt,* exstirpieren
extorsion, *sub, -s (Geständnis)* Erpressung
extra, (1) *adv, (besonders)* extra (2) *sub, -s* Extra, Extrablatt, Komparse; *nur Einz. (ugs.)* Zubrot; *-s (im Film)* Statist; *I´ll give you two extra* ich gebe Ihnen noch zwei dazu; *the sauce still needs that extra something* der Soße fehlt noch der letzte Pfiff; ~ **charge** *sub, -s* Aufpreis; ~ **expense** *sub, -s* Sonderkosten; ~ **large** *adj, (sehr groß)* übergroß; ~ **long** *adj,* überlang; ~ **payment** *sub, -s* Aufzahlung; ~ **ration** *sub, -s* Sonderration; ~ **salary** *sub, -es (i. ü. S.)* Zuverdienst; ~ **wide** *adj,* überweit; ~ **work** *sub, nur Einz. (Zusatzarbeit)* Nebenarbeit; ~-..... *sub,* - Draufgabe; ~-**class** *adj,* Extraklasse
extract, (1) *sub, -s* Absud, Extrakt; *(med.)* Sud; *(geh.; Sprachw.)* Exzerpt (2) *vt, (Computer)* substituieren; *(med.)* extrahieren; *(tt; med.)* ziehen; *extract a bullet/tooth* eine

Kugel/Zahn extrahieren; *extract salt from water* Salz aus Wasser extrahieren; ~ **from** *vt, (Zahn u.a.)* herausziehen; ~ **the juice from** *vt,* entsaften; ~**ion** *sub, -s* Extraktion, Gewinnung, Ursprung; *(Auszug)* Entzug; *(Blut)* Entnahme
extraordinary, *adj,* außerordentlich, extraordinär
extras, *sub, nur Mehrz.* Komparserie; *(Film)* Statisterie
extraterrestrial, *adj,* außerirdisch, extraterrestrisch
extraterritorial, *adj,* exterritorial, Exterritorialität
extravagance, *sub, -s* Extravaganz; **extravagant** *adj,* extravagant, verschwenderisch; *(Ansicht etc.)* überspannt; *to be extravagant with sth* mit etwas Luxus treiben
extreme, (1) *adj,* extrem, hochgradig, höchst, krass, maßlos; *(extremst)* äußerst (2) *sub, -s* Extrem; *extremely* in höchstem Maße; *with extreme concentration* mit höchster Konzentration; *the worst is yet to come* es kommt noch krasser, *go from one extreme to another* von einem Extrem ins andere fallen; ~ **left-wing** *adj, (polit.)* linksextrem; ~ **poverty** *sub, nur Einz.* Hungertuch; ~**ly** *adv,* überaus, zutiefst; *(sehr)* äußerst; ~**ly happy** *adj,* hochbeglückt; ~**ly hard** *adj,* überhart; ~**ness** *sub, nur Einz.* Maßlosigkeit; **extremism** *sub, -s* Extremismus; **extremist** (1) *adj,* extremistisch (2) *sub, -s* Extremist, Extremistin, Ultra; **extremity** *sub, -ies* Extremität
extricate, *vt, (von Schwierigkeiten)* befreien
extroverted, *adj,* extrovertiert
exuberance, *sub, nur Einz.* Ausgelassenheit; *-s* Überschwang; **exuberant** *adj, (Stimmung)* ausgelassen
exult, *vi, (frohlocken)* triumphieren;

(i. ü. S.) exult with joy vor Freude überströmen
eye, (1) *sub,* Auge; *-s* Öhr; *(an Kleidung)* Öse (2) *vi,* äugeln (3) *vt,* beäugen; *an eye for an eye, a tooth for a tooth* Auge um Auge, Zahn für Zahn; *keep an eye on sth/so* etwas/jemanden im Auge behalten, *cry one´s eyes out* sich seine Augen ausweinen; *have a black eye* ein blaues Auge haben; *keep an eye on that man!* merken Sie sich den Mann!; *keep one´s eyes wandering* mit den Blicken abschweifen; *look so in the eye* jmdm gerade ins Gesicht sehen; *rub one´s eyes* sich seine Augen auswischen; *that was one in the eye!* das war eine moralische Ohrfeige!; *to eye sb coolly* jmdn kühl mustern; *to keep a close eye on sth* etwas unter die Lupe nehmen; *to keep an eye on sth* Obacht geben auf; ~ **clinic** *sub, - -s* Augenklinik; ~ **disease** *sub, - -s* Augenkrankheit; ~ **makeup** *sub, - -s* Augen-Make-up; ~ **of a needle** *sub, eyes of needles* Nadelöhr; ~ **specialist** *sub, - -s* Augenarzt; ~ **test** *sub, - -s* Sehprobe, Sehtest; ~- **contact** *sub, -s* Blickkontakt; ~**ball** *sub, -s* Augapfel; ~**brow** *sub, -s* Augenbraue; ~**brow pencil** *sub, - -s* Augenbrauenstift; ~**glass** *sub, -es* Augenglas; ~**lid** *sub, -s* Augendeckel, Augenlid, Lid; ~**piece** *sub, -s* Okular; ~**shadow** *sub, -s* Lidschatten
eyesight, *sub, -s* Augenlicht; *nur Einz.* Sehkraft; *have good eyesight* gute Augen haben; **eyesore** *sub, -s* Schandfleck; **eyewash** *sub, -s* Augenwischerei; **eyewitness** *sub, -es* Augenzeuge; **eyewitness account** *sub, - -s* Augenzeugenbericht
eyrie, *sub, -s* Horst

F

fable, *sub*, *-s (geb.; Literaturw.)* Fabel
fabric, *sub*, *-s* Gewebe, Stoff; ~ **covering** *sub*, *-s* Stoffbehang
fabulous, (1) *adj*, märchenhaft; *(geh.)* fabulös (2) *adv*, *(ugs.)* fabelhaft; ~**ly** *adv*, *(geh.)* fabulös
façade, *sub*, *-s* Fassade; *(i. ü. S.)* Fassade
face, *sub*, *-s* Angesicht, Antlitz, Gesicht, Miene, Visage; *face to face* von Angesicht zu Angesicht; *in the face of* im Angesicht des; *face the facts* den Tatsachen ins Gesicht sehen; *lose face* das Gesicht verlieren; *his face darkened* seine Miene verfinsterte sich; *deary me!* oh du meine Nase!; *face up to a danger* der Gefahr ins Gesicht sehen; *(i. ü. S.) has had a face-lift* erscheint im neuen Gewand; *he´s going around with guilt written all over his face* er läuft herum wie das personifizierte schlechte Gewissen; *I can tell by your face* ich seh es dir an der Nasenspitze an; *(i. ü. S.) I could see it written all over his face* Ich sah´s ihm an der Nase an; *I don´t like his face* seine Nase gefällt mir nicht; *pull a face* eine Flunsche ziehen; *pull faces* Fratzen schneiden; *shut your face* halt´s Maul!, *(ugs.)* halt den Rand; *smash sb´s face in* jmdm die Fresse polieren; *(i. ü. S.) to fall flat on one´s face* auf die Nase fallen; *to have a face-lift* sich das Gesicht liften lassen; *(ugs.) to slam the door in sb´s face* jmd die Tür vor der Nase zuschlagen; *to yell till one is blue in the face* sich die Lunge aus dem Leib schreien; ~ **to face** *adv*, gegenüber; *they sat face to face* sie saßen einander gegenüber; **facial expression** *sub*, *-s* Gesichtsausdruck, Mimik; **facial expressions** *sub*, *nur Mehrz.* Mienenspiel
facile, *adj*, *(Stil)* feuilletonistisch
facilities, *sub*, *nur Mehrz. (Raum)* Lokalität; *(sanitäre)* Einrichtung
facsimile, (1) *sub*, *-s* Faksimile (2) *vt*, faksimilieren
fact, *sub*, *Fact*; *-s* Fakt, Faktum, Gegebenheit, Tatsache; *(Tatsache)* Umstand; *considering the facts that* in Anbetracht der Tatsache, daß; *face the facts* den Tatsachen ins Auge blicken; *lay something down as fact* etwas als Tatsache hinstellen; *put up with the facts* sich mit den Tatsachen abfinden; *be a well-known fact* allgemein bekannt sein
factor, *sub*, *-s* Faktor; *(Faktor)* Moment; *(mat.)* Faktor; ~**ing out** *sub*, *nur Einz.* Ausklammerung
factor out, *vt*, ausklammern

factory, *sub*, *-ies* Fabrik, Fabrikanlage, Manufaktur; *-es* Werk; ~ **owner** *sub*, *-s* Fabrikant; ~ **plant** *sub*, *-s* Fabrikanlage; ~ **siren** *sub*, *-s* Fabriksirene; ~ **work** *sub*, *-* Fabrikarbeit
factotum, *sub*, *-s* Faktotum
facts, *sub*, *nur Mehrz.* Sachverhalt; *- Istbestand*; ~ **of the case** *sub*, *- (jur.)* Istbestand; **factual** *adj*, sachlich; **factual knowledge** *sub*, *nur Mehrz.* Faktenwissen
faculty, *sub*, *-ies* Fachbereich; *(geh.)* Fachrichtung; *(Hochschulw.)* Fakultät
fade, (1) *vi*, abblassen, schwinden, verblassen, welken; *(i. ü. S.)* verlöschen (2) *vt*, verwischen; *(ausbleichen)* entfärben; *(i. ü. S.) to fade away* wie eine Primel eingehen; ~ **away** *vi*, verklingen, verrauschen; ~ **effect** *sub*, *-s* Überblendung; ~**d** *adj*, abgeblasst, verwaschen; **fading** (1) *adj*, *(i. ü. S.)* welk (2) *sub*, *nur Einz.* Vergehen
fagged-out, *adj*, *(ugs.)* kaputt
Fahrenheit, *sub*, *nur Einz.* Fahrenheit
faience, *sub*, *-s* Fayence
fail, (1) *vi*, fehlschlagen, missglücken, misslingen, scheitern, versagen; *(i. ü. S., scheitern)* stranden; *(tech.)* ausfallen (2) *vt*, *(Prüfung)* durchfliegen, durchsegeln (3) *vti*, durchfallen; *he failed* das ist ihm misslungen; *fail den Dienst versagen*; *he failed* es ist ihm missglückt; *to fail miserably* mit Pauken und Trompeten durchfallen; *he failed the exam* er ist durch die Prüfung geflogen, *to fail an exam* bei einer Prüfung durchfallen; ~ **(am: flunk)** *vt*, durchsausen; ~ **the exam** *vi*, *(durch d. Prüf.)* fliegen; ~**ing** *sub*, *-s* Versäumnis; ~**ure** *sub*, *-s* Fehlschlag, Misserfolg, Unterlassung; *- Versager*; *-s (Misserfolg)* Niederlage; *(Prüfung)* Durchfall; *(tech.)* Ausfall; *my cake was a failure* der Kuchen ist mir missraten; *the attempt was a failure* der Versuch ist missglückt
faint, (1) *adj*, leise (2) *sub*, *nur Einz.* Ohnmacht; ~**-hearted** *adj*, kleingläubig
fair, (1) *adj*, fair, gerecht (2) *sub*, *-s* Jahrmarkt; *(Gewerbe)* Messe; *(Jahr~)* Markt; *fair enough What you say is true* nun, du hast ja recht; *fair´s fair* alles, was recht ist; *to play fairly with sb* es ehrlich mit jmd meinen; *to go to the fair* auf den Markt gehen; ~ **catalogue** *sub*, *-s* Messekatalog; ~ **copy** *sub*, *-ies* Reinschrift; ~ **curly** *adj*,

blondlockig; ~ **featuring shooting matches** sub, -s Schützenfest; ~**ground** sub, -s (ugs.) Rummelplatz **fairly**, adv, einigermaßen, gerecht; (i. ü. S.) halbwegs; be fairly satisfied einigermaßen zufrieden sein; share sth out fairly gerecht teilen; ~ **long** adj, geraum; **fairness** sub, nur Einz. Fairness; - Gerechtigkeit; **fairplay** sub, nur Einz. Fairplay
fairy, sub, -ies Elfe, Fee; (ugs.; Homosexueller) Tunte; fairy godmother die gute Fee; wicked fairy die böse Fee; ~ **dance** sub, -s Elfenreigen; ~**like** adj, feenhaft; ~**tale** sub, -s Ammenmärchen, Feenmärchen, Hausmärchen, Märchen; (veraltet; Märchen) Mär
faith, sub, - Glaube; nur Einz. Treue; faith in the future Glaube an die Zukunft; in good faith in gutem Glauben; keep faith with someone jemandem die Treue halten; lose one´s faith den Glauben verlieren; ~ **healer** sub, -s Gesundbeter; ~**-healer** sub, -s (ugs.) Wunderheiler; ~**-healing** sub, -s Wunderheilung; ~**ful** adj, getreu, sinngemäß; (Ehegatte) treu; (vertrauend) gläubig; to interpret a contract faithfully einen Vertrag loyal auslegen; ~**less** adj, treubrüchig, treulos
fake, (1) adj, (vorgetäuscht) unecht (2) sub, -s Fälschung, Vortäuschung; (geb.) Falsifikat (3) vt, fingieren, vortäuschen; (Urkunden, Unterschr.) fälschen; ~ **a shot** vt, (spo.) antäuschen; ~**d bankruptcy** sub, - (Austrian; jur.) Krida
fakir, sub, -s Fakir
falconer, sub, -s Falkner; **falconry** sub, -ies Falknerei
fall, (1) sub, -s Absturz, Sturz, Sündenfall; nur Einz. Verfall; -s Wurf; nur Einz. (i. ü. S.) Niedergang; -s (spo.) Schultersieg; (Sturz) Fall; nur Einz. (US) Herbst (2) vi, abstürzen, fallen, stürzen, umstürzen; (ugs.) plumpsen; (fig.) sinken; (mil.) fallen; (Nacht) anbrechen; (Vorhang, Regen) niedergehen; fall in! in Linien antreten; fall onto the grass/into bed/into the hay etc sich ins Gras/Bett/Heu etc fallen lassen; fall to so auf jmd entfallen; silence fell es trat Stille ein; (ugs.) to fall into bad ways unter die Räder kommen, fall into a category unter eine Kategorie fallen; fall into the hands of sb jmdn in die Hände fallen; fall from a scaffold von einem Gerüst stürzen; fall at someone´s feet jemandem zu Füßen sinken; fall into a deep sleep in tiefen Schlaf sinken; ~ **apart** vi, auseinander fallen,

dahinfallen, kaputtgehen; the reason has fallen apart der Grund ist dahingefallen; (ugs.) the cake fell apart when it was cut der Kuchen ist beim Durchschneiden kaputtgegangen; ~ **asleep** vi, einschlafen; fall asleep over the paper über der Zeitung einschlafen; fall asleep while watching TV beim Fernsehen einschlafen; ~ **back** (1) vi, (tt; mil.) zurückweichen (2) vt, zurückfallen; ~ **behind** vi, (Person, etc.) abfallen; ~ **down** vi, herabfallen, hinabfallen, hinabstürzen, hinfallen; niederfallen, umfallen; (hin-) fallen; fall to one´s knees/in the dirt auf die Knie/in den Schmutz; ~ **down in ruins** vi, (tt; arch.) zerfallen; ~ **for** vi, (i. ü. S.) hereinfallen; ~ **for sb** vr, (ugs.) verknallen
fallacy, sub, -ies Fehlschluss, Paralogismus, Trugschluss
fallen, adj, gefallen
fallibility, sub, nur Einz. Fehlbarkeit;
fallible adj, fehlbar
Fallopian tube, sub, -s Eileiter
fallow deer, sub, nur Mehrz. Damhirsch
false, adj, unecht, unwahrhaftig, wortbrüchig; (tt; mus.) unrein; (unangebracht) falsch; (unecht) falsch; (unehrlich) falsch; (i. ü. S.) play false with sb ein falsches Spiel mit jmdm treiben; ~ **newspaper report** sub, - Zeitungsente; ~ **nose** sub, -s Pappnase; ~ **start** sub, -s (spo.) Fehlstart; ~ **statement** sub, -s Falschaussage; ~ **step** sub, -s Fehltritt; ~ **teeth** sub, nur Mehrz. (Zahnersatz) Gebiss; ~ **testimony** sub, -s (jur.) Falschaussage; ~**ness** sub, Falschheit; nur Einz. Unwahrheit
falsetto, sub, -s Kopfstimme; - (geb.; mus.) Falsett
falsification, sub, -s Verfälschung; (geb.) Falsifikation; **falsify** vt, verfälschen; (geb.) falsifizieren
fame, sub, - Ruhm; nur Einz. (Ruhm) Berühmtheit; rise to fame Berühmtheit erlangen
familiar, adj, gewohnt, vertraut; (vertraut) familiär, traut; to be familiar with sth mit etwas vertraut sein; ~ **form (of name)** sub, -s Koseform; ~**ity** sub, nur Einz. Bekanntheit, Vertrautheit; nur Mehrz. (mit einem Vorgang etc.) Bekanntschaft
family, sub, -ies Familie, Geschlecht; (biol.) Familie, Sippe; (zool. Familie) Gattung; it happens in the best families das kommt in den besten Familien

vor; *it runs in the family* das liegt in der Familie; *start a family* eine Familie gründen; *the Meyer family* Familie Meyer; *come from a good family* aus gutem Hause sein; *in the immediate family* im engen Kreis der Familie; *my family* meine Angehörigen; ~ **celebration** *sub, -s* Familienfest; ~ **day** *sub, -s* Familientag; ~ **doctor** *sub, -s* Hausarzt; ~ **grave** *sub, -s* Familiengrab; ~ **name** *sub, -s* Nachname; ~ **of curves** *sub, -ies (mat.)* Kurvenschar; ~ **pack** *sub, -s* Familienpackung; ~ **planning** *sub,* Familienplanung; ~ **portrait** *sub, -s* Familienbild; ~ **register** *sub, -s* Stammbuch; ~ **tree** *sub, -s* Stammbaum
famous, *adj,* berühmt, namhaft
fan, (1) *sub, -s* Fächer, Fan, Gebläse, Lüfter, Wedel; *(spo.)* Anhänger (2) *vt,* fächeln; *(Feuer)* anfachen; *he is a great soccer fan* er ist ein begeisterter Fußballfan; ~ **club** *sub, -s* Fanklub; ~**-belt** *sub, -s (tech.)* Keilriemen
fanatic, *sub, -s* Fanatiker, Fanatikerin; ~**al** *adj,* fanatisch; ~**ally** *adv,* fanatisch; ~**icize** *vti,* fanatisieren; ~**ism** *sub,* - Fanatismus
fancy, *vt,* favorisieren; *fancy seeing you again!* nein, dass du dich mal wieder sehen lässt!; ~**-dress costume** *sub, -s* Maskenkostüm; ~**dress** *sub, -es* Kostümierung
fanfare, *sub, -s* Fanfare, Fanfarenstoß; ~ **platoon** *sub, -s* Fanfarenzug
fang, *sub, -s* Reißzahn; *(zool.)* Fangzahn
fango, *sub, nur Einz. (med.)* Fango; ~ **pack** *sub, -s* Fangopackung
fanlight, *sub, -s* Oberlicht; **fanlike** *adj,* fächerförmig
far, (1) *adj,* fern (2) *adv,* weitaus, weiter; *(örtl.)* weit; *be far from home* fern von der Heimat sein; *the day is not far off* der Tag ist nicht mehr fern, *go too far* Bogen überspannen; *the far north* der hohe Norden; *to go too far* es zu bunt treiben; ~ **(away) from** *adj,* weitab; ~ **away** *adj,* entfernt; *far (away) from* weit entfernt davon; ~ **behind** *adj,* abgeschlagen; **Far Eastern** *adj,* fernöstlich; ~ **too** *adv,* allzu; *not too* nicht allzu; ~**-reaching** *adj,* raumgreifend, weit reichend; *(i. ü. S.)* weit tragend; ~**-sighted** *adj,* weitsichtig; ~**-sightedness** *sub, -es* Weitsichtigkeit
Faraday cage, *sub, -s (phy.)* Faradaykäfig
farce, *sub, -s* Farce, Posse; *(i. ü. S.)* Groteske
fare, *sub, -s* Fahrgeld; *(öffentl. Verkehrsm.)* Fahrtkosten; *how did you* fare wie ist es dir ergangen; ~ **dodger** *sub, -s (ugs.)* Schwarzfahrer
farewell, (1) *sub, -s* Abschied, Ade, Lebewohl (2) *vr,* gehaben; ~ **letter** *sub,* - Abschiedsbrief; ~ **party** *sub,* - -*ies* Abschiedsfeier; ~ **scene** *sub,* - -*s* Abschiedsszene
fairyland, *sub, nur Einz.* Märchenland
farm, *sub, -s* Bauernhof, Farm, Hof; *-es (a. agrar)* Wirtschaft; *farm life* das Leben auf dem Bauernhof; *(ugs.) lose everything one owns* Haus und Hof verlieren; ~ **hand** *sub, -s* Stallknecht; ~**-labourer** *sub, -s* Knecht; ~**er** *sub,* -*s* Ackerbauer; *-s* Farmer, Landwirt; *(chs.)* Landmann; *(Landwirt)* Bauer; ~**er´s lady** *sub, -ies* Farmersfrau; ~**ers** *sub, nur Mehrz.* Bauernstand; ~ **house** *sub, -s* Bauernhaus; ~**house room** *sub,* - -*s* Bauernstube; ~**land** *sub,* - Agrarland; ~**stead** *sub, -s* Gehöft
farsighted, *adj,* übersichtig
fart, (1) *sub, -s (vulg.)* Furz (2) *vi,* furzen
farthingale, *sub, -s* Reifrock
fasces, *sub, nur Mehrz. (hist.)* Rutenbündel
fascicle, *sub, -s* Nervenbündel
fascinate, *vt,* faszinieren, fesseln; ~**d** *adj* hingerissen; **fascinating** (1) *adj,* fesselnd (2) *adv,* hinreißend; **fascination** *sub, -s* Faszination; *hold a great fascination for* eine Faszination ausüben
fascism, *sub,* - Faschismus; **fascist** (1) *adj,* faschistisch (2) *sub, -s* Faschist
fashion, (1) *sub, nur Einz.* Fashion; *-s* Mode; - *Weise* (2) *vt,* kreieren; *that´s the latest fashion* das ist jetzt Mode; *to go out of fashion* aus der Mode kommen, *be out of fashion* nicht mehr aktuell sein; *come back into fashion* erneut aktuell werden; *to be fashionable* modern sein; *to come into fashion* modern werden; ~ **accessory** *sub, -ies* Modeartikel; ~ **article** *sub, -s (in Zeitung)* Modeartikel; ~ **designer** *sub, -s* Modedesigner, Modeschöpfer; ~ **fad** *sub, -s* Modetorheit; ~ **illustrator** *sub, -s* Modezeichner; ~ **magazine** *sub, -s* Modeheft, Modejournal; ~ **shop** *sub, -s* Modegeschäft; ~**-conscious** *adj,* modebewusst; ~**able** *adj,* fashionable, modisch
fast, (1) *adj,* flott, geschwind, rasant, schnell, waschecht (2) *vi,* fasten; *he is very fast* es geht ihm flott von der Hand; ~ **train** *sub, -s* D-Zug, Schnell-

zug; *take the fast train* mit dem D-Zug fahren; ~-**moving** *adj*, schnelllebig

fastfood, *sub*, - Fastfood; **fasting day** *sub*, *-s (med.)* Fasttag; **fasting period** *sub*, - Fastenzeit

fat, (1) *adj*, feist, fett; *(Person)* dick **(2)** *sub*, *-s* Fett; - Schmalz; *put weight on* Fett ansetzen; *be fattening* dick machen; *grow fat* dick werden, *(ugs.) get fat* Speck ansetzen; *(i. ü. S.) she´s a fatty* sie ist eine Tonne; *that makes you fat* davon wird man dick; ~ **cheeks** *sub*, - *(i. ü. S.)* Hamsterbacke; ~ **man/woman** *sub*, *men/women* Dicke; ~ **neck** *sub*, *-s* Specknacken; ~**(tened) cattle** *sub*, *nur Einz. (gemästet)* Mastvieh; ~**(tened) goose** *sub*, *-s* Mastgans

fatal, *adj*, fatal, todbringend; ~**ism** *sub*, *-s* Fatalismus; ~**ist** *sub*, *-s* Fatalist; ~**istic** *adj*, fatalistisch; ~**ity** *sub*, *-ies* Fatalität

fate, *sub*, *-s* Geschick; *nur Einz.* Schicksal; ~ **granted** *vt*, vergönnen; ~**ful day** *sub*, *-s* Unglückstag

father, (1) *sub*, *-s* Erzeuger, Pater **(2)** *vt*, zeugen; ~ **confessor** *sub*, *-s* Pönitentiar; ~ **fixation** *sub*, *-s (tt; psych.)* Vaterbindung; **Father´s Day** *sub*, *-s* Vatertag; ~**hood** *sub*, *-s* Vaterschaft; ~**less** *adj*, vaterlos

fathom, *sub*, *-s* Klafter; ~ **wood** *sub*, *nur Einz.* Klafterholz; ~-**deep** *adj*, klaftertief; ~-**long** *adj*, klafterlang

fatigue, (1) *sub*, *-s* Ermüdung; *nur Einz.* Müdigkeit; *-s (Ermüdung)* Ermattung **(2)** *vt*, ermüden; ~**d** *adj*, ermüdet

fatness, *sub*, *nur Einz.* Feistigkeit; **fatstock** *sub*, *nur Einz. (zu mästend)* Mastvieh; **fatten** *vt*, mästen; **fattening** *sub*, *-s (das Mästen)* Mast; **fattening diet** *sub*, *-s* Mastkur; **fattening goose** *sub*, *-s (zu mästend)* Mastgans; **fatty** *adj*, *(Speisen)* fett; **fatty tissue** *sub*, *-s* Fettpolster; **fatty tumor** *sub*, *-s* Lipom

faucet, *sub*, *-s (tech., US)* Hahn

fault, *sub*, *-s* Fehler, Mangel, Schaden, Verschulden; *(allg.)* Defekt; *(Charakt./Material)* Fehler; *(geol.)* Dislokation; *fault so with sth* jemandem etwas ankreiden; *have no fault to find with it* nichts daran auszusetzen haben; *through no fault of his (own)* ohne sein Verschulden; *through one´s own fault* durch eigenes Verschulden; ~**y** *adj*, fehlerhaft, schadhaft; ~**y start** *sub*, *-s (Luftf.)* Fehlstart

faun, *sub*, *-s (myth.)* Faun

fauna, *sub*, *-s (zool.)* Fauna

faustball, *sub*, *-s* Faustball

faux pas, *sub*, - Ausrutscher, Fauxpas, Lapsus; *(i. ü. S.)* Entgleisung; *commit a faux pas* einen Fauxpas begehen; *(i. ü. S.) make a faux-pas* entgleisen

favor, *sub*, *-s (US)* Gunst; ~ **in return** *sub*, *-s* Gegendienst; ~**able** *adv*, günstig; ~**ite** *sub*, *-s* Favorit; *clear favorite* klarer Favorit; **favour (1)** *sub*, *-s* Gefallen, Gunst, Liebesdienst, Wohltat; *(geh.)* Huld; *(Hilfeleistung)* Gefälligkeit **(2)** *vt*, bevorschussen, favorisieren; *(Person)* begünstigen; *ask a favo(u)r of so* jmdn um einen Gefallen bitten; *(US) do so a favor* jmdn einen Gefallen tun; *do so a favour* jmdn einen Gefallen tun; *court so´s favour* um jmds Gunst werben; *fall out of favour* die Gunst verlieren; *ask so a favour* ein Anliegen an jemanden haben; *do so a favour* jmdm eine Freundlichkeit erweisen; *politicians who have fallen out of favour* missliebige Politiker; *that´s a point in your favour* das ist ein Plus für dich; *(geh.) she was in his good graces* sie stand in seiner Huld; **favour in return** *sub*, *-s* Gegendienst; **favourable (1)** *adj*, günstig; *(geh.) luck was on his side* das Glück war ihm hold, *if the weather is favourable* bei günstigem Wetter; **favourable interest** *adj*, *(tt; wirt.)* zinsgünstig; **favourite** *sub*, *-s* Favorit, Liebling; *clear favourite* klarer Favorit; **favourite animal** *sub*, *-s* Lieblingstier; **favourite meal** *sub*, *-s* Leibgericht; **favourite restaurant** *sub*, *-s* Stammkneipe

fawn, *sub*, *-s* Kitz; *as timid as a fawn* scheu wie ein Reh; ~ **upon so** *vi*, liebedienern; ~**ing** *sub*, *-s* Scharwenzel, Scherwenzel

fear, (1) *sub*, *-s* Angst, Befürchtung; *nur Einz.* Furcht, Scheu **(2)** *vt*, *(fürchten)* befürchten; *for fear* aus Angst; *(ugs.) get the wind up* es mit der Angst zu tun bekommen; *fear that* die Befürchtung haben, dass; *for fear of* aus Furcht vor; *know no fear* ohne Furcht vor, *it is feared that* es ist zu befürchten, dass; *there is no fear of that* das ist nicht zu befürchten; ~ **for** *vi*, *(für oder um)* fürchten; *I fear for his life* ich fürchte um sein Leben; ~ **of** *sub*, *nur Einz. (vor)* Furcht; ~ **of being left on the shelf** *sub*, *fears (ugs.)* Torschlusspanik; ~ **of death** *sub*, *nur Einz.* Todesfurcht; ~ **of entering a place** *sub*, *nur Einz. (psych.)* Schwellenangst; ~ **of God** *sub*, *nur Einz.* Gottesfurcht; ~ **of life** *sub*, *-s* Lebensangst; ~ **of other people/things** *sub*,

-s - Berührungsangst; ~**ful** *adj*, furchtsam; ~**less** *adj*, furchtlos, unerschrokken; ~**lessness** *sub*, *nur Einz*. Unerschrockenheit

feasibility, *sub*, *nur Einz*. Ausführbarkeit, Machbarkeit; *(Ausführbarkeit)* Möglichkeit; **feasible** *adj*, *(ausführbar)* möglich; *(durchführbar)* ausführbar

feast, (1) *sub*, -s Gelage, Labsal, Schmaus, Schmauserei (2) *vi*, prassen, schlemmen, schmausen; *(i. ü. S.)* weiden; *(schmausen)* tafeln (3) *vt*, laben; *(geh.) a feast for the eyes* ein Labsal für die Augen, *(geh.) we feasted our eyes on the view* wir labten uns an dem Ausblick; ~ **for the ears** *sub*, *nur Einz*. Ohrenschmaus; ~ **for the eyes** *sub*, -s - Augenweide; ~ **on** *vt*, verschmausen; ~**day** *sub*, -s Kirchenfest; ~**ing** *sub*, -s Schlemmerei

feather, *sub*, -s Feder; *lose a few feathers* Federn lassen müssen; *(ugs.) you could have knocked me down with a feather* ich bin ja auf den Rücken gefallen!; ~ **shawl** *sub*, -s Federboa; ~**ed** *adj*, gefiedert; ~**grass** *sub*, -es Pfriemengras; ~**s** *sub*, - Gefieder; ~**weight** *sub*, -s *(spo.)* Federgewicht; ~**y** *adj*, fiederteilig

feature, *sub*, -s Feuilleton, Grundzug, Merkmal; ~ **film** *sub*, -s Spielfilm; ~**s** *sub*, *nur Mehrz*. Gesichtszug; -s *(i. ü. S.)* Zug

February, *sub*, Februar; *in February* im Februar

federal, (1) *adj*, föderal (2) *sub*, föderativ; *Federal Government* der Bund; **Federal Armed Forces** *sub*, *nur Mehrz*. Bundeswehr; *German Armed Forces* Deutsche Bundeswehr; **Federal chancelor** *sub*, -s Bundeskanzler; ~ **division** *sub*, -s Bundesliga; **Federal Government** *sub*, -s Bundesregierung; ~ **highway** *sub*, -s Bundesstraße; ~ **level** *sub*, - Bundesebene; *at national (federal) level* auf Bundesebene; **Federal Navy** *sub*, *nur Einz*. Bundesmarine; ~ **owned** *adj*, bundeseigen; **Federal Prosecutor** *sub*, -s *(jur.)* Bundesanwalt; ~ **state** *sub*, -s Bundesstaat; ~ **territory** *sub*, -ies Bundesgebiet; ~**ism** *sub*, - Föderalismus; ~**ist** (1) *adj*, föderalistisch (2) *sub*, -s Föderalist; **federation** *sub*, -s Föderation

fed-up, *adj*, leid; *do you think I like it? I'm fed-up with it too* meinst du es gefällt mir? ich bin es auch leid; *I'm thoroughly fed-up with having to listen to all that* ich bin es wirklich leid, mir das immer anhören zu müssen

fee. *sub*, -s Entgelt, Gage, Gebühr, Honorar; *pay a fee* eine Gebühr entrichten; ~ **copy** *sub*, -ies Freiexemplar; ~ **issue** *sub*, -s *(Zeitung)* Freiexemplar

feeble, *adj*, kraftlos; ~ **bunch** *sub*, -es *(ugs.)* Gurkentruppe; ~**ness** *sub*, *nur Einz*. *(unzulänglich)* Dürftigkeit

feed, (1) *sub*, -s *(Tiernahrung)* Futter; *n er Einz*. *(Vieh)* Fressen (2) *vt*, abspeisen, füttern, nähren, verköstigen; *(beköstigen)* speisen; *(essen)* ernähren; *(tech.)* speisen; *(Tiere)* abfüttern, durchfüttern (3) *vtr*, verpflegen; *be well-fed* gut im Futter stehen, *he looks well-fed* er sieht gut genährt aus; *feed an animal on sth* einem Tier etwas zum fressen geben; *I'm fed up with sth* es steht mir bis dahin; *I'm starting to get fed up with it* allmählich habe ich genug davon; *to be fed up* die Nase voll haben; ~ **back** *vti*, rückkoppeln; ~ **in** *vt*, *(Daten)* eingeben; *feed sth into the computer* etwas in den Computer eingeben; ~ **on** *vt*, *(sich ernähren von)* fressen; ~ **oneself** *vr*, nähren; ~ **up** *vt*, aufpäppeln; ~**back** *sub*, -s Rückkopplung; ~**er road** *sub*, -s *(it; arch.)* Zubringer; ~**ing** *sub*, -s Ernährung; - Verköstigung; *nur Einz*. Verpflegung; -s *(Beköstigung)* Speisung; *(Tiere)* Abfütterung; *contribute to feeding the family* zur Ernährung der Familie beitragen; ~**ing bottle** *sub*, -s Saugflasche; ~**ing cup** *sub*, -s Schnabeltasse; ~**ing ground** *sub*, -s Futterplatz; ~**ing trough** *sub*, -s Futtertaufe; ~**ing-bowl** *sub*, -s Fressnapf

feel, (1) *vi*, *(sich anfühlen)* anfassen (2) *vt*, abfühlen, abgreifen, abtasten, befühlen, betasten, empfinden, fühlen. spüren; *(sich)* fühlen (3) *vti*, taster; *feel disgust for sth* Abscheu vor etwas empfinden; *feel like doing sth* zu etwas aufgelegt sein; *feel like sth* Appetit haben auf etwas; *feel up to anything* sich fühlen als könnte man Bäume ausreißen; *he/she is feeling like a bit* er/sie hat Lust; *how are you feeling?* wie ist ihr Befinden?; *I can't feel anything* ich merke nichts; *I don't feel like doing that* ich habe keine Lust, das zu tun; *I feel fine* ich fühle mich wohl; *I feel like it* mir ist danach; *I felt queasy* mir war mulmig; *I hope you feel better soon* Gute Besserung; *not to have any feel for sth* kein Organ für etwas haben; *you have got to have the right feel for it* dazu braucht man Fingerspitzengefühl; *feel the effects of the fact that* es zu spüren bekommen, dass, *she felt for his hand* sie tastete nach seiner Hand; ~ **alward** *vr, (sich)* genieren; *he makes me feel akward* ich geniere mich vor ihm; ~ **chilly** *vi*, frösteln; ~ **cold** *vi*, frieren; ~ **completely contented** *vi, (ugs.)* pudelwohl; ~ **disgusted** *vi*, ekeln; ~ **disposed to do sth** *adj, (- sein)* gesonnen; ~ **embarrassed** *vr, (sich)* genieren; ~ **giddy** *vi*, Drehwurm; *feel giddy* den Drehwurm kriegen; ~ **inclined to** *adj, (sein)* geneigt; ~ **like** *adj*, geneigt; *it´s the last thing I feel like doing* ich bin dazu überhaupt nicht geneigt; ~ **like eating** *vt*, esslustig; ~ **one´s way towards** *vr, (i. ü. S.; sich)* herantasten; ~ **too** *vt*, mitfühlen

feeler, *sub, -s* Fühler; **feeling** *sub, -s* Abtastung; *nur Einz.* Empfinden; *-s* Feeling, Gefühl, Gespür, Sentiment; *(Gefühl)* Empfindung; *have a feeling for sth* etwas im Gefühl haben; *I have a feeling that* ich habe das Gefühl, dass; *wear one´s heart on one´s sleeve* seine Gefühle zur Schau tragen; *with mixed feelings* mit gemischten Gefühlen; *an uneasy feeling* ein banges Gefühl; *show one´s feelings* sich etwas anmerken lassen; **feeling for language** *sub, -* Sprachgefühl; **feeling for life** *sub, nur Einz.* Lebensgefühl; *I have a completely different feeling (for life) when I´m in the country* auf dem Land habe ich ein ganz anderes Lebensgefühl; *yoga has given me a new feeling for life* durch Yoga habe ich ein neues Lebensgefühl bekommen; **feeling for nature** *sub, nur Einz.* Naturgefühl; **feeling for the ball** *sub, nur Einz.* Ballgefühl; **feeling guilty** *adj*, schuldbewusst; **feeling of bitter resentment** *sub, -s* Rachegelüste; **feeling of fullness** *sub, nur Einz.* Völlegefühl; **feeling of happiness** *sub, -s* Glücksgefühl; **feeling of inferiority** *sub, feelings* Minderwertigkeitsgefühl; **feeling of repletion** *sub, nur Einz.* Sattheit; **feeling of well-being** *sub, nur Einz.* Wohlbehagen; **feelings of guilt** *sub, nur Mehrz.* Schuldbewusstsein

feign, (1) *vt*, heucheln, vorspiegeln, vortäuschen (2) *vti*, simulieren
feint, *sub, -s (spo.)* Finte
feline, *adj*, katzengleich
fellatio, *sub, -s* Fellatio
fellow, *sub, -s* Fellow, Mannsperson; *(ugs.)* Kerl; ~ **applicant** *sub, -s* Mitbewerber; ~ **citizen** *sub, -s* Mitbürgerin; ~ **citzen** *sub, -s* Mitbürger; ~ **creature** *sub, -s* Nebenmensch; ~ **man** *sub, men* Mitmensch; ~ **member** *sub, -s* Bundes-

bruder; ~ **member of a (duelling) fraternity** *sub*, Korpsbruder; ~ **occupant** *sub, -s* Mitbewohner; ~ **party member** *sub, -s* Parteifreund; ~ **passenger** *sub, -s* Mitfahrerin; ~ **patient** *sub, -s* Mitpatientin; ~ **prisoner** *sub, -s* Mitgefangener; ~ **student** *sub, -s* Kommilitone; ~ **traveller** *sub, -s* Mitläufer, Mitläuferin, Mitreisende
felt, (1) *sub, -s* Filz (2) *vi*, filzen; ~**-tip pen** *sub, -s* Filzstift; ~**ed** *adj*, filzig
female, *sub, -s* Weib; *(abwert.)* Frauenzimmer; *(stat.)* Frau; *(tt; zool.)* Weibchen; ~ **apprentice** *sub, -s* Lehrmädchen; ~ **auditor (Am.)** *sub, -s* Hospitantin; ~ **dancing-partner** *sub, -s* Eintänzerin; ~ **homoeopath(-ist)** *sub, -s* Homöopathin; ~ **immigrant** *sub, -s* Einwanderin; ~ **inhabitant** *sub, -s* Einwohnerin; ~ **profession** *sub, -s* Frauenberuf; ~ **vagrant** *sub, -s* Landfahrerin; ~ **viewer** *sub, -s* Betrachterin; **feminine** *adj*, feminin, fraulich, weiblich; **feminine gender** *sub, -s (Gramm.)* Femininum; **femininity** *sub, -ies* Fraulichkeit; *nur Einz.* Weiblichkeit; **feminism** *sub, -s* Feminismus; **feminist** (1) *adj*, feministisch (2) *sub, -s* Feministin
fen, *sub, nur Einz.* Marschland; ~ **community** *sub, -ies* Moorkolonie, Moorsiedlung
fence, (1) *sub, -s* Gatter, Umzäunung, Zaun; *(Zaun)* Umfriedigung (2) *vt*, einzäunen (3) *vti*, fechten; *to fence in the ground* ein Grundstück einzäunen; ~ **round** *vt*, umzäunen; ~**post** *sub, -s* Zaunpfahl; ~**r** *sub, -s* Fechtbruder; **fencing** *sub, nur Einz.* Plankenzaun; *-s* Vergatterung
fend sth. off, *vt*, erwehren
fenland village, *sub, -s* Marschendorf
fennel, *sub, -s* Fenchel
ferment, (1) *sub, -s* Ferment (2) *vi*, gären (3) *vti*, fermentieren; ~**ation** *sub, -s* Fermentation, Gärung; ~**ative** *adj*, fermentativ
fermium, *sub, - (chem.)* Fermium
fern, *sub, -s (bot.)* Farn, Farnkraut
ferret, *sub, -s* Frettchen
ferro-manganese, *sub, nur Einz.* Manganeisen
ferrum, *sub, - (chem.)* Ferrum
ferry, *sub, -ies* Fähre; ~ **across** *vi*, übersetzen; ~**man** *sub, -men* Fährmann; ~**service** *sub, -s* Fährbetrieb
fervent, *adj*, inbrünstig; ~ **prayer** *sub, -s* Stoßgebet; *send up a fervent prayer to heaven* ein Stoßgebet zum Himmel

schicken; **fervour** *sub, nur Einz.* Inbrunst
fester, *vi,* schwären
festival, *sub, -s* Festival; Festspiel; ~ **in
commemoration of the dead** *sub, festivals* Totenfest; ~ **of traditional costumes** *sub, festivals* Trachtenfest;
festive (1) *adj,* festtäglich (2) *festive,*
festlich; **festive mood** *sub, nur Einz.*
Feststimmung; **festively** *adv,* festlich;
festiveness *sub, - (Athmosph.)* Festlichkeit; **festivity** *sub, -ies* Feierlichkeit, Fe-
stivität; *ies* Festlichkeit; *-ies (veraltet)*
Lustbarkeit
festoon, (1) *sub, -s* Girlande; *(Blumen)*
Gehänge (2) *vt,* festonieren; ~ **stitch**
sub, -s Festonstich
fetal, *adj, (US)* fetal
fetch, *vt,* hereinholen, herholen, holen;
(ugs.) **the devil take you!** der Teufel soll
dich holen!; **to fetch so to the phone**
jemanden ans Telefon holen; ~ **in** *vt,*
hereinholen; ~ **over** *vt,* herüberholen;
(kommen lassen) nachholen; ~! *vi,* apport!
fetish, *sub, -es* Fetisch; ~**ism** *sub, nur
Einz.* Fetischismus; ~**ist** *sub, -s* Feti-
schist; *(weibl.)* Fetischistin
fetlock, *sub, -s* Kötengelenk; *(zool.)* Fesselgelenk
fetter, *sub, -s* Fessel
fetus, *sub, -es (US)* Fötus
feud, *sub, -s* Fehde; *(i. ü. S.)* Zwist; *be at
feud with sb* mit jmdm in Fehde liegen;
throw down the gauntlet den Fehdehandschuh hinwerfen; ~ **between brothers** *sub, -s* Bruderzwist
feudal, *adj, (hist.)* feudal; ~ **state** *sub, -s*
Feudalstaat; ~ **system** *sub, -s* Feudalsy-
stem; ~**ism** *sub, nur Einz.* Feudalis-
mus, Lehenswesen; ~**istic** *adj,*
feudalistisch
fever, *sub, - * Fieber; ~**ish** *adj,* fieber-
krank; ~**ish dream** *sub, -s* Fiebertraum
fewer, *adj,* weniger; **fewest** *adj,* wenigste
fez, *sub, -es* Fes; Fez
feather duster, *sub, -s* Flederwisch, Wedel
fiasco, *sub, -es* Debakel; *-s* Fiasko
fib, (1) *sub, -s* Schwindelei (2) *vi,* lügen;
(ugs.) schwindeln; ~**bing** *sub, -s* Ge-
flunker; ~**er** *sub, -s (US)* Faser; ~**er-
plant** *sub, -s* Faserpflanze; ~**erboard**
sub, -s Faserplatte
fibre, *sub, nur Einz.* Ballaststoffe; *-s* Faser, Fiber; ~**-plant** *sub, -s* Faserpflanze;
~**board** *sub, -s* Faserplatte; **fibrous**
adj, faserig
fibula, *sub, -s (tt; med.)* Wadenbein

fiddle, *adj,* flatterhaft
fiction, *sub, nur Einz.* Belletristik; *-s*
Fiktion; ~ **writer** *sub, - -s* Belletrist;
fictitious *adj,* fiktiv; **fictitious win**
sub, -s Scheingewinn; **fictitous firm**
sub, -s Scheinfirma
fiddle, (1) *sub, -s* Fidel, Fiedel, Gefie-
del; *(ugs.)* Mauschelei (2) *vi,* tricksen,
tüfteln; *(ugs.)* fummeln, mauscheln;
(i. ü. S.) **fit as a fiddle** munter wie ein
Fisch im Wasser; ~ **about** *vi,* pusseln;
~ **around** *vi,* murksen; ~**r** *sub, -s*
(ugs.) Tüftler; ~**sticks** *interj,* Puste-
kuchen; **fiddling around** *sub, - * Gefummel; **fiddly job** *sub, -s*
Tüftelarbeit, Tüftelei
fidget, *vi,* quecksilbern, zappeln; ~**ing**
*sub, - * Gehampel, Gezappel; ~**y** (1)
adj, (i. ü. S.) quecksilbrig (2) *adv,*
zappelig
fiduciary, *sub, -ies* Treuhänder
fief *sub, -s (hist.)* Lehen
field, *sub, -s* Acker, Fach, Feld; *(Bereich)* Gebiet; *(spo.)* Feld; *(Sport~)*
Platz; *(Wissensch.)* Feld; *till the field*
das Feld bestellen; *work in the field*
auf dem Feld arbeiten, auf dem Feld
arbeiten; *beat a retreat* das Feld räumen; *lead the field* das Feld anführen,
das Feld behaupten; *leave the field to
so* mdm das Feld überlassen; *(i. ü. S.)*
a vast area ein weites Feld; *(i. ü. S.)*
there's a considerable scope for es
steht ein weites Feld offen für; ~ **glasses** *sub, nur Mehrz.* Feldstecher; ~ **of
activity** *sub, -s - * Arbeitsfeld; ~ **of ac-
tivity/interest etc.** *sub, -s* Wirkungs-
feld; ~ **rod** *sub, -s (tech.)* Jalon; ~
service *sub, - -s* Außendienst; ~ **theory** *sub, (phy.)* Feldtheorie; ~ **training**
sub, -s (mil.) Geländeübung; ~ **vole**
sub, -s Feldmaus; ~**fare** *sub, -s* Krammetsvogel; ~**s** *sub, - (geh.)* Gefilde;
(Ladsch.) Flur; *be up in the clouds* in
höheren Gefilden schweben; *through
fields and meadows* durch Wald und
Flur; ~**work** *sub, -s (mil.)* Schanze
fiend, *sub, -s* Unhold
fiery *adj,* feurig
fiesta, *sub, -s* Fiesta
fifth, *sub, -s (mus.)* Quinte
fifty, *sub, - * Fünfziger
fight, (1) *sub, -s* Bekämpfung, Boxkampf, Fight, Handgemenge, Kampf,
Prügelei, Schlägerei; *(Kampf)* Streit
(2) *vi,* fighten, prügeln, wehren;
(handgreiflich) streiten (3) *vir,* raufen (4) *vr,* schlagen (5) *vti,* boxen;
(kämpfen) fechten; *fight against* angehen gegen; *fight one's way through*

sich durchschlagen; *have a fight* sich hauen; *she fought tooth and nail* sie hat mit allen Mitteln gekämpft; *split a hair* Haarspalterei betreiben; *start a fight with so* sich mit jemandem anlegen; *to fight to keep back one's tears* mit den Tränen ringen, *to fight against a plan* sich gegen einen Plan wehren; ~ **(against) (1)** *vt*, bekämpfen **(2)** *vti*, bekriegen; ~ **a duel (over)** *vt*, duellieren; ~ **down** *vt*, niederringen; ~ **for** *vt*, erkämpfen; ~ **for liberation** *sub, -s* - Befreiungskampf; ~ **scene** *sub, -s* Prügelszene; ~ **successfully for** *vt*, durchfechten; ~ **to the end** *vi*, durchkämpfen; ~**er** *sub, -s* Fighter, Kämpfer, Streiter; *(tt; naut.)* Zerstörer; ~**er (plane)** *sub, -s (mil.)* Jagdflugzeug; ~**er pilot** *sub, -s* Kampfflieger; *(mil.)* Jagdflieger; ~**er squadron** *sub, -s* Jagdstaffel; ~**er wing** *sub, -s* Jagdgeschwader; ~**er-bomber** *sub, -s (mil.)* Jagdbomber; ~**ing power** *sub, -* Spielstärke

figuration, *sub, -s* Figurierung; **figurative** *adj*, figurativ; **figuratively** *adv*, bildlich, figurativ; **figure** *sub, -s* Figur, Gestalt, Zahlenangabe; *cut a fine figure* eine gute Figur machen; *cut a poor figure* eine schlechte Figur machen; *dark figure* dunkle Gestalt; *public figures* Persönlichkeiten des öffentlichen Lebens; *to watch one's figure* auf die Linie achten; **figure eight** *sub, -s - (spo.)* Achter; **figure of a novel** *sub, -s* Romangestalt; **figure on the fountain** *sub, -s* Brunnenfigur; **figure out** *vt*, *(ugs.)* ausklamüsern; **figure skating** *sub*, nur *Einz.* Eiskunstlauf; **figured** *adj*, figural; **figurehead** *sub, -s* Galionsfigur

Fijian, *sub, -s* Fidschianer

filament, *sub, -s* Glühstrumpf; *(bot.)* Staubfaden

file, (1) *sub, -s* Akte, Feile, Mappe, Sammelmappe, Vorgang; *(Akten~)* Ordner **(2)** *vi*, feilen **(3)** *vt*, abheften, kartieren; *(Akten)* ablegen; *(comp.)* abspeichern **(4)** *vti, (jur.)* einreichen; *file away* zu den Akten legen; *open a file* on eine Akte anlegen über; *file an action* eine Klage einbringen, Klage einreichen; ~ **maker** *sub, -s* Feilenhauer; ~ **number** *sub, - -s* Aktenzeichen; ~ **off** *vt*, abfeilen; ~ **past** *vi*, vorbeiziehen; ~ **through** *vt, (Metall)* durchfeilen

filet from the herring, *sub, -s* Heringsfilet

filial love, *sub,* nur *Einz.* Kindesliebe, Sohnesliebe

filigree, *sub, -s* Filigran; ~ **glass** *sub, -es* Filigranglas

filing, *sub, -s (Metall)* Span; - *(Vorgang)* Ablage; ~ **cabinet** *sub, -s* Aktenschrank; ~ **of a suit** *sub*, Klage(e)rhebung; ~ **slip** *sub, -s* Karteizettel; ~**-card** *sub, -s* Karteikarte; ~**-card box** *sub, -es* Karteikasten

Filipino, *sub, -s* Philippiner

fill, *vt*, füllen, spachteln; *(allgemein)* abfüllen; *(füllen)* stopfen; *(tech.)* ausgießen; *(Zahn)* plombieren; ~ **(in)** *vt, (Hohlraum)* ausfüllen; ~ **(up)** *vt*, voll machen; ~ **in** *vt*, verschmieren, verspachteln, zuschütten; *(Formular)* ausfüllen; ~ **up (1)** *vt*, auffüllen, voll tanken **(2)** *vti*, auftanken, tanken; *I have to fill up* ich muß noch tanken; ~ **with smoke** *vt*, verräuchern; ~**-up** *sub, -s* Nachfüllung

filled, *adj, (Arbeitsplatz)* besetzt; ~ **with envy** *adj*, neiderfüllt, neidvoll; ~ **with hatred** *adj*, hassverzerrt; ~ **with light** *vt*, durchscheinen; *filled with sunlight* von Sonnenlicht durchschienen; ~ **with wanderlust** *adj, (ugs.)* wanderlustig; **filler** *sub, -s (Kitt-)* Spachtel

fillet, (1) *sub, -s (US)* Filet **(2)** *vt*, entgräten, filetieren

filling, *sub, -s* Füllung; *(allgemein)* Abfüllung; *(tt; med.)* Zahnfüllung; nur *Einz. (von Arbeitsplätzen)* Besetzung; - *s (Zahn)* Plombierung; *(Zahn~)* Plombe; *he did two fillings* er hat mir zwei Zähne plombiert; *he did two fillings* er hat mir zwei Plomben gemacht; ~ **station** *sub, -s* Tankstelle

filly, *sub, -ies (weibl.)* Fohlen

film, (1) *sub, -s* Film; *(auf Flüggigkeiten)* Haut; *(dünne Schicht)* Film; *(Plastik)* Folie **(2)** *vi*, filmen **(3)** *vt*, filmen; *make a film* einen Film drehen; *to capture an event on film* ein Ereignis auf die Platte bannen; ~ **amateur** *sub, -s* Filmamateur; ~ **archives** *sub*, nur *Mehrz.* Filmarchiv; ~ **director** *sub, -s* Filmregisseur; ~ **distribution** *sub, -* Filmverleih; ~ **distributors** *sub*, nur *Mehrz. (Firma)* Filmverleih; ~ **documentary** *sub, -ies* Bildreportage; ~ **epic** *sub, -s* Kolossalfilm; ~ **expert** *sub, -s* Cineast; ~ **festival** *sub, -s* Filmfestival, Filmfestspiele; ~ **guide** *sub, -s* Kinoprogramm; ~ **library** *sub, -ies* Kinemathek; ~ **maker** *sub, -s* Filmemacher; ~ **of a fairytale** *sub, films* Märchenfilm; ~ **of oil** *sub, films* Ölfilm; ~ **recording** *sub, - -s* Bildkonserve; ~ **star** *sub, -s* Filmstar; ~ **studio**

sub, -s Filmatelier; ~s sub, nur Mehrz. Filmbranche

filth, sub, nur Einz. Schmutz; ~**y** adj, zotig; (sehr) dreckig; ~**y beggar** sub, -s (ugs.; Schimpfwort) Mistfink

filtrate, sub, -s Filtrat

fin, sub, -s Schwimmflosse

final, (1) adj, endgültig, final (2) sub, -s Endkampf, Endrunde, Endspiel, Finale; that´s final das steht endgültig fest; ~ **act** sub, -s Schlussakt; ~ **ballot** sub, -s Stichwahl; ~ **chord** sub, -s Schlussakkord; ~ **clause** sub, -s (Gramm.) Finalsatz; ~ **examination** sub, -s Abschlussexamen, Abschlussprüfung; ~ **letter** sub, -s Schlussbrief; ~ **observation** sub, -s Schlussbesprechung; ~ **qualifying** sub, -s Endausscheidung; ~ **rehearsal** sub, -s Generalprobe; ~ **reply** sub, -ies Endbescheid; ~ **result** sub, -s Endergebnis, Endresultat; ~ **scene** sub, -s Schlussszene; ~ **search** sub, - Zielfahndung; ~ **shape** sub, -s Durchformung; ~ **spurt** sub, -s Endspurt, Schlussspurt; ~ **stages** sub, nur Mehrz. Endphase, Schlussphase; ~ **stroke** sub, -s Schlussstrich; ~ **syllable** sub, -s Endsilbe

final version, sub, -s Endfassung; **final whistle** sub, -s Abpfiff, Schlusspfiff; **final winner** sub, -s Gesamtsieger; **finalist** sub, -s Finalist; **finalist(ic)** adj, teleologisch; **finality** sub, -ies Endgültigkeit, Finalprodukt; **finally** adv, letztlich, schließlich, zuletzt; finally zu guter Letzt

finance, (1) sub, nur Einz. Finanz (2) vt, finanzieren; ~ **minister** sub, -s Finanzminister; ~s sub, nur Mehrz. Finanzen; **financial** adj, finanziell, geldlich, pekuniär; (wirtschaftlich) materiell; **financial backer** sub, -s Geldgeber, Geldgeberin; **financial crisis** sub, Finanzkrise; **financial institution** sub, -s Geldinstitut; **financial management** sub, -s Finanzwirtschaft; **financial market** sub, -s Kapitalmarkt; **financial resources** sub, - Geldmittel; nur Mehrz. Hilfsquelle; **financial strength** sub, -s Kapitalkraft; **financial wizard** sub, -s Finanzgenie; **financial year** sub, -s (polit.) Geschäftsjahr; **financially** adv, finanziell; **financially strong** adj, finanzstark; **financier** sub, -s Financier, Finanzier; **financing** sub, -s Finanzierung

finch, sub, -es Fink; ~**-singing** sub, -s Finkenschlag

find, (1) sub, -s Fund (2) vt, auffinden, finden; (entdecken) auftun; (wiederfin-

den) entdecken; make a find einen Fund machen, find one´s way home nach Hause finden; I think (that) ich finde, dass; we found him at work wir fanden ihn bei der Arbeit; enclosed please find hiermit übersenden wir Ihnen; find out what´s what sich den nötigen Durchblick verschaffen; find so jemanden ausfindig machen; find so guilty jmd für schuldig erkennen; find someone guilty jemanden schuldig sprechen; find sth a nuisance etwas als lästig empfinden; she couldn´t find him in the crowd sie konnte ihn im Gewühl nicht entdecken; where on earth am I going to find any? woher nehmen und nicht stehlen; ~ **accommodation** vi, unterkommen; ~ **back** vi, zurückfinden; ~ **fault** vi, kritteln; ~ **one´s way** vr, (i. ü. S.) zurechtfinden; ~ **one´s way by asking** vt, durchfragen; ~ **one´s way home** vt, (heim-) finden; ~ **one´s way in** vi, hineinfinden; ~ **one´s way out (1)** vi, hinausfinden (2) vr, herausfinden; ~ **one´s way through** vt, durchfinden; ~ **oneself** vr, (sich) finden; is only to be found findet sich nur, findet sich nur; ~ **out (1)** vt, baldowern, eruieren, herausbekommen; (ugs.) erfahren, rauskriegen (2) vti, herausfinden

find sth. disgusting, vt, ekeln; **find the log(arithm) of** vt, logarithmieren; **finder** sub, -s Finder; **finder´s reward** sub, -s Finderlohn; **findings** sub, nur Mehrz. Befund

fine, (1) adj, fein, wohlgeraten; (Aussehen/Geschmack) edel (2) sub, -s Bußgeld, Geldbuße, Geldstrafe, Ordnungsstrafe; (österr.) Organmandat; (Geld-) Strafe; fine distinction feiner Unterschied; haute cuisine feine Küche; have very fine features ein feines Gesicht haben; fine geht in Ordnung; to fine sb jmdn mit einer Ordnungsstrafe belegen; you´re a fine one to talk du hast es gerade nötig, so zu reden; (ugs.) you´re a fine one! du bist vielleicht eine Marke!, 100 $ fine 100 Dollar Bußgeld; be fined zu einer Geldbuße verurteilt werden; ~ **(for breach of contract)** sub, -s Konventionalstrafe; ~ **art publisher** sub, - Kunstverlag; ~ **arts** sub, - Kunst; ~ **as a hair** adj, haarfein; ~ **ceramics** sub, Feinkeramik; ~ **cut** sub, -s (Tabak) Feinschnitt; ~ **gherkin** sub, -s Cornichon; ~ **gold** sub, nur Einz. Feingold; ~ **specimen** sub,

-s Musterstück; ~ **wood shavings** *sub,*
nur Mehrz. Holzwolle; ~**-tooth comb**
sub, -s Staubkamm; ~**ly** *adv,* fein; ~**ly**
meshed *adj,* feinmaschig; ~**ness** *sub,*
-es Feinheit; *the final touches* die letzten Feinheiten; *the finer points* die
Feinheiten; ~**ry** *sub,* -ies Putz
finesse, *sub,* -s Finesse
finger, (1) *sub,* -s Finger (2) *vi,* tatschen
(3) *vt, (ugs.)* befingern; *burn one´s fin-*
gers sich die Finger verbrennen; *cut*
one´s finger sich in den Finger schneiden; *he´s got a finger in every pie* er hat
überall seine Finger im Spiel; *not to lift*
a finger keinen Finger rühren; *point*
one´s finger at so mit dem Finger auf
jmdn zeigen; *slip through so´s finger*
jmdm durch die Finger schlüpfen; *twist*
so round one´s little finger jmdn um
den kleinen Finger wickeln, *be light-fin-*
gered wie eine Elster stehlen; *(ugs.)*
butter fingers Ungeschick läßt grüßen;
(i. ü. S.) finger-placing Griff in der Musik; *he doesn´t lift a finger* er tut keinen
Handgriff; *keep one´s fingers crossed*
for so die Daumen drücken; *(i. ü. S.) not*
to lift a finger any more keinen Finger
mehr regen; *to burn one´s fingers* sich
die Pfoten verbrennen; *to have a finger*
in every pie seine Pfoten überall drin
haben; ~ **exercise** *sub,* -s Fingerübung;
~ **joint** *sub,* -s Fingerglied; ~ **paint**
sub, -s Fingerfarbe; ~ **tip** *sub,* -s Kuppe;
~**nail** *sub,* -s Fingernagel; ~**print** *sub,*
-s Daktylogramm, Fingerabdruck; ~**tip**
sub, -s Fingerkuppe, Fingerspitze
finicky, *adj, (ugs.)* mäkelsüchtig, pingelig
finish, (1) *sub, nur Einz.* Appretur; -s
Finish; - Garaus; -s *(beendet)* Feinschliff; *(spo.)* Einlauf; *(tt; spo.)* Ziel (2)
vt, (Arbeit, Brief) beenden; *(beenden)*
abschließen, erledigen; *(Buch)* auslesen; *(Studium)* absolvieren; *finish so*
off jmdn den Garaus machen, *finish so*
jmd erledigen; *(i. ü. S.) it would take*
more than that to finish (me/him etc)
off Unkraut vergeht nicht; *to fight to the*
finish sich bekämpfen bis aufs Messer;
when you have finished the book wenn
du das Buch durchgelesen hast; ~ **(spe-**
aking) *vi,* aussprechen; ~ **speaking** *vi,*
ausreden; *let me finish* lass mich ausreden; *let so finish speaking* jemandem
ausreden lassen; ~**ed** *adj,* abgerundet,
abgetan, alle; *(beendet)* fertig; *finish sth*
etwas alle machen; ~**ed product** *sub,*
-s Fertigware; ~**ed with one´s training**
adj, ausgelernt; ~**ing** *sub,* -s *(Vorgang)*
Feinschliff; ~**ing straight** *pron, (tt;*

spo.) Zielgerade; ~**ing tape** *sub,* -s
Zielband; ~**ing touch** *sub,* -es *(ugs.)*
i-Tüpfelchen; ~**ing work** *sub,* - Feierabend; *finish work* Feierabend machen
finite, *adj, (-Sprachw.)* finit; ~**ness**
sub, nur Einz. Endlichkeit
Finland, *sub, nur Einz.* Suomi; **Finn**
sub, -s Finne; **Finnish** *adj,* finnisch,
finnländisch; **Finnish-Ugrish** *adj,* finnougrisch
fir, *sub,* -s Tanne; ~ **branch** *sub,* -es
(Ast) Tannenzweig; ~ **brushwood**
sub, nur Einz. Tannenreisig; ~ **cone**
sub, -s Tannenzapfen; ~ **forest** *sub,* -s
Tannenwald; ~ **honey** *sub, nur Einz.*
Tannenhonig; ~ **needle** *sub,* -s Tan-
nennadel; ~ **tree** *sub,* -s Tannen-
baum; ~ **twig** *sub,* -s Tannenzweig; ~
wood *sub,* -s Tann, Tannenwald
fire, (1) *sub,* - Feuer; -s Feuerstelle;
(brennen) Brand (2) *vi,* abfeuern;
(mil.) feuern (3) *vt,* anfeuern, heizen,
schießen; *(entlassen)* feuern; *(Feuer)*
anheizen; *(Gewehr, etc.)* abschießen;
(Schuss) abfeuern; *cook over a fire* auf
offenem Feuer kochen; *go through*
fire and water for für etwas durchs
Feuer gehen; *play with fire* mit dem
Feuer spielen; *catch fire* in Brand geraten; *fire is a good servant, but a bad*
master Feuer ist ein guter Diener,
aber ein schlechter Herr; *set fire to* in
Brand setzen, *(i. ü. S.; Sprichwort) fall*
out of the frying pan into the fire vom
Regen in die Traufe kommen; *fire*
away! schieß los!; *out of the frying*
pan into the fire den Teufel mit dem
Beelzebub austreiben; *(i. ü. S.) play-*
ing with fire Tanz auf dem Vulkan; ~
alarm *sub,* Feuermelder; ~ **at** *vi, (mit*
Gewehren) beschießen; ~ **brigade**
sub, - -s Berufsfeuerwehr; -s Feuerwehr, Wehr; ~ **department** *sub,* -s
(US) Feuerwehr; ~ **escape** *sub,* -s *(Ge-*
bäude) Feuerleiter; ~ **extinguisher**
sub, -s Feuerlöscher, Löschapparat; ~
hose *sub,* -s Feuerspritze; ~ **insuran-**
ce *sub,* -s Feuerversicherung; ~ **lad-**
der *sub,* -s *(Feuerwehr)* Feuerleiter; ~
prevention *sub,* Feuerschutz; ~
proof *adj,* feuerfest; ~ **signal** *sub,* -s
Feuerzeichen; ~ **station** *sub,* -s Sprit-
zenhaus; ~**bomb** *sub,* -s Brandbom-
be; ~**-eater** *sub,* -s Feuerfresser;
~**-fighting operations** *sub, nur*
Mehrz. Löscharbeit
fire-place, *sub,* -s Kamin; **firearm** *sub,*
-s Schusswaffe; **firebrand** *sub,* -s
Brandfackel; **fired** *adj, (Keramik)* ge-

brannt; **firedamp** *sub*, *-s* Schlagwetter; **fireman** *sub*, *-men (tech.,US)* Heizer; **fireplace** *sub*, *-s* Feuerstätte; **fireproof** *adj*, feuersicher; **fireside** *sub*, *-s* Ofenbank; **firewater** *sub*, *-* Feuerwasser; **firework** *sub*, *-s* Feuerwerkskörper; **fireworks** *sub*, *-* Feuerwerk; **firing** *sub*, nur *Einz.* Anfeuerung; *- (Befeuerung)* Feuerung; *-s (Waffe)* Abschuss **firm**, (1) *adj*, felsenfest, fest, hart, hartleibig, schnittfest, standsicher; *(Händedruck)* herzhaft; *(Warnung auch)* nachdrücklich (2) *sub*, *-s* Firma; *be firm with so* jmdn fest anfassen; *to give sb a firm warning* jmdn nachdrücklich warnen; *to insist firmly on sth* nachdrücklich auf etwas bestehen; **~ament** *sub*, *-s* Firmament, Himmelszelt, Sternenzelt; **~ly** *adv*, fest; **~ly convinced of** *adv*, felsenfest; *rely on so totally* sich felsenfest auf jmd verlassen; **~ness** *sub*, *-* Festigkeit

first, (1) *adv*, zuerst, zuvörderst; *(Reihenfolge)* erst (2) *ord.Zahl*, erste; *I've got to make a telephone call first* ich muß erst noch telefonieren, *first* als erstes, erst einmal; *Friedrich the First (Friedrich I)* Friedrich der Erste (Friedrich I); *he was the first* er war der erste; *he was the first to so* er war der erste, der; *on the first go* im ersten Anlauf; *the first (day) of the month* der Erste des Monats; **~ (day) of month** *sub*, *days* Monatserste; **~ aid** *sub*, nur *Einz.* Unfallhilfe; **~ assistant** *sub*, *-s* Ersthelferin; **~ beginning** *adj*, *(i. ü. S.)* uranfänglich; **~ born child** *sub*, *children* Erstgeborene; **~ confession** *sub*, *-s* Erstbeichte; **~ contact** *sub*, *-s* Fühlungnahme; **~ edition** *sub*, *-s* Erstausgabe; **~ floor** *sub*, *-s (US)* Parterre; **~ league** *sub*, *-s* Oberliga; **~ leg** *sub*, *-s (spo.)* Hinspiel; **~ menstruation** *sub*, *-s (med.)* Menarche; **~ mentioned** *adj*, ersterwähnt; **~ name** *sub*, *-s* Vorname **first of all**, *adv*, zuallererst; *(s. erst)* erstes; *first of all* als erstes; **first people** *sub*, *-s* Urvolk; **first prize** *sub*, *-s* Hauptgewinn, Haupttreffer; **first runner** *sub*, *-s* Startläufer; **first visit** *sub*, *-s* Antrittsbesuch; **first work** *sub*, *-s* Erstling; **first, second half** *sub*, *halves (spo.)* Halbzeit; **first-aid attendant** *sub*, *-s* Sanitäter; **first-aid station** *sub*, *-s* Unfallstation; **first-born** *adj*, erstgeboren; **first-born child** *sub*, *children* Erstgeburt; **first-class** *adj*, erstklassig; **First-Class-Hotel** *sub*, *-s* First-Class-Hotel; **first-floor apartment** *sub*, *-s (US)* Parterrewohnung

first-rank, *adj*, erststellig; **first-rate** *adj*, hochwertig, klasse; **first-time employee** *sub*, *- -s* Berufsanfänger; **first-violinist** *sub*, *-s* Konzertmeister; **first-year (university) student** *sub*, *-s* Erstsemester; **first-year pupil** *sub*, *-s* Erstklässler; **first/second rate** *sub*, *-s (ugs.; erste/zweite -)* Garnitur; **firstly** *adv*, erstens **firth**, *sub*, *-es (geol.)* Förde **fiscal**, *adj*, fiskalisch, steuerlich; **~ investigation** *sub*, *-s* Steuerfahndung; **~ law** *sub*, *-s* Steuergesetz; nur *Einz.* Steuerrecht; **~ policy** *sub*, *-* Steuerpolitik

fish, (1) *sub*, nur *Einz.* Fisch (2) *vti*, fischen; *(i. ü. S.)* big fish dicker Fisch, dicker Fisch, *(i. ü. S.) fish in troubled waters* im trüben fischen; **~ (for)** *vti*, angeln; **~ box** *sub*, *-es* Fischkalter; **~ dish** *sub*, *-es* Fischgericht; **~ for** *vti*, *(nach)* fischen; **~ knife** *sub*, *-ves* Fischmesser; **~ knives and forks** *sub*, nur *Mehrz.* Fischbesteck; **~ poison** *sub*, *-s* Fischvergiftung; **~ stocks** *sub*, nur *Mehrz.* Fischbestand; **~ store** *sub*, *-s (US)* Fischgeschäft; **~ trap** *sub*, *-s* Reuse; **~bone** *sub*, *-s* Gräte; **~erman** *sub*, *-men* Fischer; **~hook** *sub*, *-s* Angelhaken **fishing**, *sub*, nur *Einz.* Fischen; Fischerei nur *Einz.* Fischfang, Sportangeln; nur *Einz.* Sportfischen; **~ boat** *sub*, *-s* Fischerboot; **~ grounds** *sub*, nur *Mehrz.* Fischgründe; **~ industry** *sub*, *-ies (Gewerbe)* Fischerei; **~ license** *sub*, *- -s* Angelschein; **~ line** *sub*, *- -s* Angelschnur; **~ net** *sub*, *-s* Fangnetz, Fischernetz, Kescher; **~ rod** *sub*, *- -s* Angel, Angelrute; **~ trawler** *sub*, *-s* Fischkutter; **~ village** *sub*, *-s* Fischerdorf **fishmonger's** *sub*, Fischgeschäft

fission, *sub*, *-s (phy.)* Fission, Spaltung; **~ability** *sub*, nur *Einz.* Spaltbarkeit; **~able** *adj*, spaltbar; *(phy.) fissionable material* spaltbarer Stoff **fissure**, *sub*, *-s (Fels)* Spalt **fist**, *sub*, *-s* Faust; *clench one's fist* eine Faust machen, die Hand zur Faust ballen; *raise one's fist at so* jmdm mit der Faust drohen **fistula**, *sub*, *-s (med.)* Fistel **fit**, (1) *adj*, fit (2) *sub*, nur *Einz.* Anschmiegsamkeit; *-s* Anwandlung; *(i. ü. S.)* Anfall; *(Kleider)* Sitz (3) *vi*, *(Kleidung)* sitzen (4) *vt*, installieren; *(befestigen)* montieren; *(Kleidung)* anpassen (5) *vti*, *(Größe)* passen; *a fit of generosity* eine Anwandlung von

Großzügigkeit; *have a fit* einen Anfall bekommen; *a key to fit* ein passender Schlüssel; *be fit for something* zu etwas taugen; *be passed as fit* für tauglich erklärt werden; *be hardly ever wears a suit that fits* er trägt kaum mal einen passenden Anzug; *the keys that fit in* die dazugehörigen Schlüssel, *he doesn´t fit in this team* er passt nicht in dieses Team; *the lid won´t fit* der Deckel passt nicht; *the shoes fit me well* die Schuhe passen mir gut; *to fit like a glove* wie angegossen passen; ~ **for work** *adj*, arbeitsfähig; ~ **in (1)** *vi*, hineinpassen **(2)** *vt*, einmontieren; *(Schrank/Fenster)* einsetzen; ~ **in(to)** *vi*, einordnen; ~ **into (1)** *vr, (sich ein-)* fügen **(2)** *vt*, eingliedern; *fit into sth* sich in etwas eingliedern; ~ **of anger** *sub*, *-s* Zornausbruch; ~ **of coughing** *sub*, *-s* Hustenanfall; ~ **out** *vt*, ausstaffieren; *(Gerät etc.)* ausstatten; *fit oneself out with a new set of clothes* sich neu einkleiden; ~ **snuggly** *vi*, *(Hose, etc.)* anschmiegen; ~ **sth. in(to) sth.** *vt*, einfügen; *fit in well everywhere* sich überall gut einfügen; *fit sth in(to) sth* etwas in etwas einfügen; ~ **tightly** *vi*, *(Kleider)* spannen; ~ **to compete** *adj*, einsatzfähig; ~ **to drive** *adj*, *(Person)* fahrtauglich, fahrtüchtig; ~ **with metal** *vt*, *(Schrank etc.)* beschlagen; ~**-in** *adj*, einbaufertig
fitted kitchen, *sub*, *-s* Einbauküche; **fitter** *sub*, *-s (tech.)* Monteur; **fitting (1)** *adj*, gebührend; *(Größe)* passend **(2)** *sub*, *-s* Anprobe; *nur Einz.* Einbau; *-s (in Küche, Bad)* Armatur; *(von Kleidung)* Anpassung; **fitting-out** *sub*, *nur Einz.* Ausstaffierung; **fitting-room** *sub*, *-s (Geschäft)* Ankleidekabine
five, *adj*, fünf; ~ **and a half** *adj*, fünfeinhalb; ~ **digit** *adj*, fünfstellig; ~ **hundred** *adj*, fünfhundert; ~ **o´clock tea** *sub*, *-s* Fünfuhrtee; ~ **thousand** *adj*, fünftausend; ~**-gun salute** *sub*, *-s* Salutschuss
fix, (1) *sub*, *-es* Dröhnung **(2)** *vi*, hängen; *(Drogen)* fixen **(3)** *vt*, anberaumen, deichseln, festlegen, festmachen, festsetzen, heften; *(befestigen)* anbringen; *(Foto)* fixieren; *(Gewehr)* aufpflanzen; *(hinkriegen)* managen; *(Termin)* ansetzen; *to fix sth* etwas in Ordnung bringen, *I´m going to manage it* ich werde das schon deichseln; *I´ll fix it somehow!* ich manage das schon!; ~ **in a frame** *vt*, *(Stoff)* einspannen; *fix cloth into an embroidery frame* Stoff in einen Stickrahmen einspannen; ~ **on** *vr*,

(sich) heften; ~ **sth. using a plug** *vt*, dübeln; ~ **to** *vt*, *(an)* festmachen; ~ **up** *vt*, verarzten; ~**ative** *sub*, *-s* Fixativ, Fixiermittel; ~**ed** *adj*, feststehend, unverwandt; *(chem.)* gebunden; *(festgelegt)* fix; *(konstant)* fest; *of no fixed abode* ohne festen Wohnsitz
fixed assets, *sub*, *nur Mehrz.* Anlagevermögen; **fixed contribution** *sub*, *-s* Festbeitrag; **fixed day** *sub*, *-s* Stichtag; **fixed dressing** *sub*, *-s* Stützverband; **fixed in one´s views** *adj*, unbelehrbar; **fixed price** *sub*, *-s* Festpreis; **fixed regulation** *sub*, *-s* Mussbestimmung; **fixed star** *sub*, *-s* Fixstern; **fixed value** *sub*, *-s (wirt.)* Taxe; **fixed- interest security** *sub*, *-ies* Rentenpapier; **fixer** *sub*, *- (Drogen)* Fixer; **fixing** *sub*, *-s* Festsetzung
fizz, *vi*, *(Getränk)* sprudeln; ~**y drink** *sub*, *-s* Brause
flab, *sub*, *-* Pölsterchen; ~**bergasted (1)** *adj*, *(ugs.; verblüfft)* platt **(2)** *adj & adv*, *(ugs.)* verdattert; *to be flabbergasted* aus allen Wolken fallen; ~**biness** *sub*, *nur Einz.* Schlaffheit; ~**by** *adj*, schwabbelig; *(ugs.)* wabbelig; ~**by cheeks** *sub*, *-* Hängebacken
flag, (1) *sub*, *-s* Fahne, Flagge **(2)** *vi*, *(Interesse)* abflauen; *hoist the flag* die Flagge hissen; *lower the flag* die Flagge einholen; *under a foreign flag* unter fremder Flagge; ~ **salute** *sub*, *-s* Flaggengruß; ~**ellant** *sub*, *-s (psych., theol.)* Flagellant; ~**ellate (1)** *sub*, *-s* Geißeltierchen **(2)** *vt*, *(theol.)* geißeln; ~**ellation** *sub*, *-s* Geißelung; ~**pole** *sub*, *-s* Fahnenstange, Flaggenmast; ~**rant** *adj*, flagrant; ~**s** *sub*, *nur Mehrz.* Beflaggung; ~**ship** *sub*, *-s (i. ü. S.)* Flaggschiff
flail, *sub*, *-s* Dreschflegel; *(Dresch-)* Flegel; *(Waffe)* Morgenstern
flair, *sub*, *-s* Instinkt; *(Reiz)* Pfiff; *(ugs.) a fantastic flair for colours* ein phantastischer Farbinstinkt
flak battery, *sub*, *-ies (mil.)* Flakbatterie
flake, **(1)** *sub*, *-s* Flocke **(2)** *vr*, schuppen; ~ **out** *vi*, *(ugs.; beim Arbeiten)* abschlaffen; **flaking** *adj*, schuppig
flambe, *vt*, flambieren
flame, *sub*, *-s* Flamme; *burst into flames* in Flammen ausbrechen; *go up in flames* in Flammen aufgehen; ~ **of life** *sub*, *nur Einz.* Lebenslicht; ~ **thrower** *sub*, *-s* Flammenwerfer
flamenco, *sub*, *-s* Flamenco
flamingo, *sub*, *-s* Flamingo
flaming red, *adj*, feuerrot; *turn bright*

red feuerrot werden im Gesicht
flan, *sub,* -s Torte
flaneur, *sub,* -s Flaneur
flank, (1) *sub,* -s Flanke; *(mil.)* Flügel (2) *vt,* flankieren; *(Person)* einrahmen
flannel, *sub,* -s Flanell, Waschlappen; ~ **shirt** *sub,* -s Flanellhemd; ~ **suit** *sub,* -s Flanellanzug; ~ **trousers** *sub, nur Mehrz.* Flanellhose
flap, (1) *sub,* -s Klappe, Lasche, Latz (2) *vi, (mit den Flügeln)* flattern; *(Wind)* flattern; *(ugs.)* to get into a flap anfangen zu rotieren; ~**ping of wings** *sub,* -s Flügelschlag
flare, *sub,* -s Leuchtbombe, Leuchtkugel; ~ **signal** *sub,* -s Leuchtsignal; ~ **up** (1) *vi, (a. i .ü.S.)* aufflammen; *(a. i.ü.S.)* auflodern (2) *vt, (s.v.)* entflammen; *he flared up* er fuhr zornig auf; ~**d skirt** *sub,* -s Glockenrock
flas comb, *sub,* -s Hechel
flash, (1) *sub,* -es Funken; *(stärker)* Funke (2) *vi,* aufblinken, aufblitzen; *(ugs.)* blinken; *(Augen)* funkeln; *(Blitz)* aufleuchten; *(glänzen)* blitzen (3) *vti,* zukken; *flash an SOS signal* SOS blinken; *flash lamps* mit Lampen blinken; *his great love was only a flash in the pan* seine große Liebe war nur ein Strohfeuer; *(i. ü. S.) quick as a flash* flink wie ein Wiesel; ~ **across** *vt,* durchzucken; ~ **back** *vi,* rückblenden; ~ **of inspiration** *sub,* -es Geistesblitz; ~ **of lightning** *sub,* -es Blitzstrahl; ~ **one´s light at** *vt,* anblinken; ~ **photograph** *sub,* -s Blitzlichtaufnahme; ~ **through** *vti,* durchblitzen; *the slip flashs through* der Unterrock blitzt durch; ~**(light)** *sub,* -s Blitzlicht; ~**back** *sub,* -s Rückblende; *(Rück-)* Einblendung; ~**ed glass** *sub,* -es Überfangglas; ~**iness** *sub, nur Einz. (von Farben)* Aufdringlichkeit; ~**ing light** *sub,* -s Blinklicht; ~**light** *sub,* -s *(US)* Taschenlampe; ~**light signal** *sub,* -s Blinkzeichen; ~**y** *adj, (Farben)* aufdringlich
flat, (1) *adj,* eben, flach, platt, schal; *(Bier)* abgestanden; *(Stimme)* tonlos (2) *sub,* -s Wohnung; *lie flat* flach liegen; *with the flat of one´s hand* mit der flachen Hand; *the flat country* das platte Land; *(ugs.) to go flat out* sich ins Zeug legen; *to have a flat tyre* einen Platten haben; *to press sth flat* etwas platt drücken; *we have to find sb to take over the flat* wir müssen einen Nachmieter finden; ~ **-chested** *adj, (weibl.)* flachbrüstig; ~ **cake** *sub,* -s Fladen; ~ **cash supplement** *sub,* -s Sokkelbetrag; *a basic rate of 10 DM* ein

Sockelbetrag von 10 DM; ~ **foot** *sub, feet* Plattfuß; ~ **next door** *sub, flats* Nebenwohnung; ~ **rate** *sub,* -s Pauschsumme; *(Einheitspreis)* Pauschale; ~ **roof** *sub,* -s Flachdach; ~**nosed** *adj,* stumpfnasig; ~**-rate** *adj, (einheitlich)* pauschal; *income tax can be set at a flat-rate* die Einkommenssteuer kann pauschal festgesetzt werden; ~**cap** *sub,* -s Tellermütze; ~**let** *sub,* -s Kleinwohnung; ~**ness** *sub,* -es Ebenheit; ~**s** *sub, nur Mehrz. (Mündungsgebiet)* Niederung
flatten, *vt,* niederwalzen; *(Nase)* eindrücken; ~ **out** (1) *vi, (Gelände)* abflachen (2) *vt,* abplatten; *(Gegenstand)* abflachen; ~**ed** *adj,* abgeplattet; ~**ing** *sub,* -s Ebnung, Verflachung; ~**ing out** *sub, nur Einz. (Gelände)* Abflachung; **flatter** (1) *vi,* schmeicheln (2) *vt,* hofieren; **flatterer** *sub,* -s Schmeichler, Schönredner; **flattering** *adj,* schmeichelhaft; **flattery** *sub,* -ies Geschmeichel, Schmeichelei
flatulence, *sub, nur Einz.* Blähung, Darmwind; *(med. f. Blähungen)* Flatulenz
flatware, *sub, nur Einz.* Tafelbesteck; **flatworm** *sub,* -s Turbellarie
flavour, (1) *sub,* -s *(Geschmack)* Aroma (2) *vt,* aromatisieren; ~**ing mixture** *sub,* -s Würzmischung
flaw, *sub,* -s *(Fehler)* Makel; *flawed* mit Fehlern behaftet sein; ~ **in one´s reasoning** *sub,* -s Denkfehler; ~**less** *adj, (fehlerfrei)* einwandfrei; *(Figur, Haut)* makellos
flax, *sub,* -es Flachs; - Lein; ~**en** *adj,* flachsblond; ~**en-haired** *adj,* semmelblond
flea, *sub,* -s Floh; ~ **circus** *sub,* -es Flohzirkus; ~ **market** *sub,* -s Flohmarkt, Plundermarkt, Trödelmarkt
flee, (1) *vi,* flüchten (2) *vr, (sich)* flüchten; ~ **(from)** *vi, (vor)* fliehen
fleece, (1) *sub,* -s Flausch, Vlies; *(Schaf)* Fell (2) *vt, (ugs.; ausrauben)* ausnehmen; *(ugs.) to fleece sb* jmdn schröpfen
fleeing, *adj,* fliehend
fleet, *sub,* -s Flotte; ~ **of cars** *sub,* - *(mot)* Fahrzeugpark; ~**-footed** *adj,* schnellfüßig
Flemish, *adj,* flämisch
flesh, *sub,* -es Fleisch; *(Obst)* Fleisch; *in the flesh* in Fleisch und Blut; *one´s own flesh and blood* das eigene Fleisch und Blut; *it´s more than flesh and blood* das hält ja kein Pferd aus; ~ **wound** *sub,* -s Fleischwunde; ~**-co-**

loured *adj,* inkarnatrot
flex, (1) *sub, -es (elektrisch)* Litze **(2)** *vt, (Muskel)* anspannen
flexibility, *sub, -ies* Biegsamkeit, Elastizität; *nur Einz.* Flexibilität; **flexible** *adj,* biegsam, elastisch, flexibel
flexor muscle, *sub,* - *-s* Beugemuskel
flick knife, *sub, -ves* Springmesser; **flikker (1)** *sub, -s* Geflacker; *(i. ü. S.)* Fünkchen **(2)** *vi,* aufflackern, flackern; *(TV)* flimmern; *without a flicker of emotion* ohne jede Regung; **flickering** *sub,* - Geflimmer; **flickering fire** *sub, -s* Flakkerfeuer
flies, *sub, nur Mehrz. (Theater)* Schnürboden; ~´ **droppings** *sub, nur Mehrz.* Fliegendreck
flight, *sub, -s* Flucht, Flug; *attack ist the best means of defence(US -se)* wir müssen die Flucht nach vorne antreten; *put to flight* in die Flucht schlagen; ~ **(across)** *sub, -s* Überflug; ~ **controller** *sub, -s* Lotse; ~ **path** *sub, -es (Luftf.)* Flugbahn; ~ **recorder** *sub, -s* Flugschreiber; ~ **to the moon** *sub, flights* Mondflug; ~**y** *adj,* flatterhaft; ~**y character** *sub, -s* Flattergeist
flimsy, *adj,* fadenscheinig; *(ugs.)* unsolide
flin, *sub, -s (zool.)* Flosse
fling, *vt,* klatschen; *(heftig werfen)* pfeffern; ~ **oneself at sb** *vr, (ugs.)* ranschmeißen; ~ **open** *vt, (Fenster etc.)* aufreißen; ~**ing** *sub,* - Schleuderei
flint, *sub, -s* Feuerstein
flirt, (1) *sub, -s* Flirt **(2)** *vi,* flirten, kokettieren, poussieren, schäkern; ~**ation** *sub, -s* Liebelei; ~**atious** *adj,* kokett; ~**atiousness** *sub, nur Einz.* Koketterie
flit about like a will-o´-the wisp, *vi,* irrlichtern; **flit around** *vi,* geistern
float, *vi,* rieseln, schweben; *(wirt.)* floaten; *to float* an der Oberfläche schwimmen; ~**ing** *sub, -s (Wechselkurs)* Freigabe; *(wirt.)* Floating; ~**ing crane** *sub, -s* Schwimmkran; ~**ing dock** *sub, -s* Schwimmdock
flock, *sub, -s (Schaf-)* Herde; ~ **of goats** *sub, -s* Ziegenherde
floe, *sub, -s (Eis)* Scholle
flog, *vt, (ugs.)* verscherbeln, versetzen; ~ **to death** *vt,* zerreden
flood, (1) *sub, -s* Hochwasser, Schwall, Sündflut, Überflutung, Überschwemmung; *nur Einz. (i. ü. S.; bibl.)* Sintflut; *-s (Wassermasse)* Flut **(2)** *vi, (i. ü. S.)* ersaufen **(3)** *vt,* überschwemmen; *(absichtlich)* überfluten **(4)** *vti,* fluten; *be flooded with work* in Arbeit ersaufen; ~ **of words** *sub, -s* Redeschwall; ~

through *vt, (Person)* durchfluten; ~**warning** *sub, -s* Flutwarnung; ~**ed gravel pit** *sub, -s* Baggersee; ~**gate** *sub, -s* Schleuse, Siel; ~**light** *sub, -s* Flutlicht, Scheinwerfer
floor, (1) *sub, -s* Etage, Fußboden, Geschoss, Stockwerk; *(Haus)* Boden; *(Tanzfläche)* Parkett **(2)** *vt, (Gegner)* niederhauen; *on the first floor* im ersten Stock; *on the second floor* in der zweiten Etage; *on the second floor (brit)* im zweiten Obergeschoss; *on the third floor* im dritten Obergeschoss; *(ugs.) to floor sb* jmdn auf die Matte legen; *floor* Fußboden; *her floors are so clean that you could eat off them* vom Fußboden essen können; ~ **covering** *sub, -s (-belag)* Fußboden; ~ **coverings** *sub, nur Mehrz.* Auslegeware; ~ **exercises** *sub, nur Mehrz.* Bodenturnen; ~**-board** *sub, -s* Dielenbrett; *(Boden)* Diele; ~**-cloth** *sub, -s* Aufwischlappen; ~**-polish** *sub, nur Einz.* Bohnerwachs; ~**-polisher** *sub,* - Bohnerbesen; ~**cloth** *sub, -s* Scheuertuch
floozy, *sub, -ies* Schickse
flop, *sub, -s* Flop; *(ugs. i.ü.S)* Pleite; *(Buch, Film)* Misserfolg; *I flopped onto the bed* ich ließ mich aufs Bett plumpsen; ~**py** *adj,* labberig, schlaff; ~**py disc** *sub, -s* Diskette; ~**py disk** *sub, -s* Floppydisk; ~**py hat** *sub, -s* Schlapphut
flora, *sub, -s* Flora; ~**l** *adj, (Muster)* geblümt; **florist** *sub, -s* Florist; **florist´s** *sub,* - Blumengeschäft
flotilla, *sub, -s (Seem.Spr.)* Flottille
flotsam, *sub, nur Einz.* Treibgut; *-s (treibendes)* Strandgut
flounder, *sub, -s* Flunder; ~**ing** *adj, (Mensch)* haltlos
flour, *sub, nur Einz.* Mehl; ~ **paste** *sub, -s* Mehlkleister
flourish, (1) *sub, -es* Schnörkel; -s Tusch **(2)** *vi,* florieren; *(blühen)* gedeihen; *(wirt.)* aufblühen
flow, (1) *sub, -s* Zufluss; *(i. ü. S.; das Fließen)* Fluss; *nur Einz. (Menge)* Durchfluss **(2)** *vi,* fließen, wallen; *(Fluss)* münden; *the daily flow* der tägliche Durchfluss; *the point where the Isar flows into the Danube* die Mündung der Isar in die Donau, *blood will flow* es wird Blut fließen; ~ **in(to)** *vi,* einmünden; ~ **of tears** *sub, nur Einz.* Tränenfluss; ~ **off** *vi, (i. ü. S.; Geldmittel)* abfließen; ~ **out** *vi, (Kapital)* abwandern; ~ **through** *vt,* durchfließen, durchfluten; *(Flüssig-*

keit) durchströmen; **~ towards** *vi*, zu-fließen; **~chart** *sub*, *-s* Flussdiagramm
flower, *sub*, *-s* Blume; **~ pot** *sub*, *-s* Übertopf; **~,bloom** *sub*, *-s (Blumen)* Blüte; **~-board** *sub*, *-s* Blumenbrett; **~-box** *sub*, *-es* Blumenkasten; **~-woman** *sub*, *-men* Blumenfrau; **~bed** *sub*, *-s* Blumenbeet; **~ing branch** *sub*, *-es* Blü-tenzweig; **~pot** *sub*, *-s* Blumentopf; **~y** *adj*, blumig; *(Sprache)* geblümt
flowing off, *sub*, *nur Einz. (Wasser)* Ab-fluss
flu, *sub*, *-* Grippe; *nur Einz. (ugs.)* Influ-enza
fluctuate, *vi*, fluktuieren; **fluctuation** *sub*, *-s* Fluktuation
fluency, *sub*, *- (Stil)* Flüssigkeit; **fluent** *adj*, *(fließend)* geläufig; *(Stil)* flüssig
fluff up, *vtr*, plustern
fluffwise, *adj*, flockenweise
flugelhorn, *sub*, *-s (Musik)* Flügelhorn
fluid, *sub*, *-s* Fluid, Fluidum
flummery, *sub*, *-ies* Flammeri, Mehlspei-se
flunkey, *sub*, *-s* Hofschranze
fluoresce, *vi*, fluoreszieren; **~nce** *sub*, *nur Einz.* Fluoreszenz; **~nt colour** *sub*, *-s* Leuchtfarbe; **~nt tube** *sub*, *-s* Leuch-tröhre
fluoridate, *vt*, fluoridieren; **fluoride** *sub*, *-s* Fluorid
fluorine, *sub*, *- (chem.)* Fluor
flush, (1) *sub*, *-s (Wasser-)* Spülung **(2)** *vi*, *(WC)* spülen **(3)** *vr*, röten; **~ left** *adj*, linksbündig
flutter, *vi*, flattern, gaukeln, wehen; **~ one's eyelashes** *vi*, *(ugs.)* klimpern; **~ing** *sub*, *-s* Geflatter; **~ing (a)round** *sub*, *flutterings* Umgaukelung; **~y** *adj*, gauklerhaft, gauklerisch
fly, (1) *adj*, *(ugs.)* ausgebufft **(2)** *sub*, *flies* Fliege; *-ies* Hosenschlitz; *flies (Hose)* Eingriff; *-ies* Schlitz **(3)** *vt*, *(Flugz.)* fliegen; *go down like flies* wie die Fliegen sterben; *he wouldn't hurt a fly* er tut keiner Fliege was zuleide; *the week just flew by* die Woche verging wie im Flug, *how long is the flight to New York* wie lange fliegt man nach New York; **~ around** *vi*, umherfliegen; **~ away** *vi*, dahinfliegen, fortfliegen; **~ away (off)** *vi*, davonfliegen; **~ into a rage** *vi*, *(i. ü. S.; Person)* aufbrausen; **~ non stop** *vi*, durchfliegen; **~ off** *vi*, fortfliegen, losfliegen; **~ open** *vi*, *(Tür)* aufspringen; **~ over** *vt*, überfliegen; **~ through** *vt*, durchfliegen; *fly all through the night* die ganze Nacht durchfliegen; **~ up** *vi*, *(Vögel, etc.)* auf-fliegen; **~ weight** *sub*, *-s* Fliegenge-

wicht; **~ing along** *vi*, daherfliegen; **~ing boat** *sub*, *-s* Flugboot; **~ing but-tress** *sub*, *-es (arch.)* Schwibbogen; **~ing squad** *sub*, *-s* Überfallkomman-do; **~ing visit** *sub*, *-s* Stippbesuch, Stippvisite; *go on a flying visit to Paris* eine Stippvisite nach Paris machen
foal, (1) *sub*, *-s* Fohlen; *(zool.)* Füllen **(2)** *vi*, fohlen
foam, (1) *sub*, *-s* Gischt, Schaum **(2)** *vi*, schäumen; **~ material** *sub*, *-s* Schaumstoff; **~ over** *vi*, überschäu-men; **~ rubber** *sub*, *nur Einz.* Schaumgummi; **~ing with rage** *adj*, *(ugs.)* wutschäumend; **~y** *adj*, schau-mig
focal length, *sub*, *-s* Brennweite; **focal point** *sub*, *-s (visuell)* Mittelpunkt
focus, (1) *sub*, *focusses* Brennpunkt; *-es* Fokus **(2)** *vr*, richten **(3)** *vti*, fokus-sieren; *be the focus of attention* im Brennpunkt stehen; **~ attention on** *sub*, *-s* Hauptaugenmerk; **~sing screen** *sub*, *-s (phot.)* Mattscheibe
fod, *sub*, *-s (ugs.)* Trottel
foetal, *adj*, fetal; **foetus** *sub*, *-es* Fötus
fog, *sub*, *-s* Nebelbildung; *(poet.)* Ne-bel; *have not the foggiest idea about* er hat keinen blassen Dunst von; **~gy** *adj*, neblig, neblig; *foggy patches* stellenweise Nebelbildung
föhn, *sub*, *-s* Föhnwind; *(Wind)* Föhn
foil, (1) *sub*, *-s* Florett, Folie **(2)** *vt*, vereiteln; **~ fencing** *sub*, *nur Einz. (-fechten)* Florett
foist sth, *vt*, *(ugs.)* unterschieben
fold, (1) *sub*, *-s* Falz, Pferch; *(im Stoff)* Falte **(2)** *vt*, falzen, knicken, kniffen **(3)** *vi*, falten; *(auch: geol.)* falten; *fall in folds* Falten werfen, *fold one's hands* die Hände falten; **~ back** *vi*, zurückschlagen; **~ mountains** *sub*, *nur Mehrz.* Faltengebirge; **~ of skin** *sub*, *-s* Lappen; **~ out** *vt*, ausklappen; **~ sth up/down** *vt*, klappen; **~ up** *vt*, hochklappen, zusammenlegen; **~-away bed** *sub*, *-s* Schrankbett; **~-out picture album** *sub*, *-s* Leporelloal-bum; **~able measurement instru-ment** *sub*, *-s* Schmiege
folder, *sub*, *-s* Mappe, Schreibmappe; **folding** *adj*, aufklappbar, ausklapp-bar; **folding bicycle** *sub*, *-s* Klappfahr-rad; **folding boat** *sub*, *-s* Klepperboot; **folding chair** *sub*, *-s* Klappsessel; **fol-ding ladder** *sub*, *-s* Klappleiter; **fol-ding rule** *sub*, *-s* Zollstock
foliage *sub*, *nur Einz.* Belaubung; *-s* Blätterwerk; *nur Einz.* Kraut, Laub, Laubwerk; **~ plant** *sub*, *-s* Blattpflan-

ze
folio, *sub,* *-s* Foliant, Folio, Folioformat
follow, (1) *vi,* hergehen; *(folgen)* anschließen; *(hinter)* herziehen **(2)** *vt,* nachfolgen, nachziehen, verfolgen; *(i. ü. S.; an Meinung)* anlehnen; *(hinterhergehen)* nachgehen; *(jemandem)* nachstellen; *(Partei)* anhängen; *(Regel)* beachten; *(Vorschrift etc.)* befolgen **(3)** *vti,* folgen; *to follow sb* jmd nachfolgen; *follow me!* mir nach!; *follow sth closely* etwas aufmerksam verfolgen; *following in Anlehnung an; it follows that* daraus geht hervor, dass; *sth follows after sth* etwas reiht sich an etwas; *to follow every fashion* jede Mode mitmachen, *as follows* wie folgt; *do you follow me?* können Sie mir folgen?; *further details to come* weitere Einzelheiten folgen; **~ later** *vi, (später kommen)* nachkommen; **~-up costs** *sub,* - Folgekosten, Folgelasten; **~-up cure** *sub, -s* Nachkur; **~er** *sub, -s (einer Bewegung)* Anhänger; *(polit.)* Gefolgsmann; *(i. ü. S.)* *have a crowd of followers* einen großen Tross mit sich führen; **~ers** *sub,* nur *Mehrz.* Gefolgschaft; **~ing (1)** *adj,* folgend, nachfolgend, nachstehend **(2)** *sub, -s* Nachfolgende; *in the following* im folgenden; *reads as follows* lautet folgend; *the matter is as follows* es handelt sich um folgendes; *can you gather anything from the following examples?* können sie aus den nachfolgenden Beispielen etwas entnehmen?; *the following* das Nachfolgende; **~ing the philosophy of Hegel** *adj,* hegelianisch
folly, *sub,* nur *Einz.* Unverstand
fond of animals, *adj,* tierlieb; **fond of sweet things** *adj,* naschhaft; **fondle** *vti,* kosen; **fondness** *sub, -s* Zuneigung
fondue, *sub, -s (Kochk.)* Fondue; **~ fork** *sub, -s* Fonduegabel
fontanel, *sub, -s (med.US)* Fontanelle
fontanelle, *sub, -s (med.)* Fontanelle
food, *sub,* nur *Einz.* Esswaren, Kost; - Lebensmittel; nur *Einz.* Nahrung, Verpflegung; *(das Essen)* Beköstigung; *(Haust.)* Fressen; *(Lebensmittel/Speise)* Essen, - *(Nahrung)* Speise; *-s (Tiere)* Fraß; *the food is quite good there* man ißt dort sehr gut; *the food stuck in his throat* ihm blieb der Bissen im Halse stecken; *throw sth to an animal* etwas einem Tier zum Fraß vorwerfen; **~ (stuff)** *sub,* nur *Einz.* Nahrungsmittel; **~ chain** *sub, -s (biol.)* Nahrungskette; **~ poisoning** *sub,* nur *Einz.* Lebensmittelvergiftung
fool, *sub, -s* Narr, Schafsnase; Schildbür

ger, Tölpel, Tor; *(ugs.)* Depp, Dummkopf; *this love-lorn fool* dieser verliebte Narr; *to act the fool* den Narren spielen; *to make a fool of sb* jmdn zum Narren halten; *act the fool* sich dumm stellen; *like a fool I forgot it* dummerweise habe ich es vergessen; *make a fool of oneself* sich zum Clown machen; *old fool* alter Esel; *once a fool always a fool* doof bleibt doof; *stop fooling about* laß den Unsinn; *there´s no fool like an old fool* Alter schützt vor Torheit nicht; *to make a fool of so/oneself* jmd/sich unmöglich machen; *to make a proper fool out of oneself* sich schwer blamieren; *to make an utter fool of oneself* sich unsterblich blamieren; *what a fool I look now!* wie stehe ich jetzt da?; *you won´t fool me so easy!* so leicht kannst du mich nicht täuschen!; *and like a fool I fell for it* ich Depp bin darauf reingefallen; **~ about** *vi,* blödeln; *(ugs.)* kalben; **~ around (1)** *vi,* herumalbern; *(ugs.)* albern **(2)** *vt, (ugs.; machen)* Fez; **~ sb** *vt,* vormachen; **~´s cap** *sub, -s* Narrenkappe; **~´s sceptre** *sub, -s* Narrenzepter; *to carry the fool´s sceptre* das Narrenzepter führen; **~´s wand** *sub, -s* Pritsche; **~hardy** *adj,* verwegen; *(ugs.)* wagehalsig; *a foolhardy undertaking* ein tollkühnes Unternehmen; **~ing about** *sub,* Blödelei; **~ing around** *sub,* - Geblödel
foolish, *adj,* närrisch, tölpisch, töricht, unsinnig; *(Dummheit) do something foolish* eine Torheit begehen; **~ act** *sub, -s* Schildbürgerstreich; **~ly** *adv,* dümmlich; **~ness** *sub,* nur *Einz.* Tölpelei, Torheit; - *(ugs.)* Unsinnigkeit; **foolproof** *adj,* narrensicher
foot, *sub,* *feet* Foot, Fuß; *(Berg, Schrank, Liste, Seite)* Fuß; *be back on one´s feet again* wieder auf den Füßen sein; *get back on one´s feet again* sich nach einer Erkrankung aufrappeln; *get cold feet* kalte Füße bekommen; *have both feet firmly on the ground* mit beiden Füßen fest auf der Erde stehen; *not to set foot in sb´s house* keinen Fuß über die Schwelle setzen; *put one´s foot down* mit der Faust auf den Tisch hauen, *(i. ü. S.)* auf die Tube drücken; *stand on one own´s two feet* auf eigenen Füßen stehen; *(i. ü. S.) start someone off on the right foot* jemanden auf den Trichter bringen; *walk one´s feet sore* sich seine Füße auflaufen; *wipe one´s feet*

sich die Schuhe abtreten; ~ **on the floor** *sub*, *nur Einz.* Bleifuß; *drive with one´s foot on the floor* mit Bleifuß fahren; ~ **soldier** *sub*, *-s* Infanterist; ~*- and -mouth disease sub, nur Einz.* Klauenseuche; ~**ball** *sub*, *-s* Fußball; ~**ball boot** *sub*, *-s* Fußballschuh; ~**ball club** *sub*, *-s* Fußballklub; ~**ball ground** *sub*, *-s* Fußballplatz; ~**ball match** *sub*, *-es* Fußballspiel; ~**ball pitch** *sub*, *-es* Fußballfeld; ~**ball player** *sub*, *-s* Kikker; ~**ball pool** *sub*, *-s (Fußball)* Toto; ~**ball pools** *sub*, *-* Fußballtoto; ~**ball sock** *sub*, *-s (spo.)* Stutzen **football team,** *sub*, *-s* Fußballmannschaft; **footbath** *sub*, *-s* Fußbad; **footbridge** *sub*, *-s* Steg; **foothills** *sub*, *nur Mehrz.* Vorgebirge; *(von Bergen)* Ausläufer; **foothold** *sub*, *-s (fester Halt)* Stand; **footlights** *sub*, *nur Mehrz.* Rampenlicht; **footnote** *sub*, *-s* Fußnote; **footpad** *sub*, *-s* Strauchritter; **footpath** *sub*, *-es* Fußweg, Gehweg; **footprint** *sub*, *-s* Fußspur, Stapfe; *(Fußspur)* Tritt; **footprints** *sub*, *nur Mehrz.* Stapfen; **footsore** *adj*, *(v. maschieren)* fußkrank; **footwork** *sub*, Beinarbeit **fop,** *sub*, *-s (ugs.; abw.)* Geck; ~**pish** *adj*, geckenhaft; *(ugs.)* affig **for,** *präp*, seit, zu; *(ugs.)* zum; *(- eine Krankheit)* **gegen;** *(als Ersatz -)* **für;** *(anstatt)* für; *(im Namen von)* für; *(Maß)* um; *(mit Verben oft)* nach; *(wegen)* aus; *(zugunsten von)* für; *a cheque for 100 DM* ein Scheck über 100 DM; *(zahlenang.) for the first time* zum ersten Mal; *(mit pron) for what* zu was; *if it weren´t for him we´d still be there* ohne ihn wären wir immer noch dort; *please forgive me for being late* entschuldige, dass ich zu spät komme!; *stand in for something* stellvertretend für etwas stehen; *that is for my diarrhoea* das ist ein Mittel gegen meinen Durchfall; *that´s what it is for* dazu ist es ja da; *you have to say that much for him* das muss ihm der Neid lassen; *(Verb mit n) for example* zum Beispiel; *(Folge/Umst) for his own good* zu seinem Besten; *(Verb mit n) for inspection* zur Beurteilung; *(Vergleich) in comparison with* im Vergleich mit; *(Beziehung) love for sb* Liebe zu jmd; *(bestim) milk for coffee* Milch zum Kaffee; *(Zusatz) to drink wine with one´s meal* Wein zum Essen trinken; *(Anlaß) to get sth for christmas* etwas zu Weihnachten bekommen; *(Zweck) water for washing* Wasser zum Waschen; *for anything in the world* um alles in der Welt;

for heaven´s sake um Himmels willen; *to long for sth* sich nach jmd sehnen; *to look for sb* nach jmd suchen; *for fear of* aus Furcht vor; *for love* aus Liebe; *for that reason* aus diesem Grunde; *for my sake* für mich; *for the moment* fürs erste; *he likes to be on his own* er ist gern für sich; ~ **a few seconds** *adv*, sekundenlang; ~ **a long time** *adv*, lange, längst; *the meeting went on for a long time today* die Sitzung hat heute lange gedauert; ~ **a moment** *adv*, *(kurz)* eben; *can I speak to you for a moment* kann ich sie mal eben sprechen; *I go out for a moment* ich gehe mal eben raus; ~ **a test** *adv*, probehalber; ~ **centuries** *adv*, jahrhundertelang; *the enmity continued for centuries* die Feindschaft dauerte jahrhundertelang; ~ **days on end** *adv*, tagelang; ~ **decency´s sake** *adv*, anstandshalber; ~ **each other** *adv*, füreinander; ~ **evenings on end** *adv*, abendelang; ~ **ever** *adv*, ewig; *(für immer)* ewiglich; *for ever and ever* auf immer und ewig; ~ **everyday use** *sub*, *nur Einz.* Handgebrauch **forbid,** *vt*, untersagen, verbieten; ~**den** *adj*, unerlaubt, verboten **force,** (1) *sub*, *-s* Wucht (2) *vt*, erzwingen, zwingen; *(geh.)* oktroyieren; *(zwingen)* nötigen; *brute force* brachiale Gewalt; *don´t force yourself* tu´ dir keinen Zwang an; *force a smile* sich ein Lächeln abringen; *force one´s way to the front* sich nach vorne drängen; *force os on so* sich jemandem aufdrängen; *force sth on so* jemandem etwas aufdrängen, jemandem etwas aufzwingen, jemandem etwas aufnötigen; *force sth open* etwas mit Gewalt öffnen; *force sth out of sb* etwas von jmd erzwingen; *force sth out of so* jemandem etwas abpressen; *force the facts out of him* die Wahrheit erzwingen; *the force of habit* die Macht der Gewohnheit; *to be in the forces* beim Militär sein; *to be the force behind sth* bei etwas Pate gestanden haben; *use force* Gewalt anwenden; *to force sb to go into a room* jmdn ins Zimmer nötigen; ~ **field** *sub*, *-s (phy.)* Kraftfeld; ~ **of arms** *sub*, *nur Einz.* Waffengewalt; ~ **of attraction** *sub*, *-s - (phy.)* Anziehungskraft; ~ **oneself** *vr*, zwängen; ~ **open** *vt*, *(mit Kraft)* aufsprengen; ~ **reduction** *sub*, *-s* Truppenabbau; ~ **so up** *vt*, *(Person aufjagen)* auftreiben; ~ **through** *vti*,

durchzwängen; ~-feed *vt*, *(Gans)* nudeln; ~d *adj*, krampfhaft; *(Lachen)* gekünstelt; ~d feeding *sub*, -s Zwangsernährung; *sub*, - *(i. ü. S.)* Zwangsurlaub; ~d labour *sub*, -s Zwangsarbeit; ~d licence *sub*, -s *(i. ü. S.)* Zwangslizenz; ~d march *sub*, -es Gewaltmarsch; ~d ride *sub*, -s Parforceritt; ~d saving *sub*, *nur Einz. (i. ü. S.)* Zwangssparen; ~d smile *sub*, - *(ugs.)* Keepsmiling; ~d track *sub*, -s *(i. ü. S.)* Zwangschiene
forceful, *adj*, eindrücklich, forsch; ~ly *adv*, energisch; forceps *sub*, *nur Mehrz. (tt; med.)* Zange; forces *sub*, *nur Mehrz. (Heer)* Macht; forces mail *sub*, - Feldpost
forearm, *sub*, -s Unterarm
forebear, *sub*, -s Urahne; ~s *sub*, *nur Mehrz.* Ureltern
forebode, *vt*, schwanen; *he had forebodings* ihm schwante etwas
forecast, *sub*, -s Vorhersage
foreceps delivery, *sub*, -es *(tt; med.)* Zangengeburt
forecourt, *sub*, -s Vorhof, Vorplatz; forefather, *sub*, -s Urahn; forefinger *sub*, -s Zeigefinger; foreground *sub*, -s Vordergrund; forehand *sub*, *nur Einz. (tt; spo.)* Vorhand; forehead *sub*, -s Stirn; *brush one´s hair back from the forehead* sich das Haar aus der Stirn streichen; *wipe the perspiration off one´s forehead* sich den Schweiß von der Stirn wischen
foreign, *adj*, ausländisch, fremd; *(polit.)* auswärtig; *foreign countries* fremde Länder; ~ affairs *sub*, *nur Mehrz. (allgemein)* Außenpolitik; ~ body *sub*, -ies *(med.,biol.)* Fremdkörper; ~ correspondent *sub*, -s Auslandskorrespondent; ~ country *sub*, -ies Ausland; *come from a foreign country* aus dem Ausland kommen; ~ currency *sub*, -ies *(wirt.)* Sorte; -s *(tt; wirt.)* Valuta; ~ exchange *sub*, *nur Einz.* Devisen; *the foreign exchange of some countries is* die Devisen aus manchen Ländern sind; ~ exchange market *sub*, -s Devisenmarkt; ~ exchange rate *sub*, -s Devisenkurs; ~ language *sub*, -s Fremdsprache; ~ language correspondent *sub*, -s Fremdsprachenkorrespondentin; Foreign Legion *sub*, *nur Einz.* Fremdenlegion; ~ ministry *sub*, -ies Außenministerium; ~ parts *sub*, *nur Mehrz.* Fremde
foreign policy, *sub*, *nur Einz. (bestimmte Richtung)* Außenpolitik; foreign relations *sub*, *nur Mehrz.*

Auslandsbeziehungen; foreign secretary *sub*, -ies Außenminister; foreign trade *sub*, *nur Einz.* Außenhandel, Außenwirtschaft; foreign trade policy *sub*, *nur Einz.* Außenhandelspolitik; foreign word *sub*, -s Fremdwort; foreign worker *sub*, -s Gastarbeiter; foreign-policy ... *adj*, außenpolitisch; foreigner *sub*, -s Ausländer, Fremde; foreignize *vt*, überfremden
foreman, *sub*, -men Rottenführer; *men* Vorarbeiter; -en Werkmeister; ~ bricklayer *sub*, -s Maurerpolier; ~ of a gang of labourers *sub*, -men Partieführer
forename, *sub*, -s Rufname, Taufname
forensic, *adj*, forensisch; ~ medicine *sub*, - Gerichtsmedizin; ~ pathologist *sub*, -s Gerichtsarzt
foreplay, *sub*, -s *(ugs.)* Vorspiel
forerunner, *sub*, -s Vorläuferin; - Wegbereiter
foresail, *sub*, -s *(Seef.)* Fock
foresee, *vt*, voraussehen, vorhersehen; *(vorhersehen)* absehen; ~able *adj*, absehbar, voraussehbar, vorhersehbar; *in the foreseeable future* in absehbarer Zeit; *it´s unforeseeable* das ist nicht absehbar
foresheetman, *sub*, *men (tt; naut)* Vorschotmann
foreskin, *sub*, -s Vorhaut
forest, *sub*, -s Forst, Wald; ~ damages *sub*, *nur Mehrz.* Forstschaden; ~ demon *sub*, -s Schrat; ~ district *sub*, -s Forstrevier; ~ nursery *sub*, -ies Pflanzgarten; ~ warden *sub*, -s Forstmeister; ~ed *adj*, bewaldet; ~er *sub*, -s Förster; ~ry college *sub*, -s Forstschule; ~ry worker *sub*, -s Waldarbeiter; ~s *sub*, *nur Mehrz.* Bewaldung
forestall, *vi*, zuvorkommen
foretaste, *sub*, *nur Einz.* Vorgeschmack
foretell, *vt*, vorerzählen, weissagen; ~er *sub*, -s Weissagerin; *(ugs.)* Vorsager
foreword, *sub*, -s Vorwort
for example, *adv*, beispielsweise; *(zum Beispiel)* beispielshalber; for her part *adv*, ihrerseits; for his sake *adv*, seinetwillen; for hours (1) *adj*, stundenlang (2) *adv*, stundenlang; for instance *adv*, *(beispielsweise)* etwa; for it *adv*, dafür; *I´m all for it* ich bin ganz dafür; for lack of *präp.*, mangels; for less *adv*, *(weniger)* darunter; for my part *adv*, meinesteils; for my sake *adv*, meinetwillen; for no reason *adv*, grundlos; for

for the purpose of

nothing *adv, (ohne Bezahlung)* umsonst; **for once in a while** *adv, (nur
dieses Mal)* ausnahmsweise; **for one
voice** *adj, (mus.)* einstimmig
forfeit, *vt,* verwirken; *(Pfänderspiel) to
pay sth as a forfeit* etwas zum Pfand
geben; ~ *sth vr, (ugs.)* verscherzen; ~**s**
sub, nur Mehrz. Pfänderspiel
for fun, *adv,* spaßeshalber
forge, (1) *sub, -s* Schmiede (2) *vt,*
schmieden; *(fälschen)* nachmachen;
(Urkunden, Unterschr.) fälschen; ~**r**
sub, -s Fälscher, Falschmünzer
forget, (1) *vt,* verschwitzen (2) *vti,* vergessen; *all right, forget it* dann eben
nicht; *(ugs.) forget about so* jemanden
abschreiben können; *(ugs.) forget it*
Schwamm drüber!; *(i. ü. S.) be can forget about that* das kann er sich abschminken; *I won´t forget that* das
werde ich mir merken; *to forgive and
forget sth* etwas mit dem Mantel des
Vergessens zudecken; ~**-me-not** *sub,
nur Einz.* Vergissmeinnicht; ~**ful** *adj,*
vergesslich; ~**fulness** *sub, nur Einz.*
Vergesslichkeit
forgivable, *adj,* verzeihlich; **forgive** *vt,*
vergeben, verzeihen; *(verzeihen)* nachsehen; *to forgive and forget sth* etwas
mit dem Mantel der Nächstenliebe
zudecken; **forgiveness** *sub, -es* Vergebung; *nur Einz.* Verzeihung
forgotten, *adj, (tt; kun.)* verschollen
Forint, *sub, -s (Währung in Ungarn)* Forint
fork, (1) *sub, -s* Astgabel, Forke, Gabel,
Gabelung; *(Fahrrad)* Gabel (2) *vr, (sich
- Straße etc.)* gabeln; *(Straße eic.)* teilen; *(ugs.) fork something out* etwas
springen lassen; ~ **(in the road)** *sub, -*
Weggabelung; ~ **lunch** *sub, -es* Gabel-
bissen; ~ **out** *vti, (ugs.)* berappen; ~
sth up vt, gabeln; ~**ed** *adj, (gabelför-
mig)* gegabelt; ~**lift truck** *sub, -s* Ga-
belstapler
forlorness, *sub, nur Einz.* Verlorenheit
formal, *adj,* formell, förmlich; *(Einladung)* offiziell; *(Redeweise)* abgemessen; *the reception was terribly formal*
auf dem Empfang ging es schrecklich
offiziel zu; *make a formal apology* sich
in aller Form entschuldigen; ~ **reception** *sub, -s* Galaempfang; ~ **suit** *sub, -s*
Gesellschaftsanzug; ~**ism** *sub, -s* Formalismus; ~**ist** (1) *adj,* formalistisch
(2) *sub, -s* Formalist; *(weibl.)* Formalistin; ~**istic** *adv,* formalistisch; ~**ity**
sub, -ies Formalie, Formalität, Förmlichkeit; *to dispense with all formalities* allen Zwang ablegen; ~**ize** *vt,*

formalisieren
formaldehyde, *sub, nur Einz. (chem.)*
Formaldehyd
formalin, *sub, nur Einz.* Formalin
format, *sub, -s* Format; ~**ion** *sub, -s*
Formation, Truppenteil; *(Entste-
hung)* Bildung; *(mil.)* Aufstellung;
~**ive** *adj,* formativ
former, *adj,* ehemalig, einstig, einstmalig, früher, vormalig; *(s. erst)* erster; *a former officer* ein ehemaliger
Offizier; *in former times* einstmalig;
as in former times wie ehedem; ~**ly**
adv, ehedem, ehemals, vormals; *(ehemals)* sonst
formic acid, *sub, nur Einz.* Ameisen-
säure
formidable, *adj,* formidabel
forming (of a trust), *sub, -s (tt; wirt.)*
Vertrustung
formula, *sub, -s (Redensart)* Formel;
*bring down to a simple for-
mula* auf eine Formel bringen; ~**te** *vt,*
ausformulieren, formulieren; ~**tion**
sub, -s Formulierung
formwork, *sub, -s* Schalung
for our part, *adv,* unsererseits, unse-
resteils, unsrerseits, unsresteils; **for
our sake** *adv,* unsertwegen; **for practice** *adv,* übungshalber; **for removal**
adv, umzugshalber; **for safety
reasons** *adv,* sicherheitshalber; **for
sale** *adj,* feil, verkäuflich; **for several
minutes** *attr,* minutenlang; **for several voices** *attr,* mehrstimmig; **for
that reason** *adv, (geh.)* deshalb; *she
isn´t any happier for it* sie ist deshalb
nicht glücklicher; *so that´s the reason*
deshalb also; **for the first time** *adv,*
erstmals; **for the moment** *adv, (vorübergehend)* momentan; **for the
most part** *adv,* meistenteils; *(zum
größten Teil)* meist, meistens; **for the
present** *adv,* vorerst
forswear, *vt, (Zigaretten)* abschwören
fort, *sub, -s* Fort; *(i. ü. S.) bold the fort*
die Stellung halten; ~**ification** *sub, -s
(mil.)* Befestigung; *nur Einz. (tt; mil.)*
Verschanzung; ~**ified tower** *sub, -s*
Wehrturm; ~**ify** *vt, (mil.)* befestigen;
(tt; mil.) verschanzen; ~**ress** *sub,* Festung
for the purpose of, *präp,* behufs,
zwecks; **for the sake of which** *adv,
(Sachen)* derentwillen; **for the same
length of time** *adv,* ebenso lang; **for
the time being** *adv, (vorübergehend)*
behelfsmäßig; **for their part** *adv,* ihrerseits; **for this** *adv,* hierfür, hierzu;
for three voices *adj,* dreistimmig; **for**

two voices *adj*, zweistimmig; **for weeks** *adj*, wochenlang; **for what/why** *adv*, wofür; **for which** *adv*, wonach; **for whose sake** *adv*, *(Pers.)* derentwillen

fortunate, *adj*, glücklich; ~**ly** *adv*, glücklicherweise **Fortune,** *sub, nur Einz.* Fortune, Vermögen; *fortune smiled on her* Fortuna war ihr hold; *make a fortune* sich ein Vermögen erarbeiten; **fortuneteller** *sub, -s* Wahrsager, Wahrsagerin; **fortunetelling** *sub, nur Einz.* Wahrsagerei **forward,** (1) *adj*, vorwärts (2) *sub, -s (spo.)* Stürmer (3) *vt*, nachschicken, nachsenden; *please forward!* bitte nachschicken!, bitte nachsenden!; ~ **gear** *sub, nur Einz.* Vorwärtsgang; ~ **line** *sub, -s (spo.)* Sturm; ~**ing** *sub, -s* Absendung; ~**ing agent** *sub, -s (Fuhrunternehmer)* Spediteur; ~**s** *adv*, vorn, vornüber **for years,** *adv*, jahrelang; *(i. ü. S.; Zeit)* hinweg; **for your part** *adv*, deinesteils; **for your sake** (1) *adv*, euretwillen (2) *sub, nur Einz.* deinetwillen; *we made this for your sake* um deinetwasillen haben wir das gemacht; **for/because** *konj*, denn; **forasmuch as** *konj*, alldieweil; **forbearance** *sub, nur Einz.* Langmütigkeit; **forbearing** *adj*, langmütig **fossil,** (1) *adj*, fossil (2) *sub, -s* Fossil; ~**ization** *sub, -s* Versteinerung; ~**ize** *vi*, versteinern; ~**ized** *adj*, fossil **foster,** *vt, (Beziehungen)* pflegen; *(Talent)* fördern; *to foster a child* ein Kind in Pflege nehmen; *to have a child fostered* ein Kind in Pflege geben; ~ **child** *sub, -ren* Pflegekind; - *children* Ziehkind; ~ **father** *sub, -s* Pflegevater; ~ **home** *sub, -s* Pflegestätte; ~ **mother** *sub, -s* Pflegemutter; ~ **parents** *sub, nur Mehrz.* Pflegeeltern; ~**ing** *sub, nur Einz. (Beziehungen)* Pflege; *-s (Talent)* Förderung **foul,** (1) *adj*, foul; *(spo.)* unfair; *(Wasser, Luft)* faul (2) *sub, -s* Foul (3) *vti*, foulen; *(spo.) to commit a blatant foul* die Notbremse ziehen; ~ **from behind** *vt*, *(Fußball)* nachschlagen **found,** *vt*, gründen; *(gründen)* stiften; *be founded on* beruhen auf der Basis; *since the organization was founded* seit Bestehen der Organisation; ~**ation** *sub, -s* Fundament, Gründung; *(Gründung)* Stiftung; *lay the foundations for* das Fundament legen für; ~**ation stone** *sub, -s* Grundstein; *lay the foundation stone of* den Grundstein legen zu; ~**ations** *sub, nur Mehrz.* Grundfesten;

- *(tt; arch.)* Unterbau; *rock the foundations of the state* an den Grundfesten des Staates rütteln; *shake sth to its foundations* in den Grundfesten erschüttern; ~**er** *sub, -s (Gründer)* Stifter; ~**ing** *sub, nur Einz.* Neugründung; *-s (tech.)* Guss; ~**ing father** *sub, -s* Gründervater; ~**ling** *sub, -s* Findelkind, Findling **foundry,** *sub, -ies* Gießerei **fountain,** *sub, -s* Brunnen, Fontäne, Springbrunnen; ~ **of youth** *sub,* - Gesundbrunnen; *nur Einz.* Jungbrunnen; ~ **pen** *sub, -s* Federhalter, Füllfederhalter, Tintenstift **four,** *sub, -n* vier; ~ **and a half** *number*, viereinhalb; ~ **hundred** *numb.*, vierhundert; ~ **stroke engine** *sub, -s (tt; tech.)* Viertaktmotor; ~ **thousand** *numb*, viertausend; ~ **times** *adv*, vierfach; ~**-engined** *adj*, viermotorig; ~**-eyes** *sub, -s (scherzhaft)* Brillenschlange; ~**-figured** *adj*, vierstellig; ~**-handed** *adj*, vierhändig; ~**-horse** *adj*, vierspännig; ~**-horsed chariot** *sub, -s* Quadriga; ~**-in-hand** *sub,* - Vierspänner; ~**-leaf** *adj*, vierblättrig; ~**-mast-tent** *sub, -s* Viermastzelt; ~**-part** *adj*, vierstimmig; ~**-rower** *sub, -s* Vierruderer **four-sided figure,** *sub, -s (tt; mat.)* Viereck; **four-storeyed** *adj*, vierstöckig; **four-wheel drive** *sub, -s* Geländefahrzeug; **four-wheeled** *adj*, vierräderig; **fourfold** *adj*, vierfach; **fourteen** *num*, vierzehn; **fourth** *sub, -s (mus.)* Quart, Quarte; **fourth stomach** *sub, -s (zool.)* Labmagen; **fourth year** *sub, -s* Untertertia; **fourthly** *adv*, viertens **fox,** *sub, -es* Fuchs; ~**den** *sub, -s* Fuchsbau; ~**glove** *sub, -s (bot.)* Fingerhut, Kermesbeere; ~**hunt** *sub, -s* Fuchsjagd; ~**tail** *sub, -s* Fuchsschwanz; ~**tail millet** *sub,* - *(bot.)* Kolbenhirse; ~**terrier** *sub, -s* Foxterrier; ~**trot** *sub, -s* Foxtrott **foyer,** *sub, -s* Foyer, Wandelhalle; *(Hotel-)* Halle; *(US lobby)* Foyer **fraction,** *sub, -s (chem.)* Fraktion; *(mat.)* Bruch; *in a fraction of a second* im Bruchteil einer Sekunde; ~ **line** *sub, -s* Bruchstrich; ~**alize** *vt*, *(polit.)* fraktionieren; ~**ize** *vt*, *(Wissensch.)* fraktionieren; ~**s** *sub, nur Mehrz.* Bruchrechnen; *when doing fractions* beim Bruchrechnen **fracture,** *sub, -s* Knochenbruch; *(med.)* Bruch, Fraktur; ~**d** *adj*, gebrochen; ~**d jaw** *sub, -s* Kieferbruch; ~**d leg**

sub, -s Beinbruch; ~**d pelvis** *sub*, -*ves*
(med.) Beckenbruch; ~**d rib** *sub*, Rippenbruch; ~**d skull** *sub*, -s Schädel-
bruch
fragile, *adj*, zerbrechlich; *(tt; kun.)* zart;
fragility *sub*, -*ies* Fragilität
fragment, *sub*, -s Fragment, Scherbe;
(Bruch-) Stück; *(Bruchstück)* Splitter;
~**ary** *adj*, fragmentarisch, trümmerhaft; ~**ation** *sub*, -s *(Zerfall)* Auflösung
fragrance of violets, *sub*, -s Veilchen-
duft
frail, *adj*, gebrechlich; *(gebrechl.)* hinfällig; ~**ty** *sub*, -*ies* Gebrechlichkeit,
Schwachheit; *(Gebrechlichk.)* Hinfälligkeit
frame, (1) *sub*, -s Einfassung, Rahmen,
Umrahmung; *(ugs.)* Stellage; *(Brille)*
Fassung; *(Luftfahrt)* Spant; *(Tasche)*
Bügel (2) *vt*, rahmen, umrahmen;
(Bild) einfassen, einrahmen; *frame a
picture* ein Bild einfassen; ~ **aerial** *sub*,
-s Rahmenantenne; ~ **finder** *sub*, -s
Diopter; ~**tent** *sub*, -s Hauszelt; ~**work**
sub, -s Gerippe; - Verschalung; *nur
Einz. (i. ü. S.)* Gerüst
franc, *sub*, -s Franc; *(Währungseinh.)*
Franc
France, *sub*, *nur Einz.* Frankreich
franchise, *sub*, -s Franchise; **franchising** *sub*, - Franchising
Franciscan, *sub*, -s Minderbruder
francium, *sub*, - *(chem.)* Francium
Francophile, *adj*, frankophil; **francophony** *sub*, *nur Einz.* Frankophonie
frank, (1) *adj*, freimütig, offenherzig (2)
vt, frankieren; *to have a frank talk with*
ein offenes Wort mit jmd reden; ~**ing
machine** *sub*, -s Frankiermaschine; ~**ly**
adv, frank; *quite frankly* frank und frei
frantic, *adj*, *(betriebsam)* hektisch
fraternal, *adj*, *(geh.; polit.)* brüderlich;
in a fraternal way auf brüderliche Art
und Weise; **fraternity** *sub*, -*ies* Frater-
nité, Korporation; **fraternize** *vi*, fraternisieren
fratricidal war, *sub*, -s Bruderkrieg
fraud, *sub*, - Betrug; -s Fickfackerei; *nur
Einz.* Hochstapelei
fraught with consequences, *adj*, folgenreich
fray, *vi*, ausfransen, fasern; ~**ed** *adj*,
ausgefranst
freckle, *sub*, -s Sommersprosse
free, (1) *adj*, frei, kostenlos; *(i. ü. S.)*
ungebunden (2) *vt*, losmachen; *(in die
Freiheit entlassen)* befreien; *a free
seat/chair* ein freier Platz/Stuhl; *carriage free* Lieferung frei Haus; *is this table
free* ist der Tisch frei?; *(ungehemmt)*

please feel free to help yourself! greifen Sie bitte ungeniert zu!; *to free oneself of duties* sich von Verpflichtungen
lösen; ~ **admission** *sub*, *nur Einz.*
(Eintritt) Nulltarif; ~ **and easy** *adj*,
(ungehemmt) ungeniert; ~ **beer** *sub*,
nur Einz. Freibier; ~ **city** (of the
Holy Roman Empire) *sub*, -*ies (hist.)*
Reichsstadt; **Free Democrate** *sub*, -s
Freidemokrat; ~ **from** *vt*, entziehen;
~ **from fear** *adj*, angstfrei; ~ **from
knots** *adj*, astfrei; ~ **from taboo** *vt*,
enttabuieren; ~ **from wood** *adj*,
holzfrei; ~ **gift** *sub*, -s Zugabe; ~ **kick**
sub, -s *(Fußb.)* Freistoß; ~ **o.s.** *vr*,
(loskommen) befreien; ~ **of charge**
adj, gebührenfrei, gratis, unentgeltlich
freedom of assembly, *sub*, *nur Einz.*
Versammlungsfreiheit; **freedom of
movement** *sub*, - *(Ortungebundenh.)*
Freizügigkeit; **freedom of speech**
sub, *nur Einz.* Meinungsfreiheit, Re-
defreiheit; **freedom of the press** *sub*,
nur Einz. Pressefreiheit; **freedom of
trade** *sub*, - Gewerbefreiheit; **freehand** *adv*, *(zeichnen)* freihändig; **freelance** *adj*, freiberuflich; *work
freelance* freiberuflich tätig sein; **freemason** *sub*, -s Freimaurer
free of debts, (1) *adj*, schuldenfrei (2)
vt entschulden; **free port** *sub*, -s Freihafen; **free rendering** *sub*, -s Nachdichtung; **free sample** *sub*, -s
Gratisprobe; **free section** *sub*, -s
(spo.) Kür; **free skating** *sub*, *nur Einz.*
Kürlauf; **free thinking** *adj*, freigeistig; **free throw** *sub*, -s *(spo.)* Freiwurf; **free travel** *sub*, *nur Einz.*
(Verkehrsmittel) Nulltarif; **free-standing sculpture** *sub*, -s Freiplastik; **freeborn citizen** *sub*, -s Freie; **freeclimbing** *sub*, - Freiklettern; **freedom** *sub*, *nur Einz.* Freiheit
freesia, *sub*, -s Freesie
freestyle, *sub*, -s *(spo.)* Freistil
freethinker, *sub*, -s Freidenkerin
freewheel, *sub*, -s Freilauf
freeze, (1) *vi*, frieren; *(- sein)* gefrieren
(2) *vt*, einfrieren; *(Lebensm.)* gefrieren (3) *vti*, vereisen; *(US)* freeze (on)
to sth an etwas krampfhaft festhalten;
freeze sb out jmd ausschließen; *freeze
sb's blood* einem das Blut in den
Adern gefrieren lassen; *freeze sb´s enthusiasm* jmd Begeisterung ersticken;
(i.S.) freeze to death sich einen abfrieren; *frozen joghurt* Joghurteis; *her
smile had frozen* ihr Lächeln war eingefroren; *temperatures will be below*

freezing tonight heute nacht wird es frieren; *the atmosphere froze* die Stimmung sank auf den Nullpunkt; *the pipes are frozen up* die Rohre sind eingefroren; ~ **frame** *sub*, *-s (TV)* Standbild; ~ **out** *vt*, hinausekeln; ~ **over** *vi*, überfrieren; ~ **to death** *vi*, erfrieren; ~**r** *sub*, *-s* Kühltruhe, Tiefkühltruhe; **freezing** *sub*, *-s* Einfrierung, Vereisung; **freezing compartment** *sub*, *-s* Froster, Gefrierfach; **freezing point** *sub*, *-s* Gefrierpunkt

freight, *sub*, *-s* Frachtgut; ~ **bill** *sub*, *-s (US)* Frachtbrief; ~ **prepaid** *adj*, frachtfrei; ~ **station** *sub*, *-s* Güterbahnhof; ~ **traffic** *sub*, *nur Einz.* Güterverkehr; ~ **train** *sub*, *-s* Güterzug; ~**er** *sub*, *-s* Frachter, Frachtschiff; *(cargoship)* Frachtschiff

French, (1) *adj*, französisch **(2)** *sub*, *- (die Franzosen)* Franzose; ~ **Canadian** *sub*, *-s* Frankokanadier; ~ **horn** *sub*, *-s (tt; mus.)* Waldhorn; ~ **letter** *sub*, *-s (Kondom)* Pariser; *(ugs.; Kondom)* Überzieher; ~ **seam** *sub*, *-s* Kappnaht; ~ **stick** *sub*, *-s* Baguette; ~**man** *sub*, *-men* Franzose; *(ugs.; Schraubenschlüssel)* Franzose

frenetic, *adj*, frenetisch

frequency, *sub*, *-ies* Frequenz, Häufigkeit; ~ **range** *sub*, *- -s (Rundfunk)* Bandbreite; **frequent (1)** *adj*, frequent, häufig **(2)** *vi*, verkehren **(3)** *vt*, frequentieren; **frequently** *adv*, oft; *how frequently does the bus go?* wie oft fährt der Bus?; *quite frequently* des öfteren

fresco, *sub*, *-s* Freske, Fresko

fresh, *adj*, frisch, neu; *fresh in my mind* in frischer Erinnerung; *get fresh with so* jmd dumm kommen; *(US) then she started getting fresh* zuletzt wurde sie noch frech; ~ **and crisp** *adj*, *(ugs.)* knackfrisch; ~ **convert** *sub*, *-s* Neubekehrte; ~ **from the oven** *adj*, frischbacken; ~ **milk** *sub*, *-* Frischmilch; ~ **vegetables** *sub*, *-* Frischgemüse; ~ **water** *sub*, *nur Einz.* Frischwasser; ~ **water eel** *sub*, *-s* Flussaal; ~**en up** *vi*, *(Wind)* auffrischen; ~**laid** *adj*, *(Eier)* frisch; ~**water** *sub*, *-* Süßwasser; ~**water fish** *sub*, *-* Süßwasserfisch

fret-saw, *sub*, *-s* Stichsäge; **fretsaw** *sub*, *-s* Laubsäge, Schweifsäge

fricassee, (1) *sub*, *-s (Kochk.)* Frikassee **(2)** *vt*, frikassieren

fricative, (1) *adj*, spirantisch **(2)** *sub*, *-s (Sprachw.)* Frikativlaut

friction, *sub*, *-s* Friktion, Missstimmung; *(ugs.)* Reiberei; *(phy.)* Reibung; ~**less** *adj*, reibungslos

Friday, *sub*, *-s* Freitag; ~**s** *sub*, freitags

fried chicken, *sub*, *-* Broiler; **fried egg** *sub*, *-s* Spiegelei; **fried fish** *sub*, *-es* Backfisch

friend, *sub*, *-s* Bekannte, Freund; *a friend in need* ein Helfer in der Not, Freunde in der Not; *a friend of mine* ein Bekannter; *amongst friends* unter Brüdern; *(ugs.) faithless friend!* treulose Tomate!; *friend and foe* Freund und Feind; *(Zug) make friends* Anschluss finden; *be a good friend to so* jmdm ein guter Freund sein, jmdm ein guter Freund sein; *make a friend of so* sich jmdn zum Freund machen; ~ **of songs** *sub*, *-s* Sangesfreund; ~**liness** *sub*, *-es* Freundlichkeit; ~**ly (1)** *adj*, freundlich, freundschaftlich, vertraulich; *(Atmosphäre)* persönlich **(2)** *adv*, freundlich, freundschaftlich; *a friendly nation* ein befreundetes Land, *be on friendly terms with so* auf freundschaftlichem Fuße stehen mit jmd; *part on friendly terms* freundschaftl auseinandergehen; ~**ly match** *sub*, *-es* Freundschaftsspiel; ~**ship** *sub*, *-s* Freundschaft; *make friends with* Freundsch schließen mit

frieze, *sub*, *-s* Fries

frigate, *sub*, *-s* Fregatte

fright, *sub*, *-s* Schreck, Schrecken; ~**en** *vt*, ängstigen, schrecken, verängstigen; *don´t be frightened* erschrick dich nicht; *frighten so* jemandem Bange machen; ~**en off** *vt*, verschrecken; *(ugs.)* verscheuchen; ~**ening (1)** *adj*, beängstigend **(2)** *sub*, *-s* Ängstigung; ~**ful** *adj*, schrecklich, verheerend; *(i. ü. S.) frightfully expensive* sündhaft teuer; ~**fully** *adv*, verheerend

frigid, *adj*, frigid; ~**ity** *sub*, *nur Einz.* Frigidität

fringe, *sub*, *-s* Franse; *(eines Sturmes etc.)* Ausläufer; *(Frisur)* Pony; *(Pony Haare)* Franse; *falling apart in* Fransen gehen; ~ **group** *sub*, *-s* Randgruppe; ~**d** *adj*, befranst

frippery, *sub*, *-ies* Firlefanz; *nur Mehrz.* Flitter

Frisbee, *sub*, *-s* Frisbee

Frisée-lettuce, *sub*, *-s* Friséesalat

Frisian, *sub*, *-s* Friesländer

frisk, *vi*, *(durchsuchen)* filzen

fritter away, *vt*, verbummeln, verpulvern, vertrödeln; *(ugs.)* verplempern; *he frittered away his time playing* er hat seine Zeit nutzlos mit Spielen verplempert; *to fritter sth away* etwas sinnlos verprassen; **frittering away**

sub, nur Einz. Vertrödlung
frivolous, adj, frivol
frizz, vt, kräuseln; ~**iness** sub, nur Einz.
Krause; ~**y** adj, kraus; ~**y-haired** adj,
kraushaarig; ~**y-headed** adj, krausköpfig
frock, sub, -s Kleid; ~ **coat** sub, -s Gehrock; ~**-coat** sub, -s Bratenrock
frog, sub, -s Frosch; (i. ü. S.) have a frog
in one´s throat einen Frosch im Hals
haben; **Frog Prince** sub, -s Froschkö-
nig; ~**man** sub, -men Froschmann;
~**spawn** sub, -s Froschlaich
from, (1) adv, (zeitlich) ab (2) präp,
von, vor; (räumlich) ab; (von) her;
(zeitlich) ab; from time to time ab und
zu, from what I´ve heard nach allem,
was ich gehört habe; (darunter) to suffer from sth unter etwas leiden; from
tomorrow on ab morgen; ~ **above** adv,
(von oben) herab; ~ **before** präp, (von
früher) her; know sb from before jmdn
von früher her kennen; ~ **behind** adv,
dahinterher, hinterrücks; (hinter -) hervor; make a big effort dahinterher sein;
~ **Bosnia** adj, bosnisch; ~ **column to
column** adv, spaltenweise; ~ **each
other** adv, voreinander; ~ **Eleusia** adj,
eleusinisch; ~ **every angle** adv, allseitig; ~ **Greenland** adj, grönländisch; ~
hearsay adj, gerüchtweise; I know it
from hearsay ich habe es nur gerüchteweise gehört; ~ **Herrnhut** adj, (Stadt
in D.) herrnhutisch; ~/**(out) of** präp,
(räumlich) aus; (Ursprung) aus; come
from America aus Amerika kommen;
take sth out of the cupboard etwas aus
dem Schrank nehmen; be from England aus England kommen
from it, adv, (Menge) daraus; learn
from it daraus lernen; pour out from it
daraus ausschütten; ~/**them** adv,
(räuml.) davon; be not far away from
it nicht weit davon entfernt liegen;
from no side adv, keinerseits; **from
north south** adj, adv, nordsüdlich;
from now on adv, fortan, hinfort;
from nowhere adv, nirgendsher, nirgendwoher; **from outside** präp, (von
draussen) herein; **from somewhere
else** adv, sonst woher; **from there** adv,
dorther; (räuml.) daher; gingerbread
comes from there von dorther kommen
die Lebkuchen; there is no danger from
there daher droht keine Gefahr; **from
this** adv, hieraus, hiervon; **from time
to time** adv, mitunter; (geh.) bisweilen
from under, adv, (unter) hervor; **from
what/which** adj, wovon; **from Zurich**
adj, (i. ü. S.) züricherisch; **from, of** adj,

(von) frei; **from/of each other** adv,
voneinander
front, adv, vor; ~ **axle** sub, -s (tt; tech.)
Vorderachse; ~ **door** sub, -s Hauseingang, Haustür; (Wohnung) Eingangstür; ~ **head** sub, -s Vorderseite; ~
loader sub, -s Frontlader; ~ **man** sub,
-men (i. ü. S.; jur.) Strohmann; ~ **part
of gun carriage** sub, -s Protze; ~ **passenger seat** sub, -s Beifahrersitz; ~
paw sub, -s Vorderpfote; ~ **room** sub,
-s Vorderzimmer; ~ **ship** sub, -s Vorderschiff; ~ **tipper** sub, -s Vorderkipper; ~ **wheel** sub, -s Vorderrad
frontage, sub, -s Vorderfront; (Gebäude) Front
frontal, adj, frontal; ~ **sinus** sub, -
Stirnhöhle
frontier protection, sub, - Grenzschutz
front-line, sub, (mil.) Front; at the
front an der Front; behind the lines
hinter der Front; enemy lines die
feindl Front; (i. ü. S.) fight on two
fronts an zwei Fronten kämpfen; ~
report sub, -s Frontbericht; ~ **soldier**
sub, -s Frontkämpfer, Frontsoldat;
front-page story sub, - -ies (ugs.) Aufmacher; **front-tyre** sub, -s Vorderreifen; **front-wheel drive** sub, -s (mot.)
Frontantrieb
frost, (1) sub, -s Frost (2) vt, (US)
überzuckern; get a touch of frost Frost
abbekommen; when there´s frost bei
Frost; ~ **damage** sub, -s Frostschaden; ~ **flower** sub, -s Eisblume; ~
line sub, -s Frostgrenze; ~**-covered**
adj, bereift; ~**bite** sub, -s Erfrierung;
~**iness** sub, - Frostigkeit; ~**ing** sub, -s
(Zuckerwerk, US) Glasur; ~**y** adj, (i. ü.
S.) eisig; (auch i.ü.S.) frostig; give sb a
frosty reception jmd eisig empfangen;
~**y weather** sub, nur Einz. Frostwetter
froth, (1) sub, -s Schaum (2) vi, schäumen; ~ **up** vi, aufschäumen; ~**y** adj,
schaumig; ~**y biscuits** sub, nur
Mehrz. Schaumgebäck; ~**y dish** sub,
-es Schaumspeise
frowned upon, adj, verpönt; **frowning** sub, nur Einz. Stirnrunzeln
fructose, sub, nur Einz. Fructose
frugal, adj, frugal, karg; ~**ity** sub, nur
Einz. Frugalität, Kargheit; **frugil** sub,
-s (ugs.) Schmalhans
fruit, sub, nur Einz. Obst; - (auch
i.ü.S.) Frucht; be laden with fruit voller Früchte hängen; bear fruit Früchte
tragen, Früchte tragen; the fruits of
one´s labour die Früchte seiner Ar-

beit; ~ **bread** *sub, nur Einz.* Kletzenbrot; ~ **drop** *sub, -s* Fruchtbonbon; ~
from the garden *sub, -s* Gartenfrucht;
~ **juice** *sub, -s* Fruchtsaft, Obstsaft; ~
loaf *sub, -s* Früchtebrot; *(Kuchen)* Stollen; ~ **plantation** *sub, -s* Obstplantage;
~**-growing (1)** *attr,* obstbaulich **(2)**
sub, -s Obstbau; ~**-tree** *sub, -s* Obst-
baum; ~**cake** *sub, -s* Königskuchen;
~**ful** *adj, (i. ü. S.)* fruchtbar; ~**less** *adj,*
ergebnislos, fruchtlos; *(i. ü. S.; Verhandlung etc.)* unfruchtbar; *it was
fruitless* es hat nichts gefruchtet; ~**y**
adj, fruchtig
frustrate, *vt,* frustrieren; **frustration (1)**
sub, -s Frust, Frustrierung, Verdruss **(2)**
vi, Frustration
fry, (1) *vt, (Pfanne)* braten **(2)** *vti,* brutzeln; *fried chicken* Brathähnchen; *fry
sth until it´s brown* braun braten, *fry
in the pan* in der Pfanne brutzeln; *fry
oneself* in der Sonne brutzeln; *(i. ü. S.)
small fry* kleine Fische (Leute)
fuchsia, *sub, -s (bot.)* Fuchsie
fuck, (1) *sub, -s* Fick **(2)** *vti, (vulg.)* fik-
ken; *(vulg.) I don´t give a fuck* ich
pfeife drauf
fuddle, *sub, -s (ugs.; Rausch)* Dusel; *be
in a fuddle* einen Dusel haben
fuel, (1) *sub, nur Einz.* Brennstoff; *-s*
Kraftstoff, Treibstoff; *nur Einz. (für Kocher)* Benzin **(2)** *vt, (i. ü. S.; Diskussion)* anheizen; *that just added fuel to
the fire* das gab der Sache neue Nahrung; *to add fuel to the fire* Öl ins Feuer
gießen; ~ **consumption** *sub, nur Einz.*
Benzinverbrauch; ~ **gas** *sub, -* Treibgas;
~**-rod** *sub, -s (Kerntechnik)* Brennelement; ~**-tank** *sub, -s* Brennstoffbehälter
fug, *sub, nur Einz.* Qualm
fugue, *sub, -s (mus.)* Fuge
fulfil, (1) *vi, (Pflicht, Forderung)* nachkommen **(2)** *vt, (jur.)* erfüllen; *to fulfil
oneself* sich selbst verwirklichen;
~**ment** *sub, -s* Erfüllung; *find fulfilment in sth* die Erfüllung finden in
full, *adj,* gesättigt, prall, satt, voll; *a full
life* ein erfülltes Leben; *full report* genauer Bericht; *full to bursting* brechend voll; *fully* in vollem Umfang; *full
of praise* voll des Lobes; ~ **beam** *sub,*
Fernlicht; *drive on full beam* Fernlicht
anhaben; ~ **board** *sub, -s* Vollpension;
~ **dress** *sub, -es* Galauniform; ~ **employment** *sub, -s (tt; wirt.)* Vollbeschäftigung; ~ **member** *sub, -s* Vollmitglied;
~ **moon** *sub, -s* Vollmond; ~ **of corners** *adj,* verwinkelt; ~ **of flowers** *adj,*
blumenreich; ~ **of gaps** *adj,* lük-

kenhaft; ~ **of hatred (1)** *adj,* hasserfüllt **(2)** *adv,* hasserfüllt; *give so a look
of hatred* jmdn hasserfüllt anblicken;
~ **of holes** *adj,* löcherig
full of ideas, *adj, (ugs.)* einfallsreich;
full of nuances *attr,* nuancenreich;
full of o.s. *adj,* Großkotz; **full of relish** *adj,* lustvoll; **full stop** *sub, -s*
Punkt; **full to the rim** *adj,* randvoll;
full-blooded *sub, - (i. ü. S.)* Vollblut;
full-bodied *adj, (Wein)* gehaltreich,
gehaltvoll; **full-coverage insurance**
sub, -s Kaskoversicherung; **full-face
helmet** *sub, -s* Integralhelm; **full-
length** *adj,* abendfüllend; **full-length
slip** *sub, -s* Unterkleid; **full-time** *adj,*
hauptamtlich; **full-time housewife**
sub, -wives Nurhausfrau; **fullfillment**
sub, -s Vollziehung; **fulltimejob** *sub,
-s* Fulltimejob
fully, *adv,* voll; ~ **fledged** *adj,* flügge;
~ **grown** *adj,* ausgewachsen; ~ **important** *adj, (ugs.)* vollwichtig
fumble around with sth, *vt, (an etwas herum~)* nesteln
fun, *sub, -s* Gaudium; *- (ugs.)* Vergnügen; *(Vergnügen)* Spaß; *I was just having a bit of fun* ich habe doch nur
Spaß gemacht; *it´s fun* es macht Spaß;
let him have his bit of fun nun lass ihm
doch sein Pläsier; *liven up and have a
bit of fun!* seid lustig!; *(i. ü. S.) spoil
someone´s fun* jemandem in die Suppe spucken; *spoil the fun* den Spaß
verderben; *that´s going to be fun!* das
kann ja lustig werden!; *the fun has
started now* jetzt wird´s erst richtig
gemütlich; *(ugs.) this was but the beginning of the fun* dann ging der Tanz
erst richtig los!; *to make fun of sb* sich
über jmdn lustig machen; *to take all
the fun out of sth for sb* jmd die Lust
an etwas nehmen
function, (1) *sub, -s* Funktion **(2)** *vi,*
funktionieren; *(Organ)* arbeiten; ~ **as**
vi, fungieren; ~**al** *adj,* funktional,
funktionell; ~**alism** *sub, nur Einz.*
Funktionalismus; ~**ality** *sub, nur
Einz.* Sachlichkeit
fund, *sub, -s* Fonds; *no funds* keine
Deckung (Scheck)
fundamental, *adj,* fundamental,
grundlegend, grundsätzlich, grundständig, wesentlich; *(grundlegend)*
elementar; ~ **mistake** *sub, -s* Grundfehler; ~ **order** *sub, -s* Grundordnung; ~**ism** *sub, -*
Fundamentalismus; ~**ist** *sub, -s* Fundamentalist; ~**ly** *adv,* wesentlich; ~**s**
sub, nur Mehrz. (Wissensch.) Grund-

lage
funds, *sub,* - Geldmittel
funeral, *sub,* -s Begräbnis, Leichenbe-
gängnis; *(Begräbnis)* Beerdigung; ~
address *sub,* -es Grabrede; ~ **march**
sub, -s Trauermarsch; ~ **oration** *sub,* -s
Leichenrede; ~ **procession** *sub,* -s
Kondukt
funeral ceremony, *sub,* -ies Trauerfeier
fungal disease, *sub,* -s Pilzkrankheit;
fungicide *sub,* -s Fungizid; **fungus** *sub,*
fungi Fungus
funk, *sub,* -s *(ugs.)* Angsthase
funnel, *sub,* -s Trichter
funniness, *sub, nur Einz. (Komik)* Lustigkeit; **funny** *adj,* komisch, putzig,
spaßhaft, spaßig, ulkig, witzig; *(amüsant)* lustig; *I´ve got a funny feeling
about it* mir ist die Sache nicht geheuer;
it´s far from being funny das ist beileibe nicht komisch; **funny (am: cute)**
adj, drollig; *don´t get funny* jetzt werd
nicht drollig; *she´s a funny girl* sie ist
ein drolliges Mädchen; **funny story**
sub, -ies Schnurre
fur, (1) *sub,* -s Feh, Fell, Pelz (2) *vi, (Zunge)* belegen; ~ **coat** *sub,* -s *(ugs.)* Mottenfiffi; ~ **farm** *sub,* -s Pelztierfarm; ~
seal *sub,* -s *(zool.)* Seebär; ~-**trimmed**
adj, pelzbesetzt
furious, *adj,* ingrimmig, rasend, wild,
wütend; *(rasend)* furios; *to be furious
with sb* einen Zorn auf jmd haben;
(ugs.) to make sb furious jmdn rasend
machen
furnish, *vt,* einrichten, möblieren;
(Wohnung) ausstatten; *furnish sth comfortably* sich gemütlich einrichten; *refurnish* sich neu einrichten; ~**ed** *adj,*
möbliert; *a furnished room* ein möbliertes Zimmer; ~**ing** *sub,* -s *(Gebäude)* Einrichtung; ~**ings** *sub, nur Mehrz.*
Mobiliar; *(Möblierung)* Ausstattung
furniture, *sub, nur Einz.* Möbel; *to shift
the furniture* Möbelrücken; ~ **dealer**
sub, -s Möbelhändler; ~ **packer** *sub,* -s
Möbelpacker; ~ **polish** *sub,* -es Möbel-
politur; ~ **remover** *sub,* -s *(Möbel-)*
Spediteur
furred, *adj, (Zunge)* belegt
furrier´s workshop, *sub,* -s Kürschnerei
furrow, *sub,* -s Furche; ~**ed** *adj,* gefurcht
furry, *adj,* pelzig
furs, *sub, nur Mehrz.* Pelzwaren

further, (1) *adj,* ferner (2) *adv,* abermalig; ~ **education** *sub,* -s Fortbildung; ~ **selection** *sub,* -s *(Kunst)*
Nachlese; ~ **training** *sub,* -s *(berufl.)*
Fortbildung; ~**more** *adv,* ferner
furtive, *adj,* verstohlen
furuncle, *sub,* -s *(med.)* Furunkel
fury, *sub,* -ies Furie; - Grimm; *nur Einz.*
Rage; -ies Raserei; - Wut; -ies *(myth.)*
Erinnye
fuse, (1) *sub,* -s Lunte, Luntenschnur,
Zündschnur; *(tech.)* Sicherung (2) *vt,*
verschmelzen; *(tech.) replace a fuse*
eine neue Sicherung einsetzen;
(tech.) the fuse has blown die Sicherung ist durchgebrannt
fusilier, *sub,* -s Füsilier; *(US)* Füsilier
fusion, *sub,* -s Fusionierung, Verschmelzung; *(Naturw.)* Fusion
fuss, (1) *sub,* - Getue; *nur Einz. (ugs.)*
Rummel, Tamtam, Zinnober; *(Aufbe-
bens)* Geschrei; - *(Aufregung)* Hallo;
(Getue) Gehabe; *(Lärm)* Skandal (2)
vi pusseln; *(ugs.) don´t make a fuss!*
mach kein Theater!; *make a great fuss
about* stop Spektakel machen
über; *stop making such a fuss!* mach
keine Fisimatenten!; *(ugs.) to make a
great fuss about sb/sth* großen
Rummel um jmdn/etwas machen;
(ugs.) to make a lot of fuss viel Wind
um etwas machen; *why all that fuss?*
warum der ganze Zauber?; *(ugs.)
make a lot of fuss* viel Tamtam machen; ~**iness** *sub, nur Einz.* Pingeligkeit; ~**y** *adj,* etepetete, pusslig;
(wählerisch) heikel
futile, *adj,* nutzlos, vergeblich; *(unnütz)* müßig; *It´s absolutely futile
doing that* es ist völlig nutzlos, das zu
tun
future, (1) *adj,* künftig (2) *sub,* - Zukunft; -s *(Sprachw.)* Futur; *the near
future* die nahe Zukunft; ~ **generations** *sub, nur Mehrz. (die ~n)* Nachgeborene; **futurism** *sub,* - Futurismus;
futurist *sub,* -s Futurist; **futuristic**
adj futuristisch
fuzzy-head, *sub,* -s *(ugs.)* Wuschelkopf; **fuzzy** *adj,* unscharf, verschwommen

G

gabble, (1) *vi*, labern; *(i. ü. S.)* gackern; *(Gans)* schnattern **(2)** *vti*, quasseln, quatschen
gable, *sub*, *-s* Giebel
gabled, *adj*, giebelig
gadolinium, *sub*, *nur Einz. (chem.)* Gadolinium
Gaelic, *adj*, *(Sprachw.)* gälisch
gag, *sub*, *-s* Gag, Knebel
gain, (1) *sub*, *-s (Gewinn)* Ausbeute **(2)** *vi*, *(zu)* gelangen **(3)** *vt*, erringen; *(i. ü. S.; Einblick, Eindruck)* gewinnen; *(gewinnen)* erlangen; *(Vorteil, Vorsprung)* gewinnen; **~fully employed** *adj*, erwerbstätig; **~s** *sub*, *nur Mehrz. (Wahl)* Gewinn
gait, *sub*, *-s* Gangart; **~er** *sub*, *-s* Gamasche, Überstrumpf
gala, *sub*, *-s* Gala; **~ concert** *sub*, *-s* Galakonzert
galaxy, *sub*, *-ies (astron.)* Galaxie; - Galaxis
galenic, *adj*, galenisch
gall, *sub*, *-s (med.)* Galle; *(Sekret Tier)* Galle; **~ bladder** *sub*, *-s* Gallenblase; **~-bladder complaint** *sub*, *-s* Gallenleiden
gallant, *adj*, galant; **~ry** *sub*, *-ies* Galanterie
galleon, *sub*, *-s* Galeone, Galione; *(Frachtschiff)* Galeote
gallerist, *sub*, *-s* Galerist
gallery, *sub*, *-ies* Empore, Galerie; *(mil.)* Stollen; **~ (room)** *sub*, *-s (kun.)* Kabinett
galley, *sub*, *-s* Galeere; *(Buchdr.)* Fahnenabzug
gallium, *sub*, - *(chem.)* Gallium
gallon, *sub*, *-s (Brit./Imperial 4,54 l)* Gallone; *(US 3,78 l)* Gallone
gallop, (1) *sub*, *-s* Galopp **(2)** *vi*, galoppieren; *come galopping along* im Galopp ankommen; *galop through sth* im Galopp erledigen
gallows, *sub*, *nur Mehrz.* Galgen; *send to the gallows* an den Galgen bringen; **~ humour** *sub*, *-s* Galgenhumor
gallstone, *sub*, *-s* Gallenstein; **~s** *sub*, *nur Mehrz. (Gallen-)* Steinleiden
galoshes, *sub*, *nur Mehrz.* Galosche
galvanic, *adj*, galvanisch; **galvanism** *sub*, - *(chem.)* Galvanismus; **galvanization** *sub*, *-s* Galvanisation; **galvanize** *vt*, galvanisieren; **galvanoscope** *sub*, *-s* Galvanoskop; **galvanotechnic** *sub*, - Galvanotechnik
gambit, *sub*, *-s (Schach)* Gambit
gamble, (1) *sub*, *nur Einz.* Hasard **(2)** *vi*, hasardieren **(3)** *vt*, *(ugs.)* zocken; **~ away** *vt*, verspielen; **~r** *sub*, *-s* Hasardeur; - *(ugs.)* Zocker; *-s (Glücks-)* Spieler; **gambling** *sub*, *-s (ugs.)* Glücksspiel; - *(Glücks-)* Spiel; **gambling bug** *sub*, *-s (ugs.)* Spielteufel; **gambling debt** *sub*, *-s* Spielschuld; **gambling den** *sub*, *-s* Spielhölle
game, *sub*, *nur Einz.* Wild; *-s (spo.)* Spiel; *(Sport)* Partie; *fair game* leichte Beute; *(ugs.)* go *on the game* auf den Strich gehen; *(spo.)* to *put on an exciting game* ein spannendes Spiel liefern; *to give up the game as lost* die Partie verloren geben; *to play a game of chess* eine Partie Schach spielen; **~ decided on points** *sub*, *-s* Punktespiel; **~ licence** *sub*, *-s* Jagdschein; **~ of chance** *sub*, *-s* Glücksspiel, Hasardspiel; **~ of chess** *sub*, *-s* Schachpartie, Schachspiel; **~ of tennis** *sub*, *games* Tennisspiel; **~ park** *sub*, *-s* Wildpark; **~ path** *sub*, *nur Einz.* Wildwechsel; **~ with fingers** *sub*, - Fingerspiel; **~keeper** *sub*, *-s* Jagdaufseher; **~show** *sub*, *-s* Gameshow
gamete, *sub*, *-s (biol.)* Gamet
gamma, *sub*, *-s* Gamma; **~ rays** *sub*, *nur Mehrz. (phy.)* Gammastrahlen
gang, *sub*, *-s* Rotte; *(Jugend-)* Clique; *(von Verbrechern)* Bande; **~ boss** *sub*, *-es* Gangsterboss; **~ of crooks** *sub*, *-s* Gaunerbande; **~ of thieves** *sub*, *-s* Diebesbande
gangling, *adj*, schlaksig
ganglion, *sub*, *-s* Überbein; *ganglia (med.)* Ganglion
gangrenous, *adj*, *(tt; med.)* brandig
gangway, *sub*, *-s* Gangway, Landgang, Landungssteg; *gangway!* Platz da!
gaoler, *sub*, *-s* Kerkermeister
gap, *sub*, *-s* Fuge, Lücke, Ritze, Zwischenraum; *(i. ü. S.)* Durchschlupf; *(Luft~)* Loch; *(Öffnung)* Durchlass; *to have gaps in one´s knowledge* Lücken im Wissen haben; *there are great gaps in his knowledge* sein Wissen ist sehr lückenhaft; *find a gap* einen Durchschlupf finden
gape, *vi*, klaffen; *(mit offenem Mund)* glotzen
gape at, *vi*, *(ugs.)* begaffen
garage, *sub*, *-s* Autowerkstatt, Garage, Reparaturwerkstatt, Werkstatt
garb, *sub*, *-s (Amts-)* Tracht
garbage, *sub*, *nur Einz.* Müll; **~ can** *sub*, *-s* Mülleimer; **~ truck** *sub*, *-s* Müllauto

garden, *sub,* *-s* Garten; *public gardens* öffentliche Anlagen; ~ **chess** *sub, -es* Gartenschach; ~ **city** *sub, -ies* Gartenstadt; ~ **enthusiast** *sub, -s* Gartenfreund; ~ **gnome** *sub, -s* Gartenzwerg; ~ **house** *sub, -s* Gartenhaus; ~ **peat** *sub, -s (Torf~)* Mull; ~ **plot** *sub, -s* Kleingarten; ~ **plot holder** *sub, -s* Kleingärtner; ~ **tool** *sub, -s* Gartengerät; ~**er** *sub, -s* Gärtner; ~**esque** *adj,* gärtnerisch; ~**flower** *sub, -s* Gartenblume; ~**ing** *sub, -s* Gartenarbeit
gargle, (1) *sub, -s* Gurgelmittel, Gurgelwasser (2) *vti,* gurgeln
gargoyle, *sub,* - Wasserspeier
garish, *adj,* knallbunt
garland, (1) *sub, -s* Kranz (2) *vt,* kränzen; ~ **of oak (leaves** *sub, -s* Eichenkranz
garlic, *sub, nur Einz.* Knoblauch
garment, *sub, -s* Gewand
garnet, *sub, -s (Schmuckst.)* Granat
garotte, *vt,* garrottieren
garret, *sub, -s* Mansarde; ~ **roof** *sub, -s* Mansarddach
garrison, *sub, -s* Garnison; ~ **duty** *sub, nur Einz. (mil.)* Innendienst
garrote, *sub, -s* Garrotte
garter, *sub, -s* Strumpfband; *(US)* Sokkenhalter, Straps
gas, (1) *sub, -ses* Gas (2) *vt, (tt; zool.)* vergasen; ~ **bill** *sub, -s* Gasrechnung; ~ **explosion** *sub, -s* Gasexplosion; ~ **heater** *sub, -s* Gasbadeofen; ~ **heating** *sub, -s* Gasheizung; ~ **lighter** *sub, -s* Gasfeuerzeug; ~ **mask** *sub, -s* Gasmaske; ~ **pedal** *sub, -s (US)* Gaspedal; ~ **station** *sub, -s* Tankstelle; ~ **station attendant** *sub, -s* Tankwart; ~ **tube** *sub, -s* Gasschlauch; ~**lighter** *sub, -s* Gasanzünder
gasme/vension, *sub, nur Einz.* Wildbret
gasometer, *sub, -s* Gasometer
gasp, *vti,* japsen; *to the last gasp* bis zum letzten Atemzug; ~ **(for breath)** *vi,* keuchen
gassing, *sub, -s* Vergasung
gastric, *adj, (med.)* gastral, gastrisch; ~ **fistula** *sub, -s* Magenfistel; **gastritis** *sub, - (med.)* Gastritis
gastronomic, *adj,* gastronomisch; **gastronomy** *sub, -ies (Kochkunst)* Gastronomie
gasworks, *sub, nur Mehrz.* Gaswerk
gate, *sub, -s* Pforte, Schranke, Tor; *the gates of heaven* die Pforten des Himmels; *(ugs.) between you and me and the gatepost* unter uns gesagt; *open (shut) the gate* das Tor öffnen (schließen)
gâteau, *sub, -s (Sahne-)* Torte

gatehouse, *sub, -s (Fabrik)* Pförtnerloge; **gatekeeper** *sub, -s* Torhüter, Torwache; **gateman** *sub, -men (Fabrik)* Pförtner; **gateway** *sub, -s* Toreinfahrt, Torweg; *Stirling, the gateway* Stirling, d e Pforte zu den Highlands
gaucho, *sub, -s* Gaucho
gaudy, *adj,* kunterbunt
gauge, (1) *sub, -s* Messgerät, Messinstrument (2) *vt, (tech.)* messen
gaunt, *adj,* hager; *(anat.)* eingefallen
gauze, *sub, -s* Gaze; *(dünnes Gewebe)* Flor; ~ **bandage** *sub, -s* Mullbinde
gavotte, *sub, -s* Gavotte
gawkiness, *sub, nur Einz.* Gafferei
gawp, *vi,* gaffen
gay, (1) *adj, (ugs.)* schwul (2) *sub, -s* Homo, Schwule
Gazastripe, *sub,* - Gazastreifen
gaze after, *vt,* nachblicken; *(hinterherschauen)* nachsehen
gazelle, *sub, -s* Gazelle
gazette, *sub, -s* Gazette; *(Anzeigenblatt)* Anzeiger
gear, *sub, -s* Montur; *(mot.)* Gang; *nur Einz. (spo.)* Ausrüstung; *change gears* den Gang wechseln; *first gear, second gear* erster Gang, zweiter Gang; *(US) shift gears* den Gang wechseln; *(i. ü. S.) get into top gear* auf Touren kommen; ~ **box** *sub, -es (Räderkasten)* Getriebe; ~ **unit** *sub, -s (tech.)* Getriebe; ~**shift** *sub, -s* Gangschaltung; ~**wheel** *sub, -s (tt; tech.)* Zahnrad
gecko, *sub, -s* Gecko
Geiger counter, *sub, -s* Geigerzähler
gel, *sub, -s* Gel
gelatine, *sub,* - Gelatine; **gelatinise** *vti,* gelatinieren; **gelatinize** *vti,* gelatinieren **gelatinous mass** *sub, -es* Gallerte; **gelatinous substance** *sub, -s* Gallertmasse
gelding, *sub, -s (tt; zool.)* Wallach
gelling agent, *sub, -s* Geliermittel
gem, *sub, -s* Kleinod, Schmuckstein; *(geschliffen)* Edelstein
gemini, *sub, -s (tt; astrol.)* Zwilling
gender, *sub, -es (Sprachw.)* Geschlecht
gene, *sub, -s* Gen; ~ **mutation** *sub, -s* Genmutation; ~ **transfer** *sub, -s* Gentransfer; ~**alogical** *adj,* genealogisch; ~**alogist** *sub, -s* Genealoge; ~**alogy** *sub, nur Mehrz.* Genealogie; - Sippenkunde
general, (1) *adj,* allgemein, durchgängig, generell, global (2) *sub, -s* General; *the general practitioners (GPs)* die niedergelassenen Ärzte; ~ **absolution** *sub, -s* Generalabsolution; ~ **acclaim** *sub, -s* Zuspruch; ~ **agent**

sub, -s Generalagent; ~ **agreement on conditions of employment** *sub, agreements* Manteltarifvertrag; ~ **anaesthetic** *sub, -s* Vollnarkose; ~ **condition** *sub, -s* Allgemeinzustand; ~ **education** *sub, nur Einz.* Allgemeinbildung; ~ **equipment** *sub, -s (Theat.)* Fundus; ~ **knowledge** *sub, nur Einz.* Allgemeinwissen; ~ **manager** *sub, -s* Generaldirektor; ~ **medicine** *sub, nur Einz.* Allgemeinmedizin; ~ **meeting** *sub, -s* Hauptversammlung; ~ **outline of a law providing guidelines for specific elaboration** *sub, -s* Rahmengesetz **general post office,** *sub, -s (US)* Hauptpostamt; **general practitioner** *sub, - -s* Allgemeinarzt; **general public** *sub, nur Einz.* Allgemeinheit; **general staff** *sub, -s (mil.)* Generalstab; **general state of health** *sub, nur Einz.* Allgemeinbefinden; **general strike** *sub, -s* Generalstreik; **general tendency** *sub, -ies* Grundtendenz; **general view** *sub, -s* Totalansicht, Überblick; **general weather situation** *sub, -s* Großwetterlage; **generalization** *sub, -s* Generalisation, Verallgemeinerung; **generalize** *vti,* generalisieren, verallgemeinern; **generally** *adv,* allgemein; *generally speaking* allgemein gesagt; **generally comprehensible** *adj,* gemeinverständlich

generate, *vt,* generieren; **generation** *sub, -s* Generation; *for generations* seit Generationen; *our parents´ generation* die Generation unserer Eltern; *the young generation who are now taking their place in society* die neue Generation, die jetzt nachwächst; **generation gap** *sub, -s* Generationskonflikt; **generation of computers** *sub, -s* Computergeneration; **generator** *sub, -s* Generator

generic, *adj,* generisch; ~ **name** *sub, -s* Gattungsname; ~ **term** *sub, -s* Oberbegriff

generosity, *sub, nur Einz.* Freigebigkeit; *-ies* Generosität, Splendidität; *(Großzügigk.)* Freizügigkeit; **generous** *adj,* freigebig, generös, großzügig, kulant, splendid; *(großzügig)* nobel; *to be generous* sich nobel zeigen; **generousness** *sub, nur Einz.* Kulanz

genesis, *sub, -es* Genese; *nur Mehrz.* Genesis

genetic, *adj,* genetisch; ~ **engineering** *sub, -s* Genmanipulation, Gentechnologie; ~ **research** *sub, -es* Genforschung; ~**ally engineered** *adj,* gentechnisch; ~**ally engineered fruit** *sub, -s*

Genobst; ~**s** *sub, nur Mehrz.* Genetik

genital, *adj,* genital; ~**s** *sub, nur Mehrz.* Genitale

genius, *sub, nur Einz.* Genialität; *-es* Genie; *- Genius; nur Einz.* Ingenium

genocide, *sub, -s* Genozid, Völkermord; **genotype** *sub, -s* Erbgut, Erbmasse, Genotyp

genre, *sub, -s* Genre; ~ **painting** *sub, -s* Genremalerei

Gent, *sub, - (geogr.)* Gent

genteel, *adj,* vornehm

gentian, *sub, -s* Enzian

gentle, *adj,* sacht, sachte, sanftmütig, zart; *(Luft, Seife)* mild, milde; *(Tier)* friedfertig; ~ **persuasion** *sub, -s* Seelenmassage; ~**man** *sub, -men* Gentleman, Kavalier; *(Abk.)* Gent; *(sehr höfl.)* Herr; *ladies and gentleman* sehr geehrte Damen und Herren!; ~**manlike** *adj,* gentlemanlike; ~**men´s group** *sub, -s* Herrenpartie; ~**ness** *sub, nur Einz.* Sanftmut; *(s. adj)* Milde

genuflection, *sub, -s* Kniefall

genuine, *adj,* genuin; *(i. ü. S.)* waschecht; *(-haft)* ernst; *(kein Imitat)* echt; *(ursprünglich)* ehrlich; *genuine Meißen porcelaine* original Meißener Porzellan; *a genuine Picasso* ein echter Picasso; ~ **gold** *adj,* echtgolden; ~**ness** *sub, -es* Echtheit; *nur Einz. (Echtheit)* Originalität; *(s. ehrlich)* Ehrlichkeit

genus, *sub, genera (biol.)* Genus; *(zool.)* Gattung

geobotanic, *adj,* geobotanisch; **geocentric** *adj,* geozentrisch; **geochemical** *adj,* geochemisch; **geodesy** *adj, - Geodäsie;* **geodetic** *adj,* geodätisch; **geographer** *sub, -s* Geograf; **geographic(al)** *adj,* geografisch; **geographical** *adj,* erdkundlich; **geography** *sub, -ies* Erdkunde; *- Geografie; nur Einz.* Länderkunde; **geologic(al)** *adj,* geologisch; **geologist** *sub, -s* Geologe; **geology** *sub, -* Geologie; **geometer moth** *sub, -s (zool.)* Spanner; **geometric(al)** *adj,* geometrisch; **geometry** *sub, -* Geometrie; *nur Einz.* Raumlehre; **geopolitical** *adj,* geopolitisch

Georgian, *adj,* georgisch

geothermal, *adj,* geothermisch; **geotropic** *adj,* geotropisch

geranium, *sub, -s (bot.)* Geranie

geriatric, *adj,* geriatrisch; ~ **care** *sub, nur Einz.* Altenhilfe; ~ **nurse** *sub, -s* Altenpfleger; ~**ian** *sub, -s* Geriater; ~**s** *sub, - Geriatrie*

germ, *sub, -s (ugs.)* Bazillus; *(bot.)* Keimling; ~ **cell** *sub, -s* Keimzelle; ~**-free** *adj,* keimfrei **germinate,** *vi,* auskeimen, keimen; *(Samen)* aufkeimen; *(i. ü. S.) he let the idea germinate in his mind* er ließ die Idee in sich keimen; **germination** *sub,* nur *Einz.* Auskeimung

gerontologist, *sub, -s* Gerontologe; **gerontology** *sub, -* Gerontologie

gerund, *sub, - (Sprachw.)* Gerundium

Gestapo, *sub, -* Gestapo

gesticulate, *vi,* gestikulieren; **gesticulation** *sub, -s* Gestikulation; **gesticulative** *adj,* gestisch

gesture, *sub, -s* Gebärde, Geste; *-* Gestik; *conciliatory gesture* Geste der Versöhnung; *to communicate with gestures* sich pantomimisch verständlich machen; ~ **with the hands with the expression of despair** *sub, -s* Händeringen; ~**s** *sub, nur Mehrz.* Gebärdenspiel

get, **(1)** *vi,* werden; *(gelangen)* geraten **(2)** *vt,* bekommen, beschaffen, herholen, zubringen; *(ugs.)* kriegen; *(Dankbarkeit)* ernten; *(es zu etwas -)* bringen; *(Versandware)* beziehen; *(verstehen)* mitbekommen; *get run over by a car* unter ein Auto geraten, *get a present* etwas geschenkt bekommen; *get hungry* Hunger bekommen; *get the wind up* Angst bekommen; *he's never satisfied* er kann nie genug kriegen; *I'll have a steak* ich kriege ein Steak; *she'll never get a husband* sie kriegt nie einen Mann; *to get scared* es mit der Angst zu tun kriegen; *(you just) get out of here!* mach, dass du hier verschwindest; *did you get anywhere with him* haben sie bei ihm etwas erreicht; *did you get through the exam* hast du die Prüfung gepackt?; *get at so* jemandem etwas anhaben; *get lost* abhanden kommen; *get one's share* einen Teil abbekommen, seinen Teil abkriegen; *get os sth* sich etwas anschaffen; *get so on the phone* telefonisch jmd erreichen; *get so to do sth* jemanden zu etwas bewegen; *get somewhere* etwas erreichen; *get sth going* in Fluss bringen; *get sth over with* hinter sich bringen; *get the car to go* das Auto zum Laufen bringen; *haven't got it yet* etwas noch nicht checken; *(ugs.) he just doesn't get it* da hakt es bei ihm aus; *he'll never get* er packt es nie; *he's got it* er hat's erfaßt; *he's got it (bad)* es hat ihn (schlimm) erwischt; *I don't get it* ich blicke nicht durch; *I'll get you for that!* Rache ist süß!; *it gets me* es

bringt mir ein; *she gets all the bad breaks* er bleibt ihr nichts erspart; *she's getting on well at school* sie kommt in der Schule gut mit; *(vulg.) she's got lots of get-up-and-go* sie hat Pfeffer im Arsch; *that won't get me anywhere* damit werde ich gar nichts ausrichten; *(i. ü. S.) to get going* in Schwung kommen; *to get sb a drink* jmd einen Drink machen; *to get so a job with a firm* jmd bei einer Firma unterbringen; *you won't get anywhere with me like that* damit kommst du bei mir nicht durch; *get somewhere/nowhere* es zu etwas/nichts bringen; *I can't get the key into the lock* ich bringe den Schlüssel nicht ins Schloss; ~ **(be) snowed in** *vi,* einschneien; ~ **a cold** *vi,* verschnupfen; ~ **a fix on** *vt, (Sender, Standort)* peilen; ~ **a fright** *vt,* erschrecken; *get a fright at sth* sich über etwas erschrecken; ~ **a good hiding** *vt, (ugs.)* Sengen; ~ **a good night's sleep** *vt,* ausschlafen; ~ **a good shot** *vi,* schussgerecht; ~ **a job** *vi, (ugs.)* unterkommen; ~ **a license** *vi, (Radio, etc.)* anmelden; ~ **a move on** *vi, (ugs.; sich beeilen)* machen; ~ **a player in the clear** *vt, (spo.)* freispielen; ~ **a shot of** *vt, (ugs.)* schussrecht; ~ **a smack** *sub, -s (ugs.; Schläge)* Haue

get accepted, *vt, (Idee, Lösung)* durchsetzen; *his idea became generally accepted* seine Idee hat sich durchgesetzt; **get accustomed to** *vt, (geh.)* eingewöhnen; **get across** *vt, (ugs.)* rüberbringen; **get along** *vr,* verstehen; *(i. ü. S.) get along with sth* fertig werden mit etwas; *she is impossible to get along with* mit ihr ist kein Auskommen; **get along by dint of smart manoeuvring** *vi,* durchlavieren; **get along with** *vr,* vertragen; **get an idea generally accepted** *vt, (Idee)* Durchbruch; **get angry** *vi,* schimpfen; **get annoyed** *vi,* ärgern; *don't get annoyed* ärgere dich nicht; **get approved** *vt, (Reform)* durchsetzbar; **get around** *vr, (sich)* herumsprechen; **get around sth** *vi, (i. ü. S.; um etwas)* herumkommen; **get at so** *vi, (einer Person)* beikommen; *there's no getting at her* ihr ist nicht beizukommen

get away, **(1)** *sub, - (Wegkommen)* Fortkommen **(2)** *vi,* davonkommen, fortkommen; *get away with an excuse* mit einer Ausrede durchkommen; *get off with a fright* mit dem Schreck davonkommen; *he can get away with it* er kann sich das erlauben; ~ **from (1)** *vi*, losmachen **(2)** *vtr*, *(ugs.*

~/**out** *vi*, entwischen; **get back** *vt*, wieder bekommen, zurückerhalten; *get a company/sick person back on its/her feet* eine Firma/Kranken wieder hochbringen; **get back normal** *vi*, normalisieren; **get bedsores** *vr*, wund liegen; **get better** *vr*, verbessern; **get bored** *vi*, langweilen; **get by on very little to eat** *vt*, durchhungern; **get by swindling** *vt*, erschwindeln; **get caught** *vr*, verfangen; **get caught up** *vi*, *(i. ü. S.)* hineintappen; **get cheaper** *vr*, verbilligen; **get chilled to the bone** *vi*, durchfrieren **get closer to**, *vt*, nahe treten, näher kommen; **get completely caught up** *vr*, *(sich)* hineinsteigern; **get covered with** *vt*, *(Schmutz)* einschmieren; **get dirty** *vi*, verschmutzen; **get dolled up** *vi*, *(ugs.)* aufdonnern; *(ugs.; sich aufdonnern)* aufmotzen; **get down to it** *vt*, daranmachen; *get down to doing sth* sich daranmachen etwas zu tun; **get dressed** *vi*, anziehen; **get drunk** *vi*, berauschen, betrinken; **get engaged** *vr*, verloben; **get excited (1)** *vi*, ereifern **(2)** *vti*, echauffieren; *get excited about* sich ereifern über etwas; **get exercise** *vt*, *(körperlich)* bewegen; **get fed up with** *vt*, überkriegen; **get frostbite in** *vt*, *(Finger u.a.)* erfrieren; **get glue on** *vt*, verkleistern **get full**, *vr*, *(ugs.)* voll laufen; **get further on** *vi*, weiterkommen; **get further than** *vi*, *(i. ü. S.)* hinauskommen; **get going** *vt*, flottmachen; *be keen to get going* zum Aufbruch drängen; **get going on** *vr*, *(sich)* heranmachen; **get going/started** *vi*, *(ugs.)* loslegen; **get hold of** *vt*, *(ugs.; Geld, Person)* auftreiben; **get in (1)** *vi*, hereinkommen, hineinkommen **(2)** *vt*, *(Aufträge)* hereinholen; *(Vorrat)* anlegen; *get in sich Einlass verschaffen; I can´t get them all in* ich kann sie nicht alle unterbringen; **get in a muddle** *vr*, *(ugs.)* verhaspeln; **get in order** *vi*, ordnen; **get in the mood for** *vt*, Einstimmung; **get in through** *vi*, *(Gebäude)* einsteigen; *get in through the window* durch das Fenster einsteigen; **get in touch with** *vt*, kontaktieren; *(von sich hören lassen)* melden; **get in/on/into** *vt*, *(Fahrzeug/Bus/Auto)* einsteigen **get into, (1)** *vi*, hineingeraten **(2)** *vr*, *(sich)* hineinfinden **(3)** *vt*, *(ugs.; Gebäude)* eindringen; *get into so´s hands* in jmds Hände gelangen; ~ **a mess** *vt*, *(etwas)* durcheinanderbringen; ~ **debt**

sub, verschulden; ~ **lane** *vi*, *(Verkehr)* einordnen; *get into the left lane* sich links einordnen; ~ **space** *vr*, *(spo., sich)* freispielen; **get involved in (1)** *vi*, *(verwickelt werden)* hineingeraten **(2)** *vt*, *(auf)* einlassen; **get involved in sth** *vr*, *(sich)* hergeben; **get jammed** *vr*, *(Verkehr)* stauen; **get later** *vt*, nachbekommen; **get lazy** *vi*, verbummeln; **get lifted up** *vt*, hochbekommen; **get lost** *vr*, verirren, verlaufen; **get lumpy** *vi*, *(ugs.)* verklumpen; **get mad** *vr*, *(sich)* giften; **get married (1)** *vi*, *(ugs.)* beweiben **(2)** *vti*, heiraten; **get messed** *vr*, voll machen; **get muddled (1)** *vr*, verfahren **(2)** *vt*, verwechseln **get near**, *vt*, nahe kommen; **get o.s. dirty** *vr*, beschmieren, beschmutzen; **get off (1)** *vi*, abkommen; *(aus Verkehrsmittel)* aussteigen; *(vom Rad, etc.)* absteigen **(2)** *vt*, abbekommen, abbringen, losbekommen; *(ugs.)* abkriegen; *(Drogen)* entziehen; *(vom Rad, Pferd)* absitzen; *get off the road* von der Straße abkommen, *(i. ü. S.)* *get so off the subject* jemanden vom Thema abbringen; *get sth off so* jemandem etwas abjagen; *(ugs.) to get off (scot-free)* ungeschoren davonkommen; **get on** *vi*, *(Erfolg haben)* fortkommen; *get on well with so* mit jemandem gut auskommen; *things are getting on nicely* es geht flott voran; **get on sb´s nerves** *vt*, nerven; **get on well** *vi*, *(Personen)* harmonieren; **get on with** *vt*, *(mit einer Person)* auskommen; **get one´s revenge** *vr*, rächen, revanchieren; **get oneself ready** *vr*, zurechtmachen; **get open** *vt*, *(öffnen)* aufbringen; **get or be caught** *vr*, *(gefangennehmen)* fangen **get out, (1)** *vi*, herauskommen, hinauskommen, wegkommen **(2)** *vt*, herausbekommen, herausbringen, herausholen, vorbringen; *(ugs.)* rauskriegen; *get money back* Geld herausbekommen; *get out of it nicely* sich aus der Affäre ziehen; *get sth out of sth* etwas von etwas haben; *to get out of it* sich aus der Affäre ziehen; ~ **of** *vt*, *(i. ü. S.; befreien)* herausreißen; ~ **of a parking space** *vi*, ausparken; **get over (1)** *vi*, hinwegkommen **(2)** *vt*, überwinden, verschmerzen, verwinden; *to have got over it* über etwas weg sein; **get plastered** *vi*, *(ugs.)* besaufen; **get ready (1)** *vi*, anschicken **(2)** *vr*, *(sich)* herrichten **(3)** *vt*, bereitlegen, bereitmachen, herrichten;

(herrichten) hinrichten; *(Sendung)* abfertigen; *get ready for* sich zu etwas
anschicken; *get ready to* sich anschik-
ken zu; **get rich** *vi*, bereichern; *get rich
at the expense of others* sich auf Kosten
anderer bereichern; *get rich on* sich an
etwas bereichern; **get rid of** *vt*, loswerden, verhökern, wegbekommen, wegschaffen; *(verkaufen)* losschlagen; **get
rid of one´s aggressions** *vt*, abreagieren; **get round the conference table**
vi, (geh.) conferieren
get so drunk, *vt*, alkoholisieren; **get sb
at sth.** *vt*, drankriegen; *get sb at sth* jmd
mit etwas drankriegen; **get sb elected**
vt, (Wahlen) durchbringen; **get sick of**
vt, überkriegen; **get smacked** *vt*, draufkriegen; **get smaller** *vt, (ugs.)* ver-
schrumpfen; **get so out** *vt, (i. ü. S.)*
heraushauen; **get so round** *vt*, herum-
kriegen; **get sth dirty** *vt*, beschmutzen;
(beschmutzen) beschmieren; **get sth
going (1)** *sub, - (zum - bringen)* Gehen
(2) *vt, (ugs.)* anleiern; **get sth straight**
vt, klarstellen; **get sth. by devious means** *vt*, erschleichen; **get sth. in addition** *vt*, dazubekommen; **get sth. in
one´s foot** *vt, (Splitter)* eintreten; *get
a splinter in one´s foot* sich einen Splitter in den Fuß eintreten; **get sth.
through** *vt*, durchbringen; *get by* sich
durchbringen; *get so through* jmd
durchbringen; *support one´s family*
seine Familie durchbringen
get stuck, *vi*, stecken bleiben; *(klemmen)* haken; ~ **in** *vi, (ugs.)* rangehen;
get tangled up *vr*, verheddern; **get tarted up** *vi, (ugs.)* auftakeln; **get the range** *vt*, einschießen; *get the range* sich
auf ein Ziel einschießen; **get things
moving** *vi, (ugs.)* powern; **get things
right** *vt*, hinschaukeln; **get thinner** *vi*,
lichten; *his hair is getting thinner* sein
Haar lichtet sich schon; *the rows were
gradually thinning out* allmählich lichteten sich die Reihen; **get through (1)**
vi, (durchstehen) überstehen **(2)** *vt,
(angestaute Arbeit)* aufarbeiten;
(durchstehen) überstehen **(3)** *vti, (i. ü.
S.)* durchkommen; **get to** *vi*, gelangen,
kommen; *how do I get to the station?*
wie komme ich zum Bahnhof?; *to get to
one´s goal (or destination)* ans Ziel
kommen; *will I ever get to China?* ob ich
jemals nach China kommen werde?; **get
totally drunk** *vr, (ugs.)* voll laufen
geyser, *sub, -s* Geysir
ghastly, *adj*, sterbenselend; *I feel
ghastly!* ich fühle mich sterbenselend!
gherkin, *sub, -s* Gewürzgurke; *(Essig-)*

Gurke
ghetto, *sub, -s* Getto
ghost, *sub, -s* Gespenst; *(überirdisch)*
Geist; *look like a ghost* wie ein Gespenst aussehen; ~ **town** *sub, -s* Gei-
sterstadt; ~ **train** *sub, -s* Geisterbahn;
~**ing** *vi*, gespenstern; ~**like** *adj*, le-
menrenhaft; ~**ly** *adj*, geisterhaft, gespenstisch; ~**writer** *sub, -s*
Ghostwriter
giant, **(1)** *adj*, baumlang **(2)** *sub, -s* Gigant, Goliath, Hüne, Riese; *political
giants* Giganten der Politik; ~ **slalom**
sub, -s Riesenslalom; ~**-scale building** *sub, -s* Kolossalbau
gibberish, *sub, nur Einz.* Kauderwelsch
gibbon, *sub, -s (zool.)* Gibbon
gibe, *vi*, spötteln; *(ugs.)* sticheln
giddiness, *sub, nur Einz.* Taumel
gift, *sub, -s* Gabe, Geschenk; *(Begabung)* Gabe, Talent; *(jur.)* Schenkung;
have a gift for die Gabe haben zu; ~
box *sub, -es* Kassette; ~**ed** *adj*, gottbegnadet, talentiert
gig, *sub, -s* Gig
gigantic, *adj*, gewaltig, gigantisch, hünenhaft, riesig, titanisch; ~ **show** *sub,
-s* Mammutschau, Monsterschau; **gigantism** *sub, -* Gigantismus
giggle, *vi*, kichern; *giggling sub, -* Gekicher
gigolo, *sub, -s* Eintänzer, Gigolo
gild, *vt*, vergolden; ~**er** *sub, -s* Vergol-
der.n
gilt-edged, *adj*, mündelsicher
gimlet, *sub, -s* Nagelbohrer; *gimlet*
Handbohrer; ~ **bit** *sub, -s* Spitzbohrer
gimmick, *sub, -s (Besonderh.)* Gag
gin, *sub, -s* Gin; *-* Wacholderschnaps
ginger, *sub, -s* Ginger; *nur Einz.* Ingwer ~ **snap** *sub, -s* Printe; ~**bread**
sub, nur Einz. Honigkuchen, Lebkuchen; *-s* Pfefferkuchen
ginseng, *sub, -s* Ginseng
giraffe, *sub, -s* Giraffe
girder, *sub, -s (Eisen-)* Träger
girdle, *sub, -s (Korsage)* Mieder; ~**r**
sub, -s (Tragebalken) Balken
girl, *sub, -s* Mädchen; *to dress like a girl*
sich mädchenhaft kleiden; *to look like
a (young) girl* mädchenhaft aussehen;
~ **guide** *sub, -s* Pfadfinderin; ~´**s
name** *sub, -s (Vorname)* Mädchenname; ~**friend** *sub, -s* Freundin; *take his
girlfriend away* seine Freundin ausspannen; ~**friend of a footballer**
sub, -s Fußballbraut; ~**ish** *adj*, mädchenhaft; ~**s´ grammar school** *sub,*
-s Lyzeum

giro, *sub*, *-s* Giro
girondist, *sub*, *-s* Girondist
girth, *sub*, *-s* Leibesumfang
give, (1) *vi*, geben (2) *vt*, geben, verabreichen, versehen, zugeben; *(med.)* eingeben; *(Personalien)* angeben; *(Rat/Unterricht ua.)* erteilen; *(Sache)* mitgeben; *give medicine to sb* jmd Medizin eingeben; *Christ gave up his life* Christus starb den Opfertod; *give for charity* für einen guten Zweck spenden; *give so sth* jemandem etwas bescheren; *give the lie to someone* jemanden Lügen strafen; *(i. ü. S.) he gave as good as he got* er blieb ihr nichts schuldig; *my legs are giving up* meine Beine machen nicht mehr mit; *(i. ü. S.) that's what gives it that extra something* das ist das Salz in der Suppe; *to give sb a going-over* jmdn in der Mangel haben; *to give sb hope* jmd Hoffnung machen; *(ugs.) to give sb what she/he wants* jmd den Rachen stopfen; *to give sb sth to take with them* jmd etwas mitgeben; ~ **a bonus** *vt*, prämieren; ~ **a final polish** *vt*, nachpolieren; ~ **a free rendering** of *vt*, nachdichten; ~ **a mat finish** *vt*, mattieren; ~ **a pedicure to** *vt*, pediküren; ~ **a person sth on credit** *vt*, kreditieren; ~ **a present** *vt*, beschenken; *give so a present* jemanden beschenken; *shower so with presents* jemanden reich beschenken; ~ **a present to** *vt*, bedenken; ~ **a receipt for** *vt*, quittieren; ~ **a refill** *vt*, nachschenken; ~ **a report** *vi*, referieren; ~ **a start** *vi*, aufschrecken; ~ **a title to** *vt*, betiteln; ~ **acupuncture treatment** *vt*, akupunktieren
give an advance, *vt*, bevorteilen; **give an award** *vt*, prämieren; **give an electric shock** *vt*, *(el. Schlag)* elektrisieren; *give oneself an electric shock* sich elektrisieren; **give an opinion on** *vt*, begutachten; **give artificial respiration** *vt*, beatmen; **give attention** *vr*, zuwenden; **give away** *vt*, hergeben, verschenken, weggeben; **give back** *vt*, herausgeben, hergeben, wiedergeben, zurückgeben; **give birth** *vti*, gebären; **give evidence** *vt*, *(tt; jur.)* zeugen; **give hair a thinning cut** *vt*, effilieren
give in, *vr*, *(sich - geben)* geschlagen; *give in* sich erweichen lassen; **give it to me** *präp*, *(damit)* her; **give notice** *vt*, kündigen; *she suddenly gave notice after having worked for the firm for 25 years* nach 25 Jahren bei der Firma hat sie plötzlich gekündigt; *why don't you give notice?* warum kündigst du nicht?;

give notification of sickness *vt*, krankmelden; **give o.s. airs** *vr*, *(ugs.)* aufspielen; *(ugs.; sich aufspielen)* aufplustern; **give off** *vt*, *(chem. von sich)* geben; *(Gase)* ausstoßen; *(Geruch)* ausströmen; **give one's blessing** *vt*, absegnen; **give orders** *vt*, kommandieren; **give preferential treatment** *vt*, *(bei der Behandlung)* bevorzugen; **give presents**, *vi*, schenken; **give ray treatment** *vt*, *(med.)* bestrahlen; **give reasons (for)** *vt*, *(begründen)* motivieren; **give rise** *vi*, veranlassen; **give sb a good hiding** *vt*, *(ugs.)* durchhauen; **give sb a real beating** *vt*, durchprügeln; **give sb a shower** *vt*, duschen; **give sb sth** *vt*, verpassen; **give sb their medical** *vt*, *(für Wehrdienst)* mustern; **give so a dowry** *vt*, aussteuern; **give so a hand** *vt*, *(mithelfen)* anfassen; **give so a share** *vt*, beteiligen; **give so an enema** *vt*, *(med.)* klistieren; **give so change** *vi*, herausgeben; **give so notice** *vt*, *(einem Mieter, Arbeiter)* aufkündigen; **give so sth.to** so *vt*, *(jmd. etwas)* geben; *give so sth to drink* jmdm etwas zu trinken geben; **give so the push** *vt*, *(ugs.)* abservieren
give sb drugs, *vt*, dopen; **give sb sth.** *vt*, schenken; **give the all-clear** *vt*, entwarnen; **give the first performance** *vt*, uraufführen; **give the orders** *vt*, *(befehlen)* bestimmen; **give the sack** *vt*, *(i. ü. S.; jmd. entlassen)* hinauswerfen; **give up** (1) *vi*, aufgeben, resignieren (2) *vt*, abgewöhnen; *(Amt, Führung)* niederlegen; *(Angewohnheit)* ablegen; *(aufgeben)* opfern; *(i. ü. S.; aufgeben)* hinwerfen; *(aufhören)* aufgeben; *(i. ü. S.; Vorhaben)* begraben; *give sth up* sich etwas abgewöhnen; **give up/in** *vi*, *(aufgeben)* nachgeben; **give way** *vi*, nachgeben, weichen; **giveaway price** *sub*, *-s* Schleuderpreis, Spottpreis
glace over, *vt*, *(i. ü. S.)* überfliegen
glacial period, *sub*, *-s* Glazialzeit; **glacier** *sub*, *-s* Gletscher
glad, *adj*, froh
gladiator, *sub*, *-s* Gladiator
gladiola, *sub*, *-s* *(bot.)* Gladiole
gladly, *adv*, gern; *I'll be glad to help* ich helfe gerne
glamour, *sub*, *-* Glamour; ~**girl** *sub*, *-s* Glamourgirl
glance around, *vi*, umherblicken; **glance through** *vt*, *(flüchtig lesen)* überlesen
gland, *sub*, *-s* Drüse

glans, *sub, -es (anat.)* Eichel
glare, *vi, (wütend schauen)* stieren
glasnost, *sub, nur Einz.* Glasnost
glass, *sub, -es* Glas; *(Glas)* Becher; *frosted glass* mattierte Gläser; ~ **blower** *sub, -s* Glasbläser, Glasbläserin; ~ **bowl** *sub, -s* Glasschüssel; ~ **brick** *sub, -s* Glasbaustein; ~ **cabinet** *sub, -s* Glasschrank, Vitrine; ~ **cleaner** *sub, -s* Glasreiniger; ~ **eye** *sub, -s* Glasauge; ~ **of wine** *sub, -es (ugs.)* Schoppenwein; ~ **works** *sub,* - Glasbläserei; ~**door** *sub, -s* Ganzglastür; ~**es** *sub, nur Mehrz.* Brille, Sehhilfe; *see sth through rose-coloured glasses* etwas durch die rosa Brille sehen; *wear glasses* eine Brille tragen; ~**es-case** *sub, -s* Brillenetui; ~**works** *sub, nur Mehrz.* Glashütte; ~**y** *adj,* glasig; *(Wasser)* spiegelglatt
glaze, (1) *sub, -s* Lasur, Schmelz; *(Keramik)* Glasur **(2)** *vt,* glasieren, lasieren, verglasen; ~**d paper** *sub, -s* Glanzpapier; **glazier** *sub, -s* Glaser; **glazier´s workshop** *sub, -s* Glaserei
glean, (1) *vi,* stoppeln **(2)** *vt, (Ähren)* nachlesen
glee club, *sub, -s (US)* Gesangverein
glencheck, *sub, -s* Glencheck
glib, *adj, (ugs.)* zungenfertig
glide, (1) *sub, -s* Gleitflug **(2)** *vi,* gleiten; ~ **on its way** *vi,* dahingleiten; ~**r** *sub, -s* Segelflugzeug; ~**r pilot** *sub, -s* Segelflieger; **gliding** *sub, -s* Segelflug
glimmer, (1) *sub, -s* Schimmer **(2)** *vi,* schimmern
glitter, (1) *sub,* - Flitterglanz; *-s* Gefunkel **(2)** *vi,* glitzern; ~**ing** *adj,* glanzvoll; *glittering parties* rauschende Feste
gloaming, *sub, -s* Dämmerschein; *in the gloaming light of the candle* im Dämmerschein der Kerze
gloating, *adj,* schadenfroh
global, *adj,* global, weltweit
globe, *sub, -s* Erdball, Globus; ~**trotter** *sub, -s* Globetrotter, Weltbummler, Weltreisende
gloom, *sub, nur Einz.* Trübsinn; ~**iness** *sub, -es* Düsterkeit; ~**y** *adj,* trübsinnig; *(betrübt)* trübselig; *(Stimmung)* trüb; *(unheilvoll)* düster; *be in gloomy mood* in trüber Stimmung sein; *foresee gloomy days* trüben Zeiten entgegensehen; *gloomy atmosphere* eine düstere Atmosphäre; *to see only the gloomy side of things* alles in Moll sehen; ~**y prediction** *sub, -s (ugs.)* Kassandraruf
glorification, *sub, -s* Glorifikation, Glorifizierung; **glorify** *vt,* glorifizieren, verherrlichen; **glorious** *adj,* glorios, glorreich, ruhmreich, ruhmvoll; **glo-**

rious chapter *sub, nur Einz. (i. ü. S.)* Ruhmesblatt; **glory** *sub, -ies* Glorie; - Ruhm
gloss, *sub, -es* Glosse; ~ **over** *vt,* beschönigen, schönfärben; ~**ary** *sub, -ies* Glossar; ~**ing over** *sub, nur Einz.* Beschönigung; ~**y** *adj,* lackglänzend
glottis, *sub, -es* Glottis
glove, *sub, -s* Handschuh; *fit like a glove* wie angegossen passen; ~ **compartment** *sub, -s* Handschuhfach; ~ **puppet** *sub, -s* Kasperle
glucose, *sub, nur Einz.* Glukose; - Stärkezucker; *nur Einz.* Traubenzukker
glue, (1) *sub, -s* Klebemittel, Leim; *(rgs.)* Kleber **(2)** *vt,* kleben, leimen, pappen; ~ **pot** *sub, -s* Leimtopf
glut, *sub, -s* Schwemme
gluteal muscle, *sub, -s* Gesäßmuskel
gluten, *sub, -s* Kleber
glutted, *adj,* übersatt; **glutton** *sub, -s* Fresssack, Nimmersatt; *(i. ü. S.)* Vielfraß; **glutton for scandal** *sub, -s* Skandalnudel; **gluttony** *sub, -es* Völlerei
glycerine, *sub, -s* Glyzerin
glycol, *sub, -s* Glykol
gnarl, *sub, -s* Knorren; ~**ed** *adj,* knorrig, knotig; ~**ed stick** *sub, -s* Knotenstock
gnat, *sub, -s* Schnake
gnaw, (1) *vi,* wühlen **(2)** *vti,* nagen; *to gnaw a bone* an einem Knochen nagen; ~ **off** *vt,* abnagen; ~ **through** *vt,* zernagen
gneiss, *sub, -es* Gneis
gnome, *sub, -s* Gnom, Wichtelmännchen
Gnostic, *sub, -s* Gnostiker
gnu, *sub, -s* Gnu
go, (1) *vi,* laufen, wegkommen; *(verlaufen)* abgehen, ablaufen **(2)** *vti,* fahren, gehen; *(funktionieren)* gehen; *always be on the go* ständig auf den Beinen sein; *business is going well* das Geschäft läuft; *french fries to go! (US)* einmal Pommes frites zum Mitnehmen!; *go all out* sich voll einsetzen; *go on!* weiter im Text!; *go to sich begeben* nach; *go too far* es zu weit treiben; *he´s going fast* es geht mit ihm zu Ende; *how are things going?* wie sieht es bei dir aus?; *in one go* mit einem Ruck; *intercede with so for so* sich bei jmd für jmd einsetzen; *(i. ü. S.) keep someone on the go* jemanden in Trab halten; *let´s get going* nichts wie los; *let´s get going then* also los; *let´s not go into it* daran wollen wir nicht rühren; *she goes to the doctor every cou-*

ple of days sie läuft alle paar Tage zum Arzt; *they have already gone* sie sind schon fort; *to go into sth* sich mit etwas näher beschäftigen; *to go too far* aus dem Rahmen fallen; *to go towards* auf jmd zugehen; *to go with lots of different men* sich mit vielen Männern einlassen; *what´s going on?* was ist los?; *whenever he´s been drinking beer, he has to go to the toilet all the time* wenn er Bier trinkt, läuft er ständig auf die Toilette; *(i. ü. S.) wherever one goes* auf Schritt und Tritt; *would you just go to the baker´s for me?* läufst du schnell in die Bäckerei?, *go first class* erster Klasse fahren, erster Klasse fahren; *go and look for sb* jmdn suchen gehen; *go swimming* schwimmen gehen; *that´s been going on for years* das geht nun schon seit Jahren so; *the ship goes to Hamburg* das Schiff geht nach Hamburg; *the song goes like this* das Lied geht so; **~ (with sb)** *vi,* mitfahren; **~ along** *vi,* mitgehen; *go along with a joke* auf einen Scherz eingehen; *I´ll go to the corner with you* ich gehe bis zur Ecke mit; **~ along (with)** *vt, (einverstanden sein)* mitmachen; *I can´t go along with that* da kann ich nicht mitmachen; **~ and see so** *vti, (zu j-m.)* gehen; **~ as far as** *vti, (bis an)* gehen; *get down to work* an die Arbeit gehen; *that´s going too far* das geht zu weit; **~ astray** *vi, (i. ü. S.)* straucheln; **~ away** *vi,* entfernen, fortfahren, verreisen, weggehen; **~ back to** *vt,* zurückgreifen; **~ bad/off** *vi,* verderben; **~ baggy** *vi, (Hemd etc.)* ausbeulen; **~ bankrupt** *vi,* bankrottieren; **~ before** *vti, (vor)* gehen; **~ blind** *vi,* erblinden; **goal,** *sub, -s* Fußballtor; *(spo.)* Tor, Treffer; *(spo.) be in goal* im Tor stehen; *(Fußball) score a goal* einen Treffer erzielen, *(spo.)* ein Tor erzielen; **~ area line** *sub, -s* Torraumlinie; **~ for the other side** *sub, -s* Gegentor, Gegentreffer; **~ kick** *sub, - -s (spo.)* Abstoß; **~getter** *sub, -s* Torjäger; **~keeper** *sub, -s* Torwart; *(spo.)* Torhüter; **~s difference** *sub, -s* Tordifferenz; **goat,** *sub, -s* Geiß; *(tt; zool.)* Ziege; *(vulg.) bitch* dumme Ziege; **~ rhyme** *sub, -s* Schüttelreim; **~ skin** *sub, -s* Ziegenleder; **~'s milk** *sub, nur Einz.* Ziegenmilch; **~ee beard** *sub, nur Einz. (ugs.)* Ziegenbart; **gob,** *sub, -s* Schnauze; *(vulg.)* Fresse; *keep your gob shut* halt deine Fresse!; **~ble** *vi,* schlingen; **Gobelin,** *sub, -s* Gobelin

goblet, *sub, -s* Kelch; *(Trink~)* Pokal **goblin,** *sub, -s* Kobold, Wicht **go by, (1)** *vi,* vorbeigehen **(2)** *vti,* fahren; *(nach)* gehen; *go by bus* mit dem Bus fahren; **~ steamer** *vi,* Dampferfahrt; **~ the board** *vi,* flöten gehen; **go crabbing** *vi,* krebsen; **go down** *vi,* hinabfahren, hinabsinken, hinabsteigen, hinuntergehen, sinken; *(Boxer)* niedergehen; *(Fieber, Preise etc.)* fallen; *(med.)* abschwellen; *(Puls)* absinken; *(spo.)* absteigen; *(ugs.) he has gone down a lot* er ist tief gesunken; **go down the drain** *vti, (Geld)* flöten; **go down well** *vi, (gut akzeptiert werden)* ankommen; *go down with a bomb* groß ankommen **God, (1)** *interj, (Ausruf)* Mann **(2)** *god sub, -s* Gott; *nur Einz. (Christent., Judent., Islam)* Gott; *an act of God* höhere Gewalt; *god bless you* behüte dich Gott; *god forbid* behüte Gott; *god is nigh* gott ist uns nahe; *god willing!* dein Wort in Gottes Ohr!; *(ugs.) hey, you can´t do that!* Mann, das kannst du doch nicht machen!; *(ugs.) oh boy!* Mann, oh Mann!; *(ugs.) oh my God!* mein lieber Mann!; *so help me god* so wahr mir Gott helfe, *for God´s sake do it* mach es in Gottes Namen; *god the Almighty* gott der Allmächtige; *the Lord God* gott der Herr; **~ Almighty** *sub, nur Einz.* Allmächtige; **goddaughter** *sub, -s* Patentochter; **goddess of fortune** *sub, -es* Glücksgöttin; **goddess of love** *sub, -es* Liebesgöttin; **goddess of victory** *sub, -es* Siegesgöttin; **godfather** *sub, -s (Tauf~)* Pate; *(veraltet)* Gevatter; *he didn´t take his responsibilities as godfather seriously* er nahm seine Patenschaft nicht ernst; *he´s going to be the child´s godfather* er übernimmt die Patenschaft für das Kind; *to be child´s godparent* bei einem Kind Pate stehen; **godforsaken** *adj,* gottverlassen; **godless** *adj,* gottlos; **godlike** *adj,* gottähnlich, göttergleich; **godmother** *sub, -s (Tauf~)* Patin; *(veraltet)* Gevatter; **godparent** *sub, -s* Taufpate; **godparenthood** *sub, -s (Taufe)* Patenschaft **go dry,** *vi, (Haut)* austrocknen; **go far** *vr, (i. ü. S.)* vergaloppieren; **go first** *vi,* vorgehen, vorhergehen; **go flat** *vi, (Bier)* abstehen; **go for** *vi, (angreifen)* losgehen; *to go for sb with a knife* mit dem Messer auf jmdn losgehen; **go for a drive** *vi, (wegfahren)* ausfahren; **go for a walk** *vi,* Spazierengehen; **go**

gliding vi, segelfliegen; **go halves** adj, halbe-halbe; **go in** vi, hineingehen, hineinpassen; **go in front** vi, vorangehen; (ugs.) voraufgehen; **go into raptures** vti, vorschwärmen
goggle box, sub, -es (ugs.) Flimmerkiste; **goggle eye** sub, -s Glotzauge, Glupschauge; **goggle-box** sub, -es Glotze
going through the material, vt, Durchnahme; while going through the material bei der Durchnahme des Stoffes; **going to bed** sub, nur Einz. Zubettgehen; **going with a request** vi, Bittgang; going to sb with a request einen Bittgang machen
go into, (1) vt, (polit./wirt.) einsteigen; (Verbrechen) nachspüren (2) vti, (in) gehen; get in on a project in ein Projekt einsteigen, go into industry in die Industrie gehen; how many times does five go into fifty? wie oft geht fünf in neunzig; ~ **a huff** vi, (i. ü. S.) einschnappen; **go lumpy** vi, klumpen; **go mouldy** vi, schimmeln, verschimmeln; **go off** vi, verlaufen; (Lebensm.) faulen; **go on** (1) interj, dawai! (2) vi, weitergehen; (Gerät) angehen; (tt; indus) weiterlaufen; go on to the next point zum nächsten Punkt übergehen; there's something going on! da ist etwas im Busche!; there's sth odd going on here hier geht es nicht mit rechten Dingen zu; (ugs.) what's going on here? was wird hier gespielt?; **go on a pilgrim** vi, wallfahrten; **go on a pilgrimage** vi, (i. ü. S.) wallfahren; **go on ahead** vi, vorangehen; **go on from** vi, anknüpfen; **go on sounding** vi, (Ton) nachklingen
goitre, sub, -s (med.) Kropf
gold, sub, nur Einz. Gold; have a voice of gold Gold in der Kehle haben; he's got a heart of gold er hat ein Herz aus Gold; it's worth it's weight in gold es ist nicht mit Gold aufzuwiegen; she's worth her weight in gold sie ist nicht mit Gold zu bezahlen; win gold Gold gewinnen; ~ **foil** sub, nur Einz. Rauschgold; ~ **ingot** sub, -s Goldbarren; ~ **leaf** sub, nur Einz. Blattgold; ~ **medal** sub, -s Goldmedaille; ~ **mine** sub, -s Goldmine; ~ **nugget** sub, -s Goldklumpen; ~ **reserve** sub, -s Goldreserve; ~ **ring** sub, -s Goldring; ~ **tooth** sub, teeth Goldzahn; ~**-plate** vt, vergolden; ~**-top milk** sub, nur Einz. (ugs.) Vorzugsmilch
golden, adj, golden, gülden; golden mean goldener Mittelweg; golden rule goldene Regel; golden wedding goldene Hochzeit; visitor's book das golde-

~ Buch; ~ **eagle** sub, -s Steinadler; ~ **goal** sub, -s Siegtreffer; ~ **hamster** sub, -s Goldhamster; **goldfish** sub, - Goldfisch, Schleierschwanz; **goldmine** sub, -s Goldgrube; (i. ü. S.) Fundgrube; **goldsmith** sub, -es Goldschmied
golem, sub, -s (jüdisch) Golem
gonad, sub, -s (biol.) Keimdrüse
gondola, sub, -s Gondel
gondolier, sub, -s Gondoliere
gone, adj, (ugs.; verloren) futsch; (verschw.) fort
gong, sub, -s Gong
gonorrhoea, sub, -s (tt) Tripper; (med.) Gonorrhö; ~**l** adj, gonorrhoisch
good, (1) adj, artig, brav, gut, herzhaft, schön; (fleissig) tüchtig (2) adv, günstig (3) sub, -s (Güter) Gut; be a good boy sei ein braver Junge; be a good boy/girl and eat up your soup iß schön brav deine Suppe; as good as won so gut wie gewonnen; be good for gut sein für; come from a good family aus guter Familie; he is a good runner er ist ein guter Läufer; he speaks good English er spricht ein gutes Englisch; it's good that es ist ganz gut, dass; my good suit mein guter Anzug; at the best im besten Fall; barter with goods Handel mit Naturalien; be well up in sth in einer Sache zu Hause sein; buy only the best nur das Feinste vom Feinen kaufen; buy/sell sth at a good price etwas günstig kaufen/verkaufen; for the good of all für das gemeine Wohl; Friday is no good for us Freitag passt und nicht; give someone a good hiding jemanden tüchtig verprügeln; good news freudige Nachricht; good of you to come nett, dass Sie gekommen sind; he is no good er taugt nichts; he is very good at that darin ist er sehr gut; I wonder whether it is any good ob das wohl was taugt?; I'm well-prepared ich habe mich gründlich vorbereitet; it is in a good cause das dient einer guten Sache; it smells/tastes good das riecht/schmeckt gut; it won't be any good das geht sowieso daneben; it's good the way es ist schon gut gemacht, wie; look good gut aussehen; the theatre has closed its doors for good das Theater hat seine Pforten für immer geschlossen; the warnings didn't do any good die Ermahnungen haben nichts genützt; things couldn't be better es ist alles in bester Ord-

nung; *(ugs.) to get up to a bit of no good* ein ganz linkes Ding drehen; *(i. ü. S.) you never know how long the good times are going to last* der nächste Winter kommt bestimmt; ~ **behaviour** *sub, nur Einz.* Artigkeit; ~ **for nothing** *sub, -s* Hergelaufene; **Good Friday** *sub, nur Einz.* Karfreitag; ~ **friend** *sub, -s* Duzfreund; ~ **in value** *adj,* preiswert; ~ **natured person** *sub, -s* Gemütsmensch; ~ **nose** *sub, -s* Spürnase; ~ **sense** *sub, nur Einz.* Klugheit, Vernunft; ~**-for-nothing** (1) *adj,* nichtsnutzig (2) *sub, -s* Nichtsnutz, Taugenichts, Tunichtgut; *(i. ü. S.)* Galgenstrick; *(i. ü. S.; abw.)* Früchtchen; ~**-natured** *adj,* gutartig, gutmütig; ~**-naturedness** *sub, -es* Gutartigkeit, Gutmütigkeit; ~**-will** *sub, -* Gewogenheit **goodbye**, *sub, nur Einz. (Auf ~)* Wiederhören; *it was hard to say goodbye* es war ein schwerer Abschied; *say goodbye (to)* Abschied nehmen (von) **goodness**, *sub, nur Einz.* Güte, Liebenswürdigkeit; *goodness me!* du meine Güte!; *through the kindness of* durch die Güte von; *thank goodness* Gott sei Dank; **goods** *sub, nur Mehrz.* Ware; **goods inward book** *sub, -s* Eingangsbuch; **goods lift** *sub, -s* Lastenaufzug; **goods station** *sub, -s* Güterbahnhof; **goods traffic** *sub, nur Einz.* Güterverkehr; **goods train** *sub, -s* Güterzug; **goodwill** *sub, -s* Goodwill; Gunst; *nur Einz.* Wohlwollen; **goodwill tour** *sub, -s* Goodwillreise **goose**, *sub, geese* Gans; ~ **dripping** *sub, -s* Gänseschmalz; ~ **giblets** *sub, nur Mehrz.* Gänseklein; ~ **pimples** *sub, nur Mehrz.* Gänsehaut; ~**-step** *sub, -s* Stechschritt; ~**berry** *sub, -ies* Stachelbeere; ~**foot** *sub, -feet* Melde **go out**, *vi,* erlöschen, herausgehen, hinausgehen, verlöschen; *(weggehen; erlöschen)* ausgehen; *go beyond* darüber hinausgehen; *looks out onto the park* das Zimmer geht auf den Park hinaus; ~ *of one´s way vi,* inkommodieren; **go over** (1) *vi,* hinübergehen, übergehen, übertreten (2) *vt,* nachzeichnen, überarbeiten; *(Linie)* nachziehen (3) *vti, (über)* gehen; **go pieces** *vi, (ugs.)* verkommen; **go round** (1) *vt, (herumgehen)* umgehen (2) *vti, (Spiel)* drehen; *everything is going round and round* mir dreht sich alles; *let´s go round again* laßt uns durchstarten; **go round and round in one´s head** *vi, (im Kopf)* herumgehen; **go seed** *vi,* verwahrlosen; **go shopping** *vi, (einkaufen)* ein-

holen; **go silent** *vi,* verstummen; **go there** *vi,* hingehen; *what sort of places can you go to around here?* wo kann man hier hingehen? *(ausgehen); where are you going?* wo gehtst Du hin; **go thin** *vt,* abmagern **gore**, *vt, (mit Hörnern)* aufspießen **gorge**, *sub, -s* Klamm, Schlucht **gorilla**, *sub, -s* Gorilla **gormless**, *adj, (ugs.)* dusslig **gorse**, *sub, -s (Stech-)* Ginster **gossamer-fine**, *adj,* duftig **gossip**, (1) *sub, nur Einz.* Klatsch; *-s* Klatschbase; *nur Einz.* Klatscherei, Tratsch; *-s (ugs.)* Schwatzbase; *(Grücht)* Gemunkel (2) *vi,* klatschen, tratschen; *malicious gossip has it* böse Zunge behaupten; *mere gossip* bloßes Gerede; ~ **about** *vt,* durchhecheln; ~**y** *adj,* geschwätzig, klatschhaft **Goth**, *sub, -es* Gote; ~**ic** (1) *adj,* gotisch (2) *sub, nur Einz.* Gotik; ~**ic type** *sub, -s (Schriftart)* Fraktur **go through**, (1) *vi, (gehen, durchdringen, andauern, verlaufen)* durchgehen; *(Socken, Schuhe)* durchlaufen (2) *vt, (erleiden)* durchmachen; *(Situation)* durchspielen (3) *vti, (durch)* gehen; *he has gone through a lot* er hat viel durchgemacht; *go through a rite* einen Ritus durchspielen; *go through the motions* eine Komödie spielen; **go to** *vt,* ergehen; *the invitations went to all members* die Einladung erging an alle Mitglieder; **go to Canossa** *vi,* Canossagang; **go to court** *vt,* prozessieren; **go to ruin** *vi,* abwirtschaften; **go to see so** *vi, (besuchen)* hingehen; **go to sleep** *vi, (Bein)* einschlafen; **go to the dogs** *vi, (ugs.)* kaputtgehen; *(ugs.) he´d go to the dogs without his wife* ohne seine Frau würde er kaputtgehen; **go to the extremes** *vi,* Extremsport; **go too far** (1) *vi,* ausarten (2) *vt,* übersteigern; **go tout** *vr, (Haut)* spannen; **go under** *vi,* untergehen; **go up** (1) *vi, (hinaufführen)* hinaufgehen; *(Vorhang)* aufgehen (2) *vti,* hinaufsteigen; **go up there** *vi,* hinaufführen **Gouda**, *sub, -* Gouda **goulash**, *sub, -es* Gulasch; ~ **soup** *sub, -s* Gulaschsuppe **go up to**, (1) *vt, (räuml.)* entgegentreten (2) *vti, (auf)* gehen; **go upstairs** *vi, (Treppe)* hinaufgehen; **go very well** *vi, (Arbeit)* flutschen; **go waste** *vi, (ugs.)* verkommen; **go with** *vt, (harmonieren)* passen; *to go with sth*

zu etwas passen; **go wrong** *vi*, missraten, Quergang, schief gehen; *the cake which went wrong* der missratene Kuchen; **go yellow** *vt*, gilben; **go-go-girl** *pron*, Go-go-Girl; **go-in** *sub*, -*s* Go-in; **go-slow** *sub*, *nur Einz.* Bummelstreik; **go/walk back** *vi*, zurückgehen
gourmand, *sub*, -*s* Gourmand; ~**ise** *sub*, -*s* Gourmandise
gourmet, *sub*, -*s* Feinschmecker, Gourmet, Schlemmer, Schlemmerin; *(i. ü. S.)* Lukullus; *(Essen)* Genießer
gout, *sub*, - *(med.)* Gicht
govern, *vt*, *(regieren)* beherrschen; ~**ed** **person** *sub*, - *people* Beherrschte; ~**ess** *sub*, -*es* Gouvernante, ~**ment** *sub*, -*s* Gouvernement, Regierung; *government* die öffentliche Hand; ~**ment in exile** *sub*, -*s* Exilregierung; ~**ment loan** *sub*, -*s* Staatspapier; ~**ment of a land** *sub*, -*s* Landesregierung; ~**or** *sub*, -*s* Gouverneur, Statthalter
gown, *sub*, -*s* Talar
grab, **(1)** *vt*, ergreifen, kapern; *(i. ü. S.)* einsacken; *(ugs.)* begrapschen; *(Gegenstand)* anpacken; *(räumlich)* erwischen **(2)** *vti*, grapschen; *(fest)* greifen; *grab the newspaper* sich auf die Zeitung stürzen; *take grab so by the collar* jmd am Kragen fassen; *to grab sb by the hair* jmdn beim Schopf packen; *to grab sth* etwas an sich raffen; ~ **(hold of)** *vt*, *(fassen)* packen; *to grab sb by the collar* jmdn am Kragen packen; ~ **dredger** *sub*, -*s* Greifbagger; ~ **hold** *vi*, zugreifen, zupacken
grace, *sub*, *nur Einz.* Anmut; -*s* Grazie; - *(theol.)* Gnade; *say grace* zu Tische beten; ~ **of God** *sub*, *nur Einz.* Gottesgnade; ~**ful** *adj*, anmutig, graziös; ~**fulness** *sub*, - Feinheit
gracious, *adj*, gnädig, huldvoll
gradation, *sub*, -*s* Abstufung, Gradation
gradient, *sub*, -*s* Steigung; *(phy.)* Gradient; - *(Straße)* Gefälle
gradual, *adj*, allmählich, graduell, sukzessiv; ~**ly** *adv*, allmählich, schrittweise, sukzessive
graduate, **(1)** *vt*, staffeln **(2)** *vti*, graduieren; ~**d measure** *sub*, -*s* Messgefäß, Messglas; ~**d price** *sub*, -*s* Staffelpreis
graduation, *sub*, -*s* Graduierung, Staffelung; *(i. ü. S.)* Stufenfolge
graft, **(1)** *sub*, *nur Einz.* *(ugs.)* Maloche **(2)** *vi*, malochen **(3)** *vt*, *(Pflanzen)* pfropfen; *to be grafting* auf Maloche sein; ~**(ing)** *sub*, -*s* *(Gewebe)* Transplantat; ~**ing knife** *sub*, *knives* Pfropfmesser
Grail, *sub*, *nur Einz.* Gral

grain, *sub*, *nur Einz.* Brotgetreide; -*s* Getreide; *hier nur Mehrz.* Korn; -*s* Maserung; *(Holz)* Ader; *(im Holz)* Geäder; *(i. ü. S.)* it goes against the grain! es geht mir gegen den Strich!; wood with a fine grain Holz mit feinen Masern; *(i. ü. S.)* to start keeping tabs on someone jemanden aufs Korn nehmen; ~ **feed** *sub*, *nur Einz.* Körnerfutter; ~ **of corn** *sub*, -*s* Maiskorn; ~ **of maize** *sub*, -*s* Maiskorn; ~ **of rice** *sub*, -*s* Reiskorn; ~ **of salt** *sub*, -*s* Salzkorn; ~ **of sand** *sub*, -*s* Sandkorn; ~**ed** *adj*, *(Holz)* geädert, gemasert; ~**field** *sub*, -*s* *(US)* Getreidefeld; ~**y** *adj*, körnig; ~**y (bread)** *adj*, kernig
gram, *sub*, -*s* *(US)* Gramm
grammalogue, *sub*, -*s* Abkürzungszeichen
grammar, *sub*, -*s* Grammatik; *nur Einz.* Sprachlehre; ~ **school** *sub*, -*s* Gymnasium, Lateinschule, Oberschule; ~ **school pupil** *sub*, -*s* Gymnasiast, Oberschüler; ~**ian** *sub*, -*s* Grammatiker; **grammatical** *adj*, grammatikalisch, grammatisch
gramme, *sub*, -*s* Gramm
gramophone, *sub*, -*s* Grammofon
granary, *sub*, -*ies* Kornspeicher
grand, **(1)** *adj*, *(Haus)* feudal **(2)** *sub*, - *(ugs.)* Mille; -*s* *(Skat)* Grand; *5 grand* 5 Mille; ~ **duchess** *sub*, -*es* Großfürstin; ~ **master** *sub*, -*s* Großmeister; ~ **piano** *sub*, -*s* *(Klavier)* Flügel; ~**parents** *sub*, *nur Mehrz.* Großeltern; ~**ad** *sub*, -*s* Opa; ~**child** *sub*, -*children* Enkelkind; ~**daughter** *sub*, -*s* Enkeltochter
grandee, *sub*, - Grande
grandeur, *sub*, -*s* Erhabenheit, Grandeur; - Grandezza
granite, *sub*, -*s* *(min.)* Granit; ~ **ashlar** *sub*, -*s* Granitquader; ~ **block** *sub*, -*s* Granitblock; **granitic** *adj*, granitartig
granny, *sub*, -*s* Oma
grant, **(1)** *sub*, -*s* Stipendium **(2)** *vt*, bescheiden, gewähren, konzedieren, zugestehen; *(Geldmittel etc.)* bewilligen; *(gewähren)* geben; *(schriftl.)* erteilen; *(Wunsch)* erfüllen; *enjoy what you are granted* genieße was dir beschieden ist; *grant sb a period of grace* jmdm einen Aufschub gewähren; *grant sth to so* jmd ein Recht einräumen; *I'll grant you that* das will ich gelten lassen; ~ **a loan on** *vt*, beleihen; ~ **an amnesty to** *vt*, amnestieren; ~ **delay for payment** *vt*, stunden; ~ **leave** *vt*, beurlauben; ~ **privileges** *vt*, bevorrechten; ~ **so a**

concession *vt*, konzessionieren; ~ed *adv*, zugestanden; ~ing *sub*, - *(von Geldmitteln)* Bewilligung
granular, *adj*, granulös; granulate *vti*, granulieren; granules *sub*, *nur Mehrz.* Granulat
grape, *sub*, -s Traube, Weintraube; *sour grapes* der Neid der Besitzlosen; ~ harvest *sub*, -s Traubenlese; ~ juice *sub*, -s Traubensaft; ~ must *sub*, *nur Einz.* Traubenmost; ~comb *sub*, -s Traubenkamm; ~fruit *sub*, -s Grapefruit, Pampelmuse
graph, *sub*, -s *(graf. Darstellung)* Grafik; ~ paper *sub*, *pieces of* ~ Millimeterpapier
grapheme, *sub*, -s *(Sprachw.)* Graphem
graphic, *adj*, anschaulich; ~ arts *sub*, *nur Mehrz.* Grafik; ~ designer *sub*, -s Grafiker; ~al *adj*, grafisch; ~ally *adv*, anschaulich; ~ness *sub*, *nur Einz.* *(Anschaulichkeit)* Plastizität
grapnel, *sub*, -s Enterhaken
grappling hook, *sub*, -s Stake
grasp, (1) *vi*, *(ugs.; mitbekommen)* spannen (2) *vt*, fassen; *(verstehen)* erfassen (3) *vti*, *(fest)* greifen; *(i. ü. S.)* grasp thin air* ins Leere greifen; *he can´t grasp the fact that* es will ihm nicht eingehen, daß; *to grasp an opportunity with both hands* eine Gelegenheit beim Schopf packen; ~ at *vi*, *(nach)* haschen; ~ing *sub*, -s *(das Greifen)* Griff; *make a good choice* einen guten Griff tun
grass, *sub*, - Gras, Rasen; ~ on *vt*, *(ugs.)* verpfeifen; ~ snake *sub*, -s Ringelnatter; ~ widow *sub*, -s Strohwitwe; ~ widower *sub*, -s Strohwitwer; ~hopper *sub*, -s Heuschrecke; ~y *adj*, rasenbedeckt
grate, (1) *vi*, schurren (2) *vt*, raspeln (3) *vti*, raffeln, reiben; ~ful *adj*, dankbar
grater, *sub*, -s Raspel, Reibe
gratinate, *vt*, *(gastr.)* gratinieren
gratitude, *sub*, *nur Einz.* Dankbarkeit; *owe so a debt of gratitude* jmd Dank schulden; *show one´s gratitude* sich jmderkenntlich zeigen
gravel, *sub*, *nur Einz.* Kies; -s Schotter; ~ path *sub*, -s Kiesweg
gravestone, *sub*, -s Grabstein; graveyard *sub*, -s Gottesacker; *(bei Kirche)* Friedhof
gravitate, (1) *sub*, - Gravität (2) *vi*, gravitieren; gravitation *sub*, - Gravitation; gravitational acceleration *sub*, *nur Einz.* *(geh.; phy.)* Fallbeschleunigung; gravity *sub*, -ies Schwerkraft; *(nach aussen)* Ernst

gravy, *sub*, *nur Einz.* Bratensoße; -ies Sauce; *(Braten-)* Soße, Tunke; ~ spoon *sub*, -s Soßenlöffel
gray, *adj*, *(US)* grau; ~ area *sub*, -s Grauzone; ~ haze *sub*, -s *(Augen, US)* Grauschleier; ~ horse *sub*, -s *(Pferd, US)* Grauschimmel; ~ mould *sub*, -s *(Pilz, US)* Grauschimmel; ~ing *adj*, *(Haar, US)* grau meliert; ~lag goose *sub*, *geese (US)* Graugans; ~ness *sub*, *(Wäsche, US)* Grauschleier
graze, (1) *sub*, -s Abschürfung, Schürfwunde; *graze shots* Streifschuss (2) *vi*, äsen, grasen, weiden (3) *vt*, abfressen, abgrasen, abweiden; ~ o.s. (1) *vr*, aufschürfen (2) *vt*, abschürfen; ~ one´s skin *vt*, aufschürfen; ~ oneself *vt*, schürfen; grazing *sub*, -s Äsung
grease, (1) *sub*, -s *(ugs.)* Schmiere; *(Schmier-)* Fett (2) *vt*, *(einfetten)* fetten; *(Fett)* einschmieren; *(Kuchenform etc.)* ausschmieren; *like greased lightning* wie ein geölter Blitz; *(ugs.) to grease sb´s palms* jmdn schmieren, *grease one´s shoes* Schuhe einschmieren mit Politur; ~ drop *sub*, -s Fetttropfen; ~ mark *sub*, -s Fettfleck; ~ spot *sub*, -s Fettfleck; ~ with butter *vt*, buttern; ~proof paper *sub*, -s Pergamentpapier; *(~papier)* Pergament; greasing *sub*, *nur Einz.* *(Einfettung)* Bepinselung; greasy *adj*, fettglänzend, fettig; *(schmierig)* speckig
great, *adj*, dufte, großartig, toll; *(iron.)* nett; *(ugs.)* spitze; *(Hitze, Schmerz)* groß; *(Wert)* groß; *a great bloke* ein patenter Kerl; *that´s great!* das finde ich super!; *(ugs.) that´s just great* (prost) Mahlzeit!; *a great day* ein großer Tag; *Frederick the great* Friedrich der Große; *great majority* große Mehrheit; Great Dane *sub*, -s *(Deutsche)* Dogge; ~ fire *sub*, -s Feuersbrunst; ~ guy *sub*, -s *(ugs.)* Prachtjunge; ~ hall *sub*, -s Palas; ~ love *sub*, -s Prachtliebe; ~ love of splendour *sub*, -s Prunksucht; ~ one *sub*, *(ugs.)* Witzbold; ~ power *sub*, -s Großmacht; ~ suspense *sub*, *nur Einz. (i. ü. S.)* Hochspannung; *the outcome of the elections was waited for with great suspense* man hat auf die Wahlergebnisse mit Hochspannung gewartet; ~ tit *sub*, -s *(zool.)* Kohlmeise; ~-grandchild *sub*, -children Urenkel; ~-granddaughter *sub*, -s Großenkelin; ~-grandfather *sub*, -s Urgroßvater; ~-grandmother *sub*, -s Urgroßmutter; ~-grandparents *sub*,

nur Mehrz. Urgroßeltern; **~er glory** *sub, -s (i. ü. S.)* Weihe; **~est possible** *adj,* größtmöglich
greave, *sub, -s* Griebe
greed, *sub, -* Gier; *nur Einz.* Habsucht; *nur Einz.* Raffgier; **~ for money** *sub, -s* Geldgier; **~ily** *adv,* gierig; **~iness** *sub, -* Gefräßigkeit; *(Gier)* Fresslust; **~y** *adj,* gefräßig, gierig, raffgierig; *(Blick, Verhalten)* begierig; **~y pig** *sub, -s* Fresssack
Greek, (1) *adj,* griechisch **(2)** *sub, -s* Grieche; **~ gift** *sub, -s* Danaergeschenk; **~ studies** *sub, nur Mehrz.* Hellenistik
green, *adj,* grün; *(polit.)* grün; *the lights are green* die Ampel ist grün; *green with envy* gelb vor Neid; *greenback* Dollar; *(i. ü. S.) have been given the green light* frei Fahrt haben; **~ beans** *sub, nur Mehrz.* Schnittbohne; **~ woodpecker** *sub, -s* Grünspecht; **~grocer** *sub, -s* Obsthändler; **~grocer´s** *sub, greengrocers´* Gemüseladen; **~horn** *sub, -s* Greenhorn, Grünschnabel; *(pej.)* Neuling; **~house** *sub,* Gewächshaus; *-s* Glashaus; *people in glass houses shouldn´t throw stones* wer selbst im Glashaus sitzt soll nicht mit Steinen werfen; **~ish** *adj,* grünlich; **Greenland whale** *sub, -s* Grönlandwal; **~sickness** *sub, nur Einz.* Bleichsucht
Greenwich Meridian, *sub, nur Einz.* Nullmeridian
greet, (1) *vt, (grüßen)* begrüßen **(2)** *vti,* grüßen; *greet so* jmdn grüßen; **~ing** *sub, -s* Gruß; *(das Grüßen)* Begrüßung
Gregorian, *adj,* gregorianisch; *Gregorian chant* gregorianischer Gesang
grenade, *sub, -s (Hand-)* Granate; **grenadier,** *sub, -s* Grenadier
grenadine, *sub, -s* Grenadine
grey, (1) *adj,* grau; *(Haar)* grau meliert **(2)** *sub, -s* Grau; *turn grey* grau werden, grau werden; **~ area** *sub, -s* Grauzone; **~ haze** *sub, -s (Augen)* Grauschleier; **~ horse** *sub, -s (Pferd)* Grauschimmel; **~ mould** *sub, -s (Pilz)* Grauschimmel; **~hound** *sub, -s* Greyhound, Windspiel; *(tt; biol.)* Windhund; **~lag goose** *sub, geese* Graugans; **~ness** *sub, (Wäsche)* Grauschleier
grid, *sub, -s* Leitungsnetz; *(arch.)* Raster; **~ square** *sub, -s* Planquadrat
grief, *sub, -* Gram; *nur Einz.* Harm; Kummer, Weh; *(Gram)* Trauer; *die of grief* vor Gram sterben
griffin, *sub, -s (myth.)* Greif
grill, (1) *sub, -s* Grill, Rost **(2)** *vt,* grillen; **~e** *sub, -s (Drahtgeflecht)* Gitter; **~ed meal** *sub, -s* Grillgericht

grim, *adj,* grimmig, verbissen; **Grim Reaper** *sub, -s* Hein; **~ace** *sub, -s* Grimasse; - Grimbart; *-s (Grimasse)* Fratze
grimming, *sub, -* Grimmen
grin, *vi,* grinsen; *to grin and bear it* gute Miene zum bösen Spiel machen
grind, (1) *sub, -s* Plagerei; *nur Einz. (t.gs.)* Plackerei; *-s* Rackerei; *(vulg.)* Frust; *(US)* Streber **(2)** *vt,* leiern, vermahlen; *(tech.)* einschleifen **(3)** *vti,* mahlen; *daily grind* grauer Alltag; *(vulg.) I´ am cheesed off* ich hab´ einen Frust, *grind the cylinders* die Zylinder einschleifen; **~ coarsely** *vt,* schroten, verschroten; **~ one´s teeth** *vi (ugs.)* knirschen
grinding, *sub, -s* Schleiferei; **~ machine** *sub, -s* Schleifbank; **~ shop** *sub, -s* Schleiferei; **~ stone** *sub, -s* Schleifstein
gringo, *sub, -s* Gringo
grinning, *sub, -s* Gegrinse
grip, (1) *sub, -s* Griffigkeit, Handgriff **(2)** *vt, (mitreißen)* packen **(3)** *vti, (Räde-)* greifen; *get to grips with sth* einer Sache beikommen; *hatred gripped he´ heart* Hass nistete sich in ihr Herz ein; *I was really gripped by the play* das Theaterstück hat mich gepackt; *in the grip of blind anger* von blindem Zorn ergriffen; *in the grip of passion* von der Leidenschaft gepackt; **~ arm** *sub, -s (tech.)* Greifarm
gripe, *vi, (ugs.)* mosern; *he always has sth to gripe about* er hat immer was zu mosern
gripping device, *sub, -s* Greifer
gristle, *sub, nur Einz.* Knorpel; **gristly** *adj,* knorpelig
grit, *sub, nur Einz.* Streugut
grits, *sub, (US)* Grütze
grizzle, *vi, (Kind)* greinen
grizzly bear, *sub, -s* Grislibär
groan, (1) *sub, -s* Seufzer **(2)** *vi,* ächzer, stöhnen; *groan with pain* vor Schmerz ächzen, vor Schmerzen stöhnen; *moan and groan* ächzen und stöhnen; **~ loudly** *vi,* aufstöhnen; **~ing** *sub, -s* Geächze
groats, *sub,* Grütze; *nur Mehrz.* Hafergrütze
grocer´s, *sub, -* Lebensmittelladen; **groceries** *sub, nur Mehrz.* Lebensmittel
groin, *sub, -s (med.)* Leiste
groom, *sub, -s* Bräutigam
groove, *sub, -s* Nute, Riefe, Rille, Rinne; *(tech., Rille)* Furche; **~-like** *adj,* rillenförmig

grope, *vi*, tappen; *(i. ü. S.)* tasten; *grope in the dark* im Dunkeln tappen; *grope for the light switch* nach dem Lichtschalter tasten; *(i. ü. S.) grope one´s way towards the solution of a problem* sich zur Lösung eines Problems tasten; ~ **one´s way towards** *vr, (sich)* herantasten; **groping** *sub, - (Betastung)* Gefummel

groschen, *sub, - (österr. Münze)* Groschen

gross, (1) *adv, (wirt.)* brutto (2) *sub, -es* Gros; ~ **assets** *sub, nur Einz.* Bruttomasse; ~ **income** *sub, -s* Bruttoeinkommen; ~ **national product** *sub, -s* Sozialprodukt; *(wirt.)* Bruttosozialprodukt; ~ **register ton** *sub, -s* Bruttoregistertonne; ~ **return** *sub, -s (wirt.)* Bruttoertrag; ~ **salary** *sub, -ies* Bruttogehalt; ~ **weight** *sub, -s* Bruttogewicht

grotesque, (1) *adj*, fratzenhaft, grotesk (2) *sub, -s* Groteske, Grotesktanz

grotto, *sub, -s* Grotte

ground, (1) *adj*, abgewetzt (2) *sub, -s* Erdboden; *(Boden)* Grund (3) *vt, (Malerei)* grundieren; *above ground* über dem Erdboden; *be razed to the ground* bis auf die Fundamente zerstört werden; *(i. ü. S.) get onto shaky ground* sich auf unsicheres Terrain begeben; *(i. ü. S.) keep your feet on the ground!* bleib auf dem Teppich!; *level a town to the ground* eine Stadt dem Erdboden gleich machen; *on the grounds that* mit der Begründung, dass; *stand one´s ground* das Feld behaupten, seine Stellung behaupten; *to gain ground* Platz greifen; *(Schiff.) run aground* auf Grund geraten; ~ **defense** *sub, nur Einz.* Bodenabwehr; ~ **floor** *sub, -s (brit.)* Parterre; ~ **floor (am: first floor)** *sub, -s* Erdgeschoss; ~ **loop** *sub, -s (Boden)* Steilkurve; ~ **meat** *sub, - (US)* Hackfleisch; ~ **plan** *sub, -s* Lageplan; *(arch.)* Grundriss; ~ **rice** *sub, -s* Reismehl; ~ **station** *sub, -s (Raumf.)* Bodenstation; ~ **water** *sub, -s* Grundwasser; *nur Einz. (Grundwasser)* Sickerwasser; ~, **soil** *sub, nur Einz. (Erde)* Boden; *be on shaky ground* sich auf unsicherem Boden bewegen; *cut the ground from under sb´s feet* jmd den Boden unter den Füßen wegziehen; *fall to the ground* sich zu Boden fallen lassen; *on English soil* auf englischem Boden; *to ground a plane* einem Flugzeug Startverbot erteilen; *wish the ground would open and swallow sb* am liebsten in den Boden versinken; ~-**floor flat** *sub, -s (brit.)* Parterrewoh-

nung; ~**ing** *sub, - (Flugzeug)* Startverbot; *ground an aircraft* einem Flugzeug Startverbot erteilen; ~**less** *adj*, unbegründet; ~**s** *sub, nur Mehrz. (jur.)* Handhabe; *(Schloss~)* Park; *legal grounds* gesetzliche Handhabe

group, *sub, -s* Gruppe; *(mil.)* Pulk; *(wirt.)* Konsortium; ~ **dynamics** *sub, nur Mehrz. (psych.)* Gruppendynamik; ~ **meeting** *sub, -s* Gruppenabend; ~ **of islands** *sub, -s* Inselgruppe; ~ **of people** *sub, groups* Personenkreis; ~ **of powers** *sub, groups* Mächtegruppe; ~ **of women** *sub, -s* Frauengruppe; ~ **portrait** *sub, -s* Gruppenbild; ~ **sex** *sub, nur Einz.* Gruppensex; ~ **supporting traditional procedures** *sub, groups* Spontigruppe; ~ **therapy** *sub, -ies* Gruppentherapie; ~ **tour** *sub, -s* Gruppenreise; ~ **travel** *sub, nur Einz.* Gruppenreise; ~ **winner** *sub, -s* Gruppensieg; ~**ie** *sub, -s* Groupie; ~**ing** *sub, -s* Gruppierung

grouse, (1) *sub, -s* Moorhuhn (2) *vi*, stänkern; *(ugs.)* motzen, querulieren, raunzen; ~**r** *sub, -s* Raunzer, Stänker; *(ugs.)* Muffel, Querulant, Querulantin; **grousing** *sub, -s* Stänkerei

grout, *vt*, verfugen

grove, *sub, -s* Hain

grovel, *vi*, kriechen; *the last thing I´m going to do is grovel* kriechen will ich auf gar keinen Fall; *(Mensch) to grovel* Männchen machen; *(ugs.) to lick somebody´s boots* jemandem in den Hintern kriechen; ~**ing** *sub, -s (ugs.)* Winselei; ~**ler** *sub, -s* Kriecher

grow, (1) *vi*, gedeihen, wachsen; *(aus etwas)* erwachsen (2) *vt, (tt; bot.)* züchten; *when you grow up* wenn du einmal groß bist; ~ **again** *vi*, nachwachsen; ~ **closer** *vi*, verwachsen; ~ **cloudy** *vr*, trüben; ~ **cold** *vi*, erkalten; ~ **darker** *vi*, nachdunkeln; ~ **fond of** *vt*, lieb gewinnen; ~ **hairs** *vt*, behaaren; ~ **louder** *vi, (i. ü. S.; Lautstärke)* anschwellen; ~ **onto** *vi*, festwachsen; ~ **rampant** *vi, (tt; bot.)* wuchern; ~ **slack** *vi, (Haut)* erschlaffen; ~ **stiff** *vi*, erstarren; ~ **stronger** (1) *vi, (i. ü. S.)* erstarken (2) *vr, (sich)* festigen; ~ **through sth.** *vt, (bot.)* durchwachsen; ~ **tired-looking** *vi*, welken; ~ **together** *vi*, verwachsen

growl, *vi*, knurren; *(Bär)* brummen

grown-up, *adj*, erwachsen; *(erwachsen)* groß; *the children are grown-up* die Kinder sind groß

growth, *sub, nur Einz.* Wachstum; *-s*

Zuwachs; *(tt; bot.)* Wuchs; *(med.)* Geschwulst; ~ **of beard(s)** *sub, nur Einz.*
Bartwuchs
grow up, *vi,* heranwachsen; *(Kinder)* heranreifen; **grow weary of sth** *vi,* überbekommen; **grow weed** *vt, (ugs.)* verunkrauten
groyne, *sub, -s* Buhne
grub, *sub, -s* Engerling; *nur Einz. (vulg.; Essen)* Fressen; *-s (ugs.; scherzh.)* Fressalien
grudge, *vt,* missgönnen; *bear a grudge against* einen Groll hegen gegen; *he begrudges her sth* er missgönnt ihr das; *to have a grudge against sb* einen Pik auf jmdn haben
gruel, *sub, -s* Haferschleim
gruesome, *adj,* schaurig; ~**ness** *sub, nur Einz.* Schaurigkeit
grumble, *vi,* murren, nörgeln, querulieren, räsonieren; *to put up with sth without grumbling* etwas ohne Murren ertragen; ~**r** *sub, -s* Knasterbart, Mekkerer, Nörgler, Querulant, Querulantin; *(i. ü. S.)* Isegrim; **grumbling** *sub, nur Einz.* Nörgelei; - *(Schimpfen)* Gepolter; **grumbly** *adj,* nörgelig, nörglerisch
grumpiness, *sub, nur Einz.* Brummigkeit; *-es* Grantigkeit; *nur Einz.* Knurrigkeit; **grumpy** *adj,* motzig, murrköpfisch; *(ugs.)* muffelig; *(schlecht gelaunt)* mürrisch
grunt, *vti,* grunzen
grunting, *sub, -s* Gegrunze
guanaco, *sub, -s (zool.)* Guanako
guano, *sub, -s* Guano; **Guano islands** *sub, -* Guanoinseln
guarantee, (1) *sub, -s* Bürgschaft, Garantie, Gewähr, Wechselbürge, Werkgarantie, Zusicherung; *(fin.)* Obligo **(2)** *vt,* sicherstellen **(3)** *vti,* garantieren **(4)** *vtr,* verbürgen; *bail* Bürgschaft leisten; *guaranteed from Austria* original aus Österreich; *I can´t make any guarantees* dafür kann ich keine Garantie übernehmen; *it´s got a year´s guarantee* es hat ein Jahr Garantie; *no responsibility is accepted for the correctness of this information* diese Angaben erfolgen ohne Gewähr; ~ **for/of** *vt,* bürgen; *act as a guarantor for sb* für jemanden bürgen; *what guarantee do I have for* wer bürgt mir dafür; ~ **that** *vt,* dafürstehen; *guarantee that* dafürstehen, daß
guarantor, *sub, -s* Bürge, Garant
guard, (1) *sub, -s* Bewacher, Wache, Wachebeamte, Wacht; *(Gefängnis)* Aufseher; *(im Gefängnis)* Aufsichtsbeamte;

(mil.) Garde **(2)** *vt,* bewachen, hüten; *he´s still one of the old school* er ist noch von der alten Garde, *guard sth with one´s life* etwas wie seinen Augapfel behüten; ~ **duty** *sub, -ies* Posendienst; ~ **of honour** *sub, -s* Ehrenspalier; ~**-station** *sub, -s* Wachsation; ~´**s compartment** *sub, -s* Dienstabteil; ~**book** *sub, -s (i. ü. S.)* Wachbuch; ~**ed** *adj,* vorsichtig; ~**ian** *sub, -s* Beschützer, Erziehungsberechtigte, Guardian, Hüter, Vormund, Wächter; ~**ian angel** *sub, -s* Schutzengel; ~**ianship** *sub, -* Kuratel; *-s* Pflegschaft, Tutel; ~**iansong** *sub, -s (i. ü. S.)* Wächterlied; ~**ing** *sub, nur Einz.* Behütung; - Bewachung; ~**s-parade** *sub, -s (i. ü. S.)* Wachtparade; ~**sman** *sub, -men* Gardist
Guatemalan, *sub, -s* Guatemalteke
guereza, *sub, -s (zool.)* Stummelaffe
guerilla, *sub, -s* Freischärler; ~ **fighter** *sub, -s (US)* Guerillero
guess, (1) *vi,* schätzen; *(raten)* tippen **(2)** *vti,* raten; *to guess roughly* über den Daumen peilen; *you can guess* das kannst du dir ausrechnen; ~**er** *sub, -s (ugs.)* Rater; ~**ing game** *sub, -s* Rätselraten
guest, *sub, -s* Gast; *have guests* Gäste haben, Gäste haben; ~ **bed** *sub, -s* Fremdenbett; ~ **house** *sub, -s* Fremdenheim; *(mit Unterkunft)* Gasthaus; ~ **lecture** *sub, -s* Gastvortrag; ~ **lecturer** *sub, -s* Gastdozentin; ~ **of honour** *sub, -s* Ehrengast; ~ **part** *sub, -s* Gastrolle; ~ **performance** *sub, -s* Gastspiel; ~ **room** *sub, -s* Gästezimmer; ~**-house** *sub, -s (Gästehaus)* Pension; ~**speaker** *sub, -s* Gastredner
guidance, *sub, -s (Einweisung)* Anleitung; **guide (1)** *sub, -s* Leitfaden, Schiene; *(i. ü. S.)* Lotse; *(Fremden-)* Führer **(2)** *vt,* anleiten, leiten, lotsen; *(geleiten)* führen; **guide dog** *sub, -s* Blindenhund; **guide line** *sub, -s* Leitlinie, Richtschnur; **guide through** *vt,* *(Personen)* durchlotsen; **guidebook** *sub, -s* Reiseführer
guild, *sub, -s* Gilde, Gildenschaft, Innung, Zunft; ~ **arms** *sub, - (i. ü. S.)* Zunftwappen; ~ **master** *sub, -s* Zunftmeister; ~ **order** *sub, -s* Zunftordnung; ~**er** *sub, -s* Gulden; ~**hall** *sub, -s* Gildenhalle; ~**sman** *sub, -s (ugs.)* Zunftgenosse
guillotine, (1) *sub, -s* Fallbeil, Guillotine **(2)** *vt,* guillotinieren
guilt, *sub, nur Einz.* Schuld; *(Schuld)*

Täterschaft; *be guilt-ridden* mit Schuldgefühlen behaftet sein; ~**y** *adj*, schuldig; *find so guilty* jemanden für schuldig befinden; ~**y person** *sub*, *people* Schuldiger
guinea fowl, *sub*, *-s* Perlhuhn; **guinea-pig** *sub*, *-s* Meerschweinchen
guitar, *sub*, *-s* Gitarre; *(tt; mus.)* Zupfgeige; *(ugs.; mus.)* Klampfe; ~**ist** *sub*, *-s* Gitarrist, Gitarristin
gulf, *sub*, *-s* Meerbusen; *(geogr.)* Golf; *(Kluft)* Abgrund; **Gulf Stream** *sub*, *-s* Golfstrom
gull, *sub*, *-s* Möwe
gullet, *sub*, *-s (anat.)* Speiseröhre
gullibility, *sub*, *nur Einz.* Leichtgläubigkeit; **gullible** *adj*, gutgläubig
gulp, (1) *sub*, *-s* Schluck; *(i. ü. S.)* Zug (2) *vi*, schlucken
gums, *sub*, *nur Mehrz.* Zahnfleisch; **gum made from the juice of an Arabic plant** *sub*, - Gummiarabikum
gun, *sub*, *-s* Gewehr, Schießgewehr; *(ugs.)* Knarre, Waffe; *at gunpoint* mit vorgehaltener Pistole; *to be going great guns* Oberwasser haben; ~ **barrel** *sub*, *-s* Kanonenrohr; ~ **battle** *sub*, *-s (mil.)* Feuergefecht; ~ **licence** *sub*, *-s* Waffenschein; ~ **pipe** *sub*, *-s* Geschützrohr; ~**boat** *sub*, *-s* Kanonenboot; ~**powder** *sub*, *nur Einz.* Schießpulver; ~**slinger** *sub*, *-s* Revolverheld; ~**smoke** *sub*, *nur Einz.* Pulverdampf
gunge, *sub*, *-s (vulg.; schmieriges Zeug)* Soße
gunned concrete, *sub*, *nur Einz.* Spritzbeton
gunny, *sub*, *-ies* Rupfen
guppy, *sub*, *-ies (zool.)* Guppy
gurgle, *vi*, gluckern, glucksen
guru, *sub*, *-s* Guru
gushing, *sub*, *nur Einz.* Lobhudelei
gush out, *vi*, *(Flüssigkeit)* ausströmen
gusset, *sub*, *-s* Zwickel
gust, *sub*, *-s* Bö, Böe; ~ **of wind** *sub*, *-s* Windstoß; ~**y** *adj*, böig; *freshening in gusts* böig auffrischend
gut, *vt*, ausweiden

guts, *sub*, *nur Mehrz. (ugs.)* Mumm; *(i. ü. S.)* *to have no guts* kein Mark in den Knochen haben
gutter, *sub*, *-s* Gosse, Rinnstein; *end up in the gutter* in der Gosse enden; *take sb out of the gutter* jmd aus dem Dreck ziehen; ~ **press** *sub*, *nur Einz.* Skandalpresse
guttural, *adj*, guttural; ~ **sound** *sub*, *-s* Gutturallaut
guy, *sub*, *-s (ugs.)* Macker; *don´t come the tough guy here* spiel hier nicht den Macker
gym, *sub*, *-s* Fitnesstraining; *(ugs.)* Turnhalle; *(Turn-)* Halle; *go for workouts in the gym* Fitnesstraining machen; ~ **lesson** *sub*, *-s* Turnstunde; ~ **outfit** *sub*, *-s* Turnkleidung, Turnzeug; ~ **shirt** *sub*, *-s* Turnhemd; ~ **shoe** *sub*, *-s* Turnschuh; ~ **shorts** *sub*, - Turnhose; ~ **teacher** *sub*, *-s* Turnlehrer; ~ **things** *sub*, *nur Mehrz. (ugs.)* Turnzeug; ~**nasium** *sub*, *-s* Turnhalle; ~**nast** *sub*, *-s* Gymnastin, Turner; ~**nastic** *adj*, gymnastisch; ~**nastic club** *sub*, *-s* Turnerschaft; ~**nastic display** *sub*, *-s* Schauturnen; ~**nastic festival** *sub*, *-s* Turnfest; ~**nastic intruction** *sub*, *-s* Turnunterricht; ~**nastics** *sub*, *nur Mehrz.* Gymnastik; - Kunstturnen; *nur Einz.* Turnen, Turnerei; *do gymnastics* Gymnastik machen
gynaecological, *adj*, gynäkologisch; ~ **disorder** *sub*, *-s* Frauenleiden; **gynaecologist** *sub*, *-s* Frauenarzt, Frau-en-ärztin, Gynäkologe; **gynaecology** *sub*, *nur Einz.* Gynäkologie; **gynecological** *adj*, *(US)* gynäkologisch; **gynecologist** *sub*, *-s* Gynäkologe; **gynecology** *sub*, *nur Einz.* Gynäkologie
gypsy, *sub*, - Zigeuner; ~ **life** *sub*, *nur Einz.* Zigeunerleben; ~**like** *adj*, zigeunerhaft; *(ugs.)* zigeunerisch
gyroscopic compass, *sub*, *-es* Kreiselkompass

H

habanera, *sub*, -s Habanera
habeas corpus, *sub*, *nur Einz.* *(jur.)* Habeaskorpusakte
habilitate, (1) *vi*, habilitieren (2) *vr*, *(sich)* habilitieren; habilitation *sub*, -s Habilitation
habit, *sub*, -s Angewohnheit, Gepflogenheit, Gewohnheit, Habit, Kutte, Ordenstracht; *become a habit* jmdm zur Gewohnheit werden; *I can´t break the habit* ich komme aus der Gewohnheit nicht heraus; *make sth a habit* sich etwas zur Gewohnheit machen; *out of habit* aus Gewohnheit; *get into the habit of* sich etwas angewöhnen; *(ugs.) to kick the habit* von der Nadel kommen; ~ual *adj*, gewohnheitsmäßig, habituell; ~ual drinker *sub*, -s Gewohnheitstrinker
Habsburg, *adj*, habsburgisch
hacienda, *sub*, -s Hazienda
hack, *vti*, hacken; *hack one´s way through sth* sich einen Weg durch etwas durchhauen; ~ at *vi*, behacken; ~er *sub*, -s *(computer)* Hacker; ~le *sub*, -s Hechel
hackney carriage, *sub*, -s Droschke; hackney-cab *sub*, -s Pferdedroschke; hackneyed *adj*, abgedroschen, klischeehaft; *(i. ü. S.)* abgegriffen; hackneyed word *sub*, -s Klischeewort; hackneyedness *sub*, -es Abgedroschenheit
haddock, *sub*, -s Schellfisch
hadji, *sub*, -s Hadschi
haematinic, *adj*, Blut bildend; haematoma *sub*, -e *(tt; med.)* Bluterguss
haemoglobin, *sub*, *nur Einz.* Hämoglobin; haemophiliac *sub*, -s Bluter
hafnium, *sub*, - *(chem.)* Hafnium
haft, *sub*, -s *(Messer)* Heft
hag, *sub*, -s Hag
haggle, *vi*, feilschen, handeln; ~ over *vi*, *(um)* feilschen; ~ over sth. *vi*, schachern; haggling *sub*, - Schacher; -s *(Feilschen)* Handeln
hagiolatry, *sub*, *nur Einz.* Hagiolatrie
hail, (1) *sub*, -s Hagel (2) *vti*, hageln; ~ of bullets *sub*, -s Geschosshagel; ~ of whistles *sub*, *hails* Pfeifkonzert; ~stone *sub*, -s Hagelkorn, Hagelschloße; ~storm *sub*, -s Hagelschauer, Hagelwetter
hairdresser, *sub*, -s Frisör; ~´s shop *sub*, -s Frisiersalon; hairdryer *sub*, -s Trockenhaube; hairpiece *sub*, -s Haarteil; hairpin *sub*, -s Haarnadel; hairpin curve *sub*, -s Kehrschleife; hairs *sub*,

~ *Mehrz.* Behaarung; hairsplitter *sub*, -s *(ugs.)* Haarspalter; hairsplitting *sub*, *nur Einz.* Klügelei; -s Spitzfindigkeit; hairstyle *sub*, -s Frisur; hairy *adj*, behaart, haarig
Haitian, *adj*, haitianisch
hakim, *sub*, -s Hakim
halberd, *sub*, -s Hellebarde
half, (1) *adj*, halb (2) *adv*, halb (3) *sub*, *halves* Hälfte; *for half the price* zum halben Preis; *half an hour* halbe Stunde; *(mus., US) half note* halbe Note; *half past two* halb drei; *halfway (up)* auf halber Höhe; *meet so halfway* jmd auf halbem Wege entgegenkommen; *(mus.) minim* halbe Note, go halves *with* eine halbe Sache machen mit; *I was only half aware of* es war mir nur halb bewusst, dass, *give me half of it* gib mir die Hälfte; *half the people* die Hälfte der Leute; *pay half the costs* die Kosten zur Hälfte zahlen; ~ of the field *sub*, *halves* Spielhälfte; ~ of the month *sub*, *halves* Monatshälfte; ~ the day *adv*, halbtags; ~ tone *sub*, *(mus., US)* Halbton; ~-baked *adj*, *(ugs.)* unausgegoren; ~-board *sub*, -s Halbpension; ~-breed *sub*, -s Mischling; *(Pferd)* Halbblut, Halbblütige; ~-caste *sub*, -s Halbblütige; *(Person)* Halbblut; ~-done *adj*, halb fertig; ~-educated *adj*, halbgebildet; ~-finished building *sub*, -s Bauruine; ~-hour *adj*, halbstündig; ~-hourly *adj*, halbstündlich; ~-life period *sub*, -s *(phy.)* Halbwertszeit, Halbzeit; ~-litre *sub*, -s Schoppen
half-measure, *sub*, *(ugs.)* Halbheit; *he doesn´t like doing things in half measures* er mag keine Halbheiten; half-moon *sub*, -s Halbmond; half-shade *sub*, -s Halbschatten; half-starved *adj*, ausgehungert; half-time *sub*, *halves (spo., Pause)* Halbzeit; *the half-time score is* zur Halbzeit steht es; half-time score *sub*, -s Pausenstand; half-title *sub*, -s Schmutzblatt, Schmutztitel; half-truth *sub*, -s Halbwahrheit; half-year *sub*, -s Halbjahr; half-yearly *adj*, halbjährlich; half-timbered house *sub*, -s Fachwerkhaus; halftone (engraving) *sub*, -s Rasterätzung; halftone dot *sub*, -s Rasterpunkt; halfway *adv*, halbwegs
halibut, *sub*, -s Heilbutt
hall, *sub*, -s Flur, Halle, Saal, Schalterraum; ~ of fame *sub*, -s Ruhmeshalle; ~ of mirrors *sub*, *halls* Spiegelsaal; ~

of residence *sub, -s (Studenten-)* Heim;
~(way) *sub, -s (Raum)* Diele; *go to the
hallway* geh in die Diele; ~-**light** *sub,
-s* Dielenlampe
hallelujah, *Interj,* halleluja!
Hallig people, *sub,* - Halligleute
hallmark, *sub, -s* Repunze; *(-sstempel)*
Feingehalt
halloo(ing), *sub, nur Einz.* Horrido
hallow, *vt,* heiligen
hallucinant, *adj,* halluzinativ; **hallucinate** *vi,* halluzinieren; **hallucination**
sub, -s Halluzination; **hallucinogen**
sub, -s Halluzinogen
hallway, *sub, -s* Hausflur
halma, *sub, nur Einz.* Halma
halogen lamp, *sub, -s* Halogenlampe;
halogenid *sub, -s (chem.)* Halogenid
halt, *sub, -s* Stopp; ~**er** *sub, -s (Zaum)*
Halfter
halve, *vt,* halbieren
ham, *sub,* - Schinken; ~ **actor** *sub, -s
(ugs.)* Schmierenkomödiant; ~ **roll**
sub, -s Schinkenbrot; ~-**fisted** *adj,
(ugs.)* ungeschickt
Hamitic, *sub,* - Hamit
hamlet, *sub,* - Weiler
hammer, (1) *sub, -s* Hammer, Treibfäustel; *(Gewehr-)* Hahn **(2)** *vti,* hämmern;
hammer and sickle Hammer und Sichel; *(ugs.)* go at it *hammer and tongs*
mit harten Bandagen kämpfen; ~ **drill**
sub, -s Schlagbohrer; ~ **on sth** *vt,* einhämmern; ~ **thrower** *sub, -s* Hammer-
werfer; ~ **throwing** *sub, nur Einz.*
Hammerwerfen
hammock, *sub, -s* Hängematte
Hammond organ, *sub, -s* Hammondor-
gel
hamper, *sub, -s* Fresskorb, Präsentkorb,
Schließkorb; *(Dial)* Kober
hamster, *sub, -s* Hamster
hand, (1) *sub, -s* Hand, Handschrift **(2)**
vt, geben, hinreichen, reichen; *at hand*
bei der Hand; *be open-handed* eine offene Hand haben; *by a show of hands*
durch Heben der Hände; *c/o (=care of)*
zu Händen (Brief); *fall into so hands*
jmdm in die Hände fallen; *fight tooth
and nail* sich mit Händen und Füßen
wehren; *first-hand* aus erster Hand;
handmade mit der Hand gemacht;
have so in one´s grip jmdn in der Hand
haben; *lend a hand* Hand anlegen; *long
beforehand* von langer Hand; *put aside*
aus der Hand legen, *be at hand* zur
Stelle sein; *be hand in glove with sb*
unter einer Decke stecken; *fashioned
by the hand of man* von Menschenhand
geschaffen; *have one´s hands full with*

something alle Hände voll zu tun haben; *he´s an old hand at that sort of
thing* er ist in diesen Dingen sehr erfahren; *he´s like putty in your hands*
butterweich werden; *on the one
hand, on the other hand* auf der einen
Seite, auf der anderen Seite; *set one´s
hand to sth* etwas in Angriff nehmen;
take so by the hand jmd an der Hand
fassen; *to give sb a free hand* jmdn frei
schalten und walten lassen; *to give sb
a hand* jmd nachhelfen; *to go down
with all hands* mit Mann und Maus
untergehen; *to operate by hand* manuell bedienen; *to play the third
hand* den dritten Mann spielen; *to say
sth in an offhand way* etwas nur so
obenhin sagen; ~ **baggage** *sub, -s
(US)* Handgepäck; ~ **brake** *sub, -s*
Handbremse; ~ **down** *vt,* tradieren,
überliefern; ~ **grenade** *sub, -s* Handgranate; ~ **gun** *sub, -s* Faustfeuerwaf-
fe; ~ **in** *vt, (Gegenstand)* abgeben; ~
in it *sub, - (ugs.)* Zutun; ~ **in later** *vt,*
nachreichen; *(Unterlagen)* nachlie-
fern; ~ **in one´s notice** *vt, (dem Arbeitgeber)* aufkündigen; ~ **luggage**
sub, -s Handgepäck
handball, *sub, nur Einz.* Handball;
handbook *sub, -s* Handbuch; **hand-
cart** *sub, -s* Bollerwagen; **handcraft**
adj, handwerklich; **handcuff** *sub, -s*
Handschelle; **handharmonica** *sub, -s*
Handharmonika
handicap, *sub, -s* Handicap, Handikap,
Vorbelastung, Vorgabe; *(med.)* Behinderung; *permanent handicap* das ist
ein bleibender Defekt; *have a mental
handicap* eine geistige Behinderung
haben; *have a physical handicap* eine
körperliche Behinderung haben; ~
time *sub, -s* Vorgabezeit; ~**ped** *adj,*
gehandikapt, vorbelastet
handicraft, *sub, -s* Bastelarbeit; ~**s**
sub, nur Mehrz. Handarbeit
handiness, *sub, nur Einz.* Handlichkeit
handkerchief, *sub, -ves* Schweißtuch;
-s Taschentuch
handle, (1) *sub, -s* Handgriff, Henkel,
Klinke; *(am Automat etc.)* Hebel;
(Griff) Stiel; *(mech.)* Nase; *(Pflug-)*
Sterz; *(Tür- etc.)* Griff **(2)** *vi, (behandeln)* umgehen **(3)** *vt,* handhaben;
(behandeln) nehmen; *(Gerät)* führen; *(Geschäft)* abwickeln; *(ugs.)
door-to-door selling* Klinken putzen;
he flies off the handle easily es gehen
leicht die Pferde mit ihm durch; *(i. ü.
S.)* I can *handle him* mit ihm werd´

ich schon fertig; *(ugs.) then get going!*
dann nimm die Klinke in die Hand;
(ugs.) to handle sth etwas auf die Reihe
kriegen, *I know how to handle him* ich
weiß, wie man ihn nehmen muss; ~ *of
the window sub, -s* Fenstergriff; **handling** *sub, nur Einz. (Ablauf)* Abwicklung
handmade, *adj,* handgearbeitet; ~
bookbinding *adj,* handgebunden; ~
paper *sub, nur Einz.* Büttenpapier;
handpicked *adj,* handverlesen;
handpicking *sub, nur Einz.* Klaubarbeit; **hands wash** *sub, -es* Händewaschen; **handsaw** *sub, -s (Säge)*
Fuchsschwanz; **handshake** *sub, -s* Händedruck; *shake hands with so* jmdm die
Hand geben; **handsome** *adj, (gutaussehend)* ansehnlich; **handstand** *sub, -s*
Handstand; **handwoven** *adj,* handgeknüpft; **handwriting** *sub,* - Handschrift; **handy** *adj,* greifbar, griffbereit,
handlich
hand mirror, *sub, -s* Handspiegel; **Hand
of the Creator** *sub, - (theol.)* Schöpfer-
hand; **hand out** *vt, (ausgeben)* austeilen; *(verteilen)* ausgeben; **hand
out/over** *vt,* aushändigen; **hand over**
vt, herausgeben, überantworten, übergeben, überreichen; *(übergeben auch
Gefangene)* ausliefern; *(Vorsitz)* abgeben; *hand over a book* ein Buch herausgeben (zurück); **hand sth over to so**
jemandem etwas abtreten; **hand painting** *sub, -s* Handmalerei; **hand sth.
over to sb** *vt,* einhändigen; **hand-cart**
sub, -s Leiterwagen; **hand-out** *sub, -s*
Hand-out; **handbag** *sub, -s* Handtasche
hang, (1) *vi,* hängen, schweben **(2)** *vt,*
erhängen, hängen, henken; *(Person)*
aufhängen; *(ugs.; Person)* aufknüpfen;
(ugs.) to let it all hang out die Sau
rauslassen, *hang so/oneself* jmd/sich erhängen; ~ **(with)** *vt, (beladen)* behängen; ~ **about** *vi, (ugs.)* lungern; ~
around *vi,* herumlungern; ~ **down** *vi,*
herabhängen; ~ **o.s.** *vr,* aufhängen; ~
out *vti,* heraushängen; ~ **round** *vr,
(sich an einem Ort)* herumdrücken; ~
up (1) *vi, (Telefonhörer)* aufhängen **(2)**
vt, (auch Telefonhörer) aufhängen;
(aufhängen) anhängen **(3)** *vti, (Telefonhörer)* auflegen; ~**-glider** *sub, -s*
Drachenflieger; ~**-gliding** *sub, -s* Dra-
chenfliegen; ~**ar** *sub, -s* Flugzeughalle,
Halle, Hangar; ~**dog expression** *sub,
-s* Sündermiene; ~**ed** *sub, -s* Gehängte,
Gehenkte; ~**er** *sub, -* Bügel; *put on a
hanger* auf den Bügel hängen; ~**ings**
sub, nur Einz. (Wandbehang) Behang;

~**over** *sub, -s* Kater; ~**over breakfast**
sub, -s (ugs.) Katerfrühstück
hanky, *sub, -ies* Schnupftuch, Taschentuch
Hanover, *adj,* hannoverisch; ~**ian**
sub, -s Hannoveraner
Hanseatic League, *sub, nur Einz.* Hanse; **Hanseatic** *adj,* hanseatisch
hapless person, *sub, -s (ugs.)* Un-
glückswurm
happen, (1) *vi,* geschehen, kommen,
vorgehen, vorkommen, widerfahren,
zustoßen; *(geschehen)* begeben, passieren, treffen **(2)** *vt,* ereignen **(3)** *vti,
(vor sich gehen)* gehen; *he didn´t
know what´s happening to him* er
wußte nicht, wie ihm geschah; *let sth
happen* geschehen lassen; *nothing
will happen to you* es wird dir nichts
geschehen; *what happens if* was geschieht, wenn; *it happened without
warning* es kam ohne Warnung;
(Prov.) what you least expect happens
unverhofft kommt oft; *something terrible has happened to him* ihm ist
etwas Schreckliches passiert, *it happened that* es begab sich, dass; *it just
happened that way* es hat sich so ergeben; *there´s nothing happening* es
ist nichts los; *what else has got to
happen before* was muß eigentlich
noch alles passieren, bevor; *what happened to you?* wie schaust du denn
aus?; *why did it have to happen to me*
dass mir das passieren muss, *what´s
happening here?* was geht hier vor
sich?; ~ **in a rush** *vr, (Ereignisse)*
überstürzen; ~**ing (1)** *adj, (Geschehen)* los **(2)** *sub, -s* Happening
happiness, *sub, -es* Freudigkeit; *-s* Seligkeit; *- (Glücksgefühl)* Glück; **happy**
adj, freudig, froh, glücklich; *(ugs.)*
seelenvergnügt; *be happy to see so*
jmdn freudig begrüßen; *happy event*
freudiges Ereignis; *happily married*
glücklich verheiratet; *happy coincidence* ein glücklicher Zufall; *do what
you want if it makes you happy* des
Menschen Wille ist sein Himmelreich;
happy home life *sub, -s (i. ü. S.)*
Nestwärme; **happy-go-lucky attitude** *sub, -s* in-den-Tag-hinein-Leben;
happy-go-lucky sort of fellow *sub,
nur Einz. (ugs.)* Luftikus
harakiri, *sub, -s* Harakiri
harass, *vt,* schikanieren; *(belästigen)*
bedrängen; *(in der Öffentlichkeit)* belästigen; ~**er** *sub, -s* Schikaneur; ~**ing**
adj, schikanös; ~**ment** *sub, -s* Schikane; *(in der Öffentlichkeit)* Belästigung

harbinger, *sub, -s* Verkündiger
harbor, *sub, -s (US)* Hafen; ~ **dues** *sub,*
nur Mehrz. Hafenpolizei; **harbour** *sub,*
-s Hafen; **harbour dues** *sub, nur Mehrz.*
Hafengebühr; **harbour police** *sub, nur*
Mehrz. Hafenpolizei
hard, (1) *adj,* anstrengend, hart; *(Ar-*
beit) beschwerlich **(2)** *adv,* hart; *hit so*
hard jmdn hart treffen; *it´s hard on*
him es kommt ihn hart an; *punish hard*
hart bestrafen; *work hard* hart arbeiten; *hard nut to crack* ein harter Brokken; *it´s hard to know what to do* da
ist guter Rat teuer; *work hard* tüchtig
arbeiten, *be hard on so* hart mit jmdm
sein; *hard currency* harte Währung;
hard drug harte Droge; *hard money*
hartes Geld; *hard Winter* harter Winter;
have learnt it the hard way durch eine
harte Schule gegangen sein; ~ **cheese**
sub, -s Hartkäse; ~ **disk** *sub, -s* Festplatte; ~ **of hearing** *adj,* schwerhörig; ~
shoulder *sub, -s* Standspur; ~ **to dis-**
pose of rubbish *sub, -* Problemmüll; ~
work *sub, -s* Fleißarbeit; ~**-boiled** *adj,*
abgebrüht, hart gekocht, hartgesotten;
(Ei) hart; ~**-hearted** *adj,* hartherzig;
~**-heartedness** *sub, -* Hartherzigkeit;
~**-on** *sub, -s (ugs.; Erektion)* Ständer
hardness, *sub, nur Einz.* Abgebrühtheit;
-es Härte; ~ **of hearing** *sub, nur Einz.*
Schwerhörigkeit; ~ **of water** *sub, -* Wasserhärte; **hardship** *sub, -s* Drangsal;
nur Einz. Ungemach; *(poet.) to suffer*
hardship Mangel leiden; **hardship**
clause *sub, -s (jur.)* Härteklausel; **hard-**
ware *sub, -s* Hardware; **hardwood** *sub,*
-s Hartholz
hard-packed snow, *sub,* *nur Einz.*
Schneeglätte; **hard-shelled** *adj,* hart-
schalig; **hard-wearing** *adj,* strapazierfähig; **hardcovered book** *sub, -s*
Hardcover; **harden (1)** *vt,* abhärten **(2)**
vti, härten **(3)** *vtr,* verfestigen, verhärten; *to harden oneself* sich mit einem
Panzer umgeben; **hardened** *adj, (psy-*
chisch) abgehärtet; *(i. ü. S.; unempfind-*
lich) abgebrüht; *(i. ü. S.; Verbrecher)*
hartgesotten; **hardening** *sub, nur Einz.*
Abhärtung; *-s* Verkalkung; **hardening**
of the arteries *sub, -s - (med.)* Arterien-
verkalkung
hare, *sub, -s* Hase; *(ugs.)* Mümmelmann;
~ **lip** *sub, -s (med.)* Hasenscharte
harem, *sub, -s* Harem
harlequin, (1) *adj,* harlekinisch **(2)** *sub,*
-s Harlekin
harm, (1) *sub, -* Leid; *nur Einz.* Schaden
(2) *vi,* schaden **(3)** *vt,* schädigen; *to*

harm sb jmd Schaden zufügen; ~ *so*
adv, zu Leide; ~**ful** *adj,* schädlich;
~**ful insect** *sub, -s* Schadinsekt; ~**ful**
substance *sub, -s* Schadstoff; ~**less**
adj, gefahrlos, harmlos, unschädlich,
unverfänglich; *(harmlos)* ungefährlich; *he is harmless* er ist ein harmloser Typ; *it´s a harmless sort of film*
der Film ist harmlos
harmonic, *adj, (mus.)* harmonisch; *(i.*
ü. S.) live together in harmony harmonisch zusammenleben; ~**a** *sub, -s* Harmonika; **harmonious** *adj,*
einträchtig; *(i. ü. S.)* harmonisch;
(harmonisch) traulich; **harmonium**
sub, -s Harmonium; **harmonize (1)**
vi, (mus.) harmonieren **(2)** *vt,* harmonisieren; **harmony** *sub, -ies* Einklang;
nur Einz. Eintracht, Gleichklang; *-ies*
Harmonie; *nur Einz.* Harmonik; *(Har-*
monie) Traulichkeit; *live in peace and*
harmony im Einklang leben; *live toge-*
ther in harmony einträchtig zusammenleben; *to sing in harmony*
mehrstimmig singen
harness, (1) *sub, -es (Pferde)* Geschirr
(2) *vt,* anschirren; *(Pferd)* einspannen; *(Zugtier)* anspannen; ~ **a horse**
vt, schirren
harp, *sub, -s* Harfe; *keep harping on*
about sth immer wieder mit etwas
beginnen; ~ **sound** *sub, -s* Harfenklang; ~**ist** *sub, -s* Harfenistin, Harfner
harpoon, (1) *sub, -s* Harpune **(2)** *vt,*
harpunieren; ~**er** *sub, -s* Harpunierer
harpsichord, *sub, -s (mus.)* Cembalo,
Clavicembalo
harpy, *sub, -ies (myth.)* Harpyie
harrier, *sub, -s* Weihe
harrow, (1) *sub, -s* Egge **(2)** *vt,* eggen
harsh, *adj, (i. ü. S.)* herb; *(Benehmen)*
harsch
harum-scarum, *sub, -s* Springinsfeld
hash, (1) *sub, -es* Haschee **(2)** *vt,* haschieren; ~**ish** *sub, -* Haschisch
has made, *vi,* unterlaufen
hasp, *sub, -s* Haspe
hasty, *adj,* fluchtartig; *(zu eilig)* übereilt
hat, *sub, -s* Hut; *hats off* alle Achtung;
I´ll eat my hat if dann fresse ich
einen Besen; *pull sth out of a hat*
etwas aus dem Ärmel schütteln; *that´s*
old hat das ist Schnee von gestern; *(i.*
ü. S.) to take one´s hat off die Mütze
ziehen; ~ **department** *sub, -s* Hutab-
teilung; ~**box** *sub, -es* Hutschachtel
hatch, *vt,* schraffieren; *(ugs.; Plan)*
ausbrüten; *(schraffieren)* stricheln; ~

out (1) *vi*, ausschlüpfen (2) *vt*, *(bebrüten)* ausbrüten
hatchet, *sub*, *-s (Handbeil)* Beil
hatching, *sub*, *-s* Schraffierung, Schraffur; ~ **time** *sub*, *-s* Schlupfzeit
hate, (1) *sub*, *nur Einz.* Hass (2) *vt*, hassen; *really hate* einen Hass haben auf, *(ugs.)* to *hate sb´s guts* jmdn nicht riechen können; ~ **campaign** *sub*, *-s* Pogromhetze; ~**d** *adj*, verhasst; ~**ful** *adj*, hassenswert
hatpin, *sub*, *-s* Hutnadel
hatred, *sub*, *nur Einz.* Hass; *out of hatred* aus Hass; ~ **of the Germans** *sub*, *nur Einz.* Deutschenhass
haul, *sub*, *nur Einz.* Fang; *-s* Fischzug; *nur Einz. (i. ü. S.)* Fang; *-s* Fischzug; *(Fischfang) make a rich haul* eine guten Fang machen; *(ugs.) be hauled over the coals* Anpfiff bekommen; *make a big haul* reiche Beute machen; ~ **down** *vt*, *(Segel, Flagge)* niederholen; ~ **in** *vt*, *(zurückziehen)* einziehen; ~**age** **company** *sub*, *-ies* Fuhrunternehmen
haunch of venison, *sub*, *-es* Rehkeule
haunt, *vi*, spuken; *the thought haunts me* der Gedanke läßt mich nicht mehr los; *this place is haunted* hier geht ein Geist um, hier geht ein Gespenst um; *this place is haunted!* hier spukt´s!
haute couture, *sub*, - Haute Couture
have, *vt*, *(Essen)* geben; *(Hilfsverb)* haben; *(Talent)* besitzen; *(Voraussetzungen)* mitbringen; *have you seen him* hast du ihn gesehen?; *you should have told me* das hättest du mir sagen sollen
have a shave, *vr*, rasieren; **have a shower** *vt*, abbrausen; **have a view of** *vt*, *(i. ü. S.)* überblicken; **have an abortion** *vi*, *(Boot)* abtreiben; **have an accident** *vt*, verunfallen; **have an effect** (1) *vi*, wirken; *(i. ü. S.)* fruchten (2) *vt*, auswirken; *have an adverse effect on* sich ungünstig auswirken auf; **have an effect on** *vt*, *(Wirkung haben)* einwirken; **have an influence (on)** *vti*, mitbestimmen; **have blind faith in authority** *vt*, autoritätsgläubig; **have breakfast** *vi*, frühstücken; **have complete command of** *vt*, *(Handwerk etc.)* beherrschen; **have confessed** *adj*, *(sein)* geständig; **have confidence in** *vi*, vertrauen; **have detention** *vi*, *(Schule)* nachsitzen; **have draped oneself over** *adj*, *(ugs.; wie)* hingegossen; **have equal rights** *adj*, *(sein)* gleichberechtigt; **have found sth out** *vt*, heraushaben
have go, *vi*, müssen, wegmüssen; *when do you have to go to the station?* wann

müsst ihr zum Bahnhof?; ~ **past** *vi*, vorbeimüssen; ~**t** *vt*, haben; *have a cold* eine Erkältung haben; *have got sth to do* etwas zu tun haben; *have heard from sb* Nachricht haben von jmdm; *have sth against sb* etwas gegen jmdn haben; *he has it good* er hat es gut; *he has no right to order me about* er hat mir nichts zu befehlen; *he´s got nothing* er hat nichts; *I haven´t got the time* ich habe keine Zeit; *I ve got you now* jetzt hab´ ich dich; *I ve just seen him* ich habe ihn eben gesehen; *this town has 10,000 inhabitants* diese Stadt hat 10 000 Einwohner; *we have got history in the morning* wir haben Geschichte in der Frühe; *you could have done it earlier* hättest du früher machen können; ~ **sth out** *vt*, heraushaben; **have had it** *adj*, *(- sein)* geliefert; **have in tow** *vt*, Schlepp; *(i. ü. S.) to take sb/sth in tow* jmdn/etwas in Schlepp nehmen; **have its source** *vt*, entspringen; **have leave** *vi*, wegmüssen; **have looked after** *vt*, weggeben; **have marriageable attitudes** *vt*, Ehefähigkeit; **have mercy** *vt*, erbarmen; **have no intention of** *vi*, fern liegen; *nothing was further from my mind* nichts lag mir ferner; **have no relationship with** *vi*, fern stehen; **have one/two leg(s) amputated** *vt*, beinamputiert; **have one´s fling** *vt*, *(Person)* austoben; **have pins and needles** *vti*, *(ugs.)* kribbeln; **have s. th. off** *vt*, abhaben; **have so under one´s thumb** *sub*, Fuchtel
have sth in common with, *adj*, *(etwas - haben mit)* gemein; *they have nothing in common* sie haben nichts miteinander gemein; **have sb on** *vi*, verkohlen; **have second sight** *vi*, hellsehen; **have sth** *vi*, verfügen; **have sth back** *vi*, zurückkommen; **have sth in mind** *vi*, vorschweben; **have sth for ..** *vt*, essen; *have sth for dinner/supper/lunch/breakfast* abends/mittags/morgens etwas essen; **have stomach trouble** *vi*, magenleidend sein; **have strong/weak nerves** *vi*, *(ein starkes/schwaches ~ haben)* Nervenkostüm; **have temperature** *vi*, Fieber haben; **have the advantage** *vt*, *(voraushaben)* **have the audacity** *vi*, erfrechen; **have the audacity do sth** *vi*, unterstehen; **have the audacity** *vi*, erdreisten; **have the day off** *vi*, freihaben; **have the effrontery** *vt*, entblöden; **have the sulks** *vt*,

Schmollecke, Schmollwinkel; *(ugs.) to have the sulks* in der Schmollecke sitzen
have to, (1) *modv,* müssen (2) *vi,* heranmüssen; *have to do sth* einen Befehl haben etwas zu tun; *I don't have to* ich muss nicht; *I have little to do with him* ich habe so gut wie keinen Umgang mit ihm; *it will have to be some time* das muss mal gemacht werden; *why does it have to be today* warum gerade heute?; *you'd have to ask a cook about that* dafür müssten sie einen Koch fragen; **~ come out** *vi, (z.B. Zahn)* herausmüssen; **~ get in** *vt,* hereinmüssen; **~ get out** *vi, (aus Wohnung)* herausmüssen; **~ get up** *vi, (aus Bett)* herausmüssen; **~ go back** *vi,* zurückmüssen; **~ go out** *vi,* hinausmüssen; *(nach draußen)* herausmüssen; **~ go up** *vi,* hinaufmüssen; **~ take the rap** *vi, (müssen)* herhalten; **have-not** *sub,* -s Habenichts; **having no appetite** *adj,* appetitlos; **having several links** *attr,* mehrgliedrig
have young, *vt, (tt; biol.)* werfen; *have a hard time with sth* sich mit etwas abquälen; *have on one* bei sich führen; *have one too many* einen über den Durst trinken; *have three right* 3 Richtige tippen; *he had it!* er kann einpacken!; *he hasn't got a good word to say about her* er gönnt ihr kein gutes Wort; *she's always got an answer pat* sie hat immer eine Antwort zur Hand; *sth has had it* etwas ist im Eimer; *to have had it* keinen Piep mehr machen; *to have it away* eine Nummer schieben; *(ausstatten) to have sth* mit etwas versehen sein; *to have unpleasant consequences* unangenehme Folgen nach sich ziehen; *you've had that* nichts zu machen
Hawaii Islands, *sub, nur Mehrz.* Hawaiiinseln
hawfinch, *sub,* -es *(zool.)* Kernbeißer
hawk, (1) *sub,* -s Falke, Habicht (2) *vi, (jagen)* beizen (3) *vt,* hökern; *have eyes like a hawk* Adleraugen haben; *to have eyes like a hawk* Augen wie ein Luchs haben; *(ugs.) to watch like a hawk* wie ein Schießhund aufpassen; *watch sth like a hawk* etwas mit Argusaugen verfolgen; **~er** *sub,* -s Hausierer, Höker; **~ing** *sub,* -s *(Beizjagd)* Beize
hawkmoth, *sub,* -s *(zool.)* Schwärmer
hawse (hole), *sub,* -s Klüse
hawthorn, *sub,* -s *(bot.)* Hagedorn
hay, *sub, nur Einz.* Heu; *make hay* Heu machen; *to hit the hay* sich auf's Ohr hauen; **~ fever** *sub,* - Heufieber; -s Heuschnupfen; **~ rack** *sub,* -s Raufe; **~loft**

sub, -s Heuboden; **~stack** *sub,* -s Heuschober
hazardous waste depot, *sub,* -s Sonderdeponie
haze, *sub, nur Einz.* Dunst
hazel, (1) *adj,* nussbraun, rehbraun (2) *sub,* -s Haselstaude; **~nut** *sub,* -s Haselnuss; **~nut tree** *sub,* -s Haselnussstrauch
hazy, *adj,* diesig, dunstig; *(ungefähr)* düster; *have a hazy recollection that* ich erinnere mich dunkel; *hazy fantasy* schaurig schön
he, *pron,* er; *it's a he* es ist ein er; **~ couldn't care less** *aux,* schnurzpiepe; **~ himself** *pron,* selber, selbst
head, (1) *sub,* -s Haupt, Kopf, Kopfende, Oberhaupt; *(ugs.)* Kasten (2) *vt, (betiteln)* überschreiben; *with head bowed* gesenkten Hauptes; *with one's head high* erhobenen Hauptes; *(i. ü. S.) heads will roll* es werden Köpfe rollen; *(ugs.) it's absolutely incredible* das hältst du ja im Kopf nicht aus; *(ugs.) to be bent on getting one's own way* mit dem Kopf durch die Wand wollen; *be not quite right in the head* einen Dachschaden haben; *be pigheaded* einen Dickkopf haben; *get a bash on the head* eins aufs Dach kriegen; *(ugs.) get that into your head!* schreib dir das hinter die Löffel!; *he bawled his head off* er brüllt wie am Spiess; *he's not right in the head* der ist oben nicht ganz richtig; *(i. ü. S.) head or tails* Zahl oder Wappen; *(i. ü. S.) head straight for desaster* direkt ins Unglück steuern; *heads will roll* es wird eine Nacht der langen Messer geben, es wird eine Nacht der langen Messer geben; *hit one's head against an edge* mit dem Kopf an einer Kante anschlagen; *(ugs.) I can't make head nor tail of it* ich kann mir keinen Reim darauf machen; *I had gone head over heels several times* ich hatte mich mehrmals überschlagen; *lose one's head* die Besinnung verlieren; *(ugs.) my head is going round and round* mir brummt der Schädel; *per head* pro Nase; *the head must be higher than the rest of the body* der Kopf muss hoch liegen; *(ugs.) to be head over heels* unsterblich verliebt sein; *to be head over heels in love* bis über beide Ohren verliebt sein; *(ugs.) to be soft in the head* eine Mattscheibe haben; *to hit sb over the head with sth* jmd etwas um die Ohren hauen; *to say exactly what comes into one's head*

reden, wie einem der Schnabel gewachsen ist; *(i. ü. S.) two heads are better than one* vier Augen sehen mehr als zwei; *you´re off your head* du hast ja einen Piep; *(ugs.) he´s a brainy fellow* er hat viel auf dem Kasten; *(ugs.) he´s not quite right in the head* er hat nicht alle im Kasten; **~ for** (1) *vi*, ansteuern (2) *vt, (ansteuern)* anpeilen; **~ foreman (in a mine)** *sub, -men* Obersteiger; **~ forester** *sub, -s* Oberförster; **~ money** *sub, nur Einz.* Kopfgeld; **~ movement** *sub, -s* Kopfbewegung; **~ of a government department** *sub, heads* Ministerialdirektor; **~ of Christ** *sub, -s* Christuskopf; **~ of department** *sub, -s* Dezernent, Sektionschef; **~ of state** *sub, heads* Staatsoberhaupt

header, *sub, -s (spo.)* Kopfball; **headfirst** *adv,* kopfüber; **headguard** *sub, -s* Kopfschützer; **heading** *sub, -s* Überschrift; **headless** *adj,* kopflos; **headline** *sub, -s* Headline, Schlagzeile; *(Schlagzeile)* Überschrift; **headlock** *sub, -s* Schwitzkasten; **headman** *sub, -men* Häuptling; **headmaster** *sub, -s* Schuldirektor, Schulleiter; *(Schule)* Direktor; **headmaster´s office** *sub, -s (Raum)* Direktorat; **headmistress** *sub, nur Einz.* Heimleiterin

head of the department, *sub, -s -s* Abteilungsleiter; **head of the household** *sub, -en* Hausherr; **head office** *sub, - (tt; mil.)* Zentrale; **head receptionist** *sub, -s* Empfangschef; **head shape** *sub, -s* Kopfform; **head voice** *sub, -s* Kopfstimme; **head waiter** *sub, -s* Oberkellner; **head-dress** *sub, -es* Kopfschmuck; **head-hunter** *sub, -s* Kopfjäger; **head-shrinker** *sub, -s (ugs.)* Seelenarzt; **headache** *sub, -s* Kopfschmerz, Kopfweh; *(ugs.) don´t lose any sleep over that!* mach dir darüber keine Kopfschmerzen!; *to have a splitting headache* rasende Kopfschmerzen haben; *this business gave me quite a headache* diese Sache hat mir viel Kopfzerbrechen gemacht; **headband** *sub, -s* Kapitalband, Stirnband; **headdress** *sub, -es (Indianer)* Federschmuck; **headed goal** *sub, -s* Kopfballtor

headphones, *sub, nur Mehrz.* Kopfhörer; **headpiece** *sub, -s* Kopfteil; **headquarters** *sub, nur Mehrz.* Kommandantur, Präsidium; *(Stab)* Oberkommando; **headrest** *sub, -s* Nackenstütze; **headship** *sub, -s* Rektorat; *(Person)* Direktorat; **headstand** *sub, -s* Kopfstehen; **headteacher** *sub, -s* Rektor; **headwaters** *sub, nur Mehrz.*

Quellgebiet

heal, (1) *vi,* abheilen, zuwachsen; *(Wund.)* heilen (2) *vt, (Wunde)* heilen; **~ over** *vi,* verwachsen; **~ up** *vi,* verheilen, vernarben; **~ up/over** *vi,* zuheilen; **~ed** *adj,* heil; **~ing** *sub, nur Einz.* Abheilung; *-s* Heilung; **~ing earth** *sub, -* Heilerde; **~ing process** *sub, -es* Heilungsprozess; **~ing sleep** *sub, nur Einz.* Heilschlaf

health, *sub, -* Gesundheit; *nur Einz.* Wohlsein; *in the best of health* bei bester Gesundheit; *your health* auf dein Wohl, auf dein Wohlsein; **~ care** *sub, -* Gesundheitspflege; **~ center** *sub, -s (US)* Gesundheitsamt; **~ centre** *sub, -s* Gesundheitsamt; **~ certificate** *sub, -s* Gesundheitszeugnis; **~ fiend** *sub, -s (ugs.)* Naturapostel; **~ food shop** *sub, -s* Reformhaus; **~ insurance** *sub, -s* Krankenversicherung; **~ insurance scheme** *sub, -s* Krankenkasse; **~ resort** *sub, -s* Kurort; **~ resort tax** *sub, -es* Kurtaxe; **~ service** *sub, -* Gesundheitswesen; **~-food** *sub, nur Einz. (ugs.)* Biokost; **~-food shop** *sub, -s* Bioladen; **~y** *adj,* gesund; *healthy food* gesunde Nahrung

heap, *sub, -s (größer)* Haufen; *heap reproaches upon someone´s head* jemanden mit Vorwürfen überhäufen; *heaps and heaps of money* Geld noch und nöcher; *heaps of money* ein Haufen Geld; **~ of** *sub, -s (veraltet)* Haufe; **~ of rubble** *sub, -s* Schutthaufen; **~ of stones** *sub, -s* Steinhaufen; **~ of straw** *sub, heaps* Strohhaufen; **~ up** *vt,* häufen; **~s of** *attr, (ugs.; große Menge)* Masse

hear, *vt,* erhören, heraushören, hören, vernehmen; *he hasn´t been heard of since* seitdem hat er sich nicht mehr gemeldet; *(jur.) hearing* mündliche Verhandlung; *his hearing isn´t too good anymore* seine Ohren sind nicht mehr so gut; *(i. ü. S.) I won´t hear of it* auf dem Ohr bin ich taub; *I´ve heard of the play but that´s all* ich kenne das Stück nur dem Namen nach; *(jur.) to hear a case* einen Fall mündlich verhandeln; *to hear that* eine Mitteilung bekommen, dass; *what´s this I hear?* was muss ich da hören?; *you haven´t heard the last of this!* wir sprechen uns noch!; **~ing** *sub, -s* Hearing; *(jur., pol.)* Anhörung; *(Strafprozess)* Hauptverhandlung; **~ing aid** *sub, -s* Hörgerät; **~ing defect** *sub, -s* Gehörfehler; **~ing loss** *sub, -es* Hörsturz; **~ing of evidence** *sub, -s -* Beweisaufnahme

hearsay, *sub, nur Einz.* Hörensagen
hearse, *sub, -s* Leichenwagen
heart, *sub, -s* Herz; *(i. ü. S.)* Kern; *(Einzelkarte)* Herz; *(Mittelpunkt)* Herz; *a place in one´s heart for children/animals* ein Herz für Kinder/Tiere; *everything your heart desires* alles was dein Herz begehrt; *from the bottom of one´s heart* aus tiefstem Herzen; *he has heart trouble* er hat es am Herzen; *heart and soul* mit ganzem Herzen dabei sein; *it makes your heart swell* es läßt die Herzen höher schlagen; *my heart bled* mein Herz blutete; *my heart was in my mouth* mir schlug das Herz bis zum Hals; *take sth to heart* sich etwas zu Herzen nehmen; *my heart skipped to beat* das war ein Schreck auf nüchtenen Magen; *open one´s heart to so* sich jemandem aufschließen; *pour one´s heart out* sein Herz ausschütten; *take sth to hear* sich etwas zu Gemüte führen; *(i. ü. S.) that would move the hardest heart to pity!* das könnte einen Stein erweichen!; *there´s some good in her somewhere* in ihr steckt ein guter Kern; *to get to the heart of a matter* bis zum Kern einer Sache vordringen; *to look downhearted* die Ohren hängen lassen; *to lose heart* den Mut verlieren; *with new heart* mit frischem Mut; ~ **anomaly** *sub, -ies* Herzanomalie; ~ **attack** *sub, -s* Herzanfall, Herzattacke, Herzinfarkt; ~ **defect** *sub, -s* Herzfehler; ~ **donor** *sub, -s* Herzspender; ~ **drops** *sub, nur Mehrz.* Herztropfen; ~ **failure** *sub, -s* Herzversagen; ~ **flutter** *sub, -s* Herzflimmern; ~ **frequence** *sub, -s* Herzfrequenz; ~ **of a girl** *sub, hearts of girls* Mädchenherz; ~ **surgery** *sub, -ies* Herzchirurgie; ~ **thumping** *sub, - (i. ü. S.)* Herzklopfen; ~ **transplant** *sub, -s* Herztransplantation; ~**-rending** *adj,* herzbewegend; ~**beat** *sub, -s* Herzschlag; ~**burn** *sub, -s* Sodbrennen; ~**felt** *adj,* innig
hearth, *sub, -s* Ofenbank
heartless, *adj,* herzlos, mitleidslos; *(Gliedmaßen)* gefühllos; **hearts** *sub, nur Mehrz. (Karten)* Coeur; *(Kartenfarbe)* Herz; **heartshaped cherry** *sub, -ies* Herzkirsche; **hearty** *adj, (Wein)* herzhaft
heat, **(1)** *sub, -s* Hitze; - Läufigkeit, Wärme; *nur Einz. (fem.)* Brunft **(2)** *vt,* beheizen, heizen; *(etwas)* erhitzen, erwärmen; *use coal for heating* mit Kohle heizen; *cook on a low heat* auf kleiner Flamme kochen; *rent including heating* warme Miete; *stifling heat* brü-

tende Hitze; ~ **conductor** *sub, -s* Wärmeleiter; ~ **loss** *sub, -es* Wärmeverlust; ~ **of fusion** *sub, nur Einz.* Schmelzwärme; ~ **shield** *sub, -s* Hitzeschild; *nur Einz.* Wärmeschutz; ~ **source** *sub, -s (i. ü. S.)* Wärmequelle; ~ **spot** *sub, -s* Quaddel; ~ **up (1)** *vt,* wärmen **(2)** *vti,* aufheizen; ~ **wave** *sub, -s* Hitzewelle; ~**ed** *adj, (Debatte)* hitzig; ~**er** *sub, -s* Erhitzer; *(Heiz~)* Ofen
heath, *sub, -s (Landsch.)* Heide; ~**en (1)** *adj,* heidnisch **(2)** *sub, -s* Heide; ~**enism** *sub, nur Einz.* Heidentum
heating, *sub, nur Einz.* Beheizung; *(Heizung)* Feuerung; ~ **oil** *sub, nur Einz.* Heizöl; ~ **period** *sub, -s* Heizperiode; ~ **pipe** *sub, -s* Heizungsrohr; ~ **up** *sub, nur Einz. (a. i ü.S.)* Aufheizung
heatstroke, *sub, -s* Hitzschlag
heave, *vt,* hieven; ~ **to** *vi,* beidrehen
heaven, *sub, - (i. ü. S.)* Himmel; *(ugs.) for heaven´s sake!* in Gottes Namen!; *heaven on earth* das Paradies auf Erden, der Himmel auf Erden; *move heaven and earth* alle Hebel in Bewegung setzen; *our Father in Heaven* der Himmlische Vater; *raise one´s eyes heavenwards* zum Himmel emporblicken; ~**ly** *adj,* himmlisch; *(i. ü. S.)* paradiesisch; *(himmlisch)* überirdisch; ~**wards** *adv,* himmelwärts
heavily indebted, *adj,* überschuldet; **heavily loss-making** *adj,* verlustreich; **heaviness** *sub, -s* Heftigkeit
heavy, *adj,* gewichtig, heftig, schwer; *(Drohung)* massiv; *(Strafe)* hoch; *heavy traffic* dicker Verkehr; ~ **as lead** *adj,* bleischwer; ~ **burden** *sub, -s* Zentnerlast; ~ **cotton twill overalls** *sub, nur Mehrz.* Drillichzeug; ~ **current** *sub, -* Starkstrom; ~ **fire** *sub, nur Einz.* schussstark; ~ **guns** *sub, nur Mehrz.* Geschütz; ~ **hailstorm** *sub, -s* Hagelschlag; ~ **horse** *sub, -s* Kaltblut; ~ **industry** *sub, -ies* Schwerindustrie; ~ **luggage** *sub, -s (Gepäck)* Traglast; ~ **metal** *sub, -s* Schwermetall; ~**-boned** *adj,* starkknochig; ~**weight** *sub, nur Einz.* Schwergewicht; ~**weight championship** *sub, -s* Schwergewichtsmeisterschaft
Hebraic, *sub, -s* Hebraicum; **Hebraist** *sub, -s* Hebraist; **Hebrew (1)** *adj,* hebräisch, israelitisch **(2)** *sub, -s* Hebräer
hectare, *sub, -s* Hektar
hectic, **(1)** *adj,* hektisch **(2)** *sub, nur Einz.* Hektik; *lead a hectic life* hektisch leben

hectoliter, *sub,* *-s (US)* Hektoliter; **hectolitre** *sub,* *-s* Hektoliter
hedge, *sub,* *-s* Hecke; **~ clippers** *sub,* *nur Mehrz.* Heckenschere; **~ in** *vt,* verklausulieren; **~ of thorn-bushes** *sub,* *-s* Dornenhecke; **~hog** *sub,* *-s* Igel; **~hopper** *sub,* *-s (ugs.)* Tiefflieger
hedonism, *sub,* *nur Einz.* Hedonismus; *- (geh.)* Genusssucht; **hedonist** *sub,* *-s* Hedoniker; **hedonistic** *adj,* *(geh.)* genusssüchtig
heeding, *sub,* *nur Einz.* Beherzigung
heel, *sub,* *-s* Ferse; *(ugs.)* Schuft; *(Ferse)* Hacke; *stick on sb´s heels* sich jmdm an die Fersen heften; *bring so to heel* jmdn gefügig machen; *close on so heels* dicht hinter jmd; *heel!* zum Hund: bei Fuß; *stiletto-heel* Bleistiftabsatz; *be hard on sb´s heels* jmdm dicht auf den Fersen sein; *be hard on so´s heels* jmdm dicht auf den Hacken sein
hefty, *adj,* *(i. ü. S.; Rechnung)* gesalzen
hegemonic, *adj,* hegemonial, hegemonisch; **hegemony** *sub,* *-* Hegemonie
heinous, *adj,* *(Verbrechen)* abscheulich
heir to the crown, *sub,* *-s* Kronerbe; **heir to the throne** *sub,* *heirs* Thronanwärter; **heir-at-law** *sub,* *-s* Intestaterbe; **heirloom** *sub,* *-s* Erbstück
Helgolander, *sub,* *-s* Helgoländer
helicopter, *sub,* *-s* Helikopter, Hubschrauber
heliocentric, *adj,* heliozentrisch
helium, *sub,* *nur Einz. (chem.)* Helium
hell, *sub,* *-s* Hölle; *(ugs.)* *all hell has broken loose* die Hölle ist los; *give someone hell* sich jmd zur Brust nehmen; *it hurts like hell* die Engel im Himmel singen hören; *(ugs.) that hurts like hell* das tut verdammt weh; *the Prince of Darkness* der Fürst der Hölle; *there will be hell to pay* das dicke Ende kommt noch; *there´ll be hell to pay* dann gibt es Mord und Totschlag; *(i. ü. S.)* *to give so hell* jemandem die Hölle heiß machen; *wish someone in hell* jemanden zum Teufel wünschen; **~ of a guy** *sub,* *nur Einz.* *(ugs.; verwegener Mensch)* Mordskerl; **~ ´s kitchen** *sub,* *nur Einz. (ugs.; US)* Sündenbabel
hellebore, *sub,* *nur Einz. (bot.)* Nieswurz
Hellenism, *sub,* *nur Einz.* Hellenentum, Hellenismus; **Hellenistic** *adj,* hellenisch, hellenistisch; **Hellenize** *sub,* hellenisieren
heller, *sub,* *-s* Heller
hellish, *adj,* höllisch
hello, *sub,* *-* Hallo
helmet, *sub,* *-s* Helm, Kopfschützer;

(Sturm-) Haube
helmsman, *sub,* *-men* Steuermann
help, (1) *sub,* *-* Handreichung; *-s* Hilfe (2) *vi,* helfen (3) *vt,* nachhelfen; *(helfen)* dienen; *(Sache)* begünstigen; *ask for help* um Hilfe bitten; *call for help* um Hilfe rufen; *give first help/aid* Erste Hilfe leisten; *help so* jmdm Hilfe leisten; *without any help* ohne Hilfe, *can I be of any help?* kann ich irgendwie helfen?; *help so across the road* jmdm über die Straße helfen; *help so out of a difficulty* jmdm aus einer Verlegenheit helfen; *help with the housework* im Haushalt helfen; *I can´t help it* ich kann mir nicht helfen; *there´s nothing you can do* da ist nicht zu helfen, *well, I did help it a bit* na gut, ich hab auch ein bisschen nachgeholfen; *can I help you* womit kann ich dienen; *he helped build the house* er hat beim Bau des Hauses mitgearbeitet; *help is at hand* Rettung ist nah´; *help so* jmdm gefällig sein; *help so up* jemandem aufhelfen; *help so with sth* jemandem bei etwas behilflich sein; *I can´t help it either* ich kann es auch nicht ändern; *I couldn´t help laughing* ich musste lachen; *it´s not much help to me* damit ist mir wenig gedient; *may I help you?* kann ich Ihnen behilflich sein?; *nobody can help you there* damit mußt du allein fertig werden; *that can´t be helped* das lässt sich nicht ändern; *these measures help towards safety at work* diese Maßnahme dient der Sicherheit; *to help oneself to sth more* sich noch etwas nehmen; *you can´t help feeling that* man kann sich des Eindrucks nicht erwehren, dass; **~ (along)** *vi,* weiterhelfen; **~ o.s.** *vr, (sich nehmen)* bedienen; *help yourselves* bedient euch; **~ oneself** *vi,* zulangen; **~ out** *vi,* aushelfen; **~ sb through** *vt,* durchhelfen; **~ sb to** *vi,* verhelfen; **~ so** *vt,* beistehen; **~ so to get out of trouble** *vt, (i. ü. S.)* herauspauken; **~ so to get over sth** *vi,* hinweghelfen; **~ so up** *vt, (Person)* aufrichten; **~er** *sub,* *-s* Helfer, Mithelferin
helpful, *adj,* behilflich, dienlich, hilfreich, hilfsbereit, zuvorkommend, zweckdienlich; *(sein, hilfsbereit)* gefällig; *be helpful to so* jmd dienlich sein; **~ness** *sub,* *-es (Hilfsbereitschaft)* Gefälligkeit; **helpless** *adj,* hilflos, ratlos, unbeschützt; *(machtlos)* ohnmächtig; *a helpless little thing* ein hilfloses etwas; *be helpless against*

sich nicht erwehren können; *to look on helplessly* ohnmächtig zusehen; *to stand helpless in the face of sth* einer Sache ohnmächtig gegenüber stehen; **helplessness** *sub*, *-es* Ratlosigkeit
Helvetic, *adj*, helvetisch
hem, (1) *sub*, *-s* Saum (2) *vt*, säumen; *(i. ü. S.) fell hemmed* sich eingeengt fühlen; ~ **of a skirt** *sub*, *-s* Rocksaum
hemisphere, *sub*, *-s* Halbkugel; *nur Einz*. Hemisphäre
hemlock, *sub*, *-s* Schierling
hemoglobin, *sub*, *nur Einz*. *(US)* Hämoglobin
hemp, *sub*, *nur Einz*. Hanf; ~ **rope** *sub*, *-s* Hanfseil
hen, *sub*, *-s* Henne, Huhn; *a silly goose* ein dummes Huhn; *(ugs.) don't make me laugh* da lachen ja die Hühner; *to be henpecked* unterm Pantoffel stehen; ~ **battery** *sub*, *-ies* Legebatterie; ~'s **egg** *sub*, *-s* Hühnerei
henceforth, *adv*, *(veraltet)* hinfort; *(geh.; von jetzt an)* nunmehr
henhouse, *sub*, *-s* Hühnerstall; ~ **ladder** *sub*, *-s* Hühnerleiter
henna, *sub*, *nur Einz*. Henna; *-s* Hennastrauch
henpecked husband, *sub*, *-s (ugs.)* Pantoffelheld
Henry, *sub*, *-* Henry
hepatitis, *sub*, *- (med.)* Hepatitis
heptagon, *sub*, *-s* Heptagon; ~**al** *adj*, siebeneckig
her, *pron*, sein; *if I were her* wenn ich sie wäre; ~ **(chair, book)** *poss adj*, ihr; ~ **(dat.)** *pron*, ihr; ~ **(gen.)** *pron*, ihrer; ~ **(idea, ideas)** *poss adj*, ihre
herald, *sub*, *-s* Herold, Vorbote; ~'s **baton** *sub*, *-s* Heroldsstab; ~'s **trumpet** *sub*, *-s (mus.)* Fanfare; ~**ic letter** *sub*, *-s* Wappenbrief; ~**ic saying** *sub*, *-s* Wappenspruch; ~**ry** *sub*, *-* Heraldik; *nur Einz*. Wappenkunde
Herculean, *adj*, herculanisch
herd, *sub*, *-s* Herde, Rudel; *follow the herd* mit der Herde laufen; ~ **instinct** *sub*, *nur Einz*. Herdentrieb; *(i. ü. S.)* Herdentrieb; ~ **of buffaloes** *sub*, *-s* Büffelherde; ~ **of cattle** *sub*, *-s* Rinderherde; ~**sman** *sub*, *-men* Hirt, Hirte
here, (1) *adv*, hier, hierbei, hierher; *(hier)* da (2) *präp*, herbei; *along here* hier entlang; *out/in here* hier draußen/drinnen; *up/down here* hier oben/unten; *come here* komm hierher; *up to here* bis hierher; *be here, there and everywhere* überall dabeisein; *from here* bis dahin sind es noch; *here and there* hier und da; *here he comes* da

kommt er; *here I am* hier bin ich; *here it is* da ist es; *here's the book* da hast du das Buch; ~ **and there** *adv*, stellenweise, strichweise; *(ugs.)* zwischendurch; ~**after** *sub*, *nur Einz*. Jenseits
hereditary, *adj*, angestammt, erblich, hereditär; *(biol.)* angeboren; ~ **disease** *sub*, *-s* Erbkrankheit; ~ **disposition** *sub*, *-s* Erbanlage; ~ **nobility** *sub*, *-ies* Geburtsadel; **heredity** *sub*, *-s* Vererbung
heresy, *sub*, *-ies* Häresie, Irrlehre, Ketzerei; **heretic** *sub*, *-s* Häretiker, Häretikerin, Ketzer; **heretical** *adj*, häretisch; **heretical baptism** *sub*, *-s* Ketzertaufe
hereupon, *adv*, hieraufhin
heritage, *sub*, *-s (vor dem Tod)* Erbe
hermaphrodism, *sub*, *- (tt; biol.)* Zwittrigkeit; **hermaphrodit-form** *sub*, *-s (tt; bot.)* Zwitterform; **hermaphrodite** *sub*, *-s* Hermaphrodit; *-* Zwitter; **hermaphrodite creature** *sub*, *-s (tt; biol.)* Zwitterwesen; **hermaphrodite-blossom** *sub*, *-s (tt; bot.)* Zwitterblüte; **hermaphroditic** *adj*, hermaphroditisch, zwitterhaft
hermetic, *adj*, hermetisch; *hermetically sealed* hermetisch abriegeln; **hermit** *sub*, *-s* Einsiedler, Eremit, Klausner; **hermitage** *sub*, *-s* Einsiedelei, Eremitage, Klause
hernia, *sub*, *-s (med.)* Leistenbruch
hero, *sub*, *-es* Held; ~ **of a novel** *sub*, *-s* Romanheldin; ~**ic (1)** *adj*, heldenhaft, heldenmütig, heroisch **(2)** *sub*, *-* Heroismus; ~**ic deed** *sub*, *-s* Heldentat; ~**ic epic** *sub*, *-s* Heldenepos; ~**ic tenor** *sub*, *-s* Heldentenor; ~**ically** *adv*, heldenhaft, heldenmütig; ~**in** *sub*, *-* Heroin
heron, *sub*, *-s* Reiher
herpes, *sub*, *- (med.)* Herpes
herring, *sub*, *- (zool.)* Hering; *fresh herrings* grüne Heringe; ~ **fishery** *sub*, *-ies* Heringsfang; ~ **milt** *sub*, *nur Einz*. Heringsmilch; ~ **roe** *sub*, *-* Heringsrogen; ~ **ton** *sub*, *-s* Heringsfass
hertability, *sub*, *-ies* Erblichkeit
hesitant, *adj*, zaghaft; **hesitate** *vi*, schwanken, stutzen, zaudern, zögern; *I would not hesitate to say that* ich würde ohne Weiteres sagen, dass; *he did it without hestitating* er tat es ohne zu zögern; **hesitation** *sub*, *-s* Zauderei; *do sth without hesitation* etwas ohne Bedenken machen
heterodoxy, *sub*, *-* Heterodoxie; **heterogeneity** *sub*, *nur Einz*. Heterogeni-

tät; **heterogeneous** *adj*, heterogen; **heteromorphic** *adj*, heteromorph; **heterophily** *sub*, - Heterophyllie; **heterosexual** *adj*, heterosexuell; **heterosexuality** *sub*, - Heterosexualität; **heterosphere** *sub*, -s Heterosphäre
heuristic, (1) *adj*, heuristisch (2) *sub*, - Heuristik
hew, *vt*, behauen
hexagon, *sub*, -s Hexagon, Sechseck; **hexagram** *sub*, -s Hexagramm; **hexameter** *sub*, -s Hexameter; **hexametric** *adj*, hexametrisch
hibernate, *vi*, *(Tiere)* überwintern; **hibernation** *sub*, - Hibernation; *nur Einz. (tt; zool.)* Winterschlaf
hibiscus, *sub*, -es Hibiskus
hiccups, *sub*, *nur Mehrz.* Schluckauf, Schlucken
hidalgo, *sub*, -s Hidalgo
hidden, *adj*, heimlich, verborgen, verkappt; ~ **path** *sub*, -s Schleichpfad; **hidding place** *sub*, -s Versteck
hide, *vt*, verbergen, verdecken, verschweigen, verstecken; *(i. ü. S.) give someone a good hiding* jemandem die Hosen stramm ziehen, *(ugs.)* jemandem eine Tracht Prügel geben; ~ **sth** *vr*, *(ugs.)* verkneifen; ~**-out** *sub*, -s Schlupfloch; - Unterschlupf; -s Versteck; *nur Einz. (ugs.)* Verstecken; **hiding place** *sub*, -s Schlupfwinkel
hierarchical, *adj*, hierarchisch; **hierarchy** *sub*, -ies Hierarchie, Rangordnung
hieroglyph, *sub*, -s Hieroglyphe
hi-fi, *sub*, - Hi-Fi; ~ **system** *sub*, -s Hi-Fi-Anlage
high, (1) *adj*, gehoben, hoch; *(ugs.)* high; *(Ansehen)* hoch; *(Erwartungen)* hochgespannt (2) *sub*, -s *(meteor.)* Hoch; *be three metres high* drei Meter hoch sein; *high court* hohes Gericht; *high up* hoch oben; *high-ranking officer* hoher Offizier; *play high* hoch spielen; *the High Middle Ages* das hohe Mittelalter; *think very highly of* eine hohe Meinung haben von; *(ugs.) be a little high* einen sitzen haben; *highly suspect* dringend verdächtig; *(i. ü. S.) look for someone high and low* jemanden wie eine Stecknadel suchen; *that´s decided higher up* das wird oben entschieden; ~ **blood pressure** *sub*, -s *(Blut-)* Hochdruck; ~ **diving** *sub*, *nur Einz.* Turmspringen; ~ **esteem** *sub*, *nur Einz.* Hochschätzung; *his colleagues hold him in high esteem* er genießt die Hochschätzung seiner Mitarbeiter; **High German** *sub*, *nur Einz.* Hochdeutsch; ~ **jump** *sub*, -s *(tt; spo.)* Hoch-

sprung; ~ **mountain region** *sub*, -s Hochgebirge; ~ **polished** *adj*, hochglänzend; ~ **pressure** *sub*, -s Hochdruck; ~ **priest** *sub*, -s Hohepriester, Oberpriester; *(i. ü. S.)* Papst
higher, *adj (comp)*, höher; *higher than* höher als; *(i. ü. S.) their hearts beat faster* ihre Herzen schlugen höher; *to rate something higher (more highly)* etwas höher bewerten; ~ **nobility** *sub*, -ies Hochadel; ~**-ranking** *adj*, höherrangig; **highest** *adj*, höchst; *it´s high time* es ist höchste Zeit; *on the highest mountain* auf dem höchsten Berg; *to the highest degree* im höchsten Maße; **highest bidding** *adj*, meistbietend; **highest level** *sub*, -s Höchststand, Höchststufe; **highest point** *sub*, -s Gipfelpunkt; **highest-ranking officer** *sub*, -s Ranghöchste
high-explosive bomb, *sub*, -s Sprengbombe; **high-frequency** *adj*, hochfrequent; **high-heeled shoe** *sub*, -s Stöckelschuh; **high-performance** *sub*, -s Hochleistung; **high-pitched** *adj*, *(Stimme)* eunuchenhaft; **high-pressure** *adj*, *(tech.)* hochgespannt; **high-pressure area** *sub*, -s Hochdruckgebiet; **high-priced** *adj*, hochpreisig; **high-protein** *adj*, eiweißreich; **high-ranking** *adj*, hochgestellt; **high-school boy/girl** *sub*, -s *(veraltet)* Pennäler; **high-sounding** *adj*, hochtrabend; **high-spirited** *adj*, übermütig; **high-tech** *sub*, - Hightech; **high-tech medicine** *sub*, *nur Einz.* Apparatemedizin; **high-voltage** *adj*, *(Strom)* hochgespannt; **high-wheeled** *adj*, hochräderig; **high-wire** *sub*, -s Hochseil
highly deserving, *adj*, hochverdient; **highly effective** *adj*, hochwirksam; **highly explosive** *adj*, hochexplosiv; **highly gifted** *adj*, begnadet; **highly qualified worker** *sub*, -s Spitzenkraft; **highly sensitive** *adj*, zartbesaitet; **highly topical** *adj*, hochaktuell
Highness, *sub*,   Durchlaucht; *Her/His/Your Highness* Ihre/Seine/Eure Durchlaucht
high quality, *adj*, hochwertig; ~ **wine** *sub*, -s Kabinettwein; **high school** *sub*, -s *(US)* Gymnasium; **high school student** *sub*, -s Gymnasiast; **high spirits** *sub*, Hochstimmung; ~ Übermut; *business was doing well; he was in high spirits* das Geschäft lief; er war in Hochstimmung; **high treason** *sub*, *nur Einz.* Hochverrat; **high voltage** *sub*, -s Hochspannung; *Danger! High*

voltage! Vorsicht! Hochspannung!; **high-altitude health resort;** *sub, -s* Höhenkurort; **high-bituminous brown coal** *sub, -s* Schwelkohle; **high-caliber** *adj, (i. ü. S.; US)* hochkarätig; **high-calibre** *adj, (i. ü. S.)* hochkarätig; **high-capacity** *sub, -ies (techn.)* Hochleistung; **high-carat** *adj,* hochkarätig; **high-circulation** *adj,* auflagenstark **highway,** *sub, -s* Highway, Verkehrsweg; **Highway Code** *sub, -s* Straßenverkehrsordnung; ~ **robbery** *sub, -ies* Straßenraub; ~**man** *sub, -men* Wegelagerer; *(hist.)* Schnapphahn; ~**robbery** *sub, -es* Wegelagerung **hijacker,** *sub, -s* Hijacker; *(Luft~)* Pirat; **hijacking** *sub, -s* Flugzeugentführung; *(Flugzeug)* Entführung **hike,** *vi,* wandern; ~**r** *sub, -s* Wanderer, Wandervogel; **hiking trip** *sub, -s* Wanderfahrt **hill,** *sub, -s* Hügel; *be over the hills and far away* über alle Berge sein; *drive over hill and dale* über Berg und Tal fahren; *up hill and down dale* über Stock und Stein; ~**side location** *sub, -s* Hanglage; ~**y** *adj,* hügelig **him,** *pron,* dem; *(betont)* er; *dont give it to him, give it to that man* gib es nicht dem, sondern dem Mann da; *it´s him!* das ist er!; ~ **(acc.)** *pron,* ihn; ~ **(dat.)** *pron,* ihm **Himalayan black bear,** *sub, -s (zool.)* Kragenbär **hinder,** *vt,* hindern; *(behindern)* erschweren **Hindi,** *sub, nur Mehrz.* Hindi **hindquarters,** *sub, nur Mehrz. (Pferd)* Hinterhand **Hindu, (1)** *adj,* hinduistisch **(2)** *sub, nur Einz.* Hindu; ~**ism** *sub, -* Hinduismus **hinge,** *sub, -s* Scharnier; *(Türangel)* Angel; ~**d lid** *sub, -s* Klappe **hint,** *sub, -s* Andeutung, Anspielung, Fingerzeig; *(ugs.)* Wink; *(Hinweis)* Tipp; *drop a hint* eine Andeutung machen; *give so a hint* jmd eine Eselsbrücke bauen; *hint at* anspielen auf; ~ **at** *vt,* andeuten **hip,** *sub, -s* Hüfte; ~ **bone** *sub, -s* Hüftknochen; ~ **joint** *sub, -s* Hüftgelenk **hippy,** *sub, -ies* Hippie **hire,** *vt, (Boot, Auto)* mieten; *(Gerät, etc.)* anmieten; *(Person)* chartern; ~ **purchase** *sub, -s* Mietkauf, Teilzahlung; ~**(d) car** *sub, -s* Mietauto; ~**d** *adj,* gedungen; ~**d applauder** *sub, -* Claqueur; ~**d car** *sub, -s* Leihwagen; ~**r** *sub, -s* Verleiherin **his,** *pron,* sein, seine, seines, seinige

Hispanist, *sub, -s* Hispanistin **hiss,** *vi, (ugs.)* zischen; *(Katze, Maschine)* fauchen **histamine,** *sub, -s* Histamin **histological,** *adj,* histologisch **histology,** *sub, - (med.)* Histologie **historian,** *sub, -s* Historiker, Historikerin; **historic (1)** *adj,* geschichtlich **(2)** *adv,* historisch; **historic moment** *sub, -s (i. ü. S.)* Sternstunde; **historic monument** *sub, -s* Baudenkmal; **historical** *adj,* geschichtlich; **historicism** *sub, nur Einz.* Historismus; **historicist** *adj,* historistisch; **historiographer** *sub, -s* Historiograf **history,** *sub, -* Geschichtswissenschaft; *-ies* Historie; *-* Historik, Vergangenheit; *-ies (Wissenschaft)* Geschichte; *that´s all ancient history* die Sache ist längst passé; *go down in history* in die Geschichte eingehen; ~ **lessons** *sub, nur Mehrz.* Geschichtsunterricht; ~ **of civilization** *sub, -* Kulturgeschichte; ~ **of music** *sub, nur Einz.* Musikgeschichte; ~ **of the earth** *sub, nur Einz.* Erdgeschichte; ~ **of the origin(s)** *sub, nur Einz.* Entstehungsgeschichte **histrionic,** *adj, (Gehabe)* pathetisch **hit, (1)** *sub, -s* Hit, Treffer; *(mus.)* Spitzenreiter **(2)** *vi,* auftreffen, hinhauen, hinschlagen **(3)** *vt,* aufprallen; *(Arm, Taste)* anschlagen; *(auf den Boden)* aufschlagen; *(aufschlagen)* aufstoßen **(4)** *vti,* schlagen; *(schlagen)* treffen; *give sb a good hiding* jmd durchhauen; *he was hit by the car* er wurde vom Auto erfasst; *he won´t know what hit him* er wird sein blaues Wunder erleben; *hit so over the head* jmdn auf den Kopf hauen; *hit sth* auf etwas auffallen; *(ugs.; spo.) hit the ball right to someone* jemandem den Ball servieren; *score a hit* einen Treffer erzielen; *start to hit back* zum Gegenschlag ausholen; *(i. ü. S.) the remark hit home* die Bemerkung hat gesessen; ~ **back** *vti,* zurückschlagen; ~ **below the belt** *sub, hits (spo.)* Tiefschlag; ~ **out** *vi,* losschlagen; *to go for one another* aufeinander losschlagen; ~ **sth** *vi,* stoßen; ~ **up (in the air)** *vt,* hochschlagen; *he hit the ball up so high that* er schlug den Ball so hoch, dass; ~**-and-run driving** *sub, -s* Unfallflucht; ~**-and-run-offence** *sub, -s* Fahrerflucht; *(jur.) commit a hit-and-run-offence* Fahrerflucht begehen; *(jur., US) commit a hit-and-run-offense* Fahrerflucht begehen; ~**-and-run-**

offense *sub, -s (US)* Fahrerflucht
hitch up, *vi,* *(Anhänger)* ankoppeln;
hitch-hiking *sub, nur Einz.* Autostopp;
hitch-hike per Autostopp fahren;
hitchhike *vti,* trampen; **hitchhiker**
sub, -s Anhalter, Tramper
hive, *vt,* beuten; ~ **honey** *sub, nur Einz.*
Beutenhonig; ~**s** *sub, nur Mehrz.*
Quaddel
HIV-negative, *adj,* HIV-negativ; **HIV-po-
sitive** *adj,* HIV-positiv
hoard, (1) *vt,* horten (2) *vti,* hamstern;
~**er** *sub, -s* Hamsterer; ~**ing** *sub, -s*
Bauzaun
hoarse, *adj,* heiser; ~**ness** *sub, nur
Einz.* Heiserkeit
hoax, *sub, -es* Köpenickiade
hobby, *sub, -ies* Hobby, Liebhaberei,
Steckenpferd; ~ **horse** *sub, -s* Stangenpferd; *(Spielzeug)* Steckenpferd
hobnail, *sub, -s* Hufnagel
hobo, *sub, -s (ugs.; US)* Pennbruder
hock, *sub, -s (zool.)* Fesselgelenk
hockey, *sub, nur Einz.* Hockey
hocus-pocus, *sub, nur Einz.* Hokuspo-
kus
hoe, *sub, -s (Hacke)* Haue
hoist, *vt,* hissen; *to behoist with one's
own petard* sich im eigenen Netz
verstricken
hold, (1) *sub, -s* Schiffsraum; *(Griff)* Halt
(2) *vi,* halten; *(Gebäude)* standhalten
(3) *vr,* halten (4) *vt,* halten, verhalten;
(aufnehmen können) fassen; *(ein Amt
innehaben)* bekleiden; *(tt; polit.)* veranstalten; *(Titel)* führen; *(verhaften)*
festhalten; *(Versammlung)* abhalten;
(Wettkampf) austragen; *get hold of sth*
etwas zwischen die Finger bekommen;
he just can't hold back er kann sich
nicht beherrschen; *hold forth on sth*
sich über ein Thema ergehen; *hold so
back* jemandem in den Arm fallen; *please hold the line* bitte warten; *to hold
one's own* seinen Mann stehen; *to hold
sth* Platz für etwas bieten, *hold one end
of sth* etwas an einem Ende halten; *hold
one's head* den Kopf halten, *hold one's
head up* den Kopf hoch halten; *hold
so's hand* jmdn an der Hand halten,
jmdn an der Hand halten; ~ **(a post)** *vt,*
innehaben; ~ **(on)** *vt,* dranbleiben;
hold on/the line am Telefon dranbleiben; ~ **a meeting** *vi,* tagen; ~ **a monologue** *vi,* monologisieren; ~ **back** (1)
vi, hintanhalten (2) *vt,* dämmen, zurückhalten; *(i. ü. S.)* lähmen; *hold back
at the right moment* sich im richtigen
Moment zurückhalten; *hold back
nothing* mit nichts zurückhalten; *hold*

back one's tears die Tränen zurück-
halten; *his father's disapproval held
him back his whole life* die Mißbilligung seines Vaters hat ihn ein lebenlang gelähmt; *(ugs.) to feel debilitated*
ein lähmendes Gefühl haben; ~
down *vt, (auch mil.)* niederhalten; ~
good *vi, (Grundsatz)* bewähren; ~
office *vt,* amtieren; ~ **on to** *vt,* festhalten; ~ **on to s.b./sth** *vr, (sich)* festhalten; ~ **open** *vt, (Tür)* aufhalten;
hold the door open for so jemandem
die Tür aufhalten
holder, *sub, -s* Halter; *(Glühbirne)* Fassung; ~ **of a degree in economics**
sub, -s Diplomökonom; ~ **of a title**
sub, holders Titelträger; **holding** *sub,
-s (Veranstaltung)* Durchführung;
holding company *sub, -ies* Dachge-
sellschaft; *(tt; wirt.)* Holdinggesellschaft; **holdings** *sub, nur Mehrz. (an
Büchern, Exponaten)* Bestand; **holdover** *sub, -s* Überständer; **holdup** *sub,
-s (Bank-)* Überfall; *freeze, this is a
holdup!* keine Bewegung, das ist ein
Überfall!
hold out, (1) *vi,* ausharren; *(in einem
Beruf)* aushalten; *(spo.)* durchhalten
(2) *vt,* herhalten, hinhalten; *hold out
for a long time in a job* es in einem
Job lange aushalten; *hold out to the
end* bis zum Ende durchhalten; **hold
sth against sb** *vt,* verargen, verdenken; **hold together** *vt,* zusammenhalten; **hold-up** (1) *sub, -s* Stockung (2)
vt, hochhalten; *(Bank)* überfallen
hole, *sub, -s* Kuhle; *(Loch)* Durchschlupf; *(Öffnung, Lücke)* Loch; *(Unvollständigkeit)* Lücke; *to make a big
hole in sb's pocket* ein großes Loch in
jmds Geldbeutel reißen; ~ **in the
ozone layer** *sub, nur Einz.* Ozonloch
holiday, *sub, -s* Feiertag, Ferientag, Urlaub; *on Sundays and public holidays*
an Sonn- und Feiertagen; *public holiday* gesetzlicher Feiertag; *religious
holiday* kirchlicher Feiertag; ~ **camp**
sub, -s Ferienlager; ~ **list** *sub, -s* Ur-
laubsliste; ~ **pay** *sub, -* Urlaubsgeld;
~ **period** *sub, -s* Urlaubszeit; ~ **till**
sub, -s (i. ü. S.) Urlaubskasse; ~ **traffic**
sub, -s Reiseverkehr; ~ **train** *sub, -s (i.
ü. S.)* Urlauberzug; ~ **trip** *sub, -s* Feri-
enreise, Urlaubsreise; ~**-job** *sub, -s*
Ferienarbeit; ~ **list** - Ferien; *be on
holiday* Ferien haben
holier-than-thou, *adj, (i. ü. S.)* pharisäisch
hollow, (1) *adj,* hohl, phrasenhaft (2)
sub, -s Mulde, Talmulde, Talsenke; *a*

hollow voice eine hohle Stimme; *an empty nut* eine hohle Nuß; *in the hollow of one's hand* in der hohlen Hand; *it's all hollow words* das ist alles Schall und Rauch; ~ **out** *vt*, aushöhlen, höhlen, unterhöhlen; ~ **space** *sub*, *-s* Hohlraum; ~**-chested** *adj*, *(männl.)* flachbrüstig; ~**-shaped** *adj*, muldenförmig; ~**ness** *sub*, *nur Einz.* Hohlheit
hollyhock, *sub*, *-s* Malve
holocaust, *sub*, *-s* Holocaust
holography, *sub*, *nur Einz.* Holografie; **holographic** *adj*, holografisch
Holstein, *adj*, holsteinisch
holster, *sub*, *-s* Holster; *(Pistole)* Halfter
holy, *adj*, heilig; *Saint Barbara* die Hlge Barbara; *the Holy Father* der Hlge Vater; *the Holy Ghost* der Hlge Geist; *the Holy Land* das Hlge Land; *the Holy Three Kings* die Hlgen Drei Könige; ~ *of holies* *sub*, *-ies* - Allerheiligste; **Holy Synod** *sub*, *nur Einz.* Synod; ~ **water** *sub*, *-s* Weihwasser
Holy Week, *sub*, *-s* Passionszeit; *nur Einz. (Eccl)* Karwoche
homage, *sub*, *nur Einz.* Hommage, Huldigung; *to pay homage to a god* einem Gotte opfern; ~ **rendered by a knight his lady** *sub*, *nur Einz.* Minnedienst
home, (1) *adj*, inländisch (2) *adv*, heim (3) *sub*, - Heimat; *nur Einz.* Inland; *-s* Wohnheim; *nur Einz.* Zuhause; *-s (Alters-, Heim)* Heim; *(Heim)* Häuslichkeit; *(Zuhause)* Heim; *at home* auf eigenem Platz, zu Hause; *feel at home* sich heimisch fühlen; *he has no real home* er ist überall und nirgends zu Hause; *home waters* heimische Gewässer; *just like home* wie bei Muttern; *make oneself at home* sich häuslich niederlassen; *make oneself at home in a place* sich häuslich einrichten; *make os at home* es sich gemütlich machen; *take so home* jemanden nach Hause begleiten, nach Hause bringen; *there's no place like home* eigener Herd ist Goldes wert; *(ugs.) to be a stay-at-home* immer zu Hause hocken, *he's famous at home and abroad* er ist im Inland und im Ausland berühmt; *home-produced goods* im Inland hergestellte Waren; ~ **computer** *sub*, *-s* Heimcomputer; ~ **constructor** *sub*, *- -s* Bastler; ~ **defeat** *sub*, *-s (spo.)* Heimniederlage; ~ **exerciser** *sub*, *-s* Heimtrainer; ~ **for singles** *sub*, *-s* Ledigenheim; ~ **for the blind** *sub*, *-s* Blindenanstalt; **Home Guard** *sub*, *-s (hist.)* Landwehrmann; **Home Office** *sub*, *-s* Innenministerium; ~ **platform** *sub*, *-s* Einfahrgleis; ~ **port**

sub, *-s* Heimathafen
Home Secretary, *sub*, *-ies* Innenminister; **home town** *sub*, *-s* Heimatstadt; **home win** *sub*, *-s* Heimsieg; **homecoming** *sub*, - Heimkehr; **homeland** *sub*, - Heimat; *-s* Homeland; **homeless** *adj*, heimatlos, wohnungslos; *to be homeless* kein Obdach haben; **homeless person** *sub*, *-s oder the homeless* Obdachlose; **homely** *adj*, wohnlich; **homemade** *adj*, hausbacken, hausgemacht; **homesick** *adj*, heimwehkrank; **homesickness** *sub*, - Heimweh; **homespun** *sub*, Homespun; **homework** *sub*, *-s* Hausaufgabe; *nur Einz.* Schularbeit, Schulaufgabe; *-s (Schule)* Hausarbeit; **homework essay** *sub*, *-s* Hausaufsatz
homicide, *sub*, *-s* Mord; *(US)* Totschlag
homiletic, *adj*, *(theol.)* homiletisch; **homily** *sub*, *-ies* Moralpredigt
homo *(Lat.)*, *sub*, *nur Einz.* Homo; **homoeopath** *sub*, *-s* Homöopath; **homoeopathic** *adj*, homöopathisch; **homoeopathy** *sub*, *nur Einz.* Homöopathie; **homoerotic** *adj*, homoerotisch; **homoeroticism** *sub*, *nur Einz.* Homoerotik; **homogeneity** *sub*, *nur Einz.* Homogenität; **homogeneous** *adj*, homogen; **homogenity** *sub*, *-ies* Gleichartigkeit; *nur Einz. (Gleichartigk.)* Gleichheit; **homogenize** *vt*, homogenisieren; **homologize** *vti*, homologieren; **homosexual** (1) *adj*, homophil, homosexuell (2) *sub*, *-s* Homosexuelle; **homosexuality** *sub*, *nur Einz.* Homosexualität
homuncule, *sub*, *-s* Homunkulus
Honduran, *adj*, honduranisch
honey, *sub*, *-s* Bienenhonig, Honig; ~**-sweet** *adj*, honigsüß; ~**comb** *sub*, *-s (tt; biol.)* Wabe; ~**moon** (1) *sub*, *nur Einz.* Flitterwochen, *-s* Hochzeitsreise (2) *vi*, flittern; *(i. ü. S.) the honeymoon is over!* der Traum ist ausgeträumt!; ~**suckle** *sub*, *-s* Jelängerjelieber
honky-tonk, *sub*, *-s (ugs.)* Tingeltangel
honorary, *adj*, *(ehrenhalber)* ehrenamtlich; ~ **citizen** *sub*, *-s* Ehrenbürger; ~ **doctorate** *sub*, *-s* Ehrendoktor; ~ **escort** *sub*, *-s* Ehreneskorte; ~ **position** *sub*, *-s* Ehrenamt
honour, (1) *sub*, *-s* Ehre, Würde (2) *vt*, beehren, verehren; *(Ehre erweisen)* ehren; *(mit einem Orden etc.)* auszeichnen; *bring honour to so* jmd zur Ehre gereichen; *do so the honour of* jmd die Ehre erweisen; *hold sth in honour* etwas in Ehren halten; *in his*

honour ihm zu Ehren; *in honour of* zu Ehren, *honour thy father and thy mother* du sollst Vater und Mutter ehren; *we are greatly honoured by your invitation* ihre Einladung ehrt uns sehr; ~ **amongst thieves** *sub*, - Ganovenehre; ~ **as a nobleman** *sub*, *nur Einz*. Standeswürde; ~ **of the duke** *sub*, - Herzogswürde; ~**able** *adj*, ehrenhaft, ehrenvoll, honorabel; *(Absichten)* ehrbar; *an honourable man* ein ehrenhafter Mann; ~**ably** *adv*, ehrenhalber; ~**ed** *adj*, hochverehrt; ~**ing** *sub*, *nur Einz*. *(Ehrung)* Auszeichnung; ~**ing of the dead** *sub*, *honourings* Totenehrung; ~**s** *sub*, *nur Mehrz*. Honneurs; *to do the honours* die Honneurs machen
hood, *sub*, -s Kapuze, Verdeck; *(US)* Motorhaube; ~**ed crow** *sub*, -s Nebelkrähe
hoof, *sub*, -s Huf
hoo-ha, *sub*, *nur Einz*. *make a big hoo-ha about sth* Brimborium um etwas machen
hook, (1) *sub*, -s Haken; *(Häkel~)* Nadel (2) *vt*, haken; *hook and eye* Haken und Öse; *(Boxen) left/right hook* linker/rechter Haken; *hook os so sich jemanden angeln; (ugs.) to be hooked on heroin* an der Nadel hängen; ~ **on** *vt*, festhaken; ~ **to the chin** *sub*, -s Kinnhaken; ~**-nosed** *adj*, krummnasig; ~**ed** *adj*, hakenförmig; ~**ed nose** *sub*, -s Habichtsnase; ~**er** *sub*, -s *(ugs.; bes. US-Slang)* Nutte
hooligan, *sub*, -s Hooligan, Randalierer, Rowdy; *(ugs.)* Rabauke, Radaumacher; ~**ism** *sub*, *nur Einz*. Rowdytum
hoopoe, *sub*, -s *(tt; zool.)* Wiedehopf
hooray!, *interj*, Hurra
hooter, *sub*, -s *(ugs.)* Riechkolben
hoover, (1) *sub*, -s Staubsauger (2) *vt*, Staub saugen
hop, (1) *sub*, -s *(bot.)* Hopfen (2) *vi*, hopsen, hüpfen, springen; *hop it!* ab durch die Mitte!; *(ugs.) to hop about like crazy* einen Veitstanz aufführen; *(ugs.) to hop it* die Platte putzen; ~**-pole** *sub*, -s Hopfenstange
hope, (1) *sub*, -s Hoffnung (2) *vi*, harren; *all his hopes came to nought* alle seine Hoffnungen endeten in Nichts; *gives cause to hope* berechtigt zu Hoffnungen; *(i. ü. S.) have hopes of something* auf etwas spekulieren; *have one´s hopes dashed* in seinen Hoffnungen betrogen werden; *he has fond hopes of becoming famous* er nährt den süßen Traum, berühmt zu werden; *not to hold out any hopes for someone* jemandem keine Hoffnungen machen; *see one´s*

hopes dashed seine Felle davonschwimmen sehen; *to abandon a hope* eine Hoffnung begraben; *to have hopes* sich Hoffnungen machen; ~ **(for)** *vti*, hoffen; ~**ful** *adj*, hoffnungsvoll; ~**fully** *adv*, hoffentlich; ~**less** *adj*, aussichtslos, ausweglos, hoffnungslos, rettungslos, trostlos; *a hopeless venture* ein aussichtsloses Unterfangen; *it´s hopeless* damit ist nichts anzufangen; ~**lessness** *sub*, *nur Einz*. Aussichtslosigkeit, Ausweglosigkeit, Trostlosigkeit
hopping mad, *adj*, fuchsteufelswild, wuchtig
horizon, *sub*, -s Horizont; *that opens new horizons* das eröffnet ganz neue Perspektiven; ~**tal** (1) *adj*, horizontal, waagerecht, waagrecht (2) *sub*, - Waagerechte; ~**tal bar** *sub*, -s *(spo.)* Reck; ~**tal line** *adj*, Horizontale
hormone, *sub*, -s Hormon
horn, *sub*, -s Horn, Hupe; ~ **of plenty** *sub*, -s Füllhorn; ~**ed** *adj*, gehörnt; ~**et** *sub*, -s Hornisse; *(ugs.) to stir up a hornet´s nest* in ein Wespennest stechen; ~**s** *sub*, *nur Mehrz*. Gehörn; ~**y** *adj*, hornig; *(vulg.)* spitz; *(sexuell)* geil; ~**y skin** *sub*, *nur Einz*. Hornhaut
horoscope, *sub*, -s Horoskop
horrible, (1) *adj*, abscheulich, grässlich, schauderhaft; *(erschreckend)* entsetzlich (2) *sub*, *nur Einz*. Abscheulichkeit; ~**ness** *sub*, -es Grässlichkeit; **horrid** *adj*, *(Zone)* heiß; **horrific** *adj*, grauenhaft, schauerlich; **horrified** *adj*, entsetzt; **horrify** *vt*, entsetzen; **horrifying** *adj*, grausig
horror, *sub*, - Abscheu; *nur Einz*. Entsetzen; -s Grauen, Graus; - Grausen; *nur Einz*. Horror; -s Schrecken, Schrecknis; *horror of* Abscheu vor; *seized with horror* vom Graus gepackt; *(ugs.) I´m terrified of the exam* ich habe einen Horror vor der Prüfung; *(ugs.) it was a ghastly evening* der Abend war ein Horror; ~ **story** *sub*, -ies Schauergeschichte, Schauerroman
hors d´oeuvre, *sub*, -s Hors-d´oeuvre
horse, *sub*, -s Gaul, Pferd, Ross, Rössel; *never look a gift horse in the mouth* einem geschenkten Gaul sieht man nicht ins Maul; *hold your horses* immer sachte mit den jungen Pferden; *to back the right horse* aufs richtige Pferd setzen; *wild horses would not drag me there* keine 10 Pferde brächten mich dahin; *(i. ü. S.) come down from your high horse!* komm wieder von

deinem Thron herunter!; *feel like ea-ting a horse* einen Bärenhunger haben; **~ chestnut** *sub, -s* Rosskastanie; **~ fly plague** *sub, -s* Bremsenplage; **~ power (hp)** *sub, nur Einz.* Pferdestärke; **~ race** *sub, -s (einzelnes Rennen)* Pferde-rennen; **~ show** *sub, -s* Reitturnier; **~-breeding** *sub, nur Einz.* Pferdezucht; **~-fly** *sub, -ies (biol.)* Bremse; **~-racing** *sub, nur Einz. (Sportart)* Pferderennen; **~-riding** *sub, -s* Reitsport; **~-trader** *sub, -s* Rosstäuscher; **~-trading** *sub, nur Einz.* Kuhhandel; **~hair** *sub, nur Einz.* Rosshaar; **~man** *sub, -men* Reiter, Reitersmann; **~radish** *sub, nur Einz.* Meerrettich; **~shoe** *sub, -s* Hufbe-schlag, Hufeisen; **~tail** *sub, nur Einz.* Zinnkraut; *-s (bot.)* Schachtelhalm; **~y teeth** *sub, nur Mehrz.* Pferdegebiss
horticulture, *sub, -s* Gartenbau
hosanna!, *interj,* hosianna!
hose, *sub, -s* Schlauch; *(Feuer-)* Spritze; **~ nozzle** *sub, - -s* Benzinhahn
hosiery, *sub, nur Einz.* Strumpfwaren
hospitable, *adj,* gastlich, wirtlich
hospital, *sub, -s* Hospital, Klinik, Kran-kenhaus; *(ugs.)* Spital; *treat in hospital* stationär behandeln; **~ for accident cases** *sub, hospitals* Unfallklinik; **~ ro-mance** *sub, - -s* Arztroman; **~ ship** *sub, -s* Lazarettschiff; **~ity** *sub, -ies* Gastfrei-heit, Gastfreundschaft, Gastlichkeit; *nur Einz. (ugs.)* Wirtlichkeit
host, *sub, -s* Gastgeber; *(tt; biol.)* Wirt; *-en (Gastgeber)* Hausherr; *-s (tt; theol.)* hochwürdigst, Hostie; **~ (plant)** *sub, -s (tt; biol.)* Wirtspflanze
hostage, *sub, -s* Geisel; *take so hostage* jmdn als Geisel nehmen; **~ drama** *sub, -s* Geiseldrama; **~ taker** *sub, -s* Geisel-nehmer
hostess, *sub, -es* Animiermädchen, Gast-geberin
hostile, *adj,* feindlich, feindschaftlich, feindselig; **~ towards (1)** *adj, (gegen)* feindselig **(2)** *adv,* feindlich; **hostility** *sub, -ies* Anfeindung, Feindschaft, Feindseligkeit; *start hostilities* die Feindseligkeiten eröffnen; *suspend ho-stilities* die Feindseligkeiten einstellen
hot, *adj,* heiß; *(Gewürz)* scharf; *he went hot and cold* ihm wurde heiß und kalt; *hot blood* heißes Blut, heißes Blut; *hot goods* heiße Ware; *hot tip* heißer Tip; *hot trail* heiße Spur; *I´m getting hot* mir wird heiß; *boiling hot* bullig heiss; *not too hot on* nicht sehr fit in; *that´s red-hot* das brennt wie Pfeffer; *the hot favourite* die haushohe Favoritin; *things are getting too hot for me* die

Situation wird mir zu brenzlig; **~ ash avalanche** *sub, -s (Vulkan)* Staublawi-ne; **~ dog** *sub, -s* Hotdog; **~ flushes** *sub, nur Mehrz. (med.)* Hitzewelle; **~ grog** *sub, -s* Grog; **~ off the press** *adj,* druckfrisch; **~ pants** *sub, nur Mehrz.* Hotpants; **~ punch** *sub,* Punsch; **~ spell** *sub, -s* Hitzeperiode; **~ water bottle** *sub, -s* Wärmflasche; **~-air hea-ting** *sub, -s* Luftheizung; **~-air merchant** *sub, -s (ugs.)* Schaumschlä-ger; **~-water central heating** *sub, -s* Warmwasserheizung; **~bed** *sub, -s* Brutschrank; *(i. ü. S.)* Tummelplatz; **~bed of gossip** *sub, -s* Klatschnest
hotch-potch, *sub, -es* Klitterung
hotchpotch, *sub, nur Einz. (ugs.)* Mischmasch; *-es (Essen)* Allerlei
hotel, *sub, -s* Hotel; **~ (business)** *sub, -s (-es)* Hotelbetrieb; **~ bar** *sub, -s* Hotelbar; **~ guide** *sub, -s* Hotelfüh-rer; **~ room** *sub, -s* Hotelzimmer; **~ trade** *sub, nur Einz.* Hotelgewerbe, Hotellerie; **~-keeper** *sub, -s* Hotelier
hothead, *sub, -s* Hitzkopf; *(i. ü. S.)* Heißsporn; **~ed** *adj,* heißspornig; **~** *adj*
hothouse *sub, -s* Treibhaus
Hottentot, *sub, -s* Hottentotte
hound, *sub, -s* Jagdhund; *to release the hounds* die Meute loslassen; *to run with the hare and hunt with the hounds* es mit beiden Parteien halten
hour, *sub, -s* Stunde; *at a late hour* zu nächtlicher Stunde; *into the wee small hours* bis in den Morgen; **~ of death** *sub, -s* Sterbestunde; **~ of re-membrance** *sub, -s* Gedenkstunde; **~ of so´s death** *sub, hours* Todesstun-de; **~glass** *sub, -es* Sanduhr, Stunden-glas
houri, *sub, -s* Huri
hourly, *adj,* stündlich; **~ wage** *sub, -s* Stundenlohn; **hours of business** *sub, nur Mehrz.* Öffnungszeit
house, *sub, -s* Haus; *I´m not having that in my house* das kommt mir nicht ins Haus; **~ arrest** *sub, -s* Stubenar-rest; **~ building** *sub, nur Einz.* Woh-nungsbau; **~ cricket** *sub, -s (zool.)* Heimchen; **~ next door** *sub, houses* Nachbarhaus; **House of Commons** *sub, nur Einz. (in Großbrit.)* Abgeord-netenhaus; **House of Lords** *sub, nur Einz. (in GB)* Oberhaus; **House of Representatives** *sub, nur Einz. (in den USA)* Abgeordnetenhaus; *(polit.)* Repräsentantenhaus; **~ owner** *sub, -s* Hausbesitzer; **~ search** *sub, -es* Haus-durchsuchung, Haussuchung; **~-guest** *sub, -s (veraltet)* Logierbesuch;

~-mouse *sub*, *-mice* Stubenhocker
houseboat, *sub*, *-s* Hausboot; **housefly**
sub, *-ies* Stubenfliege; **housefront** *sub*,
-s Häuserfront; **household** *sub*, *-s*
Haushalt; *(ugs.)* Wirtschaft; **household
effects** *sub*, *nur Mehrz.* Hausrat; **household gods** *sub*, *- Laren*; **householder**
sub, *-s* Wirtschafter
housing-property, *sub*, *nur Einz.* Woh-
nungseigentum; **housekeeper** *sub*, *-s*
Hausdame, Haushälterin, Schaffnerin;
(Wirtschafterin) Mamsell; **housekeeping** *sub*, *-s* Haushalt; *nur Einz.* Haushaltung; **housewife** *sub*, *-wives*
Hausfrau; **housewifely** *adj*, hausfraulich; **housework** *sub*, *-s* Hausarbeit;
housing benefits *sub*, *-s* Wohnungs-
geld; **housing estate** *sub*, *-s* Wohnkomplex; **housing estates** *sub*, *nur Mehrz.*
(Wohn-) Siedlung; **housing office** *sub*,
-s Wohnungsamt
hovel, *sub*, *-s* Hütte
how, *adv*, wie; *how could you?* wie
kannst du nur?; ~ **come** *adv*, wieso; ~
disgusting! *interj*, igitt; ~ **many sorts**
adj, *(ugs.)* wievielerlei; ~/**what** *adv*,
wobei; ~/**which** *adv*, wodurch; ~**ever**
(1) *adv*, hingegen; *(einschränkend)* allerdings (2) *konj*, allein, jedoch; *however much you ask* und wenn du auch
noch so bittest; *however young they
may be* seien sie auch noch so jung;
however, he said allerdings meinte er;
*however, things turned out quite diffe-
rently* es kam jedoch ganz anders; *we,
however, don´t want to do it like that*
wir, jedoch, wollen es so nicht machen
howitzer, *sub*, *-s* Haubitze; *(mil.)* Haubitze
howl, (1) *vi*, aufjaulen, flennen, heulen;
(Hund) aufheulen; *(ugs.; weinen)* plärren (2) *vti*, johlen; *stop howling* hör auf
mit der Heulerei; ~**er** *sub*, *-s (ugs.)*
Stilblüte; ~**ing** *sub*, *- Geflenne*; *-s* Geheul; ~**s** *sub*, *- Geheul*
hub, *sub*, *-s* Nabe; *the hub of the universe*
der Nabel der Welt; ~ **cap** *sub*, *-s* Radkappe
hubble-bubble, *sub*, *-s (ugs.)* Wasserpfeife
hubbub, *sub*, *nur Einz.* Wirrwarr
hubris, *sub*, *nur Einz.* Hybris
hug, (1) *sub*, *-s* Umarmung (2) *vt*, umarmen, umhalsen
huge, *adj*, *(riesig)* groß, übergroß; ~
crowd *sub*, *-s (i. ü. S.)* Heer
Huguenot, (1) *adj*, hugenottisch (2)
sub, *-s* Hugenotte
hula-hula girl, *sub*, *-s* Hulamädchen
hulking, *adj*, *(Gestalt)* ungefüge; ~

great piece of furniture *sub*, *pieces
(ugs.)* Monster, Monstrum
hull, *sub*, *-s* Schiffsrumpf; *(Schiff)*
Rumpf
hullabaloo, *sub*, *-s* Stunk; *nur Einz.
(ugs.)* Zetergeschrei; *(ugs.) cause a
hullabaloo* Stunk machen
hulled barley, *sub*, *nur Einz.* Kälberzähne
hum, (1) *vi*, schnurren (2) *vti*, summen; ~ **and haw** *vi*, drucksen; *they
hum and haw about sth* sie drucksen
mit etwas herum
humane, *adj*, human; *(human)*
menschlich; ~**ness** *sub*, *nur Einz.* Humanität; **humanism** *sub*, *nur Einz.*
Humanismus; **humanist** *sub*, *-s* Humanist; **humanistic** *adj*, humani-
stisch; **humanitarian** *adj*, humanitär;
humanity *sub*, *nur Einz.* Humanität,
Menschheit; *in the name of humanity*
im Namen der Menschheit; *services to
humanity* Verdienste um die Menschheit; **humanize** *vt*, humanisieren, vermenschlichen
humble, *adj*, demütig; *(ugs.)* devot;
that is my humble opinion das ist
meine unmaßgebliche Meinung
Humboldt-related, *adj*, humboldtisch
humid, *adj*, humid; *(Luft, Klima)*
feucht; ~**ity** *sub*, *nur Einz.* Humidität;
- (Luft) Feuchtigkeit
humification, *sub*, *nur Einz.* Humifikation
humiliate, *vt*, demütigen; *(geh.)* erniedrigen; **humiliating** *adj*, erniedri-
gend; **humiliation** *sub*, *-s*
Erniedrigung; **humility** *sub*, *-ies* Demut
hummer, *sub*, *-s* Summer; **humming**
sub, *-s* Gebrumme; **humming bird**
sub, *-s (zool.)* Kolibri; **humming top**
sub, *-s* Brummkreisel
humoresque, *sub*, *-s (mus.)* Humoreske; **humorist** *sub*, *-s* Humorist; **humorous** *adj*, humoristisch,
humorvoll; **humour** *sub*, *nur Einz.*
Humor; *keep one´s sense of humour*
seinen Humor bewahren; *to be in an
ill humour* missgestimmt sein; **humourless** *adj*, humorlos
hump, *sub*, *-s* Höcker; *be hunch-bak-
ked* einen Höcker haben; ~**y** *adj*, hök-
kerig
humus, *sub*, *nur Einz.* Humus
Hun, *sub*, *-s* Hunne
hunchback, *sub*, *-s* Bucklige; *(med.)*
Buckel; ~ **of Notre Dame** *sub*, *nur
Einz. (von Notre-Dame)* Glöckner;
~**ed** *adj*, *(med.)* buckelig

hundred, *adj,* hundert; ~ **per cent** *adj,* hundertprozentig; *(ugs.) I´m a hundred per cent sure* ich bin mir hunderprozentig sicher; ~ **times** *adv,* Hundertfache, hundertmalig; ~**fold** *adj,* hundertfach, Hundertfache; ~**s** **and hundreds** *adv,* aberhundert; ~**th** **(1)** *adj,* hundertst **(2)** *adv,* hundertstens; ~**th (part)** *sub, nur Einz.* Hundertstel; ~**weight** *sub, -s (ugs.)* Zentner
Hungarian, *sub, -s* Ungar
hunger, *sub, nur Einz.* Hunger; ~ **for power** *sub, nur Einz.* Machthunger; ~ **strike** *sub, -s* Hungerstreik; **hungry** *adj,* hungrig
hung over, *adj,* verkatert
hunt, (1) *sub, -s* Hatz, Jagd, Parforcejagd **(2)** *vt,* jagen; *(Tiere)* hetzen; *(i. ü. S.;* *verfolgen, jagen)* hetzen; *(i. ü. S.)* **hunt down** zur Strecke bringen; *(ugs.) I wouldn´t eat that if you paid me* mit dem Essen kannst du mich jagen; *(i. ü. S.) one joke followed the other* ein Witz jagte den anderen; *(i. ü. S.) to drive someone out of the house* jemanden aus dem Haus jagen; *to hunt sth* Jagd machen auf etwas; ~**ability** *sub, nur Einz.* Jagdbarkeit; ~**er** *sub, -s* Jäger, Weidmann; ~**er-killer satellite** *sub, -s (mil.)* Abfangsatellit; ~**er´s jargon** *sub, nur Einz.* Jägerlatein; ~**ers** *sub, nur Mehrz.* Jägerschaft; ~**ing** *sub, -s* Hetzjagd; *nur Einz.* Jagd, Jägerei; ~**ing ground** *sub, -s* Jagdrevier, Wildbahn; ~**ing lodge** *sub, -s* Jagdschloss; ~**ing permit test** *sub, -s* Jägerprüfung; ~**ing trophy** *sub, -ies* Jagdtrophäe; ~**ress** *sub, -es* Jägerin; ~**sman** *sub, -men* Pikör; *-en* Weidmann; ~**sman´s** *adj,* weidlich, weidmännisch
hurdle, *sub, -s (spo.)* Hürde; ~**-race** *sub, -s* Hürdenlauf; ~**r** *sub, -s (spo.)* Hürdenläufer
hurl, *vti,* schleudern
hurly-burly, *sub, nur Einz.* Trubel
hurrah!, *interj,* Hurra!
hurricane, *sub, -s* Hurrikan, Orkan; ~ **force** *sub, nur Einz.* Orkanstärke; ~ **lamp** *sub, -s (US)* Sturmlaterne
hurried, *adj,* fluchtartig, hastig; *(schnell)* eilig
hurry, (1) *sub, nur Einz.* Eile, Hast **(2)** *vi,* hasten **(3)** *vt,* sputen, übereilen **(4)** *vti,* eilen; *be in a hurry* in Eile sein; *hurry sb up* jmd zur Eile antreiben; *there´s no hurry* das eilt nicht; *in a great hurry* in großer Hast; *without hurry* ohne Hast, *be in a hurry about sth* es sehr eilig mit etwas haben; *there´s no hurry* das hat noch gute Weile;

they hurried home sie machten, dass sie heimkamen; ~ **(up)** *vi,* beeilen; *hurry up* beeile dich; *hurry up with sth* sich mit etwas beeilen; ~ **along** *vt,* vorantreiben; ~ **back** *vi,* zurückeilen; ~ **on ahead** *vi,* vorauseilen; ~ **through** *vt,* durcheilen; ~ **up (1)** *vi,* voranmachen **(2)** *vr, (i. ü. S.; sich beeilen)* tummeln
hurt, (1) *adj,* verletzt **(2)** *vt,* schmerzen; *feel hurt* sich getroffen fühlen; *he wasn´t hurt in the fall* beim Sturz ist ihm nichts passiert; *it won´t hurt you* dabei fällt dir keine Perle aus der Krone, *(ugs.)* du brichst dir keinen Zacken aus der Krone; *the cold doesn´t hurt the engine* die Kälte macht dem Motor nichts; ~**ing** *sub, -es* Verletzung
husband, *sub, -s* Ehegatte, Ehemann, Gatte, Gemahl; *(Ehe~)* Mann
hush up, (1) *vt, (ugs.)* vertuschen **(2)** *vti,* totschweigen; **hush-money** *sub, nur Einz.* Schweigegeld
husky, (1) *adj, (belegt)* heiser **(2)** *sub, -ies* Husky
hussar, *sub, -s (mil.)* Husar
Hussite, *sub, -s* Hussit
hustle and bustle, *sub, nur Einz. (ugs.)* Rummel
hut, *sub, -s* Baracke, Bretterbude, Hütte; *(Hütte)* Bude; ~ **camp** *sub, - -s* Barackenlager
hyaline, *adj, (tech.)* hyalin
hybrid, (1) *adj,* hybrid **(2)** *sub, -s* Hybride; *(tt; bot.)* Bastard
hydra, *sub, -s* Hydra; *- (tt; astron.)* Wasserschlange
hydrangea, *sub, -s* Hortensie
hydrant, *sub, -s* Hydrant
hydrate, (1) *sub, -s (tt; chem.)* Hydrat **(2)** *vt,* hydratisieren
hydraulic, *adj, (tech.)* hydraulisch; ~ **engineering** *sub, nur Einz.* Hydrotechnik; ~ **lift** *sub, -s* Hebebühne; ~**s** *sub, nur Mehrz. (tech.)* Hydraulik
hydrocephalus, *sub, - (tt; med.)* Wasserkopf
hydrochlorid acid, *sub, nur Einz.* Salzsäure; **hydrofoil** *sub, -s* Tragflächenboot; **Hydrogen** *sub, nur Einz. (tt; chem.)* Hydrogenium, Wasserstoff; **hydrogenate** *vt,* hydrieren; **hydrography** *sub, nur Einz.* Hydrographie; **hydrology** *sub, nur Einz.* Hydrologie; **hydromechanics** *sub, nur Mehrz.* Hydromechanik; **hydrometer** *sub, -s (tt; tech.)* Hydrometer; **hydropathy** *sub, nur Einz. (med.)* Hydropathie; **hydrophyte** *sub, -s*

(bot.) Hydrophyt; **hydroponics** *sub,*
nur Mehrz. Hydrokultur; **hydrosphere**
sub, nur Einz. (geogr.) Hydrosphäre;
hydroxide *sub, -s (chem.)* Hydroxid
hyena, *sub, -s (zool.)* Hyäne
hygiene, *sub, nur Einz.* Hygiene; **hygienic** *sub,* hygienisch; **hygienics** *sub, nur
Einz.* Eubiotik
hygrometer, *sub, -s* Feuchtigkeitsmes-
ser, Hygrometer
hymen, *sub, -s (anat.)* Hymen
hymn, *sub, -s* Hymne, Hymnus; ~**al** *adj,*
hymnisch; ~**book** *sub, -s (kirchl.)* Gesangbuch
hyperactivity, *sub, -ies* Überfunktion;
hyperalimentation *sub, -s* Überernährung; **hyperbola** *sub, -s (tt; mat.)* Hyperbel; **hyperbole** *sub, -s* Hyperbel;
hyperextension *sub, -s (Gelenk)* Überdehnung; **hyperfunction** *sub, -s* Hyperfunktion; **hypermarket** *sub, -s*
Verbrauchermarkt; **hyperopic** *adj, (tt)*
übersichtig; **hypertension** *sub, nur
Einz. (med.)* Hypertonie
hyphen, *sub, -s* Divis; *(geb.)* Bindestrich
hypocentre, *sub, -s (geol.)* Erdbebenherd
hypochlorate, *sub,* Chlorkalk

hypochondriac, *sub, -s* Hypochonder;
~**al** *adj,* hypochondrisch
hypocrisy, *sub, -ies* Heuchelei; *nur
Einz.* Muckertum; **hypocrite** *sub, -s*
Heuchler, Mucker; *(i. ü. S.)* Pharisäer;
hypocritical *adj,* heuchlerisch, hypokritisch, scheinheilig; **hypostasis** *sub,
-ases (med.)* Hypostase; *(theol.)* Hypostase; **hypostatical** *adj,* hypostatisch; **hypostatize** *vt,* hypostasieren;
hypotactic *adj,* hypotaktisch; **hypotaxis** *sub, -es* Hypotaxe; **hypotenuse**
sub, - (mat.) Hypotenuse; **hypothalamus** *sub, -thalami (anat.)* Hypothalamus; **hypothecary** *adj,*
hypothekarisch
hypothermia, *sub, - (tt; med.)* Unterkühlung; **hypothesis** *sub, -eses* Hypothese; *propose a hypothesis* eine
Hypothese aufstellen; **hypothetical**
adj, hypothetisch
hypsometry, *sub, nur Einz. (geogr.)*
Hypsometrie
hysterectomy, *sub, -ies (med.)* Hysterektomie
hysteria, *sub, nur Einz.* Hysterie; **hysterical** *adj,* hysterisch

I

I, *pron*, ich; *don´t you remember me?*
it´s me! kennst du mich nicht mehr? ich
bin es!; *idiot that I am!* ich Idiot!; ~
can´t make head or tail of it *vt, (verstehen)* durchblicken; ~ **myself** *pron*,
selber, selbst; ~ **see!** *interj, (ugs.)* soso
Iberian, *adj, (geogr.)* iberisch
ibex, *sub, - (zool.)* Steinbock
ibis, *sub, -es* Ibis
ice, (1) *sub*, - Glatteis; *nur Einz. (Wasser-
)* Eis (2) *vt*, überzuckern; *(gastr.)* glasieren; *(i. ü. S.)* **skating on thin ice** aufs
Glatteis geraten; *(i. ü. S.)* **be on thin ice**
sich auf brüchigem Eis bewegen; *(ugs.)*
cut no ice with so bei jemandem mit
etwas nicht ankommen; *ice a cake with
chocolate* einen Kuchen mit Schokolade überziehen; *icebein* Eisbein; ~ **age**
(1) *adj*, eiszeitlich (2) *sub*, -s Eiszeit,
Glazialzeit; ~ **bucket** *sub*, -s Eiskübel;
~ **cream** *sub*, -s *(schweiz.)* Glace; ~
crystal *sub*, -s Eiskristall; ~ **cube** *sub*,
-s Eiswürfel; ~ **hockey** *sub, nur Einz.*
Eishockey; ~ **show** *sub*, -s Eisrevue;
~-**breaker** *sub*, -s Eisbrecher; ~-**cold**
adj, eiskalt; *ice-cold drink* eiskalter
Drink; ~-**cream** *sub, nur Einz. (Speise-)*
Eis; ~-**cream cone** *sub*, -s Hörnchen;
~-**cream parlour** *sub*, -s Eisdiele; ~-
pack *sub*, -s Eisbeutel
Iceland, *sub*, Island; ~**ic** *adj*, isländisch
ice-rink, *sub*, -s Eisbahn; **ice-skate (1)**
sub, -s Schlittschuh **(2)** *vi*, Eis laufen;
ice-skating *sub*, - Schlittschuh laufen;
ice-stick *sub*, -s Eisstock; **ice-stick
shooting** *sub, nur Einz.* Eisstockschießen; **ice-surfing** *sub, nur Einz.* Eissegeln; **iceberg** *sub*, -s Eisberg;
iceberg-lettuce Eisbergsalat; *(i. ü. S.)* **the
tip of an iceberg** die Spitze des Eisbergs;
icecream *sub*, - Sahneeis
ichneumon, *sub*, -s Schlupfwespe
icicle, *sub*, -s Eiszapfen; *cold as an icicle*
wie ein Eiszapfen; **icing** *sub*, -s Zukkerguss; *(Backwerk)* Glasur; **icing sugar** *sub, nur Einz.* Puderzucker
icon, *sub*, -s Ikone; ~**olatry** *sub, nur
Einz.* Ikonolatrie; ~**ology** *sub, nur
Einz.* Ikonologie
icosahedron, *sub*, -s *(mat.)* Ikosaeder
icy, *adj*, eisglatt, eisig, schneeglatt; *(Straße)* glatt, spiegelglatt; *be icy cold* eisig
kalt sein; *maintain an icy silence* eisiges Schweigen
id, *sub*, *(psych.)* Es; **ID check** *sub*, - -s
Ausweiskontrolle
idea, *sub*, -s Einfall, Idee, Konzeption,
Vorstellung; *(Einfall)* Gedanke; *(Sa-*

che) Sinn; *(Vorstellung)* Begriff, Bild;
a preconceived idea eine vorgefasste
Meinung; *a strange idea* ein sonderbarer Einfall; *can you give me a rough
idea of how?* kannst du mir ungefähr
sagen, wie?; *get a general idea of* sich
einen Überblick verschaffen über; *get
used to an idea* sich mit einem Gedanken anfreunden; *have not the faintest
idea* nicht die leiseste Ahnung haben;
(ugs.) not to have the slightest idea
about sth* keinen blassen Schimmer
von etwas haben; *put ideas into so´s
head* jmdm einen Floh ins Ohr setzen;
that´s a good idea das ist ein guter
Gedanke; *(ugs.)* to have big ideas* große Rosinen im Kopf haben; *(ugs.)* we
don´t want any new ideas* wir wollen
keine neuen Moden einführen; *(ugs.)*
you and your stupid ideas!* du mit
Deinen dummen Ideen!; *form an
idea of sth* sich von etwas einen Begriff machen; *have no ideas* sich keine
Begriffe machen; *get the wrong idea
of sth* ein falsches Bild von etwas bekommen; *you have no idea* du machst
dir kein Bild
ideal, (1) *adj*, ideal (2) *sub*, -s Ideal;
he´s a model teacher er ist das Ideal
eines Lehrers; *real is usually the opposite of ideal* real ist meistens das
Gegenteil von ideal; ~ **opponent** *sub*,
-s Wunschgegner; ~ **solution** *sub*, -s
Ideallösung; ~ **state** *sub*, -s Idealzustand; ~ **weight** *sub*, -s Idealgewicht;
~**ism** *sub, nur Einz.* Idealismus; ~**ist**
sub, -s Idealist; ~**istic** *adj*, idealistisch; ~**ity** *sub, nur Einz. (phil.)* Idealität; ~**ize** *vt*, idealisieren; ~**s** *sub, nur
Mehrz.* Ideal; *his ideals stand in his
way* seine Ideale hemmen ihn; *justice
is one of his ideals* Gerechtigkeit ist
eine seiner Ideale
ideational, *adj*, ideell
identical, *adj*, egal, gleich, identisch;
she hasn´t got two identical chairs sie
hat nicht zwei egale Stühle; *I went
there straight away* ich ging gleich hin
identification, *sub, nur Einz.* Identifikation, Identifizierung, Legitimation;
-s Schibboleth; *he had no means of
identification on him* er hatte keine
Papiere bei sich; ~ *(signal)* *sub*, -s
Kennung; ~ **papers** *sub, nur Mehrz.*
Ausweispapier
identify, *vi*, identifizieren; *to identify*
namhaft machen; ~ **o.s.** *vr*, ausweisen
identikit, *sub*, -s Phantombild

identity, *sub*, *-ies* Identität; *(völlige)* Gleichheit; *to question sb concerning his identity* jmdn zur Person vernehmen; ~ **card** *sub*, - *-s* Ausweis; *-s* Kennkarte, Personalausweis; ~ **crisis** *sub*, *-ises* Identitätskrise
ideographic, *adj*, ideografisch; ~**(al)** *adj*, ideografisch
ideological, *adj*, ideologisch; **ideologist** *sub*, *-s* Ideologe; **ideologize** *vt*, ideologisieren; **ideology** *sub*, *-ies* Ideologie
ides, *sub*, *nur Mehrz.* Iden
idiolatry, *sub*, *nur Einz.* Idiolatrie
idiom, *sub*, *-s* Idiom, Redewendung; ~**atic** *adj*, idiomatisch; ~**ology** *sub*, *nur Einz.* Idiomatik
idiot, *sub*, *-s* Idiot; *(ugs.)* Dussel, Kretin; ~**ic** *adj*, idiotenhaft, idiotisch; *(ugs.)* dusslig
idle, *adj*, tatenlos; *(faul)* müßig; *(träge)* faul; *the devil finds work for idle hands* Müßiggang ist aller Laster Anfang; *to live an idle life* sich dem Müßiggang hingeben; ~**ness** *sub*, *nur Einz.* Faulheit, Müßiggang; *to live a life of idleness* sich dem Müßiggang hingeben; ~**r** *sub*, *-s* Müßiggänger, Nichtstuer, Tagedieb; **idling** *sub*, *-s* Bummelei; **idling mixture (supply)** *sub*, - Standgas
idol, *sub*, *-s* Abgott, Abgöttin, Götze, Götzenaltar, Idol; *(ugs.)* Schwarm; ~**ater** *sub*, *-s* Götzendiener; ~**atrous** *adj*, abgöttisch; ~**atry** *sub*, *-ies* Abgötterei, Götzendienst; *nur Einz.* Idolatrie, Idololatrie; ~**ization** *sub*, *-s* Vergötterung; ~**ize** *vt*, anhimmeln, idolisieren, umschwärmen, vergöttern
idyll, *sub*, *-s* Idyll, Idylle; ~**ic** *adj*, idyllisch
if, *konj*, falls, ob, sofern, wenn; *as if* als ob; *hadn´t I better go?* ob ich nicht besser gehe?; *I wonder if he´ll come tomorrow* ob er wohl morgen kommt?; *I wonder if you could you help?* ob sie mir wohl mal helfen könnten?; *shall we have a break now?* ob wir jetzt Pause machen?; *he asked if you got wet* er hat gefragt, ob du nass geworden bist; *if at all possible* sofern nur irgend möglich; *if only I had money!* Geld müsste man haben!; ~ **necessary** *adv*, notfalls, nötigenfalls; ~ **need(s) be** *adv*, notfalls, nötigenfalls; ~ **the worst comes to the worst** *adv*, *(im schlimmsten Fall)* äußerstenfalls
igloo, *sub*, *-s* Iglu
ignite, (1) *vi*, zünden; *(Gas)* entzünden (2) *vt*, *(anzünden)* anbrennen; **ignition** *sub*, *-s* Zündung; **ignition lock** *sub*,

-s Zündschloss
ignominious, *adj*, schmachvoll
ignoramus, *sub*, *-es* Ignorant; **ignorance** *sub*, *nur Einz.* Ignoranz, Unkenntnis, Unwissenheit; **ignorant** *adj*, ignorant, unwissend
ignore, (1) *vr*, *(i. ü. S.; sich)* hinwegsetzen (2) *vt*, *(absichtlich)* überhören; *be ignored* keine Beachtung finden; *ignore sb´s wishes* auf jmd nicht eingehen; *ignore someone´s objections* jemandes Einwände übergehen; *to ignore* keine Notiz nehmen; *to ignore* jmdn links liegenlassen; **ignoring** *sub*, *-s* Vernachlässigung
iguana, *sub*, *-s (zool.)* Leguan
iguanodon, *sub*, *-s* Iguanodon
ikebana, *sub*, *nur Einz.* Ikebana
ill, *sub*, *-s* Übelstand; *(ugs.)* *to make oneself really ill* sich den Rest holen; ~ **feeling** *sub*, *-s (Missmut)* Missstimmung; ~ **with malaria** *adj*, malariakrank; ~**-considered** *adj*, unüberlegt; ~**-famed hotel** *sub*, *-s* Stundenhotel; ~**-fated** *adj*, unglückselig; ~**-humoured** *adj*, missgestimmt; ~**-mannered** *adj*, *(unerzogen)* ungeraten; ~**-treat** *vt*, malträtieren, misshandeln; ~**-treatment** *sub*, *-s* Misshandlung
illegible, *adj*, unleserlich
illegitimacy, *sub*, *nur Einz.* Illegitimität; **illegitimate** *adj*, außerehelich, illegitim, unehelich; *(Kind)* nichtehelich
illicit, *adj*, *(ugs.)* schwarz; ~ **still** *sub*, *-s* Schwarzbrennerei; ~ **trading** *sub*, *-s* Schleichhandel; ~ **work** *sub*, *-s* Schwarzarbeit
illiteracy, *sub*, *nur Einz.* Analphabetentum; **illiterate** *sub*, *-s* Analphabet
illness, *sub*, *-es* Erkrankung, Leiden
illogical, *adj*, unlogisch
illuminate, *vt*, ausleuchten, illuminieren überstrahlen; *(erklären)* erhellen; **illumination** *sub*, *nur Einz.* Ausleuchtung; *-s* Illumination
illusion, *sub*, *-s* Illusion; *nur Einz.* Wahn; *-s* Wahnbild, Wunschtraum; ~**al** *adj*, illusionär; ~**ist** *sub*, *-s* Illusionist; ~**istic** *adj*, illusionistisch
illusory, *adj*, illusorisch; ~ **flowering** *sub*, *-s* Scheinblüte
illustrate, *vt*, bebildern, illustrieren, veranschaulichen, verbildlichen; *illustrate durch* Beispiele erläutern; *illustrate sth* etwas anschaulicher machen; ~**d** *adj*, illustriert; ~**d advertisement** *sub*, - *-s* Bildwerbung; ~**d book** *sub*, *-s* Bildband; ~**d**

broadsheet *sub*, *-s* Bilderbogen; **~d newspaper** *sub*, *-s* Bildzeitung; **illustration** *sub*, *-s* Illustration, Illustrierung; **illustrations** *sub*, *nur Mehrz.* Bebilderung; **illustrative** *adj*, illustrativ; **illustrative material** *sub*, *-s* Anschauungsmaterial; **illustrator** *sub*, *-s* Illustrator
illustrious, *adj*, erlaucht, illuster
ilmenite, *sub*, *-s* Ilmenit
image, *sub*, *-s* Abbild, Image; *(Image)* Bild; **~ neurosis** *sub*, *-* Profilneurose; **~-building** *sub*, *nur Einz.* *(ugs.)* Imagepflege; **~ry** *sub*, *nur Einz.* Metaphorik;
imaginary *adj*, imaginär; *(nicht real)* eingebildet; *imaginary* erdacht; **imagination** *sub*, *-s* Fantasie; *nur Einz.* Imagination; *-s (Vorstellung)* Einbildung; *vivid imagination* blühende Fantasie; **imaginative** *adj*, fantasievoll; *(geb.)* einfallsreich; **imaginative powers** *sub*, *nur Mehrz.* Einbildungskraft; **imaginativly** *adv*, fantasievoll; **imagine** *vt*, einbilden, einreden, imaginieren, wähnen; *imaginary illness* eine eingebildete Krankheit; *you're imagining things* das bildest du dir nur ein; *be able to imagine sth* sich etwas ausmalen können; *imagine that!* das muss man sich mal vorstellen!; *just imagine* denken sie nur; **imagine to be** *vr*, wähnen; **imagined** *adj*, *(vorgestellt)* gedacht
imam, *sub*, *-s* Imam
imbalance, *sub*, *-s (in Proportionen)* Missverhältnis
imbecility, *sub*, *nur Einz.* Imbezillität
immanence, *sub*, *nur Einz.* Immanenz; **immanent** *adj*, immanent; **immanent in a system** *adj*, systemimmanent
immaterial, *adj*, immateriell
immature, (1) *adj*, *(i. ü. S.)* unausgegoren (2) *adv*, *(ugs.)* unreif
immeasurability, *sub*, *nur Einz.* Immensurabilität; **immeasurable** *adj*, immensurabel; *(Schaden)* unabsehbar
immediate, *adj*, immediat, sofortig, umgehend, unmittelbar, unverzüglich; *the immediate family* die nähere Verwandtschaft; *immediatly afterwards* unmittelbar danach; **~ly** *adv*, alsbald, sofort; *(sofort)* augenblicklich, gleich; *(wirt.)* immediately deliverable sofort lieferbar; *there is no immediate hurry* es muss nicht gleich sein
immense, *adj*, immens, unermesslich, ungemein; *(Belastung)* enorm; **immensity** *sub*, *nur Einz.* Unermesslichkeit
immersion, *sub*, *-s* Immersion, Versenkung; **~ coil** *sub*, *-s* Tauchsieder

immigrant, *sub*, *-s* Einwanderer, Immigrant; **~ worker** *sub*, *-s* Gastarbeiter; **immigrate** *vti*, immigrieren; **immigration** *sub*, *-s* Einwanderung; *nur Einz.* Immigration; *-s* Zuwanderung
imminent, *adj*, imminent
immobile, *adj*, immobil; **immobility** *sub*, *nur Einz.* Immobilität; *-ies* Ruhelage; **immobilization** *sub*, *nur Einz.* Lähmung; **immobilize** *vt*, immobilisieren
immoderate, *adj*, unmäßig; **immoderation** *sub*, *nur Einz.* Unmäßigkeit
immodest, *adj*, unbescheiden
immoral, *adj*, immoralisch, sittenwidrig, unmoralisch, unsittlich; *to behave immoral* sich unsittlich benehmen; **~ism** *sub*, *nur Einz.* Immoralismus; **~ity** *sub*, *nur Einz.* Immoralität; *-* Sittenlosigkeit
immortal, *adj*, unsterblich, unvergänglich; **~ity** *sub*, *nur Einz.* Immortalität, Unsterblichkeit; **~ize** *vtr*, verewigen; *to immortalize sb* jmd unsterblich machen
immovable, *adj*, *(nicht bewegbar)* unbeweglich
immune, *adj*, immun; **~ system** *sub*, *-s* Immunsystem; **~ system deficency** *sub*, *-ies* Immunschwäche; **immunisation** *sub*, *nur Einz.* Immunisierung; **immunity** *sub*, *nur Einz.* Immunität; **immunize** *vt*, immunisieren; **immunology** *sub*, *nur Einz.* Immunologie
immutable, *adj*, *(ewig)* unabänderlich
impact, *sub*, *-s* Aufprall; *(eines Balls etc.)* Aufschlag; **~ detonator** *sub*, *- -s (tech.)* Aufschlagzünder
impartial, *adj*, unparteiisch; *(unparteiisch)* gerecht; *a judge should be impartial* ein Richter sollte über den Parteien stehen; **~ity** *sub*, *nur Einz.* *(Unparteilichkeit)* Unbefangenheit
impassable, *adj*, unbefahrbar, unpassierbar, unwegsam
impathetic, *adj*, unpathetisch
impatience, *sub*, *nur Einz.* Ungeduld; **impatient** *adj*, ungeduldig
impecunious, *adj*, unbemittelt, unvermögend
impede, *vt*, beeinträchtigen, behindern, hemmen; **impediment** *sub*, *-s* Erschwerung; *(von Verkehr etc.)* Behinderung; **impediment to marriage** *sub*, *-s (jur.)* Ehehindernis; **impeding** *sub*, *-s (Behinderung)* Beeinträchtigung
impenetrable, *adj*, undurchdringlich, unerforschlich

985

imprison

impenitent, *adj*, unbußfertig
imperative, (1) *adj*, imperativ, imperativisch, unerlässlich (2) *sub*, -s Imperativ
imperator, *sub*, -s Imperator
imperfect, *adj*, unvollkommen; ~ (tense) *sub*, -s Imperfekt; ~ion *sub*, *nur Einz.* Unvollkommenheit
imperial, *adj*, imperial; ~ orb *sub*, -s Reichsapfel; ~ palace *sub*, -s (hist.) Kaiserpfalz; ~ism *sub*, *nur Einz.* Imperialismus; ~ist *sub*, -s Imperialist; ~istic *adj*, imperialistisch; imperious *adj*, befehlshaberisch, gebieterisch, herrisch
impermeability, *sub*, *nur Einz.* Impermeabilität; impermeable *adj*, impermeabel; impermissible *adj*, unstatthaft
impersonal, *adj*, unpersönlich; (unpersönlich) stereotyp
impetus, *sub*, *nur Einz. (i. ü. S.; Antrieb)* Aufschwung; -es Auftrieb; *give a fresh impetus to so/sth* etwas/jemandem neuen Aufschwung nehmen
impious, *adj*, pietätlos
implacable, *adj*, unversöhnbar
implant, (1) *sub*, -s (med.) Implantat (2) *vt*, implantieren; (med.) einpflanzen; ~ation *sub*, -s Implantation; (med.) Einpflanzung
implausible, *adj*, unglaubwürdig
implement, (1) *sub*, -s Utensil (2) *vt*, implementieren; ~ation *sub*, -s Implementierung; (geh.) Durchführung
implicated, *adj*, (Verbrechen) mitschuldig; implication *sub*, -s Implikation
implicit, *adj*, implizit, rückhaltlos; (bedingungslos) unbedingt
implode, *vti*, implodieren
imploringly, *adj*, händeringend
implosion, *sub*, -s Implosion
imply, *vt*, implizieren
impolite, *adj*, rüde, unhöflich; ~ness *sub*, - Unhöflichkeit
imponderable, *adj*, unwägbar
imponderables, *sub*, *nur Mehrz.* Imponderabilien; imponerability *sub*, -es Unwägbarkeit
import, (1) *sub*, -s Einfuhr, Import (2) *vt*, einführen, importieren; ~ business *sub*, *nur Einz.* Importhandel; ~ duty *sub*, -ies Einfuhrzoll; ~ of goods *sub*, -s Wareneinfuhr, Warenimport; ~ restriction *sub*, -s Einfuhrbeschränkung; ~-goods *sub*, *nur Mehrz.* Einfuhrware
imported coal, *sub*, *nur Einz.* Kohleimport; importer *sub*, -s Importeur; importing country *sub*, -ies Einfuhrland
impose, *vt*, auferlegen, verhängen; (geh.) oktroyieren; ~ on *vt*, (Güte) missbrauchen; *to impose on sb* jmdn zu

allem Möglichen missbrauchen; imposing *adj*, imposant; (Eindruck) stattlich; imposition *sub*, -s Strafarbeit
impossibility, *sub*, *nur Einz.* Unmöglichkeit; impossible *adj*, ausgeschlossen, unlösbar, unmöglich; *be quite impossible* ein Ding der Unmöglichkeit sein; *that's impossible for me* das ist mir unmöglich; *the impossible* das Unmögliche
impotence, *sub*, *nur Einz.* Impotenz; (Machtlosigkeit) Ohnmacht; impotent *adj*, impotent; (machtlos) ohnmächtig; *impotent rage* ohnmächtige Wut
impound, *vt*, pfänden; *to impound some of sb's possessions* jmdn pfänden
impoverishment, *sub*, -s Verelendung
impractibal, *adj*, unpraktisch; impracticable *adj*, impraktikabel, unausführbar; impractical *adj*, praxisfremd; impregnate *vt*, imprägnieren; impregnation *sub*, *nur Einz.* Imprägnierung
imprecise, *adj*, inexakt
impregnable, *adj*, uneinnehmbar
impresario, *sub*, -s Impresario
impress, *vt*, beeindrucken; *impress so* auf jmd Eindruck machen; ~ so *vt*, imponieren; ~ sth. upon sb *vt*, einschärfen; ~ion *sub*, -s Eindruck, Impression; *form an impression of sth* sich von etwas ein Bild machen; *gain an impression* einen Eindruck gewinnen; *give the impression of* den Anschein erwecken; *give the impression the* den Eindruck erwecken, daß; *he had the strong impression that* er konnte sich des Eindrucks nicht erwehren, daß; *judge sb by first impressions* jmd nach dem ersten Eindruck beurteilen; *make a bad impression* unangenehm auffallen; *make a bad impression on sb* einen schlechten Eindruck machen auf jmd; *make no impression on so* an jemandem abprallen; *to make a good impression* Eindruck schinden; ~ionism *sub*, *nur Einz. (kun.)* Impressionismus; ~ionist *sub*, -s Impressionist; ~ionistic) *adj*, impressionistisch; ~ive *adj* eindrucksvoll, repräsentabel; (beeindruckend) eindringlich; *be impressive* Eindruck machen
imprint, (1) *sub*, -s Abdruck, Aufdruck, Impressum (2) *vt*, (Stempel) aufdrükken
imprison, *vt*, inhaftieren; ~ed *adj*,

(eingekerkert) gefangen; ~**ment** *sub, -s* Gefangenschaft, Inhaftierung, Kerkerstrafe; ~**ment awaiting trial** *sub, nur Einz. (tt; jur.)* Untersuchungshaft; ~**ment for debt** *sub, -s (hist.)* Schuldhaft
improbability, *sub,* - Unwahrscheinlichkeit; **improbable** *adj,* unwahrscheinlich
impromptu speech, *sub, -es* Stegreifrede
improper, *adj,* missbräuchlich, uneigentlich, ungebührend, ungebührlich, unsachgemäß
improvisation, *sub, nur Einz.* Improvisation; **improvise (1)** *vi,* behelfen **(2)** *vti,* improvisieren, Stegreif; *be able to improvise* sich behelfen können; **improviser** *sub, -s* Improvisator
imprudent, *adj,* unklug
impudent, *adj,* unverfroren
impulse, *sub, -s* Impuls; *(Antrieb)* Anstoß; *-es (Motivation)* Antrieb; *on a sudden impulse* aus einer Anwandlung heraus; **impulsive** *adj,* impulsiv; **impulsiveness** *sub, nur Einz.* Impulsivität
impure, *adj,* treife; *(i. ü. S.)* unrein
impute sth., *vt,* unterstellen; **imputation** *sub, -s* Unterstellung
in, (1) *adv,* hinein **(2)** *präp,* ein, herein, in; *go in!* nur hinein!; *in here* hier hinein, *go in and out* ein und aus gehen; *(zweck) in apology* zu seiner Entschuldigung; *(art/Weise) in German* zu Deutsch; *(innerhalb) not one in a thousand* nicht einer unter tausend; *he's living in Italy* er lebt in Italien; *(ugs.) I wouldn't like to be in your shoes* in deiner Haut möchte ich nicht stecken; *(.) in two weeks* in zwei Wochen; *this year* in diesem Jahr; *to translate into English* ins Englische übersetzen; *~ a bad mood sub, -s* Grimmigkeit; *~ a blasé way adv,* blasiert; *~ a defeatist manner adv,* defätistisch; *~ a disgusting manner adv,* degoutant, ekelhaft; *~ a drunken state adv,* betrunken; *~ a gangling way adv,* schlaksig; *~ a good mood adj,* gut gelaunt; *~ a hurry adv,* hastig; *~ a masterly manner adv,* meisterhaft, meisterlich; *~ a number of places adv,* manchenorts, mancherorten, mancherorts
inaccurate, *adj,* inakkurat, unpräzis; *(nicht fehlerlos)* ungenau
inactivate, *vt,* inaktivieren; *(i. ü. S.; Parlament)* ausschalten; **inactive** *adj,* inaktiv, tatenlos, untätig; **inactive member** *sub, -s* Karteileiche; **inactivity**

sub, nur Einz. Inaktivität; - Untätigkeit
inadequate, *adj,* inadäquat, unzureichend; *(unzulänglich)* unangemessen; ~**ly dressed** *adj,* underdressed
inadmissible, *adj,* unzulässig
inadvertent, *adj,* versehentlich
inadvisable, *adj,* unratsam
inalienable, *adj, (Recht)* unabdingbar, unabdinglich
inanimate, *adj,* unbelebt
in any case, *adv,* sowieso; **in arrears** *adj,* rückständig; *(wirt.)* ausständig; **in bad shape** *adj, (gesundheitlich)* heruntergekommen; **in between (1)** *adj,* zwischeninne **(2)** *adv,* dazwischen, hierzwischen, hiezwischen, zwischendrin; **in boots** *adj,* gestiefelt; *Puss-in-Boots* der gestiefelte Kater; **in breach of contract** *adv,* vertragswidrig; **in brief** *konj,* kurzum; **in broad outline** *adj,* skizzenhaft
inappropriate, *adj,* unangebracht, zweckwidrig; *be inappropriate* nicht angebracht sein
inapt, *adj,* unangepasst
in a rush, *sub, nur Einz.* Eiltempo; **in a state of apparent death** *adj,* scheintot; **in a thousand ways** *adv,* tausendfach; **in a way** *adv,* gewissermaßen; **in accordance** *adj,* entsprechend; *(Übereinstimmung)* demgemäß; *the quality is in accordance with the price* die Qualität ist demgemäß; **in accordance with hunting principles** *adj,* weidegerecht; **in accordance with nature** *adj,* wesensgemäß; **in addition** *adv,* darüber hinaus, hinzu; *(außerdem)* dazu; *(zusätzlich)* nebenher; *this is beyond (the pale)* das geht darüber hinaus (über den Anstand); **in addition to (1)** *adv,* zusätzlich **(2)** *präp,* zudem; **in advance** *adv,* voraus; **in an adult way** *adv,* erwachsen; **in an undertone** *adv,* halblaut
inasmuch as, *konj,* insofern
inattentive, *adj,* unachtsam, unaufmerksam
inaudibility, *sub,* - Unhörbarkeit; **inaudible** *adj,* unhörbar
inaugural address, *sub, -es* Antrittsrede; **inaugural dissertation** *sub, -s* Inauguraldissertation; **inaugurate** *vt,* inaugurieren; *(tt; arch.)* weihen; **inauguration** *sub, -s* Inauguration; *(tt; arch.)* Weihe
inboard, *adv, (geh.)* binnenbords
inborn, *adj,* angeboren
inbred, *adj,* ingezüchtet; **inbreeding** *sub, -s* Reinzucht

Inca, *sub,* *-s* Inka; ~ **bone** *sub,* *-s* Inkaknochen
incapable, *adj,* unfähig; *he is incapable of that* dessen ist er unfähig; **incapacity** *sub, nur Einz.* Unfähigkeit
incapacitate, *vt, (jur.)* entmündigen; **incapacitation** *sub,* *-s* Entmündigung
incarceration, *sub,* *-s* Einkerkerung; **incarnate** (1) *adj,* leibhaftig (2) *vt,* inkarnieren; **incarnation** *sub,* *-s* Fleischwerdung, Inkarnation
in case, *konj,* falls; **in cash** *adv,* kontant; **in charge of** *sub,* Federführung; **in cold blood** *adv, (kaltblütig)* eiskalt; **in compliance with** *präp, (in Übereinstimmung)* gemäß; **in concerto form** *adj,* konzertant; **in conclusion** *adv,* schlussendlich; **in conjunction with** *sub,* *-s* Realkonkurrenz; **in contrast** *adv, (geh.)* demgegenüber; *on the other hand* demgegenüber jedoch; **in demand** *adj,* gefragt; **in detail** *adv,* ausführlich, detailliert, eingehend; *describe sth in detail* etwas ausführlich schildern; **in dismay** *adv,* bestürzt; **in dozens** *adv,* dutzendweise; **in dribs and drabs** *adv,* kleckerweise; **in droves** *adv,* scharenweise
incense, *sub, nur Einz.* Weihrauch; ~ **con** *sub,* *-s* Räucherkerze
incessant, *adj,* unablässig, unaufhörlich, unausgesetzt; ~**ly** *sub, nur Einz.* Unterlass; *(i. ü. S.) he talks incessantly* er redet in einer Tour
incest, *sub,* *-s* Blutschande, Inzest; ~**uous** *adj,* inzestuös
inch, *sub,* *-es* Fingerbreite; *(tt; arch.)* Zoll; ~**-wide** *adj,* fingerbreit
inchlorinated, *adj, (ugs.)* unterchlorig
incidence, *sub,* *-s* Vorkommen; *nur Einz. (Licht)* Einfall; ~ *of light* *sub, nur Einz.* Einfalllicht; *-s* Lichteinfall; **incident** *sub,* *-s* Geschehnis, Vorfall, Vorkommnis, Zwischenfall; **incidental expense** *sub,* *-s* Nebenausgabe; **incidental music** *sub, nur Einz.* Begleitmusik, Bühnenmusik; **incidentally** *adv,* übrigens; *(beiläufig)* nebenbei
incinerate, *vt,* verbrennen; **incineration** *sub, nur Einz.* Müllverbrennung; *-s* Verbrennung
incisor, *sub,* *-s* Schneidezahn
inclement, *adj, (Wetter)* unfreundlich
inclination, *sub,* *-s* Geneigtheit, Inklination; *(das Neigen)* Neigung; *(Neigung)* Lust; *to feel no inclination to do sth* keine Neigung verspüren, etwas zu tun; **incline** *vti, (kippen)* neigen; *incline* geneigte Ebene; **incline to** *vi,* zuneigen
include, *vt,* einbeziehen, zurechnen; *in-*

clude sth in sth etwas in etwas einbeziehen; *including all charges* alle Kosten eingeschlossen; ~ *in* *vt, (wirt.)* eingliedern; ~**d** (1) *adj,* eingerechnet, enthalten, inbegriffen, zurechenbar (2) *vt,* einbegriffen; *be included* enthalten sein, *included VAT* MWSt eingebegriffen; **including/inclusive** *präp,* einschließlich **inclusion,** *sub, nur Einz.* Einbeziehung; *-s (polit./geol.)* Einschluss; **inclusive** *adj,* inklusive; *(inklusive)* pauschal; *the travelling costs are inclusive* die Reisekosten verstehen sich pauschal
incognito, *adv,* inkognito; *incognito* unter einem fremden Namen
incoherency, *sub,* *-ies* Inkohärenz; **incoherent** *adj,* inkohärent, ungereimt
income, *sub,* *-s* Einkommen; *nur Einz.* Einkünfte, Einnahme; *-s* Verdienst; ~ **tax** *sub,* *-es* Einkommensteuer, Lohnsteuer; ~**-debit** *sub,* *-s* Einnahmesoll; **incoming** *sub,* *-s (das Eingehen)* Eingang
incommensurable, *adj,* inkommensurabel
incomparable, *adj,* unvergleichlich
incompetence, *sub, nur Einz.* Inkompetenz; *accuse so of incompetence* jemandem Unfähigkeit bescheinigen; **incompetent** *adj,* inkompetent, unfähig; *he's simply incompetent* er ist einfach unfähig!; *he's simply incompetent!* er ist einfach unfähig!; **incompetent lawyer** *sub,* *-s (ugs.)* Winkeladvokat; **incompetent person** *sub,* *-s* Nichtskönner
incomplete, *adj,* inkomplett, unvollständig; *(Bericht, Beweis)* lückenhaft; ~**ness** *sub, nur Einz.* Unfertigkeit; **incompletness** *sub, nur Einz.* Unvollständigkeit
incomprehensibility, *sub, nur Einz.* Unfassbarkeit; **incomprehensible** *adj,* unbegreiflich, unerfindlich, unfassbar, unfasslich, unverständlich
incongruity, *sub,* *-ies* Inkongruenz; **incongruous** *adj,* inkongruent
inconsiderable, *adj,* unbeträchtlich, unziemlich; **inconsiderate** *adj,* rücksichtslos; *(rücksichtslos)* gedankenlos; **inconsiderateness** *sub, nur Einz.* Rücksichtslosigkeit
inconsistence, *sub,* *-s* Unstimmigkeit; **inconsistency** *sub,* *-ies* Inkonsequenz, Inkonsistenz; **inconsistent** *adj,* folgewidrig, inkonsequent, inkonsistent
inconsolable, *adj,* untröstlich

inconspicuous, *adj*, unscheinbar
inconstancy, *sub, nur Einz.* Wankelmut;
inconstant *adj*, inkonstant, wankelmütig
incontestable, *adj*, indisputabel, unanfechtbar
incontinence, *sub, nur Einz.* Inkonti-
nenz
inconvenience, *sub, -s* Inkommodität; -
Ungunst; *-s (eines Weges)* Beschwerlichkeit; *(Unbequemlichkeit)* Unannehmlichkeit; **inconvenient** *adj*,
ungelegen, ungünstig, unpassend; *(lästig)* unbequem; *(Weg)* beschwerlich; *is
this an inconvenient time for you?*
komme ich ungelegen?; *that´s inconvenient for me* das kommt mir ungelegen
inconvertible, *adj*, inkonvertibel
incorporate, *vt*, inkorporieren; *(eingliedern)* aufnehmen; ~ **into** *vt*, eingemeinden; *(jur.)* eingliedern; ~ **sth.**
into *vt, (etwas einfügen)* einarbeiten;
incorporation *sub, -s* Inkorporation;
(Eingliederung) Aufnahme
incorrect, *adj*, inkorrekt, unrichtig
incorrigible, *adj*, unverbesserlich
increase, (1) *sub, -s* Anhebung; *nur
Einz.* Erhöhung; *-s* Steigerung; - Ver-
mehrung; *-s* Verschärfung, Zunahme;
(des Lohnes) Aufbesserung; *(Handel)*
Plus; *(i. ü. S.; Preis)* Anstieg; *(wirt.)*
Aufstockung; *nur Einz. (Zuwachs)*
Mehr (2) *vi, (anwachsen)* steigen; *(i. ü.
S.; Preis)* ansteigen; *(zunehmen)* anwachsen (3) *vr*, zunehmen (4) *vt*, steigern, vergrößern; *(Verdienst)*
aufbessern; *(vergrößern)* mehren;
(wirt.) aufstocken (5) *vtr*, vermehren,
verschärfen; ~ **(in)** *sub, -s* Zuwachs; ~
in pressure *sub, -s* Druckanstieg; ~ **of
condition** *sub,* - Formanstieg; **increasing** *sub, -s* Erhöhung; **increasing
marshiness** *sub, nur Einz.* Versumpfung; **increasingrate** *sub,* - *(tt;
theol.)* Zuwachsrate
incredibility, *sub,* - Unglaubwürdigkeit;
incredible *adj*, fantastisch, hanebüchen, unglaubhaft, unglaublich; *an incredible amount* unsinnig viel; *(ugs.)
incredible amount of money* unheimlich viel Geld; *it is incredible* das ist
doch nicht zu fassen; *(ugs.) it´s just
incredible* da schnallst du ab; *that´s
incredible* das darf nicht wahr sein;
*(ugs.) the most incredible part about it
is* das Tollste dabei ist; **incredible fun**
sub, nur Einz. Mordsspaß; **incredible
heat** *sub, nur Einz. (ugs.)* Mordshitze;
incredible hunger *sub, nur Einz.*
Mordshunger; **incredible thirst** *sub,*

nur Einz. Mordsdurst; **incredibly**
adv, unerhört, unglaublich, wahnsinnig
increment, *sub, -s (mat.)* Inkrement
incriminate, *vt*, inkriminieren; *(jur.)*
belasten; ~**d** *adj*, inkriminiert; **incriminating** *adj, (jur.)* belastend; **incriminating evidence** *sub, nur Einz.*
Belastungsmaterial; **incrimination**
sub, -s (jur.) Belastung
incubate, *vt, (im Brutschrank)* ausbrüten; **incubation** *sub, -s* Inkubation;
incubation period *sub, -s* Inkubati-
onszeit; **incubator** *sub, -s* Inkubator;
(med.) Brutapparat; Brutkasten; *it´s
like an oven* eine Hitze wie im Brutkasten; *stay in the incubator* im Brutkasten liegen
incubus, *sub, -i* Inkubus
incumbency, *sub, nur Einz. (geb.)* Obliegenheit
incunabulum, *sub, -s (tt; tech.)* Wie-
gendruck
incur, *vr*, zuziehen
incurable, *adj*, inkurabel; *(tt; med.)*
unheilbar
incus, *sub, -es (anat.)* Amboss
indebtedness, *sub, -es* Verschuldung
indecent, *adj*, indezent, schamlos;
(Kleidung) unanständig; *to make indecent advances to so* sich jmd unsittlich nähern
indecisive, *adj*, unentschlossen
indeclinable, *adj*, indeklinabel
indeed, *adv*, wahrlich; *indeed!* in der
Tat!
indegistible, *adj*, unverdaulich
indelible, *adj*, unauslöschlich, unaustilgbar; ~ **pencil** *sub, -s* Kopierstift
indelicate, *adj*, unfein
indemnity, *sub, -ies* Indemnität
indent, *vt, (Text)* einrücken; ~**ation**
sub, -s Ausbuchtung
indentures, *sub,* - Lehrvertrag
independence, *sub, nur Einz.* Freiheit,
Independenz, Unabhängigkeit; **independent** *adj*, eigenständig, frei, selbständig, unabhängig; *(tt; polit.)*
unparteiisch; **independent action**
sub, -s Einzelaktion; **independent
barge-owner** *sub, -s* Partikulier; **independent businessman/woman** *sub,*
-men Selbständige
indescribable, *adj*, unbeschreiblich
indeterminable, *adj*, unbestimmbar;
indeterminate *adj, (phil.)* indeterminiert
index, *sub, -es, indices* Index; *-es* Register; - Verzeichnis; ~ **number** *sub, -s*
Indexziffer; ~ **of headings** *sub, inde-*

xes Stichwortverzeichnis; **~-based currency** *sub*, *-ies* Indexwährung; **~-linked** *adj*, *(Lebensversicherung)* dynamisch
Indian, (1) *adj*, indianisch, indisch **(2)** *sub*, *-s* Inder, Indianer; **~ chief** *sub*, *-men (Indianer-)* Häuptling; **~ file** *sub*, *-s (US)* Gänsemarsch; **~ ink** *sub*, *-s* Tusche; **~ summer** *sub*, *-s* Altweibersommer
indicate, *vt*, *(ugs.; Kfz.)* blinken; *(med.)* indizieren; *(tt; phy.)* zeigen; *(tech.)* anzeigen; *indicate* zu erkennen geben; *indicate right* rechts blinken; **~d** *adj*, *(med.)* indiziert; **indication** *sub*, *-s* Hinweis, Indikation, Indiz; *(Hinweis)* Andeutung; *(med.)* Heilanzeige; *(tech.)* Anzeige; *there is every indication that* alles deutet daraufhin, dass; **indication of quantity** *sub*, **indications** Mengenangabe; **indicative (mood)** *sub*, *-s* Indikativ; **indicator** *sub*, *-s* Blinkleuchte, Indikator, Skalenzeiger, Winker; *(Kfz)* Blinker; *(tech.)* Anzeiger
indictment, *sub*, *-s* Anklageschrift
indifference, *sub*, *nur Einz*. Gleichgültigkeit, Indifferenz; **indifferent** *adj*, gleichgültig, indifferent, teilnahmslos, unbeteiligt; *he was indifferent to her* sie war ihm gleichgültig
indigestion, *sub*, *nur Einz*. Indigestion; *-s* Verdauungsstörung
indignant, *adj*, entrüstet, indigniert, ungehalten, unwillig; **indignation** *sub*, *-s* Entrüstung; *nur Einz*. Indignation, Unwillen
Indio (S. or C. American Indian), *sub*, *-s* Indio
indirect, *adj*, indirekt; **~ object** *sub*, *-s* Dativobjekt; **~ness** *sub*, *nur Einz*. Indirektheit
indiscreet, *adj*, indiskret; **indiscretion** *sub*, *-s* Indiskretion
indiscriminate, *adj*, wahllos; **~ly** *adv*, unbesehen; *(Essen)* durcheinander
indispensable, *adj*, *(Person)* unentbehrlich; *(Voraussetzung)* unabdingbar, unabdinglich
indisposed, *adj*, indisponiert; **indisposition** *sub*, *nur Einz*. Indisposition; *-s* Unpässlichkeit; *nur Einz*. Unwohlsein
indisputable, *adj*, indisputabel; *(Tatsache)* unbestreitbar
indissoluble, *adj*, unauflöslich, unlösbar
indistinct, *adj*, undeutlich
indium, *sub*, *nur Einz*. *(chem.)* Indium
individual, (1) *adj*, individuell; *(aus vielen)* einzeln **(2)** *sub*, *-s* Einzelwesen, Individuum, Person; **~ bond** *sub*, *-s*

(Börse) Partialobligation; **~ culprit** *sub*, *-s* Einzeltäter; **~ item** *sub*, *-s* Einzelstück; **~ journey** *sub*, *-s* Einzelreise; **~ state** *sub*, *-s* Einzelstaat; **~ weight** *sub*, *-s* Stückgewicht; **~ism** *sub*, *nur Einz*. Individualismus; **~ist** *sub*, *-s* Individualist; **~ist(ic)** *adj*, individualistisch; **~ity** *sub*, *nur Einz*. Individualität; **~ize** *vt*, individualisieren; **individuation** *sub*, *nur Einz*. Individuation
invisible, *adj*, unteilbar
invisical, *adv*, unteilhaftig
indoctrinate, *vt*, indoktrinieren; **indoctrination** *sub*, *nur Einz*. Indoktrination
Indo-European, *sub*, *-s* Indoeuropäer, Indogermane; **~ studies** *sub*, *nur Mehrz*. Indogermanistik
indolence, *sub*, *nur Einz*. Indolenz; *(e ner Person)* Bequemlichkeit; **indolent** *adj*, indolent
indoor sports, *sub*, *nur Mehrz*. Hallensport; **indoor tennis** *sub*, - Hallentennis; **indoors** *adv*, *(Haus)* drinnen
induce, *vt*, induzieren; **induction** *sub*, *-s* Induktion; **inductive** *adj*, *(phil.)* induktiv
indulge in, *vi*, frönen; **~ hairsplitting** *vi*, klügeln; **indulge oneself** *vt*, schwelgen; **indulgence** *sub*, *nur Einz*. Schwelgerei; **indulgent** *adj*, indulgent
induration, *sub*, *-s (med.)* Induration
industrial, *adj*, gewerblich, industriell; **~ area** *sub*, *-s* Industriegebiet; **~ building** *sub*, *-s* Industriebau; **~ chemist** *sub*, *-s* Chemotechniker; **~ court** *sub*, *-s* Arbeitsgericht; **~ enterprise** *sub*, *-s* Industriebetrieb; **~ espionage** *sub*, *-s* Werkspionage; **~ firm** *sub*, *-s* Industriebetrieb; **~ law** *sub*, *-s* Arbeitsrecht; **~ robot** *sub*, *-s* Industrieroboter; **~ist** *sub*, *-s* Industrielle; *(tt; indu.)* Unternehmer; **~ization** *sub*, *nur Einz*. Industrialisierung; **~ize** *vt*, industrialisieren; **industrious** *adj*, arbeitsam, emsig; *(fleißig)* strebsam; **industriousness** *sub*, *nur Einz*. Bienenfleiß; **industry** *sub*, *-ies* Industrie; *have knowledge of the industry* sich in der Branche auskennen
inedible, *adj*, *(nicht essbar)* ungenießbar
in effect, *adj*, *(Gesetz)* geltend; **in exactly the same way** *adv*, *(mit Verben)* ebenso; *he does is in exactly the same way* er macht es ebenso; **in exchange** *adv*, *(Tausch)* dagegen; **get**

sth in exchange etwas dagegen eintauschen; **in fact** adv, faktisch, zwar; have you in fact ever been here warst du eigentlich schon einmal hier; (erklärend) in fact und zwar; **in favour** of präp, zugunsten; **in former times** adv, ehemals; (hist) ehedem; **in front** adv, vorauf, voraus, vorn; **in front of** (1) adv, voran, vorn, vors (2) präp, vor; **in front of each other** adv, voreinander; **in front of it/them** adv, (räuml.) davor; I'm standing in front of it ich stehe davor

ineffective, adj, ineffektiv, unwirksam, wirkungslos

inefficiency, sub, nur Einz. Ineffizienz; **inefficient** adj, ineffizient, unrationell

inequality, sub, -s Ungleichheit

inequation, sub, -s Ungleichung

inequitable, adj, (ungerecht) unbillig

ineradicable, adj, unausrottbar

inert gas, sub, -es Edelgas

inertia, sub, nur Einz. (phy.) Beharrungsvermögen

inescapable, adj, unentrinnbar

inevitable, adj, unabwendbar, unausbleiblich, unvermeidlich, unweigerlich, zwangsläufig, zwangsmäßig; the colosion was inevitable es musste notwendig zum Zusammenstoß kommen; total defeat was then inevitable damit war die Niederlage perfekt; **inevitably** adv, zwangsweise

inexact, adj, (nicht wahrheitsgetreu) ungenau

inexcusable, adj, unverzeihlich

inexhaustible, adj, unerschöpflich, unversiegbar

inexorable, adj, unerbittlich; (unerbittlich) unaufhaltbar, unaufhaltsam; (willensstark) unbeugsam

inexpedient, adj, unzweckmäßig

inexpensive, adj, preisgünstig; (ugs.) wohlfeil

inexperienced, adj, unerfahren; **inexpert** adj, unkundig, unsachgemäß

inexpiable, adj, (Schuld) unaustilgbar

inexplicable, adj, unerfindlich, unerklärbar, unerklärlich

inexpressive, adj, (i. ü. S.) unsagbar

inextricable, adj, unentwirrbar

infallibility, sub, nur Einz. Infallibilität, Unfehlbarkeit; **infallible** adj, infallibel, unfehlbar, untrüglich

infamous, adj, berüchtigt, infam; **infamy** sub, -ies Infamie

infant, sub, little children Kindlein; -s Kleinstkind; **Infant Jesus** sub, nur Einz. Jesuskind; ~ **mortality** sub, nur Einz. Säuglingssterblichkeit; ~(e)ry

sub, nur Einz. Infanterie; ~**ile** adj, kindisch; ~**ility** sub, nur Einz. Infantilität

infarct, sub, -s (med.) Infarkt

infect, vt, infizieren, verseuchen; (infizieren) anstecken; we were infected by their happiness ihre Fröhlichkeit hat sich auf uns übertragen; ~**ion** sub, -s Ansteckung, Infekt, Infizierung, Verseuchung; ~**ious** adj, ansteckend, infektiös; (Rhythmus) mitreißend

infer, vi, schließen; ~**ence** sub, -s Schlussfolgerung

inferior, (1) adj, minderwertig, unterlegen; (i. ü. S.) tief stehend (2) vi, zurückstehen; to feel inferior Minderwertigkeitsgefühle haben; ~**ity** sub, nur Einz. Inferiorität; -ies Schlechtigkeit; ~**ity complex** sub, -es Minderwertigkeitskomplex

infernal, adj, infernalisch; **inferno** sub, -s Inferno

infertile, adj, infertil, unfruchtbar; (unfruchtbar) steril; **infertility** sub, nur Einz. Infertilität, Unfruchtbarkeit; (Unfruchtbarkeit) Sterilität

infestation with lice, sub, -s Läusebefall; **infested** adj, befallen

infight, sub, -s Infight

infiltrate, (1) vt, einschleusen, unterwandern; (verteilt) durchsetzen (2) vti, infiltrieren; infiltrate so into Germany jmd nach Deutschland einschleusen; **infiltration** sub, -s Infiltration, Unterwanderung

infinite, adj, infinit, unendlich; ~**ly** adv, übergangslos; ~**simal calculus** sub, -i (-es) Infinitesimalrechnung; **infinitive** sub, -s Infinitiv; (Sprachw.) Grundform; **infinitive clause** sub, -s Nennformsatz; **infinity** sub, -ies Endlosigkeit; nur Einz. Unendlichkeit

infirm, adj, siech; (Mensch) altersschwach; ~**ity** sub, - Siechtum; -ies (Alters-) Gebrechlichkeit; have infirmities of old age Altersbeschwerden haben; ~**ity of age** sub, -ies - Altersschwäche

infix, sub, -es Infix

inflamation of prostate, sub, nur Einz. Prostatitis; **inflammability** sub, nur Einz. Brennbarkeit; **inflammable** adj, brennbar, entflammbar, entzündbar; highly inflammable leicht brennbar; **inflammation** sub, nur Einz. Entflammung; -s Entzündung; **inflammatory** adj, (med.) entzündlich

inflatable, adj, aufblasbar; **inflate** vt, aufblasen, aufpumpen; **inflated** adj, (Ballon) aufgeblasen; (Verwaltung) aufgebläht; **inflation** *sub, -s* Inflation; **inflationary** *adj*, inflationär **inflect**, *vt*, flektieren; ~**ion** *sub, -s* Kasusendung; ~**ional** *adj*, flektierbar **inflexibility**, *sub, nur Einz.* Unnachgiebigkeit; *-es (ugs.)* Verbohrtheit **inflexion**, *sub, -s (Gramm.)* Flexion **inflow**, *sub, -s (meteor.)* Einfluss **influence**, (1) *sub, -s* Einwirkung, Influenz; *(i. ü. S.)* Einfluss (2) *vt*, beeinflussen, einwirken, lenken; *be under the influence of drugs* unter der Einwirkung von Drogen stehen; *easily influenced* leicht beeinflussbar; *(i. ü. S.) the calming influence* der ruhende Pol; ~**d by Buddhism** *adv*, buddhistisch; **influencing** *sub, nur Einz.* Beeinflussung; **influential** *adj*, einflussreich; *influential circles* maßgebende Kreise **influenza**, *sub, -* Grippeanfall; *nur Einz.* Influenza; *- (med.)* Grippe **influenzal**, *sub, -* grippal **influx**, *sub, nur Einz.* Zuzug; *-es (wirt.)* Einfluss **inform**, *vt*, benachrichtigen, informieren, instruieren, mitteilen, unterrichten; *(aufklären)* belehren; *(Person)* aufklären; *I´ll get acquainted with the matter* ich werde mich darüber informieren; *you´ve been wrongly informed* da bist du falsch informiert; *be informed* Bescheid erhalten; *he´s well informed on that* darüber ist er gut orientiert; *to be informed by sb about sth* sich von jmd über etwas unterrichten lassen; *we beg to inform you that* wir erlauben uns, ihnen mitzuteilen, daß; ~ **oneself** *vr*, orientieren; ~ **so** *vt*, hinterbringen **informal**, *adj*, familiär, formlos, informell, leger, ungezwungen, zwanglos; ~**ity** *sub, -* Ungezwungenheit **informant**, *sub, -s* Informant, Kontaktmann; **information** *sub, nur Einz.* Auskunft, Information, Informierung; *(ugs.)* Info; *(Einsicht)* Aufschluss; *(Information)* Angabe; *(Unterrichtung)* Orientierung; *get information* Auskunft einholen; **information office** *sub, - -s* Auskunftsbüro, Auskunftsstelle; **informative** *adj*, aufschlussreich, informativ; **informatory** *adj*, informatorisch; **informer** *sub, -s* Denunziant **infra-red**, *adj*, infrarot; ~ **film** *sub, -s* Infrarotfilm **infrasonic waves**, *sub, nur Mehrz. (phy.)* Infraschall **infrastructure**, *sub, -s* Infrastruktur **infringement**, *sub, -s* Ordnungswidrigkeit; ~ **of the law** *sub, -s* Rechtsbruch

in full, *sub, -* Gänze; **in future** *adj*, zukünftig; **in gangs** *adv*, truppweise; **in general** (1) *adj*, generaliter (2) *adv*, insgemein; *(sowieso)* überhaupt; **in good time** *adj*, zeitig; **in great details** *sub, nur Mehrz.* detailreich; **in groups** (1) *adj*, gruppenweise (2) *adv*, rottenweise; **in herds** *adv*, herdenweise; **in high spirits** *adj*, aufgedreht; **in hordes** *adv*, hordenweise; **in horror** *adv*, entsetzt; **in it/them** *adv*, darein, darin; *what´s in it* was ist darin; **in layers** *adj*, schichtweise **infuriate**, *vt*, erbosen **infuse**, *vt, (med.)* infundieren; ~**r** *sub, -s* Teeei; **infusion** *sub, -s* Aufguss, Infusion **ingenious**, *adj*, genial, ingeniös, patent; *(klug)* sinnvoll; *a genius* ein genialer Mensch; *a stroke of genius* ein genialer Einfall; **ingenuity** *sub, nur Einz.* Ingeniosität; **ingenuous** *adj*, *(unbefangen)* treuherzig **ingratitude**, *sub, -s* Undank **ingredient**, *sub, -s* Ingredienz; ~**s** *sub, nur Mehrz.* Zutat **ingression**, *sub, -s (geol.)* Ingression **inhabit**, *vt, (eine Region)* bewohnen; ~**ant** *sub, -s* Einwohner; *(einer Region)* Bewohner; *the town has 2 million inhabitants* die Stadt hat 2 Millionen Einwohner; ~**ant of Italy, Greece, Spain or Portugal** *sub*, inhabitants Südländerin; ~**ant of Magdeburg** *sub*, inhabitants Magdeburger; ~**ant of Merseburg** *sub*, inhabitants Merseburger; ~**ant of Münster** *sub, inhabitants* Münsteraner; ~**ant of Neuenburg** *sub, inhabitants* Neuenburger **inhalation**, *sub, -s* Inhalation; **inhale** *vt*, inhalieren; *to inhale* auf Lunge rauchen **inherence**, *sub, nur Einz.* Inhärenz; **inherent** *adj*, inhärent; **inherent dynamism** *sub, -s* Eigenbewegung **inherit**, *vt*, erben; ~**ance** *sub, -s* Erbe, Erbschaft; ~**ed** *adj*, patrimonial; *(i. ü. S.) he inherited it* das ist ihm schon in die Wiege gelegt worden **inhibit**, *vt, (seelisch)* hemmen; ~**ed** *adj*, gehemmt, verklemmt; ~**ion** *sub, -s* Gehemmtheit, Hemmung; *have inhibitions* Hemmungen haben; ~**ion threshold** *sub, -s* Hemmschwelle; *overcome one´s inhibitions* eine Hemmschwelle überwinden **inhomogeneity**, *sub, nur Einz.* Inhomogeneität; **inhomogenous** *adj*, inhomogen

inhospitable, *adj*, unwirtlich
inhuman, *adj*, inhuman, unmenschlich; ~**ity** *sub*, *nur Einz.* Inhumanität
iniquitous, *adj*, sündhaft, sündig
inital, *adj*, ursprünglich
initial, (1) *adj*, anfänglich (2) *vt*, paraphieren; ~ (**letter**) *sub*, *-s* Initial; ~ **letter** *sub*, *initials* Anfangsbuchstabe; ~ **situation** *sub*, *-s* Ausgangslage; ~ **stage** *sub*, *-s* Anfangsstadium; ~**ling** *sub*, *-s* Paraphierung
initiate, (1) *sub*, *-s* Eingeweihte (2) *vt*, initiieren; *initiate so into sth* jmd in etwas einweihen; **initiation** *sub*, *-s* Initiation; **initiation rite** *sub*, *-s* Initiationsritus; **initiative** (1) *adj*, initiativ (2) *sub*, *-s* Initiative; **initiator** *sub*, *-s* Initiator
inject, *vt*, einspritzen, injizieren; *(med.)* spritzen; ~**ion** *sub*, *-s* Einspritzung, Injektion; *(med.)* Spritze; *give an injection* eine Spritze geben; *have an injection* eine Spritze bekommen
injustice, *sub*, *nur Einz.* Unbill; - Ungerechtigkeit; *nur Einz.* Unrecht
ink, *sub*, *-s* Tinte; - *(Drucker)* Farbe; ~- **blot** *sub*, *-s* Tintenklecks; *(Papier)* Tintenfleck; ~-**stain** *sub*, *-s* *(Kleidung)* Tintenfleck; ~**pot** *sub*, *-s* Tintenfass
inlaid work, *sub*, *nur Einz.* Intarsie
inland, *adv*, landeinwärts; ~ **letter** *sub*, *-s* Inlandsbrief; ~ **navigation** *sub*, *nur Einz.* Binnenschifffahrt; ~ **postage rate** *sub*, *-s* Inlandsporto; ~ **price** *sub*, *-s* Inlandspreis; ~ **revenue** *sub*, *-s* Finanzamt; ~ **trip** *sub*, *-s* Inlandsreise
inlenient, *adj*, unnachsichtig
in lots, *adv*, partieweise; *(Handel)* partienweise; **in midsummer** *adv*, mittsommers; **in midwinter** *adv*, mittwinters; **in mime** *adv*, pantomimisch; **in monosyllables** *adv*, einsilbig; **in more detail** *adv*, *(genauer)* näher; **in most places** *adv*, meistenorts; **in my/our country** *adv*, zu Lande; **in need of care (and attention)** *attr*, pflegebedürftig; **in no time** (1) *adv*, *(im ~)* Nu (2) *sub*, - Handumdrehen; **in olden days** *adv*, vordem; **in one another** *pron*, ineinander; **in one piece** *adj*, *(unbeschädigt)* ganz; **in one´s best handwriting** *sub*, - Schönschrift; **in opposite to** *konj*, dementgegen; **in order to** *konj*, *(final)* um; *he went into the next room in order to make a phone call* er ging ins Nebenzimmer um zu telefonieren; **in painting** *attr*, *(bildnerisch)* malerisch
inmate, *sub*, *-s* Insasse
inn, *sub*, *-s* Gasthaus, Gasthof, Herberge, Rasthaus
inner, *adj*, innere, inwendig; ~ **life** *sub*, *-s* Seelenleben; ~ **strength** *sub*, *-s* seelenstark; ~ **surface** *sub*, *-s* Innenfläche; ~ **tube** *sub*, *-s* *(Auto)* Schlauch; ~**most part** *sub*, *-s* Innerste
innervate, *vt*, innervieren
innocence, *sub*, - Unschuld; **innocent** *adj*, schuldlos, unschuldig, unverschuldet; *(unschuldig)* treuherzig; *to convict sb when he is innocent* jmd unschuldig verurteilen; *to act the innocent* unschuldig tun; **innocent person** *sub*, *-s* *(i. ü. S.)* Unschuldige; *the innocent* die Unschuldigen
innovation, (1) *sub*, *-s* Innovation, Neuheit, Novität (2) *sun*, Neuerung; **innovative** *adj*, innovativ, innovatorisch
In(n)uit, *sub*, *nur Mehrz.* Inuit
innumerable, *adj*, unzählig
inoculate, *vt*, impfen
inofficial, *adj*, inoffiziell
inorganic, *adj*, *(tt; chem.)* anorganisch; ~ **fertilizer** *sub*, *-s* Mineraldünger
inositol, *sub*, *-s* *(tt; chem.)* Inosit
in pairs, (1) *adv*, paarweise (2) *attr*, paarig; **in paragraphs** *adv*, absatzweise; **in particular** *adv*, *(besonders)* namentlich; **in parts** *adv*, auszugsweise; **in perspective** *attr*, perspektivisch; **in pieces** *adj*, entzwei; **in piles** *adv*, haufenweise, stapelweise; **in places** *adv*, stellenweise; **in practice** *adj*, eingespielt; **in principle** *adj*, prinzipiell; **in question** *adj*, fraglich; **in reality** *adv*, realiter; **in return for** *präp*, *(als Gegenleistung)* gegen; **in rows** *adv*, reihenweise; **in series** *adv*, serienweise
in-patient, *adj*, *(med.)* stationär; **in-people** *sub*, *nur Mehrz.* Schickeria; **in-phrase** *sub*, *-s* Modeausdruck; **in-word** *sub*, *-s* Modewort; **inability** *sub*, *nur Einz.* Unvermögen; *(mangelndes Können)* Unfähigkeit; **inaccessible** *adj*, unerreichbar, unzugänglich
input, *sub*, *-s* Input; *(Daten)* Eingabe; ~ **device** *sub*, *-s* Eingabegerät
inquire, (1) *vi*, anfragen (2) *vti*, inquirieren; *(erkundigen)* fragen; ~ **about** *vti*, *(sich erkundigen)* fragen; **inquiry** *sub*, *-s* *(Erkundigung,Unters.)* Frage; **Inquisition** *sub*, *nur Einz.* Inquisition; **inquisitive** *adj*, neugierig; **inquisitor** *sub*, *-s* Inquisitor; **inquisitorial** *adj*, *(i. ü. S.)* inquisitorisch
insalivate, *vt*, einspeicheln
insane, *adj*, aberwitzig, irre, wahnsin-

nig; *(i. ü. S.)* unsinnig; **insanity** *sub*, nur *Einz.* Irresein; - Unsinnigkeit; *nur Einz.* Wahnsinn; *(tt; jur.)* Unzurechnungsfähigkeit
insatiable, *adj*, unersättlich; *to be insatiable* ein Nimmersatt sein
inscription, *sub*, -s Inschrift
inscrutable, *adj*, *(Miene)* undurchdringlich
insect, *sub*, -s Insekt; *(zool.)* Kerbtier; ~ **damage** *sub*, -s Insektenfraß; ~ **eater** *sub*, -s Insektenfresser; ~**arium** *sub*, -s Insektarium; ~**icide** *sub*, -s Insektengift, Insektizid; ~**ivore** *sub*, -s Insektenfresser
insecure, *adj*, unsicher; *to feel insecure* sich unsicher fühlen; **insecurity** *sub*, -es Unsicherheit
insemination, *sub*, -s Besamung, Insemination; *artificial insemination* künstliche Befruchtung
insense, *vt*, weihräuchern
insensitive, *adj*, insensibel, unempfindlich; *(Gefühle)* gefühllos; **insensitivity** *sub*, Abgestumpftheit
insert, **(1)** *sub*, -s Beiblatt, Insert **(2)** *vt*, *(geh.)* einlegen; *(dazwischen)* einschieben; *(einfügen)* einbauen, einblenden; *(Münze)* einwerfen; *(Text)* einfügen, einsetzen; *insert a film into the camera* einen Film in die Kamera einlegen; ~ **into** *vt*, *(hineinschieben)* einführen; ~**ion** *sub*, -s Einblendung, Einschiebsel, Einschub; *nur Einz. (Einfügung)* Einbau; -s Einführung
in service, *adj*, bedienstet; **in shame** *adv*, beschämt; **in sips** *adv*, schluckweise; **in so far** *adv*, insofern; **in solidarity** *adv*, solidarisch; *act in solidarity* solidarisch handeln; **in soup-spoonfuls** *adj*, esslöffelweise; *administer medicine in soup-spoonfuls/dessert-spoonfuls* ihm die Medizin esslöffelweise verabreichen; **in spite of** *präp*, trotz, ungeachtet; **in squads** *adv*, truppweise; **in stages** *adj*, etappenweise; **in stalemate** *adj*, *adv*, patt; **in step** *sub*, - Gleichschritt; **in steps** *adv*, stufenförmig; **in stock** *adj*, vorrätig; *(Handel)* greifbar; **in strands** *adv*, strähnig; **in such way that** *adv*, dergestalt
inset, *sub*, -s *(Stoff)* Einsatz
inside, **(1)** *adj*, drin **(2)** *adv*, drinnen, innen **(3)** *präp*, innerhalb **(4)** *sub*, -s Innenseite; *he´s inside* er ist drin, *go inside* nach drinnen gehen; *inside information* Informationen aus erster Hand; *inside it´s pretty warm* drinnen ist es schön warm; *inside out* das Innere nach außen gekehrt; ~ **antenna** *sub*, -s

Innenantenne; ~ **forward** *sub*, -s *(spo.)* Innenstürmer; ~ **mirror** *sub*, -s Innenspiegel; ~ **out** *adv*, Effeff; *know st: inside out* aus dem Effeff beherrschen; ~ **pocket** *sub*, -s Innentasche; ~**r** *sub*, -s Insider, Szenegänger
in(side) *o.s.*, *adv*, *(ugs.)* intus; *(ugs.)* *he´s had a few (drinks)* er hat schon einiges intus; *(ugs.)* *I´ve finally got it into my head* jetzt habe ich es endlich intus
insidious, *adj*, heimtückisch; ~**ness** *sub*, -es Heimtücke
insight, *sub*, -s *(Kenntnis)* Einblick
insignia, *sub*, nur *Mehrz.* Hoheitszeichen, Insignien
insignificant, *adj*, unbedeutend, unbeträchtlich, unerheblich, unwesentlich; *(unbedeutend)* harmlos
insincere, *adj*, unaufrichtig
insipid, *adj*, lasch
insist, *vt*, *(bestehen auf)* drängen; *he insisted on* er ließ es sich nicht nehmen; *if he insists on coming* wenn er durchaus kommen will; *insist on sth* sich etwas ausbedingen; *insist that* beharrlich auf etwas bestehen, darauf drängen, dass; *to insist on sth* auf etwas pochen; ~ **(on)** *vi*, beharren; *insist that* darauf beharren, dass; ~**stubbornly** *vti*, kaprizieren; ~**ence** *sub*, nur *Einz. (Aufdringlichkeit)* Penetranz; *at his insistence* auf sein Drängen hin; *his insistence on* sein Bestehen auf; ~**ent** *adj*, *(aufdringlich)* penetrant
insolation, *sub*, nur *Einz. (Sonne)* Einstrahlung
insole, *sub*, -s Einlegesohle
insolent, *adj*, insolent, patzig
insolubility, *sub*, nur *Einz.* Unlösbarkeit **insoluble** *adj*, unlösbar; *(chem.)* unauflöslich
inspect, *vt*, inspizieren, untersuchen; *(besichtigen)* begehen; *(inspizieren)* besichtigen; *(Maschine)* überprüfen; *(prüfen)* abnehmen; *inspect sth* etwas in Augenschein nehmen; ~**ing officer** *sub*, -s *(mil.)* Inspekteur; ~**ion** *sub*, nur *Einz.* Inaugenscheinnahme; -s Inspektion, Inspizierung, Sichtung, Überprüfung, Untersuchung, Visitation; *(Besichtigung)* Augenschein; *(einer Prüfung)* Abnahme; *(Inspizierung)* Besichtigung; ~**or** *sub*, -s Beschauer, Inspekteur, Kommissar, Kontrolleur, Prüfer; ~**or´s report** *sub*, -s Prüferbilanz
inspirating, *adj*, geistbildend; **inspiration** *sub*, -s Eingebung, Erleuchtung,

Inspiration; **inspire** *vt*, beflügeln, inspirieren; *(anregen)* erleuchten; *(Idee)*
eingeben; *(Person)* begeistern; *inspire*
so with an idea jmd eine Idee eingeben; *inspire so* jemanden für etwas begeistern; **inspire sb with** *vt*,
(Mut/Vertrauen) einflößen; *inspire sb*
with admiration jmd Bewunderung
einflößen
instability, *sub*, - Labilität
install, *vt*, installieren; *(Motor)* einmontieren; *(tech.)* einbauen, montieren; *(tt;*
tech.) unterbringen; ~**ation** *sub*, *-s* Installation; *(Aufstellung)* Montage; *nur*
Einz. *(Motor)* Einbau; *-s (tech.)* Aufstellung; *the installation in office* die Einführung in ein Amt
instal(l)ment, *sub*, *-s (Rate)* Teilzahlung
instalment, *sub*, *-s* Rate
instant, *adj*, instant, sofortig; ~ **coffee**
sub, *-s* Pulverkaffee
instead of, (1) *adv*, *(stattdessen)* dafür
(2) *konj, präp*, anstatt (3) *präp*, an Stelle, statt; *he will come tomorrow, in-*
stead dafür will er morgen kommen,
instead of going to school anstatt zur
Schule zu gehen
instep, *sub*, *-s* Rist, Spann
instigate, *vt*, anstiften, anzetteln; **insti-**
gation *sub*, *-s* Anzettelung, Aufwiegelei,
Betreiben; *at his instigation* auf sein
Betreiben hin; **instigations** *sub*, *-s* Anstiftung; **instigator** *sub*, *-s* Anstifter,
Aufwiegler
instil(l), *vt*, instillieren
instinct, *sub*, *-s* Fingerspitzengefühl, Instinkt, Spürsinn; *(Instinkt)* Trieb; ~**ive**
(1) *adj*, instinkthaft, instinktiv, triebhaft (2) *sub*, gefühlsmäßig
institute, *sub*, *-s* Institut; *(Lehranstalt)*
Anstalt; **institution** *sub*, *-s* Institution;
(Institution) Einrichtung; *(öffentliche)*
Anstalt; *(public) institution* öffentliche
Einrichtung; *become a permanent in-*
stitution eine ständige Einrichtung
werden; *(ugs.) public institution* öffentliche Anstalt; **institutional** *adj*, institutionell; **institutionalize** *vt*,
institutionalisieren
instruct, *vt*, beauftragen, instruieren,
unterweisen; ~**ion** *sub*, *-s* Belehrung,
Instruktion, Unterweisung, Weisung;
(Anleitung) Anweisung; *(Betriebs)* Anleitung; *give so instructions to* jemanden anweisen etwas zu tun; *have*
instructions to die Anweisung haben
zu; *on the instructions of* auf Anweisung von; ~**ion manual** *sub*, - *-s (um-*
fangreiche) Bedienungsanleitung;
~**ions** *sub, nur Mehrz.* Betriebsanlei-

tung, Gebrauchsanweisung; *(kürze-*
re) Bedienungsanleitung; ~**ive** *adj*,
instruktiv; ~**or** *sub*, *-s* Ausbilder, Instrukteur, Skilehrerin
instrument, *sub*, *-s* Instrument; *(Be-*
hörde) Organ; *(Meß-)* Gerät; ~ **flight**
sub, *-s* Instrumentenflug; ~ **of power**
sub, *instruments* Machtmittel; ~ **of**
state *sub*, *instruments* Staatsorgan; ~
order *sub*, *instruments (fin.)* Order-
papier; ~ **to measure acid** *sub*, *-s*
Säuremesser; ~**al** *adj*, *(mus.)* instrumental; ~**al (case)** *sub*, *-s (ling.)* Instrumental; ~**alist** *sub*, *-s*
Instrumentalist; ~**arium** *sub*, *-s*
(med.) Instrumentarium; ~**ate** *vt*,
(mus.) instrumentieren; ~**ation** *sub*,
-s Instrumentierung; ~**s** *sub, nur*
Mehrz. Instrumentarium; *(im Auto,*
etc.) Armatur; *(med.)* Besteck
insubordinate, *adj*, *(Person)* unbotmäßig; **insubordination** *sub, nur*
Einz. Insubordination; *-s* Widersetzlichkeit; *(mil.)* Ungehorsam
insular, *adj*, insular; **insulate** *vt*,
(tech.) isolieren; **insulated** *adj*, wärmedämmend; **insulating layer** *sub*, *-s*
Isolierschicht; **insulation** *sub*, *-s* Wärmedämmung; *(tech.)* Isolierung; **in-**
sulation tape *sub*, *-s* Isolierband;
insulator *sub*, *-s* Isolator
insulin, *sub*, *-s* Insulin
insult, (1) *sub*, *-s* Brüskierung, Injurie,
Insult (2) *vt*, injuriieren, insultieren;
(stärker) brüskieren; *a piece of offen-*
sive behaviour Brüskierung; *insult sb*
jmd brüsk zurückweisen; ~**ing** *adj*,
schimpflich; ~**ing an officer/official**
sub, *-s of officers/officials* Beamtenbe-
leidigung
insurance, *sub*, *-s* Assekuranz, Versicherung; **insure** *vt*, versichern; **insu-**
red (party) *sub*, - Versicherte; **insurer**
sub, *-s* Versicherer
insurgent, *sub*, *-s* Insurgent; **insurrec-**
tion *sub*, *-s* Insurrektion
intact, *adj*, heil, wohlbehalten
in tails, *adj*, befrackt; **in teams** *adj*,
riegenweise; **in the abstract** *adv*, abstrakt; **in the afternoon** *adv*, nachmittags; **in the back of** *präp*, hinter;
in the beginning *adv*, anfänglich, an-
fangs, ursprünglich; **in the early**
morning *sub*, *-s* Frühe; **in the end**
adv, endlich; **in the evening(s)** *adv*,
abendlich, abends; **in the event of**
adj, eventuell; **in the event of a**
claim *sub*, - Schadensfall; **in the face**
of *präp*, angesichts; **in the form of an**
ultimatum *adj*, ultimativ; **in the mar-**

gin *attr*, nebenstehend; *explanations in the margin* nebenstehende Erklärungen; **in the meantime** *adv*, inzwischen, mittlerweile, zwischendurch; **in the middle** *präp*, zwischen; **in the middle of (1)** *adv*, mitten **(2)** *präp*, inmitten; *(right)* **in the middle of sth** mitten an/in/auf/bei etwas; **in the middle of it** *sub*, -*s* mittendrin; *(right)* **in the middle of one´s work** mittendrin in der Arbeit; **in the morning** *adv*, morgens, vorm, vormittags; *at three in the morning* um drei Uhr morgens
intake, *sub*, -*s (Nahrung)* Aufnahme
intarsia, *sub*, *nur Mehrz.* Intarsie
integrable, *adj*, *(mat.)* integrierbar
integral, *adj*, integral, integrierend; **integrate** *vt*, integrieren; **integrate into** *vt*, eingliedern; **integrated** *adj*, *(in sich geschlossen)* einheitlich; **integrated grid system** *sub*, -*s (tt; tech.)* Verbundnetz; **integrated lamp** *sub*, -*s* Verbundlampe; **integration** *sub*, -*s* Integration, Integrierung; *(tt; polit.)* Verflechtung; **integrative** *adj*, integrativ; **integrity** *sub*, *nur Einz.* Integrität
intellect, *sub*, -*s* Intellekt; *(Intellekt)* Geist; ~**ual (1)** *adj*, intellektuell; *(Denkkraft)* geistig **(2)** *sub*, -*s* Intellektuelle; ~**ual creation** *sub*, -*s (geistiges)* Eigentum; ~**ual gifts** *sub*, - Geistesgaben; ~**ual greatness** *sub*, -*es* Geistesgröße; ~**ual´s high brow** *sub*, -*s* Denkerstirn; ~**uality** *sub*, -*ies* Geistigkeit; **intelligence** *sub*, *nur Einz.* Intelligenz, Klugheit; **intelligence (service)** *sub*, -*s (mil.)* Nachrichtendienst; **intelligence quotient** *sub*, -*s* Intelligenzquotient; **intelligence test** *sub*, -*s* Intelligenztest; **intelligent** *adj*, intelligent, klug; **intelligible** *adj*, intelligibel
intend, *vt*, beabsichtigen, intendieren; ~ **do sth** *vt*, vornehmen; ~ **to do sth** *vt*, gedenken; ~**ant** *sub*, -*s (mil.)* Intendant
intense, *adj*, heftig, hochgradig; ~**ly** *adj*, angespannt; *listen intently* angespannt zuhören; **intensification** *sub*, -*s* Steigerung, Verschärfung; **intensify (1)** *vr*, verstärken **(2)** *vt*, intensivieren, steigern **(3)** *vtr*, verschärfen; **intension** *sub*, -*s (phil.)* Intension; **intensity** *sub*, - Heftigkeit; -*ies* Intensität; *(Intensität)* Stärke; **intensity of radiation** *sub*, *nur Einz.* Strahlstärke; **intensive** *adj*, intensiv; *(i. ü. S.)* tief gehend; **intensive care unit** *sub*, -*s* Intensivstation; **intensive course** *sub*, -*s* Intensivkurs
intention, **(1)** *Absicht*, Absicht **(2)** *sub*, -*s* Intention, Vorsatz, Wille; *to form the*

intention of doing sth den Plan fassen, etwas zu tun; ~**al** *adj*, absichtlich, absichtsvoll, vorsätzlich; *(phil.)* intentional; *it is intentional* das ist beabsichtigt
interact, *vt*, interagieren; ~**ion** *sub*, -*s* Interaktion
intercession, *sub*, -*s* Fürbitte, Fürsprache; *(ugs.) put in a good word for so* für jmdn Fürsprache einlegen; **intercessor** *sub*, -*s* Fürbitterin, Fürsprecher
interchange, *vt*, *(zwischeneinander)* auswechseln; ~**ability** *sub*, *nur Einz.* Austauschbarkeit; ~**able** *adj*, austauschbar, auswechselbar
intercity train, *sub*, -*s* Intercity; *(Zug)* Überlandbahn
intercom, *sub*, -*s* Sprechanlage
interconfessional, *adj*, interkonfessionell
intercontinental, *adj*, interkontinental; ~ **missile** *sub*, -*s* Interkontinentalrakete
intercourse, *sub*, -*s* Umgang
interdenominational, *adj*, interkonfessionell
interdependence, *sub*, -*s* Interdependenz; **interdependent** *adj*, interdependent; *be interdependent* voneinander abhängig sein
interdict, *sub*, -*s* Interdikt
interdisciplinary, *adj*, interdisziplinär; ~ **subject** *sub*, -*s (Fachgebiete)* Grenzgebiet
interest, **(1)** *sub*, -*s* Interesse; *nur Einz.* Spareins; -*s (Interesse)* Anteil, Anteilnahme, Teilnahme; - *(wirt.)* Zins **(2)** *vt*, interessieren; *take an interest in* an etwas Anteil nehmen; *to live in rented accommodation* zur Miete wohnen, *as soon as you´ve served your purpose they´ve no further interest* ja von der Mohr hat seine Schuldigkeit getan; der Mohr kann gehen; *free of interest* nicht verzinslich; *he has lost all interest in it* er hat die Lust daran verloren; *stamp-collecting simply doesn´t interest me* Briefmarkensammeln interessiere mich einfach nicht *(tt; wirt.) to yield a fixed rate of interest* fest verzinslich sein; *what he thinks about it all interests me intensely* war er darüber denkt interessiert mich brennend; *what interests you most?* was interessiert dich am meisten?; ~ **(on capital)** *sub*, *nur Einz.* Kapitalzins; ~ **duty** *sub*, -*es (tt; wirt.)* Zinspflicht; ~ **increase** *sub*, -*s* Zinseshöhung; ~ **on deposits** *sub*,

nur Einz. Habenzinsen; ~ **payable creditors** *sub, nur Einz.* Passivzins; ~ **penny** *sub, -es (ugs.)* Zinsgroschen; ~ **policies** *sub, nur Mehrz. (tt; wirt.)* Zinspolitik; ~ **rate** *sub, -s* Verzinsung, Zinsfuß, Zinssatz; ~ **reduction** *sub, -s* Zinssenkung; ~ **service** *sub, -s* Zinsendienst; ~-**bearing** *adj,* verzinslich; ~-**free** *adj,* unverzinslich
interested, *adj,* interessiert, teilnehmend; ~ **party** *sub, -ies* Interessent; **interesting** *adj,* interessant; **interests on a loan** *sub, nur Mehrz.* Darlehenszins
interface, *vt,* unterfüttern; ~**ing** *sub, -* Unterfutter; **interfacial angle** *sub, -s* Kantenwinkel
interfere, *vt, (phy.)* interferieren; *to interfere in sth* sich in etwas mischen; ~ **in** *vt,* dareinreden, einmischen; ~ **with** *vi,* hineinreden; ~**nce** *sub, -s* Bildstörung, Einmischung, Funkstörung, Interferenz, Störfall; *(Radio-)* Störung; *excuse my butting in* verzeihen sie meine Einmischung; ~**nce-free** *adj, (Radio)* störungsfrei
interferometer, *sub, -s (phy.)* Interferometer
intergalactic, *adj,* intergalaktisch; **interglacial** *adj,* interglazial
interim, **(1)** *adj,* interimistisch **(2)** *pron,* Zwischenzeit **(3)** *sub, -s* Interim
interior, *sub, nur Einz.* Binnenland; -*s* Innere, Interieur; - Landesinnere; ~ **decorator (designer)** *sub, -s (arch.)* Dekorateur; ~ **design** *sub, nur Einz.* Innenarchitektur
interjection, *sub, -s* Ausrufesatz, Interjektion, Zwischenruf
interlude, *sub, -s (i. ü. S.)* Intermezzo; *(mus.)* Einlage, Interludium
interlunation, *sub, -s* Interlunium
intermediary, *sub, -ies* Mittelsmann
intermediate position, *sub, -s* Mittelstellung; **intermediate zone** *sub, -s (Zwischenzone)* Grenzbereich
intermezzo, *sub, -s (mus.)* Intermezzo
intermittent, *adj,* intermittierend
intern, *vt,* internieren; ~**al** *adj,* intern; ~**al (affairs concerning Germany)** *adj,* innerdeutsch; ~**al (matters concerning a firm)** *adj,* innerbetrieblich; ~**al (party matters)** *adj,* innerparteilich; ~**al combusting engine** *sub, -s (tt; tech.)* Verbrennungsmotor; ~**al combustion engine** *sub, -s* Ottomotor; ~**al party** *adj,* parteiintern; ~**al revenue service** *sub, -s (US)* Finanzamt
internalization, *sub, nur Einz.* Verinnerlichung; **internalize** *vt,* internalisieren;

international *adj,* international; **international (football) team** *sub, -s* Nationalelf; **international call** *sub, -s* Auslandsgespräch; **international contest** *sub, -s (spo.)* Länderkampf; **International Criminal Police Organisation** *sub, nur Einz.* Interpol; **international law** *sub, -s* Völkerrecht; **international match** *sub, -es* Länderspiel; **international standing** *sub, nur Einz.* Weltgeltung; **international treaty** *sub, -ies* Staatsvertrag; **internationalism** *sub, nur Einz.* Internationalismus; **internationalize** *vt,* internationalisieren
internee, *sub, -s* Internierte
internet, *sub, -s* Internet
internment, *sub, -s* Internierung
internode, *sub, -s (bot.)* Internodium
internuntio, *sub, -s* Internuntius
interparty, *adj,* interfraktionell
interpellation, *sub, -s* Interpellation; **interpellator** *sub, -s* Interpellant
interplanetary, *adj,* interplanetarisch
interpolate, *vt,* interpolieren
interpret, *vt,* auffassen, interpretieren; *(interpretieren)* auslegen; *misinterpret sth* etwas falsch auffassen; *misinterpret* etwas falsch deuten; ~**ation** *sub, -s* Auslegung, Deutung, Interpretation; *(Deutung)* Auffassung; ~**ation of dreams** *sub, interpretations* Traumdeutung; ~**er** *sub, -s* Dolmetscher, Interpret; ~**er (f.)** *sub, -s* Interpretin; ~**er of dreams** *sub, interpreters* Traumdeuter
interregnum, *sub, -na,-nums* Interregnum
interrelated, *adj, (ugs.)* versippt; ~ **subjects** *sub, -* Themenkreis
interrogate, *vt, (verhören)* ausfragen; **interrogative pronoun** *sub, -s* Interrogativpronomen
interrupt, **(1)** *vi, (Gespräch)* hineinreden **(2)** *vt,* unterbrechen **(3)** *vti, (unterbrechen)* stören; ~**ion** *sub, -s* Interruption, Unterbrechung
intersect, *vr,* überschneiden; ~**ion** *sub, -s* Knotenpunkt, Kreuzung, Schnittpunkt; *(mat.)* Schnittmenge
intersexual, *adj,* intersexuell
intershop, *sub, -s* Intershop
interstellar, *adj,* interstellar
intersubjective, *adj,* intersubjektiv
intertrigo, *sub, nur Einz. (tt; med.)* Wolf
interval, *sub, -s* Intervall, Zwischenakt; *at long intervals (of time)* in großem zeitlichen Abstand
intervene, **(1)** *vi,* einschreiten, interve-

nieren (2) *vt*, einschalten; ~ **in** *vt*, eingreifen; ~**r** *sub*, *-s* Intervenient; **intervention** *sub*, *-s* Intervention; *(polit.)* Eingriff
interview, (1) *sub*, *-s* Interview, Unterredung, Vorgespräch (2) *vt*, interviewen; ~**er** *sub*, *-s* Interviewer
intervision, *sub*, *nur Einz*. Intervision
interweave, *vtr*, verflechten; **interweaving** *sub*, *-s* Verflechtung
intestinal, *adj*, intestinal; ~ **haemorrhage** *sub*, *-s* Darmblutung; ~ **obstruction** *sub*, *-s (med.)* Darmverschluss; **intestine parasite** *sub*, *-s* Darmparasit; **intestines** *sub*, *nur Mehrz*. Darm, Gedärm
in the form of a prism, *sub*, *-s* Prismenform
in the near future, *adv*, demnächst; **in the shape of** *adj*, gestalthaft; **in the shape of a sabre** *adj*, säbelförmig; **in the sick-bay** *adj*, revierkrank; **in the waking state** *sub*, *-s (i. ü. S.)* Wachzustand; **in this case** *adv*, hierbei; **in this country** *adv*, hierzulande; **in this world** (1) *adv*, *(veraltet)* hienieden (2) *sub*, *in these worlds* Diesseits; **in those days** *sub*, *nur Mehrz*. dazumal; *in those days* anno dazumal; **in three voices** *adv*, dreistimmig; **in time** *adj*, fristgerecht; **in top form** *sub*, *-s* Hochform; **in tufts/in handfuls** *adv*, büschelweise
intimacy, *sub*, *-ies* Intimität; **intimate** *adj*, innig, intim, vertraut; *intimate friends* innige Freunde; *intimate that* durchblicken lassen, daß
intimidate, *vt*, einschüchtern; *(ugs.)* verprellen
intirety, *sub*, *-ies* Ganzheit; *in its entirety* in seiner Ganzheit
intnesify, *vt*, forcieren
into, *adv*, *(in)* hinein; *rush headlong into disaster* in sein Verderben hineinrennen; *well into the night* bis in die Nacht hinein
intolerable, *adj*, intolerabel, unausstehlich, untragbar; **intolerance** *sub*, *nur Einz*. Intoleranz; **intolerant** *adj*, intolerant, unduldsam
intonate, *vt*, intonieren; **intonation** *sub*, *-s* Intonation
intoxicated, *adj*, *(geh.)* trunken; **intoxicating** *adj*, berauschend; *have an intoxicating effect* berauschend wirken; **intoxication** *sub*, *-s* Berauschung, Intoxikation, Rausch; *nur Einz. (geh.)* Trunkenheit
intransitive, *adj*, intransitiv; *(gramm.)* nichtzielend
intrauterine, *adj*, intrauterin

in ravenous, *adj*, intravenös; ~ **drip** *sub*, *-s (med.)* Tropfflasche
intrepid, *adj*, kühn; ~**ity** *sub*, *nur Einz*. Kühnheit
intricate, *adj*, *(verwickelt)* umständlich; *that´s rather intricate* das hat seine Tücken; ~ **manoeuvring** *sub*, *-s* Eiertanz
intrigue, (1) *sub*, *-s* Intrige, Kabale, Machination, Ränke, Umtrieb (2) *vti*, intrigieren; ~**r** *sub*, *-s* Intrigant, Ränkeschmied; ~**r (f.)** *sub*, *-s* Intrigantin; ~**s** *sub*, - Umtriebe; **intriguing** *adj*, intrigant
intrinsic, *adj*, wesenseigen
introduce, *vt*, vorstellen; *(Arbeit)* einweisen; *(Massnahmen)* einleiten; *(Neuerung)* einführen; *(Sitte)* einbürgern; *(Vorstellung/Gesetz)* einbringen; *introduce so to so* jemanden mit jemandem bekannt machen; *introduce a bill into parliament* eine Gesetzesvorlage im Parlament einbringen; **introduction** *sub*, *-s* Einführung, Einleitung, Einschiebung, Introduktion, Vorstellung; *(Gesetz)* Einbringung; *in introduction to science* eine Einführung in die Naturwissenschaften; **introductory seminar for students in their first and second year** *sub*, *-s* Proseminar
introspection, *sub*, *-s* Introspektion; **introspective** *adj*, introspektiv
introverted, *adj*, introvertiert
intruder, *sub*, *-s* Eindringling
intuition, *sub*, *-s* Intuition; **intuitive** *adj*, intuitiv
in turn, *adv*, wiederum; ~**s** *adv*, umschichtig; **in two rows** *adj*, doppelreihig; **in vain** *adv*, vergeblich; *(vergeblich)* umsonst; **in verses** *adj*, *(Lied)* strophisch; **in view of** *sub*, - *(im - auf)* Hinblick; **in what way** *adv*, inwiefern; *in what way will this put him at a disadvantage?* inwiefern wird er dadurch benachteiligt?; **in what/which** *adv*, worein, worin; **in which** *adv*, wobei; **in writing** *adv*, schriftlich
invade, *vt*, *(Land)* einfallen; *invade a country* in ein Land einfallen; ~ **into** *vt*, *(mil.)* eindringen; ~**r** *sub*, *-s* Invasor
invalid, (1) *adj*, invalide, ungültig; *(jur.)* kraftlos; *(ungültig)* hinfällig, nichtig (2) *sub*, *-s* Invalide; *to declare sth invalid* etwas für nichtig erklären; ~**ate** *vt*, invalidisieren; ~**ity** *sub*, *nur Einz*. Invalidität; - Ungültigkeit; *-ies (Ungültigk.)* Hinfälligkeit; *nur Einz*.

(Ungültigkeit) Nichtigkeit
invaluable, *adj*, unschätzbar; *(äußerst nützlich)* unbezahlbar
invasion, *sub*, *-s* Invasion; *(Land)* Einfall; *(mil.)* Einmarsch; *(i. ü. S.; unerwartetes Auftauchen)* Überfall
invent, *vt*, erfinden; ~ **stories** *vi*, fabulieren; ~**ion** *sub*, *-s* Erfindung, Invention; *this statement is pure invention* die Behauptung ist aus der Luft gegriffen; ~**ive** *adj*, erfinderisch; ~**or** *sub*, *-s* Erfinder; ~**ory** *sub*, *-ies* Inventar, Inventur
inverse, *adj*, *(mat.)* invers; **inversion** *sub*, *-s* Inversion; *(mat.)* Umkehrung; **invert** *vt*, invertieren
invest, *vt*, investieren; *(Geld)* anlegen; *(wirt.)* einbringen; *invest capital into a company* Kapital in eine Gesellschaft einbringen; *(geben) to invest sb with full power* jmd mit einer Vollmacht versehen
investigate, **(1)** *vt*, untersuchen; *(erforschen)* nachgehen; *(jur.)* ermitteln **(2)** *vti*, recherchieren; ~ **thoroughly** *vt*, *(Problem)* durchleuchten; **investigation** *sub*, *-s* Ermittlung, Recherche, Untersuchung; *(Nachforschung)* Durchleuchtung; *on closer investigation* bei näherer Untersuchung; **investigaton** *sub*, *-s* Nachforschung; *Federal Bureau of Investigation* FBI; **investiture** *sub*, *-s* Investitur; **investive** *adj*, investiv; **investment** *sub*, *-s* Geldanlage, Investierung, Investition, Investment; **investment consultant** *sub*, *- -s* Anlageberater; **investment fund** *sub*, *-s* Investmentfonds; **investor** *sub*, *-s* Investor, Kapitalgeber; *(wirt.)* Anleger
inveterate, *adj*, *(Raucher)* eingefleischt; ~ **liar** *sub*, *-s (veraltet)* Lügenbold
invicious, *adj*, *(i. ü. S.)* ungiftig
invigoration, *sub*, *-s (Kräftigung)* Stärkung
invincible, *adj*, unbesiegbar, unbesieglich; *(Gegner)* unbezwingbar
invisibility, *sub*, *nur Einz.* Unsichtbarkeit
invisible, *adj*, unsichtbar
invitation, *sub*, *-s* Einladung; **invite** *vt*, laden; *(zu)* einladen; *invite sb for a beer* jmd auf ein Bier einladen; *invite sb to dinner* jmd zum Abendessen einladen; *invite so out for dinner* jmd zum (auswärts) Abendessen einladen
invocation, *sub*, *-s (von Geistern)* Beschwörung
invoice, *vt*, *(kaufm.)* fakturieren
involuntary, *adj*, unfreiwillig, unwillkürlich

involve, *vt*, involvieren, verstricken; *(Person)* einbeziehen; *get involved in an argument* sich auf einen Streit einlassen; *without my wife's involvement* ohne das Mitwirken meiner Frau; ~**d** *adj*, verwickelt; ~**ment** *sub*, *-s* Verwicklung; *(Einsatz)* Engagement
inward(s), *adv*, inwärts; **inwardly** *adv*, innerlich; **inwards** *adv*, einwärts
iodine, *sub*, *nur Einz.* Jod; ~ **tincture** *sub*, *-s* Jodtinktur
ion, *sub*, *-s (phy.)* Ion; ~ **accelerator** *sub*, *-s* Ionenantrieb; ~**ization** *sub*, *-s* Ionisierung; *(phy.)* Ionisation; ~**ize** *vt*, ionisieren
ionosphere, *sub*, *nur Einz.* Ionosphäre
iota, *sub*, *-s* Jota
IQ, *sub*, *-s* Intelligenzquotient
Iranian, *adj*, iranisch; ~ **studies** *sub*, *nur Mehrz.* Iranistik
Iraqi, *adj*, irakisch
irascible, *adj*, cholerisch, jähzornig
Ireland, *sub*, Irland
irenic, *adj*, irenisch
iris, *sub*, *-es* Iris, Regenbogenhaut; *(bot.)* Schwertlilie
Irish, *adj*, irisch; ~**man** *sub*, *-men* Ire
iron, **(1)** *adj*, eisen, eisern **(2)** *sub*, *-s* Bügeleisen; *nur Einz.* Eisen; *-s* Plätteisen; *(ugs.)* Schießprügel **(3)** *vt*, aufbügeln, plätten **(4)** *vti*, bügeln; *cast-iron constitution* eiserne Gesundheit, *have many irons in the fire* viele Eisen im Feuer haben; *strike while the iron is hot* man muß das Eisen schmieden, solange es heiss ist; *have an iron will* einen stählernen Willen haben; **Iron Age** *sub*, *-s* Eisenzeit; ~ **bar** *sub*, *-s* Eisenstange; ~ **out** *vt*, ausbügeln; ~-**bearing** *adj*, eisenhaltig; ~-**sheet** *sub*, *-s* Eisenblech; ~**ic(al)** *adj*, ironisch; ~**ical person** *sub*, *-people* Ironiker; ~**ing** *sub*, *nur Einz.* Mangelwäsche; ~**ing-board** *sub*, *-s* Bügelbrett; ~**ing-machine** *sub*, *-s* Bügelautomat; ~**mongery** *sub*, *nur Einz.* Eisenwaren; ~**works** *sub*, *iron foundry* Eisenhütte
irony, *sub*, *-ies* Ironie
Iroquois, *sub*, *-* Irokese
irrational, *adj*, irrational, vernunftwidrig; ~**ism** *sub*, *nur Einz.* Irrationalismus; ~**ity** *sub*, *-ies* Irrationalität
irreality, *sub*, *-ies* Irrealität
irreconcilable, *adj*, unversöhnlich
irredentist, *sub*, *-s* Irredentist
irrefusable, *adj*, unabweislich
irrefutable, *adj*, unwiderlegbar; ~**d** *adj*, unumstößlich
irregular, *adj*, irregulär, ordnungswid-

rig, regellos, ungeregelt, ungleichmäßig, unregelmäßig, zwanglos; ~ity *sub*, -ies Irregularität
irrelevance, *sub*, *nur Einz.* Irrelevanz; *(Bedeutungslosigkeit)* Belanglosigkeit; **irrelevant** *adj*, irrelevant, unbeachtlich, unsachlich; *(unnötig)* gegenstandslos
irreligious, *adj*, irreligiös
irreparable, *adj*, irreparabel
irreplaceable, *adj*, unersetzbar, unersetzlich
irreproachable, *adj*, tadellos
irresistible, *adj*, unwiderstehlich
irresolute, *adj*, unschlüssig
irresponsible, *adj*, unverantwortlich, verantwortungslos; *(verantwortungslos)* gewissenlos
irretrievable, *adj*, unwiederbringlich
irreversible, *adj*, irreversibel
irrevocable, *adj*, unwiderruflich
irrigate, *vt*, berieseln, bewässern, überrieseln; **irrigation** *sub*, -s Berieselung, Bewässerung, Überrieslung
irritability, *sub*, - Gereiztheit
irritable, *adj*, irritabel; **irritate** *vt*, irritieren, verdrießen; **irritated** *adj*, gereizt; **irritating** *adj*, nervig; **irritation** *sub*, -s Irritation
is broken, *vti*, *(geht nicht)* gehen; *the dishwasher is broken* die Spülmaschine geht nicht
Isegrim, *sub*, - Isegrim
Islam, *sub*, *nur Einz.* Islam; ~ic *adj*, islamisch, islamitisch; **islamize** *vt*, islamisieren
island, *sub*, -s Insel; ~ **in the Baltic (Sea)** *sub*, **islands** Ostseeinsel; ~er *sub*, -s Insulaner; **isle** *sub*, -s Eiland; **islet** *sub*, -s *(geogr.)* Holm
ism, *sub*, -s *(phil.)* Ismus
isobar, *sub*, -s *(meteor.)* Isobare
isochromat, *sub*, -s Isochromasie; ~ic *adj*, isochromatisch
isogonic, *adj*, *(mat.)* isogonal
isolate, *vt*, internieren, isolieren; ~ o.s. (1) *vr*, *(i. ü. S.)* absondern (2) *vt*, isolieren; ~d *adj*, isoliert; *(abgelegen)* einsam; **isolation** *sub*, *nur Einz.* Isolation, Isoliertheit; -s Vereinsamung, Vereinzelung; *nur Einz. (abgeschieden)* Einöde; **isolation ward** *sub*, -s *(med.)* Isolierstation; **isolationist** *sub*, -s Isolationist
isometric(al), *adj*, isometrisch; **isometry** *sub*, -ies *(mat.)* Isometrie
isomorphic, *adj*, *(biol.)* isomorph; **isomorphism** *sub*, -s Isomorphie
isostacy, *sub*, *nur Einz. (geol.)* Isostasie
isotherm, *sub*, -s *(tt)* Isotherme
isotope, *sub*, -s *(tt; chem. phys.)* Isotop

isotron, *sub*, -s *(nucl.)* Isotron
Israeli, *sub*, -s Israeli; ~te *adj*, israelitisch
issue, (1) *sub*, -s Streitfrage, Streitpunkt; *(Angelegenheit)* Frage; *(einer Zeitschrift)* Ausgabe; *(Streitfrage)* Gegenstand; *(von Dokumenten)* Ausstellung; *(wirt.)* Emission (2) *vt*, ausfertigen; *(wirt.)* emittieren; *controversial issue* heißes Thema; *decide the issue* den Ausschlag geben; *tackle a hot issue* ein heisses Eisen anfassen; *without issue* ohne Nachkommen; ~s *sub*, *nur Mehrz.* Belang; *public issues* öffentliche Belange; **issuing** *sub*, *nur Einz.* Ausfertigung; **issuing counter** *sub*, -s Ausleihe; **issuing/distribution of goods** *sub*, -s *(i. ü. S.)* Warenausgabe
isthmus, *sub*, -es Isthmus, Landenge
ist **s considered proper**, *vr*, *(sich)* geziemen
it, *pron*, es; *I can do it* ich kann es; *is it you* bist du es; *it´s raining* es regnet; *it me* ich bin es; *nobody will admit to it* keiner will es gewesen sein; *out with it!* heraus mit der Sprache!; ~ *(acc.)* *pron*, ihn; ~ **(dat. fem.)** *pron*, ihr; ~ **(dat.)** *pron*, ihm; ~ **doesn´t matter** *adj*, *(egal)* gleich; *it doesn´t matter when and where* es ist ganz gleich wann und wo; ~ **is a matter of** *vr* *(sich um -)* handeln; ~ **is all the same to me** *adj*, *(egal)* gleich; ~ **is perfectly plain** *vt*, *(daran)* herumdeuteln; ~ **was a long time ago** *vi*, *(i. ü. S.)* zurückliegen
Italian, (1) *adj*, italienisch (2) *sub*, -s Italiener, Italienerin; ~ **(language)** *sub*, *nur Einz.* Italienische; ~-made *adj*, italienisch; **Italian Western** *sub*, -s Italowestern
italic, *adj*, kursiv; *in italics* schräg gedruckt; ~ized print *sub*, *nur Einz.* Kursivdruck
itch, (1) *sub*, -es Juckreiz (2) *vi*, jucken; ~ing powder *sub*, -s Juckpulver
item, *sub*, -s *(Tagesordnungspunkt)* Gegenstand; *(Ware)* Artikel; *(Zeitungs~)* Notiz; ~ **of classified information** *sub*, -s Verschlusssache
itemize, *vt*, vorhaben
iteration, *sub*, -s *(mat.)* Iteration; **iterative** *adj*, iterativ
itinerant singing, *sub*, *nur Einz.* Bänkelsang
its, *pron*, sein
ivory, (1) *adj*, elfenbeinern (2) *sub*, *nur Einz.* Elfenbein; -ies *(Elefant)* Stoßzahn; ~ **tower** *sub*, -s Elfenbeinturm

J

jacaranda, *sub,* *-s* Palisander
jack, *sub,* *-s* Bube, Wagenheber; *Jack in the Box* Kinderspiel; *the bad boy* der böse Bube; ~ **of all rades** *sub,* - Hansdampf; ~ **of all trades** *sub,* *-s* - Allerweltskerl; *Jacks* Tausendsasa; *(Alleskönner)* Tausendkünstler; ~ **plane** *sub,* *-s* Schrupphobel; ~ **up** *vt,* aufbocken; *(Auto hoch-)* hebeln
jackal, *sub,* *-s* Schakal
jackdaw, *sub,* *-s* Dohle
jacket, *sub,* *-s* Jacke, Jackett, Ummantelung; ~ **crown** *sub,* *-s (med.)* Jakketkrone; ~ **pocket** *sub,* *-s* Jackentasche
jackpot, *sub,* *-s* Haupttreffer, Jackpot; *to hit the jackpot* das große Los ziehen
Jacobin, *sub,* *-s* Jakobiner; ~**ic(al)** *adj,* jakobinisch; ~**ism** *sub, nur Einz.* Jakobinertum
Jacob´s ladder, *sub,* *-s (bot.)* Jakobsleiter
Jacquard, *sub,* *-s* Jacquard; ~ **material** *sub,* *-s* Jacquard
jade, *sub,* *-s* Jade
jagged, *adj,* gezackt, schartig, zackig; ~ **line** *sub,* *-s* Zackenlinie
jaguar, *sub,* *-s (zool.)* Jaguar
jail, *sub,* *-s* Gefängnis; ~**er** *sub,* *-s (ugs.)* Schließerin
jam, (1) *sub,* *-s* Konfitüre, Marmelade, Verstopfung **(2)** *vt,* klemmen; *be jammy* Dusel haben
Jamaican, (1) *adj,* jamaikanisch **(2)** *sub,* *-s* Jamaikaner(in)
jamb, *sub,* *-s (Tür~, Fenster~)* Pfosten
jamming, *sub,* *-s (durch Störsender)* Funkstörung
janitor, *sub,* *-s* Pedell; *(US)* Hausbesorger, Hausmeister
January, *sub,* *-ies* Januar; - *(ugs.)* Schneemonat, Schneemond
Janus-face, *sub,* *-s* Janusgesicht; ~**d** *adj,* janusköpfig
jap, *sub,* *-s (vulg.)* Japser; **Japan** *sub,* Japan; **Japan expert** *sub,* *-s* Japanologin; **Japanese (1)** *adj,* japanisch **(2)** *sub,* *men* Japaner; **Japanology** *sub, nur Einz.* Japanologie
jardinière, *sub,* *-s* Jardiniere
jargon, *sub,* *-s* Jargon
jasmine, *sub,* *-s* Jasmin
jasper, *sub,* *-s* Jaspis
jaundiced, *adj,* gelbsüchtig
javelin, *sub,* *-s (spo.)* Speer; ~ **thrower** *sub,* *-s* Speerwerfer
jaw, *sub,* *-s* Kiefer; *her jaw just dropped* ihr verschlug es den Atem; *my jaw dropped* da blieb mir die Spucke weg; ~**-bone** *sub,* *-s* Kinnlade; ~**bone** *sub,* *-s* Kieferknochen; ~**s** *sub, nur Mehrz.* *(Tiere)* Maul; *the jaws of death* die Klauen des Todes; *with its prey between its jaws* mit der Beute im Maul
jay, *sub,* *-s* Eichelhäher, Häher
jealous, *adj,* eifersüchtig, neidisch; *to make sb jealous* jmds Neid erregen; *to be jealous of sb* jmdn neidisch sein; ~**y** *sub,* - Futterneid; *nur Einz.* Neid; *out of jealousy* aus Neid; ~**y (of)** *sub,* *-ies* Eifersucht
jeans, *sub, nur Mehrz.* Jeans
jeep, *sub,* *-s* Jeep
Jehova, *sub,* - Zebaoth
jelly, *sub,* *-ies* Gallert, Gelee; - *(ugs.)* Wackelpeter; *-ies (gastr.)* Götterspeise; *my knees turned to jelly* die Knie wurden mir weich, *(ugs.)* der Schreck fuhr mir in die Glieder; *(ugs.) to have knees like jelly* Knie weich wie Wachs haben; ~ **baby** *sub,* *-ies* Gummibärchen; ~**-like** *adj,* gallertartig; ~**fish** *sub,* *-es* Qualle
jerboa, *sub,* *-s* Springmaus
jerk, (1) *sub,* *-s* Ruck; *(ugs.)* Fatzke **(2)** *vi,* rücken; *(vulg.)* wichsen; ~**ily** *adv, (bewegen)* eckig
jerkin, *sub,* *-s* Wams
jerky, *adj,* ruckartig
jerry can, *sub,* - *-s* Benzinkanister
jersey, *sub,* *-s* Trikot
jest, *vi,* spaßen; ~**er** *sub,* *-s (Hof~)* Narr
Jesuit, *sub,* *-s* Jesuit; ~**ism** *sub, nur Einz.* Jesuitentum
jet, (1) *sub,* *-s* Düsenmaschine, Jet; *(Einspritz-)* Düse; *(Wasser-)* Strahl **(2)** *vti,* jetten; ~ **aeroplane** *sub,* *-s* Düsenflugzeug; ~ **black** *adj,* kohlrabenschwarz; ~ **engine** *sub,* *-s* Strahltriebwerk; ~ **fighter** *sub,* *-s* Düsenjäger; ~ **lag** *sub,* *-s* Jetlag; ~ **of water** *sub,* *-s* Wasserstrahl; *(Strahl)* Guss; ~ **propulsion** *sub,* *-s* Düsenantrieb; ~ **set** *sub, nur Einz.* Jetset; ~ **stream** *sub,* *-s (meteor.)* Jetstream; ~**sam** *sub,* *-s (angespültes)* Strandgut
Jew, *sub,* *-s* Jude; ~´**s harp** *sub,* *-s* Maultrommel
jewel, *sub,* *-s* Juwel; ~**led** *adj,* schmückend; ~**ler** *sub,* *-s* Juwelier; ~**lery** *sub,* *-ies* Geschmeide; *nur Einz.* Schmuck, Schmuckwaren; *(ugs.)* Klunker; ~**ry** *sub,* *-ies (US)* Geschmeide
jib, *sub,* *-s* Klüver

jigsaw, *sub*, *-s* Puzzle; **~ puzzle** *sub*, *-s* Puzzlespiel

jingle, *sub*, *-s* Jingle

jitters, *sub*, *nur Mehrz.* Flattermann; **jittery** *adj*, *(ugs.)* kribbelig

job, *sub*, *-s* Auftrag, Beruf, Fach, Job, Metier, Tätigkeit; *(Arbeitsauftrag)* Aufgabe; *(Arbeitsstelle)* Arbeitsplatz; *(Beruf)* Arbeit; *know o´s job* sein Fach verstehen; *have a job* berufstätig sein; *look for a job* eine Arbeit suchen; *(ugs.)* *make a bad job of sth* sich dumm anstellen; *pull a job* ein Ding drehen; *to be away on a job* auf Montage sein; *(ugs.)* *to do the job properly* Nägel mit Köpfen machen; *to be good at one´s job* sich auf sein Metier verstehen; *job security* Sicherheit von Arbeitsplätzen; *job vacancies* freie Arbeitsplätze; *have a job* Arbeit haben; **~ market** *sub*, *-s* Stellenmarkt; **~ of one´s dreams** *sub*, *jobs* Traumjob; **~ offer** *sub*, *-s* Stellenangebot; **~ sharing** *sub*, *nur Einz.* Jobsharing; **~ title** *sub*, *- -s* Berufsbezeichnung; **~-hunting** *adj*, arbeitssuchend

jockey, *sub*, *-s* Jockey

jocular, *adj*, scherzhaft

jog, (1) *vi*, joggen (2) *vt*, stupfen, stupsen; **~ger** *sub*, *-s* Jogger; **~ging** *sub*, *nur Einz.* Jogging

join, (1) *sub*, *-s (tech.)* Naht (2) *vi*, *(Club)* eintreten (3) *vt*, beigesellen, beitreten; *(angrenzen)* anschließen; *(sich angliedern)* angliedern; *(teilnehmen)* mitmachen; *at the point where the B300 joins the A9* an der Mündung der B300 auf die A9; *(Tod)* *he has gone to join his wife* er ist seiner Gattin nachgefolgt; *join in the laughter* in das Gelächter einstimmen; *join so* sich jemandem beigesellen; *may I join you?* darf ich mich zu Ihnen setzen?; *to have joined forces* liiert sein; *(ugs.)* *to have to join up* zum Militär müssen; *to join in* mit von der Partie sein; *you can let your family join you later* Sie können Ihre Familie nachkommen lassen, *he always joins in* er macht alles mit; **~ an alliance** *vi*, *(polit.)* liieren; **~ forces** *vi*, liieren; **~ in** *vi*, mitreden, mitsprechen; *(mus.)* einstimmen; **~ so** *vr*, gesellen; **~ sth.** *vt*, einreihen; *join sth* sich in etwas einreihen; **~ together** *vr*, vereinen; **~er** *sub*, *-s* Tischler; **~ing** *sub*, *-s* Beitritt; *- Kopplung; *-s (Verein)* Eintritt; *on his joining the club* bei seinem Eintritt in den Club

joint, (1) *adj*, *(jur.)* korrespektiv (2) *sub*, *-s* Gelenk, Joint; *(tech.)* Fuge; *(i. ü. S.)* *be thrown out of joint* aus den Fugen

geraten; **~ heirs** *sub*, *nur Mehrz.* Erbengemeinschaft; **~ of meat including ribs** *sub*, *-s* Rippenstück; **~ plaintiff** *sub*, *-s* Mitklägerin; *(jur.)* Nebenkläger; **~ use** *sub*, *nur Einz.* Mitbenutzung; **~-stock company** *sub*, *- -es* Aktiengesellschaft; *-ies* Kapitalgesellschaft; **~ed doll** *sub*, *-s* Gliederpuppe

joke, (1) *sub*, *-s* Jux, Scherz, Späßchen, Witz; *(Scherz)* Spaß, Ulk (2) *vi*, kalauern, scherzen, spaßen, witzeln; *do something as a joke* etwas aus Ulk tun; *he can´t take a joke* er versteht keinen Spaß; *he is not to be joked with* er lässt nicht mit sich spaßen; *he´s joking* er beliebt zu scherzen; *is this some kind of practical joke?* das ist doch wohl ein Aprilscherz; *(i. ü. S.)* *it´s no joke* das ist schon nicht mehr feierlich; *play jokes on someone* seinen Ulk mit jemandem treiben; *that is no joking matter* damit ist nicht zu spaßen; *you must be joking!* sie spaßen wohl!; **~ figur** *sub*, *-s* Spottgeburt; **~ with somebody** *vi*, flachsen; **~r** *sub*, *-s* Eulenspiegel, Joker, Schalk, Spaßvogel; **joking** *adj*, scherzweise; *joking apart!* Spaß beiseite!

jolly, *adj*, fidel; *(munter)* lustig; *jolly fellow* Bruder Lustig

Jordanian, *sub*, *-s* Jordanier(in)

Josephine, *adj*, *(hist.)* Josephinisch

jostle (against), *vt*, anrempeln

jotter, *sub*, *-s* Schmierheft

journal, *sub*, *-s* Journal; *(wirt.)* Tagebuch; **~ism** *sub*, *nur Einz.* Journalismus, Journalistik, Publizistik; **~ist** *sub*, *-s* Journalist, Journalistin, Publizist, Publizistin; **~istic** *adj*, journalistisch

journey, *sub*, *-s* Anreise, Reise; *(Reise)* Fahrt; *set out on a journey* eine Reise antreten, sich auf eine Reise begeben; *journey through life* durchs Leben wandern; *on the journey* auf der Fahrt; **~ here** *sub*, *-s* Herfahrt; **~ there** *sub*, *-s* Hinfahrt; **~ through** *sub*, *-s* Durchreise; **~man** *sub*, *-men (Handwerker)* Geselle

jovial, *adj*, jovial

joy, *sub*, *nur Einz.* Entzückung; *-s* Freude, Freudigkeit, Wonne; *pure joy* eitel Freude; *there´s no joy without sorrow* wo Licht ist, ist auch Schatten; *for joy* vor Freude in die Luft springen; *it was a real joy* es war eine Freude; *joy and sorrow* Freud und Leid; *weep for joy* vor Freude weinen; **~ful** *adj*, freudenreich, freudig;

~less *adj*, freude(n)los, freudlos; **~s of fatherhood** *sub*, *nur Mehrz.* Vaterfreuden; **~stick** *sub, -s (comp.)* Joystick **jubilee**, *sub, -s* Jubiläum **Judaism**, *sub, nur Einz.* Judaismus; **Judaist studies** *sub,* - Judaistik; **Judas** *sub, -es* Judas; **Judas kiss** *sub, -es* Judaskuss

judge, **(1)** *sub, -s* Preisrichter, Punktrichter, Richter **(2)** *vi*, richten, urteilen **(3)** *vt, (Person)* einschätzen; *(Situation, Verhalten)* beurteilen; *(ugs.; Urteil)* fällen **(4)** *vti*, judizieren, werten; *appoint os as a judge* sich zum Richter aufwerfen; *to judge others by one´s own standards* von sich auf andere schließen, *be a good judge of sth* etwas gut beurteilen können; *misjudge sth* etwas falsch beurteilen; **~ in a regional court** *sub*, Landrichter; **~able** *adj, (Person)* einschätzbar; **~ment** *sub, -s* Gutdünken, Urteil, Urteilsspruch; *(einer Situation, von Verhalten)* Beurteilung; *(Richter-)* Spruch; **judging** *sub, -s* Einschätzung

judicative, *sub, -s* Judikative; **judicature** *sub, -s* Judikatur; **judicial** *adj*, gerichtlich, richterlich; **judicial hearing** *sub, -s* Gerichtsverhandlung; **judiciary** *sub, nur Einz.* Justiz

judo, *sub, nur Einz. (spo.)* Judo **judoka**, *sub, -s* Judoka **jug**, *sub, -s* Kanne, Krug; **~ger** *sub, -s* Taschenspieler

juggle, *vti*, jonglieren; **~r** *sub, -s* Jongleur

juice, *sub, -s* Juice, Saft; *(ugs.; Benzin)* Sprit; **~r** *sub, -s* Fruchtpresse; **~s** *sub, nur Mehrz. (Kochk.)* Fond; **juicy** *adj*, saftig

juke box, *sub, -es* Jukebox **jukebox**, *sub, -es* Musicbox, Musikautomat, Musikbox

July, *sub, -s* Juli **Jumbo (jet)**, *sub, -s* Jumbojet **jump**, **(1)** *sub, -s* Absprung, Sprung **(2)** *vi*, springen **(3)** *vt, (spo.)* überspringen **(4)** *vti*, jumpen; *jump around from one subject to another* von einem Thema zum anderen springen; *get ready to jump* zum Sprung ansetzen; *jump off the plane* vom Flugzeug abspringen; *jump the gun* einen Fehlstart verursachen; *take a running jump* rutsch mir den Buckel runter; *to jump to it* aufs Wort parieren; **~ at** *vi*, anspringen; *(ugs.)* zugreifen; **~ hill** *sub, -s* Sprunghügel; **~ leads** *sub, nur Mehrz.* Starthilfekabel; **~ like a dolphin** *vi*, Delfinsprung; **~ off** *vi*, abspringen; **~**

out *vi*, vorspringen; **~ over** *vi*, hinwegsetzen; **~ up** *vi, (hochspringen)* aufspringen; *(Person)* auffahren; **~ up (from a chair)** *vi*, hochspringen **jumper**, *sub, -s* Pullover, Springpferd, Sprungpferd; **~ cable** *sub, -s (US)* Starthilfekabel; **jumping facilities** *sub, nur Mehrz.* Sprunganlage; **jumping jack** *sub, -s* Hampelmann, Knallfrosch; **jumping sheet** *sub, -s* Sprungtuch; **jumpy** *adj, (ugs.)* rappelig

June, *sub, -s* Juni **jungle**, *sub, -s* Dschungel; - Urwald; *the law of the jungle* das Recht des Stärkeren; **~ area** *sub, -s* Urwaldgebiet; **~ of regulations** *sub, nur Einz.* Paragrafendschungel; **~ of traffic signs** *sub, -s* Schilderwald

junior departemental manager, *sub, -s* Disponent; **junior executive** *sub, -s* Juniorchef; **junior high** *sub, -s (US)* Mittelstufe

juniper, *sub, nur Einz. (tt; bot.)* Wacholder; **~ (tree)** *sub, -s* Machandel **junk**, *sub, -s* Dschunke; - Gerümpel; *nur Einz.* Kram, Krempel, Plunder, Tinnef, Trödel; *(ugs.)* Ramsch, Schamott, Zimt; *(ugs.) the flat is crammed with old junk* die Wohnung ist vollgestopft mit altem Kram; **~ dealer** *sub, - -s* Altwarenhändler; **~ room** *sub, (ugs.)* Rumpelkammer; **~ shop** *sub, -s* Ramschladen; **~-dealer** *sub, -s (Händler)* Trödler; **~ie** *sub, -s* Fixer, Junkie

junta, *sub, -s (polit.)* Junta **juridicial district**, *sub, -s* Gerichtsbezirk; **jurisdication** *sub, -s* Gerichtsbarkeit; **jurisdiction** *sub, -s* Jurisdiktion, Rechtsprechung; *nur Einz. (tt; jur.)* Zuständigkeit; **jurisprudence** *sub, nur Einz.* Jurisprudenz; **~s** Rechtslehre, Rechtswissenschaft; **juror** *sub, -s* Schöffe

jurt, *sub, -s* Jurte **jury**, *sub, -ies* Jury, Preisgericht; **~ bench** *sub, -es* Schöffenbank **just**, **(1)** *adj*, gerecht **(2)** *adv*, eben, gerade, just, schon, soeben; *(einschr., verstärk., Negation, Auffford.)* nur; *(einschränkend)* noch; *(zeitl.)* erst; *did you just say sth* hast du eben was gesagt; *it´s just no good* es taugt eben nichts; *only just been erst; that´s just what I think* eben das meine ich auch; *he´s just out now* er ist gerade unterwegs; *I was just reading* ich war gerade beim Lesen; *just in that moment* gerade in dem Augenblick; *I just don´t like him!* er passt mir einfach nicht!; *just ask him* frag ihn doch; *just don´t tell your wife!* sagen Sie das nur nicht ihrer Frau!; *just for that* nun erst recht; *just for this purpose* eigens aus diesem Grunde; *just go!* geh nur!; *I was just talking* ich hab das nur so gesagt; *I´ve eaten just a piece of bread* ich habe nur ein Stück Brot gegessen; *it´s just a pity that* nur schade, dass; *only just good enough* gerade noch gut genug; *just now* eben erst; ~ **a housewife** *sub, -wives (- am Herd)* Heimchen; ~ **as** *adv, (mit Adj)* ebenso; *just as good as* ebenso gut wie; ~ **as little** *adj, (wenig)* genauso; ~ **as long** *adj, (lang)* genauso; ~ **as much (1)** *adj, (gern)* genauso **(2)** *adv, (mit Verben)* ebenso sehr; *he loves her just as much as* er liebt sie ebenso sehr wie; ~ **as much/many** *adv,* ebenso viel; ~ **as often** *adj, (oft)* genauso; ~ **as well** *adv,* ebenso gut, geradeso gut; *he does it just as well as his brother* er macht es ebenso gut wie sein Bruder; ~ **for the fun of it** *sub, (bayr.,österr.)* Gaudi; ~ **like** *adj, (wie)* genauso; ~ **like that** *adj,* glattweg; ~**now** *adv,* vorhin; ~ **the same** *pron,*

ebensolche; ~/**of all** *adv,* ausgerechnet; *just when they are gone* ausgerechnet wenn sie weg sind; *me of all people* ausgerechnet ich; *today of all days* ausgerechnet heute

justice, *sub, -* Gerechtigkeit; *nur Einz.* Justitia; ~ **of the peace** *sub, -s (US)* Friedensrichter

justifiable, *adj,* vertretbar; **justification** *sub, -s* Justifikation, Rechtfertigung; *(Rechtfertigung)* Begründung; **justified** *adj,* begründet; *be unjustified* nicht begründet sein; **justify** *vt,* justifizieren, rechtfertigen; *(rechtfertigen)* motivieren; **justify sth** *vr,* verantworten

jut, *vi,* ragen; ~ **out** *vi,* herausragen, hervorragen, überstehen, vorstehen; *(arch.)* ausladen

Jutlandic, *adj,* jütländisch

Juvenalian, *adj,* juvenalisch

juvenile, *adj,* juvenil; ~ **delinquency** *sub, nur Einz.* Jugendkriminalität

juxtaposition, *sub, -s* Juxtaposition; *nur Einz.* Nebeneinander

K

Kaaba, *sub, nur Einz.* Kaaba
kainite, *sub, -s* Kainit
kala azar, *sub, nur Einz. (med.)* Kala-Azar
kale, *sub, -s* Grünkohl
kaleidoscope, *sub, -s* Kaleidoskop
Kamikaze, *sub, nur Einz.* Kamikaze
Kanaka, *sub, -s* Kanake
kangaroo, *sub, -s (zool.)* Känguru; ~ **court** *sub, -s (Geheimgericht)* Feme
Kaposi´s sarcoma, *sub, -ta (med.)* Kaposisarkom
kappa, *sub, -s* Kappa
Karakalpak, *sub, -s (Anthrop.)* Karakalpake
karakul, *sub, -s* Karakulschaf
karate belt, *sub, -s* Dan; **karate expert** *sub, -s (spo.)* Karateka
karst development, *sub, -s* Verkarstung
Kashubian, *adj,* kaschubisch
katabolism, *sub, nur Einz.* Katabolismus
kauri (pine), *sub, -s (bot.)* Kopalfichte
Kawi, *sub, nur Einz.* Kawisprache
kayak, *sub, -s* Kajak; ~ **pair** *sub, -s (spo.)* Kajakzweier
kebab, *sub, -s* Kebab, Schaschlik
keel, *sub, -s* Kiel; *to put one´s finances back on an even keel* seine Finanzen wieder ins Lot bringen
ke(e)lson, *sub, -s* Kielschwein
keen insight, *sub, nur Einz.* Scharfblick; **keen on running** *adj,* lauffreudig; **keen on sport** *adj,* sportbegeistert; **keen on titles** *adj,* titelsüchtig; **keen on travel(ling)** *adj,* reiselustig; **keen perception** *sub, nur Einz.* Scharfsinn; **keenness** *sub, nur Einz.* Beflissenheit; - Versessenheit
keep, **(1)** *vi,* halten **(2)** *vr,* halten **(3)** *vt,* halten, verwahren; *(aufbewahren)* aufheben; *(Bücher)* führen; *(Gegenstand etc.)* behalten; *(Person)* aushalten; *(unterhalten)* ernähren; *(Verabredung/Limit)* einhalten; *keep right/left* rechts/links halten; *keep up one´s good health* sich bei guter Gesundheit halten; *keep warm* sich warm halten; *keep well* sich gut halten, *keep time* den Takt halten; *keep to a diet* Diät halten; *keep a secret to os* ein Geheimnis für sich behalten; *keep cool* die Nerven behalten; *keep in view* etwas im Auge behalten; *keep a family* eine Familie ernähren; *keep at it* bleib dran, *(i. ü. S.)* am Ball bleiben; *(Maschinen) keep going* in Gang halten; *keep one´s word* sein Wort einlösen; *keep so alive* jmd

am Leben erhalten; *keep sth to oneself* hinterm Busch halten mit; *(spo.) keep the ball on the ground* flach spielen; *keep the change!* stimmt so!; *keep to one´s resolution* seinem Vorsatz treu bleiben; *keep your advice!* spar dir deine Ratschläge!; *keep your shirt/hair on!* nun mach dich bloß nicht nass!; *not so fast, I can´t keep up!* nicht so schnell, ich kann nicht mehr mitschreiben!; *that keeps you young* das erhält einen jung; *(ugs.) to keep away* sich rar machen; *(ugs.) to keep sb in suspense* jmd zappeln lassen; *keep a promise* ein Versprechen einhalten; *keep going in the same direction* die Richtung einhalten; *keep one´s distance* Abstand halten; *keep the distance* den Abstand einhalten; ~ **a car in a garage** *sub,* Garagenwagen; ~ **a close watch** *vt, (ugs.)* Schießhund; ~ **a look-out** *sub, nur Einz.* Wachestehen; ~ **an eye on** *vt, (beobachten)* überwachen; ~ **apart** *vt, (getrennt halten)* auseinander halten; ~ **at a moderate temperature** *vt,* temperieren; ~ **at hand** *vi,* bereithalten; ~ **away** *vi,* davonbleiben; ~ **back** *vt,* zurückbehalten; ~ **bees** *vt,* imkern; ~ **busy** *vt, (Person)* beanspruchen; ~ **clear** *vt, (Straße)* freihalten; ~ **fit** *vr, (spo.)* trimmen; ~ **free from** *vt, (von)* freihalten
keeper, *sub, -s* Tiergärtner, Tierpfleger, Wärter; *(ugs.)* Verwahrerin; **keeping** *sub, nur Einz.* Einhaltung; -s Verwahrung; *(Tiere)* Haltung; **keeping clean** *sub, nur Einz.* Reinhaltung; **keepsake** *sub, -s (Gegenstand)* Andenken
keep house, *vi, (ugs.)* wirtschaften; ~ **for** *vt,* Haus halten; **keep off** *vt, (abbringen)* abhalten; *keep so from doing sth* jemanden davon abhalten etwas zu tun; **keep on (1)** *vi, (ugs.)* zureden **(2)** *vt,* anbehalten, aufbehalten; *(anbehalten)* anlassen; *keep one´s hat on* seinen Hut aufbehalten; **keep on driving** *vt,* weiterfahren; **keep one´s mouth shut** *vt,* dichthalten; *he cannot keep his mouth shut* er kann nicht dichthalten; **keep oneself free for** *vr, (sich .... für)* freihalten; **keep open** *vt,* offen halten; *(Angebot Stelle)* freihalten; *to keep a job open for sb* eine Stelle für jmdn offenhalten; **keep oscillating** *vi, (phy.)* einschwingen; **keep out of sth** *vr,* heraushalten;

keep so hanging *vt, (i. ü. S.; warten lassen)* hinhalten; **keep so out of sth** *vt,* heraushalten; **keep so short** *vt,* knapp halten
keep sth over, *vt,* überbehalten; **keep safe** *vt, (Platz)* freihalten; **keep secret** *vt,* verheimlichen; **keep sth shut** *vt,* zuhalten; **keep still** *vi,* stillhalten; **keep talking to** *vt, (auf jmd.)* einreden; **keep up (1)** *vi, (mithalten)* mitkommen; *(Schritt halten)* nachkommen **(2)** *vt, (Brauch)* beibehalten; *I can't keep up* ich komme nicht mehr nach; **keep watch** *vi,* wachen; **keep-fit program(me)** *sub, -s* Trimmaktion
kefir, *sub, nur Einz.* Kefir
Kellogg Pact, *sub, nur Einz.* Kelloggpakt
Kelvin, *sub, nur Einz. (phy.)* Kelvin
kemp fibre, *sub, -s (textil)* Stichelhaar
kendo, *sub, nur Einz. (spo.)* Kendo
kennel, *sub, -s* Hundehütte, Kennel; *(-s)* Zwinger
keratin, *sub, (chem.)* Keratin
kerb, *sub, -s* Bordstein; *edge of the kerb* Bordsteinkante
kermis, *sub, -es* Kirchweih; **~ cake** *sub, -s* Kirmeskuchen
kernel, *sub, -s* Obstkern
kerosene, *sub, -s* Kerosin; *nur Einz.* Petroleum
ketch, *sub, -es* Ketsch
ketchup, *sub,* Ketschup
kettle, *sub, -s* Kessel, Wasserkessel; **~drum** *sub, -s* Kesselpauke, Pauke
key, *sub, -s* Schlüssel, Taste; *(mus.)* Tonart; *press a key* eine Taste drücken; **~ bugle** *sub, -s* Klappenhorn; **~ industry** *sub, -ies* Schlüsselindustrie; **~ money** *sub, nur Einz. (Wohnung)* Ablöse; **~ player** *sub, -s (spo.)* Spielmacher; **~ pressure** *sub, nur Einz.* Tastendruck; **~ reaction** *sub, -s* Schlüsselreiz; **~ word** *sub, -s* Stichwort; **~-signature** *sub, -s (tt; mus.)* Vorzeichen; **~board** *sub, -s* Klaviatur, Tastatur; *(mus.)* Keyboard; *(i. ü. S.) hammer away at the keyboard* auf die Tasten hauen; **~note** *sub, -s* Tonika; **~way** *sub, -s (Keil~)* Nute; **~word** *sub, -s* Schlüsselwort
khaki uniform, *sub, -s* Kakiuniform
kibbutz, *sub, -im* Kibbuz; **~ member** *sub, -s* Kibbuznik
kick, (1) *sub, -s* Fußtritt, Kick; *(Fuß-)* Tritt **(2)** *vi,* strampeln **(3)** *vt,* bolzen, kicken, treten; *(ugs.) a kick in the backside* ein Tritt in den Hintern; *give someone a kick* jemandem einen Tritt geben, *I could kick myself for doing it* ich könnte mich selbst ohrfeigen, dass ich das gemacht habe; *kick the ball*

about bolzen; *get kicked in the leg* gegen das Bein getreten werden; *take a kick at someone* nach jemandem treten; **~ against** *vi,* aufmucken; *(rebellieren)* aufmotzen; **~ in** *vt, (Ball)* einschießen; **~ off** *vi, (spo.)* anstoßen; **~ open** *vi, (aufstoßen)* auftreten; **~ out (1)** *vi, (Pferd)* ausschlagen **(2)** *vt, (Fußball)* abschlagen; **~ the bucket (1)** *vi, (ugs.)* krepieren **(2)** *vt, (vulg.; sterben)* abkratzen; **~ up** *vr,* spreizen; **~-off** *sub, -s (spo.)* Anstoß; *(tt; spo.)* Wiederanstoß; **~-starter** *sub, -s* Kickstarter; **~ing everything above** *sub, - (i. ü. S.)* Geholze
kid, *sub, -s* Göre, Kitz; **~nap** *vt,* entführen, kidnappen; **~napper** *sub, -s* Kidnapper; **~napping** *sub, -s* Entführung, Kidnapping, Menschenraub
kidney, *sub, -s* Niere; *kidney-machine* künstliche Niere; **~ stone** *sub, -s* Nephrit, Nierenstein; **~ stones** *sub, nur Mehrz. (Nieren-)* Steinleiden; **~-shaped** *adj,* nierenförmig; **~-shaped table** *sub, -s* Nierentisch
kilim, *sub, -s* Kelim
kill, (1) *vt,* abtöten, erschlagen, morden, töten, umbringen **(2)** *vti,* totschlagen; *be killed in an accident* tödlich verunglücken; *be struck dead by lightning* vom Blitz erschlagen werden; *(i. ü. S.; ironisch) it won't kill you* du wirst es schon überleben; *(i. ü. S.) it won't kill you!* daran wirst du nicht sterben!; *it's not going to kill you* du wirst dir schon kein Bein aufreißen; *(ugs.) my father will kill me* mein Vater wird mich auffressen; *that could kill off relations* das ist Gift für die Beziehung; *(i. ü. S.) the heat is killing me* ich komme um vor Hitze!; *to get ready for the kill* die Messer wetzen; *senseless killing* das sinnlose Morden; *(ugs.) if looks could kill* wenn Blicke töten könnten; **~ oneself laughing** *vr,* kranklachen; *(ugs.)* schieflachen; **~-joy** *sub, -s* Miesmacher; **~-or-cure remedy** *sub, -ies* Radikalkur; **~er** *sub, -s* Mörder; *(vulg.)* Killer; *(Person)* Totschläger; **~er satellite** *sub, -s* Killersatellit; **~er virus** *sub, -es* Killervirus; **~ing** *sub, -s* Abtötung, Tötung; *nur Einz. (ugs.)* Reibach
kiln, *sub, -s* Dörre; *kiln Dörre = Darre*
kilo, *sub, -s* Kilo; **~calorie** *sub, -s* Kilokalorie; **~gramme** *sub, -s* Kilogramm; **~metre** *sub, -s* Kilometer; **~metric(al)** *adj,* kilometrisch
kilt, *sub, -s* Kilt, Schottenrock

kimino sleeve, *sub, -s* Kimonoärmel
kimino top, *sub, -s* Kimonobluse
kimono, *sub, -s* Kimono
kin(a)esthesia, *sub, nur Einz.* Kinästhesie
kind, (1) *adj,* freundlich, gütig, lieb, liebenswürdig (2) *sub, -s* Gattung, Sorte; *(Art)* Typ; *(Sorte)* Art; *could you be as kind as* könnten Sie so freundlich sein?; *with your kind permission* mit Ihrer gütigen Erlaubnis; *nothing of that kind* nichts derartiges; *she has such an engaging way* sie hat so eine liebenswürdige Art; *that´s very kind of you* das ist sehr liebenswürdig von dir; *would you be kind enough to* würden Sie die Freundlichkeit haben zu, *he´s a fraud of the worst kind* er ist ein Schwindler übelster Sorte; *other kinds of cheese* andere Sorten von Käse; *that´s a kind of* das ist eine Art von; *things of all kinds* Sachen jeder Art; **~-hearted** *adj,* seelen(s)gut; **~hearted** *adj,* gutherzig; **~hearted-ness** *sub, -* Herzensgüte; **~ly** *adv,* netterweise; **~ness** *sub, -es* Freundlichkeit; *nur Einz.* Güte, Liebenswürdigkeit; *would you be as kind as* haben Sie die Güte zu; *(i. ü. S.) to be goodness/kindness itself* die wandelnde Güte sein
kindergarten, *sub, -s* Kindergarten, Spielschule
kinetic, *adj, (phy.)* kinetisch; **~s** *sub, nur Mehrz.* Kinetik
king, *sub, -s* König; **~ of the Huns** *sub, -s* Hunnenkönig; **~ of trumps** *sub, kings* Trumpfkönig; **~-size** *adj,* Kingsize; **~dom** *sub, -s* Königreich; **~dom of heaven** *sub, nur Einz.* Himmelreich; **~ship** *sub, nur Einz.* Königtum
kiosk, *sub, -s* Kiosk; *(wirt.)* Bude; *kiosk* Telefonzelle
kip, *vi, (ugs.)* pennen; *(ugs.) a good kip* eine Mütze voll Schlaf; *I´ve just been kipping* ich habe gerade ein bisschen gepennt; *(ugs.) to have a kip* eine Runde Schlaf
kipper, *sub, -s* Kipper
kirsch, *sub, -* Kirschwasser
kismet, *sub, nur Einz.* Kismet
kiss, (1) *sub, -es* Kuss (2) *vti,* küssen; **~ and cuddle** *vt, (liebkosen)* hätscheln; **~ each other** *vti,* küssen; **~ of peace** *sub, -es* Friedenskuss; **~ on s.b.´s hand** *sub, -es* Handkuss; **~-proof** *adj,* kussecht
kissem, *sub, - (ugs.; mil.)* Spieß
kit, *sub, -s (spo.)* Dress; *tennis kit* Tennisdress
kitchen, *sub, -s* Küche; *stand in the kitchen all day long* den ganzen Tag am

Herd stehen; **~ help** *sub, -s* Küchenhilfe; **~ knife** *sub, -ves* Küchenmesser; **~ scales** *sub, nur Mehrz.* Küchenwaage; **~ scraps** *sub, nur Mehrz.* Küchenabfall; **~ sideboard** *sub, -s* Küchenbüfett; **~ table** *sub, -s* Küchentisch; **~ things** *sub, nur Mehrz. (Küchen-)* Geschirr; **~ unit** *sub, -s* Küchenzeile; **~ware** *sub, -ies (Handel)* Geschirr
kite, *sub, -s (orn.)* Milan
kitsch, *sub, nur Einz.* Kitsch; **~y** *adj,* kitschig
kiwi, *sub, -s* Kiwi
kleptomania, *sub, nur Einz. (psych.)* Kleptomanie; **~c** *sub, -s* Kleptomane
knack, *sub, -s* Dreh; *have got the knack of it* den richtigen Dreh heraushaben; *you´ve got the knack of it now* jetzt hast du den Pfiff heraus; **~er** *sub, -s* Abdecker; **~er´s yard** *sub, -s* Abdeckerei, Schindanger
knapsack, *sub, -s (mil.)* Tornister
knead, *vt,* kneten; **~ thoroughly** *vt,* durchkneten; *(Teig/Muskeln)* durcharbeiten; **~ing machine** *sub, -s* Knetmaschine
kneel, *vi,* knien; **~ down** *vi,* niederknien
Kneipp hydrotherapy, *sub, -ies* Kneippkur
knell, *sub, -s* Totenglocke
knickerbockers, *sub, nur Mehrz.* Knickerbocker, Pumphose; - Überfallhose; **knickers** *sub, nur Mehrz.* Schlüpfer
knick-knack, *sub, nur Mehrz.* Nippes; **~s** *sub, nur Mehrz.* Krimskrams
knicknacks, *sub, -* Tand
knife, *sub, knives* Messer; *to hold a knife to sb´s throat* jmd das Messer an die Kehle setzen; *(ugs.) to stick a knife into sb* jmdn ein Messer in den Bauch jagen; **~ thrust** *sub, -s* Messerstich; **~-point** *sub, -s* Messerspitze; **~-thrower** *sub, -s* Messerwerfer
knight, *sub, -s* Ritter, Rittersmann; *(Schach)* Rössel; *like a knight in shining armour* als Retter in der Not; **Knight of the Grail** *sub, -s* Gralsritter; **Knight Templar** *sub, -s* Tempelritter; **~´s move** *sub, -s (Schach)* Rösselsprung; **~hood** *sub, -s* Ritterschaft, Ritterwesen; **~ly** *adj,* ritterlich; **Knights of Malta** *sub, nur Mehrz.* Malteserorden
knit, *vti,* stricken; **~ fashion** *sub, -s* Maschenmode; **~ted dress** *sub, -es* Strickkleid; **~ted vest** *sub, -s* Strickweste; **~ter** *sub, -s* Stricker; **~ting**

sub, -s Strickzeug; ~**ting bag** *sub*, -s Strickbeutel; ~**ting needle** *sub*, -s Stricknadel; ~**ting pattern** *sub*, -s *(Anleitung)* Strickmuster; ~**ting sample** *sub*, -s *(Probe)* Strickmuster; ~**ting yarn** *sub*, -s Strickstoff; ~**wear** *sub*, *nur Einz.* Maschenware, Strickwaren

knob, *sub*, -s Knauf; *(Gummi~)* Noppe

knock, (1) *sub*, -s Klopfzeichen (2) *vi*, *(klopfen)* pochen (3) *vt*, anklopfen, festklopfen, zurichten (4) *vti*, klopfen; *knock someone to the ground* jemanden zu Boden strecken; *(ugs.)* *to knock about the district* die Gegend unsicher machen; ~ **down** *vt*, niederstoßen, umnieten; *(Wand)* einfahren; ~ **flying** *vt*, umschmeißen; ~ **in** *vt*, *(Scheibe)* einschlagen; ~ **off** *vt*, *(Kante)* abstoßen; ~ **on wood!** -, unberufen; ~ **out** *vt*, heraushauen; *(i. ü. S.)* umhauen; *(Eimer etc.)* ausklopfen; ~ **over** *vt*, umstoßen; *(umrennen)* umlaufen

knock so off, *vt*, *(ugs.)* kaltmachen; **knock through** *vt*, *(hin-)* durchschlagen; *knock through a nail* einen Nagel durchschlagen; **knock together** *vt*, *(ugs.)* fabrizieren; **knock up** *vt*, *(erschöpfen)* strapazieren; **knock-kneed** *adj*, x-beinig; **knock-knees** *sub*, *nur Mehrz.* X-Beine; **knock-out blow** *sub*, -s K.-o.-Schlag; **knock-out winner** *sub*, -s K.-o.-Sieger; **knockdown blow** *sub*, -s *(Boxen)* Niederschlag; **knocking** *sub*, - Geklopfe; **knockout** *sub*, -s Knock-out; **knockout blow** *sub*, -s Knock-out-Schlag

knoll, *sub*, -s Kuppe

knop fabric, *sub*, -s Noppengewebe

knot, (1) *sub*, -s Knoten (2) *vt*, knoten, knüpfen, verknoten; ~**-shaped** *adj*, knotenförmig; ~**grass** *sub*, -es Knöterich; ~**hole** *sub*, -s Astloch; ~**ted carpet** *sub*, -s Knüpfteppich; ~**ty** *adj*, knotig; ~**work** *sub*, *nur Einz.* Knüpfarbeit

know, (1) *vt*, kennen (2) *vti*, verstehen, wissen; *get to know about* erfahren von; *he didn´t want so many people to know about it* er wollte nicht so viele Mitwisser haben; *he wouldn´t know anything about that* da kann er nicht mitreden, da kann er nicht mitsprechen; *(wohl)* I *do know it´s harmful but* ich weiß zwar, daß es schädlich ist, aber; *I don´t know* ich weiß es nicht; *I don´t know any details* ich weiß nichts Genaues; *I don´t know anyone here* ich kenne niemanden hier; *I don´t know him well* ich kenne ihn nicht näher; *I don´t know that* das ist mir unbekannt;

I should know da kann ich mitreden, da kann ich mitsprechen; *I´ve never known anything like it* sowas ist mit noch nie passiert!; *I´ve never known that before* das habe ich noch nie gehört; *know all about it* Bescheid wissen; *know exactly what is going on* sich einer Situation völlig bewußt sein; *know sth inside out* etwas inund auswendig kennen; *known all over the place* bekannt wie ein bunter Hund; *let so know* jemandem Bescheid geben; *Ludwig II, known as the Fairytale King* Ludwig II, genannt der Märchenkönig; *not to know the first thing about it* von Tuten und Blasen keine Ahnung haben; *now I know where I stand* jetzt weiss ich, wie ich dran bin; *she knows all about that* da kennt sie sich gut aus; *she knows what is* what sie kennt sich gut aus; *that shows how little you know me* da kennst du mich aber schlecht; *there´s no knowing* man kann nie wissen; *to get to know sb better* jmdn näher kennenlernen; *to know about it* Mitwisser sein, Mitwisserin sein; *to know all about it* den Rummel kennen; *(ugs.)* *to know how to do it* die Masche raushaben; *(i. ü. S.)* *to think to know all the* Weisheit mit Löffeln gefressen; *we´ll let you know* wir geben ihnen Nachricht; *Well, what do you know* schau mal einer an; *you know what I´m like* du kennst mich doch!; *you mean you didn´t know that?* hast du das noch nicht mitbekommen?; *you would have known that* das hättest du doch wissen müssen, das hättest dur dir denken können, *(ugs.)* *everybody knows that* das weiß jedes Kind; *God only knows* das wissen die Götter; *or something* oder was weiß ich; *to know of sth* von etwas wissen; *to let so know sth* jmd etwas wissen lassen; *you never know* man kann ja nie wissen; ~ **astronomy** -, sternkundig; ~ **how to** *v aux*, können; *can you ride?* kannst du reiten?; *she never knew how to cook and she doesn´t want to learn* kochen konnte sie nie und lernen will sie es auch nicht; ~ **how to go on** *vi*, weiterwissen; ~ **in advance** *vt*, voruswissen; ~ **one´s way about** *vt*, *(räumlich)* auskennen; *he knows his way about in the city* er kennt sich in der Stadt gut aus; ~ **the town** -, stadtkundig; ~ **what´s going on** *vt*, Durchblick; *know what´s going on* den Durchblick haben; ~**-all** (1) *adj*,

rechthaberisch **(2)** *sub,* -s Praktikus;
(ugs.) Besserwisser; **~-all attitude** *sub,*
-s Rechthaberei; **~-how** *sub, nur Einz.*
Know-how; **~ing one´s way round**
attr, ortskundig; **~ingly** *adv,* wissentlich
known, *adj,* bekannt; **~ all over town**
adj, stadtbekannt
knuckle, *sub,* -s Knöchel; **~ down to** *vi,*
(ugs.) zupacken; **~ under** *vi, (i. ü. S.)*
kuschen
knurl, *vt, (tech.)* kordieren
koala bear, *sub,* -s Koalabär
kohlrabi, *sub,* -s Kohlrabi
kopeck, *sub,* -s Kopeke
Koran, *sub, nur Einz.* Koran
Korean, (1) *adj,* koreanisch **(2)** *sub,* -s
Koreaner

kosher, *adj,* koscher; *(ugs.)* it looks a
bit fishy to me die Sache scheint mir
nicht ganz koscher zu sein
kourbash, *sub,* -es Karbatsche
kowtow, *sub,* -s Kotau
kraal, *sub,* -s Kral
Kraut, *sub,* -s *(i. ü. S.)* Boche; *engl/am*
Schimpfwort für Deutsche frz
Schimpfwort für Deutsche
Kremlin, *sub, nur Einz.* Kreml; **~ leadership** *sub, nur Einz.* Kremlführung
krill, *sub, nur Einz. (biol.)* Krill
krimmer, *sub,* -s Krimmer
krypton, *sub,* - *(chem.)* Krypton
Ku Klux Klan, *sub, nur Einz.* Ku-Klux-
Klan
kung fu, *sub, nur Einz.* Kung-Fu
Kurd(ish), *adj,* kurdisch
kvass, *sub, nur Einz.* Kwass
kyanize, *vt,* kyanisieren

L

label, (1) *sub*, -s Etikett, Label; *(Etikett)* Aufschrift **(2)** *vt*, etikettieren; *(Gläser etc.)* beschriften; *(i. ü. S.; Ruf erhalten)* abstempeln; *(Waren)* auszeichnen; **~ing** *sub, nur Einz. (von Waren)* Auszeichnung; **~ling** *sub, nur Einz. (Versehen mit Etiketten)* Beschriftung

labiate, *sub*, -s Lippenblütler

labiodental, *adj*, labiodental

laboratory, *sub*, -ies Labor, Laboratorium; **~ animal** *sub*, -s Versuchstier; **~ experiment** *sub*, -s Laborversuch; **~ findings** *sub*, - Laborbefund; **~ technician** *sub*, -s Laborant

laborer, *sub*, -s *(US)* Hilfsarbeiter; **laborious** *adj*, mühevoll, mühsam; **laboriousness** *sub, nur Einz.* Mühseligkeit;

labour *vti*, *(ugs.; schuften)* ackern; *ye that labour and are heavy laden* ihr Mühseligen und Beladenen; **labour camp** *sub*, - -s Arbeitslager; **labour dispute** *sub*, - -s Arbeitskampf; **labour for one´s feudal lord** *vi*, scharwerken; **labour force** *sub*, - -s Arbeiterschaft; **labour intensive** *adj*, arbeitsintensiv; **labour market** *sub*, -s Arbeitsmarkt; **labour party** *sub*, - -ies Arbeiterpartei; **labourer** *sub*, -s Handlangerin, Hilfsarbeiter

Labrador retriever, *sub*, -s Labradorhund

lab technician, *sub*, -s Präparator, Präparatorin

laburnum, *sub*, -s *(bot.)* Goldregen

lace, (1) *sub*, -s Senkel; *(Gewebe)* Spitze **(2)** *vt*, einschnüren, lacieren; **~ blouse** *sub*, -s Spitzenbluse; **~ cloth** *sub*, -s Spitzentuch; **~ curtain** *sub*, -s Tüllgardine, Tüllvorhang; **~-up corset** *sub*, -s Schnürmieder; **~d shoe** *sub*, -s Schnürschuh

lachrymal gland, *sub*, -s Tränendrüse

lachrymose, *adj*, larmoyant

lacing star, *sub*, -s Tressenstern

lack, *sub*, *nur Einz. (Fehlen)* Mangel; *(Mangel)* Fehlen; *for lack of evidence* aus Mangel an Beweisen; *he lacks talent* er ist ohne jede Begabung; **~ of appetite** *sub*, *nur Einz.* Appetitlosigkeit; **~ of expression** *sub*, *nur Einz.* Ausdruckslosigkeit; **~ of housing** *sub*, *nur Einz.* Wohnungsnot; **~ of interest** *sub*, -s Desinteresse; *their lack of interest in* ihr Desinteresse an; **~ of knowledge** *sub*, -s Wissenslücke; **~ of light** *sub*, - Lichtmangel; **~ of raw material** *sub*, *nur Einz.* rohstoffarm; **~ of restraint** *sub*, - Hemmungslosigkeit; **~ of rights** *sub*, -s Rechtlosigkeit; **~ of space** *sub*, *nur Einz.* Platzmangel; **~ of talent** *sub*, *nur Einz.* Unbegabtheit; **~ of warmth** *sub*, *nur Einz.* Ungemütlichkeit; **~ sth.** *vt*, ermangeln

lackey, *sub*, -s Lakai

lacking self-assurance, *adj*, anlehnungsbedürftig; **lacking a sense of direction** *adj*, richtungslos; **lacking in ideas** *adj*, *(ugs.)* einfallslos; **lacking in instinct** *adj*, instinktlos

laconic, *adj*, lakonisch; **laconism** *sub*, -Lakonismus

lacquer, *vt*, lackieren

lactate, *vi*, laktieren; **lactation** *sub*, *nur Einz.* Laktation; -s *(Säugling)* Stillung

lactoprotein, *sub*, -s Milcheiweiß

lactose, *sub*, *nur Einz.* Laktose, Milchzucker

lad, *sub*, -s Junge, Knabe; *(Bursche)* Geselle; *(ugs.) a bit of a lad* ein lockerer Vogel

ladder, *sub*, -s Laufmasche, Leiter

laddie, *sub*, -s *(ugs.)* Matz

laden, *vi*, *(beladen)* behangen

ladies, *sub*, *Einz. lady* Mesdames; **~´ hairdresser** *sub*, -s Damenfriseur; **~´ hat** *sub*, -s Damenhut; **~´ skirt** *sub*, -s Damenrock; **~´ underwear** *sub*, *nur Einz.* Dessous

ladle, *sub*, -s Kelle, Schöpfe, Schöpfgefäß, Schöpfkelle, Schöpflöffel

lady, *sub*, -ies Dame, Lady, Madam, Madame; *Ladies and Gentlemen* sehr geehrte Damen und Herren; *the lady of the house* die Dame des Hauses; *well-born young lady* höhere Tochter; *my old lady* meine Madam; *he´s a bit of a ladies´ man* er wirkt auf Frauen; *his young lady* seine Freundin; *Ladies* Damen; *ladies and gentlemen!* Sehr geehrte Damen und Herren!; **~ doctor** *sub*, - -s Ärztin; **~ gardener** *sub*, -s Gärtnersfrau; **~ next door** *sub*, *ladies* Nachbarsfrau; **~ professor** *sub*, -s Professorin; **~ visitor** *sub*, -s Damenbesuch; **~-killer** *sub*, -s Herzensbrecher; **~´s bicycle** *sub*, -s Damenfahrrad; **~´s maid** *sub*, -s Zofe; **~bird** *sub*, -s Glückskäfer, Marienkäfer; **~like** *adj*, ladylike; **Ladyship/Lordship** *sub*, -s Erlaucht; *Her/His/Your Ladyship/Lordship* Euer Erlaucht

laevorotatory, *adj*, *(chem.)* linksdrehend

lag behind, *vi,* *(ugs.)* nachzotteln
lagoon, *sub,* -s Lagune; ~ **fisherman** *sub,* -men Haffffischer
laicism, *sub,* *nur Einz.* Laizismus
lake, *sub,* -s Binnensee, See; **Lake Winnipeg** *sub, nur Einz. (tt; geogr.)* Winnipegsee
Lama, *sub,* -s Lama; ~**ism** *sub, nur Einz.* Lamaismus; ~**ist(ic)** *adj,* lamaistisch
Lamarckism, *sub,* *nur Einz. (biol.)* Lamarckismus
lamb, *sub,* -s Lamm; *nur Einz.* Lammfleisch; ~ **chop** *sub,* -s Lammkotelett; ~´s **lettuce** *sub,* - Feldsalat
lambda, *sub,* -s Lambda
lambdacism, *sub,* *nur Einz. (med.)* Lambdazismus
lambrusco, *sub,* - Lambrusco
lambskin, *sub,* -s Lambskin, Lammfell; **lambswool** *sub, nur Einz.* Lambswool
lame, *adj,* lahm; *(Witz, Pointe)* matt
lamella, *sub,* -s *(biol.)* Lamelle
lament, **(1)** *sub,* -s Klage **(2)** *vi,* beklagen, lamentieren, wehklagen **(3)** *vt,* bejammern; ~**able** *adj,* bejammernswert, beklagenswert; ~**ation** *sub,* -s Klagegeschrei, Wehklage; *(obs.)* Lamentation
lametta, *sub, nur Einz.* Lametta
laminar, *adj,* *(phy.)* laminar
laminate, *vt,* laminieren; ~**d glass** *sub,* -es Verbundglas
lamp, *sub,* -s Lampe
lampas, *sub,* - Lampas
lamplight, *sub, nur Einz.* Lampenlicht
lampoon, *sub,* -s Pamphlet
lamprey, *sub,* -s Neunauge; *(zool.)* Lamprete
lampshade, *sub,* -s Lampenschirm
lance, *sub,* -s Lanze; ~**-corporal** *sub,* -s *(brit.)* Obergefreite; *(mil.)* Gefreite; ~**r** *sub,* -s Lanzenreiter, Ulan; ~**t fish** *sub,* - *(zool.)* Lanzettfisch
lancinate, *vi,* *(rare)* lanzinieren
land, **(1)** *sub, nur Einz.* Land **(2)** *vi,* landen; *(aufkommen)* aufspringen; *(Bombe)* einschlagen; *(landen)* aufkommen; *(Schifffahrt)* anlegen; *Italy is a wonderful country* Italien ist ein herrliches Land; *land ahoy!* Land in Sicht!; *to enjoy country life* das Leben auf dem Land genießen; *to get to know a country and its inhabitants* Land und Leute kennenlernen; *to have a picnic in the country* ein Picknick auf dem Land machen; *we´re going to see some friends in the country* wir besuchen Freunde auf dem Land, *(Flugzeug) come in to land* zur Landung ansetzen; *(ugs.) find out how the land lies* die Lage sondieren; *land property* Grund und Boden; *to see how*

the land lies die Lage peilen; ~ **improvement** *sub,* -s Melioration; ~ **of milk and honey** *sub,* -s Schlaraffenland; ~ **reform** *sub, nur Einz.* Bodenreform; ~ **register** *sub,* -s Kataster; ~ **registry office** *sub,* -s Katasteramt; ~**-based** *adj,* landgestützt; ~**ed aristocracy** *sub, nur Einz.* Junkerschaft; ~**ed gentry** *sub, nur Mehrz.* Landadel; ~**ing** *sub,* -s Einschlag, Landung; *(spo.)* Aufsprung; ~**ing capsule** *sub,* -s Landekapsel; ~**ing craft** *sub,* -s Landungsboot; ~**ing flap** *sub,* -s Landeklappe; ~**ing manoeuvre** *sub,* -s Landemanöver; ~**ing strip** *sub,* -s Landeplatz
landlady, *sub,* -es Vermieterin; **landlord** *sub,* -s Hauswirt, Vermieter, Wirt; *(Vermieter)* Hausbesitzer; **landowner** *sub,* -s Grundbesitzer, Gutsbesitzer; **landscape** *sub,* -s Landschaft; *(Landschaft)* Gegend; **landscape painter** *sub,* -s Landschafter; **landslide** *sub,* -s Bergrutsch, Erdrutsch; **Landtag (state parliament)** *sub,* -s Landtag; **landvogt** *sub,* -s *(tt; hist.)* Vogt
lane, *sub,* -s Fahrbahn, Fahrspur, Gasse; *(Fahr-)* Spur; *(Fahrbahn)* Bahn; *keep to the edge of the inside lane* am äußersten rechten Fahrbahnrand; *(US)* keep to the extreme right am äußersten rechten Fahrbahnrand
language, *sub,* -s Sprache; *(i. ü. S.)* we do not speak the same language wir sprechen nicht dieselbe Sprache; ~ **acquisition** *sub,* -s Spracherwerb; ~ **boundary** *sub,* -ies Sprachgrenze; ~ **change** *sub,* -es Sprachwandel; ~ **instructor** *sub,* -s Sprechlehrer; ~ **laboratory** *sub,* -ies Sprachlabor; ~ **map** *sub,* -s Sprachkarte; ~ **society** *sub,* -ies Sprachverein; ~ **stock** *sub,* -s Sprachstamm; ~ **teacher** *sub,* -s Sprachlehrer; ~ **tour** *sub,* -s Sprachreise
lanky, *adj,* aufgeschossen
lanolin, *sub,* - Lanolin
lantern, *sub,* -s Laterne
lanthanum, *sub,* - Lanthan
lap, **(1)** *sub,* -s *(spo.)* Runde **(2)** *vt,* überrunden, umrunden; ~**-dog** *sub,* -s Schoßhündchen
lapidary style, *sub,* -s Lapidarstil
lapis lazuli, *sub,* -s Lapislazuli
Lapp, *sub,* -s Lappe; ~**ic** *adj,* lappisch
lapping, *sub,* -s Überrundung; ~ **machine** *sub,* -s Läppmaschine
lapse, *sub,* -s *(moral.)* Fehltritt; **lapsing** *sub, nur Einz.* Verfall
lapwing, *sub,* -s *(zool.)* Kiebitz

larch, *sub*, *-es* Lärche
lard, (1) *sub*, *-* Schmalz; *(Schmalz)* Fett (2) *vt*, *(Braten)* spicken; ~y *adj*, *(fettig)* speckig
large, *adj*, reichhaltig, starkleibig; ~ concern *sub*, *-s* Großbetrieb; ~ farm *sub*, *-s (Landw.)* Großbetrieb; ~ intestine *sub*, *-s (med.)* Dickdarm; ~ part *sub*, *-s* Großteil; ~ police deployment *sub*, *-s (der Polizei)* Großeinsatz; ~-bellied *adj*, dickbauchig; ~-caliber *adj*, *(US)* großkalibrig; ~-calibre *adj*, großkalibrig; ~-checked *adj*, großkariert; ~-scale order *sub*, *-s* Großauftrag; ~ly *adv*, großenteils, weither; ~r than life *adj*, Überlebensgröße
lark, *sub*, *-s* Heidelerche, Lerche, Ulk; ~ (around) *vi*, ulken; ~spur *sub*, *-s (bot.)* Rittersporn
larva, *sub*, *ae (zool.)* Larve; ~l *adj*, larval
lascivious, *adj*, lasziv, wollüstig; ~ness *sub*, *nur Einz.* Laszivität; *-es* Wollust
laser, *sub*, *-s (phy.)* Laser; ~ beam *sub*, *-s* Laserstrahl; ~ impulse *sub*, *-s* Laserimpuls; ~ printer *sub*, *-s* Laserdrucker; ~ technology *sub*, *-ies* Lasertechnik
lash, (1) *sub*, *-es* Wimper (2) *vt*, *(i. ü. S.)* peitschen; *(ugs.)* zurren; *(ugs.) she's quick to lash out* bei ihr sitzt die Hand ziemlich locker; *to lash out on sth* mit etwas Luxus treiben; ~ out at *vi*, *(nach)* hauen; *hit out in all directions* um sich hauen
lass, *sub*, *-es (ugs.)* Kerl
Lassa fever, *sub*, *-* Lassafieber
lasso, *sub*, *-s* Lasso
last, (1) *adj*, letzt, vorig (2) *adv*, zuletzt (3) *sub*, *-s* Leisten (4) *vi*, währen; *(geh.)* dauern; *(andauern)* anhalten (5) *vr*, halten; *at last* nun endlich; *be lasting* Bestand haben; *(ugs.) he won't last long* er wird's nicht mehr lang machen; *that is the last thing I want to do* es liegt mir fern; ~ but one *adj*, *(ugs.)* vorletzt; ~ but two *adj*, vorvorletzt; ~ day of the month *sub*, *days* Monatsletzte; ~ meal *sub*, *-s* Henkersmahl; ~ of all *adv*, zuallerletzt; ~ possible *adj*, letztmöglich; ~ post *sub*, *nur Einz. (mil.)* Zapfenstreich; ~ resort *sub*, *-s (i. ü. S.)* Notnagel; ~ rites *sub*, *nur Mehrz.* Sterbesakrament; ~ shot *sub*, *-s* Schlussball; ~ stop *sub*, *-s (Reise)* Endpunkt; ~ year's *adj*, letztjährig; ~-mentioned *adj*, letztgenannt; ~-minute panic *sub*, *-s* Torschlusspanik
lasting, *adj*, dauerhaft, nachhaltig; *there has been a lasting improvement in her health* ihre Gesundheit hat sich nach-

haltig gebessert; *to leave a lasting impression* einen nachhaltigen Eindruck hinterlassen; ~ for days *adj*, tagelang; ~ for eons *adj*, äonenlang; ~ several hours *attr*, mehrstündig; ~ness *sub*, *nur Einz.* Nachhaltigkeit
late, (1) *adj*, spät, verspätet (2) *adv*, spät; *be late for something* zu etwas zu spät kommen; *he is always late with his rent* er bezahlt seine Miete immer zu spät; *it's getting late* es ist schon spät, *a split second too late* um den Bruchteil einer Sekunde zu spät; *as late as the late 18th century* noch im späten 18Jh; *be late* spät dran sein; *in the late thirties* Ende der dreißiger Jahre; *several hours late* mit mehrstündiger Verspätung; *(ugs.) that's latest* das ist seine neueste Masche; ~ arrival *sub*, *-s* Verspätung; ~ final edition *sub*, *-s* Nachtausgabe; ~ Romanticism *sub*, *nur Einz.* Spätromantik; ~ shift *sub*, *-s* Spätschicht; ~ side-effect *sub*, *-s* Spätschaden; ~ vintage *sub*, *-s* Spätlese; ~ work *sub*, ~ Spätwerk; ~-born *adj*, nachgeboren; ~-night show *sub*, *-s* Spätprogramm; ~-riser *sub*, *-s* Langschläfer; ~comer *sub*, *-s* Nachzügler
lateen, *sub*, *-s* Lateinsegel
latency, *sub*, *nur Einz.* Latenz, Latenzperiode; latent *adj*, latent; latent period *sub*, *-s (med.)* Latenzzeit
La Tène period, *sub*, *nur Einz.* La-Tène-Zeit
later, (1) *adj*, später; *(verspätet)* nachträglich (2) *adv*, *(später)* nachher; *a week later* eine Woche darauf; *it is later than I thought* es ist später als ich dachte; *see you later!* bis später!; *she was back five minutes later* nach fünf Minuten kam sie zurück; *sooner or later* früher oder später, *see you later!* bis nachher!; ~al *adj*, lateral, seitlich
La[ter]an Council, *sub*, *-s* Laterankonzil; Lateran Palace *sub*, *-s* Lateran
laterite, *sub*, *-s (geol.)* Lateritboden
latest, *adj*, letzt; ~ possible *adj*, *(zeitlich)* äußerst
lathe, *sub*, *-s* Drehbank, Drehmaschine; ~-operator *sub*, *-s* Dreher
lather, (1) *sub*, *nur Einz.* Seifenschaum (2) *vt*, einschäumen, einseifen; ~y *adj*, *-ies* Dreherei
Latin, (1) *adj*, lateinisch (2) *sub*, *-* Latein; Lateinische; ~ America *sub*, Lateinamerika; ~ proficiency examination *sub*, *-* Latinum; ~ism *sub*, *-s* Latinismus; latinity *sub*, *nur Einz.* Latinität; latinize *vt*, latinisieren

latitude, *sub, -s (geogr.)* Breite; *have the latitude of 35 degree (north)* auf dem 35 (nördl) Breitengrad liegen

latrine, *sub, -s* Kübel, Latrine; ~ **rumour** *sub, -s* Latrinenparole

lattice, *sub, -s (chem., phys.)* Gitter

laudable, *adj*, lobenswert

lauds, *sub, -* Laudes

laugh, (1) *sub, -s* Lacher (2) *vi*, lachen; *become a laughing stock* zum Gespött der Leute werden; *burst out laughing in lautes Gelächter ausbrechen; I could´t help laughing* ich mußte einfach lachen; *(ugs.) kill os laughing* sich einen Ast lachen; *split one´s sides laughing* sich vor Lachen den Bauch halten; ~ **at** *vi*, anlachen, auslachen, belachen; ~ **derisively** *vi*, Hohn lachen; ~ **lines** *sub, -* Lachfältchen; ~ **out loudly** *vi*, auflachen; ~ **till one cries** *vi, (ugs.)* kaputtlachen; *(ugs.) his stories make me laugh till I cry* bei seinen Geschichten lache ich mich immer kaputt; ~**ing gas** *sub, -es* Lachgas; ~**ter** *sub, -* Gelächter; *nur Einz.* Lachen; *make so a laughing stock* jmdm dem Gelächter preisgeben; *roar with laughter* in schallendes Gelächter ausbrechen; *rippling laughter* perlendes Lachen; *to double up with laughter* sich vor Lachen krümmen

launch, (1) *sub, -s (Rakete)* Start (2) *vt*, lancieren; *(Rakete)* abschießen, starten; *be launched* vom Stapel laufen; *(i. ü. S.) sie was launched into society* sie wurde in die Gesellschaft lanciert; *to launch an advertising campaign* eine Werbekampagne lancieren; ~**ing** *sub, -s* Stapellauf; *(Rakete)* Abschuss; ~**ing pad** *sub, - -s* Abschussrampe; ~**ing site** *sub, -s* Raketenbasis

laundering facility, *sub, -es* Waschanlage; **laundry** (1) *pron*, Wäsche (2) *sub, -es* Wäscherei; **laureate** *sub, -s* Laureat

laurel, *sub, -s* Lorbeer; *to rest on one´s laurels* auf seinen Meriten ruhen, sich auf seinen Lorbeeren ausruhen; ~ **green** *adj*, lorbeergrün; ~ **tree** *sub, -s* Lorbeerbaum; ~ **wreath** *sub, s* Lorbeerkranz

Laurin, *sub, -* Laurin

lava, *sub, -s* Lava

lavabo, *sub, -s* Lavabo

lavatory, *sub, -ies* Klosett; *(WC)* Toilette

lavish, *adj*, opulent; *(i. ü. S.); üppig* fürstlich; *lavish care and attention on sb* hegen und pflegen; *reap lavish praise* dickes Lob ernten; ~**ness** *sub, nur Einz.* Opulenz

law, *sub, -s* Gesetz; *nur Einz.* Jura, Justiz; *-s* Recht; *nur Einz.* Rechtswesen; *against the law* gegen das Gesetz; *in the name of the law* im Namen des Gesetzes; *under the law* nach dem Gesetz; *his word is the law* was er sagt, gilt; *necessity knows no law* Not kennt kein Gebot; **Law Courts** *sub, nur Mehrz.* Justizpalast; ~ **of causality** *sub, nur Einz.* Kausalgesetz; ~ **of contract** *sub, -s (jur.)* Schuldrecht; ~ **of gravity** *sub, -s* Gravitationsgesetz; ~ **of heritance** *sub, nur Einz. (jur.)* Erbrecht; ~ **of nature** *sub, laws* Naturgesetz; ~ **relating to juveniles** *sub, -s* Jugendrecht; ~ **student** *sub, -s* Jurist; ~**-abiding** *adj, (Bürger)* gehorsam

laward, *vt*, verleihen

lawful, *adj*, legal, rechtmäßig; **lawless** *adj*, gesetzlos

lawn, *sub, -s* Rasenfläche, Wiese; ~**-mower** *sub, -s* Rasenmäher

lawsuit, *sub, -s* Rechtshandel, Rechtsstreit; **lawyer** *sub, -s* Jurist, Rechtsanwalt; *(jur.)* Anwalt; *to get a lawyer* sich einen Anwalt nehmen

lax, *adj*, lax; ~**ative** *sub, -s* Laxans, Purgativ; *(med.)* Abführmittel

lay, *vt*, legen, verlegen; *(verlegen)* auslegen

layer, (1) *sub, -s* Lage, Schicht; *(geol.)* Bank (2) *vt*, schichten; ~ **of air** *sub, layers* Luftschicht; ~ **of dust** *sub, -s* Staubschicht; ~ **of fat** *sub, -s* Fettschicht; ~ **of haze** *sub, -s* Dunstschicht; ~ **of paint** *sub, -s* Farbschicht; ~**-out** *sub, -s* Leichenfrau

laying, *sub, -s (Kranz)* Niederlegung; ~ **down** *sub, -s* Festsetzung; ~ **hen** *sub, -s* Leghenne; ~ **out** *sub, nur Einz.* Aufbahrung; *-s* Verauslagung; **layman** *sub, -men* Laie; **layman´s breviary** *sub, -ies* Laienbrevier; **layout** *sub, -s* Grundriss, Lay-out; **layout man** *sub, men* Layouter

laze around, *vi*, aalen; **laziness** *sub, -* Faulenzerei; *nur Einz.* Faulheit; *(Faulheit)* Trägheit; **lazy** *adj, (faul)* träge; *(träge)* faul; *(i. ü. S.) laze around* faul herumliegen; *(i. ü. S.) lazy sod* faules As, faules As; **lazy about writing letters** *adj*, schreibfaul; **lazybones** *sub, nur Mehrz.* Faulenzerin, Faulpelz

leaching agent, *sub, -s* Lauge

lead, (1) *adj, (Organisation, etc.)* angeführt (2) *sub, nur Einz.* Blei; *-s (Bleistift~)* Mine (3) *vi*, führen; *(Straße, auch i.ü.S.)* münden (4) *vt*, führen, heranführen, leiten; *(Organisation)* anführen (5) *vti, (weg führen)* gehen;

(i. ü. S.) lead so astray jemanden vom Weg abbringen; *(i. ü. S.) lead to stb* auf etwas hinauslaufen; *lead-poisonning* Bleivergiftung; *(i. ü. S.) to lead sb by the nose* jmdn an der Nase herumführen; *weigh heaviliy on sb´s stomach* wie Blei im Magen liegen, *lead a life* ein Leben führen; *the M1 joins the M9 at London* die M1 mündet bei London in die M9, *lead into a room* in ein Zimmer führen, *the way leads to the village* der Weg geht zum nächsten Dorf; ~ **a dissolute life** *vt, (Lebensstil)* ausschweifen; ~ **a nomadic existence** *vi*, nomadisieren; ~ **back** *vt*, zurückführen; ~ **crystal** *sub, -s* Bleikristall; ~ **down** *vi*, hinuntergehen; ~ **into (1)** *vi, (enden)* einmünden **(2)** *vt, (Wasser)* einleiten; ~ **off** *vt*, abführen; ~ **on** *vi*, weiterführen; ~ **out** *vi*, hinausführen; ~ **player** *sub, -s* Lead; ~ **sb past** *vt*, vorbeiführen; ~ **sb to sth** *vt*, verleiten; ~ **seal** *sub, -s (Siegel)* Plombe; ~ **the prayer** *vi*, vorbeten
leadership, *sub, -s* Führerschaft, Führung; - Leitung; **leading** *adj*, leitend, tonangebend; **leading dancer** *sub, -s* Vortänzerin; **leading light** *sub, -s (ugs.)* Koryphäe; **leading organization** *sub, -s* Spitzenverband; **leading seaman** *sub, -men* Obermaat; **leading voice** *sub, -s* Vorsängerin
lead to, *vt,* zuführen; *(bewirken)* herbeiführen; **leaden, like lead** *adj*, bleiern; *her limbs were like lead* bleierne Glieder; **leader** *sub, -s* Anführer, Führer, Konzertmeister, Leader, Leitartikel, Oberhaupt, Veranlasser, Vorsitzende; *(spo.)* Spitzenreiter; **leader in the battle** *sub, - (liter)* Rufer; **leader of a delegation** *sub, heads* Missionschef; **leader of a Federal German state** *sub, leaders (eines Bundeslandes)* Ministerpräsident; **leader of a gypsy band** *sub, -* Zigeunerprimas; **leader of an expedition** *sub, -s* Expeditionsleiter; **leaderwriter** *sub, -s* Leitartikler
leaf, *sub, leaves* Blatt; *oakleaf* Eichenblatt; ~ **by leaf** *adv*, blätterweise; ~ **through (1)** *vt*, durchblättern **(2)** *vti*, blättern; *leaf through a magazine* eine Zeitschrift durchblättern, *leaf through a book* ein Buch durchblättern; ~ **wrong** *vt*, verblättern; ~**less** *adj*, blattlos; ~**let** *sub, -s* Faltblatt, Flugblatt, Handzettel, Merkblatt, Zettel
leak, **(1)** *sub, -s* Leck **(2)** *vi*, laufen, lecken; *leak out* in die Öffentlichkeit dringen, nach außen dringen, *(i. ü. S.)* nach außen sickern; *news has leaked out*

that es ist durchgesickert, dass; ~ **out (1)** *vi, (Betrug)* aufkommen **(2)** *vt, (information)* durchsickern; ~**y** *adj*, leck; *(unerwünscht)* durchlässig
lean, (1) *adj, (Fleisch)* mager **(2)** *vr*, stützen **(3)** *vt*, lehnen; *the seven lean years* die sieben mageren Jahre, *artistic leanings* künstlerische Neigungen; *(i. ü. S.) he leans to the right* einen Drall nach rechts haben; ~ **(on against)** *vt*, lehnen; ~ **against/on** *vi*, ~ **as a rake** *adj*, spindeldürr; ~ **back** *vr*, zurücklehnen; ~ **bacon** *sub*, - Dörrfleisch; ~ **cured ham** *sub, nur Einz.* Lachsschinken; ~ **on** *vt, (abstützen)* anlehnen; *to lean on sb* jmd zusetzen; ~ **out** *vr, (sich)* hinausbeugen; ~ **period** *sub, -s* Durststrecke; *get over a lean period* eine Durststrecke hinter sich bringen; ~**ness** *sub, nur Einz.* Magerkeit
leap, (1) *vi*, hüpfen, springen **(2)** *vti*, zucken; *to jump for joy* vor Freude hüpfen; ~ **of the imagination** *sub, -s* Gedankenflug; ~ **round** *vt, (Hindernis)* umspringen; ~ **year** *sub, -s* Schaltjahr
learn, (1) *vi, (Fertigkeit)* aneignen **(2)** *vt*, erlernen; *(lernen)* erfahren **(3)** *vti*, lernen; *learn sth by watching* so jemandem etwas absehen; *to learn the hard way* aus Erfahrung klug werden; ~ **sth from so/sth** etwas durch jmd/etwas erfahren; ~ **in addition** *vi*, hinzulernen; ~ **sth by watching** *vi*, abgucken; ~**ed** *adj*, gelehrt; ~**ed behaviour** *sub, nur Einz. (tt; biol.)* Appetenzverhalten; ~**er** *sub, -s* Fahrschüler, Lerner; ~**ing by heart** *sub, nur Einz.* Auswendiglernen; ~**ing goal** *sub, -s* Lernziel; ~**ing process** *sub, -es* Lernprozess; ~**ing progress** *sub, nur Einz.* Lernschritt
lease, (1) *sub, -s* Mietvertrag; *nur Einz.* Pacht; *-s* Pachtvertrag **(2)** *vt*, leasen, pachten, verpachten; *to have sth on leasehold* etwas in/zur Pacht haben; *to let out sth on lease* etwas in Pacht geben
leash, *sub, -es* Leine; *once let them off the leash* wehe, wenn sie losgelassen
leasing, *sub, nur Einz.* Pachtung; ~ **company** *sub, -ies* Leasingfirma
least, *adj*, geringste, wenigste; *nur Einz.* das least nicht im geringsten; *that´s the least of my worries* das ist meine geringste Sorge; *the least little thing* die geringste Kleinigkeit; *not in the least* nicht im entferntesten
leather, (1) *adj*, rindsledern **(2)** *sub, -s*

Leder; ~ **apron** *sub*, -s Lederschurz; ~ **armchair** *sub*, -s Ledersessel; ~ **bag** *sub*, -s Ledertasche; ~ **belt** *sub*, -s Ledergürtel; ~ **coat** *sub*, -s Ledermantel; ~ **strap** *sub*, -s Lederriemen; ~ **upholstery** *sub*, - Lederpolster; ~-**coloured** *adj*, lederfarben; ~**bound volume** *sub*, -s Ledereinband; ~**y** *adj*, ledern
leave, (1) *sub*, -s *(Gewährung von Urlaub)* Beurlaubung (2) *vi*, abfahren, ausreisen, fortfahren, hinausgehen, weggehen; *(ugs.; Flucht)* absetzen; *(gehen)* aufbrechen; *(Zug)* abgehen (3) *vt*, hinterlassen, lassen, übrig lassen, vererben, verlassen; *(aus einer Organisation)* austreten; *(übriglassen)* überlassen (4) *vti*, fahren; *(fort-, verkehren)* gehen; *leave a message* eine Nachricht hinterlassen; *leave sth to so* jmdm etwas hinterlassen; *(mil.)* **absence without leave** unerlaubte Entfernung von der Truppe; *I left a word out in the translation* bei der Übersetzung habe ich ein Wort übersehen; *I left off on page 20* ich bin auf Seite 20 stehengeblieben; *leave behind* hinter sich lassen; *leave me in peace!* laß mich in Ruhe!; *leave so alone* von jemandem ablassen; *leave someone to his own devices* jemanden sich selbst überlassen; *let's drop the whole idea* dann lassen wir es eben; *let's leave it at that* lassen wir die Sache auf sich beruhen; *there's no hope left* es gibt keine Hoffnung mehr; *(i. ü. S.) to leave sb out in the cold* jmdn im Regen stehen lassen; *to leave something unsaid* etwas ungesagt lassen; *to leave sth with sb* etwas bei jmd unterbringen; *without so much as a by-your-leave* mir nichts, dir nichts; *leave something to be desired* zu wünschen übrig lassen; ~ **(there)** *vt*, dalassen; *leave no message* keine Nachricht dalassen; ~ **a coating** *vi*, schleimen; ~ **an impression** *vt*, abdrücken; ~ **away** *vt*, *(i. ü. S.)* ausklammern; ~ **free** *vt*, aussparen; ~ **it up to so** *vt*, *(anheimstellen)* überlassen; ~ **open** *vt*, offen lassen; *(Tür)* auflassen; ~ **out** *vt*, weglassen; *(weglassen)* herauslassen; ~ **sth** *vt*, belassen; *leave it at that* es dabei belassen; *leave things as they are* alles beim alten belassen; ~ **sth behind** *vt*, zurücklassen; ~ **sth here** *vt*, hier lassen
leavening, *sub*, -s Säuerung
leaves, *sub*, - Laub
leave sth shut, *vt*, *(i. ü. S.)* zulassen; **leave sth. up to sb** *vt*, *(jem. etwas freistellen)* freistellen; **leave the broadcast** *vt*,

ausblenden; **leave unmoved** *vt*, *(ugs.)* kalt lassen; *he seemed completely unmoved by his wife's sudden death* der plötzliche Tod seiner Frau schien ihn vollkommen kalt zu lassen; *I couldn't care less* das läßt mich kalt
leaving, *sub*, -s Vererbung; ~ **away** *sub*, *nur Einz. (i. ü. S.)* Ausklammerung; ~ **without paying** *sub*, - Zechprellerei
Lebanese, *adj*, libanesisch
lebensraum, *sub*, - *(polit.)* Lebensraum
lecithin, *sub*, - *(chem.)* Lezithin
lecture, (1) *sub*, Festvortrag; -s Standpauke, Strafpredigt, Vorlesung, Vortrag (2) *vt*, schulmeistern (3) *vti*, lesen; *lecture someone* jemandem eine Strafpredigt halten; ~ **(on) (at)** *vt*, dozieren; *lecture on sth at sb* vor jmd über etwas dozieren; ~ **hall** *sub*, -s Hörsaal; ~ **timetable** *sub*, -s Vorlesungsverzeichnis; ~-**ship** *sub*, -s Dozentur; ~**r** *sub*, -s Dozent, Lektor, Vortragende
ledge, *sub*, -s Vorsprung; *(Rand)* Sims
lee, *sub*, - Lee; -s Windschatten
leech, *sub*, -es Blutegel, Egel
leek, *sub*, -s Lauch, Porree
Left, *sub*, *nur Einz. (polit.)* Linke; *from the left* von links; *(ugs.) to be left out* in die Röhre gucken; *(pol.) to be left-wing* links stehen; *to purl* links stricken; *to the left of the king* zur Linken des Königs; **left (hand) side** *sub*, -s *(Seite)* Linke; **left (over)** *adj*, übrig; **left alcohol** *sub*, *nur Einz.* Restalkohol; **left hand** *sub*, -s *(Hand, Boxen)* Linke; **left over rubbish** *sub*, *nur Einz.* Restmüll; **left turn** *sub*, -s Linkswendung; **left-handed** *adj*, linkshändig; *(Gewinde)* linksläufig; **left-handed person** *sub*, ~ **people** Linkshänder; **left-handed thread** *sub*, -s Linksgewinde; **left-luggage office** *sub*, -s Gepäckaufbewahrung; **left-overs** *sub*, *nur Mehrz.* Rest; **left-wing liberal** *adj*, linksliberal; **left-wing party** *sub*, -ies Linkspartei; **leftist** *adj*, *(polit.)* linkslastig
leg, *sub*, -s Bein; *(Geflügel)* Schlegel; *(Tisch, Stuhl)* Fuß; *it goes for your legs* das geht in die Beine; *(i. ü. S.) pull so's leg* jemanden den Arm nehmen; *to be on one's last legs* auf dem letzten Loch pfeifen; *(i. ü. S.) to pull sb's leg* jmdn auf die Schippe nehmen; ~ **(of meat)** *sub*, -s Keule; ~ **in plaster** *sub*, -s Gipsbein; ~ **of mutton** *sub*, -s Hammelkeule; ~ **ring** *sub*, - -s

Beinring; ~-of-mutton sleeve *sub*, -s Keulenärmel; ~-pulling *sub*, -s Fopperei

legacy, *sub*, -ies (hist.) Erbschaft; (jur.) Legat

legal, *adj*, gerichtlich, gesetzmäßig, juristisch, legal, rechtlich; *legally certified* notariell beglaubigt; *take legal action* den Rechtsweg beschreiten; *to have legal repercussions* ein gerichtliches Nachspiel haben; ~ action *sub*, -s Rechtsweg; ~ adviser *sub*, -s (Rechtsbeistand) Beistand; ~ domicile *sub*, -s Gerichtsstand; ~ justification *sub*, -s Rechtsgrund; ~ matter *sub*, -s Rechtssache; ~ official *sub*, -s Justizbeamte; ~ proceedings *sub*, *nur Mehrz.* Gerichtsverfahren; *institute legal proceedings against* ein Gerichtsverfahren einleiten gegen; ~ protection *sub*, *nur Einz.* Rechtsschutz; ~ protection of expectant and nursing mothers *sub*, *nur Einz.* Mutterschutz; ~ right *sub*, -s Rechtsanspruch; ~ transaction *sub*, -s Rechtsgeschäft; ~ism *sub*, *nur Einz.* Legalismus; ~istic *adj*, legalistisch; ~ity *sub*, *nur Einz.* Legalität; ~ization *sub*, *nur Einz.* Legalisation; ~ize *vt*, legalisieren; ~ly responsible *adj*, rechtsfähig; ~ly valid *adj*, rechtsgültig, rechtskräftig

legatee, *sub*, -s Legatar

legation, *sub*, -s Gesandtschaft, Legation; ~ councillor *sub*, -s Legationsrat

legend, *sub*, -s Legende, Sage; ~ figure *sub*, -s Sagengestalt; ~ary *adj*, legendär, legendenhaft, sagenhaft, sagenumwoben

legible, *adj*, lesbar, leserlich

legion, *sub*, -s Legion; ~ary *sub*, -ies Legionär; Legionnaire´s disease *sub*, - Legionärskrankheit

legislation, *sub*, -s Gesetzgebung, Legislatur; legislative *adj*, gesetzgebend, legislatorisch; legislative body *sub*, -ies Legislative; legislator *sub*, -s Gesetzgeber

leisure, *sub*, -s Freizeit; Muße; *to allow oneself some leisure* sich Muße gönnen; *to do sth in a leisurely way* etwas mit Muße tun; *to find the time and leisure for sth* die Muße für etwas finden; *with a wide range of leisure facilities* mit hohem Freizeitwert; ~ shirt *sub*, -s Freizeithemd; ~ly *adj*, (gemütlich) geruhsam

leitmotif, *sub*, -s (mus.) Leitmotiv

lemma, *sub*, -s -ta Lemma

lemming, *sub*, -s Lemming

lemon, *sub*, -s (tt; bot.) Zitrone; ~ juice *sub*, -s Zitronensaft; ~ moth *sub*, -es (tt; zool.) Zitronenfalter; ~ tree *sub*, -s (tt; bot.) Zitronenbaum; ~ yellow *adj*, zitronengelb; ~ade *sub*, -s Limonade

lend, (1) *vt*, leihen, verleihen (2) *vti*, (geben) borgen; *could you lend me an hour of your time?* können Sie mir eine Stunde Ihrer Zeit leihen?; *he lent me some money* er hat mir Geld geliehen, *it lends itself to* die Sache bietet sich an für; *lend sb sth* jmd etwas borgen; *lend sth to sb* jmd etwas borgen; *lend sth to so* jemandem etwas ausborgen; ~ (out) *vt*, ausleihen; *lend sth out to so* jemandem etwas ausleihen; ~ a hand *vi*, zufassen; ~ *vt*, verborgen; ~ so a hand *vi*, (behilflich sein) helfen; ~ing *sub*, -s Verleihung; ~ing (out) *sub*, -s Ausleihung; ~ing channels *sub*, Leihverkehr; ~ing library *sub*, -ies Leihbücherei

length of one´s stride, *sub*, -s Schrittlänge; length *sub*, -s Körperlänge, Länge, Pferdelänge, Weite; - (ugs.) Dauer; *the length of the movie* die Dauer des Films; length of cloth *sub*, lengths Tuchbahn; length of service *sub*, -es Dienstalter; length of wallpaper *sub*, lengths Tapetenbahn; lengthen *vt*, längen, verlängern; lengthways *adv*, längs; lengthy *adj*, lang, langwierig

leniency, *sub*, *nur Einz.* Nachsicht; (s. ad.) Milde; lenient *adj*, glimpflich, gnädig, nachsichtig; (Urteil) milde; *to be lenient* Nachsicht üben; *to be lenient* milde ausfallen; leniently *adv*, glimpflich

Leninism, *sub*, - Leninismus; Leninist *sub*, -s leninistisch

lens, *sub*, -nes Lenis

lens, *sub*, -es (Brillen-) Glas; (Optik) Linse; ~ defect *sub*, -s Linsenfehler; ~ sytem *sub*, -s Optik

Lent *sub*, - (theol.) Fastenmonat

lentiform, *adj*, linsenförmig

lentil, *sub*, -s (bot., Küche) Linse; ~ soup *sub*, -s Linsensuppe

leo, *sub*, *nur Einz.* (astron., astrol.) Löwe; *to be (a) Leo* Löwe sein; *to be born under the sign of Leo* im Zeichen des Löwen geboren sein; ~ne courage *sub*, *nur Einz.* (geh.) Löwenmut; ~pard *sub*, -s Leopard; (i. ü. S.) *the leopard cannot change his spots* man kann nicht über seinen eigenen Schatten springen

leotard, *sub*, -s (spo.) Trikot

lepton, *sub, -s* Lepton
lesbian, (1) *adj,* lesbisch **(2)** *sub, -s* Lesbierin; *(vulg.)* Lesbe
lesbian *(f.), sub, -s* Homosexuelle
lesion, *sub, -s (med.)* Läsion
less, (1) *adj,* geringer, minder **(2)** *adv,* abzüglich, weniger; *to a lesser extent* in geringerem Maße; *and no less so* und das nicht minder; *more or less* mehr oder minder; *neither more nor less* nicht mehr und nicht minder; *no less important than* nicht minder wichtig als, *he won´t do it for less* darunter tut er es nicht; *with a greater of lesser degree of success* mit mehr oder weniger Erfolg; ~ **gifted** *adj,* minderbegabt; *less gifted people* Minderbegabte; *(iro.)* *mentally less gifted* geistig minderbemittelt; ~ **than (1)** *adj, (als)* geringer **(2)** *adv,* unter; *no less than* kein geringerer als, *(geringer) to be back in less than one hour* unter einer Stunde zurück sein; ~ **well-off** *adj,* minderbemittelt; **~er celandine** *sub, -s* Scharbockskraut
lesson, *sub, -s* Denkzettel; - Lehre; *-s* Lektion, Schulstunde; *(Unterricht)* Stunde; *teach sb a lesson* ihm einen Denkzettel verpassen; **~s** *sub, nur Mehrz.* Unterricht
lessor, *sub, -s* Vermieter, Verpächterin
let, *vt,* lassen; *don´t let on* lass dir nichts anmerken; *don´t let the children out on the street* laß die Kinder nicht auf die Straße; *he let me know that* er hat mich wissen lassen, dass; *if you need anything let me know* wenn du was brauchst, melde dich; *just let him do it* lass ihn nur machen; *(ugs.) let him have it* gib ihm Saures; *let´s go!* packen wir´s!; *now let me tell you sth* ich muss dir jetzt mal was sagen; ~ **(allow)** sb **through** *vt,* durchlassen; ~ **alone** *konj, (- denn)* geschweige; ~ **come along** *vt,* herbeilassen; ~ **come up** *vt,* herauflassen; ~ **down** *vt,* herablassen; ~ **go (1)** *vt,* gehen lassen **(2)** *vti, (-lassen)* gehen; *they have let him go* sie haben ihn gehen lassen; ~ **go (of)** *vt, (nicht mehr festhalten)* loslassen; ~ **go up** *vi,* hinauflassen; ~ **in** *vt,* hereinlassen, hineinlassen; *let so in on a secret* jmd in ein Geheimnis einweihen; ~ **off** *vt, (abfeuern)* loslassen; *(Dampf)* ablassen; *(Feuerwerk)* abbrennen; ~ **out** *vt,* herauslassen, hinauslassen; *(ugs.)* ausplaudern; *(Flüssigkeit)* auslassen; ~ **someone come near** *vt,* heranlassen; *he won´t let anyone come near his books* er lässt niemand an seine Bücher heran

lethal, *adj,* letal
lethargic, *adj,* lethargisch; **lethargy** *sub, nur Einz.* Lethargie
let past, *vt,* vorbeilassen; **let rest** *vt,* ruhen lassen; **let so have sth** *vt,* überlassen; *they let him have it without resistance* sie überließen es ihm widerstandslos; **let sth cool** *vt,* kalt stellen; **let sth. in** *vt, (hineinlassen)* durchlassen; *let a goal in* den Ball durchlassen; *let sb through* jmd durchlassen; **let up** *vi,* lockerlassen; *not to give or let up* nicht lockerlassen; **let´s assume** *konj, (- den Fall)* gesetzt
letter, *sub, -s* Anschreiben, Brief, Buchstabe, Letter; *open letter* offener Brief; *send a letter* einen Brief schicken; *according to the letters of the law* nach dem Buchstaben des Gesetzes; *capital/small letter* ein großer/kleiner Buchstabe; *letter puzzle* Buchstabenrätsel; ~ **of condolence** *sub, -s* - Beileidsschreiben; ~ **of credit** *sub, -s* Kreditbrief; ~ **of marque** *sub, -s* Kaperbrief; ~ **of protest** *sub, -s* Protestnote; ~ **of safe-conduct** *sub, -s* Schutzbrief; ~ **of thanks** *sub, -s* Dankadresse; **~-head(ing)** *sub, -s* Briefkopf; **~-opener** *sub, -* Brieföffner; **~card** *sub, -s* Kartenbrief; **~ing** *sub, -s (Beschriftung)* Aufschrift; **~press printing** *sub, nur Einz.* Buchdruck
lettuce, *sub, -s* Kopfsalat; - Salat; *lettuce* grüner Salat; ~ **plant** *sub, -s* Salatpflanze
leukaemia, *sub, nur Einz.* Leukämie; **leukaemic** *adj,* leukämisch
levade, *sub, -s* Levade
Levant, *sub, nur Einz.* Levante; **~ine (1)** *adj,* levantinisch **(2) levantine** *sub, -* Levantine; *-s* Levantiner
lever, (1) *sub, -s* Hebel **(2)** *vt,* hebeln; *position the lever* den Hebel ansetzen
leviathan, *sub, -s* Leviathan
levitation, *sub, -s* Levitation
Levite, *sub, -s* Levit
lewd, *adj,* unzüchtig
lexeme, *sub, -s* Lexem
lexical, *adj,* lexikalisch; **lexicographer** *sub, -s* Lexikograf; **lexicography** *sub, nur Einz.* Lexikografie, Lexikologie; **lexicologist** *sub, -s* Lexikologin; **lexicology** *sub, nur Einz.* Lexikologie
liability, *sub, -ies* Haftpflicht; *(jur.)* Haftung; *(un)limited liability* (un)beschränkte Haftung; **liable** *adj,* haftbar; **liable for compensation** *adj,* regresspflichtig; **liable to punishment** *adj,* straffällig

liaison, *sub*, -s Liaison
liana, *sub*, -s Liane
liar, *sub*, -s Lügner; *(i. ü. S.)* Weißmacher
libel, *sub*, *nur Einz.* Injurie
liberal, (1) *adj*, freiheitlich; *(Ansichten)* großzügig (2) *adv*, liberal (3) **Liberal** *sub*, -s Freidemokrat, Liberale, Liberalist; **Liberalism** *sub*, *nur Einz.* Liberalismus; **~ity** *sub*, *nur Einz.* Liberalität; **~ize** *vt*, liberalisieren; **liberated** *adj*, *(Volk, Land)* befreit; **liberation** *sub*, -s *(eines Volkes)* Befreiung; **liberation movement** *sub*, - -s Befreiungsbewegung
Liberian, (1) *adj*, liberianisch (2) *sub*, -s Liberianerin
libertinism, *sub*, *nur Einz.* Libertinage
liberty, *sub*, *nur Einz.* Freiheit
Libra, *sub*, *nur Mehrz.* *(tt; astrol.)* Waage
librarian, *sub*, -s Bibliothekar; **library** *sub*, *-ies* Bibliothek, Bücherei; *-es* Werkbücherei; **library photo** *sub*, -s Archivbild
librettist, *sub*, -s Librettist
libretto, *sub*, *-ti* Libretto
licence, *sub*, -s Konzession, Lizenz; *to be licensed to do sth* eine Lizenz für etwas haben; *to manufacture sth under licence* etwas in Lizenz herstellen; **~ fee** *sub*, -s Lizenzgebühr; **~ number** *sub*, -s Lizenznummer; **~e** *sub*, -s Konzessionär; **license** *vt*, *(geh.)* lizenzieren; **licensee** *sub*, -s Lizenznehmer, Lizenzträger; **licenser** *sub*, -s Lizenzgeber; **licensing authority** *sub*, *-ies (Behörde)* Lizenzgeber
licentiousness, *sub*, *nur Einz.* Zügellosigkeit
lichen, *sub*, -s *(bot.)* Flechte; **~ologist** *sub*, -s Lichenologe
lick, (1) *vt*, ablecken, belecken, lecken (2) *vti*, schlecken; *lick so´s face* jemandem das Gesicht ablecken; *lick the plate clean* den Teller ablecken; **~ out** *vt*, auslecken; **~ up** *vt*, auflecken; **~ing** *sub*, *nur Einz.* Schleckerei
lictor, *sub*, -s Liktor
lid, *sub*, -s Kistendeckel, Verschluss
lie, (1) *sub*, -s Lüge (2) *vi*, lügen; *(ausgebreitet sein)* liegen; *it´s all lies* das ist alles Lüge; *to accuse sb of lying* jmdn einer Lüge beschuldigen, *I would be lying if* Ich müsste lügen, wenn; *rotten lie* gemeine Lüge; *that´s a lie!* das ist gelogen!; *to lie like mad* lügen wie gedruckt; *to lie down* sich hinlegen; *to lie dying* im Sterben liegen; *to lie low* untertauchen; **~ around** *vi*, herumliegen, umherliegen; **~ back** *vt*, zurücklegen; **~ detector** *sub*, -s Lügendetektor; **~**

down (1) *vi*, legen, niederlegen (2) *vr*, *(sich)* hinlegen; *she lay down in the grass* sie legte sich ins Gras; *(i. ü. S.)* the matter began to prey on his mind die Sache legte sich ihm aufs Gemüt; *to lie down on one´s back* sich auf den Rücken legen; **~ in wait** *for vi*, belauern; **~ there** *vi*, daliegen; **~ to** *vi*, belügen, beschwindeln; **~ to** *vt*, vorlügen; **~ to so** *vi*, anschwindeln; **~ to so´s face** *vi*, anlügen; **~ waste** *vi*, brachliegen
lieutenant, *sub*, -s Leutnant, Oberleutnant; *lieutenant* Oberleutnant zur See; **~ colonel** *sub*, -s Oberstleutnant
life, *sub*, *-ves* Leben; -s Vita; *nur Einz.* *(Lampe)* Brenndauer; - *(s. Saus)* Braus; *broadcast life* direkt übertragen; *escape with one´s life* die nackte Existenz retten; *firing time of the clay* Brenndauer des Tons; *full of life* voller Schwung; *in the prime of life* im besten Alter; *life is what you make it* jeder ist seines Glückes Schmied; *make an attempt on so´s life* auf jemanden ein Attentat verüben; *not on your life!* nie im Leben!; *she makes the most of everything life has to offer* sie nimmt alles mit, was sich bietet; *(ugs.)* *that´s life* das ist Schicksal; *the seamy side of life* die Niederungen des Lebens; *(i. ü. S.)* to depart this life das Zeitlich segnen; *to reproduce sth true to life* etwas naturgetreu wiedergeben; *live the high life* in Saus und Braus leben; **~ annuity** *sub*, *-ies* Leibrente; **~ insurance** *sub*, -s Lebensversicherung; **~ jacket** *sub*, -s Schwimmweste; **~ net** *sub*, -s *(US)* Sprungtuch; **~ of luxury** *sub*, -s Wohlleben; **~ span** *sub*, -s Lebensdauer; **~(long)** *adj*, lebenslänglich; **~´s work** *sub*, *nur Einz.* Lebensarbeit; **~belt** *sub*, -s Rettungsgürtel, Rettungsring; **~boat** *sub*, -s Rettungsboot; **~guard** *sub*, -s Strandwache
lifeless, *adj*, entseelt, leblos; *(leblos)* unbelebt; **life-size** (1) *adj*, *(in Lebensgröße)* naturgetreu (2) *sub*, *nur Einz.* Lebensgröße; *life-size* in seiner natürlichen Größe, *a life-sized portrait* ein Porträt in Lebensgröße; *(ugs.)* *there he was, as large as life* da stand er in voller Lebensgröße; **~ness** *sub*, *nur Einz.* Leblosigkeit; **lifelihood** *sub*, -s *(Lebensgrundlage)* Existenz; **lifelike** *adj*, naturgetreu; **lifetime** *sub*, *nur Einz.* Lebenszeit; **lifetime of a parliament** *sub*, -s Wahlperiode
lift, (1) *sub*, -s Fahrstuhl, Lift; *(Fahr-*

stuhl) Aufzug; *(phy., in der Luft)* Auftrieb (2) *vr, (sich)* heben (3) *vt,* heben, herausheben, hochbringen, liften; *(hoch-)* stemmen; *(hochheben)* aufheben; *(Schrank, etc.)* anheben (4) *vti, (ugs.; stehlen)* organisieren; *lift a load* eine Last heben; *can you give me a lift?* kann ich mitfahren?; *give sb a lift* jemanden ein Stück mitnehmen; *give so a lift* jemanden im Auto mitnehmen; *to give sb a lift* jmdn im Auto mitnehmen, jmdn mitfahren lassen; ~ **off** *vt, (Gegenstand)* abheben; ~ **shaft** *sub,* - -*s* Aufzugsschacht; ~ **the hand** *vt, (zum Schlagen)* ausholen; ~ **up** *vt,* hochheben; ~**boy** *sub, -s* Liftboy; ~**ing capacity** *sub, -ies (tt)* Hub; ~**ing force** *sub,* - -*s (tt; phy.,* in der Luft) Auftriebskraft
ligament, *sub, -s (anat.)* Band
ligature, *sub, -s* Ligatur
light, (1) *adj,* leicht, licht; *(Farbe)* hell; *(Kleidung)* luftig (2) *sub, -s* Lampe, Leuchte, Licht; *nur Einz.* Schein (3) *vt,* entzünden, erleuchten, zünden; *(anbringen)* anmachen; *(Brand)* entfachen; *(Kerze, Zigarette)* anzünden; *a light meal* ein leichtes Essen; *it´s a leightweight suitcase* der Koffer ist aus einem leichten Material; *light music* leichte Musik; *the suitcase is big, but it´s light* der Koffer ist groß, aber leicht, *(i. ü. S.)* bring to *light* an den Tag bringen; *get off lightly* glimpflich davongekommen; *(ugs.)* get out of my *light!* geh mir aus der Sonne!; *Lights out* Licht aus; *soften the light* Licht dämpfen; ~ **(up)** *vt, (Raum etc.)* beleuchten; ~ **a fire** *vi,* feuern; ~ **brown (hair)** *adj,* dunkelblond; ~ **coach horse** *sub, -s* Jucker; ~ **diet** *sub, -s* Schonkost; ~ **filter** *sub, -s* Lichtfilter; ~ **metal** *sub, -s* Leichtmetall; ~ **meter** *sub,* - -*s* Belichtungsmesser; ~ **music** *sub, nur Einz.* Unterhaltungsmusik; ~ **novel** *sub, -s* Trivialroman; ~ **reflection** *sub, -s* Lichtreflex; ~ **signal** *sub, -s* Lichtsignal; ~ **up** (1) *vi, (Lampe, Augen)* aufleuchten (2) *vt,* erhellen; ~ **year** *sub, -s* Lichtjahr
light-buoy, *sub, -s* Leuchtboje; **light-footed** *adj,* leichtfüßig; **light-hearted** *adj,* leichtblütig, leichtherzig; **lightweight** *adj, (anspruchslos)* musikantisch; **lighten** *vt, (Gewicht)* erleichtern; **lighter** *sub, -s* Anzünder, Feuerzeug, Schleppkahn; **lighthearted** *adj,* unbekümmert, unbeschwert; **lighthouse** *sub, -s* Leuchtturm
lighting, *sub, nur Einz. (eines Raumes)* Beleuchtung; ~ **effect** *sub, -s* Lichteffekt; ~ **system** *sub, -s* Beleuchtungsan-

lage; ~ **technician** *sub, -s* Beleuchter; ~ **wire** *sub, -s* Lichtleitung; **lightly smoked pork loin** *sub, -s* Selchkarree; **lightness** *sub, nur Einz.* Leichtigkeit
lightning, (1) *adj,* blitzartig (2) *sub, nur Einz.* Blitz; *-s* Blitzschlag; *a flash of lightning* ein Blitz; *lightning has struck* ein Blitz hat eingeschlagen; *like greased lightning* wie ein geölter Blitz; ~ **operation** *sub, -s* Blitzaktion; ~ **poll** *sub, -s* Blitzumfrage; ~ **speed** *sub, nur Einz.* Blitzesschnelle; ~**-conductor** *sub, -s* Blitzableiter
lights, *sub,* - Lichtanlage
lightship, *sub, -s* Feuerschiff
lightweight, *sub, -s* Leichtgewicht
lignin(e), *sub, -s* Lignin
ligthen up, *vt, (Fotografie)* aufhellen
like, (1) *vi,* gefallen (2) *vt,* mögen; *(mögen)* machen (aus); *how do you like my hat?* wie gefällt dir mein Hut?; *I don´t like it* es gefällt mir nicht; *I like it es* gefällt mir; *what I like about it* was mir daran gefällt, *and the like* und ähnliches; *as you like it* ganz nach Belieben; *be no longer liked* sich alle Sympathien verscherzen; *do as you like* mach, wie du Lust hast; *I don´t like him* er ist mir unsympathisch; *I don´t like it one bit* das behagt mir aber gar nicht; *I liked her at once* sie war mir vom ersten Moment an sympathisch; *I wouldn´t like to live here* hier möchte ich nicht wohnen; *I´d like to* ich hätte Lust dazu; *I´d like to know that too* das möcht´ ich auch wissen; *if you like, I don´t mind* wenn du meinst; *It´s just like him to say* that das passt zu ihm, so etwas zu sagen; *like father, like son* wie der Vater, so der Sohn; *Like it or not, you have to take off your shoes* Du musst die Schuhe ausziehen, ob du nun willst oder nicht; *she´s just like her father* sie ist ganz ihrem Vater nachgeraten; *something like* so etwas ähnliches wie; *that´s what I like* das lob ich mir; *to take a liking to sb* zu jmd eine Neigung fassen; *what would you like* was darf es sein; *what would you like?* was möchten sie, bitte?; *would you like sth to drink* etwas zu trinken gefällig?; ~ **a caterpillar** *adj,* raupenartig; ~ **a column** *adj,* säulenförmig; ~ **a coward** *adv,* feig, feige; ~ **a detective** *adv,* detektivisch; ~ **a married man** *adv,* ehemännlich; ~ **a relief** *adj,* reliefartig; ~ **a robot** *adj,* roboterhaft; ~ **a tendril** *adj,* rankenartig;

~ an avalanche *adj*, lawinenartig; **~ Euripides** *adj*, euripideisch; **~ junk** *adj*, ramschweise; **~ mad** *adv*, rasend; **~ this** *adv*, *(auf diese Art)* so; **~ this/that** *adj*, solche; **~-minded** *adj*, kongenial; **~able** *adj*, sympathisch; **~wise** *adv*, gleichfalls; **liking** *sub*, *-s* Faible

lilac, *sub*, *-s* Flieder, Fliederbusch; **~ blossom** *sub*, *-s* Fliederblüte

Liliputian, *sub*, *-s (Bewohner von Liliput)* Liliputaner; **Lilliput** *sub*, *nur Einz.* Liliput

lilo, *sub*, *-s (Markenname)* Luftmatratze

lilt, *vi*, trällern

lily, *sub*, *-ies* Lilie; **~ of the valley** *sub*, *lilies* Maiglöckchen; **~-white** *adj*, *(geh.)* schwanenweiß

limbo, *sub*, *nur Einz.* Limbo

lime, *sub*, *-s* Limette, Limone; *(chem.)* Kalk; **~ (tree)** *sub*, *-s* Linde; **~ blossom** *sub*, *-s* Lindenblüte; **~ blossom tea** *sub*, *-s* Lindenblütentee; **~ honey** *sub*, *-s* Lindenhonig; **~ juice** *sub*, *-s* Limettensaft; **~ leaf** *sub*, *- leaves* Lindenblatt; **~ twig** *sub*, *-s* Leimrute

limerick, *sub*, *-s* Limerick

limes castle, *sub*, *-s* Limeskastell

limestone, *sub*, *nur Einz.* Kalkstein

limit, **(1)** *sub*, *-s* Grenzwert; *nur Einz.* Höchstbetrag; *-s* Höchstgrenze, Limit; *(i. ü. S.)* Grenze **(2)** *vt*, befristen, limitieren; *(Auswirkungen etc.)* begrenzen; *(begrenzen)* einschränken; *to the limit* of bis zu einem Höchstbetrag von; *to set sb a limit* jmd ein Limit setzen; *(i. ü. S.) keep within limits* sich in Grenzen halten; *(i. ü. S.) reach its limits* an seine Grenzen stoßen, *drive os to the limit* sich vollständig ausgeben; *fit for limited service* bedingt tauglich; **~ation** *sub*, *-s* Einschränkung, Limitation, Limitierung, Verjährung; **~ations** *sub*, *nur Mehrz. (von Möglichkeiten etc.)* Begrenztheit; **~ed** **(1)** *adj*, begrenzt, bemessen; *(eingeschränkt)* beschränkt **(2)** *adv*, begrenzt; *available for a limited period only* zeitlich begrenzt verfügbar; **~ed** **partner** *sub*, *-s* Kommanditist; *(Swiss)* Kommanditär; **~ed partnership** *sub*, *-s (wirt.)* Kommanditgesellschaft

limnimeter, *sub*, *-s* Limnimeter

limnological, *adj*, limnologisch

limousine, *sub*, *-s* Limousine

limp, **(1)** *adj*, lasch, schlaff **(2)** *vi*, hinken, humpeln; **~ness** *sub*, *nur Einz.* Schlaffheit

linden avenue, *sub*, *-s* Lindenallee

line, **(1)** *sub*, *-s* Kurs, Leine, Linie, Verbindung, Zeile; *(Haut)* Falte; *(Leitung)* Draht; *(Linie)* Strich; *(Reihe)* Spalier; *(spo.)* Grenzlinie **(2)** *vt*, auskleiden, verkleiden; *(Kleidung)* füttern; *(Mantel)* abfüttern; *(umgeben)* umsäumen; *hard/soft line* harter/weicher Kurs; *the governement won´t stick to its old line* die Regierung wird nicht bei dem alten Kurs bleiben; *(i. ü. S.) all along the line* auf der ganzen Linie; *(i. ü. S.) along the same lines* auf der gleichen Linie; *(mil.) the enemy lines* die feindlichen Linien; *to read between the lines* zwischen den Zeilen lesen; *draw a dividing line between* etwas voneinander abgrenzen; *drop me a line* schreiben Sie mir ein paar Zeilen; *have a direct line* einen guten Draht haben; *hold the line please* am Apparat bleiben; *hold the line, please!* bleiben Sie bitte am Telefon!; *I know that line* die Platte kenne ich schon; *line up* sich aufreihen; *Please hold the line* Bitte bleiben sie am Apparat; *that´s not my line* das ist nicht mein Fach; *form a line* ein Spalier bilden; **~ etching** *sub*, *-s* Strichätzung; **~ of business** *sub*, *lines (wirt.)* Sparte; **~ of cars** *sub*, *-s - Autokolonne; **~ of fire** *sub*, *-s* Schusslinie; **~ of thought** *sub*, *-s* Gedankengang; **~ one´s own pocket** *vr*, *(ugs.)* sanieren; **~ over** *vt*, überkleiden; **~ with firebricks** *vt*, schamottieren

linear, *adj*, linear

line change, *sub*, *-es (i. ü. S.)* Zeilensprung

lined paper, *sub*, *-s* Linienpapier; **lined sheet (of paper)** *sub*, *-s* Linienblatt

linelength, *sub*, *- (i. ü. S.)* Zeilenlänge

linger (on), *vi*, *(Erinnerung)* nachklingen

lingua franca, *sub*, *nur Einz.* Verkehrssprache

lingual sound, *sub*, *-s* Linguallaut

linguist, *sub*, *-s* Linguist, Sprachkenner; **~ic** *adj*, linguistisch; **~ic atlas** *sub*, *-es* Sprachatlas; **~ic criticism** *sub*, *-s* Sprachkritik; **~ic exercise** *sub*, *-s* Sprachübung; **~ic genius** *sub*, *- Sprachgenie; **~ic island** *sub*, *-s* Sprachinsel; **~ic law** *sub*, *-s* Sprachgesetz; **~ic sophistication** *sub*, *- Sprachkultur; **~ically talented** *adj*, sprachbegabt; **~ics** *sub*, *nur Mehrz.* Linguistik; *- Sprachwissenschaft

liniment, *sub*, *-s (anat.)* Liniment

lining, *sub*, *-s* Auskleidung; - Steppfutter; *-s* Verkleidung; *(Mantel)* Abfütte-

rung; *(von Bremsen)* Belag; *(von Kleidung)* Futter; ~ **material** *sub*, *-s* Futterstoff; ~ **silk** *sub*, *-s* Futterseide
link, (1) *sub*, *-s* Bindeglied; *(Ketten-)* Glied **(2)** *vt*, *(einfügen)* einbinden; *missing link* fehlendes entwicklungsgeschichtliches Bindeglied, *be linked with each other* mit einander in Beziehung stehen; *link a city into the transport system* eine Stadt in ein Verkehrsnetz einbinden; ~ **arms and sway from side to side** *vi*, schunkeln; ~ **up with** *vt*, *(zuschalten)* einblenden; ~**ing up to the cable network** *sub*, - Verkabelung
linnet, *sub*, *-s* Hänfling
lino(leum), *sub*, *nur Einz*. Linoleum
lintel, *sub*, *-s (arch.)* Fensterstock
lion, *sub*, *-s* Löwe; *to beard the lion in his den* sich in die Höhle des Löwen wagen; ~´s *share sub*, *nur Einz*. *(ugs.)* Löwenanteil; ~**ess** *sub*, *-es* Löwin
lip, *sub*, *-s* Lippe; *his thick lips* die dicken Wülste seiner Lippen; *(ugs.) the word froze on his lips* das Wort erstarb ihm auf den Lippen; *to be on everyone´s lips* in aller Munde sein; ~**-gloss** *sub*, *nur Einz*. Lipgloss
Lipizzaner, *sub*, *-s* Lipizzaner
lipstick, *sub*, *-s* Lippenstift
liquefaction, *sub*, *-s* Verflüssigung
liquefy, *vtr*, verflüssigen
liquid, (1) *adj*, flüssig, liquid **(2)** *sub*, *-s* Flüssigkeit, Liquida; *liquids/solids* flüssige/feste Nahrung; ~ **gas** *sub*, *-es* Flüssiggas; ~ **manure** *sub*, *-s* Gülle; *nur Einz*. Jauche, Odel; ~ **manure tank** *sub*, *-s* Jauchenfass; ~**ation** *sub*, *-s* Liquidation; *(von Firma)* Liquidierung; ~**ity** *sub*, *nur Einz*. *(wirt.)* Liquidität
liquorice, *sub*, - Lakritze; *nur Einz*. *(ugs.)* Bärendreck
lisp, *vti*, lispeln
list, (1) *sub*, *-s* Latte, Liste; *nur Einz*. Schlagseite; *-s (Liste)* Auflistung, Aufzählung **(2)** *vt*, auflisten, listen; *(auflisten)* aufführen; *(ugs.) he came with a (long) list of complaints* er kam mit einer Latte von Beschwerden; *(ugs.) he´s got a long criminal record* er hat eine Latte von Vorstrafen; *to put one´s name down on a list* sich in eine Liste eintragen; *to be listed* unter Naturschutz stehen; ~ **of (regional) candidates** *sub*, *-s* Landesliste; ~ **of names** *sub*, *lists* Onomastikon; ~ **of registered plant varieties** *sub*, *lists* Sortenzettel; ~ **price** *sub*, *-s* Listenpreis; ~ **sth for admission to the stock exchange** *vt*, *(wirt.)* kotieren

listen, *vi*, herhören, horchen, hören, lauschen; *I listen to the radio in the car* im Auto höre ich Radio; *will you listen to me for a change?* hörst du mal auf mich?; *listen pass auf; listen intently* angestrengt zuhören; *listen to reason* zur Einsicht kommen; *refuse to listen* to kein Gehör schenken; *to listen to what people really say* dem Volk aufs Maul schauen; ~ **(too)** *vi*, mithören; ~ **attentively** *vi*, aufmerken; ~ **to (1)** *vi*, zuhören **(2)** *vt*, anhören; *just listen to this* nun hör dir das an; *listen in on sth* etwas mit anhören; ~**er** *sub*, *-s* Hörer, Zuhörer; ~**ers** *sub*, *nur Mehrz*. Hörerschaft; ~**ing post** *sub*, *-s (tt; mil.)* Horchposten
listing, *sub*, *-s (das Auflisten)* Auflistung; ~ **the left** *adj*, linkslastig; ~ **to the right** *adj*, rechtslastig; **listless** *adj*, schlapp; **listlessness** *sub*, - Schlappheit
litany, *sub*, *-ies (theol.)* Litanei
literal, *adj*, wörtlich
literally, *adv*, buchstäblich; **literary** *adj*, literarisch; **literary and artistic director** *sub*, *-s* Dramaturg; **literary artistry** *sub*, - Sprachkunst; **literary studies** *sub*, *nur Mehrz*. Literaturwissenschaft; **literary world** *sub*, *-s* Literatentum
literature, *sub*, *-s* Literatur; *nur Einz*. Schrifttum
lithe, *adj*, *(geschmeidig)* gelenkig; *(Körper)* geschmeidig; ~**ness** *sub*, *-es* Gelenkigkeit
lithium, *sub*, *nur Einz*. Lithium
lithograph, *vt*, lithografieren; **lithology** *sub*, *nur Einz*. Lithologie
litmus, *sub*, *nur Einz*. Lackmus; ~ **paper** *sub*, - Lackmuspapier
litotes, *sub*, - Litotes
litre, *sub*, *-s* Liter; *(Bier)* Maß; *two litres of beer* zwei Maß Bier; ~ **bottle** *sub*, *-s* Literflasche
little, (1) *adj*, gering, klein, wenig **(2)** *adv*, wenig; *little knowledge* geringe Kenntnisse; *(i. ü. S.) make do with very little* auf kleiner Flamme kochen; *precious little* erbärmlich wenig; ~ **aches** *sub*, *nur Einz*. *(ugs.)* Zipperlein; ~ **angel** *sub*, *-s* Engelchen; ~ **bare monkey** *sub*, *-s (Kind)* Nakkedei; ~ **bonnet** *sub*, *-s* Häubchen; ~ **book** *sub*, *-s* Büchlein; ~ **by little** *adv*, *(zeitlich, ~ und ~)* nach; ~ **cup** *sub*, *-s* Tässchen; ~ **daughter** *sub*, *-s* Töchterchen; ~ **devil** *sub*, *-s* Lausebengel; *(i. ü. S.)* Wildfang; ~ **drink** *sub*, *-s* Schnäpschen; ~ **fellow** *sub*, *-s*

Knirps; ~ **flag** *sub*, *-s* Fähnlein; ~ **flan** *sub*, *-s* Törtchen; ~ **flower** *sub*, *-s* Blümchen; ~ **goat** *sub*, *-s* Geißlein; ~ **helpful fairy** *sub*, *-ies* Heinzelmännchen **little jump**, *sub*, *-s* Hüpfer; **little man** *sub*, *men* Männchen; **little monster** *sub*, *-s (ugs.)* Wechselbalg; **little mouse** *sub*, *mice* Mäuschen; **little mussel** *sub*, *-s* Müschelchen; **little picture** *sub*, *-s* Bildchen; **little place** *sub*, *-s (kleiner Platz)* Plätzchen; **little plaster** *sub*, *-s* Pflästerchen; **little pot** *sub*, *-s* Töpfchen; **little rascal** *sub*, *-s (niedl. Kind)* Fratz; **Little Red Ridinghood** *sub*, *nur Einz.* Rotkäppchen; **little scarf** *sub*, *-s* Tüchlein; **little shop** *sub*, *-s* Budike, Tante-Emma-Laden **little shrug**, *sub*, *-s* Sträuchlein; **little song** *sub*, *-s* Liedchen; **little stalk** *sub*, *-s* Stängelchen; **little stream** *sub*, *-s* Flüsschen; **little sweetie** *sub*, *-s* Püppchen; **little while** *sub*, *nur Einz. (ugs.)* Weilchen; **little wood** *sub*, *-s* Wäldchen **littoral**, *adj*, *(geol.)* litoral **liturgical**, *adj*, liturgisch; **liturgics** *sub*, *nur Mehrz. (relig.)* Liturgik; **liturgist** *sub*, *-s* Liturg; **liturgy** *sub*, *-ies* Liturgie **live**, (1) *adj*, live; *(Kohlen)* glühend (2) *vi*, hausen, leben, wohnen; *(wohnen)* sitzen; *be short-lived* von kurzem Bestand sein; *live to old age* ein hohes Alter erreichen; *liven things up* Leben in die Bude bringen; *they are just two people living in the same house* sie leben nur noch nebeneinanderher; *to live on sth* sich von etwas nähren; *what do you do for a living?* was machst du beruflich?; ~ **as a vagabond** *vi*, vagabundieren; ~ **in want** *vt*, darben; ~ **off sb** *vt*, durchfuttern; ~ **on** *vi*, weiterleben; ~ **on sb´s hospitality** *vt*, *(i. ü. S.)* durchfressen; ~ **out** *vt*, *(Phantasie)* ausleben; ~ **programme** *sub*, *-s* Livesendung; ~ **through** *vt*, *(ugs.)* durchleben; *(erleben)* mitmachen; ~ **together** *vi*, zusammenleben; ~ **weight** *sub*, *-* Lebendgewicht; **~lihood** *sub*, *nur Einz. (Existenz)* Auskommen; *make a decent living* ein Auskommen haben; **~liness** *sub*, *nur Einz.* Lebendigkeit, Munterkeit, Spritzigkeit **lively**, (1) *adj*, angeregt, flott, lebendig, lebhaft, quick, quirlig, spritzig; *(ugs.)* peppig; *(lebhaft)* munter; *(munter)* mobil; *(Person)* ausgelassen; *(Szene)* belebt (2) *adv*, angeregt; *to liven sb up* jmdn mobil machen, *have a lively conversation* sich angeregt unterhalten; **~ness** *sub*, *nur Einz. (einer Szene)* Belebtheit; **liven up** *vt*, *(munter machen)*

ermuntern; *(Stimmung)* auflockern; ~ **liven up** munter werden; **livening up** *sub*, *nur Einz. (der Stimmung)* Auflockerung **liver**, *sub*, *-s* Leber; ~ **disorder** *sub*, *-s* Leberleiden; ~ **paté** *sub*, *-s* Leberpastete **liveried**, *adj*, livriert **livery**, *sub*, *-ies* Livree **livestock**, *sub*, *-s* Vieh, Viehbestand; ~ **breeder** *sub*, *-s* Viehzüchter; ~ **breeding** *sub*, *nur Einz.* Tierzucht; *-s* Viehzucht; ~ **dealer** *sub*, *-s* Viehhändler; ~ **herd** *sub*, *-s* Viehherde; ~ **owning** *sub*, *-s* Viehhaltung **living**, (1) *adj*, lebend; *(biol.)* rezent (2) *sub*, *nur Einz.* Lebensunterhalt; *there´s good living to be made as a craftsman* das Handwerk nährt seinen Mann; *what do you do for a living?* welchem Beruf gehen sie nach?, *she supports the family* sie verdient den Lebensunterhalt für die Familie; *you won´t be able to earn your living with music* mit Musik wirst du deinen Lebenshalt nicht verdienen können; ~ **area** *sub*, *-s* Wohnbereich; ~ **cell** *sub*, *-s (med.)* Frischzelle; ~ **image** *sub*, *-* Leibhaftige; ~ **one sommer** *vi*, einsommerig; ~ **room** *sub*, *-s* Wohnraum, Wohnzimmer; ~ **space** *sub*, *-s* Wohnraum; ~ **thing** *sub*, *-s* Lebewesen; ~ **together** *sub*, *-* Zusammenleben **Livonian**, *adj*, livländisch **lizard**, *sub*, *-s* Eidechse; ~ **skin** *sub*, *-s* Eidechsleder **load**, (1) *sub*, *-s* Auslastung, Fuhre, Ladung, Last, Traglast, Wucht; *(tech.)* Belastung (2) *vt*, bepacken, laden, verladen; *(a. i.ü.S.)* befrachten; *(aufladen)* beladen; *(Gepäck)* aufladen; *(Ladung)* einschiffen; *get os loaded with sth* sich etwas aufladen; *load so with sth* jemandem etwas aufladen; *(i. ü. S.) that´s a load off my mind!* mir fällt ein Stein vom Herzen!; *the maximum load* die äußerste Belastung; *(ugs.) there was loads of wine* es gab jede Menge Wein; ~ **(carried on back)** *sub*, *-s (ugs.)* Hucke; *(ugs.) to give so a good thrashing* jemandem die Hucke voll hauen; *(ugs.) to tell so a pack of lies* jemandem die Hucke voll lügen; ~ **(into)** *vt*, *(in)* einladen; *load sth into the car* etwas ins Auto einladen; ~ **capacity** *sub*, *-ies* Ladegewicht; ~ **of shit** *sub*, *-s (vulg.)* Scheißdreck; **~-bearing member** *sub*, *-s (Bauwerk)* Tragwerk; **~-carrying** *adj,* tragkräftig; ~**able** *adj, (tech.)* belastbar; ~**ed** *adj,* geladen; ~**ing** *sub, nur Einz.* Befrachtung; ~**ing** *Beladung;* ~**ing capacity** *sub, -ies (tech.)* Belastbarkeit; ~**ing crane** *sub, -s (tt; tech.)* Verladekran; ~**ing hatch** *sub, -es* Ladeluke; ~**ing platform** *sub, -s* Verladerampe; ~**room** *sub, -s* Laderaum **loaf,** *sub, -ves* Laib; ~ **around** *vi, (ugs.)* gammeln; ~ **of bread** *sub, -s* Brotlaib; ~**er** *sub, -s* Herumtreiber, Tagedieb; *(US)* Slipper **loathing,** *sub, -s (langfristig)* Ekel; **have a loathing for sth** einen Ekel vor etwas haben **lob,** (1) *sub, nur Einz. (spo.)* Lob (2) *vi,* lobben **lobbering,** *sub, - (Essen)* Geschlabber **lobby,** *sub, -ies* Lobby; ~**ist** *sub, -s* Lobbyist **lobe,** *sub, -s* Ohrläppchen **lobelia,** *sub, -s* Lobelie **lobotomy,** *sub, -s* Lobotomie **lobster,** *sub, -s* Hummer; ~ **soup** *sub, -s* Hummersuppe **local,** (1) *adj,* gebietsweise, lokal, örtlich, ortsansässig, ortsüblich; *(Handwerk)* bodenständig (2) *adv,* hiesig (3) *sub, -s* Stammkneipe; *it was limited to a local* encounter der Konflikt war örtlich begrenzt; *local anaesthetic* örtliche Betäubung; *standard local rents* ortsübliche Mieten; ~ **(municipal) election** *sub, -s* Kommunalwahl; ~ **(telephone) exchange area** *sub, -s* Ortsnetz; ~ **anaesthesia** *sub, -s* Lokalanästhesie; ~ **authority** *sub, -ies* Gemeindeamt; *(Verwaltung)* Gemeinde; ~ **authority district** *sub, -s* Kommune; ~ **call** *sub, -s* Ortsgespräch; *(Telefon)* Stadtgespräch; ~ **colour** *sub, -s* Lokalkolorit; ~ **council** *sub, -s* Gemeinderat; ~ **derby** *sub, -ies* Lokalderby; ~ **dignitary** *sub, -ies* Honoratioren; ~ **election** *sub, -s* Gemeindewahl; ~ **exchange** *sub, -s (Zweigstelle)* Nebenamt; ~ **heritage museum** *sub, -s* Heimatmuseum; ~ **knowledge** *sub, nur Einz.* Ortskenntnis; ~ **news** *sub, nur Mehrz.* Lokalbericht **locality,** *sub, -ies* Örtlichkeit; *(örtl. Beschaffenheit)* Lokalität; **localization** *sub, -s (med.)* Lokalisation; **localize** *vt,* lokalisieren **local newspaper,** *sub, -s* Lokalzeitung; **local newsroom** *sub, -s* Lokalredaktion; **local patriotism** *sub, nur Einz.* Lokalpatriotismus; **local press** *sub, nur Einz .* Lokalpresse; **local rain** *sub, -s* Strichregen; **local requirements** *sub,*

nur Mehrz. (Handel) Platzbedarf; **local resident** *sub, -s* Sass; **local studies** *sub, -* Heimatkunde; **local telephone headquarters** *sub, -* Fernmeldeamt; **local time** *sub, -s* Ortszeit; **local traffic** *sub, nur Einz.* Nahverkehr, Ortsverkehr; **local weights and measures office (am: local bureau of standards)** *sub, -s* Eichamt **locate,** (1) *vi,* lokalisieren (2) *vt,* orten; **locating** *sub, -s* Ortung; *(Sender)* Peilung; **location** *sub, -s* Lage, Lokalisation, Standort, Trassierung; **location shot** *sub, - -s (beim Filmen)* Außenaufnahme; **locative (case)** *sub, -s (gramm.)* Lokativ **lock,** (1) *sub, -s* Verschluss; *(Schiffe)* Schleuse; *(Tür)* Schloss (2) *vt,* versperren, zuschließen; *(Schiffe)* schleusen; *(Tür)* absperren; ~ **(up)** *vt,* verschließen; ~ **and chain** *sub, -s* Schließkette; ~ **away** *vt,* wegschließen; ~ **gate** *sub, -s* Schleusentor; ~ **out** *vt,* aussperren; ~ **out.** *vt, (aussperren)* ausschließen; ~ **sb up** *vt, (ugs.)* einbuchten; *lock up sb* jmd einbuchten; ~ **sb/sth. up** *vt,* einsperren; ~ **sth. up** *vt,* einschließen; ~ **up** *vt, (Tür, Schmuck, etc.)* abschließen **lock-smith,** *sub, -s* Schlosser, Schlosserin; **lockable** *adj, (techn.)* feststellbar; **locked** *adj,* verschlossen; **locker** *sub, -s* Schließfach, Spind; **locking** *sub, -s* Verriegelung, Versperrung; **lockjaw** *sub, -s* Starrkrampf; **lockout** *sub, -s (Streikender)* Aussperrung **locomotion,** *sub, nur Einz.* Fortbewegung; **locomotive** *sub, -s* Lokomotive **locust,** *sub,*   *-s (gefährliche)* Heuschrecke **loden (cloth),** *sub, -s* Loden; **loden (coat)** *sub, -s* Lodenmantel **lodge,** *sub, -s (Pförtner/Jagd-)* Häuschen; *(Pförtner~, Freimaurer~)* Loge; *this prejudice lodged in his mind* dieses Vorurteil nistete in seinem Hirn; ~**r** *sub, -s (Unter~)* Mieter; *a lodger* ein möblierter Herr; **lodging** *sub, -s* Wohnung; **lodgings** *sub, nur Mehrz. (veraltet)* Logis; **board and lodging** Kost und Logis **loess,** *sub, nur Einz.* Löss **Lofoten Islands,** *sub, nur Mehrz.* Lofotinseln **lofty,** *adj,* turmhoch; ~ **(of trees)** *adj,* hochstämmig **log,** *sub, -s* Kloben, Scheit; *(naut.)* Log; ~ **(book)** *sub, -s* Logbuch; ~ **cabin** *sub, -s* Blockhaus; ~ **table** *sub, -s* Logarithmentafel; ~**arithm** *sub, -s* Log-

arithmus; **~book** *sub, -s (mot.)* Fahrtenbuch
loggia, *sub, -s* Loggia
logic, *sub, nur Einz.* Logik; *this statement is lacking in logic* dieser Aussage fehlt die Logik; *to conclude with incredible logic* messerscharf schließen; *your logic is a bit quaint* du hast vielleicht eine Logik!; **~al** *adj,* folgerichtig, logisch; **~ally** *adv,* folgerichtig; **~ian** *sub, -s* Logiker
logistic, *adj,* logistisch; **~s** *sub, nur Mehrz. (mil.)* Logistik
logopaedic, *adj,* logopädisch
loin, *sub, -s* Lende; **~ roast** *sub, -s* Lendenbraten, Lungenbraten; **~cloth** *sub, -s* Lendenschurz, Schurz
loll about, (1) *vi,* räkeln (2) *vr, (ugs.)* rekeln; **lollipop** *sub, -s* Lutscher
lomber, *sub, nur Einz. (Kartenspiel)* Lomberspiel
loneliness, *sub, nur Einz.* Einsamkeit; **lonely** *adj,* einsam; **loner** *sub, -s* Einzelgänger
lone wolf (loner), *sub, wolves* Eigenbrötler
long, (1) *adj,* lang; *(Entfernung)* groß; *(zeitl)* weit (2) *vt,* ersehnen; *it will be a long time before* es wird lange dauern bis; *long after sth* etwas ersehnen; *that´s too long for me* das dauert mir zu lange; **~ ago** *adv,* längst; **~ blouse** *sub, -s (Austrian)* Kasack; **~ boot** *sub, -s* Langschäfter; **~ distance** *sub, -s* Langstrecke; **~ distance ride** *sub, -s* Distanzritt; **~ drink** *sub, -s* Longdrink; **~ fly** *sub, -s (Turnen)* Hechtsprung; **~ for** (1) *vi,* verlangen (2) *vr,* zurücksehnen (3) *vt,* herbeisehnen; **~ for sb/sth** *vi,* sehnen; **~ johns** *sub, -* Liebestöter; **~ match** *sub, -es* Fidibus; **~ narrow inlet** *sub, -s* Förde; **~ point** *sub, -s (tt; geogr.)* Zipfel; **~ seller** *sub, -s* Longseller
long shot, *sub, -s* Totale; **long-distance call** *sub, -s* Ferngespräch; **long-distance commuter** *sub, -s* Fernpendler; **long-distance line** *sub, -s* Fernleitung; **long-distance lorry** *sub, -ies* Fernlastzug; **long-distance lorry-driver** *sub, -s* Fernfahrer; **long-distance running** *sub, nur Einz.* Langstreckenlauf; **long-distance shot** *sub, -s* Fernaufnahme; **long-distance traffic** *sub, nur Einz.* Fernverkehr; **long-fingered** *adj,* langfingerig; **long-haired dachshund** *sub, -s* Langhaardackel; **long-handled scrubbing brush** *sub, -es* Schrubber
long-winded, *adj,* langatmig, weitläufig, weitschweifig; *(weitschweifig)* um-

ständlich; **longboat** *sub, -s* Barkasse; **longed-for** *adj,* heiß ersehnt; **longing** (1) *adj,* sehnsüchtig (2) *sub, -s* Sehnsucht; *nur Einz.* Verlangen; **longing for revenge** *adj,* rachedurstig; **longish** *adv,* länglich; **longitudinal** *adj,* longitudinal; **longitudinal section** *sub, -s* Längsschnitt
loofah, *sub, -s* Luffa
look, (1) *sub, -s* Blick; *nur Mehrz. (Aussehen)* Optik; *-s (Mode)* Look (2) *vi,* äugen, ausnehmen, aussehen, blikken, hinsehen, nachsuchen, schauen; *(ugs.)* ausschauen (3) *vti,* gucken; *give sb a look* jmd einen Blick zuwerfen; *if looks could kill* wenn Blicke töten könnten; *looking at it a second time* auf den zweiten Blick; *take a look behind the scenes* einen Blick hinter die Kulissen werfen; *take a quick look at sth* einen Blick auf etwas werfen, *look good* sich schön ausnehmen; *it looks like as if* es sieht danach aus als ob; *you are looking well/ill* du siehst gut/schlecht aus; *look away* zur Seite blicken; *look back on the past year* auf das vergangene Jahr blicken; *look sb straight in the eyes* jmd gerade in die Augen blicken; *have a look and see* if such nach, ob; *(ugs.) he looked the worse for wear* er sah ziemlich ramponiert aus; *it looks as if* es hat den Anschein, als wenn; *it´s just here because it looks good* das ist nur hier wegen der Optik; *look out for someone* nach jemandem spähen; *look out for sth* nach etwas Ausschau halten; *the dog is well looked after by us* der Hund hat bei uns gute Pflege; *to have sb looked after* jmdn in Pflege geben; *to look after sb* die Pflege von jmd übernehmen, jmdn in Pflege nehmen; *(ugs.) to look at sb out of the corner of one´s eye* jmdn schräg ansehen; *to look down on sb* jmdn von oben herab ansehen; *to look grim* eine finstere Miene machen; *to look sb up and down* jmdn mit Blicken messen, von oben bis unten mustern; *to look the worse for wear* mitgenommen aussehen; *when nobody was looking* in einem unbeobachteten Augenblick, *have a look* guck mal; **~ about** *vi,* umherblicken; **~ after** (1) *vi, (Kinder etc.)* betreuen (2) *vt,* behüten, hegen, schonen, umsorgen, versorgen, warten; *(Kinder)* beaufsichtigen; *have to look after os* auf sich selbst angewiesen sein; *to look after a child* ein Kind pflegen; **~ after**

sth or so *vt*, kümmern; *I´ll get the meal ready* ich kümmere mich um das Essen; *she looked after her sick mother for years* sie kümmerte sich jahrelang um ihre kranke Mutter; **~ all spruced up** *adj, (wie - aussehen)* geleckt; **~ around** *vr*, umschauen, umsehen; *have a look around the town* sich in der Stadt umsehen; *look around* Umschau halten; **~ at (1)** *vi*, ansehen, besehen, zugucken; *(betrachten)* anschauen; *(untersuchen)* befassen **(2)** *vt*, anblicken, betrachten, sehen; *(Text)* einsehen; *have a close look at* sich etwas genau ansehen; *have a close look at* sich etwas genau anschauen, *look upon as* etwas betrachten als **look at each other**, *vt*, anblicken; **look at in amazement** *vi*, bestaunen; **look at o.s. in a mirror** *vi*, bespiegeln; **look back** *sub*, *-s* Rückblick; **look damasten** *vi*, damastartig; **look down on** *vi*, herabblicken, herabsehen; **look for** *vt*, suchen; *be looking for something* auf der Suche nach etwas sein; **look forward to** *vr*, *(sich auf etwas -)* freuen; **look like (1)** *vi*, gleichsehen **(2)** *vt*, ähneln; *look alike* einander ähneln; **look morose** *vi*, dreinblicken; *look morose* böse dreinblicken; **look of a basilisk** *sub*, *-s of basiliscs* Basiliskenblick
looking after, *sub, nur Einz.* Betreuung; **lookout** *sub*, *-s* Aufpasser, Ausguck, Aussichtspunkt; **lookout guard** *sub*, *- -s* Ausguckposten; **looks** *sub*, *-* Aussehen
look on, *vi*, zusehen; **look out** *vi*, ausschauen; *it looks like as if* es schaut danach aus als ob; *look out for* ausspähen nach; *look out for sth* nach etwas ausschauen; *You look well* Du schaust gut aus; **look over** *vt*, übersehen; **look through** *vt*, durchblicken, durchschauen; *(Fenster, Zeitung)* durchsehen; **look up (1)** *vi*, aufblicken, aufschauen, aufsehen **(2)** *vt*, *(nachschlagen)* nachlesen, nachschauen, nachsehen; *(Stelle, Zitat)* nachschlagen; *things are looking up again* es geht wieder aufwärts; *things are looking up for her* es geht bergauf mit ihr; *things are looking up for so* jemands Aktien steigen; **look upwards** *vi*, emporblicken; **look-alike** *sub*, *-s* Doppelgänger; **look-out** *sub*, *-s* Turmwächter; *be on the look-out* Ausschau halten; *(ugs.) to be the look-out* Schmiere stehen
loom, *sub*, *-s* Webstuhl; *power loom* mechanischer Webstuhl
loop, *sub*, *-s* Kringel, Lasche, Öse, Schlaufe, Schleife, Schlinge; *(Schlinge)* Noppe; *to loop the loop* einen Looping machen; *a loop pile carpet* Teppich mit Noppen; **~ing the loop** *sub*, *-s* Looping
loose, *adj*, locker, lose, wackelig; *(Haare)* offen; *(nicht befestigt)* los; *the dog has got loose* der Hund hat sich losgemacht; *to wear one´s hair loose* die Haare offen tragen; **~ chrystal structure** *vt*, *(chem.)* dekrepitieren; **~ coat** *sub*, *-s* Hänger; **~ dress** *sub*, *-es* Hänger; **~ motivation by** *vt*, demotivieren; **~n (1)** *vr*, *(Schmutz)* lösen **(2)** *vt*, *(Stimmung)* auflockern; **~n a docking** *vt*, *(tech)* Entkoppelung; **~n up** *vi*, *(spo.)* auflockern; **~ning** *sub*, *-s* Lockerung; *nur Einz. (des Bodens)* Auflockerung
loot, *vt*, plündern; *(Geschäft, Haus)* ausplündern; **~er of corpses** *sub*, *- * Leichenfledderer; **~ing** *sub*, *-s* Ausplünderung, Plünderung; **~ing of corpses** *sub*, *- * Leichenfledderei
lord, *sub*, *-s* Lord; *(ugs.) drunk as a lord* blau wie ein Veilchen; *the Lord giveth and the Lord taketh away* der Herr hat´s gegeben, der Herr hat´s genommen; *to take the Lord´s name in vain* den Namen Gottes missbrauchen; **~ chancellor** *sub*, *-s* Lordkanzler; **Lord´s prayer** *sub*, *nur Einz.* Paternoster; *- (tt; relig)* Vaterunser
Loretto, *adj*, lauretanisch
lorgnette, *sub*, *-s* Lorgnette, Stielbrille
lorgnon, *sub*, *-s* Lorgnon
Lorraine, *sub*, *nur Einz.* Lothringen
lorry, *sub*, *-ies* Lastauto, Lastwagen; *-s* Zug
lose, **(1)** *vi*, unterliegen **(2)** *vt*, einbüßen, verbummeln; *(ugs.)* vergeigen; *(Geld)* loswerden; *(tt; spo.)* verwerfen **(3)** *vti*, verlieren; *he has lost by it* er hat dabei sein Geld eingebüßt; *he has lost his purse* sein Geldbeutel ist abhanden gekommen; *I´m lost for words* ich finde keine Worte; *lose a leg* ein Bein einbüßen; *lose one´s ground* langsam Ansehen einbüßen; *lose one´s money/freedom* sein Geld/Freiheit einbüßen; *lost in thought* in Gedanken versunken; *to lose by sth* Nachteile durch etwas haben; *you look as though you´ve lost a pound and found a sixpence* du siehst aus, als wäre dir die Petersilie verhagelt; *you won´t lose by it* das soll Ihr Nachteil nicht sein; *many men lose their hair* vielen Männern gehen die Haare aus; **~ consciousness** *vi*, *(med.)* syn-

kopieren; ~ **each other** *vr*, verlieren; ~ **hairs** *vr*, *(sich)* haaren; ~ **heart** *vi*, verzagen; ~ **its scent** *vi*, *(ugs.)* verduften; ~ **one´s hair** *vi*, haaren; ~ **one´s temper** *vr*, *(sich - lassen)* gehen; ~ **the magic** *vt*, Entzauberung; ~ **weight** *vi*, *(Gewicht)* abnehmen; ~**r** *sub*, - Verliererin; *be a good loser* mit Anstand verlieren können

loss, *sub*, *-es* Einbuße, Kursverlust, Verlust; *(Verlust)* Ausfall; *she´s no great loss* um sie ist es nicht schade; *to look completely at a loss* dastehen wie Pik Sieben; *(Verkauf) to make a loss* Manko machen; *to make loss* minus machen; *we regret that the management cannot accept responsibility for losses due to theft* für Gaderobe wird nicht gehaftet; ~ **of blood** *sub*, *-es* Blutverlust; ~ **of earnings** *sub*, *-es* Lohnausfall; ~ **of motivation** *sub*, *-es* Demotivation; ~ **of points** *sub*, *-es* Punktverlust; ~ **of rent** *sub*, *losses* Mietausfall, Mietverlust; ~ **of speed** *sub*, *nur Einz.* Tempoverlust; ~ **of time** *sub*, *-s* Zeitverlust

lost, *adj*, verloren; ~ **and found** *sub*, *(Schild)* Fundbüro; ~ **property** *sub*, *-ies* Fundsache; ~ **property office** *sub*, *-s* Fundbüro

lot, *sub*, *-s (ugs.) (Entscheidung)* Los; *(ugs.; große Menge)* Menge; *(Handel)* Partie; *nur Einz. (Schicksal)* Los; *(ugs.) he can take quite a lot* er kann einen Stiefel vertragen; *the whole lot* die ganze Schose; *to improve sb´s lot* jmds Not lindern; *his is a hard lot* er hat ein hartes Los; *it fell to my lot* das Los hat mich getroffen; *to decide sth by drawing lots* etwas durch das Los entscheiden; *(ugs.) a lot of time* eine Menge Zeit; *(ugs.) we drank a hell of a lot* wir haben jede Menge getrunken

Lotcoupon, *sub*, *-s* Lottoschein, Lottozettel

lotion, *sub*, *-s* Lotion

lots of colours, *sub*, *nur Mehrz.* Buntheit

lottery, *sub*, *-ies* Lotterie; *-s* Zahlenlotterie; *nur Einz.* Zahlenlotto; ~ **ticket** *sub*, *-s* Lotterielos

lotus (flower), *sub*, *-s* Lotosblume

Lotwin, *sub*, *-s* Lottogewinn

loud, *adj*, laut; ~**-mouth** *sub*, *-s (ugs.)* Maulheld; ~**mouth** *sub*, *-es* Großmaul; ~**speaker** *sub*, *-s* Lautsprecher

lough off, *vi*, ablachen

lounge, *sub*,   *-s*   Aufenthaltsraum, Lounge; ~ **suit** *sub*, *-s* Straßenanzug

louse, *sub*, *lice* Laus; **lousily** *adv*, saumäßig; **lousy** *adj*, lausig, miserabel,

saumäßig; *(ugs.)* mies; *(vulg.)* beschissen; *I feel lousy* mir ist mies; *I feel lousy* es geht mir beschissen

lout, *sub*, *-s* Flegel, Lümmel, Rüpel; ~**ish** *adj*, flegelhaft, rüpelhaft; ~**ishness** *sub*, *-es* Flegelei

love potion, *sub*, *-s* Pharmakon; **love-letter** *sub*, *-s* Liebesbrief; **love-match** *sub*, *-es* Liebesheirat; **loveliness** *sub*, *nur Einz.* Lieblichkeit; **lovely** *adj*, golden, lieblich, schön, wunderschön; *(geh.)* hold; *(geh.) the fair (lovely) face* das holde Antlitz; *the fair sex* die holde Weiblichkeit; **lover** *sub*, *-s* Beischläfer, Liebende, Liebhaber; *(Geliebter)* Geliebte; *(Liebh.)* Freund; **lovesickness** *sub*, *nur Einz.* Liebeskummer; **loving** *adj*, liebevoll, treusorgend

low, (1) *adj*, halblaut, niedrig, tief stehend; *(niedrig)* tief; *(niedrig; auch Triebe, Kulturstufe)* nieder (2) *adv*, gering (3) *sub*, *-s* Tiefpunkt; *(Rund)* Geblök; *to have a low opinion of sb* von jmd niedrig denken; *be the lowest of the low* der letzte Dreck sein; *lower one´s sights* kleine Brötchen backen, *have a low opinion of* eine geringe Meinung haben von, *(ugs.) he has reached an all-time low* er befindet sich auf dem absoluten Tiefpunkt; ~ **ball** *sub*, *-s (Fußb.)* Flachschuss; ~ **blood pressure** *sub*, *nur Einz. (tt; med.)* Unterdruck; ~ **blow** *sub*, *-s* Tiefschlag; ~ **bow** *sub*, *-s* Kratzfuß; ~ **building** *sub*, *-s* Flachbau; ~ **down** *vt*, hinabsenken; ~ **flame burner** *sub*, *-s* Sparbrenner; ~ **in alcohol** *adj*, alkoholarm; ~ **level** *sub*, *-s* Tiefstand; ~ **price** *sub*, *-s* Billigpreis; ~ **season** *sub*, *-s* Nebensaison; ~ **stratus** *sub*, *nur Einz.* Hochnebel

lower, (1) *adj*, geringer, unter, untere; *(weniger bedeutend; auch Stand)* nieder (2) *vt*, herabsetzen, senken, versenken; *(ugs.)* erniedrigen; *(Augen)* niederschlagen; *(Boot)* ausbringen; *(Fahrwerk)* ausfahren; *(Gegenstand)* abseilen; *(reduzieren)* dämpfen; *(weniger) temperatures below 25 degrees* Temperaturen unter 25 Grad, *lower oneself to do sth* sich erniedrigen etwas zu tun; *lower one´s voice* Stimme dämpfen; ~ **abdomen** *sub*, *-s (tt; med.)* Unterleib; ~ **authority** *sub*, Unterinstanz; ~ **court** *sub*, *(tt; jur.)* Unterinstanz; ~ **fifth form** *sub*, *-s* Untersekunda; ~ **house** *sub*, - Unterhaus; ~ **jaw** *sub*, *-s (tt; med.)* Unterkiefer; ~ **leg** *sub*, *-s (tt; anat.)*

Unterschenkel; ~ **lip** *sub, -s (tt; med.)*
Unterlippe; ~ **part (of the body)** *sub,
-s* Unterkörper; **Lower Rhine** *sub, nur
Einz.* Niederrhein; **Lower Saxon** *sub, -s*
Niedersachse; **Lower Saxony** *sub, nur
Einz.* Niedersachsen; ~ **stage** *sub, -s (tt;
theat)* Versenkbühne
lowering, *sub,* - Herabsetzung; *-s* Versenkung; **lowest** *adj,* unterst, unterste;
lowest level *sub, -s* Tiefststand;
lowland *sub, -s* Flachland, Tiefebene,
Tiefland; **lowlander** *sub, -s* Flachländer, Unterländer; **lowly** *adj, (Stand,
Geburt auch)* niedrig; **lowness** *sub,
nur Einz.* Niedrigkeit
low tide, *sub, -s (Zustand)* Ebbe; **low(-
quality)** *adj,* minderwertig; **low-brow
(1)** *adj,* spießerhaft **(2)** *sub, -s* Spieß-
bürger, Spießer; **low-calorie** *adj,* kalorienarm; **low-cut** *adj,* dekolletiert;
(T-Shirt etc.) ausgeschnitten; *a dress
with a low-cut neckline* ein stark dekolltiertes Kleid; **low-emission** *adj,* abgasarm; **low-fat** *adj,* fettarm;
low-flying aircraft *sub, -s* Tiefflieger;
low-grade *adj,* geringhaltig; **low-income pensioner** *sub, -s* Kleinrentner;
low-level flight *sub, -s* Tiefflug; **low-
pressure area** *sub, -s (meteorologisch)*
Tief; **low-revving** *adj,* niedertourig;
low-salt *adj,* kochsalzarm; **low-voltage**
sub, -s Schwachstrom
loyal, *adj,* getreu, loyal; *(Freund etc.)*
treu; ~ **voter** *sub, -s* Stammwähler;
~**ity to the alliance** *sub, nur Einz.*
Bündnistreue; ~**ty** *sub, -ies* Loyalität;
nur Einz. (Ergebenheit) Treue; *give a
proof of loyalty* jemandem die Treue
beweisen
lubricant, *sub, -s* Schmiermittel; **lubricate** *vt, (fetten)* abschmieren; *(Maschinenteil)* ausschmieren; **lubricating
grease** *sub, -s* Schmierfett; **lubricating
oil** *sub, -s* Maschinenöl; **lubrication**
sub, -s Schmierung
lucerne, *sub, -s (bot.)* Luzerne; ~ **hay**
sub, nur Einz. Luzernenheu
lucid, *adj,* klar denkend; ~**ity** *sub, nur
Einz.* Luzidität
luck, *sub,* - Glück; *nur Einz.* Massel;
(ugs.) Dusel; *an undeserved stroke of
luck* unverdientes Glück; *good luck!*
viel Glück!; *great luck* ein großes
Glück; *have more luck than judgement*
mehr Glück als Verstand haben; *try
one´s luck* sein Glück versuchen; *anyone can have a stroke of luck once in a
while* ein blindes Huhn findet auch mal
ein Korn; *her luck was in* sie hat Dusel
gehabt; *just my luck!* das kann auch nur

mir passieren, so ein Pech!; ~**ily** *adv,*
glücklicherweise; ~**less** *adj,* glücklos;
~**y** *adj,* glücklich; *lucky you* du bist
zu beneiden; *to be dead lucky* Massel
haben; *to be unlucky with sth* bei etwas Pech haben; *to go through an
unlucky patch* eine Pechsträhne haben; *you are lucky* du bist gut dran;
~**y star** *sub, -s* Glücksstern
lucrative, *adj,* einbringlich, einträglich, lukrativ; *(wirt.)* ertragreich; *do a
lucrative work* eine einträgliche Arbeit haben
ludicrous, *adj,* lachhaft, skurril; ~**ness**
sub, - Skurrilität
luff (up), *vi,* luven
lug, *vt,* schleppen; ~**gage** *sub, -* Gepäck; *nur Einz.* Reisegepäck; *nur
Mehrz. (Gepäck)* Bagage; *you can
have your luggage sent on* Sie können
Ihr Gepäck nachkommen lassen;
~**gage box** *sub, -es* Kutschkasten;
~**gage counter** *sub, -s* Gepäckabgabe; ~**gage rack** *sub, -s* Gepäckablage,
Gepäcknetz; ~**gage ticket** *sub, -s* Gepäckschein; ~**gage van** *sub, -s* Gepäckwagen, Packwagen; ~**ger** *sub, -s
(naut.)* Logger; ~**ging around** *sub, -
(ugs.)* Schlepperei
lukewarm, *adj,* lau, lauwarm
lull, *sub, -s* Flaute
lumbago, *sub, -s* Hexenschuss; *(med.)*
Hexenschuss
lumbar vertebra, *sub, -ae* Lendenwir-
bel
lumberjack, *sub, -s (veraltet)* Lumberjack
luminesce, *vi,* lumineszieren; ~**nce**
sub, -s Lumineszenz; **luminography**
sub, nur Einz. Luminografie; **luminous figure** *sub, -s* Leuchtziffer
lump, *sub, -s* Klumpen; *(med.)* Knoten;
(i. ü. S.) lump everything together alles in einen Topf werfen; *the charges
are paid in a lump* zum die Gebühren
werden pauschal bezahlt
lunacy, *sub, nur Einz.* Aberwitz; **lunar**
adj, (astr.) lunar; **lunar (excursion)
module** *sub, -s* Mondfähre; **lunar
eclipse** *sub, -s* Mondfinsternis; **lunar
orbit** *sub, nur Einz. (astr.)* Mondbahn; **lunar probe** *sub, -s* Mondsonde; **lunar year** *sub, -s* Mondjahr;
lunatic *sub, -s* Wahnsinnige; **lunation**
sub, -s Mondwechsel
lunch, **(1)** *sub, -es* Mittagessen, Mit-
tagsbrot **(2)** *vi,* lunchen; *he came to
lunch* er kam zum Mittagessen; *she´s
(off) at lunch* sie macht gerade Mittag;
to be sitting at the table having lunch

am Mittagstisch sitzen; *to have sth for lunch* etwas zu Mittag essen; ~**-break** *sub, -s* Mittagspause; *(~spause)* Mittag; *to take one´s lunch-break* Mittagspause machen; ~**time** *sub, nur Einz.* Mittagszeit; *at lunchtime* in der Mittagszeit; ~**time drink** *sub, -s (um Mittag)* Frühschoppen

lung, *sub, -s - vgl. Lunge* Lungenflügel; ~ **cancer** *sub, nur Einz.* Lungenkrebs; ~ **fish** *sub, -* Lungenfisch; ~ **tumour** *sub, -s* Lungentumor

lunge, *vt, (Pferd)* longieren

lungs, *sub, nur Mehrz.* Lunge; *the lungs of a city* die grüne Lunge einer Großstadt; *(ugs.) to cough one´s lungs out* sich die Lunge aus dem Leib husten; *to have a lung disease* lungenkrank sein

lur, *sub, -s* Lure

lure, (1) *sub, -s* Lockung (2) *vt,* ködern; *(Tier)* anlocken; *(Tiere/Versuchung)* locken; *the lure of forbidden fruits* der Reiz des Verbotenen; *to lure sb into a trap* jmdn in einen Hinterhalt locken

lurk, *vi,* lauern

Lusatian, *adj,* lausitzisch

Lusitanian, *adj,* lusitanisch

lust, *sub, -s (ugs.)* Wollust; *- (sexuell)* Geilheit; *nur Einz.* Lust; *to lust after sth* nach etwas lüstern sein; *to indulge one´s lusts* seinen Lüsten frönen; ~ **for power** *sub, -* Herrschsucht

lutetium, *sub, nur Einz.* Lutetium

luxuriance, *sub, nur Einz.* Üppigkeit; **luxuriant** *adj,* üppig; *(Pflanzen)* geil; **luxurious** *adj,* luxuriös; **luxury** *sub, nur Einz.* Luxus; *a life of luxury* ein luxuriöses Leben; *I´ll treat myself to the luxury of* ich leiste mir den Luxus und; *to live in (the lap of) luxury* im Überfluss leben; *to live in (the lap of) luxury* im Luxus leben, wie die Made im Speck leben; *to love luxury* den Luxus lieben; **luxury article** *sub, -s* Luxusartikel; **luxury cruise ship** *sub, -s* Luxusdampfer; **luxury flat** *sub, -s* Luxuswohnung

lychee, *sub, -s* Litschi

lying, *adj,* gelegen; *(Mensch)* lügnerisch

lymph, *sub, nur Einz.* Lymphe; ~ **node** *sub, -s* Lymphknoten; ~**atic** *adj,* lymphatisch; ~**ocyte** *sub, -s* Lymphozyt

lynch, *vt,* lynchen; ~**-law** *sub, nur Einz.* Lynchjustiz; ~**ing** *sub, -s* Fememord

lynx, *sub, -es* Luchs

lyophil, *adj,* lyophil

lyre, *sub, -s* Leier, Lyra

lyric poet, *sub, -s* Lyriker; ~**ry** *sub, nur Einz.* Lyrik; **lyric(al)** *adj,* lyrisch; **lyrica drama** *sub, -s* Singspiel

lysin, *sub, -s (biol.)* Lysin

M

macabre, *adj,* makaber
macadam, *sub, -s* Makadam
macaque, *sub, -s* Makak
macaroni, *sub, nur Einz.* Makkaroni
macaronics, *adj,* makkaronisch
Macedonian, *adj,* makedonisch
macerate, (1) *vt,* ablaugen (2) *vti,* mazerieren
machete, *sub, -s* Buschmesser, Machete
Mache-unit, *sub, - (phys.)* Mache-Einheit
Machiavelli, *sub, nur Einz.* Machiavelli
machiavellism, *sub, nur Einz.* Machiavellismus
machine, *sub, -s* Maschine; *(Maschine)* Automat; *(i. ü. S.)* to be no more than a *machine* eine bloße Maschine sein; ~ **language** *sub, -s* Maschinensprache; ~ **to measure photosensitivity** *sub, -s* Sensitometer; ~**-gun** *sub, -s* Maschinengewehr; ~**ry** *sub, - (i. ü. S.)* Getriebe; *-ies* Maschinerie
machismo, *sub, nur Einz.* Machismo
macho, *sub, -s (ugs.)* Macho
mackerel, *sub, -s* Makrele
macramé (work), *sub, -s* Makramee
macrocephalic, *adj,* makrozephal
macro molecule, *sub, -s* Makromolekül; **macro-climate** *sub, -s* Makroklima; **macrobiotics** *sub, nur Mehrz.* Makrobiotik; **macrocosm** *sub, nur Einz.* Makrokosmos
mad, *adj,* irre, verrückt, wahnsinnig; *(verrückt)* närrisch; *(wütend)* böse; *(ugs.)* this music is fantastic diese Musik ist irre (gut); *to babble away* irres Zeug reden; *to be mad on sb* ganz närrisch auf jmdn sein; *be mad about sth* über etwas böse sein; *become raving mad* in Tobsucht verfallen; *get really mad* sich schwarz ärgern; *have you gone mad?* bist du noch normal?; *(i. ü. S.)* he is driving me mad er tötet mir noch den letzten Nerv!; *he is mad about football* einen Fußballfimmel haben; *(i. ü. S.)* raving mad wütend wie ein Stier; *to fall madly in love* sich unsinnig verlieben; ~ **cow disease** *sub, nur Einz.* Rinderwahnsinn; ~ **gunman** *sub, -men* Amokschütze; ~ **rage** *sub, nur Einz.* Tobsucht; ~ **rush** *sub, -es* Raserei
Madagascan, *adj,* madagassisch
madcap, *sub, -s* Springinsfeld
Madeira, *sub, nur Einz.* Madeira; *-s* Madeirawein
madhouse, *sub, -s* Tollhaus; *(ugs.)* Irrenanstalt; **madman** *sub, -men* Irre; *(Verrückter)* Berserker; *(i. ü. S.)* set to work

like a madman sich wie ein Tiger auf die Arbeit stürzen; *to act like a madman* sich wie närrisch gebärden; **madness** *sub, nur Einz.* Irrsinn, Tollheit; *-es* Verrücktheit; *nur Einz. (ugs.)* Wahnsinn
Madonna, *sub, -s* Madonna; **madonnalike** *adj,* madonnenhaft
Madras (muslin), *sub, nur Einz.* Madrasgewebe
madrigal, *sub, -s* Madrigal; **Madrigal choir** *sub, -s* Madrigalchor; **Madrigal style** *sub, -s* Madrigalstil
maestro, *sub, -s* Maestro
mafioso, *sub, -s oder mafiosi* Mafioso
magazin, *sub, -s* Zeitschrift; ~**e** *sub, -s* Illustrierte; *(am Gewehr, Zeitschrift)* Magazin; *(Zeitschrift)* Heft
magenta, *sub, nur Einz.* Magenta
maggot, *sub, -s* Made; *(tt; zool.)* Wurm; ~**y** *adj,* madig, wurmstichig
magic, (1) *adj,* wundertätig (2) *sub, nur Einz.* Magie; - Zauber, Zauberei; ~ **book** *sub, -s* Zauberbuch; ~ **box** *sub, -es* Zauberkasten; ~ **cap** *sub, -s* Tarnkappe; ~ **formula** *sub, -s* Zauberformel; ~ **lamp** *sub, -s* Wunderlampe; ~ **potion** *sub, -s* Zaubertrank; ~ **power** *sub, -s (i. ü. S.)* Zauberkraft; ~ **spell** *sub, -s* Zauberspruch; ~**ian** *sub, -s* Magier, Zauberer, Zauberkünstler
magma, *sub, -s (geol.)* Magma; ~**tic** *adj,* magmatisch
magnanimity, *sub, nur Einz. (geh.)* Seelengröße; **magnanimous** *adj,* großherzig
magnesia, *sub, nur Einz. (chem.)* Magnesia
magnesium, *sub, nur Einz.* Magnesium
magnet, *sub, -s* Magnet; ~**ic** *adj,* magnetisch; ~**ic (sound) recorder** *sub, -s* Magnettongerät; ~**ic card** *sub, -s* Magnetkarte; ~**ic field** *sub, -s* Magnetfeld; ~**ic needle** *sub, -s* Magnetnadel; ~**ism** *sub, -s* Magnetismus; ~**ite** *sub, -s* Magnetit; ~**ize** *vt,* magnetisieren; ~**izer** *sub, -s* Magnetiseur; ~**ometer** *sub, -s* Magnetometer
magnifying glass, *sub, -es* Lupe, Vergrößerungsglas
magnolia, *sub, -s* Magnolie
magpie, *sub, -s* Elster; *(ugs.)* to thieve *like a magpie* wie ein Rabe stehlen
maharaja(h), *sub, -s* Maharadscha
maharani, *sub, -s* Maharani
mahatma, *sub, -s* Mahatma
Mahdi, *sub, -s* Mahdi

mahogany, *sub*, *nur Einz*. Mahagoni; ~ **wood** *sub*, *nur Einz*. Mahagoniholz
maid, *sub*, *-en* Dienerin, Dienstmädchen; *-s* Hausgehilfin; *(Haushalt)* a **maid-of-all-work** ein Mädchen für alles; ~**(en)** *sub*, *-s* Magd; *(veraltet)* Maid; *Mary, the handmaid of the Lord* Maria, die Magd des Herrn; ~**en flight** *sub*, *-s* Jungfernflug; ~**en name** *sub*, *-s (einer Frau)* Geburtsname; *(von verheirateter Frau)* Mädchenname; ~**en speech** *sub*, *-es* Jungfernrede; ~**en voyage** *sub*, *-s* Jungfernfahrt; ~**enhead** *sub*, *-s* Jungfernhäutchen; *(ugs.)* Hymen
mail, *sub*, *nur Einz*. Post; ~ **coach** *sub*, *-es* Postkutsche; ~ **coach driver** *sub*, *-s* Postillion; ~ **order firm** *sub*, *-s* Versandhaus; ~ **plane** *sub*, *-s* Postflugzeug; ~**bag** *sub*, *-s* Postsack; ~**box** *sub*, *-es* Mailbox; *(US)* Briefkasten; *mailbox* Hausbriefkasten
maiming, *sub*, *-s* Verstümmlung
main building, *sub*, *-s* Hauptgebäude; **main clause** *sub*, *-s (Sprachw.)* Hauptsatz; **main course** *sub*, *-s (gastr.)* Hauptgericht; **main emphasis** *sub*, *nur Einz*. Hauptgewicht; **main entrance** *sub*, *-s* Haupteingang, Hauptportal; **main feature** *sub*, *-s* Hauptfilm; **main focus** *sub*, *-ses* Schwerpunkt; **main point** *sub*, *-s* Hauptpunkt; **main post office** *sub*, *-s* Hauptpostamt; **main problem** *sub*, *-s* Kernproblem; **main proceedings** *sub*, *nur Mehrz*. *(Zivilprozess)* Hauptverhandlung; **main profit** *sub*, *-s (wirt.)* Hauptgewinn; **main share of the blame** *sub*, *-s* Hauptschuld
mainly, *adv*, größtenteils, hauptsächlich, zumeist; **mainmast** *sub*, *-s (Schifff.)* Großmast; **mainroute** *sub*, *-s* Hauptverkehrsstraße; **mains** *sub*, *nur Mehrz*. Hauptleitung; **mains connection** *sub*, *-s* Netzanschluss; **mains plug** *sub*, *-s* Netzstecker; **mains system** *sub*, *-s* Leitungsnetz; **mains voltage** *sub*, *-s* Netzspannung
main station, *sub*, *-s* Hauptbahnhof; **main street** *sub*, *-s* Hauptstraße; **main support** *sub*, *-s* Grundpfeiler; **main tenant** *sub*, *-s* Hauptmieter; **main theme** *sub*, *-s* Leitfaden; **main thing** *sub*, *-s* Hauptsache; **mainland (1)** *adj*, festländisch **(2)** *sub*, *-* Festland; **mainline** *sub*, *-s (Eisenb.)* Hauptverkehrsstraße
maintain, *vt*, *(Gebäude)* pflegen; *maintain that* be seiner Behauptung bleiben, dass; ~**ing linguistic standards** *sub*, *nur Einz*. Sprachpflege; **maintance** *sub*, *-s* Unterhaltung; **maintenance** *sub*, *-s (aufrecht-)* Erhaltung; *nur Einz*.

(Maschinen, Gebäude) Pflege; **maintenance-free** *adj*, wartungsfrei; **maintenanceless** *adj*, wartungsarm
maisonette, *sub*, *-s* Maisonnette
maize, *sub*, *nur Einz*. Mais; ~ **flour** *sub*, *nur Einz*. Maismehl
majestic, *adj*, hoheitsvoll, majestätisch; **majesty** *sub*, *-ies* Majestät; *His Majesty* Seine Majestät; *their Imperial Majesties* die kaiserlichen Majestäten
majolica, *sub*, *-s* Majolika
major, **(1)** *adj*, *(ugs.; .)* kapital **(2)** *sub*, *-s* Major; *(ugs.)* that was a major mistake das war ein kapitaler Fehler; ~ **(key)** *sub*, *nur Einz*. Dur; ~ **chord** *sub*, *-s* Durakkord; ~ **general** *sub*, *-s (mil.)* Generalmajor; ~ **operation** *sub*, *-s* Großeinsatz, Staatsaktion; ~ **scale** *sub*, *-s* Durtonleiter; ~ **shareholder** *sub*, *-s* Großaktionär; ~ **traffic route** *sub*, *-s* Magistrale; ~ **triad** *sub*, *-s* Durdreiklang
Majorcan, *sub*, *-s* Mallorquiner
majority, **(1)** *attr*, mehrheitlich **(2)** *sub*, *nur Einz*. Majorennität; *-ies* Majorität, Mehrheit; *nur Einz*. Mündigkeit; *-ies* Überzahl; ~ Volljährigkeit; *-ies (Mehrheit)* Mehrzahl, Pluralität; *the majority of us think(s)* wir sind mehrheitlich der Meinung; *the parliament has reached a majority decision* das Parlament hat mehrheitlich beschlossen, *to have a majority* die Majorität haben; *an absolute/a simple majority* die absolute/einfache Mehrheit; *to gain a majority* die Mehrheit gewinnen; *to secure a majority of votes* die Mehrheit der Stimmen auf sich vereinigen; *with a majority of two* mit zwei Stimmen Mehrheit; ~ **decision** *sub*, *-s* Majoritätsbeschluss, Mehrheitsbeschluss; ~ **of votes** *sub*, *majorities* Stimmenmehrheit; *bare majority of votes* einfache Stimmenmehrheit; *be elected by a majority of votes* mit Stimmenmehrheit gewählt werden; *relative majority of votes* relative Stimmenmehrheit
make, **(1)** *sub*, *-s* Automarke; *- Fabrikat* **(2)** *vt*, basteln, fertigen, machen, schaffen, unternehmen, werken; *(ergeben)* geben; *(erzeugen)* herstellen; *(herstellen)* arbeiten; *(machen)* anfertigen; *(Teig)* ansetzen; *(Veranstaltung)* durchführen; *(von sich)* geben; *(wirt.)* erjagen; *3 and 6 make(s)* 9 3 und 6 macht 9; *altogether that's 25* das macht zusammen 25; *don't make it harder for him* mach es ihm nicht noch schwerer; *made of wood* aus

Holz gemacht; *make me an offer* mach mir einen guten Preis!; *to get down to sth* sich an etwas machen; *to have sth made* etwas machen lassen; *(verursachen) to make sb afraid* jmd Angst machen; *to make sb leader* jmdn zum Anführer machen; *to make sb nervous* jmdn nervös machen; *to make sth happen* machen, dass etwas geschieht; *you could really make sth of that house* aus dem Haus könnte man schon etwas machen; *(ugs.) but we´ll make up for it on the beer* wir halten uns dafür am Bier schadlos; *he made a supreme effort* er holte das Letzte aus sich heraus; *make a stand* Flagge zeigen; *make do with* sich mit etwas behelfen; *to make one´s way home* heimwärts ziehen; *to make the bed* das Bett machen; *what makes him say that?* wie kommt er zu der Behauptung, dass?; *you never know what to make of her* man weiss nie, wie man mit ihr dran ist; *make a charity collection* eine Sammlung durchführen; ~ **(pillow) lace** *vi*, klöppeln; ~ **(wear) holes in** *vt*, durchlöchern; ~ **a bed for o.s.** *vt*, betten; *as you make your bed so you must lie in it* wie man sich bettet, so liegt man; ~ **a booking** *vt*, voranmelden; ~ **a complaint** *vi*, reklamieren; ~ **a copy** *vt, (kopieren)* abziehen; ~ **a cut in** *vt*, einschneiden; ~ **a fetish** *vt*, fetischisieren; ~ **a film of** *vt*, verfilmen; ~ **a final spurt** *vi*, spurten; ~ **a fool of** *vt, (geh.)* narren; ~ **a fool of oneself** *vr, (ugs.)* blamieren
make a fuss, *vr*, zieren; *(sich)* haben; *don´t make such a fuss!* hab´ dich nicht so!; **make a grap** *vi*, zufassen; **make a higher bid** *vi*, überbieten; **make a lot of dust** *vi*, stauben; **make a mess** *vi*, kleckern; **make a mistake (1)** *vi*, fehlgreifen **(2)** *vr*, vergreifen, verhauen, versehen, verzeichnen; **make a mystery out of** *vi*, heimlich tun; **make a noise** *vi*, rumoren; **make a note of** *vt*, notieren
make an announcement, *vi*, durchsagen; **make an appointment** *vi, (Beim Arzt)* anmelden; **make an impromptu speech** -, *(Rede)* Stegreif; **make batiks** *vt*, batiken; **make blots** *vi*, klecksen; **make butter** *vi*, buttern; **make cheese** *vi*, käsen; **make clear to so** *vt*, klarmachen; **make concessions** *vt, (i. ü. S.)* entgegenkommen; **make conditions permanent** *vt*, zementieren; **make dearer** *vt*, verteuern; **make do with** *vt, (mit Vorrat etc.)* auskommen; *make do without* ohne etwas auskommen;

make easier *vt*, versimpeln; *(vereinfachen)* erleichtern; **make enquiries** *vt, (amtlich)* nachforschen; **make equal** *vt*, gleichmachen; **make fun of (1)** *vi, (lustig)* spotten **(2)** *vt*, frotzeln, veralbern; *(ugs.)* verulken
make a packet, *vr, (ugs.)* gesundstoßen; **make a projected estimate** *vti*, hochrechnen; *how did you make your projected estimate? the figure can´t be right* wie haben Sie das hochgerechnet? die Zahl kann nicht stimmen; **make a racket** *vi, (ugs.)* krakeelen; **make a rude noise/smell** *vi*, pupsen; *(ugs.)* pupen; **make a slip** *vr*, verlesen, verschreiben; **make a sound** *vt, (ugs.)* mucksen; **make a stink** *vt*, verstänkern; **make a stop** *vi*, Halt machen; **make a strike** *vi, (bei Bohrungen)* fündig; **make a telephone call** *vi*, telefonieren; **make a thorough investigation of** *vt, (Quellen)* durchforschen; **make a typing error** *vr*, vertippen; **make adjusting entries in a stock book** *vt*, skontrieren
make for sth, *vr*, zuhalten
make happy, *vt*, beglücken; **make haste** *vt*, sputen; **make improvements** *vi*, nachbessern; **make into a ball** *vt, (Schnee etc.)* ballen; **make invalid** *vt*, invalidisieren; **make it look dentate** *vt*, dentelieren; **make it with** *vt*, vernaschen; **make kitschy** *vt, (tt; kun.)* verkitschen; **make lighter** *vt, (Farbton)* aufhellen; **make liquid** *vt, (Kapital)* mobilisieren; **make love** *vti*, lieben; **make more difficult** *vt*, erschweren; problematisieren
make narrow, *vt*, verengen; **~er** *vt*, verschmälern; **make noise** *vi*, skandalieren; **make o.s. at home** *vt*, anbiedern; **make o.s. generallly comprehensible** *adv*, gemeinverständlich; **make off** *vti*, davonmachen; *he´s made off* er hat sich davongemacht; *make off with sth* mit etwas über den Deich gehen; **make off with** *vt, (i. ü. S.; Sache)* entführen; **make one´s debut** *vt*, debütieren; **make one´s way hand over hand** *vr*, hangeln; **make one´s way home** *vr*, heimbegeben; **make oneself up** *vr*, schminken; **make out** *vt, (deutlich sehen)* erkennen; *(Scheck)* ausstellen; *(sichten)* ausmachen; **make plates for** *vt*, klischieren; **make pottery** *vi*, töpfern; **make pregnant** *vt*, schwängern; **make progress** *vi*, vorankommen; **make provisions** *vi*, vorsorgen
make ready, *vt*, klarmachen; **make re-**

stitution of *vt*, restituieren; **make
sacrifices** *vi*, verzichten; **make believe sth** *vt*, weismachen; **make sb soft**
vt, verweichlichen; **make sb suffer** *vt*,
(ugs.) Schindluder; **make sbhot** *vt*,
(jmd.) erhitzen; **make secure** *vr*, versichern; **make so drunk** *vt*, berauschen;
make so feel sick *vt*, *(Geschmack, etc.)*
anekeln; **make so sick** *vt*, anwidern;
(ugs.) ankotzen; *(Person)* anekeln
maker of umbrellas, *sub*, -s Schirmma-
cher
make sheep´s eyes, *vi*,   *(~ machen)*
Plüschaugen; **make sodden** *vt*, durchweichen; **make sth. angular** *vt*, ecken;
make sth. dynamic *vt*, dynamisieren;
make sth. from wood *vt*, zimmern;
make sth. higher *vt*, *(räuml.)* erhöhen; **make sure (1)** *vr*, vergewissern
(2) *vt*, sicher gehen; *it´s best to make
sure* sicher ist sicher; **make sweaty** *vt*,
verschwitzen; **make the firework** *vt*,
feuerwerken; **make trouble** *vi*, *(ugs.)*
stänkern; **make unsure** *vt*, verunsichern; **make up** *vt*, binden, schminken; *(aufholen)* nacharbeiten;
(Versäumtes) nachholen; *(Zeit)* aufholen, einholen; *make up a bouquet* Blumenstrauss binden; *I can´t make up
my mind* ich bin mir noch unschlüssig;
make up so´s mind for her/him jemanden geistig bevormunden
make up for, *vt*,   *(ugs.)* wettmachen;
(aufholen) hereinholen; **make up the
work** *vi*, nacharbeiten; **make use of
(1)** *adv*, *(ugs.)* zu Nutze **(2)** *vt*, nutzen;
(nutzen) ausnutzen; **make way** *vi*, *(einer Person etc.)* ausweichen; **make
worse** *vt*, erschwerend, verschlimmern; *to make matters worse he* es
kommt erschwerend hinzu, daß er;
make, perform *vt*, *(dar-)* bringen;
make a sacrifice ein Opfer bringen; *to
perform a serenade* ein Ständchen bringen; **make-up (1)** *sub*, -s Make-up; *nur
Einz.* Schminke **(2)** *vt*, erdenken; *(Geschichte)* erfinden; **make-up man/wo-
man** *sub*,   *men/women* Metteur;
make-up pencil *sub*, -s Schminkstift;
make.up artist *sub*, -s Visagist
maki, *sub*, *(biol.)* Maki
makimono, *sub*, -s *(jap. Kunst)* Makimono
making, *sub*, *nur Einz.* Anfertigung; ~ **a
woman pregnant** *sub*, -men Schwängerung; ~ **an April fool (of so)** *sub*,
In-den-April-Schicken; ~ **beds** *sub*, -
Bettenmachen; ~ **entries in a stock
book of incomings and outgoings** -,
Skontration; ~ **fun of** *sub*, - *(i. ü. S.)*

\eralberung; ~ **one´s mark** *vr*, Profi-
lierung; ~ **peace** *sub*, - Friedenskurs
Makkabean, *adj*, makkabäisch
malachite, *sub*, -s Malachit; ~ **green**
adj, malachitgrün; ~ **vase** *sub*, -s Ma-
lachitvase
Malaga, *sub*, *nur Einz.* Malaga
malaria, *sub*, *nur Einz.* Malaria; -
Sumpffieber; *nur Einz.* *(tt; med.)*
Wechselfieber; **malariology** *sub*, *nur
Einz.* Malarialogie
Maldivian, *adj*, maledivisch
male, **(1)** *adj*, männlich **(2)** *sub*, -s
(biol.) Männchen; ~ **line** *sub*, -s Mannesstamm; ~ **model** *sub*, -s Dress-
man;   ~   **profession** *sub*, -s
Männerberuf; ~ **prostitute** *sub*, -s
Strichjunge; ~ **visitor** *sub*, -s Herren-
besuch; ~ **voice** *sub*, -s *(mus.)* Männerstimme
malformation, *sub*, -s *(tt; med.)* Verwachsung
malfunctioning, *sub*, -s Fehlfunktion
malice, *sub*, *nur Einz.* Arg, Bosheit,
Tücke; *(böse Absicht)* Mutwille; *(Rache)* Niedertracht; *to do sth out of
malice* etwas mit Mutwillen tun; **malicious** *adj*, bösartig, boshaft, böswillig, dolos, hämisch, maliziös;
(boshaft) tückisch; *(böswillig)* mutwillig; *(Rache)* niederträchtig; **malicious**   **remarks**   bösartige
Bemerkungen; *wilful desertion* jmd
böswilig verlassen; *he/she is not malicious* es ist kein Arg an ihm/ihr; **malicious joy** *sub*, -s Schadenfreude;
malicious racial campaign *sub*, -s
Rassenhetze; **maliciousness** *sub*, -
Bösartigkeit
malignant, *adj*, *(med.)* maligne; ~ **tumour** *sub*, -s Krebsgeschwulst; *(med.)*
Karzinom; **malignity** *sub*, *nur Einz.*
Malignität
malinger, *vti*, *(vortäuschen)* simulieren; ~**er** *sub*, -s Simulant
mall, *sub*, -s *(am)* Einkaufscenter; *mall*
Einkaufscenter
mallet, *sub*, -s Klopfer
malnutrition, *sub*, - Unterernährung
Malperdy, *sub*, *nur Einz.* Malepartus
malt, *sub*, *nur Einz.* Malz; ~ **beer** *sub*,
-- Karamellbier, Malzbier; ~ **extract**
sub, -s Malzextrakt
Maltese, *sub*, -s Malteser; ~ **cross** *sub*,
-es Malteserkreuz
Malthusian, *adj*, *(wirt.)* malthusisch
maltose, *sub*, *nur Einz.* Maltose
maltreat, *vt*, misshandeln, schinden,
traktieren; ~**ment** *sub*, -s Traktierung
mamba, *sub*, Mamba

mambo, *sub, nur Einz.* Mambo
mameluke, *sub, -s* Mameluck
mammal, *sub, -s* Säugetier; **~s** *sub, nur Mehrz. (biol.)* Mammalia; **mammography** *sub, -ies* Mammografie
mammon, *sub, nur Einz.* Mammon; *mammon, filthy lucre* der schnöde Mammon; *to serve mammon* dem Mammon dienen; **~ism** *sub, nur Einz.* Mammonismus
mammoth, *sub, -s* Mammut; **~ (film) production** *sub, -s* Monsterfilm
man, (1) *sub, men* Herr, Mann (2) *vt,* bemannen; *have everything under control* Herr der Lage sein; *the Chairman* der Herr Präsident; *a dead man* ein Mann des Todes; *a man of the people* ein Mann aus dem Volk; *a surplus of men* ein Überschuss an Männern; *he´s the man for us* er ist unser Mann; *where men are men* wo Männer noch Männer sind, *a debauched old man* ein alter Lüstling; *it´s every man for himself* jeder muß sehen, wo er bleibt; *say hello to the nice man* sag dem Onkel guten Tag!; *the society of man* die menschliche Gesellschaft; *to become man and wife* Mann und Frau werden; *to draw matchstick men* Männchen malen; **~ in front-line** *sub, men* Frontmann; **~ of action** *sub, men* Macher; **~ of honour** *sub, men* - Biedermann; **~ of independent means** *sub, men* Privatier; **~ of the world** *sub, men* Weltmann; **~ who has made it in life** *adj, (-er Mann)* gestanden; **~(kind)** *sub, nur Einz. (Gattung)* Mensch; *(relig.) the Son of Man* des Menschen Sohn; **~-sized job** *sub, -s* Mordsarbeit; **~-to-man marking** *sub, -s* Manndeckung; **~/woman** *sub, men/women (Person)* Mensch; *man* der Mensch; **~/woman with a previous conviction** *sub, men* Vorbestrafte; **~´s business** *sub, -es* Männersache
manage, *vt,* bewerkstelligen, durchhelfen, managen, schaffen, verkraften, verwalten; *I´ll manage somehow!* ich manage das schon!; *manage on one´s pension* mit seiner Rente durchkommen; *(i. ü. S.) to manage sth* etwas über die Runden bringen; *we´ll manage it no problem* wir schaffen das allemal; **~ sth all right** *vt,* hinbekommen; **~ to force ... through** *vt, (Gesetz)* durchdrücken; **~ to grab** *vt,* ergattern; **~ability** *sub, nur Einz.* Leitbarkeit; **~ment** *sub, nur Einz.* Bewerkstelligung; *-s* Führung; *nur Einz.* Geschäftsführung; - Leitung; *-s* Management,

Verwaltung; - Werkleitung; *nur Einz. (wirt.)* Direktion; *he´s just sucking up to the management* er will sich nur oben beliebt machen
manatee, *sub, -s* Seekuh
Manchoukuo, *sub, nur Einz.* Mandschukuo
mandarin, *sub, -s* Mandarin; **~ duck** *sub, -s (orn.)* Mandarinente; **~ orange** *sub, -s* Mandarine
mandate, *sub, -s* Mandat; *(pol.) fixed mandate* imperatives Mandat
mandola, *sub, -s* Mandola
mandolin, *sub, -s* Mandoline
mandrake, *sub, -s* Mandragore
mandrill, *sub, -s* Mandrill
mane, *sub, -s* Mähne; **~-like** *adj,* mähnenartig
manege, *sub, -s* Tattersall
mangabey, *sub, -s* Mangabe
manganate, *sub, -s* Manganat
manganese, *sub, nur Einz.* Mangan
manganite, *sub, -s* Manganit
mange, *sub, -s* Räude
mangel -wurzel, *sub, -s* Mangold
manger, *sub, -s* Futterkrippe, Krippe
mangle, (1) *sub, -s* Wäschemangel; *(Wäsche)* Mangel (2) *vt,* mangeln; *to put through the mangle* durch die Mangel drehen
mango, *sub, -es* Mango
mangoose, *sub, -s* Manguste
mangrove, *sub, -s* Mangrove
mangy, *adj,* räudig
manhole, *sub, -s* Kanalschacht; **~ cover** *sub, -s* Kanaldeckel
manhood, *sub, nur Einz.* Mannesalter
mania, *sub, -s* Manie; *nur Einz. (tt; psych.)* Wahn; **manic** *adj,* manisch; **manic-depressive** *adj,* manisch-depressiv
manicure, (1) *sub, -s* Maniküre (2) *vt,* maniküren; *to give oneself a manicure* Nagelpflege machen
manifest, *adj,* manifest; **~ation** *sub, -s* Manifestation
manifesto, *sub, -s* Manifest
manipulate, *vt,* manipulieren; **manipulation** *sub, -s* Manipulation; **manipulative** *adj,* manipulativ; **manipulator** *sub, -s* Manipulant, Manipulator
manism, *sub, nur Einz. (psych.)* Manismus
Manitou, *sub, nur Einz.* Manitu
mankind, *sub, nur Einz.* Menschentum, Menschheit; *for the benefit of mankind* zum Wohle der Menschheit; **manliness** *sub, nur Einz.* Männlichkeit; **manly** *adj,* mannhaft; *(i. ü. S.)*

männlich
manner, *sub,* *-s* Umgangsform, Weise; *(Art und Weise)* Art, Manier; *(Verhalten)* Auftreten; *have no manners* kein Benehmen haben; *in a most convincing manner* in überzeugender Manier; *offend against good manners* gegen die guten Sitten verstoßen; ~ *of death sub, manners* Todesart; ~**ism** *sub, -s* Allüre; *nur Einz.* Manierismus; ~**ist** *sub, -s* Manierist; ~**istic** *adj,* manieristisch; ~**s** *sub, nur Mehrz.* Anstand, Manieren, Mores; *(Umgangsformen)* Manier; *to teach sb some manners* jmdn Mores lehren
mannish woman, *sub, women* Mannweib
mannitol, *sub, -s* Mannit
manoeuverable, *adj,* wendig; **manoeuvre (1)** *sub, -s* Manöver **(2)** *vi,* lavieren, taktieren **(3)** *vti,* manövrieren
manometric(al), *adj, (tech.)* manometrisch
manor, *sub, -s* Rittergut
manslaughter, *sub, -s* Totschlag
mantelpiece, *sub, -s (Kamin)* Sims
mantic, *sub, nur Einz. (Wahrsagekunst)* Mantik
mantilla, *sub, -s* Mantille
mantle, *sub, -s* Havelock
mantrap, *sub, -s* Fußangel
manual, (1) *adj,* körperlich, manuell **(2)** *sub, -s* Handbuch, Manual; *to do heavy manual work (or labour)* schwer körperlich arbeiten; *to operate manually* manuell bedienen; ~ **operation** *sub, -s* Handbetrieb; ~ **skill** *sub, -s* Handfertigkeit; ~ **work** *sub, -s (manuelle Arbeit)* Handarbeit; ~ **worker** *sub, -s* Handarbeiter; ~**ly** *adv,* händisch
manufacture, (1) *sub, -s* Fertigung **(2)** *vt,* verfertigen; *(Hand)* erzeugen; ~ **(clothing)** *vt,* konfektionieren; ~**d goods** *adj,* fabrikmäßig; ~**r** *sub, -s* Fabrikant, Hersteller, Herstellerin; *(Hand)* Erzeuger
manure, (1) *sub, -* Stalldünger **(2)** *vt,* jauchen; *to spread manure* Mist fahren; ~ **cart** *sub, -s* Jauchewagen
manuscript, *sub, -s (Manuskript)* Handschrift
Maoism, *sub, nur Einz.* Maoismus; **Maoist (1)** *adj,* maoistisch **(2)** *sub, -s* Maoist
Maori, *adj,* maorisch
map, (1) *sub, -s* Karte, Landkarte; *s* Wegkarte; *-s (Straßen~)* Plan **(2)** *vt,* kartieren; *something isn´t on the map* etwas ist in der Karte nicht eingezeichnet; ~ **(sheet)** *sub, -s* Kartenblatt; ~ **of trails**

~**b,** *-s* Wanderkarte
maple tree, *sub, -s (bot.)* Ahorn
Maquis, *sub, nur Einz. (hist.)* Maquis; ~**ard** *sub, -s* Maquisard
marabou, *sub, -s (orn.)* Marabu
marabout, *sub, -s (rel.)* Marabut
maraschino, *sub, -es* Maraschino
marasmic, *adj,* marantisch
marathon, *sub, -s* Marathonlauf; ~ **speech** *sub, -s* Marathonrede
marble, (1) *sub, -s* Klicker; *nur Einz.* Marmelstein, Marmor; *-s* Murmel; *(ugs.)* Schusser **(2)** *vt,* marmorieren; ~ **bust** *sub, -s* Marmorbüste; ~ **cake** *sub, -s* Marmorkuchen; ~ **column** *sub, -s* Marmorsäule; ~ **slab** *sub, -s* Marmorplatte; ~ **stairs** *sub, nur Mehrz.* Marmortreppe; ~ **statue** *sub, -s* Marmorstatue; ~ **top** *sub, -s (Tisch~)* Marmorplatte; ~**-like** *adj,* marmorartig
march, (1) *sub, -es* Marsch, März; *(Musik)* Parademarsch **(2)** *vi,* marschieren; *forward march!* vorwärts marsch!; *to go on a march* einen Marsch machen; *during March* im Laufe des März; *in March* im März; *on the second of March* am zweiten März; *this March* diesen März; *dressed for marching* marschmäßig angezogen; *the Brandenburg Marches* die Mark Brandenburg; ~ **off** *vi,* abmarschieren; *(a. mil.)* abrücken; ~ **on** *vi, (Zeit)* fortschreiten; ~ **up** *vi,* aufmarschieren; ~**-past** *sub, -* Vorbeimarsch; ~**er** *sub, -s* Marschierer; ~**ing** *attr,* marschmäßig; ~**ing off** *sub, -s -* Abmarsch; ~**ing orders** *sub, (ugs.)* Laufpass; *nur Mehrz. (mil.)* Marschbefehl; *did she give you your marching orders?* und hat sie dir den Laufpass gegeben?; ~**ing step** *sub, -s* Marschtritt; ~**ing through** *sub, -s* Durchmarsch; ~**ing time** *sub, -s* Marschtempo; ~**ing up** *sub, nur Einz. (von Menschen)* Aufmarsch
mare, *sub, -s* Stute
margarine, *sub, nur Einz.* Margarine
margin, *sub, -s* Marge; *(Buch)* Rand; *- (Preis-)* Spanne; *-s (wirt.)* Spielraum; *leave a margin* Spielraum lassen; ~ **stop** *sub, -s* Randsteller; ~**al** *adj,* marginal; *(Steigerung)* minimal; ~**al note** *sub, -s* Randbemerkung
marginalia, *sub, nur Mehrz. (meist Mehrz.)* Marginalie
married life, *sub, lives* Eheleben
marigold, *sub, -s* Ringelblume
marijuana, *sub, nur Einz.* Marihuana
marimba, *sub, -s (mus.)* Marimba

marinade, *sub, -s (Küche)* Marinade; **marinate** *vt,* marinieren
marine, (1) *adj, (Tiere, Pflanzen)* marin **(2)** *sub, -s* Marinesoldat; ~**s** *sub, nur Mehrz.* Marineinfanterie; **mariological** *adj,* mariologisch **marital,** *adj,* ehelich; ~ **crisis** *sub, crises* Ehekrise; ~ **status** *sub, -* Familienstand; *-es* Personenstand **maritime,** *adj,* maritim; ~ **affairs** *sub, nur Mehrz.* Seewesen; ~ **climate** *sub, -s* Seeklima **marjoram,** *sub, -s* Majoran **mark, (1)** *sub, -s* Druckstelle, Einzeichnung, Fleck, Merkzeichen; *(biol.)* Merkmal; *(Fleck)* Mal; *(Schule)* Note; *nur Einz. (Währung)* Mark **(2)** *vt,* anzeichnen, benoten, kennzeichnen, markieren, zeichnen, zensieren, zinken; *(Wörter)* anstreichen; *(i. ü. S.) get off the mark* Tritt fassen; *(i. ü. S.) make one´s mark on something* etwas seinen Stempel aufdrücken; *mark my words!* merk dir das!; *on your marks, get set, go!* Achtung, fertig, los!; *the Mark Brandenburg* die Mark Brandenburg; *to overstep the mark* über das übliche Maß hinausgehen; *distinguishing marks* besondere Merkmale; *deutschmark* Deutsche Mark; ~ *of Cain sub, -s (bibl.)* Kainsmal; ~ *of favour sub, -s (US)* Gunstbeweis; ~ *of favour sub, -s* Gunstbeweis; ~ **off (1)** *vi, (unterschreiben)* abzeichnen **(2)** *vt, (abgrenzen)* begrenzen; *(Grundstück)* abgrenzen; ~ **out** *vt,* abstecken; ~ **with a circle** *vt, (Fehler etc.)* umranden; ~ **you** *adv,* wohlverstanden; ~**(ing)** *sub,* Markierung **marked,** *adj,* ausgesprochen; *(Gesicht)* gezeichnet; *the illness has left its mark* von der Krankheit gezeichnet; ~ **section of forest** *sub,* Jagen; ~ **with a date** *adj,* Datumsangabe; ~**-out route** *sub, -s* Trasse; **marker** *sub, -s (spo.)* Fähnlein; **marker on the skin** *sub, -* Dermographie **market,** *sub, -s* Absatzmarkt, Markt; *on the market* im Handel; *at the marketplace* am Markt; *to come on the market* auf den Markt gebracht werden; *to flood the market with sth* etwas in großen Mengen auf den Markt werfen; *to go to the market* auf den Markt gehen; *to have a market* Markt abhalten; *to put on the market* auf den Markt bringen; ~ **day** *sub, -s* Markttag; ~ **economy** *sub, nur Einz.* Marktwirtschaft; ~ **fountain** *sub, -s* Marktbrunnen; ~ **leader** *sub, -s* Marktführer; ~ **prospects** *sub, nur Mehrz.* Marktchance; ~ **regulati-**

ons *sub, nur Mehrz.* Marktordnung; ~ **research** *sub, nur Einz.* Marktforschung; ~ **segment** *sub, -s* Marktsegment; ~ **share** *sub, -s* Marktanteil; ~ **stall** *sub, -s* Marktstand; ~**-leading** *adj,* marktführend; ~**able** *adj,* marktgängig; *(wirt.)* absetzbar; ~**place** *sub, -s* Marktplatz; *in the marketplace* am Marktplatz; *to live on the marketplace* am Marktplatz wohnen **marking,** *sub, nur Einz. (Geben der Noten)* Benotung; ~ **ink** *sub, nur Einz.* Wäschetinte **marks,** *sub, nur Mehrz. (Noten)* Benotung; ~**man** *sub, -men* Schütze **marketing,** *sub, nur Einz.* Marketing, Vermarktung **markup loss,** *sub, - -es* Aufschlagverlust **marmalade,** *sub, -s (Orangen~)* Marmelade **marmot,** *sub, -s* Murmeltier **Marocain,** *sub, -s (Textil)* Marocain **Maronite,** *adj,* maronitisch **marquee,** *sub,* Festzelt; *-s* Zelt **marquess,** *sub, -es* Marquis **marquise,** *sub, -s* Marquise **marquisette,** *sub, -s (Textil)* Markisette **marriagable,** *adj, (Mädchen)* mannbar; **marriage** *sub, -s* Ehe, Heirat, Konnubium, Verheiratung, Vermählung; *(Kartenspiel)* Mariage; **marriage ads** *sub, nur Mehrz. (Zeitung)* Heiratsmarkt; **marriage by proxy** *sub, -s* Ferntrauung; **marriage ceremony** *sub, -ies* Trauung; **marriage certificate** *sub, -s* Heiratsurkunde; **marriage guidance (am: counsellor)** *sub, -s* Eheberaterin; **marriage guidance (am: marriage counselling)** *sub, -s* Eheberatung; **marriage into** *sub, -s* Einheirat; **marriage market** *sub, -s* Heiratsmarkt; **marriage of convenience** *sub, -s* Vernunftehe **marriage proposal,** *sub, -s* Heiratsantrag; **marriage-bed** *sub, -s* Ehebett; **marriageability** *sub, nur Einz. (Mädchen)* Mannbarkeit; **marriageable** *adj,* heiratsfähig; *of a marriagable age* in einem heiratsfähigen Alter; **married** *adj,* verheiratet, vermählt; **married one** *sub, -s* Verheiratete **marrow,** *sub, nur Einz. (Knochen~)* Mark; ~**bone** *sub, -s* Markknochen **marry, (1)** *vr,* verehelichen **(2)** *vt,* verheiraten; *(heiraten)* freien; *(verheiraten)* trauen **(3)** *vti,* heiraten **(4)** *vtr,* vermählen; *as a married man* als Ehemann; *(heiraten) get married* sich trauen lassen; *she has two children* *from her first marriage* sie hat zwei Kinder aus der ersten Ehe mitgebracht; *to have sth when one gets married* etwas in die Ehe mitbringen; *to marry (into) money* sich ins gemachte Nest setzen; *(ugs.) to marry into money* reich heiraten; *to marry money* eine gute Partie machen; *to marry sb off* jmdn an den Mann bringen; ~ **into** *vi*, einheiraten

Marsala wine, *sub*, *-s* Marsala, Marsalawein

marsh, *sub*, *nur Einz.* Marschland; *-es* Sumpf; *(Marschland)* Marsch; ~ **gas** *sub*, *-es* Sumpfgas; ~ **mallow** *sub*, *-s (bot.)* Eibisch; ~ **marigold** *sub*, *-s* Dotterblume, Sumpfdotterblume; ~ **plant** *sub*, *-s* Sumpfpflanze

marshal, *sub*, *-s* Marschall; *(US)* Gerichtsvollzieher

marshland, *sub*, *-s* Sumpfgebiet; **marshy** *adj*, sumpfig

martial art, *sub*, *-s* Kampfsport; **martial law** *sub*, *nur Einz.* Standrecht

Martinmas, *sub*, *nur Einz.* Martinstag

martyr, *sub*, *-s* Märtyrer; *to make a martyr of oneself* sich zum Märtyrer aufspielen; *to make a martyr of sb* jmdn zum Märtyrer machen; ~**dom** *sub*, *-s* Martyrium; ~**ed expression** *sub*, *-s* Duldermiene

marvellous, *adj*, herrlich, wunderbar

marvelous, *adj*, *(US)* herrlich

Marxism, *sub*, *nur Einz.* Marxismus; **Marxist (1)** *adj*, marxistisch **(2)** *sub*, *-s* Marxist

marzipan, *sub*, *-s* Marzipan

mascara, *sub*, *-s* Wimperntusche; *(Wimpern-)* Tusche

mascot, *sub*, *-s* Maskottchen

masculine, *adj*, maskulin, maskulinisch; ~ **discipline** *sub*, *nur Einz.* Manneszucht; ~ **loyalty** *sub*, *nur Einz.* Mannestreue; ~ **noun** *sub*, *-s* Maskulinum; ~ **strength** *sub*, *-s* Mannesstärke; **masculinity** *sub*, *nur Einz. (Auftreten)* Männlichkeit; **masculinize** *vt*, vermännlichen

mash, *vt*, zerdrücken; ~**ed potatoes** *sub*, *nur Mehrz.* Kartoffelbrei

mask, *sub*, *-s* Maske; *his face froze to a mask* sein Gesicht wurde zur Maske; *that's all just pretence* das ist alles nur Maske; *(i. ü. S.) to let fall one's mask* die Maske abnehmen

masochism, *sub*, *nur Einz.* Masochismus; **masochist (1)** *adj*, masochistisch **(2)** *sub*, *-s* Masochist, Masochistin

masonry, *sub*, *nur Einz.* Maurerarbeit; ~ **drill** *sub*, *-s* Steinbohrer

masquerade, *sub*, *nur Einz.* Mummenschanz

masques, *sub*, *nur Mehrz.* Maskenspiele

massacre, **(1)** *sub*, *-s* Gemetzel, Massaker **(2)** *vt*, massakrieren

massage, **(1)** *sub*, *-s* Knetmassage, Massage **(2)** *vt*, *(Massage)* massieren; *to have massage treatment* Massagen nehmen; ~ **parlour** *sub*, *-s* Massagesalon

masses, *sub*, *nur Mehrz. (i. ü. S.)* Herde

masseur, *sub*, *-s* Masseur, Massör

masseuse, *sub*, *-s* Masseuse, Massöse

massif, *sub*, *-s* Gebirgsstock, Massiv

massive, *adj*, klotzig, reißend; ~ **dose of vitamins** *sub*, *-s* Vitaminstoß; ~**ness** *sub*, *nur Einz.* Massivität, Wuchtigkeit

Massoretic, *adj*, *(relig. hist.)* massoretisch

mast, *sub*, *-s (naut.)* Mast

master, **(1)** *sub*, *-s* Gebieter, Prinzipal **(2)** *vt*, meistern; *a master of his trade* ein Meister seines Faches; ~ **(craftsman)** *sub*, *-men (Handwerks~)* Meister; *no-one is born a master* es ist noch kein Meister vom Himmel gefallen; *past master at sth* Meister einer Sache; *to take one's master craftsman's diploma* seinen Meister machen; ~ **(of a trade)** *sub*, *-s* Lehrmeister; ~ **brewer** *sub*, *nur Einz.* Braumeister; **Master Bruin** *sub*, *-s (poet.; Meister ~)* Petz; ~ **builder** *sub*, *-s* Maurermeister; *- -s (auf der Baustelle)* Baumeister; ~ **craftsman's certificate** *sub*, *-s* Meisterbrief; **Master of Arts** *sub*, *Masters (univ.)* Magister; ~ **of business administration** *sub*, *-s* - Betriebswirt; **Master of Ceremonies** *sub*, *-s* Hofmarschall, Zeremonienmeister; ~ **of the guild** *sub*, *-s* Gildemeister; ~ **painter** *sub*, *-s* Malermeister; ~ **thief** *sub*, *thieves* Meisterdieb; ~'s **certificate** *sub*, *-s* Kapitänspatent; ~**ly** *adj*, gekonnt, meisterhaft, meisterlich; ~**piece** *sub*, *-s* Meisterstück, Meisterwerk; ~**y** *sub*, *nur Einz. (Können)* Meisterschaft; *(Kunst) to achieve real mastery* es zu wahrer Meisterschaft bringen

masthead, *sub*, *-s* Impressum; ~ **light** *sub*, *-s* Topplaterne

masticate, *vt*, zerkauen; **masticatory organs** *sub*, *nur Mehrz. (med.)* Kauwerkzeuge

mastiff, *sub*, *-s* Mastino; *(Englische)* Dogge

mastodon, *sub*, *-s* Mastodon
masturbate, (1) *vi*, *(sexuell)* befriedigen
(2) *vtir*, masturbieren; **masturbation**
sub, *-s* Masturbation; *nur Einz.* Onanie;
-s Selbstbefriedigung
mat, *sub*, *-s* Matte, Untersatz, Vorleger;
to have a mat finish mattiert sein; ~
coaster *sub*, *-s* Untersetzer
match, (1) *sub*, *-es* Match, Schwefelholz,
Streichholz, Zündholz; *(ugs.)* Zündhölzchen; *(Wettkampf)* Spiel (2) *vi*,
(ugs.) zusammenpassen; *(zusammenpassen)* übereinstimmen (3) *vt*, zusammenstimmen; *(harmonieren)* passen;
(qualitativ) anpassen; *(spo.)* paaren; *a
bag which matches it exactly* eine im
Ton genau dazu passende Tasche; *he´s
met his match* er hat seinen Meister
gefunden; *the match will start in five
minutes* der Anpfiff ist in fünf Minuten;
to be no match for sb sich mit jmd nicht
messen können; *to match one´s
strength against sb´s* seine Kräfte mit
jmd messen, *to match sth* zu etwas im
Ton passen; ~ **box** *sub*, *-es* Zündholz-
schachtel; ~ **stick** *sub*, *-s (dünner
Mensch)* Hering; ~**box** *sub*, *-es* Streich-
holzschachtel; ~**ing** *adj*, *(harmonisch)*
passend; *I must buy some matching
shoes* ich muß passende Schuhe kau-
fen; ~**less** *adj*, unübertrefflich; ~**make**
vi, kuppeln; ~**making** (1) *adj*, kupplerisch (2) *sub*, *nur Einz.* Kuppelei
mate, (1) *sub*, *-s* Kumpel, Maat; *nur Einz.*
Matt; *-s (ugs.)* Kumpan (2) *vi*, rammeln;
(sich paaren) balzen (3) *vt*, begatten
(4) *vti*, paaren
material, (1) *adj*, materiell (2) *sub*, *-s*
Material, Wissensstoff; *(Material)* Stoff;
to be only interested in material things
nur materielle Interessen haben, *material for a novel* Stoff für einen Roman;
~ **assets** *sub*, *nur Mehrz.* Sachwert; ~
interests *sub*, *nur Mehrz.* Kommerz;
*material interests are taking over eve-
rywhere* alles wird zunehmend von
Kommerz beherrscht; ~**ism** *sub*, *-s*
Dinglichkeit; *nur Einz.* Materialismus;
~**ist** *sub*, *-s* Materialist; ~**ist(ic)** *adj*,
materialistisch; *to be materialistic* materiell eingestellt sein; ~**istic thinking**
sub, - Konsumdenken; ~**ization** *sub*,
nur Einz. Materialisation; ~**ize** *vti*, materialisieren
maternal, *adj*, mütterlich; **maternity
dress** *sub*, *-es* Umstandskleid; **maternity hospital** *sub*, *-s* Gebärklinik
mathematical, *adj*, mathematisch; **mathematician** *sub*, *-s* Mathematiker; **mathematics** *sub*, *nur Mehrz.*
Mathematik; **mathematize** *vt*, mathematisieren
matinée, *sub*, *-s* Matinee
mating, *sub*, *-s* Begattung; *(biol.)* Paarbildung; *(Kreuzung)* Paarung; *nur
Einz. (Paarung)* Balz; ~ **call** *sub*, *-s
(biol.)* Balzruf; ~ **season** *sub*, *-s* Balzzeit
matins, *sub*, *nur Einz.* Mette
matriarchal, *adj*, matriarchalisch; **ma-
triarchy** *sub*, *nur Einz.* Matriarchat
matriculation register, *sub*, *-s (univ.)*
Matrikel
matrimonial, *adj*, ehelich; ~ **tragedy**
sub, *-ies* Ehetragödie; **matrimony**
sub, *nur Einz.* Ehestand
matrix, *sub*, *matrices* Mater, Matrix,
Matrize
matron, *sub*, *-s* Matrone; *(Krankenhaus)* Oberin; ~**ly** *adj*, matronenhaft
matted, *adj*, *(Haar)* filzig
matter, *sub*, *-s* Angelegenheit; Materie; *-s* Sache; *(Angelegenheit)* Ding;
(Inhalt) Gegenstand; *as matters
stand* so wie die Dinge liegen;
doesn´t matter macht nichts!; *in matters of taste* in Dingen des Geschmacks; *it doesn´t matter whether*
es spielt keine Rolle, ob; *it´s a matter
of courtesy* ist ein Gebot der Höflichkeit; *no matter who* ganz egal wer;
not that it mattered but nicht etwasa,
daß; *that matters a lot to me* mir liegt
viel daran; *the matter is as follows* es
hat damit folgende Bewandtnis; *there
the matter rested* damit hatte es sein
Bewenden; *there´s sth the matter
with him* mit ihm ist etwas nicht in
Ordnung; *what´s the matter?* was ist
denn passiert?; ~ **of feeling** *sub*, *-s*
Gefühlssache; ~ **of luck** *sub*, *-s*
Glückssache; ~ **of opinion** *sub*, *nur
Einz.* Ansichtssache; ~ **of taste** *sub*, *-s*
Geschmackssache; ~ **of the heart**
sub, *-s* Herzenssache
mattress, *sub*, *-es* Matratze
matzo, *sub*, *-es* Matze
Maundy Thursday, *sub*, - Gründonnerstag
Mauritanian, (1) *adj*, mauretanisch
(2) *sub*, *-s* Mauretanier
mausoleum, *sub*, *-a* Mausoleum
mauve, *adj*, malvenfarben, malvenfarbig, mauve, mauvefarben
mawkish, *adj*, *(widerlich)* süßlich;
~**ness** *sub*, *nur Einz. (i. ü. S.)* Süßlichkeit
maxillary sinus, *sub*, *-es (med.)* Kiefer-
höhle
maxim, *sub*, *-s* Grundsatz, Maxime

maximazation, *sub*, *-s* Maximierung; **maximize** *vt*, maximieren; **maximum** (1) *adj*, höchst (2) *sub*, *-s* Maximum; *maximum number of people allowed* höchste Personenzahl; **maximum amount** *sub*, *-s* Höchstbetrag; **maximum height** *sub*, *-s* Maximalhöhe; **maximum pay** *sub*, *-s* Spitzenlohn; **maximum penalty** *sub*, *-ies* Höchststrafe; **maximum price** *sub*, *-s* Höchstpreis; **maximum speed** *sub*, *-s* Höchstgeschwindigkeit; **maximum value** *sub*, *-s* Maximalwert

may, (1) *sub*, *-s* Mai (2) *vt*, *(Vermutung)* mögen (3) *vti*, *(höflich)* dürfen; *May Day* der erste Mai, *come what may* mag kommen, was da will; *(geh.)* *he may well be right, but* er mah wohl recht haben, aber; *(geh.)* *may the force be with you!* möge die Macht mit dir sein!; *what might that mean?* was mag das wohl heißen?, *are you allowed to* darfst du das; *he may come tomorrow* möglicherweise kommt er morgen; *may I smoke* erlauben sie, daß ich rauche; *may I visit him* darf ich ihn besuchen; *yes, you may* ja, sie dürfen; *you may go to the blackboard* du sollst an die Tafel gehen; **May Day celebrations** *sub*, *nur Mehrz.* Maifeier; ~**be** *adv*, vielleicht; *maybe I should come along?* oder soll ich lieber mitkommen?; ~**day** *interj*, Mayday; ~**fly** *sub*, *-ies (zool.)* Eintagsfliege

mayonnaise, *sub*, *-s* Majonäse; *nur Einz.* Mayonnaise

mayor, *sub*, *-s* Bürgermeister, Oberbürgermeister; *(hist.)* Schulze

maze, *sub*, *-s* Gewirr

me, *pron*, mich, mir; *(geh.)* *excuse me!* verzeihen Sie!; *objections from me* Einwände meinerseits

mead, *sub*, *nur Einz.* Met

meadow, *sub*, *-s* Weide, Wiese, Wiesengrund; ~ **flower** *sub*, *-s* Wiesenblume; ~ **saffron** *sub*, *-s* Herbstzeitlose; ~ **wax** *sub*, *- (i. ü. S.)* Wiesenwachs

meal, *sub*, *-s* Mahl, Mahlzeit; *(Mahl)* Essen; *nur Einz. (Mahlzeit)* Tisch; *(Guten Appetit)* enjoy your meal* Mahlzeit!; *a square meal* ein nahrhaftes Essen; *don´t let me disturb your meal* laßt euch nicht beim Essen stören; *enjoy your meal* guten Appetit; *invite sb for a meal/to dinner* jmd zum Essen einladen; ~ **offering** *sub*, *-s* Speiseopfer; ~**ticket** *sub*, *-s* Essensmarke; ~**time** *sub*, *-s* Essenszeit; ~**y** *adj*, mehlig; ~**y-mouthed person** *sub*, *people* Leisetreter

mean, (1) *adj*, geizig, gemein, karg, einherzig, schuftig; *(gemein)* erbärmlich (2) *adv*, kleinlich (3) *sub*, *-s* Mittelwert; *(mat.)* Durchschnitt (4) *vt*, heißen; *(aussagen)* besagen; *(bedeuten)* beinhalten (5) *vt*, *(Bedeutung haben)* bedeuten; *(sagen wollen, bedeuten, beabsichtigen)* meinen; *that´s mean* das ist gemein; *arithmetical mean* arithmetisches Mittel; *be meant for* jmdm gelten; *by no means* durchaus nicht; *does that mean that* soll das heißen, dass; *he means nothing to me* er ist mir gleichgültig; *Jochen is good, but Fabian is no mean runner either* Jochen ist ein guter Läufer, aber Fabian ist auch nicht von Pappe; *mean a lot to so* jemandem viel bedeuten; *meant for so* an jemands Adresse gerichtet sein; *that doesn´t mean anything to me* darunter kann ich mir nichts vorstellen; *that doesn´t mean much* das will nicht viel heißen; *that was no mean left hook* dieser linke Haken war nicht von Pappe; *the golden mean* die goldene Mitte, *the mean is* der Durchschnitt beträgt, *that doesn´t mean anything* das besagt überhaupt nichts, *it doesn´t mean anything* das hat nichts zu bedeuten; *he means no harm* er meint es nicht böse; *it wasn´t meant like that* so war es nicht gemeint; *what do you mean (drohend: by that)?* was meinen Sie damit?

meander, (1) *sub*, *-s* Windung (2) *vr*, winden

meaness, *sub*, *-es* Gemeinheit; *the mean thing about it* die Gemeinheit dabei

meaning, *sub*, *-s (Bedeutung)* Sinn; *(Inhalt)* Gehalt; *(Sinn)* Bedeutung; *there is a deeper meaning* das hat einen tieferen Sinn; ~ **of life** *sub*, *nur Einz.* Lebensinhalt; ~**ful** *adj*, bedeutungsvoll; *(vielsagend Blick)* bedeutsam; ~**less** *adj*, *(bedeutungslos)* sinnlos; *(sinnlos)* bedeutungslos, gegenstandslos; *my life is meaningless* mein Leben ist sinnlos

meanness, *sub*, *-* Geiz; *nur Einz.* Schuftigkeit

means, *sub*, *nur Mehrz.* (~ *zum Zweck)* Mittel; *a means to an end* Mittel zum Zweck; *the end justifies the means* der Zweck heiligt die Mittel; *to find ways and means* Mittel und Wege finden; ~ **of advertising** *sub*, *nur Mehrz.* Werbemittel; ~ **of bringing pressure to bear** *sub*, *nur*

Mehrz. Druckmittel; ~ **of enforcement** *sub*, - Zwangsmittel; ~ **of legal redress** *sub*, - Rechtsmittel; ~ **of protection** *sub*, *nur Einz.* Schutzmittel; ~ **of transport** *sub*, *nur Mehrz.* Verkehrsmittel; ~ **of transportation** *sub*, *nur Mehrz.* Beförderungsmittel

meant, *adj*, gedacht

meantime, *pron*, Zwischenzeit; **meanwhile** *adv*, indes, indessen, unterdessen; *(inzwischen)* einstweilen; *(zeitl.)* darüber; *write the letter, meanwhile I´ll ring up* schreib du den Brief, ich werde indessen den Anruf erledigen; *meanwhile it had become evening* es war darüber Abend geworden

measles, *sub*, *nur Mehrz.* Masern

measurability, *sub*, *nur Einz.* Mensurabilität, Messbarkeit; **measurable** *adj*, mensurabel, messbar; **measure (1)** *sub*, *-s* Maßnahme; *(Einheit)* Maß **(2)** *vt*, abmessen, messen, vermessen; *to take measures to do sth* Maßnahmen treffen, um etwas zu tun; *(i. ü. S.) the measure of all things* das Maß aller Dinge; *weights and measures* Maße und Gewichte, *beyond all measure* über alle Maßen; *to have sth made to measure* sich etwas nach Maß schneidern lassen; *to measure up* Maß nehmen; **measure (out)** *vt*, ausmessen; **measure again** *vt*, nachmessen; **measure exactly** *vi*, *(ugs.)* zirkeln; **measure of alcohol content according specific gravity** *sub*, Öchsle; **measure of length** *sub*, *-s* Längenmaß; **measure out** *vt*, *(techn.Gerät)* durchmessen

measure technology, *sub*, *nur Einz.* Messtechnik; **measured** *adj*, gemessen; **measurement** *sub*, *-s* Ausmessung, Messwert; *(i. S. v. messen)* Abmessung; *(Messergebnis)* Messung; *(Meßgröße)* Maß; *her measurements are:* ihre Maße sind:; **measurement method** *sub*, *-s* Messverfahren; **measuring** *sub*, *-s (das Messen)* Messung; **measuring cylinder** *sub*, *-s* Messzylinder; **measuring instrument** *sub*, *-s* Messgerät; **measuring jug** *sub*, *-s* Messbecher; **measuring rod** *sub*, *-s* Messlatte

meat, *sub*, *-s (Kochk.)* Frikadelle; - *(Nahrung)* Fleisch; ~ **from the belly** *sub*, *nur Einz.* Bauchfleisch; ~ **from the leg** *sub*, *nur Einz.* Beinfleisch; ~ **loaf** *sub*, *-s* Fleischkäse; ~ **market** *sub*, *-s (US)* Fleischerei; ~ **paste** *sub*, *-s* Streichwurst; ~ **poisoning** *sub*, *-s* Fleischvergiftung; ~ **products** *sub*, *nur Mehrz.* Fleischwaren; ~ **salad** *sub*, *-s* Fleischsa-

lat; ~**ball** *sub*, *-s* Frikadelle

mechanic, *sub*, *-s* Mechaniker, Mechanikerin; *(Auto~)* Monteur; ~**al** *adj*, mechanisch; ~**al engineer** *sub*, *-s* Maschinenbauer; ~**al engineering** *sub*, *nur Einz.* Maschinenbau; ~**ally** *adv*, maschinell; ~**s** *sub*, *nur Mehrz.* Mechanik; - *(Funktionsweise)* Technik; **mechanism** *sub*, *-s* Laufwerk, Mechanismus; *(tt; tech.)* Werk; **mechanization** *sub*, *-s* Mechanisierung; **mechanize** *vt*, mechanisieren; *(Landwirtschaft)* motorisieren

medaillon, *sub*, *-s* Medaillon; **medal** *sub*, *-s (Wettbewerb)* Medaille; **meddle in sb´s affairs** *vt*, dreinmischen

medial, *adj*, *(med.)* medial

media studies, *sub*, *nur Mehrz.* Zeitungswissenschaft

mediate, **(1)** *vi*, vermitteln **(2)** *vti*, schlichten; *mediate revenge* auf Rache sinnen; **mediation** *sub*, *-s* Mediation, Schlichtung, Vermittlung

mediatized prince, *sub*, *-s (hist.)* Standesherr

mediator, *sub*, *-s* Mittler, Schlichter, Unterhändler, Vermittler; ~**y** *position* *sub*, *-s* Mittlerrolle

medic, *sub*, *-s (univ.)* Mediziner, Medizinerin; ~**al** *adj*, arzneilich, ärztlich; *(ärztlich)* medizinisch; *be under medical care* in ärztlicher Behandlung sein; *medical aid* ärztliche Hilfe; *medical care* medizinische Betreuung; *medical certificate* ärztliches Attest; ~**al advice** *sub*, *-s* Sanitätsrat; ~**al association** *sub*, *-s* Ärztekammer; ~**al certificate** *sub*, *-s* Attest; ~**al check-up** *sub*, *-s (tt; med.)* Vorsorgeuntersuchung; ~**al examination for military service** *sub*, *nur Einz. (für Wehrdienst)* Musterung; ~**al licence** *sub*, *-s (tt; med.)* Approbation; ~**al officer** *sub*, *-s* Truppenarzt; ~**al officer of health** *sub*, *-s* Medizinalrat; ~**al plant** *sub*, *-s* Heilpflanze; ~**al profession** *sub*, *nur Einz.* Ärzteschaft; ~**al record card** *sub*, *-s* Krankenblatt; ~**al tent** *sub*, *-s* Sanitätszelt; ~**al training** *sub*, *-s (med.)* Famulatur

medicinal, *adj*, medikamentös; *(heilend)* medizinisch

medicine, *sub*, *nur Einz.* Arznei, Arzneimittel; ~ **s** Heilkunde; *nur Einz.* Medikament, Medizin; *(med.)* Mittel; ~ **cabinet** *sub*, *-s* Hausapotheke; ~ **man** *sub*, *men* Medizinmann

medieval, *adj*, mittelalterlich; *(ugs.) it is positively medieval there!* da herrschen Zustände wie im Mittelalter!; ~

studies *sub, nur Mehrz.* Mediävistik;
~ist *sub, -s* Mediävistin
mediocre, *adj,* mittelmäßig; *(geh.)* medioker; *(unterdurchschnittlich)* mäßig; *he´s a pretty mediocre speaker* als Redner gibt er eine recht mittelmäßige Figur ab; **mediocrity** *sub, nur Einz.* Mediokrität; *(Unterdurchschnittlichkeit)* Mäßigkeit
meditate, *vi,* meditieren; **meditation** *sub, -s* Meditation; *lost in meditation* in meditativer Versunkenheit; **meditative** *adj,* meditativ; *lost in meditation* in meditativer Versunkenheit
Mediterranean, *adj,* mediterran; ~ **(Sea)** *sub, nur Einz.* Mittelmeer
medium, *sub, media* Medium; ~ **dry** *adj,* demi-sec; *(Wein etc.)* halbtrocken; ~ **of expression** *sub, -dia* - Ausdrucksmittel; ~ **range** *sub, -s (Rakete)* Mittelstrecke; ~ **range missile** *sub, -s* Mittelstreckenrakete; ~ **wave (band)** *sub, -s* Mittelwelle; *to broadcast on the medium wave band* auf Mittelwelle senden; ~**-high** *adj,* halbhoch
medley, *sub, -s* Medley; ~ **relay** *sub, -s (spo.)* Lagenstaffel
meek, *adj,* gottergeben, kleinlaut; *meek as a lamb* geduldig wie ein Lamm
meerschaum, *sub, nur Einz. (min.)* Meerschaum
meet, (1) *vi, (einer Person)* begegnen (2) *vt,* antreffen; *(begegnen)* treffen; *(Erwartungen)* befriedigen; *meet so at the airport* jemanden vom Flughafen abholen; *meet someone* auf jemanden treffen; ~ **up with** *vi,* zusammentreffen; ~ **with** *vi, (einem Problem)* begegnen; ~**ing** *sub, -s* Meeting, Treffen; - Wiedersehen; ~ Zusammenkunft, Zusammentreffen; *(Konferenz)* Sitzung; *(Treffen)* Begegnung, Treff; *call a meeting* eine Tagung einberufen; *hold a meeting* eine Tagung abhalten; ~**ing day** *sub, -s* Jour (fixe); ~**ing of the supervisory board** *sub, -s* Aufsichtsratssitzung; ~**ing office** *sub, -s* Tagungsbüro; ~**ing place** *sub, -s (Treffpunkt)* Treff
megacephalic, *adj,* makrokephal
megalith, *sub, -s (archäol.)* Megalith; ~ **tomb** *sub, -s* Megalithgrab; ~**ic** *adj,* megalithisch
megalomania, *sub, nur Einz.* Cäsarenwahn; - Gigantomanie; *nur Einz. (geh.)* Megalomanie
megalopolis, *sub, -ses* Megalopolis
megaphone, *sub, -s* Megafon, Megaphon, Sprachrohr; *(ugs.)* Flüstertüte
meiosis, *sub, meioses (biol.)* Meiose

Mekong delta, *sub, nur Einz.* Mekong-delta
melamine resin, *sub, -s* Melaminharz
melancholic, *sub, -s* Melancholiker; **melancholy** (1) *adj,* melancholisch, schwermütig, trübsinnig, wehmütig (2) *sub, nur Einz.* Melancholie, Schwermut, Trübsinn, Wehmut
Melanesian, *adj,* melanesisch; **melanite** *sub, -s (min.)* Melanit
melanoma, *sub, -s (med.)* Melanom
melasma, *sub, -s oder -mata* Melasma
melismatic, *adj, (mus.)* melismatisch
melodic, *adj,* melodisch; ~**s** *sub, nur Mehrz.* Melodik; **melodious** *adj,* wohlklingend; *(geh.)* melodiös; **melodious sound** *sub, -s* Wohlklang; **melodrama** *sub, -s* Melodrama; **melodramatic** *adj,* melodramatisch; **melody** *sub, -ies* Melodie, Tonfolge
melon, *sub, -s (Frucht)* Melone
melt, (1) *vi,* laufen, schmelzen, zerrinnen; *(tt; gastron.)* zergehen (2) *vt, (Fett)* auslassen; *(tt; gastron.)* zerlassen (3) *vti,* tauen; *the butter is melting* die Butter läuft; *(i. ü. S.) he looks as if butter would not melt in his mouth* er sieht aus, als könne er kein Wässerchen trüben; ~ **down** *vt,* einschmelzen; ~ **together** *vi,* verschmelzen; ~**able** *adj,* schmelzbar; ~**ed** *adj, (geschmolzen)* flüssig; ~**ing area** *sub, -s* Schmelzzone; ~**ing furnace** *sub, -s* Schmelzofen; ~**ing point** *sub, -s* Schmelzpunkt
member of the lower middle-class, *sub, -s* Kleinbürger; **member of the Reformed Church** *sub, -s* Reformierter; **member of the same species** *sub, -s* - Artgenosse; **member of the supervisory board** *sub, -s - (Ratsmitglied)* Aufsichtsrat; **member of the Teutonic Order of the Knights** *sub, -s* Deutschherr; **member of the white guard** *sub, -s (tt; hist.)* Weißgardist; **membership** *sub, -s* Mitgliedschaft; *nur Einz.* Zugehörigkeit; **membership card** *sub, - -s (Mitgliedsausweis)* Ausweis
membrane, *sub, -s* Membrane; *(anat.)* Membran
memo, *sub, -s (an Mitarbeiter)* Mitteilung; ~**(random)** *sub, -s* Denkschrift
memoirs, *sub, nur Mehrz.* Memoiren; **memorability** *sub, nur Einz.* Einprägsamkeit; **memorable** *adj,* denkwürdig; *a memorable event* ein denkwürdiges Ereignis; **memorandum** *sub, -s* Agenda; *-s oder -da (pol.)* Memorandum; **memorial** *sub, -s*

Denkmal, Ehrenmal, Gedenkstätte, Mahnmal; *(Ehren~) Mal;* **memorial plaque** *sub, -s* Epitaphium; **memorial service** *sub, -s (-gottesdienst)* Gedächtnisfeier

memorize, *vt,* einprägen, memorieren; **memory** *sub, -ies* Erinnerung, Erinnerungsvermögen, Gedächtnis; *-s (Angedenken)* Andenken; *-ies (EDV)* Speicher; *have fond memories of* in guter Erinnerung haben; *play a song from memory* ein Lied auswendig spielen; *slip one´s memory* aus dem Gedächtnis verlieren; *a memory like a sieve* ein Gedächtnis wie ein Sieb; *from memory* aus dem Gedächtnis; *in memory of* zum Andenken an

menagerie, *sub, -s* Menagerie

menarche, *sub, nur Einz. (med.)* Menarche

mend, *vt,* flicken; *(Schadstelle)* ausbessern; *~* **invisibly** *vt,* kunststopfen; *~* **ladders** *vt,* repassieren

mendacious, *adj,* verlogen; **mendacity** *sub, -es* Verlogenheit

mendelevium, *sub, nur Einz.* Mendelevium

Mendelism, *sub, nur Einz.* Mendelismus

mendicant friar, *sub, -s* Bettelmönch

menial work, *sub, nur Einz.* Drecksarbeit

meninges, *sub, -* Gehirnschale

meningitis, *sub, -tides* Meningitis

meniscus, *sub, -es (anat.)* Meniskus

menopause, *sub, -s* Menopause; *nur Einz.* Wechseljahre; *(med.)* Klimakterium; *to start the menopause* in die Wechseljahre kommen

menorrhoeal, *adj, (physiol.)* menorrhöisch

Menshevik, *sub, -s (hist.)* Menschewist

men´s singles, *sub, nur Mehrz. (Tennis)* Herreneinzel

menstruate, *vi,* menstruieren; **menstruation** *sub, -s* Menstruation, Regelblutung

mental, *adj,* mental, seelisch; *(Denkkraft)* geistig; *he has the mental age of a three-year-old* er hat das geistige Niveau eines Dreijährigen; *~* **crisis** *sub, -crises* Nervenkrise; *~* **debility** *sub, nur Einz.* Debilität; *~* **deficiency** *sub, -ies (med.)* Schwachsinn; *~* **disease** *sub, -s* Geisteskrankheit; *~* **home** *sub, -s* Heilanstalt; *~* **hospital** *sub, -s* Irrenanstalt; *~* **retarded** *adv, (tt; med.)* zurück; *~* **state** *sub, -s* Geisteszustand; *give so a mental examination* jmdn auf seinen Geisteszustand hin untersuchen; *~***ity** *sub, -ies* Mentalität; *the German menta-*

lity das deutsche Gemüt; *~***ly disturbed** *adj,* geistesgestört, nervenkrank, umnachtet; *~***ly ill** *adj,* geisteskrank; *~***ly lazy** *adj,* denkfaul; *~***ly subnormal** *adj, (med.)* debil

menthol, *sub, -s* Menthol

mention, (1) *sub, -s* Erwähnung **(2)** *vt,* erwähnen; *(erwähnen)* anführen, bemerken, nennen; *it´s not worth mentioning* das ist nicht der Rede wert; *mention something* etwas zur Sprache bringen; *mention sth in passing* etwas beiläufig bemerken; *the dialects mentioned* die genannten Dialekte, *make no mention of sth* etwas mit keinem Wort erwähnen; *the above-mentioned museum* das genannte Museum; *~***ed first** *adj,* erstgenannt

mentor, *sub, -s* Vordenkerin; *(geh.)* Mentor

menu, *sub, -s* Karte, Küchenzettel, Speisekarte, Speisenkarte, Speisezettel; *a wide choice of menu* eine reichhaltige Speisekarte; *waiter, may I have the menu, please?* Herr Ober, bitte die Speisekarte!

Mephistopheles, *sub, nur Einz.* Mephisto; **Mephistophelian** *adj,* mephistophelisch

mercantile, *adj, (geh.; hist.)* merkantil; **mercantilism** *sub, nur Einz. (hist.)* Merkantilismus; **mercantilist** *sub, -s* Merkantilist; **mercantilist(ic)** *adj,* merkantilistisch

Mercator projection, *sub, -s* Mercatorprojektion

mercenary, *sub, -ies* Söldner; *~* **army** *sub, -ies* Söldnerheer

mercerize (cotton), *vt,* merzerisieren

merchant, *sub, -s* Händler, Kaufmann; *~* **ship** *sub, -s* Handelsschiff

mercurialism, *sub, nur Einz.* Merkurialismus

mercy, *sub, -* Gnade; *-ies* Schonung; *be at so´s mercy* jmdm auf Gnade oder Ungnade ausgeliefert sein; *be in so´s good graces* bei jmdm in hoher Gnade stehen; *God have mercy on him* Gott sei ihm gnädig; *he knows no mercy* er kennt keine Nachsicht; *he was punished without mercy* er wurde ohne Nachsicht bestraft

mere, *adj,* läppisch; *~***ly** *adv,* lediglich

merge, (1) *vi,* fusionieren **(2)** *vt, (tt; wirt.)* vereinigen; *~***r** *sub, -s* Verschmelzung; *(wirt.)* Fusion; **merging** *sub, -s* Vereinigung

meridian, *sub, -s* Längenkreis, Meridian, Mittagslinie

meringue, *sub, -s* Baiser; *(Küche)* Me-

ringe
merino (sheep), *sub,* *-s bzw. m. sheep*
Merino, Merinoschaf; **Merino wool**
sub, nur Einz. Merinowolle
meritorious, *adj,* meritorisch; **merits**
sub, nur Mehrz. (geb.) Meriten
mermaid, *sub,* *-s* Meerjungfrau, Nixe,
Seejungfrau
Merovingian, *adj,* merowingisch
merriness, *sub, nur Einz. (Munterkeit)*
Lustigkeit
merry, *adj, (ugs.)* angeheitert; *(munter)*
lustig; *(scherzhaft)* neckisch; *to prattle
away merrily* munter drauflos reden;
things got quite merry es wurde lustig;
~ **as a lark** *adj,* kreuzfidel; ~ **month
(of May)** *sub, -s (i. ü. S.)* Wonnemonat;
~ **tale** *sub, -s* Schwank; ~ **tale figure**
sub, -s Schwankfigur; ~**-go-round** *sub,*
-s Karussell
mésalliance, *sub,* *-s* Mesalliance, Missheirat
mescalin(e), *sub, nur Einz.* Meskalin
mesentery, *sub, -ies (med.)* Gekröse
mesh, *sub,* *-es* Maschennetz; *(Draht-)*
Geflecht; *the mesh of a net* die Maschen
eines Netzes
mesocephalia, *sub, nur Einz.* Mesozephalie; **mesocephalic** *adj,* mesokephalisch
Mesolithic, *adj,* mesolithisch; ~ **period**
sub, nur Einz. Mesolithikum
meson, *sub, -s* Meson
Mesopotamian, *sub, -s* Mesopotamier
Mesozoic, *sub, nur Einz.* Mesozoikum
mess, *sub,* *nur Einz.* Schlamassel,
Schmuddelei, Schweinerei; - Sudelei;
(ugs.) Sauerei, Verhau; *-es (mil.)* Messe;
a fine mess that is das ist ja eine schöne
Bescherung; *be in a mess* im Dreck
sitzen; *(i. ü. S.)* get someone into a nice
mess* jemandem eine schöne Suppe
einbrocken; *(ugs.) he really messed
that up* da hat er Mist gebaut; *make a
mess* Dreck machen; *mess up* über den
Haufen werfen; *to go around looking a
mess* lotterig herumlaufen; *to make a
mess* eine Sauerei machen; ~ **around
(1)** *vi,* manschen **(2)** *vt,* schikanieren;
stop messing me around komm mir
nicht so link; ~ **up** *vt,* bekleckern,
dreinfahren, verschusseln; *(ugs.)* versauen; *he messed up my business* er ist
mir ins Geschäft dreingefahren
message, *sub, -s (Botschaft)* Nachricht;
(Computer) Meldung; *(kun.)* Aussage;
(Nachricht) Botschaft; *can I take a message?* kann ich etwas ausrichten?; ~ **in
a bottle** *sub, -s* Flaschenpost; ~ **of
greeting** *sub, -s* Grußadresse

messed up, *adv, (Ordnung)* durcheinander
messenger service, *sub,* *-s* Botendienst; *earn money as a messenger*
mit Botendiensten Geld verdienen
Messianic, *adj, (relig.)* messianisch
Messianism, *sub, nur Einz.* Messianismus
messing about, *sub,* - Fisimatenten;
messy *adj,* schmuddelig
mestizo, *sub, -s* Mestize
met, *vi, (i. ü. S.)* zusammen laufen
metabolic, *adj, (biol.)* metabolisch;
metabolism *sub, -s* Stoffwechsel; *nur
Einz. (physiol.)* Metabolismus
metacarpus, *sub,* *-s (anat.)* Mittelhand; **metacentre** *sub, -s* Metazentrum
metamorphose, *vr,* verwandeln; **metamorphosis** *sub, -ses* Metamorphose; *-es* Verwandlung
metaphor, *sub, -s* Metapher; *metaphor
bildlicher Ausdruck;* ~**ic(al)** *adj,* metaphorisch; **metaphysical** *adj,* metaphysisch; **metaphysics** *sub, nur
Mehrz.* Metaphysik; **metaplasm** *sub,
nur Einz.* Metaplasmus; **metastasis**
sub, -ses Metastase; **metastasize** *vi,*
metastasieren; **metastatic** *adj,* metastatisch; **metazoa** *sub, meist Mehrz.
(zool.)* Metazoon
meteor, *sub, -s* Meteor; ~**ic** *adj,* meteoritisch; ~**ic iron** *sub, nur Einz.* Me-
teoreisen; ~**ite** *sub,* *-s* Meteorit,
Meteorstein; ~**ologist** *sub, -s* Meteorologe, Meteorologin; ~**otropic** *adj,
(med.)* meteorotrop
meter, *sub, -s* Metrum; **meteorological** *adj,* wetterkundig; **meteorology**
sub, nur Einz. Meteorologie, Wetter-
kunde
methane, *sub, nur Einz.* Methan
methinks, *vt,* dünken; *methinks* es
dünkt mir
method, *sub,* *-s* Methode; *(~ zum
Zweck)* Mittel; *(Methode)* System;
he's got his methods er hat so seine
Methoden; *there's a method behind
it* das hat Methode; *he is not fussy
about what methods he chooses* er ist
in der Wahl seiner Mittel nicht zimperlich; *to employ other methods* zu anderen Mitteln greifen; *bet according
to one' own system* nach seinem eigenen System wetten; *there's method
behind it* dahinter steckt System; ~ **of
examination** *sub, -s* Prüfmethode;
~**ic(al)** *adj,* systematisch; ~**ical** *adj,*
methodisch; *to do sth methodically*
etwas mit Methode machen

Methodist, *sub,* -*s* Methodist
methodize, *vt,* systematisieren; **methodology** *sub, nur Einz.* Methodik, Methodologie
Methuselah, *sub, nur Einz.* Methusalem; *old as Methuselah* alt wie Methusalem
methyl, *sub, nur Einz.* Methyl; ~ **alcohol** *sub, nur Einz.* Methanol, Methylalkohol; ~**ated spirits** *sub, nur Mehrz.* Brennspiritus
meticulous, *adj,* akribisch; *(gewissenhaft)* peinlich; *(Nachbildung)* minuziös; *his room was meticulously tidy* in seinem Zimmer herrscht peinliche Ordnung; *meticulously clean* peinlich sauber; ~**ness** *sub, nur Einz.* Akribie, Penibilität; *(Gewissenhaftigkeit)* Peinlichkeit
metre, *sub,* -*s* Meter; *at a distance of 100 metres* in einer Entfernung von 100 Metern; *at a height of 100 metres* in 100 Meter Höhe; *by the metre* nach Metern; **metric** *adj,* metrisch; **metrics** *sub, nur Mehrz.* Metrik
metro, *sub,* -*s* Metro; ~**logic** *adj,* metrologisch; ~**nome** *sub,* -*s* Metronom; ~**polis** *sub,* - *(i. ü. S.)* Weltstadt; -*es (größte Stadt)* Metropole; ~**politan (1)** *adj, (groß-)* städtisch **(2) Metropolitan** *sub,* -*s* Metropolit
Mexican, (1) *adj,* mexikanisch **(2)** *sub,* -*s* Mexikanerin
mezzanine (floor), *sub,* -*s (arch.)* Mezzanin
miasma, *sub,* -*s oder* -*mata* Miasma; ~**tic** *adj,* miasmatisch
mica, *sub,* - Glimmer
microbe, *sub,* -*s* Mikrobe; **microbiology** *sub, nur Einz.* Mikrobiologie; **microcephalic (1)** *adj,* mikrokephal, mikrozephal **(2)** *sub,* -*s* Mikrozephale; **microchemistry** *sub, nur Einz.* Mikrochemie; **microchip** *sub,* -*s* Mikrochip; **microcosm** *sub, nur Einz.* Mikrokosmos; **microelectronics** *sub, nur Mehrz.* Mikroelektronik; **microfauna** *sub,* -*s* Mikrofauna; **microfilm** *sub,* -*s* Mikrofilm; **microgram(me)** *sub,* -*s* Mikrogramm; **Micronesian** *adj,* mikronesisch; **microorganism** *sub,* -*s* Mikroorganismus
microphone, *sub,* -*s* Mikrofon; **microphonic** *adj,* mikrofonisch; **microprocessor** *sub,* -*s* Mikroprozessor; **microscope** *sub,* -*s* Mikroskop; *to examine sth under the microscope* etwas mikroskopisch untersuchen; **microscopic** *adj,* mikroskopisch; *microscopically small* mikroskopisch klein;

microscopy *sub, nur Einz.* Mikroskopie; **microtome** *sub,* -*s* Mikrotom; **microwave (oven)** *sub,* -*s* Mikrowellenherd
midday, *sub, nur Einz.* Mittag; *around midday* gegen Mittag, um die Mittagszeit; *the Germans have a hot meal at midday* die Deutschen essen mittags warm; ~ **heat** *sub, nur Einz.* Mittagshitze; ~ **meal** *sub,* -*s* Mittagsmahl; ~ **sun** *sub, nur Einz.* Mittagssonne
middle, (1) *adj,* mittig; *(gramm.)* medial **(2)** *sub,* -*s* Mitte; *be piggy in-the-middle* in der Besuchsritze sein; *in mid-Atlantic* mitten im Atlantik; *to be in the middle of it* voll drinstecken, *he is in his mid-fourties* er ist Mitte vierzig; *in the middle of August* Mitte August; *the Middle Kingdom* das Reich der Mitte; **Middle Ages** *sub, nur Mehrz.* Mittelalter; ~ **brain** *sub,* -*s* Zwischenhirn; ~ **classes** *sub, nur Mehrz.* Mittelstand; *(soziol.)* Mittelklasse; **Middle East** *sub, nur Einz. (geog.)* Orient; **Middle Eastern** *adj,* orientalisch; **Middle Eastern studies** *sub, nur Mehrz.* Orientalistik, Orientkunde; ~ **finger** *sub,* -*s* Mittelfinger; ~ **of the market** *sub, nur Einz. (wirt.)* Mittelklasse
middle part, *sub,* -*s* Mittelstück; *(mus.)* Mittelstimme; **middle school** *sub,* -*s (Brit.)* Mittelstufe; **middle weight** *sub, nur Einz.* Mittelgewicht; *middle weight champion* Meister im Mittelgewicht; **middle-barrel** *sub,* -*s* Zwischenlauf; **middle-class man** *sub, men* Bürgersmann; **middle-distance event** *sub,* -*s (spo.)* Mittelstrecke; **middle-door** *sub,* -*s* Zwischentür; **middle-high** *sub,* - *(i. ü. S.)* Zwischenhoch; **middlebusinnes** *sub,* - Zwischenhandel; **midfield player** *sub,* -*s* Halbstürmer
midge, *sub,* -*s* Mücke
midlife crisis, *sub, crises* Midlifecrisis
midnight, *sub,* -*s* Mitternacht; ~ **sun** *sub,* -*s* Mitternachtssonne
midshipman, *sub,* -*men (mil.)* Fähnrich; **midships** *adv, (naut.)* mittschiffs
midsummer, *sub,* -*s* Hochsommer; **Midsummer´s Eve bonfire** *sub,* -*s* Johannisfeuer
midwife, *sub,* -*wives* Hebamme
might, *sub,* -*s (Stärke)* Macht; *might is right* Macht geht vor Recht; *with all one´s might* mit aller Macht; *with might and main* mit aller Macht; ~**y** *adj, (sehr groß)* mächtig

migraine, *sub, nur Einz.* Migräne
migrate, *vi,* wandern; *(Menschen)* abwandern; *(Volk)* auswandern; **migration** *sub, -s* Migration; *(eines Volkes)* Auswanderung; *(von Menschen)* Abwanderung; **migration of peoples** *sub, -s* Völkerwanderung; **migratory bird** *sub, -s* Strichvogel, Zugvogel
mild, *adj,* gelinde, lau; *(Wetter, Zigaretten)* mild, milde; *to put it mildly* gelinde gesagt; *to put it mildly* milde ausgedrückt; *to put sb in a mild mood* jmdn milde stimmen; *to put it mildly* milde ausgedrückt; *to put sb in a mild mood* jmdn milde stimmen
mildew, *sub, nur Einz. (Moder)* Muff; ~**mark** *sub, -s* Stockflecken; ~**ed** *adj,* stockfleckig
mildness, *sub, nur Einz. (s. adj)* Milde
mile, *sub, -s* Meile; *sea mile* nautische Meile; *(ugs.) you can smell that a mile off* das riecht man drei Meilen gegen den Wind; ~**stone** *sub, -s (i. ü. S.)* Meilenstein
militant, *adj,* kämpferisch, militant; **militarism** *sub, nur Einz.* Militarismus; **militarist** *sub, -s* Militarist; **militaristic** *adj,* militaristisch; **militarize** *vt,* militarisieren; **military** *adj,* militärisch; **military bloc** *sub, -s* Militärblock; **military budget** *sub, -s* Militäretat; **military dictatorship** *sub, -s* Militärdiktatur; **military district** *sub, -s (tt; med.)* Wehrbereich; **military government** *sub, -s* Militärregierung; **military hospital** *sub, -s* Lazarett; **Military Intelligence Service** *sub, -s* Abschirmdienst; **military junta** *sub, -s* Militärjunta
military law, *sub, nur Einz.* Kriegsrecht; **military marches** *sub, nur Mehrz.* Marschmusik; **military music** *sub, nur Einz.* Militärmusik; **military passbook** *sub, -s* Soldbuch; **military service** *sub, -s* Kriegsdienst; *-s (tt; mil.)* Wehrdienst; *be called up for military service* zum Barras müssen; *do one's military service* den Militärdienst ableisten; **militia** *sub, -s* Miliz; **militiaman** *sub, -men* Milizionär, Milizsoldat
milk, **(1)** *sub, nur Einz.* Milch **(2)** *vti,* melken; *curdled milk* dicke Milch; *the land flowing with milk and honey* das Land, wo Milch und Honig fließen; *to yield milk* Milch geben; ~ **bar** *sub, -s* Milchbar; ~ **bottle** *sub, -s* Milchflasche; ~ **icecream** *sub, nur Einz.* Milcheis; ~ **powder** *sub, -s* Milchpulver; ~ **product** *sub, -s* Milchprodukt; ~ **teeth** *sub, nur Mehrz.* Milchgebiss; ~ **tooth** *sub, -s* Milchzahn; ~ **yield** *sub, -s* Milchertrag;

~/**milch cow** *sub, -s* Milchkuh; ~**er** *sub, -s* Melker; ~**ing machine** *sub, -s* Melkmaschine; ~**ing stool** *sub, -s* Melkschemel; ~**y** *adj,* milchig; ~**y coffee** *sub, -s* Milchkaffee; **Milky Way** *sub, nur Einz.* Milchstraße; -**Milchstr.)** Galaxis
mill, **(1)** *sub, -s* Mühle **(2)** *vr,* walken **(3)** *vt, (Metall)* fräsen; ~ **stone** *sub, -s* Schrotmühle
millennium, *sub, -s* Jahrtausend
miller, *sub, -s* Müller; ~**'s lad** *sub, -s* Müllerbursch
millet, *sub, -s* Hirse
millimetre, *sub, -s* Millimeter
milliner, *sub, -s* Hutmacherin, Modistin, Putzmacherin
milling cutter for grooving, *sub, cutters* Nutenfräser; **milling machine** *sub, -s (f. Metall)* Fräse; **milling machine operator** *sub, -s (Metall)* Fräsmaschine
million, *sub, -s* Billion; - Million; *to make a million* es zum Millionär bringen; *a million Londoners are on their way* eine Million Londoner sind unterwegs; *two million inhabitants* zwei Millionen Einwohner; ~**aire** *sub, -s* Millionär, Millionärin; ~**th (part of)** *adj,* billionstel; ~**th part** *sub, -s* Millionstel; ~**th part of** *sub,* Billionstel; **millipede** *sub, -s* Tausendfüßler
milker, *sub, -s* Milchner
miniaturized bugging device, *sub, -s* Minispion
mimic, *adj,* mimisch; ~**ry** *sub, nur Einz. (auch i.ü.S; biol.)* Mimikry; *(jemanden)* Nachäfferei
miming, *sub, nur Einz. (TV)* Play-back
mimosa, *sub, -s* Mimose
minaret, *sub, -s* Minarett
mince, **(1)** *vi, (geziert gehen)* trippeln **(2)** *vt, (Fleisch)* durchdrehen; *(österr.)* faschieren; *(Person)* tänzeln; *mince one's words* sich vorsichtig ausdrücken; ~**d** *vpp, (Fleisch)* durchgedreht; ~**d beef** *sub,* - Tatar; ~**d meat** *sub,* - Hackfleisch; ~**d pork** *sub, nur Einz.* Mett; ~**r** *sub, -s* Fleischwolf
mind, **(1)** *sub, -s* Geist, Verstand; *(i. ü. S.)* Kopf; *(Verstand)* Sinn; *(Verstand, Sinn, Gemüt)* Geist **(2)** *vt, (achten auf)* achten; *(ugs.) be out of one's mind* nicht recht bei Trost sein; *dirty mind* schmutzige Phantasie; *do you mind my smoking?* gestatten Sie, dass ich rauche?; *get so's mind onto other things* auf andere Gedanken bringen;

have sth particular in mind auf etwas bestimmtes hinauswollen; *I don´t mind* von mir aus, von mir aus; *I don´t mind the rain* der Regen macht mir nichts; *I haven´t made up my mind yet* ich bin mit mir selbst noch uneinig; *(ugs.) I´ve a good mind to* ich habe nicht übel Lust,; *keep sth in mind* sich etwas vor Augen halten; *make up one´s mind to* zu dem Entschluß kommen, daß; *she has changed her mind* sie hat es sich anders überlegt; *sth preys on sb´s mind* etwas liegt jmd schwer im Magen; *the best minds in the country* die besten Köpfe des Landes; *the idea crossed my mind that* mir ist neulich in den Kopf gekommen, daß; *to change one´s mind* seine Meinung ändern; *(ugs.) to give sb a piece of one´s mind* jmd kräftig die Meinung sagen; *to speak one´s mind* seine Meinung offen sagen; *what goes on in his mind?* was muss bloß in ihm vorgehen?; *would you mind getting the mail in?* sei so nett und hol die Post; *have in mind to do something* im Sinn haben, etwas zu tun; *I can´t get it out pf my mind* das geht mir nicht aus dem Sinn; *body and mind* Körper und Geist; ~ *you adv*, wohlgemerkt; ~*ed adj*, gesinnt; *pull a face* ein Gesicht machen; ~*ful adj*, eingedenk; ~*less adj*, *(geistlos)* stupide; ~*lessness sub, nur Einz.* Stupidität; ~*numbing adj*, geisttötend
mine, (1) *pron subst*, meine **(2)** *sub, -s* Bergwerk; *(mil./min.)* Mine **(3)** *vt*, schürfen, verminen; *(Bergb.)* fördern; *what is mine* das Meine, *to hit a mine* auf eine Mine laufen; *to work in the mines* in den Minen arbeiten; *a friend of mine* ein Freund von mir; *the pleasure´s all mine* ganz meinerseits!; *this damn car of mine* mein verdammtes Auto; ~ **surveyor** *sub, -s* Markscheider; ~ **tunnel** *sub, -s (min.)* Minenstollen; ~**r** *sub, -s* Bergarbeiter, Bergmann, Knappe, Kumpel; ~**r´s hammer** *sub, -s* Schlägelchen; ~**r´s lamp** *sub, -s* Grubenlampe
mineral, *sub, -s* Mineral; *(mineral) waters* Trinkbrunnen; ~ **coal** *sub, -* Steinkohle; ~ **nutrient** *sub, -s* Mineralstoff; ~ **oil** *sub, -s* Mineralöl; ~ **resources** *sub, nur Mehrz.* Bodenschätze; ~ **water** *sub, nur Einz.* Mineralwasser; ~ Sprudel; ~ **water cure** *sub, -s* Trinkkur; ~**ogist** *sub, -s* Mineralogin; ~**ogy** *sub, nur Einz.* Mineralogie
miners´ guild, *sub, -s* Knappschaft
minestrone, *sub, -s* Minestrone

mingle (under), *vt, (geh.)* mengen
miniature, *sub, -s* Miniatur, Miniaturbild; ~ **battle** *sub, -s* Kleinkrieg; ~ **golf** *sub, nur Einz.* Minigolf; ~ **railway** *sub, -s* Liliputbahn; **miniaturize** *vt*, miniaturisieren
minicomputer, *sub, -s* Minicomputer; **minimal** *adj*, *(Unterschied, Aufwand)* minimal; **minimization** *sub, -s* Minimierung; **minimize** *vt*, minimieren; **minimum** *sub, -s* Mindestmaß, Minimalwert, Minimum; **minimum age** *sub, nur Einz.* Mindestalter; **minimum height** *sub, -s (von Menschen)* Mindestgröße; **minimum number** *sub, -s* Mindestzahl; **minimum price** *sub, -s* Tiefstpreis; **minimum rate** *sub, -s* Mindestsatz; **minimum size** *sub, -s* Mindestgröße; **minimum time** *sub, -s* Mindestzeit; **minimum wage** *sub, -s* Mindestlohn
mining, (1) *adj*, bergmännisch **(2)** *sub, nur Einz.* Bergbau; - Grubenausbau; *-s (Bergb.)* Förderung; *nur Einz. (Bergbau)* Abbau; ~ **of ore** *sub, -s* Erzgewinnung; ~ **rights** *sub, nur Mehrz.* Abbaurecht, Schürfrecht; ~ **site** *sub, -s* Abbaufeld
minion, *sub, -s (Druck)* Mignon
minister, *sub, -s* Minister; **Minister of the Interior** *sub, -s* Innenminister; ~**president** *sub, -s (ugs.)* Landesvater; ~**ial** *adj*, ministeriell; ~**ial office** *sub, -s* Ministeramt; ~**ial(is)** *sub, -s (-ses) (hist.)* Ministeriale; **ministry** *sub, -ies* Ministerium; **ministry of education and the arts** *sub, -ies* Kultusministerium; **ministry of justice** *sub, -ies* Justizministerium; **Ministry of the Interior** *sub, -ies* Innenministerium
mini-version *sub, -s (kleine Ausgabe)* Pikkolo
mink, *sub, -(s)* Mink; *-s* Nerz; ~ **farm** *sub, -s* Nerzfarm; ~ **fur** *sub, -s* Nerzfell
minnelied, *sub, -s* Minnelied; **minnesinger** *sub, -s* Minnesänger; ~ **song** *sub, -s* Minnesang
minor, (1) *adj*, Duodez..., gering, geringfügig, nebensächlich **(2)** *attr*, Moll; *minor prospects* geringe Chancen, *scale of C minor* C-Moll-Tonleiter; ~ **matter** *sub, -s* Nebensache; ~ **produce** *sub, nur Einz.* Nebennutzung; ~ **road** *sub, -s (Land)* Nebenstraße
Minorcan, *sub, -s* Menorquiner
minority, *sub, -ies* Minderheit; *nur Einz.* Minorennität; *-ies* Minorität; *nur Einz.* Unmündigkeit
minstrel, *sub, -s (hist.)* Spielmann

mint, (1) *sub*, *-s* Münzanstalt, Präge-presse, Prägestätte **(2)** *vt*, münzen
minuet, *sub*, *-s* Menuett
minus, (1) *adv*, *(auch math.)* minus **(2)** *präp*, minus; *to be minus sth* ohne et-was sein; ~ **sign** *sub*, *-s* Minuszeichen; *(~zeichen)* Minus
minuscule, *sub*, *-s* Minuskel
minute, (1) *adj*, haarklein **(2)** *sub*, *-s* Mi-nute; *at the last minute* im letzten Au-genblick; *it won´t be minute* ich hab es bald; *one minute she wants to, the next she doesn´t* bald mag sie, bald mag sie nicht; ~ **(of play)** *sub*, *minutes* Spiel-minute; ~´**s silence** *sub*, - Gedenkmi-nute; ~**s** *sub*, *nur Mehrz. (Protokoll)* Niederschrift
minx, *sub*, *-es (ugs.)* Luder
mirabelle, *sub*, *-s* Mirabelle
miracle, *sub*, *-s* Wunder, Wundertat; *(veraltet)* Mirakel; *an architectural mi-racle* ein architektonisches Wunder; ~ **cure** *sub*, *-s* Wundermittel; ~ **of nature** *sub*, *miracles* Naturwunder; ~ **play** *sub*, *-s* Mirakelspiel; ~ **power** *sub*, *-s* Wunderkraft; ~ **worker** *sub*, *-s (ugs.)* Wundertäter
mirror, (1) *sub*, *-s* Spiegel **(2)** *vt*, spie-geln; *(i. ü. S.) hold up a mirror to someone* jemandem den Spiegel vorhal-ten; *look in the mirror* in den Spiegel sehen; ~ **glass** *sub*, - Spiegelglas; ~ **writing** *sub*, *-s* Spiegelschrift; ~**-like** *adj*, spiegelblank
misandry, *sub*, *nur Einz. (psych.)* Misan-drie; **misanthropic** *adj*, misanthro-pisch; **misanthropist** *sub*, *-s* Misanthrop; **misanthropy** *sub*, *nur Einz.* Menschenhass, Misanthropie
misappropriate, *vr*, vergreifen
misappropriation, *sub*, *-s* Unterschlag
miscalculate, *vr*, verrechnen; **miscalcu-lation** *sub*, *-s* Rechenfehler
miscarriage, *sub*, *-s* Fehlgeburt; *(tt; med.)* Abort; ~ **of justice** *sub*, *-s* Justiz-irrtum
miscast, *vt*, *(Theat.)* fehlbesetzen
mischief, *sub*, *nur Einz. (Mutwille)* Übermut; *(Übermut)* Mutwille; *get up to mischief* Unfug treiben; *to be up to mischief* den Schelm im Nacken haben, sein Unwesen treiben; *out of pure mi-schief* aus reinem Mutwillen; **mischie-vous** *adj*, diebisch, schelmisch, spitzbübisch, verschmitzt; *(Spielchen)* neckisch; *(übermütig)* mutwillig; *take a mischievous pleasure in sth* sich die-bisch über etwas freuen; **mischievous bunch** *sub*, *-es (ugs.)* Rasselbande
misconception, *sub*, *-s (falsche Vorstel-*

~ung) Missverständnis
miscount, *vr*, verzählen
misdeal, (1) *vr*, verwerfen **(2)** *vt*, ver-geben
misdeed, *sub*, *-s (veraltet)* Missetat
misdemeanour, *sub*, *-s* Verfehlung; *(veraltet)* Missetat
misdirection, *sub*, *-s* Fehlleitung
miserable, *adj*, elend, miesepeterig, unglückselig; **miserably** *adv*, elen-diglich; *perish miserably* elendiglich zugrunde gehen; **misery** *sub*, *-ies* Elend; *nur Einz.* Mühseligkeit; *-ies (Hunger, Krieg)* Misere; *live in misery* im Elend leben; *to make sb´s life a misery* jmd das Leben zur Pein ma-chen; **misery-guts** *sub*, *nur Mehrz.* Miesepeter
misfortune, *sub*, - Unglück; *-s* Un-glücksfall; *to be dogged by misfortune* vom Missgeschick verfolgt werden; **mishap**, *sub*, *-s* Malheur, Missge-schick; *he´s had a mishap* ihm ist ein kleines Malheur passiert; *a slight mis-hap* ein kleines Missgeschick; **mishit** *v., (tt; spo.)* verschlagen; **mishmash** *sub*, *nur Einz. (ugs.)* Mischmasch; **mi-sinterpret** *vt*, missdeuten; **misinter-pretation** *sub*, *-s* Fehldeutung, Missdeutung
mislay, *vt*, verlegen
mislead, *vt*, irreführen, missleiten; *be misled* einem Irrtum erliegen; ~**ing** *sub*, *-s* Missleitung; ~**ing packaging** *sub*, *-s* Mogelpackung
mismanagement, *sub*, *nur Einz.* Miss-wirtschaft
misogamist, *sub*, *-s* Misogam
misogynist, *sub*, *-s* Weiberfeind
misplace, *vti*, deplacieren; *a mispla-ced remark* eine deplazierte Bemer-kung; *I felt out of place* ich kam mir deplaziert vor; ~**d** *vi*, deplatziert
misprint, *sub*, *-s* Druckfehler
miss, (1) *sub*, *-es* Fehlschuss, Made-moiselle; *(Abkürzung für Anrede)* Fr.; *-es (Anrede)* Fräulein **(2)** *vi*, *(ver-fehlen)* fehlen **(3)** *vt*, danebenhauen, danebenkommen, verfehlen, vermis-sen, verpassen, versäumen; *(geb.)* missen; *(vermissen)* entbehren; *(ver-passen)* entgehen **(4)** *vti*, danebenge-hen; *miss the opportunity of doing sth* danebenkommen etwas zu tun; *he can-not be missed* man kann ihn nicht übersehen; *my heart missed a beat* mir ist das Herz fast stehengeblieben; *she didn´t miss a thing* ihr entging nichts; ~ **(out)** *vt*, *(Chance)* auslassen
misshapen, *adj*, missgestaltet

misshapen figure, *sub*, *-s* Missgestalt
missile, *sub*, *-s* Rakete; *(Rakete)* Geschoss
missing, (1) *adj*, abgängig, fehlend, vermisst, verschollen (2) *sub*, *-s* Verfehlung (3) *vi*, fehlschießen; ~ **person** *sub*, *-s* Vermisste; ~ **person´s report** *sub*, *-s* Abgängigkeitsanzeige
mission, *sub*, *-s* Mission; *(Mission)* Auftrag; *fly a mission* einen Einsatz fliegen; ~**ary** (1) *adj*, missionarisch (2) *sub*, *-ies* Missionar, Missionarin; *to be a missionary* in der Mission tätig sein; *to do missionary work* in der Mission tätig sein, Mission treiben; ~**ary camp** *sub*, *nur Einz.* Zeltmission
missive, *sub*, *(ugs.)* Schrieb
mist, *sub*, *-s* Nebel; *nur Einz. (Nebel)* Dunst; *at the dead of night* bei Nacht und Nebel; *in mist* bei Nebel; *to have a mist in front of one´s eyes* einen Schleier vor den Augen haben
mistake, *sub*, *-s* Fehler, Missgriff, Versehen; *point out a mistake* einen Fehler aufzeigen; *there you are mistaken* darin irren sie sich; *you learn from your mistakes* durch Schaden wird man klug; ~**n** *adj*, irrig; *unless I´m very much mistaken* wenn mich nicht alles trügt; ~**nly** *adv*, irrigerweise
mistletoe, *sub*, *nur Einz.* Mistel; *a kiss under the mistletoe* ein Kuss unter dem Mistelzweig
mistral, *sub*, *nur Einz.* Mistral
mistress, *sub*, *-es* Geliebte, Mätresse
mistrust, (1) *sub*, *nur Einz.* Misstrauen (2) *vt*, misstrauen; *to mistrust sb* jmd Misstrauen entgegenbringen; ~**ful** *adj*, misstrauisch
misty, *adj*, nebelig, neblig; *(Nebel)* dunstig
misunderstand, *vt*, missverstehen; *please do not misunderstand me* Sie dürfen mich nicht missverstehen; ~**ing** *sub*, *-s* Missverständnis; *a serious misunderstanding* ein arges Missverständnis; *be a misunderstanding* auf einem Missverständnis beruhen, auf einem Missverständnis beruhen; **misunderstood** *adj*, unverstanden
misuse, *sub*, *-s (falsche Anwendung)* Missbrauch; *(ugs.) to misuse sth* mit etwas Schindluder treiben
mite, *sub*, *-s* Milbe; *(ugs.)* Winzling; *(bibl.)* Scherflein; *(ugs.) little mite* der kleine Wurm (Kind)
mitersaw, *sub*, *-s (US)* Gehrungssäge
mitigating circumstances, *sub*, *nur Mehrz. (~e Umstände)* mildernd
mitosis, *sub*, *-ses* Mitose

mitrailleuse, *sub*, *-s* Mitrailleuse
mitre, *sub*, *-s* Bischofsmütze; *(relig.)* Mitra; ~ **mushroom** *sub*, *-s* Lorchel
mitresaw, *sub*, *-s* Gehrungssäge
mitten, *sub*, *-s* Fäustling
mix, (1) *vt*, beimischen, melieren, mixen, vermengen, versetzen; *(geb.)* mengen (2) *vti*, mischen; *(Teig, etc.)* anrühren (3) *vtr*, vermischen; *be all mixed up* durcheinander sein (Person); ~ **in** *vt*, einmischen, untermischen; ~ **thoroughly** *vt*, durchmischen; ~ **up** *vt*, durcheinanderbringen, vertauschen, verwechseln; *get everything mixed up* alles durcheinanderbringen; ~**ed colour** *sub*, *-s* Mischfarbe; ~**ed coloured** *adj*, mischfarben, mischfarbig; ~**ed crops** *sub*, *nur Mehrz.* Manggetreide; ~**ed cultivation** *sub*, *-s (agr.)* Mischkultur
mizzen, *sub*, *-s* Besan
mnemonic, *sub*, *-s* Eselsbrücke
mnemonic sentence, *sub*, *-s* Merksatz; **mnemotechnics** *sub*, *nur Mehrz.* Mnemotechnik
moan, *vi*, lamentieren, nölen, nörgeln, stöhnen; *(ugs.)* maulen; *(i. ü. S.) the wind moaned in the trees* der Wind stöhnte in den Bäumen; *he always finds something to carp about* er hat immer was zu nörgeln; *he always finds something to moan about* er hat immer was zu nörgeln; ~**er** *sub*, *-s* Nörgler; *(ugs.)* Meckerer, Unke; ~**ing** (1) *adj*, nörgelig, nörglerisch (2) *sub*, *-s* Genörgel; *nur Einz.* Nörgelei; *(ugs.)* Meckerei; *-s (Nörgelei)* Gemecker
moat, *sub*, *-s* Wassergraben; *(Burg)* Graben
mob, *sub*, *nur Einz.* Mob, Pöbel; *-s (i. ü. S.)* Horde, Meute
mobile, (1) *adj*, mobil (2) *sub*, *-s* Mobile; ~ **phone** *sub*, *-s* Handy; **mobility** *sub*, *nur Einz.* Mobilität; **mobilization** *sub*, *-s* Mobilisation; *(mil.)* Aufbietung, Mobilmachung; **mobilize** *vt*, aufbieten, mobilisieren; *mobilize all troops* alle Truppen aufbieten; *(mil.) to mobilize* mobil machen
moccasin, *sub*, *-s* Mokassin
mocha, *sub*, *-s* Mokka
mock, (1) *vi*, spötteln, spotten (2) *vt*, verhöhnen, verspotten (3) *vti*, höhnen; *don´t mock!* spotte nicht!, *don´t mock the afflicted* wer den Schaden hat, braucht für den Spott nicht zu sorgen; ~**-up** *sub*, *-s (tech.)* Attrappe; ~**er** *sub*, *-s (ugs.)* Spottvogel; ~**ery** *sub*, *-ies* Gespött; *nur Einz.* Hohn; *-Spott*; *-es* Verspottung; *that´s sheer*

mockery das ist der reinste Hohn; *the barbs of his mockery* die Pfeile seines Spottes; **~ing** (1) *adj,* spöttisch (2) *sub, -s* Verspottung; **~ing-bird** *sub, -s (zool.)* Spottvogel
modal, *adj, (gramm.)* modal; **~ verb** *sub, -s* Modalverb
mode, *sub, -s (comp.)* Modus; **~ (of life)** *sub, -s* Wandel; **~ of existence** *sub, -s* Daseinsweise
model, (1) *sub, -s* Leitbild, Mannequin, Modell, Vorbild; *(Foto~)* Model; *(Modell)* Typ; *(Vorbild)* Muster (2) *vt,* modeln (3) *vti,* modellieren; *to be a model for sb* für jmdn einen Maßstab abgeben; *to be the model for sth* Modell stehen; *he is a model husband* er ist ein Muster von einem Ehemann; **~ dress** *sub, -es* Modellkleid; **~ husband** *sub, -s* Mustergatte; **~ railway** *sub, -s* Modelleisenbahn; **~ type** *sub, -s* Modellpuppe, Modepüppchen; **~-maker** *sub, -s* Modellbauer; **~ler** *sub, -s* Modellierer; **~ling** *sub, -s* Modellierung
modem, *sub, -s* Modem
moderate, (1) *adj,* gemäßigt, mäßig, moderat (2) *vt, (geh.; Strafe, Zorn)* mildern; *to be a moderate smoker* mäßig rauchen; *be moderately talented* durchschnittlich talentiert sein; *(polit.) to be moderate* in der Mitte stehen; **~ly severe** *adj, (Verletzung)* mittelschwer; **moderation** *sub, nur Einz.* Mäßigkeit; *in moderation but regularly* mäßig, aber regelmäßig; *to do sth in moderation* etwas mäßig tun
modern, *adj,* modern, neuzeitlich; *modern man* der moderne Mensch; **~ age** *sub, nur Einz.* Moderne; *-s* Neuzeit; *the modern age* das Zeitalter der Moderne; **~ English** *adj,* neuenglisch; **~ Hebrew** *adj,* neuhebräisch; **~ languages** *sub, -* Neuphilologie; **~ times** *sub, nur Mehrz.* Jetztzeit; **~ism** *sub, nur Einz.* Modernismus; **~ity** *sub, nur Einz. (geh.)* Modernität; **~ization** *sub, nur Einz. (tech.)* Nachrüstung; **~ize** *vt,* modernisieren
modifiable, *adj,* abdingbar; **modification** *sub, -s* Abwandlung, Modifikation, Umarbeitung, Umgestaltung; **modify** *vt,* abändern, abwandeln, modifizieren, umändern
modular system, *sub, -s* Baukastensystem; **modulate** (1) *vi, (Radio)* aussteuern (2) *vt,* modulieren; **modulation** *sub, -s* Modulation; **module** *sub, -s (comp.)* Modul
mogul, *sub, -s (hist.)* Mogul
mohair, *sub, -s (tex.)* Mohair

Mohammedan, *sub, -s* Mohammedaner; **~ism** *sub, nur Einz.* Islam
moiré, *sub, -s (tex.)* Moiré
moist, *adj, (Augen, Lippen, Haut)* feucht; *his eyes were moist* er hatte feuchte Augen; **~ with tears** *adj,* tränenfeucht; **~en** *vt,* anfeuchten, benetzen; *(Papier etc.)* befeuchten; **~ening** *sub, nur Einz. (von Papier etc.)* Befeuchtung; **~ure** *sub, -* Feuchtigkeit; *nur Einz.* Nässe
molar, *sub, -s* Backenzahn
molasses, *sub, -* Melasse
mold, *sub, -s (US)* Gussform; **~ing** *sub, -s* Gesims
moldy, *adj, (US)* faulig
mole, *sub, -s* Leberfleck, Maulwurf
mol(e), *sub, -s (chem.)* Mol
molecular, *adj,* molekular; **~ weight** *sub, nur Einz.* Molekulargewicht; **molecule** *sub, -s* Molekül
molest, *vt, (geh.)* molestieren
molleton, *sub, -s (tex.)* Molton
moloch, *sub, -s* Moloch
Molotov cocktail, *sub, -s* Molotowcocktail
molt, *sub, nur Einz. (us.)* Mauser
molybdenum, *sub, nur Einz.* Molybdän
moment, *sub, -s* Augenblick, Moment, Zeitpunkt; *at the moment* im Augenblick; *for a moment* im ersten Augenblick; *one moment, please* einen Augenblick bitte; *are you ready? - just a moment!* bist du fertig? - sofort!; *at the last moment* in letzter Minute; *at the moment* zur Zeit; *for the moment* fürs erste; *in the heat of the moment* im Affekt; *not a moment goes by without* es vergeht keine Minute, ohne dass; *the next moment* im nächsten Atemzug; **~ of shock** *sub, -s* Schrecksekunde; **~ary** *adj,* momentan, vorübergehend; **~ous** *adj,* folgenschwer; **~um** *sub, -s (phys.)* Moment
monad, *sub, nur Einz. (philos.)* Monade
monarch, *sub, -s* Monarch; *(Monarch)* Herrscher, Herrscherin; **~ic(al)** *adj,* monarchisch; **~ism** *sub, nur Einz.* Monarchismus; **~ist** *sub, -s* Monarchist; **~istic** *adj,* monarchistisch; **~y** *sub, -ies* Monarchie
monastery, *sub, -ies* Kloster, Monasterium; **monastic cell** *sub, -s* Mönchszelle; **monastic order** *sub, -s* Mönchsorden; **monastic rule** *sub, -s* Klosterregel
mondane, *adj,* weltlich; **mondanity**

sub, nur Einz. Weltlichkeit
Monday, *sub, -s* Montag; *skip work on monday* blauer Montag; ~ **preceding Ash Wednesday** *sub, -s* Rosenmontag;
monetary *adj,* monetär
money, *sub, - Geld; -s (ugs.)* Kasse; *all he thinks of is money* er ist nur auf Geld aus; *easy money* billiges Geld; *hard earned money* teures Geld; *money back* Geld zurück; *money down the drain* rausgeschmissenes Geld; *money is no object* Geld spielt keine Rolle; *money is not everything* Geld allein macht nicht glücklich; *money makes the world go round* Geld regiert die Welt; *be made of money* ein Dukatenesel sein; *hard-earned money* mühsam verdientes Geld; *have money to burn* Geld wie Heu haben; *money spoils people* Geld verdirbt den Charakter; *put one´s money into sth* sein Geld für etwas hergeben; *there is no money in that* brotlose Kunst; *(i. ü. S.) throw one´s money away* sein Geld zum Fenster hinauswerfen; *(ugs.) to be short of money* schlecht bei Kasse sein; *(ugs.) to go halves* getrennte Kasse machen; *(ugs.) to make off with the cash* mit der Kasse durchbrennen; *we haven´t got the money* es fehlt uns am nötigen Geld; ~ **changer** *sub, -s* Wechsler; ~ **order** *sub, -s* Postauftrag; ~ **purse** *sub, -s (US)* Geldbeutel, Geldbörse; ~ **sock** *sub, -s* Sparstrumpf; ~ **supply** *sub, - (wirt.)* Geldmenge; ~**-bag** *sub, -s* Geldsack; ~**grubber** *sub, -s (ugs.)* Raffzahn; ~**laundering** *sub, -s* Geldwäsche; ~**bags** *sub, nur Mehrz. (reicher Mann)* Geldsack; ~**ed** *adj,* kaufkräftig; ~**spinner** *sub, -s (i. ü. S.)* Goldgrube
Mongol(ian), *sub, -s* Mongole; **mongolism** *sub, nur Einz. (med.)* Mongolismus; **mongoloid** *adj,* mongoloid
mongoose, *sub, -s (zool.)* Mungo
monitor, *sub, -s* Monitor
monk, *sub, -s* Mönch, Ordensbruder; *to live like a monk* wie ein Mönch leben; *my brother monks* meine Ordensbrüder; *to become a monk/nun* in einen Orden eintreten; ~ **Latin** *sub, nur Einz.* Mönchslatein; ~ **seal** *sub, -s* Mönchsrobbe; ~´**s habit** *sub, -s* Mönchskutte
monkey, *sub, -s* Affe; ~ **wrench** *sub, (ugs.; Schraubenschl.)* Franzose
monolingual, *adj,* einsprachig; **monolith** *sub, -s* Monolith; **monolithic** *adj,* monolithisch; **monologic(al)** *adj,* monologisch; **monologue** *sub, -s* Monolog; **monomania** *sub, -s* Monomanie; **monomaniac** *sub, -s* Monomane; **mo-**

nomanic *adj,* monomanisch; **monomer** *sub, -s* Monomere; **monophthong** *sub, -s* Monophthong; **monoplane** *sub, -s* Eindecker
monopolist, *sub, -s* Monopolist; ~**ic** *adj,* monopolistisch; **monopolization** *sub, -s* Monopolisierung; **monopolize** *vt,* monopolisieren; **monopoly** *sub, -ies* Monopol
monostich, *sub, -s* Monostichon
monosyllabic, *adj,* einsilbig
monotheism, *sub, nur Einz.* Monotheismus; **monotheistic** *adj,* monotheistisch; **monotonous** *adj,* einförmig, eintönig, gleichförmig, monoton; **monotony** *sub, -ies* Einerlei, Einförmigkeit, Eintönigkeit; *nur Einz.* Monotonie; *-ies (Eintönigkeit)* Gleichförmigkeit; *the daily monotony* das tägliche Einerlei; **monotremes** *sub, nur Mehrz. (zool.)* Kloakentier; **monovalent** *adj,* monovalent
monsoon, *sub, -s* Monsun; ~ **rain** *sub, nur Einz.* Monsunregen
monster, (1) *attr, (riesig)* monströs **(2)** *sub, -s* Monster, Monstrum, Scheusal, Ungeheuer, Ungestalt, Ungetüm, Untier
monstera, *sub, -s (bot.)* Monstera
monsticism, *sub, nur Einz.* Mönchswesen
monstrance, *sub, -s (kirchl.)* Monstranz
monstrosity, *sub, nur Einz.* Monstrosität; *-ies (Missbildung)* Monster, Monstrum; **monstrous** *adj,* monströs, ungeheuer; *(allg.)* ungeheuerlich; **monstrous creature** *sub, -s* Ausgeburt
montane, *adj,* montan
month, *sub, -s* Monat; *(veraltet)* Mond; *months ahead* auf Monate hinaus; *she´s over two months pregnant* sie ist im dritten Monat schwanger; *to sentence sb to three months imprisonment* jmdn zu drei Monaten Haft verurteilen; *one month´s salary* ein Monatsgehalt; *to take place every month* monatlich stattfinden; ~**ly (1)** *adj,* allmonatlich, monatlich **(2)** *adv/adj,* monatsweise; ~**ly salary** *sub, -ies* Monatsgehalt; ~**ly season ticket** *sub, -s* Monatskarte
monument, *sub, -s* Denkmal, Monument; ~ **of art** *sub, -s* Kunstdenkmal; ~**al** *adj,* monumental; ~**ality** *sub, nur Einz.* Monumentalität
moo, *vi,* muhen
mood, *sub, -s* Gestimmtheit, Laune; *(Gemüts-) Stimmung; (gramm.) Mo-*

dus; *be in a good mood* gut aufgelegt sein; *he´s in a devilish mood* ihm sitzt der Schalk im Nacken; *I´m not in the mood for working* ich habe keine Lust zu arbeiten; *just depending on your/my mood* je nach Lust und Laune; ~**y** *adj*, launenhaft, launisch; *(Person)* unausgeglichen

moor, **(1)** *sub*, *-s (veraltet)* Mohr; *(Hoch~)* Moor; *(Land)* Heide **(2)** *vi*, *(Boot)* festmachen **(3)** *vt*, *(tt; naut)* vertäuen; *the Moor of Venice* der Mohr von Venedig; ~**ing** *sub*, *-s* Muring; ~**ing buoy** *sub*, *-s* Muringsboje; ~**ings** *sub*, *nur Mehrz.* Anlegeplatz, Anlegestelle; **Moorish** *adj*, maurisch; ~**land sheep** *sub*, - Heidschnucke

moped, *sub*, *-s* Moped; ~ **rider** *sub*, *-s* Mopedfahrer; ~ **with a kick-starter** *sub*, *mopeds* Mokick

mora, *sub*, *-s* Mora

moraine, *sub*, *-s (geol.)* Moräne

moral, **(1)** *adj*, moralisch, sittlich **(2)** *sub*, *-s (Lehre)* Moral; *to have high moral standards* eine hohe Moral haben, *the moral of the story* die Moral von der Geschicht´; ~ **code** *sub*, *-s* Moralbegriff, Sittenkodex; ~ **concept** *sub*, *-s* Wertvorstellung; ~ **coward** *sub*, *-s* Duckmäuser; ~ **law** *sub*, *-s* Sittengesetz; ~ **novel** *sub*, *-s* Sittenroman; ~/**social constraints** *sub*, *nur Mehrz.* Zwang; ~**e** *sub*, *nur Einz. (Soldaten)* Moral; *the morale is falling* die Moral sinkt; ~**ist** *sub*, *-s* Moralist; ~**istic** *adj*, moralistisch; ~**ity** *sub*, *nur Einz.* Moralismus, Moralität; - Sittlichkeit; *nur Einz. (gesellschaftlich)* Moral; *bourgeois morality* die bürgerliche Moral; ~**ize** *vi*, moralisieren; *to moralize* Moral predigen, Moralpredigten halten; ~**s** *sub*, *nur Mehrz. (Sittlichkeit)* Moral

morass, *sub*, *-es (Sumpf auch)* Morast

moratorium, *sub*, *-s oder -ria* Moratorium

moray, *sub*, *-s* Muräne

morbid, *adj*, morbid; ~**ity** *sub*, *nur Einz.* Morbidität

more, *pron/adv*, mehr; *be more or less ready* soweit fertig sein; *do one more thing* ein übriges tun; *I hardly go out any more* ich gehe kaum noch aus; *I have no more money* ich habe kein Geld mehr; *(ugs.) let´s have more of your cheek* jetzt werde mal nicht zu üppig; *more and more* immer mehr; *more or less* mehr oder weniger; *not anymore* nicht mehr; *once more* noch einmal; *some more meat?* noch etwas Fleisch?; *(ugs.) there´s more to come!* es

kommt noch toller!; *to more beers* noch zwei Bier; *(ugs.) to think one is so much more* sich für mehr halten; *what more do you want?* was wollen Sie mehr?; *with more effort* mit einem Mehr an Mühe; ~ **detailed** *adj*, *(genauer)* näher; ~ **likely** *adv*, *(wahrscheinlicher)* eher; *that´s more likely* das ist schon eher möglich; ~ **than clear** *adj*, überdeutlich

morel, *sub*, *-s (bot.)* Morchel

moreover, *adv*, *(außerdem)* überdies

morganatic, *adj*, morganatisch

Mormon, *sub*, *-s* Mormone; ~**ism** *sub*, *nur Einz.* Mormonentum

morning, **(1)** *adj*, allmorgendlich, vormittägig **(2)** *attr*, morgendlich, morgenfrisch **(3)** *sub*, *-s* Vormittag; *(Tagesanfang)* Morgen; *from morning till night* von früh bis spät; *from morning to night* von morgens bis abends; *good morning!* guten Tag!; *in the morning* am Morgen; *red sky in the morning, shepherd´s warning* Morgenrot, Schlechtwetterbot´; *that morning* an jenem Morgen; *this morning* heute früh, *in the morning* am Morgen; *one morning* eines Morgens; *to say good morning* Guten Morgen sagen; ~ **drink** *sub*, *-s* Frühschoppen; ~ **hour** *sub*, *-s* Morgenstunde; ~ **song** *sub*, *-s* Tagelied; ~ **star** *sub*, *nur Einz.* Morgenstern; ~ **sun** *sub*, *nur Einz.* Morgensonne; *to catch the morning sun* Morgensonne haben

Moroccan, *adj*, marokkanisch; **Morocco** *sub*, *nur Einz.* Marokko, Maroquin; **morocco leather** *sub*, *nur Einz.* Saffian, Saffianleder

morpheme, *sub*, *-s* Morphem

morphine, *sub*, *nur Einz.* Morphin, Morphium; ~ **addiction** *sub*, *nur Einz.* Morphinismus

morphological, *adj*, morphologisch; **morphogenesis** *sub*, *nur Einz. (biol.)* Morphogenese; **morphology** *sub*, *nur Einz.* Morphologie; *-es* Wortbildung

Morse (code), *sub*, *nur Einz.* Morsealphabet; **Morse signal** *sub*, *-s* Morsezeichen

morsel, *sub*, *-s (kleines)* Häppchen

mortage, *sub*, *-s (tt; jur.)* Verpfändung

mortal, **(1)** *adj*, sterblich, tödlich **(2)** *sub*, *-s* Sterbliche; *his mortal remains* seine sterblichen Überreste; *we are all mortal* alle Menschen müssen sterben; ~ **(being)** *adj*, staubgeboren; ~ **danger** *sub*, - Lebensgefahr; ~ **remains** *sub*, *nur Mehrz. (sterbl. Reste)*

Gebein; **~ sin** *sub*, *-s* Todsünde
mortality, *sub*, *nur Einz.* Sterblichkeit;
~ **rate** *sub*, *nur Einz.* Mortalität
mortar, *sub*, *-s* Granatwerfer, Mörser,
Mörtel; *(mil.)* Granatwerfer; *(veraltet; mil.)* Minenwerfer; ~ **bed** *sub*, *-s* Mörtelpfanne
mortgage, *sub*, *-s* Hypothek
mortuary, *sub*, *-ies* Leichenhalle
morula, *sub*, *-lae* Morula
Mosaic, (1) *adj*, mosaisch, musivisch (2)
mosaic *sub*, *-s* Mosaik; **mosaic work**
sub, *-s* Mosaikarbeit
moschus, *sub*, *-es* Bisam
Moselle, *sub*, *nur Einz.* Mosel
Moslem, (1) *attr*, *(veraltet)* muselmanisch (2) *sub*, *-s* Moslem, Moslime; *(veraltet)* Muselman, Muselmännin
mosquinet, *sub*, *-s* Moskitonetz
mosquito, *sub*, *-s* Moskito, Mücke
mosquito bite, *sub*, *-s* Mückenstich
moss, *sub*, *-es* Moos; *overgrown with moss* von Moos überzogen; *(i. ü. S.) to become hoary with age* Moos ansetzen;
~-covered *adj*, moosbedeckt; **~y** *adj*,
bemoost, moosig
most effective, *adj*, *(wirksamste)*
bestbewährt; **most esteemed** *adj*,
hochlöblich; **most frequently mentioned** *adj*, *attr*, meistgenannt; **most hated** *adj*, *(ugs.)* bestgehasst; **most important** *adj*, hauptsächlich; **most obvious** *adj*, nächstliegend; **most of all** *adv*, zuallermeist; **most popular** *adj*,
meistgefragt; **most probably** *adv*,
höchstwahrscheinlich; **most reliable**
adj, *(verläßlichste)* bestbewährt; **most severly** *adv*, strengstens; *be punished most severly* strengstens bestraft werden; **most widely read** *adj*, *attr*, meistgelesen; **most worthy** *adj*,
hochverdient; **mostly** *adv*, meist, meistens, zumeist
motel, *sub*, *-s* Motel
motet, *sub*, *-s* Motette; ~ **style** *sub*, *nur Einz.* Motettenstil
moth, *sub*, *-s* Falter, Motte, Nachtfalter,
Nachtschwärmer; *attracted like moths to a flame* angezogen wie die Motten vom Licht; *moth-eaten* von Motten zerfressen; ~ **powder** *sub*, *nur Einz.* Mottenpulver; **~ball** *sub*, *-s* Mottenkugel
mother, (1) *sub*, *-s* Mutter (2) *vt*, bemuttern; *as a wife and a mother* als Frau und Mutter; *(Essen) just like mother makes* wie bei Muttern; *Mother Earth* Mutter Erde; *she´s a mother of two* sie ist Mutter von zwei Kindern, *necessity is the mother of invention* Not macht erfinderisch; *one´s duties as a mother*

die mütterlichen Pflichten; *to mother sb* jmdn mütterlich umsorgen; ~ **church** *sub*, *-es* Mutterkirche; ~ **hen** *sub*, *-s* Glucke; **Mother of God** *sub*, *nur Einz.* Gottesmutter; **Mother Superior** *sub*, *-s* Oberin; ~ **tongue** *sub*, *-s* Muttersprache; ~ **wit** *sub*, *nur Einz.* Mutterwitz; **~-in-law** *sub*, *-s* Schwiegermutter; **~-of-pearl** (1) *adj*, perlmuttern (2) *sub*, *nur Einz.* Perlmutt;
Mother´s Day *sub*, *-s* Muttertag; ~´**s milk** *sub*, *nur Einz.* Muttermilch;
~hood *sub*, *nur Einz.* Mutterschaft;
~ing *sub*, *nur Einz.* Bemutterung;
~ly *adj*, *(liebevoll besorgt)* mütterlich; **~ly love** *sub*, *nur Einz.* Mutterliebe
motif, *sub*, *-s (Leit~)* Motiv
motility, *sub*, *nur Einz.* Motilität
motion of no confidence, *sub*, *motions* Misstrauensantrag; **motionless**
(1) *adj*, reglos, regunglos, unbewegt;
(bewegungslos) starr, unbeweglich
(2) *adj*, *adv*, bewegungslos
motivate, *vt*, *(anregen)* motivieren;
motivation *sub*, *-s* Motivation; *nur Einz.* Motivierung; *give so the motivation he/she needs* jemandem neuen Antrieb geben; **motive** *sub*, *-s* Beweggrund; *(Grund)* Motiv; *the real motive* der tiefere Beweggrund; *for what motive?* aus welchem Motiv heraus?; *the motive for a deed* das Motiv einer Tat; *without any apparent motive* ohne erkennbares Motiv; **motive power**
sub, *-s (tech.)* Triebkraft
motley, *adj*, kunterbunt;
motocross, *sub*, *nur Einz.* Motocross
motor, (1) *attr*, motorisch (2) *sub*, *-s*
Motor; ~ **activity** *sub*, *nur Einz.* Motorik; ~ **cyclist rifleman** *sub*, *-men (ugs.; mil.)* Kradschütze; ~ **fire engine** *sub*, *-s* Motorspritze; ~ **manufacturing industry** *sub*, *-ies* Fahrzeugbau; ~ **show** *sub*, *- -s* Automobilausstellung; ~ **traffic** *sub*, *nur Einz.* Kraftverkehr; ~ **vehicle** *sub*, *-s*
Kraftfahrzeug, Kraftwagen; **~-paced race** *sub*, *-s* Steherrennen
mottled gray, *adj*, *(Stoff, US)* grau meliert
mottled grey, *adj*, *(Stoff)* grau meliert
motto, *sub*, *-es* Devise; *-s* Motto; *it´s my motto* es ist meine Devise
moufflon, *sub*, *-s* Mufflon
mould, (1) *sub*, *-s* Gussform; *nur Einz.*
Schimmel, Schimmelpilz; *-s (Mikro~)*
Pilz; *(Modell)* Form (2) *vt*, *(techn.)*
formen; **~er** *vi*, vermodern; **~ing**
sub, *-s* Gesims; **~ing machine opera-**

tor *sub*, *-s (Werkz.)* Fräsmaschine
mouldy, *adj*, faulig; *(modrig)* dumpfig
moulinee yarn, *sub*, *-s* Mouliné
moult, (1) *sub*, *nur Einz.* Mauser (2) *vi*, mausern
mound, *sub*, *-s* Hügel
mount, (1) *sub*, *-s* Aufhängevorrichtung, Rähm; *(Reit~ auch)* Pferd (2) *vi*, wachsen; *(auf ein Fahrrad)* aufsteigen; *(auf ein Reittier)* aufsitzen (3) *vr*, *(sich)* häufen (4) *vt*, *(einfassen)* fassen; *(Fahrrad)* besteigen; *(tt; zool.)* bespringen; *evidence is mounting* die Hinweise häufen sich; *~ up vi*, läppern; *the mistakes slowly mount up till one day* die Fehler läppern sich langsam bis eines Tages
mountain, *sub*, *-s* Berg; *drive to the mountains* in die Berge fahren; *move mountains* Berge versetzen; *to make a mountain out of a molehill* aus einer Mücke einen Elefanten machen; *~ air sub*, *nur Einz.* Bergluft; *~ ash sub*, *-s* Eberesche; *~ bike sub*, *-s* Mountainbike; *~ chain sub*, *-s* Höhenzug; *~ climber sub*, *- -s* Bergsteiger; *~ dweller sub*, *- -s* Bergbewohner; *~ guide sub*, *- -s* Bergführer; *~ hike sub*, *- -s* Bergwanderung; *~ infantry sub*, *-ies (mil.)* Gebirgsjäger; *~ of debts sub*, *-s* Schuldenberg; *~ pass sub*, *-es* Gebirgspass
mountain path, *sub*, *-s* Höhenweg; **mountain range** *sub*, *-s* Gebirgskette; **mountain rescue service** *sub*, *-s* Bergwacht; **mountain road** *sub*, *-s* Bergstraße; **mountain stream** *sub*, *-s* Gebirgsbach; **mountain trail** *sub*, *- -s* Bergpfad; **mountaineer** *sub*, *-s* Hochtourist; **mountaineering** *sub*, *nur Einz.* Bergsteigen; **mountaineering rope** *sub*, *-s* Kletterseil; **mountainous** *adj*, bergig, gebirgig; **mountainousness** *sub*, *-es* Gebirgigkeit; **mountains** *sub*, *nur Mehrz.* Gebirge
mounted, *adj*, beritten
mourn, (1) *vi*, trauern (2) *vt*, nachtrauern (3) *vti*, beweinen; *~ing sub*, *nur Einz. (Trauern)* Trauer; *~ing band sub*, *-s* Trauerbinde
mouse, *sub*, *mice* Maus; *a mouse* eine graue Maus; *the cat is a good mouser* diese Katze maust gut; *~ trap sub*, *-s* Mausefalle; *~-grey adj*, mausgrau
mousse, *sub*, *-s* Mousse
Mousterian Age, *sub*, *nur Einz. (archäol.)* Mousterien
mousy, *adj*, *(i. ü. S.)* mausgrau
moutain railway, *sub*, *- -s (Bergeisenbahn)* Bergbahn
mouth, *sub*, *-s* Maul, Mund; *(vulg.)* Klap-

pe; *(Fluss, Rohr)* Mündung; *to feed hungry mouths* hungrige Mäuler stopfen; *to have a big mouth* ein großes Maul haben; *he can´t keep his big mouth shut* er kann einfach den Mund nicht halten; *to raise a cup to one´s mouth* eine Tasse an den Mund setzen; *by word of mouth* durch mündliche Überlieferung; *(vulg.) shut up! halt´* die Klappe!; *to have a big mouth* ein großes Mundwerk haben, eine große Klappe haben; *to shoot big mouth off* angeben wie 10 nackte Neger; *you´ve taken the very words out of my mouth* Sie nehmen mir das Wort aus dem Mund; *~ of a glacier sub*, *-s* Gletschertor; *~ of a river sub*, *- Flussmündung; *~ organ sub*, *-s* Mundharmonika; *~-/ear-piece sub*, *-s (Telefon)* Muschel; *~-parts sub*, *(zool.)* Mundwerkzeug; *~-ful sub*, *nur Einz.* Bissen; *scrimp and save* sich jeden Bissen vom Mund absparen; *to take a mouthful* einen Bissen nehmen; *you said a mouthful* etwas Wichtiges sagen; *~piece sub*, *-s (ugs.)* Sprachrohr
movable, *adj*, bewegbar, verschiebbar; *(Dinge)* beweglich; *(Vermögen)* mobil; *movables* mobiles Vermögen;
move (1) *sub*, *-s* Schachzug, Umzug, Zuzug; *(aus einer Wohnung)* Auszug; *(Umzug)* Übersiedlung; *(Wohnung)* Einzug (2) *vi*, hinziehen, umziehen, verziehen, wandern, weichen; *(Tier, Fahrzeug etc.)* bewegen; *(umziehen)* ausziehen, übersiedeln (3) *vrt*, regen (4) *vt*, fortbewegen, rühren, verschieben, versetzen; *(einen Gegenstand)* bewegen; *don´t move* keine Bewegung; *get a move on* Beeilung, bitte, se nem Herzen einen Stoß geben; *get so moving* jemandem Beine machen; *(ugs.) make no move to* keine Anstalten machen zu; *make someone get a move on* jmd Dampf machen, *(i. ü. S.)* jemanden auf Trab bringen; *move closer* tritt näher!; *start to move* sich in Bewegung setzen; *to move off* sich in Marsch setzen; *move (away from) sub*, *-s* Wegzug; *move (on) vi*, dalli!; *move along* (1) *vi*, *(weitergehen)* durchtreten (2) *vr*, *(sich)* fortbewegen; *move away vt*, abrücken; *move back vt*, zurücksetzen
move forward, (1) *vr*, vorschieben (2) *vt*, vorsetzen, vorstellen (3) *vti*, vorrücken; **move in** (1) *vi*, *(mil.)* einrücken; *(Wohnung)* einziehen (2) *vt*, *(ugs.)* installieren; *he has moved*

into my living room with his rucksack
er hat sich mit seinem Rucksack bei mir
im Wohnzimmer installiert; **move in**
with so *vi*, zusammenziehen; **move**
into *vi*, zuziehen; *(ein Haus)* beziehen;
move into a lane/space *vi*, einscheren;
move nearer *vt*, heranrücken; **move**
out *vi*, hinausziehen; *(Polizei etc.)*
ausrücken; **move so out** *vt*, ausquartieren; **move so to another accommoda-**
tion *vt*, umquartieren; **move up** *vi*,
hinaufziehen; *(nachrücken)* aufrücken;
moved in *adj*, *(Wohnung)* eingezogen
movement, *sub*, *-s* Fortbewegung, Regung; *(eines Tieres, Fahrzeugs etc.)* Bewegung; **~ of the air** *sub*, *movements*
Luftbewegung; **~ of the hand** *sub*, *-s*
Handbewegung
moves, *sub*, *-s (tt; spiel)* Zug
movie director, *sub*, *-s (US)* Filmregisseur; **movie maker** *sub*, *-s* Filmemacher; **movie star** *sub*, *-s* Filmstar;
movie-projector *sub*, *-s* Heimkino
moving, (1) *adj*, ergreifend (2) *sub*, *-s*
Verschiebung; **~ away** *sub*, *nur Einz.*
Verzug; **~ screen** *sub*, *-s* Laufschrift; **~**
up *sub*, *-s* Versetzung
mow, *vt*, *(Rasen)* mähen; **~ down** *vt*,
niedermähen; **~er** *sub*, *-s* Mähmaschine
Mozarabic, *adj*, mozarabisch
Mr., *sub*, *- (Anrede)* Herr; *nur Einz.* Messieurs; **Mrs.** *sub*, *-men* Frau; *nur Einz.*
Mesdames
mu, *sub*, *(griech. Buchst.)* My
much, *adv*, viel
muck, *sub*, *-s (abw.)* Gesöff; *(ugs.;*
schlechtes Essen) Fraß; *I can´t eat this*
porridge muck! ich kann diese Pappe
von Porridge nicht essen!; *like Lord*
Muck wie ein Pascha; **~y pup** *sub*, *-s*
(ugs.; Kind) Mistfink
mud, *sub*, *nur Einz.* Matsch, Modder; *-s*
Schlamm; *nur Einz. (Erde)* Dreck; *drag*
so´s name in the mud jmd in den Dreck
ziehen; **~ bath** *sub*, *-es (med.)* Fan-
gobad; **~-bath** *sub*, *-s* Moorbad; **~-flats**
sub, *- Wattenmeer;* **~dle** *sub*, *-s* Durcheinander, Kuddelmuddel; **~dle along**
vi, *(ugs.)* wursteln; **~dle-head** *sub*, *-s*
Wirrkopf; **~dled** *adj*, verfahren; **~dy**
adj, matschig, schlickerig; *(Flüssigkeit)*
trüb; *(schmutzig)* erdig; **~dy weather**
sub, *nur Einz.* Matschwetter; **~guard**
sub, *-s* Kotflügel, Schutzblech; **~hole**
sub, *-s* Pfuhl; **~pack** *sub*, *-s* Moorpak-
kung
muesli, *sub*, *-s* Müsli
muezzin, *sub*, *-s* Muezzin
muff, *sub*, *-s* Muff; **~le** *vt*, *(mus.)* ab-

dämpfen
mufti, *sub*, *-s* Mufti
mugbath, *sub*, *-s* Schlammbad
mugwort, *sub*, *- (biol.)* Beifuß
mulatto, *sub*, *-s* Mulatte
mule, *sub*, *-s* Dickkopf, Maulesel, Maul-
tier, Muli; *stubborn as a mule* stur wie
ein Büffel; *you are stubborn as a mule*
du bist ein Dickkopf
mulitiplication, *sub*, *-s* Multiplikation
mulled wine, *sub*, *-s* Glühwein
mullion, *sub*, *-s (Fenster-)* Sprosse; **~**
and transom *sub*, *-s* Fensterkreuz
multi-discipline event, *sub*, *-s (spo.)*
Mehrkampf; **multi-millionaire** *sub*, *-s*
Milliardär, Milliardärin; **multi-storey**
adj, etagenförmig; **multiform** *adj*,
polymorph; **multilateral** *adj*, multilateral; **multilingual** *adj*, mehrsprachig; *to grow up multilingual*
mehrsprachig aufwachsen; **multime-**
dia (1) *attr*, multimedial (2) *sub*, *nur*
Mehrz. Multimedia; **multimillionaire**
sub, *-s* Multimillionär; *a multimillio-*
naire ein mehrfacher Millionär; **mul-**
tinational *adj*, multinational;
multiple *adj*, mehrfach, multipel,
vielfach; *multiple sclerosis* multiple
Sklerose
multiple rocket launcher, *sub*,   *-s*
(mil.) Nebelwerfer; **multiplex** *sub*, *-*
es Multiplex; **multiplication** *sub*, *-s*
Potenzierung; **multiplication tables**
sub, *nur Mehrz.* Einmaleins; *multipli-*
cation tables from 1 to 10 das kleine
Einmaleins; **multiplier** *sub*, *-s* Multiplikator; **multiply** (1) *sub*, multiplizieren (2) *vi*, *(sich vermehren)*
mehren (3) *vt*, potenzieren; *(bibl.) be*
fruitful and multiply seid fruchtbar
und mehret euch!; **multiply (by)** *vt*,
malnehmen (mit); **multipurpose de-**
vice *sub*, *-s* Mehrzweckgerät; **multi-**
stage rocket *sub*, *-s* Mehrstufenrakete, Stufenrakete; **multistorey**
adj, mehrstöckig; *to erect multistorey*
buildings mehrstöckig bauen; **multi-**
tude *sub*, *-s* Vielzahl; **multivalence**
sub, *nur Einz.* Multivalenz; **multiva-**
lent *adj*, multivalent
mumble, *vi*, brummeln, grummeln;
mumble to os in seinen Bart murmeln;
mumbling *sub*, *-s* Gemurmel
mummify, *vt*, mumifizieren; **mummy**
sub, *-ies* Mumie
munch, *vti*, *(ugs.)* mampfen
municipal, *adj*, *(Verwaltung)* städtisch; **~ archives** *sub*, *nur Mehrz.*
Stadtarchiv; **~ area** *sub*, *-s* Stadtgebiet; **~ authority** *sub*, *-ies* Stadtver-

waltung; ~ **building surveyor** *sub, -s* Stadtbaurat; ~ **coat of arms** *sub, coats* Stadtwappen; ~ **development authority** *sub, -ies* Stadtbauamt; ~ **district** *sub, -s* Stadtbezirk; ~ **park** *sub, -s* Stadtgarten; ~ **theatre** *sub, -s* Stadttheater; **~ity** *sub, -ies* Gemeinde; **municipial authorities** *sub, nur Mehrz.* Magistrat

murder, (1) *sub, -s* Mord, Mordfall (2) *vt,* ermorden, morden; *it´s (sheer) murder!* das ist ja Mord!; *the* Reithmeier *murder* der Mordfall Reithmeier, *to yell blue murder* mörderisch schreien; ~ **(for payment)** *vt, (vulg.)* killen; ~ **attempt** *sub, -s* Mordversuch; ~ **by poisoning** *sub, -s* Giftmord; ~ **charge** *sub, -s* Mordanklage; *to be on a murder charge* unter Mordanklage stehen; *to lay a murder charge* Mordanklage erheben; ~ **threat** *sub, -s* Morddrohung; ~ **trial** *sub, -s* Mordprozess; ~ **weapon** *sub, -s* Mordinstrument, Mordwaffe, Tatwaffe; **~er** *sub, -s* Mordbube, Mörder; **~ous** *adj,* meuchlerisch; *(schrecklich)* mörderisch; **~ous deed** *sub, -s (poet.)* Mordtat

murmur, (1) *sub, -s* Raunen (2) *vi, (i. ü. S.)* brummen (3) *vti,* murmeln; *without a murmur* ohne einen Mucks; **~ing** *sub, -s* Gemurmel

muscle, *sub, -s* Muskel; *to flex one´s muscles* seine Muskeln spielen lassen; *to tear a muscle* sich einen Muskelriss zuziehen; ~ **cramp** *sub, -s* Muskelkrampf; ~ **fibre** *sub, -s* Muskelfaser; ~ **man** *sub, men (ugs.)* Kraftprotz; **~man** *sub, -men* Muskelprotz; *(ugs.)* Muskelpaket

Muscovite, *adj,* moskowitisch

muscular, *adj,* muskulär, muskulös; *to be muscular* Muskeln haben; *to have a muscular build* muskulös gebaut sein; ~ **atrophy** *sub, nur Einz.* Muskelschwund; ~ **system** *sub, nur Einz.* Muskulatur

muse, *sub, -s* Muse

museum, *sub, -s* Museum; ~ **piece** *sub, -s* Museumsstück; *to be almost a museum piece* museumsreif sein

mush, *sub, -es* Mus; *make sth a mush* einen Brei aus etwas machen

mushroom, *sub, -s (bot.)* Champignon; *(essbar)* Pilz; ~ **cloud** *sub, -s (Atom~)* Pilz; ~ **meal** *sub, -s* Pilzgericht

mushy, *adj,* breiig, labberig

music, *sub, nur Einz.* Musik, Musikalien; *(i. ü. S.) that´s music to my ears!* das ist Musik in meinen Ohren!; *to play some music* Musik machen; *expose os to an endless flow of music* sich von Musik berieseln lassen; *(i. ü. S.) have to face* the music die Suppe auslöffeln müssen; *(ugs.) he has to face the music* er muß die Suppe auslöffeln; *music* Note; *to play from music* nach Noten spielen; ~ **box** *sub, -es (US)* Spieluhr; ~ **engraver** *sub, -s* Notenstecher; ~ **for strings** *sub, nur Einz.* Streichmusik; ~ **publishers** *sub, nur Mehrz.* Musikverlag; ~ **stand** *sub, -s* Notenständer; ~ **teacher** *sub, -s* Musiklehrer; ~ **theatre** *sub, nur Einz.* Musiktheater; **~-loving** *adj,* musikantisch; **~al** (1) *adj,* musikalisch (2) *sub, -s* Musical; *to give sb a musical training* jmdn musikalisch ausbilden; *we always have a musical evening on weekends* am Wochenende musizieren wir immer abends; **~al box** *sub, -es* Spieluhr; **~al instrument** *sub, -s* Musikinstrument; **~al notation** *sub, -s* Notenschrift; **~alness** *sub, nur Einz.* Musikalität; **~ian** *sub, -s* Musikant, Musiker, Musikus, Tonkünstler; **~ologist** *sub, -s* Musikologin; **~ology** *sub, nur Einz.* Musikwissenschaft

musk, *sub, -s* Moschus; **~-like** *adj,* moschusartig; **~-rat** *sub, -s* Bisamratte

musket, *sub, -s* Muskete; **~eer** *sub, -s* Musketier

muslin, *sub, -s (Gewebe)* Mull; *(tex.)* Musselin; ~ **curtains** *sub, nur Mehrz.* Mullgardine

must, (1) *modv, (Verpflichtung, auch Vermutung)* müssen (2) *sub, nur Einz.* Muss; *(für Wein)* Most; *he must be at home* er ist bestimmt zuhause; *he must have missed the train* er hat offenbar den Zug verpasst; *I must be going now* ich muss jetzt gehen; *it must have been him* es muss es gewesen sein; *it must have rained* es muss geregnet haben; *the letter must be mailed today* der Brief muss heute noch zur Post; *you must obey* du hast zu gehorchen; *you mustn´t say things like that* du darfst so etwas nicht sagen, *it´s not a must* es ist kein Muss; ~ **get in** *vt,* hineinmüssen

mustang, *sub, -s* Mustang

mustard, *sub, nur Einz.* Mostrich; *-s* Senf; ~ **gas** *sub, nur Einz.* Lost; ~ **plaster** *sub, -s (med.)* Senfpflaster; ~ **sauce** *sub, -s* Senfsoße; ~ **seed** *sub, -s* Senfkorn

muster roll, *sub, -s* Stammrolle

mustiness, *sub, nur Einz.* Dumpfigkeit, Moder; *(Modergeruch)* Muff; **musty** *adj,* muffig; *(muffig)* dumpf, dumpfig; *it smells musty* es riecht nach Moder; **musty odour** *sub, -s* Mo-

dergeruch
mutability, *sub, nur Einz.* Mutabilität;
mutable *adj,* mutabel; **mutant** *sub, -s*
Mutant; **mutate** *vi,* mutieren; **mutati-**
on *sub, -s* Mutation
mute, *adj,* stumm; ~**ness** *sub, nur Einz.*
Stummheit
mutilate, *vt,* verstümmeln; **mutilation**
sub, -s Verstümmelung
mutiny, (1) *sub, -ies* Meuterei (2) *vi,*
meutern
mutter, (1) *vi,* brabbeln (2) *vti,* murmeln, nuscheln; *to mutter sth to oneself*
etwas vor sich hin murmeln
mutton, *sub,* - Hammelfleisch; *-s (-*
fleisch) Hammel
mutual, *adj,* gegenseitig, mutual; *mutu-*
al help gegenseitige Hilfe; *mutual inte-*
rest gegenseitiges Interesse; *the feeling*
is mutual das beruht auf Gegenseitigkeit; ~**ism** *sub, nur Einz.* Mutualismus
muzzel loader, *sub,* -s Vorderlader;
muzzle *sub, -s* Beißkorb, Maulkorb;
(Gewehr~) Mündung; *(Tier)* Schnauze;
to put a muzzle on a dog einem Hund
einen Maulkorb umhängen
my, *pron,* mein; *I drink my five bottles*
of beer a day ich trinke so meine 5
Flaschen Bier am Tag; *I´ll do my bit* ich
tue das Meine; *my family* die Meinen;
~ *own kind adj, (gleichrangig)* mei-

nesgleichen
mycosis, *sub, mycoses* Mykose
myopia, *sub, nur Einz.* Myopie
myrrh, *sub, -s* Myrrhe
myrtle, *sub, -s* Myrte; ~ **grass** *sub, -es*
(bot.) Kalmus
myself, *pron, (reflexiv)* mich
mysterious, *adj,* abgründig, geheimnisvoll, mysteriös, rätselhaft; *(ugs.)*
schleierhaft; *(geheimnisvoll)* mystisch; **mystery** *sub, -ies* Mysterium;
(rätselhaft) Geheimnis; *the whole af-*
fair was shrouded in mystery über
der ganzen Sache lag ein Nebel; *sur-*
rounded by mystery geheimnisumwittert; **mystery-monger** *sub, -s*
Heimlichtuer
mystic, *sub, -s* Mystiker; ~(**al)** *adj,* mystisch; ~**ism** *sub, nur Einz.* Mystik,
Mystizismus; ~**ism of figures** *sub,*
nur Einz. (i. ü. S.) Zahlenmystik; ~**ize**
vt, mystifizieren
myth, *sub, -s* Mythos; *he was a myth in*
his time er war zeitlebens von einem
Mythos umgeben; ~**ical** *adj,* mythisch; ~**ologize** *vt,* mythologisieren;
~**ology** *sub, nur Einz.* Mythologie

N

nab (a thief), *vt, (vulg.)* hops nehmen
nadir, *sub, nur Einz.* Nadir
nag, *sub, -s* Klepper, Mähre, Rosinante, Schindmähre; *(ugs.; abw.)* Gaul
nagaika, *sub, -s* Nagaika
nail, (1) *sub, -s* Nagel (2) *vt,* nageln; *(ugs.) to be a nail in sb´s coffin* der Nagel zu jmds Sarg sein; *(ugs.) to hit the nail on the head* den Nagel auf den Kopf treffen; *(ugs.) to pinch sth* sich etwas unter den Nagel reißen; ~ **care** *sub, nur Einz.* Nagelpflege; ~ **on** *vt,* annageln; ~ **root** *sub, -s* Nagelwurzel; ~ **up** *vt,* zunageln; ~ **varnish** *sub, -es* Nagellack; ~**-biting event** *sub, -s (ugs.)* Zitterpartie; ~**-scissors** *sub, nur Mehrz.* Nagelschere; ~**brush** *sub, -es* Nagelbürste; ~**file** *sub, -s* Nagelfeile; ~**ing up** *sub, nur Einz.* Vernagelung
naive, *adj,* naiv; *(arglos)* einfältig; *(theat.) the ingénue* die Naive; *how can anyone be so naive?* wie kann man bloß so ein Naivling sein?; ~**ty** *sub, nur Einz.* Naivität
naked, *adj,* nackt; *he was standing there stark naked* er stand ganz nackt da; *to run around naked* nackt herumlaufen; ~ **baby** *sub, -ies (ugs.)* Nacktfrosch; ~ **body** *sub, -ies* Nacktedei; ~**ness** *sub, - (geh.; Naktheit)* Blöße; *nur Einz. (vgl. nackt)* Nacktheit; *to show one´s nakedness* seine Blöße zur Schau stellen
name, (1) *sub, -s* Bezeichnung, Name, Personenname (2) *vt, (einene Namen geben, aufzählen)* nennen; *(nennen)* benennen; *a musician, Brahms by name* ein Musiker, Brahms mit Namen; *an unfortunate choice of name* eine unglückliche Namensgebung; *could you give me the name of a good lawyer?* können Sie mir einen guten Anwalt nennen?; *it has a number of names* das wird verschieden bezeichnet; *to have sth to one´s name* sein eigen nennen; *we would request you to refrain from naming the donors* wir bitten, von einer namentlichen Aufführung der Spender abzusehen; *an assumed name* ein angenommener Name; *by the name of* mit Namen; *I won´t lend my name to that* dazu geb´ ich mei-

nen Namen nicht her; *in the name of the law* im Namen des Gesetzes; *under the name of* unter dem Namen; *what was the name?* wie war doch gleich Ihr Name?, *to name sb after/for (US) sb* jmdn nach jmd nennen; ~ **day** *sub, -s* Namenstag; ~**less** *adj,* namenlos; *the nameless millions* die Millionen der Namenlosen; ~**ly** *adv,* nämlich; ~**plate** *sub, -s* Namensschild; ~**sake** *sub, -s* Namensvetter; **naming** *sub, -s* Namensgebung; *(das Benennen)* Benennung; **naming names** *sub, nur Einz.* Namennennung; *we don´t need to name names* auf Namennennung wollen wir doch verzichten; **naming of a ship** *sub, -s* Schiffstaufe
nanny, *sub, -ies* Kindermädchen, Nurse
nanosecond, *sub, -s* Nanosekunde
nappa leather, *sub, -s* Nappaleder
napalm, *sub, nur Einz.* Napalm; ~ **bomb** *sub, -s* Napalmbombe
nape of the neck, *sub, -s* Genick; *be breathing down so´s neck* jmdm im Genick sitzen; *break one´s neck* sich das Genick brechen; *stiff neck* steifes Genick
napkin, *sub, -s* Serviette
Napoleonic, *adj,* napoleonisch
nappy, *sub, -es* Windel
narcissism, *sub, nur Einz.* Narzissmus; **narcissist** *sub, -s (psych.)* Narzisst; **narcissistic** *adj,* narzisstisch; **narcissus** *sub, - oder -es oder -cissi* Narzisse; *(poet.)* Narziss
narcotic, (1) *adj,* narkotisch (2) *sub, -s* Narkotikum
narrative, *adj,* erzählerisch; ~ **art** *sub, -s* Erzählkunst
narrator, *sub, -s (Schriftsteller)* Erzähler
narrow, (1) *adj,* schmal; *(schmal)* eng (2) *vr,* verengen, verschmälern; *narrow* enger werden; *within narrow bounds* in engen Grenzen; ~ **edged** *adj,* schmalrandig; ~ **lane** *sub, -s* Gässchen; ~ **side** *sub, -s* Schmalseite; ~ **specialist** *sub, -s* Fachidiot; ~**-angle lighting fitting** *sub, -s* Tiefstrahler; ~**-gauge** *adj,* schmalspurig; ~**-minded** *adj,* bor-

niert, spießerhaft, spießerisch, spießig; *(einfältig)* eingleisig; *(engstirnig)* beschränkt; ~**-mindedness** *sub,
nur Einz.* Borniertheit; - Engstirnigkeit; *nur Einz.* *(Engstirnigkeit)* Begrenztheit
narrowing, *sub, -s* Verengerung; **narrows** *sub, nur Mehrz.* *(geogr.)* Enge
narwhal, *sub, -s* Narwal
nasal, *adj,* nasal; *nasal twang* nasaler
Ton; ~**ization** *sub, -s* Nasalierung;
~**ize** *vti,* nasalieren
nasi goreng, *sub, -s* Nasigoreng
nastiness, *sub, -es* Gemeinheit; **nasty**
(1) *adj,* fies, garstig, gemein; *(ugs.)*
hundsgemein; *(körperlich)* übel **(2)**
sub, -ies Garstigkeit; *(ugs.)* *a nasty
piece of work* ein ganz linker Hund;
don´t touch it, it´s nasty fass das
nicht an, das ist pfui; *he can get quite
nasty* er kann unangenehm werden;
*things could get very nasty here in a
moment* es kann hier gleich sehr ungemütlich werden; **nasty little man**
sub, men Giftzwerg; **nasty piece of
work** *sub, -s* Fiesling; **nasty swine**
sub, -s Fiesling
nation, *sub, -s* Nation, Volk, Völker-
schaft; ~**al (1)** *adj,* national **(2)** *sub,
-s* Inländer; ~**al anthem** *sub, -s* Na-
tionalhymne; **National Assembly**
sub, -ies Nationalversammlung; ~**al
budget** *sub, -s* Staatshaushalt; ~**al
church** *sub, -es* Volkskirche; ~**al coffers** *sub, nur Mehrz.* Staatssäckel; ~**al
colours** *sub, nur Mehrz.* Hoheitszeichen; ~**al consciousness** *sub,* Natio-
nalbewusstsein; ~**al costume** *sub, -s*
Nationaltracht; ~**al custom** *sub, -s*
Volksbrauch; ~**al dance** *sub, -s* Nationaltanz; ~**al defence** *sub, nur
Einz.* Landesverteidigung; ~**al dress**
sub, nur Einz. Landestracht
national economy, *sub, -es (tt; wirt.)*
Volkswirtschaft; **national educated**
adj, volksbildend; **national enemy**
sub, -ies Landesfeind; **national flag**
sub, -s Nationalflagge, Staatsflagge;
National Giro office *sub, -s* Postgiro-
amt; **National Guard** *sub, -s* Natio-
nalgarde; **national hero** *sub, -es*
Nationalheld; **national league** *sub,
-s* Nationalliga
nationality, *sub, -ies* Nationalität,
Staatsangehörigkeit; **nationalization** *sub, -s* Verstaatlichung; **nationali-**

ze *vt,* nationalisieren, sozialisieren,
verstaatlichen; **nationally conscious** *adj,* nationalbewusst; **nationally owned** *adj,* volkseigen;
nationwide *adj,* überregional
national lottery, *sub, -ies* Lotto; *how
on earth did you ever pass your driver´s licence?* Sie haben
wohl Ihren Führerschein im Lotto
gewonnen!; *to do the national lottery* Lotto spielen; **national marine** *sub, nur Einz. (tt; mil.)*
Volksmarine; **national mourning**
sub, nur Einz. Landestrauer,
Staatstrauer; **national security**
sub, -ies Staatsschutz; **National Socialism** *sub, nur Einz.* Nationalsozialismus; **National Socialist (1)**
adj, nationalsozialistisch **(2)** *sub, -s*
Nationalsozialist; **national territory** *sub, -ies* Staatsgebiet; **nationa-
lism** *sub, -s* Nationalismus;
nationalist (1) *adj,* nationalistisch
(2) *sub, -s* Nationalist
native, (1) *adj,* eingeboren, einheimisch, heimisch; *(cult.)* bodenständig **(2)** *sub, -s* Eingeborene,
Einheimische, Inländer, Ureinwohner; *native population* bodenständige Bevölkerung; *he´s a native
speaker of Welsh* Walisisch ist seine
Muttersprache; ~ **country** *sub, -ies*
Heimatstaat; *-s* Vaterland; ~ **of Lisbon** *sub, natives* Lissabonner; **Nativity play** *sub, -s* Krippenspiel
natural, (1) *adj,* naturgegeben, natürlich, naturrein, selbstverständlich, ursprünglich; *(natürlich)*
unbefangen; *(ugs.; selbstverständlich)* logisch **(2)** *adv,* kreatürlich;
it´s only natural that es ist doch
nur zu natürlich, dass; *natural selection* natürliche Auslese; *the
most natural thing in der Welt* die
natürlichste Sache der Welt; *to die
a natural death* eines natürlichen
Todes sterben; *she´s a natural* sie
ist ein Naturtalent; ~ **abilities** *sub,
nur Mehrz.* Veranlagung; ~ **gas**
sub, -es Erdgas; ~ **monument** *sub,
-s* Naturdenkmal; ~ **prodigy** *sub,
-ies* Naturtalent; ~ **produce** *sub,
nur Einz.* Naturalien; ~ **product**
sub, natural produce Naturpro-
dukt; ~ **science** *sub, -s, auch für* ~
allgemein Naturwissenschaft; ~

state *sub*, *-s* Naturzustand; **~-coloured** *adj*, naturfarben; **~ism** *sub*, *nur Einz.* Naturalismus; **~ist** *sub*, *-s* Naturalist, Naturalistin; **~istic** *adj*, naturalistisch; **~ization** *sub*, *-s* Einbürgerung, Naturalisation; **~ize** *vt*, nostrifizieren; *(jur.)* naturalisieren; *(Person/Pflanze)* einbürgern; **~ly** *adv*, natürlich, selbstredend; *the illness took its natural course* die Krankheit verlief ganz natürlich; *his hair is naturally blond* sein Haar ist von Natur aus blond; **~ness** *sub*, *nur Einz.* Unbefangenheit

nature, *sub*, *-s* Gemüt, Wesen; *nur Einz.* *(Art)* Beschaffenheit; *-s (Beschaffenheit)* Natur; *nur Einz. (Kosmos, Naturzustand)* Natur; *become second nature* in Fleisch und Blut übergehen; *it´s not in my nature* das entspricht nicht meiner Natur; *to have to answer a call of nature* eine menschliche Regung verspüren; *a question of a general nature* eine Frage allgemeiner Natur; *back to nature!* zurück zur Natur!; *it is in the nature of things* es liegt in der Natur der Dinge; *they are effective by nature* sie sind von Natur aus wirksam; *nature and civilization* Natur und Kultur; *she´s one of Nature´s masterpieces* sie ist ein Meisterwerk der Natur; **~ healing** *sub*, *nur Einz.* Naturheilkunde; **~ reserve** *sub*, *-s* Naturschutzgebiet, Schongebiet; **~ trail** *sub*, *-s* Waldlehrpfad; **~-boy** *sub*, *-s* Naturbursche; **~-lover** *sub*, *-s* Naturfreund; **naturism** *sub*, *-* Freikörperkultur

naught, *sub*, *nur Einz.* Null; **~iness** *sub*, *nur Einz.* Unartigkeit; *-* Ungezogenheit; **~y** *adj*, unartig, ungezogen

nausea, *sub*, *-e* Brechreiz; *nur Einz.* Nausea; *-s* Übelkeit; **nauseous** *adj*, *(vulg.)* kotzübel

nautical, *adj*, seemännisch; *(Instrumente, Ausbildung)* nautisch; **nautilus** *sub*, *-es oder -li* Nautilus

naval base, *sub*, *-s* Flottenbasis; Flottenstützpunkt; **naval cadet** *sub*, *-s (mil.)* Seekadett; **naval port** *sub*, *-s* Kriegshafen; **naval power** *sub*, *-s* Seemacht; **naval supremacy** *sub*, *-ies* Seeherrschaft; **naval war** *sub*, *-s* Seekrieg; **nave** *sub*, *-s (archit.)* Mittelschiff; **navel** *sub*, *-s* Bauchnabel,

Nabel; *the centre of the world* der Nabel der Welt; **navel orange** *sub*, *-s* Navelorange

navigability, *sub*, *nur Einz. (eines Gewässers)* Befahrbarkeit; **navigable** *adj*, schiffbar; *(Gewässer)* befahrbar; **navigate** *vti*, navigieren; **navigation** *sub*, *nur Einz.* Nautik; *-s* Navigation; **navigational** *adj*, nautisch; **navigator** *sub*, *-s* Nautiker, Navigator

navy, *sub*, *-ies* Kriegsflotte, Kriegsmarine, Marine; **~ blue** *adj*, marineblau

Nazi barbarity, *sub*, *-ies* Nazibarbarei; **Nazi dictatorship** *sub*, *nur Einz.* Nazidiktatur; **Nazi period** *sub*, *nur Einz.* Nazizeit

NBC weapons, *sub*, *nur Mehrz.* ABC-Waffen

Neanderthal man, *sub*, *men* Neandertaler

near (1) *adj*, *(örtlich, zeitlich)* nahe (2) *adv*, heran; *(örtlich, zeitlich)* nahe; *from near and far* von nah und fern; *to be a near relative of sb´s* mit jmd nah verwandt sein, **~ear** me in meiner Nähe; *(i. ü. S.)* **~early** do something nahe daran sein; **~est** *adj*, nächstliegend; **~ly** *adv*, beinah, beinahe, fast, nahezu, **~hier**; *not nearly* nicht annähernd; *very nearly* um ein Haar

neat, *adj*, adrett, proper, sauber; **~ schmuck**; **~ appearance** *sub*, *-* Gepflegtheit; **~en** *vt*, vernähen

nebula, *sub*, *-s (astr.)* Nebel

nebulous, *adj*, nebulös

necessary, *adj*, nötig, notwendig; *(ugs.)* erforderlich; *(logisch)* stringent; *if necessary* wenn nötig; *is that absolutely necessary?* ist das unbedingt nötig?; *it necessarily follows* es folgt notwendig; *is that necessary?* muss das sein?; *it´s necessary* das muss sein

necessity, *sub*, *-ies* Nötige, Notwendigkeit; *(Zwang)* Not; *of necessity* mit Notwendigkeit; *the bare necessities of life* des Lebens Notdurft; *the necessity of doing sth* die Notwendigkeit, etwas zu tun; *bowing to necessity* der Not gehorchend; *to make a virtue (out) of necessity* aus der Not eine Tugend machen

neck, *sub*, *-s* Hals, Nacken; *(eines*

T-Shirts etc.) Ausschnitt; *break one´s neck* sich den Hals brechen; *crane one´s neck* einen langen Hals machen; *crane one´s neck to see sth* sich den Hals nach etwas ausrenken; *they were neck and neck at the finish* sie gingen nebeneinander durchs Ziel; ~ **brace** *sub, -s (med.)* Halskrause; ~ **guard** *sub, nur Einz.* Nackenschutz; ~ **of tooth** *sub, (tt; med.)* Zahnhals; ~**erchief** *sub, -s* Halstuch; ~**lace** *sub, -s* Collier, Halsband, Halskette, Kollier; ~**line** *sub, -s* Dekolletee
necromancy, *sub, -ies* Nekromantie
necrophilia, *sub, nur Einz.* Nekrophilie; **necrophobia** *sub, nur Einz. (tt; psych.)* Todesfurcht; **necrosis** *sub, - croses* Nekrose; **necrosis of the bone** *sub, nur Einz. (med.)* Knochenfraß; **necrotic** *adj,* nekrotisch; **necrotize** *vi, (med.)* absterben
nectar, *sub, -s* Göttertrank; *nur Einz.* Nektar; ~**ine** *sub, -s* Nektarine
need, (1) *sub, nur Einz. (Benötigtes)* Bedarf; *-s (Mangel,Elend)* Not; *(Verlangen)* Bedürfnis **(2)** *vi, (nötig sein)* brauchen **(3)** *vt,* bedürfen, benötigen; *(benötigen)* brauchen; *for os* für den eigenen Bedarf; *to have need* Bedarf haben; *a time of need* eine Zeit der Not; *feel an urgent need to* ein dringendes Bedürfnis verspüren zu, *all you need* alles was du brauchst; *no further proof is needed* es braucht keines weiteren Beweises; *there is no need to cry* du brauchst nicht weinen; *there is no need to help* du brauchst nicht zu helfen, *need no evidence* keiner Beweise bedürfen; *need sth urgently* etwas dringendst benötigen; *be in need of clothes* einer Kleidung bedürftig sein; *I don´t need to let you shout at me* ich habe es nicht nötig, mich von dir anschreien zu lassen; *I need to go to the loo* ich muss mal; *if needs be* im Notfall, zur Not; *(ugs.) it need not have happened* das brauchte nicht zu sein; *it needn´t be true* es muss nicht wahr sein; *(ugs.) that was all I needed* darauf habe ich gerade noch gewartet; *(i. ü. S.) that´s all we needed:* das fehlte gerade noch!; *the money needed for the journey* das nötige Geld für die Reise; *there was no need for that* das war wirklich nicht nötig; *the-*

re´s no need for you to go deshalb mußt du doch nicht gehen; *to need sth badly* etwas bitter nötig haben; ~ **for recognition** *sub, -s* Geltungsbedürfnis; ~ **to** *modv, (Notwendigkeit)* müssen; *I don´t need to* ich muss nicht; *you´d need to ask a cook about it* dafür müssten Sie einen Koch fragen; ~ **to talk to other people** *sub, nur Einz.* Mitteilungsbedürfnis; ~**iness** *sub, nur Einz.* Bedürftigkeit; ~**ing repair** *adj,* ausbesserungsbedürftig
needle, *sub, -s* Nadel, Nähnadel; *(ugs.) he´s like a cat on hot bricks* er sitzt wie auf Nadeln; *to be able to wield a needle and thread* mit Nadel und Faden umgehen können; *(ugs.) be on the needle* an der Spritze hängen; *it is easier for a camel to go through the eye of a needle* eher geht ein Kamel durch ein Nadelöhr; *it´s like looking for a needle in a haystack* da sucht man eine Stecknadel im Heuhaufen; ~**-shaped** *adj,* nadelförmig; ~**less injector** *sub, -s* Impfpistole
needless, *adj, (unnötig)* nutzlos; *to risk one´s life needlessly* sein Leben nutzlos aufs Spiel setzen
needlework, *sub, -s* Handarbeit; *nur Einz.* Nadelarbeit
needy, (1) *adj,* bedürftig **(2)** *sub, nur Mehrz.* Notleidende
née, *adj, (geborene Schmid)* geboren; *née Schmidt* geborene Schmidt
neglect, (1) *sub, nur Einz.* Außerachtlassung; *-s* Vernachlässigung **(2)** *vt,* verabsäumen; *(vernachlässigen)* hintansetzen **(3)** *vtr,* vernachlässigen; *state of neglect* Zustand der Verwilderung; ~ **oneself** *vi,* verwahrlosen; ~**ed** *adj,* vernachlässigt; *(vernachlässigt)* ungepflegt
négligé, *sub, -s* Negligé, Negligee
negligence, *sub, - (jur.)* Fahrlässigkeit; *gross negligence* grobe Fahrlässigkeit; **negligent** *adj,* fahrlässig; *causing death through neglicence* fahrlässige Tötung; *(US) negligent homicide* fahrlässige Tötung
negotiate, (1) *vi,* unterhandeln **(2)** *vt,* aushandeln **(3)** *vti,* verhandeln;

negotiations sub, nur Mehrz. Verhandlung; **negotiator** sub, -s Unterhändler
negro, (1) adj, negrid (2) sub, -es Neger, Negride; ~ **slave** sub, -s Negersklave; ~**id** adj, negroid
neigh, vi, wiehern
neighbour, sub, -s Nachbar, Nachbarin; (Mitmensch) Nächste; (iro.) the neighbours die lieben Nachbarn; (bibl.) thou shalt love thy neighbour as thyself du sollst deinen Nächsten lieben wie dich selbst; to love one´s neighbour as oneself Nächstenliebe üben; ~ at table sub, neighbours Tischnachbar; ~hood sub, nur Einz. (Gegend) Nachbarschaft; (Umgebung) Nähe; ~ing adj, benachbart, nachbarlich, umwohnend; ~ing country sub, -ies Nachbarland; ~ing state sub, -s Nachbarstaat; ~ing town sub, -s Nachbarstadt; ~ing village sub, -s Nachbardorf; ~ly adj, (freundlich) nachbarlich; ~s sub, nur Mehrz. (Nachbarn) Nachbarschaft; we must see people as neighbours wir müssen in jedem den Mitmenschen sehen
neighing, sub, - Gewieher
neither, (1) konj, weder (2) pron (adj), kein; I don´t know - neither do I ich weiß das nicht - ich auch nicht; neither fish nor fowl nichts Halbes und nichts Ganzes; neither of the two keiner von beiden; neither of us keiner von uns beiden
nemesis, sub, nur Einz. Nemesis
neo-fascism, sub, nur Einz. Neofaschismus; **neo-fascist** sub, -s Neofaschist
neolithic, adj, neolithisch; **Neolithic age** sub, nur Einz. Jungsteinzeit
neologism, sub, -s Neologismus, Wortschöpfung
neon, sub, nur Einz. Neon; ~ **sign** sub, -s Lichtreklame, Neonreklame; ~ **tube** sub, -s Neonröhre
Nepalesian, adj, nepalesisch
neper, sub, nur Einz. Neper
nephoscope, sub, -s Nephoskop
nephritis, sub, nur Einz. Nierenentzündung
nepotism, sub, nur Einz. (i. ü. S.) Vetternwirtschaft
nerve, sub, -s Nerv; he´s got a nerve! der hat vielleicht Nerven!; his nerves are shaky er hat labile Nerven; it gets on my nerves das geht mir auf die Nerven; it´s a strain on the nerves das kostet Nerven; to have nerves of steel Nerven wie Drahtseile haben; to have the nerve to do sth den Nerv haben, etwas zu tun; to have weak nerves schwache Nerven haben; to shatter sb´s nerve jmd den letzten Nerv rauben; to touch a raw nerve jmdn am Nerv treffen; **nervous** adj, aufgeregt, fahrig, kopfscheu, nervös; **nervous breakdowns** sub, -s Nervenzusammenbruch; **nervous complaint** sub, -s Nervenleiden; **nervous shock** sub, -s Nervenschock; **nervousness** sub, -es Nervosität; nur Einz. (Nervosität) Aufgeregtheit
nest, (1) sub, -s Horst, Nest (2) vi, horsten, nisten; to fowl one´s own nest sein eigenes Nest beschmutzen; ~ egg sub, -s Notgroschen, Spargroschen, Sparpfennig; ~ of a magpie sub, -s of magpies Elsternnest; ~ing time sub, -s Nistzeit
net, (1) adv, netto (2) sub, -s Netz; the social security net das soziale Netz; to go up to the net ans Netz gehen; to slip through sb´s net jmd durch die Maschen schlüpfen; ~ curtain sub, -s Gardine, Spanngardine; ~ player sub, -s Netzspieler; ~ profit sub, -s Nettoertrag, Nettogewinn; Reineinnahme, Reingewinn; ~ register ton sub, -s Nettoregistertonne; ~ weight sub, -s Nettogewicht, Reingewicht; (wirt.) Eigengewicht
netball, sub, -s (spo.) Netzball; **netting** sub, -s (garn) Geflecht; (Handarbeit) Filet
nettle, sub, -s Nessel; grasp the nettle in den sauren Apfel beißen; ~ **jellyfish** sub, -es Nesselqualle; ~ **rash** sub, -es Nesselfieber
network, sub, -s Leitungsnetz, Netzwerk
neural system, sub, -s Nervensystem; **neuralgia** sub, -e Neuralgie; **neuralgic** adj, neuralgisch
neuritis, sub, -ritides Neuritis
neurodermitis, sub, -es Neurodermitis; **neurological** adj, neurologisch; **neurologist** sub, -s Nervenärztin, Neurologe; **neuro-**

logy *sub, nur Einz.* Neurologie; **neuron** *sub*, -*s* Neuron; **neuronal** *adj*, neuronal; **neuropter** *sub*, -*s* Netzflügler; **neurosis** *sub*, -*ses* Neurose; **neurotic (1)** *adj*, neurotisch (2) *sub*, -*s* Neurotiker, Neurotikerin **neuter, (1)** *adj*, sächlich (2) *sub*, -*a (gram.)* Neutrum **neutral,** *sub*, - Leerlauf; ~ **zone** *sub*, -*s* Bannmeile; ~**isation** *sub*, -*s* Neutralisation, Neutralisierung; ~**ity** *sub, nur Einz.* Neutralität; ~**ization of acidity** *sub*, -*s* Entsäuerung; ~**ize** *vt*, neutralisieren; *(Wirkung ausgleichen)* aufheben **neutron,** *sn*, Neutron; ~ **bomb** *sub*, -*s* Neutronenbombe **never,** *adv*, keinmal, nie, niemals, nimmer; *I've never known anybody have such nerve* seine Frechheit ist ohnegleichen; *never* noch nie; *never again* einmal und nie wieder; *well I never!* nein, sowas!; *never again* nie mehr; *never ever* nie und nimmer; ~ **mind** *konj*, *(- denn)* geschweige; ~-**ending** *adj*, *(abwertend)* ewig; ~-**never day** *sub, nur Einz.* Nimmerleinstag; ~**ending task** *sub*, -*s* Sisyphusarbeit; ~**theless (1)** *adv*, dennoch, gleichwohl, nichtsdestoweniger, trotzdem; *(dennoch)* doch **(2)** *adv & conj*, immerhin; *he paid his debts; who would have thought so* er hat seine Schulden bezahlt; immerhin!; *one should know that nevertheless* das sollte man immerhin wissen **news,** *sub, nur Einz.* Botschaft, Neuigkeit; - News; *nur Mehrz. (Meldung)* Nachricht; *(veraltet; Neuigkeit)* Mär; *break the news to him gently* teil ihm die Nachricht schonenden mit; *good news* freudige Botschaft; *news headlines* Meldungen in Kürze; *sports news* Meldungen vom Sport; *the news completely stunned us* die Nachricht traf uns wie ein Donnerschlag; *a piece of news* eine Nachricht; *that's bad news* das sind aber schlechte Nachrichten; *the last news of him was from Brazil* die letzte Nachricht von ihm kam aus Brasilien; *this is the news* sie hören Nachrichten; ~ **agency** *sub*, -*ies* Nachrichtenagentur; ~ **flash** *sub*, -*es* Kurzmeldung; ~ **magazine** *sub*, -*s* Nachrichtenmagazin; ~ **service** *sub*, -*s*

Pressedienst; *(Radio, TV)* Nachrichtendienst; ~**caster** *sub*, -*s* Laufschrift; ~**paper** *sub*, -*s* Zeitung; ~**paper man** *sub*, -*men (ugs.)* Zeitungsmann; ~**paper woman** *sub*, -*women* Zeitungsfrau; ~**reader** *sub*, -*s (Nachrichten-)* Sprecher; ~**reel** *sub*, -*s* Wochenschau **New Year,** *sub, nur Einz.* Neujahr; *to celebrate the New Year* Neujahr feiern; *to the New Year!* Prosit Neujahr!; *to wish sb a Happy New Year* jmd zu Neujahr gratulieren; ~ **greetings** *sub, nur Mehrz.* Neujahrsgruß; ~'s **Day** *sub*, -*s* Neujahrsfest, Neujahrstag; ~'s **Eve** *sub*, - Silvester; **New Zealand** *sub, nur Einz.* Neuseeland; **New Zealander** *sub*, -*s* Neuseeländer; **newploughed field** *sub*, -*s* Sturzacker; **newborn** *adj*, neugeboren; **newborn child** *sub*, *children* Neugeborene; **newcomer** *sub*, -*s* Ankömmling, Debütant, Neuling, Newcomer; **newly-wed** *sub*, -*s* Neuvermählte **next,** *adj*, *(folgend)* andere; *he sat next to me in the cinema* er war im Kino mein Nachbar; *I'm next* als nächster drankommen; *next to nothing* so gut wie nichts; *right next to me* unmittelbar neben mir; *the next day* am anderen Tag; *the next-door garden* Nachbars Garten; ~ **above** *sub*, *next ones above* Nächsthöhere; ~ **in ascending order of height** *sub*, *next ones* Nächsthöhere; ~ **in ascending order of quality** *attr*, nächstbesser; ~ **one** *sub*, -*s (folgend)* Nächste; *first, please! (US u Scot)* der Nächste, bitte!; *next, please! (engl)* der Nächste, bitte!; ~ **possible** *adj*, nächstmöglich; ~ **room** *sub*, -*s* Nebenzimmer; ~ **tenant** *sub*, -*s* Nachmieterin; ~ **to (1)** *adv*, *(räuml.)* daneben (2) *präp*, nächst; *(örtlich)* neben; ~ **world** *sub, nur Einz.* Jenseits; ~ **year's** *attr*, nächstjährig **nexus,** *sub*, - Nexus **N. German stew (with fish and meat),** *sub*, Labskaus **nibble, (1)** *vi*, mümmeln, naschen *(ugs.)* schnabulieren; *(knabbern)* nagen **(2)** *vti*, knabbern; *the child-*

ren have been nibbling all day die Kinder haben den ganzen Tag nur genascht; **~ at** *vt*, anknabbern; **~ off** *vt*, abknabbern, annibbeln; **nibbling** *sub*, *nur Einz.* Nascherei
Nibelung, *sub*, *-s* Nibelunge; **~enlied** *sub*, *nur Einz.* Nibelungensage
Nicaraguan, *sub*, *-s* Nicaraguaner
nice, *adj*, lieb, nett; *a nice girl* ein sympathisches Mädchen; *(ugs.) a nice little sum* ein stattliches Sümmchen; *nice of you to ask* danke der Nachfrage; *the nice doctor* der Onkel Doktor; *a nice little sum* ein ganz nettes Sümmchen; *Michael very nicely did the washing-up* Michael war so nett und hat abgewaschen; *you do say some nice things* was Netteres ist dir wohl nicht eingefallen
niche, *sub*, *-s* Nische
nick, *sub*, *-s* Scharte
nickel, *sub*, *nur Einz.* Nickel; **~ coin** *sub*, *-s* Nickelmünze; **~ plating** *sub*, *nur Einz.* Vernickelung, Vernikkelung
nickname, *sub*, *-s* Beiname, Kosename, Schimpfname, Spitzname; **~ for a child who will not eat its soup** -, Suppenkaspar
nicotine, *sub*, *nur Einz.* Nikotin; **~-free** *adj*, nikotinfrei; **nictating** *sub*, *-s* Nickhaut
niece, *sub*, *-s* Nichte
Nigerian, **(1)** *adj*, nigerianisch **(2)** *sub*, *-s* Nigerianerin
nightly, *adj*, *(jede Nacht)* nächtlich; **nightmare** *sub*, *-s* Alptraum, Mahr, Nachtmahr; **nightrobe** *sub*, *-s* Nachtgewand; **nightshirt** *sub*, *-s (Herren~)* Nachthemd; **nightwear** *sub*, *nur Einz.* Nachtwäsche
night porter, *sub*, *-s* Nachtportier; **night raid** *sub*, *-s* Nachtangriff; **night safe** *sub*, *-s* Nachttresor; **night shift** *sub*, *-s* Nachtschicht; **night sky** *sub*, *skies* Nachthimmel; **night train** *sub*, *-s* Nachtzug; **night watchman** *sub*, *-men (in Betrieben)* Nachtwächter; **night-work** *sub*, *nur Einz.* Nachtarbeit; **night´s sleep** *sub*, *nur Einz.* Nachtschlaf; **nightcap** *sub*, *-s* Schlafmütze; **nightdress** *sub*, *-es (Damen~)* Nachthemd; **nightfall** *sub*, *-s (nächtl.)* Dunkelheit; *at nightfall* bei Anbruch der Dunkelheit, bei einbrechender Dunkelheit; **nightingale**

sub, *-s* Nachtigall; *it was the nightingale and not the lark* es war die Nachtigall und nicht die Lerche
nihilism, *sub*, *nur Einz.* Nihilismus; **nihilist** *sub*, *-s* Nihilist; **nihilistic** *adj*, nihilistisch
nil, *sub*, *nur Einz. (spo.)* Null; **~ return** *sub*, *-s (mil.)* Fehlanzeige
Nile Delta, *sub*, *nur Einz.* Nildelta
nimble, *adj*, behende, hurtig
nine, *num*, neun; *done up to the nines* aufgedonnert wie ein Pfau; **~ (different) kinds of** *num*, neunerlei; **~ and a half** *num*, neuneinhalb; **~ digits** *adj*, neunstellig; **~ hour** *adj*, neunstündig; **~ hundred** *num*, neunhundert; **~ men´s morris** *sub*, *nur Einz. (Spiel)* Mühle; **~ storey** *adj*, neunstöckig; **~ thousand** *num*, neuntausend; **~ times** *num*, neunfach; **~fold** *num.*, neunerlei
Ninevite, *adj*, ninivitisch
ninny, *sub*, *-ies (einfältiger Mensch)* Gimpel
ninth, *sub*, *-s* Neuntel; *-es (mus.)* None
niobium, *sub*, *nur Einz.* Niob
nip, *vti*, nippen; **~per** *sub*, *-s* Dreikäsehoch
nipple, *sub*, *-s* Brustwarze, Nippel; *-tt; anat.)* Warze; *(Gummi~)* Noppe; *condom with nipples* Kondom mit Noppen
nirvana, *sub*, *nur Einz.* Nirwana
Nissen hut, *sub*, *-s* Nissenhütte
nitrate, **(1)** *sub*, *-s* Nitrat **(2)** *vt*, nitrieren
nitrogen, *sub*, *nur Einz.* Stickstoff
nitroglycerine, *sub*, *nur Einz.* Nitroglyzerin
nitwit, *sub*, *-s (vulg.)* Dummkopf
nix(ie), *sub*, *-es (-s)* Nixe
no, **(1)** *adj*, kein **(2)** *adv*, nein **(3)** *sub*, *nur Einz.* Nein; *(geh.) have you no heart?* hast du kein Herz?; *I see no difference* ich sehe keinen Unterschied; *no man would ever* kein Mann würde jemals; *no more than* nicht mehr als; *no you don´t!* nichts da!; *Oh no Au Backe, for the last time - no!* nein und nochmals nein; *hundreds, nay/no thousands* Hunderte, nein Tausende, *to vote yes or no* mit Ja oder Nein stimmen; **~ chance** *sub*, *-s (ugs.)* Fehlanzei-

ge; ~ **difference** *sub, -s* egal; *I don't care* das ist mir egal; *it makes no difference to sb* es ist jmd egal; ~ **man's land** *sub, nur Einz.* Niemandsland; ~ **matter** *adj,* einerlei; *no matter who/where* einerlei wer/wo; ~ **matter if** *adv, (ob)* gleichviel; ~ **one** *sub,* kein; *no one loves me* keiner liebt mich; *no one was there* es war keiner da; ~ **stopping** *sub, -s* Halteverbot; ~**-one** *pron,* niemand **nobelium,** *sub, nur Einz.* Nobelium **Nobel Peace Prize,** *sub, -s* Friedensnobelpreis; **Nobel prize** *sub, -s* Nobelpreis

nobility, *sub, -es* Vornehmheit; ~ **of mind** *sub, -ies* Edelmut; **noble** *adj,* adelig, adlig, hehr, nobel, vornehm; *(Charakter)* edel; **noble born** *adj,* hochgeboren; **noble metal** *sub, -s (chem.)* Edelmetall; **noble(-man/woman)** *sub, -s* Edle; **noble-minded** *adj,* edelmännisch, edelmütig; **noble-woman** *sub, -women* Edelfrau; **nobleman** *sub, -men* Edelmann; **noblesse** *sub, nur Einz. (geh.)* Noblesse

nobody, **(1)** *pron,* niemand **(2)** *sub, -s* Niemand, Nobody; *he is a nobody* er ist ein Niemand

nocturne, *sub, -s* Notturno

nod, (1) *sub, -s* Wink **(2)** *vi,* nicken; *a slight nod* ein leichtes Nicken; *to have a nodding acquaintance with sb* jmdn nur oberflächlich kennen, *to nod one's head* mit dem Kopf nicken; ~ **to/towards** *s.o vi,* zunicken

nodule, *sub, -s* Knötchen

noetics, *sub, nur Mehrz.* Noetik

noise, *sub, -s* Geräusch; *nur Einz.* Krach; - Lärm; ~ **of (the) engines** *sub, nur Einz.* Motorenlärm; ~ **prevention** *sub, nur Einz.* Lärmschutz; ~**less** *adj,* geräuschlos; **noisy** *adj,* geräuschvoll, lärmend; **noisy person** *sub, - people* Polterer

nomad, *sub, -s* Nomade; ~**ic** *adj,* nomadenhaft, nomadisch; ~**ic life** *sub, nur Einz.* Nomadenleben; ~**ic people** *sub, -s* Nomadenvolk

nomenclature, *sub, -s* Benennung, Nomenklatur

nominal, *adj,* nominal, nominell; ~ **style** *sub, nur Einz.* Nominalstil; ~ **value** *sub, -s (fin.)* Nennwert, Nominalwert

nominate, *vt,* nominieren; *(aufstel-*

len) benennen; **nomination** *sub, -s* Nominierung; **nominative** *sub, -s* Nominativ; **nominative clause** *sub, -s* Subjektsatz

nomographic, *adj,* nomografisch

non-aggression pact, *sub, -s* Nichtangriffspakt; **non-alcoholic** *adj,* alkoholfrei; **non-alcoholic beverage** *sub, -s* Softdrink; **non-blended butter** *sub, nur Einz.* Markenbutter; **non-Christian (1)** *adj,* nichtchristlich **(2)** *sub, -s* Nichtchrist; **non-committal** *adj,* unverbindlich; **non-conflicting** *adj,* konfliktlos; **non-dancer** *sub, -s* Nichttänzer; **non-denominational** *adj,* freireligiös; **non-existent** *adj,* inexistent; **non-fat** *adj,* fettfrei; **non-fiction book** *sub, -s* Sachbuch

none, *pron (sub),* kein; *none of his ideas* keine seiner Ideen

nonet, *sub, -s* Nonett

non-flowering plant, *sub, -s* Grünpflanze; **non-heading lettuce** *sub, -s* Pflücksalat; **non-iron** *adj,* bügelfrei; **non-irritant** *adj,* hautschonend; **non-medical practitioner** *sub, -s* Heilpraktiker; **non-party** *adj,* überparteilich; *(tt; polit.)* unparteilich; **non-perishable** *adj, (Lebensm.)* haltbar; **non-political** *adj,* unpolitisch; **non-polluting paper** *sub, -s* Umweltpapier; **non-seller** *sub, -s* Ladenhüter; **non-skid** *adj,* gleitsicher; **non-slip** *adj,* rutschsicher; **non-smoker** *sub, -s* Nichtraucher; **non-smoking campaign** *sub, - -s* Antiraucherkampagne; **non-starter** *sub, -s (ugs.)* Windei

nonplussed, *adj, (ugs.)* verdutzt **nonsense,** *sub, nur Einz.* Blödsinn, Humbug, Nonsens, Schmus, Stuss, Unfug; *(i. ü. S.)* Zeug; *(ugs.)* Käse, Quatsch, Unsinn; *-es (Ulk)* Flachs; *-ies (Unsinn)* Firlefanz; *nonsense* albernes Zeug, *(ugs.)* ungereimtes Zeug; *sheer nonsense* barer Unsinn; *(ugs.) talk a lot of nonsense* einen Stiefel zusammenreden; *That's nonsense* Das ist doch albernes Geschwätz; *to talk a lot of nonsense* dummes Zeug reden; *don't talk such nonsense!* rede keinen Stuss!; *stop that nonsense!* lass den

Unfug!; *(ugs.) he talks nonsense* er erzählt nur Käse; *(ugs.) to talk nonsense* Unsinn reden

non-stop, (1) *adj*, pausenlos (2) *adv*, nonstop; *non-stop in einem weg*; **non-commissioned officer** NCO *sub*, *-s (tt; mil.)* Unteroffizier; ~ **flight** *sub*, *-s* Nonstopflug, Ohnehaltflug; **non-transparent** *adj*, *(Glas etc.)* undurchsichtig; **non-verbal** *adj*, nonverbal; **nonchalance** *sub*, *nur Einz. (geh.)* Nonchalance; **nonchalant** *adj*, nonchalant; **nonconformism** *sub*, *nur Einz.* Nonkonformismus; **nonconformist** (1) *adj*, nonkonformistisch (2) *sub*, *-s* Nonkonformist; **nondescript** *adj*, *(tt; bot.)* unscheinbar

nonviolence, *sub*, *- (als Prinzip)* Gewaltlosigkeit

noodle, *sub*, *-s (Suppen~)* Nudel

noon, *sub*, *-s* Mittag; *at twelve noon* zwölf Uhr mittags

nor, *konj*, noch; *not this nor that* nicht dies, nicht jenes

nordic, *adj*, *(Völker, Sprache)* nordisch; *nordic combined* nordische Kombination

norm, *sub*, *-s* Norm; ~**al** *adj*, gebräuchlich, normal, regulär; *(normal)* üblich; *act like a normal human being, can´t you?* benimm dich doch mal normal!; *to be considered normal* als Norm gelten; ~**al pressure** *sub*, *nur Einz.* Normaldruck; ~**al size** *sub*, *-s* Normalgröße; ~**ality** *sub*, *nur Einz.* Normalität; ~**alize** *vt*, normalisieren; ~**ally** *adv*, üblicherweise

normative, *adj*, normativ

Norn, *sub*, *-s* Norne

north, *sub*, *nur Einz.* Nord, Norden; *(von Land)* Norden; *from the north* von Norden (her); *in the far north* im hohen Norden; *in the north of the country* im Norden des Landes; *north(wards)* gen Norden; **North America** *sub*, *nur Einz.* Nordamerika; **North Atlantic Treaty** *sub*, *nur Einz.* Nordatlantikpakt; ~ **face** *sub*, *-s (von Berg)* Nordwand; **North German** *adj*, norddeutsch; *the North German Lowlands* die norddeutsche Tiefebene; *the North Germans* die Norddeutschen; **North Pole** *sub*, *nur Einz.* Nordpol; **North Star** *sub*, *nur*

Einz. Polarstern; ~ **wind** *sub*, *-s* Nordwind; ~**(wards)** *adv*, nordwärts; *the wind is moving round to the north* der Wind dreht nordwärts; ~**-east** *sub*, *nur Einz.* Nordosten; *(von Land)* Nordosten; *from the north-east* von Nordosten; *to the north-east* nach Nordosten; ~**-east(erly)** *adj*, *(Wind)* nordöstlich; ~**-easterly wind** *sub*, *-s* Nordostwind; ~**-eastern** *adj*, nordöstlich; ~**-south divide** *sub*, *nur Einz.* Nord-Süd-Gefälle; ~**-west** *sub*, *nur Einz.* Nordwesten; *(von Land)* Nordwesten; ~**-west(erly)** *adj*, *(Wind)* nordwestlich; ~**-westerly wind** *sub*, *-s* Nordwestwind; ~**-western** *adj*, *(Gegend)* nordwestlich; ~**ern** (1) *adj*, nordisch, nordländisch, nördlich (2) *sub*, *-s* Nordländerin; ~**ern lights** *sub*, *nur Mehrz.* Nordlicht; ~**ern slope** *sub*, *-s* Nordhang; **Northerner** *sub*, *-s (i. ü. S.; Mensch)* Nordlicht

Norwegian, *adj*, norwegisch

nose, *sub*, *-s* Nase, Schnäuzchen; *nur Einz.* Spürsinn; *he pokes his nose into everything* er steckt seine Nase in alles hinein; *to blow one´s nose* sich die Nase putzen; *to have a good nose for sth* eine gute Nase für etwas haben; *to wipe one´s nose* sich die Nase putzen; *pick one´s nose* in der Nase bohren; *sensitive nose* feine Nase; *to bop sb on the nose* jmdn einen Nasenstüber versetzen; *to turn one´s nose up at sth* mit Naserümpfen reagieren; **nos(e)y** *adj*, *(neugierig)* naseweis; **nos(e)y parker** *sub*, *-s* Naseweis; ~ **around in** *vi*, *(neugierig)* herumstöbern; ~ **dive** *sub*, *-s* Sturzflug; ~ **drops** *sub*, *nur Mehrz.* Nasentropfen; ~ **ornament** *sub*, *-s* Nasenschmuck; ~ **out** *vt*, *(ugs.)* rausbaldowern; ~**-dive** *vi*, *(Flugzeug)* abschmieren; ~**bleed** *sub*, *-s* Nasenbluten

nostalgia, *sub*, *nur Einz.* Nostalgie, Wehmütigkeit; **nostalgic** *adj*, nostalgisch, wehmütig, wehmutsvoll

nostril, *sub*, *-s* Nüster; *his nostrils twitched* seine Nasenflügel bebten

nosy parker, *sub*, *-s (ugs.)* Topfgucker

not, *adv,* nicht; *certainly not* aber nein!; *don´t do it* tu´s nicht; *he does not smoke* er raucht nicht; *he isn´t coming, is he?* er kommt nicht, nicht wahr?; *he kisses well, doesn´t he?* er küsst gut, nicht wahr?; *I really don´t know why* ich weiß auch nicht, warum; *non-* nicht-; *not any longer* nicht mehr; *not at all* absolut nicht, ganz und gar nicht, nichts zu danken; *not three days* noch keine drei Tage; ~ ... **anything** *pron, (bedingend, fragend auch)* nichts; *not anything more* nichts mehr; ~ ... **anywhere** *adv,* nirgends; *he doesn´t like it anywhere* ihm gefällt es nirgends; ~ **a** *adv,* kein; *I´m not a child any longer* ich bin kein Kind mehr; *not a single suggestion* kein einziger Vorschlag; ~ **a single word** *sub, (ugs.; kein ~)* Piep; ~ **any** *pron (adj),* kein; *we haven´t got any time left* es bleibt uns keine Zeit mehr; *we haven´t got any tomatoes* wir haben keine Tomaten; ~ **anywhere** *adv,* nirgendwohin; ~ **at all** *adv, (veraltet)* mitnichten; ~ **be considered** *vi, (i. ü. S.; nicht in Frage kommen)* ausscheiden; ~ **binding** *adj,* unverbindlich; ~ **come** *vi, (Regen)* ausbleiben; ~ **dangerous** *adj,* gefahrlos; ~ **far from** *adv,* unweit; ~ **for sale** *adj,* unverkäuflich; ~ **guilty** *adj, (tt; jur.)* unschuldig; *to plead not guilty* sich für unschuldig bekennen; ~ **helpful** *adj, (i. ü. S.)* unkollegial; ~ **in time** *adv,* unpünktlich; ~ **including** *präp,* ungerechnet
notarial, *adj,* notariell; **notary public** *sub, -s* Notar; **notary´s office** *sub, -s* Notariat; **notation** *sub, -s* Notation
notch, *sub, -es* Kerbe; ~ **up** *vt,* verbuchen; ~**back** *sub, -s* Stufenheck
note, (1) *sub, -s* Banknote, Nota, Note, Notiz, Zettel; *(Geld)* Schein **(2)** *vt, (vormerken)* notieren; *(zur Kenntnis nehmen)* beachten **(3)** *vti,* registrieren; *to take notes* sich Notitzen machen; *be worthy to note* Beachtung verdienen; *give the note* den Ton angeben; *(i. ü. S.)* hit the wrong note* sich im Ton vergreifen; *note:* merke:; *Please take a note/letter/memo, Miss Holzleitner* Frau Holzleitner, bitte notieren sie!; *there was a note of disappointment in his voice* in seiner Stimme schwang ein Ton von Enttäu-

schung mit; ~ **down** *vt,* vormerken; ~**book** *sub, -s* Kladde, Merkheft, Notebook, Notizbuch; ~**s** *sub, nur Mehrz. (Niedergeschriebenes)* Niederschrift; *(Schriftstücke)* Aufzeichnung; ~**worthy** *adj,* beachtenswert
nothing, *pron,* nichts; *have nothing to do with sth* einer Sache fernstehen; *I know nothing* ich weiß nichts; *next to nothing* fast nichts; *nothing new* nichts Neues; *nothing of any importance* nichts von Bedeutung; *to be left with nothing* vor dem Nichts stehen; *(i. ü. S.) you don´t get anything for nothing in the world* umsonst ist nur der Tod; ~**ness** *sub, nur Einz. (philos.)* Nichts
notice, (1) *sub, notes* Aushang; *nur Einz.* Kündigung **(2)** *vi,* gewahren; *(- werden)* gewahr **(3)** *vt, (bemerken)* merken; *(wahrnehmen)* bemerken; *nobody will notice* das fällt nicht auf; *notice sth* aufmerksam werden auf; *take hardly any/no notice of* etwas kaum/nicht beachten, *everyone will notice* das merkt jeder; ~ **board** *sub, -s* Pinnwand; ~ **of assessment** *sub, notices* Steuerzettel; ~ **of non-negotiability** *sub, notices* Sperrvermerk; ~ **of resignation** *sub, -s* Austrittserklärung; ~**able** *adj,* feststellbar, fühlbar, merkbar, merklich, wahrnehmbar; **notification** *sub, nur Einz.* Benachrichtigung; *-s* Verständigung; *give notification that one is moving* sich polizeilich abmelden; **notification of sickness** *sub, -s* Krankmeldung; **notify** *vt,* notifizieren, verständigen
not much, *adj,* wenig; **not not to hear** *adj, (i. ü. S.)* unüberhörbar; **not occur** *vi, (Ereignis)* ausbleiben; **not religious** *adj,* religionslos; **not rulable** *adj, (i. ü. S.)* unregierbar; **not satisfied** *adj,* ungesättigt; **not signed** *adj,* ungezeichnet; **not straight** *adj,* schief; *(i. ü. S.) to leave the straight and narrow* auf die schiefe Bahn geraten; **not subject to a supplement** *adj, (bahn)* zuschlagfrei; **not subject to seasickness** *adj,* seefest;

not talented *adj*, untalentiert; **not to care about sb/sth.** *vti*, scheren; **not to carry out** *vt*, unterlassen; **not to grudge so sth** *vt*, *(nicht neiden)* gönnen; *don´t be so grudging* gönne es ihm doch!; *I don´t grudge him the pleasure* ich gönne ihm das Vergnügen
notorious, *adj*, notorisch, verschrieen; *(im neg. Sinn)* allbekannt
notwithstanding, *präp*, unbeschadet
nougat, *sub*, *-s* Nougat, Nugat; ~ **centre** *sub*, *-s* Nugatfüllung
noun, *sub*, *-s* Nomen, Substantiv; *(Sprachw.)* Hauptwort; ~ *that occurs only in the plural sub, nouns* Pluraletantum
nourish, *vt*, *(ugs.)* päppeln; *he refused all nourishment* er verweigerte jegliche Nahrung; ~*ing adj, (Nahrung)* gehaltreich, gehaltvoll
nous, *sub*, - Grips
nouveau riche, *adj*, neureich
nova, *sub*, *-s oder -e* Nova
novel, (1) *adj*, *(neu)* originell (2) *sub*, *-s* Roman; ~**ist** *sub*, *-s* Romanautorin, Romancier; ~**la** *sub*, *-s* Novelle; ~**la form** *sub*, *-s* Novellenform; ~**la writer** *sub*, *-s* Novellist; ~**s** *sub*, *nur Mehrz.* Romanliteratur
novelty, *sub*, *-ies* Neuartigkeit; *nur Einz.* Neuheit; *-ies* Novum
November, *sub*, *-s* November; ~*-like adj*, novemberhaft, novemberlich
novice, *sub*, *-s* Novize, Novizin
novitiate, *sub*, *-s* Noviziatjahr
now, *adv*, jetzt; *(jetzt; Folge)* nun; *for now* für dieses Mal; *now and again* das eine oder andere Mal; *what is it now* was ist es denn; *as from now* von nun an; *now that he´s here* nun, da er da ist; *now that´s enough!* nun ist aber genug!; *only now* nun erst; *what now?* was nun?; ~ **and again** *adv*, mitunter; ~ **and then** *adv*, *(ugs.)* bisweilen, zwischendurch; ~**adays** *adv*, heutigentags; ~**here** *adv*, nirgends, nirgendwohin; *there´s nowhere he feels so happy* er fühlt sich nirgends so wohl wie; *get nowhere* nichts ausrichten können; *if you´ve got nowhere to spend the night* wenn man nirgendwohin gehen kann, um zu übernachten; *nowhere else but here* nirgendwo anders als hier; *this physicist sprang*

out from nowhere dieser Physiker ist aus dem Nichts aufgetaucht; *we stopped in the middle of nowhere* wir hielten auf offener Strecke; ~*here to be found adj*, unauffindbar
nozzle, *sub*, *-s* Düse
nuance, (1) *sub*, *-s* Nuance, Nuancierung (2) *vt*, nuancieren
nuclear, *adj*, atomar, nuklear; ~ **age** *sub*, *nur Einz.* Atomzeitalter; ~ **attack** *sub*, *-s* Atomangriff; ~ **bomb** *sub*, *-s* Atombombe; ~ **currency** *sub*, *nur Einz.* Atomstrom; ~ **energy** *sub*, *nur Einz.* Atomenergie, Kernenergie; ~ **explosion** *sub*, *-s* Kernexplosion; ~ **family** *sub*, *-ies* Kleinfamilie; ~ **fission** *sub*, *-s* Kernspaltung; ~ **fusion** *sub*, *-s* Kernfusion, Kernverschmelzung; ~ **medicine** *sub*, *nur Einz.* Nuklearmedizin; ~ **missile** *sub*, *-s* Atomrakete
nuclear village, *sub*, *-s* Rundling;
nuclear war *sub*, *-s* Atomkrieg;
nuclear warhead *sub*, *-s* Atomsprengkopf; **nuclear waste** *sub*, *nur Einz.* Atommüll; **nuclear weapon** *sub*, *-s* Atomwaffe, Kernwaffen, Nuklearwaffe; **nuclear weapons restriction treaty** *sub*, *-ies* Atomwaffensperrvertrag;
nuclear-free *adj*, atomwaffenfrei;
nuclear-powered *adj*, atombetrieben
nucleus, *sub*, *-es oder -clei* Nukleus; *-es (tt; biol.)* Zellkern
nude, *adj*, nackt; *to sleep in the nude* nackt schlafen; ~ **(picture)** *sub*, *-s* Nudität; ~ **model** *sub*, *-s* Nacktmodell
nudge, (1) *sub*, *-s* Knuff (2) *vt*, knuffen
nudism, *sub*, - Freikörperkultur; *nur Einz.* Nudismus; **nudist** *sub*, *-s* Nudist; **nudity** *sub*, *nur Einz.* Nacktheit
nugget, *sub*, *-s* Nugget
nuisance, *sub*, *-s* Ärgernis, Klette; *(i. ü. S.)* Plage; *a public nuisance* ein öffentliches Ärgernis; *(i. ü. S.) his little sister is a real a nuisance* seine kleine Schwester ist die reinste Klette; *(ugs.) what a blasted nuisance!* so ein Mist!; *to become a nuisance* zu einer Plage werden

nullify, *vt*, nullifizieren
nullity, *sub*, *-ies* Nullität; - *(tt; jur.)*
Ungültigkeit
numb, *adj*, steif; *(betäubt)* taub;
(Gliedmaßen) gefühllos; *numb with
cold* starr vor Kälte
number, (1) *sub*, *nur Einz.* Anzahl; *-s*
Numero, Nummer, Startnummer,
Zahl; *(gram.)* Numerus (2) *vt*, numerieren, nummerieren; *(mit Ziffern
versehen)* beziffern; *our house is
number 7* unser Haus hat die Nummer 7; *the number one talking point*
Gesprächsthema Nummer eins; *a
number of things* etliches; *numbered
consecutively* fortlaufend numeriert;
in large numbers in großer Zahl; ~
**consecutively from the beginning
to the end** *vt*, durchnummerieren; ~
of goals *sub*, *nur Einz.* Torausbeute;
~ **of hits** *sub*, *numbers* Trefferzahl;
~ **of people** *sub*, *numbers* Personenzahl; ~ **of the (one´s) direct line**
sub, *-s* Durchwahlnummer; ~ **of unrecorded cases** *sub*, *-s* Dunkelziffer;
~ **of visitors** *sub*, *-s-* Besucherzahl; ~
of votes *sub*, - Stimmenzahl; ~ **plate**
sub, *-s* Kennzeichen, Nummern-
schild; ~**ed account** *sub*, *-s* Num-
mernkonto; ~**ing** *sub*, *nur Einz.*
Benummerung, Bezifferung; *-s* Num-
merierung; **numbness** *sub*, *nur Einz.*
(Gefühlslosigkeit) Taubheit; *(Starrheit)* Steifigkeit; **numeral** *sub*, *-s*
Zahlwort; *(gramm.)* Numerale; **numerical** *adj*, numerisch; **numerically** *adv*, *(ugs.)* zahlenmäßig;
numerous *adj*, zahlreich

numismatic, *adj*, numismatisch; ~
collection *sub*, *-s* Münzsammlung;
~**s** *sub*, *nur Einz.* Numismatik; **numismatist** *sub*, *-s* Numismatiker
nun, *sub*, *-s* Klosterfrau, Nonne; ~
moth *sub*, *-s (Schmetterling)* Nonne
nunciature, *sub*, *-s* Nuntiatur
nuncio, *sub*, *-s* Nuntius
nurse, (1) *sub*, *-s* Amme, Krankenschwester, Pfleger (2) *vt*, *(Kind)*
stillen; ~´**s uniform** *sub*, *-s* Schwe-
sterntracht; ~**ry** *sub*, *-ies* Gärtne-
rei, Kinderstube; ~**ry-school** *sub*,
-s Vorschule; ~**s´ home** *sub*, *-s*
Schwesternwohnheim; ~**s´ training college** *sub*, *-s* Schwestern-
schule; **nursing** *adj*, pflegerisch;
nursing auxiliary *sub*, *-ies* Schwe-
sternhelferin; **nursing home** *sub*,
-s Pflegeheim; **nursing staff** *sub*,
nur Einz. Pflegepersonal
nutrition, *sub*, *nur Einz.* Nutrition;
~**al value** *sub*, *-s* Nährwert; **nutritious** *adj*, *(Essen)* nahrhaft
nuts, *adj*, *(ugs.)* bescheuert, meschugge, plemplem; *(ugs.) you
must be nuts* du hast ja einen Schatten; ~**hell** *sub*, *-s* Nussschale; **nutty** *adj*, *(ugs.)* spleenig
nylon, *sub*, *nur Einz. (eingetr. Markenzeichen)* Nylon, Perlon
nymph, *sub*, *-s* Nymphe; ~**omania**
sub, *nur Einz.* Nymphomanie;
~**omaniac** (1) *adj*, nymphoman
(2) *sub*, *-s* Nymphomanin

O

oak (-tree), *sub*, -*s (Baum)* Eiche; oak (-wood) *sub*, *nur Einz*. *(Holz)* Eiche; oak apple *sub*, -*s* Gallapfel; oak table *sub*, -*s* Eichentisch; oak(en) *adj*, eichen

oasis, *sub*, oases Oase

oath, *sub*, -*s* Eid, Schwur; *(Versicherung)* Beschwörung; *on oath* unter Eid stehen; *take an oath* einen Eid ablegen; *testify on oath* unter Eid aussagen; ~ of allegiance *sub*, - Fahneneid; *oaths* Treueschwur; ~ of disclosure *sub*, oaths Offenbarungseid; *to swear an oath of disclosure* einen Offenbarungseid leisten; ~ of revenge *sub*, -*s* Racheschwur; ~ of supremacy *sub*, oaths Suprematseid; ~ of truce *sub*, *(hist.)* Urfehde

oatmeal, *sub*, *nur Einz*. *(US)* Brei; - Haferflocken; oats *sub*, - Hafer

obdurate, *adj*, *(unnachgiebig)* stur; ~ness *sub*, *nur Einz*. *(Unnachgiebigkeit)* Sturheit

obedience, *sub*, *nur Einz*. Botmäßigkeit, Folgsamkeit; - Gehorsam; -*s* Gehorsamkeit; *nur Einz*. Obedienz; *blind obedience* blinder Gehorsam; obedient *adj*, botmäßig, folgsam, fügsam, gehorsam; *(Diener)* ergeben

obelisk, *sub*, -*s* Obelisk

obesity, *sub*, *nur Einz*. Fettsucht; *(tt; med.)* Verfettung

obey, (1) *vi*, gehorchen, parieren (2) *vt*, hören; *(Befehl etc.)* befolgen; *(Gesetze)* einhalten (3) *vti*, *(gehorchen)* folgen; *the dog doesn´t obey* der Hund hört überhaupt nicht; *(Prov.)* *you´ll learn the hard way* wer nicht hören will, muß fühlen; *obey the laws* Gesetze einhalten

obituary, *sub*, -*ies* Nachruf, Todesanzeige

object, (1) *sub*, -*s* Gebilde, Gegenstand, Objekt (2) *vt*, einwenden (3) *vti*, dawiderreden; *object to* etwas an etwas auszusetzen haben; *object to sth* etwas einwenden gegen; ~ of dispute *sub*, objects Streitgegenstand, Streitobjekt; ~ of saving *sub*, objects Sparziel; ~ify *vi*, objektivieren; ~ion *sub*, -*s* Einspruch, Einwand, Querschuss; *(gegenteilige Meinung)* Gegenstimme; *raise objections to sth*

Einwände gegen etwas erheben; *I have no objections* ich habe nichts dagegen einzuwenden; *raise objections* Bedenken anmelden; ~ion (10) *sub*, -*s* Einwendung; ~ivation *sub*, -*s* Objektivation; ~ive (1) *adj*, objektiv, sachlich (2) *sub*, -*s* Objektiv, Programmatik; *to judge sth objectively* objektiv über etwas urteilen; ~ives *sub*, - Zielstellung; ~ivism *sub*, *nur Einz*. Objektivismus; ~ivity *sub*, *nur Einz*. Objektivität, Sachlichkeit; ~ivize *vt*, *(Problem)* objektivieren

obligation, *sub*, -*s* Obligation, Verpflichtung; *the firm is under no obligation* die Firma übernimmt keine Obligation; ~ to strew *sub*, *nur Einz*. Streupflicht; obligatorily registrable trader *sub*, -*s* Soll-Kaufmann; obligatory (1) *adj*, obligat, obligatorisch, verbindlich (2) *sub*, -*es* Verbindlichkeit; *the obligatory corny joke* der obligate Sparwitz

oblige, *vt*, verpflichten; ~d *adj*, verpflichtet; obliging *adj*, gutwillig, kulant, verbindlich, zuvorkommend; obligingness *sub*, *nur Einz*. Kulanz; -*es* Verbindlichkeit

oblique, *sub*, -*s* Schrägstrich; ~ly *adv*, schräg

oboe, *sub*, -*s* Oboe; ~ player *sub*, -*s* Oboist

obscene, *adj*, obszön; *(Sprache)* untätig; obscenity *sub*, -*ies* Ferkelei, Obszönität, Unflätigkeit

obscurantism, *sub*, *nur Einz*. Obskurantismus; obscurantist *sub*, -*s* Finsterling; obscure *adj*, obskur; *(i. ü. S.; Person)* undurchsichtig; *for some obscure reasons* aus unergründlichen Gründen; *not a cloud obscured the sky* kein Wölkchen trübte den Himmel; obscuring *sub*, *nur Einz*. Vernebelung; obscurity *sub*, *nur Einz*. Obskurität

obsequious, *adj*, unterwürfig; *(geh.)* devot; ~ness *sub*, *nur Einz*. Unterwürfigkeit

observance, *sub*, -*s* Observanz; *nur Einz*. *(Vorschriften)* Einhaltung; observation *sub*, -*s* Beobachtung, Observation; *make observations* eine Überlegung anstellen; **observation tower** *sub*, *-s* Aussichtsturm; **observation-point** *sub*, *-s* Warte; **observatory** *sub*, *-ies* Observatorium, Sternwarte; **observe** *vt*, observieren, wahrnehmen; *(beachten)* einhalten; *observe the law, the sabbath, silence* das Gesetz, den Sabbat, Ruhezeiten einhalten; **observe Sunday as a day of rest** *sub*, - Sonntagsruhe; **observer** *sub*, *-s* Beobachter, Merker, Observator; *(einer Prüfung)* Beisitzer; **observing** *sub*, *-s* Wahrnehmung

obsessed, *adj*, *(begeistert)* besessen; *(i. ü. S.) he is still obsessed with the idea* die Idee spukt ihm immernoch im Kopf herum; **obsession** *sub*, *nur Einz.* Besessenheit; *-s* Manie, Obsession; *(i. ü. S.)* Monomanie; *(tt; med.)* Zwangsvorstellung; **obsessional neurosis** *sub*, *-es* Zwangsneurose

obsidian, *sub*, *-s* Obsidian

obstacle, *sub*, *-s* Hemmnis, Hindernis, Stolperstein; *(i. ü. S.)* Hemmschuh, Hürde; *(i. ü. S.) we´re over the first hurdle* damit ist die erste Hürde genommen; ~ **to climb up** *sub*, *-s* Eskaladierwand

obstain from, *vt*, enthalten; *abstain* sich der Stimme enthalten

obstetrics, *sub*, *nur Mehrz.* Geburtshilfe

obstinacy, *sub*, *-ies* Starrsinn; *nur Einz.* Störrigkeit; *-ies (Beharrlichkeit)* Eigensinn; **obstinate** *adj*, eigensinnig, starrköpfig, starrsinnig, störrisch, verstockt; *(geh.)* obstinat; *(-sinnig)* eigenwillig; *(eigensinnig)* trotzköpfig; **obstinate mule** *sub*, *-s* Starrkopf

obstruct, *vt*, hintertreiben, verbauen; *obstruct so* jemanden auflaufen lassen; ~**ion** *sub*, *-s* Verstellung; *(tt; arch.)* Verbauung; ~**ive** *adj*, hinderlich, obstruktiv

obtain, *vt*, erwirken; *(Endprodukt)* erhalten; *(Preis)* erzielen; *(Visum/Kredit)* erlangen; *take action to obtain the money* das Geld eintreiben lassen; *to obtain information about sth* sich über etwas unterrichten; ~ **someones release** *vt*, freipressen; ~ **sth** *vr*, verschaffen; ~**able** *adj*, beziehbar, erhältlich; ~**able at a chemist´s only** *adj*, apothekenpflichtig

obtrusive, *adj*, *(Person, etc.)* aufdringlich; ~**ness** *sub*, *nur Einz.* *(von Personen)* Aufdringlichkeit

ocarina, *sub*, *-s* Okarina

occasion, *sub*, *-s* Okkasion; *(Grund)* Anlass; *on the occasion of* aus Anlass des; *should the occasion arise* im Eventualfall; *to mark the occasion* zur Feier des Tages; ~**al** *adj*, gelegentlich, vereinzelt; ~**ally** *adv*, vereinzelt, verschiedentlich, zuweilen

Occident, *sub*, *nur Einz.* Abendland, Okzident; **occidental** *adj*, okzidental

occlude, *vt*, okkludieren

occlusion, *sub*, *-s* Okklusion; *(tt; med.)* Verschluss

occulstism, *sub*, *nur Einz.* Okkultismus; **occult** *adj*, okkult; **occultist** *sub*, *-s* Okkultist, Okkultistin

occupancy, *sub*, *nur Einz.* *(von Zimmern)* Belegung; **occupant** *sub*, *-s* Hausbewohner, Insasse; *(eines Hauses)* Bewohner; **occupation** *sub*, *-s* Besitznahme, Okkupation; *(Beschäftigung)* Tätigkeit; *(eines Gebäudes)* Bezug; *(eines Landes)* Besatzung, Besetzung; *(Tätigkeit)* Beschäftigung; *what is your occupation?* welcher Tätigkeit gehen sie nach?; **occupational disease** *sub*, *-s* Berufskrankheit; **occupational hazard** *sub*, *-s* Berufsrisiko; **occupational therapy** *sub*, *-ies* Beschäftigungstherapie; **occupied** *adj*, *(Land, Stuhl)* besetzt; *(Zimmer)* belegt; **occupier** *sub*, *-s* Okkupant

occupy, *vt*, okkupieren, versehen; *(Arbeit verschaffen)* beschäftigen; *(ein Haus)* bewohnen; *(Hotelzimmer)* belegen; *(Stuhl, Land)* besetzen; *occupy an important place in* eine wichtige Stellung bei etwas einnehmen; *the occupying forces* die Okkupanten; ~ **sb** *vt*, vereinnahmen; ~**ing power** *sub*, *-s* Besatzer, Besatzungsmacht

occur, **(1)** *vi*, vorkommen; *(auftreten)* eintreten; *(sich ereignen)* stattfinden; *(vorkommen)* auftreten **(2)** *vt*, erfolgen; *(i. ü. S.)* zutragen; *(Unfall)* ereignen; *the unexpected had occured* das Unerwartete war eingetreten; *(i. ü. S.) it suddenly occu-*

red to me that plötzlich fuhr mir der Gedanke durch den Kopf, dass; ~ence sub, -s Ereignis, Vorkommen; nur Einz. (Ereignis) Eintritt; ~rence sub, -s (Vorkommen) Auftreten occur to sb, vt, einfallen; sth occurs to sb etwas fällt jmd ein
ocean, sub, -s Meer, Weltmeer; (auch i.ü.S) Ozean; ~ perch sub, - Goldbarsch; ~ steamer sub, -s Ozeandampfer; ~-going yacht sub, -s Hochseejacht; ~ography sub, nur Einz. Meereskunde, Ozeanografie, Ozeanographie
ocelot, sub, -s Ozelot
ochlocracy, sub, -ies Ochlokratie
ochre, adj, ocker, ockerfarben, okkerfarbig
Ockhamism, sub, nur Einz. Ockhamismus
octagon, sub, -s Achteck, Oktogon; ~al adj, achteckig, oktogonal
octane number, sub, -s Oktanzahl; high octane petrol Benzin mit hoher Oktanzahl
octave, sub, -s Oktave; octavo sub, -s Oktavformat; octet sub, -s Oktett
October, sub, -s Oktober
octogenerian, sub, -s Achtziger; octohedron sub, -s Oktaeder; octopod sub, -da Oktopode; octopus sub, -es Krake; - (tt) Tintenfisch
odalisque, sub, -s Odaliske
odd, adj, kauzig, kurios, merkwürdig, schrullig, sonderbar; (ugs.) ungleich; (Zahl) ungerade; ~ fellow sub, -s (ugs.) Kauz; ~-job man sub, -men Handlanger, Kalfaktor; ~ity sub, -ies Kuriosität; ~ness sub, nur Einz. Merkwürdigkeit; ~s sub, nur Mehrz. Odds; ~s and ends sub, nur Mehrz. Krimskrams
ode, sub, -s Ode
odeum, sub, -s Odeon, Odeum
odious, adj, hassenswert
odour, sub, -s Odeur; - (übler) Geruch; ~less adj, geruchlos
Odyssey, sub, -s Irrfahrt, Odyssee
oedema, sub, -s Ödem
oedipal, adj, ödipal
Oedipus complex, sub, -es Ödipuskomplex
oestrogen, sub, -s Östrogen
of, präp, von; (bestehen aus) aus; a pot of soup ein Topf mit Suppe; (erklärend) inclusive of und zwar ein-

schließlich; (Zusatz) the melody of the song die Melodie zu dem Lied; (veränder.) to make a man of sb jmd zum Manne machen; to smell of sth nach etwas riechen; the container is made of glass der Behälter ist aus Glas; ~ a few seconds adj, sekundenlang; ~ a thousand (different) kinds adj, tausenderlei; ~ age (1) adj, volljährig (2) attr, mündig; to come of age mündig werden; to declare sb of age jmdn für mündig erklären; ~ beech adj, buchen; ~ carbonic acid adj, (chem.) kohlensauer; ~ clay adj, tönern; ~ course adv, freilich, selbstverständlich; (selbstverständlich) natürlich; ~ definition adj, definitorisch; ~ eight sorts adj, achterlei; ~ equal importance adj, gleichrangig; ~ equal rank adj, (Beruf) gleichrangig; ~ gold adj, golden; ~ good behaviour adj, formgewandt; ~ integrity adj, integer; ~ it adv, (Anteil) davon; ~ Italy, Greece, Spain or Portugal adj, südländisch
offence, sub, -s Beleidigung, Delikt, Gesetzesübertretung, Kränkung, Vergehen; (Anlass) Anstoß; (jur.) Tat; cause offence Ärgernis erregen; commit an offence sich strafbar machen; no offence nichts für ungut; offend (against) the law ein Delikt begehen; sexual offence commited by a person in position of authority over victim Missbrauch zur Unzucht; cause offence Anstoss erregen; take offence at an etwas Anstoss nehmen; ~ against the forest law sub, -s Forstfrevel; offend (1) vi, verstoßen (2) vt, beleidigen, brüskieren; (i. ü. S.) offend sb jmd zu nahe treten; offended adj, beleidigt; be deeply offended zutiefst beleidigt sein; offender sub, -s Beleidiger; - Delinquent; offense sub, -s (US) Gesetzesübertretung; offensive (1) adj, anstößig, ausfallend, offensiv, unflätig, widerwärtig (2) sub, nur Einz. Offensive; -s (mil.) Angriff; take the offensive zum Angriff übergehen, take the offensive in die Offensive gehen; offensive warfare sub, -s Angriffskrieg; of-

fensive weapon *sub*, -*s* Angriffswaffe; **offensiveness** *sub*, *nur Einz.* Anstößigkeit

offer, (1) *sub, nur Einz.* Anerbieten; -*s* Angebot, Darbringung, Feilbietung, Offerte; *(wirt.)* Andienung (2) *vt*, anerbieten, darbringen, offerieren; *(anbieten)* bieten, darbieten; *(Belohnung)* aussetzen; *(zum Verkauf, etc.)* anbieten; *offer sacrifice (to the gods)* Darbringung eines Opfers; *offer so a chair* jemanden auf einen Lehrstuhl berufen; *offer so sth* jemandem etwas antragen, *the offered hand* die dargebotene Hand; *be on offer* angeboten werden; *offer so sth* jemandem etwas anbieten; *offer to resign* seinen Rücktritt anbieten; ~ **a salary** *vt*, dotieren; ~ **condolences** *vi*, kondolieren; ~ **one´s services** *vt*, *(Dienste)* anbieten; ~ **so a glass of wine** *vt*, kredenzen; ~ **sth for sale** *vt*, feilbieten; ~ **to do** (1) *sub*, -*s* Erbieten (2) *vt*, erbieten; ~ **to do sth** *vt*, erbötig
offertory, *sub*, -*s (kirchl.)* Opferung
office, *sub*, -*s* Büro, Geschäftsstelle, Kanzlei, Schreibbüro, Sekretariat; *(Dienststelle)* Amt; *at the office* im Büro; *by virtue of his office* kraft seines Amtes; *in his office* an seiner Dienststelle; *take up office* ein Amt antreten; ~ **hours** *sub, nur Mehrz.* Sprechstunde; ~ **of mayor** *sub*, -*s (hist.)* Schulzenamt; ~ **of vice-principal** *sub*, -*s* Prorektorat; ~ **outing** *sub*, -*s* Betriebsausflug; ~ **work** *sub*, *nur Einz.* Innendienst; ~ **worker** *sub*, - Büroangestellte; ~-**boy** *sub*, -*s* Bürogehilfe; ~-**building** *sub*, -*s* Bürohaus; ~-**executive** *sub*, -*s* Bürokauffrau, Bürokaufmann; ~-**girl** *sub*, -*s* Bürogehilfin; ~-**hour** *sub*, -*s* Bürozeit; ~-**supplies** *sub, nur Mehrz.* Büromaterial
officer, *sub*, -*s* Offizier; *(der Polizei)* Beamte; *(einzelner Soldat)* Militär; *to become an (army) officer* Offizier werden; ~ **on a ship** *sub*, -*s* Schiffsoffizier; ~**s´ mess** *sub, nur Einz.* Kasino; **official** (1) *adj*, amtlich, behördlich, dienstlich, offiziell; *(ugs.)* kanzleimäßig (2) *sub*, -*s* Funktionär; *(einer Behörde)* Beamte; *according to official sources* wie von offizieller Seite verlautet; *to an-*

nounce sth officially etwas offiziell bekanntgeben; **official act** *sub*, -*s* Amtshandlung; **official car** *sub*, -*s* Dienstwagen; **official channels** *sub, nur Mehrz.* Amtsweg, Dienstweg; *go through the official channels* den Amtsweg beschreiten; *go through official channels* den Dienstweg einhalten; *through official channels* auf dem Dienstweg; **official escort** *sub*, -*s* Ehrengeleit; **official matter/letter** *sub*, -*s* Dienstsache
official party, *sub*, -*ies* Staatspartei; **official seal** *sub*, -*s* Dienstsiegel; **official secret** *sub*, -*s* Amtsgeheimnis; **officialdom** *sub, nur Einz.* Beamtentum; **officialese** *sub*, *nur Einz.* Kanzleistil; **officially** *adv*, behördlich; *authorize officially* behördlich genehmigt werden; *officially recognized* behördlich anerkannt; **officials** *sub*, *nur Mehrz.* Beamtenstand
offprint, *sub*, -*s* Separatdruck, Sonderdruck
offset (printing), *sub*, *nur Einz.* Offsetdruck
offshore, *adj*, vorgelagert
offside, *sub*, *nur Einz. (spo.)* Abseits; *be offside* im Abseits stehen; ~ **goal** *sub*, -*s* Abseitstor
offspring, *sub*, *nur Einz. (Nachfahren)* Nachwuchs; -*s (i. ü. S.; Nachkomme)* Spross
of Lugano, *adj*, luganesisch; **of Mantua** *adj*, mantuanisch; **of medium difficulty** *attr, (Text)* mittelschwer; **of Merseburg** *attr*, Merseburger; **of motifs/motives** *attr*, motivisch; **of Münster** *attr*, Münsteraner; **of no consequence** *adv*, *(ugs.)* unmaßgeblich; *a not authoritative judgement* ein unmaßgebliches Urteil; **of one colour** *adj*, einfarbig; **of Pistoia** *adj*, pistoiaisch; **of privations** *sub*, entbehrungsreich; **of puberty** *adj*, pubertär; **of pure race** *adj*, reinrassig; **of seven** *adj*, siebenköpfig; **of seven different kinds** *adj*, siebenerlei; **of Singapore** *adv*, singapurisch; **of Solomon** *adj*, salomonisch; **of sports medicine** *adj*, sportmedizinisch
oft(en), *adv*, *(geh.)* oftmalig, oft-

mals; **often** (1) *adj*, häufig (2) *adv*, oft; *how often have you been to Baden?* wie oft warst du schon in Baden?; *often enough* schon so oft; *the bus doesn't go very often* der Bus fährt nicht oft; *the more often* je öfter **of the**, (1) Artikel, des (2) *best.Art.*, der; *of the car* des Autos; ~ **elector's heir** *adj*, kurprinzlich; ~ **electorate of Cologne** *adj*, kurkölnisch; ~ **electorate of Hessen** *adj*, kurhessisch; ~ **electorate of the Mark of Brandenburg** *adj*, kurmärkisch; ~ **electorate of the Palatinate** *adj*, kurpfälzisch; ~ **electorate of Trier** *adj*, kurtrierisch; ~ **same age** *adj*, gleichaltrig; ~ **same blood** *adj*, leiblich; ~ **same color** *adj*, *(US)* gleichfarbig; ~ **same colour** *adj*, gleichfarbig; ~ **same kind** *adj*, gleichartig; ~ **same name** *adj*, gleichnamig; ~**m** *pron*, ihrer **of this**, *adv*, hiervon; **of today** *adj*, *(gegenwärtig)* heutig; **of top priority** *adj*, erstrangig; **of us** *poss.pron*, unser; **of which** (1) *pron*, (.Sachen) dessen (2) *rel.pron*, (Sachen) deren; **of your** *pron*, eueres; **of Zimbabwe** *adv*, simbabwisch; **of Zurich** *adj*, zürcherisch, züricherisch **oh boy!**, *interj*, *(ugs.)* Manometer **ointment**, *sub*, -s Salbe; *an ointment to be rubbed in* ein Mittel zum Einreiben **okapi**, *sub*, -s Okapi **okay**, *interj*, okay **Oktoberfest (Munich beer festival)**, *sub*, -s Oktoberfest **old**, *adj*, *(Alter)* alt; *(Kleidung)* getragen; *grow old* alt werden; *I'm too old to hurry* alte Frau/Mann ist doch kein D-Zug; *old and young* groß und klein; ~ **age** *sub*, *nur Einz.* Betagtheit; -s Greisenalter; *nur Einz.* Lebensabend; ~ **biddy** *sub*, -ies *(ugs.)* Kaffeetante; ~ **book** *sub*, -s Schwarte; ~ **building** *sub*, -s Altbau; ~ **crone** *sub* *(ugs.)* Schrulle, Spinatwachtel; ~ **dodderer** *sub*, -s Mummelgreis; ~ **favourite** *sub*, -s Evergreen; ~ **flat** *sub*, Altbauwohnung; ~ **fog(e)y** *sub*, -s *(vulg.)* Knacker; *I gave the old fogey a piece of my mind* ich habe dem alten Knacker die Meinung gesagt; ~ **maid** *sub*, -s Jungfer; ~ **man** *sub*, men Greis; **Old Nick** *sub*, *nur Einz.* Gottseibeiuns

o...len, *adj*, *(i. ü. S.)* urväterlich; ~ ...mes *sub*, -s Urväterzeit; **oldie** ...ub, -s Oldie; **oldish** *adj*, ältlich o...l **people's home**, *sub*, -s Alteneim, Altersheim, Seniorenheim; ...ld **reactionary** *sub*, -ies Ewiggerige; **old rifle** *sub*, -s Donnerüchse; **old shrew** *sub*, -s *(i. ü. S.)* Giftschlange; **Old Testament** ... ...dj, alttestamentarisch; **old tro**per *sub*, -s *(Soldat)* Haudegen; ...ld **warhorse** *sub*, -s *(Politiker)* Haudegen; **old woman** *sub*, -men Greisin; **old-age pension** *sub*, - -s ...ltersrente, Altersversorgung; old...shined *adj*, unzeitgemäß; old...shioned *adj*, altmodisch; ...ld-maidish *adj*, jüngferlich o...ander, *sub*, -s Oleander o...ate, *sub*, -s Oleat o...eum, *sub*, -s Oleum o...factory organ, *sub*, -s Geruchsor...an; **olfactory sense** *sub*, -s Geruchssinn o...igarchic, *adj*, oligarchisch; **oli**...archy *sub*, -ies Oligarchie o...ive, *sub*, -s Ölfrucht, Olive; ~ har...est *sub*, -s Olivenernte; ~ **oil** *sub*, ... Olivenöl; ~-green *adj*, olivgrün o...ivine, *sub*, *nur Einz.* Olivin o...m, *sub*, proteidae Olm O...ympiad, *sub*, -s *(Zeitraum)* Olymp...iade; **Olympian** (1) *adj*, *(Götter)* ...lympisch (2) *sub*, -s Olympier; *to* O...lympian deities die olympischen ...ötter; **Olympic** *adj*, *(spo.)* olym...isch; *the Olympic Games* die ...lympischen Spiele; **Olympic ath**...ete *sub*, -s Olympionike; **Olympic** ...ames *sub*, *nur Mehrz.* Olympiade O...mega, *sub*, -s Omega o...melette, *sub*, -s Omelett, Omelette o...men, *sub*, -s Mahnzeichen, Omen; ... Vorzeichen o...micron, *sub*, -s Omikron o...minous, *adj*, *(geh.)* ominös; *(Ent*...vicklung) bedrohlich o...mission, *sub*, -s Auslassung, Unter...assung; **omit** *vt*, unterlassen; ...Wort etc. weglassen) auslassen o...mnipotence, *sub*, -s Allgewalt; *nur* ...Einz. Allmacht; **omnipotent** *adj*, ...llgewaltig, allmächtig; **omnipre**...sent *adj*, allgegenwärtig, omniprä-...sent; **omniscience** *sub*, *nur Einz.* ...Allwissenheit; **omniscient** *adj*, all-

wissend; **omnivore** *sub*, *-s (.)* Allesfresser
on, *präp*, zu; *(zeitich)* an; *(zeitlich)* am; *a book on trees* ein Buch über Bäume; *and so on* und dergleichen mehr; *from now on* von jetzt an; *I´d like to stay on longer* ich möchte gern noch bleiben; *(Lage) on both sides* zu beiden Seiten; *(art/weise) on foot* zu Fuß; *on receipt* nach Erhalt; *on test* zur Probe; *the debate went on and on* die Debatte ging ins Uferlose; *the light is on* das Licht ist an; *on January 26th* am 26 Januar; ~ **(the) one hand** *adv*, einerseits; *on one hand and on the other hand* einerseits und andererseits; ~ **(top of) it/them** *adv*, *(räuml.)* darauf; *put the suitcase on top of it* stell die Koffer darauf; ~ **a festive day** *adj*, festtags; ~ **a fulltime basis** *adv*, hauptamtlich; ~ **a massive scale** *attr*, massenhaft, massenweise; ~ **a payroll** *attr*, lohnabhängig; ~ **a Saturday** *adv*, sonnabends; ~ **account of me** *adv*, *(wegen mir, mir zuliebe)* meinetwegen; ~ **account of which** *adv*, *(Sachen)* derenthalben; ~ **alert** *adj*, alarmbereit; ~ **all sides** *adv*, allerseits; ~ **board computer** *sub*, *-s* Bordcomputer; ~ **both sides (1)** *adj*, beidseitig; *(polit.)* beiderseitig **(2)** *adv*, *präp*, beiderseits; ~ **call** *adj*, abrufbereit
onanistic, *adj*, onanistisch
once, *adv*, einmal; *(einmal)* einfach; *(früher)* einst; *all at once* alles auf einmal; *have you ever* haben sie schon einmal; *just once won´t matter* einmal ist keinmal; *once a year* einmal im Jahr; *once more* noch einmal; *once one is one* einmal eins ist eins; *once upon a time* es war einmal; *just once* das eine Mal; *once and for all* ein für alle Mal; *once and for ever* ein für allemal; *once upon a day* einst war einmal; ~ **(upon a time)** einmal; ~ **again** *adv*, abermals, hinwiederum; ~ **in a while** *adv*, mitunter
oncologic, *adj*, onkologisch
oncoming traffic, *sub*, *-s* Gegenverkehr
on display, *adj*, ausgestellt; **on duty** *adj*, dienstbereit; **on earth** *Partikel*, bloß; *how on earth could that hap-*pen wie konnte das bloß geschehen; *what on earth were you thinking of* was hast du dir bloß dabei gedacht; **on end** *adv*, hochkant; **on file** *adj*, aktenkundig; **on Friday** *sub*, freitags; **on heat** *adj*, läufig; *(heftig)* heiß; **on here** *adv*, hierauf; **on his part** *adv*, seinerseits
one, **(1)** *pron*, man **(2)** *sub*, nur *Einz.* Eins **(3)** *Zahl*, ein, eins; *(alle) every single one* Mann für Mann; *(i. ü. S.) he has had one too many* er hat zuviel getankt; *(hintereinander) one after the other* Mann für Mann; *to be made one* ein Paar werden, *how is one supposed to know that* wie soll das einer wissen; *in one day* in einem Tag; *one and the same* ein und derselbe; *one day* eines Tages; *one Dollar* ein Dollar; *one of them/the two* einer von beiden; *at one* um eins; *be number one* die Nummer eins sein; *score one for you* eins zu null für dich; *there is one thing I don´t like about it* eins gefällt mir nicht; *two to one* zwei zu eins; ~ **after another** *adv*, nacheinander; ~ **after the other** *adv*, *(nacheinander)* aufeinander; ~ **another** *pron*, *(i.einzelnen)* einander; *love one another* liebt einander; ~ **behind the other** *adv*, hintereinander; *one after the other* einer nach dem anderen; *they were running close behind one another* sie liegen dicht hintereinander; ~ **by one** *adv*, hintereinander; ~ **course meal** *sub*, *-s* Tellergericht; ~ **higher** *attr*, nächsthöher; ~ **penny at a time** *adv*, pfennigweise; ~ **person** *sub*, nur *Einz.* Einzelperson; ~ **´s lifeblood** *sub*, *- (i. ü. S.)* Herzblut; ~ **´s own pleasure** *sub*, nur *Einz.* *(zur Freude)* Hausgebrauch; ~ **´s own space** *sub*, *-* Privatsphäre
one-act play, *sub*, *-s* Einakter; **one-armed** *adj*, einarmig; **one-door** *adj*, eintürig; **one-eyed** *adj*, einäugig; *in the kingdom of the blind the one-eyed man is king* unter Blinden ist der Einäugige König; **one-humped** *adj*, einhöckerig; **one-mark piece** *sub*, *-s* Einmarkstück; **one-metre board** *sub*, *-s* Einmeterbrett; **one-month** *adj*, einmonatig;

one-pound note *sub, -s* Pfundnote; **one-room apartment** *sub, - -s* Apartment, Appartement; **one-room flat** *sub, -s (österr. Einzimmerw.)* Garçonnière; **one-sided** *adj,* einseitig; *give a one-sided description of sth* etwas sehr einseitig darstellen; *written on one side only* einseitig beschrieben

one-way street, *sub, -s* Einbahnstraße; **one-winged** *adj,* einflügelig; **one-year-old car** *sub, -s* Jahreswagen; **onelooker** *sub, -s (ugs.)* Zaungast

on it, *adv, (ugs.)* drauf; *be on the point of doing sth* drauf und dran sein, etwas zu tun; **~/them** *adv, (räuml.)* daran; *hold on to it* sich daran festhalten; *there are no buttons on it* es sind keine Knöpfe daran; **on looker** *sub, - (ugs.)* Zuschauer, Zuschauerin; **on Mondays** *adv,* montags; **on one´s belly** *adv,* bäuchlings; **on our account** *adv,* unsertwillen; **on our half** *adv, (i. ü. S.)* unserthalben; **on principle** *adj,* grundsätzlich; **on purpose** *adv, (absichtlich)* extra; **on record** *adj,* protokollarisch; **on Saturdays** *adv,* samstags, sonnabends

only, (1) *adj,* einzig **(2)** *adv,* bloß; *(Anzahl)* erst; *(einschr., Wunsch)* nur; *that´s the only thing to do* das ist das einzig richtige, *I only have one shirt* ich habe bloß ein Hemd; *I saw him only yesterday* ich habe ihn noch gestern gesehen; *if only I knew how* wüsst ich nur, wie; *it´s only five o´clock* es ist erst fünf Uhr; *only after* erst nach; *only just* nur mit Mühe; *only when* erst als; *you only have to say (the word)* sie brauchen es nur zu sagen; *only this* nur das; *only two minutes to go* nur noch zwei Minuten; **~ fit for scrap** *adj,* schrottreif; **~ just** *adv, (gerade noch)* eben; *only just manage sth* etwas eben noch schaffen

onset, *sub, -s (meteor.)* Einbruch; *(Winter-)* Einfall; *the onset of a cold wave* bei Einbruch der Kältewelle; *the onset of the winter* der Einfall des Winters

on strike, *adj, (streikend)* ausständig; **on Sundays** *adv,* sonntags; **on that score** *sub, -s* Hinsicht; **on the back**

adv, hintendrauf; **on the first floor** *adv, (US)* parterre; **on the ground floor** *adv, (brit.)* parterre; **on the left (hand side)** *adv,* links; **on the left(-hand) side** *adj,* linksseitig; **on the occasion of** *präp,* anlässlich; **on the other hand (1)** *adv,* andererseits, wiederum; *(zugs.)* demgegenüber **(2)** *konj, (vergl.)* dagegen; *his son on the other hand is blonde* sein Sohn ist dagegen blond; **on the other side** *of präp,* jenseits; **on the part of** *präp,* seitens

on the right, *adv,* rechts; **~(-hand) side** *adj,* rechtsseitig; **on the same level** *attr,* niveaugleich; **on the strength of** *präp,* kraft; **on the top** *adv,* obenauf; **on the verge of** *präp,* nahe; **on the way** *adv,* unterwegs; **on the way there** *sub, -s* Hinweg; **on this occasion** *adv,* herbei; **on this side** *adv,* diesseits; **on time (1)** *adj,* termingemäß **(2)** *adv,* pünktlich; **on top** *adv,* zuoberst; **on top of each other** *adv,* aufeinander, übereinander; **on top of everything** *adv,* obendrein; **on Wednesdays** *adv,* mittwochs

ontological, *adj,* ontologisch; *to ontological argument* der ontologische Gottesbeweis

on what, *adv,* worauf; **on whose account** *adv, (pers.)* derenthalben; *on whose account* derenthalben neu: derentwegen; **on whose/what account** *adv,* wessentwegen; **on workdays** *adv,* werktäglich, werktags; **on your account** *adv,* eurethalben; **on your behalf** *adv,* euerthalben; **on your part** *adv,* eu(r)erseits; **on(for) your part** *adv,* deinerseits; **on-line** *adj,* online

onyx, *sub, -es* Onyx

ooze, *vi,* sickern

opal, *sub, -s* Opal; **~esce** *vi,* opaleszieren

opaque meal, *sub, nur Einz. (med.)* Kontrastbrei; **opaque white** *sub, nur Einz.* Deckweiß

open, (1) *adj,* offen, offenherzig, weit **(2)** *adv, (offen)* auf **(3)** *sub, - (Straße, Brücke)* Freigabe **(4)** *vi, (Augen, Knospen, etc.)* aufgehen; *(Tür)* aufmachen; *(Wunde)* aufplatzen **(5)** *vt*, aufblättern; *(Brücke)* einweihen; *(Buch, etc.)* aufklappen; *(Flasche, etc.)* anbrechen; *(Gardinen, Schublade)* aufziehen; *(Geschäft/Konferenz)* eröffnen; *(med.)* aufschneiden; *(Mund)* auftun; *(öffnen)* entfalten, erbrechen; *(Tür, Konto)* aufmachen; *(Untersuchung)* einleiten; *(Zeitung etc.)* aufschlagen **(6)** *vtir*, öffnen; *an open letter* ein offener Brief; *he's got an open face* er hat einen offenen Blick; *on the open road* auf offener Strecke; *on the open sea* auf offener See; *open day* Tag der offenen Tür; *the course is open to everyone* der Kurs ist für alle offen; *the shops are open until 8 o'clock* die Geschäfte haben bis 8 Uhr offen; *to admit sth openly* etwas offen zugeben; *to be open to new ideas* allem Neuen gegenüber offen sein; *to be openhanded* eine offene Hand haben; *to go through life with one's eyes open* mit offenen Augen durchs Leben gehen; *(i. ü. S.)* to kick at an open door* offene Türen einrennen; *to wear an open neck* mit offenem Hemd gehen; *to welcome sb with open arms* jmdn mit offenen Armen empfangen, *the window is open* das Fenster ist auf; *his father's money opens all doors for him* das Geld seines Vaters ebnet ihm alle Wege; *leave something open* etwas unbestimmt lassen; *open all day* durchgehend geöffnet; *open fire* das Feuer eröffnen; *open new possibilities to sb* jmd neue Möglichkeiten eröffnen; *the ground opened (up)* die Erde öffnete sich; *the night porter opened the door for me* der Nachtportier öffnete mir; *the shop opens at 10 o'clock* das Geschäft wird um 10 Uhr geöffnet; *bring an action against* einen Prozess einleiten, *the valley is open to the west* das Tal öffnet sich nach Westen; *(comp.)* to open a file* eine Datei öffnen; ~ **air** *sub*, - Freie; ~ **end** *adj*, open end; ~ **fire** *vi*, losschießen; ~ **sandwich** *sub*, *-es* Smörrebröd; ~ **up (1)** *vi*, *(a. i.ü.S.)* auftun; *(Tür)* aufschließen **(2)** *vt*, *(Geschäft eröffnen)* aufmachen; *(wirt.)* erschließen; ~**-air concert** *sub*, *-s* Platzkonzert; ~**-air festival** *sub*, *-s* Openairfestival; ~**-air show** *sub*, *-s*

Estrade; ~**-air theater** *sub*, *-s (US)* Freilichtbühne; ~**-air theatre** *sub*, *-s* Freilichtbühne; ~**-cast mining** *sub*, *-s* Tagebau **open-handed**, *adj*, spendabel **opening,** *sub*, *-s* Durchbruch, Eröffnung, Öffnung, Spalt; *(im Brief)* Anrede; *opening at 6 pm* Einlass ab 18 Uhr; ~ **credits** *sub*, *nur Mehrz.* Vorspann; ~ **day** *sub*, *-s (tt; kun.)* Vernissage; ~ **of presents** *sub*, *nur Einz.* Bescherung; ~ **up** *sub*, *(s.o.)* Erschließung; ~ **words** *sub*, *nur Mehrz.* Grußwort; **openly/freely** *adv*, zwanglos **open-minded,** *adj*, *(i. ü. S.)* aufgeschlossen; ~ **thinker** *sub*, *-s* Querdenkerin; ~**ness** *sub*, *nur Einz.* Aufgeschlossenheit; **open-plan office** *sub*, *-s* Großraumbüro; **openreel tape deck** *sub*, *-s* Spulmaschine; **opener** *sub*, *-s* Öffner; **openhanded** *adj*, gebefreudig **opera,** *sub*, *-s* Oper; *to become an opera singer* an die Oper gehen; *to go to the opera* in die Oper gehen; ~ **guide** *sub*, *-s* Opernführer; ~ **singer** *sub*, *-s* Opernsänger; ~**-hat** *sub*, *-s* Chapeau **operation,** *sub*, *nur Einz.* Betreibung; *-s* Operation; *nur Einz. (ugs.; einer Maschine)* Betrieb; *-s (med.)* Eingriff; *(tt; mil.)* Unternehmen; *nur Einz. (tech.)* Bedienung; *-s* Betätigung; *go into operation* in Funktion treten; *in operation* im praktischen Einsatz; *to have an operation* sich operieren lassen; ~**al** *adj*, betriebsbereit, operational; **operative** *adj*, operativ; **operator** *sub*, *-s* Betreiber, Betreiberin, Operator **operetta,** *sub*, *-s* Operette **ophiolatry,** *sub*, *nur Einz. (rel.)* Ophiolatrie **ophthalmology,** *sub*, *nur Einz.* Augenheilkunde **opiate,** *sub*, *-s* Opiat **opinion,** *sub*, *-s* Dafürhalten, Erachten, Meinung, Urteil; *(Meinung)* Ansicht, Auffassung; *in my opinion* nach meinem Dafürhalten; *confirm so's opinion* jemanden in seiner Meinung bestärken; *express one's opinion on* Stellung nehmen zu; *in my opinion* nach meinem

Befinden; *that´s a matter of opinion* das ist Auffassungssache; *to share the same opinion* einer Meinung sein; *in my opinion* meiner Meinung nach; *what´s your opinion on that?* was ist Ihre Meinung dazu?; *in my opinion* nach meiner Ansicht; ~ **poll** *sub, -s* Meinungstest; *(Meinungs-)* Umfrage; ~ **pollster** *sub, -s* Demoskop; ~ **research (1)** *adj,* demoskopisch **(2)** *sub, nur Einz.* Demoskopie, Meinungsforschung; ~ **research institute** *sub,* -s Meinungsforschungsinstitut

opisometer, *sub, -s* Kurvimeter

opisometry, *sub, nur Einz.* Kartometrie

opium, *sub, nur Einz.* Opium; ~ **law** *sub, -s* Opiumgesetz; ~ **pipe** *sub, -s* Opiumpfeife; ~ **smoker** *sub, -s* Opiumraucher; ~ **trade** *sub, nur Einz.* Opiumhandel

opossum, *sub,* -s Beutelratte; *-(s)* Opossum

opponent, *sub, -s* Gegenspieler, Gegner, Kontrahent, Opponent; ~ **of war** *sub, -s* Kriegsgegner

opportune, *adj, (geb.)* opportun; *(günstig)* gelegen; ~**ness** *sub, nur Einz. (geb.)* Opportunität; **opportunism** *sub, nur Einz.* Opportunismus; **opportunist** *sub, -s* Opportunist; *to act in an opportunist fashion* opportunistisch handeln; **opportunist(ic)** *adj,* opportunistisch; **opportunity** *sub, -ies* Gelegenheit, Möglichkeit; *at the first best opportunity* bei der ersten Gelegenheit; *have the opportunity to* Gelegenheit haben zu; *I´d like to take this opportunity to* bei dieser Gelegenheit möchte ich; *opportunity makes the thief* Gelegenheit macht Diebe; *to make the most of one´s opportunities* mit seinem Pfunde wuchern

oppose, (1) *vi,* opponieren, widerstreben **(2)** *vr,* widersetzen; *(sich feindlich -)* gegenüberstellen **(3)** *vt, (geb.)* frondieren; *do you always have to oppose everything* ihr müsst auch immer opponieren!; *oppose so/sth* sich gegen etwas/jemanden auflehnen; *oppose sth/so* gegen etwas/jemanden auftreten; *opposed to* feindlich eingestellt gegen; **opposing** *adj,* gegnerisch; *(Meinung)* ent-

gegengesetzt; **opposite (1)** *adj,* entgegengesetzt, gegensätzlich, gegenteilig; *(i. ü. S.)* gegenläufig **(2)** *adv,* gegenüber, vis-a-vis **(3)** *sub, -s* Gegenteil; *(Gegenteil)* Gegensatz; *illustration opposite* nebenstehende Abbildung; *produce the opposite effect* das Gegenteil bewirken; *to play opposite sb* als jmds Partner spielen, *opposite the station* dem Bahnhof gegenüber, *have the opposite effect* das Gegenteil bewirken; *the exact opposite* genau das Gegenteil; **opposite number** *sub,* -s Frondeur; **opposite pole** *sub, -* Gegenpol; **opposition (1)** *adj,* oppositionell **(2)** *sub, -s* Gegnerschaft; - Kontra; *-s* Opposition

oppression, *sub, -s* Oppression; **oppress** *vt,* beklemmen, knechten, unterdrücken; *(Volk)* niederhalten; **oppression** *sub, nur Einz.* Bedrückung; *-s* Beklemmung; **oppressive** *adj,* beklemmend; *(Wetter)* drückend; *the heat is oppressive* das Wetter ist drückend; **oppressor** *sub, -s* Unterdrücker

optant, *sub, -s* Optant

optative, *sub, -s* Optativ

optical, *adj, (phys.)* optisch; *optical effect* optischer Eindruck; *optical illusion* optische Täuschung; **optician** *sub, -s* Augenoptiker, Optiker; **optics** *sub, nur Mehrz.* Optik

optimism, *sub, nur Einz.* Optimismus, Zuversicht; **optimist** *sub, -s* Optimist; **optimistic** *adj,* optimistisch, zuversichtlich

optimization, *sub, -s* Optimierung; **optimize** *vt,* optimieren; **optimum (1)** *attr,* optimal **(2)** *sub, -ma* Bestwert; *-s oder -ma* Optimum

option, *sub, -s* Option; ~**al** *adj,* fakultativ, optional; ~**al exercise** *sub, -s* Kürübung; ~**al subject** *sub, -s* Wahlfach

optical reticule, *sub,* -s Fadenkreuz; *have sth/sb in one´s sights* im Fadenkreuz haben

opulence, *sub, nur Einz.* Üppigkeit

opuntia, *sub, -s (bot.)* Opuntie

opus, *sub, opera (mus.; Gesamtwerk)* Opus

orache, *sub, -s* Melde

oracle, *sub, -s* Orakel; *he speaks like an oracle* er spricht in Orakeln; *to*

consult the oracle das Orakel befragen
oral, adj, oral; (Prüfung) mündlich; (ugs.) the oral das Mündliche; ~ proceedings sub, nur Mehrz. (jur.) Mündlichkeit; ~ vaccination sub, -s Schluckimpfung; ~ity sub, nur Einz. Mündlichkeit
orange, (1) adj, orange, orangefarben, orangefarbig (2) sub, -s Apfelsine, Orange; ~ **blossom** sub, -s Orangenblüte; ~ **juice** sub, -s Orangensaft; ~ **peel** sub, - -s Apfelsinenschale; ~ **tree** sub, -s Orangenbaum; ~**ade** sub, -s Orangeade; ~**ry** sub, -ies Orangerie
orang-(o)utan(g), sub, -s Orang-Utan
orator, sub, -s Kanzelredner
oratorio, sub, -s Oratorium
orbit, (1) sub, -s Dunstkreis, Orbit (2) vt, (astron.) umrunden; live within one´s orbit in seinem Dunstkreis leben; ~ **of the earth** sub, -s Erdumrundung; ~**al** (1) adj, orbital (2) sub, -s Orbitalbahn; ~**er** sub, -s Raumgleiter
orchestra, sub, -s Klangkörper, Orchester; ~**te** vt, orchestrieren; **orchestrion** sub, -s Orchestrion
orchid, sub, -s Knabenkraut, Orchidee; ~ **species** sub, - Orchideenart
ordain, vt, weihen; ~**ed** adj, (Priester) geweiht
ordeal, sub, -s (i. ü. S.) Martyrium, Tortur
order, (1) sub, -s Gebot, Kommando, Orden, Order, Reihenfolge; nur Einz. (Anweisung) Befehl; -s (Befehl) Anordnung, Aufforderung; (Bestellung) Auftrag; nur Einz. (geordneter Zustand; Rang) Ordnung; -s (jur.) Verfügung; (Rennen) Platzierung; (von Essen etc.) Bestellung (2) vt, auffordern, befehlen, beordern, ordern, ordnen, verfügen; (befehlen) anordnen; (Essen etc.) bestellen; I have my orders ich habe meine Order; law and order die öffentliche Ordnung; made out to order an Order lautend; orders are orders Befehl ist Befehl; out of order außer der Reihe; till further orders bis auf weiteren Befehl; to order sb jmd Order erteilen; act on orders of auf Befehl von jemandem handeln; law and order Ruhe und Ordnung; to keep sth in

order etwas in Ordnung halten; we like to have a little order around here hier bei uns herrscht Ordnung; we´ll see to your order ihre Bestellung geht in Ordnung, I won´t be ordered about by him Von ihm lasse ich mir nichts befehlen; order so to do sth jemandem etwas befehlen; ~ **form** sub, - -s Bestellkarte, Bestellschein; ~ **in advance** vt, vorbestellen; ~ **list** sub, - -s Bestellliste; ~ **of knights** sub, -s Ritterorden; ~ **of magnitude** sub, -s Größenordnung; ~ **of merit** sub, -s Verdienstorden; ~ **of punishment** sub, orders Strafbefehl; **Order of the Crown** sub, Kronenorden; ~ **of the day** sub, orders Tagesbefehl; **Order of the Garter** sub, nur Einz. Hosenbandorden; ~ **of the menu** sub, nur Einz. Speisenfolge; **Order of the Temple** sub, Orders Tempelorden
order pad, sub, - -s Bestellblock; **order so to do sth** vt, (j-m et. zu tun) gebieten; **order to fire** sub, -s Schießbefehl; (mil.) Feuerbefehl; **order to stay away** sub, -s Hausverbot; **orderly** (1) adj, geordnet, geregelt, ordentlich (2) sub, -ies Ordonanz; she runs a very orderly household in ihrem Haushalt geht es sehr ordentlich zu; **orders situation** sub, -s -s Auftragslage
ordinal number, sub, -s Ordinalzahl, Ordnungszahl
ordinariness, sub, nur Einz. Profanität; **ordinary** adj, gewöhnlich; (alltäglich) ordinär; (mehrheitlich) durchschnittlich; (Qualität) alltäglich; under ordinary circumstances unter gewöhnlichen Umständen; we ordinary mortals der gewöhnliche Sterbliche; you are wanting that much for a perfectly ordinary horn? sie wollen so viel für eine ganz ordinäre Hupe?; an ordinary face ein durchschnittliches Gesicht; an ordinary man ein einfacher Mann; (ugs.) that´s nothing out of the ordinary here das ist hier an der Tagesordnung; **ordinary road** sub, -s Landstraße; **ordinary share capital** sub, - Stammkapital
ordinate, sub, -s Ordinate; **ordina-**

tion *sub, -s (kirchl.)* Ordination; *(tt; relig.)* Weihe

ordnance survey map, *sub, -s* Generalstabskarte

ore, *sub, -s* Erz; öre *sub, öre* Öre; ~ casting *sub, -s* Erzgießerei; ~-mining *sub, -s* Erzbau

oregano, *sub, -s* Oregano, Origano

or (else), *conj,* oder; *either or* entweder oder; *one or the other* eins oder das andere; *or else* oder aber; *or perhaps* oder auch

organ, *sub, -s* Organ, Orgel, Presseorgan; *(i. ü. S.)* Sprachrohr; ~ builder *sub, -s* Orgelbauerin; ~ concert *sub, -s* Orgelkonzert; ~ pipe *sub, -s* Orgelpfeife

organic, *adj,* biodynamisch, organisch; *ein organic whole* ein organisches Ganzes; ~ally *adv,* biodynamisch

organisation, *sub, -s* Gestaltung; *(i. ü. S.; polit.)* Apparat

organist, *sub, -s* Organist

organization, *sub, nur Einz.* Einteilung; *-s* Organisation; *nur Einz.* Veranstaltung; *-s* Verein, Vereinigung; *a masterpiece of organization* eine organisatorische Höchstleistung; ~al *adj,* organisatorisch; *organizationally it was a failure* das hat organisatorisch gar nicht geklappt; organize (1) *vt,* veranstalten; *(Arbeit/Archiv)* einteilen; *(i. ü. S.; Veranstaltung)* aufziehen (2) *vti,* organisieren; organized *adj,* organisiert; organizer *sub, -s* Gestalterin, Organisator, Veranstalter; *(spo.)* Spielleiter

organography, *sub, -ies (med.)* Organografie

organology, *sub, nur Einz.* Organologie

orgasm, *sub, -s* Orgasmus; ~ic *adj,* orgastisch

orgiasm, *sub, nur Einz.* Orgiasmus

orgiastic, *adj,* orgiastisch

orgy, *sub, -s* Orgie; *to have orgies* Orgien feiern; *(i. ü. S.) to run riot* Orgien feiern

Orient, *sub, nur Einz.* Morgenland, Orient; ~al *sub, -s* Morgenländer; orientate *vtir,* orientieren; *a positivistically orientated thinker* ein positivistisch orientierter Denker; orientation *sub, nur Einz. (Zurechtfinden, Ausrichtung)* Orientierung;

oriented *adj,* gesinnt

orifice of the mouth, *sub, orifices* Mundöffnung

origin, *sub, -s* Abstammung, Anfang, Herkunft, Ursprung; *be of humble origin* von einfacher Herkunft sein; ~al (1) *adj,* eigentlich, original, originär, ursprünglich; *(selbständig)* originell (2) *sub, -s* Original; *h's got an original mind* er ist ein sehr origineller Kopf; *the original meaning of a word* die eigentliche Bedeutung eines Wortes; *what is your original extraction* wo stammen sie eigentlich her; *that's a very original idea of his* das hat er sich sehr originell; ~al (text) *sub, -s* Urschrift, Urtext; ~al (text,film..) *sub, -s* Urfassung; ~al language from which a word is derived *sub, -s (Sprachw.)* Gebersprache; ~al meaning *sub, -s* Urbedeutung; ~al picture *sub, -s* Bildvorlage; ~al price *sub, -es* Neupreis

original sin, *sub, -s* Erbsünde; original soundtrack *sub, -s* Originalton; original text *sub, -s* Originaltext; original version *sub, -s* Quellfassung; originality *sub, nur Einz. (Urtümlichkeit)* Originalität; originally *adv,* ursprünglich; originate *vi,* entstehen

oricle, *sub, -s* Pirol

ornament, *sub, -s* Ornament, Schmuckstück; *nur Einz.* Zier; *-s* Zierde; ~al *adj,* ornamental; ~al bush *sub, -es* Zierstrauch; ~al cup *sub, -s* Sammeltasse; ~al doll *sub, -s* Zierpuppe; ~al form *sub, -s* Ornamentform; ~al grass *sub, -* Ziergras; ~al plant *sub, -s* Zierpflanze; ~ation *sub, nur Einz.* Ornamentik; ~s *sub, nur Mehrz.* Nippes

ornate, *adj,* schnörkelig

ornithological, *adj,* ornithologisch; ~ station *sub, -s* Vogelwarte; ornithologist *sub, -s* Ornithologe, Ornithologin; ornithology *sub, nur Einz.* Ornithologie

orphan, *sub, -s* Vollwaise, Waise, Waisenkind; ~ (boy) *sub, -s* Waisenknabe; ~'s allowance *sub, -s* Waisenrente; ~age *sub, -s* Waisenhaus

Orphic, *adj,* orphisch

orthodox, *adj*, orthodox, rechtgläubig, strenggläubig; ~y *sub, nur Einz.* Orthodoxie
orthogonal, *adj*, orthogonal
orthographic(al), *adj*, orthografisch, orthographisch; **orthography** *sub, nur Einz.* Orthografie, Orthographie
orthopaedic, *adj*, orthopädisch; ~s *sub, nur Mehrz.* Orthopädie; **orthopaedist** *sub, -s* Orthopäde, Orthopädist
oscillate, *vi*, oszillieren; **oscillating quarz** *sub, -es (tech.)* Schwingquarz; **oscillation** *sub, -s* Oszillation; **oscillator** *sub, -s* Oszillator; **oscillograph** *sub, -s* Oszillogramm
osmium, *sub, nur Einz.* Osmium
osmosis, *sub, nur Einz.* Osmose; **osmotic** *adj*, osmotisch
ossified, *adj*, verknöchert; **ossify** *vi*, ossifizieren, verknöchern
osteitis, *sub, -es (med.)* Ostitis
ostracism, *sub, nur Einz.* Ostrazismus; *-s* Scherbengericht
ostrich, *sub, -s (zool.)* Strauß; ~ **farm** *sub, -s* Straußenfarm
other, *adj*, andere; *every other minute* alle paar Minuten; *go for each other* aufeinander losgehen; *one after the other* einer nach dem anderen; *one or the other* die eine oder andere (Sache); *other things* andere Dinge; *some other time* ein andermal; *someone or other* der eine oder andere; *the others* die anderen; ~ **side** *sub, -s* Gegenpartei; ~**wise** *adv*, anderenfalls, andernfalls, ansonsten; *(außerdem)* sonst; *(im übrigen)* sonst; *I have to hurry, otherwise I´ll be late* ich muß mich beeilen, sonst komme ich zu spät
otology, *sub, nur Einz. (med.)* Otiatrie
otter, *sub, -s* Fischotter, Otter
ought to, *modv, (sollen)* müssen; *I ought to know that* das müsste ich eigentlich wissen
ounce, *sub, -s* Unze; *he hasn´t an ounce of intelligence* er hat nicht für fünf Pfennig Verstand
our, (1) *pers.pron*, uns (2) *poss.adj*, unser (3) *poss.pron.*, unsere; ~**s** (1) *poss.pron*, unser (2) *pron*, unseres; ~**s,our one** *pron*, unsrige; ~**selves** *refl.pron*, uns
oust, *vt, (i. ü. S.; Konkurrenten)* ausbooten; *to oust sb from his office* jmd

aus seinem Amt vertreiben; ~**ing** *sub, -s* Vertreibung
out, (1) *adj*, out (2) *adv*, hervor, hinaus, raus (3) *präp*, heraus; *out here* hier hinaus; *out of* hinaus aus, hinaus aus; *out of the window* zum Fenster hinaus; *out with it* hinaus damit; *all out* mit vollem Einsatz; *count me out!* ohne mich!; *let´s get out* nichts wie raus; *(spo.) out* aus; *this fashion went out long ago* diese Mode ist längst passé; *(i. ü. S.) throw someone out* jemanden auf die Straße setzen, *out there!* heraus da!; *out with it* heraus mit der Sprache; ~ **of** (1) *adv, (aus)* hervor (2) *präp*, heraus; *(beiseite, weg)* aus; *(Betrieb, Frage)* außer; *out of a sense of* aus einem Gefühl heraus; *out of the window* zum Fenster heraus; *keep out of so´s way* jemandem aus dem Weg gehen; *out of service/question* außer Betrieb/Frage; ~ **of favour** *sub, - (i. ü. S.)* Ungnade; *(i. ü. S.) to fall/be out of favour with so* in Ungnade fallen/sein; ~ **of focus** *adj, (tt; tech.)* unscharf; ~ **of hand** *adj*, überhand; ~ **of it** *adv, (Gefäss)* daraus; *drink out of it* daraus trinken; ~ **of place** *adj*, unpassend; ~ **of tune** *adj*, verstimmt; ~ **of what/which** *adv*, woraus
out-and-out, *adj*, ausgemacht; **out-of-court** *adj*, außergerichtlich; **outboard motor** *sub, - -s* Außenbordmotor; **outbreak** *sub, -s (eines Feuers)* Ausbruch; **outburst of rage** *sub, -s* Wutausbruch; **outcast** *sub, -s* Outcast; **outclass** *vt, (spo.)* deklassieren; **outcome** *sub, -s (Resultat)* Ausgang; *have a happy ending* einen glücklichen Ausgang haben; *have a tragic outcome* einen tragischen Ausgang haben; *(ugs.) the outcome (of all this)* das Ende vom Lied; **outcry** *sub, -s (i. ü. S.; des Protests)* Aufschrei; **outdo** *vt, (i. ü. S.)* übertrumpfen
outdoor photograph, *sub, - -s (beim Fotografieren)* Außenaufnahme; **outdoor plant** *sub, - -s* Balkonpflanze; **outdoor restaurant** *sub, -s* Gartenlokal; **outdoor swimming pool** *sub, -s* Freibad; **outdoor temperature** *sub, - -s* Außentemperatur

outer, *adj,* *(Hülle)* äußere; ~ **tyre** *sub, -s (Reifen)* Mantel; ~ **wall** *sub, -s* Außenwand; ~**most** *adj, (räumlich)* äußerst

outfit, *sub, -s* Outfit; *(ugs.; einer Person)* Aufmachung; ~**ter** *sub, -s* Konfektioneuse; **outflow** *sub, nur Einz.* *(Abfließen)* Ausfluss; *-s (einer Flüssigkeit)* Ablauf; *nur Einz.* *(Geldmittel)* Abfluss; *(von Kapital)* Abwanderung; **outhouse** *vt, (zur Lagerung)* auslagern; **outing destination** *sub, - -s* Ausflugsort, Ausflugsziel

outlaw, (1) *sub, -s* Outlaw (2) *vt, (Person)* ächten; ~**ed** *adj,* vogelfrei; ~**ry** *sub, nur Einz. (Bann)* Acht; **outlet** *sub, -s* Abflussöffnung; *(für Gase)* Abzug; *(Abfluss)* Auslauf, Durchfluss; *(Öffnung)* Ausfluss; **outline** (1) *sub, -s* Skizzierung, Umriss, Umrisslinie; *(Plan)* Skizze (2) *vt, (grob darstellen)* umreißen; *(Plan)* skizzieren; *to see the outlines of sth* etwas schemenhaft sehen; **outlive** *vt,* überleben; **outlook** *sub, nur Einz. (i. ü. S.; Vorhersage)* Aussicht; *that´s a fine outlook* das sind schöne Aussichten; *(Wetter) the further outlook* die weiteren Aussichten

outlying estate, *sub, -s* Vorwerk; **outmanoeuvre** *vt,* ausmanövrieren; **outpatient** (1) *adj,* ambulant, poliklinisch (2) *adv,* ambulant; *outpatient* ambulant behandelter Patient; *outpatient treatment* ambulante Behandlung; **outpatients´ department** *sub, -s (Krankenhaus)* Ambulanz; **outpost** *sub, -s (tt; mil.)* Vorposten; **outpouring** *sub, nur Einz. (Ausgießen)* Ausguss

output, *sub, -s* Output; *nur Einz. (comp.)* Ausgabe; *(von Produkten)* Ausstoß; ~ **target** *sub, -s* Plansoll

outrage, (1) *sub, -s* Empörung (2) *vt,* empören; ~**d** *adj,* empört; ~**ous** *adj,* empörend, unerhört, unverschämt; *(Leichtsinn etc.)* ungeheuerlich; *(vermessen)* ungeheuer; *an outrageous insolence!* eine unerhörte Frechheit!; ~**ousness** *sub, -* Unverschämtheit

outrigger, *sub, -s* Auslegerboot; *(eines Bootes)* Ausleger; **outshine** *vt, (i. ü. S.)* überstrahlen; *(i. ü. S.; übertreffen)* überragen; **outside** (1) *adj, präp,* auswärtig (2) *adv,* außen, draußen, hinaus; *(Stadt)* außerhalb (3) *präp,*

außerhalb, vor (4) *sub, -s* Außenseite; *nur Einz. (im Ggs. zum Inneren)* Äußere; *come from outside* von außen kommen; *on the outside he is friendly* nach außen hin ist er nett; *keep out* bleibt draußen; *out in the garden* draußen im Garten; *(i. ü. S.) outside the town* vor den Toren der Stadt; **outside lecturer** *sub, -s* Privatdozent; **outside settlement** *sub, -s* Randsiedlung; **outside world** *sub, nur Einz.* Außenwelt; **outside-right** *sub, -s* Rechtsaußen; **outsider,** *sub, -s* Außenseiter, Outsider; **outskirts** *sub, nur Mehrz.* Stadtrand; *(von Stadt)* Peripherie; **outstanding** *adj,* hervorragend; **outstanding accounts** *sub, nur Mehrz. (wirt.)* Ausstand; **outstrip** *vt, (i. ü. S.)* überflügeln, überrunden; *(i. ü. S.) to outstrip sb* jmd den Rang ablaufen; **outstripping** *sub, -s* Überflüglung; **outvote** *vt,* majorisieren; *(Person)* überstimmen; **outvoting** *sub, -s* Überstimmung; **outward appearance** *sub, nur Einz. (Erscheinungsbild)* Äußere; **outwards** *adv, (woanders)* auswärts; **outweigh** *vt,* überwiegen; **outwit** *vt,* austricksen, überlisten; **oval,** (1) *adj,* oval (2) *sub, -s* Oval; **ovation,** *sub, -s* Ovation; *standing ovations* stehende Ovationen; *to give sb an ovation* jmd Ovationen darbringen

oven, *sub, -s* Backofen, Backröhre, Ofen, Röhre; ~ **dish** *sub,* Auflaufform

over, (1) *adv, (über)* hin; *(vorbei)* herum (2) *präp, (räumlich)* über; *all over* kreuz und quer; *be over* zu Ende sein; *it´s all over* die Sache wäre ausgestanden; *over the head* über den Kopf weg; *thank heavens, that´s over!* das wäre überstanden!; ~ **here** *adv,* herüber; ~ **it/them** *adv, (räuml.über)* darüber; *get over it* darüber hinwegkommen; ~ **sth** *adv, (über etw.)* hinweg; ~ **there** *adv,* dahinten, drüben, hinüber; *over on the other side* drüben auf der anderen Seite; ~-**attentive** *adj,* betulich; ~-**attentiveness** *sub, nur Einz.* Betulichkeit; ~-**dose** *sub, -s* Überdosis; ~-**fertilization** *sub, -s* Überdün-

gung; **~-fertilize** *vt*, überdüngen; **~-subtle** *adj*, spitzfindig; **~-weight (caused by compensating problems with food)** *sub*, *nur Einz.* Kummerspeck
overaccentuate, *vt*, *(Körperteil)* überbetonen; **overaccentuation** *sub*, *-es* Überbetonung
overall, *adj*, global; **~ amount** *sub*, *-s* Globalsumme; **~ view** *sub*, *-s (Überblick)* Übersicht; **~s** *sub*, *nur Mehrz.* Overall; **overbiddable** *adj*, überbietbar
overambitious, *adj*, streberhaft, streberisch
overbearing, *adj*, hochfahrend
overbid, **(1)** *sub*, *-s* Überbietung **(2)** *vt*, überbieten
overbite, *sub*, *-s* Überbiss
overbred, *adj*, überzüchtet; **overburdening** *sub*, *-s* Überbürdung; **overcast** *adj*, bedeckt; *(stark)* bewölkt; **overcharge (1)** *sub*, *-s* Überzahlung **(2)** *vt*, übervorteilen; **overcharging** *sub*, *-s* Überteuerung; **overcoat** *sub*, *-s* Überrock; *(veraltet)* Paletot; **overcome** *vt*, meistern, übermannen, überwinden; *(i. ü. S.; Angst)* überwältigen; *(Schwierigkeiten)* nehmen; *he was overcome with emotion* die Rührung hat ihn übermannt; *sleep overcame him* der Schlaf übermannte ihn; *(i. ü. S.) he was overcome by deep sadness* tiefe Traurigkeit überfiel ihn; *I was overcome with fear* Furcht überkam mich; *to overcome difficulties* Schwierigkeiten meistern; **overcome one´s inclinations** *vr*, überwinden; **overcritical** *adj*, hyperkritisch; **overcrowd** *vt*, überbelegen; **overcrowded** *adj*, überfüllt, überlaufen; **overcrowding** *sub*, *-s* Überbelegung, Überfüllung; **overdevelopment** *sub*, *-s* Zersiedelung; **overdiligent** *adj*, überfleißig; **overdo** *vt*, *(zu weit treiben)* übertreiben; *(ugs.) to overdo it* den Mund voll nehmen; *you can overdo things* man kann es auch übertreiben; **overdraft** *sub*, *-s (Konto)* Minus; **overdraft facility** *sub*, *-ies* Dispositionskredit; **overdraw** *vt*, *(i. ü. S.; Charakter)* überzeichnen; *(Konto)* überziehen; **overdressed** *adj*, overdressed
overdue, *adj*, säumig, überfällig; **overeat** *vr*, überfressen; *(ugs.) gorge one-self on something* sich an etwas überfressen; **overemployment** *sub*, *-s* Überbeschäftigung; **overestimate** *vt*, überschätzen; **overexcitable** *adj*, übererregbar; **overexcitement** *sub*, *-s (Fantasie)* Überreizung; **overexert** *vr*, überanstrengen; **overexploitation** *sub*, *- Raubbau*; **overexpose** *vt*, überbelichten; **overexposure** *sub*, *-s* Überbelichtung; **overfeeding** *sub*, *-s* Überfüttern; **overfill** *vt*, überfüllen; **overfishing** *sub*, *-s* Überfischung
overflow, **(1)** *sub*, *-s* Überflutung, Überlauf, Überschwemmung **(2)** *vi*, überfließen, überlaufen, überquellen, überströmen; *(Flüssigkeit)* überschießen **(3)** *vt*, überschwemmen; *(Damm etc.)* überfluten; *his heart is overflowing with love* sein Herz fließt vor Liebe über; **overfreight** *vt*, überfrachten; **overfulfil** *vt*, übererfüllen; **overfull** *adj*, übervoll; **overgrow (1)** *vi*, zuwachsen **(2)** *vt*, überwachsen, überwuchern; **overgrowing** *sub*, *-s (tt; bot.)* Verwilderung; **overgrown** *adj*, überwachsen, verwachsen; **overhang** *sub*, *-s (Fels-)* Überhang; **overhaul** *vt*, instandsetzen; *(ausbessern)* überholen
overhead cable, *sub*, *-s* Oberleitung; **overhead projector** *sub*, *-s* Overheadprojektor; **overhead transmission line** *sub*, *-s* Freileitung
overhear, **(1)** *vi*, lauschen **(2)** *vt*, belauschen, mithören; **overheat (1)** *vi*, heiß laufen **(2)** *vr*, heiß laufen **(3)** *vt*, überhitzen; *the engine is overheated* der Motor ist heißgelaufen; **overheating** *sub*, *-s* Überhitzung; **overjoyed** *adj*, selig, überglücklich; **overkill** *sub*, *nur Einz.* Overkill; **overlap (1)** *sub*, *-s* Überlappung **(2)** *vi*, *(ineinander)* übergreifen **(3)** *vr*, überlappen; *(i. ü. S.)* überschneiden; **overlaying** *sub*, *-s* Überlagerung
overleaf, *adj*, umseitig; **overload (1)** *sub*, *-s (tech.)* Überlastung **(2)** *vt*, überbelasten, überladen; *(tech.)* überlasten; **overlook (1)** *vi*, *(i. ü. S.)* hinwegsehen **(2)** *vt*,

überblicken, überschauen; *(die Szenerie)* beherrschen; *(ignorieren)* übersehen; *(übersehen)* übergehen, überlesen; **overloud** *adj,* überlaut **overmature,** *adj,* überreif, überständig; **overmodesty** *sub,* -ies Tiefstapelei; **overnight stay** *sub,* -s Übernachtung; **overpass** *sub,* -es Überwerfung; **overpay** *vt,* überbezahlen; **overplastering** *sub,* -s Übergipsung; **overpopulate** *vt,* übervölkern; **overpopulation** *sub,* -s Übervölkerung; **overpower** *vt,* überwältigen; *his self-confidence is overpowering* seine Selbstsicherheit ist schon penetrant; *this cupboard is too overpowering for the room* der Schrank erdrückt den ganzen Raum; **overpowering** *adj, (Duft)* narkotisch; **overprecise** *adj,* übergenau; **overprint** *vt,* überdrucken; **overproduction** *sub,* -s Überproduktion; **overrate** *vt,* überschätzen; *(i. ü. S.)* überbewerten; *(i. ü. S.) they have overrated his abilities* sie haben seine Fähigkeiten überbewertet; **oversize,** (1) *adj,* überdimensional (2) *sub,* -s Übergröße; ~**d** *adj,* übergroß; **oversleep** (1) *vi,* verschlafen (2) *vri,* verpennen; **overspend** *vr,* verausgaben; **overspending** *sub,* -s Verausgabung; **oversteer** *vi,* übersteuern; **overstep** *vi, (spo.)* übertreten; *(i. ü. S.) overstep the mark* den Bogen überspannen; **overstimulation** *sub,* -s Reizüberflutung; **overstocked** *adj, (Lager)* überfüllt **overstrain,** (1) *sub,* -s *(Nerv etc.)* Überreizung; *(Person)* Überlastung (2) *vt,* überanstrengen; *(zu stark spannen)* überspannen; **overstress** (1) *sub,* -es Überbetonung (2) *vt,* überbetonen; **overstretch** *vt,* überdehnen; **overstrung** *adj, (mus.)* kreuzsaitig; **oversubscribe** *vt, (wirt.)* überzeichnen; **oversubtlety** *sub,* -ies Überspitzung; **overtake** *vti,* überholen; **overtaking lane** *sub,* -s Überholspur; **overtax** *vt, (körperlich)* überfordern; *(Person)* überlasten; **overtax oneself** *vr,* verausgaben; **overtaxing** *sub,* -s Verausgabung **overthrow,** (1) *sub,* -s Umsturz; *(i. ü. S.)* Sturz (2) *vi,* stürzen (3) *vt, (polit.)* umstürzen; *(i. ü. S.) the overthrow of*

a government der Sturz einer Regierung; **overtidiness** *sub,* nur *Einz.* Putzfimmel; **overtime** *sub,* -Überstunde; **overtired** *adj,* übermüdet; **overtone** *sub,* -s *(a. i.ü.S.)* Beiklang; **overtrump** *vt, (Kartenspiel)* übertrumpfen; **overture** *sub,* -s Ouvertüre; *(tt; mus.)* Vorspiel; **overturn** *vt,* umstürzen, umwerfen; *(Situation)* umkehren **overvaluation,** *sub,* -s Überwertung; **overvalue** *vt,* überbewerten; *to overvalue sth* einer Sache zuviel Ehre antun; **overweight** (1) *adj,* übergewichtig (2) *sub,* -s Übergewicht; *be overweight* an Übergewicht leiden; **overwhelm** *vt,* überhäufen; *(i. ü. S.; Schönheit)* überwältigen; **overwhelming** (1) *adj,* erdrückend, überwältigend (2 *sub,* -s Überhäufung; **overwork** (1 *sub,* nur *Einz.* Überarbeitung (2 *vr,* überarbeiten **ovoid,** (1) *adj,* ovoid (2) *sub,* -s Eierbrikett **ovulation,** *sub,* -s Eisprung, Ovulation **ovum,** *sub, ova (med.)* Ei **owe,** *vt,* schulden; *(i. ü. S.) to owe sb sth* jmd etwas schuldig sein; ~ *sth sb* *vt,* verdanken; **owing to** *präp,* infolge **owl,** *sub,* -s Eule; *carry coals to Newcastle/send owls to Athens* Eulen nach Athen tragen **own,** *adj,* eigen; *do sth on one´s own* etwas alleine machen; *for one´s own use only* nur für den eigenen Gebrauch; *I have a room of my own* ich habe ein eigenes Zimmer; *in Blair´s own words* Originalton Blair; *make sth one´s own* sich etwas zu eigen machen; *my own brother* mein eigener Bruder; *one´s own opinion* persönliche Meinung; *stand on one´s own feet* auf eigenen Füßen stehen; ~ **goal** *sub,* -s Eigentor; ~ **initiative** *sub,* -s Extratour; *keep doing things off one´ own bat/initiative* sich ständig irgendwelche Extratouren leisten; ~ **requirements** *sub,* nur *Mehrz.* Eigenbedarf; ~ **resources** *sub* nur *Mehrz.* Eigenmittel; ~ **weight** *sub,* -s Eigengewicht; ~**er** *sub* -s Besitzer, Eigentümer, Inhaber; *(Eigentümer)* Halter; *(Restaurant)* Gastwirt; ~**er of a castle** *sub*, *-s* Schlossherr; ~**er-occupied flat** **(am: co-op apartment)** *sub*, *-s* Eigentumswohnung; ~**er´s bill of exchange** *sub*, *-s* Eigenwechsel; ~**ership** *sub*, *-s* Besitzstand; ~**ership of land** *sub*, *nur Einz.* Grundbesitz; ~**ing a house of one´s own** *vt*, Eigenheimer

ox, *sub*, *-en* Ochse; ~**-cart** *sub*, *-s* Ochsenkarren; ~**-fence** *sub*, *-s* Oxer

oxidation, *sub*, *-s* Oxidation, Oxidierung; **oxide** *sub*, *-s* Oxid; **oxidize (1)** *vi*, *(Metall)* beschlagen **(2)** *vti*, oxidieren

oxygen, *sub*, *nur Einz.* Oxygen, Sauerstoff; ~ **tent** *sub*, *-s* Sauerstoffzelt

oxymoron, *sub*, *-ra* Oxymoron

oyster, *sub*, *-s* Auster; ~ **bed** *sub*, *--s* Austernbank; ~ **catcher** *sub*, *--s (zool.)* Austernfischer; ~ **farm** *sub*, *--s (Zuchtstätte)* Austernzucht; ~ **farming** *sub*, *nur Einz. (Aufzucht)* Austernzucht

ozalid paper, *sub*, *nur Einz. (phot.)* Ozalidpapier

ozone, *sub*, *nur Einz.* Ozon; ~ **alarm** *sub*, *nur Einz.* Ozonalarm; ~ **layer** *sub*, *nur Einz.* Ozonschicht; **ozonize** *vt*, ozonisieren

P

pacemaker, *sub*, -s Herzschrittmacher, Pacemaker; **pacesetter** *sub*, -s Schrittmacher
Pacific, *sub*, *nur Einz.* Pazifik; **pacifism** *sub*, *nur Einz.* Pazifismus; **pacifist** (1) *adj*, pazifistisch (2) *sub*, -s Pazifist; **pacify** *vt*, pazifizieren; *by peaceful means* auf friedlichem Wege; *pacify* friedlich stimmen
pack, (1) *sub*, *nur Einz.* Marschgepäck; -s Rudel (2) *vt*, abpacken, pferchen, verpacken; *(Koffer)* packen; *two packs of playing cards* zwei Pack Spielkarten; *we might as well pack up and go* da können wir einpacken, *to pack sth in cotton wool* etwas in Watte packen; ~ **(of hounds)** *sub*, -s Meute; ~ **animal** *sub*, -s Saumtier, Tragtier; ~ **basket** *sub*, -s Tragkorb; *(Dial)* Kiepe; ~ **full** *vt*, voll packen; ~ **ice** *sub*, -s Packeis; ~**-mule** *sub*, -s Lastesel, Packesel
package, *sub*, -s Frachtstück, Kollo; ~ **(deal)** *sub*, -s *(polit.)* Junktim; ~ **insert** *sub*, - -s Beipackzettel; ~ **tour** *sub*, -s Packagetour; **packed** *adj*, randvoll; *(dicht)* gedrängt; **packed lunch** *sub*, -es Lunchpaket; **packet** *sub*, -s Päckchen, Paket; *a packet of cigarettes* ein Päckchen Zigaretten; **packing** *sub*, *nur Einz.* Packerei; **packing department** *sub*, -s Packkerei, Packraum
pact, *sub*, -s Pakt; *to make a pact* einen Pakt abschließen
pad, (1) *sub*, -s Papierblock (2) *vt*, *(Tür)* polstern; ~ **(out)** *vt*, auspolstern; ~**ding-out** *sub*, *nur Einz.* Auspolsterung
paddle, *sub*, -s Paddel; ~**wheel** *sub*, -s Schaufelrad; **paddling pool** *sub*, -s Planschbecken; **paddock** *sub*, -s Koppel, Pferdekoppel, Sattelkissen; **paddy-field** *sub*, -s Reisfeld; **padlock** *sub*, -s Vorhängeschloss
p(a)ediatric, *adj*, pädiatrisch; ~ **nurse** *sub*, -s Kinderschwester; ~**ian** *sub*, -s Kinderarzt, Pädiater; ~**s** *sub*, *nur Mehrz.* Pädiatrie; **p(a)edophile** *adj*, pädophil; **p(a)edophilia** *sub*, *nur Einz.* Pädophilie
paella, *sub*, -s Paella
pagan, (1) *adj*, heidnisch (2) *sub*, -s Heide; ~**ism** *sub*, *nur Einz.* Heiden-

tum, Paganismus
page, *sub*, -s Blatt, Page; *(Buch)* Seite *(hist.)* Knappe; *page* Buchblatt; ~ **gauge** *sub*, -s Kolumnenmaß; ~**boy (cut)** *sub*, -s Pagenfrisur; **pagination** *sub*, -s Paginierung
pagoda, *sub*, -s Pagode; ~ **roof** *sub*, -s Pagodendach
pail *sub*, -s *(Milch)* Eimer
pain, *sub*, - Qual; -s Schmerz; *cry out with pain* vor Schmerz aufschreien *have aches and pains* körperliche Beschwerden haben; *he was at pains not to talk about it* er vermied es peinlichst, davon zu sprechen; *no pains, no gains* ohne Fleiß kein Preis; *racked with pain* vor Schmerzen gepeinigt; *take great pains over* viel Fleiß verwenden auf; *to take great pains* sich große Mühe geben; *writhe in pain* sich vor Schmerzen aufbäumen; ~ **threshold** *sub*, -s Schmerzschwelle; ~**ful** *adj*, peinvoll, qualvoll, schmerzhaft, schmerzvoll; *(geh.)* schmerzlich; *it was so bad it was really painful* es war so schlecht, dass es schon peinlich war; *to make painfully slow progress* nur mühsam vorwärtskommen; ~**ful aftermath** *sub*, *nur Mehrz. (i. ü. S.)* Nachwehen; ~**less** *adj*, schmerzfrei, schmerzlos; ~**s** *sub*, - Wehe; ~**s in the chest** *sub*, *nur Mehrz.* Herzschmerz; ~**staking work** *sub*, *nur Einz.* Kleinarbeit
paint, (1) *sub*, *nur Einz.* Deckfarbe; -s Lack; - *(Anstrich)* Farbe (2) *vt*, anmalen, anstreichen, bemalen, bestreichen, malern, vorstreichen; *(Farbe)* streichen (3) *vti*, malen; *(ugs.)* pinseln; *to paint the town red* auf die Pauke hauen; *von Gogh's painting* das malerische Schaffen van Goghs; ~ **gold** *vt*, vergolden; ~ **in watercolours** *vt*, aquarellieren; ~ **one's face** *vi*, bemalen; ~ **over** *vt*, übermalen, überpinseln; *(Lippen)* nachziehen; ~ **remover** *sub*, -s Abbeizmittel; ~ **shop** *sub*, -s Lackiererei; ~**box** *sub*, -es Farbenkasten, Tuschkasten; ~**er** *sub*, -s Anstreicher, Glasmalerin, Maler; *(Schifff.)* Fangleine; *his*

technique as a painter seine malerischen Mittel
painting, *sub, nur Einz.* Bemalung; *-s* Einpinselung, Gemälde; *(Anstreichen)* Anstrich; *nur Einz. (die Bemalung) Bestreichung; (einer Fläche, Wunde)* Bepinselung; *-s (Gemälde)* Bild; *be full of paintings* voller Bilder hängen; ~ **(job)** *sub, -s* Malerarbeit; ~ **on glass** *sub, -s* Glasmalerei
Pakistan, *sub, nur Einz.* Pakistan; ~**i** (1) *adj,* pakistanisch (2) *sub, -s* Pakistanerin
pal, *sub, -s* Kumpel; *(ugs.)* Kompagnon, Kumpan
palace, *sub, -s* Hof, Palast; *the princess´s palace* der Hof der Prinzessin; ~ **guard** *sub, -s* Palastwache; ~ **revolution** *sub, -s* Palastrevolution
paladin, *sub, -s (hist.)* Paladin
Palaearctic, *adj,* paläarktisch; **palaeobotany** *sub, nur Einz.* Paläobotanik; **Palaeolithic Age** *sub, nur Einz.* Altsteinzeit, Paläolithikum
Pal(a)eocene, *sub, nur Einz.* Paläozän
palaeontologist, *sub, -s* Paläontologe; **palaeontology** *sub, nur Einz.* Paläontologie
Palaeozoic, (1) *adj,* paläozoisch (2) *sub, nur Einz.* Paläozoikum
palatable, *adj,* wohlschmeckend; *he found it unpalatable* es mundete ihm nicht
palatal, *sub, -s (tt; med.)* Vordergaumen; ~**ization** *sub, -s* Mouillierung; ~**ize** *vt,* mouillieren; **palate** *sub, -s* Gaumen; *have a fine palate* einen feinen Gaumen haben
palaver, (1) *sub, -s* Palaver (2) *vi,* palavern
pale, (1) *adj,* blass, bleich, fahl, käseweiß, käsig; *(blass)* farblos (2) *sub, -s* Latte (3) *vi,* verbleichen, verblichen; *red makes you look pale* rot macht dich blass; *turn pale* blass werden; *go pale* Farbe verlieren; ~ **blue** *adj,* blassblau; ~ **face** *sub, -s* Bleichgesicht; ~ **green** *adj,* blassgrün; ~ **red** *adj,* blassrot; ~**ness** *sub,* Blässe
Palestine, *sub, nur Einz.* Palästina; **Palestinian** *adj,* palästinisch
palette, *sub, -s (Malerei)* Palette
palindrome, *sub, -s* Palindrom
palisade, *sub, -s* Palisade; ~**d ditch** *sub, -es (hist.)* Pfahlgraben
pall of haze, *sub, -s* Dunstglocke

palm, *sub, -s* Palme; *palm sth off on so* jemandem etwas andrehen; *to bear off the palm* die Palme des Sieges erringen; ~ **leaf** *sub, leaves* Palmenblatt, Palmenwedel, Palmenzweig, Palmwedel; ~ **of the hand** *sub, -s* Handfläche; ~ **sth off on so** *vt, (ugs.)* unterjubeln; ~**like** *adj,* palmenartig; ~**ist** *sub, -s* Handleserin
palpable, *adj,* palpabel; **palpitation** *sub, -s* Palpitation; **palpitations** *sub, nur Mehrz. (med.)* Herzklopfen
paltry, *adj,* kümmerlich
pampas, *sub, nur Mehrz.* Pampa; ~ **grass** *sub, -es* Pampasgras
pamper, *vt,* hätscheln; *(ugs.)* verhätscheln; ~**ed child** *sub, -ren* Hätschelkind; ~**ing** *sub, nur Einz. (ugs.)* Verzärtelung; **pamphlet** *sub, -s* Flugschrift, Traktätchen
pan, *sub, -s* Pfanne; *brush and pan* Besen und Schaufel; *to bung a couple of eggs in the pan* ein paar Eier in die Pfanne schlagen; *to fall out of the frying-pan into the fire* vom Regen in die Traufe kommen; ~ **handle** *sub, -s* Pfannenstiel; ~**-Arab** *adj,* panarabisch; ~**-Arabism** *sub, nur Einz.* Panarabismus; ~**-Europe** *sub, nur Einz.* Paneuropa
panacea, *sub, -s* Allheilmittel
pancake, *sub, -s* Eierkuchen, Pfannkuchen; ~ **cut up into small pieces** *sub, -s* Schmarren
panchromatic, *adj,* panchromatisch
pancreas, *sub, -es (anat.)* Pankreas
panda, *sub, -s* Panda
pandering, *adj,* kupplerisch
panel, (1) *sub, -s* Paneel; *(bei Diskussionen)* Podium; *(leitende Gruppe)* Stab; *(soziol.)* Panel (2) *vt,* paneelieren; *(Decke)* täfeln; ~ **discussion** *sub, -s (Podiumsgespräch)* Forum; ~ **van** *sub, -s* Kastenwagen; ~**ing** *sub, - (US)* Getäfel; ~**led** *adj,* getäfelt; ~**ling** *sub, -* Getäfel, Verschalung; *nur Einz.* Vertäfelung; *nur Einz.* Verzimmerung
panentheism, *sub, nur Einz. (philos.)* Panentheismus
pane of glass, *sub, -s* Glasscheibe
panic, *sub, -s* Panik; *don´t panic!* nur keine Panik!; *panic broke out*

Panik brach aus; *panic-stricken* von Panik ergriffen; ~**-buying** *sub*, *-s* Hamsterkauf; ~**-stricken** *adj*, panisch; *panic-stricken fear* panische Angst; ~**ky** *adj*, kopflos; ~**le** *sub*, *-s (bot.)* Rispe; ~**led** *adj*, rispenförmig
panorama, *sub*, *-s* Panorama, Rundsicht; ~ **coach** *sub*, *-es* Panoramabus
panpipes, *sub, nur Einz.* Panflöte
pansy, (1) *adj*, penseefarbig (2) *sub*, *-ies (bot.)* Stiefmütterchen; ~ **dress** *sub*, *-es* Penseekleid
pant, *vi*, hecheln, keuchen, lechzen; ~**heism** *sub, nur Einz.* Pantheismus; ~**her** *sub*, *-s* Panter, Panterkatze; ~**ies** *sub*, *- (Damen-)* Slip; *nur Mehrz.* (f) Unterhose; ~**ile** *sub*, *-s (Dach~)* Pfanne
pantograph, *sub*, *-s* Pantograph; ~**y** *sub, nur Einz.* Pantographie
pantry, *sub*, *-ies* Pantry, Speisekammer
pants, *sub, nur Mehrz.* *(m)* Unterhose; ~ **(tapered at the ankles)** *sub, nur Mehrz.* Karottenhose; **panty hose** *sub*, *-s (US)* Strumpfhose
papacy, *sub, nur Einz.* Papsttum; **papal family** *sub*, *-ies* Papstfamilie; **Papal States** *sub*, *nur Mehrz.* Kirchenstaat
papaya, *sub*, *-s* Papaya
paper, (1) *sub*, *-s* Papier (2) *vti*, tapezieren; *a sheet of paper* ein Blatt Papier; *to commit one´s thoughts to paper* sein Gedanken zu Papier bringen; *you can say what you like on paper* Papier ist geduldig; ~ **bank** *sub*, *- -s* Altpapierbehälter; ~ **basket** *sub*, *-s* Papierkorb; ~ **collection** *sub*, *- -s* Altpapiersammlung; ~ **flower** *sub*, *-s* Papierblume; ~ **knife** *sub*, *knives* Papiermesser; ~ **mill** *sub*, *-s* Papierfabrik, Papiermühle; ~**-clip** *sub*, *-s* Büroklammer, Heftklammer
paper money, *sub, nur Einz.* Papiergeld; **paper plate** *sub*, *-s* Pappteller; **paper scissors** *sub, nur Mehrz.* Papierschere; **paper tiger** *sub*, *-s (i. ü. S.)* Papiertiger; **paper-chase** *sub*, *-s* Schnitzeljagd; **paperback** (1) *adj*, broschieren (2) *sub*, *-s* Paperback, Taschenbuch; **paperhanger** *sub*, *-s* Tapezierer; **paperwork** *sub*, *-s* Schreiberei; *there´s so much paperwork we can´t get on with our research* vor lauter Papierkrieg

kommen wir nicht zur Forschung; **papier-mâché** *sub*, *-s* Pappmaschee
papilionaceae, *sub*, - Schmetterlingsblütler
papism, *sub, nur Einz.* Papismus; **papist** *sub*, *-s* Papist
papoose, *sub*, *-s* Steckkissen
paprika, *sub, nur Einz. (Gewürz)* Paprika
papyrus, *sub*, *-ri* Papyrus
parable, *sub*, *-s* Gleichnis; *(lit.)* Parabel
parabola, *sub*, *-s (math.)* Parabel
parachute, *sub*, *-s* Fallschirm; *open up one´s parachute* den Fallschirm öfnen; ~ **troops** *sub, nur Mehrz. (mil.)* Fallschirmtruppe; **parachuting** *sub*, *- (-springen)* Fallschirm; **parachutist** *sub*, *-s* Fallschirmspringer
parade, (1) *sub*, *-s* Defilee; *(festlicher Umzug)* Aufmarsch; *(Festzug)* Auzug, Umzug; *(mil.)* Parade (2) *vi*, paradieren; ~ **(before)** *vti*, defilieren; ~ **ground** *sub*, *-s* Exerzierplatz; ~ **leader** *sub*, *- -s* Auzugführer; ~ **step** *sub*, *-s* Parademarsch
paradigm, *sub*, *-s* Paradigma; ~**atic figure** *sub*, *-s* Idealgestalt
paradise, *sub*, *-s* Paradies; *a children´s paradise* ein Paradies für Kinder *the expulsion from paradise* die Vertreibung aus dem Paradies; *they were living in paradise* da haben sie wie im Paradies gelebt; *this is paradise* hier ist es paradiesisch schön
paradox, *sub*, *-es* Paradox; ~**ical** *adj*, paradox
paraffin, *sub*, *-s* Paraffin; *nur Einz.* Petroleum; ~**ic** *adj*, paraffinisch
paragon, *sub*, *-s* Musterknabe; *a paragon of virtue* ein Muster an Tugend; ~ **of virtue** *sub*, *paragons* Tugendbold, Tugendheldin
paragraph, *sub*, *-s (Abschnitt)* Paragraf; *(Text)* Abschnitt; *(Textabschnitt)* Absatz; ~ **in the press** *sub*, *-s* Pressenotiz
parakeet, *sub*, *-s (zool.)* Sittich
paralexia, *sub*, *-s (med.)* Paralexie
Paralipomenon, *sub, nur Einz.* Paralipomenon
parallax, *sub*, *-es* Parallaxe

parallel, (1) *adj,* gleichlaufend, parallel **(2)** *sub,* -s Parallele; *(elek.)* to connect in parallel parallel schalten, to draw a parallel to sth eine Parallele zu etwas ziehen; ~ **(case)** *sub,* -s Parallelfall; ~ **bars** *sub, nur Mehrz. (spo.)* Barren; ~ **projection** *sub,* -s Parallelprojektion; ~**ism** *sub, nur Einz.* Parallelismus, Parallelität; ~**ogram** *sub,* -s Parallelogramm

paramater, *sub,* -s Parameter

parameter, *sub,* -s *(math.)* Platzhalter

paramilitary, *adj,* paramilitärisch

paramour, *sub,* -s Buhle

paranoia, *sub, nur Einz.* Paranoia; **paranoid** *adj,* paranoid; **paranormal** *adj,* paranormal; **paraphrase (1)** *sub,* -s Paraphrase; *nur Einz. (mit Worten)* Umschreibung **(2)** *vt,* paraphrasieren; *(mit anderen Worten ausdrücken)* umschreiben

paraplegia, *sub,* -s Querschnittslähmung; **parapsychology** *sub, nur Einz.* Parapsychologie

parasite, *sub,* -s Parasit; *(biol.)* Schmarotzer; ~ **plant** *sub,* -s Gastpflanze; **parasitic plant** *sub,* -s Schmarotzerpflanze; **parasitic(al)** *adj,* parasitär, parasitisch; **parasitism** *sub, nur Einz.* Parasitentum

parasol, *sub,* -s *(Straße)* Sonnenschirm; ~ **mushroom** *sub,* -s Parasolpilz

parasympathetic nervous system, *sub,* -s Parasympathikus

paratrooper, *sub,* - *(mil.)* Fallschirmjäger

parcel, *sub,* -s Päckchen; *(Post)* Paket; to post a small parcel ein Päckchen aufgeben; to make up a parcel ein Paket packen; ~ **of land** *sub, parcels* Parzelle; ~ **out** *vt,* parzellieren; ~**led goods** *sub, nur Mehrz.* Stückgut; ~**s office** *sub,* -s Paketannahme

parchment, *sub,* -s *(Handschrift)* Pergament

pardon, (1) *interj,* bitte **(2)** *sub,* -s Begnadigung, Pardon **(3)** *vt,* begnadigen, pardonieren; *I beg your pardon?* wie meinen Sie?, to ask sb´s pardon jmdn um Pardon bitten

parent ship, *sub,* -s Mutterschiff; **parental** *adj,* elterlich; **parental home** *sub,* -s Vaterhaus; **parental love** *sub, nur Einz.* Elternliebe; **parenthesis** *sub, -theses* Parenthese; **parenthood**

sub, -s *(Eltern sein)* Elternschaft; **parents** *sub, nur Mehrz.* Eltern; **parents-in-law** *sub, nur Mehrz.* Schwiegereltern; **parents´ evening** *sub,* -s Elternabend; **parents´ association** *sub,* -s Elternbeirat; *(Eltern sein)* Elternschaft

par excellence, *adv,* katexochen

pariah, *sub,* -s Paria

parietal eye, *sub,* -s Parietalauge

parish, *sub,* -s *(kirchl.)* Pfarrei, pfarreilich **(2)** *sub,* -es Pfarrei; *(Kirchen-)* Gemeinde; -s *(Pfarrers-)* Sprengel; ~ **church** *sub,* -es Pfarrkirche; ~ **hall** *sub,* -s *(kirchl.)* Gemeindehaus; ~ **priest** *sub,* -s Pastor, Pastorin; *(kath., evang.)* Pfarrer; ~ **register** *sub,* -s Taufregister

Parisian, *adj,* Pariser, pariserisch

Paris in miniature, *sub, nur Einz.* Klein-Paris

parity, *sub,* -ies Parität

park, (1) *sub,* -s Grünanlage, Park **(2)** *vt,* parken; a parked car ein parkendes Auto; no Parking! parken verboten!; there is no parking here hier ist Parkverbot; ~ **bench** *sub,* -es Parkbank; ~ **oneself on sb** *vr,* einloggieren

parka, *sub,* -s Parka

parking ban, *sub,* -s Parkverbot; **parking disc** *sub,* -s Parkscheibe; **parking level** *sub,* -s Parkdeck; **parking light** *sub,* -s Parkleuchte; **parking meter** *sub,* -s Parkuhr; **parking offender** *sub,* -s Falschparker; **parking place** *sub,* -s Stellplatz; **parking space** *sub,* -s Parkraum, Stellfläche; *(für einzelne Autos)* Parkplatz; **parking time** *sub,* -s Parkzeit

parliament, *sub,* -s Abgeordnetenhaus, Bundestag, Parlament, Reichstag; to dissolve parliament das Parlament auflösen; to elect sb to parliament jmdn ins Parlament wählen; to govern by a parliament parlamentarisch regieren; ~**arian** *sub,* -s Parlamentarier; ~**arianism** *sub, nur Einz.* Parlamentarismus; ~**ary** *adj,* parlamentarisch; *parliamentary democracy* parlamentarische Demokratie; ~**ary allowance** *sub,* -s Diäten; ~**ary bill** *sub,* -s Lex; ~**ary party** *sub,* -ies *(Parlament)*

Fraktion; **~ary term** *sub*, *-s* Legislaturperiode
parlourmaid, *sub*, *-s* Stubenmädchen
Parmesan, *adj*, parmesanisch; ~ (**cheese**) *sub*, *nur Einz.* Parmesan;
Parnassian *adj*, parnassisch
parodist, *sub*, *-s* Parodist; **~ic** *adj*, parodistisch
parody, (**1**) *sub*, *-ies* Parodie (**2**) *vt*, parodieren; *(ugs.)* verballhornen; *he is now only a parody of his former self* er ist nur noch eine Parodie seiner selbst, *parody* parodistische Sendung; ~ **mass** *sub*, *-es* Parodiemesse
parole, *sub*, *-s* Tageslosung
parquet, (**1**) *sub*, *-s (Fußboden)* Parkett (**2**) *vt*, parkettieren; *in international circles* auf dem internationalen Parkett; *to lay parquet in a room* ein Zimmer mit Parkett auslegen; ~ **floor** *sub*, *-s* Parkettboden
parquet layer, *sub*, *-s* Parkettleger
parry, (**1**) *sub*, *-s (Boxen)* Parade (**2**) *vt*, parieren
parse, *vt*, *(tt; gram)* zerlegen; **parsley** *sub*, *nur Einz.* Petersilie; **parsnip** *sub*, *-s (bot.)* Pastinak
part, (**1**) *sub*, *-s* Bruchteil; *(Abschnitt)* Stück; *(Bruchteil)* Teil; *(Teil, Ausschnitt)* Partie (**2**) *vi*, scheiden (**3**) *vr*, trennen, zerteilen; *for the most part* zum größten Teil; *I, for my part* ich für meinen Teil; *the greater part of it* der größte Teil davon, *a non-speaking part* eine stumme Person; *have a part in sth* an etwas Anteil haben; *I can´t bear to part with these shoes* von diesen Schuhen kann ich mich nicht trennen; *I for my part* ich meinerseits; *it´s all part of it* das gehört mit dazu; *that´s part and parcel of it* das gehört mit dazu; *(i. ü. S.) to have played one´s part* seine Rolle ausgespielt haben; *to take an active part in lessons* beim Unterricht mitarbeiten; ~ **of a building** *sub*, *-s* Gebäudeteil; ~ **of a sentence** *sub*, *-s* Satzteil; ~ **of town** *sub*, *parts* Stadtviertel; ~ **performance** *sub*, *-s* Teilleistung; ~ **writing** *sub*, *-s* Stimmführung; **~-time employment** *sub*, *-s* Teilzeitarbeit; **~ial** *adj*, partiell, teilweise; **~ial fraction** *sub*, *-s (math.)* Partialbruch; **~ial product** *sub*, *-s* Teilfabrikat; **~ial view**

sub, *-s* Teilansicht; **~ially sighted** *adj*, sehbehindert
participant, *sub*, *-s* Mitwirkende, Teilnehmer, Teilnehmerin; ~ **in a discussion** *sub*, *-s* Diskutant; **participate** *vi*, beteiligen, partizipieren, teilhaben, teilnehmen; **participate (in)** *vi*, *(spo.)* antreten; **participation** *sub*, *nur Einz.* Beteiligung, Mitbestimmung; *-s* Partizipation; *(Beteiligung)* Teilnahme; *worker participation* Mitbestimmung der Arbeiter
participle, *sub*, *-s* Partizip; *present participle* Partizip Präsens
particle, *sub*, *-s* Partikel, Teilchen;
particular *adj*, wählerisch; *(bestimmte)* besondere; *(heikel)* anspruchsvoll; *(mit "sein")* eigen; *(Sache)* bestimmt; *there is a particular reason for that* dies hat einen besonderen Grund; *this particular case* dieser besondere Fall; *be very particular about* etwas genau nehmen; **particular case** *sub*, *-s* Einzelfall; *in particular cases* im Einzelfall; **particular nature** *sub*, *-s (Wesen)* Eigenart; **particularism** *sub*, *nur Einz.* Partikularismus; **particularly** *adv*, insbesondere, sonderlich; **particulars** *sub*, *nur Mehrz.* Personalien
parting, *sub*, *-s (Abschied)* Trennung; *(Haare)* Scheitel
partisan, *sub*, *-s* Partisan; **~ship** *sub*, *-s* Parteinahme
partition, *sub*, - Zwischenwand; ~ (**wall**) *sub*, *-s (tt; arch.)* Wand; **~ed room** *sub*, *-s* Verschlag
partitive, *adj*, *(gramm.)* partitiv
partly, *adv*, bedingt, teilweise; ~ **furnished** *adj*, teilmöbliert; ~ **responsible** *adj*, *(Unfall)* mitschuldig
partner, *sub*, *-s* Beteiligte, Mitkämpfern, Partner, Sozius, Teilhaber, Teilhaberin; *to be sb´s partner* als jmds Partner spielen; ~ (**country**) *sub*, *-s (-ies)* Partnerland, Partnerstaat; ~ **in life** *sub*, *-s (Lebens)* Gefährte; **~-swopping** *sub*, *-s (sexuell)* Partnertausch; **~ship** *sub*, *-s* Partnerschaft
partridge, *sub*, *-s* Rebhuhn
party, *sub*, *-ies* Feier; *-s* Fest; *-ies* Fete, Partei, Party; *have a party* ein

Fest feiern; *it´s not every day you get a chance to celebrate* man muss die Feste feiern wie sie fallen; *the disputing parties* die streitenden Parteien; *to change parties* die Partei wechseln; *at a party* auf einer Party; *have a leaving party* seinen Ausstand geben; *to go to a party* zu einer Party gehen; *to have a party* eine Party geben; ~ **branch exchange** *sub, -s* Sammelanschluss; ~ **chairman** *sub, -men (Partei)* Geschäftsleitung; ~ **game** *sub, -s* Gesellschaftsspiel; ~ **leader** *sub, -s* Parteichefin, Parteiführer; ~ **leadership** *sub, -s* Parteispitze; ~ **line** *sub, -s* Parteilinie; *to tow the party line* auf die Parteilinie einschwenken; ~ **on the eve of a wedding at which old crockery is smashed to bring luck** *sub, -* Polterabend; ~ **organ** *sub, -s* Parteiorgan; ~ **programme** *sub, -s* Parteiprogramm; ~ **supporter** *sub, -s* Parteigänger; ~ **to a (collective) wage agreement** *sub, parties* Tarifpartner

parvenu, *sub, -s* Parvenü

pasha, *sub, -s* Pascha

passable, *adj,* begehbar, leidlich, passierbar; *(Brücke etc.)* befahrbar; **passage** *sub, -s* Passage, Passus; *(Weg)* Durchgang; *block the passage* den Durchgang versperren; **passage (march) through** *sub, -s (Leute)* Durchzug

passé, *adj,* passé; **passe-partout** *sub, -s* Passepartout

passenger, *sub, -s* Fahrgast, Fluggast, Passagier; *(Personenwagen)* Beifahrer; ~ **train** *sub, -s* Personenzug; **passer-by** *sub, nur Einz.* Durchgänger; *passers-by* Passant; **passing** *sub, nur Einz. (einer Prüfung)* Bestehen; *-s (tt; polit.)* Verabschiedung; **passing fancy** *sub, -ies (i. ü. S.)* Strohfeuer; **passing of a resolution** *sub, - of -s* Beschlussfassung; **passing through** *sub, -s* Durchfahrt

passion, *sub, -s* Leidenschaft, Passion; *nur Einz. (relig.)* Passion, Passionsweg; ~ **for gossip** *sub, nur Einz.* Klatschsucht; ~ **fruit** *sub, -s* Maracuja; ~**ate** *adj,* leidenschaftlich, ungestüm; *(Rede)* feurig; ~**ately loved** *adj,* heiß geliebt

passive, *adj,* passiv; *to be passive* sich passiv verhalten; ~ **(voice)** *sub, -s*

Passiv; *the verb is in the passive voice* das Verb steht im Passiv; ~ **voice** *sub, -s* Leideform; ~**ness** *sub, nur Einz.* Passivität

pass on, *vt,* weitererzählen, weitergeben, weiterleiten, weitersagen; *(mitteilen)* ausrichten; *pass sth on to so* jemandem etwas ausrichten; *She will pass it on* Sie wird es ihm ausrichten; ~ **by telephone** *vt,* durchgeben; **pass out** *vi, (ugs.; ohnmächtig werden)* umfallen, umkippen; **pass over sth** *vi,* hinweggehen; **pass rate** *sub, -s (Prüfungen)* Erfolgsquote; **pass sentence on** *vt, (jur.)* fällen; **pass through** *vt,* durchreichen; *(Gemüse)* durchdrücken; *(Land)* durchziehen; *(Sieb)* durchstreichen; *pass sth through sth* etwas durch etwas durchreichen; **pass to so** *vti, (spo.)* anspielen; **passability** *sub, -ies (Weg)* Gangbarkeit

Passover, *sub, nur Einz.* Passah

passport, *sub, -s* Reisepass; *(Ausweis)* Pass; *passports please!* Passkontrolle!; ~ **control** *sub, -s* Passkontrolle; ~ **photograph** *sub, -s* Passbild, Passfoto

passtime, *sub, -* Zeitvertreib; **password** *sub, -s* Kennwort, Losung, Losungswort, Passwort, Tageslosung; *(mil.)* Parole

past, (1) *adj,* vergangen **(2)** *adv,* vorbei **(3)** *sub, -* Vergangenheit; *five past twelve* fünf nach zwölf; *he´s past it* er gehört zum alten Eisen; *it is past five* es ist fünf (Uhr) durch; *make a break with one´s past* mit seiner Vergangenheit aufräumen; *past eighty* über achtzig Jahre alt; *she´s past fourty already* sie hat die Vierzig schon überschritten; *that´s all in the past* das war einmal; ~ **(life)** *sub, -* Vorleben; ~ **perfect** *sub, -s* Plusquamperfekt

pasta, *sub, nur Einz.* Nudel; *- Tagliatelle; nur Einz.* Teigwaren; **paste** *sub, -s* Kleister, Paste, Strass; **paste pot** *sub, -s* Kleistertopf; **pastel (1)** *adj,* pastellfarben **(2)** *sub, -s* Pastell, Pastellfarbe; *to paint sth in pastels* etwas pastellfarben streichen; **pastel (crayon)** *sub, -s* Pastellstift

pastering, *sub, nur Einz.* Piesak-

kerei
pastern, *sub, -s (anat. Tier)* Fessel;
(zool.) Fesselgelenk
pasteurization, *sub, -s* Pasteurisation,
Pasteurisierung; **pasteurize** *vt,* pasteurisieren
pastiche, *sub, -s* Persiflage
pastille, *sub, -s* Pastille
pastry, *sub, -ies* Gebäck, Teig; ~
board *sub, -s* Kuchenbrett; ~ **bowl**
sub, -s Teigschüssel; ~ **fork** *sub, -s*
Kuchengabel; ~ **jagging wheel** *sub,
-s* Teigrädchen; ~ **kitchen** *sub, -s*
Patisserie; ~**-cook** *sub, -s* Konditor,
Kuchenbäcker
pasturage, *sub, -s* Weideland; ~ **right**
sub, - -s Abtrift; **pasture** *sub, -s*
(agrar) Weide; **pasturing** *adj,* koppelgängig
pasty, *adj,* käsig
pat, (1) *vi, (Tier)* tapsen **(2)** *vt,* tätscheln
Patagonian, *adj,* patagonisch
patch, *sub, -es* Flicken; *(für Gemüse)*
Beet; ~ **up** *vt, (i. ü. S.)* kitten
patchouli, *sub, nur Einz.* Patschuli; ~
oil *sub, -s* Patschuliöl
patchwork, *sub, -s* Flickarbeit; *nur
Einz.* Patchwork; *-s* Stückwerk; ~
quilt *sub, -s* Flickendecke
pâte, *sub, -s (Leber~ etc.)* Pastete
paten, *sub, -s (kirchl.)* Patene
patent, (1) *sub, -s (Erfindung)* Patent
(2) *vt,* patentieren; *patent pending*
zum Patent angemeldet; *to apply for
a patent on sth* etwas zum Patent
anmelden, *to have sth patented* sich
etwas patentieren lassen; ~ **law** *sub,
-s* Patentrecht; ~ **leather** *sub, -* Lackleder; **Patent Office** *sub, -s* Patentamt; ~ **remedy** *sub, -ies*
Patentlösung, Patentrezept; ~ **right**
sub, -s Patentschutz; ~**-leather boot**
sub, -s Lackstiefel; ~**able** *adj,* patentfähig
paternal, *adj,* väterlich; **paternity**
sub, -s (tt; jur.) Vaterschaft; **paternoster** *sub, -s (Aufzug)* Paternoster
path, *sub, -s* Pfad, Trampelpfad; - Weg;
to follow the path of virtue auf dem
Pfad der Tugend wandeln; *tread new
paths* neue Wege beschreiten; ~ *of a
bullet through the body sub, -s
(med.)* Schusskanal
pathetic, *adj,* jämmerlich, kläglich; ~
concoction *sub, -s* Elaborat

pa hogene, *sub, -s* Krankheitserreger; ~**sis** *sub, -geneses* Pathogenese; **pathogenic** *adj,* pathogen;
pathological *adj,* krankhaft, pathologisch; **pathologist** *sub, -s* Pathologe; **pathology** *sub, nur Einz.*
Pathologie
patience, *sub, nur Einz.* Geduld, Patience; *(Geduld)* Ausdauer; *be patient with* Geduld haben mit; *lose
one's patience* die Geduld verlieren; *patience is a virtue* mit Geduld und Spucke; *to play patience*
eine Patience legen; ~ *of a saint
sub, nur Einz.* Engelsgeduld; - Lammsgeduld; **patient (1)** *adj,* geduldig **(2)** *sub, -s* Kranke, Patient; *be
patient* Geduld üben
patinate, *vt,* patinieren; *to patinate*
Patina ansetzen
patio, *sub, -s* Patio
patisserie, *sub, -s* Feinbäckerei
patogen, *sub, -s* Erreger
patriarch, *sub, -s* Erzpriester, Patriarch; ~**al** *adj,* patriarchalisch; ~**y**
sub, nur Einz. Patriarchat; **patrician** *sub, -s* Patrizier, Patrizierin
patriot, *sub, -s* Patriot; ~**ic** *adj,* patriotisch; ~**ism** *sub, nur Einz.* Patriotismus; **patristic (1)** *adj,*
(theol.) patristisch **(2)** *sub, -s* Patristzer
patrol, (1) *sub, -s* Patrouille, Streife,
Streifengang **(2)** *vi,* patrouillieren
(3) *vt, (kontrollieren)* abgehen;
(Strecke) abfliegen
patron, *sub, -s* Gönner, Mäzen,
Schirmherr; *(Schirmherr)* Patron,
Patronin; ~ **saint** *sub, -s* Schutzheilige; *(rel.)* Patron, Patronin; ~**age**
sub, nur Einz. Mäzenatentum; *-s*
Patronage, Patronat; ~**ess** *sub, -es*
Schirmherrin; ~**izing expression**
sub, - Gönnermiene; ~**izing
treatment** *sub, -s (polit.)* Bevormundung
patter, *vi, (Regen)* plätschern
pattern, (1) *sub, -s* Dessin, Pattern,
Schnittmuster; - Vorlage; *-s (Vorlage)* Muster **(2)** *vt,* dessinieren; *to
knit from a pattern* nach einem
Muster stricken; ~ **card** *sub, -s* Musterkarte
paunch, *sub, -es* Bauch, Wamme;
(ugs.) Wampe; ~**y** *adj,* speckbäuchig

pauperism, *sub, nur Einz.* Pauperismus
pause, (1) *sub, -s (Innehalten)* Pause (2) *vi,* innehalten, verharren; *(innehalten)* einhalten
pavan(e), *sub, -s* Pavane
pave, *vt,* bepflastern; ~ the way for *vt,* anbahnen; ~ment *sub, -s* Bürgersteig, Gehsteig, Gehweg, Trottoir; *on the pavement* auf dem Bürgersteig; ~ment artist *sub, -s* Pflastermaler; ~r *sub, -s* Plattenleger
pavilion, *sub, -s* Pavillon
pawl, *sub, -s* Sperrklinke
pawn, (1) *sub, -s (Schachspiel)* Bauer (2) *vt,* verpfänden; ~ ticket *sub, -s* Pfandschein, Pfandzettel; ~broker *sub, -s* Pfandleiher; ~ing *sub, -s* Verpfändung; ~shop *sub, -s* Leihhaus, Pfandhaus
pay, (1) *sub, -s* Sold; *(Einkommen)* Gehalt; *(Schiff.)* Heuer; *nur Einz. (von Lohn)* Bezahlung (2) *vi,* bezahlen (3) *vir,* rentieren (4) *vt,* begleichen, besolden, entrichten (5) *vti,* zahlen; *be paid by so* bei jemandem abkassieren; *immediate payment with money* cash bezahlen; *it doesn´t pay* das bringt nichts ein; *payable by May 31* zum 31 Mai fällig werden; *to pay in kind* in Naturalien bezahlen; *you´ll pay for being so lazy* deine Faulheit wird sich rächen; *you´ll pay for that!* das hast du nicht umsonst getan!, *pay taxes* Steuern entrichten, *(i. ü. S.) to pay a high price* einen hohen Preis zahlen; ~ (a fee) *vt,* honorieren; ~ (for) *vti,* bezahlen; *be unable to pay for sth* etwas nicht bezahlen können; *pay dearly for sth* etwas teuer bezahlen; ~ (out) *vt,* auszahlen; ~ a bit more *vt,* draufzahlen; ~ a deposit *vt,* anzahlen; ~ attention *vt, (Aufmerksamkeit schenken)* beachten; *(zuhören)* aufpassen; ~ back *vt,* zurückbezahlen, zurückzahlen; ~ duty on *vt,* verzollen; ~ extra (1) *vi,* zuzahlen (2) *vti,* nachzahlen; ~ for (1) *vi, (für Kosten)* aufkommen (2) *vt,* entgelten; *(jemanden)* freihalten; *(Lebensunterhalt etc.)* bestreiten; *make so pay for sth* jmd für etwas entgelten lassen; *pay so for sth* jmd für etwas entgelten; ~ for by instalments *vt, (ugs.)* abstottern
pay freeze, *sub, -s* Lohnstopp; pay

homage to *vi,* huldigen; pay in advance *vt,* vorauszahlen; pay interest on *vt, (tt; wirt.)* verzinsen; pay later *vti, (später zahlen)* nachzahlen; pay off (1) *vi,* auszahlen (2) *vr,* rechnen (3) *vt,* abbezahlen, abfinden, abmustern, abzahlen; *(Schuld)* abgelten, tilgen; *(Schulden)* abtragen; *it doesn´t pay* es zahlt sich nicht aus; *it´ll pay off in the end* es wird sich auszahlen; pay out *vt,* ausbezahlen; *(Kabel)* abrollen; pay packet *sub, -s* Lohntüte
paying off, *sub, -s* - Abmusterung; -s *(von Schulden)* Abtragung; payload *sub, -s* Nutzlast; paymaster *sub, -s* Zahlmeister; payment *sub, -s* Abgeltung, Abzahlung, Begleichung, Besoldung, Bestreitung, Einzahlung, Entgelt, Entlohnung, Entrichtung, Honorierung, Zahlung, Zuwendung; *(Auszahlen; Geldbetrag)* Auszahlung; *(von Dienstleistungen, Waren)* Bezahlung; *ask so for payment of sth* eine ausstehende Zahlung bei jemandem anmahnen; payment by instalment *sub, -s* Ratenzahlung; payment in kind *sub, payments* Naturallohn; payment of interest *sub, - (tt; wirt.)* Verzinsung; payment of kind *sub, -s* Sachleistung; payment of the rent *sub, payments* Mietzahlung; payment on account *pron,* Abschlagszahlung; payments office *sub, -s* Zahlstelle; payoff *sub,* Abbezahlung
pay phone, *sub, -s* Münzapparat, Münzfernsprecher; pay s.b. back *vt,* heimzahlen; pay sb *vt,* entlohnen; pay slip *sub, -s* Lohnzettel; pay so *vt,* zuwenden; pay tax on *vt,* versteuern; pay too much *vt,* überbezahlen; pay TV *sub, nur Einz.* Pay-TV; pay-day *pron, (ugs.)* Zahltag; payable *adj,* zahlbar; payee *sub, -s* Remittent; paying guest *sub, -s* Pensionsgast
pea, *sub, -s* Erbse; *as like as two peas* wie ein Ei dem anderen gleichen; *they are like as two peas* sie gleichen sich wie ein Ei dem anderen; ~ soup *sub, nur Einz.* Erbsensuppe; *pea-supper* der Nebel ist so dick wie Erbsensuppe
peace, *sub, nur Einz.* Friede; - Ge-

ruhsamkeit; *nur Einz.* Ruhe; *he may rest in peace* er ruhe in Frieden; *keep the peace* Frieden bewahren; *make one´s peace with* seinen Frieden machen mit; *make peace* Frieden schließen; *(ugs.) to leave so in peace* jemanden ungeschoren lassen; ~ **and quiet** *sub,* - *(i. ü. S.)* Ungestörtheit; ~ **envoy** *sub,* -*s* Parlamentär; ~ **movement** *sub,* -*s* Friedensbewegung; ~ **settlement** *sub,* -*s* Friedensschluss; ~ **treaty** *sub,* -*ies* Friedensvertrag; ~**able** *adj,* friedfertig; ~**ful** *adj,* friedlich, geruhsam; ~**ful intercourse** *sub, nur Einz. (Koexistenz)* Auskommen; ~**loving** *adj,* friedliebend; ~**time** *sub, nur Einz.* Friedenszeit
peach, *sub, sub* Pfirsich; ~ **skin** *sub, nur Einz.* Pfirsichhaut; ~ **tree** *sub,* -*s* Pfirsichbaum
peacock, *sub,* -*s* Pfau; *he struts around like a peacock* er stolziert daher wie ein Pfau; ~ **butterfly** *sub,* -*ies (Tag~)* Pfauenauge; ~ **moth** *sub,* -*s (Nacht~)* Pfauenauge
peak, *sub,* -*s* Höchststand, Mützenschirm, Piz; *(Berg)* Gipfel; ~ **hours** *sub,* - Hochbetrieb; ~ **performance** *sub,* -*s (tech.)* Spitzenleistung; ~ **season** *sub,* -*s* Hauptsaison; - *(Hochsaison)* Hochbetrieb; ~ **value** *sub,* -*s* Spitzenwert; ~**ed cap** *sub,* -*s* Schirmmütze
peal of bells, *sub,* -*s* Glockenklang; **peal of thunder** *sub,* -*s* Donnerschlag
peanut, *sub,* -*s* Erdnuss; *(i. ü. S.) peanuts* kleine Fische (Kleinigk); *these are peanuts* das sind nur Kleinigkeiten
pear, *sub,* -*s* Birne; ~**-shaped** *adj,* birnenförmig; ~**-tree** *sub,* -*s* Birnbaum; ~**-wood** *sub, nur Einz.* Birnbaum
pearl, *sub, nur Einz.* Perl; -*s* Perle, Perlschrift; *to cast pearls before swine* Perlen vor die Säue werfen; *thread pearls* Perlen aufreihen; ~ **necklace** *sub,* -*s* Perlenkette; ~ **oyster** *sub,* -*s* Perlmuschel; ~ **white** *adj,* perlweiß
peasant, *sub,* -*s (ugs.)* Primitivling; **Peasants´ War** *sub, peasants´ wars* Bauernkrieg
pebble, *sub,* -*s* Kiesel
peck, (1) *sub,* -*s* Küsschen, Schnabelhieb **(2)** *vti,* picken; ~**ing order**

sub, -*s* Hackordnung
pectin, *sub,* -*s* Pektin
pectoral cross, *sub,* -*es (kirchl.)* Pektorale
peculiar, *adj,* eigenartig, eigentümlich; ~**ity** *sub,* -*ies* Eigenheit; *(Charakterzug)* Eigenart
pedal, (1) *sub,* -*s* Pedal **(2)** *vi, (Radfahrer)* treten; *to pedal hard* in die Pedale treten; ~ **boat** *sub,* -*s* Tretboot; ~ **car** *sub,* -*s* Tretauto
pedant, *sub,* -*s* Pedant; ~**ic** *adj,* pedantisch; ~**ry** *sub, nur Einz.* Pedanterie
pederast, *sub,* -*s* Päderast; ~**y** *sub, nur Einz.* Päderastie
pedestal, *sub,* -*s* Piedestal, Postament; *(Sockel)* Podest; *(Statue)* Sockel
pedestrian, *sub,* -*s* Fußgänger, Fußgängerin
pedicure, *sub, nur Einz.* Pediküre; **pedicurist** *sub,* -*s* Fußpflegerin
pedigree, *sub,* -*s (zool.)* Stammbaum
pediment, *sub,* -*s (Zier-)* Giebel
pedlar, *sub,* -*s* Höker
pedometer, *sub,* -*s* Hodometer, Pedometer
pee, *vi,* pinkeln, strullen
peep, *vi, (dial.)* lugen; *(ugs.)* linsen, luchsen; *peep through the gap in the fence* durch die Zaunlücke spähen; ~ **show** *sub,* -*s* Peepshow; ~**hole** *sub,* -*s* Guckfenster, Guckloch; ~**ing Tom** *sub,* -*s (i. ü. S.; Voyeur)* Spanner
peer, *vi, (verstohlen)* spähen; ~**ing** *sub,* -*s* Späherei
peeved, *adj,* pikiert; *she looked peeved* sie machte ein pikiertes Gesicht
peg, *sub,* -*s* Klammer, Pflock; *(einer Geschichte)* Aufhänger; *a suit off the peg* ein Anzug von der Stange; ~ **on** *vt, (Wäsche)* festklammern
Pegnitz order, *sub, nur Einz. (hist.)* Pegnitzorden
pekinese, *sub,* -*s* Pekinese
pelagic region, *sub, nur Einz.* Pelagial
pelican, *sub,* -*s* Pelikan
pellet, *sub,* -*s* Schrotkugel; ~**ize** *vt,* pelletieren
pellucid, *adj,* transparent; ~**ity** *sub, nur Einz.* Transparenz

pelmet, *sub, -s (Vorhang)* Überhang
pelvis, *sub, -ves (anat.)* Becken; ~ **of the kidney** *sub, -ses oder -ves* Nierenbecken
pemmican, *sub, nur Einz.* Pemmikan
pen, *sub, -s (Schreib-)* Feder; *(Schreibgerät)* Stift; *quillpen* Gänsefeder; *take up one´s pen* zur Feder greifen; *(geh.) wield a sharp pen* eine spitze Feder führen; **PEN Club** *sub, nur Einz.* P.E.N.-Club; ~**-and-ink drawing** *sub, -s* Tuschzeichnung; ~**-friend** *sub, -s* Briefpartner
penal authority, *sub, -ies* Strafgewalt; **penal charge** *sub, -s* Strafanzeige; **penal institution** *sub, -s* Strafanstalt; **penal law** *sub, -s* Strafgesetz; **penal system** *sub, -s* Strafvollzug; **penalty** *sub, -ies* Elfmeter, Elfmetertor, Penalty; *(spo.)* Strafe; *take a penalty* einen Elfmeter schießen; *under penalty of* unter Androhung von; **penalty kick** *sub, -s* Strafstoß; **penalty minute** *sub, -s* Strafminute; **penalty of honour** *sub, -ies* Ehrenstrafe; **penalty point** *sub, -s* Strafpunkt
penance, *sub, nur Einz.* Buße; *-s* Kirchenbuße
pencil, *sub, -s* Bleistift; *pencil-sharpener* Bleistiftspitzer
pendant, *sub, -s (Schmuck)* Anhänger; ~**s** *sub, -* Gehänge
pendule, *sub, -s* Pendüle; **pendulum** *sub, -s* Pendel, Perpendikel; *the pendulum swung in the other direction* das Pendel schlug nach der entgegengesetzten Seite aus
penetrate, (1) *vi, (geh.)* dringen (2) *vt*, eindringen, penetrieren; *(durch etw. dringen)* durchdringen; *penetrate into a forest/maze* in einen Wald/ein Labyrint eindringen; *penetrate the darkness* die Dunkelheit durchdringen; ~**d** *adj*, durchdrungen; **penetration** *sub, -s* Penetration
penfriend, *sub, -s* Brieffreund
penguin, *sub, -s* Pinguin
penicillin, *sub, -s* Penicillin, Penizillin
peninsula, *sub, -s* Halbinsel, Peninsula
penis, *sub, -es oder penises* Penis; *-es (Penis)* Glied; **penitent** (1) *adj*, bußfertig (2) *sub, -s* Pönitent; *(bibl.)* Büßer
penknife, *sub, -ves* Federmesser, Klappmesser

pennant, *sub, -s* Fähnlein, Wimpel
penny, *sub, pence oder -ies* Penny; *a penny for your thought* ich möchte deine Gedanken lesen können; *be penniless* mittellos dastehen; *down to the last penny* auf Heller und Pfennig; *he hasn´t got a penny to his name* er hat keinen Pfennig Geld; *not a single penny* keine müde Mark; *(i. ü. S.) not worth a penny* keinen Groschen wert; *(ugs.; WC) spend a penny* auf die Toilette gehen; *take care of the pennies, and the pounds will look after themselves* wer der Pfennig nicht ehrt, ist den Taler nicht wert; *(ugs.) that cost a pretty penny* es hat eine hübsche Summe gekostet; *(ugs.) that´ll cost a pretty penny* das kostet einen ganzen Batzen; *(i. ü. S.) the penny has dropped* der Groschen ist gefallen; *to count every penny* auf den Pfennig schauen; *to have to count every penny* mit jeder Mark rechnen müssen; *to think twice about every penny one spends* jeden Pfennig dreimal umdrehen
penpusher, *sub, -s* Federfuchser
pension, *sub, -s* Rente; *(Ruhegehalt)* Pension; ~ **fund** *sub, -s* Pensionskasse; ~ **scheme** *sub, -s* Rentenversicherung; ~**er** *sub, -s* Rentier, Rentner; *(im Ruhestand)* Pensionär; ~**ing-off** *sub, -s (Vorgang)* Pensionierung
pensive, *adj*, versonnen
pentagon, *sub, -s* Pentagon; **pentagram** *sub, -s* Drudenfuß, Pentagramm; **pentahedron** *sub, -s* Pentaeder; **pentameter** *sub, -s* Pentameter; **pentathlon** *sub, -s* Pentathlon; **pentatonic scale** *sub, nur Einz.* Pentatonik
penthouse, *sub, -s* Penthaus, Penthouse
peony, *sub, -ies* Pfingstrose
people, *sub, Mz.* Leute; *-s* Volk; *nur Mehrz. (Gattung)* Mensch; *10 people were killed* es gab 10 Tote; *people* Personen; *people used to believe* früher glaubte man; *(i. ü. S.) that´s how the best people do it* das gehört zum guten Ton; *the people of Germany* Deutschlands Bevölkerung; *to meet a lot of*

people viel unter Menschen kommen; *we still need a few people* es fehlen uns immer noch einige Leute; *you have to take people as they come* man muss die Menschen nehmen, wie sie sind; ~ **like myself** *sub, nur Mehrz.* *(meiner Art)* meinesgleichen; ~ **like you** *sub, nur Mehrz.* deinesgleichen; ~ **seeking advice** *sub, nur Mehrz.* Ratsuchende; ~ **sharing a flat** *sub, - (i. ü. S.)* Wohngemeinschaft; ~ **willing to work** *sub, nur Mehrz.* Arbeitswillige; ~´s **republic** *sub,* -s Volksrepublik

pep, *sub, nur Einz.* Pep; *to put a bit of pep into sth* etwas mit Pep machen; ~ **up** *vt, (ugs.)* aufpeppen

pepper, (1) *sub,* -s Pfeffer; *(Schote)* Paprika **(2)** *vt, (Küche)* pfeffern; *salt and pepper* Pfeffer und Salz; ~ **steak** *sub,* -s Pfeffersteak; ~-**mill** *sub,* -s Pfeffermühle; ~**mint** *sub, nur Einz.* Pfefferminze

pepsin, *sub,* -s Pepsin

per, (1) *adv,* je **(2)** *präp,* pro; *per se* per se; ~ **cent (1)** *adj,* prozentisch **(2)** *sub,* - Prozent; ~ **cent rate** *sub,* -s Prozentkurs; ~ **line** *adj,* zeilenweise; ~ **se** *adv,* schlechthin, schlechtweg

perboric acid, *sub, nur Einz.* Perborsäure

percale, *sub, nur Einz.* Perkal

perceive, *vt,* konstatieren, perzipieren

percentage, (1) *adj,* prozentual, prozentuell **(2)** *sub,* -s Hundertsatz, Prozentsatz, Prozentwert; ~ **point** *sub,* -s Prozentpunkt

perceptible, *adj,* bemerkbar; **perception** *sub,* -s Perzeption, Wahrnehmung; **perceptive** *adj,* divinatorisch, hellsichtig; **perceptive faculty** *sub,* -ies Auffassungsgabe

perch, *sub,* -es *(zool.)* Barsch

percolate, *sub,* -s Perkolat

percussion, *sub,* -s Percussion, Perkussion

percutaneous, *adj,* perkutan

peregrine (falcon), *sub,* -s *(tt; zool.)* Wanderfalke

perestroika, *sub, nur Einz.* Perestroika

perfect, (1) *adj,* einwandfrei, perfekt, vollendet, vollkommen **(2)** *vt,* perfektionieren, vervollkommnen; *perfect world* heile Welt; *to speak*

English perfectly perfekt Englisch sprechen; *to speak perfect English* perfekt Englisch sprechen; ~ **(tense)** *sub,* -s Perfekt; ~**ion** *sub, nur Einz.* Perfektion; ~**ionism** *sub, nur Einz.* Perfektionismus; ~**ionist (1)** *adj,* perfektionistisch **(2)** *sub,* -s Perfektionist; ~**ive** *adj,* perfektiv; ~**ly** *adv, (völlig)* durchaus

perfidious, *adj, (geh.)* perfid, perfide; **perfidy** *sub, nur Einz.* Perfidie

perforate, *vt,* lochen, perforieren; ~**d** *adj, (Briefmarke)* gezahnt; **perforation** *sub,* -s Perforation; *(tt; Briefmarke)* Zahn

perforce, *adv,* notgedrungen

perform, *vt,* verrichten, vollführen, vollziehen; *(theat.)* darbieten; *(Theater)* geben; *(Theaterstück)* aufführen; *perform a play* ein Theaterstück darbieten; ~ **a death-defying leap** *vt, (Zirkus)* Salto mortale; ~ **exercises on a horseback** *vi, (tt; spo.)* voltigieren; ~ **official duties** *vi,* repräsentieren; ~ **statute labor** *vi, (US)* fronen; ~ **statute labour** *vi,* fronen; ~**ance** *sub,* -s Aufführung, Leistung, Performance, Vollführung, Vollziehung, Vorstellung; *(eines Schauspielers)* Auftreten; *(theat.)* Darbietung; ~**er** *sub,* -s *(Mitspieler)* Mitwirkende; ~**ing** *sub,* -s Verrichtung; ~**ing ban** *sub,* - -s Auftrittsverbot; ~**ing rights** *sub, nur Mehrz.* Aufführungsrecht

perfume, (1) *sub,* -s Parfüm **(2)** *vt,* parfümieren; ~**ry** *sub,* -ies Parfümerie

perhaps, *adv,* vielleicht, wohl

pericope, *sub,* -s Perikope

perigone, *sub,* -s *(bot.)* Perigon

peril of death, *sub,* -s perils Todesnot; **perilous** *adj,* lebensgefährlich

perimeter, *sub,* -s *(Kreis-)* Umfang

period, *sub,* - Laufzeit; -s Periode, Zeitabschnitt, Zeitabstand; *(i. ü. S.)* *have one´s period* seine Tage haben; ~ **following** *sub,* -s Folgezeit; ~ **of apprenticeship** *sub,* -s Lehrzeit; ~ **of circulation** *sub,* periods Umlaufzeit; ~ **of directorship** *sub,* -s Intendantur; ~ **of drought** *sub,* -s Dürreperiode; ~ **of industrial expansion** *sub, nur Einz.* Gründerzeit; ~ **of probation** *sub,* -s -

Bewährungsfrist; ~ of suffering *sub*, -s Leidenszeit; ~ of time *sub*, -s Frist, Zeitraum; ~ic number *sub*, -s Periodenzahl; ~ic(al) *adj*, periodisch; ~ical *sub*, -s Journal; ~ization *sub*, -s Periodisierung; ~ontosis *sub*, -toses Parodontose **periostium**, *sub*, *nur Einz.* *(anat.)* Knochenhaut
peripheral, *adj*, peripher; **peripherial zone** *sub*, -s Randzone; **periphery** *sub*, -ies Peripherie
periscope, *sub*, -s Periskop, Sehrohr; **periscopic** *adj*, periskopisch
perish, *vi*, untergehen, verenden
peristalsis, *sub*, *nur Einz.* Peristaltik
peristyle, *sub*, -s Peristyl
peritoneum, *sub*, -nea *(anat.)* Bauchfell
perjury, *sub*, -ies Meineid; *to commit perjury* einen Meineid leisten, meineidig werden
permanence, *sub*, *nur Einz.* Permanenz; *(Dauerhaftigkeit)* Beständigkeit; **permanent** *adj*, dauernd, permanent, ständig; *(dauerhaft)* beständig; *permanent residence* dauernder Wohnsitz; *permanent stock* eiserne Reserve; **permanent (state)** *sub*, -s Dauerzustand; **permanent damage** *sub*, -s Dauerschaden; **permanent disposal** *sub*, -s Endlagerung; *permanent disposal (of nuclear waste)* Endlagerung von Atommüll; **permanent disposal site** *sub*, -s Endlager; **permanent secretary** *sub*, -ies Staatssekretär; **permanent sleep** *sub*, *nur Einz.* Dauerschlaf; **permanent wave** *sub*, -s Dauerwelle; **permanent way** *sub*, -s *(Bahn)* Oberbau
permanganate, *sub*, -s Permanganat
permeable, *adj*, *(geh.; erwünscht)* durchlässig
Permian, *sub*, *nur Einz.* Perm
permissible, *adj*, zulässig; **permission** *sub*, -s Erlaubnis, Genehmigung, Permission; *give so the permission to do sth* jmd erlauben etwas zu tun; **permission for demolition** *sub*, -s Abbruchgenehmigung; **permission to pass** *sub*, *(Pers.)* Durchlass; **permission to take part** *sub*, *permissions (spo.)* Starterlaubnis; **permissive** *adj*, permissiv; **permissiveness** *sub*, *nur Einz.* Permissivität; -es *(mora-*

lisch) Freizügigkeit; **permit (1)** *sub*, -s Bezugsschein, Erlaubnisschein; *(behördl. Zulassung)* Genehmigung **(2)** *vt*, gestatten, zulassen; *(ermöglichen)* erlauben; **permitted** *adj*, statthaft
permutable, *adj*, permutabel; **permutation** *sub*, -s Permutation; **permute** *vt*, permutieren
pernicious, *adj*, verderblich; **pernickety** *adj*, pusslig
perpendicular, **(1)** *adj*, perpendikular **(2)** *sub*, -s *(mat.)* Senkrechte; *(math.)* Lot; *to drop a perpendicular* das Lot fällen
perpetration, *sub*, -s Täterschaft; *(einer Tat)* Ausführung; **perpetrator** *sub*, -s *(jur.)* Täter; **perpetual** *adj*, immerwährend; *perpetual snow* ewiger Schnee; **perpetuate** *vt*, verewigen
persecution, *sub*, -s *(tt; jur.&pol)* Verfolgung; ~ of the Jews *sub*, -s Judenverfolgung
Persia, *sub*, *nur Einz.* Persien; ~n *adj*, persisch; ~n carpet *sub*, -s Perserteppich; ~n cat *sub*, -s Perserkatze; ~n lamb (coat) *sub*, -s Persianer; ~n wars *sub*, *nur Mehrz. (die ~e)* Perserkrieg
persistence, *sub*, *nur Einz.* Persistenz; **persistent** *adj*, persistent; *(hartnäckig)* beharrlich; *(Krankheit etc.)* hartnäckig; **persistently** *adv*, beharrlich
person, *sub*, -s *(auch gramm.)* Person; *(Person)* Mensch; *(the person of) the king is inviolable* die Person des Königs ist unantastbar; *a nice type of person* ein nobler Kunde; *it concerns the chancellor as person, not the office* es geht um die Person des Kanzlers, nicht um das Amt; *juristic person* juristische Person; *per person* pro Person; *to appear in person* in Person erscheinen; *to be passed on from person to person* von Mund zu Mund gehen; *you are required to appear in person* sie müssen persönlich erscheinen; *to become a different/new person* ein anderer/neuer Mensch werden; ~ believed to be dead *sub*, *persons* Totgeglaubte; ~ blinded in war *sub*, *the war-blind* Kriegsblinde; ~ celebrating an anniversary *sub*,

people Jubilar; ~ **concerned** *sub*, *people* - Betreffende; ~ **doing community service** *sub*, - *(ugs.)* Zivi; ~ **doing illicit work** *sub*, *people* Schwarzarbeiter; ~ **from Copenhagen** *sub*, *people* Kopenhagener(in); ~ **from Eiderstedt** *sub*, *-s* Eiderstedter; ~ **from Helmstedt** *sub*, *-s* Helmstedter; ~ **from the Erzgebirge** *sub*, *people* Erzgebirgler; ~ **from the Middle East** *sub*, *persons* Orientale **personal**, *adj*, personal, persönlich; *get personal* persönlich werden; *get personal* anzüglich werden; *personal pronoun* persönliches Fürwort; *personal views* eigene Ansichten; ~ **chef** *sub*, *-s* Leibkoch; ~ **computer** *sub*, *-s* Personalcomputer; ~ **description** *sub*, *-s* Steckbrief; ~ **enrichment** *sub*, *nur Einz. (das Hinzufügen)* Bereicherung; ~ **file** *sub*, *-s* Personalakte; ~ **freedom** *sub*, *nur Einz.* Freiraum; ~ **hygiene** *sub*, *nur Einz.* Körperkultur; ~ **message** *sub*, *-s* Reiseruf; ~ **physician** *sub*, *-s* Leibarzt; ~ **pronoun** *sub*, *-s* Personalpronomen; ~ **property** *sub*, *-ies* Eigenbesitz **personal security**, *sub*, *nur Einz.* Personenschutz; **personal union** *sub*, *nur Einz.* Personalunion; **personality** *sub*, *-ies* Personalität, Persönlichkeit; *nur Einz. (i. ü. S.; einer Person)* Ausstrahlung; *he hasn´t got much personality* er besitzt wenig Persönlichkeit; *he´s quite a personality* er ist eine Persönlichkeit; *he hasn´t got the personality it takes* er hat kein Format; **personality cult** *sub*, *-s* Personenkult; *a great personality cult has been built up around Che Guevara* mit Che Guevara wird viel Personenkult betrieben; **personalize** *vti*, personalisieren; **personally** (1) *adj*, persönlich (2) *adv*, eigenhändig; *to be personally liable* persönlich haften; *to take sth personally* etwas persönlich nehmen; **personification** *sub*, *-s* Inbegriff, Personifikation, Personifizierung, Verkörperung; **personify** *vt*, personifizieren, verkörpern; *she is patience personified* sie ist die Geduld in Person **person in charge**, *sub*, *people* - Betreuer; *-s (eines Sachgebiets)* Bearbeiter; **person in her/his late forties** *sub*, *-s* Endvierziger; **person in**

her/his late thirties *sub*, *-s* Enddreißiger; **person in work** *sub*, *those in work* Erwerbstätige; **person looked after** *sub*, *people* - Betreute; **person opposite** *sub*, *-s* Gegenüber; **person peparing for the diploma** *sub*, *-s* Diplomand; **person receiving welfare** *sub*, *persons* Sozialhilfeempfänger; **person speaking a Romance language** *sub*, *people* Romane; **person suffering from neuralgia** *sub*, *people* Neuralgiker; **person undergoing rehabilitation** *sub*, *people* Rehabilitand; **person who forces prices up** *sub*, *people* Preistreiber **personnel**, (1) *attr*, personell (2) *sub*, *nur Einz.* Personal; *the delays in production are caused by personnel problems* die Verzögerungen in unserer Produktion sind personell bedingt; ~ **department** *sub*, *-s* Personalbüro; ~**-intensive** *adj*, personalintensiv **person who habilitates**, *sub*, *-s* Habilitandin; **person who is able to see ghosts** *sub*, *-s* Geisterseher; **person who is involved in an accident** *sub*, *-s* Havarist; **person who is not Jewish** *sub*, *-s (jüdisch)* Goi; **person who is skilled in medicine** *sub*, *-s* Heilkundige; **person who lives in the heathen** *sub*, *-s* Heidler; **person who pays the deposit** *sub*, *-s* Hinterleger; **person who prefers fruit and vegetables uncooked** *sub*, *people* Rohköstler, Rohköstlerin; **person who returns** *sub*, *people* Rückkehrerin; **person who smokes pot** *sub*, *-s* Hascher **perspective**, *sub*, *-s* Perspektive; *to put sth into the right perspective* etwas in die rechte Optik bringen **perspicacity**, *sub*, *nur Einz.* Scharfsichtigkeit **perspiration**, *sub*, *nur Einz.* Perspiration, Transpiration; *(von Schweiß)* Ausdünstung; **perspire** *vi*, transpirieren; *(Haut)* ausdünsten **persuade**, *vt*, überreden, überzeugen; *(i. ü. S.)* breitschlagen; *be persuaded to do sth* sich zu etwas bewegen lassen; *friendly persuasion* freundliches Zureden; *he´s not*

to *be persuaded* er lässt sich nicht umstimmen; *let him/herself be persuaded* sich breitschlagen lassen; ~ **so** *vt, (jemanden überreden)* bereden; **persuasion** *sub, -s* Überredung
pert, *adj*, keck
pertaining to content(s), *adj*, inhaltlich
pertness, *sub, nur Einz.* Keckheit
perversion, *sub, -s* Perversion, Perversität; **pervert** *vt*, pervertieren; *a pervert* ein perverser Mensch; **perverted** *adj*, pervers; **pervertedness** *sub, nur Einz.* Pervertiertheit
pessimism, *sub, nur Einz.* Pessimismus; *-s* Schwarzmalerei, Schwarzseherei; *this eternal pessimism!* immer dieser Pessimismus!; **pessimist** *sub, -s* Pessimist, Schwarzseher; **pessimistic** *adj*, pessimistisch; *to take a pessimistic view of sth* etwas pessimistisch beurteilen
pest, *sub, nur Einz.* Schädling; *a pest* ein penetranter Kerl; ~ **control** *sub, nur Einz. (gegen Ungeziefer)* Pflanzenschutz; ~ **controller** *sub, -s* Kammerjäger; ~**(ilence)** *sub, nur Einz.* Pest; ~**er** (1) *vi*, zusetzen (2) *vt, (aufdringlich umwerben)* nachstellen; *(belästigen)* piesacken, plagen; *(eindringlich bitten)* bedrängen; *he won´t stop pestering me* er geht mir nicht von der Pelle; *he´s been pestering me all day* er piesackt mich schon den ganzen Tag; *to pester the living daylights out of somebody* jmd Löcher in den Bauch fragen; ~**er** **(death) with questions** *vt*, löchern; *he´s been pestering me for weeks wanting to know when* er löchert mich seit Wochen, wann; ~**ering** *sub, nur Einz.* Behelligung; *(Aufdringlichkeit)* Nachstellung; ~**icide** *sub, -s* Pestizid; *-* Schädlingsbekämpfungsmittel; ~**ilence** *sub, nur Einz. (veraltet)* Pestilenz
pet, (1) *sub, -s* Haustier (2) *vi, (ugs.; erot.)* fummeln (3) *vt, (Tier)* streicheln; ~ **name** *sub, -s* Kosename; ~ **shop** *sub, -s* Tierhandlung, Zoohandlung
petal, *sub, -s* Blütenblatt
petard, *sub, -s* Petarde
petition, *sub, -s* Bittschrift, Gesuch, Petition; *(Antrag)* Eingabe; *(jur.)* Antrag; *present a petition for/against*

sth to eine Bittschrift für/gegen etwas bei einreichen; *make a petition to for sth* eine Eingabe bei für etwas machen; ~ **for a referendum** *sub, nur Einz. (tt; polit.)* Volksbegehren; ~**er** *sub, -s* Bittsteller; *(jur.)* Antragsteller
petrel, *sub, -s (zool.)* Sturmvogel
petrifaction, *sub, -s* Petrefakt
petrochemistry, *sub, nur Einz.* Petrochemie; **petrodollar** *sub, -s* Petrodollar; **petrol** *sub, nur Einz. (für Fahrzeuge)* Benzin; **petrol prices** *sub, nur Mehrz.* Benzinpreis; **petrol pump** *sub, -s* Zapfsäule; **petrol pump attendant** *sub, -s* Tankwart; **petroleum** *sub, nur Einz.* Erdöl
petticoat, *sub, -s* Jupon, Unterrock
petting, *sub, nur Einz.* Liebesspiel, Petting; *- (vulg.)* Zärtlichkeit; *-s (ugs.; erot.)* Fummelei
petty, (1) *adj*, engherzig (2) *adv*, kleinlich; *petty/grand larceny* einfacher/schwerer Diebstahl; ~ **bourgeois** (1) *adj*, kleinbürgerlich (2) *sub, -* Kleinbürger; ~ **jealousy** *sub, -ies* Eifersüchtelei; ~ **offence** *sub, -s* Kavaliersdelikt; *smuggling cigarettes is no longer a petty offence* Zigarettenschmuggeln ist kein Kavaliersdelikt mehr; ~**-minded nature** *sub, -s* Krämerseele; ~**-minded thinking** *sub, nur Einz.* Krämergeist
petunia, *sub, -s* Petunie
pewter tankard, *sub, -s* Zinnkrug
pfennig, *sub, -s* Pfennig, Pfennigstück
phagocyte, *sub, -s* Phagozyt
phallic, *adj*, phallisch; ~ **cult** *sub, -s* Phalluskult; **phallus** *sub, phalli* Phallus
phantasm, *sub, -s* Traumgebilde; **phantom** *sub, -s* Phantom, Traumgesicht; *(Erscheinung)* Truggebilde; **phantom existence** *sub, nur Einz.* Scheindasein
Pharaoh, *sub, -s* Pharao; ~´**s ant** *sub, -s* Pharaoameise; **pharaonic** *adj*, pharaonisch; **pharisaic(al)** *adj*, pharisäisch; **pharisee** *sub, -s (hist.)* Pharisäer
pharmaceutical, *sub, -s* Pharmazeutikum; ~**s industry** *sub, -ies* Pharmaindustrie; **pharmaceutics**

sub, nur Mehrz. Arzneikunde; **pharmacist** sub, -s Pharmazeut, Pharmazeutin; **pharmacology** sub, nur Einz. Pharmakologie; **pharmacon** sub, -s Pharmakon; **pharmacophilia** sub, -s Tablettenmissbrauch; **pharmacy** sub, nur Einz. Pharmazeutik, Pharmazie **pharyngeal tonsil,** sub, -s Rachenmandel **pharynx,** sub, -es (tt) Rachen; (anat.) Schlund **pheasant,** sub, -s Fasan; ~ry sub, -ies Fasanenzucht, Fasanerie **phenomenal,** adj, phänomenal; this film is phenomenal dieser Film ist phänomenal; **phenomenology** sub, nur Einz. Phänomenologie; **phenomenon** sub, phenomena Erscheinung; -s Phänomen; this person is an absolute phenomenon dieser Mensch ist ein Phänomen **phial,** sub, -s Phiole **philanderer,** sub, -s Schürzenjäger, Schwerenöter; **philanthropic(al)** adj, philanthropisch; **philanthropy** sub, nur Einz. Philanthropie; **philatelist** sub, -s Philatelist; **philately** sub, nur Einz. Philatelie **philharmonic,** adj, philharmonisch **philistine,** sub, -s Banause; **philistinism** sub, nur Einz. Philisterei, Philistertum **philodendron,** sub, -s oder -dra Philodendron **philological,** adj, philologisch; **philologist** sub, -s Philologe; **philology** sub, nur Einz. Philologie; - Sprachkunde; **philosopher** sub, -s Philosoph, Philosophin; **philosophical** adj, philosophisch; **philosophize** vi, philosophieren; **philosophy** sub, -ies Philosophie **phimosis,** sub, -moses Phimose **phlegm,** sub, - (Schleim) Sputum **phobia,** sub, -s Phobie **phographic chemical,** sub, -s Fotochemie; **phographic model** sub, -s Fotomodell **phone,** sub, -s (Telefon) Apparat; answer the phone ans Telefon gehen; can I use your phone? kann ich mal bei dir telefonieren?; phone telefonisch durchgeben; speak to someone on the phone mit jemandem telefonieren; the phone is ringing! das Telefon läutet!; ~ book sub, -s Telefonbuch; ~ cable sub, -s Telefonkabel; ~ call sub, -s Telefonanruf, Telefonat; ~matic adj, phonematisch **phoneme,** sub, -s Phonem **phonetic,** adj, phonetisch; ~ script sub, nur Einz. Lautschrift; ~ syllable sub, -s Sprechsilbe; ~ symbol sub, -s Lautzeichen; ~s sub, nur Mehrz. Phonetik **phoney peace,** sub, nur Einz. Scheinfriede **phono technics,** sub, - Fonotechnik; **phonografic** adj, fonografisch; **phonograph** sub, -s (US) Grammofon; **phonological** adj, fonologisch; **phonometrics** sub, nur Mehrz. Phonometrie **phophoresce,** vi, phosphoreszieren; **phosphate** sub, -s Phosphat; **phosphorescence** sub, nur Einz. Phosphoreszenz; **phosphorus** sub, nur Einz. Phosphor **photo,** sub, -s Lichtbild; ~(graph) sub, -s Foto; to take a photo(graph) ein Foto machen; ~-engraving machine sub, -s Klischograf; ~chemical adj, fotochemisch; ~copy (1) sub, -ies Ablichtung, Fotokopie (2) vi, fotokopieren (3) vt, ablichten; ~copy paper sub, - Kopierpapier; ~copying machine sub, -s Kopiergerät; ~electric barrier sub, -s Lichtschranke **photogenic,** adj, fotogen; **photograph (1)** sub, -s Aufnahme; (Bild) Fotografie (2) vt, (Foto) aufnehmen; no photographs Fotografieren nicht gestattet; **photographer** sub, Fotograf; **photographic** adj, fotografisch; **photographic equipment** sub, -s Fotoartikel; **photographic studio** sub, -s Fotoatelier; **photographically** adv, fotografisch; **photography** sub, nur Einz. (Kunst) Fotografie; **photogravure** sub, -s Fotogravure **photojournalist,** sub, -s Fotoreporter; **photomechanical** adj, fotomechanisch; **photometric** adj, fotometrisch; **photometry** sub, -ies (phy.) Lichtmessung; **photomontage** sub, -s Fotomontage; **photorealism** sub, - Fotorealismus, **photosphere** sub, nur Einz.

Fotosphäre; **photosynthesis** *sub, -syntheses* Fotosynthese; **phototropic** *adj, (biol.)* lichtwendig **phrase**, (1) *sub, -s* Floskel, Phrase (2) *vt*, phrasieren; *hackneyed phrase* abgedroschene Phrase, *rephrase* neu formulieren; ~**-book** *sub, -s* Sprachführer; ~**ology** *sub, nur Einz.* Phraseologie; **phrasing** *sub, -s* Phrasierung **phrophesy doom**, *vi, (ugs.)* unken **phut-machine**, *sub, -s* Töfftöff **phylogenetic**, *adj*, phylogenetisch **physical**, *adj*, körperlich, leiblich, physikalisch, physisch; *(Erkrankung)* organisch; ~ **assets** *sub, nur Mehrz.* Realkapital; ~ **education** *sub, -* Leibeserziehung; *nur Einz. (Schulfach)* Sport; ~ **education teacher** *sub, -s* Sportlehrer; ~ **force** *sub, -* Zwang; ~ **injury** *sub, -ies* Körperverletzung; ~ **strength** *sub, nur Einz.* Muskelkraft; ~**ly disabled person** *sub, people* Körperbehinderte **phytogenic**, *adj*, phytogen **pianist**, *sub, -s* Pianist; **piano** *sub, -s* Klavier, Piano; *(ugs.)* Klimperkasten; **piano playing** *sub, nur Einz.* Klavierspiel; **piano recital** *sub, -s* Klavierabend; **piano stool** *sub, -s* Klavierstuhl **piccolo**, *sub, -s* Pikkoloflöte **pick**, *vt*, abpflücken, pflücken; *pick in one's teeth* in den Zähnen stochern; *(ugs.) pick so up* sich jemanden anlachen; *pick your feet up* heb die Füße; *to pick sth up* etwas in die Hand nehmen; ~ *o.s. up vr, (i. ü. S.)* aufrichten; ~ *one's nose vt, (ugs.)* popeln; ~ **sth out of sth** *vt*, klauben; ~ **up** *vt*, abholen, aufgabeln, auflesen, aufsammeln; *(aufklauben)* aufheben; *(auflesen)* einsammeln; *(ugs.; Frau)* aufreißen; *(Funkspruch)* auffangen; *(Person)* aufgreifen; *(ugs.; Person mitnehmen)* aufsammeln; *(Spur)* aufnehmen; *pick up the children* die Kinder einsammeln; ~ **up** *o.s. vr, (nach Erkrankung)* aufrappeln **pick(axe)**, *sub, -s* Picke; *(Spitzhacke)* Pickel; **pick-up** *sub, -s* Abholung, Tonabnehmer; *(offen)* Lieferwagen; **pick-up arm** *sub, -s* Tonarm; **pickax** *sub, -es (US)* Hacke; **pickaxe** *sub, -s* Hacke, Spitzhacke; **picker** *sub, -s* Pflücker; **picket** *sub, -s* Streikposten; **picket fence** *sub, -s* Staket; **picking**

sub, - Hacken; **picking up** *sub, nur Einz.* Einsammlung **pickle**, (1) *sub, -s (US)* Gewürzgurke (2) *vt*, pökeln; *pickle in Essig einlegen; pickled herring* marinierter Hering; ~**d** *adj*, sauer; ~**d egg** *sub, -s* Solei; ~**d herring** *sub, -s* Pökelhering; ~**d herring salad** *sub, -s* Heringssalat **picklock**, *sub, -s* Dietrich; **pickpocket** *sub, -s* Taschendieb **picnic**, *sub, -s* Picknick; *nur Einz. (i. ü. S.)* Zuckerlecken; *it was no picnic, I can tell you* das war beileibe kein Vergnügen; *to go for a picnic* zum Picknick fahren; *to have a picnic* Picknick machen; ~ **area** *sub, -s* Rastplatz; ~ **basket** *sub, -s* Picknickkorb **pictogram**, *sub, -s* Piktogramm; **pictography** *sub, nur Einz.* Piktografie; **pictorial** *adj*, bildlich **picture**, *sub, -s* Abbildung; *(Foto, Zeichnung)* Bild; ~ **atlas** *sub, - -es* Bilderatlas; ~ **book** *sub, - -s* Bilderbuch; ~ **frame** *sub, - -s* Bilderrahmen; ~ **gallery** *sub, -ies* Pinakothek; ~ **of a saint** *sub, -s* Heiligenbild; ~ **of misery** *sub, -s (Elend)* Häufchen; ~ **of the Madonna** *sub, -s* Madonnenbild; ~ **of the Savior** *sub, -s* Erlöserbild; ~ **postcard** *sub, - -s* Ansichtskarte; ~ **puzzle** *sub, - -s* Bilderrätsel; *-s* Rebus, Vexierbild; ~ **tube** *sub, -s* Bildröhre; ~**sque** *adj*, pittoresk; *(pittoresk)* malerisch **pie**, *sub, -s* Pastete **piece**, *sub, -s* Schnitz, Stück; *(i. ü. S.) pull sb to pieces* kein gutes Haar an jmdm lassen; *piece by piece* Stück für Stück; ~ **by piece** *adv*, stückweise; ~ **of apparatus** *sub, nur Einz. (Turnen)* Gerät; ~ **of beechwood** *sub, -s* Buchenscheit; ~ **of bumph** *sub, -s (ugs.)* Wisch; ~ **of dribbling** *sub, -s* Dribbling; ~ **of evidence** *sub, -s* Beweisstück; ~ **of fluff** *sub, -s* Fussel; ~ **of folly** *sub, -s* Schwabenstreich; ~ **of horsedung** *sub, horsedung* Pferdeapfel; ~ **of knitting** *sub, pieces* Strickarbeit **piece of land**, *sub, -s* Grundstück; **piece of music** *sub, pieces* Mu-

sikstück; **piece of niello-work** *sub,* *pieces* Nielloarbeit; **piece of paper** *sub, pieces* Notizzettel; **piece of tail** *sub, -s* Schwanzstück; **piece of turf** *sub, pieces* Sode; **piece of wood/glass/plastic** *sub, pieces (Holz, Glas, Plastik)* Platte; **piece or item of baggage** *sub, -s (US)* Gepäckstück; **piece or item of luggage** *sub, -s* Gepäckstück; **piece together** *vt,* stückeln; **piecework** *sub,* - Akkordarbeit; *-s (wirt.)* Akkord; *do piecework* im Akkord arbeiten
Piedmontese, *adj,* piemontisch
pier, *sub, -s* Pier
pierce, *vt, (Ohr)* durchstechen; *(Reifen, etc.)* anstechen; **piercing** *sub, -s* Durchbohrung, Durchstecherei; **piercingly** *adv,* durchbohrend
Pierrot, *sub, -s* Pierrot
pietistic, *adj,* pietistisch; **piety** *sub,* - Frömmigkeit; *nur Einz.* Pietät
pig, *sub, -s* Borstenvieh, Sau, Schwein; *(ugs.; abw.)* Ferkel; *and pigs might fly* am StNimmerleinstag; *if pigs could fly* wenn Ostern und Pfingsten auf einen Tag fallen; *~* **fat** *sub, nur Einz.* Schweinefett; *~'s* **head** *sub, -s* Schweinskopf
pigeon, *sub, -s* Taube; *that's your pigeon* das ist dein Bier; *~* **breeding** *sub, -s* Taubenzucht; *~* **loft** *sub, -s (für Brieftauben)* Taubenschlag; *~'s* **egg** *sub, -s* Taubenei; **~hole** *sub, -s* Fach
piggish, *adj,* schweinisch; **piggy bank** *sub, -s* Sparschwein; **piglet** *sub, -s* Ferkel; **piglet-breeding** *sub,* - Ferkelzucht
pigment, (1) *sub, -s* Pigment, Pigmentfarbe (2) *vti,* pigmentieren; **~ation mark** *sub, -s* Pigmentfleck
pigsty, *sub, -ies* Koben, Schweinestall; *nur Einz. (ugs.)* Saustall; *-ies (Schweine-)* Stall; **pigtail** *sub, -s (ugs.)* Zopf
pike, *sub, -s* Hecht
pilaw, *sub, nur Einz.* Pilaw
pile, (1) *sub, -s* Haufen, Pack, Packen, Pulk, Stapel; *(Brücken~)* Pfahl; *(Bündel)* Paket; *(Stapel)* Stoß (2) *vt,* raffen; *a pile of work* ein Haufen Arbeit; *sweep into a pile* zu einem Haufen zusammenkehren, *a pile of books* ein Stoß Bücher; *he's got piles of magazines lying around* bei ihm liegen stapelweise Zeitschriften herum; *pi-*

pin

les of rubbish Berge von Müll; *~* **dwelling** *sub, -s (Gebäude)* Pfahlbau; *~* **of dog's muck** *sub, -s (Kot)* Häufchen; *~* **up** (1) *vi,* anhäufen, auftürmen (2) *vr,* stapeln (3) *vt,* auftürmen, häufen, türmen; *(Erde, etc.)* anhäufen; *(Haufen)* aufschütten (4) *vti,* aufhäufen; **~driver** *sub, -s* Rammbock, Ramme
pilferer, *sub, -s* Langfinger; *pilferer* eine diebische Elster
pilgrim, *sub, -s* Pilger, Pilgersmann, Wallfahrer, Wallfahrerin; **~age** *sub, -s* Pilgerfahrt; *nur Einz.* Pilgerschaft; *-s* Wallfahrt
pill, *sub, -s* Pille, Tablette; *(ugs.)* Antibabypille; *she's on the pill* sie nimmt die Pille; *that was a bitter pill for him* das war eine bittere Pille für ihm; *the morning-after pill* die Pille danach; *she's on the pill* sie nimmt die Pille
pillage and threaten to burn, *vti, (hist.)* brandschatzen
pillar, *sub, -s* Pfeiler, Säule
pillion rider, *sub, -s (KFZ)* Sozius
pillow, *sub, -s* Kissen, Kopfkissen, Pfühl; *~* **case** *sub, -s* Kissenbezug
pilot, *sub, -s* Flieger, Flugzeugführer, Pilot; *~* **experiment** *sub, -s* Pilotversuch; *~* **film** *sub, -s* Pilotfilm; *~* **license** *sub, -s (Lizenz US)* Flugschein; *~* **programme** *sub, -s* Pilotsendung; *~* **service** *sub, -s* Lotsendienst; *~* **study** *sub, -ies* Pilotstudie; *~* **through** *vt, (Schiff)* durchlotsen; *~'s* **licence** *sub, -s (Lizenz)* Flugschein
pilous, *adj, (bot.)* haarig
pils(ner), *sub, -s* Pils
pimento, *sub, -(s)* Piment
pimp, *sub, -s (ugs.)* Lude, Zuhälter; **~ernel** *sub, -s* Miere; **~ical** *adj, (ugs.)* zuhälterisch; **~ing** *sub, nur Einz.* Zuhälterei; **~le** *sub, -s* Eiterpickel, Pickel, Pustel
pin, (1) *sub, -s* Stecknadel; *(Halte-)* Stift; *(Nadel)* Anstecknadel; *(Steck~, Drucker)* Nadel (2) *vt,* feststecken, pinnen; *(fest-)* stekken; *(mit einer Nadel)* aufstecken; *(i. ü. S.)* *it was so quiet you could have heard a pin drop* es war so still daß man eine Stecknadel hätte fallen hören können; *~* **on** *vt, (Nadel)* anstecken; *~* **tin** *sub, -s* Nadel-

büchse; ~-cushion *sub*, *-s* Nadelkissen; ~-money *sub*, *nur Einz.* Nadelgeld; ~-up *sub*, *-s* Pin-up-Girl
pinafore, *sub*, *-s* Latzschürze, Schürze
pinball machine, *sub*, *-s* Flipper
pince-nez, *sub*, *-* Kneifer
pincer shaped, *adj*, zangenförmig; pincers *sub*, *nur Mehrz. (tt; biol.)* Zange; pinch (1) *sub*, *-es* Prise; *(Bill.)* Kopfstoß (2) *vi*, *(ugs.)* zwacken (3) *vt*, ergaunern, kneifen, zwicken; *(ugs.)* klauen, mausen, mopsen, wegschnappen; *(ugs.; ~ lassen)* mitgehen; *(ugs.; festnehmen)* einkassieren; *(Küche) a pinch* eine Messerspitze; *(i. ü. S.) I must be hearing/seeing things* ich glaub ich steh´ im Walde; *you have to take what he says with a pinch of salt* er nimmt es mit der Wahrheit nicht so genau; *where did you pinch that bike* wo hast du dir das Rad ergaunert; pinchbeck *sub*, *nur Einz.* Talmi
pine cone, *sub*, *-s* Pinienzapfen; pine forest *sub*, *-s* Kiefernwald; pine needle *sub*, *-s* Kiefernnadel; pine tree *sub*, *-s* Föhre, Pinie; pine wood *sub*, *-s* Kiefernholz; pine-nut *sub*, *-s* Pignole; pineal *sub*, *-s* Zirbel; pineal body *sub*, *-s* Zirbeldrüse; pineapple *sub*, *-s* Ananas; pinecone *sub*, *-s* Kienapfel
ping-pong, *sub*, *-s (ugs.)* Pingpong
pink, *adj*, rosa; *be tickled pink at sth* sich diebisch über etwas freuen
pinnace, *sub*, *-s* Pinasse
pinniped, *sub*, *-s (zool.)* Flossenfüßer
pint, *sub*, *-s (Einheit)* Pinte
pioneer, *sub*, *-s* Vorkämpferin; *(i. ü. S.)* Pionier; ~ing *adj*, bahnbrechend; ~ing spirit *sub*, *-s* Pioniergeist
pious, *adj*, *(theol.)* fromm
pipe, (1) *sub*, *-s* Leitung, Leitungsrohr, Pipe, Rohr, Rohrleitung; *(Orgel~, Rauchen)* Pfeife (2) *vt*, paspelieren; ~ tobacco *sub*, *-es* Pfeifentabak; ~line *sub*, *-s* Pipeline; *(Röhren-)* Fernleitung; ~tte *sub*, *-s* Pipette, Saugrohr; piping *sub*, *-s* Biese; *nur Einz.* Paspel, Paspelierung; piping bag *sub*, *-s* Spritzbeutel
piquancy, *sub*, *nur Einz.* Pikanterie; piquant *adj*, pikant; *piquant remark* Pikanterie
piqué collar, *sub*, *-s* Pikeekragen
piracy, *sub*, *nur Einz.* Seeräuberei

piranha, *sub*, *-s* Piranha
pirate, *sub*, *-s* Pirat; ~ copy *sub*, *-ies* Raubpressung
pirogue, *sub*, *-s* Piroge
piroshki, *sub*, *nur Mehrz. (meist Mehz)* Pirogge
pirouette, *sub*, *-s* Pirouette; *(tt; spo.)* Wirbel
Pisces, *sub*, *nur Mehrz. (astrol.)* Fisch
piss, (1) *sub*, *nur Einz. (vulg.)* Pisse (2) *vi*, *(ugs.)* schiffen; *(vulg.)* pissen (3) *vt*, bepissen; ~ down *vi*, *(vulg.; regnen)* pissen
pistachio, *sub*, *-s* Pistazie
piste, *sub*, *-s (Ski~)* Piste
pistol, *sub*, *-s* Pistole; *to hold a pistol to sb´s head* jmd die Pistole auf die Brust setzen; ~ barrel *sub*, *-s* Pistolenlauf
piston, *sub*, *-s* Kolben; ~ rod *sub*, *-s* Kolbenstange
pit, *sub*, *-s* Fallgrube, Kohlenbergwerk, Kohlengrube, Sprunggrube; ~ foreman *sub*, *-men* Steiger
pitch, (1) *sub*, *-es* Pech; *(spo.)* Feld (2) *vi*, abkippen; *black as pitch* schwarz wie Pech; *be sent off des Feldes verwiesen werden, (i. ü. S.) queer someone´s pitch* jemandem die Suppe versalzen; ~-black *adj*, kohlrabenschwarz, rabenschwarz; ~-dark *adj*, pechfinster, stockdunkel, stockfinster
pitcher, *sub*, *-s (tt; spo.)* Werfer;
pitchfork *sub*, *-s* Gabel, Heugabel, Mistgabel
pithy, *adj*, kernig; *(Sprache)* plakativ
pitiful, *adj*, kläglich; ~ness *sub*, *nur Einz.* Kläglichkeit; pitiless *adj*, mitleidslos
pituitary gland, *sub*, *-s (tt; anat.)* Hypophyse
pity, (1) *sub*, *-ies* Erbarmen (2) *vt*, bemitleiden
pivot, *sub*, *-s* Angelpunkt; *(für Kompassnadel)* Pinne; ~ leg *sub*, *-s (spo.)* Standbein; ~ player *sub*, *-s* Kreisläufer; ~al point *sub*, *-s (i. ü. S.)* Angelpunkt
pizza, *sub*, *-s* Pizza; ~ cook *sub*, *-s* Pizzabäcker
placard, *vt*, plakatieren
place, (1) *sub*, *-s* Ort, Stätte, Stelle; *(Platz)* Platzierung (2) *vt*, stellen;

(hinzu-) fügen; *(platzieren)* setzen; *a place for quiet contemplation* ein Ort der Einkehr; *a place of any size has a post office* jeder größere Ort hat ein Postamt; *a place of peace* ein Ort des Friedens; *from place to place* von Ort zu Ort; *I've obviously not come to the right place* hier bin ich wohl nicht am richtigen Ort; *in the centre of the place/town* mitten im Ort; *in the place quoted* am angegebenen Ort; *the decision came from higher places* das ist höheren Ortes entschieden worden; *this is not the time or place to talk about it* hier ist nicht der Ort, darüber zu sprechen; *we're related to half the people in the place* wir sind mit dem halben Ort verwandt; *in the first place* an erster Stelle; *take the place of someone* an jemandes Stelle treten, *come to the wrong place* an die falsche Adresse geraten; *(i. ü. S.) I can't be in two places at once* ich kann mich nicht zerreißen; *it varies from place to place* das ist örtlich verschieden; *place a knife at someone's throat* jemandem ein Messer an die Kehle setzen; *show so to his/her place* jemanden einen Platz anweisen; *there are a few places left* es sind noch ein paar Plätze frei; *this expression is out of place in this sentence* dieser Ausdruck passt nicht in den Satz; *to change places with sb* mit jmd den Platz tauschen; *(i. ü. S.) to travel around all over the place* in der Weltgeschichte herumfahren; *(ugs.) you must be at my place at six* du musst um sechs bei mir auf der Matte stehen; **~ for drying laundry** *sub, places* Trockenplatz; **~ in front** *vt,* voranstellen; **~ name** *sub, -s* Ortsname; **~ number** *sub, -s* Platzziffer; **~ of detention** *sub, -s* Justizvollzugsanstalt; **~ of execution** *sub, -s* Richtstätte; **~ of registration** *sub, places* Meldestelle; **~ of residence** *sub, -s -* Aufenthaltsort; **~ on the party list** *sub, places (polit.)* Listenplatz; **~ sth. underneath** *vt,* untersetzen; **~ sth/sb** *vt,* einreihen; *place sb in a category* jmd in eine Kategorie einreihen; **~ to go** *sub, -s* - Anlaufstelle; **~ to sleep** *sub, -s* Schlafstelle; **~ to stay** *sub, -s* Bleibe; **~ where drinks are tested** *sub, -s* Probierstube; **~-mar-**

ker *sub, -s* Platzhalter
placebo, *sub, -s* Placebo
placenta, *sub, -s* Plazenta; *(anat.)* Mutterkuchen
place-setting, *sub, -s* Essgeschirr
plague, (1) *sub, nur Einz.* Pest; *-s* Plage (2) *vt, (quälen)* triezen; *to avoid sb like the plague* jmdn wie die Pest meiden; *to spread like the plague* sich wie die Pest ausbreiten; **~ (of insects)** *sub, -s* Landplage
plaice, *sub, -s (Fisch)* Scholle
plain, (1) *adj,* schmucklos, uni; *(einfach)* simpel; *(Person)* unansehnlich (2) *sub, -s (ebene Fläche)* Flan; *(geogr.)* Ebene; *in plain terms* in aller Deutlichkeit; *speak in very plain terms* deutlich werden; *speak plainly with so* mit jmd deutsch reden; *plain blue* uniblau, *on the plain* in der Ebene
plain .., *adj, (mit Farbe)* einfarbig; *the dress is plain blue* das Kleid ist einfarbig blau; **plain language** *sub, nur Einz.* Klartext; **plain terms** *sub, nur Mehrz. (ugs.)* Tacheles; *speak in plain terms* Tacheles reden
plaintiff, *sub, -s* Beschuldiger, Kläger; *(jur.)* Anklage; **~s** *sub,* Klägerschaft
plait, *vt, (Haar)* flechten; **~ed bun** *sub, -s* Hefezopf
plan, (1) *sub, -s* Plan, Schema, Vorhaben; *(i. ü. S.)* Kalkül (2) *vt,* intendieren, vorsehen (3) *vti,* planen; *the plans for the renovation of the house* die Pläne zur Renovierung des Hauses; *to make plans* Pläne schmieden; *to run according to plan* nach Plan verlaufen; *(ugs.) mess up someone's plans* jemandem die Tour vermasseln; *the outlook for the plan is not good* es steht misslich um dieses Vorhaben; *this house is still being planned* dieses Haus ist noch in Planung; **~ ahead** *vti,* disponieren; *dipose of something* über etwas disponieren; **~ badly** *vr,* verplanen; **~ for the future** *sub, -s* Zukunftsplan; **past** *vti,* vorbeiplanen
plane, (1) *sub, -s (mat./phys)* Ebene; *(Werkz.)* Hobel (2) *vt,* hobeln; *(Holz)* glätten
planet, *sub, -s* Planet; *to stare at so*

as if he/she was from another planet
jmd anstarren wie ein Weltwunder;
~arium *sub, -s* oder *-ria* Planetarium; **~ary** *adj,* planetar, planetarisch;
~ary orbit *sub, -s* Planetenbahn;
~ary year *sub, -s* Planetenjahr; **~oid**
sub, -s Planetoid
plank, *sub, -s* Bohle, Planke; *(lang)*
Brett; **~ bed** *sub, -s* Pritsche; **~ing**
sub, -s Bohlenbelag; - Decksplanke
plankton, *sub, nur Einz.* Plankton; **~
net** *sub, -s* Planktonnetz; **~ic** *adj,*
planktonisch
planned economy, *sub,* nur *Einz.*
Planwirtschaft; **planned target** *sub,*
-s Planziel; **planner** *sub, -s* Pläneschmied; **planning** *sub, -s* Planung;
at the planning stage schon in Planung; **plans** *sub, nur Mehrz.* Konzept
plant, (**1**) *sub, -s* Fabrikanlage, Gewächs, Pflanze (**2**) *vt,* anpflanzen, bepflanzen, einpflanzen, setzen (**3**)
vt(r), *(ugs.)* pflanzen; *plant os* sich
aufpflanzen; **~ poison** *sub, -s* Pflanzengift; **~ with grass etc.** *vt, (bepflanzen)* begrünen
plantain, *sub, -s (tt; bot.)* Wegerich
plantation, *sub, -s* Anpflanzung, Plantage; **planter** *sub, -s* Pflanzer; **plantiation** *sub, -s (Plantage)* Pflanzung;
planting *sub, nur Einz.* Bepflanzung;
-s Einpflanzung; *nur Einz. (Vorgang)*
Pflanzung
plaque, *sub, -s* Plaque; *(Gedenk-)* Tafel; *nur Einz. (Zahnstein)* Belag
plaster, (**1**) *sub, -s* Gips, Putz; *(Heft~)*
Pflaster; *(med.)* Gips (**2**) *vt,* gipsen,
putzen, verputzen; **~ cast** *sub, -s*
Gipsabdruck, Gipsabguss; *(med.)*
Gipsverband; **~ed** *adj,* besoffen;
~ing *sub, -* Bewurf; **~work** *sub, nur*
Einz. Verputz
plastic, (**1**) *adj, (Kunst, med.)* plastisch (**2**) *sub, -s* Kunststoff; *(Kunststoff)* Plastik; **~ bag** *sub, -s*
Plastiksack, Plastiktüte; **~ bomb** *sub,*
-s Plastikbombe; **~ film** *sub, -s* Plastikfolie; **~ helmet** *sub, -s* Plastikhelm; **~ money** *sub, nur Einz.*
Plastikgeld; **~ surgery** *sub, -ies* Dermoplastik; **~ wrap** *sub, -s (US, Plastik)* Folie; **~ine** *sub, nur Einz.*
Plastilin
plate, *sub, -s* Teller; *(Fleisch~)* Platte;
(i. ü. S.) it wasn´t handed to him on
a plate das ist ihm nicht in den Schoß

gefallen; **~ rail** *sub, -s* Tellerbrett;
~ shears *sub, nur Mehrz.* Tafelschere; **~ with gold** *vt,* dublieren;
~-shaped *adj,* tellerförmig
plateau, *sub, -s* Hochebene, Plateau
platen, *sub, -s (tt; tech.)* Walze; **~
print** *sub, -s* Tiegeldruck
platform, *sub, -s* Bahnsteig, Podium, Rednerbühne; *(Podium)* Podest; *(Redner-)* Tribüne; *(von
Schuh)* Plateau
platinum, *sub, nur Einz.* Platin; **~
blonde** *adj,* platinblond
platitude, *sub, -s* Plattitüde
plausibility, *sub, nur Einz.* Wahrscheinlichkeit; **plausible** *adj,* einleuchtend, glaubwürdig, plausibel
play, (**1**) *sub, -s* Spiel, Theaterstück;
(tech.) Spielraum (**2**) *vt,* leiern,
nachspielen, spielen; *(herauskehren)* hervorkehren; *(Spielkarte)*
ausspielen; *(vortäuschen)* markieren (**3**) *vti,* blasen; *play a trick on*
someone jemandem einen Streich
spielen; *play the innocent* den Unschuldigen spielen; *(mus.) play a
chord* einen Akkord greifen; *(spo.)*
play away from home auswärts
spielen; *play the comb* auf dem
Kamm blasen; *play the trumpet* die
Trompete blasen; *play the villain*
den Bösen spielen; *playing well
together* aufeinander eingespielt;
she´s playing the lady now jetzt
macht sie auf große Dame; *to play
at being sick* den Kranken mimen;
to play it safe auf Nummer sicher
gehen; *to play sb up* jmd auf der
Nase herumtanzen; **~ (an affair)**
up *vt,* hochspielen; *the newspapers played up (the importance of)
trivial details* die Zeitungen haben
unerhebliche Einzelheiten hochgespielt; *to make an issue of something* etwas künstlich hochspielen;
~ (for studio theatre) *sub, -s* Kammerspiel; **~ (in a concert)** *vi,* konzertieren; **~ a musical
instrument** *vi,* musizieren; *they
sat together playing their instruments* sie saßen zusammen und
musizierten; **~ a part** *vi,* mitwirken; **~ a role** *vt, (i. ü. S.)* herauskehren; **~ about** *vi,* tändeln; **~
billiards** *vt,* billardieren; **~ dice**
vi, knobeln; **~ down** *vt,* bagatelli-

sieren, unterspielen, untertreiben, verharmlosen
player, *sub,* - Bläser; *-s* Feldspieler, Mitspielerin, Spieler; *to send a player off* einen Spieler vom Platz stellen; *wind player* Bläser; **~-piano** *sub, -s* Pianola; **playfellow** *sub, -s* Spielkamerad; **playfield** *sub, -s (spo.)* Spielfläche; **playful** *adj,* spielerisch, spielfreudig; **playfulness** *sub, nur Einz.* Spielfreude; **playgirl** *sub, -s* Playgirl; **playground** *sub, -s* Spielplatz, Tummelplatz; **playing ball** *sub, nur Einz.* Ballspielen; **playing of stringed instrument** *sub, nur Einz.* Saitenspiel; **playing-field** *sub, -s* Spielfeld; **playmate** *sub, -s* Gespiele, Spielkamerad; **playstreet** *sub, -s* Spielstraße
play extra-time, *vi,* nachspielen; **play first** *vt,* vorspielen; **play football** *vi,* kicken; **play golf** *vi,* golfen; **play jazz** *vi,* jazzen; **play one's trumps** *vt,* auftrumpfen; **play pinball** *vi,* flippern; **play poker** *vi,* pokern; **play skittles** *vi,* kegeln; **play sth on the violin** *vi,* geigen
play snowballs, *vt,* schneeballen; **play sth to** *vt,* vorspielen; **play the flute/recorder** *vti,* flöten; **play the organ** *vi, (ugs.)* orgeln; **play the quack** *vi,* kurpfuschen; **play the trombone** *vt,* posaunen; **play the violin** *vi,* geigen; **play through** *vt, (Musik)* durchspielen; **play with fire** *vi, (ugs.)* kokeln; **play-off** *sub, -s* Playoff; - *(spo.)* Stechen; **play-room** *sub, -s* Spielzimmer; **playboy** *sub, -s* Playboy
plea, *sub, -s (geb.)* Bitte; *(i. ü. S.)* Plädoyer; *have a plea* eine inständige Bitte haben; **~ for clemency** *sub, -s* Gnadengesuch; **~d (1)** *vi,* flehen, plädieren **(2)** *vt,* vorschützen; *plead that* sich darauf berufen, dass; **~dingly** *adj,* flehentlich
pleasance, *sub, -es (veraltet)* Lustgarten
pleasant, *adj,* angenehm, erfreulich, gefällig, sympathisch, wohlig; *(angenehm)* freundlich; *(vergnüglich)* ersprießlich; *he has a pleasant smile* er hat ein sympathisches Lächeln; **~ sounding** *adj,* wohllautend; **~ to drink** *adj,* süffig; **~ly** *adv,* angenehm; *be pleasantly surprised* ange-

nehm überrascht sein
pleasure, *sub, -s* Gefallen, Lust, Pläsier, Vergnügen; *(Vergnügen)* Behagen; *take pleasure in it* Gefallen daran finden; *Business before pleasure* Zuerst die Arbeit, dann das Vergnügen; *combine business with pleasure* Angenehmes mit Nützlichem verbinden; *get a lot of pleasure out of* sich an etwas freuen; *to whom have I the pleasure of speaking* mit wem habe ich die Ehre; **~ in fault-finding** *sub, nur Einz.* Krittelsucht; **~ principle** *sub, nur Einz.* Lustprinzip; **~ steamer** *sub, -s* Ausflugsschiff; **~-loving** *adj,* genussfreudig; **~-seeking** *adj, (ugs.; abw.)* genusssüchtig; **~s** *sub, -s (Vergnügen)* Freude; *give so pleasure* jmdm eine Freude machen; *his only pleasure* seine einzige Freude; *it gives him a lot of pleasure* er hat viel Freude daran
pleated skirt, *sub, -s (Faltenrock)* Falte
pleb, *sub, -s (ugs.; Mensch)* Popel
plebiscitary, *adj,* plebiszitär; **plebiscite** *sub, -s* Plebiszit, Volksabstimmung
plectrum, *sub, -s oder -tra* Plektron
pledge, *sub, -s* Faustpfand, Pfand, Unterpfand; *to redeem a pledge* ein Pfand einlösen; *I pledge my word* ich gebe mein Wort als Pfand; *to pledge sth* etwas zum Pfand geben; **~ of secrecy** *sub, nur Einz.* Schweigepflicht
Pleiades, *sub, nur Mehrz. (astron.)* Siebengestirn
Pleistocene, *sub, nur Einz.* Diluvium
Pleistocene, *adj,* diluvial
plentiful, *adj,* reichlich; *be plentiful* reichlich bemessen sein
plenum, *sub, -s oder -na* Plenum
pleonasm, *sub, -s* Pleonasmus; **pleonastic** *adj,* pleonastisch
plesiosaur, *sub, -s* Plesiosaurier
plexus, *sub, nur Einz.* Plexus
pliers, *sub, nur Mehrz.* Beißzange, Kneifzange; *(tt; tech.)* Zange
plight, *sub, -s (Wirtschaft)* Misere; *Great Britain's economic plight* die wirtschaftliche Notlage Großbritanniens
plot. **(1)** *sub, -s* Intrige, Komplott,

Parzelle, Plot, Verschwörung; *(Bau-)* Grund (2) *vr*, verschwören (3) *vt*, *(Richtung)* peilen; *(Verbrechen, Attentat)* planen; *hatch a plot* zu einer Verschwörung anstiften; *plot against so* eine Verschwörung gegen jemanden anzetteln; ~**ter** *sub*, *-s* Verschworne; ~**ting** *sub*, *-s (Richtung)* Peilung
Plough, (1) *sub*, *-s (tt; astrol.)* Wagen; *(brit.)* Pflug (2) **plough** *vt*, beackern; *(brit.)* pflügen (3) *vti*, ackern; **plough through** *vt*, durchackern; *(Akten)* durchwühlen; *plough through the books* die Bücher durchackern; *plough through a pile of documents* sich durch einen Aktenstoß wühlen; **plough under** *vti*, unterpflügen; **plough up** *vt*, umpflügen; **ploughshare** *sub*, *-s (brit.)* Pflugmesser, Pflugschar; *(Pflug)* Schar
plover, *sub*, *-s* Regenpfeifer
plow, (1) *sub*, *-s (US)* Pflug (2) *vt*, pflügen; ~**share** *sub*, *-s* Pflugmesser, Pflugschar
pluck, *vt*, rupfen, zupfen; ~ **(off)** *vt*, abrupfen; ~ **up courage** *vt*, ermannen; ~**ed violin** *sub*, *-s (tt; mus.)* Zupfgeige
plug, (1) *sub*, *-s* Dübel, Pfropfen, Schleichwerbung, Stecker, Steckkontakt, Stopfen, Stöpsel; *(Watte)* Pfropf (2) *vt*, stöpseln, verstopfen; ~ **in** *vt*, *(Stecker reinstecken)* anschließen; *plug the iron in* steck das Bügeleisen ein; ~**-ugly** *adj*, *(ugs.)* potthässlich
plum, *sub*, *-s* Pflaume; ~ **dumpling** *sub*, *-s (ugs.)* Powidlknödel; ~ **pudding** *sub*, *-s* Plumpudding; ~ **purée** *sub*, *nur Einz.* Zwetschenmus; ~ **tree** *sub*, *-s* Pflaumenbaum; ~**age** *sub*, *- Gefieder; -s (zool.)* Federschmuck
plumb, *vt*, loten; *(arch.)* ausloten; ~**er** *sub*, *-s* Installateur, Klempner; ~**ing** *sub*, *nur Einz.* Installation, Klempnerei; *-s (Seefahrt)* Lotung; ~**line** *sub*, *-s* Senkblei; *(naut.)* Lot
plume, *sub*, *-s (Hutschm.)* Federbusch; *strut in borrowed plumes* sich mit fremden Federn schmücken
plummet, (1) *sub*, *-s (Seefahrt)* Sonde (2) *vi*, kippen
plump, *adj*, rundlich; *(ugs.; rundlich)* mollig; ~**ish** *adj*, dicklich; ~**ness** *sub*, *nur Einz.* Rundlichkeit

plunder, (1) *sub*, *-s* Plünderung (2) *vt*, fleddern, plündern; ~**ing expedition** *sub*, *-s* Beutezug
plunge into, *vt*, *(Wasser)* einspringen
plural, *sub*, *-s* Plural; *(gramm.)* Mehrzahl; ~ **ending** *sub*, *-s* Pluralendung; ~**ism** *sub*, *nur Einz.* Pluralismus; ~**istic** *adj*, pluralistisch; ~**ity** *sub*, *-ies* Pluralität
plus, (1) *präp*, zuzüglich (2) *präp*, *adv*, plus; *to put a plus (sign)* ein Plus machen, *plus or minus 5 years* plus minus 5 Jahre; ~ **sign** *sub*, *-s* Pluszeichen; *(~zeichen)* Plus
plush, *sub*, *-es* Plüsch; ~ **chair** *sub*, *-s* Plüschsessel
plutonium, *sub*, *nur Einz.* Plutonium
plywood, *sub*, *nur Einz.* Sperrholz
pneumatic, *adj*, pneumatisch; ~ **brake** *sub*, *-s* Knorr-Bremse; ~ **drill** *sub*, *-s* Pressluftbohrer; ~ **hammer** *sub*, *-s* Presslufthammer; ~**s** *sub*, *nur Einz.* Pneumatik
pneumonia, *sub*, *-s* Lungenentzündung, Pneumonie; **pneumothorax** *sub*, *-es* Pneumothorax
poach, *vt*, pochieren; *(Kunden)* abwerben; ~**er** *sub*, *-s* Wilddieb, Wilderer; ~**ing** *sub*, *-s* Abwerbung, Wilddieberei, Wilderei
pock, *sub*, *smallpox* Pocke; ~ **(mark)** *sub*, *-s (Pocken~)* Narbe; ~**-mark** *sub*, *-s* Blatternarbe
pocket, *sub*, *-s (Kleidung)* Tasche; *out-of-pocket expenses* persönliche Auslagen; ~ **billiards** *sub*, *nur Mehrz.* Poolbillard; ~ **calculator** *sub*, *-s* Taschenrechner; ~ **camera** *sub*, *-s* Pocketkamera; ~ **comb** *sub*, *-s* Taschenkamm; ~ **watch** *sub*, *-es* Taschenuhr; *- (ugs.)* Zwiebel; ~**money** *sub*, *- Taschengeld
pockmark, *sub*, *-s* Pockennarbe; ~**ed** *adj*, pockennarbig
pod, *sub*, *-s* Hülse; *(bot.)* Schote; ~**sol soil** *sub*, *nur Einz.* Podsol
poem, *sub*, *-s* Gedicht, Poem; **poet** *sub*, *-s* Dichter, Versemacher; **poetaster** *sub*, *-s* Poetaster; **poetic** *adj*, dichterisch, poetisch; *to have a poetic streak* eine poetische Ader haben; **poetics** *sub*, *nur Mehrz.* Poetik; **poetize** *vti*, poetisieren; **poetry** *sub*, *nur Einz.* Poesie; **poe-**

try of the meistersingers *sub, nur Einz.* Meistergesang
pogrom, *sub, -s* Pogrom; ~ **victim** *sub, -s* Pogromopfer
poinsettia, *sub, -s (tt; bot.)* Weihnachtsstern
point, (1) *sub, -s* Punkt, Zacke, Zweck; *(Gegenstände)* Spitze; *(tt; geogr.)* Zipfel; *(Geschichte)* Pointe; *(Sache)* Sinn **(2)** *vi,* weisen **(3)** *vt,* richten; *to get the point of a story* die Pointe einer Geschichte verstehen; *that´s the whole point* das ist der Sinn der Sache, *be on the point of doing sth* dicht dran sein etwas zu tun; *end in a point* spitz auslaufen; *he made the point that* er bemerkte, dass; *I just don´t see the point of it* ich kann absolut keinen Sinn erkennen; *keep to the point* nicht vom Thema abschweifen; *let´s get to the point!* kommen wir zum Thema!; *look at sth from a specific point of view* etwas unter einem bestimmten Aspekt betrachten; *make a point of being/behaving* (auf ein betstimmtes Verhalten) bedacht sein; *(i. ü. S.) make clear one´s point of view* seinen Standpunkt abstecken; *that´s not the point* darum geht es nicht, das ist Nebensache; *that´s the point of the exercise* das ist der Zweck der Übung; *there is no point (in)* es hat ja doch alles keinen Zweck mehr; *what´s the point of that?* wozu soll das alles nützen?; *you´ve scored a point there* das können Sie als Plus für sich buchen; ~ **(at)** *vt,* deuten; *point (one´s finger) at sb/sth* mit dem Finger auf jmd/etwas deuten; *read the cards* die Karten deuten; ~ **(of a needle)** *sub, -s* Nadelspitze; ~ **in controversy** *sub, points* Streitpunkt; ~ **of contact** *sub, -s (a. i.ü.S.)* Berührungspunkt; ~ **of detonation** *sub, points* Sprengpunkt; ~ **of existence** *sub, -s* Daseinszweck; ~ **of issue** *sub, points* Streitfrage; ~ **of reference** *sub, -s* Fixpunkt; ~ **of view** *sub, -s* Gesichtspunkt; *points* Perspektive; ~ **Stand**punkt; ~ **open to criticism** *sub, -s* Kritikpunkt; ~ **sth out to so** *vt,* hinweisen
pointillism, *sub, nur Einz.* Pointillismus; **pointillist** *sub, -s* Pointillist
pointless, *adj,* unnütz, zwecklos;

points *sub, nur Mehrz.* Weiche;
points fight *sub, -s* Punktekampf;
points system *sub, -s* Punktwertung
point to, *vi,* hinweisen; *(auf) hin*deuten; **pointed** *adj,* ostentativ, spitz; *(Bemerkung)* gezielt; **pointed cap** *sub, -s (ugs.)* Zipfelmütze; **pointed column** *sub, -s* Spitzpfeiler; **pointed gable** *sub, -s* Spitzgiebel; **pointed shoe** *sub, -s* Schnabelschuh; **pointer** *sub, -s* Pointer, Vorstehhund; - Zeiger, Zeigestock
poke, *vi,* stochern; *(ugs.)* stöbern; *poke the fire* in der Glut stochern; ~ **around** *vi,* herumstöbern; ~**r** *sub, nur Einz.* Poker; *-s* Schüreisen, Schürhaken; ~**r face** *sub, -s* Pokerface, Pokergesicht; *to put on a poker-faced expression* ein Pokerface aufsetzen
poky room, *sub, -s* Kabuff
polar, *adj,* polar; ~ **air** *sub, nur Einz.* Polarluft; ~ **circle** *sub, -s* Polarkreis; ~ **front** *sub, -s* Polarfront; ~ **ice** *sub, nur Einz.* Polareis; ~ **lights** *sub, nur Mehrz.* Polarlicht; ~ **night** *sub, nur Einz.* Polarnacht; ~ **region** *sub, -s* Polargebiet, Polargegend; ~**bear** *sub, -s* Eisbär; ~**ity** *sub, -ies* Polarität; ~**ization** *sub, -s* Polarisation; ~**ize (1)** *vt,* polen **(2)** *vi,* polarisieren; ~**izer** *sub, -s* Polarisator
polaroid camera, *sub, -s* Polaroidkamera
polder, *sub, -s* Einpolderung, Polder; ~ **dyke** *sub, -s* Polderdeich
pole, (1) *sub, -s* Pol; *(Stab)* Stange **(2)** *vt,* staken; ~ **position** *sub, -s* Poleposition; ~ **vault** *sub, nur Einz.* Stabhochsprung; ~ **wood** *sub, -* Stangenholz; ~**cat** *sub, (zool.)* Iltis
polemic(al), *adj,* polemisch; **polemical pamphlet** *sub, -s* Streitschrift; **polemicist** *sub, -s* Polemikerin; **polemicize** *vi,* polemisieren; **polemics** *sub, nur Mehrz.* Polemik; *his polemics are unbearable* seine Polemik ist unerträglich
polenta, *sub, -s* Polenta
police, (1) *adj,* polizeilich **(2)** *sub, nur Mehrz.* Polizei; *nur Einz. (in*

Osteuropa: Polizei) Miliz; ~ **announcement about wanted persons** *sub, announcements* Suchmeldung; ~ **branch** *sub, -s* Polizeiorgan; ~ **chief** *sub, -s* Polizeichef; ~ **dog** *sub, -s* Polizeihund; ~ **force** *sub, -s* Polizeiwesen, Schutzpolizei; ~ **inspector** *sub, -s* Polizeiinspektor; ~ **officer** *sub, -s* Inspektor; ~ **radio** *sub, -s* Polizeifunk **police state,** *sub, -s* Polizeistaat; **police station** *sub, -s* Kommissariat, Polizeiwache; *(österr.)* Gendarmerie; **police-informer** *sub, -s* Spitzel; **policecar** *sub, -s* Polizeiauto; **policeman** *sub, -men* Polizist, Schutzmann; *(österr.)* Gendarm
policy, *sub, -ies* Police; *(bestimmte)* Politik; *to pursue a policy* eine Politik verfolgen; ~ **of détente** *sub, -ies* Entspannungspolitik
polio(myelitis), *sub, nur Einz.* Polio; *(med.)* Kinderlähmung
Polish, (1) *adj,* polnisch, polonistisch **(2) polish** *sub, -es* Poliermittel, Politur, Schliff **(3)** *vt,* polieren, wichsen; *(i. ü. S.; Aufsatz)* durchfeilen; *(tech.)* abschleifen **(4)** *vti,* bohnern; *(i. ü. S.) polish up* feilen an, *just polished floor* Vorsicht, frisch gebohnert; **polish off** *vt,* verputzen; **polish up** *vt, (a. i.ü.S.; Holz, etc.)* aufpolieren; *(ugs.; sein Ansehen)* aufmöbeln; **polished** *adj,* abgeledert, geschliffen; *(i. ü. S.)* ausgefeilt; *(poliert)* glatt; **polisher** *sub, -s* Polierer
polite, *adj,* höflich; *politely* in höflicher Form; ~**ly** *adv, (essen)* manierlich; ~**ness** *sub, nur Einz.* Höflichkeit
politic, *adj, (klug)* politisch; ~**al** *adj,* politisch; *he´s a political prisoner* er ist ein politischer Gefangener; ~**al agitation** *sub, nur Einz.* Agitation; ~**al detainee** *sub, -s (polit.)* Häftling; ~**al economy** *sub, -* Sparpolitik; ~**al issue** *sub, -s* Politikum; ~**al realism** *sub, nur Einz.* Realpolitik; ~**al science** *sub, nur Einz.* Politologie; ~**al scientist** *sub, -s* Politologe; ~**ian** *sub, -s* Politiker, Politikerin; ~**ize** *vti,* politisieren; ~**s** *sub, nur Mehrz.* Politik, Politologie; *to go into politics* in die Politik gehen; *what are his politics?* welche Politik vertritt er?; ~**s of the day** *sub, -* Tagespolitik
polka, *sub, -s* Polka; **pollack** *sub, -s*

Seelachs
polling card, *sub, -s* Wahlzettel
pollute, *vt,* belasten, verpesten, verschmutzen, verunreinigen; ~**r** *sub, -s* Umweltsünder; **pollution** *sub, -s* Pollution; *nur Einz. (der Umwelt)* Belastung; **pollutive** *adj, (für die Umwelt)* belastend
polo, *sub, -s* Polo
polonaise, *sub, -s* Polonäse
polonium, *sub, -* Polonium
poltergeist, *sub, -s* Poltergeist
polyandry, *sub, nur Einz.* Polyandrie; **polychrome** *sub, -s* Polychromie; **polyedron** *sub, -s (mat.)* Polyeder; **polyester** *sub, -* Polyester; **polyethylene** *sub, -s* Polyäthylen; **polygamous** *adj,* polygam; **polygamy** *sub, nur Einz.* Polygamie, Polygynie; ~**es** Vielmännerei
polyglot, *adj,* polyglott, vielsprachig; **polygon** *sub, -s* Polygon, Vieleck; **polygonal** *adj, (mat.)* polygonal; **polygyny** *sub, -es* Vielweiberei; **polyhedral** *adj, (tt; mat.)* vielflächig; **polyhedron** *sub, -s* Vielflächner; **polymeter** *sub, -s* Polymeter; **polymorphism** *sub, nur Einz. (Naturwissenschaft)* Polymorphie
polynomial, *adj, (tt; mat.)* vielgliedrig; *(math.)* mehrgliedrig; **polyp** *sub, -s (zool.)* Polyp; **polyphony** *sub, -* Polyfonie; **polyploid** *adj,* polyploid; **polystyrene** *sub, -s* Polystyrol; **polysyndeton** *sub, -s* Polysyndeton; **polytechnic** *sub, -s* Polytechnikum; **polytheism** *sub, nur Einz.* Polytheismus; ~**s** Vielgötterei; **polytrop** *adj,* polytrop; **polyvinyl chloride** *sub, -s* Polyvinylchlorid
pomade, (1) *sub, -s* Pomade **(2)** *vt,* pomadisieren
pome, *sub, -s* Kernobst; ~**granate** *sub, -s (bot.)* Granatapfel
Pomeranian, *sub, -s (zool.)* Spitz
pommel, *sub, -s* Sattelknopf
pomp, *sub, -* Gepränge; ~**s** of Pomp
Pompeian, *adj,* pompejanisch
pompom, *sub, -s* Bommel
poncho, *sub, -s* Poncho
pond, *sub, -s* Teich, Weiher; *(ugs.; Atlantischer Ozean) the herring pond* der große Teich; ~**er (1)** *vi,*

nachgrübeln (2) vt, wägen; ~er (about/over) vt, nachsinnen; ~erable adj, wägbar; ~erous adj, schwerfällig
pong, vi, (ugs.) miefen; there´s a pong in here hier mieft es; what´s this awful pong? was mieft denn hier so?; ~y adj, miefig
Pontifex, sub, -es Pontifex; pontificate sub, -s Pontifikat; Pontificial Mass sub, -es Pontifikalamt
pontoon, sub, -s Ponton; ~ bridge sub, -s Pontonbrücke
pony, sub, -ies Pony; on Shanks´ pony per pedes; ~-tail sub, -s (Frisur) Pferdeschwanz
poodle, sub, -s Pudel
pool, sub, -s Bassin, Lache, Tümpel; (Schwimmbecken) Becken; ~ attendant sub, - -s Bademeister
poor, adj, arm, dürftig, kärglich, mangelhaft, mau, schlecht, schwach, unbemittelt; (arm) ärmlich, armselig; I feel poorly mir ist mau; ~ breathing sub, nur Einz. schwachatmig; ~ devil sub, -s (ugs.) Hungerleider; - Schlukker; ~ eyesight sub, nur Einz. Sehschwäche; ~ farm sub, -s (ugs.) Klitsche; ~ imitation sub, -s (i. ü. S.) Abklatsch; ~ man sub, - Unglückliche; ~(-quality) adj, minderwertig; ~ly adj, unpässlich; ~ly lit adj, lichtarm; ~ness sub, nur Einz. Ärmlichkeit; Armseligkeit; nur Einz. (ärmlich) Dürftigkeit; (unzulänglich) Dürftigkeit
pop, (1) adj, (ugs.; kun./mus.) poppig (2) vi, (ugs.) verpuffen; ~ music lyrics sub, nur Mehrz. Schlagertext; ~ scene sub, -s Popszene; ~ singer sub, -s Popsängerin; ~ star sub, -s Popstar, Schlagerstar; ~-art sub, nur Einz. Pop-Art; ~-song sub, -s Schlager; ~corn sub, nur Einz. Popcorn
pope, sub, -s Papst
popfestival, sub, -s Popfestival
poplar, sub, -s Pappel
poplin, sub, -s Popeline
popmusic, sub, nur Einz. Popmusik
poppy, sub, -ies Mohn; ~-seed plait sub, -s Mohnzopf; ~-seed roll sub, -s Mohnbrötchen
populate, vt, bevölkern; population sub, -s Bevölkerung, Einwohnerschaft; (biol.) Population; the town has a population of 2 million die

Stadt hat eine Einwohnerschaft von 2 Millionen; population policy sub, nur Einz. Bevölkerungspolitik; populist adj, populistisch; populous adj, volkreich
porcelain, sub, -s Porzellan
porch, sub, -s (arch.) Vorbau
porcupine, sub, -s Stachelschwein
pore, sub, -s Pore, Schweißpore; ~ over vt, wälzen
pork, sub, nur Einz. Schweinefleisch; ~ butcher sub, -s (ugs.) Selcher; ~ chop sub, -s Schweinekotelett; ~ fat sub, nur Einz. (ugs.) Schmer; ~ sausage sub, -s Fleischwurst; ~/beef sausage sub, -s Mettwurst; ~er sub, -s Mastschwein
porn, sub, -s (ugs.) Porno; ~ography sub, -ies Pornografie
porous, adj, porig, porös
porphyry, sub, -ies Porphyr
porridge, sub, nur Einz. Brei; -s Haferbrei; nur Einz. Porridge; ~ oats sub, nur Mehrz. Haferflocken
port, sub, nur Einz. Portwein; -s (comp.) Port; (Handels-) Hafen; (Wein) Port; ~ of entry sub, -s Einfuhrhafen; ~ of refuge sub, -s Schutzhafen
portable phone, sub, -s Mobiltelefon; portable radio sub, -s Kofferradio; portable TV sub, -s Portable
portal, sub, -s Portal
porter, sub, -s Dienstmann, Pförtner; - Porter; -s Portier, Portiersfrau, Türhüter; (Gepäck-) Träger; ~´s office sub, -s Pförtnerloge; ~house steak sub, -s Porterhousesteak
portiere, sub, -s Portiere
portion, sub, -s Portion
Portuguese, ~ sub, -s Portugiesin
pose, (1) sub, -s Pose (2) vi, posierer.
posh, adj, stinkvornehm; (ugs.) piekfein; (elegant; ugs.) nobel
position, sub, -s Lage, Ort, Position, Posten, Rang, Standort, Stellung; nur Einz. (i. ü. S.) Lage; -s (Stellung) Funktion; maintain one´s position sich gegen jemanden behaupten; what position did he come in? welche Platzierung hatte er?; (mil.) move into position Stellung beziehen; I´m not in a position to do that dazu bin ich nicht in

der Lage; *to be in control of the situation* Herr der Lage sein; *hold a key position* eine hohe Funktion ausüben; ~ **(for apprenticeship)** *sub, -s* Lehrstelle; ~**al warfare** *sub, -s* Stellungskrieg; ~**el** *adj,* positionell **positive,** *adj,* gewiss, positiv; ~ **pole** *sub, -s (~pol)* Plus; ~**ness** *sub, -* Positivum; **positivist** *adj,* positivistisch **positron,** *sub, -s* Positron **possesion of firearms,** *sub, nur Einz.* Waffenbesitz; **possess** *vt, (Güter)* besitzen; **possessed** *adj, (vom Teufel)* besessen; **possession** *sub, -s* Besitz, Besitztum; *nur Einz.* Verfügung; *be in full possession of one´s mental faculties* im Vollbesitz seiner geistigen Kräfte sein; *be in possession of* im Besitz sein von; *take possession of* Besitz ergreifen von; **possessions** *sub, nur Mehrz.* Habe; **possessive** *adj,* possessiv; **possessive pronoun** *sub, -s* Possessivpronomen, Possessivum **possibility,** *sub, -ies* Möglichkeit; **possible** *adj,* eventuell, möglich; *I´d never have thought it possible* das hätte ich mir nie träumen lassen; *it is just possible* es ist nicht ganz ausgeschlossen; **possible to finance** *adj,* finanzierbar; **possible to get** *vi,* beschaffbar; **possibly** *adv,* irgend, möglicherweise, womöglich; *he can´t possibly do it* er fühlt sich außer Stande, es zu tun; *if you possibly can* wenn du irgend kannst; *there is possibly a misunderstandig* da liegt möglicherweise ein Missverständnis vor **post, (1)** *sub, -s* Amt, Pfahl, Pfosten; *nur Einz.* Post; *-s* Posten **(2)** *vt,* postieren; *(Post)* aufgeben; *(Wache)* aufstellen; ~ **free** *adj,* portofrei; ~ **mortem** *adj,* postmortal; ~ **office** *sub, -s* Postamt, Postanstalt; ~ **office bank** *sub, -s* Postbank; ~ **office box** *sub, -es* Postfach, Postschließfach; **Post Office Giro account** *sub, -s* Postscheckkonto; ~ **office official** *sub, -s* Postbeamte, Postbeamtin; **Post Office savings book** *sub, -s* Postsparbuch; ~-**box** *sub, -es* Briefkasten; *post-box* Postfach; ~-**horn** *sub, -s* Posthorn; ~-**natal** *adj,* postnatal; ~-**office van** *sub, -s* Postauto; ~-**paid** *adv,* franko; ~-**war time** *sub, -s*

Nachkriegszeit **postage,** *sub, nur Einz.* Porto; ~ **stamp** *sub, -s* Postwertzeichen, Wertzeichen; **postal** *adj,* postalisch, postamtlich; **postal code** *sub, -s* Postleitzahl; **postal order** *sub, -s* Postanweisung; **postal system** *sub, -s* Postverkehr; **postal vote** *sub, -s* Briefwahl; **postcard** *sub, -s* Postkarte; **postdate** *vt,* nachdatieren; **poste restante** *adv,* postlagernd **poster,** *sub, -s* Plakat, Poster; *(Plakat)* Anschlag; ~ **art** *sub, nur Einz.* Plakatkunst **posterior,** *sub, -s (ugs.)* Podex **posterity,** *sub, nur Einz. (die ~)* Nachwelt **postglacial,** *adj,* postglazial **posthumous,** *adj,* postum; ~**ly published** *adj,* nachgelassen **posting,** *sub, nur Einz. (von Post)* Aufgabe **postman,** *sub, -men* Briefträger, Postbote; **postmark (1)** *sub, -s* Poststempel; *(Post-)* Stempel **(2)** *vt,* überstempeln; *(Post)* stempeln; *the letter bears the postmark of May 5* der Brief trägt den Stempel vom 5 Mai; **postmaster general** *sub, -s* Postminister; **postnumerando** *adv,* postnumerando; **postoperative** *adj,* postoperativ **postpone,** *vt,* verlegen; *(i. ü. S.)* hinausschieben; *(i. ü. S.; Arbeit)* aufschieben; ~**d game** *sub, -s* Nachholspiel; ~**ment** *sub, -s* Aufschub, Verschiebung; **postposition** *sub, nur Einz. (gramm.)* Nachstellung; **postscript** *sub, -s* Nachtrag, Postskript, Postskriptum; *(Nachschrift)* Nachsatz; **postscript (PS)** *sub, -s (Zugefügtes)* Nachschrift **postulant,** *sub, -s* Postulant; **postulate (1)** *sub, -s* Postulat, Postulierung **(2)** *vt,* postulieren **postule,** *sub, -s (med.)* Pustel **posture,** *sub, -s* Haltung, Positur; *have a good posture* eine gute Haltung haben **posture (of the head),** *sub, -s* Kopfhaltung **posy,** *adj, (ugs.)* protzenhaft **pot, (1)** *sub, -s* Kännchen, Kanne, Pott, Topf; *(ugs.)* Pot; *(Topf)* Hafen

(2) *vt*, topfen; ~ **(up)** *vt*, eintopfen; *pot up plants* Blumen eintopfen; **~-belly** *sub*, *-ies* Dickwanst; **~-plant** *sub*, *-s* Kübelpflanze; **~-roast** *sub*, *-s* Schmorbraten
potash, *sub*, *nur Einz.* Kali; *-es* Pottasche; ~ **salt** *sub*, *-s (chem.)* Kalisalz
potassium bromide, *sub*, *nur Einz.* Kaliumbromid; **potassium permanganate** *sub*, *-s* Kaliumpermanganat
potato, *sub*, *-es* Erdapfel, Kartoffel; ~ **beetle** *sub*, *-s* Kartoffelkäfer; ~ **fritter** *sub*, *-s* Reibekuchen; ~ **rot** *sub*, *nur Einz.* Knollenfäule; ~ **salad** *sub*, *-s* Kartoffelsalat
potbelly, *sub*, *-ies* Quabbe; *(ugs.)* Schmerbauch
potency, *sub*, *-ies* Potenz; **potent** *adj*, potent; *(ugs.)* so I wrote him a pretty potent letter* da habe ich ihm einen saftigen Brief geschrieben
potentate, *sub*, *-s* Potentat
potential, **(1)** *adj*, potential; *(eventuell)* möglich **(2)** *sub*, *-s* Potenzial; **~ity** *sub*, *-ies* Potentialis; **~ly** *adv*, potenziell
potherb, *sub*, - Suppenkraut; **pot-pourri** *sub*, *-s (mus.)* Allerlei; **pots and pans** *sub*, *-s* Geschirr; **pots of money** *adv*, *(viel Geld)* heidenmäßig; **potted plant** *sub*, *-s* Topfpflanze; **potter** *sub*, *-s* Keramiker(in), Töpfer; **pottery** *sub*, *nur Einz.* Keramik; *-ies* Töpferei; **pottery market** *sub*, *-s* Töpfermarkt; **potty** *sub*, *-ies (ugs.; Nachttopf)* Töpfchen
poullard, *sub*, *-s* Poularde
poultice, *sub*, *-s (tt; med.)* Zugsalbe
poultry, *sub*, *nur Einz.* Federvieh, Geflügel; ~ **farm** *sub*, *-s* Geflügelfarm
pounce on so, *vr*, stürzen
pound, **(1)** *sub*, *-s oder (nach Zahl)* - Pfund **(2)** *vi*, *(Herz, Blut)* pochen; *(Maschine)* stampfen **(3)** *vt*, zerstampfen; *20 pounds sterling* 20 Pfund Sterling; *3 pounds of ham sausage, please!* 3 Pfund Bierschinken, bitte!
pour, **(1)** *vi*, ergießen, quellen; *(in Strömen)* fließen **(2)** *vt*, gießen, schütten; *(draufgießen)* aufgießen; *(Flüssigkeit)* einflößen; *it´s pouring* es gießt; *a poetic outpouring* ein literarischer Erguss; *the crowd poured out of the hall* die Menge strömte aus dem Saal; *pour sth into sb's mouth*

jd etwas einflößen; ~ **in** *vt*, eingießen; ~ **off** *vt*, *(Flüssigkeit)* abgießen; ~ **out** *vt*, ausschenken; *(ausgießen)* auskippen; *(ausschütten)* ausgießen; *(Flüssigkeit)* ausschütten; ~ **out sth. for sb** *vt*, einschenken; ~ **over** *vt*, *(Soße)* übergießen; ~ **water over** *vt*, *(Gegenstand, Person)* begießen; **~ing out** *sub*, *nur Einz.* Einguss
pout, *sub*, *-s* Flunsch, Schmollmund, Schnute
poverty, *sub*, *nur Einz.* Armut; *(Mangel, Elend)* Not; *drive so into poverty* jemanden in die Armut treiben; *intellectual poverty* geistige Armut; *there is great poverty here* hier herrscht große Not
powder, **(1)** *sub*, *nur Einz.* Puder; - Pulver **(2)** *vt*, pudern; ~ **factory** *sub*, *-ies* Pulvermühle; ~ **oneself** *vr*, pudern; ~ **puff** *sub*, *-s* Puderquaste, Quaste; ~ **snow** *sub*, *nur Einz.* Pulverschnee; ~ **sth with** *sth* talkum *vt*, talkumieren
power, *sub*, *-s* Kraft, Macht; - Schlagkraft; *-s* Wucht, Wuchtigkeit; *nur Einz. (ugs.)* Power; - *(Macht)* Gewalt; *nur Einz.* Herrschaft; *-s* Stärke; *everything within our power* alles in unserer Macht stehende; *it did not lie within his power to* es stand nicht in seiner Macht; *(überirdisch) the Powers of Darkness* die Mächte der Finsternis; *to assume power* die Macht übernehmen; *to be in power* an der Macht sein; *to seize power* die Macht ergreifen; *from the corridors of power* von maßgebender Seite; *seize power* die Herrschaft an sich reißen; *the powers that be* die da oben; *the powers-that-be in Uganda* die Machthaber in Uganda; ~ **cut** *sub*, *-s* Stromsperre; ~ **failure** *sub*, *-s* Stromausfall; ~ **house** *sub*, *-s* Turbinenhaus; ~ **of judgement** *sub*, *nur Einz.* Urteilskraft; ~ **of observation** *sub*, *-s* - Beobachtungsgabe; ~ **of radiation** *sub*, *nur Einz.* Strahlkraft; ~ **of the keys** *sub*, - *(theol.)* Schlüsselgewalt; ~ **plant** *sub*, *-s (i. ü. S.)* Triebwerk; ~ **station** *sub*, *-s* Elektrizitätswerk, Kraftwerk; ~ **steering** *sub*, *-s* Servolenkung

powerboat, *sub*, *-s* Rennboot; **powered glider** *sub*, *-s (Flug)* Motorsegler; **powered sailing boat** *sub*, *-s (naut.)* Motorsegler; **powerful** *adj*, gewaltig, kräftig, leistungsfähig, machtvoll, PS-stark; *(mächtig)* stark; *(mit Macht)* eindringlich; *powerful blow* ein gewaltiger Schlage; **powerful acceleration** *sub*, *-s* Kickdown; **powerless** *adj*, machtlos; *I was powerless against these arguments* gegen diese Argumente war ich machtlos; **powerlessness** *sub*, *nur Einz. (Machtlosigkeit)* Ohnmacht; **powerplay** *sub*, *-s* Powerplay; **powers of vision** *sub*, *nur Mehrz.* Sehvermögen

practiability, *sub*, *-ies (Lösung)* Gangbarkeit; **practicability** *sub*, *-ies* Durchführbarkeit; **practicable** *adj*, praktikabel; *(geh.)* durchführbar; **practical (1)** *adj*, faktisch, handlich, praktisch; *(Zweck)* sinnig **(2)** *sub*, *-s* Praktikum; **practical constraint** *sub*, *-s* Sachzwang; **practical training** *sub*, *-s* Volontariat; **practical value** *sub*, *-s* Gebrauchswert

practice, *sub*, *-s* Praktik; *-es* Praxis; *-* Übung; *-s (Übung)* Training; *(ugs.) sharp practices* krumme Touren; *it all comes with practice* alles nur eine Sache der Übung; *keep in practice* in der Übung bleiben; *out of practice* aus der Übung; *practice makes perfect* Übung macht den Meister; *~ alarm* *sub*, *-s* Sirenenprobe; *~ witchcraft* *vi*, *(US)* hexen; **practician** *sub*, *-s* Praktiker; **practise (1)** *vt*, einüben, exerzieren, praktizieren; *(Beruf)* nachgehen **(2)** *vti*, trainieren, üben; *practise sth with sb* mit jmd etwas einüben; **practise witchcraft** *vi*, hexen

pragmatic, *adj*, pragmatisch; **pragmatism** *sub*, *-s* Pragmatik, Pragmatismus; **pragmatist** *sub*, *-s* Pragmatiker

prairie, *sub*, *-s* Prärie; *~ wolf* *sub*, *-wolves (zool.)* Steppenwolf; *~dog* *sub*, *-s* Präriehund; *~oyster* *sub*, *-s* Prärieauster; *~wolf* *sub*, *-ves* Präriewolf

praise, (1) *sub*, *-s* Belobung; *nur Einz.* Lob **(2)** *vt*, anpreisen, belobigen, loben, preisen, rühmen; *to deserve praise* Lob verdienen, *praise sth to high heaven* etwas beweihräuchern; *sing one´s praises* sich selbst beweih-

räuchern; *~* **(highly)** *vt*, hochpreisen; *~***worthy** *adj*, lobenswert, rühmenswert, rühmlich; **praising** *sub*, *-s (Lobung)* Anpreisung

pram, *sub*, *-s* Kinderwagen

prance, *vt*, *(Pferd)* tänzeln

prank, *sub*, *-s* Jokus, Schabernack

prate, *vt*, salbadern

prattle, *sub*, *-s* Geschwätz; **prattling** *sub*, *- (abw.)* Geplapper

prawn, *sub*, *-s (ugs.)* Krabbe; *(US)* Garnele

pray, *vi*, beten; *~er* *sub*, *-s* Gebet; *say one´s prayers* sein Gebet verrichten; *~er book* *sub*, *-s* Gebetbuch; *~er corner* *sub*, *-s* Gebetsnische; *~er leader* *sub*, *-s* Vorbeter; *~er mantle* *sub*, *-s* Gebetsmantel; *~er mat* *sub*, *-s* Gebetsteppich; *~ing mantis* *sub*, *-es (zool.)* Gottesanbeterin

preach, *vt*, predigen; *~er* *sub*, *-s* Prediger, Verkünderin

preamble, *sub*, *-s* Präambel

prearranged, *adj*, abgekartet

Pre-Cambrian, *adj*, präkambrisch; **pre-election promise** *sub*, *-s* Wahlgeschenk; **Pre-Raphaelitism** *sub*, *nur Einz.* Jugendstil; **preschool** *adj*, vorschulisch; **pre-school-education** *sub*, *-s* Vorschulerziehung; **pre-wordly** *adj*, vorweltlich

precarious, *adj*, sengerig; *(Situation)* bedrohlich; *~ness* *sub*, *nur Einz. (einer Situation)* Bedrohlichkeit

precaution, *sub*, *-s* Vorkehrung, Vorsichtsmaßregel; *nur Einz.* Vorsorge

precede, *vi*, vorausgehen; *~nce* *sub*, *nur Einz.* Vortritt; *~nt* *sub*, *-s* Präzedenzfall; **preceding** *adj*, vorhergehend

preceive, *vt*, wahrnehmen

precentorship, *sub*, *nur Einz. (mus.)* Kantorat

precincts, *sub*, *- (i. ü. S.)* Weichbild

precious, *adj*, preziös; *~* **metal** *sub*, *-s* Edelmetall; *~* **stone** *sub*, *-s* Edelstein; **precipitation** *sub*, *-s (meteor.)* Niederschlag

precise, *adj*, akkurat, exakt, genau, penibel, präzis, präzise; *(Ausdrucksweise)* treffsicher; *~* **distinction** *sub*, *-s* Differenzierung;

~**ness** *sub*, *-es* Präzisierung; **precision** *sub*, *-s* Exaktheit, Genauigkeit, Präzision; **precision balance** *sub*, *-s* Feinstwaage; **precision landing** *sub*, *-s* Punktlandung
preclinical, *adj*, vorklinisch
precocious, (1) *adj*, *(Kind)* frühreif; *(vorlaut)* naseweis (2) *sub*, altklug; **precocniousness** *sub*, *-es (Kind)* Frühreife
preconceived, *adj*, vorgefasst, vorgefertigt; **precondition** *sub*, *-s* Voraussetzung, Vorbedingung
predator, *sub*, *-s* Raubtier
predecessor, *sub*, *-s* Vorgängerin
predestination, *sub*, *-s* Prädestination; **predestine** *vt*, prädestinieren; **predestined** *adv*, prädestiniert
predicament, *sub*, *nur Einz.* Zwangslage
predicate, *sub*, *-s* Prädikat, Satzaussage; **predicative noun/adjective/pronoun** *sub*, *-s* Prädikativum
predict, *vt*, voraussagen, vorhersagen; ~ **the future** *vt*, wahrsagen; ~**able** *adj*, voraussagbar, vorhersagbar
predispose, *vt*, prädisponieren; **predisposition** *sub*, *-s (tt; anat.)* Veranlagung
predominance, *sub*, *-s* Vorherrschaft; *(i. ü. S.)* Übergewicht; *nur Einz. (Gefühle)* Übermacht; **predominant** *adj*, überwiegend, vorwiegend; *(i. ü. S.)* become *predominant* das Übergewicht bekommen; **predominantly** *adv*, vorwiegend; **predominate** *vi*, prädominieren, überwiegen, vorherrschen
prefabricated, *adj*, *(vorgefertigt)* fertig; ~ **house** *sub*, *-s* Fertighaus
preface, (1) *sub*, *-s* Vorwort (2) *vt*, bevorworten
prefix, *sub*, *-es* Präfix, Vorsilbe
preform, *vt*, präformieren
pregnancy, *sub*, *-ies* Gravidität, Schwangerschaft; *nur Einz.* Trächtigkeit; **pregnant** *adj*, schwanger, trächtig; *(geh.)* be *pregnant* in anderen Umständen sein
prehistorian, *sub*, *-s* Prähistoriker; **prehistoric** *adj*, prähistorisch, vorzeitlich; **prehistoric painting** *sub*, *-s* Felsmalerei; **prehistoric rock** *sub*, *-s* Urgestein; **prehistoric times** *sub*, *nur Mehrz.* Vorzeit; **prehistory** *sub*,

-ies Prähistorie; *nur Einz.* Urgeschichte, Vorgeschichte
prehuman, *adj*, *(i. ü. S.)* urmenschlich
prejudge, *vt*, präjudizieren; **prejudice** *sub*, *-s* Vorurteil; be *prejudiced against* sb gegen jmdeingenommen sein; **prejudiced** *adj*, präjudiziell
prelate, *sub*, *-s* Prälat
preliminary consultation, *sub*, *-s* Vorberatung
preliminary contract, *sub*, *-s (tt; jur.)* Vorvertrag; **preliminary decision** *sub*, *-s* Vorbescheid, Vorentscheid, Vorentscheidung; **preliminary examination** *sub*, *-s (tt; med.)* Voruntersuchung; **preliminary examination in medicine** *sub*, *examinations* Physikum; **preliminary exercise** *sub*, *-s* Vorübung; **preliminary inquiry** *sub*, *-s (jur.)* Ermittlungsverfahren; **preliminary investigation** *sub*, *-s (tt; jur.)* Voruntersuchung; **preliminary remark** *sub*, *-s* Vorbemerkung; **preliminary stage** *sub*, *-s* Vorstufe; **preliminary talks** *sub*, *nur Mehrz.* Präliminarien; **preliminary work** *sub*, *-s* Vorleistung
prelude, *sub*, *-s* Präludium; *(tt; mus.)* Vorspiel
prematerial, *adj*, *(i. ü. S.)* urstofflich
premature, *adj*, verfrüht; *(voreilig)* übereilt; *(vorzeitig)* frühzeitig; ~ **birth** *sub*, *-es* Frühgeburt; ~ **praise** *sub*, *nur Mehrz.* Vorschusslorbeeren; **prematurity** *sub*, *nur Einz.* Prämaturität
premiere, *sub*, *-s* Premiere, Uraufführung
première, *sub*, *-s* Erstaufführung
premise, *sub*, *-s* Prämisse; to *leave the premises* die Lokalitäten verlassen
premium, *sub*, *-s* Prämie; ~ **rate** *sub*, *-s* Prämienkurs; ~**-free** *adj*, prämienfrei
preoccupy, *vt*, *(Verstand)* beanspruchen; it *greatly preoccupies me* es beansprucht mich seelisch sehr
preordered, *adj*, vorgeordnet
preparation, *sub*, *nur Einz.* Bereitung; *-s* Präparat, Präparation, Vor-

bereitung, Zubereitung, Zurichterei;
preparator *sub*, *-s* Zurichterin; **preparatory course** *sub*, *-s* Propädeutik; **prepare** (1) *vr*, rüsten, wappnen (2) *vt*, präparieren, richten, zubereiten, zurechtmachen, zurichten; *(Essen)* anrichten; *(herrichten)* bereiten; *(Soße, etc.)* anmachen (3) *vtr*, vorbereiten; *be pepared for the worst* das Schlimmste befürchten; *be prepared for* gefasst sein auf; *prepare for* sich einrichten auf, sich gefasst machen auf; *we´re not prepared for that sort of thing* auf so etwas sind wir nicht eingerichtet; **prepared** *adj*, parat
preponderance, *sub*, *-s* Präponderanz
preposition, *sub*, *-s* Präposition, Verhältniswort; **~al** *adj*, präpositional
preppie, *sub*, *-s* Popper
preproduced, *adj*, vorgefertigt
prerogative, *sub*, *-s* Prärogativ, Prärogative
Presbyterian, *sub*, *-s* Presbyter
prescribe, *vt*, verabreichen, verordnen, verschreiben; **prescription** *sub*, *-s* Verordnung, Verschreibung; *(med.)* Rezept; **prescription pad** *sub*, *-s* Rezeptblock; **prescriptive** *adj*, präskriptiv
presence, *sub*, *nur Einz.* Anwesenheit; *- Gegenwart*; *-s* Präsenz; *unassuming presence* bescheidenes Auftreten; **present (tense)** *sub*, *- Präsens*; **present itself** *vr*, *(Gelegenheit)* anbieten; **present tense** *sub*, *-s (Sprachw.)* Gegenwart
present, (1) *adj*, anwesend, augenblicklich, gegenwärtig; *(i. ü. S.)* zugegen (2) *attr*, momentan (3) *sub*, *-s* Gastgeschenk; *- Gegenwart*; *-s* Geschenk; *nur Einz.* Jetzt; *-s* Präsent (4) *vt*, präsentieren, vorführen, vorlegen; *(feierlich)* überreichen (5) *vti*, moderieren; *misrepresent* etwas falsch darstellen
presentability, *sub*, *nur Einz.* Hoffähigkeit; **presentable** *adj*, präsentabel, repräsentabel, salonfähig; *(ugs.)* hoffähig; **presentation** *sub*, *-s* Aufmachung, Darbietung, Darreichung, Moderation, Präsentation, Überreichung, Vorlage; **presentation ceremony** *sub*, *-ies (spo.)* Siegerehrung; **presenter** *sub*, *-s* Moderator, Moderatorin
presentiment, *sub*, *-s (Vorgefühl)* Ah-

nung; *~ of death sub, presentiments* Todesahnung; **presently** *adv*, präsentisch
preservation, *sub*, *(Gebäude)* Erhalt; *-s (Kunst)* Erhaltung; *~ pot sub*, *-s* Einkochtopf; **preservative** *sub*, *-s* Konservierungsmittel; **preserve** (1) *sub*, *-s* Präserve; *(Jagd-)* Gehege (2) *vt*, einmachen, einwekken, konservieren, präservieren, wahren; *(bewahren)* erhalten; *(in gutem Zustand)* bewahren; **preserved fruit/vegetables** *sub*, *-* Eingemachte; **preserver** *sub*, *-s* Bewahrer; **preserves** *sub*, *nur Mehrz.* Konserve
preserving and bottling equipment, *sub*, *-s* Weckapparat; **preserving jar** *sub*, *-s* Einmachglas, Weckglas; **preserving sugar** *sub*, *-* Gelierzucker; **preserving-jar** *sub*, *-s* Einweckglas
presquabble, *sub*, *-* Vorgeplänkel
press, (1) *sub*, *nur Einz.* Blätterwald; *-es* Presse; *nur Einz.* Pressewesen (2) *vt*, drücken, pressen, stemmen; *there are rumblings in the press* es rauscht im Blätterwald; *be pressed for time* im Druck sein; *just press the button* ein Druck auf den Knopf genügt; *press so, with questions* in jmd dringen; *press the trousers* Hose bügeln, *press sth into sb´s hands* jmd etwas in die Hand drücken; *~* **(down)** *vt*, niederdrücken; *~* **ahead** *vi*, *(ugs.)* vorpreschen; *~* **commentary** *sub*, *-ies* Pressestimme; *~* **for** *vt*, drängen; *press for payment* auf Zahlung drängen; *~* **law** *sub*, *-s* Pressegesetz; *~* **office** *sub*, *-s* Pressestelle; *~* **open** *vt*, *(aufstoßen)* aufdrükken; *~* **out** *vt*, *(Saft)* auspressen; *~* **right down** *vt*, *(Pedal)* durchtreten; *~* **so** *vt*, *(nötigen)* bedrängen; *~* **the (door) handle down** *vi*, klinken; *~-***stud (am: snap-fastener)** *sub*, *-s (Kleidung)* Druckknopf; *~-***up** *sub*, *-s (spo.)* Liegestütz; *~***ed** *adj*, gepresst; *~***ed glass** *sub*, *-es* Pressglas
pressing, *adj*, *(Problem)* akut; **pressure** *sub*, *-s* Pression; *(phy./psych)* Druck; *to exert pressure on sb* auf jmd Zwang ausüben; *have a feeling of pressure in one´s*

stomach Druck im Magen haben; *put so under pressure* jmd unter Druck setzen; **pressure bandage** *sub, -s* Druckverband; **pressure cooker** *sub, -s* Druckkessel; **pressure gauge** *sub, -s* Manometer; **pressure of time** *sub, nur Einz.* Termindruck; **pressure to succeed** *sub, -s* Erfolgszwang; **pressure-cooker** *sub, -* Dampfkochtopf; **pressurized cabin** *sub, -s* Druckkabine

prestige, *sub, nur Einz.* Prestige

presumable, *adj,* vermutlich; **presumably** *adv,* vermutlich; **presumed** *adj, (Vater)* mutmaßlich; **presumptuous** *adj,* unbescheiden, vermessen

presuppose, *vt,* präsumieren, voraussetzen

pretence, *sub, -s* Vorspiegelung; **pretend** *vt,* prätendieren, vorgeben; *he´s only pretending* er tut nur so; *pretend to* sich den Anschein geben zu; *pretend to be asleep* sich schlafend stellen; *to pretend* so tun, als ob; **pretend to be** *vi, (sich ausgeben für)* ausgeben; **pretender** *sub, -s* Prätendent; **pretension** *sub, -s* Prätention; **pretentious** *adj,* großmächtig, prätentiös

preterite, *sub, -s* Präteritum

pretext, *sub, -s* Vorwand

pretty, (1) *adj,* hübsch (2) *adv,* weidlich; *(i. ü. S.) be sitting pretty* fein heraus sein; *(ugs.) they´re pretty well off* sie werden wohl nicht am Hungertuch nagen; ~ **boy** *sub, -s (ugs.)* Schönling

pretzel, *sub, -s* Brezel; *pretzels with mustard* Brezeln mit Senf

prevail, (1) *adj,* walten (2) *vi, (geh.)* obsiegen; *to let reason prevail* Vernunft walten lassen

prevent, (1) *vi,* vorbeugen (2) *vt,* verhindern, verhüten; *(Situation)* abwenden; ~ **so from** *vt, (jemand daran)* hindern; ~**ion** *sub, -s* Prävention, Unterbindung, Verhinderung, Vorbeugung; ~**ion of accidents** *sub, nur Einz.* Unfallschutz; ~**ive** *adj,* präventiv; ~**ive custody** *sub, -s (tt; jur.)* Vorbeugehaft

preview, *sub, -s* Vorschau

previous, *adj,* bisherig, früher, vorig; *a previously unknown* ein bisher unbekannter; *in the previous year* im Jahr zuvor; *previously convicted for*

the same offence einschlägig vorbestraft; *their previous flat* ihre bisherige Wohnung; ~ **conviction** *sub, -s* Vorstrafe; ~ **knowledge** *sub, -* Vorkenntnis; *nur Einz.* Vorwissen; ~ **month** *sub, -s* Vormonat; ~ **sign** *sub, -s* Vorwegweiser; ~ **tenant** *sub, -s* Vormieterin; ~ **week** *sub, -s* Vorwoche; ~ **year** *sub, -s* Vorjahr; ~**ly** *adv,* bislang; ~**ly convicted** *adj,* vorbestraft

prewash, *sub, -s* Vorwaschgang

price, *sub, -s* Kostenpunkt, Preis, Prix; *I like it, but how much is it?* es gefällt mir, aber wie ist der Kostenpunkt?; *beat down the price* vom Preis etwas abhandeln; *rock-bottom prices* niedrigste Preise; *that´s the price you have to pay for* das ist die Quittung dafür, dass; ~ **cartel** *sub, -s* Preiskartell; ~ **cut** *sub, -s* Preissenkung; ~ **decline** *sub, -s* Kursrückgang; ~ **fixing** *sub, -s* Preisbildung, Preisbindung; ~ **for one** *sub, prices* Stückkosten; ~ **freeze** *sub, -s* Preisstopp; ~ **gap** *sub, -s* Preisgefälle; ~ **level** *sub, -s* Preisniveau; ~ **limit** *sub, -s* Preisgrenze; ~ **of wheat** *sub, -s* Weizenpreis; ~ **paid for ignorance** *sub,* Lehrgeld; *when he was young, he had to pay dearly for his ignorance* als er jung war, hat er kräftig Lehrgeld zahlen müssen

price quotation, *sub, -s* Preisangabe; **price range** *sub, -s* Preisklasse; **price reduction** *sub, -s* Preisnachlass; **price structure** *sub, -s* Preisgefüge; **price-tag** *sub, -s* Preisschild; **priceless** *adj,* köstlich; *(i. ü. S.; unersetzlich)* unbezahlbar; *his sayings are priceless* seine Sprüche sind köstlich; *it´s priceless* das ist nicht mit Geld zu bezahlen; **priceworthy** *adj,* preiswürdig; **pricing authority** *sub -ies* Preisbehörde; **pricing policy** *sub, -ies* Preispolitik

prick, (1) *sub, -s (Nadel-)* Stich (2) *vt,* stechen; *(i. ü. S.) prick up* die Ohren spitzen; ~ **up one´s ears** *vt,* aufhorchen; ~**le** (1) *sub, -s* Stachel (2) *vti,* kribbeln; *(ugs.) I´ve got pins and needles in my foot* es kribbelt mir im Fuß; *to have a prickling sensation* auf der Haut kribbeln;

~liness *sub, nur Einz.* Stachligkeit; **~ly** *adj,* stachelig, stachlig
pride, *sub, nur Einz.* Stolz; *be a source of pride to someone* jemanden mit Stolz erfüllen; *have too much pride to do something* zu stolz sein, etwas zu tun; *her pride and joy* ihr ganzer Stolz; *pride goes before a fall* Hochmut kommt vor dem Fall
priest, *sub, -s* Geistliche, Pope, Priester; **~´s office** *sub, -s* Pfarramt; **~hood** *sub, -s* Priesteramt, Priestertum; **~ly** *adj,* priesterhaft
priggish, *adj,* moralinsauer; **~ness** *sub, nur Einz.* Moralin
prim, *adj, (ugs.)* zickig
prima ballerina, *sub, -s* Primaballerina
prima donna, *sub, -s* Diva, Primadonna
primary, *adj,* primär; *(Bedeutung)* übergeordnet; **~ administrative division of a Land** *sub, -s* Regierungsbezirk; **~ education** *sub, -s* Primarstufe; **~ energy** *sub, -ies* Primärenergie; **~ power** *sub, nur Einz.* Primärstrom; **~ pupil** *sub, -s* Grundschüler; **~ school** *sub, -s* Grundschule
prime, *vt, (tt; kun.)* untermalen; *(tech.)* grundieren; *to be in one´s prime* im besten Mannesalter sein; **~ costs** *sub, nur Mehrz.* Selbstkosten; **~ minister** *sub, -s* Ministerpräsident, Premierminister; **~ number** *sub, -s* Primzahl; **~r** *sub, -s* Fibel; *(Farbe)* Grundierung
primeval landscape, *sub, -* Urlandschaft; **primeval man** *sub, -men* Urmensch; **primeval sea** *sub, -* Urmeer; **primeval times** *sub, -* Urzeit; **primeval world** *sub, -s* Urwelt
priming, *sub, - (tt; kun.)* Untermalung
primitive, *(1) adj,* primitiv *(2) sub, -s (ugs.)* Primitivling; **~ness** *sub, nur Einz.* Primitivismus
primogeniture, *sub, -s* Primogenitur
primrose, *sub, -s* Primel
prince, *sub, -s* Fürst, Prinz; *(hist.)* Landesfürst; **Prince Charming** *sub, nur Einz.* Märchenprinz; **~ consort** *sub, -s* Prinzgemahl; **~ly** *adj,* fürstlich; **~ss** *sub, -es* Prinzessin
principal, *adj,* vornehmlich; **~ witness** *sub, -es* Kronzeuge; **~ity** *sub, -ies* Fürstentum; **~ly** *adv,* vornehm-

lich; **principle** *sub, -s* Gesetz, Grundsatz, Prinzip; *he´s a man of principle* er ist ein Mann mit Grundsätzen; *on the principle that* nach dem Grundsatz, dass; *(ugs.) to insist on one´s principles* Prinzipien reiten; **principle debt** *sub, -s (wirt.)* Hauptschuld; **principle of legality** *sub, nur Einz.* Legalitätsprinzip
print, *(1) sub, -s* Druck; *(Kunst)* Grafik *(2) vt,* abdrucken, aufdrukken, bedrucken, drucken; **~ (out)** *vti,* ausdrucken; **~ in uneven lines** *sub,* Flattersatz; **~ run** *sub, - -s* Auflagenhöhe; **~ throught** *vi,* durchdrucken; **~ed matter** *sub, -s (Post)* Drucksache; **~ed pattern** *sub, -s* Druckmuster; *(i. ü. S.) follow a pattern* nach einem bestimmten Druckmuster vorgehen; **~ed stationery** *sub, -ies (Druck)* Drucksache; **~er** *sub, -* Buchdrukker; *-s* Drucker, Printer; *laser printer* Laserdrucker; **~er´s ink** *sub, -s* Druckerschwärze
printing, *sub, -s* Bedruckung, Drucklegung; **~ block** *sub, -s* Klischee; **~ paper** *sub, -s* Druckpapier; **~ plate** *sub, -s* Druckplatte; **~-house (printer´s)** *sub, -es (Firma)* Druckerei; **~-works** *sub, nur Mehrz. (Tätigkeit)* Druckerei; **printmedium** *sub, -s* Printmedium; **printout** *sub, -s (comp.)* Ausdruck
prior, *(1) adj,* vorherig *(2) sub, -s* Prior; **~ity** *sub, -ies* Primat, Priorität; *nur Einz.* Vorrang, Vortritt; *it´s is top priority* es steht dringend an; *of top priority* von grösster Dringlichkeit
prism, *sub, -s* Prisma; **~atic** *adj,* prismatisch; **~atic telescope** *sub, -s* Prismenglas
prison, *sub, -s* Gefängnis, Haftanstalt, Zuchthaus; *be sent to prison* ins Gefängnis kommen; *be sentenced to prison* mit Gefängnis bestraft werden; *get five years in prison* fünf Jahre Gefängnis bekommen; **~ camp** *sub, -s* Gefangenenlager; **~ sentence** *sub, -s* Gefängnisstrafe, Haftstrafe, Zuchthausstrafe; *(jur.)* Freiheitsstrafe; **~er** *sub, -s* Gefangene, Häftling, Inhaftierte,

Sträfling, Zuchthäusler; ~**er-of-war** *sub, -s* Kriegsgefangene; ~**er-of-war camp** *sub, -s (mil.)* Gefangenenlager; ~**er´s leaver** *sub, -s* Hafturlauber **privacy,** *sub, nur Einz.* Intimbereich; ~ **of the post** *sub, nur Einz.* Briefgeheimnis; **private (1)** *adj,* außerschulisch, intern, privat **(2)** *adv,* privatim **(3)** *sub, -s (mil.)* Landser, Muschkote; *for the time being our measures will have to remain private* unsere Maßnahmen müssen vorläufig intern bleiben; *that´s a purely private matter* das ist eine rein interne Angelegenheit, *in private* unter Ausschluss der Öffentlichkeit; *private party* geschlossene Gesellschaft; *to speak to sb in private* jmd unter vier Augen sprechen; **private 1st class** *sub, -s (mil.,US)* Gefreite; **private and confidential** *adj,* privatissime; **private audience** *sub, -s* Privataudienz; **private clinic** *sub, -s* Privatklinik; **private exchange number** *sub, -s* Sammelnummer **privateer,** *sub, -s* Kaperschiff; **privation** *sub, -s* Entbehrung; **privatization** *sub, -s* Privatisierung; **privatize** *vt,* privatisieren **private first class,** *sub, privates (US)* Obergefreite; **private health insurance company** *sub, -ies* Ersatzkasse; **private individuals** *sub, nur Mehrz.* Privatleute; **private initiative** *sub, -s* Privatinitiative; **private letter** *sub, -s* Privatbrief; **private life** *sub, -ves* Intimsphäre; *-s* Privatleben; **private matter** *sub, -s* Privatsache; **private means** *sub, nur Mehrz.* Privatmittel; **private office** *sub, -s* Privatkontor **private parts,** *sub, nur Mehrz.* Schamdreieck; **private person** *sub, pepole* Privatperson; **private print** *sub, -s* Privatdruck; **private property** *sub, -ies* Privatbesitz; **private quarters** *sub, nur Mehrz.* Privatquartier; **private room** *sub, -s* Privatzimmer, Separee; **private school** *sub, -s* Privatschule; **private tuition** *sub, nur Einz.* Nachhilfe; *-s* Privatstunde; **private tutor** *sub, -s* Privatlehrer; **private wing** *sub, -s* Belegstation **privet,** *sub, nur Einz.* Liguster **priviledge of serving,** *sub, -s* Ehrendienst; **privilege (1)** *sub, -s* Privileg,

Sonderrecht, Vergünstigung, Vorrecht; *(i. ü. S.; Vorrecht)* Freibrief **(2)** *vt,* privilegieren; **privileged** *adj,* privilegiert **Privy Council,** *sub, -s* Hofrat **prize,** *sub, -s (Lotterie)* Gewinn; ~ **competition** *sub, -s* Preisaufgabe, Preisrätsel; ~**-giving (am: awards ceremony)** *sub, -s* Ehrung; ~**winner** *sub, -s* Preisträger **pro** *sub, -s (ugs.)* Profi **probably, (1)** *adj,* wahrscheinlich **(2)** *adv,* voraussichtlich, wohl **probation,** *sub, -s (jur.)* Bewährung; ~ **officer** *sub, - -s* Bewährungshelfer **probe,** *sub, -s* Probebohrung; *(med.)* Sonde **problem,** *sub, -s* Problem, Problematik; *(gesundheitliche)* Beschwerde; *explore the ins and outs of a problem* ein Problem ausloten; *have problems* Sorgen haben; *solve problems with a sledgehammer* Probleme mit der Brechstange lösen; *that´s his problem* das ist seine Angelegenheit; *that´s not a problem* dem ist leicht abzuhelfen; *the problems ov everyday living* die Nöte des Alltags; ~ **area** *sub, -s* Fragenkreis, Problemkreis, Problemzone; ~ **car** *sub, -s* Montagsauto; ~ **child** *sub, -ren* Problemkind; ~ **hair** *sub, nur Einz.* Problemhaar; ~ **play** *sub, -s* Problemstück; ~ **skin** *sub, nur Einz.* Problemhaut; ~**atic** *adj,* problematisch **procedural law,** *sub, -s* Prozessrecht; **procedure** *sub, nur Mehrz.* Geschäftsordnung; *-s* Handlungsweise, Modalität, Praktik, Prozedur, Verfahren; **proceed (1)** *vi,* prozedieren **(2)** *vr,* verfügen; *proceed to hearing the evidence* in die Beweisaufnahme eintreten; **proceeding** *sub, nur Mehrz. (tt; jur.)* Verfahren; **proceedings** *sub, nur Mehrz.* Procedure; **proceeds** *sub, nur Mehrz.* Erlös **process, (1)** *sub, -es* Arbeitsgang; *-s* Fortsatz; *-es (tt; biol.)* Vorgang **(2)** *vt, (tt; biol.&techn)* verarbeiten; *(tech.)* aufbereiten; ~ **of disintegration** *sub, -es -* Auflösungsprozess; ~ **of ripening** *sub, -*

Reifungsprozess; ~ **of thinking** *sub*, *-es* Denkprozess; ~**ing** *sub*, *-s* Aufbereitung; *(tt; biol.&tech)* Verarbeitung; *nur Einz. (eines Antrags etc.)* Bearbeitung; ~**ion** *sub*, *-s* Prozession; *(Festzug)* Auszug; *(Umzug)* Umgang

proclaim, *vt*, proklamieren, verkündigen; *(Republik)* ausrufen; **proclamation** *sub*, *-s* Proklamation, Verkündigung

proconsul, *sub*, *-s* Prokonsul; ~**ate** *sub*, *-s* Prokonsulat

procuration, *sub*, *-s* Prokura; ~ **of** payment *sub*, *-s* Inkasso; **procure** *vt*, *(befehlen)* anschaffen; **procure sb for sb** *vt*, *(ugs.)* verkuppeln; **procurement** *sub*, *nur Einz.* Beschaffung; **procuring** *sub*, *-s (ugs.)* Verkuppelung

produce, *vt*, anfertigen, entwickeln, erbringen, erzeugen, fabrizieren, fertigen, herstellen, hervorbringen, hervorholen, produzieren, vorzeigen; *(produzieren)* ausstoßen; *(Zeugen)* anführen; *(ugs.)* *I can´t just produce it from nowhere* ich kann es doch nicht durch die Rippen schwitzen; *produce a good crop of fruit* viele Früchte tragen; ~**r** *sub*, *-s* Erzeuger, Hersteller, Herstellerin, Produzent, Produzentin, Sendeleiter; *(Film)* Spielleiter; ~**r´s cellar** *sub*, *-s* Kellerei

product, *sub*, *-s* Erzeugnis, Fabrikat, Produkt, Ware; ~ **of fission** *sub*, *products* Spaltprodukt; ~**ion** *sub*, *-s* Fabrikation, Fertigung; - Herstellung; *-s* Inszenierung, Produktion, Regie, Verfertigung; *nur Einz. (Film)* Spielleitung; *(tech.)* Anfertigung; *go into production* in Serie gehen; ~**ion costs** *sub*, *nur Mehrz.* Produktionskosten, Regiekosten; ~**ion idea** *sub*, *-s* Regieeinfall; ~**ion line** *sub*, *-s* Fertigungsstraße; - *-s (Fließband)* Band; ~**ion manager** *sub*, - *-s (Film)* Aufnahmeleiter; ~**ion time** *sub*, *nur Einz. (Herstellungszeit)* Arbeitszeit; ~**ive** *adj*, produktiv; *(agr.)* ertragreich; *(Mine)* ergiebig; ~**ivity** *sub*, *-ies* Produktivität

profanation, *sub*, *-s* Profanation, Profanierung; **profane (1)** *adj*, profan **(2)** *vt*, profanieren

profess, *vi*, *(zu einem Glauben)* be-

kennen; ~**ed intention** *sub*, *-s* Willenserklärung

profession, *sub*, *-s* Berufsstand, Metier, Profession; *(anspruchsvollerer)* Beruf; ~**al (1)** *adj*, beruflich, berufsmäßig, fachgerecht, fachlich, gewerbsmäßig, professionell, zünftig **(2)** *sub*, *-s* Professional; *give a professional opinion on sth* etwas fachlich beurteilen; ~**al association** *sub*, *-s* Kammer; ~**al boxing** *sub*, *nur Einz.* Berufsboxen; ~**al driver** *sub*, *-s* Berufsfahrer; ~**al error** *sub*, *-s* Kunstfehler; ~**al ethics** *sub*, *nur Mehrz.* Berufsethos; ~**al expenses** *sub*, *nur Mehrz.* Werbungskosten

professional football, *sub*, *nur Einz.* Profifußball; **professional group** *sub*, *-s* Berufsklasse; **professional honour** *sub*, *-s* Standesehre; **professional hunter** *sub*, *-s* Jägermeister; **professional life** *sub*, *nur Einz.* Berufsleben; **professional secrecy** *sub*, *-ies (Schweigepflicht)* Berufsgeheimnis; **professional secret** *sub*, *-s* Berufsgeheimnis; **professionalize** *vt*, professionalisieren; **professionally** *adv*, berufsmäßig, fachgerecht **professional player**, *sub*, *-s* Berufsspieler

proffer, *vt*, darreichen

proficiency, *sub*, - Konzertreife; *-s (Können)* Fertigkeit; **proficient** *adj*, konzertreif; **proficient in languages** *adj*, sprachkundig

profile, *sub*, *-s* Profil, Profileisen

profit, (1) *sub*, *-s* Profit; *(i. ü. S.)* Zugewinn **(2)** *vti*, profitieren; ~ **and loss account** *sub*, *-s* Gewinnund-Verlust-Rechnung; ~ **centre** *sub*, *-s* Profitcenter; ~ **margin** *sub*, *-s* Gewinnquote; ~ **sharing** *sub*, *-s* Gewinnbeteiligung; ~ **situation** *sub*, *-s* Ertragslage; ~**-making** *sub*, *nur Einz.* Kommerz; *even the arts are just a profit-making business these days* auch die Kunst ist nur Kommerz heutzutage; ~**-orientated** *adj*, kommerziell; ~**-seeking** *sub*, - Gewinnsucht; ~**ability** *sub*, *nur Einz.* Rentabilität

profitable, *adj*, einträglich, ersprießlich, Gewinn bringend, Nutz bringend, profitabel, rentabel;

(wirt.) ertragfähig; *profitable business* ein einträgliches Geschäft; **profiteer (1)** *sub*, *-s* Profitjäger, Wucherer **(2)** *vi*, wuchern; **profiteering** *sub*, *nur Einz.* Wucher; *-s* Wucherei
profound, *adj*, profund, tiefgründig; *(i. ü. S.)* tief gehend; *(Gedanken)* gehaltvoll; *(tief)* hintergründig; **profundity** *sub*, *nur Einz.* Tiefsinn
profuse, *adj*, profus
progenitor, *sub*, *-s* Stammvater; **progenitrix** *sub*, *-es* Stammmutter
progesterone, *sub*, *nur Einz.* Progesteron
prognosis, *sub*, *-es* Prognose; **prognostic (1)** *adj*, prognostisch **(2)** *sub*, *-s* Vorbedeutung; **prognosticate** *vti*, orakeln, prognostizieren; **prognostication** *sub*, *-s* Prognostikum
program of events, *sub*, *-s* Festprogramm; **programmatic** *adj*, programmatisch; **programme (1)** *sub*, *-s* Programm, Programmheft, Sendung **(2)** *vt*, programmieren; **programme control** *sub*, *-s* Programmsteuerung; **programmer** *sub*, *-s* Programmierer; **programming language** *sub*, *-s* Programmiersprache
progress, (1) *sub*, *-es* Fortgang; - Fortkommen, Fortschritt; *-es* Gedeihen; - Progress **(2)** *vi*, fortschreiten; **~ion** *sub*, *-s* Progression; **~ive** *adj*, progressiv; *(Ansichten, Eltern)* modern; **~ive party supporter** *sub*, *-s* Progressist; **~ive reduction** *sub*, *-s* Degression
prohibit, *vt*, verbieten; *smoking is prohibited here* hier darf man nicht rauchen; **~ed** *adj*, verboten; **~ed area** *sub*, *-s* Sperrgebiet; **Prohibition** *sub*, *-s* Prohibition; *nur Einz.* Untersagung; *-s* Verbot; **~ion sign** *sub*, *-s* Verbotstafel; **~ion to land** *sub*, - Landeverbot; **Prohibitionist** *sub*, *-s* Prohibitionist; **~ive** *adj*, prohibitiv, unerschwinglich
project, (1) *sub*, *-s* Projekt **(2)** *vt*, projektieren, projizieren, vortreten; *(ugs.) to give up a project (or venture)* den Laden dichtmachen; **~ed estimate** *sub*, *-s* Hochrechnung
projectile, *sub*, *-s* Flugkörper, Geschoss, Projektil, Wurfgeschoss
projecting, *adj*, *(Bauwerk)* ausladend; **~ part** *sub*, *-s (vorstehender*

Teil) Überbau; **projection** *sub*, *-s* Projektion, Projizierung; *(tt; arch.)* Versprung; **projection room** *sub*, *-s* Vorführraum; **projectionist** *sub*, *-s* Vorführerin; **projector** *sub*, *-s* Projektionsapparat, Projektor, Vorführgerät
proliferate, *vt*, proliferieren; **proliferation** *sub*, *-s* Proliferation; **prolific** *adj*, kinderreich
prologue, *sub*, *-s* Prolog, Vorrede
prolong, *vt*, prolongieren; **~ation** *sub*, *-s* Prolongation
promenade, (1) *sub*, *-s* Promenade **(2)** *vti*, promenieren
Promethean, *adj*, prometheisch
prominence, *sub*, *nur Einz. (von Gesichtszügen)* Ausgeprägtheit; **prominent** *adj*, prominent; *(Gesichtszüge)* ausgeprägt; *(Kinn etc.)* markant; **prominent figures** *sub*, *nur Mehrz.* Prominenz
promiscuity, *sub*, - Promiskuität; **promiscuous** *adj*, promiskuitiv
promise, (1) *sub*, *-s* Versprechen, Versprechung; *(i. ü. S.)* Zusage **(2)** *vt*, verheißen, versprechen, zusagen, zusichern; *(i. ü. S.) to sell the electorate false promises* den Wählern ein Mogelpackung verkaufen; **promising** *adj*, aussichtsreich, aussichtsvoll, hoffnungsvoll, verheißungsvoll, zukunftsreich, zukunftsvoll; **promising to be rich in natural gas** *adj*, erdgashöffig; **promissory note** *sub*, *-s* Schuldschein
promontory, *sub*, *-ies* Landzunge
promote, *vt*, fördern; *(beruflich)* befördern; **~r** *sub*, *-s* Förderer, Promoter; **promotion** *sub*, *-s* Förderung; *(beruflich)* Beförderung; *(i. ü. S.; spo.)* Aufstieg; **promotion prospects** *sub*, *nur Mehrz.* Aufstiegsmöglichkeit
prompt, (1) *adj*, schleunig **(2)** *vi*, soufflieren; *to need prompting* sich nötigen lassen; **~er** *sub*, *-s* Souffleur, Souffleuse; **promt** *adj*, prompt
promulgate, *vt*, promulgieren; **promulgation** *sub*, *-s* Promulgation
prong, *sub*, *-s* Zacke, Zinke
pronominal, *adj*, pronominal; *(Sprachw.)* fürwörtlich

pronoun, *sub,* -s Pronomen; *(Sprachw.)* Fürwort **pronounce,** *vt, (betonen etc.)* aussprechen; *it is hard to pronounce* es ist nur schwer aussprechbar; ~ *wrong* *vr,* versprechen; ~**able** *adj,* aussprechbar; *it is unpronounceable* es ist nicht aussprechbar; **pronouncing dictionary** *sub,* -ies Aussprachewörterbuch; **pronunciation** *sub,* -s *(Betonung etc.)* Aussprache; *(ugs.) say it, don´t spray it* du hast aber eine feuchte Aussprache; *the correct pronunciation* die richtige Aussprache **prop,** *sub,* -s Strebe; *prop one´s ellbows on the table* die Ellbogen auf den Tisch stützen; ~ **o.s. up** *vr,* aufstützen; ~ **up** *vt,* aufstützen **propaganda,** *sub,* - Propaganda, Propagierung; **propagandist** *sub,* -s Propagandist; **propagandistic** *adj,* propagandistisch **propagate,** *vt,* propagieren **propane,** *sub,* - Propan **propaple,** *adj,* probabel **propellant,** *sub,* -s *(chem.)* Treibmittel; *(Raketen-)* Treibstoff; **propeller** *sub,* -s Luftschraube, Propeller; **propelling charge** *sub,* -s Treibladung **proper,** *adj,* gebührlich, gründlich, sachgemäß, sachgerecht, schicklich, schmuckvoll; *(i. ü. S.)* zünftig; *a proper breakfast* ein ordentliches Frühstück; *a proper hiding* eine ordentliche Tracht Prügel; ~ **name** *sub,* -s Eigenname; ~**ly** *adv,* zweckmäßig; ~**ly speaking** *präp,* an und für sich **property,** *sub,* -ies Eigentum, Grundbesitz, Grundeigentum; *hier nur Einz.* Immobilie; *nur Einz.* Liegenschaft, Vermögen; -ies *(Besitz)* Gut; -s *(Grundstück)* Objekt; -ies *(Sachen/Stoffe)* Eigenschaft; *private/state property* privater/staatlicher Besitz; ~ **manager** *sub,* -s Requisiteur **prophecy,** *sub,* -ies Orakelspruch, Prophetie, Prophezeiung; -es Weissagung; **prophesy (1)** *vi, (i. ü. S.)* wahrschauen **(2)** *vt,* prophezeien; **prophet** *sub,* -s Prophet, Vordenkerin; *(i. ü. S.)* Wahrschauer; **prophet of doom** *sub,* -s *(ugs.)* Unke; **prophetic** *adj,* prophetisch, seherisch **prophylactic,** *adj,* prophylaktisch

prophylaxis, *sub,* -es Prophylaxe **proponent,** *sub,* -s *(i. ü. S.; Überzeugung)* Streiter **proportion,** *sub,* -s Proportion, Quote, Verhältnis; *to be out of all proportion to sth* in keinem Vergleich zu etwas stehen; ~**al representation** *sub,* -s Proporz; ~**ate** *adj,* anteilig, anteilsmäßig; ~**ately** *adv,* anteilig, anteilsmäßig; ~**ed** *adj,* proportioniert; ~**s** *sub, nur Mehrz.* Größenverhältnis **proportional,** *adj,* proportional, verhältnismäßig **proposal for alteration,** *sub,* -s Abänderungsvorschlag; **propose** *vt,* proponieren; *propose to so* jemandem einen Heiratsantrag machen; **proposition** *sub,* -s *(phil.)* Theorem **proprietary article,** *sub,* -s Markenartikel; **proprietor** *sub,* -s Prinzipal, Prinzipalin; *(Hotel, Geschäft)* Eigentümer **prosaic,** *adj,* prosaisch **proscenium,** *sub,* -s Postszenium, Proszenium **proscribe,** *vt,* proskribieren; **proscription** *sub,* -s Proskription **prose,** *sub, nur Einz.* Prosa **prosecute,** *vt, (tt; jur.)* verfolgen; ~**r** *sub,* -s *(jur.)* Ankläger; **prosecuting party** *sub,* -ies Kläger; **prosecution** *sub,* -s Prosekution; **prosecution mania** *sub, nur Einz. (tt; med.)* Verfolgungswahn; **prosecutor** *sub,* -s *(tt; jur.)* Verfolger **proselytize,** *vti,* missionieren **prosody,** *sub,* -ies Prosodie **prospect,** *vt,* prospektieren; *have sth in prospect* etwas in Aussicht haben; *the prospect is not particularly appealing* die Aussicht ist nicht gerade reizvoll; *(ugs.) what a prospect!* na, dann gute Nacht; ~**ing** *sub, nur Einz.* Prospektierung; ~**ive** *adj,* prospektiv; ~**ive customer** *sub,* -s Interessent; ~**ive purchaser** *sub,* -s Reflektant; ~**or** *sub,* -s Prospektor; ~**s** *sub, nur Mehrz. (Aussichten)* Perspektive; *(Zukunftsaussichten)* Ausblick **prosper,** *vi,* prosperieren; ~**ity** *sub,* -ies Prosperität; *nur Einz.* Wohlstand; ~**ous** *adj,* wohlhabend **prostate,** *sub,* -s *(tt; med.)* Vorste-

herdrüse; ~ **gland** *sub*, -s Prostata
prosthetic, *adj*, prothetisch
prostitute, *sub*, -s Dirne, Freudenmädchen, Prostituierte, Straßenmädchen, Strichmädchen; ~ **oneself** *vr*,
prostituieren; **prostitution** *sub*, *nur
Einz.* Prostitution
prostrate oneself, *vr*, niederwerfen
protégé, *sub*, -s Protegé
protactinium, *sub*, *nur Einz.* Protactinium
protagonist, *sub*, -s Protagonist;
(Handelnder) Akteur
protection of trademarks, *sub*, *nur
Einz.* Markenschutz; **protective barrier** *sub*, -s Schutzgitter; **protective
clothing** *sub*, -s Schutzanzug; **protective cover** *sub*, -s Schutzhülle;
protective custody *sub*, *nur Einz.*
Schutzhaft; **protective goggles** *sub*,
nur Mehrz. Schutzbrille; **protective
hood** *sub*, -s Schutzhaube; **protective mask** *sub*, -s Schutzmaske; **protective tariff** *sub*, -s Schutzzoll
protector, *sub*, -s Beschirmer, Heger,
Protektor; *(tt; hist.)* Vogt; ~ **of animals** *sub*, **protectors** Tierschützer;
~ate *sub*, -s Protektorat, Schutzgebiet, Schutzherrschaft
protégé, *sub*, -s Schutzbefohlene,
Schützling
protein, *sub*, -s Eiweiß, Eiweißstoff,
Protein; ~ **deficiency** *sub*, -ies Ei-
weißmangel; ~ **requirement** *sub*, -s
Eiweißbedarf
protest, (1) *sub*, -s Protest, Protestation, Verwahrung (2) *vi*, protestieren
(3) *vt*, beteuern; ~ **against** *vr*, verwahren; ~ **song** *sub*, -s Protestsong;
~ant (1) *adj*, protestantisch (2) *sub*,
-s Protestant, Protestantin; **~antism**
sub, *nur Einz.* Protestantismus; **~ati-
on** *sub*, -s Beteuerung
protogen, *adj*, protogen
Proto-Germanic, *adj*, urgermanisch;
protofascist *adj*, faschistoid
proton, *sub*, -s Proton
protoplasm, *sub*, *nur Einz.* Protoplasma; **prototype** *sub*, -s Prototyp, Urform, Urtyp; **protozoon** *sub*, - *(tt;
zool.)* Urtierchen
protract, *vt*, verschleppen; **~ion** *sub*,
nur Einz. Verschleppung; **~or** *sub*, -s
(tt; tech.) Winkelmesser
protrude, *vi*, *(überstehen)* überragen;
~r *sub*, -s Vorspringer

protuberance, *sub*, -s Höcker, Protuberanz; *nur Einz. (biol., med.)*
Auswuchs; *a single-humped camel*
ein Kamel mit einem Höcker
proud, *adj*, stolz; *as proud as a peacock* eitel wie ein Pfau, mit stolzgeschwellter Brust; *be proud of*
stolz sein auf; *that´s nothing to be
proud of* das ist nichts, worauf man
stolz sein kann
provable, *adj*, beweisbar, nachweisbar, nachweislich; *it can be proved
that he was in Schiltberg* er war
nachweislich in Schiltberg; **prova-
cation** *sub*, -s Provokation; **prove**
( ) *adv*, zugute (2) *vt*, belegen,
beweisen, nachweisen; *(beweisen)*
weisen; prove os right beweisen,
dass man im Recht ist; *prove that
one is not guilty* seine Unschuld
beweisen; *he police could not prove anything against him* die Polizei
konnte ihm nichts nachweisen; *he
succeeded in proving his need* der
Nachweis seiner Bedürftigkeit ist
ihm geglückt; *it cannot be proved
that the accused is in any way
guilty* dem Angeklagten ist keinerlei Schuld nachweisbar; *prove sth*
*was unter Beweis stellen; prove
to be* sich erweisen als; *what does
that prove?* was soll das besagen?;
prove o.s./itself *vr*, *(Arbeiter, Sache)* bewähren; **prove true** *vi*,
(sich als wahr erweisen) bewahrheiten; **proved** *adj*, erwiesen
provenance, *sub*, -s Provenienz
Provençal, *sub*, -s Provenzalin
provide, *vi*, unterlegen; *provided
he doesn´t loose his nerve* wenn er
nur nicht die nerven verliert; *(versorgen.) to provide oneself with sth*
sich etwas versehen; *to provide
so with sth* jmd mit etwas versehen;
~ **afterwards** *vt*, nachschieben; ~
for *vt*, versorgen; ~ **sb** *vt*, versehen; ~ **sb with sth** *vt*, verschaffen;
~ **sewerage** *vt*, kanalisieren; ~ **sth**
..., *(tt; mus.)* untermalen; **~d that**
(1) *adj*, vorausgesetzt (2) *konj*, sofern
providence, *sub*, -s Fügung; *nur
Einz.* Vorsehung
provider, *sub*, -s Ernährer; **providing** *sub*, -s Versorgung
province, *sub*, -s Provinz; **provin-**

cial (1) *adj*, kleinstädtisch, provinziell (2) *sub*, *-s* Provinziale, Provinznest; **provincial stage** *sub*, *-s* Provinzbühne; **provincial town** *sub*, *-s* Provinzstadt; **provincialism** *sub*, *-s* Provinzialismus
provisional, *adj*, kommissarisch, provisorisch; ~ **arrangement** *sub*, *-s* Provisorium; **provisions** *sub*, *nur Mehrz.* Mundvorrat, Proviant; **provisions for the journey** *sub*, *nur Mehrz.* Wegzehrung
provocation, *sub*, *-s* Herausforderung, Provozierung; **provocative** *adj*, aufreizend, provokant, provokatorisch; **provoke** *vt*, herausfordern, herbeireden, provozieren; *(bewirken)* hervorrufen; *(Streit)* entfachen; *provoke so´s anger* jmd Zorn erregen
provost, *sub*, *-s* Propst
prowler, *sub*, *-s* Strauchdieb, Strauchritter
proximity, *sub*, *nur Einz.* *(örtlich)* Nähe
prude, *sub*, *-s (ugs.; zimperliche Frau)* Tunte; ~**nce** *sub*, *nur Einz.* Besonnenheit, Umsicht; ~**nt** *adj*, besonnen, umsichtig; ~**ry** *sub*, *-ies* Prüderie; **prudish** *adj*, prüde, tuntig, zimperlich; *(ugs.)* zickig
prune, (1) *sub*, *-s* Backpflaume, Dörrpflaume (2) *vt*, *(einen Baum)* beschneiden; **pruning** *sub*, *nur Einz.* *(von Bäumen)* Beschneidung
Prussia, *sub*, *nur Einz.* Preußen
prussic acid, *sub*, *nur Einz.* *(tt; chem.)* Blausäure
prying fellow, *sub*, *-s (i. ü. S.; Mensch)* Spürnase
psalm, *sub*, *-s* Psalm; ~**ist** *sub*, *-s* Psalmist; ~**like** *adj*, psalmodisch; ~**ody** *sub*, *-ies* Psalmodie
pseudo-croup, *sub*, *nur Einz.* *(med.)* Pseudokrupp; **pseudomorph** *adj*, pseudomorph; **pseudonym** *sub*, *-s* Künstlername, Pseudonym; *a pseudonym* ein Pseudonym
psoriasis, *sub*, *nur Einz.* *(med.)* Schuppenflechte
psoriatist, *sub*, *-s* Psoriatiker
psychatric clinic, *sub*, *-s* Nervenklinik
psyche, *sub*, *-s* Psyche
psychedelic, *adj*, psychedelisch
psychiatric, *adj*, psychiatrisch; **psychiatrist** *sub*, *-s* Psychiater; **psychiatry** *sub*, *-ies* Psychiatrie

psychoanalyse, *vt*, psychoanalysieren; **psychoanalysis** *sub*, *-es* Psychoanalyse; **psychoanalyst** *sub*, *-s* Psychoanalytiker; **psychoanalytical** *adj*, psychoanalytisch; **psychogenic** *adj*, psychogen; **psychokinesis** *sub*, *-es* Psychokinese; **psychological** *adj*, psychisch, psychologisch; *his psychological makeup* seine seelische Beschaffenheit; *it is psychological* psychisch bedingt sein; **psychological terror** *sub*, *-s* Psychoterror
psychologist, *sub*, *-s* Psychologe; **psychologize** *vt*, psychologisieren; **psychology** *sub*, *nur Einz.* Psychologie, Seelenkunde, Seelenlehre; **psychopath** *sub*, *-s* Psychopath; **psychopathic** *adj*, psychopathisch; **psychosis** *sub*, *-es* Psychose; **psychosomatic** *adj*, psychosomatisch; **psychosomatics** *sub*, *nur Einz.* Psychosomatik; **psychotherapist** *sub*, *-s* Psychotherapeut; **psychotherapy** *sub*, *-ies* Psychotherapie; **psychotic** *adj*, psychotisch
psychriatic drugs, *sub*, *nur Mehrz.* Psychopharmakon
Ptolemaic, *adj*, ptolemäisch
pub, *sub*, *-s* Kneipe, Lokal, Wirtshaus; *(ugs.)* Wirtschaft; ~ **crawl** *sub*, *-s* Sause; ~ **politician** *sub*, *-s* Kannegießer; ~**-owner** *sub*, *-s* Kneipenwirt
puberty, *sub*, *nur Einz.* Pubertät
pubic region, *sub*, *nur Einz.* Schamgegend
public, (1) *adj*, öffentlich, publik (2) *sub*, *nur Einz.* Öffentlichkeit, Publikum; *public institution* Anstalt des öffentlichen Rechts; *public opinion* die öffentliche Meinung; *to be in public life* im öffentlichen Leben stehen; *to execute sb publicly* jmdn öffentlich hinrichten; *to make sth public* etwas öffentlich bekanntmachen; *to sell by public auction* öffentlich versteigern; *to take sth under public control* etwas in die öffentliche Hand überführen, *in public* in aller Öffentlichkeit; *to bring sth before the public* mit etwas an die Öffentlichkeit treten; *when he made his first*

public appearance als er das erste Mal vor die Öffentlichkeit trat; ~ **authority** *sub*, *-ies* Behörde; ~ **bar** *sub*, *-s* Schankstube; ~ **expenses** *sub*, *nur Mehrz.* Staatskosten; ~ **finance** *sub*, - Finanzwesen; ~ **funds** *sub*, *nur Mehrz.* Staatsgelder; ~ **health** *sub*, *nur Einz.* Sozialhygiene; ~ **holiday** *sub*, *-s (gesetzl.)* Feiertag; ~ **lavatory** *sub*, *-ies* Bedürfnisanstalt; ~ **property** *sub*, *-ies* Gemeinbesitz, Gemeindegut; ~ **prosecutor** *sub*, *-s* Staatsanwalt; ~ **prosecutor´s office** *sub*, *-s* Staatsanwaltschaft

publication, *sub*, *-s* Publikation
publician, *sub*, *-s (Wirtshaus)* Gastwirt
public relations, *sub*, *nur Mehrz.* Publicrelations; ~ **departement** *sub*, *-s* PR-Abteilung; **public speaker** *sub*, *-s* Volksredner; **public spirit** *sub*, *-s* Gemeingeist, Gemeinsinn; **public welfare** *sub*, *nur Einz.* Allgemeinwohl; - Gemeinwohl; *-s (öffentl.)* Fürsorge

publish, (1) *vt*, verlegen; *(Buch)* herausbringen, herausgeben (2) *vti*, publizieren, veröffentlichen; *unpublished poems* Gedichte aus dem Nachlass; ~, **broadcast** *vt*, *(veröffentlichen)* bringen; *TV broadcasts the Academy Award* das Fernsehen bringt die Oscar-Verleihung; **~er** *sub*, *-s* Herausgeber, Verleger; **~er´s mark** *sub*, *-s* Signet; **~ing** *sub*, *nur Einz.* Verlagswesen; **~ing firm** *sub*, *-s* Verlag; **~ing house** *sub*, *-s* Verlagshaus; **~ing rights** *sub*, - Verlagsrecht;
publication *sub*, *-s* Veröffentlichung
puck, *sub*, *-s* Puck; **~er** *vt*, kräuseln; *(i. ü. S.) pucker one´s lips* die Lippen spitzen; *(i. ü. S.) to mockingly pucker one´s lips* spöttisch die Lippen kräuseln; *(i. ü. S.) to wrinkle one´s brow* die Stirn kräuseln
pudding made with curd cheese, sugar, milk, fruit etc, *sub*, *-s* Quarkspeise; **pudding mould** *sub*, *-s* Puddingfrom
puddle, *sub*, *-s* Lache, Pfütze
pueblo, *sub*, *-s* Pueblo
puerile, *adj*, *(geh.)* pueril
puerility, *sub*, *nur Einz.* Puerilität
puerpera, *sub*, *-s (tt; med.)* Wöchnerin
puff, (1) *sub*, *-s (i. ü. S.)* Zug; *nur Einz.*

(ugs.) Puste (2) *vi*, *(ugs.; nicht inhalieren)* paffen (3) *vt*, puffen (4) *vt*, pusten; *you´re just puffing at it!* du paffst ja bloß!; ~ **away** *vi*, schmauchen; *(ugs.; heftig rauchen)* paffen; ~ **away at** *vt*, qualmen; ~ **o.s. up** *vr*, aufblasen; ~ **oneself up** *vr*, blähen; ~ **out** *vt*, bauschen; ~ **pastry** *sub*, *nur Einz.* Blätterteig; **~-paste** *sub*, *-s* Plunderteig; **~ed rice** *sub*, *nur Einz.* Puffreis
pug (dog), *sub*, *-s (Hund)* Mops
pugnacity, *sub*, *nur Einz.* Kampfeslust; *-ies* Rauflust
pugnacy, *sub*, *nur Einz.* Streitsucht;
pugnatious *adj*, streitlustig
Pulcinello, *sub*, *nur Einz.* Polichinelle
pull, (1) *sub*, *-s* Zug; *(tt; med.)* Zerrung (2) *vi*, reißen; *(am Seil)* anziehen (3) *vt*, ziehen, zuziehen; *have more pull* einen längeren Arm haben; *I have to pull myself together* ich muss mich beherrschen; *pull another one* das kannst du mir nicht erzählen; *to pull faces* Grimassen schneiden, *to pull sb down* jmd nach unten ziehen; ~ **a face** *vi*, grimassieren; ~ **along** *vt*, *(hinter sich)* herziehen; ~ **apart** *vt*, zerpflücken; ~ **back** *vt*, *(tt; spo.)* zurücknehmen; ~ **down** (1) *vi*, *(Bauwerk)* abreißen (2) *vt*, hinabziehen, niederreißen, niederziehen; *(Sitz, etc.)* aufklappen
pull in, *vt*, hineinziehen; *(Netz/Segel)* einholen; **pull o.s. up** *vr*, *(sich)* hinaufziehen; **pull oneself together** *vr*, zusammennehmen; **pull out** (1) *vi*, *(beim Überholen)* ausscheren; *(Zug)* ausfahren (2) *vt*, herausreißen, herausziehen, hervorziehen, hinausziehen, vorziehen; *(Tisch etc.)* ausziehen; **pull past** *vt*, vorbeiziehen; **pull round** *vt*, *(Steuerrad)* herumwerfen; **pull so´s leg** *vt*, foppen; **pull the trigger** *vi*, abdrücken; **pull there** *vt*, hinziehen; **pull to the right** *sub*, *-s* Rechtsdrall
pulp, (1) *sub*, *-s* Pulp (2) *vt*, einstampfen; *pulp files* Akten Einstampfen; ~ **literature** *sub*, *nur Einz.* Schundliteratur; ~ **novel** *sub*, *-s* Schundroman; ~ **paper**

sub, nur Einz. Schundblatt; **~ing** *sub, -s* Einstampfung
pulpit, *sub, -s* Kanzel
pulpy, *adj,* pulpös
pulque, *sub, nur Einz.* Pulque
pulsate, *vi,* pulsieren; **pulse** *sub, -s* Hülsenfrucht, Puls; **pulse count** *sub, -s* Pulszahl; **pulse through** *vt,* durchpulsen; *the streets pulsated with life* buntes Leben durchpulste die Straßen
pulverize, *vt,* pulverisieren, zerpulvern
puma, *sub, -s* Puma; *(zool.)* Silberlöwe
pumice-block, *sub, -s (tt; arch.)* Bimsstein
pumice-stone, *sub, nur Einz. (tt; geol.)* Bimsstein
pump, (1) *sub, -s* Pumpe, Pumps **(2)** *vti,* pumpen; **~ out** *vt,* auspumpen
pumpernickel, *sub, -* Pumpernickel
pumping station, *sub, -s* Pumpwerk
pumpkin, *sub, -s* Kürbis
punch, (1) *sub, -es* Faustschlag, Locher, Patrize, Punch, Schlag; *(i. ü. S.)* Biss; *-es (Faust)* Hieb; *nur Einz. (Getränk)* Bowle; *-es (Kopf~)* Nuss; *-s (Loch-)* Stanze **(2)** *vt,* stanzen; *pack a powerful punch* Dynamit in den Fäusten haben; *Punch and Judy show* Puppenspiel; *punch press* Lochzange; *put punch into sth* einer Sache Biss geben; **~ card** *sub, -s* Stempelkarte; **~ cutter** *sub, -s* Medailleur; **~ holes in** *vt,* durchlochen; **~-bowl** *sub, -s (Gefäß)* Bowle; **~-card operator** *sub, -s (Mensch)* Locher; **~-line** *sub, -s (Witz)* Pointe; **~bag** *sub, -s (Boxen)* Sandsack; **~ball** *sub, -s* Punchingball
punchessence, *sub, -s* Punschessenz
punctual, *adj,* pünktlich, rechtzeitig; *(ugs.) super-punctual* pünktlich wie die Maurer
puncture, *sub, -s* Reifenpanne; *(im Reifen)* Loch; *(Reifen~)* Panne; *to have a puncture* eine Panne mit dem Fahrrad haben
Pundit, *sub, -s* Pandit
pungency, *sub, nur Einz.* Penetranz; **pungent** *adj,* penetrant
punish, *vt,* ahnden, bestrafen, strafen; *punish someone for something* jemanden für etwas strafen; **~ability** *sub, nur Einz.* Strafbarkeit; **~able** *adj,* strafbar, strafwürdig; *(jur.)* pu-

nishable under strafbar nach; **~ment** *sub, -s* Ahndung, Bestrafung; *- Strafe; (i. ü. S.)* Strafgericht, Zuchtmittel; *-s (Strafe)* Lohn; *an exemplary punishment* eine abschreckende Bestrafung; **punitive action** *sub, -s* Strafaktion
punk, (1) *adj,* punkig **(2)** *sub, nur Einz.* Punk
punt, *vi,* staken; **~er** *sub, -s (vulg.; Prostitution)* Freier
pup, *sub, -s (ugs.)* Welpe
pupation, *sub, nur Einz. (tt; biol.)* Verpuppung
pupil, *sub, -s* Pupille, Schüler, Zögling; **~ acting as road crossing warden** *sub, -s* Schülerlotse; **~ at the elementary school** *sub, -s* Volksschüler; **~ in second year of German secondary school** *sub, -s* Quintanerin; **~ in sixth and seventh year of German secondary school** *sub, -* Sekundaner, Sekundanerin; **~ in third year of German secondary school** *sub, -s* Quartanerin; **~ who has to repeat a year** *sub, pupils who have* Sitzenbleiber
puppet, *sub, -s* Marionette; **~ show** *sub, -s* Puppenspiel; **~ theatre** *sub, -s* Puppentheater
puppy fat, *sub, nur Einz. (ugs.)* Babyspeck
purchasable, *adj,* käuflich; **purchase (1)** *sub, -s* Ankauf, Besorgung, Erwerb, Erwerbung, Kauf; *(Kauf)* Anschaffung; *(von Versandwaren)* Bezug; *(Ware)* Einkauf **(2)** *vt,* ankaufen, einkaufen, erstehen; *(kaufen)* erwerben; **purchaser** *sub, -s* Einkäuferin; **purchasing power** *sub, nur Einz.* Kaufkraft
pure, *adj,* jungfräulich, lauter, naturrein, pur, rein, schier; *(echt)* bar; *that's a pack of lies* das sind lauter Lügen; *that's sheer nonsense* das ist lauter Unsinn; *that's the unadulterated truth* das ist die lauter Wahrheit; **~ silver** *adj,* reinsilbern
puree, (1) *sub, -s* Püree; *(Apfel~)* Mus **(2)** *vt,* pürieren
purely, *adv,* rein
purgatory, *sub, nur Einz.* Fegefeuer, Purgatorium
purificate the blood by dialysis,

vt, dialysieren; **purification** *sub*, *-s* Purifikation, Reinigung; **purify** *vt*, läutern, purifizieren, reinigen **Purim**, *sub*, *nur Einz.* Purim; **purism** *sub*, *nur Einz.* Purismus **purist**, *sub*, *-s* Purist **Puritan**, (1) *adj*, puritanisch (2) *sub*, *-s* Puritaner, Puritanerin; **puritanical** *adj*, sittenstreng; **~ism** *sub*, *nur Einz.* Puritanismus **purity**, *sub*, *-ies* Reinheit; **~ regulations** *sub*, *nur Mehrz.* Reinheitsgebot **purlin roof**, *sub*, *-s* Pfettendach **purloin from**, *vt*, entwenden; **purloining** *sub*, *-s* Entwendung **purple**, *adj*, lila, violett **purpose**, *sub*, *-s* Bestimmung, Zweck; *to serve its purpose* seinen Zweck erfüllen **purr**, *vi*, *(Katze)* schnurren **purse**, *sub*, *-s* Börse, Brustbeutel, Geldbeutel, Geldbörse, Portemonnaie; *(US)* Tasche; *to purse one´s lips* die Lippen schürzen; **~r** *sub*, *-s (tt; Seefahrt)* Zahlmeister **pursue**, *vt*, verfolgen; **~r** *sub*, *-s* Verfolger, Verfolgerin; **pursuit** *sub*, *nur Einz.* Nachstellung; *~s* Verfolgung **pus**, *sub*, *nur Einz.* Eiter **push**, (1) *sub*, *-es* Schub; *-s* Stoß (2) *vt*, anschieben, drängeln, puschen, schieben, stoßen, stupsen, zustoßen; *(Knopf)* drücken; *push os to one´s limit* sich alles abfordern; *push so into doing sth* jemandem etwas anschaffen; *push the button* den Knopf drücken, *push one´s way through the crowd* sich durch die Menge drängeln; *push the price down* Preis drücken; **~ aside** *vi*, abdrängen; **~ away** *vi*, abschieben; **~ back** *vi*, zurückstoßen; **~ drugs** *vt*, dealen; **~ forward** *vt*, forcieren; **~ from behind** *vi*, nachdrängen; **~ in** *vt*, *(hinein)* einschieben; **~ in front** *vt*, vorschieben; **~ o.s. off** *vr*, abstoßen; **~ off** (1) *vi*, *(ugs.; sich entfernen)* abschieben, abziehen (2) *vr*, trollen (3) *vt*, *(Boot)* abstoßen; *push off!* troll dich!; **~ one´s way through** *vt*, durchdrängen; **~ open** *vt*, *(Tür)* aufstoßen; *(i. ü. S.; Tür)* aufschieben **pusher**, *sub*, *-s* Dealer; **pushing** (1) *adj*, streberhaft, streberisch (2) *sub*, *-* Geschiebe; **pushing and shoving** *sub*, *-* Gedränge; *nur Einz.* Stoßerei;

-s (ugs.) Rempelei; **pushy** *adj*, zudringlich; *he was too pushy for my liking* der Typ war mir zu penetrant **push out**, *vt*, hinausschieben; *(Gegenstand)* ausstoßen; **push over** *vt*, herschieben; **push sth** *vt*, zuschieben; **push sth over to s.b.** *vt*, *(jmd. etwas)* hinschieben; **push to the front** *vr*, vordrängeln, vordrängen; **push underneath** *vt*, *(ugs.)* unterschieben; **push up** *vt*, hochschieben; *(ugs.) to be pushing up the daisies* sich die Radieschen von unten ansehen; **push-button** *sub*, *-s (Gerät)* Druckknopf **pustulous**, *adj*, pustulös **put**, *vt*, anstellen, hinstellen, legen, stecken, stellen; *(legen)* setzen; *(tun, legen, stecken)* geben; *he put it to me that I should resign* er legte mir nahe zu kündigen; *I couldn´t put the book down* ich konnte das Buch nicht aus der Hand legen; *I don´t know how to put it, but you really ought to know* es ist mir sehr peinlich, aber ich muss es Ihnen einmal sagen; *I put the towels in the cupboard* ich habe die Handtücher in den Schrank gelegt; *if I may put it like that* wenn ich es so formulieren darf; *it puts you off* da kann einem die Lust vergehen; *put one´s hand in front of one´s mouth* die Hand vor den Mund halten; *put something on the agenda* etwas auf die Tagesordnung setzer.; *(ugs.) the things I put up with!* mit mir kann man´s ja machen!; *to attach importance to something* Wert auf etwas legen; *to be put behind bars* hinter Schloß und Riegel wandern; *to get put out* pikiert reagieren; *to put a book on the table* ein Buch auf den Tisch legen; *(i. ü. S.) to put off sth* etwas vor sich her schieben; *to put sb off sth* jmd etwas madig machen; *put someone in prison* jemanden ins Gefängnis stecken; *put salt into the soup* Salz in die Suppe geben; **~ a spell on** *vt*, verzaubern; **~ a stop to** *vt*, unterbinden; **~ after** *vt*, *(gramm.)* nachstellen; **~ an advertisement in a newspaper** *vt*, annoncieren; **~ aside** *vt*, wegtun; **~ away** *vt*, weglegen, wegstehlen, wegtun;

(beseitigen) aufräumen; ~ **away/back in(to)** *vt, (Schrank)* einräumen; *put things into a cupboard* einen Schrank einräumen; ~ **away/in** *vt, (weg -)* einstellen; *put in the garage* in die Garage einstellen

putative, *adj, (geh.)* putativ

put back, *vt,* zurücksetzen, zurückstufen; **put down** *vt,* hinlegen, hinsetzen, niedersetzen, unterdrücken; *(Gegenstand)* ablegen, abstellen; *(schriftl.)* fixieren; *(Telefonhörer)* auflegen; *put one´s name down* sich eintragen lassen(vormerken); **put drops in** *vt,* einträufeln; **put forward** *vt,* vorschieben; *(Kandidaten)* aufstellen; **put here** *vt,* herstellen

put in, *vt,* einsetzen; *(Bett/Wand)* einziehen; *(Post)* einwerfen; *the dog put its tail between its legs* der Hund zog den Schwanz ein; ~ **a row** *vt, (Bücher etc.)* aufreihen; ~ **an envelope** *vt, (Austrian)* kuvertieren; ~ **another demand for** *vt,* nachfordern; ~ **function** *vi,* funktionalisieren; ~ **ghetto** *vt,* gettoisieren; ~ **order** *vt,* einordnen; ~**liquidation** *vt, (Geschäft)* liquidieren; ~**service** *vt,* verdingen; ~**to one´s head** *vt,* einflüstern; ~**to practice** *vt, (Idee)* durchführen; ~**to sacks** *vt,* einsacken; ~**to the archives** *vi,* archivieren

put last, *vt,* hintansetzen, hintenansetzen; **put mascara on** *vt, (Kosmetik)* tuschen; **put money aside for one´s old age** *vt,* aussorgen; **put o.s. in s.o´s position** *vr, (sich)* hineinversetzen; **put of** *vt,* vertrösten, wegsanieren; **put off (1)** *adj,* prorogativ **(2)** *vt,* hinauszögern; *keep putting off sth* etwas auf die lange Bank schieben; *let sth put os off* sich von etwas abschrecken lassen; *not be put off from* sich nicht beirren lassen in; *the matter can´t be put off* die Angelegenheit ist unaufschiebbar; **put on** *vt,* aufstecken, umbinden, umhängen, umtun, verstreichen; *(CD)* auflegen; *(Hose, etc.)* anziehen; *(Mütze etc.)* aufsetzen; *(Reifen)* aufziehen; *(Schmuck)* anlegen

put on a leash, *vt, (Tier)* anbinden; **put on a level with** *vt,* gleichsetzen; **put on fancydress** *vt,* kostümieren; *you have to wear fancydress to that party* für das Fest muß man sich ko-

stümieren; **put on the index** *vt, (Eccl.)* indizieren; **put on underneath** *vt,* unterziehen; **put on weight (1)** *vr, (i. ü. S.)* zunehmen **(2)** *vt, (Gewicht)* ansetzen; **put one´s face on** *vt, (ugs.; sich schminken)* anmalen; **put one´s foot in it** *sub,* Fettnäpfchen; *he is always putting his foot in it* er tritt dauernd ins Fettnäpfchen; **put one´s seatbelt on** *vi,* gurten; **put out** *vt,* herausstellen, löschen; *(Auge)* ausstechen; *(Falle)* auslegen; *(Feuer)* ausmachen; **put out the flags** *vi,* flaggen; **put over** *vt,* überlegen, überstellen

put perfume on, *vi,* parfümieren; *you put too much perfume on* du parfümierst dich zu stark; **put round** *vt, (umhängen)* umlegen; **put sb in charge of sb** *vt,* vorsetzen; **put sb in the picture** *vt, (unterrichten)* orientieren; **put sb off sth** *vt, (ugs.)* verekeln; **put so to death** *vt,* töten; **put sth in brakkets** *vt,* einklammern; **put sth on** *vr,* überziehen; **put sth over sth** *vt,* stülpen; *put somethimg over something* etwas über etwas stülpen; **put sth under taboo** *vt,* tabuisieren

putrefaction, *sub, -s* Putrefaktion; *nur Einz. (stinkend)* Fäulnis; **putrefactive** *adj,* saprogen

putsch, *sub, -es* Putsch

put sth out of one´s head, *vt,* entschlagen; **put sth together** *vt,* zusammentun; **put sth. in** *vt,* einstecken; *put the plug in* den Stecker einstecken; **put sth. in/into** *vt,* einlegen; *put in a good word for sb* with so ein gutes Wort für jmd bei jmd einlegen; *put in a spurt* einen Spurt einlegen; **put the heating on** *vi,* heizen; **put through (to)** *vt,* durchstellen; **put to shame** *vt,* beschämen; **put to sleep** *vt,* einschläfern; **put together** *vt,* zusammenfügen, zusammenlegen; *(ugs.)* zusammensetzen; *(zusammen)* fügen; **put underneath** *vt,* unterlegen

putt, *vt,* putten; ~**er** *sub, -s* Putter

putting into operation, *sub, nur Einz.* Inbetriebnahme; **putting**

into the archives *sub*, Archivierung; **putting off** *sub*, - *(ugs.)* Vertröstung
putto, *sub*, *-s (kun.)* Engelchen
putty, *sub*, *-ies* Kitt; *(ugs.)* **to be putty in sb hands** Wachs in jmd Hand sein
put up, *vt*, heraufsetzen, hochstellen; *(Haare)* aufstecken; *(Plakat etc.)* aushängen; *(Zelt)* aufbauen; *put so up to do sth* jemanden zu etwas anstiften; ~ **with** *vt*, *(dulden)* hinnehmen; *(ertragen)* aushalten, ausstehen; *I can´t put up with it any longer* ich kann es nicht länger aushalten; ~ **with sth** *vi*, *(- lassen)* gefallen; *I´m not going to put up with it* das lasse ich mir nicht gefallen; *put up with sth* sich etwas gefallen lassen; **put/place sth.** *vt*, zurechtlegen

Pygmy, *sub*, *-ies* Pygmäe
pyjamas, *sub*, *nur Mehrz.* Pyjama, Schlafanzug
pylon, *sub*, *-s (von Hängebrücke)* Pfeiler
pylorus, *sub*, *-es (anat.)* Magenausgang
pyramid, *sub*, *-s* Pyramide; ~ **cake** *sub*, - *-s* Baumkuchen
pyre, *sub*, *-s* Scheiterhaufen
pyromania, *sub*, *nur Einz.* Pyromanie; ~c *sub*, *-s* Pyromane; **pyrometer** *sub*, *-s* Pyrometer; **pyrotechnics** *sub*, *nur Einz.* Pyrotechnik; **pyrotechnist** *sub*, *-s* Pyrotechniker
python, *sub*, *-s* Python
pyx, *sub*, *-es* Pyxis

Q

qadi, *sub*, *-s* Kadi; *(ugs.)* **to haul someone before the judge** jemanden vor den Kadi bringen

quack, **(1)** *sub*, *-s* Medikus; *(ugs.)* Wunderdoktor **(2)** *vi*, quacksalbern, quaken; ~ **(doctor)** *sub*, *-s* Kurpfuscher; *(ugs.)* Quacksalber; ~**ery** *sub*, *nur Einz.* Kurpfuscherei

quadrant, *sub*, *-s* Quadrant; **quadrature** *sub*, *-s* Quadratur; **quadrille** *sub*, *-s* Quadrille

quadrophony, *sub*, *nur Einz.* Quadrofonie; **quadrosound** *sub*, *-s* Quadrosound

quagmire, *sub*, *-s* Morast; *(i. ü. S.)* Pfuhl

quail, *sub*, *-s (tt; zool.)* Wachtel; ~**dog** *sub*, *-s* Wachtelhund

Quaker, *sub*, *-s* Quäker

qualification, *sub*, *-s* Qualifikation; *(geistige)* Tauglichkeit; *(Qualifikation)* Befähigung; **qualified** *adj*, fachlich, gelernt, qualifiziert; *(geistig)* tauglich; *(schulisch)* ausgebildet; *qualified in the subject* fachlich qualifiziert; **qualify** *vt*, qualifizieren, relativieren; **qualify for practising medicine** *vi*, approbieren; **qualifying match** *sub*, *-es* Ausscheidungsspiel; **qualifying round** *sub*, *-s* Ausscheidungsrunde; *(tt; spo.)* Vorrunde; **qualitative** *adj*, qualitativ; **quality** *sub*, *-ies* Eigenschaft, Qualität; *-s* Wahl; *top quality* erste Wahl; **quality label** *sub*, *-s* Gütezeichen; **quality of life** *sub*, *nur Einz.* Lebensqualität

quantify, *vt*, quantifizieren; **quantitative** *adj*, mengenmäßig, quantitativ; **quantity** *sub*, *-ies* Quantität; *(Menge)* Größe; *in quantities of* in Mengen zu; *(Handel) the profit only comes with quantity* die Masse muss es bringen

quantum, *sub*, *-s* Quant, Quantum; ~ **mechanics** *sub*, *nur Mehrz.* Quantenmechanik

quarantine, *sub*, *-s* Quarantäne

quark, *sub*, *nur Einz.* Quark; *- (ugs.)* Schotten

quarrel, **(1)** *sub*, *-s* Hader, Krach, Querele, Streit **(2)** *vi*, hadern, streiten; *let´s not have a quarrel about it* wir wollen uns nicht darüber streiten;

(Sprichwort) when two people quarrel there´s always a third who rejoices wenn zwei sich streiten, freut sich der Dritte; ~**ing** *sub*, *-s* Gehader, Verfeindung; ~**some** *adj*, zanksüchtig; *(ugs.)* zänkisch; ~**someness** *sub*, *nur Einz.* Händelsucht, Streitsucht

quarry, *sub*, *-ies* Steinbruch; *-s* Verfolgte

quart, *sub*, *-s* Quart

quarter, **(1)** *sub*, *-s* Ortsteil, Quartal, Viertel **(2)** *vt*, einquartieren, vierteilen; *(tt; mil.)* unterbringen; *to give sb no quarter* jmdn kein Pardon geben; ~ **in barracks** *vt*, kasernieren; ~ **note** *sub*, *-s* Viertelnote; ~ **of an hour** *sub*, *-s* Viertelstunde; ~-**hour** *adj*, viertelstündig, viertelstündlich; ~-**litre** *sub*, *-s* Viertelliter; ~-**pound** *sub*, *-s* Viertelpfund; ~**deck** *sub*, *-s* Achterdeck; ~**ing** *sub*, *-s (mil.)* Einquartierung; ~**light** *sub*, *-s* Ausstellfenster; ~**ly** **(1)** *adj*, vierteljährlich **(2)** *adv*, vierteljährlich; ~**s** *sub*, *-* Truppenunterkunft; *nur Mehrz. (mil.)* Quartier; **quaters** *sub*, *- (tt; mil.)* Unterkunft

quartet, *sub*, *-s (mus.)* Quartett

quarto (format), *sub*, *nur Einz.* Quartformat

quartz, *sub*, *nur Einz.* Quarz; ~ **clock/watch** *sub*, *-s/-es* Quarzuhr; ~ **filter** *sub*, *-s* Quarzfilter; ~ **glass** *sub*, *-es* Quarzglas; ~ **lamp** *sub*, *-s* Quarzlampe

quarziferous, *adj*, quarzhaltig

quasi, *adv*, quasi; ~**optical** *adj*, quasioptisch

quaver, *vi*, tremolieren, tremulieren, zittern

quay, *sub*, *-s* Kai; ~ **wall** *sub*, *-s* Kaimauer

queen, *sub*, *-s* Königin; *(ugs.)* Schwuchtel; *(Karten)* Ober; *(Spiel)* Dame; ~ **bee** *sub*, *-s (tt; zool.)* Weisel; **queer bird** *sub*, *-s* Ulknudel; **queer fish** *sub*, *- (ugs.)* Unikum

quench, *vt*, *(Durst)* stillen

querulation, *sub*, *-s* Querulation

query, *vt*, *(comp.)* abfragen

question, **(1)** *sub*, *-s* Frage, Rätselfrage, Rückfrage **(2)** *vt*, ausfragen,

befragen, hinterfragen, verhören; *(ugs.)* hinterhaken; *ask a question* eine Frage stellen, eine Frage stellen; *call in question* in Frage stellen; *that is out of question* das kommt nicht in Frage; *there is no question about it* das steht ausser Frage; *cluster of questions* ein Bündel Fragen; *it´s out of question* es ist nicht daran zu denken; *sleep was out of the question* an Schlaf war nicht zu denken; ~ **mark** *sub, -s* Fragezeichen; ~ **of cost(s)** *sub, -* Kostenfrage; ~ **of detail** *sub, -s* Detailfrage; ~ **of matter** *sub, -s* Vertrauensfrage; ~ **of nerves** *sub, questiones* Nervensache; *it´s all a question of nerves* reine Nervensache!; ~**able** *adj*, bedenklich, fragwürdig, zweifelhaft; ~**aire** *sub, -s* Fragebogen; ~**ing** *sub, -s* Verhör; *nur Einz. (von Personen)* Befragung; ~**s** *sub, nur Mehrz.* Fragerei
queue, *sub, -s* Schlange; *queue* sich hinten anstellen; *(ugs.) queue up in front of a shop* sich vor einem Laden anstellen; ~ **up** *vi, (in einer Schlange)* anstellen
quibbler, *sub, -s* Rabulist; **quibbling (1)** *adj*, rabulistisch **(2)** *sub, -s* Rabulisterei, Rabulistik
quick, (1) *adj*, fix, flink, hurtig, schnell; *(flink)* gewandt **(2)** *sub, nur Einz.* Innerste; *at a quick glance* bei oberflächlicher Betrachtung; *to go for a quick one* einen zwitschern, *hurt to the quick* bis ins Innerste getroffen; ~ **action** *sub, -* Zugriff; ~ **as a flash** *adv, (ugs.)* wieselflink; ~ **fire** *sub, nur Einz.* Schnellschuss; ~ **with the tongue** *adj*, flinkzüngig; ~**-frozen** *adj*, tief gekühlt; ~**-growing** *adj*, raschwüchsig; ~**-tempered** *adj*, aufbrausend, hitzig; ~**-witted** *adj*, schlagfertig; ~**ly** *adv*, fix, geschwind, raschestens; ~**ness** *sub, nur Einz.* Schnelle, Schnelligkeit; ~**sand** *sub, -s* Treibsand; ~**silver (1)** *adj, (ugs.)* wieselflink **(2)** *sub, nur Einz.* Quecksilber; ~**silver poisoning** *sub, nur Einz.* Quecksilbervergiftung
quid of tobacco, *sub, -s* Priem
quid pro quo, *sub, -s* Quidproquo
quiet, *adj*, geräuscharm, leise, ruhig, still, stille; *he knows how to keep quiet* er kann schweigen wie ein Grab; *he was given a quiet burial* er

wurde in aller Stille beigesetzt; *on the quiet* heimlich, still und leise; *be quiet!* sei still!; ~**ness** *sub, nur Einz.* Stille
quiff, *sub, -s* Tolle
quill, *sub, -s (Schwanz-/Schwung-)* Feder
quilt, (1) *sub, -s* Oberbett, Steppdecke; *(gesteppte)* Bettdecke **(2)** *vt, (wattieren)* steppen; ~**ed coat** *sub, -s* Steppmantel
quince, *sub, -s* Quitte; ~ **bread** *sub, -s* Quittenbrot; ~**jelly** *sub, -ies* Quittengelee
quinine, *sub, nur Einz.* Chinin
quint, *sub, -s* Quint; ~**essenc)** *sub, nur Einz.* Inbegriff
quinte, *sub, -s* Quinte; ~**ssence** *sub, -s* Quintessenz
quintet, *sub, -s* Quintett
qui pro quo, *sub, -s* Quiproquo; **qui vive** *sub, -* Quivive
quirk, *sub, -s* Marotte, Schrulle; *(Eigenart)* Tick; *that´s one of her little quirks* das ist ihre Marotte
quisling, *sub, -s* Quisling
quit, *vt*, quittieren
quite, *adv*, recht; *(ziemlich)* ganz; *quite a lot* recht viel; *quite possible* durchaus möglich; *I quite liked it* es hat mir ganz gut gefallen; *quite a lot* ganz schön viel; *quite good* ganz gut; ~ **a lot of** *Zahlw*, etliche; ~ **literally** *adv*, wortwörtlich
quits, *adj*, wett
quitt, *adj*, quitt
quiver, (1) *sub, -s* Köcher **(2)** *vi*, zittern
quixotism, *sub, -s* Donquichotterie
quiz, *sub, -es* Quiz; ~**master** *sub, -s* Quizmaster; ~**program** *sub, -s* Quizsendung
quorum, *sub, nur Einz.* Beschlussfähigkeit, Quorum
quota, *sub, -s* Quote; *(wirt.)* Kontingent; *daily quota* tägliches Pensum; ~**tion** *sub, -s* Quotation, Wert; *(tt; hist.)* Zitat; *(Preisangebot.)* Angebot; ~**tion mark** *sub, -s* Anführungsstrich, Anführungszeichen; ~**tion marks** *sub, nur Mehrz. (ugs.; Anführungszeichen)* Gänsefüßchen; **quote (1)** *vi*, zitieren **(2)** *vt*, quotieren
quotient, *sub, -s* Quotient

R

rabbit, *sub,* *-s* Kaninchen, Stallhase; *(Kaninchen)* Hase; ~-**punch** *suc,* Nackenschlag
rabble, *sub,* *-s* Gesindel; *nur Einz.* Kanaille, Pack, Pöbel; *nur Mehrz. (ugs.;* *das Pack)* Bagage; *rabble like that are at at each others throats one minute and friend again the next* Pack schlägt sich, Pack verträgt sich
rabies, *sub, nur Einz.* Tollwut
race, (1) *sub,* *-s* Galopprennen, Lauf, Rasse, Rennen, Wettlauf, Wettrennen (2) *vi,* rasen; *to race towards sb* auf jmdn losschießen; ~ **along** *vi,* dahinsausen; ~ **track** *sub,* *-s* Rennbahn, Rennstrecke; ~**horse** *sub,* *-s* Rennpferd; ~**r** *sub,* *-s* Rennmaschine
rachitic, *adj,* rachitisch
rachitis, *sub, nur Einz.* Rachitis
racial hatred, *sub,* - Rassenhass; **racial law** *sub,* *-s* Rassengesetz; **racial problem** *sub,* *-s* Rassenfrage
racing car, *sub,* *-s* Rennauto; **racing cyclist** *sub,* *-s* Rennfahrerin; **racing dive** *sub,* *-s* Startsprung; *(Schwimmen)* Hechtsprung; **racing driver** *sub,* *-s* Rennfahrerin
racism, *sub,* *-s* Rassismus; **racist** (1) *adj,* rassistisch (2) *sub,* *-s* Rassist
rack, *sub,* *-s* Gestell, Stellage; *(Gepäck~)* Netz; *(Gestell)* Ständer; ~-**railway** *sub,* *-s* *(tt; tech.)* Zahnradbahn
racket, *sub, nur Einz.* Krach; *-s* Racket, Rakett; *(Schläger)* Federball
raclette, *sub,* *-s* Raclette; ~ **cheese** *sub, nur Einz.* Raclettekäse
racoon, *sub,* *-s (tt; zool.)* Waschbär
racquet, *sub,* *-s (spo.)* Schläger
raction, *sub,* *-s* Reaktion
radar, *sub,* *-s* Radar; ~ **screen** *sub,* *-s* Radarschirm; ~ **speed check** *sub,* *-s* Radarkontrolle; ~ **station** *sub,* *-s* Radarstation
radiant, *adj,* strahlend
radiate, (1) *vi,* *(phy.)* ausstrahlen; *(Wärme)* strahlen (2) *vt,* abstrahlen; *(i. ü. S.; Freude etc.)* ausstrahlen; ~ **sound waves at** *vt,* beschallen; **radiation** *sub,* - Abstrahlung; *-s* Strahlung; *(ugs.)* Zerstrahlung; *nur Einz. (phy.)* Ausstrahlung; **radiation protection** *sub,* *-s* Strahlenschutz; **radiator** *sub,* *-s* Heizung, Kühler, Radiator,

Strahler; **radiator grid** *sub,* *-s* Kühlergrill; **radiator mascot** *sub,* *-s* Kühlerfigur
radical, (1) *adj,* radikal; *(stärker)* einschneidend (2) *sub,* *-s* Radikale; ~ **change** *sub,* *-s* Umbruch; ~**isation** *sub,* *-s* Radikalität; ~**ism** *sub,* *-s* Radikalismus; ~**ize** *vt,* radikalisieren; ~**ly left-wing** *adj,* linksradikal
radicchio, *sub,* *-s* Radicchio
radio, (1) *sub, nur Einz.* Bordfunk; *-s* Funk, Radio, Rundfunk (2) *vt,* anfunken, funken; ~ **advertisement** *sub,* *-s* Rundfunkwerbung; ~ **advertisment** *sub,* *-s* Funkwerbung; ~ **broadcast** *sub,* *-s* Rundfunkübertragung; ~ **call** *sub,* *-s* Suchmeldung; ~ **contact** *sub,* *-s* Funkkontakt; ~ **element** *sub,* *-s* Radioelement; ~ **engineering** *sub,* *-s* Funktechnik; ~ **ham** *sub,* *-s* Funkamateur; *(ugs.)* Radioamateur
radioactive, *adj,* radioaktiv; **radioactivity** *sub,* *-ies* Radioaktivität; **radiochemistry** *sub, nur Einz.* Radiochemie; **radiological** *adj,* radiologisch; **radiologist** *sub,* *-s* Röntgenologe; *(med.)* Radiologe; **radiology** *sub,* *-ies* Radiologie; *nur Einz.* Röntgenologie; **radiometer** *sub,* *-s* Radiometer; **radiometry** *sub, nur Einz.* Radiometrie; **radiophony** *sub, nur Einz.* Radiophonie; **radioscopy** *sub,* *-ies* Röntgenoskopie; **radiotherapy** *sub,* *-ies* Strahlenbehandlung
radio mast, *sub,* - *-s* Antennenmast; **radio message** *sub,* *-s* Funkspruch; **radio operator** *sub,* *-s* Bordfunker, Funker; **radio patrol** *sub,* *-s (Polizei)* Funkstreife; **radio play** *sub,* *-s* Hörspiel; **radio programme** *sub,* *-s* Rundfunkprogramm, Rundfunksendung; **radio set** *sub,* *-s* Radioapparat, Radiogerät, Rundfunkapparat, Rundfunkgerät; **radio station** *sub,* *-s* Funkstation, Radiosender, Rundfunkstation
radio technology, *sub,* *-ies* Radiotechnik; **radio telescope** *sub,* *-s* Radioteleskop; **radio tower** *sub,* *-s* Funkturm; **radio traffic service**

sub, nur Einz. Verkehrsfunk; **radio-owner without a having licence** *sub, -s* Schwarzhörer
radish, *sub, -es* Radieschen, Rettich
radium, *sub, nur Einz.* Radium
radius, *sub, -es* Radius; - *(anat.)* Speiche; *within a radius of* im Umkreis von; **~ of action** *sub, -dii* - Aktionsradius
radix, *sub, -ces* Radix
radon, *sub, nur Einz.* Radon
raffia, *sub, -s (Raffiabast)* Bast
raffle, (1) *sub, -s (Tombola)* Lotterie (2) *vt,* verlosen; **raffling** *sub, -s* Verlosung
raft, (1) *sub, -s* Floß (2) *vti,* flößen; **~er** *sub, -s* Dachsparren, Sparren; *(Dachbalken)* Balken; **~ers** *sub, nur Mehrz.* Sparrendach
rage, (1) *sub, nur Einz.* Rage; - Wut (2) *vi,* toben, wogen, wüten; *(Krankh.)* grassieren; *(Sturm)* tosen; *(Wind)* stürmen; *be white with rage* bleich vor Wut sein; *in rage* im Zorn; *to fly into rage* in Zorn geraten; **~ of a berserk** *sub, nur Einz.* Berserkerwut
ragged, *adj,* zerlumpt, zerschunden; *(Kleidung)* lumpig; *to run sb ragged* jmdn fertigmachen
raging, *sub, -s (Naturgewalt)* Entfesselung; *raging of the elements* die Entfesselung der Naturgewalten; **~ flames** *sub, nur Mehrz. (geh.)* Lohe
raglan, *sub, -s* Raglan; **~ sleeve** *sub, -s* Raglanärmel
ragout, *sub, -s* Ragout; **rags** *sub, - (ugs.)* Fummel; **ragtime** *sub, -s* Ragtime
raid, (1) *sub, -s* Razzia; *(Razzia)* Aushebung (2) *vt, (ausrauben)* plündern; *(Verbrecherring)* ausheben; *sb has raided our apple trees* jemand hat unsere Apfelbäume geplündert; **~ing party** *sub, -ies* Rollkommando
rail, *sub, -s* Laufschiene, Reling, Schiene; *(Kleider-)* Stange; **~ bus** *sub, -ses* Schienenbus; **~ network** *sub, -s* Schienennetz; **~car** *sub, -s* Triebwagen; **~ing** *sub, -s* Geländer; **~s** *sub, nur Mehrz.* Geleise; *-s* Gleis; **~way** *sub, -s (Eisenbahn)* Bahn; *(i. ü. S.) it´s like a railway station here!* hier geht´s ja zu wie in einem Taubenschlag!; *work for the railway* bei der Bahn arbeiten; **~way (am: railroad)** *sub, -s* Eisenbahn; **~way carria-**

ge/wagon *sub, -s* Eisenbahnwagen; **~way line** *sub, - -s* Bahnlinie; *-s* Schienenweg; **~way map** *sub, - -s* Bahnkarte; **~way network** *sub, -s* Streckennetz; **~wayman** *sub, -men* Eisenbahner
rain, (1) *sub, -* Regen (2) *vti,* regnen; *(i. ü. S.) it never rains but it pours* ein Unglück kommt selten allein; *it´s pouring with rain* es regnet in Strömen; *to some money away for a rainy day* sich einen Notgroschen zurücklegen; **~ down** *vi,* niederregnen; **~ down on sb** *vt,* einprasseln; **~ drop** *sub, -s* Regentropfen; **~ forest** *sub, -s* Regenwald; **~ gauge** *sub, -s* Pluviometer; **~ is coming through** *vti,* durchregnen; **~ shadow** *sub, -s* Regenschatten; **~ shelter** *sub, -s* Regenschutz; **~bow** *sub, -s* Regenbogen; **~coat** *sub, -s* Regenmantel; **~water** *sub, nur Einz.* Regenwasser; **~y day** *sub, -s* Regentag; **~y weather** *sub, -* Regenwetter
raise, (1) *sub, -s (arch.)* Aufstockung (2) *vt,* heraufsetzen; *(arch.)* aufstocken; *(aufbringen)* erbringen; *(aufziehen)* heranziehen; *(Bedenken)* anmelden; *(empor/Stimme)* erheben; *(i. ü. S.; Frage)* aufwerfen; *(Geld)* aufbringen; *(hochheben)* lüften; *(höher stellen)* heben; *(Preis)* anheben; *(Schatz, Wrack)* heben; *(Stimme)* heben; *raise so to the peerage* jmd in den Adelsstand erheben; **~ number to the cube** *vt, (mat.)* kubieren; **~ to the nobility** *vt,* adeln; **~d ground-floor** *sub, -s* Hochparterre; **~d hide** *sub, -s* Hochsitz
raisin, *sub, -s* Rosine; **~ bread** *sub, -s* Rosinenbrot; **~ coloured** *adj,* rosinfarben
raising, *sub, -s* Erhöhung; *nur Einz. (Geld)* Aufbringung; **~ agent** *sub, -s (backen)* Treibmittel
rake, (1) *sub, -s* Lebemann, Rechen; *(ugs.)* Windbeutel, Windhund (2) *vt,* harken, rechen, schüren; *(ugs.) he raked in a pile from the insurance* von der Versicherung hat er ganz nett kassiert; **~ in** *vt, (Geld)* einstreichen; *(raffen)* einheimsen

raki, *sub*, *-s* Raki
rakish, *adj*, lebemännisch
rally, (1) *sub*, *-ies* Kundgebung, Rallye, Sternfahrt; *-s (Demonstration)* Aufmarsch (2) *vt*, zusammenrufen
RAM, (1) *sub*, *-s* RAM; *(tt; zool.)* Widder (2) **ram** *vt*, rammen; **ram(mer)** *sub*, *-s* Rammbock
rambler, *sub*, *-s (ugs.)* Wandersmann
ramp, *sub*, *-s* Rampe
rampage (about), *vi*, randalieren
rampart, *sub*, *-s* Festungswall
ramshackle, *adj*, *(Gebäude)* morsch
ranch, *sub*, *-es* Ranch; *~er sub*, *-s* Rancher
rancid, *adj*, ranzig
rancour, *sub*, *-s* Groll, Ranküne
random, *adj*, *(ziellos)* planlos
randy, *adj*, *(ugs.)* scharf; *(sexuell)* geil
range, (1) *sub*, *-s* Reichweite; *(i. ü. S.)* Palette; *(figurativ)* Skala; *(Reichweite)* Bereich, Spanne, Tragweite; *nur Einz. (wirt.)* Auswahl (2) *vi*, *(Kosten)* bewegen; *within range* in Reichweite; *~ of fire sub*, *-s* Schussweite; *~ of goods for sale sub*, *-* Warenangebot; *~ of vision sub*, *-s (opt.)* Gesichtsfeld; *~-finder sub*, *-s* Entfernungsmesser; *~d adj*, rechtsbündig
rank, (1) *sub*, *-s* Dienstgrad, Stellenwert; *(mil.)* Charge, Rang; *(Personen)* Linie (2) *vi*, rangieren; *the lower ranks* die unteren Chargen, *a high-ranking personage* eine hochgestellte Person; *I rank him among the greatest musicians of the 20th century* ich stelle ihn neben die größten Musiker des 20 Jahrhunderts; *~ growth sub*, *-s (tt; bot.)* Wucherung; *~ of a general sub*, *-s* Generalsrang; *~ of master (craftsman) sub*, *nur Einz.* Meisterwürde; *~ed growth adj*, wildwüchsig; *~ings sub*, *nur Mehrz. (spo.)* Klassement
rankle with, *vt*, wurmen
ransom, *sub*, *-s* Lösegeld
ranter, *sub*, *-s (beim Sprechen)* Polterer
ranting and raving, *sub*, *-* Geschimpfe
rap, *sub*, *-* Rap; *~ (on the head) sub*, *-s* Kopfnuss; *~acity sub*, *-ies* Raubgier
rape, (1) *sub*, *-s* Notzucht, Vergewaltigung; *(bot.)* Raps (2) *vt*, notzüchtigen, vergewaltigen; *to commit rape*

Notzucht begehen; *~ field sub*, *-s* Rapsfeld; *~ oil sub*, *-s* Rapsöl
rapid, (1) *adj*, kometenhaft, rapide, schleunig, zügig; *(Entwicklung)* sprunghaft (2) *sub*, *-s* Stromschnelle; *have a rapid rise* eine steile Karriere machen; *~ fire sub*, *nur Einz. (mil.)* Schnellfeuer; *~ly adv*, rasch
rapier, *sub*, *-s* Rapier
rapper, *sub*, *-s* Rapper
rapture, *sub*, *nur Einz.* Verzücktheit; *-s (geh.)* Entzückung
Rapunzel, *sub*, *-* Rapunzel
rare, *adj*, rar, selten; *~ly adv*, selten; *~ness sub*, *nur Einz.* Seltenheit; **rarity** *sub*, *-ies* Rarität, Seltenheit
rascal, *sub*, *-s* Gauner, Racker, Schlingel; *(ugs.) (Kind)* Halunke; *you rascal you* du Lümmel, du
rash, (1) *adj*, eilfertig, kopflos, leichtsinnig, rasch, übereilt, unbesonnen, voreilig (2) *sub*, *-es* Quaddel; *(med.)* Ausschlag; *~ action sub*, *-s* Kurzschlusshandlung; *~ reaction sub*, *-s* Kurzreaktion; *~ing sub*, *-s* Voreiligkeit
rasp, (1) *sub*, *-s* Raspel (2) *vt*, raspeln
raspberry, *sub*, *-ies* Himbeere; *~ brandy sub*, *-* Himbeergeist; *~ juice sub*, *-s* Himbeersaft
raster, *sub*, *-s* Raster
rat, *sub*, *-s* Ratte; *(ugs.)* Ratze; *I smell a rat* es geht nicht mit natürlichen Dingen zu; *to smell a rat* Lunte riechen; *~ trap sub*, *-s* Rattenfalle; *~-catcher sub*, *-s* Rattenfänger; *~'s king sub*, *-s* Rattenkönig; *~'s tail sub*, *-s* Rattenschwanz
rate, (1) *sub*, *-s (Lohn-)* Tarif; *(wirt.)* Taxe (2) *vt*, *(Ergebnis etc.)* beurteilen; *(wirt.)* taxieren (3) *vti*, werten; *over-/underrate sth* etwas über-/unterbewerten; *rate low* wenig gelten; *we'll never finish at this rate!* bei diesem Tempo werden wir nie fertig!; *~ for loans on security sub*, *-s* Lombardsatz; *~ of depreceation sub*, *-s -* Abnutzungsgebühr; *~ of exchange sub*, *-s* Wechselkurs
rather, *adv*, einigermaßen, lieber, vielmehr; *(lieber)* eher; *I'd rather*

leave than do it ehe ich das tue, gehe ich lieber; *or rather* oder besser gesagt; *I´d rather go by train* es wäre mir lieber mit dem Zug zu fahren; *I´d rather not say anything* ich möchte lieber nichts sagen; *what would you prefer?* was ist dir lieber?; *he´s lazy rather than stupid* er ist eher faul als dumm; *his apartment is rather on the small side* seine Wohnung ist eher klein

ratiné, *sub, -s* Ratiné

rating, *sub, -s (von Ergebnissen)* Beurteilung; *(wirt.)* Taxation

ration, (1) *sub, -s* Ration; - Zuteilung (2) *vt,* rationieren; ~**al** *adj,* rational; *(vernünftig)* nüchtern; ~**alism** *sub, -s* Rationalismus; ~**alist** *sub, -s* Rationalist; ~**ality** *sub, -ies* Rationalität; *nur Einz. (Vernunft)* Nüchternheit; ~**alize** *vti,* rationalisieren; *rationalizations* nachgeschobene Gründe; ~**ally** *adv,* vernünftig; ~**ing** *sub, -s* Rationierung

rattle, (1) *sub, -s* Klapper, Rassel (2) *vi,* rasseln, rattern, rütteln (3) *vti,* klappern, klirren; *every nut and bolt in the car rattled* das Auto klappert an allen Ecken und Enden; ~ **(out)** *vi,* knattern; ~**snake** *sub, -s (zool.)* Klapperschlange; **rattling** *sub, -* Gerassel; *-s* Rüttelei

rave, *vi,* rasen; ~**-up** *sub, -s* Budenzauber

raven, *sub, -s* Kolkrabe, Rabe; *(zool.)* Kohlrabe; ~**(-black)** *adj,* rabenschwarz; ~**ous** *adj,* heißhungrig; ~**ous hunger** *sub, nur Einz. (ugs.)* Kohldampf

Ravensberger, *sub, -* Ravensberger

ravine, *sub, -s (Swiss)* Krachen

raving mad, *adj,* tobsüchtig

raw, *adj,* roh; *(unverarbeitet)* grob; ~ **fruit and vegetables** *sub, nur Mehrz.* Rohkost; ~ **material** *sub, -s* Rohmaterial; *(phy.)* Grundstoff; ~ **steel** *sub, nur Einz.* Rohstahl; ~ **vegetables** *sub, nur Mehrz.* Grünzeug

ray, *sub, -s* Rochen; *(Licht-)* Strahl; ~ **fungus** *sub, - (bot.)* Strahlenpilz; ~ **of hope** *sub, -s* Lichtblick; ~**-treatment** *sub, -s (med.)* Bestrahlung

razor, *sub, -s* Rasierapparat, Rasierer; *(Rasier~)* Messer; *it´s touch and go whether* es steht auf Messers Schneide, ob; *to be on a razor´s edge* auf

Messers Schneide stehen; ~ **blade** *sub, -s* Rasierklinge; ~**-sharp** *adj,* messerscharf

reach, (1) *sub, -es* Reichweite (2) *vi,* gelangen, heranreichen, reichen (3) *vt,* erreichen; *(ugs.)* langen; *(ankommen)* anlangen; *(Einigung/Geschwindigkeit)* erzielen; *(spo.)* erringen (4) *vti, (bis an)* gehen; *close enough to reach out and touch* zum Greifen nahe; *reach out for sth* seine Hand nach etwas ausstrecken; *reach the top of the ladder(of success)* die oberste Stufe der Leiter erklimmen; *within easy reach* leicht zu erreichen; *(i. ü. S.) within reach* in greifbarer Nähe; *the water reaches my knees* das Wasser geht mir bis an die Knie; ~ **an agreement** *vt, (geh.)* einigen; ~ **puberty** *vi,* pubertieren; ~ **through** *vt, (räuml.)* durchgreifen; ~**able** *adj,* erreichbar

react, (1) *vi,* reagieren (2) *vt,* verhalten; ~**ant** *sub, -s (chem.)* Substrat; ~**ion time** *sub, nur Einz.* Reaktionszeit; ~**ionary** (1) *adj,* reaktionär (2) *sub, -ies* Reaktionär; ~**ivate** *vt,* reaktivieren; ~**ivation** *sub, -s* Reaktivität; ~**ive** *adj,* reaktiv; ~**or** *sub, -s* Reaktor; ~**or block** *sub, -s* Reaktorblock

read, (1) *vi,* lauten (2) *vt,* verlesen; *(Notizen, etc.)* ablesen (3) *vti,* lesen; *the letter reads as follows* der Brief lautet folgendermaßen; *the sentence should read like this* der Satz muß so lauten, *read so like a book* jemandem alles vom Gesicht ablesen; *read up on sth* sich etwas anlesen; *to read sth at the same time as sb* etwas mit jmd mitlesen; ~ **a paper** *vt,* Zeitung lesen; ~ **a supplementary paper** *vt,* koreferieren; ~ **aloud** *vti,* vorlesen; ~ **sth. through** *vt,* durchlesen; *read sth all the way through* ganz genau durchlesen; *read sth for errors* auf Fehler durchlesen; ~ **too** *vt,* mitlesen; ~**able** *adj,* lesbar; ~**er** *sub, -s* Lektor, Leser, Reader, Vorleser; ~**er of a supplementary paper** *sub, -s* Korreferent; ~**ers´ request** *sub, -s* Leserwunsch; ~**ership** *sub, nur Einz.* Leserschaft

readiness, *sub, nur Einz. (Startbe-*

reitschaft) Bereitschaft; ~ **make sacrifices** *sub*, Opferbereitschaft
readoption, *sub*, -*s* Wiederaufnahme
ready, *adj*, bereit, fertig, klar, parat, reif; *be ready for sth* zu etwas bereit sein; *be ready to leave* zur Abfahrt bereit stehen; *all ready* fix und fertig; *get over sth* fertig werden damit, daß (schlechte Nachricht); *I´ll be ready in a minute* ich bin gleich fertig; *(spo.)* ready, steady, go Achtung, fertig, los; *be ready!* halte dich parat!; *he was always ready with an excuse* er hat immer eine Ausrede parat; *be getting ready to go* im Aufbruch begriffen sein; *everyone is getting ready to go* es herrscht Aufbruchsstimmung; *(ugs.)* get ready *to do sth* Anstalten machen etwas zu tun; *ready and waiting* gestiefelt und gespornt; ~ **for a holiday** *adj*, urlaubsreif; ~ **for a penalty** *adj*, elfmeterreif; ~ **for battle** *adj*, kampfbereit; ~ **for bed** *adj*, bettreif; ~ **for building** *adj*, baureif; ~ **for occupation** *adj*, bezugsfertig; *(Gebäude)* beziehbar; ~ **for press** *adj*, druckfertig; ~ **for retirement** *adj*, *(ugs.)* pensionsreif; ~ **for sewing** *adj*, nadelfertig; ~ **for take-off** *adj*, startklar; *(Flugzeug)* startbereit; ~ **for the slaughter** *adj*, schlachtreif **ready in the can**, *adj*, dosenfertig; **ready money** *sub*, *nur Einz.* Barschaft, Kontanten; **ready move** *adj*, marschbereit; **ready to attack** *adj*, *(mil.)* sturmbereit; **ready to fire** *adj*, schussbereit, schussfertig; **ready to go** *adj*, reisefertig; **ready to jump** *adj*, sprungbereit, sprungfertig; **ready to make sacrifices** *attr*, opferbereit; **ready to move** *adj*, marschfertig **ready to learn**, *adj*, belehrbar; **ready to sail** *adj*, segelfertig; **ready to start** *adj*, startbereit; **ready to work** *adj*, einsatzbereit; **ready-to-serve** *adj*, tafelfertig, tellerfertig, tischfertig
reafforest, *vt*, aufforsten; ~**ation** *sub*, -*s* Aufforstung
reagent, *sub*, -*s* Reagenz
real, *adj*, real, regelrecht, richtig, tatsächlich, wahrhaft, wirklich; *(mat.)* reell; ~ **character** *sub*, -*s (i. ü. S.)* Urvieh; - *(ugs.)* Unikat; ~ **coffee** *sub*, *nur Einz.* Bohnenkaffee; ~ **estate** *sub*, *nur Einz.* Immobilie, Liegenschaft; ~ **estate register** *sub*, -*s*

Grundbuch; ~ **hair** *sub*, *nur Einz.* Echthaar; ~ **little Eve** *sub*, -*s* Evastochter
realism, *sub*, *nur Einz.* Realismus; **realist** *sub*, -*s* Realist; **realistic** *adj*, realistisch; **realities** *sub*, *nur Mehrz.* Realien; **reality** *sub*, -*ies* Realität; -*es* Wirklichkeit; *in reality* in Wirklichkeit; **reality film** *sub*, -*s* Problemfilm
realizable, *adj*, realisierbar; **realize (1)** *vi*, gewahren; *(- werden)* gewahr **(2)** *vt*, klarmachen, realisieren, verwirklichen; *realize that* zu der Einsicht gelangen, daß; *you ought to have realized that* das hättest du ja wissen müssen
realization, *sub*, -*s* Feststellung, Realisation, Realisierung; *(das Erkennen)* Erkenntnis
really, *adv*, ausgesprochen, ausgesprochenermaßen, echt, rechtschaffen, schwer, tatsächlich, wahrhaft, wahrlich, wirklich; *was really pleased* ich habe mich echt gefreut; *is that real gold* ist das echt Gold; *really good* echt gut; *really?* ehrlich?; *you really must read this book* du musst unbedingt dieses Buch lesen; ~ **comfortable** *adj*, urgemütlich; ~ **ugly** *adj*, grundhässlich
realm, *sub*, -*s* Reich
real silver, *adj*, echtsilbern; **real tax receipts** *sub*, *nur Mehrz.* Istaufkommen; **real thing** *sub*, -*s* Ernstfall
reaper, *sub*, -*s* Schnitter, Schnitterin
rear, **(1)** *adj*, hinter **(2)** *sub*, -*s (mot.)* Heck; *the horse is rearing up* das Pferd bäumt sich auf; *the rear coaches* die hinteren Wagen; *(geh.)* to bring up the rear den Reigen beschließen; ~ **admiral** *sub*, -*s (mil.)* Konteradmiral; ~ **axle** *sub*, -*s* Hinterachse; ~ **light** *sub*, -*s* Rückleuchte, Schlusslicht; ~ **sight** *sub*, -*s* Kimme; ~ **up** *vi*, *(Tier)* bäumen; ~ **wheel** *sub*, -*s* Hinterrad; ~ **window** *sub*, -*s* Heckfenster; ~ **windscreen** *sub*, -*s* Heckscheibe; ~**-end collision** *sub*, - -*s* Auffahrunfall; ~**-wheel drive** *sub*, -*s* Heckantrieb; ~**guard** *sub*, -*s* Nachhut; *in the rearguard* bei der Nachgut
rearrange, *vt*, umgruppieren; *(i. ü.*

S.) umschichten; *(anders anordnen)* umräumen; *(Möbel etc.)* umstellen; ~ment *sub, -s* Umschichtung

reasons of state, *sub, nur Mehrz.* Staatsräson

rebaptism, *sub, -s* Wiedertaufe

rebate, *vt, (Bauholz)* überblatten

rebel, (1) *sub, -s* Aufrührer, Aufständische, Insurgent, Meuterer, Rebell (2) *vi,* aufbegehren, meutern, rebellieren; *(i. ü. S.; Mensch)* aufbäumen; *(sich auflehnen)* bäumen; ~lion *sub, -s* Rebellion; *(Aufstand)* Empörung; ~lious *adj,* aufrührerisch, aufsässig, empörerisch, rebellisch; *(ugs.)* aufmüpfig; ~liousness *sub, nur Einz.* Aufsässigkeit; *(ugs.)* Aufmüpfigkeit; ~llious *adj,* aufständisch

rebirth, *sub, -* Wiedergeburt

rebound, (1) *sub, -s* Abprall (2) *vi,* abprallen

rebuff, *sub, nur Einz. (ugs.)* Abfertigung; *-s (Abweisung)* Abfuhr; *(Person)* Abweisung

rebuild, *vt,* umbauen; ~ing *sub, -s* Umbau

rebuke, (1) *sub, -s* Maßregelung (2) *vt,* verweisen; *(zurechtweisen)* tadeln

rebuyer, *sub, -s (i. ü. S.)* Wiederkäufer

recall, (1) *sub, -s* Abberufung (2) *vt,* abberufen; *(comp.)* abrufen; *subject to recall* auf Abruf bereitstehen

recapitulate, *vt,* rekapitulieren

recast, *sub, -s (Theater)* Umbesetzung; ~ing *sub, -s (theat.)* Neubesetzung

recede, *vi,* zurückweichen; **receding** *adj, (Kinn,Stirn)* fliehend

receipt, *sub, -s* Beleg, Empfang, Kassenzettel, Quittung; *(Brief)* Erhalt; *-s (das Erhalten)* Eingang; *(Kassen-)* Bon; *acknowledge the receipt of sth* den Empfang von etwas bescheinigen

receive, *vt,* aufnehmen, empfangen, rezipieren; *(Brief)* erhalten; *receive a good education* eine gute Erziehung genießen; *(Nachricht) the police have already received several clues* der Polizei sind einige Hinweise zugegangen; ~ **later** *vt,* nachbekommen; ~r *sub, -s* Hörer, Receiver; *(tech.)* Empfänger; *pick up the receiver* den Hörer abnehmen; ~r of stolen goods *sub, -s (jur.)* Hehler; **receiving** *sub, -s* Empfangnahme; re-

ceiving a meal *sub, -s* Essenempfang; **receiving of stolen goods** *sub, -s (jur.)* Hehlerei

reception, *sub, -s* Aufnahme, Empfang, Rezeption; *meet with a cool reception* eine kühle Aufnahme finden; *we met with a friendly reception* wir wurden sehr freundlich empfangen; ~ **hall** *sub, -s* Empfangssaal; ~ist *sub, -s* Empfangsdame

receptive, *adj,* aufnahmefähig, empfänglich, gelehrig, rezeptiv; *be very receptive to sth* sehr empfänglich für etwas sein; ~nes *sub, -es* Gelehrigkeit; **receptivity** *sub, -ies* Aufnahmefähigkeit; **receptor** *sub, -s* Rezeptor

recess, *sub,* Aussparung; *-es (Koch~)* Nische; *recess (US)* die große Pause; ~ion *sub, -s* Rezession; ~ive *adj, (biol.)* rezessiv

rechristen, *vt,* umtaufen

recipe, *sub, -s* Kochrezept, Rezept; *there´no instant recipe* es gibt kein Patentrezept; *there´s no instant recipe (for success)* es gibt keine Patentlösung; **recipient** *sub, -s* Empfänger, Rezipient; **recipient of an order** *sub, -s of orders* Befehlsempfänger

reciprocate, *vr,* revanchieren

recitation, *sub, -s* Deklamation, Rezitation; **recitative** *sub, -s (mus.)* Rezitativ

recite, *vt,* aufsagen, deklamieren, vorsagen, vorsprechen, vortragen, wiedergeben

reckless, *adj,* rücksichtslos, tollkühn; ~ness *sub, nur Einz.* Leichtsinn, Tollkühnheit

reckon with, *vi,* gewärtigen; **reclaim from** *vt, (Altmaterial)* gewinnen; **reclamation** *sub, -s (Neuland)* Gewinnung

reclining position, *sub, -s* Ruhelage

recognition, *sub, nur Einz. (polit.)* Anerkennung; *in recognition of* in Anerkennung; *win recognition* Anerkennung erlangen

recognizable, *adj,* erkennbar; **recognize** *vt,* wiedererkennen; *(polit.)* anerkennen; *(wieder-)* erkennen; *refuse to recognize sth* etwas nicht anerkennen

recoil, *vi,* zurückschrecken

recoin, *vt, (neu prägen)* ummünzen
recommend, *vt,* empfehlen; *not to be recommended* nicht zu empfehlen; *recommend sth to so* jmd etwas empfehlen; ~**ation** *sub, -s* Empfehlung; *on recommendation* auf Empfehlung; ~**ed price** *sub, -s* Richtpreis; ~**ed speed** *sub, -s* Richtgeschwindigkeit
reconcilable, *adj, (Gegensätze)* überbrückbar; **reconcile (1)** *vr, vt,* aussöhnen **(2)** *vt,* vereinbaren, versöhnen; *reconcile os with so* sich mit jemandem aussöhnen; **reconciler** *sub, -s* Versöhnerin; **reconciliation** *sub, -s* Aussöhnung, Versöhnlichkeit; *(Gegensätze)* Überbrückung; **reconditioned engine** *sub, -s* Austauschmotor
reconnaissance, *sub, -s (mil.)* Erkundung
reconnoitre, **(1)** *vt,* erkunden **(2)** *vti, (mil.)* kundschaften; ~**r** *sub, -s* Kundschafter
reconstruct, *vt,* rekonstruieren; *(einen Vorgang)* nachstellen; ~**ion** *sub, -s* Rekonstruktion; **reconstuction** *sub, -s* Wiederaufbau
record, **(1)** *sub, -s* Protokoll, Rekord, Rekordmarke, Schallplatte; *(Rekord~)* Marke; *(Schall~)* Platte **(2)** *vt,* bespielen, mitschneiden, verzeichnen; *(auf Band aufnehmen)* aufzeichnen; *(aufzeichnen)* festhalten; *(Daten)* erfassen; *better a record by* einen Rekord drücken um; *my personal record* meine persönliche Bestzeit; *to record sth* etwas auf Platte aufnehmen; *a record of funk music* eine Platte mit Funkmusik; *change the record, can´t you!* leg doch mal eine neue Platte auf!; *the record´s stuck* die Platte hat einen Kratzer, *put sth down in writing* etwas schriftlich festhalten; ~ **harvest** *sub, -s* Rekordernte; ~ **index** *sub, indices* Diskografie; ~ **length** *sub, -s* Rekordweite; ~ **sleeve** *sub, -s* Plattenhülle; ~ **time** *sub, -s* Spitzenzeit; ~ **visitation** *sub, -s* Rekordbesuch; ~**holder** *sub, -s* Rekordhalter; ~**-player** *sub, -s* Plattenspieler; ~**er** *sub, -s* Blockflöte, Recorder, Rekorder; *(Block-)* Flöte; ~**ing** *sub, -s* Aufzeichnung; *(eines Tonbandes)* Aufnahme; ~**ing manager** *sub, - -s (Musik, etc.)* Aufnahme-

leiter
recover, **(1)** *vi,* erholen, genesen, gesunden **(2)** *vt, (Tote)* bergen; ~**y** *sub, -ies* Genesung; - Gesundung; *-ies* Heilungsprozess; *(gesundheitlich)* Besserung; *(von Gütern, Toten)* Bergung; *be on the road to recovery* auf dem Wege der Besserung sein
recreation, *sub, -s* Rekreation; ~**al assets** *sub, nur Mehrz.* Freizeitwert
recruit, **(1)** *sub, -s (mil.)* Rekrut **(2)** *vt,* anwerben; *(mil.)* rekrutieren; ~**er** *sub, -s (tt; mil.)* Werber; ~**ment** *sub, -s* Anwerbung, Rekrutierung
rectal, *adj, (med.)* rektal
rectangle, *sub, -s* Orthogon, Rechteck; **rectangular** *adj,* rechteckig
rectification, *sub, -s* Rektifikation
rectum, *sub, -s* Rektum
recuperation, *sub, -s (nach Krankheit)* Erholung
recycled paper, *sub, nur Einz.* Recyclingpapier; **recycling** *sub, nur Einz.* Recycling
red, *adj,* rot; *I´m beginning to see red* ich kriege langsam das Kotzen; *to make sb see red* jmd zur Weißglut reizen; ~ **as a lobster** *adj,* krebsrot; ~ **cabbage** *sub, nur Einz.* Rotkohl, Rotkraut; ~ **deer** *sub, nur Einz.* Rotwild; ~ **fox** *sub, -es* Rotfuchs; ~ **fruit pudding** *sub, -s (rote)* Grütze; ~ **lead** *sub, nur Einz.* Mennige; ~ **light** *sub, nur Einz.* Rotlicht; ~ **pencil** *sub, -s* Rotstift; ~ **sandstone** *sub, nur Einz. (geol.)* Buntsandstein
redeem, *vt,* einlösen; **Redeemer** *sub, nur Einz.* Heiland; - *(rel.)* Erlöser; **redemption** *sub, -s* Erlösung; **redemption amount** *sub, -s* Tilgungssumme; **redemption rate** *sub, -s* Tilgungsrate
re-direct, *vt,* umdirigieren; **re-education** *sub, -s* Umerziehung; **re-election** *sub, -s* Wiederwahl; **re-equip** *vt, (mil.)* umrüsten; **re-establishment** *sub, nur Einz. (Wiederbegründung)* Neugründung; **re-examination** *sub, -s (nochmalige Prüfung)* Nachprüfung; **re-examine** *vti, (nochmals prüfen)* nachprüfen; **re-formulate** *vt,* umformulieren; **re-interpret**

vt, umdeuten; **re-issue under a new
title** *sub*, *re-issues* Titelauflage
redness, *sub*, *nur Einz.* Röte
redoubling, *sub*, *-s* Verdopplung
redoubt, *sub*, *-s* Redoute
redound, *vi*, gereichen; *redound to
so´s honour* jmdm zur Ehre greichen
reduce, *vt*, abschwächen, drosseln,
einschränken, ermäßigen, herabsetzen, reduzieren, verkleinern, vermindern, verringern; *(geh.; Gegensätze)*
mildern; *(Preis)* nachlassen; *reduce
smoking* das Rauchen einschränken;
~ **iron** *vt*, *(Lebensmittel)* enteisenen;
~ **the cost of** *vt*, verbilligen; ~ **the
density** *vt*, *(Stadt)* entkernen; ~**d**
adj, ermäßigt; **reduction** *sub*, *-s* Ermäßigung, Erniedrigung; - Herabsetzung; *-s* Minderung, Reduktion,
Reduzierung, Verbilligung; *nur Einz.*
Verminderung; *-s* Verringerung; **reduction gear** *sub*, *-s (tt; tech.)* Untersetzung; **reduction in working
hours** *sub*, *-s* - Arbeitszeitverkürzung
redundancy, *sub*, *-ies* Redundanz;
redundant *adj*, redundant
reduplicate, *vt*, reduplizieren; **reduplication** *sub*, *-s* Reduplikation
red wine, *sub*, *-s* Rotwein; **red-bakked shrike** *sub*, *-s (orn.)* Neuntöter;
red-faced *adj*, rotgesichtig; **red-faced spider monkey** *sub*, *-s (zool.)*
Klammeraffe; **red-nosed** *adj*, rotna-
sig; **red/black currant** *sub*, *-s* Johannisbeere; **redden** *vt*, röten;
reddening *sub*, *-s* Rötung
reed, (1) *sub*, *-s* Rohr (2) *vt*, spulen; ~
bed *sub*, *-s* Röhricht; ~**s** *sub*, *nur
Mehrz.* Ried, schilfig
reef, (1) *sub*, *-s* Riff (2) *vt*, reffen; ~
knot *sub*, *-s* Weberknoten
reel, (1) *sub*, *-s* Rolle, Spule (2) *vi*,
torkeln (3) *vt*, haspeln; ~**ed off** *adj*,
abgeleiert
refer, *vt*, *(Patienten)* überweisen; *refer to* sich berufen auf; *refer to sth*
sich auf etwas beziehen; *referring to*
mit Hinweis auf; *the case referred to
before* der weiter oben erwähnte Fall;
~ **sb** *vt*, verweisen; ~ **to** *vi*, hinweisen; ~**ee** *sub*, *-s* Pfeifenmann; *(spo.)*
Kampfrichter, Ringrichter; *nur Einz.*
(ugs.; spo.) Unparteiische; ~**eeing**
sub, *nur Einz. (spo.)* Spielleitung
reference, *sub*, *-s* Betreff, Referenz;
(Verweis) Hinweis; ~ **book** *sub*, *-s*

Nachschlagewerk; ~ **book or
work** *sub*, *-s* Repertorium; ~ **library** *sub*, *-ies* Präsenzbibliothek; ~
point *sub*, - *-s* Bezugspunkt; ~
works *sub*, *nur Mehrz. (Biblio.)*
Handapparat
referendum, *sub*, *-s* Referendum;
(des Volkes) Befragung; *(tt; phy.)*
Volksentscheid
referral, *sub*, *-s* Verweisung; *(Patienten)* Überweisung
reflation, *sub*, *-s* Reflation; ~**ary**
adj, reflationär
reflect, (1) *vi*, spiegeln (2) *vt*, widerspiegeln; *(tt; phy.)* zurückwerfen (3) *vti*, reflektieren; *reflect on
über* etwas Betrachtungen anstellen; ~**ed image** *sub*, *-s* Spiegelbild;
~**ive person** *sub*, *-s (Denker)*
Grübler; ~**or** *sub*, *-s* Reflektor,
Rückstrahler; ~**or telescope** *sub*,
~ Spiegelteleskop
reflection, *sub*, Abglanz; *nur Einz.*
Nachdenken; *-s* Reflex, Reflexion,
Spiegelung; - Widerschein; *-s* Widerspiegelung, Widerstrahl; *(i. ü.
S.)* Spiegelbild
reflex, *sub*, *-es* Reflex; *conditioned
reflex* bedingter Reflex; ~ **camera**
sub, *-s* Spiegelreflexkamera; ~**ive**
adj, reflexartig, reflexiv, rückbezüglich; ~**ive pronoun** *sub*, *-s* Re-
flexivpronomen
reform, (1) *sub*, *-s* Erneuerung, Reform (2) *vt*, reformieren; *(polit./wirt.)* erneuern; ~ **of pensions**
sub, *-s* Rentenreform; **Reformation** *sub*, *nur Einz.* Reformation; ~
Reformierung; **Reformer** *sub*, *-s*
Reformator, Reformer; ~**ing** *adj*,
reformatorisch, reformerisch;
~**ism** *sub*, *nur Einz.* Reformismus
refraction, *sub*, *-s* Brechung
refrain, *sub*, *-s* Kehrreim; *refrain
from (doing) sth* von etwas absehen; ~ **from** *vt*, unterlassen
refresh, *vt*, erfrischen, erquicken,
laben; ~ **oneself** *vr*, laben; ~**ing**
adj, erfrischend, erholsam; ~**ing
change** *sub*, *-s (i. ü. S.)* Erholung;
~**ment** *sub*, *-s* Erfrischung, Erquik-
kung, Stärkung; ~**ment room** *sub*,
~ Imbisshalle
refrigerate, *vt*, kühlen; **refrigerator** *sub*, *-s* Eisschrank, Kühlschrank, Refrigerator

refuel, *vt*, betanken
refuge, *sub*, *-s* Asyl; *nur Einz.* Zuflucht; *-s* Zufluchtsort, Zufluchtsstätte; *(geb.)* Refugium; ~**e** *sub*, *-s* Flüchtling
refund, *vt*, rückvergüten; ~ **sbsth** *vt*, vergüten; ~**ing** *sub*, *-s* Vergütung
refusal, *sub*, *-s* Ablehnung, Verweigerung, Weigerung; *to stick to one's refusal* bei seinem Nein bleiben; **refuse (1)** *sub*, *nur Einz.* Unrat **(2)** *vr*, sträuben, verbitten, weigern **(3)** *vt*, verwehren, verweigern, zurückweisen; *refuse to do something* sich mit Händen und Füßen sträuben; *refuse to speak* beharrlich schweigen, *to refuse sb sth* jmd etwas verwehren; *he can refuse nothing* er kann ihr keinen Wunsch verweigern; *the horse has refused* das Pferd hat verweigert; *to refuse intimacy with sb* sich jmd verweigern; **refuse chute** *sub*, *-s* Müllschlucker; **refuse collection (department)** *sub*, *-s* Müllabfuhr; **refuse sb sth** *vt*, versagen; **refuse to speak** *vi*, ausschweigen; **refusenik** *sub*, *-s* Verweigerer
refutable, *adj*, widerlegbar; **refutation** *sub*, *-s* Entkräftung, Widerlegung; **refute** *vt*, widerlegen; *(Argumente)* entkräften
regain, (1) *vi*, wiedererlangen **(2)** *vt*, wiedergewinnen; ~ **one's strength** *vt*, erstarken
regalia, *sub*, *nur Mehrz.* Ornat
regatta, *sub*, *-s* Regatta
regenerate, (1) *vrt*, regenerieren **(2)** *vt*, verjüngen; **regeneration** *sub*, *-s* Regeneration, Verjüngung; **regenerator** *sub*, *-s (tech.)* Regenerator
regime, *sub*, *-s* Regime
regiment, *sub*, *-s* Regiment; ~**ation** *sub*, *-s* Reglementierung
region, *sub*, *-s* Gebiet, Region; *(geogr.)* Gegend; *(US) neighboring territories* benachbarte Gebiete; *neighbouring territories* benachbarte Gebiete; ~**al** *adj*, gebietsweise, regional; ~**al (or state) level** *sub*, *-s* Landesebene; ~**al league** *sub*, *-s* Regionalliga; ~**al station** *sub*, *-s* Regionalprogramm; ~**alism** *sub*, *nur Einz.* Regionalismus; ~**alist** *sub*, *-s* Regionalist
register, (1) *sub*, *-s* Register **(2)** *vi*, *(polizeilich)* anmelden **(3)** *vt*, beur-

kunden, inskribieren, katastrieren; *(Brief)* einschreiben; *(Name/Warenzeichen)* eintragen **(4)** *vti*, registrieren; *register a letter* einen Brief einschreiben lassen; *have registered a trade-mark* ein Warenzeichen eintragen lassen; ~ **of patents** *sub*, *registers* Patentrolle; ~ **ton** *sub*, *-s* Registertonne; ~**ed** *adj*, eingeschrieben; *(Markenzeichen)* eingetragen; *registered Trademark* eingetragenes Warenzeichen; ~**ed consignment** *sub*, *-* Wertsendung; ~**ed letter** *sub*, *-s* Einschreibebrief, Einschreiben; ~**ed mail** *sub*, *nur Einz.* Einschreibesendung; ~**ed security** *sub*, *-ies (fin.)* Namenspapier
registrar, *sub*, *-s* Registrator; **registration** *sub*, *-s* Beurkundung, Registratur; *(tt; autom.)* Zulassung; *(polizeilich)* Anmeldung; **registration date** *sub*, *-s* Meldetermin; **registration number** *sub*, *- -s* Autonummer; **registration of a new vehicle** *sub*, *registrations* Neuzulassung; **registry office** *sub*, *-s* Standesamt
regress, *sub*, *-es* Regress; ~**ion** *sub*, *-s* Regression; ~**ive** *adj*, regressiv
regret, (1) *sub*, *-s* Bedauern **(2)** *vi*, bereuen **(3)** *vr*, gereuen **(4)** *vt*, bedauern; *much to my regret* zu meinem großen Bedauern, *regret sth very much* etwas außerordentlich bedauern; *(ugs.) some day you'll regret it!* du kriegst es noch zu spüren!; *we regret to have to inform you* es tut uns leid, Ihnen mitteilen zu müssen; *we regret to inform you* wir müssen Ihnen leider mitteilen, *regret having done sth* bedauern, etwas getan zu haben; *you can't help feeling sorry for her* sie tut zu bedauern; ~**table** *adj*, bedauerlich, bedauernswert
regroup, *vt*, umgruppieren
regular, (1) *adj*, ebenmäßig, geregelt, gleichmäßig, laufend, periodisch, regelmäßig, regulär, turnusmäßig **(2)** *sub*, *-s* Stammgast; *I have this bother regularly* diesen Ärger habe ich laufend; *keep me up-to-date* halt' mich auf dem laufenden; *regular expenses* die laufenden Kosten; ~ **(petrol or gas)**

sub, nur Einz. Normalbenzin; ~ customer sub, -s Stammkunde; ~ evening ... adj, allabendlich; ~ service
sub, -s Liniendienst; ~ service ship
sub, -s Linienschiff; ~ soldier sub, -s
Berufssoldat; ~ tenant sub, -s
Stammmieter; ~ity sub, nur Einz.
Ebenmaß; -ies Regularität
regul(at)able, adj, regulierbar
regulate, vt, reglementieren, regulieren; (Bach etc.) begradigen; ~d adj,
festgesetzt; regulation sub, -s Bestimmung, Regel, Regelung, Regulierung, Vorschrift; (biol.) Regulation;
(eines Baches etc.) Begradigung; regulative adj, reglementarisch, regulativ; regulator sub, -s Regler
rehabilitate, vt, rehabilitieren, resozialisieren, sanieren; rehabilitation
sub, -s Rehabilitation, Resozialisierung, Sanierung
rehearsal, sub, -s Probe, Theaterpro-
be; ~s sub, nur Mehrz. Probenarbeit;
rehearse (1) vt, einstudieren (2) vti,
proben; all of his gestures seemed
carefully rehearsed jede seiner Gesten wirkte sorgfältig eingeübt
reign, (1) adj, walten (2) sub, -s Re-
gentschaft (3) vi, (Monarch) herrschen; ~ of terror sub, -s
Schreckensherrschaft
rein, sub, - Zügel; to let sb free rein
jmd walten lassen; to seize the reins
die Zügel an sich reißen; ~ in vt, (tt;
spo.) zügeln
reincarnation, sub, -s Reinkarnation
reindeer, sub, -s Rentier
reinfection, sub, -s Reinfektion
reinforce, vt, verstärken; (mit Beton,
Metall) bewehren; ~ a wall vt, hintermauern; ~d concrete sub, nur
Einz. Stahlbeton; ~ment sub, -s Verstärkung; (mit Beton etc.) Bewch-
rung; ~ments sub, nur Mehrz.
(Material) Nachschub
reinsman, sub, -men Rosselenker
reject, vt, verwerfen, weisen; (ablehnen) abweisen; (abweisen) abwehren; (med.) abstoßen; (Vorschlag)
ablehnen; ~ out of hand vt, (Ball)
abschmettern; ~ed adj, abgestoßen;
~ion sub, -s Verschmähung; (Ablehnung) Abweisung; (med.) Abstoßung; ~ion of an order sub, -s of
orders Befehlsverweigerung; ~s sub,
nur Mehrz. Ausschussware

rejoice, (1) vi, jubeln (2) vti, jauchzen; rejoicing sub, nur Einz. Jubel
rejuvenate, vt, verjüngen; rejuvenation sub, -s Verjüngung
relapse, sub, -s Rückfall, Rückschlag; ~d adj, rückfällig
related, adj, artverwandt, bezogen,
verschwägert, verwandt; interrelated aufeinander bezogen; ~ness
sub, nur Einz. Bezogenheit; relating to rural exodus adj, landflüchtig; relation sub, -s Relation;
(zwischen Dingen) Beziehung; economic relations wirtschaftliche Beziehungen; human relations
zwischenmenschliche Beziehungen; relations sub, nur Mehrz. Verwandtschaft; relationship sub, -s
Verhältnis; (zwischen Menschen)
Beziehung; relationship to sub, -s
Bindung
relativ, sub, -s Verwandte; ~e (1)
adj, relativ (2) sub, -s Anverwandt-
te (Verwandter) Angehörige(r);
~e pronoun sub, -s Relativprono-
men; ~ely adv, relativ; ~ity sub,
-ies Relativität
relax, (1) vi, ausspannen, relaxen;
(ugs.) abregen; (entspannen) erholen (2) vt, entkrampfen; (Griff, Vorschriften) lockern (3) vti,
entspannen; to relax sb jmdn lok-
ker machen; ~ation sub, nur Einz.
Ausspannung; -s Entkrampfung,
Entspannung; (auch Beziehungen)
Lockerung; ~ed adj, (ugs.) relaxed; (Haltung, Sitzweise) locker
re-lay, vt, (tech.) umlegen; re-
opening sub, -s (Gerichtsverfahren) Neuaufnahme; re-plan vi,
umdisponieren; re-record vt,
überspielen; re-recording sub, -s
Überspielung; re-registration sub,
-s Rückmeldung; re-set vt, (tech.)
umrüsten; re-store vt, (Waren)
umlagern
relay, sub, -s Relais, Stafette; (spo.)
Staffel; ~ race sub, -s Staffellauf; ~
station sub, -s Relaisstation; ~
team sub, -s (spo.) Staffel
release, (1) sub, -s Entlassung, Erlösung, Freigabe, Freilassung; (einer
Kamera) Auslöser (2) vt, freistellen; (befreien) freistellen; (Kamera) auslösen; (Krankenhaus)
entlassen; (Pflicht) entbinden;

(Schallplatte) herausbringen; *(Schmerz)* erlösen (3) *vti*, freilassen; *release so from sth* jmd eine Schuld erlassen, *release so from sth* jmd entbinden von etwas; ~ **from his/her articles** *vt, (Lehrl.)* freisprechen; ~ **the safety catch** *vt*, entsichern; ~- **centre** *sub*, *-s* Release-center **reliability**, *sub*, *-ies* Bewährtheit; *nur Einz.* Zuverlässigkeit; **reliable** *adj*, bewährt, verlässlich, zuverlässig; **reliable source** *sub*, *-s* Vernehmen **relic**, *sub*, *-s* Relikt **relief**, *sub*, *relieves* Linderung; *-s* Relief, Wohltat; *nur Einz. (befreit)* Erleichterung; *her tension found relief in tears* ihre Anspannung löste sich in Tränen; *that´s a relief* da bin ich aber beruhigt; ~ **campaign** *sub*, *-s* Hilfsaktion; ~ **map** *sub*, *-s* Reliefkarte; ~ **printing** *sub*, *-s* Reliefdruck; ~ **train** *sub*, *-s* Entlastzungszug; **relieve** *vt*, entheben, entlasten, lindern; *(befreien)* erleichtern; *relieve sb of sth* jmd von etwas entlasten; *relieve os* sein Bedürfnis verrichten; *relieve so of* jmd um seine Brieftasche erleichtern; *that was a great relief to me* das erleichtert mich sehr; **relieved** *adj*, erleichtert **religion**, *sub*, *-s* Religion; **religious** *adj*, geistlich, gläubig, religiös; **religious denomination** *sub*, *-s* Konfession; **religious faith** *sub*, - Gläubigkeit; **religious feast** *sub*, *-s* Kirchenfest; **religious freedom** *sub*, - Glaubensfreiheit; *-s* Religionsfreiheit; **religious holiday** *sub*, *-s (rel.)* Feiertag; **religious studies** *sub*, *nur Mehrz.* Religionswissenschaft; **religiousness** *sub*, *nur Einz.* Religiosität **reliquary**, *sub*, *-ies* Reliquie **relive**, *vt*, nacherleben **reload**, *vt*, umladen **reluctance**, *sub*, *nur Einz.* Abgeneigtheit, Widerstreben; ~ **of food** *sub*, *-s* Essunlust; ~-**feeling** *sub*, *-s (i. ü. S.)* Unlustgefühl; **reluctant (1)** *adj*, abgeneigt; *(ugs.)* unlustig (2) *sub*, widerwillig; *be reluctant to do sth* abgeneigt sein, etwas zu tun, *to do sth reluctantly* etwas mit Unlust tun; **reluctant to eat** *adj*, essunlustig **rely**, *vr*, verlassen; ~**ing** *sub*, *nur Einz.* Verlass **remain, (1)** *sub*, *-s* Überbleibsel (2) *vi*,

festbleiben, überbleiben, verbleiben, verharren; ~ **firm** *vi, (wirt.)* behaupten; ~ **standing** *vi*, stehen bleiben; ~**ing** *adj*, restlich, übrig; ~**ing stock** *sub*, *-s* Restbestand; ~**s** *sub*, *nur Mehrz.* Neige, Rückstand, Überrest; ~**s to be seen** *vi*, dahinstehen **remake**, *sub*, *-s* Remake **remark, (1)** *sub*, *-s* Ausspruch, Bemerkung, Vermerk; *(Äußerung)* Anmerkung (2) *vti, (erwähnen)* anmerken; *make a remark about* eine Bemerkung über etwas machen; *what´s that remark supposed to mean?* was soll diese Bemerkung?; *a passing remark* eine beiläufige Bemerkung; ~**able** *adj*, auffallend, beachtlich, bedeutend, bemerkenswert; ~**ably** *adv*, bemerkenswert **remedy, (1)** *sub*, *-dies* Abhilfe; *-ies* Behebung, Gegenmittel, Heilmittel; *nur Einz. (von Mängeln)* Beseitigung (2) *vt*, abhelfen; *(abhelfen)* beheben; *(Mängel beheben)* beseitigen; *to remedy sth which is wrong* einen Missstand beseitigen **remelt, (1)** *sub*, *-s* Umschmelzung (2) *vt*, umschmelzen **remember, (1)** *vi*, gedenken (2) *vt*, erinnern (3) *vti*, entsinnen, wissen (4) *vtr, (im Gedächtnis behalten)* merken; *as far as I remember* soviel ich mich erinnern kann; *as long as I remember* solange ich denken kann; *I´ve just remembered that* mir fällt eben ein, daß; *if I remember rightly* wenn ich mich recht erinnere; *remember* sich besinnen auf; *remember so/sth* sich an jmd/etwas erinnern, *if I remember rightly* wenn ich mich recht entsinne, *that´s easy to remember* das ist leicht zu merken; **remembrance** *sub*, Gedenken; *in remembrance of* zum Gedenken an **remind**, *vt*, erinnern; *remind so of sth* jmd an etwas erinnern; ~ **(of)** *vt, (erinnern)* mahnen; *to remind sb by letter* jmdn brieflich mahnen; ~ **s.b. of sth** *vi, (jmdn.)* gemahnen; ~ **slightly** *vi*, anklingen; ~**er** *sub*, *-s* Mahnbescheid, Mahnung; *(wirt.)* Erinnerung; *reminder* Zahlungs-Erinnerung; *to receive a re-*

minder gemahnt werden; **reminiscence** *sub*, *-s* Reminiszenz; *(Ähnlichkeit)* Anklang

remit, (1) *vi*, remittieren **(2)** *vt*, *(Geld)* übersenden; *(verzichten)* erlassen; **~tance** *sub*, *-s (Geld)* Übersendung

remnant, *sub*, *-s* Rückbleibsel, Überbleibsel; **~s** *sub*, *- (Überreste)* Trümmer; **~s sale** *sub*, *-s* Resteverkauf

remodel, *vt*, umformen; *(Form)* ummodeln; *(umbilden)* umgestalten

remorse, *sub*, *-* Reue

remorseful, *adj*, reuevoll, reuig, reumütig, zerknirscht

remote, *adj*, abgelegen, entlegen; *(fern)* entfernt; **~ control (1)** *sub*, *-s* Fernbedienung, Fernsteuerung **(2)** *vt*, fernsteuern; **~ controle** *sub*, *-* Fernlenkung; **~ from life** *adj*, lebensfremd; **~-controlled** *adv*, ferngelenkt

remoulade, *sub*, *-s* Remoulade

remoulded, *adj*, runderneuert

removal, *sub*, *-s* Abfuhr, Abtransport, Ausquartierung, Umzug; *(Entfernung)* Ablösung; *(Organe)* Entnahme; *(tech.)* Ausbau; *(von Dingen)* Beseitigung

remove, *vt*, entfernen, herausnehmen, lösen, wegbekommen, wegnehmen; *(aus dem Weg räumen)* beseitigen; *(entfernen)* ablösen, abmachen; *(Kleidung)* entledigen; *(Organe/Haut)* explantieren; *(tech.)* ausbauen; *remove an item of clothing* sich eines Kleidungsstückes entledigen; **removal expenses** *sub*, *nur Mehrz.* Umzugskosten; **removal firm** *sub*, *-s (Möbel-)* Spedition; **~ a student´s name from the register** *vt*, exmatrikulieren; **~ an ulcer** *vt*, exulzerieren

remove from, *vt*, loslösen; **remove nitrogen** *vt*, Entstickung; **remove scrap** *vt*, entschrotten; **remove shoots** *vt*, *(bot.)* entkeimen; **remove sludge** *vt*, entschlammen; **remove the dust** *vt*, Entstaubung

renaissance, *sub*, *-s (hist.)* Renaissance

renal colic, *sub*, *-s* Nierenkolik

rename, **(1)** *sub*, *-s* Umbenennung **(2)** *vt*, umtaufen

rencontre, *sub*, *-s* Renkontre

rendering, *sub*, *-s (Übersetzung)* Übertragung

rendition, *sub*, *-s* Wiedergabe

renegade, *sub*, *-s* Renegat

renew, *vr*, *(Natur)* erneuern; **~ed** *adj*, nochmalig

renounce, *vt*, entäußern, entsagen, lossagen, renunzieren; *(Religion)* abschwören; *renounce sth* einer Sache entsagen; *to renounce sth* sich von etwas lossagen

renovate, *vt*, renovieren, sanieren, umbauen; *(wiederherstellen)* erneuern; **renovation** *sub*, *-s* Erneuerung, Renovierung, Sanierung, Umbau; *closed for renovations!* wegen Umbaus geschlossen!

renowned, *adj*, renommiert; **~ works** *sub*, *nur Mehrz. (ugs.)* Klassiker

rent, (1) *sub*, *-s* Pacht; *-* Zimmermiete; *-s (dial.)* Mietzins; *(Wohnung)* Miete **(2)** *vt*, anmieten, mieten **(3)** *vt*, vermieten; *(rent) arrears* rückständige Miete

renunciation, *sub*, *-s* Abkehr, Entäußerung, Entsagung; *nur Einz.* Verzicht; **~ of force** *sub*, *-* Gewaltverzicht; **~ of maximum pay** *sub*, *renunciations* Lohnverzicht; **~ of the/an inheritance** *sub*, *-s* Erbverzicht

reoccupy, *vt*, *(mil.)* reokkupieren

reopen, *vt*, *(tt; jur.)* wieder aufnehmen; **~ing** *sub*, *-s* Neueröffnung

reorganisation, *sub*, *-s* Reorganisation; **reorganize** *vt*, reorganisieren; *(Verwaltung)* umbilden

rep *sub*, Rips

repacking, *sub*, *-s* Umverpackung

repair, (1) *sub*, *-s* Ausbesserung, Behebung, Reparatur **(2)** *vt*, instandsetzen, reparieren; *(reparieren)* beheben; *he repaired the old car with his own hands* er hat das alte Auto eigenhändig instandgesetzt; *that´s beyond repair* das kann man nicht mehr instandsetzen; *the repair* der bauliche Zustand; **~able** *adj*, reparabel; **reparations** *sub*, *nur Mehrz.* Reparation

repartition, *sub*, *-s* Repartition

repatriate, *vt*, repatriieren; **repatriation** *sub*, *-s* Rückführung

repeal, (1) *sub*, *-s (eines Gesetzes)*

Abschaffung; *(jur.)* Außerkraftsetzung (2) *vt, (Gesetz)* abschaffen, aufheben
repeat, (1) *sub, -s* Reprise (2) *vt*, nachsprechen, repetieren, weitersagen **(3)** *vti*, wiederholen; *repeatedly* zum wiederholten Mal; ~ **parrot-fashion** *vt*, nachbeten; *(ugs.)* nachplappern; *to repeat everything sb says parrot-fashion* jmd alles nachplappern; ~**able** *adj*, wiederholbar; ~**ed** *adj*, mehrfach, wiederholt; ~**edly** *adv*, mehrmals; ~**ing rifle** *sub, -s* Repetiergewehr
repentance, *sub, -* Reue; ~**-preacher** *sub, -* Bußprediger; **repentant** *adj*, reuevoll, reuig, reumütig
repercussion, *sub, -s* Rückwirkung
repertoire, *sub, -s* Repertoire
repetition, *sub, -s* Repetition, Wiedergabe, Wiederholung
repile, *vt*, umschichten
replace, *vt*, auswechseln, erneuern, verdrängen, vertreten; *(austauschen)* ersetzen; *(Person)* ablösen; *(tech.)* austauschen; *to replace so* als Ersatz für jmd; ~**ment** *sub, -s* Erneuerung, Ersatz, Neubesetzung, Vertretung; *(Erneuerung)* Auswechselung; *(Person)* Ablösung; *(tech.)* Austausch
replenishment, *sub, -s (von Vorräten)* Auffüllung
replete, *adj*, satt; **repletion** *sub, -s (geh.)* Sättigung
replication, *sub, -s (jur.)* Replik
reply, (1) *sub, -ies* Entgegnung, Rückäußerung; *-es* Zuschrift (2) *vt*, entgegnen; *(antworten)* erwidern **(3)** *vti, (jur.)* replizieren; *in reply to my question he said* auf meine Frage erwiderte er
report, (1) *sub, -s* Bericht, Rapport, Report, Reportage; *(Ergebnis)* Abfassung; *(Presse~, dienstliche ~)* Meldung; *(tt; schul.)* Zeugnis; *(von Korrespondenten)* Mitteilung (2) *vi*, rapportieren (3) *vt*, berichten, vortragen, zutragen; *(Anzeige)* erstatten; *(jur.)* anzeigen (4) *vtr*, melden; *according to reports by* nach Berichten von; *give a report on sth to so* jemandem über etwas Bericht erstatten; *State of the Nation message* Bericht zur Lage der Nation; *according to reports just coming in* wie soeben gemeldet wird; *to make a report* Meldung machen; *to report sth to sb* jmd Mitteilung machen, *as reported* wie berichtet; *report sth to so* jemandem etwas berichten; *report so to the police* jemanden anzeigen, *beg to report* melde gehorsamst; ~ **(on)** *vi*, berichten; ~ **book** *sub, - -s* Berichtsheft; ~ **from our own correspondent** *sub, -s* Eigenbericht; ~ **on one´s journey** *sub, -s* Reisebericht; ~**er** *sub, -s* Reporter; *(Presse)* Berichterstatter; ~**ing** *sub, nur Einz.* Berichterstattung; *-s (s.o.)* Erstattung
repot, *vt*, umtopfen
reprehensible, *adj*, verwerflich
represent, *vt*, repräsentieren, vertreten, vorstellen, wiedergeben; ~**ation** *sub, -s* Darstellung, Repräsentation, Vertretung, Wiedergabe; *(polit.)* Repräsentanz; *the representation of the new product* die Darstellung des neuen Produkts; *graphic representation* bildliche Darstellung; ~**ative (1)** *adj*, repräsentativ (2) *sub, -s* Beauftragte, Geschäftsträger, Obmann, Repräsentant, Vertreter, Vertreterin; *(vorübergehend)* Stellvertreter, Stellvertretung; ~**ative body** *sub, -es* Volksvertretung
reprieve, *sub, -s* Galgenfrist, Gnadenfrist
reprimand, (1) *sub, -s* Maßregelung, Rüge, Tadel, Verweis (2) *vt*, maßregeln, rügen, tadeln, zurechtweisen
reprint, (1) *sub, -s* Reprint, Wiederdruck (2) *vt*, nachdrucken; ~**(ing)** *sub, -s (Buch)* Nachdruck
reprisal, *sub, -s* Repressalie
reproach, (1) *sub, -es* Tadel (2) *vt*, vorwerfen; ~**able** *adj*, tadelnswert; ~**free** *adj*, vorwurfsfrei; ~**ful** *adj*, vorwurfsvoll
reproduce, *vt*, fortpflanzen, reproduzieren, wiedergeben, zeugen; *(sich)* fortpflanzen; *no part of this publication may be reprinted without the prior permission of the publishers* Nachdruck verboten; **reproduction** *sub, -s* Fortpflanzung, Reproduktion, Zeugung; *(Schule)* Nacherzählung; **reproductive** *adj*, reproduktiv; *(bot.)* generativ

reprove so, *vt,* *(obs)* koram
reptile, *sub,* -s Kriechtier, Reptil
republic, *sub,* -s Republik; **~an (1)**
adj, republikanisch **(2)** *sub,* -s Republikaner
repuls, *vt,* *(tt; mil.)* zurückwerfen
repulse, (1) *sub, nur Einz.* *(eines Angriffs)* Abwehr **(2)** *vt,* vertreiben; **repulsion** *sub,* -s Rückstoß; **repulsive**
adj, repulsiv; **repulsiveness** *sub, nur Einz.* Abscheulichkeit
repurchase, *sub,* -s Rückkauf
reputable, *adj,* reputierlich; **reputation** *sub,* -s Leumund, Reputation, Ruf; *gain a doubtful reputation* traurige Berühmtheit erlangen; *her reputation suffered* an Ansehen einbüßen
requarter, *vt,* *(mil.)* umquartieren
request, (1) *sub,* -s Ansinnen, Ansuchen, Aufforderung, Bitte, Ersuchen, Nachsuchung; *nur Einz.* Verlangen **(2)** *vt,* anfordern, auffordern, ausbitten, erbitten; *(um etwas)* nachsuchen; *at his request* auf seine Bitte hin; *request of payment of a debt* Bitte um Bezahlung (Mahnung), *request to let one have sth* sich etwas von jemandem ausbitten; *to request sth of sb* bei jmd um etwas nachsuchen; **~ sth** *vi,* bitten; *to request so to express his opinion* jmd um seinen Meinung bitten; *to request their presence* um ihre Anwesenheit bitten; **~ sth.** *vt,* ersuchen; *request sth from so* jmd um etwas ersuchen; **~ to speak** *sub,* -s Wortmeldung; **~ed** *adj,* wunschgemäß
requiem, *sub,* -s Requiem
requisition, *vt,* *(mil.)* requirieren
rerun, *sub,* -s Reprise
resaddle, *vt,* umsatteln
rescue, (1) *sub,* -s Befreiung, Rettung; *(von Verletzten)* Bergung **(2)** *vt,* retten; *(retten)* befreien, bergen, erlösen; **~ service** *sub,* -s Rettungsdienst; **~d** *adj,* *(gerettet)* befreit; **~r** *sub,* -s Lebensretter, Retter
research, (1) *sub,* -es Erforschung, Forschung **(2)** *vi,* *(Wissensch.)* forschen; *do research work* Forschungen betreiben; **~ vessel** *sub,* -s Forschungsschiff; **~er** *sub,* -s Forscher
resemble, *vi,* gleichen, gleichsehen
resentful, *adj,* missgünstig; **~ness** *sub,* -es Übelnehmerei; **resentment**

sub, -s Groll; *nur Einz.* Missgunst; - Ressentiment
reservation, *sub,* -s Buchung, Einschränkung, Reservat, Reservation, Reservierung, Vorbehalt; *have (no) reservations* (keine) Bedenken haben; *with the (one) reservation that* mit der Einschränkung, daß; *without reservation* ohne Einschränkung; **~ book** *sub,* -s Vormerkbuch; **reserve (1)** *sub,* -s Reserve; *nur Einz.* Zurückhaltung; *-s (Reserven)* Eingemachte **(2)** *vt,* reservieren, vormerken; *draw on one's reserves* ans Eingemachte gehen, *he has nothing in reserve* er hat nichts mehr zuzusetzen; **reserve fond** *sub,* -s Reservefonds; **reserve price** *sub,* -s Mindestgebot; **reserve sth** *vt,* vorbehalten; **reserve tank** *sub,* -s Reservetank; **reserve training** *sub,* *nur Einz.* Reserveübung; **reserved** *adj,* distanziert, reserviert; **reserves** *sub, nur Mehrz.* Rücklage; **reserves bench** *sub,* -es Reservebank; **reservist** *sub,* -s Reservist
reservoir, *sub,* -s Reservoir; *(Kugelschreiber~)* Mine; *(Wasser-)* Speicher
reset, *sub,* -s *(med.)* Einrenkung
resetting, *sub,* -s Reposition
resettle, (1) *vi,* umsiedeln **(2)** *vt,* aussiedeln; **~ment** *sub,* -s Aussiedelung, Umsiedelung, Umsiedlung; **~r** *sub,* -s Umsiedler, Umsiedlerin
reshuffle, (1) *sub,* -s *(polit.)* Umbesetzung **(2)** *vt,* umbilden
reside, *vt,* residieren; **~nce** *sub,* -s Residenz; *(Wohn-)* Sitz; **~nce permit** *sub,* - -s Aufenthaltsgenehmigung; **~nt (1)** *adj,* ansässig, beheimatet, sesshaft **(2)** *sub,* -s Anlieger, Anwohner, Resident; *non-resident* nicht ansässig; *be resident in* in (einer Stadt) beheimatet sein, *we have no resident doctor* wir haben keinen Arzt am Ort; **~nt with a parking permit** *sub,* -s Dauerparker
residential, *adj,* wohnhaft; **~ area** *sub,* -s Wohnlage, Wohnviertel; **~ building** *sub,* -s Wohngebäude, Wohnhaus; **~ traffic** *sub, nur Einz.* Anliegerverkehr

residual pollution, *sub, nur Einz.* Altlast
resin, *sub, -s* Harz
resist, (1) *sub,* widerstehen (2) *vi, (med.)* resistieren (3) *vr,* widersetzen; ~ance *sub, -s* Auflehnung, Resistenz, Widerstand, Widerstandskraft; ~ance movement *sub, -s* Widerstandsbewegung; ~ant *adj,* resistent, widerstandsfähig
resolute, *adj,* konsequent; *(Person)* entschlossen; ~ly *adv,* eisern; resolution *sub, -s* Entschließung, Resolutheit, Resolution; *nur Einz. (eines Bildschirm)* Auflösung; resolve *vr,* erledigen; *to resolve these problems* zur Lösung dieser Schwierigkeiten
resonance, *sub, -s* Resonanz; resonant platform *sub, -s (tech.)* Schwingbühne; resonate *vi,* mitschwingen
resort to, *vt,* zurückgreifen
resound, *vi,* widerklingen; ~ing *adj, (Erfolg)* durchschlagend
resource, *sub, -s* Ressource; ~ful *adj,* findig; ~s *sub, nur Mehrz. (Geld~)* Mittel
respect, (1) *sub, nur Einz.* Ansehen; *-s* Ehrerbietung, Hochachtung; *nur Einz.* Hochschätzung, Pietät; *-s* Respekt; *nur Einz.* Wertachtung; *(Aufforderung)* Achtung; *(Hinsicht)* Beziehung (2) *vt,* achten, respektieren; *(achten)* ehren; *without respect of persons* ohne Ansehen der Person; *with all respect to* bei aller Hochachtung vor; *yours faithfully* mit vorzüglicher Hochachtung (Brief); *old people used to be treated with respect, but these days* früher hat man alte Menschen mit Hochschätzung behandelt, aber heutzutage; *be highly respected* Achtung genießen; *pay respect to so* jemandem Achtung erweisen; *in every respect* in jeder Hinsicht; *in that respect* in dieser Hinsicht, *command so´s respect* jemandem Respekt abnötigen; *have a great respect for sb* vor jmd große Ehrfurcht haben; *pay one´s last respects to so* jmd die letzte Ehre erweisen; *pay one´s respects to so* jemandem seine Aufwartung machen; *with all due respect to your opinion, I still think* deine Meinung in Ehren, aber; ~ for silence *sub, -*
Friedhofsruhe; ~ability *sub, -ties* Achtbarkeit; ~able *adj,* achtbar, respektabel, unbescholten; *(allg.)* seriös; *(anständig)* ordentlich, solide; *(Aussehen)* manierlich; *(Person)* ehrbar; *a respectable elderly gentleman* ein seriöser älterer Herr; ~able success *sub, -* Achtungserfolg; ~ed *adj,* angesehen
respectful, *adj,* achtungsvoll, ehrerbietig, respektvoll; respective *adj,* jeweilig; respectively *adv,* beziehungsweise, respektive
respiration, *sub, -s* Respiration; respirator *sub, -s* Beatmungsgerät; respiratory organ *sub, -s* Atmungsorgan; respiratory tract *sub, nur Einz.* Atemwege
respire, *vi,* respirieren
respond, *vi, (med.)* ansprechen; *(reagieren)* antworten; ~ (to) *vt, (Publikum)* mitgehen; response *sub, -s* Resonanz, Respons; *(i. ü. S.)* Antwort; response (to) *sub, -s (i. ü. S.; Reaktion)* Echo; responsibility *sub, -ies* Aufgabenbereich, Aufsichtspflicht; *nur Einz.* Verantwortung; *-es* Zuständigkeit; *it´s his responsibility as head of department* als Abteilungsleiter hat er die Pflicht; *place the responsibility on so´s shoulder* jemandem die Verantwortung auferlegen; *rights and responsibilities* Rechte und Pflichten; responsible *adj,* federführend, haftbar, verantwortlich, verantwortungsbewusst, zuständig; *to be directly responsible to the board* dem Vorstand unmittelbar unterstehen; responsive *adj,* ansprechbar
rest, (1) *sub, -s* Erholung, Lehne, Rast, Rest; *nur Einz.* Ruhe; *-s (Rast)* Pause (2) *vi,* ausruhen, rasten, ruhen, verweilen; *(ausruhen)* ausrasten (3) *vt,* ausruhen, lagern; *(mus.) a minim rest* eine halbe Note Pause; *(mus.) to make the rests* die Pausen einhalten, *let sth rest* etwas auf sich beruhen lassen; *the goal keeper had to rest up* der Torwart musste pausieren, *rest one one´s laurels* seine auf seinen Lorbeeren ausruhen; *rest one´s feet* seine Füße ausruhen; ~ on *vi, (Ge-*

genstand) aufliegen; *(tech.)* aufsitzen; ~ **period** *sub, -s* Ruhezeit; ~ **room** *sub, -s* Ruheraum; ~**-day** *sub, -s* Ruhetag

restaint, *sub, nur Einz.* Zurückhaltung

restart, *sub, nur Einz. (ugs.)* Wiederbeginn

restaurant, *sub, -s* Gasthaus, Gasthof, Lokal, Restaurant; ~ **manager** *sub, -s (Restaurant, Pächter)* Gastwirt; ~ **trade** *sub, -s* Gastronomie; **restaurateur** *sub, -s* Gastronom, Gastronomin; **Restauration** *sub, nur Einz. (hist.)* Restauration

restitution, *sub, -s* Restitution

restless, *adj,* rastlos, ruhelos, unruhig, unstet; *(i. ü. S.)* quecksilbrig; *play the young and restless* die beleidigte Leberwurst spielen; *(ugs.) to be restless* in Unruhe sein; ~**ness** *sub, nur Einz.* Unrast, Unruhe; - Unstetigkeit

restocking, *sub, -s (eines Lagers)* Auffüllung

restoration, *sub, -s* Restauration; ~ **of peace** *sub, -s* - Befriedung; **restore** **(1)** *sub,* wieder herstellen **(2)** *vt,* restaurieren; **restore peace** *vt,* befrieden; **restore to health** *vt, (gesundhl.)* herstellen; **restorer** *sub, -s* Restaurator

restrain, *vt,* restringieren, zurückhalten; *(tt; spo.)* zügeln; ~ **(one´s impatience)** *vt,* zähmen; ~ **o.s.** *vr,* beherrschen, bezähmen; ~**ed** *adj,* verhalten, zurückhaltend; ~**t** *sub, -s* Hemmwirkung; *nur Einz.* Mäßigung

restrict, *vt,* beschränken, einengen, engen, terminieren; *(i. ü. S.) restrict sb freedom* jmd in seiner Freiheit einengen; *(i. ü. S.) restrict sb movements* jmd einengen; ~ **transferability of** *vt, (tt; wirt.)* vinkulieren; ~**ed area around a cathedral under the jurisdiction of the church** *sub,* Domfreiheit; ~**ed entry** *sub, -ies (~ clausus)* Numerus; ~**ion** *sub, -s* Einschränkung, Restriktion, Terminierung; *(auch wirt.)* Beschränkung; *impose restrictions on sb* jmd Einschränkungen auferlegen; ~**ive** *adv, (geb.)* restriktiv

result, (1) *sub, -s* Fazit, Resultat; *(ugs.)* Ergebnis; *(i. ü. S.; Ergebnis)* Bilanz **(2)** *vi,* resultieren; *result in* zur Folge

haben; ~ **from** *vi,* hervorgehen; ~ **in** *vt,* ergeben; *(auslösen)* bewirken; ~ **of the football pools** *sub, results (Fußball)* Totoergebnis; ~**s of the vote** *sub, nur Mehrz.* Abstimmungsergebnis

resume, *vt,* fortsetzen, wieder aufnehmen; *resume a conversation* an ein Gespräch anknüpfen; **resumption** *sub, -s* Wiederaufnahme; *(Wiederaufnahme)* Fortsetzung

resurgence, *sub, -s (i. ü. S.)* Auferweckung; **resurrection** *sub, -s* Auferstehung; *nur Einz. (einer Pflanze)* Belebung

resusciate, *vt, (med.)* reanimieren; **resusciation** *sub, -s* Reanimierung; **resuscitation** *sub, -s* Reanimation

retail, *vt,* verschleißen; ~ **bookseller** *sub, -s* Sortimenter; ~ **business** *sub, -es* Kleinhandel; ~ **price** *sub, -s* Ladenpreis; *(Handel)* Ordinärpreis; ~ **sale** *sub, -s* Detailhandel; ~ **trade** *sub, nur Einz.* Einzelhandel; ~**er** *sub, -s* Kleinhändler

retain, *vt, (Eigenschaft)* beibehalten; *(Kälte/Wärme)* dämmen; *(Wert)* behalten; *easy to retain* leicht merkbar; ~**able** *adj, (zu behalten)* merkbar

retaliation, *sub, -s* Vergeltung

retard, *vt,* retardieren; ~**ation** *sub, -s* Retardation; ~**ed ignition** *sub, -s* Spätzündung

retell, *vt,* nacherzählen; ~**ing** *sub, -s* Nacherzählung

retention, *sub, -s* Belassung; *(von Eigenschaften)* Beibehaltung

reticence, *sub, nur Einz.* Verschlossenheit

reticulate, *adj,* retikuliert; ~**d** *adj,* retikulär

retina, *sub, -e* Netzhaut; *-s* Retina

retinue, *sub, -s* Hofstaat

retire, (1) *vi,* ausscheiden **(2)** *vr,* zurückziehen **(3)** *vt,* pensionieren; *not be eligible* von vornherein ausscheiden; *retire from a job* aus einem Beruf ausscheiden, *to retire* in Pension gehen, *to retire* sich pensionieren lassen; ~ **as professor emeritus** *vi,* Emeritierung; ~**d** *aaj,* ausgedient, zurückgezogen; ~**ment** *sub, nur Einz.* Ruhestand;

-s *(Ruhestand)* Pension; *(Zustand)* Pensionierung; ~**ment age** *sub, nur Einz.* Pensionsalter; - Rentenalter; ~**ment home** *sub, -s* Ruhesitz
retort, *sub,* -s Retorsion, Retorte; *(ugs.)* Retourkutsche
retouch, *vt,* nachbessern, retuschieren; ~**ing** *sub, -s* Retusche
retract, *vt, (tech.)* einfahren; ~**ion** *sub, -s* Retraktion
retrain, *vt,* umlernen, umschulen; ~**ee** *sub, -s* Umschülerin; ~**ing** *sub, -s* Umschulung
retreat, *sub, -s* Rückzug
retribution, *sub, -s* Retribution; *(ugs.)* Retourkutsche
retrieve, *vt,* apportieren
retrograde, *adj,* retrograd
retrospective, **(1)** *adj,* retrospektiv, rückblickend **(2)** *sub, -s* Retrospektive
retsina, *sub, nur Einz.* Retsina
return, **(1)** *sub, -s* Remittende, Rendement, Return, Rückgabe; *nur Einz.* Rückkehr; - Rückkunft; -s Rücksendung, Rückwendung; - Wiederkehr; *nur Einz.* Wiederkunft **(2)** *vi,* wiederkehren, zurückkehren **(3)** *vt,* remittieren; *(ugs.)* retournieren; *(reagieren)* erwidern; ~ **(on investment)** *sub, -s (wirt.)* Ertrag; ~ **flight** *sub, -s* Rückflug; ~ **journey** *sub, -s* Rückfahrt; ~ **match** *sub, -es* Retourspiel; ~ **on capital** *sub, -s* Rendite; ~ **pass** *sub, -es (spo.)* Rückpass; ~ **punch** *sub, -es* Konter; ~ **settlement** *sub, -s* Rücksiedlung
reunification, *sub, -s* Wiedervereinigung; **reunion** *sub, -s* Reunion; - Wiedersehen
revaluation, *sub, -s* Aufwertung; **revalue** *vt,* aufwerten; *(tt; wirt.)* valorisieren
revanchism, *sub, nur Einz.* Revanchismus
reveal, **(1)** *vt,* offen legen; *(Geheimnis)* entschleiern; *(mitteilen)* eröffnen; *(i. ü. S.; Verbrechen)* aufdecken **(2)** *vtr,* offenbaren; *to reveal one's charms* seine Reize zeigen, *to reveal oneself (Liebe: one's feelings) to sb* sich jmd offenbaren; ~ **itself** *vr,* bekunden; ~**ing** *adj, (ugs.; Kleidung)* offenherzig; *(Rückschlüsse zulassend)* bezeichnend
reveil, *vt, (offenbaren)* enthüllen

revelation, *sub, -s* Offenbarung; *(eines Verbrechens)* Aufdeckung; *(s.o.)* Eröffnung
revel in, *vr,* weiden
revenge, *sub, nur Einz.* Rache; -s Revanche; *(ugs.) revenge is sweet* Rache ist süß; *(ugs.) sweet revenge* die Rache des kleinen Mannes
revenue, *sub, nur Einz. (wirt.)* Aufkommen; ~ **officer** *sub, -s* Finanzbeamte; ~ **stamp** *sub,* - -s Banderole
reverberation, *sub, nur Einz.* Nachhall; -s Widerhall
reverence, *sub, -s* Reverenz; ~ **(for)** *sub, -s* Ehrfurcht; *reverence for life* Ehrfurcht vor dem Leben; **Reverend (Father)** *sub, -s* Ehrwürden; **reverent** *adj,* ehrfürchtig
reverie, *sub, -s* Entrücktheit, Reverie
revers, *sub, -es* Revers
reversal, *sub, -s* Umkehrung, Umschwung; *(Buchung)* Stornierung, Storno; *(Reihenfolge)* umgekehrt **(2)** *sub, -s* Rückseite **(3)** *vt, (Buchung)* stornieren; **reverse (side)** *sub, -s* Kehrseite; **reverse gear** *sub, -s* Rückwärtsgang; **reverse running** *sub, nur Einz.* Rücklauf; **reversibility** *sub, -ies* Reversibilität; **reversible** *adj,* reversibel; **reversing mechanism** *sub, -s (Einrichtung)* Umsteuerung; **reversion** *sub, -s (Vorgang)* Umsteuerung
revieve sth., *adv,* zuteil
review, **(1)** *sub, -s* Kritik, Review, Revue, Rezension, Umschau **(2)** *vt,* rezensieren; *(i. ü. S.) to pass sth in review* etwas Revue passieren lassen; ~**er** *sub, -s* Rezensent
revival, *sub, -s* Revival; *(geistige)* Erneuerung; *nur Einz. (von Freundschaften)* Auffrischung; *(wirt.) see a revival* einen Aufschwung nehmen; **revive (1)** *vi, (i. ü. S.)* zurückrufen **(2)** *vt,* reaktivieren; *(Freundschaft)* auffrischen; *revive* wieder zum Leben erwecken
revocable, *adj,* widerruflich; **revocation** *sub, -s* Revokation, Widerruf; **revoke** *vt,* revozieren, widerrufen; *revoke so's licence* jmd den Führerschein entziehen
revolt, **(1)** *sub, -s* Aufruhr, Aufstand,

Revolte (2) *vi*, putschen, revoltieren (3) *vti*, insurgieren; **revolution** *sub*, -*s* Revolution; *(Erd-)* Umlauf; *(Motor)* Umdrehung; **revolution indicator** *sub*, -*s* Tourenzähler; **revolutionary** (1) *adj*, revolutionär, umstürzlerisch; *(Entwicklung)* bahnbrechend (2) *sub*, -*ies* Revolutionär, Umstürzler, Umstürzlerin; **revolutionize** *vt*, revolutionieren; *(i. ü. S.)* umwälzen; **revolutions** *sub, nur Mehrz.* Drehzahl
revolve, (1) *vt, (astron.)* umkreisen (2) *vti*, revolvieren; *everything revolves around him* alles dreht sich um ihn; *the earth revolves around the sun* die Erde dreht sich um die Sonne; ~**r** *sub*, -*s* Revolver
revue, *sub*, -*s* Revue; ~ **theatre** *sub*, -*s* Revuetheater
revulsion, *sub*, -*s* Widerwille
reward, (1) *sub*, -*s* Belohnung, Lohn (2) *vt*, belohnen, lohnen; *get sth as a reward for* etwas als Belohnung für etwas bekommen; *hard work brings its own reward* sich regen bringt Segen; *offer a reward* eine Belohnung aussetzen; *reward so for sth* jmd etwas danken; *sb´s just reward* jmds verdienter Lohn, *get a reward* belohnet werden; *give so a reward* jemanden mit etwas belohnen
rewind, *vt*, umspulen
rewrite, *vt, (Text)* umschreiben
rhapsody, *sub*, -*ies* Rhapsodie
rhesus, *sub*, - Rhesus, Rhesusfaktor
rhetoric, *sub*, -*s* Redekunst; *nur Einz.* Rhetorik; ~**al** *adj*, oratorisch, rednerisch, rhetorisch
rhetorician, *sub*, -*s* Rhetoriker
rheumatic, (1) *adj*, rheumatisch (2) *sub*, -*s* Rheumatiker; **rheumatism** *sub, nur Einz.* Rheuma; -*s* Rheumatismus; **rheumatism blanket** *sub*, -*s* Rheumadecke; **rheumatism clothes** *sub, nur Mehrz.* Rheumawäsche; **rheumatoid arthritis** *sub*, - *(med.)* Gelenkrheumatismus; **rheumatologist** *sub*, -*s* Rheumatologe
rhino, *sub*, .*s* Nashorn; ~**ceros** *sub*, -*es* Rhinozeros
rhizome, *sub*, -*s (tt; bot.)* Wurzelstock
rhomboidal, *adj*, rhombisch
rhombus, *sub*, -*es* Rhombus; *(mat.)* Raute
rhubarb, *sub*, - Rhabarber

rhyme, (1) *sub*, -*s* Reim, Reimwort (2) *vti*, reimen; ~**ster** *sub*, -*s* Reimschmied; *(ugs.)* Verseschmied; **rhyming couplet** *sub*, -*s* Knüttelvers; **rhyming dictionary** *sub*, -*ies* Re mlexikon
rhythm, *sub*, -*s* Rhythmus; ~**ical** *adj*, rhythmisch; ~**ics** *sub, nur Einz.* Rhythmik
rib, *sub*, -*s* Rippe; *(Schifffahrt)* Spant
ribbon, *sub*, -*s* Band, Farbband; ~**built village** *sub*, -*s* Straßendorf
ribonucleic acid, *sub*, -*s* Ribonukleinsäure
ribwort, *sub*, -*s* Spitzwegerich
rice, *sub, nur Einz.* Reis; ~ **water** *su*, - Reisschleim; ~ **wine** *sub*, -*s* Reiswein
rich, *adj*, ergiebig, reich; *(Farben)* satt; *(Milch)* fett; ~ **aunt** *sub*, -*s* Erbtante; ~ **in songs** *adj*, liederreich; ~ **in vitamins** *adj*, vitaminreich; ~ **uncle** *sub*, -*s* Erbonkel; ~ **with fruit** *adj*, früchtereich, fruchtreich; ~**es** *sub, nur Mehrz.* Schatz; ~**ly illustrated** *adj*, bilderreich; ~**ness** *sub, nur Einz.* Ergiebigkeit; - Reichtum; *nur Einz. (Farben)* Sattheit
rickety, *adj*, klapprig, wackelig
rickshaw, *sub*, -*s* Rikscha
ricochet (shot), *sub*, -*s* Querschläger
riddle, (1) *sub*, -*s* Rätsel, Scherzfrage (2) *vt, (Kugeln)* durchsieben; *to be faced with a riddle* vor einem Rätsel stehen; *riddle sb with bullets* mit Schüssen durchlöchern
ride, (1) *sub*, -*s* Ausritt, Ritt, Spazierritt *(Fahrt)* Anfahrt; *(mot.)* Fahrt; *(Zweirad)* Spazierfahrt (2) *vti*, fahren, reiten; *take so for a ride* jemandem einen Bären aufbinden; *to take sb for a ride* jmdn über´s Ohr hauen; ~ **comfort** *sub*, - *(mot.)* Fahrkomfort; ~ **out** *vi*, ausreiten; ~ **past** *vi*, vorbeireiten; ~ **roughshod over** *vt, (ugs.)* unterbügeln; ~ **through** *vt*, durchreiten; ~ **towards** *vi*, zureiten; ~**r** *sub*, -*s* Herrenreiter, Reiter; - *(tt; jur.)* Zusatz
ridicule, (1) *sub, nur Einz. (Hohn)* Spott (2) *vi*, spotten (3) *vt*, bewitzeln; *be object of general ridicule*

Gegenstand des allgemeinen Spottes sein; *hold someone up to ridicule* jemanden dem Spott preisgeben, *to ridicule sth* etwas ins Lächerliche ziehen; **ridiculous** *adj*, lächerlich; *it look ridiculous* unmöglich aussehen **riding instructor**, *sub, -s* Reitlehrerin; **riding school** *sub, -s* Tattersall; **riding whip** *sub, -s* Reitpeitsche; **riding-boot** *sub, -s* Reitstiefel; **riding-breeches** *sub, nur Mehrz.* Reithose; **riding-habit** *sub, -s* Reitdress **rid of**, *adj, (ugs.; frei von)* los; *to get rid of sb* jmdn loswerden **ridorous**, *adj, (geb.)* rigoristisch **riff**, *sub, -s (mus.)* Riff **rifle**, *sub, -s* Gewehr; *(mil.)* Büchse; *come into sb´s sights* etwas vor die Büchse bekommen; ~ **butt** *sub, -s* Gewehrkolben **rift**, *sub, -s (i. ü. S.)* Kluft; *a deep rift opened up in the party* in der Partei tat sich eine tiefe Kluft auf; *an unbridgeable gap* eine unüberbrückbare Kluft; ~ **valley** *sub, -s (geol.)* Graben **rig**, *sub, -s* Takelage; ~ **up** *vt, (Schiff)* auftakeln; ~**ging** *sub, -s* Takelwerk; *nur Einz.* Tauwerk **right**, (1) *adj*, geeignet, korrekt, recht, richtig (2) *sub, -s* Anrecht, Recht, Reservat; *(Recht)* Berechtigung; *he is not the right man for it* er ist nicht geeignet dafür; *just right* gut geeignet; *all right then,* also gut,; *all right!* in Ordnung!; *be right in the end* recht behalten; *downright ridiculous* direkt lächerlich; *have you got the right money?* haben Sie´s passend?; *he always knows the right thing to say* er findet immer das passende Wort; *I find it quite right that* ich finde es ganz in Ordnung, dass; *I´m all right* mir geht´s ganz passabel, *let´s leave it at that, right?* lassen wir es so, oder?; *right in front of you* direkt vor dir; *right in the face* mitten ins Gesicht; *serves you right* das hast du nun davon; *that´s it, right?* das war´s, nicht?, *have a right to* ein Anrecht haben auf; ~ **away** *adv*, sofort; ~ **hand** *sub, -s* Rechte; ~ **into** *adv, (bis)* hinein; ~ **of abode** *sub, -s* Heimatrecht; ~ **of asylum** *sub, nur Einz. (Bewerbungsrecht)* Asylrecht; ~ **of disposal** *sub, nur Einz. (tt; jur.)* Verfügungsgewalt; ~ **of hospitality** *sub, -s* Gastrecht; ~ **of inheritance** *sub, -s* Erbrecht **right-hand bend**, *sub, -s* Rechtskurve; **right-handed** *adj*, rechtshändig, rechtsläufig; **right-hander** *sub, -s* Rechtshänder; **right-to-left** *adj, (Schrift)* linksläufig; **right-wing extremism** *sub, -s* Rechtsextremismus; **right-wing extremist** (1) *adj*, rechtsextrem (2) *sub, -s* Rechtsextremist; **right-wing party** *sub, -ies* Rechtspartei; **rightful** *adj*, rechtmäßig, verdient; **rightly** *adj*, Fug; *with good reason* mit Fug und Recht **right of veto**, *sub, nur Einz.* Vetorecht; **right of way** *sub, nur Einz.* Vorfahrt; **right to be buried in the family grave** *sub, -s* Erbbegräbnis; **right to benefits** *sub, -s - (jur.)* Anwartschaft; **right to conclude collective agreements** *sub, rights* Tarifhoheit; **right to exist** *sub, -s* Daseinsrecht; **right to strike** *sub, rights* Streikrecht; **right to vote** *sub, rights* Stimmrecht; *nur Einz. (aktiv)* Wahlrecht; **right-angled** *adj*, rechtwinklig **rigid**, *adj*, streng; *(geh.)* rigide; *(unbeweglich)* starr; ~**ity** *sub, nur Einz.* Strenge; *(med.)* Rigidität **rigor mortis**, *sub, -* Totenstarre; **rigorous** *adj*, rigoros; **rigorousness** *sub, nur Einz.* Rigorosität; **rigour** *sub, nur Einz. (geb.)* Rigorismus **rile**, *vt, (ärgern)* giften **rim**, *sub, -s* Radfelge, Rand; *(mot.)* Felge; ~ **(of a wheel)** *sub, -s* Radkranz **rind**, *sub, -s* Schwarte **ringing**, *sub, -* Geläute; *-s (ugs.)* Gebimmel; **ringleader** *sub, -s* Rädelsführer; **ringlet** *sub, -s* Ringellocke; **ringleted** *adj*, ringelig; **ringlets** *sub, nur Mehrz.* Peies; **rings under one´s eyes** *sub, nur Mehrz.* Augenringe **rinse**, *vt*, abspülen; *(Geschirr etc.)* ausspülen; *(Waschmaschine)* spülen; **rinsing** *sub, -s* Spülung **riot**, *sub, -s* Ausschreitung, Krawall; *(ugs.) it was a riot* es ging toll her; ~ **squad** *sub, - s* Bereitschaftspolizei; ~**ing** *sub, -s* Randale; ~**s** *sub, -s (tt; polit.)* Unruhen

rip, *vt*, reißen; ~ **off** *vt*, neppen; ~**-off** *sub*, -s Nepperei; *nur Einz. (ugs.)* Nepp; ~**-off artist** *sub*, - -s Beutelschneider

ripe, *adj*, reif; ~ **for decision** *adj*, *(jur.)* spruchreif; ~**n** (1) *vi*, *(Früchte)* ausreifen, heranreifen (2) *vti*, reifen; ~**ning** *sub*, -s Reife; *nur Einz. (von Früchten)* Ausreifung

ripper, *sub*, -s Trennmesser

rise, (1) *sub*, -s Lohnerhöhung (2) *vi*, ragen; *(i. ü. S.)* emporkommen; *(entstehen)* erstehen; *(Preise)* erhöhen; *(Rauch)* aufsteigen; *(Sonne, etc.)* aufgehen; *(Temperatur etc.)* steigen; *(Weg)* ansteigen; *rise and fall* sich heben und senken; *(ugs.)* *rise and shine* raus aus den Federn; *rise in life* im Leben emporkommen; ~ **aloft** *vti*, *(Ballon/Drachen)* emporsteigen; ~ **from the dead** *vi*, auferstehen; ~ **from/up/above** *vt*, erheben; *rise from one´s seat* sich von seinem Platz erheben; ~ **in price** *sub*, -s Verteuerung; ~ **in prices** *sub*, -s Preisanstieg; *rises* Teuerung; ~ **in quotations increasing prices** *sub*, - Kursanstieg; **rising** *sub*, *nur Einz. (der Sonne, etc.)* Aufgang

risk, (1) *sub*, -s Gefahr, Risiko, Wagnis (2) *vt*, gefährden, riskieren, wagen; *(etw. riskieren)* einsetzen; *at one´s own risk* auf eigene Gefahr; *at the risk of one´s life* unter Einsatz seines Lebens; *at the risk of that happening* auf die Gefahr hin, dass das passiert; *even at the risk of* auf die Gefahr hin; *run or take a risk* jmdn/sich einer Gefahr aussetzen; ~ **factor** *sub*, -s Risikofaktor; ~ **group** *sub*, -s Risikogruppe; ~**y** *adj*, gefährlich, riskant; ~**y birth** *sub*, -s Risikogeburt

rissole, *sub*, -s Bulette

rite, *sub*, -s Ritus; **ritual** (1) *adj*, rituell (2) *sub*, -s Ritual; **ritual act** *sub*, -s Ritualhandlung; **ritual murder** *sub*, -s Ritualmord; **ritual(istic)** *adj*, kultisch; **ritualistic act** *sub*, -s Kulthandlung

rival, *sub*, -s Konkurrent, Nebenbuhler, Rivale; *(Rivale)* Gegner; *rival someone* jemandem den Rang streitig machen; ~**ry** *sub*, *nur Einz.* Konkurrenz; *-ies* Rivalität; *(Rivalität)* Gegnerschaft

river, *sub*, -s Fluss; *(Fluss)* Strom; ~

dam *sub*, -s *(Staumauer)* Talsperre; ~ **valley** *sub*, -s Flusstal; ~**bed** *sub*, -s Flussbett; ~**fish** *sub*, *nur Einz.* Flussfisch

rivet, (1) *sub*, -s Niet, Niete (2) *vt*, nieten, vernieten; ~**ing** *sub*, -s Nietung

rivulet, *sub*, -s Rinnsal

roach, *sub*, -s Plötze

road, *sub*, -s Chaussee, Fahrbahn, Fahrweg; *(Land-)* Straße; *a busy road* eine stark befahrene Straße; *a quiet road* eine gering befahrene Straße; *hardly anyone uses this road* diese Staße ist kaum befahren; *off the road* abseits der Straße; *put so on the road to success* jemandem den Weg zum Erfolg bahnen; *when crossing the road* beim Überqueren der Fahrbahn; ~ **accident** *sub*, -s Verkehrsunfall; ~ **atlas** *sub*, -es Autoatlas; ~ **casualty** *sub*, -es Verkehrstote; ~ **conditions** *sub*, *nur Mehrz. (von Straßen)* Befahrbarkeit; ~ **construction** *sub*, -s Straßenbau; ~ **embankment** *sub*, -s Straßendamm; ~ **holding** *sub*, -s Straßenlage; ~ **law** *sub*, - *(i. ü. S.)* Wegerecht; ~ **map** *sub*, -s Autokarte; -s Straßenkarte **road-sweeper**, *sub*, -s Kehrmaschine Straßenfeger; **road-worthyness** *sub*, *nur Einz.* Verkehrssicherheit; **roadblock** *sub*, -s Absperrung; *(Straßen-)* Sperre; **roads** *sub*, *nur Mehrz.* Reede; **roadside** *sub*, -s Straßenrand, Straßenseite; **roadster** *sub*, -s Roadster; **roadworks** *sub*, *nur Mehrz.* Straßenarbeiten; *(Straßenbaustelle)* Baustelle; **roadworthiness** *sub*, *nur Einz.* Verkehrstüchtigkeit; **roadworthy** *adj. (Fahrz.)* fahrtüchtig; *(mot.)* fahrtauglich

roam, *vi*, schweifen; ~ **about** *vi*, *(Blicke)* umherirren; *(herum-)* streunen; ~ **around** *vr*, *(sich)* herumtreiben; ~ **through** *vt*, durchstreifen

roar, (1) *sub*, *nur Einz.* Brausen; - Getöse (2) *vi*, brüllen, rauschen; röhren, tosen; *(Maschine)* dröhnen; *(Motor)* aufheulen; *(Verkehr)* brausen (3) *vti*, *(Menge)* grölen; *roar like a lion* brüllen wie ein

Löwe; ~**ing** *sub*, -*s* Gebrüll; ~**ing drunk** *adj*, *(ugs.)* veilchenblau
roast, (1) *sub*, *nur Einz.* Braten; -*s* Rostbraten **(2)** *vi*, schmoren **(3)** *vt*, rösten; *(Ofen)* braten **(4)** *vti*, brennen; *(Sonne)* braten; *roast pork* Schweinebraten, *roast coffee/almonds* Kaffee/Mandeln brennen; *roast in the sun* in der Sonne braten; *roast sth on a spit* am Spiess braten; ~ **beef** *sub*, - Rinderbraten; -*s* Roastbeef; ~ **chicken** *sub*, -*s* Brathähnchen; ~ **duck** *sub*, -*s* Entenbraten; ~ **goose** *sub*, *geese* Gänsebraten; ~ **hare** *sub*, -*s* Hasenbraten; ~ **loin** *sub*, -*s* Nierenbraten; ~ **mutton** *sub*, -*s* Hammelbraten; ~ **pork** *sub*, *nur Einz.* Schweinebraten; ~ **sth. till it is well done** *vt*, durchbraten; ~ **veal** *sub*, *nur Einz.* Kalbsbraten
rob, (1) *vi*, rauben **(2)** *vt*, ausrauben, berauben; ~**ber** *sub*, -*s* Räuber; ~**ber band** *sub*, -*s* Räuberbande; ~**ber´s cave** *sub*, -*s* Räuberhöhle; ~**bery** *sub*, -*ies* Raub, Raubüberfall; *(ugs.)* Räuberei; ~**bery with murder** *sub*, -*ies* Raubmord; ~**bing** *sub*, *nur Einz.* *(Raub)* Beraubung
robe, *sub*, -*s* Robe; *(jur.)* Talar; *(US)* Überwurf; *(wallend)* Gewand
robin, *sub*, -*s* Rotkehlchen
robinia, *sub*, -*s* Robinie
Robinsonade, *sub*, -*s* Robinsonade
robot, *sub*, -*s* Roboter
robust, *adj*, handfest, kernig, robust; ~ **stomach** *sub*, -*s* *(ugs.)* Saumagen
rocaille, *sub*, *nur Einz.* Muschelwerk
rock, (1) *sub*, -*s* Felsen, Gestein, Klippe; - *(geol.)* Fels **(2)** *vi*, *(mus.)* rocken **(3)** *vt*, schaukeln, wiegen; *firm as rock* wie ein Fels in der Brandung, *(i. ü. S.)* the ground rocked beneath my feet* der Boden schwankte unter meinen Füßen; ~ **concert** *sub*, -*s* Rockkonzert; ~ **face** *sub*, Felswand; ~ **music** *sub*, *nur Einz.* Rockmusik; ~ **musician** *sub*, -*s* Rockmusiker; ~ **opera** *sub*, -*s* Rockoper; ~ **salt** *sub*, -*s* Steinsalz; ~ **singer** *sub*, -*s* Rocksängerin; ~ **solid** *adj*, grundsolide; ~-**candy** *sub*, *nur Einz.* Kandiszucker; ~-**climber** *sub*, -*s* Kraxler; ~-**crystal** *sub*, -*s* Bergkristall; ~-**hard** *adj*, knochenhart; **Rock´n´Roll** *sub*, *nur Einz.* Rock'n'Roll; ~**ed into sleep** *adj*, *(schaukeln)* gewiegt

rocker, *sub*, -*s* Rocker; *(i. ü. S.)* he´s off his rocker!* er hat nicht alle Tassen im Schrank!; *(ugs.)* you´re off your rocker!* du tickst ja nicht richtig!; ~ **gang** *sub*, -*s* Rockerbande; ~´s **girl-friend** *sub*, -*s* Rockerbraut
rocket, *sub*, -*s* Rakete; *(Fußb.)* Gewaltschuss; *(ugs.)* to give sb a rocket* jmd den Marsch blasen; ~ **car** *sub*, -*s* Raketenauto; ~ **launch(ing)** *sub*, -*s* Raketenstart; ~ **launcher** *sub*, -*s* Raketenwerfer
rockfall, *sub*, -*s* Steinschlag
rocky, *adj*, felsig, klippenreich; ~ **mountain** *sub*, -*s* *(schwed.)* Fjäll
rocky ravine, *sub*, -*s* Felsschlucht
Rococo period, *sub*, *nur Einz.* Rokoko
rod, *sub*, -*s* Rute, Stange; *(Stange)* Stab; ~ **aerial** *sub*, -*s* Stabantenne
rodent, *sub*, -*s* Nager, Nagetier
rodeo, *sub*, -*s* Rodeo
roe, *sub*, -*s* Rogen; ~**deer** *sub*, -*s* Reh
Rogation Sunday, *sub*, - Rogate
rogue, *sub*, -*s* Filou, Halunke, Schelm; *(i. ü. S.)* Galgenvogel; *(veraltet)* Lump; *you rogue you* du Lümmel, du; ~´s **gallery** *sub*, -*s* Verbrecheralbum; **roguish** *adj*, schalkhaft; *(obsolete)* lausbübisch
roisterer, *sub*, -*s* *(ugs.)* Krakeeler
role, *sub*, -*s* *(Theater)* Rolle; *play an important role* einen hohen Stellenwert haben; ~ **play** *sub*, -*s* Rollenspiel
roll, (1) *sub*, -*s* Brötchen, Klassenbuch, Rolle, Semmel, Wecke; *(tt; mus.)* Wirbel **(2)** *vi*, kugeln, rollen, schlingern; *(ugs.)* eiern **(3)** *vt*, wälzen; *he is the Chancellor of the Exchequer and Foreign Secretary rolled into one* er ist Finanz- und Aussenminister in einer Person; *(ugs.) to be rolling in money* in Geld schwimmen, *the stone rolled before my feet* der Stein kugelte mir vor den Füßen; ~ **(up)** *vi*, kugeln; *to roll up with laughter* sich kugeln vor Lachen; ~ **back** *vt*, zurückrollen; ~ **call** *sub*, - -*s* *(mil.)* Appell; ~ **film** *sub*, -*s* Rollfilm; ~ **of wallpaper** *sub*, *rolls* Tapetenrolle; ~ **off** *vi*, abrollen; ~ **round** *vt*, umwälzen; ~ **through** *vt*, *(Ziel)* durchrollen; ~ **up** *vt*, aufkrempeln,

hochkrempeln, krempeln; *(ugs.)* to change someone (or something) radically jemanden (oder etwas) umkrempeln; *(ugs.)* to roll up one´s sleeves (and get down to work) die Ärmel nach oben krempeln; ~**-fronted cupboard** *sub, -s* Rollschrank; ~**ed gold** *sub, nur Einz.* Dublee
roller, *sub, -s* Roller, Walze, Wickel; ~ **coaster** *sub, - -s* Achterbahn; ~**-skate** *sub, -s* Rollschuh; ~**skates** *sub, -* Rollerskates; **rolling line** *sub, -s (tt; tech.)* Walzenspinne; **rolling mill** *sub, -s* Walzenmühle, Walzwerk; **rolling pin** *sub, -s* Nudelholz, Nudelwalker; **rolling stone** *sub, -s (i. ü. S.)* Wandervogel; **rolling train** *sub, -s (tt; tech.)* Walzenstraße
rollmops, *sub, -es* Rollmops
roly-poly, *sub, -s (ugs.; Dickwanst)* Mops
Roman, (1) *adj,* römisch (2) *sub, -s* Römer; **roman à clef** *sub, -s* Schlüsselroman; ~ **Catholic** *adj,* römischkatholisch; ~ **culture** *sub, nur Einz.* Römertum; ~ **road** *sub, nur Einz.* Römerstraße
Romanesque, *adj, (kun.)* romanisch; ~ **period** *sub, nur Einz.* Romanik
Romania, *sub, -* Rumänien
romantic, (1) *adj,* romantisch (2) **Romantic** *sub, -s* Romantiker, Romantikerin; *(i. ü. S.)* Romantiker, Romantikerin; ~ **novel** *sub, -s* Liebesroman; **Romanticism** *sub, nur Einz.* Romantik; ~**ize** *vt,* romanisieren
Rome, *sub, -ies* Rom
Romeo, *sub, -s (i. ü. S.)* Galan
romp, *sub, nur Einz.* Tollerei; ~ **(about)** *vi,* tollen; ~ **about** *vr,* tummeln; ~ **around** (1) *vi,* herumtollen (2) *vr, (sich)* herumbalgen; ~**er** *vi, (lärmend spielen)* toben; ~**ers** *sub, nur Mehrz.* Spielhöschen
rondo, *sub, -s (mus.)* Rondo
roof, (1) *sub, -s* Abdachung; Dach; -s Überdach (2) *vt,* abdachen, bedachen; *hit the roof* an die Decke gehen; *live under the same roof* mit jmd unter einem Dach leben; ~ **beam** *sub, -s* Hahnenbalken; ~ **over** *vt,* überdachen; ~**-damage** *sub, -s* Dachschaden; ~**-terrace** *sub, -s* Dachterrasse; ~**-tile** *sub, -s* Dachziegel; ~**-truss** *sub, -es* Dachstuhl; ~**ing** *sub, nur Einz.* Bedachung; -s Überda-

chung
roofer, *sub, -* Dachdecker; **roofing-felt** *sub, -s* Dachpappe; **rooforganisation** *sub, -s* Dachverband; **roofrack** *sub, -s (Auto)* Gepäckträger
rook, *sub, -s* Saatkrähe
room, *sub, -s* Raum, Stube, Zimmer; *nur Einz. (freier Raum)* Platz; *make a bit of room* mach mal ein bisschen Platz; *there´s not room for more than 10 people here* mehr als 10 Leute haben hier nicht Platz; *to find room for sth* Platz finden für etwas; *to make room* Platz schaffen; *to occupy room* Platz einnehmen; *to take up all the room* den ganzen Platz wegnehmen; ~ **blaze** *sub, -es* Zimmerbrand; ~ **hunting** *sub, nur Einz.* Zimmersuche; ~ **number** *sub, -* Zimmernummer; ~ **plant** *sub, -* Zimmerpflanze; ~ **with a bay-window** *sub, -s* Erkerzimmer; ~ **work** *sub, -s* Zimmerarbeit; ~**ing-in** *sub, -s* Rooming-in
root, *sub, -s* Wurzel; *I rooted around in every drawer* ich habe in allen Schubladen gestöbert; ~ **fibre** *sub, -s* Wurzelfaser; ~ **nodule** *sub, -s (tt; bot.)* Wurzelknolle; ~ **syllable** *sub, -s* Wurzelsilbe; ~ **treatment** *sub, -s (tt; med.)* Wurzelbehandlung; ~**ed** *adj,* angewurzelt; *stand rooted to the spot* wie angewurzelt dastehen; ~**ing** *sub, -s* Verwurzelung, Verwurzelung
rope, *sub, -s* Leine, Seil, Strang, Strick, Tau; *(Strick)* Fessel; *(spo.) climb the rope* am Tau klettern; ~ **in** *vt, (Person)* einspannen; *rope so in doing sth* jmd für etwas einspannen; ~ **ladder** *sub, -s* Jakobsleiter, Strickleiter; ~ **up** (1) *vi,* anseilen (2) *vt,* anseilen; ~**d party** *sub, -ies* Seilschaft; ~**maker** *sub, -s* Seiler; ~**s** *sub, nur Einz.* Tauwerk
Roquefort, *sub, -s* Roquefort
rosary, *sub, -ies* Rosenkranz
rose, *sub, -s* Rose; *his life was no bed of roses* sein Weg war voller Dornen; ~ **hip** *sub, -s (bot.)* Hagebutte; ~ **water** *sub, nur Einz.* Rosenwasser; **rosé wine** *sub, -s* Schillerwein; ~**-coloured** *adj,* rosenfarben; ~**-grower** *sub, -s* Rosenzüchter; ~**bush** *sub, -es*

rosin 1150

Rosenstrauch; ~**fish** *sub*, - Goldbarsch; ~**mary** *sub*, *nur Einz.* Rosmarin
rosin, *sub*, *-s (in hartem Zust.)* Harz
rosy, *adj*, rosenfarbig, rosig
rot, (1) *vi*, modern, verfaulen, verrotten (2) *vti*, humifizieren; ~ **off** *vi*, abfaulen; ~ **through** *vi*, durchfaulen
rotary clothes dryer, *sub*, *-s (ugs.)* Wäschespinne; **rotary hoe** *sub*, *-s (f. Boden)* Fräse; **rotary pump** *sub*, *-s* Kreiselpumpe
rotate, *vi*, rotieren; **rotation** *sub*, *-s* Drehbewegung, Drehung, Rotation, Turnus, Wechsel; *(phy.)* Umdrehung
rotgut, *sub*, *-s (ugs.; abw.)* Fusel
rotisserie, *sub*, *-s* Rotisserie
rotor, *sub*, *-s* Rotor
rotten, *adj*, morsch, verfault; *(ugs.)* mies; *(verdorben)* faul; *I feel rotten* mir ist mies; *to be in the red* in den Miesen sein; *(i. ü. S.)* *sth is rotten in that question* etwas ist faul an der Sache; ~**ess** *sub*, Fäule; *nur Einz.* Fäulnis; **rotting** *adj*, faulig
Rottweiler, *sub*, - Rottweiler
rouge, *sub*, *-s* Rouge
rough, *adj*, grob, holperig, rabiat, rau, roh, ruppig, unsanft; *(Haut)* spröde; *(rauh)* uneben; *(ungefähr)* ungenau; *at a rough estimate* nach oberflächlicher Schätzung; *(ugs.)* *rough diamond* ungeschliffener Kerl; ~ **copy** *sub*, *-ies* Konzept; *at least the draft is ready now* es ist jetzt wenigstens als Konzept fertig; *(ugs.)* *that doesn't suit his plans* das paßt ihm nicht ins Konzept; *to lose the thread* aus dem Konzept kommen; ~ **file** *sub*, *-s* Schruppfeile; ~ **sketch** *sub*, *-es* Faustskizze; ~ **wine** *sub*, *-s* Krätzer; ~**en** *vt*, anrauen, aufrauen; ~**en (up)** *vt*, rauen; ~**ened** *adj*, angeraut, aufgeraut; ~**ly** *adv*, annähernd, ungefähr; *roughly all right* annähernd richtig; *how many do you need roughly?* wieviele brauchst du ungefähr?; ~**ness** *sub*, *nur Einz.* Holp(e)rigkeit; - *(Haut)* Sprödigkeit
roulette, *sub*, *-s* Roulette
round, (1) *adj*, rund (2) *adv*, reihum, rund (3) *sub*, *-s (tt; med.)* Visite; *(spo.)* Durchgang (4) *vi*, *(eine Kurve)* ausfahren; *right round the clock* rund um die Uhr, *round a number down* eine Zahl abrunden; *round a number*

up eine Zahl aufrunden; ~ **bed** *sub*, *-s* Rundbeet; ~ **dance** *sub*, *-s* Reigen; ~ **each other** *adv*, *(räumlich)* umeinander; ~ **it/them** *adv*, *(räuml.)* darum; ~ **of shot** *sub*, *-s* Schrotladung, Schrotschuss; ~ **off** *vt*, abrunden; ~ **off sth**. *vt*, Schlusspunkt; ~ **tower** *sub*, *-s (arch.)* Rondell; ~ **track** *sub*, *-s* Rundstrecke
round up, *vt*, aufrunden; **roundabout** *sub*, *-s* Kreisel, Kreisverkehr; **roundabout way** *sub*, *-s (i. ü. S.)* Umweg; **rounders** *sub*, *nur Einz.* Schlagball; **rounding up** *sub*, *nur Einz.* Aufrundung; **rounding-off** *sub*, *-s* - Abrundung; **roundness** *sub*, *nur Einz.* Rundheit; **rounds** *sub*, *nur Mehrz.* Rundgang; **rounds record** *sub*, *-s* Rundenrekord; **roundworm** *sub*, *-s* Spulwurm
rouse, *vt*, *(Wild)* aufstöbern; **rousing** *adj*, *(Rede)* mitreißend
routine, (1) *adj*, routinemäßig (2) *sub*, *-s* Routine; *(i. ü. S.)* Trott; *(Gesetzmäßigkeit)* Ordnung; *it's only a routine question* ich frage nur der Ordnung halber; *same old routine* ein ewiges Einerlei; ~ **matter** *sub*, *-s* Routinesache; ~**d person** *sub*, *people* Routinier
roux, *sub*, *-es* Einbrenne; - Mehlschwitze; *-s* Schwitze
rove around, *vi*, vagabundieren
row, (1) *sub*, *-s* Donnerwetter, Ehekrach, Krach, Reihe; - Spektakel; *nur Einz.* Zank; *-s (ugs.)* Rabatz, Radau; *(Häuser-)* Flucht; *(Lärm)* Skandal (2) *vti*, rudern; *that causes a hell of a row* das setzt ein Donnerwetter; *having rows with* Ehekräche haben; *(ugs.) there's a row next door every evening* jeden Abend gibt es nebenan Krach; *(ugs.) to kick up a row* Radau machen, *kick up a row* einen Skandal machen, *(ugs.)* Stunk machen; *sit in the front row* in der vordersten Bank sitzen; ~ **club** *sub*, *-s* Ruderverband, Ruderverein; ~ **of five** *sub*, *-s* Fünferreihe; ~ **of four** *sub*, *-s* Viererreihe; ~ **of houses** *sub*, *-s* Häuserfront, Häuserreihe; ~ **of three** *sub*, *-s* Dreierreihe; ~ **of two** *sub*, *-s* Zweierreihe
rowan, *sub*, *-s* Eberesche; ~

(tree)/(berry) *sub, -s (tt; bot.)* Vogelbeere
rowdy, *sub, -ies* Schreier; *(ugs.)* Krakeeler; *-s* Rabauke; *-ies* Radaubruder
rowing, *sub, nur Einz.* Rudersport; ~ **boat** *sub, -s* Barke, Ruderboot; ~ **regatta** *sub, -s* Ruderregatta
royal, *adj,* königlich, royal; ~ **couple** *sub, -s* Prinzenpaar; ~ **court** *sub, -s* Fürstensitz; ~ **crown** *sub, -s* Königskrone; ~ **eagle** *sub, -s (zool.)* Königsadler; ~ **household** *sub, -s* Hofstaat; ~ **palace** *sub, -s* Königsschloss; ~ **stables** *sub, nur Mehrz.* Marstall; ~ **stag** *sub, -s* Kapitalhirsch; **~ist** *sub, -s* Royalist; **~ty** *sub, -ies* Tantieme
rub, (1) *vt,* einreiben, frottieren; *(Schnee)* einseifen **(2)** *vti,* reiben; *(ugs.)* ribbeln; *rub sth into the skin* die Haut mit etwas einreiben; ~ **against sth.** *vr,* scheuern; ~ **down** *vt,* abfrottieren; *(Person, etc.)* abreiben; ~ **in** *vt,* einmassieren; ~ **off** *vt, (Gegenstand)* abreiben; ~ **oneself** *vr,* reiben; ~ **out (1)** *vt, (an die Tafel Geschriebenes)* auslöschen **(2)** *vti,* radieren
rubber, *sub, -s* Gummi, Kautschuk, Radierer, Radiergummi; *(Kondom)* Gummi; ~ **apron** *sub, -s* Gummischürze; ~ **band** *sub, -s (-ring)* Gummi; ~ **boots** *sub, nur Mehrz.* Gummistiefel; ~ **coat** *sub, -s* Gummimantel; ~ **dinghy** *sub, -ies* Schlauchboot; ~ **plant** *sub, -s* Gummibaum; ~ **sole** *sub, -s* Kreppsohle; ~ **tire** *sub, -s (US)* Gummireifen; ~ **tyre** *sub, -s* Gummireifen; **rubbing** *sub, -s* Reibung; **rubbing-down** *sub, -s - (Abtrocknung)* Abreibung
rubbish, *sub, -* Gelumpe; *nur Einz.* Kehricht, Müll, Plunder; - Schmarren; *nur Einz.* Tinnef; *- (i. ü. S.)* Spinnerei; *nur Einz. (ugs.)* Quark, Quatsch, Zinnober; *(Hausmüll)* Abfall; *(Unsinn)* Mist; *talk rubbish* dummes Zeug reden; ~ **bin** *sub, -s* Abfalleimer, Mülleimer; ~ **heap** *sub, -s* Müllberg
rubble, *sub, -s* Geröllschutt, Schutt; - *(Schutt)* Trümmer; ~ **tip** *sub, -s* Schutthalde
rubidium, *sub, nur Einz.* Rubidium
ruby, *sub, -ies* Rubin; **~-red** *adj,* karfunkelrot
ruche, *sub, -s* Rüsche; **~d blouse** *sub,*

-s Rüschenbluse; **~d shirt** *sub, -s* Rüschenhemd
rucksack, *sub, -s* Rucksack
rude, *adj,* ungeraten; *(ugs.)* unhöflich; *(beleidigend)* grob; ~ **noise/smell** *sub, -s (ugs.)* Pups; **~ness** *sub, -* Sottise
ruderal flora, *sub, -s* Trümmerflora
rudiment, *sub, -s* Rudiment; **~ary** *adj,* rudimentär
rue, *sub, -s (bot.)* Raute
ruff, *sub, -s* Halskrause
ruffian, *sub, -s* Raufbold, Schläger
ruffle, (1) *sub, -s* Krause **(2)** *vt,* verwirren, zerzausen; ~ **tape** *sub, -s* Kräuselband; ~ **the feathers** *vt, (Vogel)* aufplustern
rug, *sub, -s (Brücke)* Teppich; *pull the rug from under so´s feet* jemandem das Wasser abgraben
Ruhr area, *sub, nur Einz.* Ruhrgebiet
ruin, (1) *adv,* zu Grunde, zu Schanden **(2)** *sub, nur Einz.* Ruin; *-s* Ruine; *nur Einz.* Verderb, Verderben **(3)** *vt,* ruinieren, verderben, vermasseln; *(i. ü. S.)* zerstören; *(ugs.)* kaputtmachen, ramponieren, verhunzen, verschandeln; *be in ruins* in Trümmern liegen; *be ruined* dahin sein, in Trümmer gehen; *to ruin sb* jmd das Rückgrat brechen; *(ugs.) he ruined the carpet with his cigarette* mit seiner Zigarette hat er den Teppich kaputtgemacht; ~ **sb** *sth vt,* versauern; *to ruin sth for sb* jmd etwas versauern; **~ed** *adj,* ruinenartig, verdorben; *(ugs.)* verkracht; *(ugs.; verdorben)* futsch; **~ous** *adj,* ruinös; **~s** *sub, - (Gebäude-)* Trümmer; *(Ruine)* Gemäuer; **~s of castle** *sub, nur Mehrz.* Schlossruine
rule, *sub, -s* Gesetz; *nur Einz.* Herrschaft; *-s* Maßregel, Regel; *nur Einz. (eines Landes)* Beherrschung; *-s (Meterstab)* Metermaß **(2)** *vi,* herrschen **(3)** *vt, (jur.)* entscheiden **(4)** *vti,* regieren; *make sth a cardinal rule* sich etwas zum obersten Gesetz machen; *break a rule* von einer Regel abweichen; *to rule over sb/sth* über jmd/etwas walten; ~ **(of the order)** *sub, -s* Ordensregel; ~ **of distribution** *sub, -s* Distributivgesetz; ~ **of**

etiquette *sub*, *-s* - Anstandsregel; ~ of force *sub*, *-s* Faustrecht; ~ of thumb *sub*, *-s* Faustregel; ~ out *vt*, *(Möglichkeit)* ausschließen; *rule so out of order* jmd das Wort entziehen; ~ over *vi*, *(über)* gebieten; ~r *sub*, *-s* Beherrscher, Gebieter, Herrscher, Herrscherin, Lineal, Machthaber; *the rulers in Uganda* die Machthaber in Uganda; ~s *sub*, *nur Mehrz.* Reglement; *(Vorschrift)* Ordnung; *according to the rules* der Ordnung gemäß; ~s for residents *sub*, *nur Mehrz.* Hausordnung; ruling *sub*, *-s* Lineatur; *(tt; jur.)* Weisung
rum, *sub*, *-s* Rum; ~ ball *sub*, *-s* Rumkugel
rumba, *sub*, *-s* Rumba
rumble, *vi*, knurren, rumoren; *(Donner)* grollen; ~s *sub*, *nur Mehrz.* Magenknurren
rumen, *sub*, *-mina* Pansen; *-s (tt; zool.)* Wanst
ruminant, *sub*, *-s* Wiederkäuer
rummage, (1) *sub*, *-s* Stöberei (2) *vi*, stöbern, wühlen; ~ about *vi*, kramen; ~ through *vt*, *(Archiv)* durchstöbern; *(durchsuchen)* durchwühlen; *to rummage through the house/in search of sth/lookingt for sth* das Haus nach etwas durchwühlen
rumor, *sub*, *-s (Gerüchte US)* Gerede; *(US)* Gerücht; *(geh.; US)* Fama; rumour *sub*, *-s* Gerede, Gerücht; *(geh.)* Fama; *contradict a rumour* einem Gerücht entgegentrten; *there´s a rumour that* es geht das Gerücht, dass; *you hear all kinds of rumours* es wird allerlei gemunkelt
rump, *sub*, *-s (zool.)* Bürzel; ~ steak *sub*, *-s* Rumpsteak
rumpot, *sub*, *-s* Rumtopf
run, (1) *sub*, *-s* Run; *(Farbe)* Nase; *(Lauf~)* Masche (2) *vi*, laufen, rinnen, verkehren, verlaufen (3) *vt*, unterhalten, verwalten; *(Maschine, Fabrik)* betreiben (4) *vti*, fahren, rennen; *(verkehren)* gehen; *have a clear run* freie Fahrt haben; *he can take a running jump* er kann bleiben, wo der Pfeffer wächst; *in the long run* auf die Dauer, auf lange Sicht; *let one´s passions run wild* seinen Leidenschaften frönen; *run so down* über jemanden abfällig sprechen; *runs*

into millions geht in die Millionen; *take a run* Anlauf nehmen; *to run down* mies machen; *to run sth down* etwas madig machen; *you´ve got a run (in your stocking)* dir läuft eine Masche am Strumpf, *run as fast as you can!* lauf so schnell, wie du kannst!; *(i. ü. S.)* *sweat was running down his face* der Schweiß lief ihm ins Gesicht; *to run a race* um die Wette laufen, *run one´s hand over* mit der Hand überfahren; *the train runs twice a day* der Zug fährt zweimal am Tag; *the train runs every hour* der Zug geht stündlich; ~ after *vt*, nachlaufen; *to run after sb/sth* jmd/einer Sache nachlaufen; ~ aground *vi*, *(Schiff)* auflaufen; ~ around *vi*, herumlaufen, umherlaufen; *(um)* herumführen; ~ away (1) *vi*, fortlaufen; *(weglaufen)* durchbrennen; *(ugs.; weglaufen)* ausreißen (2) *vt*, weglaufen (3) *vti*, davonlaufen; *it makes you want to run a mile* es ist zum davonlaufen; ~ down (1) *adj*, *(Gebäude etc.)* heruntergekommen (2) *vi*, *(über)* herziehen (3) *vt*, abwirtschaften, umrennen; *(ugs.)* mies machen; *(niederfahren)* umfahren; *run so down* jemanden anschwärzen
runaway, *sub*, *-s* Ausreißer
run dry, *vi*, leer laufen; run high *vi*, *(i. ü. S.)* hochschlagen; *after the third accident within a week feelings of outrage ran high* nach dem dritten Unfall innerhalb einer Woche, schlug eine Welle der Empörung hoch; run in *vi*, hineinrennen; run into (1) *vi*, *(spo.)* einlaufen (2) *vt*, *(rammen)* anfahren; *run into the stadium* ins Stadion einlaufen; *the water is running into bathtub* das Wasser in die Wanne einlaufen lassen; run o.´s fingers through (over) *vt*, kraulen; *(ugs.) will you run your fingers over my back?* kraulst du mir den Rücken?; run off (1) *vi*, *(Flüssigkeit)* abfließen, ablaufen; *(weglaufen)* durchgehen (2) *vt*, weglaufen; run out *vi*, hinauslaufen; *(ugs.)* ausrinnen; *(Flüssigkeit)* auslaufen; *(Zeit)* ablaufen; *(zur Neige gehen)* ausgehen; *have a run*

out of sth etwas ist alle; *I´m running out of breath* mir geht die Luft aus; *I´m running out of money* mir geht das Geld aus
rune, *sub, -s* Rune
rung, *sub, -s (Leiter-)* Sprosse
runic, *adj,* runisch; ~ **writing** *sub, -s* Runenschrift
runner, *sub, -s* Kufe, Wettläufer; *(bot.)* Ausläufer; ~ **amok** *sub, - -s* Amokläufer; ~*-up sub, - (tt; spo.)* Vizemeister; **running** (1) *adj,* laufend (2) *sub, -s* Rennen; **running about** *sub, -* Lauferei; **running around** *sub, -s* Rennerei; **running style** *sub, -s* Laufstil; **running to capacity** *adj,* ausgelastet; **running water** *sub, -s* Fließwasser; **runny** *adj, (Konsistenz)* dünnflüssig
run over, (1) *vi,* überlaufen, überströmen (2) *vt, (Tier etc.)* überfahren; **run past** *vi,* vorbeilaufen; **run the gauntlet** *sub, nur Einz.* Spießrutenlaufen; **run through** *vt,* durchrieseln; *(Fluß/Straße)* durchziehen; *(räuml.)* durchlaufen; *the theme runs all through the novel* das Theme zieht sich durch den Roman; **run towards** *vi,* zulaufen; **run up** *vi, (spo.)* anlaufen; **run without stopping** *vi, (zeitl.)* durchlaufen; **run-off** *sub, -s (US)* Stichwahl; **run/walk on** *vi,* weiterlaufen
runs, *sub, nur Mehrz.* Dünnschiss; *(i. ü. S.)* Durchmarsch; **runway** *sub, -s* Landebahn, Rollbahn, Rollfeld, Startbahn; *(Luftfahrt)* Piste
rupture, *sub, -s* Ruptur
rural, *adj,* bäuerlich, dörflich, ländlich; ~ **area** *sub, -s* Land; ~ **character** *sub, nur Einz.* Ländlichkeit; ~ **commune** *sub, -s* Landkommune; ~ **community** *sub, -ies* Landgemeinde; ~ **exodus** *sub, -* Landflucht; ~ **preservation** *sub, -* Landschaftspflege
rush, (1) *sub, nur Einz.* Hast, Hektik; Hetzerei; *-s* Überhastung, Überstürzung; *- (Eile)* Hetze; *(schnell bewegen)* Gesause (2) *vi,* hasten; *(rasen)* eilen; *(rennen)* stürzen; *(Wind)* fegen (3) *vt,* hetzen, übereilen, überha-

sten; *be unable to stand the rush* dem Ansturm nicht gewachsen sein; *I won´t be rushed* ich lasse mich nicht drängeln; *rush into the room* ins Zimmer stürzen; *rush out of the room* aus dem Raum eilen; *the news happen in a rush* die Ereignisse überstürzen sich; *there´s no rush* damit hat´s keine Not; *to be rushed off one´s feet* viel um die Ohren haben; *(ugs.) to be rushing around like a mad thing* am Rotieren sein, *be in a rush all day long* den ganzen Tag hetzen; *don´t rush things!* nur nichts übereilen!; *don´t rush things!* nur nichts überhasten!; ~ **downstairs** *vi, (Treppe)* hinabstürzen; ~ **hour** *sub, -s* Hauptverkehrszeit; **Rushhour;** *-s* Stoßzeit; ~ **into** *vt,* überstürzen; *don´t let´s rush into anything!* nur nichts überstürzen!; ~ **through** *vt,* durchbrausen; ~*-hour traffic* *sub, nur Einz.* Stoßverkehr; ~**ed** *adj,* hastig
Russia, *sub, -* Russland; ~**n** (1) *adj,* russisch (2) *sub, -s* Russe; ~**n blouse** *sub, -s* Russenbluse; ~**n leather** *sub, nur Einz.* Juchtenleder
russula, *sub, -s (bot.)* Täubling
rust, (1) *sub, nur Einz.* Rost (2) *vi,* rosten, verrosten; ~ **formation** *sub, -s* Rostbildung; ~*-heap sub, -s* Rostlaube
rustic, *adj,* dörfisch
rustle, *vi,* rascheln
rusty, *adj,* rostig
rut, *sub, -s (ugs.)* Schlendrian; *nur Einz. (mask.)* Brunft
ruthenium, *sub, nur Einz.* Ruthenium
rutted, *adj,* zerfahren; **rutting (mask)/on heat (fem)** *adj,* brunftig; **rutting stag** *sub, -s* Brunfthirsch
rye, *sub, -s* Roggen; ~ **harvest** *sub, -s* Roggenernte

S

Sabbath, *sub,* *-s* Sabbat
sable, *sub,* - Zobel
sabre, *sub,* *-s* Säbel; **~ fencing** *sub,* *-s* Säbelfechten; **~-rattler** *sub,* *-s* Säbelrassler; **~-rattling** *sub, nur Einz.* Säbelrasseln
saccharin, *sub, nur Einz.* Saccharin
sachertorte, *sub,* *-s* Sachertorte
sack, (1) *sub,* *-s* Sack (2) *vt,* sacken; **~ing** *sub,* *-s* Sackleinwand, Sacktuch
sacral, *adj,* sakral; **~ building** *sub,* *-s* Sakralbau
sacrament, *sub,* *-s* Sakrament; **~ of penance** *sub, nur Einz.* Bußsakrament; **~al** *adj,* sakramental
sacred, *adj,* geheiligt, heilig; *(mus.)* geistlich; *sacred places* heilige Stätten; *sth is sacred to sb* etwas ist jmdm heilig; **~ music** *sub, nur Einz.* Kirchenmusik
sacrifice, (1) *sub,* *-s* Opferung, Sakrifizium; *(~gabe)* Opfer (2) *vt,* aufopfern; *(opfern)* hingeben (3) *vtir,* opfern; *to offer sth as a sacrifice to sb* jmd etwas als Opfer darbringen; *we must all make sacrifices* wir müssen alle Opfer bringen, *to sacrifice one´s life* sein Leben opfern; **~** o.s. *vr,* aufopfern; **Sacrifice of the Mass** *sub, nur Einz. (relig.)* Messopfer; **sacrificial bowl** *sub,* *-s* Opferschale
sacrilege, *sub,* *-s (geh.)* Sakrileg; *(theol.)* Frevel; **sacrilegious** *adj,* frevlerisch, sakrilegisch
sacristan, *sub,* *-s* Sakristan, Sakristanin
sacristy, *sub,* *-ies* Sakristei
sacrosanct, *adj,* sakrosankt
sad, *adj,* betrüblich, betrübt, traurig; **~ face** *sub,* *-s* Trauermiene; **~ reflection** *sub,* *-s (i. ü. S.)* Armutszeugnis
sadden, *vt,* betrüben
saddle, *sub,* *-s* Sattel, Ziemer; *saddle so with sth* jemandem etwas aufbürden; *saddled so with sth* jemandem etwas aufhalsen; *(i. ü. S.)* to be firmly in the saddle fest im Sattel sitzen; **~ (up)** *vt,* satteln; **~ horse** *sub,* *-s* Sattelpferd; **~bag** *sub,* *-s* Satteltasche; **~cloth** *sub,* *-s* Satteldecke, Schabracke; **~r** *sub,* *-s* Sattler; **saddling** *sub,* *-s* Einsattelung
sadism, *sub, nur Einz.* Sadismus; **sadist** *sub,* *-s* Sadist; **sadistic** *adj,* sadistisch
sado-masochism, *sub, nur Einz.* Sadomasochismus
safari, *sub,* *-s* Safari
safe, (1) *adj,* geborgen, heil, ungefährdet; *(Gefahr)* sicher; *(Krankheit)* harmlos; *(sicher)* ungefährlich (2) *sub,* *-s* Geldschrank, Safe, Tresor; *be safe from*

something vor etwas sicher sein; *it´s a safe guess* es ist so gut wie sicher, *it´s better to be on the safe side* doppelt genäht hält besser; *safe and secure* sicher wie in Abrahams Schoß; **~ and sound** *adv,* ungefährdet; **~ from** *adj,* gefeit; **~guard** *vt,* sichern; **~guard(ing)** *sub,* *-s* Sicherung; *(in order) to safeguard peace* zur Sicherung des Friedens; **~ly** *adj,* getrost; *one can safely say that* man kann getrost behaupten, dass; **~r sex** *sub, nur Einz.* Safersex; **~ty** *sub,* - *(Gefahr)* Sicherheit; *leap to safety* sich in Sicherheit bringen; *(spo.)* play for safety auf Sicherheit spielen; **~ty (seat) belt** *sub,* *-s* Sicherheitsgurt; **~ty device** *sub,* *-s* Schutzvorkehrung; **~ty glass** *sub, nur Einz.* Sicherheitsglas; **~ty lock** *sub,* *-s* Sicherheitsschloss; **~ty mechanism** *sub,* *-s (tech.)* Sicherung
saffron, *sub,* *-s* Safran; **~ (-yellow)** *adj,* Kurkumagelb
sag, *vi,* *(phys.)* durchhängen; *the boards sagged* die Bretter biegen sich durch
saga, *sub,* *-s* Saga
sage, *sub, nur Einz.* Salbei
Sagittarius, *sub, nur Einz. (astrol.)* Schütze
sago, *sub, nur Einz.* Sago
sahib, *sub,* *-s* Sahib
said, *adj,* genannt
sail, (1) *sub,* *-s* Segel (2) *vi,* segeln (3) *vti,* fahren; **~ along** *vi,* dahinsegeln; **~ round** *vt,* umsegeln; **~ through** *vt,* durchsegeln; *sail through the 7 seas* die 7 Meere durchsegeln; *sail through/between the rocks* zwischen den Felsen durchsegeln; **~boarding** *sub, nur Einz.* Windsurfing; **~ing boat** *sub,* *-s* Segelboot; **~ing regatta** *sub,* *-s* Segelregatta; **~ing ship** *sub,* *-s* Segelschiff; **~maker** *sub,* *-s* Segelmacher; **~or** *sub,* *-s* Matrose; **~or´ yarn** *sub, nur Einz. (ugs.)* Seemannsgarn; **~or´s death** *sub,* *-s* Seemannstod; **~or´s home** *sub,* *-s* Seemannsheim
saint, (1) *adj,* Sankt (2) *sub,* *-s* Heilige, Schutzpatron; *to be thought of as a saint* im Nimbus der Heiligkeit stehen
sake, *sub, nur Einz.* Sake
salad, *sub,* *-s* Salat, Salatplatte, Salatteller; **~ servers** *sub, nur Mehrz.* Salatbesteck

salamander, *sub*, *-s* Molch, Salamander
sal ammoniac, *sub*, *nur Einz.* Salmiak
salaried employee, *sub*, *-s* Gehaltsempfänger; **salary** *sub*, *-ies* Salär; *(Einkommen)* Gehalt; **salary account** *sub*, *-s* Gehaltskonto; **salary bracket** *sub*, *-s* Gehaltsstufe; **salary increase** *sub*, *-s* Gehaltserhöhung
sale, *sub*, *-s* Schlussverkauf, Verkauf; *(wirt.)* Ausverkauf; ~ **of alcohol** *sub*, *nur Einz. (Verkauf von Alkoholika)* Ausschank; ~**able** *adj*, *(Handel)* gängig
Salem, *sub*, *nur Einz.* Salam
sales, *sub*, *nur Mehrz.* Vertrieb; *(wirt.)* Absatz; ~ **area** *sub*, *- -s* Absatzgebiet; ~ **assistance** *sub*, *-s* Verkäufer; ~ **department** *sub*, *nur Mehrz.* Vertrieb; ~ **price** *sub*, *-s* Abgabepreis; ~ **quota** *sub*, *- -s* Abgabesoll; ~ **room** *sub*, *-s* Verkaufsraum; ~ **slip** *sub*, *-s* Kassenzettel; ~ **tax** *sub*, *-es* Umsatzsteuer; ~ **trick** *sub*, *-s* Reklametrick; ~**manship** *sub*, *nur Einz.* Salesmanship; ~**person** *sub*, *-s* Verkäuferin
saliva, *sub*, *nur Einz. (med.)* Speichel
salmon, *sub*, *-s* Lachs; ~**-coloured** *adj*, lachsfarbig; ~**-pink** *adj*, lachsfarben
salmonellae, *sub*, *nur Mehrz.* Salmonellen; **salmonellosis** *sub*, *-es* Salmonellose
salon, *sub*, *-s* Salon; **saloon** *sub*, *-s* Saloon
salt, (1) *sub*, *-s* Salz (2) *vt*, einpökeln, einsalzen, pökeln, salzen; *salt an invoice* Rechnung fälschen; *salt cod* Kabeljau einpökeln; *salt down money* Geld beiseite bringen; *salt the books* die Bücher fälschen; ~ **cellar** *sub*, *-s* Salzfass; ~ **dough** *sub*, *-s* Salzteig; ~ **lake** *sub*, *-s* Salzsee; ~ **meat** *sub*, *nur Einz.* Pökelfleisch, Salzfleisch; ~ **mine** *sub*, *-s* Salzbergwerk; ~ **plant** *sub*, *-s* Salzpflanze
salt shaker, *sub*, *-s* Salzstreuer; **salt water** *sub*, *nur Einz.* Salzwasser; **salt-water fish** *sub*, *nur Einz.* Seefisch; **salt-works** *sub*, *nur Mehrz.* Saline; **salted** *adj*, gesalzen; **salted knuckle of pork** *sub*, *-s* Eisbein; **saltpetre** *sub*, *nur Einz.* Salpeter; *(chem.)* Kalisalpeter; **saltwater** *sub*, *-s* Sole; **salty** *adj*, salzig
salutary, *adj*, heilbringend, heilsam; ~ **nature** *sub*, *-s* Heilsamkeit; **salute** (1) *sub*, *-s (mil.)* Salut, Salve (2) *vti*, grüßen, salutieren; *to take the salute* die Parade abnehmen
salvation, *sub*, *- (Kirchl.)* Heil; *-s (theol.)* Seligkeit; *everyone has to look to his own salvation* jeder muss nach seiner Fasson selig werden; **Salvation Army** *sub*, *nur Einz.* Heilsarmee

salve!, *interj*, salve!
salvo, *sub*, *-s* Salve
Samaritan, *sub*, *-s* Samariter
samba, *sub*, *-s* Samba
same, (1) *adj*, dasselbe, eins, gleich; *(identisch)* gleich (2) *pron*, derselbe, ein (3) *sub*, *- (veraltet; der/die/das* ~*)* nämlich; *it´s allways the same* es ist immer dasselbe; *it´s the same the whole world over* es ist überall dasselbe; *the same to you* gleichfalls; *the very same* genau dasselbe; *he is at the same time Prime Minister and party chairman* er ist Kanzler und Parteivorsitzender in Personalunion; *it all amounts to the same thing* das ist doch alles eins; *it was the same with me* mir ist es genauso ergangen; *it´s all the same to me* es ist mir völlig gleichgültig; *more or less the same* in etwasa dasselbe; *thanks, same to you* danke, ebenfalls; *the same age* der/die/das Nämliche; *the same age* gleich alt, *the same one* derselbe; *be of the same opinion* einer Meinung sein; *it all comes to the same thing* kommt alles auf eins heraus; ~ **way** *adv*, genauso
Samoa islands, *sub*, *nur Einz.* Samoainseln
Samos, *sub*, *-* Samos
samovar, *sub*, *-s* Samowar
sample, (1) *sub*, *-s (Probestück)* Muster (2) *vt*, kosten; *sample of no commercial value* Muster ohne Wert; ~ **case** *sub*, *-s* Musterkoffer; ~ **census** *sub*, *nur Einz.* Mikrozensus; ~ **on approval** *sub*, *-s* Ansichtssendung; ~ **pack** *sub*, *-s* Probesendung
Samurai, *sub*, *-s* Samurai
sanatorium, *sub*, *-s* Heilanstalt
Sanctitas, *sub*, *nur Einz.* Sanctitas
sanctify, *vt*, heiligen
sanctimonious, *adj*, bigott, frömmlerisch; ~ **person** *sub*, *-s* Frömmler; ~**ness** *sub*, *nur Einz.* Bigotterie
sanction, (1) *sub*, *-s* Sanktion (2) *vt*, sanktionieren; ~**ing** *sub*, *-s* Sanktionierung
sanctuary, *sub*, *-ies* Sanktuarium
sand, (1) *sub*, *nur Einz.* Sand (2) *vt*, schmirgeln; ~ **clam** *sub*, *-s (zool.)* Klaffmuschel; ~ **lizard** *sub*, *-s (tt; biol.)* Zauneidechse; ~ **track** *sub*, *-s* Sandbahn; ~**-coloured** *adj*, drappfarben; ~**-pit** *sub*, *-s* Buddelkasten
sandal, *sub*, *-s* Sandale; ~**wood** *sub*, *-s* Sandelholz; ~**wood oil** *sub*, *-* Sandelholzöl, Sandelöl
sandbag, *sub*, *-s* Sandsack; **sandbank**

sub, -s Sandbank; **sanded metal** *sub, -s* Schrappeisen; **sandman** *sub, nur Einz.* Sandmann, Sandmännchen; **sandpaper (1)** *sub, -s* Schmirgelpapier **(2)** *vt,* abschmirgeln; **sandpiper** *sub, -s (tt; zool.)* Wasserläufer; **sandstone** *sub, -s* Sandstein; **sandwich** *sub, -es* Butterbrot, Sandwich, Stulle; *(Dial)* Klappstulle; **sandy** *adj,* sandig **sanguine,** *adj,* sanguinisch; ~ **person** *sub, people (psych.)* Sanguiniker **sanitary,** *adj,* sanitär; ~ **land fill** *sub, -s* Mülldeponie; ~ **napkin** *sub, -s (US)* Damenbinde; ~ **towel** *sub, -s* Damenbinde, Monatsbinde; *(ugs.)* Binde **Sansculotte,** *sub, -s* Sansculotte **Sanskrit, (1)** *adj,* sanskritisch **(2)** *sub, nur Einz.* Sanskrit; ~**ian** *sub, -s* Sanskritist **Santa Claus,** *sub, -* Weihnachtsmann **sap,** *sub, -s (Pflanzen)* Saft; ~ **so strength** *vi,* zehren **sapmoney,** *sub, - (i. ü. S.)* Zehrgeld; **sappenny** *sub, -es* Zehrpfennig; **sapper** *sub, -s (mil.)* Mineur, Pionier **sapphire,** *sub, -s* Saphir; ~ **brooch** *sub, -es* Saphirnadel **saprophyt,** *sub, -s* Saprophyt **saraband,** *sub, -s (mus.)* Sarabande **Saracen, (1)** *adj,* sarazenisch **(2)** *sub, -s* Sarazene **sarcasm,** *sub, -s* Sarkasmus; **sarcastic** *adj,* sarkastisch **sarcophagus,** *sub, -es* Sarkophag **sardine,** *sub, -s* Ölsardine, Sardine; *you must be crammed in like sardines* da sitzt ihr ja wie die Ölsardinen! **Sardinian, (1)** *adj,* sardisch, sardonisch **(2)** *sub, -s* Sardinierin **sardonic,** *adj, (geh.)* mokant; **sardonyx** *sub, -es* Sardonyx **sarong,** *sub, -s* Sarong **sash,** *sub, -es* Schärpe **sassafras oil,** *sub, -s* Sassafrasöl **Satan,** *sub, -s* Satan; ~´s **brood** *sub, nur Einz.* Teufelsbraten; **satanic** *adj,* luziferisch, satanisch, teuflisch **satchel,** *sub, -s* Ranzen; *(Schulranzen)* Tornister **satellite,** *sub, -s* Satellit, Trabant; ~ **dish** *sub, -es* Parabolantenne; ~ **town** *sub, -s* Trabantenstadt **satin,** *sub, -s* Satin **satire,** *sub, -s* Persiflage, Satire; **satirical** *adj,* satirisch; **satirical poem** *sub, -s* Spottgedicht; **satirical song** *sub, -s* Couplet; **satirist** *sub, -s* Satiriker; **satirize** *vt,* persiflieren **satisfaction,** *sub, -s* Befriedigung, Genugtuung, Satisfaktion; *nur Einz.* Wohl-

gefallen; *demand satisfaction* Genugtuung verlangen; **satisfactory (1)** *adj,* befriedigend **(2)** *vt,* zufrieden stellend; **satisfy** *vt,* sättigen, saturieren; *(mat.)* erfüllen; *(zu Frieden stellen)* befriedigen; *to be satisfied with* mit etwas zufrieden sein; *he finds his work very satisfying* seine Arbeit erfüllt ihn **satsify,** *vt,* zufrieden stellen **satrap,** *sub, -s (hist.)* Satrap **saturated,** *adj,* saturiert; *(chem.)* gesättigt; **saturation** *sub, -s* Sättigung **Saturday,** *sub, -s* Samstag, Sonnabend **Saturn rocket,** *sub, -s* Saturnrakete **satyr,** *sub, -s* Satyr **sauce,** *sub, -s* Sauce, Soße, Tunke; ~ **boat** *sub, -s* Sauciere; ~ **recipe** *sub, -s* Soßenrezept; ~**pan** *sub, -s (Koch-)* Tiegel; ~**r** *sub, -s* Untersatz, Untertasse; **sauciness** *sub, nur Einz.* Keckheit, Kessheit; **saucy** *adj,* keck, kess, schnippisch; *(keck)* frech **sauna,** *sub, -s* Sauna **saurian,** *sub, -s* Echse **sausage,** *sub, -s* Bratwurst, Wurst; *(Dial)* Knacker; ~ **salad** *sub, -s* Wurstsalat **savage, (1)** *adj,* wild; *(grausam)* barbarisch **(2)** *sub, -s* Kannibale; *behave like a savage* sich wie die Axt im Walde benehmen **savanna,** *sub, -s* Savanne **save, (1)** *vi, (Geld)* sparen **(2)** *vt,* einsparen, erretten, ersparen, sparen **(3)** *vti,* ansparen; *save money* Geld einsparen; *save s from* jmd vor etwas erretten; *(i. ü. S.)* *save one´s money* sein Geld in den Strumpf stecken; *save so eyesight* jmd das Augenlicht erhalten; *save so work and money* jmd Kosten und Arbeit ersparen; *that will save you 10 DM a week* dadurch sparen sie 10 DM die Woche; ~ **(up)** *vt,* aufsparen; ~ **from** *vt, (retten vor)* bewahren; ~**r** *sub, -s* Sparer; **saving** *sub, nur Einz.* Aufsparung; **saving for a purpose** *sub, -s (i. ü. S.)* Zwecksparen; **savings** *sub, nur Mehrz.* Ersparnis, Reserve; **savings account** *sub, -s* Sparguthaben; **savings agreement** *sub, -s* Sparvertrag; **savings bank** *sub, -s* Sparkasse; **savings book** *sub, -s* Sparbuch; **savings deposit** *sub, -s* Spareinlage **savior,** *sub, -s* Erretter; *nur Einz. (US)* Heiland; ~**like** *adj,* erlöserhaft; **saviour** *sub, -s* Erlöser; *nur Einz.* Heiland; *-s* Retter **savoy cabbage,** *sub, nur Einz. (tt;*

bot.) Wirsing, Wirsingkohl
saw, (1) sub, -s Säge **(2)** vt, ansägen **(3)**
vti, sägen; **~ away at** vt, (ugs.) säbeln;
~ off vt, absägen; **~ out** vt, aussägen;
~ through vt, durchsägen; **~ to cut
out** sub, -s Dekupiersäge; **~ tooth** sub,
teeth Sägezahn; **~ up** vt, zersägen;
~dust sub, nur Einz. Sägemehl; have
sawdust between one´s ears Stroh im
Kopf haben; **~fish** sub, - Sägefisch;
~mill sub, -s Sägemühle, Sägewerk
saxophone, sub, -s Saxofon; **saxophonist** sub, -s Saxofonist
say, (1) vi, (erwähnen) besagen **(2)** vt,
sagen, vorbringen; Goethe says bei
Goethe steht; he always has to have his
say er will überall mitsprechen; I can´t
bring myself to say it das bringe ich
nicht über die Lippen; (i. ü. S.) I cannot
say as yet das lässt sich noch nicht
überblicken; I still have sth to say
about that too dabei habe ich auch
noch ein Wort mitzureden; (ugs.) I´d
like to have some say in this too da
möchte ich auch ein Wörtchen mitreden; not say any more about sth sich
nicht näher auslassen; one of his favourite sayings ein Wort das er immer im
Mund führt; say the Lord´s Prayer das
Vaterunser beten; (ugs.) she always has
to have her say sie will überall mitreden; she couldn´t say a word sie brachte kein Wort heraus; so that nobody can
say damit es nachher nicht heißt; that
says something das hat etwas zu bedeuten; the letter says es heißt in dem Brief;
to have no say nichts zu melden haben;
to say nothing of ganz zu schweigen
von; (i. ü. S.) to say the wrong thing aus
der Rolle fallen; to say what sb wants
to hear jmd nach dem Mund reden;
what did he say? wie hat er geantwortet?; what did I say? na also; what say?
wie beliebt?; when all is said and done
letzten Endes; you can say that again
das kann man wohl sagen; **~ before
hand** vt, vorwegsagen; **~ goodbye** vr,
verabschieden; **~ goodbye to** vt, verabschieden; **~ing** sub, -s Redensart,
Spruch, Wort; as the saying goes wie
das Sprichwort sagt
sb regrets sth., vt, reuen; **sb who invents stories** sub, - (geh.) Fabulant
scab, (1) sub, -s Soor; (med.) Grind **(2)**
vi, verschorfen; **~ formation** sub, -s (tt;
med.) Verkrustung; **~bard** sub, -s
(Schwert) Scheide; **~by** adj, grindig;
(Pflanzen) schorfig
scabies, sub, - (med.) Krätze
scaffold, sub, -s Schafott; **~er** sub, -s Ge-

rüstbauer; **~ing** sub, nur Einz. (Bau)
Gerüst
scalar, adj, (mat.) skalar
scale, (1) attr, maßstäblich **(2)** sub, -s
Tonleiter; (bot.) Schuppe; (elek-
trisch) Skala; (Karten~) Maßstab **(3)**
vt, abschuppen, entschuppen; (Fische) schuppen; the map is on a large
scale die Karte hat einen großen Maßstab; to scale sth down etwas in verkleinertem Maßstab darstellen, on a
large scale in großem Umfang; the
scales fell from my eyes es fiel mir wie
Schuppen von den Augen; **~ armour**
sub, -s Schuppenpanzer; **~ down** vt,
repartieren; **~ of figures** sub, -s Zahlenskala; **~ pan** sub, -s Waagschale;
~s sub, nur Mehrz. Waage; tip the
scales in so´s favour für jemanden
den Ausschlag geben; **~s factory**
sub, -es Waagenfabrik; **scaling** sub, -s
Abschuppung; **scaling ladder** sub, -s
Sturmleiter
scallop, (1) sub, -s (zool.) Kammmuschel **(2)** vi, ausbuchten **(3)** vt, langettieren
scalp, (1) sub, -s Kopfhaut, Skalp **(2)**
vt, skalpieren
scalpel, sub, -s Seziermesser; (med.)
Skalpell
scaly, adj, schorfartig, schuppig
scamp, sub, -s Lausbub, Lausebengel,
Racker, Spitzbube, Strolch; (ugs.)
Bengel
scampi, sub, nur Mehrz. Scampi
scan, (1) vt, (tech.) abtasten **(2)** vti,
skandieren
scandal, sub, -s Schweinerei; (allg.)
Skandal; hush up a scandal einen
Skandal vertuschen; **~ sheet** sub, -s
Revolverblatt; **~monger** sub, -s
Klatschbase, Klatschmaul, Ohrenbläser; **~ous** adj, skandalös
Scandinavian, sub, -s (Skandinavier)
Nordländerin
scandium, sub, nur Einz. Scandium
scanner, sub, - Scanner; **scanning**
sub, nur Einz. Scanning; -s (tech.)
Abtastung
scantiness, sub, nur Einz. Knappheit;
- Spärlichkeit; nur Einz. (ärmlich)
Dürftigkeit; (unzulänglich) Dürftigkeit; **scanty** adj, knapp; (dürftig)
spärlich; (Wissen, Aufsatz, Ergebnis)
dürftig; it´ll be just barely enough es
wird knapp reichen; scanty provisions knappe Vorräte
scapegoat, sub, -s Sündenbock; (ugs.)
Prellbock
scar, sub, -s Narbe; deep down, you

still bear the scars die Narbe bleibt, auch wenn die Wunde heilt; *to leave a scar* eine Narbe hinterlassen; *to scar sb* jmd eine tiefe Wunde schlagen

scarab, *sub*, *-s* Skarabäus

scare, *vt*, erschrecken; *be scared stiff* Bammel haben; *to scare easily* leicht die Nerven verlieren; *you really gave me a scare* du hast mich aber erschreckt; ~ *off vt, (ugs.)* vergraulen; *(verängstigen)* abschrecken; ~**crow** *sub*, *-s (Vogelscheuche)* Strohmann; ~**d** *adj*, verängstigt, verschreckt; ~**d of water** *adj*, wasserscheu; ~**d to death** *adj*, himmelangst

scaredy-cat, *sub*, *-s (ugs.)* Schisser

scarf, **(1)** *sub*, *-ves -fs* Kopftuch; *-ves* Schal; *-s* Überblattung; *(Hals-)* Tuch **(2)** *vt, (Schienen)* überblatten

scarlet, *sub*, *nur Einz.* Scharlach; ~ **fever** *sub*, - Scharlachfieber; ~ **red** *adj*, scharlachrot

scarp, *vt*, verschrotten

scarred, *adj*, narbig

scary, *adj*, *(nicht -)* geheuer

scatter, *vt*, ausstreuen, streuen, verstreuen, zerstreuen; ~ **cushion** *sub*, *-s* Paradekissen; ~**ed persons** *sub*, *nur Mehrz.* Versprengte; ~**ed property** *sub*, *-ies* Streubesitz; ~**ing** *sub*, *-s (phy.)* Streuung; ~**ing coefficient** *sub*, *-s* Streuungsmaß; ~**ing surface** *sub*, *-s* Streugebiet

scenario, *sub*, *-s* Szenario, Szenarium

scene, *sub*, *nur Einz.* Scene; *-s* Schauplatz, Szene; *(Szene)* Auftritt; *on the political scene* auf der politischen Bühne; *scene of the action* Ort der Handlung; *scene of the crime* Ort des Verbrechens; *to arrive on the scene* auf den Plan treten; *to re-appear (on the scene)* aus der Versenkung auftauchen; *to vanish from the scene* in der Versenkung verschwinden; *(ugs.) know the scene* sich in der Szene auskennen; *make a scene in front of someone* jemandem eine Szene machen; ~ **change** *sub*, *-s* Szenenfolge; ~ **of devastation** *sub*, *scenes (i. ü. S.)* Trümmerfeld; ~ **of the accident** *sub*, *scenes* Unfallstelle; ~ **of the crime** *sub*, *scenes* Tatort; ~ **of the fire** *sub*, *-s (Brandstelle)* Feuerstelle; ~**ry** *sub*, *nur Einz.* Kulisse, Landschaft; *-ies* Szenerie; *(i. ü. S.) have a change of scenery* die Tapeten wechseln; **scenic** *adj*, landschaftlich; **scenic(al)** *adj*, szenisch; **scenically** *adv*, szenisch; *present something scenically* etwas szenisch darstellen

scent, **(1)** *sub*, *-s* Duft, Parfüm, Witte-

rung; - *(Duft)* Geruch **(2)** *vt*, wittern; *throw so off the scent* jmd von der Fährte abbringen

sceptic, *sub*, *-s* Skeptiker; - Zweifler; ~**ism** *sub*, - Skepsis

sceptre, *sub*, *-s* Zepter

schalom!, *interj*, schalom!

schedule, *sub*, *-s* Flugplan; *(US)* Fahrplan, Stundenplan; *he does everything according to a fixed schedule* alles muss seine Ordnung haben; *scheduled time of departure* planmäßige Abfahrt; ~**d** *adj*, fahrplanmäßig; *the train is due at 12 o' clock* der Zug kommt fahrplanmäßig um 12 Uhr an; *the train is scheduled to leave at 12 o' clock* der Zug fährt fahrplanmäßig um 12 Uhr ab; ~**d traffic** *sub*, *nur Einz.* Linienverkehr

schematic, *adj*, schematisch; **schematism** *sub*, *-s* Schematismus; **schematize** *vti*, schematisieren; **scheme** *sub*, *-s* Schema; *(= Unternehmen)* Unternehmung; **scheming** *adj*, intrigant, ränkesüchtig

schiism, *sub*, *nur Einz.* Schiismus

schism, *sub*, *-s* Schisma

schismatic, *adj*, schismatisch

schizoid, *adj*, schizoid

schizophrenia, *sub*, *nur Einz. (med.)* Schizophrenie; **schizophrenic** *adj*, schizophren

schmaltz bread, *sub*, *nur Einz.* Schmalzbrot; **schmaltzy** **film/book/song** *sub*, *-s (ugs.)* Schnulze

schnauzer, *sub*, - *(Hund)* Schnauzer

schnitzel, *sub*, *-s* Schnitzel

scholar, *sub*, *-s* Gelehrte, Scholar; ~**ly** *adj*, *(wissenschaftlich)* gelehrt; ~**ship** *sub*, *-s* Gelehrtheit, Stipendium; ~**ship holder** *sub*, *-s* Stipendiat; **scholastic** **(1)** *adj*, scholastisch **(2)** *sub*, *-s* Scholastiker; **scholasticism** *sub*, *nur Einz.* Scholastik

school, *sub*, *-s* Bildungsanstalt, Schule; **state school** öffentliche Schule; *(ugs.) the way I learned it at school that makes DM 350* das macht nach Adam Riese DM 3,50; *there is no school tomorrow* morgen fällt der Unterricht aus; ~ **attendance** *sub*, *-s* Schulbesuch; ~ **beginner** *sub*, *-s* Abc-Schütze; ~ **building** *sub*, *-s* Schulgebäude; ~ **bus** *sub*, *-ses* Schulbus; ~ **complex** *sub*, *-es* Schulzentrum; ~ **doctor** *sub*, *-s* Schulärztin; ~ **education** *sub*, *nur Einz.* Schulbildung; ~ **fees** *sub*, *nur Mehrz.* Schulgeld; ~ **holidays** *sub*, *nur Mehrz.* Schulfe-

rien; ~ **leaver** *sub*, *-s* Abgänger; ~ **management** *sub*, *-s* Schulleitung
schoolfriend, *sub*, *-s* Schulfreund; **schoolgirl** *sub*, *-s* Schulmädchen; **schoolmate** *sub*, *-s* Schulkamerad; **schools inspector** *sub*, *-s* Schulrat; **schoolteacher** *sub*, *-s* Schullehrer; **schoolyard** *sub*, *-s* Schulgarten **school-leaving certificate**, *sub*, *-s* Abgangszeugnis, Abschlusszeugnis; **school-leaver** *sub*, *-s* Absolvent; **school-leaving exam** *sub*, *-s* Abitur, Matura; **school-leaving exam and university entrance qualification** *sub*, *-s* Reifeprüfung; **schoolbag** *sub*, *-s* Schultasche; **schoolbook** *sub*, *-s* Schulbuch; **schoolchildren** *sub*, *nur Mehrz.* Schuljugend; **schoolday** *sub*, *-s* Schultag **school master**, *sub*, *-s* Lehrer, Schulmeister; **school mistress** *sub*, *-es* Lehrerin; **school playground** *sub*, *-s* Schulhof; **school readiness** *sub*, *nur Einz.* Schulreife; **school report** *sub*, *-s* Schulzeugnis; **school rules** *sub*, *nur Mehrz.* Schulordnung; **school satchel** *sub*, *-s* Schulranzen; **school sport** *sub*, *nur Einz.* Schulsport; **school system** *sub*, *-s* Schulwesen; **school year** *sub*, *-s* Schuljahr; **school´s radio** *sub*, *-s* Schulfunk **schussing**, *sub*, *-s* Schussfahrt **sciatic**, *adj*, *(med.)* ischiadisch; ~ **nerve** *sub*, *-s* Ischiasnerv; ~**a** *sub*, *nur Einz. (med.)* Ischias **science**, *sub*, *-s* Wissenschaft; ~ **fiction** *sub*, *nur Einz.* Sciencefiction; ~ **of arms** *sub*, *nur Einz.* Waffenkunde; ~ **of cells** *sub*, *nur Einz.* Zellenlehre; ~ **of documents** *sub*, *-s* Diplomatik; ~ **of energies** *sub*, *nur Einz.* Energetik; ~ **of the chaos** *sub*, *nur Einz.* Chaostheorie; **scientist** *sub*, *-s* Wissenschaftler; *(Naturw.)* Forscher; **scientist in epidemics** *sub*, *-s* Epidemiologe; **scientist of documents** *sub*, *-s* Diplomatiker **scissors**, *sub*, *nur Mehrz.* Schere; ~ **hold** *sub*, *- -s (spo.)* Beinschere **sclerose**, *vt*, *(tt; med.)* veröden; **sclerosis** *sub*, *- (med.)* Sklerose; **sclerotic** *adj*, sklerotisch **scold**, *vt*, ausschelten, schelten, schimpfen; ~**ing** *sub*, *-s* Schelte, Schimpferei **sconce**, *sub*, *-s* Leuchter **scoop**, (1) *sub*, *-s* Knüller (2) *vt*, *(Wasser)* schöpfen; ~ **out** *vt*, ausschöpfen; ~**ing-out** *sub*, *nur Einz.* Ausschöpfung **scooter**, *sub*, *-s* Motorroller, Roller, Skooter **scope**, *sub*, *-s (Spielraum)* Freiheit; *(i. ü. S.; zeitlich)* Spielraum; *it would be beyond my/our etc scope* das würde

den Rahmen sprengen; ~ **for development** *sub*, *-s* Freiraum **scorch**, *vt*, verbrennen, versengen **score**, *sub*, *-s* Partitur, Punktzahl, Trefferquote; *(spo.)* Trefferzahl; *know the score* durchblicken; ~**-run** *sub*, *(i. ü. S.; spo.)* Wertungslauf **scorn**, *sub*, *nur Einz.* Hohn; *(Verachtung)* Spott; *to heap scorn on somebody* jemanden mit Spott und Hohn überschütten; *earn scorn and derision* Spott und Hohn ernten; *pour scorn on someone* jemanden mit Spott und Hohn überschütten; ~**ful** *adj*, höhnisch **Scorpio**, *sub*, *-s (astrol.)* Skorpion; **scorpion** *sub*, *-s (zool.)* Skorpion **Scotch**, *sub*, *-s* Scotch; **Scot´s joke** *sub*, *-s* Schottenwitz; ~ **tape** *sub*, *nur Einz. (US)* Tesafilm; ~ **terrier** *sub*, *-s* Scotchterrier; **Scotsman** *sub*, *-men* Schottländer; **Scottish** *adj*, schottisch; **Scottish dance** *sub*, *-s* Schottische **scoundrel**, *sub*, *-s* Erzspitzbube, Hundsfott, Spitzbube **scour**, *vti*, scheuern; ~**er** *sub*, *-s* Topfreiniger; ~**ing powder** *sub*, *-s* Scheuersand **scout**, (1) *sub*, *-s* Pfadfinder, Späher (2) *vi*, *(kundschaften)* spähen; *he´s in the Boy Scouts er ist bei den Pfadfindern;* ~**ing trip** *sub*, *-s* Streifzug **scrabble**, *sub*, *-s* Scrabble **scramble**, *sub*, *-* Gerangel; *to scramble to get sb/sth* sich um jmdn/etwas reißen; ~**d eggs** *sub*, *nur Mehrz.* Rührei **scrap**, (1) *sub*, *-s* Rauferei; *(ugs.)* Schnippel, Schnipsel; *(Papier)* Fetzen (2) *vi*, rangeln; *there´s not a scrap of truth in it* da ist kein Fünkchen Wahrheit dran; *throw so on the scrap heap* jmd zum alten Eisen werfen; ~ **heap** *sub*, *-s* Schrotthaufen; ~ **iron** *sub*, *nur Einz.* Alteisen; ~ **metal** *sub*, *- -s* Altmetall; *nur Einz.* Schrott; ~ **of paper** *sub*, *scraps* Papierfetzen; ~ Schnitzel; ~ **value** *sub*, *nur Einz.* Schrottwert; ~ **yard** *sub*, *-s* Schrottplatz **scrape**, (1) *vt*, kratzen, schaben (2) *vti*, scharren; *scrape through* sich mühsam durchschlagen; ~ **clean** *vt*, auslöffeln; ~ **off** *vt*, *(abschaben)* abkratzen; ~ **out** *vt*, *(Behälter)* auskratzen; ~**d off** *adj*, abgeschabt; ~**r** *sub*, *-s* Schabemesser; **scraping knife** *sub*, *-ves* Schabmesser; **scrapping** *sub*, *-* Gerangel; *-s* Rangelei

scratch, (1) *sub*, *-es* Kratzer, Ritz, Schramme **(2)** *vt*, ankratzen, kratzen, ritzen, verschrammen **(3)** *vti*, kribbeln; ~ **off** *vt*, *(ugs.)* schrapen; ~ **oneself** *vr*, kratzen; ~ **sth.** *vt*, zerkratzen; ~**y** *adj*, *(Schallplatte)* abgespielt
scrawl, (1) *sub*, *-* Gekrakel, Gesudel; *-s* Schmiererei; *nur Einz.* *(ugs.)* Klaue **(2)** *vti*, krakeln; *(ugs.)* *you can hardly read your scrawl* deine Klaue kann man kaum lesen; ~ **on** *vi*, *(Wand etc.)* beschmieren; ~**y** *adj*, krakelig
scream, (1) *sub*, *-s* *(vor Schmerz etc.)* Aufschrei **(2)** *vi*, aufschreien, schreien, zetern; *(schreien)* gellen; *it is a scream* das ist zum Brüllen; *it was a scream* es war zum Piepen!; *(ugs.)* *that´s a scream* das ist zum Schießen; ~**ing** *sub*, *-s* *(Geschrei)* Gebrüll; *(stärker)* Geschrei; *(ugs.)* *screamingly funny* umwerfend komisch; ~**ing fit** *sub*, *-s* Schreikrampf
scree, *sub*, *-s* Geröllhalde
screech, (1) *vi*, kreischen **(2)** *vti*, quäken, tröten; ~ **owl** *sub*, *-s* Kauz; ~**ing** *sub*, *-* *(Metall)* Gequietsche
screen, *sub*, *-s* Bildschirm, Leinwand, Paravent, Wandschirm; ~ **spectacular** *sub*, *- -s* Ausstattungsfilm; ~**er** *sub*, *-s* Siebmaschine; ~**ing** *sub*, *nur Einz.* Vernebelung
screw, (1) *sub*, *-s* Schraube; *(vulg.; Koitus)* Nummer **(2)** *vt*, schrauben, zuschrauben **(3)** *vti*, *(vulg.)* bumsen, ficken, vögeln; *(ugs.)* *she-´s got a scew loose* bei ihr ist eine Schraube locker, *he´s got a screw loose* er ist nicht ganz dicht; *(ugs.)* *to have a screw loose* ein Rad abhaben, *screw around* fremdgehen; ~ **in** *vt*, einschrauben; ~ **on** *vt*, anschrauben; *(schließen)* aufschrauben; ~ **together** *vt*, verschrauben; ~ **wheel** *sub*, *-s* Schraubenrad; ~ **wrench** *sub*, *(ugs.; Schraubenschlüssel)* Franzose; ~**ball** *sub*, *-s (i. ü. S.; US)* Spinner; ~**driver** *sub*, *-s* Schraubenzieher; ~**ed-up** *adj*, verdreht; ~**ing up one´s nose** *attr*, naserümpfend
scribble, *vti*, krakeln, kritzeln; ~**r** *sub*, *-s* Schmierfink, Schreiberling, Skribent; **scribbling** *sub*, *nur Einz.* Kritzelei; *(ugs.)* Krakelei; **scribblings** *sub*, *-* Geschreibsel
scribe, *sub*, *-s (bibl.)* Schriftgelehrte; **script** *sub*, *-s* Drehbuch, Manuskript, Schriftbild, Skript; *(Film)* Textbuch
scroll, *sub*, *-s* Schnörkel, Schnörkelei, Schriftrolle
scrotum, *sub*, *-s, -a (anat.)* Skrotum
scrounge, *vi*, *(ugs.)* schnorren; ~**r** *sub*, *-s* Nassauer, Schnorrer; **scrounging** *sub*, *-s* Schnorrerei
scrub, (1) *sub*, *-s* Gestrüpp **(2)** *vt*, abschrubben, schrubben; ~**bing broom** *sub*, *-s* Scheuerbesen; ~**bing brush** *sub*, *-es* Schrubbbesen, Wurzelbürste
scruple, *sub*, *-s (Skrupel)* Bedenken, Hemmung
scrutinize, *vt*, hintersinnen; *(betrachten)* mustern; *to scrutinize sb from head to toe* jmdn von Kopf bis Fuß mustern; **scrutiny** *sub*, *nur Einz.* Musterung
scuba diver, *sub*, *-s (mit Atemgerät)* Sporttaucher; **scuba diving** *sub*, *nur Einz.* Sporttauchen
scuffle, (1) *sub*, *-s* Balgerei **(2)** *vi*, balgen, latschen
scull, *vti*, *(spo.)* skullen; ~**er** *sub*, *-s* Skuller
sculptor, *sub*, *-s* Bildhauer, Bildhauerin; **sculpture (1)** *sub*, *nur Einz.* Bildhauerei, Bildhauerkunst; *-s (kun.)* Skulptur; *(Skulptur)* Plastik **(2)** *vt*, *(kun.)* skulptieren
scum, *sub*, *nur Einz.* Abschaum; *the scum of the world* der Abschaum der Menschheit
scurf, *sub*, *-s (Kopf-)* Grind
scurry, *vi*, huschen; *(ugs.)* wieseln
scurvy, *sub*, *nur Einz.* *(med.)* Skorbut
scythe, *sub*, *-s* Sense; ~**d chariot** *sub*, *-s* Sichelwagen
sea, *sub*, *-s* Meer, See; *across the sea* jenseits des Meeres; *by the sea* am Meer; *to go to the sea(side)* ans Meer fahren; *to travel the seas* übers Meer fahren; *(geogr.)* *the Dead Sea* das Tote Meer; ~ **battle** *sub*, *-s* Seeschlacht; ~ **blockade** *sub*, *-s* Seeblokade; ~ **bottom** *sub*, *nur Einz.* Meeresboden, Meeresgrund; ~ **chart** *sub*, *-s* Seekarte; ~ **eagle** *sub*, *-s* Seeadler; ~ **holly** *sub*, *-ies* Stranddistel; ~ **level** *sub*, *nur Einz.* Meeresspiegel, Normalnull; *above sea-level* über dem Meer; ~ **of flames** *sub*, *-s* Flammenmeer; ~ **of lights** *sub*, *-s* Lichtermeer
seal, (1) *sub*, *-s* Petschaft, Robbe, Seehund, Siegel, Verschluss; *(Siegel)* Plombierung; *(tech.)* Abschluss **(2)** *vt*, abdichten, besiegeln, petschieren, versiegeln, zukleben; *(Fenster)* dichten; *(Siegel)* plombieren; *(tt; tech.)* verplomben; *his lips are sealed* er ist verschwiegen wie ein Grab; *affix a seal to something* ein Siegel auf etwas drücken; *under the seal of secrecy* unter dem Siegel der Verschwiegen-

heit; ~ **hunter** *sub*, *-s* Robbenfänger; ~ **of confession** *sub*, *-s* - Beichtgeheimnis; ~ **sth.** **in transparent film** *vt*, *(in Plastikfolie)* einschweißen; ~**ed** *adj*, verschlossen; ~**er** *sub*, *-s* Robbenjäger; ~**ing** *sub*, *-s* Abdichtung; *nur Einz*. Besiegelung; *-s* Versiegelung, Versieglung; *nur Einz*. *(tech.)* Dichtung; *-s (tt; tech.)* Verplombung; ~**ing wax** *sub*, *-es* Siegellack; ~**skin** *sub*, *-s* Seal

seam, *sub*, *-s* Naht, Saum; *(geol.,Bergbau)* Flöz; *to be bursting at the seams* aus allen Nähten platzen; ~**an´s registration book** *sub*, *-s* Seefahrtbuch; ~**stress** *sub*, *-es* Weißnäherin

séance, *sub*, *-s* Séance

seaplane, *sub*, *-s* Wasserflugzeug; **seaport** *sub*, *-s* Seehafen; **seaquake** *sub*, *-s* Seebeben

search, **(1)** *sub*, *-es* Durchsuchung, Fahndung, Suche **(2)** *vi*, fahnden **(3)** *vt*, untersuchen; *search one´s conscience* sein Gewissen erforschen; *go in search of* auf die Suche gehen nach; ~ **(for)** *vt*, durchsuchen; *search the house for sth* das Haus nach etwas durchsuchen; ~ **(of an area)** *sub*, Durchkämmung; ~ **all through** *vt*, *(Haus)* durchstöbern; ~ **for (1)** *vi*, fahnden, forschen **(2)** *vti*, *(eingehend)* suchen; ~ **thoroughly** *vt*, *(suchen)* durchforschen; ~ **warrant** *sub*, *-s* Durchsuchungsbefehl; ~**er** *sub*, *-s (Person)* Sucher; ~**ing image** *sub*, *-s* Suchbild

sea route, *sub*, *-s* Seeweg; **sea salt** *sub*, *nur Einz*. Meersalz; **sea shanty** *sub*, *-ies* Seemannslied; **sea snake** *sub*, *-s* Seeschlange; **sea tubor** *sub*, *-s* Seegurke; **sea urchin** *sub*, *-s* Seeigel; **sea view** *sub*, *-s* Seeblick; **sea voyage** *sub*, *-s* Schiffsreise, Seefahrt, Seereise; **sea-elephant** *sub*, *-s* Seeelefant; **sea-horse** *sub*, *-s* Seepferdchen

seascape painter, *sub*, *-s* Marinemaler; **seashore** *sub*, *-s* Meeresstrand; **seasick** *adj*, seekrank; **seasickness** *sub*, *nur Einz*. Seekrankheit; **seaside resort** *sub*, *- -s* Badeort; *-s* Seebad

season, **(1)** *sub*, *-s* Jahreszeit, Saison **(2)** *vt*, *(würzen)* abschmecken; ~ **ticket** *sub*, *-s* Dauerkarte; *(i. ü. S.)* Zeitkarte; ~**al** *adj*, saisonal, saisonweise; ~**al work** *sub*, *-s* Saisonarbeit; ~**ed** *adj*, *(Holz)* abgelagert

seat, *sub*, *-s (allg.)* Sitz; *(Sitzplatz)* Platz; *the guests took their seats* die Gäste nahmen ihre Sitze ein; *to resign one´s seat* sein Mandat niederlegen; *(wirt.)* *with the place of business and legal seat in Berlin* mit dem Sitz in Berlin;

please remain seated! behalten Sie doch bitte Platz!; *this seat is taken* dieser Platz ist belegt; *to take a seat* Platz nehmen; ~ **in the stalls** *sub*, *seats* Parkettsitz; ~ **of a/the bishopric** *sub*, *-s* Bischofssitz; ~ **reservation (ticket)** *sub*, *-s* Platzkarte; ~**belt** *sub*, *-s (Sicherheits-)* Gurt; ~**belt tensioner** *sub*, *-s* Gurtstraffer; ~**ing arrangement** *sub*, *-s* Sitzordnung; ~**ing order (at table)** *sub*, *nur Einz*. Tischordnung; ~**ing plan** *sub*, *-s* Sitzordnung; ~**s** *sub*, *-* Gestühl

seawards, *adv*, seewärts; **seaweed** *sub*, *nur Einz*. Seetang; *-s* Tang; **seaworthy** *adj*, seetüchtig

sebaceous, *adj*, *(med.)* talgig

sebum, *sub*, *nur Einz*. *(anat.)* Talg

secant, *sub*, *-s (mat.)* Sekante

secession, *sub*, *-s* Sezession; ~**ist** *sub*, *-s* Sezessionist

secluded, *adj*, abgeschieden, klösterlich, zurückgezogen; **seclusion** *sub*, *nur Einz*. Abgeschiedenheit, Klausur

second, **(1)** *adj*, zweite **(2)** *sub*, *-s* Sekundant, Sekunde; *to take second place to sth* hinter etwas zurückstehen; ~ **car** *sub*, *-* Zweitwagen; ~ **copy** *sub*, *-es* Zweitschrift; ~ **flat** *sub*, *-s (Zweitwohnung)* Nebenwohnung; ~ **harvest** *sub*, *-s (Ernte)* Nachlese; ~ **helping** *sub*, *nur Einz*. *(ugs.)* Nachschlag; ~ **home** *sub*, *-* Zweitwohnung; ~ **job** *sub*, *-s* Nebenjob; *(Zweitberuf)* Nebenarbeit, Nebenbeschäftigung; ~ **machine** *sub*, *-s* Zweitgerät; ~ **occupation** *sub*, *-s* Nebenerwerb; ~ **shot** *sub*, *-s (Fußball)* Nachschuss

secondary, *adj*, nebenamtlich, sekundär, untergeordnet; *he does that just as a secondary occupation* das macht er nur nebenamtlich; *(med.)* *secondary infection* opportunistische Infektion; ~ **aim** *sub*, *-s* Nebenabsicht; ~ **colour** *sub*, *-s (phys.)* Mischfarbe; ~ **energy** *sub*, *-ies* Sekundärenergie; ~ **haemorrhage** *sub*, *-s* Nachblutung; ~ **literature** *sub*, *nur Einz*. Sekundärliteratur; ~ **modern school** *sub*, *-s* Hauptschule; *(=Realschule)* Mittelschule; ~ **office** *sub*, *-s (Nebenberuf)* Nebenamt; ~ **school** *sub*, *-s* Realschule

second-hand bookshop, *sub*, *- -s* Antiquariat

second voice, *sub*, *-s* Zweitstimme; **second-largest** *adj*, zweitgrößte; **second-last** *adj*, zweitletzte; **second-punch** *sub*, *-es* Zweitschlag;

second-ranked *adj*, zweitrangig; second-rate *adj*, zweitklassig; secondrate school *sub*, *-s* Klippschule; secondhand bookseller *sub*, *- -s* Antiquar; secondhand shop *sub*, *-s* Secondhandshop, Trödelladen, Trödlerladen
second-highest, *adj*, zweithöchste
secretary, *sub*, *-ies* Minister, Protokollant, Schriftführer, Sekretär, Sekretärin; *(Verein)* Geschäftsleitung; Secretary General *sub*, *-ies* Generalsekretär; Secretary of the Treasury *sub*, *nur Einz*. *(US)* Finanzminister
secrete, (1) *vi*, *(med.)* sekretieren (2) *vt*, *(biol.)* absondern; secretion *sub*, *-s* Sekret, Sekretion; *(biol.)* Absonderung
secretive, *adj*, *(mat.)* sekretorisch; ~ness *sub*, *-es* Geheimtuerei; secretly *adv*, heimlich, insgeheim; make off secretly sich in aller Stille davonmachen
secret path, *sub*, *-s* Schleichweg; secret police *sub*, *-s* Geheimpolizei; secret recipe *sub*, *-s* Geheimrezept; secret remedy *sub*, *-ies* Geheimmittel; secret service *sub*, *-s* Geheimdienst; secret society *sub*, *-ies* Geheimbund; secret transmitter *sub*, *-s* Geheimsender; secret weapon *sub*, *-s* Geheimwaffe
sect, *sub*, *-s* Sekte; ~arian *sub*, *-s* Sektierer; ~arianism *sub*, *nur Einz*. Sektenwesen, Sektierertum
section, *sub*, *-s* Sektion; *(jur.)* Paragraf; *(Straße)* Abschnitt; ~al steel *sub*, *-s* Profilstahl
sector, *sub*, *-s* Sektor; *(mat.)* Ausschnitt
secular, *adj*, säkular, weltlich; ~ization *sub*, *-s* Säkularisation; ~ize *vt*, säkularisieren
secure, (1) *adj*, geborgen; *(Geborgenheit)* sicher (2) *vt*, sichern, sicherstellen; *(Ladung)* absichern; she feels very secure with him sie fühlt sich bei ihm geborgen, secure position gesicherte Existenz; securities *sub*, *nur Mehrz*. Valoren; security *sub*, *-ies* Geborgenheit; *(Geld)* Sicherheit; *(Handel)* Gewähr; *(Wert~)* Papier; security measure *sub*, *-s* Sicherheitspolitik
sedan chair, *sub*, *-s* Portechaise, Sänfte
sedate, *adj*, behäbig; ~ness *sub*, *nur Einz*. Behäbigkeit
sedative, *sub*, *-s* Sedativ
sedge, *sub*, *nur Einz*. *(ugs.)* Segge
sediment, *sub*, *-s* *(Bodensatz)* Niederschlag; *(geol.)* Sediment; ~ary *adj*, sedimentär; ~ation *sub*, *-s* Sedimentation
seditious, *adj*, aufwieglerisch
seduce, *vt*, verführen; ~r *sub*, *-s* Verfüh-

rer; seduction *sub*, *-s* Verführung; seductress *sub*, *-es* Verführerin
see, *vt*, schauen, sehen; *(i. ü. S.)* überschauen; *(ablesen)* absehen; *(einen Arzt)* aufsuchen; as I see it für meine Begriffe; can´t you see straight? du hast wohl einen Knick in der Optik!; go and see for yourself! überzeugen Sie sich selbst davon!; I don´t know what she sees in him ich weiss nicht, was sie an ihm findet; I don´t like this, it´s got ginger in it, you see mir schmeckt das nicht, da ist nämlich Ingwer drin; I don´t see any harm in it ich kann nichts dabei finden; I don´t see why ich sehe nicht ein, weshalb; *(ugs.)* let see what you can do zeig´ mal was du kannst; *(i. ü. S.)* let´s wait and see! abwarten und Tee trinken!; *(ugs.)* now I see what you´re after Nachtigall, ick hör dir trapsen!; oh, I see ach so!; see something of the world sich in der Welt umsehen; see something through etwas zu Ende führen; see what it´s really about durchschauen worum es wirklich geht; she refuses to see anybody sie empfängt niemanden; *(theol.)* the Holy See der Heilige Stuhl; the way I see it nach meinem Empfinden; to refuse to see that auf einem Auge blind sein; ~ how to go on *vi*, weitersehen; ~ into *vt*, *(Garten)* einsehen; ~ over *vi*, hinwegsehen; ~ red *vi*, *(ugs.)* rot sehen; ~ so home *vt*, heimbringen; ~ so to the door *vt*, *(an die Tür -)* geleiten; ~ through (1) *adj*, *(i. ü. S.)* durchschaubar (2) *vt*, durchschauen; *(durchsichtig sein)* durchsehen; I´ve seen through you du bist durchschaut; ~ to *vi*, *(erledigen)* besorgen; ~ you! interj, *(ugs.)* servus!
seed, *sub*, *-s* Kern, Saat, Saatgut, Same; *nur Einz*. *(Saat)* Aussaat; ~ capsule *sub*, *-s* Samenkapsel; ~ corn *sub*, *-s* Saatkorn; ~bed *sub*, *-s (i. ü. S.)* Keimzelle; the seedbed of revolution die Keimzelle der Revolution; ~less raisin *sub*, *-s (US)* Sultanine; ~ling *sub*, *-s* Setzling; ~lings *sub*, *nur Mehrz*. Saat; ~lings care *sub*, *nur Einz*. Saatenpflege; ~s *sub*, *nur Mehrz*. Samen
seek, *vt*, *(danach streben)* suchen; *(Rat)* einholen; seek medical treatment sich in Behandlung begeben; ~ing help *adj*, hilferufend; ~ing justice *adj*, rechtsuchend
seem, (1) *vi*, scheinen, wirken (2) *vt*, *(sich darstellen)* erscheinen; you

seem to have made a mistake da haben Sie sich offenbar geirrt, *it would seem advisable* es erscheint ratsam
seep, *vi*, sickern; ~ **into** *vt*, *(Flüssigkeit)* eindringen; ~ **through** *vti*, durchsickern; ~**ing** *sub*, *-s* Versickerung; ~**ing water** *sub*, *nur Einz.* Sickerwasser
seer, *sub*, *-s* Seher
seesaw, (1) *sub*, *-s* Wippe (2) *vi*, wippen
seethe, *vi*, *(i. ü. S.)* gären; *(i. ü. S.) he was seething* ihm lief die Galle über
segment, (1) *sub*, *-s* Segment (2) *vt*, segmentieren; ~**al** *adj*, segmental; ~**ary** *adj*, segmentär; **segregate** *vt*, segregieren
s. einmal, *adv*, *(ugs.; .)* mal
seismic, *adj*, seismisch; ~ **focus** *sub*, *-es/foci* Erdbebenherd
seismogram, *sub*, *-s* Seismogramm; **seismograph** *sub*, *-s* Erdbebenmesser, Seismograf; **seismologist** *sub*, *-s* Seismologin; **seismology** *sub*, *nur Einz.* Seismik, Seismologie; **seismometer** *sub*, *-s* Seismometer
seize, *vt*, bemächtigen, beschlagnahmen, pfänden; *(Gefühle)* packen; *(pakken)* erfassen; *he seized the opportunity* er ließ sich die Gelegenheit nicht entgehen; *she was seized with fear* Furcht erfasste sie; **seizure** *sub*, *-s* Bemächtigung, Beschlagnahme, Besitzergreifung, Pfändung
Sejm, *sub*, *nur Einz.* Sejm
select, (1) *adj*, *(ausgewählt)* sortiert; *(Gesellsch.)* gewählt; *(Wein)* gepflegt (2) *vt*, selektieren, selektionieren; ~**ion** *sub*, *-s* Selektion; *(Auswahl)* Auslese; ~**ion process** *sub*, *-es* Ausleseprozess; ~**ive** *adj*, punktuell, selektiv, trennscharf; *(i. ü. S.)* gezielt; *(i. ü. S.) they are very selective* es wird sehr gesiebt; ~**iveness** *sub*, *nur Einz.* Selektivität; ~**ivity** *sub*, *-ies* Trennschärfe; ~**or** *sub*, *-s (tt; tech.)* Wähler
selenium, *sub*, *nur Einz.* Selen
self-criticism, *sub*, *nur Einz.* Selbstkritik; **self-deception** *sub*, *nur Einz.* Selbstbetrug; **self-defence** *sub*, *nur Einz.* Notwehr; **self-determination** *sub*, *-s* Selbstbestimmung; **self-discipline** *sub*, *-s* Selbstzucht; **self-employed** *adj*, freiberuflich; **self-enrichment** *sub*, *-s* Sanierung; **self-esteem** *sub*, *nur Einz.* Selbstgefühl; *-s (Selbstachtung)* Ehre; *(Selbstwert)* Egoismus; **self-evidence** *sub*, *-s* Evidenz; **self-growing** *adj*, eigenwüchsig
self-help, *sub*, *nur Einz.* Selbsthilfe; **self-ignition** *sub*, *-s* Selbstzünder; **self-im-**

portance *sub*, *nur Einz.* Aufgeblasenheit; **self-important** *adj*, *(Person)* aufgeblasen; **self-important little pipsqueak** *sub*, *-s (ugs.; Mensch)* Pinscher; **self-interest** *sub*, *-s* Eigennutz; **self-interested** *adj*, eigennützig; **self-irony** *sub*, *nur Einz.* Selbstironie; **self-knowledge** *sub*, *nur Einz.* Selbsterkenntnis; *self-knowledge is the first step towards self-improvement* Selbsterkenntnis ist der erste Weg zur Besserung; **self-made man** *sub*, *-men* Selfmademan; **self-mutilation** *sub*, *-s* Selbstverstümmelung; **self-optionated twit** *sub*, *-s (ugs.; i. ü. S.)* Pinsel
self-portrait, *sub*, *-s* Selbstbildnis; **self-praise** *sub*, *-s* Eigenlob; *self-praise is no recommendation* Eigenlob stinkt; **self-propelling wheelchair** *sub*, *-s* Selbstfahrer; **self-protection** *sub*, *nur Einz.* Selbstschutz; **self-purification** *sub*, *-s* Selbstreinigung; **self-respect** *sub*, *-s* Selbstachtung; **self-righteousness** *sub*, *nur Einz. (i. ü. S.)* Pharisäertum; **self-sacrifice** *sub*, *-s* Aufopferung; *nur Einz.* Opfermut, Opfertod; **self-sacrificing** *adj*, aufopferungsvoll; **self-satisfaction** *sub*, *nur Einz.* Selbstgefälligkeit, Süffisanz; **self-satisfied** *adj*, süffisant; **self-service** *sub*, *-s* Selbstbedienung **self-service shop,** *sub*, *-s* Selbstbedienungsladen; **self-sufficiency** *sub*, *-ies* Autarkie; **self-sufficient** *adj*, autark; **self-taught person** *sub*, *-s* Autodidakt; **self-willed** *adj*, eigenwillig; **selfish** *adj*, eigensüchtig; **selfishness** *sub*, *nur Einz.* Ichsucht; **selfless** *adj*, selbstlos; **selfsupporting** *adj*, *(tech.)* freitragend
sell, (1) *vi*, weggehen (2) *vti*, *(Ware)* gehen (3) *vtr*, verkaufen; *easy to sell* leicht absetzbar; *get so to sell one sth* jemandem etwas abhandeln; *it sells well* es wird gern gekauft, *these boots don't sell well* diese Stiefel gehen überhaupt nicht; ~ **off** *vt*, *(ugs.)* verschachern, verscheuern; ~**er** *sub*, *-s* Verkäufer; ~**er of souls** *sub*, *-s* Seelenverkäufer
Sellotape, *sub*, *nur Einz.* Tesafilm
sellout, *sub*, *nur Einz. (polit.)* Ausverkauf
semantic, *adj*, semantisch; ~**s** *sub*, *nur Einz.* Semantik
semaphor flag, *sub*, *-s (tt; naut.)* Winkerflagge; **semaphore** *sub*, *-s* Semaphor; **semaphoric** *adj*, semaphorisch

semester, *sub*, *-s* Semester
semibreve, (1) *adj*, *(mus.* *ganze Note/Pause)* ganz (2) *sub*, *-s* Ganzton; *semibreve* ganze Note
semicircle, *sub*, *-s* Halbkreis; **semicolon** *sub*, *-s* Semikolon, Strichpunkt; **semiconductor** *sub*, *-s* Halbleiter; **semidarkness** *sub*, *-* Halbdunkel
semi-final, *sub*, *-s* Halbfinale, Semifinale; **semi-finished** *adj*, *(tech.)* halb fertig; **semi-luxury** *sub*, *-ies* Genussmittel; **semiprecious stone** *sub*, *-s* Halbedelstein
seminar, *sub*, *-s* Seminar, Seminarübung; ~ **paper** *sub*, *-s* Referat; ~**ian** *sub*, *-s* Konviktuale; ~**ist** *sub*, *-s* Seminarist, Seminaristin
semiofficial, *adj*, halbamtlich, offiziös
semiotics, *sub*, *nur Einz.* Semiotik
Semite, *sub*, *-s* Semit; **Semitic** *adj*, semitisch, semitistisch; **Semitics** *sub*, *nur Einz.* Semitistik
semitone, *sub*, *-s (mus.)* Halbton; **semivowel** *sub*, *-s* Semivokal
semolina, *sub*, *-s (gastr.)* Grieß
senate, *sub*, *-s* Senat
senator, *sub*, *-s* Senator; ~**ial** *adj*, senatorisch; ~**ium** *sub*, *-s* Sanatorium
send, (1) *vt*, hinschicken, senden, übersenden, zusenden (2) *vti*, schicken; *have been sent by so* im Auftrag von jemanden kommen; *to send sb to Coventry* mit Nichtachtung strafen; *two players were sent off* es gab zwei Platzverweise; ~ **a fax** *vt*, durchfaxen; ~ **along** *vt*, *(Person)* mitgeben; *to send sb along with sb* jmd jmdn mitgeben; ~ **as a delegate** *vt*, delegieren; *delegate tasks to* Aufgaben delegieren; *send so as a delegate* jmd delegieren; ~ **away** *vt*, fortschicken, versenden, wegschicken; ~ **back** *vt*, zurückschicken, zurücksenden
sender, *sub*, *-s* Absender, Adressant, Einsenderin; **sending** *sub*, *-s* Sendung, Übersendung; **sending-off** *sub*, *-s* Platzverweis; *(spo.)* Feldverweis; **sending-out** *sub*, *nur Einz.* *(von Post)* Aussendung
send for, *vt*, rufen; **send in** *vt*, einschicken; *send in an application* eine Bewerbung einschicken; *send in an order* eine Bestellung einschicken; *send sth (in) for repair* etwas zur Reparatur einschicken; **send in advance** *vt*, vorschicken; **send off** *vt*, absenden, losschicken; **send out** *vt*, ausschicken, funken, verschicken; *(Post)* aussenden; **send over** *vt*, herschicken; **send sth. (in)** *vt*, einsenden; **send to** *vt*, zuschik-

ken; **send up** *vt*, *(ugs.)* verhohnepeln
Senegalese, *adj*, senegalisch
seneschal, *sub*, *-s (hist.)* Majordomus
Senhor, *sub*, *-s* Senhor; ~**a** *sub*, *-s* Senhora; ~**ita** *sub*, *-s* Senhorita
senile, *adj*, altersbedingt, senil; **senility** *sub*, *nur Einz.* Senilität
senior, *sub*, *-* Senior; ~ **officer** *sub*, *-s (mil.)* Rangälteste; ~ **physician** *sub*, *-s* Oberarzt
sensation, *sub*, *-s* Eklat, Gefühl, Knüller, Sensation, Sentiment; *(Sinne)* Empfindung; ~**al effect** *sub*, *-s* Knalleffekt
sensational, *adj*, sensationell; *(Neuigkeit)* Aufsehen erregend
sense, *sub*, *-s* Gespür; *(Gespür)* Gefühl; *(organ.)* Sinn; *be out of senses* von Sinnen sein; *come to one´s senses* Vernunft annehmen; *make sense* einen Sinn ergeben; *there is no sense* das hat keinen Sinn; *to come to one´s sense* zur Vernunft kommen; ~ **of balance** *sub*, *-s* Gleichgewichtssinn; ~ **of direction** *sub*, *nur Einz.* Ortssinn; ~ **of distance** *sub*, *nur Einz.* Augenmaß; *(i. ü. S.)* *be good at sizing things up* ein gutes Augenmaß haben; *have a good eye for distances* ein gutes Augenmaß haben; ~ **of duty** *sub*, *nur Einz.* Pflichtbewusstsein, Pflichtgefühl; *he has a great sense of duty* er ist sehr pflichtbewusst; ~ **of family** *sub*, Familiensinn; ~ **of hearing** *sub*, *-* Gehör; ~ **of mission** *sub*, *-s* Sendungsbewusstsein; ~ **of responsibility** *sub*, *nur Einz.* Verantwortungsbewusstsein; ~ **of shame** *sub*, *nur Einz.* Schamgefühl; ~ **of touch** *sub*, *nur Einz.* Tastsinn; ~ **organ** *sub*, *-s (anat.)* Sinnesorgan; ~**s** *sub*, *nur Mehrz.* *(ugs.; Verstand)* Besinnung; *bring so back to her/his senses* jemanden zur Besinnung bringen; *come to one´s senses* wieder zu Besinnung kommen
sensitive, *adj*, empfindlich, feinfühlig, gefühlsecht, reizbar, sensibel, sensitiv; *(geh.)* einfühlsam; *(i. ü. S.)* zart fühlend; *(empfindsam)* gefühlvoll; *(Person)* hellhörig; ~ **to the weather** *adj*, wetterfühlig; ~**ly** *adv*, feinfühlig; ~**ness** *sub*, *nur Einz.* Reizbarkeit; *-ies (mit - handeln)* Feinfühligkeit; **sensitivity** *sub*, *-ies* Empfindsamkeit, Feinfühligkeit, Gefühligkeit; *nur Einz.* Sensibilität, Sensitivität, Zartheit; **sensitize** *vt*, sensibilisieren; **sensitizer** *sub*, *-s*

Sensibilisator; **sensivity to the weather** *sub, nur Einz.* Wetterfühligkeit

sensor, *sub, -s* Sensor; *(tech.)* Fühler; **~y** *adj,* sensorisch, sensuell; **~y cell** *sub, -s* Sinneszelle

sensual, *adj,* sinnlich, wollüstig; *a sensualist* ein sinnlicher Mensch; **~ passion** *sub, -s* Sinnenrausch; **~ism** *sub, nur Einz.* Sensualismus; **~ist** *sub, -n* Wollüstling; **~ity** *sub, nur Einz.* Sensualität; - Sinnlichkeit; *-es* Wollust; **sensuous** *adj,* sinnlich; **sensuous person** *sub, -s* Sinnenmensch; **sensuously intoxicating** *adj,* sinnbetörend

sentence, *sub, -s* Satz, Strafmaß; *(Gefängnis-)* Strafe; *begin serving a sentence* eine Strafe antreten; *serve a sentence* eine Strafe absitzen; **~ construction plan** *sub, -s* Satzbauplan

sentimental, *adj,* sentimental; **~ity** *sub, -ies* Gefühligkeit; *nur Einz.* Larmoyanz; *-ies* Sentimentalität

sentry, *sub, -ies* Schildwache; *-es* Wachposten, Wachtposten; *-ies (tt; mil.)* Horchposten; **~-box** *sub, -es* Schilderhaus

separability, *sub, nur Einz.* Trennbarkeit; **separable** *adj,* trennbar; **separate (1)** *adj,* abgesondert, gesondert, getrennt, partikular, separat **(2)** *vi, (sich trennen)* auseinander gehen **(3)** *vt,* scheiden, separieren, sondern; *(entfernen)* trennen; *(etwas)* abtrennen; *(Person, etc.)* absondern; *separate the pupils* Schüler auseinander setzen; **separate a package deal** *vt, (wirt.)* Entkoppelung

separately, *adv, (getrennt)* extra; *(separat)* besonders; **separation** *sub, -s* Abtrennung, Scheidung, Separation, Trennung; *(Person, etc.)* Absonderung; **separation of powers** *sub, - (polit.)* Gewaltenteilung; **separation of property** *sub, -s (jur.)* Gütertrennung; **separatism** *sub, nur Einz.* Separatismus; **separatist (1)** *adj,* separatistisch **(2)** *sub, -s* Separatist; **separator** *sub, -s* Separator

sepia bone, *sub, -s* Sepiaknochen

sepsis, *sub, sepses (med.)* Sepsis; *-es (tt; med.)* Vereiterung

September, *sub, nur Einz.* September

septet, *sub, -s (mus.)* Septett

septic, *adj,* septisch

septum, *sub, -s (tt; biol.)* Wand

sepulchral voice, *sub, -s* Grabesstimme

sequel, *sub, -s (i. ü. S.)* Nachspiel

sequester, *vt,* sequestrieren

sequin, *sub, -s* Paillette

seraglio, *sub, -s* Serail

seraphic, *adj,* seraphisch

Serbian, *adj,* serbisch

serenade, *sub, -s* Serenade, Ständchen; *serenade sb* ein Ständchen darbringen; *serenade sb* jemandem ein Ständchen bringen

serene, *adj,* abgeklärt; **serenity** *sub,* Abgeklärtheit

sergant, *sub, -s (tt; mil.)* Wachtmeister

serge, *sub, -s* Serge

sergeant, *sub, (mil.)* Feldwebel; *-s* Sergeant; *(tt; mil.)* Unteroffizier

serial, *adj,* seriell; **~ letter** *sub, -s* Litera; **~ized novel** *sub, -s* Fortsetzungsroman; **series** *sub, nur Einz.* Reihe; - *(Serie)* Folge; *(TV)* Serie; **series of lectures by different speakers** *sub,* - Ringvorlesung; **series of strikes** *sub,* - Streikwelle; **series of victories** *sub, nur Einz.* Siegesserie; **series(-produced)** *adj,* serienmäßig

serif, *sub, -s* Serife

serious, *adj,* ernst, ernsthaft, schwerblütig, schwerwiegend; *(Zeitung)* seriös; *I´m serious about it* ich meine es ernst; *serious music* ernste Musik; *take so seriously* jmd ernst nehmen; *are you serious* ist das dein Ernst; *are you serious about that?* meinen Sie das im Ernst?; *have a serious talk with so* jmdm ins Gewissen reden; *he takes his duties very seriously* er ist sehr pflichtbewusst; *I´m deadly serious* es ist mein voller Ernst; *it´s not serious!* das ist doch kein Malheur!; *(i. ü. S.) not to take sb seriously* jmd nicht für voll nehmen; *seriously now!* Spaß beiseite!; *a serious offer* ein seriöses Angebot; *he makes a serious impression* er wirkt seriös; **~ly disabled** *adj,* schwerbeschädigt; **~ly handicapped person** *sub, people* Schwerbehinderte; **~ly ill patient** *sub, -s* Schwerkranke; **~ness** *sub, nur Einz.* Ernst; *-es* Ernsthaftigkeit; *nur Einz.* Seriosität; *(Ernsthaftigkeit)* Bedenklichkeit; *in all seriousness* allen Ernstes

sermon, *sub, -s* Moralpredigt, Predigt, Sermon; *to give sb a sermon* jmd eine Moralpredigt halten; *give someone a lecture* jemandem einen Sermon halten

serous, *adj,* serologisch, serös

serpentine, *sub, -s* Serpentin

serum, *sub, -ra, -s* Serum

serval, *sub, -s (zool.)* Serval; **~ine cat** *sub, -s* Serval

servant, *sub,* -s Diener, Gesinde,

Hausbursche; ~´s **room** sub, -s Gesindestube; ~s sub, nur Mehrz. Dienerschar

serve, (1) vi, bedienen, ministrieren; (spo.) angeben; (Tennis) aufschlagen, geben (2) vt, ableisten, bedienen, servieren, verbüßen, vorlegen; (Diener/Sachen) dienen (3) vti, auftischen; are you being served? werden sie schon bedient?; let that serve as a warning to you als Warnung dienen; serve mit Essen aufwarten; serve as a museum als Museum dienen; serve in the army beim Heer dienen; serve so bei jmd dienen; serve so well jmd gute Dienste leisten; ~r sub, -s Messdiener, Messdienerin, Ministrant; **service (1)** sub, -s Dienstleistung, Gottesdienst, Service; nur Einz. (Service) Bedienung; -s (spo.) Angabe; (Tennis) Aufschlag (2) vt, (tt; tech.) warten; get bad service schlecht bedient werden; in the service sector im Dienstleistungsbereich; may I be of service to you? kann ich Ihnen nützlich sein?; first-class service erstklassiger Service, he services his car er wartet sein Auto; **service charge** sub, - -s Bedienungsgeld; **service fault** sub, - -s Aufschlagfehler; **service in return** sub, -s Gegenleistung

service net, sub, -s Servicenetz; **service tree** sub, -s Spierstrauch; **servicing** sub, -s (tt; tech.) Wartung

serviette, sub, -s Mundtuch

servile, adj, hündisch, kriecherisch, lakaienhaft, servil, unterwürfig; **servility** sub, -ies Servilität; nur Einz. Unterwürfigkeit; **serving** sub, -s Ableistung; **serving hatch** sub, -es Durchreiche; **serving of meals** sub, -s Essenausgabe; **serving-fork** sub, -s Vorlegegabel; **serving-table** sub, -s Serviertisch; **servitude** sub, nur Einz. Knechtschaft

sesame, sub, - Sesam

session, sub, -s Session; (jur.) Sitzung

set, (1) sub, -s Garnitur, Set; (ugs.) Sippschaft; (Fernseher, Radio) Gerät; (Geschirr) Service; (Satz) Serie (2) vi, untergehen (3) vt, richten; (Abschnitt) absetzen; (Falle) aufstellen; (Haare) einlegen; (hinzu-) fügen; (platzieren) setzen; (regulieren) stellen; (von Zement) abbinden; to set up as a doctor sich als Arzt niederlassen; set so´s hair jmd die Haare einlegen; ~ (small stones in jewellery) vt, karmosieren; ~ afloat vt, (Boot) flottmachen; ~ an example vi, statuieren; ~ an example of sth vt, vorleben; ~ fire to vt, (anzünden) anstecken; (Gebäude) anzünden;

~ free vt, freilassen; ~ loose (on) vt, loslassen (auf); ~ meal sub, -s Menü; (Speise) Gedeck; (set) meal of the day Menü des Tages; ~ o.s. up vr, aufwerfen; set os up as sth sich zu etwas aufwerfen; ~ of fire-fighting appliances sub, -s Löschzug; ~ of four cards sub, -s Quartett; ~ of signals sub, nur Mehrz. Signalanlage; ~ of teeth sub, nur Mehrz. Gebiss; ~ to music vt, vertonen

set off, (1) vi, (abfahren) losfahren; (weggehen) losgehen (2) vt, (chemische Reaktion) auslösen; set sth off against sth etwas gegen etwas aufrechnen; **set out** vi, losziehen; (losgehen) aufmachen; **set piece** sub, -s Versatzstück; **set sail** vi, (Schiff) ablegen; **set square** sub, -s Geodreieck; **set theory** sub, nur Einz. (math.) Mengenlehre; **set to work on** vr, (sich) heranmachen; **set up** vt, gründen, instituieren; (auch Rekord) aufstellen; (Zelte) aufschlagen; set os up in life sich eine Existenz aufbauen; **set-back** sub, -s Rückschlag, Schlappe; **set-gun** sub, -s Selbstschuss

settee, sub, -s Kanapee; (kleines Sofa) Sofa

setter, sub, -s (tt; zool.) Setter

setting, sub, -s Untergang; (Edelstein) Fassung; nur Einz. (von Zement) Abbindung; ~ (to music) sub, -s Vertonung; ~ **lotion** sub, -s Festiger, Haarfestiger; ~ **out** sub, -s (schriftlich) Niederlegung; ~**-up** sub, -s (Geschäft) Gründung; nur Einz. (von Gegenständen) Aufstellung

settle, (1) vi, etablieren, siedeln; (geol., med.) ablagern; (phy.) absetzen (2) vi, vt, ansiedeln (3) vr, festsetzen (4) vt, regeln; (einen) beilegen; (sich ansiedeln) besiedeln; (Streit; Bankkonto) bereinigen; have settled in ansässig sein; settle sesshaft werden; settle a matter once and for all mit etwas abschließen; settle down sich sesshaft machen; settle in ansässig werden; to settle the matter die Sache perfekt machen; ~ **by dicing** vt, ausknobeln; ~ **down** vi, (Wohnsitz) niederlassen; ~**d** adj, festgesetzt; (abgemacht) perfekt; (stationär) sesshaft; (Wetter) beständig; ~**dness** sub, - Sesshaftigkeit; ~**ment** sub, nur Einz. Abfindung; (Ansiedlung) Ansiedelung, Niederlassung, Siedlung; nur Einz. (Ansiedlung) Besiedelung, Besiedlung; -s (eines Streites) Beilegung; (eines Streits, Kontos)

Bereinigung; *(Geschäft)* Abwicklung; *(tt; jur.)* Vergleich; *to reach a settlement out of court* einen außergerichtlichen Vergleich schließen; **~ment of accounts** *sub, -s (Endrechnung)* Abrechnung

settling, *sub, nur Einz.* Eingewöhnung; *-s* Festsetzung; **~ of accounts** *sub, -s - (wirt.)* Aufrechnung

sever, *vt, (geh.)* durchtrennen; *(Glied)* abtrennen; *sever the head from the body* den Hals durchtrennen

several, **(1)** *adj, (einige)* etliche; *(gleiche)* divers **(2)** *pron/adj,* mehrere **(3)** *unb.Zahlw.,* *(verschiedene)* einige; *several hundreds of marks* manche hundert Mark; *the man who has several times been champion* der mehrfache Meister; *to send several copies of the documents* die Unterlagen in mehrfacher Ausfertigung einsenden, *several thousands of* einige tausend; **~ hours (away)** *adv,* stundenweit; **~ minutes of** *attr,* minutenlang; **~ pages long** *adj,* seitenlang; **~ times** *adv,* mehrfach, mehrmals, verschiedentlich

severance declaration, *sub,* *-s* Abfindungserklärung; **severance pay** *sub, -s (bei Kündigung)* Abfindungssumme; *(von Mitarbeitern)* Abfindung

severe, *adj,* streng, strikt; *(Kälte)* groß; *(Strafe)* empfindlich; *take severe measures* strikte Maßnahmen ergreifen; *punish someone severely* jemanden streng bestrafen; **severing** *sub, -s (Glied)* Abtrennung; **severity** *sub, nur Einz.* Strenge

sevice, *sub, -s* Leistung

Seville orange, *sub, -s* Pomeranze; **~ oil** *sub, -s* Pomeranzenöl

sew, **(1)** *vi, (nähen)* sticheln **(2)** *vt,* schneidern **(3)** *vti,* nähen; *hand sewn* von Hand genäht, *this material is very easy to sew* dieser Stoff näht sich sehr gut; *to sew one´s fingers to the bone* sich die Finger wund nähen; **~ on** *vt,* annähen, aufnähen; **~ sth. into** *vt,* einnähen

sewage, *sub,* Abwasser; **~ farm** *sub, -s* Rieselfeld; **~ plant** *sub, -s* Kläranlage; **sewer** *sub, -s* Kloake; *(Abwasserkanal)* Siel; **sewerage** *sub, nur Einz.* Kanalisation

sewing, *sub, -s (tt; Buchdr.)* Fadenheftung; **~ box** *sub, -es* Nähkästchen; **~ machine** *sub, -s* Nähmaschine; **~-silk** *sub, -s* Nähseide; **~-table** *sub, -s* Nähtisch; **sewn** *adj,* geheftet

sex, *sub, -es* Geschlecht; *-* Liebe; *nur Einz.* Sex; *the fair sex* das schöne Geschlecht; *the opposite sex* das andere Geschlecht; *the strong sex* das starke Geschlecht; *of either sex* beiderlei Geschlechts; **~ appeal** *sub, -s* Sexappeal; **~ bomb** *sub, -s (ugs.)* Sexbombe; **~ change** *sub, -s* Geschlechtsumwandlung; **~ crime** *sub, -s* Sexualdelikt; **~ education** *sub, nur Einz.* Sexualerziehung; **~ fiend** *sub, -s (ugs.)* Sittenstrolch; **~ hormone** *sub, -s* Sexualhormon; **~ life** *sub, nur Einz.* Sexualleben; **~ murder** *sub, -s* Lustmord; **~ murderer** *sub, -s* Triebmörder; **~ offender** *sub, -s* Sexualtäter, Triebtäter; **~ shop** *sub, -s* Sexboutique, Sexshop; **~ tourism** *sub, nur Einz.* Sextourismus; **~agesimal** *adj,* sexagesimal; **~ism** *sub, -* Sexismus; **~ist (1)** *adj,* sexistisch **(2)** *sub, -s* Sexist; **~ologist** *adj,* sexologisch; **~ology** *sub, nur Einz.* Sexologie

sextant, *sub, -s (tt; Schifffahrt)* Sextant; **sextet(te)** *sub, -s* Sextett; **sextodecimo** *sub, nur Einz.* Sedezformat

sexual, *adj,* geschlechtlich, sexuell; *have sexual intercourse with so* mit jmdm geschlechtlich verkehren; **~ assault** *sub, -s (sexuell)* Missbrauch; **~ drive** *sub, -s* Geschlechtstrieb, Sexualtrieb; **~ education** *sub, nur Einz.* Sexualkunde; **~ intercourse** *sub, -s* Beischlaf, Geschlechtsverkehr; *nur Einz.* Koitus; **~ maturity** *sub, -* Geschlechtsreife; *nur Einz. (Junge)* Mannbarkeit; **~ offence** *sub, nur Einz.* Unzucht; **~ity** *sub, nur Einz.* Sexualität; **~ies** Sexus; **~ly mature** *adj, (Junge)* mannbar

shabbiness, *sub, -* Schäbigkeit; **sexy** *adj,* sexy; **shabby** *adj,* billig, schäbig; *(Gesinnung)* lumpig

shackle, *sub, -s* Fessel; **~s** *sub, nur Mehrz. (i. ü. S.)* Kette

shade, **(1)** *sub, -s* Blende, Farbton; *-* Schatten; *-s* Schirm; *(Farbton)* Tönung; *(Kleinigkeit)* Nuance **(2)** *vt,* schatten, schattieren; *(Schatten werfen auf)* beschatten; *a shade* Geist; *shade* Sonnenblende; *a shade too loud* um eine Nuance zu laut; **~ of opinion** *sub, -s (polit.)* Couleur; **shading** *sub, -s* Schattierung; *nur Einz. (einer Wiese etc.)* Beschattung

shadow, **(1)** *sub, -s* Schatten **(2)** *vt, (i. ü. S.; hinterherspionieren)* beschatten; **~ play** *sub, -s* Schattenspiel; **~ing** *sub, nur Einz. (i. ü. S.; Verfolgung)* Beschattung; **~less** *adj,* schattenlos; **~y** *adj,* schattenhaft,

schemenhaft; **shady** *adj*, schattig, zwielichtig; *(dubios)* finster; *(Geschäft)* düster; *(Geschäfte)* dunkel; **shady customer** *sub*, -s *(dubios)* Finsterling; **shady deals** *sub*, *nur Mehrz.* Schiebung; **shady nature** *sub*, *nur Einz. (i. ü. S.)* Unsauberkeit
shag, *sub*, *nur Einz.* Krülltabak; -s *(ugs.)* Shag; ~g (1) *sub*, -s Zottel (2) *vt*, zotteln; ~**giness** *sub*, *nur Einz. (Tier)* Struppigkeit; ~**gy** *adj*, *(ugs.)* zottelig, zottig, zottlig; *(Tier)* struppig
shake, (1) *sub*, -s Shake, Tatterich (2) *vi*, wackeln, zittern (3) *vt*, erschüttern, rütteln, schütteln; *have the shakes* den Tatterich haben, *we were shaken by the news* die Botschaft hat uns erschüttert; *he can´t shake off his cold* er wird seine Erkältung einfach nicht los; *(ugs.) his achievements were no great shakes* seine Leistungen waren nicht gerade umwerfend; *(ugs.) it´s not great shakes* das ist nicht das Wahre; *shake hands with so* jmd die Hand drücken; *shake one´s fist to so* er drohte mit der Faust; *(ugs.) to shake a leg* das Tanzbein schwingen; ~ **off** *vt*, abwimmeln; *(a.i. ü. S.)* abschütteln; *(Last)* abwerfen; *(ugs.; Verfolger)* abhängen; ~ **out** *vt*, ausschütteln; ~ **sb about badly** *vt*, durchrütteln; ~ **so up** *vt*, *(a. i.ü.S.)* aufrütteln; ~ **up** *vt*, aufschütteln; ~**r** *sub*, -s Streubüchse, Streuer, Würfelbecher; **shaking** *sub*, -s Rüttelei; **shaking hands** *sub*, - Shakehands
shako, *sub*, -s Tschako
shaky, *adj*, kippelig, klapprig, wackelig; *(Gesundheit)* angeschlagen; *(i. ü. S.; Gesundheit)* angeknackst
shall, *vi*, sollen; *what shall we do now?* was sollen wir jetzt tun?; *you should call home* sie möchten zuhause anrufen
shallot, *sub*, -s Schalotte
shallow, *adj*, hohl, seicht, untief; *(Kenntnisse, Mensch auch)* oberflächlich; *(Wasser)* flach; *breathe shallowly* flach atmen; ~**ness** *sub*, *nur Einz.* Seichtigkeit
sham, *vti*, *(vortäuschen)* simulieren
shaman, *sub*, -s Schamane
shame, *sub*, *nur Einz.* Beschämung, Scham, Schande; *shame on you!* pfui, schäm dich!, schäme dich!; ~**ful** *adj*, beschämend, schmählich; ~**fully** *adv*, blamabel; ~**less** *adj*, schamlos; ~**lessness** *sub*, - Hemmungslosigkeit
shampoo, (1) *sub*, -s Schampun, Shampoo (2) *vt*, schamponieren
shandy, *sub*, -ies *(ugs.)* Radler
shanghai, *vt*, schanghaien

shank, *sub*, -s Schaft
shape, (1) *sub*, -s Fasson, Gestalt; *(geom.)* Figur (2) *vt*, formen, gestalten, prägen; *(Holz)* fräsen; *be in good shape again* wieder auf dem Damm sein; *be shaping well* sich gut entwickeln; *get out of shape* aus der Form geraten; *give sth shape* einer Sache Gestalt geben; *keep its shape* Form behalten; *lend shape to* Form geben; *out of shape* deformiert; *take shape* Gestalt annehmen; ~ **of a drop** *sub*, shapes of drops Tropfenform; ~**ability** *sub*, *nur Einz.* Prägbarkeit; ~**d like an umbel** *adj*, doldenförmig; ~**less** *adj*, unförmig, ungestaltet
share, (1) *sub*, -s Share; *(Anteil)* Teil; *(Teil, Beteiligung wirt.)* Anteil; *(wirt.)* Beteiligung (2) *vti*, *(auf-)* teilen (3) *vti*, *(Mahlzeit)* mitessen; *share sth in a fair and generous way* brüderlich teilen; ~ **in the profits** *sub*, -s Gewinnanteil; ~ **of an/the inheritance** *sub*, -s Erbteil; ~ **out** *vt*, zuteilen; ~ **things** *vi*, abgeben; ~**d** *adj*, gemeinsam, kommun
sharp, *adj*, pfiffig, scharf; *(i. ü. S.) have a sharp tongue* eine spitze Zunge haben; ~ **curve** *sub*, -s Kehre; ~ **pain** *sub*, -s *(Schmerz)* Stechen; ~**-edged** *adj*, scharfkantig; ~**-tongued** *adj*, spitzzüngig; ~**en** (1) *vi*, schleifen (2) *vt*, anspitzen, dengeln, schärfen, spitzen, zuspitzen; ~**ness** *sub*, *nur Einz.* Pfiffigkeit
shatter, (1) *vi*, zerspringen (2) *vti*, zerbrechen; *shattering defeat* haushohe Niederlage; *to shatter into a thousand pieces* in tausend Stücke zerspringen; *to shatter the silence* die Stille zerreißen, *to shatter china* das Geschirr zerbrechen; ~**ed** *adj*, abgeschlafft; *(ugs.)* groggy; *(i. ü. S.; erschöpft)* fertig; ~**proof** *adj*, splitterfrei
shave, (1) *sub*, -s Rasur (2) *vt*, barbieren, kahl scheren, rasieren; ~ **off** *vt*, abrasieren; *shave off one´s beard* sich seinen Bart abrasieren; *(ugs.) shave one´s fingers* sich seine Finger abrasieren; ~ **the top of one´s head** *vt*, tonsurieren; ~**r** *sub*, -s Rasierapparat; **shaving brush** *sub*, -es Rasierpinsel; **shaving cream** *sub*, -s Rasiercreme; **shaving foam** *sub*, -s Rasierschaum; **shaving head** *sub*, -s Scherkopf; **shaving soap** *sub*, -s Rasierseife; **shaving with an electric shavor** *sub*, -s Elektrorasur; **shavings** *sub*, *nur Mehrz. (Holz)* Span

shawl, *sub,* -s Umhängetuch, Umschlagtuch; ~ **collar** *sub,* -s Schalkragen
shawm, *sub,* -s Schalmei
she, *pron,* sie; *not she!* die nicht!; *there she is!* da ist sie!; ~ **herself** *pron, (sie)* selber, selbst
sheaf, *sub,* -s *(Landw.)* Garbe; *bundle into sheafs* in Garben binden
shearing, *sub,* -s Schur; ~ **knife** *sub,* -ves Schermesser
sheath, *sub,* -s Scheide
shed, (1) *sub,* -s Verschlag (2) *vt,* vergießen; *(Blätter)* abwerfen; ~ *(its needles) vi, (Baum)* nadeln; ~ **light on** *vt, (i. ü. S.; einen Vorgang)* aufhellen; *(i. ü. S.; Thema etc.)* beleuchten; ~ **one´s skin** *vr,* häuten; ~ **the leaves** *vt, (bot.)* entblättern
sheep, *sub, nur Einz.* Herdenmensch; - Schaf; *to look like a shorn sheep* wie ein gerupftes Huhn aussehen; ~-**dog** *sub,* -s Bobtail; ~´s **head** *sub,* -s *(Spiel)* Schafskopf; ~´s **milk** *sub, nur Einz.* Schafsmilch; ~**ish** *adj, (ugs.)* belämmert; ~**ishly** *adv,* betreten; *look rather sheepish* betreten dreinblicken; ~**skin** *sub, nur Einz.* Schafskleid
sheer, *adj,* lauter, pur; *sheer poverty* die nackte Armut; ~ **foolishness** *sub, nur Einz.* Wahnwitz
sheet, *sub,* -s Bettlaken, Betttuch, Blatt, Laken, Leintuch, Papierbogen; *lose Blätter* loose sheets; *sheet of paper* Blatt Papier; ~ **anchor** *sub,* -s Notanker; ~ **by sheet** *adv,* blätterweise; ~ **calendar** *sub,* -s Abreißkalender; ~ **lightning** *sub,* -s Flächenblitz; *nur Einz.* Wetterleuchten
sheikh, *sub,* -s Scheich
shelf, *sub, shelves* Fach; -ves Schrankfach; *(i. ü. S.)* put on shelf auf ein totes Gleis schieben; ~-**mark** *sub,* -s *(Buch)* Signatur
shell, (1) *sub,* -s Granate, Rohbau; *(Schnecken)* Gehäuse (2) *vt,* kirnen; ~ **out** *vt, (ugs.)* lockermachen; *(i. ü. S.; Geld)* hinblättern; *to get sb to shell out 100 marks* bei jmd 100 Mark lockermachen; ~**ing** *sub, nur Einz. (mil.)* Beschuss; *-s (mit Waffen)* Beschießung
shelves, *sub, nur Mehrz.* Regal; *(Regal)* Gestell
shepherd, *sub,* -s Schäfer; *the Good Shepherd* der gute Hirte; ~(´s) **plaid** *sub,* -s Pepita; ~´s **purse** *sub,* - *(bot.)* Täschelkraut
sherbet, *sub,* -s Brausepulver
sheriff, *sub,* -s Hilfssheriff, Scherif; *(ugs.)* Sheriff
sherpa, *sub,* -s Sherpa

sherry, *sub,* -ies Sherry
Shetland, *sub,* -s *(geogr.)* Shetland
shield, (1) *sub,* -s Schild, Schutzschild, Wappenschild; *(geh.)* Blason; *(i. ü. S.)* Panzer (2) *vt,* abschirmen; *(geh.)* schirmen; ~-**bearer** *sub,* -s Schildknappe; ~**ing** *sub,* -s Abschirmung
shift, (1) *sub,* -s Schicht, Verlagerung *(-)* vr, verschieben (3) *vt,* abwälzen, bugsieren, umverteilen; *(umstellen)* umräumen; *shift the case* den Koffer bugsieren; ~ **rates** *sub, nur Mehrz.* Schichtlohn; ~ **time** *sub,* -s Schichtzeit; ~**ing** *sub,* -s Umschichtung, Umverteilung, Verschiebung; ~**y** *adj,* schlitzohrig
Shiite, (1) *adj,* schiitisch (2) *sub,* -s Schiit
shilling, *sub,* -s *(wirt.)* Shilling
shilly-shally, *vi, (ugs.)* fackeln; *no shilly-shallying* nicht lange fackeln
shimmer, (1) *sub,* -s Schimmer (2) *vi,* changieren, flimmern, schillern, schimmern (3) *vt,* erschimmern; ~ **through** *vt,* durchschimmern
shin, *sub,* -s Schienbein
shindy, *sub,* -s *(ugs.)* Rabatz; - *(Radau)* Spektakel
shine, (1) *sub,* -s Glanz (2) *vi,* glänzen, leuchten, scheinen, spiegeln, strahlen; *her eyes shone* ihre Augen strahlten; ~ **in** *vi, (Licht)* einstrahlen; ~ **on** *vt. (mit Licht)* bestrahlen; ~ **through** *vt.* durchscheinen
shining, *adj,* glänzend; *(leuchtend)* hell; ~ **light** *sub,* -s Lichtgestalt
shintoism, *sub, nur Einz. (theol.)* Schintoismus; **shintoist** *sub,* -s Schintoist
ship, (1) *sub,* -s Schiff (2) *vi,* schiffen (3) *vt,* verschiffen; ~ **in the bottle** *sub,* -s Buddelschiff; ~ **of the desert** *(camel) sub,* -s *(i. ü. S.)* Wüstenschiff; ~ **owner** *sub,* -s Reeder; ~´s **boy** *sub,* -s Schiffsjunge; ~´s **cook** *sub,* -s Schiffskoch, Smutje; ~´s **doctor** *sub,* -s Schiffsarzt; ~´s **galley** *sub,* -s Kombüse; ~´s **kobold** *sub,* -s Klabautermann; ~´s **name** *sub,* -s Schiffsname; ~´s **propeller** *sub,* -s Schiffsschraube
shipload, *sub,* -s Schiffsladung; **shipment** *sub,* -s *(tt; naut.)* Verschiffung; **shipping** *sub,* -s Schifffahrt, Schiffsfahrt; **shipping agency** *sub,* -ies *(Schiffsfracht-)* Spedition; **shipping agent** *sub,* -s Spediteur; **shipping company** *sub,* -ies Reederei; **shipwreck** *sub,* -s Schiffbruch; **shipwright** *sub,* -s Schiffbauer; **shipyard**

sub, -s Schiffswerft, Werft
shirker, *sub, sub, -s* Drückeberger, Kneifer
shirt, *sub, -s* Hemd, Hemdbluse, Oberhemd, Shirt; *have the shirt off sb´s back* jmdn bis aufs Hemd ausziehen; *he´d sell his shirt off his back to help her* für sie gibt er sein letztes Hemd her; ~ **button** *sub, -s* Hemdenknopf; ~ **sleeve** *sub, -s* Hemdsärmel; **~-sleeved** *adj,* hemdärmelig
shit, (1) *sub, nur Einz. (vulg.)* Scheiß, Scheiße; - Schiss; *nur Einz.* Shit (2) *vi,* kacken, scheißen; *(vulg.) to be shit scared* Schiss haben; *(vulg.) to get the shits* vor Angst in die Hosen scheißen; **~ty shop** *sub, -s (ugs.)* Scheißladen; **~ty weather** *sub, nur Einz.* Scheißwetter
shiver, (1) *vi,* schlottern, zittern (2) *vr,* schütteln; *a shiver went down my spine* ein Schauer rieselte mir über den Rükken; *send shivers down the spine* eine Gänsehaut bekommen; ~ **(all night)** *vi,* durchzittern; **~ing** *adj,* schlotterig; **~ing fit** *sub, -s (med.)* Schüttelfrost
shoal, *sub, -s* Untiefe
shock, (1) *sub, -s* Schock; *(psych.)* Erschütterung (2) *vt,* schockieren; *(ugs.)* schocken; *(Getreide)* docken; *cause great shock* große Bestürzung auslösen; *(ugs.) to get a shock* eine gewischt bekommen; ~ **absorber** *sub, -s* Stoßdämpfer; ~ **film/novel** *sub, -s (ugs.)* Schocker; ~ **of hair** *sub, -s* Schopf; **Shock-headed Peter** *sub, -s* Struwwelpeter; **~-proof** *adj,* stoßfest; **~-resistant** *adj,* stoßfest; **~ed** *adj, (bestürzt)* betroffen
shoe, *sub, -s* Schuh; *(Bremsbacke)* Bakke; *I shouldn´t like to be in your shoes* ich möchte nicht in deiner Haut stekken; *(ugs.) you´ll never get your feet into those shoes* in den Schuh kriegst du deine Latschen niemals; ~ **box** *sub, -es* Schuhkarton; ~ **brush** *sub, -es* Schuhbürste; ~ **factory** *sub, -ies* Schuhfabrik; ~ **scraper** *sub, -s* Fußabtreter; ~ **size** *sub, -s* Schuhnummer; **~horn** *sub, -s* Schuhlöffel; **~lace** *sub, -s* Schnürriemen, Schnürsenkel; **~maker** *sub, -s* Schuhmacher, Schuster; **~maker´s wax** *sub, nur Einz.* Schusterpech; **~tree** *sub, -s* Schuhspanner; *(Schuh-)* Spanner
Shogun, *sub, -s* Schogun
shoo away, *vt,* scheuchen, wegscheuchen
shoot, (1) *sub, -s* Spross; *(bot.)* Ableger, Schoß, Schössling, Trieb (2) *vi,* flitzen, schnellen; *(Drogen)* fixen; *(Knospen)* sprießen; *(ugs.; schießen)* ballern; *(tt;*

spo.) zuschießen **(3)** *vt,* erlegen, schießen; *(Film)* drehen; *shoot a goal to the score 1 : 1* den Ball zum 1 : 1 einschießen; *(i. ü. S.) to shoot one´s bolt* seine Munition verschießen, *shoot a film* einen Film drehen; ~ **(with case shot)** *vti,* kartätschen; ~ **dead** *vt,* erschießen; ~ **dead by order of court martial** *vt,* füsilieren; ~ **down** (1) *vi, (Adler)* niederstoßen (2) *vt,* abknallen; *(Argument)* abschmettern; *(herunterschießen, töten)* abschießen; *(i. ü. S.) take the cake* den Vogel abschießen; ~ **forward** *vi,* vorschießen; ~ **so dead** *vt,* totschießen; ~ **through** *vt,* durchsausen; *(Schmerz)* durchziehen; **~/rush towards** *vi,* zuschießen
shooting, *sub, -s* Erschießung, Schießen; *nur Einz. (ugs.; schießen)* Ballerei; *-s (Tier)* Abschuss; ~ **gallery** *sub, -ies* Schießstand; ~ **iron** *sub, -s (ugs.)* Schießeisen; ~ **practice** *sub, nur Einz.* Schießübung; ~ **range** *sub, -s* Schießplatz; ~ **star** *sub, -s* Sternschnuppe
shoot to pieces, *vt, (i. ü. S.)* zerschießen
shore, *sub, -s* Küste; *(dichter.)* Gestade; *(See-) Ufer; (Ufer)* Strand; ~ **crab** *sub, -s* Strandkrabbe; ~ **leave** *sub, nur Einz.* Landgang
short, *adj,* kurz; *(Besuch)* flüchtig; *be short-lived* von kurzer Dauer sein; *the long and the short of it* lange Rede, kurzer Sinn; *the shirt is too short* das Hemd fällt zu kurz aus; *this road is shorter* dieser Weg ist näher; *(ugs.) to be short* Manko haben; *(poet.) to be short of* Mangel an etwas leiden; *we are short of everything* es fehlt an allen Ecken und Enden; ~ **(-crust) pastry** *sub, nur Einz.* Mürbeteig; ~ **(film)** *sub, -s* Kurzfilm; ~ **cut** *sub, -s (eines Wegs)* Abkürzung; ~ **distance** *sub, -s* Kurzstrecke; *(Entfernung)* Spanne; ~ **form** *sub, -s* Sigel; ~ **of sth** *vi,* hapern; *short of everything* es hapert an allem; ~ **programme** *sub, -s* Kurzprogramm; ~ **rifle** *sub, -s (ugs.)* Stutzen; ~ **story** *sub, -ies* Kurzgeschichte; ~ **therapy** *sub, -ies* Kurztherapie; ~ **time** *sub, nur Einz.* Kurzarbeit
short-circuit, *sub,* - Kurzschluss; **short-lived** *adj,* kurzlebig; **short-range missile** *sub, -s* Kurzstreckenrakete; **short-sighted** *adj,* kurzsichtig; **short-sightedness** *sub, nur Einz.* Kurzsichtigkeit; **short-slee-**

ved *adj*, kurzärmelig; **short-stemmed** *adj*, kurzstämmig; **short-term** *adj*, kurzfristig; **short-time worker** *sub*, -s Kurzarbeiter; **shortage of acid** *sub*, *nur Einz.* Säuremangel; **shortcoming** *sub*, -s (i. ü. S.; *Nachteil)* Manko

shorten, *vt*, kürzen, verkürzen; ~**ing** *sub*, *(Back-)* Fett; **shorthand (1)** *adj*, stichwortartig (2) *sub*, - Kurzschrift, Stenografie; *recount it in shorthand!* geben Sie es nur stichwortartig wieder!; **shorthand dictation** *sub*, -s Stenogramm; **shorthand language** *sub*, -s Abkürzungssprache; **shorthand writer** *sub*, -s Stenografin; **shorthead** *sub*, -s Rundschädel; **shortness of breath** *sub*, *nur Einz.* Atemnot; **shorts** *sub*, *nur Mehrz.* Shorts

shot, *sub*, -s Schrot, Schuss; *he was off like a shot* er schoss wie ein Pfeil davon; *(i. ü. S.) he´s a big shot* er ist ein hohes Tier; *like a shot* wie aus der Pistole geschossen; *warning shot* Schuss vor den Bug; ~ **in the back of the neck** *sub*, -s Genickschuss; ~ **in the head** *sub*, -s Kopfschuss; ~**-putting** *sub*, *nur Einz.* (spo.) Kugelstoßen; ~**gun** *sub*, -s Flinte, Schrotflinte; ~**gun pellet** *sub*, -s Flintenkugel

should, *modv*, *(sollen)* müssen; *he should be here by now* er müsste schon da sein; *I should have done it yesterday* das hätte ich gestern tun müssen; *that should be enough* das dürfte reichen; *you should know that* das müsstest du eigentlich wissen; *you shouldn´t do that!* das musst du nicht tun!; *you shouldn´t tell lies* du darfst nicht lügen; ~ **go up** *vi*, hinaufsollen; ~ **the occasion arise** *adv*, gegebenenfalls

shoulder, **(1)** *sub*, -s Achsel, Schulter (2) *vt*, schultern; *shrug one´s shoulder* mit den Achseln zucken; *cry on so´s shoulder* sich bei jemandem ausweinen; ~ **bag** *sub*, -s Umhängetasche; ~ **blade** *sub*, -s Schulterblatt; ~**-length** *adj*, schulterlang

shout, **(1)** *sub*, -s Schrei, Zuruf (2) *vi*, schreien (3) *vt*, rufen; ~ **abuse at** *vt*, anpöbeln; ~ **at** *vi*, anschreien; ~ **down** *vt*, überschreien; ~ **for joy** *vi*, aufjauchzen; ~ **sth to s.o** *vt*, zurufen; ~**ing** *sub*, Geschrei

shove, **(1)** *sub*, -s Schubs, Stoß; *(ugs.)* Schlenkerich **(2)** *vt*, schieben, stoßen; *(ugs.)* schubsen; *(ugs.) to shove sth down sb´s throat* jmd etwas in den Rachen werfen; ~**l (1)** *sub*, -s Schaufel, Schippe **(2)** *vti*, schaufeln; ~**l/cover** *vt*, (i. ü. S.) zuschaufeln

show, **(1)** *sub*, -s Schau, Show **(2)** *vt*, aufzeigen, bezeigen, erzeigen, vorweisen, zollen; *(Film)* spielen; *(Gefühle)* ausdrücken; *(Interesse)* bekunden; *(Respekt)* erweisen; *(ugs.) don´t show me up* mach mir keine Schande; *(ugs.) he runs the show on his own* er schmeißt den Laden alleine; *I´ll show him what´s what* dem werde ich es schon beibringen; *it´s all show* alles ist nur Attrappe; *(ugs.) it´s beginning to show* das zeigt sich jetzt; *show so how to do the job* jemanden bei der Arbeit anleiten; *the matter shows itself by* die Sache äußert sich darin, dass; *to let one´s feelings show* seine Gefühle merken lassen; *to make a good showing* sich tapfer schlagen; *to put on a great show* eine tolle Nummer aufs Parkett legen; *to show oneself to be* sich als etwas offenbaren; *(ugs.) to put on a show* eine Show abziehen; *show one´s gratitude* sich jmd gegenüber dankbar erweisen; ~ **a deficit** *vt*, defizitär; ~ **a great deal of understanding** *vt*, einsichtig; ~ **appreciation** *vt*, erkenntlich; ~ **booth** *sub*, -s Schaubude; ~ **business** *sub*, *nur Einz.* Showbusiness, Showgeschäft; ~ **case** *sub*, -s Vitrine; ~ **clearly** *vt*, verdeutlichen; ~ **horse** *sub*, -s Paradepferd; ~ **interest** *vi*, teilnehmen; ~ **jumper** *sub*, -s Springreiter; ~ **of approval** *sub*, -s - Beifallskundgebung; ~ **of hands** *sub*, *nur Einz.* (parl.) Handzeichen; ~ **of mercy** *sub*, -s Gnadenbeweis

shower, **(1)** *sub*, -s Dusche; *(i. ü. S.)* Überhäufung; *(Dusche)* Brause; *(Regen)* Schauer; *(Regen-)* Guss **(2)** *vt*, überschütten; *(duschen)* brausen; *be having a shower* unter der Dusche stehen; *it´s only a shower* das ist nur ein Platzregen; *to shower sb with presents* jmdn reich beschenken; ~ **(of rain)** *sub*, -s Regenschauer; ~ **cubicle** *sub*, -s Duschkabine; ~ **down** *vt*, abbrausen; ~ **foam** *sub*, -s Duschschaum; ~ **gel** *sub*, -s Duschgel; ~ **of sparks** *sub*, -s Funkenregen; ~**(-bath)** *sub*, -s Duschbad; ~**-curtain** *sub*, -s Duschvorhang; ~**y** *adj*, schaueraртig

showgirl, *sub*, -s Nummerngirl; **showing off** *sub*, -s Großtuerei, - *(ugs.)* Protzigkeit; **showing up** *sub*, -s Bloßstellung; **showman** *sub*, -men Schausteller; **showpiece** *sub*, -s Paradestück; *(kun.)* Kabinettstück;

showroom *sub*, -s Ausstellungsraum **show off**, (1) *vi*, aufschneiden, renommieren; *(prahlen)* angeben (2) *vr, (ugs.)* produzieren; ~ **with** *vt*, Dicktuer; **show proof of identity** *vt*, legitimieren; **show sb how do sth** *vt*, vormachen; **show sb sth** *vt*, weisen; **show so round** *vt, (in)* herumführen; **show sth** *vt*, zeigen; *(ugs.)* **I´ll show him** dem werd´ ich es zeigen; **show tournament** *sub*, -s Schauturnier; **show trial** *sub*, -s Schauprozess; **show up** (1) *sub*, - Vorschein (2) *vi, (ugs.; kommen)* anrücken; **show-down** *sub*, -s Show-down; **show-jumping course** *sub*, -s Parcours; *She doesn´t like showjumping* Sie reitet nicht gern Parcours; *to jump a course* einen Parcours reiten; **show-off** *sub*, -s Aufschneider, Prahlhans; **showcase** *sub*, -s Schaukasten
shrapnel, *sub*, -s Schrapnell
shred, *sub*, -s *(Stoff)* Fetzen; *in shreds* in Fetzen; *tear in shreds* in Fetzen reissen; ~**der** *sub*, -s Reißwolf, Schredder; *(tt; tech.)* Wolf
shrew, *sub*, -s Spitzmaus
shrill, *adj*, gellend, schrill; *(Ton)* grell; ~**ness** *sub*, *nur Einz.* Schrillheit
shrimp, *sub*, -s Garnele, Schrimp, Shrimp
shrine, *sub*, -s *(geh.)* Schrein
shrink, *vi*, schrumpfen; *(Wäsche)* einlaufen; ~**age** *sub*, *nur Einz.* Schwund; ~**ing** *sub*, -s Schrumpfung
shrivel, *vi*, einschrumpfen; *(tt; bot.)* vertrocknen
shroud, *sub*, -s Leichenhemd, Leichentuch, Totenhemd; *(tt; naut.)* Want
shrub, *sub*, -s Strauch; *(Strauch)* Staude; ~**bery** *sub*, -ies Gesträuch, Strauchwerk; ~**like** *adj*, strauchartig
shrug off the shoulders, *sub*, *nur Einz.* Achselzucken
shrunken head, *sub*, -s Schrumpfkopf
shudder, (1) *sub*, -s Schauder, Schauer (2) *vi*, erschaudern, schaudern, schauern; *(i. ü. S.)* *it makes you shudder* da fröstelt´s einen ja (bei einem Gedanken)
shuffle, (1) *vi*, schlurfen (2) *vt*, *(Karten)* mischen
shunt, *vt*, rangieren, umrangieren; ~ **in(to)** *vt*, einrangieren; ~ **out** *vt*, *(Eisenbahnfahrzeuge)* ausrangieren
shut, (1) *vi*, zugehen, zumachen (2) *vt*, *(i. ü. S.)* zubringen; *(ugs.)* zutun; *shut the door* Tür zu; *shut up!* halt den Mund!; *the case won´t shut* der Koffer geht nicht zu; *(adj)* *to be shut* zu sein; ~**-down** *sub*, -s *(Betrieb)* Stilllegung

shutter, *sub*, -s Fensterladen, Laden, Verschluss; ~**s** *sub*, *nur Mehrz.* Rollladen
shuttle, *sub*, -s Schützen; ~ **(bus)** *sub*, -es *(ugs.)* Zubringerbus; ~ **service** *sub*, -s Pendelverkehr; ~**cock** *sub*, -s *(Ball)* Federball
shy, *adj*, scheu, schüchtern; *no need to be shy* du brauchst dich nicht zu genieren; ~ **away from** *vt*, scheuen; ~**ness** *sub*, -es Schüchternheit; *nur Einz. (Tier)* Scheu
sibilant, *sub*, -s Sibilant
siblings, *sub*, - *(jur.)* Geschwister
Sibyl, *sub*, -s Sibylle; ~**line** *adj*, sibyllinisch
siccative, *sub*, -s Sikkativ
Sicilian, (1) *adj*, sizilianisch (2) *sub*, -s *(geogr.)* Sizilianerin
sick, *adj*, krank, speiübel; *(ugs.)* hundeelend; *(Witz, Geschichte)* makaber; *I feel sick!* mir ist übel!; *I´m sick and tired of it* die Sache wird mir zu dumm, mir steht es bis hier!, *(ugs.)* ich habe es knüppeldick; *I´m sick to death of the whole thing* die ganze Sache steht mir bis hier oben; *I think I´m going to be sick* mir ist speiübel!; ~ **by alcohol** *adj*, alkoholkrank; ~ **person** *sub*, *people* Kranke; ~**-bed** *sub*, -s Krankenbett; - Krankenlager
sickle, *sub*, -s Sichel; ~**-shaped** *adj*, sichelförmig
sickly, *adj*, kränklich; **sickness** *sub*, -es Krankheit; *nur Einz.* Übelkeit, Übelsein; **sickpay** *sub*, *nur Einz.* Krankengeld
side, *sub*, -s Seite; *(mat.)* Schenkel; *(polit.)* Lager; *(i. ü. S.)* *on all sides* nach allen Richtungen; *on the distaff side* mütterlicherseits; *show the attractive side* sich von seiner charmanten Seite zeigen; *to do sth on the side* etwas nebenbei machen; *to take sides against sb* gegen jmdn Partei ergreifen; *with the head held on one side* mit seitwärts geneigtem Kopf; *he´s on our side* er steht in unserem Lager; *to change sides* ins andere Lager überwechseln; ~ **aisle** *sub*, -s *(arch.)* Seitenschiff; ~ **altar** *sub*, -s Seitenaltar; ~ **by side** *adv*, nebeneinanderher; *(räumlich)* nebeneinander; ~ **dish** *sub*, - -es *(einer Speise)* Beilage; ~ **drum** *sub*, -s Trömmelchen; ~ **effect** *sub*, -s Nebeneffekt, Nebenwirkung; ~ **exit** *sub*, -s Nebenausgang; ~ **of the nose** *sub*, *sides* Nasenflügel
side piece *sub*, -s Seitenstück; **side**

pocket *sub*, *-s* Seitentasche; **side portal** *sub*, *-s* Seitenportal; **side protection** *sub*, *-s* Seitenschutz; **side ramp** *sub*, *-s* Seitenrampe; **side street** *sub*, *-s* Seitenstraße; *(Stadt)* Nebenstraße; **side wing of building** *sub*, *-s* Seitentrakt; **side-saddle** *sub*, *-s* Damensattel; **sideboard** *sub*, *-s* Anrichte, Sideboard; *(Möbel)* Büfett; **sideswipe** *sub*, *-s* Seitenhieb **sidesplitting**, *adj*, *(ugs.)* zwerchfellerschütternd; **sidewalk** *sub*, *-s (US)* Bürgersteig, Gehsteig, Gehweg, Trottoir; **sideways** *adv*, seitwärts; *(ugs.) it knocks you sideways!* das haut einen ja vom Stuhl!; **siding** *sub*, *-s* Abstellgleis, Rangiergleis **side whiskers**, *sub*, *nur Mehrz.* Koteletten; **sideburns** *sub*, *nur Mehrz.* Bakkenbart; **sidecar** *sub*, *-s* Beiwagen, Seitenwagen; **sidelight** *sub*, *-s* Streiflicht; **sidelights** *sub*, *nur Einz.* Standlicht; **sideline** *sub*, *-s (Tennis)* Seitenlinie; *that´s just a sideline* das mache ich so nebenbei; **sidelong glance** *sub*, *-s* Seitenblick; **sidereal hour** *sub*, *-s (astrol.)* Sternstunde **sidle up to**, *vr*, *(sich - an jmd.)* heranmachen **siege**, *sub*, *-s* Belagerung **sierra**, *sub*, *-s* Sierra **siesta**, *sub*, *-s* Siesta **sift**, *vt*, durchsieben, sieben; *~ **out** vt*, ausgliedern; *(a. i.ü.S.)* aussieben; *~* **through regulations** *vt*, *(i. ü. S.)* durchforsten; *~**er** sub*, *-s* Siebmaschine; *~**ing out** sub*, *nur Einz.* Ausgliederung **sigh**, (1) *sub*, *-s* Seufzer (2) *vi*, seufzen; *he heaved a deep sigh* er seufzte tief; **sign of the zodiac** *sub*, *signs* Tierkreiszeichen **sight**, (1) *sub*, *-s* Anblick, Sehenswürdigkeit, Visier (2) *vt*, sichten; *a sorry sight* ein jämmerlicher Anblick; *at first sight* beim ersten Anblick; *be within sight* in Sicht sein; *have set one´s sights on doing sth* Ambitionen haben etwas zu tun; *loose sight of* etwas aus den Augen verlieren; *lower one´s sights* Abstriche machen; *out of sight, out of mind* aus den Augen, aus dem Sinn; *within sight* in Sichtweite; *~* **line** *sub*, *-s (tt; mil.)* Visierlinie; *~**ing** sub*, *-s* Sichtung; *~**ing distance** sub*, *-es* Sichtweite; *~**seeing** sub*, *-s* Sightseeing; *~**seeing flight** sub*, *-s* Rundflug; *~**seeing tour** sub*, *-s* Sightseeingtour **sigma**, *sub*, *-s* Sigma **sign**, (1) *sub*, *-s* Aushängeschild, Hand

zeichen, Indiz, Merkzeichen, Schild, Wink, Zeichen; *(Anzeichen)* Äußerung; *(astrol.)* Sternbild; *(Hinweis)* Anzeichen; *(objektiv)* Symptom; *(Zeichen)* Signal (2) *vi*, zeichnen (3) *vt* quittieren, signieren, unterschreiben, unterzeichnen; *the contract is signed, sealed and delivered* der Vertrag ist perfekt; *(i. ü. S.) to give sb the V-sign* jmd den Vogel zeigen; *(ugs.) to give a sign* der Wink mit dem Zaunpfahl; *to give sb a sign* jmd ein Zeichen geben; *that was the sign to leave* das war das Signal zum Aufbruch; *~* **(of the zodiac)** *sub*, *signs (astrol.)* Sternzeichen; *~* **language** *sub*, *-s* Zeichensprache; *~* **of the Cross** *sub*, *-s* Kreuzzeichen; *~* **off** *vi*, abmustern; *~* **on** *vt*, anmustern, heuern; *~* **out** *vi*, *(beim Verlassen)* austragen; *(Institution)* abmelden; *~* **over** *vt*, *(übertragen)* überschreiben **signal**, (1) *sub*, *-s* Signal, Zeichen; *(i. ü. S.)* Fanal (2) *vt*, signalisieren (3) *vti* winken; *give a signal* ein Signal geben; *~* **bell** *sub*, *-s* Signalglocke; *~* **box** *sub*, *-es* Stellwerk; *~* **fire** *sub*, *-s* Signalfeuer; *~* **flag** *sub*, *-s* Signalflagge; *~* **knob** *sub*, *-s* Signalknopf; *~* **lamp** *sub*, *-s* Signallampe; *~* **light** *sub*, *-s* Signallicht; *~* **rocket** *sub*, *-s* Leuchtrakete; *~* **the departure** *vt*, abläuten; *~**ing colour** sub*, *-s* Signalfarbe; *~**ing whistle** sub*, *-s* Signalpfiff **signature**, *sub*, *-s* Paraphe, Signatur, Signum, Unterschrift **signed**, *adj*, handsigniert; *(unterschrieben)* gezeichnet **signet**, *sub*, *-s* Signet **significance**, *sub*, *nur Einz.* Signifikanz; *-s (Bedeutsamkeit)* Größe; si**gnificant** *adj*, signifikant **signing on**, *sub*, *-s* Verpflichtung **signor**, *sib*, Signor **signora**, *sub*, *-s* Signora **signorina**, *sub*, *-s* Signorina **signorino**, *sub*, *-s* Signorino **signpost**, (1) *sub*, *-s* Wegweiser (2) *vt*, ausschildern, beschildern; *~**ing** sub*, *-s* Ausschilderung **silage**, *sub*, *-* Silage **sild**, *sub*, *-s* Sild **silence**, *sub*, *nur Einz.* Ruhe, Schweigen, Stille; *(Schweigen)* Stummheit; *after a long silence* he said nach einer langen Pause sagte er; *to listen to sth in stony silence* etwas mit eisiger Miene anhören; *~**r** sub*, *-s* Auspufftopf **silent**, *adj*, geräuschlos, schweigend, schweigsam, still, stille, wortlos;

(schweigend) stumm; ~ **march** *sub*, *-es* Schweigemarsch; ~**ly** *adv*, stillschweigend
Silesia, *sub*, - Schlesien
silhouette, *sub*, *-s* Schattenbild, Schattenriss, Schemen, Scherenschnitt, Silhouette; *be silhouetted against* sich als Silhouette abzeichnen gegen; ~ **target** *sub*, *-s* *(ugs.; mil.)* Pappkamerad
silicate, *sub*, *-s (chem.)* Silikat
silicic acid, *sub*, *nur Einz.* Kieselsäure
silicon, *sub*, *nur Einz. (chem.)* Silicium
silicone, *sub*, *-s* Silikon
silk, (1) *adj*, seiden (2) *sub*, *-s* Seide; ~ **blouse** *sub*, *-s* Seidenbluse; ~ **dress** *sub*, *-es* Seidenkleid; ~ **satin** *sub*, *-s* Seidenatlas; ~ **scarf** *sub*, *-ves* Seidenschal; ~ **thread** *sub*, *-s* Seidenfaden; ~**-screen print** *sub*, *-s* Siebdruck; ~**worm** *sub*, *-s* Seidenraupe; ~**worm moth** *sub*, *-s (zool.)* Spinner; ~**y** *adj*, seidenartig, seidig; ~**y sheen** *sub*, *-s* Seidenglanz
sill, *sub*, *-s* Türschwelle; *(Fenster)* Gesims, Sims
silliness, *sub*, *nur Einz.* Alberei; *(Dummheit)* Torheit; **silly** *adj*, albern, kindsköpfig; *(dumm)* töricht; *don´t ask such silly questions* frag nicht so dumm; *(ugs.) don´t be silly* mach keine Sachen; *don´t be so silly* sei doch nicht so zimperlich; **silly goose** *sub*, *-s (ugs.)* Wachtel; **silly idea** *sub*, *-s (i. ü. S.)* Grille; **silly joker** *sub*, *-s* Blödelbarde; **silly little typist** *sub*, *-s (ugs.)* Tippse; **silly prank** *sub*, *-s* Dummejungenstreich; **sillyness** *sub*, *nur Einz.* Albernheit
silo, *sub*, *-s* Silo
silt, (1) *sub*, *-s* Flusssand, Schlick (2) *vi*, versanden (3) *vti*, kolmatieren; ~ **up** *vi*, *(ugs.)* verlanden
Silurian, *sub*, *nur Einz* Silur
silver-bearing, *adj*, silberhaltig; **silverfish** *sub*, - *(zool.)* Silberfischchen; **silver-plater** *sub*, *-s* Versilberer; **silverfox** *sub*, *-es (zool.)* Silberfuchs; **silvering** *sub*, *-s* Versilberung; **silvery** *adj*, silberfarbig, silbrig; **silvery hair** *sub*, - silberhaarig
similar, (1) *adj*, ähnlich (2) *adv*, einschlägig; ~ **to gold** *adj*, goldähnlich; ~**ity** *sub*, *-ties* Ähnlichkeit
Simmental, *sub*, *-s* Simmentaler
simony, *sub*, *-ies* Simonie
simple, *adj*, einfältig, kinderleicht, schlicht; *(einfach)* anspruchslos, bescheiden, simpel; *(nicht schwierig, einleuchtend)* einfach; *for the simple reason that* aus dem einfachen Grunde daß; ~ **matter** *sub*, *-s (ugs.)* Klacks;

(ugs.) he can easily afford 200 marks die 200 Mark sind für ihn ein Klacks; ~**-minded** *adj*, dümmlich; ~**-mindedness** *sub*, *nur Einz.* Einfalt; ~**ness** *sub*, *nur Einz. (geh.)* Einfalt; ~**ton** *sub*, *-s* Naivling; ~**x** *sub*, *-es* Simplex; **simplicity** *sub*, *nur Einz.* Einfachheit, Schlichtheit, Simplizität; *(arglos)* Einfalt; - *(Einfachheit)* Anspruchslosigkeit; **simplify** *vt*, simplifizieren, vereinfachen; **simply** *adv*, *(mit Adj.)* einfach; *it´s simply good* es ist einfach gut
simulate, *vti*, *(phys.)* simulieren; **simulation** *sub*, *-s* Simulation; **simulator** *sub*, *-s (tech.)* Simulator; **simultaneity** *sub*, - Simultanität; **simultaneous** *adj*, gleichzeitig, simultan; **simultaneously** *adv*, *(gleichzeitig)* nebenher; *(zeitlich)* nebeneinander; **simultaneousness** *sub*, - Simultanität
sin, (1) *sub*, *-s* Sünde, Versündigung (2) *vi*, sündigen; *confess one´s sins* seine Sünden beichten; *forgive someone his sins* jemandem seine Sünden vergeben; *(i. ü. S.) she is ugly as sin* sie ist hässlich wie die Sünde; ~ **against** *vr*, versündigen
since, (1) *konj*, seit; *(jetzt; Folge)* nun; *(dial.; kausal)* nachdem (2) *präp*, seit; *it´s a long time since I saw her* es ist lange her, dass ich sie gesehen habe; ~ **then** *adv*, seitdem, seither
sincere, *adj*, aufrichtig; **sincerity** *sub*, *nur Einz.* Aufrichtigkeit
sinecure, *sub*, *-s (i. ü. S.)* Pfründe
sinewy, *adj*, sehnig
sinful, *adj*, sündhaft, sündig; *lead a sinful life* ein sündhaftes Leben führen
sing, *vti*, singen; ~ **falsetto** *vi*, *(geh.; mus.)* falsettieren; ~ **joyfully** *vi*, jubilieren; ~ **psalms** *vt*, psalmodieren; ~**able** *adj*, singbar
Singaporean, *sub*, *-s (geogr.)* Singapurerin
singe, *vt*, sengen; *to singe sb´s hide* jmdn eins auf den Pelz brennen
singer, *sub*, *-s* Sänger, Sängerin; ~**songwriter** *sub*, *-s* Liedermacher; **singing** *sub*, - Gesang; *-s (ugs.)* Singerei; **singing school** *sub*, *-s* Gesangschule; **singing teacher** *sub*, *-s* Gesanglehrer
single, (1) *adj*, allein stehend, einfach, ledig; *(einzeln)* einmalig; *(jeder -)* einzeln; *(verneint)* einzig (2) *sub*, *-s* Single; *single payment* einmalige Abfindung; *not a single car* kein ein-

ziges Auto; *single ticket to* einfache Fahrkarte nach; ~ **cell** *sub*, -s Einzelzelle; ~ **compartment** *sub*, -s Einzelabteil; ~ **event** *sub*, -s Einzeldisziplin; ~ **file** *sub*, -s Gänsemarsch; ~ **parent** *sub*, - -s allein erziehend; ~ **room** *sub*, -s Einzelzimmer; ~ **sculler** *sub*, -s *(spo.)* Einer; ~ **woman** *sub*, *women* Junggesellin; ~-**bedded** *adj*, einschläfig **single-breasted suit/jacket**, *sub*, -s Einreiher; **single-handed effort** *sub*, -s Alleingang; **single-lens** *adj*, *(tech.)* einäugig; **single-minded** *adj*, zielstrebig; **single-mindedness** *sub*, *nur Einz.* Konsequenz; **single-person household** *sub*, -s Einpersonenhaushalt; **single-storey** *adj*, einstöckig; **single-track** *adj*, eingleisig; **singles** *sub*, *nur Mehrz.* *(spo.)* Einzel

singsong, *sub*, -s *(ugs.)* Singsang

singular, (1) *adj*, singularisch (2) *sub*, -s Einzahl, Singular; ~ **form** *sub*, -s Singularform; ~**ity** *sub*, -ies Singularität; ~**ly** *adj*, singulär

sinister, *adj*, sinister; *(geh.)* ominös

sink, (1) *sub*, -s Spültisch; *(Becken)* Ausguss; *(Waschbecken)* Becken (2) *vi*, sacken, sinken, untergehen, versacken; *(Schiff)* absacken, absinken (3) *vt*, senken, untersinken, versenken; *sink in someone's eyes* in jemandes Achtung sinken, *has that sunk in?* schreib dir das hinter die Ohren!; ~ **down** *vi*, *(geh.)* niedersinken; ~ **in** *vi*, einsacken; ~ **in sth** *vi*, verfallen; ~ **of iniquity** *sub*, *nur Einz.* Sündenbabel; ~ **sth. into** *vt*, einsenken; ~ **to the ground** *vt*, umsinken; ~ **unit** *sub*, -s Spüle; ~**hole** *sub*, -s Doline; ~**ing** *sub*, -s Senkung, Untergang, Versenkung

sinner, *sub*, -s Sünder

sino-, *adj*, *(tt; wiss.)* sinologisch; **sinologist** *sub*, -s Sinologe; **sinology** *sub*, - Sinologie

sinus, *sub*, -es *(mat.)* Sinus

sip, *sub*, -s Schluck; *to sip the wine* vom Wein nippen

siphon, *sub*, -s *(tt; tech.)* Siphon

Sir, *adj*, wohlgeboren

sire, *sub*, -s *(geh.)* Sire

siren, *sub*, -s Hupe, Sirene

sirocco, *sub*, -s Schirokko

sirs, *sub*, *Einz. Herr* Messieurs

sisal mat, *sub*, -s Sisalläufer

siskin, *sub*, -s *(tt; zool.)* Zeisig; ~ **food** *sub*, -s Zeisigfutter

sissy, *sub*, -ies *(ugs.)* Jammerlappen; -s Waschlappen

sister, *sub*, -s Schwester; ~-/**brother-in-lawly** *adj*, schwägerlich; ~-**in-law** *sub*,

-s Schwägerin; ~-**in-law's husband** *sub*, -s *(ugs.)* Schwippschwager; ~**ly** *adj*, schwesterlich

Sisyphean task, *sub*, -s *(i. ü. S.)* Sisyphusarbeit

sit *vi*, tagen; *(allg.)* sitzen; *he is sitting pretty* er hat ausgesorgt; *(ugs.)* *he's sitting in his room* er hockt in seinem Zimmer; *sit down!* setzt euch!; *sit up* aufrecht sitzen; *(zum Hund) sit!* Platz!; *to sit for sb* jmd Modell stehen; *(ugs.) to sit in front of the box* in die Röhre glotzen; *(Hund) to sit up and beg* Männchen machen; *(Tier) to sit up on its hind legs* Männchen machen; *the dress sits perfectly* das Kleid sitzt wie angegossen; ~ **around** *vi*, herumsitzen; ~ **down** (1) *vi*, niederlassen, niedersetzen (2) *vr*, *(sich)* hinsetzen; *(sich setzen)* setzen; *(ugs.) to sit oneself down* sich auf seine vier Buchstaben setzen; ~ **enthroned** *vi*, thronen; ~ **further back** *vr*, zurücksetzen; ~ **out** *vi*, *(Zeit)* absitzen; ~ **still** *vi*, stillsitzen; ~ **there** *vi*, dabeisitzen, dasitzen

sitar, *sub*, -s *(mus.)* Sitar

site foreman, *sub*, -men Polier

sitting, *sub*, -s *(polit.)* Tagung

sit together, *vr*, zusammensetzen; **sit up** *vi*, *(sich aufrichten)* aufsetzen, aufsitzen; **sit-down strike** *sub*, -s Sitzblockade; **sit-in** *sub*, -s Sit-in

situate, *vt*, situieren; ~**d** *adj*, befindlich, gelegen, situiert; *the files (situated) on the shelves* die in den Regalen befindlichen Akten; **situation** *sub*, -s Konstellation, Lage, Situation; *account of the situation* Lagebericht; *what's your view of the situation?* wie beurteilst du die Situation?; *be master of the situation* Herr der Situation sein; *he rose to the situation* er war der Situation gewachsen; *meet the new situation* der neuen Situation gerecht werden; **situation report** *sub*, -s *(mil.)* Lagebericht

six, *num*, sechs; ~ **and a half** *num*, sechseinhalb; ~ **axled** *adj*, sechsachsig; ~ **digit** *adj*, sechsstellig; ~ **edged** *adj*, sechskantig; ~ **hundred** *num*, sechshundert; ~ **in a row** *sub*, - Sechserreihe; ~ **pack** *sub*, -s Sechserpack; ~ **thousand** *num*, sechstausend; ~ **wheeler** *sub*, -s Sechsachser; ~-**days bicycle race** *sub*, -s Sechstagerennen; ~**teen** *num*, sechzehn; ~**th** *sub*, - Sechstel; -s Sexte; ~**th-former** *sub*, -s Sextaner; ~**ty** *num*, sechzig

size, (1) *sub*, *-s* Format, Größe; *nur Mehrz. (Größe)* Ausmaß; *-s* Nummer, Umfang **(2)** *vt*, zuschneiden; *be the same size* dieselbe Größe haben; *what size do you take?* welche Größe tragen Sie?; *the size of a* mit den Ausmaßen eines/r; ~ **number** *sub*, *-s* Konfektionsgröße; ~ **of a penny** *attr*, pfenniggroß
sizzle, *vi*, *(ugs.)* zischen
skat, *sub*, *-s* Skat; ~ **player** *sub*, *-s* Skatspieler; ~ **tournament** *sub*, *-s* Skatturnier
skate, *vti*, skaten; ~**board** *sub*, *-s* Skateboard; ~**boarder** *sub*, *-s* Skateboarder; ~**r** *sub*, *-s* Skater
skeleton, *sub*, *-s* Gerippe, Skelett; *(spo.)* Skeleton; ~**ize** *vt*, skelettieren
skerry, *sub*, *-ies* Schäre
sketch, (1) *sub*, *-es* Kroki, Sketch, Sketsch; *-s (Abriss)* Skizze; *-es (knappe Darstellung)* Abriss **(2)** *vt*, *(umreißen)* skizzieren; ~ **in** *vt*, stricheln; ~ **out** *vt*, vorzeichnen; ~**-book** *sub*, *-s* Skizzenbuch; ~**-pad** *sub*, *-s* Skizzenblock
skewer, *sub*, *-s* Speil; *(Fleisch-)* Spieß
ski, (1) *sub*, *-* Schi; *-s* Schier, Ski **(2)** *vi*, Ski fahren; *take off the skis* die Ski abschnallen; *put on the skis* die Skier anschnallen; ~ **acrobatics** *sub*, *nur Mehrz.* Skiakrobatik; ~ **boot** *sub*, *-s* Schistiefel; ~ **cap** *sub*, *-s* Skimütze; ~ **instructor** *sub*, *-s* Schilehrerin; ~ **tow** *sub*, *-s* Schlepplift; ~**-bob** *sub*, *-s* Skibob; ~**-jump** *sub*, *-s* Sprungschanze; *(spo.)* Schanze; ~**-jumper** *sub*, *-s* Schispringer, Skispringer; ~**-run** *sub*, *-s* Skipiste; ~**-stick** *sub*, *-s* Skistock; ~**-wax** *sub*, *-es* Skiwachs
skid, (1) *sub*, *-s (Auto)* Rutschpartie **(2)** *vi*, schleudern
skier, *sub*, *-s* Schifahrerin, Schiläuferin, Skifahrerin, Skiläuferin
skies, *sub*, *nur Mehrz. (geh.; nur Plural)* Luft
skiff, *sub*, *-s (spo.)* Skiff
skiing, *sub*, *nur Einz.* Skisport
skijoring, *sub*, *(spo.)* Skikjöring
skilful, *adj*, kunstfertig, kunstgerecht; *(geschickt)* gewandt; **skill** *sub*, *-s* Erfahrenheit, Fertigkeit, Geschicklichkeit; *-* Gewandtheit; *-s* Können, Kunst; *practical skills* praktische Fähigkeiten; **skilled** *adj*, fachgerecht; *(Arbeiter)* gelernt; **skilled in making balances** *adj*, bilanzsicher; **skilled worker** *sub*, *nur Einz.* Facharbeiter; **skillfull** *adj*, geschickt
skim, *vt*, absahnen; *(Lebensmittel)* entfetten; *(Milch)* entrahmen; *to skim through sth* etwas oberflächlich lesen; ~ **off** *vt*, abschöpfen; ~**med milk** *sub*, *nur Einz.* Magermilch; ~**mer** *sub*, *-s* Schaumkelle, Schaumlöffel; ~**ming off** *sub*, *-s -* Abschöpfung
skimp, *vt*, schludern
skin, (1) *sub*, *-s* Haut, Pelle; *(Haut)* Balg **(2)** *vt*, häuten, pellen; *be nothing but skin and bone* nur noch Haut und Knochen sein; *save one´s own skin* die eigene Haut retten; *have a thick skin* ein dickes Fell haben; ~ *sub*, *-s* Hautkrebs; ~ **diver** *sub*, *-s* Sporttaucher; ~ **diving** *sub*, *nur Einz.* Sporttauchen; ~**flint** *sub*, *-s* Geizhals; *(ugs.)* Knauser, Pfennigfuchser; ~**head** *sub*, *-s* Skinhead; ~**ny** *adj*, knochig; *(Person)* dürr; ~**tight** *adj*, hauteng
skip, (1) *vi*, seilspringen, springen **(2)** *vt*, *(ugs.)* schwänzen; *(auslassen)* übergehen, überspringen; *(weglassen)* überschlagen; ~ **work** *vi*, blau machen; ~**per** *sub*, *-s* Skipper
skirt, *sub*, *-s* Rock; ~**ing board** *sub*, *-s* Leiste
skittish, *adj*, kopfscheu
skittle, *sub*, *-s* Kegel
skull, *sub*, *-s* Schädel, Totenschädel; *(Schädel)* Totenkopf; ~ **and crossbones** *sub*, *nur Einz. (Symbol)* Totenkopf
skunk, *sub*, *-s* Stinktier; *(zool.)* Skunk
sky, *sub*, *-* Himmel; *in the sky* am Himmel; *(geh.) the skies* die Lüfte; *unter southern skies* unter südlichem Himmel; ~ **glow** *sub*, *-s (mil.)* Feuerschein; ~**jacker** *sub*, *-s* Luftpirat; ~**light** *sub*, *-s* Dachfenster, Dachluke; *(arch.)* Skylight; *(Dach)* Luke; ~**light window** *sub*, *-s* Klappfenster; ~**line** *sub*, *-s* Skyline, Umrisslinie; ~**scraper** *sub*, *-s* Wolkenkratzer
slab, *sub*, *-s (Beton, Stein)* Platte; ~ **covering** *sub*, *-s* Plattenbelag
slack, (1) *adj*, flau, lasch; *(Seil)* lose **(2)** *sub*, *-s (Kohle)* Grus; *business is slack* die Geschäfte gehen mau; ~**ness** *sub*, *nur Einz. (wirt.)* Unlust
slagheap, *sub*, *-s (Bergb.)* Halde
slalom, *sub*, *-s (spo.)* Slalom; ~ **racer** *sub*, *-s* Slalomläufer
slam, (1) *sub*, *-s* Knall **(2)** *vt*, zuwerfen; *(hinwerfen)* hinhauen; *(Tür)* schmettern **(3)** *vti*, knallen; *slam the ball into the net* den Ball ins Netz dreschen
slander, *vt*, verleumden; ~**er** *sub*, *-s* Verleumderin; ~**ing** *sub*, *-s* Verleumdung
slang, *sub*, *-s (ugs.)* Slang

slant, *sub,* -s Schräge
slap, (1) *sub,* -s Klaps, Ohrfeige; *(ugs.)* Watsche **(2)** *vt,* ohrfeigen; *(ugs.)* watschen; *to get a slap round the face* eine Ohrfeige bekommen; *to slap sb´s face* jmd eine Ohrfeige geben; **~ in the face** *sub,* **slaps** Maulschelle; **~** Schelle; **~dash work** *sub, nur Einz.* Patzerei, Pfusch, Pfuscharbeit; **~stick** *sub, nur Einz.* Klamauk; -s Slapstick; **~stick farce** *sub,* -s *(ugs.)* Schmierenstück
slat, *sub,* -s Latte; *(biol.)* Lamelle
slaughter, (1) *sub,* -s Abschlachtung, Metzelei **(2)** *vt,* abschlachten, metzeln, schlachten; *to lead sb like a lamb to the slaughter* jmdn wie ein Lamm zur Schlachtbank führen; **~-house** *sub,* -s Schlachthaus, Schlachthof; **~able** *adj,* schlachtbar; **~ing** *sub,* -s Schlachtung; **~ing day** *sub,* -s Schlachttag
Slav, *sub,* -s Slawe
slave, (1) *sub,* -s Sklave **(2)** *vi,* abarbeiten; *(ugs.)* roboten; *be a slave to one´s work* Sklave seiner Arbeit sein; *make a slave of so* jmd zum Sklaven machen; **~ (away)** *vir,* rackern; **~ away** *vi,* abschuften, schuften; *(i. ü. S.)* fronen; **~ driver** *sub,* - -s Antreiber; **~ market** *sub,* -s Sklavenmarkt; **~ driver** *sub,* -s Schinder; **~r (1)** *sub,* -s *(Speichel)* Geifer **(2)** *vi,* geifern; **~ry** *sub,* -ies Sklaverei
slavicise, *vt,* slawisieren
slavish, *adj,* sklavenartig, sklavisch; **~ obedience** *sub, nur Einz.* Kadavergehorsam; **Slavist** *sub,* -s Slawist
Slavonic, *adj,* slawisch, slawistisch; **~ studies** *sub, nur Einz.* Slawistik
slay, *vt,* morden
sledge, (1) *sub,* -s Rodel, Schlitten **(2)** *vi,* rodeln
sleek, *adj,* rassig
sleep, (1) *sub, nur Einz.* Schlaf **(2)** *vi,* schlafen; *my leg has gone to sleep* mein Bein ist eingeschlafen; *(wirt.) sleeping partner* stiller Teilhaber; *to sleep it off* seinen Rausch ausschlafen; *(ugs.) to sleep like a log* schlafen wie ein Murmeltier, schlafen wie ein Murmeltier; *Wimmer´s having a little sleep again during the lesson* der Wimmer pennt schon wieder im Unterricht; **~ all night** *vi,* durchschlafen; **~ in advance** *vi,* vorschlafen; **~ off** *vt,* ausschlafen; *sleep it off* seinen Rausch ausschlafen; **~ on** *vt,* überschlafen; **~ through** *vt,* verpennen, verschlafen; **~ with** *vi,* beischlafen, beschlafen; **~er** *sub,* -s Schläfer; **~iness** *sub, nur Einz.* Müdigkeit; **~walk** *vi,* mondsüchtig sein, traum-

wandeln; **~walking (1)** *adj,* schlafwandlerisch **(2)** *sub, nur Einz.* Mondsucht; -s Somnambulismus
sleeping, *adj,* schlafend; **Sleeping Beauty** *sub,* -ies Dornröschen; **~ doll** *sub,* -s Schlafpuppe; **~ draught** *sub,* -s Schlaftrunk; **~ drug** *sub,* -s Schlafmittel; **~ sickness** *sub, nur Einz.* Schlafkrankheit; **~-bag** *sub,* -s Schlafsack; **~-car** *sub,* -s Schlafwagen; **sleepless** *adj,* schlaflos; **sleeplessness** *sub, nur Einz.* Schlaflosigkeit; **sleepwalker** *sub,* -s Nachtwandler, Schlafwandler; **sleepy** *adj,* schläfrig, verschlafen
sleet, *sub, nur Einz.* Schneeregen; *nur Mehrz. (US)* Graupel
sleeve, *sub,* -s Ärmel; *(tech. Dichtung)* Manschette; *(i. ü. S.)* *have sth up one´s sleeve* etwas im Hinterhalt haben; *sleeve* Plattencover; **~ length** *sub,* - -s Ärmellänge; **~d** *adj,* ärmelig; **~less** *adj,* ärmellos
slender, *adj,* feingliedrig, schlank, schmal; **~ and supple** *adj,* rank; **~ness** *sub, nur Einz.* Schlankheit
sleuth, *sub,* -s *(i. ü. S.; Mensch)* Spürhund
slice (1) *sub,* -s Scheibe, Schnitte; *(Scheibe Fleisch)* Tranche **(2)** *vt, (in Scheiben)* durchschneiden; *slice bread* das Brot durchschneiden; *slice through the waves* die Wellen durchschneiden; **~ of bread** *sub,* -s Brotscheibe; *(ugs.)* Brotschnitte; **~ of bread and butter** *sub,* -s Butterstulle; **~** - *(ugs.)* Bemme; **~d bread** *sub, nur Einz.* Schnittbrot
slide (1) *sub,* -s Dia, Rutschbahn, Rutsche, Schieber, Schlitterbahn; *(tt; mus.)* Zug **(2)** *vi,* gleiten, rutschen, schlittern **(3)** *vt,* zuschieben; **~ bar** *sub,* -s Gleitschiene; **~ projector** *sub,* -s Diaprojektor; **~ rest** *sub,* -s Support; **~-rule** *sub,* -s Rechenschieber; **sliding stage** *sub,* -s *(Theater)* Schiebebühne; **sliding surface** *sub,* -s Gleitfläche; **sliding weight** *sub,* -s Laufgewicht
slight, *adj,* gelinde, gering, geringfügig, schmächtig; *with a slight delay* mit geringer Verspätung; **~est** *adj,* geringste; *he hasn´t got the slightest idea* er hat nicht die geringste Ahnung; *we haven´t got the slightest chance* wir haben nicht die geringste Aussicht; **~ly cured pork rib** *sub,* -s Rippchen; **~ly damaged** *adj, (Gegenstand)* angeknackst; **~ly drunken** *adj,* angetrunken

slim, (1) *adj*, schlank **(2)** *vi*, abspecken;
I think his chances are very slim ich
schätze seine Chancen sehr niedrig ein;
(Mädchen) slim and sylphlike rank und
schlank
slime, *sub*, *-s* Schleim; **~ mould** *sub*, *-s*
Schleimpilz; **slimness** *sub*, *nur Einz.*
Schlankheit
slimy, *adj*, quabbelig; *(schleimig)* glitscherig
sling, *sub*, *-s* Schlinge; *(Waffe)* Schleuder; **~er** *sub*, *-s* Schleuderer
slip, (1) *sub*, *-s* Fehltritt, Lapsus, Patzer,
Rutsch, Rutschpartie, Versprecher **(2)**
vi, ausrutschen, flutschen, glitschen,
rutschen, schlüpfen, verrutschen; *(i. ü.
S.; leistungsmäßig)* absacken **(3)** *vt*,
entgleiten; *(aus der Hand)* entfallen; *I
made a slip* mir ist ein Patzer unterlaufen, *(i. ü. S.) money slips through his
fingers* das Geld rinnt ihm durch die
Finger; *she slipped her hand out of his*
sie löste ihre Hand aus der seinen; *slip
away* sich in die Büsche schlagen; *to
give sb the slip* jmd durchs Netz schlüpfen, *slip away from so* jmd entgleiten;
slip out of so hand jmd entgleiten; *it
has slipped my memory* es ist mir entfallen; **~ (off)** *vi*, abgleiten, abrutschen;
sideslip seitlich abrutschen; *slip in
one´s performance* leistungsmäßig abrutschen; **~ away** *vr*, verdrücken; **~ off**
vi, abstreifen; **~ on** *vt*, überstreifen; **~
out** *vt*, *(Worte)* entschlüpfen; **~ road**
sub, *- -s* Auffahrtsstraße, Autobahnein-
fahrt; *(Autobahn)* Auffahrt; **~ through**
vt, durchschlüpfen; *slip through one´s
fingers* durch die Finger schlüpfen; *slip
through the control* durch die Kontrolle
schlüpfen; **~ up (1)** *vi*, *(ugs.)* patzen;
(einen Fehler machen) pfuschen **(2)** *vr*,
vertippen; **~-on** *sub*, *-s* Pantolette; **~-
on jacket** *sub*, *-s* Schlupfjacke; **~-up**
sub, *-s (ugs.)* Regiefehler
slipper, *sub*, *-s* Filzpantoffel, Hausschuh,
Hüttenschuh, Latschen, Pantoffel;
(ugs.) Schläppchen, Schlappen; *(ugs.)*
they match like an old pair of slippers
sie passen zusammen wie ein Paar alte
Latschen; **~ animalcule** *sub*, *-s* Pantof-
feltierchen; **~y** *adj*, glitscherig, glitschig, rutschig, schlüpfrig; *(i. ü. S.)*
aalglatt; *(glitschig)* glatt; **~y roads due
to surface water** *sub*, *nur Einz.* Wasser-
glätte
slit, (1) *sub*, *-s* Schlitz **(2)** *vt*, schlitzen;
the curtain was only open a narrow slit
der Vorhang war nur einen winzigen
Spalt geöffnet; **~ (open)** *vt*, aufschlit-
zen; **~-eyed** *adj*, schlitzäugig

slithery, *adj*, *(ugs.)* schlabberig
slivovitz, *sub*, - Slibowitz
slobber, (1) *sub*, *-s (ugs.)* Sabber **(2)**
vi, sabbern; *(ugs.)* schlabbern; **~ on**
vi, beschlabbern; **~ing** *sub*, *-s (ugs.)*
Schlabberei
sloe, *sub*, *-s* Schlehe
slogan, *sub*, *-s* Slogan; *(pol.)* Parole
slog away, *vi*, *(ugs.)* abstrampeln
sloop, *sub*, *-s* Schaluppe, Sloop, Slup
sloppiness, *sub*, *-es (ugs.)* Schlampe-
rei; **slopping** *sub*, - *(Kleidung)* Geschlabber; **sloppy** *adj*, liederlich,
lotterig, salopp; *(ugs.)* schlampig
slosh around, *vi*, schwappen
slot, *sub*, *-s (zur Einfügung)* Nute; *slot
machine* einarmiger Bandit; **~ ma-
chine** *sub*, *-s* Spielautomat; **~ machine burglar** *sub*, *-s*
Automatenknacker
sloth, *sub*, *-es (zool.)* Faultier
slouch, *vi*, latschen
slough, *sub*, *-s (Lache)* Suhle; *(i. ü. S.)*
in the slough of the big city im Sumpf
der Großstadt; **~ off** *vr*, *(Schlange)*
häuten
Slovac, *sub*, - Slowakische; **Slo-
vak(ian)** *adj*, slowakisch
slove, *vt*, *(Rätsel)* auflösen
Slovene, *sub*, *-s* Slowenierin; **Slovenian** *sub*, - Slowenische; **slovenliness** *sub*, *nur Einz.* Lotterigkeit;
slovenly *adj*, liederlich, lotterig
slow, *adj*, gemach, langsam; *(langsam)* bedächtig, bedachtsam; **~
coach** *sub*, *-es* Transuse; *-s (ugs.)* Trö-
delliese; **~ down (1)** *vti*, abbremsen
(2) *vtr*, verlangsamen; **~ foxtrot** *sub*,
-s Slowfox; **~ motion** *sub*, *nur Einz.*
Zeitlupe; **~ on the uptake** *adj*, Spä-
tentwickler; **~liness** *sub*, - Bummeligkeit; **~ly** *adv*, gemächlich;
(langsam) bedächtig, bedachtsam;
~ness *sub*, *nur Einz.* Langsamkeit;
~worm *sub*, *-s* Blindschleiche
sludge, *sub*, *nur Einz.* Klärschlamm
slug, *sub*, *-s* Nacktschnecke, Schnek-
ke; **~gish** *adj*, lahm; *(bequem)* träge;
~gishness *sub*, *nur Einz. (Bequemlichkeit)* Trägheit
sluice, *sub*, *-s (Schleuse)* Siel
slum, *sub*, *-s* Armenviertel, Slum;
(Südam.) Favela; **~ area** *sub*, *-s*
Elendsviertel, *(US)* ghetto Elendsviertel
slumber, (1) *sub*, *-s* Schlummer **(2)** *vi*,
schlummern
slurp, *vt*, schlürfen
slut, *sub*, *-s (ugs.)* Schlampe
sly, *adj*, ausgefuchst, gerieben; *(ugs.)*

ausgekocht; ~ **devil** *sub, -s (dial.ugs.)*
Lorbass; ~ **fox** *sub, -es (ugs.)* Schlitzohr
smack, (1) *sub, nur Einz.* Klatsch (2) *vt,
(Kind)* hauen; *(i. ü. S.) to smack of sth*
nach etwas schmecken; ~**er** *sub, -s
(ugs.)* Schmatz
small, *adj,* gering, klein; ~ **barrel** *sub, -s*
Fässchen, Fässlein; ~ **beer** *sub, nur
Einz.* Dünnbier; ~ **bone** *sub, -s* Knö-
chelchen; ~ **bottle** *sub, -s* Flakon; ~
box *sub, -es* Schächtelein; ~ **business**
sub, -es Kleinbetrieb; ~ **capital** *sub, -s*
Kapitälchen; ~ **car** *sub, -s* Kleinwagen;
~ **cask** *sub, -s* Fässchen; ~ **castle** *sub,
-s* Schlösschen, Schlösslein; ~ **plug**
sub, -s Zäpfchen
small chocolate-covered cream-cake,
sub, -s Mohrenkopf; **small contribution** *sub, -s* Opferpfennig; **small creature** *sub, -s (Tiere)* Geziefer; **small
cupboard** *sub, -s (ugs.)* Schaff; **small
flat** *sub, -s* Kleinwohnung; **small format** *sub, -s* Kleinformat; **small glass for
spirits** *sub, -es* Schnapsglas; **small
horn** *sub, -s* Hörnchen; **small horse**
sub, -s Rösslein; **small house** *sub, -s*
Häuschen
small intestine, *sub,* -s Dünndarm;
small market town *sub, -s* Marktflek-
ken; **small of the back** *sub, nur Mehrz.
(anat.)* Kreuz; **small room** *sub, -s* Kammer; **small room in a cellar** *sub, -s*
Gelass; **small shopkeeper** *sub, -s* Krämer; **small snack** *sub, -s* Häppchen;
small state *sub, -s* Kleinstaat; **small
suitcase** *sub, -s* Handkoffer; **small
town** *sub, -s* Kleinstadt; *(ugs.)* Kaff;
small town person *sub, people* Kleinstädter; **smallholding** *sub, -s* Pachtgut;
smallpox *sub, nur Einz.* Blattern; *nur
Mehrz.* Pocken; **smallpox virus** *sub, -es*
Pockenvirus
smarmy, *adj,* pomadig
smart, *adj,* fesch, pfiffig, schlau, schnittig, smart; *(ugs.)* zackig; *(US)* clever;
(schick) flott; *a smart guy* ein cleveres
Kerlchen; ~ **but casual** *adj,* sportlich-
elegant; ~**aleck** *adj, (iron.)* neunmalklug; ~**ass** *sub, -es (vulg.)*
Klugscheißer
smash, (1) *sub, -s* Smash (2) *vt,* schmettern; *(ugs.)* kaputttreten, zerbrechen,
zerhauen, zerschmettern; *(Fenster)* einschießen, einwerfen; *(ugs.) to smash
sb´s face in* jmd die Fresse polieren; ~
hit *sub, -s* Bombenerfolg; ~ **in** *vt, (zerbrechen)* eindrücken; ~ **up** *vt,* zusammenfahren; *(Möbel)* demolieren; ~**ed**
adj, (ugs.) zerschmettert
smear, (1) *sub, -s (med.)* Abstrich (2) *vt,*

schmieren; *(beschmieren)* anschmieren; *(med.) take a smear* einen Abstrich machen; *the kids smeared my
shoes with toothpaste* die Kinder
schmierten meine Schuhe mit Zahnpasta ein; ~ **campaign** *sub, -s* Hetzkampagne; ~**ing** *sub, -s* Schmiererei
smell, (1) *sub,* - Geruch; *nur Einz.
(Geruch)* Dunst (2) *vi,* stinken (3) *vt,
(ugs.)* wittern (4) *vti,* riechen; *(i. ü.
S.) to smell a rat* Lunte riechen; ~
(of) *vi,* duften; ~**ed** *vi,* gerochen;
~**ing salts** *sub, nur Mehrz.* Riechsalz;
~**ing water** *sub,* - Riechwasser
smelt, (1) *sub, -s* Stint (2) *vt,* verhütten; ~**ing** *sub, -s* Verhüttung; ~**ing
plant** *sub, -s* Schmelzerei, Schmelz-
hütte
smile, *vi,* lächeln, schmunzeln; *draw
a smile from so* jemandem ein Lächeln ablocken; ~ **at** *vi,* anlächeln,
belächeln; ~ **derisively** *vi,* hohnlächeln
smirk, *vi,* feixen, grienen; *(spöttisch)*
grinsen; ~**ing** *sub,* - Geschmunzel
smith, *sub, -es* Grobschmied
smock, *sub, -s* Russenkittel
smoke, (1) *sub, nur Einz.* Qualm,
Rauch, Schmauch (2) *vt,* rauchen
(3) *vti,* qualmen, rauchen; *there´s no
smoke without fire* kein Rauch ohne
Feuer; *(i. ü. S.) to go up in smoke* sich
in Rauch auflösen; *I don´t smoke* ich
bin Nichtraucher; *it went up in smoke* das ging den Bach runter; *no smoking* nicht rauchen!; ~ **out** *vt,
(Gegner)* ausräuchern; ~ **pot** *vi, (Haschisch r.)* haschen; ~ **pot (grass)** *vi,
(ugs.)* kiffen; ~ **room** *sub, -s* Rauchzimmer; ~ **signal** *sub, -s* Rauchsignal,
Rauchzeichen; ~ **stick** *sub, -s* Glimm-
stängel; ~**-coloured** *adj,* rauchfarben, rauchfarbig
smoked, *sub,* - Geräucherte; ~ **bacon**
sub, -s Räucherspeck; ~ **fish** *sub,* -
Räucherfisch; ~ **foods** *sub, nur
Mehrz.* Räucherware; ~ **ham** *sub,* -
Rollschinken; ~ **herring** *sub, -s
(Fisch)* Bückling; ~ **meat** *sub, nur
Einz.* Rauchfleisch, Selchfleisch; ~
salmon *sub, -s* Räucherlachs; **smokehouse** *sub, -s* Selchkammer; **smokeless** *adj,* rauchlos; **smokescreen**
sub, -s Einnebelung; **smoking ban**
sub, -s Rauchverbot
smoky, *adj,* qualmig
smooch, *vi,* knutschen
smooth, (1) *adj,* geschmeidig, glatt
(2) *vt, (tech.)* anschleifen; *smooth
landing* glatte Landung, *smooth the*

way for sb den Weg für jmd ebnen;
(ugs.) smoothie aalglatter Typ; ~ **down**
vt, glätten; ~ **out** *vt*, glätten; ~-
tongued *adj*, glattzüngig; ~**ing lathe**
sub, -*s* Planierbank; ~**ness** *sub*, Glätte
smorgasbord, *sub*, -*s* Schwedenplatte
smoulder, *vi*, schwelen; ~**ing fire** *sub*,
-*s* Schwelbrand
smudge, *vt*, verwischen
smuggle, *vti*, schmuggeln; ~**r** *sub*, -*s*
Schmuggler; **smuggling** *sub, nur Einz.*
Schmuggel, Schmuggelei
smurf, *sub*, -*s* Schlumpf
smutty, *adj*, zotig; ~ **joke** *sub, -s (ugs.)*
Zote; ~ **joke teller** *sub*, - *(i. ü. S.)*
Zotenreißer
snack, *sub*, -*s* Imbiss, Snack; *(Essen)*
Brotzeit; *take a snack with (me)* eine
Brotzeit mitnehmen; ~ **bar** *sub*, -*s* Im-
bissstand, Snackbar
snaffle bit, *sub*, -*s* Trensenring
snail, (1) *pron, (ugs.)* Weinbergschnek-
ke (2) *sub*, -*s* Schnecke; ~**-shell** *sub*, -*s*
Schneckenhaus
snake, *sub*, -*s* Schlange; *(i. ü. S.) a snake
in the grass* eine falsche Schlange; ~
poison *sub*, - Schlangengift; ~**bite** *sub*,
-*s* Schlangenbiss
snap, *vi*, blaffen, schnappen, schnauzen,
zuschnappen; *he snapped* die Nerven
sind mit ihm durchgegangen; ~ **link**
sub, -*s (tech.)* Karabinerhaken; ~ **off**
vti, abknicken; ~ **open** *vi*, aufschnappen; ~**dragon** *sub*, -*s* Löwenmaul;
~**shot** *sub*, -*s* Schnappschuss
snarling, *adj*, Zähne fletschend
snatch, *vt*, schnappen; ~ **away** *vt*, hin-
wegraffen; ~ **sth away** *vt, (ugs.)* wegschnappen; ~**es** *sub*, - *(Gesprächs-)*
Fetzen
sneak, *vr*, schleichen; *sneak away* sich
heimlich entfernen; ~ **away** *vr*, fortstehlen; ~ **in** *vt, (ugs.)* unterbuttern; ~
in(to) *vt*, einschleichen; ~ **on** *vt, (ugs.)*
verpetzen; ~**er** *sub*, -*s (US)* Turnschuh
sneer, *vi*, mokieren; ~**ing** *adj, (hönisch)*
spöttisch; ~**ing comment** *vt, (bespöt-
teln)* glossieren
sneeze, *vi*, niesen
sniff, (1) *vi*, schnüffeln (2) *vt*, schnupfen, schnuppern; ~ **at** *vi*, beschnuppern; ~ **the air** *vi*, wittern; ~**ling** *sub*,
- Geschnüffel
snip, *sub*, -*s (ugs.)* Preisbrecher; ~ **at** *vi*,
schnippeln, schnipseln
snipe, *sub*, -*s* Schnepfe; ~**r** *sub*, -*s (mil.)*
Heckenschütze
snivelling, *adj, (ugs.)* wehleidig
snob, *sub*, -*s* Snob; ~**bish** *adj*, snobistisch; ~**bishness** *sub*, -*es* Snobismus

snoop, *vi*, *(i. ü. S.)* spionieren; *(ugs.)*
spitzeln; ~ **around** *vi*, schnüffeln
snooper, *sub*, -*s* Schnüffler, Spitzel;
snooping *sub, nur Einz.* Schnüffelei;
snooping around *sub*, - *(i. ü. S.)*
Geschnüffel
snooty, *adj*, hochnäsig
snooze, *sub*, -*s* Schläfchen
snore, *vi*, schnarchen
snorkel, (1) *sub*, -*s* Schnorchel (2) *vi*,
schnorcheln
snot, *sub, nur Einz. (ugs.)* Rotz; ~**ty
little upstart** *sub*, -*s* Schnösel; ~**ty
nose** *sub*, -*s* Rotznase
snout, *sub*, -*s* Rüssel; ~**like** *adj*,
rüsselförmig
snow, (1) *sub, nur Einz.* Schnee; (2)
(ugs.) Koks (3) *vi*, schneien (3) *vt*,
überschneien; *be snowed under with
work* von Arbeit überhäuft werden;
~ **blindness** *sub, nur Einz.* Schnee-
blindheit; ~ **blower** *sub*, -*s* Schnee-
fräse; ~ **cannon** *sub*, -*s*
Schneekanone; ~ **cat** *sub*, -*s*
Schneeräumer; ~ **chain** *sub*, -*s*
Schneekette; ~ **field** *sub*, -*s* Schnee-
fläche; ~ **person** *sub, people* Schneemensch; ~ **proof** *adj*, schneesicher;
Snow White *sub, nur Einz.* -*s* Schneewittchen; ~**clearer** *sub*, -*s* Räumfahrzeug; ~**goggles** *sub, nur Mehrz.*
Schneebrille; ~**shoe** *sub*, -*s* Schneeschuh; ~**white** *adj*, schlohweiß
snowball, *sub*, -*s* Schneeball; **snowblind** *adj*, schneeblind; **snowboard**
vti, snowboarden; **snowboarder**
sub, -*s* Snowboarder; **snowboarding**
sub, - Snowboarding; **snowdrop** *sub*,
-*s* Schneeglöckchen; **snowflake** *sub*,
-*s* Schneeflocke; **snowplough** *sub*, -*s*
Schneepflug; **snowstorm** *sub*, -*s*
Schneesturm; **snowy owl** *sub*, -*s*
Schneeeule
snuff, *sub, nur Einz.* Schnupftabak;
~**ers** *sub, nur Mehrz.* Dochtschere;
~**le** *vi*, schnobern; ~**ling** *sub, nur
Einz.* Schnüffelei
snuggle up, *vi*, *(Kind)* anschmiegen;
~ **in sth** *vi*, einkuscheln
so, (1) *adv*, so, solchermaßen (2)
konj, also; *he was so stupid* er war so
dumm; *how long will it take? - a week
or so* wie lange dauert das? - so eine
Woche; *so far so good* so weit, so gut;
so it was that so kam es, daß; *I hope
so* ich hoffe es; *I´m so thirsty!* ich
habe solchen Durst!; ~ **and so** *adv*,
soundso; ~ **far** *adv*, soweit; *(zeitl.)*
dahin; *so far so good* soweit so gut;
~ **is** *vi*, desgleichen; *he is a doctor*

and so is his wife er ist Arzt, desgleichen seine Frau; ~ **long!** *interj, (ugs.; US)* servus!; ~ **much** *adv,* sosehr, soviel; *don´t talk so much!* rede nicht so viel!; ~ **much that** *adv,* dermaßen; *he has lied to me so much that* er hat mich dermaßen belogen, dass; *so beautiful that* dermaßen schön, dass; ~ **that** *konj, (causal)* damit, dass; *(so daß)* so; *help him so that he´ll finally be finished* hilf ihm, dass er endlich fertig wird; *he ate too much so that he feels sick now* er hat zuviel gegessen, so daß ihm jetzt schlecht ist

soak, (1) *sub,* -s Einweichung (2) *vi, (Fleisch)* durchziehen (3) *vt,* aufweichen, durchnässen, durchtränken, einweichen, quellen, schwemmen; *(aufquellen lassen)* aufquellen; *(durchnässen)* tränken (4) *vti,* weichen; *he/it is soaked* er/es ist vollkommen durchnäßt; *he soaking wet* vor Nässe triefen; *soaked through* durch und durch feucht; ~ **off** *vt, (Briefmarke)* abweichen; ~**away** *sub,* -s Sickergrube; ~**ing** *sub,* -s Aufweichung; ~**ing wet** *adj,* patschnass, pudelnass; *(ugs.)* patschenass

soap, (1) *sub,* -s Seife (2) *vt,* seifen; ~ **cloth** *sub,* -s Seifenlappen; ~ **dish** *sub,* -es Seifenschale; ~ **opera** *sub,* -s *(ugs.)* Seifenoper; ~ **powder** *sub,* -s Seifenpulver; ~**-bubble** *sub,* -s Seifenblase; ~**flakes** *sub, nur Mehrz.* Seifenflocke; ~**stone** *sub,* -s Speckstein, Talkum; ~**suds** *sub, nur Mehrz.* Seifenlauge; ~**y** *adj,* seifenartig; ~**y water** *sub, nur Einz.* Seifenwasser

soar, *vi, (Vögel)* aufsteigen; ~ **up** *vi,* hochfliegen; ~ **upwards** *vi,* emporstreben; ~**ing** *adj, (Bauwerk)* aufstrebend

sob, *vti,* schluchzen; ~ **loudly** *vi,* aufschluchzen; ~**bing** *sub,* - Geschluchze; ~**bler** *vi,* sabbeln

sober, *adj, (nicht betrunken)* nüchtern; *to sober up* wieder nüchtern werden; ~ **up** (1) *vt,* ernüchtern (2) *vti,* ausnüchtern; **sobriety** *sub, nur Einz. (nicht betrunken sein)* Nüchternheit

socage, *sub,* -s *(US)* Fron; ~ **worker** *sub,* -s Scharwerker; **soccage** *sub,* -s Fron

soccer-team, *sub,* -s *(spo.)* Elf

sociability, *sub,* -ies Geselligkeit; **sociable** *adj,* gesellig, kontaktfreudig, soziabel

social, (1) *adj,* gesellschaftlich, sozial (2) *adv,* gesellschaftlich; *be socially minded* sozial denken; *social conditions* die sozialen Verhältnisse; *social welfare* soziale Fürsorge; ~ **climber**

sub, -s Aufsteiger; ~ **criticism** *sub,* -s Sozialkritik; ~ **economy** *sub,* -ies Gemeinwirtschaft; ~ **education** *sub, nur Einz.* Sozialpädagogik; ~ **expediture** *sub, nur Einz.* Soziallasten; ~ **improvement** *sub,* -s *(gesellschaftlich)* Aufbauarbeit; ~ **insurance** *sub,* -s Sozialversicherung; ~ **legislation** *sub,* -s Sozialrecht; ~ **reforms** *sub, nur Mehrz.* Sozialreform

social security pension, *sub,* -s Sozialrente; **social services** *sub, nur Mehrz.* Fürsorgeamt; **social studies** *sub, nur Einz.* Sozialkunde; **social welfare** *sub,* -s Sozialfürsorge; **social withdrawal** *sub,* - Kontaktarmut; **social work** *sub,* - Sozialarbeit; **social worker** *sub,* -s Fürsorgerin, Sozialarbeiter

sock, *sub,* -s Beinstrumpf, Socke; *(Herren-)* Strumpf; *(ugs.) take to one´s heels* sich auf die Socken machen

socket, *sub,* -s Buchse, Höhle, Steckdose; *(anat.)* Pfanne; *(med.)* Gelenkpfanne; ~ **of tooth** *sub, nur Einz. (tt; med.)* Zahnbett

sod, *sub,* -s Grasnarbe, Sode; *(vulg.) sod it* verdammter Mist; ~ **widow** *sub,* -s *(US)* Strohwitwe

soda, *sub, nur Einz.* Soda; ~ **water** *sub,* -s Sodawasser

sodium, *sub, nur Einz.* Natrium; ~ **compound** *sub, nur Einz.* Natron

sodomite, *sub,* -s Sodomit

sofa, *sub,* -s Couch, Sofa; ~ **corner** *sub,* -s Sofaecke

soft *adj,* leise, sacht, weich, zart; *(Leder)* geschmeidig; *you can´t afford to be soft* da kann man nicht so zimperlich sein; *to have a soft heart* ein weiches Herz haben; ~ **as silk** *adj,* seidenweich; ~ **drink** *sub,* -s *(i.w.S)* Limonade; ~ **fruits** *sub, nur Mehrz.* Beerenobst; ~ **hail** *sub, nur Mehrz. (meteor.)* Graupel; ~ **ice-cream** *sub,* -s Softeis; ~ **porn** *sub,* -s Softporno; ~ **soap** *sub,* -s Schmierseife; ~ **top** *sub,* -s Verdeck; ~**-focusing lens** *sub,* -es *(tt; fotogr.)* Weichzeichner; ~**hearted** *adj,* weichherzig; ~**-shelled** *adj,* weichschalig

soften, (1) *vi,* aufweichen (2) *vt,* erweichen; *to soften* jmd weich kriegen/machen, weich werden; ~ **up** *vt,* weich machen

softly-softly, *adj, (ugs.)* windelweich

softner, *sub,* -s Weichspüler

softness, *sub, nur Einz.* Weiche, Zartheit

software, *sub, nur Einz.* Software
softy, *sub, -es* Weichling; *-s (ugs.)*
soil, (1) *sub, -s* Erde, Erdreich (2) *vt,*
verschmutzen; *(ugs.)* besudeln; *(i. ü. S.;*
sein Image) beschmutzen; **~ erosion**
sub, nur Einz. Bodenerosion; **~ed** *adj,*
(i. ü. S.; Image) beschmutzt; **~ing** *sub,*
nur Einz. (des Images) Beschmutzung
solanine, *sub, nur Einz. (chem.)* Solanin
solar, *adj,* solar; **~ cell** *sub, -s* Solarzelle,
Sonnenzelle; **~ eclipse** *sub, -s* Sonnen-
finsternis; **~ energy** *sub,* - Solarenergie, Sonnenenergie; **~ plexus** *sub,* -
Solarplexus; **~ power station** *sub, -s*
Sonnenkraftwerk; **~ system** *sub, -s*
Sonnensystem; **~ technology** *sub, -ies*
Solartechnik; **~ium** *sub, -s* Solarium
soldanella, *sub, -s* Troddelblume
solder, (1) *vt,* verlöten (2) *vti,* löten; **~**
on *vt,* anlöten
soldier, *sub, -s* Soldat; **~ (of a body-**
guard) *sub, -s* Leibgardist; **~ in the**
People´s Army *sub, -s* Volksarmist; **~**
of fortune *sub, -s* Glücksritter; **~ with**
a halberd *sub, -s* Hellebardier; **~-like**
adj, soldatisch; **~ly** *adj,* soldatisch; **~y**
sub, nur Einz. Soldatentum
sold out, *adj,* ausverkauft
sole, (1) *sub, -s* Seezunge; *(Fuß-)* Sohle
(2) *vt,* besohlen; **~ earner** *sub,* - -s
Alleinverdiener; **~ heir** *sub, -s/-es* Alleinerbe; *-s (tt; jur.)* Universalerbe; **~**
leather *sub,* - Sohlenleder; **~ of the**
foot *sub, -s* Fußsohle; **~ owner** *sub,* - -s
Alleininhaber
solemn, *adj,* ehrenwörtlich, feierlich,
solenn; *(feierl.)* getragen; *(würdig)* erhaben; *make a solemn promise that*
feierlich versprechen, daß; *solemnly*
promise feierlich versprechen; **~ pro-**
mise *sub, -es* Gelöbnis; **~ity** *sub, -ies*
Feierlichkeit; - Getragenheit; *-es (.)* Weihe; *with all due ceremony* mit aller
Feierlichkeit; **~ly** *adv,* feierlich; **~ly**
promise *vt,* geloben; *the Promised*
Land das Gelobte Land
solid, (1) *adj,* fest, gediegen, solid;
(geh.) derb; *(festgebaut)* solide; *(nicht*
hohl) massiv (2) *sub,* - deftig (2) *adj,* -
Festkörper; *a solid piece of work* solide
Arbeit; *be solidly behind so* geschlossen
hinter jmdm stehen; *solid meal* deftiges
Essen; **~ line of cars** *sub, -s* Blechlawi-
ne; **~ state physics** *sub,* - *(phy.)* Festkörper
solidarity, *sub,* - Solidarität; *-es* Verbundenheit; - Zusammengehörigkeitsge-
fühl; **solidarize** *vr,* solidarisieren;
solidarize with someone sich mit jemandem solidarisieren; **solidary** *adj,*

solidarisch; *declare one´s solidarity*
with someone sich mit jemandem solidarisch erklären; *show solidarity*
with solidarisch sein mit
solidification, *sub, -s* Verfestigung;
solidify *vtr,* verfestigen; **solidity**
sub, -ies Gediegenheit; - *(Stärke)* Solidität
solitaire, *sub,* - Solitär
solitary, *adj,* abseitig; *(allein)* einzeln; **~ confinement** *sub, -s* Einzel-
haft; **solitude** *sub, -s* Abseitigkeit;
nur Einz. (Alleinsein) Einsamkeit
solo, (1) *adj,* solistisch (2) *adv,* solistisch, solo (3) *sub, -s* Solo; **~ (part)**
sub, -s Solopart; **~ dance** *sub, -s* Solotanz; **~ dancer** *sub, -s* Solotänzerin; **~ entertainer** *sub,* - -s
Alleinunterhalter; **~ flight** *sub,* - -s
Alleinflug; **~ singer** *sub, -s* Solosängerin; **~ist** *sub, -s* Solist
solstice, *sub, -s* Sonnenwende
solubility, *sub, -ies* Löslichkeit; **so-**
luble *adj,* lösbar, löslich; *not readily*
soluble schwer löslich; **solution** *sub,*
-s Lösung, Solution; *(einer Glei-*
chung, eines Rätsels) Auflösung; *the-*
re is no other solution es gibt keinen
anderen Ausweg
somatic, *adj,* somatisch
sombre, *adj, (Farbe)* düster; **~ness**
sub, -es Düsterkeit
sombrero, *sub, -s* Sombrero
some, (1) *pron,* einige; *(ein Teil)* etwas (2) *Zahlw., (wenige)* etliche; *it*
takes something to do that dazu gehört schon einiges; *some hundred*
einige hundert; *there is some hope*
that es besteht einige Hoffnung,
dass; *can I have some of it too* kann
ich auch etwas davon haben; *he´s*
right about some things in Manchem
hat er recht; *some (people)* dieser
und jener; *some of the people* ein Teil
der Menschen; *you can never teach*
sense to some people manch einem
kann man nie Vernunft beibringen; **~**
(day) *adv, (später)* einst; **~ (kind**
of) *pron,* irgendein; *a mole or some*
kind of animal ein Maulwurf oder
irgend so ein Tier; *it seems to be some*
kind of container das scheint irgendein Behälter zu sein; **~ day** *adv,* dereinst; *(später)* einmal; *some day in*
the future dereinst mal; *some day I*
sat in the taxi ich habe einmal im
Taxi gesessen; *some day I´ll sit in the*
taxi ich werde einmal im Taxi sitzen;
~ time (1) *adv,* noch (2) *pron,* irgendwann; *I´ll come sometime or*

other for sure irgendwann werde ich bestimmt kommen; *she wants to go to China sometime or other* sie will irgendwann nach China; ~**body** *pron,* irgendeine, man; *somebody (some woman) said* irgendeine (Frau) sagte; *somebody (some woman) will look after the child* irgendeine wird auf das Kind aufpassen; *somebody told me* man hat mir gesagt; ~**body/someone** *pron,* wer; ~**how (or other)** *pron,* irgendwie; *don´t do it just anyhow!* mach´ es nicht irgendwie!; *I´ll manage somehow* ich werde es irgendwie schaffen; ~**one** *pron,* jemand; *someone else* ein(e) andere(r); *someone one knows* ein flüchtiger Bekannter; ~**one (or other)** *pron,* irgendjemand; *someone or other claimed* irgendjemand hat behauptet; ~**one who leaves without paying** *sub,* - *(i. ü. S.)* Zechpreller; ~**one who tends to gloss things over** *sub, people* Schönfärber

somersault, *sub, -s* Kobolz (schiessen), Purzelbaum, Salto

something, (1) *pron,* etwas, irgendeine **(2)** *sub, -s* Etwas; *something is bothering him* irgendeine Sache beunruhigt ihn, *did you say something* hast du etwas gesagt; *something unforeseen* ein unvorhergesehener Umstand; *that certain something* das gewisse etwas; ~ **(or other)** *pron,* irgendetwas; *he mumbled something or other* er murmelte irgendetwas; *something has gone wrong* irgendetwas ist schief gegangen; ~ **else do** *sub, nur Einz. (Ablenkung)* Nebenbeschäftigung; ~ **small** *sub,* - Kleinigkeit; **sometimes** *adv,* manchmal, zuweilen; **somewhere (or other)** *pron,* irgendwo, irgendwohin; *the key must be somewhere* der Schlüssel muß irgendwo sein; *I feel like going somewhere at the weekend* ich hätte Lust am Wochenende irgendwohin zu fahren; **somewhere else** *adv,* sonst wohin, woanders

somnambulary, *adv,* somnambul

somnambulism, *sub, nur Einz.* Somnambulismus; *(geh.)* Mondsucht

son, *sub, -s* Filius, Sohn; *(ugs.) every mother´s son of them* die ganze Sippschaft; *like father like son* der Apfel fällt nicht weit vom Stamm, wie der Vater, so der Sohn; *(bibl.) the prodigal son* der verlorene Sohn; ~ **and heir** *sub,* - Stammhalter; ~**-in-law** *sub, -s* Schwiegersohn

sonata, *sub, -s* Sonate

sonatina, *sub, -s* Sonatine

sonde, *sub, -s (Wetter-)* Sonde

song, *sub, -s* Lied, Sang, Song; *to burst into song* ein Lied anstimmen; *(ugs.) to make a song and dance about sth* eine Staatsaktion aus etwas machen; *for a song* für einen Apfel und ein Ei; *get sth for a song* für ein Butterbrot bekommen; *part-song* mehrstimmiges Lied; ~ **of praise** *sub, songs* Lobpreisung; ~ **thrush** *sub, -s* Singdrossel; ~**-bird** *sub, -s (zool.)* Singvogel; ~**-like** *adj,* liedhaft; ~**-loving** *adj,* sangeslustig; ~**book** *sub, -s* Gesangbuch

sonnet, *sub, -s* Sonett

sonorous, *adj,* klangvoll, sonor

soon, *adv,* bald; *coming soon* demnächst in diesem Theater; *see you soon* bis bald; *soon* binnen kurzem; *soon after* bald danach; *we hope to see you again soon* auf ein baldiges Wiedersehen; ~**er** *adv,* eher, lieber; *the sooner the better* je eher, je lieber; *he´d sooner die than* er würde lieber sterben als; *I´d sooner do it myself* ich täte es lieber selbst

sop, *sub, -s (ugs.)* Jammerlappen

sophism, *sub, -s* Sophismus; **sophist** *sub, -s* Rabulist, Sophist; **sophistic** *adj,* rabulistisch; **sophisticated** *adj,* ausgeklügelt, sophistisch, weltgewandt, weltmännisch; **sophistication** *sub, nur Einz.* Sophistik; **sophistry** *sub, -ies* Rabulisterei, Rabulistik, Sophisterei

Sophoclean, *adj,* sophokleisch

soporific, *adj,* einschläfrig

sopping (wet), *adj,* klatschnass

soprano, *sub, -s* Sopran, Sopranistin

sorbet, *sub, -s* Sorbet

Sorbian, *adj,* sorbisch

sorcerer, *sub, -s* Hexenmeister, Hexer; **sorceress causing nightmares** *sub, -es (myth.)* Drude; **sorcery** *sub, -s* Hexerei

sore, (1) *adj,* weh, wund **(2)** *sub, -s* Schmerz; *to open up old sores* alte Wunden wieder aufreißen; ~ **throat** *sub, -s* Halsentzündung, Halsschmerz, Halsweh; ~**ly tried** *adj,* leidgeprüft

sorghum, *sub, -s (bot.:Hirse)* Durra

sorrel, *sub, -s* Sauerampfer; - *(bot.)* Ampfer; *-s (Pferd)* Fuchs

sorrow, *sub,* - Gram; *nur Einz.* Harm; *-s* Leid; *(Kummer)* Sorge, Trauer, Trübsal; *(i. ü. S.) be no child of sorrow* kein Kind von Traurigkeit sein; ~**ful** *adj,* kummervoll, leidvoll; **sorry (1)** *adj,* leid; *(beklagenswert)* traurig **(2)** *interj,* bitte; *I´m sorry for coming* so *late* es tut mir leid, daß ich so spät gekommen bin; *she cried and said how sorry she was* sie weinte und sagte, wie leid es ihr täte, *I am terribly sorry for* ich bitte vielmals um Verzeihung; *I´m so sorry* Mein herzliches Beileid; *sorry wie bitte?*; *sorry!* entschuldigen Sie!; *(ugs.) you´ll/he´ll etc be sorry* Rache ist Blutwurst; **sorry effort** *sub*, *-s* Machwerk

sort, (1) *sub*, *-s (Art)* Sorte, Typ (2) *vt*, sortieren, verlesen; *he´s an odd sort* er ist eine seltsame Sorte Mensch; *of all sorts* von allen Sorten; *be quiet or I´ll come and sort you out* seid ruhig, sonst schaffe ich gleich mal Ordnung; *for your sort* für dich und deinesgleichen; *to sort things out* Ordnung schaffen, *sort according to size* nach Größen sortieren; **~** *itself out* *vr*, entwirren; **~** out *vt*, aussondern, aussortieren; *(ausrangieren)* ausmustern; **~/put into** *vt*, einsortieren

sorter, *sub*, *-s* Sortiererin
sortilege, *sub*, *-s* Sortilegium
so to speak, *adv*, sozusagen; **so what** *adv*, *(ugs.)* wennschon; **so-so** *adv*, soso; **so... that** *adv*, derart; *she screamed so much that* sie hat derart geschrien, dass; *the consequences were such that* die Folgen waren derart, dass; *treat sb so badly that* jmd derart schlecht behandeln, dass

sou, *sub*, *-s* Sou
souchong (tea), *sub*, *-s* Souchongtee
soufflé, *sub*, *-s* Soufflee
soul, *sub*, *-s* Seele; *(Seele)* Herz; *it soothes a troubled soul* das ist Balsam für die Seele; *(ugs.) not a bloody soul was to be seen* es war kein Aas zu sehen; *sth for the soul* etwas fürs Gemüt; *there was not a soul there* es war kein Mensch da; **~** *music* *sub*, *-* Soul

sound, (1) *adj*, stichhaltig; *(ansehnlich)* solide; *(Firma,Ansichten, Instinkt)* gesund (2) *sub*, *-s* Geräusch, Hall, Klang, Laut, Schall, Sound, Sund; *(ugs.)* Mucks; *(Laut)* Ton (3) *vi*, ertönen, klingen, schallen; *(klingen)* tönen (4) *vt*, *(med.)* abhorchen, abhören; *(Wassertiefe)* peilen; *sound arguments* stichhaltige Gründe; *sound common sense* gesunder Menschenverstand, *not to make a sound* keinen Mucks sagen, *a sound firm* eine seriöse Firma; *not to utter a sound* keinen Ton von sich geben; *sound so out* jemanden anbohren; *sound things out* auf den Busch klopfen; *that sounds bad* das hört sich schlecht an; *that sounds good* das hört

sich gut an; *the sound of the trombones dying away* die Nachklang der Posaunen; **~** **absorber** *sub*, *-s* Schalldämpfer; **~** **barrier** *sub*, *-s* Schallmauer; **~** **editor** *sub*, *-s* Tonschneider; **~** **effect** *sub*, *-s* Klangeffekt; **~** **engineer** *sub*, *-s* Toningenieur, Tonmeisterin; **~** **film** *sub*, *-s* Tonfilm; **~** **mind** *adj*, zurechnungsfähig; **~** **of bugles** *sub*, *-s* Hörnerschall; **~** **off** *vi*, *(i. ü. S.; prahlen)* tönen; **~** **out** *vt*, sondieren; *(i. ü. S.; Argumente)* abklopfen; **~** **quality** *sub*, *-ies* Tonqualität; **~** **recording** *sub*, *-s* Tonaufnahme; **~** **so out** *vt*, aushorchen

sound technician, *sub*, *-s* Tontechniker; **sound the horn** *vi*, hupen; **sound through** *vt*, *(Musik)* durchklingen; **sound to sb** *vt*, *(i. ü. S.)* durchklingen; **sound-board** *sub*, *-s* Schallboden; **sound-track** *sub*, *-s* Soundtrack; **soundbox** *sub*, *-es* Resonanzkörper; **sounding** *sub*, *-s (Seefahrt)* Lotung; *(Wassertiefe)* Peilung; **sounding of alarm** *sub*, nur *Einz.* Sturmläuten; **soundless** *adj*, lautlos; **soundness** *sub*, *- (Ansehnlichkeit)* Solidität; **soundness of mind** *sub*, nur *Einz.* Zurechnungsfähigkeit; **soundproof** *adj*, schalldicht, schallsicher; *(schallgedämpft)* geräuscharm; **soundwave** *sub*, *-s* Schallwelle

soup, *sub*, *-s* Süppchen, Suppe; *(i. ü. S.) be in the soup* in der Tinte sitzen; **~** **cup** *sub*, *-s* Suppentasse; **~** **ladle** *sub*, *-s* Suppenkelle; **~** **noodle** *sub*, *-s* Suppennudel; **~** **plate** *sub*, *-s* Suppenteller; **~** **spoon** *sub*, *-s* Suppenlöffel; **~** **up** *vt*, *(i. ü. S.; mot.; Zahlen etc.)* frisieren; **~-spoon** *sub*, *-s* Esslöffel; *soup-spoon/dessert-spoon* Esslöffel/Suppenlöffel/Dessertlöffel; **~y** *adj*, suppig

sour, *adj*, herb, sauer, sauertöpfisch; **~** **cherry** *sub*, *-ies* Sauerkirsche; **~** **dough** *sub*, *-s* Sauerteig; **~** **milk** *sub*, nur *Einz.* Dickmilch

source, *sub*, *-s* Quelle; **~** **of conflict** *sub*, *-s* Konfliktherd; **~** **of danger** *sub*, *-s* Gefahrenherd; **~** **of employment** *sub*, *-s* Erwerbszweig; **~** **of error** *sub*, *-s* Fehlerquelle; **~** **of fire** *sub*, *-s* Brandursache; **~** **of light** *sub*, *-s* Lichtquelle; **~** **of supply** *sub*, *-s -* Bezugsquelle; **~** **research** *sub*, nur *Einz.* Quellenkunde; **~ful** *adj*, *(schlau)* erfinderisch

sourness, *sub*, Säure
sourpuss, *sub*, *-s (ugs.)* Meckerziege

south, (1) *adv*, südlich (2) *sub*, *nur Einz.*
Süden; *face due south* direkt nach Süden; **South Africa** *sub*, - Südafrika; **South African** *sub*, *-s* Südafrikaner; **South America** *sub*, - Südamerika; **South Asiatic** *adj*, südasiatisch; **South German** *sub*, *-s* Süddeutsche; **South Pacific** *sub*, *nur Einz.* Südsee; **South Pole** *sub*, *nur Einz.* Südpol; ~ **side** *sub*, *-s* Südseite; **South Tyrolean** *adj*, südtirolisch; ~**-southeast** *sub*, *nur Einz.* Südsüdosten; ~**-southwest** *sub*, *nur Einz.* Südsüdwesten; **Southamerican lasso** *sub*, *-es* Bola; ~**east** *sub*, - Südosten
southern, *adj*, südlich; **south-west** *sub*, *nur Einz.* Südwesten; **south-west wind** *sub*, *-s* Südwestwind; **south-western** *adj*, südwestlich; **south-western state** *sub*, *-s* Südweststaat; ~ **states** *sub*, *nur Mehrz.* Südstaaten; *(USA)* Südstaaten; **southward(s)** *adv*, südwärts; **southwester** *sub*, *-s* Südwester
souvenir, *sub*, *-s* Erinnerung, Mitbringsel, Souvenir; *buy a souvenir* ein Andenken kaufen
sovereign, (1) *adj*, *(polit.)* souverän (2) *sub*, *-s* Regent, Souverän, Sovereign; ~ **rights** *sub*, *nur Mehrz.* Hoheitsrecht; ~**ty** *sub*, *nur Einz.* Hoheit, Landeshoheit; - Souveränität; *nur Einz.* Staatshoheit
sow, (1) *sub*, *-s* Sau (2) *vi*, *(Saatgut)* ausbringen (3) *vt*, aussäen, besäen (4) *vti*, säen; *sow discord* Unfrieden stiften; ~**ed** *adj*, besät; ~**ing** *sub*, *nur Einz.* *(Aussäen)* Aussaat
Soy, *sub*, - Soja; **soy bean** *sub*, *-s (bes. US)* Sojabohne; **soy sauce** *sub*, *-s* Sojasoße; ~**a** *sub*, - Soja; **soya bean** *sub*, *-s* Sojabohne; **soya flour** *sub*, - Sojamehl; **soya oil** *sub*, *-s* Sojaöl; **soya sauce** *sub*, *-s* Sojasoße
spa, *sub*, *-s* Kur; - Whirlpool; ~ **orchestra** *sub*, *-s* Kurorchester; ~ **promenade** *sub*, *-s* Kurpromenade; ~ **romance** *sub*, *-s* Kurschatten
space, *sub*, *-s* Spatium; *nur Einz.* Weltraum; *-es (Formbl.)* Feld; *nur Einz. (freier Raum)* Platz; *(Platz)* Luft; *-s (zwischen Wörtern)* Lücke; *send into space* ins All schicken; *an open space in front of the church* ein freier Platz vor der Kirche; *there´s no more space on the shelf for that book* das Buch hat keinen Platz mehr im Regal; *to leave a space in between* etwas Luft dazwischen lassen; ~ **flight** *sub*, *-s* Raumflug, Weltraumflug; ~ **probe** *sub*, *-s* Raumsonde; ~ **programme** *sub*, *-s* Raumpro-

gramm; ~ **shuttle** *sub*, *-s* Raumfähre, Spaceshuttle; ~ **station** *sub*, *-s* Raumstation; ~ **to move about** *sub*, *nur Mehrz. (Freiraum)* Auslauf; ~ **travel** *sub*, *-s* Raumfahrt, Raumschifffahrt, Weltraumfahrt; ~ **traveller** *sub*, *-s* Weltraumfahrer; ~**-bar** *sub*, *-s* Leertaste; ~**-saving** *adj*, Raum sparend; ~**land** *sub*, *-s* Spatienkeil; ~**craft** *sub*, *-s* Raumfahrzeug; ~**suit** *sub*, *-s* Raumanzug
spacing, *sub*, *nur Einz. (bei Zeilen)* Abstand; **spacious** *adj*, geräumig; *(räuml.)* weitläufig; *(weiträumig)* großzügig; **spaciousness** *sub*, - Geräumigkeit
spade, *sub*, *-s* Spaten; ~**s** *sub*, *nur Mehrz. (Karten)* Pik, Schippe; *ace of spades* Pik As; *king of spades* Pik König
spaetzle, *sub*, - Spätzle
spaghetti, *sub*, *nur Mehrz.* Spagetti
span, *vt*, überspannen; *a new bridge spans the river* eine neue Brücke überspannt den Fluss; ~ **width** *sub*, *-s (Brücke)* Spannweite
spandrel, *sub*, *-s (tt; arch.)* Zwickel
spaniel, *sub*, *-s* Spaniel
Spanish, *adj*, spanisch; ~ **fly** *sub*, *nur Einz. (med.)* Kantharidin
spanner, *sub*, *-s* Schraubenschlüssel
spar (1) *sub*, *-s* Spat (2) *vi*, sparren
spare, (1) *adj*, *(ugs.)* zaundürr; *(übrig)* überzählig (2) *vt*, entbehren, erübrigen, verschonen; *(Unannehmlichkeiten)* ersparen; *can you spare* kannst du entbehren; *spare me that* verschone mich damit; *spare me your speeches* verschone mich mit deinen Reden; *spare oneself something* sich etwas ersparen; ~ **part** *sub*, *-s* Ersatzteil; ~ **rib** *sub*, *-s* Rippenspeer; ~ **tyre** *sub*, *-s* Pölsterchen, Rettungsring; **sparing** (1) *adj*, *-s* *nur Einz.* Verschonung; Schonung; ~**s** Verschonung
spark, *sub*, *-s* Fünkchen, Funke, Funken; *send out sparks* Funken sprühen; *we clicked* der Funke ist übergesprungen; ~ **plug** *sub*, *-s* Kerze; ~**ing plug** *sub*, *-s (tt; tech.)* Zündkerze; ~**le** *vi*, funkeln; *(Augen)* sprühen; *(sprudeln)* perlen; ~**ler** *sub*, *-s* Wunderkerze; ~**ling** *adj*, prikkelnd; ~**ling clean** *adj*, blitzblank, blitzsauber; ~**ling white** *adj*, blütenweiß; ~**ling wine** *sub*, *-s* Schaumwein, Sekt
sparring, *sub*, *-s* Sparring
sparrow, *sub*, *-s* Spatz, Sperling;

cheeky as a sparrow frech wie ein Spatz; **~´s nest** *sub, -s* Spatzennest; **~hawk** *sub, -s* Sperber
sparse, *adj, (Menge)* dünn; *(zerstreut)* spärlich; **~ly populated** *adj,* menschenarm; **~ness** *sub, nur Einz.* Dünnheit
Spartacist, *sub, -s* Spartakist; **Spartacus league** *sub, nur Einz.* Spartakusbund; **Spartakiad** *sub, -s* Spartakiade; **spartan** *adj,* spartanisch
spasm, *sub, -s* Krampf, Spasmus; **spastic (1)** *adj,* spastisch **(2)** *sub, -s* Spastiker, Spastikerin
spat, *sub, -s (bis zum Knöchel)* Gamasche
spatial, *adj,* räumlich
spatula, *sub, -s* Spachtel, Spatel
spawn, *vi,* laichen; *a spawn of hell* eine Ausgeburt der Hölle; **~er** *sub, -s* Rogner; **~ing ground** *sub, -s* Laich
speak, (1) *vi,* reden; *(anreden)* ansprechen **(2)** *vti,* sprechen; *be wellspoken* sich gepflegt ausdrücken; *I won´t be spoken to like that!* ich verbitte mir diesen Ton!; *speak freely* mit der Sprache herausrücken; *speak out against sth* sich gegen etwas aussprechen; *(ugs.; seine Meinung sagen) to speak up* den Mund aufmachen; **~ broken English/German** etc. *vti,* radebrechen; **~ through one´s nose** *vi,* näseln; **~ well** *vi,* gutsprechen; **~er** *sub, -s* Festrednerin, Redner, Referent, Sprecher; *(tech.)* Box; **~ing part** *sub, -s* Sprechrolle
spear, (1) *sub, -s* Ger; *(Waffe)* Speer, Spieß **(2)** *vt, (mit Speer)* aufspießen; **~head** *sub, -s* Lanzenspitze
special, *adj,* speziell; *(außergewöhnlich)* besondere; *oh, no special reason* ach, nur so!; *a special car* ein besonderes Auto; *for a special friend* für einen besonderen Freund; **~ account** *sub, -s* Sonderkonto; **~ award** *sub, -s* Ehrenpreis; **Special Branch** *sub, -es* Sonderdezernat; **~ case** *sub, -s* Ausnahmefall; **~ circumstances** *sub, nur Mehrz.* Bewandtnis; **~ class** *sub, -es* Sonderklasse; **~ day** *sub, -s* Ehrentag; **~ delivery** *sub, -ies* Sondersendung; **~ discount** *sub, -s* Sonderabzug, Sonderrabatt; **~ discount price** *sub, -s* Vorzugspreis
special edition, *sub, -s* Extraausgabe, Sonderausgabe, Sondernummer; **special feature** *sub, -s* Besonderheit; **special leave** *sub, -s* Sonderurlaub; **special offer** *sub, -s* Sonderangebot; **special position** *sub, -s* Sonderstellung; **special price** *sub, -s* Sonderpreis; **special refuse** *sub, -* Sondermüll; **special re-**
quest *sub, -s* Sonderwunsch; **special school** *sub, -s* Sonderschule; *(ugs.)* Hilfsschule; **special status** *sub, -* Sonderstatus; **special subject** *sub, -s* Spezialfach; **special tax** *sub, -es* Sondersteuer; **special terms** *sub, nur Mehrz.* Partiepreis
specialist, (1) *adj,* einschlägig **(2)** *sub, -s* Fachmann, Spezialist, Spezialistin; **specialised** *adj,* fachlich; **~ area** *sub, -s* Sachbereich; **~ book** *sub, -s* Fachbuch; **~ in** *sub, -s* Facharzt; **~ in internal medicine** *sub, -s* Internist, Internistin; **~ in Middle Eastern and oriental studies** *sub,* *specialists* Orientalist; **~ knowledge** *sub, -* Fachkenntnis; **~ shop** *sub, -s* Fachgeschäft; **~ term** *sub, -s* Fachwort; **speciality** *sub, -ies* Spezialität; **specialize** *vr,* spezialisieren; *specialize in history* sich auf Geschichte spezialisieren; **specially** *adv,* eigens
special train, *sub, -s* Sonderzug; **special treatment** *sub, -s* Extrawurst; *she always wants to get special treatment* sie will immer eine Extrawurst gebraten bekommen; **special trip** *sub, -s* Sonderfahrt; **special unit** *sub, -s* Sonderkommando
species, *sub, -* Spezies; *(biol.)* Art; *nur Einz. (zool.)* Sippe; *(zool., Art)* Gattung; *the human species* die Spezies Mensch; **~ conservation** *sub, nur Einz. (biol.)* Artenschutz; **~ of bird** *sub, -s (tt; biol.)* Vogelart; **~ preserving** *adj,* arterhaltend
specimen, *sub, -s* Exemplar, Musterbrief, Spezifikum; **~ copy** *sub, - -ies* Belegexemplar; **~ of one´s writing** *sub, -s* Schriftprobe
speckle, *sub, -s* Sprenkel; **~d** *adj,* gesprenkelt
speck of fat, *sub, -s* Fettauge
spectacle, *sub, -s (i. ü. S.)* Schauspiel; *to make a spectacle of oneself* sich zur Schau stellen; **~ cobra** *sub, -s (zool.)* Brillenschlange; **~-lens** *sub, -es* Brillenglas; **~d** *adj,* bebrillt
spectacular, *adj,* spektakulär; **~ play** *sub, -s* Ausstattungsstück; **spectator** *sub, -s* Anwesende; *(tt; spo.)* Zuschauer
spectral, *adj,* spektral
spectre, *sub, -s* Spukgestalt
spectrometer, *sub, -s* Spektrometer; **spectroscope** *sub, -s* Spektralapparat, Spektroskop
spectrum, *sub, -a* Spektrum; *-tra (i. ü. S.; Wissen)* Bandbreite; **~ analysis**

sub, - Spektralanalyse
speculate, *vi*, spekulieren; **speculation** *sub*, -s Deutelei, Spekulation; *make a speculation* eine Spekulation anstellen; **speculative** *adj*, spekulativ; **speculator** *sub*, -s Spekulant
speech, *sub*, -es Ansprache, Festrede, Rede, Speech; *(Sprachfähigkeit)* Sprache; *make a speech* eine Ansprache halten; *speech is silver but silence is golden* Reden ist Silber, Schweigen ist Gold; ~ **area** *sub*, -s Sprachgebiet; ~ **balloon** *sub*, -s Sprechblase; ~ **break** *sub*, -s Sprechpause; ~ **bubble** *sub*, -s Sprechblase; ~ **exercise** *sub*, -s Sprechübung; ~ **impediment** *sub*, -s Sprachfehler; ~ **song** *sub*, -s Sprechgesang; ~ **therapist** *sub*, -s Logopäde; ~ **therapy** *sub*, *nur Einz.* Logopädie; **~less** *adj*, baff, sprachlos; *be simply speechless* einfach sprachlos sein; *(i. ü. S.) to be left speechless* mit den Ohren schlackern
speed, *sub*, - Geschwindigkeit; -s Schnelle, Schnellheit, Speed, Tempo; - *(ugs.)* Rasanz; *at full speed* in voller Fahrt; *speed up* das Tempo beschleunigen, die Fahrt beschleunigen; *drive at a lunatic speed* ein mörderisches Tempo fahren; *speed up* Tempo zulegen; ~ **limit** *sub*, -s Geschwindigkeitsbegrenzung, Geschwindigkeitsbeschränkung, Höchstgeschwindigkeit, Tempolimit; ~ **maniac** *sub*, -s *(ugs.)* Raser; ~ **of light** *sub*, - Lichtgeschwindigkeit; ~ **of sound** *sub*, *nur Einz.* Schallgeschwindigkeit; ~ **skating** *sub*, *nur Einz.* Eisschnelllauf; ~ **up** (1) *sub*, - *(vulg.; tech.)* Zeitraffer (2) *vi*, beschleunigen; **~boat** *sub*, -s Schnellboot; **~ing** *sub*, -s Geschwindigkeitsüberschreitung
speedo, *sub*, -s Tacho; **~meter** *sub*, -s Geschwindigkeitsmesser, Tachometer; **speedway** *sub*, -s Speedway; **speedy** *adj*, baldig
spel(a)eologist, *sub*, -s Speläologin
spell, (1) *sub*, -s Bannkreis; - Zauber; -s *(Abhängigkeit, Zauber)* Bann (2) *vi*, rechtschreiben (3) *vti*, buchstabieren; *come under so´s spell* in jemandens Bann geraten, *be still under the spell of an adventure* noch unter dem Eindruck eines Erlebnisses stehen; *her spelling is not always correct* sie schreibt orthografisch nicht immer richtig; *to break the spell* den Zauber lösen, *spell a word* ein Wort buchstabieren; *spell out a word* noch buchstabieren müssen; ~ **of love** *sub*, -s Liebeszauber; **~ing** *sub*, -s Rechtschreibung, Schreibung; **~ing mistake** *sub*,

-s Schreibfehler
spend, *vt*, verbringen, verleben, wenden, zubringen; *(Geld)* ausgeben; *spend one´s spare-time with doing sports* seine Freizeit mit Sport ausfüllen; *spend one´s time on* sich mit etwas aufhalten; ~ **itself** *vt*, *(Unwetter)* austoben; **~ing** *sub*, -s *(ugs.)* Verbringung; *nur Einz. (von Geld)* Ausgabe
sphere, *sub*, -s Himmelskugel, Kreis, Kugel, Sphäre; *the sphere of her interests* der Kreis ihrer Interessen; ~ **(in which one lives)** *sub*, -s Lebenskreis; ~ **of activity** *sub*, -es Wirkungskreis; ~ **of influence** *sub*, -s Einflussbereich; *spheres* Machtbereich; **spherical** *adj*, kugelförmig; *(mat.)* sphärisch; **spherometer** *sub*, -s Sphärometer
sphincter, *sub*, -s *(anat.)* Schließmuskel
sphinx, *sub*, *nur Einz.* Sphinx
sphragistics, *sub*, *nur Einz.* Sphragistik
spice, *sub*, -s Gewürz, Speisewürze; - Spezerei; -s Würze; *(i. ü. S.) that adds spice to life* das gibt dem Leben die Würze; **~d meat** *sub*, *nur Einz.* Würzfleisch
spider, *sub*, -s Spider, Spinne; ~ **´s web** *sub*, -s Spinnwebe; **~wort** *sub*, -s *(bot.)* Tradeskantie
spigot, *sub*, -s Spund
spike, (1) *sub*, -s Spike (2) *vt*, *(Essen)* aufspießen; **~d helmet** *sub*, -s Pickelhaube
spill, *vt*, kleckern, vergießen, verschütten, verstreuen; *(verschütten)* ausschütten, gießen, übergießen
spin, (1) *sub*, - Drall; -s Effet, Spritzfahrt, Spritztour (2) *vi*, trudeln; *(Räder)* durchdrehen (3) *vt*, *(Garn)* spinnen (4) *vti*, schleudern; *put spin on the ball* dem Ball Effet geben, *my head is spinning* mir dreht sich alles; ~ **round** *vti*, herumwirbeln; **~-drier** *sub*, -s *(Wäsche)* Schleuder
spinach, *sub*, - Spinat
spinal, *adj*, spinal; ~ **column** *sub*, -s *(tt. med.)* Wirbelsäule; ~ **cord** *sub*, *nur Einz.* Rückenmark
spindle, *sub*, -s Spindel; **~-legged** *adj*, storchbeinig; **spindly arms** *sub*, *nur Mehrz.* Spinnenarme; **spindly legs** *sub*, *nur Mehrz.* Spinnenbeine
spineless, *adj*, rückgratlos
spinel(le), *sub*, -s Spinell
spinet, *sub*, -s *(mus.)* Spinett
spinner, *sub*, -s *(Garn-)* Spinner

spinning mill, *sub, -s (Fabrik)* Spinnerei; spinning song *sub, -s* Spinnerlied; spinning-thread *sub, -s* Spinnenfaden; spinning-top *sub, -s* Kreisel; spinning-wheel *sub, -s* Spinnrad
spinous process, *sub, -es* Dornfortsatz
Spinozistic, *adj,* spinozaisch
spiny, *adj, (zool.)* stachelig
spiral, (1) *adj,* spiralförmig, spiralig (2) *sub, -s* Spirale; ~ line *sub, -s* Spirallinie; ~ staircase *sub, -s* Wendeltreppe
spirit, (1) *sub,* - Spiritus; *nur Einz.* Verve; *-s (Alkohol)* Sprit; *(Seele)* Geist; *(überirdisch)* Geist (2) *vt,* vergeistigen; *tax on spirits* Branntweinsteuer; *act in the spirit of so* in jmds Geiste handeln; *the spirit ist willing but the flesh is weak* der Geist ist willig, aber das Fleisch ist schwach; *the spirit of Christianity* der Geist des Christentums, der gute Geist; ~ made from juniper berries *sub, -s* Genever; ~ of the Sudeten Mountains *sub, nur Einz.* Rübezahl; ~ varnish *sub, -s* Spirituslack; ~-level *sub, -s* Wasserwaage; ~ism *sub,* - Spiritismus; ~s *sub, nur Mehrz.* Schnaps; - Spiritualien; *nur Mehrz.* Spirituosen; *(Laune)* Mut; *to be in good spirits* guten Mutes sein
spiritual, (1) *adj,* durchgeistigt, seelisch, spirituell; *(nicht weltlich)* geistlich; *(seelisch)* geistig (2) *sub, -s (mus.)* Spiritual; *spiritual father* der geistige Vater; ~ welfare *sub, nur Einz.* Seelsorge; ~ism *sub, nur Einz* Spiritualismus; ~ist (1) *adj,* spiritistisch (2) *sub, -s* Spiritist, Spiritualist; ~ity *sub, -ies* Geistigkeit; - Spiritualität
spit, (1) *sub, -s* Nehrung; *(Brat-)* Spieß (2) *vi,* ausspucken, spucken (3) *vt,* speien; ~ at (1) *vi,* anspucken (2) *vt,* anfauchen; ~ out (1) *vt, (a. i.ü.S.; auch comp.)* ausspucken (2) *vi,* ausspeien
spite, *sub, nur Einz.* Tücke; *(Boshaftigkeit)* Trotz; *out of sheer spite* aus purem Trotz; ~ful *adj,* gehässig, scharfzüngig; ~fulness *sub, -es* Gehässigkeit; *out of sheer spite* aus reiner Gehässigkeit
spitting image, *sub, -s* Ebenbild; *be the spitting image of sb* ganz das Ebenbild von jmd sein
spittle, *sub, nur Einz.* Speichel; *-s* Spukke
Spitz, *sub,* - *(zool.)* Spitz
spiv, *sub, -s (ugs.)* Spitzbube
splash, (1) *sub, nur Einz.* Klatsch (2) *vi,* klatschen; *(Bach, Brunnen)* plätschern; *(ugs.; verschütten)* plempern (3) *vt,* bespritzen, spritzen, verspritzen; *he went splash into the water* er plumpste ins

Wasser; ~ about *vi, (ugs.)* matschen; ~ around *vi,* planschen; ~ up *vi, (hochspritzen)* aufspritzen
spleen, *sub, -s* Milz
splice, *vt, (Leine)* splissen
splint, *vt,* schienen; ~er (1) *sub, -s* Splitter (2) *vi,* splittern (3) *vt,* absplittern (4) *vti,* aufsplittern, zersplittern; ~er group *sub, -s (polit.)* Splittergruppe; ~er of glass *sub, -s* Glassplitter; ~er off (1) *vi, (polit.)* abspalten (2) *vr,* absplittern; ~er party *sub, -ies* Splitterpartei; ~ering *sub, -s* Absplitterung, Aufsplitterung; *(polit.)* Abspaltung
split, (1) *adj,* gespalten (2) *sub, -s* Spagat; *(i. ü. S.)* Spalt; *(polit.)* Spaltung (3) *vi, (Naht)* platzen; *(Stoff)* ausreißen (4) *vt,* spalten, splitten; *(Holz)* spleißen (5) *vti,* aufspalten; *do the splits* einen Spagat machen, *we split our sides laughing* wir sind vor Lachen fast geplatzt, *the party has split* die Partei hat sich gespalten; *have split up* auseinander sein; ~ (up) *vt,* portionieren; ~ hairs *vi,* herumdeuteln; ~ in half *vt,* halbieren; ~ off *vt,* abspalten; ~ sth. in two *vt,* durchschlagen; *split wood* Holz hacken; ~ up *vt, (teilen)* aufgliedern; ~-time *pron, (tt; spo.)* Zwischenzeit; ~ting *sub, -s* Aufspaltung, Zerspaltung; *(allg.)* Spaltung; *a splitting headache* rasende Kopfschmerzen; ~ting off *sub, -s* - Abspaltung
splutter, (1) *vi, (Motor)* stottern (2) *vr, (i. ü. S.)* verschlucken (3) *vti, (hastig sprechen)* haspeln
spoil, *vt,* verderben, verpatzen, verunzieren, verwöhnen; *(i. ü. S.; Freude)* trüben; *(i. ü. S.) don´t be a spoilsport* sei kein Frosch; ~ sth *vt,* verleiden; ~ sth for sb *vt,* vermiesen; ~-sport *sub, -s* Spielverderber; ~er *sub, -s* Spoiler; ~ing *sub, nur Einz.* Verderben; *-s* Verunzierung; ~t *adj,* verwöhnt, verzogen; ~t child *sub, -ren* Schoßkind; ~tness *sub, nur Einz.* Verwöhntheit
spoke, *sub, -s* Speiche; ~n-word record *sub, -s* Sprechplatte; ~sman *sub, men* Wortführer; *-men (Wortführer)* Sprecher; ~swoman *sub, men* Wortführerin
sponge, (1) *sub,* Biskuitteig; *-s* Schwamm, Schwammtuch (2) *vi,* schmarotzen; ~ mixture *sub, -s* Rührteig; ~-bag *sub, -s* Wäschebeutel; ~r *sub, -s* Schmarotzer; spongy *adj,* schwammartig, schwammig,

spongiös
sponsor, (1) *sub*, -s Geldgeber, Geldgeberin, Pate, Patin, Sponsor **(2)** *vt*, pro-
tegieren, sponsern; *(Veranstaltungen)*
finanzieren; *(i. ü. S.)* *stand sponsor to
a child* ein Kind aus der Taufe heben;
~**ship** *sub*, -s *(Firmung)* Patenschaft
spontaneity, *sub*, - Spontaneität; **spontaneous** *adj*, spontan; **spontaneousness** *sub*, - Spontanität
spooky, *adj*, geisterhaft
spool, (1) *sub*, -s Spule **(2)** *vt*, spulen
spoon, (1) *sub*, -s *(Besteck)* Löffel; *(Fischen)* Blinker **(2)** *vt*, löffeln; ~**-handle**
sub, -s Löffelstiel
sporadic, *adj*, sporadisch
spore, *sub*, -s Spore; ~ **capsule** *sub*, -s
Sporenkapsel; ~ **leaf** *sub*, -s Sporen-
blatt
sport, *sub*, -s Sport, Sportart; *he´s great
sport* mit ihm kann man Pferde stehlen;
~ **hotel** *sub*, -s Sporthotel; ~ **sock** *sub*,
-s Sportstrumpf; ~**ing** *adj*, *(Veranstaltung)* sportlich; ~**ing ace** *sub*, -s *(ugs.)*
Sportskanone; ~**ing event** *sub*, -s
Sportveranstaltung; ~**ing rifle** *sub*, -s
Jagdgewehr; ~**ing spirit** *sub*, *nur Einz.*
Sportsgeist; *he showed great sporting
spirit* er hat großen Sportsgeist bewiesen; ~**s accident** *sub*, -s Sportunfall; ~**s
association** *sub*, -s Sportverband; ~**s
club** *sub*, -s Sportklub, Sportverein; ~**s
equipment** *sub*, - Sportartikel; ~**s field**
sub, -s Sportplatz; ~**s friend** *sub*, -s
Sportkamerad
sports grounds, *sub*, *nur Einz.* Sportan-
lage; *nur Mehrz.* Sportplatz; **sports instructor** *sub*, -s Sportlehrer; **sports
invalid** *sub*, -s Sportinvalide; **sports
jacket** *sub*, -s Sakko; **sports magazine**
sub, -s Sportzeitung; **sports medicine**
sub, *nur Einz.* Sportmedizin; **sports
pal** *sub*, -s Sportkamerad; **sports press**
sub, *nur Einz.* Sportpresse; **sports pro-
gram(me)** *sub*, -s Sportsendung;
sports report *sub*, -s Sportbericht;
sports section *sub*, -s Sportbeilage;
sports shirt *sub*, -s Polohemd; **sports
stadium** *sub*, -s Sportstätte; **sports-
mad** *adj*, *(ugs.)* sportbegeistert;
sportsman *sub*, -*men* Sportler; **sportswoman** *sub*, -*women* Sportlerin; **sporty** *adj*, burschikos, sportiv
spouse, *sub*, -s Gatte, Gattin, Gemahl,
Gemahlin
sprain, (1) *sub*, -s *(tt; med.)* Verstauchung **(2)** *vt*, verstauchen
sprat, *sub*, -s Sprotte
spray, (1) *sub*, -s Spray **(2)** *vi*, spritzen;
(Flüssigkeit) sprühen **(3)** *vt*, ansprit-

zen, spritzen, verspritzen; *(ugs.)* zerstäuben; *(lackieren)* sprühen **(4)** *vti*,
sprayen; ~ **can** *sub*, -s Sprühflasche;
~ **gun** *sub*, -s Spritzpistole; ~ **on** *vt*,
aufsprayen, aufsprühen; *(Farbe aufsprühen)* aufspritzen; ~ **work** *sub*, -s
Spritzarbeit
spread, (1) *sub*, *nur Einz.* Ausbreitung; -s *(Brotaufstrich)* Aufstrich;
nur Einz. *(eines Krieges)* Ausweitung
(2) *vi*, ausbreiten; *(Gerücht)* grassieren; *(Schmerz)* ausstrahlen; *(verbreiten)* übergreifen **(3)** *vr*, verteilen **(4)**
vt, breit machen, schmieren, sprei-
zen, verbreiten, verschmieren, verstreichen; *(Düngemittel)*
ausbringen; *(schmieren)* streichen;
(verstreichen) einstreichen; *the pest
is spreading* die Pest macht sich breit;
stb is spreading etwas greift um sich;
(ugs.) *to spread stb* etwas unters Volk
bringen; *spread butter on bread* Brot
mit Butter einstreichen; ~ **(out)** *vt*,
ausbreiten; ~ **away** *vt*, wegstreichen;
~ **bitumen on** *vt*, bituminieren; ~
on *vt*, *(mit Klebstoff, Marmelade
etc.)* bestreichen
spreader, *sub*, -s Verbreiterin; **spreading** *sub*, *nur Einz.* Verbreitung; *(das
Verteilen)* Bestreichung
spreckle, *vt*, sprenkeln
sprightly, *adj*, rüstig
sprig of laurel, *sub*, -s Lorbeerzweig;
sprig of mistletoe *sub*, *sprigs* Mistelzweig
spring, (1) *sub*, *nur Einz.* Frühjahr; -s
Frühling, Quelle, Sprungfeder; *(geh.)*
Lenz; *(tech.)* Feder **(2)** *vt*, federn; ~
barley *sub*, - Sommergerste; ~ **cleaning** *sub*, -s Hausputz; ~ **day** *sub*, -s
Frühlingstag; ~ **from** *vi*, entsprießen; ~ **lid** *sub*, -s Sprungdeckel; ~
roll *sub*, -s Frühlingsrolle; ~ **tide**
sub, -s Springflut; ~ **trap** *sub*, -s Tel-
lereisen; ~ **water** *sub*, - Quellwasser;
~**-clean** *sub*, *nur Einz.* Frühjahr-
sputz; ~**board** *sub*, -s Sprungbrett
springe path, *sub*, -s Dohnensteig
springiness, *sub*, *nur Einz.* Schnellkraft; **springs** *sub*, *nur Mehrz.* *(Möbel)* Federung
sprinkle, (1) *vi*, streuen **(2)** *vt*, beregnen, besprengen, einsprengen, über-
streuen; *(ugs.)* versprudeln; *(Rasen)*
sprengen; *(Wäsche)* befeuchten;
(Wiese) besprenkeln; ~**r** *sub*, -s
Sprinkler; **sprinkling** *sub*, -s *(Rasen-)*
Sprengung; *nur Einz.* *(von Wäsche)*
Befeuchtung
sprint, (1) *sub*, -s Kurzstreckenlauf,

Sprint (2) *vi*, spurten (3) *vti*, sprinten; *put on a sprint* einen Spurt einlegen; **~er** *sub, -s* Sprinter
sprit, *sub, -s* Spriet
spritzer, *sub, -s* Schorle
spruce, *sub, -s* Fichte; **~ forest** *sub, -s* Fichtenhain; **~ needle** *sub, -s* Fichtennadel; **~ up** *vt, (ugs.)* schniegeln; **~d wood** *sub, -s* Fichtenholz; **~d up** *adj,* geschniegelt
spunk, *sub, nur Einz. (ugs.)* Mumm
spun yarn, *sub, -s* Gespinst
spur, (1) *sub, -s* Sporn (2) *vt,* anspornen; *spur a horse* einem Pferd die Sporen geben; *win one´s spurs* sich die Sporen verdienen; **~ on** *vt,* anstacheln, stacheln
spurge, *sub, nur Einz. (tt; biol.)* Wolfsmilch
spurious reason, *sub, -s* Scheingrund
spurn, *vt,* verschmähen
spurt, *sub, -s* Spurt
sputnik, *sub, -s* Sputnik
sputter, *vi,* knattern; *(Motor)* spucken
sputum, *sub, sputa* Sputum; *nur Einz. (med.)* Auswurf
spy, (1) *sub, -ies (mil.)* Spion (2) *vi,* spionieren; *(Spiel) I spy with my little eye* ich sehe was, was du nicht siehst; *put a spy onto so* einen Spion auf jemanden ansetzen; **~ film** *sub, -s* Spionagefilm; **~ network** *sub, -s* Spionagenetz; **~ on** *vi,* bespitzeln; **~ out** *vt,* ausspähen, ausspionieren; *(Informationen)* auskundschaften; **~-hole** *sub, -s (Tür-)* Spion; **~-ring** *sub, -s* Spionagering; **~ing** *sub, nur Einz.* Bespitzelung, Bespitzlung, Spioniererei
sqeeze, *sub, -s* Einzwängung
squabble, (1) *sub, -s (i. ü. S.)* Plänkelei; *(ugs.)* Kabbelei; *nur Einz.* Zank (2) *vi, (i. ü. S.)* plänkeln (3) *vr, (ugs.)* zanken; **~r** *sub, -s* Streithammel; **squabbling** *sub, -s (ugs.)* Zänkerei
squad, (1) *sub, -s (Polizei)* Trupp (2) *vt, (Haus)* besetzen; **~ron** *sub, -s (mil.)* Geschwader, Schwadron, Staffel; **~ron leader** *sub, -s (Luftwaffe)* Major
squander, *vt, (ugs.)* aasen; **~er** *sub, -s* Verschwender
squash, (1) *sub, nur Einz.* Squash (2) *vt,* zerdrücken, zerquetschen (3) *vti,* quetschen; *squash sich dünn machen;* **~ oneself** *vr,* quetschen
squat, *vi,* hocken; **~ter** *sub, -s* Hausbesetzer; **~ting** *sub, nur Einz. (eines Hauses)* Besetzung; **~ting position** *sub, -s* Hockstellung
squaw, *sub, -s* Squaw
squawk, *vi,* quäken

squeak, (1) *vi, (Kinderstimme)* piepen; *(Kinderstimme, Maus)* piepsen (2) *vti,* quieken, quietschen; **~iness** *sub, nur Einz. (ugs.)* Piepsigkeit; **~ing** *sub, -* Gequietsche; **~y voice** *sub, -s* Fistelstimme
squeal, *vti,* quieken, quietschen; *(ugs.)* singen; **~ing** *sub, - (Autoreifen)* Gequietsche
squeeze, (1) *vt,* zusammenballen, zwängen; *(Lappen etc.)* ausdrücken; *(Tube)* auspressen (2) *vti,* quetschen; *(ugs.) they were nearly squeezed to death* sie wurden fast zu Mus zerquetscht; **~ off** *vt,* abdrücken; **~ oneself** *vr,* klemmen; **~ out** *vt, (Tube etc.)* ausquetschen; **~d** *adj, (Zitrone etc.)* gepresst
squid, *sub, -s (zool.)* Kalmar
squiggle, *sub, -s* Schnörkelei
squint, (1) *sub, nur Einz. (ugs.)* Silberblick (2) *vi,* schielen (3) *vt,* kneifen
squirrel, *sub, -s* Eichhörnchen, Eichkätzchen, Feh
squirt, *vt,* spritzen
stab, (1) *sub, -s (Messer-)* Stich (2) *vt,* zustoßen; *(Waffe)* stechen; *myth of the stab in the back* die Dolchstosslegende; **~ to death** *vt,* erdolchen, erstechen; **~ wound** *sub, -s* Stichwunde; *(Wunde)* Messerstich
stability, *sub, -* Stabilität; *-ies (Stabilität)* Beständigkeit, Härte; **stabilization** *sub, -s* Stabilisierung; **stabilize** *vt,* stabilisieren; **stabilizer** *sub, -s* Stabilisator; **stable (1)** *adj,* krisenfest, stabil (2) *sub, -s* Pferdestall, Rennstall; *(Pferde-)* Stall; *(i. ü. S.; Familie) from a good stable* aus einem guten Stall; **stable boy** *sub, -s* Stallbursche; **stable fly** *sub, -ies* Stechfliege; **stable in price** *adj,* preisstabil; **stable lamp** *sub, -s* Stalllaterne; **stableman** *sub, men* Stallknecht; **stables** *sub, nur Mehrz.* Stallung
staccato, *sub, -s* Stakkato
stack, (1) *sub, -s* Pack, Packen, Stapel (2) *vt,* stapeln; *(Bretter etc.)* aufschichten; **~ up** *vt,* aufstapeln; **~ing** *sub, nur Einz. (von Brettern etc.)* Aufschichtung
staff, (1) *attr,* personell (2) *sub, nur Mehrz.* Kollegium; - Lehrkörper; *nur Einz.* Personal; *-s (mil.)* Stab; *our difficulties are simply to do with staffing* unsere Schwierigkeiten sind rein personell, *staff an office* ein Büro mit Personal ausstatten; **~ council for civil servants** *sub, (representatives)* councils Personalrat; **~ plan** *sub, -s*

Stellenplan; ~ **room** *sub*, *-s* Lehrerzimmer; ~**age** *sub*, *-s (kun.)* Staffage; ~**ing schedule** *sub*, *-s (US)* Stellenplan **stag**, *sub*, *-s (männl.)* Hirsch; ~ **beetle** *sub*, *-s* Hirschkäfer; ~ **party** *sub*, *-ies* Herrenabend; ~ **´s antlers** *sub*, *nur Mehrz.* Hirschgeweih **stage**, *sub*, *-s* Bühne, Etappe, Schaubühne, Sprechbühne, Stadium, Teilstrecke; *(Bühne)* Szene; *(Mikroskop)* Objekttisch; *(i. ü. S.; Stadium)* Stufe; *backstage* hinter der Bühne; *bring sth off (smoothly)* etwas (gut) über die Bühne bringen; *put something on the stage* etwas in Szene setzen; *(med.) at an advanced stage* in vorgerücktem Stadium; *go through all the stages* alle Stadien durchlaufen; ~ **(of a rocket)** *sub*, *-s* Raketenstufe; ~ **fright** *sub*, *nur Einz.* Lampenfieber; ~ **manager** *sub*, *-s* Inspizient; *-es* Inspizientin; ~ **set** *sub*, *-s* Bühnenbild; ~**-owned factory** *sub*, *-ies* Regiebetrieb; ~**-win** *sub*, *-s (spo.)* Etappensieg; ~**able** *adj*, aufführbar; ~**s of appeal** *sub*, *nur Mehrz.* Instanzenweg **stagger**, *vi*, schwanken, taumeln, torkeln, wanken; ~**ing** *sub*, *-s* Staffelung **stagnancy**, *sub*, *-ies* Stagnierung; **stagnant** *adj*, *(Wasser)* stehend; **stagnate** *vi*, stagnieren; *(ugs.)* versauern; **stagnation** *sub*, *-* Stagnation **staidness**, *sub*, *-es* Gesetztheit **stain**, (1) *sub*, *-s* Befleckung, Fleck; *(für Holz)* Beize (2) *vt*, beflecken; *(Holz)* beizen; *(Holz, Papier)* grundieren; *bloodstained* mit Blut befleckt; *stain the tablecloth* die Tischdecke beflekken; *without a stain on one´s reputation* ohne Makel; ~**ed** *sub*, fleckig; ~**ing** *sub*, *nur Einz. (Beizen von Holz)* Beize; ~**less** *adj*, rostfrei; ~**less steel** *sub*, *nur Einz.* Cromargan, Edelstahl; *(eingetragenes Markenzeichen)* Nirosta **stair**, *sub*, *-s* Treppenstufe; ~**case** *sub*, *-s* Stiege, Treppe; *nur Einz. (Treppe)* Aufgang; ~**s** *sub*, *-* Treppe; ~**s (to cellar)** *sub*, *nur Mehrz.* Kellertreppe; ~**way** *sub*, *-s (US)* Treppe; ~**well** *sub*, *-s* Stiegenhaus, Treppenflur, Treppenhaus **stake**, *sub*, *-s* Marterpfahl, Pfahl, Scheiterhaufen, Spieleinsatz; *(für Tiere)* Pflock; *(Spiel)* Einsatz; *the stakes are high* die Einsätze sind hoch; *to be at stake* auf dem Spiel stehen; *double the stakes* den Einsatz verdoppeln **stalactite**, *sub*, *-s (geol.)* Stalaktit; **stalagmite** *sub*, *-s* Stalagmit **stale**, *adj*, altbacken, fade, schal; *(Brot)* hart; *(Luft)* abgestanden; *the air in here is so stale* hier mieft es; ~**mate** *sub*, *-s*

Patt, Pattsituation; *to come to (a) stalemate* ein Patt erreichen; *now we´ve both reached a stalemate* jetzt steht es patt **Stalinism**, *sub*, *-* Stalinismus **stalk**, (1) *sub*, *nur Einz.* Pirsch; *-s* Stängel; *(Getreide-)* Halm (2) *vi*, anpirschen, pirschen, stelzen (3) *vt*, *(hochmütig)* stolzieren; *to go stalking* pirschen, *to go stalking* auf die Pirsch gehen; ~**less** *adj*, *(bot.)* gestielt; ~**less** *adj*, stiellos **stall**, *vt*, *(Motor)* abwürgen; *(i. ü. S.) to stall sb* jmdn in Schach halten **stallion**, *sub*, *-s* Gestüthengst, Hengst **stalls**, *sub*, *- (Chor)* Gestühl; *nur Mehrz. (theat.)* Parkett; *there was applause from the stalls* das Parkett klatschte Beifall **stamina**, *sub*, *nur Einz.* Sitzfleisch, Stehvermögen; *(spo.)* Ausdauer; ~ **training** *sub*, *nur Einz.* Aufbautraining **stammer**, *vti*, stammeln; ~**er** *sub*, *-s* Stammler; ~**ing** *sub*, *-* Gestammel **stamp**, (1) *sub*, *-s* Briefmarke, Marke, Prägestempel, Stempelmarke; *(Gummi-)* Stempel; *(min.)* Pochstempel (2) *vt*, einprägen, frankieren, prägen, stanzen, stempeln; *(Brief)* abstempeln, freimachen (3) *vti*, stampfen, trampeln; *bear the stamp of* den Stempel vortragen, *stamp sth on one´s memory* sich etwas einprägen; ~ **one´s foot** *vt*, aufstampfen; ~ **out** *vt*, *(Feuer)* austreten; ~**ed addressed envelope** *sub*, *-s* Freiumschlag; ~**ede** *sub*, *-s* Stampede; ~**er** *sub*, *-s* Präger; ~**ing** *sub*, *-s* Abstempelung; ~**ing ink** *sub*, *-s* Stempelfarbe **stanch**, *vt*, *(Blut, US)* hemmen **stand**, (1) *sub*, *-s* Ständer, Untersatz; *(Markt-)* Stand; *(Ständer)* Gestell; *(Zuschauer-)* Tribüne (2) *vt*, vertragen; *(Situation)* durchstehen (3) *vti*, stehen; *as things stand* nach Stand der Dinge; *be a person of some standing* eine Person von Bedeutung sein; *have to stand* einen Stehplatz haben; *he hasn´t got a leg to stand on* er hat keine Handhabe; *he won´t stand for that* das lässt er nicht mit sich machen!; *I can´t stand him* Ich kann ihn nicht ausstehen; *it´s as if time had stood still here* die Zeit scheint hier stehengeblieben zu sein; *only a limited number of people are allowed to stand* die Anzahl der Stehplätze ist begrenzt; *stand by* sich bereit halten; *stand on tip-toe* sich auf

Zehenspitzen stellen; *stand one´s ground* Standpunkt beibehalten; *stand out against sth* sich gegen etwas abheben; *stand out from* sich abheben von; *stand the cold* die Kälte durchstehen; *stand up for oneself* sich seiner Haut wehren; *(i. ü. S.) stand up for something* sich für etwas stark machen; *that´s enough to make your hair stand on end* da sträuben sich einem ja die Haare!; *to stand gaping* mit offenem Mund dastehen; *to stand up for one´s right* auf sein Recht pochen; **~ around** *vi*, darumstehen; **~ as a candidate** *vi*, *(polit.)* kandidieren; **~ at attention (1)** *adj*, strammstehen **(2)** *vi*, *(mil.)* stillstehen; **~ crammed together** *ci*, einpferchen; **~ firm** *vi*, *(Person)* standhalten; **~ for** *vi*, *(polit.)* bewerben; **~ in a queue** *vi*, *(in einer Schlange)* anstehen; **~ in for** *vt*, doubeln; *have a stand-in* sich doubeln lassen; *use a stand-in for* eine Szene doubeln; **~ in for sb** *vt*, einspringen; **~ on end** *vr*, *(Haare)* sträuben; **~ on one's head** *vi*, Kopf stehen; **~ there** *vi*, dabeistehen, dastehen; *stand alone* allein dastehen
standard, (1) *adj*, *(Format, Maß, Gewicht)* normal **(2)** *sub*, *-s* Kanon, Standard, Standarte; *(Größenvorschrift)* Norm; *(Münzen)* Feingehalt; *nur Einz. (Niveau)* Anforderung; *-s (i. ü. S.; Richtlinie)* Maßstab; *this school has high standards* diese Schule hat ein hohes Niveau; *to be the usual thing* als Norm gelten; *to apply a strict standard* einen strengen Maßstab anlegen; **~ bearer** *sub*, *- -s* Bannerträger; **~ dance** *sub*, *-s* Standardtanz; **~ design** *sub*, *-s* Standardform; **~ form of accounts** *sub*, Kontenrahmen; **~ gauge** *attr*, normalspurig; **~ lamp** *sub*, *-s* Ständerlampe; **~ meal** *sub*, *-s* Stammgericht; **~ of living** *sub*, *-s* Lebensniveau, Lebensstandard; **~ value** *sub*, *-s* Standardwert; **~ wage** *sub*, *-s* Tariflohn; **~ weight** *sub*, *-s* Eichgewicht; **~ work** *sub*, *-s* Standardwerk
standardization, *sub*, *-s* Normung; *-* Unifizierung; **standardize** *vt*, normen, normieren, standardisieren, unifizieren, vereinheitlichen; *(Produkte)* typisieren; **standardized** *adj*, *(unterschiedslos)* einheitlich; *standardize the examination regulations* die Prüfungsbestimmungen einheitlich regeln; **standardized fashion** *sub*, *nur Einz.* Einheitslook
standing, *adj*, stehend; **~ expenses** *sub*, *nur Mehrz.* Fixkosten; **~ leg** *sub*,

-s Standbein; **~ order** *sub*, *-s* Dauerauftrag; **~ orders** *sub*, *nur Mehrz. (Parl.)* Geschäftsordnung; **~ position** *sub*, *-s* Stand; **~ reception** *sub*, *-s* Stehempfang; **~ room** *sub*, *-s* Stehplatz; **~ stone** *sub*, *-s (archäol.)* Menhir; **~s** *sub*, *nur Mehrz. (Spiel-)* Stand
standoffish, *adj*, *(ugs.)* unnahbar; **standpoint** *sub*, *-s (Ansicht)* Standpunkt; **standstill** *sub*, *-* Stehenbleiben; *nur Einz.* Stillstand
stand open, *vi*, *(Fenster)* aufstehen; **stand out** *vi*, hervorstechen; *(i. ü. S.)* hervorragen; *(Kontrast)* abzeichnen; **stand out (against)** *vi*, abstechen; **stand sb up** *vt*, versetzen; **stand sth on edge** *vt*, kanten; **stand sth.** *vt*, durchhalten; **stand still** *vi*, stillstehen; **stand the test** *vt*, probehaltig **stand up, (1)** *vi*, *(sich erheben)* aufstehen **(2)** *vr*, *(sich)* hinstellen; *stand up for someone* jemandem die Stange halten; **~ for** *vt*, *(für etw.)* eintreten; **~ straight** *vi*, gerade stehen; **~ to** *vi*, *(Unangenehmes)* aushalten; **standby mode** *sub*, *nur Einz. (eines Geräts)* Bereitschaft; **stand-in** *sub*, *-s* Double; **stand-up collar** *sub*, *-s* Stehkragen; **stand-up snack bar** *sub*, *-s* Stehimbiss
stanza, *sub*, *-s (Gedicht)* Strophe; **~ic** *adj*, strophisch; **~ic form** *sub*, *-s* Strophenform; **~ic structure** *sub*, *-s* Strophenbau
staple, *sub*, *-s* Krampe; **~ fibre** *sub*, *-s* Stapelfaser
star, *sub*, *-s* Gestirn, Stern; *(Film-)* Star; *(i. ü. S.) be born under a lucky star* unter einem glücklichen Stern geboren sein; *filmstar* Filmdiva; *it´s all in the stars* es steht in den Sternen; *(i. ü. S.) reach for the stars* nach den Sternen greifen; *see stars* die Engel im Himmel singen hören, *(benommen sein)* Sterne sehen; **~ cast** *sub*, *-s* Starbesetzung; **~ cult** *sub*, *-s* Starkult; **~ of Bethlehem** *sub*, *-s (tt; bibl.)* Weihnachtsstern; **~ of David** *sub*, *-s* Davidsstern; **~-like** *adj*, sternförmig; **~-shaped** *adj*, sternförmig; **~-spangled banner** *sub*, *-s* Sternenbanner; **~-studded** *adj*, Staraufgebot; **~board** *sub*, *-s* Steuerbord
starch, (1) *sub*, *-es (Speise-)* Stärke; *(Stärkemittel)* Steife **(2)** *vt*, *(Wäsche)* stärken; **~ factory** *sub*, *-ies* Stärkefabrik
stare, *vi*, glotzen, starren, stieren; *stare at someone* jemanden starr ansehen; **~ at (1)** *vi*, anstarren **(2)** *vt*,

(anstarren) fixieren; ~ **at in amazement** *vi,* anstaunen
stark, *adj,* krass; ~-**naked** *adj,* splitterfasernackt, splitternackt; ~**ers** *adj,* *(ugs.)* splitterfasernackt; *he was standing there absolutely starkers* er stand ganz nackt da
starlight, *sub, nur Einz.* Sternenlicht;
starling *sub, -s (zool.)* Star; **starlit** *adj,* sternenhell, sternenklar
starost(a), *sub, -s* Starost
starry, *adj,* gestirnt, sternenklar; ~ **sky** *sub, -ies* Sternenhimmel, Sternhimmel; **Stars and Stripes** *sub, - (US)* Flagge; *nur Mehrz.* Sternenbanner
start, (1) *sub, -s (allg.)* Start; *(Beginn)* Auftakt; *(s.o.)* Eröffnung **(2)** *vi,* starten; *(Auto)* anspringen; *(beginnen)* angehen, einsetzen; *(ugs.; beginnen)* losgehen; *(losfahren)* anfahren **(3)** *vt,* einleiten, eröffnen, starten; *(beginnen)* ansetzen; *(spo.) flying (standing) start* fliegender (stehender) Start; *get off to a good (bad) start* einen guten (schlechten) Start haben; *have a good start* sich gut anlassen; *he started on about his ideas* er legte gleich mit seinen Ideen los; *it´s good start to the day* der Tag lässt sich gut an; *(i. ü. S.) start something up* etwas aus der Taufe heben; *start sth off* den Anstoss zu etwas geben; *start with* seinen Ausgang nehmen von; *that´s a great start* das fängt ja gut an; *to start a fight* einen Streit vom Zaun brechen, *do you mind!* jetzt geht´s aber los!; *here we go!* jetzt geht´s los; *it´s just about to start* gleich geht´s los, *start the search* die Suche einleiten; *start business* ein Geschäft eröffnen; ~ **(up) (1)** *vi, (Maschine)* anlaufen **(2)** *vt, (Auto)* anlassen; ~ **fighting with so** *vt,* anlegen; ~ **from** *vi, (von etwas/einem Ort ausgehen)* ausgehen; ~ **of play** *sub, -* Spielbeginn; ~ **of programme** *sub, -s* Sendebeginn; ~ **of the season** *sub, nur Einz.* Saisonbeginn; ~ **of work** *sub, -s* Dienstbeginn; ~ **playing** *vi, (Instrument)* anstimmen; *(spo.)* anspielen; ~ **school** *vt,* einschulen; ~ **singing** *vi, (Lied)* anstimmen; ~ **the game** *vt, (spo.)* anpfeifen
starting, *sub, nur Einz.* Inangriffnahme; ~ **capital** *sub, nur Einz.* Startkapital; ~ **flag** *sub, -s* Startflagge; ~ **pistol** *sub, -s* Startpistole; ~ **point** *sub, -s* Ausgangsbasis, Ausgangspunkt; *(einer Entwicklung, etc.)* Ansatzpunkt; ~ **position** *sub, -s* Ausgangsstellung; ~ **salary** *sub, -ies* Anfangsgehalt; ~ **school** *sub, nur Einz.* Einschulung; ~ **signal** *sub, -s*

Startschuss, Startsignal, Startzeichen
startle, *vt,* aufscheuchen, aufschrekken; *to startle sb out of his dreams* jmdn aus seinen Träumen schrecken
start to decay, *vi,* anfaulen; **start to glow** *vi,* aufglühen; **start to thaw** *vi,* antauen; **starter** *sub, -s* Anlasser, Starter, Vorspeise
starvation diet, *sub, -s* Hungerkur, Nulldiät; **starve** *vi,* abhungern, hungern, verhungern; *starve off two kilos* sich zwei Kilo abhungern; **starve (out)** *vt,* aushungern; **starveling** *sub, -s* Hungerleider
state, (1) *adj,* staatlich **(2)** *sub, -s* Staat; *nur Einz.* Staatswesen; *-s (Zustand)* Beschaffenheit **(3)** *vt, (aussprechen)* feststellen; *(jur.)* aussagen; *be in a sorry state* sich in einem beklagenswerten Zustand befinden; ~ **apartment** *sub, -s* Prunkgemach; ~ **archives** *sub, nur Mehrz.* Staatsarchiv; ~ **building** *sub, -s* Prunkbau; ~ **exam(ination)** *sub, -s* Staatsexamen; ~ **frontier** *sub, -s* Staatsgrenze; ~ **more precisely** *vt,* präzisieren; ~ **of** *sub, -s* Verfassung; ~ **of affairs** *sub, nur Einz.* Sachlage; ~ **of alert** *sub, -s -* Alarmzustand; ~ **of dilapidation** *sub, -s -* Baufälligkeit; ~ **of drunkenness** *sub, nur Einz.* *(Zustand)* Suff; ~ **of emergency** *sub, -s* Ausnahmezustand; *states (pol.)* Notstand; *declare a state of emergency* einen Ausnahmezustand verhängen; *internal state of emergency* innerer Notstand; *to declare a state of emergency* den Notstand ausrufen; ~ **of health** *sub, nur Einz.* Befindlichkeit; *(Gesundheitszustand)* Befinden; ~ **of siege** *sub, -s -* Belagerungszustand; ~ **of the crop(s)** *sub, -s* Saatenstand; ~ **retail shop (DDR)** *sub, -s* HO-Geschäft; ~ **under the rule of the law** *sub, -s* Rechtsstaat; ~ **visit** *sub, -s* Staatsbesuch; ~**-owned** *adj,* staatlich, staatseigen; ~**ly** *adj, (Gebäude)* stattlich
statement, *sub, -s* Statement, Stellungnahme; *(Äußerung)* Aussage; *(Erklärung)* Feststellung, Mitteilung; *(polit.)* Erklärung; *give a statement* ein Statement abgeben; *give a statement on* sich äußern zu; ~ **of account** *sub, -s (Kontoauszug)* Auszug; ~ **of claim** *sub, -s* Klageschrift
statesmanship, *sub, nur Einz.* Staatskunst
static, *adj, (phy.)* statisch; ~ **friction** *sub, -s* Haftreibung; ~**s** *sub, nur*

Mehrz. Statik; **~s interference** *sub, -s (atmosphärisch)* Störgeräusch
station, (1) *sub, -s* Bahnhof, Revier, Sendestation, Sendezentrum, Station, Wache (2) *vt,* stationieren; *meet so at the station* jemanden von der Bahn abholen; *the power station had to be shut down* das Werk musste vom Netz genommen werden; **~ bookshop** *sub, - -s* Bahnhofsbuchhandlung; **~ concourse** *sub, - -s* Bahnhofshalle; **~ snack booth** *sub, -s* Bahnhofsbuffet; **~ wagon** *sub, -s* Kombiwagen; *(ugs.)* Kombi; *(Kombi)* Caravan; **~-agent** *sub, -s (US)* Stationsvorstand
stationary, *adj,* stationär
stationery, *sub, nur Einz.* Papierwaren, Schreibwaren; **stationary heating** *sub, -s* Standheizung; **stationer´s** *sub, nur Einz.* Papeterie
stations of the Cross, *sub,* Kreuzweg
statistical, *adj,* statistisch; **statistician** *sub, -s* Statistiker; **statistics** *sub, nur Mehrz.* Statistik; *her vital statistics are:* ihre Maße sind:; *statistics show* die Statistik zeigt
statue, *sub, -s* Standbild, Statue; **Statue of Liberty** *sub, -* Freiheitsstatue; **~-like** *adj,* statuenhaft; **~sque** *adj,* statuarisch; **~tte** *sub, -s* Statuette
stature, *sub, -s* Statur, Wuchs; *a man of stature* ein Mann von Format
status, *sub, -* Status, Stellenwert, Stellung; **~ consciousness** *sub, -* Statusdenken; **~ symbol** *sub, -s* Statussymbol
statute, *sub, articles* Statut; **~ book** *sub, -s* Gesetzbuch; **~ labor** *sub, -s (US)* Fronarbeit; **~ labour** *sub, -s* Fronarbeit; **~s** *sub, nur Mehrz.* Satzung; **statutory** *adj,* statutarisch; **statutory portion** *sub, -s* Pflichtteil
staunch, *vt, (Blut)* hemmen; **~ supporter** *sub, -s* Stammwähler
stave, *sub, -s (Fass)* Daube
stay, (1) *sub, -s* Aufenthaltsdauer; *(Verweilen)* Aufenthalt (2) *vi,* aufhalten, verweilen, weilen; *(veraltet)* logieren; *his words stayed in my head for some time* seine Worte klangen noch lange in mir nach; *stay on course* den Kurs halten; **~ abroad** *sub, -s -* Auslandsaufenthalt; **~ away** *vi,* fernbleiben, fortbleiben, wegbleiben; *(wegbleiben)* ausbleiben; *to stay away from home* von zuhause wegbleiben; **~ back** *vi,* zurückbleiben; **~ behind** *vi,* nachbleiben; **~ free** *vi,* freibleiben; **~ here** *vi,* hier bleiben; **~ open** *vi, (Fenster, etc.)* aufbleiben; **~ overnight** *vi,* übernachten; **~ there** (1) *vi,* dableiben (2) *vt,*

dabeibleiben; **~ up** *vi, (Person)* aufbleiben; **~, remain** *vi,* bleiben; *stay on the path* auf dem Weg bleiben; *to stay for supper* zum Abendessen bleiben; *to stay in Frankfurt* in Frankfurt bleiben; *to stay in one´s place* auf der Stelle bleiben; *to stay on* noch bleiben; **~-at-home** *sub, -s (ugs.)* Stubenhocker; **~ing power** *sub, - (Durchhaltevermögen)* Stehvermögen
St Bernard dog, *sub, -s* Bernhardiner; **St Lucie cherry** *sub, -es* Weichselkirsche; **St Peter´s** *sub, ~ churches* Petrikirche; **St. Hubert´s Day Hunt** *sub, -s* Hubertusjagd; **St. Mark´s (Cathedral)** *sub, nur Einz. (Venedig)* Markuskirche; **St. Mary´s church** *sub, -es* Marienkirche; **St. Vitus Dance** *sub, -* Veitstanz
steadfast, *adj,* standhaft; **steadiness** *sub, -* Festigkeit; *-es* Gleichförmigkeit; *nur Einz.* Stetigkeit; **steady** *adj,* gleichförmig, standsicher, stetig; *(Person)* solide; *(stabil)* beständig; *manage to steady oneself* sich wieder fangen
steak, *sub, -s* Steak
steal, (1) *vt,* beklauen, rauben (2) *vti,* stehlen; *have sth stolen* beklaut werden; *steal sth from so* jemanden beklauen; **~ away** (1) *vr,* wegstehlen (2) *vti,* davonstehlen
steam, (1) *sub, nur Einz.* Dampf; *-s* Wasserdampf (2) *vi,* dampfen (3) *vt,* dämpfen, dünsten; *(Kleidung, Speisen)* abdämpfen; *clouds of steam* wallende Dämpfe; *let off steam* Dampf ablassen; *steam-powered* mit Dampf betrieben, *steamed potatoes* gedämpfte Kartoffeln; *steam vegetable/fish* Gemüse/Fisch dünsten; **~ (Turkish) bath** *sub, -s* Dampfbad; **~ engine** *sub, -s* Dampfmaschine; **~ heater** *sub, -* Dampfheizung; **~ pressure** *sub, -s* Dampfdruck; **~ up** *vi, (Fensterscheibe)* beschlagen; *(Scheibe)* anlaufen; **~ed up** *adj, (Fensterscheibe)* beschlagen; **~er** *sub, -* Dampfer, Dampfschiff
stearin, *sub, -s* Stearin; **~ candle** *sub, -s* Stearinkerze
steatite, *sub, -s* Speckstein
steel, (1) *adj,* stählern (2) *sub, nur Einz.* Stahl (3) *vr,* stählen; *muscles of steel* stählerne Muskeln, *as hard as steel* so hart wie Stahl; *nerves of steel* Nerven aus Stahl; **~ bottle** *sub, -s* Stahlflasche; **~ burnisher** *sub, -s* Polierstahl; **~ engraver** *sub, -s* Stahlste-

cher; ~ **girder** *sub, -s* Stahlträger; ~ **helmet** *sub, -s* Stahlhelm; ~ **overpass** *sub, -es* Stahlstraße; ~ **rope** *sub, -s* Stahltrosse; ~ **sheet** *sub, -s* Stahlplatte; **~-girder construction** *sub, -s* Stahlbau **steep,** *adj,* steil; *(ugs.)* gepfeffert; *(i. ü. S.; Preis)* gesalzen; *a steep coast* ein steiles Ufer; ~ **slope** *sub, -s* Steilhang; ~ **track** *sub, -s* Steig; ~ **turn** *sub, -s* Steilkurve
steeple, *sub, -s (Kirch-)* Turm; **~chase** *sub, -s* Hindernislauf, Hindernisrennen
steer, *vt,* lenken; *(Schiff)* steuern; *steer a conversation in the desired direction* eine Unterhaltung in die gewünschte Richtung steuern; ~ **against** *vi,* gegenlenken; ~ **clear of it** *vt, (ugs.)* davonlassen; **~ability** *sub, nur Einz.* Lenkbarkeit; **~ing** *sub, - (Auto)* Steuerung; **~ing wheel** *sub, -s* Lenkrad, Steuerrad; *(Auto)* Steuer
stein, *sub, -s* Bierkrug, Seidel
stellar, *adj,* stellar
stem, *sub, -s* Stängel; *(bot.)* Stiel; *(dicker Stengel)* Strunk; *(Glas)* Fuß; *(ling.)* Stamm; *(tt; naut)* Vordersteven; ~ **from** *vi,* herrühren, herstammen; ~ **leaf** *sub, -s* Stängelblatt; ~ **turn** *sub, -s* Stemmbogen; **~med** *adj,* gestielt; **~med glass** *sub, -es* Stängelglas
stench, *sub, -* Gestank
stencil, *sub, -s* Schablone; *(Schreibmaschine)* Matrize; *to stencil sth* etwas auf Matrize schreiben; ~ **offset** *sub, -s* Matrizenrand
steno typist, *sub, -s* Stenotypistin; **stenographer** *sub, -s (Amts-)* Stenografin
stentorious, *adj, (geb.)* überlaut
step, (1) *sub, -s* Pas, Schritt, Stufe, Treppenstufe; *(Schritt)* Tritt (2) *vi,* treten (3) *vt,* stufen; *get out of step* aus dem Tritt kommen; *just step up* bitte, treten Sie näher; *step by step* Schritt für Schritt, *you stepped on my foot!* Sie sind mir auf den Fuß getreten!; ~ **back** *vi,* zurücktreten; ~ **backwards** *sub, -s* Rückschritt; ~ **by step** *adv,* stufenweise; ~ **forward** *vt,* vortreten; ~ **in** *vi,* hineintreten; *step in and help out* für jemand einspringen; ~ **on it** *vt, (ugs.; sich beeilen)* losmachen; ~ **on the gas** *vt, (ugs.)* aufdrehen; ~ **out** *vi,* ausschreiten; ~ **sequence** *sub, -s* Schrittfolge
steppe, *sub, -* Steppe
stepped, *adj,* stufenförmig
step up, *vi, (sich aufstellen)* antreten; **stepbrother** *sub, -s* Stiefbruder; **stepdaughter** *sub, -s* Stieftochter; **stepfather** *sub, -s* Stiefvater; **stepladder**

sub, -s Stehleiter, Steigleiter, Stufenleiter, Trittleiter; **stepmother** *sub, -s* Stiefmutter; **stepparents** *sub, nur Mehrz.* Stiefeltern
stereo, *adj,* stereo, stereofon; ~ **set** *sub, -s* Stereoanlage; **~(phonic) record** *sub, -s* Stereoplatte; **~(scopic) camera** *sub, -s* Stereokamera; **~(type) plate** *sub, -s (Druck)* Stereoplatte; **~meter** *sub, -s (mat.)* Stereometer; **~phonic** *adj,* stereofon; **~scope** *sub, -s* Stereoskop; **~scopic** *adj,* stereoskopisch; **~scopy** *sub, nur Einz.* Stereoskopie; **~type** (1) *adj,* stereotyp (2) *sub, -s* Stereotyp; **~type printing** *sub, -* Stereotypie; **~typed** *adj,* floskelhaft
sterlet, *sub, -s (zool.)* Sterlet
stern, (1) *adj,* ernst (2) *sub, -s (Schiff)* Heck; *with a stern face* mit stenger Miene
stertorous breathing, *sub, -* Geröchel
stethoscope, *sub, -s* Stethoskop
stew, (1) *sub, -s* Eintopf, Eintopfgericht (2) *vt, (Früchte)* dünsten; *Irish Stew* Irischer Bohneneintopf
steward, *sub, -s* Ordner, Platzordner, Steward; **~ess** *sub, -es* Stewardess
stewed fruit, *sub, -s* Kompott; **stewed plums** *sub, nur Mehrz.* Pflaumenmus
stich, *vt, (tt; med.)* vernähen; ~ **of a horse fly** *sub, -es* Bremsenstich; **stick** (1) *sub, -s* Knüppel, Schlegel, Stecken, Stock; *(Stock)* Stab (2) *vi,* haften, hängen (3) *vt,* kleben, pappen; *out in the sticks* am Arsch der Welt; *stick out one´s tongue* die Zunge aus dem Mund strecken; *stick to sb* dranbleien an jmd; *walk with a stick* am Stock gehen, *the glue sticks well* der Leim pappt gut; **stick (with putty or cement)** *vt,* kitten; **stick a needle through** *vt,* durchstechen; **stick of rock** *sub, -s* Zuckerstange; **stick on** *vt,* ankleben, aufkleben **stick out,** *vi,* hervorragen; *(heraussteken)* abstehen; **stick sth onto** *vt,* bekleben; **stick to** (1) *vi,* festhalten; *(Angewohnheit)* beibehalten (2) *vr, (an)* festklammern; **stick together** (1) *vi,* zusammenhalten (2) *vt,* verkleistern; **stick-on address label** *sub, -s* Paketadresse; **sticker** *sub, -s (ugs.)* Aufkleber; **stickiness** *sub, nur Einz.* Klebrigkeit; **sticking plaster** *sub, -s* Heftpflaster; **stickleback** *sub, -s (zool.)* Stichling; **sticky** *adj,* klebrig; *(ugs.)* pappig
stiff, *adj,* steif; *(i. ü. S.)* hölzern; *(steif)* starr; *a stiff breeze* eine steife Brise;

beat the egg white until stiff das Eiweiß steif schlagen; *(i. ü. S.) keep a stiff upper lip* die Ohren steif halten; *(ugs.) be stiff with dirt* vor Dreck stehen; *my arms are stiff* ich habe einen Muskelkater in den Armen; **~ petticoat** *sub, -s* Petticoat; **~-legged** *adj,* steifbeinig; **~ener** *sub, -s* Versteifung; **~ly beaten eggwhite** *sub, nur Einz.* Eischnee; **~ness** *sub, nur Einz.* Steife, Steifigkeit; **~ness of the neck** *sub, -es* Genickstarre **stifle,** *vt,* unterdrücken; **stifling** *adj,* stickig **stigma,** *sub, -ta* Stigma; *-s* Wundmal; *-s oder -mata (bot.)* Narbe; *stigmata (Schandfleck)* Makel; *(poet.) to be stigmatized* mit einem Makel behaftet sein; **~tize** *vt,* stigmatisieren **stiletto,** *sub, -s* Stilett **still, (1)** *adj, (unbewegt)* still **(2)** *adv,* doch, immerhin; *(weiterhin; auch bei Vergleichen)* noch; *anything is still possible* es ist noch alles drin; *bring to a standstill* außer Funktion setzen; *but I still recognized him* ich habe ihn doch erkannt; *keep one's feet still* die Füße still halten; *still* nach wie vor; *(i. ü. S.) still waters run deep* stille Wasser gründen tief; *that might still happen* das kann noch passieren; *this is still to come* das kommt auch noch; *we still meet every week as always* wir treffen uns nach wie vor jede Woche; *it´s still a mystery* es bleibt immerhin ein Rätsel; *he still isn´t here* er ist noch nicht da; *still* noch immer; *you´re still too young* du bist noch zu klein; **~ hungry** *adj,* ungesättigt; **~-life** *sub, -* Stillleben; **~birth** *sub, -s* Totgeburt; **~born** *adj,* tot geboren; **~ness** *sub, nur Einz.* Stille **stilt,** *sub, -s* Stelze; **~ed** *adj,* künstlich; *(Stil)* gekünstelt, geschraubt **stimulant,** *sub, -s* Aufputschmittel, Muntermacher, Stimulans; *(anregende)* Genussmittel; *(biol.)* Signalreiz; *(med.)* Anregungsmittel; **stimulate** *vt,* stimulieren; *(geistig, usw.)* anregen; *(wirt.)* beleben; *intellectual stimulation* geistige Nahrung; **stimulating (1)** *adj,* anregend **(2)** *adv,* anregend; *have a stimulating effect* eine anregende Wirkung haben; **stimulation** *sub, -s* Stimulation, Stimulierung; *nur Einz. (des Stoffwechsels, wirt.)* Belebung; *-s (Vorschlag)* Anregung; **stimulation therapy** *sub, -ies (med.)* Reiztherapie; **stimulus** *sub, hier nur Einz.* Impuls; *-es* Reiz; *-li* Stimulus; *(med.)* Anregung; **stimulus threshold** *sub, -s* Reizschwelle **stingy,** *adj,* geizig, knauserig; **~ness**

sub, - Geiz **stink, (1)** *sub, -* Gestank **(2)** *vi,* stinken; *(ugs.)* miefen; *(ugs.) that stinks like hell* das stinkt wie die Pest; *(ugs.) the whole business stinks* die ganze Sache stinkt; *to stink to high heaven* stinken wie die Pest; **~ing rich** *adj,* steinreich; *(ugs.)* schwer reich **stiny,** *adj, (zool.)* stachlig **stipulate,** *vt,* vorschreiben; *stipulate that* sich ausbedingen, dass; **~d in the contract** *adj,* vertragsgemäß; **stipulation** *sub, -s* Klausel; *make stipulations* Bedingungen stellen **stir, (1)** *sub, -s* Aufsehen **(2)** *vi,* rühren **(3)** *vt,* umrühren; *cause a stir* Aufsehen erregen, *(i. ü. S.) cause a big stir* viel Staub aufwirbeln; *cause quite a stir* die Gemüter bewegen; **~ in** *vt,* unterrühren; **~ oneself** *vr,* umtun; **~ up** *vt,* aufhetzen, aufstacheln, aufwiegeln, scharfmachen, schüren, verhetzen; *(a. i.ü.S.)* aufrühren; *(Menschenmenge)* aufputschen **stirrup,** *sub, -s* Steigbügel; **~-strap** *sub, -s* Steigriemen **stitch, (1)** *sub, -es* Seitenstechen; *(Näh-)* Stich; *(Stricken, Häkeln)* Masche **(2)** *vt, (Nähen)* heften; *he ran around without a stitch on* er rannte splitterfasernackt herum; **~ (up)** *vt, (Wunde)* nähen; **~ed** *adj,* geheftet; **~es** *sub, nur Mehrz. (med.)* Naht **stoat,** *sub, -s (zool.)* Hermelin **stochastic,** *adj,* stochastisch; **~ studies** *sub, nur Einz.* Stochastik **stock, (1)** *sub, -s* Aktie, Vorrat; *(ugs.)* Brühe; *(an Waren)* Bestand; *(gastronomisch)* Sud **(2)** *vt, (Fischteich)* besetzen; *the outgoing stocks* der Warenausgang; **~ book** *sub, -s* Skontrobuch; **~ car** *sub, -s* Stockcar; **~ exchange** *sub, -s (Gebäude)* Börse; **~ of game** *sub, -s* Wildbestand; **~ up with** *vt,* eindecken; **~-market** *sub, -s (wirt.)* Börse; **~-market report** *sub, -s* Marktbericht; **~-market speculator** *sub, -s* Börsianer; **~keeping** *sub, nur Einz.* Lagerhaltung **stockily built,** *adj,* pyknisch; **stokkiness** *sub, nur Einz.* Stämmigkeit; **stocking** *sub, -s (Damen-)* Strumpf; **stocking up** *sub, nur Einz.* Bevorratung **stockkeeper,** *sub, -s* Lagerist; **stock of goods** *sub, nur Mehrz.* Warenbestand **stock-room,** *sub, -s* Lager; **stock-taking** *sub, nur Einz.* Inventur; *-s (a. i.ü.S.)* Bestandsaufnahme; **stockbro-**

ker *sub*, - Börsenmakler; **stockholder** *sub*, -s Aktionär; **stockholders´ meeting** *sub*, -s Aktionärsversammlung **stocky**, *adj*, stämmig; *(ugs.)* untersetzt; *(Gestalt)* gedrungen; ~ **person** *sub*, *people* Pykniker **stoke up**, *vt*, *(Diskussion)* anfachen; **stoker** *sub*, -s *(tech.)* Heizer **stole**, *sub*, -s Stola **stomach**, *sub*, -s Bauch, Magen; *on a full stomach* mit vollem Bauch; *on an empty stomach* auf nüchternen Magen; *sth lies heavily on sb´s stomach* es liegt jmd wie Blei im Magen; *the way to a man´s heart is through his stomach* Liebe geht durch den Magen; *to upset one´s stomach* sich den Magen verderben; *to upset sb´s stomach* jmd auf den Magen schlagen; ~ **cold** *sub*, *nur Einz.* Magenkatarr; ~ **cramp** *sub*, -s Magenkrampf; ~ **disorder** *sub*, -s Magenleiden; ~ **muscles** *sub*, *nur Mehrz.* Bauchmuskulatur; ~ **pains** *sub*, - Leibschmerz; *nur Mehrz.* Magenschmerz; ~ **region** *sub*, -s Magengegend; ~ **ulcer** *sub*, -s Magengeschwür; ~**-ache** *sub*, *nur Einz.* Bauchschmerz, Bauchweh; -s Magendrücken **stone**, (1) *adj*, steinern (2) *sub*, -s Gestein, Kern, Stein (3) *vt*, entsteinen; *(Gebäude) not a stone was left standing* es blieb kein Stein auf dem anderen; *(i. ü. S.) the philosophers´ stone* der Stein der Weisen; **Stone Age** *sub*, *nur Einz.* Steinzeit; ~ **axe** *sub*, -s Steinaxt; ~ **building** *sub*, -s Steinbau; ~ **fruit** *sub*, -s Steinfrucht, Steinobst; ~ **jar** *sub*, -s Kruke; ~ **tile** *sub*, -s Steinfliese; ~´s **throw** *sub*, -s Steinwurf; *nur Einz. (ugs.)* Katzensprung; ~**mason** *sub*, -s Steinmetz; ~**ware** *sub*, *nur Einz.* Steingut; **stony** *adj*, steinig **stool**, *sub*, -s Hocker, Schemel; *(i. ü. S.) fall between two stools* sich zwischen zwei Stühle setzen; ~**-pigeon** *sub*, -s *(ugs.)* Spitzel **stop**, (1) *sub*, -s Einkehr, Haltestelle; *nur Einz.* Stillstand; -s Stopp; *(Fahrtunterbrechung)* Aufenthalt; *(Haltestelle)* Station; *(Pause)* Halt; *(tech.)* Sperre (2) *vi*, Halt machen, stehen bleiben, *(stehenbleiben)* anhalten; *(unterbrechen)* aussetzen (3) *vt*, halten, hemmen, lassen, unterlassen, verhalten, *(anhalten)* aufhalten; *(beenden)* einstellen; *(Fahrzeug)* anhalten; *(spo.)* abwinken (4) *vti*, aufhören, stoppen; *can´t you stop (give up) smoking?* kannst du das Rauchen nicht lassen?; *she rang up every day for weeks, but then she finally stop-*

ped wochenlang rief sie täglich an, *aber* dann hat sie es schließlich gelassen; *stop your moaning* laß das Jammern; *he never stops for a minute* er gönnt sich keine Pause; *(wirt.) stop a cheque* einen Scheck sperren; *stop it! nicht doch!; (i. ü. S.) stop sth* etwas *zu* Fall bringen; *stop work* die Arbeit einstellen; *there´s no stopping him* er *ist* nicht zu bremsen; *to work nonstop* ohne Pause arbeiten, *stop doing sth* aufhören etwas zu tun; *stop it!* höre endlich damit auf; ~ **at an inn** *i*, einkehren; ~ **down** *vt*, *(tt; foto.)* abblenden; ~ **sign** *sub*, -s Stoppschild; ~ **signal** *sub*, -s Stoppsignal; ~ **street** *sub*, -s Stoppstraße; ~ **taking** *vt*, *(Medizin)* absetzen; ~ **talking** *vi*, verstummen; ~ **the game** *vt*, abpfeifen; ~ **up** *vt*, verstopfen; ~! *interj*, stopp; ~**-watch** *sub*, -es Stoppuhr **stopgap**, *sub*, -s Pausenfüller; *(ugs.)* Lückenbüßer; **stoppage** *sub*, -s *(Verkehr)* Stillegung; **stopper** *sub*, -s *(Stöpsel)* Pfropf, Pfropfen; **stopping** *sub*, *nur Einz. (Beendigung)* Einstellung; -s *(wirt.)* Sperrung; **stopping train** *sub*, -s Eilzug **storage**, *sub*, *nur Einz.* Aufbewahrung, Einlagerung; - Lagerung; -s *(EDV)* Speicherung; ~ **charge** *sub*, -s Lagergebühr; ~ **heater** *sub*, -s Speicherofen; ~ **reservoir** *sub*, -s *(Speichersee)* Talsperre; ~ **space** *sub*, -s Stauraum; **store** (1) *sub*, -s Fachgeschäft, Stapelplatz; *(Laden, US)* Geschäft (2) *vi*, *(Wein)* ablagern (3) *vt*, aufbewahren, magazinieren, speichern, unterbringen, unterstellen; *(Lebensmittel)* bunkern (4) *vti*, lagern; **store in a cellar** *vt*, Einkellerung; **store in a/the cellar** *vt*, einkellern; **store of knowledge** *sub*, -s Fundus, Wissensstand; **store-house** *sub*, -s *(Lager-)* Speicher; **storeroom** *sub*, -s Vorratsraum; *(Lager)* Magazin **storey**, *sub*, -s Etage, Stockwerk; *in the second storey* in der zweiten Etage **storing**, *sub*, -s *(allg.)* Speicherung **stork**, *sub*, -s Storch; *(zool.)* Klapperstorch; *(i. ü. S.) the neighbours are expecting the stork soon* bei den Nachbarn kommt bald der Storch; ~´s **bill** *sub*, -s Storchschnabel; ~´s **nest** *sub*, -s Storchennest **storm**, (1) *sub*, - Unwetter; -s Wetter; *(i. ü. S.)* Orkan; - *(Unwetter)* Sturm (2)

vi, (wüten) toben **(3)** *vt,* bestürmen; *(mil.)* stürmen; *take by storm* im Sturm nehmen; *the calm before the storm* die Ruhe vor dem Sturm; ~ **bell** *sub, -s* Sturmglocke; ~ **lantern** *sub, -s* Sturmlaterne; ~ **of applause** *sub, -s* - Beifallssturm; ~ **of protest** *sub, -s* Proteststurm; ~ **signal** *sub, -s* Sturmsignal, Sturmzeichen; ~ **tide** *sub, -s* Sturmflut; ~ **warning** *sub, -s* Sturmwarnung; ~**-proof** *adj,* sturmerprobt; ~**y** *adj,* stürmisch; ~**y front** *sub, -s* Gewitterwand
Storting, *sub, nur Einz. (polit.)* Storting
story, *sub, -ies* Geschichte, Story; *hier nur Einz. (i. ü. S.)* Kapitel; *-ies (geh.; Literaturw.)* Fabel; *(mod.)* Erzählung; *(zu Sache/Person)* Geschichte; *(i. ü. S.) that´s a different story* das ist ein anderes Kapitel; *(i. ü. S.) that´s a sad story* das ist ein trauriges Kapitel; *the story goes* es kursiert das Gerücht; *to tell filthy stories* Sauereien erzählen; *it´s always the same old story* immer dieselbe alte Geschichte, *(ugs.)* es ist immer dasselbe Lied; ~ **(in the first person)** *sub, -ies* Icherzählung; ~**-teller** *sub, -s* Erzähler; ~**book career** *sub, - -s* Bilderbuchkarriere; ~**teller** *sub, -s* Märchenonkel, Märchentante
stout, (1) *adj,* beleibt, feist, vollschlank; *(Person)* füllig **(2)** *sub, nur Einz.* Malzbier; ~**ness** *sub, nur Einz.* Beleibtheit
stove, *sub, -s* Herd, Kocher, Ofen; ~ **heating** *sub, -s* Ofenheizung; ~**pipe** *sub, -s* Ofenrohr
stow, *vt, (Güter)* stauen
straddle, (1) *sub, -s* Grätsche; *(spo.)* Straddle **(2)** *vti,* grätschen; *go into the straddle position* in die Grätsche gehen
straight, (1) *adj,* gerade, geradenwegs, geradlinig, schnurgerade; *(Haar)* glatt; *(Haltung)* straff, stramm **(2)** *adv,* gerade, geradewegs, schnurstracks **(3)** *sub, -s (spo.)* Gerade; *straight win* ein glatter Sieg, *a straight line* eine gerade Linie; *a dead-straight line* eine pfeilgerade Linie; *things have been straightened out* die Sache ist wieder im Lot; *to put the record straight* die Sache wieder ins Lot bringen; ~ **as an arrow** *adj,* kerzengerade; ~ **away** *adv,* stracks; *(sofort)* gleich; *(weitererzählen)* brühwarm; ~ **line** *sub, -s (mat.)* Gerade; ~ **on** *adv,* geradeaus; ~ **through** *adv,* quer durch, querüber; ~**en** *vt, (Knie)* durchdrücken; *(Weg etc.)* begradigen; ~**forward** *adj, (i. ü. S.)* geradlinig; *(einfach)* banal; ~**ness** *sub, nur Einz.* Geradheit; **straigtening** *sub, -s (eines*

Weges etc.) Begradigung
strain, (1) *sub, -s* Anstrengung, Strapaze; *(Muskel)* Überdehnung; *(physisch, psychisch, von Freundschaften)* Belastung **(2)** *vt,* anstrengen, vertreten, verzerren; *(Freundschaft, Gesundheit)* belasten; *(Küche)* passieren; *be not able to stand the strain* den Strapazen nicht gewachsen sein; *(i. ü. S.) don´t strain yourself!* übernimm dich nicht!, *put a heavy strain on so* jemanden stark belasten; ~**ed** *adj, (Beziehung)* gespannt; ~**er** *sub, -s* Passiersieb; *(Teesieb)* Sieb; *pour tea through a strainer* Tee durch ein Sieb gießen; ~**ing for effect** *sub, nur Einz.* Effekthascherei
strait, *sub, -s (Meerenge)* Straße; ~**jacket** *sub, -s* Zwangsjacke
straits, *sub, nur Mehrz.* Meerenge
stramineous, *adj,* strohfarbig
strand, *sub, -s* Strähne; ~**ed goods** *sub, nur Mehrz.* Strandgut
strange, *adj,* absonderlich, befremdend, befremdlich, fremd, fremdartig, komisch, kurios, merkwürdig, seltsam, sonderbar, wunderlich; *(seltsam)* eigenartig; *become strangers* sich fremd werden; *foreign/strange customs* fremde Sitten; *in strange hands* in fremden Händen; *he looked at me in such a strange way* er hat mich so komisch angeschaut; *with some sort of strange (unconvincing) excuse* mit irgendeiner komischen Ausrede; *I have a strange feeling* mir ist sonderbar zumute; *what´s strange about it?* was ist daran sonderbar?; ~ **foreigner** *sub, -s* Exot; ~ **happenings** *sub, -s* Spuk; ~ **thing** *sub, -s* Kuriosum
strangely enough, *adj,* seltsamerweise; **strangeness** *sub, -es* Absonderlichkeit; *nur Einz.* Merkwürdigkeit, Seltsamkeit; **stranger** *sub, -s* Fremde, Fremdling; *(Fremder)* Unbekannte; *he´s a stranger here* er ist hier unbekannt
strangle, *vt,* abwürgen, erdrosseln, erwürgen, strangulieren, würgen; *strangle sb neck* jmd mit etwas erwürgen; *strangle sb throat* jmdn die Gurgel zudrücken; ~**hold** *sub, -s* Würgegriff; ~**r** *sub, -s* Würger; **strangling** *sub, -s* Erdrosselung; **strangulate** *vt, (med.)* strangulieren; **strangulation** *sub, -s* Strangulation; **strangulation mark** *sub, -s* Würgemal

strap, (1) *sub, -s* Riemen, Schuhriemen; *(Trage-)* Gurt (2) *vt,* gurten, schnallen; **~ on** *vt, (Gegenstand)* anschnallen
strategic, *adj,* strategisch; **strategist** *sub, -s* Stratege; **strategy** *sub, -ies* Strategie
stratification, *sub, -s (geol.)* Aufschichtung; **stratify** *vt,* aufschichten
stratosphere, *sub, nur Einz.* Stratosphäre
stratus, *sub, -ti* Stratus; **~ cloud** *sub, -s* Stratuswolke
straw, *sub, nur Einz.* Stroh; *-s* Strohhalm; *(Stroh-)* Halm; *(i. ü. S.) clutch at any straw* sich an einen Strohhalm klammern; **~ baler** *sub, -s* Strohpresse; **~ fire** *sub, -s* Strohfeuer; **~ hat** *sub, -s* Strohhut; **~-coloured** *adj,* strohfarben; **~berry** *sub, -ies* Erdbeere; **~berry punch** *sub, -es* Erdbeerbowle; **~flower** *sub, -s* Strohblume, Trockenblume
stray, (1) *sub, -s (Tier)* Streuner, Stromer (2) *vi,* abirren, abstreifen, streunen; *(streunen)* stromern (3) *vr,* verfliegen
stream, (1) *sub, -s* Strömung; *nur Einz.* Zustrom; *-s (klein)* Fluss; *(Menschen-)* Strom (2) *vi,* strömen; *his face streamed blood* Blut strömte ihm über das Gesicht; **~ in** *vi,* einströmen; **~ through** *vt, (Personen)* durchströmen; **~er** *sub, -s* Luftschlange; **~ing with blood** *adj,* blutüberströmt
street, *sub, -s* Straße; *(i. ü. S.) be on the street* auf der Straße sitzen; *cross the street* über die Straße gehen; *(demonstrieren) take to the streets* auf die Straße gehen; *that´s right up my street,* das ist mein Fach; **~ ballad** *sub, -s* Bänkellied; **~ cleaner** *sub, -s (US)* Straßenfeger; **~ corner** *sub, -s* Straßenecke; **~ girl** *sub, -s* Straßenmädchen; **~ loafer** *sub, -s* Eckensteher; **~ name** *sub, -s* Straßenname; **~ noise** *sub, nur Einz.* Straßenlärm; **~ party** *sub, -ies* Straßenfest; **~ sale** *sub, -s* Straßenhandel; **~ sprinkler** *sub, -s* Sprengwagen; **~ that runs at right angles to another street** *sub, -s* Querstraße; **~ urchin** *sub, -s (ugs.; abw.)* Gassenjunge; **~ worker** *sub, -s* Streetworker; **~-walker** *sub, -s* Stricher; **~car** *sub, -s (US)* Straßenbahn, Tram, Trambahn; **~scape** *sub, -s* Straßenbild
street café, *sub, -s* Straßencafé
strength, *sub, -s* Körperkraft; *nur Einz.* Kraft; *-s (Kraft)* Stärke; *- (phy.)* Festigkeit; *it´ll take all our strength* es bedarf aller Kraft; *muster up all one´s strength* all seine Kräfte aufbieten; **~ of the**

team *sub, nur Einz.* Spielstärke; **~en** (1) *vr, (sich)* festigen (2) *vt,* erhärten, stärken, versteifen; **~ening** *sub, -s* Stärkung, Versteifung
strenuous, *adj, (Arbeit etc.)* strapaziös; **~ness** *sub, nur Einz.* Strebsamkeit
stress, (1) *sub, nur Einz.* Nachdruck; *-es* Stress; *-s (Betonung)* Akzent; *nur Einz. (eines Wortes)* Betonung; *(tech.)* Beanspruchung (2) *vt, (i. ü. S.)* hervorheben; *(tech.)* beanspruchen; *(Wort)* betonen; *to stress particularly that* besonderen Nachdruck darauf legen, dass; **~ at school** *sub, nur Einz.* Schulstress; **~ period** *sub, -s* Drangperiode; **~ed** *adj,* betont
stretch, (1) *vi,* erstrecken, reichen (2) *vr,* räkeln, ziehen; *(sich - räumlich)* hinziehen (3) *vt,* recken, spannen, verziehen, weiten; *(dehnen)* strecken; *(Kleidung)* ausdehnen; *(Kleidung ausdehnen)* ausweiten (4) *vti,* dehnen; *strech to* sich erstrecken bis zu, *to stretch out* alle viere von sich strecken, *(ugs.) stretch oneself out* alle viere von sich strecken, *strech oneself* sich dehnen; **~ fabric** *sub, -s* Lastex; **~ forward** *vt,* vorstrecken; **~ of water** *sub, -es* Gewässer; **~ oneself** *vr,* recken; **~ out** (1) *vr, (sich)* hinstrecken; *(sich ausstrecken)* strecken (2) *vi,* ausstrecken, hinstrecken; **~ed ligament** *sub, -s* Bänderzerrung; **~er** *sub, -s* Tragbahre, Trage; *(Krankenbahre)* Bahre; **~ing** *sub, nur Einz.* Dehnung; *-s (med.)* Streckung
strew, *vt,* bestreuen, überstreuen
strict, *adj,* gestreng, streng, strikt; *(Disziplin)* stramm; *(Organisation)* straff; *(streng)* genau; *have strict principles* strikte Grundsätze haben; *strictly forbidden!* streng verboten!; **~ness** *sub, nur Einz.* Strenge
stride, (1) *sub, -s* Schritt (2) *vi,* schreiten, stiefeln
strife, *sub,* Zwist; *-* Zwistigkeit
strike, (1) *sub, -s* Bestreikung, Streik; *zur Mehrz. (Streik)* Ausstand (2) *vi,* hinschlagen, streiken; *(Blitz)* einschlagen (3) *vt,* schlagen; *(dagegenschlagen)* anstoßen; *(schlagen)* treffen; *call a strike* einen Streik ausrufen; *call off a strike* einen Streik abbrechen; *go on strike* in den Streik treten; *wildcat strike* wilder Streik; *go on strike* in den Ausstand treten, *call a strike* zum Streik aufrufen; *he*

got *a strike* er warf alle neune; *our house was struck by lightning* bei uns hat es eingeschlagen; *strike the right note* den richtigen Ton anschlagen; *strike!* alle neune!; ~ **against** *vi*, bestreiken; ~ **committee** *sub*, *-s* Streiklokal; ~ **dead** *vt*, erschlagen; ~ **fund** *sub*, *-s* Streikkasse; ~ **line** *sub*, *-s* Streichlinie; ~ **movement** *sub*, *-s* Streikaktion; ~ **up** *vt*, *(mus.)* aufspielen; **striking** *adj*, eklatant, frappant, rassig; *(Ähnlichkeit)* treffend; *(Wirkung)* plakativ; *a striking mistake* ein eklatanter Fehler

string, (1) *sub*, *-s* Bindfaden, Geigensaite, Rattenschwanz, Saite, Schnur, Treppenwange; *nur Einz.* *(ugs.)* Kordel; *-s* *(Schnur)* Strippe (2) *vt*, besaiten; *(einen Schläger)* bespannen; *piece of string* ein Stück Bindfaden; *have more than one string to one´s bow* zwei Eisen im Feuer haben; ~ **bag** *sub*, *-s* Einkaufsnetz; ~ **instrument** *sub*, *-s* Saiteninstrument, Streichinstrument; ~ **instrument player** *sub*, *-s* Streicher, Streicherin; ~ **of beads** *sub*, *strings* Perlenschnur; ~ **trio** *sub*, *-s* Streichtrio; ~ **vest** *sub*, *-s* *(brit.)* Netzhemd; ~-**pulling** *sub*, *-s* Schiebung; ~**s** *sub*, *-* *(mus.)* Streicher; ~**y** *adj*, schnurartig; *(Fleisch)* faserig

stringboard, *sub*, *-s* Wange

strip, (1) *sub*, *-s* *(Papier etc.)* Streifen (2) *vt*, abbeizen (3) *vti*, *(i. ü. S.)* entblättern; *strip to the waist* den Oberkörper frei machen; ~ **bare** *vt*, kahl fressen; ~ **by strip** *adv*, bahnenweise; ~ **cartoon** *sub*, *- -s* Bildstreifen; ~ **of grass** *sub*, *-s* Grasstreifen

stripe, *sub*, *-s* *(tt; mil.)* Winkel; *(regelmäßig)* Streifen; ~**d** *adj*, gestreift, getigert; **stripper** *sub*, *-s* *(ugs.)* Stripperin; **striptease** (1) *sub*, *nur Einz.* Striptease (2) *vi*, strippen

stroboscope, *sub*, *-s* Stroboskop

stroke, (1) *sub*, *-s* Gehirnschlag, Schlaganfall, Strich; *(Schreibmaschine)* Anschlag; *(tt; spo.)* Zug (2) *vt*, streicheln; *200 strokes per minute* 200 Anschläge pro Minute; ~ **(of a piston)** *sub*, *-s* *(tt; tech.)* Hub; ~ **of genius** *sub*, *-s* Geniestreich; ~ **of luck** *sub*, *-s* Glücksfall; ~ **of the pen** *sub*, *-s* Federstrich; *(i. ü. S.)* Federstrich

stroll, (1) *sub*, *nur Einz.* Bummel; *-s* Spaziergang (2) *vi*, flanieren, lustwandeln, schlendern, spazieren, wandeln; *go for a stroll* einen Spaziergang machen; *stroll along* gemütlich daherkommen; ~ **around** *vi*, bummeln; ~ **through town** *sub*, *strolls* Stadtbummel; ~**er**

sub, *-s* Spaziergänger

strong, (1) *adj*, krafterfüllt, kräftig, tragkräftig; *(allg.)* stark; *(stark)* dringend (2) *adv*, fest; *the stronger sex* das starke Geschlecht; ~ **as a horse** *adj*, baumstark; ~ **as an ox** *adj*, bärenstark; ~ **beer** *sub*, *-s* Starkbier; ~ **nerves** *sub*, *nur Mehrz.* Nervenkraft, Nervenstärke; ~-**willed** *adj*, willensstark; ~-**willed character** *sub*, *-s* Kämpfernatur; ~**hold** *sub*, *-s* Hort; *(i. ü. S.)* Hochburg; *a stronghold of liberty* ein Hort der Freiheit; ~**room** *sub*, *-s* Stahlkammer

strontium, *sub*, *nur Einz.* *(chem.)* Strontium

strophantin, *sub*, *nur Einz.* *(med.)* Strophanthin

strophic song, *sub*, *-s* Strophenlied

structural, *adj*, strukturell; *(Bau)* statisch; *(tech.)* konstruktiv; ~ **analysis** *sub*, *-es* Strukturanalyse; ~ **engineer** *sub*, *-s* Statiker; ~ **fabric** *sub*, *-s* Bausubstanz; **structure** (1) *sub*, *-s* Gefüge, Gliederung, Struktur; *(i. ü. S.)* Gebäude; *-ies* *(Struktur)* Aufbau (2) *vt*, durchgliedern, gliedern, strukturieren; *(Text)* aufbauen

strudel, *sub*, *-s* *(Mehlspeise)* Strudel

struggle, (1) *sub*, *-s* Kampf, Ringen, Schinderei (2) *vi*, kämpfen (3) *vr*, schinden; *have to struggle hard for sth* sich etwas hart erkämpfen müssen; *struggle with* sich abschleppen mit; ~ **(with)** *vi*, abplagen; ~ **for existence** *sub*, *-s* Daseinskampf, Existenzkampf; ~ **for survival** *sub*, *nur Einz.* Lebenskampf; ~ **on** *vi*, *(ugs.)* krebsen; ~ **through** (1) *vi*, durchschlagen (2) *vt*, durchkämpfen; ~ **to one´s feet** *vi*, aufraffen; ~ **to** hochrappeln; *(sich hochziehen)* aufrappeln; *after a short rest, we struggled to our feet again* nach einem kurzen Rast, rappelten wir uns wieder hoch

strut, (1) *sub*, *-s* *(Verstrebung)* Strebe (2) *vt*, *(angeberisch)* stolzieren; ~**s** *sub*, *-* Gestänge

strychnine, *sub*, *nur Einz.* *(chem.)* Strychnin

Stuart collar, *sub*, *-s* Stuartkragen

stub, *sub*, *-s* Bleistiftstummel, Stummel, Stummelchen

stubble, *sub*, *-* Bartstoppel; *-s* Stoppel; ~ **field** *sub*, *-s* Stoppelfeld; **stubbly** *adj*, stoppelig; **stubbly beard** *sub*, *-s* Stoppelbart; **stubbly hair** *sub*, *-s* Stoppelhaar

stubborn, (1) *adj*, eigensinnig, halsstarrig, hartnäckig, starrköpfig, starrsinnig, störrisch, stur (2) *vi, (ugs.)* verbohrt; *(ugs.) to be stubborn* einen dicken Schädel haben; **~, awkward** *adj,* bockig; **~ness** *sub,* - Starrsinn; *nur Einz.* Störrigkeit, Sturheit; *(Sturheit)* Eigensinn

stucco, *sub, nur Einz.* Stuck; **~work** *sub, -s* Stuckarbeit

stud, *sub, -s* Stutenzucht; **~ brand** *sub, -s* Gestütsbrand; **~ farm** *sub, -s* Gestüt; **~ mare** *sub, -s (Stute)* Gestütpferd; **~-horse** *sub, -s* Beschäler; **~ded jeans** *sub, pairs of* Nietenhose; **~ded tires** *sub, nur Mehrz.* Spikereifen

student, (1) *adj,* studentisch **(2)** *sub, -s* Eleve, Student, Studierende; *a student with many terms behind him* ein bemoostes Haupt; **~ at secondary school** *sub, -s* Realschüler; **~ days** *sub, nur Mehrz.* Studienzeit; **~ going for the doctorate** *sub, -s* Doktorand; **~ in a fraternity** *sub,* Korpsstudent; **~ of a correnspondence course** *sub, -s* Fernstudent; **~ of physical education** *sub, students* Sportstudent; **~ teacher** *sub, -s* Referendar, Referendarin; **~´s duelling society** *sub, -ies* Burschenschaft; **~´s record** *sub, -s* Studienbuch; **~´s removal from the register** *sub, -s* Exmatrikulation; **~s´ fencing bout** *sub, -s (univ.)* Mensur; **~s´ revolt** *sub, -s* Studentenrevolte; **~s´ society** *sub, -ies* Studentenverbindung; **studies** *sub, nur Mehrz.* Studien

studio, *sub, -s* Atelier, Senderaum, Studio, Studiobühne; *(tt; kun.)* Werkstatt; **~ couch** *sub, -es* Schlafcouch; **~ flat** *sub, - -s* Atelierwohnung; **~ shot** *sub, -s* Atelieraufnahme; **~ window** *sub, -s* Atelierfenster

study, (1) *sub, -ies* Herrenzimmer, Studie, Studierstube, Studierzimmer, Studium **(2)** *vt,* ausbilden **(3)** *vti,* studieren; *begin one´s studies* ein Studium aufnehmen; *break off one´s studies* ein Studium abbrechen; **~ of speech** *sub, studies* Sprechkunde; **~ room** *sub, -s* Arbeitszimmer; **~ trip** *sub, -s* Studienreise; **~ trip/tour** *sub, -s* Exkursion

stuff, (1) *sub, nur Einz.* Klamotten, Kram, Krempel; *(ugs.)* Zeug **(2)** *vt,* ausstopfen, kröpfen; *(Braten)* füllen; *(gastr.)* farcieren; *(pressen)* stopfen; *(ugs.) what am I supposed to do with all this stuff?* was soll ich mit diesem ganzen Kram?, *(ugs.; Rauschgift)* score *some stuff* sich Stoff beschaffen; *to know one´s stuff* die Materie beherr-

schen; *to stuff oneself* den Wanst vollschlagen, *(ugs.)* sich den Ranzen voll schlagen; **~ under** *vt, (ugs.)* unterstopfen; **~ed cabbage-roll** *sub, -s* Kohlroulade; **~ed pancake** *sub, -s (öster.)* Palatschinken; **~ed quilt** *sub, -s (US)* Federbett; **~ed shirt** *sub, -s (i. ü. S.)* Stockfisch; **~iness** *sub,* - Spießigkeit; **~ing** *sub, -s* Ausstopfung; *(Lebensmittel)* Füllung; **~y** *adj,* spießig, stickig; *the room is stuffy* im Zimmer ist schlechte Luft

stultification, *sub,* -s *(ugs.)* Verdumpfung

stumble, *vi,* stolpern, straucheln

stump, *sub, -s* Stump, Stumpf; *(Baumstumpf)* Strunk

stun, *vt,* verblüffen; *(mittels eines Schlages)* betäuben

stunt, *sub, -s* Stunt

stunt man, *sub, -men* Stuntman

stupid, *adj,* blöd, dämlich, doof, dumm; *(dumm)* simpel; *be bored stupid* zu Tode gelangweilt sein; *where is that stupid key?* wo ist der blöde Schlüssel?; *dont´t look so stupid* mach nicht so ein dummes Gesicht; *how stupid* zu dumm; *I´m not that stupid* ich bin doch nicht bescheuert, ich lasse mich nicht für dumm verkaufen; *(i. ü. S.) stupid chatter* hohles Geschwätz; *stupid thing!* so ein blödes Patent!; *to be pretty stupid* nichts loshaben; *to look stupid* dumm aus der Wäsche gucken; **~ film (or play)** *sub, -s* Klamotte; **~ idiot** *sub, -s* Blödmann; **~ twit** *sub, -s (doofe ~)* Nuss; **~ity** *sub, -ies* Blödheit; **~** Doofheit; *-ies* Dummheit, Dusligkeit, Eselei, Sottise; *don´t do anything stupid* mach keine Dummheiten; *what a stupid thing to do* was für eine Dummheit

sturdiness, *sub, nur Einz.* Stämmigkeit; **sturdy** *adj, (kräftig)* stabil, stämmig

sturgeon, *sub, -s* Stör

stutter, *vi,* stottern; **~ing** *sub,* - Gestotter

style, (1) *sub, -s* Ausdrucksweise, Baustil, Fasson, Schreibweise, Stil, Stilrichtung; *(arch.)* Bauart; *(Baustil)* Bauweise **(2)** *vt,* fassonieren; *in the style of expressionism* in Anlehnung an den Expressionismus; *that dress has style* das Kleid hat Pep; *there´s nothing like bowing out in style* nobel ist die Welt zugrunde; *to do sth in great style* etwas mit Rasanz tun; *to live in style* üppig leben; *do things*

in style alles im großen Stil tun; *in the style of our time* im Stil unserer Zeit; ~ **all over** *vi*, durchstylen; ~ **and diction** *sub*, *-s* Diktion; ~ **of driving** *sub*, *-s (mot.)* Fahrstil; ~ **of riding** *sub*, *-s (Fahrr..)* Fahrstil; ~**s** *sub*, *-s* Schick; **styling** *sub*, *nur Einz.* Styling; **stylish** *adj*, stilvoll; *(Stil)* geschmackvoll; *(stilvoll)* elegant; **stylishness** *sub*, *nur Einz.* Bravur
stylist, *sub*, *-s* Stilist, Stylist; ~**ic** *adj*, stilistisch, stilkundlich; *from the stylistic point of view* in stilistischer Hinsicht; ~**ic lapse** *sub*, *-s* Stilblüte; ~**ically instructive** *adj*, stilbildend; ~**ics** *sub*, *nur Einz.* Stilistik; **stylization** *sub*, *-s* Stilisierung; **stylize** *vt*, stilisieren; *(Charakter)* typisieren
styptic, *adj*, blutstillend
styrene, *sub*, *nur Einz. (chem.)* Styrol
Styrian, *sub*, *-s* Steiermärker
subaltern, *adj*, subaltern
subbarrier, *sub*, - Untergrenze
subchallenge, *vi*, unterfordern
subconcious, (1) *adj*, unterbewusst (2) *sub*, *(tt; psych.)* Unterbewusstsein
subcontinent, *sub*, *-s* Subkontinent
subcultural, *adj*, subkulturell
subculture, *sub*, *-s* Subkultur
subcutaneous, *adj*, *(med.)* subkutan
subdivide, *vt*, unterteilen; **subdivision** *sub*, *-s* Untergliederung; - Unterteilung
subdue, *vt*, *(Farbe, Licht, Stimmung)* abdämpfen
subframe, *sub*, *-s* Untergestell
subhuman creature, *sub*, *-s* Untermensch
subject, *sub*, *-s* Fach, Studienfach, Subjekt, Sujet, Thema; - Untertan; *-s* Vorwurf; *(Gesprächs-)* Stoff; *(Inhalt)* Gegenstand; *(Kunst)* Motiv; *change the subject* das Thema wechseln; *get off the subject* vom Thema abweichen; *go off the subject* vom Thema abirren; *know a subject* auf einem Gebiet Bescheid wissen; *subject to all regulations* unter Berücksichtigung aller Vorschriften; *to be subject to* dem Gesetz unterstehen; ~ **catalogue** *sub*, *-s* Realkatalog; ~ **index** *sub*, *-es* Sachkatalog, Sachregister; ~ **matter** *sub*, *nur Einz.* Inhalt; *-s* Thematik; *the subject matter of our talk* der Inhalt unseres Gesprächs; ~ **s.o** *vt*, unterziehen; ~ **to** *adj*, vorbehaltlich; ~ **to being sold** *adj*, freibleibend; *(Handel)* freibleibend; ~ **to charges** *adj*, gebührenpflichtig
subjection, *sub*, *nur Einz.* Hörigkeit; **subjective** *adj*, subjektiv, unsachlich; **subjectivism** *sub*, *nur Einz.* Subjekti-

vismus; **subjectivistic** *adj*, subjektivistisch; **subjectivity** *sub*, *nur Einz.* Subjektivität
sub judice, *adj*, rechtsanhängig
subjugate, *vt*, unterjochen, unterwerfen; **subjugation** *sub*, *-s* Unterjochung, Unterwerfung
subjunctive, *sub*, *-s* Konjunktiv
sublimate, *vt*, *(chem.)* sublimieren; **sublimation** *sub*, *-s* Sublimation, Sublimierung
sublime, (1) *adj*, hehr, sublim (2) *vt*, sublimieren
submachine gun, *sub*, *-s* Maschinenpistole
submarine, (1) *adj*, submarin; *(ugs.)* unterseeisch (2) *sub*, *-s* U-Boot, Unterseeboot; ~ **warfare** *sub*, *-s* U-Boot-Krieg
submerge, *vi*, *(U-Boot)* tauchen; ~**d** *adj*, versunken; **submerging** *sub*, *-s* Verschüttung
submission, *sub*, *-s* Einreichung, Unterwerfung; *(tt; jur.)* Vorlage; **submissive** *adj*, willfährig
submit, *vt*, einreichen, unterwerfen; *to submit* den Nacken beugen; ~ **sth** *vt*, unterbreiten; ~ **to** *vt*, *(Schicksal)* ergeben; ~**ted** *adj*, unterworfen
subordinate, (1) *adj*, subaltern, untergeordnet; *(geh.)* nachgeordnet (2) *sub*, *-s* Untergebene (3) *vt*, subordinieren, unterordnen; ~**d** *adj*, unterordnend; ~**d category** *sub*, *-ies* Subkategorie; **subordination** *sub*, *-s* Subordination, Unterordnung, Unterstellung
sub-post-office, *sub*, *-s* Zweigpostamt
subscribe, (1) *vi*, abonnieren (2) *vt*, subskribieren; *(wirt.)* zeichnen; ~ **to** *vi*, *(Zeitschriften)* beziehen; ~**r** *sub*, *-s* Abonnent, Bezieher, Subskribent; *(Telefon)* Teilnehmer, Teilnehmerin; **subscription** *sub*, *-s* Abonnement, Subskription; *(Beitrag)* Gebühr; *(von Zeitschriften)* Bezug; **subscription fee** *sub*, - *-s (Mitgliedsbeitrag)* Beitrag; **subscription right** *sub*, - *-s* Bezugsrecht
subsequent, *adj*, anschließend; ~**ly** *adv*, anschließend
subservient, *adj*, untertan
subside, (1) *vi*, verebben (2) *vr*, glätten; ~**nce** *sub*, *-s (geol.)* Einbruch
subsidiarity, *sub*, *nur Einz.* Subsidiarität; **subsidiary** *sub*, *-ies (wirt.)* Ableger; **subsidiary company** *sub*, *-ies* Tochterfirma, Tochtergesellschaft; **subsiding** *sub*, - Glättung
subsidize, *vt*, bezuschussen, subven-

tionieren; *(unterstützen)* finanzieren; ~d rate *sub*, *-s* Sozialtarif
subsidy, *sub*, *-ies* Beihilfe; *(staatlich)* Subvention
subsistence level, *sub*, *-s* Existenzminimum
subsoil, *sub*, *-s (tt; agrar)* Untergrund
subspecies, *sub*, - Subspezies; *-s (tt; biol.)* Unterfamilie
substance, *sub*, *-s* Substanz; *(chem.)* Stoff
substandard, *sub*, *-s* Substandard
substantial, (1) *adj*, gehaltreich, gehaltvoll, handfest, inhaltsreich, substantiell, substanziell; *(Essen)* herzhaft (2) *adv*, herzhaft; **substantiate** *vt*, substantiieren; *(Behauptung)* fundieren; **substantivate** *vt*, substantivieren; **substantive** *sub*, *-s* Substantiv
substitute, (1) *sub*, *-s* Surrogat (2) *vt*, substituieren; *(ersetzen)* einwechseln; *(Fähigkeiten)* ersetzen; *substitute B for A* A durch B substituieren; *substitute a player* jemanden einwechseln; ~ **drug** *sub*, *-s* Ersatzdroge; **substitution** *sub*, *-s* Einwechslung, Substitution
substrate, *sub*, *-s (biol.)* Substrat
subsumable concept, *sub*, *-s* Unterbegriff; **subsumption** *sub*, *-s* Subsumierung
subtenancy, *sub*, *-es* Untermiete; **subtenant** *sub*, *-s* Untermieter
subtitle, (1) *sub*, *-s* Untertitel (2) *vt*, untertiteln
subtle, *adj*, hintergründig; *(feinsinnig)* subtil; ~**ty** *sub*, *-ies* Spitzfindigkeit
subtract, (1) *vi*, *(Dampf)* abziehen (2) *vt*, *(abziehen)* abrechnen (3) *vti*, subtrahieren; ~**ion** *sub*, *-s* Subtraktion
subtrahend, *sub*, *-s (mat.)* Subtrahend
subtropical, *adj*, subtropisch; ~ **regions** *sub*, *nur Mehrz.* Subtropen; **subtropics** *sub*, *nur Mehrz.* Subtropen
subunity, *sub*, *-es* Untereinheit
suburb, *sub*, *-s* Außenbezirk, Vorort, Vorstadt; *live in the suburbs* am Stadtrand leben; ~**-cinema** *sub*, *-s* Vorstadtkino; ~**an** *adj*, vorstädtisch; ~**an railway** *sub*, *-s* S-Bahn; ~**an railway carriage** *sub*, *-s* S-Bahn-Wagen
subvention, *sub*, *-s (privat)* Subvention; **subversion** *sub*, *-s* Subversion; **subversionary** *adj*, subversiv, umstürzlerisch
subversive, (1) *adj*, subversiv (2) *sub*, *(ugs.)* Wühlmaus; ~ **activities** *sub*, - Umtriebe
subway, *sub*, *-es* Unterführung; *-s* Untergrundbahn; *nur Einz. (US)* U-Bahn; ~ **system** *sub*, *-s* U-Bahn-Netz
succade, *sub*, *-s* Sukkade

succeed, *vi*, gelingen; *(geh.)* arrivieren; *he didn´t succeed in/he failed* es gelang ihm nicht; *he succeeded in* es gelang ihm; *to succeed sb* jmd im Amt nachfolgen, jmds Nachfolge antreten; **success** *sub*, *-es* Erfolg; - Gelingen; *-s (i. ü. S.)* Wurf; *help to make sb a success* zum Gelingen einer Sache beitragen; **success in series** *sub*, *nur Einz. (mehrere Erfolge)* Erfolgsserie; **success rate** *sub*, *-s* Erfolgsquote; **successful** *adj*, arriviert, erfolgreich; **successful author** *sub*, *-s* Erfolgsautor; **successful book** *sub*, *-s* Erfolgsbuch; **successful play** *sub*, *-s* Erfolgsstück; **successful series** *sub*, *nur Mehrz. (erfolgreiche Serie)* Erfolgsserie; **succession** *sub*, *-s* Abfolge, Aufeinanderfolge, Erbfolge, Nachfolge, Sukzession; *in rapid succession* in rascher Folge; **succession to the throne** *sub*, *nur Einz.* Thronfolge; **successive** *adj*, sukzessiv; **successively** *adv*, sukzessive
successor, *sub*, *-s* Nachfolgerin, Nachrückerin; ~ **to the throne** *sub*, *successors* Thronfolger
succinctness, *sub*, *-es* Prägnanz; **succinct** *adj*, prägnant
succumb, *vt*, *(Druck)* erliegen
such, (1) *adj*, derartig, solcher, solcherweise, solches (2) *pron*, solch; *such a beautiful woman* eine derartig schöne Frau; *such a fit of fury* ein derartiger Wutausbruch; *such good* derart gut, *how would such a long dress suit me?* wie würde mir ein so ch langes Kleid stehen?; *such luck!* so ch ein Glück!
suction, *sub*, *-s (Explosions-)* Sog
Sudanese, *adj*, sudanesisch
sudden, *adj*, jäh, plötzlich, schlagartig, unvermittelt; *all of a sudden* mit einem Mal; ~ **death** *sub*, *-s (spo.)* Suddendeath; ~ **fall in temperature and atmosheric pressure** *sub*, *-s* Wettersturz; ~ **shower** *sub*, *-s (ugs.)* Husche; ~**ly** *adv*, plötzlich, schlagartig
sudorific, *adj*, *(med.)* hidrotisch
suds *sub*, *nur Mehrz.* Lauge; - Laugenwasser
sue, *vt*, belangen, verklagen
suede, *sub*, *-s* Wildleder
suet *sub*, *-s (roh)* Talg; ~**y** *adj*, talgig
sufacing, *sub*, *nur Einz. (von Straßen)* Befestigung
suffer, *vt*, erleiden; ~ **(from)** (1) *vi*, kranken (2) *vt*, *(ugs.)* laborieren (3) *vti*, leiden; *(ugs.) he´s suffering from*

flu again er laboriert wieder an einer Grippe; *he died without suffering a lot* er starb, ohne viel zu leiden; *he suffers from loneliness* er leidet unter der Einsamkeit; *the colour faded badly in the sun* die Farbe hat durch die grelle Sonne sehr gelitten; ~ **for** *vt*, ausbaden; ~**er** *sub*, *-s* Leidende; ~**ing** *sub*, *-s* Leiden, Pein; *his sufferings are ove* er ist erlöst; ~**ing from a kidney disease** *attr*, nierenkrank; ~**ing from diminished responsibility** *adj*, schuldfähig
suffice, *vi*, reichen; **sufficient** *adj*, hinreichend, suffizient; **sufficient amount** *adj u. adv*, genug; **sufficiently** *adv*, hinlänglich
suffix, *sub*, *-es* Suffix
suffocate, *vti*, *(tödlich)* ersticken
suffragan bishop, *sub*, *-s* Weihbischof;
suffragette *sub*, *-s* Suffragette
sugar, *sub*, *nur Einz.* Zucker; ~ **water** *sub*, *nur Einz.* Zuckerwasser; ~**-beet** *sub*, *-s* Zuckerrübe; ~**-cane** *sub*, *-s* Zuckerrohr; ~**-factory** *sub*, *-es* Zuckerfabrik; ~**-loaf** *sub*, *-s* Zuckerhut; ~**-pea** *sub*, *-s* Zuckererbse; ~**y** *adj*, zuckerhaltig; *(schmeichlerisch) her sugary smile gets on my nerves* ihr süßes Lächeln geht mir auf die Nerven
suggest, *vt*, nahelegen, suggerieren, vorschlagen; *(vorschlagen)* anregen; *to suggest sth to sb* jmd etwas nahelegen; *influence someone by suggesting something* jemandem etwas suggerieren; *it suggests itself* dieser Gedanke drängt sich auf; ~ **itself** *vr*, nahe liegen; *the idea suggested itself* der Gedanke lag nahe; ~**ible** *adj*, suggestibel; ~**ion** *sub*, *-s* Suggestion, Vorschlag; ~**ive** *adj*, anzüglich, suggestiv; *(schamlos)* frivol; ~**iveness** *sub*, *nur Einz.* Anzüglichkeit
suit, **(1)** *sub*, *-s* Klage; *(Bekleidung)* Anzug **(2)** *vi*, behagen **(3)** *vt*, *(genehm sein)* passen; *that does not suit me* das liegt mir nicht; *(i. ü. S.) that suits me fine* es kommt mir ganz gelegen; *(passen) that suits you* das steht dir, *it doesn't suit him* es behagt ihm nicht, *to be suited to sb* zu jmd (menschlich) passen; ~**ability** *sub*, *nur Einz.* Eignung; *-ies* Geeignetheit; *nur Einz. (Eignung)* Tauglichkeit; ~**ability for use** *sub*, *nur Einz.* Benutzbarkeit; ~**able** *adj*, gebührend, geeignet; *(angenehm)* passend; *(geeignet)* tauglich; ~**able for boiling** *adj*, kochfest; ~**able for children** *adj*, kindgerecht
suitcase, *sub*, *-s* Koffer, Suitcase; ~ **lid** *sub*, *-s* Kofferdeckel
suite, *sub*, *-s* Suite; *(Möbel)* Garnitur; ~

of rooms *sub*, *-s (tt; arch.)* Zimmerflucht
suitor, *sub*, *-s* Freier
sulfate, *sub*, *-(e)s* Sulfat
sulk, *vi*, schmollen; *to go off into a corner to sulk* sich in den Schmollwinkel zurückziehen; ~**y** *sub*, *-ies* Sulky; ~**y driver** *sub*, *-s (Fahrer)* Traber
sullen, *adj*, missmutig, murrköpfisch; *(abweisend)* mürrisch; ~**ness** *sub*, *nur Einz.* Missmut, Mürrischkeit
sulphur, *sub*, *nur Einz.* Schwefel; ~ **creme** *sub*, *-s* Schwefelsalbe; ~ **spring** *sub*, *-s* Schwefelquelle; ~**ic acid** *sub*, *nur Einz.* Schwefelsäure; ~**ization** *sub*, *-s* Schwefelung; ~**ize** *vt*, schwefeln; ~**ous yellow** *adj*, schwefelgelb
sultan, *sub*, *-s* Sultan; ~**a** *sub*, *-s* Sultanine; ~**ate** *sub*, *-s* Sultanat
sultriness, *sub*, *nur Einz.* Schwüle; **sultry** *adj*, schwül
sum, *sub*, *-s* Betrag, Rechenaufgabe, Summe; *sum sth up in a few briefly* knapp formulieren; *sum up* das Fazit ziehen; *(ugs.) that's a tidy little sum* das ist ein schöner Batzen Geld; *they couldn't agree on the sum* sie konnten sich über die Höhe der Summe nicht einigen; ~ **of digits of a number** *sub*, *-s* Quersumme; ~ **up** *vt*, aufsummieren, summieren
summa, *sub*, *-s* Summa
summand, *sub*, *-s* Summand
summarize, **(1)** *vt*, zusammenfassen **(2)** *vti*, resümieren; **summary (1)** *adj*, summarisch **(2)** *sub*, *-ies* Resümee; *-es* Zusammenfassung; **summation** *sub*, *-s* Summation
summer, *sub*, *-* Sommer; *(i. ü. S.) be in the summer of one's life* im Sommer des Lebens stehen; *summer is drawing near* der Sommer naht; ~ **break** *sub*, *-s* Sommerpause; ~ **camp** *sub*, *-s (im Sommer)* Ferienlager; ~ **clothing** *sub*, *-s* Sommerkleidung; ~ **dress** *sub*, *-s* Sommerkleid; ~ **heat** *sub*, *-* Sommerhitze; ~ **holidays** *sub*, *nur Mehrz.* Sommerferien; ~ **journey** *sub*, *-s* Sommerreise; ~ **month** *sub*, *-s* Sommermonat; ~ **night** *sub*, *-s* Sommernacht; ~ *(Drama)* A *Midsummernight's Dream* Ein Sommernachtstraum; ~ **rain** *sub*, *-s* Sommerregen
summer residence, *sub*, *-s* Lustschloss; **summer resort** *sub*, *-s (Ort)* Sommerfrische; **summer sale** *sub*, *-s* Sommerpreis, Sommerschlussver-

kauf; **summer shoe** *sub*, *-s* Sommerschuh; **summer solstice** *sub*, - Sommersonnenwende; **summer time** *sub*, *-s* Sommerszeit; *nur Einz.* Sommerzeit; **summer weather** *sub*, - Sommerwetter; **summer-house** *sub*, *-s* Gartenhaus, Laube, Sommerresidenz; **summer-job** *sub*, *-s (Sommer)* Ferienarbeit; **summer´s evening** *sub*, *-s* Sommerabend; **summerwear** *sub*, - Sommeranzug
summon, (1) *vi*, *(tt; jur.)* zitieren (2) *vt*, einbestellen, evozieren, herbeordern, laden; *(Bundestag)* einberufen; *summon one´s courage* allen Mut zusammennehmen; *summon sb as a whitness* jmd als Zeugen einbestellen; *summon sb to table* jmd zu Tisch rufen; *summon sth into existence* etwas erschaffen; *summon the Bundestag* den Bundestag einberufen; **~ up** *vt*, zusammennehmen; *(Kräfte, etc.)* aufbieten; *(Mut)* aufbringen; **~ing** *sub*, *-s* Einberufung; **~s** (1) *sub*, - Aufruf; *nur Einz.* Ladung (2) *vt*, *(tt; jur.)* vorladen
sump, *sub*, - *(tt; tech.)* Wanne; **~tuous** *adj*, kostbar; **~tuous garment** *sub*, *-s* Prunkgewand; **~tuousness** *sub*, *nur Einz.* Kostbarkeit
sun, *sub*, *-s* Sonne; *(i. ü. S.) a place in the sun* ein Platz an der Sonne; *go out in the sun* an die Sonne gehen; *(ugs.) you must have been out in the sun too long!* du hast wohl einen Sonnenstich!; **~ bench** *sub*, *-es* Sonnenbank; **~ cream** *sub*, *-s* Sonnencreme; **~ deck** *sub*, *-s* Sonnendeck; **~-blind** *sub*, *-s* Sonnenblende; **~-exposed** *adj*, besonnt; **~-glasses** *sub*, *nur Mehrz.* Sonnenbrille; **~-hat** *sub*, *-s* Sonnenhut; **~-tan** *sub*, *-s* Sonnenbräune; **~-tanned** *adj*, sonnengebräunt; **~bathe** *vi*, sonnen, sonnenbaden; **~beam** *sub*, *-s* Sonnenstrahl; **~burn** *sub*, *-s* Sonnenbrand; **~burnt** *adj*, sonnverbrannt
sundae dish, *sub*, *-es* Eischale
Sunday, *sub*, *-s* Sonntag; **~ driver** *sub*, *-s* Sonntagsfahrer; **~ edition** *sub*, *-s* Sonntagsausgabe; **~ evening** *sub*, *-s* Sonntagabend; **sundaylike** *adv*, feiertäglich
sundial, *sub*, *-s* Sonnenuhr; **sundown** *sub*, *-s (US)* Sonnenuntergang; **sunflower** *sub*, *-s* Sonnenblume
sunken, *adj*, versunken; *(geol.)* eingefallen
sunlight, *sub*, *nur Einz.* Sonnenlicht
Sunnite, *sub*, *-s* Sunnit
sunny, *adj*, sonnig; **sun-tan lotion** *sub*, *-s* Sonnenöl; **~ side** *sub*, *-s* Sonnenseite; **~ spells** *sub*, *nur Mehrz.* *(Meteoro-*

logie) Aufheiterungen; **sunrise** *sub*, *nur Einz.* Morgenrot; *-s* Sonnenaufgang; *(Drama) "Before Sunrise"* "Vor Sonnenaufgang"; *at sunrise* bei Sonnenaufgang; **sunroof** *sub*, *-s* Schiebedach; **sunset** *sub*, *-s* Abendrot, Sonnenuntergang; **sunshade** *sub*, *-s* Parasol; *(Garten)* Sonnenschirm; **sunshine** *sub*, *-s* Sonnenschein; **sunshine boy** *sub*, *-s* Sonnyboy, Strahlemann; **sunspot** *sub*, *-s (astron.)* Sonnenfleck; **sunstroke** *sub*, *-s* Sonnenstich
super, (1) *adj*, super; *(ugs.)* spitze (2) *sub*, *nur Einz.* Superbenzin; *(Benzin)* Super; *his new car is absolutely super* sein neues Auto ist einfach super; **~able** *adj*, überwindbar; **~acidification** *sub*, *-s* Übersäuerung; **~annuation** *sub*, *-s* Ruhegehalt, Überalterung; **~b** *adj*, superb; *(hervorragend)* einmalig; **~bly** *adv*, erstklassig, vorzüglich; **~cargo** *sub*, *-s* Superkargo; **~ciliousness** *sub*, *nur Einz. (Hochmut)* Überlegenheit; **~fast** *adj*, überschnell
superficial, *adj*, oberflächlich, vordergründig; *(oberfl.)* flüchtig; *he´s only got superficial injuries* er ist nur oberflächlich verletzt; **~ knowledge** *sub*, - Halbbildung; **~ly** *sub*, obenhin; **superfluous** *adj*, *(entbehrlich)* überflüssig; *(überflüssig)* überzählig; *superfluously* zu allem Überfluss; **superhuman** *adj*, übermenschlich; **superimposition** *sub*, *-s (tech.)* Überlagerung; **superintendency** *sub*, *-ies* Superintendentur; **superintendent** *sub*, *-s* Chefarzt
superior, (1) *adj*, überlegen, übermächtig; *(i. ü. S.)* souverän; *(Behörde)* übergeordnet; *(spezif.)* erlesen (2) *sub*, *-s* Vorgesetzte; *he won in superior style* er siegte ganz souverän; **Superior Board of the Mines** *sub*, *nur Einz.* Oberbergamt; **~ of miners** *sub*, *-s (Bergbau)* Fahrsteiger; **~ strength** *sub*, *-s* Übermacht; **~ity** *sub*, *nur Einz.* Überlegenheit; **superlative** *sub*, *-s* Superlativ; *speak in superlatives* in Superlativen sprechen
superman, *sub*, *-men* Übermensch; **supermarket** *sub*, *-s* Supermarkt; **supernatural** *adj*, übernatürlich; *(übernatürlich)* überirdisch, übersinnlich; **supernova** *sub*, *-s* Supernova; **supernumeraries** *sub*, *nur Mehrz. (Theater)* Statisterie; **supernumerary** *sub*, *-ies* Statist; **superor-**

dination *sub, -s* Überordnung
supersaturate, *vt,* übersättigen; **superseding** *sub, -s* Verdrängung; **supersensory** *adj,* übersinnlich; **supersonic aircraft** *sub, -s* Überschallflugzeug; **supersonic speed** *sub, -s* Überschallgeschwindigkeit; **superstar** *sub, -s* Superstar; **superstition** *sub, nur Einz.* Aberglaube; **superstitious** *adj,* abergläubisch; **superstructure** *sub, -s (Brücke etc.)* Überbau; *(Brücken)* Oberbau
supervise, *vt,* kontrollieren; *(ein Projekt)* beaufsichtigen; *(kontrollieren)* überwachen; **supervision** *sub, nur Einz.* Beaufsichtigung, Oberaufsicht; *-s (Kontrolle)* Überwachung; *(Überwachung)* Aufsicht; **supervisor** *sub, -s* Inspektor, Inspektorin, Inspizient, Inspizientin; *(Aufseher)* Aufsicht; *(Ausstellung etc.)* Aufsichtsbeamte; **supervisory board** *sub, - -s (Gremium)* Aufsichtsrat
supper, *sub, -s* Souper; *to have supper* zur Nacht essen
supple, *adj,* gelenkig, schmiegsam
supplement, (1) *sub, -s* Beiheft, Supplement; *(einer Zeitung)* Beilage **(2)** *vt,* supplizieren; ~**ary** *sub,* Zuschlag; ~**ary agreement** *sub, -s (jur.)* Nebenabrede; ~**ary fare** *sub, -s* Zuschlagsatz; ~**ary paper** *sub, -s* Korreferat
suppleness, *sub, -es* Gelenkigkeit
supplier, *sub, -s* Lieferant, Lieferantin, Lieferfirma; **supplies** *sub, nur Mehrz. (mil.)* Nachschub; **supply (1)** *sub, nur Einz.* Belieferung; *-ies* Lieferung; *-es* Versorgung; *nur Einz.* Zufuhr; *- (tech.)* Speisung; *-ies (Warenangebot)* Angebot **(2)** *vt,* liefern, versorgen, zuführen, zuleiten **(3)** *vti,* beliefern; *in limited supply* beschränkt verfügbar; *in plentiful supply* im Überfluss vorhanden, *(Handel) to supply the foreign market* ins Ausland liefern; **supply of needs** *sub, nur Einz.* Bedarfsdeckung; **supply route** *sub, -s* Nachschubweg; **supply ship** *sub, -s* Trossschiff; **supply with a sample** *sub, - samples* Bemusterung; **supply with blood (1)** *sub, nur Einz.* Durchblutung **(2)** *vt,* durchbluten; **supply with food** *vt,* verproviantieren
support, (1) *sub, nur Einz.* Befürwortung; *-s* Lebenshilfe, Rückhalt; *nur Einz.* Schützenhilfe; *-s* Stütze, Unterhalt, Unterstützung; *nur Einz. (moralische Unterstützung)* Beistand; *-s (Stütze)* Halt; *(Unterstützung)* Hilfe **(2)** *vt,* abstützen, befürworten, halten, stützen, unterhalten, unterstützen, vertreten; *(Ansicht*

etc.) bekräftigen; *(Person)* durchfüttern; *he could support it fully* er konnte es nur bestätigen; *the stick serves me as a support* der Stock dient mir als Stütze; *be a support to so* jmdm ein Halt sein, *he was supported by two friends* er wurde von zwei Freunden gestützt; *support his son* den Sohn durchfüttern; ~**ers** *sub, nur Mehrz.* Anhängerschaft; ~**ing** *sub, -s* Verstrebung; *nur Einz. (einer Ansicht)* Bekräftigung; ~**ing bar** *sub, -s* Stützbalken; ~**ing column** *sub, -s* Stützpfeiler; ~**ing corset** *sub, -s* Stützkorsett; ~**ing programme** *sub, -s* Beiprogramm, Vorprogramm; ~**ing stocking** *sub, -s* Stützstrumpf; ~**ing tissue** *sub, -* Stützgewebe; ~**ing wheel** *sub, -s* Stützrad; ~**ive** *adj, (Unterstützung)* hilfreich
suppose, *konj, (- den Fall)* gesetzt; *let's suppose (that)* nehmen wir einmal an, dass; *supposing* gesetzt den Fall; ~**d (1)** *adj,* angenommen, vermeintlich **(2)** *adv,* angeblich; *supposed to be* angeblich sein; ~**d revenue** *sub, -s* Solleinnahme; **suppository** *sub, - (tt; pharm)* Zäpfchen
suppress, *vt,* supprimieren, unterdrücken, unterschlagen; *(Aufstand)* niederschlagen, niederwerfen; *(tech.)* entstören; *(unterdrücken)* ersticken; ~ *sth vt,* verbeißen; ~**ible** *adj,* suppressiv; ~**ion** *sub, -s* Entstörung, Suppression; ~**ion of evidence** *sub, -s (tt; jur.)* Verdunkelung
suppurate, *vi,* eitern; **suppurating** *adj,* eitrig; **suppuration** *sub, -s* Eiterung
supraconductive, *adj,* supraleitend
supremacy, *sub, -ies* Supremat; *nur Einz.* Vormacht; **Supreme Command** *sub, -s* Oberkommando; **supreme court** *sub, -s* Obergericht
sura, *sub, -s* Sure
surcharge, *sub,* Zuschlag
sure, *adj,* gewiss, sicherlich, treffsicher; *(Gewissheit)* sicher; *be sure of one's facts* sich seiner Sache gewiss sein; *there is one thing for sure* eines ist gewiss; *please, make sure that* bitte sorgen Sie dafür, dass; *(ugs.) sure as fate* so sicher wie das Amen in der Kirche; *be sure of oneself* sich seiner Sache sicher sein; ~ **of victory** *adj,* siegesgewiss, siegessicher
surgeon, *sub, -s* Chirurg; *(med.)* Operateur; *(tt; med.)* Wundarzt; ~ **general** *sub, -s* Generalarzt; **surgery** *sub,*

nur Einz. Chirurgie; *that appendix needs immediate surgery* der Blinddarm muss sofort operiert werden; *that can only be removed by means of surgery* das ist nur durch einen operativen Eingriff zu beseitigen; **surgical** *adj,* chirurgisch, operativ; *to remove a growth surgically* eine Geschwulst operativ entfernen

surf, (1) *sub,* *nur Einz.* Brandung (2) *vi,* surfen

surfboard, *sub,* -s Surfbrett

surfeit, *sub,* -s *(Übersättigung)* Überdruss

surfer, *sub,* -s Surfer; *(tt; spo.)* Wellenreiter; **surfing** *sub, nur Einz.* Wellen reiten

surge, (1) *sub,* -s Aufwallung; *(i. ü. S.)* Woge (2) *vi,* wallen, wogen; *(See)* aufbrausen; ~ **up** *vi, (i. ü. S.; Gefühle)* aufwallen

Surinamese, (1) *adj,* surinamisch (2) *sub,* -s Surinamerin

surliness, *sub, nur Einz.* Bärbeißigkeit; **surly** *adj,* bärbeißig

surname, *sub,* -s Familienname, Kognomen, Nachname, Zuname

surpass, *vt,* übertreffen; *(i. ü. S.) to surpass everyone* den Vogel abschießen; ~ o.s. *vr,* überbieten; ~**able** *adj,* übersteigbar

surplus, (1) *adj,* überschüssig; *(überschüssig)* überzählig (2) *sub,* - Surplus; *-es* Überangebot, Überschuss; ~ **money** *sub,* - *(Geld)* Überhang

surprise, (1) *sub,* -s Überraschung, Überrumplung (2) *vt,* erstaunen, überraschen; *be in for a surprise* große Augen machen; *get a nasty surprise* sein blaues Wunder erleben; *much to my surprise* sehr zu meinem Erstaunen; *that´s surprised you* da bist du platt, nicht?; ~ **attack** *sub,* -s Handstreich; *(mil.)* Überrumplung; ~**d** *vt,* wundern; **surprising** *adj,* überraschend, verwunderlich

surrealism, *sub, nur Einz.* Surrealismus; **surrealist** *sub,* -s Surrealist, Surrealistin; **surrealist(ic)** *adj,* surrealistisch

surrender, (1) *sub,* -s Kapitulation (2) *vr,* überantworten (3) *vt,* unterwerfen; *(mil.)* ergeben (4) *vti,* kapitulieren; *surrender the world* die Welt untertan machen/sich ergeben lassen

surrogate, *sub,* -s Surrogat; **surrogation** *sub,* -s Surrogation

surround, (1) *vi, (um etwas)* herumliegen (2) *vt,* umgeben, umringen, umschließen, umstellen, umzingeln; *(umgeben)* einschließen; ~ **with sha-**

dow *vt,* umschatten; ~**ing** *adj,* umlegend; ~**ing field** *sub,* -s Umfeld; ~**ings** *sub,* - Umgebung, Umkreis

surveillance, *sub,* -s *(Verdächtige)* Überwachung; *be under surveillance* unter polizeilicher Aufsicht stehen; *he has been under surveillance* er ist observiert worden; **survey** (1) *sub,* -s Enquete, Umfrage; *(Abriss)* Überblick; *(Umfrage)* Erhebung; *(Zusammenfassung)* Übersicht (2) *vt,* *(betrachten)* mustern; *survey commission* Enquete Kommission; *conduct a survey* eine Statistik aufstellen; *to survey sb sceptically* jmdn skeptisch mustern

survival instinct, *sub,* -s Selbsterhaltungstrieb; **survive** (1) *vt,* *(überleben)* überstehen (2) *vti,* überleben; *survive sth unscathed* etwas heil überstehen; *(ugs.; ironisch) you ´ll survive it* du wirst es schon überstehen!; **surviving family of fallen soldier** *sub,* Kriegshinterbliebene; **survivor** *sub,* -s Überlebende

suspect, (1) *adj,* *(verdächtig)* obskur (2) *sub,* -s Verdächtige (3) *vt,* argwöhnen, verdächtigen, vermuten; *(vermuten)* ahnen; *it seams reasonable to suspect* der Verdacht liegt nahe; *to be suspected of murder* unter Mordverdacht stehen; ~**ed** *adj,* *(Verbrecher)* mutmaßlich

suspend, *vt,* suspendieren; *(i. ü. S.; aussetzen)* einfrieren; *(geh.; Auto)* abfedern; *(jur.)* aussetzen; *(vom Dienst suspendieren)* beurlauben; *suspend so from office* jmdn von Dienst suspendieren; *a suspended/an unconditional sentence of one year* ein Jahr Gefängnis mit/ohne Bewährung; *suspend a sentence* eine Strafe zur Bewährung aussetzen; ~ **from** *vi,* hängen; ~**er** *sub,* -s Sockenhalter, Straps

suspense, *sub,* - *(Ungewissheit)* Spannung; *keep so in suspense* jmdn auf die Folter spannen; *there was an atmosphere of breathless suspense in the hall* im Saal herrschte atemlose Spannung; *wait in suspense* voller Spannung warten; **suspension** *sub, nur Einz.* Abfederung; -s Aufhängung, Sperrfrist, Suspension; *(chem.)* Aufschwemmung; *(jur.)* Aussetzung; *nur Einz. (mot.)* Federung; -s *(spo.)* Startverbot; *(Suspendierung vom Dienst)* Beurlaubung; *have good suspension* gut gefedert; *his temporary suspension from office* der vorübergehende Ausschluß von seinem Amt; **suspension bridge** *sub*, *-s* Hängebrükke; **suspension railway** *sub*, *-s* Schwebebahn; **suspensory** *sub*, *-ies* Suspensorium

suspicion, *sub*, *nur Einz.* Argwohn; *-s* Tatverdacht, Verdacht, Verdächtigung; *(Vermutung)* Ahnung; *arouse suspicion* Argwohn erregen; *I have suspicion that* ich hege den Verdacht, dass; *suspicion fell on him* der Tatverdacht fiel auf ihn; ~ *of murder sub*, *nur Einz.* Mordverdacht; **suspicious** *adj*, argwöhnisch, misstrauisch, suspekt, verdächtig; *to be suspicious of sb* Misstrauen gegen jmdn hegen; *be suspicious* Argwohn hegen; *I find his behaviour rather suspicious* ich finde sein Benehmen reichlich suspekt; *I find it suspicious that* ich finde es dubios, dass; *make someone suspicious* jemanden stutzig machen; **suspiciousness** *sub*, *nur Einz.* Misstrauen

suss, *vt*, *(ugs.)* raffen

sutler, *sub*, *-s (hist.)* Marketenderin

swab, (1) *sub*, *-s* Tupfer (2) *vt*, *(Wunde)* abtupfen

swallow, (1) *sub*, *-s* Schwälbchen, Schwalbe (2) *vt*, schlucken, verschlukken; *have trouble swallowing* Beschwerden beim Schlucken haben; *I wanted the floor to swallow me up* ich hätte vor Scham in den Boden versinken können; *I wish the earth could have swallowed me up* ich hätte vor Scham in den Boden sinken mögen; ~ **up** *vt*, *(vulg.; verschlingen)* fressen; ~**tail** *sub*, *-s* Schwalbenschwanz

Swami, *sub*, *-s* Swami

swamp, (1) *sub*, *-s* Sumpf (2) *vt*, *(Arbeit)* eindecken; *get lost in a swamp* in einen Sumpf geraten; ~**y** *adj*, sumpfig; ~**y district** *sub*, *-s* Sumpfgegend

swan, *sub*, *-s* Schwan; ~ **mussel** *sub*, *-s* Teichmuschel

swank, *sub*, *-s* Protz; ~**y** *adj*, *(ugs.)* protzig

swansong, *sub*, *-s* Abgesang, Schwanengesang

swap, *vt*, *(vertauschen)* austauschen

swarm, (1) *sub*, *-s* Schar, Schwarm (2) *vi*, schwärmen, wimmeln; ~ **out** *vi*, ausschwärmen

swastika, *sub*, *-s* Hakenkreuz

swear, (1) *vi*, fluchen, pöbeln (2) *vt*, schwören; ~ **eternal friendship** *vr*, verbrüdern; ~ **in** *vt*, vereidigen; ~ **sb in** *vt*, einschwören; *swear sb in to sth* jmd auf etwas einschwören; ~ **to** *vi*, *(versichern)* beschwören; ~ **to sth** *vi*,

beeiden, beeidigen; *swear to an evidence* eine Aussage beeidigen; ~**ing** *sub*, - Gefluche; ~**ing in** *sub*, *-s* Vereidigung; ~**word** *sub*, *-s* Kraftausdruck, Schimpfwort; *(ugs.)* Fluch

sweat, (1) *sub*, *nur Einz.* Schweiß (2) *vi*, schwitzen; *beads of sweat were running down his forehead* der Schweiß perlte ihm von der Stirn; ~ **away** *vi*, abquälen, abrackern; ~ **gland** *sub*, *-s* Schweißdrüse; ~ **stain** *sub*, *-s* Schweißfleck; ~**band** *sub*, *-s* Schweißband; ~**er** *sub*, *-s* Sweater; ~**ing cure** *sub*, *-s* Schwitzkur; ~**shirt** *sub*, *-s* Sweatshirt

Swede, *sub*, *-s* Schwede, Steckrübe; ~**n** *sub*, - Schweden; **Swedish** (1) *adj*, schwedisch (2) *sub*, *nur Einz.* Schwedische

sweep, (1) *vi*, rauschen (2) *vt*, kehren (3) *vti*, fegen; *she swept into/out of the room* sie rauschte in das/aus dem Zimmer; *that's much too sweeping a statement* so pauschal kann man das nicht sagen; *to sweep aside objections* Einwände vom Tisch wischen; ~ **away** *vt*, hinwegfegen, wegfegen; ~ **off** *vt*, abkehren; ~ **out** *vt*, ausfegen, auskehren; ~ **the board** *vi*, *(Wettkampf)* abräumen; ~ **thoroughly** *vti*, durchfegen; ~ **up** *vt*, aufkehren; ~**er** *sub*, *-s (spo.)* Libero; ~**ing** *adj*, Schisslaweng, schwungvoll; *(i. ü. S.; Geste)* ausladend; ~**ing blow** *sub*, *-s* Rundumschlag

sweet, (1) *adj*, lieb, lieblich, niedlich, süß (2) *sub*, *-s* Bonbon; *the sweet scent of the roses* der liebliche Duft der Rosen; *the wine is extremely sweet* der Wein ist ausgesprochen lieblich; *the kitten looked so sweet lying on my bed* das Kätzchen lag so niedlich auf meinem Bett; *I like my tea very sweet* ich trinke meinen Tee gerne sehr süß; *(niedlich) isn't the baby sweet?* ist das Baby nicht süß?; *sweet dreams!* süße Träume!; *sweet idleness* das süße Nichtstun, *you and your sweet tooth* sei nicht so naschhaft; ~ **chestnut** *sub*, *-s* Esskastanie; *roasted sweet-chestnut* Maronen; ~ **pea bloom** *sub*, *-s* Wickenblüte; ~ **potato** *sub*, *-es* Süßkartoffel; ~ **violet** *sub*, *-s* Märzveilchen; ~**-and-sour** *adj*, süßsauer; ~**-toothed person** *sub*, *people* Leckermaul; ~**en** *vt*, süßen, versüßen; *to sweeten sth for sb* jmd etwas versüßen; ~**ener** *sub*, *-s* Süßstoff; ~**heart** *sub*, *-s* Erwählte, Liebchen; *(i. ü. S.)* Herzbinkerl; -

(ugs.) Schnuckelchen; ~**heart of one´s youth** *sub, -s* Jugendliebe; ~**ish** *adj*, süßlich; ~**ishness** *sub, nur Einz.* Süßlichkeit; ~**ness** *sub, nur Einz.* Niedlichkeit; ~**s** *sub, nur Mehrz.* Süßigkeit; ~**s and biscuits** *sub, nur Mehrz. (nur Mehrz., Süßigkeiten)* Nascherei
swell, (1) *sub, -s* Seegang (2) *vi*, quellen, schwellen; *(Bohnen, etc.)* aufquellen; *(Fluß, Gewebe)* anschwellen; *(Teig)* auftreiben (3) *vr*, weiten (4) *vt*, blähen, verquollen; *swollen badly* dick geschwollen, *his chest swollen with pride* mit vor Stolz geblähter Brust; *to swell about* sich brüsten; *to swell the sails* die Segel aufblähen; ~**ing** *sub, -s* Anschwellung, Schwellung; *(med.)* Aufschwemmung
sweltering heat, *sub, nur Einz.* Bruthitze
swerve, *vi, (Auto)* ausbrechen, schlenkern; *(beim Abbiegen etc.)* ausscheren; *swerve to the left/right* zur linken/rechten Seite ausweichen; ~ **around** *vi*, Schlangenlinie
swift, *sub, -s* Mauersegler; ~**ly** *adv*, flugs
swill down, *vt, (Getränk)* gluckern
swim, *vi*, schwimmen; *(schwimmen)* baden; *can´t swim a stroke* schwimmen wie eine bleierne Ente; *go for a swim* ein Bad nehmen (schwimmen); ~ **butterfly** *vt*, delfinschwimmen; ~**mer** *sub, -s* Schwimmer, Schwimmerin; ~**ming** *sub, nur Einz.* Schwimmsport; ~**ming bath** *sub, -s* Schwimmhalle; ~**ming pool** *sub, -s* Badeanstalt, Schwimmbad, Swimmingpool; *(Schwimmbad)* Bad; ~**ming season** *sub, -s* Badesaison; ~**ming style** *sub, -s* Schwimmstil; ~**ming-trunks** *sub, nur Mehrz.* Badehose; ~**suit** *sub, -s* Badeanzug, Schwimmanzug
swindle, (1) *sub, -s* Gaunerei; *nur Einz.* Hochstapelei; *-s* Schwindel; *nur Einz. (ugs.)* Beschiss (2) *vti*, hochstapeln; ~**r** *sub, -s* Hochstapler, Schwindler, Schwindlerin; **swindling** *sub, -s* Gaunerei
swine, *sub, nur Einz. (ugs.)* Vieh; ~ **erysipelas** *sub, -* Rotlauf; ~ **fever** *sub, nur Einz.* Schweinepest
swing, (1) *sub, -s* Rutsch, Schaukel, Schwinger, Schwung; *(polit.)* Ruck (2) *vi*, schaukeln, schwenken, schwingen (3) *vti*, schlenkern; ~ **(and fro)** *vi*, pendeln; ~ **crane** *sub, -s* Schwenkkran; ~ **sth round** *vt*, herumreißen; ~ **the arm** *vt, (zum Werfen)* ausholen; ~**boat** *sub, -s* Luftschaukel; ~**ing board** *sub, -s* Schwungbrett

swi⊃e, (1) *vi, (ugs.; klauen)* abstauben (2) *vt, (ugs.)* klauen; ~ **or blow from a paw** *sub, -s* Prankenhieb
sw⊏h, *adj, (ugs.)* schnieke
sw⊏ch, (1) *sub, -es* Gerte, Rute, Schalte⊏ *(ugs.)* Knipser; *(tech.)* Kontroller (2 *vi, (i. ü. S.)* umsatteln (3) *vt*, schalte⊏; ~ **lever** *sub, -s* Schalthebel; ~ **off** (1 *vi, (i. ü. S.)* abschalten (2) *vt, (v⊏s.)* ausknipsen; *(Gerät)* abstellen; *(v⊏s.; im Schaufenster)* ausstellen; *(L⊏ht)* löschen; *(Licht etc.)* ausschalte⊏; ~ **on** *vt*, anschalten, einschalten; *(L⊏ht)* anmachen; ~ **over** *vt*, umsc⊏alten; *(Hebel)* umstellen
swi⊏h **tower,** *sub, -s (US)* Stellwerk; sw⊏tchblade *sub, -s* Springmesser; sw⊏tchboard *sub, -s* Schalttafel; sw⊏tchgear *sub, -s* Schaltanlage; sw⊏tching *sub, -s* Schaltung, Umsattelⅈ ng; **switching circuit** *sub, -s (te⊏h.)* Schaltkreis
Sw⊏zerland, *sub, -* Schweiz
swo⊏en, (1) *adj*, aufgeschwemmt, ve⊏schwollen (2) *sub*, geschwollen
swo⊏d, *sub, -s* Degen, Schwert; *with su⊏rd and warrier* mit Schwert und De⊏en; ~ **of Damokles** *sub, nur Ei⊏z.* Damoklesschwert; ~ **pommel** su⊏, -s* Schwertknauf; ~**-blade** *sub, -s* De⊏enklinge; ~**fish** *sub, -es* Schwertfis⊏h
swo⊏, (1) *sub, -s* Streber (2) *vi, (ugs.; ler⊏en)* pauken; *my mother always he⊏ped my with my swotting* meine M⊏ter hat immer mit mir gepaukt; ~ **up** *vt*, pauken; *to help sb swot up the⊏r Latin vocabulary* mit jmd Late⊏vokabeln pauken; ~**ting** *sub, nur Ei⊏z.* Büffelei
syba⊏itic, *adj, (ugs.)* vergnügungssü⊏tig
syco⊏hant, *sub, -s* Sykophant
sylla⊏ic, (1) *adj*, syllabisch (2) *sub, -s* So⊏ant; ~**ation** *sub, -s* Silbentrennur⊏g; **syllable** *sub, -s* Silbe, Sprachsilb⊏; **syllabus** *sub, -ses* Curriculum; *-es* ⊏ehrplan; **syllogism** *sub, -s* Syllogis⊏us
sylp⊏, *sub, -s (i. ü. S.)* Nymphe
sylv⊏ner wine, *sub, -s* Silvaner
Sylv⊏ster, *sub, -s* Sylvester
sym⊏iont, *sub, -s* Symbiont; **symbiosis** ⊏ub, -es* Symbiose; **symbiotic(al)** ad⊏ symbiotisch
sym⊏ol, *sub, -s* Signum, Sinnbild, Sy⊏bol, Wahrzeichen; *(Karten)* Signa⊏ur; *the balance is the symbol of jus⊏ce* die Waage ist das Symbol der Ge⊏chtigkeit; ~**ic(al)** *adj*, sinnbild-

lich, symbolisch; ~**ically** adv, symbolisch; *that is meant symbolically* das muss symbolisch aufgefasst werden; ~**ism** *sub, nur Einz.* Symbolik, Symbolismus; ~**ize** *vt,* symbolisieren, versinnbildlichen
symmetric(al), adj, symmetrisch; **symmetry** *sub, -ies* Symmetrie; **sympathetic** *adj,* mitleidsvoll, nachfühlend; *(med.)* sympathisch; *(med.) the sympathetic nervous system* das sympathische Nervensystem; **sympathetic system** *sub, -s* Sympathikus; **sympathize** *vi,* sympathisieren; **sympathize (with)** *vt,* mitfühlen; **sympathizer** *sub, -s* Sympathisant; **sympathy** *sub, -ies* Bemitleidung; *nur Einz.* Mitempfinden, Mitgefühl, Mitleid, Nachempfindung; *-ies* Sympathie; *nur Einz. (Mitgefühl)* Anteilnahme; *show (no) great sympathy for something* etwas (keine) große Sympathie entgegenbringen; *the sympathies of the spectators were on the loser´s side* die Sympathien der Zuschauer lagen auf Seiten des Verlierers; *try to get some sympathy* Mitleid schinden
symphonic, adj, sinfonisch
symptom, *sub, -s* Symptom; *(med.)* Anzeichen; *(typische -)* Erscheinung; ~**atic** adj, symptomatisch
synagogue, *sub, -s* Synagoge
synapsis, *sub, -es* Synapse
synchronization, *sub, -s* Synchronisation; **synchronize** *vt, (tech.)* gleichschalten, synchronisieren; *to synchronize one´s plans* die Pläne zeitlich auf einander abstimmen; **synchronized** *adj,* gleichläufig; **synchronos** *adj, (tech.)* gleichlaufend; **synchronous** *adj,* synchron

syncopate, *vt,* synkopieren; **syncopation** *sub, -s (mus.)* Synkope; **syncope** *sub, -s* Synkope
syndetic, *adj,* syndetisch
syndic, *sub, -s (jur.)* Syndikus; ~**ate** *sub, -s* Syndikat; *form a syndicate* sich zu einem Syndikat zusammenschließen
syndrome, *sub, -s* Syndrom
synergetic(al), *adj,* synergetisch; **synergy** *sub, nur Einz.* Synergie
synod, *sub, -s* Synode; ~**al** *adj,* synodal; ~**alist** *sub, -s* Synodale; ~**ic(al)** *adj,* synodisch
synonym, *sub, -s* Synonym; *a synonym* ein sinnverwandtes Wort; ~**ics** *sub, nur Einz.* Synonymik; ~**ous** *adj,* sinnverwandt, synonym; ~**ousm with** *adj, (mit)* gleichbedeutend; ~**y** *sub, nur Einz.* Synonymie
synoptic(al), *adj,* synoptisch; **synoptics** *sub, nur Einz.* Synoptik
syntactic(al), *adj,* syntaktisch
syntagm, *sub, -s* Syntagma
syntax, *sub, -es* Syntax
synthesis, *sub, -es* Synthese; **synthesizer** *sub, -s* Synthesizer
syphilis, *sub, nur Einz.* Syphilis; **syphilitic** *adj,* syphilitisch; **syphilitic patient** *sub, -s* Syphilitiker
syringe, *sub, -s* Spritze
syrup, *sub, -s* Sirup
system, *sub, -s* Gefüge, System; ~ **crash** *sub, -s (comp.)* Absturz
systematic, *adj,* planvoll, systematisch; ~**s** *sub, -* Systematik; **systematize** *vt,* systematisieren
systole, *sub, -s* Systole

T

tab, *sub,* *-s (eines Mantels, etc.)* Aufhänger; **~(ulator)** *sub,* *-s* Tabulator
tabasco, *sub, nur Einz.* Tabasco
tabernacle, *sub,* *-s* Tabernakel
table, *sub,* *-s* Tabelle, Tisch; *(ugs.) drink someone under the table* jemanden unter den Tisch trinken; *lay the table* den Tisch decken; *sit down at table* sich zu Tisch setzen; **~ leader** *sub,* *-s* Tabellenführer; **~ mountains** *sub, nur Mehrz.* Tafelgebirge; **~ of contents** *sub, nur Mehrz.* Inhaltsverzeichnis; **~ salt** *sub, nur Einz.* Kochsalz; **~ tennis** *sub, nur Einz.* Tischtennis; **~ tipping** *sub,* *-s* Tischrücken; **~ water** *sub,* *-s* Tafelwasser
tableau, *sub,* *-s* Tableau
table-cloth, *sub,* *-s* Tapet, Tischtuch
tablet, *sub,* *-s* Dragée, Tablette; *(coated) tablet* Dragée; *the tablets are to be taken* die Eingabe der Medikamente
table-top, *sub,* *-s* Tischplatte
taboo, **(1)** *adj,* tabu **(2)** *sub,* *-s* Tabu, Tabuschranke **(3)** *vt,* tabuisieren; *this subject is taboo for you* dieses Thema ist für dich tabu, *break a taboo* ein Tabu brechen; *ignore all social taboos* sich über alle Tabus der Gesellschaft hinwegsetzen; **~ word** *sub,* *-s* Tabuwort
tabular, *adj,* tabellarisch, tafelförmig; **~ form** *sub,* *-s* Tabellenform; *in tabular form* in Tabellenform; **tabulate** *vt,* tabellarisieren, tabellieren; **tabulator** *sub,* *-s* Tabellierer
tachymeter, *sub,* *-s* Tachymeter
tacit, *adj,* stillschweigend; *a tacid understanding* eine stillschweigende Übereinkunft
taciturn, *adj,* wortkarg; *(i. ü. S.; Person)* einsilbig; *he´s very taciturn* er ist sehr einsilbig; **~ity** *sub, nur Einz.* Wortkargheit; *(i. ü. S.)* Einsilbigkeit
tack, **(1)** *sub,* *-s* Zwecke **(2)** *vt,* reihen
tackle, **(1)** *sub,* *-s* Schwenkseil **(2)** *vt,* *(Problem)* angehen, anpacken; **tackling** *sub, nur Einz.* Inangriffnahme; *hard tackling* harter Einsatz (Sport)
tact, *sub, nur Einz. (Feingefühl)* Takt; *-s (Takt)* Fingerspitzengefühl; *handle an affair with tact* eine Angelegenheit mit Takt behandeln; *he lacks tact* es fehlt ihm an Takt; **~ful** *adj,* taktvoll; **~ical** *adj,* taktisch; **~ician** *sub,* *-s* Taktiker; **~ics** *sub,* - Taktik; *proceed according to certain tactics* nach einer bestimmten Taktik vorgehen; *use subtle tactics* eine raffinierte Taktik anwenden; **~less** *adj,* taktlos; *(taktlos)* abgeschmackt, ge-

schmacklos; **~less familiarity** *sub,* - *ies* Anbiederung; **~lessness** *sub, nur Einz.* Taktlosigkeit; *-es (Taktlosigkeit)* Abgeschmacktheit
tadpole, *sub,* *-s* Kaulquappe, Quappe
Tadzhik, *adj,* tadschikisch
taekwon do, *sub, nur Einz.* Taekwondo
taffeta, *sub,* *-s* Taft
taiga, *sub, nur Einz.* Taiga
tail, *sub,* *-s* Schwanz, Schwänzchen, Schweif, Sterz; *(Flugz.)* Heck; **~ feather** *sub,* *-s* Schwanzfeder; **~ fin** *sub,* *-s* Schwanzflosse; **~ unit** *sub,* *-s* Leitwerk; **~-light** *sub,* *-s* Hecklaterne; **~-skid** *sub,* *-s (Flugzeug)* Sporn; **~-wheel** *sub,* *-s* Spornrädchen; **~back** *sub,* *-s* Rückstau, Stau; **~board** *sub,* *-s* Ladeklappe
tailor, *sub,* *-s* Schneider; **~ing** *sub,* *-s* Schneiderei
tails, *sub, nur Mehrz.* Frack
take, **(1)** *vt,* einnehmen, nehmen, vereinnahmen; *(Ball)* annehmen; *(begleiten)* bringen; *(Beruf/Gelegenheit)* ergreifen; *(fahren mit)* benutzen, benützen; *(geleiten)* führen; *(hin-)* bringen; *(Prügel)* einstecken; *(Zeit aufwenden)* brauchen **(2)** *vti,* greifen; *be very taken with oneself* von sich eingenommen sein; *take a meal* eine Mahlzeit einnehmen; *take one´s seat* seinen Platz einnehmen; *take up a position/attitude* einen Standpunkt/Haltung einnehmen; *to take a wife* sich eine Frau nehmen; *take the children to school* die Kinder zur Schule bringen; *´wegen´ takes the genitive* nach wegen steht der Genitive; *a bag of chips to take away! (brit)* einmal Pommes frites zum Mitnehmen!; *be taken with* angetan sein, von etwas angetan sein; *he was taken from our midst* er wurde aus unserer Mitte gerissen; *he´s got what it takes* er ist nicht ohne; *how many people can you take?* wie viele Leute können bei dir mitfahren?; *how much will you take for it?* was nehmen Sie dafür?; *I won´t take that much longer* ich mache das nicht mehr lange mit; *I´ve taken it upon myself* ich habe es mir zur Pflicht gemacht; *(ugs.) it took it out of me* das hat mich geschafft; *she was quite taken* sie war begeistert; *take man nehme*; *take in (a city etc)* along the way einen Abstecher machen nach; *take it or leave it!* entwe-

der oder!; *take it well* (Schreckensmeldung) gut aufnehmen; *take sth literally* etwas (wörtl) genau nehmen; *take that with you* das geb ich dir noch mit; *take the initiative/an opportunity* die Initiative/Gelegenheit ergreifen; *take the liberty of (inviting)* sich erlauben zu; *take the offensive* zum Angriff übergehen; *(ugs.) take to one´s heels* stiften gehen; *take up a career* einen Beruf ergreifen; *the car took the hill in 3rd gear* das Auto nahm den Berg im 3.Gang; *the takers and the givers* die Nehmenden und die Gebenden; *(kümmern) to take a collegue´s place* den Dienst eines Kollegen versehen; *to take an exam* eine Prüfung machen; *to take photos* Fotos machen; *to take sb as he is* jmdn nehmen wie er ist; *to take sb in* jmdn zu sich nehmen; *to take sb off* eine Parodie von jmd geben; *to take sb´s blood pressure* jmds Blutdruck messen; *to take sth an omen* etwas als ein Zeichen nehmen; *to take sth as it comes* etwas nehmen, wie es kommt; *to take sth lightly* etwas auf die leichte Schulter nehmen; *what would you like to order I´ll take it down* was möchten Sie bestellen? Ich notiere; *with him it´s just take take take* er ist immer der Nehmende; *you can take my word for it* du kannst mir glauben; *take a matter to court* einen Fall vor Gericht bringen; *take me home* bring mich nach Hause; *take the film to the drugstore* den Film zur Drogerie bringen; *he can take a lot* er kann viel einstecken; *how long will it take you?* wie lang brauchst du?; *it takes him ten minutes* er braucht zehn Minuten; ~ **(a horse) out** *vt*, ausreiten; ~ **(money)** *vi*, kassieren; ~ **(with one)** *vt*, mitnehmen; ~ **a bearing on** *vt*, *(Objekt)* anpeilen; ~ **a goal kick** *vt*, *(spo.)* abstoßen; ~ **a photo (1)** *vt*, knipsen **(2)** *vti*, fotografieren; ~ **a photo of** *vt*, abfotografieren; ~ **a short cut** *vt*, *(Weg)* abkürzen, abschneiden; ~ **a shower** *vi*, duschen; ~ **across** *vt*, *(Boot etc.)* überfahren

take advantage of, *adv*, zu Nutze; ~ **sb/sth.** *vt*, schadlos; **take after (1)** *vi*, *(nach jmdm.)* geraten **(2)** *vt*, nachgeraten; *(ähneln)* nachschlagen; *take after his/her father* nach seinem Vater geraten, *to take after sb* jmd nachgeraten; **take aim at (1)** *vi*, visieren **(2)** *vt*, anvisieren; **take amiss** *vt*, übel nehmen; *don´t take it amiss but* nehmen Sie es mir nicht übel, aber; **take an inventory** *vt*, inventarisieren; **take apart** *vt*, aus-

einander nehmen; **take ashore** *vt*, ausbooten

take down, *vt*, mitschreiben; *(Gegenstand)* abhängen; *(herunternehmen)* abnehmen; *take down so´s car number* jemandes Kennzeichen aufschreiben; **take down so´s particulars** jemanden aufschreiben; ~ **in shorthand** *vt*, stenografieren; **take drastic measures** *vt*, *(i. ü. S.)* durchgreifen; **take drugs** *vr*, dopen; *give drugs to sb* jmd dopen; *have taken drugs* gedopt sein; **take from an album** *vt*, *(Lied)* auskoppeln; **take great pains** *vi*, *(sich bemühen)* plagen; **take hold** *vi*, *(Unsitte)* grassieren; **take hold of** *vt*, fassen; **take in (1)** *vi*, hereingeben **(2)** *vt*, abnähen, hereinnehmen; *(ugs.)* übertölpeln; *(enger nähen)* einnähen; **take into account** *vt*, *(in Überlegungen einbeziehen)* berücksichtigen; **take into custody** *vt*, *(Täter)* abführen; **take legal action** *vi*, klagen; **take longer than expected** *vr*, *(sich)* hinauszögern

take notes, *vt*, mitschreiben; **take off (1)** *vi*, *(Flugzeug)* aufsteigen, starten **(2)** *vt*, *(Hut)* absetzen; *(jemanden)* nachäffen; *(karikieren)* nachahmen; *(Kleider)* ausziehen; *(nachäffen)* nachmachen; **take off its hinges** *vt*, *(Tür)* aushängen; **take off one´s make-up** *vr*, abschminken; **take off one´s seatbelt** *vr*, abschnallen; **take off so´s make-up** *vt*, abschminken; **take off the coat** *vt*, ablegen

take on, *vt*, *(Form, etc.)* annehmen; ~ **coal** *vt*, kohlen; ~ **too much** *vr*, übernehmen; ~**e´s cloth off** *vt*, entblößen; ~**e´s leave (1)** *vi*, empfehlen **(2)** *vt*, beurlauben; ~**e´s own life** *vi*, entleiben; **take out** *vt*, herausheben, herausmachen, herausnehmen, hervorholen, hinausführen; *have one´s appendix taken out* sich den Blinddarm herausnehmen lassen; *take liberties* sich Freiheiten herausnehmen; *it really took it out of him* das hat ihn arg mitgenommen; **take pains to** *vi*, befleißigen; **take pains to do** *vt*, abmühen

take part, *vi*, teilnehmen; *(mitspielen)* mitwirken; **take place (1)** *vi*, stattfinden; *(stattfinden)* geschehen **(2)** *vr*, vollziehen **(3)** *vt*, erfolgen; **take pleasure in** *vt*, erfreuen; **take possession (of)** *vt*, nisten; **take precautions** *vi*, vorbauen; **take proceedings against** *vt*, verklagen; **take root** *vt*, *(Wurzeln* *schlagen)* anwachsen; **take s.o´s finger prints** *sub, -s (nehmen)* Fingerabdruck; **take so for a ride** *vt, (i. ü. S.)* hereinlegen; *(ugs.)* anschmieren, leimen; *he really took you for a ride with those repairs* er hat dich mit den Reparaturen regelrecht geleimt; **take so in** *vt, (i. ü. S.; finanziell)* hereinlegen; **take so out** *vt, (zusammen ausgehen)* ausführen; **take so up** *vt,* hinaufführen **take so´s advice,** *vt, (Rat)* annehmen; **take shape** *vr, (sich)* gestalten; **take shelter (1)** *vi,* unterstehen **(2)** *vr,* unterstellen; **take sick-leave** *vi,* krankfeiern; **take sth after sb** *vt, (hinterhertragen)* nachtragen; **take sth amiss** *vt, (ugs.)* verübeln; **take sth the wrong way** *vt,* krumm nehmen; **take sth.** *vt,* entnehmen; *I take it that* ich entnehme ihren Worten, daß; **take the minutes of a meeting** *vi,* protokollieren; **take the piss out of** *vt, (vulg.)* verarschen; **take the piss out of sb** *vt, (ugs.)* verscheißern; **take the responsibility for** *vi,* gerade stehen; **take time off** *vt, (nicht arbeiten)* freimachen; **take to heart** *vt,* beherzigen; **take to one´s heels** *vi, (i. ü. S.; flüchten)* türmen; **take turns** *vt,* abwechseln **take up,** *vt,* vorbringen; *(Angewohnheit)* annehmen; *(Arbeit)* aufnehmen; *(Raum, Zeit)* ausfüllen; *(Thema)* aufgreifen; *(Zeit etc.)* beanspruchen; *take up a challenge* sich einer Herausforderung stellen; *take up an offer/lot of space/time* ein Angebot/viel Raum/Zeit in Anspruch nehmen; *shopping took up half the day* das Einkaufen füllte den halben Tag aus; **~ one´s position** *vt,* aufstellen; **take with** *vt,* einstecken; **take-off board** *sub, -s* Sprungbalken; **take-off clearance** *sub, -s (Flugzeug)* Starterlaubnis; **take-off power** *sub, -s* Sprungkraft; **take-off speed** *sub, -s* Abfluggeschwindigkeit; **take/bring back** *vi,* zurückbringen; **takeover** *sub, -s (wirt.)* Übernahme **taking,** *sub, -s* Einspielung; *(med.)* Einnahme; **~ back** *sub, -* Rücknahme; *-s* Wiederaufnahme; *- (ugs.)* Zurücknahme; **~ down** *sub, -s (med.)* Abnahme; **~ drugs** *sub, -* Doping; **~ into custody** *sub, -s - (Täter)* Abführung; **~ of evidence** *sub, nur Einz.* Beweisantrag; **~ of hostages** *sub, -s* Geiselnahme; **~ off** *sub, nur Einz. (Karikieren)* Nachahmung; **~ part** *adj,* teilnehmend; **~ roots** *sub, nur Einz.* Einwurzelung; **~ up** *sub, nur Einz. (Arbeit)* Aufnahme **talcum,** *sub, nur Einz.* Talkum

tale, *sub, -s (Geschichte)* Erzählung; *(geh.; Literaturw.)* Fabel; *(Märchen)* Geschichte; **~bearer** *sub, -* Zuträger **talent,** *sub, -s* Begabung, Talent; *(Begabung)* Geschick; *have a talent for sth* eine Begabung haben für etwas; **~ for education** *sub, -s* Erziehergabe; **~ for languages** *sub, talents* Sprachtalent; **~ed** *adj,* begabt, talentiert; **~ed person** *sub, -s (Person)* Talent **taler,** *sub, -s* Taler **talion,** *sub, -s* Talionslehre **talisman,** *sub, -s* Talisman **talk, (1)** *sub, -* Gerede; *-s* Gespräch, Talk **(2)** *vi,* auslassen, reden; *(ugs.; Geheimnis preisgeben)* auspacken **(3)** *vti,* sprechen, talken; *people have started talking about her* sie ist ins Gerede gekommen; *have talks* Gespräche führen; *talk about sth* sich über etwas auslassen; *enough talk* genug der Worte; *have no one to talk to* keine Ansprache haben; *(wegen schlechter Laune) he/she isn´t talking to anyone* er/sie ist nicht ansprechbar; *it´s like talking to a brick wall* das ist wie gegen eine Wand reden; *just start talking to so* jemanden einfach ansprechen; *may I talk to Mr Schmidt* ist Herr Schmidt zu sprechen?; *talk at cross-purposes* aneinander vorbeireden; *talk one´s way into trouble* sich das Maul verbrennen; *talk so into buying sth* jemandem etwas aufschwatzen; *(i. ü. S.) talk so out of doing sth* jemanden von etwas abbringen; *(i. ü. S.) that is the talk of the town* das pfeifen die Spatzen von den Dächern; *they are not talking (to each other) any more* sie reden nicht mehr miteinander; *to be a fast talker* ein gutes Mundwerk haben; *to be much talked about* von sich reden machen; *(ugs.) to talk big* große Reden schwingen; *(ugs.) to talk nineteen to the dozen* wie ein Wasserfall reden; *(i. ü. S.) to talk on and on* einen Monolog halten; *(ugs.) to talk too big* den Mund zu voll nehmen; *(ugs.) to talk until one is blue in the face* sich die Seele aus dem Leib reden; *we had a long talk* wir haben lange miteinander geredet; *you can talk!* fass dich an die eigene Nase; **~ away** *vi,* parlieren; **~ deliriously** *vi, (med.)* fantasieren; **~ nonsense** *vi, (i. ü. S.)* spinnen; **~ of the town** *sub, talks* Stadtgespräch; **~ over** *vt,* durchsprechen; **~ round sth** *vi,* vorbereiten; **~ sb into believing sth.** *vt,* einreden; **~ shop** *vi, (ugs.)*

fachsimpeln; ~ **so** *vt*, unterhalten; ~ **so out of sth** *vt*, ausreden; ~ **so round** *vt*, beschwatzen; ~ **to oneself** *vi*, Selbstgespräch; ~ **Yiddish** *vi*, *(sprachl.)* mauscheln; ~**ative** *adj*, geschwätzig, redselig, schwatzhaft; ~**ativeness** *sub*, *nur Einz.* Redseligkeit

tall, *adj*, hochstämmig; *(Gestalt, Haus, Baum)* hoch; *(Person)* groß; *how tall are you?* wie groß bist du?; ~ **stories (of the hunt)** *sub*, *nur Mehrz.* *(ugs.)* Jägerlatein; ~ **story** *sub*, *-ies* Flunkerei

tallow, *sub*, *-s* *(ausgelassen)* Talg; ~ **candle** *sub*, *-s* Talglicht

talon, *sub*, *-s* Kralle

tamarind, *sub*, *-s* Tamarinde

tamarisk, *sub*, *-s* Tamariske

tambourine, *sub*, *-s* Tamburin

tame, (1) *adj*, zahm; *(ugs.)* kirre (2) *vt*, *(Tier)* bändigen; ~ **(an animal)** *vt*, zähmen; ~**ness** *sub*, *nur Einz.* Zahmheit; ~**r** *sub*, *-s* Bändiger, Dompteur, Dompteuse; **taming** *sub*, *nur Einz.* Zähmung

tamped concrete, *sub*, *nur Einz.* Stampfbeton

tampon, *sub*, *-s* Tampon; ~**ade** *sub*, *-s* Tamponade

tam-tam, *sub*, *-s* *(mus.)* Tamtam

tan, (1) *adj*, *(Haut)* braun (2) *sub*, *nur Einz.* Bräune, Bräunung (3) *vt*, gerben

Tanagra, *sub*, *-s* Tanagrafigur

tandem, *sub*, *-s* Tandem; ~ **axle** *sub*, *-s* Tandemachse

tangent, *sub*, - Tangens; *-s* Tangente; ~ **curve** *sub*, *-s* Tangenskurve; ~**ial** *adj*, tangential; ~**ial trunk road** *sub*, *-s* *(Städteplanung)* Tangente

tangerine oil, *sub*, *-s* Mandarinenöl

tangibility, *sub*, *nur Einz.* Fassbarkeit; **tangible** *adj*, *(i. ü. S.)* greifbar

tangle, (1) *sub*, *-s* Gewirr, Knäuel (2) *vtr*, verwickeln; ~ **of thorn-bushes** *sub*, *-s* Dorngestrüpp

tango, *sub*, *-s* Tango; *dance the tango* Tango tanzen

tank, *sub*, *-s* Heizungstank, Tank; *(mil.)* Panzer; ~ **filling** *sub*, *-s* Tankfüllung; ~ **lock** *sub*, *-s* Tankschloss; ~ **top** *sub*, *-s* Pullunder; ~ **trap** *sub*, *-s* Panzersperre; ~ **wagon** *sub*, *-s* Kesselwagen; ~**ard** *sub*, *-s* Humpen, Krug; ~**ard (with a lid)** *sub*, *-s* Deckelkanne; ~**er** *sub*, *-s* Tanker, Tankfahrzeug; ~**er fleet** *sub*, *-s* Tankerflotte

tannery, *sub*, *-ies* Gerberei

tannic acid, *sub*, *-s* Gerbsäure

tannin, *sub*, *nur Einz.* Tannin; ~ **mordant** *sub*, *nur Einz.* Tanninbeize

Tanzanian, *sub*, *-s* Tansanierin

tao, *sub*, *nur Einz.* Tao

Taoism, *sub*, *nur Einz.* Taoismus

tap, (1) *sub*, *-s* Anstich, Zapfhahn, Zapfstelle; *(tech.)* Hahn (2) *vi*, *(leise)* pochen (3) *vt*, anzapfen, zapfen; *(Bier, etc.)* abzapfen; *(Bierfass)* anstechen; *(med.)* abklopfen; *(nutzbar machen)* erschließen (4) *vti*, tippen; *turn the tap on/off* den Hahn auf/zudrehen, *(ugs.)* tap so for money* jemanden um Geld anzapfen; *he always has an excuse on tap* er hat immer eine Ausrede parat, *tap someone on the shoulder* jemandem auf die Schulter tippen

tape, (1) *sub*, *-s* Tape, Tonband; *(Tonband, Maßband etc.)* Band (2) *vt*, *(Musik)* aufnehmen; *record on tape* auf Tonband aufnehmen; *speak onto a tape* auf Band sprechen; *tape sth* etwas auf Band aufnehmen; ~ **deck** *sub*, *-s* Tapedeck; ~ **measure** *sub*, *-s* Maßband, Messband; *(Maßband)* Metermaß; ~**r** *vi*, auslaufen; *taper to a point* in eine Spitze auslaufen

tapestry, *sub*, *-ies* Gobelin, Tapisserie

tapeworm, *sub*, *-s* Bandwurm

taphole, *sub*, *-s* *(tech.)* Stichgraben

tapir, *sub*, *-s* Tapir

tappet, *sub*, *-s* *(tech.)* Exzenter

tapping, *sub*, *(s.o.)* Erschließung; *-s* *(tech.)* Abstich

taproot, *sub*, *-s* Pfahlwurzel

tarantella, *sub*, *-s* Tarantella

tarantula, *sub*, *-s* Tarantel

tarboosh, *sub*, *-es* Tarbusch

tare, (1) *sub*, *-s* Tara (2) *vt*, tarieren; ~ **balance** *sub*, *-s* Tarierwaage

Tarentine, *adj*, tarentinisch

target, *sub*, *-s* Ziel, Zielscheibe; *(Plan)* Soll; *he didn´t achieve his target* er hat sein Pensum nicht geschafft; *make sb the target of attacks* sich auf jmd einschießen; *to meet one´s target* die Norm erreichen; ~ **language** *sub*, *nur Einz.* Zielsprache; ~ **shooting** *sub*, *-s* Scheibenschießen

tariff, *sub*, *-s* Tarifierung; *(wirt.)* Tarif; ~ **autonomy** *sub*, *-ies* *(Zollwesen)* Tarifautonomie; ~ **policy** *sub*, *-ies* *(Zoll)* Tarifpolitik

tarot, (1) *sub*, *-s* Tarock (2) *vi*, tarocken

tarpaulin, *sub*, *-s* Persenning, Plane

tarragon, *sub*, *(-s)* *(Gewürz kein Pl)* Estragon

tarry, *vi*, säumen

tart, *sub*, *-s* Törtchen; *(ugs.)* Flittchen, Hure, Nutte

tartar, *sub*, *nur Einz.* *(tt; med.)* Zahnstein

Tartarean, *adj*, tartareisch

tartlet, *sub*, *-s* *(Obst-)* Törtchen

Tarzan, *sub*, *-s* Tarzan
tassel, *sub*, *-s* Quaste, Troddel; *(ugs.)* Zipfel
taste, (1) *sub*, *-s* Beigeschmack, Geschmack, Gusto (2) *vi*, munden, schmecken (3) *vt*, degustieren, kosten; *(probieren)* abschmecken; *have a slightly bitter taste* einen bitteren Beigeschmack haben; *have an unpleasant taste* einen unangenehmen Beigeschmack haben; *everyone to his own taste* jeder nach seinem Geschmack; *have no taste* keinen Geschmack haben; *is it your taste?* ist es nach deinem Geschmack?; *it´s not everyone´s taste* es ist nicht jedermanns Geschmack; *be to so´s taste* nach jmds Gusto sein, *to taste delicious to sb* jmd köstlich munden; *have got a taste for it* Blut geleckt haben; *he only had a taste of everything* er hat von allem nur genascht; *taste good* fein schmecken; *to leave a nasty taste in one´s mouth* einen üblen Nachgeschmack hinterlassen; *you can´t taste anything for ginger* das schmeckt penetrant nach Ingwer, *have you tasted this wine yet?* hast du diesen Wein schon gekostet?; *I just want to have a taste* ich möchte nur ein bisschen kosten; **~ before sb** *vi*, vorschmecken; **~ one after another** *vt*, durchkosten; **~full** *adj*, geschmackvoll; **~less** *adj*, fade, geschmacklos; *(geschmacklos)* abgeschmackt; *have no taste* fade schmecken; **tasting glass** *sub*, *-es* Probierglas; **tasting like train-oil** *adj*, tranig; **tasty** *adj*, schmackhaft, würzig
tatter, (1) *sub*, - Stofffetzen (2) *vi*, *(ugs.)* zerflattern (3) *vt*, zerfleddern
tattoo, (1) *sub*, *-s* Tattoo (2) *vt*, tätowieren; *have oneself tattooed* sich tätowieren lassen; **~(ing)** *sub*, *-s* Tätowierung
Taurus, *sub*, - *(astrol.)* Stier
taut, *adj*, *(Seil)* gespannt, stramm; **~en** *vt*, *(spannen)* straffen
tavern, *sub*, *-s* Schenke, Taverne
tax, (1) *sub*, *-es* Staatssteuer, Steuer; *-s (wirt.)* Abgabe (2) *vt*, besteuern; *(wirt.) be subject to a tax* einer Taxe unterliegen; *(wirt.) evade taxes* Steuern hinterziehen; **~ advisor** *sub*, *-s* Steuerhelfer; **~ allowance** *sub*, *-s* Freibetrag; **~ amount** *sub*, *-s* Steuerbetrag; **~ ascertainment procedure** *sub*, *-s* Steuerermittlungsverfahren; **~ assessment (bill)** *sub*, *-s* Steuerbescheid; **~ authorities** *sub*, *nur Mehrz.* Fiskus; **~ authority** *sub*, *-ies* Steuerbehörde; **~ card** *sub*, *-s* Steuerkarte; **~ consultant** *sub*,

-s Steuerberater; **~ evasion** *sub*, *-s* Steuerflucht; **~ evation** *sub*, *-s* Steuerhinterziehung; **~ group** *sub*, *-s* Steuerklasse
tax haven, *sub*, *-s* Steuerparadies; **tax inspector** *sub*, *-s* Steuerprüfer; **tax on oil** *sub*, *taxes* Mineralölsteuer; **tax owed** *sub*, *taxes* Steuerschuld; **tax reform** *sub*, *-s* Steuerreform; **tax remission** *sub*, *-s* Steuererlass; **tax return** *sub*, *-s* Steuererklärung; **tax scale** *sub*, *-s* Steuertarif; **tax stamp** *sub*, *-s* Steuermarke; **tax system** *sub*, *-s* Steuerwesen; **tax-exempt** *adj*, *(wirt.)* abgabenfrei; **tax-free** *adj*, steuerfrei; **taxable** *adj*, abgabenpflichtig; **taxation** *sub*, *-s* Besteuerung, Versteuerung; **taxes** *sub*, *nur Mehrz.* Steuergelder
taxi, *sub*, *-s* Taxi; *go by taxi* mit dem Taxi fahren; *take a taxi* ein Taxi nehmen; **~ driver** *sub*, *-s* Taxifahrerin; **~meter** *sub*, *-s* Taxameter
taxonomic, *adj*, taxonomisch; **taxonomy** *sub*, *nur Einz.* Taxonomie
taxpayer, *sub*, *-s* Steuerträger, Steuerzahler
tea, *sub*, *-s* Tee; *a cup of tea* eine Tasse Tee; *five o´clock tea* Fünf-Uhr-Tee; *let the tea infuse* den Tee ziehen lassen; *(i. ü. S.) not for all the tea in China* um nichts in der Welt; **~ cup** *sub*, *-s* Teetasse; **~ harvest** *sub*, *-s* Teeernte; **~ leaf** *sub*, *-s* Teeblatt; **~-room** *sub*, *-s* Teestube; **~-rose** *sub*, *-s (bot.)* Teerose; **~-table** *sub*, *-s* Teetisch; **~-towel** *sub*, *-s* Geschirrtuch; **~-trolley** *sub*, *-s* Teewagen; **~-wagon** *sub*, *-s (US)* Teewagen; **~bag** *sub*, *-s* Aufgussbeutel
teach, (1) *vt*, unterrichten; *(lehren)* beibringen, belehren; *(Unterricht)* geben (2) *vti*, lehren; *teach so sth* jmd in etwas unterrichten; *teach so sth* jemandem etwas beibringen, *ability to teach* pädagogische Fähigkeiten; *that will teach you* das kommt davon; **~-in** *sub*, *-s* Teach-in; **~ability** *sub*, *nur Einz.* Lehrbarkeit; **~er** *sub*, *-s* Fachlehrerin, Lehrer; *(ugs.; Lehrer)* Pauker; **teacher-training college** Pädagogische Hochschule; **~er at a secondary high school** *sub*, *teachers* Mittelschullehrer; **~er at a secondary school** *sub*, *teachers* Studienrat, Studienrätin; **~er/student/scholar of Romance languages and literature** *sub*, *-s* Romanist; **~er´s desk** *sub*, *-s* Katheder; **~ing** *sub*, *nur Einz.* Lehre; *-s* Schuldienst, Unterricht; **~ing load**

sub, -*s* Deputat; **~ing method** *sub*, -*s* Lehrmethode; **~ing staff** *sub*, *nur Mehrz.* Lehrerschaft; **~ing unit** *sub*, -*s* Lehrstunde; **~ings** *sub*, - Lehre
tea-house, *sub*, -*s* Teeküche
teak (wood), *sub*, *nur Einz.* Teakholz
teapot, *sub*, -*s* Teekanne; **~ warmer** *sub*, -*s* Teelicht
tear, (1) *sub*, -*s* Einriss, Riss, Träne; *(i. ü. S.)* Zähre (2) *vti*, reißen; *(i. ü. S.) to be inclined into tears* in Tränen ausbrechen; *to tear at one´s hair* sich die Haare raufen; *to tear sb away* jmdn losreißen; *to tear sb to pieces* jmdn in der Luft zerreißen; *burst into tears* in Tränen ausbrechen; *in tears* unter Tränen; *shed tears* Tränen vergießen; *(i. ü. S.) you are bringing tears to my eyes!* mir kommen die Tränen!, *(i. ü. S.) torn* hin und her gerissen sein; **~ away** *vt*, wegreißen; **~ down** *vt*, umreißen; *(i. ü. S.; Schranken)* niederreißen; **~ off** *vt*, losreissen; *(Gegenstand)* abreißen; **~ open** *vt*, *(Verpackung)* aufreißen; **~ out** *vt*, herausreißen; *(herausreißen)* ausreißen; **~ sth. up/in pieces** *vt*, zerfetzen; **~-duct** *sub*, -*s* Tränengrube; **~-gas** *sub*, *nur Einz.* Tränengas
tear through, *vt*, durchrasen; *tear through the department store* durch das Kaufhaus durchrasen; **tear into pieces** *vt*, zerfleischen; *(ugs.)* verreißen; **tear up** (1) *vt*, ausraufen; *(Teerdecke)* aufreißen (2) *vti*, zerreißen; *tear one´s hair* sich die Haare ausraufen; **tear-jerker** *sub*, -*s* *(ugs.)* Schmachtfetzen; **tear-resistant** *adj*, *(i. ü. S.)* zerreißfest; **tearful** *adj*, tränenreich; **tearproof** *adj*, reißfest, rissfest, unzerreißbar; **tears of joy** *sub*, - Freudenträne
tease, *vt*, frotzeln, hänseln, necken, striezen; *(necken)* triezen; *to have a tease* einander necken; **~l** *sub*, -*s* *(bot.)* Kardendistel; **teasing** *sub*, *nur Einz.* Neckerei; -*s* Witzelei; *teasing is a sign of affection* was sich neckt, das liebt sich
teat, *sub*, -*s* Sauger; *(auf Fläschchen)* Nuckel; *(tt; biol.)* Zitze
technical, *adj*, technisch; **~ college** *sub*, -*s* Fachschule; **~ language** *sub*, - Fachsprache; **~ term** *sub*, -*s* Fachausdruck, Fachbegriff, Fachwort; **~ize** *vt*, technisieren; **technician** *sub*, -*s* Techniker, Technikerin; **technicize** *vt*, technisieren; **technics** *sub*, - Technik; **technique** *sub*, -*s* *(Verfahren)* Technik
techno, *sub*, *nur Einz. (mus.)* Techno; **~cracy** *sub*, *nur Einz.* Technokratie;

~crat *sub*, -*s* Technokrat; **~cratic** *adj*, technokratisch; **~logical** *adj*, technisch, technologisch; **~logist** *sub*, -*s* Technologe; **~logy** *sub*, -*ies* Technik, Technologie; **tectonic** *adj*, tektonisch
tectonics, *sub*, *nur Einz.* Tektonik; **tedious** *adj*, *(Arbeit)* stumpfsinnig
Te Deum, *sub*, -*s* Tedeum
teem, *vi*, wimmeln; *be teeming with vermin* vor Ungeziefer strotzen
teenage, *adj*, halbwüchsig; **~r** *sub*, -*s* Halbwüchsige; **teener** *sub*, *teens* Teenager, Teenie; **teeny-weeny** *adj*, klitzeklein
tee-pee, *sub*, -*s* Tipi
teething ring, *sub*, -*s* Beißring
teetotaler, *sub*, -*s* *(US)* Abstinenzler; **teetotaller** *sub*, -*s* Antialkoholiker
telebanking, *sub*, -*s* Telebanking; **telecommunication** *sub*, -*s* Telekommunikation; **telecommunications satellite** *sub*, -*s* Nachrichtensatellit; **telecopy** *vt*, telekopieren; **telecratic** *adj*, telekratisch; **telefax** *sub*, -*es* Telefax; **telegenic** *adj*, telegen; **telegram** *sub*, -*s* Telegramm; *they will let you know by telegram* man wird Sie telegrafisch verständigen!; **telegram (to)** *sub*, -*s* Depesche; **telegram form** *sub*, -*s* Telegrammformular; **telegraph** (1) *sub*, -*s* Telegraf (2) *vi*, telegrafieren; **telegraph operator** *sub*, -*s* Telegrafist; **telegraphic** *adj*, telegrafisch; **telegraphy** *sub*, *nur Einz.* Telegrafie; **telekinesis** *sub*, *nur Einz.* Telekinese
Telekom, *sub*, *nur Einz.* Telekom; **telemetric** *adj*, telemetrisch; **telemetry** *sub*, *nur Einz.* Telemetrie; **teleologic(al)** *adj*, teleologisch; **telepathic** *adj*, telepathisch; **telepathist** *sub*, -*s* Telepath; **telepathy** *sub*, -*ies* Gedankenübertragung; *nur Einz.* Telepathie; **telephone** (1) *sub*, -*s* Telefon (2) *vi*, *(ugs.)* telefonieren; **telephone-box** *sub*, -*es* Sprechzelle, Telefonzelle
telescope, *sub*, -*s* Fernrohr, Teleskop; **~ eye** *sub*, -*s* *(zool.)* Teleskopauge; **telescopic antenna** *sub*, -*s* Teleskopantenne; **telescopic sight** *sub*, -*s* *(tt; mil.)* Zielfernrohr; **telescopic(al)** *adj*, teleskopisch
teletext, *sub*, -*s* Videotext
television, *sub*, -*s* Fernsehapparat; *nur Einz.* Fernsehen; *nur Einz* Television; *be shown on television* im Fernsehen übertragen werden; **~ image** *sub*, -*s* Fernsehbild; **~ play** *sub*, -*s* Fernsehspiel; **~ reporter** *sub*, - -*s* Bildrepor-

ter; ~ **series** *sub, nur Mehrz.* Fernseh-serie; ~ **tower** *sub, -s* Fernsehturm; ~/**radio company** *sub, -ies* Sendean-stalt; **telex machine** *sub, -s* Fernschrei-ber

tell, (1) *vt,* erzählen, mitteilen **(2)** *vti,* petzen; *can you tell me why* kannst du mir erklären, warum; *how could you tell?* wie hast du das gemerkt?; *(ugs.) I can tell you a thing or two about that* davon kann ich ein Lied singen; *I could tell you a thing or two about him* ich könnte dir einiges über ihn erzählen; *I´ve been told* man hat mir erzählt; *now come on and tell me* nun leg mal los und erzähle; *tell a story* eine Geschich-te zum Besten geben; *tell me another* das kaufe ich dir nicht ab; *tell sb in a roundabout way* durch die Blume sa-gen; *tell so about sth* jemandem über etwas berichten, jmd von etwas erzäh-len; *(ugs.) tell so where to go* jemanden abblitzen lassen; *(ugs.) tell someone off* mit jemandem Tacheles reden; *(ugs.; verraten) tell someone sth* jemandem etwas stecken; *there is no telling how things will turn out* die Konsequenzen sind nicht abzusehen; *there´s no way of telling* da steckt man nicht drin; *(ugs.) time will tell* es wird sich zeigen wer recht hat!; *to tell sb all about sth* jmd etwas auf die Nase binden; *would you tell him to come and see me* sagen Sie ihm, er möchte zu mir kommen, *he always tells* der petzt alles; *he told sir* er hat´s dem Lehrer gepetzt; *he went and told that* er hat gepetzt, dass; ~ **fibs** *vti,* kohlen; ~ **off** *vt,* ausschimp-fen; *(ugs.)* rüffeln; ~ **on** *vt,* ver-klatschen; ~ **sb sth** *vt,* vorsagen; ~ **so what´s what** *vi, (i. ü. S.)* heimleuchten; ~ **stories** *vi,* fabulieren, flunkern; ~**er** *sub, -s (Bank)* Kassierer; ~**ing-off** *sub, - (ugs.)* Rüffel; ~**tale** *sub, -s* Petze

tellurium, *sub, nur Einz.* Tellur

temper, (1) *sub, -s* Laune **(2)** *vt,* vergü-ten; *(mus.)* temperieren; *(Stahl)* här-ten; *(tech.)* ausglühen; *to be in a hell of a temper* eine Mordswut im Bauch ha-ben; ~ **carbon** *sub, -* Temperkohle

tempera, *sub, -s* Temperafarbe; ~-**paint-ing** *sub, -s* Temperamalerei

temperament, *sub, -s* Naturell, Tempe-rament

temperature, *sub, -s* Temperatur, Tem-perierung; - *(erhl Temp.)* Fieber; *have a temperature* erhöhte Temperatur ha-ben; *take someone´s temperature* je-mandes Temperatur messen; *the temperature has dropped below zero*

die Temperatur ist unter null Grad gesunken; ~ **chart** *sub, -s* Fieberkurve

tempering, *sub, -s* Vergütung

template, *sub, -s* Schablone

temple, *sub, -s* Schläfe, Tempel

temporal, *adj,* temporal; *(tt; rel.)* zeit-lich; ~ **clause** *sub, -s* Temporalsatz; ~**ity** *sub, nur Einz.* Zeitlichkeit; **tem-porarily (1)** *adj,* aushilfsweise **(2)** *adv,* temporär, vorläufig; *(zeitweise)* einstweilen; **temporary** *adj,* einst-weilig, kurzzeitig, temporär, vorläu-fig, vorübergehend, zeitweilig; *(zeitweilig)* behelfsmäßig, gelegent-lich; *a temporary injunction/order* eine einstweilige Anordnung/Verfü-gung; **temporary assistant** *sub, -s* Aushilfskraft; **temporary cook** *sub, -s* Aushilfskoch; **temporary help** *sub, -s* Aushilfe; **temporary home** *sub, -s* Be-helfsheim; **temporary position** *sub, -s* Aushilfsstellung; **temporary staff** *sub, nur Einz. (i. ü. S.)* Zeitpersonal; **temporary value** *sub, -* Zeitwert; **temporary waiter** *sub, -s* Aushilfskell-ner; **temporary work** *sub, nur Einz.* Aushilfsarbeit

tempt, *vt,* ködern, verführen, verlei-ten, versuchen; *(Versuchung)* locken; *tempt fate* das Schicksal herausfor-dern; *(geh.; bibl.) to be tempted* in Versuchung geraten; *I´m very temp-ted by the offer* das Angebot lockt mich sehr; ~**ation** *sub, -s* Verführung, Versuchung; *(Versuchung)* Lockung; *(geh.; bibl.) and lead us not into temptation* und führe uns nicht in Versuchung; *to lead sb into temptati-on* jmd in Versuchung führen; ~**er** *sub, -s* Versucher; ~**ing** *adj,* verführe-risch; ~**ress** *sub, -es* Versucherin

ten, *adj,* zehn; ~ **mark note** *sub, - (ugs.)* Zehner; ~-**pfennig piece** *sub, -s* Groschen; - *(ugs.)* Zehnerl

tenacious, *adj, (i. ü. S.)* zäh

tenant, *sub, -s* Lehnsträger, Mieter, Pächter, Partei; *(Mieter)* Hausbewoh-ner; *the tenant after us* unser(e) Nachmieter(in); *he´s a tenant farmer* er ist Pächter eines Bauernhofs

tend, *vi,* tendieren; *tend to* die Ten-denz haben zu; *to tend to the left* links orientiert sein; ~ **(to)** *vi, (tendieren)* neigen; *he tends toward socialism* er neigt zum Sozialismus; *to tend to-wards the view* zu der Ansicht neigen; ~**ency** *sub, -ies* Trend; *(Neigung)* Hang, Tendenz; *(Tendenz)* Neigung; *(Veranlagung)* Anlage; *he has a ten-dency to drink* er neigt zum Alkohol;

(wirt.) prices show a tendency to rise die Preise zeigen eine steigende Tendenz; *he has a tendency to be mean* er hat eine Neigung zum Geiz; **~entious** *adj*, tendenziös
tender, **(1)** *adj*, weich, zart; *(Fleisch)* mürbe **(2)** *sub*, -s Tender; **~loin** *sub*, Lendenstück; **~ness** *sub*, *nur Einz.* Zartheit; - Zärtlichkeit; *nur Einz. (Fleisch)* Mürbheit; **~some** *adj*, *(i. ü. S.)* zart fühlend
tendon, *sub*, -s *(anat.)* Sehne
tendril, *sub*, -s Ranke
tenement house, *sub*, -s Mietskaserne
tennis, *sub*, *nur Einz.* Tennis; **~-ball** *sub*, -s Tennisball; **~-court** *sub*, -s Tennisplatz; **~-match** *sub*, -es Tennismatch; **~-racket** *sub*, -s Tennisschläger; **~-shoe** *sub*, -s Tennisschuh
tenon, *sub*, - *(tt; Zimmerhandwerk)* Zapfen
tenor, *sub*, -s Tenor
tense, **(1)** *adj*, angespannt; *(Athmosph.)* gereizt; *(Muskel, Lage)* gespannt **(2)** *sub*, -s Tempus; **~ up** *vi*, anspannen; **~ly awake** *adj*, überwach; **~ness** *sub*, *nur Einz.* Verspannung; **tensible strength** *sub*, *nur Einz.* Reißfestigkeit; **tension (1)** *sub*, -s Anspannung, Gespanntheit, Tension, Verkrampfung; *(tech.)* Spannung **(2)** *vt*, *(Feder)* spannen; *the tension of the rope decreased* die Spannung des Seils ließ nach; **tension voltage** *sub*, -s *(phy.)* Spannung
tent, *sub*, -s Zelt; **~ peg** *sub*, -s *(ugs.)* Zelthering; *(Zeltpflock)* Hering
tentacle, *sub*, -s Tentakel; *(Weicht.)* Fühler; *(zool.)* Greifarm
tent canvas, *sub*, -es Zeltleinwand; **tenter frame** *sub*, -s Spannrahmen
tenth (part) of, *sub*, - Zehntel; **tenth gram** *sub*, Zehntelgramm
tentside, *sub*, -s Zeltwand
tequila, *sub*, - Tequila
term, *sub*, *nur Mehrz.* Kondition; - Laufzeit; -s Term, Terminus; *(Wort)* Ausdruck; -s Begriff; *be on good terms with so* mit jemandem in guten Beziehungen stehen; *get on good terms with so* sich bei jemandem anbiedern; *in economic terms* in wirtschaftlicher Hinsicht; *on equal terms* auf der gleichen Basis; *to be on close terms with sb* jmd nahe kommen; *to be one Christian-name terms with sb* mit jmd per du sein; **~ of endearment** *sub*, -s Kosewort; **~s of admission** *sub*, *nur Mehrz.* Aufnahmebedingung
terminal, *sub*, -s Terminal; **terminate**

vt, *(Arbeitsverhältnis)* beenden; *(tt; med.)* unterbrechen; **termination** *sub*, -s Fristenlösung; *(tt; chem.)* Unterbrechung; *(von Arbeitsverhältnisses)* Beendung; **terminator** *sub*, -s Vernichter; **terminologist** *sub*, -s Terminologe; **terminology** *sub*, -ies Terminologie; **terminus** *sub*, *termini* Endstation; - Sackbahnhof; **terminus** *sub*, -s Kopfbahnhof
ternary, *adj*, ternär
terrace, **(1)** *sub*, -s Terrasse **(2)** *vt*, abstufen; *(stufenförmig anlegen)* stufen; **~d** *adj*, *(Gelände)* abgestuft; **~d house** *sub*, -s Reihenhaus
terra-cotta, *sub*, *nur Einz.* Terrakotta
terrain, *sub*, -s Terrain; *(mil.)* advance in difficult terrain* in unwegsamem Terrain vorrücken; *reconnoitre the terrain* das Terrain sondieren
terrariatology, *sub*, *nur Einz.* Terraristik
terrarium, *sub*, -s Terrarium
terrazzo, *sub*, -s Terrazzo
terrestrial, *adj*, terrestrisch; **~ globe** *sub*, -s Erdkugel
terrible, *adj*, fürchterlich, grässlich, grauenvoll, grausig, schauderbar, schrecklich, wüst; *(ugs.)* unmenschlich; *(schlimm)* entsetzlich; *(schrecklich)* erbärmlich; *I have a terrible feeling that* ich habe das peinliche Gefühl, dass; *it´s all terribly sad* es ist alles maßlos traurig; *terrible mess* unheimliches Durcheinander; *have a terrible thirst* einen entsetzlichen Durst haben; **~ fright** *sub*, *nur Einz.* Mordsschreck; **~ rage** *sub*, *nur Einz.* Mordswut; **~ shame** *sub*, *nur Einz.* *(ugs.)* Jammer; *it would be a terrible shame if you couldn´t come* es wäre ein Jammer, wenn du nicht kommen könntest; *what a shame!* das ist doch ein Jammer; **~ vision** *sub*, -s Scheuche, Schreckbild; **~ness** *sub*, -es Grässlichkeit
terrier, *sub*, -s Terrier
terrific, *adj*, bombig; *(ugs.)* unschlagbar; *(großartig)* toll; *make a terrific showing* sich bombig schlagen; *terrific* nicht von schlechten Eltern; *terrific weather* bombiges Wetter; **terrifying experience** *sub*, -s *(ugs.)* Horrortrip; *(ugs.) it was a terrifying flight* der Flug war der reinste Horrortrip
territorial, *adj*, territorial; **~ sovereignty** *sub*, *nur Einz.* Territorialhoheit; **territory** *sub*, -s Revier; -ies Territorium; *(i. ü. S.)* Terrain; *(Staats-*

) Gebiet; *be in foreign territory* sich auf fremdem Territorium befinden; **territory of the enemy** *sub*, Feindesland **terror**, *sub*, *nur Einz*. Terror; *there was terror and bloodshed* es kam zum blutigen Terror; *this country is ruled by terror* dieses Land wird vom Terror beherrscht; ~**ism** *sub*, *nur Einz*. Terrorismus; ~**ist** *sub*, *-s* Terrorist, Terroristin; ~**ist bombing** *sub*, *-s* Bombenterror; ~**ist commando** *sub*, *-s* Terrorkommando; ~**ization** *sub*, *-s* Terrorisierung; ~**ize** *vt*, terrorisieren
terry cloth, *sub*, *-es* Frotteestoff; **terry towel** *sub*, *-s* Frotteetuch
tessera, *sub*, *-rae* Mosaikstein
test, (1) *sub*, *-s* Probe, Test, Testfall (2) *vt*, austesten, prüfen, testen; *(med.)* erproben; *test a medication* ein Medikament erproben; ~ **drill** *sub*, *-s* Probebohrung; ~ **flight** *sub*, *-s* Testflug; ~ **of courage** *sub*, *tests* Mutprobe; ~ **of strength** *sub*, *-s* Kraftprobe; ~ **pilot** *sub*, *-s* Testpilot; ~ **report** *sub*, *-s* Prüfbericht; ~ **satellite** *sub*, *-s* Testsatellit; ~ **standard** *sub*, *-s* Prüfnorm; ~ **subject** *sub*, *-s* Testkandidat; ~ **track** *sub*, *-s* Teststrecke; ~**(ing) method** *sub*, *-s* Testmethode; ~**-tube** *sub*, *-s (chem.)* Reagenzglas; ~**-tube baby** *sub*, *-ies* Retortenbaby
testamentary, *adj*, letztwillig, testamentarisch
testatix, *sub*, *-es* Erblasserin
testator, *sub*, *-s* Erblasser
testcard, *sub*, *-s* Testbild; **tested** *adj*, probat; **tester** *sub*, *-s* Tester
testicle, *sub*, *-s* Testikel; *(med.)* Hode
testified, *adj*, gutachtlich; **testify** (1) *vi*, *(jur.)* aussagen (2) *vt*, bezeugen, zeugen; **testimonial** *sub*, *-s (tt; wirt.)* Zeugnis; **testimony** *sub*, *-ies* Bezeugung; *(jur.)* Aussage, Einlassung; *-s (tt; jur.)* Zeugnis
testing area, *sub*, *-s* Testgelände; **testing machine** *sub*, *-s* Prüfautomat
tetanus, *sub*, *nur Einz*. Tetanus; *- (med.)* Starrkrampf; *(tt; med.)* Wundstarrkrampf
tête-à-tête, *sub*, *-s* Tete-a-tete
tether, *vt*, festbinden, pflocken
tetragonal, *adj*, tetragonal; **tetrapod** *sub*, *-s (tt; zool.)* Vierfüßler
tetrahedron, *sub*, *-s* Tetraeder; *(tt; mat.)* Vierflächner
text, *sub*, *-s* Text; ~ **for a sermon** *sub*, *-s* Predigttext; ~ **of the contract** *sub*, *- (i. ü. S.)* Vertragstext; ~ **printing** *sub*, *-s* Textabdruck; ~ **writer** *sub*, *-s (mus.)* Texter; ~**book** *sub*, *-s* Lehrbuch

textile, *adj*, textil; ~ **factory** *sub*, *-ies* Textilfabrik; ~ **goods** *sub*, *nur Mehrz*. Textilwaren; ~ **industry** *sub*, *-ies* Textilindustrie; ~**s** *sub*, *nur Mehrz* Textilien
Thai, (1) *adj*, thailändisch (2) *sub*, *-s* Thailänderin; ~**land** *sub*, *-* Thailand
thalamus, *sub*, *-mi* Thalamus
than, *präp*, *(Vergleich)* als; *he is taller than her* er ist größer als sie; *more than ever* mehr denn je
thank, *vt*, bedanken; *get little thanks* Undank ernten; *many thanks* herzlichen Dank; *(i. ü. S.)* no, thank you very much* dafür bedanke ich mich; *thank so for sth* sich bei jemandem für etwas bedanken; ~ **sb for sth.** *vt*, danken; *how can I begin to thank you* wie kann ich ihnen nur danken; *thank st. for sth* jmd für etwas danken; ~ **you** *interj*, danke!; ~**ful** *adj*, dankerfüllt; ~**less** *adj*, *(Aufgabe)* undankbar; ~**s** *sub*, *nur Mehrz*. Dank; *as a way of saying thanks* zum Dank; *many thanks* Herzlichen Dank; *never expect thanks for anything* Undank ist der Welt Lohn; *thank you very much* vielen Dank; ~**s** *präp*, dank; *thanks to your help* dank deiner Hilfe; ~**s!** *interj*, Merci!
that, (1) *dem.pron*, der (2) *konj*, dass (3) *pron*, es, jene, was (4) *rel.pron.*, dem; *I know (that) I'm right* ich weiss, dass ich recht habe; *not that I know of* nicht, dass ich wüsste, *I like this dress, not that one* dieses Kleid gefällt mir, jenes nicht; *I mean that man* ich meine den Mann; *in order that* auf dass; *leave that to me!* lass das meine Sorge sein!; *that man over there* der Mann dort; *that's that* das wäre erledigt; *(ugs.) that's what you think!* so siehst du aus!; *you clear the stuff up and that's that* das Zeug räumst Du auf, da gibts kein Pardon; *at that time* zu jener Zeit; ~ **sort of thing** *pron*, dergleichen; ~**/those** *dem.Pron*, den, die; *that women* die Frau da; *the women that I saw* die Frau, die ich gesehen habe; *those men* die Männer da; ~ **'ll do for me** *vi*, genügen; *that'll do for a week* das genügt für eine Woche; ~**'s why** *adv*, *(ugs.)* deshalb
thaumaturge, *sub*, *-s* Kophta
thaw (1) *sub*, *-s* Tauwetter (2) *vi*, *(i. ü. S.; Person)* auftauen (3) *vti*, abtauen, tauen; *(Eis)* auftauen
the, (1) *best.Art*, die (2) *best.Art.*, das, der (3) *konj*, *(mit Komparativ)* desto; *Susan (without: the)* die Susanne; *the*

cup which die Tasse, die; *the little girl* die Kleine; *the woman walking over there* die Frau, die da drüben geht, *the car* das Auto; *he was the first to know* er war der erste, der es erfuhr; *of the men* der Männer: *the man* der Mann, *all the better* desto besser; *I appreciate him all the more* ich schätze ihn desto mehr; *the more the better* je mehr desto besser; ~ ... *the* ... *konj*, je; *the sooner the better* je eher, desto besser; ~ **one who** *sub*, derjenige; *he who* derjenige, der; ~ **other day** *adv*, neulich; ~ **two** *pron, (unbetont)* beide; *the two of us* wir beide

theatre, *sub*, -s Musentempel, Theater; ~ **hall** *sub*, -s Theatersaal; ~ **of war** *sub*, -s Kriegsschauplatz; ~ **sister** *sub*, -s OP-Schwester; ~ **ticket** *sub*, -s Theaterkarte; ~ **wardrobe** *sub*, - Kostümfundus; ~**-goer** *sub*, -s Theaterbesucher; **theatrical** *adj*, theatralisch; **theatricality** *sub*, *nur Einz.* Theatralik

theft, *sub*, -s Diebstahl; ~ **of comestibles for personal consumption** *sub*, *nur Einz.* Mundraub

their, (1) *poss.pron*, ihre (2) *poss.pron.*, deren

theism, *sub*, *nur Einz.* Theismus

them, *pron*, ihnen

thematic collector, *sub*, -s Motivsammler; **theme** *sub*, -s Thematik; *(Leitgedanke)* Thema; *he started on his old theme* er legte die alte Platte auf

then, (1) *adj*, seinerzeitig (2) *adv*, dann; *(danach)* nun; *(zeitl.)* da; *well then* nun denn; *what then?* sondern was?, *and then there is* und dann kommt noch; *now and then* dann und wann, hier und da; *only then did he go* nun erst ging er; *from then on* von da an

theodolite, *sub*, -s Theodolit

theorem, *sub*, -s Lehrsatz, Theorem

theoretical, *adj*, theoretisch; **theorist** *sub*, -s Theoretiker; **theory** *sub*, -ies Theorie; *that's only in theory* das steht nur auf dem Papier; **theory of colors** *sub*, - *(phy.; US)* Farbenlehre; **theory of colours** *sub*, - *(phy.)* Farbenlehre; **theory of evolution** *sub*, -ies Evolutionstheorie; **theory of knowledge** *sub*, -ies Erkenntnistheorie; **theory of relativity** *sub*, *nur Einz.* Relativitätstheorie

theosophy, *sub*, -ies Theosophie

therapeutic, *adj*, therapeutisch; ~ **agent** *sub*, -s Therapeutikum; ~ **effect** *sub*, -s Heilwirkung; **therapeutist** *sub*, -s Therapeut, Therapeutin; **therapist** *sub*, -s Therapeut, Therapeutin; **the-**

rapy *sub*, -ies Therapie

there, *adv*, dorthin, hin; *(dort)* da; *(räuml.)* dahin; *(s.a. da)* dort; *here, there and everywhere* überall und nirgends; *there and then* an Ort und Stelle; *(i. ü. S.)* *there is nothing in it* es ist nichts daran; *there is sth in it* an der Sache ist was dran; *there was dancing* es wurde getanzt; *there and back* hin und zurück; *out/in/down/up/over there* da draußen/drinnen/hinunter/ hinauf/drüben; *there he is* da ist er ja; *there is little to do about it* da kann man wenig machen; *there you are* da hast du's; *we're almost there* wir sind gleich da; *on the way there* auf dem Weg dahin; *from there* von dort; ~ **and back** *adv*, tour-retour; ~ **is, there are** *vt*, *(es gibt)* geben; ~**fore** (1) *adv*, somit; *(ugs.)* demzufolge; *(veraltet)* mithin; *(causal)* demnach (2) *konj*, daher; *(ugs.; deshalb)* folglich

thermal, *adj*, thermal, thermisch; ~ **energy** *sub*, -es Wärmeenergie; ~ **salt** *sub*, -s Thermalsalz; ~ **spring** *sub*, -s Therme; ~ **unit** *sub*, -s Wärmeeinheit

thermic, *adj*, thermisch; ~ **current** *sub*, -s *(spo.)* Thermik

thermionics, *sub*, *nur Einz. (phy.)* Thermik

thermodynamics, *sub*, *nur Einz.* Thermodynamik; **thermometer** *sub*, -s Thermometer, Wärmemesser; **thermonuclear** *adj*, thermonuklear; **thermos bottle** *sub*, -s Thermosflasche; **thermostat** *sub*, -(e)s Thermostat; - Wärmeregler

these days, *adv*, heutzutage

thesis, *sub*, - These; *evolve a thesis* eine These aufstellen; ~ **play** *sub*, -s Tendenzstück; ~ **supervisor** *sub*, -s Doktorvater

Thessalian, *adj*, thessalisch

theta, *sub*, -s Theta

they themselves, *pron*, selber, selbst

thick, *adj*, üppig, wulstig; *(Haar,Moos,Wolken...)* dicht; *(Material)* dick; *he as thick as two planks* sie kann nicht bis drei zählen; *I'm thick of it/him* ich habe es/ihn dick; *that's really a bit thick!* das ist ja ein starkes Stück!; *they are as thick as thieves* dicke Freunde sein; *thickly spread with butter* dick mit Butter bestrichen; *through thick and thin* durch dick und dünn; ~ **as an arm** *adj*, armdick; ~ **custard-based dessert often flavoured with vanilla, chocolate etc** *sub*, -s Pudding; ~

head *sub*, *-s (ugs.)* Brummschädel; ~ **layer** *sub*, *-s (Dunst)* Glocke; ~ **maize porridge** *sub*, *-s* Maisbrei; ~**en** (1) *vr*, verdichten (2) *vtr*, verdicken; ~**ened** *adj*, *(Soße)* gebunden; ~**ening** *sub*, *-s* Verdichtung

thicket, *sub*, *-s* Dickicht

thickset, *adj*, stämmig; *(Gestalt)* gedrungen

thief, *sub*, *thieves* Dieb; *-ves (bibl.)* Schächer; *stop thief* haltet den Dieb; *to be as thick as thieves* zusammenhalten wie Pech und Schwefel; **thieve** *vi, (ugs.)* räubern

thigh, *sub*, *-s* Oberschenkel; *(anat.)* Schenkel

thikning trousers, *sub*, *- (ugs.)* Zwillichhose

thimble, *sub*, *-s* Fingerhut

thin, *adj*, dünnflüssig, schütter; *(dünn)* mager; *(Mass)* dünn; *thin hair* spärliches Haar; *get the thin end of the wedge* den Anfang machen müssen; *thin as a lath* dünn wie eine Bohnenstange; *thin on top* fast eine Glatze haben; ~ **(down)** *vt*, verdünnen; ~ **as a rake** *adj*, *(ugs.)* klapperdürr; ~ **cardboard** *sub*, *-s* Pappendeckel; ~ **cutting** *sub*, *-s* Dünnschliff, Dünnschnitt; ~ **edge (of the wedge)** *sub*, *nur Einz. (ugs.)* Kippe; ~ **out** *vt*, ausdünnen, lichten; *(Wald)* durchforsten

thing, *sub*, *-s* Gebilde, Gegenstand, Sache; *(ugs.)* Schose; *(Gegenstand)* Ding; *(i. ü. S.) get things straight* reinen Tisch machen; *(ugs.) how are things?* wie stehen die Aktien?; *(ugs.) I´m seeing things* ich glaub, mich laust der Affe; *it´s best to get unpleasant things over and done with* lieber ein Ende mit Schrecken als ein Schrecken ohne Ende; *it´s not worth a thing* es ist keinen Pfennig wert; *no such thing* nichts dergleichen; *not worth a thing* keinen Pfifferling wert; *(ugs.) the latest thing* der letzte Schrei; *thingumajig* Dingsda; *(i. ü. S.) to have things under control* die Zügel fest in der Hand halten; *as things are* wie die Dinge stehen; *it takes time to do a thing well* gut Ding will Weile haben; *the way things are* nach Lage der Dinge; *there are two sides to everything* jedes Ding hat zwei Seiten; *these things happen* das passiert nun mal; *things have gone better than I expected* es lief besser als ich erwartet hatte; ~**s** *sub*, *nur Einz.* Zeug; *nur Mehrz. (ugs.)* Kram; *strange things happen when you´re abroad* wenn einer eine Reise tut, so kann er was erzählen;

~**s get pretty lively** *vi, (heiß-)* hergehen; ~**s go (well) for** *vt*, ergehen; *things go well/bad for him* es ergeht ihm gut/schlecht; ~**s military** *sub*, *nur Einz.* Militaria

think, (1) *vi*, nachdenken, nachgrübeln; *(nachdenken)* überlegen (2) *vr*, denken (3) *vt*, denken (4) *vti*, glauben; *(denken, der Ansicht sein)* meinen; *it doesn´t bear thinking about* darüber darf man gar nicht nachdenken; *think about it!* denk doch mal nach!; *think carefully!* denk mal scharf nach!; *to think aloud* laut nachdenken; *a great thinker* ein großer Geist; *can´t think straight* ein Brett vor dem Kopf haben; *don´t think that* bilde dir ja nicht ein; *give me a bit of time to think* gib mir ein bisschen Zeit zum Nachdenken; *(ugs.) he didn´t think that up himself* es ist nicht auf seinem Mist gewachsen; *he thinks no end of himself* er ist ganz schön eingebildet; *I can´t think straight* ich kann keinen klaren Gedanken fassen; *I think I saw him* ich bilde mir ein, jmd gesehen zu haben; *it´s too dreadful to think about* es ist nicht auszudenken; *let so go on thinking* jemanden in seinem Glauben belassen; *now let me think* lass mich mal überlegen; *that´s just what I think!* genau meine Meinung!; *that´s what you think* Hast du eine Ahnung, So siehst du aus; *that´s what you think!* denkste!; *think hard* angestrengt denken; *to set sb thinking* jmdn nachdenklich stimmen; *to think twice before spending anything* jede Mark umdrehen; *when you think about it* wenn man es recht bedenkt; *who do you think you are?* erlauben sie mal!, was bildest du dir eigentlich ein, wer sind Sie überhaupt?, *think better of it* sich eines Besseren besinnen auf; *without thinking twice* ohne sich lange zu besinnen; *I think so* ich denke schon; *I think with him* ich bin seiner Meinung; *I thought him dead* ich dachte er sei tot; *I thought nothing of it* ich habe mir dabei nichts gedacht; *that makes me think* das gibt mir zu denken; *think over and over again* etwas immer wieder überdenken; *thought as much* das habe ich mir gedacht, *I think I do* ich glaube schon; *one would think* man möchte meinen; ~ **about** *vi*, besinnen; *it´s worth thinking about* das wäre zu überlegen; *that is worth thinking about* das wäre eine Überlegung wert; ~ **back** *vi*, zurückdenken; ~ **in relative terms** *vi*, relativieren; ~ **it over** *vt*, bedenken; ~ **of** (1) *vi*, gedenken (2) *vt*, *(erinnern)* einfallen; *I can´t think of it* uns es fällt mir jetzt nicht ein; ~ **out** *vt*, *(Plan)* ausdenken; *a well thought-out plan* ein gut durchdachter Plan; ~ **over** (1) *vi*, *(durchdenken)* überlegen (2) *vt*, durchdenken, überdenken; ~**er** *sub*, - Denker; *-s (Denker)* Geist; ~**ing** *sub*, *nur Einz.* Denken; *logical thought* logisches Denken

thinly, *adv*, dünn; *apply sth thinly* etwas dünn auftragen; *thinly sliced cheese* dünn geschnittener Käse; **thinness** *sub*, *nur Einz.* *(Menschen)* Magerkeit; **thinning clearance** *sub*, *-s* Durchforstung; **thinning out** *sub*, *nur Einz.* Ausdünnung

third, *sub*, *-s* Drittel; *(mus.)* Terz; ~ **inversion of the seventh chord** *sub*, - Sekundakkord; ~ **part of** *sub*, Drittel; ~ **party insurance** *sub*, *-s* Haftpflichtversicherung; ~ **Sunday after Easter** *sub*, *-s* Jubilate; ~**-highest** *adj*, dritthöchste; ~**-rate funds** *sub*, *nur Mehrz.* Drittmittel

3rd Sunday before Easter, *sub*, Lätare

thirst, *sub*, Durst; *nur Einz. (ugs.; Durst)* Brand; *a thirst for fame* Durst nach Ruhm; *be thirsty* Durst haben; *become thirsty* Durst bekommen; *quench one´s thirst* seinen Durst löschen; ~ **for glory** *sub*, *-s* Ruhmbegierde; *nur Einz.* Ruhmsucht; ~ **for knowledge** *sub*, *nur Einz.* Wissbegierde, Wissensdurst; ~ **for life** *sub*, *nur Einz.* Lebenshunger; ~**-quenching** *adj*, Durst löschend, Durst stillend; ~**y** *adj*, durstig; ~**y for adventure** *adj*, abenteuerlustig; ~**y for glory** *adj*, ruhmbegierig, ruhmsüchtig

thirteen, *Zahl*, dreizehn

thirty, *Zahl*, dreißig

this contract must be drawn up in writing, *sub*, - *(jur.)* Schriftform; *(jur.)* *this contract must be drawn up in writing* dieser Vertrag erfordert die Schriftform; **this** **(here)/that** **(there)** *dem.pron*, dieser, diese, dieses; *one of these days* dieser Tage (Zuk); *that book* dieses Buch da; *these days* dieser Tage (Verg); *these man/woman/car* diese Männer/Frauen/Autos; *this and that* dieses und jenes; *this men/women/cars* dieser Mann, diese Frau, dieses Auto; **this minute** *adv*, soeben; **this time** *adv*, diesmal; **this way** *adv*, hierher; **this year** *adv*, heuer; **this year´s** *adj*, heurig; **this/that** *pron*, das

thistle, *sub*, *-s* Distel

thoracic, *sub*, *-s* Rückenwirbel

thorax, *sub*, *-es* Thorax; *nur Einz. (anat.)* Brustkorb

thorn, *sub*, *-s* Dorn; *(Dorn)* Stachel; *be a thorn in so side* jmd ein Dorn im Auge sein; ~**y** *adj*, dornenreich, dornig; *(bot.)* stachelig, stachlig

thorough, *adj*, gründlich, reiflich; *the case was given a very thorough goingover* der Koffer wurde peinlich genau untersucht; *to be a thorough and precise worker* ordentlich arbeiten; ~**bred** (1) *adj*, *(reinrassig)* edel (2) *sub*, *-s (tt; zool.)* Vollblüter; ~**ly** *adv*, gründlich; *be well-grounded in* gründliche Kenntnisse haben; *he´s done his job thoroughly* er hat seine Sache gründlich gemacht; *(i. ü. S.)* *thoroughly* nach Strich und Faden; ~**ly healthy** *adj*, kerngesund; ~**ly miserable** *adj*, kreuzunglücklich; ~**ness** *sub*, *nur Einz.* Ausgiebigkeit

those, *pron*, jene; *in those days* in jenen Tagen; *which flowers would you like? those over there?* welche Blumen möchtest du? jene dort hinten?

though, *konj*, obgleich, obwohl; ~**tful** *adj*, gedankenvoll, nachdenklich, zuvorkommend; *that´s very thoughtful of you* das ist sehr aufmerksam von Ihnen; *to be in a thoughtful mood* nachdenklich gestimmt sein

thought, *sub*, *-s* Gedanke, Gedankengut; *hier: nur Einz.* Nachdenken; *-s* Überlegung; *just the thought of it* allein der Gedanke daran; *lost in thought* in Gedanken versunken; *after (giving the matter) considerable thought* nach langem Nachdenken; *be lost in thought* in Betrachtungen versunken sein; *I´ll give it some thought* das werde ich mir überlegen; *(ugs.) it was just a thought* ich meine nur so; *our thoughts will be with you* wir werden im Geiste bei euch sein; *the mere thought* allein schon der Gedanke; ~ **content** *sub*, *nur Einz.* Ideengehalt; ~ **of revenge** *sub*, *-s* Rachegedanke; ~**less** *adj*, gedankenlos, leichtfertig, leichtsinnig, unbedacht, unbedachtsam, unbesonnen; *(unachtsam)* nachlässig; ~**lessness** *sub*, *-es* Gedankenlosigkeit; *nur Einz.* Leichtsinn; *(Unachtsamkeit)* Nachlässigkeit

thousand, *Zahl*, tausend; *(ugs.) die a thousand deaths* tausend Ängste ausstehen; *I have a thousand and one different things to do* ich habe tausend verschiedene Dinge zu tun; *I still* *have a thousand things to do* ich habe noch tausenderlei Dinge zu erledigen; *they came in their thousands* sie kamen in wahren Massen; *thousands of* viele Tausende; ~ **and one** *adj*, tausendeins; ~ **billions** *sub, nur Mehrz.* Billiarde; ~ **millions (Brit.)** *sub, nur Mehrz.* Milliarde; *thousands of millions of people* Milliarden von Menschen; ~ **millionth (Brit.)** *adj*, milliardste; ~ **millionth part (Brit.)** *sub*, -s Milliardstel; ~ **times** *adv*, tausendmalig; ~ **trillions** *sub*, - Trilliarde; ~**fold (1)** *adj*, tausendfach **(2)** *sub, nur Einz.* Tausendfache; ~**s and thousands** *adv*, abertausend; ~**s of** *sub*, - Tausende; ~**th** *adj*, tausendstens; ~**th (part)** *sub*, -s Tausendstel; ~**th part** *sub*, -s Promillesatz

thrash out, *vt, (ugs.)* ausdiskutieren, bequatschen; *(ein Thema)* ausreizen; **thrashing** *sub*, -s *(ugs.)* Keile; *(ugs.; Schläge)* Abreibung

thread, *sub*, -s Faden, Garn; *(tech.)* Gewinde; *(tt; tech.)* Windung; *hang by a single thread* an einem Bindfaden hängen (Leben), *(i. ü. S.)* es hing an einem seidenen Faden; *(i. ü. S.) lose ones´s thread* den Faden verlieren; *(i. ü. S.) pick up the thread* den Faden wiederaufnehmen; ~ **in** *vt, (Band)* einziehen; ~**ing** *sub*, -s Einfädelung

threat, *sub*, -s Androhung, Bedrohung, Drohung; ~**en** *vt*, bedrohen, drohen, gefährden; *he threatened to drown* er drohte zu ertrinken; *it theatens to rain* es droht zu regnen; *threaten revengue* Rache androhen; *threaten sb with death* jmd mit dem Tod drohen; *threaten so with sth* jmd etwas androhen; *threaten to call the police* mit der Polizei drohen; ~**ening gesture** *sub*, -s Drohgebärde; ~**ening letter** *sub*, -s Drohbrief; ~**ening word** *sub*, -s Drohwort; ~**eningly** *adv, (schauen)* bedrohlich; *come threateningly close* bedrohlich nahe kommen

three, (1) *Kard.zahl*, drei **(2)** *sub*, -s Drei; *all good things come in threes* aller guten Dinge sind drei, *three times as much* das Dreifache; *three times the amount* die dreifache Menge; ~ **and a half** *Zahl*, dreieinhalb; ~ **different kinds** *sub, nur Mehrz.* dreierlei; ~ **hundred** *Zahl*, dreihundert; ~ **months** *sub, nur Mehrz.* Vierteljahr; ~ **months´** *adj*, vierteljährig; **Three Saints** *sub, nur Mehrz.* Eisheilige; ~ **thousand** *Zahl*, dreitausend; ~ **times** *adv*, dreimal; ~**-column** *adj*, dreispal-

tig; *a three-column page* eine dreispaltige Seite; ~**-day event** *sub*, -s Military; ~**-day fever** *sub, nur Einz.* Dreitagefieber

three-dimensional, *adj*, räumlich; ~ **(3D)** *adj, (dreidimensional)* plastisch; ~**ity** *sub*, -ies Räumlichkeit; **three-field system** *sub, nur Einz.* Dreifelderwirtschaft; **three-figure** *adj*, dreistellig; **three-horse carriage** *sub*, -s Dreispänner; **three-jet** *adj*, dreistrahlig; **three-master** *sub*, -s Dreimaster; **three-phase current** *sub*, -s Drehstrom; **three-piece suite** *sub*, -s Klubgarnitur; **three-rake** *adj*, dreischürig; **three-storey** *adj*, dreistöckig

3-D-movie, *sub*, -s 3-D-Film
3-D-picture, *sub*, -s 3-D-Bild

thresh, *vt*, dreschen; *thresh a horse* auf ein Pferd eindreschen; ~**ing floor** *sub*, -s Tenne; ~**ing-machine** *sub*, -s Dreschmaschine; ~**old** *sub*, -s Schwelle Türschwelle; ~**old value** *sub*, -s Schwellenwert

thrill, *sub*, -s Nervenkitzel; *it adds to the thrill* das erhöht den Reiz; ~**er** *sub*, -s Krimi, Thriller; ~**ing** *adj, (aufregend)* spannend

thrive, *vi*, gedeihen; **thriving** *adj*, gedeihlich

throat, *sub*, -s Gurgel, Kehle, Rachen; *(innen)* Hals; *have a look at so´s throat* jmdm in den Hals schauen; *(i. ü. S.) he took it the wrong way* er hat es in den falschen Hals bekommen; *I´ve got a sore throat* ich hab´s im Hals; ~**y** *adj*, kehlig

throb, *vi*, klopfen

throes, *sub, nur Mehrz.* Agonie

thrombocyte, *sub*, -s *(tt; med.)* Thrombozyt; **thrombosis** *sub*, - Thrombose; **thrombotic** *adj*, thrombotisch

throne, *sub*, -s Königsthron, Thron; *ascend the throne* den Thron besteigen; ~**-chair** *sub*, -s Thronsessel

throttle, *vt*, abdrosseln; ~ **down** *vt*, Abdrosselung

through, (1) *adv*, hindurch **(2)** *präp*, durch; *all night through* die ganze Nacht durch; *through sth* durch etwas hindurch, *have been through a lot* viel hinter sich haben; *he is through* Er hat ausgespielt, er ist unten durch; *I´m through* ich habe die Nase voll; *I´m through with you* bei mir hast du ausgespielt, du bist für mich erledigt; *it goes right through me* es geht mir durch Mark und Bein; *no throughfare* Durchgang verboten; *once the anticy-*

clone has moved through nach Durchzug des Tiefdruckgebietes; *see a matter
through* eine Sache durchziehen; *she´s
been through a lot in her time* sie hat
viel mitgemacht; *through and through*
durch und durch; *through fair and foul*
durch dick und dünn; *through ignorance* durch Unwissenheit; *through your
fault* durch deine Schuld; *wet through*
durch und durch nass; ~ **ball** *sub, -s
(spo.)* Steilvorlage; ~ **coach** *sub, -es*
Kurswagen; ~ **here** *adv,* hierdurch; ~
it/them *adv, (räuml.)* dadurch; *shall I
go through it?* soll ich dadurch gehen?;
~ **road** *sub, -s* Durchgangsstraße; ~
the grapevine *adv, (i. ü. S.; erfahren)*
hintenherum; ~ **the middle** *adv,* mit-
tendurch; ~**out (1)** *adv,* durch **(2)**
präp, während; *throughout the year*
das ganze Jahr durch
throw, (1) *sub, -s (tt; spo.)* Wurf **(2)** *vi,*
schmeißen **(3)** *vt,* verbiestern, zuwerfen **(4)** *vti,* werfen, würfeln; *throw oneself into the breach* in die Bresche
springen; *throw someone with a question* jemanden mit einer Frage überrumpeln; *(i. ü. S.) to throw oneself at sb* sich
jmd an den Hals schmeißen; ~ **around**
vt, herumwerfen; ~ **at** *vt,* bewerfen; ~
away *vt,* wegwerfen; ~ **back** *vt,* zurückwerfen; ~ **doublets** *vi,* paschen; ~
down *vt,* hinschmeißen, niederwerfen;
~ **for goal** *sub, -s (spo.)* Korbwurf; ~ **in**
vt, (Bemerkung/Ball) einwerfen; ~ **o.s.
down** *vr, (sich)* hinwerfen; ~ **off** *vt,
(Kleider)* abwerfen
throw on, *vt, (Kleidung)* überwerfen;
~**eself away** *vr,* verschenken; **throw
out** *vt,* ausrangieren, hinauswerfen;
throw sth down *vt,* vorwerfen; **throw
up (1)** *vi, (erbrechen)* brechen, spuk-
ken **(2)** *vt, (Wall)* aufschütten, aufwerfen **(3)** *vti,* kotzen; *(ugs.)* erbrechen;
*(vulg.) just listening to you makes me
want to throw up* wenn ich dich höre,
könnte ich kotzen; *He makes me want
to throw up* Er ist ein Brechmittel, ich
finde ihn zum Kotzen (Erbrechen);
thrower *sub, -s* Werfer; **throwing the
discus** *sub, -* Diskuswerfen
thrush, *sub, -es (zool.)* Drossel; *(tt;
zool.)* Zippdrossel; ~ **nightingale** *sub,
-s (zool.)* Sprosser
thug, *sub, -s* Scherge
thumb, *sub, -s* Daumen; *be under so´s
thumbs* unterm Pantoffel stehen; *suck
one´s thumb* am Daumen lutschen; *to
be all thumbs* zwei linke Hände haben,
(ugs.) ungeschickte Finger haben;
twiddle one´s thumbs Daumen drehen;

~**-nail** *sub, -s* Daumennagel;
~**screws** *sub, nur Mehrz.* Daumen-
schraube; *put the screws on sb* jmd die
Daumenschrauben anlegen; ~**tack**
sub, -s (US) Heftzwecke
thump, (1) *sub, -s* Puff **(2)** *vt,* puffen
thunder, (1) *sub, -s* Donner **(2)** *vi,*
donnern; *(Beifall)* tosen; *(reiten)*
sprengen; **thunderstruck** wie vom
Blitz getroffen, wie vom Donner gerührt; ~**bolt** *sub, -s* Bombenschuss;
~**cloud** *sub, -s* Kumulonimbus; ~**ing**
sub, -s Gedonner; ~**storm** *sub, -s* Gewitter; ~**struck** *adj,* perplex
Thursday, *sub, -s* Donnerstag; ~**s** *adv,*
donnerstags
thus, *adv,* also, somit; *thus equipped*
dergestalt ausgerüstet
thwart, *vt,* vereiteln; *(Pläne)* durchkreuzen; *(i. ü. S.) thwart so´s plans*
jmd einen Strich durch die Rechnung
machen; ~**ing** *sub, -s* Vereitelung
thyme, *sub, -s* Thymian
thymus, *sub, -* Bries
thyroid gland, *sub, -s* Schilddrüse
tic, *sub, -s* Tic
tick, (1) *sub, -s (auf Liste)* Haken;
(vulg.; biol.) Zecke **(2)** *vi,* ticken **(3)**
vt, ankreuzen; ~ **off** *vt, (Liste)* abhaken
ticker, *sub, -s (ugs.)* Ticker
ticket, *sub, -s* Billett, Fahrausweis,
Fahrkarte, Flugschein, Karte, Strafzettel, Ticket; *(Lotterie)* Los; *(US) one-
way ticket* einfache Fahrkarte nach; ~
collector *sub, -s (Swiss obs)* Konduk-
teur; ~ **of ten** *sub, -s (i. ü. S.)* Zehnerkarte; ~ **office** *sub, -s*
Fahrkartenschalter; ~**-office** *sub, -s
(US)* Theaterkasse
tickle, (1) *vt,* kitzeln **(2)** *vti,* kribbeln,
prickeln; ~**r** *sub, -s (US)* Terminkalender; **ticklish** *adj,* kitzelig
tidal amplitude, *sub, -s* Tidenhub; **tidal wave** *sub, -s* Flutwelle
tiddly person, *sub, - people* Beschwipste
tide, *sub, -s* Gezeit, Tide; *nur Einz. (Gezeit)* Flut; *the tide is turning in his
favour* die Waagschale neigt sich zu
seinen Gunsten; *the tide is coming in
(going out)* die Flut kommt (geht); ~
is out *vi,* ebben; ~**way** *sub, -s* Priel
tidiness, *sub, -es* Reinlichkeit; **tidy** *adj,*
geordnet, ordentlich, reinlich; *her
house always looks neat and tidy* bei
ihr sieht es immer ordentlich aus; *a
tidy mind is half the battle* Ordnung
ist das halbe Leben; *to keep things tidy*
Ordnung halten; *to teach a child tidy*

habits ein Kind zur Ordnung erziehen; **tidy up** (1) *vi*, aufräumen (2) *vt*, *(Boden, etc.)* aufräumen; **tidying up** *sub*, *nur Einz.* Aufräumung

tie, (1) *sub*, -s Binder, Krawatte, Schlips, Selbstbinder; *(spo.)* Gleichstand (2) *vt*, binden, schlingen, verknüpfen; *familiy ties* das familiäre Band; *feel tied down by sth* etwas als Fesseln empfinden, *I am too young to be tied down* Ich bin zu jung, um mich schon zu binden; *tie oneself up in knots* sich in Schwierigkeiten verstricken; *tie sb hands* jmd die Hände binden; *tie sth into sth* etwas zu etwas binden; ~ **oneself** *vr*, *(i. ü. S.)* ketten; ~ **up** *vt*, fesseln, festbinden, schnüren, verschnüren, zubinden; *(Geld)* festlegen; *(Schnur, etc.)* anbinden; *(i. ü. S.)* **be tied to the bed/house/wheelchair** ans Bett/Haus/an den Rollstuhl gefesselt sein; *tie so´s hands and feet* jmdan Händen und Füßen fesseln; ~-**break** *sub*, -s Tie-Break; ~-**pin** *sub*, -s Krawattennadel, Schlipsnadel; ~**d** *adj*, *(i. ü. S.)* gebunden; ~**ing** *sub*, -s Anknüpfung

Tierra del Fuego, *sub*, *(geogr.)* Feuerland

tiger, *sub*, -s Tiger; *striped like a tiger* gestreift wie ein Tiger; ~ **shark** *sub*, -s Tigerhai

tight, *adj*, eng anliegend; *(gespannt)* straff; *(Kleid)* eng; *(Kleidung)* stramm; *(straff)* fest; *(i. ü. S.)* **to keep a tight rein on sth** etwas im Zaum halten; *I´ve got a tight schedule already* das wird zeitlich sehr eng für mich; *(Kleidung) fit tightly* stramm sitzen; ~ **spot** *sub*, -s *(i. ü. S.)* Klemme; *(ugs.)* **now we´re in trouble** jetzt sitzen wir in der Klemme; *to help someone out of a tight spot* jemanden aus der Klemme helfen; ~**en** *vt*, straffen; *(Saite)* spannen; *(Schnur)* anspannen; *(Schraube)* anziehen; ~**en (up)** *vt*, nachziehen; ~**ly** *adv*, fest; ~**rope walker** *sub*, -s Drahtseilakt, Seiltänzer, Seiltänzerin; ~**s** *sub*, *nur Mehrz.* Strumpfhose

tilde, *sub*, -s Tilde

tile, *sub*, -s Kachel; - *(tt; handw.)* Ziegel; ~**d stove** *sub*, -s Kachelofen; ~**r** *sub*, -s Fliesenleger

tiller, *sub*, -s Pinne

till the end of time, *adv*, ewiglich

tilt, *vt*, kanten, kippen; ~ **window** *sub*, -s Kippfenster

timber, *sub*, -s Nutzholz; ~ **track** *sub*, -s Holzweg; ~**ed ceiling** *sub*, -s Balkendecke

timbre, *sub*, -s Klang

time, (1) *adj*, zeitlich (2) *sub*, -s Uhrzeit, Zeit; *(Gelegenheit)* Mal; *(mus.)* Takt, Tempo (3) *vt*, timen; *(ugs.) a complete waste of time* ein Schuss in den Ofen; *all in good time* alles zu seiner Zeit; *at what time?* um wieviel Uhr?; *(i. ü. S.) do time* Tüten kleben; *do time for* absitzen wegen; *do you have the correct time?* haben Sie die genaue Uhrzeit?; *from time immemorial* seit ewigen Zeiten; *go on about it being time to leave* zum Aufbruch drängeln; *(i. ü. S.) have no time for someone* für jemanden nichts übrig haben; *help in the nick of time* Hilfe in höchster Not; *in time* mit der Zeit; *it was high time* es war aber längst fällig; *take your time* du brauchst dich nicht zu beeilen; *that is still a long time away* das liegt noch in weiter Ferne; *that was a long time ago* das liegt schon in weiter Ferne; *(i. ü. S.) the ravages of time* der Zahn der Zeit; *the referee allowed extra-time* der Schiedsrichter ließ nachspielen; *the time isn´t convenient* das passt zeitlich nicht; *three times in a row* dreimal nacheinander; *time and tide wait for no man* keiner kann das Pendel der Zeit aufhalten; *time flies* die Zeit rast; *time is running short* die Zeit drängt; *time sth well* etwas gut abpassen; *to move with the times* mit der Zeit gehen; *what time is it?* wieviel Uhr ist es?; *times have changed* Zeiten haben sich geändert; *to devote some time for sb/sth* sich für jmd/etwas Zeit nehmen; *(i. ü. S.) to get old before one´s time* vor der Zeit alt werden; *every time* von Mal zu Mal; *for the first time* zum ersten Mal; *from time to time* das eine oder andere Mal; *one last time* ein letztes Mal; *the time before* voriges Mal; *time after time* ein ums andere Mal; *(mus.) in time* im Takt; *(mus.) keep time* den Takt halten; *(mus.) play out of time* aus dem Takt kommen; ~ **as a recruit** *sub*, *nur Einz.* Rekrutenzeit; ~ **clock** *sub*, -s Kontrolluhr, Stechuhr; ~ **exposure** *pron*, Zeitaufnahme; ~ **for reflection** *sub*, *nur Einz.* Bedenkzeit; ~ **fuse** *pron*, *(tt; mil.)* Zeitzünder; ~ **limit** *sub*, -s Terminierung; ~ **of arrival** *sub*, -s - Ankunftszeit; ~ **of going to press** *sub*, *nur Einz.* Redaktionsschluss; ~ **of stay** *sub*, *nur Einz.* Verweildauer; ~ **out** *sub*, -s - Auszeit; ~ **served in the army** *sub*, *nur Einz.* Kommisszeit; ~- *Vorsilbe*, zeit; ~-**bill**

sub, -s Datowechsel
time-out whistle, *sub, -s* Pausenpfiff;
time consuming *adj,* zeitraubend;
time sequence *sub, -s* Zeitenfolge;
time transferred *adj, (i. ü. S.)* zeitversetzt; **time zone** *sub, -s* Zeitzone; **timeless** *adj,* zeitlos; **times** *adv, (math.)*
mal; **times of peace** *sub,* nur Mehrz.
Friedenszeit; **timesaving** *adj,* zeitsparend; **timetable** *sub, -s* Fahrplan, Flugplan, Stundenplan, Zeitplan; **timewise**
adv, zeitlich
timid, *adj,* zaghaft; *(schüchtern)* ängstlich; **~ity** *sub,* - Zaghaftigkeit; **~ness**
sub, nur Einz. Ängstlichkeit
timing, *sub, -s* Timing; - Zeittakt
timocratic(al), *adj,* timokratisch
timpani, *sub,* nur Mehrz. Pauke
tincture, *sub, -s* Tinktur
tinder, *sub,* nur Einz. Zunder
tine, *sub, -s (Geweih)* Sprosse
tinfoil, *sub, -s* Silberpapier
tinfounding, *sub, -s* Zinnguss
tingle, *vi,* prickeln; **tingling** *adj,* prikkelnd; **tingly** *adj, (ugs.)* kribbelig
tinker around, *vi,* herumdoktern; **tinkering** *sub, -s* Pusselarbeit
tinkle, *vi,* klimpern; **tinkling** *sub,* - Geklirre; *nur Einz.* Klimperei
tinned food, *sub,* nur Einz. Konserve;
tinned meat *sub,* nur Einz. Dosen-
fleisch; **tinned milk** *sub,* nur Einz.
Büchsenmilch; **tinned vegetables** *sub,*
nur Mehrz. Dosengemüse; **tinplate**
sub, -s Weißblech
tinsel, *sub,* - Flittergold; *-s* Flitterkram
tint, *vt, (färben)* tönen; **~ing** *sub, -s* Tönung
tiny, *adj,* winzig; *tiny little* winzig klein;
~ bit *sub, -s* Quäntchen; **~ hair** *sub,*
nur Einz. Härchen; **~ tot** *sub, -s* Hosen-
matz
tip, *sub, -s* Deponie, Hinweis, Schuttplatz, Tipp, Trinkgeld; *(ugs.)* Zipfel;
(Glieder) Spitze; *(tt; tech.)* Zwinge; *anonymous tip-off* anonymer Hinweis; *no
tipping* Müll abladen verboten; **~ away**
vt, (ugs.) wegschütten; **~ of a dagger**
sub, -s Dolchspitze; **~ of the nose** *sub,*
tips of the n.s Nasenspitze; **~ of the tail**
sub, -s Schwanzende; **~ of the tongue**
sub, -n Zungenspitze; **~ over** *vti,* umkippen
tip of the toe, *sub, -s* Zehenspitze
tipper, *sub, -s* Kipper, Lore
tipple, **(1)** *vi, (ugs.)* bechern, zechen **(2)**
vti, süffeln; **~r** *sub, -s (ugs.)* Zecher
tirade, *sub, -s* Tirade; *go into tirades* sich
in Tiraden ergehen
tire out, *vt,* abhetzen; **tired** *adj,* müde;

(Person) ermüdet; *I´m tired of doing
that* ich bin es müde, das zu tun;
don´t you tell me you´re tired nur
keine Müdigkeit vorschützen; **tired of**
TV *adj,* fernsehmüde; **tired out** *adj,*
abgespannt; **tired-looking** *adj, (i. ü.
S.)* welk; **tiredness** *sub, nur Einz.* Müdigkeit; *-es (Person)* Ermüdung; *to
fight one´s tiredness* gegen die Müdigkeit ankämpfen; *to overcome one´s
tiredness* die Müdigkeit überwinden;
tireless *adj,* nimmermüde, unermüdlich; *(spo.)* ausdauernd; **tiresome**
adj, lästig, leidig; **tiring** *adj, (ermüdend)* strapaziös
tissue, *sub, -s (med.)* Gewebe; **~ of lies**
sub, tissues Lügengebäude, Lügenge-
webe; **~ paper** *sub, -s* Seidenpapier
Titan, *sub, -s (myth.)* Titan
titanic, *adj,* titanisch
titanium, *sub, nur Einz. (chem.)* Titan
titch, *sub, -s* Wicht
title, *sub, -s* Titel; *bestow a title on someone* jemandem einen Titel verlei-
hen; *defend one´s title* seinen Titel
verteidigen; *hold a title* einen Titel
führen; **~ heroine** *sub, -s* Titelheldin;
~ holder *sub, -s* Titelverteidiger; **~ of
doctor** *sub, -s* Doktortitel; **~ of master craftsman** *sub, titles (Handwerk)* Meistertitel; **~-page/cover** *sub,*
-s Deckblatt; **titling type** *sub, -s* Titel-
schrift
titmouse, *sub, -mice* Meise
tits, *sub,* nur Mehrz. *(vulg.; Brüste)*
Mops
tittle-tattle, *sub, -s* Tratsch, Tratscherei
titulary, *sub, -ies* Titular
tivoli, *sub, -s* Tivoli
to, **(1)** *adv, (nach, auf, zu)* hin **(2)**
konj, bis, zu **(3)** *präp,* bis, zu; *(örtlich)*
nach; *(räumlich)* ans; *10 to 11* 10 bis
11; *from Saturday to Monday* von
Samstag bis Montag; *(mit infin) he
has to obey* er hat zu gehorchen; *(mit
infin) I have to work* ich habe zu arbeiten; *(mit partiz) problems (that
are) not to be underestimated* nicht
zu unterschätzende Probleme; *(mit
infin) sth to eat* etwas zu essen; *(mit
partiz) the candidate to be examined*
der zu prüfende Kandidat; *(mit pron)
who to* zu wem, *(zahlenang.) five to
30 pence* fünf zu 30 Pfennig; *from
beginning to end* von Anfang bis Ende;
from top to toe über und über; *(Vergleich) in relation to* im Verhältnis zu;
it´s 5 km to there bis dahin sind es 5
km; *(folge/umst.) to death* zu seinem
Tode; *to Frankfurt* bis nach Frankfurt;

(örtl/bewg) it´s 5 kms to the station bis zum Bahnhof sind es; *(örtl/bewg) to take sth* etwas zu sich stecken; *(örtl/bewg) to the station* zum Bahnhof; *from left to right* von links nach rechts; *the train to Augsburg* der Zug nach Augsburg; *to the front* nach vorn; *to the left* nach links; ~ **a certain extent** *adv*, gewissermaßen; ~ **a great extent** *adv*, großenteils; ~ **a large extent** *adv*, größernteils; ~ **one´s heart´s content** *sub*, - *(nach)* Herzenslust; ~ **port** *adv*, backbord; ~ **such an extent** *adv*, solchermaßen; ~ **the right** *adv*, rechtsherum; ~ **what extent** *adv*, inwieweit; *I don´t know to what extent he has told the truth* ich weiß nicht, inwieweit er die Wahrheit gesagt hat; ~ **you** *pers.pron*, dir; *I give it to you* ich gebe es dir; *I give you the book* ich gebe dir das Buch; *let´s go to your place* gehen wir zu dir; *same to you* dir auch; *wash your hands* wasch dir die Hände; ~/**for somebody/anybody** *pron*, wem; ~/**into/as** *präp*, zu; *(veränder.) to burn to ashes* zu Asche verbrennen; *(als) to chose sb as king* jmd zum König wählen; *(veränder.) to grow into sth* zu etwas heranwachsen; *(als) to have sb as friend* jmd zum Freund haben; *(als) to take sb as one´s example* sich jmd zum Vorbild nehmen; *(veränder.) to turn into sth* zu etwas werden

toad, *sub*, -s Kröte, Unke; ~**-stone** *sub*, -s Krötenstein; ~**cry** *sub*, -es *(i. ü. S.)* Unkenruf; ~**stool** *sub*, -s *(bot.)* Fliegenpilz; ~**y** *sub*, -ies Kriecher, Liebediener

toast, **(1)** *sub*, -s Prosit, Toast, Trinkspruch **(2)** *vt*, toasten; *propose a toast to someone* einen Toast auf jemanden ausbringen; *to toast oneself* sich die Sonne auf den Pelz brennen lassen; ~**ed bread** *sub*, - Toast

toboggan, *sub*, -s Rodelschlitten; ~**er** *sub*, -s Rodler

toccata, *sub*, -s Tokkata

today, *adv*, heute; ~´**s** *adj*, heutig

toddle, *vi*, wackeln; ~**r** *sub*, -s Kleinkind

toe, *sub*, - Zeh; -s Zehe; *(i. ü. S.) to tread on sb´s toe* jmd auf die Zehen treten; ~ **the line** *vi*, *(sich fügen)* spuren

engrave, **(1)** *vi*, *(tt; kun.)* ziselieren **(2)** *vt*, gravieren; ~ **on** *vt*, eingravieren; *ingrave on stone* in Stein eingravieren; *ingrave sth on one´s memory* ins Gedächtnis tief einprägen; ~**r** **(1)** *pron*, *(tt; kun.)* Ziseleur **(2)** *sub*, -s Graveur; *(tt; kun.)* Ziselierung

engraving *sub*, -s Gravur, Gravüre; *(tt; kun.)* Ziselierung

toffee, *sub*, -s Karamelle, Sahnebonbon;

-´-s Toffee

tofu, *sub*, *nur Einz.* Tofu

toga, *sub*, -s Toga

together, *adv*, beieinander, beisammen, miteinander, zusammen; *all together now!* alle miteinander!; *birds of a feather flock together* gleich und gleich gesellt sich gern; *get-together* geselliges Beisammensein; *to go together* zueinander passen; ~ **with** *präp*, rbst; ~**ness** *sub*, *nur Einz.* Zweisamkeit

tohubohu, *sub*, -s Tohuwabohu

toilet, *sub*, -s Abort, Klosett, Lokus; *nur Einz. (Körperpflege)* Toilette; *(WC) go to the toilet* auf die Toilette gehen; *(Körperpflege) make one´s toilet* Toilette machen; ~ **bag** *sub*, -s Kulturbeutel; ~**ry** *sub*, -ies Toilettenartikel

toil over, *vt*, *(ugs.)* laborieren

Tokay (wine), *sub*, -s Tokaierwein

token fee, *sub*, -s Schutzgebühr; **token of respect** *sub*, -s - Achtungsbezeigung; **token woman** *sub*, -men Vorzeigefrau

tolerable, *adj*, tolerabel; *(annehmbar)* erträglich; **tolerance** *sub*, -s Duldsamkeit, Toleranz; **tolerant** *adj*, duldsam, tolerant; **tolerate** *vt*, dulden, leiden, tolerieren, zulassen; *(tech.)* aushalten; *(zulassen)* erdulden; *I won´t have it that* ich dulde es nicht, daß; **toleration** *sub*, -s Tolerierung

tomahawk, *sub*, -s Tomahawk

tomato, *sub*, -s Tomate; -es *(obs.)* Liebesapfel; *(österr.)* Paradiesapfel; *stuffed tomatoes* gefüllte Tomaten; ~ **juice** *sub*, -s Tomatensaft; ~ **ketchup** *sub*, -s Tomatenketchup; ~ **pulp** *sub*, *nur Einz.* Tomatenmark; ~ **salad** *sub*, -s Tomatensalat; ~ **sauce** *sub*, -s Tomatensoße; ~ **soup** *sub*, -s Tomatensuppe

tomb, *sub*, -s Grabmal, Gruft

tombac, *sub*, *nur Einz.* Tombak

tombola, *sub*, -s Tombola

tom-cat, *sub*, -s Kater

tomography, *sub*, -ies Tomografie

tomorrow, *adv*, morgen; *a week (from) tomorrow* morgen in acht Tagen; *are you free tomorrow?* hast du morgen Zeit?; *see you tomorrow* bis morgen; *the technology of tomorrow* die Technik von morgen; *there´s always tomorrow* morgen ist auch noch ein Tag; *tomorrow lunchtime* morgen mittag; *tomorrow never comes* morgen, morgen, nur nicht heute, sagen alle faulen Leute

Tom Thumb, *sub*, Däumling

to much, *präp*, zu sehr; *(ugs.)* *he´s carrying on a little too much* er treibt es etwas zu toll; *how much is this car?* wie teuer ist dieser Wagen?; *however much he* wie sehr er sich auch; *not so much as* nicht einmal; *you are very much mistaken there* du hast dich gründlich getäuscht
ton, *sub*, -*s (Gewicht)* Tonne; *we found tons of mistakes* wir fanden Fehler noch und nöcher; ~**al** *adj*, tonal; ~**ality** *sub*, *nur Einz.* Tonalität
tone, *sub*, -*s* Farbton, Klang; *(Laut)* Ton; *in a deadpan tone* ohne jeglichen Ausdruck; ~ **colour** *sub*, -*s* Timbre; ~ **down** *vt*, abtönen; ~ **poem** *sub*, -*s* Tondichtung; ~ **poet** *sub*, -*s* Tondichter; ~**less** *adj*, klanglos, tonlos; ~**lessness** *sub*, *nur Einz.* Tonlosigkeit
Tonga, *sub*, - Tongainseln; ~**n language** *sub*, -*s* Tongasprache
tongs, *sub*, *nur Mehrz.* Zange
tongue, (1) *sub*, -*s* Mundwerk, Zunge; *(Mundwerk)* Mund (2) *vi*, *(ugs.)* züngeln; *her tongue never stops wagging* ihr Mundwerk steht nie still; *to have a vicious tongue* ein böses Mundwerk haben; *my tongue is hanging out* mir hängt die Zunge zum Hals heraus; *to have a sharp tongue* eine spitze Zunge haben; *to tie one´s tongue in knots* sich die Zunge abrechen, *a malicious tongue* ein gottloses Maul; *(ugs.)* *bold your tongue!* nun halt mal die Luft an!; *that will start people´s tongues wagging* darüber werden sich die Leute das Maul zerreißen; *(ugs.)* *to have a loose tongue* ein lockeres Maul haben; *(ugs.)* *to hold one´s tongue* die Schnauze halten; ~ **sausage** *sub*, -*s* Zungenwurst
tonic, *sub*, -*s* Tonic, Tonika, Tonikum
tonsil, *sub*, -*s (med.)* Mandel; ~**litis** *sub*, *nur Einz.* Mandelentzündung; -*es (med.)* Angina
tonsure, *sub*, -*s* Tonsur
tonus, *sub*, -*ni* Tonus
too, *adv*, zu; *he wanted to come too* er wollte mit; *(ugs.)* *his wife works too* seine Frau arbeitet mit; *(adv/allzu) I should have only too pleased to come* ich wäre zu gerne mit ihm gekommen; *(adv/allzu)* *too deeply in love* zu verliebt; *(adv/allzu)* *too much* zu viel; *why don´t you have sth to eat too?* willst du nicht mitessen?; ~ **lazy to say much** *adj*, *(ugs.)* mundfaul; ~ **little** *pron*, zuwenig; ~ **much** *pron*, zuviel; *better too much than too little* besser zuviel als zuwenig; *that´s just too much* was zuviel ist zuviel

tool, *sub*, -*s* Werkzeug; *(i. ü. S.)* Instrument; *(Garten)* Gerät; ~ **for repairing sawblades** *sub*, -*s* Schränkeisen; ~**s** *sub*, *nur Mehrz.* Rüstzeug
toot, *vi*, hupen
tooth, *sub*, - Zacken; *teeth* Zahn; *break a tooth* sich einen Zahn ausbeißen; *by the skin of one´s teeth* mit Ach und Krach; *he has a sweet tooth* er nascht gern; *(ugs.)* *I´m fed up to the back teeth!* die Angelegenheit stinkt mir!; *(ugs.)* *to be fed up to the back teeth* die Schnauze gestrichen voll haben; *(i. ü. S.)* *to defend sth tooth and nail* etwas mit den Zähnen verteidigen; *(i. ü. S.)* *to pull out a tooth* jmd einen Zahn ziehen; *(ugs.)* *to sound sb out* jmd auf den Zahn fühlen; ~**ache** *sub*, *nur Einz.* Zahnschmerz; *(ugs.)* Zahnweh; ~**brush** *pron*, Zahnbürste; ~**ed** *adj*, gezahnt; ~**ed whale** *sub*, -*s (tt; biol.)* Zahnwal; ~**gap** *sub*, - *(ugs.)* Zahnlücke; ~**paste** *sub*, -*s* Zahnpasta; ~**pick** *sub*, -*s* Stocher, Zahnstocher
tooting, *sub*, - Gehupe; **tootling** *sub*, -*s (Instr.)* Dudelei
top, (1) *adj*, obere (2) *sub*, -*s* Deckel, Mastkorb, Oberteil, Platte; *(Baum)* Gipfel; *(Gebäude)* Spitze; *the top brass* die Oberen, *at the top of one´s voice* aus voller Kehle; *everything is topsy-turvy* es geht alles drunter und drüber; *from top to bottom* von oben bis unten; *from top to toe* vom Scheitel bis zur Sohle; *I blow my top* da krieg ich zuviel; *in the top right hand corner* rechts oben; *in top form* in glänzender Form; *on top of that it was raining* noch dazu regnete es; *on top of the mountain* oben auf dem Berg; *right at the top* ganz oben; *the road to the top* der Weg nach oben; *to top sb up with sth* jmd etwas nachschenken; *top secret!* streng geheim!; *would you like the top bunk?* möchten Sie lieber oben schlafen?; ~ **condition** *sub*, - -*s* Bestform; *nur Einz.* Bestzustand; ~ **deck** *sub*, -*s* Oberdeck; ~ **fermented** *adj*, *(Bier)* obergärig; ~ **floor** *sub*, -*s* Obergeschoss; ~ **gear** *sub*, -*s* Schnellgang; ~ **grade** *sub*, -*es* Sonderklasse; ~ **hair** *sub*, *nur Einz.* Deckhaar; ~ **hat** *sub*, -*s* Zylinder; ~ **knobs** *sub*, *nur Mehrz.* Hautevolee
topaz, *sub*, -*es* Topas; ~**ine** *adj*, topasfarben, topasfarbig
topcoat, *sub*, -*s (Übermantel)* Überzieher; **topdressing** *sub*, *nur Einz.* Kopfdüngung; **topgallant sail** *sub*, -*s* Bramsegel

topic, *sub*, -s Thema; *that´s an interesting topic to discuss* das ist ein interessantes Thema für eine Diskussion; *(i. ü. S.; Gespräch) we ran out of topics* uns ist der Stoff ausgegangen; ~al *adj*, aktuell; ~ality *sub*, -ies Aktualität; ~s *sub, nur Einz.* Topik
topkick, *sub*, - *(ugs.; US mil.)* Spieß
top lawyer, *sub*, -s Staranwalt; top layer *sub*, -s Oberschicht; top management *sub*, -s Topmanagement; top movie *sub*, -s Spitzenfilm; top of the pass *sub*, *tops of the passes* Passhöhe; top of the skull *sub*, -s Schädeldach, Schädeldekke; top part *sub*, -s *(Oberteil)* Aufsatz; top play *sub*, -s Spitzenspiel; top pupil *sub*, -s Primus; top seller *sub*, -s *(wirt.)* Spitzenreiter; top sports *sub*, - Spitzensport; top up *vt*, *(nachfüllen)* auffüllen
topless, *adj*, barbusig, topless; *to be topless* oben ohne sein
topographical, *adj*, topografisch; topography *sub*, -ies Topografie; topological *adj*, topologisch; topology *sub*, *nur Einz.* Topologie
topping-out ceremony, *sub*, -ies Richtfest; *(Richtfest)* Dachgleiche
top-rate performance, *sub*, -s Spitzenleistung
prefer, *vt*, bevorzugen, präferieren, vorziehen, wollen; ~ably *adv*, vorzugsweise; ~ence *sub*, -s Bevorzugung, Präferenz, Vorliebe, Vorzug; ~ence share *sub*, -s *(tt; wirt.)* Vorzugsaktie; ~ential treatment *sub*, -s Begünstigung; *(bevorzugte Behandlung)* Bevorzugung
topsy-turvy, *adj*, kunterbunt
Torah, *sub, nur Einz.* Thora
torch, *sub*, -es Fackel, Taschenlampe; ~bearer *sub*, -s Fackelträger; ~light *sub*, -s Fackellicht; - Fackelschein
torero, *sub*, -s Torero
torment, (1) *sub*, -s Marter (2) *vt*, drangsalieren, plagen, quälen; *(i. ü. S.)* peinigen; *(quälen)* piesacken; *his life was one long torment* sein Leben war eine einzige Pein; *tormented by doubt* von Zweifeln gepeinigt; ~or *sub*, -s *(i. ü. S.)* Peiniger; ~s of Tantalus *sub, nur Mehrz.* Tantalusqualen
torn, *adj*, kaputt; *(ugs.) my stockings are torn* meine Strümpfe sind kaputt; ~ligament *sub*, -s Bänderriss; ~ muscle *sub*, -s Muskelriss
tornado, *sub*, -s Tornado
torpedo, (1) *sub*, -s Torpedierung, Torpedo (2) *vt*, torpedieren; ~-boat *sub*, -s Torpedoboot

torque, *sub*, -s Drehmoment
torrent, *sub*, -s Sturzbach, Wildbach; ~ of words *sub*, -s Wortschwall; ~ial *adj*, reißend
torsion, *sub*, -s Torsion; *(phy.)* Drall
torso, *sub*, -s/-si Torso
torture, (1) *sub*, -s Folter, Quälerei, Tortur; *(i. ü. S.)* Folter (2) *vt*, peinigen; *to torture sb till he bleeds* jmdn bis aufs Blut peinigen; ~ chamber *sub*, -s Folterkammer; ~ oneself *vr*, quälen; ~r *sub*, -s Folterer, Peiniger
Tory, *sub*, -ies Tory
toss, *vt*, wälzen; ~ and turn *vt*, *(sich - im Schlaf)* herumwerfen; ~ around *vt*, herumwerfen
total, (1) *adj*, gesamt, total (2) *sub*, -s Endsumme; *in total* unter dem Strich; *the total of my ambitions* die Summe meiner Wünsche; *total length* die ganze Länge; ~ amount *sub*, -s Gesamtsumme; ~ art work *sub*, -s Gesamtkunstwerk; ~ expenditure *sub*, -s *(Geld)* Gesamtausgabe; ~ proceeds *sub, nur Mehrz.* Gesamtgewinn; ~itarism *sub, nur Einz.* Totalitarismus; ~ity *sub*, *nur Einz.* Totalität; ~ize *vt*, totalisieren; ~ly *adv*, *(völlig)* ganz; ~ly drunk *adj*, volltrunken
totem, *sub*, -s Totem; ~ pole *sub*, -s Totempfahl; ~ism *sub, nur Einz.* Totemglaube, Totemismus; ~istic *adj*, totemistisch
totter, *vi*, wackeln; ~ing *adj*, klapprig
touch, (1) *sub*, -s Touch; -es *(a. i.ü.S.)* Berührung, *(Einrichtung, Kleidung)* Note; *(mus.)* Anschlag (2) *vt*, berühren, streifen, tangieren; *(ugs.)* anpumpen; *(anfassen)* fassen; *(berühren)* anfassen, anlangen; *(Gegenstand, Thema)* anrühren; *(seelisch)* bewegen (3) *vti*, *(an-)* tippen; *add the finishing touches to* die letzte Feile legen an, letzte Hand anlegen; *do not touch* nicht berühren!; *don´t touch!* lass die Finger davon!; *keep in touch* melde dich mal wieder!; *(i. ü. S.) keep in touch* miteinander in Berührung bleiben; *touch sth* mit etwas in Berührung kommen; *to give sth a personal touch* einer Sache eine persönlich Note verleihen, *touch so for some money* jemanden um Geld anpumpen; ~ down *vi*, *(Flugzeug)* aufsetzen; ~ lightly *vt*, antippen; ~ on *vt*, *(Thema)* anschneiden; ~ sth *vi*, *(i. ü. S.)* rühren; ~ up *vt*, tuschieren; ~-me-not *sub*, *nur Einz.* *(bot.)* Rührmichnichtan; ~-sensitive button *sub*, -s

Sensortaste; **~-typing** *sub, nur Einz.*
Zehnfingersystem; **~ed** *adj, (seelisch)*
bewegt; **~iness** *sub, nur Einz. (ugs.)*
Reizbarkeit; **~ing** *adj,* rührend, rührselig; **~line advertising** *sub, nur Einz.*
Bandenwerbung; **~y** *adj, (ugs.)* reizbar
tough, *adj,* zäh; *(ugs.)* knallhart; *(Maßnahmen)* scharf; *(physisch)* abgehärtet;
(straff) fest; *(zäh)* hart; *(ugs.) a tough
negotiator* ein knallharter Verhandlungspartner; *(ugs.) he´s as hard as
nails* er ist ein knallharter Typ; *(ugs.)
don´t come the tough guy here* spiel
hier nicht den Macker; *have a tough job*
einen schweren Stand haben; *(i. ü. S.)
to find sth too tough a nut to crack* sich
an etwas die Zähne ausbeißen; *to take
a tough line* eine Politik der starken
Hand treiben; *tough!* Pech gehabt!; **~
day** *sub, -s* Großkampftag; **~en** *vt,* stählen; **~en up** *vt,* ertüchtigen; **~ness**
sub, nur Einz. Zähigkeit; *-es (i. ü. S.)*
Härte
toupee, *sub, -s* Toupet
tour, *sub, -s* Rundfahrt, Tour, Tournee;
~ing car *sub, -s* Tourenwagen
tourism, *sub,* Fremdenverkehr; *nur
Einz.* Tourismus, Touristik; **tourist** *sub,
-s* Tourist; **tourist information office**
sub, -s Verkehrsbüro
tourmaline, *sub, -s* Turmalin
tournament, *sub, -s (Wettkampf)* Turnier
tousle, *vt, (ugs.)* zausen; **~-headed person** *sub, -s (Person)* Strubbelkopf; **~d**
adj, (Haar) strubbelig
tow, (1) *sub, nur Einz.* Werg **(2)** *vti,* treideln; **~ a car** *vt, (Auto)* anschleppen;
~ in *vt, (Schiff)* einschleppen; **~ off** *vt,
(Auto)* abschleppen; **~ards (1)** *adv,
(nach, auf, zu)* hin; *(räumlich)* entgegen; *(Richtung)* danach **(2)** *präp,* gen;
(örtl., zeitl.) gegen; *towards midday*
gegen Mittag; *on towards the sun* auf,
der Sonne entgegen; *(örtl) towards the
forest* auf den Wald zu; *jump towards*
danach springen
towel, *sub, -s* Handtuch; *throw in the
towel* die Flinte ins Korn werfen, *(i. ü.
S.)* das Handtuch werfen; **~ing** *sub,
(US)* Frottee; **~ing dress** *sub, -es* Frotteekleid; **~ling** *sub,* Frottee; **~ling
dress** *sub, -es* Frotteekleid
tower, (1) *sub, -s* Tower, Turm **(2)** *vr,*
türmen; **~ above** *vt, (größer sein)* überragen; **~ block** *sub, -s* Hochhaus; **~
bridge** *sub, -s* Towerbrücke; **~ crane**
sub, -s Turmdrehkran; **~ing** *adj,* turmhoch; **~ing rage** *sub, nur Einz.* Stinkwut

towing path, *sub, -s* Treidelpfad
town, *sub, -s* Ortschaft, Stadt; *go into
town* in die Stadt gehen; *it´s all over
town* das pfeifen ja schon die Spatzen
von den Dächern; *live out of town*
auswärts wohnen; *the best hotel in
town* das erste Haus am Platz; **~ charter** *sub, -s (hist.)* Stadtrecht; **~ chronicles** *sub, nur Mehrz.* Stadtchronik;
~ clerk´s office *sub, -s* Ordnungsamt; **~ council** *sub, -s* Stadtrat, Stadtverwaltung; **~ councillor** *sub, -s
(Person)* Stadtrat; **~ gate** *sub, -s* Stadttor; **~ gossip** *sub, -s* Stadtklatsch
town hall, *sub, -s* Rathaus; **town map**
sub, -s Stadtplan; **town musician** *sub,
-s* Stadtpfeifer; **town on a lagoon** *sub,
-s* Lagunenstadt; **town planning** *sub,
-s* Stadtplanung; **town vagrant** *sub, -s*
Stadtstreicher; **townie** *sub, -s (ugs.)*
Stadtmensch; **townscape** *sub, -s* Städtebilder
towrope, *sub, -s* Abschleppseil
toxic, *adj, (chem.)* giftig; **~ waste** *sub,
-s* Giftmüll; **~ant** *adj,* toxisch; **~olo-
gist** *sub, -s* Toxikologin; **~ology** *sub,
nur Einz.* Toxikologie; **toxin** *sub, -s*
Toxin; *(chem.)* Gift
toy, (1) *sub, -s* Spielzeug **(2)** *vt,* spielen; **~ animal** *sub, -s* Kuscheltier; **~
with an idea** *vi,* liebäugeln; *they´re
flirting with idea of living on an island* sie liebäugeln mit dem Gedanken auf einer Insel zu leben; *to toy
with the idea of buying a new car* mit
einem neuen Auto liebäugeln; **~s** *sub,
nur Mehrz.* Spielsachen
trace, (1) *sub, -s (Anflug)* Hauch; *(Zeichen)* Spur **(2)** *vt,* abpausen, durchbilden, durchpausen, durchzeichnen,
pausen, rädeln; *trace out a drawing*
eine Zeichnung sorgfältig entwerfen;
(i. ü. S.) kick over the traces über die
Stränge schlagen; **~s of blood** *sub,
nur Mehrz. (Kleidung)* Blutspur
trachea, *sub, -s (tt; med.)* Trachea
tracing back, *sub, -s* Rückführung
track, *sub, -s* Geleise; *nur Mehrz.* Gleis;
-s Pfad; *(Abdruck)* Spur; *(Rennbahn)*
Bahn; *(i. ü. S.) get onto the wrong
track* auf ein falsches Gleis geraten;
single track einfaches Gleis; *(i. ü. S.)
I´m on the right track now* jetzt bin
ich auf den richtigen Trichter gekommen; *lose track* den Überblick verlieren; *put someone on the right track*
jemanden auf die richtige Spur bringen; *track sb* jmds Fährte verfolgen; **~
down** *vt,* nachspüren; *(Person, Tier)*
aufspüren; **~ suit** *sub, -s* Joggingan-

zug; ~ **transport** *sub, -s* Schienenbahn;
~**er dog** *sub, -s* Spürhund; ~**s** *sub, nur
Mehrz.* Fährte; *be on the right tracks* auf
der richtigen Fährte sein; *be on the
wrong tracks* auf der falschen Fährte
sein; *cover up one´s tracks* seine Spuren verwischen; ~**suit** *sub, -s* Übungs-
anzug
tract, *sub, -s* Trakt; ~**ability** *sub, nur
Einz.* Lenkbarkeit; ~**able** *adj,* lenksam;
~**ate** *sub, -s* Traktat; ~**ion** *sub,* Griffigkeit; *-s* Zugkraft; ~**ive power** *sub, -s*
Zugkraft
tractor, *sub, -s* Schlepper, Traktor, Trek-
ker, Zugmaschine; ~ **driver** *sub, -s*
Traktorist
trade, (1) *sub, -s* Handel, Handwerk,
Verkehr; *(Handel)* Geschäft; *-es (Handel, Handwerk)* Gewerbe; *nur Einz.*
(Warenverkehr) Markt *(2) vi,* firmieren;
(Handel) handeln; *carry on a trade*
eine Handwerk ausüben; *foreign trade*
Handel mit dem Ausland, *trade under
the name of* firmieren unter dem Namen; ~ **fair** *sub, -s* Mustermesse; ~
margin *sub, -s* Gewinnspanne; ~ **of
goods** *sub, nur Einz.* Warenhandel; ~
on the stockexchange *vt, (Börse)* handeln; ~ **register** *sub, -s* Handelsregi-
ster; ~ **sample** *sub, -s* Warensendung;
~ **secret** *sub, - -s* Betriebsgeheimnis; *-s*
Geschäftsgeheimnis; ~ **supervisory**
sub, - Gewerbeaufsicht
trade union, *sub, -s* Gewerkschaft; **trade wind** *sub, -s* Passat; **trademark (1)**
pron, Handelsmarke **(2)** *sub, -s* Schutzmarke, Warenzeichen; *that´s my trademark* das ist meine persönliche Note;
trader *sub, -s* Handelsmann, Händler;
trader in animals *sub, traders* Tier-
händler; **tradestamp** *sub, -s* Waren-
stempel
trading, *adj,* gewerbetreibend; ~ **center** *sub, -s (US)* Handelsplatz; ~ **centre**
sub, -s Handelsplatz; ~ **company** *sub,
-ies* Handelsgesellschaft; ~ **port** *sub, -s*
Handelshafen; ~ **stamp** *sub, -s* Rabatt-
marke; ~ **vessel** *sub, -s* Handelsschiff
tradition, *sub, -s* Herkommen, Tradition, Überlieferung; *continue a tradition* an eine Tradition anknüpfen; ~**al**
adj, althergebracht, herkömmlich, traditionell; ~**al costume** *sub, -s* Tracht,
Volkstracht; ~**al enemy** *sub, -ies* Erbfeind; ~**alism** *sub, nur Einz.* Traditionalismus
tragedian, *sub, -s* Tragiker
tragedy, *sub, nur Einz.* Tragik; *-ies* Tragödie, Trauerspiel; **tragic** *adj,* tragisch;
come to a tragic end ein tragisches

Ende nehmen; **tragic poet** *sub, -s* Tragiker; **tragicomedy** *sub, -ies* Tragiko-
mödie; **tragicomic(al)** *adj,*
tragikomisch
trail, (1) *sub, -s* Fährte, Kriechspur,
Trampelpfad, Weg **(2)** *vi,* schleifen; *(i.
ü. S.)* blaze a trail Signale setzen; ~
of blood *sub, -s (Jagd)* Blutspur; ~
rope *sub, -s* Schleppseil; ~**er** *sub, -s*
Trailer; *(eines Fahrzeugs)* Anhänger
train, (1) *sub, -s* Zug; *(Kleid)* Schleppe;
(Zug) Bahn **(2)** *vi,* lernen **(3)** *vt,* abrichten, anlernen, dressieren, einarbeiten, heranbilden, schulen;
(schulen) ausbilden **(4)** *vti,* trainieren; *he is training at present* er arbeitet sich gerade ein; *go by train* mit der
Bahn fahren; ~ **control** *sub, -* Zugkontrolle; ~ **guard** *sub, -s* Zugbegleiter, Zugführer; ~ **in front** *sub, -s*
Vorzug; ~ **number** *sub, -s* Zugnummer; ~ **staff/crew** *sub, nur Mehrz.*
Zugpersonal; ~**-oil** *sub, -s* Tran; ~**ed**
adj, geübt; *(praktisch)* ausgebildet;
~**ee** *sub, -s* Auszubildende, Praktikant, Praktikantin, Referendar, Referendarin, Volontär; *(Land- u.
Forstwirtschaft)* Eleve; ~**ee nurse**
sub, -s Schwesternschülerin; ~**ee waiter** *sub, -s* Pikkolo; ~**er** *sub, -s* Dresseur, Trainer
training, *sub, -* Abrichtung; *-s* Dressur,
Einarbeitung, Schulung, Training;
(theoretisch und praktisch) Ausbildung; *do further training* sich fachlich weiterbilden; ~ **ground** *sub, -s*
Übungsplatz; ~ **school** *sub, -s* Schulschiff; **traintraffic** *sub, nur Einz.* Zugverkehr
traipse, *vi, (ugs.)* tippeln
traitor, *sub, -s* Hochverräter, Verräter,
Verräterin
traject, *sub, -s* Trajekt; ~**ory** *sub, -ies*
Geschossbahn, Trajektorien; *-es* Wurf-
bahn
tram, *sub, -s* Elektrische, Tram, Trambahn; ~**(way)** *sub, -s* Straßenbahn
tramp, (1) *sub, -s* Landstreicher,
Tramp; *(ugs.)* Pennbruder; *(Landstreicher)* Stromer; *(Person)* Streuner; *(Vagabund)* Herumtreiber **(2)** *vi,*
stromern; *(Person)* tapsen; ~**e** *sub,
-s* Trampschiff; ~**le (1)** *vt,* zerstampfen, zertrampeln **(2)** *vti,* trampeln;
trample on mit Füßen treten; ~**le to
death** *vt,* tottrampeln; ~**oline** *sub, -s*
Trampolin
trance, *sub, -s* Trance; *fall into trance*
in Trance fallen; *put someone into
trance* jemanden in Trance versetzen

tranche, *sub, -s (wirt.)* Tranche
tranquilizer, *sub, -s (US)* Beruhigungsmittel, Beruhigungsspritze
tranquillizer, *sub, -s* Tranquilizer
transaction, *sub, -s* Geschäftsabschluss,
Handel, Tätigung, Transaktion; *(Transaktion)* Geschäft; ~**s in foreign notes
and coins** *sub, -* Sortenhandel
transalpine, *adj*, transalpin; **transatlantic** *adj*, transatlantisch; **transatlantic
harbour** *sub, -s* Überseehafen
transcribe, *vt, (mus.)* transkribieren;
transcript *sub, -s (Protokoll)* Nachschrift
transept, *sub, -s* Querschiff, Transept
transfer, (1) *sub, -s* Abziehbild, Transfer,
Versetzung; *(Geld)* Überweisung;
(wirt.) Umschreibung **(2)** *vt*, transferieren, überführen, verlegen, versetzen;
(an anderer Stelle schreiben) übertragen; *(Besitz)* umschreiben; *(Geld)* abzweigen, überweisen; *(wirt.)*
umbuchen; ~ **(ticket)** *sub, -s* Umsteiger, Umsteigkarte; ~ **fee** *sub, -s (spo.)*
Ablöse, Ablösesumme; ~ **of technology** *sub, transfers* Technologietransfer;
~ **so to another bed** *vt*, umbetten; ~
to another school *vt, (Schulwechsel)*
umschulen; ~**able** *adj*, transferabel
transfigure, *vt*, verklären
transform, *vt*, transformieren, verwandeln; *(Strom)* umspannen; ~**ation** *sub,
-s* Transformation, Umschaffung, Umwandelung, Verwandlung; *(chem.)* Umsetzung; ~**er** *sub, -s* Transformator;
~**er plant** *sub, -s* Umspannwerk
transfusion, *sub, -s* Transfusion
transistor, *sub, -s* Transistor
transit, (1) *sub, -s* Transit **(2)** *vt*, transitieren; ~ **camp** *sub, -s* Auffanglager; ~
goods *sub, -* Transitware; ~ **visa** *sub, -s*
Transitvisum; ~**ion** *sub, -s* Überleitung;
~**ional period** *sub, -s* Übergangszeit;
~**ive** *adj*, transitiv; ~**ory** *adj*, transitorisch, vergänglich
translatable, *adj*, übersetzbar; **translate** *vti*, übersetzen; *translate something
into action* etwas in die Tat umsetzen;
translation *sub, -s* Wiedergabe;
(sprachlich) Übersetzung; **translator**
sub, -s Übersetzerin
transliterate, *vt*, transkribieren; **transliteration** *sub, -s* Transliteration
translucent, *adj, (durchsichtig)* luzid
transmigration of souls, *sub, -s* Seelenwanderung
transmission, *sub, -s (mot.)* Getriebe;
(phy.) Fortpflanzung; *(tech.)* Aussendung, Übermittlung, Übersetzung; ~
area *sub, -s* Sendegebiet; ~ **line** *sub, -s*

(Strom) Fernleitung; ~ **range** *sub, -s*
Sendebereich; ~ **tunnel** *sub, -s (tech.)*
Kardantunnel; **transmit** *vt*, transmittieren, übermitteln, weitergeben;
(phy.) fortpflanzen; *(tech.)* aussenden, übertragen; **transmitter** *sub, -s*
Sender; *(chem.)* Überträgerin; **transmitting installation** *sub, -s* Sendeanlage, Senderanlage; **transmutation
of sounds** *sub, -s* Lautwechsel
transom, *sub, -s* Querholz
transparency, *sub, nur Einz.* Transparenz; *-ies (Durchscheinbild)* Transparent; *(Glas/Plan)* Durchsichtigkeit;
transparent *adj*, durchschaubar,
transparent; *(Glas/Plan)* durchsichtig; *(Kochk.)* glasig
transpiration, *sub, nur Einz. (bot.)*
Transpiration; **transpire** *vi*, transpirieren
transport, (1) *sub, -s* Transport;
(Transport) Überführung **(2)** *vt*, spedieren, transportieren, verfrachten;
(Güter etc.) befördern; ~ **agent** *sub,
-s* Verfrachter; ~ **fleet** *sub, -s* Fuhrpark; ~ **glider** *sub, -s* Lastensegler; ~
**of goods in a combination with ae-
roplanes and railways** *sub, -s* Fleiverkehr; ~ **plane** *sub, -s (Flugzeug)*
Transporter; ~**able** *adj*, beförderbar,
transportabel; ~**ation** *sub, nur Einz.
(von Gütern etc.)* Beförderung; ~**ation charges** *sub, nur Mehrz.* Beförderungstarif; ~**er** *sub, -s* Transporteur;
~**ing** *sub, -s* Verfrachtung; **transposition** *sub, -s (tech.)* Umsetzung
transverse, *adj*, transversal; ~ **flute**
sub, -s Querflöte; ~ **presentation**
sub, -s (med.) Querlage
transvestism, *sub, nur Einz.* Transvestismus; **transvestite** *sub, -s* Transvestit
trap, *sub, -s* Falle; *(i. ü. S.)* Fallgrube,
Fußangel; *(i. ü. S.)* set a trap for sb
jmd eine Falle stellen; *(i. ü. S.) walk
into the trap* in die Falle gehen; *to
walk straight into the trap* ins offene
Messer laufen; ~ **(door)** *sub, -s (tt;
theat)* Versenkung
trapeze, *sub, -s (Zirkus)* Trapez; **trapeziform** *adj*, trapezförmig; **trapezium**
sub, -s (mat.) Trapez; **trapezohedron**
sub, -s Trapezoeder
trapper, *sub, -s* Trapper
trash, (1) *sub, nur Einz.* Kolportage,
Müll; *-* Schund **(2)** *vt, (ugs.)* verschlagen; *put it in the trash* in den Eimer
werfen; ~**ing** *sub, nur Einz.* Zunder;
(ugs.) to give sb a good trashing jmd
ordentlich den Ranzen vollhauen

trauma, *sub, -s* Trauma; ~**tic** *adj,* traumatisch; ~**tic fever** *sub, nur Einz. (tt; med.)* Wundfieber
travel, *vi,* anreisen, reisen, wandern; *travel light* mit leichtem Gepäck reisen; ~ **agency** *sub, -ies* Reisebüro; ~ **around** *vi,* umherreisen; ~ **costs** *sub, nur Mehrz. (Autoreise)* Fahrtkosten; ~ **cutlery** *sub, -ies* Reisebesteck; ~ **nerves** *sub, nur Mehrz.* Reisefieber; ~ **on** *vi,* weiterfahren; ~ **season** *sub, -s* Reisesaison; ~ **through** *vt,* durchfahren, durchreisen; ~ **without paying** *vi,* schwarzfahren; ~**ing salesman** *sub, - men (US)* Handelsvertreter
traveller, *sub, -s* Reisende, Wanderer; ~´**s cheque** *sub, -s* Reisescheck, Travellerscheck; **travelling alarm clock** *sub, -s* Reisewecker; **travelling around** *sub, -s* Reiserei; **travelling aroung** *sub,* Fahrerei; **travelling bag** *sub, -s* Reisetasche; **travelling circus** *sub, -es* Wanderzirkus; **travelling day** *sub, - -s* Anreisetag; **travelling disco** *sub, -s* Diskoroller
travelling expenses, *sub, nur Mehrz.* Reisekosten, Reisespesen; **travelling salesman** *sub, -men* Handelsvertreter; **travelling time** *vi,* Fahrzeit; **travelling trade** *sub, -s* Wandergewerbe; **travelling weather** *sub, -* Reisewetter; **travels** *sub, nur Einz.* Wanderschaft; *to be on one´s travels* auf Wanderschaft sein; *to go off on one´s travels* auf Wanderschaft gehen
traverse, *sub, -s* Überquerung; *(Quergang)* Traverse
travertine, *sub, -s* Travertin
travesty, (1) *sub, -ies* Travestie (2) *vt,* travestieren
trawl net, *sub, -s* Schleppnetz, Trawl; **trawler** *sub, -s* Trawler
tray, *sub, -s* Tablett
treacle, *sub, -s (Zucker-)* Sirup
tread, (1) *sub, -s* Rillenprofil; *(Tritt)* Profil (2) *vi, (mit den Füßen)* auftreten; *(ugs.) to tread on sb´s toes* jmd auf dem Schlips treten; *(i. ü. S.) tread on someone´s toes* jemandem auf die Füsse treten; *tread softly* leise auftreten; *we must tread very carefully* wir müssen sehr vorsichtig operieren; ~ **down** *vt,* niedertreten; ~ **off** *vi, (Schuhe)* abtreten; ~ **on** *vt,* zertreten; ~**ed sole** *sub, -s* Profilsohle; ~**ing water** *sub, nur Einz. (tt; spo.)* Wassertreten; ~**mill** *sub, -s (Routine)* Mühle; ~**wheel** *sub, -s* Tretrad
treason, *sub, nur Einz.* Landesverrat
treasure, *sub, -s* Kostbarkeit, Schatz; *(i.*

ü. S.) having enough time is the most precious thing for me genügend Zeit zu haben ist für mich die größte Kostbarkeit; *the little statue is a real treasure* die kleine Statue ist eine wahre Kostbarkeit; ~ **chamber** *sub, -s* Schatzkammer; ~ **hunt** *sub, -s* Schatzsuche; ~ **hunter** *sub, -s* Schatzsucher; ~ **island** *sub, -s* Schatzinsel; ~**hunter** *sub, -s* Schatzgräber; ~**r** *sub, -s* Schatzmeister; **treasury** *sub, -ies* Staatskasse; **treasury bond** *sub, -s* Schatzanweisung
treat, *vt,* therapieren; *(jemanden)* freihalten; *(Krankheit; Werkstück)* behandeln; *I´m being treated by Dr Burzler* ich bin Patient von DrBurzler; *treat oneself to sth* sich etwas erlauben; *treat so roughly* mit jmd grob umgehen, mit jmd grob umspringen; *treat so with contempt* jmd mit Verachtung strafen; ~ **in advance** *vt,* vorbehandeln; ~ **like a child** *vt,* bevormunden; ~ **oneself to sth** *vtr,* lesten; ~ **so to sth** *vt,* spendieren; ~ **so ironically** *vt,* ironisieren
treatise, *sub, -s* Abhandlung, Traktat; *a treatise on* eine Abhandlung über
treatment, *sub, -s* Behandlung, Treatment; *(eines Themas)* Bearbeitung; *to give sb the red-carpet treatment* jmdn mit Pauken und Trompeten empfangen
treble, *sub, -s* Diskant; ~ **clef** *sub, - (tt; mus.)* Violinschlüssel
tree, *sub, -s* Baum; *(i. ü. S.) be barking up the wrong tree* auf der falschen Spur sein; *(Wiese) covered in trees* mit Bäumen bestanden; *(Straße) lined with trees* mit Bäumen bestanden; *not to see the wood for the trees* den Wald vor lauter Bäumen nicht sehen; *the tree of knowledge* der Baum der Erkenntnis; ~**frog** *sub, -s* Laubfrosch; ~**nursery** *sub, - -ies* Baumschule; ~**stump** *sub, -s* Baumstumpf; ~**-trunk** *sub, - -s* Baumstamm; ~**fern** *sub, -s* Baumfarn; ~**line** *sub, -s* Baumgrenze; ~**top** *sub, -s* Baumwipfel, Wipfel; *in the treetops* in den Wipfeln der Bäume
tref, *adj,* treife
trek, *sub, -s* Treck
trellis, *sub, - (Haus)* Spalier, *-s (Spalier)* Gitter; ~ **tree** *sub, -s* Spalierbaum
tremble, (1) *sub, -s* Tatterich (2) *vi,* beben, schaudern, schlackern, zittern; *my knees are trembling* mir zittern die Knie; *to tremble all over* am ganzen Körper zittern; ~ **across** *vt,*

durchbeben; **trembling** *sub*, *nur Einz.*
Beben
tremendous, *adj*, gewaltig, großartig, riesenstark; *(Anstrengung)* enorm; *(genial)* ungeheuer; *tremendous achievement* gewaltige Leistung; *(ungeheuer) he knows a tremendous amount* er weiß unerhört viel; *she´s a tremendous woman* sie ist eine patente Frau; **~ly** *adv*, riesig; *(ugs.)* mächtig
tremolo, *sub*, *-s* Tremolo
tremor, *sub*, *-s (geol.)* Beben, Erdbewegung
trend, *sub*, *-s* Richtung, Tendenz, Trend; *(Tendenz)* Strömung; *follow a trend* eine Tendenz verfolgen; **~ change** *sub*, *-s* Tendenzwende; **~-setter** *sub*, *-s* Trendsetter; **~y** *adj*, *(ugs.)* Schikkimicki; *(Kleidung)* poppig
trespasser, *sub*, *-s* Unbefugte
triad, *sub*, *-s* Dreiklang, Triade
trial, *sub*, *-s* Aburteilung, Nervenprobe, Prozess, Trial; *- (als brauchbar etc.)* Bewährung; *-s (tt; jur.)* Verhandlung; *(Strafprozess)* Hauptverhandlung; *(Strafverf.)* Gerichtsverfahren, Gerichtsverhandlung; *(i. ü. S.) a path of trial and tribulation* ein steiniger Weg; *be on trial* unter Anklage stehen, vor Gericht stehen; *he´s a real trial* das ist eine Crux mit ihm; *he´s a trial for her* sie hat ihre Plage mit ihm; **~ and error (method)** *sub*, *nur Einz.* Trial-and-Error-Methode; **~ by ordeal** *sub*, *-s* Gottesurteil; **~ copy** *sub*, *-ies* Probenummer; **~ of one´s patience** *sub*, *-s* Geduldsprobe; **~ period** *sub*, *-s* Probezeit; **~ run** *sub*, *-s* Testlauf; **~ work** *sub*, *-* Probearbeit
triangle, *sub*, *-s* Dreieck, Triangel; **triangular** *adj*, dreieckig, triangulär; **triangular scarf** *sub*, *-s* Dreieckstuch; **triangulate** *vt*, triangulieren; **triangulation** *sub*, *-s* Triangulation
tribal chieftain, *sub*, *-s* Stammesfürst; **tribal legend** *sub*, *-s* Stammessage; **tribal name** *sub*, *-s* Stammesname; **tribalism** *sub*, *nur Einz.* Tribalismus; **tribe** *sub*, *-s (Volks-)* Stamm
tribulation, *sub*, *-s (geh.)* Mühsal; *the trials and tribulations of life* die Mühsal des Lebens
tribunal, *sub*, *-s* Tribunal
tributary, *sub*, *-ies* Nebenfluss; *(eines Flusses)* Arm
tribute, *sub*, *-s* Tribut; *(i. ü. S.) pay tribute to someone* jemandem Tribut zollen
triceps, *sub*, *-es* Trizeps
trichina, *sub*, *-s* Trichine; **trichinous**

adj, trichinös
trick, **(1)** *sub*, *-s* Finte, Kunststück, Schlich, Trick; *(i. ü. S.)* Streich; *(ugs.)* Kniff; *(Trick)* Masche; *(trickreicher Plan)* List **(2)** *vi*, tricksen; *dirty trick* gemeiner Streich; *(i. ü. S.) play a trick on so* jemandem eins auswischen; *play a trick on someone* jemanden einen Streich spielen; *(ugs.) that´s an old trick* auf den Schwindel falle ich nicht herein; *(i. ü. S.) to know all the tricks* mit allen Wassern gewaschen sein; *trick so out of sth* jemandem etwas ablisten; *use all the tricks of the trade* mit sämtlichen Finessen arbeiten; *a dirty trick* ein gemeiner Trick, ein gemeiner Trick; *once you get the trick* wenn du erst einmal den Trick heraus hast; *there´s a special trick to it* da ist ein Trick dabei; *(ugs.) he´s still trying the same old trick* er versucht es immer noch auf die alte Masche; **~ film** *sub*, *-s* Trickfilm; **~ sb** *vt*, Schnippchen; *(ugs.) to play a trick on sb* jmd ein Schnippchen schlagen; **~ery** *sub*, *-ies* Gaukelei
trickle, *vi*, kleckern, rieseln, sickern, träufeln, tröpfeln; *(rollen)* perlen; **~ down** *vi*, abperlen
tricks, *sub*, *nur Mehrz.* Finesse; **~er** *sub*, *-s* Trickdiebin; **~ing** *sub*, *-s* Trickbetrug; **tricky** *adj*, kniffelig, verzwickt; *(ugs.)* vertrackt
tricolour, *sub*, *-s* Trikolore; **tricorn** *sub*, *-s* Dreispitz; **tricycle** *sub*, *-s* Dreirad; **trident** *sub*, *-s* Dreizack, Trident
trifle, **(1)** *sub*, *-s* Bagatelle, Kleinigkeit, Lappalie; *(ugs.)* Läpperei **(2)** *vi*, scherzen; *do you find 100 marks a trifle? well, I don´t* findest du 100 Mark eine Kleinigkeit? ich aber nicht; *it´s a trifling matter for him* das ist eine Kleinigkeit für ihn; *debts like that are no longer a trifling matter* solche Schulden sind keine Lappalie mehr
trifoliate, *adj*, dreiblättrig
trigger, *sub*, *-s (einer Waffe)* Auslöser; *(Pistole, etc.)* Abzug; **~ off** *vt*, *(Krieg, Schuss)* auslösen
trigonometrical, *adj*, trigonometrisch; **trigonometry** *sub*, *nur Einz.* Trigonometrie
trill, **(1)** *sub*, *-s* Triller **(2)** *vi*, tremolieren, tremulieren, trillern
trillion, *sub*, *-s* Trillion; *(US)* Billion
trilogy, *sub*, *-ies* Trilogie
trim, **(1)** *sub*, *-s* Trimmung **(2)** *vt*, abgraten, kappen, stutzen, verbrämen; *(eine Hecke)* beschneiden *(tech.)* trimmen

trimester, *sub, -s* Trimester
trimming, *sub, -s* Besatz, Verbrämung;
nur Einz. (einer Hecke) Beschneidung;
~s *sub, nur Mehrz.* Beiwerk; *with all
the trimmings* mit allen Finessen (zB
Auto)
Trinity, *sub, -ies* Dreifaltigkeit; *nur Einz.*
Trinität
trinkets, *sub, -* Tand
trio, *sub, -s* Terzett, Trio
trip, (1) *sub, -s (Ausflug)* Fahrt; *(Fahrt)*
Tour (2) *vi,* stolpern, tippeln, trippeln;
go on a trip eine Fahrt machen; *take a
trip* eine Fahrt machen, *(Landpartie) to
go on a trip* eine Partie machen; *trip so
up* jmd ein Bein stellen; *(i. ü. S.) trip so
up with sth* jmd einen Strick aus etwas
drehen; **~ abroad** *sub, -s -* Auslandsrei-
se; **~ along on high heels** *vi,* stöckeln;
~ there *sub, -s* Hinreise; **~ to Switzerland** *sub, -s* Schweizreise; **~ wire** *sub,
-s* Stolperdraht
tripe, *sub, -s (gastr.)* Gekröse
triple, *adj,* dreifach; *in triplicate* in dreifacher Ausfertigung; **~t** *sub, -s* Drilling;
tripod *sub, -s* Stativ
trite, *adj, (platt)* banal
triumph, (1) *sub, -s* Triumph (2) *vi,* triumphieren; *make justice triumph* der
Gerechtigkeit zum Sieg verhelfen; **~al
chariot** *sub, -s* Triumphwagen; **~ant**
adj, triumphal; **~ant expression** *sub,
-s* Siegermiene
triumvirate, *sub, -s* Dreigestirn, Triumvirat
Triune God, *sub,* Dreieinigkeit
trivial, *adj,* läppisch, trivial; *(unbedeutend)* nichtig; **~ stuff** *sub, nur Einz.
(ugs.)* Kleinkram; **~ity** *sub, -ies* Nebensache, Trivialität; *(Bedeutungslosigkeit,
Kleinigkeit)* Nichtigkeit; *(Unwichtiges)*
Belanglosigkeit; **~ize** *vt,* veräußerlichen, verniedlichen
trochee, *sub, -s* Trochäus
trochophore, *sub, -s* Trochophora
troika, *sub, -s* Troika
troll, *sub, -s* Troll
trolley, *sub, -s* Obus, Servierwagen;
(Schienenfahrzeug) Draisine
trombone, *sub, -s* Posaune; **~ band** *sub,
-s* Posaunenchor; **trombonist** *sub, -s*
Posaunistin
troop, *sub, -s (Arbeits-)* Trupp; *(mil.)*
Truppe; **~s** *sub, nur Mehrz.* Truppen
trophy, *sub, -ies* Trophäe
tropic, *sub, -s* Wendekreis; **~al** *adj,* tro-
pisch; **~al and subtropical fruit** *sub,
-s* Südfrucht; **~al climate** *sub, -s* Tro-
penklima; **~al fever** *sub, -s* Tropenfie-
ber; **~al suit** *sub, -s* Tropenanzug; **~s**

sub, nur Mehrz. Tropen; **tropism** *sub,
-s* Tropismus; **troposphere** *sub, nur
Einz.* Troposphäre
trot, (1) *sub, -* Laufschritt; *nur Einz.*
Trab; *-s (Gangart)* Trott (2) *vi,* traben,
trotteln; *at a trot* im Trab; **~ along** *vi,*
trotten
Trotskyism, *sub, nur Einz.* Trotzkismus; **Trotskyist** *sub, -s* Trotzkist
troubadour, *sub, -s* Troubadour
trouble, *sub, -s* Ärger; *nur Einz.* Bredouille; *-s* Mühe, Trouble, Ungemach;
nur Einz. (ugs.) Schererei; *-s* Schwulität; *nur Einz.* Zoff; *-s (Ärger)* Sorge;
(einer Aufgabe) Beschwerlichkeit;
(Mühe) Arbeit; *(Schwierigkeit)* Unannehmlichkeit; *(Sorge)* Not; *cause
trouble* Ärger verursachen; *there will
be trouble* das wird Ärger geben; *be in
real trouble* in der Bredouille stecken;
to be worth the trouble die Mühe wert
sein; *to have a tremendous amount of
trouble* alle Mühe haben; *to take no
trouble* sich keine Mühe geben; *without any trouble* ohne Mühe; *a
trouble area* ein neuralgischer Punkt;
don´t trouble yourself on my account
machen Sie sich meinetwasegen keine
Umstände!; *(i. ü. S.) get into trouble*
in Teufels Küche kommen; *get into
trouble with* es zu tun bekommen mit;
if it isn´t too much trouble wenn es
Ihnen keine Mühe macht; *that has
caused nothing but trouble* es hat mir
nichts als Ärger eingebracht; *this
Group is always making trouble* diese
Gruppe macht ständig Opposition; *this
topic is a trouble spot* dieses Thema ist ein neuralgischer Punkt; *to get
sb out of trouble* jmdn aus einer Misere herausholen; *(ugs.) to stir up
trouble* Unruhe stiften; *what´s the
trouble* wo drückt der Schuh?; *this
causes a lot of trouble* das macht eine
Menge Arbeit; *get into trouble* Unannehmlichkeiten bekommen; **~ maker** *sub, -s* Provokateur, Störenfried;
(i. ü. S.) Früchtchen; *(ugs.)* Quertreiber; **~ taken** *sub, troubles* Mühewal-
tung; **~ with** *sub, -* Crux; **~-free** *adj,
(ugs.)* reibungslos; *(ugs.) trouble-free
digs* eine sturmfreie Bude; **~d** *adj,*
sorgenschwer, unruhig
trough, *sub, -s* Trog
trouser pocket, *sub, -s* Hosentasche;
trouser stripes *sub, -* Lampassen;
trousers *sub, nur Mehrz.* Beinkleid,
Hose
trousseau, *sub, -s* Aussteuer
trout, *sub, -s* Forelle

truce 1236

truce, *sub, nur Einz.* Burgfrieden
truck, *sub, -s* Brummi, Lastauto, Lastwagen, Truck; *(Eisenbahn)* Lore; *truckstop* Brummi-Treff; ~ **farming** *sub, -s (US)* Gemüseanbau
trudge, *vi,* stapfen
true, *adj,* wahr, wahrhaft; *(tech.)* genau; *(wahr)* echt, eigentlich; *it can´t be true* das darf doch nicht wahr sein; *a true Englishman* ein echter Engländer; *come true* in Erfüllung gehen; *in the true sense of the word* im eigentlichen Sinne; *is that true?* stimmt das?; *it can´t be true that* es kann nicht angehen, dass; *to come true* Wirklichkeit werden; *true to his name* Nomen est Omen; ~ **to style** *adj,* stilecht
truffle, *sub, -s* Trüffel; ~**d sausage** *sub, -s* Trüffelwurst
truly, *adv,* wahrhaft; ~ **devoted** *adj,* treu ergeben
trump, (1) *sub, -s* Trumpf (2) *vti,* trumpfen; *(i. ü. S.) hearts are trumps* Herz ist Trumpf; *(i. ü. S.) hold all the trumps* alle Trümpfe in der Hand haben, *play a trump* einen Trumpf ausspielen; ~ **(card)** *sub, -s* Trumpfkarte; ~ **(suit)** *sub, -s* Trumpffarbe; ~**ery** *sub, -ies* Flitterwerk
trumpet, *sub, -s* Trompete; *(i. ü. S.) to blow one´s own trumpet* sich selbst auf die Schulter klopfen; ~**er** *sub, -s* Trompeter
truncheon, *sub, -s* Gummiknüppel, Schlagstock
trunk, *sub, -s* Oberkörper, Rumpf, Rüssel; *(bot.)* Stamm; ~**like** *adj,* rüsselförmig
truth, *sub, -* Wahrheit; *that is getting nearer the truth* das kommt der Wahrheit schon näher; *there was a lot of truth in it* du hast ein wahres Wort gesprochen; *to tell the truth* um die Wahrheit zu sagen; *to tell you the truth* offen gestanden; *truth will out* Lügen haben kurze Beine; ~**ful** *adj,* wahrhaft; *(wahrhaftig)* ehrlich; ~**fulness** *sub, nur Einz.* Ehrlichkeit
try, (1) *sub, -s* Versuch (2) *vt,* versuchen (3) *vti,* probieren; *be prepared to try anything* zu allem bereit sein; *can I try a bit?* darf ich mal naschen?; *have an other try* einen neuen Anlauf nehmen; *there´s no point in even trying* das zu versuchen ist aussichtslos; *try a little harder* sich stärker anstrengen; ~ **(out)** *vt,* ausprobieren; ~ **hard** *vi,* bemühen; *try hard to get sth* sich um etwasa bemühen; ~ **on** *vt,* anprobieren; ~ **to find out** *vt,* nachforschen; ~ **to get out**

of *vr, (sich - um)* herumdrücken; ~ **to persuade** (1) *sub, - (i. ü. S.)* Zureden (2) *vi,* zureden
tsar, *sub, -s* Zar; ~ **family** *sub, -es (ugs.)* Zarenfamilie; ~**dom** *sub, nur Einz.* Zarentum; ~**ism** *sub, nur Einz. (ugs.)* Zarismus; ~**ist** *adj,* zaristisch
tsetse fly, *sub, -ies* Tsetsefliege; **tsetse plague** *sub, -s* Tsetseplage
T-shirt, *sub, -s* T-Shirt
tub, *sub, -s* Bottich, Butte, Küvelierung, Wanne; ~ **of lard** *sub, -s* Fettsack
tuba, *sub, -s* Tuba
tube, *sub, -s* Röhre, Tube, Tubus; *(ugs.)* Zuber; ~**less** *adj,* schlauchlos
tuber, *sub, -s* Knolle
tubercle, *sub, -s* Tuberkel
tubercular, *adj,* lungenkrank; **tuberculosis** *sub, -* Tuberkulose; **tuberculous** *adj,* tuberkulös
tubular, *adj,* tubulär
tucan, *sub, -s* Tukan
tuck, (1) *sub, -s* Aufnäher (2) *vt,* verpacken; *to tuck in* es sich schmekken lassen; *to tuck sb up* jmdn ins Bett packen; *tuck in!* greif nur ordentlich zu!; ~ **away** *vt, (ugs.)* verspachteln; ~ **up** *vt, (Ärmel)* umschlagen
Tuesday, *sub, -s* Dienstag; *he is coming on Tuesday* er kommt Dienstag; *on Tuedsdays* jeden Dienstag; *on Tuesday* am Dienstag; *on Tuesday morning(s)* Dienstag morgens; *the whole of Tuesday* den ganzen Dienstag; *Tuedsday, April 13 th* Dienstag, der 13 April; *Tuesday morning* Dienstagmorgen; ~**(´s)** *adj,* dienstäglich
tuft, *sub, -s* Troddel; *(zool.)* Federbusch
tuition, *sub, -s* Unterricht
tulip, *sub, -s* Tulpe
tulle, *sub, -s* Tüll; ~ **veil** *sub, -s* Tüllschleier
tumble, (1) *vi,* purzeln; *(ugs.)* plumpsen (2) *vr,* walken; ~ **down** *vi,* zerfallen; ~**r** *sub, -s* Gaukler, Stehaufmännchen; ~**r switch** *sub, -es* Kippschalter
tumo(u)r, *sub, -s* Tumor; **tumor** *sub, -s (med. US)* Geschwulst; **tumour** *sub, -s* Blastom; *(med.)* Geschwulst; *malignancy of a tumour* Bösartigkeit eines Tumors
tumult, *sub, -* Getümmel; *-s* Tumult
tumulus, *sub, -li* Tumulus
tundra, *sub, -s* Tundra
tune, (1) *sub, -s* Melodie (2) *vt,* tunen; *(mus.)* abstimmen, stimmen; *to the tune of* nach der Melodie von, *(i. ü. S.) change one´s tune* eine andere Tonart

anschlagen; *(mus.)* *the orchestra is tuning up* das Orchester stimmt die Instrumente; *tune a radio* ein Radio einstellen; **~r** *sub, -s* Tuner
tunic, *sub, -s* Tunika
tuning, *sub, -s* Tuning; *(mus.)* Abstimmung; **~ fork** *sub, -s* Stimmgabel
tunnel, *sub, -s* Stollengang, Tunnel
turban, *sub, -s* Turban; **~-like** *adj,* turbanartig
turbine, *sub, -s* Turbine
turbocharger, *sub, -s* Turbolader
turbot, *sub, -s* Steinbutt
tureen, *sub, -s* Terrine
turf, *sub, -s* Grasnarbe, Turf; *-s oder turves (Gras~)* Narbe
Turk, *sub, -s* Türke; **~ey** *sub, nur Einz.* Türkei; *-s* Turkey; **turkey cock** *sub, -s* Puter, Truthahn; **turkey hen** *sub, -s* Pute, Truthenne; **~ey red** *sub, nur Einz.* Türkischrot; **~ic language** *sub, -s* Turksprache; **turkicize** *vt,* turkisieren; **~ish** *adj,* türkisch; **~ish scimitar** *sub, -s* Türkensäbel; **~menian** *adj,* turkmenisch
turmeric, *sub, nur Einz.* Kurkuma
turmoil, *sub, -s* Gewühl; *(Unruhe)* Aufruhr
turn, (1) *sub, -s* Törn, Turn, Wendung; *(allg.)* Umdrehung (2) *vi,* abbiegen, biegen (3) *vr,* wenden (4) *vt,* drechseln, schalten, wenden (5) *vti,* drehen, einbiegen (6) *vtr,* verkehren; *turn round a corner* um eine Ecke biegen, *a half turn* eine halbe Drehung; *do so a bad turn* jemanden einen Bärendienst erweisen; *do so a good/bad turn* jmd einen guten/schlechten Dienst erweisen; *it really turns you off* es ist zum davonlaufen; *it turned out that* es fand sich, dass; *it´s his turn* er ist an der Reihe; *it´s my turn* ich bin dran; *take it in turns with* so sich mit jemandem ablösen; *take turns at working* sich beim Arbeiten ablösen; *to turn one´s back* jemanden den Rücken zudrehen; *to turn sb into sth* jmdn zu etwas machen; *turn a country into a battlefield* ein Land mit Krieg überziehen; *turn down (up) the radio* das Radio leiser (lauter) stellen; *turn into* ausarten in, sich auflösen in; *turn sb´s place upside down* jmd die Bude auf den Kopf stellen; *(i. ü. S.) turn the tables* dem Spieß umdrehen, *turn into the next street* in die nächste Straße einbiegen; *turn left/right* nach links/rechts einbiegen; *turn the corner* um die Ecke biegen; *turn this way* geh hier entlang; *turn traitor* zum Verräter werden; **~ (one´s back)** *vt,* kehren; **~ (one´s eyes)** *vt,* kehren; **~ away** (1) *vi,* abwenden (2) *vt,* zurückweisen; *(wegschicken)* abweisen, abwiegeln; **~ away from** *vi,* abkehren; **~ back** (1) *vi,* kehrtmachen, umkehren (2) *vr,* zurückwenden (3) *vt,* zurückdrehen; **~ blue** *vt,* blaumachen; **~ down** *vt, (Bewerbung)* ablehnen; *(Kragen)* umschlagen; **~ green** *vi,* grünen; *(Bäume)* begrünen; **~ grey** *vi,* ergrauen; **~ to gold** *vt, (i. ü. S.)* vergolden
turncoat, *sub, -s (ugs.)* Wendehals; *(polit.)* Überläufer; **turned inside** *adj,* Einstülpung
turnery, *sub, -ies* Drechslerei
turning back, *sub, nur Einz.* Umkehr; **turning manoeuvre** *sub, -s (tt; spo.)* Wendemanöver; **turning off** *sub, -s -* Abschaltung; **turning on** *sub, nur Einz.* Einschaltung; **turning point** *sub, -s* Wende
turn in(to), *vti,* einschwenken; *turn into the gateway* in die Toreinfahrt einschwenken; **turn inside out** *vt,* umstülpen; *(umwenden)* umkrempeln; **turn of a thread** *sub, -s* Gewindegang; **turn of the century** *sub, -s* Jahrhundertwende; **turn of the year** *sub, -s* Jahreswende; **turn off** (1) *vi, (Wasser, etc.)* abdrehen (2) *vt,* zudrehen; *(ausschalten)* ausmachen; *(Gerät)* abschalten; **turn on** *vt,* andrehen; *(anschalten)* anstellen; *(Wasser, etc.)* aufdrehen; **turn out** (1) *vi, (ausfallen)* geraten (2) *vr, (sich)* herausstellen (3) *vt, (Situation)* ergeben; *everything turns out right with him* ihm gerät alles; *it hasn´t turned out well* das ist mir nicht geraten; *turn out to so´s advantage* jmdm zum Vorteil geraten, *the cake has turned out well* der Kuchen ist gut gelungen; *turn out well* gut ausfallen
turnip, *sub, -s* Futterrübe, Rübe, Steckrübe
turn-off, *sub, -s* Abzweigung
turn out to be, *vi,* entpuppen; **turn over** (1) *vr,* überschlagen (2) *vt,* umdrehen, umwenden; *(Erde)* aufwühlen; *(Seite)* umschlagen; *(wirt.)* umsetzen (3) *vtr, (Liegendes)* herumdrehen; **turn pale** *vi,* erbleichen; **turn round** (1) *vi,* umbiegen, wenden (2) *vr,* umdrehen, umwenden (3) *vtr,* herumdrehen
turnover, *sub, -s* Umsatz; **~ balance** *sub, -s* Summenbilanz
turn so´s head, *vt,* betören; **turn sth into sth** *vt,* umfunktionieren; **turn**

sth round *vt*, umlenken; **turn the headlamps on full beam** *vt*, aufblenden; **turn to** *vr*, zuwenden; **turn up (1)** *vi*, *(ugs.)* aufkreuzen; *(ugs.; erscheinen)* auftauchen **(2)** *vt*, hochklappen, hochschlagen; *(Ärmel etc.)* umkrempeln; **turn one´s nose** *vt*, *(Nase)* rümpfen; **turn upside down** *vt*, stürzen, umstülpen; **turn-back sleeve** *sub*, *-s* Stulpenärmel; **turn-up** *sub*, *-s (einer Hose)* Aufschlag
turntable, *sub*, *-s* Drehscheibe, Plattenteller
turquoise, (1) *adj*, türkis, türkisfarben, türkisfarbig **(2)** *sub*, *-s* Türkis
turret, *sub*, *-s* Türmchen
turtle, *sub*, *-s* Schildkröte; ~**dove** *sub*, *-s* Turteltaube
tusk, *sub*, *-s (zool.)* Stoßzahn
tussle, (1) *sub*, *-s* Katzbalgerei **(2)** *vi*, katzbalgen, rangeln
tutor, *sub*, *-s* Tutor
tutti-frutti, *sub*, *-s* Tuttifrutti
tuxedo, *sub*, *-s (US)* Smoking
TV, *sub*, *-s* Fernseher; *nur Einz. (ugs.)* Mattscheibe; ~ **cabinet** *sub*, *-s* Fernsehtruhe; ~**-film** *sub*, *-s* Fernsehfilm; ~**-set** *sub*, *-s* Fernsehgerät; ~**-viewer** *vi*, *(Zuschauer)* Fernseher
twaddle, *sub*, *-s* Gewäsch; *(ugs.)* Schnickschnack
tweak, *vt*, ziepen
tweed, *sub*, *-s* Tweed
tweezers, *sub*, *nur Mehrz.* Pinzette
twelfth, *sub*, *-* Zwölftel; **twelve** *adj*, zwölf; **twelve and a half** *adj*, zwölfeinhalb; **twelve thousand** *adj*, zwölftausend; **twelve-axeled** *adj*, zwölfachsig; **twelve-fighter** *sub*, *-* Zwölfkämpfer; **twelve-tone-music** *sub*, *-* Zwölftonmusik; **twelve-tone-technique** *sub*, *-s* Dodekaphonie; **twentieth** *adj*, zwanzigst; **twenty** *adj*, zwanzig; *ob, to be twenty again!* man müsste nochmal zwanzig sein!; **twenty times** *sub*, *-* Zwanzigfach
twice, *adv*, zweimal; *twice as big* doppelt so gross; *twice his age* noch einmal so alt; ~ **(as)** *adv*, *(zweimal)* doppelt; *that´s just saying the same thing twice over* das ist doppelt gemoppelt; *try twice as hard* sich doppelt anstrengen; *twice as lonely* doppelt einsam
twiddling, *sub*, *-s* Fummelei
twilight, *sub*, *-s* Dämmerlicht; *nur Einz.* Zwielicht; *these twilight figures of the underworld* diese obskuren Gestalten der Unterwelt; ~ **hour** *sub*, *-s* Dämmerstunde
twill, *sub*, *nur Einz.* Drillich; *-s* Köper; ~ **trousers (am: pants)** *sub*, *nur Mehrz.*

Drillichhose; ~ **weave** *sub*, *nur Einz.* Köperbindung
twin, *sub*, *-s* Zwilling; ~ **town** *sub*, *-s* Partnerstadt; ~**-research** *sub*, *-es* Zwillingsforschung; ~**set** *sub*, *-s* Twinset
twine, *sub*, *-s* Zwirnsfaden; ~ **(a)round** *vt*, umranken; ~ **round** *vt*, *(Pflanze)* umschlingen
twinkle, *vi*, *(Sterne)* funkeln
twinning, *sub*, *-s (Städte-)* Partnerschaft
twirl, *vt*, zwirbeln
twist, (1) *sub*, *-s (tech.)* Torsion **(2)** *vt*, verdrehen, verziehen; *(ugs.)* verknacksen; *twist so´s arm* jmd den Arm umdrehen; ~ **drill** *sub*, *-s* Spiralbohrer, Wendelbohrer; ~**er** *sub*, *-s (US)* Tornado; ~**ing** *sub*, *-s* Umschlingung; ~**y** *adj*, winkelig
twit, *sub*, *-s (vulg.)* Depp; *(Dummkopf)* Ochse
twitch, *vti*, zucken; ~ **back** *vi*, zurückzucken; ~**ing** *sub*, *-s* Tic
twitter, *vi*, schilpen, zwitschern
two, *adj*, zwei; *two sausages* ein Paar Würstchen; ~ **and a half** *adj*, zweieinhalb; ~ **page** *adj*, doppelseitig; ~ **players challenging for a ball at the same time** *sub*, *- (Fußball)* Pressschlag; ~ **sorts of** *adj*, zweierlei; ~ **thousand** *adj*, zweitausend; ~ **times** *adv*, zweimal; ~**-channel-sound** *sub*, *-s* Zweikanalton; ~**-engined** *adj*, zweimotorig; ~**-faced** *adj*, doppelzüngig; ~**-family house** *pron*, Zweifamilienhaus; ~**-figure** *adj*, zweistellig; ~**-handed** *adj*, zweihändig; ~**-hours (1)** *adj*, zweistündig **(2)** *adv*, *(i. ü. S.)* zweistündlich; ~**-liner** *sub*, *-* Zweizeiler; ~**-man-boat** *sub*, *-s (i. ü. S.)* Zweimannboot
two-piece dress, *sub*, *-es* Jackenkleid; **two hundred** *adj*, zweihundert; **two-pounder** *sub*, *- (i. ü. S.)* Zweipfünder; **two-seater** *sub*, *-* Zweisitzer; **two-storey** *adj*, zweistöckig; **two-stroke engine** *sub*, *-s* Zweitaktmotor; **two-templed** *adj*, zweischläfig; **two-wheeled** *adj*, zweiräderig; **two-winged** *adj*, *(ugs.)* zweiflüglig
tying, *sub*, *-s* Verknüpfung; ~ **up** *sub*, *-s* Verschnürung
type, (1) *sub*, *-* Letter; *-s* Typ; *hier nur Einz. (i. ü. S.)* Kaliber; *-s (Mensch)* Natur; *(Scheibmaschinen-)* Type **(2)** *vt*, *(ugs.)* abtippen; *my secretary typed the letter as I dictated it* ich habe den Brief meiner Sekretärin in die Maschine diktiert; *to type sth* etwas auf

der Maschine schreiben; *he´s not my type* er ist nicht mein Typ; *(ugs.) he´s not my type* er ist nicht mein Kaliber; *she´s a good-natured type* sie ist eine gutmütige Natur; ~ **area** *sub*, *-s* Satzspiegel; ~ **in shorthand** *vt*, stenotypieren; ~ **of calculation** *sub*, *-s* Rechnungsart; ~ **of car** *sub*, *-s* Wagentyp; ~ **of clay** *sub*, *types (mineralogisch)* Tonart; ~ **of coffee** *sub*, *-s* Kaffeesorte; ~ **of firm** *sub*, *-s* *-s* Betriebsform; ~ **of rock** *sub*, *-s* Gesteinsart; ~ **of skeleton** *sub*, *types* Skelettform; ~ **of vine** *sub*, *-s* Rebsorte; ~ **size** *sub*, *-s* Schriftgrad

type(write), *vti, (Schreibmaschine)* tippen; **type-compositor** *sub*, *-s* Setzer; **type-setter** *sub*, *-s (Verlag)* Setzer; **typesetting room** *sub*, *-s (Firma)* Setzerei; **typewriter** *sub*, *-s* Schreibmaschine

typhoon, *sub*, *-s* Taifun

typhous, *adj*, typhös

typical, *adj*, typisch; *(Britisch)* echt; *that attitude is typical of him* diese Einstellung passt zu ihm; *that´s typical of him* das ist bezeichnend für ihn; *this is typi-cal British humour* das ist echt Britischer Humor; *typical* wie es im Buche steht

typist, *sub*, *-s* Schreibkraft, Tippfräulein; **typographic(al)** *adj*, typografisch; **typography** *sub*, *-ies* Typografie; **typology** *sub*, *-ies* Typik; **typoscript** *sub*, *-s* Typoskript

tyrannical, *adj*, tyrannisch; ~ **nature** *sub*, *- (stärker)* Herrschsucht; **tyrannize** *vt*, tyrannisieren; **tyranny** *sub*, *-ies* Gewaltherrschaft, Tyrannei; *nur Mehrz. (i. ü. S.)* Knute; *they lived under his tyranny* sie lebten unter seiner Knute; **tyrant** *sub*, *-s* Tyrann

tyre, *sub*, *-s* Autoreifen, Reifen; *let the tyres down* die Luft aus den Reifen ablassen; ~ **pressure** *sub*, *-s* Reifendruck; ~ **tread** *sub*, *-s* Reifenprofil; ~**s** *sub*, *nur Mehrz.* Bereifung

Tyrol, *sub*, *-* Tirol; ~**ean** *adj*, tirolerisch

tzaziki, *sub*, *-s* Zaziki

U

ubiquitous, *adj*, ubiquitär
U-certificated, *adj*, jugendfrei
udder, *sub*, *-s* Euter
ugliness, *sub*, *nur Einz.* Hässlichkeit;
ugly *adj*, hässlich; *(ugs.)* aasig; *as ugly
as a sin* hässlich wie die Nacht; ugly
mug *sub*, *-s (ugs.; hässl. Gesicht)* Fratze
uhlan, *sub*, *-s* Ulan; ~´s tunic *sub*, *-s*
Ulanka
ukase, *sub*, *-s* Ukas
ukulele, *sub*, *-s* Ukulele
ulcer, *sub*, *-s* Schwäre; *(med.)* Geschwür; ~ate *vi*, ulzerieren; ~ated *adj*,
(Bein) offen; ~ation *sub*, *-s* Ulzeration;
~ous *adj*, ulzerös
ulterior motive, *sub*, *-s* Nebengedanke;
(negativ) Hintergedanke; *have an ulterior motive* einen Hintergedanken bei
etwas haben
ultimate, (1) *adj*, *(höchstmöglich)* letzt
(2) *sub*, *-s* Nonplusultra; ultimatum
sub, *-s* Ultimatum
ultra, *sub*, *-s* Ultra; ~light *adj*, super-
leicht; ~modern *adj*, hypermodern,
supermodern; ~sound *sub*, *nur Einz.*
Ultraschall; ~violet *adj*, ultraviolett;
~violet lamp *sub*, *-s* Höhensonne
umbel, *sub*, *-s* Dolde
umber, *sub*, *-* Umbra
umbilical cord, *sub*, *-s* Nabelschnur; *cut
the umbilical cord* ein Baby abnabeln
umbilicus, *sub*, *-es* Nabel
umbrella, *sub*, *-s* Regenschirm, Schirm;
~ cover *sub*, *-s* Schirmhülle; ~ factory
sub, *-ies* Schirmfabrik
umlaut, *sub*, *-s* Umlaut
umpteen times, *adv*, x-mal
unable, *adj*, außer Stande; *be unable to
do sth* außer Stande sein etwas zu tun;
~ to do sth. *adj*, unkundig
unabridged, *adj*, *(Buch)* ungekürzt
unacceptable, *adj*, inakzeptabel, unannehmbar
unaccustomed, *adj*, ungewohnt
unadulterated, *adj*, unverfälscht
unaesthetic, *adj*, unästhetisch
unalterable, *adj*, *(unwiderruflich)* unabänderlich
unambiguous, *adj*, *(zweifelsfrei)* eindeutig; unambitious *adj*, unprätentiös
unanimity, *sub*, *-ies* Einmütigkeit; *nur
Einz.* Einstimmigkeit; unanimous *adj*,
ausnahmslos, einhellig, einmütig; *(Beschluss)* einstimmig; *have an unanimous opinion* einhellig einer Meinung
sein
unannounced, *adj*, unangemeldet
unappetizing, *adj*, unappetitlich

unapproachable, *adj*, unnahbar
unarmed, *adj*, unbewaffnet
unarticulated, *adj*, unartikuliert
unassailable, *adj*, unangreifbar
unattainable, *adj*, unerreichbar; unattained *adj*, unerreicht
unauthoritative, *adv*, unmaßgeblich;
unauthorized *adj*, eigenmächtig, unbefugt, unberechtigt; unauthorized
person *sub*, *-s* Unbefugte
unavailable, *adj*, indisponibel, vergriffen
unavoidable, *adj*, unausweichlich, unumgänglich, unvermeidbar
unawareness, *sub*, *nur Einz. (Nichtahnung)* Arglosigkeit
unbalanced, *adj*, unausgeglichen;
(unausgewogen) einseitig; unbalanced diet einseitige Ernährung
unbearable, *adj*, unerträglich; *(i. ü. S.;
Person)* ungenießbar; *It´s unbearable* Es ist nicht zum aushalten
unbefitting, *adj*, *(i. ü. S.)* unzukömmlich
unbelieving, *adj*, ungläubig
unbiased, *adj*, unparteilich, unvoreingenommen, wertfrei; unbiasness
sub, *nur Einz.* Unvoreingenommenheit
unblockable, *adj*, unverbaubar
unbloody, *adj*, unblutig
unborn child, *sub*, *children (geh.)* Lei-
besfrucht
unbound, *adj*, ungebunden
unbreakable, *adj*, bruchsicher, unzerbrechlich
unbroken, *adj*, ungebrochen, ununterbrochen
unbuckle, *vr*, *(Gegenstand)* abschnallen
unbutton, *vt*, abknöpfen, aufknöpfen
unceasing, *adj*, unablässig
uncertain, *adj*, unbestimmt, ungewiss,
unklar, unsicher; ~ty *sub*, *-* Ungewissheit; *-es* Unsicherheit
unchallenged, *adj*, unangefochten
unchanged, *adj*, unverändert
unchaste, *adj*, unkeusch; unchastity
sub, *nur Einz.* Unkeuschheit
uncle, *sub*, *-s* Onkel; *(veraltet)* Oheim
unclean, *adj*, unrein, unreinlich; ~li-
ness *sub*, *nur Einz.* Unreinlichkeit
unclear, *adj*, missverständlich, unklar,
unübersichtlich
uncomfortable, *adj*, ungemütlich;
(ugs.) mulmig; *(körperlich)* unbehaglich; *(ungemütlich)* unbequem;

things are getting uncomfortable es wird mulmig
uncommon, *adj*, apart
uncommunicative, *adj*, *(ugs.)* maulfaul
uncomplaisance, *sub*, *nur Einz.* Ungefälligkeit
uncompleted, *adj*, unfertig
uncomplicated, *adj*, unkompliziert
uncomprehending, *adj*, verständnislos
uncompromising, *adj*, kompromisslos
unconcealed, *adj*, unverhohlen
unconcerned, *adj*, teilnahmslos, unbekümmert
unconditional, *adj*, *(Kapitulation etc.)* bedingungslos; **~ly** *adv*, bedingungslos
unconfirmed, *adj*, unbestätigt
unconquerable, *adj*, unbesieglich; *(Berg etc.)* unbezwingbar; **unconquered** *adj*, unbewältigt
unconscious, *adj*, besinnungslos, bewusstlos, ohnmächtig, unbewusst; **~ness** *sub, nur Einz.* Bewusstlosigkeit; *in a deep state of unconsciousness* in tiefer Bewusstlosigkeit
unconstitutional, *adj*, verfassungswidrig
uncontrollable, *adj*, unbezähmbar; **uncontrolled** *adj*, unbeherrscht
uncouple, *vt*, abkoppeln; *(Anhänger)* auskuppeln; **uncoupling** *sub*, *-s* Abkoppelung
uncouraged, *adj*, unmutig
uncouth, *adj*, grobschlächtig; **~ adolescence** *sub, nur Einz.* Flegeljahre
uncover, *vt*, entblößen, entschleiern; *(Bett)* aufdecken; *(Gegenstand)* abdecken; *(Tisch)* abdecken
uncovered, *adj*, hüllenlos; *(Scheck)* ungedeckt
uncriminal, *adj*, unsträflich
unctuous, *adj*, salbungsvoll
uncultivated, *adj*, brach, unkultiviert; *(Feld)* unbebaut; **~ field** *sub*, *-s* Brachfeld
uncultured, *adj*, *(unkultiviert)* ungebildet; **uncured tobacco** *sub, nur Einz.* Rohtabak
uncut, *adj*, *(Film)* ungekürzt; *(tt; tech.)* ungeschliffen
undamaged, *adj*, unbeschädigt, unversehrt
undaunted, *adj*, unerschrocken, unverzagt; **~ness** *sub, nur Einz.* Unverzagtheit
undecided, *adj*, unschlüssig; *(noch nicht entschieden)* unentschieden; *to be undecided* über etwas unschlüssig sein; **undecisive** *adj*, *(unentschlossen)* unentschieden

undefatigable, *adj*, unverwüstlich
undefiled, *adj*, unbefleckt; **undefinable** *adj*, *(undefinierbar)* unbestimmbar
undeliverable, *adj*, unzustellbar
undemanding, *adj*, bedürfnislos, unprätentiös; *(Tier)* genügsam
under, (1) *adv*, *(räuml.unter)* darunter; **(2)** *präp*, unter; *it is lying under it* es liegt darunter, *(unterhalb) to have s.th under one* jmd unter sich haben; *(unterhalb) towns with a population of under 10000* Städte unter 10 000 Einwohnern; *(unterhalb) under 18 years* unter 18 Jahren; **~ age** *adj*, *(i. ü. S.)* unmündig; **~ escort** *sub*, *-s (unter -)* Geleitschutz; **~ no circumstances** *adv*, keinesfalls; **~ the** *präp*, *(ugs.)* unterm; **~ what/which** *adv*, worunter; **~carriage** *sub*, *-s (Luftf.)* Fahrgestell, Fahrwerk; **~cool** *vt*, unterkühlen; **~cooling** *sub*, - Unterkühlung; **~cover** *adj*, heimlich; **~cover agent** *sub*, *-s* Undercoveragent; **~cut** *vt*, unterbieten; **~cutter** *sub*, *-s* Preisbrecher; **~cutting** *sub*, *-s* Unterbietung; **~developed** *adj*, unterentwickelt
underdog, *sub*, *-s (ugs.)* Underdog; **underdrive** *vt*, *(i. ü. S.)* unterfahren; **underestimate** *vt*, unterschätzen; **underfly** *vt*, *(i. ü. S.)* unterfliegen; **undergo** *vt*, *(tt; me l.)* unterziehen; **undergo hydrotherapy (according to Kneipp)** *vi*, kneippen; **undergoing** *adj*, *(i. ü. S.)* unterläufig; **underground (1)** *adj*, untergründig, unterirdisch **(2)** *sub*, *nur Einz.* U-Bahn; *-s* Untergrund; **underground joke** *sub*, *-s* Flüsterwitz; **underground mining** *sub*, *-s* Untertagebau; **underground movement** *sub*, *-s* Untergrundbewegung
underground system, *sub*, *-s* U-Bahn-Netz; **undergrowth** *sub*, - Unterholz; **underhanded** *adj*, hinterhältig; **underlay** *sub*, *-s* Unterlage; **underline** *vt*, unterstreichen; *(i. ü. S.)* herausheben, hervorheben; *(i. ü. S.; betonen)* herausstellen; **underlinger** *vi*, *(i. ü. S.)* unterweisen
undermine, *vt*, untergraben, unterhöhlen, unterminieren, zersetzen; *(i. ü. S.; untergraben)* aushöhlen; **~ sth.** *vt*, unterspülen; **undermining** *sub*, - Untergrabung; *-s* Unterminierung; *(i. ü. S.)* Unterlaufung
underneath, (1) *adv*, drunter, unten, untenher **(2)** *präp*, unterhalb; *to use s.th to put underneath* etwas als Unter-

satz verwenden; **undernights** *sub, nur Mehrz. (ugs.)* Unternächte; **undernourished** *adj,* unterernährt; **underpants** *sub, nur Mehrz. (m)* Unterhose; **underpass (1)** *sub, -es* Unterführung **(2)** *vt,* unterführen; **underpasser** *sub, - (ugs.)* Unterführer; **underpin** *vt,* untermauern; **underpinning** *sub, -s (tt; arch.)* Unterbauung, Untermauerung; **underroofing** *sub, -s* Unterdeckung; **underrun** *vi,* unterqueren

undersecretary, *sub, -ies (US)* Staatssekretär; **undershirt** *sub, -* Unterhemd; *-s (US)* Hemd, Netzhemd; **understaffed** *adj,* unterbesetzt; **understaffed profession** *sub, -s* Mangelberuf

understand, (1) *vi,* auffassen, begreifen **(2)** *vt,* begreifen, einsehen, klar werden **(3)** *vti,* verstehen; *(ugs.)* kapieren; *I don´t understand anything* ich begreife überhaupt nichts; *I don´t understand it* ich kann es mir nicht erklären; *to make sb understand sth* jmd etwas verständlich machen, *he´ll never understand what it´s all about* er wird es wohl nie richtig kapieren; *oh, I see* ah, ich kapiere; ~ **everything** *vt, (Wissen)* auskennen; ~**able** *adj,* begreiflich, fasslich, verständlich; ~**ing (1)** *adj,* einsichtig, verständnisvoll; *(ugs.)* einfühlsam **(2)** *sub, nur Einz.* Einsehen; Einsicht; *nur Einz.* Fasslichkeit, Intelligenz; *-s* Verständigung; *nur Einz.* Verständnis, Verstehen; *show understanding for sb* Einsicht mit jmd haben

understate, *vi,* untertreiben; ~**ment** *sub, -s* Understatement

understeer, *vi,* untersteuern

undersubscribed, *adj,* unterbelegt

undertake, *vt,* unternehmen; ~**rs** *sub, nur Mehrz.* Beerdigungsinstitut; **undertaking** *sub, -s* Unterfangen; *(ugs.)* Unternehmen

underweight, *sub, -s* Untergewicht; **underwind** *vt, (i. ü. S.)* unterwinden; **underworld** *sub, nur Einz.* Unterwelt; *(Verbrecher~)* Milieu; **undeserved** *adj,* unverdient; **undignified** *adj,* unwürdig; **undiminished** *adj,* ungemindert, unvermindert; **undisciplined** *adj,* disziplinlos, undiszipliniert

undiscussable, *adj,* undiskutabel; **undisposable** *adj,* unveräußerlich; **undisputed** *adj,* unbestritten, unumstritten; **undissolved** *adj, (chem.)* ungelöst; **undisturbed** *adj,* störungsfrei, ungestört

undo, *vt,* aufhaken, auftrennen; *(Naht etc.)* trennen; *(Naht, Gewebe)* aufdrö-

seln; *(Schleife)* aufmachen; ~**gmatic** *adj,* undogmatisch; ~**ing** *sub, -s* Verhängnis; ~**ubtedly** *adv,* zweifellos, zweifelsfrei; **undramatic** *adj,* undramatisch; **undreamt-of** *adj,* ungeahnt; **undress (1)** *vi,* auskleiden **(2)** *vr,* ausziehen, freimachen **(3)** *vt,* entkleiden; **undress jacket** *sub, -s* Litewka; **undressing** *sub, -s* Entkleidung; **undrinkable** *adj, (nicht trinkbar)* ungenießbar

undulate, *vi,* wabern; **undulatory** *adj,* undulatorisch; **undying** *adj,* unvergänglich; **unearth** *vt, (Geheimnis)* aufspüren, aufstöbern

uneasiness, *sub, nur Einz.* Beunruhigung, Unruhe; *(seelisch)* Unbehagen; *(Unbehagen)* Missbehagen; *to cause sb uneasiness* jmd Missbehagen bereiten; **uneasy** *adj,* schwummerig, schwummrig; *(seelisch)* unbehaglich **uneconomical,** *adv,* unökonomisch **unedifying,** *adj,* unerquicklich **unedited,** *adj, (i. ü. S.)* unredigiert **uneducated,** *adj,* ungelehrt, unkultiviert; *(ohne Bildung)* ungebildet; **unemployed** *adj,* arbeitslos, stellungslos; *(wirt.)* brotlos; *be unemployed* ohne Arbeit sein, ohne Stellung sein; **unemployed person** *sub, the unemployed* Arbeitslose; *unemployed* Erwerbslose; **unemployment** *sub, nur Einz.* Arbeitslosigkeit; **unemployment benefit** *sub, - -s* Arbeitslosengeld, Arbeitslosenunterstützung; **unemployment rate** *sub, - -s* Arbeitslosenquote; **unendangered** *adj,* ungefährdet; **unenthusiastic** *adj,* lustlos

unequal, *adj,* ungleich, ungleichmäßig; ~**led** *adj,* sondergleichen

unequivocal, *adj,* unzweideutig

uneven, *adj,* höckerig, uneben, ungleichmäßig, unregelmäßig; *(Linie etc.)* ungerade; *(räuml.)* erhaben; *(tt; tech.)* wellig

uneventful, *adj,* ereignislos

unexpected, *adj,* unerwartet, unverhofft, unvermutet; *(Besucher)* unangemeldet; ~**ly** *adv,* unversehens

unexploded shell, *sub, (mil.)* Blindgänger

unexposed, *adj,* unbelichtet

unfaithful, *adj,* abtrünnig, untreu; ~**ness** *sub, nur Einz.* Untreue; **unfashionable** *adj,* unmodern; **unfathomable** *adj,* abgrundtief, unergründbar, unergründlich; *(Geist etc.)* unerforschlich; *(geh.; bibl.) the ways of the Lord are unfathomable* die Wege des Herrn sind unerforschlich; **unfavourable** *adj*, ungünstig; *unfavourable to our plans* unseren Plänen zuwider; **unfeigned** *adj*, unverstellt; **unfinished** *adj*, unfertig, unvollendet

unfit (for fighting), *adj*, kampfunfähig; **unfit to undergo detention** *adj*, *(jur.)* haftunfähig; **unfitness (for service)** *sub*, - *(tt; mil.)* Untauglichkeit; **unfitting** *adj*, unangepasst; **unfold** *vt*, *(Karte/Tuch)* entfalten; **unforeseeable** *adj*, *(Folgen)* unabsehbar; **unforeseen** *adj*, unvorhergesehen; **unforgettable** *adj*, unvergesslich; **unforgivable** *adj*, unverzeihbar; **unforgotten** (1) *adj*, unvergessen (2) *sub*, - Grabspruch

unfortunate, *adj*, misslich, unglücklich, unglückselig; ~ **nature** *sub*, *nur Einz.* Misslichkeit; **~ly** *adv*, bedauerlicherweise, dummerweise, leider, unglücklicherweise; **unfounded** *adj*, unbegründet; *(unbegründet)* grundlos; **unfree** *adj*, unfrei

unfriendliness, *sub*, *nur Einz.* Unfreundlichkeit; **unfriendly** *adj*, unfreundlich; **unfulfilled** *adj*, *(Person)* unausgefüllt; **unfurnished flat** *sub*, *-s* Leerwohnung; **ungodly** *adj*, *(Sache)* gottlos; **ungracious** *adj*, ungnädig; **ungrateful** *adj*, *(Person)* undankbar; **ungrown** *adj*, *(i. ü. S.)* ungewachsen; **unharmonious** *adj*, unharmonisch

unharness, *vt*, abhalftern, ausschirren, ausspannen; **~ing** *sub*, *-s* Abhalfterung; **unhealthy** *adj*, ungesund; **unheard** *adj*, ungehört; **unhindered** *adj*, unbehindert, ungehindert; **unhistoric** *adj*, unhistorisch; **unhomeliness** *sub*, *nur Einz.* Ungemütlichkeit

unhook, *vt*, aushaken; *(entfernen)* abhaken; *come unhooked* sich aushaken; **unhurt** *adj*, heil, unversehrt; **unhygienic** *adj*, unhygienisch

uniate, *vt*, unieren

unicorn, *sub*, *-s* Einhorn

unification, *sub*, - Unifizierung; *-s (polit.)* Einigung; **unified** *adj*, *(in sich geschlossen)* einheitlich

uniform, (1) *adj*, gleichförmig, gleichmäßig, Uniform; *(einheitlich)* geschlossen **(2)** *sub*, *-s* Dienstanzug, Soldatenrock, Uniform **(3)** *vt*, uniformieren; **~ity** *sub*, *-ies* Einheitlichkeit, Gleichförmigkeit; - Uniformität; *nur Einz. (Einheitlichk.)* Gleichheit

unify, *vt*, unifizieren, verschmelzen

unilateral, *adj*, unilateral

unilluminated, *adj*, unbeleuchtet

unimaginable, *adj*, unausdenkbar, un-

verstellbar; **unimaginative** *adj*, fantasielos; *(geh.)* einfallslos; **unimaginatively** *adv*, fantasielos

unimpeachable, *adj*, *(Charakter)* makellos; *(Person)* unantastbar

unimportance, *sub*, *nur Einz.* Bedeutungslosigkeit; **unimportant** *adj*, belanglos, unbedeutend, unwichtig; *(unwichtig)* bedeutungslos; *be unimportant* ohne Belang sein

union, *sub*, *-s* Union; *(eines Staates)* Anschluss; *(tt; polit.)* Zusammenschluss; **Union Jack** *sub*, - *(Brit.)* Flagge; **~-church** *sub*, *-es (i. ü. S.)* Unionskirche; **~ist** *sub*, *-s* Unionist; **~s and management** *sub*, *nur Mehrz.* Sozialpartner

unique, *adj*, einzigartig; *(günstig)* einmalig; ~ **specimen** *sub*, - Unikat; ~ **thing** *sub*, *-s* Unikum; **~ness** *sub*, *nur Einz.* Einmaligkeit

unisono, *adj*, unisono

unit, (1) *sub*, *-s* Truppenteil; *(Einheit)* Truppe; *(mat.)* Einer; *(mil.)* Abteilung; *(phy.)* Einheit; *(tt; tech.)* Aggregat **(2)** *vt*, verbinden; ~ **length** *sub*, - Zeittakt; ~ **of square measure** *sub*, *-s (mat.)* Flächenmaß; ~ **of time** *sub*, -s Zeittakt; ~ **of volume** *sub*, *-s* Raummaß; **Unitarian** *sub*, *-s* Unitarier; **Unitarianism** *sub*, *nur Einz.* Unitarismus

unite, (1) *vt*, vereinen (2) *vtr*, vereinigen; **~d** *adj*, vereinigt; *(polit.)* einig; *form a united front* eine geschlossene Front bilden; **uniting** *sub*, *-s* Vereinigung; **unity** *sub*, *nur Einz.* Unität; *-ies (polit.)* Einheit, Einigkeit

universe, *sub*, *nur Einz.* All, Universum, Weltall; **universal** *adj*, universal, universell; **universal franchise** *sub*, *nur Einz.* Wahlrecht; **universal genius** *sub*, - Universalgenie; **universal joint** *sub*, *-s (tech.)* Kreuzgelenk; **universal validity** *sub*, Allgemeingültigkeit; **universalism** *sub*, *nur Einz.* Universalismus; **universally valid** *adj*, allgemein gültig

university, (1) *adj*, universitär **(2)** *sub*, *-es* Hochschule; - Universität; ~ **graduate** *sub*, *-s* Akademie; ~ **student** *sub*, *-s* Hochschüler

unjust, *adj*, ungerecht; **~ified** *adj*, ungerechtfertigt

unkempt, (1) *adj*, struppig **(2)** *sub*, *-s* verwahrloste; **~ness** *sub*, *nur Einz.* Struppigkeit

unkind, *adj*, lieblos

unknightly, *adj*, *(i. ü. S.; hist.)* unritterlich

unknowingly, *adv,* unwissentlich; **unknown** *adj,* unbekannt; **unknown person** *sub, -s* Unbekannte
unladen weight, *sub, -s* Leergewicht
unlaid, *adj, (Tisch)* ungedeckt
unlawful, *adj,* unrechtmäßig, widerrechtlich
unleaded, *adj,* bleifrei
unleavened, *adj, (ohne Treibmittel)* Fastenspeise
unless, *konj,* ausgenommen, außer; *(falls)* denn; *unless* außer wenn; *unless* es sei denn
unliberal, *adj,* illiberal
unlike, *adj,* unähnlich; ~**ly** *adj,* unwahrscheinlich
unlimited, *adj,* unbefristet, unbegrenzt, unbeschränkt, uneingeschränkt, unlimitiert, unumschränkt; *to draw on unlimited sources* aus dem Vollen schöpfen
unliquid, *adj,* illiquid
unlisted number, *sub, -s (Telefon US)* Geheimnummer
unload, *vt,* abladen; *(entladen)* ausladen; *(Ladung)* löschen; *(Last)* entladen; ~**ing** *sub, -s (Ladung)* Löschung; ~**ing point** *sub, -s* Abladeplatz
unlock, (1) *vt, (Schloss)* aufschließen **(2)** *vti,* aufsperren
unloving, *adj,* lieblos
unlucky, *adj,* unglücklich; ~ **person** *sub, -s* Unglücksrabe; *people (ugs.)* Schlemihl; ~ **place** *sub, -s (i. ü. S.)* Unglücksort
unmannerly, *adj, (Benehmen)* ungebärdig
unmarked, *adj, (spo.)* ungedeckt
unmarried, *adj,* unverheiratet; ~ **noble-woman** *sub, -women* Edelfräulein
unmask, *vt,* bloßstellen, demaskieren; *to unmask sb* jmd die Maske vom Gesicht reißen; ~**ing** *sub, -s* Demaskierung
unmastered, *adj,* unbewältigt
unmelting, *adj,* unschmelzbar
unmethodical, *adj,* unmethodisch
unmistakable, (1) *adj,* unmissverständlich, untrüglich **(2)** *adv,* unverkennbar
unmixed, *adj,* unvermischt
unmolested, *adj,* unbehelligt
unmotivated, *adj,* unmotiviert
unmovable, *adj,* unverrückbar; **unmoved** *adj, (i. ü. S.; ungerührt)* unbewegt
unnamed, *adj,* namenlos
unnatural, *adj,* naturwidrig, unnatürlich; *to be unnatural* wider die Natur sein; ~**ity** *sub, nur Einz. (i. ü. S.)* Unnatürlichkeit
unnecessary, *adj,* unnötig; *(unnötig)*

überflüssig; **unnoticed** *adj,* unbeachtet; **unobliging** *adj,* inkulant; **unobserved** *adj,* unbeobachtet; **unobstructed** *adj,* unbehindert; **unobtrusive** *adj,* unauffällig; **unofficial** *adj,* außerdienstlich, nichtamtlich; **unopposed** *adj,* widerspruchslos; **unoriginal** *adj,* epigonenhaft; **unorthographic** *adj, (i. ü. S.)* unorthographisch
unpack, *vt, (Koffer etc.)* auspacken; **unpaid** *adj,* unfrankiert; *(Post)* unfrei; **unparalleled (1)** *adj,* beispiellos, ohnegleichen **(2)** *adv,* sondergleichen; *an unparalleled success* ein Erfolg ohnegleichen; **unplaced** *adj, (tt; spo.)* unplatziert; **unplayable** *adj,* unbespielbar; **unpleasant** *adj,* unangenehm, unerfreulich, ungemütlich; *(geb.)* misshellig; *he can be very unpleasant* er kann auch sehr ungemütlich werden; *he is unpleasant* er ist unsympathisch; *make one´s presence unpleasantly felt* sich unangenehm bemerkbar machen; **unpoisonous** *adj, (ugs.)* ungiftig; **unpolished** *adj, (tt; tech.)* ungeschliffen
unpolitical, *adj,* unpolitisch; **unpopular** *adj,* missliebig, unbeliebt; *to make oneself unpopular* sich missliebig machen; *become unpopular* angefeindet werden; **unpopularity** *sub, nur Einz.* Missliebigkeit; **unpractical** *adj,* unbehilflich; **unpredictable** *adj,* unberechenbar; **unpretentious** *adj,* unprätentiös; **unproductive** *adj,* unproduktiv
unprofitable, *adj,* unersprießlich, unrentabel; **unpronounceable** *adj,* unaussprechlich; **unpropertied** *adj,* besitzlos; **unproportioned** *adj,* unproportioniert; **unprotected** *adj,* unbeschützt, ungeschützt; *(schutzlos)* ungedeckt; **unprotected game** *sub, -s* Freiwild; **unprovable** *adj,* unerweisbar, unerweislich; **unpunctual** *adv,* unpünktlich; **unpunished** *adj,* straflos; **unqualified** *adj,* berufsfremd
unquestionable, *adj,* unbestreitbar; **unquestioning** *adj, (Vertrauen etc.)* bedingungslos
unravel, *vt,* entwirren; *(Schnur)* aufdröseln; **unreadable** *adj,* unleserlich
unreal, *adj,* irreal, unreal, unwirklich, wesenlos; ~**ity** *sub, nur Einz.* Unwirklichkeit; ~**izable** *adj,* unerfüllbar; **unreasonable** *adj,* uneinsichtig, unvernünftig, unzumutbar; *(unver-*

nünftig) unangemessen; **unreasonable demand** *sub, nur Einz.* Zumutung; **unreasonableness** *sub, nur Einz.* Unvernunft; **unrecognizable** *adj,* unerkennbar, unkenntlich; **unrecognized** *adj,* verkannt; **unrefined** *adj,* klotzig; **unrefusable** *adj,* unabweisbar, unabweislich

unrig, *vt,* abtakeln; ~ging *sub,* -s Abtakelung; **unripe (1)** *adj, (unreif)* grün **(2)** *adv,* unreif; **unrivalled** *adj,* konkurrenzlos; **unroll** *vt, (Film)* abrollen; **unromantic** *adj,* unromantisch; **unruly** *adj,* widerspenstig; *(Kind)* ungebärdig; **unsacred** *adj, (i. ü. S.)* unheilig; **unsaid** *adj,* ungesagt; **unsatisfactory** *adj, (Schulnote)* ungenügend; **unsatisfied** *adj,* unbefriedigt; **unsaturated** *adj, (tt; chem.)* ungesättigt

unscented, *adj, (Seifen etc.)* geruchlos; **unscheduled** *adj, (Zughalt)* außerplanmäßig; **unscrew** *vt,* abschrauben, losschrauben; *(öffnen)* aufschrauben; **unscrupulous** *adj,* bedenkenlos, gewissenlos, hemmungslos, skrupellos; **unseemly** *adj,* unschicklich

unshakable, *adj,* unerschütterlich; *(i. ü. S.)* felsenfest; **unsheltered** *adj,* ungeschützt; **unshorn** *adj,* ungeschoren; **unsightly** *adj,* unansehnlich; **unskilled** *adj,* ungewandt; **unskilled worker** *sub,* -s Hilfsarbeiter; **unsoldierly** *adj, (ugs.)* unsoldatisch; **unsolicited** *adj,* unaufgefordert; **unsolvable** *adj,* unauflösbar; **unsolved** *adj,* ungeklärt; *(Problem)* ungelöst; *(Verbrechen)* unaufgeklärt

unsophisticated, *adj,* kunstlos; **unsoundness of mind** *sub, nur Einz.* Unzurechnungsfähigkeit; **unspeakable** *adj, (i. ü. S.)* unaussprechlich; *(unsäglich)* namenlos; **unspeakably** *adj, (äußerst)* namenlos; **unspecific** *adj,* unspezifisch; **unspectacular** *adj,* unscheinbar; **unspent** *adj,* unverbraucht; **unspoilt** *adj,* unverbildet, unverdorben

unsporting, *adj,* unsportlich; **unstability** *sub, nur Einz.* Unsolidität; -es Unstabilität; **unstable** *adj,* instabil, labil, unstabil; *(i. ü. S.)* unsolide; *(tt; polit.)* unsicher; *an unstable political situation* eine labile politische Situation; **unstamped** *adj,* ungestempelt; **unsteady** *adj, (Person)* unbeständig; *unsteady on one's feet* unsicher auf den Beinen stehen; *with an unsteady hand* mit unsicherer Hand

unstoppable, *adj,* unaufhaltbar, unaufhaltsam; *(tt; spo.)* unhaltbar; **unstressed** *adj,* unbetont; **unstructured** *adj,*

ungegliedert; **unsuccessful** *adj,* erfolglos; **unsuitable** *adj,* unangebracht, unpassend, untauglich; **unsuitableness** *sub,* - Untauglichkeit; **unsusbicious** *adj,* unverdächtig; **unsuspecting** *adj,* ahnungslos; *(nichtsahnend)* arglos; **unsuspiciousness** *sub, nur Einz.* Ahnungslosigkeit

unsymmetric, *adj,* unsymmetrisch; **unsystematic** *adj,* planlos, unsystematisch; **untalented** *adj,* unbegabt; **untaxed** *adj,* unversteuert; **unteachable** *adj,* ungelehrig; **untenable,** *adj,* unhaltbar; *(Theorie)* haltlos; **unthinkable** *adj,* undenkbar; **untidiness** *sub, nur Einz.* Unordnung, Unsauberkeit; **untidy** *adj,* unordentlich, unsauber; *(Person)* ungepflegt; **untie** *vt,* abbinden, aufknoten, losbinden; *(öffnen)* aufbinden, aufknüpfen

until, (1) *adv,* bis **(2)** *konj,* bis **(3)** *prep,* bis; *another 10 minutes to go until then* noch zehn Minuten bis dahin; *from 10 until 12 (o'clock)* von 10 bis 12 Uhr; *I'll be finished by then* bis dahin bin ich fertig; *not until* nicht eher; *until 12 o'clock* bis 12 Uhr; *you won't leave the table until you have finished* du stehst nicht auf bevor du nicht aufgegessen hast, *until further orders* bis auf weiteres; *until the end* bis zum Ende, *until death do you part* bis dass der Tod euch scheidet; ~ *now* *adv,* bisher; **untimely** *adj,* inopportun; **untiring** *adj,* unermüdlich, unverdrossen; **untolerable** *adj,* unhaltbar; **untouchable** *adj,* unantastbar; **untouched** *adj,* unangetastet; **untrained** *adj,* untrainiert; **untreated** *adj,* unbearbeitet

untrue, *adj,* unwahr; *that's patently untrue* das schlägt der Wahrheit ins Gesicht; **untrustworthy** *adj,* unglaubwürdig; **untruthful** *adj,* lügnerisch; **unusable** *adj,* unbenutzbar; *(nicht zu verwenden)* unbrauchbar; **unused** *adj,* ungebraucht; **unusual** *adj,* ausgefallen, ungewöhnlich, unüblich; *that's unusual* das ist ein Ausnahmezustand; **unutterable** *adj, (i. ü. S.)* unsagbar; **unveil** *vt, (Monument)* enthüllen

unviolable, *adj,* unverletzlich; **unwanted** *adj, (Kind)* unerwünscht; **unwarranted** *adj,* unverbürgt; **unwary** *adj,* unvorsichtig; **unwaveringly** *adv,* unbeirrt; **unwedded** *adj,* unvermählt; **unwelcome** *adj,* unerwünscht, unwillkommen; **unweld** *vt,* entschwei-

ßen
unwell, *adj*, malade, unwohl; **unwholesome** *adj*, unzuträglich; **unwillingly** *adv*, *(ugs.)* ungern; **unwillingness to oblige** *sub, nur Einz*. Inkulanz; **unwind** *vt*, abspulen; *(Spule)* abwickeln; **unworthiness** *sub, nur Einz*. Unwürdigkeit; **unworthy** *adj*, unwürdig; **unwrap** *vt*, auswickeln; *(Verpackung)* aufwickeln; **unwrapping** *sub*, *-s* Entwicklung; **unyielding** *adj*, unnachgiebig
up, **(1)** *adv*, hinan, hinauf, rauf; *(ugs.)* dran; *(herauf)* auf; *(in der Höhe)* oben **(2)** *präp*, herauf **(3)** *vt*, feststecken; *up here/there* hier/dort hinauf; *up the hill* den Berg hinauf; *up the stairs* die Treppe hinauf; *(ugs.)* *he was on his deathbed; incredible the way he´s up and about again* er lag schon im Sterben; kaum zu glauben, daß er sich wieder hochgerappelt hat; *she has her ups and downs* es geht ihr durchwachsen; *swear up and down that* steif und fest behaupten, daß; *that is up to you* das liegt bei dir; *the costs are going up and up* die Kosten gehen ins Uferlose; *up to one´s ears* bis über beide Ohren; *the sign stays up* das Schild bleibt dran; *walk up and down* auf und ab gehen; *further up* weiter oben; *to look sb up and down* jmdn von oben bis unten mustern; *up* nach oben; *up in the sky* oben am Himmel; *up north* oben im Norden; *we went up in the lift* wir sind im Lift nach oben gefahren; *which is the right way up?* wo geht es hier nach oben?, *up the hill* den Berg herauf; ~ **a maximum of** *adv*, maximal; ~ **and away** *adv*, auf und davon; ~ **and down** *adv*, auf und ab; *walk up and down* auf und ab gehen; ~ **in quality** *attr*, nächstbesser; ~ **the valley** *adv*, talaufwärts
update, **(1)** *sub*, *-s (tt; comp.)* Update **(2)** *vt*, aktualisieren; **updating** *sub*, *-s* Aktualisierung; **upgrading** *sub*, *-s* Höherstufung
uphill, *adv*, bergauf, bergaufwärts
uphold, *vt*, *(Tradition)* hochhalten
upland, *sub*, *-s* Alb
uplift, *vt*, *(jmdn)* erbauen
upper, **(1)** *adj*, obere **(2)** *sub*, *-s* Obermaterial; ~ **arm** *sub*, *-s* Oberarm; **Upper German** *sub*, *-s* Oberdeutsche; ~ **hand** *sub, nur Einz*. Oberhand; *to gain the upper hand* die Oberhand gewinnen; *to have the upper hand* die Oberhand haben; ~ **house** *sub, nur Einz*. Oberhaus; ~ **jaw** *sub*, *-s* Oberkiefer; ~ **jaw of a**

whale *sub, upper jaws of whales* Barte; ~ **lip** *sub*, *-s* Oberlippe; ~ **reaches** *sub, nur Mehrz*. Oberlauf; *in the upper reaches of the Paar* am Oberlauf der Paar; ~ **ski** *sub, nur Einz*. Bergski; ~ **strata (of society)** *sub, nur Mehrz*. *(soziol.)* Oberschicht; **Upper Voltan** *sub*, *-s* Obervoltaer
uppercut, *sub*, *-s* Uppercut; *(spo.)* Aufwärtshaken; **uppermost** *adj*, höchst; *with utmost contempt* mit höchster Verachtung
upright, **(1)** *adj*, wacker **(2)** *adj, adv, (a. i.ü.S.)* aufrecht; *stand upright* aufrecht stehen; ~**ness** *sub, nur Einz. (i. ü. S.)* Geradheit; **uprising** *sub*, *-s* Insurrektion; *(Aufstand)* Erhebung; **upriver** *adv*, flussaufwärts; **uproot** *vt*, entwurzeln; **uprooted** *adj*, heimatlos; **uprooting** *sub*, *-s* Entwurzelung
upset, **(1)** *adj*, verstimmt; *(betrübt)* traurig **(2)** *sub, nur Einz. (Beunruhigung)* Aufregung **(3)** *vt, (i. ü. S.)* nahe gehen; *(ändern)* umwerfen; *(tech.)* stauchen; ~**ting** *adj*, kränkend; *(beunruhigend)* aufregend
upstairs, *adv*, treppauf; *(in Haus)* oben; *the people who live upstairs* die Leute, die oben wohnen; **upstream** *adv*, flussaufwärts; **upstream** flussaufwärts; **upstroke** *sub*, *-s (Schrift)* Aufstrich; **upward circle** *sub*, *- -s (spo.)* Aufschwung; **upward trend** *sub*, *-s* Aufwärtsentwicklung, Aufwärtstrend; **upwards (1)** *adv*, aufwärts, hinauf **(2)** *präp*, herauf
up to, (1) *adv*, bis; *(ugs.)* weit; *(bis)* hin **(2)** *präp*, bis; *that´s up to you* das bleibt Ihnen überlassen; *up to 10 people* bis zu 10 Personen; *up to 1000 DM at most* bis höchstens 1000 DM; *up to this point* bis zu dieser Stelle, *up to years of age* bis zum Alter von; *up to the ceiling* bis an die Decke; *up to the hilt* bis aufs letzte; *up to the minute* auf dem laufenden sein; ~ **now** *adv*, bisher; *everything has been all right up to now* bisher war alles in Ordnung; *he hasn´t been in touch up to now* er hat sich bisher nicht gemeldet; ~**wards the heaven** *adv*, *(veraltet)* himmelan; **up(wards)** *adv*, empor; **up-country** *sub*, *-* Landesinnere; **up-to-date** *adj*, modern; *(ugs.)* zeitgemäß; **upbeat** *sub*, *-s (mus.)* Auftakt; **upbringing** *sub*, *-s* Erziehung
uranism, *sub, nur Einz. (i. ü. S.)* Uranismus; **uranium** *sub, nur Einz. (tt; chem.)* Uran; **uranium mine** *sub*, *-s* Uranbergwerk, Uranmine

urban, *adj,* städtisch, urban; ~ **development** *sub, -s* Städtebau; ~ **features** *sub, nur Mehrz.* Städtebilder; ~**ite** *sub, -s* Stadtmensch; ~**ity** *sub, nur Einz.* Urbanität; ~**ization** *sub, -s* Verstädterung; ~**ize** *vt,* urbanisieren, verstädtern **Urd,** *sub, nur Einz. (i. ü. S.)* Urd
ureter, *sub, -s* Harnleiter
urethra, *sub, -s* Harnröhre
urge, (1) *sub, -s* Drang; *(Drang)* Trieb; *(Drängen)* Treiben; *(starkes Verlangen)* Bedürfnis **(2)** *vt, (auffordern)* nötigen; *his urge to move/be free* sein Drang nach Bewegung/Freiheit; *to urge moderation on sb* jmdn zur Mäßigkeit mahnen; *to urge sb to do sth* jmd nachdrücklich raten; *to urge sb to hurry* jmdn zur Eile mahnen; *urge a decision* auf eine Entscheidung drängen; *urge so to do sth* jemanden eindringlich zu etwas auffordern, jmd drängeln etwas zu tun; *feel an urge to* ein starkes Bedürfnis haben zu; ~ **for knowledge** *sub, -s* Wissensdrang; ~ **sneeze** *sub, urges* Niesreiz; ~**ncy** *sub, -ies* Dringlichkeit; *-s (i. ü. S.)* Urgenz; *it´s a matter of urgency* die Sache eilt; ~**nt** *adj,* inständig, unaufschiebbar, vordringlich; *(i. ü. S.)* urgent; *(dringend)* eilig; *(eilig)* dringend; *(Warnung)* eindringlich; *an urgent matter* etwas eiliges; ~**ntly** *adv,* nötig; *to need urgently* notwendig brauchen
urian, *sub, -s (i. ü. S.)* Urian; **urias** *sub, -* Urias
urine, *sub, -* Harn; *-s* Urin; **urinal** *sub, -s (veraltet)* Pissoir; *(tt; med.)* Urinal; **urinate** *vti,* urinieren
us, (1) *pers.pron,* uns **(2)** *pron,* wir; *one of us* einer aus unserer Mitte; ~**(e)ability** *sub, nur Einz.* Nutzbarkeit; ~**(e)able** *adj,* nutzbar; *to make usable* nutzbar machen; ~**able** *adj,* usancemäßig, verwendbar; *(i. ü. S.)* usuell; ~**age** *sub, -* Usance
use, (1) *sub, nur Einz.* Benutzung; *-* Gebrauch; *nur Einz.* Nutzen, Nutzung; *-s* Verarbeitung; *-* Verwendung; *nur Einz.* Zuhilfenahme; *-s (Gebrauch)* Beanspruchung; *nur Einz. (Nutzung)* Ausnutzung **(2)** *vt,* gebrauchen, handhaben, verarbeiten, verstricken, verwenden; *(benutzen)* brauchen; *(benützen)* befahren; *(gebrauchen)* beanspruchen, benutzen, benützen; *(Zutaten, Bürste benutzen)* nehmen; *by using* unter Benutzung von; *have the use of* freie Benutzung haben; *be in use* im Gebrauch sein; *for personal use* zum persönlichen Gebrauch; *shake before*

use vor Gebrauch schütteln; *there´s no use doing that* es hat keinen Nutzen, das zu tun; *to be of use to sb* jmd von Nutzen sein; *I gave her the use of my computer* ich habe ihr meinen Computer zur Nutzung überlassen, *can you make any use of that* kannst du das gebrauchen?; *he wanted to use us for his own ends* er wollte uns für seine Zwecke einspannen; *I never use that word* dieses Wort nehme ich nicht in den Mund; *it´s no use* es nützt nichts; *make use of sth* sich einer Sache bedienen, von etwas Gebrauch machen; *that´s of no use for me* damit ist mir nicht gedient; *to use sb for sth* jmdn zu etwas missbrauchen; *to use the car* das Auto brauchen; *to use the paint* die Farbe brauchen; *use only as directed* vor Missbrauch wird gewarnt; *what´s the use of that* wozu soll das dienen; ~ **all one´s power of persuation on sb** *vt, (mit - auf jmd. einreden)* Engelszungen; ~ **camphor** *vi* einkampfern; ~ **in the home** *sub, nur Einz.* Hausgebrauch; ~ **of drugs** *sub, -s* Drogenkonsum; ~ **of erotic effects** *sub, -s* Erotisierung; ~ **the clutch** *vt,* kuppeln; ~ **to capacity** *vt, (Maschine)* auslasten
useful, *adj,* brauchbar, nützlich, sachdienlich, wert; *(Hinweis, Kenntnisse)* nützlich; *(nützlich)* tauglich; *he is a decent (worker/pupil)* er ist ganz brauchbar; *he might be very useful to you one day* er könnte dir eines Tages sehr nützlich werden; *to be useful to sb* jmd von Nutzen sein; *to make oneself useful* sich nützlich machen; ~ **plant** *sub, -s* Nutzpflanze; ~**ness** *sub, nur Einz.* Nützlichkeit; *(Nützlichkeit)* Nutzen, Tauglichkeit; **useless** *adj,* nutzlos, unbrauchbar, unnütz; *(zwecklos)* sinnlos; *it´s absolutely useless doing that* es ist völlig nutzlos, das zu tun; *he is (worse than) useless* er ist ein Nichtskönner; *he´s useless* er ist zu nichts nutze; *it´s useless to wait any longer* es ist sinnlos, länger zu warten; **useless lamp** *sub, -s (ugs.)* Funzel; **useless light** *sub, -s* Funzel; **uselessness** *sub, nur Einz. (Zwecklosigkeit)* Sinnlosigkeit; **user** *sub, -s* Anwender; *- (tt; comp.)* User; *-s (Nutzer)* Benutzer, Benützer
use up, *vt,* aufbrauchen, verbrauchen, verfahren, verschleißen; ~ **one´s overtime** *vt, (ugs.)* abbummeln; **used** *adj, (im Ggs. zu neu)* alt; *(Spielkarten)* abgespielt; *do not as well as one*

used to do in den Leistungen absinken; *to get used to the idea that* sich mit dem Gedanken vertraut machen, daß; **used oil** *sub, -s* Altöl; **used or secondhand car** *sub, -s* Gebrauchtwagen; **used to winning** *adj,* sieggewohnt
usher, *sub, -s (Gericht)* Türsteher
usual, *adj,* gewöhnlich, gewohnt; *(allg.)* üblich; *at the usual time* zu gewohnter Stunde; *the usual way* auf gewohnte Weise; *at the usual time* zu gewohnter Stunde; *that´s usual for us* das ist bei uns so üblich; ~ **seat** *sub, -s* Stammplatz; ~**ly** *adv,* hergebrachtermaßen, üblicherweise; *(gewöhnlich)* sonst; *today I earned more than usually* ich habe heute mehr als sonst verdient
usufruct, *sub, nur Einz.* Nießnutz, Nutzungsrecht; *(jur.)* Nießbrauch
usurp, *vt,* usurpieren; **Usurpation** *sub, -s* Usurpation, Usurpierung; ~**er** *sub, -s*

Usurpator; ~**er (of the throne)** *sub, -s* Thronräuber
utensil, *sub, -s (Küche)* Gerät
uterus, *sub, -es (med.)* Gebärmutter; *(tt; med.)* Unterleib; - Uterus
Utilitarian, *sub, -s* Utilitarist; **Utilitarism** *sub, nur Einz.* Utilitarismus
utilization, *sub, -s* Verwertung; **utilize** *vt,* verwerten
Utopia, *sub, nur Einz.* Utopia; *-s* Utopie; **utopian** *adj,* utopisch; **utopianism** *sub, -* Utopismus
utter, *vt, (Worte)* hervorbringen
UV-radiation, *sub, -s* UV-Strahlung; **UV-lamp** *sub, -s* UV-Lampe; **UV-rays** *sub, -* UV-Strahlen; **UV-soaked** *adj, (ugs.)* UV-bestrahlt
uvula, *sub, - (tt; med.)* Zäpfchen; ~**r** *adj,* uvular

V

vaccinate, (1) *vi*, *(tt; med.)* vakzinieren (2) *vt*, impfen, schutzimpfen; **vaccination** *sub*, *-s* Impfung, Schutzimpfung; *(tt; med.)* Vakzination, Vakzinierung; **vaccination calendar** *sub*, *-s* Impfkalender; **vaccination certificates book** *sub*, *-s* Impfpass; **vaccine** *sub*, *-s* Impfstoff; *(tt; med.)* Vakzine

vacillate, *vi*, zaudern; **vacillating** *adj*, unstet; **vacillator** *sub*, *-s* Zauderer

vacuum, (1) *sub*, *-s* Vakuum; *(tt; phy.)* Unterdruck (2) *vi*, Staub saugen (3) *vt*, *(Polster, etc.)* absaugen; ~ **brake** *sub*, *-s* Vakuumbremse; ~ **cleaner** *sub*, *-s* Staubsauger; *(ugs.)* Sauger; ~ **massage** *sub*, *-s* Saugmassage; ~ **meter** *sub*, *-s* Vakuummeter; ~ **pump** *sub*, *-s* Vakuumpumpe; ~ **tube** *sub*, *-s* Vakuumröhre

vademecum, *sub*, *-s* Vademekum

vagabond, *sub*, *-s* Tramp, Trebegänger, Vagabund; **vagant** *sub*, *-s* Vagant; **vagantsong** *sub*, *-s* Vagantenlied

vagina, *sub*, *- (tt; med.)* Vagina; ~l *adj*, vaginal; ~l **inflammation** *sub*, *-s* Scheidenentzündung

vagrancy, *sub*, *nur Einz.* Landstreicherei

vague, *adj*, vag, vage; *(allg)* diffus; *(ungenau)* butterweich; *(unklar)* unbestimmt; *a very soft landing* eine butterweiche Landung; *vague answer* eine butterweiche Antwort; ~ly *adv*, dunkel; *remember vaguely* sich dunkel erinnern

vain, *adj*, eitel, verloren; *the vain things of this life* die nichtigen Dinge dieser Welt

vale! farewell!, *-*, vale!; **vale of tears** *sub*, *-s* Jammertal

valency, *sub*, *-es (tt; chem.)* Valenz

Valentine´s Day, *sub*, *-s* Valentinstag

valerian, *sub*, *-* Baldrian; ~ **drops** *sub*, *nur Mehrz.* Baldriantropfen; ~ **tea** *sub*, *- -s* Baldriantee

valet, *sub*, *-s* Kammerdiener

valiant, *adj*, *(tapfer)* mannhaft

valid, *adj*, geltend, gültig, stichhaltig; *declare valid* für gültig erklären; ~ation *sub*, *-s (tt; jur.)* Validierung; ~ity *sub*, *-ies* Gültigkeit; *(Gültigkeit)* Geltung; *nur Einz. (tt; jur.)* Validität

Valkyrie, *sub*, *-s* Walküre

valley, *sub*, *-s* Senke, Tal; ~ **basin** *sub*, *-s* Talmulde; ~ **bottom** *sub*, *-s* Talsohle

valuable, *adj*, kostbar, wertvoll; ~s *sub*, *nur Mehrz.* Preziosen; **valuation** *sub*, *-s (jur.)* Taxation; **valuation price** *sub*, *-s* Schätzpreis; **valuator** *sub*, *-s* Taxator;

value (1) *sub*, *-s* Kostbarkeit, Wert, Wertstellung; *(Wert)* Geltung; *(tt; wirt.)* Valuta (2) *vt*, *(jur.)* taxieren; *(tt; wirt.)* valutieren; *take sth at face value* etwas für bare Münze nehmen; **value added tax (VAT)** *sub*, *nur Einz.* Mehrwertsteuer; **value credit** *sub*, *-s (tt; wirt.)* Valutakredit; **value in dispute** *sub*, *values* Streitwert; **value when new** *sub*, *nur Einz.* Neuwert; **valuer** *sub*, *-s* Schätzer

valve, *sub*, *-s* Klappe; *(tt; tech.)* Ventil; ~ **(free) play** *sub*, *-s* Ventilspiel; ~ **gum** *sub*, *-s* Ventilgummi; ~ **piston** *sub*, *-s (tt; tech.)* Ventilkolben

vamp, *sub*, *-s* Vamp; ~ire *sub*, *-s* Vampir; **Vampum** *sub*, *(tt; indians)* Wampum

van, *sub*, *-s* Kleinbus, Lieferwagen, Wagen; *(Auto)* Transporter

vanadium, *sub*, *nur Einz. (tt; chem.)* Vanadium

Vandal, *sub*, *-s* Wandale; *(tt; hist.)* Vandale; **vandalism** *sub*, *nur Einz.* Vandalismus, Wandalismus

vanguard, *sub*, *-s (tt; mil.)* Vorhut

vanilla, *sub*, *nur Einz.* Vanille, Vanillin

vanish, *vi*, verfliegen, verschwinden; *(geh.)* entschwinden; ~ing point *sub*, *-s (Opt.)* Fluchtpunkt

vanity, *sub*, *-ies* Eitelkeit; *vanity fair* Jahrmarkt der Eitelkeit

vapiti, *sub*, *-s (tt; zool.)* Wapiti

vaporization, *sub*, *-s* Verdampfung; *nur Einz. (tt; tech.)* Vaporisation; **vapor meter** *sub*, *-s (tt; tech.)* Vaporimeter; **vapour trail** *sub*, *-s* Kondensstreifen

vaporize, (1) *vt*, abdampfen; *(tt; tech.)* vaporisieren (2) *vti*, verdampfen

varan, *sub*, *-s (tt; zool.)* Waran

variability, *sub*, *-es* Variabilität; **variable (1)** *adj*, unterschiedlich, variabel, veränderlich (2) *sub*, *-s* Variable; **variant** *sub*, *-s* Variante; **variation** *sub*, *-s* Abartung, Unterschied, Variation; *(tt?)* Kontrastprogramm; **varicose vein** *sub*, *-s* Krampfader; **varicosity** *sub*, *-s (tt; med.)* Varikosität; **varied** *adj*, abwechslungsreich, wechselvoll; **variety** *sub*, *-ies* Abart; *-ies* Spielart; *-s* Varieté, Verschiedenheit; *-es* Vielfalt, Vielheit; *(tt; biol.)* Varietät; *variety is the spice of life* öfter mal was Neues; **variometer** *sub*, *-s (tt; tech.)* Variometer; **various** *adj*, verschieden, vielerlei; *(versch.)* divers; *various things* dies und das

varnish, (1) *sub*, *-es* Firnis, Lack, Lasur
(2) *vt*, lackieren, lasieren; ~**er´s** *sub*, -
Lackiererei
vary, *vti*, *(ugs.)* variieren; *it varies a lot*
das ist sehr unterschiedlich; *of varying
quality* unterschiedlich gut; *their reaction varied* sie haben unterschiedlich
reagiert
vas deferens, *sub*, - Samenleiter
vase, *sub*, *-s* Vase; ~ **shaped** *adj*, vasenförmig
vasectomy, *sub*, *-s (tt; med.)* Vasektomie
Vaseline, *sub*, *nur Einz.* Vaseline
vassal, *sub*, *-s* Gefolgsmann; *(tt; hist.)*
Vasall; ~**age** *sub*, *nur Einz.* Vasallentum
vast, *adj*, unübersehbar; *(weit)* groß;
(Wissen) enorm; ~ **majority** *sub*, *-ies
(Mehrheit)* Gros
vat, *sub*, *-s (Bottich)* Trog
Vatican, (1) *adj*, vatikanisch **(2)** *sub*, *nur
Einz.* Vatikan
vault, *sub*, *-s* Gewölbe, Überwölbung;
(Raum) Tresor; *(Turnen)* Sprung; ~
(over a horse) *sub*, *-s* Pferdsprung; ~
with support *sub*, *vaults (spo.)* Stützsprung; ~**ed** *adj*, gewölbt
veal, *sub*, *nur Einz.* Kalbfleisch; ~ **nut**
sub, *-s* Kalbsnuss
vector, *sub*, *-s (tt; mat.)* Vektor; ~ **space**
sub, *-s* Vektorraum
**vedutenpainter/original
representation painter,** *sub*, *-s (tt;
kun.)* Vedutenmaler
veer round, *vt*, *(Wind)* umspringen
vegetate, *vi*, vegetieren; *(ugs.)* vertrotteln; ~**d** *adj*, vertrottelt; **vegetation**
sub, *nur Einz.* Bewuchs; *-s* Vegetation;
vegetative *adj*, vegetativ
vehemence, *sub*, - Gewaltigkeit; *nur
Einz.* Vehemenz; **vehement** *adj*, vehement
vehicle, *sub*, *-s* Fahrzeug, Gefährt, Vehikel; *take a vehicle off the road* ein Fahrzeug abmelden; ~ **owner** *sub*, *-s*
Fahrzeughalter
vehmgericht, *sub*, *-s (hist.)* Femegericht
veil, (1) *sub*, *-s* Schleier, Voile **(2)** *vt*,
verbrämen, verhüllen, verschleiern; ~
oneself *vr*, verschleiern; ~**-dance** *sub*,
-s Schleiertanz; ~**ed** *adj*, verhüllt
vein, *sub*, *-s* Blutader, Maser, Vene;
(anat.) Ader; *veined* von Adern durchzogen; *have an artistic vein* eine künstlerische Ader haben; ~**ed** *adj*, äderig,
geädert, gemasert; ~**s** *sub*, *nur Mehrz.
(Maserung)* Geäder
velar, *sub*, *-s* Gaumensegel, Velar
Velodrom, *sub*, *-s* Velodrom
velours, *sub*, *nur Einz.* Velours
veloziped, *sub*, *-s* Veloziped

velvet, *sub*, *-s* Samt, Velvet; ~ **antler**
sub, *-s (zool.)* Kolbenhirsch; ~ **carpet**
sub, *-s* Samtteppich; ~ **leather** *sub*,
nur Einz. Veloursleder; ~ **paw** *sub*, *-s
(ugs.)* Samtpfötchen; ~ **trousers** *sub*,
nur Mehrz. Samthose; ~**y** *adj*, samtig
venal, *adj*, käuflich
vendetta, *sub*, *-s* Vendetta
vending machine, *sub*, *-s (Verkaufsautomat)* Automat; **vendor´s tray**
sub, *-s´ -s* Bauchladen
veneer, (1) *sub*, *-s* Furnier, Furnierholz; *(i. ü. S.; äußerer Anstrich)* Tünche **(2)** *vt*, furnieren; **venerability**
sub, *-ies* Ehrwürdigkeit; **venerable**
adj, ehrwürdig, patriarchisch
veneral, *adj*, venerisch; **venereal disease, VD** *sub*, *-s* Geschlechtskrankheit
vengeance, *sub*, *nur Einz.* Rache
veniality, *sub*, - Lässlichkeit
venous, *adj*, venös
ventilate, *vt*, belüften, entlüften, ventilieren; **ventilation shaft** *sub*, *-s* Luftschacht; **ventilator** *sub*, *-s*
Durchlüfter, Ventilator
ventilation, *sub*, *nur Einz.* Belüftung;
-s Durchlüftung, Ventilation, Ventilierung; *nur Einz. (ständig, systematisch)* Lüftung
ventricle, *sub*, *-s (tt; med.)* Ventrikel;
ventricular *adj*, ventrikulär; **ventriloquize** *vi*, bauchreden
ventriloquist, *sub*, *-s* Bauchredner
venture, (1) *sub*, *-s* Unternehmen, Vorstoß **(2)** *vt*, riskieren, wagen; ~ **in** *vr*,
(sich) hineinwagen; ~ **out** *vr*, herauswagen, hinauswagen
venue, *sub*, *-s* Austragungsort; *meeting
venue* Ort des Treffens
venus hillock, *sub*, *-s (ugs.)* Venushügel
veracity, *sub*, *nur Einz.* Wahrhaftigkeit
veranda, *sub*, *-s* Veranda; ~ **like** *adj*,
(ugs.) verandaartig
verb, (1) *pron*, Zustandsverb **(2)** *sub*, *-s*
Verb, Verbum; - Vollverb; *-s (tt; gram)*
Zeitwort; *declension of verbs* Deklination von Verben; ~**al (1)** *adj*, mündlich, sprecherisch, verbal, zeitwörtlich
(2) *sub*, *-s* Verbale; ~**al exchange** *sub*,
-s Wortwechsel; ~**al injury** *sub*, *-s* Verbalinjurie; ~**al mark** *sub*, *-s* Verbalnote; ~**al noun** *sub*, *-s* Verbalsubstantiv;
~**al style** *sub*, *nur Einz.* Verbalstil;
~**alize** *vt*, verbalisieren
verbene, *sub*, *-s (i. ü. S.)* Verbene
verb form, *sub*, *-s (i. ü. S.)* Zeitwortform
verbose, *adj*, wortreich

verdigris, *sub*, *-es* Grünspan
verge, *sub*, *-s (Randstreifen)* Bankett; *to be on the verge of madness* dem Wahnsinn nahe sein; **~r** *sub*, *-s* Küster
verifiable, *adj*, belegbar, nachprüfbar, überprüfbar; **verification** *sub*, *-s* Verifikation; **verification stamp** *sub*, *-s* Eichstempel; **verify** *vt*, nachprüfen, verifizieren; *the results can be verified at any time* die Ergebnisse sind jederzeit nachprüfbar; **veritable** *adj*, veritabel, wahr
vermiform appendix, *sub*, *nur Einz. (tt; med.)* Wurmfortsatz
vermilion, *sub*, *nur Einz. (tt; kun.)* Zinnober
vermin, *sub*, - Ungeziefer; *-s (i. ü. S.)* Geschmeiß
vermouth, *sub*, - Wermutwein
vernalize, *vt*, jarowisieren
verse, *sub*, *-s* Vers; *(Lied)* Strophe; **~d in the law** *adj*, rechtskundig; **versification** *sub*, *-s* Versifikation; **versify** *vt*, versifizieren; **versifying** *sub*, *-s* Reimerei; **version** *sub*, *-s* Lesart, Version; *(Warentyp)* Ausführung
verso, *sub*, *-s* Verso
verst, *sub*, *-s* Werst
versus, *präp*, kontra; *(jur., spo.)* gegen
vertebrate, *sub*, *-s (tt; zool.)* Wirbeltier
vertical, *adj*, senkrecht, vertikal; **~ line** *sub*, - *(tt; mat.)* Vertikale; **~ take-off aircraft** *sub*, *-s* Senkrechtstarter; **~ writing** *sub*, *-s* Steilschrift
vertico, *sub*, *-s* Vertiko
verve, *sub*, *-s* Schwung
very latest, *adj*, brandaktuell; *(Klatsch)* brühwarm; *very latest news* brandaktuelle Nachrichten; *the very latest gossip* der allerneueste Klatsch; **very learned** *adj*, hochgelehrt; **very much** *adv*, vielmals; **very neat** *adj*, gepflegt; **very neatly** *adv*, gepflegt; **very odd** *adj*, *(ugs.)* oberfaul; **very precise** *adj*, haargenau; **very sad** *adj*, tieftraurig; **very same** *pron*, ebenderselbe; **very slender** *adj*, gertenschlank
very small, *adj*, *(Gewinn)* minimal; **very sudden** *adj*, urplötzlich; **very thick** *adj*, knüppeldick; *he puts lashings of butter on his bread* er schmiert sich die Butter knüppeldick aufs Brot; **very well** *adv*, ausgezeichnet, bestens; **very wisely** *adv*, wohlweislich; **very young** *adj*, blutjung
vesical calculus, *sub*, *-culi (tt; med.)* Blasenstein
vessel, *sub*, *-s* Gefäß; *(Schifff.)* Fahrzeug
vest, (1) *sub*, *-s* Leibchen, Weste; *(Unter-)* Hemd (2) *vt*, ausstatten; *vest so with*

powers jemanden mit Befugnissen ausstatten; **~ pocket** *sub*, *-s* Westentasche
vestibule, *sub*, *-s* Vestibül
Vesuvian, *sub*, *-s* Vesuvian
vetch, *sub*, *-es (tt; bot.)* Wicke
veteran, (1) *adj*, altgedient (2) *sub*, *-s* Veteran; **~ car** *sub*, *-s* Oldtimer, Schnauferl
veterinarian, (1) *adj*, *(tt; med.)* veterinär (2) *sub*, *-s (US)* Tierarzt; **veterinary** *adj*, tierärztlich; **veterinary medicine** *sub*, *nur Einz.* Tierheilkunde, Tiermedizin; *(tt; med.)* Veterinärmedizin; **veterinary surgeon** *sub*, *-s* Tierarzt; *(tt; med.)* Veterinär, Veterinärin
veto, *sub*, *-s* Veto
vex *vt*, vexieren; **~ation** *sub*, *-s* Kümmernis; *the little vexations of life* die kleinen Kümmernisse des Lebens
via, (1) *adv*, via (2) *präp*, *(mittels)* über; *via Frankfurt to Berlin* über Frankfurt nach Berlin
viable, *adj*, lebensfähig
vibraphone, *sub*, *-s (tt; mus.)* Vibrafon
vibrate, *vt*, vibrieren; **vibration** *sub*, *-s* Schwingung, Vibration; *(mech.)* Erschütterung; **vibrator** *sub*, *-s* Massagestab, Vibrator
vicar, *sub*, *-s (anglikanisch)* Pfarrer; **~ious satisfaction** *sub*, *-s* Ersatzbefriedigung
vice, *sub*, *-s* Laster, Schraubstock, Untugend; *(ugs.) indulge one´s vice* seinem Affen Zucker geben; **~ squad** *sub*, *-s* Sittenpolizei; **~-chancellor** *sub*, *-s (tt; polit.)* Vizekanzler; **~-president** *sub*, *-s* Konrektor; *(tt; polit.)* Vizepräsident
vicious circle, *sub*, *-s* Teufelskreis; **vicious tongue** *sub*, *-s* Lästerzunge; **viciousness** *sub*, *nur Einz.* Lästerei
vicissitudes, *sub*, *nur Mehrz.* Wechselfälle
vicomte, *sub*, *-s* Vicomte
victim, *sub*, *-s* Leidtragende, Verunglückte; *(Geschädigter)* Opfer; *she fell victim to his charme* sie fiel seinem Charme zum Opfer; *to be (the) victim of sb* jmd zum Opfer fallen; *victims of road accidents* Opfer des Straßenverkehrs; **~ of an accident** *sub*, *-s* Unfallopfer; **~ of prosecution** *sub*, *-s (tt; polit.)* Verfolgte
victor, *sub*, *-s* Sieger; **~´s laurels** *sub*, *nur Mehrz.* Siegeskranz; *(spo.)* Siegerkranz; **~ious** *adj*, siegreich; **~ious power** *sub*, *-s* Siegermacht; **~y** *sub*, *-ies* Sieg; *a victory by sheer force* ein

Sieg mit der Brechstange; *chalk up a victory* einen Sieg für sich buchen; ~y celebration *sub*, *-s* Siegesfeier; ~y column *sub*, *-s* Siegessäule
victuals, *sub*, *nur Mehrz.* Viktualien
vicunja, *sub*, *-s* Vikunja; ~ wool *sub*, *-s* Vikunjawolle
video, *sub*, *-s* Video; ~ camera *sub*, *-s* Videokamera; ~ cassette *sub*, *-s* Videokassette; ~ clip *sub*, *-s* Videoclip; ~ disc *sub*, *- -s* Bildplatte; ~ film *sub*, *-s* Videofilm; ~ frequency *sub*, *- -ies* Bildfrequenz; ~ game *sub*, *-s* Videospiel; ~ library *sub*, *-es* Videothek; ~ mixer *sub*, *- -s* Bildmischer; ~ recorder *sub*, *-s* Videorecorder; ~ technology *sub*, *-es* Videotechnik; ~phone *sub*, *-s* Bildtelefon
Vietnam War, *sub*, *nur Einz. (tt; hist.)* Vietnamkrieg; **Vietnamese** *sub*, *-s* Vietnamesin
view, *sub*, *-s* Blick, Blickpunkt, Sicht; *(Anblick)* Ansicht; *(Anschauung auch)* Meinung; *(Ansicht)* Anschauung; *-s* Gedanke; *(Ausblick)* Aussicht; *(Aussicht)* Ausblick; *(Dafürhalten)* Befinden; *(s. einsehen)* Einsicht; *room with a sea view* Zimmer mit Meeresblick; *come into view* in Sicht kommen; *I take the view* ich bin der Meinung; *in my view* nach meinem Befinden; *(i. ü. S.) change one's view* von seiner Ansicht abkommen; *depending on your point of view* wie man es nimmt; *(i. ü. S.) it depends on your point of view* das ist eine Frage der Optik!; ~ of *sub*, *-s (Sicht)* Einblick; ~data *sub*, *nur Mehrz.* Bildschirmtext; ~finder *sub*, *-s (Kamera)* Sucher; ~ing *sub*, *nur Einz.* Betrachtung; ~ing point (by sea) *sub*, *-s* Seewarte
vigil, *sub*, *-s* Vigil
vignette, *sub*, *-s* Vignette
vigorous, *adj*, markig, vitalistisch; **vigour** *sub*, *nur Einz.* Elan, Impetus; *-s (Tatkraft)* Energie; *to pursue sth with vigour* etwas mit Nachdruck betreiben
Viking, *sub*, *-s* Wikinger; ~epos *sub*, *-* Wikingersage
villa, *sub*, *-s* Villa; ~-like *adj*, villenartig
village, *sub*, *-s* Dorf, Ortschaft; *the olympic village* das Olympische Dorf; ~ idiot *sub*, *-s* Dorftrottel; ~ inn *sub*, *-s* Dorfschenke; ~r *sub*, *-s* Dorfbewohner
villain, *sub*, *-s* Schurke; *(ugs.)* Schlawiner
vinaigrette, *sub*, *-s* Vinaigrette
vincentical, *adj*, vincentisch
vincible, *adj*, *(Feind)* überwindbar
vinculation, *sub*, *-s (tt; wirt.)* Vinkulation, Vinkulierung

vindelizian, (1) *adj*, vindelizisch (2) **Vindelizian** *sub*, *-s* Vindelizier
vindicate oneself, *vr*, rehabilitieren; **vindictive** *adj*, rachsüchtig; **vindictiveness** *sub*, *nur Einz.* Rachgier
vine, *sub*, *-s* Rebe, Rebstock, Weinrebe, Weinstock; ~ pest *sub*, *nur Einz.* Reblaus; ~gar *sub*, *-s* Essig; *oil and vinegar* Essig und Öl; ~gar essence *sub*, *-s* Essigessenz; ~yard *sub*, *-s* Rebberg, Weinberg
vintage, *sub*, *-s* Kreszenz, Traubenlese, Weinlese
viola, *sub*, *-e (mus.)* Bratsche; *-s (tt; mus.)* Viola; ~-player *sub*, *-s* Bratschist
violate, *vt*, notzüchtigen, schänden; **violation** *sub*, *-s* Schändung, Übertretung, Verstoß; **violator** *sub*, *-s* Schänder; **violent** *adj*, brachial, gewaltig, gewaltsam, gewalttätig, handgreiflich, heftig, rabiat, tätlich, violent; *(Streit)* handfest; *turn violent* handgreiflich werden; *get violent* sich zu Tätlichkeiten hinreißen lassen; *react violently* explosiv reagieren; *become violent* tätlich werden; **violent (outburst of) temper** *sub*, *-s* Jähzorn; **violent-tempered** *adj*, jähzornig
violence, *sub*, *-* Heftigkeit; *-s* Tätlichkeit; *- (Gewaltanwendung)* Gewalt; *do violence to so* jemandem Gewalt antun; *to be full of violence* von Mord und Totschlag handeln; *use violence* Gewalt anwenden
violet, (1) *adj*, veilchenblau, violett (2) *sub*, *(tt; bot.)* Veilchen; *-s* Viola
violin, *sub*, *-s* Geige; *(tt; mus.)* Violine; *play the first, second etc violin* die erste, zweite etc Geige spielen; ~ bow *sub*, *-s* Geigenbogen; ~ case *sub*, *-s* Geigenkasten; ~ maker *sub*, *-s* Geigenbauer; ~ist *sub*, *-s (tt; mus.)* Violinist
violonist, *sub*, *-s* Geigenspieler, Geiger
viper, *sub*, *-s* Natter, Otter; *(tt; zool.)* Viper; ~'s brood *sub*, *nur Einz. (i. ü. S.)* Natternbrut
VIP stand, *sub*, *-s* Ehrentribüne
viraginity, *sub*, *nur Einz. (tt; med.)* Viraginität
viral cold, *sub*, *-s* Virusgrippe
virement, *sub*, *-s (tt; polit.)* Virement
virgin, *sub*, *-s* Jungfrau; *a virgin* ein unberührtes Mädchen; *Mary, the holy virgin* Maria, die reine Magd; *still a virgin* noch unschuldig sein; *to be married as a virgin* unschuldig in die Ehe gehen; ~ wool (1) *adj*, schurwollen (2) *sub*, *nur Einz.* Schurwolle; ~al

adj, jungfräulich; **~ity** *sub*, - *(tt; med.)* Unschuld; *nur Einz.* Virginität

virile, *adj*, viril; **virilinism** *sub*, *nur Einz.* *(tt; med.)* Virilismus; **virility** *sub*, *nur Einz.* *(veraltet)* Manneskraft; *(tt; med.)* Virilität

virological, *adj*, virologisch; **virologist** *sub*, -s *(tt; med.)* Virologe; **virology** *sub*, *nur Einz.* Virologie

virtual, *adj*, virtuell; **~ity** *sub*, -es Virtualität

virtually, *adv*, faktisch, geradezu, quasi; *(geh.)* nachgerade; *the sick man eats virtually nothing but fruit these days* der Kranke isst fast nur noch Obst

virtue, *sub*, -s Tugend; *(i. ü. S.)* *follow the path of virtue* auf dem Pfad der Tugend wandeln; *(i. ü. S.)* *make a virtue of necessity* aus der Not eine Tugend machen; **virtuosity** *sub*, *nur Einz.* Virtuosität; **virtuoso (1)** *adj*, virtuos **(2)** *sub*, -s Virtuose; **virtuous** *adj*, tugendhaft; *(ugs.)* *virtuous but stupid* Religion sehr gut, Kopfrechnen schwach

virulence, *sub*, *nur Einz.* *(tt; med.)* Virulenz; **virulent** *adj*, virulent

virus, *sub*, - *(tt; mat.)* Virus; *(tt; med.)* Viren

visa, *sub*, - Visum; **~ application** *sub*, -s Visumantrag

viscose, *sub*, *nur Einz.* Viskose; **~ fibre** *sub*, -s Zellwolle; **viscosity** *sub*, *nur Einz.* Viskosität

viscous, *adj*, dickflüssig, viskos; **~ substance** *sub*, -s Seim

visibility, *sub*, - Sicht, Sichtbarkeit; *good (poor) visibility* gute (schlechte) Sicht; *visibility is down to only 100 metres* die Sicht beträgt nur 100 Meter; **~ limit** *sub*, -s Sichtgrenze; **visible** *adj*, sichtbar; *(sehen können)* erkennbar; *(i. ü. S.)* *become apparent* sichtbar werden; *visible progress* deutlicher Fortschritt; **visible at a glance** *adj*, überschaubar; **visibly** *adv*, sichtbarlich, zusehends

visionary, (1) *adj*, visionär **(2)** *sub*, -es Visionär; **vision** *sub*, -s Traumgebilde, Traumgesicht, Vision

visit, (1) *sub*, -s *(Arzt)* Sitzung; *(Besichtigung, Visite)* Besuch; *(einer Stadt etc.)* Besichtigung **(2)** *vt*, bereisen, visitieren; *(Ausstellung etc.)* besichtigen; *(Freunde, Stadt etc.)* besuchen; *(Ort)* aufsuchen; *be visiting so* zu Besuch sein bei jemandem; *be worth visiting* einen Besuch wert sein; *pay so a visit* jmd einen Besuch abstatten; **~ the scene of the crime** *sub*, -s *(jur.)* Lokaltermin; **~ation** *sub*, -s Visitation; **~ing hours** *sub*, *nur Mehrz.* Besuchszeit; **~ing-**

card *sub*, -s Besuchskarte; **~or** *sub*, -s Besucher; *(Besucher)* Besuch, Gast; *(Tourist)* Fremde; *be a frequent visitor at so place* bei jmd ein- und ausgehen; *have visitors* Gäste haben; **~or´s book** *sub*, -s Fremdenbuch

visor, *sub*, -s Blendschutz, Visier

Vistula, *sub*, *nur Einz.* *(tt; geogr.)* Weichsel

visual, *adj*, optisch, visuell; *(visuell)* bildhaft; **~ acuity** *sub*, -ies Sehschärfe; **~ advertising** *sub*, *nur Einz.* Sichtwerbung; **~ instruction** *sub*, -s Anschauungsunterricht; **~ organ** *sub*, -s Sehorgan; **~ize (1)** *vr*, vergegenwärtigen **(2)** *vt*, visualisieren; *visualize sth* sich etwas bildhaft vorstellen

vital, *adj*, lebenslustig, lebenswichtig, vital; **~ question** *sub*, -s Lebensfrage; **~ity** *sub*, *nur Einz.* Lebenskraft, Vitalität; **~ize** *vt*, vitalisieren

vitamin, (1) *sub*, -s Vitamin **(2)** *vt*, vitaminieren

vitrifiable colour, *sub*, -s Schmelzfarbe

vivacious, *adj*, *(ugs.)* rasant; **vivacity** *sub*, -ies *(Lebhaftigkeit)* Temperament

vivat, *interj*, vivat!

vivicious, *adj*, *(bösartig)* giftig

vivid, *adj*, lebhaft; *(anschaulich)* bildhaft, plastisch; **~ness** *sub*, *nur Einz.* *(Anschaulichkeit)* Plastizität

vivisect, *vti*, vivisezieren; **~ion** *sub*, -s Vivisektion

vizer, *sub*, -s Wesir

vocabulary, *sub*, -ies Sprachschatz; *nur Einz.* Vokabel, Vokabular, Vokabularium; -es Wörterverzeichnis; *nur Einz.* Wortschatz; **~ book** *sub*, -s Vokabelheft

vocal, *adj*, *(tt; mus.)* vokal; **~ cord** *sub*, -s Stimmband; **~ effort** *sub*, -s Stimmaufwand; **~ resource** *sub*, -s Stimmmittel; **~ist** *sub*, -s *(tt; mus.)* Vokalist; **~ization** *sub*, -s Vokalisation; **~ize** *vi*, vokalisieren

vocation, *sub*, -s Vokation; *nur Einz.* *(zum Künstler)* Berufung; **~al school** *sub*, -s Berufsschule; **~al training** *sub*, -s Berufsausbildung; **vocative** *sub*, -s Vokativ

vodka, *sub*, -s Wodka

voice, *sub*, -s Stimme, Stimmmittel; - *(als Fach)* Gesang; -s *(Stimme)* Organ; *in deep voice* mit tiefer Stimme; *lose one´s voice* die Stimme verlieren; *the voice of the people* die Stimme des Volkes; *in a loud voice* mit lauter Stimme; *in a piping voice* mit piepender Stimme; *with one voice* wie aus einem Munde; ~ **formation** *sub, -s* Stimmbildung; ~ **solo** *sub, -s* Solokantate; ~**less** *adj,* stimmlos

void, *adj, (tt; jur.)* ungültig; *(ungültig)* nichtig; *his death has left a void in our lives* sein Tod hinterließ eine schmerzliche Lücke; *to create sth out of the void* etwas aus dem Nichts erschaffen; *to declare sth null and void* etwas für ungültig erkären, für null und nichtig erklären; ~**ness** *sub, nur Einz. (Ungültigkeit)* Nichtigkeit

volatile, *adj, (unbeständig)* sprunghaft

volcanic, *adj,* vulkanisch; **volcano** *sub, nur Einz.* Vulkan; *to be living on the edge of a volcano* auf einem Vulkan leben

vole, *sub, (tt; zool.)* Wühlmaus

voliere, *sub,* - Voliere

volley, *sub, -s (spo.)* Flugball; ~**ball** *sub, - (tt; spo.)* Volleyball

volt, *sub, -s* Volt; ~ **ampere** *sub, -s* Voltampere; ~ **second** *sub, -s (tt; tech.)* Voltsekunde; ~**aic element** *sub, -s* Voltaelement

Voltarianian, *sub, -s* Voltairianer

volte-face, *sub, -s* Frontwechsel

voltmeter, *sub, -s (tt; tech.)* Voltmeter

volubility, *sub, -ies* Redefluss

volume percent, *sub, -s (tt; mat.)* Volumprozent

Voluntarian, *sub, -s* Voluntarist; **voluntarily** *adv, (Entsch.)* freiwillig; *voluntarily* auf freien Stücken; **voluntary** *adj,* willkürlich; *(Entsch.)* freiwillig; *(freiwillig)* ehrenamtlich; **voluntary declaration** *sub, -s* Selbstanzeige; **volunteer (1)** *sub, -s* Freiwillige **(2)** *vr, (sich....melden)* freiwillig; *to volunteer* sich freiwillig melden, *volunteer to* sich freiwillig melden zu

voluptuousness, *sub, nur Einz.* Üppigkeit

Volutarinism, *sub, nur Einz.* Voluntarismus

volute, *sub, -s (tt; arch.)* Volute

vomit, (1) *sub, nur Einz. (vulg.)* Kotze **(2)** *vi, (geh.)* erbrechen; *(sich erbrechen)* speien **(3)** *vr, (erbrechen)* übergeben **(4)** *vti,* kotzen; ~ **at** *vi, (vulg.)* bekotzen; ~**ing** *sub, -s* Erbrechen

vonomous spine, *sub, -s (Fische)* Giftstachel

voracious, *adj, (i. ü. S.)* heißhungrig; *(Tier)* gefräßig; **voracity** *sub, -* Gefrä-ßigkeit

vortex, *sub, -es* Windhose

vote, (1) *sub, -s* Wählerstimme, Wahlstimme; *(polit.)* Abstimmung; *(tt; polit.)* Votum; *(Wahl-)* Stimme **(2)** *vi,* votieren; *(Wahl)* stimmen **(3)** *vt,* wählen; *be put to the vote* zur Abstimmung kommen; *vote by open ballot* offene Abstimmung; *voting by ballot* geheime Abstimmung, *(polit.)* *give one's vote to a person* jemandem seine Stimme geben; *roll call vote* namentliche Abstimmung; *the casting vote* die ausschlaggebende Stimme; *the right to vote* aktives Wahlrecht; *vote for a candidate* für einen Kandidaten stimmen; ~ **against** *sub, -s* Gegenstimme; ~ **by division** *sub, -s (polit.)* Hammelsprung; ~ **catching** *sub, -* Stimmenfang; ~ **down** *vt, (Antrg etc.)* überstimmen; ~ **of no confidence** *sub, votes* Misstrauensvotum; ~ **of parliament** *sub, votes* Parlamentsbeschluss; ~ **so out of office** *vt,* abwählen; ~**r** *sub, -s* Stimmbürger; **voting** *sub, -s* Stimmabgabe; **voting out of office** *sub, -s* - Abwahl; **voting paper** *sub, -s (Wahl-)* Stimmzettel

votive chapel, *sub, -s* Votivkapelle; **votive church** *sub, -es* Votivkirche; **votive picture** *sub, -s* Votivbild

voucher, *sub, -s* Bon, Gutschein, Kupon, Voucher

vow, (1) *sub, -s* Gelöbnis, Gelübde **(2)** *vt,* geloben; *make a vow* ein Gelöbnis ablegen

vowel, *sub, -s* Selbstlaut, Vokal; ~ **mutation** *sub, -s* Umlaut

voyage, *sub, -s (Schiffsr.)* Fahrt

voyeur, *sub, -* Voyeur

vulgar, *adj,* ordinär, vulgär; ~ **Latin** *sub, nur Einz.* Vulgärlatein; ~**ism** *sub, -s* Vulgarismus; ~**ity** *sub, nur Einz.* Vulgarität

vulgata, *sub, nur Einz.* Vulgata

vulgo, *adj,* vulgo

vulnerable, *adj,* verletzlich, verwundbar

vulture, *sub, -s* Geier, Pleitegeier; *(zool.)* Aasgeier; *the vultures are hovering over the firm* über der Firma schwebt der Pleitegeier

vulva, *sub, - (tt; med.)* Vulva

W

wad, *sub*, -s Bausch
waddle, *vi*, *(ugs.)* watscheln
wade, *vi*, waten; ~r *sub*, -s Langschäfter; *nur Mehrz.* Schreitvogel; -s Stelzvogel
wafer, *sub*, -s Oblate
waffle, *sub*, -s Waffel; ~-iron *sub*, -s Waffeleisen
waft, (1) *vi*, wehen (2) *vt*, wedeln; ~ away *vi*, entschweben
wag, *vi*, wedeln
wage, *sub*, -s Arbeitslohn; ~ cut *sub*, -s Lohnkürzung; ~ negotiations *sub*, *nur Mehrz.* Lohnverhandlung; ~ policy *sub*, -ies (Lohn) Tarifpolitik; ~ scale *sub*, -s Tarifordnung; ~ tax card *sub*, -s (Lohn-) Steuerkarte; ~(s) *sub*, -s (Arbeitsentgelt) Lohn; *what are your wages?* wieviel Lohn bekommst du?; ~-earner *sub*, -s Lohnempfänger; ~-intensive *adj*, lohnintensiv; ~s office *sub*, -es Lohnbüro
wagoner, *sub*, -s *(hist.)* Trossknecht; wagon *sub*, -s Wagen, Waggon; wagonload *sub*, -s Wagenladung
wail, (1) *vi*, wehklagen (2) *vti*, jammern; ~ing *sub*, *nur Einz.* Jammer; *there arose a great lamentation* ein lauter Jammer erhob sich; Wailing Wall *sub*, *nur Einz.* Klagemauer
waist, (1) *sub*, -s Taille (2) *vt*, taillieren; *have a slim waist* eine schlanke Taille haben; *put one´s arm round someone´s waist* jemanden um die Taille fassen, *stripped to the waist* mit nacktem Oberkörper; *to strip to the waist* den Oberkörper freimachen; ~ (measurement) *sub*, -s Taillenweite; ~-high *adj*, hüfthoch; ~coat *sub*, -s Wams; ~line *sub*, -s Gürtellinie
wait, *vi*, harren, warten; *wait and see what happens* der Dinge harren, die da kommen; *have a ten-minute wait* zehn Minuten Aufenthalt haben; *(ugs.) just you wait* na warte; *(ugs.) let´s wait and see* lassen wir uns überraschen; *lie in wait for so* jmd auflauern; *that will have to wait for the moment* das muß vorläufig zurückstehen; *(ugs.) you can wait till the cows come home* da kannst du warten bis du schwarz wirst; ~ for *vt*, abpassen, abwarten; *wait for the right moment* einen günstigen Zeitpunkt abpassen; ~er *sub*, -s Kellner, Ober; -s/-es *(Kellner)* Bedienung; ~er of payment *sub*, -s Zahlkellner; ~ing *sub*, -s *(ugs.)* Warterei; ~ing period *sub*, -s Karenzzeit, Wartezeit; ~ing room *sub*, -s Wartezimmer; ~ress *sub*,

~es Serviererin; *(Kellnerin)* Fräulein
wake, (1) *sub*, -s Kielwasser (2) *vt*, *(fnd.)* erwecken; *in the wake of* im Gefolge von; *it´s your turn, wake up!* du bist dran - penn nicht!; ~ up (1) *vi*, *(a. i.ü.S.)* aufwachen (2) *vt*, aufwecken (3) *vti*, erwachen; *to wake so up* jmdn munter machen; *wake up with a start* plötzlich erwachen; ~n *vt*, wecken
Waldorf salad, *sub*, -s Waldorfsalat
walk, (1) *sub*, -s Runde, Rundgang, Spaziergang; *(Essen course)* Gang; *(Gehweise)* Gang; *(Zeit)* Fußweg (2) *vi*, gehen; *be a good walker* gut zu Fuß sein; *go for a long walk* ausgiebig spazieren gehen; *walk* zu Fuß gehen; *within walking distance* zu Fuß bequem erreichbar; *an hour´s walk* ein Fußweg von einer Stunde; ~ (hike) through *vt*, durchwandern; ~ (hike) without a break *vi*, durchwandern; ~ about (around) *vi*, einhergehen; ~ ahead *vi*, vorauslaufen; ~ along *vi*, entlanggehen; *walk along sth* an etwas entlanggehen; ~ around *vi*, herumgehen; ~ behind *vi*, hergehen; *walk along, beside, before, behind sb* neben/vor/hinter jmdm hergehen; ~ in *vi*, hineintreten; ~ in single file *vi*, hintereinander gehen; ~ into *vi*, hineintappen; ~ off (with) *vt*, *(ugs.; stehlen)* mitnehmen; ~ on (1) *vi*, beschreiten (2) *vt*, *(gehen auf)* begehen; ~ up (1) *vi*, hinaufgehen (2) *vt*, *(Berg, Weg etc)* hinaufgehen; ~ up to *vi*, zugehen; ~ie-talkie *sub*, -s Walkie-Talkie; ~ing *sub*, - *(spo.)* Gehen; ~ing around *sub*, -s Erwanderung; ~ing shoe *sub*, -s Straßenschuh; ~ing shoes *sub*, *nur Mehrz.* Wanderschuh; ~ing speed *sub*, *nur Einz.* Schritttempo; ~ing stick *sub*, -s Krückstock, Spazierstock; ~ing tour *sub*, -s Fußwanderung; ~ing-stick umbrella *sub*, -s Stockschirm; ~man *sub*, -men Walkman; ~way *sub*, -s (US) Steg
wall, (1) *sub*, -s Mauer, Wand (2) *vt*, umgeben; *to wall sth in* etwas mit einer Mauer umgeben; *a wall of indifference* ein Panzer der Gleichgültigkeit; *bang one´s head against a wall* auf Granit beißen; ~ bars *sub*, *nur Mehrz.* Sprossenwand; ~ calendar *sub*, -s Wandkalender; ~ clock *sub*, -s Regulator; ~ coping *sub*, -s Mauerkrone; ~ cupboard *sub*, -s Hänge-

schrank, Wandschrank; ~ **fruit** *sub,* - Spalierobst; ~ **hanging** *sub, -s* Wandteppich; ~ **mirror** *sub, -s* Wandspiegel; ~ **news-sheet** *sub, -s (ugs.)* Wandzeitung; ~ **unit** *sub, -s* Schrankwand **Walloon,** *sub, -s* Wallone; *nur Einz. (i. ü. S.)* Wallonische
wallow, (1) *sub, -s* Suhle (2) *vr,* suhlen
wallpaper, *sub, -s* Tapete; ~ **glue** *sub, nur Einz.* Tapetenleim; **walls** *sub,* - Gemäuer; **wallstreet** *sub, nur Einz.* Wallstreet
wall up, *vt,* zumauern; **wall-painting** *sub, -s* Wandgemälde; **wallet** *sub, -s* Brieftasche; **wallflower** *sub, -s* Mauerblümchen
walnut, *sub, -s* Walnuss; ~ **tree** *sub, -s* Nussbaum, Walnussbaum
walrus, *sub, -es (tt; zool.)* Walross; ~ **moustache** *sub, -s* Schnauzbart, Schnauzer
waltz, *sub,* - *(tt; mus.)* Walzer; ~ **dancer** *sub, -s* Walzertänzer; ~ **music** *sub, nur Einz.* Walzermusik
wan, *adj, (geh.)* fahl
wander, *vi,* wandern; ~ **around** *vi,* umherirren, umherziehen; ~**ing** *adj,* unstet
wane, (1) *sub, -s* Erlahmung (2) *vi, (Entusiasmus)* ermatten; *(Mond)* abnehmen; *(nachlassen)* erlahmen
waning, *sub, -s (Mond)* Abnahme
Wankel engine, *sub, -s (tt; tech.)* Wankelmotor
want, (1) *vt,* mögen, wünschen (2) *vti,* wollen; *I want to go home* ich möchte gerne nach hause; *I would rather leave* ich möchte lieber gehen; *as sb wanted* nach jmds Willen; *I want to* ich will es; *just the man we want* genau der Mann den wir brauchen; *not wanting anything to do with it* sich nicht angesprochen fühlen; *to want for nothing* keinen Mangel leiden; ~ **back** *vi,* zurückwollen; ~ **to come through** *vi, (durchkommen)* durchwollen; ~ **to get in** (1) *vi,* hineinwollen (2) *vt,* hereinwollen; ~ **to get out** *vi,* herauswollen, hinauswollen; ~ **to go on** *vi,* weiterwollen; ~ **to go through** *vi, (durchgehen)* durchwollen; ~**ed** *adj,* erwünscht; *(krim.)* flüchtig; ~**s** *sub, nur Mehrz.* Wille
war, *sub, -s* Krieg; *(hist.) the American Civil War* der Amerikanische Sezessions-krieg; ~ **criminal** *sub, -s* Kriegsverbrecher; ~ **grave** *sub, -s* Kriegergrab; ~ **novel** *sub, -s* Kriegsroman; ~ **of independence** *sub, -s* - Befreiungskrieg; ~ **of nerves** *sub, wars* Nervenkrieg; **War**

of Secession *sub, Wars* Sezessionskrieg; ~-**disabled person** *sub, people* Kriegsversehrte; ~-**horse** *sub, -s* Schlachtross, Streitross; ~-**orphan** *sub, -s* Kriegswaise; ~-**victim** *sub, -s* Kriegsopfer; ~-**widow** *sub, -s* Kriegerwitwe
warble, (1) *sub, -s (Vogel-)* Triller (2) *vi, (Vogel)* trillern; ~**r** *sub, -s* Grasmücke
ward, *sub, -s* Mündel; ~ **doctor** *sub, -s* Stationsarzt; ~ **off** *vt, (Krankheit)* abwehren; ~ **sth. off** *vt,* erwehren; ~**en** *sub, -s* Heimleiterin; ~**ing off** *sub, nur Einz. (von Krankheiten)* Abwehr; ~**robe** *sub, -s* Kleiderschrank, Schrank; *(Kleidung)* Garderobe
warehouse, *sub, -s* Lagerhaus, Warenlager; ~ **for clothtrading** *sub, -s (veraltet)* Gewandhaus
warfare, *sub, nur Einz.* Kriegführung; *warfare at sea and in the air* Luft- und Seekrieg; **warhead** *sub, -s (mil.)* Gefechtskopf; **warlike** *adj,* kriegerisch, martialisch
warm, *adj,* herzlich, warm, wärmehaltig; *it warms you up* das macht warm; *to dress up warmly* sich warm anziehen; *to keep the food warm* das Essen warm stellen; *to recommend sb warmly* jmd wärmstens empfehlen; *get warm* sich erwärmen; *isn´t warm* das ist eine Wärme; *warmly* mit Wärme; ~ **air** *sub, nur Einz.* Warmluft; ~ **from the nest** *adj, (i. ü. S.)* nestwarm; ~ **oneself** *vr,* wärmen; ~ **sb up** *vt,* durchwärmen; ~ **to** *vt, (für etwas)* erwärmen; *warm to sth* sich für etwas erwärmen; ~ **up** (1) *vi,* warm laufen; *(spo.)* einlaufen (2) *vi, vr,* aufwärmen (3) *vt,* anwärmen, aufwärmen, wärmen; ~-**up swimming** *vi,* einschwimmen; ~**ed up** *adj,* aufgewärmt; ~**ing up** *sub, nur Einz.* Aufwärmung; ~**th** *sub,* - Herzlichkeit, Wärme; *get into the warmth* komm in die Wärme; ~**th of the sun** *sub,* - Sonnenwärme
warn, (1) *vi,* warnen (2) *vt,* verwarnen; *(warnen)* ermahnen; ~ **(against)** *vt,* abmahnen; ~**er** *sub, -s* Mahner; ~**ing** *sub, -s* Abmahnung, Verwarnung; - Warner; *-s* Warnung; *(Warnung)* Ermahnung; *let it be a warning to us* das sollte uns ein warnendes Beispiel sein; ~**ing flash (of headlights)** *sub, -es* Lichthupe; ~**ing light** *sub, -s* Warnleuchte; ~**ing shot** *sub, -s* Schreckschuss, Warnschuss; ~**ing sign** *sub, -s* Menetekel; *(visuell)* Warn-

zeichen; **~ing signal** *sub*, *-s (auditiv)* Warnzeichen; **~ing triangle** *sub*, *-s* Warndreieck

warp, *sub*, *-s* Kettenfaden

warrant, *sub*, *-s* Warrant; **~ of arrest** *sub*, *-s* Steckbrief

warring, *adj*, Krieg führend; **warrior** *sub*, *-s* Kämpe, Krieger, Recke; *the tomb of the Unknown Warrior* das Grabmal des Unbekannten Soldaten

warsawish, *adj*, warschauisch

warship, *sub*, *-s* Kriegsschiff

wart, *sub*, *-s (tt; med.)* Warze; **~-shaped** *adj*, warzenförmig; **~hog** *sub*, *-s (tt; zool.)* Warzenschwein

wash, (1) *vr*, ablecken, waschen (2) *vt*, schwemmen, waschen; *to be in the wash* in der Wäsche sein; *to put sth into the wash* etwas in die Wäsche geben; **~ ashore** *vt*, anschwemmen; **~ off** *vt*, abwaschen; **~ out** *vt*, *(Wäsche etc.)* auswaschen; **~ round** *vt*, umspülen; **~ up** *vt*, *(Geschirr)* spülen; **~-basin** *sub*, *-s* Waschbecken; **~-bowl** *sub*, *-s* Waschschüssel; **~-leather** *sub*, *-s* Fensterleder; **~-out** *sub*, *-s (ugs.; Versager)* Pfeife; **~ing-day** *sub*, *-s* Waschtag

wash-room, *sub*, *-s* Waschraum; **washable** *adj*, abwaschbar, waschbar; **washed-out** *adj*, marode; **washing** *pron*, *(ugs.)* Wäsche; **washing-boiler** *sub*, *-s* Waschkessel; **washing-machine** *sub*, *-s* Waschmaschine; **washing-powder** *sub*, *-s* Waschpulver; **washing-water** *sub*, *nur Einz.* Waschwasser

wasp, *sub*, *- (tt; zool.)* Wespe; **~ sting** *sub*, *-s* Wespenstich; **~ waist** *sub*, *-s* Wespentaille; **~'s nest** *sub*, *-s* Wespennest

waste, (1) *adj*, wüst (2) *sub*, *-s* Einöde; *nur Einz. (Abfall)* Ausschuss; *(Müll)* Abfall (3) *vt*, vergeuden, verschwenden, verzetteln; *(ugs.)* vertun; *(i. ü. S.) waste so's time* jmd die Zeit stehlen; *waste time and energy* einen unnötigen Aufwand betreiben; **~ a lot of time** *vr*, verzetteln; **~ away** *vi*, dahinsiechen; **~ disposal** *sub*, *-s* Entsorgung; **~ disposal site** *sub*, *-s* Mülldeponie; **~ glass** *sub*, *nur Einz.* Altglas; **~ heat** *sub*, *nur Einz.* Abdampfwärme, Abwärme; **~ management** *sub*, *nur Einz.* Abfallwirtschaft; **~ material collection** *sub*, *-s* Altstoffsammlung; **~ oneself** *vr*, wegwerfen; **~ paper** *sub*, *nur Einz.* Altpapier

waste product, *sub*, *-s* Abfallprodukt; **~s** *sub*, *nur Mehrz.* Schlacke; **waste rate** *sub*, *- -s* Ausschussquote; **waste treatment** *sub*, *-s* Abfallaufbereitung;

wasted *adj*, verbummelt; **wasted away** *adj*, verkümmert; **wasteful** *adj*, verschwenderisch; **wasteland** *sub*, *-s* Öde, Wüstenei; **wastepaper** *sub*, *pieces of w.* Makulatur; *to talk rubbish* Makulatur reden; **wastfulness** *sub*, *-* Verschwendung; **wasting away** *sub*, *nur Einz. (ugs.)* Verkümmerung; **wastrel** *sub*, *-s* Liederjan; **wastrel** Bruder Liederlich

watch, (1) *sub*, *-es* Wache; *(Armband-)* Uhr; *(hist.)* Nachtwächter (2) *vi*, zuschauen, zusehen (3) *vt*, beobachten, nachblicken, nachschauen, nachsehen; *(auf etw. aufpassen)* achten; *(Fernsehen)* sehen; *(Film)* anschauen; *by my watch* nach meiner Uhr; *my watch is fast (slow)* meine Uhr geht vor (nach); *my watch keeps exact time* meine Uhr geht genau, *watch a movie* einen Film anschauen, einen Film ansehen; *watch it!* gib doch Obacht!; *watch out* pass auf; **wristwatch** Armbanduhr; *your watch is way out* deine Uhr geht nach dem Mond; **~ chain** *sub*, *-s* Uhrkette; **Watch out!** *vi*, *(auf einem Schild)* Achtung; *(Aufforderung)* Achtung; **~ television** *vi*, fernsehen; **~-tower** *sub*, *-s* Wachturm; **~dog** *sub*, *-s* Schlosshund, Wachhund; **~er** *sub*, *-s* Merker; **~ful** *adj*, wachsam; *to keep a watchful eye on sth* ein wachsames Auge haben auf etwas; **~fulness** *sub*, *-* Wachsamkeit; **~maker** *sub*, *-s* Uhrmacher, Uhrmacherin; **~maker's workshop** *sub*, *(Werkstätte)* Uhrmacherei; **~making** *sub*, *nur Einz.* Uhrmacherei; **~man** *sub*, *-s* Wachmann; **~word** *sub*, *-s* Wahlspruch

water, (1) *sub*, *nur Einz.* Wasser; *- (i. ü. S.)* Harn; *(i. ü. S.; Wasser)* Gänsewein (2) *vi*, tränen (3) *vt*, *(Blumen)* gießen; *(Pflanze)* begießen; *(Tiere)* tränken; *(i. ü. S.) a lot of water will have flown under the bridge by then* bis dahin fließt noch viel Wasser den Bach runter; *(i. ü. S.) my mouth is watering* das Wasser läuft mir im Munde zusammen; *(i. ü. S.) to keep one's head above water* sich über Wasser halten, *that was a faux pas of the first water* das war ein Fauxpas erster Ordnung; **~ depth** *sub*, *-* Wassertiefe; **~ depth gauge** *sub*, *-s* Pegel; **~ down** *vt*, *(verdünnen)* panschen; **~ for coffee** *sub*, *nur Einz.* Kaffeewasser; **~ for fire-fighting** *sub*, *nur Einz.* Löschwasser; **~ from melting snow** *sub*, *nur Einz.* Schneewasser; **~-bomb** *sub*, *-s (i. ü.

S.) Wasserbombe; ∼-**bottle** *sub, -s* Feldflasche, Trinkflasche; ∼-**bucket** *sub, -s* Wassereimer; ∼-**column** *sub, -s* Wassersäule; ∼-**game** *sub, -s* Wasserspiel **waterball,** *sub, nur Einz. (tt; spo.)* Wasserball; **water-bird** *sub, -s* Schwimmvogel; **water-fowl** *sub,* Wasservogel; **water-living** *adv, (i. ü. S.)* wasserlebend; **waterfall** *sub, -s* Kaskade, Wasserfall; **watering-can** *sub, -s* Gießkanne; **watering-down** *sub, -* Verwässerung; *-s* Verwässerung; **watering-place** *sub, -s* Tränke; *(Tiere)* Schwemme; **watermark** *sub, -s* Wasserzeichen; **waterpool** *sub, -s* Wasserlache **water-closet,** *sub, -s* Wasserspülung; **water-colour** *sub, -s* Aquarell, Aquarellfarbe, Wasserfarbe; **water-meadow** *sub, -s* Au; **water-melon** *sub, -s* Wassermelone; **water-mill** *sub, -s* Wassermühle; **water-nymph** *sub, -s* Nixe; **water-power** *sub, nur Einz.* Wasserkraft; **water-rat** *sub, -s* Wasserratte; **water-serpent** *sub, (tt; myth.)* Wasserschlange; **water-shortage** *sub, -s* Wassermangel; **water-snake** *sub, - (tt; zool.)* Wasserschlange; **water-wheel** *sub, -s* Wasserrad **water-glass,** *sub, -es* Wasserglas; **water sprite** *sub, -s (myth.)* Neck, Wassermann; **water tap** *sub, -s* Wasserhahn; **water-art** *sub, -s (tt; kun.)* Wasserkunst; **water-buffalo** *sub, -s (i. ü. S.)* Wasserbüffel; **water-cannon** *sub, -s* Wasserwerfer; **water-carrier** *sub, -s* Wasserträger; **water-landing** *sub, -s* Wasserung; **water-pipe** *sub, -s* Wasserleitung; **water-pump** *sub, -s* Wasserpumpe; **water-show** *sub, -s* Wasserschau; **water-sports** *sub, nur Mehrz.* Wassersport **waterproof, (1)** *adj,* impermeabel **(2)** *sub, -s* Waterproof; *make waterproof* gegen Wasser abdichten; **waters** *sub, nur Mehrz.* Fruchtwasser; **waters of oblivion** *sub, -* Lethe; **watershed** *sub, -s* Wasserscheide; **waterski** *sub, -s* Wasserski; **waterspout** *sub, -s* Wasserhose; **watertight** *adj,* hiebfest, wasserdicht; **waterway** *sub, -s* Meeresstraße, Wasserstraße; **watery (1)** *adj,* labberig, wässrig **(2)** *adv,* wässerig **(3)** *sub, nur Einz.* Wässrigkeit; **watery biotope** *sub, -s* Feuchtbiotop **wave, (1)** *sub, -s* Welle, Wink, Woge **(2)** *vi,* wehen, wogen **(3)** *vt,* schwenken, wellen **(4)** *vti,* winken; ∼ **of influenza** *sub, -s* Grippewelle; ∼ **of protest** *sub, -s* Protestwelle; ∼ **of terror** *sub, waves* Terrorwelle; ∼ **sth around** *vi,* fuchteln; ∼ **to** *vi,* zuwinken; ∼-**like** *adj,* wellen-

förmig; ∼**d thread** *sub, -s* Kräuselgarn; ∼**length** *sub, -* Wellenlänge; **wavy** *adj,* wellenartig; *(ugs.)* wellig; **wavy line** *sub, -s* Wellenlinie **wax,** *sub, -* Wachs; ∼ **model** *sub, -s* Wachsmodell; ∼ **plate** *sub,* Wachsplatte; ∼ **polish** *sub, -es* Polierwachs; ∼**cast** *sub, -s* Wachsabguss; ∼**en** *adj,* wachsbleich, wächsern; ∼**works** *sub, nur Mehrz.* Panoptikum **way,** *sub, -s* Weg; *(ugs.)* Weise; *(Weg)* Bahn; *(Weg-)* Strecke; *each one in his own way* jeder nach seiner Art und Weise; *in a mysterious way* auf geheimnisvolle Weise; *in such a way that* in der Weise, daß; *no way* in keiner Weise; *force one's way* sich Bahn brechen; *get into evil ways* auf die schiefe Bahn geraten; *a lot of things are in a bad way* vieles liegt im Argen; *be in a bad way* übel/arm dran sein; *be out of the way* abseits gelegen sein; *(unabsichtlich) go a long way round* einen Umweg machen; *go all the way to a place* sich zu einem Ort bemühen; *have a nice way* eine angenehme Art haben; *he does it the easy way* er macht es auf die gemütliche Tour; *he knows his way about* er ist mit den Örtlichkeiten gut vertraut; *I can find my own way from there* von da an kann ich mich alleine orientieren; *I don't know my way round very well* ich bin nicht sehr ortskundig; *it is still a long way to go* bis dahin ist es noch ein ganzes Ende; *(i. ü. S.) it's not what you say but the way you say it* der Ton macht die Musik; *keep out of the way* sich im Hintergrund halten; *lose one's way* vom Weg abkommen; *make a way for os* sich seinen Weg bahnen; *(Seemannspr.) make way* Fahrt machen; *(i. ü. S.) no way!* kommt nicht in die Tüte!; *one way or another* so oder so; *out of the way there* Platz da!; *pave the way for so* jmd den Weg bahnen; *(ugs.) people have a pretty rough way of doing things here!* hier herrschen aber rauhe Sitten!; *see things in a different way* anderer Ansicht sein; *so that's the way the wind blows* daher weht also der Wind; *that's just the way things are* das ist nun einmal so; *that's the way it is* es ist nun einmal so, so ist es eben; *(ugs.) there's no way I will* ich werde mich schwer hüten; *this way* auf diese Art; *this way, please!* hier entlang, bitte!; *(ugs.) to be in the way* das fünfte Rad am Wagen sein; *to*

know one´s way around Ortskenntnisse haben; *whichever way you look at it* man kann es drehen und wenden; ~ **home** *sub, ways* Nachhauseweg; ~ **it should be** *vr, (so gehört es sich)* gehören; ~ **of behaviour** *sub, -s* Gehaben; ~ **of life** *sub, -s* Lebensart, Lebenswandel; ~ **of speaking** *sub, ways* Sprechweise; *(Ausdrucksweise)* Sprache; ~ **of success** *sub, -s* Erfolgskurs; ~ **of the Cross** *sub,* Kreuzweg; ~ **of thinking** *sub, -s* Denkart, Denkungsart; ~ **out** *sub, -s -* Ausweg; *(a. i.ü.S.)* Ausweichmöglichkeit; ~ **to/from school** *sub, -s* Schulweg; ~ **with words** *sub, ways* Sprechkunst; ~**lay** *vt, (Person)* abfangen; ~**ward** *adj, (Kind)* missraten
WC, *sub, -s (ugs.)* WC
we, *pron,* wir; ~ **ourselves** *pron,* selber, selbst
weal, *sub, -s* Strieme, Striemen
wealth, *sub, -* Reichtum; ~**y** *adj,* begütert, reich, vermögend
wean, *vt, (Säugling)* entwöhnen; ~**ing** *sub, -s* Entwöhnung
weapon, *sub, -s* Waffe; ~**ry** *sub, -ies (Waffenlager)* Arsenal
wear, *vt,* kleiden; *(Kleidung)* anhaben, tragen; *wear well* dauerhaft sein; *worn cable* durchgescheuertes Kabel; ~ **and tear** *sub, nur Einz.* Abnutzung; - *(ugs.)* Verschleiß; ~ **down (1)** *vr, (Material)* abreiben **(2)** *vt,* zermürben; *(i. ü. S.;* ~ *machen)* mürbe; *(Reifen)* abfahren; *(Stoff)* aufreiben; ~ **hard** *vt, (abnützen)* strapazieren; ~ **off (1)** *vi, (Wirkung)* abklingen **(2)** *vt,* abwetzen; *(Manieren)* abschleifen
weariness, *sub, nur Einz. (Schwäche)* Ermattung; **weary** *adj,* müde; *to grow weary of sth* einer Sache müde werden; **weary of life** *adj,* lebensmüde; **weary of sth** *adj,* überdrüssig
wear one out, *vi,* schlauchen; **wear out (1)** *vi,* abnutzen, verschleißen; *(ugs.)* zerschleißen; *(Material)* abschlaffen **(2)** *vr,* abhetzen **(3)** *vt,* abnutzen, kaputtmachen, schlauchen, schleißen; *(Kleidung)* abtragen; *(Matratze)* durchliegen; *(Schuhe)* ablaufen, austreten **(4)** *vti,* ausleiern; *the matress is worn out* Matratze ist durchgelegen; **wear out dancing** *vt,* durchtanzen; *wear the shoes out (by) dancing* die Schuhe durchtanzen; **wear through** *vt,* durchscheuern; *wear shoes/material through* die Schuhe/den Stoff durchscheuern
weasel, *sub, -s (tt; zool.)* Wiesel
weather, (1) *sub, -s* Wetter; Witterung

(2) *vi,* verwittern; *don´t make such heavy weather of everything* sei doch nicht so umständlich!; *in all weathers* bei Wind und Wetter; ~ **broadcast** *sub, -s* Wetteransage; ~ **forcaster** *sub, -s* Meteorologe; ~ **forecast** *sub, -s* Wettervorhersage; ~ **report** *sub, -s* Wetterbericht; ~ **satellite** *sub, -s* Wettersatellit; ~ **station** *sub, -s* Wetterwarte; ~ **vane** *sub, -s* Wetterfahne; ~**-map** *sub, -s* Wetterkarte; ~**-saying** *sub, -s* Wetterregel; ~**cock** *sub, -s (Wetter-)* Hahn; ~**glass** *sub, -es* Wetterglas; ~**ing** *sub, nur Einz.* Bewitterung; *-s* Verwitterung; ~**man** *sub, -en (i. ü. S.)* Wetterfrosch; ~**proof cape** *sub, -s* Wetterfleck; ~**proofed** *adj,* wetterfest
weave, (1) *vr,* wirken **(2)** *vt, (Korb, Matten)* flechten; *(weben)* einflechten **(3)** *vti,* weben; ~ **through** *vti,* durchflechten; ~**r** *sub, -s* Weber; ~**r´s reed** *sub, -s* Riet; **weaving** *sub, nur Einz.* Weberei; **weaving mill** *sub, -s* Weberei
web, *sub, -s* Schwimmhaut; *(i. ü. S.)* Gewebe; *(Gewebe)* Gespinst; *(Papier)* Bahn; *(Spinne)* Netz
wedded bliss, *sub, -es* Eheglück; **wedding** *sub, -s* Hochzeit, Trauung; **wedding ring** *sub, -s* Ehering; **wedding-day** *sub, -s* Hochzeitstag; **wedding-ring** *sub, -s* Trauring
wedge, (1) *sub, -s* Keil **(2)** *vt,* keilen, klemmen; ~ **of cheese** *sub, -s (Käse)* Ecke; **wedgwoodware** *sub, - (i. ü. S.)* Wedgwoodware
Wednesday, *sub, -s* Mittwoch
weed, *vi,* jäten; *(aussieben)* sieben; *pull up weeds* Unkraut ausreißen; ~ **out** *vt, (Fehler)* ausmerzen; ~**s** *sub, -* Unkraut
week, *sub, -s* Woche; *in a week´s time* in acht Tagen; *once a week* alle acht Tage; ~ **by week** *adv,* wochenweise; ~**day** *sub, -s* Wochentag; ~**end** *sub, -s* Weekend, Wochenende; *have a nice weekend* schönes Wochenende; ~**end marriage** *sub, -s (i. ü. S.)* Wochenendehe; ~**end traffic** *sub, nur Einz.* Ausflugsverkehr; ~**end tripper** *sub, -s (ugs.)* Wochenendler; ~**ly (1)** *adj,* allwöchentlich, wöchentlich **(2)** *adv,* wöchentlich; ~**ly hour** *sub, -s* Wochenstunde; ~**ly lesson** *sub, -s* Wochenstunde; ~**ly market** *sub, -s* Wochenmarkt; ~**ly paper** *sub, -s* Wochenblatt; ~**ly season ticket** *sub, -s* Wochenkarte; ~**s following childbirth** *sub, -s (i. ü. S.)* Wochenbett

weever, *sub,* -s Petermännchen
weft thread, *sub,* -s Schussfaden
weigh, *vti,* wiegen; *his guilt weighs heavily on him* die Schuld liegt schwer auf ihm; *his opinion doesn´t weigh here* seine Meinung ist hier nicht maßgebend; *that didn´t weigh with me* das war für mich nicht maßgebend; *this doesn´t weigh with me* das ist nicht ausschlaggebend für mich; **~ down** *vt,* *(mit Gewicht)* beschweren; **~ heavily** *vi,* lasten; *a terrible worry weighed her down* eine schwere Sorge hat auf ihr gelastet; **~ out** *vt,* abwägen, abwiegen; **~ing** *sub,* -s Abwägung; **~t (1)** *sub,* -s Beschwerung, Gewicht **(2)** *vt,* gewichten; *(mit einem Gewicht)* belasten; *put on weight* in die Breite gehen; *(i. ü. S.; treu) she´s worth her weight in gold!* sie ist einfach unbezahlbar!; *watch one´s weight* auf seine Figur achten; *carry weight* Gewicht haben; **~t class** *sub,* -s *(spo.)* Gewichtsklasse; **~t-lifter** *sub,* -s Schwerathlet; **~t-lifting** *sub,* Gewichtheben; **~ting allowance** *sub,* -s Ortszuschlag; **~tlessness** *sub,* nur *Einz.* Schwerelosigkeit; **~ty** *adj,* gewichtig; **~ty tome** *sub,* -s *(ugs.)* Wälzer
weir, *sub,* -s Wehr
weird, *adj,* schräg, wirr; *(ugs.)* unheimlich
weissbeer, *sub,* -e Weißbier
welcome, (1) *sub,* -s Willkommen; *(a. i.ü.S.; das Willkommen)* Begrüßung **(2)** *vt,* *(a. i.ü.S.; willkommen heißen)* begrüßen; *give so a warm welcome* jemanden freundlich aufnehmen; *welcome sth with open arms* etwas begeistert aufnehmen; **welcoming speech** *sub,* -es Begrüßungsansprache
weld, *vt,* schweißen, verschweißen; **~ in** *vt,* einschweißen; **~ed joint** *sub,* -s Schweißnaht; **~er** *sub,* -s Schweißer; **~ing rod** *sub,* -s Schweißdraht
welfare, (1) *adj,* wohl ergehen **(2)** *sub,* -Heil; nur *Einz.* Wohl, Wohlfahrt; **~ aid** *sub,* -s Sozialhilfe; **~ allowance** *sub,* -s Sozialzulage; **~ and social work** *sub,* nur *Einz.* Diakonie; **~ state** *sub,* -s Sozialstaat, Wohlfahrtsstaat
well, (1) *adj,* wohlauf **(2)** *adv,* gut, schön, wohl **(3)** *sub,* -s Ziehbrunnen, Zisterne; *that may well be* das kann gut sein, dass; *well done* gut gemacht; *well meant* gut gemeint; *(i. ü. S.) be well in with someone* bei jemandem einen Stein im Brett haben; *deal with the situation supremely well* die Lage souverän meistern; *well all right* nun gut; *well yes* nun ja; *well?* nun?; **~ and pro-**
per *adv,* deftig; **~ considered** *adj,* wohl bedacht, wohlerwogen; **~ done** *vpp,* durchgebraten; *the steak well done, raw or medium?* wünschen Sie das Steak durchgebraten?; **~ proportioned** *adj,* *(Person)* ebenmäßig; **~ then!** *interj,* *(Sodann!)* sodann; **~,** **well!** *adv,* *(ugs.)* soso; **~-adapted** *adj,* *(biol.)* angepasst; **~-aimed** *adj,* *(Schuss)* gezielt; **~-balanced** *adj,* *(Person)* ausgeglichen; **~-behaved** *adj,* gesittet; *(manierlich)* sittsam; **~-being** *sub,* nur *Einz.* Wohl, Wohlbefinden; **~-deserved** *adj,* verdient, wohlverdient; **~-disposed** *adj,* gewogen, wohlgesinnt; **~-earned** *adj,* wohlerworben, wohlverdient
well-established, *adj,* wohlbestallt; **well-fed** *adj,* wohlgenährt; **well-fitting** *adj,* passgerecht; **well-fortified** *adj,* wehrhaft; **well-heeled** *adj,* *(ugs.)* betucht; **well-hung** *adj,* abgehangen; **well-informed** *adj,* aufgeklärt, kundig, sachkundig; **well-kept** *adj,* *(Sache)* gepflegt; **well-known** *adj,* altbekannt, namhaft; *(im pos. Sinn)* allbekannt; **well-liked** *adj,* wohlgelitten; **well-mannered** *adj,* wohlerzogen; *(Kind)* manierlich; **well-meaning** *adj,* wohlmeinend; **well-meaning person** *sub,* -s Gutgesinnte; **well-meant** *adj,* gut gemeint; **well-off** *adj,* bemittelt
well-read, *adj,* belesen; **well-grounded** *adj,* fundiert; **well-known way** *sub,* -s Hausstrecke; **well-shaped** *adj,* wohlgeformt, wohlgestalt; **well-sheltered** *adj,* wohl behütet; **well-stocked** *adj,* sortiert; **well-swept** *adj,* besenrein; **well-trained** *adj,* austrainiert; **well-tried** *adj,* altbewährt; **well-understood** *adj,* wohlverstanden; **well-versed** *adj,* bewandert, kapitelfest; **well-wisher** *sub,* -s Gratulant, Gratulantin; **well-worn** *adj,* abgegriffen; *(ugs.)* ausgelatscht; **well?** *adv,* *(Frage)* nun; **wellington** *sub,* -s Gummistiefel
well-set *adj,* wohlgesetzt
Welsh, *adj,* walisisch
weltanschauung, *sub,* - Weltanschauung; **welterweight** *sub,* nur *Einz.* Weltergewicht; **weltschmerz** *sub,* - Weltschmerz
werewolf, *sub,* -s Werwolf
wet, (1) *adj,* nass; *(Farbe)* frisch **(2)** *vt,* *(geh.)* netzen; *like a wet rag* wie ein nasser Sack; *wet through* durch und durch nass, *(i. ü. S.) be still wet behind the ears* noch nicht trocken hinter den

Ohren sein; *to wet oneself* sich in die Hosen machen, sich nass machen; *to wet the bed* das Bett nässen; **~-shaver** *sub, -s* Nassrasierer; **~her** *sub, -s* Hammel; **~ness** *sub, nur Einz.* Nässe

whale, *sub, -s* Walfisch; *(tt; zool.)* Wal; **~r** *sub, -s* Walfänger; **whaling** *sub, -s* Walfang

what, (1) *adv,* woran **(2)** *pron,* was, welch, wessen; *(adjekt.)* welche; *are you coming? - what? - are you coming?* kommst Du mit? - was? - ob du mitkommen willst; *(i. ü. S.) to have (got) what it takes* das Zeug zu etwas haben; *(i. ü. S.) to tell sb what to do* jmd am Zeug flicken; **~ a pity** *adj,* schade; **~/which** *adv,* wozu; **~´s its name** *sub,* - Dingsda; **~ever** *pron,* wessen

wheat, *sub, nur Mehrz.* Weizen; **~ harvest(ing)** *sub, -s (tt; agrar)* Weizenernte; **~bran** *sub, nur Einz.* Weizenkleie; **~germ oil** *sub, -s* Weizenkeimöl

wheel, *sub, -s* Rad; *drunkenness at the wheel* Trunkenheit am Steuer; *(ugs.) wheels* fahrbarer Untersatz; **~ of fortune** *sub, -s* Glücksrad; **~chair** *sub, -s* Rollstuhl; **~ings and dealings** *sub, nur Mehrz.* Machenschaft

wheeze, *vt,* schnaufen; *his breath was coming in wheezes* sein Atem ging pfeifend

whelp, *sub, -s* Welpe

when, (1) *adv,* wann **(2)** *konj, (zeitl)* wenn; *when having breakfast* beim Frühstücken; *when sleeping* beim Schlafen; **~ever** *konj.,* sooft

where, *adv,* wo, wohin; *where else but here?* wo anders als hier?; *where on earth have you been* wo warst du denn nur; **~ ... from** *adv,* woher; **~ the ... starts** *präp,* eingangs; **~abouts** *sub, nur Einz.* Verbleib; **~as** *konj,* indes, indessen, während, wohingegen

whet, *vt,* wetzen

whether, *konj,* ob; *we´re going for a walk whether it rains or not* wir gehen spazieren, ob es regnet oder nicht

whey, *sub, nur Einz.* Molke

which, *pron,* wessen; *the garden, the area of which* der Garten, dessen Fläche; *which I did* und das tat ich auch; **~ (one)** *pron, (subst.)* welche; **~...for** *adv,* wofür; **~/whom** *pron,* welch; **while (1)** *konj,* indem, während, wohingegen **(2)** *präp, (zeitlich)* als **(3)** *sub, nur Einz.* Weile; *-s (Zeit-)* Spanne; *while saying so,* he withdrew indem er dies sagte, zog er sich zurück; *while you were sleeping* während du schliefst, *a while ago* vor einer Weile

whim, *sub, -s* Laune; **~per (1)** *vi,* wimmern; *(Hund)* fiepen **(2)** *vti,* winseln; **~pering** *sub, -s* Gewimmer

whine, (1) *vi, (ugs.)* quengeln **(2)** *vt,* wimmern **(3)** *vti,* jammern, jaulen; **~r** *sub, -s (ugs.)* Quengler; **whinge** *vi, (Erwachsener)* greinen; **whining (1)** *adj,* weinerlich; *(ugs.)* wehleidig **(2)** *sub,* - Gejammer; *-s* Gewinsel

whip, (1) *sub, -s* Knute, Peitsche, Ziemer **(2)** *vt,* auspeitschen, geißeln, peitschen; *crack of a whip* Peitschenknall; *he whipped his horse* er gab seinem Pferd die Peitsche; **~ped cream** *sub, nur Einz.* Schlagobers; **~persnapper** *sub, -s* Flaps; **~ping** *sub, -s* Auspeitschung; **~ping boy** *sub, -s* Prügelknabe; **~ping cream** *sub, nur Einz.* Schlagsahne

whisk, (1) *sub, -s* Quirl, Schneebesen **(2)** *vi,* wischen **(3)** *vt,* quirlen, verquirlen; **~ers** *sub, nur Mehrz.* Schnurrhaar; *(eines Tieres)* Bart

whiskey, *sub, -s* Whisky

whisper, (1) *sub, -s* Gesäusel **(2)** *vi,* flüstern, tuscheln; *(ugs.)* zischeln; *(leise flüstern)* einflüstern **(3)** *vt,* hauchen **(4)** *vti,* raunen, wispern; **~ the answer** *vt,* einsagen; **~ing** *sub, -s* Geflüster, Gewisper; - Gezische; *-s* Tuschelei

whistle, (1) *sub, -s* Pfeife, Pfeifton, Pfiff, Trillerpfeife **(2)** *vi, (Wind)* sausen **(3)** *vti,* pfeifen; **whistling** *sub, -s* Gepfeife, Gesause; **whistling buoy** *sub, -s* Heulboje; **whistling kettle** *sub, -s* Pfeifkessel

white, *adj,* weiß; *to turn white* weiß werden; *white as chalk* weiß wie Kreide; **~ as a sheet** *adj,* kreidebleich; **~bread** *sub, -s* Weißbrot; **~ cabbage** *sub, -s* Weißkohl; **~ cheese** *sub,* - Weißkäse; **~ coffee** *sub, nur Einz. (österr.; Milchkaffee)* Melange; **~ collar crime** *sub, -s* Wirtschaftskriminalität; **~ corpuscles** *sub,* - Leukozyt; **~ frost** *sub, -s* Raufrost; **~ gold** *sub, nur Einz.* Weißgold; **~ heat** *sub, nur Einz.* Weißglut; **~ horse** *sub, -s* Schimmel; **~ man/woman** *sub, -en* Weiße; **White Russian** *adj,* weißrussisch; **~ stick** *sub, -s* Blindenstock; **~ wagtail** *sub, -s* Bachstelze; **~ wine** *sub, -s* Weißwein; **~cap** *sub, -s* Schaumkrone; **~horn** *sub, (tt; bot.)* Weißdorn

whitefish, *sub,* - Maräne, Renke, Weißfisch; **whitewash (1)** *sub, -s* Tünche **(2)** *vt,* schlämmen, tünchen, übertünchen **(3)** *vtr, (ugs.)* weißwaschen; **whithers** *sub, nur Mehrz.* Rist; **whi-**

ting *sub, -s* Schlämmkreide
Whitsun, (1) *attr,* pfingstlich **(2)** *sub, -s*
Pfingsten, Pfingstfest
Whit week, *sub, -s* Pfingstwoche
whity, *sub, -es (ugs.)* Weißling
who, *pron,* wer; *who else?* wer anders?;
~ **is (still) a minor** *attr,* minderjährig;
~... **to** *pron,* wem; ~/**which (1)**
rel.pron, der **(2)** *rel.pron.,* die;
~/**whom** *pron,* wen
whole, (1) *adj,* ganz, gesamt **(2)** *sub, nur
Einz.* Eintel; *-s* Ganzheit; *-* Gesamtheit;
as a whole in seiner Ganzheit; ~ **note**
adj, (mus. ganze Note/Pause US) ganz;
~-**corn/-rye** etc. **meal** *sub, -s* Schrot;
~**food shop** *sub, -s* Ökoladen; ~**foods**
sub, nur Mehrz. Vollwertkost; ~**meal
bread** *sub, -s* Schrotbrot; ~**sale** *sub, -s*
Engroshandel; *to condemn a people
wholesale* ein Volk pauschal verurteilen; ~**sale price** *sub, -s* Engrospreis;
~**sale trade** *sub, -s* Großhandel; ~**sa-
ler** *sub, -s* Großhändler, Grossist;
~**some** *adj,* verträglich
whom, *Rel.Pron,* dem, der; *the man
whom I helped* der Mann dem ich half;
~... **to** *pron,* wem
whooping cough, *sub, nur Einz.* Keuchhusten
whore, (1) *sub, -s* Hure **(2)** *vi,* huren
whorl, *sub, -s* Quirl
whose, (1) *pron,* wessen **(2)** *rel.pron,
(Pers.)* deren; *the bag the bow of which*
die Tasche deren Bügel; *the Lady whose
bag* die Frau deren Tasche; ~/**of whom**
pron, dessen; *the man from whom we
we are expecting a visit* der Mann dessen Besuch wir erwarten; *the man whose car* der Mann dessen Auto
why, (1) *adv,* warum, weshalb, weswe-
gen, wieso **(2)** *pron,* was; *that´s just
why* gerade deshalb; *that´s why I came
to you* deshalb bin ich zu dir gekommen
wick, *sub, -s* Docht, Lampendocht
wicked, *adj,* frevlerisch; *(i. ü. S.)* sündhaft; *(böse)* übel; *(verwerflich)* böse; *(i.
ü. S.) the dress cost a wicked amount of
money* das Kleid hat ein sündhaftes
Geld gekostet; *have a wicked tongue*
eine böse Zunge haben; *wicked stepmother* böse Stiefmutter; **wickerwork**
sub, -s Rohrgeflecht; *(Weiden-)* Geflecht
wide, *adj,* breit, weit; *(i. ü. S.) be wide
off the mark* er hat weit danebengehau-
en; *the hem is 5 cm wide* der Saum ist
5 cm breit; *widen a street* breiter machen; ~ **knowledge of literature** *sub,
nur Einz.* Belesenheit; ~ **range** *sub, -s
(i. ü. S.)* Frontbreite; ~-**awake** *adj,* hellwach; ~-**bodied jet** *sub, -s* Großflug-

zeug; ~-**meshed** *adj,* grobmaschig,
großmaschig; ~**ly** *adv,* weither; *(Größe)* weit; ~ *vt,* verbreitern, weiten;
(räuml.) erweitern; ~**ning** *sub, -s
(s.o.)* Erweiterung; ~**spread** *adj,* weit
verbreitet; *widespread* allgemein verbreitet
widow, *sub, -s* Witwe; ~´**s pension**
sub, -s Witwenrente; ~**ed** *adj,* verwitwet; ~**er** *sub, -s* Witwer; ~**erhood**
sub, nur Einz. Witwenschaft; ~**hood**
sub, nur Einz. Witwenschaft
width, *sub, nur Einz. (Ausmaß)* Breite;
to cut through sth widthwise der Breite nach durchschneiden; ~**ways** *adv,*
Quere
wife, *sub, wives* Ehefrau, Gattin, Gemahlin; *-en (tt; bibl.)* Weib; *wives
(Ehe-)* Frau; ~ **of a minister-president** *sub, (ugs.)* Landesmutter
wig, *sub, -s* Perücke; ~**wam** *sub, -s* Wigwam
wild, *adj,* verwildert, wild, wild lebend, wüst; *(Phantasien)* ausschwei-
fend; *they were going wild* sie waren
außer Rand und Band; *to go wild* Orgien feiern; ~ **boar** *sub, -s* Keiler,
Wildschwein; ~ **boars** *sub, nur
Mehrz.* Schwarzwild; ~ **cattle** *sub, -s*
Wildrind; ~ **dog** *sub, -s* Wildhund; ~
duck *sub, -s* Wildente; ~ **fence** *sub, -s*
Wildzaun; ~ **life reserve** *sub, -s*
Schongehege; ~ **passion** *sub, nur
Einz.* Wildheit; ~ **plant** *sub, -s* Wildpflanze; ~ **silk** *sub, nur Einz.* Rohseide; ~ **sow** *sub, -s* Bache; ~
strawberry *sub, -es* Walderdbeere; ~
tobacco *sub, -es* Machorka; ~ **west**
sub, - Wildwest; ~**cat** *sub, -s* Wildkatze; ~**fire** *sub, nur Einz.* Lauffeuer;
~**ness** *sub, nur Einz.* Wildheit
wilful, *adj,* willentlich; *(tt; jur.)* vorsätzlich; ~**ly** *adv, (mit Absicht)* mutwillig
Wilhelminian, *adj,* wilhelminisch
will, *sub, nur Einz.* Wille; *-s (jur.)* Testament, Testament; *good will* der gute
Wille; *that was done against my will*
das geschah wider meinem Willen; *remember so in one´s will* jemanden in
seinem Testament bedenken; *the will
to live* der Mut zum Leben; *things
have a will of their own* das ist die
Tücke des Objekts!; *to read the will*
den Nachlass eröffnen; *with the best
will in the world* selbst bei dem größten Wohlwollen; *contest a will* ein
Testament anfechten; *make one´s
will* sein Testament machen; *provide
by will* durch Testament verfügen; ~

to live *sub, nur Einz.* Lebenswille; ~ **to win** *sub, wills* Siegeswille; ~**-o´-the-wisp** *sub, -s (i. ü. S.)* Irrlicht; ~**power** *sub, nur Einz.* Willenskraft; *(Selbst-)* Überwindung

willie, *sub, -s (ugs.)* Pimmel

willing, (1) *adj,* bereitwillig, gewillt, gutwillig, willig; *(einverstanden)* bereit (2) *adv,* bereitwillig; *(i. ü. S.)* lend so a willing ear jmdm ein geneigtes Ohr schenken; ~ **to be helpful** *adj,* hilfswillig; ~ **to drink** *adj,* trinkfreudig; ~ **to leave** *adj,* ausreisewillig; ~ **to make sacrifices** *attr,* opferwillig; ~ **to work** *adj,* arbeitswillig; ~**ly** *adv,* gern; ~**ness** *sub, nur Einz.* Bereitwilligkeit; *(Bereitwilligkeit)* Bereitschaft

willow, *sub, -s (tt; bot.)* Weide; ~ **bush** *sub, -es* Weidenbusch; ~ **rod** *sub, -s* Weidengerte

wilt, *vi,* verwelken; *(ugs.)* schlappmachen; ~**ed** *adj,* welk; ~**ed state** *sub, -s* Wellblech

win, (1) *vi, (als Gewinner)* gewinnen (2) *vt,* gewinnen; *(Bergbau)* gewinnen; *(polit.)* erringen; *(Ruhm)* ernten, erwerben; *(spo.)* siegen; *win so over* jmdn für sich gewinnen; *win so´s heart* jmds Herz gewinnen; *win praise* Lob ernten; *win great fame* sich großen Ruhm erwerben; *win hearts by storm* Herzen im Sturm erobern; *win the day* den Sieg davontragen; *you can´t win them all* das war wohl nichts; *(ugs.)* you must have won the pools du hast wohl im Lotto gewonnen; ~ **on points** *sub, -s* Punktsieg; ~ **sb** *vt, (für sich -)* einnehmen; *win sb over* jmd für sich einnehmen; ~ **sb over** *vt, (jmd.)* erwärmen; *win sb over to sth* jmd für etwas erwärmen

wince, *vi,* zusammenfahren; **winch** *sub, -es (tt; tech.)* Winde

wind, (1) *sub, -s* Luftzug, Wind (2) *vi,* schlängeln (3) *vt,* wickeln (4) *vtr,* winden; *(ugs.)* so that´s the way the wind is blowing daher weht der Wind; *(i. ü. S.)* to take the wind out of sb´s sails jmd den Wind aus den Segeln nehmen; *(i. ü. S.)* to trim one sails to the wind das Fähnchen nach dem Wind drehen, *do it´s windies* ein Bäuerchen machen (Kind); *(ugs.)* get wind of something etwas spitzkriegen; *have plenty of wind* einen langen Atem haben; *to see which way the wind is blowing* die Lage peilen; *trim one´s sails to the wind* die Fahne nach dem Wind drehen; ~ **carving** *sub, -s* Korrasion; ~ **direction** *sub, -s* Windrichtung; ~ **energy** *sub, -es* Win-

denergie; ~ **rose** *sub, -s (tt; met)* Windrose; ~ **up** *vt,* aufspulen, hochkurbeln; *(Schnur)* aufwickeln; *(Uhrwerk)* aufziehen; ~**-machine** *sub, -s* Windmaschine; ~**-power-station** *sub, -s* Windkraftwerk; ~**-tunnel** *sub, -s* Windkanal; ~**bag** *sub, -s (ugs.)* Quatschkopf; ~**borne sand** *sub, -* Flugsand; ~**falls** *sub, nur Mehrz.* Fallobst

winding, *adj,* kurvenreich; *(Weg)* schlängelig; ~ **road** *sub, -s* Serpentine; **windlass** *sub, -es* Ankerwinde; **windlessness** *sub, nur Einz.* Kalme; **windmill** *sub, -s* Windmühle; *to tilt at windmills* einem Phantom nachjagen **window,** *sub, -s* Fenster; *(Auto)* Scheibe; *look out of the window* zum Fenster hinausschauen; ~ **display** *sub, -s* Auslage; *-s* Schaufensterauslage; ~ **glass** *sub, nur Einz.* Fensterglas; ~ **ledge** *sub, -s* Fensterbank; ~ **sill** *sub, -s* Fensterbrett; ~**-dresser** *sub, -* Dekorateur; ~**-dressing** *sub, -s (i. ü. S.)* Staffage; ~**-frame** *sub, -s* Fensterrahmen; ~**-pane** *sub, -s* Fensterscheibe; ~**-seat** *sub, -s* Fensterplatz; ~**-sill** *sub, -s* Fenstersims; **windpipe** *sub, -s* Luftröhre, Trachea; **windrejector** *sub, -s* Windabweiser; **winds** *sub, - (med.)* Flatus; *nur Mehrz. (ugs.; med. f. Blähungen)* Flatulenz

windscreen, *sub, -s* Windschutzscheibe; ~ **wiper** *sub, -s* Scheibenwischer; **windsurfing** *sub, nur Einz.* Segelsurfen; **windward side** *sub, -s* Luv, Wetterseite; *to windward* nach Luv; **windy** *adj,* windig

wine, *vi,* Wein; *(Wein)* a splendid wine ein edler Tropfen; ~ **from cask** *sub, - Fasswein;* ~ **from Frankonia** *sub, -s* Frankenwein; ~ **queen** *sub, -s (i. ü. S.)* Weinkönigin; ~ **store** *sub, -s* Weinhandlung; ~**-adulterator** *sub, -s* Weinpanscher; ~**-area** *sub, -s* Weinlage; ~**-cellar** *sub, -s* Weinkeller; ~**dealer** *sub, -s* Weinhändler; ~**-grower** *sub, -s* Weingärtner, Winzer; ~**bottle** *sub, -s* Weinflasche; ~**glass** *sub, -es* Weinglas; ~**ry** *sub, -ies* Sektkellerei; *-* Weinkellerei

wing, *sub, -s* Fittich, Flügel, Schwinge, Seitenflügel, Tragfläche; *(Fußb.)* Flanke; *(Gebäude)* Trakt; *take so under one´s wings* jmdn unter seine Fittiche nehmen; *flap its wings* mit den Flügeln schlagen; *I haven´t got wings* ich kann doch nicht fliegen; *left-wing groups* links orientierte Gruppen; ~ **assembly** *sub, -ies (Flugzeug)* Tragwerk; ~ **chair** *sub, -s* Ohrensessel; ~ **commander** *sub, -s* Kommodore; ~ **feather** *sub, -s* Schlafittchen, Schwungfeder; ~ **mirror** *sub, - -s* Außenspiegel; ~ **of a door** *sub, wings* Türflügel; ~ **shell** *sub, -s (zool.)* Steckmuschel; ~-**spread** *sub, -s (Flügel-)* Spannweite; ~**ed** *adj,* geflügelt; ~**ed dragon** *sub, -s (myth.)* Tatzelwurm **wink(ing),** *sub, nur Einz.* Augenzwinkern **winner,** *sub, -s* Gewinner; *(spo.)* Sieger; ~ **of the day** *sub, winners* Tagessieger; ~´**s cup** *sub, -s (spo.)* Siegerpokal; ~´**s pedestal** *sub, -s* Siegerpodest; ~´**s prize** *sub, -es* Siegespreis; **winning** *adj,* gewinnend; **winning Lotnumbers** *sub, nur Mehrz.* Lottozahlen; **winning number** *sub, -s* Gewinnnummer; **winnings** *sub, nur Mehrz. (Spiel)* Gewinn **winter,** (1) *sub, -s* Winter (2) *vi,* überwintern; *when winter sets in* bei Einbruch des Winters; ~ **apple** *sub, -s* Winterapfel; ~ **barley** *sub, -es* Wintergerste; ~ **break** *sub, -s* Winterpause; ~ **clothes** *sub, nur Mehrz.* Winterkleid, Wintersachen; ~ **coat** *sub, -s* Wintermantel; ~ **fruit** *sub, -s* Winterfrucht; ~ **garden** *sub, -s* Wintergarten; ~ **journey** *sub, -es* Winterreise; ~ **night** *sub, -s* Winternacht; **Winter Olympics** *sub, nur Mehrz.* Winterspiele; ~ **port** *sub, -s* Winterhafen; ~ **season** *sub, -s* Wintersaison **winter sale,** *sub, -s* Winterschlussverkauf; **winter evening** *sub, -s* Winterabend; **winter shoe** *sub, -s* Winterschuh; **winter sports** *sub, -s* Wintersport; **winter stiffness** *sub, nur Einz.* Winterstarre; **winter tyre** *sub, -s* Winterreifen; **winteropen** *adj, (ugs.)* winteroffen; **wintertime** *sub, -s* Winterszeit **wipe,** *vti,* wischen; *to wipe sb´s sleeve* jmd über den Ärmel wischen; *(vernichtend schlagen) to wipe the floor with sb* jmdn in die Pfanne hauen; ~ **(up)** *vt,* aufwischen; ~ **off** *vt,* abwischen; ~ **out** *vt,* austilgen, tilgen; *(vulg.; ausrotten)* ausradieren; *(Pflanzen-/Tierart)* ausrotten; *(a. i.ü.S.; Spuren)* auslöschen; *(Zimmer, Schrift)* auswischen; ~ **whith** *vt,* wegfegen; ~**d off** *adj,* gelöscht; ~**r blade** *sub, -s* Wischerblatt **wire,** (1) *sub, -s* Draht; *(US)* Telegramm (2) *vt,* drahten, telegrafieren; *hot wire* heisser Draht, *wire someone money* jemandem telegrafisch Geld überweisen; *wire sth to sb to Rome* jmd etwas nach Rom drahten; ~ **brush** *sub, -s* Drahtbürste; *-es* Kratzbürste; *-s* Stahlbürste;

~ **entanglement** *sub, -s* Drahtverhau; ~ **netting** *sub, -s* Drahtgitter, Maschendraht; ~ **puller** *sub, -s* Drahtzieher; ~-**cutters** *sub, nur Mehrz.* Drahtschere; ~**d radio** *sub, -s* Drahtfunk; ~**less** *adj,* drahtlos; **wiring diagram** *sub, -s* Schaltskizze; **wiry** *adj,* drahtig; *(Hand/Gestalt)* nervig **wisdom,** *sub, -s* Weisheit; *(i. ü. S.) keep your pearls of wisdom to yourself* behalte deine Weisheiten für dich; ~ **tooth** *sub, teeth* Weisheitszahn; **wise** *adj,* weise; **wise guy** *sub, -s (überschlau)* Naseweis; **wisely** *adv,* klugerweise **wish,** (1) *sub, -es* Wunsch (2) *vi,* belieben (3) *vt,* wollen (4) *vti,* wünschen; *as you wish* wie es dir beliebt, *to comply with sb wishes* jmd zu Willen sein; ~ **list** *sub, -s* Wunschzettel; ~ **so ill** *vi,* übel wollen; ~ **to do sth** *vi,* heranwollen; ~**ful thinking** *sub, nur Einz.* Wunschdenken; ~-**y-washy** *adj, (ugs.)* verwaschen; **wistful** *adj, (schwärmerisch)* träumerisch **witch,** *sub, -es* Hexe; ~´**s cauldron** *sub, -s* Hexenkessel; ~´**s trial** *sub, -s* Hexenprozess; ~**craft** *sub, -s* Hexerei; ~**doctor** *sub, -s* Medizinmann; ~**es´ sabbath** *sub, -s* Hexensabbat **with,** *präp,* mit, vor; *(ugs.) I can´t have been really with it* da muss ich wohl eine Mattscheibe gehabt haben; *I´m with you* da bin ich mit von der Partie; *my relation with him* meine Beziehung zu ihm; *not to be with it* nicht voll da sein; *stupid and cheeky with it* dumm und noch dazu frech; *to have a meal with sb* bei jmdn mitessen; ~ **a blue cast** *adj,* blaustichig; *the film has a blue cast* der Film ist blaustichig; ~ **a cold** *adj,* verschnupft; ~ **a deeper meaning** *adj,* hintersinnig; ~ **a forehead** *adj,* bestirnt; ~ **a goatee** *adj,* spitzbärtig; ~ **a sprinkling** *adj,* eingesprengt; ~ **a wink** *adv,* augenzwinkernd; ~ **abandon** *sub, nur Einz. (selbstvergessen)* Hingabe; ~ **all one´s might** *adv,* Leibeskräfte; *the girl screamed with all her might* das Mädchen schrie aus Leibeskräften; *when he walked on the stage, the fans schrieked at the top of their lungs* als er die Bühne betrat, schrieen die Fans aus Leibeskräften; ~ **claws** *adj,* bekrallt; ~ **difficulty** *adv,* mühsam; ~ **each other** (1) *adv,* miteinander (2) *pron,* ineinander; *they have been in love with each for a long time* sie sind schon lange ineinander verliebt;

great relish adv, genießerisch; ~ **great variety of forms** adj, formenreich
withdraw, (1) vi, abtreten, widerrufen; (Dampf) abziehen (2) vt, (ugs.) zurücknehmen; (Vertrauen) entziehen; withdraw from one´s office aus dem Amt ausscheiden; withdraw sth from so jmd etwas entziehen; ~**al** sub, -s Entzug, Rücktritt, Widerruf, Zurücknahme, Zurückzieher; (mil.) Abzug; s (Rücktritt) Abtritt; ~**al of affection** sub, -s Liebesentzug; ~**al of troops** sub, withdrawals Truppenabzug; ~**al sum** sub, -s Ablösungssumme
wither, vi, verdorren; ~**ed** adj, welk; (biol.) dürr; withered branch dürrer Ast; ~**ing** adj, vernichtend; (i. ü. S.; Antwort) geharnischt
withhold, vt, einbehalten, zurückhalten; (nicht weiterleiten) festhalten; tax ist withhold from wages die Steuer wird vom Lohn einbehalten; ~ **sth from sb** vt, vorenthalten; ~**ing** sub, -s Einbehaltung
within, (1) adv, inne (2) präp, binnen, innerhalb; to solve sth within the party etwas parteiintern lösen; within two month binnen zwei Monaten; within one´s own home innerhalb seiner vier Wände; within the planned time innerhalb der vorgesehener Zeit; ~ **a month** adv, (binnen) Monatsfrist; ~ **calling distance** sub, - Rufweite; ~ **reach** adj, (räuml.) erreichbar; within easy walking distance zu Fuß leicht erreichbar; ~ **the party or group** adj, fraktionell
with it, adv, (mittels) damit, davon; what do you want to do with it was willst du damit; knit a scarf with it einen Schal davon stricken; ~ **(them)** adv, (bei) dabei; ~/**them** adv, (mit) dazu; would you like rice with it möchten Sie Reis dazu; **with knowledge of a region** adj, landeskundig; **with knowledge of countries or regions** adj, länderkundig; **with low revs** adj, untertourig; **with no hands** adv, (radfahren etc.) freihändig; **with one another** adv, untereinander; **with one´s legs apart** adj, spreizbeinig; **with racked nerves** adj, entnervt; **with refer to the focus** sub, fokal; **with regard motifs/motives** attr, motivisch; **with relish** adv, lustvoll; **with stiff legs** adv, steifbeinig; **with strong nerves** adj, nervenstark; **with the attitudes of a detective** adj, detektivisch; by detailed detective work in detektivischer Kleinarbeit; with the keen perception of a detective mit detektivischem Spür-

sinn; **with the greatest of ease** adv, spielerisch; **with this** adv, hiermit; **with what/which** adv, womit
without, präp, konj, ohne; I can do without that das hab ich nicht nötig; I would have done it without thinking twice about it ich hätte das ohne Weiteres getan; without ohne dass; without hesitating ohne zu zögern; ~ **a conductor** adj, schaffnerlos; ~ **a fight** adv, kampflos; ~ **a handle** adj, (Gerät) stiellos; ~ **a trace of dialect** adj, dialektfrei; speak English without a trace of dialect dialektfrei Englisch sprechen; speak standard German dialektfrei sprechen; ~ **an accent** adj, adv, akzentfrei; ~ **any doubt** adv, zweifelsohne; ~ **being asked** adv, unaufgefordert; ~ **comment** adv, kommentarlos; ~ **difficulty** adv, unschwer; ~ **drainage** adv, abflusslos; ~ **each other** adv, ohne einander; ~ **exception** adv, ausnahmslos, durchweg; he surrounds himself exclusively with people who er umgibt sich durchwegs mit Leuten, die; ~ **flexion** adj, flexionslos; ~ **further ado** adv, anstandslos, kurzerhand; ~ **gates** adj, unbeschrankt; ~ **having accomplished anything** adj, unverrichtet
without illusions, adj, illusionslos; **without interference** adj, störfrei; **without looking, blindly** adv, blind; choose blindly wahllos; **without make - up** adj, ungeschminkt; **without means** attr, mittellos; **without notice** adj, fristlos; **without permission** adv, eigenmächtig; **without remourse** adj, einsichtslos; **without result** adj, resultatlos; **without rights** adj, rechtlos; **without scruple** adv, (skrupellos) bedenkenlos; **without success** adv, (erfolglos) umsonst; **without sugar** adj, (i. ü. S.) ungesüßt, ungezuckert; **without thinking** adv, (ohne nachzudenken) bedenkenlos; **without trace** adj, spurlos; disappear without trace spurlos verschwinden; **without traffic** adj, (i. ü. S.) verkehrsfrei; **without wealth** adj, vermögenslos
witness, sub, -es Tatzeuge, Zeuge; nur Einz. Zeugenschaft; witness an event einem Ereignis beiwohnen; ~ **box** sub, nur Einz. (tt; jur.) Zeugenstand; ~ **for the prosecution** sub, -es - Belastungszeuge; ~ **of the accident** sub, witnesses Unfallzeuge
witty, adj, geistreich; (obsolete) lau-

nig; *(geistreich)* originell; *not the most profound remark* nicht gerade eine geistreiche Bemerkung; *that´s pretty witty* das finde ich originell; ~ **sketch** *sub, -es* Humoreske

wizard, *sub, -s* Hexenmeister; *be a real wizard at sth* etwas aus dem Effeff können

wobble, *vi,* wackeln; *(tech.)* eiern; **wobbling** *sub, nur Einz.* Wackelei; **wobbly** *adj,* quabbelig, wackelig; *(ugs.)* wabbelig

woe, (1) *interj,* weh, wehe **(2)** *sub, -s* Weh; ~**ful expression** *sub, -s* Jammermiene

wolf, *sub, -s (tt; zool.)* Wolf; *remember the boy who cried ´wolf´* wer einmal lügt, dem glaubt man nicht, wenn er auch die Wahrheit spricht; ~**ish** *adj,* wölfisch

woman, *sub, -men* Frau; *-en* Weib; *(ugs.)* Weibsperson; **women** *(spo.)* Dame; *be unlucky with women* bei Frauen Pech haben; ~ **hater** *sub, -s* Frauenfeind; ~ **in childbed** *sub, -men* Kindbetterin; ~ **of easy virtue** *sub, -men* Freudenmädchen; ~ **traffic warden** *sub, -s* Politesse; ~ **´s suit** *sub, -s* Kostüm; ~**liness** *sub, -ies* Fraulichkeit; ~**ly** *adj,* fraulich

wombat, *sub, -s* Wombat

women´s group, *sub, -s (Frauenbewegung)* Frauengruppe; **women´s doubles** *sub, nur Mehrz.* Damendoppel; **women´s libber** *sub, nur Einz.* Emanze; **women´s protection** *sub, nur Einz.* Frauenschutz; **women´s question** *sub, nur Einz.* Frauenfrage; **women´s refuge** *sub, -s* Frauenhaus; **women´s shelter** *sub, -s (US)* Frauenhaus; **women´s singles** *sub, nur Mehrz.* Dameneinzel; **women´s soccer** *sub, nur Einz.* Damenfußball

wonder, (1) *sub, -s* Wunder **(2)** *vr,* verwundern; *(sich wundern)* fragen; *begin to wonder* stutzig werden; *no wonder* kein Wunder; *to do wonders* Wunder tun; *wonders will never cease* es geschehen noch Zeichen und Wunder, *(i. ü. S.)* es geschehen noch Zeichen und Wunder, *I wonder why* ich frage mich, warum; ~ **boy/child** *sub, -s* Wunderknabe; ~ **of the world** *sub, -s* Weltwunder; *the Seven Wonders of the World* die sieben Weltwunder; ~**ful** *adj,* herrlich, wunderbar, wundervoll; *(ugs.)* bärig; ~**fully pretty** *adj,* wunderhübsch; **wondrous** *adj,* wunderlich, wundersam

woo away, *vt, (Wähler)* abwerben

wood, *sub, nur Einz.* Holz; *-s* Wald; *be*

out of the woods über den Berge sein; *(i. ü. S.) can´t see the wood for the trees* den Wald vor lauter Bäumen nicht sehen; ~ **carver** *sub, -s* Schnitzer; ~ **carving** *sub, -s* Schnitzwerk; ~ **glade** *sub, -s* Waldlichtung; ~**-carving** *sub, -s* Schnitzerei; ~**-engraving** *sub, -s* Holzschnitt; ~**-louse** *sub, -lice* Assel; *lice* Kellerassel; ~**chip paper** *sub, -s* Raufaser; ~**ed** *adj,* waldig; ~**en** *adj,* hölzern, holzig; ~**en crate** *sub, -s* Lattenkiste; ~**en fence** *sub, -s* Bretterzaun; ~**en house** *sub, -s* Holzhaus; ~**en leg** *sub, -s* Holzbein; ~**en wall** *sub, -s* Bretterwand; ~**pecker** *sub, -s* Specht; ~**pigeon** *sub, -s* Ringeltaube; ~**pile** *sub, -s* Holzstoß; ~**ruff** *sub, nur Einz. (tt; bot.)* Waldmeister; ~**side** *sub, -s* Waldrand; ~**worm** *sub, -s* Holzwurm

wool, *sub, -s* Wolle; *he was so woolly* er redete so nebulöses Zeug; *pull the wool over sb eyes* jmd blauen Dunst vormachen; *pull the wool over so´s eyes* jmdm das Fell über die Ohren ziehen; ~**-carding shop** *sub, -s* Wollkämmerei; ~**len** *adj,* wollen; ~**len yarn** *sub, -s* Wollgarn

woollen dress, *sub, -es* Wollkleid; **woollen mouse** *sub, mice (i. ü. S.)* Wollmaus

wop, *sub, -s (vulg.)* Katzelmacher

worcestersauce, *sub, -s* Worcestersoße

word, *sub, -s* Vokabel, Wort; *is not the word* ist gar kein Audruck; *have a word with so in private* mit jmd alleine sprechen; *he meant you* seine Worte galten dir; *hollow words* hohle Phrasen; *(ugs.) I don´t understand a word* ich verstehe keine Silbe; *I give you my word on it* ich gebe dir mein Wort darauf; *I want a word with you* mit dir habe ich noch ein Wort zu reden; *in a word* mit einem Wort; *in words* in Worten; *it´s her word against his* ihre Aussage steht gegen seine; *late call* das Wort zum Sonntag; *(i. ü. S.) let us hope so* dein Wort in Gottes Ohr; *not breathe a word* keine Silbe sagen; *nothing but words* nichts als Worte; *put sth into words* etwas in Worte fassen; *she´s never at a loss for words* sie ist nicht auf den Mund gefallen; *that´s just so many words* das sind alles nur Phrasen; *to obey sb´s every word* jmd aufs Wort folgen; *to put sth into words* etwas in Worte fassen; *to suit the action to the words* Worten Taten folgen lassen; *to take sb*

at *his word* jmd beim Wort nehmen; *to twist sb´s words* jmd das Wort im Mund umdrehen; *without mincing one´s words* Worte nicht auf die Goldwaage legen; *words fail me* mir fehlen die Worte; *write sth as two words* Worte auseinander schreiben; ~ **game** *sub*, *-s* Silbenrätsel; ~ **index** *sub*, - Wortregister; ~ **of a poet** *sub*, *-s* Dichterwort; ~ **of exhortation** *sub*, *words* Mahnwort; ~ **of honour** *sub*, *-s* Ehrenwort; *break one´s word* sein Ehrenwort brechen; *(scherzh.) scout´s honour* großes Ehrenwort; ~ **of thanks** *sub*, *-s* Dankesformel, Dankesworte; ~ **processing** *sub*, *nur Einz.* Textverarbeitung; ~**-forword** *adj*, wortwörtlich; ~**iness** *sub*, *nur Einz.* Wortreichtum; ~**ing** *sub*, *-s* Wortlaut; ~**ing of the law** *sub*, *-s* Gesetzestext; ~**s (of encouragement)** *sub*, *nur Mehrz.* Zuspruch; ~**s of introduction** *sub*, *nur Mehrz.* Einleitewort; ~**s of the oath** *sub*, *nur Mehrz.* Eidesformel; ~**y** *adj*, *(ugs.)* wortreich
work, (1) *sub*, *-s* Opus, Werk, Wesen; *(Arbeit)* Betätigung, Tätigkeit; - *(körperliche, phys.)* Arbeit; *(Produkt der Arbeit)* Arbeit; *nur Einz.* *(Tätigkeit)* Dienst (2) *vi*, funktionieren, werken, wirken; *(beruflich, etc.)* arbeiten; *(i. ü. S.; klappen)* hinhauen (3) *vt*, *(Acker, Material)* bearbeiten (4) *vti*, *(ugs.)* jobben; *(funktionieren)* gehen; *be at work* bei der Arbeit sein; *set to work* sich an die Arbeit machen; *be wrapped up in one´s work* in seiner Arbeit aufgehen; *do one´s daily work* sein Tagewerk verrichten; *(i. ü. S.) drown in work* von der Arbeit aufgefressen werden; *go to work* in die Arbeit gehen, zum Dienst gehen; *he really has his work cut out with her* er hat seine liebe Not mit ihr; *I´ve lumbered with all the work* die ganze Arbeit hängt an mir; *it is better to work with each other than against each other!* ein Miteinander ist besser als ein Gegeneinander!; *it´ll work out somehow* es wird sich schon alles finden; *make short work of* nicht viel Federlesens machen mit; *not working* außer Funktion; *outside work* außerhalb des Dienstes; *put sb out of work* jmd brotlos machen; *start work* den Dienst antreten; *that is the work of the devil* das ist ein Machwerk des Teufels; *that´s hard work* diese Arbeit strengt an; *(i. ü. S.) the metaphor doesn´t work* der Vergleich hinkt; *to work like a Trojan* arbeiten wie ein Pferd; *to work on sth* an etwas mitarbeiten; *unpublished works* litera-

rischer Nachlass; *work for a company* bei einer Firma beschäftigt sein; *work for peanuts* für ein Butterbrot arbeiten; *work on an essay* über einem Aufsatz brüten; *work one´s fingers to the bone* sich die Finger abarbeiten; *(math.) work out* Wurzel ziehen; *work-to-rule* Dienst nach Verschrift; *you´ve got to go to work* du musst zur Maloche, *work for a company* bei einer Firma arbeiten; *work on sth* an etwas arbeiten; *work os to death* sich zu Tode arbeiten, *how does it work?* wie geht das?; *the watch doesn´t work* die Uhr geht nicht; ~ **as a waiter** *vi*, kellnern; ~ **basket** *sub*, *-s* Nessessär; ~ **by the day** *vi*, tagelöhnern; ~ **experience** *sub*, *--s* Berufserfahrung; ~ **for** (1) *vi*, handlangern (2) *vt*, *(Vermögen)* erarbeiten; ~ **in advance** *vti*, vorarbeiten; ~ **itself loose** *vr*, lockern; ~ **of art** *sub*, *-s* Kunstwerk; ~ **of literature** *sub*, *nur Einz.* Dichtung; ~ **of man** *sub*, *works (veraltet)* Menschenwerk; ~ **of the devil** *sub*, *works* Teufelswerk; ~ **off** (1) *vi*, abarbeiten (2) *vt*, abreagieren, abtrainieren; ~ **on** *vt*, *(Text)* erarbeiten; *(Thema)* bearbeiten; *(ugs.) give so a working over* jemanden (mit Schlägen) bearbeiten; *work on so* jemanden bearbeiten; ~ **to death** *vr*, totarbeiten; ~ **up into** *vr*, *(sich)* hineinsteigern
workable, *adj*, abbauwürdig, verarbeitbar; *(ugs.)* durchführbar; **workaday** *adj*, werktäglich; **workbench** *sub*, *-es* Werkbank; **workday** *sub*, *-s* Werktag; **worker** *sub*, *-s* Arbeiter; **working** (1) *adj*, berufstätig (2) *sub*, *nur Einz.* *(eines Ackers, von Material)* Bearbeitung; *she is a working mother* sie ist eine berufstätige Mutter; **working animal** *sub*, *-s* Nutztier; **working atmosphere** *sub*, *nur Einz.* Arbeitsklima; *-s* Betriebsklima; **working capital** *sub*, *-s* Betriebskapital; **working class** *sub*, *-es* Arbeiterklasse; **working day** *sub*, *-s* Arbeitstag; **working hours** *sub*, *nur Mehrz.* Arbeitszeit
workaholic, *sub*, *-s (ugs.)* Workaholic
working life, *sub*, *lives* Erwerbsleben; **working lunch/dinner** *sub*, *-s* Arbeitsessen; **working man/woman** *sub*, *-en* Werktätige; **working morale** *sub*, *nur Einz.* Arbeitsmoral; **working on** *sub*, *-s* Erarbeitung; **working out** *sub*, *nur Einz.* Ausklügelung; **working out a budget** *vt*, budgetieren; **workload** *sub*, *-s* Pensum; *a heavy workload* ein

hohes Pensum an Arbeit; **workman** *sub, -men* Handwerker, Handwerkerin; **workmate** *sub, -s (ugs.)* Arbeitskamerad; **workpiece** *sub, -s (tt; tech.)* Werkstück; **workplace** *sub, -s* Arbeitsstätte; *(konkret)* Arbeitsplatz; *workplace safety* Sicherheit am Arbeitsplatz; **workplace accident** *sub, - -s* Betriebsunfall **work one´s way towards,** *vr, (sich)* hinarbeiten; **work one´s way up** *vr,* hocharbeiten; **work out (1)** *vi,* ausarbeiten, klappen **(2)** *vt,* ausklügeln, ausrechnen, austüfteln, herausbekommen; *(ugs.) did you get the job all right?* hat es mit dem Job geklappt?; *(ugs.) everything worked out beautifully* alles hat wunderbar geklappt; **work sth into** *vt, (i. ü. S.; Sprache)* einflechten; **work things away** *vi, (i. ü. S.)* wegarbeiten; **work through** *vti,* durcharbeiten; **work towards** *vi, (auf)* hinarbeiten; **work until exhaustion** *vi,* aufarbeiten; **work with** *vi,* hantieren; **work(ing) team** *sub, -s* Arbeitsgemeinschaft **works,** *sub, -* Fabrik; *nur Mehrz. (tech.)* Hütte; **~ council** *sub, -s (Gremium)* Betriebsrat; **~ councillor** *sub, -s (Mitglied des Betriebsrats)* Betriebsrat; **~hop** *sub, -s* Schreinerei, Werkstatt, Workshop **world record,** *sub, -s* Weltrekord; **world chronicle** *sub, -s* Weltchronik; **world religion** *sub, -s* Weltreligion; **world status** *sub, nur Einz.* Weltrang; **world trade** *sub, nur Einz.* Welthandel; **world war** *sub, -s* Weltkrieg; **world wise** *sub, nur Einz. (i. ü. S.)* Weltklugheit; **world-entraptured** *adj,* weltentrückt; **world-famous** *adj,* weltberühmt; **world-renowned** *adj,* weltbekannt; **world-saving-day** *sub, -s* Weltspartag; **world-shattering** *adj,* weltbewegend; **world-star** *sub, -s* Weltstar; **world-weariness** *sub, -* Weltschmerz; **world-wide** *adj,* weltweit; **world´s best time** *sub, -s (tt; spo.)* Weltbestzeit; **worldcup** *sub, -s* Worldcup; **worldly** *adj,* irdisch **worm,** *sub, -s (tt; zool.)* Wurm; *to worm one´s way into sb´s confidence* sich in jmds Vertrauen schleichen; **~ eaten** *adj, (Obst)* madig; **~-hole** *sub, -s* Wurmloch; **~´s eye view** *sub, -s* Froschperspektive; **~eaten** *adj,* wurmig; **~er** *sub, -s* Gewürm; **~wood** *sub, nur Einz. (bot.)* Wermut **worn,** *adj,* abgenutzt, abgetragen; **~ out** *adj,* erschlagen; *(Person)* erledigt; **~-out** *adj,* abgekämpft, ausgeleiert, gliederlahm, lendenlahm, schlapp;

(Oberfläche, etc.) angegriffen **worn down,** *adj, (ugs.)* zermürbt **worried,** *adj, (ängstlich besorgt)* besorgt; **worry (1)** *sub, -ies* Kummer, Sorge; *hier nur Einz. (i. ü. S.)* Kopfzerbrechen **(2)** *vi,* bangen, beunruhigen **(3)** *vr,* sorgen **(4)** *vt,* beunruhigen **(5)** *vti,* bekümmern; *be worried about* sich sorgen um; *don´t worry!* seien Sie ganz unbekümmert!; *my daughter is a worry* meine Tochter macht mir Kummer; *(i. ü. S.) that doesn´t worry me* ich mache mir nichts daraus; *that´s the least of my worries* das ist mein geringster Kummer; *there is no need to worry* sei nur beruhigt; *don´t worry about that!* mach dir deshalb keine Sorgen!; *don´t worry!* keine Sorge!; *he doesn´t worry about it much* er macht sich darüber nicht viel Kopfzerbrechen, *it doesn´t worry him at all* es bekümmert ihn überhaupt nicht; *you needn´t worry about that* das braucht dich nicht zu bekümmern; **worry line** *sub, -s* Sorgenfalte; **worrying** *adj,* beunruhigend **worse,** *adj,* schlechter, schlimmer; *if the worst comes to the worst* im schlimmsten Fall; *(i. ü. S.) to make things worse* zu allem Unglück; **~n** *vt,* verschlechtern; **~ning** *sub, -s* Verschlechterung **worship, (1)** *sub, nur Einz.* Anbetung **(2)** *vt,* anbeten, huldigen; **~ as a hero** *vt,* heroisieren; **~per** *sub, -s* Beter **worst, (1)** *adj,* schlechteste **(2)** *sub, -* Schlimmste; *don´t think the worst!* mal den Teufel nicht an die Wand!; *(i. ü. S.) if it comes to the worst* wenn alle Stränge reissen; *if the worst comes to the worst* im äußersten Fall, *(i. ü. S.)* wenn alle Stricke reißen; *the worst is yet to come* das Schlimmste steht uns noch bevor **worth,** *sub, -* Wert; *it is worth the effort* die Mühe lohnt sich; *it´s not worth my while* das lohnt sich nicht für mich; *not worth a farthing* keinen Deut wert sein; **~ buying** *adj,* kaufenswert; **~ considering** *adj,* bedenkenswert; **~ discussing** *adj,* diskutabel, diskutierbar; *it´s not worth discussing* das ist indiskutabel; **~ knowing** *adj,* wissenswert; **~ seeing** *adj,* ansehenswert, sehenswert, sehenswürdig; **~ something** *adj,* wert; **~ striving for** *adj, (Ideale)* erstrebenswert; **~less** *adj,* wertlos; *(Mensch auch)* nichtswürdig; **~while** *adj,* lohnenswert; **~y**

adj, würdig
wound, (1) *sub, -s* Kränkung, Schmiss, Wunde **(2)** *vt*, verletzen, verwunden; *to turn the knife in the wound* Salz in eine Wunde streuen; ~ **(so´s feelings)** *vt*, kränken; ~ **bandage** *sub, -s (tt; med.)* Wundverband; ~ **by a passed bullet** *sub, -s* Durchschuss; ~ **from a lance** *sub, -s* Lanzenstich; **~ed** *adj*, verletzt, verwundet; **~ed in the belly** *adj*, weidwund; **~ing** *adj*, kränkend
wrangle with, *vr, (sich - mit)* herumbalgen; **wrangling** *sub, -s* Hickhack
wrap, *vt*, einpacken, emballieren, schlingen, umhüllen, wickeln; *(Geschenk)* einbinden; *wrap oneself warmly* sich warm einpacken; ~ **(up)** *vt*, einwickeln; ~ **in foam** *vt, (mit Kunststoff)* einschäumen; ~ **round** *vt*, umwickeln; ~ **up (1)** *vr*, hüllen **(2)** *vt*, hüllen; *(Geschenk)* einschlagen **(3)** *vtr*, vermummen; *(i. ü. S.) to wrap oneself in silence* sich in Schweigen hüllen, *(i. ü. S.) enveloped in flames* in Flammen gehüllt; *(.) he wrapped the corpse in a carpet* er hüllte die Leiche in einem Teppich; *wrap up a baby* Baby einschlagen; *wrap up one´s talent in a napkin* sein Talent nicht nutzen; **~per** *sub, -s* Überwurf; **~ping** *sub, nur Einz.* Bewikkelung; *-s* Einwicklung, Hülle, Wicklung
wrath, *sub, nur Einz.* Ingrimm; *the wrath of god* der Zorn Gottes; *to incur sb´s wrath* jmd Zorn heraufbeschwören; **~ful** *adj*, ingrimmig
wreak havoc, *vi, (verwüsten)* hausen
wreath, *sub, -s* Kranz, Kranzspende; ~ **and bouquet department** *sub, -s (geh.)* Binderei; **~e** *vt*, bekränzen; **~ing** *sub, nur Einz.* Bekränzung
wreck, (1) *sub, -s* Wrack **(2)** *vt*, zertrümmern; *my car is a total wreck* mein Wagen ist im Eimer
wrench, *sub, -es* Abschiedsschmerz
wrestle, *vi*, ringen; **~r** *sub, -s* Ringer, Ringkämpfer; **wrestling** *sub, -s (spo.)* Ringen; *nur Einz.* Schwingen; **wrestling hold** *sub, -s* Ringergriff; **wrestling match** *sub, -es* Ringkampf
wretched, *adj*, desolat, jämmerlich, kümmerlich; *(ugs.)* hundeelend; *(elend)* erbärmlich; *be wretched* in einem desolaten Zustand sein; *what a wretched existence* was für ein kümmerliches Dasein; *(ugs.) I feel completely wretched* ich fühle mich hundeelend; **~ness** *sub, nur Einz.* Jammer; *he was a wretched sight* er bot ein Bild des Jammers

wriggle, *vi, (ugs.)* zappeln; ~ **out of** *vr, (i. ü. S.)* herauswinden; **wriggly** *adv, (ugs.)* zappelig
wring, *vti*, wringen; *to wring one´s hands* die Hände ringen; *wring sth from so* jmd etwas abnötigen, jmd etwas abringen; ~ **out** *vt*, auswringen
wrinkle, (1) *sub, -s* Runzel; *(Haut)* Falte **(2)** *vt*, runzeln; **wrinkling up one´s nose** *sub, nur Einz.* Naserümpfen
wrinkled, *adj*, runzelig; *(Haut)* faltig
wrist, *sub, -s* Handgelenk, Handwurzel; *(tt; anat.)* Wurzel; *(Hand-)* Gelenk; **~bone** *sub, -s (-knochen)* Handwurzel; **~lock** *sub, -s* Polizeigriff; **~watch** *sub, -es* Armbanduhr
write, (1) *vt*, anschreiben, verfassen **(2)** *vti*, schreiben; *write sth up on the board* etwas an die Tafel anschreiben, *the writing on the wall* das Menetekel an der Wand; *(i. ü. S.) to see the writing on the wall* die Zeichen der Zeit erkennen; *to write in pencil* mit Bleistift schreiben; *to write sth off* einen Schlusspunkt unter etwas setzen; ~ **(poetry)** *vti*, dichten; ~ **(up)** *vt*, abfassen; ~ **a bibliography** *vt*, bibliografieren; ~ **a dissertation for a degree** *vi*, dissertieren; ~ **down** *vt*, aufschreiben; ~ **in dialogue** *vt*, dialogisieren; ~ **off** *vt*, abqualifizieren, schrotten; *(steuerlich)* absetzen; ~ **on** *vi, (beschreiben)* beschriften; *(schreiben auf)* beschreiben; ~ **out** *vt*, vorschreiben; *(Scheck, Wort)* ausschreiben; ~ **over** *vt*, überschreiben; ~ **sth illegibly** *vt*, klittern; ~ **the text** *vt, (mus.)* texten; ~ **the words to** *vt*, betexten; ~ **up** *vt, (hinein)* einschreiben; **~-off** *sub, -s* Totalschaden
writer, *sub, -s* Schreiberin, Verfasser, Verfasserin; ~ **of fables** *sub, -s (geh.; Literaturw.)* Fabeldichter; **~´s cramp** *sub, -s* Schreibkrampf; **writhe (1)** *vi*, krümmen **(2)** *vr*, wälzen; *to writhe with pain* sich vor Schmerzen krümmen; **writing** *sub, -* Schönschreiben; *nur Einz.* Schreiben; *-s* Schrift; *(ugs.)* Schreibe; *nur Einz. (Vorgang)* Abfassung; **writing desk** *sub, -s* Schreibpult; **writing down** *sub, nur Einz. (das Niederschreiben)* Niederschrift; **writing exercise** *sub, -s* Schreibübung; **writing lessons** *sub, nur Mehrz.* Schreibunterricht; **writing off** *sub, -s - (wirt.)* Abschreibung; **writing off a business´ debts** *sub, -* Entschuldung; **writing pad** *sub, -s* Schreibblock; **writing room** *sub, -s* Schreibblock

Schreibstube; **writing things** *sub, nur Mehrz.* Schreibzeug; **writing-paper** *sub, nur Einz.* Briefpapier

written, *adj,* brieflich, schriftlich; *it's written all over your face* es steht Ihnen auf der Stirn geschrieben; ~ **German** *sub, nur Einz.* Schriftdeutsch; ~ **language** *sub, nur Einz.* Schriftsprache; ~ **responsibility claim** *sub, -s* Bekennerschreiben

wrong, (1) *adj,* falsch, inkorrekt, irrig, unrecht, unrichtig, verkehrt **(2)** *sub, nur Einz.* Unbill; *come to the wrong man* an den Falschen geraten; *(i. ü. S.) take sth the wrong way* etwas in die falsche Kehle bekommen; *everything he does goes wrong* ihm misslingt alles; *nothing is wrong with it* daran ist nichts auszusetzen; *the red is all wrong there* das Rot passt da nicht; *there is nothing wrong with it* daran gibt es nichts zu beanstanden; *(i. ü. S.) there's sth wrong somewhere* da steckt der Wurm drin; *things keep going wrong with the new machine* mit der neuen Maschine passieren dauernd Pannen; *to be not entirely wrong* nicht ganz Unrecht haben; *to be shown to be wrong* Unrecht bekommen; *to do wrong* Unrecht tun; *to put sb in the wrong* jmd ins Unrecht setzen; ~ **diagnosis** *sub, diagnoses (med.)* Fehldiagnose; ~ **thing** *sub, nur Einz. (ugs.)* Verkehrtheit; ~ **track** *sub, nur Einz.* Irrweg; ~ **way** *adv,* falsch; *go about sth the wrong way* etwas falsch anpacken; *the wrong way round* falsch herum; ~**-way driver** *sub, -s* Falschfahrer, Geisterfahrer; ~**doer** *sub, -s* Übeltäter, Übeltäterin; ~**ful detention** *sub,* - Freiheitsberaubung; ~**ly** *adv,* falsch, verkehrt; *take the wrong turning* falsch abbiegen; *back to front* falsch herum; *get sth wrong* falsch auffassen; *go about sth the wrong way* etwas falsch anpacken; *the clock is wrong* die Uhr geht falsch

wry, *adj,* schief; ~**neck** *sub, -s* Wendehals

Württemberg, *sub,* - Württemberg

Würzburgian, *adj,* würzburgisch

wyvern, *sub, -s* Lindwurm

X

X-chromosome, *sub*, -s X-Chromosom; **X-ray** *vt*, röntgen; *(med.)* durchleuchten; **x-ray (examination)** *sub*, Durchleuchtung; **X-ray doctor** *sub*, -s Röntgenarzt; **X-ray plate** *sub*, -s Röntgenbild; **X-ray registration card** *sub*, -s Röntgenpass; **X-rays** *sub*, *nur Mehrz.* X-Strahlen

xenophobia, *sub*, *nur Einz.* Ausländerfeindlichkeit; **xenophobic** *adj*, ausländerfeindlich
Xerox, **(1)** *adj*, xerografisch **(2)** *vti*, xerokopieren
xylophone, *sub*, -s Xylofon
xylose, *sub*, *nur Einz.* Xylose

Y

yacht, *sub*, -s Jacht, Yacht
yak, *sub*, -s *(tt; biol.)* Yak; *(zool.)* Jak; **~-yakking** *sub*, - Gequassel
yang, *sub*, *nur Einz. (tt; Sinologie)* Yang; **yapping** *sub*, - Gekläffe
yard, *sub*, -s Hof, Rahe, Yard; *in the backyard* im Hinterhof; *the children are playing in the yard* die Kinder spielen auf dem Hof
yarn, *sub*, -s Zwirn; *(ugs.)* Schote
yarrow, *sub*, -s Schafgarbe
yawn, *vi*, gähnen; **~ing** *sub*, -s Gähnerei
y-chromosome, *sub*, -s *(tt; biol.)* Y-Chromosom
year, *sub*, -s Jahr, Jahrgang; *for years* auf Jahre hinaus; *(ugs.) have a good new year* guten Rutsch; *she was born in 1950* sie ist Jahrgang 1950; *we were born in the same year* er ist mein Jahrgang; **~ before** *adj*, vorjährig; **~ of birth** *sub*, -s Geburtsjahr; **~ of elections** *sub*, *nur Einz.* Wahljahr; **~ under review** *sub*, -s - Berichtsjahr; **~´s compulsory community service for girls during the Nazi period** *sub*, *nur Einz.* Pflichtjahr; **~book** *sub*, -s Jahrbuch; **~ly turnover** *sub*, -s Jahresumsatz
yearning lover, *sub*, -s *(ugs.)* Seladon
yeast, *sub*, -s Hefe; **~ dough** *sub*, -s Hefeteig
yellow, *adj*, gelb; *yellow pages* gelbe Seiten; **~ boletus** *sub*, - Steinpilz; **~ jaundice** *sub*, - *(med.)* Gelbsucht; **~ pages** *sub*, *nur Mehrz.* Branchenverzeichnis; *yellow pages* Gelbe Seiten; **~ press** *sub*, *nur Einz.* Journaille, Regenbogenpresse; **~-belly** *sub*, -ies *(ugs.)* Memme; **~hammer** *sub*, -s *(zool.)* Goldammer; **~ish** *adj*, gelblich
yelp, *vi*, belfern
Yemenite, *adj*, jemenitisch
yes, *adv*, ja; *(Antwort)* doch; *please say yes* sag bitte ja; *that´s just terrible das*

ist ja fürchterlich; *well* nun ja; *yes, of course* aber ja!; *Yes, indeed! Ja doch!; You can´t do that! Yes, I can!* Das *kannst Du nicht! Doch!;* **~, indeed** *adv*, jawohl; **~, Sir!** *adv*, *(mil.)* jawohl; **~-man** *sub*, -men Jasager
yesterday, *adv*, gestern; *(i. ü. S.) he wasn´t born yesterday* er ist nicht von gestern; **~ morning** *adv*, *(gestern)* morgen; **~´s** *adj*, gestrig; *our letter of yesterday* gestriges Schreiben; *yesterday* am gestrigen Tag
Yeti, *sub*, -s Yeti
yew (-tree), *sub*, -s Eibe
Yiddish, *adj*, jiddisch; **~ studies** *sub*, *nur Mehrz.* Jiddistik
yield, **(1)** *sub*, -s *(agr.)* Ertrag; *nur Einz. (Ertrag)* Ausbeute **(2)** *vi*, erweichen **(3)** *vt*, *(Gewinn)* abwerfen; *(geh.) to yield to sth* einer Sache Raum geben; **~ per hectare** *sub*, -s Hektarertrag
yobbo, *sub*, -s Halbstarke
yodel, *vti*, jodeln
Yoga, *sub*, *nur Einz.* Joga
yog(h)urt, *sub*, -s Jogurt
yogi, *sub*, -s Jogi
yoke, *sub*, -s Joch; *nur Einz. (i. ü. S.) Joch; a yoke of oxen* ein Paar Ochsen; *(i. ü. S.) to throw off one´s yoke* sein *Joch* abschütteln; **~ bone** *sub*, -s *(med.)* Jochbein
yolk, *sub*, -s Dotter; **~-sac** *sub*, -s Dottersack
young, *adj*, jung; *(Wein)* neu; **~ animal** *sub*, -s Jungtier; **~ boar** *sub*, -s *(Jägerspr.)* Frischling; **Young Democrat** *sub*, -s *(polit.)* Jungdemokrat; **~ devil** *sub*, -s *(ugs.)* Satansbraten; **~ herring** *sub*, -s Matjeshering; **~ lady** *sub*, -ies Fräulein; **~ man/woman in his/her twenties** *sub*, *young men/women* Twen; **~ people** *sub*, *nur Mehrz.* Jugend; *(junge Kräfte)* Nachwuchs; **~**

plant *sub*, *-s* Jungpflanze; ~ **stock** *sub*, *nur Einz.* Jungvieh; ~ **voter** *sub*, *-s* Jungwählerin; ~**er** *adj (comp)*, jünger; ~**est** *sub*, *nur Einz. (i. ü. S.)* Benjamin; ~**ster** *sub*, *-s (ugs.)* Youngster; ~**sters** *sub*, *Mehrz.* Kids

your, *pron*, euer, euere, eure; *your house* euer Haus; *that´s your work* das ist euere Arbeit; *(geh.) with your permission* wenn Sie gestatten; *your mother* eure Mutter; ~ **(formal)** *poss adj*, Ihr; ~ **health** *interj*, prosit!; **Your Highness** *sub*, *nur Einz.* Hoheit; **Your Reverence** *sub*, Hochwürden

your(s), *pron*, dein, deine, deinige, eueres; *(nachgestl)* euer; *a friend of yours* einer deiner Freunde; *your family* die Deinigen; *your own* dein eigenes; *your mother* deine Mutter; *your property* das Deinige; *our house and yours* unser und euer Haus; **Yours sincerely** *adv*, *(Briefschluss)* hochachtungsvoll; **Yours truly** *adv*, *(Briefschluss, US)* hochachtungsvoll; **yourself** *refl.pron*, euch; *do*

it yourself die Axt im Hause erspart den Zimmermann

youth, *sub*, *nur Einz.* Jugend; *-s* Jugendliche; *nur Einz.* Jugendzeit; *-s* Jüngling; ~ **group** *sub*, *-s* Jugendgruppe; ~ **hostel** *sub*, *-s* Jugendherberge; ~ **sect** *sub*, *-s* Jugendsekte; ~ **welfare** *sub*, *nur Einz.* Jugendpflege; ~ **welfare department** *sub*, *-s* Jugendamt; ~**ful** *adj*, jugendlich; ~**ful mistake** *sub*, *-s* Jugendsünde

yttrium, *sub*, *nur Einz. (tt; chem.)* Yttrium

yucca, *sub*, *-s (vulg.; biol.)* Yucca

yuck, *interj*, pfui

Yugoslav(ian), *sub*, *-s* Jugoslawe; **Yugoslavian** *adj*, jugoslawisch; **yuletide festival** *sub*, *-s* Julfest

yummy, *adj*, lecker

yuppie, *sub*, *-s (ugs.)* Yuppie

Z

zander, *sub*, - Zander
Zanzibari, *adj*, sansibarisch
zap, *vi*, *(ugs.)* zappen
Zarathustra, *sub*, - Zarathustra
zeal, *sub*, *nur Einz.* Pflichteifer; *(Eifer)*
  Strebsamkeit; ~**ous** *adj*, dienstfertig;
  (eifrig) strebsam
zealot, *sub*, -s Eiferer, Zelot; ~**ism** *sub*, -
  (i. ü. S.) Zelotismus
zebu, *sub*, -s *(tt; biol.)* Zebu
Zeitgeist, *sub*, *nur Einz.* Zeitgeist
Zen, *sub*, *nur Einz.* Zen
zenith, *sub*, *nur Einz.* Zenit
zentaur, *sub*, -s *(tt; phil.)* Zentaur
zeppelin, *sub*, -s Zeppelin
zero, *sub*, *nur Einz.* Null, Nullpunkt; *absolute zero* absoluter Nullpunkt; ~ **grade** *sub*, -s Schwundstufe; ~ **growth**
  sub, *nur Einz.* *(pol.)* Nullwachstum
zest, *sub*, *nur Einz.* Lebensfreude
zeta, *sub*, -s Zeta
zibetcat, *sub*, -s *(tt; zool.)* Zibetkatze
zigzag, *sub*, -s *(ugs.)* Zickzack; ~
  (course) *sub*, -s Zickzackkurs; ~ **(line)**
  sub, -s Zickzacklinie
zimmer frame, *sub*, -s Gehhilfe
zinc, *sub*, *nur Einz.* *(tt; chem.)* Zink; ~
  coffin *sub*, -s Zinksarg; ~**um** *sub*, *nur
  Einz.* *(tt; chem.)* Zincum

zingulum, *sub*, - Zingulum
zinnia, *sub*, -s *(tt; bot.)* Zinnie
Zionism, *sub*, *nur Einz.* Zionismus;
  Zionist (1) *adj*, zionistisch **(2)** *sub*, -s
  Zionist
zircon, *sub*, -s *(tt; chem.)* Zirkon;
  ~**ium** *sub*, *nur Einz.* *(tt; bot.)* Zirko-
  nium
zither, *sub*, -s *(tt; mus.)* Zither; ~ **playing** *sub*, -s Zitherspiel
zodiac, *sub*, *nur Einz.* Tierkreis
zombie, *sub*, -s *(ugs.)* Zombie
zonal, *adj*, zonal; **zone** *sub*, -s Zone
zoo, *sub*, -s Tiergarten, Tierpark; ~
  technician *sub*, - Zootechniker;
  ~**grafic** *adj*, zoografisch; ~**logical**
  adj, zoologisch; ~**logical garden**
  sub, -s Tiergarten; ~**logist** *sub*, -s Zoologe; ~**logy** *sub*, *nur Einz.* Tierkunde,
  Zoologie
zoom, (1) *adj*, zoomen **(2)** *sub*, -s
  Zoom; ~ **off** *vi*, *(ugs.)* abzischen
zoroastric, *adj*, zoroastrisch
zucchini, *sub*, -s *(ugs.)* Zucchini
Zugspitztrain, *sub*, *nur Einz.* *(i. ü. S.)*
  Zugspitzbahn
zugzwang, *sub*, - *(ugs.)* Zugzwang

Eigennamen Englisch/Deutsch

A

Aachen Aachen
Aargau Aargau
Abyssinia Abessinien
Acropolis Akropolis
Adam Adam
Adige Etsch
Adolph Adolf
Adriatic Sea Adria
Aegean Sea Ägäis
Afghanistan Afghanistan
Africa Afrika
Albania Albanien
Albert Albrecht
Aleutian Islands Aleuten
Alexander Axel
Alexandria Alexandria
Algeria Algerien
Algiers Algier
Alphonso Alfons
Alps Alpen
Alsace Elsass
Alsace-Lorraine Elsass-Lothringen
Amazon Amazonas
America Amerika
Anatolia Anatolien
Andes Anden
Andorra Andorra
Andrew Andreas
Angola Angola
Ankara Ankara
Antarctic Ocean Südliches Eismeer
Antarctic Ocean Südpolarmeer
Antarctica Antarktis
Anterior Asia Vorderasien
Anthony Anton
Antilles Antillen
Antwerp Antwerpen
Appian Way Via Appia
Apulia Apulien
Arabia Arabien
Aragon Aragonien
Arctic Arktis
Arctic Ocean Nördliches Eismeer
Arctic Ocean Arktischer Ozean
Ardennes Ardennen
Argentina Argentinien
Armenia Armenien
Asia Asien
Asia Minor Kleinasien
Assyria Assyrien
Atlanic Atlantik
Atlas Mountains Atlasgebirge
Attica Attika

Attila Etzel
Australia Australien
Austria Österreich
Austria-Hungary Österreich-Ungarn
Azores Azoren

B

Babylonia Babylonien
Bahamas Bahamas
Bahrain Bahrain
Balaton Plattensee
Balearic Islands Balearen
Balkan Peninsula Balkanhalbinsel
Balkan States Balkanstaaten
Baltic Provinces Balticum
Baltic Sea Ostsee
Banaras Benares
Bangladesh Bangladesch
Barbados Barbados
Barcelona Barcelona
Barents Sea Barentssee
Basel Basel
Basque Provinces Baskenland
Bavaria Bayern
Bay of Biscay Golf von Biskaya
Bay of Biscay Biskaya
Belgium Belgien
Belgrade Belgrad
Belize Belize
Belorussia Weißrussland
Benedict Benedikt
Bengal Bengalen
Benin Benin
Berind Sea Beringmeer
Bering Strait Beringstraße
Berlin Berlin
Bermudas Bermudas
Bern Bern
Bernard Bernhard
Bernese Oberland Berner Oberland
Bhutan Bhutan
Bikini Bikiniatoll
Black Forest Schwarzwald
Black Sea Schwarzes Meer
Bohemia Böhmen
Bohemian Forest Böhmerwald
Bolivia Bolivien
Bolzano Bozen
Boniface Bonifatius
Bosnia Bosnien
Bosporus Bosporus
Botswana Botswana
Brazil Brasilien
Bremen Bremen

Brenner Pass Brennerpass
Bridget Brigitte
Britain Britannien
British Columbia Britisch-Kolumbien
Brittany Bretagne
Brugge Brügge
Brunswick Braunschweig
Brussels Brüssel
Bucharest Bukarest
Budapest Budapest
Buenos Aires Buenos Aires
Bulgaria Bulgarien
Burgundy Burgund
Burma Burma
Burma (nowadays Myanmar) Birma
Burundi Burundi
Byzantinum Byzanz

C

Caesar Cäsar
Cairo Kairo
Calabria Kalabrien
Caledonia Kaledonien
California Kalifornien
Cameroon Kamerun
Canaan Kanaan
Canada Kanada
Canary Islands Kanarische Inseln
Canton Kanton
Cape Agulhas Nadelkap
Cape Canaveral Kap Canaveral
Cape Horn Kap Hoorn
Cape of Good Hope Kap der guten Hoffnung
Cape Province Kapprovinz
Cape Town Kapstadt
Cape Verde Kap Verde
Cape Verde Islands Kapverdische Inseln
Capri Capri
Caribbees Karibische Inseln
Carinthia Kärnten
Caroline Islands Karolinen
Carpathian Mountains Karpaten
Carthage Karthago
Caspar Kaspar
Caspian Sea Kaspisches Meer
Cassel Kassel
Castile Kastilien
Catherine Katharina
Caucasus Mountains Kaukasus
Cecilia Cäcilie
Central Africa Zentralafrika
Central Asia Innerasien
Central Asia Zentralasien
Central Europe Mitteleuropa

Ceylon Ceylon
Chad Tschad
Channel Ärmelkanal
Channel Islands Normannische Inseln
Channel Islands Kanalinseln
Charles Karl
Charlotte Charlotte
Chile Chile
China China
China Sea Chinesisches Meer
Christ Christus
Christian Christian
Christmas Island Weihnachtsinsel
Christopher Christoph
Chur Chur
Clare Klara
Coblenz Koblenz
Cologne Köln
Columbus Kolumbus
Comoro Islands Komoren
Congo Kongo
Conrad Konrad
Constance Konstanz
Copenhagen Kopenhagen
Cordilleras Kordilleren
Corfu Korfu
Corinth Korinth
Corsica Korsika
Costa Rica Costa Rica
Cremlin Kreml
Crete Kreta
Crimea Krim
Croatia Kroatien
Cuba Kuba
Curt(is) Kurt
Cyclades Kykladen
Cyprus Zypern
Czechoslovakia Tschechoslowakei

D

Dalmatia Dalmatien
Damascus Damaskus
Daniel Daniel
Danube Donau
Dardanelles Dardanellen
Dead Sea Totes Meer
Death Valley Todestal
Delhi Delhi
Denmark Dänemark
Dolomites Dolomiten
Dominican Republic Dominikanische Republik
Dorothy Dorothea
Dresden Dresden
Dunkirk Dünkirchen
Dusseldorf Düsseldorf

E

East Prussia Ostpreußen
Easter Island, Rapa Nui Osterinsel
Eastern Asia Ostasien
Ecuador Ecuador
Edward Eduard
Egypt Ägypten
El Salvador El Salvador
Elba Elba
Elbe Elbe
Engadine Engadin
England England
Eric Erich
Erica Erika
Ernest Ernst
Erwin Erwin
Erz Gebirge, Ore Mountains
Erzgebirge
Estonia Estland
Ethiopia Äthiopien
Etna Ätna
Etruria Etrurien
Eugene Eugen
Euphrates Euphrat
Eurasia Eurasien
Europe Europa

F

Faeroe Färöer
Falkland Islands Falklandinseln
Far East Ferner Osten
Federal Republic of Germany
Bundesrepublik Deutschland
Felix Felix
Fichtel Gebirge Fichtelgebirge
Fiji Islands Fidschiinseln
Finland Finnland
Flanders Flandern
Florence Florenz
Formosa Formosa
France Frankreich
Frances Franziska
Francis Franz
Franconian Jura Fränkischer Jura
Franconian Switzerland Fränkische
Schweiz
Frank Franken
Frankfort on the Oder Frankfurt an
der Oder
Frederic Friedrich
French Switzerland Französische
Schweiz
Fribourg Freiburg
Frisian Islands Friesische Inseln
Friuli Friaul

Fujiyama Fudschijama

G

Gabon Gabun
Gabriel Gabriel
Gabriella Gabriele
Galapagos Islands Galapagosinseln
Galicia Galizien
Galilee Galiläa
Gallia Gallien
Gambia Gambia
Ganges Ganges
Gascony Gascogne
Gaza Strip Gasastreifen
Geneva Genf
Genoa Genua
George Georg
George Jürgen
Gerard Gerhard
German Democratic Republic
Deutsche Demokratische Republik
Germania Germanien
Ghana Ghana
Giant Mountains Riesengebirge
Gibraltar Gibraltar
Gobi Gobi
Golan Heights Golanhöhen
Gold Coast Goldküste
Gomorrah Gomorrha
Gothenburg Göteborg
Great Belt Großer Belt
Great Britain Großbritannien
Great Saint Bernard Großer Sankt
Bernhard
Great Salt Lake Großer Salzsee
Great Sunda Islands Große
Sundainseln
Greater Antilles Große Antillen
Greece Griechenland
Greenland Grönland
Gregory Gregor
Grenada Grenada
Greta Lakes Große Seen
Grisons Graubünden
Guatemala Guatemala
Guinea Guinea
Gulf of Venice Golf von Venedig
Gustavus Gustav
Guyana Guyana

H

Hamburg Hamburg
Hameln Hameln
Hanoi Hanoi
Hanover Hannover

Harold Harald
Harz Mountains Harz
Havana Havanna
Hawaii Hawaii
Hebrides Hebriden
Heidelberg Heidelberg
Heligoland Helgoland
Hellas Hellas
Hellespontus Hellespont
Helsinki Helsinki
Henry Heinz
Henry Heinrich
Herbert Herbert
Herman Hermann
Herzegovina Herzegowina
Hesse Hessen
Himalaya Himalaja
Hindu Kush Hindukusch
Hindustan Hindustan
Hiroshima Hiroschima
Holland Holland
Holstein Switzerland Holsteinische
Schweiz
Honduras Honduras
Hong Kong Hongkong
Hudson Bay Hudsonbay
Hudson Strait Hudsonstraße
Hugh Hugo
Hungary Ungarn

I

Iberian Peninsula Pyrenäenhalbinsel
Iberian Peninsula Iberische Halbinsel
Iceland Island
Ignatius Ignaz
India Indien
Indian Ocean Indischer Ozean
Indochina Hinterindien
Indochina Indochina
Indonesia Indonesien
Inner Hebrides Innere Hebriden
Inner Mongolia Innere Mongolei
Ionian Islands Ionische Inseln
Ionian Sea Ionisches Meer
Iran Iran
Iraq Irak
Ireland Irland
Irish Sea Irische See
Isabel Isabella
Israel Israel
Istanbul Istanbul
Istria Istrien
Italia Italien
Italian Riviera Italienische Riviera
Ithaka Ithaka
Ivory Coast Elfenbeinküste

J

Jack Hans
Jacob, James Jakob
Jamaika Jamaika
Japan Japan
Java Java
Jeremiah Jeremias
Jerusalem Jerusalem
Jesus Jesus
Joachim Joachim
Joan(na) Johanna
John Johannes
Jonah Jonas
Jordan Jordan
Jordania Jordanien
Josef Josef
Judaea Judäa
Jura (Mountains) Jura

K

Kalahari Kalahari
Kamchatka Kamtschatka
Karen Karin
Kashmir Kaschmir
Kenya Kenia
Kiel Kiel
Kiel Canal Nord-Ostsee-Kanal
Korea Korea
Kuwait Kuwait

L

Lake Aral Aralsee
Lake Erie Eriesee
Lake Garda Gardasee
Lake Geneva, Lake Leman Genfer See
Lake Huron Huronsee
Lake Ijssel Ijsselmeer
Lake Maggiore Lago Maggiore
Lake Michigan Michigansee
Lake of Constance Bodensee
Lake of Lucerne Vierwaldstädter See
Lake of Zurich Zürichsee
Lake Ontario Ontariosee
Lake Titicaca Titikakasee
Lake Torrens Torrenssee
Lacs Laos
Lapland Lappland
Latin America Iberoamerika
Latin America Lateinamerika
Lebanon Libanon
Leipsic Leipzig
Lesotho Lesotho
Lesser Antilles Kleine Antillen
Lesser Sunda Islands Kleine Sunda-

inseln
Liberia Liberia
Libya Libyen
Liechtenstein Liechtenstein
Liguria Ligurien
Ligurian Sea Ligurisches Meer
Lisbon Lissabon
Lithuania Litauen
Little Saint Bernard Kleiner Sankt Bernhard
Lombardy Lombardei
London London
Lorraine Lothringen
Louis Ludwig
Lower Austria Niederösterreich
Lower Bavaria Niederbayern
Lower Saxony Niedersachsen
Lübeck Lübeck
Lucerne Luzern
Lüneburg Heath Lüneburger Heide
Lusatia Lausitz

M

Macedonia Mazedonien
Madagascar Madagaskar
Madeira Madeira
Madrid Madrid
Main Main
Majorca Mallorca
Malay Archipelago Malaiischer Archipel
Malay Peninsula Malaya
Malaysia Malaysia
Maldives Malediven
Mali Mali
Malta Malta
Manchuria Mandschurei
Marcus Markus
Marian Marianne
Marianas Marianen
Marshall Islands Marshallinseln
Mary Maria
Matterhorn Matterhorn
Matthew Matthäus
Maurice Moritz
Mauritania Mauretanien
Mauritius Mauritius
Mayence Mainz
Mecca Mekka
Meissen Meißen
Melanesia Melanesien
Merano Meran
Mesopotamia Mesopotamien
Mexico Mexiko
Micronesia Mikronesien
Middle America Mittelamerika
Middle East Mittlerer Osten

Midway Islands Midwayinseln
Milan Mailand
Minorca Menorca
Mojave Desert Mohavewüste
Moldavia Moldau
Moluccas Molukken
Monaco Monaco
Mongolia Mongolei
Mongolian People's Republic Mongolische Volksrepublik
Mont Blanc Montblanc
Montenegro Montenegro
Moravia Mähren
Morocco Marokko
Moscow Moskau
Moselle Mosel
Mount Everest Everest
Mount Kilimanjaro Kilimandscharo
Mozambique Mosambik
Munich München

N

Namibia Namibia
Naples Neapel
Nauru Nauru
Near East Naher Osten
Neisse Neiße
Nepal Nepal
Netherlands Niederlande
New Caledonia Neukaledonien
New Delhi Neu-Delhi
New England Neuengland
New Guinea Neuguinea
New Zealand Neuseeland
Newfoundland Neufundland
Niagara Falls Niagarafälle
Nicaragua Nicaragua
Nice Nizza
Nicholas Nikolaus
Nicholas Klaus
Niemen Memel
Niger Niger
Nigeria Nigeria
Nile Nil
Normandy Normandie
North America Nordamerika
North Cape Nordkap
North Korea Nordkorea
North Rhine-Westphalia Nordrhein-Westfalen
North Sea Nordsee
North Sea Canal Nordseekanal
Northern Ireland Nordirland
Norway Norwegen
Nubia Nubien
Nuremberg Nürnberg

O

Oceania Ozeanien
Odenwald Odenwald
Oder-Neisse Line Oder-Neiße-Linie
Oman Oman
Orange Oranien
Orinoco Orinoko
Orkney Islands Orkneyinseln
Oslo Oslo
Ostend Ostende
Ottawa Ottawa
Outer Hebrides Äußere Hebriden
Outer Mongolia Äußere Mongolei

P

Pacific Pazifik
Pacific Stiller Ozean
Pacific Coast Pazifikküste
Pakistan Pakistan
Palatinate Forest Pfälzer Wald
Palestine Palästina
Pamir Pamir
Panama Panama
Panama Canal Panamakanal
Paraguay Paraguay
Paris Paris
Patagonia Patagonien
Peking Peking
Peloponnesus Peloponnes
peninsular India Vorderindien
People's Republic of China
Volksrepublik China
Persia Persien
Persian Gulf Persischer Golf
Peru Peru
Phillippines Philippinen
Picardy Picardie
Piedmont Piemont
Piraeus Piräus
Po Po
Poland Polen
Polynesia Polynesien
Pomerania Pommern
Pompeii Pompeji
Portugal Portugal
Provence Provence
Prussia Preußen
Puerto Rico Puerto Rico
Punjab Pandschab
Pyrenees Pyrenäen

Q

Quebec Quebec
Qatar Qatar

R

Red Sea Rotes Meer
Regensburg Regensburg
Republic of Ireland Irische Republik
Republic of South Africa Republik
Südafrika
Reykjavik Reykjavik
Rhenish Slate Mountains Rheinisches
Schiefergebirge
Rhine Rhein
Rhine Falls Rheinfall
Rhineland Rheinland
Rhineland-Palatinate Rheinland-Pfalz
Rhodes Rhodos
Rhodesia Rhodesien
Rhone Rhone
Riga Riga
Rio de Janeiro Rio de Janeiro
Riviera Riviera
Rocky Mountains Felsengebirge
Roger Rüdiger
Romania Rumänien
Rubicon Rubikon
Ruhr District Ruhrgebiet
Russia Russland
Rwanda Ruanda

S

Saar(land) Saarland
Sahara Sahara
Saint Gall(en) Sankt Gallen
Saint Gotthard Sankt Gotthard
Saint Lawrence Sankt-Lorenz-Strom
Saint Petersburg Sankt Petersburg
Saint-Moritz Sankt Moritz
Salomon Islands Salomoninseln
Salzburg Salzburg
Samoa Samoa
San Marino San Marino
Santiago de Chile Santiago de Chile
Sardinia Sardinien
Saudi Arabia Saudi-Arabien
Saxon Switzerland Sächsische Schweiz
Saxony Sachsen
Scandinavia Skandinavien
Schleswig-Holstein Schleswig-Holstein
Scotland Schottland
Sea of Galilee, Lake of Genesaret See
Genezareth
Sea of Japan Japanisches Meer
Senegal Senegal
Serbia Serbien
Serengeti National Park
Serengeti-Nationalpark
Sevastopol Sewastopol

Seville Sevilla
Seychelles Seychellen
Shanghai Schanghai
Shetland Islands Shetland-Inseln
Siberia Sibirien
Sicily Sizilien
Sierra Leone Sierra Leone
Silesia Schlesien
Sinai Sinai
Singapore Singapur
Skager(r)ak Skagerrak
Slovenia Slowenien
Society Islands Gesellschaftsinseln
Somalia Somalia
Sound Sund
South Africa Südafrika
South America Südamerika
South Korea Südkorea
South Sea Südsee
South Tyrol Südtirol
Southern Europe Südeuropa
Spain Spanien
Spess(h)art Spessart
Spitsbergen Spitzbergen
Spree Spree
Sri Lanka Sri Lanka
Stephen Stefan
Stockholm Stockholm
Strait of Gibraltar Straße von Gibraltar
Strait of Magellan Magellanstraße
Strait of Malecca Malakkastraße
Straits of Dover Straße von Calais
Strassbourg Strassburg
Stuttgart Stuttgart
Styria Steiermark
Sudan Sudan
Sudetenland Sudetenland
Suez Canal Sueskanal
Sumatra Sumatra
Sunda Islands Sundainseln
Surinam Surinam
Swabia Schwaben
Swabian Jura Schwäbische Alb
Swaziland Swasiland
Sweden Schweden
Switzerland Schweiz
Syria Syrien

T

Tahiti Tahiti
Taiwan Taiwan
Tanganyika Tanganjika
Tangier Tanger
Tanzania Tansania
Tasmania Tasmanien
Taunus Taunus

Teh(e)ran Teheran
Tel Aviv Tel Aviv
Tenerif(f)e Teneriffa
Thailand Thailand
Thamse Themse
The Hague Den Haag
Thule Thule
Thuringia Thüringen
Tiber Tiber
Tibet Tibet
Ticino Tessin
Tierra del Fuego Feuerland
Tigris Tigris
Tirana Tirana
Tokyo Tokio
Tonga Tonga
Tonga Islands Freundschaftsinseln
Trent Trient
Trier Trier
Trieste Triest
Trinidad and Tobago Trinidad und
Tobago
Troy Troja
Tunis(ia) Tunesien
Turkey Türkei
Tuscany Toskana
Tyrol Tirol

U

Uganda Uganda
Ukraine Ukraine
United Arab Emirates Vereinigte
Arabische Emirate
United States of America Vereinigte
Staaten von Amerika
Upper Austria Oberösterreich
Upper Bavaria Oberbayern
Upper Palatinate Oberpfalz
Upper Rhine Plain Oberrheinische
Tiefebene
Upper Volta Obervolta
Ural Ural
Uruguay Uruguay

V

Vaduz Vaduz
Valais Wallis
Vatican City Vatikanstadt
Venezuela Venezuela
Venice Venedig
Vienna Wien
Vietnam Vietnam
Virgin Islands Jungferninseln
Vistula Weichsel
Volga Wolga

Englische Zahlwörter

Grundzahlen

one *eins*
two *zwei*
three *drei*
four *vier*
five *fünf*
six *sechs*
seven *sieben*
eight *acht*
nine *neun*
ten *zehn*
eleven *elf*
twelve *zwölf*
thirteen *dreizehn*
fourteen *vierzehn*
fifteen *fünfzehn*
sixteen *sechzehn*
seventeen *siebzehn*
eighteen *achtzehn*
nineteen *neunzehn*
twenty *zwanzig*
twenty-one *einundzwanzig*
twenty-two *zweiundzwanzig*

twenty-three *dreiundzwanzig*
thirty *dreißig*
fourty *vierzig*
fifty *fünfzig*
seventy *siebzig*
eighty *achtzig*
ninety *neunzig*
one hundred *einhundert*
two hundred *zweihundert*
five hundred *fünfhundert*
one thousand *eintausend*
two thousand *zweitausend*
ten thousand *zehntausend*
twenty thousand *zwanzigtausend*
one hundred thousand *einhunderttausend*
five hundred thousand *fünfhunderttausend*
one million *eine Million*
two million *zwei Millionen*
one billion *eine Milliarde*
one trillion *eine Billion*

Ordnungszahlen

the first *der erste*
the second *der zweite*
the third *der dritte*
the fourth *der vierte*
the fifth *der fünfte*
the sixth *der sechste*
the seventh *der siebte*
the eighth *der achte*
the ninth *der neunte*
the eleventh *der elfte*
the twelfth *der zwölfte*

the thirteenth *der dreizehnte*
the fourteenth *der vierzehnte*
the fifteenth *der fünfzehnte*
the twentieth *der zwanzigste*
the thirtieth *der dreißigste*
the fortieth *der vierzigste*
the fiftieth *der fünfzigste*
the hundredth *der hundertste*
the two hundredth *der zweihundertste*
the five hundredth *der fünfhundertste*
the thousandth *der tausendste*

Zahladverbien

firstly *erstens*
secondly *zweitens*
thirdly *drittens*
fourthly *viertens*
fifthly *fünftens*
sixthly *sechstens*
seventhly *siebtens*
eigthly *achtens*
ninthly *neuntens*
tenthly *zehntens*

eleventhly *elftens*
twelfthly *zwölftens*
thirteenthly *dreizehntens*
fourteenthly *vierzehntens*
fifteenthly *fünfzehntens*
twentiethly *zwanzigstens*
thirtiethly *dreißigstens*
fortiethly *vierzigstens*
fiftiethly *fünfzigstens*
hundredthly *hundertstens*

Bruchzahlen

one half *ein Halb*
one third *ein Drittel*
one quarter, one fourth *ein Viertel*
one fifth *ein Fünftel*
one sixth *ein Sechstel*

one seventh *ein Siebtel*
one eighth *ein Achtel*
one ninth *ein Neuntel*
one tenth *ein Zehntel*
one eleventh *ein Elftel*

Vervielfältigungszahlen

once *einmal*
twice *zweimal*
three times *dreimal*
four times *viermal*
five times *fünfmal*
six times *sechsmal*
seven times *siebenmal*
eight times *achtmal*
nine times *neunmal*
single *einfach*

double *zweifach*
threefold *dreifach*
fourfold *vierfach*
fivefold *fünffach*
sixfold *sechsfach*
sevenfold *siebenfach*
eightfold *achtfach*
ninefold *neunfach*
tenfold *zehnfach*

Englische Abkürzungen

A

a.m. *ante meridiem* morgens, vormittags
AA *Alcoholics Anonymous* anonyme Alkoholiker
AAA *Amateur Athletic Association* Leichtathletikverband
AB *able-bodied seaman* Vollmatrose
abbr. *abbreviation* Abkürzung
ABC *American Broadcasting Company* Amerikanische Rundfunkgesellschaft
abr. *abridgement* Abkürzung
Ac *alternating current* Wechselstrom
acc. *according to* gemäß
acct. *account* Konto
AD *Anno Domini* im Jahre des Herrn
ADA *Atom Development Administration* Atomforschungsverwaltung
add. *address* Adresse
addnl. *additional* zusätzlich
advt. *advertisement* Anzeige
AEC *Atomic Energy Commission* Atomenergie-Kommission
aft. *afternoon* Nachmittag
AK *Alaska* Alaska (US-Staat)
AL *Alabama* Alabama (US-Staat)
Am. *America* Amerika; amerikanisch
AMA *American Medical Association* Amerikanischer Ärzteverband
amp. *ampere* Ampere
AP *Associated Press* Vereinigte Presse (amerikanische Nachrichtenagentur)
appx. *Appendix.* Anhang
Apr. *April* April
APT *Advanced Passenger Train* Britischer Hochgeschwindigkeitszug
AR *Arkansas* Arkansas (US-Staat)
ARC *American Red Cross* Amerikanisches Rotes Kreuz
Ark. *Arkansas* Arkansas
ARP *air-raidp recautions* Luftschutz
arr. *arrival* Ankunft
AS *Anglosaxon* Angelsächsisch
ASA *American Standards Association* Amerikanische Normungsorganisation
asst. *assistant* Assistent
Aug. *August* August
auth. *author(ess)* Autor(in)
av. *average* Durchschnitt
Ave. *avenue* Allee
AWACS *Airborne Warning and Control System* Luftgestütztes Frühwarn- und Überwachungssystem
AZ *Arizona* Arizona (US-Staat)

B

b&b *bed and breakfast* Übernachtung mit Frühstück
B'ham *Birmingham* Birmingham (enlische Stadt)
b. *born* geboren
b.o. *branch office* Zweigstelle
B.o.T. *Board of Trade* Britisches Handelsministerium
B.S.I. *British Standards Organization* Britische Normungsorganisation
B/E *Bill of Exchange* Wechsel
b/f *brought forward* Übertrag
B/S *bill of sale* Übereignungsvertrag
BA *Bachelor of Arts* Bakkalaureus der Philosophie
BAOR *British Army of the Rhine* Britische Rheinarmee
BBC *British Broadcasting Corporation* Britische Rundfunkgesellschaft
bbl. *barrel* Fass
BC *before Christ* vor Christus
BC *British Columbia* Britisch Kolumbien (kanadische Provinz)
BCom *Bachelor of Commerce* Bakkalaureus der Wirtschaftswissenschaften
BD *Bachelor of Divinity* Bakkalaureus der Theologie
bd. *bound* gebunden
BDS *Bachelor of Dental Surgery* Bakkalaureus der Zahnmedizin
bds. *boards* kartoniert
BE *Bachelor of Engineering* Bakkalaureus der Ingenieurswissenschaft
BE *Bachelor of Education* Bakkalaureus der Erziehungswissenschaft
Beds. *Bedfordshire* Bedfordshire (englische Grafschaft)
Berks. *Berkshire* Berkshire (englische Grafschaft)
BIF *British Industries Fair* Britische Industriemesse
BIS *Bank for International Settlements* Bank für Internationalen Zahlungsausgleich
BL *Bachelor of Law* Bakkalaureus des Rechts
bl. *barrel* Fass
bldg. *building* Gebäude
BLit. *Bachelor of Literature* Bakkalaureus der Literatur

Blvd. *Boulevard* Boulevard
BM *Bachelor of Medicine* Bakkalaureus der Medizin
BMA *British Medical Association* Britischer Ärzteverband
BMus *Bachelor of Music* Bakkalaureus der Musik
bot. *bottle* Flasche
BPharm *Bachelor of Pharmacy* Bakkalaureus der Pharmazie
BPhil *Bachelor of Philosophy* Bakkalaureus der Philosophie
BR *British Rail* Britische Eisenbahn
Br. *Britain* Großbritannien
Bros. *Brothers* Gebrüder
BSc *Bachelor of Science* Bakkalaureus der Naturwissenschaften
BST *British Summer Time* Britische Sommerzeit
BTA *British Tourist Authority* Britische Fremdenverkehrsbehörde
bu. *bushel* Scheffel
Bucks. *Buckinghamshire* Buckinghamshire (englische Grafschaft)
bus. *business* Arbeit

C

C *Celsius* Celsius
c *cent* Cent
C&W *Country and Western* amerikanische Musikrichtung
C.I. *Channel Islands* Kanalinseln
c.w.o. *cash with order* Barzahlung bei Bestellung
c/o *care of* per Adresse
CA *California* Kalifornien (US-Staat)
CAB *Citizens' Advice Bureau* Bürgerberatungsorganisation
CAD *Computer Aided Design* computerunterstütztes Zeichnen
Cambs. *Cambridgeshire* Cambridgeshire (englische Grafschaft)
Can. *Canada* Kanada
Capt. *Captain* Hauptmann; Kapitän
CARE *Cooperative for American Help Everywhere* Weltweite Hilfe durch amerikanische Organisationen
Cath. *Catholic* katholisch
CB *Citizens' Band* Privatfunk-Wellenbereich
CBC *Canadian Broadcasting Corporation* kanadische Rundfunkgesellschaft
CBS *Columbia Broadcasting Corporation* amerikanische Rundfunkgesellschaft

cc *cubic centimetre* Kubikzentimeter
CC *City Council* Stadtrat
CD *compact disc* Kompaktplatte
CE *Church of England* anglikanische Kirche
cert. *certificate* Bescheinigung
CET *Central European Time* mitteleuropäische Zeit
cf. *confer* vergleiche
Ch. *chapter* Kapitel
ChB *Bachelor of Surgery* Bakkalaureus der Chirurgie
Ches. *Cheshire* Cheshire (englische Grafschaft)
CIA *Central Intelligence Agency* Geheimdienst der USA
cir. *circa* zirka
ck. *cask* Fass
cl. *class* Klasse
CND *Campaign for Nuclear Disarmament* Kampagne für atomare Abrüstung
CO *conscientious objector* Kriegsdienstverweigerer
CO *Colorado* Colorado (US-Staat)
Co. *Company* Gesellschaft
conc. *concerning* betreffend
Cons. *Conservative* die Britischen Konservativen
cont. *continued* fortgesetzt
Corn. *Cornwall* Cornwall (englische Grafschaft)
Corp. *Corporal* Unteroffizier
corr. *corresponding* entsprechend
cp. *compare* vergleiche
ct *cent* Cent
CT *Connecticut* Connecticut (US-Staat)
Cumb. *Cumberland* Cumberland (ehemalige englische Grafschaft)
CUP *Cambridge University Press* Verlag der Universität Cambridge
CV *curriculum vitae* Lebenslauf
cwt *hundredweight* (cirka ein) Zentner

D

d *died* gestorben
DA *deposit account* Depositenkonto
DAT *digital audio tape* digitales Tonband
DC *direct current* Gleichstrom
DC *District of Columbia* Distrikt Columbia (US-Staat)
DCL *Doctor of Civil Law* Doktor des Zivilrechts
DD *Doctor of Divinity* Doktor der Theologie

DDS *Doctor of Dental Surgery* Doktor
der Zahnmedizin
DDT *dichlorodiphenyltrichloroethane*
Dichlordiphenyltrichlorethan (ein
Insektizid)
DE *Delaware* Delaware (US-Staat)
dec. *deceased* gestorben
Dec. *December* Dezember
deg. *degree* Grad
DEng *Doctor of Engineering* Doktor
der Ingenieurswissenschaften
dep. *departure* Abfahrt
Dept. *Department* Abteilung
Derby. *Derbyshire* Derbyshire
(englische Grafschaft)
diff. *different* Unterschied; verschieden
Dir. *Director* Direktor
dist. *distance* Entfernung
div. *divorced* geschieden
DIY *do-it-yourself* Heimwerker...
DJ *Disc jockey* Diskjockey
DLit *Doctor of Literature* Doktor der
Literatur
do. *ditto* desgleichen
doc. *document* Dokument
Dors. *Dorsetshire* Dorsetshire
(englische Grafschaft)
doz. *dozen* Dutzend
DP *data processing* Datenverarbeitung
DPh(il) *Doctor of Philosophy* Doktor
der Philosophie
Dpt. *Department* Abteilung
Dr *Doctor* Doktor
dr. *drachm* Drachme
DSc *Doctor of Science* Doktor der
Naturwissenschaften
DST *Daylight-Saving Time* Sommerzeit
DTh(eol) *Doctor of Theology* Doktor
der Theologie
Dur. *Durham* Durham (englische
Grafschaft)
dwt. *pennyweight* Pennygewicht
dz. *dozen* Dutzend

E

E *east* Ost(en)
E Sx *East Sussex* Ost Sussex (englische
Grafschaft)
e.g. *exempli gratia (lat., for example)*
zum Beispiel
EC *European Community* Europäische
Gemeinschaft
ECE *Economic Commission for Europe*
Wirtschaftskommission für Europa (des
Wirtschafts- und Sozialrats der UNO)
ECOSOC *Economic and Social Council* Wirt-

schafts- und Sozialrat (der UNO)
ECU *European Currency Unit*
Europäische Währungseinheit
Ed. *edition* Auflage
EDP *electronic data processing*
elektronische Datenverarbeitung
EEC *European Economic Community*
Europäische Wirtschaftsgemeinschaft
EFTA *European Free Trade Association*
Europäische Freihandelsgemeinschaft
Eftpos *Electronic funds transfer at
point of sale* elektronische Bezahlung
EMA *European Monetary Agreement*
Europäisches Währungsabkommen
encl. *enclosure* Anlage
Engl. *England* England
Engl. *English* Englisch
ESA *European Space Agency*
Europäische Weltraumbehörde
ESP *extrasensory perception*
außersinnliche Wahrnehmung
Ess. *Essex* Essex (englische Grafschaft)
est. *established* gegründet
ETA *estimated time of arrival*
voraussichtliche Ankunftszeit
ETD *estimated time of departure*
voraussichtliche Abfahrts-/Abflugzeit
EURATOM *European Atomic Energy
Community* Europäische
Atomgemeinschaft
excl. *exclusive* ausschließlich

F

f *female; feminine* weiblich
F *Fahrenheit* Fahrenheit
f *farthing* Farthing (frühere brit. Münze)
FA *Football Association*
Fu0ballverband (Großbritannien)
FAO *Food and Agriculture
Organization* Organisation für
Ernährung und Landwirtschaft (der UN)
FBI *Federal Bureau of Investigation*
Bundeskriminalamt (der USA)
Feb. *February* Februar
fig. *figure* Abbildung
FL *Florida* Florida (US-Staat)
FM *frequency modulation*
Ultrakurzwellen-Frequenzbereich
FO *Foreign Office* Auswärtiges Amt
(Großbritannien)
fol. *folio* Seite
FP *freezing point* Gefrierpunkt
Fri. *Friday* Freitag
ft *foot* Fuß
FTC *Federal Trade Commission* Bundeshandelskommission (der USA)

G

g *gram(me)* Gramm
GA *general agent* Generalvertreter
gal. *gallon* Gallone
GATT *General Agreement on Tariffs and Trade* Allgemeines Zoll- und Handelsabkommen
GB *Great Britain* Großbritannien
GCSE *General Certificate of Secondary Education* Mittlere Reife (in Großbritannien)
Gen. *General* General
gen. *general(ly)* allgemein
Ger. *Germany; German* Deutschland; deutsch
GI *government issue* von der Regierung ausgegeben
GLC *Greater London Council* Stadtrat von Groß-London
Glos. *Gloucestershire* Gloucestershire (englische Grafschaft)
GMT *Greenwich Mean Time* westeuropäische Zeit
GOP *Grand Old Party* Republikanische Partei (der USA)
Gov. *Governor* Gouverneur
Govt. *Government* Regierung
GP *general practitioner* Allgemeinarzt
GPO *General Post Office* Hauptpostamt
gr.wt. *gross weight* Bruttogewicht
gtd. *guaranteed* garantiert

H

h *hour* Stunde
h *height* Höhe
h&c *hot and cold* warm und kalt (Wasser)
Hants. *Hampshire* Hampshire (englische Grafschaft)
HC *House of Commons* Unterhaus
hdbk *handbook* Handbuch
HE *high explosive* hoch explosiv
HE *His Eminence* Seine Eminenz
Heref. *Herefordshire* Herefordshire (engl. Grafschaft)
HF *high frequency* Hochfrequenz
hf *half* halb
HI *Hawaii* Hawaii (US-Staat)
HL *House of Lords* Oberhaus
HM *Her/His Majesty* Ihre/Seine Majestät
HMS *Her/His Majesty's Service* Dienst Ihrer/Seiner Majestät
HO *Head Office* Hauptgeschäftsstelle
HO *Home Office* Innenministerium
Hon. *Honorary* ehrenamtlich

Hon. *Honorable* (die/der) Ehrenwerte
HP *horsepower* Pferdestärke
HQ *Headquarters* Hauptquartier
HR *House of Representatives* Repräsentantenhaus
hr *hour* Stunde
HRH *Her/His Royal Highness* Ihre/Seine Königliche Majestät
Hunts. *Huntingdonshire* Huntingdonshire (englische Grafschaft)

I

I *island* Insel
I of. W. *Isle of Wight* Insel Wight (englische Insel und Grafschaft)
I. of M. *Isle of Man* Insel Man (englische Insel)
i.e. *id est (lat., that is)* das heißt
IA *Iowa* Iowa (US-Staat)
IATA *International Air Transport Association* Internationaler Luftverkehrsverband
ib(id) *ibidem (lat., in the same place)* ebenda
IBRD *International Bank for Reconstruction and Development* Internationale Bank für Wiederaufbau und Entwicklung, Weltbank
IC *integrated circuit* integrierter Schaltkreis
ICBM *intercontinental ballistic missile* interkontinentaler ballistischer Flugkörper
ICJ *International Court of Justice* Internationaler Gerichtshof
ICU *intensive care unit* Intensivstation
ID *Idaho* Idaho (US-Staat)
ID *identity* Identität
IL *Illinois* Illinois (US-Staat)
ILO *International Labour Organization* Internationale Arbeitsorganisation
Imp. *Imperial* Reichs...
IN *Indiana* Indiana (US-Staat)
in. *inches* Zoll
Inc. *Incorporated* amtlich eingetragen
incl. *inclusive* einschließlich
incog. *incognito* inkognito
inst. *instant* dieses Monats
IOC *International Olympic Committee* Internationales Olympisches Kommittee
IOU *I owe you* Schuldschein
IQ *intelligence quotient* Intelligenzquotient
Ir. *Ireland* Irland
Ir. *Irish* irisch
IRA *Irish Republican Army* Irisch-

Republikanische Armee
IRBM *intermediate-range ballistic missile* Mittelstreckenrakete
ISBN *international standard book number* ISBN-Nummer
ISDN *integrated services digital network* Dienste integrierendes digitales Fernmeldenetz
IUD *intrauterin device* Intrauterinpessar
IYHF *International Youth Hostel Federation* Internationaler Jugenherbergsverband

J

J. *judge* Richter
J. *justice* Justiz
Jan. *January* Januar
JC *Jesus Christ* Jesus Christus
JCB *Juris Civilis Baccalaureus (lat., Bachelor of Civil Law)* Bakkalaureus des Zivilrechts
JCD *Juris Civilis Doctor (lat., Doctor of Civil Law)* Doktor des Zivilrechts
JP *Justice of the Peace* Friedensrichter
Jr *junior* der Jüngere
Jul. *July* Juli
Jun. *June* Juni

K

KC *King's Counsel* Kronanwalt
KIA *killed in action* gefallen
KKK *Ku Klux Klan* Ku Klux Klan
KO *knockout* Knock-out
KY *Kentucky* Kentucky (US-Staat)

L

L *learner (driver)* Fahrschüler (Autos)
l *left* links
l *line* Zeile
L'pool *Liverpool* Liverpool
L/C *letter of credit* Kreditbrief
LA *Los Angeles* Los Angeles
LA *Louisiana* Louisiana (US-Staat)
lab. *laboratory* Labor
Lab. *Labrador* Labrador
Lancs. *Lancashire* Lancashire (englische Grafschaft)
lang. *language* Sprache
lat. *latitude* geografische Breite
LCJ *Lord Chief Justice* Lordoberrichter
Ld. *Lord* Lord
Leics. *Leicestershire* Leicestershire (englische Grafschaft)

LJ *Lord Justice* Lordrichter
ll *lines* Zeilen
LL D *Legum Doctor (lat., Doctor of Laws)* Doktor der Rechte
LMT *local mean time* mittlere Ortszeit (in den USA)
lon(g). *longitude* geografische Länge
LP *Labour Party* Arbeiterpartei
LP *long-playing record* Langspielplatte
LSD *lysergic acid diethylamide* Lysergsäurediethylamid
LSE *London School of Economics* Londoner Wirtschaftshochschule
LSO *London Symphony Orchestra* Londoner Sinfonie-Orchester
Lt. *Lieutenant* Leutnant
Lt.-Col. *Lieutenant-Colonel* Oberstleutnant
Lt.-Gen. *Lieutenant-General* Generalleutnant
Ltd. *limited* mit beschränkter Haftung

M

M'ter *Manchester* Manchester
m. *male; masculine* männlich
MA *Master of Arts* Magister der Philosophie
MA *Massachusetts* Massachusetts (US-Staat)
Maj. *Major* Major
Maj.Gen. *Major-General* Generalmajor
Man. *Manitoba* Manitoba (kanadische Provinz)
Mar. *March* März
max. *maximum* Maximum
MB *Medicinae Baccalaureus (lat., Bachelor of Medicine)* Bakkalaureus der Medizin
MC *Member of Congress* Parlamentsmitglied
MC *Master of Ceremonies* Zeremonienmeister
MD *Maryland* Maryland (US-Staat)
MD *Medicinae Doctor (lat., Doctor of Medicine)* Doktor der Medizin
MDS *Master of Dental Surgery* Magister der Zahnmedizin
ME *Maine* Maine (US-Staat)
med. *medical* medizinisch
MI *Michigan* Michigan (US-Staat)
MN *Minnesota* Minnesota (US-Staat)
MO *Missouri* Missouri (US-Staat)
Mon. *Monday* Montag
MP *Member of Parliament* Abgeordneter des Unterhauses
MP *Military Police* Militärpolizei

MPharm *Master of Pharmacy* Magister der Pharmazie
Mr *Mister* Herr
Mrs *Mistress* Frau
Ms *Miss* Frau, Fräulein
MSc *Master of Science* Magister der Naturwissenschaften
MSL *mean sea level* Normalnull
MT *Montana* Montana (US-Staat)
Mt *Mount* Berg
MTh *Master of Theology* Magister der Theologie
Mx *Middlesex* Middlesex (ehemalige englische Grafschaft)

N

n *noun* Substantiv
N *north* Nord(en)
N Yorks *North Yorkshire* Nord Yorkshire (englische Grafschaft)
n. p. or d. *no place or date* ohne Ort und Datum
n.d. *no date* ohne Datum
N/F *no funds* keine Deckung
NASA *National Aeronautics and Space Administration* Nationale Luft- und Raumfahrtbehörde (der USA)
nat. *national* national
NATO *North Atlantic Treaty Organization* Nordatlantikpakt-Organisation
NB *New Brunswick* Neubraunschweig (kanadische Provinz)
NBC *National Broadcasting Company* Nationale Rundfunkgesellschaft (der USA)
NC *North Carolina* Nord-Carolina (US-Staat)
ND *North Dakota* Nord-Dakota (US-Staat)
NE *Nebraska* Nebraska (US-Staat)
NE *northeast* Nordost(en)
neg. *negative* negativ
NH *New Hampshire* Neuhampshire (US-Staat)
NHS *National Health Service* Staatlicher Gesundheitsdienst (in Großbrtitannien)
NJ *New Jersey* New Jersey (US-Staat)
NM *New Mexico* Neu-Mexiko (US-Staat)
No. *numero* Nummer
Norf. *Norfolk* Norfolk (englische Grafschaft)
Northants. *Northamptonshire* Northamptonshire (englische Grafschaft)

Northd. *Northumberland* Northumberland (englische Grafschaft)
Notts. *Nottinghamshire* Nottinghamshire (englische Grafschaft)
Nov. *November* November
NSPCA *National Society for the Prevention of Cruelty to Animals* Britscher Tierschutzverein
NSW *New South Wales* Neusüdwales (australischer Bundesstaat)
NT *New Testament* Neues Testament
NT *Northern Territory* Nordterritorium (Territorium des australischen Bundes)
nt.wt *net weight* Nettogewicht
NV *Nevada* Nevada (US-Staat)
NW *northwest* Nordwest(en)
NWT *Northwest Territories* Nordwestgebiete (kanadische Provinz)
NY *New York* New York (US-Staat)
NYC *New York City* (die Stadt) New York

O

O.K *all correct* in Ordnung
o.n.o. *or near(est) offer* Verhandlungsbasis
o.r. *owner's risk* auf Gefahr des Eigentümers
o/a *on account* auf Rechnung von
OAP *old-age pensioner* (Alters)Rentner(in)
OAS *Organization of American States* Organisation amerikanischer Staaten
OAU *Organization of African Unity* Organisation für afrikanische Einheit
Oct. *October* Oktober
OECD *Organization for Economic Cooperation and Development* Organisation für wirtschaftliche Zusammenarbeit und Entwicklung
OH *Ohio* Ohio (US-Staat)
OK *Oklahoma* Oklahoma (US-Staat)
Ont. *Ontario* kanadische Provinz
OR *Oregon* Oregon (US-Staat)
OT *Old Testament* Altes Testament
OUP *Oxford University Press* Verlag der Universität Oxford
Oxon. *Oxfordshire* Oxfordshire (englische Grafschaft)

P

p *penny, pence* Penny, Pence (britische Münze)
p. *page* Seite
p.a. *per annum (lat., yearly)* jährlich

p.c. *per cent* Prozent
p.m. *post meridiem (lat., after noon)* nachmittags, abends
p.o.d. *pay on delivery* Zahlung per Nachnahme
PA *Pennsylvania* Pennsylvania (US-Staat)
par. *paragraph* Abschnitt; Paragraf
PAYE *pay as you earn* Zahle während du verdienst. (Abzugsverfahren für Steuern in Großbritannien)
PC *personal computer* Personalcomputer
PC *police constable* Polizist (in Großbritannien)
PC *Peace Corps* Friedenscorps
PD *Police Department* Polizeibehörde
pd *paid* bezahlt
PEI *Prince Edward Island* Prinz-Eduard-Insel (kanadische Provinz)
PEN Club *International Association of Poets, Playwrights, Editors, Essayists and Novelists* Internationaler Verband von Dichtern, Dramatikern, Redakteuren, Essayisten und Romanschriftstellern
PhD *Philosophiae Doctor (lat., Doctor of Philosophy)* Doktor der Philosophie
Pk. *Park* Park
Pl. *Place* Platz
PLC *public limited company* Aktiengesellschaft
PO *post office* Postamt
PO *postal order* Postanweisung
POB *post-office box* Postfach
pos. *positive* positiv
POW *prisoner of war* Kriegsgefangene(r)
pp. *pages* Seiten
PR *public relations* Öffentlichkeitsarbeit
Pres. *President* Präsident
Prof. *Professor* Professor
prol. *prologue* Prolog
prox. *proximo (lat., next month)* nächsten Monats
PS *postscript* Nachschrift
PT *physical training* Sportunterricht
pt. *payment* Zahlung
pt. *point* Punkt
PTA *Parent-Teacher Association* Eltern-Lehrer-Vereinigung
PTO *please turn over* bitte wenden

Q

QC *Queen's Counsel* Kronanwalt
Qld. *Queensland* Queensland

(australischer Bundesstaat)
Que. *Quebec* Quebec (kanadische Provinz)
quot. *quotation* Kursnotierung

R

R. *River* Fluss
r. *right* rechts
RA *Royal Academy* Königliche Akademie
RAF *Royal Air Force* Königliche Luftwaffe
RAM *random access memory* Direktzugriffsspeicher
Rd *Road* Straße
recd. *received* erhalten
ref. *reference* (mit) Bezug (auf)
ref. *reference* Empfehlung
regd *registered* eingetragen
res. *Reserve* Reserve
res. *residence* Wohnsitz
ret. *retired* im Ruhestand
Rev. *Reverend* Ehrwürden
RI *Rhode Island* Rhode Island (US-Staat)
rm *room* Zimmer
RN *Royal Navy* Königliche Marine (in Großbritannien)
ROM *read only memory* Nur-Lese-Speicher
RP *received pronunciation* Standardaussprache (der englischen Sprache in Südengland)
RS *Royal Society* Königliche Gesellschaft
RSPCA *Royal Society for the Prevention of Cruelty to Animals* Königliche Gesellschaft für Tierschutz (in Großbritannien)
RSVP *répondez s'il vous plaît (fr., please reply)* um Antwort wird gebeten
RU *Rugby Union* Rugby-Union
Ry *Railway* Eisenbahn

S

S *south* Süd(en)
s *shilling* Schilling
S York *South Yorkshire* Süd-Yorkshire (englische Grafschaft)
s.a.e. *stamped addressed envelope* frankierter, adressierter Rückumschlag
S.P.Q.R. *small profits, quick returns* kleine Gewinne, schnelle Umsätze
SA *South America* Südamerika
SA *South Africa* Südafrika
SA *South Australia* Südaustralien (australischer Bundesstaat)

Salop *Shropshire* Shorpshire (englische Grafschaft)
SALT *Strategic Arms Limitation Talks* Verhandlungen zur Begrenzung strategischer Waffen (zwischen der Sowjetunion und den USA)
Sask. *Saskatchewan* Saskatchewan (kanadische Provinz)
SB *salesbook* Verkaufsbuch
SC *South Carolina* Süd-Carolina (US-Staat)
Sch. *school* Schule
SD *South Dakota* Süd-Dakota (US-Staat)
SDP *Social Democratic Party* Sozialdemokratische Partei
SE *southeast* Südost(en)
SEATO *Southeast Asia Treaty Organization* Südostasienpakt-Organisation
Sec. *Secretary* Minister, Sekretär
Sept. *September* September
Serg. *Sergeant* Feldwebel; Wachtmeister
SF *science fiction* Science-fiction
sh *sheet* Aktie
SHAPE *Supreme Headquarters Allied Powers Europe* Oberkommando der Alliierten Streitkräfte in Europa
SM *Sergeant-Major* Oberfeldwebel
Soc. *Society* Gesellschaft, Verein
Som. *Somersetshire* Somerset(shire) (englische Grafschaft)
sp.gr. *specific gravity* spezifisches Gewicht
Sq. *Square* Platz
sq. *square* Quadrat...
Sr *senior (lat., the Elder)* der Ältere
SS *steamship* Dampfschiff
St. *Saint ...* Sankt ...
St. *Street* Straße
STA *scheduled time of arrival* planmäßige Ankunftszeit
Sta. *Station* Bahnhof
Staffs. *Staffordshire* Staffordshire (englische Grafschaft)
STD *scheduled time of departure* planmäßige Abfahrts-/Abflugzeit
STD *subscriber trunk dialling* Ferngespräche im Selbstwahlverfahren
stg *sterling* Sterling
Str. *Strait* (Meeres)Straße
sub. *substitute* Ersatz
Suff. *Suffolk* Suffolk (englische Grafschaft)
Suss. *Sussex* Sussex (englische Grafschaft)
SW *southwest* Südwest(en)
Sy *Surrey* Surrey (englische Grafschaft)

T

Tas. *Tasmania* Tasmanien (australischer Bundesstaat)
TB *tuberculosis* Tuberkulose
Tce. *Terrace* Terrasse (Straße in Hanglage)
TD *Treasury Department* Finanzministerium (der USA)
tel. *telephone* Telefon
Ter. *Territory* Territorium
tgm. *telegram* Telegramm
TGWU *Transport and General Workers' Union* Transportarbeitergewerkschaft
Th(r). *Thursday* Donnerstag
TMO *telegraph money order* telegrafische Geldanweisung
TN *Tennessee* Tennessee (US-Staat)
TO *Telegraph (Telephone) Office* Telegrafen- (Fernsprech)amt
Tu. *Tuesday* Dienstag
TV *Television* Fernsehen
TX *Texas* Texas (US-Staat)

U

UFO *unidentified flying object* unbekanntes Flugobjekt (Ufo)
UHF *ultrahigh frequency* Ultrahochfrequenzbereich
UK *United Kingdom* Vereinigtes Königreich
UN *United Nations* Vereinte Nationen
UNESCO *United Nations Educational, Scientific and Cultural Organization* Organisation der Vereinten Nationen für Erziehung, Wissenschaft und Kultur
UNICEF *United Nations Childern's Emergency Fund* Kinderhilfswerk der Vereinten Nationen
UNO *United Nations Organization* Organisation der Vereinten Nationen
UNSC *United Nations Security Council* Sicherheitsrat der Vereinten Nationen
US(A) *United States (of America)* Vereinigte Staaten (von Amerika)
USSR *Union of Soviet Socialist Republics* Union der Sozialistischen Sowjetrepubliken
UT *Utah* Utah (US-Staat)
UV *ultraviolet* ultraviolett

V

v. *very* sehr
VA *Virginia* Virginia (US-Staat)
VAT *value added tax* Mehrwertsteuer

VCR *video cassette recorder*
Videorecorder
VHF *very high frequency*
Ultrakurzwellen
Vic. *Victoria* Viktoria (australischer
Bundesstaat)
VIP *very important person* "hohes Tier"
vol. *volume* Band
vs. *versus (lat., against)* gegen
VT *Vermont* Vermont (US-Staat)

W

W *west* West(en)
w/o *without* ohne
WA *Washington* Washington (US-Staat)
WA *Western Australia* Westaustralien
(australischer Bundesstaat)
War. *Warwickshire* Warwickshire
(englische Grafschaft)

WC *water closet* Wasserklosett
Wed. *Wednesday* Mittwoch
WHO *World Health Organization*
Weltgesundheitsorganisation
Wilts. *Wiltshire* Wiltshire (englische
Grafschaft)
wk *week* Woche
Worcs. *Worcestershire* Worcestershire
(englische Grafschaft)
WV *West Virginia* West-Virginia
(US-Staat)
WW I /II *World War I/II* Erster/Zweiter
Weltkrieg
WY *Wyoming* Wyoming (US-Staat)

Y

YHA *Youth Hostels Association*
Jugendherbergsverband
yr. *year* Jahr

Gebräuchliche Sätze und Redewendungen für Reise und Urlaub

Begrüßung und Verabschiedung

Guten Morgen
Good morning
Guten Tag
Hello
Guten Abend
Good evening
Gute Nacht
Good night
Hallo
Hello
Verzeihung
Excuse me
Es tut mir leid
I´m sorry
Kann ich Herrn/Frau X sprechen?
May I speak to Mr/Mrs X?
Darf ich Ihnen Herrn/Frau X vorstellen?
May I introduce you to Mr/Mrs X?
Das ist Herr/Frau X
This is Mr/Mrs X
Mein Name ist X
My name is X
Wie geht es Ihnen?
How are you?
Wie geht es dir?
How are you?
Danke, ganz gut, und Ihnen?
I´m fine, thanks. And how are you?
Nehmen Sie doch Platz
Please take a seat
Setz dich doch
Sit down, please
Was machen Sie beruflich?
What are you doing?
Auf Wiedersehen
Good bye
Tschüss
Bye
Bis morgen
See you tomorrow
Bis später
See you later
Bis nachher
See you later
Ja, bitte
Yes, please
Nein, danke
No, thanks
Vielen Dank
Thank you very much

Gern geschehen
You´re welcome

Frage nach dem Weg

Wie komme ich nach X, bitte?
How can I get to X, please?
Wie weit ist es nach X?
How far is it to X?
Fahren sie die nächste links, dann geradeaus, und dann sehen Sie es schon
Turn left at the next crossing, go straight ahead and you´ll find it
Da sind Sie irgendwo falsch abgebogen
You must have taken the wrong turnoff

An der Tankstelle

Wo ist hier die nächste Tankstelle?
Where is the next petrol station, please?
Voll tanken, bitte
Tank it up, please
Und überprüfen Sie noch Öl und Reifendruck
Please check the oil and the tyre pressure, too
Die Bremse ist kaputt
The break doesn´t work
Die Karre springt einfach nicht mehr an
The car doesn´t start up any more
Kein Wunder, die Batterie ist leer
No wonder, the battery is empty
Bis wann können Sie das reparieren?
How long will it take to have it repaired?
Kommt darauf an, wann die Ersatzteile hier sind
It depends on when the replacement parts will be here

Im Reisebüro

Ich möchte eine Reise nach X buchen
I want to make a booking for a journey to X
Wie viel kostet das?
How much is it?
Gibt es da irgendeine Ermäßigung?
Are there any concessions?

Ich möchte meinen Flug stornieren
I want to cancel my flight
Ich würde gerne umbuchen
I would like to make a change
Wie viele Plätze haben Sie noch?
How many places are left?
Bis wann kann ich mich anmelden?
Till when can I sign up?

Am Bahnhof

Einmal einfach nach X, bitte
A one-way ticket to X, please
Eine Rückfahrkarte nach X, bitte
A return ticket to X, please
Hat der Zug auch einen Schlafwagen?
Does the train have a sleeping car, too?
Reservieren Sie mir bitte einen Fenstersitz
I´d like to have a window seat, please
Auf welchem Gleis?
At which platform, please?
Wann fährt der Zug ab?
When does the train leave?
Muss ich umsteigen?
Do I need to change trains?
Verspätet sich der Zug?
Will the train be delayed?
Ist der Platz noch frei?
Is this seat free?

Schiffsreise

Ich möchte ein Ticket nach X
I´d like to have a ticket to X
Wieviel kostet eine Überfahrt für ein Auto und zwei Personen?
How much is a passage for a car and two people?
Ist die See ruhig?
Is the sea calm?
Von welchem Kai läuft das Schiff aus?
Which quay does the ship leave from?
Wann läuft das Schiff aus?
When does the ship leave?
Wie lange dauert die Überfahrt?
How long will the passage take?
Ich fühle mich nicht wohl
I don´t feel well
Könnten Sie mir ein Mittel gegen Seekrankheit geben?
Can you give me something against sea-sickness, please?

Flugreise

Ich möchte einen Flug nach X buchen
I´d like to make a booking for a flight to X

Welche Fluggesellschaft bietet den Flug an?
Which airline offers this flight?
Wo ist der Schalter der X?
Where is the counter of X?
Wieviel Kilo Freigepäck ist erlaubt?
What is the baggage allowance?
Wieviel kostet das Kilo Übergepäck?
How much is a kilogram of excess luggage?
Kann ich das als Handgepäck mitnehmen?
May I take that as a hand luggage?
Der Flug nach X geht um X Uhr?
Is the flight to X at X o´clock?
Der Flug nach X hat eine halbe Stunde Verspätung
The flight to X will be delayed by half an hour
Schnallen Sie sich bitte an!
Fasten your seat-belts, please
Stellen Sie das Rauchen bitte ein!
No smoking, please

Zoll und Einreiseformalitäten

Passkontrolle! Ihre/n Pässe/Pass bitte
Passport control! Your passport(s), please
Könnte ich bitte Ihren Personalausweis sehen?
May I see your identity card, please?
Haben Sie ein Visum?
Do you have a visa?
Wie lange wollen Sie im Land bleiben?
For how long are you going to stay in the country?
Sind Sie gegen Cholera/Gelbsucht/Malaria/Pocken geimpft?
Did you get vaccinations against cholera/hepatitis/malaria/smallpox?
Ihr Pass/Visum ist abgelaufen
Your passport/visa has expired
Ihre Papiere sind ungültig
Your papers are invalid
Sie bekommen Ersatzpapiere
You´ll get substitute papers
Sagen Sie mir bitte ihren Vor-/Zunamen
Can you tell me your first name/surname, please?
Könnten Sie mir Ihre Heimatadresse sagen
What is your home address?
Welche Staatsangehörigkeit haben Sie?
What is your nationality?

Zollkontrolle! Öffnen Sie bitte ihre(n) Koffer/Kofferraum/Tasche
Customs check! Open your suitcase/ boot/bag, please
Haben Sie etwas zu verzollen?
Do you have anything to declare?
Haben Sie Zigaretten/Alkohol/Schmuck/Devisen dabei?
Do you carry cigaretts/alcohol/ jewellery/foreign currency?
Wir müssen Sie durchsuchen
We have to search you
Wir müssen Ihr Gepäck durchsuchen
We have to search your luggage
Es ist nicht erlaubt, X einzuführen
It is prohibited to import X
Man darf X nicht ausführen
It is prohibited to export X
Wieviel Zoll habe ich zu bezahlen?
How much customs duty will I have to pay?

Im Hotel

Können Sie mir ein preiswertes Hotel empfehlen?
Can you recommend an inexpensive hotel?
Können Sie mir eine gute Pension empfehlen?
Can you recommend a good boarding house?
Wie komme ich am besten da hin?
How can I get there?
Liegt es im Zentrum?
Is it located in the centre?
Ist es ruhig gelegen?
Is it in a quiet area?
Haben Sie noch freie Zimmer?
Do you have any vacant rooms?
Wieviel kosten ein Doppel-/Einzelzimmer?
How much is a double/single room?
Ich möchte eine Übernachtung mit Frühstück
I´d like to have one night with breakfast, please
Ich möchte X Übernachtungen mit Halb-/Vollpension
I´d like to have X nights with half-/full-board, please
Bringen Sie mir bitte das Frühstück/Essen aufs Zimmer
Please bring the breakfast/meals to my room
Wo wird das Frühstück serviert?
Where is breakfast being served?

Wo befindet sich der Speisesaal?
Where is the dining room?
Zu welchen Zeiten werden die Mahlzeiten serviert?
When are the meals being served?
Ich möchte ein Doppel-/Einzelzimmer mit X
I´d like to have a double/single room together with X
Könnte man ein zusätzliches Bett ins Zimmer stellen?
Is it possible to put an extra bed into the room?
Könnte ich das Zimmer sehen?
May I have a look at the room?
Ich möchte ein Doppel-/Einzelzimmer mit Dusche und WC
I´d like to have a double/single room with shower and toilet
Haben Sie auch eins mit Balkon/mit Blick aufs Meer?
Do you also have one with a balcony/an ocean view
Ist in dem Zimmer auch ein TV/ein Telefon?
Is there a television/telephone in the room?
Ein Doppelzimmer mit getrennten Betten bitte
One double share room, please
Wir hätten gern zwei Zimmer mit einer Verbindungstür
We´d like to have two rooms with a connecting door
Es gibt leider keine Dusche/Toilette im Zimmer, nur auf jeder Etage
Unfortunately, there is no shower/toilet in the room, only on each floor
Gibt es im Haus einen Swimmingpool/einen Fitnessraum?
Is there a swimming pool/exercise room in the house?
Gibt es in der Nähe eine Liegewiese/einen Badestrand/einen Kinderspielplatz?
Is there a lawn/beach/playground nearby?
Ist ein Fernsehzimmer/eine Garage/ein Aufzug vorhanden?
Is there a TV room/garage/lift?
Ich möchte ein Doppel-/Einzelzimmer mit Dusche/WC reservieren
I´d like to make a reservation for a double/single room with shower/ toilet

Wieviel kostet eine Übernachtung mit Halbpension?
How much is one night with breakfast?
Wieviel kostet ein Zimmer mit Vollpension pro Woche?
How much is a full-board room a week?
Gibt es für Kinder Ermäßigung?
Is there a rebate for children?
Füllen Sie bitte dieses Formular aus
Fill in this form, please
Ich brauche Ihren Ausweis
I need your passport
Das sind Ihre Schlüssel
These are your keys
Das Zimmer ist im Erdgeschoss
The room is on the ground floor
Ihr Zimmer liegt im ersten Stock rechts/links
Your room is on the first floor to the right/left
Könnten Sie mir das Gepäck aufs Zimmer bringen
Could you bring the luggage to my room?
Bringen Sie mir bitte das Frühstück aufs Zimmer
Bring the breakfast to my room, please
Könnte ich noch eine Decke/ein Kissen/ein Handtuch/einen Kleiderbügel bekommen?
Can I get a blanket/a pillow/a towel/a coat-hanger, please?
Könnten Sie mich morgen früh um 6 Uhr wecken?
Could you wake me tomorrow morning at six, please?
Könnten Sie diese Kleider waschen/bügeln?
Could you wash/iron these clothes, please?
Die Heizung/die Spülung/der Aufzug funktioniert nicht
The heating/flush/lift doesn´t work
Es gibt kein warmes Wasser in der Dusche
The shower is cold
Das Licht flackert/ist zu schwach
The light is flickering/is too weak
Das Waschbecken/die Toilette ist verstopft
The sink/toilet is clogged up
Das Zimmer ist nicht sauber
The room isn´t clean
Die Betten wurden nicht gemacht
The beds aren´t made

Es ist zu laut
It´s too noisy
Die Rechnung ist falsch
The bill is wrong
Ich reise heute ab
I´ll leave today
Ich werde morgen früh/abend abreisen
I´ll leave tomorrow morning/evening
Ich bezahle mit Schecks/bar
I´ll pay by cheque/cash
Nehmen Sie auch Kreditkarten an?
Do you accept credit cards?
Bis wann muss ich aus dem Zimmer raus sein?
Till when do I have to check out?
Machen Sie bitte die Rechnung fertig
Would you prepare the bill, please?
Bringen Sie bitte mein Gepäck zum Auto
Please bring the luggage to my car
Könnten Sie mir bitte ein Taxi rufen?
Could you call a taxi for me, please?
Das ist das Trinkgeld für die Bediensteten
Here´s a tip for the servants

Beim Camping

Ist hier in der Nähe ein Campingplatz?
Is there a camping ground nearby?
Ist es hier erlaubt wild zu zelten?
Is it allowed to camp here?
Sind noch Plätze frei
Are there any free spaces left?
Ist hier in der Nähe ein Lebensmittelgeschäft/eine Disko?
Is there a grocer/disco nearby?
Kann man hier irgendwo essen gehen?
Is it possible to eat out somewhere around here?
Wo ist hier ein Stromanschluss?
Where can I find a power source?
Gibt es hier eine Waschmaschine?
Is there a washing machine available?
Wo befinden sich die Waschräume/Toiletten?
Where are the washrooms/toilets?
Kann man sich dort auch duschen?
Is it also possible to take a shower there?
Wieviel kostet ein Zelt mit zwei Personen pro Nacht?
How much is a two-person tent a night?

Wieviel kostet ein Platz für ein Auto/ein Wohnmobil für X Nächte?
How much is a site for a car/camper van for X nights?

Wir werden X Nächte bleiben
We´ll stay for X nights

Wo kann ich den Wohnwagen abstellen?
Where can I park the camper van?

Wo kann ich mein Zelt aufbauen?
Where can I put up my tent?

Ich würde gern im Schatten zelten
I´d like to camp in the shade

Im Restaurant

Gibt es hier ein gutes/empfehlenswertes Restaurant?
Is there a good/recommendable restaurant around here?

Ist das Restaurant preiswert?
Does the restaurant offer good value for money?

Ich würde gern in ein Restaurant mit landesüblichen Spezialitäten/eine Pizzeria gehen
I´d like to go to a restaurant serving national specialities/a pizzaria

Ich hätte gern einen Tisch für X Personen
I´d like to have a table for X people

Ist dieser Tisch hier noch frei?
Is this table still free?

Ich möchte einen Tisch für X Personen reservieren
I´d like to reserve a table for X people

Geben Sie mir bitte die Speisekarte!
Please give me the menue

Können Sie uns etwas empfehlen?
Is there anything you would recommend?

Ich hätte gern als Vorspeise/zum Hauptgericht X
I´d like to have X as a starter/main course

Ich nehme diese Nachspeise
I take this for dessert

Trinken würde ich gern ein Glas X
I´d like to drink a glass of X

Bringen Sie mir bitte eine Flasche X
Could you please bring a bottle of X?

Könnten Sie mir noch ein/e X bringen
Could you please bring another X?

Alles ist versalzen
They added too much salt

Das Essen wurde mir kalt serviert
The food was cold when it was served

X ist nicht frisch/ungenießbar
X is not fresh/uneatable

Mir fehlt eine Gabel/ein Messer/ein Löffel
I haven´t got a fork/a knife/a spoon

Ich habe kein Glas
I haven´t got a glass

Das ist nicht das, was ich bestellt habe
It´s not what I ordered

Nehmen Sie das bitte zurück
Take it back, please

Die Rechnung bitte!
The bill, please

Alles zusammen/getrennt
We´ll pay together/separately

Ist die Bedienung/das Gedeck/die Mehrwertsteuer in dem Preis schon enthalten?
Is the service/the set meal/the value-added tax already included in the price?

Da ist ein Fehler in der Rechnung, ich habe etwas anderes gegessen
There is a mistake in the bill, I ate something else

Der Rest ist für Sie
The rest´s for you

Stimmt so
That´s OK

Ausflüge und Sehenswürdigkeiten

Wann ist das Museum geöffnet?
When will the museum be open?

Kann man die Kirche besichtigen?
Is it possible to have a look at the church?

Gibt es (deutschsprachige) Führungen durch das Schloss?
Are there any (German-language) guided tours of the castle?

Wo kann man eine Stadtrundfahrt buchen?
Where can I book a sight-seeing tour of the city?

Wann beginnt die nächste Führung?
When is the next guided tour?

Wie hieß der Erbauer diese/r/s X?
Who built this X?

Wann wurde es erbaut?
When was it built?

Ist es erlaubt zu fotografieren?
Is it allowed to take pictures?

Ich würde gern ins Gebirge/an die Küste fahren
I´d like to go into the mountains/to the coast

Ich würde gern eine Reise ins Landes-
innere/ins Hochland unternehmen
 I´d like to go on a journey to the
 interior/the uplands
Gibt es Busse, die dorthin fahren?
 Are there any buses going there?
Gibt es organisierte Bootsfahrten da-
hin?
 Are there organised boat tours going
 there?
Was spielen sie heute Abend im Thea-
ter?
 What perfomance is there in the
 theatre tonight?
Was gibt es im Kino zu sehen?
 What´s on in the movies?
Können Sie mir ein Theaterstück/ei-
nen Fillm empfehlen?
 Can you recommend any play/movie ?
Ist das ein gutes Konzert?
 Is that a good concert?
Wo kann man die Karten bekommen?
 Where can I/we get the tickets?
Ich würde gern die Karten vorbestel-
len
 I´d like to reserve some tickets
Was kostet eine (Theater-/Kino-/Kon-
zert-)Karte?
 How much is a ticket (for the
 theatre/cinema/concert)?
Reservieren Sie bitte zwei Plätze
 Please reserve two seats
Wie lange geht die Vorstellung?
 How long is performance?

Sport

Kann man hier baden/surfen?
 Is it possible to go swimming/ surfing
 here?
Ist das Wasser tief genug, um zu tau-
chen?
 Is the water deep enough for SCUBA
 diving?
Ist es erlaubt/günstig hier zu angeln?
 Is fishing allowed/promising here?
Eignet sich dieser Berg gut zum Wan-
dern/Klettern
 Is this mountain suitable for
 walking/climbing?
Wo kann man hier ausreiten?
 Where is it possible to ride out around
 here?
Gibt es einen Platz hier, um Volley-
ball zu spielen?
 Is there a field for playing volleyball
 around here?

Ist es möglich, hier Wasserski zu fah-
ren
 Is it possible to do water skiing here?
Wo kann man hier Fahrräder auslei-
hen?
 Where can I/we hire bicycles here?
Ich möchte ein Surfbrett/Tret-/Ruder-
/Motorboot ausleihen
 I´d like to hire a surf
 board/pedal/rowing/motor boat
Ich habe keinerlei Erfahrung mit X
 I have no experience with X
Ich bin fortgeschritten im X
 I´m advanced in X
Ich spiele X
 I´m play X

Abendgestaltung

Ist hier eine Diskothek?
 Is there a discotheque around here?
Wo kann man hier tanzen gehen?
 Where can I/we go dancing here?
Gibt es hier eine Bar/ein Nachtclub
in der Nähe?
 Is there a bar/nightclub nearby?
Wollen Sie mit mir ins Kino gehen?
 Would you like to go and see a movie
 together with me?
Wie wäre es mit tanzen/spazieren ge-
hen?
 How about dancing/going for a walk?
Möchten Sie etwas trinken?
 Would you like to have a drink?
Möchten Sie eine Zigarette?
 Would you like to have a cigarette?
Macht es Ihnen etwas aus, wenn ich
rauche
 Do you mind if I smoke?
Darf ich Sie zu einem Tanz einladen
 Would you like to keep on dancing?
Möchten Sie (weiter) tanzen?
 Would you like to dance/continue
 dancing?
Sie sehen gut aus
 You are looking good
Haben Sie Lust, ein wenig spazieren
zu gehen?
 Would you like to go for a walk?
Wollen wir bei mir zu Hause noch et-
was trinken?
 Would you like to have a drink at my
 place?
Darf ich Sie nach Hause bringen?
 May I take you home?
Ich möchte Sie gern wiedersehen
 I would like to see you again

Wollen wir uns morgen wieder treffen?
Will we meet again tomorrow?

Beim Einkauf

Ich suche ein Geschäft, um Kleider zu kaufen
I´m looking for a shop to buy some clothes
Können Sie mir einen Juwelier empfehlen?
Can you recommend a jeweller?
Wo ist hier in der Nähe ein Schuhladen?
Where is there a shoe shop nearby?
Haben Sie X?
Do you have X?
Zeigen Sie mir bitte X
Could you show me the X, please?
Ich suche X
I´m looking for X?
Wieviel kostet das?
How much is that?
Das ist mir zu teuer!
That´s too expensive!
Könnten Sie im Preis etwas nachlassen?
Can I get a discount?
Haben Sie noch ein Anderes/Billigeres?
Do you also have another/cheaper one?
Haben Sie noch etwas Anderes?
Do you have anything else?
Kann ich in DM bezahlen?
Can I pay with German marks?
Nehmen Sie auch Schecks/Kreditkarten an?
Do you also accept cheques/credit cards?

In der Boutique

Welches Muster wollen Sie haben?
What kind of pattern would you like?
Ist Ihnen kariert lieber?
Do you prefer a check pattern?
Oder lieber ein geblümtes?
Or rather a floral one?
Das mit Punkten steht Ihnen besser
The one with dots fits you better
Wo kann ich es anprobieren?
Where can I try it?
Es passt
It fits
Es passt nicht, es ist zu eng
It doesn´t fit, it´s too tight

Es ist ein wenig zu weit
It´s a bit too loose
Es ist viel zu groß
It´s much too big
Haben Sie ein Kleineres/Kürzeres?
Do you have a smaller/shorter one?
Kann ich ein Längeres bekommen?
Can I get a longer one?
Haben Sie noch etwas weniger Altmodisches?
Do you also have something less old-fashioned?
Ich brauche ein Eleganteres
I need something more elegant
Haben Sie nichts Preiswerteres?
Don´t you have anything cheaper?
Ich nehme es
I´ll take it

Im Schuhgeschäft

Ich suche ein Paar Schuhe
I´m looking for a pair of shoes
Sie sollten bequem/modern/elegant sein
They should be comfortable/fashionable/elegant
Ich möchte ein Paar Sandalen/Halbschuhe/Pumps/Stiefel/Wanderstiefel
I´d like to have a pair of sandals/low shoes/court shoes/boots/hiking boots
Meine Schuhgröße ist X
My shoe size is X
Die sind ja viel zu eng
They´re much too tight
Sie müssen sie natürlich erst eingehen
You have to wear them in first, of course
Die sind mir zu groß/klein
They´re too big/small for me

Beim Juwelier

Haben Sie Eheringe?
Do you have wedding rings?
Ich hätte gern ein Goldarmband
I´d like to have a golden bracelet
Haben Sie auch Ohrringe aus Weißgold?
Do you also have ear-rings made from white gold?
Diese Platinkette würde mir schon gefallen
I like this platinum necklace
Was ist das für ein Edelstein in der Brosche?
What kind of jewel is there on the brooch?

Diese Armbanduhr finde ich viel zu protzig
I think this wristwatch is much too showy
Eine sehr schöne Perlenkette
What a beautiful pearl necklace!
Ist das Silber?
Is it silver?
Meine Uhr ist kaputt, sie tickt nicht mehr
My watch is out of order. It doesn´t tick any more
Machen Sie auch Reparaturen?
Do you also repair things?
Ist der echt?
Is it a real one?
Ich mag keinen Korallenschmuck
I don´t like jewelry made from corals
Das ist echte Handarbeit
That´s a real handiwork
Der Überzug ist aus Perlmutt
The covering is made from mother-of-pearl

Im Fotoladen

Zwei Farbfilme mit jeweils 36 Bildern, bitte!
Two colour films with 36 exposures, please
Haben Sie auch Schwarzweißfilme?
Do you also have black-and-white films?
Gibt es den Diafilm auch mit mehr Bildern?
Is there a slide film available with more exposures?
Einmal entwickeln und Abzüge, bitte!
Processing and prints, please
Bis wann sind die Bilder fertig?
When will the prints be ready?
Kann ich diesen Fotoapparat bei Ihnen reparieren lassen?
Can I have this camera repaired here?
Sind die matt oder glänzend?
Are they matt or shiny?
Vielleicht reicht die Lichtempfindlichkeit nicht aus
Maybe the speed is not sufficient?
Der Preis für die Abzüge hängt vom Format ab
The price of the prints depends on the format
Haben Sie die mit Blitz fotografiert?
Did you use a flash when taking these pictures?

Haben Sie die Negative noch?
Do you still have the negatives?

Am Kiosk

Ein Päckchen Zigaretten, bitte!
A packet of cigarettes, please
Welche Marke?
Which brand?
Eine Stange wäre billiger
A carton would be cheaper
Ich hätte gerne eine Schachtel Streichhölzer
I´d like to have a box of matches
Was haben Sie denn an Zigarren da?
What kinds of cigars do you have?
Haben Sie auch Ansichtskarten und Briefmarken?
Do you have post cards and stamps, too?
Ich bräuchte dringend eine Telefonkarte
I urgently need a phone card

Lebensmitteleinkauf

Ist hier irgendwo ein Supermarkt in der Nähe?
Is there a supermarket nearby?
Ich brauche einen Bäcker und einen Metzger
I need a bakery and a butcher´s
Wo geht´s denn hier zum Markt?
How can I find the market, please?
Ein Pfund X, bitte!
Half a kilogram of X, please
Ich hätte gern ein Kilo X, ein Dutzend Y und vier Scheiben Z
I´d like to have one kilogram of X, a dozen Y and four slices of Z
Packen Sie ruhig noch ein paar X dazu
Just add some more X

Beim Friseur

Gibt es hier einen guten Herrenfriseur?
Is there a good barber´s (shop) around here?
Können Sie mr einen Damensalon empfehlen?
Is there a ladies´ hairdresser you can recommend?
Soll ich einen Termin vereinbaren?
Shall I make an appointment?
Wann kann ich vorbeikommen?
When shall I drop by?

Waschen und legen, bitte!
 Wash and set, please
Ich hätte gerne eine Tönung
 I´d like to have my hairs tinted
Ich möchte mir die Haare färben lassen
 I´d like to have my hairs dyed
Machen Sie mir bitte eine Dauerwelle
 Can I have a perm, please?
Ich hätte es gerne an den Seiten etwas kürzer
 I´d like to have them shorter on the sides
Oben lang lassen und hinten hochrasieren
 Leave them long on top and shave them at the back
Nur die Spitzen nachschneiden, bitte
 Only cut the tips, please
Und nicht zu kurz
 And not too short, please
Nehmen wir Haarspray oder Festiger?
 Do you prefer hairspray or a setting lotion?
Machen Sie auch Maniküre?
 Do you also do manicure?
Wer macht denn echt aussehende Perücken?
 Who makes naturally looking wigs?
Die Koteletten können Sie abnehmen
 You can take away the sideburns
Was für Wickler benutzen sie eigentlich?
 What kind of curlers do you use?
Mit etwas Gel sieht es gleich viel lässiger aus
 It looks much more casual with a bit of gel

Auf dem Postamt

Wo ist das nächste Postamt?
 Where is the next post office?
Ich brauche unbedingt eine Telefonzelle
 I need a telephone box urgently
Wenn man einen Briefkasten braucht, ist keiner da
 When you need a mail box there will be none
Wann ist der Schalter geöffnet?
 When is the counter open?
Ich möchte ein Telegramm ins Ausland aufgeben
 I´d like to send a telegramme abroad
Als Eilbrief, bitte
 I want to send that letter express

Ich möchte ein Ferngespräch führen
 I´d like to make a long-distance call
Nehmen Sie auch Schecks an?
 Do you also accept cheques?
Wie viel Porto kostet ein Luftpostbrief nach Australien?
 What is the postage for an airmail letter to Australia?
Als Päckchen oder als Paket?
 As a small packet or as a parcel?
Wie lautet die Landesvorwahl von X?
 What is the country code of X?
Und welche Postleitzahl ist das?
 And what postcode is that?
Das geht per Postanweisung raus
 We´ll send the money by postal order
Ich möchte ein Postschließfach mieten
 I´d like to rent a post office box
Ich möchte ein Postsparbuch eröffnen
 I´d like to open a post office savings book
Die Telefonauskunft hier ist nicht gerade verlässlich
 The telephone inquiry is not very reliable here
Ich ziehe um und hätte gerne meine Post nachgeschickt
 I´m moving and I´d like to have my mail forwarded

Auf der Bank

Wo kann man hier Geld wechseln lassen?
 Where can I get money exchanged around here?
Ist hier eine Bank in der Nähe?
 Is there a bank nearby?
Wie steht momentan der Dollarkurs?
 What´s the value of the dollar at the moment?
Tauschen Sie mir 1000 Mark in X um
 Please change 1000 marks into X
Kostet das Extragebühren?
 Does that involve an extra fee?
Ich möchte Geld abheben/einzahlen
 I´d like to withdraw/deposit money
Ich habe hier eine Überweisung
 I´ve got a money transfer here
Ich möchte ein Konto eröffnen
 I´d like to open a bank account
Ich bräuchte einen kleineren Kredit
 I would need a small loan
Bitte unterschreiben Sie hier
 Please sign here

Die Börsenkurse hängen draußen aus
The quotations are listed outside
Wie viel Prozent Zinsen zahlen Sie denn?
How many percent of interest do you pay?
Dann lohnt sich ja ein Sparbuch gar nicht
Then a savings account doesn´t pay out
Welche Möglichkeiten der Geldanlage haben Sie denn sonst noch?
What other possibilities of investment are there?
Dafür hätte ich gerne eine Quittung
I´d like to have a receipt for that

Unfälle, Ärzte, Krankenhäuser

Hilfe!
Help!
Wir brauchen sofort einen Arzt!
We need a doctor urgently
Kann bitte jemand einen Krankenwagen rufen?
Can anyone call an ambulance?
Wo ist das nächste Krankenhaus?
Where is the next hospital?
Jemand muss die Polizei holen
Someone must call the police
Gibt es eine Apotheke mit Nachtdienst in der Nähe?
Is there a pharmacie nearby which is open all night?
Wann haben Sie Sprechstunde?
When are your consulting hours?
Welcher Notarzt hat denn gerade Dienst?
Which doctor is on call at the moment?
Haben Sie einen Termin?
Do you have an appointment?
Ich brauche einen Krankenschein von Ihnen
I need a health insurance certificate from you
Wie heißt Ihre Krankenkasse?
What´s the name of your health insurance?
Es handelt sich um einen Notfall
It´s an emergency
Gehen Sie doch bitte ins Wartezimmer
Please go to the waiting room
Ich fühle mich nicht wohl
I don´t feel well
Ich glaube, ich bin krank
I think I´m sick

Ich habe starken Durchfall
I´ve got a bad diarrhoea
Ich habe Verstopfung
I´m constipated
Mir macht mein Magen zu schaffen
My stomach gives me a hard time
Hätten Sie ein Medikament gegen meine Herzschmerzen?
Would you have some medicine for my sore throat
Ich brauche ein Mittel gegen meine Kopfschmerzen
I need something for my headache
Könnten Sie mir etwas gegen meine Menstruationsschmerzen geben?
Could you give me something for my period pain?
Ich leide unter Schlaflosigkeit
I´m suffering from sleeplessness
Könnten Sie ein gutes Medikament gegen Seekrankheit verschreiben?
Could you prescribe a good medication against sea-sickness?
Ich fühle mich unentwegt matt
I constantly feel exhausted
Ich hatte einen Ohnmachtsanfall
I had a fainting fit
Ich bin erkältet
I caught a cold
Ich habe etwas Fieber
I´ve got a temperature
Ich muss ständig husten
I have to cough constantly
Meine Nase läuft unentwegt
My nose is running all the time
Ich habe schon den ganzen Tag Schüttelfrost
I´ve had a shivering fit all day long
Mein Hals schmerzt, wenn ich schlucke
My throat aches when I swallow
Ich habe fürchterliche Zahnschmerzen
I´ve got terrible tooth ache
Meine Ohren tun mir weh
My ears hurt
Was können Sie gegen meine Gliederschmerzen tun?
What can you do for the pains in my arms and legs?
Ich brauche etwas für meinen Sonnenbrand
I need something for my sunburn
Er hat wahrscheinlich einen Sonnenstich
He´s probably got a sunstroke

Ich habe mich verbrannt
I burnt myself

Ist das eine schlimme Vergiftung?
Is it a serious poisoning?

Die Wunde hat sich weiter entzündet
The wound has continued to become inflamed

Was kann ich gegen die Infektion tun?
What can I do against the infection?

Ich bin gegen Pollen/gegen Tierhaar allergisch
I´m allergic to pollen/animal hair

Hier habe ich eine Schwellung
I´ve got a swollen spot here

Vermutlich ist es ein Hexenschuss
It´s possibly lumbago

Ich kann das Bein nicht mehr bewegen
I can´t move the leg any more

Der Arm ist wahrscheinlich gebrochen
The arm is probably broken

Ich habe mir den Fuß verstaucht
I sprained my ankle

Der Knöchel ist verrenkt
The ankle is wrenched

Ich habe mir das Bein gebrochen
I broke my leg

Ich habe mir das Kniegelenk ausgerenkt
I dislocated my knee joint

Ich habe eine Allergie gegen Penicillin
I´m allergic to penicillin

Ich reagiere allergisch auf Insektenstiche
I have an allergic reation to insect bites

Ich bin schwanger
I´m pregnant

Ich wurde von einer Wespe gestochen
I was bitten by a wasp

Ich bin von einem Hund gebissen worden
I was bitten by a dog

Ich möchte lieber Tabletten nehmen
I prefer tabletts

Haben Sie Tropfen für meine Augen?
Do you have drops for my eyes?

Ich brauche eine Salbe für meinen Sonnenbrand
I need an ointment for my sunburn

Könnten Sie mir den Verband wechseln?
Could you change my bandage?

Ich brauche hierfür eine Binde
I need a bandage for that

Könnten Sie mir ein Heftpflaster geben?
Could you give me a (sticking) plaster?

Wo bekomme ich ein Fieberthermometer her?
Where can I get a fever thermometer from?

Was für Krücken benötige ich?
What kind of walking stick will I need?

Sie sollten sich von einem Arzt untersuchen lassen
You should be examined by a doctor

Sie müssen sich diese Wunde verbinden lassen
You need to get that wound bandaged

Das Bein muss geröntgt werden
We have to x-ray the leg

Das muss leider operiert werden
Unfortunately, it has to be operated

Ich werde Ihnen eine Spritze geben
I´ll give you an injection

Kommen Sie nach zwei Tagen, um den Verband zu wechseln
Come again in two days to change the bandage

Sie müssen den Gips drei Wochen tragen
You have to wear the plaster for three weeks

Sie werden narkotisiert
You´ll be anaesthetized

Ich werde Ihnen ein Schmerzmittel verschreiben
I´ll prescribe you a painkiller

Nehmen Sie dieses Beruhigungsmittel
Take this tranquilizer

Dieses Medikament bekommen Sie in jeder Apotheke
You´ll get this medicine in any pharmacy

Machen Sie sich bitte frei!
Take off your clothes, please

Tut es Ihnen hier weh?
Does it hurt here?

Seit wann fühlen Sie sich nicht wohl?
Since when have you not been feeling well?

Wie lange haben Sie schon diese Schmerzen?
How long have you been having those pains?

Zeigen Sie mir, wo es ihnen weh tut
Please show me where it hurts!

Ich werde Sie in ein Krankenhaus überweisen
I will refer you to a hospital

Dafür müssen Sie eine Spezialklinik aufsuchen
  You have to go to a specialist hospital
Das muss sich mal ein Facharzt ansehen
  This has to be examined by a (medical) specialist
Die nächsten Tage dürfen Sie keine Anstrengungen unternehmen
  You mustn´t undertake any efforts during the next days
Vorerst müssen Sie im Bett bleiben
  For the time being you have to stay in bed
Sie werden Diät halten müssen
  You will have to keep to a diet
Ich würde Ihnen raten, nicht mehr zu rauchen und zu trinken
  I recommend to stop smoking and drinking
Es ist keine ernste Krankheit
  It´s not a serious disease
Die Heilung verläuft gut
  It´s healing up well
Diese Tabletten nehmen Sie drei mal täglich nach/vor den Mahlzeiten
  Take those pills three times a day after/before eating
Sie müssen 20 Tropfen von dieser Lösung jeweils morgens und abends einnehmen
  You have to take 20 drops of this solution in the morning and in the evening
Die Verletzung ist zum Glück nicht schwerwiegend
  Fortunately, it´s not a serious disease
Ich hatte einen Unfall
  I had an accident
Der Wagen ist liegengeblieben
  The car broke down
Ich brauche einen Abschleppdienst für meinen Wagen
  I need a breakdown service for my car
Gibt es hier in der Nähe eine Werkstatt?
  Is there a garage nearby?
Wo ist hier die nächste Notrufsäule?
  Where is the next emergency telephone?
Holen Sie bitte die Polizei!
  Please call the police!
Man muss einen Notarzt rufen!
  We need to call an emergency ambulance!
Ein Krankenwagen muss her!
  We need an ambulance!

Rufen Sie sofort die Feuerwehr!
  Call the fire brigade immediately!
Wieviele Verletzte gibt es?
  How many injured persons are there?
Vorsicht, das könnte gleich in die Luft gehen!
  Be careful, it might explode at any time!

Diebstahl und andere Unannehmlichkeiten

Mein Auto ist versichert
  My car is insured
Ich habe eine Reisegepäckversicherung
  I´ve got a baggage insurance
Ich würde Sie bitten, mein Zeuge zu sein
  I´d like to ask you to be my witness
Mir wurden meine Sachen gestohlen
  My belongings have been stolen
Halten Sie den Dieb!
  Stop the thief!
Wo finde ich hier die nächste Polizeistation?
  Where is the next police station, please?
Schicken Sie bitte einen Polizisten hierher!
  Please send a policeman over here
Wie komme ich zur Deutschen Botschaft?
  How can I find the German embassy?
Ich möchte zum Deutschen Konsulat
  I´m looking for the German consulate
Mir sind alle meine Papiere gestohlen worden
  All my papers have been stolen
Ich habe meinen Personalausweis verloren
  I lost my identity card
Ich kann meinen Reisepass nicht mehr finden
  I can´t find my passport any more
In der gestohlenen Tasche war auch mein Führerschein
  The stolen bag also contained my driving licence
Meine Reiseschecks wurden mir gestohlen, ich brauche Ersatz
  My traveller´s cheques have been stolen. I need a replacement
Unser Auto ist verschwunden
  Our car has disappeared
Man hat uns unser ganzes Geld gestohlen
  All our money has been stolen

Der Schmuck meiner Frau wurde gestohlen
My wife´s jewelry has been stolen
Sie haben uns die ganze Fotoausrüstung gestohlen
They stole our complete camera equipment
Man riss mir den Fotoapparat auf offener Straße aus der Hand
Someone snatched my camera out of my hand in broad daylight
Meine Videokamera ist nicht mehr da
My video camera isn´t here any more
In dem Gepäck waren nur Kleider drin
There were only clothes in the luggage
Das Gepäck war nur einen Augenblick lang unbeaufsichtigt
The luggage wasn´t supervised for one moment only
Man hat mir die Brieftasche gestohlen
My wallet has been stolen
Einer meiner Koffer ist verschwunden
One of my suitcases has disappeared
Ein Rucksack dieser Größe wurde mir gestohlen
I had a backpack of this size stolen
Man hat mich belästigt
I was harassed
Diese/r Frau/Mann hat mich bedroht
This woman/man threatened me
Ich werde erpresst
I´m being blackmailed
Ich wurde verprügelt
I was beaten up
Ich möchte wegen des Diebstahles Anzeige erstatten
I want to report the theft to the police
Wo kann ich diesen Raub zur Anzeige bringen?
Where can I report this robbery?
Hat eine Anzeige wegen Körperverletzung Aussicht auf Erfolg?
Are there any chances of succeeding by reporting a physical injury to the police?
Wo bekomme ich einen Anwalt?
Where can I find a lawyer?
Ich will einen Dolmetscher
I´d like to have an interpreter
Ich brauche Ersatzpapiere
I need substitute papers
Ich habe zwei Zeugen
I´ve got two witnesses
Was für Beweise haben Sie?
What evidence do you have?

Ich habe einen Verdacht
I have a suspicion
Ich bin versichert
I´m insured
Die Versicherung wird sich um alles kümmern
The insurance company will take care of everything

Uhrzeit, Tageszeit, Jahreszeit und Datum

Wie spät ist es?
What time is it?
Es ist vier Uhr
It is four o´clock
Es ist kurz nach zwei
It´s just after two o´clock
Wir treffen uns um fünf nach zwei
We´ll meet at five past two
Der Bus fährt um viertel nach
The bus leaves at a quarter past
Es ist jetzt viertel vor
It´s a quarter to now
Wir machen so um Mittag eine Pause
We´re having a break at noon
Mitternacht ist schon längst vorbei
It´s way past midnight
Seit sechs Uhr wartet er schon
He has been waiting since six o´clock
Von zehn bis fünfzehn Uhr machen wir eine Wanderung
We are going hiking from ten a.m. till three p.m.
Vor vier Uhr sind die nicht zurück
They won´t be back by four o´clock
Nach sieben Uhr gibt es Abendessen
Dinner is available after seven o´clock
Die Exkursion ist heute
The excursion is today
Das haben wir gestern schon gesehen
We already saw that yesterday
Wir bleiben noch bis übermorgen
We´ll stay untill the day after tomorrow
Das ist nur am Wochenende geöffnet
It´s only open on weekends
Morgens ist es noch recht kühl
It´s still quite cool in the morning
Wir werden das am Vormittag besichtigen
We´ll have a look at that in the morning
Vormittags sind wir immer im Bus unterwegs
In the morning we´re always on our way in the bus

Mittags ist die Hitze unerträglich
The heat is unbearable at noon
Nachmittags machen wir einen Stadt-bummel
In the afternoon we go for a stroll through town
Wohin können wir abends gehen?
Where can we go in the evening?
Wir können nachts nicht gut schlafen
We cannot sleep well during the night
Sie sind vor zehn Minuten aufgebrochen
They left ten minutes ago
Letzte Woche war das Wetter schlechter
Last week the weather was worse
Wir reisen nächste Woche ab
We are going to leave next week
Wir kommen in einem Monat
We are going to come in a month
Dann sehen wir uns in einem Jahr
We´ll see in a year
Es ist zu früh, um zu Abend zu essen
It´s too early for having dinner
Es ist zu spät für einen zweiten Rundgang
It´s too late for a second round
Montags ist das Museum geschlossen
The museum is closed on Mondays
Kommen Sie am Dienstag wieder
Come again on Tuesday
Wir werden am Mittwoch dahin gehen
We´ll go there on Wednesday
Das Gebiet wird am Donnerstag wieder geschlossen
The area will be closed again on Thursday
Wir reisen am Freitag schon ab
We are going to leave on Friday already
Am Samstag werden wir nicht mehr hier sein
We are not going to be here any more on Sunday
An Sonntagen ist der Eintritt frei
Admission is free on Sundays
Die Jugendherberge ist im Januar geschlossen
The youth hostel is closed in January
Im Februar wird das Museum renoviert
The museum is going to be renovated in February,

Wir sind für den ganzen März bereits ausgebucht
We´re fully booked in March
Den ganzen April hat es geregnet
It has rained all of April
Im Mai blüht die ganze Stadt
The whole city is blossoming in May
Vom wievielten Juni an werden Sie in der Stadt sein?
From when on will you be in town in June?
Wir werden den ganzen Juli über hier bleiben
We are going to stay all of July
Im August nehmen die Touristenzahlen schon wieder ab
In August, tourist numbers are already declining again
Ich will Ende Oktober kommen
I want to come at the end of October
Ist der November noch frei?
Do you still have vacancies in November?
Für den Dezember müssen Sie lange im Voraus buchen
You have to book long in advance for December
Der Sommer treibt die Einheimischen aus der Stadt
Summer drives the locals out of town
Nächsten Herbst werden wir wiederkommen
We are going to come back next autumn
Es muss hier im Dezember sehr schön sein
It must be very nice here in December
Welches Datum haben wir heute?
What´s the date today?
Es ist der 3. September
It´s September 3rd
Den wievielten haben wir heute?
What´s the date today?
Den 6. August
August 6th
Wann hast du Geburtstag?
When is your birthday?
Am 17. März
On March 17th

Deutsche Redensarten und Redewendungen

Im Folgenden finden sich rund 2500 deutsche Redensarten und Redewendungen mit ihren jeweiligen Übersetzungen, präsentiert in ganzen Sätzen, um den grammatikalischen Aufbau und die Verwendung zu verdeutlichen.

Frische ist bei Gemüse das A und O
It is essential that vegetables are fresh
Wer A sagt, muss auch B sagen
In for a penny, in for a pound
Ab und zu ist ein Wörterbuch recht nützlich
A dictionary comes in handy from time to time
Er musste für seinen Fehler Abbitte leisten
He had to apologize for his mistake
Der Lehrling hat sich bei der Arbeit nicht gerade einen abgebrochen
The apprentice didn't go to a lot of bother when he was working
Niemand wird sie jetzt noch davon abbringen
There's none who can keep her from (doing) it now
So eine kleine Panne wird ihrer guten Stimmung keinen Abbruch tun
A little hitch like that won't harm their good mood
Am Heiligen Abend traf sich die ganze Familie unterm Christbaum
On Christmas Eve the whole family met under the Christmas tree
Es gibt noch einige Schwierigkeiten, bis wir die Wohnung bekommen, aber es ist ja noch nicht aller Tage Abend
There will still be some difficulties before we get the flat, but it's early days yet
Was werdet ihr heute zu Abend essen?
What will you have for supper/dinner tonight?
Da gibt es wohl nichts mehr zu machen, dieser Zug dürfte endgültig abgefahren sein
There will probably be nothing left to do about it, we've missed the boat
Wir werden uns bei dieser Kälte ganz schön einen abfrieren
In this cold we're going to freeze to death
Mach'n Abgang, Alter, oder ich brech' dir sämtliche Knochen!
Piss off, mate, or I'll break your nose!
Er gab in dem Kostüm gar keine so schlechte Figur ab
In this dress he'll cut quite a good figure
Ich kann dieser Aufregung um das morgige Fußballspiel nichts abgewinnen
I can't see anything attractive in the fuss about that soccer match tomorrow
Zieh dich ruhig um, wir gucken dir schon nichts ab
Just get changed, I've seen it all before!
Gestern Abend in der Kneipe hat er ganz schön einen ab gehabt
Last night in the pub he got really pissed
Wie kannst du bloß so etwas machen? Du hast doch wirklich einen ab!
How can you? You must be crazy!
Mittlerweile ist mir jegliche Lust am Rad fahren abgegangen
I don't feel like cycling anymore at all
Seitdem er ihr von seiner Fußballleidenschaft erzählt hat, ist er bei ihr völlig abgemeldet
Since he has told her about his passion for soccer she has lost all interest in him
Bei dieser Hitze finden die neuen Bademoden reißende Abnahme
In this heat the new swimming suits will sell great
Wir haben zwei Tageszeitungen abonniert
We have a subscription for two newspapers
Die norwegischen Skispringer sind doch seit Jahren auf Sieg abonniert
The Norwegian ski-jumpers have always won for years now
Der Junge schlief so ruhig ein, als wäre er in Abrahams Schoß
The boy fell asleep as calmly as if he were in the bosom of Abraham
Die zusätzlichen Kosten können wir leider nicht in Abrechnung bringen
We regret to inform you that the additional costs can not be deducted

Der ebenfalls in der Nähe des Tatorts gefasste Mann stellt eine Beteiligung an der Tat in Abrede
The man who was seized near the scene of the crime as well is denying that he took part in the crime

Als er das schlechte Wetter draußen sah, drehte er sich auf dem Absatz um und ging zurück ins Haus
When he saw the bad weather outside he turned round and went back inside

Die ganze Abfahrt ging so schnell, dass er nur noch von seiner engsten Familie Abschied nehmen konnte
The departure took place so quickly that he could only say goodbye to his immediate family

In dem karierten Anzug siehst du ja wirklich zum Abschießen aus
With this checked suit you really look ridiculous

Wir müssen diesen Auftrag noch in dieser Woche zu einem Abschluss bringen
We have to have completed this order by the end of the week

Die ganze Angelegenheit wird wohl in der nächsten Zeit zu einem Abschluss kommen
The whole matter will probably come to an end in the near future

Das ist so ein großer Mist, da schnallst du einfach ab!
That's such rubbish, it's unbelievable!

Nach dem großen Streit mit ihrem Chef wird sie auf der Abschussliste stehen
After she has quarrelled with her boss she will probably be on his hit list

Warum sieht er es immer auf mich ab, wenn er schlechte Laune hat?
Why does he always have it in for me when he's in a bad temper?

Die junge Frau hatte es auf den jüngeren der beiden Männer abgesehen
The young woman had her eye on the younger of the two men

Ich glaube schon, dass ihr Verehrer ehrliche Absichten hat
I do think that your admirer has serious intentions

Er trägt sich mit der Absicht, sich ein neues Auto zu kaufen
He intends to buy a new car

Der hat mich doch mit Absicht gestoßen!
He pushed me on purpose!

Der Mann im Zelt da vorne hat sich die Reisekosten vom Munde abgespart
The man in the tent over there has scrimped and saved for this trip

Für ein so tolles Haus, würde ich mir jeden Bissen vom Munde absparen
For such a fantastic house I would scrimp and save

Sie ist sauer, weil eine Andere ihr den Freund abspenstig gemacht hat
She's mad because another girl has pinched her boyfriend

Am ersten Tag haben wir nichts von dem Ort gesehen. Wir waren so müde von der Reise, da hat sich nichts abgespielt
On the first day we didn't see anything of the town. We were so tired from the trip, there was nothing doing

Hier gibt es mit Abstand das beste Brot in der ganzen Stadt
Here you can buy by far the best bread in town

Nach dem Skandal nahmen die Veranstalter Abstand von einer weiteren Mitarbeit mit dem Künstler
After the scandal, the organizers refrained from further co-operation with the artist

Nach ihrer Pensionierung fühlte sie sich aufs Abstellgleis geschoben
After she had been pensioned off she felt like cast aside

Der Antrag der Opposition wird heute zur Abstimmung gelangen
The motion of the opposition will come to a vote today

Die kleine Lüge hatte ihm in ihrer Gunst noch keinen Abtrag getan
The little lie had not harmed her affection for him

Er wird sich mit seiner Antwort noch eine Weile Zeit lassen, da hilft nur abwarten und Tee trinken
He will take his time with the answer, so there's nothing to do but wait and see

Er hat schon immer die Abwechslung geliebt
He has always loved changes

Mit fünfzehn Jahren lief sie von zu Hause weg und kam auf Abwege
When she was fifteen she ran away from home and went astray

Auf der Feier gab es Bier bis zum Abwinken
At the party there was beer by the bucket-full

Könnte man diese relativ niedrigen Zusatzkosten nicht ganz in Abzug bringen?
Wasn't it possible to deduct these relatively low additonal costs completely?

Weil er sich mehr mit Musik als mit Lernen beschäftigt hatte, fiel er mit Ach und Krach durch die Prüfung
As he had spent more time with music than with learning he failed the test miserably

Mit viel Ach und Weh bezahlte er die Raten für das Auto ab
He paid the instalments but he screamed blue murder

Die Kinder haben ihren Vater kaum gesehen, da er immer auf Achse war
The children hardly ever saw their father because he was always on the road

Beide waren völlig ratlos und zuckten mit den Achseln
They were both completely helpless and shrugged

Du darfst diese Verletzung nicht auf die leichte Achsel nehmen
You must not take this injury lightly

Sie hatte aber auch alle gut gemeinten Ratschläge außer Acht gelassen
She had, however, also ignored all the well-meant pieces of advice

Nimm dich bloß in Acht vor der Maschine, so lange sie eingeschaltet ist
Just watch out for the machine as long as it is on

Als er dann einen Kunde beleidigte, schmiss man ihn achtkantig hinaus
When he insulted a customer he was thrown out like a shot

Alle Achtung, er kann sich gut zwischen den Rabauken behaupten
Good for him, he can hold his ground well among the rascals

Wenn sie nicht um elf zu Hause ist, kommt ihr Vater auf achtzig
If she is not home by 11 p.m., her father will be hopping mad

Pass bloß auf, der Chef ist heute schon auf achtzig
Just take care, the boss is already livid today

Tu doch, was er will, und bring den Mann nicht immer auf achtzig
Just do what he wants you to and don't keep making the man mad

Mein Onkel ist zwischen achtzig und scheintot
My uncle is now eighty and nearly dead

Mach dich sofort vom Acker oder du kriegst 'ne Menge Ärger
Piss off right now or you'll be in a lot of trouble

Alles, was ich sage, wird er ad absurdum führen
He will reduce anything I say to absurdity

Ich hoffe, ich kann heute noch diese Arbeit ad acta legen
I hope I can consider this work closed tonight

Er hat diese Tasche schon seit Adams Tagen
He has had this bag since the day dot

So wie du das erzählst, verstehe ich gar nichts, lass uns doch noch mal bei Adam und Eva anfangen
The way you tell the story I can't understand anything. Let's start right from the scratch

Deine Witze stammen wohl von Adam und Eva
These jokes seem to be out of the ark

Ich hatte alles zusammen gerechnet und nach Adam Riese gab das immer noch nicht 50 Mark
I had added everything and the way I learned it at school it still didn't make 50 Marks

Als ich nach Hause kam, lag er im Adamskostüm im Bett
When I came home he lay in bed as nature made him

An seinem Hof gab es nur die köstlichsten Feste - Adel verpflichtet eben!
At his court there were only exquisite banquets - noblesse oblige!

Der junge Mann hatte eine poetische Ader
The young man had a feeling for poetry

Es blieb keine Zeit zum Überlegen, wir mussten uns ad hoc entscheiden
There was no time for considering, we had to decide ad hoc

Die Aufzählung seiner Marotten ließe sich ad infinitum fortsetzen
The list of her quirks is endless

Gehen Sie doch bitte zu meinem Kollegen, damit Sie sich gleich an die richtige Adresse wenden
Please ask my colleague so that you come to the right place instantly

Wenn er glaubt, er könne faul herumsitzen, während ich die ganze Arbeit mache, ist er bei mir an die richtige Adresse geraten
If he thinks he can laze about while I'm doing all the work he is knocking at the wrong door

Mit solchen Ausreden bist du bei mir an der falschen Adresse
With this kind of excuses you're knocking at the wrong door

So einfach kannst du dich nicht aus der Affäre ziehen!
You can't get yourself out of it so easily!

Ich glaub', mich laust der Affe - wo kommen denn plötzlich die Fotos her?
Well I'll be blowed - where do all those photographs spring from?

Er sitzt in der Kneipe und hat mächtig einen Affen sitzen
He's sitting in the pub and is completely sloshed

Lass uns heute feiern und uns einen Affen antrinken
Let's have a party and get pissed

Er hat wirklich an seinen beiden Kindern einen Affen gefressen
He's crazy for his two children

Wenn sie kein anderes Thema mehr zum Unterhalten haben, fängt er damit an, seinem Affen Zucker zu geben
When they can't find anything more to talk about, he will start teasing her

Ihr denkt doch nicht, dass ich euch das glaube? Ich lass mich doch nicht von euch zum Affen halten
You don't think I believe this? I won't be fooled by you

Ich weiß nicht, was mit ihm los ist, er ist wie vom wilden Affen gebissen
I don't know what is going on with him, he must be out of his tiny mind

Is'ne Affenschande, was sie mit dem armen Hund gemacht haben!
It's a crying shame what they've done to the poor bloke!

Ich weiß nicht, wohin der so schnell wollte, aber er hatte einen Affenzahn drauf
I don't know where he was going so fast, but he went at breakneck speed

Er muss mit einem Affenzahn gegen die Mauer gefahren sein
He must have hit the wall at breakneck speed

Das ist doch nicht gefährlich, krieg nicht gleich das Aftersausen!
No, it's not dangerous, don't wet yourself!

Als ich die Buben da oben allein umherkriechen sah, hatte ich schon ziemliches Aftersausen
When I saw the boys climbing about up there alone my heart was in my mouth

Ach, du ahnst nicht, wer heute nachmittag ins Geschäft gekommen ist!
You'll never guess who came to the shop this afternoon!

Das sieht ihm ähnlich! Er hat den ganzen Kühlschrank leer gegessen!
That's just like him! He has eaten everything that has been in the fridge!

Wir hatten keine blasse Ahnung, worum es in dieser Diskussion ging
We had no idea what the discussion was about

Hast du eine Ahnung! Man verdient hier weitaus weniger als bei dir in der Firma
A fat lot you know about it! You earn a lot less here than in your firm

Viele Studenten im ersten Semester müssen sich an das akademische Viertel noch gewöhnen
A lot of first-year students still have to get used to the fact that lectures begin a quarter of an hour later than announced

Warum geht der blöde Fernseher heute schon wieder nicht? Das ist, um auf die Akazien zu klettern!
Why is that stupid TV out of order again today? That's enough to drive you round the bend!

Darauf kannst du dich verlassen, dass der Chef über diese Angelegenheit noch nicht die Akten geschlossen hat
You bet the boss hasn't dropped this matter yet

Ah, Erik, schon lange nicht mehr gesehen, wie stehen die Aktien?
Hey, Erik, it's been a long time since we met, how are things?

Seit er sich bei ihr entschuldigt hat, sind seine Aktien wieder gestiegen
Since he has apologized to her, his prospects have improved

Nach der Fehlentscheidung des Schiedsrichters traten bei den Fans die Tuten und Wurfgeschosse in Aktion
After the referee had decided something wrong the fans started to toot and throw things about

Diese harte Entscheidung sollte in dem bisher schlaffen ersten Viertel der Amtszeit Akzente setzen
This strict decision was supposed to emphasize the main points in the first quarter of his period of office that had been rather lax so far

Er malt à la Kokoschka
He is painting à la Kokoschka

Darin ist ein Mittag- und Abendessen à la carte inbegriffen
A lunch and a supper à la carte are included

Als sie erkannten, wie schlimm ihre Situation war, schlugen sie Alarm
When they realized how bad their situation was they gave alarm

Die Enttäuschung über den Zerfall des Sozialismus ertränkte der alte Geschichtslehrer im Alkohol
The old history teacher drowned his disappointment about the decay of socialism in alcohol

Der ahnunglose Tourist wurde zunächst unter Alkohol gesetzt und dann ausgeraubt
The unsuspecting tourist was set under the influence of alcohol and robbed

Nach Mitternacht standen wir alle unter Alkohol
After midnight we were all drunk

Alles in allem war das keine so schlechte Idee
All in all the idea had not been too bad

Ich kann mich doch nicht um alles und jedes kümmern!
I can't see to anything!

Alles, was recht ist, aber so kann das hier nicht mehr weiter gehen
Fair's fair, but it can't go on like that

Nachdem er laut »Feuer!« gerufen hatte, rannte alles, was Beine hatte, in Richtung Ausgang
After he had screamed 'Fire!' everyone who had legs ran to the exit

An diesem Abend kamen alle, die Rang und Namen hatten
On this evening everybody with a reputation was there

Ich kann dich wirklich nicht mehr verstehen, du musst sie nicht mehr alle beisammen haben!
I really cannot understand you anymore, you can t be all there anymore!

Es geht vor allem darum, alle Menschen sicher aus dem Gebäude zu bringen
Above all else it's important to get all the people safely out of the house

Wenn du bei dieser Sache versagst, machen meine Leute dich alle!
If you fail in this matter, my men are going to finish you off!

Über ihr wohnt ein Mann, der genauso wie sie allein stehend ist
Above her lives a man who is single just like her

Es war vorauszusehen, dass er mit seiner ungewöhnlichen Meinung völlig allein stehen würde
It was to be expected that he would be left alone with his extraordinary opinion

Ich glaube nicht, dass er von alleine auf diesen Einfall gekommen wäre
I don't believe he would have come up with this idea alone

Dass die dafür noch Geld verlangen, ist doch allerhand!
Charging money for this! That's the limit!

Im Allgemeinen geht es ihm in seinem Artikel um die soziale Gerechtigkeit
Generally he deals with social justice in his article

Allzuviel Sport ist aber auch ungesund!
You can have too much sport!

Alt und jung kommt jedes Jahr zu dem Schützenfest
Every year old and young come to the shooting match

Schon als er hier angefangen hat, habe ich mir gedacht, dass der hier nicht alt wird
Even when he began I thought that this wasn't his scene

Der neue Spieler lässt das Gegenteam ganz schön alt ausssehen
The new player really makes the opposing team look stupid

Dem Prinzip zufolge, aus alt mach neu, ließen wir nur neue Bezüge über das Sofa ziehen
According to the motto 'make do and mend' we only had new covers made on our sofa

Hat denn deine Alte Dame nichts dagegen, wenn du keinen Abend zu Hause bist?
Doesn't your old lady object to you never being at home in the evenings?

So lange ich noch zu Hause wohne, muss ich nach den Vorschriften meiner Alten Herrschaften leben
As long as I live at home I have to do what I'm told by my old man and my old lady

Ich brauche ein Geschenk für den Geburtstag meines Alten Herrn nächsten Donnerstag
I need a present for my old man's birthday next Thursday

Zu unserem Vereinsfest kamen wie immer auch viele der Alten Herren
As always, a lot of the old men attended the club party, too

Am Nachmittag ist die Mannschaft der Alten Herren dran
In the afternoon, it's the old men's turn

Alle fragen sich, wie lange es noch dauert, bis er seine Freundin endlich vor den Altar führt
Everybody would like to know how it will take until he will eventually lead his girlfriend to the altar

Ich habe damals alle meine Lebenspläne auf dem Altar der Liebe geopfert
Then I sacrificed all the plans for my life on the altar of love

Wenn ich sehe, wie mein Vater sich in dieses waghalsige Geschäft stürzt, kann ich nur sagen: Alter schützt vor Torheit nicht!
Seeing how my father gets excited over this daredevil business I can only say: there's no fool like an old fool

Sein Freund ist sein Alter Ego
His friend is his alter ego

Als ich sie nachmittags in ihrer kleinen Wohnung besuchte, kam ihr Alter Ego zum Vorschein
When I visited her in her little flat in the afternoon her alter ego appeared

Von alters her ist das Bleigießen zu Silvester bei uns Brauch
From time immemorial fortune telling by lead at New Year's Eve has been a custom here

Mein Vater hat schon zugestimmt, jetzt brauche ich nur noch das Amen von meiner Mutter
My father has already agreed, now the only thing I need is my mother's blessing

Eine Preissteigerung im nächsten Jahr ist so sicher, wie das Amen in der Kirche
You can bet your bottom dollar on a price rise next year

Der Mann ist zunächst in dem Einkaufszentrum Amok gelaufen und erschoss sich zuletzt selbst
At first the man run amok in the shopping centre and in the end he shot himself

Es wird schon noch die Richtige kommen, Amors Pfeil wird ihn schon noch treffen!
The right one is still to come, Cupid's arrow is going to hit him!

Ich glaube nicht, dass der alte Standesbeamte von damals noch in Amt und Würden ist
I don't think the old registrar of that time is still holding office

Der Bürgermeister waltet nun schon seit über 20 Jahren seines Amtes
The mayor has been carrying out his duties for more than 20 years now

Mein Vetter besuchte uns von Amts wegen, er wollte uns die Gerichtsladung übergeben
My cousin visited us because of his job, he wanted to hand us over the summons

Die Beamten im zweiten Stock reiten schon seit eh und je gern den Amtsschimmel
The civil servants on the second floor have always done everything by the book

Er erledigt an und für sich seine Arbeit sehr gut
He actually does his work very well

Sie haben die Sache an sich gut erkannt, aber in der Ausführung hapert es etwas
You have actually realized the facts very well, but you have a problem with carrying it out

Meine kleinen Nichten und Neffen sind wirklich zum Anbeißen
My little nieces and nephews sure are nice enough to eat

In Anbetracht der neuen Situation, müssen wir unsere Pläne ändern
Considering the new situation we have to change our plans
Ich bin an meine Pflichten als Mutter gebunden
I'm tied down by my duties as a mother
Ich weiß nicht, was sie so verärgert hat, aber sie war äußerst kurz angebunden
I don't know what she was so angry about for she was very abrupt
Während der zweiten Hälfte des Fußballspiels waren sie hauptsächlich damit beschäftigt, jetzt nichts anbrennen zu lassen
During the second half of the soccer match they mainly tried not to let a single goal in
Die Party war alles andere als langweilig
The party was anything but boring
Warum gehst du mit ihr ins Theater? Dass du Theaterstücke magst, kannst du einem Anderen erzählen
Why do you go to the theatre with her? You like stage plays? Who are you kidding?
Wir sprachen unter anderem auch über seine Schwester
Among other things we talked about his sister
Seine Mutter bekommt bei jeder Gelegenheit gleich einen Anfall
His mother throws a fit on every possible occasion
Damals fing er dann zu trinken an, das war der Anfang vom Ende
At that time he began to drink, and that was the beginning of the end
Weil sich mal wieder kein anderer traute, musste er wieder den Anfang machen
As once again nobody else had the guts, he had to make the first move again
Als eine halbe Stunde später Jochen kam, nahm die Feier ihren Anfang
When Jochen joined in half an hour later, the party began
Dann hörte ich die Geschichte zum zweiten Mal von Anfang bis Ende
Then I heard - for the second time - the story from start to finish
Das fängt ja gut an!
That's a good start!
Solche verleumderischen Zeitungen würde ich nicht mit der Kneifzange anfassen
I wouldn't go near such slandering newspapers
Sie kämpften um eine Politik zum Anfassen, die die Bürger an den Entscheidungen beteiligte
They fought for grassroots politics that let the citizens take part in decisions
Sie lässt ihren Kindern eine ausgesprochen gute Erziehung angedeihen
She provides her children with a very good upbringing
Die Kleider meines Bruders passten ihm wie angegossen
My brothers' clothes fit him like a glove
Der Präsident versuchte vergeblich, das vom Parlament beschlossene Gesetz aus den Angeln zu heben
The president tried in vain to lift the act the parliament had passed off its hinges
Sie verbanden das Angenehme mit dem Nützlichen und gingen jeden Abend nach getaner Arbeit einen trinken
They combined business with pleasure and went for a drink every night after they had done their work
Angesichts des bereits aufbrausenden Sturmes zog es ihn nur noch schnell nach Hause
In the face of the storm that was springing up he felt only drawn home
Im Angesicht der Tatsache, dass es nur noch so wenig Arbeit gab, wurden viele Angestellte entlassen
In the face of the fact that there was so little work left a lot of workers were dismissed
Dieser Journalist hat mit den Geiselnehmern von Angesicht zu Angesicht gesprochen
This reporter has talked to the hostage-takers face to face
Der neue Nachbarsjunge hatte es dem vierzehnjährigen Mädchen ganz schön angetan
The 14-year-old girl had fallen for the new boy next door
Die Preisrichter waren von der Kür der jungen Russin sehr angetan
The judges were completely taken with the free section of the young Russian woman
Wann wirst du endlich das neue Projekt in Angriff nehmen?
When are you eventually going to tackle the new project?

Er war ganz weiß im Gesicht, die Angst saß ihm im Nacken
He was all pale, fear was breathing down his neck
Als er den Polizisten um die Ecke biegen sah, bekam er es mit der Angst zu tun
When he saw the policeman turning round the corner he became anxious
Sie haben es nicht so gemeint, niemand will dir etwas anhaben
They didn't mean it, nobody wants to harm you
Da sie kein eigenes Auto haben und die Busverbindungen auf dem Land sehr schlecht sind, fahren leider viele noch immer per Anhalter.
As they don't have their own car and the bus connections are not sufficient in the country, a lot of young people unfortunately are still hitch-hiking
Ich könnte dir auf Anhieb mehrere Gründe dafür nennen
I could tell you several reasons for it right away
Die Vorschläge der Opposition finden in der Bevölkerung großen Anklang
The proposals of the opposition are well received by the people
Wir können nichts mehr tun, wir müssen es darauf ankommen lassen
There's nothing more to do for us, we just have to take our chances
Nimm diesen freien Tag zum Anlass, das Haus zu putzen!
Use this day off as an opportunity to clean the house!
Viele bestehen ihre Fahrprüfung erst im zweiten Anlauf
Many people pass the test for their driver's licence only at the second attempt
Eine Schlechtwetterfront aus Skandinavien ist im Anmarsch
A bad-weather front from Scandinavia is on the way
Ich war der Annahme, dass du das gewesen bist
I assumed it was you
Man muss ihm hoch anrechnen, dass er sich so sehr für sie eingesetzt hat
You have to think highly of him for lending her his support
Bei so einer schlechten wirtschaftlichen Lage ist Sparen angesagt
In such a bad economic state saving money is called for
Nach dieser Enttäuschung wollte sie sich einen Rausch ansaufen
After this disappointment she wanted to get plastered
Sie hatte nicht viel getrunken, sie war nur ein bisschen angesäuselt
She hadn't drunk much, she was just a little merry
Viele der Frauen dort kommen mit den hohen Lebenskosten nicht zurecht und müssen anschaffen gehen
Many of the women there can't cope with the high cost of living and have to go on the game
Allem Anschein nach kam er aus Bayern
To all appearances he came from Bavaria
Die Beiden gaben sich den Anschein, als ob sie erkältet wären
They both pretended to have a cold
Im Anschluss an den Kinobesuch gingen wir noch etwas trinken
After the movie we went for a drink
Nach meiner zweiten guten Arbeit war ich bei ihm gut angeschrieben
After my second good work I was in his good books
Sieh mal einer an, was der Peter für ein tolles Auto hat!
Well, I never! Look what a terrific car Peter has!
Plötzlich sind sie die besten Freunde! Das sehe sich mal einer an!
Suddenly they are as thick as thieves! Well I never!
Ob das Buch zu traurig ist oder nicht, ist Ansichtssache
It is a matter of opinion whether the book is too sad or not
Da er uns die ganze Reise spendierte, konnten wir keine großen Ansprüche an ihn stellen
As he paid for the whole journey we couldn't be too demanding
Die uneheliche Tochter erhob nun Anspruch auf ihren Erbteil
The illegitimate daughter now demanded her inheritance
Sie machten keinerlei Anstalten, sich einen neuen Platz zu suchen
They made no move to find a new seat
Wenn ein Problem ansteht, darf man es nicht anstehen lassen
You have to face problems you are faced with
Stell dich doch nicht so dämlich an!
Don't act so clumsily!

Mit seiner freizügigen Sprache hat er natürlich Anstoß bei den älteren Leuten erregt
Of course his permissive language has offended elderly people

Sein Vater nahm wie immer an seinen langen Haaren Anstoß
As always, his father felt offended by his long hair

An dem Erfolg hatte er den größten Anteil
He made the biggest contribution to the success

Er muss sich auf jeder Feier gleich einen antrinken
He always has to get himself drunk at once at parties

Sie drohte ihm, sich etwas anzutun, wenn er sie wegen dieser Frau verlassen würde
She threatened to kill herself if he left her for this woman

Der Festgenommene blieb den Polizisten keine Antwort schuldig
The arrested answered all the questions of the policemen

Keine Antwort ist auch eine Antwort
Your silence is answer enough

Das von uns entwickelte Medikament findet mittlerweile weltweit Anwendung
The medicine we have developed is now used worldwide

Alle standen wie angewurzelt da, niemand konnte sich bewegen
Everybody was standing rooted to the spot, nobody was able to move

Die Frau brachte den Diebstahl noch am selben Tag zur Anzeige
The woman reported the theft to the police at the very same day

Frauen wurden von ihm angezogen wie die Motten vom Licht
He is attracted to women like moths to a flame

Gestern hat Max den bereits verbeulten Wagen seines Vaters nun völlig zu Schrott gefahren - der Apfel fällt nicht weit vom Stamm
Yesterday Max completely smashed his father's car that had already been dented - like father like son

Er hat das verbeulte Auto für einen Appel und ein Ei verkauft
He sold the dented car for peanuts

Auch wenn es niemand tun will, irgendjemand muss in den sauren Apfel beißen
Even if nobody wants to do it - somebody has to swallow the bitter pill

Hier ist ihre Suppe, guten Appetit!
Here's your soup, enjoy your meal!

Hinter dir steht jemand. Hereingefallen - April, April!
There somebody behind you. April fool!

Wir dachten uns einen lustigen Streich aus, um ihn in den April zu schicken
We thought of a funny trick to make an April fool of him

Das Auto ist schon wieder kaputt, die in der Werkstatt haben wohl auch nur halbe Arbeit gemacht
The car is broken again - the people in the garage don't seem to work properly

Die Kirche gab ein neues Altarbild bei ihrer Partnergemeinde in Venezuela in Arbeit
The parish commissioned a new reredos from their twin community in Venezuela

Unsere Firma steht unter Zeitdruck, denn wir haben noch eine Kommode in Arbeit
Our firm is under pressure of time because we are working on a chest of drawers

Bei den Beziehungen zu Kuba liegt noch vieles im Argen
The relations to Cuba are still at sixes and sevens

Wenn sie diese verpfuschte Kommode sieht, wird sie sich schwarz ärgern
When she sees this ruined chest of drawers, she will drive herself to distraction

Die Familie meiner Mutter war arm wie eine Kirchenmaus
My mother's family was as poor as a church mouse

Wegen ihrer altmodischen Kleidung wurde sie von ihren Freundinnen immer wieder auf den Arm genommen
Because of her old-fashioned clothes her friends again and again pulled her leg

Der Großvater griff ihnen immer mal wieder mit kleineren Geldsummen unter die Arme
Their grandfather now and again helped them out with a little money

Der Gegenkandidat hatte aber noch einige Trümpfe im Ärmel
The opponent still had some trump cards up his sleeve

Die hohe Arbeitslosigkeit ist ein Armutszeugnis für die Regierung
The high unemployment rate proves the shortcoming of the government
Wenn er mal zu uns rüberkommt, schreit er nur rum, so ein Arsch mit Ohren aber auch!
Whenever he comes round to our house he just keeps shouting, that silly bugger
Die verlangen zwölf Mark für einen Anstecker - ich glaub' die haben den Arsch offen!
They charge 12 Marks for one badge - they must be out of their tiny minds!
Da wohnt niemand in seiner Nähe, das ist am Arsch der Welt
Nobody is living near him, that's in the back of beyond
Laß uns endlich ins Haus gehen, wir frieren uns hier den Arsch ab
Come on, let us in! We're freezing to death out here
Leck mich doch am Arsch, du Mistkerl!
Fuck off, you dirty bastard!
Seine Vorwürfe interessieren mich wenig, das geht mir alles am Arsch vorbei
I'm not interested in his accusations, I don't give a fuck about that
Er glaubt wohl, sich beim Chef beliebt zu machen, wenn er ihm so in den Arsch kriecht
He thinks he can get into the boss's good books by licking his arse
Man muss ihm in den Arsch treten, dann macht er schon was man will
You got to give him a kick up the arse, then he's gonna do what you want
Der Videorecorder ist endgültig im Arsch
The video recorder is definitely fucked up
Solche blöden Sprüche kannst du dir in den Arsch stecken!
You know where to stick your dumb talk!
Ihm gefiel die Art und Weise nicht, in der man ihn behandelt hat
He didn't like the way he way he was treated
Unser jüngster Sohn ist lieb und brav, er schlägt völlig aus der Art
Our youngest son is nice and good, he doesn't take after anyone in the family
Das Chili nach Art des Hauses ist sehr zu empfehlen
Our chili à la maison is highly recommendable
Der Kohleindustrie geht allmählich der Atem aus
The coal industry is running out of steam
Nach dem nächsten Termin können wir erst einmal Atem holen
After the next deadline we'll be able to get our breath back again
Ich bin gespannt, wer von den beiden Mannschaften den längeren Atem hat
I would like to know which of the two teams has more staying power
Europa hielt den Atem an, als auf dem Balkan die ersten Schüsse fielen
Europe held her breath when there were the first shots on the Balkans
Nach dem anstrengenden Wochenende müssen wir erst einmal wieder zu Atem kommen
After the exhausting weekend the first thing to do is to get our breath back
Sie kämpften bis zum letzten Atemzug
They fought until they died
Er beschimpfte sie, und im gleichen Atemzug schwor er ihr seine Liebe
He swore at her and in the same breath swore he loved her
Am nächsten Morgen fand sie ihn nicht mehr, er war auf und davon
The next morning, they didn't find him anymore, he was up and away
Die Kinder sprangen auf und nieder
The children jumped up and down
Der kleine Kerl kann es mit den Großen mühelos aufnehmen
The little guy is easily able to match the big one
Bei den Rabauken muss man aufpassen wie ein Schießhund
You have to watch these rascals like a hawk
Wenn der uns reinlegen will, muss er schon früher aufstehen
If he wants to play a trick on us, he has to do better than that
Heute bist du wohl mit dem linken Fuß aufgestanden?
You got out of bed on the wrong side this morning, didn't you?
Sie gaben gestern eine neue Kommode beim Schreiner in Auftrag
They ordered a new chest of drawers from the carpenter yesterday

So dick, wie der aufgetragen hat, ist die ganze Geschichte erlogen
As thick as he laid it on, the whole story must be a lie

Der junge Mann kam in das Herrenhaus und machte den jungen Damen seine Aufwartung
The young man visited the manor house and waited upon the young ladies

Als sie über ihn lachten, gingen ihm plötzlich die Augen auf und er begriff alles
When they laughed at him, it dawned on him and he understood everything

Als das Mädchen das schöne Ballkleid sah, gingen ihr die Augen über
When the girl saw the beautiful ball gown she started to cry

Nachdem das Kasperlespiel angefangen hatte, waren alle Kinder Auge und Ohr
After the Punch and Judy show had begun, all the children were all ears

Als am Ende des Films die Hauptdarstellerin starb, blieb im Kino kein Auge trocken
When the star died at the end of the film there wasn't a single dry eye in the place

Bei so einer komischen Clownsnummer blieb kein Auge trocken
The clown's performance was so funny that the audience couldn't help laughing

Man sollte die Partei so gründlich säubern, dass kein Auge trocken bleibt
The party must undergo a radical scrutiny

Den größten Teil unserer Schifffahrt über war, so weit das Auge reicht, nur Wasser zu sehen
For the most part of our journey the only thing to be seen was water, as far as the eye could see

Nachdem sie den halben Teller leergegessen hatte, bemerkte sie, dass die Augen wohl wieder größer waren als der Magen
After she had eaten half of what was on her plate she realized that her eye had again evidently been bigger than her stomach

Lesen sie diesen Bericht auch noch mal durch, denn vier Augen sehen mehr als zwei
Would you read the report as well? Four eyes can see more than two

Der wird ganz schön große Augen machen, wenn er mein neues Auto sieht
He will be quite wide-eyed when he sees my new car

Er machte Augen wie ein abgestochenes Kalb, als er bemerkte, dass sie auch dort war
His eyes were coming out on stalks when he noticed that she was there, too

Sie macht ihm schöne Augen, damit er sie mit auf seine Jacht nimmt
She is making eyes at him so that he takes her with him to his yacht

Die Elfjährige machte dem dreizehnjährigen Jungen verliebte Augen, während er sie gar nicht zu bemerken schien
The 11-year-old girl made eyes at the 13-year-old boy, but he didn't seem to notice at all

So ein schreckliches Jackett ist eine Beleidigung für das Auge
Such a horrible jacket is an insult to the eyes

Mach die Augen auf, wenn du diese gefährliche Kreuzung überquerst
Open your eyes when crossing these dangerous crossroads

Sie rissen die Augen auf, als der Mann sich vor das fahrende Auto warf
Their eyes nearly popped out of their heads when the man thrust himself in front of the moving car

Sie hielten Augen und Ohren offen, denn ein möglicher Verfolger müßte sofort bemerkt werden
They kept their eyes skinned because a possible pursuer would have to be noticed at once

Bei so einer gefährlichen Strecke heißt es Augen offenhalten
On such a dangerous road it's essential to keep one's eyes open

Nach vier Stunden schmerzlichen Hin- und Herwindens im Krankenlager schloss er die Augen
After four hours of agony he fell asleep

Es geht der Oppositionspartei darum, den Bürgern die Augen zu öffnen
The oppositional party intends to open the citizen's eyes

Der Wachtmeister sah die Reue des Verkehrssünders und drückte nochmal ein Augen zu
The police officer saw that the traffic offender was regretful and turned a blind eye

1318

Als der junge Praktikant die Akten zum Richter bringen sollte, hätte er gern ein Auge riskiert
When the young trainee was supposed to take the files to the judge he would have liked to have a peep

Wegen des Lärms haben wir letzte Nacht kein Auge zugetan
Because of the racket we didn't sleep a wink last night

Nach der anstrengenden Nacht muss ich dringend ein Auge voll Schlaf nehmen
After the exhausting night I urgently need a nap

Man musste gut aufpassen, denn der Chef hatte seine Augen überall
You really had to be careful because the boss had eyes in the back of his head

Ich habe dich nicht bemerkt, da ich nun mal hinten keine Augen habe
I didn't notice you - after all I don't have eyes in the back of my head

Ich weiß doch, was sie füreinander empfinden, ich habe doch Augen im Kopf
I know their feelings for each other - I can use my eyes

Sie müssen bremsen - das ist ein Fußgängerüberweg - oder haben Sie keine Augen im Kopf!
You have to stop, this is a pedestrian crossing - use your eyes!

Es ist wirklich unglaublich, wie gut er sehen kann, er hat Augen wie ein Luchs
It is really unbelievable how good he can see - he's got eyes like a hawk

Mensch, wo warst du denn? Ich habe mir schon die Augen aus dem Kopf geguckt!
Hey, where have you been? My eyes were popping out of my head

Die frisch verheiratete Frau weinte sich die Augen aus, als ihr Mann schon einen Tag später in den Krieg zog
The woman who had just been married cried her eyes out when her husband went to war on the very next day

Wenn ich diese Frau sehe, mit der mein Mann mich betrogen hat, könnte ich ihm die Augen auskratzen
Whenever I see this woman my husband had an affair with I feel like scratching her eyes out

Er beschloss umzuziehen und hatte schon ein Auge auf das leerstehende Haus nahe dem Stadtpark geworfen
He decided to move and already had his eye on the empty house near the park

Nach der Bescherung hatten die Kinder nur noch Augen für die neuen Spielsachen
After the Christmas presents were given out, the children only had eyes for the new toys

Wir haben unseren Vetter bei dem Autokauf mitgenommen, denn er hat ein Auge für so etwas
We took our cousin with us when we bought the new car because he has a good eye for that

Der Vater konnte kein Auge von seinem neugeborenen Kind lassen
The father couldn't turn his eyes away from his newly born child

Immer noch verschließen viele Leute die Augen vor den Problemen der Obdachlosen
Still a lot of people close their eyes to the problems of the homeless

Sie konnte ihren Augen nicht trauen, als er sich nach zwanzig Jahren wieder bei ihr meldete
She couldn't believe her eyes when he got in touch again after 20 years

Ihr neuer Verehrer liest ihr jeden Wunsch von den Augen ab
Her new admirer anticipates her every wish

Ich habe diese Arbeit nicht freiwillig übernommen, sie wurde mir vom Chef aufs Auge gedrückt
I didn't choose this work, the boss imposed it on me

Ich schreibe mir lieber gleich in meinen Terminkalender, dass ich dich anrufen muss - denn aus den Augen, aus dem Sinn
I rather put it down now in my notebook that I have to call you - out of sight, out of mind

Schafft mir bloß diesen Lügner aus den Augen! Ich kann ihn nicht mehr sehen!
Get this liar out of my sight! I can't stand seeing him anymore!

Seit er damals in einen anderen Stadtteil gezogen ist, haben wir uns aus den Augen verloren
Since he has moved in another quarter we have lost touch with each other

Er will sich bei ihm nicht entschuldigen, darum geht er ihm immer aus den Augen
He doesn't want to apologize to him, therefore he avoids him

Sie hatte aber in Wirklichkeit nur ihren Vorteil im Auge
She really only had her eye on her advantage

Wenn so ein lebendiges Kind draußen spielt, muss man es immer im Auge haben
When such a lively child is playing outside you always have to keep an eye on him/her

In ihren Augen ist die Schwester die Täterin
In her opinion the sister is the perpetrator

Seit seinem Namen dieser Titel anhaftete, war er in den Augen seiner Nachbarn um einiges gestiegen
Since this title was connected to his name he had risen quite a bit in his neighbours' opinion

Der Jäger stand dem Dammhirsch Auge in Auge gegenüber
The hunter stood face to face opposite the fallow deer

Der Farbunterschied der beiden Fotos fällt sofort ins Auge
The difference in colour on the photos hits you right in the face

Das tolle Auto stach seiner Frau schon lange ins Auge
The gorgeous car had long caught his wife's eye

Wir können eine Verminderung unserer Einnahmen nicht leugnen, wir müssen den Tatsachen ins Auge blicken
We cannot deny that our profit has decreased, we have to face the facts

Jeder Fallschirmspringer muss der Gefahr ins Auge blicken
Every parachutist has to face the danger

Wir werden diese Änderungsvorschläge ins Auge fassen
We are going to seriously consider these proposals for a change

Du solltest nicht mit schlechten Bremsen herumfahren, das kann leicht ins Auge gehen!
You shouldn't drive with bad brakes, that might easily go wrong

Seit unserem Streit kann er mir nicht mehr in die Augen sehen
Since our argument he can't look me in the eye anymore

Wir haben zwar das Spiel gewonnen, aber so viele Spieler wurden verletzt, dass man es mit einem lachenden und einem weinenden Auge betrachten muss
It's true we won the match, but so many players were injured that you have to look upon it with mixed feelings

Er ist ein moderner, aufgeschlossener Mensch, der mit offenen Augen durch die Welt geht
He is a modern, open-minded man who goes through life with open eyes

Es ist schon viel zu spät, beeil dich beim Essen und schlaf nicht mit offenen Augen!
It's far too late already, hurry up with your meal and don't daydream!

Bei dieser Konjunkturschwäche ist unser Geschäft ja noch mit einem blauen Auge davongekommen, wir hatten nur geringen Umsatzschwund
In this economic downturn our shop got away with a black eye, we had only a little drop in turnover

Wenn du ihn erst einmal kennenlernst, wirst du ihn mit ganz anderen Augen sehen
Once you get to know him you will see him in a different light

Um das zu glauben, muss man es wirklich mit eigenen Augen gesehen haben
To believe you must have seen it with your own eyes

Der Chef wollte den neuen Angestellten erst einmal unter vier Augen sprechen
The boss wanted to talk to the new empoyee in private at first

Er stahl ihnen das Brot unter ihren Augen
He stole the bread right under their eyes

Der wütende Mann schimpfte: »Der soll mir nur wieder unter die Augen kommen! Dann kann er was erleben«
The angry man grumbled: 'If he lets me catch sight of him again! Then he's going to be in for it!'

Der Dokumentarfilm führte das Leid der hungernden Menschen sehr anschaulich vor Augen
The documentary very vividly showed the pain of the hungry people

Er war fünfzehn Jahre lang verwirrt, aber kurz vor seinem Tod hatte er noch einen lichten Augenblick
He had been confused for 15 years, but shortly before his death he had one more lucid moment

Wir brauchen noch mehr so gute Ideen! Hast du nicht noch so einen lichten Augenblick?
We need more of these good ideas! Don't you have one more lucid moment like that?

Im Augenblick ist es unmöglich, etwas über die zukünftigen Verhältnisse in der Stadt vorauszusagen
At the moment it is impossible to predict anything about the future conditions of the town

Die Verkäuferin richtete nun ihr Augenmerk auf eine andere Kundin
The shop-assistant now turned her attention to another customer

Bevor sie allesamt einzogen, musste jeder noch die neue Wohnung in Augenschein nehmen
Before they all moved in, everyone had to have a close look at the flat

Beim alten Chef ist er doch ein und aus gegangen
He was always around the old boss's place

Als die Nachricht von Lottogewinn kam, wußten wir vor Freude weder ein noch aus
When we got the news about the Lotto win, we didn't know what to do in our joy

Der schöne Traum vom Gewinn war aus und vorbei
The sweet dream of winning was over and done with

Der Ältere macht immer die schlimmen Sachen, und der Jüngere muss es immer ausbaden
The elder one always does the bad things, and the younger ones have to carry the can

Ich will keine weiteren Streitereien mehr hören, das möchte ich mir ausgebeten haben!
I should think that I won't hear any quarrels anymore!

Da kam seine tatsächliche Meinung über den neuen Bau zum Vorschein
Then his true opinion about the new building broke out

Der jüngste Sohn war ein Ausbund an Fröhlichkeit
The youngest son was cheerfulness itself

So eine verrückte Idee will keiner hören! Da musst du dir schon was anderes ausdenken
Nobody wants to hear a crazy idea like this! You'll have to think of something else

Die Folgen eines atomaren Krieges wären gar nicht auszudenken
The consequences of an atomic war are inconceivable

Dieses Buch ist so nervenaufreibend, spannend ist da gar kein Ausdruck mehr!
This book is so thrilling, exciting is not the word for it!

Seit das Kind aus dem Ferienlager gekommen war, gebrauchte es vielleicht Ausdrücke!
Since the child had come back from the holiday camp he/she often used the wrong word

Die Beraterin gab ein letztes Mal vor Fertigstellung des Projektes ihrer Ansicht Ausdruck
The counsellor expressed her opinion for the last time before the project was completed

Seine Sensibilität kommt nicht nur in seinen Gedichten, sondern auch in seinen Prosawerken zum Ausdruck
His sensitivity is expressed not only in his poems, but also in his prose works

Wenn er wütend wird, vergreift er sich schon mal im Ausdruck
When he gets angry he tends to use the wrong word

Der Film wollte etwas anderes zum Ausdruck bringen, als es das Buch getan hatte
The film was supposed to express something else than the book

In seiner stotternden Sprache kam große Angst zum Ausdruck
In his stuttering his great fear was expressed

Der Mann beauftragte einen Privatdetektiv, um den Aufenthaltsorte seines Feindes ausfindig zu machen
The man instructed a private detective to find out the whereabouts of his enemy

Anstatt uns klar zu sagen, was er beabsichtigte, machte er nur Ausflüchte
Instead of telling us clearly what he intended to do, he only made excuses

Was hat der Bengel jetzt schon wieder ausgefressen?
What's the lad gone and done now?

Sie sparten ihr ganzes Leben fleißig, um dann im Alter ausgesorgt zu haben
They have saved up all their life in order to have no more money worries when they are old

Wenn der Onkel zu Besuch kommt, halten die Kinder ab dem frühen Morgen Ausguck nach ihm
Whenever the uncle comes around, the children look out for him from the early morning on

Warum schmeißt du die guten Sachen weg? Ich glaube, bei dir hackt es aus!
Why do you throw away the good things? I think you've gone mad!

Es ist nicht zum Aushalten, wieviel Pfeffer er in das Essen tut
It's unbearable how much pepper he puts in his meals

Der merkwürdige alte Mann kam nur mit seiner Enkelin gut aus
The strange old man got along well with his granddaughter only

Ich habe heute herausgefunden, was dem alten Radio fehlt, man lernt eben nie aus
Today I found out what is wrong with the old radio - you live and learn

Die Buchhändlerin sagte mir, das Buch würde erst gegen Ende dieses Jahres zur Auslieferung kommen
The bookseller told me the book would not be delivered before the end of this year

Er hat es ja so gewollt, jetzt muss er seinen Eigensinn selbst ausbaden
He wanted it this way, now he has to take the consequences

Macht es Ihnen etwas aus, wenn ich das Fenster öffne?
Do you mind if I open the window?

Die beiden jungen Leute waren in die Stadt gekommen, um ihre reiche Tante auszunehmen
The two young people had come to the city to fleece their aunt

Der Staatsanwalt presste die Zeugen aus wie Zitronen
The public prosecutor squeezed the witnesses like lemons

Die Steuererhöhung wird die Bürger auspressen wie eine Zitrone
The tax rise will squeze the citizens like lemons

Wenn noch mehr geklaut wird, kann sich jeder ausrechnen, dass das neue Warenhaus nicht mehr lange bleibt
If even more things are stolen everybody will be able to work out that the new department store will not be open much longer

Nachdem fünf Uhr schon vorbei war, begann er nach seiner Familie Ausschau zu halten
Now that it was past five o'clock he started to look out for his family

Seitdem sie uns bei der Rauferei erwischt hat, haben wir bei ihr ausgeschissen
After she caught us in the fight she's through with us

Die bessere Ausrüstung der Kieler brachte den Ausschlag für den Gewinn
The better equipment of the Kiel team was decisive for the winning

Die Gerichtsverhandlung wird zum Schutz der Kinder unter Ausschluss der Öffentlichkeit stattfinden
The trial will be closed to the public to protect the children

Seitdem sie das Gebäude gestrichen haben, sieht es nach nichts mehr aus
Since the building has been painted it doesn't look anything special anymore

Wie siehst du denn aus!
Just look at you!

Du siehst aber gut aus, wie das blühende Leben
You're looking good, the very picture of health

Die Wohnung sah immer wie geleckt aus
The flat was always spick and span

Der neue Chef sah immer wie geleckt aus
The new boss is always spruced up

Bist du krank? Du siehst wie eine lebendige Leiche aus!
Are you ill? You look like a ghost!

Er sieht so aus, als könne er nicht bis drei zählen, dabei ist er ein kluger Kopf
He looks as if he couldn't count to three, but he's very quick-minded

Die Vereinsleitung denkt immer nur an die Anschaffung neuer Geräte, die Interessen der Mitglieder bleiben dabei außen vor
The club committe keeps thinking only about buying new devices, the interests of the members are excluded

Solche Kleinigkeiten haben wir außen vor gelassen
We excluded minor details of that kind

Als er die Ungerechtigkeit bemerkte, geriet er außer sich vor Wut
When he noticed the injustice he was beside himself with rage

Als ihm die bedrohliche Lage klar wurde, setzte es bei ihm aus
When he realized the dangerous situation he had a blackout

Er hat einen guten Arbeitsplatz in Aussicht
He can expect a good job

Die Firmenleitung stellte eine Prämie in Aussicht für die besten Mitarbeiter
The management promised a reward for the best employees

Dieses Jahr steht eine gute Ernte in Aussicht
This year a good harvest can be expected

Wegen seiner feuchten Aussprache saß niemand in der vordersten Reihe
Nobody wanted to sit in the first row due to his constant spitting

Sie kann ihren Bruder nicht ausstehen
She can't stand her brother

Ich hoffe, diese schreckliche Erkältung ist bald ausgestanden
I hope this horrible cold will soon be over

Mit diesen ungezogenen Kindern ist es zum Auswachsen!
These cheeky children are enough to drive you mad

Nach dem kurzen Urlaub war sie wie ausgewechselt
After the short holidays she was a different person

Der alte Gauner wollte mir eins auswischen
This old crook wanted to get one over on me

Ich hoffe, das Geld gelangt bald zur Auszahlung
I hope the money will soon be paid out

Der alte Mann machte dem blutjungen Mädchen Avancen
The old man made approaches to the very young girl

Die Axt im Hause erspart den den Zimmermann
Self-help is the best help

Der neue Bürgermeister wollte die Axt an die vielen Raubüberfälle legen
The mayor wanted to tear up the very roots of the many robberies

Heute benimmst du dich wieder wie die Axt im Walde
Today you're once again behaving like a boor

Fast jeden Abend saßen sie in der Kneipe und huldigten dem Bacchus
Almost every night they were in the pub and inbibed

Nach der letzten Besprechung war die Sache endgültig den Bach runter
After the last conference the matter was gone up the creek once and for all

Das Hotel in der Gartenstraße ist schon vor Jahren den Bach hinuntergegangen
The hotel in Gartenstraße has gone up the creek years ago

Trotz seiner vielen Fans genoss der Star das Bad in der Menge
In spite of the crowd of fans the star enjoyed the walkabout

Nach dem anstrengenden Tag nahm sie ein Bad
After the exhausting day she had a bath

Es ist unwahrscheinlich, dass das klappt, die Sache wird bestimmt schief gehen
It's unlikely that it will work, I bet it'll come a cropper

Du bist wohl als Kind zu heiß gebadet worden!
You seem to have been dropped on the head as a child!

Als ich die Geschichte hörte, war ich ganz baff
When I heard the story I was completely flabbergasted

Seine geniale Idee wird sich bestimmt Bahn brechen
His ingenious idea would be sure to force its way

Dieses tragische Unglück warf ihn aus der Bahn
This tragical disaster shattered him

Schon früh begannen seine Lehrer seine große Begabung in die richtige Bahn zu lenken
Early in his life his teachers began to channel his great talent properly

Wenn die sich über ihren Beruf unterhalten, verstehen wir nur Bahnhof
When they talk about their job, it's all Greek to us

Bei so großer Konkurrenz ist es schwer, immer am Ball zu bleiben
With so many competitors it's difficult to keep the ball

Wir hoffen, dass unsere Firma noch weiterhin am Ball bleiben wird
We are hoping that our firm will keep the ball in the future

Wenn du weiterhin so frech bist, kriegst du noch eine geballert!
If you keep on being so cheeky I'll sock you one!

Nach diesem Schreck hat er erst einmal einen geballert
After this fright the first thing he did was get himself drunk

Wenn ich meinen großen Bruder ärgerte, kriegte ich ein paar vor den Ballon
Whenever I teased my elder brother he socked me

Die Jäger befanden sich gerade auf der Balz
The hunters were hunting for birds in the mating season

Wir hatten alle mächtig Bammel vor dem strengen Lehrer
We were all immensely scared of the strict teacher

Es ist doch nichts passiert, alles Banane!
Hey, nothing's happened, everything OK!

Warum, warum ist die Banane krumm? Was fragst du so blöd!
Why, why is the banana bent? Don't ask silly questions!

Ich habe mit dieser Frau am laufenden Band Ärger
There's continuous trouble with this woman

Dass sie nicht mit ihm in den Urlaub fährt, spricht doch Bände
Her not going on holidays with him speaks volumes

Es herrscht so viel Konkurrenz, da muss jeder mit harten Bandagen kämpfen
There's so much competition that everyone has to fight with no holds barred

So ein guter Verteidiger ist für unseren Fußballverein doch eine Bank
With a defender like him in our team we're always on the safe side

Warum sollten wir eine Erweiterung unserer Firma noch länger auf die lange Bank schieben
Why should we put the expansion of our firm off?

Unsere Mannschaft besteht durch die Bank aus guten Spielern
Every single player in our team is good

Bei den hohen Einbußen dauert es nicht mehr lange, und wir gehen bankrott
With these huge losses it won't take long before we go bankrupt

Viele Geschäft machen in der letzten Zeit Bankrott
A lot of shops have been going bankrupt recently

Dieser Politiker war einer der Wenigen, die die Leute in ihren Bann ziehen konnten
The politician was one of the few who could fascinate people

In dem Laden nehmen sie keine Kreditkarten an, man bekommt nur gegen bar was
In the shop they don't accept credit cards, you only get something if you pay cash

Nach Ladenschluß brachte der Verkäufer seine Einnahmen in bar zur Bank
After the shop had closed the clerk took his proceeds in cash to the bank

Das glaube ich nicht, von dir lasse ich mir keinen Bären aufbinden!
I don't believe that, I won't let you have me on!

Auf deren Parties ist immer der Bär los!
Their parties are always the hype!

Wenn die uns weiterhin so betrügen, werden wir wohl auf die Barrikaden gehen müssen
If they keep on cheating, we will have to go up the barricades

Deine Witze haben immer so einen Bart!
Your jokes are always real oldies!

Ich schwöre es beim Barte des Propheten, das Auto ist noch wie neu!
The car's as good as new, I swear it on my mother's grave

Ich verstehe kein Wort! Was brummst du da in deinen Bart?
I don't understand a single word! What are you muttering in your boots?

Seine kleine Tochter weiß ihm ganz schön um den Bart zu gehen
His daughter really knows how to soft-soap him

Als wir diese unglaubliche Geschichte hörten, waren wir baß erstaunt
When we heard this unbelievable story we were uncommonly amazed

Diese Elektroniker sind wirklich vom Bau
These electricians really do know the ropes

Ich werde mich jetzt ausruhen, denn ein voller Bauch studiert nicht gern
I'm going to rest now because you can't study on a full stomach

Wir haben uns kaum den Bauch vor Lachen halten können
We split our sides laughing

Nur wenige Monate nach der Entbindung hatte sie schon wieder einen dicken Bauch
Just a few months after the birth she had a bun in the oven again

So ein modernes Gerät will er nicht - was der Bauer nicht kennt, frißt er nicht
He doesn't want such a modern device - you can't change the habits of a lifetime

Die dümmsten Bauern haben die größten Kartoffeln
Fortune favours fools

Lass das Baby erst einmal sein Bäuerchen machen
Let the baby do a burp first

Es war erschreckend einfach, mit diesen billigen Tricks auf Bauernfang zu gehen
It was alarmingly easy to play con tricks that simple way

So was hast du noch nicht gesehen! Da staunst du Bauklötzer, wie?
You haven't seen something like that yet? Now you're gaping, aren't you?

Es war unmöglich noch mehr von den Geräten zu verkaufen - die Bäume wachsen ja nicht in den Himmel
It was impossible to sell any more devices - all good things come to an end

Der alte Mann wird nicht ausziehen wollen - einen alten Baum soll man nicht verpflanzen
The old man is unlikely to agree to moving - you can't teach an old dog new tricks

Als er mit seiner Arbeit in der Redaktion begann, glaubte er Bäume ausreißen zu können
When he began to work as an editor he felt full of beans

So eine Niederlage - es ist, um auf die Bäume zu klettern
Such a disastrous defeat - that's enough to drive you mad

Die Ausstellung fand große Beachtung
The exhibition received a lot of attention

In Beantwortung ihrer Frage teilen wir ihnen mit, dass es noch zu keiner Entscheidung gekommen ist
In response to your question we inform you that no decision has been reached yet

Du siehst aber schlecht aus, hast du gestern wieder zu lange in den Becher geschaut?
You're looking really bad, did you have one over the eight again last night

Er ist immer darauf bedacht, bloß kein Aufsehen zu erregen
He is always very concerned about not causing a stir

Keinen von deinen Witzen mehr! Mein Bedarf ist gedeckt!
None of your jokes anymore! I've had enough!

Man hörte nicht ihre Meinung dazu, sie hat sich schon immer gern bedeckt gehalten
Her opinion was not heard, she had always tended to keep a low profile

Ich habe zehn Jahre lange mit ihm zusammengearbeit, ich bin bedient
I have cooperated with him for 10 years, I've had enough

Das ist nicht die Betriebsfeier? Ich bin wohl auf der falschen Beerdigung!
This is not the staff celebration, I've come to the wrong place then

Der treue Fähnrich antwortete dem Oberst: »Zu Befehl!«
The loyal sergeant answered the colonel: 'Yes, sir!'

In dieser kalten Gegend möchte ich nicht begraben sein
I wouldn't like to be stuck in that hole of a cold region

So soll das sein? Das begreife, wer will
So that's how it's supposed to be? I don't get it!

Häßler ist dir doch ein Begriff, oder?
The name Häßler means something to you, doesn't it?
Der Name dieser Firma war in der ganzen Region ein Begriff
The name of this company was known in the entire region
Als wir gerade im Begriff waren loszufahren, fing es an zu regnen
When we were just about to go, it started to rain
Dieser Mensch ist vielleicht langsam von Begriff
How can this man be so slow on the uptake?
Die Schlechtigkeit der Welt liegt in den schlechten Eigenschaften des Menschen begründet
The badness of this world has its roots in the evil qualities of man
Als Einzelkind war sie es immer gewohnt, wie ein rohes Ei behandelt zu werden
As an only child she was used to be handled with kid gloves
Sie unterhielt sich mit allen anderen und behandelte ihn wie Luft
She talked to all the others and treated him as if he wasn't there
Sein Vater behandelte ihn wie Dreck
His father treated him like dirt
Im Zuchthaus wurden sie behandelt wie ein Stück Vieh
In the prison they were treated like dirt
So viel Ärger ließ sie bald die Beherrschung verlieren
Such immense anger made her soon lose her temper
Was sprichst du da für einen Mist? Du bist wohl nicht ganz bei dir?
What kind of rubbish are you talking? You're not all there anymore, are you?
Wenn ich das so höre, glaube ich, dass er sie nicht alle beieinander hat
Hearing that, I really think he's not all there
Für dein Alter bist du sehr gut beieinander
Considering your age you are in great shape
Sie ist ziemlich gut beieinander
She's a little bit chubby
Seit ich das letzte Mal im Krankenhaus war, bin nicht mehr recht beieinander
Since I have been in the hospital recently I'm in quite a bad shape
Was erzählst du da? Du bist wohl nicht ganz beieinander?
What are you telling me now? You're not all there, are you?
Du verziehst ihn doch nur, indem du immer nur klein beigibst
You're only spoiling him if you always give in
Wir kannten uns beileibe nicht allzu gut
We certainly didn't know each other well
Pass bloß auf, dass deine schöne Uhr im Hotel keine Beine kriegt
In the hotel you better keep an eye on your watch, it might get stolen
In dieser langen Schlangen stehen wir uns schon seit 2 Stunden die Bein ab
In these long queues we've been standing about for 2 hours and we're fit to drop now
Du musst dir für so eine Stelle bestimmt kein Bein ausreißen
For this job you won't have to work too hard
Bitte erledige das für mich - du hast doch die jüngeren Beine
Would you please do that for me, you've got younger legs
Wenn die kleinen Diebe noch mal in den Garten kommen, mache ich ihnen Beine!
If those little thieves come into the garden once more I'll make them clear off
Mach schneller, sonst kommt der Chef noch rüber und macht uns Beine!
Hurry up, or the boss might come over and make us get a move on
Als ich flüchten wollte, stellte mir einer der Brüder ein Bein und ich fiel hin
When I tried to make my getaway one of the brothers tripped me up and I fell
Wenn du versuchst, in dieser Branche Karriere zu machen, gibt es viele, die dir ein Bein stellen
When you try to make it big in this trade there's a great many people who will try to trip you up
Lass uns nach dem Essen ein wenig die Beine vertreten
Let's go for a stroll after lunch
Gegen Alba Berlin kriegen die anderen Bundesligamannschaften kein Bein auf die Erde
Against Alba Berlin all the other teams in the National League don't stand a chance in hell

1326

Um den Bus noch zu kriegen, müssen wir jetzt aber die Beine in die Hand nehmen
We'll have to take to our heels if we want to catch that bus now
Als die Polizei auftauchte, nahmen sie die Beine in die Hand
When the police appeared they took to their heels
Weil wir zu spät waren, mussten wir uns die Beine aus dem Leib rennen
As we were late already we had to run like crazy
Unsere Kinder strecken immer noch die Beine unter unseren Tisch
Our children are still living at home
Wir haben noch die Rechnungen für die Zahnspangen am Bein
We've still got the bills for the brace on our backs
Sie haben ihm eine Menge Arbeit ans Bein gebunden
They loaded him with a lot of work
Das Geld, das ich auf ihn gewettet haben, kann ich mir wohl ans Bein binden
The money I bet on him I won't see again in a hurry
Ich bin so müde, ich war heute den ganzen Tag auf den Beinen
I'm so tired, I have been running around all day
Seine Argumentation steht auf sehr schwachen Beinen
His arguments were very unstable
Wegen meiner Grippe bin ich etwas schwach auf den Beinen
I'm still a bit weak due to my flu
Die Thesen, die er aufgestellt hat, sind noch schwach auf den Beinen
His statements are still a bit weak
Vor Müdigkeit konnte der Mann sich kaum noch auf den Beinen halten
The man was so tired he could hardly keep himself upright
Seine reiche Tante brachte die Firma schon wieder auf die Beine
His rich aunt got the company back on its feet
Er hat eine sehr gute Truppe auf die Beine gestellt
He put together a good team
Wir werden für unsere Demo schon viele Leute auf die Beine bringen
We'll mobilize quite a few people for our demo, you'll see
Um Mittag dort zu sein, müssen wir uns schon früh auf die Beine machen
We have to get going early if we want to be there by noon
Die Nachricht von den Erdbeben jagte uns einen großen Schrecken ein
The news of the earthquake left us all terrified
Der kranke Mann stand schon mit einem Bein im Grabe
The old man was with one foot in the grave already
Sie verspäteten sich und wir traten von einem Bein aufs andere
They were late and we shifted from one foot to the other
So eine kleine Panne ist doch kein Beinbruch
Such a little breakdown? It could be worse
Wie hast du dich denn angezogen? Du hast sie wohl nicht mehr alle beisammen?
What are you dressed up like? Have you lost your marbles?
Meine Mutter ist gut beisammen
My mother is a bit on the chubby side
Opa ist wirklich noch gut beisammen
My grandad is still in pretty good shape
Über so etwas spricht man nicht im Beisein der Kindern
Don't talk about such things in front of the kids
Sei nicht immer so frech - nimm dir ein Beispiel an deinem Bruder!
Don't be so cheeky! Take a leaf out of your brother's book
So ein toller Spieler ist bislang ohne Beispiel geblieben
A player like him hasn't found his equal yet
Eine Frau, wie zum Beispiel deine, ist doch nicht so leicht unterzukriegen
A woman like your wife doesn't let things get her down so easily
In seinem Heimatland ist er so bekannt wie ein bunter Hund
In his home country everybody knows him
Darf ich dich mit meiner Frau bekannt machen?
May I introduce you to my wife?
Mit dem Gefängnis hatte er schon einige Male Bekanntschaft machen dürfen
He had already come into contact with prison several times

Ich weiß nicht, wie es über mich gekommen ist ihn anzulügen
I don't know what has come over me to lie to him

Die Auswertung dieser Untersuchung war für mein Projekt von großem Belang
The evaluation of this experiment was very important for my project

Was sie belangt, ist der Fall schon abgeschlossen
As far as she is concerned the matter is over

Was er von ihrem Bruder erfuhr, belehrte ihn eines Besseren
What her brother told him taught him otherwise

Du kannst zu den Fotos Text hinzuschreiben, oder nicht, ganz nach deinem Belieben
You can add a text to the photos or not, that's up to you

Sie gab das Geld ganz nach Belieben aus
She spent the money any way she wanted

Wir versuchten, uns dem Hubschrauber durch Winken bemerkbar zu machen
We tried to draw the helicopter's attention to ourselves

Als wir den Kindern hinterherrannten, machte sich unser Alter schon bemerkbar
When we ran after the kids our age made itself felt

In dem vornehmen Restaurant benahm er sich wie ein Elefant im Porzellanladen
In the posh restaurant he behaved like a bull in a china shop

Der Firmenvorstand war schlecht beraten, als er dem Neubau zustimmte
The management was ill-advised when they agreed to the new building

Wenn der Berg nicht zum Propheten kommt, muss der Prophet zum Berg gehen
If the mountain won't come to Mahomet, Mahomet must go to the mountain

So eine feste Überzeugung kann schon Berge versetzen
Such a firm belief moves mountains

Die Bankräuber waren schon über alle Berge, als endlich die Polizei da war
The bank robbers were long gone when the police finally arrived

In ein paar Tagen wird die Patientin hoffentlich über den Berg sein
In a few days' time the patient will hopefully be out of the woods

Man hat die Sache zehn Jahre auf sich beruhen lassen, jetzt kommt sie wieder ins Gerede
The matter has been left at rest for 10 years, and now it's being talked about again

Der kleine Ort, in dem das Attentat stattfand, gelang so zu trauriger Berühmtheit
The little town where the assassment took place became notorious

Die Polizei wusste von der geplanten Entführung schon seit einer Woche Bescheid
The police had known about the planned kidnapping a week in advance

Die junge Ingenieurin weiß in der Anlage genau Bescheid
The young engineer is well informed about the plant

Sag ihm Bescheid, dass wir uns später treffen werden
Tell him we will meet later

Wenn die Nachbarin uns noch einmal so unverschämt anspricht, werde ich ihr mal Bescheid sagen
If our neighbour is so impertinent to us once again I'm going to tell her where to get off

Jetzt kennt jeder unseren geheimen Posten - da haben wir die Bescherung!
Now everybody knows our secret guards - this is a nice mess!

Der kleine Enkel hat die Oma ganz in Beschlag genommen
The little grandson has completely monopolized his granny

Nächstes Jahr heiraten wir, das ist beschlossene Sache
Next year we will marry, that's settled

Die Akustik dieser Halle spottet jeder Beschreibung
The acoustics of this hall simply defy description

Durch die Demonstrationen geriet die Regierung heftig unter Beschuss
Through these demos the government came under heavy fire

Ich fresse einen Besenstiel, wenn die Mannschaft dieses Jahr noch den Pokal gewinnt
I'll eat my hat if the team manages to win the cup this year

1328

Er wollte sie bei ihren Eltern anrufen, besann sich dann aber eines Besseren
He wanted to call his parents, but then he changed his mind
Die Rebellen hatten schon ein Drittel des Landes in Besitz genommen
The rebels had already taken over one third of the country
Die Idee, alle noch einmal wiederzutreffen, hatte von ihm Besitz ergriffen
The idea of seeing them all again had taken possession of his mind
Der Neffe setzte sich nach seinem Tod in den Besitz des Hofes
The nephew took hold of the farm after his death
Er brachte alle wertvollen Gegenstände in seinen Besitz
He seized possession of all the precious things
So kam sein ganzes Geld in unseren Besitz
This way all his money came into our possession
Er versichert, dass sie beim Verfassen des Testamentes im Besitz ihrer vollen Geisteskräfte war
He declares that when she wrote the testament she was in full possession of her mental powers
Mein Cousin interessierte sich aber im besonderen für Autos
My cousin was, however, especially interested in cars
Der Schläger hatte es dem schmächtigen Kerl ganz schön besorgt
The ruffian had fixed the frail bloke well up
Da seine Frau es ihm nicht mehr besorgte, suchte er sich selbst zu befriedigen
As his wife didn't have it off with him anymore, he turned to masturbation
Was macht deine bessere Hälfte?
What is your better half doing?
Dem alten Gauner gebe ich nicht die Hand, das wäre ja noch besser!
I won't shake the old crook's hand - that's too much!
Ich will nicht mit ihr reden, ich habe Besseres zu tun
I don't want to talk to her, I have better things to do
Gute Besserung!
I wish you a speedy recovery
Sie hat sich dann den Erstbesten genommen
Then she took the first one that came along
Sie versuchten mit den wenigen Mitteln das Beste daraus zu machen
They tried to make the most out of their few resources
Bei meiner Oma steht es mit der Gesundheit nicht zum besten
My grandmother's health is not too good
Er gab auf Betriebsfeiern gern mal einen zum besten
At company celebrations he often told jokes
Die beiden kleinen Gören wollten mich wohl zum Besten halten
The little misses seem to try and have me on
Die Probleme mit ihm lassen wir zunächst außer Betracht
We leave the problems with him unregarded for now
Wer könnte als neuer Vorsitzender in Betracht kommen?
Who could be considered new chairman?
Auf Betreiben der Staatsanwaltschaft kam der Prozess wieder in Gang
At the instigation of the district attorney the trial was taken up again
Der Aufzug ist wieder einmal außer Betrieb
The lift is once again out of order
Ist der Aufzug eigentlich wieder in Betrieb?
Do you know whether the lift is working again?
Nach der Operation musste der Präsident noch einige Tage das Bett hüten
After the operation the president had to stay in bed for several days
Sie hatten seit ihrer Eheschließung noch kein einziges Mal das Bett miteinander geteilt
Since they had married they had not once shared their bed
Er musste seine Frau, seit sie ans Bett gefesselt war, pflegen
He had to look after his wife while she was confined to her bed
Er ist schon mit ziemlich Vielen ins Bett gestiegen
He has already jumped into bed with many girls
Sie hat sich durch ihre Heirat mit dem reichen Mann ins gemachte Bett gelegt
By marrying a wealthy man she has everything handed to her on a plate

Wir waren so müde, dass wir sofort zu Bett gegangen sind
We were so tired that we went straight to bed

Seit die Familie die große Fabrik verloren hatte, hingen sie alle am Bettelstab
Since the family had lost the large factory they were all reduced to beggary

Dass die Landwirtschaft schwere Arbeit ist, hat er uns ja nicht geglaubt - wie man sich bettet, so liegt man
He never listened to us telling him that farming is hard work - as you make your bed so you must lie on it

Die Geiselnehmer waren bis an die Zähne bewaffnet
The hostage-takers were armed to the teeth

Mit dieser Geschichte hat es seine eigene Bewandtnis
There's a long story to this narrative

Kurz nach acht Uhr setzte sich unser Bus in Bewegung
Shortly past eight o'clock our bus started to move

Die Mechaniker setzten alles in Bewegung, um die Maschine wieder flugbereit zu machen
The mechanics moved heaven and earth in order to get the machine flying again

Dieses Mal ließ es der Richter noch bei einer Geldstrafe bewenden
This time the judge was content with a fine

Kurz nachdem er das Haus verlassen hatte, kam ihm zum Bewusstsein, dass er das Geld gar nicht gesehen hatte
Just after he had left the house he realized that he hadn't seen the money

Einen alten Ofen neu auszurüsten, macht sich nicht bezahlt
It doesn't pay off to re-equip an old oven

In Bezug auf unsere Untersuchung gibt es nicht viele neue Erkenntnisse
Concerning our test there's not much news

Wir müssen auf Biegen und Brechen bis Ende dieser Wochen damit fertig werden
We have to have it ready by the end of this week come hell or high water

Wie du dorthin kommst, interessiert mich nicht, das ist nicht mein Bier!
I'm not interested in how you get there, that's not my business

Wir probieren das zwei Tage aus und ziehen dann Bilanz
We try that for two days and then we take stock

Der vom Krieg zerstörte Wintersportort bot ein Bild des Jammers
The winter sport village that had been destroyed in the war was a picture of misery

Der schlafende Vater mit seinem schlafenden Kind war ein Bild für die Götter
The father and his child asleep were a sight for sore eyes

Sie fuhr in das Land, um sich vor Ort ein Bild vom Bürgerkrieg zu machen
She went to the country in order to get the idea of the civil war on the spot

Ich würde gern über das, was hier vorgefallen ist, im Bilde sein
I would really like to understand what has happened here

Der Direktor setzte sie über die Pläne ins Bild
The manager put her in the picture about the plans

Sie hatte zwei Kinder wie aus dem Bilderbuch
She had two picturesque children

Gegen Ende der Feier erschien auch noch mein Onkel auf der Bildfläche
Near the end of the celebration even my uncle appeared on the scene

Als wir ihn noch nach den Karten fragen wollten, war er von der Bildfläche verschwunden
When we wanted to ask him for the cards he had disappeared

Wo kommen die denn alle her? Du heiliger Bimbam!
Where are they all coming from? Hell's bells!

Als ich sein Gesicht sah, blieb mir der Bissen im Halse stecken
When I saw his face, what I ate stuck in my throat

Sie war so traurig, dass sie keinen Bissen anrühren wollte
She was so sad that she wouldn't eat a thing

Na bitte - es war der Vergaser!
There you are - it was the carburettor!

Als die Kinder das hörten, fing das große Bitten und Betteln an
When the children heard this, all that pleading and begging started

1330

Ich muss sie doch sehr bitten!
Well I must say!
Nun erzählen sie mir bitte, wie sich alles zugetragen hat, wenn ich bitten darf!
Now would you please tell me how it all happened if you don't mind
Gnädige Frau, darf ich bitten?
May I have the pleasure of the next dance, madam
Ich habe leider kein Geld mehr, ich bin völlig blank
Unfortunately I don't have any money left, I'm completely broke
Wenn er mich noch mal so unverschämt fragt, dann blase ich ihm etwas
If he asks me that impertinently one more time, I'll give him a piece of my mind
Ob die Verhandlungen noch weitergehen werden, das steht auf einem anderen Blatt
Whether the negotiations will go further on, is another story
Der schlechte Schüler hatte Angst, einen blauen Brief zu bekommen
The bad pupil was afraid of getting a letter from school
Der Betrüger hatte seinen Opfern das Blaue vom Himmel versprochen
The defrauder had promised his victims the moon
Da das Wetter so schön war, machten wir eine Fahrt ins Blaue
Since the weather was fine we made a trip to nowhere in particular
Die Müdigkeit lag wie Blei in den Gliedern der Wanderer
The whole bodies of the hikers ached with tiredness
Wenn Blicke töten könnten, wäre ich nach deinem Blick jetzt schon tot
If looks could kill I would be dead now
Die alte Frau im Dorf hatte mit ihrem bösen Blick schon viel Unheil angerichtet
The old woman in the village had done a lot of evil with her evil eye
In dem Klärwerk hatten die Schüler die Möglichkeit, einen Blick hinter die Kulissen der Abwasseraufbereitung zu werfen
In the sewage plant the pupils could take a look behind the scenes of the reprocessing of effluents
Die Mechanikerin warf nur einen Blick auf den Motor und wusste schon, was zu machen sei
The mechanic just threw a quick glance at the motor and already knew what to do
Er hatte einfach keinen Blick für die moderne Elektronik
He just didn't have a good eye for modern electronics
Seinen Widersacher würdigte er keines Blickes
He did not deign to look at his enemy
Sie erkannte auf den ersten Blick, um welche Störung es sich handelte
She knew at first glance what kind of breakdown it was
Auf den ersten Blick schien das Gerät ja völlig in Ordnung zu sein
At first glance the gadget did seem to be completely all right
Auf den zweiten Blick fragte man sich, wie der Wagen überhaupt noch fahren konnte
The second time you look at it you ask yourself how the car could still work at all
Ich habe ihn schon lange nicht mehr gesehen, er lässt sich gar nicht mehr blicken
I haven't seen him for a long time, he doesn't put in any appearances anymore
Ihre ungewöhnliche Haarfarbe und ihr Akzent ließen tief blicken
The extraordinary colour of her hair and her accent were very revealing
Als ich ihn geheiratet habe, musste ich doch mit Blindheit geschlagen gewesen sein
When I married him I must have been blind
Wir haben für die Feiertage das Haus blink und blank geputzt
For the holidays we have cleaned the house spick and span
Diese unheilvolle Nachricht schlug ein wie ein Blitz aus heiterem Himmel
This bad news came as a bombshell to everyone
Sie rannte schnell wie der Blitz, um die Post zu holen
She ran like lightning to get the mail
Er schwieg die ganze Zeit, um sich vor der Familie nicht die Blöße zu geben
He was silent all the time in order not to reveal his ignorance
Vielen Dank für die Blumen, ich weiß deine Beleidigungen zu schätzen!
Thank you very much, I'm enjoying your abuse!

Mit so einem schlechten Spiel lässt sich kein Blumentopf gewinnen
Such a bad match is nothing to write home about

Er wird sich schon um seine Eltern kümmern - Blut ist dicker als Wasser
He will take care of his parents - blood will out

Sie hat jemand geheiratet, der blaues Blut in den Adern hat
She married someone with blue blood in his veins

Reg' dich bloß nicht auf, immer ruhig Blut bewahren!
Don't get excited, keep your shirt on!

Der Mann dürfte in der Blüte seiner Jahre sein
The man will be in the prime of his life

Der neue Handwerker hat einen dicken Bock geschossen!
The new manual worker dropped a clanger!

Man kann ihm alles erzählen, er lässt sich so leicht ins Bockshorn jagen
You can tell a lot, he doesn't let himself get into a state

Mitte des Jahres wurde den Terroristen der Boden unter den Füßen zu heiß, und sie flohen über die Grenze
In the middle of the year things were getting too hot for the terrorists and they fled across the border

Er hat jetzt eine neue Anstellung und somit auch finanziell wieder Boden unter den Füßen
Now he has got a new job and that way he is secure again

Mit dem Darlehen versuchen wir wieder festen Boden unter den Füßen zu bekommen
By the loan we tried to become secure again

Durch ihre bessere Technik konnten die Schwimmerinnen wieder Boden gutmachen
By their superior technique the swimmers were able to catch up

Die großen Geschäften zogen den kleinen Läden den Boden unter den Füßen weg
The big shops cut ground from under the small stores' feet

Bei der schlechten Wirtschaftlage verlieren immer mehr Firmen den Boden unter den Füßen
In this bad economic situation more and more companies are losing their footing

In alternativen Kreisen fanden sie günstigen Boden für ihre Ideen
In alternative circles they found fertile ground for their ideas

Nach dieser schrecklichen Nachricht war er völlig am Boden zerstört
After he had received this terrible news he was completely shattered

Allein durch seine Arbeitsamkeit schaffte er es, seine kleine Fabrik aus dem Boden zu stampfen
Just by his industry he made it and conjured up a little factory out of nothing

Nach dieser peinlichen Geschichte wäre der Junge am liebsten in den Erdboden versunken
After this embarrassing affair the boy wished the ground would have swallowed him

Schon nach zehnminütigem Kampf ging der Herausforderer zu Boden
After no more than 10 minutes of the fight the challenger went down

Er hat mit seinen hohen Forderungen den Bogen etwas überspannt
With his many demands he has overstepped the mark

Der kleine Junge machte immer einen Bogen um große Hunde
The little boy always kept clear of big dogs

Nach seinen Betrügereien wurde er im hohen Bogen herausgeworfen
After his cheatings he was sent flying out

Ihnen kam es böhmisch vor, dass er so viel von ihren U-Booten verstand
It sounded a bit Irish to them that he knew their submarines so well

Das ganze Buch war für sie voller böhmischer Dörfer
The entire book was all Greek to them

Das ist schon gebongt, das machen wir so
Righto, we'll do it that way

Warum hilftst du uns nicht? Wir sitzen doch alle im gleichen Boot
Why aren't you giving us a hand? We're all in the same boat

Wir müssen alle unsere Bedenken über Bord werfen
We have to throw caution to the winds

Der sonst so nette Opa zeigte auf einmal seine Borsten und schimpfte
The grandad who used to be so nice suddenly showed his claws and grumbled

Seit jeher war er der böse Bube in der Schulklasse
He has always been the class bully

Da brat' mir doch einer einen Storch - die ist jetzt auch nicht mehr da?
I'll be damned - now she's gone, too!

Natürlich hatten die Eltern schon vorher den Braten gerochen und die Party verboten
Of course the parents had smelled a rat before and forbade the party

Sag worum es geht und rede nicht um den heißen Brei herum!
Tell me what you're after and don't beat about the bush

Sie konnte sich nicht bremsen und hat den ganzen Abend geredet
She couldn't stop herself and talked all night

Da bin ich, wo brennt's denn?
Here I am, what's the panic?

Sie spielt nicht mehr mit dem bissigen Hund - ein gebranntes Kind scheut das Feuer!
She doesn't play with the vicious dog - once bitten, twice shy!

Zum ersten Mal stand die Schauspielerin auf den Brettern, die die Welt bedeuten
The actress was on stage for the first time

Bei Sonnenschein im offenen Cabrio fahren - das bringt's voll!
Driving a convertible in the sunshine - that's one helluva time

Auf dem Bau zu arbeiten ist schon ein hartes Brot
Working on a building site is a hard way to earn one's money

Er verdient seine Brötchen mit Gelegenheitsarbeit
He does casual work for a living

Lass uns Brüderschaft trinken!
Let's agree to the familiar 'du'

Das kleine Mädchen brüllte vor Schmerz wie am Spieß
The little girl screamed blue murder

Nach dem langen Trinkgelage gestern habe ich einen Brummschädel
After the carousal last night I've got a thick head now

Wenn du ein Problem hast, komm sofort und nicht erst, wenn das Kind schon in den Brunnen gefallen ist
If you have a problem, come right away and don't lock the stable door after the horse has bolted

Ich werde mir diesen schlimmen Burschen mal zur Brust nehmen
I will have a serious talk with this fellow

Nach all dem Trubel werde ich mir einen zur Brust nehmen
After all that fuss I'll have a quick drink

Die Bibel ist das Buch der Bücher
The Bible is the Book of Books

Mein Bruder ist ein offenes Buch für mich
I can read my brother like a book

Die Astronomie ist für mich ein Buch mit sieben Siegeln
Astronomy is a closed book for me

Ich weiß nicht, wann er da war, wir führen über unsere Besuche nicht Buch
I don't know when he was here, we don't keep a record of our visitors

Setz dich jetzt endlich auf deine vier Buchstaben!
Now come on and sit yourself down!

Rutsch mir doch mal den Buckel runter mit dieser alten Sache
Go and take a running jump with that old story!

Am Wochenende sind meine Eltern verreist, da haben wir sturmfreie Bude!
At the weekend my parents are away - so there's open house at my place then!

Der Abschluss der Verträge wird heute Abend über die Bühne gehen
The contract will be completed tonight

Die Beiden schließen nächsten Monat den Bund fürs Leben
The two will take the marriage vows next month

Ich traue ihm nicht ganz, er hält da noch mit etwas hinterm Busch
I don't quite trust him, he's still keeping something to himself

Der Chef spürte, dass bei den Angestellten irgendetwas im Busch lag
The boss felt that the employees were keeping something quiet

Die Bankräuber landet einen großen Coup
The bank robbers pulled off a great coup

Sag ihm, dass es da und da stattfindet
Tell him it'll take place at what's-it's-name

Da und dort waren auch ältere Besucher zu sehen
Here and there elderly visitors were seen as well

In großen Städten gibt es immer noch zu viele Leute, die kein Dach überm Kopf haben
In the big cities there are still too many people having no roof over their heads

Wenn ich das nicht korrekt erledige, steigt er mir aufs Dach
If I don't work that out correctly he will get onto me

Unsere Großeltern leben mit uns unter einem Dach
Our grandparents are living under the same roof as we do

Du fährst zu schnell und lässt dich blitzen, aber du kannst nichts dafür!
You are driving too fast and you get caught breaking the speed limit - but it's not your fault!

Mein Vater hat sich bereits erholt, er ist jetzt wieder auf den Damm
My father has already recovered, he is now back to normal

Wenn er Ärger im Büro hat, lässt er den Dampf immer zu Hause ab
When he has trouble in the office he always lets off steam at home

Der Meister machte den Lehrlingen Dampf
The master made the apprentices get a move on

Nein, das stimmt nicht. Du bist da auf dem falschen Dampfer
No, that's not right. You've got the wrong idea here

Der übereifrige Angestellte bekam vom Chef einen Dämpfer
The overeager employee's spirits were damped by the boss

Er besucht uns dann und wann
He visits us now and then

Manchmal war ich nahe daran, ihn auszulachen
Sometimes I was on the verge of laughing about him

Du würdest gut daran tun abzunehmen
You would be well-advised if you lost weight

Sie war darüber hinaus noch eine gute Zuhörerin
Moreover she was a good listener

Was stehst du da wie der Ochs am Berg?
What are you standing there like a cow at a five-barred gate?

So eine harte Arbeit ist auf die Dauer nur schwer zu ertragen
Such hard work is hardly bearable in the long run

Sitz da nicht nutzlos rum und dreh Däumchen
Don't sit there uselessly twiddling your thumbs

Ihre neue Frisur sieht zum Davonlaufen aus
Her new haircut looks like shit

Ohne dein Dazutun wird sich daran auch nichts ändern
Without your doing, nothing will change

Was steht denn heute für ein Thema zur Debatte?
What is being discussed today?

Sie ist vor Wut an die Decke gegangen!
She hit the roof with rage

Er hat de facto nichts davon gewusst
He has de facto known nothing about it

Ich denke nicht daran, mich bei ihm zu entschuldigen!
Not on your life I'll apologize to him!

Er geht seiner Wochenendbeschäftigung nach, auf gut deutsch: Er schaut Fußball
He does what he always does at weekends, in plain English: he's watching soccer on TV

Was soll das? Du bist wohl nicht ganz dicht!
What's that supposed to be? You're crackers!

Sie sind eine vielköpfige Familie, die haben es nicht dicke
They're a big family, they're not too well off

Als Kinder gingen die Beiden durch dick und dünn
When they were children they went through thick and thin

Die da oben machen mit den Steuernzahler doch, was sie wollen
The powers do what they want to the tax payer, anyway

Niemand hat der schreienden Frau geholfen - das ist ein dickes Ding!
Nobody helped the screaming woman - that's a bit much!

Durch diese Jugendbande ist er dazu gekommen, krumme Dinger zu drehen
In this gang of youths he started to pull off pranks

Alles hatte geklappt, und die jungen Leute waren guter Dinge
Everything had gone well, and the young people were in good spirits

Ich werde heute nicht unverrichteter Dinge nach Hause gehen
I won't go home empty-handed today

Versuche von dem Geld Butter und Margarine zu kaufen, vor allen Dingen aber Butter
Try and buy butter and margarine with the money, above all butter

Gestern Abend machte die Polizei den Verbrecher dingfest
Last night the police arrested the criminal

Es macht Spaß mit ihm zu spielen, er ist gut auf Draht
It's good fun playing with him, he's on the ball

Die drei Wattwanderer mussten leider dran glauben
The three people wandering in the mud-flats had to buy it

Sie war drauf und dran, sie zu feuern
She was on the verge of firing her

Warum bist du heute so schlecht drauf?
Why are you in such a bad mood today?

Nachdem wir die Schränke neu gestrichen haben, sind wir aus dem größten Dreck heraus
Now that we have painted the cupboards we're past the worst

Mit seinen Machenschaften zieht er die ganze Familie durch den Dreck
With his machinations he's dragging the entire family through the mud

Diese Formel ist der Dreh- und Angelpunkt der ganzen Theorie
This formula is the crucial point of the entire theory

Bei so einer hohen Miete ist nichts mehr drin!
With such a high rent there's no hope for them

Die Mafia setzte den Politiker ganz schön unter Druck
The Mafia put immense pressure on the politicians

Mit allem Drum und Dran wird die Reise schon um die tausend Mark kosten
With all the bits and pieces the journey will probably cost about a thousand Marks

Alle konnten vor der Polizei davonrennen, nur er war wieder der Dumme
Everyone managed to run away from the police, only he was left behind again to carry the can

Bei der Suche nach dem Räuber tappt die Polizei noch im Dunkeln
Searching for the robber the police are still groping about in the dark

Nach zwei solchen Bemerkungen war er bei ihr unten durch
After two remarks of that kind she was finished with him

Die Terroristen haben ihn um die Ecke gebracht
The terrorists did away with him

Meine Mutter und Tante Helga kennen sich seit eh und je
My mother and Aunt Helga have known each other for ages

Sie leben schon seit vielen Jahren in wilder Ehe und haben auch Kinder
They've been living in sin for many years and have children, too

Sie waren schon lange nicht mehr hier - was verschafft mir die Ehre?
You haven't been here for a long time - to what do I owe the honour?

Alle seine Kollegen kamen zu seiner Beerdigung, um ihm die letzte Ehre zu erweisen
All his colleagues came to his funeral to pay their last respect to him

Er hatte alle ihre Briefe in Ehren gehalten
He had treasured all her letters

Die Hälfte der Stellen muss unbesetzt bleiben - das ist ja ein dickes Ei!
Half of the jobs have to remain vacant - bloody hell!

Für die Arbei sah ich immer wie aus dem Ei gepellt aus
At work he always looked spruce

Nach dem heftigen Regen waren seine Schuhe im Eimer
After the heavy rain his shoes were bust

Ich sage das ein für allemal: Dieser Mensch kommt mir nicht ins Haus!
Once and for all: this man won't step into my house!

Wir gingen früher in ein und dasselbe Gymnasium
We used to be in the same high school

Auf einmal tauchte meine Schwiegermutter auf
Suddenly my mother-in-law appeared on the scene

Ein einzelner Mensch kann nicht die ganze Arbeit auf einmal erledigen
A single man can't do all the work in one go

Wenn wir dieses Spiel auch noch verlieren, können wir für diese Saison einpacken
If we lose this match, too, we may as well pack it all in for this season

Wir können deine Vorschläge nicht mehr verwenden, ich hoffe du siehst das ein
We can't use your proposals anymore, I hope you understand that

Im Einvernehmen mit der Baubhörde wurde das Projekt abgesagt
In agreement with the building control office the project was cancelled

Seine Widersacher im Verein haben seine Pläne auf Eis gelegt
His opponents in the club have put his plans on ice

In diesem Alter gehört man doch noch nicht zum alten Eisen!
At this age you're not on the scrap heap yet!

Um hier Karriere zu machen, musst du deine Ellenbogen gebrauchen
If you want to make a career for yourself you have to be ruthless

Der Regen nimmt kein Ende!
There's no end to the rain!

Das lange Ausschlafen hat ab morgen ein Ende!
Sleeping late is over from tomorrow on

Nach der Flucht war er mit seinen Kräften am Ende
After the escape he was at his strength's end

Im Kreuzverhör wurde der Zeuge in die Enge getrieben
In the cross-examination the witness was driven into a corner

Sie hat meines Erachtens nichts mit der Sache zu tun
In my view she has got nothing to do with that

Wir werden uns für die nette Einladung erkenntlich zeigen
We will show our gratitude for the nice invitation

Wie können sie so eine Unverschämtheit erlauben?
How dare you be so impertinent!

Wegen des Unfalls kam der ganze Verkehr im Zentrum zum Erliegen
Because of the accident the entire traffic in the city centre came to a standstill

Der neue Zeuge trat ganz zum Schluss in Erscheinung
The new witness appeared at the very end

Ihr Vorschlag wird von uns in Erwägung gezogen
We are considering your proposal

Das ist bestimmt alles übertrieben - nichts wird so heiß gegessen, wie es gekocht wird
I believe it is all exaggerated - things are never as bad as they seem

Man wollte mit dieser Verurteilung ein Exempel statuieren
This verdict was to be a warning to others

Was wollte ich sagen? Jetzt habe ich den Faden verloren!
What am I to say? Now I've lost the thread

Nach dem Essen ließ der Rüpel einen fahren
After the meal that lout farted

Wenn es um sein Lieblingsthema ging, kam er so richtig in Fahrt
When his favourite topic is discussed he really gets going

Diese Sache muß auf jeden Fall heute klappen!
That must work today at any rate

Die Opposition sollte bei der Umweltpolitik endlich Farbe bekennen
The opposition should eventually also nail its colours to the mast in ecological policy

Fass dich bitte kurz, ich habe keine Zeit!
Be brief, I don't have time!
Er begann in der Sache auf eigene Faust zu ermitteln
He started to investigate the matter on his own
Zeit zum Aufstehen! Raus aus den Federn!
It's time to get up! Show a leg!
Deine Anschuldigungen sind völlig fehl am Platz!
Your accusations are completely out of place
Die ganze Debatte um die Steuern ist ein weites Feld
The whole discussion about taxes is a big subject
Sie weinte schnell. Sie hatte nicht so ein dickes Fell wie ihre Geschwister
She started to cry easily. She was not as thickskinned as her brothers and sisters
Wer sich nicht um seine Karriere kümmert, ist in diesem Beruf bald weg vom Fenster
Anyone who doesn't take care of his career will soon be out of the game
Ich will nichts mehr mit ihm zu tun haben - mit dem bin ich fertig!
I don't want to have anything to do with him anymore - I'm finished with him!
Meine Mutter ist mit dem Tod meines Vaters bis heute noch nicht fertig geworden
My mother has not coped with my father's death until now
Damit bist du ganz schön ins Fettnäpfchen getreten
You really dropped a clanger there!
Wenn der Chef aus dem Urlaub zurückkommt, werden hier die Fetzen fliegen
When the boss comes back from his holidays he will go mad
Nach dem spannenden Vortrag hatten die meisten Leute Feuer gefangen
After the exciting lecture most of the people had caught fire
Die Fallschirmspringer spielten beim letzten Fall mit dem Feuer
The parachutists were playing with fire in the last jump
Keine Sorge, es wird sich schon alles finden
Don't worry, everything will be alright
Ihr Bruder war ein ganz schön schlimmer Finger
Her brother was pretty naughty
Alle arbeiteten, während er nur herumsaß und keinen Finger krumm machte
Everbody was working while he sat around and didn't lift a finger
Es gab auch in diesem Betrieb Leute, die lange Finger machten
Even in this company there were light-fingered people
Die Schwester hatte wahrscheinlich auch ihre Finger im Spiel
The sister probably also had a hand in it
Keiner von den Mitgliedern wollte sich bei dieser Sache die Finger schmutzig machen
None of the members wanted to dirty their hands in this matter
Man kann ihm nicht glauben, er hat sich die ganze Sache bestimmt aus den Fingern gesaugt
You mustn't believe him, I bet he's conjured everything up
Nicht alle durften die Unterlagen in die Finger bekommen
It was never allowed that everybody could lay their hands on the documents
Der Ganove hoffte, ihn bald zwischen die Finger zu bekommen
The crook was hoping to get hold of him soon
Ich lese alle Reiseprospekte, die mir zwischen die Finger kommen
I read all the travel brochures I can get a hold of
Man fasste einige Drogendealer - aber alles nur kleine Fische
A drug dealer was arrested - but that's all child's play
Der baldige Weltuntergang ist eine fixe Idee von ihm
It's an idée fixe of his that the end of the world is near
Die Zeichnungen liegen fix und fertig auf dem Tisch
The drawings are completely finished and lying on the table
Wir warteten fix und fertig in der Halle auf das Taxi
We're all in and waiting for the taxi in the hall
Nach der anstrengenden Fahrt waren wir fix und fertig
After the exhausting trip we were worn out

Der torkelnde Mann hatte wohl zu tief in die Flasche geguckt
 The staggering man seemed to be drunk
Seitdem ihr Mann sie verlassen hatte, griff sie zur Flasche
 After her man had left her she took the bottle
Sie wollte das Auto vom Fleck weg kaufen
 She wanted to buy the car on the spot
Wir kamen mit den Verhandlungen nicht vom Fleck
 We didn't get any further in the negotiations
Wenn wir das auch noch erledigen, schlagen wir zwei Fliegen mit einer Klappe
 If we finish that off as well, we'll kill two birds with one stone
Schmeiß jetzt nicht gleich die Flinte ins Korn, das nächste Mal wird es bestimmt besser werden
 Don't throw in the sponge, next time it'll surely get better
Als die Rehe die Männer bemerkten, ergriffen sie die Flucht
 When the deers noticed the men they fled
Nach dem Fehlschlag riskierten sie eine neue Strategie und traten somit die Flucht nach vorne an
 After the failure they tried a new strategy and took the bull by the horns
Der Absatz der neuen Biersorte kam nur allmählich in Gang
 The sales of the new beer got going very slowly
Er musste den Anordnungen des Chefs Folge leisten
 He had to obey the orders of his boss
Erzähl schneller und spann uns nicht so auf die Folter
 Speak a little faster and don't keep us on tenterhooks
Alles ist vorbei, das ist gar keine Frage
 It's all over, there's no doubt about it
Die neue Erkenntnis stellt viele Theorien in Frage
 The new discovery questions many theories
Die Wirksamkeit des Medikaments war durch die andere Tablette in Frage gestellt worden
 The efficiency of the medicine had been called into question by the other pill
Die Zustimmung der Mehrheit ist kein Freibrief für die Unterdrückung der Minderheiten
 The agreement of the majority is no licence to suppress minorities
Sie nahm sich die Freiheit, ihn zu duzen
 She took the liberty of using the 'du'-form to address him
Diese Staatskrise ist ein gefundenes Fressen für die Rebellen
 This crisis of the state is like handing it over to the rebels on a plate
Seitdem das Missverständnis aufgeklärt wurde, herrscht wieder Friede, Freude, Eierkuchen
 Since the misunderstanding has been settled, everything is rosy again
Die zerstrittenen Nachbarn rauchten endlich die Friedenspfeife
 The estranged neighbours eventually buried the hatchet
Nach dem Urlaub kam er in alter Frische wieder ins Büro
 After his holidays he came back to the office as always
Niemand interessiert sich für deine Haare, sei kein Frosch, nimm den Hut!
 Nobody is interested in your hair! Be a sport and wear the hat!
Er kannte seinen Vater nicht, da er eine Frucht der Liebe war
 He didn't know his father because he was a child of wild love
Als Bäcker musste er in aller Frühe aufstehen
 Since he was a baker he had to get up early
Nach dem warmen Bad fühlte er sich wie neugeboren
 After he had had a warm bath he felt like a new man
In dem Antiquitätenladen wurde meine Tante fast immer fündig
 In the antiques' shop my aunt almost always found something
Du musst es ihm länger erklären. Es dauert bei ihm etwas länger bis es funkt
 You have to explain it a little more in detail to him, he's a bit on the slow side
Es funkte bei uns erst zwei Jahre nach dem wir uns kennenlernten
 Only after two years of knowing each other we fell in love
Als ihr Mann verreiste, war sie froh ein paar Tage für sich zu haben
 When her husband went on a journey she was glad to have a few days to herself

Mit diesem Abendkleid machst du auf der Feier bestimmt Furore
With this evening gown you're sure to cause a sensation at the party
Zwei Minuten vor dem Termin bekam er dann doch kalte Füße
Two minutes before his appointment he, however, got cold feet
Er wollte nie wieder seinen Fuß in dieses Haus setzen
He never wanted to set a foot in this house again
Ich kann nicht mehr. Ich gehe in den Park und vertrete mir die Füße
I'm all in. I'll go to the park for a walk
Die Kinder waren schon längst über zwanzig und standen noch nicht auf eigenen Füßen
The children were long in their twenties and still didn't stand on their own feet
Die Verbrecher sind noch auf freiem Fuß
The criminals are still running around free
Der Millionärssohn war es gewohnt, immer auf großem Fuß zu leben
The son of the millionaire was used to living the high life
Es ist nicht so weit, man kann zu Fuß gehen
It's not that far, you can walk
Die Männer liegen dem Fotomodell nur so zu Füßen
The men are lying at the model's feet
Meine Großmutter ist noch ziemlich gut zu Fuß
My grandmother is steady on her feet
Nach dem Brand waren alle neuen Möbel futsch
After the fire the entire new furniture was bust
Schmiergeld sind dort doch gang und gäbe
Corruption is quite usual there
Wenn wir rechtzeitig ankommen sollen, musst du noch einen Gang zulegen
If we want to be there in time you have to get a move on
Er wurde nur noch durch Apparate am Leben erhalten
His life could only be kept going with machines
Das Projekt wird noch diesen Herbst in Gang kommen
The project will get going this autumn
Bei solchen Gruselfilmen bekomme ich immer eine Gänsehaut
When watching horror films I always get goose-pimples
Die Kinder liefen im Gänsemarsch hinter ihm her
The children ran after him in Indian file
Im Ganzen war unser Urlaub gelungen
All in all our holidays were fine
Falls er gegen sie aussagt, machen sie ihm den Garaus
If he witnesses against them, they'll do him in
Dem geschenkten Gaul schaut man nicht ins Maul
Don't look a gift horse in the mouth
Ich soll dir mein Auto leihen - wo gibt's denn so was?
I should lend you my car - I don't believe it!
Wir machen von der neuen Seife viel Gebrauch
We use the new soap frequently
Sie lobten das neue Produkt über Gebühr
They praised the new product excessively
Das wollte ich auch sagen - du kannst wohl meine Gedanken lesen
I wanted to say just the same - can you read my mind?
Über den Vorschlag muss ich mir zunächst Gedanken machen
I have to think about your proposal first
Er spielte schon lange mit dem Gedanken von hier fortzugehen
He has considered leaving for a long time
Sie trug sich mit dem Gedanken, sich die Haare abzuschneiden
She entertained the idea of having her hair cut
Es wird noch eine Weile dauern. Sie müssen sich noch in Geduld fassen
It'll take a little while longer. You have to be patient
Der Vorsitzende läuft dadurch Gefahr, abgesetzt zu werden
By that the chairman runs the risk of being dismissed
Das Betreten der Felsen geschieht auf eigene Gefahr
You climb the cliffs at your own risk

So einen Mist lasse ich mir nicht gefallen!
I won't put up with that crap!

Seit der Diagnose waren wir auf das Schlimmste gefasst
Since the diagnosis we were prepared for the worst

Der Streit zwischen den Regierungsparteien hatte eine Staatskrise im Gefolge
The quarrel among the ruling parties was followed by a state crisis

Ihr Wiedersehen nach so langer Zeit betrachteten Beide mit gemischten Gefühlen
They both had mixed emotions about seeing each other again after such a long time

Dass das Grundstück nichts wert ist, hatte ich so im Gefühl
I had a feeling that the estate was worth nothing

Wer der Nachfolger sein wird, ist doch ein offenes Geheimnis
It's an open secret who will be his successor

Bei dem neu einstudierten Tanz lief alles wie am Schnürchen
The newly rehearsed dance worked like clockwork

Grüß dich! Wie geht's, wie steht's?
Hello! How do you do?

Die Vorschläge des neuen Vorsitzenden fanden bei vielen Gehör
The new chairman's proposals gain the hearing of many people

Er klopfte an sein Glas, um sich Gehör zu verschaffen
He rapped his glass in order to gain attention

Darf ich mal kurz um Gehör bitten?
May I request your hearing for a moment?

Die jüngste Tochter ist es gewohnt, immer die erste Geige zu spielen
The youngest daughter is used to call the tune

Mit deinen blöden Sprüchen gehst du mir ganz schön auf den Geist!
Your dumb talking really gets on my nerves

Ja, was machen die denn da? Sind die von allen guten Geistern verlassen?
What are they doing? Have they taken leave of their senses?

Meine Kinder denken wohl, das Geld läge auf der Straße
My children seem to think money grows on trees

Er hat es geschafft, in dieser Branche das große Geld zu machen
He managed to make a lot of money in that trade

Bei dem Gehalt schwimmen die ja wohl in Geld
With these wages they are probably rolling in it

Damals versuchten viele Leute ihren Schmuck zu Geld zu machen
Back then many people tried to make money out of their jewellery

Gelegenheit macht Diebe!
Opportunity makes a thief

Er fasste die Gelegenheit beim Schopf und kaufte sich billig eine neue Anlage
He grasped the opportunity with both hands and bought a cheap new system

Sie versucht jetzt, ihre Ansprüche gerichtlich geltend zu machen
She's now trying to assert her demands in court

Du hättest dir doch denken können, dass das schief geht - du hast vielleicht ein sonniges Gemüt!
You should have known this wouldn't work - you've got a sunny soul alright!

Ich hoffe, er führt sich meine Belehrungen zu Gemüte
I hope he'll take my lectures to heart

Heute Abend gehe ich in die Kneipe und genehmige mir einen
Tonight I'm going to the pub and have a drink

Mit diesem riskanten Geschäft wirst du dir noch das Genick brechen
This risky business will break your neck one day

Diese Ideen taten meinen Erwartungen mehr als Genüge
These ideas more than satisfied me

Kauf keinen Zucker mehr, wir haben noch zur Genüge zu Hause
Don't buy any more sugar, we've got enough at home already

Durch deine Abenteuer kommt noch die ganze Familie ins Gerede
Your adventures get the whole family talked about

Sein Widersacher ging bei der Zusammenkunft schwer mit ihm ins Gericht
His opponent judged him harshly when they met

Von den ganzen Plänen habe ich nicht das Geringste gewusst
I didn't know a thing about all the plans
Danke schön! - Gern geschehen!
Thank you! - You're welcome!/Not at all!
Die Regierung verzichtet auf die Streichung der Zuschüsse - es geschehen doch noch Zeichen und Wunder!
The government refrains from cutting the subsidies - miracles will never cease!
Wenn diese Arbeit noch was werden soll, musst du dich ganz schön ins Geschirr legen
If this work is supposed to come to something you have to put your back into it
Seit wir zweimal in Portugal waren, sind wir auf den Geschmack gekommen
Since we have visited Portugal twice we have acquired a taste for it
Sie mussten ihre Forderungen weiter auf diese Weise stellen, um ihr Gesicht zu wahren
They had to keep demanding that way in order to save face
Nach dem es kein Geld mehr zu holen gab, zeigte er sein wahres Gesicht
Since there was no more money in it, he showed his true colours
Als sie merkte, dass es nicht er war, zog sie ein langes Gesicht
When she realized it wasn't him she pulled a long face
Man darf nichts beschönigen, sondern muss den Tatsachen ins Gesicht sehen
Don't gloss things over - face the facts!
Das ist doch nichts. Ihr seht mal wieder Gespenster!
That's nothing. You're once again imagining things!
Man ist schon mit einem neuen Mann in Gespräch
We've already established a dialogue with a new man
Er kann ihr nichts vormachen, denn sie ist ja auch nicht von gestern
He can't fool her - she wasn't born yesterday either
Dein Bruder wird das schon richtig machen, lass ihn nur gewähren!
Your brother is sure to do that right - just don't stop him!
Das Spiel musste wegen des Regens unterbrochen werden. Das ist höhere Gewalt
The match had to be interrupted because it rained. That's an act of God
Dass sie nicht gekommen ist, fiel gar nicht ins Gewicht
It was of no consequence that she didn't come
Wie kann er so etwas tun? Das ist doch der Gipfel!
How can he do that? That takes the cake!
Der Polizist will diesen Typen unbedingt hinter Gitter bringen
The policeman wants to get this guy behind bars come hell or high water
Wer im Glashaus sitzt, soll nicht mit Steinen werfen
People who live in glass houses shouldn't throw stones
Die beiden Lausbuben führten ihren Großvater aufs Glatteis
The two little devils took their grandfather for a ride
Diese Lösung müsste auf das Gleiche hinauslaufen
This solution should amount to the same thing
Diese ganzen Änderungen führen uns auf ein falsches Gleis
All these changes are leading us down the wrong track
Diese heikle Angelegenheit hatte sie aus dem Gleis gebracht
This delicate matter had put her off her stroke
Sie wünschte sich, er hätte das nicht an die große Glocke gehängt
She wished he hadn't shouted from the rooftops
Zum Glück gab es keine Verletzten!
Fortunately nobody was injured
Nach der Beinverletzung musste er seinem Pferd den Gnadenstoß geben
After his horse had injured its leg it was given the coup de grâce
Du solltest nicht all ihre Worte auf die Goldwaage legen!
Don't be hypersensitive!
Sie wuchs in der Gosse auf
She grew up in the gutter
Grüß Gott! Wie geht's Ihnen?
Hello! How do you do?

Hilf dir selbst, so hilft dir Gott!
God helps those who help themselves
Er kannte wirklich Gott und die Welt
He really knew everybody
Setz dich hin und lass den lieben Gott einen guten Mann sein
Sit down and take things as they come
Um Gottes Willen, ist was passiert?
For heaven's sake, what's happened?
Durch die Erweiterung schaufelte sich die Firma ihr eigenes Grab
With the extension the company dug their own grave
Wenn dein Vater das wüsste, dann würde er sich im Grabe umdrehen
If your father knew this he would turn in his grave
Nach ein paar Monaten vielleicht, erst einmal muss etwas Gras über diese Sache wachsen
Maybe in a few months' time, first let's settle the dust on it
Natürlich war er verrückt, er hatte schon das Gras wachsen hören
Of course he was nuts, he had read too much into things
Der Alte biss zwei Jahre später ins Gras
Two years later the old man bit the dust
Du siehst alles zu pessimistisch, malst alles grau in grau
You're far too pessimistic, you're always painting a bleak picture of the situation
Die Arbeitsstelle schien schon zum Greifen nahe zu sein
The job seemed to be within reach
Als sie sein Angebot hörte, konnte sie ihre Begeisterung kaum noch im Zaum halten
When she heard his offer she could hardly limit her enthusiasm
Der Meister hatte seine Lehrlinge schon gut im Griff
The master already had his apprentices well under control
Groß und Klein kam zu dem Jahrmarkt
Young and old alike were coming to the fair
Alle diese Tänzer hofften, einmal groß herauszukommen
All these dancers were hoping to make it big time one day
Der Produzent wollte die Show ganz groß herausbringen
The producer wanted to make it big time with the show
Ich glaub' dir kein Wort, das kannst du deiner Großmutter erzählen!
I don't believe a single word you say, you can tell that one to the marines!
Wer andern eine Grube gräbt, fällt selbst hinein
You can easily fall into your own trap
Ich fahre noch nicht zu schnell. Ich liege noch im grünen Bereich
I'm not driving too fast yet. I'm still in the green
Der Mann war von Grund auf schlecht
The man was entirely evil
Diese Beleidigung war ein Schlag unter die Gürtellinie
This insult was a blow below the belt
Meine Schwester ist immer für ein Schachspiel gut
My sister is always good for a chess match
Ja natürlich, aber sonst geht's dir noch gut!
Yes, of course, are you feeling okay?
Heute klappt auch nichts, es ist wirklich zum Haare raufen!
Today everything's going wrong, that's enough to tear one's hair out
Bei dem Streit wurde niemandem ein Haar gekrümmt
In the quarrel nobody was harmed
Wegen so einer Kleinigkeit braucht man sich doch keine grauen Haare wachsen zu lassen
Don't lose any sleep about such a trifle
Der Lehrer hat kein gutes Haar an seinem Aufsatz gelassen
The teacher has picked his essay to pieces
Diese Geschichte ist doch an den Haaren herbeigezogen
This story is rather far-fetched
Wir verstehen uns überhaupt nicht, ständig kriegen wir uns in die Haare
We don't get along at all, we're squabbling all the time

Das Mädchen wäre um Haaresbreite vom Auto angefahren worden
The girl got extremely close to being hit by a car

Der jüngste Sohn unseres Nachbarn ist noch zu haben
The youngest son of our neighbours is still single

Dieser Punsch hat es ganz schön in sich
This hot punch is strong

Diese Woche verhält sich alles wie gehabt
This week everything is as always

Haste nicht gesehen, war seine Tasche verschwunden
In the wink of an eye his bag was gone

Wir haben uns die Hacken abgelaufen nach dem Kostüm
We walked our legs off looking for the costume

Ich glaub' bei dir hackt es wohl!
Have you lost your marbles?

So eine gute Gelegenheit muss doch einen Hacken haben
There's got to be a snag in such a good occasion

Mit so einer halben Portion werde allemal fertig
I'll easily cope with such a half-pint

Mach aber mal halblang, so schlimm kann das doch nicht sein
Now wait a minute, it can't be all that bad

Hals über Kopf liefen die Menschen aus dem brennenden Gebäude
People left the burning house in a rush

Du kannst heute den Hals nicht vollkriegen!
You can't be satisfied today, can you?

In seiner Position könnte eine solche Bemerkung ihm den Hals kosten
As he is in this position, such a remark could cost him his neck

Hals und Beinbruch für deine Prüfung morgen!
Good luck for your exam tomorrow!

Er nahm sofort Haltung an, als der Vorgesetzte hereintrat
He instantly stood to attention when his superior came in

Du hilfst mir beim Autokauf, und ich helfe dir ein gutes Motorrad zu finden, eine Hand wäscht die andere
You help me buying a car and I'll help you find a motorbike - if you scratch my back I'll scratch yours

Seine Berichte haben immer Hand und Fuß
His reports are always well done

Der festgenommene Mann beteuerte bei dem Einbruch seine Hände nicht im Spiel gehabt zu haben
The arrested man declared he didn't have a hand in the burglary

Wenn er diese Kratzer am Auto sieht, wird er die Hände überm Kopf zusammenschlagen
If he sees these scratches in the car he'll throw up his hands in horror

Die Chefin überließ der Angestellten freie Hand bei diesem Projekt
The boss gave the employee free rein for this project

Ein handwerklicher Beruf wäre nichts für ihn, er hat zwei linke Hände
A skilled trade is not the right thing for him, he has two left hands

Die guten Seiten des Plans liegen auf der Hand
The good sides of this plan are obvious

Sie sorgten schon dafür, dass die Polizei diese Dokumente nicht in die Hände bekam
They took care of not letting these documents get into the hands of the police

Die Polizei musste den Verdächtigen wieder frei lassen, da sie nichts gegen ihn in der Hand hatte
The police had to release the suspect since they had nothing against him

Da ist noch viel Arbeit, lass uns in die Hände spucken und anfangen
There's a lot of work to do, let's roll up our sleeves and get going

Wir wurden dort mit offenen Armen empfangen
We were open-handedly welcomed there

Die Italiener reden oft mit Händen und Füßen
Italians tend to talk with their hands

Es ist nicht von der Hand zu weisen, dass da ein Betrug vorliegt
It cannot be denied that this is fraud

Wir konnten das Rad nicht sofort wechseln, da kein Ersatzrad zu Hand war
We weren't able to change the tyre right away because there was no spare tyre available

Seit er hier wohnt, hat er noch keinen Handschlag gemacht
Since he's been living here he hasn't done a stroke

Man hat den Einbrechern bereits das Handwerk gelegt
The burglars' game has been stopped

Der Professor ließ sich nicht gern ins Handwerk pfuschen
The professor didn't like people treading on his toes

Unser Chef hat uns heute gezeigt, was eine Harke ist
Today our boss showed us what's what

Der ausgepfiffene Sänger schien hart im Nehmen zu sein
The singer who was booed off the stage seemed to be tough

Heute kommt der Instruktor und wird uns sagen, wo der Hase im Pfeffer liegt
Today the instructor is coming to tell us what is the crux of the matter

Sie wollte erst zusagen, wenn sie wusste wie der Hase läuft
She didn't want to accept before she knew which way the wind blew

Ich kaufe diesen Fernseher nicht, er scheint mir nicht hasenrein zu sein
I won't buy this TV set, there's something fishy about it

Sie versucht schon seit einiger Zeit ihre älteste Tochter unter die Haube zu bringen
She's been trying for a while now to marry off her eldest daughter

Er warf alle Bedenken über den Haufen und begann seine Arbeit
He threw out all his concern and started his work

Es dauerte nicht lange, und er hatte Haus und Hof an die Gläubiger verpachtet
It didn't take long before he had leased house and home to his creditors

Der Vater verbot dem Freund seiner Tochter das Haus
The father forbid his daughter's boyfriend the house

Bei jeder kleinen Unstimmigkeit geriet sie aus dem Häuschen
On every occasion she went berserk

Bei den Nachbarn hängt der Haussegen schief, sie streiten sich schon den ganzen Tag
Our neighbours are a bit short of domestic bliss they're quarrelling all day

Wo ist den jetzt schon wieder der Vorschlaghammer? Es ist zum aus der Haut fahren!
Where's the sledge-hammer again? It's enough to drive you up the wall!

Sie hängt mit Haut und Haaren an ihrem Beruf
She's head over heels in love with her job

Dieser Bericht über den Flugzeugabsturz ging mir unter die Haut
This report about the plane crash got under my skin

Gegen diese große Firma anzugehen ist sinnlos, die sitzen am längeren Hebel
There's no point in attacking this big company, they have the whip in the hand

Ihr Bruder war schon ein toller Hecht
Her brother was quite a guy

Der alte Mann hegte und pflegte seinen Garten mit aller Liebe
The old man lavished care and attention on his garden

Er verließ heimlich, still und leise die Versammlung
He left the conference on the quiet

Ich will mein Geld auf Heller und Pfennig zurückhaben
I want my money back, to the last farthing

Seine geschiedene Frau hat ihn bis aufs letzte Hemd ausgezogen
His ex-wife has fleeced him

Weiß der Henker! Von so was habe ich keine Ahnung?
I don't have a fucking clue

Es ist schön, seine eigene Wohnung zu haben - eigener Herd ist Goldes wert
It's good to have one's own flat - there's no place like home

Diese Vermutung scheint mir etwas weit hergeholt zu sein
This assumption seems a little far-fetched

Seine Kinder sind auch alle in der Gastronomie tätig - wie der Herr, so's Gescherr!
All his children are working in the catering trade - like master, like man!

Mir gefällt es besser einen eigenen Laden zu haben, da bin ich wenigstens mein eigener Herr
I prefer having my own shop; that way at least I am my own master

Um ihr Flugzeug zu erreichen mussten sie in aller Herrgottsfrühe aufstehen
To catch their plane they had to get up at the crack of dawn

Keiner benutzte den neuen Computer, alle schlichen wie die Katze um den heißen Brei um ihn herum
Nobody used the new computer, everybody tried to avoid making the first move

An so einem schönen Morgen muss einem das Herz aufgehen
On a morning as beautiful as this one's heart leaps with joy

Bei dem Gedanken an die morgige Prüfung fällt mir gleich mein Herz in die Hose
If I think of the exam tomorrow my heart is in my mouth

In dem großen Laden gab es alles, was das Herz begehrt
In the big store you could buy everything your heart desired

Er hat schon viele Mädchenherzen gebrochen
He has broken many girls' hearts

Nichts konnte den Alten rühren, er hatte ein Herz aus Stein
Nothing could move the old man, he had a heart of stone

Der Mutter lag die gute Schulbildung ihrer Kinder sehr am Herzen
The mother was very concerned about her children's good education

Bevor sie das Auto kaufte, prüfte sie es auf Herz und Nieren
Before she bought the car she examined it very thoroughly

Er brachte es nicht übers Herz, seinen alten Hund einzuschläfern
He couldn't get himself to have his old dog put down

Sie ermahnte ihn, sich das Lernen für die nächste Prüfung zu Herzen zu nehmen
She admonished him to take studying for the next exam to heart

In dem riesigen Spielzeuggeschäft konnten die Kleinen nach Herzenslust toben
In the huge toy store the kids could romp about to their heart's content

Als er den Tod seiner Frau vernahm, heulte er wie ein Schloßhund
When he heard his wife had died he howled his head off

Ach, du lieber Himmel! Was ist denn hier los?
Good heavens! What's the matter here?

Dem Himmel sei dank, niemand hat den Fehler bemerkt
Thank God nobody has noticed the mistake

Nach zwanzig Jahren tauchte er aus heiterem Himmel wieder bei ihr auf
20 years later he turned up at her house out of the blue

Wir haben hin und her überlegt, wie wir das Problem lösen könnten
We thought a lot about how to solve the problem

Ich bin hin und her gerissen, ob ich hier bleiben oder nach Hause gehen soll
I'm really torn between staying here and going home

Er besucht uns hin und wieder
He visits us now and again

Im Hinblick auf die Mahnung, sollten wir recht bald reagieren
In respect to the reminder we should react as soon as possible

Die Briefeschreiber halten sich momentan noch im Hintergrund
The people who wrote the letter are still staying in the background

Ich könnte mich in den Hintern beißen, dass ich auf das günstige Angebot nicht gleich eingegangen bin
I could kill myself for not accepting this good offer at once

Um sich beim Chef beliebt zu machen, kriecht er ihm ständig in den Hintern
He always sucks up to the boss in order to get in his good books

Durch diesen Vorschlag geriet die Oppositionspartei wieder ins Hintertreffen
By this proposal the opposition fell behind again

Mein Bruder kennt wirklich Hinz und Kunz
My brother really knows every Tom, Dick and Harry

Die Journalisten waren mitten in der Hitze des Gefechts
The journalists entered right in in the heat of the moment

Er versprach ihr hoch und heilig nicht mehr zu trinken
He swore blind to her he would give up drinking

Seine Freunden ließen das Geburtstagskind hochleben
  The birthday boy's friends gave three cheers for him
Die Urlaubssaison läuft schon auf Hochtouren
  The holiday season is already running at full steam
Der jüngste Sohn machte dem Mädchen den Hof
  The youngest son courted the girl
Schon gleich einen Monat nach der Hochzeit war sie guter Hoffnung
  Only a month after the wedding she was expecting
Das ist doch die Höhe, was die hier für schlechtes Essen anbieten!
  That's the limit! What terrible food they dare offering here!
Unser Computer ist nicht mehr auf der Höhe der Zeit
  Our computer isn't up to date
Mutig wagte sie sich in die Höhle des Löwen, um zu erfahren, was los sei
  Bravely she took the bull at the horns to find out what was the matter
Die Wärter machten den Häftlingen das Leben zur Hölle
  The guardians made the prisoners' lives hell
Bei dem Streit wünschte sie ihn mehrmals zur Hölle
  During the quarrel she wished he'd go to hell several times
Holzauge, sei wachsam! Heute sind nur Verrückte auf der Straße unterwegs!
  Be careful! There are only madmen on the streets today!
Das kann nicht stimmen, du bist bestimmt auf dem Holzweg
  That can't be right, you must be on the wrong track
Um ein neues Skateboard zu bekommen, schmierte sie ihrem Vater Honig ums Maul
  She buttered her father up in order to get a new skateboard
Die letzten Schuljahre waren für ihn kein Honigschlecken
  The last few years in school were no picnic for him
So ein toller Vorschlag kann sich immer hören lassen
  Such a great proposal doesn't sound bad
Warum rufst du nicht mal an? Lass doch öfter was von dir hören!
  Why do you never call? Keep in touch!
Wenn du nicht sofort nach Hause kommst, bekommst du was zu hören!
  If you don't come home right away, you haven't heard the last of this
Sie schrie ihn an, dass ihm Hören und Sehen verging
  She shouted at him so that he didn't know whether he was coming or going
Ich kenne sie nur vom Hörensagen
  I only know her by hearsay
Die letzten paar Jahre verbrachte er damit, sich die Hörner abzustoßen
  He spent the last few years with sowing his wild oats
Zu Hause hatte seine Frau die Hosen an
  At home his wife wore the pants
Wenn der Bengel heute wieder so dreckig nach Hause kommt, wird ihm sein Vater den Hosenboden strammziehen
  If that little devil comes home again so late today his father is going to smack his bottom
Das neue Projekt ging ordentlich in die Hose
  The new project was a complete flop
Nun mach dir mal nicht in die Hose, das wird schon gutgehen
  Don't wet yourself, it will work out!
Der kleine Junge kriegte von den beiden Älteren die Hucke voll
  The little boy got his bottom smacked by the two elder ones
Das soll ein Auto sein? Da lachen ja die Hühner!
  That's supposed to be a car? That's enough to make a cat laugh!
Auch ein blindes Huhn findet mal ein Korn
  Anyone can be lucky now and again
Sie geht mit den Hühnern schlafen
  She goes to bed early
Wegen der Sache von gestern, habe ich noch ein Hühnchen mit ihm zu rupfen
  Because of that matter yesterday I still have a bone to pick with him
In Australien gibt es menschenleere Gebiete in Hülle und Fülle
  In Australia there are deserted areas in abundance

Dass du mir so etwas Wichtiges verschwiegen hast, ist ein dicker Hund
That you didn't tell me something so important is a bit much

Bei den alten Zündkolben lag der Hund begraben
The old spark plugs were behind it all

So ein Glück! Da wird ja der Hund in der Pfanne verrückt!
That's good luck! That's enough to drive you round the twist

In der großen Stadt ist der arme Kerl vor die Hunde gegangen
In the big city the poor fellow has gone to the dogs

Wegen deines unaufgeräumten Zimmers, ist Mama schon wieder auf hundert-achtzig
Because of your untidy room Mum is hopping mad again

Wir haben zwar wenig Geld, nagen aber noch nicht am Hungertuch
It's true we don't have much money, but we're not on the breadline yet

Ich bin hungrig wie ein Wolf, seit heute Morgen habe ich nichts mehr gegessen
I'm starving! I haven't had a bite since this morning

Ob man rote oder gelbe Servietten nimmt, ist gehüpft wie gesprungen
Whether you use red or yellow napkins is six of one and half a dozen of the other

Die Wirtschaft hat die Hürde genommen, jetzt kann es nur besser werden
Economy has cleared the hurdle, now the only way is up

Dass die Beiden sich endgültig trennen, ist doch ein alter Hut
That the two are definitely separate is old hat

Hut ab! Das war eine tolle Rede.
I take my hat off to you! That was a fantastic speech

Nach diesem Skandal muss der Minister wohl seinen Hut nehmen
After this scandal the minister will have to pack his bags

Im letzten Moment zauberte die Verteidigung weitere Beweise aus dem Hut
At the very last moment the defender pulled some evidence out of his sleeves

Wie willst du so viele verschiedene Leute unter einen Hut bringen?
How do you want to reconcile so many different people?

Man sollte immer vor Taschendieben auf der Hut sein
You should always be on your guard against pick-pockets

Die Eltern hüteten das Mädchen wie ihren eigenen Augapfel
The parents cherished the girl like life itself

Die Diebe wurden von den Hütern des Gesetzes gefasst
The thieves were arrested by the custodians of the law

Sie wollen für immer und ewig zusammenbleiben
They want to stay together for ever and ever

Vor Müdigkeit war sie nicht imstande, sich auf das Buch zu konzentrieren
He was too tired to concentrate on the book

Sie erwischte ihren Mann und seine Geliebte in flagranti
She caught her husband and his mistress in the act

Der Komiker hatte noch mehr so gute Witze in petto
The comedian had more good jokes up his sleeve

In puncto Elektronik sind die Japaner sehr fortgeschritten
As far as electronics are concerned the Japanese are very advanced

Sie betrachtete den Schwiegersohn in spe sehr sorgfältig
She had a thorough look at her future son-in-law

Der Hausmeister war dafür zuständig, dass die Heizung instand gehalten wurde
The maintenance of the central heating was the janitor's task

Da hatte er schon einige Bier intus
At that time he already had had several pints of beer

Wenn du das Wort hier streichst, stimmt alles bis aufs i-Tüpfelchen
If you delete this word everything's correct right to the last little detail

Ihr Mann sagte zu all ihren Entscheidungen ja und amen
Her husband agreed slavishly to her every decision

Ob wir jetzt in die Stadt fahren und dort essen oder gleich hier an der Ecke, ist Jacke wie Hose
It doesn't make any difference whether we go to town and have a meal there or just around the corner

Mit vierzig ist man doch in den besten Lebensjahren
At the age of 40 you're in the prime of your life

Wir warten schon seit Jahr und Tag darauf, dass der Vermieter das Dach endlich repariert
We've been waiting for years for the landlord to have the roof repaired

Arbeitet ihr in eurem Betrieb zwischen den Jahren?
Do you work between Christmas and New Year's eve?

Er trägt schon jahraus, jahrein den selben Mantel
He wears the same coat year in, year out

Es ist ein Jammer, dass ich nicht zu ihrer Hochzeit gehen kann
It's a shame I can't come to your wedding

Die von der Mafia werden ihn noch ins Jenseits befördern
The Mafia is going to send him to kingdom come today

Bei der Schießerei ist auch der Letzte der Gangster über'n Jordan gegangen
During the gun-battle even the last criminal had crossed the great divide

Sie besuchen uns nur noch alle Jubeljahre
They only visit us once in a blue moon

Was du da erzählst, ist doch alles kalter Kaffee
What you're telling's old hat

Seit er mit der reichen Frau verheiratet ist, sitzt er im goldenen Käfig
Since he has married that rich woman he's just a bird in a gilded cage

Ich geh' mal dorthin, wo selbst der Kaiser zu Fuß hingeht
I'm going to the smallest room in the house

Die frechen Mädchen zogen den schüchternen Jungen durch den Kakao
The cheeky girls took the mickey out of the shy boy

In den achtziger Jahren tobte noch der Kalte Krieg
In the eighties the Cold War was still on

Er hatte gestern den Kanal voll
He was canned yesterday

Nach den Ferien wurden wir wieder von der Schule an die Kandare genommen
After the holidays school again held us in its clutches

Mit so einer starken Millitärtruppe auf die Demonstranten loszugehen, ist mit Kanonen nach Spatzen zu schießen
To go for demonstrators with armed forces is like using a sledgehammer to crack a nut

Sie verdienten so wenig, so dass sie nichts auf die hohe Kante legen konnten
The earned so little that they couldn't put money by

Sie verstanden es, aus dem Wenigen Kapital zu schlagen
They knew how to capitalize on what little they had

Wie die neuen Maschinen funktionieren, ist ein Kapitel für sich
It's a story all to itself how these new machines work

Was ist denn jetzt kaputt?
What's the matter now?

Er ist mit Karacho durch die Tür verschwunden
He disappeared hell for leather through the door

Der neue Trainer zieht hoffentlich den Karren aus dem Dreck
Hopefully the new trainer is going to put things back on the rails again

Wer länger wartet, wird schlechte Karten haben!
Anyone who waits any longer will have a bad hand

Es war nicht richtig, alles auf eine Karte zu setzen
It wasn't right to stake everything on one chance

Wenn das noch einmal vorkommt, knallt es im Karton
If that happens one more time there'll be trouble

Nachdem sie uns so lange ausgebeutet haben, ist es nur richtig, sie zur Kasse zu bitten
Since they have exploited us for so long it's alright to ask them to pay up

Ich kann euch erst sagen wieviel Geld da ist, wenn ich einen Kassensturz gemacht habe
I can't tell you how much money there is before I've checked the finances

Der neue Intendant hat ganz schön viel auf dem Kasten
The new director is quite brainy

Ich traue ihm immer noch nicht, die Katze lässt das Mausen nicht
I don't trust him yet - the leopard cannot change its spots

1348

Wir wollen zuerst die Ware mal prüfen, wir kaufen doch nicht die Katze im Sack
We want to test the product first, we won't buy a pig in a poke
Heute regnet's, dann war das Autowaschen gestern für die Katz'
Today it's raining - washing the car yesterday was a waste of time
Das ist wirklich nur ein Katzensprung von hier
That's really just a stone's throw from here
Mein Onkel ist noch ein Kavalier der alten Schule
My uncle is a gentleman of the old school
Vor lauter Aufregung war seine Kehle wie zugeschnürt
He felt choked with excitement
Er schrie aus voller Kehle hinter ihm her
He shouted after him at the top of his lungs
Das Lachen blieb ihm mit einem Mal in der Kehle stecken
His laughing suddenly stuck in his throat
Er sitzt schon eine halbe Stunde so in sich gekehrt am Fenster
He's been sitting there wrapped in thought for half an hour now
Man hat viele Vorteile durch diese Ausbildung, die Kehrseite ist nur, dass sie teuer ist
There are many advantages to this education, but the other side of the coin is that it's so expensive
Hör mal auf mit den blöden Witzen! Du gehst mir auf den Keks!
Stop your silly jokes! You're getting on my nerves
Dieses Stadtviertel kenne ich wie meine eigene Westentasche
I know this quarter like the back of my hand
Die macht das, da kennt die gar nichts!
She certainly won't mind doing it
Man machte die Tiere mit einem roten Fleck im Fell kenntlich
The cattle were indicated by a red dot on their fur
Ich habe von deinem Urlaubsantrag schon Kenntnis genommen
I've already taken note of your application for a vacation
Wer da alles mitkommt, entzieht sich meiner Kenntnis
I don't know who'll come
Man hatte die Behörde nicht davon in Kenntnis gesetzt
The authorities hadn't been informed
Der Verdächtige hat ziemlich viel auf dem Kerbholz
The suspect has done lots of wrong
Der harte Kern des Vereins kam jede Woche zu den Versammlungen
The hard core of the club attended the conferences every week
Auch der schlechteste Mensch muss doch einen guten Kern haben
Even the most evil man must have some good in him
Der Lehrer hat die Beiden sofort auf dem Kieker
The teacher instantly had it in for them
Da wurde in ihm das Kind im Mann wach, als er die Spielzeugeisenbahn sah
All men are boys at heart when they see this toy train set
Wenn wir wegen der winzigen Fehler alle Stoffe wegschmeissen, schütten wir das Kinde mit dem Bade aus
If we throw away all the cloths because of tiny defects we throw out the baby with the bathwater
Bleib ruhig sitzen, wir werden das Kind schon schaukeln
Just remain seated, we'll soon have everything sorted out
Sie fuhren mit Kind und Kegel in den Urlaub
They went on holidays with the whole family
Damals steckte die Raumfahrt noch in den Kinderschuhen
At that time space travel was still in its infancy
Sie mochte ihn von Kindesbeinen an
She has liked him from childhood on
Einen Betrieb zu leiten ist kein Kinderspiel
Running a company is no child's play
Nach der Arbeit gingen sie noch einen kippen
After work they went for a drink

Als er seine Kinder verabschiedete, sagte er:»Dass mir aber keine Klagen kommen!«
When he said goodbye to his children he said: 'Don't let me hear any complaints!'

Wegen seiner großen Klappe, bekommt er immer wieder Prügel
Because of his big mouth he gets beatings again and again

Halt jetzt endlich mal die Klappe!
Why don't you shut your trap?

Toll, das klappt ja wie am Schnürchen!
Great, everything's going like clockwork!

Sie gab dem frechen Knirps einen Klaps auf den Po
She gave the little devil a smack on the back

Wir waren uns nicht darüber im Klaren, was wir eigentlich wollten
We were not aware of what we really wanted

Ich verstehe gar nichts! Sprich doch Klartext!
I don't understand a single word! Why don't you give me a piece of your mind?

Das wird viel kosten, aber hier ist es angebracht, nicht zu kleckern, sondern zu klotzen
That'll be expensive, but here it is better to think big

Ihre ehmalige Lehrerin lobte sie über den grünen Klee
Her former teacher praised her to the skies

In dem Anzug sieht er viel ernsthafter aus - Kleider machen Leute
Wearing that suit he looks much more serious - fine feathers make fine birds

Das Häuschen ist klein, aber oho!
The house is not big, but good things come in small packages

Ich arbeite nur ein paar Stunden die Woche, aber Kleinvieh macht auch Mist
I only work a few hours a week, but many a mickle makes a muckle

Seit der Eröffnung des Museums haben sich schon mehr als 10.000 Menschen die Klinke in die Hand gegeben
Since the museum has been opened there was an endless stream of more than 10,000 people

Er geht als Vertreter die Klinken putzen
He's selling from door to door as a representative

Mit diesem Vereinsvorstandsposten habe ich mir einen schönen Klotz ans Bein gebunden
With taking over the chairmanship in this club I have tied a millstone round my neck

Okay, mach was du willst, der Klügere gibt nach
OK, do what you want, discretion is the better part of valour

Aus diesem merkwürdigen Menschen werde ich nicht schlau
I don't understand this odd person

In letzter Zeit kommen hier die Aufträge Knall auf Fall rein
Recently orders are coming in all of a sudden

Mit Gewalt haben sie ihn dann schon auf die Knie gezwungen
By force they brought him to his knees

Du kannst Gott auf Knien danken, dass du nicht so schwer kurzsichtig bist wie dein Vater
You can thank God on bended knee that you are not as short-sighted as your father is

Diese harte Arbeit geht wirklich auf die Knochen
This hard work knackers you

Wir wurden nass bis auf die Knochen
We got soaked to the skin

Die Nachricht von seinem Tod ist uns ganz schön in die Knochen gefahren
The news of his death paralyzed us

Die Kaffeetasse steht vor dir! Hast du Knöpfe auf den Augen?
The cup of coffee is standing right in front of you - use your eyes!

Du kannst an den Knöpfen abzählen, wie die Sache ausgehen wird
It sticks out a mile how it's going to end

Wehe du vergisst das! Mach dir einen Knoten ins Taschentuch
You'll be sorry if you forget that! Tie a knot in your handkerchief!

Sie wurden pünktlich fertig, obwohl ihnen viele Knüppel in den Weg geworfen wurden
They were ready in time although many spokes were put in their wheel

Das sind zu viele Agenturen, die sich damit beschäftigen - viele Köche verderben den Brei
Too many agencies are dealing with it - too many cooks spoil the broth

Morgen werden wir die Koffer packen und von hier verschwinden
Tomorrow we'll pack our bags and leave

Sie saßen auf glühenden Kohlen vor dem Radio, um die Nachricht zu hören
They were sitting in front of the radio like a cat on hot bricks to hear the news

Das macht nichts. Wie's kommt, so wird's genommen
That doesn't matter. We take it as it comes

Es nutzt nichts jetzt schon zu planen, denn erstens kommt es anders, und zweitens als man denkt
There's no point in starting to plan now - things never turn out the way you expect

Es werden vielleicht zwanzig Leute kommen, wenn's hoch kommt
We'll be twenty people, if at all

Ich habe schon bei ihrer Verlobung ihre Scheidung kommen sehen
Even when they were engaged I foresaw their divorce

Auf ihn lasse ich nichts kommen
I won't hear a word against him

Kurze Hosen sind dieses Jahr stark im Kommen
Short trousers are coming in this year

Sie hat ihn rausgeschmissen. Da ist jeder Kommentar überflüssig!
She has thrown him out. No comment necessary

Du hast kein Fieber. Wie lange willst du die Komödie eigentlich noch spielen ?
You don't have a fever. How long do you want to keep putting on an act?

Unzufriedene Mitglieder der Terrororganisation schmiedeten ein Komplott gegen ihre Anführer
Discontented members of the terror organization were hatching a plot against their leaders

Ach, du kannst mich mal!
You can get stuffed!

Die Idee für dein Geburtstagsgeschenk geht nicht auf mein Konto
The idea for your birthday present was not mine

Mit ihren Zwischenbemerkungen brachte sie uns alle aus dem Konzept
With her remarks she put us all off

Klar, bin ich selbst darauf gekommen. Köpfchen, Köpfchen!
Sure, it was my idea, clever stuff!

Ich lernte soviel, dass mir der Kopf rauchte
All that studying made me dizzy

Bei dem Wettkampf gab es ein Kopf-an-Kopf-Rennen
In the competition there was a neck-and-neck race

Dieser Skandal wird vielen Leuten den Kopf kosten
That will cost many people their job

Nun lass mal nicht den Kopf hängen! Das wird schon wieder gut
Don't be downcast! It'll all be alright!

Kopf hoch! Das wird bald besser werden
Chin up! It'll soon improve

Um zu beweisen, was für ein toller Fahrer er war, riskierte er Kopf und Kragen
To prove that he was a good driver he risked his life and limb

Der gutaussehende, junge Mann verdrehte ihr den Kopf
The handsome young man turned her head

In solchen Katastrophensituationen darf man bloß nicht den Kopf verlieren
In such disastrous situations you mustn't lose your head!

Dieses Problem bereitete mir doch einiges Kopfzerbrechen
This was in fact a headache for me

Meistens saßen sie beieinander, steckten die Köpfe zusammen und tuschelten
Most of the time they were sitting together, put their heads together and whispered

Sie wusste sich allein zu helfen, sie war ja nicht auf den Kopf gefallen
She knew what to do, after all she wasn't born yesterday

Ich weiß seine Telefonnummer nicht aus dem Kopf
I don't know his telephone number by heart

Schlag dir dieses Skateboard aus dem Kopf! Du bekommst es nicht!
Put that skateboard out of your mind
Die Idee ist mir soeben durch den Kopf geschossen
I had this idea all of a sudden
Was für verrückte Einfälle gehen dir denn durch den Kopf?
What kind of crazy ideas are crossing your mind?
Was er für dumme Sachen macht! Das hält man im Kopf nicht aus!
It's incredible what kind of stupid things he does!
Er redete sich dabei um Kopf und Kragen
He signed his own death warrant with it
Sie wurde von Kopf bis Fuß mit Farbe bespritzt
She was splashed with paint from top to toe
Der Alkohol steigt dir schnell zu Kopf
The alcohol goes to your head quickly
Sie hat ihm schon mehrere Körbe gegeben
She has already turned him down several times
Meistens steckt in allem ein Körnchen Wahrheit
There's a grain of truth in most things
Die zwielichtige Kneipe hatte die Polizei schon lange aufs Korn genommen
The police had long hit out on the shady pub
Komm, dass kostet dich doch nicht die Welt!
Come on, that won't cost the earth
Er hat sich das schon was kosten lassen
He didn't mind spending a bit of money on it
Es gibt auch einige Diskotheken dort, die jungen Leute sollen auch auf ihre Kosten kommen
There are also a number of discotheques there, the young people ought to have a good time, too
Wenn es so weit kommt, schlage ich laut Krach
If it comes to that I'll make a real fuss
Die alten Spieler maßen ihre Kräfte mit den Jüngeren
The old players tried their strength against the younger ones
Dieses Gesetz wurde vom Parlament außer Kraft gesetzt
This law was annulled by the government
Er leitete das Theater nach besten Kräften
He ran the theatre to the best of his ability
Noch mehr solcher Beleidigungen und mir platzt der Kragen!
Any more of these insults and I'll blow my top
So ein Skandal könnte uns den Kragen kosten
Such a scandal could cost us our job
Der Alkohol hatte ihn schon seit zwanzig Jahren in seinen Krallen
Alcohol had him in its clutches when he was only twenty
Er macht nur, was ihm in den Kram passt
He does whatever he wants
Wenn das so weiter geht, kriege ich noch die Krätze!
If it goes on like that it'll drive me mad
Gegen solche Leute ist eben kein Kraut gewachsen
There's no remedy against people like them
Wir stehen mit 600 Mark bei der Bank in der Kreide
We owe the bank 600 Marks
Allmählich dreht sich die Diskussion im Kreis
The discussion is beginning to go around in circles
Die kann mich mal kreuzweise!
She can get stuffed
Er kennt so ziemlich alles, was so kreucht und fleucht
He knows just about all living creatures
Wenn du so weiter machst, kriegst du ein paar!
If you don't stop that you'll get a clip round the ear
Noch so was, und du kriegst es mit mir zu tun!
Try that once again, and I'll take over!

Wenn ich so was höre, könnte ich zuviel kriegen!
If I see something like that I really feel it's enough

Ihr wart doch immer gute Freunde, begrabt endlich das Kriegsbeil
Haven't you always been good friends? Why don't you bury the hatchet?

Mit einem Mal ging ihm ein Kronleuchter auf
All of a sudden it dawned on him

Sie konnte sich krümmen und winden, es war nichts mehr zu ändern
No matter how she looked at it, she couldn't change it

Auf seiner Feier lachten wir uns krumm und schief
At his party we split our sides laughing

Wann das sein soll? Weiß der Kuckuck!
Heaven knows what this is supposed to be

Hol's der Kuckuck, schon wieder so spät!
Botheration! Late again!

Wer weiß, was sich hinter den Kulissen der Sitzung abgespielt hat
Who knows what happend behind the scenes of the conference

Das Schreiben von Gedichten ist doch eine brotlose Kunst
There's no money in writing poems

Kein Sorge, wir kriegen schon noch die Kurve!
Don't worry, we'll get round to it

Kurz und bündig, die Sache wird schon klappen!
In a word, it'll work out!

Mittlerweile hat er ihr Sofa kurz und klein geschlagen
By now he has smashed her sofa to pieces

Über kurz oder lang wird sich alles ändern
Sooner or later everything will change

Sie versuchte, niemanden zu kurz kommen zu lassen
She tried not lettting anyone get a raw deal

Das wäre doch gelacht, wenn wir das nicht schaffen würden
It would be ridiculous if we didn't make it

Dass ich nicht lache! Das schaffst du nie!
Don't make me laugh! You'll never make it!

Jetzt war allen Leuten das Lachen vergangen
Now all the people were laughing on the other side of their faces

Wer zuletzt lacht, lacht am besten
Who laughs last laughs longest

Mit diesen Witzen hatte er die Lacher auf seiner Seite
With these jokes he got a laugh

Nach so vielen Ehejahren ist der Lack ab
After so many years of marriage they've lost their illusions

Gestern Abend habe ich wieder zu viel geladen
Last night I got sloshed again

Wegen der kaputten Tür ist dein Vater ganz schön geladen
Your father is absolutely hopping mad because of the broken door

Sie schmeißt jetzt den Laden alleine
She's running the show alone now

Bevor wir anfangen, peilen wir zuerst die Lage
Before we start we first see how the land lies

Nach Lage der Dinge sind wir morgen fertig
As the situation is we will be ready by tomorrow

Durch seine Reisen kennt er eben Land und Leute
Because of his travelling he knows the country and its inhabitants

Langsam sehe ich vor lauter Sorgen kein Land mehr
I'm beginning to feel completely muddled

Er hat schon wieder eine neue Freundin an Land gezogen
He's pulled ashore a new girlfriend again

Unser Unternehmen liefert in aller Herren Länder
Our company delivers to the four corners of the earrh

Er erklärte mir alles lang und breit
He explained everything to me at great length

Auf lange Sicht wird das nicht gut gehen
In the long term it won't work
Dein Auto macht es nicht mehr lange!
Your car won't last long
Der Tag zog sich heute vielleicht in die Länge!
The day is going on and on
Er fiel der Länge nach hin
He fell flat
Mach doch nicht so viel Lärm um nichts!
Don't make so much ado about nothing
Hier hat jemand einen gelassen!
Someone has farted!
Da fällt mir ja eine Last vom Herzen!
That takes a load off my mind!
Er liegt seinen Eltern zur Last
He is a burden on his parents
Bei dieser Nachricht kippte sie aus den Latschen
On hearing that she went spare
Der Ganove knallte ihm ein paar vor den Latz
The crook socked them some
Er lag die ganze Zeit auf der Lauer, um sie zu erwischen
He lay in wait all the time to catch them
So nahm die Handlung ihren Lauf
So everything took its course
Im Laufe der Zeit wurden sie gute Freunde
In the course of time they became friends
Die ganze Sache wird wie geschmiert laufen
Everything would go like clockwork
Bist du mit dem neuen System auf dem Laufenden?
Are you informed about the new system?
Die Nachricht verbreitete sich wie ein Laubfeuer
The news spread like wildfire
Seine Freundin hat ihm den Laufpass gegeben
His girlfriend has packed him in
Ja genau, ich habe davon auch etwas läuten hören
Oh yes, exactly, that's what I heard
Mit so viel Geld kann man doch wie Gott in Frankreich leben
With so much money you can live the life of Riley
Wie das Leben so spielt, trafen sie sich wieder
They met again, life's funny like that
Er musste im I. Weltkrieg sein Leben lassen
In World War I he lost his life
Sie versuchte, sich mit verschiedenen Jobs durchs Leben zu schlagen
She tried to struggle through life with various jobs
Ich würde für mein Leben gern mit Tieren arbeiten
I'd love to work with animals
Wenn er so gefährlich fährt, spielt er mit seinem Leben
If he drives as dangerously as that he risks his life
Mein Großvater kam im Krieg ums Leben
My grandfather was killed in the war
Das vergesse ich mein Lebtag nicht mehr!
I'll never forget that!
Er war schon zu Lebzeiten berühmt
He was already famous in his lifetime
Er sieht immer wie geleckt aus
He's always spruced
Die Angreifer wollten ihm ans Leder
The attackers want to get their hands on him
Sie musste viel Lehrgeld bezahlen bis der Frisörladen gut lief
She had to pay dearly before the barber's shop ran well

Eine Salmonellenvergiftung habe ich am eigenen Leib erfahren
I've experienced a salmonella poisoning myself
Die ganze Familie rückte ihm auf den Leib
The whole family moved in on him
Sie war mit Leib und Seele Ärztin
She was heart and soul a doctor
Wir riefen aus Leibeskräften nach ihr
We shouted for her with all our might
Nudeln waren sein Leibgericht
Pasta was his favourite meal
Wer weiß, ob der andere Minister nicht auch eine Leiche im Keller hat
Who knows if the other minister doesn't have a skeleton in the cupboard as well
Er ging über Leichen um Vorwärtszukommen
For his career he'd have sold his own grandmother
Du bekommst mein Auto nur über meine Leiche!
You want my car? Over my dead body!
Er aß das viele Essen auf mit Leichtigkeit auf
He ate the lavish meal easily
Das sagst du so in deinem jugendlichen Leichtsinn
Your youthful foolishness makes you say that
Ich bin es leid, mich um alles kümmern zu müssen
I've had enough of having to care for everything
Sie gingen den Streichen der Kinder auf den Leim
They were taken in by the children's tricks
Los, zieh Leine!
Clear out!
Er lässt sich von seiner Frau an die Leine legen
His wife keeps him on a tight rein
Es ist eine reife Leistung von dir, dass du die Prüfung bestanden hast
Having passed the exam is quite an achievement!
Du hast vielleicht eine lange Leitung!
You're damn slow on the uptake!
So ein Handwerk will gelernt sein
A trade is a question of practice
Polizei! Lauf schnell los, den Letzten beißen die Hunde!
The police! Run! The devil take the hindmost
Er hat das Haus bis ins Letzte durchsucht
He searched the house scrupulously
Mein Bruder war noch nie eine große Leuchte
My brother has never shone in a particular subject
Wenn die Bengel nach Hause kommen, lese ich ihnen die Leviten
When the little devils come home I'll read them the riot act
Ich hoffe, dass wir jetzt ein bisschen Licht in die Ermittlungen gebracht haben
I hope we can cast some light on these investigations now
Sie erblickte 1936 das Licht der Welt
She first saw the light of day in 1936
Bei Licht besehen, kommen einige Fehler zum Vorschein
In the cold light of day a number of mistakes can be seen
Die Lehrerin ließ sich nicht hinters Licht führen
The teacher wouldn't let them lead her up the garden path
Er wurde von vielen Leuten in einem schiefen Licht gesehen
He was seen in the wrong light by many people
Liebe geht durch den Magen
The way to a man's heart is through his stomach
Sie machten Liebe in dem alten Bett
They made love in the old bed
Bei aller Liebe, aber ein weiterer Aufschub ist nicht möglich
I'd love to help you out, but no further delay is possible
Es ist immer das alte Lied: Der ganze Müll liegt auf dem Boden!
It's always the same old story, all the rubbish is lying on the floor

Wenn die Aktien weiter fallen, sind wir geliefert
  If share prices keep falling that's gonna be the end
An mir soll es nicht liegen, wenn's nicht klappt
  It won't be my fault if it doesn't work
Sie ließen alles liegen und stehen und liefen weg
  They left everything there and ran away
Du bist so steif, du hast wohl ein Lineal verschluckt
  You're as stiff as a ramrod
Linker Hand befindet sich der Kölner Dom
  On the left hand side there's the Cologne cathedral
Mein Freund lässt mich zur Zeit links liegen
  My boyfriend is ignoring me at the moment
Riskier nicht so eine dicke Lippe, sonst kannst du wieder gehen
  Don't be brazen or leave!
Dein Geheimnis kommt mir nicht über die Lippen
  Not a word of your secret shall cross my lips
Mein Professor wiederholt seit Jahren dieselbe Litanei
  My professor is going on about the same old things all the time
Er sang ein regelrechte Loblieder auf deine Schreibkunst
  He sang the praise of your writing
Seit Stunden sitze ich hier und starre Löcher in die Luft
  For hours I've been sitting here gazing into thin air
Mein alter Fernseher pfeift schon aus dem letzten Loch
  My old TV set is on its last legs
Ich gebe den Löffel noch lange nicht ab
  I won't kick the bucket in the near future
Faulenzen gibt es bei uns nicht, schreib dir das hinter die Löffel
  There's no being lazy here, get that in your head
Nach dem Sieg konnten wir uns auf unseren Lorbeeren ausruhen
  After we had won we could rest on our laurels
Es macht wenig Sinn, dass ich komme, mir mir ist heute nicht viel los
  There's no point in taking you with me, I'm far too tired today
Wer hat denn die auf die Menschheit losgelassen?
  Who has unleashed her on an unsuspecting world?
Du hast deinen Führerschein wohl im Lotto gewonnen
  Who on earth taught you how to drive?
Aus unserer Beziehung ist die Luft raus
  Our relationship has become boring
Die neuen Nachbarn behandelt uns wie Luft
  Our new neighbours don't speak to us
Ihre Vorwürfe sind völlig aus der Luft gegriffen
  Her accusations are pure invention
Das Geschenk hat sich anscheinend in Luft aufgelöst
  The present seems to have vanished into thin air
Sagen sie die Wahrheit, denn Lügen haben kurze Beine
  Tell the truth because the truth will come out anyway
Bei dem Geschenk für Thomas lasse ich mich nicht lumpen
  I'll splash out for the present for Thomas
Ich schreie mir wegen dem Jungen noch die Lunge aus dem Leib
  One day I'll yell till I'm blue in the face because of that boy
Solche Qualifikationen muss man sonst mit der Lupe suchen
  Normally these qualifications are few and far between
Am Abend könnt ihr nach Lust und Laune fernsehen
  In the evening you can watch TV, just depending on how you feel
Macht nichts, ich probiere es später noch einmal
  Doesn't matter, I'll try again later
Ich mache mir nichts aus Süßigkeiten
  I don't care for sweets
Ich komme persönlich, ich möchte mir selbst ein Bild von dem Bewerber machen
  I'm coming myself, I want to get an idea of the applicant

Mit dieser Erfindung kannst du das ganz große Geld machen
With this invention you can make a lot of money
Dieses Problem bereitet mir Kopfschmerzen
This problem gives me a headache
Mit diesem Gauner mache ich kurzen Prozeß
I'll make short work of that crook
Peters Katze hat sich mal wieder selbstständig gemacht
Peter's cat has grown legs again
Ich stehe der Entwicklung der Dinge völlig machtlos gegenüber
I'm helpless in the face of the developments
Es wäre sehr wirkungsvoll, wenn der Chef endlich ein Machtwort sprechen würde
It would be very effective if the boss eventually exercised his authority
Der sitzt hier, wie die Made im Speck
He's living in a clover
Meine Freundin hat mir das Motorrad ganz madig gemacht
My girlfriend has put me off my motorbike
Wenn ich an meine Hausaufgaben denke, dreht es mir den Magen um
When I think of my homework it turns my stomach
Dass ich komme, ist so sicher, wie zwei mal zwei vier ist
You can bet your bottom dollar on that I'll come
Mit einem Mal ging der Feueralarm los
Suddenly the fire alarm went off
Da ist dir wohl ein ganz schönes Malheur passiert
You've had quite an accident there, haven't you?
Der Polizeibeamte hat mich ganz schön heftig durch die Mangel gedreht
The police officer has put me through it indeed
Dieter ist seit dem Großauftrag ein gemachter Mann
Dieter is a made man since he has got this big order
Als Mann von Welt lässt man der Dame den Vortritt
A gentleman lets ladies go first
Mein lieber Mann, du hast mich ganz schön erschreckt
My God, you can't do that!
Selbst ist der Mann, denkt sich Renate und repariert ihr Auto selbst
Self-reliance is the name of the game, thought Renate and repaired her car on her own
Wenn du den starken Mann markieren möchtest, dann geh doch woanders hin!
If you want to act the tough guy, go somewhere else!
Ich muss die ganzen Werbegeschenke unbedingt an den Mann bringen
I urgently have to get rid of all these gifts
Wenn wir so weiter machen, werden wir mit Mann und Maus untergehen
If we go on like that we'll go down with all hands
Lass uns mal von Mann zu Mann über die Probleme reden
Let's do a man-to-man talk about the problems
Männlein und Weiblein saßen fein säuberlich getrennt
Boys and girls were neatly separated
Ich habe ganz schön Manschetten vor der Klausur
I'm scared stupid of that test
Mein Kind, du bekommst keine müde Mark mehr von mir
You ain't gonna get a single penny more from me, kid
Die Nachricht erschütterte mich bis ins Mark hinein
The news cut me to the quick
Wenn er auch sonst nichts kann, er kann den strammen Max markieren
All he can do is to come the strong man
Die neue Computerfirma wird viel Billigware auf den Markt werfen
The new computer company is going to flood the market with cheap goods
Wenn du dich nicht bald bewegst, werde ich dir den Marsch blasen
Move, or I'll give you a rocket
Er ließ erst nach den Verhandlungen seine Maske fallen
Only when the negotiations were over he took off his mask
Nach dieser Eskapade dürfte das Maß voll sein
After this escapade it's enough

In Maßen Wein trinken ist gesund
Drinking wine moderately is healthy
Obwohl er kein Geld hatte, waren alle seine Anzüge maßgefertigt
Although he had no money all his suits were made-to-measure
Der Hund vergöttert dich über alle Maßen
The dog adores you extremely
Dieses Fachchinesisch ist für mich so unverständlich wie hohe Mathematik
I can understand this mumbo-jumbo no more than higher mathematics
Pünktlich um 7.00 Uhr werde ich auf der Matte stehen, Chef
At 7 o'clock sharp I'll be there and ready for action
Mit diesem Kind zu sprechen, ist wie gegen eine Mauer zu reden
Talking to this child is like talking to a wall
Hör ihm nicht zu, er hat ein böses Maul
Don't listen to him, he's got an evil tongue
Die Leute zerreißen sich doch wirklich über alles das Maul
People's tongues are wagging about virtually everything
Du bist zu spät gekommen, da beißt die Maus keinen Faden ab
After all is said and done, the fact remains: you're late.
Ich wäre so gerne als kleines Mäuschen bei dem Gespräch dabei
I'd love to be a fly on the wall when they're talking
Vor lauter peinlich würde ich mich am liebsten in ein Mauseloch verkriechen
I'm so embarrassed I'd like to crawl into a hole in the ground
Der Bankier meidet das Spielcasino wie die Pest
The banker avoids the casino like the plague
Oliver war noch meilenweit von der Lösung des Problems entfernt
Oliver was still miles away from the solution of the problem
Nachdem ich bis jetzt viel Geduld mit dir hatte, muss ich dir nun doch einmal die Meinung sagen!
Now that I've been very patient with you I really have to tell you my opinion
Mach dir keine Gedanken, es ist noch kein Meister vom Himmel gefallen
Don't worry, no-one is born a master
Du hast hier gar nichts zu melden!
You have absolutely no say in this
Ich konnte nicht widerstehen, ich bin doch auch nur ein Mensch aus Fleisch und Blut
I just couldn't resist, after all I'm only flesh and blood
Von Mensch zu Mensch, ich halte nichts von der Idee
Man-to-man, I don't like the idea
Die Ärzte haben alles Menschenmögliche für Opa getan
The doctors did all that was humanly possible for grandad
Nach menschlichem Ermessen ist es nicht mehr nachvollziehbar wer schuld ist
As far as anyone can judge it's not possible to find out who is guilty
Du merkst aber auch alles!
You ARE observant, aren't you?
Durch diese Absage sitzt mir das Messer an der Kehle
Because of this refusal I've now got a knife held to my throat
Ein Drogenlieferant hat seinen Boss ans Messer geliefert
A drug dealer has shopped his boss to the police
Mein Blinddarm ist entzündet, nun werde ich wohl doch unters Messer kommen
I've got an appenticitis, so I'm going to be under the knife after all
Trotz besseren Wissens, muss er gute Miene zum bösen Spiel machen
Although I know better I have to grin and bear it
Gute Beziehungen sind im Showbusiness die halbe Miete
Good relations are half the battle in show business
Du hättest dich zumindest entschuldigen können
You could at least have apologized
Der Postbote kommt immer auf die Minute pünktlich
The postman always comes right on the dot
Er ist einfach so mir nichts, dir nichts abgehauen
He just went away without so much as a by-your-leave

Bei den Untersuchungen hat er völligen Mist gebaut
He really messed the investigation up

Das neue Programm ist mit Abstand das Beste
The new programme is by far the best

Beim Chinesen habe ich die Stäbchen mitgehen lassen
In the Chinese restaurant I pinched the chopsticks

Bei dieser Entscheidung möchte ich auch gern ein Wörtchen mitreden
I'd like to have a say in this decision

Diese Beziehung dient lediglich als Mittel zum Zweck
This relationship is only a means to an end

Papa hofft, mit dieser Regelung einen Modus Vivendi gefunden zu haben
Dad hopes he has found a modus vivendi with this arrangement

Dass ich dich nochmal wiedersehe - ist denn das die Möglichkeit!
Seeing you again - I don't believe it!

Der nervt mich so, ich könnte ihn auf den Mond schießen
He really pisses me off

So wenig Ahnung kann man doch gar nicht haben, außer man lebt auf dem Mond
It's impossible to be so uninformed except if you're living behind the times

Sobald ich im Süden bin, erwischt mich Montezumas Rache
As soon as I come to the south I get Montezuma's revenge

Mein Vater ist ein alter Moralprediger
My father is an old moralizer

Wenn die so weiter machen, gibt es bald Mord und Totschlag
If they go on like that there'll be hell to pay

Ich mag jetzt nicht mehr, morgen ist auch noch ein Tag
I've had enough for today, there's always tomorrow

Der Anwalt arbeitet am liebsten morgens, denn Morgenstund hat Gold im Mund
The attorney prefers to work in the morning because the early bird catches the worm

Diese Vorstellungen stammen doch aus der Mottenkiste
These views are really relics

Die Opposition ist ein Meister darin, aus einer Mücke einen Elefanten zu machen
The opposition is perfect in making a mountain out of a molehill

Nur keine Müdigkeit vorschützen, das muss noch fertig werden
Don't you tell me you're tired, this must be ready soon

Petra ging ganz schön die Muffe, als das Licht plötzlich ausging
Petra was scared stiff when the light went out

Der ist so schüchtern, dass er seinen Mund einfach nicht aufkriegt
He's so shy that he won't open his mouth

Er sollte aufpassen mit seinen Versprechungen, er nimmt den Mund einfach immer zu voll
He should be careful about his promises, he always talks too big

Ich rede mir den Mund fusselig, aber keiner hört zu
I talk till I'm blue in the face, but nobody is listening

Die Polizei wird ihm schon das Maul stopfen!
The police will shut him up

Der Kleine ist bestimmt nicht auf den Mund gefallen
I bet the little boy is never at a loss for words

Der neue Bürgermeister ist in aller Munde
The new mayor is on everybody's lips

Man kann nicht leugnen, dass er ein großes Mundwerk hat
You can't deny he has a big mouth

Trotz ihrer Krankheit, ist sie munter wie ein Fisch im Wasser
In spite of her illness she is in fine fettle

Du sollst doch nicht immer, alles was er sagt, für bare Münze nehmen
Don't take everything he says at face value!

Nach dem langen Abend schläft Mama wie ein Murmeltier
Mum is still sleeping like a log because it was so late yesterday

Dein Vorschlag klingt wie Musik in meinen Ohren
Your proposal is music to my ears

Ich denke, du solltest das jetzt machen, denn wer A sagt, muss auch B sagen
I think you should do that now - in for a penny, in for a pound
Sie hängt immer noch an Mutters Rockzipfel, obwohl sie schon 15 Jahre alt ist
She still clings to mother's apron-strings although she is already 15 years old
Mozart hat die Musik schon mit der Muttermilch eingesaugt
Mozart learned music from the cradle
Ich brauche jetzt unbedingt eine Mütze voll Schlaf
I urgently need a good kip now
Mein Kind meint, es ist der Nabel der Welt
My child thinks it is the hub of the world
Nach Adam Riese ist 4 und 4 immer noch 12
The way I learned it at school 4 plus 4 still is 8
Das fehlende Geld bereitet mir schlaflose Nächte
I'm having sleepless nights because of that missing money
Goldhagen wurde durch sein Buch über Nacht berühmt
Goldhagen became famous overnight with his book
Obwohl ich ihn nur leicht gekränkt hatte, war er nachtragend wie ein indischer Elefant
Although I only had hurt his feelings a little bit he was unforgiving like an Indian elephant
Halt den Nacken steif mein Kind, so schlimm wirds schon nicht werden
Stand your ground, kid, it won't be all that bad
Seit einem halben Jahr sitzen dem Manager die Gläubiger im Nacken
For half a year now the creditors have been breathing down the manager's neck
Wenn man an der Nadel hängt, macht das Leben keinen Spaß mehr
If you're hooked on heroin life holds no more fun
Mit dieser Bemerkung hast du den Nagel auf den Kopf getroffen
With this remark you hit the nail on the head
Es ist an der Zeit, dass wir Nägel mit Köpfen machen
It's about time we did the job properly
Es tut mir leid, wenn ich ihnen zu nahe getreten bin
I would be sorry if I had offended you
Es ist sehr kontraproduktiv, wenn man schon immer vorher alles aus dem Nähkästchen plaudert
It's very counterproductive to give away private details in advance
Die Wohnung platzt aus allen Nähten, wenn nicht bald jemand auszieht
The flat will be bursting at the seams if nobody moves out soon
Durch Zusatzarbeiten hat er sich überall einen guten Namen gemacht
By additional work he has made a good name for himself everywhere
Es ist immer hilfreich, die Dinge beim Namen zu nennen
Calling a spade a spade always helps
Von Anfang an hat Oma einen Narren an diesem Kind gefressen
From the beginning grandma has been doting on this child
Du hast wohl zu tief ins Glas geguckt gestern abend
You had one over the eight last night, hadn't you?
Der Innenausstatter hat eine feine Nase für den Geschmack der Kunden
The interior decorator has a good nose for the taste of the customer
Bei jeder Gelegenheit steckt er seine Nase in ein Buch
On every occasion he got on with his book
Man sieht dir die gute Nachricht doch schon an der Nasenspitze an
The good news is written all over your face
Mit diesem Geschäft bin ich ganz schön auf die Nase gefallen
In this business I fell flat on my face
Musst du gleich jedem die Neuigkeit auf die Nase binden
Is it necessary that you tell everybody everything about every news?
Die Tasse steht vor deiner Nase
The cup is right under your nose
Alle naselang kommt er mit einer neuen Aufgabe an
All the time he's coming with new tasks
Setz dich ordentlich hin, du hängst im Stuhl wie ein nasser Sack
Sit properly, you're sitting there like a wet rag

Das liegt nun mal in der Natur der Sache, dass es auch blitzt wenn es donnert
It's in the nature of things that there is rain when there's thunder
Woher nehmen und nicht stehlen, es ist kein Geld mehr da
Where on earth am I going to find one, there's no more money
Bei der Taufe dabei zu sein, lass ich mir nicht nehmen
I insist on coming to the christening
Frau Taler nimmt es mit der Hausarbeit nicht so genau
Mrs Taler doesn't take housework too seriously
Das muss ihm der Neid lassen, er spielt hervorragend Cello
Give the devil his due, he plays the cello excellently
Die Vorräte gehen zur Neige
The provisions are becoming exhausted fast
Der Chef hatte gestern keine Nerven mehr, damit weiterzumachen
The boss didn't have the nerve to go on with it yesterday
Ich muss schon sagen, du hast Nerven wie Drahtseile
I have to say, you have nerves of steel
Dieser Typ geht mir so auf die Nerven
This guy does get on my nerves
Mit dieser Bemerkung habe ich mich wohl ganz schön in die Nesseln gesetzt
With this remark I really seem to have put myself in a spot
Es gab keinen Ausweg mehr, er hatte sich völlig im Netz von Lügen verstrickt
There was no other way out, he had been caught in the trap of his own lies
Nach einer Dusche fühle ich mich immer wie neugeboren
After taking a shower I always feel like a new man
Hör auf mich stören, ich bin schon auf neunundneunzig
Stop bothering me, I'm hopping mad already
Kaltes Klima ist nichts für meine Bronchen
A cold climate is bad for my bronchial tubes
Bemüh dich mal, von nichts kommt nichts
Try a little harder, what you put into it is what you get out of it
Drei Tage Arbeit, für nichts und wieder nichts
Three days of work, for damn all!
Nie und nimmer werde ich mich bei ihm entschuldigen
Never ever will I apologize to him
Der plötzliche Tod meiner Arbeitskollegin geht mir sehr an die Nieren
The sudden death of my colleague gets me down
Dieser Casanova ist auf Nimmerwiedersehen verschwunden
This Casanova has disappeared never to be seen again
Otto Normalverbraucher hat doch noch nie etwas von diesem Produkt gehört
I bet Joe Bloggs has never heard of that product
Wenn Not am Mann ist, hilft bei uns die ganze Familie mit
In an emergency my whole family helps
Gib schon her, in der Not frisst der Teufel Fliegen
Come on, give it to me, beggars can't be choosers
Die Zusatzarbeit ist ein notwendiges Übel
The additional work is a necessary evil
Dieser Auftrag ist eine Nummer zu groß für deine Firma
This order is a bit big for your company
Die Stimmung beim Faschingsfest hatte den Nullpunkt erreicht
The atmosphere froze
Mit dieser Wahl bin ich auf Nummer sicher gegangen
With this choice I've played it safe
Dieser Fall war eine harte Nuss für den Kommisar
This case was a tough nut to crack for the inspector
Komm beweg dich und mach dich nützlich
Come on, move and make yourself useful
Gib Obacht, sonst beißt dich der Hund
Be careful or the dog will bite you
Mein Arbeitgeber behandelt mich nur noch von oben herab
My employer treats me no other than condescendingly

Es ist wichtig, dass du während des ganzen Spieles die Oberhand behälst
It's important for you to keep the upper hand during the entire match
Dieser Job steht mir bis Oberkante Unterlippe
I'm fed up to here with this job
Sieh zu, dass du Oberwasser kriegst!
Try and open up again
Keine Chance mehr, der Ofen ist aus, es gibt kein Geld mehr
No more chance, that's it, there's no more money
Haltet die Augen offen, ob jemand kommt
Keep your ears open and see if someone's coming
Es tut mir leid, daß ich es bin, die es dir sagt, aber jemand mußte dir die Augen öffnen
I'm sorry it's me who tells you, but somebody had to open your eyes
Wer weiß was noch passieren wird, denn unverhofft kommt oft
Who knows what's going to happen? Nothing happens as you expect it
Die Kinder spitzen jedesmal die Ohren, wenn wir von Weihnachten sprechen
The children always prick up their ears whenever we talk about Christmas
Machs gut und halt die Ohren steif!
Fare well and keep your head up
Stellt eure Ohren auf Empfang, ich habe eine wichtige Mitteilung zu machen
Prick up your ears, I have important news
Sie hat mir den ganzen Abend die Ohren mit ihren Problemen vollgejammert
She kept moaning at me about her problems all evening
Mit der Aufforderung zur Mülltrennung, predigst du hier tauben Ohren
If you try to get people to sift their waste, you're preaching to deaf ears
Er sollte Hausaufgaben machen, aber auf diesem Ohr hört er anscheinend schlecht
He was told to do his homework but he won't hear of it
Diese Informationen sind nicht für fremde Ohren bestimmt
These news are not for other people's ears
Diese Musik geht ins Ohr
This tune is very catchy
Mein Mann liegt mir ständig wegen der Kinder in den Ohren
My husband keeps nagging me about the children
Könnten sie es bitte wiederholen, ich habe nur mit halbem Ohr zugehört
Could you repeat it please, I wasn't listening properly
Ich bin leider nicht fertig geworden, da ich im Moment sehr viel um die Ohren habe
I'm sorry I didn't finish it but I've got a lot on my plate just now
Durch sein Verschwinden hat er nur noch Öl ins Feuer gegossen
By disappearing he just added fuel to the flames
Du stehst da wie ein Ölgötze
You're standing there like a stuffed dummy
Quatsch keine Opern, sondern hilf mir lieber!
Stop talking gibberish! Come and give me a hand
Du musst das wieder in Ordnung bringen, es ist wichtig für deine Karriere
You have to get that sorted out. It's important for your career
Fahr ruhig, das geht schon in Ordnung
You just go. That's fine
Der Bundesratsvorsitzende musste mehrere Abgeordnete zur Ordnung rufen
Several members of the Bundesrat had to be called to order by the chairman
Die Kinder standen in Reih und Glied, wie die Orgelpfeifen
The children were standing in formation like a row of Russian dolls
Das hier ist nicht der geeignete Ort für ein derartiges Gespräch
This isn't the right place for this kind of conversation
Die Entscheidung wurde gleich an Ort und Stelle getroffen
The decision was made on the spot
Der redet, als ob er die Weisheit gepachtet hätte
He talks as if he were the only clever person around
Jeder hat so sein kleines Päckchen zu tragen
We all have to carry our lot

Alles paletti, sie können jetzt fahren
Everything is OK, you can go now
Dieses ewige Genörgle bringt mich auf die Palme
This constant moaning really makes my blood boil
Thomas denkt, er sei der Herr im Haus, aber in Wirklichkeit steht er ganz schön unterm Pantoffel
He thinks he is master in his own house but he's quite henpecked really
Schreib nur, Papier ist geduldig
Go on writing, you can say what you like on paper
Sie können sich ihre Papiere im Personalbüro abholen
You can pick up your documents in personnel
Unsere Gegner sind stark, aber wir sind auch nicht von Pappe
Our adversaries are tough. But we're not that bad either
Der Direktor kennt ja seine Pappenheimer
The director knows his lot
Zwei Tage Erde schaufeln ist kein Pappenstiel
Shoveling soil for two days is no child's play
Dieses Hotel ist das Paradies auf Erden für mich
This hotel seems like heaven on earth to me
Er ist ein Casanova par excellence
He's a Casanova par excellence
Ich bin durchaus in der Lage, dir auf diesem Gebiet Paroli zu bieten
I am quite able to stand my ground in this area
In diesem Fall muss ich Partei für den Konkurrenten ergreifen, er hat das bessere Konzept
In this case I am compelled to take sides for yor rival. He's got the better concept
Er bekam den Posten, weil er das richtige Parteibuch hat
He got the position because he's in the right party
Der Spruch passt, wie die Faust aufs Auge
This statement is entirely out of place here
Ich musste ihm schon wiederholt aus der Patsche helfen
I had to help him out of a jam repeatedly
Du hast uns doch in die Patsche geritten, also hilf uns jetzt auch!
You got us into this trouble. So you'd better help us now
Heute Abend hauen wir ordentlich auf die Pauke
Tonight we're going to paint the town red
Du hast jetzt Pause, jetzt reden wichtige Leute!
Hold your breath, important people are talking
Dieser Schwätzer ist mir nicht von der Pelle gerückt
This wind-bag wouldn't stop pestering me
Es ist notwendig ihm mal auf den Pelz zu rücken, ansonsten passiert hier gar nichts
It's necessary to get on at him from time to time or nothing is going to get done round here
Diesem Mann Kaviar zu servieren, ist wie Perlen vor die Säue werfen
To serve this man caviar is like feeding pearls to the swine
Der Abgeordnete ist die Korrektheit in Person
The MP is correctness incarnate
Im Verlauf des Gesprächs wurde er sehr persönlich
He got quite personal in the course of the conversation
Der Gastgeber hatte noch einige Überraschungen in petto
The host had a few surprises up his sleeve
Peu à peu streute er seine Informationen
Little by little he parted with his knowledge
Nach diesem Fehltritt wandelt sie jetzt nur noch auf dem Pfad der Tugend
After this lapse she only follows the path of virtue now
Mein Freund hat mich beim Direktor ganz schön in die Pfanne gehauen
My friend really did the dirty on me
Du kannst meinetwegen dahin gehen, wo der Pfeffer wächst
You can go to hell!

Damals hatte ich noch Pfeffer im Hintern, aber heute bin ich alt
Then I had lots of get-up-and-go, but today I'm old
Mutter erwartet, dass alle nach ihrer Pfeife tanzen
My mother expects everybody to dance to her tune
Das Grundstück ist keine zehn Pfennig mehr wert, wenn die Autobahn gebaut wird
If the motorway gets built, the estate won't be worth a thing
Herr Schulz ist mein bestes Pferd im Stall
Mr Schulz is our best man
Keine zehn Pferde bringen mich dazu, dieses Gericht zu essen
Wild horses wouldn't get me to eat this meal
Mach doch die Pferde nicht scheu, bevor du endgültig Bescheid weißt!
Keep your hair on till you know something definite
Mit diesem Mädchen kannst du Pferde stehlen
This girl's a great sport
Seine Tips sind keinen Pfifferling wert, weil er keine Ahnung hat
His hints aren't worth a thing because he knows nothing about it
Ich möchte dich erst wiedersehen, wenn Ostern und Pfingsten auf einen Tag fallen
I'd like to see you again when pigs can fly
München ist ein teures Pflaster
Munich is a pricey place
Um acht Uhr schließt das Museum seine Pforten
The museum closes its doors at 8 o'clock
Pass auf, dass du dir bei dieser Aktion nicht die Pfoten verbrennst
Be careful not to burn your fingers doing that
Die meisten Politiker sind sowieso nur Phrasendrescher
Most politicians are nothing but windbags anyway
Der Bauleiter hat die Maße Pi mal Daumen abgeschätzt
The site manager estimated the measures off the top of his head
Es ist mir piepegal, ob du kommst oder nicht
I don't give a damn whether you are coming or not
Bei dir piepts wohl, damit bringst du das Haus zum Einsturz
Are you off your head, you're making the house collapse with that
Der Facharbeiter hat das Handwerk von der Pike auf gelernt
The skilled worker has learnt the trade from the bottom
Peters Kündigung wird eine bittere Pille für den Chef sein
Peter's giving in his notice will be a bitter pill for the boss
Vor lauter Lachen musste ich Pipi machen
I had to do a wee with laughing
Mit dieser Zahlungsaufforderung hat er mir die Pistole auf die Brust gesetzt
With this request for payment he has set a pistol to my head
Das Fahrrad war platt wie ein Pfannkuchen, nachdem das Auto darüber gefahren ist
The bike was flat like a pancake when the car had driven over it
Kannst du nicht mal eine andere Platte auflegen, ich bin dieses Thema leid
Can't you stop talking about your old theme, I've had enough of it
Der Arzt bat mich, Platz zu nehmen
The doctor bid me take a seat
Er solle Platz behalten, sagte der eintretende Pädagoge
The educationalist who was coming in asked him to remain seated
Herbert hatte mal wieder frühzeitig aus dem Nähkästchen geplaudert
Herbert had once again told private details in advance
Zwei Jahre nach der Gründung der Firma hatte er schon Pleite gemacht
Two years after he had founded the firm he had already gone bankrupt
Der Pleitegeier kreist schon über dem Haus
The vultures are hovering over the house
Jetzt aber mal ein bisschen plötzlich
Make it snappy!
Mutter ist der ruhende Pol in der Familie
Our mother is the calming influence of the family

Um diese Unterlagen zu bekommen, mußte ich von Pontius zu Pilatus laufen
To get all these documents I had to run from pillar to post
Mit seinen gestrigen Äußerungen hat er viel Porzellan zerschlagen
With what he said yesterday he caused a lot of unnecessary bother
Mit seiner Antihaltung steht er auf verlorenem Posten
With his contrariness he's fighting a lost cause
Alles was er sagte, waren ihrer Meinung nach Potemkinsche Dörfer
She considered everything he said a sham
Potz Blitz, ist das schnell gegangen!
Upon my soul, that was fast!
Es ist ein wahre Pracht, dir beim Klavier spielen zuzuhören
It's marvellous listening to you playing the piano
Man sitzt hier wie auf dem Präsentierteller
We're sitting on the show here
Der Bauer möchte dieses Pferd um jeden Preis haben
The farmer wants to have this horse at all costs
So schnell schießen die Preußen nicht, erst muß alles überprüft werden
Things don't happen that fast, first everything has to be checked
Deine Tochter hat meine Geduld auf eine harte Probe gestellt
My daughter sorely tried my patience
Versuchs einfach, Probieren geht über Studieren
Just try, the proof of the pudding is in the eating
Nun habe ich aber genug vom Probleme wälzen!
Now I've had enough of talking about problems
Na prosit, jetzt kommt der auch noch
Bottoms up! Now he's coming, too
Du siehst aus, wie ein geprügelter Hund
You're looking like a kicked dog
Nach dieser Blamage fühlte er sich wie ein begossener Pudel
After this disgrace he looked so sheepish
Sabine lebt seit Jahren auf Pump
Sabine has been living on credit for years
Der springende Punkt bei der ganzen Sache ist doch, dass jeder Bescheid weiß
The point of the whole affair is that everybody is informed
Nach langer Durststrecke ist der tote Punkt nun überwunden
After long hard times the low point is now over
Die Erziehung seines Kindes ist sein wunder Punkt
Raising his child is his sore point
Der Journalist brachte es auf den Punkt
The reporter got to the heart of it
Vater redete ohne Punkt und Komma
Daddy was talking nineteen to the dozen
Wir sind bis in die Puppen weggegangen
We went out to all hours
Nach der Halbzeit ging ihm die Puste aus
At halftime he ran out of breath
Es wird Zeit, dass wir mal ordentlich auf den Putz hauen
It's about time you'd kick up a fuss
Wer die Wahl hat, hat die Qual.
I'm spoilt for a choice, what am I going to do?
Quatsch keine Opern, sag ob du bleibst oder gehst!
Stop talking, just tell me whether you stay or go
Mit diesem Job sitzt du direkt an der Quelle
In this job you are well-placed
Komm mir bei diesem Projekt ja nicht in die Quere!
Don't you cross my path in this project!
Ich gebe dir das Geld zurück, und dann sind wir quitt
I'll give you back the money and then we're even
Was zu beweisen war
QED

Die Gefangenen nahmen grausame Rache an den Wärtern
The prisoners took cruel revenge upon the guardians

In dieser Gesellschaft muss man ja unter die Räder kommen!
In this company you can't help but fall into bad ways

Nach so wenig Schlaf fühle ich mich wie gerädert
After having slept I'm feeling absolutely whacked

Wenn du so weiter machst, kannst du dir bald die Radieschen von unten ansehen
If you go on like that you'll soon be pushing up the daisies

Dieser Mehraufwand würde den zeitlichen Rahmen sprengen
This additional expenditure would be beyond the scope of time

Mit einem Schauspieler an der Seite steht man überall im Rampenlicht
With an actor accompanying you're always in the limelight

Sie hat es am Rande erwähnt
She mentioned it in passing

Die Kinder waren vor Freude außer Rand und Band
The children were going wild with joy

Ich komme mit meinem Chef gut zu Rande
I get along quite well with my boss

Sie hat ihrem Kollegen den Rang abgelaufen
She has outstripped her colleague

Das Theater war ein Erlebnis ersten Ranges
The play was a first-class experience

Du hast dich ganz schön rar gemacht in letzter Zeit
You made yourself quite rare recently

Nach dem Gespräch kam ich wieder zur Räson
After we had talked I saw sense again

Komm beweg dich, denn wer rastet der rostet!
Come on, move, you have to keep active

Bei diesem Problem ist guter Rat teuer
It's hard to know what to do in this case

Ich muss einen Kollegen zu Rate ziehen
I have to consult a colleague

Wie das passieren konnte wird mir ein Rätsel bleiben
It's a mystery to me how that could happen

Mit diesem Extremsport betrieb er Raubbau an seinem Körper
With this kind of extreme sport he overexploits his body

Es ist mir normalerweise egal was die Leute sagen, aber wo Rauch ist, ist auch Feuer
Usually I don't care what people say, but there's no smoke without fire

Du rauchst seit Jahren wie ein Schlot
You've been smoking like a chimney for years

Joachim stellte die Frage einfach in den Raum
Joachim just posed the question

Aus Zeitmangel blieben die Fragen unbeantwortet im Raum stehen
As they had little time the questions were left hanging

Über den Verbleib des Geldes musste ich bei meinem Vater Rechenschaft ablegen
I have to account to my father where the money went

Er war gekommen, um eine alte Rechnung zu begleichen
He had come to settle a score

Deiner Bitte wurde bei dem Abkommen Rechnung getragen
What you asked for was taken into account in the contract

Wir haben ihnen unsere Spesen in Rechnung gestellt
We charged you our expenses

Vater tat recht daran sich zu entschuldigen
My father was right to apologize

Der Körper verlangte sein Recht und er schlief ein
The body took its toll and he fell asleep

Du hast recht behalten, es war nichts mehr zu machen
You were right, there was nothing doing

Die Klage wurde mit Recht abgewiesen
The action was rightly dismissed
Er kam nach Hause, um nach dem Rechten zu sehen
He came home to see how things were
Der Lehrer hat mich heute rechts liegen lassen
The teacher left me standing today
Es kann gar keine Rede davon sein, dass du gekündigt wirst
No-one was ever talking about you being dismissed
Der Liferant ist ein Meister im Reden schwingen
The deliverer is a master in giving speeches
Die Putzfrau wurde wegen der Unordnung zur Rede gestellt
The cleaning-woman was taken to task because of the mess
In diesem speziellen Fall lasse ich noch einmal mit mir reden
In this special case that might be a possibility
Der Chef redet wie ein Wasserfall
The boss is talking nineteen to the dozen
In aller Regel kommt er pünktlich
He is punctual as a rule
Mit schöner Regelmäßigkeit wiederholte sich der Fehler
The mistake is repeating itself persistently
Mit der neuen Sekretärin bin ich vom Regen in die Traufe gekommen
With the new secretary I've fallen out of the frying-pan into the fire
Der Papst führt ein strenges Regiment im Vatikan
The pope is very strict in the Vatican
Um dieses Grundstück zu bekommen, habe ich alle Register gezogen
To get this estate I pulled out all the stops
Es reicht, hör auf so rumzuschreien!
It's enough, stop shouting about
Ich bin reif für den Urlaub!
I'm ready for a holiday
Du bist mit Einladen an der Reihe
It's your turn to invite me
Es ist völlig unnötig, derartig aus der Reihe zu tanzen
There's absolutely no need to step out of line
Sie standen artig in Reih und Glied
They stood neatly lined up
Ich kann mir auf den Vorfall keinen Reim machen
I can't make head nor tail of that accident
Vater ist mit Großvater immer noch nicht im Reinen
My father has not yet sorted things out with grandad
Vor Wut habe ich ihm eine reingehauen
I was so enraged I hit him
Er musste ihm gleich reinwürgen, dass er zu spät gekommen ist
He had to do the dirty on him at once by telling him that he was late
Für dieses Buch wurde die Reklametrommel heftig geschlagen
The big drum was beaten for this book
Mein Pferd wird das Rennen machen
My horse is going to win the race
Die Konkurrenzfirma hat mich aus dem Rennen geworfen
The competing company cut me out of the race
Es war äußerst schwierig, ihn aus der Reserve zu locken
It was very difficult to break down his reserve
Ich möchte nur wissen was du denkst, der Rest der Welt interessiert mich nicht
I just want to know what you think, I don't care about the rest of the world
Diese Mitteilung hat mir den Rest gegeben
This news finished me off
Bist du noch zu retten, warum hast du das getan?
Are you out of your mind? Why did you do that?
Es hat schon seine Richtigkeit, dass er hier ist
It's right enough that he's here

Ich kann diesen Huber nicht riechen
I hate this Huber's guts

Dr. Hasenkopf hat einen guten Riecher fürs Geschäft
Dr Hasenkopf has a good nose for business

Kannst du dich nicht einmal am Riemen reißen?
Can't you get a grip on yourself for once?

Hier sind die Tickets, also rein ins Vergnügen
Here are the tickets, let's have fun

Zitternd und durchnässt stand er vor uns, der Ritter von trauriger Gestalt
Trembling and wet to the bone he was standing in front of us, this Knight of the Sorrowful Countenance

Er läuft schon immer hinter jedem Rock her
He's always been chasing every skirt

Da ich zu spät gekommen bin, musste ich in die Röhre gucken
Since I was late I was left out

Ich bin heute völlig von der Rolle
Today I'm not myself

Was du denkst, spielt überhaupt keine Rolle!
What you think doesn't matter at all

Es ist anscheinend schwierig für dich, nicht aus der Rolle zu fallen
It seems to be difficult for you not to say the wrong thing

Endlich kommen die Geschäfte ins Rollen
At last business is getting on

Erzählen sie keine Romane, sondern beantworten sie meine Fragen
Don't tell stories, just answer my questions

Wir waren in unserer Jugend nicht auf Rosen gebettet
In our youth we had no bed of roses

Seit der offiziellen Ehrung sitzt er ganz schön auf dem hohen Ross
Since he has been honoured officially he's been on his horse

Lügen ziehen sich wie ein roter Faden durch sein Leben
Lies run like a thread through his life

Mein Urlaub ist dem Rotstift zum Opfer gefallen
My holidays have been scrapped

Nach der Absage habe ich Rotz und Wasser geheult
After the refusal I blubbered

Seit du bei uns arbeitest, rollt der Rubel
Since you've been working here the money's rolling in

Kannst du mir während der Verhandlung den Rücken freihalten?
Could you please back me up during the negotiations?

Tragt eure Streitigkeiten nicht immer auf meinem Rücken aus!
Don't always quarrel on my back

Ich steh mit dem Rücken zur Wand, alle wollen gleichzeitig was
I have my back to the wall, everybody wants something at the same time

Dieser Mann hat kein Rückgrat, verlass dich nicht auf ihn.
This man has no backbone, don't rely on him

Ohne Rücksicht auf Verluste zog er das Projekt durch
Without regard for anything he got through with the project

Wegen des Termins werden wir noch Rücksprache halten
We will talk about that appointment again

Wenn der ans Ruder kommt, wird sich einiges ändern
If he takes over at the helm, a lot will change

Pass auf, das ist nur die Ruhe vor dem Sturm!
Take care, that's only the calm before the storm

Alle sind gestresst, nur er hat die Ruhe weg
Everbody is feeling hassled, he's the only one who is unflappable

Der Bürgermeister lässt mir mit dem Bauvorhaben keine Ruhe
The mayor keeps asking me about the building scheme

Sie aß in aller Ruhe, während vier Leute auf sie warteten
She ate her meal as if she had all the time in the world while four people were waiting for her

Wir werden nicht ruhen und rasten, bis das erledigt ist!
We will not rest until this is done

Mit dieser Tat hat er sich nicht gerade mit Ruhm bekleckert
He didn't exactly cover himself with glory when he did that

Ich kann mich vor Schmerzen kaum rühren
I can hardly move for pain

Die frohe Botschaft machte schnell die Runde
The good news quickly did the rounds

Die paar Tage wird er auch noch über die Runden bringen
He will get through these few days

Kurz vor Weihnachten geht es rund in allen Geschäften
Just before Christmas all hell is breaking loose in the stores

An diesem Urteil lässt gibt es nichts mehr zu rütteln
There's no doubt about that verdict

Die Sache ist die, dass ich eigentlich gar keine Zeit mehr habe
The thing is that I don't really have time anymore

Es ist nicht jedermanns Sache, um 7 Uhr morgens aufzustehen
It's not everyone's cup of tea to get up at 7 a.m.

Ich würde mit diesem Menschen keine gemeinsame Sache machen
I would never make common case with this man

Er war nicht ganz bei der Sache, als er Milch in den Saft goß
His mind was elsewhere when he poured milk into the juice

Von wem ich das weiß, tut nichts zur Sache
It doesn't matter who told me

Dieser Mensch geht mir auf den Sack!
This person is getting on my nerves

Diese Verbrecher werden sie jetzt im eigenen Saft schmoren lassen
They'll leave these criminals to stew now

Sage und schreibe 20 000 Menschen kamen zu der Veranstaltung
Would you believe it, 20,000 people were at the venue

Seit wann hat uns der was zu sagen?
Since when is it for him to say?

Es ist wichtig, dass du dir auch mal was sagen lässt
It's important you take something from somebody else from time to time

Ich kann dir sagen, ich habe heute was erlebt!
I can tell you, I experienced something today

Es ist nicht gesagt, dass er kommt
It's by no means certain that he'll come

Der neue Chef wird hier neue Saiten aufziehen
The new boss is going to get tough

Da hast du den Salat, jetzt geht gar nichts mehr!
Now we're in a pretty pickle, now there's nothing doing

Bei dieser Geschichte fehlt das Salz in der Suppe
This story is like ham without eggs

Er erstarrte zur Salzsäule, als er von der Kündigung hörte
He stood as though rooted to the spot when he heard he was dismissed

Ich habe samt und sonders alles wegworfen
I threw away the whole lot

Bewerber gibts wie Sand am Meer
There are heaps of applicants

Mit diesen Aktien haben sie vermutlich auf Sand gebaut
They probably built on sandy ground with these shares

Diese Klausur hat sie in den Sand gesetzt
She blew the test

Er ließ die Geschichte im Sande verlaufen
He let that matter come to naught

Im Grunde genommen ist er sanft wie ein Lamm
Basically he's as gentle as a lamb

Wenn du so weiter machst, dauert das bis zum Sankt-Nimmerleins-Tag
If you go on like that it'll take till never-never day

Langsam hat sie ihren Mann wirklich satt
She's beginning to have enough of her husband

Ich kann mich an deinen Bildern nicht satt sehen
I can't see enough of these pictures
Er wollte endlich mal wieder die Sau rauslassen
He wanted to let it all hang out once again
Dem werde ich Saures geben, wenn er nicht bald arbeitet
I'll let him have it if he doesn't work soon
Jeden Abend säuft er wie ein Loch
Every night he drinks like a fish
Auf einmal wurde sie bezüglich des Umweltschutzes vom Saulus zum Paulus
All of a sudden she saw the light regarding the conservation of the environment
Nachdem sie jahrelang in Saus und Braus gelebt hatten, war nichts übrig vom Geld
After they had been living like lords for years nothing of the money was left
Mit Mühe konnte ich den Gegner in Schach halten
With effort I could stall my opponent
Vom vielen Wein gestern Abend brummt ihm der Schädel
Because of all that wine my head is throbbing
Bei dem Unfall ist niemand zu Schaden gekommen
Nobody was injured in the accident
Sein Bruder ist das schwarze Schaf der Familie
My brother is the black sheep of the family
Nach dem Konkurs hatte er Mühe, seine Schäfchen ins Trockene zu bringen
After the bankruptcy it was difficult for him to see himself all right
Dieser Posten ist wie für sie geschaffen
This position is just made for her
Jemand hat sich an dem Alarmsystem zu schaffen gemacht
Somebody has fiddled about with the alarm system
Mit der Polizei will der Normalbürger nichts zu schaffen haben
The average citizen doesn't want to have to do anything with the police
Die Prinzessin hat sich ein weiteres Mal in Schale geworfen
The princess once again got dolled up
Es hat sich nichts geändert, der Schalk sitzt ihm immer noch im Nacken
Nothing's changed, he's still in that devilish mood
In dieser Abteilung kann ich schalten und walten wie ich will
In this department I have a free hand to do as I please
Er taucht alle Schaltjahre mal bei uns auf
He turns up at our place once in a blue moon
Der Makler war ganz scharf auf das Grundstück
The estate agent was keen on the estate
Der Hund folgt dem Herrchen wie ein Schatten
The dog followed his master like a shadow
Diese Erfindung stellt alles Bisherige in den Schatten
This invention overshadows everything
Was seine Auto betrifft, kann er nicht über seinen Schatten springen
As far as his car is concerned he's very much set in his ways
Ich kann mich glücklich schätzen, dass sie gekommen sind
I can deem myself lucky you have come
Er stellt seine neue Frisur gerne zur Schau
He likes to make a spectacle of his new haircut
Petra schäumte vor Wut, als sie von der Pleite erfuhr
Petra was foaming with rage when she heard about the failure
Mit guten Freunden kann er sich scheckig lachen
With good friends he can split his side laughing
Ab heute sind wir geschiedene Leute!
Today is the parting of the ways for us
Sie sind nur noch verheiratet, um den Schein zu wahren
The only reason for them being still married is to keep up appearances
Er hat doch nur Scheiße im Kopf!
His head is full of nonsense
Hoffentlich vergisst er nie, dass ich es war, die ihn aus der Scheiße gezogen hat
Hopefully he'll never forget that it was me who pulled him out of the shit

Der ehemalige Häftling sitzt schon wieder in der Scheiße
The former prisoner is up shit creek again
Ich scheiße auf diesen Job!
I don't give a shit about this job!
Diese Formulare gehen alle nach Schema F
These formulas are all the same old way
Bei so einem günstigen Preis ist das doch geschenkt!
Such a low price - that's dirt cheap!
Die schöne Vase ist zerbrochen - na ja, Scherben bringen Glück!
The good vase is broken - oh well, broken crockery brings you luck
Ihre Mutter war so wütend, dass sie ihr eine scheuerte
Her mother was so enraged that she clouted her one
Sie spielte Schicksal und suchte ihm eine Frau
She played at fate and looked for a wife for him
Man kann den kranken Mann doch nicht seinem Schicksal überlassen!
You can't just abandon the ill man to his fate
Nach seiner Scheidung sahen ihn die Nachbarn schief an
After the divorce the neighbours looked askance at him
Keine Sorge, es wird schon alles schiefgehen
Don't worry, it'll be OK
Wenn du mich reinlegen willst, bist bei mir schief gewickelt
If you want to take me for ride, you've got a surprise coming to you there
In ihrer lächerlichen Aufmachung sieht sie zum Schießen aus!
In her ridiculous dress she is a scream
Wir treffen uns morgen früh und machen mal klar Schiff
We'll meet tomorrow morning and clear the decks
Ich würde gern wissen, was er wieder im Schilde führt
I'd like to know what he is up to
Wie immer hatte sie keinen Schimmer, worum es dabei ging
As always she had no idea what it was about
Der starke Bursche trieb Schindluder mit ihm
The strong bloke misused him
Du nimmst mich doch auf die Schippe!
Hey, you're pulling my leg!
Ich habe Schiss vor der schweren Prüfung
I'm shit scared of the difficult test
Die schlechten Verkaufszahlen rauben ihm den Schlaf
The low sales keep him awake
Der Lehrer packte die beiden raufenden Jungen beim Schlafittchen
The teacher took the two fighting boys by the scruff of the neck
Das ist lecker! Würstchen im Schlafrock
Sausage rolls! Fine!
Unsere Aktion war ein Schlag ins Wasser
Our action was a let-down
Von da an ging alles Schlag auf Schlag
From then on it all happened in quick succession
Auf einen Schlag kamen fünfzehn Leute ins Lokal
In one go 15 people entered the restaurant
Mit seinem Liebesleben machte der Prinz viele Schlagzeilen
The prince's love-life often hit the headlines
Erklär mir das noch mal, ich stehe noch auf dem Schlauch
Could you explain that once again, I'm still at a loose end
Er hat die Prüfung mehr schlecht als recht bestanden
He passed the exam after a fashion
Beeil dich, lass die Sache nicht so schleifen!
Hurry up, don't slacken your own reins
Das Auto zog einen riesigen Anhänger im Schlepptau
The car was dragging a huge trailer in tow
Pass bloß auf, dass dir niemand auf die Schliche kommt!
Watch out that nobody gets wise at you

Die Aufführung war schlicht und ergreifend schlecht
The performance was quite simply bad
Die Polizei brachte den Dieb hinter Schloss und Riegel
The police put the thief behind bars
Als sie draußen war, fiel hinter die Tür ins Schloss
As soon as she was outside, the door locked
Der arme Schlucker hat doch keine Zeit, um in Urlaub zu fahren
The poor devil has no time to go on holidays
Sie fühlt sich nicht wohl, da ihr Freund mit ihr Schluss gemacht hat
She's not well because her boyfriend called it off
Ich muß endlich einen Schlussstrich unter die Sache ziehen
Eventually I have to consider the matter finished
Er wird ihm den Ausflug schon schmackhaft machen
He is going to make the trip palatable to him
Jeder ist seines Glückes Schmied
Life is what you make it
Du stehst Schmiere, damit uns der Bademeister nicht dabei erwischt
You are the look-out so that the attendant won't catch us
Wenn du noch mal so frech wirst, bekommst du eine geschmiert
If you're so cheeky again I'll clout you one
Das ging doch alles wie geschmiert!
That went like clockwork
Sag, was sie gesagt hat, und lass mich nicht länger schmoren!
Tell me what she said and don't keep me on tenterhooks
Halt doch mal deinen Schnabel!
Shut your mouth for once!
Ich hoffe, es hat bei ihm endlich geschnackelt, worum es geht
I hope he's finally understood what it's all about
Schnauze, jetzt red' ich!
Shut your gob, now I'm talking!
Die Chefin hat ihn zur Schnecke gemacht
The boss gave him a real bawling-out
Ach, das ist doch Schnee von gestern!
Come on, that's old hat!
Wenn wir seine Genehmigung kriegen, sind wir aus dem Schneider
If he agrees we'll be out of the woods
Die Bankräuber wollten auf die schnelle Tour Geld verdienen
The bank robbers wanted to earn money quickly
Sie wollte ihrem Mann ein Schnippchen schlagen
She wanted to play a trick on her husband
Was daraus wird, ist mir völlig schnuppe
I couldn't care less about what becomes of it
Das kann dir doch schnurzpiepegal sein
You don't have to give a damn about it
Im Schongang besiegte der Boxer seinen Herausforderer
The boxer won against his callenger without too much effort
Du kannst deinem Schöpfer danken, dass sie dich nicht rausgeschmissen hat
Thank your Creator she didn't fire you
In der Schule fiel ihm alles immer in den Schoß
In school it was all handed to him on a plate
Der Bierkonsum letzten Sommer hielt sich in Schranken
The beer consumption kept within reasonable limits last summer
Bei dir ist doch wohl eine Schraube locker!
You've got a screw loose
Schreck lass nach - wo ist denn meine Tasche?
For heaven's sake, where is my bag?
Sie trägt immer den letzten Schrei aus Paris
She's always dressed in the latest Paris style
Es steht nirgens geschrieben, dass man gertenschlank sein muss
It's written nowhere that people have to be slim and willowy

Der Patient schrie wie am Spieß
The patient squealed like a stuck pig
Immer muss sie den ersten Schritt tun
She always has to make the first move
Nach zwei Tagen konnte sie mit dem Kurs nicht mehr Schritt halten
Two days later she couldn't keep up with the course any more
Auf Schritt und Tritt begegneten ihnen deutsche Touristen
Wherever they went they met German tourists
Erzähl mir mal, wo drückt denn der Schuh?
Tell me, what's the trouble?
Sein Akkordeonspiel zieht einem die Schuhe aus
His way of playing the accordion makes my hair stand on end
Sie hat zehn Jahre lang die Schulbank gedrückt
For ten years she has gone to school
Seit sie sich für ihn eingesetzt hat, steht er in ihrer Schuld
Since she has lent him her support he's deeply indebted to her
Der neue Ski machte bald Schule
The new ski soon became the accepted thing
Die Mannschaft kämpfte Schulter an Schulter um die Meisterschaft
The team fought side by side for the championship
Den ganzen Tag zeigte sie ihm die kalte Schulter
All day long she gave him the cold shoulder
Natürlich! Jetzt fällt's mir wie Schuppen von den Augen
Of course! Now the scales are falling from my eyes
In deinem Alter hängt man nicht mehr der Mutter am Schürzenzipfel
At your age you're not supposed to be tied to your mother's apron strings anymore
Das Musical war ein Schuss in den Ofen
The musical was a complete waste of time
Am Wochenende werde ich das Auto in Schuss bringen
At the weekend I'm going to knock the car into shape
Der Sänger hätte nicht in dem Film spielen sollen - Schuster bleib bei deinen Leisten
The singer shouldn't have acted in the film - cobbler, stick to your last
Nach dem Bombenangriff lag die Stadt in Schutt und Asche
After the bomb attack the town was reduced to rubble
Wart erst einmal ab - eine Schwalbe macht noch keinen Sommer
Just wait a bit - one swallow doesn't make a summer
Er hat sich doch entschuldigt - also Schwamm drüber!
He has apologized, so forget it!
Mein lieber Schwan - ist das ein tolles Auto!
My goodness, that's a fantastic car!
Das ist doch kein Grund gleich den Schwanz hängen zu lassen
That's no reason to be down in the dumps
Sie arbeiteten gestern, dass die Schwarte krachte
Yesterday they worked themselves into the ground
Im Lexikon kannst du schwarz auf weiß erfahren, was richtig ist
In an encyclopedia you can see in black and white what is correct
Da können wir warten, bis wir schwarz werden
We can wait till the cows come home
Von der Anstrengung wurde ihr plötzlich schwarz vor Augen
Suddenly she blacked out because she was so exhausted
Die neuesten Änderungen stehen am Schwarzen Brett
The latest changes are written down on the noticeboard
Er baut Mist und will mir dann denn Schwarzen Peter zuschieben
He messes things up and then wants to leave me holding the baby
Mit dieser Aktion hast du ins Schwarze getroffen
With this action you've scored a bull's eye
Es war bitterkalt, ganz zu schweigen von dem ständigen Regen
It was freezing cold, not to mention that constant rain

Im Hinblick auf nähere Angaben zum Täter hüllte sich die Polizei in Stillschweigen
The police remained silent about details regarding the offender

Beim Roulette muss man auch Schwein haben
If you play roulette you have to be lucky

Heute morgen habe ich meinen inneren Schweinehund besiegt und war joggen
This morning I conquered my weaker self and jogged

Im Schweiße meines Angesichts schob ich das Auto an
In the sweat of my brow I pushed the car

Der Nachbarssohn ist ein ziemlich schwerer Junge
The nighbours' son is quite a crook

Als der Polizist ihn vernahm, kam er ins Schwitzen
When the policeman questioned him he got in quite a sweat

Er wird den alten Fernseher schon wieder in Schwung bringen
He is going to get the old TV set going

Das Projekt wird ein Erfolg werden, sie hat einen sechsten Sinn für so etwas
The project will be a success, she has a sixth sense for something like that

Morgen werden sie mit dem Segelboot in See stechen
Tomorrow they are going to put to sea with the sailing boat

Allein auf der Insel gelassen, schrie er sich die Seele aus dem Leib
When he was left alone on the island he yelled till his face was blue

So ein Betrug würde mir schwer auf der Seele liegen
Such a deceit would weigh heavily on my mind

Damit sprichst du mir aus der Seele
That expresses just what I feel

Er ist mit ganzer Seele Lehrer
He is a teacher with all his heart and soul

Wenn es dieses Mal auch nicht klappt, streiche ich die Seele
If it doesn't work again this time I'll give in

Sie versuchte mit vollen Segeln, ihn davon abzubringen
She tried to change his mind about it under full sail

Die Buben hatten für den Ausflug den Segen ihrer Eltern
They had their parents' blessing for the trip

Bei so einer Krise muss jeder sehen, wo er bleibt
In a crisis like this it's every man for himself

Das möchte ich sehen, dass der mal etwas zu Ende bringt
For once I'd like to see him finish something he has begun

In diesem Anzug kannst du dich überall sehen lassen
With this suit you'll look alright everywhere

Dieser Schriftsteller weilt nicht mehr unter uns
This writer is no longer with us

Sei doch nicht so und mach mal eine Ausnahme
Can't we make an exception? Come on, don't be that way!

Wenn das so ist, brauche ich da nicht mehr hinzugehen
If that is how things are I don't have to go there anymore

Viele dachten, er sei schon völlig kaputt, dem ist aber nicht so
Many people were thinking he was down and out, but they were wrong

Hier der letzte Stapel, so das wär's
This is the last stake, that's it

Das Auto der Nachbarn hat eine hässliche Farbe - na ja, jedem das Seine
Our neighbours' car has an ugly colour - well, to each his own

Ein solcher Sieg sucht seinesgleichen
A victory like that is unparalleled

Die Mathematik ist seine schwache Seite
Mathematics are his weakness

Jahrelang haben sie ihre Ersparnisse auf die Seite geschafft
For years they have put their savings on one side

Lass uns von dem Geld etwas für den Urlaub auf die Seite legen
Let's put some of the money on one side for the holidays

Sie stehen alle auf seiner Seite
They're all on my side

Auf seiten der Neuankömmlinge gab es keine Einwände
There were no objections on the part of the newcomers
Er wollte sich bei dem Vorstellungsgespräch von seiner besten Seite zeigen
In the job interview he wanted to show himself at his best
Der treue Hund wich ihr nicht von der Seite
The faithful dog never left her side
Sein Freund stand ihm mit Rat und Tat zur Seite
His friend supported him in word and deed
Das Haus brannte in Sekundenschnelle aus
The house burnt down in a matter of seconds
Dass man auf sein Reisegepäck aufpassen muss, versteht sich von selbst
It goes without saying that you have to keep an eye on your baggage
Mit der neuen Küchenmaschine geht das Gemüsezerkleinern wie von selbst
The new food processor cut the vegetables almost by itself
So ein guter Schüler hat Seltenheitswert
A pupil as good as this one has rarity value
Wenn das nicht gut geht, ist alles Sense
If that doesn't work that's the end
Wenn du deine Sachen nicht wegräumst, setzt es Hiebe!
If you don't tidy up your stuff there'll be trouble
Er war sich seiner festen Position nicht mehr sicher
He wasn't certain about his safe position anymore
Wir nehmen zwei Umschläge - sicher ist sicher
We take two envelopes - it's better to be on the safe side
In seiner Position kann sie sich in Sicherheit wiegen
In her position she can think herself safe
Das Festland war nun außer Sicht
The dry land was now out of sight
In der dunklen Straße war kein Mensch in Sicht
In the dark street there was no one to be seen
In Siebenmeilenschritten lief das Jahr seinem Ende zu
In seven-league boots the year ran towards its end
Früh am Morgen packte er seine Siebensachen und verschwand
Early in the morning he packed his belongings and disappeared
Seit sie ihn kennt, schwebt sie im siebten Himmel
Since she's been knowing him everything in the garden has been lovely for her
Das ist eigentlich geheim, er hat es mir nur unter dem Siegel der Verschwiegenheit erzählt
That's actually a secret, he only told me under the seal of secrecy
Den Eintrittspreis hat er mit keiner Silbe erwähnt
He didn't say a word about the admission fee
Mir steht nicht der Sinn nach Feiern
I don't wish to celebrate
So eine große Aktion hat keinen Sinn
There's no point in such a big action
Schlag dir doch diesen blöden Plan aus dem Kopf
Put that dumb plan out of your mind
So eine blöde Idee würde mir nie in den Sinn kommen
I would never have such a silly idea
Das liegt nicht im Sinn der Sache
That is not the point
Es war nicht im Sinne des Erfinders, den Staubsauger für die Gardinen zu verwenden
Using the hoover for the curtains is not what the inventor would have done
Da bin ich nicht mehr da und nach mir die Sintflut
I won't be there anymore and it doesn't matter what happens when I'm gone
Nach den vier Bier hatte er einen sitzen
After four pints of beer he had had one too many
Die kleinen Erstklässler haben noch kein Sitzfleisch
The little first-graders cannot sit still yet

Er unterstützt seine Mutter mit keinem Pfennig - also so etwas!
He doesn't give his mother a penny - that's too much!

Er wird so oder so nicht hier sein
He won't be here anyway

Es ist schon sieben, wir sollten uns jetzt auf die Socken machen
It's already 7 o'clock, we should get going

Bei dem Ball legten die beiden eine kesse Sohle aufs Parkett
At the ball the two put up a good show on the dancefloor

Ich wohne nicht mehr im Stadtzentrum, aber was soll's
I don't live in the city centre anymore, but what the heck

Die Sonne bringt an den Tag, was da wirklich passiert ist
Truth will out - we'll know what has really happened

Au, das tut doch weh! Du hast wohl einen Sonnenstich!
Ow, that hurts! Are you crazy?

Heute gibt es Linsensuppe, es ist nicht alle Tage Sonntag
Today we'll have lentil soup

Ich werde dafür Sorge tragen, dass alle wohlbehalten nach Hause kommen
I'll see to it that everybody comes home safe and sound

Lass das nur meine Sorge sein, was mit den alten Kartons wird
I'll take care of the old cardboard boxes

Deine Sorgen möchte ich haben!
You think you've got troubles!

Gestern war das nicht so, das kommt mir aber spanisch vor
It was different yesterday, that seems odd to me

Spare in der Zeit, so hast du in der Not
Waste not, want not

Die Krankenkassen schalten auf Sparflamme
The medical insurance companies are soft-pedaling

Der Umzug war ein teurer Spaß
The move was an expensive business

Spaß beseite, er hat wirklich keine Ahnung
Joking apart, he hasn't got a clue

Du machst mir Spaß, wie soll ich drei Kästen in einer Stunde fertigmachen
You're funny! How am I supposed to get three boxes ready in one hour?

Der Direktor machte sich einen Spaß daraus, seine Angestellten herumlaufen zu lassen
The manager got a kick out of sending his employees around

Bei so einer dringenden Sache verstehe ich keinen Spaß
I won't stand for any nonsense in such an urgent matter

Am Wochenende reparierte er aus Spaß an der Sache die Autos der Nachbarn
At the weekend he repaired the neighbours' cars for fun

Du gibst mir einen aus? Hast du heute deine Spendierhosen an?
You buy me a drink? Do you happen to be in a generous mood today?

Wir haben keinen Erfolg gehabt, außer Spesen nichts gewesen
We weren't successful, nothing doing

Er hielt uns den Spiegel vor Augen
He held up a mirror to us

Aktien von dieser Firma zu kaufen, ist ein Spiel mit dem Feuer
Buying shares of this company is playing with fire

Die Anklage hat mit dem Zeugen der Verteidigung ein leichtes Spiel
The prosecution had an easy job with the witness of the defence

Ich habe es leid, dass er immer sein durchtriebenes Spiel mit mir treibt
I'm sick of him always playing his cunning game with me

Wenn das auch nicht klappt, gebe ich das Spiel verloren
If that doesn't work either, I'll throw in the towel

Mit dem Gang an die Börse setzt er ziemlich viel aufs Spiel
He is risking a lot by entering the stock market

Ich möchte gern mal wissen, was hier gespielt wird
I'd really like to know what's going on here

Aus Angst vor einem Spießrutenlauf schlich sie sich fort
As she was afraid the others would let her run the gauntlet she sneaked away

Treib es nicht auf die Spitze, sie hat schon Ärger genug
Don't carry it too far, she's in enough trouble as it is

Du siehst den Splitter im frremden Auge, aber nicht den Balken im eigen
You see the mote that is in your brother's eye, but you don't see the beam in your own

Mit kleinen Artikeln für die Abendzeitung verdiente sie sich die Sporen
With little articles for the evening paper she won her spurs

Als er die schreckliche Nachricht erfuhr, verschlug es ihm die Sprache
Hearing the horrible news took his breath away

Es gibt immer Streit, sie sprechen einfach nicht die gleiche Sprache
They always quarrel, they don't seem to speak the same language

Heraus mit der Sprache, was hattet ihr dort zu suchen?
Come on, out with it! What was your business there?

Ich werde das Problem auf der nächsten Versammlung zur Sprache bringen
At the next conference I'll bring the conversation round to the problem

Es ist nun seine Sache aus den Bewerbungen die Spreu vom Weizen zu trennen
Now it is his task to separate the wheat from the chaff of the applications

Für die neue Computeranlage hat sie etwas springen lassen
For the new computer system she forked out something

Vor der Prüfung machte sie noch große Sprüche
Before the exam she talked big

Wenn man in ein anderes Land zieht, ist das wie ein Sprung ins kalte Wasser
Moving to another country is like jumping into cold water

Mit dem Gehalt kann man keine großen Sprünge machen
With these wages you can't exactly live it up

Meine Schwester ist immer auf dem Sprung
My sister is always on the go

Der Onkel kam nur auf einen Sprung zu uns zu Besuch
The uncle just popped in to see us

Um acht Uhr machten sie sich auf die Sprünge
At eight o'clock they got going

Wenn du sein tolles Haus siehst, bleibt dir die Spucke weg
If you see his fantastic house you'll be flabbergasted

Gestern war es nicht die Spur warm
Yesterday it was not warm at all

Die Direktorin kam der Sache auf die Spur
The manager got onto the matter

Aus jedem kleinen Kratzer macht sie gleich eine Staatsaktion
Every little scratch will make her go spare

Der neue Trainer hatte keinen leichten Stand in der Mannschaft
The new trainer had a hard time of it with the team

Die neue Computeranlage hat die Firma eine Stange Geld gekostet
The new computer system cost the firm a tidy sum

Wir müssen unsere Kunden mit Neuheiten bei der Stange halten
We have to keep our customers with new products

Der Direktor ließ eine langweilige Rede vom Stapel
The manager came out with a boring speech

Der Oppositionsführer macht sich für eine Änderung des Gesetzes stark
The leader of the opposition is standing up for an alteration of the law

Auf der Hinfahrt machten wir zwei mal Station
When we went there we stopped off twice

Die Bankräuber machten sich mit einem gestohlenen Auto aus dem Staube
The bank robbers cleared off in the stolen car

Seine Handschrift ist wie gestochen
His handwriting is very clear

Segeln ist ein Steckenpferd von ihr
Sailing is one of her hobbies

Der Minister gab aus dem Stegreif eine Erklärung dazu ab
The minister made a statement about it just like that

Der neue Schuppen ist fertig gestellt und steht aus wie eine Eins
The new shed is ready and perfect

Die blöde Arbeit steht ihm schon bis hier oben
He's fed up to the back teeth with this stupid job

Sie behauptet steif und fest, nichts davon gewusst zu haben
She's insisting stubbornly on having known nothing

Der Stein des Anstoßes war ein zu eng geratener Durchweg
The stumbling block was a passage that was too narrow

Beim Einmarsch der feindlichen Truppen blieb in der Stadt kein Stein auf dem anderen
When the troops of the enemy marched into town everything was smashed to pieces

Es wird dir schon kein Stein aus der Krone fallen, wenn du mal den Müll rausträgst
It won't hurt you to take the waste down for once

Ein unzufriedener Bürger brachte den Stein ins Rollen
A discontented citizen set the ball rolling

Nach seinem gelungenen Vortrag hatte er bei ihr ein Stein im Brett
After his successful lecture he was well in with her

Der schwere Angriff ließ in der Stadt keinen Stein auf dem anderen
The heavy attack on the town smashed everthing to pieces

Die Behörde legte ihm immer wieder Steine in den Weg
The authorities kept putting obstructions in his way

Zur Buchmesse haben wieder unzählige Verlage ihr Stelldichein angekündigt
Innumerable publishing companies have announced they would take part in the book fair

Ich würde auf der Stelle in Urlaub fahren
I would go on holiday right away

Seit einer Woche treten wir bei dem Projekt auf der Stelle
For a week now we haven't made any progress in the project

Er wollte sich mit seinem Boss von Anfang an gut stellen
From the beginning he wanted to put himself on good terms with his boss

In der neuen Stadt war sie auf sich selbst gestellt
In the new city she had to fend for herself

Ihr Vetter hielt als Einziger die Stellung im Krankenhaus
Her cousin was the only one to hold the fort in the hospital

Der Minister nahm in der Zeitung dazu Stellung
The minister commented on it in the newspaper

Durch seine langjährige Mitarbeit hat sie der Zeitschrift ihren Stempel aufgedrückt
By working so long for it she has made her mark on the magazine

Wenn die Firma in Konkurs geht, kann er stempeln gehen
If the firm goes bankrupt he'll be on the dole

Ich wäre fast vom Stängel gefallen, als ich hörte, dass meine Schwiegermutter kommt
I almost fell over backwards when I heard my mother-in-law would come

Von so einem kleinem Kratzer stirbt man nicht
You'll survive this little scratch

Sag keinem auch nur ein Sterbenswort von unserem Plan!
Don't you breathe a single word about our plan

Der Stern der Ballerina war schon wieder im Sinken
The ballerina's star was in the decline

Er bekam einen Schlag auf den Kopf und sah Sterne
He was hit on the head and then he saw stars

Die Zukunft des Unternehmens liegt noch in den Sternen
The future of the company is in the lap of the gods

Die Krebsheilung ist noch ein Griff nach den Sternen
The research about healing cancer is still reaching for the stars

Er ließ seine Frau in der schweren Stunde nicht im Stich
He didn't let his wife down when she was in trouble

Sich ein Haus bauen oder sich ein fertiges Haus kaufen sind zwei Paar Stiefel
Building a house and buying an already built house are two different things

Ich werde den Stier bei den Hörnern packen und morgen mit der Arbeit beginnen
I'll take the bull by the horns and start working tomorrow

Das Ehepaar veranstaltete Parties im großen Stil
The married couples held parties in a big way
Sie haben in aller Stille geheiratet
They married calmly
Neunundvierzig Mark dreißig. - Hier sind fünfzig Mark. Stimmt so!
49.30 Marks - Here are 50 Marks. Keep the change
Da hat er noch die Stirn, sie anzusprechen
He still has the gall to accost her
Sie verstand es gut, ihren Kollegen die Stirn zu bieten
She was quite good at defying her colleagues
Letzten März kamen die Bauarbeiten ins Stocken
Last year in March the building work stopped
Mit dir darüber zu diskutieren ist eine Strafe Gottes
Discussing that with you is a pain in the neck
Mit diesem Mann ist sie wirklich gestraft
This husband really is a pain in the neck
Was ist denn mit dir los, dass du so den Strahlemann markierst?
What's the matter with you, acting the golden boy like that?
Vor Glück strahlte das Mädchen wie ein Honigkuchenpferd
The girl grinned like a Cheshire cat with joy
Falls alle Stricke reißen sollten, müssen wir das Projekt aufgeben
If the worst comes to the worst we have to give up the project
Wir müssen uns einigen, wir ziehen doch alle am selben Strang
We have come to an agreement, after all we're all acting in concert
Am Samstag gingen die protestierenden Tierschützer auf die Straße
On Saturday the protesting animal conservationists took the streets
Seitdem die Fabrik geschlossen hat, sitzen viele Mechaniker auf der Straße
Since the factory has closed its doors many mechanics are out of work
Seine Freunde hat er wohl alle von der Straße aufgelesen
He seems to have found all his friends on the street
Bei den Beteiligten siegt die Freude, und die Vernunft bleibt auf der Strecke
Everybody involved is overjoyed and reason is falling by the wayside
Die Jungen spielten ihrem Opa einen Streich
The boys played a trick on their grandad
Wenn er zuviel getrunken hat, bricht er immer einen Streit vom Zaun
When he is drunk he always starts an argument
Sie will ihr den Job streitig machen
She wants to dispute her right to her job
Als ich so alt war wie sie, war ich auch nur ein Strich in der Landschaft
When I was her age I was as thin as a rake, too
Er tat zu Hause keinen Strich
He didn't do a stoke of work at home
Der Unfall machte einen Strich durch seine Rechnung
The accident thwarted his plans
Er zog einen Strich unter seine Verbrecherkarriere
He forgot his criminal career
Ihr Mann hat sie nach Strich und Faden betrogen
Her husband cheated on her thoroughly
Unterm Strich haben wir mehr als 500 DM dabei verdient
At the final count we have earned more than 500 Marks
Ihre Tochter hing den ganzen Abend an der Strippe
Her daughter was on the phone all evening
Deine Hilfe war unser letzter Strohhalm
Your help was our last straw
Ach, du heiliger Strohsack! Was ist denn hier los?
Good gracious! What's happened here?
Es machte ihm Spaß, gegen den Strom zu schwimmen
He enjoyed swimming against the tide
Oma ist unser bestes Stück
Grandma is our pride and joy

Er hat sieben Stunden an einem Stück das Haus gestrichen
He painted the house for seven hours in one piece
Man kann diese beiden Gemälde nicht auf die gleiche Stufe stellen
You can't put these two paintings on one level
Ich wäre beinahe vom Stuhl gefallen, als ich das gehört habe
I nearly fell off my chair when I heard that
Sie stand ihrem Freund in dieser schweren Stunde bei
She stood by her boyfriend in this time of difficulty
Wenn sie das erfährt, hat dein letztes Stündlein geschlagen
When she comes to know that you'll have had it
Das Gebot der Stunde lässt einen Aufschub nicht zu
The needs of the moment don't allow further delay
Sie gehören zu den Männern der ersten Stunde unseres Unternehmens
You're one of the oldest employees of our company
Von Stund an gelten andere Gesetze
From henceforth we have different laws
Wenn mir einer so dumm kommt, schalte ich auf stur
If somebody gets funny with me I dig my heels in
An der Tür läutete es Sturm
Someone was keeping his finger on the doorbell
Summa summarum haben wir 3000 Mark eingenommen
All in all we earned 3000 Marks
Bislang hatten die Kinder des Millionärs ein süßes Leben
Bislang hatten die Kinder des Millionärs das süße LebenSüß gekostet
Until now the millionaire's children had had a good life
Er hielt seiner Verlobten die Hand und raspelte Süßholz
He held his fiancé's hand and turned on the blarney
Die Frau wusste sich gut in Szene zu setzen
The woman knew very well how to play the gallery
Diese Geschichte ist ja ganz starker Tobak
This story's a bit thick
Nach dem Wechsel in der Chefetage wurde tabula rasa gemacht
The new boss made a clean sweep
Wenn jeder fertig gegessen hat, können wir die Tafel aufheben
If everybody is finished we can officially end the meal
Am Tag der offenen Tür gibt es einige Schauflüge
On open day there will be several stunt flights
Die Feuerwehr ist Tag und Nacht einsatzbereit
The fire brigade is ready for action day and night
Man soll den Tag nicht vor dem Abend loben
Don't count your chickens before they're hatched
Sie war erst dieser Tage wieder bei mir
She visited me recently
Als der Druck größer wurde, legten die Arbeiter ihren Fleiß an den Tag
When the pressure became more intense the workers became industrious
Die Zeitung brachte den Skandal an den Tag
The newspaper brought the scandal to light
Mein Bruder lebt in den Tag hinein
My brother takes each day as it comes
Seine Lügen kamen bald zum Vorschein
His lies were soon discovered
In Zeiten der Wirtschaftskrise stehen Entlassungen an der Tagesordnung
In times of an economical crisis dismissals are the order of the day
Der Vereinsvorsitzende gab den Takt an
The chairman of the club gave the beat
Es würde dir gut tun, mal die Tapeten zu wechseln
A change of scenery would be good for you
Die drei Kinder liegen ihren Eltern ganz schön auf der Tasche
The three children live off their parents
Von dem Gewinn steckte er die Hälfte in die eigene Tasche
He pocketed half of the profit

Für die neue Anlage müssen wir tief in die Tasche greifen
We have to dig deep in our pockets for the new system
Ihr Freund ist eine trübe Tasse
Her boyfriend is a wet blanket
Du hast doch nicht alle Tassen im Schrank, so etwas zu tun
You're not all there if you do something like that
Sie wurde gar nicht gefragt, sondern vor vollendete Tatsachen gestellt
She was not asked at all, but presented with a fait accompli
Nach dem Überfall ging er auf Tauchstation
After the robbery he made himself scarce
1969 hoben sie das Lokal aus der Taufe
In 1969 they started up the pub
Ich für meinen Teil halte davon nichts
For my part, I don't consider it good
Trotz ihres großen Erfolgs ist sie auf dem Teppich geblieben
In spite of her great success she has remained reasonable
Wenn du mein Auto nimmst, kannst du dein Testament machen!
If you take my car you'd better make your will!
Dass sie keine Versicherung abgeschlossen haben, wird sie noch teuer zu stehen kommen
It will cost them dear that they didn't take out an insurance
Komm nach Hause, hier ist mal wieder der Teufel los!
You'd better come home, all hell's loose here!
Weiß der Teufel, was er mit all dem Gerümpel macht
God knows what he does with all his junk
Wie der Teufel kommt die Schere in den Mülleimer?
Who the devil put the scissors in the rubbish bin/garbage can?
Mal den Teufel nicht an die Wand
Don't imagine the worst
Mit deinen kleinen Betrügereien kommen wir noch in Teufels Küche
With all your little cheating we'll one day be in a hell of a mess
Was in Teufels Namen geht denn hier vor?
What the devil is happening here?
Sie spielte nur Theater, hatte gar kein Zahnweh
That was just play-acting, she didn't really have a toothache
Der amerikanische Tennisspieler stieß den Tschechen vom Thron
The American tennis player succeeded the Czech one on the throne
Mein Opa tickt nicht mehr ganz richtig
My grandad is a little off his rocker
Die ehemaligen Feinde setzten sich zusammen und machten reinen Tisch
The former enemies met and sorted things out
Die Parteien setzten sich an den runden Tisch
The parties sat down at the round table
Sie legten die Kaufsumme bar auf den Tisch
They paid cash on the nail
Der Vorsitzende ist noch zu Tisch
The chairman is still having his lunch
Du darfst dich nicht immer von diesen Betrügern über den Tisch ziehen lassen
Don't let these swindlers take you down to the cleaners all the time
Vor lauter Wut wünschte sie ihm den Tod an den Hals
She was so angry she wished he would die
Bei dem Abenteuer fanden vier Menschen den Tod
In the adventure four people died
Der kranke Mann rang mit dem Tode
The ill man was wrestling with death
Toi toi toi für deine Fahrprüfung!
Good luck for your driving test
Warum hast du mich so lange nicht mehr angerufen, du treulose Tomate?
Why haven't you called me for so long? You're a fine friend!
Hast du Tomaten auf den Augen? Hier sitze ich!
Use your eyes! Here I'm sitting!

Hast du Töne? Die hat schon wieder einen anderen Typ dabei!
Did you ever! She's got a new boy again!

Meinst du nicht, dass du dich etwas im Ton vergriffen hast?
Don't you think you have adopted the wrong tone?

Man kann nicht alles in einen Topf werfen
You can't just lump everything together

Sie hatten vor den Toren der Stadt ihre Zelte aufgestellt
Outside the city gates they had settled down

Mann, ist das hier langweilig! Alles tote Hose!
Oh boy, that's boring! Nothing doing!

Du könntest mich totschlagen und mir würde es nicht einfallen!
For the life of me I can't think of it!

Durch seine früheren krummen Touren war er der Polizei bekannt
Due to his past petty crimes he was known to the police

Die Vorbereitungen laufen bereits auf vollen Touren
The preparations are already running at full speed

Als der Junge so verdreckt nach Hause kam, drohte ihm der Vater mit einer Tracht Prügel
When the boy came home so dirty his father threatened him with a beating

So ein kleiner Fehler kommt nicht zum Tragen
Such a small mistake won't come to fruition

Sie weinen den alten Zeiten keine Träne nach
They don't shed a single tear over the old times

Der Film drückt ganz schön auf die Tränendrüse
The film is a real tear-jerker

Ich denke nicht im Traum daran, meine Pläne zu ändern
I wouldn't dream of changing my plans

Wir hätten es uns nie träumen lassen, so viel Geld zu haben
I'd never have thought it possible to have so much money

Treib es mit deiner Eifersucht bloß nicht zu weit!
Don't let your jealousy go too far!

Er hat ihm das Geld auf Treu und Glauben geliehen
He lent him the money in good faith

Lass uns gemeinsam einen trinken gehen!
Let's go for a drink together

Sie hat in dem Unternehmen schnell Tritt gefasst
She quickly found her feet in the company

Der Sänger feierte viele Triumphe auf allen großen Bühnen
The singer was a great success on all big stages

Du bist wohl nicht recht bei Trost!
You must be out of your mind!

Nun blas mal kein Trübsal, das wird schon wieder gut!
Don't mope, it'll all be all right

Noch hält der Verteidiger alle Trümpfe in der Hand
The defence attorney is still holding all the trump cards

Der Verteidiger nutzte das Zögern des Zeugen aus, um einen Trumpf auszuspielen
The defence attorney used the hesitation of the witness to play a trump card

Drück mal auf die Tube, sonst kommen wir nicht mehr rechtzeitig an!
Put your foot down or we'll be late

Die Regierung nahm Tuchfühlung mit dem neuen Staat auf
The government moved closer to the new state

Er war nicht krank, sondern tat nur so, als ob
He was not ill, he just pretended

Tu, was du nicht lassen kannst und geh in die Kneipe!
Well, if you must: go to the pub!

Das ist ja großartig! - Man tut, was man kann
Wow, that's great! - One aims to please...

Mit seinen guten Noten standen ihm alle Türen offen
Because of his good marks the world's his oyster

Die Kunden rannten ihnen nur so die Tür ein
He was snowed under with customers
Obwohl es zu keiner Einigung gekommen war, wurde eine Tür für weitere Diskussionen offen gelassen
Although no agreement had been reached the way for further negotiations was kept open
Bei dem früheren Arzt gaben sich die Patienten die Türklinke in die Hand
The former doctor had lots and lots of patients
Die Verhandlung findet hinter verschlossenen Türen statt
The trial takes place behind closed doors
Die Sommerferien stehen schon wieder vor der Tür!
The summer holidays are just round the corner
Ich habe ihn zwischen Tür und Angel gesehen
I saw him in passing
Man nahm ihn fest und jetzt klebt er Tüten
He was arrested and now he's in clink
Niemals, das kommt nicht in die Tüte!
Never, no way!
Wenn du nichts lernst, kann dir jeder ein X für ein U vormachen
If you don't study, everybody can put one over on you
Bei dieser Wahl kommt es darauf an, das kleinere Übel von allen zu wählen
In this election you have to choose the lesser evil
Sie kann es nicht über sich bringen, ihn zu verlassen
She can't bring herself to leave him
Zu allem Überfluss wurde sie dann auch noch krank
To crown it all she then became ill
Das weiß ich nicht. Da bin ich überfragt
I don't know, there you have me
Könnten Sie uns noch ein Übriges tun und uns ein Taxi rufen?
Could you do one more thing and call a taxi for us, please?
Sie hatte für die Antike immer schon viel übrig
I've always been very fond of antiquity
Im Übrigen werde ich das ganze nur zwei Monate laufen lassen
By the way, I will have the whole thing for two months only
Bei einer Erkältung sind Medikamente für ihn nur eine Ultima ratio
When he has a cold medicine is only the last resort for him
Ich falle vor Müdigkeit gleich um
I'm almost dead on my feet
Da wird sie sich noch ganz schön umgucken!
She's not going to find it easy!
Es ist verboten, Falschgeld in Umlauf zu bringen
It is prohibited to put forged money into circulation
Der Mann kam ohne Umschweife zur Sache
Without hesitation the man cut to the chase
Bleiben Sie doch zum Essen! Es macht uns gar keine Umstände!
Why don't you stay for dinner? It's no trouble at all!
Seit undenklichen Zeiten steht dieser Turm in dem Dorf
The tower has been in the village from time immemorial
Deine schlechten Noten kommen doch nicht von ungefähr
Your bad marks are no accident
Ich kann diese Sache auch nicht ungeschehen machen
I can't undo it either
Die Diebe dürfen nicht ungeschoren davonkommen
The thieves must not get off scot-free
Seit sie seinen Sohn beleidigt hat, ist sie bei ihm in Ungnade gefallen
Since she has insulted his son she has fallen out of favour with him
Wegen ihrer Hochzeit stürzten sich die Eltern in Unkosten
Because of her wedding her parents went to a lot of expenses
Der alte Professor Lehmel lehrt immer noch. Unkraut vergeht nicht!
Old professor Lehmel is still teaching. It would take a lot to finish him off!

Ich rede mittlerweile wieder mit ihm, ich bin doch kein Unmensch
In the meantime I'm talking to him again, I'm not an ogre
Tu tust ihm unrecht, wenn du ihn beschuldigst
You do him an unjustice if you accuse him
Unter uns gesagt, ich habe nicht viel Erfahrung mit dieser Arbeit
By ourselves, I'm not very experienced with this kind of work
Du darfst dich von ihnen nicht unterdrücken lassen
You mustn't let them suppress you!
Die Sirenen dröhnten zwei Tage ohne Unterlass
The sirens were roaring continuously for two days
Das neue Auto ist, verglichen mit dem alten, ein Unterschied wie Tag und Nacht
The new car is a difference like chalk to cheese compared to the old one
Seine Meinung zur Außenpolitik kann ich nur unterschreiben
I'll instantly subscribe to his opinion about the foreign policy
In dem Sciencefiction-Film kamen auch fliegende Untertassen vor
There were flying saucers in the science-fiction-film as well
Bei den Nachbarn ist das zweite Kind unterwegs
The neighbours got another child on the way
Man wird nichts unversucht lassen, den Mörder zu finden
The police will try anything to catch the murderer
Ein tollwütiger Hund treibt im Wald sein Unwesen
A rabid dog is making trouble in the woods
Vielen Dank! - Keine Ursache!
Thanks a lot! - Not at all!
Diese Familien haben schon seit Urzeiten den Ort bewohnt
These families have lived in the village since time immemorial
Im nächsten Jahr wird Vater Staat die Bürger noch mehr zur Kasse bitten
Next year the State will ask the citizens to pay up even more
So ein Nebenverdienst ist nicht zu verachten
Such an additional income is not to be despised
Wir werden die Schuldigen schon zur Verantwortung ziehen
We are going to call the guilty to account
Verarschen kann ich mich alleine!
Very funny!
Sie setzte sich über den Anwalt mit den Angehörigen in Verbindung
She contacted the relations via her lawyer
In diesen Klamotten siehst du ja verboten aus
In these clothes you're a real sight
Allmählich schöpften auch die anderen Verdacht
Gradually the others become suspicious, too
Der alte Mann war über jeden Verdacht erhaben
The old man was beyond suspicion
Sie wollten es sich nicht mit ihren Nachbarn verderben
They didn't want to fall out with their neighbours
Sie verdienen es aber auch nicht anders
They don't deserve any better
Es stehen ihnen zwei verschiedene Wagen zur Verfügung
Two different cars are available to them
Die Streitereien von damals sind vergeben und vergessen
The quarrels of that time are now over and done with
Der Schauspieler geriet allmählich in Vergessenheit
The actor gradually fell into oblivion
Die Polizei zog den Straftäter aus dem Verkehr
The police put the criminal in jug
Auf ihn ist wirklich kein Verlass
There is really no relying on him
Ich kann mit Verlaub sagen, dass es eine höchst peinliche Situation ist
Forgive my saying so, but this is a most embarrassing situation
Im Verlauf des Abends freundeten die beiden sich an
In the course of the evening the two became friendly with each other

Um eine freche Antwort war sie nie verlegen
She was never at a loss for a cheeky answer
An ihm ist ein guter Arzt verloren gegangen
He would have made a good doctor
Die Arbeit ließ eine große Anzahl wichtiger Daten vermissen
The paper lacked a large number of important data
Nimm doch endlich Vernunft an und hör mit dem Rauchen auf!
Why don't you see reason and stop smoking?
Der Junge bekam von den Rowdies eine verpasst
The rowdies clouted the boy one
Er will nicht ums Verrecken weiter die Schule besuchen
He damn well refuses to go to school any longer
Es hatte den ganzen Tag wie verrückt geregnet
It had rained like crazy all day
Der Fernseher spielt schon wieder verrückt
The TV set is playing up again
Wegen ihres früheren Lebenswandels ist sie in Verruf gekommen
She fell into disrepute because of her former way of life
Das ist mir völlig rätselhaft, ich kann mir keinen Vers darauf machen
That's a mystery to me, there's no rhyme or reason for it
Meine Brille ist wie vom Erdboden verschluckt
It's as if the earth had swallowed my glasses up
Die Pläne der Regierung werden noch unter Verschluss gehalten
The plans of the government are still kept under lock and key
Ehe du dich's versiehst, ist dein Gepäck verschwunden
Before you could say Jack Robinson your luggage has disappeared
Diese laute Musik raubt einem noch den Verstand
This racket drives me out of my mind
Komm wieder zu Verstand und lerne mehr, anstatt Musik zu hören!
Come to your senses and try studying instead of listening to music all the time!
Als Kinder spielten wir am liebsten Versteck
When we were kids we loved to play hide-and-seek
Mit deiner Leistung brauchst du dich vor den Anderen nicht zu verstecken
With what you have achieved you needn't fear comparison with the others
Ich werde ihm zu verstehen geben, dass sein Verhalten unentschuldbar ist
I'll make him understand that the way he behaved is not excusable
Vertrauen ist gut, Kontrolle ist besser
It's fine to trust somebody, but still you should always check
Er zog nur seine engsten Freunde ins Vertrauen
He only took his closest friends into his confidence
Die Autos wurden am Eingang in Verwahrung genommen
The cars were taken into safekeeping at the entrance
Die drei modernen Entwürfe kamen nicht zur Verwendung
The three modern designs were not used
Sie waren mit der Miete um einen Monat in Verzug
They were a month late with paying their rent
Er kam müde nach Hause und streckte alle viere von sich
He came home feeling tired and stretched out
Das Baby krabbelte auf alle vieren durch die Wohnung
The baby was crawling on the floor on all fours
Die Jüngste von ihnen schoss den Vogel ab
The youngest of them surpassed everyone
Sie beschimpfte ihn, einen Vogel zu haben
She grumbled at him and said he had a screw loose
Es kam wieder einmal fahrendes Volk in die Stadt
Once again travelling people came into town
Sie wurde voll und ganz von ihrer Familie unterstützt
Her family helped her very much
Die Halle war zum Brechen voll
The hall was full to bursting

Man bekam kaum Luft in der gerammelt vollen Diskothek
It was hard even to breathe in the packed discotheque

Dank des großen Erfolges letztes Jahr konnte bei den Vorbereitungen aus den Vollen geschöpft werden
Due to the great success last year it was possible to draw on unlimited resources during the preparation

Er ging jeden Abend in die Kneipe und ließ sich volllaufen
Every night he went to the pub and got tanked up

Meinst du, er würde sich mal bei mir melden? Von wegen!
Do you think he would get in touch now and again? No way!

Sie informierte ihn darüber, wie alles vonstatten gehen wird
She informed him about how everything would take place

Das Essen musste im voraus bezahlt werden
The meal had to be paid in advance

Der finanzielle Aspekt stand im Vordergrund
The financial aspect was to the fore

Nach einiger Zeit kamen seine negativen Eigenschaften zum Vorschein
After a while his negative qualities came to light

Das Verzehren der Früchte von unbekannten Pflanzen sind mit Vorsicht zu genießen
Be careful if you taste fruits of unknown plants

Das ist eine Detektivgeschichte, aber mit umgekehrten Vorzeichen
This is a detective story, but the other way round

Die Fotos halten sich in ihrer Farbqualität die Waage
The photos are balancing one another in quality of colour

Sie warf all ihren Charme in die Waagschale, um ihn zu bekommen
She brought all her charm to bear to get him

Vor dem Palast stehen mehrere Soldaten Wache
In front of the palace several guardians are on guard

Nach mehreren Überredungsversuchen seiner Kinder streckte der Vater seine Waffen
After his children had tried several times to persuade their father he surrendered

Wer nicht wagt, der nicht gewinnt
Nothing ventured, nothing gained

Diese Perlen sind erste Wahl
These are first-class pearls

Wer die Wahl hat, hat die Qual
I'm spoilt for choice

Ich habe ihn nicht gesehen, so wahr mir Gott helfe
I haven't seen him, so help me God!

Du warst im Urlaub, nicht wahr?
You were on holiday, weren't you?

Das ist im wahrsten Sinne des Wortes eine schöne Landschaft
This is in the true sense of the word a beautiful landscape

Er wollte es nicht wahrhaben, dass sie ihn betrog
He didn't want to admit that she cheated on him

Gegen sein langes Vorstrafenregister bin ich ja ein Waisenknabe
His criminal record would run rings around me

Es muss noch einen einfacheren Weg geben, aber man sieht den Wald vor lauter Bäumen nicht
There's got to be a simpler way, but I can't seem to see the wood for the trees

So eine ärgerliche Sache bringt doch jedem das Blut in Wallungen
Trouble like this makes everybody's blood surge in their veins

Als junger Bursche war er drei Jahre auf der Walze
When he was a young bloke he was on the road for 3 years

In diesen Raum wurden die Kaiser gekrönt; wenn diese Wände reden könnten...
In this room emperors were crowned; if these walls could speak...

Durch die Grippewelle war die ganze Planung ins Wanken geraten
Due to the wave of influenza the whole plan had begun to totter

Er ist mit der süddeutschen Mentalität nie so richtig warm geworden
He never got used to the South German mentality

Du willst, dass ich deine Aufgaben erledige? Da kannst du lange warten
You want me to do your homework? You can wait till the cows come home
Er hatte sich entschieden, ihre schmutzige Wäsche in aller Öffentlichkeit zu waschen
He had decided to wash their dirty linen in public
Das war ein Autopanne, die sich gewaschen hatte
That was a breakdown that really made itself felt
Beim Anblick dieser Torten läuft einem das Wasser im Munde zusammen
If I look at these cakes my mouth is watering
Nach dem schlechten Verkaufsjahr steht ihnen das Wasser bis zum Hals
Since this year was bad in sales they're up to their necks in it
Der Junge sah so aus, als könnte er kein Wässerchen trüben
The boy looked as if butter wouldn't melt in his mouth
Nach der Revolution fühlten sich viele ins kalte Wasser geworfen
After the revolution many people felt as if they had been thrown into cold water
Das wird nicht so schwierig sein, die kochen auch nur mit Wasser
That won't be so difficult, they're no different from anybody else
Der neue Buchhalter war mit allen Wassern gewaschen
The new book-keeper knew all the tricks
Das kleine Unternehmen konnte sich all die Jahre über Wasser halten
The little firm kept its head above water through all the years
Meine Schwiegermutter fällt mir mit ihrem Gerede auf den Wecker
My mother-in-law's talking gets on my nerves
Es wird lange dauern, bis er über den Tod seiner Frau weg sein wird
It'll take long before he will have got over his wife's death
Der Weg zur Hölle ist mit guten Vorsätzen gepflastert
The road to hell is paved with good intentions
Dank ihrem guten Abschluss standen ihr alle Wege offen
Thanks to her good degree the world is handed on a plate to her
Wir waren immer einer Meinung, aber in dieser Frage trennen sich unsere Wege
We always agreed, but in this question we go separate ways
Schon immer wählte er den Weg des geringsten Widerstandes
He has always followed the line of least resistance
Ab diesem Alter beginnen die Kinder, eigene Wege zu gehen
From this age on children start to go their own ways
Seit sie geschieden ist, kann sie zum ersten Mal ihre Wege gehen
Since she has been divorced she can go her own way for the first time
So langsam wird es Zeit, sich auf den Weg zu machen
It's about time to get going
Er ist auf dem besten Wege, Richter zu werden
His is on his way to becoming a judge
Nach ihrem Skiunfall ist sie schon wieder auf dem Wege der Besserung
After her skiing accident she is recovering
Die Kontrahenten trafen sich auf halben Weg
The competitors met halfway through
Der Staatsanwalt wurde von der Mafia aus dem Weg geräumt
The Mafia got rid of the prosecution attorney
Mein Bruder leitete die Aktion in die Wege
My brother arranged the action
Wir wollen dir nicht im Weg sein
We don't want to stand in your way
Gestern lief mir meine beste Freundin über den Weg
Yesterday I happened to meet my best friend
Heute morgen war mein Husten wie weggeblasen
This morning my cough had vanished
Bei der Hitze gehen die Badesachen weg wie warme Semmeln
In this heat the bathing suits are selling like hot cakes
Genieß diesen schönen Tag, die Hausarbeit läuft dir ja nicht weg
Enjoy the beautiful day! Your housework can wait!
Nach der langen Nacht gestern war ich heute morgen völlig weggetreten
After the long night yesterday I was miles away this morning

Bei diesem Treffen wurden die Weichen für die Abrüstung gestellt
In this meeting the course was set for disarmament
Der alte Meister weilt nicht mehr unter den Lebenden
The old master was no longer among them
Seine Eltern baten den Arzt, ihnen reinen Wein über seinen Zustand einzu-schenken
His parents asked the doctor to tell them the truth about his condition
Diese Lösung ist noch nicht der Weisheit letzter Schluss
This solution is not exactly ideal yet
Im Hinblick auf Industrie ist dieser Ort ein weißer Fleck auf der Landkarte
Regarding industry this town is a blank area on the map
Das ist das einzige Haus weit und breit
That is the only house for miles around
Es ist bei weitem das beste Brot
It is by far the best bread
So weit kommt es noch, dass jeder hier kommt und geht, wann er will
That'll be the day when everybody comes and goes when he pleases
Eine nähere Beschreibung würde hier zu weit führen
An exact description would be taking things too far
Nach zwei Wochen in der Lehre suchte er das Weite
After two weeks of apprenticeship he took to his heels
Wir werden bis auf weiteres nach diesem Plan vorgehen
For the time being we will stick to this plan
Ich mag es, mich mit zu unterhalten, da wir auf gleicher Wellenlänge liegen
I enjoy talking to him because we are on the same wavelength
Alle Welt fährt dieser Tage in den Urlaub
Everybody is going on holiday these days
So ein Beinbruch ist nicht die Welt
It could be worse than to have a broken leg
Sie zog aus, um die große Welt zu sehen
She set out to see the wide world
Zwischen seiner Meinung und unserer liegen Welten
His opinion and mine are worlds apart
Sie sind ans Ende der Welt gezogen
They moved to the back of beyond
Sie kam 1976 zur Welt
She was born in 1976
Damit ist das Problem nicht aus der Welt
That doesn't eliminate the problem
Wir müssen das Problem aus der Welt schaffen
We have to eliminate the problem
Bei dem Kongress kamen Wissenschaftler aus aller Welt zusammen
Scientists from all over the world came to the conference
Die Mondlandung wurde in alle Welt übertragen
The landing on the moon was broadcast all over the world
Er liebt es, Gerüchte in die Welt zu setzen
He loves to spread rumours
Warum in aller Welt hast du die guten Stühle in den Garten gestellt?
Why on earth did you put the good chairs in the garden?
Während ihr Mann krank zu Hause blieb, reiste sie in der Weltgeschichte herum
While her husband was ill in bed she travelled around all over the place
Geh ins Bett! Wird's bald?
Go to bed! Get a move on!
Sie schmeißt mit Fachausdrücken nur so um sich
She bandies foreign words about
Heute morgen haben sich die Handwerker ans Werk gemacht
This morning the manual workers set to work
Ich bin gespannt, wie die Ausführung des Planes vonstatten gehen wird
I'd love to know how the plan will be carried out
Der Chef legt viel Wert auf Ordnung
The boss sets great store by order

In der Stadt trieben viele Touristen ihr Unwesen
There were many tourists crowding the city
Im Wesentlichen ist das schon alles
That's basically everything
Er hat jede Wette nicht mit so einem Erfolg gerechnet
I bet he didn't expect such a success
Du solltest schon gestern hier gewesen sein, so haben wir nicht gewettet!
You should have been here yesterday, that's not part of the deal!
Alle Wetter! Das hast du aber gut gemacht!
By Jove! That was good work!
Sie hat gerade ein schwieriges Problem am Wickel
At the moment she's dealing with a difficult problem
Viele mutige Bürger leisteten dem Druck von oben Widerstand
Many courageous citizens are putting up resistance to the pressure from above
Du hast mir bei der Wohnungssuche auch nicht geholfen - wie du mir, so ich dir
You didn't help me find a flat, either - as you do unto me I shall do unto thee
Hier hast du die Schere, aber Wiedersehen macht Freude!
Here's the scissors - but I wouldn't mind having it back again
Das Schauspieltalent ist ihm in die Wiege gelegt worden
He inherited his talent for acting
Das ist halb so wild, denn es wird sich sowieso bald alles ändern
Never mind, everything will change soon anyway
In seinem Letzten Willen vermachte er seiner Tochter das Haus
In his will he bequeathed the house to his daughter
Die Oma hieß ihre Enkel willkommen
The grandma welcomed her grandchildren
Sie ließ die Spritze über sich ergehen, ohne mit der Wimper zu zucken
Without batting an eyelid she submitted to the injection
In den letzten zehn Jahren hat in der Politik der Wind gedreht
In the last ten years the political climate has changed
Seit einigen Jahren weht ein scharfer Wind
For several years now there'a cold wind blowing
Mach nicht so viel Wind wegen der Sache
Don't make such a fuss about it!
Pass auf, dass die Chefin nicht davon Wind bekommt!
See to it that the boss doesn't get the wind of it
Sie musste ja alle guten Ratschläge in den Wind schlagen
Of course she had to turn a deaf ear to all good advice
Deine Erbschaft kannst du dir in den Wind schreiben
You can forget your heritage
Der Lastwagen konnte den Motorradfahrer im toten Winkel nicht sehen
The van-driver couldn't see the motorbike-driver in the blind spot
Schnell wie ein Wirbelwind rannte sie nach Hause
As quick as a whirlwind she ran home
Mit ihrer Frechheit riskierte sie es, eine gewischt zu bekommen
She risked getting clouted one by being so cheeky
Sie sind wer weiß wie nach Hause gekommen
Who knows how they came home
Lass mich wissen, wenn du gehst
Let me know when you leave
Nicht dass ich wüsste, dass sie weggezogen wären
As far as I know they haven't moved
Sie machte die Rechnungen nach bestem Wissen und Gewissen
She made the invoices to the best of her knowledge and belief
Das Schachspielen ist eine Wissenschaft für sich
Chess is a science to itself
Nach einigen Jahren hatten sich die Wogen geglättet
A few years later things had calmed down
Wohl oder übel muss ich den ganzen Sommer über arbeiten
Whether I like it or not, I have to work the whole summer

Leb wohl! Wir sehen uns im nächsten Jahr wieder!
Farewell! We'll meet again next year!
Trinken wir auf unsere Gastgeber! Zum Wohle!
Let's drink to our hosts! Cheers!
Zum Glück hat sich die ganze Angelegenheit in Wohlgefallen aufgelöst
Luckily it all petered out
Ihr Bekannter entpuppte sich als Wolf im Schafspelz
Her acquaintance turned out to be a wolf in a sheep's clothing
Als sie von seiner Verhaftung erfuhr, fiel sie aus allen Wolken
When she heard he had been arrested she was flabbergasted
Die Brüder kriegten sich andauernd in die Wolle
The brothers kept squabbling
Ich bringe das sofort wieder in Ordnung. - Das will ich dir auch geraten haben
I'll get that right instantly. You'd better!
Du möchtest keinen Kuchen? Wer nicht will, der hat schon
You don't want any cake? If you don't like it you can lump it
Da kannst du machen, was du willst, die hören dir nicht zu!
You can do what you want, they won't listen
Sie konnte Wort für Wort sagen, was er erzählt hatte
She could tell us word for word what he had said
Als ich das hörte, fehlten mir die Worte
When I heard that, I didn't know what to say
Seine guten Freunden hielten Wort und halfen ihm in der Notsituation
His good friends kept their word and helped him in the emergency
Die Wissenschaftlerin stand auf und ergriff das Wort
The scientist got up and spoke
Der Vorsitzende erteilte dem Zeugen das Wort
The judge allowed the witness to speak
Nun hatte der Vizepräsident das Wort
Now it was the vice president's turn to speak
Nun erzähl schon und lass dir nicht jedes Wort aus der Nase ziehen
Now come on and tell and don't let me drag it all out of you
Der Vater legte ein gutes Wort für ihn ein
The father put in a good word for him
Es nützt nichts, in dieser Sache viele Worte zu machen
There's no use in talking a lot about it
Über den Eintrittspreis verlor er kein Wort
He didn't breathe a word about the admission fee
CD-ROMs liefern Informationen in Schrift und Bild
CD-ROMs contain information in words and pictures
Es ist eine schlechte Eigenschaft von ihr, anderen immer ins Wort zu fallen
It is one of her bad qualities to interrupt people
Ein kleiner Mann aus dem Publikum bat um das Wort
A short man from the audience asked to speak
Er ließ die anderen nicht zu Wort kommen
He didn't give the others a chance to speak
Kein Wunder, dass die Maschine nicht läuft, wenn der Stecker nicht in der Steckdose ist
No wonder the machine doesn't work if it is unplugged
Wenn er weiterhin so wenig lernt, wird er noch sein blaues Wunder erleben
If he keeps studying so little he won't know what hit him
Dass man mit dieser Erziehungsmethode bessere Menschen heranzieht, blieb ein frommer Wunsch
It's just a pipe dream that you can raise better people with this method
Deine Planung lässt noch viele Wünsche übrig
You plan doesn't fulfill every wish
So was macht er nicht, das ist unter seiner Würde
He doesn't do something like that, that's beneath him
Mit diesem Buch gelang dem Schriftsteller ein großer Wurf
This book was a great success for the writer

1390

Da ist nichts mehr zu ändern - die Würfel sind bereits gefallen
Nothing doing - the die is cast
Beim Spiel nächste Woche geht es um die Wurst
The match next week will be a moment of truth
Komm endlich, oder willst du da Wurzeln schlagen?
Come on! Or do you want to grow roots here?
Weil er der Aufgabe nicht nachkommen konnte, schickte ihn der Direktor in die Wüste
Since he was unable to fulfill his task the manager sent him packing
Wegen des schlechten Zeugnisses hatten seine Eltern eine Mordswut im Bauch
Because of his bad report his parents went spare
Bei seiner Geburtstagsfeier wurde die Sau rausgelassen
At his birthday party they let it all hang out
Der neue Angestellte ist ganz schön auf Zack
The new employee is on the ball
Sie versuchten, das Unternehmen aus den roten Zahlen zu heben
They tried to get the company out of the red
Schon nach einem Jahr schrieb der Frisörladen schwarze Zahlen
After one year the barber's shop was already out of the reds
Der Arzt teilte ihm mit, dass seine Tage gezählt sind
The doctor told him that his days were numbered
Sie gaben ihren alten Wagen in Zahlung, um sich einen neuen zu kaufen
They traded in their old car to buy a new one
Man kann deutlich sehen, wie der Zahn der Zeit am Gebäude genagt hat
You can see quite clearly how the ravages of time have impaired the building
Der Schüler biss sich an der schwierigen Aufgabe die Zähne aus
The pupil had a tough time with the difficult question
Lass uns einen Zahn zulegen, damit wir nicht zu spät kommen
Let's get a move on so that we won't be late
Sie spürte dem Verschwinden der Papiere nach
She sounded out how the documents had disappeared
Ich habe solchen Hunger, ich bin so froh, wenn ich endlich etwas zwischen die Zähne kriege
I'm so hungry, I'll be glad if I get something to bite
Der Lehrer nahm den verängstigten Schüler in die Zange
The teacher put the screws on the frightened pupil
Anstatt ihrem Freund gleich eine Antwort zu geben, ließ sie ihn noch eine Weile zappeln
Instead of giving her boyfriend an answer right away she kept him in suspense for a while
Halte dein Temperament besser im Zaume!
Control your temper!
Trotz des Winkes mit dem Zaunpfahl, ahnte er nichts
In spite of the broad hint he didn't have a clue
Als der Wirt bemerkte, dass sie die Zeche prellen wollten, warf er sie aus der Kneipe
When the landlord noticed they wanted to leave without paying he threw them out
Er versteht es, die Zeichen der Zeit zu erkennen und hat dadurch Erfolg
He knows how to see the sign of the times and is successful that way
Der Bürgermeister ist seines Zeichens Lehrer
The mayor is a teacher by trade
Ich werde ihm schon zeigen, wo's langgeht
I'll show him!
In diesem Gedicht steht viel zwischen den Zeilen
In this poem there's a lot of meaning between the lines
Sie hatte die längste Zeit Ärger gehabt mit der alten Waschmaschine
It's about time she threw out the old washing-machine
Zum Glück arbeitet die Zeit für uns und diese lästige Arbeit fällt weg
Luckily time was on our side and this nasty job is no longer necessary
Lass dir damit ruhig Zeit, es eilt nicht
Take your time, it's not urgent

Die Hausarbeit stiehlt mir einen großen Teil meiner Freizeit
Housework takes up most of my spare time
Ich wollte mir etwas Zeit nehmen, um in Urlaub zu fahren
I wanted to take the time to go on holiday
Um die Zeit totzuschlagen, löste sie ein Kreuzworträtsel
To pass the time she did a crossword puzzle
Es ist an der Zeit, den Urlaub zu planen
It's about time we planned the holiday
Seine Anstellung dort war auf Zeit
He had a fixed-term contract for employment there
Bei ihrer Kleidung ging sie mit der Zeit
In terms of clothing she moved with the times
Vor Zeiten hatte hier mal ein Kiosk gestanden
Long ago there was a kiosk here
Kurz vor seinem 97. Geburtstag segnete der Mann das Zeitliche
Shortly before his 97th birthday the man departed his life
Die Flüchtlinge schlugen im Westen des Nachbarlandes ihre Zelte auf
The refugees settled down in the west of the neighbouring country
An diesem Wochenende schwang in dem Dorf das Weinfest das Zepter
At this weekend the wine celebration wielded the sceptre in the village
In ihm steckt das Zeug zu einem guten Anwalt
He's got what it takes to be a good lawyer
Sie lernte was das Zeug hielt für ihre Prüfung
She studied for all she was worth for the exam
Sie legen sich ins Zeug, damit alles pünktlich fertig wird
They go flat out to get everything ready in time
Jetzt mach doch keine Zicken und komm endlich mit!
No nonsense now, come along!
Mit dem Anbringen eines stärkeren Motors hatte er über das Ziel hinausgeschossen, die Maschine ging kaputt
With installing a more powerful engine he had overshot the mark and the machine broke
Wir müssen uns beeilen, wer zuerst kommt, mahlt zuerst
We have to hurry - first come, first served
Für die Anmeldungen ist der Zug schon abgefahren
You've missed the boat for the enrolments
Das ist ein schöner Zug von ihm, seiner Oma eine Postkarte zu schicken
It's nice of him to send his granny a postcard
Im Zuge der Veränderungen kamen diese Papiere weg
In the course of the changes these documents were lost
Er genießt den Sommer in vollen Zügen
He's enjoying the summer to the full
Man muss bei den Bengeln Zügel anlegen
It's necessary to control these little devils
Die Aussage der Expertin ist nun das Zünglein an der Waage
The statement of the expert is now tipping the scales
Er hoffte, ein paar Geldscheine würden dem Mann die Zunge lösen
He hoped a little money would loosen his tongue
Hüte deine Zunge vor weiteren solchen Anspielungen!
If I were you I should keep such insinuations to myself
Alle seine Träume fielen zusammen wie ein Kartenhaus
All his dreams collapsed like a house of cards
Die beiden passen zusammen wie Topf und Deckel
They are a match made in heaven
Sie hatte sich bis jetzt nichts zu Schulden kommen lassen
Up until now she hadn't done anything wrong
Es wäre schön, wenn eine zweite Gruppe zu Stande kommen würde
It would be nice if a second group could be formed
Allmählich kommen immer mehr Fehler zu Ttage
Gradually more and more mistakes come to light

Tu dir keinen Zwang an und zieh dir ruhig dein Jackett aus
Don't feel you have to be polite, just take off your jacket
Der Zweck der Übung ist, dass durch den Brückenbau die Straßen verbunden werden
The point of the exercise is that by building the bridge the roads will be connected
Es ist beinahe Erpressung, aber der Zweck heiligt die Mittel
That's almost blackmailing, but the end justifies the means
Wir haben noch unsere Zweifel über den weiteren Verlauf der Aktion
We're still doubtful about the further course of action
Über den näheren Verlauf am Wochenende halten wir noch Zwiesprache
We'll commune about the course in detail at the weekend
Sein Gedächtnis reicht nicht von zwölf bis Mittag
He can't remember a thing